KODEX

DES ÖSTERREICHISCHEN RECHTS

Herausgeber: Univ.-Prof. Dr. Werner Doralt
Redaktion: Dr. Veronika Doralt

STEUER-ERLÄSSE

BAND I

Durchführungsrichtlinien und Erlässe des BMF zu den Abgabengesetzen

bearbeitet von

Dr. ELISABETH TITZ
Bundesministerium für Finanzen

Rubbeln Sie Ihren persönlichen Code frei und laden Sie diesen Kodexband kostenlos in die Kodex App!

1098393

HIER

RUBBELN!

Linde

KODEX

DES ÖSTERREICHISCHEN RECHTS

VERFASSUNGSRECHT	STEUER-ERLÄSSE
EU-VERFASSUNGSRECHT	EStG-RICHTLINIENKOMMENTAR
VÖLKERRECHT	LSt-RICHTLINIENKOMMENTAR
EINFÜHRUNGSGESETZE ABGB UND	KStG-RICHTLINIENKOMMENTAR
B-VG	UmgrStG-RICHTLINIENKOMMENTAR
PARLAMENTSRECHT	UStG-RICHTLINIENKOMMENTAR
BÜRGERLICHES RECHT	GebG-RICHTLINIENKOMMENTAR
FAMILIENRECHT	DOPPELBESTEUERUNGSABKOMMEN
UNTERNEHMENSRECHT	VERRECHNUNGSPREISE
ZIVILGERICHTLICHES VERFAHREN	FINANZPOLIZEI
INTERNATIONALES PRIVATRECHT	ZOLLRECHT UND VERBRAUCH-
WIRTSCHAFTSPRIVATRECHT	STEUERN
SCHIEDSVERFAHREN	RECHNUNGSLEGUNG UND PRÜFUNG
STRAFRECHT	INTERNATIONALE RECHNUNGS-
IT-STRAFRECHT	LEGUNG
LEGAL TECH	VERBRAUCHERRECHT
IP-/IT-RECHT	VERKEHRSRECHT
GERICHTSORGANISATION	WEHRRECHT
ANWALTS- UND GERICHTSTARIFE	ÄRZTERECHT
NOTARIATSRECHT	KRANKENANSTALTENGESETZE
JUSTIZGESETZE	VETERINÄRRECHT
WOHNUNGSGESETZE	GESUNDHEITSBERUFE
FINANZMARKTRECHT	UMWELTRECHT
VERSICHERUNGSRECHT	EU-UMWELTRECHT
WIRTSCHAFTSGESETZE	WASSERRECHT
UWG	ABFALLRECHT UND ÖKO-AUDIT
TELEKOMMUNIKATION	CHEMIKALIENRECHT
KARTELLRECHT	EU-CHEMIKALIENRECHT
VERGABEGESETZE	LEBENSMITTELRECHT
COMPLIANCE FÜR UNTERNEHMEN	SCHULGESETZE
GLÜCKSSPIEL- UND WETTRECHT	UNIVERSITÄTSRECHT
ARBEITSRECHT	ASYL- UND FREMDENRECHT
EU-ARBEITSRECHT	BESONDERES VERWALTUNGSRECHT
ARBEITNEHMERSCHUTZ	VERWALTUNGSVERFAHRENSGESETZE
SOZIALVERSICHERUNG	INNERE VERWALTUNG
SOZIALVERSICHERUNG DURCH-	POLIZEIRECHT
FÜHRUNGSVORSCHRIFTEN	LANDESRECHT TIROL
PERSONALVERRECHNUNG	LANDESRECHT VORARLBERG
STEUERGESETZE	BAURECHT TIROL

ISBN 978-3-7073-4437-0
LINDE VERLAG Ges. m. b. H., 1210 Wien, Scheydgasse 24
Telefon: 01/24 630 Serie, Telefax: 01/24 630-23 DW

Satz und Layout: psb, Rosenthaler Str. 9, 10119 Berlin

Druck: Czech Print Center a.s., Ostrava

Inhaltsverzeichnis

1. EINKOMMENSTEUERRICHTLINIEN 2000

AÖF 2000/232 idF

1 AÖF 2001/139
2 AÖF 2001/145
3 AÖF 2001/178
4 AÖF 2001/196
5 AÖF 2001/198
6 AÖF 2002/84
7 AÖF 2002/130
8 AÖF 2002/131
9 AÖF 2003/68
10 AÖF 2003/70
11 Änd. d. InvFR 2003
12 AÖF 2003/209
13 AÖF 2004/167
14 AÖF 2005/110
15 AÖF 2006/114
16 AÖF 2006/210
17 AÖF 2007/88
18 AÖF 2008/51
19 AÖF 2008/238
20 –*)
21 AÖF 2009/74
22 AÖF 2010/43
23 AÖF 2011/66
24 AÖF 2012/63
25 AÖF 2013/278
26 AÖF 2013/280
27 BMF-AV Nr. 2015/133
28 BMF-AV Nr. 2018/79
29 BMF-AV Nr. 2019/75
30 BMF-AV Nr. 2021/65

*) Im Amtsblatt nicht veröffentlicht.

Einkommensteuerrichtlinien 2000

(Erlass des BM für Finanzen vom 8. November 2000, 06 0104/9-IV/6/00)

Die Einkommensteuerrichtlinien 2000 (EStR 2000) stellen einen Auslegungsbehelf zum Einkommensteuergesetz 1988 dar, der im Interesse einer einheitlichen Vorgangsweise mitgeteilt wird. Über die gesetzlichen Bestimmungen hinausgehende Rechte und Pflichten können aus den Richtlinien nicht abgeleitet werden. Bei Erledigungen haben Zitierungen mit Hinweisen auf diese Richtlinien zu unterbleiben.

Die EStR 2000 sind ab der Veranlagung 2000 generell anzuwenden. Bei abgabenbehördlichen Prüfungen für vergangene Zeiträume und auf offene Veranlagungsfälle (insbesondere Veranlagung 1999) sind die EStR 2000 anzuwenden, soweit nicht für diese Zeiträume andere Bestimmungen in Gesetzen oder Verordnungen Gültigkeit haben oder andere Erlässe für diese Zeiträume günstigere Regelungen vorsehen. Rechtsauskünfte des Bundesministeriums für Finanzen in Einzelfällen sind – sofern sie den EStR 2000 nicht widersprechen – weiterhin zu beachten.

Die EStR 2000 sind als Zusammenfassung des geltenden Einkommensteuerrechts und damit als Nachschlagewerk für die Verwaltungspraxis und die betriebliche Praxis anzusehen.

(BMF-AV Nr. 79/2018)

Inhaltsverzeichnis

STICHWORTVERZEICHNIS

Erläuterungen:

Die fett gedruckten Zahlen verweisen auf den Paragraphen oder die Paragraphengruppe; die jeweils daneben stehende Zahl in Normaldruck stellt die Randzahl innerhalb der EStR dar. Wenn vor der Zahl in Normaldruck ein „L" steht, handelt es sich um den betreffenden Abschnitt der Liebhaberei-Richtlinien 2012, welche unter Punkt 4 abgedruckt sind.

„Steuerdialog 2015" und „Steuerdialog 2016" verweisen auf die Einkommensteuer-Ergebnisunterlagen der Salzburger Steuerdialoge 2015 und 2016; der jeweils daneben stehende Klammerausdruck verweist auf einen Abschnitt innerhalb der Ergebnisunterlagen.

1. Persönliche Steuerpflicht (§ 1 EStG 1988)

1.1 Unbeschränkte und beschränkte Steuerpflicht

Unbeschränkt steuerpflichtig sind alle natürlichen Personen, die im Inland einen Wohnsitz oder gewöhnlichen Aufenthalt haben, mit ihrem Welteinkommen. Dieser uneingeschränkte Besteuerungsanspruch kann zB durch zwischenstaatliche Vereinbarungen (Abkommen zur Vermeidung einer Doppelbesteuerung) oder innerstaatliche Maßnahmen (§ 48 BAO) eingeschränkt werden. Die unbeschränkte Steuerpflicht besteht unabhängig davon, ob steuerpflichtige Einkünfte vorliegen (Wohnsitzprinzip). 1

Fehlen die Anknüpfungspunkte für eine unbeschränkte Steuerpflicht, unterliegt die natürliche Person mit den in § 98 EStG 1988 taxativ aufgezählten Einkünften (Territorialitätsprinzip), von Ausnahmen abgesehen (zB Auslandsbeamte), der beschränkten Steuerpflicht. 2

Beim Eintritt in die unbeschränkte Steuerpflicht kann unter bestimmten Voraussetzungen eine Zuzugsbegünstigung gemäß § 103 EStG 1988 (siehe Rz 8201) gewährt werden. 3

Es ist im Allgemeinen sowohl verfassungs- (VfGH 27.6.1960, B 390/59; VfGH 15.3.1990, B 758/88; VfGH 16.6.1995, G 191/94) als auch gemeinschaftsrechtlich (EuGH 14.2.1995, Rs C-279/93) unbedenklich, unbeschränkt und beschränkt Steuerpflichtige unterschiedlichen Besteuerungsregeln zu unterwerfen. 4

1.1.1 Steuerpflicht der natürlichen Person (§ 1 Abs. 1 EStG 1988)

1.1.1.1 Kreis der unbeschränkt Steuerpflichtigen

Die persönliche Steuerpflicht bezieht sich auf die einzelne natürliche Person (Individualbesteuerung). 5

Die Einkünfte von Personengesellschaften werden den Gesellschaftern (physischen oder juristischen Personen) direkt zugerechnet; sie unterliegen bei diesen der Einkommens- oder Körperschaftsbesteuerung. Die Gesellschafter einer ausländischen Gesellschaft werden bei Vorliegen der sonstigen Voraussetzungen mit den von der Gesellschaft erzielten Einkünften zur Einkommens- oder Körperschaftsbesteuerung erfasst, sofern die ausländische Gesellschaft nach den Regeln des inländischen Steuerrechts einer Personengesellschaft vergleichbar ist. 6

Juristische Personen werden zur Körperschaftsteuer herangezogen. Der ruhende Nachlass ist in der Regel kein Steuersubjekt (zur Zurechnung der Einkünfte siehe Rz 9 ff). Nur wenn der Nachlass „herrenlos" ist, kann Steuerpflicht gegeben sein (VwGH 13.3.1997, 96/15/0102). In einem solchen Fall ist der ruhende Nachlass als nicht rechtsfähiges Zweckvermögen gemäß § 1 Abs. 2 Z 3 KStG 1988 zu behandeln; ebenso das Massevermögen im Verlassenschaftskonkurs. 7

1.1.1.2 Beginn und Ende der Einkommensteuerpflicht

Die Steuerpflicht beginnt mit der Geburt und endet mit dem Tod. Staatsbürgerschaft, Geschäftsfähigkeit, Minder- oder Volljährigkeit sind für die Steuerpflicht ohne Belang. Im Fall der Konkurseröffnung bleibt der Steuerpflichtige Abgabenschuldner. Während des Konkursverfahrens sind Abgaben mit an den Masseverwalter zuzustellenden Bescheiden festzusetzen. 8

1.1.1.3 Erbfolge

Mit dem Todestag des Erblassers treten die Erben – im Verhältnis ihrer Erbansprüche – ertragsteuerlich in die Rechtsstellung des Erblassers ein (VwGH 13.3.1997, 96/15/0102) und bilden zusammen eine Miteigentumsgemeinschaft bzw Mitunternehmerschaft (Gesamtrechtsnachfolge). Steuerschulden des Erblassers zählen zu den Nachlassverbindlichkeiten. 9

Bei Gewinnermittlung nach § 4 Abs. 1 und § 5 EStG 1988 ist grundsätzlich zum Todeszeitpunkt eine Schlussbilanz aufzustellen. Erfolgt dies nicht, so bestehen keine Bedenken, anstelle der Aufstellung einer Bilanz zum Todeszeitpunkt die Einkünfte auf den Erblasser und die Erben zeitanteilig zuzuordnen. Eine für erbschaftssteuerliche Zwecke errichtete Todfallsbilanz hat für die Einkommensbesteuerung keine Bedeutung. Im Rahmen einer Einnahmen-Ausgaben-Rechnung ermittelte Einkünfte bzw. außerbetriebliche Einkünfte, die noch vom Erblasser erwirtschaftet worden sind, aber erst nach seinem Tod zufließen, sind nach dem Zuflussprinzip den Erben zuzurechnen; es bestehen aber keine Bedenken, die Einkünfte bei Fortsetzung der Einnahmen-Ausgaben-Rechnung zeitanteilig zuzuordnen (siehe Rz 109). 10

(AÖF 2010/43)

Der Übergang eines (Teil-)Betriebes oder Mitunternehmeranteiles verpflichtet den (die) Erben zur Fortführung der Buchwerte gemäß § 6 Z 9 lit. a EStG 1988. 11

12 Sind mehrere Personen zu Erben eines Betriebes berufen, wird der Betrieb aber nur von einem Erben gegen fremdübliche Abfindung an die Miterben weitergeführt, erzielen die weichenden Erben hinsichtlich der Unterschiedsbeträge zwischen den auf sie entfallenden Betriebsvermögensanteilen und den erhaltenen (höheren) Abfindungen Veräußerungsgewinne (VwGH 26.5.1998, 93/14/0191). Eine Nachlassteilung durch Wertausgleich mit nicht zur Erbmasse zählenden Wirtschaftsgütern und/oder Bargeld bewirkt jedoch so lange keine Gewinnverwirklichung, als der gemeine Wert der für die Übertragung des Betriebes erhaltenen Quote der Nachlassgegenstände die einzelne Ausgleichszahlung übersteigt (zur unentgeltlichen Teilbetriebsübertragung siehe Rz 5566 ff; zur Erbauseinandersetzung siehe Rz 134a ff).

13 Miterben bleibt es grundsätzlich unbenommen, Abmachungen darüber zu treffen, wem die Einkünfte aus der Verlassenschaft bis zur Einantwortung zufließen sollen (VwGH 11.12.1990, 90/14/0079). In diesem Fall hat sich auch die Zurechnung der Einkünfte nach dieser Abmachung zu richten. Wird einem Erben trotz Abgabe einer Erbserklärung letztlich die Erbschaft nicht eingeantwortet, können ihm auch die zwischenzeitlich angefallenen Einkünfte nicht zugerechnet werden, es sei denn, diese Einkünfte sind ihm tatsächlich zugeflossen. Wurden Einkünfte, deren Zurechnung mangels Einantwortung entfällt, bereits im Rahmen einer Veranlagung berücksichtigt, stellt das Unterbleiben der Einantwortung ein rückwirkendes Ereignis iSd § 295a BAO dar.

(BMF-AV Nr. 2015/133)

14 Einkünfte aus einem Legat sind dem Vermächtnisnehmer nach der Rechtsprechung (VwGH 06.06.1978, 2913/76; VwGH 20.11.1990, 89/14/0156; VwGH 21.04.2005, 2003/15/0022; VwGH 29.03.2007, 2004/15/0140) ertragsteuerlich ab jenem Zeitpunkt zuzurechnen, zu dem diesem auch die Einkunftsquelle tatsächlich übertragen wird. Dem Legatar sind die Einkünfte bereits vor der zivilrechtlicher Übertragung des Legats dann zuzurechnen, wenn er die Einkunftsquelle bereits selbst (oder im Wege eines Verlassenschaftskurators) (mit) bewirtschaftet und ihm die Früchte daraus zufließen.

(AÖF 2011/66)

1.1.2 Unbeschränkte Steuerpflicht (§ 1 Abs. 2 EStG 1988)

1.1.2.1 Wesen und Umfang

15 Die unbeschränkte Steuerpflicht beginnt mit der Begründung eines Wohnsitzes oder des gewöhnlichen Aufenthaltes im Inland und endet mit dem Tod, der Aufgabe des Wohnsitzes und/oder des gewöhnlichen Aufenthaltes im Inland. Durch die Begründung eines bloßen Zweitwohnsitzes tritt jedoch ab 1.1.2004 dann keine unbeschränkte Steuerpflicht ein, wenn die hiefür erforderlichen Voraussetzungen der Verordnung des Bundesministers für Finanzen betreffend inländische Zweitwohnsitze BGBl. II Nr. 528/2003 (Zweitwohnsitzverordnung) erfüllt sind.

(AÖF 2004/167)

16 Die unbeschränkte Steuerpflicht erfasst grundsätzlich das gesamte Einkommen des Steuerpflichtigen, unabhängig davon, ob es sich um inländische oder ausländische Einkünfte handelt oder Einkünfte bereits im Ausland besteuert worden sind.

17 Weichen die Einkommensermittlungsvorschriften des ausländischen Steuerrechts von jenen des österreichischen Rechts ab, müssen Einkünfte, die im Ausland erzielt bzw dort einem ausländischen Besteuerungsverfahren unterzogen werden, bei Ermittlung der österreichischen Besteuerungsgrundlage an die österreichischen Vorschriften angepasst werden. Anpassungserfordernisse dieser Art ergeben sich beispielsweise bei im österreichischen Recht nicht vorgesehenen Steuerbefreiungen, Abschreibungsmöglichkeiten, Rückstellungsbildungen, fiktiven Betriebsausgaben und anderen Steuerbegünstigungen oder bei Anwendungsfällen der Liebhabereiverordnung und „Wartetastenverlusten".

18 Die Einkommensteuerpflicht besteht abstrakt. Steuererstattungen für Bausparen (§ 108 EStG 1988), für Pensionsvorsorgesparen (§ 108a EStG 1988) oder die Gewährung von Kinderabsetzbeträgen (§ 33 Abs. 4 Z 3 EStG 1988) setzen keine Einkünfte voraus.

19 Einkünfte, die vor Begründung der unbeschränkten Steuerpflicht erzielt wurden, sind nicht zu erfassen, außer sie fließen danach zu (VwGH 17.5.1963, 871/62). Insoweit kommt das Zuflussprinzip (§ 19 EStG 1988) zum Tragen. Bei Anwendung von Doppelbesteuerungsabkommen kann dem Kausalitätsprinzip (Grundsatz der wirtschaftlichen Zuordnung) Vorrang vor dem Zuflussprinzip zukommen (zur Doppelbesteuerung siehe Rz 32 ff).

20 Tritt ein beschränkt Steuerpflichtiger während des Kalenderjahres in die unbeschränkte Steuerpflicht ein (und umgekehrt), sind zwei Steuerabschnitte gegeben, die – allenfalls unter Zugrundelegung einer Zwischenbilanz – zu zwei getrennten Veranlagungsverfahren und somit zu zwei Steuerbescheiden führen (VwGH 26.9.1990, 86/13/0104; vgl. Rz 7503).

1.1.2.2 Wohnsitz und gewöhnlicher Aufenthalt

Für die Auslegung der Begriffe „Wohnsitz" und „gewöhnlicher Aufenthalt" ist § 26 BAO maßgebend. 21

Unter „Wohnung" sind Räume zu verstehen, die nach den Verhältnissen des Steuerpflichtigen ein seinen Bedürfnissen angemessenes Wohnen regelmäßig zulassen. Maßgebend ist die tatsächliche und nicht die rechtliche Verfügungsmacht über die Wohnung (VwGH 26.11.1991, 91/14/0041). Eine vorübergehende (notdürftige) Unterkunft stellt keine Wohnung dar. Der Steuerpflichtige muss die Wohnung unter objektiv erkennbaren Umständen innehaben, also für den eigenen Wohnbedarf tatsächlich nützen können (VwGH 16.9.1992, 90/13/0299). Eine leer stehende (unmöblierte) Wohnung erfüllt nicht diese Voraussetzungen. Einfach eingerichtete Zweitwohnungen, zB für den Wochenendaufenthalt sowie Ferien- bzw. Urlaubswohnungen können hingegen einen Wohnsitz begründen, es sei denn, es liegen die Voraussetzungen der Zweitwohnsitzverordnung, BGBl. II Nr. 528/2003, vor. Nicht ortsfeste Unterkünfte (zB mobile Camping- oder Wohnwagen) stellen keinen Wohnsitz dar.

(AÖF 2004/167)

Ein im Ausland vorübergehend tätiger Ehegatte behält bei aufrechter Ehe idR den Wohnsitz der Familie im Inland bei. 22

Arbeitet ein Steuerpflichtiger überwiegend im Ausland, leben aber seine Ehegattin und seine minderjährige Tochter in Österreich und wird die inländische Wohnung der Ehegattin vom Steuerpflichtigen anlässlich von Österreich-Aufenthalten benutzt, verfügt dieser über einen inländischen Wohnsitz.

Minderjährige Kinder haben einen von den Eltern abgeleiteten Wohnsitz. Dies gilt nicht für Kinder von Gastarbeitern, die nur in den Ferien deren Eltern besuchen. Volljährige Kinder mit eigenem Hausstand haben jedenfalls einen eigenen Wohnsitz, auch wenn ihnen die Eltern an deren Wohnsitz ein Zimmer zur Verfügung stellen; gegebenenfalls besteht bei den Eltern ein weiterer Wohnsitz. Am Studienort wohnhafte Studenten, die wirtschaftlich vom Elternhaus abhängig sind, behalten bei fortdauernder Wohnmöglichkeit bei den Eltern den Wohnsitz der Eltern als abgeleiteten Wohnsitz bei.

(AÖF 2002/84)

Eine natürliche Person kann zwar mehrere Wohnsitze haben, jedoch nur einen gewöhnlichen Aufenthalt. Dieser verlangt die körperliche Anwesenheit des Betreffenden sowie eine sachlich-räumliche Beziehung zum Aufenthaltsort (VwGH 31.3.1992, 87/14/0096). Die unbeschränkte Steuerpflicht tritt (rückwirkend) ein, wenn der Aufenthalt im Inland länger als sechs Monate andauert. 23

Vorübergehende Abwesenheiten im Ausland unterbrechen das Verweilen und damit den gewöhnlichen Aufenthalt nicht (VwGH 7.6.2001, 98/15/0025; 2.6.2004, 2001/13/0160; 9.12.2004, 2004/14/0023; 27.4.2005, 2002/14/0050). Maßgebend ist hierbei, ob aus den Umständen des Einzelfalles (Umstände der Abwesenheit, ihrer Dauer, ihrer Wiederholung und der Entfernung) auf einen Rückkehrwillen geschlossen werden kann (VwGH 9.12.2004, 2004/14/0023). Auslandsabwesenheiten wirken in solchen Fällen daher nur hemmend auf den Fristenlauf, der gegebenenfalls kalenderjahresübergreifend zu berechnen ist. 23a

(BMF-AV Nr. 2015/133)

Der Aufenthalt muss nicht freiwillig sein (zB bei Aufenthalten in Gefängnis, Krankenanstalt, Kaserne). Ein Aufenthalt am selben Ort ist nicht erforderlich, der länger andauernde Aufenthalt im Inland (auch an verschiedenen Orten) genügt. Kehrt ein Grenzgänger täglich zu seinem Wohnsitz im Ausland zurück, hat er keinen inländischen Aufenthalt, übernachtet er hingegen an den Arbeitstagen am Arbeitsort, begründet dies einen inländischen Aufenthalt. Mehrere vorübergehende (isolierte) Aufenthalte sind zusammenzurechnen, sofern der Wille erkennbar ununterbrochen auf Fortsetzung des Aufenthaltes gerichtet ist (VwGH 5.7.1983, 82/14/0178). 24

Ausländische Arbeitnehmer, die eine Arbeitserlaubnis für die Dauer von mehr als sechs Monaten aufweisen, sich demnach nicht nur vorübergehend im Inland aufhalten, haben ab Beginn ihrer tatsächlichen Anwesenheit im Bundesgebiet hier den gewöhnlichen Aufenthalt. Vorübergehende Anwesenheiten im Inland zu Besuchs- oder Erholungszwecken begründen keinen gewöhnlichen Aufenthalt. Der gewöhnliche Aufenthalt endet im Zeitpunkt seiner tatsächlichen Aufgabe. 25

Die Aufgabe des inländischen Wohnsitzes löst gemäß § 27 Abs. 6 Z 1 lit. a EStG 1988 die Wegzugsbesteuerung aus, wenn dadurch abkommensrechtlich eine Einschränkung des inländischen Besteuerungsrechtes bewirkt wird. Im Falle des Eintrittes in das Besteuerungsrecht der Republik Österreich im Verhältnis zu anderen Staaten gilt für Wirtschaftsgüter iSd § 27 Abs. 3 EStG 1988 oder Derivate iSd § 27 Abs. 4 EStG 1988 der gemeine Wert als Anschaffungskosten (§ 27 Abs. 6 Z 1 lit. e erster Satz EStG 1988). 26

Zu den Folgen eines Doppelwohnsitzes siehe Rz 32 ff und 7593 ff.
(BMF-AV Nr. 2019/75)

1.1.2.3 Zweitwohnsitzverordnung
(BMF-AV Nr. 2015/133)

26a Auf Grund der Zweitwohnsitzverordnung (BGBl. II Nr. 528/2003) führt eine inländische Wohnung nicht zur unbeschränkten Einkommensteuerpflicht, wenn sie in zeitlicher Hinsicht nur untergeordnet (nicht mehr als 70 Tage pro Jahr) genutzt wird. Sollte allerdings der Inlandsaufenthalt länger als 6 Monate andauern, dann tritt unbeschränkte Steuerpflicht kraft inländischem gewöhnlichen Aufenthalt ein.
(BMF-AV Nr. 2015/133)

26b Ob ein vertraglich bloß befristet angemietetes Appartement oder Hotelzimmer einen weiteren Wohnsitz im Sinn des § 26 BAO begründet, ist vom Gesamtbild der Umstände abhängig. Hält sich eine Person an ihrem inländischen Wohnsitz zwar nach ihren Aufzeichnungen nicht länger als 70 Tage auf, mietet sie aber für weitere zwei Monate ein Appartement oder ein Haus, liegen darüber hinaus noch weitere Inlandsaufenthalte (zB in Hotels) vor und erreicht das berufliche Engagement der Person im Inland ein zeitliches Ausmaß von 6 Monaten, kann ein inländischer gewöhnlicher Aufenthalt gegeben sein; dies ist insbesondere dann zu erwarten, wenn das behauptete Vorliegen eines Lebensmittelpunktes im Ausland nicht mehr nachweisbar ist.
(BMF-AV Nr. 2015/133)

1.1.3 Beschränkte Steuerpflicht (§ 1 Abs. 3 EStG 1988)

1.1.3.1 Voraussetzungen, Beginn, Ende

27 Steuerpflichtige, die im Inland weder über einen Wohnsitz noch über einen gewöhnlichen Aufenthalt verfügen, sind beschränkt steuerpflichtig, wenn sie Inlandseinkünfte iSd § 98 EStG 1988 erzielen. Die beschränkte Steuerpflicht beginnt mit dem Erzielen inländischer Einkünfte iSd § 98 EStG 1988 oder der Aufgabe des inländischen Wohnsitzes bzw. gewöhnlichen Aufenthaltes bei weiterem Erzielen von Inlandseinkünften. Die (beschränkte) Steuerpflicht endet mit dem Wegfall der inländischen Einkünfte, dem Eintritt in die unbeschränkte Steuerpflicht oder dem Tod des beschränkt Steuerpflichtigen. Zu den §§ 98 bis 102 EStG 1988 siehe Rz 7901 ff.
(AÖF 2002/84)

1.1.3.2 Wesen und Umfang

28 Die beschränkte Steuerpflicht umfasst nur die in § 98 EStG 1988 erschöpfend aufgezählten Einkünfte. Das weitere Welteinkommen unterliegt nicht der beschränkten Steuerpflicht. Die Einkommensteuer wird entweder durch Steuerabzug (§ 70, § 99 EStG 1988) oder im Veranlagungsweg nach der Regelung des § 102 EStG 1988 erhoben.
(AÖF 2002/84)

29 Bei beschränkt Steuerpflichtigen bleiben außer Betracht:

- Familienbonus Plus nach § 33 Abs. 3a EStG 1988,
- Alleinverdiener- bzw. Alleinerzieherabsetzbetrag nach § 33 Abs. 4 EStG 1988,
- Verkehrsabsetzbetrag nach § 33 Abs. 5 EStG 1988 (bis 2015 auch der Arbeitnehmer- bzw. Grenzgängerabsetzbetrag),
- Pensionistenabsetzbetrag nach § 33 Abs. 6 EStG 1988,
- außergewöhnliche Belastungen im Sinne der §§ 34 und 35 EStG 1988,
- die Tarifbegünstigung nach § 38 EStG 1988,
- die Veranlagungsbestimmungen gemäß § 41 EStG 1988,
- Freibeträge für Inhaber von Amtsbescheinigungen und Opferausweisen gemäß § 105 EStG 1988,
- die Mietzinsbeihilfe iSd § 107 EStG 1988 idF vor StRefG 2015/2016 (bis 2015),
- das Bausparen nach § 108 EStG 1988 und
- die Pensionsvorsorge nach § 108a EStG 1988.

Die nach § 70 Abs. 2 EStG 1988 im Lohnsteuerabzugsverfahren angesetzten Absetzbeträge gehen bei der Veranlagung nicht verloren. Sonderausgaben beschränkt Steuerpflichtiger sind gemäß § 102 Abs. 2 Z 2 EStG 1988 nur dann abzugsfähig, wenn sie einen Inlandsbezug aufweisen. Zur Veranlagung beschränkt Steuerpflichtiger Arbeitnehmer siehe auch LStR 2002 Rz 1241a ff.

(BMF-AV Nr. 2019/75)

Fließen Einnahmen zu, die ihre Ursache während des Bestehens der zuvor gegebenen unbeschränkten Steuerpflicht haben und nicht unter § 98 EStG 1988 fallen, entsteht keine Steuerpflicht. **30**

Ausgaben, die vor Eintritt in die unbeschränkte Steuerpflicht abfließen, sind nur gemäß § 102 Abs. 2 Z 1 EStG 1988 als Betriebsausgaben (Werbungskosten) abzugsfähig (VwGH 26.9.1990, 86/13/0104). **31**

1.1.4 Besondere Fälle

1.1.4.1 Doppelbesteuerung

Ertragsteuerliche Vorschriften ausländischer Staaten knüpfen die Besteuerungsansprüche teilweise an idente Kriterien wie das EStG 1988 an. Der Vermeidung einer mehrfachen Besteuerung ein und derselben Einkünfte dienen einerseits zahlreiche zwischenstaatliche Abkommen zur Vermeidung der Doppelbesteuerung und andererseits Maßnahmen gemäß § 48 BAO oder gemäß Doppelbesteuerungsgesetz. Zum Einfluss des zwischenstaatlichen Rechts auf § 98 EStG 1988 siehe auch Rz 7901 ff. **32**

(BMF-AV Nr. 2021/65)

Werden von unbeschränkt Steuerpflichtigen Einkünfte aus Staaten bezogen, mit denen ein DBA bestehen, ist bei der Besteuerung in drei Schritten vorzugehen: **33**

1. Zunächst ist der Bestand der Steuerpflicht nach österreichischem innerstaatlichem Steuerrecht zu beurteilen.
2. Ergibt sich aus dem innerstaatlichen Steuerrecht eine Steuerpflicht, ist in einem zweiten Schritt zu beurteilen, ob das Besteuerungsrecht durch das DBA eingeschränkt wird (VwGH 25.9.2001, 99/14/0217).
3. Die weitere Vorgangsweise bei der Erhebung der abkommensgemäß Österreich zustehenden Steuern richtet sich wieder nur nach innerstaatlichem Steuerrecht (allerdings unter Beachtung von DBA-Diskriminierungsverboten).

(AÖF 2005/110)

Zur Vermeidung einer Doppelbesteuerung kommen grundsätzlich zwei Methoden in Frage. Nach der Befreiungsmethode gewährt der Wohnsitzstaat – regelmäßig unter Progressionsvorbehalt (siehe Rz 7588 ff) – für jene Einkünfte, die nach dem Abkommen im anderen Staat („Quellenstaat“) besteuert werden, eine Steuerbefreiung. Wird die Anrechnungsmethode angewendet, besteuert der Wohnsitzstaat das gesamte Einkommen, rechnet jedoch jene Steuer, die im anderen Staat erhoben wird, auf seine eigene Steuer an. Zur Anrechnung ausländischer Steuern siehe Rz 7583 ff. **34**

(AÖF 2002/84)

1.1.4.2 Gastarbeiter, Saisonarbeiter, einpendelnde Grenzgänger

Siehe dazu auch LStR 2002, Rz 4 bis 6. Ausländische Arbeitnehmer mit Arbeitserlaubnis oder Dienstvertrag von mehr als sechsmonatiger Dauer sind ab Beginn des Inlandsaufenthaltes unbeschränkt steuerpflichtig. Ausländische Saisonarbeiter haben ihren gewöhnlichen Aufenthalt grundsätzlich nicht im Inland. Dauert der Aufenthalt im Inland länger als sechs Monate, tritt die unbeschränkte Steuerpflicht rückwirkend ein (§ 26 Abs. 2 BAO). Einpendelnde Grenzgänger unterliegen lediglich der beschränkten Steuerpflicht. **35**

(AÖF 2002/84)

1.2 Beantragte unbeschränkte Steuerpflicht (§ 1 Abs. 4 EStG 1988)

Siehe Rz 7 bis 12 LStR 2002. **36**

Randzahlen 37 bis 100: *derzeit frei*

(AÖF 2007/88)

2. Einkommen (§ 2 EStG 1988)

2.1 Einkünfte (§ 2 Abs. 3 EStG 1988)

101 Die Aufzählung der Einkunftsarten in § 2 Abs. 3 EStG 1988 ist erschöpfend.

Vermögenszugänge, die von dieser Bestimmung nicht umfasst sind oder die ausdrücklich als nicht steuerbar bezeichnet werden (zB die Leistungen gemäß § 26 EStG 1988), unterliegen nicht der Einkommensteuer, wie beispielsweise:

- Erbschaften;
- Schenkungen, soweit sie nicht belohnende Schenkungen innerhalb einer Einkunftsquelle darstellen;
- Gewinne aus Glückspielen und Wetten;
- Bestimmte Preise (siehe dazu Rz 101a);
- Finderlohn;
- Schmerzengeld, ausgenommen in Rentenform, siehe Rz 1061;
- Zeugengebühren (VwGH 14.2.1986, 86/17/0023);
- Private Schadensversicherungen, sofern nicht in Rentenform;
- Veräußerung von Privatvermögen außerhalb der §§ 29, 30 und 31 EStG 1988.

(AÖF 2008/238)

101a Nicht steuerbar sind:

- Lotteriegewinne und Gewinne aus Preisausschreiben, bei denen für die Vergabe der Preise die Auslosung der Gewinner unter zahlreichen richtigen Einsendungen maßgebend ist (Kreuzworträtsel usw.);
- Preise, die durch den Einsatz von Allgemeinwissen erzielt werden (zB bei einem Fernsehquiz wie „Millionenshow“);
- Preise, die außerhalb eines Wettbewerbes in Würdigung der Persönlichkeit oder einer bestimmten Haltung des Steuerpflichtigen oder seines (Lebens-)Werkes gewährt werden (zB Nobelpreis, Literatur- oder Journalistenpreis in Würdigung des gesamten Werkes).

Steuerbar sind:

- Preise, die den Preisträgern im Rahmen eines Wettbewerbes durch eine Jury für eine konkrete Einzelleistung zuerkannt werden, darunter können zB Preise im Rahmen eines Architekten- oder Musikwettbewerbes, Literaturpreise, Journalistenpreise oder Filmpreise fallen (Einnahmen im Rahmen des jeweiligen Betriebes). Gemäß § 3 Abs. 3 Kunstförderungsgesetz sind jedoch Staats-, Würdigungs-, und Förderungspreise sowie Prämien und Preise für hervorragende künstlerische Leistungen von der Einkommensteuer befreit. Dies gilt auch für dem Grunde und der Höhe nach vergleichbare Leistungen auf Grund von landesgesetzlichen Vorschriften sowie für Stipendien und Preise, die unter vergleichbaren Voraussetzungen von nationalen oder internationalen Förderungsinstitutionen vergeben werden;
- Preise von Berufsportlern;
- Preisgelder für Teilnahme an Unterhaltungsdarbietungen (zB „Dancing Stars“, „Starmania“). Diese stellen – sofern sie nicht als Ausfluss einer betrieblichen oder beruflichen Tätigkeit anzusehen sind – subsidiär Einnahmen im Rahmen des § 29 Z 3 EStG 1988 dar;
- Preise, die nur eigenen Arbeitnehmern oder Geschäftspartnern, wenn auch durch Verlosung, als Incentive zuerkannt werden.

(AÖF 2010/43)

101b Gemäß § 3 Abs. 3 Kunstförderungsgesetz sind Staats-, Würdigungs-, und Förderungspreise sowie Prämien und Preise für hervorragende künstlerische Leistungen von der Einkommensteuer befreit. Befreit sind auch Stipendien nach § 3 Abs. 1 Z 5 Kunstförderungsgesetz. Die Steuerbefreiung ist nicht auf Förderungen zur Abgeltung von Aufwendungen und Ausgaben beschränkt, sondern erstreckt sich auf das gesamte Stipendium bzw. den gesamten Preis.

Die Steuerbefreiung gilt auch für dem Grunde und der Höhe nach vergleichbare Leistungen auf Grund von landesgesetzlichen Vorschriften sowie für Stipendien und Preise, die unter vergleichbaren Voraussetzungen von nationalen oder internationalen Förderungsinstitutionen vergeben werden, wobei die Rechtsform der Institution unbeachtlich ist. Eine solche Förderungsinstitution stellt auch eine Universität dar.

Voraussetzung für eine Vergleichbarkeit ist jedenfalls, dass

- der Preis in der Rechtsgrundlage der Institution verankert ist, sowie dass

- der Kreis an möglichen Preisträgern nicht abschließend umschrieben ist (zB an eine Mitgliedschaft gebunden) und dass
- der Preis keinen Entgeltcharakter hat. Dies wäre etwa der Fall, wenn auf Grundlage der Preisverleihung Ansprüche an einem oder mehreren Werken erworben werden, sodass der „Preis" in wirtschaftlicher Betrachtungsweise einen Kaufpreis darstellt. Entgeltcharakter ist jedenfalls auch dann gegeben, wenn der Preisträger nicht auf Grund bisheriger oder zukünftig zu erwartender Leistungen ausgezeichnet werden soll, sondern eine Auftragsarbeit der den Preis auslobenden Institution prämiert wird. Für eine Auftragsarbeit sprechen ein enger Themenbereich der Ausschreibung und die Verschaffung von wirtschaftlichen Vorteilen für die auslobende Institution.

(BMF-AV Nr. 2015/133)

2.2 Liebhaberei

Die Begriffe „Einkünfte" und „Einkommen" setzen eine Tätigkeit voraus, die von der Absicht des Steuerpflichtigen getragen ist, insgesamt eine wirtschaftliche Vermögensvermehrung zu erreichen. Die Sphäre der Einkommenserzielung soll von jener der Einkommensverwendung durch die Liebhabereibeurteilung abgegrenzt werden. Diese Abgrenzung hat anhand der Liebhabereirichtlinien 2012 (LRL 2012) zu erfolgen. Im Weiteren wird auf diese Richtlinien verwiesen. **102**

(AÖF 2013/280)

Randzahl 103: *derzeit frei*

(AÖF 2013/280)

2.3 Persönliche Zurechnung von Einkünften

2.3.1 Allgemeines

Einkünfte iSd § 2 Abs. 3 EStG 1988 sind demjenigen zuzurechnen, dem die Einkunftsquelle zuzurechnen ist. Die Zurechnung von Einkünften muss sich nicht mit dem wirtschaftlichen Eigentum an der Einkunftsquelle decken (VwGH 25.02.1997, 92/14/0039; VwGH 09.07.1997, 95/13/0025; VwGH 21.07.1998, 93/14/0149). Die Einkunftsquelle kann sich auf das wirtschaftliche Eigentum, auf ein Mietrecht, auf ein Recht zur Weiter- oder Untervermietung, auf ein Nutzungsrecht oder eine bloße Tätigkeit gründen. Zurechnungssubjekt ist derjenige, der aus der Tätigkeit das Unternehmerrisiko trägt, der also die Möglichkeit besitzt, die sich ihm bietenden Marktchancen auszunützen, Leistungen zu erbringen oder zu verweigern. Die rechtliche Gestaltung ist dabei nur maßgebend, wenn sich in wirtschaftlicher Betrachtungsweise nichts anderes ergibt. **104**

Rechtslage bis zur Veranlagung 2015

Für Zeiträume ab dem 1.1.2010 gelten für „zwischengeschaltete", unter dem Einfluss des Steuerpflichtigen oder seiner nahen Angehörigen (Rz 1129) stehende Kapitalgesellschaften folgende Grundsätze für die Einkünftezurechnung:

Eine Zurechnung der Einkünfte unmittelbar an die natürliche Person erfolgt insbesondere dann, wenn die Kapitalgesellschaft

1. in Hinblick auf die betreffende Tätigkeit selbst Marktchancen nicht nutzen kann und
2. über keinen eigenständigen, sich von der natürlichen Person abhebenden geschäftlichen Betrieb verfügt.

Zu 1.: Marktchancen kann eine zwischengeschaltete Kapitalgesellschaft nicht nutzen, wenn die betreffende Tätigkeit aufgrund eines gesetzlichen oder statutarischen Verbots nur von natürlichen Personen erbracht werden kann (vgl. etwa VwGH 28.05.2009, 2006/15/0360 mit Verweis auf § 86 Abs. 2 erster Satz AktG idF BGBl. I Nr. 125/1998, nunmehr § 86 Abs. 1 AktG idgF, wonach nur physische Personen zu Aufsichtsratsmitgliedern bestellt werden können; zur „Drittanstellung" von Aufsichtsräten siehe insbesondere Rz 5266g).

Da die gesellschaftsrechtliche Bestellung einer natürlichen Person zum Geschäftsführer von deren dienstrechtlicher Anstellung zu unterscheiden ist, ist die Drittanstellung eines Geschäftsführers einer GmbH zulässig (vgl. VwGH 25.06.2008, 2008/15/0014). Ist die Drittanstellung eines Geschäftsführers ernsthaft gewollt und wird dementsprechend durchgeführt, sind der verleihenden Gesellschaft jene Entgelte zuzurechnen, die ihr für die Gestellung des Geschäftsführers zufließen. Dies gilt auch, wenn der Geschäftsführer alleiniger Gesellschafter der gestellenden Kapitalgesellschaft ist, sofern die Zwischenschaltung nicht nur zur Umgehung der sonst anfallenden lohnabhängigen Abgaben iSd § 22 BAO erfolgt (VwGH 4.9.2014, 2011/15/0149).

Werden Leistungen nicht von einer „zwischengeschalteten" Körperschaft geschuldet, sondern findet – ohne entsprechende rechtsgeschäftliche Grundlage – lediglich eine Verrechnung über diese Körperschaft statt, die lediglich als „Zahlstelle" fungiert, sind die Einkünfte jedoch direkt der leistungserbringenden natürlichen Person zuzurechnen (vgl. VwGH 24.9.2014, 2011/13/0092).

Weiters kann eine zwischengeschaltete Kapitalgesellschaft Marktchancen nicht nutzen, wenn die betreffende Tätigkeit in typisierender Betrachtungsweise nach der Verkehrsauffassung eine höchstpersönliche Tätigkeit darstellt (zB Schriftsteller, Vortragende, Sportler, Künstler).

Zu 2.: Für das Vorliegen eines eigenständigen, sich von der natürlichen Person abhebenden geschäftlichen Betriebes spricht insbesondere die Beschäftigung von Mitarbeitern, wobei es auf die rechtliche Ausgestaltung des Beschäftigungsverhältnisses nicht ankommt. Bloße Hilfstätigkeiten in der Kapitalgesellschaft (zB Sekretariat) führen jedoch zu keinem eigenständigen, sich abhebenden geschäftlichen Betrieb. Ist die Tätigkeit der natürlichen Person bloßer Ausfluss der eigenbetrieblichen Tätigkeit der Kapitalgesellschaft, erfolgt keine Zurechnung zur natürlichen Person.

Beispiele:

1. Ein Rechtsanwalt, der Gesellschafter-Geschäftsführer einer Rechtsanwalts-GmbH ist, wird als Stiftungsvorstand in der von einem seiner Klienten errichteten Privatstiftung tätig. Sein Dienstvertrag mit der Rechtsanwalts-GmbH sieht vor, dass er die Vergütungen für seine Tätigkeit als Stiftungsvorstand an die Rechtsanwalts-GmbH abführen muss.

Als Stiftungsvorstand kommt nur eine natürliche Person in Betracht, die Rechtsanwalts-GmbH kann daher die Marktchancen nicht nutzen. Da die Rechtsanwalts-GmbH jedoch über einen eigenständigen, sich abhebenden geschäftlichen Betrieb verfügt und die Tätigkeit als Stiftungsvorstand Ausfluss dieser eigenbetrieblichen Tätigkeit der GmbH ist, kommt es zu keiner abweichenden Zurechnung.

2. Ein Universitätsprofessor rechnet Honorare für seine Gutachtenstätigkeit über eine ihm und seiner Ehefrau gehörende GmbH ab. Einzige Arbeitnehmerin in der GmbH ist seine Ehefrau, die als Sekretärin beschäftigt wird.

Es liegt in typisierender Betrachtungsweise eine Tätigkeit vor, die höchstpersönlich zu erbringen ist; die GmbH kann daher nicht die Marktchancen nutzen. Da die GmbH auch nicht über einen eigenständigen, sich abhebenden Betrieb verfügt, werden die Honorare der natürlichen Person zugerechnet.

3. Ein Gärtner entschließt sich, sein Einzelunternehmen künftig in der Rechtsform einer GmbH fortzuführen. Mitarbeiter beschäftigt er nicht.

Da es sich in typisierender Betrachtungsweise um keine höchstpersönliche Tätigkeit handelt, kann die GmbH die Marktchancen nutzen. Es kommt daher zu keiner abweichenden Zurechnung.

4. Ein Mitarbeiter der Konzernmutter wird als Aufsichtsrat in die Tochtergesellschaft entsandt. Die Vergütung für diese Tätigkeit ist in seiner Gesamtvergütung, die er von der Konzernmutter erhält, enthalten. Die Konzernmutter verrechnet der Tochtergesellschaft eine Umlage für diese Konzerngestellung.

Da es sich bei der Konzernmutter nicht um eine unter dem Einfluss des Steuerpflichtigen oder seiner nahen Angehörigen (Rz 1129) stehende Kapitalgesellschaft handelt und die Konzernmutter überdies idR über einen eigenständigen, sich abhebenden Betrieb verfügen wird, kommt es zu keiner abweichenden Zurechnung. Die von der Tochtergesellschaft geleistete Umlage für die Konzerngestellung unterliegt, ungeachtet der Zurechnung zur Konzernmutter, bei der Tochtergesellschaft § 12 Abs. 1 Z 7 KStG 1988.

5. Eine Steuerberaterin wird als Vortragende an einer Fachhochschule tätig. Sie rechnet ihre Honorare aus der Vortragstätigkeit über ihre Steuerberatungs-GmbH ab.

Als Vortragende an Fachhochschulen kommen nur natürliche Personen in Betracht, die Steuerberatungs-GmbH kann daher die Marktchancen nicht nutzen. Die Steuerberatungs-GmbH verfügt zwar über einen eigenständigen, sich abhebenden geschäftlichen Betrieb. Da die Tätigkeit als Vortragende jedoch nicht Ausfluss dieser eigenbetrieblichen Tätigkeit der GmbH ist, sind die Vergütungen aus der Vortragstätigkeit unmittelbar der Steuerberaterin als nichtselbständige Einkünfte (§ 25 Abs. 1 Z 5 EStG 1988) zuzurechnen (vgl. LStR 2002 Rz 992c).

Um eine von der zivilrechtlichen Gestaltung abweichende Einkünftezurechnung ab dem 1.1.2010 zu vermeiden, können bis zum Stichtag 31.12.2009 Umwandlungen gemäß Art. II UmgrStG vorgenommen werden. Dabei ist davon auszugehen, dass am Tag des Umwandlungsbeschlusses das Betriebserfordernis erfüllt ist.

Rechtslage ab der Veranlagung 2016

Mit dem AbgÄG 2015 wurde die Bestimmung des § 2 Abs. 4a EStG 1988 eingeführt, welche in bestimmten Fällen die Zurechnung von Einkünften direkt an eine natürliche Person bei Verrechnung über eine „zwischengeschaltete" Körperschaft vorsieht. § 2 Abs. 4a EStG 1988 ist ab der Veranlagung 2016 anwendbar.

Nach § 2 Abs. 4a EStG 1988 sind Einkünfte

- aus einer Tätigkeit als organschaftlicher Vertreter einer Körperschaft (etwa Vorstand einer AG, Geschäftsführer einer GmbH oder Vorstand einer Privatstiftung) sowie
- aus einer höchstpersönlichen Tätigkeit (im Gesetz taxativ: Künstler, Schriftsteller, Wissenschaftler, Sportler und Vortragender)

der leistungserbringenden natürlichen Person zuzurechnen, wenn die Leistung von einer Körperschaft abgerechnet wird, die

- unter dem Einfluss dieser Person steht und
- über keinen eigenständigen, sich von dieser Tätigkeit abhebenden Betrieb verfügt.

Beispiel:

Bei einer GmbH & Co KG bekommt die Komplementär-GmbH (kein eigenständiger Betrieb) das Honorar für die Geschäftsführung in der KG, die von A ausgeführt wird. A ist sowohl Gesellschafter der GmbH als auch der KG. Die Komplementär GmbH bezahlt A für die Geschäftsführung der KG ein Entgelt.

A übt jedoch keine organschaftliche Vertretung für eine Körperschaft aus, weil er Geschäftsführer der KG ist. Es liegt kein Anwendungsfall des § 2 Abs. 4a EStG 1988 vor (Tätigkeit als organschaftlicher Vertreter einer Körperschaft). Siehe auch Rz 5866.

Eine Körperschaft steht jedenfalls dann unter dem Einfluss der leistungserbringenden natürlichen Person, wenn diese Person oder ein Angehöriger (Rz 1129) wesentlich auf die Willensbildung der Körperschaft Einfluss nehmen kann (zB aufgrund der Beteiligungshöhe).

Beispiel:

Die Vorstände der V-AG sind A und B. A ist Alleingesellschafter der A-GmbH, B ist Alleingesellschafter der B-GmbH. A ist Angestellter der B-GmbH, B ist Angestellter der A-GmbH. Die B-GmbH stellt A als Vorstand der V-AG zur Verfügung. Die A-GmbH stellt B als Vorstand der V-AG zur Verfügung. Weder die A-GmbH noch die B-GmbH verfügen über einen eigenständigen, sich von dieser Tätigkeit abhebenden Betrieb.

Es ist vom Einfluss der jeweiligen Vorstände auszugehen. Formale Umstände allein sind für die Beurteilung des Einflusses ohne Belang. Ein Anwendungsfall des § 2 Abs. 4a EStG 1988 liegt vor (Einfluss der natürlichen Person auf die zwischengestaltete Körperschaft).

Für das Vorliegen eines eigenständigen, sich von der natürlichen Person abhebenden, geschäftlichen Betriebes ist insbesondere auf die Beschäftigung von Mitarbeitern abzustellen, wobei es auf die rechtliche Ausgestaltung des Beschäftigungsverhältnisses nicht ankommt. Bloße Hilfstätigkeiten in der Körperschaft (etwa Sekretariat oder verschiedene Hilfsdienste) führen zu keinem eigenständigen, sich abhebenden geschäftlichen Betrieb. Ein eigenständiger Betrieb liegt allerdings dann vor, wenn die höchstpersönliche Tätigkeit der natürlichen Person bloßer Ausfluss der eigenbetrieblichen Tätigkeit der Körperschaft ist, was insbesondere bei rechtsberatenden Berufen der Fall ist (zB Entsendung eines Anwaltes in den Vorstand einer Privatstiftung durch die Anwalts-GmbH).

Beispiel:

Ein Investor ist alleiniger Gesellschafter der Beteiligungs-GmbH, die mehrere Beteiligungen hält. Der Investor erbringt Geschäftsführungstätigkeiten in diesen Beteiligungsgesellschaften. Die Entgelte für die Geschäftsführungen werden an die Beteiligungs-GmbH entrichtet, welche nur Sekretariatsagenden wahrnimmt.

Bei einer Holding kommt ein sich im Verhältnis zur Ausübung einer organschaftlichen Geschäftsführungsfunktion abhebender Betrieb nur in Betracht, wenn Tätigkeiten vorliegen, die erheblich über das Halten von Beteiligungen hinausgehen. Die bloße Wahrnehmung von Sekretariatstätigkeiten begründet keinen sich abhebenden Betrieb. Die Vergütungen sind nach § 2 Abs. 4a EStG 1988 unmittelbar dem Investor zuzurechnen (eigenständiger, sich abhebender Betrieb).

Da mit der Zurechnungsbestimmung des § 2 Abs. 4a EStG 1988 in erster Linie jene Fälle erfasst werden sollen, bei denen eine Kapitalgesellschaft ohne substantielle Tätigkeit zwischengeschaltet wird, kann sich ein „sich abhebender Betrieb" auch aus einer im Verhältnis zur höchstpersönlichen bzw. organschaftlichen Tätigkeit verschiedenen Tätigkeit ergeben. Dies allerdings nur, wenn diese Tätigkeit eine gewisse quantitative Relevanz (idR in einem entsprechenden Umsatzanteil) im Verhältnis zur höchstpersönlichen Tätigkeit aufweist. Ein Umsatzverhältnis von zumindest 20% wird idR einen eigenständigen sich abhebenden Betrieb begründen.

Beispiel:

Ein Arzt (Universitätsprofessor) hat neben seiner universitären Tätigkeit noch eine GmbH, über die folgende Tätigkeiten abgerechnet werden:

Zahlungen von Pharmafirmen als Kostenersatz für Wirksamkeitsprüfungen von Medikamenten sowie pharmakologische Gutachtertätigkeit, wofür Universitätsassistenten zu Hilfsdiensten (Recherche) herangezogen werden (Umsatzvolumen iHv 35% der Gesamtumsätze der GmbH).

Die gutachterliche Tätigkeit des Arztes ist als „wissenschaftliche Tätigkeit" eine höchstpersönliche Tätigkeit iSd § 2 Abs. 4a EStG 1988. Das Heranziehen von Universitätsassistenten zu Recherchetätigkeiten ist nicht geeignet, einen eigenständigen, sich abhebenden Betrieb dieser Gutachtertätigkeit zu begründen. Da jedoch das Umsatzverhältnis (65% des Gesamtumsatzes) des Betriebszweiges Wirksamkeitsprüfung von Medikamenten eine ausreichende qualitative Relevanz (>20% des Gesamtumsatzes) aufweist, liegt insgesamt ein eigenständiger, sich abhebender Betrieb iSd § 2 Abs. 4a EStG 1988 vor (höchstpersönliche Tätigkeit; eigenständiger, sich abhebender Betrieb).

Kommt § 2 Abs. 4a EStG 1988 zur Anwendung, wird der als organschaftliche Vertreterin bzw. höchstpersönlich tätigen natürlichen Person die gesamte Einkunftsquelle – sowohl die Einnahmen als auch die Ausgaben – zugerechnet. Bei der Körperschaft im unternehmensrechtlichen Ergebnis erfasste Aufwendungen, die im Zusammenhang mit den der natürlichen Person zugerechneten Einkünften stehen, sind daher steuerlich bei der natürlichen Person zu berücksichtigen und bei der Körperschaft zu neutralisieren (VwGH 22.11.2018, Ra 2018/15/0037; zur Übernahme von privaten Aufwendungen siehe KStR 2013 Rz 565 ff).

(BMF-AV Nr. 2018/79, BMF-AV Nr. 2019/75)

105 So etwa werden die von einem Handelsvertreter erbrachten Leistungen diesem und nicht auf Grund eines internen Rechtsverhältnisses seiner Ehegattin zugerechnet (VwGH 18. 10. 1995, 95/13/0176). Die Zurechnung der Einkünfte aus einem Bordell etwa erfolgt an denjenigen, der dort als Geschäftsführer auftritt und Verträge über Getränkelieferungen abschließt (VwGH 15. 12. 1998, 98/14/0192). Für sich allein nicht entscheidend ist, auf wessen Konto die Zahlungen überwiesen wurden (VwGH 15. 12. 1994, 93/15/0097). Auch wenn während der Strafhaft eines Steuerpflichtigen sämtliche Geschäfte von seiner Ehefrau geführt werden, hindert dies die Zurechnung der Einkünfte an ihn nicht (VwGH 3.8.2004, 2001/13/0128).

(AÖF 2006/114)

106 Einkünfte aus Kapitalvermögen und aus Vermietung und Verpachtung sind demjenigen zuzurechnen, der zur Nutzung der Vermögenswerte berechtigt ist. Die Durchführung oder Verhinderung von Reparaturarbeiten an einem Gebäude kennzeichnet typischerweise auch die vorzunehmende Zurechnung der Einkünfte aus Vermietung und Verpachtung (VwGH 5.8.1993, 93/14/0031). Für die Zurechnung von Einkünften (aus der Vermietung einer Liegenschaft) ist es entscheidend, ob das Zurechnungssubjekt über die Einkunftsquelle verfügt, also wirtschaftlich über diese disponieren und so die Art ihrer Nutzung bestimmen kann. In Zweifelsfällen ist darauf abzustellen, wer über die dem Tatbestand entsprechende Leistung verfügen kann, daher vor allem die Möglichkeit besitzt, Marktchancen zu nutzen oder die Leistung zu verweigern (vgl. VwGH 29.11.1994, 93/14/0150). Bei der Zurechnung von Einkünften kommt es dabei auf die wirtschaftliche Dispositionsbefugnis über die Einkünfte und nicht auf eine allenfalls nach § 24 BAO zu lösende Zurechnung von Wirtschaftsgütern an (VwGH 26.9.2000, 98/13/0070, VwGH 19.11.1998, 97/15/0001).

Eine wirtschaftliche Dispositionsbefugnis ist zB auch dann nicht gegeben, wenn ein bestehendes Mietverhältnis durch Zwischenschaltung einer juristischen oder natürlichen Person als Untermietverhältnis entsprechend dem bisherigen Hauptmietverhältnis unverändert aufrechterhalten wird. Eine wirtschaftliche Dispositionsbefugnis ist nur dann gegeben, wenn der nunmehrige Untervermieter Einfluss auf die Einkünfteerzielung ausübt (siehe dazu Rz 111).

(BMF-AV Nr. 2019/75)

107 Bei Verpachtung eines Betriebes sind die Einkünfte dem Pächter zuzurechnen. Bei freiwilliger wie auch zwangsweiser Abtretung der Einkünfte an einen Dritten bleibt der ursprüngliche Bezieher einkommensteuerpflichtig (VwGH 20.7.1999, 93/13/0178, betreffend Einkünfte aus der Duldung der Automatenaufstellung, die der Ehefrau zugutekamen). So etwa bleibt bei Lohnpfändung der Arbeitnehmer steuerpflichtig oder sind die Einkünfte eines insolventen Unternehmens dem Gemeinschuldner (VwGH 29.9.1976, 1387/76) zuzurechnen. Überträgt der Sportler nicht die Verwertungsrechte an seinem Namen, sondern tritt er gegen Entgelt die Einnahmen aus den Werbeverträgen ab, dann sind diese Einnahmen (zunächst) weiterhin ihm zuzurechnen (VwGH 23.1.1996, 95/14/0139).

Einkünfte aus einem Nachlassvermögen sind ab dem Todestag dem oder den Erben (allenfalls im Verhältnis der Erbquoten) zuzurechnen, wobei anderweitige Vereinbarungen steuerrechtlich anerkannt werden können (VwGH 11. 12. 1990, 90/14/0079; VwGH 20.4.2004, 2003/13/0160). **108**

Da der ruhende Nachlass einkommensteuerrechtlich nicht als Empfänger von Einkünften in Frage kommt, sondern die Einkünfte unmittelbar dem Erben zugerechnet werden, bedeutet dies, dass die zeitliche Zuordnung von Einnahmen und Ausgaben gemäß § 19 EStG 1988 beim Erben als dem Abgabepflichtigen so erfolgt, als ob die für die zeitliche Zuordnung maßgeblichen Sachverhaltselemente bei ihm selbst und nicht beim ruhenden Nachlass verwirklicht worden wären. Die vom ruhenden Nachlass erwirtschafteten Überschüsse werden auch in zeitlicher Hinsicht unmittelbar beim Erben erfasst und bei diesem der Einkommensteuer unterworfen (VwGH 29.6.2005, 2002/14/0146).

Kommt es vor oder im Zuge der Einantwortung zur Erbteilung in der Art, dass einzelne Nachlassgegenstände den einzelnen Erben zur Gänze übertragen werden, sind die bis dahin erzielten Einkünfte zur Gänze dem Erben zuzurechnen, der aufgrund der Erbteilung alleiniger Eigentümer der zu diesen Einkünften führenden Wirtschaftsgütern geworden ist.

Zur Aufteilung eines Nachlasses im Wege eines Erbübereinkommens siehe die in Rz 134a ff dargestellten Grundsätze.

(AÖF 2013/280)

Der Grundsatz, dass die Einkünfte iZm der Verlassenschaft ab dem Todestag des Erblassers den Erben zuzurechnen sind, gilt auch für Einkünfte aus Grundstücksveräußerungen. Wird ein Grundstück aus der Verlassenschaft veräußert, sind die Einkünfte entsprechend den Erbquoten auf alle Erben aufzuteilen. Zur Abfuhr der ImmoESt siehe Rz 6710. **108a**

(AÖF 2013/280)

In den Fällen der unentgeltlichen Übertragung der Einkunftsquelle gilt Folgendes: **109**

- Im Rahmen einer Einnahmen-Ausgaben-Rechnung ermittelte Einkünfte bzw. außerbetriebliche Einkünfte, die noch vom Erblasser (Rechtsvorgänger) erwirtschaftet worden sind, aber erst nach seinem Tod (der Übertragung der Einkunftsquelle) zufließen, sind nach dem Zuflussprinzip dem/den Erben (dem/den Rechtsnachfolger/n) zuzurechnen. Es bestehen aber keine Bedenken, die Einkünfte zeitanteilig zuzuordnen.
- Bei Gewinnermittlung nach § 4 Abs. 1 und § 5 EStG 1988 ist grundsätzlich zum Ablauf des Todestages (Übergabetages) eine Schlussbilanz aufzustellen. Erfolgt dies nicht, bestehen keine Bedenken, anstelle der Aufstellung einer Bilanz zum Todeszeitpunkt (Übergabezeitpunkt) die Einkünfte auf den Erblasser **(Rechtsvorgänger)** und die Erben **(Rechtsnachfolger)** zeitanteilig zuzuordnen.
- In den Fällen der Voll- oder Teilpauschalierung bestehen keine Bedenken, die Einkünfte zwischen Übergeber und Übernehmer zeitanteilig zuzuordnen; zur Land- und Forstwirtschaft siehe Rz 5154.

(AÖF 2007/88)

Der ruhende Nachlass wird nur dann als Körperschaftsteuersubjekt angesehen, wenn keine Erben vorhanden sind oder diese die Erbschaft ausschlagen (vgl. VwGH 13.3.1997, 96/15/0102; VwGH 26.5.1998, 93/14/0191). Zur Abfuhr der ImmoESt im Falle der Grundstücksveräußerung aus dem Nachlass siehe Rz 108a. **110**

Zur Aufteilung der Einkünfte bei ehelicher Gütergemeinschaft siehe Rz 1224.

(AÖF 2013/280)

2.3.2 Fruchtgenuss

2.3.2.1 Allgemeines

Einkünfte aus einem Fruchtgenuss iSd ABGB sind dem Fruchtgenussberechtigten als eigene Einkünfte zuzurechnen, wenn er auf die Einkünfteerzielung Einfluss nimmt, indem er am Wirtschaftsleben teilnimmt und die Nutzungsmöglichkeiten nach eigenen Intentionen gestaltet (VwGH 4.3.1986, 85/14/0133; VwGH 28.11.2007, 2003/14/0065; VwGH 4.3.1986, 85/14/0133); maßgeblich ist dabei die tatsächliche, nach außen in Erscheinung tretende Gestaltung der Dinge (VwGH 15.12.2010, 2008/13/0012). **111**

Eine Einflussnahme auf die Einkünfteerzielung ist allerdings noch nicht gegeben, wenn bloß bereits abgeschlossene Mietverträge aufrecht erhalten werden oder Investitionsentscheidungen bloß im Rahmen einer Wohnungseigentümergemeinschaft mitgetroffen werden (VwGH 20.3.2014, 2011/15/0174; VwGH 22.10.2015, 2012/15/0146; VwGH 15.09.2016,

Ra 2014/15/0012; VwGH 29.03.2017, Ra 2015/15/0052); ist eine Einflussnahmemöglichkeit nicht gegeben, findet keine Zurechnung der Einkünfte an den Fruchtgenussberechtigten statt.

Weitere Voraussetzung für die Zurechnung der Einkünfte ist auch, dass der Fruchtgenussberechtigte die Aufwendungen im Zusammenhang mit dem Gegenstand des Fruchtgenusses trägt (insbesondere Erhaltungsaufwand, Abgaben und Zinsen); dass die Übernahme der laufenden Kosten in der Fruchtgenussvereinbarung nicht ausdrücklich geregelt ist, ist für sich genommen für die Zurechnung der Einkünfte an den Fruchtgenussberechtigten aber unschädlich, weil sich diese Verpflichtung bereits aus dem dispositiven Zivilrecht ergibt (VwGH 27.6.2013, 2009/15/0219 mit Verweis auf §§ 512 ff ABGB). Dem Fruchtgenussberechtigten darf daher nur der Nettoertrag verbleiben (Einnahmen abzüglich Aufwendungen).

Die Zurechnung der Einkünfte muss nicht mit der Zurechnung der zur Einkunftserzielung eingesetzten Wirtschaftsgüter zusammenfallen (siehe allerdings VwGH 25.2.2015, 2011/13/0003, wonach die Zurechnung von passiven Einkünften, insbesondere auch solchen aus Kapitalvermögen, grundsätzlich an denjenigen erfolgt, der das wirtschaftliche Eigentum an den die Einkünfte generierenden Vermögenswerten hat). Das zivilrechtliche Eigentum an einem Wirtschaftsgut allein sagt noch nichts darüber aus, wem die Einkünfte zuzurechnen sind (VwGH 14.6.1972, 0770/70, betreffend Zimmervermietung durch einen Ehegatten im Gebäude, das im Eigentum des anderen Ehegatten steht). Die AfA kann aber im Allgemeinen nur der wirtschaftliche Eigentümer, somit im Falle eines Fruchtgenusses regelmäßig nur der Fruchtgenussbesteller, geltend machen, sofern bei ihm überhaupt eine Einkunftsquelle anzunehmen ist (VwGH 6.11.1991, 91/13/0074; siehe dazu Rz 124).

(BMF-AV Nr. 2018/79)

Randzahl 112: *derzeit frei*

(BMF-AV Nr. 2018/79)

113 Eine Feststellung der Einkünfte gemäß § 188 BAO ist vorzunehmen, wenn an den Einkünften mehrere Personen beteiligt sind (vgl. VwGH 27.10.1976, 491/76 betreffend Fruchtgenuss an einem Miteigentumsanteil). Besteht der Fruchtgenuss am ganzen Betrieb, Mietobjekt oder sonstigen Vermögen, dann ist mangels gemeinsamer Einkunftserzielung eine Feststellung der Einkünfte von Fruchtnießer und Eigentümer in der Regel nicht durchzuführen. Die sich beim wirtschaftlichen Eigentümer infolge Geltendmachung der AfA ergebenden negativen Einkünfte sind in der Regel nicht ausgleichsfähig (vgl. Rz 102 f).

(AÖF 2010/43)

113a Wird das zivilrechtliche Eigentum an Einkünfte generierende Wirtschafsgüter (Einkunftsquelle) unter Vorbehalt des Fruchtgenussrechtes übertragen, tritt keine Änderung bei der Zurechnung der erzielten Einkünfte ein; die Einkünfte sind daher grundsätzlich unverändert dem bisherigen Eigentümer und nunmehrigen Fruchtgenussberechtigten zuzurechnen (vgl. VwGH 27.1.2009, 2006/13/0166 mwN). Ist der Fruchtgenussberechtigte nicht zugleich wirtschaftlicher Eigentümer der zur Einkünfteerzielung verwendeten Wirtschaftsgüter, kann er die AfA für diese Wirtschaftsgüter nicht geltend machen (siehe Rz 111). Leistet aber der Fruchtgenussberechtigte dem Fruchtgenussbesteller eine Zahlung für Substanzabgeltung in Höhe der bisher geltend gemachten AfA, ist diese Zahlung beim ihm abzugsfähig, während der Fruchtgenussbesteller eine Einnahme in dieser Höhe erzielt, der die AfA als Ausgabe gegenübersteht. Die Geltendmachung der AfA beim Fruchtgenussbesteller ist allerdings nur möglich, wenn eine ausreichend publizitätswirksam dokumentierte vertragliche Vereinbarung zur Zahlung der Substanzabgeltung abgeschlossen wurde (beispielweise durch Errichtung eines Notariatsaktes; siehe dazu Rz 1132 ff) und die Zahlungen tatsächlich erfolgen. Wurde im Zeitpunkt der Übertragung unter Vorbehalt des Fruchtgenussrechtes eine solche Vereinbarung nicht getroffen, muss diese gesondert erfolgen. Die Geltendmachung der AfA kann dabei nicht rückwirkend erfolgen, sondern frühestens im dem Veranlagungszeitraum, für den erstmalig die Zahlung der Substanzabgeltung vorgenommen wird.

(BMF-AV Nr. 2018/79)

2.3.2.2 Vorbehaltsfruchtgenuss

114 Die unentgeltliche Übereignung eines Betriebes, eines Mietobjektes oder sonstigen Vermögens unter gleichzeitiger Zurückbehaltung des Fruchtgenussrechtes (Vorbehaltsfruchtgenuss) hat idR keine Änderung in der bisherigen Zurechnung der Einkünfte zur Folge (VwGH 3.12.1965, 2276/64; VwGH 14.9.1972, 54/72; etwa bei unentgeltlicher Übertragung landwirtschaftlichen Vermögens unter Zurückbehaltung des Fruchtgenussrechtes; VwGH 25.6.1969, 1430/68, betreffend unentgeltliche Übertragung eines Anteiles an einer Personengesellschaft unter Vorbehalt des Fruchtgenussrechtes). Voraussetzung der Einkünftezurechnung an den Fruchtnießer ist, dass diesem die Disposition über die Einkünfte möglich ist (vgl. Rz 118).

(AÖF 2002/84)

Bei entgeltlicher Übertragung eines Wirtschaftsgutes unter Vorbehalt des Nutzungsrechtes wird das um den Wert des Nutzungsrechtes verminderte Wirtschaftsgut übertragen (so genannte Nettomethode). Der Vorgang kann nicht in die Übertragung des unbelasteten Wirtschaftsgutes einerseits und die entgeltliche Einräumung eines Nutzungsrechtes durch den neuen Eigentümer andererseits zerlegt werden (so genannte Bruttomethode). **114a**

(AÖF 2008/238)

Verbleiben dem Fruchtnießer die Bruttoeinnahmen und trägt der Fruchtgenussbesteller die mit der Fruchtgenusssache verbundenen Aufwendungen (Bruttofruchtgenuss), dann ist der Fruchtnießer nicht unternehmerisch tätig. Es liegt bloß eine Verfügung über Einnahmen vor, die dem Fruchtgenussbesteller zuzurechnen sind. Bei Übereignung eines Vermögens unter Zurückbehaltung des lebenslänglichen Bruttofruchtgenusses sind die Einkünfte daher dem neuen Eigentümer zuzurechnen. Auf die geleisteten bzw. erhaltenen Bruttoerträge sind idR die Grundsätze über die Behandlung von Unterhaltsrenten anzuwenden (Rz 7047 ff). **115**

(AÖF 2004/167)

Ein Fruchtgenussrecht kann zivilrechtlich sowohl „der Ausübung nach" als auch „der Substanz nach" – mit obligatorischer oder mit dinglicher Wirkung sowie ganz oder nur zum Teil – an einen Dritten übertragen werden (vgl. VwGH 31.3.2017, Ra 2016/13/0029, mit Verweis auf OGH 21.2.2014, 5 Ob 157/13v sowie OGH 23.11.2010, 1 Ob 185/10b). **115a**

Wird das Fruchtgenussrecht „der Substanz nach" übertragen, liegt aus ertragsteuerlicher Sicht eine Veräußerung vor, aus der sich folgende ertragsteuerlichen Auswirkungen ergeben können:

- Gehört das Fruchtgenussrecht zum Betriebsvermögen des Fruchtgenussberechtigten, ist der Veräußerungserlös im Rahmen der jeweiligen betrieblichen Einkunftsart zu erfassen.
- Gehört das Fruchtgenussrecht hingegen zum Privatvermögen des Fruchtgenussberechtigten, unterliegt die Veräußerung grundsätzlich nicht der Einkommensteuer (zu Fruchtgenussrechten an Kapitalvermögen siehe allerdings Rz 6143b). Einkünfte aus Spekulationsgeschäften gemäß § 31 EStG 1988 liegen in der Regel mangels Anschaffung des Vorbehaltsfruchtgenusses, Einkünfte aus Leistungen gemäß § 29 Z 3 EStG 1988 aufgrund der Wirtschaftsgutseigenschaft des Fruchtgenussrechtes nicht vor.

Der entgeltliche Verzicht des Fruchtgenussberechtigten auf das Fruchtgenussrecht (zugunsten des Eigentümers), stellt eine Vermögensumschichtung dar, die als Veräußerung des Fruchtgenussrechtes anzusehen ist, womit sich dieselben ertragsteuerlichen Auswirkungen ergeben (VwGH 31.3.2017, Ra 2016/13/0029 mwN).

Wird allerdings gegen Entgelt auf ein Fruchtgenussrecht verzichtet, das anlässlich der früheren Übertragung eines Wirtschaftsgutes vorbehalten wurde, sind die Übertragung des Wirtschaftsgutes unter Vorbehalt des Fruchtgenussrechtes und der spätere entgeltliche Verzicht auf das Fruchtgenussrecht in wirtschaftlicher Betrachtungsweise als einheitlicher Übertragungsvorgang anzusehen. In der Gesamtschau stellt dieser Vorgang eine Veräußerung des übertragenen Wirtschaftsgutes dar (siehe dazu auch Rz 6611). Das Entgelt für den Verzicht auf das Fruchtgenussrecht ist somit Veräußerungserlös (bzw. Teil des Veräußerungserlöses) für das übertragene Wirtschaftsgut (siehe VwGH 4.9.2014, 2011/15/0039, zum entgeltlichen Verzicht auf ein Vorbehaltsfruchtgenussrecht an Gesellschaftsanteilen). Die Veräußerung unterliegt in diesen Fällen dann der Steuerpflicht, wenn

- dadurch ein Einkünftetatbestand verwirklicht wird (beispielsweise Einkünfte aus privaten Grundstücksveräußerungen gemäß § 30 EStG 1988 bei Verzicht auf ein Vorbehaltsfruchtgenuss an einem Grundstück), und
- das Entgelt für den Verzicht – isoliert oder gemeinsam mit dem Entgelt, das anlässlich der Übertragung des Wirtschaftsgutes entrichtet wurde – mindestens 50% des gemeinen Wertes des (nicht um den Wert des Fruchtgenussrechtes verminderten) übertragenen Wirtschaftsgutes zum Zeitpunkt des Verzichts auf das Fruchtgenussrechtes beträgt.

(BMF-AV Nr. 2018/79)

Wird das Fruchtgenussrecht „der Ausübung nach" entgeltlich an einen Dritten übertragen, stellt dies aus ertragsteuerlicher Sicht eine Nutzungsüberlassung dar. Dies führt – vergleichbar der Untervermietung durch einen Hauptmieter – zu Einkünften aus Vermietung und Verpachtung beim übertragenden Fruchtgenussberechtigten (VwGH 21.12.2010, 2009/15/0046; VwGH 31.3.2017, Ra 2016/13/0029; vgl. Rz 6409). **115b**

(BMF-AV Nr. 2018/79)

2.3.2.3 Zuwendungsfruchtgenuss

116 Wird das Fruchtgenussrecht unentgeltlich eingeräumt (Zuwendungsfruchtgenuss), muss dieser für eine gewisse Dauer bei rechtlich abgesicherter Position bestellt sein, wobei ein Zeitraum von 10 Jahren als ausreichend angesehen werden kann. Die Verbücherung des Fruchtgenussrechtes ist keine Voraussetzung für das Vorliegen einer rechtlich abgesicherten Position. Eine solche ist bereits dann gegeben, wenn ein entsprechender Vertrag über die unentgeltliche Einräumung des Fruchtgenussrechtes abgeschlossen und ausreichend publizitätswirksam dokumentiert wird (beispielweise durch Errichtung eines Notariatsaktes; siehe dazu Rz 1132 ff). Für das Vorliegen einer rechtlich abgesicherten Position ist es weiters notwendig, dass die Rechtsposition des Fruchtgenussberechtigten nicht durch den Fruchtgenussbesteller einseitig verändert oder entzogen werden kann (insbesondere durch Beendigung des Fruchtgenussrechtes). Ein Fruchtgenussvertrag, der vom Fruchtgenussbesteller – wenn auch unter Einhaltung einer Frist – jederzeit gekündigt werden kann, vermittelt daher keine rechtlich abgesicherte Position. Dies gilt ebenso, wenn die Kündigung zwar nicht jederzeit möglich ist, sondern nur bei Eintritt bestimmter Ereignisse (bzw. bei Vorliegen bestimmter Gründe), der Eintritt dieser Ereignisse allerdings jederzeit durch den Fruchtgenussbesteller bewirkt werden kann. Dies ist beispielsweise bei einer Vertragsklausel der Fall, wonach der Fruchtgenussvertrag bereits bei der Aufhebung der Lebensgemeinschaft des Fruchtgenussbestellers mit dem Fruchtgenussberechtigten endet (bzw. beendet werden kann). Ist hingegen die Beendigung nur für den Fall einer Scheidung vorgesehen („echte" Scheidungsklausel), hat dies keine Auswirkung auf die rechtlich abgesicherte Position des Fruchtgenussberechtigten (BFG 24.5.2017, RV/3101092/2015).

Die Einkünfte aus einem durch letztwillige Verfügung eingeräumten Fruchtgenussrecht sind grundsätzlich dem Fruchtgenussberechtigten zuzurechnen. Ein testamentarischer Fruchtgenussberechtigter einer Liegenschaft ist idR nicht wirtschaftlicher Eigentümer (VwGH 28.11.2002, 2001/13/0257). Hat der Erbe die mit der Fruchtgenusssache verbundenen Aufwendungen zu tragen, sodass dem Fruchtgenussberechtigten die Bruttoerträge verbleiben (Bruttofruchtgenuss), dann sind die Einkünfte nicht ihm, sondern dem Erben zuzurechnen (VwGH 18.12.1964, 0439/64). Die vom Erben aus dem Rechtsgrund der Annahme der Erbschaft an den Fruchtgenussberechtigten geleisteten Bruttoerträge stellen beim Erben sofort Sonderausgaben gemäß § 18 Abs. 1 Z 1 EStG 1988 und gleichzeitig beim Fruchtgenussberechtigten sonstige Einkünfte gemäß § 29 Z 1 EStG 1988 dar (vgl. Rz 6602 ff).

(BMF-AV Nr. 2018/79)

117 Bei unentgeltlicher Fruchtgenussbestellung unter Lebenden sowie gegenüber unterhaltsberechtigten Personen ohne gleichzeitige Übereignung der dienstbaren Sache (Zuwendungsfruchtgenuss) sind die Einkünfte dem Fruchtnießer zuzurechnen, wenn er unternehmerisch tätig wird, dh. auf die Einkünfteerzielung Einfluss nimmt und Aufwendungen trägt. Das Nutzungsrecht muss für eine gewisse Dauer bei rechtlich abgesicherter Position des Berechtigten bestellt sein. Der Fruchtgenuss ist dem Fruchtnießer auch dann zuzurechnen, wenn er in Erfüllung einer gesetzlichen Unterhaltspflicht eingeräumt wird (VwGH 4.3.1986, 85/14/0133). Hingegen sind die Einkünfte im Zusammenhang mit einem Fruchtgenuss dem Besteller zuzurechnen, wenn in der Einräumung die Weitergabe von Einkommensteilen bzw die Überlassung erzielter Einkünfte im Sinne des § 20 Abs. 1 Z 4 EStG 1988 zu erblicken ist (VwGH 27.10.1961, 802/61; VwGH 28.4.1982, 13/3251/80); dies wird bei Zuwendung des Bruttofruchtgenusses in der Regel der Fall sein, sodass die Bruttobeträge beim Empfänger nicht einkommensteuerpflichtig (auch nicht nach § 29 Z 1 EStG 1988) und beim Geber nicht abzugsfähig sind (auch nicht nach § 18 Abs. 1 Z 1 EStG 1988).

118 Die Zurechnung der Einkünfte aus einem Fruchtgenussrecht an Kapitalvermögen setzt voraus, dass die Disposition über die Einkünfteerzielung überhaupt möglich ist und dem Fruchtgenussberechtigten die Dispositionsbefugnis tatsächlich zukommt (etwa bei Dividenden, nicht hingegen zB bei Spareinlagen). Bei unentgeltlicher Bestellung des Fruchtgenussrechtes an einem bereits angelegten Kapital (§ 510 ABGB) sind die Einkünfte grundsätzlich daher weiterhin dem Fruchtgenussbesteller zuzurechnen (Überlassung künftiger Einkünfte, vgl. VwGH 12.2.1965, 1767/64; VwGH 19.2.1992, 91/14/0216). Einkünfte aus einem Fruchtgenussrecht an Kapitalanlagen (wie etwa an Kapitalanteilen), sofern die Einkünfte daraus dem Fruchtgenussberechtigten originär zuzurechnen sind (siehe Rz 111), fallen unter die Einkünfte aus Kapitalvermögen. Zur entgeltlichen Übertragung eines solchen Fruchtgenussrechtes siehe Rz 6143b.

(BMF-AV Nr. 2018/79)

119 Wird ein zugewendetes Fruchtgenussrecht entgeltlich übertragen – „der Ausübung nach" oder „der Substanz nach" – ergeben sich dieselben ertragsteuerlichen Auswirkungen wie beim Vorbehaltsfruchtgenussrecht (siehe Rz 115a f).

(BMF-AV Nr. 2018/79)

2.3.2.4 Fruchtgenuss zwischen nahen Angehörigen

Bei der Beurteilung der Fruchtgenussbestellung zwischen nahen Angehörigen sind die von der Rechtsprechung zu den Verträgen zwischen nahen Angehörigen entwickelten Kriterien zu beachten (VwGH 18.12.1978, 2790/77); siehe Rz 1127 ff, zur Gütergemeinschaft im Besonderen Rz 1224. **120**

2.4 Persönliche Zurechnung der Wirtschaftsgüter

2.4.1 Allgemeines

Wirtschaftsgüter, die zum Zweck der Sicherung übereignet worden sind, werden demjenigen zugerechnet, der die Sicherung einräumt (Sicherungsgeber, § 24 Abs. 1 lit. a BAO). Wirtschaftsgüter, die zu treuen Handen übereignet oder für einen Treugeber erworben worden sind, werden dem Treugeber zugerechnet (§ 24 Abs. 1 lit. b und lit. c BAO). Wirtschaftsgüter, über die jemand die Herrschaft gleich einem Eigentümer ausübt, werden diesem zugerechnet (§ 24 Abs. 1 lit. d BAO). **121**

IdR ist dem zivilrechtlichen Eigentümer dieses Wirtschaftsgut auch steuerlich zuzurechnen. Ein Auseinanderfallen von zivilrechtlichem und wirtschaftlichem Eigentum ist dann anzunehmen, wenn ein anderer als der zivilrechtliche Eigentümer die positiven Befugnisse, die Ausdruck des zivilrechtlichen Eigentums sind, nämlich Gebrauch, Verbrauch, Veränderung, Belastung, Veräußerung, auszuüben in der Lage ist, und wenn er zugleich den negativen Inhalt des Eigentumsrechts, nämlich den Ausschluss Dritter von der Einwirkung auf die Sache, auch gegenüber dem Eigentümer auf Dauer, dh. auf die Dauer der voraussichtlichen wirtschaftlichen Nutzung, geltend machen kann (VwGH 24.11.1982, 81/13/0021). **122**

Zur Einkünftezurechnung bei ausländischen Versicherungsprodukten siehe Rz 6209 ff.
(AÖF 2013/280)

2.4.2 Einzelheiten zum wirtschaftlichen Eigentum

Bloße Verwaltungs- und Nutzungsrechte bewirken noch nicht, dass der zivilrechtliche Eigentümer sein wirtschaftliches Eigentum an der mit Nutzungsrechten belasteten Sache verliert. Dem zivilrechtlichen Eigentümer ist aber eine Sache dann steuerlich nicht zuzurechnen, wenn besondere Umstände hinzukommen, die es dem Nutzungsberechtigten ermöglichen, mit der Sache wie ein Eigentümer zu schalten und zu walten (VwGH 29.6.1982, 81/14/93; VwGH 29.6.1982, 82/14/54). **123**

Fassung für Übertragungsvorgänge bis 31. Dezember 2007: **124**

Bei unentgeltlicher Übereignung einer Liegenschaft unter lebenslänglicher Zurückbehaltung des Nutzungsrechtes mit Veräußerungs-, Belastungs- und Bauverbot zu Gunsten des Fruchtnießers erfolgt die Zurechnung beim Fruchtnießer (VwGH 7.5.1969, 1814/68; VwGH 14.9.1972, 0054/72); ein Hotel etwa ist den Fruchtgenussberechtigten zuzurechnen, wenn diese den Kauf finanzieren, die Hoteleinrichtung erwerben und das Hotel selbst bewirtschaften (VwGH 17.9.1996, 92/14/0054).

Fassung für Übertragungsvorgänge ab 1. Jänner 2008:

Ein unentgeltlich übertragenes Gebäude unter lebenslänglicher Zurückbehaltung des Nutzungsrechtes mit Veräußerungs-, Belastungs- und Bauverbot zu Gunsten des Fruchtgenussberechtigten kann diesem zugerechnet werden. Die Einräumung und Verbücherung eines Veräußerungs- und Belastungsverbotes zugunsten des Fruchtgenussberechtigten kann aber alleine nicht dessen wirtschaftliches Eigentum begründen, es handelt sich um ein Indiz und es sind stets die Gesamtumstände zu berücksichtigen (VwGH 28.11.2007, 2007/14/0021). Ein Hotelgebäude etwa ist den Fruchtgenussberechtigten zuzurechnen, wenn diese den Kauf finanzieren, die Hoteleinrichtung erwerben und das Hotel selbst bewirtschaften (VwGH 17.9.1996, 92/14/0054).

In Anbetracht der zeitlich praktisch unbegrenzten Nutzungsdauer eines Grundstückes (Grund und Boden) können auf Lebenszeit eingeräumte Rechte (zB Vorkaufsrecht, Fruchtgenussrecht) kein wirtschaftliches Eigentum am Grund und Boden vermitteln; für die Frage des wirtschaftlichen Eigentums kommt insbesondere dem Umstand, wer die Chance von Wertsteigerungen bzw. das Risiko von Wertminderungen trägt, besonderes Gewicht zu (VwGH 12.12.2007, 2006/15/0123; VwGH 19.10.2016, Ra 2014/15/0039). Die Vereinbarung, den Fruchtgenussberechtigten im Falle der Veräußerung des betreffenden Grundstücks bloß am Veräußerungserlös zu beteiligen, stellt noch keine ausreichende Chancen- bzw. Risikotragung bezüglich der Wertveränderungen des Grundstückes dar. Von einer solchen kann ausgegangen werden, wenn im Fruchtgenussbestellungsvertrag (oder in einer Nebenvereinbarung) vereinbart ist, dass der Fruchtgenussberechtigte eine Veräußerung des Grundstückes erwirken und er diesfalls die Wertsteigerung lukrieren kann oder dem Eigentümer eine allfällige Wertminderung ersetzen muss.

(BMF-AV Nr. 2018/79)

125 Ein Nutzungsrecht an einem GmbH-Anteil auf unbestimmte Zeit mit Veräußerungs- und Belastungsverbot sowie Ausübung des Stimmrechts zu Gunsten des Nutzungsberechtigten wird diesem zugerechnet (VwGH 11.11.1975, 0434/75; VwGH 26.6.1984, 83/14/0258).

Erteilt der zivilrechtliche Anteilsinhaber einer GmbH einem anderen eine Vollmacht, der zufolge der „Vollmachtnehmer" unbeschränkt, unbefristet und unwiderruflich ermächtigt wird, alle Gesellschaftsrechte (Ausübung des Stimmrechts, Empfang ausgeschütteter Gewinne) wahrzunehmen und auch über die Gesellschaftsanteile – etwa durch Abtretung an dritte Personen – zu verfügen, ist nicht der zivilrechtliche Anteilsinhaber als wirtschaftlicher Eigentümer anzusehen, sondern der „Bevollmächtigte" (VwGH 08.07.2009, 2006/15/0264).

(AÖF 2011/66)

126 Gebäude auf fremdem Grund und Boden (VwGH 13.9.1973, 495/72) und Mieter-(Pächter-)investitionen (VwGH 4.2.1976, 1338/75; VwGH 17.5.1977, 1934/76; VwGH 19.3.2002, 99/14/0286) werden den Nutzungsberechtigten zugerechnet, es sei denn, das Gebäude bzw die Investition gehen auf Grund der tatsächlichen und rechtlichen Gestaltung in das wirtschaftliche Eigentum des Liegenschaftseigentümers über (VwGH 25.2.1970, 1794/68).

(AÖF 2003/209)

127 Ein Miet- oder Pachtverhältnis begründet im Allgemeinen selbst dann nicht wirtschaftliches Eigentum des Mieters (Pächters), wenn dieser die Gefahr der Verschlechterung und Ersatzbeschaffung trägt. Dieser Gesichtspunkt könnte allenfalls von Bedeutung sein, wenn zwischen Vermieter (Verpächter) und Mieter (Pächter) ein angemessener von vornherein festgesetzter Preis für den künftig vorgesehenen Verkauf vereinbart wird, den der Mieter (Pächter) auch bei allfälliger Wertminderung entrichten muss (vgl. VwGH 25.9.1984, 81/14/0167).

128 Wirtschaftlicher Eigentümer abnutzbarer Gegenstände ist grundsätzlich derjenige, der auf Dauer – das ist auf die Zeit der möglichen Nutzung – die tatsächliche Herrschaftsmacht auszuüben in der Lage und imstande ist, andere von der Verfügungsgewalt und der Nutzung auszuschließen (VwGH 16.3.1989, 88/14/0055).

129 Das Fehlen einer schriftlichen Treuhandvereinbarung und die jahrzehntelange Nichtentlohnung des behaupteten Treuhandverhältnisses lassen die Annahme des wirtschaftlichen Eigentums des angeblichen Treuhänders schlüssig erscheinen (VwGH 24.6.1997, 95/14/0030, 0107).

130 Wer über Bankkonten und Wertpapierdepots eigentümerähnlich verfügt, dem sind diese auch zuzurechnen (VwGH 26.5.1993, 90/13/0155).

131 Der im zivilrechtlichen Eigentum des einen Ehegatten stehende Gebäude(teil) ist insoweit dem anderen zuzurechnen, als dieser auf eigene Kosten umfangreiche Investitionen durchführt und fremdübliche Nutzungsvereinbarungen fehlen (VwGH 30.6.1976, 622/75; VwGH 21.4.1971, 1804/69; VwGH 20.9.1983, 83/14/0007). Diese Zurechnung erstreckt sich nicht auf den Grund und Boden.

132 Mit der Anschaffung eines Wirtschaftsgutes wird der Erwerber zumindest wirtschaftlicher Eigentümer mit der Folge, dass das Wirtschaftsgut ihm und nicht dem Veräußerer zuzurechnen ist. Der Erwerber einer Liegenschaft (zB einer Eigentumswohnung) wird noch vor der Eintragung im Grundbuch mit der tatsächlichen Übergabe wirtschaftlicher Eigentümer der Liegenschaft. Die dingliche Berechtigung muss somit nur noch durch ein einseitiges Gestaltungsrecht erzwingbar sein (VwGH 9.6.1986, 84/15/0229).

133 Der Käufer einer Sache unter Eigentumsvorbehalt ist in der Regel wirtschaftlicher Eigentümer (VwGH 3.5.1983, 82/14/243; VwGH 20.9.1988, 88/14/0105).

134 Für die Zurechnung von Wirtschaftsgütern bei Verträgen mit Elementen einer Anschaffung und einer bloßen Nutzungsüberlassung ist entscheidend, ob die Merkmale eines Anschaffungs(Veräußerungs)geschäftes oder einer bloßen Nutzungsüberlassung überwiegen (VwGH 16.11.1954, 1512/52, betreffend Leibrentenvertrag im rechtlichen Kleide eines Pachtvertrages; VwGH 20.10.1967, 269/67, betreffend Verpachtung mit Kaufoption).

2.4.3 Erbauseinandersetzung

(AÖF 2013/280)

134a Die zur Erbmasse gehörenden Wirtschaftsgüter sowie Betriebe gehen entsprechend des Umfanges der Erbteile bereits mit dem Todestag des Erblassers auf die Erben über (siehe Rz 9). Bis zur Rechtskraft der Einantwortung besteht daher zwischen den Miterben bezüglich der Wirtschaftsgüter der Verlassenschaft eine Miteigentümergemeinschaft bzw. bezüglich in der Verlassenschaft befindlicher Betriebe eine Mitunternehmerschaft der Erben. Kommt es vor der Einantwortung zu einer Erbauseinandersetzung unter den Erben, ist zu beurteilen, ob die Übertragung steuerlicher Miteigentumsanteile bzw. Mitunternehmeranteile gegen Leistung eines Wertausgleichs zwischen den Erben eine Veräußerung oder eine Nachlassteilung ohne Veräußerungscharakter (Tauschcharakter) darstellt. Diese Beurteilung ist auch dann vorzunehmen, wenn die Aufteilung des Nachlasses aufgrund einer letztwilligen Verfügung des Erblassers erfolgt, indem etwa angeordnet wird, dass einer der Erben ein Grundstück aus der Verlassenschaft bekommt und der andere eine Ausgleichszahlung erhalten muss. Die konkrete zivilrechtliche Ausgestaltung der letztwilligen Verfügung ist nicht relevant.

Werden vom Erblasser Vermächtnisse auferlegt, muss unterschieden werden:

- Ist der Vermächtnisnehmer (Legatar) auch testamentarischer oder unter Ausblendung eines allfällig vorhandenen Testamentes gesetzlicher Erbe, kommen die untenstehenden Beurteilungsgrundsätze zur Anwendung;
- Ist der Vermächtnisnehmer hingegen nicht gesetzlicher Erbe, stellen Geldlegate und Sachlegate ohne Gegenleistungsverpflichtung stets unentgeltliche Vorgänge dar.

(BMF-AV Nr. 2015/133)

Für die Beurteilung, ob die Übertragung steuerlicher Miteigentumsanteile an Wirtschafts- **134b**
gütern bzw. Mitunternehmeranteile des Nachlasses gegen Leistung eines Wertausgleichs zwischen den Erben eine Veräußerung oder eine Nachlassteilung ohne Veräußerungscharakter (Tauschcharakter) darstellt, gilt Folgendes:

1. Die Übertragung eines Anteiles an einem Nachlassgegenstand (zB Grundstück) gegen die Gewährung von anderen Wirtschaftsgütern des Nachlasses (zB Sparbuch, Grundstück, Bargeld) stellt eine steuerneutrale Erbauseinandersetzung dar. Werden Wirtschaftsgüter und damit in Zusammenhang stehende Verbindlichkeiten übernommen, kürzt die übernommene Verbindlichkeit den gemeinen Wert des Wirtschaftsgutes; übernommene allgemeine Verbindlichkeiten stellen eine zusätzliche Ausgleichsleistung aus dem Nachlass dar.

   Ist im Nachlass ausreichend Barvermögen für die Begleichung der Ausgleichsansprüche vorhanden, ist es unerheblich, ob das Geld tatsächlich aus dem Nachlass oder aus nachlassfremden Mitteln geleistet wird. Es liegt im Ausmaß des im Nachlass vorhandenen Barvermögens eine Ausgleichszahlung aus Mitteln des Nachlasses vor.

   Aus dem Nachlass stammt eine Ausgleichszahlung auch dann, wenn die verwendeten Geldmittel aus der Veräußerung des von der Erbauseinandersetzung betroffenen Grundstücks durch den übernehmenden Erben stammen.

   Bei einer Mehrzahl von Ausgleichszahlungsempfängern ist jener Teil der Ausgleichszahlungen, der aus nachlassfremden Mitteln stammt, im Verhältnis der tatsächlich erfolgten Ausgleichszahlung auf die Empfänger der Ausgleichszahlungen aufzuteilen.
2. Wird für die Übertragung eines Anteils an einem Nachlassgegenstand ein Wertausgleich aus nachlassfremden Mitteln geleistet (zB Ausgleichszahlung aus den Mitteln eines Miterben), liegt eine Veräußerung vor, wenn der Wertausgleich mindestens die Hälfte des gemeinen Wertes des übertragenen Wirtschaftsgutes ausmacht (§ 20 Abs. 1 Z 4 EStG 1988); bei einer Ausgleichszahlung, die zum Teil auch aus dem Nachlassvermögen und zum Teil aus nachlassfremden Mitteln erfolgt, ist für die Beurteilung, ob eine Veräußerung oder eine steuerneutrale Auseinandersetzung verwirklicht wird, nur der nachlassfremde Teil heranzuziehen. Betrifft eine Ausgleichszahlung mehrere Wirtschaftsgüter, ist die Ausgleichszahlung im Verhältnis der gemeinen Werte zuzuordnen. Dabei sind allerdings alle zu diesem Zeitpunkt steuerhängigen Wirtschaftsgüter zusammenzufassen. In diesem Fall ist die für das Vorliegen einer Veräußerung relevante Wertgrenze die Hälfte des zustehenden Anteils (Erbquote; siehe Z 3) am gemeinen Wert aller zu diesem Zeitpunkt steuerhängigen Wirtschaftsgüter des Nachlassvermögens (ausgenommen Geldbeträge). Die mit diesen Wirtschaftsgütern unmittelbar zusammenhängenden Verbindlichkeiten sind vom gemeinen Wert in Abzug zu bringen; besteht kein unmittelbarer Zusammenhang, sind die Verbindlichkeiten im Verhältnis der gemeinen Werte der steuerhängigen und der nicht steuerhängigen Wirtschaftsgüter aufzuteilen und der auf die steuerhängigen Wirtschaftsgüter entfallende Teil von deren gemeinen Werten in Abzug zu bringen; allgemeine Verbindlichkeiten sind für Zwecke der Zuordnung der Ausgleichszahlung jedoch dann nicht von den gemeinen Werten der Nachlasswirtschaftsgüter in Abzug zu bringen, wenn die Verbindlichkeit vom die Ausgleichszahlung leistenden Erben ebenfalls übernommen wird. Je nach Art der betroffenen Wirtschaftsgüter können im Falle einer Veräußerung betriebliche (zB § 24 EStG 1988) oder außerbetriebliche Einkünfte (zB § 30 EStG 1988) vorliegen.
3. Der dem Erben zustehende Anteil ergibt sich aus der gesetzlichen oder letztwillig verfügten Erbquote. Wird von einem Erben entschädigungslos auf den Erbteil verzichtet,

ist dessen Erbquote verhältnismäßig auf die verbleibenden Erben aufzuteilen. Erfolgt der Erbverzicht zu Gunsten eines bestimmten Erben, ist die Erbquote des Verzichtenden ausschließlich jenem Erben zuzurechnen. Erfolgt ein Erbverzicht gegen Entschädigung, zieht der Erbverzicht dieselben steuerlichen Folgen nach sich wie eine Erbauseinandersetzung (siehe dazu Z 2) und bewirkt keine Abweichung von den gesetzlichen oder letztwillig verfügten Erbquoten.

4. Es bestehen keine Bedenken, die Übertragung eines Wirtschaftsgutes durch einen Pflichtteilsberechtigten gegen Leistung einer Ausgleichszahlung aus nachlassfremden Mitteln in Höhe des Pflichtteiles (bezogen auf den gesamten Erbteil und nicht nur auf den auf den Pflichtteilsberechtigten entfallenden Anteil am übertragenen Wirtschaftsgut) als steuerneutrale Erbauseinandersetzung zu beurteilen. Übersteigt die Ausgleichszahlung die Höhe des Pflichtteils, liegt insgesamt ein entgeltlicher Vorgang vor.
5. Sind im Nachlass zur Tragung der Todfallskosten keine ausreichenden liquiden Mittel vorhanden, bestehen keine Bedenken, die Todfallskosten bei der Beurteilung der Entgeltlichkeit der Erbauseinandersetzung außer Ansatz zu lassen.
6. Keine steuerlich relevante Erbauseinandersetzung liegt dann vor, wenn ein Nachlassgrundstück einem Miterben eingeantwortet wird, dieser sich aber verpflichtet hat, dieses Grundstück zu veräußern und den Veräußerungserlös mit den anderen Miterben verhältnismäßig zu teilen. In diesem Fall tritt der das Grundstück erhaltende und veräußernde Erbe als Treuhänder für die anderen Erben auf, so dass die Grundstücksveräußerung auch diesen Erben im Verhältnis ihrer Anteile zuzurechnen ist (siehe zur Grundstücksveräußerung durch eine Miteigentümergemeinschaft Rz 6681).

Beispiel 1 (Übertragung eines Grundstücksanteiles gegen Ausgleichszahlung):

Ein Nachlass besteht aus einem Grundstück (gemeiner Wert 70.000 Euro) und Geldeinlagen in Höhe von 100.000 Euro. Es gibt kein Testament. Erbberechtigt sind die Kinder A und B je zur Hälfte. Diese kommen überein, dass das Grundstück von A übernommen werden soll. Im Gegenzug bekommt B zusätzlich zu seinem Anteil an den im Nachlass befindlichen Geldeinlagen (50.000 Euro) als Ausgleich 35.000 Euro aus diesen Geldeinlagen. Der Wertausgleich erfolgt ausschließlich durch Mittel aus dem Nachlass; es liegt daher kein Veräußerungsvorgang vor.

Beispiel 2 (Übertragung eines Grundstücksanteiles gegen Ausgleichszahlung):

Ein Nachlass besteht aus einem Grundstück (gemeiner Wert 70.000 Euro). Es gibt kein Testament. Erbberechtigt sind die Kinder A und B je zur Hälfte. Diese kommen überein, dass das Grundstück von A übernommen werden soll. Im Gegenzug muss A dem B für seinen Anteil am Grundstück einen Wertausgleich leisten. A zahlt daher an den B entsprechend dem Wert des halben Grundstücks 35.000 Euro aus seinem Vermögen. Da die Geldzahlung aus nachlassfremden Mitteln entrichtet wird und den halben gemeinen Wert des bemessenen Erbteiles (17.500 Euro) des B übersteigt, liegt eine Veräußerung des steuerlichen Miteigentumsanteiles des B am Grundstück vor.

Beispiel 2a (Übertragung eines Grundstücksanteiles gegen Ausgleichszahlung in Höhe des Pflichtteiles):

Ein Nachlass im Gesamtwert von 200.000 Euro besteht aus einem Grundstück (gemeiner Wert 100.000 Euro) und weiteren nicht steuerhängigen Vermögenswerten. Es gibt kein Testament. Erbberechtigt sind die Kinder A und B je zur Hälfte. Diese kommen überein, dass das Grundstück von A übernommen werden soll. Im Gegenzug muss A dem B für seinen Anteil am Grundstück einen Wertausgleich leisten. A zahlt daher an den B entsprechend dem Wert des halben Grundstücks 50.000 Euro aus seinem Vermögen. Da die Geldzahlung aus nachlassfremden Mitteln entrichtet wird und den halben gemeinen Wert des Anteiles des B am Grundstück (25.000 Euro) übersteigt, läge grundsätzlich eine Veräußerung des steuerlichen Miteigentumsanteiles des B am Grundstück vor. Da allerdings die Ausgleichszahlung den Pflichtteilsanspruch des A (50.000 Euro) nicht übersteigt, liegt eine steuerneutrale Nachlassteilung vor.

Beispiel 3 (Wechselseitige Übertragung von Grundstücksanteilen unter Berücksichtigung einer Ausgleichszahlung):

Ein Nachlass besteht aus dem Grundstück 1 (gemeiner Wert 60.000 Euro), dem Grundstück 2 (gemeiner Wert 100.000 Euro). Es gibt kein Testament. Erb- und Pflichtteilsberechtigt sind die Kinder A und B je zur Hälfte. Diese kommen überein, dass A das Grundstück 1 und B das Grundstück 2 übernehmen soll. Im Gegenzug muss B dem A eine Ausgleichszahlung in Höhe von 20.000 Euro für die Übertragung seines Anteiles an Grundstück 2 leisten.

Für die Beurteilung der relevanten Grenze, ab der die Ausgleichszahlung für die Übertragung des Anteiles an Grundstück 2 eine Veräußerung durch A darstellt, kann auf die Hälfte der halben gemeinen Werte beider Grundstücke (160.000/4 = 40.000 Euro) abgestellt werden. Die Ausgleichszahlung in Höhe von 20.000 Euro erreicht nicht die Hälfte der halben gemeinen Werte der Grundstücke (40.000 Euro); es liegt daher eine steuerneutrale Nachlassteilung vor.

Beispiel 4 (Wechselseitige Übertragung von Grundstücksanteilen und anderer Nachlassgegenstände unter Berücksichtigung einer Ausgleichszahlung):

Ein Nachlass besteht aus dem Grundstück 1 (gemeiner Wert 60.000 Euro), dem Grundstück 2 (gemeiner Wert 100.000 Euro) und einem Gemälde (gemeiner Wert 150.000 Euro). Es gibt kein Testament. Erb- und Pflichtteilsberechtigt sind die Kinder A und B je zur Hälfte. Diese kommen überein, dass A das Grundstück 1 und B das Grundstück 2 sowie das Gemälde übernehmen soll. Im Gegenzug muss B dem A eine Ausgleichszahlung in Höhe von 95.000 Euro für die Übertragung seiner Anteile an Grundstück 2 und dem Gemälde leisten.

Für die Beurteilung der relevanten Grenze, ab der die Ausgleichszahlung für die Übertragung des Anteiles an Grundstück 2 eine Veräußerung durch A darstellt, kann auf die Hälfte der halben gemeinen Werte beider Grundstücke (160.000/4 = 40.000 Euro) abgestellt werden. Die auf das Gemälde entfallende Ausgleichszahlung ist nicht zu berücksichtigen, weil es nicht steuerhängig ist. Die Ausgleichszahlung ist daher im Verhältnis der gemeinen Werte der Anteile von A am Grundstück 2 und an dem Gemälde aufzuteilen. Dies ergibt ein Verhältnis von 1:1,5 (50.000:75.000). Von der gesamten Ausgleichszahlung entfallen daher 38.000 Euro auf das Grundstück 2; dies macht weniger als die Hälfte der halben gemeinen Werte der Grundstücke (40.000 Euro) aus; es liegt daher eine steuerneutrale Nachlassteilung vor.

Beispiel 5 (Wechselseitige Übertragung von Grundstücksanteilen und anderer Nachlassgegenstände unter Berücksichtigung einer Ausgleichszahlung):

Ein Nachlass besteht aus dem Grundstück 1 (Anschaffungskosten 40.000 Euro; gemeiner Wert 90.000 Euro), dem Grundstück 2 (Anschaffungskosten 60.000 Euro; gemeiner Wert 260.000 Euro) und einem Gemälde (gemeiner Wert 130.000 Euro). Die je zur Hälfte erbberechtigten Erben A und B kommen überein, dass A das Grundstück 1 und B das Grundstück 2 sowie das Gemälde übernehmen soll. Im Gegenzug muss B dem A eine Ausgleichszahlung in Höhe von 150.000 Euro für die Übertragung seiner Anteile an Grundstück 2 und dem Gemälde leisten.

Für die Beurteilung der relevanten Grenze, ab der die Ausgleichszahlung für die Übertragung des Anteiles an Grundstück 2 eine Veräußerung durch A darstellt, kann auf die Hälfte der halben gemeinen Werte beider Grundstücke (350.000/4 = 87.500 Euro) abgestellt werden. Die auf das Gemälde entfallende Ausgleichszahlung ist nicht zu berücksichtigen, weil es nicht steuerhängig ist. Die Ausgleichszahlung ist daher im Verhältnis der gemeinen Werte der Anteile von A an Grundstück 2 und an dem Gemälde aufzuteilen. Dies ergibt ein Verhältnis von 2:1 (130.000:65.000). Von der gesamten Ausgleichszahlung entfallen daher 100.000 Euro auf das Grundstück 2; dies macht mehr als die Hälfte der halben gemeinen Werte der Grundstücke aus; es liegt daher eine Veräußerung des Grundstücksanteiles von A an den B vor.

Beispiel 6 (Übertragung eines Grundstücksanteiles gegen Ausgleichszahlung bei testamentarischer Erbfolge):

Ein Nachlass besteht aus einem Grundstück (gemeiner Wert 80.000 Euro). Laut Testament sind A und B Erben, wobei allerdings A ¾ und B ¼ des Nachlasses erhalten sollen. Diese kommen überein, dass das Grundstück von A übernommen werden soll. Im Gegenzug muss A dem B für seinen Anteil am Grundstück einen Wertausgleich leisten. A zahlt daher an den B entsprechend dem Wert des Viertelanteiles am Grundstück 20.000 Euro aus seinem Vermögen. Da die Geldzahlung aus nachlassfremden Mitteln entrichtet wird und den halben gemeinen Wert des bemessenen Erbteiles (10.000 Euro) des B übersteigt, liegt eine Veräußerung des steuerlichen Miteigentumsanteiles des B am Grundstück vor.

Variante (Übertragung eines Grundstücksanteiles gegen Ausgleichszahlung in Höhe des Pflichtteiles bei testamentarischer Erbfolge):

A und B sind Kinder des Erblassers, womit sie nach der gesetzlichen Erbfolge jeweils 50% des Nachlasses erhalten müssten; der gesetzliche Pflichtteil beträgt 50% des gesetzlichen Erbteiles. Da eine Reduktion des gesetzlichen Pflichtteils durch Testament nicht möglich ist, entspricht die wertäquivalente Ausgleichszahlungszahlung in Höhe von 20.000 Euro dem gesetzlichen Pflichtteil des B. Es liegt daher eine steuerneutrale Nachlassteilung vor.

Beispiel 7 (Wechselseitige Übertragung von Grundstücksanteilen unter Berücksichtigung einer Ausgleichszahlung bei testamentarischer Erbfolge):

Ein Nachlass besteht aus dem Grundstück 1 (gemeiner Wert 100.000 Euro), dem Grundstück 2 (gemeiner Wert 60.000 Euro). Laut Testament sind A und B Erben, wobei allerdings

A ¾ und B ¼ des Nachlasses erhalten sollen. Diese kommen überein, dass das Grundstück 1 von A und das Grundstück 2 von B übernommen werden soll. Da die Werte der Grundstücke nicht den bemessenen Erbteilen entsprechen, muss B dem A einen Wertausgleich in Höhe von 20.000 Euro leisten.

Für die Beurteilung der relevanten Grenze, ab der die Ausgleichszahlung für die Übertragung des Anteiles an Grundstück 2 eine Veräußerung durch A darstellt, kann auf die Hälfte des gemeinen Wertes des dem A zustehenden Anteils am gemeinen Wert aller zu diesem Zeitpunkt steuerhängigen Wirtschaftsgüter des Nachlassvermögens abgestellt werden. In diesem Fall sind das 60.000 Euro (auf A entfallen ¾ des Nachlasswertes von 160.000 Euro; das sind 120.000 Euro; die Hälfte davon beträgt 60.000 Euro).

Die Ausgleichszahlung durch B macht daher weniger als die Hälfte des gemeinen Wertes des dem A zustehenden Anteils am gemeinen Wert der steuerhängigen Wirtschaftsgüter des Nachlassvermögens aus; es liegt daher eine steuerneutrale Nachlassteilung vor.

Beispiel 8 (Übertragung eines Grundstücksanteiles gegen Übernahme von Nachlassverbindlichkeiten und Leistung einer Ausgleichszahlung):

Ein Nachlass besteht aus einem Grundstück (gemeiner Wert 100.000 Euro) und einer Verbindlichkeit (50.000 Euro) auf Grund der Anschaffung des Grundstückes. Die Erben A und B kommen überein, dass A sowohl das Grundstück als auch die gesamte Verbindlichkeit übernehmen soll. Im Gegenzug erhält B eine Ausgleichszahlung von 20.000 Euro.

Da die Verbindlichkeit mit dem Grundstück in Zusammenhang steht, ist der gemeine Wert des Grundstückes zu kürzen. Auf B entfiele daher bei einer Aufteilung entsprechend der gesetzlichen Erbfolge ein Erbteil von 25.000 Euro. Die Ausgleichszahlung von 20.000 Euro beträgt mehr als die Hälfte des (gekürzten) gemeinen Wertes des dem B zustehenden Anteils. Es liegt daher eine Veräußerung des Miteigentumsanteiles durch B vor.

134c Liegt auf Grund der Höhe des Wertausgleichs aus nachlassfremden Mitteln ein Veräußerungsvorgang (zB eines Grundstücksanteiles) vor, ist der Veräußerungserlös die geleistete Ausgleichszahlung zuzüglich des gemeinen Wertes sonstiger aus dem Nachlass für dieses Wirtschaftsgut geleisteter Abfindungen; dies gilt auch für Verbindlichkeiten, soweit diese durch den Übernehmer zusätzlich übernommen wurden.

Beispiel 1:

Ein Nachlass besteht einerseits aus einem Betrieb mit einem Buchwert von 60.000 Euro und einem gemeinen Wert von 200.000 Euro.

Die Erben A und B kommen vor Einantwortung überein, dass A den Betrieb erhält, im Gegenzug muss A eine Ausgleichszahlung in Höhe von 100.000 Euro entrichten. Da die Ausgleichszahlung die Hälfte des gemeinen Wertes des übertragenen Betriebsanteiles übersteigt, ist für B die Übertragung des Anteils am Betrieb daher als Veräußerungsvorgang iSd § 24 EStG 1988 zu werten. Der Veräußerungsgewinn beträgt:

Veräußerungserlös	*100.000 Euro*
- 50% des Buchwertes des Betriebes	*-30.000 Euro*
Veräußerungsgewinn	*70.000 Euro*

A hat die Hälfte des Betriebes entgeltlich erworben; seine Anschaffungskosten betragen 100.000 Euro. Hinsichtlich des auf ihn im Erbweg übergehenden Hälfteanteiles führt er 50% des Buchwertes des Betriebes (30.000 Euro) fort.

Beispiel 2:

Ein Nachlass besteht aus dem Grundstück 1 (Anschaffungskosten 40.000 Euro; gemeiner Wert 90.000 Euro), dem Grundstück 2 (Anschaffungskosten 60.000 Euro; gemeiner Wert 260.000 Euro) und einem Gemälde (gemeiner Wert 130.000 Euro). Die je zur Hälfte erbberechtigten Erben A und B kommen überein, dass A das Grundstück 1 und B das Grundstück 2 sowie das Gemälde übernehmen soll. Im Gegenzug muss B dem A eine Ausgleichszahlung in Höhe von 150.000 Euro für die Übertragung seiner Anteile an Grundstück 2 und dem Gemälde leisten (davon entfallen 100.000 Euro auf den Grundstücksanteil). Die Übertragung des Anteils an Grundstück 2 durch A stellt eine Veräußerung dar (siehe Beispiel 5 in Rz 134b). Der Veräußerungsgewinn beträgt:

Veräußerungserlös (Ausgleichszahlung plus erhaltener Grundanteil an Grundstück 1, 100.000 + 30.0001))	*130.000 Euro*
- 50% AK Grundstück 2	*-30.000 Euro*
Veräußerungsgewinn	*100.000 Euro*

Für B stellt die Übertragung seiner Quote an Grundstück 1 im Wert von 45.000 Euro an A mangels erhaltener Ausgleichszahlung keinen Veräußerungsvorgang dar.

Die im Zuge der Erbauseinandersetzung jeweils übertragenen Grundstücksanteile sind bei A bzw. B wie folgt zu bewerten:

Anteil an Grundstück 2 bei B: B hat diesen Anteil entgeltlich erworben; seine Anschaffungskosten betragen 130.000 Euro (= 100.000 Euro Ausgleichszahlung plus 30.000 Euro Sachabfindung durch Anteil an Grundstück 1[1])); Anschaffungskosten des gesamten Grundstückes bei B daher 160.000 Euro (130.000 Euro Abfindung + anteilige historische AK von 30.000 Euro).

Anteil an Grundstück 1 bei A: Der Erwerb des Anteiles an Grundstück 1 stellt bei A einen unentgeltlichen Vorgang dar. Daher ist das gesamte Grundstück durch A unentgeltlich erworben worden und es sind die historischen Anschaffungskosten des Erblassers als Anschaffungskosten des A anzusetzen (40.000 Euro).

[1]) Entsprechend der Ausgleichszahlung ist auch der als Ausgleich übertragene Grundanteil im Verhältnis 2:1 (siehe Beispiel 5 in Rz 134b) aufzuteilen.

Beispiel 3:

Ein Nachlass besteht aus einem Grundstück (gemeiner Wert 100.000 Euro; Anschaffungskosten 30.000 Euro) und einer Verbindlichkeit (50.000 Euro) auf Grund der Anschaffung des Grundstückes. Die Erben A und B kommen überein, dass A sowohl das Grundstück als auch die gesamte Verbindlichkeit übernehmen soll. Im Gegenzug erhält B eine Ausgleichszahlung von 20.000 Euro.

Da die Verbindlichkeit mit dem Grundstück in Zusammenhang steht, ist der gemeine Wert des Grundstückes zu kürzen. Die Ausgleichszahlung von 20.000 Euro beträgt mehr als die Hälfte des (gekürzten) gemeinen Wertes des dem B zustehenden Anteils. Es liegt daher eine Veräußerung des Miteigentumsanteiles durch B vor (siehe Beispiel 8 in Rz 134b). Der Veräußerungsgewinn beträgt:

Veräußerungserlös (Ausgleichszahlung plus von A übernommene Verbindlichkeit 20.000 + 25.000)	*45.000 Euro*
- 50% AK Grundstück	*-15.000 Euro*
Veräußerungsgewinn	*30.000 Euro*

(BMF-AV Nr. 2015/133, BMF-AV Nr. 2018/79)

Erwirbt ein Erbe vor Einantwortung die gesamte Verlassenschaft gegen Abfindungszahlungen an die anderen Erben, ist ein solcher Vorgang ebenfalls entweder als entgeltliches Rechtsgeschäft (Anschaffung bzw. Veräußerung, VwGH 19.10.1993, 89/14/0052) oder als unentgeltliche Übertragung (gemischte Schenkung, VwGH 18.2.1999, 97/15/0021) zu beurteilen. Dies gilt auch für den Fall, dass die übrigen Erben zu Gunsten eines Miterben (oder eines Dritten) entgeltlich auf ihr Erbrecht verzichten (qualifizierte Erbausschlagung). Durch den qualifizierten Verzicht wird über das Erbrecht und damit wirtschaftlich über die im Nachlass befindlichen Wirtschaftsgüter verfügt. Somit ist der Nachlass ab dem Tod des Erblassers den Erben zuzurechnen. Dies bedeutet, dass die Veräußerung einzelner Wirtschaftsgüter aus der Verlassenschaft vor der qualifizierten Erbausschlagung auch einem später verzichtenden Erben im Ausmaß seines Erbanteils zuzurechnen ist. **134d**

Erfolgt die qualifizierte Erbausschlagung unentgeltlich (Erbschaftsschenkung), liegt kein unter § 30 EStG 1988 zu subsumierender Vorgang vor.

Verzichtet aber ein zur Erbschaft Berufener zu Lebzeiten des Erblassers zugunsten einer bestimmten Person ganz oder teilweise auf sein Erbrecht, verzichtet dieser nur auf die Anwartschaft auf sein Erbrecht, besitzt aber noch nicht das Recht, die Verlassenschaft (oder Teile davon) in seinen Besitz zu übernehmen (VwGH 2.7.1992, 90/16/0167). In diesem Fall können ihm auch die im Nachlass befindlichen Wirtschaftsgüter und die Einkünfte aus deren allfälligen Veräußerung nicht zugerechnet werden.

(BMF-AV Nr. 2018/79)

Ein Veräußerungsgeschäft liegt auch bei einem Erbschaftskauf vor. Zivilrechtlich handelt es sich bei einem Erbschaftskauf um den entgeltlichen Erwerb des Erbrechtes zwischen Erbanfall und Einantwortung. In wirtschaftlicher Betrachtungsweise ist der Erbschaftskauf jedoch nichts anderes als die entgeltliche Veräußerung (sämtlicher) Wirtschaftsgüter des Nachlasses. Dementsprechend ist die Übertragung eines Betriebes im Wege des Erbschaftskaufs als Betriebsveräußerung (§ 24 EStG 1988) zu behandeln. Gehören auch private Wirtschaftsgüter zum Nachlass, unterliegt deren Veräußerung den Regeln der §§ 27, 30 und 31 EStG 1988. Der Kaufpreis ist daher zum Zweck der Ermittlung der Höhe der **134e** jeweiligen Einkünfte im Verhältnis der Verkehrswerte der vom Erbschaftskauf betroffenen Wirtschaftsgüter auf diese aufzuteilen.

(AÖF 2013/280)

134f Die Erfüllung eines Pflichtteilsanspruches durch ein im Nachlass befindliches Grundstück stellt eine unentgeltliche Grundstücksübertragung dar.

Die Abfindung des Pflichtteilsberechtigten mit einem nachlassfremden Grundstück stellt eine Hingabe an Zahlungs statt (siehe Rz 6156) und daher eine Veräußerung durch den Erben dar, wenn die 50%-Grenze erreicht wird. Dies ist immer dann der Fall, wenn der Wert des Pflichtteilsanspruches mindestens 50% des gemeinen Wertes des hingegebenen Grundstückes erreicht.

Ist der abgefundene Pflichtteilsberechtigte auch (Mit-)Erbe, gibt es zwei Fallkonstellationen:

a) Befinden sich in der Verlassenschaft Grundstücke, stellt die Abfindung mit einer nachlassfremden Liegenschaft einen Tausch mit dem kraft gesetzlicher Erbfolge zustehenden Anteil an im Nachlass befindlichen Grundstücken dar.

b) Befinden sich in der Verlassenschaft keine Grundstücke, liegt nur beim abfindenden Erben eine Hingabe an Zahlungs statt und somit eine Veräußerung vor.

Wird allerdings ein Grundstück veräußert und ein Teil des Veräußerungserlöses zur Abdeckung eines Pflichtteilanspruchs verwendet, stellt dies eine von der Veräußerung unabhängige Einkommensverwendung dar und beseitigt nicht den Veräußerungstatbestand und damit die Immobilienertragsteuerpflicht (BFG 18.9.2015, RV/7102645/2013).

(BMF-AV Nr. 2018/79)

2.5 Leasing (§ 2 EStG 1988)

2.5.1 Allgemeines

135 Mit „Leasing“ werden Verträge bezeichnet, die von den üblichen Mietverträgen des ABGB (sogenannten „Operating-Leasing“) bis zu verdeckten Ratenkaufverträgen reichen. Die Abgrenzungsfrage stellt sich in erster Linie bei den Finanzierungs-Leasingverträgen. Diese ersetzen die herkömmliche Form der Investitionsfinanzierung. Die Finanzierungs-Leasingverträge sind entweder Vollamortisationsverträge (Full-Pay-Out-Leasing), dh. während der Mietdauer (= Grundmietzeit) hat der Leasingnehmer für die Investitionskosten und einen Gewinn des Leasinggebers aufzukommen, oder Teilamortisationsverträge (Non-Full-Pay-Out-Leasing oder Restwertleasing), dh. während der Grundmietzeit hat der Leasingnehmer nicht die gesamten Aufwendungen des Leasinggebers abzudecken.

Beim Sale-and-lease-back-Vertrag verkauft ein Steuerpflichtiger ein Anlagegut entweder unmittelbar nach der Anschaffung (Herstellung) oder nach Nutzung zu einem späteren Zeitpunkt und mietet es gleichzeitig vom Erwerber im Wege des Finanzierungsleasing wieder zurück.

Für die Finanzierungsleasingverträge ist weiters typisch die für beide Seiten grundsätzlich unkündbare Grundmietzeit und die Verlagerung der Gefahr des zufälligen Unterganges und der zufälligen Beschädigung des Gegenstandes auf den Leasingnehmer.

2.5.2 Zurechnung des Leasinggutes

136 Für die Lösung der Frage, ob Leasinggüter dem Leasinggeber oder dem Leasingnehmer zuzurechnen sind, kommt es maßgebend darauf an, ob die entgeltliche Überlassung des Leasinggutes an den Leasingnehmer gleich einer „echten“ Vermietung als bloße Nutzungsüberlassung zu sehen ist oder ob sich die Überlassung wirtschaftlich bereits als Kauf (Ratenkauf) darstellt. Es geht letztlich darum, ob der Leasingnehmer mit der Überlassung des Leasinggutes bereits dessen wirtschaftlicher Eigentümer im Sinne des § 24 Abs. 1 lit d BAO geworden ist (VwGH 17.8.1994, 91/15/0083, mit weiteren Hinweisen; VwGH 17.2.1999, 97/14/0059). Hierzu ist die Vertragsgestaltung in wirtschaftlicher Betrachtungsweise zu würdigen (VwGH 5.12.1972, 2391/71). Danach ist das Leasinggut in der Regel dem Leasinggeber zuzurechnen. Abweichend davon sind insbesondere in folgenden Fällen die Leasinggüter von Anfang an dem Leasingnehmer zuzurechnen:

2.5.2.1 Vollamortisationsvertrag

137 Varianten:

1.	Grundmietzeit und betriebsgewöhnliche Nutzungsdauer stimmen annähernd überein. Dies kann angenommen werden, wenn die Grundmietzeit mehr als 90% der betriebsgewöhnlichen Nutzungsdauer beträgt.

2.	Die Grundmietzeit beträgt weniger als 40% der betriebsgewöhnlichen Nutzungsdauer.
3.1	**Für Vertragsabschlüsse bis 30.4.2007:** Der Leasingnehmer hat bei einer Grundmietzeit von mindestens 40% und höchstens 90% der betriebsgewöhnlichen Nutzungsdauer nach Ablauf der Grundmietzeit das vertraglich vereinbarte Optionsrecht, gegen Leistung eines wirtschaftlich nicht ausschlaggebenden Betrages den Gegenstand zu erwerben oder den Leasingvertrag zu verlängern (siehe Rz 3223). Da bei Vorliegen eines solchen Optionsrechtes das Leasinggut dem Leasingnehmer zuzurechnen ist, hat bei diesem eine Aktivierung des Optionsrechtes zu unterbleiben.
3.2	**Für Vertragsabschlüsse ab 1.5.2007:** Der Leasingnehmer hat bei einer Grundmietzeit von mindestens 40% und höchstens 90% der betriebsgewöhnlichen Nutzungsdauer nach Ablauf der Grundmietzeit das vertraglich vereinbarte Optionsrecht, gegen Leistung eines wirtschaftlich nicht **angemessenen** Betrages den Gegenstand zu erwerben oder den Leasingvertrag zu verlängern (siehe Rz 3223). Da bei Vorliegen eines solchen Optionsrechtes das Leasinggut dem Leasingnehmer zuzurechnen ist, hat bei diesem eine Aktivierung des Optionsrechtes zu unterbleiben.
4.	Das Leasinggut ist speziell auf die individuellen Bedürfnisse des Leasingnehmers zugeschnitten und kann nach Ablauf der Vertragsdauer nur noch bei diesem eine wirtschaftlich sinnvolle Verwendung finden (Spezialleasing). Eine nur beim Leasingnehmer wirtschaftlich sinnvolle Verwendung kann angenommen werden, wenn die Verwertung oder Nutzung des Leasinggegenstandes aus tatsächlichen oder rechtlichen Gründen nur dem Leasingnehmer möglich ist.

(AÖF 2007/88)

Liegt Spezialleasing vor, dann sind das Verhältnis der Mietdauer zur betriebsgewöhnlichen Nutzungsdauer sowie eine Kauf- oder Mietverlängerungsoption für die Zurechnung unerheblich. **138**

Die betriebsgewöhnliche Nutzungsdauer richtet sich nach den Verhältnissen beim Leasingnehmer. Bei gesetzlich vorgegebenen betriebsgewöhnlichen Nutzungsdauern (§ 8 EStG 1988) sind diese heranzuziehen, da sie auf allgemeinen der betriebsgewöhnlichen Nutzungsdauer des § 7 EStG 1988 entsprechenden Erfahrungssätzen beruhen. Wird im Zuge von abgabenbehördlichen Prüfungen die betriebsgewöhnliche Nutzungsdauer neu ermittelt, so bleibt für die Zurechnung weiterhin die ursprünglich angenommene Nutzungsdauer bestehen, es sei denn, sie wurde willkürlich festgelegt. **139**

Für Leasingverträge, die bis zum 14. August 2015 abgeschlossen wurden, ist für Zwecke der Zurechnung des Leasingobjektes die Ausmessung des kalkulatorischen Restwertes weiterhin auf Basis der bisherigen AfA-Sätze (§ 8 EStG 1988 idF vor Steuerreformgesetz 2015/2016) zu belassen. Werden Leasingkonditionen nachträglich an die neuen AfA-Sätze angepasst, hat eine Neuprüfung der Zurechnung unter Berücksichtigung der neuen AfA-Sätze zu erfolgen. Als Nutzungsdauer ist die geänderte Gesamtnutzungsdauer und als voraussichtlicher Verkehrswert (im Sinne der Rz 141) der geänderte steuerliche Restbuchwert am Ende der Grundmietzeit abzüglich 20% Abschlag anzusetzen.

Für Leasingverträge, die ab dem 15. August 2015 abgeschlossen werden, hat für Zwecke der Zurechnung des Leasingobjektes die Ausmessung des kalkulatorischen Restwertes unter Mitberücksichtigung der AfA-Sätze gemäß § 8 EStG 1988 idF Steuerreformgesetz 2015/2016 zu erfolgen.

(BMF-AV Nr. 2018/79)

Geleaste nichtabnutzbare bewegliche Gegenstände, wie zB Kunstgegenstände, sind von Anfang an dem Leasingnehmer zuzurechnen, wenn die Vertragsgestaltung mehr für eine Anschaffung (Veräußerung) als für eine bloße Gebrauchsüberlassung spricht. Dies ist unter anderem immer dann der Fall, wenn die Leasingrate im Wesentlichen nicht bloß Finanzierungskosten enthält. **140**

2.5.2.2 Teilamortisationsvertrag

Beim Teilamortisationsvertrag (Restwertleasing) werden innerhalb der Grundmietzeit nicht die Gesamtkosten des Leasinggebers amortisiert; der kalkulierte Restwert (die Restamortisation) ist der während der Grundmietzeit nicht amortisierte Teil der Gesamtkosten des Leasinggebers. Bei einem Teilamortisationsvertrag sind die Leasinggüter insbesondere in folgenden Fällen dem Leasingnehmer von Anfang an zuzurechnen (VwGH 17.10.1989, 88/14/0189; VwGH 21.10.1993, 92/15/0085; VwGH 28.5.2002, 99/14/0109): **141**

1.	Grundmietzeit und betriebsgewöhnliche Nutzungsdauer stimmen annähernd überein (siehe Rz 137).

2.	Der Leasingnehmer hat sowohl das Risiko der Wertminderung als auch die Chance der Wertsteigerung; dies kann ua. angenommen werden, wenn bei Veräußerung des Leasinggegenstandes der Leasingnehmer einerseits für die Differenz zwischen Restwert und niedrigerem Veräußerungserlös aufzukommen hat und andererseits mehr als 75% des den Restwert übersteigenden Teiles des Veräußerungserlöses erhält. Sollen das Risiko der Wertminderung und die Chance der Wertsteigerung zwischen Leasinggeber und Leasingnehmer gleichteilig verteilt werden, kommt es bei ab dem 1.1.2011 abgeschlossenen Leasingverträgen nur dann zu keiner Zurechnungsänderung zum Leasingnehmer, wenn der Leasinggeber mindestens 25% der Differenz zwischen Restwert und niedrigerem Veräußerungserlös trägt und andererseits mindestens 25% des den Restwert übersteigenden Teiles des Veräußerungserlöses erhält.
3.1	**Für Vertragsabschlüsse bis 30.4.2007:** Im Falle einer Kaufoption des Leasingnehmers zum Restwert, wenn dieser erheblich niedriger ist als der voraussichtliche Verkehrswert (siehe Rz 3225).
3.2	**Für Vertragsabschlüsse ab 1.5.2007:** Im Falle einer Kaufoption des Leasingnehmers zum Restwert, wenn dieser **niedriger** ist als der voraussichtliche Verkehrswert (siehe Rz 3225).
4.	Speziealleasing (siehe Rz 138).

(AÖF 2011/66)

2.5.2.3 Finanzierungsleasing von unbeweglichen Wirtschaftsgütern

142 Beim Finanzierungsleasing von unbeweglichen Wirtschaftsgütern sind Gebäude und Grund und Boden jeweils getrennt zu beurteilen. Bei der Zurechnung des Gebäudes ist im Sinne der in den vorstehenden Absätzen angeführten Kriterien vorzugehen.

143 Der Grund und Boden ist grundsätzlich dem zivilrechtlichen Eigentümer zuzurechnen. Nicht im zivilrechtlichen Eigentum des Leasingnehmers stehender Grund und Boden wird dann von Anfang an dem Leasingnehmer zuzurechnen sein, wenn für Grund und Boden eine Kaufoption besteht und bereits das Gebäude dem Leasingnehmer zugerechnet wird.

144 Wird das Gebäude vom Leasinggeber auf dem im zivilrechtlichen und wirtschaftlichen Eigentum des Leasingnehmers stehenden Grund und Boden errichtet und diesem im Wege des Finanzierungsleasing überlassen, so kann das Gebäude dem Leasinggeber zugerechnet werden, wenn neben den übrigen Zurechnungskriterien folgende Voraussetzungen vorliegen:

- Es liegt kein Vollamortisationsvertrag bzw nicht Spezialleasing vor.
- Die vertragliche Nutzungsvereinbarung über Grund und Boden ist erheblich länger als die Grundmietzeit des Teilamortisationsvertrages (im Falle des Vollamortisationsvertrages ist das Gebäude dem Leasingnehmer zuzurechnen) und
- Der Leasinggeber ist zivilrechtlich in der Lage, das Gebäude nach Ablauf der Mietdauer gegebenenfalls ohne weiteres an eine vom Leasingnehmer verschiedene Person zu vermieten oder zu verkaufen.

2.5.2.4 Steuerliche Würdigung von Vorleistungen

145 Vorleistungen des Leasingnehmers, wie eine erhöhte erste Leasingrate oder ein Einmalbetrag, der während der Grundmietzeit mit den Leasingraten verrechnet wird, ändern in der Regel an der Zurechnung zum Leasinggeber nichts, wenn die Vorleistungen 30% der Anschaffungs- oder Herstellungskosten des Leasinggutes nicht übersteigen.

Bei Übersteigen dieser Grenze kann das Gesamtbild der Verhältnisse wirtschaftliches Eigentum des Leasingnehmers von Anfang an anzeigen, insbesondere, wenn ein Gebäude auf dem Grund und Boden des Leasingnehmers errichtet wird.

146 **Für Vertragsabschlüsse bis 30.4.2007:**

Das Leasinggut ist jedenfalls dem Leasingnehmer zuzurechnen, wenn er während der Grundmietzeit – neben den laufenden Leasingraten – zusätzliche Leistungen von insgesamt mehr als 75% der Herstellungskosten (ohne USt) erbringt.

Für Vertragsabschlüsse ab 1.5.2007:

Das Leasinggut ist jedenfalls dem Leasingnehmer zuzurechnen, wenn er während der Grundmietzeit – neben den laufenden Leasingraten – zusätzliche Leistungen von insgesamt mehr als 50% der Herstellungskosten (ohne USt) erbringt.

Zu den zusätzlichen Leistungen zählen Mietvorauszahlungen bis zu 30% der Herstellungskosten, Kautionen (Einmalkaution oder laufende Kautionszahlungen), Darlehen sowie andere Zahlungen in welcher Bezeichnung auch immer. Zu den zusätzlichen Leistungen gehört weiters eine von einem Bundesland an die Gemeinde gewährte und von dieser als Leasingnehmer an den Leasinggeber weitergegebene Subvention (vgl. VwGH 17.8.94, 91/15/0083). Gleiches gilt in Fällen, in denen die dem Leasingnehmer gewährte Subvention vom Subventionsgeber direkt an den Leasinggeber geleistet wird. Hat der Leasinggeber Anspruch auf steuerfreie Subventionen, sind die gekürzten Herstellungskosten maßgebend.

(AÖF 2007/88)

2.5.2.5 Sale and lease back

Beim Sale and lease back-Vertrag ist das Wirtschaftsgut insbesondere dann dem Verkäufer **147**
und Leasingnehmer zuzurechnen, wenn einer der folgenden Fälle vorliegt:

- In den Zurechnungsfällen der Rz 137 ff: Bei bereits genutzten Wirtschaftsgütern ist zur Berechnung des Prozentsatzes die neu zu ermittelnde Restnutzungsdauer der Grundmietzeit gegenüberzustellen.
- Der Kaufpreis weicht erheblich vom gemeinen Wert des Wirtschaftsgutes ab (VwGH 12.8.1994, 90/14/0145).
- Es liegt ein Missbrauch gemäß § 22 BAO vor (vgl. VwGH 4.10.1983, 82/14/0317; VwGH 24.3.1983, 2721/79). Sale-and-lease-back-Verträge sind übliche Vertragsgestaltungen und daher für sich noch nicht missbrauchsverdächtig (VwGH 16.12.1998, 93/13/0257). Wird jedoch eine Gestaltung mit unüblichen Vertragsbedingungen in Form einer Sale-and-lease-back-Konstruktion gewählt, um Steuervorteile zu lukrieren (etwa wegen des Aktivierungsverbotes für unkörperliche Wirtschaftsgüter), liegt Missbrauch vor.

Wird beim Sale-and-lease-back wie in den beispielhaft angeführten Fällen das Wirtschaftsgut dem Verkäufer und Leasingnehmer zugerechnet, so sind der Verkauf und die Rückmiete wirtschaftlich betrachtet ein Darlehensvertrag, zu dessen Sicherung das Wirtschaftsgut dem Leasinggeber übereignet wird.

2.5.2.6 Steuerliche Auswirkungen der Zurechnung des Wirtschaftsgutes an den Leasinggeber

Wird der Leasinggegenstand dem Leasinggeber zugerechnet, dann sind die Leasingraten **148**
bei ihm Betriebseinnahmen und bei betrieblicher oder beruflicher Verwendung des Leasinggutes beim Leasingnehmer Betriebsausgaben oder Werbungskosten. Ist das Leasinggut ein Kraftfahrzeug, dann sind Leasingraten und laufende Betriebskosten unter Berücksichtigung der Angemessenheitsgrenze (siehe Rz 4761 ff), eines allfällig auszuscheidenden Privatanteiles (siehe Rz 1079 ff) sowie eines allfälligen Leasing-Aktivpostens (siehe Rz 3226 ff) abzugsfähig. Die amtlichen Kilometergelder können dann an Stelle der tatsächlichen Aufwendungen geltend gemacht werden, wenn das Fahrzeug nicht im Wege des Finanzierungsleasing, sondern nur kurzfristig, das ist nicht länger als einen Monat, gemietet wird. Beim Kautionsleasing (einer Form des Restwertleasing) hat der Leasingnehmer zusätzlich Zahlungen an den Leasinggeber zu leisten. Kautionszahlungen mit Rückzahlungsanspruch des Leasingnehmers sind beim Leasingnehmer als Darlehensforderung zu aktivieren und beim Leasinggeber als Darlehensverbindlichkeit zu passivieren.

(AÖF 2007/88)

2.5.2.7 Steuerliche Auswirkungen der Zurechnung des Wirtschaftsgutes an den Leasingnehmer

Wird der Gegenstand dem Leasingnehmer zugerechnet, so hat dieser den Gegenstand **149**
mit den Anschaffungs- oder Herstellungskosten zu aktivieren. Als Anschaffungs- oder Herstellungskosten können jene des Leasinggebers angesetzt werden. In gleicher Höhe ist eine Verbindlichkeit an den Leasinggeber zu passivieren. Beim Leasinggeber tritt an die Stelle der Anschaffungs- oder Herstellungskosten in gleicher Höhe die Kaufpreisforderung an den Leasingnehmer. Die Leasingraten sind in einen für beide Vertragspartner sich ständig erhöhenden erfolgsneutralen Tilgungsanteil und in einen entsprechend sich ständig verringernden erfolgswirksamen Teil (Betriebsausgabe bzw. Werbungskosten beim Leasingnehmer und Betriebseinnahme beim Leasinggeber) aufzuspalten; dabei kann die Zinsstaffelmethode angewendet werden. Anschaffungs- oder Herstellungskosten des Leasingnehmers, die nicht in den Leasingraten enthalten sind, wie zB Montagekosten, sind vom Leasingnehmer zusätzlich zu aktivieren.

(AÖF 2002/84)

Wird beim Sale-and-lease-back das Wirtschaftsgut dem Verkäufer und Leasingnehmer **150**
zugerechnet und ist damit von einem Darlehensvertrag auszugehen (siehe Rz 147), so hat der Leasingnehmer den Rückzahlungsbetrag zu passivieren; der Unterschiedsbetrag zum

niedrigeren Verfügungsbetrag ist zu aktivieren und auf die Mietdauer degressiv verteilt abzuschreiben. Entsprechend umgekehrt hat der Leasinggeber zu verfahren.

2.6 Verlustausgleich und Verlustausgleichsverbote

2.6.1 Horizontaler und vertikaler Verlustausgleich

151 Der Verlustausgleich ist Teil der Einkommensdefinition nach § 2 Abs. 2 EStG 1988 (Gesamtbetrag der Einkünfte nach Ausgleich mit Verlusten und nach Abzug von Sonderausgaben und außergewöhnlichen Belastungen).

Verluste sind negative Einkünfte und vermindern grundsätzlich die Bemessungsgrundlage. Sofern sie außerhalb der Einkunftsarten (zB ein Spielverlust, Verlust von Privatvermögen) oder im Rahmen einer Liebhaberei anfallen (siehe LRL 2012 Rz 3 ff), sind sie einkommensteuerrechtlich unbeachtlich.

(AÖF 2013/280)

152 Unter horizontalem Verlustausgleich versteht man die Saldierung von positiven mit negativen Einkünften innerhalb der jeweiligen Einkunftsart. Es ist zunächst ein innerbetrieblicher Verlustausgleich für jeden einzelnen Betrieb vorzunehmen (zB laufender Verlust und Veräußerungsgewinn). Es ist dem Steuerpflichtigen freigestellt, in welcher Reihenfolge er den innerbetrieblichen Verlustausgleich vornimmt (VwGH 24.2.2004, 99/14/0250). Sodann werden im Rahmen des horizontalen Verlustausgleiches die positiven und negativen Einkünfte innerhalb der jeweiligen Einkunftsarten ausgeglichen.

(AÖF 2005/110)

153 Verbleibt nach Vornahme des horizontalen Verlustausgleiches bei einer Einkunftsart ein Verlust, so ist dieser im Rahmen des vertikalen Verlustausgleichs mit den positiven Ergebnissen anderer Einkunftsarten auszugleichen. Sind in einer Einkunftsart begünstigte Einkünfte enthalten, erfolgt der vertikale Verlustausgleich zunächst mit Einkunftsarten ohne begünstigte Einkünfte.

(AÖF 2005/110)

154 Ein horizontaler Verlustausgleich ist insbesondere auch bei Einkünften vorzunehmen, die dem ermäßigten Steuersatz (§ 37 EStG 1988) unterliegen. Verluste reduzieren den dem ermäßigten Steuersatz unterliegende Betrag (VwGH 22.3.1995, 95/15/0005), da die begünstigt besteuerten Einkünfte nie höher sein können als die insgesamt aus der betreffenden Einkunftsart erzielten Einkünfte (VwGH 6.11.1991, 90/13/0081, 0082).

154a Verluste aus progressiv besteuerten Einkunftsquellen können gegen Einkünfte, auf die der besondere Steuersatz anwendbar ist, ausgeglichen werden, wenn die Regelbesteuerungsoption ausgeübt wird. Zu Verlustausgleichsbeschränkungen siehe auch Rz 178.

(AÖF 2013/280)

155 Der Verlustausgleich wird durch allgemeine (§ 2 Abs. 2a EStG 1988) und besondere (im EStG verteilte) Bestimmungen ausgeschlossen oder eingeschränkt.

2.6.2 Allgemeine Verlustausgleichsverbote

2.6.2.1 Begriffsbestimmung

156 Gemäß § 2 Abs. 2a EStG 1988 besteht ein Verlustausgleichs- und Vortragsverbot (§ 18 Abs. 6 EStG 1988) für negative Einkünfte erstens aus der Beteiligung an Gesellschaften oder Gemeinschaften, wenn das Erzielen steuerlicher Vorteile im Vordergrund steht (= beteiligungsbezogenes Verlustausgleichsverbot) sowie zweitens aus Betrieben, deren Unternehmensschwerpunkt(e) im Verwalten unkörperlicher Wirtschaftsgüter oder in der gewerblichen Vermietung von Wirtschaftsgütern gelegen ist (= branchenbezogenes Verlustausgleichsverbot).

(BMF-AV Nr. 2018/79)

157 Verluste aus solchen negativen Einkünften sind in den Folgejahren mit positiven Einkünften frühestmöglich zu verrechnen. Eine zu Unrecht unterbliebene Verlustverrechnung kann nicht in einem späteren Jahr nachgeholt werden (VwGH 21.1.2004, 2003/13/0093).

Bei der Verrechnung handelt es sich um einen nachgeholten Verlustausgleich, der zeitlich und umfänglich vom Anfallen von Gewinnen (Überschüssen) abhängig ist. Sollte eine frühere Verrechnung nicht möglich sein, ist sie im höchstmöglichen Ausmaß (= verbleibender Verrechnungsverlust) mit dem letzten (Veräußerungs-)Gewinn (Überschuss) vorzunehmen; soweit eine solche Verrechnung nicht möglich ist, sind verbleibende Verluste mit anderen Einkünften zu verrechnen. Bei unentgeltlicher Übertragung einer Beteiligung sowie bei

Umgründungen nach dem Umgründungssteuergesetz gehen diese Verrechnungsfolgen bei Buchwertfortführung auf den Rechtsnachfolger über.
(AÖF 2006/114)

Rechtslage bis zur Veranlagung 2013 **157a**

Ab dem Veranlagungsjahr 2001 wird die Verlustverrechnung durch die Regelung des § 2 Abs. 2b Z 1 EStG 1988 eingeschränkt, und zwar durch eine Verrechnungsgrenze von grundsätzlich 75%. Diese Einschränkung bezieht sich nur auf Wartetastenverluste im Sinne des § 2 Abs. 2a EStG 1988 sowie IFB-Wartetastenverluste, nicht hingegen auf andere Sonderverluste (Siebentelverluste nach § 4 Abs. 10 Z 1 EStG 1988, Verluste echter stiller Gesellschafter gemäß § 27 Abs. 1 Z 2 EStG 1988, Siebentelverluste nach § 12 Abs. 3 Z 2 KStG 1988, Wartetastenverluste nach § 23a EStG 1972).

Die Verrechnungsgrenze leitet sich von der Höhe der positiven Einkünfte ab, mit denen die Verrechnung vorzunehmen ist. Die Verrechnungsgrenze kommt daher nur dann zur Wirkung, wenn der verrechenbare Verlust mehr als die Verrechnungsgrenze (grundsätzlich 75% der positiven Einkünfte des betreffenden Betriebes oder der betreffenden außerbetrieblichen Einkunftsquelle) ausmacht.

Beispiel 1:

Es ist ein verrechenbarer Verlust von 500.000 S vorhanden. Die positiven Einkünfte aus der Einkunftsquelle betragen im Jahr 2001 600.000 S. Es sind 75% von 600.000 S zu ermitteln. Die Verrechnungsgrenze beträgt daher 450.000 S. Der verrechenbare Verlust kommt daher nur mit einem Betrag von 450.000 S zur Verrechnung.

Beispiel 2:

Es ist ein verrechenbarer Verlust von 500.000 S vorhanden. Die positiven Einkünfte aus der Einkunftsquelle betragen im Jahr 2001 900.000 S. Es sind 75% von 900.000 S zu ermitteln. Die Verrechnungsgrenze beträgt somit 675.000 S. Der verrechenbare Verlust kommt daher mit dem gesamten Betrag von 500.000 S zur Verrechnung.
(BMF-AV Nr. 2015/133)

Rechtslage bis zur Veranlagung 2013 **157b**

Gemäß § 2 Abs. 2b Z 3 EStG 1988 ist die Verrechnungsgrenze insoweit nicht anzuwenden, als in den positiven Einkünften enthalten sind:

1. Gewinne aus einem Schulderlass gemäß § 36 Abs. 2 EStG 1988 (Erfüllung eines insolvenzrechtlichen Sanierungsplanes, Erfüllung eines insolvenzrechtlichen Zahlungsplanes oder Erteilung einer Restschuldbefreiung nach Durchführung eines Abschöpfungsverfahrens). § 2 Abs. 2b Z 3 erster Teilstrich EStG 1988 gilt nur für Einkommensteuerpflichtige, nicht hingegen für Körperschaften, für die § 36 EStG 1988 nicht anwendbar ist. Bei Körperschaften sind Gewinne aus der Erfüllung eines insolvenzrechtlichen Sanierungsplanes nur dann im Rahmen des § 2 Abs. 2b EStG 1988 begünstigt, wenn sie einen „Sanierungsgewinn" (§ 2 Abs. 2b Z 3 vierter Teilstrich EStG 1988; § 23a KStG 1988) darstellen.
2. Gewinne, die in Veranlagungszeiträumen anfallen, die von einem Insolvenzverfahren betroffen sind. Damit sind sämtliche Gewinne erfasst, die in Kalenderjahren anfallen, in denen ein derartiges Verfahren anhängig ist. Anhängig ist ein Insolvenzverfahren mit Eintritt der Rechtswirkungen der Insolvenzeröffnung. Die Wirkungen treten gemäß § 2 Abs. 1 Insolvenzordnung mit Beginn des Tages ein, der der öffentlichen Bekanntmachung des Inhaltes des Insolvenzediktes folgt. Das Verfahren endet mit der Aufhebung des Insolvenzverfahrens bzw. mit der Einstellung. Ist ein Insolvenzverfahren aufrecht, sind Gewinne, die diesem Kalenderjahr (Veranlagungszeitraum) zuzuordnen sind, von der 75%-Begrenzung ausgenommen, wobei es unerheblich ist, ob diese Gewinne, vor oder nach Eröffnung bzw. Beendigung des Verfahrens entstanden sind.
3. Veräußerungsgewinne und Aufgabegewinne, das sind Gewinne aus der Veräußerung sowie der Aufgabe von Betrieben, Teilbetrieben und Mitunternehmeranteilen. Veräußerungs- und Aufgabegewinne sind im Bereich der Einkommensteuerpflichtigen und der Körperschaften, die nicht unter § 7 Abs. 3 KStG 1988 fallen, Gewinne im Sinne des § 24 EStG 1988. Bei Körperschaften, die dem § 7 Abs. 3 KStG 1988 unterliegen, zählen dazu Gewinne aus der Veräußerung und Aufgabe von Betrieben, Teilbetrieben und Mitunternehmeranteilen, ungeachtet dessen, dass § 24 EStG 1988 nicht anzuwenden ist. Aus Anlass einer Betriebsveräußerung oder -aufgabe anfallende Übergangsgewinne sind nicht begünstigt (VwGH 25.11.2009, 2007/15/0252).
4. Sanierungsgewinne, das sind Gewinne, die durch Vermehrung des Betriebsvermögens infolge eines gänzlichen oder teilweisen Erlasses von Schulden zum Zwecke der Sanierung entstanden sind. Damit sind Gewinne aus außergerichtlichen Ausgleichen, die

Sanierungsgewinne darstellen, sowohl bei Einkommen- als auch bei Körperschaftsteuerpflichtigen begünstigt. Der Begriff „Sanierungsgewinn" hat im Einkommensteuerrecht außerhalb des Anwendungsbereiches des § 2 Abs. 2b EStG 1988 keine Bedeutung mehr.

5. Liquidationsgewinne iSd § 19 Abs. 2 KStG 1988, unabhängig davon, ob sie innerhalb des Besteuerungszeitraumes im Sinne des § 19 Abs. 3 KStG 1988 anfallen.

Die Verrechnungsgrenze ist auch auf Gewinne aus vor dem 1. Juli 2010 begonnenen Konkurs- bzw. gerichtlichen Ausgleichsverfahren nicht anzuwenden.

(BMF-AV Nr. 2021/65)

157c **Rechtslage bis zur Veranlagung 2013**

Die Begrenzung führt nicht zu einem Untergehen der nicht verrechenbaren Verlustteile, sondern zu einer Verrechnung dieser Beträge in späteren Jahren. Eine Verrechnung in späteren Jahren kommt allerdings nur insoweit in Betracht, als die aufgeschobenen Verrechungsbeträge in der jeweiligen Verrechnungsgrenze der späteren Jahre Deckung finden.

Die Fälle des Übergehens von Verrechnungsverlusten auf Rechtsnachfolger (vor allem Übergang der Einkunftsquelle durch Erbschaften und Schenkungen, betriebsbezogener Übergang von Verrechnungsverlusten in Umgründungssteuerfällen mit Buchwertfortführung) werden durch die Einführung der Verrechnungsgrenze nicht tangiert. In derartigen Fällen geht der Verrechnungsverlust einschließlich des durch die Verrechnungsgrenze rückgestauten Betrages über. Sollten nach einer Veräußerung (Aufgabe) des gesamten Betriebes noch Verrechnungsverluste vorhanden sein, die weder mit laufenden Gewinnen noch mit einem Veräußerungs- bzw. Aufgabegewinn verrechnet werden konnten, werden diese Verluste sodann in vollem Umfang – also auch hinsichtlich der rückgestauten Beträge – zu 100% mit anderen Einkünften ausgleichsfähig. Sollte dann noch ein Verrechnungsverlust verbleiben, wandelt sich dieser zum vortragsfähigen Verlust.

Beispiel:

In einem Betrieb fällt im Jahr 2001 ein nichtausgleichsfähiger Verlust von 2 Millionen Schilling an.

Im Jahr 2002 ergibt sich ein Gewinn von 1,5 Millionen Schilling. Der Verrechnungsverlust wird auf Grund der Verrechnungsgrenze mit 75% dieses Gewinnes, also mit 1,125.000 S angesetzt. Die restlichen 875.000 S (diese setzen sich aus 500.000 S echtem Verlustüberhang sowie aus 375.000 S Verlustrückstau auf Grund der Verrechnungsgrenze zusammen) bleiben auf Wartetaste.

- *Im Jahr 2003 fällt ein weiterer Gewinn von 800.000 S an. Von den auf Wartetaste befindlichen Verlusten von 875.000 S dürfen 600.000 S verrechnet werden, 275.000 S verbleiben für spätere Jahre auf der Wartetaste.*
- *Im Jahr 2004 wird der Betrieb aufgegeben. Es fällt in diesem Jahr ein laufender Gewinn von 40.000 S und ein Aufgabegewinn von 160.000 S an. Die Verrechnungsgrenze ist nur auf den laufenden Gewinn anzuwenden, sie beträgt also 30.000 S. Gegen den laufenden Gewinn können also 30.000 S, gegen den Aufgabegewinn 160.000 S aus der Wartetaste verrechnet werden. Die restlichen 85.000 S werden zu einem ausgleichsfähigen Verlust. Sind im betreffenden Jahr weitere Einkünfte von 60.000 S vorhanden, werden diese mit dem ausgleichsfähig gewordenen Verlust verrechnet. Der dann noch verbleibende Betrag von 25.000 S wandelt sich in einen vortragsfähigen Verlust.*

(BMF-AV Nr. 2015/133)

Randzahl 157d: *entfällt*

(BMF-AV Nr. 2021/65)

158 Das Verlustausgleichsverbot des § 2 Abs. 2a EStG 1988 betrifft den Verlustausgleich innerhalb der jeweiligen Einkunftsquelle (= innerbetrieblicher Verlustausgleich; zB kein Verlustausgleich zwischen laufenden Gewinn eines Einzelunternehmens mit dem Verlustanteil einer im Betriebsvermögen gehaltenen Beteiligung gemäß § 2 Abs. 2a EStG 1988), den Verlustausgleich innerhalb der einzelnen Einkunftsarten (= horizontaler Verlustausgleich; wie letztgenanntes Beispiel, wenn Beteiligung nicht im Betriebsvermögen gehalten wird) und den Verlustausgleich zwischen den Einkunftsarten (vertikaler Verlustausgleich; zB kein Verlustausgleich zwischen Einkünften aus nichtselbständiger Arbeit und einer betrieblichen Tätigkeit, deren Unternehmensschwerpunkt im Verwalten unkörperlicher Wirtschaftsgüter gelegen ist).

159 Bei Anwendung des § 2 Abs. 2a EStG 1988 sind vorliegende IFB-Verluste nicht herauszurechnen, weshalb diese Verlustausgleichsbeschränkung dem § 10 Abs. 8 EStG 1988 vorgeht. Auch geht die Verrechnung gemäß § 2 Abs. 2a EStG 1988 letzter Satz als nachgeholter Verlustausgleich dem Verlustabzug nach § 18 Abs. 6 EStG 1988 vor. Innerhalb des § 2

Abs. 2a EStG 1988 gehen die branchenbezogenen Verlustausgleichsverbote (Unternehmensschwerpunkt im Verwalten unkörperlicher Wirtschaftsgüter, gewerbliche Vermietung von Wirtschaftsgütern) dem Verlustausgleichsverbot für primäres Erzielen steuerlicher Vorteile vor. Letzteres kommt daher nicht mehr zum Tragen, wenn bereits die branchenbezogenen Verlustausgleichsverbote Anwendung finden.

(BMF-AV Nr. 2018/79)

§ 2 Abs. 2b EStG 1988 ist gemäß § 124b Z 248 EStG 1988 letztmalig bei der Veranlagung **159a**
für das Kalenderjahr 2013 anzuwenden.

(BMF-AV Nr. 2018/79)

2.6.2.2 Verwalten unkörperlicher Wirtschaftsgüter

Darunter versteht man nach der Verordnung vom 10.12.1996, BGBl 1996/734 sowohl das **160**
Verwalten von Anlagevermögen, als auch das Verwalten von Umlaufvermögen, worunter insbesondere der gewerbliche Handel mit unkörperlichen Wirtschaftsgütern zu verstehen ist (VwGH 22.5.2002, 99/15/0119). Die Verordnung ist verfassungskonform (VfGH 2.10.1998, B 553/98). Ob der Unternehmensschwerpunkt im Verwalten unkörperlicher Wirtschaftsgüter (bspw. Verwalten von Beteiligungen, von Forderungen und selbst hergestellten Rechten) bzw. in der gewerblichen Vermietung gelegen ist, muss nach dem Gesamtbild der wirtschaftlichen Verhältnisse (Relation der wirtschaftlichen Erfolge oder Vermögenswerte zueinander) beurteilt werden. Ob das Verwalten als Einzelperson oder mittels einer Personengemeinschaft, vom Inland oder vom Ausland aus betrieben wird (VwGH 29.7.1997, 96/14/0115; VwGH 26.5.1998, 98/14/0044), ist nicht ausschlaggebend.

Kein Verwalten von unkörperlichen Wirtschaftsgütern liegt bei der Tätigkeit eines Erfinders vor. Der Schwerpunkt der Tätigkeit besteht nicht in der Verwaltung, sondern im produktiven Einsatz des Wissens zur Erzeugung neuen Wissens (VwGH 3.9.2019, Ra 2018/15/0085). Bei einem Filmproduzenten liegt der Schwerpunkt der Tätigkeit in der Generierung von (unkörperlichen) Filmrechten durch Herstellung eines Filmes und nicht darin, aus selbst hergestellten oder von Dritten erworbenen Filmrechten Früchte zu ziehen oder Filmrechte zu veräußern (VwGH 14.5.2020, Ro 2020/13/0003).

(BMF-AV Nr. 2021/65)

2.6.2.3 Gewerbliche Vermietung von Wirtschaftsgütern

Dieses branchenbezogene Verlustausgleichsverbot zielt insbesondere auf Leasingper- **161**
sonengesellschaften ab. Der Begriff „gewerbliche Vermietung von Wirtschaftsgütern" stellt auf die Art der Betätigung ab. Ein in Relation zur gewerblichen Vermietung deutlich überwiegender Kapitaleinsatz im Bereich der vermögensverwaltenden Vermietung sowie ein deutliches Überwiegen der aus der vermögensverwaltenden Vermietung erzielten Mieteinnahmen spricht für einen Unternehmensschwerpunkt im Betätigungsfeld der vermögensverwaltenden Vermietung. Zu prüfen ist, ob dieses Überwiegen auch im Bereich der Wertschöpfung gegeben ist.

Liegt der Unternehmensschwerpunkt bei der vermögensverwaltenden Vermietung, so **162**
kommt es nicht zur Anwendung der Verlustklausel des § 2 Abs. 2a EStG 1988. Der Betrieb einer Sport- und Freizeitanlage fällt nach der Verkehrsauffassung ebenso wenig unter den Begriff der gewerblichen Vermietung von Wirtschaftsgütern wie die Vermietung und Verpachtung von Anlagenteilen an Gewerbetreibende (zB Kantinenverpachtung, Überlassung eines Raumes an einen Masseur), das eigenverantwortliche Betreiben eines Beherbungsbetriebes sowie die Verpachtung eines Gewerbebetriebes selbst.

2.6.2.4 Im Vordergrund-Stehen des Erzielens steuerlicher Vorteile bei Beteiligungen

2.6.2.4.1 Grundsätzliches

Die Spezialbestimmung des § 2 Abs. 2a EStG 1988 ist – soweit sie auf Beteiligungen **163**
abzielt – ab der Veranlagung 2000 (§ 124b Z 39 EStG 1988) unabhängig vom Zeitpunkt des Erwerbes bzw. Eingehens der Beteiligung anzuwenden. Sie hat bei der Einkommensteuer, und zwar bei allen Einkunftsarten und alle dem EStG 1988 unterliegenden Rechtsformen (Personengesellschaften aller Art, Miteigentumsgemeinschaften, Risikogemeinschaften im Bereich von Versicherungen) Bedeutung. Zur Anwendung im Rahmen des KStG 1988 siehe KStR 2013 Rz 365.

(AÖF 2013/280)

Verluste aus Beteiligungen an Gesellschaften oder Gemeinschaften sind nicht mehr aus- **164**
gleichsfähig, wenn der Steuervorteil aus der Beteiligung dominiert. Dies ist iSd § 2 Abs. 2a EStG 1988 insbesondere dann der Fall, wenn Beteiligungsmodelle mit Steuervorteilen aus Verlustzuweisungen beworben werden oder wenn bei einer allgemein angebotenen Betei-

ligung die Rendite nach Steuern (das ist jene unter Berücksichtigung des Renditevorteils aus einem Verlustausgleich) die Rendite vor Steuern (das ist jene ohne Berücksichtigung des Renditevorteils aus einem Verlustausgleich) um mehr als das Doppelte übersteigt. Die Haftung des Kapitalgebers, ob beschränkt oder unbeschränkt, ist für die Anwendung des § 2 Abs. 2a EStG 1988 ebenso unbeachtlich wie ein Abstellen auf das Ausmaß des zur Verfügung gestellten Kapitals (zB geleistete Einlage).

(AÖF 2006/114)

165 Die Bewerbung mit einem zu erwartenden Beteiligungsverlust kann dazu führen, dass der Tatbestand erfüllt ist. Es bedarf einer Abwägung der Intensität der Bewerbung des steuerlichen Vorteils mit anderen in Aussicht gestellten Vorteilen der Beteiligung (VwGH 21.2.2018, Ro 2016/13/0027).

Steht auf Grund der Intensität der Bewerbung danach der steuerliche Vorteil aus der Beteiligung im Vordergrund, sind weitere Überprüfungen des allgemeinen Angebotes der Beteiligung sowie des Verhältnisses von „Rendite vor Steuern" und „Rendite nach Steuern" nicht mehr anzustellen (siehe Rz 175 ff). Es liegt dann jedenfalls eine Beteiligung vor, die unter den Anwendungsbereich des § 2 Abs. 2a EStG 1988 fällt.

Zur Unzulässigkeit überproportionaler Verlustzuweisungen siehe Rz 5897.

(BMF-AV Nr. 2018/79)

166 Unabhängig davon, ob die Beteiligung mit steuerlichen Vorteilen beworben wird, kann der steuerliche Vorteil auch dann nicht im Vordergrund stehen, wenn es sich um eine Beteiligung mit einem hohen außersteuerlichen Risiko handelt (VwGH 21.2.2018, Ro 2016/13/0027). Ein hohes außersteuerliches Risiko kann allerdings ein Indiz dafür sein, dass der steuerliche Vorteil nicht im Vordergrund steht. Ein hohes außersteuerliches Risiko ist anzunehmen, wenn die Beteiligung sämtliche der folgenden Merkmale aufweist:

- Das Beteiligungsunternehmen ist nach seinem Unternehmensschwerpunkt in einer besonders risikoreichen Branche (Wachstumstechnologie, Hochtechnologie, Forschung und Entwicklung) tätig.
- Die Zuweisung von Verlusten und Gewinnen orientiert sich ausschließlich am Ausmaß der Beteiligung und ist betraglich nicht limitiert.
- Der für den Fall des Ausscheidens des Gesellschafters vorgesehene Abschichtungserlös ist betraglich weder nach oben noch nach unten begrenzt und bestimmt sich ausschließlich nach dem Anteil am Unternehmenswert.
- Es gibt keine Vereinbarungen, die auf eine von vornherein beabsichtigte zeitliche Begrenzung der Beteiligung schließen lassen.

(BMF-AV Nr. 2018/79)

167 Sollte eine Beteiligung nicht nach den letzten zwei Absätzen eingestuft werden können, ist eine weitere Überprüfung im Sinne der „Insbesondere-Voraussetzungen" des § 2 Abs. 2a EStG 1988 anzustellen. Die gesetzlich vorgegebenen Auslegungsmerkmale des Erwerbes oder Eingehens der Beteiligung auf der Grundlage eines allgemeinen Angebots sowie des Vergleichs zwischen „Rendite vor Steuern" und „Rendite nach Steuern" müssen beide gemeinsam, also kumulativ vorliegen.

2.6.2.4.2 Allgemeines Angebot

168 Ein allgemeines Angebot liegt dann vor, wenn es für derartige Beteiligungen typischerweise einen allgemeinen Anlegermarkt gibt. Das Ausmaß des angesprochenen Personenkreises ist nicht von Bedeutung. Eine allgemein angebotene Beteiligung dieser Art ist daher beispielsweise auch dann gegeben, wenn sie nur den „guten Kunden" eines Kreditinstituts oder bestimmten qualifizierten Mitarbeitern eines Kreditinstituts angeboten werden. Ein öffentliches Angebot im Sinne der allgemeinen Bewerbung durch Prospekte, in Medien oder durch Aushang in Form von Werbeplakaten oder in einem Kreditinstitut ist nicht erforderlich.

169 Kein allgemeines Angebot liegt vor, wenn es auf einen bestimmten Personenkreis ausgerichtet ist und andere beachtliche Motive als bloß jenes einer Kapitalbeteiligung gegeben sind. Dies ist allgemein anzunehmen, wenn das Kapitalengagement über eine bloß kapitalistische Beteiligung hinausgeht. Weiters spricht eine Kapitalbeteiligung im Kreis naher Angehöriger sowie im Kreise von Geschäftspartnern (zB Beteiligung aus Sanierungsgründen zur Sicherung von Absatzchancen) gegen ein allgemeines Angebot.

2.6.2.4.3 Renditevergleich

170 Der in § 2 Abs. 2a EStG 1988 vorgesehene Renditevergleich ist auf der Grundlage des allgemein angebotenen Gesamtkonzeptes der Beteiligung anzustellen. Die konkreten Verhältnisse der einzelnen Gesellschafter sind daher nicht von Bedeutung.

Beim Renditevergleich ist auf die „erreichbaren“ Renditen abzustellen. Es sind darunter jene Renditen zu verstehen, die abstrakt bei Eintritt bestmöglicher Steuereffekte und unter optimaler Ausnutzung der steuerlichen Gestaltungsmöglichkeiten erzielt werden können. Dies bedeutet:

- Die generelle Annahme eines Grenzsteuersatzes von 50%, also unabhängig vom konkreten Grenzsteuersatz des einzelnen Anlegers.
- Die Annahme der bestmöglichen Nutzung von Steuervorteilen bei Besteuerung des Abschichtungsgewinnes. Das ist in der Regel die "Dreijahresverteilung" nach § 37 Abs. 2 EStG 1988. Unbeachtet bleibt der halbe Steuersatz nach § 37 Abs. 5 EStG 1988, weil dieser von konkreten persönlichen Verhältnissen des Gesellschafters abhängig ist.
- Die Annahme der Beteiligungsfinanzierung aus Eigenmitteln, es sei denn, die Gesamtkonzeption beinhaltet eine Fremdfinanzierung als allgemeines Konzeptionselement.
- Die Annahme des Abschichtungserlöses im Falle einer „Erlösbandbreite“ im Ausmaß des höchstmöglichen Abschichtungsbetrages. Ist keine Erlösbandbreite vereinbart, ist auf den wahrscheinlichen Abschichtungserlös im Sinne einer Wertentwicklungsprognose abzustellen.

Der Renditevergleich ist für den voraussichtlichen Zeitraum des Bestehens der Beteiligung anzustellen. Es ist dabei auch das zu erwartende Verhalten des Kapitalnehmers in Bezug auf eine Kündigung der Beteiligung zu berücksichtigen. Ist eine Kündigung innerhalb eines bestimmten Zeitraumes zu erwarten, ist die Renditeberechnung für diesen Zeitraum aufzustellen. 171

(BMF-AV Nr. 2018/79)

Kann eine Kündigung innerhalb eines bestimmten Zeitraumes nicht abgesehen werden oder ist die Beteiligung nach ihrer Gesamtkonzeption als dauerhafte Kapitalveranlagung (zB Beteiligungen an Immobilienprojekten „zur Altersvorsorge“) einzustufen, wird auf den voraussichtlichen Zeitraum der „Nutzbarkeit“ der Beteiligung abgestellt. Liegen keine besonderen Kriterien vor, die einen anderweitigen Schluss zulassen, ist dies die Nutzungsdauer der hinter der Beteiligung stehenden Vermögenssubstanz. Dies gilt auch dann, wenn bei einer Beteiligung an einer Immobilie nach einer bestimmten Zeit (zB 25 Jahren) die Möglichkeit besteht, Wohnungseigentum zu begründen. 172

Die mathematische Berechnung der Rendite ist auf der Grundlage der Zahlungsströme vorzunehmen. Als Zinssatz ist nicht der unternehmensinterne Zinssatz, sondern ein modifizierter Zinssatz (marktüblicher Anlegerzinssatz) unter Abzug der bei derartigen Zinsen anfallenden Kapitalertragsteuer heranzuziehen. Es ist bei den gegebenen Marktverhältnissen von einem Zinssatz von 3,5% (abzüglich 25% Kapitalertragsteuer) auszugehen. 173

In den Renditevergleich ist nur die Einkommensteuer einzubeziehen; andere Steuern wie die Umsatzsteuer oder die Grunderwerbsteuer bleiben hingegen unberücksichtigt. 174

2.6.2.4.4 Vergleich „Rendite vor Steuern“ zu „Rendite nach Steuern“

Der Renditevergleich ist zwischen der „Rendite vor Steuern“ und der „Rendite nach Steuern“ anzustellen. Beträgt die „Rendite nach Steuern“ mehr als das Doppelte der „Rendite vor Steuern“, fällt die Beteiligung – bei Vorliegen eines allgemeinen Angebots – in den Anwendungsbereich des § 2 Abs. 2a EStG 1988 (Beispiel: Als Rendite vor Steuern ergeben sich 2%, als Rendite nach Steuern 5%). Ist die Fremdfinanzierung der Kapitalanlage als allgemeines Konzeptionselement miteinzubeziehen, umfasst der dem Renditevergleich zugrundezulegende Kapitaleinsatz das Eigenkapital zuzüglich das zum modifizierten Zinssatz (3,5%) abgezinste Fremdkapital. 175

Die „Rendite vor Steuern“ ist die unter gedachter Anwendung des § 2 Abs. 2a EStG 1988 errechnete Rendite. Diese Rendite ergibt sich daher aus der Differenz zwischen hingegebenem Kapital (einschließlich als steuerliches Kapital zu wertenden Gesellschafterdarlehen) ohne steuerlichen Effekt des Verlustausgleichs einerseits und den steuerpflichtigen Gewinnanteilen (Überschussanteilen) und einem steuerpflichtigen Abschichtungserlös andererseits. Die (gedachte) Einkommensteuer ist von den Gewinnanteilen (Überschussanteilen) und dem Abschichtungsgewinn – jeweils nach Abzug eines Wartetastenverlustes abzuziehen. 176

Die „Rendite nach Steuern“ ist die ohne Anwendung des § 2 Abs. 2a EStG 1988 errechnete Rendite. Es ist daher von einem gedachten Verlustausgleich auszugehen. Zur „Rendite vor Steuern“ tritt die Rendite aus gedachten Kapitalerträgen einer Kapitalveranlagung der aus dem Verlustausgleich resultierenden Einkommensteuergutschrift. Es ist dabei von einer Gutschrift im Ausmaß von 50% der zugewiesenen Verluste auszugehen. 177

Beispiel:

Kapitaleinsatz von 100.000 als Kommanditist, Verlustzuweisung 200%, Abschichtung zwischen 90% und 113% nach 8 Jahren, modifizierter Zinssatz nach KESt 3,5%. Aus Vereinfachungsgründen werden keine Zwischengewinne angenommen.

„Vor-Steuer-Rendite" (= bei Anwendung des § 2 Abs. 2a EStG 1988): Einzahlung einer Einlage von 100.000 im Jahr 1; Verlustausgleich für 200.000; Verlustzuweisung ist bei Anwendung des § 2 Abs. 2a EStG 1988 nicht zulässig; daher keine steuerlichen Auswirkungen in den Jahren 1 bis 8. Im Jahr 8 wird mit 113.000 abgeschichtet. Der Veräußerungsgewinn beträgt 213.000, davon wird ein Wartetastenverlust von 200.000 abgezogen, sodass 13.000 steuerpflichtig bleiben. Zur Renditeermittlung macht die darauf entfallende Steuer bei einem 50-prozentigen Grenzsteuersatz 6.500 aus, was auf drei Jahre verteilt – und auf diesen Zeitraum mit 3,5% abgezinst – wie folgt abzuziehen und zu berechnen ist:

Kapitaleinsatz	*– 100.000*
Abschichtungserlös	*113.000*
abzügl Barwert Steuerdrittel Jahr 1 (6.500 : 3 : $1,035^0$)	*– 2.167*
abzügl Barwert Steuerdrittel Jahr 2 (6.500 : 3 : $1,035^1$)	*– 2.094*
abzügl Barwert Steuerdrittel Jahr 3 (6.500 : 3 : $1,035^2$)	*– 2.022*
Rendite absolut	*6.717*
Rendite in Prozent (nach Formel, Ende 8. Jahr, siehe unten)	*0,8159%*

„Nach-Steuer-Rendite" (= ohne Anwendung des § 2 Abs. 2a EStG 1988):
Einzahlung einer Einlage von 100.000 im Jahr 1; Verlustzuweisung 200.000; daraus resultiert eine Einkommensteuerersparnis von 100.000. Diese Einkommensteuerersparnis wird nunmehr mit einem Zinssatz von 3,5% (ab dem Jahr 2) verzinst. Dies ergibt im Jahr 8 ein Gesamtkapital von 127.228 (= 100.000 x $1,035^7$). Im Jahr 8 wird mit 113.000 abgeschichtet. Der Veräußerungsgewinn beträgt 213.000 und wird – mangels Wartetastenverlustes – voll versteuert. Bei einem 50%igen Grenzsteuersatz fallen 106.500 an Steuer an, die auf drei Jahre verteilt (und mit 3,5% abgezinst) werden.

Kapitaleinsatz	*– 100.000*
aufgezinste Einkommensteuerersparnis (100.000 x $1,035^7$)	*127.228*
Abschichtungserlös	*113.000*
abzügl Barwert Steuerdrittel Jahr 1 (106.500 : 3 : $1,035^0$)	*– 35.500*
abzügl Barwert Steuerdrittel Jahr 2 (106.500 : 3 : $1,035^1$)	*– 34.300*
abzügl Barwert Steuerdrittel Jahr 3 (106.500 : 3 : $1,035^2$)	*– 33.140*
Rendite absolut (inkl Steuerersparnis)	*37.288*
Rendite in Prozent (nach Formel, Ende 8. Jahr, siehe unten)	*4,0409%*

In diesem Beispiel ergibt sich eine Nachsteuerrendite von mehr als dem Doppelten der Vorsteuerrendite, sodass § 2 Abs. 2a EStG 1988 anzuwenden ist. Die Rendite ermittelt sich nach folgender finanzmathematischer Formel:

$$\% = \left(\sqrt[8]{(1 + \text{Rendite}/\text{Kapitaleinsatz})} - 1\right) \times 100$$

Formel in Worten: Rendite in Prozent ist gleich (Klammer auf) achte Wurzel aus (Klammer auf) eins plus Quotient aus Rendite durch Kapitaleinsatz (Klammer zu) minus eins (Klammer zu) mal Hundert.

(BMF-AV Nr. 2021/65)

2.6.3 Besondere Verlustausgleichsverbote und Verlustausgleichsbeschränkungen

178 Neben § 2 Abs. 2a EStG 1988 bestehen folgende Beschränkungen:

- Substanzverluste und Verluste aus Derivaten (§ 27 Abs. 3 und 4 EStG 1988) dürfen nicht mit Zinserträgen aus Geldeinlagen und sonstigen Forderungen bei Kreditinstituten sowie mit Privatstiftungszuwendungen ausgeglichen werden (§ 27 Abs. 8 Z 1 EStG 1988).
- Einkünfte aus Kapitalvermögen, auf die der besondere Steuersatz anwendbar ist, dürfen nicht ausgeglichen werden mit anderen Einkünften aus Kapitalvermögen, auf die der besondere Steuersatz nicht anwendbar ist (§ 27 Abs. 8 Z 3 EStG 1988).

- Verluste aus Kapitalvermögen, die nicht mit anderen Einkünften aus Kapitalvermögen ausgeglichen werden können, dürfen nicht mit Einkünften aus anderen Einkunftsarten vertikal ausgeglichen werden (§ 27 Abs. 8 Z 4 EStG 1988).
- Verlustanteile eines echten stillen Gesellschafters (stille Beteiligung im Privatvermögen) sind nicht zu berücksichtigen. Sie sind jedoch mit späteren Gewinnen zwecks Auffüllung bis zur Höhe der Einlage zu verrechnen (§ 27 Abs. 8 Z 2 EStG 1988).
- Verluste aus Leistungen gemäß § 29 Z 3 EStG 1988 unterliegen einem Ausgleichsverbot (insbesondere Vermietung beweglicher Gegenstände und gelegentliche Vermittlungen, darunter fallen auch Privatgeschäftsvermittler mit Umsätzen von weniger als 900 Euro jährlich).
- Verluste aus Spekulationsgeschäften sind nur mit allenfalls vorhandenen anderen Spekulationsüberschüssen, nicht hingegen mit anderen Einkünften ausgleichsfähig (§ 31 Abs. 4 EStG 1988).
- Verluste aus der Veräußerung von Grundstücken des Privatvermögens sind vorrangig nur mit Überschüssen aus anderen derartigen Veräußerungsgeschäften ausgleichsfähig; ein verbleibender Verlust ist nur zu 60% (bis 2015 nur zur Hälfte) und nur mit Einkünften aus Vermietung und Verpachtung gemäß § 28 Abs. 1 Z 1 oder 4 EStG 1988 auszugleichen.
- Betriebliche Substanzverluste aus Grundstücken, auf deren Wertsteigerungen der besondere Steuersatz anwendbar wäre, sind vorrangig mit Veräußerungs- und Entnahmegewinnen sowie Zuschreibungen aus Grundstücken desselben Betriebes zu verrechnen; ein verbleibender Verlust ist nur zu 60% (bis 2015 nur zur Hälfte) mit anderen Einkünften auszugleichen (§ 6 Z 2 lit. d EStG 1988).
- Betriebliche Verluste aus realisierten Wertsteigerungen im Sinne des § 27 Abs. 3 und 4 EStG 1988, auf deren Erträge der besondere Steuersatz anwendbar ist, sind vorrangig mit positiven Einkünften aus realisierten Wertsteigerungen und Derivaten auf Grund einer Veräußerung, Zuschreibung oder Entnahme solcher Wirtschaftsgüter desselben Betriebes zu verrechnen; ein verbleibender Verlust ist nur zu 55% (bis 2015 nur zur Hälfte) mit anderen Einkünften auszugleichen (§ 6 Z 2 lit. c EStG 1988). Dies gilt auch bei negativen Einkünften im Sinne des § 27 Abs. 2 EStG 1988 aufgrund der Rückzahlung von Einnahmen (siehe Rz 794).
- Bei beschränkter Steuerpflicht sind die Verluste aus Einkunftsarten, die nicht unter § 98 EStG 1988 fallen (Inlandsverluste sind nach § 18 Abs. 6 EStG 1988 in Verbindung mit § 102 Abs. 2 Z 2 EStG 1988 abzugsfähig) sowie ausländische Verluste vor Begründung der unbeschränkten Steuerpflicht nicht ausgleichsfähig. Bei Wechsel von der beschränkten in die unbeschränkte Steuerpflicht ist der nach § 102 Abs. 2 Z 2 EStG 1988 ermittelte Restverlust als Sonderausgabe nach § 18 EStG 1988 im nächsten Kalenderjahr abzugsfähig.
- Die Verordnung des BMF über die Aufstellung von Durchschnittsätzen für die Ermittlung des Gewinnes aus Land- und Forstwirtschaft (BGBl. II Nr. 125/2013 idF BGBl. II Nr. 559/2020 in Verbindung mit § 17 EStG 1988) sieht gewinnmindernde Beträge vor, die vom pauschaliert ermittelten Gewinn aus Land- und Forstwirtschaft abgezogen werden dürfen. Dabei handelt es sich um Ausgedingslasten, Sozialversicherungsbeiträge gegenüber der Sozialversicherungsanstalt der Selbständigen sowie um bezahlte Pachtzinse und Schuldzinsen. Diese Abzugsposten dürfen zu keinem negativen Ergebnis führen (§ 15 LuF-PauschVO 2015).
- Wartetastenverluste gemäß § 23a EStG 1988.
- Eine Rückgängigmachung von in Vorjahren ausgeglichenen Verlusten ergibt sich bei Ausscheiden eines Mitunternehmers mit negativem Kapitalkonto, welcher als Veräußerungsgewinn jedenfalls den Betrag seines negativen Kapitalkontos, den er nicht auffüllen muss, versteuern muss (§ 24 Abs. 2 letzter Satz EStG 1988). Ausgenommen hievon ist die unentgeltliche Übertragung zu Buchwerten mit Schenkungsabsicht.

(BMF-AV Nr. 2021/65)

2.7 Gewinnermittlungszeitraum (§ 2 Abs. 5 bis 7 EStG 1988)

Rechnungslegungspflichtige Gewerbetreibende (§ 5 Abs. 1 und 2 EStG 1988) und buchführende Land- und Forstwirte können ihre Einkünfte aus Gewerbebetrieb bzw. aus Land- und Forstwirtschaft nach einem vom Kalenderjahr abweichenden Wirtschaftsjahr ermitteln. Machen Gewerbetreibende, die nicht nach § 189 UGB rechnungslegungspflichtig sind (siehe dazu Rz 430e), Abschlüsse auf einen anderen Zeitpunkt als den Schluss des Kalenderjahres, ist das Ergebnis dieses abweichenden Wirtschaftsjahres für die steuerliche Gewinnermittlung nicht maßgebend. In einem solchen Fall ist auch bei ordnungsmäßiger Buchführung 179 der Gewinn für das Kalenderjahr zu schätzen, wobei nach § 184 BAO sachgerecht in Anlehnung an die vorhandenen Unterlagen der Buchführung vorzugehen ist.

(AÖF 2007/88)

180 Jeder Wechsel des Bilanzstichtages bedarf der vorherigen bescheidmäßigen Zustimmung des Finanzamtes. Vor der Erteilung der Zustimmung ist ein Übergang auf einen anderen Bilanzstichtag unzulässig. Die Zustimmung des Finanzamtes muss nicht bereits vor dem neu gewählten Abschlussstichtag, sondern erst vor der tatsächlichen Bilanzerstellung vorliegen; der Antrag muss vor dem neuen Bilanzstichtag gestellt werden (VwGH 15.2.1978, 2628/77; VwGH 1.3.1989, 88/13/0113).

(AÖF 2007/88)

181 Das Erfordernis eines gewichtigen betrieblichen Grundes liegt insbesondere dann vor, wenn der Übergang der erleichterten Bilanzerstellung (Inventarisierung) dient. Bei nur geringem Umfang des zu inventierenden Bestandes liegt ein gewichtiger betrieblicher Grund nicht vor (VwGH 24.5.1977, 2185/76).

182 Über den Antrag auf Wechsel des Bilanzstichtages ist ungesäumt abzusprechen. Gegen den Bescheid ist ein abgesondertes Rechtsmittel zulässig.

(AÖF 2007/88)

183 Wird ein Betrieb neu eröffnet und in der Rechtsform einer Kapitalgesellschaft oder „verdeckten" Kapitalgesellschaft (§ 189 Abs. 1 Z 1 UGB, siehe Rz 430j) geführt, kann auf Grund der Rechungslegungspflicht kraft Rechtsform bereits das erste Wirtschaftsjahr ein abweichendes Wirtschaftsjahr sein. Mangels eines Überganges auf einen anderen Bilanzstichtag ist eine Zustimmung des Finanzamtes in derartigen Fällen nicht erforderlich. Gleiches gilt

- beim Zusammenschluss zu einer gewerblichen Mitunternehmerschaft, wenn einer der Zusammenschlusspartner bisher bereits rechnungslegungspflichtig war sowie beim Zusammenschluss zu einer bisher nicht bestehenden Mitunternehmerschaft iSd § 189 Abs. 1 Z 1 UGB („verdeckte" Kapitalgesellschaft, zB GmbH & Co KG), die nicht Einkünfte aus selbständiger Arbeit erzielt und
- hinsichtlich des aus einer Realteilung hervorgehenden Betriebes, wenn der Nachfolgeunternehmer gemäß § 189 Abs.2 Z 2 UGB als Rechtsnachfolger rechnungslegungspflichtig ist.

Steuerpflichtige, die nicht unter § 189 Abs. 1 Z 1 UGB fallen und auch nicht als Einzel- oder Gesamtrechtsnachfolger eines bisher schon rechnungslegungspflichtigen Unternehmers nach § 189 Abs. 2 Z 2 UGB rechnungslegungspflichtig sind, werden erst nach Überschreiten des Schwellenwertes nach § 189 Abs. 1 Z 2 UGB rechnungslegungspflichtig (siehe Rz 430k) und können daher vor Eintritt der Rechnungslegungspflicht den Gewinn nicht nach einem abweichenden Wirtschaftsjahr ermitteln.

Ein zustimmungsbedürftiger Vorgang liegt vor, wenn die Wahl des vom Kalenderjahr abweichenden Wirtschaftsjahres im Rahmen des Überganges zur Gewinnermittlung nach § 5 EStG 1988 erfolgt.

(AÖF 2007/88)

Randzahl 184: *entfällt*

(AÖF 2007/88)

185 Fällt die Rechnungslegungspflicht nach § 189 UGB weg, kann das Wirtschaftsjahr, für das keine Rechnungslegungspflicht mehr besteht, nur ein Regelwirtschaftsjahr zum 31.12. eines Jahres sein, sofern nicht die Fortführungsoption nach § 5 Abs. 2 EStG 1988 (siehe Rz 430b und 430c) in Anspruch genommen wird.

Beispiel:

Der rechnungslegungspflichtige Einzelunternehmer bilanziert auf den 31.3. In den Geschäftsjahren 01/02 und 02/03 betragen die Umsatzerlöse jeweils weniger 700.000 €, sodass für das folgende Geschäftsjahr keine Rechnungslegungspflicht mehr besteht. Mangels Rechnungslegungspflicht muss das am 1.4.03 beginnende Wirtschaftsjahr ein Rumpfwirtschaftsjahr auf den 31.12.03 sein.

Fallen Steuerpflichtige, die bisher nach § 189 Abs. 1 Z 1 UGB (umsatzunabhängig) rechnungslegungspflichtig waren, aus der Anwendung des § 189 Abs. 1 Z 1 UGB heraus, weil

- eine Kapitalgesellschaft in eine nicht unter Z 1 fallende Personengesellschaft oder ein Einzelunternehmen umgewandelt wird oder
- eine „verdeckte" Kapitalgesellschaft (GmbH & Co KG) zu einer solchen wird, an der eine natürliche Person unbeschränkt haftender Gesellschafter ist (zB Ausscheiden der

GmbH aus der bisherigen GmbH & Co KG, die als KG mit natürlichen Personen weiter bestehen bleibt)

gilt Folgendes:

Gemäß § 189 Abs. 2 Z 2 UGB ist bei Einzel- oder Gesamtrechtsnachfolge in den (Teil)Betrieb eines Unternehmens, bei dem der Rechtsvorgänger rechnungslegungspflichtig war, der Rechtsnachfolger ebenfalls rechnungslegungspflichtig, es sei denn, dass der Schwellenwert für den übernommenen Betrieb oder Teilbetrieb in den letzten zwei aufeinanderfolgenden Geschäftsjahren nicht erreicht worden ist.

Besteht danach die Rechnungslegungspflicht weiter, ist ein abweichendes Wirtschaftsjahr so lange weiterzuführen, als nicht wegen Unterschreiten des Schwellenwertes (§ 189 Abs. 2 UGB) die Rechnungslegungspflicht wieder entfällt und auch kein Antrag auf Fortführung der Gewinnermittlung nach § 5 Abs. 2 EStG 1988 gestellt wird (siehe Rz 430b und c) oder die Umstellung auf ein Regelwirtschaftsjahr erfolgt (§ 2 Abs. 7 EStG 1988).

Besteht nach § 189 Abs. 2 Z 2 UGB die Rechnungslegungspflicht nicht weiter, muss zum 31.12. bilanziert werden.

Beispiel:

An der ABC GmbH & Co KG sind die A-GmbH als Komplementärin und B und C als Kommanditisten beteiligt. Die KG bilanziert auf den 30.6. Mit 31.1.03 veräußert die A-GmbH ihren gesamten Anteil dem B, der Komplementär wird, C verbleibt als Kommanditist in der nunmehrigen BC-KG. Die Umsatzerlöse der ABC GmbH & Co KG haben in den Geschäftsjahren 01/02 und 02/03 betragen:

Variante a:

01/02: 550.000 €

02/03: 750.000 €

Variante b:

01/02: 350.000 €

02/03: 200.000 €

In der Variante a besteht auch für die BC-KG für das auf das Geschäftsjahr 02/03 folgende Geschäftsjahr Rechnungslegungspflicht, daher ist das abweichende Wirtschaftsjahr weiter zu führen, so lange die Rechnungslegungspflicht kraft Schwellenwertes besteht.

In der Variante b besteht für die BC-KG für das auf das Geschäftsjahr 02/03 folgende Geschäftsjahr keine Rechnungslegungspflicht mehr, daher muss das am 1.7.03 beginnende Wirtschaftsjahr ein Rumpfwirtschaftsjahr auf den 31.12.03 sein.

Die Bildung einer atypischen stillen Gesellschaft mit einem rechnungslegungspflichtigen Gewerbetreibenden schließt im Hinblick auf § 5 Abs. 1 letzter Satz EStG 1988, wonach der Gewinn einer solchen Gesellschaft gleichfalls nach § 5 EStG 1988 zu ermitteln ist, ein abweichendes Wirtschaftsjahr nicht aus.

(AÖF 2011/66, AÖF 2012/63)

Randzahl 186: *entfällt*

(AÖF 2007/88)

2.8 Ausländische Einkünfte (§ 2 Abs. 8 EStG 1988)

2.8.1 Allgemeine Grundsätze

Natürliche Personen mit Wohnsitz oder gewöhnlichem Aufenthalt in Österreich sind in Österreich unbeschränkt einkommensteuerpflichtig (vgl. Rz 15 ff). Die unbeschränkte Steuerpflicht erfasst das gesamte „Welteinkommen". Die unbeschränkte Steuerpflicht erstreckt sich daher zB auch auf ausländische Betriebsstätten/Betriebe österreichischer Unternehmer. Ausländische Betriebsstätten/Betriebe unterliegen aber auch im Ausland der Besteuerung. **187**

(AÖF 2005/110)

Zur Vermeidung von Mehrfachbesteuerungen in mehreren Staaten dienen Doppelbesteuerungsabkommen (DBA); DBA teilen die Besteuerungsrechte zwischen den Staaten auf. Die von Österreich abgeschlossenen DBA verwenden dabei überwiegend die „Befreiungsmethode". Die „Anrechnungsmethode" kommt insbesondere mit Italien, Schweden, Japan und Ländern des angloamerikanischen Rechtkreises (USA, Großbritannien, Irland, Kanada) zu Anwendung. Bei der Anrechnungsmethode besteuert der Ansässigkeitsstaat (Wohnsitzstaat) das gesamte Welteinkommen, rechnet aber die ausländischen Quellensteuern an (siehe dazu Rz 7583 ff). **188**

(AÖF 2005/110)

189 Bei der überwiegend verwendeten Befreiungsmethode werden ausländische Einkünfte (die dem Quellenstaat zugeteilt sind) im Ansässigkeitsstaat steuerfrei gestellt. Dennoch sind die ausländischen Einkünften auch im Ansässigkeitsstaat von Bedeutung; denn die Befreiungsmethode ist regelmäßig mit einem Progressionsvorbehalt verbunden. Der Ansässigkeitsstaat darf die ausländischen (positiven) Einkünfte zwar nicht unmittelbar in die Besteuerung einbeziehen, aber – bei progressivem Tarifverlauf – bei der Ermittlung des auf inländische Einkünfte anzuwendenden Steuersatzes berücksichtigen. Der im innerstaatlichen Recht normierten Verpflichtung, die Auslandseinkünfte für die Steuersatzermittlung heranzuziehen, wird daher durch die Abkommen nicht derogiert. Der österreichische Tarif wird auf das gesamte Welteinkommen angewandt, der sich daraus ergebende Durchschnittsteuersatz auf die Inlandseinkünfte (vgl. Rz 7588 ff).

Beispiel *(Befreiungsmethode mit Progressionsvorbehalt):*

Inlandseinkünfte:	*20.000 Euro*
Auslandseinkünfte:	*5.000 Euro*
Welteinkommen:	*25.000 Euro*

Da sich nach § 33 Abs. 1 EStG 1988 idF StRefG 2015/2016 bei einem Jahreseinkommen von 25.000 Euro (ohne Berücksichtigung von Sonderausgaben und sonstigen Absetzbeträgen) ein Durchschnittssteuersatz von 16,8% ergibt, ist dieser Durchschnittssteuersatz von 16,8% auf die Inlandseinkünfte in Höhe von 20.000 Euro anzuwenden. Daraus ergibt sich eine österreichische Einkommensteuer von 3.360 Euro.

(BMF-AV Nr. 2018/79)

2.8.2 Berücksichtigung ausländischer Einkünfte

190 Die Behandlung von Verlusten aus ausländischen (DBA-befreiten) Betriebsstätten ist vom VwGH entschieden worden (VwGH 25.9.2001, 99/14/0217). § 2 Abs. 8 EStG 1988 trägt einerseits dieser Rechtsprechung des VwGH Rechnung, regelt zudem aber auch, wie ausländische Einkünfte in Österreich allgemein zu berücksichtigen sind.

(BMF-AV Nr. 2018/79)

191 Ausländische Einkünfte sind bei der Berücksichtigung in Österreich stets nach österreichischem Steuerrecht zu ermitteln. Für die Berücksichtigung in Österreich hat daher eine „Umrechnung" (Adaptierung) vom ausländischen (Steuer)Recht auf das österreichische Steuerrecht stattzufinden. Dabei bleiben zB nur im ausländischen Steuerrecht vorgesehene Steuerbefreiungen oder Investitionsbegünstigungen unbeachtlich; vergleichbare steuerliche Regelungen (zB Sonderabschreibungen für Denkmalschutz, Assanierung oder Firmenwert) sind entsprechend der österreichischen Rechtslage zu adaptieren. Es obliegt dem Abgabenpflichtigen, im Rahmen der ihn bei Auslandssachverhalten treffenden erhöhten Mitwirkungspflichten darzutun, dass eine Umrechnung (Adaptierung) auf österreichisches Steuerrecht vorgenommen worden ist. Die bloße Vorlage von ausländischen Steuerbescheiden ist nicht ausreichend. Einkünfte in Fremdwährungen sind mit dem durchschnittlichen EZB-Referenzkurs des (Wirtschafts-)Jahres, in dem sie bezogen wurden, in Euro anzugeben.

(BMF-AV Nr. 2021/65)

192 Die Berücksichtigung ausländischer Einkünfte gilt sowohl für betriebliche als auch für außerbetriebliche Einkünfte. Es sind daher auch zB ausländische Einkünfte aus Vermietung und Verpachtung in Österreich zu berücksichtigen; daher hat auch die Überschussermittlung nach österreichischem Steuerrecht zu erfolgen (zB Fünfzehntelabsetzung bei Instandsetzungsaufwendungen). Ebenso richtet sich eine allfällige Liebhabereibeurteilung nach österreichischem Steuerrecht.

Liegt nach ausländischem Steuerrecht eine Liebhabereibetätigung vor, kommt ab der Veranlagung 2012 eine Verlustberücksichtigung in Österreich auf Grund der Verlustdeckelung nicht in Betracht (siehe Rz 198).

(BMF-AV Nr. 2018/79)

2.8.3 Betriebliche Einkunftsermittlung

193 Hat ein in Österreich unbeschränkt Steuerpflichtiger einen ausländischen Betrieb ohne inländische Betriebsstätte, ist für Zwecke der österreichischen Gewinnermittlung (Umrechnung) der Gewinn immer nach jener Gewinnermittlungsart zu ermitteln, die sich ergäbe, wenn der Betrieb im Inland gelegen wäre (Inlandsfiktion; § 2 Abs. 8 Z 2 EStG 1988). Hinsichtlich der Gewinnermittlungsart ist daher zu unterstellen, dass der Betrieb im Inland liegt.

(AÖF 2005/110)

Für die Gewinnermittlung nach § 5 EStG 1988 ist die Eintragung in das österreichische Firmenbuch nicht erforderlich. Für einen ausländischen Betrieb hat die Gewinnermittlung daher nach § 5 Abs. 1 EStG 1988 zu erfolgen, wenn im Rahmen der Inlandsfiktion aufgrund des Überschreitens der Buchführungsgrenzen des § 189 UGB Buchführungspflicht gegeben wäre. Aufgrund der Inlandsfiktion für ausländische Betriebe sind auch die unternehmensrechtlichen Übergangsregeln nach § 907 Abs. 16 und 17 UGB anzuwenden (siehe dazu Rz 430n). Dementsprechend ist auch die Aufschub-Option anwendbar (siehe Rz 430p). **194**

(BMF-AV Nr. 2018/79)

Wird der Gewinn des Betriebes (ohne inländische Betriebsstätte) im Ausland nach einem vom Kalenderjahr abweichenden Wirtschaftsjahr ermittelt, ist dies auch für das Inland maßgebend (§ 2 Abs 8 Z 2 EStG 1988). Ein im Ausland abweichendes Wirtschaftsjahr ist daher aus Gründen der Vereinfachung beizubehalten. Dies gilt unabhängig von der Gewinnermittlungsart. Es kann daher z.B. auch eine Einnahmen-Ausgaben-Rechnung mit abweichendem Wirtschaftsjahr in Betracht kommen. **195**

(AÖF 2005/110)

Die Gewinnermittlung für eine Betriebsstätte richtet sich nach der für den gesamten Betrieb maßgebenden Gewinnermittlung. Betrieb und Betriebsstätte sind gedanklich zu vereinigen (Einheitsbetrachtung). Ergibt sich nach dieser Vereinigung Buchführungspflicht wegen Überschreitens der Umsatzgrenzen des UGB, haben Betrieb und Betriebsstätte den Gewinn durch Bilanzierung zu ermitteln. Die Gewinnermittlung der Betriebsstätte kann nicht vom Betrieb abweichen (einheitliche Gewinnermittlung). Auf Grund der einheitlichen Gewinnermittlung ist es daher zB nicht möglich, dass der umsatzschwache inländische Betrieb den Gewinn nach einer Einnahmen-Ausgaben-Rechnung (§ 4 Abs. 3 EStG 1988) und die umsatzstarke ausländische Betriebsstätte nach § 5 EStG 1988 ermittelt; Betrieb und Betriebsstätte haben den Gewinn bei Überschreiten des Schwellenwertes des § 189 UGB einheitlich nach § 5 EStG 1988 zu ermitteln. Besteht für den Betrieb umsatzunabhängig Rechnungslegungspflicht (§ 189 Abs. 1 Z 1 UGB), ist der Gewinn für die inländische Betriebsstätte nach § 5 EStG 1988 zu ermitteln. **196**

Weichen die Wirtschaftsjahre der inländischen und ausländischen Betriebsstätte voneinander ab, prägt das Wirtschaftsjahr der inländischen Betriebsstätte.

(BMF-AV Nr. 2018/79)

Ein Anteil eines unbeschränkt Steuerpflichtigen an einer ausländischen Personengesellschaft (Mitunternehmerschaft) ist im Bezug auf § 2 Abs. 8 Z 2 EStG 1988 (unabhängig von einer allfälligen inländischen Betriebsvermögenszugehörigkeit) als ausländischer Betrieb zu behandeln. **197**

(AÖF 2005/110)

2.8.4 Ausländische Verluste

(AÖF 2005/110)

Nach § 2 Abs. 8 Z 3 EStG 1988 sind im Ausland nicht berücksichtigte Verluste bei Ermittlung des Einkommens anzusetzen. Ein ausländischer Verlust ist in seinem Entstehungsjahr anzusetzen, eine Nachholung ist nicht zulässig (UFS 18.7.2013, RV/0075- S/12). Auf Grund des 1. StabG 2012 wird ab der Veranlagung 2012 die Verlustberücksichtigung der Höhe nach mit dem nach ausländischem Steuerrecht ermittelten Verlust gedeckelt. Die Berücksichtigung (allenfalls gedeckelter) ausländischer Verluste gilt in Fällen, in denen eine Entlastung von der Doppelbesteuerung nach der Befreiungsmethode (DBA-mit Befreiungsmethode, Anwendung der in der VO zu Vermeidung von Doppelbesteuerung, BGBl. II Nr. 474/2002, vorgesehenen Befreiungsmethode, Maßnahme nach § 48 BAO mit Befreiungsmethode) erfolgt (zur Anrechnungsmethode siehe Rz 198c). Daher sind in derartigen Fällen zB ausländische Betriebsstättenverluste im Verlustentstehungsjahr mit inländischen positiven Einkünften auszugleichen. Ausländische Verluste, die im Verlustentstehungsjahr im Ausland bereits mit anderen positiven Einkünften ausgeglichen werden, sind nicht zu berücksichtigen. Ist die Berücksichtigung ausländischer Verluste zu Unrecht unterblieben, findet keine Nachversteuerung statt, wenn die Verluste im Ausland verwertet werden (UFS 18.7.2013, RV/0075-S/12). Sollte ein – nach österreichischem Recht ausgleichsfähiger – Verlust im Ausland nach dortigem Recht nicht ausgeglichen werden können, ist der gesamte ausländische Verlust höchstens im Umfang des nach ausländischem Steuerrecht ermittelten Verlustes im Inland zu berücksichtigen und unterliegt nicht der Nachversteuerung. **198**

(BMF-AV Nr. 2018/79)

Hinsichtlich der Gewinn- bzw. Verlustermittlung gibt es bei den Verlusten keine Besonderheiten: Auch der ausländische Verlust ist nach innerstaatlichem (österreichischem) Einkom- **198a** mensteuerrecht zu ermitteln (Umrechnung auf österreichisches Recht, siehe Rz 191); für die Deckelung ist hingegen der nach ausländischem Steuerrecht ermittelte Verlust maßgeblich:

- Ist der nach ausländischem Steuerrecht ermittelte Verlust höher als der nach österreichischem Steuerrecht ermittelte, ist nur der niedrigere Verlust nach österreichischem Steuerrecht zu berücksichtigen.
- Ist der nach ausländischem Steuerrecht ermittelte Verlust niedriger als der nach österreichischem Steuerrecht ermittelte, darf nur der niedrigere Verlust nach ausländischem Steuerrecht berücksichtigt werden.
- Liegt nach ausländischem Steuerrecht ein Gewinn vor, bleibt für eine Berücksichtigung eines diesem Gewinn entsprechenden Verlustes nach österreichischem Steuerrecht kein Raum; ebenso wenig kommt ein Progressionsvorbehalt in Betracht.

Beispiel:

Im Jahr 01 beträgt der nach dem Steuerrecht des Betriebsstättenstaates ermittelte Gewinn einer DBA-befreiten Betriebsstätte 100. Dem entspricht nach österreichischem Steuerrecht ein Verlust von 50, weil das ausländische Steuerrecht den Ansatz bestimmter Rückstellungen nicht zulässt. Aufgrund des „Verlustdeckels" kommt es im Jahr 01 zu keiner Verlustberücksichtigung.

Im Jahr 02 beträgt der nach österreichischem Steuerrecht ermittelte Gewinn der ausländischen DBA-befreiten Betriebsstätte 30, nach dem Steuerrecht des Betriebsstättenstaates liegt ein Verlust von 120 vor, weil nun die nach österreichischem Recht rückzustellenden Aufwendungen schlagend werden.

Da nach inländischem Steuerrecht kein Verlust vorliegt, kommt es auch im Jahr 02 zu keiner Verlustberücksichtigung.

(AÖF 2013/280)

198b Hinsichtlich der Gewinnermittlungsart und des Gewinnermittlungszeitraumes gilt die Einheitsbetrachtung von Betrieb und Betriebsstätte (siehe Rz 196 f). Die Berücksichtigung ausländischer Verluste hat nach § 2 Abs. 8 Z 3 EStG 1988 zwingend zu erfolgen (Ausnahme siehe Rz 210 sowie unten). Sollte jedoch eine Berücksichtigung ausländischer Verluste zu Unrecht unterblieben sein, kann die Verlustberücksichtigung in einem späteren Jahr nicht nachgeholt werden; in diesem Fall findet aber auch keine Nachversteuerung statt, wenn die Verluste im Ausland verwertet werden.

Die angesetzten Verluste sind in der Steuererklärung an der dafür vorgesehenen Stelle auszuweisen. Wird die Eintragung ausländischer Verluste an der vorgesehenen Stelle vorsätzlich unterlassen, hat dies auf die Berücksichtigungsfähigkeit der ausländischen Verluste keine Auswirkung, kann aber bei Vorsatz eine Finanzordnungswidrigkeit iSd § 51 Abs. 1 lit. a Finanzstrafgesetz darstellen.

(BMF-AV Nr. 2018/79)

198c Bei Anwendung der Anrechnungsmethode (DBA-mit Anrechnungsmethode, Anwendung der in der VO zu Vermeidung von Doppelbesteuerung, BGBl. II Nr. 474/2002, vorgesehenen Anrechnungsmethode, Maßnahme nach § 48 BAO mit Anrechnungsmethode) hat keine Nachversteuerung gemäß § 2 Abs. 8 EStG 1988 zu erfolgen; die Verlustdeckelung (vgl. Rz 198a) kommt nicht zur Anwendung.

(BMF-AV Nr. 2015/133)

199 Ausgangspunkt für die Verlustberücksichtigung waren die ausländischen Betriebsstättenverluste (VwGH-Rechtsprechung, siehe Rz 190), die Verlustberücksichtigung ist aber nicht auf ausländische Betriebsstättenverluste eingeschränkt und gilt für alle „ausländischen Verluste" (daher für alle betrieblichen und außerbetrieblichen Verluste). Daher sind z.B. auch ausländische Verluste aus Vermietung und Verpachtung in Österreich zu berücksichtigen (Verlustermittlung und Liebhabereibeurteilung haben nach österreichischem Steuerrecht zu erfolgen).

(AÖF 2005/110)

200 Bei Doppelbesteuerungsabkommen mit Befreiungsmethode und Progressionsvorbehalt ergibt sich für ausländische Gewinne (positive Einkünfte) und Verluste folgender Unterschied: Ausländische Gewinne werden im anzuwendenden Steuersatz berücksichtigt (siehe Rz 189), ausländische Verluste sind nach Maßgabe des § 2 Abs. 8 EStG 1988 zu berücksichtigen.

(BMF-AV Nr. 2015/133)

2.8.5 Nachversteuerung ausländischer Verluste

Eine Nachversteuerung angesetzter ausländischer Verluste wird entweder durch die Verlustverwertung im Ausland oder – wenn der Verlust aus einem Staat stammt, mit dem keine umfassende Amtshilfe besteht – durch Zeitablauf ausgelöst. **200a**

Durch das AbgÄG 2014 wurde mit Wirksamkeit ab der Veranlagung 2015 die bis dahin geltende Nachversteuerungskonzeption der ausschließlichen Nachversteuerung infolge ausländischer Verlustverwertung dahingehend geändert, dass angesetzte Verluste aus einem Staat, mit dem keine umfassende Amtshilfe besteht, spätestens im dritten Jahr nach deren Ansatz nachzuversteuern sind (§ 2 Abs. 8 Z 4 letzter Satz EStG 1988 idF des AbgÄG 2014, zwingende Nachversteuerung infolge Zeitablauf, siehe Rz 212 ff).

Hinsichtlich der Nachversteuerung von Verlusten aus einem Staat mit umfassender Amtshilfe ist gegenüber der Rechtslage vor dem AbgÄG 2014 keine Änderung eingetreten (siehe dazu die Rz 201 bis 211).

Dementsprechend tritt zu der schon bestehenden Nachversteuerung aufgrund ausländischer Verlustverwertung (Rz 201 bis 211) für angesetzte Verluste ab 2015, die aus einem Staat stammen, mit dem keine umfassende Amtshilfe besteht, eine Nachversteuerung infolge Zeitablaufs hinzu, die frühestens 2018 wirksam wird.

Für bis 2014 angesetzte Verluste aus einem Staat, mit dem keine umfassende Amtshilfe besteht, ist eine Übergangsregelung vorgesehen (siehe Rz 217).

(BMF-AV Nr. 2015/133)

2.8.5.1 Nachversteuerung ausländischer Verluste infolge Verlustverwertung im Ausland

(BMF-AV Nr. 2015/133)

Verluste dürfen nur einmal verwertet werden. Um Doppelverlustverwertungen (in Österreich und später im Ausland) auszuschließen, erfolgt in jenem Folgejahr, in dem der Verlust im Ausland verwertet wird oder verwertet hätte werden können, eine Nachversteuerung in Österreich. Kann daher der ausländische Verlust im Ausland vorgetragen und sodann (ganz oder teilweise) verwertet werden, kommt es in Österreich zur entsprechenden „Nachversteuerung“ durch Zurechnung des Nachversteuerungsbetrages zur Bemessungsgrundlage. Insoweit werden ausländische Gewinne im Rahmen des positiven Progressionsvorbehaltes nicht (nochmals) berücksichtigt. **201**

(AÖF 2005/110)

Die Nachversteuerung hat dann zu erfolgen, wenn der in Österreich ausgeglichene ausländische Verlust im Ausland im Wege eines Verlustvortrages verwertet wird. Eine Nachversteuerung hat auch dann zu erfolgen, wenn die Auslandsverlustverwertung antragsabhängig ist, der Steuerpflichtige die Antragstellung aber – aus welchen Gründen auch immer – unterlässt. Es kommt daher z.B. auch dann zur Nachversteuerung, wenn der Steuerpflichtige die Antragstellung deshalb unterlässt, weil mit der Verlustverwertung im Ausland nur vergleichsweise geringe steuerliche Vorteile verbunden sind. **202**

Wann die Verlustverwertung im Ausland erfolgt oder erfolgen hätte können, richtet sich nach den Vorschriften des ausländischen Rechts. Sollten im Verlustvortrag vorrangig zu berücksichtigende (ältere) Verluste vorliegen, die im Inland weder nach § 2 Abs. 8 EStG 1988 noch auf Grund des VwGH-Erkenntnisses vom 25.9.2001, 99/14/0217 ausgeglichen worden sind, sind diese nicht nachzuversteuern. Die Nachversteuerung hat in jenem Jahr zu erfolgen, in dem der jeweilige konkrete, im Inland verwertete Verlust nach Maßgabe des ausländischen Steuerrechts dort im Wege des Verlustvortrages verwertet wird (verwertet hätte werden können).

(AÖF 2005/110)

Die Nachversteuerung hat im Sinne eines „first in – first out-Verfahrens“ zu erfolgen: Bei Verlustverwertung im Ausland sind die ältesten Verluste zuerst nachzuversteuern. **202a**

(BMF-AV Nr. 2015/133)

Die Nachversteuerung erfolgt höchstens im Ausmaß der Doppelverlustberücksichtigung. Sie ist daher einerseits auf das Ausmaß der Verlustberücksichtigung in Österreich eingeschränkt. Mehr als in Österreich an Verlusten berücksichtigt wurde, kann daher nicht nachversteuert werden. Andererseits sind hinsichtlich der ausländischen Verlustberücksichtigung die ausländischen Ergebnisse nicht auf österreichisches Recht umzurechnen, weil die Nachversteuerung im Inland nur auf die Verlustverwertung im Ausland abstellt. Das Ausmaß der Doppelverlustberücksichtigung wird somit durch die Höhe des unter Berücksichtigung des Verlustdeckels (Rz 198) berücksichtigten (umgerechneten) inländischen **203**

Verlustes einerseits und die Höhe des (nicht umgerechneten) ausländischen Verlustes andererseits begrenzt (siehe auch Rz 206).

Der Nachversteuerungsbetrag ergibt sich somit folgendermaßen:

<table>
<tr><td>1.</td><td>Gesamtausmaß des im Inland unter Berücksichtigung des Verlustdeckels (Rz 198) berücksichtigten (berücksichtigungsfähigen) noch nicht nachversteuerten umgerechneten ausländischen Verlustes</td><td rowspan="2">1. zu 2.: der niedrigere Betrag bestimmt das Ausmaß der Doppelverlustberücksichtigung und den Nachversteuerungsbetrag</td></tr>
<tr><td>2.</td><td>Ausmaß des im betreffenden Jahr im Ausland Nachversteuerungsbetrag verwerteten (verwertungsfähigen) nicht umgerechneten ausländischen Verlustes</td></tr>
</table>

(AÖF 2013/280)

203a Wurden ausländische Verluste in Folge der Umrechnung auf österreichisches Steuerrecht in niedrigerer Höhe (als nach ausländischem Steuerrecht) berücksichtigt und kommt es in Folgejahren zu einer teilweisen Verwertung dieser Verluste im Ausland, bildet der volle im Ausland verwertete Betrag die Basis für die Nachversteuerung im Inland (maximal bis zur Höhe des in Österreich berücksichtigten Betrages); eine anteilige Nachversteuerung ist nicht geboten.

Beispiel:

Im Jahr 01 beträgt der einer DBA-befreiten Betriebsstätte zuzurechnende Verlust nach inländischem Recht 100, der in dieser Höhe im Inland berücksichtigt wird; nach ausländischem Recht entspricht dem ein Verlust von 300 (der in den Verlustvortrag im Ausland eingeht).

Im Jahr 02 kann der Verlust in Höhe von 150 im Ausland verwertet werden.

*Die Nachversteuerung im Jahr 02 ist im vollen Umfang von 100 vorzunehmen; eine anteilige Nachversteuerung (zB in Höhe von 50 = 100*150/300) kommt nicht in Betracht.*

(AÖF 2013/280)

203b Die Nachversteuerung ist von der Höhe der im jeweiligen Jahr im Ausland erzielten umgerechneten Einkünfte unabhängig; liegen die Voraussetzungen für die Nachversteuerung vor, erhöht der Nachversteuerungsbetrag den Gesamtbetrag der Einkünfte. Dabei gilt Folgendes:

- Sollten die im Ausland erzielten positiven umgerechneten Einkünfte höher sein, als der Nachversteuerungsbetrag, sind diese DBA-steuerfrei. In jenem Umfang, in dem sie den Nachversteuerungsbetrag übersteigen, sind sie progressionserhöhend anzusetzen. Der Nachversteuerungsbetrag erhöht den Gesamtbetrag der Einkünfte.
- Sollten die im Ausland erzielten positiven umgerechneten Einkünfte niedriger sein als der Nachversteuerungsbetrag, ist der Nachversteuerungsbetrag in Höhe des im Ausland verwerteten Verlustes (unabhängig von den umgerechneten niedrigeren Einkünften) voll anzusetzen und erhöht den Gesamtbetrag der Einkünfte.
- Sollten die nach ausländischem Recht positiven Einkünfte umgerechnet einen Verlust ergeben, ist dieser nicht zu berücksichtigen. Der Nachversteuerungsbetrag erhöht den Gesamtbetrag der Einkünfte.

Beispiele:

1. *Im Jahr 1 wurde ein ausländischer Verlust von 50 mit inländischen Einkünften ausgeglichen. Im Jahr 2 wird ein ausländischer Gewinn von 40 erzielt, der in dieser Höhe im Ausland zur Verwertung des Verlustes des Jahres 1 führt. Der ausländische Gewinn von 40 beträgt umgerechnet*

   a) 55

   b) 30

   c) – 10.

   Im Fall a) sind 40 nachzuversteuern und 15 als progressionserhöhende Einkünfte anzusetzen. 10 (des im Jahr 1 ausgeglichen Verlustes) bleiben weiter nachversteuerungshängig.

   Im Fall b) sind 40 nachzuversteuern. 10 (des im Jahr 1 ausgeglichen Verlustes) bleiben weiter nachversteuerungshängig.

Im Fall c) sind 40 nachzuversteuern, der umgerechnete ausländische Verlust von 10 ist nicht zu berücksichtigen. 10 (das sind 10 des im Jahr 1 ausgeglichenen Verlustes) bleiben weiter nachversteuerungshängig.

2. *DBA mit Befreiungsmethode:*
Jahr 01:

inländisches Betriebsergebnis	*100*
ausländisches Betriebsstättenergebnis (nicht umgerechnet)	*– 80*
ausländisches Betriebsergebnis (umgerechnet)	*– 70*
Welteinkommen	*30*
in Österreich angesetzt	*30*

Nachversteuerungshängig ist der im Inland verwertete Verlust von 70.
Jahr 02 – Variante 1: Volle Verwertung des Verlustes aus 01 durch Verlustabzug im Ausland

inländisches Betriebsergebnis	*100*
ausländisches Betriebsstättenergebnis (nicht umgerechnet)	*90*
ausländisches Betriebsstättenergebnis (umgerechnet)	*80*
Welteinkommen	*180*
in Österreich angesetzt	*170*
progressionserhöhende ausländische Einkünfte des Jahres 2	*10*

Der ausländische Verlust des Jahres 1 (80) wird im Ausland zur Gänze mit dem Gewinn des Jahres 2 (90) verrechnet. Im Ausland wurde somit der Verlust des Jahres 1 im vollen Umfang verwertet. Da dieser im Inland nur im Ausmaß von 70 ausgeglichen wurde, ist in diesem Umfang eine Doppelverlustverwertung eingetreten. Die umgerechneten ausländischen Einkünfte des Jahres 2 betragen 80. 70 sind nachzuvesteuern, der Rest (10) ist als progressionserhöhende Einkünfte anzusetzen.
Jahr 02 – Variante 2: Volle Verwertung des Verlustes aus 01 durch Verlustabzug im Ausland

inländisches Betriebsergebnis	*100*
ausländisches Betriebsstättenergebnis (nicht umgerechnet)	*90*
ausländisches Betriebsstättenergebnis (umgerechnet)	*65*
Welteinkommen	*165*
in Österreich angesetzt	*170*

Der ausländische Verlust des Jahres 1 (80) wird im Ausland zur Gänze mit dem Gewinn des Jahres 2 (90) verrechnet. Im Ausland wurde somit der Verlust des Jahres 1 in vollem Umfang verwertet. Da dieser im Inland nur im Ausmaß von 70 ausgeglichen wurde, ist in diesem Umfang eine Doppelverlustverwertung eingetreten. Es sind daher 70 nachzuversteuern, sodass der Gesamtbetrag der Einkünfte 170 beträgt.

Jahr 02 – Variante 3: Teilweise Verwertung des Verlustes aus 01 durch Verlustabzug im Ausland

inländisches Betriebsergebnis	*100*
ausländisches Betriebsstättenergebnis (nicht umgerechnet)	*30*
ausländisches Betriebsstättenergebnis (umgerechnet)	*30*
Welteinkommen	*130*
in Österreich angesetzt	*130*

Der ausländische Verlust des Jahres 1 (80) wird im Ausland im Umfang von 30 mit dem Gewinn des Jahres 2 verrechnet. In diesem Umfang ist eine Doppelverlustverwertung eingetreten. Dem inländischen Betriebsergebnis von 100 ist daher das (auf österreichisches Recht umgerechnete) ausländische Betriebsstättenergebnis von 30 als Nachversteuerungsbetrag zuzuzählen; aus 01 verbleibt sodann noch ein Nachversteuerungsbetrag von 40 (70 – 30), der ab den Jahren 03 nachzuversteuern sein kann.

Jahr 02 – Variante 4: Eine Verwertung des Verlustes aus 01 durch Verlustabzug ist trotz positiver Auslandseinkünfte nach ausländischem Recht nicht oder noch nicht zulässig.

inländisches Betriebsergebnis	*100*
ausländisches Betriebsstättenergebnis (nicht umgerechnet)	*90*
ausländisches Betriebsstättenergebnis (umgerechnet	*80*
Welteinkommen	*180*
in Österreich angesetzt	*100*
progressionserhöhende Einkünfte des Jahres 2	*80*

Da im Jahr 02 eine Verlustverwertung im Ausland nicht (oder noch nicht) zulässig ist, hat keine Doppelverlustverwertung stattgefunden, sodass auch keine Nachversteuerung zu erfolgen hat. Die umgerechneten ausländischen befreiten Einkünfte sind daher nur im Rahmen des Progressionsvorbehaltes zu berücksichtigen. Aus 01 verbleibt weiter ein Nachversteuerungsbetrag von 70, der ab den Jahren 03 insoweit nachzuversteuern ist, als der Verlust des Jahres 1 im Ausland verwertet wird.

(AÖF 2013/280)

203c Entsteht oder erhöht sich bei der Umrechnung von Auslandsergebnissen unter Anwendung des inländischen Steuerrechts durch eine zeitlich verschobene spätere Berücksichtigung von Ausgaben in Folgejahren ein Verlust, ist dieser ab der Veranlagung 2012 wegen der Verlustdeckelung (Rz 198) nicht zu berücksichtigen.

(BMF-AV Nr. 2018/79)

204 Fällt der ausländische Verlust in einem Besteuerungszeitraum an, in dem er nicht oder nicht vollständig mit positiven inländischen Einkünften ausgeglichen werden kann, steht für den ausländischen Verlust insoweit ein inländischer Verlustvortrag zu. Dies gilt nur dann, wenn die (umgerechneten) ausländischen Verluste grundsätzlich vortragsfähig sind (§ 18 Abs. 6 EStG 1988). Daher können ausländische Verluste aus Vermietung und Verpachtung – wie die entsprechenden österreichischen – zwar ausgeglichen, aber nicht vorgetragen werden. Können die ausländischen Verluste in Österreich nicht verwertet (ausgeglichen oder vorgetragen) werden, kommt es auch nicht zu einer späteren Nachversteuerung in Österreich.

Geht der ausländische Verlust mangels positiver inländischer Einkünfte in den inländischen Verlustvortrag ein und kommt es in einem späteren Jahr auf Grund von ausländischen Gewinnen zur Nachversteuerung, erfolgt diese Nachversteuerung unabhängig davon, ob die zuvor zugerechneten ausländischen Verluste im Inland bereits berücksichtigt wurden oder sich noch im Verlustvortrag befinden. Befinden sich die ausländischen Verluste noch im Verlustvortrag, erhöht der Nachversteuerungsbetrag den Gesamtbetrag der Einkünfte und es kann zu einem Verlustabzug kommen.

Ein Verlustausgleich ist auch vorzunehmen, wenn die Verluste in Staaten eingetreten sind, mit denen kein DBA besteht und daher die Doppelbesteuerungsverordnung, BGBl. II Nr. 474/2002, angewendet wird.

Können die ausländischen Verluste hingegen im Ausland sogleich, zB im Wege eines Verlustrücktrages, verwertet werden, liegt eine Berücksichtigung im Ausland iSd § 2 Abs. 8 Z 3 erster Satz EStG 1988 vor und es kann daher im Inland keine Verlustberücksichtigung und Nachversteuerung stattfinden.

(BMF-AV Nr. 2018/79)

204a Entfallen ausländische Verluste auf die Veräußerung eines Grundstückes im Sinne des § 30 Abs. 1 EStG 1988, sind die inländischen Beschränkungen hinsichtlich der Verrechnung von Verlusten aus Grundstücksveräußerungen bzw. der Teilwertabschreibungen von Grundstücken zu beachten (§ 6 Z 2 lit. d und § 30 Abs. 7 EStG 1988).

Sollen ausländische Verluste aus progressiv besteuerten Quellen mit inländischen positiven Einkünften aus der Veräußerung von Grundstücken ausgeglichen werden, ist die Ausübung der Regelbesteuerungsoption für die Einkünfte aus der Veräußerung von Grundstücken erforderlich. Dies gilt nicht, wenn auf die Einkünfte aus der Grundstücksveräußerung der besondere Steuersatz gemäß § 30a Abs. 3 oder 4 EStG 1988 nicht anwendbar ist.

(AÖF 2013/280)

205 Fallen die ausländischen Verluste unter das Verlustverwertungsverbot nach § 2 Abs. 2a EStG 1988, sind sie nicht ausgleichsfähig. Diese ausländischen Verluste können aber mit späteren Gewinnen aus dieser Betätigung verrechnet werden, sodass insoweit keine Progressionsverschärfung im Weg des Progressionsvorbehalt in späteren Jahren eintritt.

(AÖF 2005/110)

206 Da der ausländische Verlust (ebenso wie ein ausländischer Gewinn) umzurechnen ist, können sich Abweichungen vom Ergebnis im ausländischen Quellenstaat ergeben: Ergibt sich nach dem Steuerrecht des Quellenstaates ein höherer Verlust als nach österreichischem Recht, bleibt dieser in Österreich insoweit unberücksichtigt und kann zu keiner Nachversteuerung führen. Ergibt sich im Quellenstaat hingegen ein niedrigerer Verlust als nach österreichischem Recht, ist ab der Veranlagung 2012 die Verlustberücksichtigung mit der Höhe des ausländischen Verlustes gedeckelt (siehe Rz 198).

(BMF-AV Nr. 2018/79)

Die Nachversteuerung in Österreich hängt nicht davon ab, ob der Abgabepflichtige die Auslandsverlustverwertung selbst veranlasst. Wird daher z.B. die ausländische Betriebsstätte unter Übernahme des Verlustvortragsrechtes steuerneutral in eine ausländische Kapitalgesellschaft umgegründet und verwertet nun diese Kapitalgesellschaft die in Österreich bereits berücksichtigten Verluste, kommt es ebenfalls zur Nachversteuerung in Österreich. Die Nachversteuerung (Zurechnung) erfolgt bei jenem Steuerpflichtigen, bei dem die Verluste seinerzeit einkommensmindernd angesetzt worden sind, oder bei seinem Gesamtrechtsnachfolger (bzw. „Umgründungsrechtsnachfolger"). Im Zeitpunkt der Veräußerung einer umgründungsbezogenen ausländischen bzw. inländischen Beteiligung hat jedenfalls eine Nachversteuerung zu erfolgen. **207**

(AÖF 2005/110)

Ausländische Verluste, die bei einem beschränkt Steuerpflichtigen anfallen, können durch eine Wohnsitzverlegung nach Österreich und der damit eintretenden unbeschränkten Steuerpflicht weder ausgeglichen noch vorgetragen werden. Verlegt der Steuerpflichtige umgekehrt seinen Wohnsitz von Österreich ins Ausland und wurden während des Bestehens der unbeschränkten Steuerpflicht ausländische Verluste im Inland berücksichtigt, kommt es bei Verwertung dieser Verluste im Ausland zur Nachversteuerung im Inland; denn die Nachversteuerung hängt nicht davon ab, ob sich die persönliche Steuerpflicht nachträglich ändert oder ob der Steuerpflichtige nach der Wohnsitzverlegung ins Ausland in Österreich beschränkt steuerpflichtig bleibt. **208**

(AÖF 2005/110)

Da die zu berücksichtigenden ausländischen Verluste ebenso wie inländische Verluste den Gesamtbetrag der „anderen", nicht-lohnsteuerpflichtigen Einkünfte im Sinne des § 41 Abs 1 Z 1 EStG 1988 vermindern, sind sie auch für die Veranlagung und den Veranlagungsfreibetrag iHv 730 € von Bedeutung (vgl. LStR 2002 Rz 912e ff). Reduzieren die ausländischen Verluste die anderen, nicht-lohnsteuerpflichtigen Einkünfte auf 730 € oder darunter, sind sie zur Gänze steuerfrei und es besteht keine Veranlagungspflicht. Eine spätere Nachversteuerung der berücksichtigten ausländischen Verluste kann nur dann und insoweit eintreten, als sich die ausländischen Verluste steuerwirksam ausgewirkt haben. Die steuerliche Auswirkung des Verlustausgleichs ist bei Wirksamkeit des Veranlagungsfreibetrages folgendermaßen zu ermitteln: **209**

Summe der nicht lohnstpfl. Einkünfte ohne ausländische Verluste (unter Berücksichtigung des Veranlagungsfreibetrages)

– Summe der nicht lohnstpfl. Einkünfte mit ausländischen Verlusten (unter Berücksichtigung des Veranlagungsfreibetrages)

Bemessungsgrundlagendifferenz

Nachversteuerungshängig ist der ausländische Verlust, soweit er in der Bemessungsgrundlagendifferenz gedeckt ist. Die Nachversteuerung hat nach Maßgabe der ausländischen Verlustverwertung zu erfolgen.

Beispiele:

1. Im Jahr 1 betragen die inländischen nicht-lohnsteuerpflichtigen Einkünfte 1.000 € und es liegt ein ausländischer Verluste iHv 500 € vor. Die Bemessungsgrundlagendifferenz ist wie folgt zu ermitteln:

Summe der nicht lohnstpfl. Einkünfte ohne ausländische Verluste	*540*
– Summe der nicht lohnstpfl. Einkünfte mit ausländischen Verlusten	*0*
Bemessungsgrundlagendifferenz	*540*

Nachversteuerungshängig ist der gesamten ausländischen Verluste von 500. Wird davon im Jahr 3 im Ausland 200 € im Wege des Verlustvortrages durch Verrechnung mit positiven Einkünften in dieser Höhe verwertet, sind 200 € nachzuversteuern und es bleiben 300 € weiter nachversteuerungshängig.

2. Im Jahr 4 betragen die inländischen nicht-lohnsteuerpflichtigen Einkünfte 1.000 € und es liegen ausländische Verluste iHv 600 € vor. Die Bemessungsgrundlagendifferenz ist wie folgt zu ermitteln:

Summe der nicht lohnstpfl. Einkünfte ohne ausländische Verluste	*540*
– Summe der nicht lohnstpfl. Einkünfte mit ausländischen Verlusten	*0*
Bemessungsgrundlagendifferenz	*540*

Nachversteuerungshängig sind von den ausländischen Verlusten 540 €. Werden davon im Jahr 5 im Ausland 300 € im Wege des Verlustvortrages durch Verrechnung mit positiven Einkünften in dieser Höhe verwertet, sind 300 € nachzuversteuern und es bleiben 240 € weiter nachversteuerungshängig.

3. Im Jahr 5 betragen die inländischen nicht-lohnsteuerpflichtigen Einkünfte 1.000 € und es liegen ausländische Verluste iHv 200 € vor. Die Bemessungsgrundlagendifferenz ist wie folgt zu ermitteln:

Summe der nicht lohnstpfl. Einkünfte ohne ausländische Verluste	*540*
– Summe der nicht lohnspfl. Einkünfte mit ausländischen Verlusten	*140*
Bemessungsgrundlagendifferenz	*400*

Nachversteuerungshängig sind von den ausländischen Verlusten 200 €. Werden davon im Jahr 6 im Ausland 150 € im Wege des Verlustvortrages durch Verrechnung mit positiven Einkünften in dieser Höhe verwertet, sind 150 € nachzuversteuern und es bleiben 50 € weiter nachversteuerungshängig.

(AÖF 2005/110, AÖF 2013/280)

210 Werden ausländische Einkünfte eines in Österreich ansässigen Abgabepflichtigen in einem ausländischen Staat nicht durch Gegenüberstellung der tatsächlich erzielten Erträge (Einnahmen) und der tatsächlich geleisteten Aufwendungen (Ausgaben), sondern in pauschalierter Form einer (Gewinn/Überschuss)Besteuerung unterzogen, bleibt ab der Veranlagung 2012 für eine Verlustberücksichtigung in Österreich auf Grund der Verlustdeckelung kein Raum (siehe Rz 198a dritter Punkt).

(BMF-AV Nr. 2018/79)

211 Sind ausländische Einkünfte nach ausländischem Recht generell steuerbefreit (zB sogenannte „Tax Holidays") kommt ab der Veranlagung 2012 eine Verlustberücksichtigung in Österreich auf Grund der Verlustdeckelung nicht in Betracht (siehe Rz 198).

Ungeachtet der Verlustermittlung nach österreichischem Recht können auch Verluste eines unbeschränkt steuerpflichtigen Kommanditisten, die nach ausländischem Recht jedoch dem Komplementär zuzurechnen sind, nicht in Österreich berücksichtigt werden. Durch die Zurechnung beim Komplementär ist der Verlust – bezogen auf den Kommanditisten – bereits im Ausland berücksichtigt worden (vgl. VwGH 26.1.2017, Ro 2014/15/0016). Nach § 2 Abs. 8 Z 3 EStG 1988 kann es daher nicht noch einmal zur Berücksichtigung in Österreich kommen.

(BMF-AV Nr. 2018/79)

2.8.5.2 Nachversteuerung ausländischer Verluste infolge Zeitablaufs

(BMF-AV Nr. 2015/133)

2.8.5.2.1 Allgemeines

(BMF-AV Nr. 2015/133)

212 § 2 Abs. 8 Z 4 EStG 1988 idF des AbgÄG 2014 sieht ab der Veranlagung 2015 vor, dass angesetzte Verluste aus einem Staat, mit dem keine umfassende Amtshilfe besteht, spätestens im dritten Jahr nach deren Ansatz nachzuversteuern sind. Dementsprechend ist zu unterscheiden:

- Nachversteuerung infolge Verlustverwertung im Ausland bei
  - Verlustberücksichtigung aus einem Staat, mit dem eine umfassende Amtshilfe besteht oder
  - Verlustberücksichtigung aus einem Staat, mit dem keine umfassende Amtshilfe besteht, sofern die ausländische Verlustverwertung im ersten oder zweiten Jahr nach inländischem Verlustansatz erfolgt.
- Nachversteuerung infolge Zeitablaufs bei Verlustberücksichtigung aus einem Staat, mit dem keine umfassende Amtshilfe besteht (siehe Rz 215), soweit nicht bereits im ersten

oder zweiten Jahr nach inländischem Ansatz eine Nachversteuerung infolge ausländischer Verlustverwertung erfolgt ist.

Führt die Verlustverwertung im Ausland zur Nachversteuerung, sind die ältesten Verluste zuerst nachzuversteuern („first in – first out-Verfahren", siehe Rz 202a). Nur ein allenfalls verbleibender Rest kommt für eine Nachversteuerung infolge Zeitablaufs in Betracht.

Zur Übergangsregelung für bis 2014 berücksichtigte Verluste aus Staaten, mit denen keine umfassende Amtshilfe besteht (§ 124b Z 249 EStG 1988 idF AbgÄG 2014), siehe Rz 217.

(BMF-AV Nr. 2015/133)

Die Nachversteuerung betrifft „angesetzte" Verluste. Es gilt: **213**

- Der Nachversteuerung unterliegen Verluste aus dem Ausland nur insoweit, als sie im Inland im Rahmen des Verlustdeckels steuerlich im Wege des Verlustausgleichs oder Verlustvortrages wirksam geworden sind. Siehe Rz 204, die entsprechend gilt.
- Unterbleibt ein „Ansatz" im Inland aufgrund der im selben Jahr erfolgenden ausländischen Verlustberücksichtigung, kommt auch eine Nachversteuerung nicht in Betracht (siehe Rz 198 und Rz 211 betreffend ausländischer Verlustzurechnung an Komplementär).
- Werden ausländische Einkünfte eines in Österreich ansässigen Abgabepflichtigen in einem ausländischen Staat nicht durch Gegenüberstellung der tatsächlich erzielten Erträge (Einnahmen) und der tatsächlich geleisteten Aufwendungen (Ausgaben), sondern in pauschalierter Form einer (Gewinn/Überschuss)Besteuerung unterzogen, bleibt für eine Verlustberücksichtigung in Österreich auf Grund der Verlustdeckelung kein Raum; dementsprechend kommt es zu keiner Nachversteuerung.
- Sind ausländische Einkünfte nach ausländischem Recht generell steuerbefreit (zB sogenannte „Tax Holidays"), kommt eine Verlustberücksichtigung in Österreich auf Grund der Verlustdeckelung nicht in Betracht; dementsprechend kommt es zu keiner Nachversteuerung.

(BMF-AV Nr. 2015/133)

Die Nachversteuerung infolge Zeitablaufs tritt auch dann ein, wenn die Verlustverwer- **214**
tungsmöglichkeit im Ausland auf einen Rechtsnachfolger übergegangen ist. Es bestehen keine Bedenken, die Nachversteuerung infolge Zeitablaufs stets nach Ablauf von drei Jahren vorzunehmen.

(BMF-AV Nr. 2015/133)

Die Nachversteuerung infolge Zeitablaufs betrifft Verluste aus einem Staat, mit dem keine **215**
umfassende Amtshilfe besteht. Maßgebend ist das Fehlen der umfassenden Amtshilfe in jenem Jahr, in dem die ausländischen Verluste angesetzt wurden; ist das der Fall, hat eine Nachversteuerung im drittfolgenden Jahr auch dann zu erfolgen, wenn in diesem Jahr mit dem betreffenden Staat mittlerweile eine umfassende Amtshilfe besteht. Im Jahr 2015 angesetzte Verluste aus einem Staat, mit dem für den Veranlagungszeitraum 2015 keine umfassende Amtshilfe besteht, sind somit jedenfalls spätestens im Jahr 2018 nachzuversteuern.

Eine umfassende Amtshilfe besteht mit sämtlichen Mitgliedstaaten der Europäischen Union aufgrund der Amtshilferichtlinie (RL 2011/16/EU) sowie mit bestimmten Drittstaaten aufgrund von großen Auskunftsklauseln in Doppelbesteuerungsabkommen, aufgrund des multilateralen Amtshilfeabkommens oder aufgrund von anderen Abkommen über den Informationsaustausch (Tax Information Exchange Agreements – TIEA). Als abschließende Liste jener Staaten, mit denen mit Stand 1.1.2015 eine umfassende Amtshilfe besteht, ist die Information des BMF vom 27.1.2015, BMF-010221/0844-VI/8/2014, heranzuziehen.

(BMF-AV Nr. 2015/133)

Die Nachversteuerung infolge Zeitablaufs hat spätestens im drittfolgenden Jahr nach Ver- **216**
lustansatz zu erfolgen. Eine frühere freiwillige gänzliche oder teilweise Nachversteuerung ist möglich; in einem solchen Fall wäre nur mehr der verbleibende Rest von der Nachversteuerung im drittfolgenden Jahr betroffen.

Die Verpflichtung zur Nachversteuerung aufgrund einer Verlustverwertung im Ausland geht der Nachversteuerung auf Grund Zeitablaufes vor; dementsprechend hat eine solche gegebenenfalls im ersten und zweiten Jahr nach Ansatz des Verlustes entsprechend dem „first in – first out-Verfahren" zu erfolgen (siehe Rz 212).

Erfolgt im ersten oder zweiten Jahr nach Ansatz des Verlustes eine freiwillige oder verpflichtende Nachversteuerung, ist zu dokumentieren, ob bzw. in welchem Umfang der Verlust für eine erforderliche Nachversteuerung im drittfolgenden Jahr noch vorhanden ist.

Beispiele:

1. *Im Jahr 1 wird ein ausländischer Verlust von 22 im Inland mit anderen positiven Einkünften ausgeglichen und damit zur Gänze verwertet. Im Ausland geht der Verlust*

zur Gänze in den Verlustvortrag ein. Im Jahr 2 erfolgt im Ausland eine Verwertung dieses Verlustes in Höhe von 9. Es ist in diesem Jahr ein Betrag von 9 nachzuversteuern. Die verbleibenden 13 sind spätestens im Jahr 4 nachzuversteuern.

2. *Im Jahr 1 geht ein ausländischer Verlust iHv 20 mangels anderer ausgleichsfähiger Einkünfte zur Gänze in den Verlustvortrag ein. Im Jahr 2 erfolgt im Ausland eine Verwertung dieses Verlustes iHv 8. Es ist in diesem Jahr ein Betrag von 8 nachzuversteuern. Der Ansatz des Nachversteuerungsbetrages ermöglicht einen Verlustabzug in derselben Höhe. Die verbleibenden 12 sind spätestens im Jahr 4 nachzuversteuern.*
3. *Im Jahr 1 wird ein ausländischer Verlust iHv 20 im Umfang von 5 mit anderen positiven Einkünften ausgeglichen; der Rest (15) geht in den Verlustvortrag ein. Im Jahr 3 entscheidet sich der Steuerpflichtige zur freiwilligen gänzlichen Nachversteuerung des Verlustes aus dem Jahr 1 in Höhe von 20. Im Jahr 2 wurde kein Verlustabzug im Inland berücksichtigt, daher kann mit dem Nachversteuerungsbetrag ein Verlustvortrag iHv 15 verrechnet werden. Infolge der freiwilligen gänzlichen Nachversteuerung ist im Jahr 4 nichts mehr nachzuversteuern.*

(BMF-AV Nr. 2015/133)

2.8.5.2.2 Übergangsbestimmung für die Kalenderjahre 2016 bis 2018

(BMF-AV Nr. 2015/133)

217 Nach der Übergangsbestimmung § 124b Z 249 lit. b EStG 1988 ist § 2 Abs. 8 Z 4 EStG 1988 erstmalig ab der Veranlagung 2015 anzuwenden. Sämtliche bis dahin noch nicht nachversteuerte Verluste aus Staaten, mit denen mit Stand 1.1.2015 keine umfassende Amtshilfe besteht (siehe dazu Rz 215), erhöhen in den Jahren 2016 bis 2018 zu mindestens einem Drittel den Gesamtbetrag der Einkünfte, soweit sie nicht bei der Veranlagung 2016 auf Grund der Verlustverwertung im Ausland nachzuversteuern sind; eine frühere freiwillige gänzliche oder teilweise Nachversteuerung ist möglich. Für die Nachversteuerung in den Jahren 2017 und 2018 ist die tatsächliche Verlustverwertung sodann unbeachtlich.

Die berücksichtigten Verluste sind dann nicht nachzuversteuern, wenn die Verluste

- in Wirtschaftsjahren entstanden sind, die vor dem 1. 3. 2014 enden,
- nicht mehr im Ausland verwertet werden können und
- aus ausländischen Betrieben/Betriebsstätten stammen, die vor dem 1.1.2017 aufgegeben oder veräußert werden.

Beispiel:

Ein österreichisches Unternehmen (Bilanzstichtag 31.12.) unterhält seit Jahren eine Betriebsstätte in einem Staat, mit dem keine umfassende Amtshilfe besteht; bis zum 31.12.2013 wurden dem Unternehmen über die Jahre aus der Betriebsstätte Verluste von insgesamt 15 Mio. (€) zugerechnet, von denen bisher nur 6 Mio. nachversteuert worden sind; 9 Mio. sind daher noch nachversteuerungshängig. Im Jahr 2014 erleidet die Betriebsstätte wiederum einen Verlust von 3 Mio., im Jahr 2015 von 1 Mio.

Nach der Übergangsbestimmung wären die noch nicht nachversteuerten Verluste bis inklusive 2014 von insgesamt 12 Mio. über die Kalenderjahre 2016 bis 2018 nachzuversteuern. Sollte im Jahr 2016 eine Nachversteuerung aufgrund einer Verlustverwertung im Ausland stattfinden, würde nur der Restbetrag der verteilten Nachversteuerung unterliegen.

Für die bis zum Jahr 2013 angelaufenen Verluste iHv 9 Mio. kann der Unternehmer aber die Nachversteuerung dadurch vermeiden, dass er die ausländische Betriebsstätte bis zum 31.12.2016 aufgibt oder veräußert, sofern dadurch die Verluste im Ausland in der Folge nicht mehr verwertet werden können. Ein allfälliger Aufgabe- oder Veräußerungsgewinn löst allerdings insoweit eine Nachversteuerung aus. Sollten allerdings bei Weiterbestand der Betriebsstätte noch offene Verlustvorträge nach ausländischem Recht auf den Erwerber übergehen, stünde dies der Vermeidung der Nachversteuerung entgegen.

Für die im Jahr 2014 zugerechneten Verluste von 3 Mio. gilt die Ausnahme von der Nachversteuerung nicht; selbst wenn im Jahre 2016 die Betriebsstätte aufgegeben würde, wären daher die Verluste aus dem Jahr 2014 sowie aus dem Jahr 2015 zwingend nachzuversteuern. Für die Verluste aus dem Jahre 2014 greift grundsätzlich die verteilte Nachversteuerung über die Jahre 2016 bis 2018, die Verluste aus dem Jahr 2015 unterliegen bereits generell § 2 Abs. 8 Z 4 EStG 1988 und sind spätestens 2018 nachzuversteuern. Eine freiwillige frühere Nachversteuerung bleibt sowohl hinsichtlich des Verlustes aus 2014 als auch hinsichtlich des Verlustes aus 2015 möglich.

(BMF-AV Nr. 2015/133)

Randzahlen 218 bis 299: *derzeit frei*

(BMF-AV Nr. 2015/133)

3. Steuerbefreiungen (§ 3 EStG 1988)

3.1 Allgemeines zu den einzelnen Steuerbefreiungen

Siehe LStR 1999, Rz 18 bis 22.

3.2 Die einzelnen Steuerbefreiungen

3.2.0 Beihilfen des Arbeitsmarktservices (§ 3 Abs. 1 Z 5 lit. d EStG 1988)

(AÖF 2009/74)

Gemäß § 3 Abs. 1 Z 5 lit. d EStG 1988 sind Beihilfen nach dem Arbeitsmarktförderungsgesetz, BGBl. Nr. 31/1969, Beihilfen nach dem Arbeitsmarktservicegesetz, BGBl. Nr. 313/1994, Beihilfen nach dem Berufsausbildungsgesetz, BGBl. Nr. 142/1969, sowie das Altersteilzeitgeld gemäß § 27 des Arbeitslosenversicherungsgesetzes, BGBl. Nr. 609/1977, steuerfrei. Der Umstand, dass für diese Beihilfen Mittel des Europäischen Sozialfonds (ESF) zur Co-Finanzierung herangezogen werden, ist für die Steuerfreiheit dieser Beihilfen unschädlich. **300**

(AÖF 2009/74)

3.2.1 Zuwendungen aus öffentlichen Mitteln (§ 3 Abs. 1 Z 6 EStG 1988)

3.2.1.1 Öffentliche Mittel

Öffentliche Mittel sind (§ 3 Abs. 4 EStG 1988): **301**

1. Mittel, die von inländischen Körperschaften des öffentlichen Rechts oder diesen entsprechenden ausländischen Körperschaften eines Mitgliedstaates der Europäischen Union oder eines Staates des Europäischen Wirtschaftsraumes stammen.
2. Mittel, die von Einrichtungen der Europäischen Union stammen.
3. Mittel die von gesetzlich eingerichteten in- oder ausländischen juristischen Personen des privaten Rechts stammen, an denen ausschließlich die in Z 1 und 2 genannten Institutionen beteiligt sind, wenn die Finanzierung der Förderungsmittel überwiegend durch die in Z 1 und 2 genannten Institutionen erfolgt. Ist die Vergabe von Förderungsmitteln nicht ausschließlicher Geschäftsgegenstand der Körperschaft, muss die Aufbringung und Vergabe von Förderungsmitteln in einem gesonderten Rechnungskreis geführt werden. Die Körperschaft hat gegenüber dem Empfänger der Fördermittel zu bestätigen, dass öffentliche Mittel zugewendet werden.

§ 3 Abs. 4 EStG 1988 ist auf Zuwendungen anzuwenden, die nach dem 30.6.2010 ausbezahlt werden. Es bestehen keine Bedenken, § 3 Abs. 4 EStG 1988 auch auf davor ausbezahlte Zuwendungen anzuwenden.

Bei Opfern von Naturkatastrophen ist Hilfsbedürftigkeit unabhängig von der Einkommens- und Vermögenssituation der Betroffenen anzunehmen. Leistungen aus dem Katastrophenfonds sind daher regelmäßig nach § 3 Abs. 1 Z 3 lit. a EStG 1988 steuerfrei (VwGH 10.09.1998, 96/15/0272, Entschädigung für einen Ernteausfall).

(BMF-AV Nr. 2021/65)

Zuwendungen aus dem Sozialfonds der Literarischen Verwertungsgesellschaft sind keine öffentlichen Mittel (VwGH 17.09.1997, 95/13/0034). Es bestehen aber keine Bedenken, diese Zuwendungen iSd der Hilfsbedürftigkeit gemäß § 3 Abs. 1 Z 3 lit. a EStG 1988 zu beurteilen (siehe LStR 2002 Rz 30). Da die COVID-19-Krise als Katastrophenereignis angesehen werden kann, fallen Zuwendungen der sozialen und kulturellen Einrichtungen der Verwertungsgesellschaften (zB Austro Mechana), die aufgrund der COVID-19-Krise geleistet werden, unter die Steuerbefreiung nach § 3 Abs. 1 Z 3 lit. a EStG 1988. **301a**

(BMF-AV Nr. 2021/65)

Bedarfszuweisungen des Landes an eine Gemeinde stellen keine Zuwendungen aus öffentlichen Mitteln iSd § 3 Abs. 1 Z 6 EStG 1988 an die Gemeinde dar. Bei Bedarfszuweisungen handelt sich um Ertragsanteile der Gemeinden an gemeinschaftlichen Bundesabgaben (§ 12 Abs. 1 FAG 2008). Diesen Mitteln kommt daher der Charakter von Eigenmitteln von Gemeinden zu. Verwendet eine Gemeinde Mittel aus Bedarfszuweisungen des Landes für Anlageninvestitionen, führt dies zu keiner Kürzung der Anschaffungskosten iSd § 6 Z 10 EStG 1988 (VwGH 04.03.2009, 2007/15/0303). **301b**

(BMF-AV Nr. 2021/65)

3.2.1.2 Zuwendungen

Der Begriff „Zuwendungen" im Sinne dieser Vorschrift umfasst Geldzuwendungen und Sachzuwendungen (zB Grundstücke zur Herstellung von Gebäuden), soweit sie für die Anschaffung (Herstellung) oder Instandsetzung von Wirtschaftsgütern des Anlagevermögens gewährt werden. Der Begriff „Zuwendungen" setzt nicht voraus, dass der Steuerpflichtige **302** auch eigene Mittel zur Anschaffung (Herstellung) oder Instandsetzung der Anlagegüter einsetzt. Unmaßgeblich ist, ob die Anschaffungs- oder Herstellungskosten der Wirtschaftsgüter des Anlagevermögens unter ein Aktivierungsverbot fallen.

Begünstigt ist auch die Zuwendung des Wirtschaftsgutes selbst (VwGH 23.2.2017, Ra 2015/15/0027).

(BMF-AV Nr. 2018/79)

3.2.1.3 Zinsenzuschuss

303 Die Steuerbefreiung erstreckt sich auf die Zuwendungen einschließlich Zinsenzuschüsse, wobei es nicht erforderlich ist, dass ein Zinsenzuschuss neben einem Kapitalzuschuss gewährt wird. Die den Zinsenzuschüssen gegenüberstehenden Zinsenzahlungen sind gemäß § 20 Abs. 2 EStG 1988 nicht als Betriebsausgabe abzugsfähig (VwGH 17.5.1978, 1650/77, 1005/78).

3.2.1.4 Zweckwidmung, Leistungsaustausch

304 Die Mittel müssen mit einer entsprechenden Zweckwidmung versehen und dementsprechend verwendet werden. Eine (teilweise) zweckwidrige Verwendung schließt die Steuerfreiheit (insoweit) aus (VwGH 9.11.2004, 2000/15/0153). Die Steuerfreiheit ist jedenfalls ausgeschlossen, wenn die Zuwendungen mit Leistungen des Empfängers in der Weise verknüpft sind, dass sie die Gegenleistung für dessen Leistung darstellen, wenn sie also Entgeltcharakter haben. Eine derartige Verknüpfung liegt vor, wenn die Zuwendung der öffentlichen Mittel erbracht wird, um einen wirtschaftlichen Vorteil zu erhalten. Dies ist jedoch nicht der Fall, wenn die öffentlichen Mittel den Empfänger bloß zu einem bestimmten Verhalten bewegen sollen, das aber dem Zuwendungsgeber keinen unmittelbaren wirtschaftlichen Vorteil verschafft (zB die Ansiedlung eines Pflegeheimes; siehe dazu VwGH 23.2.2017, Ra 2015/15/0027).

Zur Bewertung von mit Hilfe steuerfreier Zuwendungen angeschaffter (hergestellter oder instandgesetzter) Anlagegüter siehe Rz 2539 ff.

(BMF-AV Nr. 2018/79)

3.2.1.5 Nachträgliche Gewährung

305 Auch in jenen Fällen, in denen eine Zuwendung im Sinne des § 3 Abs. 1 Z 6 EStG 1988 nicht in jenem Wirtschaftsjahr gewährt wird, in dem die betreffende Anschaffung (Herstellung oder Instandsetzung) erfolgt, sondern erst in einem der folgenden Wirtschaftsjahre, kann die Befreiungsbestimmung Anwendung finden. Der Steuerpflichtige muss nachweisen oder zumindest glaubhaft machen, dass für die betreffende Investition – ggf vorbehaltlich der Erfüllung einer bestimmten Bedingung – tatsächlich eine Zuwendung im Sinne des § 3 Abs. 1 Z 6 EStG 1988 zugesagt wurde und für diese zugesagte Zuwendung die im § 3 Abs. 1 Z 6 EStG 1988 genannten Voraussetzungen gegeben sind. Siehe Rz 2539 ff.

3.2.1.6 Überförderung

305a Der Begriff „Herstellung" in § 3 Abs. 1 Z 6 EStG 1988 ist im Sinne des steuerlichen Herstellungskostenbegriffes zu verstehen. Soweit die steuerlichen Herstellungskosten nicht zu aktivierende Eigenleistungen enthalten, fehlt es an der Grundlage für die Steuerfreiheit jenes über die steuerlichen Herstellungskosten hinausgehenden Subventionsteiles, der auf die nicht zu aktivierenden Eigenleistungen entfällt (ebenso Rz 6508 zu § 28 Abs. 6 EStG 1988).

(AÖF 2002/84)

3.2.2 Erwerb von Anteilsrechten auf Grund einer Kapitalerhöhung aus Gesellschaftsmitteln (§ 3 Abs. 1 Z 29 EStG 1988)

3.2.2.1 Kapitalerhöhung

306 Eine aus der Innenfinanzierung gespeiste Kapitalerhöhung aus Gesellschaftsmitteln auf Grund des Kapitalberichtigungsgesetzes, BGBl. Nr. 171/1967, wäre steuerlich dem Grunde nach als Ausschüttung an die Gesellschafter mit nachfolgender Wiedereinlage zu werten (Doppelmaßnahme). Um die damit im Jahr der Kapitalberichtigung verbundene Besteuerung natürlicher Personen gemäß § 97 EStG 1988 (Endbesteuerung) zu vermeiden, ist diese Ausschüttung gemäß § 3 Abs. 1 Z 29 EStG 1988 steuerfrei. Eine mitbeteiligte Körperschaft ist davon nicht betroffen, da die Ausschüttung unter die Beteiligungsertragsbefreiung des § 10 Abs. 1 KStG 1988 fällt. Der Kapitalberichtigungsbeschluss ist innerhalb von neun Monaten nach dem Bilanzstichtag beim Firmenbuch anzumelden und wird mit der Eintragung im Firmenbuch wirksam. Die Gratisaktien bzw. Freianteile wachsen den Aktionären/Gesellschaftern im Verhältnis ihrer Beteiligungsquote zu.

Zu den umwandlungsfähigen Rücklagen iSd § 2 Abs. 3 Kapitalberichtigungsgesetz gehören: Offene freie und offene gebundene versteuerte Gewinnrücklagen unter Einbeziehung von Reingewinn- oder Reinverlust; Investitionsfreibeträge nach Ablauf der vierjährigen Behaltefrist; Investitionsprämien; stille Rücklagen, soweit sie durch unternehmensrechtliche Zuschreibungen realisiert wurden.

Nicht umwandlungsfähig sind ua. folgende Bilanzpositionen: Noch nicht realisierte stille Rücklagen; Wertberichtigungen und Rückstellungen; Gesellschafterdarlehen, die nur abgabenrechtlich als Einlagen (verdecktes Grund- oder Stammkapital) behandelt werden. Die Erfüllung der gesellschaftsvertraglichen Einzahlungsverpflichtung durch die Gesellschafter einer Kapitalgesellschaft stellt auch dann keine Kapitalerhöhung iSd Kapitalberichtungsgesetzes dar, wenn die dafür erforderlichen Mittel aus den (ausgeschütteten) Gewinnen der Gesellschaft stammen.

Eine aus Einlagen gespeiste Kapitalerhöhung nach dem Kapitalberichtigungsgesetz fällt nicht unter die Doppelmaßnahme, § 3 Abs. 1 Z 29, § 6 Z 15 und § 32 Abs. 1 Z 3 EStG 1988 sind darauf nicht anwendbar.

Zur Behandlung der Kapitalerhöhung aus Gesellschaftsmitteln nach § 4 Abs. 12 EStG 1988 sowie zu deren Erfassung auf den Evidenzkonten siehe den Einlagenrückzahlungs- und Innenfinanzierungserlass des BMF vom 27.9.2017, BMF-010203/0309-IV/6/2017, BMF-AV Nr. 155/2017.

Siehe dazu weiters Rz 2608 f und 6907 ff.

(BMF-AV Nr. 2018/79)

Wird die Forderung auf Grund eines Ausschüttungsbechlusses zu einer Kapitalerhöhung verwendet, liegt keine Kapitalerhöhung aus Gesellschaftsmitteln vor. Der Vorgang stellt bei natürlichen Personen als Gesellschaftern eine Ausschüttung mit Endbesteuerung und einen nachfolgenden Einlagevorgang im Sinne des § 6 Z 14 EStG 1988 dar. **307**

3.2.2.2 Ausländische Körperschaften

Die Steuerfreiheit erstreckt sich auch auf die Kapitalerhöhung vergleichbarer ausländischer Kapitalgesellschaften. Der Erwerber der neuen Anteile hat den Nachweis zu führen, dass die ausländische Gesellschaft einer inländischen Kapitalgesellschaft entspricht und die neuen Anteilsrechte nicht nur den inländischen Gratisaktien (GmbH-Anteilen) ähnlich sind, sondern auch auf einer der nominellen Kapitalerhöhung vergleichbaren Maßnahme beruhen. **308**

3.2.2.3 Beschränkte Steuerpflicht

Die Steuerfreiheit erstreckt sich nicht nur auf unbeschränkt steuerpflichtige natürliche Personen und Körperschaften im Sinne des KStG 1988, sondern wirkt als sachliche Steuerbefreiung auch für beschränkt (Einkommen-) Steuerpflichtige. **309**

3.2.2.4 Kapitalanteilscheine

Die Bestimmung des § 3 Abs. 1 Z 29 EStG 1988 ist auch auf die Ausgabe neuer Kapitalanteilscheine (aktienähnliche Genussrechte im Sinne des § 8 Abs. 3 Z 1 2. Teilstrich KStG 1988) im Zuge der Kapitalberichtigung anwendbar. **310**

3.2.2.5 Investmentfonds

Randzahl 311: *entfällt*

3.2.2.5.1 Neue Anteile

Der Befreiungstatbestand ist jedoch nicht erfüllt, wenn Ausschüttungen des Investmentfonds selbst automatisch in neuen Anteilen angelegt werden. Dies gilt auch dann, wenn der Investmentfonds nach ausländischem Recht in der Rechtsform einer Kapitalgesellschaft geführt wird, und wenn auf Grund der Fondsbedingungen dieser Erwerb von neuen Anteilen für den Anteilsinhaber zwingend ist. Die Tatsache, dass unmittelbar darauf eine Re-Veranlagung in einen neuen Anteil vorgenommen wird, stellt lediglich die Einkommensverwendung einer steuerpflichtigen Ausschüttung dar. **312**

3.2.2.6 Genossenschaften

Die Befreiungsbestimmung ist auf den Erwerb von Anteilsrechten auf Grund einer Kapitalerhöhung aus Gesellschaftsmitteln bei Genossenschaften nicht anwendbar, da die Kapitalerhöhung bei Genossenschaften nicht vom Kapitalberichtigungsgesetz geregelt wird. **313**

3.2.2.7 Bewertung

Zur Bewertung von Anteilsrechten und allfälligen Nachversteuerung siehe Rz 2608 f und Rz 6907 ff.

3.2.3 Übrige Steuerbefreiungen

Stipendien im Sinne des § 3 Abs. 1 Z 5 Kunstförderungsgesetz (insbesondere von Studienaufenthalten im Ausland) und Preise im Sinne des § 3 Abs. 1 Z 7 Kunstförderungsgesetz (Vergabe von Staats-, Würdigungs- und Förderungspreisen sowie Prämien und Preise für hervorragende künstlerische Leistungen) sind von der Einkommensteuer befreit. Dies gilt auch für im Grunde und der Höhe nach vergleichbare Leistungen auf Grund von landesgesetzlichen Vorschriften sowie für Stipendien und Preise, die unter vergleichbaren Voraussetzungen von nationalen und internationalen Förderungsinstitutionen vergeben werden (§ 3 Abs. 3 Kunstförderungsgesetz).

Hinsichtlich der übrigen Steuerbefreiungen siehe LStR 1999, Rz 23 bis 111.

3.2.4 Entschädigungen von Wertminderungen von Grundstücken

(AÖF 2013/280)

313a Zu Entschädigungen von Wertminderungen von Grundstücken auf Grund von Maßnahmen im öffentlichen Interesse siehe Rz 586 und Rz 6653.

(AÖF 2013/280)

3.2.5 Steuerbefreiungen aufgrund der COVID-19-Krise

(BMF-AV Nr. 2021/65)

313b Mit dem 3. COVID-19-Gesetz, BGBl. I Nr. 23/2020, ergänzt durch das COVID-19 Steuermaßnahmengesetz, BGBl. I Nr. 3/2021, und BGBl. I Nr. 29/2021, wurde die Steuerfreiheit von Zuwendungen und Zuschüssen zur Bewältigung der COVID-19-Krise gesetzlich geregelt (§ 124b Z 348 EStG 1988). Davon sind ab dem 1. März 2020 erfasst:

- Lit a: Zuwendungen, die aus Mitteln des COVID-19-Krisenbewältigungsfonds aufgebracht werden (siehe Rz 313c).
- Lit. b: Zuschüsse aus dem Härtefallfonds (siehe Rz 313d); davon ausgenommen sind ab der Veranlagung 2020 Zahlungen zum Ersatz entgehender Umsätze (siehe dazu Rz 313g).
- Lit. c: Zuschüsse auf der Grundlage von § 2 Abs. 2 Z 7 ABBAG-Gesetz, BGBl. I Nr. 51/2014 idF BGBl. I Nr. 44/2020 (insb. der Fixkostenzuschuss und der Verlustersatz, siehe Rz 313e); davon ausgenommen sind ab der Veranlagung 2020 Zahlungen zum Ersatz entgehender Umsätze (siehe Rz 313g).
- Lit. d: Sonstige vergleichbare Zuwendungen der Bundesländer, Gemeinden und gesetzlichen Interessenvertretungen, die für die Bewältigung der COVID-19-Krisensituation geleistet werden (siehe dazu Rz 313f).

Eine Übersicht über die wichtigsten Zuwendungen und Zuschüsse enthält Rz 313h.

Die an den Arbeitgeber gewährte Kurzarbeitsbeihilfe ist als Beihilfe nach § 37b Arbeitsmarktservicegesetz gemäß § 3 Abs. 1 Z 5 lit. d EStG 1988 steuerfrei. Siehe dazu Rz 300 und Rz 4854.

Zu Unterstützungsleistungen der kulturellen und sozialen Einrichtungen der Verwertungsgesellschaften siehe Rz 301a.

Zur COVID-19-Investitionsprämie siehe § 124b Z 365 EStG 1988 und Rz 3826a sowie Rz 8208f.

Im Zusammenhang mit nicht steuerpflichtigen Einnahmen ist § 20 Abs. 2 EStG 1988 zu beachten. Sofern zwischen dem steuerfreien Zuschuss und den Aufwendungen oder Ausgaben ein unmittelbarer wirtschaftlicher Zusammenhang besteht, sind letztere daher zu kürzen. Es bestehen keine Bedenken, die Kürzung nach § 20 Abs. 2 EStG 1988 im Rahmen der Steuererklärung nicht durch Kürzung der Betriebsausgaben, sondern durch Berücksichtigung eines dem Kürzungsbetrag entsprechenden übrigen betrieblichen Ertrages (Kennzahl 9090) darzustellen.

Lässt sich bei Anwendung einer Betriebsausgabenpauschalierung ein dem anteiligen Zuschuss zuzuordnender Aufwand der Höhe nach nicht ermitteln, weil dieser vom Pauschbetrag miterfasst ist, hat eine Kürzung des Betriebsausgabenpauschales gemäß § 20 Abs. 2 EStG 1988 zu unterbleiben. Eine Kürzung kommt bei Anwendung einer Pauschalierung nur in Bezug auf jene Betriebsausgaben in Betracht, die neben einem Betriebsausgabenpauschale abzugsfähig bleiben. Entsprechendes gilt bei Anwendung der land- und forstwirtschaftlichen Vollpauschalierung in Bezug auf zusätzlich abzugsfähige Betriebsausgaben (§ 15 Abs. 2 LuF-PauschVO 2015).

Fällt die Gewährung des Zuschusses in einen späteren Veranlagungszeitraum als der damit unmittelbar wirtschaftlich zusammenhängende Aufwand, stellt die Gewährung des Zuschusses ein rückwirkendes Ereignis iSd § 295a BAO dar, das eine Bescheidänderung ermöglicht.

Kommt die Steuerbefreiung nicht zur Anwendung (zB beim Lockdown-Umsatzersatz), ist die Zuwendung bzw. der Zuschuss nach § 19 Abs. 1 Z 2 dritter Teilstrich EStG 1988 dem Jahr zuzuordnen, für das der Anspruch besteht. Für Bilanzierer siehe Rz 313g.

(BMF-AV Nr. 2021/65)

Unter § 124b Z 348 lit. a EStG 1988 fallen ua. der Verdienstentgang nach § 32 Epidemiegesetz 1950 (EpiG) BGBl. Nr. 186/1950 idF BGBl. I Nr. 104/2020, sowie Leistungen aus dem Künstler-Überbrückungsfonds (Gesetz zur Errichtung eines Fonds für eine Überbrückungsfinanzierung für selbständige Künstlerinnen und Künstler, BGBl. I Nr. 64/2020): **313c**

- Verdienstentgang nach § 32 EpiG

  Die Verdienstentgangsentschädigung gemäß § 32 Abs. 1 EpiG ist zu leisten an Selbständige, bei denen auf Grund von Maßnahmen nach dem EpiG ein Verdienstentgang eingetreten ist. Dieser Verdienstentgang für Selbständige unterliegt nicht dem § 20 Abs. 2 EStG 1988.
- Leistungen aus dem Künstler-Überbrückungsfonds

  Nach der entsprechenden Richtlinie werden eine Beihilfe und eine Lockdownkompensation gewährt. Beide unterliegen nicht dem § 20 Abs. 2 EStG 1988.

(BMF-AV Nr. 2021/65)

Von § 124b Z 348 lit. b EStG 1988 erfasst sind die Zuwendungen aus dem Härtefallfonds, ausgenommen Zahlungen zum Ersatz entgehender Umsätze nach der Richtlinie für Einkommensausfälle bei land- und forstwirtschaftlichen Betrieben sowie Privatzimmervermietungen. § 20 Abs. 2 EStG 1988 ist nicht anzuwenden. **313d**

(BMF-AV Nr. 2021/65)

Steuerfrei nach § 124b Z 348 lit. c EStG 1988 sind **313e**

- der Fixkostenzuschuss I,
- der Fixkostenzuschuss 800.000 (inklusive Vorschuss FKZ 800.000 des Ausfallsbonus) und
- der Verlustersatz.

§ 20 Abs. 2 EStG 1988 ist grundsätzlich anzuwenden. Dementsprechend sind die Aufwendungen, die für die Ermittlung der Bemessungsgrundlage herangezogen wurden, zu kürzen. Der Kürzungsbetrag ergibt sich aus dem gewährten Zuschuss, der auf die einbezogenen Aufwendungen anteilig aufzuteilen ist.

Bei der Kürzung von Aufwendungen ist beim Fixkostenzuschuss Folgendes zu beachten:

- Der auf einen fiktiven Unternehmerlohn (dem keine Betriebsausgabe gegenübersteht) entfallende Anteil des Zuschusses führt zu keiner Kürzung der steuerlichen Betriebsausgaben.
- Beim Fixkostenzuschuss 800.000 sind auch nach dem 1. Juni 2019 und vor dem 16. März 2020 angefallene frustrierte Aufwendungen (Pkt. 4.1.1 lit. o RL FKZ 800.000) Teil der Bemessungsgrundlage. Der Nachweis solcher Aufwendungen kann pauschal unter Heranziehung von branchenspezifischen Durchschnittswerten erfolgen. In diesem Fall besteht für den auf diese pauschale Bemessungsgrundlage entfallenden Teil des Fixkostenzuschusses kein unmittelbarer Zusammenhang mit konkret definierbaren Aufwendungen. Insoweit greift das Abzugsverbot des § 20 Abs. 2 EStG 1988 nicht. Wird der Fixkostenzuschuss in der Abgabenerklärung als übriger Ertrag erklärt, ist er somit auch um jenen Betrag zu kürzen, der auf pauschal bemessene frustrierte Aufwendungen entfällt.
- Anders stellt sich die Situation dar, wenn der Fixkostenzuschuss zur Gänze pauschal ermittelt wird (Pkt. 4.3.4 RL FKZ 800.000). In diesem Fall kann der Fixkostenzuschuss dem Grunde nach allen tatsächlichen Fixkosten zugeordnet werden, sodass die einzelnen Aufwendungen im Verhältnis zueinander zu kürzen sind.

Der Ausfallsbonus besteht aus dem Vorschuss FKZ 800.000 und dem Ausfallsbonus im engeren Sinn:

- Der Vorschuss FKZ 800.000 stellt erst zu jenem Zeitpunkt eine (steuerfreie) Betriebseinnahme dar, zu dem er mit dem FKZ 800.000 verrechnet wird. Bei der Aufwandskürzung nach § 20 Abs. 2 EStG 1988 ist dabei auf die durch den FKZ 800.000 (anteilig) ersetzten Fixkosten abzustellen. Die Betrachtungszeiträume, für die der Vorschuss FKZ 800.000 gewährt wurde, sind aufgrund der Gegenrechnung mit dem tatsächlichen FKZ 800.000 für die Betriebsausgabenkürzung nicht relevant.

- Der Ausfallsbonus im engeren Sinn ist steuerpflichtig (Rz 313g).

(BMF-AV Nr. 2021/65)

313f Unter § 124b Z 348 lit. d EStG 1988 fallen ua. Arbeitsstipendien, die Künstlern/Wissenschaftlern von den Bundesländern bzw. Gemeinden gewährt werden, unter folgenden Voraussetzungen:

- Das Arbeitsstipendium muss Künstlern/Wissenschaftlern aufgrund der COVID-19-Krise gewährt werden. Es ist allerdings nicht erforderlich, dass auch die Rechtsgrundlage für das Stipendium erst im Zuge der COVID-19-Krise geschaffen wurde.
- Es darf kein Leistungsaustausch zwischen Stipendiumbezieher und -geber stattfinden. Insbesondere dürfen dem Stipendiumgeber keine Rechte am im Rahmen des Stipendiums erstellten Kunstwerk bzw. an der wissenschaftlichen Arbeit eingeräumt werden. Dabei ist die Darstellung des künstlerischen oder wissenschaftlichen Vorhabens, die für den Antrag zu erstellen ist, nicht als Gegenleistung anzusehen. Ebensowenig sind die im Rahmen dieser Stipendien häufig erforderlichen Projektberichte/Fortschrittsberichte seitens des Stipendiumbeziehers eine Gegenleistung.

Sofern dem Werk, für das das Arbeitsstipendium gewährt wurde, bestimmte Aufwendungen konkret zuzuordnen sind, ist § 20 Abs. 2 EStG 1988 anzuwenden.

Außerdem sind Unterstützungszahlungen der Bundesländer und Gemeinden an Arbeitgeber von Einsatzkräften, die Entgeltfortzahlung im Einsatzfall bei Großschadensereignissen leisten, unter § 124b Z 348 lit. d EStG 1988 subsumierbar und daher steuerfrei, soweit der Einsatz zur Bekämpfung der COVID-19-Krise erfolgte. Allerdings kommt es im Ausmaß der steuerfreien Unterstützungsleistung zur entsprechenden Kürzung des Lohnaufwandes gemäß § 20 Abs. 2 EStG 1988.

(BMF-AV Nr. 2021/65)

313g Von der Steuerbefreiung gemäß § 124b Z 348 lit. b und c EStG 1988 ausgenommen sind ab der Veranlagung 2020 Zahlungen zum Ersatz entgehender Umsätze, insb. der Lockdown-Umsatzersatz und der Ausfallsbonus im engeren Sinn. Derartige Umsatzersätze werden wie real erzielte Umsätze besteuert. Umsatzersätze sind in der Steuererklärung als übriger Ertrag in der Kennzahl 9090 zu erfassen.

Gemäß § 19 Abs. 1 Z 2 dritter Teilstrich EStG 1988 ist der Zuschuss dem Jahr zuzuordnen, für das der Anspruch besteht. Das ist beim Lockdown-Umsatzersatz das Kalenderjahr 2020. Wenn die Voraussetzungen für den Zuschuss vorliegen und dieser bis zur Aufstellung des Jahresabschlusses beantragt worden ist oder nach der Aufstellung mit an Sicherheit grenzender Wahrscheinlichkeit beantragt werden wird, ergibt sich für Bilanzierer nach § 4 Abs. 1 und § 5 EStG 1988 die Wirkung der Zuschussgewährung im Bereich der COVID-19-Förderungen ebenfalls im anspruchbegründenden Jahr (vgl. auch AFRAC-Fachinformation: COVID-19, Dezember 2020 bzw. März 2021, Rz 32 ff).

Für Zwecke der Pauschalierung gilt in Bezug auf Zahlungen zum Ersatz entgehender Umsätze:

- Bei der gesetzlichen Basispauschalierung (§ 17 Abs. 1 EStG 1988), der Gastgewerbepauschalierung, der Handelsvertreterpauschalierung und der Künstler/Schriftstellerpauschalierung ist ein Umsatzersatz wie ein Umsatz iSd § 125 BAO zu werten.
- Bei der LuF-Teilpauschalierung ist der Umsatzersatz als Betriebseinnahme zu erfassen und davon auch das Ausgabenpauschale zu berechnen.
- Bei Anwendung der Kleinunternehmerpauschalierung für 2020 bleibt ein Umsatzersatz außer Ansatz. Dies gilt nicht, wenn die Kleinunternehmerpauschalierung offensichtlich nicht zur Vereinfachung in Anspruch genommen wird, sondern zur Umgehung der gesetzlich angeordneten Steuerpflicht des Umsatzersatzes. In solchen Fällen ist der Umsatzersatz wie ein Umsatz iSd § 1 Abs. 1 Z 1 UStG 1994 zu werten.
- Bei Anwendung der Kleinunternehmerpauschalierung ab der Veranlagung 2021 ist ein Umsatzersatz (zB im Rahmen des Ausfallsbonus) nach der dafür geltenden Rechtslage im Rahmen der Anwendung der USt-Befreiung nach § 6 Abs. 1 Z 27 UStG 1994 nicht zu berücksichtigen und somit auch für § 17 Abs. 3a Z 2 EStG 1988 nicht maßgeblich. Für die Gewinnermittlung (Z 3 und Z 4) stellt er eine Betriebseinnahme dar.

(BMF-AV Nr. 2021/65)

Übersicht über die wichtigsten Zuwendungen bzw. Zuschüsse (Stand: März 2021): **313h**

<table>
<tr><th>Zuwendung</th><th>Rechts-grundlage / Mittelher-kunft</th><th>Steuerfrei-heit gemäß § 124b Z 348 EStG 1988?</th><th>Abzugsver-bot gemäß § 20 Abs. 2 EStG 1988?</th></tr>
<tr><td>Vergütung für den Verdienstentgang für Selbständige nach § 32 Abs. 1 EpiG</td><td rowspan="7">COVID-19-FondsG (Krisenbe-wältigungs-fonds)</td><td rowspan="5">ja (lit. a)</td><td>nein</td></tr>
<tr><td>Ersatz für Sonderbetreuungszeiten an Arbeitgeber</td><td>ja</td></tr>
<tr><td>Beihilfe und Lockdown-Kompensation aus dem Künstler-Überbrückungsfonds</td><td>nein</td></tr>
<tr><td>Schutzschirm für die Veranstaltungsbranche</td><td>ja</td></tr>
<tr><td>Förderung gem. § 6 und § 7 2. NPO-FondsRLV</td><td>ja</td></tr>
<tr><td>NPO-Lockdown-Zuschuss gem. § 7a 2. NPO-FondsRLV</td><td>nein (§ 7a Abs. 6 2. NPO-FondsRLV)</td><td>nein</td></tr>
<tr><td>Förderung nach dem Betrieblichen Testungs-Gesetz</td><td>ja (lit. a)</td><td>ja</td></tr>
<tr><td>Soforthilfe, Abgeltung des Nettoeinkommensentgangs, Comeback-Bonus aus dem Härtefallfonds</td><td rowspan="3">Härtefall-fondsgesetz</td><td rowspan="2">ja (lit. b)</td><td rowspan="2">nein</td></tr>
<tr><td>Zuschuss zur Abgeltung der Einkunftsverluste und Comeback-Bonus für LuF und Vermieter von Gästezimmern und Ferienwohnungen</td></tr>
<tr><td>Lockdown-Umsatzersatz für LuF und Vermieter von Gästezimmern und Ferienwohnungen</td><td>nein</td><td>nein</td></tr>
<tr><td>Fixkostenzuschuss I und Fixkostenzuschuss 800.000 (inkl. Vorschuss FKZ 800.000 des Ausfallsbonus)</td><td rowspan="4">ABBAG-Gesetz</td><td rowspan="2">ja (lit. c)</td><td>ja (siehe Rz 313e)</td></tr>
<tr><td>Verlustersatz</td><td>ja</td></tr>
<tr><td>Lockdown-Umsatzersatz I und II</td><td rowspan="2">nein</td><td rowspan="2">nein</td></tr>
<tr><td>Ausfallsbonus ieS</td></tr>
<tr><td>Arbeitsstipendien, wenn kein Leistungsaustausch und aufgrund von COVID-19 gewährt</td><td rowspan="2">Bundes-länder, Ge-meinden, gesetzliche Interessen-vertretungen</td><td rowspan="2">ja (lit. d)</td><td rowspan="2">ja</td></tr>
<tr><td>Unterstützungszahlungen an Arbeitgeber von Einsatzkräften, die Entgeltfortzahlung im Einsatzfall bei Großschadensereignissen leisten</td></tr>
</table>

(BMF-AV Nr. 2021/65)

3.3 Hochrechnung steuerfreier Bezugsteile (§ 3 Abs. 2 und 3 EStG 1988)

Siehe LStR 1999, Rz 113 bis 119.

3.4 Einkommensteuerbefreiungen außerhalb des EStG 1988

3.4.1 Diverse Staatsverträge (Abkommen, Übereinkommen), Bundesgesetze und Verordnungen

Siehe Anhang (Rz 335).

3.4.2 Einkommensteuerbefreiung der Angehörigen der ausländischen diplomatischen und berufskonsularischen Vertretungen in Österreich

3.4.2.1 Wiener Übereinkommen

Nach dem Wiener Übereinkommen über diplomatische Beziehungen vom 18. April 1961, BGBl. Nr. 66/1966, gilt für die Mitglieder ausländischer diplomatischer Missionen in Öster- **314** reich sowie für die Familienangehörigen und privaten Hausangestellten von Mitgliedern solcher Missionen auf dem Gebiet der Einkommensteuer Folgendes:

3.4.2.1.1 Diplomaten, Familienangehörige

315 Diplomaten einer ausländischen Mission (ausgewiesen durch einen roten Lichtbildausweis des Bundesministeriums für auswärtige Angelegenheiten – „rote Legitimationskarte") sind von der Einkommensteuer befreit, wenn sie weder österreichische Staatsbürger noch in Österreich ständig ansässig sind. Die Einkommensteuerbefreiung erstreckt sich jedoch nicht auf die privaten Einkünfte aus Quellen in Österreich (steuerpflichtig sind demnach die inländischen Einkünfte im Sinne des § 98 EStG 1988 mit Ausnahme der Dienstbezüge vom Entsendestaat). Das Gleiche gilt für die Familienangehörigen eines Diplomaten, wenn sie zu seinem Haushalt gehören und nicht österreichische Staatsbürger sind.

3.4.2.1.2 Verwaltungs- und technisches Personal

316 Mitglieder des Verwaltungs- und technischen Personals einer ausländischen Mission (ausgewiesen durch einen blauen Lichtbildausweis des Bundesministeriums für auswärtige Angelegenheiten – „blaue Legitimationskarte") und die zu ihrem Haushalt gehörenden Familienmitglieder genießen, wenn sie weder österreichische Staatsbürger noch in Österreich ständig ansässig sind, Befreiung von der Einkommensteuer in gleichem Umfang wie Diplomaten.

3.4.2.1.3 Dienstliches Hauspersonal

317 Mitglieder des dienstlichen Hauspersonals einer ausländischen Mission genießen, wenn sie weder österreichische Staatsbürger noch in Österreich ständig ansässig sind, Befreiung von der Einkommensteuer hinsichtlich ihrer vom Entsendestaat empfangenen Dienstbezüge.

3.4.2.1.4 Private Hausangestellte

318 Private Hausangestellte von Mitgliedern einer ausländischen Mission genießen, wenn sie weder österreichische Staatsbürger noch in Österreich ständig ansässig sind, Befreiung von der Einkommensteuer hinsichtlich der auf Grund ihres Arbeitsverhältnisses empfangenen Dienstbezüge.

3.4.2.2 Nicht-Vertragsstaaten

319 Rz 314 ff finden im Hinblick darauf, dass das Wiener Übereinkommen über diplomatische Beziehungen vom 18. April 1961 als Kodifikation des Völkergewohnheitsrechts auf dem Gebiet der diplomatischen Beziehungen anzusehen ist, auch im Verhältnis zu Staaten Anwendung, die nicht Vertragsstaaten des genannten Übereinkommens sind (Art. 9 B-VG).

3.4.2.3 Konsularische Vertretung

320 Bestimmungen über die einkommensteuerrechtliche Behandlung der Mitglieder der von Berufskonsuln (ausgewiesen durch einen gelben Lichtbildausweis des Bundesministeriums für auswärtige Angelegenheiten – „gelbe Legitimationskarte") geleiteten ausländischen konsularischen Vertretungen in Österreich und der Honorarkonsuln sind im Wiener Übereinkommen über konsularische Beziehungen, BGBl. Nr. 318/1969, sowie in bilateralen Konsularverträgen und in Freundschafts-, Handels- und Schifffahrtsverträgen enthalten (vgl. zB die in Rz 335 angeführten Konsularverträge). Demnach ergibt sich für die Besteuerung Folgendes:

3.4.2.3.1 Berufskonsuln, Verwaltungs- oder technisches Personal, Familienangehörige

321 Berufskonsuln und Bedienstete des Verwaltungs- oder technischen Personals einer ausländischen, von einem Berufskonsul geleiteten konsularischen Vertretung sowie die mit diesen Personen im gemeinsamen Haushalt lebenden Familienangehörigen sind unter der Voraussetzung der Gegenseitigkeit von der Einkommensteuer befreit, wenn sie weder österreichische Staatsbürger noch in Österreich ständig ansässig sind. Die Einkommensteuerbefreiung erstreckt sich jedoch nicht auf die privaten Einkünfte aus Quellen in Österreich; steuerpflichtig sind demnach die inländischen Einkünfte im Sinne des § 98 EStG 1988 mit Ausnahme der Dienstbezüge vom Entsendestaat.

3.4.2.3.2 Dienstliches Hauspersonal

322 Mitglieder des dienstlichen Hauspersonals einer ausländischen, von einem Berufskonsul geleiteten konsularischen Vertretung sind unter der Voraussetzung der Gegenseitigkeit von der Einkommensteuer hinsichtlich ihrer vom Entsendestaat empfangenen Dienstbezüge befreit, wenn sie weder österreichische Staatsbürger noch in Österreich ständig ansässig sind.

3.4.2.3.3 Honorarkonsul

Ein Honorarkonsul ist unter der Voraussetzung der Gegenseitigkeit von der Einkommensteuer hinsichtlich der Bezüge, die er vom Entsendestaat für die Wahrnehmung konsularischer Aufgaben erhält, befreit, wenn er weder österreichischer Staatsbürger noch in Österreich ständig ansässig ist. **323**

3.4.2.4 Ständig ansässig

Für die Beurteilung der Frage, ob eine der in den vorstehenden Absätzen bezeichneten Personen in Österreich „ständig ansässig" ist, sind die Verhältnisse im Zeitpunkt des Dienstantrittes bzw der Funktionsübernahme maßgebend (VwGH 20.2.1996, 92/13/0153). **324**

3.4.2.5 Doppelbesteuerungsabkommen

Ergibt sich unter Bedachtnahme auf die Rz 314 ff, dass für bestimmte Einkünfte oder für das Gesamteinkommen in Österreich Einkommensteuerpflicht gegeben ist, so ist in jedem Fall die weitere Prüfung erforderlich, ob nicht eine abweichende Regelung in einem anzuwendenden DBA getroffen wurde. **325**

3.4.2.6 Beschränkte Steuerpflicht

Die in Rz 315 f und Rz 321 genannten Personen sind wie beschränkt Steuerpflichtige zu behandeln (VwGH 29.1.1965, 202/63). Bei diesen Personen ist daher § 102 EStG 1988 zu beachten. Ein Progressionsvorbehalt hinsichtlich der durch die WDK oder die WKK (bzw durch ein Amtssitzabkommen) befreiten Einkünfte ist jedoch nur zulässig, wenn er in der WDK oder der WKK (bzw im Amtssitzabkommen) ausdrücklich vorgesehen ist, was jedoch in der Regel nicht der Fall ist. **326**

3.4.2.7 Ortskräfte

Zur einkommensteuerlichen Behandlung völkerrechtlich nicht privilegierter Arbeitnehmer, wie zB der sogenannte Ortskräfte („sur-place-Personal"), siehe LStR 1999, Rz 124 bis 126.

3.4.3 Einkommensteuerbefreiung auf Grund von Amtssitzabkommen zwischen der Republik Österreich und internationalen Organisationen

3.4.3.1 Begünstigungen

Die in den von Österreich abgeschlossenen Amtssitzabkommen enthaltenen steuerlichen Begünstigungen bewegen sich üblicherweise innerhalb eines bestimmten Privilegienumfangs. Im Einzelfall ist zur Berücksichtigung der jeweiligen Besonderheiten auf die Bestimmungen des jeweiligen Amtssitzabkommens Bedacht zu nehmen (siehe Rz 335). Im Folgenden wird der „übliche" Privilegienumfang am Beispiel des Abkommens zwischen der Republik Österreich und der Organisation der Vereinten Nationen für Industrielle Entwicklung über den Amtssitz der Organisation der Vereinten Nationen für Industrielle Entwicklung (UNIDO), BGBl. III Nr. 100/1998, dargestellt. **327**

3.4.3.1.1 Befreiung

Die Organisation, ihre Vermögenswerte, Einkünfte und anderes Eigentum ist von jeder Form der Besteuerung (persönlich) befreit (Abschnitt 24 des Abkommens). **328**

3.4.3.1.2 Privilegien

Die bei der Organisation beglaubigten Ständigen Vertretungen (nicht aber ständige Beobachtermissionen) und deren höherrangige Mitglieder genießen Privilegien wie die in Österreich akkreditierten Ständigen Vertretungen und deren Mitglieder vergleichbaren Ranges (Abschnitt 31 f UNIDO-Abkommen; siehe auch Rz 315 f). **329**

3.4.3.1.3 Tagungen

Vertreter der Mitgliedstaaten bei von der Organisation einberufenen Tagungen genießen die Begünstigung, dass der durch die Tagungsteilnahme bedingte Aufenthaltszeitraum in Österreich nicht als Aufenthalt im Sinne des § 26 Abs. 2 BAO gilt und dass ihre Gehälter und Bezüge während eines solchen Zeitraumes von der Einkommensteuer befreit sind (Abschnitt 33 UNIDO-Abkommen). **330**

3.4.3.1.4 Angestellte der Organisation

331 Angestellte der Organisation (auch österreichische Staatsbürger) genießen die Befreiung von der Einkommensteuer hinsichtlich der Dienstbezüge (einschließlich der Ruhebezüge) der Organisation. Weiters genießen die nichtösterreichischen Angestellten die Befreiung von der Einkommensteuer hinsichtlich aller Einkünfte, die aus Quellen außerhalb Österreichs stammen. Dies gilt sinngemäß auch für die Einkünfte der im gemeinsamen Haushalt lebenden Familienangehörigen (Abschnitt 37 und Abschnitt 39 UNIDO-Abkommen).

3.4.3.1.5 Höhere Angestellte

332 Bestimmte höhere Angestellte der Organisation (zB Generaldirektor) genießen Privilegien wie die in Österreich akkreditierten Diplomaten vergleichbaren Ranges (Abschnitt 38 UNIDO-Abkommen; siehe auch Rz 315 f).

3.4.3.1.6 Sachverständige

333 Sachverständige genießen die Begünstigung, dass der durch die Erfüllung ihrer Aufgaben bedingte Aufenthaltszeitraum in Österreich nicht als Aufenthalt im Sinne des § 26 Abs. 2 BAO gilt und dass ihre von der Organisation empfangenen Gehälter und Bezüge während eines solchen Zeitraumes von der Einkommensteuer befreit sind (Abschnitt 43 UNIDO-Abkommen). Unter diese Steuerbefreiung fallen somit nicht die Gehälter und Bezüge, die ein in Österreich Ansässiger erhält, der als Sachverständiger der Organisation im Ausland tätig ist.

3.4.3.1.7 Österreichische Staatsbürger und Staatenlose

334 Österreichische Staatsbürger und Staatenlose mit Wohnsitz in Österreich genießen, wenn sie Angestellte der Organisation sind, lediglich Befreiung von der Einkommensteuer hinsichtlich der von der Organisation erhaltenen Dienstbezüge (einschließlich der Ruhebezüge). Alle übrigen Einkommensteuerprivilegien des Abkommens finden auf österreichische Staatsbürger und auf Staatenlose mit Wohnsitz in Österreich keine Anwendung (Abschnitt 39 UNIDO-Abkommen). Für die Beurteilung der Frage, ob ein Wohnsitz in Österreich vorliegt, sind die Verhältnisse im Zeitpunkt der Funktionsübernahme bzw des Dienstantrittes maßgebend. Der Begriff „Angestellte der Organisation“ umfasst nicht die von der Organisation an Ort und Stelle aufgenommenen und nach Stundenlohn bezahlten Arbeitnehmer („sur-place-Personal“). Solche Arbeitnehmer sind mit den Vergütungen, die sie von der Organisation für ihre Dienstleistungen erhalten, im Wege der Veranlagung zur Einkommensteuer zu erfassen. In Zweifelsfällen bezüglich der Angestellteneigenschaft einer Person ist eine Stellungnahme der Organisation einzuholen.

3.4.3.2 Bedienstete der Europäischen Union

Zur einkommensteuerrechtlichen Behandlung von Bediensteten der Europäischen Union siehe LStR 1999, Rz 127 bis 137.

335 Anhang (zu Abschnitt 3.4.1)

- Asiatische Entwicklungsbank, BGBl Nr. 13/1967;
- Aushilfegesetz, BGBl Nr. 712/1976 (§ 17 Abs 1);
- Auslandsanleihengesetz, BGBl Nr. 239/1958 (§ 4);
- Besatzungsschädengesetz, BGBl Nr. 126/1958 (§ 29);
- Donaukommission, BGBl Nr. 249/1965 (Art. V);
- Energieanleihegesetz 1955, BGBl Nr. 58/1955 (§ 2 Abs 2);
- Energieanleihegesetz 1959, BGBl Nr. 176/1959 (§ 4);
- Entschädigungsgesetz CSSR, BGBl Nr. 452/1975 idF BGBl I Nr. 125/1997 (§ 44 Abs 1);
- Europarat, BGBl Nr. 127/1957 (Art. 18) und BGBl Nr. 242/1965 (Art. 1);
- Europäische Freihandelsassoziation, BGBl Nr. 142/1961 (Art. 13, 14 und 17 lit d);
- Abkommen zwischen der Republik Österreich und der Russischen Föderation über den Handel und die wirtschaftliche Zusammenarbeit, BGBl Nr. 567/1995 (Art. 17);
- Internationale Atomenergie-Organisation (IAEO), BGBl Nr. 82/1958 (Abschnitt 29, 30 bis 35, 38, 39, 43, 48) und BGBl Nr. 40/1965;
- Internationales Institut für angewandte Systemanalyse, BGBl Nr. 219/1981 und BGBl Nr. 441/1979 (§ 3);
- Kriegsgefangenenentschädigungsgesetz, BGBl. I Nr. 142/2000 (§ 10);
- Kriegs- und Verfolgungssachschädengesetz, BGBl Nr. 127/1958 (§ 19);
- Kulturabkommen mit Frankreich, BGBl Nr. 220/1947 (Art. 3);

- Künstler-Sozialversicherungsfondsgesetz (K-SVFG), BGBl Nr. 131/2000 (§ 14 Abs. 3);
- Liga der Arabischen Staaten und deren Büro in Österreich, BGBl Nr. 514/1982 (§ 7);
- Organisation der Erdöl exportierenden Länder (OEL), BGBl Nr. 382/1974 (Art. 22);
- OPEC-Fonds für internationale Entwicklung, BGBl Nr. 248/1982;
- Organisation der Vereinten Nationen, BGBl Nr. 126/1957 (Art. V) und BGBl Nr. 217/1957;
- Organisation der Vereinten Nationen für industrielle Entwicklung (UNIDO), BGBl III Nr. 100/1998 (näheres siehe Abschn 3.4.3.1);
- Organisation für Wirtschaftliche Zusammenarbeit und Entwicklung (OECD), BGBl Nr. 248/1961 und BGBl Nr. 164/1955;
- Abkommen zwischen Österreich und Ägypten auf den Gebieten der Kultur, Wissenschaft und Erziehung, BGBl Nr. 198/1992 (Art. 54);
- Rat für die Zusammenarbeit auf dem Gebiete des Zollwesens, BGBl Nr. 165/1955 (Art. VI);
- Ständige Beobachtermission der Kommission der Europäischen Gemeinschaften, BGBl Nr. 277/1979 (§ 2);
- Ständige Beobachtermissionen bei internationalen Organisationen, BGBl Nr. 614/1978 (§ 8);
- Elftes Staatsvertragsdurchführungsgesetz, BGBl Nr. 195/1962 idF BGBl Nr. 91/1993 (§ 35);
- Umsiedler- und Vertriebenen- Entschädigungsgesetz, BGBl Nr. 177/1962 (§ 19);
- Unabhängige Kommission für Fragen der Abrüstung und der Sicherheit, BGBl Nr. 293/1981 (§ 2);
- Erstes Verstaatlichungs-Entschädigungsgesetz, BGBl Nr. 189/1954 (§ 17);
- Zweites Verstaatlichungs-Entschädigungsgesetz, BGBl Nr. 3/1960 (§ 9);
- Verteilungsgesetz Bulgarien, BGBl Nr. 129/1964 (§ 37);
- Verteilungsgesetz Polen, BGBl Nr. 75/1974 (§ 45);
- Zwischenstaatliches Komitee für die Auswanderung aus Europa, BGBl Nr. 530/1980;
- Wiener Übereinkommen über diplomatische Beziehungen, BGBl Nr. 66/1966 (näheres siehe Abschnitt 3.4.2.1);
- Wiener Übereinkommen über konsularische Beziehungen, BGBl Nr. 318/1969 (näheres siehe Abschnitt 3.4.2.3);
- Protokoll über die Vorrechte und Befreiungen der Europäischen Gemeinschaften, ABl. L 152 vom 13.7.1967;
- Bundesgesetz vom 14.12.1977 über die Einräumung von Privilegien und Immunitäten an internationale Organisationen, BGBl Nr. 677/1977 idF BGBl I Nr. 2/1997;
- UNO (Vereinte Nationen, Amtssitz Wien), BGBl III Nr. 99/1998 (Art. XII);
- CTBTO-PREPCOM (Vorbereitende Kommission für die Organisation des Vertrages über das umfassende Verbot von Nuklearversuchen), BGBl III Nr. 188/1997 (Art. XIV, XV, XVI);
- JVI (Joint Vienna Institute), BGBl III Nr. 187/1997 (Art. 14, 15, 18);
- Internationales Registeramt der Weltorganisation für geistiges Eigentum für audiovisuelle Werke, BGBl Nr. 405/1992 (Art. 13, 14, 15);
- Internationales Zentrum für Migrationspolitikentwicklung (ICMPD), BGBl III Nr. 127/1997 (Art. 2);
- Sekretariat des Wassenaar Arrangements, BGBl Nr. 661/1996 (§ 2);
- Vorläufiges Sekretariat des Donauschutzübereinkommens, BGBl Nr. 501/1995 (§ 3);
- Dienststelle Wien des Europäischen Patentamts, BGBl Nr. 672/1990 (Art. 16);
- Einrichtungen der OSZE in Österreich, BGBl Nr. 511/1993;
- Amerikanische Internationale Schule in Wien, BGBl Nr. 665/1991 (Art. 2);
- Internationales Register audiovisueller Werke in Klosterneuburg der Weltorganisation für geistiges Eigentum, BGBl Nr. 674/1990;
- Lycée Francais, BGBl Nr. 44/1983;
- ESA (Europäische Weltraumorganisation), BGBl Nr. 95/1987 (Anlage I, Art. XVIII) und BGBl Nr. 757/1988 (Art. I);
- Konsularvertrag Ungarn, BGBl Nr. 146/1977 (Art. 24);
- Konsularvertrag Polen, BGBl Nr. 383/1975 (Art. 24);

- Konsularvertrag Bulgarien, BGBl Nr. 342/1976 (Art. 41);
- Konsularvertrag Rumänien, BGBl Nr. 317/1972 (Art. 44);
- Konsularvertrag Großbritannien, BGBl Nr. 19/1964 (Art. 21);
- UN-Spezialorganisationen, BGBl Nr. 40/1955 idgF (§ 1) iVm dem Übereinkommen über die Privilegien und Immunitäten der Spezialorganisationen, BGBl Nr. 248/1950 idgF (das sind zB: Internationale Zivilluftfahrtsorganisation, Internationaler Währungsfonds, Internationale Bank für Wiederaufbau und Wirtschaftsförderung, Weltgesundheitsorganisation, Weltpostverein, Internationale Entwicklungsorganisation, Weltorganisation für geistiges Eigentum);
- Kunstförderungsgesetz, BGBl Nr. 146/1988 (§ 3 Abs 3);
- Filmförderungsgesetz, BGBl Nr. 557/1980 (§ 17 Abs 2);
- Europäische Bank für Wiederaufbau und Entwicklung, BGBl Nr. 222/1991 (Art. 53);
- Europäische Fernmeldesatellitenorganisation (EUTELSAT), BGBl Nr. 176/1989 (Art. 9);
- Europäische Organisation für Kernforschung (CERN), BGBl Nr. 26/1990 (Art. 1);
- Entschädigung von Vermögensverlusten in Jugoslawien, BGBl Nr. 500/1980 (§ 13);
- Finanzielle Hilfeleistungen an Spätheimkehrer, BGBl Nr. 128/1958 (§ 5 Abs 1);
- Konsularvertrag Russische Föderation, BGBl Nr. 21/1960 (Art. 9);
- Konsularvertrag Jugoslawien, BGBl Nr. 378/1968 (Art. 10).

(AÖF 2002/84)

Randzahlen 336 bis 400: *derzeit frei*

4. Gewinnermittlung – Allgemeine Vorschriften (§§ 4 und 5 EStG 1988)

4.1 Gewinn, Betriebsvermögen, Betriebsvermögensvergleich

4.1.1 Gewinn

Der Begriff „Gewinn“ umfasst sowohl ein positives als auch ein negatives Jahresergebnis. Alle Bestimmungen, die sich auf die Gewinnermittlung beziehen, gelten grundsätzlich auch für die Ermittlung von Verlusten. **401**

4.1.1.1 Allgemeines

Die formellen Vorschriften, insbesondere über die für die Zwecke der Gewinnermittlung zu führenden Aufzeichnungen sind zum Teil in unternehmensrechtlichen Bestimmungen, zum Teil in der Bundesabgabenordnung (§§ 124 bis 132 BAO) enthalten. Die Periode, für die der Gewinn zu ermitteln ist, ist das Wirtschaftsjahr. Das Wirtschaftsjahr umfasst zwölf Monate, sofern sich nicht aus § 2 Abs. 5 bis 7 EStG 1988 ein kürzerer Zeitraum ergibt (siehe Rz 179 ff). Die Methode, nach der der Gewinn zu ermitteln ist, ist grundsätzlich jene des Betriebsvermögensvergleiches. **402**

(AÖF 2008/238)

4.1.1.1.1 Buchführungspflicht nach Unternehmensrecht

(AÖF 2008/238)

Die Buchführungspflicht nach Unternehmensrecht ergibt sich aus § 189 UGB; siehe dazu Rz 430e ff. **403**

(AÖF 2008/238)

Randzahlen 404 bis 406: *entfallen*

(AÖF 2008/238)

4.1.1.1.2 Buchführungspflicht nach Steuerrecht

Wer nach unternehmensrechtlichen Vorschriften zur Buchführung verpflichtet ist, muss gemäß § 124 BAO auch für steuerliche Zwecke Bücher führen. Für land- und forstwirtschaftliche Betriebe und land- und forstwirtschaftliche wirtschaftliche Geschäftsbetriebe besteht steuerlich Buchführungspflicht, wenn eine der beiden Grenzen des § 125 BAO überschritten wird. **407**

(AÖF 2008/238)

Die Verpflichtung zur Führung von Büchern besteht unabhängig von der Ordnungsmäßigkeit und Vollständigkeit der vorhandenen Aufzeichnungen (VwGH 25.6.1997, 93/15/0141). Werden freiwillig (siehe Rz 660) oder nach § 124 oder § 125 BAO Bücher geführt, ist ein Betriebsvermögensvergleich auf Basis einer doppelten Buchführung vorzunehmen (VwGH 31.7.1996, 92/13/0015; vgl. auch § 4 Abs. 1 EStG 1988). **408**

(BMF-AV Nr. 2021/65)

4.1.1.2 Betrieb

Allgemein kann der Begriff „Betrieb“ als die Zusammenfassung menschlicher Arbeitskraft und sachlicher Produktionsmittel in einer organisatorischen Einheit verstanden werden. Aus ertragsteuerlicher Sicht ist ein Betrieb aber nur gegeben, wenn er der Erzielung von Einkünften im Sinne des § 2 Abs. 3 Z 1 bis 3 EStG 1988 (betriebliche Einkunftsarten) dient. Der Gewinnbegriff des Einkommensteuergesetzes bezieht sich jeweils auf den einzelnen Betrieb. Ein Betrieb kann zwar mehrere Teilbetriebe (Betriebszweige) oder Betriebsstätten umfassen; der Gewinn ist dennoch einheitlich zu ermitteln (VwGH 5.2.1974, 1511/73). **409**

Unterhält der Steuerpflichtige mehrere Betriebe, die nicht als einheitlicher Betrieb anzusehen sind, ist der Gewinn oder Verlust für jeden Betrieb gesondert zu ermitteln, und zwar unabhängig davon, ob die Betriebe der gleichen oder verschiedenen Einkunftsarten angehören. **410**

4.1.1.3 Einheitlicher Betrieb

Ob Tätigkeiten mehrere Betriebe oder einen einheitlichen Betrieb (mit Teilbetriebsbereichen) begründen, ist nach objektiven Grundsätzen iSd Verkehrsauffassung zu beurteilen (VwGH 22.11.1995, 94/15/0154). Dabei ist auf das Ausmaß der organisatorischen, wirtschaftlichen und finanziellen Verflechtung zwischen den einzelnen Betriebsbereichen abzustellen. **411**

Für einen einheitlichen Betrieb (mit Teilbetriebsbereichen) sprechen insbesondere folgende Umstände (VwGH 28.11.2007, 2005/15/0034):

- Wirtschaftliche Über- und Unterordnung zwischen den Betrieben (zB Herstellungs- und Handelsbetrieb sind weitgehend miteinander verflochten),

- Hilfsfunktion eines Betriebes gegenüber dem anderen,
- Einheitliche Betriebsaufschrift sowie räumliche Verflechtung,
- Verwendung gleicher Rohstoffe, gleicher Anlagen und desselben Personals.
- Einheitliches Leistungsprogramm sowie räumliche Nähe.

Auch nicht gleichartige Tätigkeiten können einen einheitlichen Betrieb bilden, wenn sie geeignet sind, einander zu ergänzen (VwGH 27.05.2003, 98/14/0072; VwGH 21.05.1990, 88/15/0038).

(AÖF 2008/238)

412 Als einheitliche Betriebe wurden zB angesehen:

- Handel mit Kraftfahrzeugen und Reparatur von Kraftfahrzeugen (VwGH 25.11.1965, 1940/64),
- Weinbau und Weinhandel (VwGH 6.11.1968, 51/67),
- Taxiunternehmen und Frühstückspension mit gemischtem Personal (VwGH 19.9.1973, 261/72),
- Konzertpianistin und Klavierlehrerin (VwGH 30.9.1992, 90/13/0033),
- Werbeagentur und Unternehmensberatung (VwGH 22.11.1995, 94/15/0154).

4.1.1.4 Mehrere selbständige Betriebe eines Steuerpflichtigen

413 Als selbständige Betriebe wurden zB angesehen:

- Kinobetrieb und Filmverleihvertretung (VwGH 5.2.1960, 953/57)
- Neonröhrenerzeugung und Münzwäscherei (VwGH 18.2.1971, 1727/69)
- Ein selbstgeführter Betrieb stellt eine andere Organisationseinheit und Betätigung dar als ein gleichartiger Betrieb, der in seiner Gesamtheit verpachtet ist (VwGH 18.7.1995, 91/14/0217)
- Praxis als Facharzt für Psychiatrie und Neurologie und Betrieb eines Kosmetiksalons (VwGH 23.5.2000, 99/14/0311).
- Luftverkehrsunternehmen bzw Luftfahrzeug-Vermietungsunternehmen und ein Betrieb für Computertechnik (VwGH 25.10.2001, 98/15/0133)
- Betreiben eines Einzelhandelsgeschäftes für Jagdtextilien und Vermittlung von Aufträgen zwischen Unternehmern für die Lohnveredlung anderer Textilien (VwGH 17.12.2002, 2002/14/0135).
- Tätigkeit als Psychotherapeut (Maltherapie) und Ausübung der Malerei (VwGH 25.2.2003, 98/14/0088).

Die zu Einkünften gemäß § 22 Z 1 lit. b EStG 1988 führende Behandlung von Sonderklassepatienten im Krankenhaus durch einen nichtselbständig tätigen Arzt erfolgt im Rahmen der Erfüllung des Dienstvertrages mit dem Krankenhausträger mit den Betriebsmitteln des Krankenhauses; sie ist sachverhaltsbezogen – unter Ausklammerung der Fiktion des § 22 Z 1 lit. b EStG 1988 – steuerlich dem Dienstverhältnis (§ 47 EStG 1988) des Arztes zuzuordnen und stellt daher mit einer vom selben Arzt geführten Ordination keinen einheitlichen Betrieb dar. Siehe auch Rz 5223.

(AÖF 2006/114)

4.1.1.5 Mitunternehmerschaft

Siehe Rz 5801 ff.

4.1.2 Arten der Gewinnermittlung im EStG 1988

414 Das Einkommensteuergesetz kennt vier Arten der Gewinnermittlung:

- Betriebvermögensvergleich nach § 4 Abs. 1 EStG 1988 (siehe Rz 417 ff)
- Betriebsvermögensvergleich nach § 5 Abs. 1 EStG 1988 (siehe Rz 426 ff)
- Überschuss der Betriebseinnahmen über die Betriebsausgaben nach § 4 Abs. 3 EStG 1988 (siehe Rz 658 ff)
- Besteuerung nach Durchschnittssätzen nach § 17 EStG 1988 (siehe Rz 4101 ff)

Die dem Verlangen des Prüfers entsprechende Vorlage einer Einnahmen-Ausgaben-Rechnung im Rahmen einer abgabenbehördlichen Prüfung stellt keine Ausübung des Wahlrechtes betreffend einer bestimmten Gewinnermittlungsart dar (VwGH 28.1.2005, 2002/15/0110).

(AÖF 2006/114)

4.1.3 Unterschied zwischen Einnahmen-Ausgaben-Rechnung (§ 4 Abs. 3 EStG 1988) und Gewinnermittlung durch Betriebsvermögensvergleich

Die Einnahmen-Ausgaben-Rechnung ist eine vereinfachte Form der Gewinnermittlung. **415** Es wird ihr nicht ein Betriebsvermögensvergleich zu Grunde gelegt, sondern eine Gegenüberstellung der Betriebseinnahmen und Betriebsausgaben, und zwar grundsätzlich im Sinne einer Geldflussrechnung (näheres siehe Rz 658 ff).

4.1.4 Unterschiede zwischen Bestandsvergleich nach § 4 Abs. 1 EStG 1988 und § 5 EStG 1988

Unterschiede: **416**

- Bei der Gewinnermittlung nach § 4 Abs. 1 EStG 1988 bleiben Gewinne oder Verluste aus der Veräußerung oder Entnahme und sonstige Wertschwankungen von Grund und Boden vor dem 1.4.2012 außer Ansatz, bei der Gewinnermittlung nach § 5 EStG 1988 hingegen nicht. Wertveränderungen von Grund und Boden nach dem 31.3.2012 sind auch bei der Gewinnermittlung nach § 4 Abs. 1 EStG 1988 steuerlich relevant.
- Bei der Gewinnermittlung nach § 5 EStG 1988 sind Rückstellungen und Rechnungsabgrenzungsposten anzusetzen, während bei der Gewinnermittlung nach § 4 Abs. 1 EStG 1988 dafür ein Wahlrecht besteht.
- Bei der Gewinnermittlung nach § 5 EStG 1988 sind zusätzlich zu den steuerlichen Ansatz- und Bewertungsvorschriften die (unternehmensrechtlichen) Grundsätze ordnungsmäßiger Buchführung (siehe Rz 431) zu beachten.
- Bei der Gewinnermittlung nach § 5 EStG 1988 kann ein vom Kalenderjahr abweichendes Wirtschaftsjahr gewählt werden, bei der Gewinnermittlung nach § 4 Abs. 1 EStG 1988 ist dies nur buchführenden Land- und Forstwirten möglich.
- Bei der Gewinnermittlung nach § 5 EStG 1988 kann gewillkürtes Betriebsvermögen angesetzt werden, bei der Gewinnermittlung nach § 4 Abs. 1 EStG 1988 nicht.

Unterschiede zwischen den beiden Gewinnermittlungsarten sind sachlich gerechtfertigt (VfGH 13.12.1972, B 145/72, und VfGH 20.6.1994, B 473/92).

(AÖF 2008/238, AÖF 2013/280)

4.1.5 Betriebvermögensvergleich nach § 4 Abs. 1 EStG 1988

4.1.5.1 Allgemeines

Der Gewinn ist insbesondere nach § 4 Abs. 1 EStG 1988 zu ermitteln, wenn **417**

- die Voraussetzungen der Gewinnermittlung nach § 5 EStG 1988 nicht vorliegen, aber freiwillig Bücher geführt werden;
- die Voraussetzungen der Gewinnermittlung nach § 5 EStG 1988 vorliegen, aber die Aufschuboption nach § 124b Z 134 EStG 1988 (siehe Rz 430p) ausgeübt worden ist und nach § 125 BAO idF vor dem StruktAnpG 2006 Buchführungspflicht besteht;
- bei Land- und Forstwirten die Buchführungsgrenzen des § 125 BAO überschritten sind;
- bei Einkünften aus selbständiger Arbeit, die unternehmensrechtlich keinen freien Beruf darstellen, die Grenzen des § 189 Abs. 2 UGB überschritten werden.

(AÖF 2009/74)

Für die Gewinnermittlung nach § 4 Abs. 1 EStG 1988 gelten sowohl in formeller als **418** auch in materieller Hinsicht die allgemeinen Grundsätze ordnungsmäßiger Buchführung.

4.1.5.2 Allgemeine Grundsätze ordnungsmäßiger Buchführung

Die Grundsätze ordnungsgemäßer Buchführung gründen sich auf gesetzliche Bestim- **419** mungen, die zum Gewohnheitsrecht gewordene allgemeine anerkannte Übung der kaufmännischen Praxis und auf Gutachten der Kammer der Wirtschaftstreuhänder sowie der Vertreter der Kaufleute. Die im UGB enthaltenen Bestimmungen über die Ordnungsmäßigkeit der Buchführung lassen sich einteilen in

- im Wesentlichen formell (siehe Rz 420) ausgerichtete und
- im Wesentlichen materiell ausgerichtete (siehe Rz 421 ff) Bestimmungen.

(AÖF 2008/238)

4.1.5.2.1 Formelle Grundsätze nach Unternehmensrecht und Steuerrecht

(AÖF 2008/238)

420 Auf Grund der Bestimmung des § 190 Abs. 1 und Abs. 3 UGB müssen sich die Geschäftsfälle in ihrer Entstehung und Abwicklung verfolgen lassen (Nachvollziehbarkeitsregel). Dazu ist es notwendig, dass die Eintragungen in den Büchern

- vollständig
- richtig
- zeitgerecht und
- geordnet

vorgenommen werden.

Zur Führung von Büchern und Aufzeichnungen siehe §§ 131 und 132 BAO.

(AÖF 2008/238)

4.1.5.2.2 Materielle Grundsätze

421 Nach § 195 UGB hat der Jahresabschluss den Grundsätzen ordnungsmäßiger Buchführung zu entsprechen. Wesentliche Erfordernisse ordnungsmäßiger Bilanzierung sind erfüllt, wenn bei der Aufstellung des Jahresabschlusses folgende Grundsätze beachtet werden:

(AÖF 2008/238)

423 **Bilanzzusammenhang (Bilanzidentität)**

Die Bilanzidentität verlangt die Identität der Schlussbilanz eines Geschäftsjahres mit der Eröffnungsbilanz des folgenden Geschäftsjahres. Keinen Verstoß gegen den Grundsatz der Bilanzidentität stellt die Erstellung der Eröffnungsbilanz in Euro anlässlich der Umstellung des Rechnungswesens auf den Euro dar.

423 **Bilanzkontinuität**

Die formelle Bilanzkontinuität ieS fordert die Beibehaltung der einmal gewählten Gliederung und Bezeichnung der Positionen in den Bilanzen sowie den Gewinn- und Verlustrechnungen.

Unter der materiellen Bilanzkontinuität ist die Bewertungsstetigkeit (§ 201 Abs. 2 Z 1 UGB) zu verstehen. Danach sind die auf den vorhergehenden Jahresabschluss angewendeten Bewertungsmethoden beizubehalten. Ein Abweichen von gewählten Bewertungsmethoden ist nur bei Vorliegen von besonderen Umständen erlaubt (siehe Rz 2126 ff).

(AÖF 2008/238)

424 **Bilanzwahrheit**

Der Grundsatz der Bilanzwahrheit verlangt einen den tatsächlichen Verhältnissen entsprechenden Ausweis des Vermögens und der Schulden des Unternehmens. Der Grundsatz der Bilanzwahrheit ist dann als erfüllt anzusehen, wenn dem Grundsatz der Bilanzvollständigkeit (§ 196 Abs. 1 UGB) und jenem der Einhaltung der gesetzlichen Bewertungsvorschriften entsprochen wird. Liegt ein beabsichtigter Verstoß dagegen vor, wird von Bilanzfälschung gesprochen.

(AÖF 2008/238)

425 **Bilanzklarheit**

Der Grundsatz der Bilanzklarheit verlangt eine klare und übersichtliche Gestaltung der Bilanz und der Gewinn- und Verlustrechnung. Das Gebot der Klarheit ist erfüllt, wenn die einzelnen Posten der Bilanz und der Gewinn- und Verlustrechnung eindeutig aussagekräftig bezeichnet werden. Die Bezeichnung der Posten richtet sich dabei nach dem allgemeinen Verständnis eines kundigen Bilanzlesers. Die einmal gewählte Bezeichnung ist, sofern keine wesentliche Änderung in der Zusammensetzung des Postens eintritt, beizubehalten.

Das Gebot der Klarheit verlangt weiters eine ausreichend detaillierte Gliederung des Jahresabschlusses, die auf die Besonderheiten des Unternehmens Rücksicht nimmt.

Die Einzelposten sind klar von einander abzugrenzen. Aktiva und Passiva dürfen miteinander nicht verrechnen sowie Aufwände und Erträge nicht saldiert werden. Werden Aktiven und Schulden unklar und unübersichtlich bezeichnet bzw. wird unzulässigerweise saldiert, wird von Bilanzverschleierung gesprochen.

4.1.6 Betriebsvermögensvergleich nach § 5 EStG 1988

4.1.6.1 Rechtslage bis 2006

(AÖF 2007/88)

426 Die Anwendung des § 5 EStG 1988 setzt grundsätzlich voraus, dass

- die Firma im Firmenbuch eingetragen ist und
- der Steuerpflichtige aus dieser Tätigkeit Einkünfte aus Gewerbebetrieb (§ 23 EStG 1988) bezieht.

Eingetragene Erwerbsgesellschaften haben den Gewinn nach § 5 Abs. 1 EStG 1988 zu ermitteln, wenn sie Einkünfte aus Gewerbebetrieb erzielen und darüber hinaus eine Verpflichtung zur Buchführung nach § 125 BAO besteht (§ 5 Abs. 2 EStG 1988). **427**

Die Gewinnermittlung gemäß § 5 EStG 1988 gilt weiters für sämtliche Gesellschaften, bei denen sich ein Gesellschafter als Mitunternehmer am Betrieb eines protokollierten Gewerbetreibenden beteiligt. Neben der Beteiligung als atypisch stiller Gesellschafter kommt auch eine Beteiligung in Form einer GesBR in Betracht. In allen Fällen muss der Betrieb des protokollierten Gewerbetreibenden Gegenstand der Mitunternehmerschaft sein. Die Beteiligung eines § 5-Ermittlers an einem nicht protokollierten Betrieb einer Mitunternehmerschaft bewirkt hingegen für sich allein nicht, dass der Gewinn für den Betrieb der Mitunternehmerschaft gemäß § 5 EStG 1988 zu ermitteln wäre. **428**

Beispiel 1:

Am Betrieb des protokollierten Gewerbetreibenden A beteiligt sich der Gesellschafter B. Der Betrieb des protokollierten Gewerbetreibenden A wird in der neu gegründeten OHG A/B weitergeführt. Der Gewinn für den Betrieb der OHG A/B wird nach § 5 EStG 1988 ermittelt.

Beispiel 2:

Der protokollierte Gewerbetreibende C gründet mit D eine GesBR. Gegenstand der GesBR ist ein neu gegründeter Betrieb, C führt seinen eigenen Betrieb neben der Beteiligung gesondert weiter. Der Gewinn für den Betrieb der GesBR C/D ist nach § 4 Abs. 1 EStG 1988 (gegebenenfalls § 4 Abs. 3 EStG 1988), jener für den Betrieb des protokollierten Gewerbetreibenden C nach § 5 EStG 1988 zu ermitteln.

Der Vermögensvergleich nach § 5 Abs. 1 EStG 1988 hat nicht bloß nach den allgemeinen Grundsätzen ordnungsmäßiger Buchführung, sondern nach den unternehmensrechtlichen Grundsätzen ordnungsmäßiger Buchführung, jedoch unter Berücksichtigung der zwingenden steuerlichen Gewinnermittlungsvorschriften zu erfolgen. **429**

(AÖF 2008/238)

Zum Übergangsrecht aufgrund des Unternehmensgesetzbuches siehe Rz 430m. **429a**

(AÖF 2007/88)

Für die Gewinnermittlung nach § 5 EStG 1988 ist gleichgültig, ob die Firma zu Recht oder zu Unrecht im Firmenbuch eingetragen ist oder ob ihre Eintragung zu Recht oder zu Unrecht unterblieben ist (VwGH 7.9.1990, 89/14/0286). Ein zu Unrecht protokollierter Minderkaufmann hat daher seinen Gewinn ebenfalls gemäß § 5 EStG 1988 zu ermitteln. Ist hingegen die Firma eines Vollkaufmannes nicht im Firmenbuch eingetragen, so hat er seinen Gewinn nach § 4 Abs. 1 EStG 1988 zu ermitteln. Wurde eine Erbengemeinschaft, die ein Unternehmen fortführt, für dessen verstorbenen Inhaber eine Firma im Firmenbuch eingetragen ist, nicht im Firmenbuch registriert, so ist deren Gewinn nicht nach § 5 EStG 1988 zu ermitteln, sondern nach § 4 Abs. 1 EStG 1988 (VwGH 7.9.1990, 89/14/0286). **430**

4.1.6.2 Rechtslage ab 2007

(AÖF 2007/88)

4.1.6.2.1 Allgemeines

Mit 2007 ist an die Stelle des Handelsgesetzbuches das Unternehmensgesetzbuch (UGB) getreten. Die steuerliche Gewinnermittlung knüpft dabei an die neu definierte, idR umsatzabhängige unternehmensrechtliche Rechnungslegungspflicht nach § 189 UGB an. Die neuen Rechnungslegungsvorschriften gelten grundsätzlich ab dem ersten im Jahr 2007 beginnenden Geschäftsjahr. Es bestehen jedoch sowohl nach dem UGB als auch nach dem EStG bis zum Jahr 2010 reichende Übergangsregelungen. **430a**

Der bisherige Begriff „Handelsrecht" wurde generell durch den Begriff „Unternehmensrecht" ersetzt, aus dem „Kaufmann" wird der „Unternehmer".

HGB	UGB
Handelgewerbe	Unternehmen
Handelsrecht	Unternehmensrecht
handelsrechtlich	unternehmensrechtlich
kaufmännisch	unternehmerisch

Einzelkaufmann	Einzelunternehmer
Handelsbilanz	UGB-Bilanz

Die wichtigsten Änderungen im Überblick:

	bis 2006	*ab 2007*
	Handelsgesetzbuch (HGB)	*Unternehmensgesetzbuch (UGB)*
Gilt für	Kaufleute (Rz 403)	Unternehmer (Rz 430f)
Handelsrechtliche Buchführungspflicht, gilt über *§ 124 BAO* auch steuerlich	für Vollkaufleute iSd HGB (Rz 403f)	für Unternehmer bei Rechnungslegungspflicht iSd § 189 UGB (Rz 430e bis 430k)
Steuerliche Buchführungspflicht nach *§ 125 BAO* (ist immer Gewinnermittlung nach § 4 Abs. 1 EStG 1988, siehe dazu unten)	für Land- und Forstwirte: wenn Umsatz > 400.000 € oder Einheitswert > 150.000 € für Gewerbetreibende: wenn Umsatz > 400.000 €, bei Lebensmitteleinzel- und Gemischtwarenhändlern > 600.000 €	für Land- und Forstwirte: wenn Umsatz > 400.000 € oder Einheitswert > 150.000 € für Gewerbetreibende: entfällt (ausgenommen bei Aufschub-Option iSd § 124b Z 134 EStG 1988, siehe Rz 430p)
Steuerliche Gewinnermittlung nach § 5 EStG 1988	zwingend für im Firmenbuch protokollierte Gewerbetreibende –	zwingend für rechnungslegungspflichtige Gewerbetreibende freiwillig zur Beibehaltung der § 5-Ermittlung für nicht (mehr) rechnungslegungspflichtige Gewerbetreibende, Rz 430b und 430c

§ 125 BAO bezieht sich für 2007 beginnende Wirtschaftsjahre hinsichtlich der steuerlichen Buchführungspflicht bei Übersteigen der Umsatz- oder Einheitswertgrenze nur auf land- und forstwirtschaftliche Betriebe und land- und forstwirtschaftliche wirtschaftliche Geschäftsbetriebe (§ 31 BAO). Außerhalb der Einkunftsart Land- und Forstwirtschaft hat § 125 BAO hinsichtlich der steuerlichen Buchführungspflicht keinen Anwendungsbereich. Die Umsatzdefinition ist als Anknüpfung im Bereich von Pauschalierungen (zB § 17 EStG 1988, Gaststättenpauschalierung) weiterhin bedeutsam.

(AÖF 2007/88)

4.1.6.2.2 Gewinnermittlung nach § 5 EStG 1988 idF StruktAnpG 2006 ab 2007

(AÖF 2007/88)

430b Nach § 5 Abs. 1 EStG 1988 sind zur Gewinnermittlung nach § 5 EStG 1988 verpflichtet („zwingende § 5-Ermittlung“) Steuerpflichtige

- mit Einkünften aus Gewerbebetrieb,
- die der Rechnungslegungspflicht nach § 189 UGB oder nach anderen bundesgesetzlichen Vorschriften (zB Vereinsgesetz 2002; siehe dazu auch Rz 430g) unterliegen.

Freiwillige § 5-Ermittlung (Fortführungsoption):

Nach § 5 Abs. 2 EStG 1988 sind zur Gewinnermittlung nach § 5 berechtigt („freiwillige § 5-Ermittlung“) Steuerpflichtige

- mit Einkünften aus Gewerbebetrieb,
- die aus der Gewinnermittlung nach § 5 EStG 1988 herausfallen würden, aber freiwillig auf Fortführung der Gewinnermittlung nach § 5 EStG 1988 optieren (so genannte „Fortführungsoption“)

Zweck dieser Bestimmung ist es, Nachteile zu vermeiden, die aus einem Wechsel der Gewinnermittlung von § 5 EStG 1988 auf eine andere Gewinnermittlung resultieren würden, sowie um ein gehäuftes Wechseln der Gewinnermittlungsart durch Über- und Unterschreiten des Umsatzschwellenwertes gemäß § 189 UGB (siehe Rz 430k) hintan zu halten. Siehe dazu weiter Rz 430c.

Inkrafttreten:

§ 5 Abs. 1 und § 5 Abs. 2 EStG 1988 idF StruktAnpG 2006 waren – ebenso wie die Regelungen über die unternehmensrechtliche Rechnungslegungspflicht selbst – erstmals für Wirtschaftsjahre anzuwenden, die ab 1. Jänner 2007 begonnen haben, bei abweichendem Wirtschaftsjahr daher erstmals für das Wirtschaftsjahr 2007/2008. Das abweichende Wirtschaftsjahr 2006/2007 war von protokollierten Gewerbetreibenden daher jedenfalls auch dann nach § 5 EStG 1988 zu Ende zu führen, wenn die Rechnungslegungspflicht iSd § 189 UGB weggefallen war und keine Fortführungsoption nach § 5 Abs. 2 EStG 1988 ausgeübt wurde.

(AÖF 2011/66)

430c Die Fortführungsoption ist für das Jahr auszuüben, in dem das Wirtschaftsjahr endet, für das erstmals die Pflicht zur Gewinnermittlung nach § 5 EStG 1988 wegfällt. Der Entfall der Rechnungslegungspflicht kann sich – zB auf Grund einer Wiederaufnahme des Verfahrens im Rahmen einer abgabenbehördlichen Prüfung – auch erst nach Einreichung einer Steuererklärung ergeben. Daher kann der Antrag bis zur Rechtskraft des Bescheides gestellt werden. Ein bis dahin nicht gestellter Antrag kann nicht nachgeholt werden.

Im Fall einer Gewinnfeststellung (§ 188 BAO) ist der Antrag in der Feststellungserklärung für alle Beteiligten einheitlich zu stellen.

Mit der Fortführungsoption unterwirft sich der Steuerpflichtige allen Besonderheiten der Gewinnermittlung nach § 5 EStG 1988. Wird bei Entfall der zwingenden Gewinnermittlung nach § 5 EStG 1988 keine Fortführungsoption ausgeübt,

- gilt gewillkürtes Betriebsvermögen mit Beginn des Wirtschaftsjahres, für das erstmals keine Gewinnermittlung nach § 5 EStG 1988 erfolgt, als entnommen,
- entfällt die Bindung an die unternehmensrechtlichen Grundsätze ordnungsmäßiger Buchführung, bei Gewinnermittlung nach § 4 Abs. 1 EStG 1988 kann sich aber aus dem Grundsatz der Bewertungsstetigkeit (Rz 431 und Rz 2126 ff) eine Bindung an die bisher angewendeten Bewertungsgrundsätze ergeben.
- entfällt für Gewerbetreibende die Berechtigung zur Gewinnermittlung nach einem abweichenden Wirtschaftsjahr. In diesem Fall wirkt das Nichtausüben der Fortführungsoption insoweit zurück, als zum 31. Dezember des jeweiligen Jahres ein Rumpfwirtschaftsjahr eingeschaltet werden muss.

Der Antrag bindet den Steuerpflichtigen und dessen den Betrieb auf Grund (zumindest steuerlicher) Gesamtrechtsnachfolge übernehmenden Rechtsnachfolger so lange, als er nicht in einer Steuerklärung für das jeweils zu veranlagende Wirtschaftsjahr mit Wirkung für dieses und die folgenden Wirtschaftsjahre widerrufen wird. Ein bloß vorübergehender Widerruf ist nicht vorgesehen.

Im Fall einer Gewinnfeststellung (§ 188 BAO) ist der gestellte Antrag in der Feststellungserklärung für alle Beteiligten einheitlich zu widerrufen.

Sollte der Steuerpflichtige oder dessen den Betrieb auf Grund Gesamtrechtsnachfolge übernehmender Rechtsnachfolger nach erfolgter Option wegen Überschreitung des Schwellenwerts des § 189 UGB wieder in die verpflichtende Gewinnermittlung nach § 5 EStG 1988 „hineinwachsen“, erlischt damit der Antrag. Im Falle eines sodann eintretenden neuerlichen Unterschreitens der Umsatzschwelle des § 189 UGB kann neuerlich in die Gewinnermittlung nach § 5 optiert werden.

(BMF-AV Nr. 2018/79)

430d Die ab 2007 für alle Einzelunternehmer (auch für Kleinunternehmer, Freiberufler, Land- und Forstwirte) mögliche Protokollierung (§ 8 Abs. 1 UGB) ist für die Art der Gewinnermittlung grundsätzlich nicht mehr maßgeblich. Nach dem Jahr 2006 ist die Protokollierung noch in folgenden Fällen für die Gewinnermittlung bedeutsam:

- Für zum 1.1.2007 protokollierte Betriebe (protokollierte Einzelunternehmen und Personengesellschaften) ist ein Antrag nach § 124b Z 134 EStG 1988 auf Beibehaltung der bisherigen Gewinnermittlung bis zum ersten im Jahr 2010 beginnenden Wirtschaftsjahr (so genannte Aufschub-Option) nicht zulässig, siehe dazu Rz 430n.
- Für bis zum Ende des letzten im Jahr 2006 beginnenden Wirtschaftsjahres protokollierte Betriebe kann hinsichtlich des/der darauf folgenden Wirtschaftsjahre/s nach § 5 Abs. 2 EStG 1988 in der Fassung des Strukturanpassungsgesetz 2006 die Option auf Beibehaltung der Gewinnermittlung nach § 5 EStG 1988 (so genannte Fortführungsoption) ausgeübt werden, siehe Rz 430b und 430c.

(AÖF 2007/88)

4.1.6.2.3 Rechnungslegungspflicht nach § 189 UGB

4.1.6.2.3.1 Allgemeines

430e Unter die Rechnungslegungspflicht nach § 189 UGB können nur

- Unternehmer (Rz 430f) fallen,
- kraft Rechtsform (§ 189 Abs. 1 Z 1 UGB, Rz 430j) oder
- kraft Schwellenwertüberschreitung (§ 189 Abs. 1 Z 2 und Abs. 2 UGB, Rz 430k),
- wenn sie nicht nach § 189 Abs. 3 oder Abs. 4 UGB von der Anwendung ausgenommen sind (Rz 430g und 430h).

Zur Gewinnermittlung von Betrieben mit ausländischer Betriebsstätte bzw. von inländischen Betriebsstätten ausländischer Betriebe siehe Rz 196.

(AÖF 2007/88)

430f Unternehmer ist, wer ein Unternehmen betreibt (§ 1 Abs. 1 UGB). Unternehmen ist eine auf Dauer angelegte Organisation selbständiger wirtschaftlicher Tätigkeit, mag sie auch nicht auf Gewinn gerichtet sein (§ 1 Abs. 2 UGB). Aktiengesellschaften, Gesellschaften mit beschränkter Haftung, Erwerbs- und Wirtschaftsgenossenschaften, Versicherungsvereine auf Gegenseitigkeit, Sparkassen und bestimmte EU-Gesellschaftsrechtsformen (Europäische wirtschaftliche Interessenvereinigungen/EWIV, Europäische Gesellschaften/SE und Europäische Genossenschaften/SCE) gelten – unabhängig davon, ob der Unternehmerbegriff des § 1 UGB erfüllt wird – kraft Rechtsform als Unternehmer (§ 2 UGB). Zu Unrecht im Firmenbuch eingetragene Steuerpflichtige gelten kraft Eintragung ebenfalls als Unternehmer (§ 3 UGB). Im Übrigen liegt Unternehmenseigenschaft iSd § 1 UGB vor, wenn planmäßig unter zweckdienlichem Einsatz materieller und immaterieller Mittel, in der Regel unter Mitwirkung einer arbeitsteilig kooperierenden Personengruppe, auf einem Markt laufend wirtschaftlich werthaltige Leistungen gegen Entgelt angeboten und erbracht werden („organisierte Erwerbsgelegenheit"). Es entspricht somit grundsätzlich jeder selbständig Erwerbstätige, der betriebliche Einkünfte erzielt, dem weiten Unternehmerbegriff des UGB.

Auch das Erzielen von Überschusseinkünften (zB von Einkünften aus Vermietung und Verpachtung) kann die Unternehmereigenschaft begründen. Ungeachtet einer allenfalls bestehenden unternehmensrechtlichen Rechnungslegungspflicht (zB für eine vermögensverwaltende GmbH & Co KG gemäß § 189 Abs. 1 und 4 UGB) ist für Einkünfte, die steuerlich aus einer vermögensverwaltenden Tätigkeit resultieren, stets eine Überschussermittlung vorzunehmen (vgl. zu vermögensverwaltenden Personengesellschaften Rz 6015 ff).

Geschäftsführer von Personengesellschaften, die an der Gesellschaft beteiligt sind und außerhalb eines Dienstverhältnisses Geschäftsführungsleistungen für die Gesellschaft erbringen, sind keine Unternehmer, weil ihre Tätigkeit in der Wahrnehmung von gesellschaftsrechtlichen Mitgliedsrechten besteht.

Der Gesellschafter-Geschäftsführer einer GmbH (§ 22 Z 2 zweiter Teilstrich EStG 1988) ist als selbständig und somit als Unternehmer anzusehen, wenn aufgrund der Höhe seines Geschäftsanteils (50% oder mehr) oder aufgrund gesellschaftsrechtlicher Sonderbestimmungen (Sperrminorität) Gesellschafterbeschlüsse gegen seinen Willen nicht zustande kommen können (siehe zB VwGH 9.12.1980, 1666/79, 2223/79, 2224/79, und VwGH 18.9.1996, 96/15/0121 zur USt). Aus Gründen der Verwaltungsvereinfachung kann jedoch auch ein Gesellschafter-Geschäftsführer einer GmbH als Nichtunternehmer behandelt werden.

Da die Gewinnorientierung keine Voraussetzung für professionelles Auftreten im Geschäftsverkehr ist, können auch Non-Profit-Organisationen Unternehmen iSd § 1 UGB betreiben.

Nicht unter den Unternehmerbegriff fallen hingegen juristische Personen (Körperschaften) öffentlichen Rechts als solche, wohl aber deren Betriebe gewerblicher Art (§ 2 KStG 1988).

(AÖF 2008/51)

430g Rechnungslegungsrechtliche Sonderbestimmungen (insbesondere nach dem Vereinsgesetz, Genossenschaftsgesetz, Versicherungsaufsichtsgesetz, Bankwesengesetz) gehen der Anwendung des UGB vor (§ 189 Abs. 3 UGB).

Im Übrigen sind vom Kreis der Unternehmer iSd § 1 bis 3 UGB von der Anwendung des Drittes Buch des UGB (§§ 189 bis 283) und damit der Rechnungslegungsbestimmungen kraft Schwellenwerts (UGB) ausgenommen (§ 189 Abs. 4 UGB):

- Angehörige der freien Berufe (siehe Rz 430h),
- Land- und Forstwirte (siehe Rz 430i),
- Unternehmer mit Überschusseinkünften iSd § 2 Abs. 4 Z 2 EStG 1988 (siehe Rz 430i),

es sei denn, es liegt in diesen Fällen Rechnungslegungspflicht kraft Rechtsform (§ 189 Abs. 1 Z 1 UGB) vor (Rz 430j).

(AÖF 2007/88)

Der Kreis der „Angehörigen der freien Berufe" iSd § 189 Abs. 4 UGB ist nach der Verkehrsauffassung zu beurteilen. Es sind darunter vor allem solche Berufe zu verstehen, die überwiegend wissenschaftlichen, künstlerischen, religiösen, sozialen, lehrenden, heilenden und rechtswahrenden Charakter haben und in der Regel, jedoch nicht zwingend, eine gewisse höhere Bildung voraussetzen. Es handelt sich um Erwerbstätigkeiten, bei denen die persönlichen Kenntnisse und Fähigkeiten des Steuerpflichtigen im Vordergrund stehen, eine Vertretung grundsätzlich ausgeschlossen ist und die betriebliche Organisationsstruktur tendenziell in den Hintergrund tritt. Unter diese Personengruppe fallen im Rahmen der Einkünfte aus selbständiger Arbeit jedenfalls nur Freiberufler iSd § 22 Z 1 EStG 1988, nicht aber Steuerpflichtige mit Einkünften aus sonstiger selbständiger Arbeit iSd § 22 Z 2 EStG 1988 (vermögensverwaltende Tätigkeit wie zB Hausverwalter oder Aufsichtsräte); hinsichtlich der Gesellschafter-Geschäftsführern iSd § 22 Z 2 zweiter Teilstrich EStG 1988 siehe Rz 430f. **430h**

Der Kreis der Angehörigen der freien Berufs iSd UGB einerseits und der Freiberufler iSd § 22 Z 1 EStG 1988 andererseits decken sich nicht. Keine freien Berufe sind nach der Verkehrsauffassung und damit für das UGB beispielsweise folgende Tätigkeiten, die zu freiberuflichen Einkünften iSd § 22 EStG 1988 führen:

- Unterrichtende Tätigkeiten, die einen höheren Grad an betrieblicher Organisationsstruktur erfordern und bei denen nicht der persönliche Kontakt mit dem Lernenden im Vordergrund steht, wie zB Fahrschulen, Tanzschulen, Schischulen, Lernstudios mit Gruppenunterricht
- Erzieherische Tätigkeiten, die einen höheren Grad an betrieblicher Organisationsstruktur erfordern (zB Privatkindergärten)
- Unternehmensberater
- Übersetzungsbüros
- Versicherungsmathematiker, sofern nicht wissenschaftlich.

Soweit demnach Steuerpflichtige mit Einkünften aus selbständiger Arbeit nach § 22 EStG 1988 unternehmensrechtlich nicht als freie Berufe gelten, kann es zu einer unternehmensrechtlichen Rechnungslegungspflicht kommen, die über § 124 BAO auch steuerlich beachtlich ist. Die Gewinnermittlung ist aber mangels gewerblicher Einkünfte eine solche nach § 4 Abs. 1 EStG 1988. Frühester Zeitpunkt ist – bei einem Umsatz von mehr als 600.000 Euro im Wirtschaftsjahr 2007 – das Wirtschaftsjahr 2008 (siehe Rz 430k).

Tätigkeiten, die nach dem EStG 1988 als gewerblich einzustufen sind, können umgekehrt nach der Verkehrsauffassung und damit für das UGB als freie Berufe gelten, wie beispielsweise

- Heilpraktiker und andere medizinische Tätigkeiten, die kein ärztliches Studium erfordern (zB alternative Begleittherapien zur Schulmedizin)
- Artisten
- Garten- und Landschaftsarchitekten.

Soweit in derartigen Fällen bis 2006 eine steuerliche Buchführungspflicht (idR über § 125 BAO) bestanden hat, entfällt diese ab 2007.

Keine freien Berufe sind nach der Verkehrsauffassung und damit für das UGB beispielsweise folgende Tätigkeiten, die zu gewerblichen Einkünften iSd § 23 EStG 1988 führen:

- Bilanzbuchhalter iSd Bilanzbuchhaltungsgesetzes (BibuG, BGBl. I Nr. 161/2006; siehe Rz 5211)
- Vermögensberater.

(AÖF 2013/280)

Als Land- und Forstwirte iSd § 189 Abs. 4 UGB gelten Steuerpflichtige mit Einkünften aus Land- und Forstwirtschaft iSd § 21 EStG 1988. Für sie gelten die Grenzen des § 125 BAO unverändert weiter. **430i**

Der weite Unternehmerbegriff umfasst ferner auch Personen und Personengesellschaften mit Überschusseinkünften (zB Vermietung und Verpachtung), auch sie unterliegen aber nicht der Rechnungslegungspflicht kraft Schwellenwerts nach § 189 Abs. 1 Z 2 UGB.

(AÖF 2007/88)

4.1.6.2.3.2 Rechnungslegungspflicht nach § 189 Abs. 1 Z 1 UGB kraft Rechtsform

430j Eine größen- und tätigkeitsunabhängige (also auch für land- und forstwirtschaftliche Tätigkeit, freie Berufe und bei Erzielung von Überschusseinkünften geltende) Rechnungslegungspflicht nach § 189 Abs. 1 Z 1 UGB besteht für

- Kapitalgesellschaften (AG, GmbH, SE; keine inhaltliche Änderung gegenüber bisher)
- unternehmerisch (Rz 430f) tätige Personengesellschaften, bei denen kein unbeschränkt haftender Gesellschafter eine natürliche Person ist (insbesondere GmbH & Co KG, so genannte „verdeckten Kapitalgesellschaften“).

(AÖF 2007/88)

4.1.6.2.3.3 Rechnungslegungspflicht nach § 189 Abs. 1 Z 2 und Abs. 2 UGB kraft Schwellenwertüberschreitung

430k Mit dem RÄG 2010 wurden die Schwellenwerte für den Eintritt der Rechnungslegungspflicht nach § 189 UGB erhöht. Diese höheren Schwellenwerte sind auf Wirtschaftsjahre anzuwenden, die nach dem 31. Dezember 2009 beginnen. Für den Eintritt und den Entfall der Rechnungslegungspflicht sind diese Schwellenwerte auch für Beobachtungszeiträume vor dem 1. Jänner 2010 anzuwenden (siehe auch Rz 430n).

Rechnungslegungspflichtig nach § 189 Abs. 1 Z 2 UGB sind alle anderen Unternehmer (als jene mit Rechnungslegungspflicht kraft Rechtsform lt. Rz 430j), ausgenommen die in § 189 Abs. 4 UGB genannten (Land- und Forstwirte, freie Berufe, Unternehmer mit Überschusseinkünften), wenn sie mit dem jeweiligen Betrieb mehr als 700.000 Euro (bis 2009: 400.000 Euro) Umsatzerlöse (siehe dazu Rz 430l) im Geschäftsjahr erzielen (so genannter Schwellenwert). Der Schwellenwert gilt somit für

- Einzelunternehmer und
- Personengesellschaften, bei denen mindestens eine natürliche Person unbeschränkt haftet (also OG, KG, GesbR).

Für den Eintritt der Rechnungslegungspflicht nach § 189 UGB muss der Schwellenwert überschritten werden entweder

- nachhaltig = in zwei aufeinanderfolgenden Geschäftsjahren und gilt dann – analog zur bisherigen Regelung des § 125 BAO – nach einem „Pufferjahr“ ab dem übernächsten Geschäftsjahr oder
- erheblich (qualifiziert) = wird in einem Geschäftsjahr der Schwellenwert um mindestens 300.000 Euro (= 1.000.000 Euro Umsatzerlöse) überschritten (bis 2009: um mehr als die Hälfte, also über 600.000 Euro Umsatzerlöse) tritt die Rechnungslegungspflicht bereits ab dem folgenden Geschäftsjahr ein.

Die Rechnungslegungspflicht entfällt bei zweimaliger, aufeinander folgender Unterschreitung des Schwellenwerts ab dem nächsten Jahr. Ein Entfall wegen einmaliger erheblicher Unterschreitung ist grundsätzlich nicht vorgesehen (Ausnahme: Bei Teilbetriebsaufgabe sowie – in analoger Anwendung – bei Teilbetriebsveräußerung und Rest-Umsatz unter 350.000 Euro; bis 2009: 200.000 Euro, § 189 Abs. 2 Z 2 UGB).

Bei einem Rumpfgeschäftsjahr ist der Schwellenwert (monatsweise, angefangene Monate gelten als ganze Monate) zu aliquotieren (Erläuterungen zur Regierungsvorlage zu § 189 UGB).

Bei Übernahme (Einzel- oder Gesamtrechtsnachfolge) eines bisher rechnungslegungspflichtigen Betriebes oder Teilbetriebes gilt die Rechnungslegungspflicht grundsätzlich zur Wahrung der Bilanzkontinuität weiter (§ 189 Abs. 2 Z 2 UGB).

Eintritt der Rechnungslegungspflicht	Umsatz in 01 und 02 > 700.000 Euro	ab 04
	Umsatz in 01 > 1.00.000 Euro	ab 02
Wegfall der Rechnungslegungspflicht	Umsatz in 01 und 02 < 700.000 Euro	ab 03
	Aufgabe (Veräußerung) eines Teilbetriebs in 01 und Umsatz des Restbetriebes < 350.000 Euro	ab 02

Weitergeltung der Rechnungslegungspflicht	Übernahme eines bereits (kraft Rechtform oder kraft Schwellenwerts) rechnungslegungspflichtigen (Teil)Betriebs, es sei denn, dass der Schwellenwert für den übernommenen Betrieb oder Teilbetrieb in den letzten zwei aufeinanderfolgenen Geschäftsjahren nicht überschritten wurde.

(AÖF 2011/66)

Der für den Schwellenwert maßgebende Begriff der „Umsatzerlöse" ist nicht deckungsgleich mit der Definition des Umsatzes in § 125 BAO. Die Umsatzerlöse enthalten zum Unterschied vom Umsatz iSd § 125 BAO keine Umsätze aus Eigenverbrauch und generell keine Umsätze aus dem Verkauf von Anlagevermögen und sind daher tendeziell geringer als die Umsätze iSd § 125 BAO. **430l**

Umsatzerlöse sind die für die gewöhnliche Geschäftstätigkeit des Unternehmens typischen Erlöse aus dem Verkauf und der Nutzungsüberlassung von Erzeugnissen und Waren sowie aus Dienstleistungen abzüglich Erlösschmälerungen und USt (§ 232 Abs. 1 UGB).

Umsatzerlöse sind jene Erlöse, die für die gewöhnliche Geschäftstätigkeit des Unternehmens in Bezug auf den Leistungsaustausch mit Dritten typisch sind; es darf sich nicht bloß um Gelegenheitsumsätze handeln.

Umsatzerlöse sind zB:

- Umsätze aus Warenverkäufen bei Handelsunternehmen,
- Umsätze aus produzierten Produkten bei Produktionsunternehmen,
- Miet- und Pachtumsätze bei Leasing- oder Wohnungsverwaltungsunternehmen.

Umsatzerlöse sind zB nicht:

- Umsätze aus dem Verkauf von Anlagevermögen,
- Umsätze aus einer Betriebskantine, Werksküche oder einem betrieblichen Erholungsheim,
- eine einmalige Lohnveredelung und andere vom jeweiligen Unternehmer normalerweise am Markt nicht angebotene Dienstleistungen.

Erlösschmälerungen sind von den Erlösen abzuziehen. Erlösschmälerungen sind insbesondere Skonti, Rabatte, Preisminderungen (etwa infolge eines Gewährleistungsanspruches) und Boni, nicht aber Verpackungskosten und Vertreterprovisionen.

(AÖF 2007/88)

4.1.6.2.3.4 Übersicht über Rechungslegungspflicht

430m

<table>
<tr><td rowspan="3">Kapitalgesellschaften, unternehmerisch tätige Personengesellschaften ohne natürliche Personen als unbeschränkt Haftende (verdeckte KapGes, insbes. GmbH & CoKG) unabhängig von Größe und Tätigkeit</td><td colspan="3">alle anderen Unternehmer (Einzelunternehmer, „normale" Personengesellschaften = mit natürlichen Personen als unbeschränkt Haftende)</td></tr>
<tr><td colspan="2">Einkünfte aus Gewerbebetrieb, Einkünfte nach § 22 ausgenommen Freiberufler</td><td>Einkünfte aus Land- und Forstwirtschaft, freiberufliche Einkünfte, Überschusseinkünfte</td></tr>
<tr><td>Umsatz > 700.000 (bis 2009: 400.000)</td><td>Umsatz < 700.000 (bis 2009: 400.000)</td><td>unabhängig von Größe</td></tr>
<tr><td colspan="2">Rechnungslegungspflicht</td><td colspan="2">keine Rechnungslegungspflicht</td></tr>
</table>

(AÖF 2011/66)

4.1.6.2.3.5 Unternehmensrechtliche Übergangsregelung (§ 907 Abs. 16 und Abs. 17 UGB)

Gemäß § 907 Abs. 16 UGB sind für Unternehmer, die vor dem 1. Jänner 2007 nicht zur Rechnungslegung verpflichtet waren, ab diesem Stichtag die Beobachtungszeiträume des § 189 Abs. 2 UGB für den Eintritt der Rechtsfolgen des § 189 Abs. 1 Z 2 UGB maßgeblich. Für Unternehmer, die vor dem 1. Jänner 2007 rechnungslegungspflichtig waren, sind für den Eintritt und den Entfall der Rechtsfolgen des § 189 Abs. 1 Z 2 UGB auch Beobachtungszeiträume maßgeblich, die vor dem 1. Jänner 2007 liegen. Für die Beurteilung der Rech- **430n** nungslegungspflicht vor dem 1. Jänner 2007 sind im Zweifel die Umsatzgrenzen des § 125 Abs. 1 lit. a BAO in der bis 31. Dezember 2006 anzuwendenden Fassung heranzuziehen.

Maßgebend nach § 907 Abs. 16 UGB ist somit, ob bereits vor 2007 Rechnungslegungspflicht bestanden hat, wobei im Zweifel die Umsatzgrenzen des § 125 BAO (allgemein 400.000 Euro Umsatz, für Lebensmitteleinzel- und Gemischtwarenhändler 600.000 Euro Umsatz) heranzuziehen sind. „Zweifel" werden immer dann bestehen, wenn keine Protokollierung oder nur eine solche als OEG oder KEG gegeben war.

- Bestand bis 2006 keine Rechnungslegungspflicht, ist das Geschäftsjahr 2007 erstes Beobachtungsjahr für die Umsatzschwelle.
- Bestand bis 2006 bereits Rechnungslegungspflicht, zählen auch das/die Vorgeschäftsjahr/e als Beobachtungsjahr/e mit.

Bestand vor 2007 – wenn auch zu Unrecht – eine Protokollierung im Firmenbuch, sind diese Geschäftsjahre jedenfalls als Beobachtungsjahre heranzuziehen. Bestand keine Protokollierung, ist nach der bis 2006 geltenden handelsrechtlichen Rechtslage die Vollkaufmannseigenschaft maßgebend. Anders als die Rechnungslegungspflicht nach § 189 UGB setzte die Vollkaufmannseigenschaft nicht erst nach nachhaltigem oder qualifiziertem Überschreiten eines Schwellenwerts ein, sondern im ersten Geschäftsjahr, in dem der Rahmen eines Minderhandelsgewerbes iSd § 4 HGB überschritten worden ist. Für die Frage, ob Vollkaufmannseigenschaft und damit handelsrechtliche Rechungslegungspflicht vor 2007 bestanden hat, ist im Zweifel auf die Umsatzgrenzen der BAO (400.000 Euro bzw. 600.000 Euro bei Lebensmitteleinzel- und Gemischtwarenhändlern) abzustellen. Dabei ist nicht maßgebend, dass § 125 BAO den Eintritt der Buchführungspflicht erst nach zweimaligem Überschreiten des Grenzwertes für das übernächste Wirtschaftsjahr vorsieht, sodass der Eintritt der Vollkaufmannseigenschaft in (irgend)einem Geschäftsjahr vor 2007 bereits eine Einbeziehung der Jahre vor 2007 iSd § 907 Abs. 16 UGB auslöst.

Aus Vereinfachungsgründen bestehen keine Bedenken, vor dem Jahr 2004 begonnene Geschäftsjahre außer Betracht zu lassen. Wurde in einem der Geschäftsjahre 2004 bis 2006 die Umsatzgrenze des § 125 BAO idF vor dem StruktAnpG 2006 überschritten (dadurch Eintritt der handelsrechtlichen Rechnungslegungspflicht), sind die Jahre ab diesem Überschreiten auch Beobachtungszeiträume für den Eintritt der Rechtsfolgen des § 189 Abs. 1 Z 2 UGB. Die Beurteilung der Rechnungslegungspflicht anhand dieser Bestimmung ist somit in Zeiträume ab 2004 rückzuprojizieren.

Für 2007 liegt Rechnungslegungspflicht vor, wenn der Schwellenwert des § 189 Abs. 1 Z 2 UGB von 400.000 Euro 2004 und 2005 überschritten (und das Pufferjahr 2006 konsumiert) oder der qualifizierte Schwellenwert von 600.000 Euro nach § 189 Abs. 2 Z 2 UGB (ohne Pufferjahr) mindestens einmal in 2004, 2005 oder 2006 überschritten worden ist; die Rechnungslegungspflicht entfällt in diesem Fall wegen zweimaligem Unterschreiten des Schwellenwerts (2005 und 2006) frühestens 2007 wieder. Bei Erwerb eines Betriebes in den Wirtschaftsjahren 2004 bis 2006 sind die Umsätze des Rechtsvorgängers in die Beurteilung einzubeziehen.

Beispiele (keine Lebensmitteleinzel- oder Gemischtwarenhändler):

1. *Für eine aus zwei natürlichen Personen bestehende gewerblich tätige OEG (ab 2007 OG) mit einem Umsatz iSd § 125 BAO größer 400.000 Euro in den Jahren 2005 und 2006 besteht (nach dem Pufferjahr 2007) ab 2008 die Pflicht zur Gewinnermittlung nach § 5 EStG 1988.*
2. *Ein nicht protokollierter Kaufmann erzielte im Jahr 2006 erstmals einen Umsatz (iSd § 125 BAO) von mehr als 400.000 Euro. Sofern die Umsatzgrenze (Umsatzerlöse nach § 232 UGB) auch 2007 überschritten ist, tritt ab 2009 Rechnungslegungspflicht nach § 189 UGB ein (siehe aber Aufschub-Option bis 2010, Rz 430p). Ein Umsatz 2006 (gemäß § 125 BAO) oder 2007 (gemäß § 232 UGB) von mehr als 600.000 Euro führt zur Rechnungslegungspflicht ab dem jeweils folgendem Jahr (siehe aber wiederum Aufschub-Option bis 2010).*
3. *Sind die Umsätze 2005 und 2006 eines (protokollierten) Gewerbetreibenden jeweils unter 400.000 Euro geblieben, entfällt ab 2007 die Rechnungslegungspflicht. Der Steuerpflichtige hat ab 2007 folgende Möglichkeiten der Gewinnermittlung:*
   - *nach § 4 Abs. 3 EStG 1988*
   - *nach § 4 Abs. 1 EStG 1988 bei freiwilliger Buchführung*
   - *nach § 5 EStG 1988 bei Ausübung der Fortführungsoption des § 5 Abs. 2 EStG 1988 idF StruktAnpG 2006.*

Gemäß § 907 Abs. 17 UGB sind vor dem 1. Jänner 2007 eingetragene offene Erwerbsgesellschaften und Kommanditerwerbsgesellschaften, bei denen kein unbeschränkt haftender

Gesellschafter eine natürliche Person ist (GmbH & Co KEG), erstmals für Geschäftsjahre rechnungslegungspflichtig, die nach dem 31. Dezember 2007 beginnen.

Mit dem RÄG 2010 wurden in § 189 UGB der Schwellenwert von 400.000 Euro auf 700.000 Euro und der qualifizierte Schwellenwert von 600.000 Euro auf 1.000.000 Euro erhöht. Diese Schwellenwerte sind auf Geschäftsjahre anzuwenden, die nach dem 31. Dezember 2009 beginnen. Für den Eintritt und den Entfall der Rechnungslegungspflicht sind die geänderten Werte auch für Beobachtungszeiträume vor dem 1. Jänner 2010 anzuwenden (§ 906 Abs. 20 UGB).

Beispiele:

1. *Erzielt eine rechnungslegungspflichtige OG in den Jahren 2008 und 2009 Umsätze von weniger als 700.000 Euro, entfällt ab 2010 die Rechnungslegungspflicht wieder.*
2. *Eine bisher rechnungslegungspflichtige KG erzielte im Jahr 2008 einen Umsatz von 750.000 Euro und im Jahr 2009 einen Umsatz von 600.000 Euro. Die notwendige Unterschreitung der Umsatzschwelle in zwei aufeinander folgenden Geschäftsjahren liegt hier nicht vor, wodurch die Rechnungslegungspflicht jedenfalls für 2010 aufrecht bleibt.*
3. *Ein bisher nicht rechnungslegungspflichtiger Unternehmer erzielte 2009 einen Umsatz in Höhe von 750.000 Euro; nach § 189 UGB idF vor dem RÄG 2010 wäre mit dem Jahr 2010 Rechnungslegungspflicht eingetreten. Durch das RÄG 2010 kommt es nunmehr nicht zum Eintritt der Rechnungslegungspflicht im Jahr 2010. Übersteigt der Umsatz im Jahr 2010 ebenfalls 700.000 Euro, kommt es durch das zweimalige Überschreiten der Umsatzschwelle des § 189 Abs. 1 Z 2 UGB zum Eintritt der Rechnungslegungspflicht mit dem Jahr 2012.*

(AÖF 2011/66)

430o

Übersicht – unternehmensrechtliche Übergangsregelungen	
Keine Rechnungslegungspflicht vor 2007	
GmbH & Co KEG	§ 907 Abs. 17 UGB: ab dem ersten in 2008 beginnenden Geschäftsjahr
andere Unternehmer (OEG, KEG, GesbR, Einzelunternehmer als Minderkaufleute)	unter Berücksichtigung erst der ab 2007 beginnenden Geschäftsjahre
Rechnungslegungspflicht vor 2007	
Kapitalgesellschaften, GmbH & Co KG	Keine Änderung
andere Unternehmer (OHG, KG, Einzelunternehmer als Vollkaufleute)	unter Berücksichtigung der vor 2007 beginnenden Geschäftsjahre

(AÖF 2011/66)

4.1.6.2.4 Steuerliche Übergangsregelung – Aufschub-Option nach § 124b Z 134 EStG 1988

Nach § 124b Z 134 EStG 1988 ist bei Unternehmern, deren Betrieb vor dem 1. Jänner 2007 eröffnet wurde, folgendermaßen vorzugehen: Für Betriebe, die bis zu diesem Stichtag nicht im Firmenbuch eingetragen waren, ist der Gewinn für Geschäftsjahre, die vor dem 1. Jänner 2010 beginnen, auf Antrag unbeschadet der Bestimmungen des § 124 BAO hinsichtlich der Gewinnermittlungsart nach den vor dem 1. Jänner 2007 geltenden abgabenrechtlichen Bestimmungen zu ermitteln (so genannte Aufschub-Option). Eine zwischen 1. Jänner 2007 und 31. Dezember 2009 erfolgende Firmenbucheintragung löst für den Gewerbetreibenden aber keinen Wechsel zur Gewinnermittlung nach § 5 EStG 1988 aus. 430p

Voraussetzungen für die Weitergeltung der bisherigen Gewinnermittlungsvorschriften sind

- Betriebseröffnung vor dem 1. Jänner 2007
- Keine Firmenbucheintragung bis 1. Jänner 2007, daher nicht anzuwenden auf protokollierte Einzelunternehmer und Personengesellschaften (insbesondere auch nicht auf eine OEG oder KEG, wohl aber auf eine GesbR)

Der Gesetzgeber entbindet durch die Aufschub-Option Betriebe, die aufgrund der Größenkriterien eigentlich bereits ab 2007 in die Gewinnermittlung nach § 5 wechseln müssten, bis 2009 (Wirtschaftsjahre, die vor dem 1. Jänner 2010 beginnen) von dieser Rechtsfolge. Der Antrag ist in der (ersten) Steuererklärung zu stellen. Es bestehen keine Bedenken, einen dort nicht gestellten Antrag bis zur Rechtskraft des Bescheides nachzuholen. Es bestehen keine Bedenken, Anträge, die für die Veranlagung 2007 (spätestens bis zur Rechtskraft) gestellt werden, auch bei Eintritt der Rechnungslegungspflicht erst 2008 oder 2009 als wirksame

Optionsausübung für diese Jahre anzusehen. Ein Antrag, der für ein späteres Jahr gestellt wird, kann aber nicht als Optionsausübung für ein früheres Jahr gewertet werden.

Für die Veranlagung 2007 ist im Fall der Inanspruchnahme der Gastwirtepauschalierung (BGBl. II Nr. 227/1999) oder der Pauschalierung für Lebensmitteleinzel- und Gemischtwarenhändler (BGBl. II Nr. 228/1999) auch ein nicht in der Steuerklärung gestellter formloser Antrag wirksam.

Die Antragstellung bewirkt insbesondere (vorübergehend bis spätestens 2009):

- Kein Eintritt der Gewinnermittlung nach § 5 EStG 1988 (ungeachtet einer allfälligen späteren Protokollierung).
- Weitergeltung des § 125 BAO idF vor StruktAnpG (einschließlich der besonderen Buchführungsgrenze von 600.000 Euro für Lebensmitteleinzel- und Gemischtwarenhändler).

Im Fall eines Zusammenschlusses nach Art. IV UmgrStG wirkt eine von einem Zusammenschlusspartner ausgeübte Aufschub-Option für die Mitunternehmerschaft weiter; dies gilt nur dann nicht, wenn einer der Zusammenschlusspartner bisher § 5-Ermittler war (vgl. § 5 Abs. 1 letzter Satz).

Beispiele:

1. A (gewerblicher Einzelunternehmer, § 4 Abs. 1 EStG 1988) schließt sich mit B im Jahr 2008 zur gewerblichen AB-OG zusammen. B beteiligt sich mit einer Geldeinlage. A hat 2007 einen Antrag nach § 124b Z 134 EStG 1988 gestellt. Die AB-OG ermittelt für Wirtschaftsjahre, die vor dem 1.1.2010 beginnen, auf Grund dieses Antrages den Gewinn nach § 4 Abs. 1 EStG 1988.

2. C (gewerblicher Einzelunternehmer, § 4 Abs. 1 EStG 1988) und D (gewerblicher Einzelunternehmer, § 5 EStG 1988) schließen sich zum 31.12.2008 zur gewerblichen CD-OG zusammen. C hat 2007 einen Antrag nach § 124b Z 134 EStG 1988 gestellt. Die CD-OG ermittelt den Gewinn nach § 5 EStG 1988. Für C kommt es daher im Jahr 2009 zum Wechsel der Gewinnermittlungsart zu jener nach § 5 EStG 1988.

3. E (gewerblicher Einzelunternehmer, § 4 Abs. 1 EStG 1988) schließt sich mit der E-GmbH zum 31.12.2008 als Komplementärin und künftige Arbeitsgesellschafterin zu einer GmbH&CoKG zusammen. E hat 2007 einen Antrag nach § 124b Z 134 EStG 1988 gestellt. Da die übernehmende KG auf Grund der Rechtsform rechnungslegungspflichtig ist („verdeckte Kapitalgesellschaft"), besteht ab 2009 Rechnungslegungspflicht und daher der Wechsel zur Gewinnermittlung gemäß § 5 EStG 1988.

Durch das Zusammenwirken der Anhebung der Schwellenwerte und der Aufschub-Option gemäß § 124b Z 134 EStG 1988 kann es dazu kommen, dass auch nach 2009 kein Wechsel zur Gewinnermittlung nach § 5 EStG 1988 eintritt.

Beispiel:

A (gewerblicher Einzelunternehmer; § 4 Abs. 1 EStG 1988) hat 2007 einen Antrag nach § 124b Z 134 gestellt. Seine Umsätze haben in den Jahren 2007 bis 2009 700.000 Euro nicht überschritten. Die Rechnungslegungspflicht gemäß § 189 UGB entfällt mit dem Jahr 2010. Daher kommt es auch nach dem Ende der Aufschub-Option mit Ende 2009 zu keinem Wechsel zur Gewinnermittlung nach § 5 EStG 1988. A kann ab 2010 auch zur Gewinnermittlung nach § 4 Abs. 3 EStG 1988 wechseln.

(AÖF 2011/66)

4.1.6.2.5 Unternehmensrechtliche Besonderheiten bei Personengesellschaften

430q Das Recht der Personengesellschaften wurde mit dem UGB ebenfalls grundlegend neu geregelt: Die bisherigen Rechtsformen der „Offenen Handelsgesellschaft" (OHG) iSd § 105ff HGB (muss „Handelsgewerbe" betreiben, ist immer Vollkaufmann) und der „Offenen Erwerbsgesellschaft" (OEG) gemäß Erwerbsgesellschaftengesetz (für Minderhandelsgewerbe oder sonstige Tätigkeit wie freier Beruf) werden zur „Offenen Gesellschaft" (OG) iSd §§ 105ff UGB zusammengefasst. Die bisherigen Kommanditgesellschaft (§ 161ff HGB, immer Vollkaufmann) wird mit der bisherigen „Kommanditerwerbsgesellschaft" (gemäß Erwerbsgesellschaftengesetz) zur einheitlichen Rechtsform der „Kommanditgesellschaft" (KG) nach § 161 UGB vereinigt. OG und KG dürfen für jeden erlaubten Zweck (vgl. zB „Erlaubnis" für OG, KG, GmbH und AG in § 66 WTBG) einschließlich freiberuflicher und land- und forstwirtschaftlicher Tätigkeit errichtet werden.

Bis 2006 als OHG, OEG oder KEG protokollierte Gesellschaften gelten ab 2007 automatisch als OG bzw. KG (§ 907 Abs. 2 UGB). Eingetragene OEGs und KEGs haben spätestens ab 2010 ihrer Firma die Rechtsformzusätze „OG" bzw. „KG" beizufügen, OHGs dürfen aber den Rechtsformzusatz „OHG" weiterführen (§ 907 Abs. 4 Z 2 UGB). Das Erwerbsgesellschaftengesetz ist mit 2007 außer Kraft getreten, sodass unternehmensrechtliche Besonderheiten für die Rechnungslegungspflicht von Erwerbsgesellschaften nicht mehr bestehen. Der bisherige § 5 Abs. 2 EStG 1988 (idF vor StruktAnpG 2006) entfiel daher.

bis 2006		*ab 2007*	*Zweckoffenheit*
OHG, OEG	→	OG	Ab 2007: Für jeden erlaubten Zweck einschließlich freiberuflicher und land- und forstwirtschaftlicher Tätigkeit.
KG, KEG	→	KG	

Für die Rechnungslegungspflicht ist – ausgenommen für verdeckte Kapitalgesellschaften ab 2008 (Rz 430j) – der Schwellenwert des § 189 UGB maßgebend.

Gesellschaften nach bürgerlichem Recht (GesbR), die den Schwellenwert nach § 189 UGB überschreiten, sind ab 2007 verpflichtet, sich als offene Gesellschaft oder als Kommanditgesellschaft eintragen zu lassen (§ 8 Abs. 3 UGB). Die Rechnungslegungspflicht ist von der Eintragung im Firmenbuch unabhängig und entsteht nach nachhaltigem oder qualifiziertem Überschreiten des Schwellenwerts. Eine Rechnungslegungspflicht ist für solche Gesellschaften bürgerlichen Rechts nicht anzunehmen, deren Zusammenschluss lediglich zur Durchführung eines konkreten Projektes erfolgt (zB Bau-ARGE), da sie typischerweise nicht auf Dauer als Marktanbieter auftreten.

(AÖF 2007/88)

4.1.6.3 Unternehmensrechtliche Grundsätze ordnungsmäßiger Buchführung

(AÖF 2007/88)

Neben den „allgemeinen Grundsätzen ordnungsmäßiger Buchführung“ (siehe Rz 419 ff), haben § 5-Ermittler auch folgende – auf Grund des RLG im § 201 UGB festgelegten – Bewertungsgrundsätze zu beachten: **431**

- Die bei Erstellung des vorhergehenden Jahresabschlusses angewendeten Bewertungsgrundsätze sind beizubehalten (siehe Rz 2126 ff).
- Bei der Bewertung ist von der Fortführung des Unternehmens auszugehen („going-concern-Prinzip“).
- Die Vermögensgegenstände sind einzeln zu bewerten (siehe Rz 2135 ff). Der Grundsatz der Vorsicht ist einzuhalten. Etsprechend dem Vorsichtsprinzip dürfen gemäß § 201 Abs. 1 Z 4 UGB nicht realisierte Gewinne nicht ausgewiesen werden. Nicht realisierte Verluste müssen hingegen ausgewiesen werden („Imparitätisches Realisationsprinzip“).

(AÖF 2008/238)

4.1.7 UGB-Bilanz – Steuerbilanz

(AÖF 2008/238)

4.1.7.1 Allgemeines

Die UGB-Bilanz ist jene Bilanz, die auf Grundlage der Vorschriften des Unternehmensrechts erstellt wird. Die Steuerbilanz ist die Bilanz, die den Vorschriften des Einkommensteuerrechtes entspricht; sie ist die den abweichenden steuerrechtlichen Vorschriften angepasste UGB-Bilanz. Die steuerlichen Abweichungen können auch in einer gesonderten Aufstellung zur UGB-Bilanz (Mehr-Weniger-Rechnung) dargestellt werden. **432**

(AÖF 2008/238)

4.1.7.2 Grundsatz der Maßgeblichkeit der UGB-Bilanz für die Steuerbilanz

(AÖF 2008/238)

Gemäß § 5 Abs. 1 EStG 1988 sind die unternehmensrechtlichen Grundsätze ordnungsmäßiger Buchführung nur insoweit für die steuerliche Gewinnermittlung maßgeblich, als nicht das EStG 1988 zwingende abweichende Regelungen vorsieht (Grundsatz der Maßgeblichkeit der UGB-Bilanz für die Steuerbilanz). Maßgeblich ist der konkrete Ansatz in der UGB-Bilanz, soweit nicht zwingende Vorschriften des EStG 1988 entgegenstehen (siehe dazu aber auch Rz 2472). **433**

(BMF-AV Nr. 2018/79)

Folgende Fälle einer „Konkurrenz“ zwischen unternehmens- und steuerrechtlichen Vorschriften sind denkbar: **434**

- Bloß eine der beiden Vorschriften ist zwingend, die andere nachgiebig: Es gilt die zwingende Norm.

  Zwingendes Steuerrecht, nachgiebiges Unternehmensrecht.

Beispiel:

Für Abgelder besteht nach § 198 Abs. 7 UGB idF vor dem RÄG 2014 für Wirtschaftsjahre vor 2016 ein Aktivierungswahlrecht, steuerrechtlich immer Aktivierungspflicht. Für die Steuerbilanz des § 5-Ermittlers gehen die zwingenden steuerrechtlichen Bestimmungen vor.

Zwingendes Unternehmensrecht, nachgiebiges Steuerrecht.

Beispiel:

Bei der Bewertung des Anlagevermögens müssen nach § 204 Abs. 2 UGB „bei voraussichtlicher dauernder Wertminderung" außerplanmäßige Abschreibungen vorgenommen werden (bedingtes Niederstwertprinzip). Nach dem Steuerrecht kann (muss nicht) der niedrigere Teilwert angesetzt werden (§ 6 Z 1 und 2 lit. a EStG 1988). Das Unternehmensrecht geht vor.

- Sowohl Steuerrecht als auch Unternehmensrecht enthalten zwingende Normen, die voneinander abweichen oder einander widersprechen; für steuerliche Zwecke ist die zwingende Norm des Steuerrechtes maßgeblich.

Beispiele:

1. Ein entgeltlich erworbener (derivativer) Firmenwert ist nach § 203 Abs. 5 UGB auf die Wirtschaftsjahre zu verteilen, in denen er voraussichtlich genutzt wird. In Fällen, in denen die Nutzungsdauer des Firmenwertes nicht verlässlich geschätzt werden kann, ist der Firmenwert für 10 Jahre gleichmäßig verteilt abzuschreiben (§ 203 Abs. 5 UGB idF RÄG 2014; anwendbar für Wirtschaftsjahre ab 2016). Steuerlich ist der (derivative) Firmenwert nach § 8 Abs. 3 EStG 1988 auf 15 Jahre verteilt abzuschreiben.

2. Unternehmensrechtlich sind Abfertigungsrückstellungen zwingend zu bilden (§ 198 Abs. 8 Z 4 lit. a UGB), steuerlich ist die Rückstellungsbildung ausgeschlossen, wenn in 2002 oder 2003 eine steuerneutrale Auflösung erfolgt ist (§ 124b Z 68 lit. b EStG 1988). Das Steuerrecht geht vor.

- Sowohl Unternehmensrecht als auch Steuerrecht enthalten nachgiebiges Recht; der in der UGB-Bilanz vorgenommene Ansatz ist für die steuerliche Gewinnermittlung bindend.

Beispiel:

Unternehmensrechtlich dürfen bei Finanzanlagen des Anlagevermögens bei Wertminderungen, die voraussichtlich nicht von Dauer sind, außerplanmäßige Abschreibungen vorgenommen werden (§ 204 Abs. 2 UGB). Da das Steuerrecht (§ 6 Z 2 lit. a EStG 1988) in diesem Fall ebenfalls ein Wahlrecht vorsieht, ist die unternehmensrechtliche Vorgangsweise auch für das Steuerrecht maßgebend.

- Die Bilanzierung ist im Unternehmensrecht geregelt, während im Steuerrecht eine eigene Bestimmung fehlt. Widerspricht der in der UGB-Bilanz zulässig gewählte Ansatz nicht steuerlichen Grundsätzen, ist er iSd der ergänzenden Maßgeblichkeit auch für die Steuerbilanz bindend.

Beispiel:

Rechnungsabgrenzungsposten gemäß § 198 Abs. 5 und Abs. 6 UGB

(BMF-AV Nr. 2018/79)

4.1.8 Entnahmen

4.1.8.1 Allgemeines

435 Entnahmen sind alle nicht betrieblich veranlassten Abgänge von Werten (zB von Bargeld, Waren, Erzeugnissen und anderen Wirtschaftsgütern des Umlaufvermögens, von Leistungen, von Wirtschaftsgütern des Anlagevermögens oder von Nutzungen solcher Wirtschaftsgüter; § 4 Abs. 1 dritter Satz EStG 1988).

4.1.8.2 Einzelfälle

Hinsichtlich Einzelfälle von Entnahmen im Zusammenhang mit Mitunternehmerschaften siehe Rz 5926 ff.

436 Weitere Einzelfälle:

- Kaufvertrag und späterer Aufhebungsvertrag einer Liegenschaft wegen des Verbotes rückwirkender Rechtsgeschäfte kein einheitliches Rechtsgeschäft, sondern Entnahme und nachfolgend Einlage (VwGH 25.3.1999, 96/15/0079).
- Nutzt ein Gesellschafter einer Personengesellschaft eine der Gesellschaft gehörende Liegenschaft für private Wohnzwecke, so liegt im gesamten Ausmaß der Nutzung eine Entnahme aus dem Betriebsvermögen vor. Die den Beteiligungsverhältnissen entsprechenden Quoten an der Liegenschaft, die den übrigen Gesellschaftern zuzurechnen

sind, können bei diesen kein gewillkürtes Betriebsvermögen sein (VwGH 13.5.1992, 90/13/0057).

- Bringt ein Steuerpflichtiger Brennholz aus seinem (pauschalierten) landwirtschaftlichen Betrieb in seinen Gewerbebetrieb ein, so liegt eine Entnahme und nachfolgende Einlage zum Teilwert vor (VwGH 15.4.1997, 95/14/0147).
- Ist ein im Alleineigentum stehendes Gebäude iSd 80/20-Prozent-Regel (siehe Rz 566 ff) teils Betriebsvermögen teils Privatvermögen, bewirkt eine innerhalb der 20/80-Prozent-Rahmens stattfindende nachhaltige Nutzungsänderung eine Entnahme bzw. eine Einlage. Eine Entnahme kann auch nicht deshalb verhindert werden, weil die Nutzungsänderung weniger als 20% des betrieblich genutzten Gebäudes ausmacht.
- Wird auf Grund einer nachhaltigen Nutzungsänderung die 20% betriebliche Nutzung einer Liegenschaft unterschritten, so muss die gesamte Liegenschaft entnommen werden.
- Die Entnahme von Wirtschaftsgebäuden bei Land- und Forstwirten ist nicht durch die pauschale Gewinnermittlung abgegolten.
- Der Erbe tätigt eine Entnahme, wenn er in Erfüllung des Testamentes einem Vermächtnisnehmer Wirtschaftsgüter des Betriebsvermögens überträgt. Der Erbe tritt schon mit dem Todestag unter Buchwertfortführung in die Rechtsstellung des Erblassers ein, sodass es im Zeitpunkt der Entnahme zu einer Gewinnrealisierung kommt (VwGH 20.11.1990, 89/14/0156).
- Die Übertragung von betriebszugehörigen Wirtschaftsgütern von einem Betrieb des Steuerpflichtigen in einen anderen Betrieb desselben Steuerpflichtigen stellt eine Entnahme mit nachfolgender Einlage dar. Für abnutzbares Anlagevermögen gilt die Teilwertfiktion (Teilwert = seinerzeitige Anschaffungs- oder Herstellungskosten vermindert um die laufende AfA, vgl. Rz 2232).
- Eine ausdrücklich als Bilanzberichtigung bezeichnete Ausbuchung eines Grundstückes (ein Abgabepflichtiger war der Ansicht, dass statt gewillkürtem Betriebsvermögen notwendiges Privatvermögen vorliege) kann nicht in eine freiwillige Entnahme umgedeutet werden. Stellt es sich heraus, dass die Bilanzberichtigung zu Unrecht erfolgt ist, so ist diese rückgängig zu machen und nicht eine freiwillige Entnahme zu unterstellen (VwGH 17.2.1993, 88/14/0097).
- Gemischte Schenkung von Betriebsvermögen mit überwiegendem Schenkungscharakter: Es ist eine Entnahme des Wirtschaftsgutes und eine Einlage in Höhe des Entgeltes anzunehmen (entspricht der Differenz zwischen Teilwert und Entgelt unter Berücksichtigung des Buchwertes).
- Ein Forderungsverzicht aus persönlichen (nichtbetrieblichen) Gründen ist eine Entnahme.
- Eine unentgeltliche Vergabe von Wildabschüssen bei einer Eigenjagd aus außerbetrieblichen Gründen ist eine Entnahme.
- Eine betrieblich veranlasste Werbeeinnahme (zB Incentive Reise), die privat genutzt wird, stellt zuerst eine Betriebseinnahme und anschließend eine Entnahme dar.
- Die private Verwendung von betrieblich erworbenen Bonusmeilen stellt eine Entnahme dar. Die Bewertung hat dabei grundsätzlich mit dem Teilwert (geldwerter Vorteil in Höhe der ersparten Aufwendungen) zu erfolgen (siehe dazu auch VwGH 29.04.2010, 2007/15/0293, und LStR 2002 Rz 222d).

(AÖF 2011/66)

4.1.9 Einlagen

4.1.9.1 Allgemeines

Einlagen sind alle Zuführungen von Wirtschaftsgütern aus dem außerbetrieblichen Bereich (§ 4 Abs. 1 EStG 1988). 437

Zu den Nutzungseinlagen siehe Rz 2496 ff und 2595 ff.

4.1.9.2 ABC der Einlagen

Anschaffung 438

Wird ein Wirtschaftsgut angeschafft, zunächst im Privatvermögen gehalten und erst später dem Betriebsvermögen zugeführt wird, so liegt eine Einlage vor.

Bürgschaftsverpflichtung 439

Wird die Bürgschaftsverpflichtung aus der Stellung als Mitunternehmer und nicht aus Gründen eines eigenen Betriebes des Mitunternehmers eingegangen, so stellt die Bürgschaftszahlung keine Betriebsausgabe, sondern vielmehr eine Einlage dar. Durch die aus der Bürgschaftszahlung resultierende Einlage hat sich das Kapitalkonto des Mitunternehmers um die Einlage erhöht, was Auswirkung bei der Berechnung des Veräußerungsgewinnes(verlustes) hat. Eine drohende Inanspruchnahme darf nicht durch eine Rückstellung (im Sonderbetriebsvermögen) berücksichtigt werden (VwGH 20.11.1996, 96/15/0004; VwGH 17.12.1998, 97/15/0122).

Bei der Abdeckung betrieblicher Verbindlichkeiten durch die als Bürgen haftenden Personengesellschafter handelt es sich um Gesellschaftereinlagen, für welche auch dann keine Rückstellung für Haftungsverpflichtungen gebildet werden dürfen, wenn die Einlagen auf den Ausfall erwarteter Einnahmen aus Dauerrechtsverhältnissen zurückzuführen sind. Einlagen (ebenso wie Entnahmen) haben beim Betriebsvermögensvergleich erfolgsneutral zu bleiben (VwGH 3.2.1993, 92/13/0069).

440 **Einbringung von Brennholz**

Bringt ein Steuerpflichtiger Brennholz aus seinem (pauschalierten) landwirtschaftlichen Betrieb in seinen Gewerbebetrieb ein, liegt eine Entnahme aus dem land- und forstwirtschaftlichen Betrieb und eine Einlage in den Gewerbebetrieb vor (VwGH 15.4.1997, 95/14/0147).

441 **Einlage von geringwertigen Wirtschaftsgütern**

Bei zunächst privat erworbenen Wirtschaftsgütern (zB Einrichtungsgegenständen) bestehen keine Bedenken, im Zeitpunkt der Einlage eine Sofortabschreibung vorzunehmen, wenn der Grenzbetrag nach § 13 EStG 1988 im Umwidmungszeitpunkt nicht überschritten wird.

442 **Einlage von Verbindlichkeiten**

Bei einer Einlage von Wirtschaftsgütern, die in einem engen Zusammenhang mit Verbindlichkeiten für deren Anschaffung oder Herstellung stehen, werden auch die Verbindlichkeiten eingelegt (VwGH 30.9.1999, 99/15/0106; VwGH 22.10.1996, 95/14/0018).

443 **Entnahme und anschließende Einlage**

Zur Entnahme und anschließenden Einlage im Zuge eines Zusammenschlusses nach Art. IV UmgrStG siehe UmgrStR 2002 Rz 1444 ff.

(AÖF 2004/167)

444 **Erlass einer Betriebsschuld**

Der Erlass einer Betriebsschuld aus außerbetrieblichen (privaten) Gründen ist eine Einlage. Tritt ein für einen Schuldnachlass kausaler Umstand erst ein, wenn zwischen dem Schuldner und dem Gläubiger kein Gesellschaftsverhältnis mehr besteht, stellt der Nachlass keine Einlage, sondern einen steuerlich wirksamen Vorgang dar. Eine vormals als Einlage zu wertende Zahlung wird nach dem Ausscheiden des Gesellschafters zu einer Fremdverbindlichkeit, weil davon auszugehen ist, dass mit dem Ausscheiden eine umfassende vermögensmäßige Auseinandersetzung erfolgt ist (VwGH 21.7.1993, 91/13/0109).

445 **Grundstückshandel**

Siehe Rz 5451 f.

446 **Nutzungseinlagen**

Siehe Rz 632 f und Rz 2496 ff.

447 **Überführung von Wirtschaftsgütern**

Bei Überführung von Wirtschaftsgütern von einem inländischen Betrieb in einen anderen inländischen Betrieb desselben Abgabepflichtigen ist eine Entnahme und Einlage.

448 **Veruntreuung**

Veruntreut ein Dienstnehmer Waren und verwertet diese sodann auf eigene Rechnung, so ist ihm die Veruntreuung zunächst als Vorteil aus dem Dienstverhältnis zuzurechnen. Die anschließende Verwertung bedeutet eine (laufende) Einlage in einen Gewerbebetrieb. Die Einlage stellt bei diesem Betrieb (Einnahmen-Ausgaben-Rechner) eine Betriebsausgabe dar, die Verwertungserlöse Betriebseinnahmen (VwGH 25.2.1997, 95/14/0112).

4.1.10 Betriebsvermögen

4.1.10.1 Allgemeines

449 Betriebsvermögen im Sinne des § 4 Abs. 1 EStG 1988 ist das Reinvermögen des Betriebes, dh. der Saldo zwischen Aktiven und Passiven. Für die richtige Gewinnermittlung ist nicht nur eine vollständige Erfassung des Betriebsvermögens, sondern auch die richtige ziffernmäßige Bewertung Voraussetzung.

450 Die Bestandsaufnahme, dh. die körperliche Erfassung (siehe Abschnitt 6.1) und die Bewertung (siehe Rz 2101 ff) erstrecken sich dabei grundsätzlich auf die einzelnen Wirt-

schaftsgüter des Betriebsvermögens. In der Bilanz werden die Bilanzposten zu einzelnen Gruppen zusammengefasst:

- Anlagevermögen, Umlaufvermögen und Aktive Rechnungsabgrenzungsposten auf der Aktivseite.
- Eigenkapital und Schulden auf der Passivseite.

Zum Betriebsvermögen gehören alle positiven und negativen Wirtschaftsgüter im weitesten Sinne, die im wirtschaftlichen Eigentum (siehe Rz 123 ff) des Betriebsinhabers stehen und betrieblich veranlasst, entgeltlich oder unentgeltlich erworben, hergestellt oder eingelegt worden sind. 451

4.1.10.2 Wirtschaftsgüter

4.1.10.2.1 Begriff – Allgemeines

Wirtschaftsgüter sind alle im wirtschaftlichen Verkehr nach der Verkehrsauffassung selbständig bewertbaren Güter jeder Art, und zwar nicht nur körperliche Gegenstände, sondern auch rechtliche und tatsächliche Zustände (VwGH 12.1.1983, 82/13/0174; VwGH 28.2.1989, 89/14/0035; VwGH 22.1.1992, 90/13/0242; VwGH 5.8.1992, 90/13/0138). 452

Selbständige Bewertungsfähigkeit wird dann angenommen, wenn für ein Gut im Rahmen des Gesamtkaufpreises des Unternehmens ein besonderes Entgelt angesetzt wird (VwGH 18.9.1964, 1226/63). Es kommt nicht darauf an, ob auch nach Zivilrecht ein selbständiges Gut vorliegt.

Beispiele für steuerrechtlich selbständige Wirtschaftsgüter: 453

- der stehende Wald, ein Holzbezugsrecht oder ein Eigenjagdrecht (zivilrechtlich Zubehör zum Grundstück) (VwGH 21.10.1960, 113/60; VwGH 16.11.1993, 90/14/0077).
- Aufwendungen für Zu- und Umbauten an gemieteten Liegenschaften (Mieterinvestitionen), die zum eigenen geschäftlichen Vorteil des Unternehmers (nicht zu Gunsten des Eigentümers) vorgenommen werden, im Besonderen, wenn der Bauaufwand in der Steuerbilanz zu aktivieren ist (VwGH 14.11.1960, 355/57; VwGH 6.11.1969, 1733/68; VwGH 24.4.1996, 94/13/0054).
- Kapitalhingaben auf Grund sogenannter Besserungsvereinbarungen (Vereinbarungen, nach denen ein Not leidender Kapitalnehmer nur im Besserungsfall zur Kapitalrückzahlung verpflichtet ist).

4.1.10.2.2 Arten von Wirtschaftsgütern

Im Bilanzsteuerrecht unterscheidet man folgende Arten von Wirtschaftsgütern: 454

- Abnutzbare (zB Gebäude) – nicht abnutzbare Wirtschaftsgüter (Grund und Boden, Bankguthaben, Bargeld usw)
- Aktive Wirtschaftsgüter (Besitzposten) – passive Wirtschaftsgüter (Schuldposten)
- Angeschaffte – hergestellte – eingelegte Wirtschaftsgüter
- Bewegliche – unbewegliche Wirtschaftsgüter
- Gebrauchte – ungebrauchte Wirtschaftsgüter
- Geringwertige Wirtschaftsgüter – Wirtschaftsgüter mit Anschaffungskosten von mehr als 800 € (bis 31.12.2019: 400 Euro)
- Körperliche (zB Gebäude, Maschinen, Betriebs- und Geschäftsausstattung usw) – unkörperliche Wirtschaftsgüter (zB Patentrechte, Rezepte, Firmenwert, Finanzanlagen usw)
- Selbständige Wirtschaftsgüter – nichtselbständige Teile von Wirtschaftsgütern
- Wirtschaftsgüter des Anlagevermögens – Wirtschaftsgüter des Umlaufvermögens.

Die Aufteilung hat Bedeutung für die Bilanzierung, die Bewertung, die Abschreibung und die Inanspruchnahme von Begünstigungen.

(BMF-AV Nr. 2021/65)

4.1.10.2.3 Unkörperliche Wirtschaftsgüter des Anlagevermögens

Siehe Rz 623 ff.

4.1.10.3 Unterscheidung Betriebsvermögen – Privatvermögen

4.1.10.3.1 Allgemeines

In die Gewinnermittlung dürfen nur Wirtschaftsgüter des Betriebsvermögens einbezogen werden. Wirtschaftsgüter des Privatvermögens dürfen nicht berücksichtigt werden. 455

4.1.10.3.2 Wirtschaftliches Eigentum

456 Für die Zugehörigkeit eines Wirtschaftsgutes zum Betriebsvermögen ist nicht das zivilrechtliche Eigentum, sondern das wirtschaftliche Eigentum maßgebend (siehe Rz 123 ff).

4.1.10.3.3 Beginn der Zugehörigkeit zum Betriebsvermögen

457 Die Zugehörigkeit zum Betriebsvermögen beginnt in der Regel mit (entgeltlichem oder unentgeltlichem) Betriebserwerb, Anschaffung, Herstellung, Einlage oder unentgeltlichem Erwerb eines einzelnen Wirtschaftsgutes.

Eine bloß vorübergehende Nichtverwendung eines Wirtschaftsgutes vor Beginn der tatsächlichen betrieblichen Nutzung steht der Beurteilung als (notwendiges) Betriebsvermögen nicht entgegen. Von einer solchen vorübergehenden Nichtverwendung des Wirtschaftsgutes kann aber jedenfalls nur dann die Rede sein, wenn der Abgabepflichtige ernsthaft darum bemüht ist, das aus betrieblichen Gründen augenblicklich nicht betrieblich verwendbare Wirtschaftsgut so bald als möglich der nach Art des Wirtschaftsgutes in Betracht kommenden betrieblichen Nutzung zuzuführen (VwGH 13.9.1988, 87/14/0162; VwGH 22.4.1999, 94/15/0173).

458 Bei einer bloß kurzfristigen betrieblichen Nutzung von Wirtschaftsgütern des Privatvermögens werden diese noch nicht zum notwendigen Betriebsvermögen. Wird ein Zubau mehrere Jahre allein für betriebliche Zwecke (als Lagerraum und Werkstätte) genutzt, so gehört dieser Zubau zum notwendigen Betriebsvermögen, auch wenn ursprünglich geplant war, den Zubau (privat) als Pferdestall zu nutzen und diese Absicht – nach mehrjähriger betrieblicher Nutzung – in die Tat umgesetzt wurde (VwGH 25.2.1997, 96/14/0022).

459 Auch ein noch nicht fertig gestelltes und daher noch nicht benutzbares Wirtschaftsgut kann zum notwendigen Betriebsvermögen eines Unternehmens gehören (zB im Bau befindliches Fabriksgebäude, im Bau befindlicher Hochofen). In Zweifelsfällen kommt es auf die Absicht des Betriebsinhabers an (VwGH 11.10.1957, 1176/54).

4.1.10.3.4 Folgen der Zugehörigkeit von Wirtschaftsgütern zum Betriebsvermögen

460 Ist ein Wirtschaftsgut dem Betrieb zuzuordnen, so sind die mit diesem Wirtschaftsgut in Zusammenhang stehenden Einnahmen und Ausgaben steuerlich zu erfassen (Betriebseinnahmen bzw. Betriebsausgaben).

461 Einer teilweisen privaten Verwendung des Wirtschaftsgutes ist in Form der Entnahme Rechnung zu tragen (Nutzungsentnahme), ohne dass das Wirtschaftsgut selbst aus dem Betriebsvermögen ausscheidet.

462 Bei Wirtschaftsgütern des Betriebsvermögens stehen – auch bei teilweise privater Verwendung – alle steuerlichen Begünstigungen zu, die die Betriebsvermögenseigenschaft voraussetzen (zB der Investitionsfreibetrag), es sei denn, dass Sonderbestimmungen wie § 10 Abs. 5 EStG 1988 oder § 12 Abs. 3 EStG 1988 dies ausschließen.

463 Eine Folge der Zugehörigkeit zum Betriebsvermögen ist auch, dass Wertänderungen von Wirtschaftsgütern steuerwirksam werden, zB durch Vornahme der Absetzung für Abnutzung (§§ 7 und 8 EStG 1988) bzw. bei Teilwertabschreibung (§ 6 Z 1 und 2 EStG 1988).

464 Eine bloß vorübergehende Nutzung eines Wirtschaftsgutes des Betriebsvermögens für Zwecke eines anderen Betriebes (und auch für private Zwecke) nimmt diesem Wirtschaftsgut grundsätzlich nicht die Eigenschaft als Wirtschaftsgut des Betriebsvermögens dieses Betriebes (VwGH 6.5.1980, 442/79). Umgekehrt werden jeweils nur kurzfristig gewerblich verwendete Wirtschaftsgüter dadurch noch nicht Betriebsvermögen des Gewerbebetriebes (VwGH 27.4.1977, 936/76; VwGH 21.10.1986, 84/14/0054). Bei einer 3,5-jährigen privaten Verwendung einer Eigentumswohnung kann von einer bloß vorübergehenden oder kurzfristigen nichtbetrieblichen Nutzung grundsätzlich nicht mehr gesprochen werden. Eine anders lautende Beurteilung käme allenfalls beim Vorliegen besonderer Begleitumstände in Betracht, wenn etwa die Durchführung der Umbauarbeiten seitens des ausführenden Unternehmens vereinbarungswidrig und wesentlich verzögert wurden und bereits von vornherein die Absicht der weiteren betrieblichen Verwendung als Dienstwohnung nach Fertigstellung der Bauarbeiten eindeutig feststand.

4.1.10.3.5 Ausscheiden von Wirtschaftsgütern aus dem Betriebsvermögen

465 Die Zugehörigkeit zum Betriebsvermögen endet durch (entgeltliche oder unentgeltliche) Betriebsübertragung, Betriebsaufgabe, weiters durch Veräußerung, Zerstörung, Diebstahl, Unterschlagung oder durch Entnahme eines einzelnen Wirtschaftsgutes und zwar unabhängig davon, ob der Buchwert ausgebucht wird.

466 Wird die betriebliche Nutzung von Wirtschaftsgütern vorübergehend oder auf Dauer eingestellt, dann bleibt das Wirtschaftsgut bis zu seinem tatsächlichen Ausscheiden dennoch

notwendiges Betriebsvermögen, solange es nicht privat genutzt und damit entnommen wird (VwGH 28.3.1990, 86/13/0182). Daher bleiben unbrauchbar gewordene, bereits völlig abgeschriebene oder veraltete Wirtschaftsgüter oder nicht genutzte Konzessionen bis zur Entnahme bzw. Veräußerung Betriebsvermögen (VwGH 25.4.1952, 928/51; VwGH 28.9.1976, 1356, 1627, 1628/76; VwGH 28.3.1990, 86/13/0182).

Wird ein Wirtschaftsgut des Betriebsvermögens veräußert, so ist dieser Vorgang zur Gänze steuerpflichtig, auch wenn eine anteilige Privatnutzung vorliegt (VwGH 29.1.1975, 1919/74; VwGH 10.7.1996, 96/15/0124; VwGH 10.7.1996, 96/15/0125). **467**

4.1.10.3.6 Zugehörigkeit zum Betriebsvermögen bei mehreren Betrieben eines Steuerpflichtigen

Besitzt ein Steuerpflichtiger mehrere Betriebe, so gehört ein Wirtschaftsgut zum Betriebsvermögen jenes Betriebes, dem es dient oder dem es zu dienen bestimmt ist. Dient es mehreren Betrieben desselben Steuerpflichtigen, so ist es dem Betriebsvermögen jenes Betriebes zuzurechnen, dem es überwiegend dient. Das Wirtschaftsgut kann daher in einem solchen Fall nur dem Betriebsvermögen eines der mehreren Betriebe zugerechnet werden (VwGH 26.11.1991, 91/14/0188). **468**

Beispiel:

Ein Lastkraftwagen dient dem Betrieb A zu 40%, dem Betrieb B zu 30% und dem Betrieb C zu 30%. Der Lastkraftwagen gehört zum Betriebsvermögen des Betriebes A. Dort stehen auch die Investitionsbegünstigungen zu.

Bei gleichmäßiger Nutzung in verschiedenen Betrieben (ein Lastkraftwagen wird in zwei Betrieben zu jeweils 50% verwendet) hat der Steuerpflichtige ein Zurechnungswahlrecht. AfA und laufende Aufwendungen sind entsprechend der Nutzung in den einzelnen Betrieben dort Betriebsausgaben. Bei jenem Betrieb, dem das Wirtschaftgut zuzurechnen ist, wird eine AfA vermindert und eine Nutzungsentnahme im Ausmaß der in anderen Betrieben erfolgten Nutzung angesetzt.

4.1.10.4 Notwendiges Betriebsvermögen

Man unterscheidet notwendiges Betriebsvermögen, gewillkürtes Betriebsvermögen und notwendiges Privatvermögen. Der Umfang des Betriebsvermögens bestimmt sich ausschließlich nach steuerlichen Vorschriften (VwGH 27.1.1998, 93/14/0166). **469**

In die Gewinnermittlung gemäß § 4 Abs. 1 EStG 1988 und § 4 Abs. 3 EStG 1988 kann nur notwendiges Betriebsvermögen einbezogen werden (VwGH 13.9.1988, 88/14/0072; VwGH 20.9.1988, 87/14/0168; VwGH 13.6.1989, 86/14/0129; VwGH 3.4.1990, 87/14/0122 – Judikatur zu § 4 Abs. 1 EStG 1988; VwGH 24.1.1996, 93/13/0004; VwGH 22.10.1997, 93/13/0267; VwGH 19.11.1998, 96/15/0051). **470**

Notwendiges Betriebsvermögen sind jene Wirtschaftsgüter, die objektiv erkennbar zum unmittelbaren Einsatz im Betrieb bestimmt sind und ihm auch tatsächlich dienen. **471**

Maßgebend für die Zuordnung zum Betriebsvermögen sind

- die Zweckbestimmung des Wirtschaftsgutes,
- die Besonderheit des Betriebes und des Berufszweiges, sowie
- die Verkehrsauffassung.

Die Art der Nutzung eines Wirtschaftsgutes ist für die Zugehörigkeit zum Privatvermögen oder zum Betriebsvermögen entscheidend (VwGH 10.4.1997, 94/15/0211). Der Unternehmer hat bei notwendigem Betriebsvermögen kein Wahlrecht, ob er es in sein steuerliches Betriebsvermögen einbezieht oder nicht. Ein zB für Lagerzwecke des Betriebes tatsächlich genutztes Grundstück des Unternehmers ist auch dann steuerliches Betriebsvermögen, wenn dieses Grundstück nicht in der Bilanz erfasst ist. **472**

Wenn der Einsatz eines Wirtschaftsgutes im Betrieb als möglich in Betracht kommt, aber noch nicht sicher ist, fehlt es grundsätzlich an dem für die Eigenschaft als notwendiges Betriebsvermögen erforderlichen Zusammenhang (VwGH 22.10.1997, 93/13/0267; VwGH 20.2.1998, 96/15/0192).

Auch wenn es dem Unternehmer überlassen ist, welche betrieblichen Mittel und Einrichtungen er einsetzt, so können einem Betrieb doch nur Gegenstände dienstbar gemacht werden, die in einem objektiven Zusammenhang mit dem Betrieb stehen und geeignet sind, eine Funktion im Betriebsgeschehen zu erfüllen. Für die Zuordnung von Wirtschaftsgütern sind nicht betriebswirtschaftliche, sondern bloß steuerliche Gesichtspunkte entscheidend (VwGH 27.1.1998, 93/14/0166). **473**

Notwendiges Privatvermögen wird nicht schon deswegen zu Betriebsvermögen, weil es der Besicherung von Betriebsschulden dient (VwGH 10.4.1997, 94/15/0211). **474**

475 Notwendiges Betriebsvermögen ist in die Steuerbilanz aufzunehmen. Ein Wirtschaftsgut, das nicht ins Betriebsvermögen aufgenommen wurde, verliert nicht die Eigenschaft des notwendigen Betriebsvermögens (VwGH 16.12.1966, 780/65; VwGH 24.11.1967, 283/67; VwGH 12.3.1969, 1435/68, VwGH 25.2.1970, 1099/68; VwGH 26.11.1985, 85/14/0076). Die buchmäßige Behandlung ist daher bei Vorliegen eines notwendigen Betriebsvermögens unbeachtlich.

476 Die im Geschäft des Steuerpflichtigen veräußerten Waren zählen im Zeitpunkt des Verkaufes selbst dann zum notwendigen Betriebsvermögen, wenn sie aus dem Privatvermögen des Steuerpflichtigen stammen (VwGH 13.5.1975, 835/74). Die Entnahme von notwendigem Betriebsvermögen für Zwecke des Verkaufes ist unwirksam, der Verkauf ist als betrieblicher Vorgang zu besteuern (VwGH 4.12.1959, 718/56); dies gilt auch für Personengesellschaften (VwGH 16.12.1966, 780/65). Bei notwendigem Betriebsvermögen kann eine Entnahme nur durch Zweckentfremdung (Verwendung zu anderen als betrieblichen Zwecken) oder unentgeltliche Übertragung auf Dritte bewirkt werden; die bloße Schenkungsabsicht (Schenkungsversprechen) genügt aber nicht (VwGH 23.9.1970, 1237/68).

477 Subjektive Momente, wie zB der Anschaffungsgrund, sind für die Qualifikation nicht entscheidend (VwGH 20.2.1998, 96/15/0192):

- Bloß innere, nicht in der Außenwelt zum Ausdruck kommende Überlegungen des Steuerpflichtigen sind für die Zuordnung nicht maßgeblich (VwGH 25.10.1994, 94/14/0115).
- Die bloße Absicht, ein betrieblich genutztes Wirtschaftsgut in ferner Zukunft ausschließlich privat zu nutzen, ist als bloß subjektives Moment für die Frage, ob ein Wirtschaftsgut zum notwendigen Betriebsvermögen oder zum Privatvermögen gehört, nicht entscheidend (VwGH 25.2.1997, 96/14/0022).
- Die Absicht, ein Wirtschaftsgut betrieblich zu nutzen, stellt einen inneren Vorgang (Willensentschluss) dar, der erst dann zu einer steuerlich erheblichen Tatsache wird, wenn er durch seine Manifestation in die Außenwelt tritt. Es genügt daher nicht, dass die Absicht besteht, ein Wirtschaftsgut betrieblich zu nutzen (VwGH 21.6.1994, 93/14/0217). Vielmehr muss diese Absicht innerhalb eines angemessenen Zeitraumes zu einer tatsächlichen betrieblichen Nutzung eines Wirtschaftsgutes führen (VwGH 25.11.1997, 93/14/0159).

478 Notwendiges Betriebsvermögen kann bei Beendigung der betrieblichen Nutzung als gewillkürtes Betriebsvermögen belassen werden, wenn das Wirtschaftsgut weiter in den Büchern eines Steuerpflichtigen, der den Gewinn nach § 5 EStG ermittelt, aufscheint (VwGH 25.10.1994, 94/14/0115) und nicht zum notwendigem Privatvermögen wird.

4.1.10.4.1 Gemischt genutzte bewegliche Wirtschaftsgüter (Aufteilungsverbot bei beweglichen Wirtschaftsgütern)

479 Die Frage, ob ein Wirtschaftsgut zum notwendigen Betriebsvermögen zählt, ist im Allgemeinen für das Wirtschaftsgut als Ganzes zu beurteilen; es ist entweder zur Gänze dem Betriebsvermögen oder zur Gänze dem Privatvermögen zuzurechnen (VwGH 29.7.1997, 93/14/0062). Wird ein Wirtschaftsgut sowohl betrieblich als auch privat genutzt, führt überwiegende betriebliche Nutzung grundsätzlich zu notwendigem Betriebsvermögen, überwiegende private Nutzung grundsätzlich zu Privatvermögen (VwGH 19.11.1998, 96/15/0051).

Ist im Falle einer Mischnutzung kein Überwiegen feststellbar (betriebliches und privates Nutzungsausmaß sind gleich), steht die Zuordnung zum Betriebsvermögen bzw. zum Privatvermögen in der Wahl des Steuerpflichtigen.

480 Ist ein Wirtschaftsgut auf Grund der überwiegend betrieblichen Nutzung dem notwendigen Betriebsvermögen zuzurechnen, so sind sämtliche Aufwendungen zunächst Betriebsausgaben. Die private Nutzung ist als Entnahme zu berücksichtigen (Nutzungsentnahme), wobei die Bewertung der Nutzungsentnahme mit dem entsprechenden Anteil an den Betriebsausgaben erfolgt. Es sind daher die auf die Privatnutzung entfallenden Beträge an AfA, Reparaturen, Betriebskosten sowie Finanzierungsaufwendungen als Entnahmewert anzusetzen (VwGH 18.2.1999, 98/15/0192).

Bei der Veräußerung eines überwiegend betrieblich genutzten Wirtschaftsgutes stellt der Veräußerungserlös zur Gänze eine Betriebseinnahme dar (kein Ausscheiden eines Privatanteiles). Dies gilt auch für einen Verlust (VwGH 16.2.1962, 1777/61; VwGH 5.2.1965, 1392/64; VwGH 29.1.1975, 1919/74; VwGH 10.7.1996, 96/15/0124; VwGH 10.7.1996, 96/15/0125).

481

Betrieblich genutzte bewegliche Wirtschaftsgüter		
Betriebliche Nutzung	0-50%	50-100%
Zurechnung zum Betriebsvermögen	0%	100%

Erfassung stiller Reserven bei Verkauf oder Entnahme	0%	100%
Absetzung für Abnützung, sonstige nicht zurechenbare Aufwendungen	0-50%	100%
davon Privatanteil	0%	0-50%

(BMF-AV Nr. 2018/79)

4.1.10.4.2 ABC der Wirtschaftsgüter des notwendigen Betriebsvermögens

Anzahlung 482

Wird zum Erwerb eines Wirtschaftsgutes des notwendigen Betriebsvermögens eine Anzahlung geleistet, gehört die Forderung auf Lieferung des Wirtschaftsgutes, die sich aus der Anzahlung ergibt, zum notwendigen Betriebsvermögen.

Arbeitszimmer 483

Siehe LStR 1999 Rz 324 bis 336

Bankkonto 484

Ein Bankkonto gehört dann zum Betriebsvermögen, wenn, abgesehen von gelegentlichen Einlagen und Abhebungen, nur Gut- oder Lastschriften enthalten sind, die sich aus der Führung des Betriebes selbst ergeben (VwGH 9.2.1951, 1116/50; VwGH 28.6.1988, 87/14/0118).

Bargeld, Sparbuch 485

Notwendiges Betriebsvermögen liegt vor:

- beim laufenden Einsatz einer Kapitaleinlage für die Abwicklung betrieblicher Geschäftsfälle,
- beim Übertragen von Betriebseinnahmen auf ein Sparbuch, soweit dieses nicht außerbetrieblichen Zwecken dient (VwGH 11.5.1993, 89/14/0284; VwGH 16.12.1998, 96/13/0046),
- hinsichtlich des Bargeldes, das aus Betriebseinnahmen stammt, solange es nicht dem betrieblichen Kreis entnommen wird (maßgebend ist dabei nur die buchmäßige Behandlung, nicht hingegen, ob das Bargeld in näherer Zukunft tatsächlich betrieblich verwendet wird.

Erst wenn die Widmung zum privaten Bereich nach außen hin klar dokumentiert ist, und zwar insbesondere durch die buchmäßige Behandlung (Erfassung als Privatentnahme) oder allenfalls durch die tatsächliche private Verwendung der Geldmittel, liegt Privatvermögen vor.

Der Umstand, dass ein Sparbuch der Besicherung eines betrieblichen Kredites dient, lässt es noch nicht zum notwendigen Betriebsvermögen werden (VwGH 16.9.1992, 90/13/0299).

Baukostenzuschüsse 486

Baukostenzuschüsse, die bei Anschlüssen an das Strom-, Gas-, Fernwärme- sowie Kabel-TV- Netz geleistet werden, sind als eigene Wirtschaftsgüter zu aktivieren (VwGH 5.6.1961, 2485/60), die nicht zum Gebäude gehören. Zum Netzbereitstellungsentgelt nach dem ElWOG 2010 siehe Rz 3125.

(BMF-AV Nr. 2018/79)

Baurecht 487

Der Abschluss eines Baurechtsvertrages führt nur dann bzw. insoweit zu einem aktivierungsfähigen Wirtschaftsgut Baurecht, als Aufwendungen zur Erlangung des Rechtes getätigt werden. Der kapitalisierte Wert der Verpflichtung zur Bezahlung des Bauzinses ist jedenfalls nicht zu aktivieren (VwGH 19.9.1995, 92/14/0008).

Werden für die Erlangung des Baurechtes Aufwendungen (zB Ablösezahlungen) getätigt, so stellt das Baurecht ein eigenständiges unbewegliches Wirtschaftsgut dar, welches abnutzbar ist.

Ein im Grundbuch eingetragenes (begründetes) Baurecht stellt ein grundstücksgleiches Recht im Sinne des § 30 Abs. 1 EStG 1988 dar; unabhängig davon, ob der Baurechtszins laufend oder durch Einmalzahlung entrichtet wird (siehe Rz 6622).

Die laufenden Baurechtszinszahlungen stellen Betriebsausgaben dar, die sonstigen Rechte und Pflichten aus dem Baurechtsverhältnis finden aber weder auf der Aktiv- noch auf der Passivseite der Bilanz Berücksichtigung (VwGH 26.2.1975, 0936/74; VwGH 19.9.1995, 92/14/0008). Die Veräußerung des Baurechtes unterliegt dem besonderen Steuersatz gemäß § 30a Abs. 1 EStG 1988 (siehe Rz 6622).

(AÖF 2013/280)

Beiträge zur Errichtung öffentlicher Interessentenwege und Aufschließungsbeiträge 488

Siehe Rz 2626 ff.

489 **Belieferungsrecht**

Das Belieferungsrecht (zB für Bier) ist mit dem Betrag des hingegebenen Zuschusses bei der Brauerei zu aktivieren und gleichmäßig auf die Zeit der zeitlich begrenzten Bierbezugsverpflichtung der Gaststätte abzuschreiben.

Eine Abweichung von diesem Grundsatz ist jedoch bei Belieferungsverträgen, die einen ausdrücklichen Rabattverzicht des Gastwirtes hinsichtlich der zukünftigen Getränkelieferungen beinhalten, notwendig. In diesem Fall wird ein Teil des bereits gewährten Zuschusses als Bevorschussung dieser Rabatte gewertet. Diese Bevorschussung wird als Kreditgewährung angesehen, wobei zu unterstellen ist, dass der „Kredit" während der Zeit der Bierabnahmeverpflichtung durch die „Zahlung" der nichtgewährten Rabatte rückerstattet wird. Bei gemischten Verträgen ist daher zu trennen in einen Teil, der Darlehenscharakter aufweist und in einen Teil, der ausschließlich als Gegenleistung für die vom Getränkekunden übernommene Getränkeabnahmepflicht anzusehen ist (VwGH 29.9.1987, 87/14/0086; VwGH 13.9.1994, 90/14/0172). Nur vom letzten Teil werden daher auch Investitionsbegünstigungen geltend gemacht werden können.

490 **Bereitstellungsrecht**

Die rechtsverbindliche Zusage, nach Maßgabe eines künftigen Bedarfs das Nutzungsrecht an bestimmten Wirtschaftsgütern einzuräumen, ist für sich noch kein bewertbares Wirtschaftsgut (VwGH 11.3.1992, 90/13/0230).

491 **Besserungsansprüche**

Forderungen aus Besserungsvereinbarungen sind grundsätzlich als Wirtschaftsgut anzusehen.

492 **Beteiligungen**

Beteiligungen an Kapitalgesellschaften und (echte) stille Beteiligungen sind nichtabnutzbare Wirtschaftsgüter. Einer Beteiligung an einer Mitunternehmerschaft kommt nicht der Charakter eines Wirtschaftsgutes zu.

Stammanteile an einer GmbH oder Aktien weisen ihrer Art nach eindeutig weder in den privaten noch in den betrieblichen Bereich (VwGH 8.11.1977, 1054/75 und 2175/77 zu Stammanteilen an eine GmbH). Auch die Anschaffung mit betrieblichen Mitteln begründet alleine keine Zuordnung zum betrieblichen Bereich, ebenso wenig die Möglichkeit, dem Betriebsvermögen einen allfälligen Veräußerungserlös zuzuführen; fehlt es an einem Zusammenhang des Beteiligungserwerbes mit dem Betrieb, ist von einer Entnahme betrieblicher Geldmittel auszugehen (VwGH 17.10.2017, Ro 2015/15/0040).

Eine Beteiligung an einer Kapitalgesellschaft gehört dann zum notwendigen Betriebsvermögen, wenn sie den Betriebszweck des Beteiligten fördert oder wenn zwischen diesem und der Kapitalgesellschaft enge wirtschaftliche Beziehungen bestehen. Ist zB Zweck der Kapitalgesellschaft der Vertrieb der Produkte des Erzeugerunternehmens und entspricht die Geschäftstätigkeit zumindest überwiegend diesem Zweck, gehört die Beteiligung zum notwendigen Betriebsvermögen des Erzeugerunternehmens.

Die Beteiligung eines Handelsunternehmers an einer Einkaufsgenossenschaft, deren Zweck es ist, den Mitgliedern günstige Konditionen beim Wareneinkauf zu bieten, gehört zum notwendigen Betriebsvermögen (VwGH 18.3.1975, 1301/74).

Eine Beteiligung an einer Sessellift-GmbH, deren Zweckbestimmung nicht das Erzielen von unmittelbar daraus fließenden Kapitalerträgen, sondern die durch den Bau eines Sesselliftes bewirkte Hebung des Fremdenverkehrs ist, gehört bei einem Fremdenverkehrsbetrieb (Fremdenheim, Mietwagen- und Taxigewerbe) zum notwendigen Betriebsvermögen, weil sie objektiv geeignet ist, dem Betrieb zu dienen und ihn zu fördern (VwGH 26.5.1971, 0150/71).

Die Beteiligung eines Landwirtes an einer Milchgenossenschaft ist auch dann als Betriebsvermögen des landwirtschaftlichen Betriebes anzusehen, wenn der Landwirt die Milchproduktion nicht betreibt (VwGH 28.3.1990, 86/13/0182).

Die Beteiligung des selbständigen Gesellschafter-Geschäftsführers an der GmbH führt nicht zu notwendigem Betriebsvermögen der unter die selbständigen Einkünfte fallenden Geschäftsführertätigkeit, es sei denn, die Beteiligung ist für das Zustandekommen oder das Aufrechterhalten eines fremdüblich gestalteten Geschäftsführungsverhältnisses förderlich (VwGH 26.7.2017, Ra 2016/13/0020).

Zum Sonderbetriebsvermögen siehe Rz 5913 ff.

(BMF-AV Nr. 2019/75)

493 **Betriebsanlagen**

Betriebsanlagen sind in der Regel als eigenständiges Wirtschaftsgut und nicht als Teil des Gebäudes anzusehen.

Betriebs- und Geschäftsausstattung 494

Gegenstände, die dem Betrieb objektiv zu dienen bestimmt sind, wie die Betriebs- und Geschäftsaustattung sind Betriebsvermögen (VwGH 13.12.1957, 192/56).

Bilanzierungshilfen 495

Bilanzierungshilfen sind keine Wirtschaftsgüter, sondern bloße Periodisierungsinstrumente.

Bürgschaft 496

Siehe Rz 1511, „Bürgschaft".

Computer 497

Siehe Rz 1512, „Computer".

Darlehensforderung 498

Siehe Rz 1514, „Darlehen"

Deponierecht 499

Der Erwerb des als Deponie zu nutzenden Grundstückes unter Vereinbarung der zwingenden Rückgabe an den Veräußerer nach Erschöpfung der Deponie bzw. Aufgabe des Deponiebetriebes zu einem im Voraus vereinbarten symbolischen Preis ist wirtschaftlich mit einem Pachtverhältnis vergleichbar. Unter dieser Voraussetzung liegt der Erwerb eines abnutzbaren Deponierechtes vor.

Bei den zum Betrieb der Deponie erforderlichen baulichen Investitionen auf dem Deponiegrundstück (vor allem Sicherungsbrunnen, Abdichtungsmaßnahmen usw.) handelt es sich nicht um Gebäude im steuerlichen Sinn, sondern um Betriebsanlagen. Nicht davon betroffen ist die erforderliche maschinelle Ausstattung (Waagen, Förder- und Zerkleinerungsanlagen usw.), die gesondert zu beurteilen sein wird.

Unter den oben angeführten Voraussetzungen ist der Deponiebetrieb mit einem Substanzbetrieb vergleichbar. Die Abschreibung des Kaufpreises des Grundstückes (Deponierechtes) und der baulichen Investitionen nach dem Grad der Befüllung, bezogen auf das gesamte zur Verfügung stehende Deponievolumen, im Sinne des § 8 Abs. 5 EStG 1988 (Substanzabschreibung) ist zulässig.

Dienstnehmerwohnung 500

Eine vermietete Wohnung muss, soll sie dem notwendigen Betriebsvermögen zugeordnet werden, durch ihre tatsächliche Verwendung, also die Überlassung an Mieter, dem Betrieb dienen. Nimmt es auf das Betriebsgeschehen keinen Einfluss, ob die Wohnung einem außenstehenden Dritten oder einem Dienstnehmer vermietet wird, ergibt sich aus dem bloßen Umstand der Vermietung an einen Dienstnehmer noch kein betrieblicher Nutzen. Es müssen weitere Umstände hinzutreten, damit in der Vermietung zu Wohnzwecken eine Betätigung im Dienst des Betriebes erblickt werden kann (VwGH 21.2.2001, 2000/14/0158 betreffend Vermietung einer Wohnung durch einen Steuerberater an Dienstnehmer).

Stellt der Betriebsinhaber einem seiner Dienstnehmer für dessen Wohnzwecke eine Eigentumswohnung zur Verfügung, so dient diese dann betrieblichen Zwecken, wenn für die Einräumung der Nutzungsmöglichkeit ausschließlich oder zumindest überwiegend betriebliche Erwägungen maßgebend sind (VwGH 17.9.1990, 89/15/0019). Der Umstand, dass Eltern häufig bestrebt sind, ihren Kindern eine vom ursprünglich gemeinsamen Haushalt getrennte Wohnmöglichkeit zu beschaffen, und dass dafür idR Beweggründe maßgebend sind, die im familiären Bereich wurzeln, schließt noch nicht aus, dass in einzelnen Fällen der Wohnungsbeschaffung die familiären Beweggründe in den Hintergrund treten (VwGH 12.11.1985, 83/14/0217).

Die betriebliche Veranlassung für die Anschaffung einer Eigentumswohnung, die in der Folge einem Angehörigen des Betriebsinhabers zur Nutzung überlassen wird, kann sich aus dem Dienstverhältnis des Benutzers der Wohnung zum Betriebsinhaber ergeben. Ist nach der Verkehrsauffassung die Überlassung von Dienstwohnungen an Arbeitnehmer bei Betrieben vergleichbarer Art üblich, dann ist auch im Falle einer persönlichen Nahebeziehung eine betriebliche Veranlassung anzunehmen (VwGH 17.10.1989, 88/14/0204, s auch Rz 1161 ff). Es ist dabei im Allgemeinen auf die Verkehrsauffassung und nicht auf jene der Vertragsparteien abzustellen. Andererseits kommt der Üblichkeit einer Gestaltung maßgebliche Bedeutung zu, weshalb durchaus auch eine vergleichende Betrachtung anzustellen ist (VwGH 14.6.1988, 88/14/0015).

Die Schaffung von Werkswohnungen (Dienstwohnungen) ist bei Betrieben kleinerer und mittlerer Größe nicht üblich (VwGH 10.10.1978, 195/78; VwGH 1.2.1980, 732/79; VwGH 1.2.1980, 1535/79; VwGH 17.10.1989, 88/14/0204; VwGH 22.9.1992, 88/14/0058; VwGH 25.1.1995, 93/15/0003), wenn sich nicht aus den besonderen Umständen des Einzelfalles Anderes ergibt (VwGH 10.7.1996, 94/15/0013; VwGH 20.10.1992, 88/14/0178, VwGH 30.9.1999, 98/15/0005). Eine andere Beurteilung ist denkbar, wenn sich die Wohnung im Betriebsgebäude oder in dessen unmittelbarer Nähe befindet und insbesondere wegen häufiger Nachtdienste die Benützung durch einen Arbeitnehmer erforderlich ist (VwGH 17.10.1989, 88/14/0204).

Es entspricht nicht den allgemeinen praktischen Gegebenheiten, dass ein in einer Großstadt praktizierender Arzt einem bei ihm teilzeitbeschäftigten ledigen Studenten eine Dienstwohnung im Gesamtausmaß von 98 Quadratmeter zur Verfügung stellt.

Eine von einem Steuerberater einer Buchhalterin zur Verfügung gestellte Wohnung zählt jedenfalls dann nicht zu seinem notwendigen Betriebsvermögen, wenn die Buchhalterin nur 5 bis 10 Stunden im Monat für ihn tätig ist (VwGH 9.3.1979, 3512/78).

Die entgeltliche Überlassung einer Wohnung an die Ehegattin des (Mit)Unternehmers als Dienstwohnung ändert nichts daran, dass die Wohnung objektiv nach ihrem Verwendungszweck zum gemeinsamen Wohnen der Familie des (Mit)Unternehmers dient und daher zum notwendigen Privatvermögen gehört. (VwGH 28.11.1978, 1951/76; 27.11.1984, 82/14/0337).

Die einer Arbeitnehmerin einer OHG und Ehefrau eines Mitunternehmers entgeltlich oder unentgeltlich überlassene Wohnung, die zum gemeinsamen Wohnen der Familie bestimmt ist, kann nicht als Dienstwohnung der Ehefrau angesehen werden. Für eine Hinzurechnung von Sachbezugswerten bei der Lohnsteuerbemessung bleibt damit kein Raum (VwGH 27.11.1984, 82/14/0337; VwGH 19.10.1982, 82/14/0056).

(AÖF 2002/84)

500a Domain-Adresse

Die Domain-Adresse ist ein immaterielles Wirtschaftsgut, das – sofern sie nicht zeitraumbezogen ist (zB www.xy-meisterschaft200x.at) oder Modetrends unterliegt – nicht abnutzbar ist. Anschaffungsaufwendungen für eine Domain sind zu aktivieren. Laufende Aufwendungen aus der Benützung der Domain sind sofort abzugsfähig. Zur Homepage siehe Rz 516a.

(AÖF 2007/88)

501 Einbaumöbel

Einbaumöbel sind keine Gebäudebestandteile, sondern selbständige Wirtschaftsgüter.

502 Einrichtungsgegenstände und technische Geräte

Siehe Rz 1519 und Rz 4702 ff.

503 Erweiterungskosten

Sie stellen kein Wirtschaftsgut dar; siehe Rz 2413.

504 Filmrecht, Filme

Bei der Verfilmung eines Werkes entsteht ein neues besonderes Urheberrechtsgut, das sogenannte Filmrecht. Der Filmhersteller darf es aber nicht aktivieren (§ 4 Abs. 1 vorletzter Satz EStG 1988). Ein entgeltlich erworbenes Filmrecht ist zu aktivieren.

505 Firmenwert

Der Firmenwert stellt ein einheitlich zu bewertendes Wirtschaftsgut dar (VwGH 21.9.1983, 82/13/0248, 0254; VwGH 5.3.1986, 84/13/0062). Ein selbst geschaffener (originärer) Firmenwert ist nicht aktivierbar (§ 4 Abs. 1 vorletzter Satz EStG 1988). S Rz 2287 und Rz 3187.

506 Fischereirecht

Das unbefristete Fischereirecht ist ein selbständiges nichtabnutzbares Wirtschaftsgut (siehe Rz 6622).

(AÖF 2013/280)

507 Forderung

Forderungen, die sich aus der betrieblichen Tätigkeit ergeben, gehören zum notwendigen Betriebsvermögen (VwGH 13.12.1957, 192/56). Das gilt für Forderungen auf Lieferungen und Leistungen, auf Garantieleistungen, Gewährleistungen, Schadenersatz und auf den Erlös.

Bei Angehörigen der freien Berufe gehören die Forderungen aus vollendeten Werkverträgen zum Betriebsvermögen. Die aus den Leistungen entstehenden Ansprüche sind daher selbständig bewertbar, auch wenn die Leistungen im Rahmen eines weiter gehenden Auftrages, der auch den Rechnungsabschluss und die Verfassung der Abgabenerklärungen umfasst, verrichtet werden (VwGH 1.12.1981, 81/14/0017, 0032).

508 Forschungszuschuss

Forschungszuschüsse an ein anderes Unternehmen stellen nur dann ein (selbständig) zu aktivierendes unkörperliches Wirtschaftsgut dar, wenn den Zuschüssen ein konkretes Nutzungsrecht des Zuschießenden an den Forschungsergebnissen gegenübersteht und nicht das Aktivierungsverbot nach § 4 Abs. 1 vorletzter Satz EStG 1988 (§ 197 Abs. 2 UGB) gegenübersteht. Steht den Zuschüssen kein konkretes Nutzungsrecht gegenüber und ist der Zuschießende Gesellschafter der empfangenden Kapitalgesellschaft, liegt eine den Beteiligungswert des Gesellschafters erhöhende Einlage vor (§ 6 Z 14 lit b EStG 1988).

(AÖF 2008/238)

Garage 509

Fassung ab Veranlagung 2002:

Ist das vom Stpfl bewohnte Einfamilienhaus (die Wohnung) zur Gänze Privatvermögen, ist die Garage am Wohnort unabhängig vom Ausmaß der betrieblichen Nutzung des Fahrzeuges durch den Wohnort und damit privat veranlasst (VwGH 25.4.2001, 99/13/0221).

Ist das vom Stpfl bewohnte Einfamilienhaus (die Wohnung) nicht zur Gänze Privatvermögen, sind die Garagierungskosten am Wohnort im prozentuellen Ausmaß der betrieblichen Nutzung des Fahrzeuges höchstens jedoch im prozentuellen Ausmaß der betrieblichen Nutzung des (übrigen) Gebäudes (unabhängig von dessen Betriebsvermögenszugehörigkeit) als Betriebsausgaben abzugsfähig.

Kosten für die Garagierung am vom Wohnsitz verschiedenen Betriebsort sind ungeachtet der Betriebsvermögenszugehörigkeit des Fahrzeuges abzugsfähig.

Fassung bis Veranlagung 2001:

Wurden zwei Personenkraftwagen als zum Betriebsvermögen gehörig behandelt, sind auch die dafür verwendeten Garagenabstellplätze (im Privathaus des Steuerpflichtigen) grundsätzlich dem Betriebsvermögen zuzuordnen (VwGH 16.12.1998, 96/13/0046). Wird eine Garage im Wohnungsverband auch privat mitbenützt (zB Lagerung von Schiern, Getränkekisten etc) ist eine solcherart gemischt genutzte Garage durch den Wohnort bedingt und sind auf Grund des Aufteilungsverbotes damit im Zusammenhang stehende Kosten nicht absetzbar. Wird eine Hälfte einer Doppelgarage weder für ein zweites betrieblich genutztes Fahrzeug noch für andere betriebliche Zwecke des Steuerpflichtigen überwiegend benutzt, ist diese Hälfte dem Privatvermögen zuzurechnen (VwGH 12.11.1985, 85/14/0114).

(AÖF 2003/209)

Geringwertige Wirtschaftsgüter 510

Ungeachtet des Aktivierungswahlrechtes liegt ein Wirtschaftsgut vor (siehe Rz 3893 ff).

Goldvorrat eines Zahnarztes 511

Siehe Rz 1551.

Grundstück 512

Grundstücksankäufe und -verkäufe eines Realitätenhändlers sind nicht dem Bereich seiner privaten Tätigkeit zuzurechnen, es sei denn, dass besondere Gründe hiefür vorliegen (VwGH 23.9.1970, 1237/68).

Hat jemand einen Lagerplatz und die darauf untergebrachten Baumaschinen und Geräte erworben, um sie an eine Baugesellschaft zu vermieten, steht die Vermietung des Lagerplatzes in engem wirtschaftlichem Zusammenhang mit der Vermietung der Baumaschinen und Geräte; der Lagerplatz gehört daher zum notwendigen Betriebsvermögen (VwGH 12.3.1975, 1477/73).

Der Erwerb und die Veräußerung von Grundstücken im eigenen Namen ohne Vorliegen eines Treuhandverhältnisses gehören nach der Verkehrsauffassung nicht zu den Tätigkeiten eines Rechtsanwaltes. Der Erwerb eines Grundstückes auf Grund eines einem Rechtsanwalt von einem Klienten erteilten Auftrages führt nicht dazu, ein so erworbenes Grundstück als notwendiges Betriebsvermögen eines Rechtsanwaltes anzusehen (VwGH 23.9.1997, 93/14/0094).

Ein von einem Steuerberater angeschafftes Gebäude, das für die erklärte Absicht, darin künftige Personalwohnungen und Büroräume unterzubringen, wegen seines schlechten Bauzustandes ungeeignet ist, gehört nicht zum notwendigen Betriebsvermögen, weil es nicht objektiv geeignet ist, dem behaupteten Zweck zu dienen (VwGH 19.11.1979, 1378, 1431/78).

Grundstück und Gebäude 513

Beim Grundstück und Gebäude handelt es sich um ein je eigenes einheitliches Wirtschaftsgut (siehe Rz 2610 ff).

Gründungskosten 514

Gründungskosten sind keine Wirtschaftsgüter (siehe Rz 1553 und Rz 2413).

Halbfertige Bauten 515

Bei halbfertigen Bauten handelt es sich um aktivierungspflichtige Positionen. Beim Auftraggeber (Bauherrn) sind auf seinem Grund und Boden errichtete halbfertige Bauten mit den bisher aufgelaufenen Herstellungskosten zu aktivieren. Zum Auftragnehmer siehe Rz 2153 ff.

516 **Holzbezugsrecht**

Ein mit einer Liegenschaft als Realrecht verbundenes Holzbezugsrecht gehört unabhängig von seiner Entstehungsgeschichte zum Betriebsvermögen, wenn es objektiv dem Betrieb zu dienen bestimmt ist (VwGH 21.10.1960, 113/60).

516a **Homepage**

Die Internet-Homepage des Betriebes stellt bei einer vorgesehenen längeren (zumindest einjährigen) Nutzung ein immaterielles Wirtschaftsgut des Anlagevermögens dar. Soweit sie nicht selbst erstellt wurde (Aktivierungsverbot gemäß § 4 Abs. 1 vorletzter Satz EStG 1988), liegt aktivierungspflichtiger Aufwand für ein abnutzbares Anlagegut vor. Die Nutzungsdauer kann insbesondere im Hinblick auf Aktualisierungserfordernisse und den technischen Fortschritt mit drei Jahren angenommen werden. Die laufende Wartung der Homepage stellt Erhaltungsaufwand dar, eine wesentliche Verbesserung oder Erweiterung führt zu aktivierungspflichtiger Herstellungsaufwand, der ebenfalls auf drei Jahre abzuschreiben ist. Zur Domain-Adresse siehe Rz 500a.

(AÖF 2007/88)

517 **Ingangsetzungskosten**

Sie stellen kein Wirtschaftsgut dar (siehe Rz 2413).

518 **Jagd**

Siehe Rz 1566.

519 **Jagdrecht**

Das Jagdrecht ist im rechtlichen Verkehr selbständig bewertbar und daher ein selbständiges Wirtschaftsgut, auch wenn es ein Ausfluss des Eigentumsrechtes am Grundstück ist, von diesem nicht getrennt werden kann und somit stets dem rechtlichen Schicksal des Eigentums am Grund und Boden folgen muss (VwGH 11.12.1990, 90/14/0199; VwGH 16.11.1993, 90/14/0077). Auf Grund der fehlenden selbständigen Übertragbarkeit stellt ein Jagdrecht kein grundstücksgleiches Recht im Sinne des § 30 Abs. 1 EStG 1988 dar (zu grundstücksgleichen Rechten siehe Rz 6622).

Vom Jagdrecht zu unterscheiden ist das dem Grundeigentümer nach den Regeln der Jagdrechte der Länder zukommende Jagdausübungsrecht (Recht zur Eigenjagd). Dieses Recht kann entweder selbst tatsächlich ausgeübt oder auch einem fremden Dritten eingeräumt werden (Jagdpacht). Dieses Recht ist nicht vom Begriff des Grund und Bodens mitumfasst und stellt auch kein grundstücksgleiches Recht dar. Im Falle einer Veräußerung unterliegt es dem Normalsteuersatz (VwGH 10.9.2020, Ra 2019/15/0066).

(BMF-AV Nr. 2021/65)

520 **Klientenstock**

Einem Klientenstock einer Wirtschaftstreuhandkanzlei kommt die Eignung eines selbständigen, auch durch entgeltliche Übertragung verwertbaren Vermögensobjektes zu, dessen Wert sich idR an dem durch die betreffenden Klienten bewirkten Jahresumsatz orientiert (VwGH 28.1.1998, 95/13/0285). Ein Klientenstock eignet sich nicht zur Privatnutzung und kann daher nicht entnommen oder im Weg einer Betriebsaufgabe in das Privatvermögen überführt werden (VwGH 14.9.2017, Ro 2015/15/0027).

(BMF-AV Nr. 2018/79)

521 **Konzession**

Eine Konzession stellt ein eigenes Wirtschaftsgut dar (ist nicht bloß Firmenwertbestandteil). Sie gehört immer zum Betriebsvermögen, und zwar auch (noch) dann, wenn sie vorübergehend oder auf Dauer ungenützt bleibt (VwGH 28.3.1990, 86/13/0182).

522 **Know-how**

Es handelt sich dabei um Spezialwissen über bestimmte betriebliche oder berufliche Erfahrungen (keine Erfindung, da kein Patentschutz). Know-how ist ein unkörperliches Wirtschaftsgut.

523 **Kundenstock**

Aufwendungen für den Erwerb eines Kundenstockes, der einen Teil des Geschäfts- oder Firmenwertes darstellt, sind zu aktivieren (VwGH 23.2.1972, 0699/71). Ein Kundenstock eignet sich nicht zur Privatnutzung und kann daher nicht entnommen oder im Weg einer Betriebsaufgabe in das Privatvermögen überführt werden (vgl. VwGH 14.9.2017, Ro 2015/15/0027).

(BMF-AV Nr. 2018/79)

Küche 524

Für die Zuordnung der zur Wohnung eines Bäckerei-, Konditorei- und Kaffeehausbetriebes gehörenden Küche zum Betriebsvermögen ist nicht allein das Verhältnis der Zahl der zum Haushalt gehörenden Personen zur Zahl der betriebszugehörigen Personen, für die Speisen in dieser Küche zubereitet werden, entscheidend, sondern, ob die Anzahl der täglich zubereiteten Speisen für eine überwiegend private oder betriebliche Nutzung der Küche spricht (VwGH 18.10.1982, 17/3748/80, 81/17/0013, 0014).

Leasing 525

Siehe Rz 135 ff.

Mietereinbauten 526

Investitionen und Adaptierungen in gemieteten Räumlichkeiten führen im Bereich des Bilanzsteuerrechtes zu bewertungsfähigen Wirtschaftsgütern. Der Umstand, dass die Gegenstände bürgerlich-rechtlich dem Gebäudeeigentum des Vermieters zuwachsen, spielt dabei keine Rolle (VwGH 17.5.1977, 1934/76), der Zuwachs erfolgt erst bei Beendigung des Bestandsverhältnisses.

Mietrecht – Nutzungsrecht 527

Ein entgeltlich erworbenes Mietrecht (das auch vom Vormieter eingeräumt werden kann) ist ein aktivierungsfähiges Wirtschaftsgut, aber kein grundstücksgleiches Recht im Sinne des § 30 Abs. 1 EStG 1988; zur Abgrenzung Mietrecht – Mietvorauszahlung (siehe VwGH 15.7.1998, 97/13/0076; VwGH 21.12.1999, 94/14/0125).

Das Mietrecht an betrieblich genutzten Räumen gehört zum Betriebsvermögen, auch wenn in der Bilanz kein Wertansatz dafür aufscheint. Betriebliche Mietrechte werden nämlich idR nicht bilanziert, weil sich die gegenseitigen Forderungen und Schulden wechselseitig ausgleichen. Wird jedoch von einer Seite eine Vorleistung erbracht, so hat dieser Vorgang in den Bilanzen seinen Niederschlag zu finden (VwGH 20.11.1968, 1685/67).

Die Nutzungsrechte an betrieblich benötigten Büroräumen gehören zum notwendigen Betriebsvermögen des Unternehmens, das sie ausschließlich betrieblich nutzt. Welcher Art die Nutzungsrechte sind (Hauptmietrechte, Rechte aus einem Untermietverhältnis oder auf Grund anderer zivilrechtlicher Titel) ist hiebei ohne Bedeutung. Ob die Nutzungsrechte als Aktivpost in der Bilanz auszuweisen sind, hängt davon ab, ob hiefür entsprechende Aufwendungen getätigt worden sind. Es ist dabei ohne Bedeutung, ob die Zahlung als Ablöse oder als Umzugskostenvergütung an den Vormieter geleistet wurde. Entscheidend ist nämlich nicht, aus welchem Grund dem bisher Berechtigten eine Zahlung geleistet wird, sondern, dass sie wirtschaftlich mit dem Übergang der Berechtigung zusammenhängt (VwGH 6.5.1975, 1703/74).

Das Mietrecht an einer gemischt genutzten Liegenschaft ist entsprechend dem Nutzungsverhältnis dem Betriebs- und dem Privatvermögen zuzuordnen, es sei denn, der betrieblich oder privat genutzte Teil ist von untergeordneter Bedeutung (siehe Rz 566 ff; VwGH 20.05.2010, 2008/15/0096).

(AÖF 2013/280)

Optionsrecht 528

Es handelt sich um ein eigenständiges Wirtschaftsgut, das als solches zu aktivieren ist. Bei Erwerb des Wirtschaftsgutes ist das Aktivum als Teil der Anschaffungskosten auf das durch Optionsausübung erworbene Wirtschaftsgut zu übertragen.

Parkplatz 529

Ein Parkplatz stellt ein eigenständiges unbewegliches abnutzbares Wirtschaftsgut dar (VwGH 22.5.2014, 2010/15/0161, VwGH 9.6.1986, 84/15/0128); auch eine Platzbefestigung (zB Schotter zur Beseitigung von Unebenheiten und Löchern) stellt ein eigenständiges Wirtschaftsgut dar (VwGH 20.5.2010, 2006/15/0238). Zur Veräußerung von Grund und Boden mit einem Parkplatz oder Platzbefestigungen siehe Rz 6621.

(BMF-AV Nr. 2015/133)

Patentrecht 530

Ein im Betrieb entwickeltes Patentrecht stellt ungeachtet der fehlenden Aktivierungsmöglichkeit notwendiges Betriebsvermögen dar (VwGH 29.10.1969, 178/68).

Personenkraftwagen 531

Für die Zugehörigkeit zum Betriebsvermögen ist nicht die Bauart oder äußere Erscheinungsform eines Kraftfahrzeuges maßgebend, sondern ausschließlich die überwiegende betriebliche Nutzung. Die Frage der Beurteilung des Fahrzeuges als „Fiskal-LKW" hat damit nichts zu tun (VwGH 6.4.1988, 84/13/0124).

Werden mehrere Personenkraftwagen mit Wechselkennzeichen betrieben, dann zählt jeder bzw. nur jener von ihnen zum notwendigen Betriebsvermögen, der seinem Wesen nach dem Betrieb zu dienen bestimmt ist und tatsächlich überwiegend betrieblich verwendet wird (VwGH 29.5.1985, 83/13/0136). Der Umstand, dass ein für betriebliche Zwecke angeschaffter Personenkraftwagen bereits nach kurzer Zeit wieder veräußert wurde, ändert nichts daran, dass er ab der Anschaffung zum Betriebsvermögen gehörte (VwGH 24.6.1986, 83/14/0174, 0190 bis 0192).

Nach den Erfordernissen einer Tabak-Trafik und Kurzwarenhandlung im Stadtzentrum kann ein Personenkraftwagen keineswegs von vornherein als notwendiges Betriebsvermögen angesehen werden. In einem solchen Fall muss die überwiegend betriebliche Verwendung des Kraftwagens nachgewiesen werden, um ihn als Betriebsvermögen behandeln zu können (VwGH 19.1.1962, 2641/59).

Auch wenn ein Rechtsanwalt über einen weiteren Personenkraftwagen verfügt, der sich im Privatvermögen befindet, widerspricht es der Erfahrung des täglichen Lebens, dass zwei im Betriebsvermögen befindliche Kraftfahrzeuge – bei Fehlen von Fahrtenbüchern – ausschließlich betrieblich verwendet werden (VwGH 20.4.1972, 2228/71; VwGH 11.7.1995, 91/13/0145). Die Behauptung eines Rechtsanwaltes, er nütze allein drei Kraftfahrzeuge überwiegend betrieblich, widerspricht den Erfahrungen des täglichen Lebens (VwGH 25.11.1997, 93/14/0159).

532 **Rechnungsabgrenzungen**

Rechnungsabgrenzungen sind (noch) keine Wirtschaftsgüter, sondern Bilanzpositionen eigener Art (siehe Rz 2395 ff).

533 **Regalrecht**

Bei einem Regalrecht, mit dem insbesondere die Nachfüllgarantie der eigenen Produkte beim Vertragspartner (Händler) erworben werden, handelt es sich um ein selbständig bewertbares Wirtschaftsgut.

534 **Roh-, Hilfs- und Betriebsstoffe**

Gegenstände, die dem Betrieb objektiv zu dienen bestimmt sind, wie Roh-, Hilfs- und Betriebsstoffe, gehören zum Betriebsvermögen (VwGH 13.12.1957, 192/56).

535 **Sanitärräume**

Kleinere Räumlichkeiten wie sanitäre Einrichtungen und Teeküchen sind betrieblich genutzte Räumlichkeiten, wenn sie nicht im Wohnungsverband liegen und sie sowohl der Betriebsinhaber als auch Kunden (und Geschäftspartner) benützen können. Die Beschäftigung betriebseigener Arbeitskräfte ist nicht Voraussetzung der Abzugsfähigkeit (VwGH 20.11.1996, 89/13/0259).

536 **Schilifte**

Lifttrassen samt Stützen und Wasserableitungsanlagen sind ein eigenständiges unbewegliches Wirtschaftsgut. Die maschinellen Anlagen wie der Liftmotor, das Zugseil, Schlepp-liftbügel sind bewegliche Wirtschaftsgüter (VwGH 15.2.1983, 82/14/0067).

537 **Schwebende Geschäfte**

Solange ein schwebendes Geschäft noch keinen wirtschaftlichen Niederschlag gefunden hat (noch von keiner Seite erfüllt wurde), ist es nicht auszuweisen (VwGH 19.4.1963, 2255/61; VwGH 28.4.1970, 1296/68). Es liegen bereits während des Schwebezustandes Wirtschaftsgüter (Forderungen, Verbindlichkeiten) vor, die aber (noch) nicht bilanziert werden dürfen.

538 **Schwebende Dauerverträge**

Im Fall von schwebenden Dauerverträgen (zB Bestandverträge oder Arbeitsverträge) liegen zwar Wirtschaftsgüter (Rechte, Verpflichtungen) vor, die aber nicht bilanziert werden dürfen (VwGH 26.2.1975, 936/74). Eine Bilanzierung käme erst auf Grund einer Vorleistung (zB Mietvorauszahlung, Mietrechtserwerb) in Betracht.

539 **Schwimmbad, Sauna, Solarium**

Ein Hallenbad samt Sauna und Solarium sowie dessen Einrichtung gehört dann nicht zum Betriebsvermögen eines praktischen Arztes, der sein Wohnhaus auch zu Ordinationszwecken benutzt, wenn der Nachweis der tatsächlichen überwiegenden Nutzung misslingt (VwGH 12.11.1985, 85/14/0074; VwGH 16.12.1986, 84/14/0111; VwGH 23.2.1994, 92/15/0025).

Notwendiges Privatvermögen ist auch das Schwimmbad eines Installateurs im eigenen Wohnhaus, auch wenn es als Musterbad genutzt wird (VwGH 17.11.1981, 81/14/0086, 0091, 0092).

540 **Seilbahnanlagen**

Die Seilbahnstützen einschließlich eines gegebenenfalls montierten Tragseiles sind der Seilbahntrasse zuzurechnen und somit (Trasse samt Stützen) als einheitliches (unbewegliches) Wirtschaftsgut zu behandeln. Wird eine Liftanlage einschließlich der Stützen zu Beginn der Saison montiert und am Ende der Saison demontiert, so kann diese (einschließlich Fundamentierung, jedoch ohne Trasse) insgesamt als bewegliches Wirtschaftsgut behandelt werden. Die technischen Einrichtungen wie Beförderungsmittel (Wagen bei Standseilbahnen, geschlossene Kabinen, Sessel, Schlepppliftbügel usw.), das Zugseil und die maschinelle Ausstattung (Motor) werden als bewegliche Wirtschaftsgüter zu beurteilen sein. Davon eigenständig zu behandeln sind Stationsgebäude als unbewegliche Wirtschaftsgüter.

Sozialeinrichtung 541

Ein Wirtschaftsgut, das der Belegschaft des Betriebes als soziale Einrichtung kostenlos zur Verfügung gestellt (zB ein Reitstall) wird und überwiegend, fast ausschließlich von den Dienstnehmern benützt wird, ist im Hinblick auf seine Zweckbestimmung und tatsächliche Verwendung notwendiges Betriebsvermögen. Dies auch dann, wenn es nur von einem Teil der Dienstnehmer tatsächlich benützt wird. Die Benützung durch die überwiegende Zahl der Betriebsangehörigen ist nicht erforderlich (VwGH 30.10.1974, 1724/72).

Sozialversicherungsbeiträge 542

Rückständige Sozialversicherungsbeiträge für Arbeitnehmer sind notwendiges negatives Betriebsvermögen und jedenfalls zu passivieren (VwGH 26.11.1985, 85/14/0076).

Stehendes Holz, stehender Wald 543

Siehe Rz 2304.

Straßen – Platzbefestigungen 544

Bei Straßen handelt es sich um eigene, selbständig bewertbare Wirtschaftsgüter (VwGH 15.02.1983, 82/14/0067, VwGH 09.06.1986, 84/15/0128). Ebenso stellt auch die Befestigung eines Lagerplatzes einschließlich der Beseitigung von Löchern und Unebenheiten ein selbständig bewertbares Wirtschaftsgut dar (VwGH 20.05.2010, 2006/15/0238).

(AÖF 2011/66)

Termin- und Optionsgeschäfte 545

Branchenuntypische Termin- und Optionsgeschäfte sind dem betrieblichen Bereich regelmäßig auch dann nicht zuzuordnen, wenn generell die Möglichkeit besteht, damit Gewinne zu erzielen. Branchenuntypische Termingeschäfte sind nur betrieblich veranlasst, wenn sie der Absicherung unternehmensbedingter Kursrisiken dienen und nach Art, Inhalt und Zweck ein Zusammenhang mit dem Betrieb besteht, wobei das einzelne Termingeschäft nach den im Zeitpunkt des Vertragsabschlusses bekannten Umständen geeignet und dazu bestimmt sein muss, das Betriebskapital tatsächlich zu verstärken. Unbedingte Termingeschäfte und Optionsgeschäfte scheiden auch unter dem Gesichtspunkt einer betrieblichen Liquiditätsreserve im Falle branchenfremder Betätigungen als gewillkürtes Betriebsvermögen aus, da sie auf Grund ihres spekulativen Charakters in die Nähe von Spiel und Wette zu rücken sind.

Verbindlichkeiten 546

Siehe Rz 2418 ff.

Verlagsrechte, Bücher und Druckwerke 547

Bei einem Verlag sind Druckwerke, Bücher und Verlagsrechte als notwendiges Betriebsvermögen anzusehen (VwGH 16.12.1966, 780/65).

Vermietete Wirtschaftsgüter 548

Diese gehören zunächst dann zum notwendigen Betriebsvermögen, wenn die Vermietung zumindest einer von mehreren Hauptzwecken der betrieblichen Tätigkeit ist (zB bei gewerblicher Vermietung oder Leasing). Bildet die Vermietung hingegen nicht den Hauptzweck der betrieblichen Tätigkeit, so gehören vermietete Wirtschaftsgüter nur dann zum notwendigen Betriebsvermögen des Betriebes des Vermieters, wenn die Vermietung diesem Betrieb dient, somit im wirtschaftlichen Zusammenhang mit jenen Aktivitäten steht, die den Betriebsgegenstand bilden. Dies ist dann der Fall, wenn die Vermietung der eigentlichen betrieblichen Tätigkeit des Vermieters förderlich ist (VwGH 13.12.1989, 85/13/0041; VwGH 3.4.1990, 87/14/0122; VwGH 9.5.1995, 94/14/0151; VwGH 19.11.1998, 96/15/0051).

Ein solcher wirtschaftlicher Zusammenhang ist gegeben, wenn über die Vermietung hinaus enge wirtschaftliche Beziehungen zwischen Vermieter und Mieter bestehen. Im konkreten Fall wurden bis zu 40% der vom Vermieter erzeugten Waren im Betrieb des Mieters – der Ehegattin – verkauft und Arbeitnehmer in beiden Betrieben eingesetzt sowie bestimmte betriebliche Aufwendungen wie Kosten für Wasser, Müll, Beheizung, Feuerversicherung, Büro, Kraftfahrzeug gemeinsam getätigt. Es bestand seitens des Vermieters ein betriebliches Interesse, dass unmittelbar neben seinem Erzeugungsbetrieb ein diesen ergänzender Handelsbetrieb geführt wird (VwGH 3.4.1990, 87/14/0122).

Ferienwohnungen sind in der Regel nicht dazu bestimmt, dem Betrieb einer Bäckerei zu dienen. Selbst wenn sich die bis zu 14 Personen, die in den Ferienwohnungen nächtigen können, jeweils dazu entschlossen haben sollten, Lebensmittel in der Bäckerei zu kaufen bzw. das Frühstück einzunehmen, kann dieser Umstand auf den Umsatz der Bäckerei nur eine völlig untergeordnete Auswirkung haben. Da die Ferienwohnungen zur Erzielung von Einnahmen aus Vermietung und Verpachtung, nicht jedoch unmittelbaren betrieblichen Zwecken der Bäckerei, insbesondere dem Verkauf dienen, sind die Ferienwohnungen auch nicht als zum notwendigen Betriebsvermögen der Bäckerei gehörend anzusehen (VwGH 25.2.1997, 93/14/0196).

549 **Versicherungen**

Versicherungen gehören dann zum Betriebsvermögen, wenn sie betrieblich veranlasst sind (siehe Rz 1234 ff).

550 **Vorkaufsrecht**

Bei einem Baumaterialgroßhändler, der auch eine Ziegelei und ein Betonwerk betreibt, gehört das Vorkaufsrecht für ein Gipswerk zum Betriebsvermögen. Ein Verzicht auf die Geltendmachung dieses Vorkaufsrechtes ist ein Betriebsvorgang (VwGH 25.2.1970, 1099/68).

551 **Waren**

Rechtsgeschäfte über Waren, die zum Unternehmen des Betriebsinhabers gehören, sind stets Betriebsvorfälle, auch wenn der Betriebsinhaber einen gegenteiligen Willen bekundet und sie als private Geschäfte behandelt hat (VwGH 12.3.1969, 0304/68; VwGH 25.2.1970, 1099/68).

Geschäfte eines Steuerpflichtigen in dem Bereich, in dem er üblicherweise sein Gewerbe ausübt, sind – von besonders gelagerten Einzelfällen abgesehen – solche der Betriebs- und nicht der Privatsphäre (VwGH 13.5.1975, 0835/74). Im Zweifel gelten die von einem Unternehmer vorgenommenen Rechtsgeschäfte als zum Betrieb seines Unternehmens gehörig (§ 344 UGB). Da ein Gewerbetreibender neben der betrieblichen auch eine private Sphäre hat, ist die Aussonderung privater Geschäftsvorfälle aus ständig im Gewerbebetrieb vorkommenden Geschäften nicht generell ausgeschlossen.

Für die betriebliche oder private Zuordnung von Veräußerungen, die üblicherweise in den Bereich eines Gewerbebetriebes fallen, aber auch im Rahmen einer privaten Vermögensverwaltung getätigt werden können, kommt es darauf an, wie der Steuerpflichtige die Geschäfte tatsächlich abgewickelt hat. Verkauft der Steuerpflichtige, zB ein Bilderhändler, ein Bild, das er anlässlich der Matura von einem nahen Angehörigen erhalten und danach ständig zur Ausschmückung der Wohnung verwendet hat, könnte der Verkauf bei einwandfreier Trennung vom Betrieb durchaus einen nicht in die betriebliche Sphäre reichenden, besonders gelagerten Einzelfall darstellen.

(AÖF 2008/238)

552 **Wassernutzungsrecht**

Ein Nutzungsrecht, zB ein Wasserrecht (Wasserbenutzungsrecht im Sinne des Wasserrechtsgesetzes) ist ein Wirtschaftsgut (VwGH 4.11.1980, 3332, 3415/79).

553 **Wegerecht**

Ein unbefristetes Wegerecht stellt keinen Teil des Grund und Bodens des herrschenden Grundstückes dar, sondern ist als gesondert bewertbares, nicht der Abnutzung unterliegendes Wirtschaftsgut anzusehen (VwGH 27.10.1976, 1418/74; VwGH 29.03.2007, 2006/15/0112). Ein Wegerecht stellt als Dienstbarkeit aber kein grundstücksgleiches Recht im Sinne des § 30 Abs. 1 EStG 1988 dar (siehe Rz 6622).

(AÖF 2013/280)

554 **Wertpapiere**

Wertpapiere gehören dann zum notwendigen Betriebsvermögen, wenn sie zur Deckung von Abfertigungsrückstellungen (VwGH 11.7.1995, 91/13/0145; VwGH 15.9.1999, 94/13/0098) oder Pensionsrückstellungen erforderlich sind, bzw. den unmittelbaren Betriebsgegenstand bilden (zB bei einem Wertpapierhändler). Sind die Wertpapiere nicht aus Betriebsmitteln angeschafft bzw. nicht unmittelbar für Zwecke des Betriebes (zB Verpfändung für Betriebsschulden) eingesetzt worden, können sie nicht zum notwendigen Betriebsvermögen gerechnet werden (VwGH 17.4.1974, 732/72).

Erwirbt ein Abgabepflichtiger Aktien an einer Gesellschaft, die unter Umständen in späteren Jahren Anteile an möglicherweise in der Zukunft zu gründenden Vertriebsgesellschaften erwerben (bzw. halten) wird, so erwirbt er Wirtschaftsgüter, deren künftige betriebliche Nutzung in keiner Weise feststeht. Diese Aktien sind daher nicht objektiv erkennbar zum unmittelbaren Einsatz im Betrieb bestimmt und stellen daher kein Betriebsvermögen dar (VwGH 20.2.1998, 96/15/0192).

Privat gehaltene Wertpapiere werden nicht schon wegen der aus betriebswirtschaftlicher Sicht ansonsten gegebenen Unterkapitalisierung des (Einzel-)Unternehmens zu notwendigem Betriebsvermögen. Erfüllen die Wertpapiere auch sonst keine Funktion im Betriebsgeschehen, kommt eine Zuordnung zum notwendigen Betriebsvermögen nicht in Betracht (VwGH 27.1.1998, 93/14/0166).

Wohnung 555

Zum Betriebsvermögen zählen auch ausschließlich beruflich genutzte Wohnungen (VwGH 6.10.1970, 7/69; VwGH 14.1.1992, 91/14/0198), beispielsweise Kanzlei oder Praxisräume eines Freiberuflers.

Aufwendungen für eine Kleinwohnung, die nahezu ausschließlich auf durch den Betrieb veranlassten Reisen als Unterkunft dient, sind Betriebsausgaben (VwGH 12.12.1978, 25/75). Private Zwecke für das Halten der Wohnung – so etwa als Aufenthalt bei Privatreisen, als zweiter Haushalt oder als private Vermögensanlage – müssen praktisch ausscheiden. Private Vermögensanlage wird im Allgemeinen nicht anzunehmen sein, wenn die ausschließlich als Unterkunft auf betrieblich veranlassten Reisen oder als Büro verwendete eigene Wohnung auf längere Sicht geringere Aufwendungen verursacht als eine Fremdunterkunft (VwGH 16.9.1986, 86/14/0017; VwGH 14.1.1992, 91/14/0198).

Eine Wohnung, die einem Steuerpflichtigen oder Mitunternehmer und seiner Ehefrau zur gemeinsamen Haushaltsführung dient, gehört nicht zum Betriebsvermögen; sie bildet notwendiges Privatvermögen (VwGH 19.10.1982, 82/14/0056; VwGH 27.11.1984, 14/2270/79, 82/14/0337; VwGH 13.5.1992, 90/13/0057). Dies gilt auch dann, wenn die Wohnung Geschäftsfreunden (VwGH 21.10.1986, 84/14/0054) oder Betriebsangehörigen (VwGH 13.9.1988, 87/14/0162) als Unterkunft dient.

Die Überlassung einer Wohnung an einen (Urlaubs-)Vertreter eines praktischen Arztes kann als weder berufstypisch noch üblich beurteilt werden, weil es gerade in der Berufsgruppe der Ärzte üblich ist, in solchen Fällen einen in der Nähe ordinierenden Arzt als Vertreter zu bestimmen. Die Vertreterwohnung gehört daher nicht zum Betriebsvermögen (VwGH 22.10.1997, 93/13/0267).

Zertifizierung 556

Eine Zertifizierung zB nach „ISO 9000“ über die Qualität der Produktionsorganisation eines Unternehmens schafft kein eigenständiges Wirtschaftsgut.

4.1.10.4.3 Gebäude

4.1.10.4.3.1 Gemischt genutzte Liegenschaften bzw. Gebäude

Von dem in Rz 479 ff beschriebenen Grundsatz der Nichtaufteilbarkeit von beweglichen Wirtschaftsgütern besteht bei Liegenschaften und Gebäuden eine Ausnahme, wobei folgende Fälle zu unterscheiden sind: 557

4.1.10.4.3.2 Unterschiedliche Verwendung einzelner Grundstücksteile (zB ein Teil des Gebäudes dient dem Betrieb, der andere Teil als Wohnung)

Bei gemischt genutzten Liegenschaften bzw. Gebäuden kann hingegen eine anteilsmäßige Zurechnung zum Betriebs- bzw. Privatvermögen Platz greifen. Werden einzelne bestimmt abgegrenzte Grundstücks(Gebäude-)Teile betrieblich, andere hingegen privat genutzt, ist das Grundstück (Gebäude) in einen betrieblichen und in einen privaten Teil aufzuteilen (VwGH 9.5.1995, 94/14/0151; VwGH 29.6.1995, 93/15/0110; VwGH 19.11.1998, 96/15/0051). Dabei ist das Gebäude als bauliche Einheit zu sehen (VwGH 26.9.1990, 86/13/0104). 558

Diese Grundsätze gelten auch für Mietrechte, wenn die angemietete Liegenschaft gemischt genutzt wird (VwGH 20.05.2010, 2008/15/0096).

(AÖF 2011/66)

Die Aufteilung hat grundsätzlich nach der Nutzfläche der unterschiedlich (betrieblich und nicht betrieblich) genutzten Gebäudeteile zu erfolgen. Ergibt diese Ermittlungsmethode auf Grund der besonderen Verhältnisse des Einzelfalles keine sachgerechten Ergebnisse, so kann auch ein anderer Aufteilungsmaßstab (insbesondere nach der Kubatur) herangezogen werden (VwGH 26.07.2007, 2005/15/0133). Die unterschiedliche Ertragskraft einzelner Räume ist kein geeigneter Aufteilungsmaßstab (VwGH 31.1.2019, Ro 2017/15/0011). 559

(BMF-AV Nr. 2021/65)

Für die Ermittlung des Nutzungsverhältnisses ist bei bestimmt abgegrenzten Räumlichkeiten und Flächen in erster Linie der betriebliche oder private Charakter für sich zu untersuchen. Lässt sich nach der Art der Räumlichkeit (Fläche) und ihrer Nutzung konkret feststellen, dass die betriebliche Verwendung überwiegt, so ist die Räumlichkeit (Fläche) als betrieblicher Teil des Gebäudes in die Berechnung des Nutzungsverhältnisses einzube- 560 ziehen. Gebäudeteile, die gemeinschaftlichen Zwecken (wie Stiegenhaus, Gang, Heizraum, Keller, Abstellräume usw.) dienen, beeinflussen nicht das Aufteilungsverhältnis, sondern sind entsprechend dem Verhältnis der anderen Räumlichkeiten aufzuteilen (schlüsselmäßige Aufteilung) (VwGH 19.9.1989, 88/14/0172; VwGH 5.7.1994, 91/14/0110; VwGH 25.1.1995, 93/15/0003).

561 Entsprechend diesem Aufteilungsschlüssel ist die Aufteilung eines betrieblich und privat verwendeten Vorzimmers bei größerer Kunden- oder Klientenzahl vorzunehmen (VwGH 7.7.2004, 99/13/0197, Vorzimmer einer Rechtsanwaltskanzlei), während bei sehr geringer Kunden- oder Klientenzahl das Vorzimmer dem Privatvermögen zuzurechnen ist (VwGH 30.11.1962, 1268/61, Privatvermögen des Vorzimmers eines Restaurators mit sehr kleinem Kundenkreis; VwGH 3.7.1991, 90/14/0066, Privatvermögen des Vorraumes eines Einfamilienhauses mit einem Notordinationsraum).

(AÖF 2005/110)

562 Ein unausgebauter Dachboden, wenn auch mit ebenem Boden und Beleuchtung, aber ohne jede Isolierung und Verkleidung der Dachhaut, lässt schon mangels Schutzfunktion hinsichtlich Wärme, Kälte, Feuchtigkeit und Verschmutzung nur eine so geringfügige private oder betriebliche Nutzung zu, dass die Nutzfläche dieses Dachbodens für die Frage nach der privaten oder betrieblichen Nutzung von Gebäudeteilen vernachlässigt werden kann (VwGH 29.7.1997, 93/14/0062).

563 Ein nicht genutzter Raum zählt in einem gemischt genutzten Gebäude zum Privatvermögen (VwGH 13.6.1989, 86/14/0129). Auch die Zufahrt zum Gebäude ist nach dem Nutzungsverhältnis des Gebäudes aufzuteilen, wobei es auf die Anzahl der Einzelbegehungen der Zufahrt nicht ankommt (VwGH 25.1.1995, 93/15/0003).

Der Grund und Boden (zB Gartenfläche) ist bei der Feststellung der (betrieblichen oder privaten) Nutzung des Gebäudes auszuscheiden (VwGH 19.9.1989, 88/14/0172). Erfolgt keine gesonderte betriebliche oder private Nutzung des Grund und Bodens, ist das Aufteilungsverhältnis des Gebäudes auch für die Aufteilung des Grund und Bodens zum Betriebs- und Privatvermögen heranzuziehen (siehe auch Rz 598). Wird der Grund und Boden in einem die betriebliche Nutzung des Gebäudes übersteigenden Ausmaß betrieblich genutzt (zB als Lagerfläche), ist der Grund und Boden in diesem Ausmaß dem Betriebsvermögen zuzuordnen.

Beispiel:

Ein Bauunternehmen nutzt das Erdgeschoß eines Gebäudes als Büro und Garage, das Obergeschoß wird vom Unternehmer bewohnt. Das Gebäude ist daher zu 50% dem Betriebsvermögen zuzuordnen. Der umgebende Grund und Boden wird zu 90% als betriebliche Abstell- und Lagerfläche genutzt und zu 10% als privater Garten des Unternehmers. In Anwendung der 80/20-Prozent-Regel (siehe Rz 566 ff) ist der Grund und Boden daher zur Gänze dem Betriebsvermögen zuzuordnen.

(AÖF 2013/280)

564 Die Frage, ob ein einheitliches Gebäude oder mehrere Gebäude vorliegen, ist nicht nach Gesichtspunkten der wirtschaftlichen Zusammengehörigkeit, sondern nach bautechnischen Kriterien zu lösen (VwGH 19.2.1991, 91/14/0031; VwGH 27.1.1994, 93/15/0161). Dabei stellt bei Gebäuden jede bautechnische Einheit ein einzelnes Wirtschaftsgut „Gebäude“ dar (VwGH 10.2.2016, 2013/15/0181).

Eines der bautechnischen Kriterien ist die Frage, ob Gebäude unmittelbar aneinander grenzend angebaut bzw. ineinander integriert bzw. aufeinander oder mit entsprechendem räumlichen Abstand voneinander errichtet sind (VwGH 16.12.2015, 2012/15/0230, in welchem ein in Massivbauweise ausgeführtes Stahlskeletttragwerk, in das Modulcontainer eingeschoben werden, als bauliche Einheit gesehen wird, weil das Stahlskeletttragwerk ohne Modulcontainer gar nicht nutzbar ist; VwGH 20.1.1981, 1345/80, in dem auf eine ebenerdige Halle ein Wohngebäude aufgesetzt wurde; VwGH 1.3.1983, 82/14/0222, 82/14/0223, in welchem Bauwerke nach der Art von Reihenhäusern unmittelbar aneinander grenzend errichtet wurden; VwGH 19.2.1991, 91/14/0031, in dem ein Betriebsgebäude um 5 Meter abgesetzt vom Wohngebäude errichtet wurde).

Als weitere wesentliche Kriterien für die Beurteilung dieser Frage sind folgende zu nennen: Ineinandergreifen der einzelnen Räumlichkeiten; Errichtung der Bauwerke auf verschiedenen Grundstücken mit identen oder verschiedenen Eigentümern; so sind Bauwerke auf verschiedenen Grundstücken (Grundbuchskörpern), welche verschiedenen Eigentümern gehören, selbst bei gemeinsamen Kellern als unterschiedliche Bauwerke zu betrachten (VwGH 20.05.2010, 2008/15/0156). Es kommt auch der „baulichen Gestaltung nach der Verkehrsauffassung“ große Bedeutung zu. Bestehen eigene Eingänge und Stiegenaufgänge, bilden ein Wohnhaus und ein Werkstättengebäude, die baulich unterschiedlich gestaltet sind, selbst dann nicht notwendigerweise eine bauliche Einheit, wenn sie aneinander stoßen und das Wohngebäude nur durch einen im Werkstättengebäude liegenden Vorraum betreten werden kann (VwGH 27.01.1994, 93/15/0161). Ebenfalls keine bauliche Einheit bilden ein Wohnhaus und eine angebaute Ordination, die sich in der bautechnischen Gestaltung unterscheiden, über getrennte Eingänge verfügen und nur durch einen Durchgang verbunden sind, auch wenn sie auf der selben Parzelle liegen und über dieselben Versorgungssysteme verfügen (VwGH 20.05.2010, 2008/15/0156). Auch ein Appartementhaus und eine unmittelbar angrenzende Tennishalle bilden keine wirtschaftliche Einheit, da schon das äußere Erscheinungsbild nicht auf das Vorliegen eines einheitlichen Gebäudes schließen lässt (VwGH 10.02.2016, 2013/15/0181).

(BMF-AV Nr. 2018/79)

Bei der Beurteilung des Ausmaßes der betrieblichen bzw. außerbetrieblichen Nutzung eines Grundstückes (Gebäudes) ist auf die tatsächlichen Verhältnisse im Wirtschaftsjahr und nicht auf erst danach geschaffene Verhältnisse abzustellen (VwGH 29.6.1995, 93/15/0110). **565**

4.1.10.4.3.3 Untergeordnete Bedeutung der betrieblichen bzw. privaten Nutzung eines Grundstücksteiles (80/20-Prozent-Regel)

(AÖF 2013/280)

Eine Aufteilung im Sinne der Rz 558 ff ist jedoch nicht vorzunehmen, wenn ein entweder der betrieblichen oder der privaten Nutzung dienender Gebäudeteil im Verhältnis zum Gesamtgebäude nur von untergeordneter Bedeutung ist. In einem solchen Fall ist eine einheitliche Betrachtung geboten. Von einer untergeordneten Nutzung ist dann zu sprechen, wenn diese weniger als 20% der Nutzung der Gesamtnutzfläche beträgt (VwGH 18.1.1983, 82/14/0100; VwGH 19.9.1989, 88/14/0172; VwGH 10.4.1997, 94/15/0211; VwGH 29.7.1997, 93/14/0062); wobei bei der Beurteilung der maßgeblichen Nutzfläche zu berücksichtigen ist, dass bei einem Gebäude jede bautechnische Einheit ein einzelnes Wirtschaftsgut „Gebäude" darstellt (siehe dazu Rz 564). **566**

Ist die – aus der Sicht des zu beurteilenden Betriebes – betrieblich genutzte Fläche mindestens 20% der Gesamtnutzfläche, hat eine Aufteilung zu erfolgen, andernfalls stellt der betrieblich genutzte Gebäudeteil, weil er aus der Sicht des zu beurteilenden Betriebes in Bezug auf die Gesamtnutzfläche von untergeordneter Bedeutung ist, kein Betriebsvermögen dar.

Diese Grundsätze sind auch auf Grund und Boden anzuwenden.

(BMF-AV Nr. 2018/79)

Betrieblich genutzte Eigentumswohnungen sind als eigenes Wirtschaftsgut und damit als Bestandteil des Betriebsvermögens anzusehen, und zwar auch dann, wenn der Miteigentumsanteil und das Ausmaß der betrieblichen Nutzung – bezogen auf das Gesamtobjekt – weniger als 20% betragen. **567**

Die Anwendung der 80/20-Prozent-Regel hat dergestalt zu erfolgen, dass die Nutzfläche des Gebäudeteiles, die es hinsichtlich der Betriebsvermögenszugehörigkeit zu beurteilen gilt, mit der Gesamtnutzfläche in Beziehung gesetzt wird. **568**

Entsprechendes gilt für die Beurteilung einer untergeordneten nichtbetrieblichen Nutzung: Ist die – aus der Sicht des zu beurteilenden Betriebes – nicht betrieblich genutzte Fläche mindestens 20% der Gesamtnutzfläche, hat eine Aufteilung zu erfolgen, andernfalls stellt der nicht betrieblich genutzte Gebäudeteil (weil er aus der Sicht des zu beurteilenden Betriebes in Bezug auf die Gesamtnutzfläche von untergeordneter Bedeutung ist) zur Gänze Betriebsvermögen dar.

Beispiel:

Wird ein Gebäude nach seiner Nutzfläche zu 60% für Zwecke des Betriebes I, zu 15% für Zwecke des Betriebes II und zu 25% privat genutzt, ergibt sich somit Folgendes:

Der für Zwecke des Betriebes I (60% der Nutzfläche) genutzte Gebäudeteil gehört zum Betriebsvermögen des Betriebes I. Eine Anwendung der Regel vom untergeordneten Ausmaß hat in diesem Fall zu unterbleiben, weil die aus Sicht des Betriebes I anders geartete Nutzung (15% Betrieb II und 25% privat) mehr als 20% ausmacht.

Der für Zwecke des Betriebes II (15% der Nutzfläche) genutzte Gebäudeteil gehört nicht zum Betriebsvermögen des Betriebes II. Die Anwendung der Regel vom untergeordneten Ausmaß bewirkt in diesem Fall, dass der lediglich zu 15% genutzte Gebäudeteil nicht Betriebsvermögen des Betriebes II darstellt, weil die aus Sicht des Betriebes II anders geartete Nutzung (60% Betrieb I und 25% privat, sohin 85%) mehr als 20% ausmacht. Die untergeordnete betriebliche Nutzung führt jedoch zu einer Nutzungseinlage in Höhe der anteiligen AfA.

Ist ein im Alleineigentum stehendes Gebäude im Sinne der 80/20-Prozent-Regel teils Betriebsvermögen und teils Privatvermögen, bewirkt eine innerhalb des 80/20-Prozent-Rahmens stattfindende nachhaltige Nutzungsänderung in der Regel entweder eine Entnahme oder **569**

Einlage. Sind zB 60% des Gebäudes Betriebsvermögen und wird die betriebliche Nutzung durch nachhaltige Vermietung auf zB 50% vermindert, liegt insoweit eine Entnahme vor; das 40%ige-Privatvermögen erhöht sich auf 50%. Erhöht sich die betriebliche Nutzung nachhaltig auf zB 70%, liegt insoweit eine Einlage vor; das Privatvermögen sinkt auf 30%. Auf derartige Verschiebungen ist die 80/20-Prozent-Regel nicht anwendbar.

Eine Entnahme kann demnach nicht deshalb verhindert werden, weil die Nutzungsänderung weniger als 20% des betrieblich genutzten Gebäudes ausmacht. Eine Entnahme würde nur dann nicht vorliegen, wenn der vermietete Teil entweder dem gewillkürten (setzt Gewinnermittlung nach § 5 EStG 1988 voraus) oder dem notwendigen Betriebsvermögen zuzurechnen ist (VwGH 9.5.1995, 94/14/0151).

570 Wird auf Grund einer nachhaltigen Nutzungsänderung die 20% betriebliche Nutzung einer Liegenschaft unterschritten, so muss die gesamte Liegenschaft entnommen werden.

Beispiel:

Bei einer Liegenschaft sind 30% Betriebsvermögen und 70% Privatvermögen. Wird in der Folge das Gebäude nur mehr zu 15% betrieblich genutzt, so muss das gesamte Betriebsvermögen (also 30%) entnommen werden.

571 Die 80/20-Prozent-Regel führt zu folgenden Konsequenzen:

- Bei untergeordneter Bedeutung des betrieblich genutzten Teiles des Gebäudes oder der Eigentumswohnung, welche zur Gänze zum Privatvermögen gehören, bilden die auf den betrieblichen Teil entfallende AfA sowie die anteiligen Finanzierungskosten Betriebsausgaben (Nutzungseinlage, VwGH 13.12.1989, 85/13/0041; VwGH 3.6.1992, 91/13/0115; VwGH 21.11.1995, 92/14/0160; VwGH 18.3.1997, 93/14/0235). Investitionen und Einbauten in betrieblich genutzten Räumen gehören auch dann zur Gänze zum Betriebsvermögen, wenn das Gebäude wegen bloß untergeordneter betrieblicher Nutzung zur Gänze Privatvermögen darstellt (VwGH 13.12.1989, 85/13/0041).

Die betrieblich genutzten Gebäudeteile gehören im Falle einer untergeordneten betrieblichen Nutzung nicht zum Betriebsvermögen, sodass Investitionsbegünstigungen nicht geltend gemacht werden können.

Da die betrieblichen Gebäudeteile nicht dem Betriebsvermögen angehören, stellt auch die Veräußerung des Gebäudes keinen betrieblichen Vorgang dar. Die Beendigung der betrieblichen Nutzung führt mangels Betriebsvermögens auch zu keiner Entnahme.

- Ist infolge untergeordneter privater Nutzung das gesamte Gebäude Betriebsvermögen, so bilden die durch das Gebäude veranlassten Aufwendungen zur Gänze Betriebsausgaben. Der Privatnutzung ist durch Ansatz einer Nutzungsentnahme Rechnung zu tragen, deren Bewertung sich mit dem entsprechenden Anteil an den Betriebsausgaben bemisst. Es sind daher die auf den privat genutzten (wegen seines untergeordneten Ausmaßes zum Betriebsvermögen zählenden) Gebäudeteil entfallenden Beträge an AfA, Reparaturen, Betriebskosten sowie Finanzierungsaufwendungen als Entnahmewert anzusetzen (VwGH 18.2.1999, 98/15/0192).

Obwohl der privat genutzte Gebäudeteil als zum Betriebsvermögen zugehörig angesehen wird, steht der Investitionsfreibetrag dennoch nur für den betrieblich genutzten Teil zu (VwGH 14.9.1993, 93/15/0135).

Die Zurechnung eines privat genutzten Gebäudeteiles zum Betriebsvermögen hat zur Folge, dass die Entnahme und die Veräußerung des Gebäudes zur Gänze als betrieblicher Vorgang zu erfassen sind (VwGH 18.1.1983, 82/14/0100, 0103 und 0104; VwGH 21.2.1984, 83/14/0159)

572

Betrieblich genutzte Gebäude			
Betriebliche Nutzung	0% bis weniger als 20%	20% bis 80%	Mehr als 80% bis 100%
Zurechnung zum (notwendigen)[1]) Betriebsvermögen	0%	20%-80%	100%
Erfassung stiller Reserven bei Verkauf oder Entnahme	0%	20%-80%	100%
Absetzung für Abnützung, sonstige nicht zuordenbare Aufwendungen	0% bis weniger als 20%	20%-80%	100%
davon Privatanteil	0%	0%	0% bis weniger als 20%

[1]) Soweit ein § 5-Ermittler Gebäudeteile im gewillkürten Betriebsvermögen hält, sind diese ebenso Betriebsvermögen.

(BMF-AV Nr. 2018/79)

4.1.10.4.3.4 Dieselben Grundstücksteile werden zeitlich abwechselnd oder gleichzeitig teils privat, teils betrieblich genutzt

Werden dieselben Grundstücks-(Gebäude-)Teile zeitlich abwechselnd teils betrieblich, teils privat genutzt, ist auf das Überwiegen abzustellen (VwGH 12.11.1985, 85/14/0114; VwGH 19.9.1989, 88/14/0172; VwGH 5.7.1994, 91/14/0110; VwGH 19.11.1998, 96/15/0051). Die betriebliche bzw. private Nutzung ist als Nutzungseinlage bzw. Nutzungsentnahme zu berücksichtigen. 573

4.1.10.4.4 Gebäude im Miteigentum

Bei einer betrieblichen Nutzung von im Miteigentum stehenden Liegenschaften durch einen Miteigentümer sind folgende Fälle zu unterscheiden: 574

- Zwischen den Miteigentümern wurde keine Vereinbarung über eine Entgeltzahlung geschlossen. Findet der betrieblich genutzte Liegenschaftsteil in der Miteigentumsquote des Betriebsinhabers Deckung, dann ist der betrieblich genutzte Teil zur Gänze dem Betriebsvermögen dieses Miteigentümers zuzurechnen. Bei höherer betrieblicher Nutzung liegt nur bis zur Miteigentumsquote Betriebsvermögen vor (VwGH 12.4.1972, 1356/70; VwGH 21.11.1973, 0538/72; VwGH 12.3.1975, 1294/74; VwGH 15.1.1991, 87/14/0123).

Beispiel:

Eine Gastwirtschaft wird in einem Gebäude betrieben, das je zur Hälfte im zivilrechtlichen und wirtschaftlichen Eigentum des Gastwirtes und seiner Gattin steht. Der Gastwirt hat mit der aus den beiden Eheleuten gebildeten Hausgemeinschaft keinen Mietvertrag abgeschlossen.

Das Gebäude wird zu 45% betrieblich verwendet: Das Gebäude gehört mit 45% zum notwendigen Betriebsvermögen.

Das Gebäude wird zu 75% betrieblich verwendet: Das Gebäude gehört mit 50% (nicht 75%) zum notwendigen Betriebsvermögen.

- Ein Miteigentümer nutzt einen Gebäudeteil auf Grund eines mit der Hausgemeinschaft abgeschlossenen Mietvertrages. Im Ausmaß der auf den gemieteten Gebäudeteil angewandten Miteigentumsquote liegt Betriebsvermögen vor (VwGH 1.2.1980, 0643/79; VwGH 29.6.1982, 1347/78, 82/14/0171). Dieser Mietvertrag wird (nur) hinsichtlich der rechnerisch auf die anderen Miteigentümer entfallenden Miteigentumsquote steuerlich anerkannt. Die in Höhe des eigenen Miteigentumsanteils gezahlte Miete stellt daher keine Betriebsausgabe, sondern eine Entnahme dar. Die Miete, die auf den Miteigentumsanteil der anderen Eigentümer entfällt, ist Betriebsausgabe und bei diesen als Einkünfte aus Vermietung und Verpachtung zu versteuern.

Fortsetzung des Beispiels:

Der Gastwirt hat mit der Hausgemeinschaft einen formellen Mietvertrag abgeschlossen und bezahlt an diese Hausgemeinschaft einen angemessenen Mietzins. Das Gebäude zählt in diesem Fall im Ausmaß von 22,5% (also nur mit der Hälfte der betrieblichen Nutzung) zum Betriebsvermögen. Nur in diesem Umfang kommen Investitionsbegünstigungen in Betracht. Auch der mit der Hausgemeinschaft vereinbarte Mietzins ist nur zur Hälfte beim Gastwirt Betriebsausgabe und in diesem Ausmaß beim anderen Miteigentümer Einnahme (in der Einkunftsart Vermietung und Verpachtung).

Ergibt sich bei einem Miteigentümer ein Ausmaß des Betriebsvermögens unter 20% (der Hälfteeigentümer nutzt zB auf Grund eines Mietvertrages 30% des Hauses betrieblich, Betriebsvermögen liegt daher nur im Ausmaß von 15% vor), ist das untergeordnete Ausmaß des Betriebsvermögens nach der betrieblichen Nutzung insgesamt (30%) und nicht nach dem davon dem Betriebsvermögen zuzurechnenden Teil (50% von 30% = 15%) zu beurteilen.

Zu den Grundsätzen für die Zuordnung von Grund und Boden zum Betriebsvermögen siehe Rz 563.

(BMF-AV Nr. 2018/79)

Wird in einem zunächst im Alleineigentum stehenden teilweise betrieblich genutzten Gebäude durch Schenkung eines Teiles Miteigentum begründet, so gehört – sofern eine Vereinbarung über eine Entgeltszahlung nicht getroffen wurde – der betrieblich genutzte Teil insoweit zum Betriebsvermögen des (Miteigentum besitzenden) Steuerpflichtigen, als er in der Miteigentumsquote Deckung findet. 575

Beispiel:

In einem im Alleineigentum stehenden teilweise (60%) betrieblich genutzten Gebäude wird durch Schenkung eines Anteiles von 40% des Gebäudes an die Ehegattin Miteigentum begründet.

Im Fall der betrieblichen Nutzung von im Miteigentum stehenden Gebäude gehört der betrieblich genutzte Teil insoweit zum Betriebsvermögen des Steuerpflichtigen, als er in der Miteigentumsquote Deckung findet.

Ist die Schenkung mit keiner Verringerung des Umfanges der betrieblichen Nutzung verbunden, hat die Schenkung auf die Frage der Betriebsvermögenszugehörigkeit des Gebäudes keine Auswirkung, da der betrieblich genutzte Teil (60%) in der Miteigentumsquote (60%) Deckung findet. Eine Entnahme im Sinne des § 6 Z 4 EStG 1988 kommt daher nicht in Betracht.

Eine Entnahme im Sinne des § 6 Z 4 EStG 1988 läge nur dann und insoweit vor, als der betrieblich genutzte Teil nach der Schenkung in der Miteigentumsquote keine Deckung mehr fände. Dies wäre zB der Fall, wenn 50% des zu 60% betrieblich genutzten Gebäudes verschenkt werden. In einem derartigen Fall würde die Schenkung in jenem Umfang, in dem der betrieblich genutzte Gebäudeteil (60%) in der Miteigentumsquote (50%) nicht mehr gedeckt ist, das sind 10%, zu einer Entnahme führen.

576 Wurde ein Gebäude vom Hälfteeigentümer zu 45% betrieblich genutzt und veräußert er den Betrieb ohne diesen Miteigentumsanteil an den anderen Hälfteeigentümer, der diesen Betrieb in den vom anderen Hälfteeigentümer ehemals benutzten Geschäftsräumlichkeiten fortführt, so liegt damit eine Entnahme des bisher betrieblich genutzten Teiles durch den Veräußerer und eine Einlage des anderen Hälfteeigentümers in das Betriebsvermögen vor (VwGH 15.1.1991, 87/14/0123). Wird im Zuge eines Scheidungsvergleiches die Verfügungsgewalt über ein betrieblich genutztes Gebäude dem Ehegatten zugesprochen, der das Gebäude betrieblich nutzt, dann stellt das Gebäude ab diesem Zeitpunkt zur Gänze Betriebsvermögen dar (VwGH 25.1.1993, 92/15/0024).

4.1.10.4.5 Grund und Boden

577 Im Bilanzsteuerrecht wird unter Grund und Boden (§ 4 Abs. 3a Z 3 und 5 sowie § 30 Abs. 1 EStG 1988) nur der nackte Grund und Boden verstanden. Selbständig bewertungsfähige Wirtschaftsgüter sind, auch wenn sie mit Grund und Boden fest verbunden und zivilrechtlich Zubehör der Liegenschaft sind, einkommensteuerlich nicht zu Grund und Boden zu rechnen. Diese sind als besondere Wirtschaftsgüter nach den üblichen Bewertungsgrundsätzen bewertet anzusetzen. Dazu gehören Gebäude (VwGH 11.4.1958, 1314/56; VwGH 14.1.1986, 84/14/0019; VwGH 30.6.1987, 86/14/0195), Betriebsanlagen (zB Hochöfen, Silos), Glashäuser, Glasbeete, Brücken, Pumpenanlagen usw., aber auch Baumschulanlagen. Ein selbständiges Wirtschaftsgut ist auch ein Wegerecht am Nachbargrundstück (VwGH 27.10.1976, 1418/74; siehe auch Rz 553).

Für Zwecke der Besteuerung von Gewinnen aus der Veräußerung von Grundstücken sind Wirtschaftsgüter, die nach der Verkehrsauffassung derart in einem engen Nutzungs- und Funktionszusammenhang mit einem Grundstück stehen, dass sie die Nutzung dieses Grundstücks ermöglichen oder verbessern (zB Wege, Zäune und Drainagen), vom Grundstücksbegriff umfasst (Rz 6621); an ihrer Eigenschaft als selbständige Wirtschaftsgüter ändert dies nichts. Entscheidend ist, ob dem jeweiligen Gegenstand im Falle der Veräußerung eine besonders ins Gewicht fallende Selbständigkeit zugebilligt würde (VwGH 13.11.2019, Ro 2019/13/0033, wonach ein Freischwimmbecken/Außenpool im Garten selbständig sein kann, nicht jedoch zB eine Terrasse mit Granitplatten oder das Kopfsteinpflaster im Einfahrts- bzw. Eingangsbereich). Für Zwecke der Besteuerung von Gewinnen aus der Veräußerung von Grundstücken bestehen auch keine Bedenken, Wirtschaftsgüter, die keine ins Gewicht fallende Selbständigkeit aufweisen, dem Grund und Boden zuzurechnen.

Nicht zum Grund und Boden gehören das Holzbezugsrecht (VwGH 21.10.1960, 0113/60), das Fischereirecht (Rz 5122), das Jagdrecht (VwGH 11.12.1990, 90/14/0199; VwGH 16.11.1993, 90/14/0077), das Teilwaldrecht (VwGH 19.9.1995, 92/14/0005) oder das Baurecht. Auch die Anteilsrechte an einer Agrargemeinschaft stellen keinen Grund und Boden iSd § 4 Abs. 3a Z 3 lit. a EStG 1988 dar. Bei ausgearbeiteten Schottergruben, die zum Zweck der Errichtung einer Bauschuttdeponie als Deponieraum erworben wurden, handelt es sich um kein von Grund und Boden gesondert zu betrachtendes Wirtschaftsgut (VwGH 11.12.1996, 94/13/0179). Veräußert aber ein Grundeigentümer mit dem Grundstück verbundene Rechte (zB zur Nutzung als Mülldeponie) so ist insoweit eine gesonderte (immaterielle) Wirtschaftsguteigenschaft nicht ausgeschlossen (VwGH 18.2.1999, 97/15/0015).

(BMF-AV Nr. 2021/65)

Beiträge zur Errichtung öffentlicher Interessentenwege und Aufschließungsbeiträge für den Ausbau einer Ortsstraße zählen zu den Anschaffungskosten des Grund und Bodens. Dies gilt ebenso für solche Aufwendungen einer Gemeinde für die Errichtung einer Gemeindestraße, welche die Gemeinde als Eigentümerin eines Grundstückes im Rahmen des Kaufvertrages dem Käufer anlastet (VwGH 25.11.1999, 99/15/0169). **578**

Nicht zum nackten Grund und Boden gehören das Feldinventar (im Boden befindliche Saat, Dünger, Aufwand für Feldbestellung usw.), die stehende Ernte und das stehende Holz (VwGH 16.09.1960, 0550/57). Hinsichtlich der Bewertung siehe Rz 2301. Es bestehen keine Bedenken, im Falle der Veräußerung des Grund und Bodens bei einjährigen Feldfrüchten für Feldinventar und stehende Ernte 1.000 Euro pro Hektar anzusetzen (bis einschließlich der Veranlagung 2010: 730 Euro pro Hektar); im Fall der Vollpauschalierung sind diese Erlöse bereits mit der Pauschalierung abgegolten. **579**

Bei der Veräußerung von Waldgrundstücken ist daher der auf das stehende Holz entfallende Veräußerungserlös steuerlich zu erfassen. Buchführende Land- und Forstwirte können das stehende Holz in den Betriebsvermögensvergleich einbeziehen (§ 125 Abs. 5 BAO), also den Holzzuwachs in Form einer Teilwertzuschreibung aktivieren (§ 6 Z 2 lit. b EStG 1988).

Das stehende Holz, die stehende Ernte, das Feldinventar und ein vorhandenes Jagdrecht sind als Form der Nutzung des Grundstücks auch vom Begriff des Grundstückes im Sinne des § 30 Abs. 1 EStG 1988 nicht erfasst (siehe Rz 6621). Alle diese gesondert von Grund und Boden zu erfassenden Veräußerungserträge sind zum Tarif nach § 33 EStG 1988 zu versteuern.

(AÖF 2013/280)

4.1.10.4.5.1 Grund und Boden bei der Gewinnermittlung nach § 5 EStG 1988

Bei der Gewinnermittlung nach § 5 Abs. 1 EStG 1988 waren Wertänderungen, die Veräußerung und die Entnahme von Grund und Boden auch vor dem 1.4.2012 gewinnwirksam; daher war Grund und Boden zum 31.3.2012 jedenfalls steuerverfangen. Die Regelungen über die pauschale Gewinnermittlung bei Altvermögen nach § 30 Abs. 4 EStG 1988 ist daher bei der Gewinnermittlung nach § 5 Abs. 1 EStG 1988 grundsätzlich nicht anzuwenden. **580**

Hinsichtlich der Auswirkungen des Eintrittes bzw. des Wegfalles der Rechnungslegungspflicht gemäß § 189 UGB bei Gewerbetreibenden vor dem 1.4.2012 siehe Rz 702 ff.

Entnahmen von Grund und Boden nach dem 31.3.2012 sind nicht gewinnwirksam, weil als Entnahmewert gemäß § 6 Z 4 EStG 1988 der Buchwert des Grund und Bodens anzusetzen ist, außer es kommt der besondere Steuersatz nach § 30a Abs. 1 EStG 1988 im Zusammenhang mit dem entnommenen Grund und Boden nicht zur Anwendung (siehe dazu Rz 6682 ff). Im Ergebnis kommt es dadurch zu einer Verschiebung der steuerlichen Erfassung der stillen Reserven bis zum Zeitpunkt der Veräußerung des Grund und Bodens.

(AÖF 2013/280)

4.1.10.4.5.2 Grund und Boden bei der Gewinnermittlung nach § 4 Abs. 1 EStG 1988

Bei der Gewinnermittlung nach § 4 Abs. 1 EStG 1988 waren alle Wertveränderungen von Grund und Boden des Anlagevermögens vor dem 1.4.2012 unbeachtlich. Soweit auf Grund und Boden des Anlagevermögens auf Grund des Fristenlaufes (Spekulationsfrist) § 30 EStG 1988 idF vor dem 1. StabG 2012 im Falle einer Veräußerung zum 31.3.2012 nicht anzuwenden gewesen wäre, war er zum 31.3.2012 nicht steuerverfangen. Ein solcher Grund und Boden stellt daher Altvermögen im Sinne des § 30 Abs. 4 EStG 1988 dar. **581**

Grund und Boden, der nach dem 31.3.2012 angeschafft wird oder der zum 31.3.2012 auf Grund des § 30 EStG 1988 idF vor dem 1. StabG 2012 steuerverfangen war, stellt Neuvermögen dar.

Grund und Boden unterliegt dem besonderen Steuersatz gemäß § 30a Abs. 1 EStG 1988, es sei denn die Veräußerung fällt unter § 30a Abs. 3 Z 1 bis 4 EStG 1988 oder § 30a Abs. 4 EStG 1988 (siehe dazu Rz 6682 ff).

Grund und Boden ist im Unterschied zu einem Gebäude ein nicht abnutzbares Wirtschaftsgut. Grund und Boden und Gebäude sind daher separat in der Bilanz zu erfassen.

(AÖF 2013/280)

Die Anschaffungskosten des Grund und Bodens sind zu aktivieren. Zu den Anschaffungskosten gehören auch alle mit dem Kauf des nackten Grund und Bodens unmittelbar zusammenhängenden Aufwendungen (zB Prozesskosten für einen Streit um die Höhe des Kaufpreises). Alle anderen Ausgaben, die mit der laufenden Nutzung des Grund und Bodens im Zusammenhang stehen, sind Betriebsausgaben (zB laufende Betriebskosten, Grundsteuer, Zinsen für Schulden, die zum Erwerb des Grund und Bodens aufgenommen wurden). Dies **582** gilt auch für Anwalts- und Prozesskosten, die zur Verteidigung des Eigentums am Grund und Boden aufgewendet werden (VwGH 2.4.1979, 3429/78). Nicht abzugsfähig sind aber alle mit dem Verkauf des Grund und Bodens unmittelbar zusammenhängenden Aufwendungen, wenn der Grund und Boden dem besonderen Steuersatz gemäß § 30a Abs. 1 EStG 1988 unterliegt (ausgenommen die Kosten der Selbstberechnung, Mitteilung und Entrichtung der ImmoESt durch den Parteienvertreter).

(AÖF 2013/280)

583 Gemäß § 4 Abs. 3a EStG 1988 iVm § 30 Abs. 1 EStG 1988 stellen Grund und Boden und Gebäude zwei voneinander getrennte Wirtschaftsgüter dar. Als selbständige Wirtschaftsgüter unterliegen sie auch einer separaten Bewertung. Weiters stellt auch nur das Gebäude ein abnutzbares Wirtschaftsgut dar und unterliegt somit einer AfA. Auf Grund dieser Differenzierungen und der durch das EStG 1988 idF des 1. StabG 2012 getroffenen klaren Abgrenzung von Grund und Boden und Gebäude, und den daraus resultierenden Unterschieden bei der Ermittlung des Gewinnes aus Grundstücksveräußerungen sind auch bebaute Grundstücke ab der Wirksamkeit des 1. StabG 2012 (1.4.2012) auch bezüglich der Vornahme einer Teilwertabschreibung als getrennte Wirtschaftsgüter zu bewerten. Die Einheitstheorie ist daher in weiterer Folge nicht mehr zu beachten.

Eine Teilwertabschreibung ist daher entsprechend den Umständen nur für das Gebäude oder auch für den Grund und Boden vorzunehmen. Unterliegt das von der Teilwertabschreibung betroffene Grundstück dem besonderen Steuersatz gemäß § 30a Abs. 1 EStG 1988, sind Teilwertabschreibungen vorrangig mit positiven Einkünften aus anderen Grundstücksveräußerungen oder Wertzuschreibungen von Grundstücken desselben Wirtschaftsjahres zu verrechnen; ein verbleibender negativer Überhang darf zu 60% mit anderen betrieblichen oder außerbetrieblichen Einkünften ausgeglichen werden bzw. geht zu 60% in den Verlustvortrag ein; dies gilt auch für die außergewöhnliche technische oder wirtschaftliche Abnutzung (AfaA) (§ 6 Z 2 lit. d EStG 1988).

(BMF-AV Nr. 2018/79)

584 Bei der Veräußerung von Grund und Boden ist zu unterscheiden, ob es sich um Alt- oder Neuvermögen handelt.

Liegt Altvermögen vor, ist im Falle der Veräußerung die pauschale Gewinnermittlung nach § 30 Abs. 4 EStG 1988 anwendbar (siehe Rz 779 ff).

Liegt Neuvermögen vor, ist im Falle der Veräußerung der Veräußerungsgewinn durch Gegenüberstellung des Veräußerungserlöses und des Buchwertes zu ermitteln (siehe Rz 769 ff).

Entnahmen von Grund und Boden nach dem 31.3.2012 sind nicht gewinnwirksam (siehe Rz 580), sofern nicht eine Ausnahme vom besonderen Steuersatz gemäß § 30a EStG 1988 vorliegt.

Zur Veräußerung von Grund und Boden gegen Rente siehe Rz 775 und 781.

(AÖF 2013/280)

585 Bei Entschädigungen, die mit der Inanspruchnahme des Grund und Bodens durch Dritte zusammenhängen, muss zwischen solchen, die für die Wertminderung am Grund und Boden selbst, und solchen, die für den Verlust, die Beschädigung oder die Aufgabe anderer Wirtschaftsgüter und für die Duldung der Inanspruchnahme (siehe Rz 586) gezahlt werden, unterschieden werden.

(AÖF 2013/280)

586 Entschädigungen für Wertminderungen am Grund und Boden (zB anlässlich der Einräumung einer Stromleitungsdienstbarkeit oder einer Dienstbarkeit für den Zugang zu einer Fußgängerunterführung oder einer U-Bahn-Station) bleiben bei der Ermittlung des Gewinnes auf Grund des § 3 Abs. 1 Z 33 EStG 1988 außer Ansatz. Es ist daher zu unterscheiden, ob die Entschädigung für die Wertminderung von Grund und Boden, für den Verzicht auf Einnahmen oder für die Aufgabe oder die Wertminderung anderer Wirtschaftsgüter geleistet wird. Daher bilden Entschädigungen für den Verzicht auf eine bestimmte Nutzung eines Betriebsgrundstückes eine Betriebseinnahme (VwGH 15.12.1967, 1839/65). Entschädigungen für den Verzicht auf Nachbarrechte (zB auf Einspruch bei der Bauverhandlung) zählen, wenn die Liegenschaft des Verzichtenden zum Betriebsvermögen gehört, zu den Betriebseinnahmen (VwGH 28.1.1997, 96/14/0012). Erhält ein Steuerpflichtiger, auf dessen Grundstück irrtümlich eine Mauer errichtet wurde, dafür eine Entschädigung in Höhe des Grundstückspreises, so liegt dabei eine wirtschaftliche Entschädigung für Grund und Boden vor.

Entschädigungen für Wertminderungen liegen nur dann vor, wenn das (wirtschaftliche) Eigentum am Grund und Boden beim Zahlungsempfänger verbleibt. Ansonsten liegt eine Veräußerung von Grund und Boden vor und § 3 Abs. 1 Z 33 EStG 1988 ist nicht anwendbar.

(AÖF 2013/280)

Entschädigungen für Wertminderungen und Ertragseinbußen in der Ernte (Feldinventar) und aus dem stehenden Holz (Wald) sowie für Erschwernisse in der Bewirtschaftung einer Land- und Forstwirtschaft (längere Wege, unrationellere Grundstücksgestaltung) bilden steuerpflichtige Betriebseinnahmen (VwGH 28.9.1962, 0588/63), die nicht dem besonderen Steuersatz gemäß § 30a EStG 1988 unterliegen. Buchführende Steuerpflichtige können in Höhe der Entschädigung für die Wirtschaftserschwernisse einen Passivposten bilden, der verteilt auf die Jahre der Wirtschaftserschwernis abzuschreiben ist (siehe Rz 5170 f). 587

(AÖF 2013/280)

Bei der Veräußerung eines bebauten Grundstückes im Rahmen der Gewinnermittlung nach § 4 Abs. 1 EStG 1988 ist zu unterscheiden: 588

- Handelt es sich beim nackten Grund und Boden um Altvermögen, kann hinsichtlich des auf Grund und Boden entfallenden Veräußerungsgewinnes die pauschale Gewinnermittlung nach § 30 Abs. 4 EStG 1988 angewendet werden; der Veräußerungserlös ist daher auf Grund und Boden sowie auf das Gebäude aufzuteilen.
- Handelt es sich beim Grund und Boden um Neuvermögen, ist für die Berücksichtigung des Inflationsabschlages (§ 4 Abs. 3a Z 3 lit. b EStG 1988) bei Veräußerungen vor dem 1.1.2016 ebenfalls eine Aufteilung des Veräußerungserlöses auf Grund und Boden und Gebäude erforderlich.

Die Aufteilung erfolgt im Schätzungsweg (VwGH 15.3.1988, 87/14/0067), wobei für die Ermittlung der Verkehrswerte der Sachwertmethode der Vorrang zukommt (VwGH 23.4.1998, 96/15/0063). Zunächst ist nach dieser Methode der Verkehrswert des Grund und Bodens einerseits und jener des Gebäudes andererseits zu ermitteln. Die Aufteilung des auf die Gesamtliegenschaft entfallenden tatsächlichen Veräußerungserlöses auf Grund und Boden und auf Gebäude erfolgt sodann im Verhältnis dieser Verkehrswerte (VwGH 30.6.1987, 86/14/0195). Die Ermittlung eines auf das Gebäude entfallenden Differenzwertes ist nur dann zulässig, wenn der Wert des Grund und Bodens festgestellt werden kann und der Kaufpreis weitestgehend dem Verkehrswert entspricht (VwGH 23.4.1998, 96/15/0063).

(BMF-AV Nr. 2018/79)

4.1.10.5 Gewillkürtes Betriebsvermögen

4.1.10.5.1 Allgemeines

Gewerbetreibende, die nach UGB rechnungslegungspflichtig sind (Gewinnermittlung gemäß § 5 EStG 1988), können auch Gegenstände, die nicht notwendiges Betriebsvermögen darstellen, dem Betrieb widmen und in ihre Bilanz aufnehmen (gewillkürtes Betriebsvermögen). Zum gewillkürten Betriebsvermögen können nur Wirtschaftsgüter gehören, die weder notwendiges Privatvermögen noch notwendiges Betriebsvermögen darstellen. Bei diesen Wirtschaftsgütern steht es in der Entscheidung des Steuerpflichtigen, ob er sie in die Bücher aufnimmt und als Betriebsvermögen behandelt (VwGH 10.7.1959, 0956/57; VwGH 16.1.1973, 0629/72), wobei die Entscheidung auch schon vom Rechtsvorgänger getroffen worden sein kann (VwGH 4.5.1971, 0347/70). Gewillkürtes Betriebsvermögen ist immer zum Anlagevermögen zu zählen. 589

(AÖF 2011/66)

Die Widmung zum Betriebsvermögen erfolgt ausschließlich durch Aufnahme in die Bücher und nicht durch eine betriebliche Nutzung (VwGH 28.2.2018, Ra 2017/15/0054; VwGH 13.6.1989, 86/14/0129; VwGH 12.12.1995, 94/14/0091), ebenso durch Belassen in den Büchern, wenn ein bisher notwendiges Betriebsvermögen nicht mehr betrieblich aber auch nicht privat genutzt wird (VwGH 25.10.1994, 94/14/0115). Die Zuordnung eines Wirtschaftsgutes zum gewillkürten Betriebsvermögen ist weiters nur dann rechtens, wenn die dementsprechende Buchung zeitfolgerichtig als laufender Geschäftsfall erfolgt ist (VwGH 21.11.1995, 92/14/0152). Unzulässig ist jedenfalls die rückwirkende Einbuchung gewillkürten Betriebsvermögens (VwGH 14.1.1986, 84/14/0038, VfGH 12.3.1982, B 299/79). 590

(BMF-AV Nr. 2019/75)

Die Ausbuchung eines Gegenstandes des gewillkürten Betriebsvermögens auf einen in der Vergangenheit liegenden Zeitpunkt bewirkt nicht die Entnahme zu diesem zurückliegenden Stichtag. Die Entnahme wird erst im Zeitpunkt des Ausbuchens bewirkt (VwGH 26.4.1994, 91/14/0030; VwGH 25.10.1994, 94/14/0115). Nimmt ein Steuerpflichter in der Annahme, ein bisher als gewillkürtes Betriebsvermögen behandeltes Wirtschaftsgut sei notwendiges Privatvermögen, eine Bilanzberichtigung (Ausbuchung des Wirtschaftsgutes) vor, so kann diese Bilanzberichtigung keinesfalls als Entnahme gewertet werden. In solchen Fällen kann auch dann keine Entnahme angenommen werden, wenn sich nachträglich herausstellt, dass das betreffende Wirtschaftsgut gar nicht dem notwendigen Privatvermögen, sondern oh- 591 nedies – wie zuvor angenommen – dem gewillkürten Betriebsvermögen zuzurechnen ist (VwGH 17.2.1993, 88/14/0097).

592 Wird gewillkürtes Betriebsvermögen in die Bücher aufgenommen, dann ist dieses Betriebsvermögen nicht anders zu behandeln als notwendiges Betriebsvermögen (VwGH 13.9.1988, 88/14/0072).

593 Wirtschaftsgüter müssen, um dem gewillkürten Betriebsvermögen zugerechnet zu werden, dem Betrieb in irgendeiner Weise – etwa durch ein betriebliches Interesse an einer fundierten Kapitalausstattung – förderlich sein können. Als gewillkürtes Betriebsvermögen kommen nur solche Wirtschaftsgüter in Betracht, die ihrer Beschaffenheit nach auch Betriebsvermögen sein können. Gegenstände, bei denen ein Zusammenhang mit dem Betrieb offensichtlich nicht bestehen kann, sind als gewillkürtes Betriebsvermögen ausgeschlossen (VwGH 20.11.1990, 90/14/0139).

594 Von der Entscheidungsfreiheit kann kein so weitgehender Gebrauch gemacht werden, dass in der Bilanz gewillkürtes Betriebsvermögen ausschließlich deshalb aufgenommen wird, um einen steuerlichen Vorteil zu erreichen, zB um eine bevorstehende Wertminderung oder einen drohenden Verlust von der einkommensteuerlich unbeachtlichen Privatsphäre in den steuerwirksamen betrieblichen Bereich zu verlagern (VwGH 8.11.1977, 1054/75, 2175/77; VwGH 21.11.1995, 92/14/0152; VwGH 28.5.1997, 92/13/0273).

Beispiele:

Kursverlust bei Wertpapieren; eine bereits wertlose Darlehensforderung; eine mit Fruchtgenuss belastete Beteiligung (VwGH 20.11.1990, 90/14/0139); Wertverfall von Silber (VwGH 21.11.1995, 92/14/0152); Film-Verwertungsrechte, die zu keiner Förderung des Betriebes geeignet sind (VwGH 13.10.1999, 93/13/0200).

595 Soweit gewillkürtes Betriebsvermögen erst durch eine Einlage dem Betrieb gewidmet wird, ist eine schon früher eingetretene Wertminderung bereits im Rahmen der Einlagenbewertung zu berücksichtigen (VwGH 8.11.1977, 1054/75).

4.1.10.5.2 Einzelfälle

596 **Bauernhof**

Die Wirtschaftsgüter eines Bauernhofes (Erbhofes nach dem Kärntner Höfegesetz) können gewillkürtes Betriebsvermögen einer OHG sein, die Holzhandel und Sägewerke betreibt; auch wenn der Gesellschafter den Hof nur als Vorerbe in gemäß § 613 ABGB beschränktem Eigentum hat (VwGH 13.9.1988, 88/14/0072).

597 **Beteiligung**

Ein Stammanteil an einer branchengleichen GmbH kann sowohl im privaten als auch im betrieblichen Bereich gehalten werden. Es bleibt daher dem Steuerpflichtigen überlassen, in welchem Bereich er den Stammanteil führen will (VwGH 8.11.1977, 1054/75). Haben die Gesellschafter einer Personengesellschaft von ihnen erworbene Anteile an einer auf einem völlig anderen Wirtschaftsgebiet tätigen Kapitalgesellschaft, nachdem diese große Verluste ausgewiesen hatte, zum Nominalwert in das Betriebsvermögen eingebracht, ist der Schluss zu ziehen, dass die Übertragung und die Aufnahme ins Betriebsvermögen nur in der überwiegenden Identität der Gesellschafter ihre Erklärung finden kann und die Anteile nicht als gewillkürtes Betriebsvermögen zu behandeln sind (VwGH 16.1.1973, 629/72).

Für die Eigenschaft der Beteiligung als gewillkürtes Betriebsvermögen spricht das Beitragen ihrer Gewinne zum Betriebserfolg (VwGH 5.10.1993, 90/14/0121).

598 **Grundstück, Gebäude**

Liegenschaften können grundsätzlich gewillkürtes Betriebsvermögen darstellen (VwGH 17.1.1995, 94/14/0077; VwGH 12.12.1995, 94/14/0091; VwGH 28.5.1997, 92/13/0273; VwGH 25.11.1997, 93/14/0180).

Der Vollkaufmann kann ein Grundstück, das ursprünglich infolge seiner betrieblichen Nutzung zum notwendigen Betriebsvermögen gehörte, nachdem es nicht mehr betrieblich genutzt wird, als gewillkürtes Betriebsvermögen behandeln. Hat der Vollkaufmann ein solches Grundstück auch nach Aufhören der betrieblichen Nutzung in seinen Büchern als zum Betriebsvermögen gehörig weiter geführt, hat er zu erkennen gegeben, dass er es als gewillkürtes Betriebsvermögen ansieht (VwGH 8.5.1964, 2103/63). Erscheint ein Wirtschaftsgut (unbebautes Grundstück) als Aktivpost in der Bilanz auf und werden die damit zusammenhängenden Aufwendungen und Erträge auf Verlust- und Gewinnkonto gebucht, so geht der Wille des Kaufmannes erkennbar dahin, das Wirtschaftsgut als Teil des Betriebsvermögens zu behandeln (VwGH 4.5.1971, 347/70).

Ein unbebautes Grundstück, das an ein vom Unternehmen betrieblich genutztes Gebäude angrenzt und für eine Betriebserweiterung besonders geeignet ist und vom Betriebsinhaber, dessen Firma im Firmenbuch eingetragen ist, in die Bilanzen aufgenommen wurde, stellt gewillkürtes Betriebsvermögen dar (VwGH 23.12.1975, 1367/74).

Entscheidet sich der Eigentümer eines bebauten Grundstückes, einen bestimmten Teil des Gebäudes als gewillkürtes Betriebsvermögen aufzunehmen, führt dies zwingend dazu, dass auch die entsprechenden ideellen Anteile des Bodens gewillkürtes Betriebsvermögen werden (VwGH 18.12.2001, 98/15/0019).

(AÖF 2003/209)

Mietgebäude 599

Ein Mietgebäude kann als gewillkürtes Betriebsvermögen behandelt werden (VwGH 15.1.1960, 1585/57).

Vermietetes Einfamilienhaus 600

Kann ein Grundstück nur eingeschränkt, etwa mit einem Einfamilienhaus, bebaut werden, so weist dies allein nicht auf eine objektiv erkennbare Widmung dieses Grundstückes für private Zwecke hin (VwGH 17.1.1995, 94/14/0077).

Wohnung 601

Eine freistehende Wohnung kann nach der Verkehrsauffassung als gewillkürtes Betriebsvermögen behandelt werden (VwGH 25.11.1997, 93/14/0180).

4.1.10.6 Notwendiges Privatvermögen

4.1.10.6.1 Allgemeines

Ein Wirtschaftsgut, das objektiv erkennbar privaten Zwecken dient oder objektiv erkennbar für private Zwecke bestimmt ist, stellt notwendiges Privatvermögen dar (VwGH 17.1.1995, 94/14/0077); siehe Rz 4701 ff. Die buchmäßige Behandlung ist bei Vorliegen eines notwendigen Privatvermögens unmaßgeblich. 602

(AÖF 2004/167)

4.1.10.6.2 Konsequenzen aus der Einstufung als Privatvermögen

Wirtschaftsgüter, die nicht zum Betriebsvermögen gehören, sind nicht zu bilanzieren und bleiben beim Betriebsvermögensvergleich unberücksichtigt, auch wenn sie teilweise (nicht überwiegend) betrieblich genutzt werden. Ihre Anschaffung führt bei keiner Form der Gewinnermittlung zu einer AfA oder zu Investitionsbegünstigungen. Ihre Veräußerung bewirkt keinen Veräußerungsgewinn oder Veräußerungsverlust, die sich aus der Differenz zwischen Veräußerungserlös und Buchwert ergeben. Damit zusammenhängende Aufwendungen führen grundsätzlich zu keinen Betriebsausgaben. Eine Ausnahme davon besteht für Nutzungseinlagen außerhalb des Aufteilungsverbotes (zB nicht überwiegend betrieblich genutztes Kraftfahrzeug – siehe Abschn. 5, Gebäude im Falle der untergeordneten betrieblichen Nutzung – siehe Rz 566 ff, siehe weiters Rz 2496 ff). 603

Gehört ein betrieblich genutztes Wirtschaftsgut nicht zum Betriebsvermögen, so ist seine Veräußerung zur Gänze kein betrieblicher Vorgang. Die Erfassung stiller Reserven ist allenfalls nach den §§ 27 (Einkünfte aus Kapitalvermögen), 30 (private Grundstücksveräußerungen) oder 31 (Spekulationsgeschäfte) EStG 1988 möglich.

(AÖF 2013/280)

4.1.10.7 Betriebsvermögen von Personengesellschaften

Siehe Rz 5907 ff.

4.2 Anlage- und Umlaufvermögen

4.2.1 Abgrenzung

4.2.1.1 Allgemeines

Das UGB unterscheidet zwischen Anlagevermögen und Umlaufvermögen. Da die einzelnen Vermögenskategorien unterschiedlichen Bewertungsvorschriften unterliegen, ist die Zuordnung der Wirtschaftsgüter zu diesen Kategorien für deren konkrete Bewertung bedeutsam. 604

(AÖF 2008/238)

Entscheidend ist die Zuordnung aber auch für: 605

- die Inanspruchnahme steuerlicher Begünstigungen wie Übertragung stiller Reserven (nur bei – abnutzbarem und nichtabnutzbarem – Anlagevermögen),
- die Zulässigkeit einer AfA und einer Sofortabschreibung für geringwertige Wirtschaftsgüter (nur bei abnutzbarem Anlagevermögen),

- das Aktivierungsverbot unkörperlicher nicht entgeltlich erworbener Wirtschaftsgüter (nur bei Anlagevermögen),
- die Anwendbarkeit des besonderen Steuersatzes gemäß § 30a EStG 1988 für Grundstücksveräußerungen (nur bei Anlagevermögen; § 30a Abs. 3 Z 1 EStG 1988).

(AÖF 2013/280)

606 Für die Zuordnung der Wirtschaftsgüter zum Anlagevermögen bzw. zum Umlaufvermögen ist deren wirtschaftliche Zweckbestimmung in Verbindung mit der Zeitkomponente entscheidend. Alleine aus der Eigenschaft eines Wirtschaftsgutes lässt sich die Zuordnung nicht ableiten. Je nach der betrieblichen Funktion gehört das gleiche Wirtschaftsgut in einem Betrieb zum Umlaufvermögen, in einem anderen Betrieb zum Anlagevermögen. Maßgeblich sind nicht die Verhältnisse am Bilanzstichtag, sondern die grundsätzliche Widmung. Die Zuordnung in der UGB-Bilanz gilt mangels eigener steuerrechtlicher Vorschriften auch für die Steuerbilanz (VwGH 17.12.1993, 93/15/0094).

Die für die Zuordnung maßgebende Zweckbestimmung wird häufig bereits aus der objektiven Eigenschaft des Vermögensgegenstandes, aus der Natur des Gegenstandes, aus der tatsächlichen Nutzung und aus dem Geschäftszweig des Unternehmens abzuleiten sein. Wenn aber eine solche objektive Funktionsbestimmung nicht mit Sicherheit möglich ist, ist die subjektive Widmung als letztlich entscheidendes Abgrenzungskriterium heranzuziehen (VwGH 13.4.2005, 2001/13/0028; VwGH 22.12.2004, 2001/15/0095; VwGH 22.9.2000, 96/15/0207, 0208).

(AÖF 2008/238)

4.2.1.2 Anlagevermögen

4.2.1.2.1 Definition Anlagevermögen, Allgemeines

607 Das UGB definiert als Anlagevermögen Gegenstände, die bestimmt sind, dauernd dem Geschäftsbetrieb zu dienen (§ 198 Abs. 2 UGB). Dauernd heißt, dass ein Wirtschaftsgut während seiner betriebsgewöhnlichen Nutzungsdauer oder zumindest eines größeren Zeitraumes davon dem Geschäftsbetrieb dient. Gegenstände des Anlagevermögens sind zum Gebrauch bestimmt. Im Zweifelsfall kann eine tatsächlich längere Verweildauer im Betrieb ein Indiz für Anlagevermögen sein. Wirtschaftsgüter, deren betriebsgewöhnliche Nutzungsdauer erfahrungsgemäß nicht länger als ein Jahr ist, können nicht zum Anlagevermögen gerechnet werden (VwGH 25.6.1998, 96/15/0251). Bei Beteiligungen ist die Zweckwidmung im Zeitpunkt des Erwerbs der Beteiligung maßgebend (VwGH 22.9.2000, 96/15/0207).

(AÖF 2008/238)

4.2.1.2.2 Einteilung des Anlagevermögens

608 Gemäß § 224 Abs. 2 UGB wird das Anlagevermögen in folgende Vermögensgegenstände unterteilt:

- Immaterielle Vermögensgegenstände
- Sachanlagen
- Finanzanlagen

(AÖF 2008/238)

609 Sowohl immaterielle Vermögensgegenstände als auch Finanzanlagen fallen unter den steuerlichen Begriff der unkörperlichen Wirtschaftsgüter (siehe Rz 623 ff).

610 Zu den Sachanlagen zählen Grundstücke, grundstücksgleiche Rechte und Bauten einschließlich der Bauten auf fremdem Grund, technische Anlagen und Maschinen, andere Anlagen, Betriebs- und Geschäftsausstattung und Anlagen in Bau.

611 Das Einkommensteuerrecht unterscheidet zwischen abnutzbaren und nichtabnutzbaren Wirtschaftsgütern des Anlagevermögens.

4.2.1.2.3 Nichtabnutzbares Anlagevermögen

612 Nichtabnutzbare Wirtschaftsgüter des Anlagevermögens sind solche, die keinem Wertverzehr unterliegen. Zum nichtabnutzbaren Anlagevermögen zählen zB der dauernd genutzte Grund und Boden, stehendes Holz (VwGH 21.10.1986, 86/14/0021), Antiquitäten (VwGH 24.9.1996, 94/13/0240), Kunstwerke und Werke der Gebrauchskunst (VwGH 5.7.1994, 91/14/0110), Gemälde, Skulpturen, wertvolle Gefäße uä, Wandteppiche und Tapisserien, im Regelfall Beteiligungen als echter stiller Gesellschafter, weiters entgeltlich erworbene unbefristete Rechte und Konzessionen, zeitlich unbegrenzte Namensrechte oder Markenrechte, soweit sie nicht Bestandteile des Firmenwertes sind (zum Markenrecht siehe Rz 3195, zur Domain-Adresse siehe Rz 500a).

(AÖF 2007/88)

Erwirbt eine Kapitalgesellschaft von „ihrem" Anteilsinhaber ein Fruchtgenussrecht an den eigenen Anteilen, ist eine steuerwirksame Abschreibung dieses Fruchtgenussrechtes unzulässig (VwGH 25.1.2000, 2000/15/0172). **612a**

(AÖF 2002/84)

Unbefristet eingeräumte Leitungsrechte stellen nicht abnutzbares Anlagevermögen dar (zB für Stromleitung), es sei denn, die wirtschaftliche Nutzungsdauer des Leitungsrechtes ist durch die beschränkte Menge des zu transportierenden Wirtschaftsgutes von vornherein zeitlich begrenzt (zB Erdölpipeline bei begrenztem Erdölvorkommen). Zu den Anschaffungskosten eines solchen Leitungsrechtes zählen alle zur Erlangung erforderlichen Aufwendungen. Dabei ist es unerheblich, ob diese beim Empfänger als Gegenleistung für die Einräumung des Nutzungsrechtes oder als Entschädigung für Bodenwertminderung, Wirtschaftserschwernisse usw. zu behandeln sind. **612b**

(AÖF 2013/280)

4.2.1.2.4 Abnutzbares Anlagevermögen

Abnutzbare Wirtschaftsgüter des Anlagevermögens sind solche, die einem regelmäßigen Wertverzehr unterliegen. Der Wertverzehr kann technisch, wirtschaftlich oder zeitlich bedingt sein. Abnutzbar sind Wirtschaftsgüter dann, wenn sie wegen technischen Verschleißes, wegen einer Minderung der Gebrauchsfähigkeit oder wegen Zeitablaufs (insbesondere bei Rechten) nur eine beschränkte Zeit genutzt werden können (VwGH 27.11.1963, 790/73). Der Umstand, dass bei Wirtschaftsgütern Erhaltungsaufwand anfällt, macht sie für sich allein noch nicht abnutzbar (VwGH 20.12.1963, 2125/62). **613**

Zum abnutzbaren Anlagevermögen gehören vor allem Sachgüter wie Gebäude, Einrichtungsgegenstände, Maschinen, Werkzeuge, Filme (bei Filmproduktions- oder Filmverleihunternehmen), aber auch Rechte und andere immaterielle Wirtschaftsgüter wie Patente, Wettbewerbsverbote, Belieferungsrechte, betriebliche Erfahrungen, Mietrechte an Geschäftsräumen, die durch ihre zeitliche Begrenzung auch einem Wertverzehr unterliegen. Eine Musterküche gehört zum abnutzbaren Anlagevermögen, wenn sie dazu bestimmt ist, nicht wie eine Ware veräußert zu werden, sondern längerfristig dem Betrieb zu dienen. Das Baurecht ist zwar unbeweglich, aber abnutzbar. Spezialersatzteile, die nur bei bestimmten Anlagen verwendet werden können, sind mit der Anlage gemeinsam zu aktivieren und gehören daher zum abnutzbaren Anlagevermögen (VwGH 26.4.1977, 671/75).

Zur Frage, ob der Firmenwert abnutzbar oder nichtabnutzbar ist, siehe Rz 2287 ff. Andere immaterielle Wirtschaftsgüter des Anlagevermögens, die nicht als „Firmenwert" anzusehen sind, sind nach den allgemeinen Bewertungsregeln entweder als abnutzbar oder als nicht abnutzbar zu behandeln. **614**

4.2.1.3 Umlaufvermögen

4.2.1.3.1 Allgemeines

§ 198 Abs. 4 UGB definiert als Umlaufvermögen Gegenstände, die nicht bestimmt sind, dauernd dem Geschäftsbetrieb zu dienen. Zur Bedeutung des Begriffes „dauernd" siehe Rz 607. Umlaufvermögen ist nach objektiv erkennbaren Kriterien zum Verbrauch bzw. Absatz im Betrieb bestimmt. **615**

(AÖF 2008/238)

Ein Grundstück, bei dem nach dem objektivem Gesamtbild der Verhältnisse die Vermögensumschichtung bzw. Vermögensverwertung (zB bei einem gewerblichen Grundstückshändler) und nicht die Vermögensnutzung im Vordergrund steht, gehört auch bei längerer betrieblicher Zugehörigkeit nicht zum Anlage-, sondern zum Umlaufvermögen. Dies gilt auch dann, wenn es während der Zeit bis zur tatsächlichen Veräußerung wie ein Anlagegut vermietet wird, aber gemessen an der betriebsgewöhnlichen Nutzungsdauer nicht dazu bestimmt ist, dem Betrieb dauernd zu dienen (VwGH 31.5.1983, 82/14/0188). **616**

Umlaufvermögen kann bei Unterbleiben der beabsichtigten Veräußerung und Aufnahme einer betrieblichen Dauerwidmung in Anlagevermögen umgewidmet werden (VwGH 7.6.1983, 82/14/0318f). Betriebsvermögen, das nicht Anlagevermögen darstellt, muss Umlaufvermögen sein und umgekehrt. Wirtschaftsgüter mit einer Nutzungsdauer von weniger als einem Jahr gehören zum Umlaufvermögen (VwGH 17.12.1993, 93/15/0094). **617**

4.2.1.3.2 Einteilung

618 Gemäß § 224 Abs. 2 UGB gehören folgende Vermögensgegenstände zum Umlaufvermögen:

- Vorräte, das sind Roh-, Hilfs- und Betriebsstoffe, unfertige Erzeugnisse, fertige Erzeugnisse und Waren, noch nicht abrechenbare Leistungen und geleistete Anzahlungen,
- Forderungen aus Lieferungen und Leistungen, Forderungen gegenüber verbundenen Unternehmen, Forderungen gegenüber Unternehmen, mit denen ein Beteiligungsverhältnis besteht, sonstige Forderungen und Vermögensgegenstände,
- Anteile an verbundenen Unternehmen, sonstige Wertpapiere und Anteile,
- Kassenbestand, Schecks und Guthaben bei Kreditinstituten.

Zum Umlaufvermögen zählen auch Gebäude und Wohnungen, die ein Bauunternehmer zur nachfolgenden Veräußerung errichtet (VwGH 7.6.1983, 82/14/0318f), der Vorführwagen beim KFZ-Händler (VwGH 2.7.1975, 2306/74), Musterhäuser und ähnliche Ausstellungszwecken dienende Wirtschaftsgüter, geschlägertes Holz (VwGH 16.6.1987, 86/14/0188), Forderungen aus Dienstnehmerdarlehen, Gewährleistungsansprüchen, Schadenersatzansprüchen uä. und Optionsrechte. Ein Bodenschatz (zB Schottergrube) gehört bei Abbaubetrieben auch vor dem Abbau zum Umlaufvermögen (VwGH 12.2.1998, 94/15/0184).

(AÖF 2008/238)

4.2.1.4 Abgrenzung Anlagevermögen – Umlaufvermögen bei unkörperlichen Wirtschaftsgütern

619 Die Abgrenzung Anlagevermögen – Umlaufvermögen bei unkörperlichen Wirtschaftsgütern ist vor allem in Hinblick auf das in § 4 Abs. 1 EStG 1988 normierte Aktivierungsverbot von Bedeutung; siehe Rz 623.

620 Optionsrechte, die zur Veräußerung bestimmt sind oder die eine Laufzeit von unter einem Jahr haben, gehören jedenfalls zum Umlaufvermögen. Nur bei langfristigen Optionen, die dauerhaft im Betriebsvermögen gehalten werden sollen, kann die Zuordnung zum Anlagevermögen gerechtfertigt sein.

621 Software, die von einem Betriebsinhaber entwickelt und anschließend seinen Kunden zur Nutzung überlassen wird, gehört zum Anlagevermögen. Eine Beurteilung als Umlaufvermögen kommt nicht in Betracht, weil die Einräumung von Nutzungsrechten nichts daran ändert, dass das Vollrecht an der Software dem verbleibt, der es (urheberrechtlich geschützt) entwickelt hat, daher dauerhaft seinem Betrieb dient und somit Anlagevermögen darstellt (VwGH 25.6.1998, 96/15/0251). Soweit Individual-Software für einen bestimmten Auftraggeber erstellt und an diesen veräußert wird, handelt es sich beim Hersteller um Umlaufvermögen. Näheres zur Software siehe Rz 627.

622 Beteiligungen gehören im Allgemeinen zum Anlagevermögen, andere Wertpapiere nur dann, wenn sie bestimmt sind, dauernd dem Betrieb zu dienen (zB Wertpapierdeckung nach § 14 Abs. 5 EStG 1988; VwGH 15.9.1999, 94/13/0098). Stellen sie nur eine kurzfristige Liquiditätsreserve dar, gehören sie zum Umlaufvermögen. Einzelne Aktien sind keine Beteiligungen, sie gehören zum Umlaufvermögen. Forderungen gehören zum Umlaufvermögen, soweit es sich nicht um Ausleihungen handelt. Ausleihungen sind langfristige Forderungen, die aus der Hingabe von Kapital entstanden sind. Sie gehören jedenfalls bei einer Laufzeit von mindestens fünf Jahren zum Anlagevermögen (§ 227 UGB).

(AÖF 2008/238)

4.2.2 Unkörperliche Wirtschaftsgüter des Anlagevermögens

4.2.2.1 Sachlicher Geltungsbereich

623 Das Aktivierungsverbot des § 4 Abs. 1 vorletzter Satz EStG 1988 gilt sowohl für die Gewinnermittlung durch Bilanzierung als auch durch Einnahmen-Ausgaben-Rechnung.

Die Ergebnisse von im Auftrag durchgeführten Forschungen und Entwicklungen, die zum Zwecke der Veräußerung durchgeführt wurden, sowie Auftragssoftware zählen zum Umlaufvermögen und fallen nicht unter diese Bestimmung. Soweit Software lediglich mietweise überlassen wird, zählt sie hingegen zum Anlagevermögen (VwGH 25.6.1998, 96/15/0251).

4.2.2.2 Begriff „Unkörperliches Wirtschaftsgut"

624 Der Begriff der unkörperliche Wirtschaftsgüter umfasst sowohl immaterielle Wirtschaftsgüter als auch Finanzanlagen.

4.2.2.2.1 Immaterielle Wirtschaftsgüter

625 Als immaterielle Wirtschaftsgüter des Anlagevermögens kommen insbesondere in Betracht:

Gewerbliche Schutzrechte wie Patente, Lizenzen, Marken-, Urheber- und Verlagsrechte, Konzessionen, Warenzeichen, Erfindungen, Rezepturen, Know-how, ferner Nutzungsrechte (Mietrechte, Fruchtgenussrechte, usw.) und Optionsrechte aber auch Werte ohne Rechtscharakter, wie etwa der Firmenwert.

Forschungszuschüsse an ein anderes Unternehmen haben den Charakter eines Wirtschaftsgutes, wenn ihnen ein konkretes Nutzungsrecht des Zuschießenden an den Forschungsergebnissen gegenübersteht. Derartige Zuschüsse sind aktivierungspflichtig, es sei denn, dass ihnen das Aktivierungsverbot nach § 4 Abs. 1 vorletzter Satz EStG 1988 entgegensteht. Dies wäre dann der Fall, wenn kein entgeltlicher Erwerb vorläge, was etwa bei einem auffallenden Missverhältnis zwischen der Höhe des Zuschusses und dem Nutzungswert der Forschungsergebnisse zuträfe (siehe dazu Rz 629). Steht den Zuschüssen kein konkretes Nutzungsrecht gegenüber und ist der Zuschießende Gesellschafter der empfangenden Körperschaft, liegt eine den Beteiligungswert des Anteilsinhabers erhöhende Einlage vor, soweit der Zuschuss auf Grund der Gesellschafterstellung erfolgt. **626**

EDV-Programme (sowohl Individual- als auch Standardsoftware) sind als unkörperliche Wirtschaftsgüter anzusehen. Bloße Datenträger sind hingegen ebenso wie die Computer-Hardware körperliche Wirtschaftsgüter. Soweit auf Disketten oder Festplatten sowohl Programme als auch bloße Daten gespeichert sind, wird in der Regel einheitlich von einem unkörperlichen Wirtschaftsgut auszugehen sein. **627**

4.2.2.2.2 Finanzanlagen

Zu den Finanzanlagen zählen Beteiligungen an Körperschaften, echte stille Beteiligungen und Wertpapiere. **628**

Kryptoassets (zB Kryptowährungen wie Bitcoins) sind nicht als Währung anerkannt und gelten daher als ein dem Finanzvermögen vergleichbares Wirtschaftsgut. Soll das Kryptoasset langfristig behalten werden, zählt es zum Anlage-, sonst zum Umlaufvermögen. **628a**

(BMF-AV Nr. 2021/65)

4.2.2.3 Entgeltlicher Erwerb

Ein entgeltlicher Erwerbsvorgang setzt die Änderung der Zurechnung eines bereits bestehenden Wirtschaftsgutes oder die Neubegründung eines Rechtsverhältnisses gegen eine nach kaufmännischen Grundsätzen angemessene Gegenleistung voraus (Kauf, Tausch usw.). Nicht erworben und damit in erster Linie vom Aktivierungsverbot umfasst sind unkörperliche Wirtschaftsgüter, die der Steuerpflichtige selbst herstellt oder herstellen lässt. **629**

4.2.2.3.1 Abgrenzung Anschaffung und Herstellung

Ob eine Anschaffung oder eine Herstellung vorliegt, ist danach zu unterscheiden, ob der Auftraggeber oder der Auftragnehmer die Herstellerinitiative und das Herstellerrisiko trägt. Dabei liegt das Schwergewicht auf dem Herstellerrisiko (der Hersteller trägt das Kostenrisiko bei gestiegenen Kosten bzw. das Risiko der Nichtabnahme eines Werksgegenstandes). Werden unkörperliche Wirtschaftgüter (insbesondere Software) durch Dritte zu einem Fixpreis hergestellt, so liegt eine Anschaffung und damit ein entgeltlicher Erwerb vor. **630**

4.2.2.3.2 Kombination Anschaffung und Herstellung

Werden unkörperliche Wirtschaftsgüter in für Zwecke des Unternehmens noch nicht einsetzbarem (halbfertigem) Zustand von einem Dritten angeschafft und in der Folge vom Unternehmen weiter bearbeitet, so ist insgesamt (somit auch hinsichtlich des erworbenen Teiles) ein nicht aktivierungsfähiger Herstellungsvorgang gegeben, wenn die Aufwendungen für die Fertigstellung die Anschaffungskosten des halbfertigen Produktes übersteigen. Andernfalls sind die Anschaffungskosten des Halbfertigprodukts zu aktivieren, die Aufwendungen zur Fertigstellung sind als Betriebsausgaben abzusetzen. **631**

4.2.2.4 Einlage

4.2.2.4.1 Einlage in Einzelunternehmen und Personengesellschaft

Werden unkörperliche Wirtschaftsgüter in das Anlagevermögen eines Einzelunternehmens eingelegt, so sind sie unabhängig davon, ob sie vor der Einlage vom Steuerpflichtigen entgeltlich erworben wurden oder nicht, stets zu aktivieren. **632**

§ 6 Z 5 EStG 1988 geht § 4 Abs. 1 vorletzter Satz EStG 1988 vor. Dies gilt auch für Mitunternehmerschaften hinsichtlich des auf den einlegenden Mitunternehmer entfallenden Quotenanteils.

Beispiel:

Ein Angestellter hat im Privatbereich eine Erfindung gemacht. In der Folge eröffnet er einen Gewerbebetrieb und verwendet die Erfindung im Rahmen dieses Betriebes als Anlagegut. Die Erfindung ist mit dem Teilwert bzw. im Falle der Fertigstellung innerhalb des letzten Jahres mit den Herstellungskosten in die Eröffnungsbilanz (ins Anlageverzeichnis) aufzunehmen.

Eine Einlage setzt einen Transfer von der außerbetrieblichen Sphäre in die betriebliche Sphäre voraus. Die Einlage eines unkörperlichen Wirtschaftsgutes kann daher nur vorliegen, wenn die Entwicklung außerhalb des auf dessen Verwertung gerichteten Betriebs erfolgt ist. Dies wird allerdings nur ausnahmsweise der Fall sein (zB private „Zufallserfindung").

Wurde ein unkörperliches Wirtschaftsgut vor Betriebseröffnung entwickelt, ist zu überprüfen, ob es sich nicht um vorweggenommene Betriebsausgaben handelt (vgl. Rz 1095).

(BMF-AV Nr. 2018/79)

633 Die bloße Nutzungsüberlassung begründet kein Wirtschaftsgut (VwGH 18.2.1999, 98/15/0192). Die Überlassung zB eines Grundstücks an einen Dritten zur betrieblichen Nutzung führt daher bei diesem nicht zur Einlage eines Nutzungsrechts. Die Einlage eines Nutzungsrechtes kommt dann in Betracht, wenn ein Steuerpflichtiger ein privates Nutzungsrecht, für das Anschaffungskosten angefallen sind, für seinen Betrieb verwendet, oder dieses unentgeltlich auf einen Dritten für dessen betriebliche Zwecke überträgt.

Eine Nutzungseinlage setzt voraus, dass der Steuerpflichtige ein in seinem wirtschaftlichen Eigentum stehendes Wirtschaftsgut in seinem Betrieb verwendet (siehe Rz 2496 ff).

4.2.2.4.2 Einlage in Kapitalgesellschaft

634 Einlagen in Kapitalgesellschaften gelten gemäß § 6 Z 14 letzter Satz EStG 1988 grundsätzlich als Tausch und damit als entgeltlicher Vorgang (siehe Rz 2589).

4.2.2.5 Verhältnis zu anderen Bestimmungen des EStG

635 Die Bestimmungen

- zur Fortführung der Buchwerte des letzten vor dem 1. Jänner 1989 liegenden Bilanzstichtages (§ 113 Abs. 1 EStG 1988),
- zum unentgeltlichen Erwerb eines Betriebes, Teilbetriebes oder Mitunternehmeranteils (§ 6 Z 9 lit a EStG 1988),
- zum betrieblich veranlassten unentgeltlichen Erwerb einzelner unkörperlicher Wirtschaftsgüter (§ 6 Z 9 lit b EStG 1988),
- zur Einlage (§ 6 Z 5 EStG 1988),
- zum Tausch (§ 6 Z 14 EStG 1988).

gehen dem Aktivierungsverbot des § 4 Abs. 1 vorletzter Satz EStG 1988 vor.

636 Für unter das Aktivierungsverbot fallende Wirtschaftsgüter darf kein IFB geltend gemacht werden (VwGH 22.6.2001, 2001/13/0021).

(AÖF 2002/84)

4.3 Bilanzberichtigung und Bilanzänderung (§ 4 Abs. 2 EStG 1988)

4.3.1 Allgemeines

637 Bis zum Einreichen beim Finanzamt kann die Bilanz durch den Steuerpflichtigen – innerhalb allfälliger unternehmensrechtlicher Schranken – jederzeit geändert werden. Nach dem Einreichen beim Finanzamt muss unterschieden werden, ob eine Bilanzberichtigung oder eine Bilanzänderung vorliegt (VwGH 22.3.1993, 91/13/0134, 91/13/0135).

(AÖF 2008/238)

638 Für Steuerpflichtige, die ihren Gewinn gemäß § 4 Abs. 3 EStG 1988 ermitteln, gelten die Bestimmungen über Bilanzberichtigungen und Bilanzänderungen schon begrifflich nicht (VwGH 31.3.1976, 0402/76). Sie können Irrtümer in Abgabenerklärungen bis zur rechtskräftigen Abgabenfestsetzung berichtigen (VwGH 23.6.1982, 3666/80). Abweichend davon, gelten die Bestimmungen über eine steuerwirksame Fehlerberichtigung durch Ansatz eines Zu- oder Abschlages (§ 4 Abs. 2 Z 2 EStG 1988) gemäß § 4 Abs. 3 letzter Satz EStG 1988 auch für Einnahmen-Ausgaben-Rechner (siehe dazu Rz 651 ff).

(AÖF 2013/280)

4.3.2 Bilanzberichtigung

4.3.2.1 Definition des Begriffes Bilanzberichtigung

Unter Bilanzberichtigung versteht man 639

- die Berichtigung eines in der Bilanz vorhandenen, unrichtigen und daher unzulässigen Bilanzansatzes durch einen zulässigen Bilanzansatz,
- die Aufnahme eines fehlenden (zwingend aufzunehmenden) Bilanzansatzes, oder
- das Ausscheiden eines unzulässigen Bilanzansatzes.

4.3.2.2 Formell – materiell unrichtiger Bilanzansatz

Formelle Mängel, die die Bilanz materiell nicht unrichtig machen, sind nicht im Wege 640
der Bilanzberichtigung zu beheben.

Materielle Mängel liegen vor, wenn in der Bilanz nicht alle tatsächlichen Umstände be- 641
rücksichtigt sind, die der Steuerpflichtige im Zeitpunkt ihrer Erstellung kannte oder ein sorgfältiger und gewissenhafter Kaufmann bei Anwendung der nötigen Sorgfalt kennen und nach der zutreffenden Gewinnermittlungsmethode berücksichtigen musste.

Hat der Steuerpflichtige die Grundsätze ordnungsmäßiger Buchführung eingehalten, 642
dann bleibt die Bilanz auch dann richtig, wenn sich im Nachhinein herausstellt, dass sie objektiv unrichtig ist; ein Grund für eine Bilanzberichtigung ist daher nicht gegeben (VwGH 27.4.2017, Ra 2015/15/0062). Eine unzutreffende rechtliche Beurteilung steht einer Bilanzberichtigung jedoch niemals entgegen (VwGH 27.11.2017, Ra 2016/15/0042).

(BMF-AV Nr. 2021/65)

4.3.2.3 Pflicht zur Bilanzberichtigung

Wird gegen die allgemeinen Grundsätze ordnungsmäßiger Buchführung (zB Bilanz- 643
wahrheit, Bilanzvollständigkeit, Bewertungsstetigkeit) oder gegen zwingende Gewinnermittlungsvorschriften des EStG 1988 verstoßen und ist dies dem Steuerpflichtigen bei der Bilanzerstellung bekannt bzw. musste ihm dies bekannt sein, muss sowohl bei der Gewinnermittlung nach § 4 Abs. 1 EStG 1988 als auch bei jener nach § 5 EStG 1988 eine Bilanzberichtigung vorgenommen werden (VwGH 27.4.2017, Ra 2015/15/0062). Bei der Gewinnermittlung nach § 5 EStG 1988 ist eine Bilanzberichtigung überdies bei einem Verstoß gegen zwingende unternehmensrechtliche Grundsätze ordnungsmäßiger Buchführung (zB Niederstwertprinzip) durchzuführen, sofern nicht zwingende abweichende Vorschriften des EStG 1988 bestehen.

Beispiele für gebotene Bilanzberichtigungen:

- *Nachholung einer gebotenen Aktivierung;*
- *Berücksichtigung bisher nicht bilanzierter betrieblicher Verbindlichkeiten;*
- *Berichtigung einer unrichtig angesetzten Betriebsschuld, Vornahme unterlassener AfA bzw. Korrektur von zu geringer oder überhöhter AfA;*
- *Herausnahme notwendigen Privatvermögens aus der Bilanz oder Einbeziehung notwendigen Betriebsvermögens in die Bilanz;*
- *Rückgängigmachung der Aktivierung von Erhaltungsaufwand.*

(BMF-AV Nr. 2018/79)

Eine Bilanzberichtigung muss in jedem Stadium des Besteuerungsverfahrens durchgeführt 644
werden, ggf. auch von Amts wegen (VfGH 7.6.1984, B 401/79, 1985, 114).

Die Berichtigungspflicht betrifft grundsätzlich alle Bilanzen, die sich als unrichtig erweisen, selbst dann, wenn Feststellungs- oder Abgabenbescheide, die auf einer unrichtigen Bilanz beruhen, endgültig in Rechtskraft erwachsen sind (VwGH 29.10.2003, 2000/13/0090; VwGH 17.2.1993, 88/14/0097).

(AÖF 2005/110)

4.3.2.4 Steuerliche Auswirkungen der Bilanzberichtigung

4.3.2.4.1 Allgemeines

(AÖF 2013/280)

Ein unrichtiger Bilanzansatz ist bis zum Jahr des erstmaligen fehlerhaften Ausweises zu- 645
rück zu berichtigen (VwGH 14.12.1993, 90/14/0034, Gebot der Berichtigung bis zur Wurzel des Fehlers). Es kommt jedoch deswegen zu keiner Durchbrechung des Bilanzzusammenhanges. Zur steuerwirksamen Fehlerberichtigung durch Ansatz eines Zu- oder Abschlages gemäß § 4 Abs. 2 Z 2 EStG 1988 siehe Rz 650 ff.

Eine Mitteilung an das Finanzamt zwecks Vornahme einer Bilanzberichtigung ist an keine Frist gebunden.

(AÖF 2013/280)

646 Weder die Grundsätze des Bilanzzusammenhanges und der Bilanzierungsgleichmäßigkeit noch der Grundsatz von Treu und Glauben besagen, dass die Abgabenbehörde Aufwandsposten, die sie einmal zum Abzug zuließ, in rechtswidriger Weise auch weiterhin steuerlich berücksichtigen müsste (VwGH 14.2.1978, 0913/75); vielmehr ist in solchen Fällen eine Berichtigung der entsprechenden Vorjahresbilanzen durchzuführen.

(AÖF 2013/280)

647 Hat die Behörde eine bestimmte Vorgangsweise durch Jahre hindurch in Übereinstimmung mit dem Abgabepflichtigen in vertretbarer Weise beurteilt, so darf es auf Grund einer anderen Vorgangsweise nicht zu einer Doppelbesteuerung (und auch zu keiner Doppelnichtbesteuerung) kommen (VfGH 30.1.1980, B 29/77).

(AÖF 2013/280)

4.3.2.4.2 Bilanzberichtigung betreffend Fehler, die noch nicht verjährte Veranlagungszeiträume betreffen

(AÖF 2013/280)

648 Für die Berichtigung von Fehlern, die noch nicht verjährte Veranlagungszeiträume betreffen, kommt eine periodenfremde Fehlerkorrektur mit steuerlicher Wirkung nicht in Betracht (Nachholverbot, Gebot der Berichtigung bis zur Wurzel des Fehlers):

- So können zB weder unterlassene Abschreibungen uneinbringlicher Forderungen in einem späteren Wirtschaftsjahr gewinnmindernd (VwGH 3.7.1968, 1067/66) noch unterlassene Aktivierungen von Forderungen in einem späteren Wirtschaftsjahr gewinnerhöhend (VwGH 21.10.1966, 0349/66) nachgeholt werden.
- „Jubiläumsgeldrückstellung“ und „Urlaubsrückstellung“: Geht der Steuerpflichtige vom „deckungslosen Verfahren“ zur Rückstellungsbildung über, so muss er eine Bilanzberichtigung durchführen. Die Eröffnungsbilanz ist entsprechend zu berichtigen, sodass sich nur der auf das Wirtschaftsjahr entfallende Teil der Rückstellung auf den Gewinn auswirkt (VwGH 17.1.1995, 94/14/0110).

(AÖF 2013/280)

649 § 4 Abs. 2 Z 2 EStG 1988 idF des AbgÄG 2012 (periodenfremde steuerwirksame Fehlerberichtigung durch Ansatz eines Zu- oder Abschlages, siehe dazu Rz 651 ff) ist in Fällen, in denen der unrichtige Bilanzansatz ein noch nicht verjährtes Jahr betrifft, nicht anwendbar. Diesbezüglich kann eine (steuerwirksame) Richtigstellung nur im jeweiligen Jahr des Fehlers vorgenommen werden.

Ob eine Bilanzberichtigung daher in diesen Fällen steuerliche Auswirkungen nach sich zieht, ist davon abhängig, ob die Veranlagung bereits rechtskräftig ist oder nicht:

- Bis zur Rechtskraft der Veranlagung führt die Bilanzberichtigung – ggf. im Wege eines Rechtsmittelverfahrens – auch zu einer Berichtigung der Veranlagung (VwGH 17.10.1952, 1837/50; VwGH 25.6.1954, 1473/53).
- Ist die Veranlagung hingegen bereits rechtskräftig, kann die Bilanzberichtigung nur dann zu einer Abänderung der Veranlagung führen, wenn dies verfahrensrechtlich möglich ist (zB Wiederaufnahme des Verfahrens gemäß § 303 BAO, Änderung gemäß § 295 Abs. 3 BAO nach einer auf § 293b BAO gestützten Bescheidänderung gemäß § 4 Abs. 2 Z 2 EStG 1988, siehe dazu Rz 652g).

(AÖF 2013/280)

4.3.2.4.3 Bilanzberichtigung betreffend Fehler, die verjährte Veranlagungszeiträume betreffen (§ 4 Abs. 2 Z 2 EStG 1988 idF des AbgÄG 2012)

(AÖF 2013/280)

650 Durch das AbgÄG 2012 wurde die Möglichkeit geschaffen, Fehler aus verjährten Veranlagungszeiträumen im ersten zum Zeitpunkt der Bescheiderlassung noch nicht verjährten Veranlagungszeitraum durch den Ansatz eines Zu- oder Abschlages mit steuerlicher Wirkung periodenübergreifend zu berichtigen. Die Bestimmung bezweckt, bei periodenübergreifenden Fehlern den richtigen Totalgewinn auch dann der Besteuerung zu Grunde zu legen, wenn dies sonst wegen des Eintritts der Verjährung nicht möglich wäre.

Kann ein Fehler nur auf Grund der bereits eingetretenen Verjährung nicht mehr steuerwirksam berichtigt werden, gilt gemäß § 4 Abs. 2 Z 2 EStG 1988 Folgendes:

- Zur Erreichung des richtigen Totalgewinnes kann von Amts wegen oder auf Antrag eine Fehlerberichtigung durch Ansatz von Zu- oder Abschlägen vorgenommen werden. Die Fehlerberichtigung ist im ersten zum Zeitpunkt der Bescheiderlassung noch nicht verjährten Veranlagungszeitraum insoweit vorzunehmen, als der Fehler noch steuerliche Auswirkungen haben kann.
- Die Nichtberücksichtigung von Zu- oder Abschlägen gilt als offensichtliche Unrichtigkeit im Sinne des § 293b der Bundesabgabenordnung.

(AÖF 2013/280)

§ 4 Abs. 2 EStG 1988 idF des AbgÄG 2012 gilt für Fehlerberichtigungen im Fall der Gewinnermittlung durch Einnahmen-Ausgaben-Rechnung und für die Ermittlung von Einkünften aus Vermietung und Verpachtung entsprechend (§ 4 Abs. 3 letzter Satz EStG 1988 sowie § 28 Abs. 7 EStG 1988 idF des AbgÄG 2012). Insbesondere Fehler in Bezug auf die Höhe der AfA-Bemessungsgrundlage sind daher unter den gleichen Voraussetzungen durch einen Zu- oder Abschlag korrigierbar. **651**

(AÖF 2013/280)

§ 4 Abs. 2 EStG 1988 idF des AbgÄG 2012 wurde mit 1.1.2013 in Kraft gesetzt und ist erstmals bei der Veranlagung 2004 auf Fehler anzuwenden, deren Wurzel in Veranlagungszeiträumen ab 2003 gelegen ist (vgl. § 124b Z 225 EStG 1988 idF des AbgÄG 2012 und des AbgÄG 2015). Zur Fehlerberichtigung bei Ansammlungsrückstellungen siehe Rz 652d. **652**

Damit können ab dem 1.1.2013 Fehler der Veranlagungszeiträume ab 2003 auch dann mit steuerlicher Wirkung berichtigt werden, wenn sie – ohne diese Bestimmung – auf Grund des Nachholverbotes wegen eingetretener Verjährung keine steuerliche Auswirkung hätten.

Das Inkrafttreten orientiert sich an der Frist von zehn Jahren für den Eintritt der absoluten Verjährung (§ 209 Abs. 3 BAO). Unter Zugrundelegung dieser Frist bleibt eine ab 2013 erfolgende Bilanzberichtigung für Fehler, deren Ursache in Veranlagungszeiträumen bis 2002 gelegen ist, jedenfalls ohne Auswirkung.

Beispiel:

Im Jahr 2000 wurde ein aktivierungspflichtiger Herstellungsaufwand (Nutzungsdauer 20 Jahre) zu Unrecht sofort als Betriebsausgabe behandelt. Der Fehler wird 2013 entdeckt. Da die Ursache des Fehlers im Jahr 2000 liegt, ist kein Zuschlag nach § 4 Abs. 2 EStG 1988 vorzunehmen.

Der mit 2003 beginnende, verjährte Zeiträume betreffende Berichtigungszeitraum verlängert sich kontinuierlich. Die Dauer des Zurückliegens des Fehlers ist im Rahmen der Ermessensübung zu berücksichtigen (siehe Rz 652k).

Bis 31.12.2012 noch nicht erledigte Anträge nach § 293c BAO können vom Steuerpflichtigen in Anträge nach § 4 Abs. 2 EStG 1988 abgeändert (bzw. zurückgenommen und neu als Anträge nach § 4 Abs. 2 EStG 1988 eingebracht) werden.

(BMF-AV Nr. 2021/65)

§ 4 Abs. 2 Z 2 EStG 1988 idF des AbgÄG 2012 ändert nichts daran, dass unrichtige Bilanzansätze – unverändert – bis zur Wurzel zurückverfolgt und damit periodenrichtig korrigiert werden müssen (Gebot der Berichtigung bis zur Wurzel des Fehlers). Entfaltet eine periodenrichtige Korrektur keine steuerlichen Auswirkungen, kann es zu einer Doppel- oder Nichterfassung von Aufwendungen oder Erträgen und damit zu einem insgesamt unrichtigen Gesamtergebnis (Totalgewinn) kommen. **652a**

Die steuerwirksame Korrektur über einen Zu- oder Abschlag trägt dem Grundsatz der Besteuerung des richtigen Totalgewinnes Rechnung. Durch die Bestimmung wird die Erfassung des richtigen Totalgewinnes – unter Aufrechterhaltung des Bilanzzusammenhanges – sichergestellt und eine sachlich gebotene konsistente Einmalerfassung betrieblicher Vorgänge erreicht.

(AÖF 2013/280)

§ 4 Abs. 2 Z 2 EStG 1988 idF des AbgÄG 2012 ist anzuwenden auf Fehler aus verjährten Veranlagungsjahren, deren Folgewirkungen in noch nicht verjährte Veranlagungszeiträume hineinreichen (periodenübergreifende Fehlerwirkung). Sie führt im Ergebnis zu einer steuerwirksamen Nachholung aller in den verjährten Zeiträumen eingetretenen gewinnwirksamen Fehler im ersten noch nicht verjährten Veranlagungszeitraum. Der Zu- oder Abschlag ist somit der Saldo aus den steuerlichen Korrekturen betreffend die bereits verjährten Zeiträume. **652b**

(AÖF 2013/280)

Die Bestimmung ist anwendbar, wenn eine Bilanzberichtigung einen Bilanzansatz der Eröffnungsbilanz des Wirtschaftsjahres des ersten nicht verjährten Veranlagungsjahres betrifft und sich daraus Auswirkungen auf den Totalgewinn ergeben. Eine steuerwirksa- **652c** me Bilanzberichtigung würde die Korrektur von Fehlern aus verjährten Zeiträumen in der Schlussbilanz fordern. Im Interesse der Aufrechterhaltung des Bilanzzusammenhanges erfolgt eine Korrektur in Anwendung des § 4 Abs. 2 Z 2 EStG 1988 jedoch nicht in der Schlussbilanz, sondern außerbilanziell durch einen Zu- oder Abschlag. Die Bestimmung tritt somit hinsichtlich der Korrektur von Fehlern aus verjährten Zeiträumen an die Stelle einer (erfolgswirksamen) Korrektur dieser Fehler in der Schlussbilanz. Sie ist daher anwendbar, wenn eine im ersten nicht verjährten Zeitraum vorgenommene Berichtigung der Schlussbilanz steuerliche Auswirkungen entfalten würde, die aber infolge der Berichtigung der Eröffnungsbilanz nicht eintreten.

(AÖF 2013/280)

652d Insbesondere können folgende Fehler zu einem Zu- oder Abschlag führen:

- Herstellungsaufwand wurde sofort abgesetzt statt aktiviert;
- Erhaltungsaufwand wurde aktiviert statt sofort abgesetzt;
- Der AfA wurde eine falsche Nutzungsdauer zu Grunde gelegt (dabei sind allfällige Nutzungsentnahmen mitzuberücksichtigen) (zur Bedeutung subjektiver Richtigkeit siehe Rz 3119);
- Der Ermittlung des Ausmaßes einer Nutzungseinlage auf Grund der betrieblichen Nutzung eines privaten Wirtschaftsgutes wurde eine falsche Nutzungsdauer dieses Wirtschaftsgutes zu Grunde gelegt;
- Ein selbst hergestelltes unkörperliches Wirtschaftsgut wurde zu Unrecht aktiviert;
- Eine Rückstellung wurde unrichtig gebildet oder unterlassen. Bei Ansammlungsrückstellungen (zB Pensionsrückstellungen) liegt die Wurzel sowohl im Wirtschaftsjahr der erstmaligen wirtschaftlichen Veranlassung als auch – in Folge der zeitanteiligen Bildung – in den folgenden Wirtschaftsjahren. Daher ist bei Ansammlungsrückstellungen, die erstmals vor 2003 zu bilden waren, für unrichtige oder unterlassene Dotierungen ab 2003 eine Fehlerberichtigung nach § 4 Abs. 2 Z 2 EStG 1988 zulässig.
- Eine Teilwertabschreibung/Zuschreibung wurde unrichtig vorgenommen oder unterlassen. Zur Zuschreibung bei Beteiligungen iSd § 228 Abs. 1 UGB siehe insbesondere Rz 2584.
- Eine Verbindlichkeit/Forderung aus einem Aufwand/Ertrag wird in einem falschen Wirtschaftsjahr erfasst.
- Eine Entnahmebesteuerung durch Ansatz des Teilwertes ist zu Unrecht unterblieben (gemäß § 6 Z 4 EStG 1988 tritt für nachfolgende steuerrelevante Sachverhalte, zB eine Grundstücksveräußerung gemäß § 30 EStG 1988, der Entnahmeteilwert an die Stelle der Anschaffungs- oder Herstellungskosten).

Beispiele:

1. *Im verjährten Jahr 01 wurde Herstellungsaufwand von 300.000 Euro (Nutzungsdauer 10 Jahre) sofort abgesetzt. Die Bilanzberichtigung erfordert die Aktivierung des Herstellungsaufwands in 01 und eine Fortentwicklung des Buchwerts unter Berücksichtigung einer AfA von 30.000 Euro pro Wirtschaftsjahr. Im ersten noch nicht verjährten Jahr 04 beträgt der Buchwert in der Eröffnungsbilanz daher 210.000 Euro; die AfA des Jahres 04 beträgt 30.000 Euro und der Buchwert in der Schlussbilanz 180.000 Euro. Zusätzlich ist im Jahr 04 ein Gewinnzuschlag von 210.000 Euro (300.000 - 3 x 30.000) anzusetzen, sodass nach der Veranlagung des Jahres 04 in Summe 120.000 Euro aufwandswirksam berücksichtigt worden sind.*
2. *Ein Wirtschaftsgut wurde im Jahr 01 um 100.000 Euro angeschafft und unter Zugrundelegung einer Nutzungsdauer von 10 Jahren abgeschrieben, wobei eine Privatnutzung im Ausmaß von 20% über eine Nutzungsentnahme berücksichtigt wird. Richtig wäre der Ansatz einer Nutzungsdauer von 5 Jahren. Im ersten nicht verjährten Veranlagungsjahr 06 steht das Wirtschaftsgut mit einem Buchwert von 50.000 Euro in der Eröffnungsbilanz. Die Bilanzberichtigung führt zu einem Buchwertansatz in Höhe des Erinnerungswertes von 1 Euro in der Eröffnungsbilanz 06. Durch einen Abschlag von 49.999 Euro wird die AfA betreffend den verjährten Zeitraum korrigiert. Durch die zu geringe AfA wurde in den Vorjahren aber auch eine zu geringe Nutzungsentnahme angesetzt. Dies ist daher im Rahmen des Abschlages für die AfA in Form eines Zuschlages in Höhe von 10.000 Euro (5 x 2.000 = Differenz zur bisher angesetzten Nutzungsentnahme) zur Herstellung des korrekten Ausmaßes der Nutzungsentnahme zu berücksichtigen. Die AfA betreffend den verjährten Zeitraum ist daher letztlich durch einen Abschlag in Höhe von 39.999 Euro zu korrigieren.*
3. *Im verjährten Jahr 01 wäre nach § 198 Abs. 8 UGB eine Rückstellung anzusetzen gewesen, der Steuerpflichtige hat sie jedoch*

a) überhaupt nicht angesetzt,

b) erst im Jahr 05 angesetzt.

Der Rückstellungsgrund ist nach wie vor aufrecht.

In beiden Fällen ist die Rückstellung im Rahmen der Bilanzberichtigung für das Jahr 01 einzustellen und gegebenenfalls fortzuentwickeln. Die Rückstellung ist somit im ersten noch nicht verjährten Jahr 04 in zutreffender Höhe in der Eröffnungsbilanz ausgewiesen. Gleichzeitig ist in 04 ein Abschlag unter Beachtung von § 9 EStG 1988 vorzunehmen.

Im Fall b) ist zusätzlich die unrichtige Rückstellungsdotierung in 05 gewinnerhöhend zu korrigieren.

4. *Eine einen Aufwand betreffende betriebliche Verbindlichkeit in Höhe von 20.000 Euro wäre im Jahr 01, das ist das Jahr des Anfallens des Aufwandes, zu passivieren gewesen. Stattdessen wurde der Aufwand im Zahlungsjahr 04 erfasst. Die Bilanzberichtigung führt zum Ausweis einer Verbindlichkeit in der Eröffnungsbilanz des ersten nicht verjährten Veranlagungsjahres 03. In diesem Jahr ist ein Abschlag von 20.000 Euro anzusetzen. Im Jahr 04 ist die Verbindlichkeit erfolgsneutral auszubuchen und die unrichtige Erfassung des Aufwandes gewinnerhöhend zu korrigieren. Die Berücksichtigung des Aufwandes des (verjährten) Jahres 01 wird somit im Jahr 03 nachgeholt.*
5. *In Bezug auf eine Beteiligung (Anschaffungskosten 100.000 Euro) wurde im Jahr 01 eine Teilwertabschreibung von 30.000 Euro vorgenommen. Eine Zuschreibung wegen Wegfalls der Gründe für die Teilwertabschreibung wäre im verjährten Jahr 03 vorzunehmen gewesen, ist aber unterblieben. Auf Grund der Bilanzberichtigung steht die Beteiligung in der Eröffnungsbilanz des ersten nicht verjährten Jahres 05 mit 100.000 Euro zu Buche. Es ist im Jahr 05 ein Zuschlag von 30.000 Euro gewinnerhöhend anzusetzen.*

(BMF-AV Nr. 2021/65)

Fehler, die keine Auswirkung auf ein noch nicht verjährtes Veranlagungsjahr haben oder die nicht periodenübergreifend sind (zB falscher (Nicht)Ansatz von Schuldzinsen), sind von § 4 Abs. 2 EStG 1988 nicht erfasst. Ebenfalls nicht erfasst sind fälschlicherweise erfasste Aufwendungen iZm Wirtschaftsgütern, die Privatvermögen darstellen (sofern es sich nicht um Nutzungseinlagen handelt; siehe dazu Rz 652d). **652e**

Die Bildung einer Rückstellung bewirkt nur die periodenrichtige Zuordnung eines Aufwandes. Steht der Abzug eines Aufwandes dem Grunde nach nicht zu, kann eine dafür zu Unrecht in einem verjährten Jahr gebildete Rückstellung nicht mittels eines Zuschlages nach § 4 Abs. 2 EStG 1988 berichtigt werden.

Beispiele:

1. *In einem bereits verjährten Veranlagungszeitraum wurde eine bezahlte Geldstrafe entgegen § 20 Abs. 1 Z 5 EStG 1988 als Betriebsausgabe behandelt. Es ist kein Zuschlag anzusetzen (keine periodenübergreifende Fehlerwirkung).*
2. *Ein Wirtschaftsgut wurde im Jahr 01 um 10.000 Euro angeschafft und unter Zugrundelegung einer Nutzungsdauer von 3 Jahren abgeschrieben. Richtig wäre der Ansatz einer Nutzungsdauer von 5 Jahren. Im ersten nicht verjährten Veranlagungsjahr 06 steht das WG mit dem Erinnerungswert von 1 Euro in der Eröffnungsbilanz. Ungeachtet der Bilanzberichtigungen der Jahre 01 bis 05 ist im Jahr 06 kein Zu- oder Abschlag vorzunehmen, weil das Jahr 06 von einer Bilanzberichtigung nicht (mehr) betroffen ist und der insgesamt richtige Totalgewinn der Besteuerung zu Grunde gelegt wurde.*
3. *Zur Errichtung eines Privatgebäudes wurde ein Kredit aufgenommen. Dieser wurde als Betriebskredit behandelt. In weiterer Folge wurde die Kreditverbindlichkeit auf Grund der Änderung des Wechselkurses gewinnmindernd auf den höheren Teilwert aufgewertet. Diese zu Unrecht berücksichtigte Aufwertung kann in den folgenden Jahren nicht gemäß § 4 Abs. 2 Z 2 EStG 1988 korrigiert werden, weil die Verbindlichkeit von Anfang an nicht zum Betriebsvermögen gehörte und somit die unrichtige Aufwertung keinen periodenübergreifenden Fehler bewirkt.*

Die unrichtige Verrechnung eines Verlustabzuges in Vorperioden, weil in diesen Vorperioden bei einem Einnahmen-Ausgaben-Rechner Betriebsausgaben zu niedrig angesetzt wurden, ist kein nach § 4 Abs. 2 Z 2 EStG 1988 zu berücksichtigender Fehler. Während § 4 Abs. 2 EStG 1988 bei der Einkünfteermittlung eine Rolle spielt, erfolgt der Verlustabzug gemäß § 18 Abs. 6 EStG 1988 im Rahmen der Einkommensermittlung (BFG 25.7.2018, RV/5101244/2014).

(BMF-AV Nr. 2015/133, BMF-AV Nr. 2018/79, BMF-AV Nr. 2019/75)

652f Eine auf § 4 Abs. 2 Z 2 EStG 1988 gestützte Änderung eines rechtskräftigen Bescheides setzt voraus, dass ein Fehler nur auf Grund der bereits eingetretenen Verjährung nicht mehr steuerwirksam berichtigt werden kann. Daher ist die Bestimmung nur dann anwendbar, wenn ein Verfahrenstitel vorliegt, der es ermöglichen würde, den fehlerhaften Bescheid in Durchbrechung der Rechtskraft zu korrigieren und der Einsatz dieses Verfahrenstitels bloß deswegen nicht möglich ist, weil dem die eingetretene Verjährung entgegensteht. Auf diese Weise bestehen für eine Fehlerberichtigung in Bezug auf verjährte Zeiträume dieselben verfahrensrechtlichen Anforderungen für die Durchbrechung der Rechtskraft, wie sie für eine derartige Maßnahme in Bezug auf nicht verjährte Zeiträume bestehen. Würde daher – bei Wegdenken der eingetretenen Verjährung – kein Verfahrenstitel vorliegen, um den rechtskräftigen Bescheid zu ändern, kommt eine solche auch nicht durch Anwendung des § 4 Abs. 2 Z 2 EStG 1988 iVm § 293b BAO in Betracht.

(AÖF 2013/280)

652g Die tatbestandsmäßige Bezugnahme auf die Verjährung bedeutet auch, dass in Fällen kein Zu- oder Abschlag möglich ist, in denen der unrichtige Bilanzansatz ein noch nicht verjährtes Jahr betrifft. Diesbezüglich kann eine Richtigstellung im betreffenden Jahr im Rahmen der bestehenden verfahrensrechtlichen Möglichkeiten erfolgen (siehe Rz 649).

Eine in einem Vorjahr erfolgte Bescheidberichtigung gemäß § 293b BAO aus Anlass des Ansatzes eines Zu- oder Abschlages stellt für Folgejahre einen Grund für eine Bescheidänderung gemäß § 295 Abs. 3 BAO dar.

(AÖF 2013/280)

652h Ein Zu- oder Abschlag gemäß § 4 Abs. 2 Z 2 EStG 1988 ist im Rahmen der Gewinnermittlung des jeweiligen Betriebes zu erfassen. Er führt zu einem entsprechend erhöhten/verminderten Betriebsergebnis (Gewinn/Verlust).

Ist der Betrieb unter Buchwertfortführung unentgeltlich auf einen Rechtsnachfolger übergegangen, erfolgt die Erfassung des Zu-/Abschlages in Anwendung des § 6 Z 9 EStG 1988 beim Rechtsnachfolger in dessen ersten nicht verjährten Veranlagungszeitraum.

(BMF-AV Nr. 2015/133)

652i Das Unterbleiben der Fehlerkorrektur wird gesetzlich als offensichtliche Unrichtigkeit iSd § 293b BAO fingiert. Dies ist für den Fall des Vorliegens eines rechtskräftigen Bescheides maßgeblich, in dem ein Zu- oder Abschlag zu berücksichtigen gewesen wäre, dies aber unterblieben ist. Die erforderliche Korrektur kann dann im Rahmen einer Bescheidberichtigung gemäß § 293b BAO erfolgen.

Demnach darf ein rechtskräftiger Bescheid nur für Zwecke einer Berichtigung gemäß § 4 Abs. 2 Z 2 EStG 1988 geändert werden (Teilrechtskraftdurchbrechung einer Bescheidberichtigung gemäß § 293b BAO). Steht für das Jahr, in dem der Zu- oder Abschlag vorzunehmen ist, allerdings ein anderer Verfahrenstitel zur Verfügung (zB eine Wiederaufnahme des Verfahrens auf Grund neu hervorgekommener Tatsachen), ist die Fehlerberichtigung bereits im Rahmen dieses Verfahrens vorzunehmen.

(AÖF 2013/280)

652j Die Fehlerkorrektur ist stets in jenem Veranlagungszeitraum vorzunehmen, zu dem – gemessen am Zeitpunkt der Erlassung des berichtigenden Bescheides – die Richtigstellung frühestmöglich erfolgen kann. Der Zuschlag/Abschlag ist jenem Wirtschaftsjahr zuzurechnen, das in diesem Veranlagungszeitraum endet. Enden in dem Veranlagungszeitraum mehrere Wirtschaftsjahre, ist der Zuschlag/Abschlag dem ersten Wirtschaftsjahr zuzurechnen.

Beispiel:

Im Jahr 10 wird festgestellt, dass Herstellungsaufwand im Jahr 01 zu Unrecht nicht unter Zugrundelegung einer Restnutzungsdauer von 20 Jahren aktiviert, sondern sofort gewinnmindernd berücksichtigt worden ist. Die Jahre 01 bis 09 sind rechtskräftig veranlagt. Im Jahr 10 ist für Abgabenansprüche der Jahre vor 04 Festsetzungsverjährung eingetreten. Die Fehlerkorrektur kann daher nur im Veranlagungsjahr 04 erfolgen. Der Bescheid des Jahres 04 ist im Wege des § 293b BAO zu berichtigen. Rechtskräftige Bescheide der Folgejahre sind gegebenenfalls gemäß § 295 Abs. 3 BAO zu korrigieren.

(AÖF 2013/280)

652k Die Berücksichtigung eines Zu- oder Abschlages unterliegt dem Ermessen („kann“) und ist somit unter dem Gesichtspunkt von Billigkeit und Zweckmäßigkeit (§ 20 BAO) zu würdigen. In diesem Rahmen ist es einerseits möglich, (im Verhältnis zum Totalgewinn- oder -verlust) geringfügige steuerliche Auswirkungen nicht zu korrigieren; andererseits kann

auch die absolute Dauer des Zurückliegens des Fehlers berücksichtigt werden. Je länger der Fehler in die Vergangenheit zurückreicht, umso größer müssen die steuerlichen Auswirkungen sein, um im Rahmen der Ermessensübung einen Zu- oder Abschlag festzusetzen.
(AÖF 2013/280)

§ 4 Abs. 2 Z 2 EStG 1988 ist hinsichtlich der Korrektur von Fehlern aus verjährten Zeiträumen im Verhältnis von Feststellungsverfahren gemäß § 188 BAO und ESt/KSt-Veranlagungsverfahren des Beteiligten allein auf Ebene des Besteuerungsverfahrens des Beteiligten zu berücksichtigen. **6521**

§ 4 Abs. 2 Z 2 EStG 1988 knüpft in seinem Tatbestand an die Verjährung an, deren Vorliegen oder Nichtvorliegen sich allein aus den Verhältnissen des Beteiligten ergibt. Die Bestimmung steht außerhalb der regulären Gewinnermittlung, weil der Zu/Abschlag seinem Wesen nach eine die Gewinnermittlung nicht tangierende Korrekturmaßnahme darstellt. Für den Gegenstand des Feststellungsverfahrens, nämlich die Ermittlung des Gewinnes/Überschusses ist die Verjährung irrelevant, dementsprechend hat dort auch im Rahmen der Gewinnermittlung eine „Wurzelkorrektur" zu erfolgen. Die Verjährungsprüfung ist allein Gegenstand des abgeleiteten Besteuerungsverfahrens.

Bei einer Wurzelkorrektur im Feststellungsverfahren hat das Festellungsamt im Rahmen einer Kontrollmitteilung die Veranlagungsämter darüber zu informieren, dass ein Fehler berichtigt wurde, der in den Anwendungsbereich des § 4 Abs. 2 Z 2 EStG 1988 hinsichtlich der Korrektur von Fehlern aus verjährten Zeiträumen fallen könnte. Die Veranlagungsämter müssen bis zum ersten nicht verjährten Jahr die davon erfassten Beträge aufsummieren und in weiterer Folge in diesem Jahr einen entsprechenden Zu- oder Abschlag ansetzen.
(BMF-AV Nr. 2018/79)

4.3.3 Bilanzänderung

4.3.3.1 Begriff

Unter Bilanzänderung versteht man das Ersetzen des gewählten, zulässigen Bilanzansatzes durch einen anderen, ebenfalls zulässigen Bilanzansatz (VwGH 22.3.1993, 91/13/0134; 91/13/0135). **653**

Sind steuerrechtlich und unternehmensrechtlich verschiedene Ansätze zulässig und hat der Steuerpflichtige daher die Möglichkeit, zwischen den zulässigen Ansätzen zu wählen, hat der Steuerpflichtige mit dem Einreichen der Steuererklärung beim Finanzamt seine Entscheidung getroffen.

Eine nachträgliche Änderung der UGB-Bilanz stellt einen Anwendungsfall der Bilanzänderung dar, wenn die Änderung die steuerliche Gewinnermittlung beeinflussen kann (zB die Vornahme außerplanmäßiger Abschreibungen bei Finanzanlagen des Anlagevermögens bei Wertminderungen, die voraussichtlich nicht von Dauer sind).
(BMF-AV Nr. 2018/79)

4.3.3.2 Zustimmung der Abgabenbehörde

Nach der Einreichung der Bilanz beim Finanzamt bedarf eine Bilanzänderung der Zustimmung des Finanzamtes (bzw. im Rechtsmittelverfahren der zur Entscheidung über das Rechtsmittel zuständigen Abgabenbehörde). Die Zustimmung muss von der Behörde erteilt werden, wenn die Bilanzänderung wirtschaftlich begründet ist. **654**

4.3.3.3 Wirtschaftliche Gründe

Wirtschaftlich begründet ist eine Bilanzänderung dann, wenn im Unternehmen, das den Gegenstand der Bilanzierung bildet, stichhaltige, wirtschaftliche Gründe vorliegen (vgl. VwGH 21.9.1988, 87/13/0176). **655**

Beispiel:

Im Falle einer Aktivierung der Aufwendungen für ein Wirtschaftsgut durch das Finanzamt ist die Bilanzänderung hinsichtlich der erstmaligen Geltendmachung der in Betracht kommenden Investitionsbegünstigung wirtschaftlich begründet.

Wirtschaftlich unbegründet ist eine Bilanzänderung vor allem dann, wenn sie bloß der Erlangung zunächst nicht erkannter steuerlicher Vorteile oder dem Ausgleich steuerlicher Nachteile dient oder wenn damit Steuernachforderungen (auf der Basis entsprechender Berichtigung der Besteuerungsgrundlagen durch die Abgabenbehörde) ausgeglichen werden sollen (VwGH 25.10.1995, 94/15/0035). **656**

4.3.3.4 Keine Rückwirkung

657 Die Bilanzänderung kann im Unterschied zur Bilanzberichtigung nicht rückwirkend auf die Vorjahre vorgenommen werden.

4.4 Einnahmen-Ausgaben-Rechnung (§ 4 Abs. 3 EStG 1988)

4.4.1 Allgemeines

658 Die Einnahmen-Ausgaben-Rechnung ist eine vereinfachte Form der Gewinnermittlung. Es wird ihr nicht ein Betriebsvermögensvergleich zu Grunde gelegt, sondern eine Gegenüberstellung der Betriebseinnahmen und Betriebsausgaben, und zwar grundsätzlich im Sinne einer Geldflussrechnung. Aus dem System der Einnahmen-Ausgaben-Rechnung ergeben sich gegenüber jenem des Betriebsvermögensvergleiches unterschiedliche Periodenergebnisse. Der Totalgewinn muss aber grundsätzlich ident sein.

659 Bei der Einnahmen-Ausgaben-Rechnung besteht in einem gewissen Rahmen die Möglichkeit der bewussten Steuerung des Zahlungszeitpunktes, willkürliche Zahlungen sind nicht zu berücksichtigen (VwGH 22.1.1992, 91/13/0114).

4.4.2 Voraussetzungen

660 Die Einnahmen-Ausgaben-Rechnung ist ausgeschlossen, wenn gesetzliche Buchführungspflicht besteht (§§ 124 und 125 BAO) oder freiwillig Bücher geführt werden. Eine freiwillige Buchführung liegt nur dann vor, wenn Bücher trotz mangelnder Buchführungspflicht für das gesamte Wirtschaftsjahr geführt werden. Entfällt eine bestehende Buchführungspflicht unterjährig auf Grund gesetzlicher Anordnung rückwirkend zum Beginn des Wirtschaftsjahres, liegt eine freiwillige Buchführung nur dann vor, wenn die tatsächliche Führung der Bücher trotz des Entfalles der Buchführungspflicht bis zum Ende des Wirtschaftsjahres fortgeführt wird. Eine bloße laufende Verbuchung von Geschäftsfällen ohne Inventur stellt keine freiwillige Buchführung dar.

(BMF-AV Nr. 2021/65)

661 Bei einer GmbH & Co KG/OG, bei der der Gewinn durch Einnahmen-Ausgaben-Rechnung ermittelt wird (zB eine Personengesellschaft mit Beteiligung einer/mehrerer Kapitalgesellschaft(en), die nicht Vollhafter ist/sind) kann der Gewinnanteil der Kapitalgesellschaft grundsätzlich aus der Einnahmen-Ausgaben-Rechnung der Personengesellschaft abgeleitet werden. Die Aufstellung einer eigenen „anteiligen" Steuerbilanz ist nicht erforderlich.

Da bei einer gewerblich tätigen KG oder OG alle Gesellschafter betriebliche Einkünfte erzielen, kann der Gewinnanteil der Kapitalgesellschaft im Rahmen der Feststellung erfasst werden. Die für Kapitalgesellschaften geltenden besonderen Vorschriften sind durch Sonderbetriebseinnahmen und Sonderbetriebsausgaben zu berücksichtigen.

(AÖF 2013/280)

662 Ermittelt eine freiberufliche Mitunternehmerschaft, an der eine nach berufsrechtlichen Vorschriften zugelassene Kapitalgesellschaft beteiligt ist (zB Wirtschaftstreuhänder-GmbH & Co KG mit natürlicher Person als Vollhafter), ihren Gewinn durch Einnahmen-Ausgaben-Rechnung, bestehen keine Bedenken, wenn die auf die Kapitalgesellschaft entfallenden Einkünfte als gewerbliche Einkünfte der Körperschaftsteuerveranlagung zugrundegelegt werden. Die Kapitalgesellschaft hat die für sie geltenden besonderen Vorschriften (zB Gewinne aus der Veräußerung von Grund und Boden des Altvermögens, der auf Grund der teilweisen steuerlichen Erfassung bei der Kapitalgesellschaft zum 31.3.2012 anteilig als Neuvermögen zu behandeln ist) zu berücksichtigen, nicht aber Posten, die eine Bilanzierung voraussetzen. Die Kapitalgesellschaft nimmt am Feststellungsverfahren nicht teil. Zur Rechtslage nach dem UGB siehe Rz 661.

(AÖF 2013/280)

4.4.3 Zeitpunkt der Gewinnverwirklichung

4.4.3.1 Zufluss-Abfluss-Prinzip

663 Bei der Einnahmen-Ausgaben-Rechnung werden Betriebseinnahmen und Betriebsausgaben nicht im Zeitpunkt des Entstehens, sondern im Zeitpunkt ihrer Vereinnahmung bzw. Verausgabung erfasst (Zufluss-Abfluss-Prinzip). Soweit daher der Geldfluss eine bereits früher entstandene Forderung oder Verbindlichkeit betrifft, kommt es zu einer Erfassung von Betriebseinnahmen oder Betriebsausgaben erst im Zeitpunkt des Geldflusses.

Beispiel:

Ein Lebensmittelhändler bleibt im Jahr 1999 infolge Geldknappheit Miete für sein Geschäftslokal schuldig. Er hat 1999 (im Unterschied zum Bilanzierer) noch keine Betriebsausgabe. Er bezahlt im Jahre 2000. Es liegt im Jahre 2000 eine Betriebsausgabe vor.

Betriebseinnahmen und Betriebsausgaben sind aufzuzeichnen und zum Ende eines Jahres zusammenzurechnen, wobei § 19 EStG 1988 für die zeitliche Zuordnung maßgeblich ist. Betriebsausgaben müssen in einer Beilage zur Steuererklärung gruppenweise gegliedert dargestellt werden (siehe Rz 7554). **664**

Bei Hausapotheken führenden Ärzten sind grundsätzlich sämtliche vereinnahmte Rezeptgebühren als Betriebseinnahmen zu erfassen (Ausnahmen siehe Barbewegungsverordnung, BGBl II Nr. 441/2006).

Eine davon abweichende Vorgangsweise, wonach die Betriebseinnahmen nicht einzeln aufgezeichnet werden, sondern indirekt aus der Abrechnung mit dem Sozialversicherungsträger ermittelt werden, widerspricht den Grundsätzen einer ordnungsgemäßen Kassenführung und ist nicht zulässig. Ebenso wenig ist in einem derartigen Fall eine pauschale Kürzung der indirekt ermittelten Betriebseinnahmen um nicht vereinnahmte Rezeptgebühren zulässig.

(AÖF 2007/88)

Bei Betriebsübertragungen mit Buchwertfortführung (§ 6 Z 9 lit. a EStG 1988) außerhalb der Anwendung des UmgrStG sind bei fortgesetzter Einnahmen-Ausgaben-Rechnung die Einkünfte nach dem Zuflussprinzip zu erfassen; eine auf Grundlage einer Bilanz (Status) vorzunehmende wirtschaftlich exakten Einkünftezuordnung ist nicht vorzunehmen (vgl. VwGH 27.6.2000, 99/14/0281, siehe Rz 10, Rz 108). Von dieser Aussage sind jene Fälle nicht berührt, die eine exakte stichtagsbezogene Einkünftezurechnung zum Gegenstand haben. Dazu zählen insbes. Zusammenschlüsse nach Art. IV UmgrStG und Realteilungen nach Art. V UmgrStG bei fortgesetzter Einnahmen-Ausgaben-Rechnung (siehe UmgrStR 2002 Rz 1398 f, Rz 1579 ff). **664a**

(AÖF 2004/167)

4.4.3.1.1 Ausnahmen vom Zufluss-Abfluss-Prinzip – Rechtslage vom 1.4.2012 bis 31.12.2013

(BMF-AV Nr. 2018/79)

Nach § 4 Abs. 3 EStG 1988 sind bei Zugehörigkeit zum Umlaufvermögen die Anschaffungs- und Herstellungskosten oder der Einlagewert von Gebäuden und Wirtschaftsgütern, die keinem regelmäßigen Wertverzehr unterliegen, erst bei Ausscheiden aus dem Betriebsvermögen abzusetzen. Mit diesen Wirtschaftsgütern im Zusammenhang stehende Herstellungs- und Erhaltungsaufwendungen sind wie solche Aufwendungen iZm Umlaufvermögen bei einem Bilanzierer zu behandeln. Grund und Boden ist in die Anlagekartei gemäß § 7 Abs. 3 EStG 1988 aufzunehmen. **664b**

Von der Bestimmung sind – neben Gebäuden – Wirtschaftsgüter erfasst, die „keinem regelmäßigen Wertverzehr“ unterliegen. Sie bewirkt eine Durchbrechung des (vereinfachenden) Abflussprinzips und damit eine der Bilanzierung entsprechende realitätsgerechte Gewinnerfassung im Zeitpunkt des Wareneinsatzes bzw. des sonstigen Ausscheidens aus dem Betriebsvermögen. Die durch die Ausnahme vom Abflussprinzip erforderliche Bestandserfassung der betroffenen Wirtschaftsgüter ist für die Beurteilung der Zulässigkeit einer Pauschalierung unerheblich.

Die Ausnahme vom Abflussprinzip kommt von ihrem Umfang her neben Gebäuden bei besonders werthaltigen Gütern zur Anwendung. Nur bei diesen Wirtschaftsgütern erscheint die durch die Anwendung des Abflussprinzips bedingte Abweichung des Besteuerungsergebnisses vom tatsächlichen wirtschaftlichen Ergebnis von so großem Gewicht, dass sie eine den Bilanzierungsgrundsätzen entsprechende Behandlung erfahren sollen.

Vom Anwendungsbereich der Ausnahme vom Abflussprinzip sind daher nur Wirtschaftsgüter erfasst, die

- wären sie Anlagevermögen nicht abnutzbar sind und sich
- von ihrer Werthaltigkeit als Vermögensanlage eignen.

(AÖF 2013/280)

Vom Anwendungsbereich sind folgende Wirtschaftsgüter erfasst: **664c**

- Grund und Boden;
- Gebäude;
- Grundstücksgleiche Rechte;
- Beteiligungen an Kapitalgesellschaften;
- Edelsteine, Schmucksteine und organisches Substanzen im Sinne der Edelsteinkunde (Gemmologie, zB Perlen, Korallen), deren Anschaffungskosten oder Einlagewert, bezogen auf das jeweilige einzelne Wirtschaftsgut, den Betrag von 5.000 Euro übersteigen, sowie Zahngold;

- Anlagegold- oder Anlagesilber; Anlagegold ist Gold iSd § 6 Abs. 1 Z 8 lit. j sublit. aa und bb UStG 1994; Anlagesilber ist Silber in Barren- oder Plättchenform und einem Feingehalt von mindestens 995 Tausendstel bzw. Münzen, die einen Feingehalt von mindestens 900 Tausendstel aufweisen, nach dem Jahr 1800 geprägt wurden, in ihrem Ursprungland gesetzliches Zahlungsmittel waren oder sind und die üblicherweise zu einem Preis verkauft werden, der den Offenmarktwert ihres Silbergehaltes um nicht mehr als 80% übersteigt;
- Kunstwerke, deren Anschaffungs- oder Herstellungskosten oder Einlagewert, bezogen auf das jeweilige Wirtschaftsgut, den Betrag von 5.000 Euro übersteigen;
- Antiquitäten, deren Anschaffungskosten oder Einlagewert, bezogen auf das jeweilige Wirtschaftsgut, den Betrag von 5.000 Euro übersteigen;
- Wirtschaftsgüter, denen nach der Verkehrsauffassung ein besonderer Seltenheits- oder Sammlerwert zukommt (zB alte Musikinstrumente, Briefmarken, seltene Weine) und deren Anschaffungskosten oder Einlagewert, bezogen auf das jeweilige Wirtschaftsgut, den Betrag von 5.000 Euro übersteigen.

Die Ausnahme vom Abflussprinzip soll vor allem modellhafte Gestaltungen (gezieltes Ausnutzen des Abflussprinzips zur Darstellung von Verlusten) verhindern. In diesem Fall bezieht sich der Grenzbetrag von 5.000 Euro nicht auf das jeweilige Einzelwirtschaftsgut, sondern auf die Summe der Anschaffungen/Herstellungen/Einlagen gleichartiger Wirtschaftsgüter im Wirtschaftsjahr.

Die Wertgrenze von 5.000 Euro bezieht sich auf die Anschaffungskosten oder den Einlagewert ohne Umsatzsteuer. Bei Käufen in Bausch und Bogen bezieht sich die Wertgrenze auf jedes einzelne Wirtschaftsgut, für das die Grenze anzuwenden ist. Gegebenenfalls sind die Anschaffungskosten derartiger Wirtschaftsgüter im Schätzungsweg aus einem Gesamtpreis abzuleiten.

(AÖF 2013/280)

664d Das Abflussprinzip gilt unverändert für Wirtschaftsgüter, die einem regelmäßigen Wertverzehr unterliegen (ausgenommen Gebäude). Gleiches gilt für Wirtschaftsgüter, die als Rohstoffe, Hilfsstoffe oder Einzelkomponenten für die Weiterverarbeitung bestimmt sind und die sich als solche – selbst wenn sie hochpreisig und wertbeständig sind – nicht für eine Wertanlage eignen. Das Abflussprinzip gilt daher (unverändert) zB für:

- Wertvolle Hölzer, die zur Weiterverarbeitung bestimmt sind.
- Steine, Marmor, die/der zur Weiterverarbeitung bestimmt sind/ist.
- Nur gewerblich nutzbare Rohstoffe, Hilfsstoffe, Zutaten, Halbfertig- und Fertigteile, Halbfertig- oder Fertigprodukte, ausgenommen Zahngold.
- Edelsteine, Schmucksteine und organische Substanzen im Sinne der Edelsteinkunde (Gemmologie, zB Perlen, Korallen), deren Anschaffungskosten oder Einlagewert, bezogen auf das jeweilige Wirtschaftsgut, den Betrag von 5.000 Euro nicht übersteigen.

(AÖF 2013/280)

664e § 4 Abs. 3 EStG 1988 idF des 1. StabG 2012 ist auf Wirtschaftsgüter des Umlaufvermögens anzuwenden, die nach dem 31. März 2012 angeschafft, hergestellt oder eingelegt werden (§ 124b Z 211 EStG 1988). Maßgebend ist für

- Anschaffungen der Zeitpunkt der Erlangung der wirtschaftlichen Verfügungsmacht (vgl. Rz 2166) und für
- Einlagen der Zeitpunkt des tatsächlichen Zuganges zum Betriebsvermögen.

Beispiele:

1. *Ein Grundstückshändler kauft ein bebautes Grundstück. Der Kaufpreis wird am 1.3.2012 beim Notar zu Gunsten des Verkäufers hinterlegt. Am 1.7.2012 wird das Grundstück in die wirtschaftliche Verfügungsgewalt des Käufers übergeben. Die grundbücherliche Einverleibung erfolgt am 1.8.2012. Da das Grundstück am 1.7.2012, somit nach dem 31.3.2012, angeschafft wurde, darf der bezahlte Kaufpreis nicht sofort als Betriebsausgabe abgesetzt werden.*
2. *Ein Kunstwerk wird am 15.3.2012 um 10.000 € von einem Galeristen gekauft. Es wird am 16.3.2012 geliefert und am 15.4.2012 bezahlt. Da das Kunstwerk am 16.3.2012, somit vor dem 1.4.2012 angeschafft wurde, ist der am 15.4.2012 bezahlte Kaufpreis in diesem Zeitpunkt als Betriebsausgabe zu erfassen.*
3. *Ein Antiquitätenhändler erwirbt eine Antiquität um 7.000 €. Diese wird ihm am 15.4.2012 geliefert. Der Antiquitätenhändler hat auf den Kaufpreis bereits am 15.2.2012 eine Anzahlung von 2.000 € geleistet, der Rest wird bei Lieferung beglichen. Da das Kunstwerk am 15.4.2012, somit nach dem 1.4.2012 angeschafft wurde, dürfen*

die gesamten Anschaffungskosten nicht im Zahlungszeitpunkt als Betriebsausgabe erfasst werden.

Bei Herstellungsvorgängen ist in verfassungskonformer Interpretation des § 124b Z 211 EStG 1988 auf jene Herstellungskosten abzustellen, die nach dem 31. März 2012 verausgabt werden. Dementsprechend sind bis zu diesem Stichtag verausgabte Herstellungskosten von der Regelung des § 4 Abs. 3 EStG 1988 idF des 1. StabG 2012 nicht erfasst.

(AÖF 2013/278)

4.4.3.1.1a Ausnahmen vom Zufluss-Abfluss-Prinzip – Rechtslage ab Veranlagung 2014

(BMF-AV Nr. 2018/79)

Nach § 4 Abs. 3 EStG 1988 sind bei Zugehörigkeit zum Umlaufvermögen die Anschaffungs- und Herstellungskosten oder der Einlagewert **664f**

- von Gebäuden und
- von Gold, Silber, Platin und Palladium, sofern sie nicht der unmittelbaren Weiterverarbeitung dienen,

erst bei Ausscheiden aus dem Betriebsvermögen abzusetzen. Mit diesen Wirtschaftsgütern im Zusammenhang stehende Herstellungs- und Erhaltungsaufwendungen sind wie solche Aufwendungen iZm Umlaufvermögen bei einem Bilanzierer zu behandeln. Grund und Boden ist in die Anlagekartei gemäß § 7 Abs. 3 EStG 1988 aufzunehmen. Bei den Edelmetallen sind Münzen und Barren gleichermaßen erfasst.

(BMF-AV Nr. 2018/79)

Für vor dem 1.1.2014 angeschaffte, hergestellte oder eingelegte Wirtschaftsgüter, die nach der mit dem 1. StabG 2012 geschaffenen Rechtslage (siehe Rz 664b ff) aber nicht nach Maßgabe der Neuregelung von der Durchbrechung des Abflussprinzips betroffen sind, ist die Absetzung im Rahmen der Veranlagung 2014 nachzuholen. Wurde ein derartiges Wirtschaftsgut nach dem 31.3.2012 und vor dem 1.1.2014 angeschafft , hergestellt oder eingelegt und wurden die Anschaffungs- oder Herstellungskosten oder der Einlagewert nicht bei Anschaffung, Herstellung oder Einlage abgesetzt, hat die Berücksichtigung nicht bei Ausscheiden aus dem Betriebsvermögen, sondern in dem bei der Veranlagung 2014 zu erfassenden Wirtschaftsjahr zu erfolgen. **664g**

Beispiel:

Ein Antiquitätenhändler erwirbt am 1.7.2012 eine Antiquität um 7.000 Euro, die ihm am selben Tag geliefert wird. Der Kaufpreis wird bei Lieferung beglichen. Da das Kunstwerk am 1.7.2012, somit nach dem 1.4.2012 angeschafft wurde, dürfen die Anschaffungskosten nicht im Zahlungszeitpunkt als Betriebsausgabe erfasst werden. Auf Grund der mit dem 2. AbgÄG 2014 geschaffenen Neuregelung sind diese Anschaffungskosten in dem in der Veranlagung 2014 zu erfassenden Wirtschaftsjahr abzusetzen.

(BMF-AV Nr. 2018/79)

4.4.3.2 Einzelfälle

Anschaffung oder Herstellung **665**

Aufwendungen zur Anschaffung oder Herstellung von abnutzbaren und nichtabnutzbaren Anlagegütern dürfen nicht im Zeitpunkt der Bezahlung als Betriebsausgaben abgesetzt werden (VwGH 16.06.1987, 86/14/0190). Sie sind im Anlagenverzeichnis zu erfassen und bei Abnutzbarkeit im Wege der AfA abzusetzen. Bei Nichtabnutzbarkeit stellen sie bloß einen „Merkwert" für ein späteres Ausscheiden dar. Für die Geltendmachung der AfA sind die Formvorschriften des § 7 Abs. 3 EStG 1988 zu berücksichtigen.

Anzahlungen **666**

Erhaltene Anzahlungen sind Betriebseinnahmen, gegebene Anzahlungen sind (außer sie betreffen Anlagevermögen) Betriebsausgaben (VwGH 31.03.1992, 92/14/0025), ebenso werden Vorschüsse und à conto-Zahlungen behandelt.

Auflösung steuerfreier Beträge **667**

Die Auflösung steuerfreier Beträge (§ 12 Abs. 7 und § 14 Abs. 6 EStG 1988) erhöht den Gewinn.

Betriebserwerb gegen Renten **668**

Kommt es nach Betriebserwerb gegen Renten zum vorzeitigen Wegfall der Rentenschuld infolge Todes des Rentenberechtigten, sind die auf das Anlagevermögen entfallenden anteiligen Rentenverbindlichkeiten zur Herstellung der Totalgewinngleichheit als Betriebseinnahmen zu berücksichtigen.

669 **Darlehen**

Weder die Hingabe noch der Empfang noch die Rückzahlung eines Gelddarlehens führen beim Darlehensnehmer bzw. Darlehensgeber zu Betriebseinnahmen bzw. Betriebsausgaben (VwGH 22.04.1998, 95/13/0148). Zinsen hiefür sind hingegen Betriebseinnahmen bzw. Betriebsausgaben. Der Verlust eines betriebsbedingt gewährten Darlehens ist Betriebsausgabe (VwGH 15.02.1984, 83/13/0150). Der Erlass eines aus betrieblichen Gründen aufgenommenen Darlehens führt trotz mangelndem Geldzufluss zu einer Betriebseinnahme.

670 **Geringwertige Wirtschaftsgüter**

Bei der Anschaffung und Herstellung von geringwertigen Wirtschaftsgütern kommt es auf die Verausgabung an (Rz 3896).

671 **Kursgewinne/Konvertierung**

Kursgewinne bei Geschäften in ausländischer Währung wirken sich beim Zahlungsvorgang (Tilgung) in Form einer höheren Einnahme/geringeren Ausgabe aus.

Bei Konvertierung eines Fremdwährungsdarlehens kommt es sowohl bei Einnahmen-Ausgaben-Rechnung als auch bei Bilanzierung in folgenden Fällen zu einer Gewinnverwirklichung:

- Bei Konvertierung von einer Fremdwährung in Euro oder in eine über fixe Wechselkurse zum Euro gebundene Währung im Konvertierungszeitpunkt,
- bei nachfolgender Tilgung des Fremdwährungsdarlehens im Zeitpunkt und Ausmaß der Tilgung.

Die Konvertierung eines Fremdwährungsdarlehens in ein anderes wechselkurslabiles Fremdwährungsdarlehen stellt keinen Tausch dar; erst die Konvertierung eines Fremdwährungsdarlehens in ein Euro-Darlehen oder in ein wechselkursstabiles Fremdwährungsdarlehen stellt einen steuerrelevanten Tausch dar (VwGH 15.01.2008, 2006/15/0116; VwGH 27.08.2008, 2008/15/0127).

Beispiel 1 (Kursgewinn):

Im Jahr 1 erfolgt die Aufnahme einer Fremdwährungsschuld in Höhe von 100.000 US-Dollar (Wechselkurs US-Dollar/Euro: 1,20).

Im Jahr 3 wird von US-Dollar in Schweizer Franken konvertiert. Bis zur Konvertierung erfolgten keine Tilgungen, (Zinsen werden vernachlässigt). Der Wechselkurs zum Zeitpunkt der Konvertierung: US-Dollar/Euro: 1,30; Schweizer Franken/Euro: 1,45.

Im Jahr 5 erfolgt eine Tilgung von SFR 30.000. Wechselkurs zum Zeitpunkt der Tilgung: Schweizer Franken/Euro: 1,50.

Im Jahr 6 erfolgt eine Konvertierung der Fremdwährungsschuld in Euro.

Wechselkurs zum Zeitpunkt der Konvertierung: Schweizer Franken/Euro: 1,60.

Jahr 1:	*Euro*	*Steuerlicher Buchwert in Euro*
Aufnahme US-Dollar-Schuld 100.000 zum Kurs von 1,20	*83.333*	*83.333*
Jahr 3:		
Konvertierung in Schweizer Franken: Tilgung der US-Dollar-Schuld 100.000 zum Kurs von 1,30	*76.923*	
Konvertierungsgewinn (nicht steuerpflichtig)	*6.410*	
Aufnahme Schweizer Franken-Schuld zum Kurs von 1,45 (entspricht der US-Dollar-Schuld von 100.000)	*SFR* *111.538*	*Steuerlicher Buchwert in Euro* *83.333*
Jahr 5:	*Euro*	*Steuerlicher Buchwert in Euro*
Tilgung der SFR-Schuld in Höhe von SFR 30.000 = 26,9% der gesamten Schuld von SFR 111.538		*60.917*
SFR 30.000 zum Wechselkurs von 1,50 =	*20.000*	
26,9% der im Jahr 1 aufgenommenen Fremdwährungsschuld in Euro	*22.416*	
steuerpflichtiger Konvertierungsgewinn im Zeitpunkt und Ausmaß der Tilgung im Jahr 5:	*2.416*	

Jahr 6:	*Euro*	*Steuerlicher Buchwert in Euro*
Konvertierung in Euro: Tilgung der Schweizer Franken-Schuld 81.538 zum Kurs von 1,60	*50.961*	*60.917*
Steuerpflichtiger Konvertierungsgewinn gegenüber der verbliebenen Restschuld in Euro (Euro 60.917)	*Euro 9.956*	

Beispiel 2 (Kursverlust)

Angaben wie Beispiel 1, im Jahr 6 erfolgt allerdings die Konvertierung der Fremdwährungsschuld in Euro zum Wechselkurs: Schweizer Franken/Euro = 1,30 : 1.

Jahr 1:	*Euro*	*Steuerlicher Buchwert in Euro*
Aufnahme US-Dollar-Schuld 100.000 zum Kurs von 1,20	*83.333*	*83.333*
Jahr 3:		
Konvertierung in Schweizer Franken: Tilgung der US-Dollar-Schuld 100.000 zum Kurs von 1,30	*76.923*	
Konvertierungsgewinn (nicht steuerpflichtig)	*6.410*	
Aufnahme Schweizer Franken-Schuld zum Kurs von 1,45 (entspricht der US-Dollar-Schuld von 100.000)	*SFR*	*Steuerlicher Buchwert in Euro*
	111.538	*83.333*
Jahr 5:	*Euro*	*Steuerlicher Buchwert in Euro*
Tilgung der SFR-Schuld in Höhe von SFR 30.000 = 26,9% der gesamten Schuld von SFR 111.538		*60.917*
SFR 30.000 zum Wechselkurs von 1,50 =	*20.000*	
26,9% der im Jahr 1 aufgenommenen Fremdwährungsschuld in Euro	*22.416*	
Steuerpflichtiger Konvertierungsgewinn im Zeitpunkt und Ausmaß der Tilgung im Jahr 5:	*2.416*	
Jahr 6:	*Euro*	*Steuerlicher Buchwert in Euro*
Konvertierung in Euro: Tilgung der Schweizer Franken-Schuld 81.538 zum Kurs von 1,30	*62.722*	*60.917*
Steuerwirksamer Konvertierungsverlust	*1.805*	

(AÖF 2009/74)

Tausch, Wirtschaftsgüter des Umlaufvermögens 672

Werden Wirtschaftsgüter des Umlaufvermögens getauscht, kommt es zu einer Gewinnrealisierung. Der Betriebseinnahme in Höhe des gemeinen Wertes des hingegebenen Wirtschaftsgutes steht eine Betriebsausgabe in gleicher Höhe gegenüber.

Umlaufvermögen 673

Für den Bereich des Umlaufvermögens gilt allgemein § 19 EStG 1988; es besteht somit weder eine Aktivierungspflicht noch ein Aktivierungswahlrecht.

Veräußerung von Anlagegütern 674

Wird ein Anlagegut veräußert, so ist der Veräußerungserlös als Betriebseinnahme zu erfassen und der Restbuchwert nach Abzug der AfA für das Jahr der Veräußerung als Betriebsausgabe abzusetzen. Zur Vorgangsweise bei der Erfassung stiller Reserven aus der Veräußerung von Anlagegütern, wenn der Veräußerungspreis erst in einem späteren Jahr oder ratenweise vereinnahmt wird, siehe Rz 3888.

Veräußerung (Aufgabe) des Betriebes 675

Im Veräußerungs(Aufgabe)zeitpunkt erfolgt ein Übergang zum Betriebsvermögensvergleich mit Ermittlung eines Übergangsgewinnes(verlustes); siehe Rz 5664 ff und Rz 695 ff. Bei der Veräußerung (Aufgabe) des Betriebes entsteht der Veräußerungsgewinn im Zeitpunkt der Veräußerung (Aufgabe) und nicht im Zeitpunkt des Zufließens des Veräußerungserlöses (siehe Rz 5669 ff).

676 **Vorauszahlungen**

Werden Vorauszahlungen gemäß § 4 Abs. 6 EStG 1988 bzw. § 19 Abs. 3 EStG 1988 geleistet und betreffen sie nicht nur das laufende und das folgende Jahr, so sind sie auf den Vorauszahlungszeitraum verteilt abzusetzen. Auf empfangene Vorauszahlungen sind diese Ausführungen nicht anwendbar.

677 **Warendiebstahl, Verderb von Waren**

Warendiebstahl und Verderb von Waren, sowie der Ausfall von Warenforderungen sind steuerlich unbeachtlich. Geldverluste führen zu Betriebsausgaben bei klarer Trennung von betrieblichen und privaten Geldzugängen (VwGH 28.6.1988, 87/14/0118).

678 **Warenschulden, sonstige Schulden**

Warenschulden und sonstige Schulden aus rückständigen Betriebsausgaben sind im Augenblick der Bezahlung Betriebsausgaben. Dabei ist es unerheblich, ob sie mit Eigen- oder Fremdmitteln getätigt werden, denn die Bezahlung der Warenschuld führt zu Betriebsausgaben und nicht erst die spätere Rückzahlung des Geldkredites. Wird eine Warenschuld oder eine sonstige Verbindlichkeit für rückständige Betriebsausgaben aus betrieblichen Gründen erlassen, dann führt dieser Vorgang zu keiner Betriebseinnahme, da bisher noch keine Betriebsausgabe geltend gemacht wurde. Zur Anwendung des § 36 EStG 1988 in diesen Fällen siehe Rz 7269.

(AÖF 2012/63)

679 **Wertsicherungsbeträge**

Wertsicherungsbeträge, die vereinbarungsgemäß dem Kapital zuzuschreiben sind, fließen in diesem Zeitpunkt und nicht erst bei der tatsächlichen Auszahlung zu (VwGH 14.12.1988, 87/13/0030).

4.4.3.3 Behandlung von Entschädigungen im Zusammenhang mit Katastrophenschäden bei Einnahmen-Ausgaben-Rechnern

679a 1. Die Entschädigungen fallen dem Grund nach unter § 3 Abs. 1 Z 16 EStG 1988:

Entschädigungen zur Beseitigung von Katastrophenschäden sind gemäß § 3 Abs. 1 Z 16 EStG 1988 bis zur Höhe des eingetretenen Schadens steuerfrei. Gemäß § 20 Abs. 2 EStG 1988 sind (nach Rz 4855) nicht aktivierungspflichtige Ausgaben zur Schadensbeseitigung bis zur Höhe der steuerfreien Entschädigung nicht steuerwirksam. Im Fall einer Ersatzbeschaffung von Wirtschaftsgütern kommt im Umfang der Steuerfreiheit der Entschädigung § 6 Z 10 EStG 1988 zur Anwendung. Im Fall einer Unterdeckung (Schaden ist höher als die Entschädigung) sind nicht aktivierungspflichtige Ausgaben zur Schadensbeseitigung nach Maßgabe des Abflusses steuerwirksam, sobald sie die steuerfreie Entschädigung übersteigen. Im Fall einer Überdeckung (Entschädigung ist höher als der Schaden) ist die Entschädigung bis zur Höhe des Schadens steuerfrei, im darüber hinausgehenden Ausmaß steuerpflichtig. Fällt die Schadensbeseitigung (nicht aktivierungspflichtige Ausgaben oder Ersatzanschaffung oder -herstellung von Wirtschaftsgütern) einerseits und die Entschädigungen andererseits in verschiedene Veranlagungszeiträume, hat gegebenenfalls eine Abänderung schon rechtskräftiger Bescheide gemäß § 295a BAO dahingehend zu erfolgen, dass die steuerfreie Entschädigung dem Wirtschaftsjahr der Schadensbeseitigung zugeordnet wird.

Beispiele:

1. *Im Jahr 1 tritt ein Katastrophenschaden an einem Gebäude in Höhe von 100 ein. Für die Wiederinstandsetzung des Gebäudes werden in diesem Jahr 100 bezahlt. Im Jahr 2 fließt ein steuerfreier Ersatz von 80 zu. Das Jahr 1 ist bereits veranlagt, wobei die Ausgaben zur Schadensbeseitigung in Höhe von 100 als Betriebsausgaben behandelt wurden.*

   Der Zufluss des steuerfreien Ersatzes im Jahr 2 führt zu einer Abänderung des ESt-Bescheides gemäß § 295a BAO für das Jahr 1, bei der nur 20 als Betriebsausgaben anzusetzen sind.

2. *Im Jahr 3 tritt ein Katastrophenschaden an einem Gebäude in Höhe von 80 ein. Für die Wiederinstandsetzung des Gebäudes werden in diesem Jahr 80 bezahlt. Im Jahr 4 fließt ein Ersatz von 30, im Jahr 5 ein Ersatz von 60 zu. Das Jahr 3 ist bereits veranlagt, wobei die Ausgaben zur Schadensbeseitigung in Höhe von 80 als Betriebsausgaben behandelt wurden.*

   a) *Auswirkung des Zuflusses von 30 im Jahr 4: Der Ersatz im Jahr 4 führt zu einer Abänderung des ESt-Bescheides gemäß § 295a BAO für das Jahr 3, bei dem nur 50 als Betriebsausgaben anzusetzen sind.*

   b) *Auswirkung des Zuflusses von 60 im Jahr 5 auf den schon rechtskräftigen Bescheid für das Jahr 3: Der Ersatz im Jahr 5 führt zu einer Abänderung des ESt-Bescheides gemäß § 295a BAO für das Jahr 3, bei dem keine Betriebsausgaben anzusetzen sind. Im Jahr 5 sind von der Entschädigung 10 als Einkünfte anzusetzen.*

3. *Im Jahr 6 tritt ein Katastrophenschaden an einer Maschine ein (Buchwert 10). Der Teilwert der Maschine vor Zerstörung betrug 20. Im Jahr 7 wird eine neue Maschine mit Anschaffungskosten von 45 angeschafft. Im Jahr 8 fließt ein Ersatz für die katastrophenbedingte Maschinenanschaffung in Höhe von 30 zu. Das Jahr 6 ist bereits veranlagt, wobei der Buchwertabgang in Höhe von 10 als Betriebsausgaben behandelt wurden.*
   a) *Auswirkung der im Jahr 8 zufließenden Ersatzleistung von 30 auf das Jahr 7: Von der Ersatzleistung sind 20 steuerfrei und 10 steuerpflichtig. Der steuerfreie Teil der Ersatzleistung führt zu einer Abänderung des ESt-Bescheides gemäß § 295a BAO für das Jahr 7: Die Ersatzbeschaffung der Maschine ist nur mit 25 zu aktivieren und davon die AfA des Jahres 7 zu bemessen.*
   b) *Auswirkung der im Jahr 8 zufließenden Ersatzleistung von 30 auf das Jahr 8: Im Jahr 8 ist der steuerpflichtige Teil der Entschädigung in Höhe von 10 als Einkünfte anzusetzen.*

2. Die Entschädigungen fallen dem Grunde nach nicht unter § 3 Abs. 1 Z 16 EStG 1988 (zB Versicherungsentschädigungen):

   Derartige Entschädigungen und die damit zusammenhängenden Ausgaben sind grundsätzlich nach Maßgabe des Zu- und Abflusses steuerlich zu erfassen. Fließt die Entschädigung zeitlich erst in Jahren nach dem Anfallen der Ausgaben zur Schadensbeseitigung zu, bestehen keine Bedenken schon rechtskräftige Bescheide gegebenenfalls gemäß § 295a BAO dahingehend abzuändern, dass der Zufluss der steuerpflichtigen Entschädigung in Höhe der schadensbedingten Ausgaben dem Wirtschaftsjahr des Anfallens dieser Ausgaben zugeordnet wird.

Beispiele:

1. *Ausgaben zur Schadensbeseitigung im Jahr 1 in Höhe von 100. Im Jahr 2 fließt eine steuerpflichtige Versicherungsentschädigung in Höhe von 80 zu. Das Jahr 1 ist bereits veranlagt, wobei die Ausgaben zur Schadensbeseitigung in Höhe von 100 als Betriebsausgaben behandelt wurden.*

   Der Zufluss der Versicherungsentschädigung im Jahr 2 führt zu einer Abänderung des ESt-Bescheides für das Jahr 1, bei dem nur 20 als Betriebsausgaben anzusetzen sind. Im Jahr 2 führt die Versicherungsentschädigung zu keinen Einnahmen.

2. *Ausgaben zur Schadensbeseitigung im Jahr 1 in Höhe von 80. Im Jahr 2 fließt eine Rate der Versicherungsentschädigung in Höhe von 30, im Jahr 3 eine weitere Rate der Versicherungsentschädigung in Höhe von 60 zu. Das Jahr 1 ist bereits veranlagt, wobei die Ausgaben zur Schadensbeseitigung in Höhe von 80 als Betriebsausgaben behandelt wurden.*
   a) *Auswirkung des Zuflusses im Jahr 2 (30): Der Versicherungsersatz im Jahr 2 führt zu einer Änderung des ESt-Bescheides gemäß § 295a BAO für das Jahr 1, in dem nur 50 als Betriebsausgaben anzusetzen sind. Im Jahr 2 führt die Versicherungsentschädigung zu keinen Einnahmen.*
   b) *Auswirkung des Zuflusses im Jahr 3 (60) auf den schon rechtskräftigen Bescheid für das Jahr 1: Der Ratenzufluss im Jahr 3 führt zu einer Änderung des ESt-Bescheides gemäß § 295a BAO für das Jahr 1, bei dem keine Betriebsausgaben anzusetzen sind. Im Jahr 3 sind von der Versicherungsentschädigung 10 als Einkünfte anzusetzen.*

Sollte bei Einnahmen-Ausgaben-Rechnern durch Ausgaben, die aus Katastrophenfällen resultieren, ein Verlust eintreten oder sich vergrößern und kann dieser Verlust weder mit anderen Einkünften ausgeglichen noch als Verlust vorgetragen werden (§ 18 Abs. 6 EStG 1988), kommt auf Antrag eine Nichtfestsetzung an Einkommensteuer nach Maßgabe des § 206 Abs. 1 lit. a BAO in Betracht. Dafür gilt Folgendes:

a) Es ist zu prüfen, inwieweit der Jahresverlust durch steuerwirksame Ausgaben aus dem Katastrophenschaden bedingt oder erhöht wird (Betrag 1).
b) Der Betrag 1 ist gedanklich als vortragsfähig (§ 18 Abs. 6 und 7 EStG 1988) anzusehen.
c) In Folgejahren ist die Differenz zwischen der Einkommensteuer und der Einkommensteuer, die sich ergäbe, wenn der Betrag 1 im Wege eines Verlustvortrages berücksichtigt hätte werden können, gemäß § 206 lit. a BAO nicht festzusetzen.

Die Ermittlung dieses Betrages ist dem Antrag auf Nichtfestsetzung anzuschließen.

Beispiel:

Es werden nur Einkünfte aus Gewerbebetrieb als Einnahmen-Ausgaben-Rechner erzielt.

Jahr 1:

Verlust auf Grund steuerwirksamer Ausgaben aus Katastrophenschaden	*10*

Jahr 2:

Gewinn (= Gesamtbetrag der Einkünfte)	*8*

Im Jahr 2 ist die Steuerdifferenz, die sich aus der Gegenüberstellung der Einkommensteuer auf Basis einer Bemessungsgrundlage von 8 (Sonderausgaben werden vernachlässigt) und einer Steuer auf Basis von 2 ergibt (Verlust von 10 aus dem Jahr 1, davon gedanklich als Verlustvortrag gemäß § 2 Abs. 2b EStG 1988 verwertbar 6), nicht festzusetzen (4 bleiben weiter berücksichtigungsfähig für eine Nichtfestsetzung in Folgejahren).

(AÖF 2010/43, BMF-AV Nr. 2018/79)

4.4.4 Entnahmen und Einlagen

4.4.4.1 Geldentnahmen/Geldeinlagen

680 Da die Geldflüsse auf Grund von Betriebseinnahmen und Betriebsausgaben bereits unmittelbar die Basis für die Gewinnermittlung darstellen, sind Geldentnahmen und Geldeinlagen irrelevant.

4.4.4.2 Sachentnahmen/Sacheinlagen

681 Sachentnahmen führen zu Betriebseinnahmen:

- Bei der Entnahme von Umlaufvermögen, weil die Bezahlung des Umlaufvermögens bereits als Betriebsausgabe Berücksichtigung gefunden hat.
- Auch die Entnahme von Anlagevermögen führt zu einer Gewinnverwirklichung und zwar in Höhe der Differenz zwischen Buchwert und dem Entnahmewert/Teilwert.

Zu keiner Gewinnverwirklichung kommt es bei der Entnahme von Grund und Boden, sofern nicht eine Ausnahme vom besonderen Steuersatz gemäß § 30a Abs. 3 EStG 1988 vorliegt (§ 6 Z 4 EStG 1988).

(AÖF 2013/280)

682 Behandlung von Sacheinlagen:

- Sacheinlagen von Umlaufvermögen sind als Betriebsausgaben abzusetzen,
- Sacheinlagen von Anlagevermögen sind zu aktivieren und bei Abnutzbarkeit im Wege der AfA abzuschreiben. Zur Einlage geringwertiger Wirtschaftsgüter siehe Rz 441,
- Bei Eröffnung eines Betriebes ist dem Betriebsvermögen zugeführtes Umlaufvermögen als Sacheinlage zu behandeln.

4.4.5 Durchlaufende Posten

683 Durchlaufende Posten liegen vor,

- wenn im Namen und für Rechnung eines Anderen Beträge vereinnahmt und verausgabt werden,
- wenn nach Art des abgewickelten Geschäftes von einer Besorgung für eine andere Person auszugehen ist.

(AÖF 2005/110)

684 Durchlaufende Posten sind ertragsteuerlich unbeachtlich.

Beispiele:

Gerichtsgebühren, Stempelkosten, Vollzugskosten oder Fremdgelder eines Rechtsanwalts, auch dann wenn sie nicht gesondert verwahrt werden, Einnahmen eines Hausverwalters für den Hauseigentümer.

685 Vorgestreckte durchlaufende Posten, wie zB Stempelmarken, führen im Falle der Uneinbringlichkeit beim Klienten, des Diebstahls, Verlustes oder Verbrauchs für eigene betriebliche Zwecke zu Betriebsausgaben (VwGH 29.06.1995, 93/15/0106).

Bezüglich geschuldeter Umsatzsteuerbeträge bzw. abziehbarer Vorsteuerbeträge als durchlaufende Posten siehe Rz 753 ff.

4.4.6 Gegenüberstellung Einnahmen-Ausgaben-Rechner und Bilanzierer gemäß § 4 Abs. 1 EStG 1988

4.4.6.1 Gemeinsamkeiten

- Aktivierungsverbot für unkörperliche Wirtschaftsgüter nach § 4 Abs. 1 EStG 1988. **686**
- Nur notwendiges Betriebsvermögen ist in die Gewinnermittlung einzubeziehen.
- Grund und Boden des Anlagevermögens, der zum 31.3.2012 nicht steuerhängig war (dh. eine allfällige Veräußerung zu diesem Zeitpunkt wäre nach § 30 EStG 1988 idF vor dem 1. StabG 2012 nicht steuerbar gewesen), gilt als Altvermögen; der Veräußerungsgewinn kann daher pauschal nach § 30 Abs. 4 EStG 1988 ermittelt werden.
- § 2 Abs. 2a EStG 1988 gilt auch für den Einnahmen-Ausgaben-Rechner.
- Der Anspruch gegenüber einem Versicherungsunternehmen aus einer Rückdeckungsversicherung für Abfertigungen ist als nichtabnutzbares Wirtschaftsgut des Anlagevermögens zu aktivieren. Die gleiche Beurteilung ist auf die Rückdeckungsversicherung für eine Pensionszusage anzuwenden. Auch wenn ein Einnahmen-Ausgaben-Rechner für Pensionszusagen nicht durch Bildung eines steuerfreien Betrages Vorsorge treffen kann, bleibt der Versicherungsanspruch ein nichtabnutzbares Wirtschaftsgut des Anlagevermögens und ist damit aktivierungspflichtig (gleiche Behandlung für Pensionszusage).

(AÖF 2013/280)

Folgende Bestimmungen des EStG 1988 sind anzuwenden: **687**

- § 4 Abs. 2 Z 2 Zu- und Abschläge zur steuerwirksamen Korrektur periodenübergreifender Fehler aus verjährten Veranlagungszeiträumen
- § 4 Abs. 12 Bestimmungen über Einlagenrückzahlungen und offene Ausschüttungen
- § 6 Bewertung
- § 7 Abschreibung
- § 8 Sonderformen der Abschreibung
- § 10 Gewinnfreibetrag
- § 12 Abs. 8 Übertragung stiller Reserven
- § 13 Geringwertige Wirtschaftsgüter
- § 14 Abs. 5 steuerfreier Betrag für künftige Abfertigungen
- § 108c Forschungsprämie, Bildungsprämie

(BMF-AV Nr. 2018/79)

4.4.6.2 Abweichungen

- Rechnungsabgrenzungsposten können, da Betriebsausgaben erst im Zeitpunkt des Abflusses gewinnwirksam werden, nicht gebildet werden. **688**
- Rückstellungen können nicht gebildet werden. Eine Ausnahme bildet die Abfertigungsrückstellung in Form eines steuerfreien Betrages (§ 14 Abs. 5 EStG 1988). Bei den zur Deckung der Abfertigungsrückstellung (steuerfreien Betrages) angeschafften Wertpapieren handelt es sich um (nichtabnutzbares) Anlagevermögen, dessen Anschaffungskosten auch beim Einnahmen-Ausgaben-Rechner nicht nach Maßgabe der Verausgabung als Aufwand abgesetzt werden können, sondern zu aktivieren sind (VwGH 15.9.1999, 94/13/0098).
- Eine Teilwertabschreibung gemäß § 6 EStG 1988 ist nicht zulässig (VwGH 16.12.1998, 96/13/0007), wohl aber eine Absetzung für außergewöhnliche technische und wirtschaftliche Abnutzung. Eine Wertminderung ohne Verkürzung der Nutzungsdauer führt zu keiner „vorzeitigen Abschreibung".

Im Falle des Übergangs auf den Betriebsvermögensvergleich ist, wenn der Teilwert eines Wirtschaftsgutes während der Gewinnermittlung nach § 4 Abs. 3 EStG 1988 gesunken ist, die Teilwertabschreibung in der Eröffnungsbilanz (mindert also den Übergangsgewinn) und nicht erst in der ersten auf den Wechsel der Gewinnermittlungsart folgenden Schlussbilanz nachzuholen (§ 4 Abs. 10 Z 2 EStG 1988).

- Der zeitlich unbegrenzte Verlustvortrag gilt erst seit der Veranlagung 2016 in Bezug auf Verluste, die ab dem Kalenderjahr 2013 entstanden sind (§ 18 Abs. 6 EStG 1988 idF AbgÄG 2016; siehe dazu Rz 4528). Zu den Einschränkungen des Verlustabzugs bei Einnahmen-Ausgaben-Rechnung vor der Veranlagung 2016 siehe Rz 4526 ff.
- Die Bestimmungen des § 4 Abs. 2 EStG 1988 betreffend Bilanzänderung sind nur bei Gewinnermittlung mittels Betriebsvermögensvergleich anwendbar. In der Abgabenerklärung unterlaufene Irrtümer können daher bis zur Rechtskraft des Abgabenbescheides

berichtigt werden. § 4 Abs. 2 Z 2 EStG 1988 idF des AbgÄG 2012 gilt allerdings hinsichtlich der steuerwirksamen Korrektur periodenübergreifender Fehler aus verjährten Veranlagungszeiträumen auch für die Einnahmen-Ausgaben-Rechnung entsprechend (§ 4 Abs. 3 letzter Satz EStG 1988, siehe dazu Rz 651 ff).

(BMF-AV Nr. 2021/65)

4.5 Wechsel der Gewinnermittlung

4.5.1 Allgemeine Grundsätze

689 Durch § 4 Abs. 10 Z 1 EStG 1988 wird der Grundsatz, dass sich sämtliche Geschäftsvorfälle steuerlich nur einmal auswirken dürfen bzw. müssen, gesetzlich verankert. Es sind alle Vorgänge, die sich in einem bestimmten Besteuerungszeitraum ereignen, lückenlos zu erfassen. Bei einer Aufeinanderfolge mehrerer Steuerzeiträume darf daher ein steuerlicher Vorgang weder doppelt erfasst werden, noch endgültig unberücksichtigt bleiben. (VwGH 10.10.1952, 0156/50; VwGH 16.11.1956, 0612/53).

Der Totalgewinn aus der Gewinnermittlung nach § 4 Abs. 1 EStG 1988 und aus jener nach § 4 Abs. 3 EStG 1988 muss ident sein. Der Totalgewinn aus der Gewinnermittlung nach § 5 EStG 1988 darf nur auf Grund der für diese Gewinnermittlungsart bestehenden Besonderheiten hinsichtlich des gewillkürten Betriebsvermögens von den Ergebnissen der Gewinnermittlungen nach § 4 Abs. 1 oder 3 EStG 1988 abweichen. Allerdings ist zu berücksichtigen, dass die pauschale Gewinnermittlung nach § 30 Abs. 4 EStG 1988 hinsichtlich des Grund und Bodens bei der Gewinnermittlung nach § 5 Abs. 1 EStG 1988 grundsätzlich nicht anzuwenden ist. Davon ausgenommen ist

- die Veräußerung von zum 31.3.2012 nicht steuerverfangenem Grund und Boden, der nach dem 31.3.2012 in das Betriebsvermögen eingelegt wurde;
- die Veräußerung von Grund und Boden, der auf Grund eines Wechsels der Gewinnermittlungsart vor dem 1.4.2012 auf den höheren Teilwert aufgewertet wurde, hinsichtlich des aufgewerteten Teilwertes.

Zum Zusammenschluss gemäß Art. IV UmgrStG und zur Realteilung gemäß Art. V UmgrStG siehe UmgrStR 2002 Rz 1393 ff und 1579 ff.

(AÖF 2013/280)

4.5.2 Übergangsgewinn

690 Die Totalgewinngleichheit wird bei einem Wechsel der Gewinnermittlungsart durch die Ermittlung eines Übergangsgewinnes hergestellt. Der Übergangsgewinn soll die Besonderheiten der einzelnen Gewinnermittlungsarten ausgleichen und zu einem, unabhängig von der Art der Gewinnermittlung, gleichen Totalgewinn führen. Der Übergang eines Betriebes von Todes wegen oder aufgrund schenkungsweiser Übertragung erfordert keinen Wechsel der Gewinnermittlung und keine Erstellung einer (Todfalls-, Schluss-)Bilanz (VwGH 27.06.2000, 99/14/0281). Dem Übernehmer steht es aber auch bei unterjährigem unentgeltlichen Betriebsübergang frei, die Gewinnermittlungsart zu wechseln, sofern ein Wahlrecht nicht gesetzlich ausgeschlossen ist (zB Buchführungspflicht nach § 189 Abs. 2 Z 2 UGB). Voraussetzung für einen solchen Wechsel der Gewinnermittlung von der Einnahmen-Ausgaben-Rechnung (oder einer Pauschalierung, die einer Einnahmen-Ausgaben-Rechnung entspricht) zur Bilanzierung ist die Erstellung einer Todfalls- bzw. Schlussbilanz, ein dabei entstehender Übergangsgewinn oder -verlust ist dem Übernehmer zuzurechnen.

(AÖF 2008/51)

690a Bei Betriebsveräußerung oder -aufgabe durch einen Einnahmen-Ausgaben-Rechner ist ein Übergang auf die Gewinnermittlung durch Betriebsvermögensvergleich zu unterstellen. Der Veräußerungsgewinn ist nach § 4 Abs. 1 zu ermitteln (§ 24 Abs. 2 EStG 1988). Der Veräußerer hat einen Übergangsgewinn oder -verlust im letzten Gewinnermittlungszeitraum vor der Veräußerung oder Aufgabe zu berücksichtigen (vgl. § 4 Abs. 10 Z 1 EStG 1988).

Der Erwerber eines als Einzelunternehmen geführten Betriebes kann die Gewinnermittlungsart frei wählen, sofern steuerliche oder unternehmensrechtliche Vorschriften nicht zur Gewinnermittlung durch Betriebsvermögensvergleich verpflichten. Aus dem Umstand, dass der Veräußerer eines Betriebes mit Einnahmen-Ausgaben-Rechnung aus Anlass der Veräußerung zur Gewinnermittlung durch Betriebvermögensvergleich wechseln muss, kann nicht abgeleitet werden, dass der Erwerber des Betriebes seine betriebliche Tätigkeit zwingend als Bilanzierer beginnt und – sollte er die Einnahmen-Ausgaben-Rechnung bevorzugen – sodann zu dieser Gewinnermittlung wechselt. Ein allfällig vom Veräußerer zu ermittelnder Übergangsgewinn hat daher beim erwerbenden Einzelunternehmer nicht zwangsläufig einen korrespondierenden Übergangsverlust beim Erwerber zur Folge.

Der Erwerber eines Einzelunternehmens mit Einnahmen-Ausgaben-Rechnung hat den Kaufpreis aufzuteilen in einen Anteil, der auf das Umlaufvermögen entfällt, und einen Anteil, der auf das Anlagevermögen inklusive Firmenwert entfällt. Der Anteil, der auf das Umlaufvermögen entfällt, ist sofort als Betriebsausgabe abzugsfähig, der auf das Anlagevermögen und den Firmenwert entfallende Anteil ist zu aktivieren. Da der Kaufpreisanteil für das Umlaufvermögen als Betriebsausgabe abgesetzt wird, bleibt kein Raum für den Ansatz eines Übergangsverlustes.

Entsprechendes gilt beim Erwerb eines Mitunternehmeranteils bei Gewinnermittlung gemäß § 4 Abs. 3 EStG 1988 (vgl. Rz 6002).

(AÖF 2008/51)

4.5.2.1 Gewinnermittlung – Unterschiede

Unterschiede in der Gewinnermittlung, die zur Ermittlung eines Übergangsgewinnes führen, entstehen jedenfalls bei: **691**

- Übergang von der Gewinnermittlung nach § 4 Abs. 3 EStG 1988 auf die Gewinnermittlung nach § 4 Abs. 1 EStG 1988 und umgekehrt,
- Übergang von der Gewinnermittlung nach § 4 Abs. 3 EStG 1988 auf die Gewinnermittlung nach § 5 EStG 1988 und umgekehrt,
- Übergang von der Gewinnermittlung nach § 4 Abs. 1 EStG 1988 auf die Gewinnermittlung nach § 5 EStG 1988 und umgekehrt,
- Übergang von der Gewinnermittlung nach § 4 Abs. 1 EStG 1988 oder § 5 EStG 1988 auf die Gewinnermittlung nach § 17 Abs. 1 EStG 1988 und umgekehrt,
- Übergang von der Gewinnermittlung nach § 4 Abs. 1 EStG 1988 oder § 5 EStG 1988 auf die Gewinnermittlungen nach den Pauschalierungsverordnungen BGBl. II Nr. 488/2012 (Gastgewerbepauschalierungsverordnung 2013), BGBl. II Nr. 228/1999 (für Lebensmitteleinzel- oder Gemischtwarenhändler) und BGBl. II Nr. 229/1999 (für Drogisten) und umgekehrt.

(BMF-AV Nr. 2019/75)

Bei den nicht angeführten Gewinnermittlungsarten nach Durchschnittssätzen ist bei jedem Wechsel der Gewinnermittlungsart die entsprechende Durchschnittssatzverordnung heranzuziehen. Dabei ist auf den Grundsatz der Totalgewinngleichheit nach § 4 Abs. 10 Z 1 EStG 1988 Bedacht zu nehmen. **692**

4.5.2.2 Totalgewinngleichheit

Die Totalgewinngleichheit wird bei der Übergangsgewinnermittlung durch Zu- und Abschläge hergestellt. Durch Zu- und Abschläge soll somit ausgeschlossen werden, dass Veränderungen des Betriebsvermögens sich überhaupt nicht oder doppelt auswirken. **693**

4.5.2.2.1 Zu- und Abschläge

Zu- und Abschläge ergeben sich: **694**

- aus der unterschiedlichen zeitlichen Erfassung von Veränderungen des Betriebsvermögens (Betriebseinnahmen, Betriebsausgaben) – § 4 Abs. 10 Z 1 EStG 1988,
- aus einer Änderung der Gewinnermittlungsgrundsätze – § 4 Abs. 10 Z 2 EStG 1988,
- aus stillen Reserven des gewillkürten Betriebsvermögens im Falle des Wegfalles der Rechnungslegungspflicht bei einem Gewerbetreibenden (sofern kein Antrag nach § 5 Abs. 2 EStG 1988 gestellt wird);
- aus stillen Reserven des zum (gewillkürten) Betriebsvermögen zählenden Grund und Bodens im Falle des Wegfalles der Rechnungslegungspflicht bei einem Gewerbetreibenden vor dem 1.4.2012, sofern kein Antrag nach § 5 Abs. 2 EStG 1988 bzw. kein Antrag auf Bildung einer Grund und Boden-Rücklage gestellt wurde (im Falle der Zugehörigkeit zum gewillkürten Betriebsvermögen war ein Antrag auf Bildung einer Grund und Boden-Rücklage nicht zulässig) – § 4 Abs. 10 Z 3 lit. b EStG 1988 idF vor dem 1. StabG 2012.

(AÖF 2013/280)

4.5.2.2.2 Übergang von der Gewinnermittlung durch Einnahmen-Ausgaben-Rechnung zur Gewinnermittlung durch Betriebsvermögensvergleich

Beim Übergang von der Gewinnermittlung durch Einnahmen-Ausgaben-Rechnung (§ 4 Abs. 3 EStG 1988) zur Gewinnermittlung durch Betriebsvermögensvergleich sind die Unterschiede, die sich bei der zeitlichen Erfassung der Geschäftsvorfälle bei Bilanzierern und Einnahmen-Ausgaben-Rechnern ergeben, durch Zu- und Abschläge auszugleichen (VwGH **695**

16.12.1998, 93/13/0307). Der bei der vereinfachten Gewinnermittlungsart bisher nicht erfasste Zuwachs an Besitzposten – mit Ausnahme der sogenannten Geldkonten (Bargeld, Guthaben) – ist als Zuschlag zu erfassen.

Im System der Einnahmen-Ausgaben-Rechnung sind Einnahmen erst mit ihrem tatsächlichen Eingang zu erfassen. Im System des Betriebsvermögensvergleiches ist bereits das Entstehen der Forderung gewinnwirksam, sodass der spätere Eingang der Forderung den Gewinn nicht mehr berührt.

696 Es ist daher dann, wenn die Umsatzsteuer bisher nach dem Bruttosystem behandelt wurde, der Wert der Warenbestände (ohne Umsatzsteuer) und der Warenforderungen (einschließlich Umsatzsteuer) abzüglich des Wertes der Warenschulden (einschließlich Umsatzsteuer) zum Anfang des Kalenderjahres (Wirtschaftsjahres), für das der Gewinn erstmals durch Betriebsvermögensvergleich ermittelt wird, dem erstmals durch Betriebsvermögensvergleich ermittelten Gewinn hinzuzurechnen oder von diesem Gewinn abzusetzen. Wurden die zu Beginn der Einnahmen-Ausgaben-Rechnung vorhandenen Warenbestände nicht (zB als Sacheinlage) gewinnmindernd berücksichtigt, dann ist der Zuschlag entsprechend zu vermindern. Für die Berechnung des Zuschlages bzw. Abschlages kommen weiters alle sonstigen Bilanzpositionen in Betracht, die sich bei Weiterführung der Einnahmen-Ausgaben-Rechnung als Betriebseinnahme bzw. Betriebsausgabe ausgewirkt hätten, beim Bilanzierer aber nur mehr eine Vermögensumschichtung darstellen, zB Verbindlichkeiten für rückständige Betriebssteuern.

Außerdem sind die in der Eröffnungsbilanz enthaltenen Bilanzpositionen, betreffend die Umsatzsteuer (der Saldo aus Vorsteuerforderungen und Umsatzsteuerverbindlichkeiten mit Ausnahme der gemäß § 20 Abs. 1 Z 6 EStG 1988 nicht abzugsfähigen Umsatzsteuer vom Eigenverbrauch), gleichfalls für die Berechnung des Zu- und Abschlages heranzuziehen. Dabei sind passivierte Zahllasten für Monate oder Quartale des Vorjahres als Abschläge, aktivierte Gutschriften als Zuschläge zu berücksichtigen.

697 Geht der Steuerpflichtige im Zeitpunkt des Überganges von der Einnahmen-Ausgaben-Rechnung auf die Gewinnermittlung durch Betriebsvermögensvergleich umsatzsteuerlich von der Versteuerung nach vereinnahmten Entgelten zur Versteuerung nach vereinbarten Entgelten über, dann sind zusätzlich zu den noch nicht entrichteten Zahllasten die auf Grund des § 17 Abs. 4 UStG 1994 geschuldeten Umsatzsteuerbeträge als Abschlag zu berücksichtigen. Hat der Steuerpflichtige die Umsatzsteuerverrechnung nach dem Nettosystem vorgenommen, dann sind für die Berechnung der Zu- und Abschläge ausschließlich die Nettowerte anzusetzen (also zB auch die Forderungen ohne Umsatzsteuer und die Verbindlichkeiten ohne die in ihnen enthaltenen abziehbaren Vorsteuerbeträge); überdies entfällt eine Korrektur hinsichtlich der in der Eröffnungsbilanz aufscheinenden Umsatzsteuerpositionen.

698 Eine Hinzurechnung oder Kürzung des Gewinnes wegen des Überganges zur Gewinnermittlung durch Betriebsvermögensvergleich hat nicht zu erfolgen, wenn der Gewinn in den Vorjahren griffweise (nach den Grundsätzen des Betriebsvermögensvergleiches) geschätzt worden ist. Eine Schätzung, bei der von den kalkulatorisch geschätzten Erlösen die tatsächlichen Betriebsausgaben abgezogen wurden, bei der jedoch die Warenbestände sowie die Warenforderungen und Warenschulden nicht in die Berechnung einbezogen wurden, hat auf die Berechnung und Vornahme des Zuschlages oder Abschlages keinen Einfluss (VwGH 30.11.1965, 1554/65).

699 Rückstellungen, Teilwertabschreibungen sowie Rechnungsabgrenzungsposten sind durch Zu- und Abschläge bei Ermittlung des Übergangsgewinnes nachzuholen.

4.5.2.2.3 Übergang von der Gewinnermittlung durch Betriebsvermögensvergleich gemäß § 4 Abs. 1 EStG 1988 auf die Gewinnermittlung durch Einnahmen-Ausgaben-Rechnung

700 Beim Übergang von der Gewinnermittlung gemäß § 4 Abs. 1 EStG 1988 zur Gewinnermittlung nach § 4 Abs. 3 EStG 1988 ist sinngemäß, also seitenverkehrt zum Übergang von § 4 Abs. 3 EStG 1988 auf § 4 Abs. 1 EStG 1988, vorzugehen.

Bilanzpositionen, die in der Einnahmen-Ausgaben-Rechnung nicht vorgesehen sind, sind im Übergangsgewinn aufzulösen (Rückstellungen, Rechnungsabgrenzungsposten) bzw. in steuerfreie Beträge umzuwandeln (zB Abfertigungsrückstellung).

701 Während des Betriebsvermögensvergleiches vorgenommene Teilwertabschreibungen bleiben aufrecht.

4.5.2.2.4 Übergang vom Betriebsvermögensvergleich gemäß § 4 Abs. 1 EStG 1988 bzw. von der Einnahmen-Ausgaben-Rechnung auf den Betriebsvermögensvergleich gemäß § 5 EStG 1988

Bezogen auf die Gewinnermittlungstechnik ergeben sich zwischen der Gewinnermittlung nach § 4 Abs. 1 EStG 1988 und jener nach § 5 EStG 1988 keine Probleme. Wurde der Gewinn bisher nach § 4 Abs. 3 EStG 1988 ermittelt, so ist zunächst ein Übergang auf den Betriebsvermögensvergleich analog zur Vorgangsweise nach Rz 695 ff zu unterstellen. Zusätzlich sind beim Übergang von § 4 Abs. 1 EStG 1988 bzw. § 4 Abs. 3 EStG 1988 auf § 5 EStG 1988 die in der Folge dargestellten Besonderheiten zu beachten. **702**

4.5.2.2.4.1 Bewertung des Grund und Bodens im Übergangszeitpunkt (bei einem Wechsel der Gewinnermittlungsart vor dem 1.4.2012)

(AÖF 2013/280)

Erfolgt der Wechsel der Gewinnermittlungsart zum Betriebsvermögensvergleich nach § 5 Abs. 1 EStG 1988 nach dem 31.3.2012, ist bereits die Neuregelung der Grundstücksbesteuerung wirksam. Dadurch wird Grund und Boden in allen Gewinnermittlungsarten gleich behandelt und steuerlich erfasst. Durch den Wechsel der Gewinnermittlungsart zum Betriebsvermögensvergleich nach § 5 Abs. 1 EStG 1988 ändert sich auch nichts an der Eigenschaft des Grund und Bodens als Altvermögen im Sinne des § 4 Abs. 3a Z 3 lit. a EStG 1988. Es sind daher hinsichtlich des Grund und Bodens keine weiteren Vorkehrungen auf Grund des Wechsels der Gewinnermittlungsart zum Betriebsvermögensvergleich nach § 5 Abs. 1 EStG 1988 zu treffen. **703**

Erfolgt der Wechsel der Gewinnermittlungsart vor dem 1.4.2012, sind die Rz 704 ff zu beachten.

(AÖF 2013/280)

Wechsel der Gewinnermittlungsart bis 31.3.2012: **704**

Erfolgt ein Wechsel zur Gewinnermittlung nach § 5 EStG 1988, ist der Buchwert des zum Anlagevermögen zählenden Grund und Bodens stets steuerneutral auf den Teilwert im Zeitpunkt des Wechsels der Gewinnermittlung auf- oder abzuwerten.

Kommen im Abgabenverfahren des Jahres des Überganges auf die Gewinnermittlung nach § 5 EStG 1988 Zweifel an der Richtigkeit des vom Steuerpflichtigen angesetzten Teilwertes hervor, kann über die Höhe des Teilwertes auf Antrag oder von Amts wegen ein gesonderter Feststellungsbescheid gemäß § 92 Abs. 1 lit. b BAO erlassen werden. An einer zeitnahen bindenden Feststellung des Teilwertes besteht ein öffentliches Interesse, da die Wertfeststellung in einem späteren Abgabenverfahren durch den Zeitablauf jedenfalls schwieriger ist.

(AÖF 2013/280)

Gemäß § 4 Abs. 3a Z 3 lit. c EStG 1988 sind im Zuge eines Wechsels der Gewinnermittlungsart entstandene Auf- oder Abwertungsbeträge nach § 4 Abs. 10 Z 3 lit. a EStG 1988 idF vor dem 1. StabG 2012 im Zeitpunkt der Veräußerung des Grund und Bodens gewinnwirksam anzusetzen. Im Falle der Entnahme des Grund und Bodens aus dem Betriebsvermögen kommt es in Folge der Entnahme zum Buchwert (§ 6 Z 4 EStG 1988) zu keiner Besteuerung. Ein allfälliger Auf- oder Abwertungsbetrag ist daher auch für den nunmehr privat genutzten Grund und Boden in Evidenz zu halten und im Falle der Veräußerung des nunmehrigen Privatgrundstückes einkünftewirksam zu berücksichtigen (§ 30 Abs. 6 lit. b EStG 1988). **704a**

(AÖF 2013/280)

Betrifft der Aufwertungsbetrag Grund und Boden, der ohne den Wechsel zur Gewinnermittlungsart nach § 5 Abs. 1 EStG 1988 zum 31.3.2012 nicht steuerverfangen gewesen wäre, kann hinsichtlich des einkünftewirksamen Ansatzes eines Aufwertungsbetrages nach § 4 Abs. 10 Z 3 lit. a EStG 1988 idF vor dem 1. StabG 2012 die Bestimmung des § 30 Abs. 4 EStG 1988 derart angewendet werden, dass die pauschale Einkünfteermittlung auf Basis des Teilwertes im Zeitpunkt des Wechsels der Gewinnermittlung vorzunehmen ist. **704b**

Daher wird dieser Teilwert als (Teil)Veräußerungserlös fingiert und kann im Zeitpunkt der Veräußerung des Grund und Bodens der pauschalen Besteuerung unterzogen werden. Ist Grund und Boden auch ohne Wechsel der Gewinnermittlungsart auf Grund der Fristen des § 30 EStG 1988 idF vor dem 1. StabG 2012 zum 31.3.2012 steuerverfangen, ist die pauschale Einkünfteermittlung nicht anwendbar. Daher ist in solchen Fällen ein allfälliger Aufwertungsbetrag stets in vollem Umfang einkünftewirksam anzusetzen; der besondere Steuersatz ist aber auch in diesem Fall anzuwenden.

Beispiele:

1. Grund und Boden wurde im Jahr 2000 von einem Betrieb, dessen Gewinn gemäß § 4 Abs. 1 EStG 1988 ermittelt wird, um 100 angeschafft. Im Jahr 2010 erfolgte der Wechsel zur Gewinnermittlung nach § 5 Abs. 1 EStG 1988. Dadurch wird auch der Grund und Boden steuerhängig, allerdings kann gemäß § 4 Abs. 10 Z 3 lit. a EStG 1988 idF vor dem 1. StabG 2012 der zum Zeitpunkt des Wechsels der Gewinnermittlungsart höhere Teilwert (150) als Buchwert des Grund und Bodens angesetzt werden. 2013 wird der Grund und Boden um 180 veräußert.

Gemäß § 4 Abs. 3a Z 3 lit. c EStG 1988 ist dieser Aufwertungsbetrag im Falle einer späteren Veräußerung des Grund und Bodens gewinnwirksam anzusetzen. Da der Grund und Boden ohne Wechsel der Gewinnermittlungsart zum 31.3.2012 nicht steuerverfangen gewesen wäre, kann § 30 Abs. 4 EStG 1988 hinsichtlich der stillen Reserven vor dem Wechsel der Gewinnermittlungsart angewendet werden, wobei allerdings für die Ermittlung der fiktiven Anschaffungskosten der Teilwert zum Zeitpunkt des Wechsels der Gewinnermittlungsart (150) heranzuziehen ist.

*Der Veräußerungsgewinn beträgt 30 (180-150); zusätzlich ist die Wertsteigerung vor dem Wechsel der Gewinnermittlungsart zu erfassen. Es kann die pauschale Gewinnermittlung nach § 30 Abs. 4 EStG 1988 angewendet werden. Der pauschale Gewinn beträgt 21 (150*0,14). Ein Inflationsabschlag bei einer Veräußerung vor dem 1.1.2016 kann in diesem Fall nicht berücksichtigt werden, weil die Frist für den Inflationsabschlag ab dem Wechsel der Gewinnermittlungsart zu berechnen ist. Wird von der pauschalen Gewinnermittlung hinsichtlich des Aufwertungsbetrages nicht Gebrauch gemacht, ist der Inflationsabschlag auf den Zeitpunkt der Anschaffung zu beziehen.*

2. Variante zu Beispiel 1: Grund und Boden wurde im Jahr 2005 von einem Betrieb, dessen Gewinn gemäß § 4 Abs. 1 EStG 1988 ermittelt wird, um 100 angeschafft.

Da der Grund und Boden auch ohne Wechsel der Gewinnermittlungsart am 31.3.2012 steuerverfangen gewesen wäre, kann § 30 Abs. 4 EStG 1988 nicht angewendet werden. Es ist daher im Falle einer späteren Veräußerung der Aufwertungsbetrag (50) gewinnwirksam anzusetzen. Ein allfälliger Inflationsabschlag für die gesamten Einkünfte (Veräußerungsgewinn und Aufwertungsbetrag) wäre in diesem Fall bei einer Veräußerung vor dem 1.1.2016 ab dem Zeitpunkt der Anschaffung zu berechnen. Bei Veräußerungen nach dem 31.12.2015 kann kein Inflationsabschlag mehr berücksichtigt werden.

(AÖF 2013/280, BMF-AV Nr. 2018/79)

704c Ein allfälliger Abwertungsbetrag kann im Zeitpunkt der Veräußerung des Grund und Bodens nur im tatsächlichen Ausmaß berücksichtigt werden. Eine pauschale Ermittlung des Verlustes nach § 30 Abs. 4 EStG 1988 auf Basis des Teilwertes im Zeitpunkt des Wechsels der Gewinnermittlungsart ist nicht zulässig, weil § 30 Abs. 4 EStG 1988 immer eine Wertsteigerung und keinen Wertverlust unterstellt.

Ein Abwertungsbetrag ist wie ein Verlust aus Grundstücksveräußerungen zu behandeln.

(AÖF 2013/280)

705 Die aus den handelsrechtlichen/unternehmensrechtlichen Grundsätzen ordnungsmäßiger Buchführung/Rechnungslegung resultierenden Konsequenzen sind bei Ermittlung des Übergangsgewinnes zu berücksichtigen (Teilwertabschreibungen, Rückstellungen, Rechnungsabgrenzungsposten).

(AÖF 2007/88)

706 Gewillkürtes Betriebsvermögen kann ab dem Wechsel zur Gewinnermittlung nach § 5 EStG 1988 dem Betriebsvermögen zugeführt werden.

(AÖF 2007/88)

4.5.2.2.4.2 Erfassung der stillen Reserven

4.5.2.2.4.2.1 Wechsel der Gewinnermittlungsart nach dem 31.3.2012

(AÖF 2013/280)

707 Erfolgt der Wechsel von der Gewinnermittlung nach § 5 Abs. 1 EStG 1988 auf eine andere Gewinnermittlungsart nach dem 31.3.2012, ist bereits die Neuregelung der Grundstücksbesteuerung wirksam. Dadurch wird Grund und Boden in allen Gewinnermittlungsarten gleich behandelt und steuerlich erfasst. Es sind daher hinsichtlich der stillen Reserven des Grund und Bodens keine weiteren Vorkehrungen auf Grund des Wechsels von der Gewinnermittlung nach § 5 Abs. 1 EStG 1988 zu treffen.

(AÖF 2013/280)

707a Erfolgt der Wechsel der Gewinnermittlungsart nach § 5 Abs. 1 EStG 1988 auf eine andere Gewinnermittlungsart, und stellt Grund und Boden gewillkürtes Betriebsvermögen dar, kommt es durch den Wechsel der Gewinnermittlungsart zu einer Entnahme des Grund und

Bodens. Diese hat aber keine gewinnerhöhende Wirkung, weil gemäß § 6 Z 4 EStG 1988 die Entnahme zum Buchwert erfolgt (siehe Rz 2635 ff).

(AÖF 2013/280)

4.5.2.2.4.2.2 Wechsel der Gewinnermittlungsart vor dem 1.4.2012

(AÖF 2013/280)

Im Falle des Wechsels von der Gewinnermittlung nach § 5 EStG 1988 auf eine andere Gewinnermittlungsart vor dem 1.4.2012 sind die stillen Reserven des Grund und Bodens zu erfassen. Ohne besondere Antragstellung hat die Erfassung der stillen Reserven des zum notwendigen Betriebsvermögen zählenden Grund und Bodens im Übergangsgewinn zu erfolgen. **708**

(AÖF 2013/280)

Auf Antrag des Steuerpflichtigen können die stillen Reserven des Grund und Bodens zunächst einer steuerfreien Rücklage (einem steuerfreien Betrag) zugeführt werden. Der Antrag ist in der Steuererklärung des Jahres des Wechsels der Gewinnermittlungsart zu stellen; im Falle einer Gewinnfeststellung (§ 188 BAO) ist der Antrag in der Feststellungserklärung zu stellen. Der Antrag kann nur in der Steuererklärung (Feststellungserklärung) gestellt werden, die vor Ergehen des betreffenden Einkommensteuerbescheides eingebracht wurde. Wurde in dieser Steuererklärung kein Antrag gestellt, kann ein solcher in einer nach Ergehen des Einkommensteuerbescheides (zB in einem Berufungsverfahren oder einem wiederaufgenommenen Verfahren) eingereichten Steuererklärung (Feststellungserklärung) nicht nachgeholt werden. Dies gilt nicht, wenn sich durch Feststellungen in einem wiederaufgenommenen Verfahren das Jahr des Wechsels der Gewinnermittlungsart ändert. In diesem Fall behält der für das vermeintliche Jahr des Wechsels der Gewinnermittlungsart gestellte Antrag seine Wirkung für das nunmehrige Jahr des Wechsels der Gewinnermittlungsart. **709**

Diese Rücklage ist im Zeitpunkt des Ausscheidens des Grund und Bodens aus dem Betriebsvermögen (Veräußerung, Entnahme) gewinnerhöhend aufzulösen. Trifft das Ausscheiden aus dem Betriebsvermögen mit der Veräußerung oder der Aufgabe des Betriebes, Teilbetriebes oder Mitunternehmeranteiles zusammen, so erfolgt die gewinnerhöhende Auflösung im Veräußerungsgewinn. Andernfalls erfolgt die Rücklagenauflösung zu Gunsten des laufenden Gewinnes. Eine Übertragung gemäß § 12 EStG 1988 ist nicht zulässig. Eine frühere freiwillige Auflösung oder eine Zuschreibung (§ 6 Z 13 EStG 1988) der Rücklage (des steuerfreien Betrages) ist gesetzlich nicht vorgesehen.

Scheidet der Grund und Boden nach dem 31.3.2012, aber vor dem 1.1.2016 aus dem Betriebsvermögen aus, ist die Rücklage erfolgswirksam aufzulösen und gemäß § 30a EStG 1988 mit dem besonderen Steuersatz in Höhe von 25% zu erfassen (§ 124b Z 212 EStG 1988). Scheidet der Grund und Boden nach dem 31.12.2015 aus dem Betriebsvermögen aus, ist die Rücklage ebenso erfolgswirksam aufzulösen und gemäß § 30a EStG 1988 mit dem besonderen Steuersatz von nunmehr 30% zu erfassen.

Dies gilt auch für den Fall der Entnahme (auch im Zusammenhang mit einer Betriebsveräußerung oder -aufgabe). § 6 Z 4 EStG 1988, wonach die Entnahme von Grund und Boden zum Buchwert erfolgt, findet hinsichtlich der Grund-und-Boden-Rücklage keine Anwendung. Die Rücklage ist daher auch in diesen Fällen steuerwirksam aufzulösen. Ein Inflationsabschlag ist für die Grund und Boden-Rücklage auch bei Veräußerungen vor dem 1.1.2016 nicht zu berücksichtigen.

(AÖF 2013/280, BMF-AV Nr. 2018/79)

Im Falle des Ausscheidens nach dem 31.3.2012 durch Veräußerung (Verkauf, Tausch) liegt ein steuerpflichtiger Vorgang vor. Daher sind die stillen Reserven des Grund und Bodens (inklusive Rücklage) zu erfassen. War der Grund und Boden zum 31.3.2012 steuerverfangen, sind die gesamten stillen Reserven (Differenz von Veräußerungserlös und Teilwert zum Zeitpunkt des Wechsels der Gewinnermittlungsart plus die Grund-und-Boden-Rücklage) zu erfassen. **709a**

War der Grund und Boden zum 31.3.2012 nicht steuerhängig, kann der Veräußerungsgewinn auch pauschal nach § 4 Abs. 3a Z 3 lit. a EStG 1988 ermittelt werden.

Wird der Veräußerungsgewinn pauschal ermittelt, ist daneben auch die in der Rücklage eingestellte stille Reserve zu berücksichtigen. Übersteigt die Summe des Buchwertes vor dem Wechsel der Gewinnermittlungsart und der Rücklage die pauschalen Anschaffungskosten nach § 4 Abs. 3a Z 3 lit. a EStG 1988, kann der pauschal ermittelte Gewinn allerdings nicht um diesen Differenzbetrag gekürzt werden; eine Doppelerfassung von stillen Reserven kann aber durch eine Gewinnermittlung nach den allgemeinen Grundsätzen vermieden werden.

Beispiel 1:

Ein § 5-Ermittler schafft Grund und Boden im Mai 2001 um 50 an. Zum Zeitpunkt des Wechsels zum Betriebsvermögensvergleich nach § 4 Abs. 1 EStG 1988 im Jahre 2004 betrug der Teilwert 90. Es wurde eine Grund und Boden-Rücklage in Höhe von 40 gebildet.

Im November 2013 kommt es zur Veräußerung um 120. Der Veräußerungsgewinn in Höhe von 70 (stille Reserven von 30 plus die Rücklage in Höhe von 40) ist zu versteuern. Ein Inflationsabschlag ist nicht zu berücksichtigen, weil für die Grund und Boden-Rücklage kein solcher zusteht und hinsichtlich der Wertsteigerung nach dem Wechsel der Gewinnermittlungsart der erforderliche Zeitraum von 10 Jahren nicht erfüllt ist.

*Weil Altvermögen vorliegt, kann der Veräußerungsgewinn auch pauschal ermittelt werden. Mangels Umwidmung sind die pauschalen Anschaffungskosten mit 103,20 anzusetzen (120*0,86); der Veräußerungsgewinn beträgt daher 16,80; zusätzlich ist auch die Rücklage in Höhe von 40 aufzulösen und zu versteuern (gesamt 56,80). Ein Inflationsabschlag ist für die Rücklage auch bei Veräußerungen vor dem 1.1.2016 nicht zu berücksichtigen.*

Beispiel 2:

Ein § 5-Ermittler schafft Grund und Boden im Mai 2001 um 50 an. Zum Zeitpunkt des Wechsels zum Betriebsvermögensvergleich nach § 4 Abs. 1 EStG 1988 im Jahre 2004 betrug der Teilwert 90. Es wurde eine Grund-und-Boden-Rücklage in Höhe von 40 gebildet.

Im November 2013 kommt es zur Veräußerung um 100.

Der Veräußerungsgewinn in Höhe von 50 (darin enthalten die Rücklage in Höhe von 40) ist zu versteuern. Ein Inflationsabschlag ist nicht zu berücksichtigen (auch nicht bei Veräußerungen vor dem 1.1.2016), weil für die Grund und Boden-Rücklage kein solcher zusteht und hinsichtlich der Wertsteigerung nach dem Wechsel der Gewinnermittlungsart der erforderliche Zeitraum von 10 Jahren nicht erfüllt ist.

*Weil Altvermögen vorliegt, könnte der Veräußerungsgewinn auch pauschal ermittelt werden, wobei dies allerdings insgesamt zu einem höheren Gewinn führen würde: Mangels Umwidmung sind die pauschalen Anschaffungskosten mit 86 anzusetzen (100*0,86); der Veräußerungsgewinn beträgt daher 14; zusätzlich ist auch die Rücklage in Höhe von 40 aufzulösen und zu versteuern (gesamt 54); eine Kürzung des pauschalen Veräußerungsgewinnes auf 10 wäre nicht zulässig.*

Beispiel 3:

Ein § 5-Ermittler schafft Grund und Boden 2004 um 50 an. Zum Zeitpunkt des Wechsels zum Betriebsvermögensvergleich nach § 4 Abs. 1 EStG 1988 im Jahre 2010 betrug der Teilwert 90. Es wurde eine Grund und Boden-Rücklage in Höhe von 40 gebildet.

Im Jahr 2013 kommt es zur Veräußerung um 100.

Der Grund und Boden war auf Grund der Fristen des § 30 EStG 1988 idF vor dem 1. StabG 2012 zum 31.3.2012 steuerverfangen. Daher liegt kein Altvermögen vor und die pauschale Gewinnermittlung nach § 4 Abs. 3a Z 3 lit. a EStG 1988 ist nicht anwendbar. Es sind daher die gesamten stillen Reserven seit der Anschaffung in Höhe von 50 (in denen auch die Rücklage in Höhe von 40 enthalten ist) zu versteuern.

(AÖF 2013/280, BMF-AV Nr. 2018/79)

709b Sind die stillen Reserven, die in die Grund-und-Boden-Rücklage eingestellt worden sind, im Zeitpunkt des Ausscheidens des Grund und Bodens aus dem Betriebsvermögen gegenüber dem Rücklagenbetrag gesunken, ist die Rücklage insoweit steuerneutral aufzulösen. Ist die stille Reserve überhaupt nicht mehr vorhanden, ist die gesamte Rücklage steuerneutral aufzulösen, ein allfälliger Minderbetrag kann im Fall des Ausscheidens nach dem 31.3.2012 durch Veräußerung als Veräußerungsverlust im Rahmen der betrieblichen Einkünfte nach Maßgabe des § 6 Z 2 lit. d EStG 1988 berücksichtigt werden. Dies gilt nicht, soweit einer Wertminderung bereits durch eine steuerwirksame Teilwertabschreibung Rechnung getragen worden ist (siehe Rz 710 Fall 3).

Beispiel:

Ein § 5-Ermittler schafft im Jahr 2001 Grund und Boden um 100 an; im Jahr 2004 erfolgt ein Wechsel auf die Gewinnermittlung nach § 4 Abs. 1 EStG 1988, der Teilwert im Zeitpunkt des Wechsels beträgt 120, der Steuerpflichtige bildet eine Grund und Boden-Rücklage von 20. Der Grund und Boden wird im Jahr 2013 veräußert um

112	*Da die stille Reserve in der Grund und Boden-Rücklage nur teilweise im Veräußerungsgewinn in Höhe von 12 (bezogen auf den Buchwert vor Wechsel der Gewinnermittlung) gedeckt ist, ist die Rücklage nur insoweit (in Höhe von 12) steuerwirksam und der nicht realisierte Restbetrag (in Höhe von 8) steuerneutral aufzulösen.*

90	*Es ist die gesamte Rücklage steuerneutral aufzulösen; zudem tritt ein Veräußerungsverlust in Höhe von 10 ein, der gemäß § 6 Z 2 lit. d EStG 1988 zur Hälfte (5) mit den anderen betrieblichen Einkünfte ausgeglichen werden kann.*

(AÖF 2013/280)

Rechtslage von 2007 bis 31.3.2012 710

Ist der Buchwert von Grund und Boden des Anlagevermögens auf Grund mehrfachen Wechsels auf die Gewinnermittlung nach § 5 Abs. 1 EStG 1988 mehrfach steuerneutral auf- oder abzuwerten, gilt Folgendes:

- Die zwei- oder mehrfache steuerneutrale Auf- oder Abwertung führt immer zu einer Änderung des Buchwertes des Grund und Bodens. Eine Anpassung einer bereits vorhandenen Grund- und Boden-Rücklage hat nicht zu erfolgen.
- Ein Rückwechsel von der Gewinnermittlung nach § 5 EStG 1988 zur Gewinnermittlung nach § 4 Abs. 1 oder § 4 Abs. 3 EStG 1988 führt im Fall einer eingetretenen Wertsteigerung zur Aufstockung der bereits vorhandenen Rücklage.

Im Ergebnis sind daher sämtliche in den Zeiträumen der § 5-Gewinnermittlung angewachsenen stillen Reserven zu erfassen, soweit sie im Veräußerungsgewinn Deckung finden; Teilwertabschreibungen sind nicht mit der Rücklage zu verrechnen.

Beispiel:

Mehrfacher Wechsel der Gewinnermittlung, Antragstellung auf Rücklagenbildung erfolgt.

Jahr	§ 5	Jahr	§ 4/1	Jahr	§ 5	Jahr	§ 4/1	Jahr
01		03 (W)		07 (W)		10 (W)		12
§ 5 AK	st Res pfl.	§ 4/1 TW	st Res frei	§ 5 TW	st Res pfl	§ 4/1 TW	st Res frei	VE
1: 100	20	120	16	136	18	154	21	175
2: 100	20	120	-12	108	18	126	21	147
3: 100	20	120	16	136	-12	124	21	145

W = Wechsel, VE = Veräußerungserlös

Fall 1: Im Jahr 07 erfolgt eine steuerneutrale Aufwertung des Grund und Bodens auf 136. Im Jahr 10 ist die bereits vorhandene Rücklage aus 03 um 18 auf 38 aufzustocken. Die Rücklage von insgesamt 38 (= Zuwachs an stillen Reserven in der § 5-Zeit) ist im Jahr 12 steuerwirksam aufzulösen.

Fall 2: Im Jahr 07 erfolgt eine steuerneutrale Abwertung des Grund und Bodens um 12 auf 108. Im Jahr 10 ist die bereits vorhandene Rücklage aus 03 um 18 auf 38 aufzustocken. Die Rücklage(n) von insgesamt 38 (= Zuwachs an stillen Reserven in der § 5-Zeit) sind im Jahr 12 steuerwirksam aufzulösen.

Fall 3: Im Jahr 07 erfolgt eine steuerneutrale Aufwertung um 16. Der Wertminderung in 07 bis 09 ist durch eine (steuerwirksame) Teilwertabschreibung von 12 Rechnung zu tragen. Der Buchwert beträgt sodann (spätestens ab dem Jahr 10) 124. Die Rücklage bleibt unverändert 20. Im Jahr 12 ist die Rücklage von 20 steuerwirksam aufzulösen. Insgesamt sind in der § 5-Zeit (20-12) = 8 an stillen Reserven zugewachsen.

(AÖF 2007/88, AÖF 2013/280)

Der Antrag auf Bildung einer Grund-und-Boden-Rücklage kann grundsätzlich bis zur **710a**
Rechtskraft des Verfahrens gestellt werden. Bei buchführenden Steuerpflichtigen müssen nach Einreichung der Bilanz aber die Voraussetzungen für eine Bilanzänderung nach § 4 Abs. 2 EStG 1988 vorliegen.

(AÖF 2007/88)

Grundstücke des gewillkürten Betriebsvermögens scheiden wie andere Wirtschaftsgüter **710b**
des gewillkürten Betriebsvermögens mit dem Zeitpunkt des Wechsels jedenfalls aus dem Betriebsvermögen aus. Bei einem Ausscheiden vor dem 1.4.2012 sind ihre stillen Reserven stets im Übergangsgewinn zu erfassen. In diesem Fall gibt es auch für Grund und Boden keine Möglichkeit zur Bildung einer Rücklage. Der ermäßigte Steuersatz für die stillen Reserven gelangt nur unter den Voraussetzungen des § 37 Abs. 1 in Verbindung mit Abs. 5 EStG 1988 zur Anwendung.

Scheiden Grundstücke des gewillkürten Betriebsvermögens nach dem 31.3.2012 aus, erfolgt die Entnahme des Grund und Bodens gemäß § 6 Z 4 EStG 1988 (grundsätzlich) mit dem Buchwert. Dadurch kommt es hinsichtlich des Grund und Bodens zu keiner Aufdeckung der stillen Reserven, sondern zu einer Verschiebung in den Privatbereich. Eine Erfassung der stillen Reserven erfolgt daher erst im Zeitpunkt der Veräußerung des Grund und Bodens.

Rückstellungen und Rechnungsabgrenzungsposten sind wegen des Grundsatzes der Bewertungsstetigkeit beim Wechsel von der Gewinnermittlung nach § 5 EStG 1988 auf § 4 Abs. 1 EStG 1988 beizubehalten.

(AÖF 2013/280)

4.5.2.2.5 Übergang auf eine Pauschalierung

711 Nimmt ein bisher buchführender Steuerpflichtiger erstmals die Pauschalierung nach § 17 Abs. 1 EStG 1988 oder nach den Pauschalierungsverordnungen für das Gaststätten- und Beherbergungswesen, für Lebensmitteleinzel- oder Gemischtwarenhändler, für Drogisten oder die Individualpauschalierung in Anspruch, so ist ein Übergangsgewinn (Übergangsverlust) zu ermitteln. Gleiches gilt, wenn der Steuerpflichtige von der Gewinnermittlung durch eine dieser Pauschalierungsformen zur Buchführung übergeht.

712 Der Wechsel von der vollständigen Einnahmen-Ausgaben-Rechnung zu den genannten Pauschalierungen oder umgekehrt löst hingegen keinen Übergangsgewinn aus.

713 Ausgaben, die vor dem Wechsel zur Pauschalierung abgeflossen sind und wirtschaftliche Zeiträume innerhalb der Anwendung der Pauschalierung betreffen, sowie Nachzahlungen für Aufwendungen im Pauschalierungszeitraum können daher nach Maßgabe des § 19 EStG 1988 abgezogen werden. Vorauszahlungen im Pauschalierungszeitraum für Veranlagungszeiträume danach und Nachzahlungen im Pauschalierungszeitraum für Veranlagungszeiträume davor sind abpauschaliert und können nicht gesondert abgesetzt werden.

714 Vor Anwendung der Pauschalierung gebildete Abfertigungsrückstellungen (steuerfreie Beträge) sind weiterzuführen (siehe Rz 3363 ff).

715 Bei Wechsel von einer Gewinnermittlungsart nach Durchschnittssatzverordnung auf eine andere Gewinnermittlungsart ist im Einzelfall zu unterscheiden, ob es sich dabei um eine Gesamtschätzung nach äußeren Betriebsmerkmalen ohne Bedachtnahme auf das Betriebsvermögen handelt oder ob (zumindest in Teilbereichen) der Gewinn nach Grundsätzen des Betriebsvermögensvergleiches oder einer Einnahmen-Ausgaben-Rechnung ermittelt wird. Entsprechend ist ein Übergangsgewinn nach dem Grundsatz der Nicht- bzw. Doppelerfassung von Betriebsvorfällen zu ermitteln.

Beispiel:

Der Gewinn aus einem Weinbaubetrieb wird gemäß Verordnung „BGBl. II Nr. 471/2010" ermittelt; dies entspricht einer Einnahmen-Ausgaben-Rechnung. Beim späteren Übergang auf die Gewinnermittlung durch Betriebsvermögensvergleich sind daher die für die Ermittlung von Übergangsgewinnen bzw. -verlusten maßgeblichen Grundsätze zu beachten. Dass die Verordnung für die Betriebsausgaben aus Weinbau eine Pauschalierungsmöglichkeit vorsieht, ändert nichts am Charakter der Einnahmen-Ausgaben-Rechnung, da ja die tatsächlich erzielten Einnahmen nachzuweisen und anzusetzen sind. Im Übrigen steht es dem Abgabepflichtigen frei, an Stelle der pauschalen Ausgaben die tatsächlichen Betriebsausgaben in der nachgewiesenen Höhe geltend zu machen.

Der in der ersten Eröffnungsbilanz ausgewiesene Weinvorrat ist zur Vermeidung einer Doppelerfassung von Betriebsausgaben bei der Ermittlung des Übergangsgewinnes als Zuschlag zu berücksichtigen, weil sich die hierfür aufgewendeten Erzeugungskosten – allenfalls in Form der pauschalen Ausgaben – im Rahmen der Einnahmen-Ausgaben-Rechnung gewinnmindernd ausgewirkt haben und weil dieser Aufwand ansonsten beim späteren Weinverkauf und der damit verbundenen Wareneinsatzermittlung im Rahmen des Betriebsvermögensvergleiches ein zweites Mal ausgabenwirksam werden würde.

(AÖF 2013/280)

716 Bei Übergang von der land- und forstwirtschaftlichen Pauschalierung auf den Betriebsvermögensvergleich sind für nicht abnutzbares Anlagevermögen und Umlaufvermögen die (historischen) Anschaffungs- oder Herstellungskosten anzusetzen; für abnutzbares Anlagevermögen ist der rechnerische Buchwert anzusetzen. Bei Ansatz eines gemäß § 6 Z 2 lit. b EStG 1988 höheren Teilwertes ist der ansonsten unversteuert bleibende Wertzuwachs als Zuschlag dem Übergangsgewinn zuzurechnen (VwGH 19.4.1988, 87/14/0080).

(BMF-AV Nr. 2018/79)

4.5.3 Zeitpunkt und Erfassung des Übergangsgewinnes

717 Der Übergangsgewinn ist bei laufendem Betrieb beim Gewinn des ersten Gewinnermittlungszeitraumes nach dem Wechsel zu erfassen.

Bei laufendem Betrieb ist der Wechsel der Gewinnermittlung zwischen den Gewinnermittlungsarten nach § 4 Abs. 1 und 3 EStG 1988 sowie den pauschalen Gewinnermittlungsarten nur zu Beginn eines Kalenderjahres zulässig (VwGH 24.11.1993, 92/15/0110). Bei einer unterjährigen entgeltlichen und unentgeltlichen Betriebsübertragung kann der Übernehmer die Gewinnermittlungsart frei wählen, sofern die gesetzlichen Voraussetzungen vorliegen (siehe Rz 690). Zum Eintritt bzw. Wegfall der Gewinnermittlung nach § 5 EStG 1988 siehe Rz 430b. **718**

(AÖF 2009/74)

Der Übergangsgewinn ist stets im Rahmen jenes Wirtschaftsjahres zu erfassen, in dem der Gewinn erstmals nach der neuen Methode ermittelt wird. **719**

Randzahlen 720 bis 723: *entfallen*

(AÖF 2009/74)

Im Falle der Veräußerung oder Aufgabe eines Betriebes, Teilbetriebes oder Mitunternehmeranteiles mit Gewinnermittlung nach § 4 Abs. 3 EStG 1988, § 17 EStG 1988 oder nach den Pauschalierungsverordnungen für das Gaststätten- und Beherbergungswesen, für Lebensmitteleinzel- oder Gemischtwarenhändler, für Drogisten oder die Individualpauschalierung, ist der Gewinn aus dem Übergang zur Gewinnermittlung nach § 4 Abs. 1 EStG 1988 beim Gewinn des letzten Gewinnermittlungszeitraumes vor der Veräußerung oder Aufgabe zu berücksichtigen. **724**

Findet in direktem Zusammenhang mit einem Umgründungsvorgang iSd UmgrStG ein Wechsel der Gewinnermittlungsart (zwingend oder freiwillig) hinsichtlich eines dabei übertragenen Betriebes statt, gilt Folgendes: **725**

- Der mit einer Umgründung verbundene Wechsel der Gewinnermittlungsart von § 4 Abs. 3 EStG 1988 auf § 4 Abs. 1 EStG 1988 erfolgt am Umgründungsstichtag.

  Kommt es im Falle der Einbringung gemäß Art. III UmgrStG (UmgrStR 2002 Rz 818 ff), eines Zusammenschlusses gemäß Art. IV UmgrStG (UmgrStR 2002 Rz 1394 ff) oder einer Realteilung gemäß Art. V UmgrStG (UmgrStR 2002 Rz 1582) im Anschluss an die letzte laufende mit dem Umgründungsstichtag endende Gewinnermittlungsperiode zum Wechsel der Gewinnermittlungsart zu jener nach § 4 Abs. 1 EStG 1988, ist ein Übergangsgewinn oder ein Übergangsverlust im letzten Gewinnermittlungszeitraum vor der Umgründung zu erfassen (VwGH 17.12.2014, 2012/13/0126).

  Hinzuweisen ist auf den ua. mit Einbringungen ggf. verbundenen zweiten Wechsel der Gewinnermittlungsart von § 4 Abs. 1 EStG 1988 auf § 5 EStG 1988 bei der übernehmenden Körperschaft mit Beginn des dem Einbringungsstichtag folgenden Tages (§ 20 Abs. 8 UmgrStG, siehe UmgrStR 2002 Rz 963. Zum Zusammenschluss siehe UmgrStR 2002 Rz 1394, zur Realteilung siehe UmgrStR 2002 Rz 1621b.
- Der mit der Umgründung verbundene Wechsel der Gewinnermittlungsart von § 4 Abs. 1 (§ 5) EStG 1988 auf § 4 Abs. 3 EStG 1988 erfolgt mit Beginn des dem Umgründungsstichtag folgenden Tages. Die Steuerwirkungen treten daher im ersten Wirtschaftsjahr des Rechtsnachfolgers außerhalb der laufenden Gewinnermittlung ein. Bei einer Umwandlung gemäß Art. II UmgrStG (UmgrStR 2002 Rz 517) ist ein aus dem Wechsel resultierender Übergangsgewinn in dem dem Umwandlungsstichtag folgenden Wirtschaftsjahr steuerwirksam zu berücksichtigen (§ 9 Abs. 3 UmgrStG), bei einem Zusammenschluss gemäß Art. IV UmgrStG (UmgrStR 2002 Rz 1398 ff) oder einer Realteilung nach Art. V UmgrStG (UmgrStR 2002 Rz 1583) ist ein aus dem Wechsel resultierender Gewinn im ersten Wirtschaftsjahr des Rechtsnachfolgers außerhalb der laufenden Gewinnermittlung zu erfassen. Zum rein rechnerischen Wechsel der Gewinnermittlungsart bei Zusammenschluss oder Realteilung siehe UmgrStR 2002 Rz 1398 ff und Rz 1580 f.

(BMF-AV Nr. 2015/133)

Randzahlen 726 und 727: *entfallen*

(AÖF 2009/74)

4.5.4 Übergangsverluste

Übergangsverluste sind ausgleichs- und vortragsfähig (VfGH 7.3.1990, B 232/89). Dies gilt auch für Übergangsverluste aus einer Einnahmen-Ausgaben-Rechnung. **728**

Bei laufendem Betrieb sind Übergangsverluste beginnend mit dem ersten Gewinnermittlungszeitraum nach dem Wechsel zu je einem Siebentel in den nächsten sieben Gewinnermittlungszeiträumen zu berücksichtigen.

Zu Übergangsverlusten im Rahmen einer Umgründung siehe Rz 725.

Bei unentgeltlicher Betriebsübertragung mit Buchwertfortführung sind die restlichen Siebentel vom Übernehmer des Betriebes abzusetzen.

(BMF-AV Nr. 2015/133)

729 Im Falle einer späteren Betriebsaufgabe/Veräußerung sind die (restlichen) Übergangsverluste sofort zu berücksichtigen. Soweit sie weder mit dem letzten laufenden Gewinn noch mit einem allfälligen Übergangsgewinn zu verrechnen sind, sind sie im Rahmen des innerbetrieblichen Verlustausgleiches mit dem Veräußerungsgewinn auszugleichen. Restbeträge sind sodann mit anderen Einkünften auszugleichen und werden schließlich vortragsfähig.

730 Siebentelbeträge, die nicht mit laufenden Gewinnen (bzw. Übergangs- oder Veräußerungsgewinn) aus demselben Betrieb ausgeglichen werden können, sind mit anderen positiven Einkünften zu verrechnen. Der verbleibende Rest wird vortragsfähig.

4.6 Auswirkungen des Umsatzsteuerrechts auf die Einkommensteuer

4.6.1 Auswirkungen bei Gewinnermittlung durch Betriebsvermögensvergleich

4.6.1.1 Umsatzsteuer

731 Die Umsatzsteuer ist innerhalb der Unternehmerkette kein Kostenfaktor und hat wirtschaftlich gesehen den Charakter eines durchlaufenden Postens. Sie ist daher grundsätzlich erfolgsneutral. Dies wird durch den Ansatz entsprechender Forderungen und Verbindlichkeiten erreicht. Der Aktivierung des Forderungsbetrages in Höhe des zivilrechtlichen Preises (inklusive Umsatzsteuer) steht die Passivierung der Umsatzsteuer an das Finanzamt gegenüber.

732 Es gibt jedoch Fälle, in denen die Umsatzsteuer erfolgswirksam ist:

- Der passivierten Verbindlichkeit steht keine Forderung gegenüber (zB bei tauschähnlichen Umsätzen durch Sachleistungen an Arbeitnehmer),
- Vornahme von „Umsatz-Zuschätzungen“ durch das Finanzamt,
- Vornahme der Berichtigung der Vorsteuer gemäß § 12 Abs. 10 UStG 1994, welche nicht weiterverrechnet werden kann,
- Ausschluss vom Vorsteuerabzug zB bei Vorliegen unecht befreiter Umsätze gemäß § 6 Abs. 1 Z 7 bis 28 UStG 1994. In diesen Fällen teilt die Umsatzsteuer die steuerliche Behandlung des Entgelts (Aktivierung oder Abzug als Betriebsausgabe).

733 Die auf den Eigenverbrauch entfallende Umsatzsteuer ist, soweit der Eigenverbrauch eine Entnahme darstellt oder in einer nichtabzugsfähigen Aufwendung oder Ausgabe besteht, keine Betriebsausgabe (§ 20 Abs. 1 Z 6 EStG 1988). Eine Umsatzsteuer, die auf den Eigenverbrauch entfällt, der keine Entnahme darstellt, kann zB vorliegen, wenn eine Sachspende an eine Hochschule im Sinne des § 4 Abs. 4 Z 5 EStG 1988 geleistet wird. In diesem Fall stellt die auf den Eigenverbrauch entfallende Umsatzsteuer eine Betriebsausgabe dar.

4.6.1.2 Vorsteuer

734 Entsprechend dem im Rz 731 aufgezeigten Wesen der Umsatzsteuer gehören die nach § 12 Abs. 1 UStG 1994 und nach Art. 12 UStG 1994 abziehbaren Vorsteuerbeträge nicht zu den Anschaffungs- oder Herstellungskosten des Wirtschaftsgutes, auf dessen Anschaffung oder Herstellung sie entfallen. Die abziehbaren Vorsteuerbeträge sind im Rahmen der Gewinnermittlung durch Betriebsvermögensvergleich ohne Rücksicht darauf, ob sie mit der Anschaffung oder Herstellung von Wirtschaftsgütern des Anlagevermögens oder des Umlaufvermögens im Zusammenhang stehen, als Forderungen an das Finanzamt zu aktivieren.

Beispiel:

Ein Unternehmer, der seinen Gewinn durch Betriebsvermögensvergleich ermittelt, kauft eine Maschine. Es werden ihm 10.000 S als Kaufpreis und 2.000 S Umsatzsteuer in Rechnung gestellt. Als Anschaffungskosten sind 10.000 S anzusetzen. Die Umsatzsteuer von 2.000 S ist als Forderung an das Finanzamt auszuweisen.

735 Nimmt der Unternehmer Skonto und dgl. in Anspruch, dann hat er (ohne Durchführung einer formellen Rechnungsberichtigung) den Vorsteuerabzug zu berichtigen. Durch die Inanspruchnahme des Zahlungsabzuges ändern sich auch die Anschaffungs- oder Herstellungskosten des entsprechenden Wirtschaftsgutes.

Beispiel:

Der Unternehmer erhält eine Maschine um 100.000 S zuzüglich 20.000 S Umsatzsteuer geliefert, er nimmt infolge rechtzeitiger Zahlung einen Skontoabzug von 3% des Rechnungsbetrages (3.600 S) in Anspruch. Dadurch verringern sich die Anschaffungskosten der Maschine von 100.000 S auf 97.000 S und die abziehbare Vorsteuer von 20.000 S auf 19.400 S.

Wird der Vorsteuerabzug bei ertragsteuerlich nicht abzugsfähigen, umsatzsteuerlich aber zum Vorsteuerabzug berechtigenden Aufwendungen (zB Arbeitszimmeraufwendungen auf Grund VwGH 24.9.2002, 98/14/0198) nachträglich geltend gemacht, führt die auf den als nichtabzugsfähig behandelten Bruttoaufwand (Aufwand inkl. Umsatzsteuer) entfallende rückverrechnete Vorsteuer zu keiner Betriebseinnahme (vgl Rz 1001). **735a**

(AÖF 2003/209)

4.6.1.3 Anzahlung

Das UStG 1994 sieht bei Anzahlungen eine sogenannte „Mindest-Ist-Besteuerung" vor (§ 19 Abs. 2 Z 1 lit. a UStG 1994). Die Umsatzsteuerschuld entsteht in dem Monat der tatsächlichen Leistung der Anzahlung, wodurch es auch bei einer Sollbesteuerung des leistenden Unternehmers zu einer Besteuerung nach vereinnahmten Entgelten kommt. Der Leistungsempfänger kann bei Vorliegen der Voraussetzungen (tatsächliche Zahlung und Rechnungslegung) die in Rechnung gestellte Umsatzsteuer als Vorsteuer abziehen. Der Leistungsempfänger hat daher gegenüber dem Finanzamt eine Forderung auszuweisen. Die Höhe der geschuldeten Umsatzsteuer beim leistenden Unternehmer richtet sich nicht nach der vereinbarten Anzahlung, sondern nach der tatsächlich geleisteten Anzahlung, auch wenn die Rechnung über eine höhere Anzahlung gelegt wurde. Unabhängig von einer Rechnungsausstellung entsteht beim leistenden Unternehmer für die erhaltene Anzahlung die Steuerschuld. Dieser hat daher die vereinnahmte (Netto-)Anzahlung gegenüber dem die Anzahlung leistenden Unternehmer zu passivieren und den auf die Anzahlung entfallenden Umsatzsteuerbetrag als Verbindlichkeit gegenüber dem Finanzamt auszuweisen. **736**

Im Zeitpunkt der tatsächlichen Leistungserbringung entsteht eine Forderung bzw. Verbindlichkeit nur noch in um die Anzahlung verringerter Höhe. Auch die Umsatzsteuerschuld entsteht nur noch bezüglich des Differenzbetrages. In der Endrechnung ist auf die geleistete Anzahlung und die darauf entrichtete Umsatzsteuer in der Form hinzuweisen, dass die Anzahlung und die entrichtete Umsatzsteuer offen in der Endrechnung vom Gesamtentgelt und der darauf entfallenden Umsatzsteuer abzusetzen sind oder dass die Anzahlung und die darauf geleistete Umsatzsteuer gesondert in der Endrechnung oder in einem Anhang zur Endrechnung angegeben werden.

4.6.1.4 Nicht abzugsfähige Vorsteuer

Soweit die bei Anschaffung oder Herstellung eines Wirtschaftsgutes des Anlage- oder Umlaufvermögens in Rechnung gestellte Vorsteuer nicht abzugsfähig ist (siehe Rz 732), gehört sie zu den Anschaffungs- oder Herstellungskosten des Wirtschaftsgutes, auf das sie entfällt. Nichtabziehbare Vorsteuerbeträge für aktivierungspflichtige Wirtschaftsgüter sind nicht sofort als Betriebsausgabe abziehbar, sondern müssen als Teil der Anschaffungs- oder Herstellungskosten des entsprechenden Wirtschaftsgutes aktiviert werden und teilen ihr Schicksal (AfA, Investitionsfreibetrag usw.). **737**

Beispiel:

Ein Unternehmer ist mit seinen Umsätzen unecht von der Umsatzsteuer befreit. Er erwirbt eine neue EDV-Anlage (1,000.000 S) zuzüglich 20% Umsatzsteuer (200.000 S), die gemäß § 12 UStG 1994 nicht geltend gemacht werden kann. Es ist der gesamte Rechnungsbetrag von 1.200.000 S zu aktivieren und auf die Restnutzungsdauer verteilt abzusetzen bzw. ist dieser Betrag für die Deckung eines Gewinnfreibetrages maßgebend.

Die nichtabziehbare Vorsteuer für nicht aktivierungspflichtige Wirtschaftsgüter, teilt das steuerliche Schicksal des Grundaufwandes.

(AÖF 2013/280)

Geht ein Vorsteuerabzug verloren, weil der Steuerpflichtige über die empfangene Leistung auch in der Folge keine Rechnung erhält, ein Rechnungsmangel nicht behoben oder der vom Steuerpflichtigen geltend gemachte Vorsteuerabzug vom Finanzamt (nachträglich) geändert wird, dann sind auch die entsprechenden Anschaffungs- oder Herstellungskosten grundsätzlich zu berichtigen. Eine derartige Berichtigung hat auch in Fällen zu erfolgen, in denen die Aufteilung der Vorsteuerbeträge in abziehbare und nichtabziehbare gemäß § 12 Abs. 5 UStG 1994 im Wege einer Verhältnisrechnung erfolgt und sich das Verhältnis nachträglich ändert. Es bestehen jedoch in diesen Fällen keine Bedenken, von geringfügigen Berichtigungen der Anschaffungs- oder Herstellungskosten Abstand zu nehmen, wenn damit ein unverhältnismäßiger Verwaltungsaufwand verbunden wäre. In solchen Fällen sind Mehrbeträge an abziehbarer Vorsteuer als Betriebseinnahme und Minderbeträge als Betriebsausgabe zu verrechnen. **738**

Von den oben dargelegten Änderungen des Vorsteuerabzuges sind die Berichtigungen **739**
des Vorsteuerabzuges gemäß § 12 Abs. 10 und 11 UStG 1994 zu unterscheiden. Bei diesen

Berichtigungen sieht § 6 Z 12 EStG 1988 vor, dass bei solchen Berichtigungen in keinem Fall eine Änderung der entsprechenden Anschaffungs- oder Herstellungskosten zu erfolgen hat. Vielmehr sind die Mehr- bzw. Minderbeträge an abzugsfähiger Vorsteuer stets als Betriebseinnahmen bzw. Betriebsausgaben zu behandeln, es sei denn, dass noch eine entsprechende Vorsteuerforderung gegenüber dem Finanzamt besteht, was jedoch in der Regel nicht der Fall sein wird. Besteht noch eine derartige Forderung, dann ist diese zu berichtigen, und zwar unter gleichzeitiger Änderung der Anschaffungs- oder Herstellungskosten des Wirtschaftsgutes, bei dem die Änderung der für den Vorsteuerabzug maßgebenden Verhältnisse eingetreten ist.

Beispiel:

Ein Unternehmer erwarb im Jahre 1998 eine neue Büroeinrichtung im Werte von 100.000 S zuzüglich 20% Umsatzsteuer, das sind 20.000 S, die er als Vorsteuer geltend gemacht hat.

Ab 1.Jänner 2000 ist der Unternehmer unecht von der Umsatzsteuer befreit. Auf Grund der ab dem Jahre 2000 bestehenden unechten Steuerbefreiung kommt es in den Jahren 2000 bis 2002 zu einer Vorsteuerberichtigung (§ 12 Abs. 10 UStG 1994) im Ausmaß von insgesamt 3/5 (12.000 S) des ursprünglichen Vorsteuerbetrages. Die in diesen Jahren vorzunehmende Vorsteuerberichtigung beträgt jeweils 4.000 S und ist als Betriebsausgabe abzugsfähig.

4.6.1.5 Geringwertige Wirtschaftsgüter

740 Soweit Vorsteuerbeträge nach den in den vorstehenden Absätzen genannten Grundsätzen nicht zu den Anschaffungs- oder Herstellungskosten des Wirtschaftsgutes gehören, sind sie auch nicht in die für geringwertige Wirtschaftsgüter maßgebende Wertgrenze von 800 Euro (bis 31.12.2019: 400 Euro) (§ 13 EStG 1988) einzubeziehen. In Fällen, in denen eine Berichtigung der Anschaffungs- oder Herstellungskosten aus Gründen einer Verwaltungsvereinfachung unterbleibt (Rz 738 und Rz 741), bestehen keine Bedenken, die Begünstigung des § 13 EStG 1988 unberührt zu belassen.

(BMF-AV Nr. 2021/65)

4.6.1.6 Interimskonto

741 Forderungen aus Lieferungen und sonstigen Leistungen, für die die Umsatzsteuerschuld am Bilanzstichtag noch nicht entstanden ist, sind einschließlich der auf sie entfallenden Umsatzsteuer zu bilanzieren und die betreffenden Umsatzsteuerbeträge überdies auf einem passiven Interimskonto (für noch nicht geschuldete Umsatzsteuer) zu erfassen. Solange für denjenigen, der die Lieferung oder sonstige Leistung erbracht hat, die Umsatzsteuerschuld entsprechend § 19 UStG 1994 noch nicht entstanden ist, können die betreffenden Umsatzsteuerbeträge nicht als Verbindlichkeit gegenüber dem Finanzamt ausgewiesen werden. Erst wenn gemäß § 19 UStG 1994 die Schuld für diese Steuerbeträge entstanden ist, sind diese Steuerbeträge von dem Interimskonto abzubuchen und als Verbindlichkeit dem Finanzamt gegenüber auszuweisen.

Diese Vorgangsweise ist in jenen Fällen geboten, in denen sich im Rahmen der Besteuerung nach vereinbarten Entgelten der Zeitpunkt der Entstehung der Umsatzsteuerschuld gemäß § 19 Abs. 2 Z 1 lit. a UStG 1994 um einen Monat verschiebt, weil die Rechnungsausstellung erst nach Ablauf des Kalendermonates erfolgt, in dem die Lieferung oder sonstige Leistung erbracht wurde; weiters ist im Sinne der vorstehenden Ausführungen vorzugehen, wenn im Rahmen der Besteuerung nach vereinnahmten Entgelten in den zu bilanzierenden Forderungen Umsatzsteuerbeträge zu berücksichtigen sind, deren Schuld gemäß § 19 Abs. 2 Z 1 lit. b UStG 1994 deshalb noch nicht entstanden ist, weil die Vereinnahmung der Entgelte für die betreffenden Umsätze noch aussteht.

Beispiel:

Ein Steuerpflichtiger, der die Umsatzversteuerung nach vereinbarten Entgelten vornimmt und dessen Bilanzstichtag der jeweilige 31. Dezember ist, liefert am 31. Dezember Waren um 100.000 S; die darauf entfallende Umsatzsteuer beträgt 20% (20.000 S). Die Rechnungsausstellung für diese Lieferung erfolgt erst im Jänner des folgenden Kalenderjahres. Entsprechend den obigen Ausführungen wäre die Lieferung per 31. Dezember wie folgt zu buchen:

	Soll	*Haben*
Forderungen	*120.000 S*	
Warenerlös		*100.000 S*
Interimskonto (für noch nicht geschuldete Umsatzsteuer)		*20.000 S*

Ende Jänner des Folgejahres, wenn für die betreffende Lieferung die Umsatzsteuer gemäß § 19 Abs. 2 Z 1 lit. a UStG 1994 dem Finanzamt gegenüber entsteht, ist der Umsatzsteuerbetrag von 20.000 S vom Interimskonto auf das entsprechende Verbindlichkeitenkonto umzubuchen.

4.6.1.7 Forderungsabschreibung

Sind Forderungen aus Lieferungen und sonstigen Leistungen abzuschreiben, weil die Forderungen uneinbringlich geworden sind, so ist der Berechnung der Forderungsabschreibung zwar der gesamte uneinbringlich gewordene Forderungsbetrag (also einschließlich Umsatzsteuer) zu Grunde zu legen. Es ist aber zu beachten, dass der leistende Unternehmer in Höhe der auf den Forderungsausfall entfallenden Umsatzsteuer eine Berichtigung (Minderung) der Umsatzsteuerverbindlichkeit vorzunehmen hat (§ 16 Abs. 3 UStG 1994). **742**

Voraussetzung für eine solche Minderung der Umsatzsteuerverbindlichkeit ist jedoch, dass der Forderungsverlust nachweislich bereits eingetreten ist. Aus § 16 Abs. 3 UStG 1994 iVm § 16 Abs. 1 UStG 1994 kann abgeleitet werden, dass für die Minderung der Umsatzsteuerverbindlichkeit der Zeitpunkt maßgeblich ist, in dem die Abschreibung der uneinbringlich gewordenen Forderung vorgenommen wird.

Beispiel:

Eine uneinbringlich gewordene Forderung beträgt 120.000 S (davon 20.000 S Umsatzsteuer). 100.000 S sind über Aufwand und 20.000 S auf Umsatzsteuerverbindlichkeit (Soll) zu buchen.

Auch bei Wertberichtigungen zu Forderungen, die der Steuerpflichtige für erfahrungsgemäß zu erwartende, aber noch nicht tatsächlich eingetretene Forderungsverluste vornimmt (Delkredere), wirkt sich die auf den zu erwartenden Forderungsausfall entfallende Umsatzsteuer wirtschaftlich betrachtet nicht gewinnmindernd aus (VwGH 23.11.1977, 2400/77). Demnach ist die zu erwartende Minderung der Umsatzsteuerverbindlichkeit aus dem zu erwartenden Forderungsausfall auf einem Interimskonto im Soll zu erfassen oder einfachheitshalber bei der Berechnung des Delkredere vom dubiosen Forderungsbetrag ohne Umsatzsteuer auszugehen. **743**

Beispiel:

Eine dubiose Forderung von 100.000 S zuzüglich 20.000 S Umsatzsteuer = 120.000 S ist zur Hälfte wertzuberichtigen; diese Wertberichtigung wirkt sich nur in Höhe von 50.000 S (50% von 100.000 S) gewinnmindernd aus. Erfolgt aber im Beispielsfall die 50% betragende Wertberichtigung von der Gesamtforderung von 120.000 S, so sind 50.000 S über Aufwand und 10.000 S über Interimskonto (Soll) zu buchen.

4.6.2 Auswirkungen bei Gewinnermittlung durch Einnahmen-Ausgaben-Rechnung

4.6.2.1 Allgemeines

Bei der Einnahmen-Ausgaben-Rechnung stehen die Bruttoverrechnung und die Nettoverrechnung als Möglichkeiten der Umsatzsteuer-Verrechnung zur Verfügung. **744**

4.6.2.2 Das Bruttosystem

Nach den Grundsätzen des § 19 EStG 1988 ist die von einem Einnahmen-Ausgaben-Rechner in Rechnung gestellte Umsatzsteuer im Zeitpunkt der Vereinnahmung als Betriebseinnahme und im Zeitpunkt der Abfuhr an das Finanzamt als Betriebsausgabe zu behandeln. **745**

Die dem Einnahmen-Ausgaben-Rechner von seinen Vorlieferanten in Rechnung gestellten abziehbaren Vorsteuerbeträge sind im Zeitpunkt der Bezahlung Betriebsausgaben und im Zeitpunkt der Verrechnung mit dem Finanzamt Betriebseinnahmen.

Die Zahllast des Voranmeldungszeitraumes ist somit bei Bezahlung eine Betriebsausgabe, eine allfällige Gutschrift für einen Voranmeldungszeitraum stellt eine Betriebseinnahme dar. Da Vereinnahmung und Verausgabung oft in verschiedenen Veranlagungszeiträumen liegen, kommt es beim Bruttosystem, anders als beim Bilanzierer, praktisch immer zu Periodenverschiebungen.

Die Umsatzsteuer hat insoweit keinen reinen Durchlaufcharakter.

(AÖF 2013/280)

4.6.2.2.1 Vorsteuer bei Anlagevermögen

Die abziehbaren Vorsteuerbeträge gehören nicht zu den Anschaffungs(Herstellungs-)kosten der Wirtschaftsgüter, auf die sie entfallen und sind entsprechend Rz 745 zu behandeln. Dieser Grundsatz hat jedoch nur bei der Anschaffung (Herstellung) von aktivierungspflichtigen Anlagegütern praktische Bedeutung. In diesem Fall werden die abziehbaren Vorsteuern **746** von den Anschaffungs(Herstellungs-)kosten, die nur im Wege der AfA abgesetzt werden können, getrennt und bei Bezahlung als Betriebsausgabe abgesetzt.

Beispiel:

Eine Unternehmerin, die ihren Gewinn durch Einnahmen-Ausgaben-Rechnung ermittelt, kauft eine Maschine. Es werden ihr 10.000 S als Kaufpreis und 2.000 S als Umsatzsteuer in Rechnung gestellt. Als Anschaffungskosten sind 10.000 S anzusetzen. Die in Rechnung gestellte Umsatzsteuer von 2.000 S stellt nach Maßgabe der Bezahlung eine Betriebsausgabe dar. Bei Verrechnung mit dem Finanzamt führt sie zu einer Verringerung der Umsatzsteuerzahllast und damit zu einer Minderung der Betriebsausgabe bzw. unter Umständen auch zu einer Gutschrift, die dann als Betriebseinnahme zu behandeln ist.

Geringwertige Wirtschaftsgüter siehe Rz 740.

4.6.2.2.2 Vorsteuer bei Umlaufvermögen

747 Bei Wirtschaftsgütern des Umlaufvermögens können die Bruttobeträge der Anschaffungs(Herstellungs-)kosten als Betriebsausgabe abgezogen werden.

4.6.2.2.3 Fälle mit nicht abzugsfähiger Vorsteuer

748 Soweit die bei Anschaffung oder Herstellung eines Wirtschaftsgutes des Anlagevermögens in Rechnung gestellte Vorsteuer nicht abzugsfähig ist, gelten die Ausführungen in Rz 737 ff in gleicher Weise für Einnahmen-Ausgaben-Rechner.

749 Soweit die für Umlaufvermögen in Rechnung gestellte Vorsteuer nicht abziehbar ist, gelten die Ausführungen in Rz 747; lediglich die Verrechnung der Umsatzsteuer mit dem Finanzamt unterbleibt, sodass sich daraus keine Betriebseinnahme ergibt.

Beispiel:

Vorsteuern im Zusammenhang mit der Anschaffung, der Miete und dem Betrieb bestimmter Kraftfahrzeuge: Handelt es sich dabei um ein Anlagegut, kommt es zur Aktivierung des Gesamtkaufpreises, handelt es sich um Umlaufgüter sowie um laufende Betriebsausgaben, führt die Bezahlung insgesamt zu Betriebsausgaben.

4.6.2.2.4 Anzahlungen

750

- Anzahlungen oder Vorauszahlungen für Wirtschaftsgüter des Umlaufvermögens sind im Zeitpunkt der Leistung der Anzahlung voll als Betriebsausgabe absetzbar.
- Die in Anzahlungen und Vorauszahlungen des Anlagevermögens enthaltene Umsatzsteuer kann (seit 1995) im Zeitpunkt der Leistung der Anzahlung als Betriebsausgabe abgesetzt werden, wenn über die Anzahlung oder Vorauszahlung eine ordnungsgemäße Rechnung vorliegt.
- Bei Ratenzahlungen eines bereits gelieferten Wirtschaftsgutes des Anlagevermögens wäre davon auszugehen, dass in jeder einzelnen Ratenzahlung anteilige Umsatzsteuerbeträge enthalten sind, sodass der Abzug der Umsatzsteuer jeweils nur anteilig erfolgen könnte. Aus Vereinfachungsgründen wird es aber zugelassen, mit der (den) ersten Rate(n) die Umsatzsteuer, wenn eine diesbezügliche Vereinbarung vorliegt und diese auch eingehalten wird, vorweg zu begleichen und damit bereits in diesem Zeitpunkt die Umsatzsteuer als Betriebsausgabe abzusetzen. Diese Vereinfachung kommt allerdings nicht zur Anwendung, wenn der Vorsteuerabzug gemäß § 12 Abs. 1 Z 1 UStG 1994 nach Ist-Grundsätzen erfolgt.

(AÖF 2013/280)

4.6.2.2.5 Eigenverbrauch

751 Beim Eigenverbrauch sind die Entnahmen ohne Umsatzsteuer zu verrechnen. Die auf die Entnahmen entfallenden Umsatzsteuerbeträge dürfen nicht als Betriebsausgaben geltend gemacht werden. Daher sind die Steuerbeträge, die als Zahllast an das Finanzamt bezahlt werden, bzw. die Umsatzsteuer-Gutschriften, um die auf den Eigenverbrauch entfallende Umsatzsteuer zu berichtigen.

752 Dies gilt nicht,

- wenn der Eigenverbrauch Betriebsausgabe ist, zB bei den begünstigten Sachspenden gemäß § 4a EStG 1988 (siehe Rz 732 f),
- in Fällen, in denen die Umsatzsteuer beim Betriebsvermögensvergleich gewinnwirksam wird; hier tritt auch beim Einnahmen-Ausgaben-Rechner eine Gewinnwirkung ein (siehe Rz 732 f).

(BMF-AV Nr. 2015/133)

4.6.2.3 Das Nettosystem

Die Umsatzsteuer, die wie ein durchlaufender Posten (§ 4 Abs. 3 dritter Satz EStG 1988) behandelt wird, bleibt sowohl auf der Einnahmen- als auch auf der Ausgabenseite außer Ansatz. Alle Einnahmen und Ausgaben werden daher nur netto angesetzt. Das Nettosystem ist nur bei solchen Steuerpflichtigen zulässig, bei denen die Umsatzsteuer grundsätzlich Durchlaufcharakter haben kann. **753**

Nettoverrechnung ist nicht möglich: **754**

- In Fällen, in denen ein Unternehmer unecht steuerbefreite Umsätze tätigt, die mit nicht abziehbaren Vorsteuern zusammenhängen.
- In Fällen der Inanspruchnahme einer Vorsteuerpauschalierung (VwGH 21.12.1999, 95/14/0005), ausgenommen, wenn die Vorsteuerpauschalierung nach § 14 Abs. 1 Z 1 UStG 1994 in Anspruch genommen und gleichzeitig die Pauschalierung nach § 17 Abs. 1 bis 3 EStG 1988 angewendet wird.

Nebengebühren der Umsatzsteuer, wie Säumniszuschläge und Stundungszinsen, bleiben auch im Bereich der Nettomethode als Betriebsausgaben abzugsfähig. **755**

4.6.2.3.1 Anlagegüter

Anlagegüter sind, wenn die Vorsteuer abzugsfähig ist, mit den Nettowerten zu aktivieren. Ist die Vorsteuer nicht abzugsfähig (zB bei bestimmten Kraftfahrzeugen), dann ist sie als Teil der Anschaffungs-(Herstellungs-)Kosten zu aktivieren. **756**

4.6.2.3.2 Umlaufgüter

Betriebsausgaben stellen nur die verausgabten Nettobeträge dar, die Umsatzsteuer für Umlaufgüter ist außer Ansatz zu lassen. Hat die Umsatzsteuer keinen Durchlaufcharakter, dann ist sie bei der Verausgabung als Betriebsausgabe abzuziehen. Diese Ausführungen gelten auch bei den laufenden Betriebsausgaben. **757**

4.6.2.3.3 Anzahlungen

Anzahlungen und Ratenzahlungen sind um die darin enthaltenen (abziehbaren) Vorsteuerbeträge zu bereinigen. **758**

4.6.2.3.4 Umsatzsteuerverrechnung mit dem Finanzamt

Alle Einnahmen- und Ausgabenpositionen, die aus der Umsatzsteuerverrechnung mit dem Finanzamt resultieren, bleiben unberücksichtigt. Umsatzsteuergutschriften sind keine Einnahmen, die an das Finanzamt entrichteten Zahlungen keine Ausgaben. Letzteres gilt auch für die Umsatzsteuersondervorauszahlung (VwGH 18.02.1999, 97/15/0211). Entnahmen sind, wie beim Bruttosystem, netto anzusetzen. Eine Korrektur der Zahllast um die darin enthaltene Umsatzsteuer ist nicht erforderlich. **759**

4.6.2.4 Wechsel der Verrechnungsmethode

Der Steuerpflichtige ist bei der von ihm gewählten Verrechnungsmethode an keinen Mindestzeitraum gebunden. Ein Wechsel während des laufenden Wirtschaftsjahres ist aber ausgeschlossen. Beim Übergang von der Bruttoverrechnung zur Nettoverrechnung ist zu beachten, dass Zahllasten bzw. Gutschriften für den Zeitraum der Bruttoverrechnung, die erst im Folgejahr zu einer Verausgabung bzw. Vereinnahmung führen (also in der Regel die Vorauszahlungen bzw. Gutschriften für November und Dezember bzw. für das vierte Kalenderviertel), als Betriebsausgaben bzw. Betriebseinnahmen anzusetzen sind. Auch später anfallende Einnahmen und Ausgaben, die sich auf Geschäftsvorfälle vor dem Übergang beziehen, sind weiterhin brutto zu verrechnen. **760**

Daraus ergibt sich insbesondere Folgendes: **761**

- Wird Umsatzsteuer (Vorsteuer), die vor dem Übergangsstichtag bezahlt und als Betriebsausgabe verrechnet wurde, erst nach dem Übergangsstichtag vom Finanzamt gutgeschrieben, so ist im Zeitpunkt der Gutschrift ein dieser Umsatzsteuer (Vorsteuer) entsprechender Betrag als Betriebseinnahme zu verrechnen.
- Wird Umsatzsteuer (Vorsteuer), die vor dem Übergangsstichtag vom Finanzamt gutgeschrieben und als Betriebseinnahme verrechnet wurde, erst nach dem Übergangsstichtag bezahlt, so ist im Zeitpunkt der Bezahlung ein dieser Umsatzsteuer (Vorsteuer) entsprechender Betrag als Betriebsausgabe zu verrechnen.
- Für die vor dem Übergangsstichtag vereinnahmte und als Betriebseinnahme verrechnete Umsatzsteuer, die erst nach dem Übergangsstichtag an das Finanzamt entrichtet wird, ist im Zeitpunkt der Entrichtung an das Finanzamt ein entsprechender Betrag als Betriebsausgabe zu verrechnen.

- Bei Versteuerung nach vereinbarten Entgelten ist in Höhe der für einen Zeitraum vor dem Übergangsstichtag an das Finanzamt entrichteten und als Betriebsausgabe verrechneten Umsatzsteuer, die erst nach dem Übergangsstichtag vereinnahmt wird, im Zeitpunkt der Vereinnahmung ein entsprechender Betrag als Betriebseinnahme zu verrechnen.

762 Sinngemäß ist beim Übergang von der Nettoverrechnung zur Bruttoverrechnung vorzugehen.

4.7 Grundstücke des Betriebsvermögens (§ 4 Abs. 3a EStG 1988)

(AÖF 2013/280)

4.7.1 Allgemeines

(AÖF 2013/280)

763 Grundstücke des Betriebsvermögens sind unabhängig von der Gewinnermittlungsart ab Wirksamkeit des 1. StabG 2012 mit 1.4.2012 steuerhängig. Das bedeutet, dass die stillen Reserven von Grundstücken bei Veräußerung und Entnahme (ausgenommen Grund und Boden) zu versteuern sind. Die Besteuerung von Veräußerungen und Entnahmen nach dem 31.3.2012 erfolgt grundsätzlich mit dem besonderen Steuersatz gemäß § 30a EStG 1988 (bei Veräußerungen vor dem 1.1.2016 mit 25%, bei Veräußerungen nach dem 31.12.2015 mit 30%). Hinsichtlich des Realisierungszeitpunktes der Veräußerung ist auf den Übergang des wirtschaftlichen Eigentums abzustellen. Bei Steuerpflichtigen mit einem abweichenden Wirtschaftsjahr ist abweichend davon nach § 124b Z 276 EStG 1988 bei Veräußerungen von Grundstücken vor dem 1. Jänner 2016 (Verpflichtungsgeschäft) noch der besondere Steuersatz iHv 25% anzuwenden. Bei einem abweichenden Wirtschaftsjahr 2015/2016 kommt es daher bei einer Veräußerung im Kalenderjahr 2015 zu einer Besteuerung des Veräußerungsgewinns mit 25%. Steuerlich erfasst wird der Veräußerungsgewinn jedoch in jenem Kalenderjahr, in dem das abweichende Wirtschaftsjahr endet (dh. in der Veranlagung für 2016). Zeitpunkt der Entnahme ist der Zeitpunkt der Änderung der Nutzung bzw., wenn keine Änderung der Nutzung erfolgt, der Tag, zu dem die Ausbuchung erfolgt.

(BMF-AV Nr. 2018/79)

764 Der Begriff des Grundstücks wird in § 30 Abs. 1 EStG 1988 definiert. Grundstück ist

- der nackte Grund und Boden (siehe Rz 577 bis 580),
- ein Gebäude (siehe dazu Rz 3140 und 3140a) einschließlich Superädifikate und
- grundstücksgleiche Rechte (siehe Rz 6622)

in ihrer Gesamtheit als auch für sich alleine (zum Grundstücksbegriff siehe weiters Rz 6621).

Sind Grundstücke einem Betrieb zuzuordnen, sind sie zu aktivieren und Grundstücke des Anlagevermögens sind in das Anlageverzeichnis aufzunehmen. Im Falle der Einnahmen-Ausgaben-Rechnung ist in die Anlagekartei (Anlageverzeichnis) gemäß § 7 Abs. 3 EStG 1988 auch Grund und Boden des Anlage- und Umlaufvermögens aufzunehmen.

(AÖF 2013/280)

765 Die Besteuerung der im Grundstück enthaltenen stillen Reserven erfolgt im Falle der Realisierung dieser stillen Reserven. Voraussetzung ist daher die entgeltliche Übertragung (zB Verkauf oder Tausch; zur Abgrenzung einer entgeltlichen Übertragung zur unentgeltlichen siehe Rz 5571 f), die Entnahme oder die Zuschreibung von Wertsteigerungen des Grundstückes. Beim nackten Grund und Boden kommt es aber bei der Entnahme zu keiner Aufdeckung der stillen Reserven, weil die Entnahme von Grund und Boden nach dem 31.3.2012 zum Buchwert erfolgt, sofern nicht eine Ausnahmen vom besonderen Steuersatz gemäß § 30a Abs. 3 und 4 EStG 1988 vorliegt (siehe dazu Rz 6682 ff).

Hinsichtlich der zeitlichen Zuordnung der Einnahmen gelten die allgemeinen Regeln.

(AÖF 2013/280)

4.7.2 Steuerbefreiungen

(AÖF 2013/280)

766 Gemäß § 4 Abs. 3a Z 1 EStG 1988 sind steuerfrei:

- Abgeltungen von Wertminderungen gemäß § 3 Abs. 1 Z 33 EStG 1988 (siehe dazu Rz 6653), einer Teilwertabschreibung in Höhe der Entschädigung kommt allerdings auf Grund des § 20 Abs. 2 EStG 1988 keine steuerliche Wirkung zu (zu Entschädigungen bei Maßnahmen, die nicht im öffentlichen Interesse stehen, siehe Rz 1038);
- Einkünfte auf Grund von Entschädigungen für einen (drohenden) behördlichen Eingriff (siehe dazu Rz 6651) und

- Einkünfte aus Tauschvorgängen von Grundstücken im Rahmen eines Zusammenlegungs- oder Flurbereinigungsverfahrens sowie im Rahmen

behördlicher Maßnahmen zur besseren Gestaltung von Bauland (siehe dazu Rz 6652).

Erwachsen aus den genannten Vorgängen Verluste, sind diese auf Grund der Steuerbefreiung nicht mit anderen Einkünften ausgleichsfähig.

Die Hauptwohnsitzbefreiung nach § 30 Abs. 2 Z 1 lit. b EStG 1988 ist auf die Veräußerung von Betriebsvermögen nicht anzuwenden, weil diese Befreiung ausschließlich für Einkünfte nach § 30 EStG 1988 anzuwenden ist und sie durch § 4 Abs. 3a Z 1 EStG 1988 nicht in die betriebliche Gewinnermittlung übernommen wird. Gleiches gilt für die Herstellerbefreiung.

Erfolgte allerdings die Einlage des Grundstücks nach der Aufgabe des Hauptwohnsitzes zum Teilwert (entweder vor dem 1.4.2012 oder nach dem 31.3.2012 für ein Gebäude des Altvermögens gemäß § 6 Z 5 lit. c EStG 1988), liegen hinsichtlich des Unterschiedsbetrages zwischen den historischen Anschaffungskosten und dem Einlageteilwert Einkünfte aus privaten Grundstücksveräußerungen vor (siehe Rz 783). Sind die Voraussetzungen des § 30 Abs. 2 Z 1 lit. b EStG 1988 zum Zeitpunkt der Einlage des Grundstückes erfüllt und erfolgt die Veräußerung innerhalb von fünf Jahren ab der Aufgabe des Hauptwohnsitzes, ist die Hauptwohnsitzbefreiung hinsichtlich des nach § 30 EStG 1988 zu erfassenden Teiles des Veräußerungsgewinnes anzuwenden.

Beispiel:

Ein Gebäude des Altvermögens (AK 100.000 Euro) wird zum Teilwert (150.000 Euro) im Jahr 2013 in einen Betrieb eingelegt. Das Gebäude wurde vor der Einlage durchgehend für 10 Jahre als Hauptwohnsitz genutzt. Im Jahr 2017 wird das Gebäude um 170.000 Euro veräußert. Hinsichtlich der Wertsteigerung vor der Einlage (50.000 Euro) liegen Einkünfte nach § 30 EStG 1988 vor. Zum Zeitpunkt der Veräußerung wurde das Gebäude in den letzten zehn Jahren mehr als fünf Jahre durchgehend als Hauptwohnsitz genutzt). Der auf die private Nutzung entfallende Veräußerungsgewinn von 50.000 Euro ist daher steuerfrei; lediglich die nach der Einlage eingetretene Wertsteigerung von 20.000 Euro ist bei den betrieblichen Einkünften zu erfassen.

Variante:

Die Veräußerung erfolgt 2020 um 170.000 Euro. In diesem Fall wurde das Gebäude in den letzten 10 Jahren weniger als fünf Jahre als Hauptwohnsitz genutzt (2010 bis 2013). Die Hauptwohnsitzbefreiung ist daher auch hinsichtlich der nach § 30 EStG 1988 zu erfassenden Einkünfte nicht anwendbar.

(AÖF 2013/280)

Wird ein Grundstück veräußert, für das innerhalb der letzten drei Jahre in Folge des Erwerbes Erbschafts- oder Schenkungssteuer, Grunderwerbsteuer oder Stiftungseingangsteuer entrichtet wurde, ist die auf den Veräußerungsgewinn entfallende Einkommensteuer auf Antrag in analoger Anwendung des § 30 Abs. 8 EStG 1988 im Ausmaß einer sonst entstehenden Doppelbelastung zu ermäßigen oder zu erlassen (siehe dazu Rz 6680). **767**

(AÖF 2013/280)

4.7.3 Ermittlung des Veräußerungsgewinnes von Grundstücken

(AÖF 2013/280)

4.7.3.1 Allgemeines

(AÖF 2013/280)

Durch die Neuregelung der Grundstücksbesteuerung ist Grund und Boden nunmehr unabhängig von der Gewinnermittlungsart im Veräußerungsfall steuerpflichtig. Allerdings ist auf Grund von Unterschieden in der Gewinnermittlung der Veräußerungserlös (zum Veräußerungserlös siehe auch Rz 6655) weiterhin auf Grund und Boden einerseits und auf Gebäude und/oder grundstücksgleiche Rechte aufzuteilen. **768**

Nur für Grund und Boden besteht die Möglichkeit

- der Berücksichtigung eines Inflationsabschlages nach § 30 Abs. 3 EStG 1988 für Veräußerungen vor dem 1.1.2016 (siehe Rz 777 f)
- der pauschalen Gewinnermittlung nach den Regeln des § 30 Abs. 4 EStG 1988 (siehe Rz 779 ff).

Unabhängig davon ist der Veräußerungserlös immer auch dann aufzuteilen, wenn in diesem auch Entgelte für Wirtschaftsgüter enthalten sind, die kein Grundstück darstellen und daher gesondert zum Normaltarif zu erfassen sind (zB stehendes Holz; siehe dazu auch Rz 577 ff).

Bezüglich des Zeitpunktes der Gewinnrealisierung treten durch die Neuregelung der Grundstücksbesteuerung keine Änderungen ein. Im Falle der Bilanzierung ist der Gewinn/

Verlust aus der Veräußerung eines Grundstückes in der Bilanz zu erfassen, wenn die Kaufpreisforderung entstanden ist. Aus dem Umstand, dass die ImmoESt bzw. die besondere Vorauszahlung erst am 15. Tag des auf den Kalendermonat des Zuflusses zweitfolgenden Monats zu leisten ist (§ 30b Abs. 1 bzw. Abs. 4 EStG 1988), lässt sich keine Durchbrechung des Aufwands-Ertrags-Prinzips für die Gewinnermittlung mittels Betriebsvermögensvergleich ableiten. Es ist in diesen Fällen der gesamte Veräußerungserlös in die Abgabenerklärung für den Veranlagungszeitraum, in dem die Veräußerung stattgefunden hat, aufzunehmen. Wurde für die Einkünfte bereits eine Steuererklärung abgegeben, bewirkt ein danach eingetretener Zahlungseingang des Veräußerungsgewinnes nicht den Eintritt der Abfuhrverpflichtung der ImmoESt oder der besonderen Vorauszahlung (siehe dazu auch Rz 6707).

(AÖF 2013/280, BMF-AV Nr. 2018/79)

4.7.3.2 Neugrundstücke

(AÖF 2013/280)

4.7.3.2.1 Veräußerungsgewinn

(AÖF 2013/280)

769 Neugrundstücke sind Grundstücke, die zum 31.3.2012 steuerverfangen waren oder nach diesem Zeitpunkt angeschafft oder hergestellt wurden oder werden (siehe dazu Rz 6654).

Neugrundstücke sind daher alle Grundstücke (inklusive Grund und Boden), die am 31.3.2012 dem Betriebsvermögen eines Stpfl zuzurechnen waren, der seinen Gewinn mittels Betriebsvermögensvergleich nach § 5 Abs. 1 EStG 1988 ermittelte. Ebenso stellen Gebäude und grundstücksgleiche Rechte immer Neugrundstücke dar, wenn sie am 31.3.2012 dem Betriebsvermögen eines Stpfl zuzurechnen waren.

(AÖF 2013/280)

770 Wird der Gewinn mittels Einnahmen-Ausgaben-Rechnung oder Betriebsvermögensvergleich nach § 4 Abs. 1 EStG 1988 ermittelt, ist hinsichtlich des Grund und Bodens zu unterscheiden. Durch die Neuregelung der Grundstücksbesteuerung kommt es zur Einbeziehung von Grund und Boden des Anlagevermögens in die Steuerhängigkeit mit 1.4.2012. Grund und Boden stellt dann ein Neugrundstück dar, wenn der Grund und Boden zum 31.3.2012 steuerverfangen war oder nach diesem Zeitpunkt angeschafft wurde oder wird. Steuerverfangen war der Grund und Boden zum 31.3.2012 dann, wenn eine Veräußerung auf Grund der Fristen gemäß § 30 EStG 1988 idF vor dem 1. StabG 2012 steuerbar gewesen wäre.

War Grund und Boden zum 31.3.2012 nicht steuerfangen, liegt Altvermögen vor.

Für die Berechnung des Fristenlaufes ist auf den Tag der Anschaffung des Grundstückes abzustellen, wobei als Zeitpunkt der Anschaffung in diesem Zusammenhang der Tag des Abschlusses des schuldrechtlichen Vertrages anzusehen ist (siehe Rz 6623). Wurde der Kaufvertrag über den Grund und Boden daher vor dem 31.3.2002 (bei Anwendung der fünfzehnjährigen Spekulationsfrist gemäß § 30 Abs. 1 Z 1 lit. a EStG 1988 idF vor dem 1. StabG 2012 vor dem 31.3.1997) abgeschlossen, liegt Altvermögen vor.

(AÖF 2013/280)

771 Grundstücke sind mit den Anschaffungskosten bzw. Herstellungskosten zu aktivieren (siehe Rz 2164 ff, wobei bebaute Grundstücke hinsichtlich des Grund und Bodens und Gebäude bzw. grundstücksgleiche Rechte getrennt anzusetzen sind (siehe Rz 2610). Zur Aufteilung von Grundstücksanschaffungskosten siehe Rz 2612 ff.

Nach § 4 Abs. 3a Z 5 EStG 1988 zählen zu den Anschaffungskosten von Grundstücken auch die Anschaffungskosten von Grundstücksteilen, die im Zuge einer Umwidmung an die die Umwidmung vornehmende Gemeinde übertragen werden müssen.

Beispiel:

Ein Grundstück mit 1.000 m² wurde um 20 Euro/m² angeschafft. Im Zuge der Umwidmung müssen für die Errichtung einer Straße an die Gemeinde 100 m² abgetreten werden. Wird später das Grundstück mit nunmehr 900 m² veräußert, sind als Anschaffungskosten nicht nur die anteiligen Anschaffungskosten der veräußerten 900 m², sondern auch die der an die Gemeinde abgetretenen 100 m² anzusetzen; die Anschaffungskosten der veräußerten 900 m² betragen daher 20.000 Euro.

(AÖF 2013/280)

772 Zu den Anschaffungskosten zählen auch Anschaffungsnebenkosten (siehe Rz 2186 f und Rz 2617 ff).

Nachträgliche Anschaffungskosten (inklusive Aufschließungskosten und Kosten von Schutzbauten; siehe dazu Rz 2626 ff) und Anschaffungskostenminderungen (siehe Rz 2188 ff) sind zu beachten.

(BMF-AV Nr. 2015/133)

Nicht zu den Anschaffungs- bzw. Herstellungskosten zählt Erhaltungsaufwand. Mit Ausnahme von Instandsetzungsaufwendungen im Sinne des § 4 Abs. 7 EStG 1988 sind Erhaltungsaufwendungen daher sofort abzugsfähig und bei der Ermittlung des Veräußerungsgewinnes von Grundstücken nicht zu berücksichtigen. **773**

Instandsetzungsaufwendungen gemäß § 4 Abs. 7 EStG 1988 sind gleichmäßig auf fünfzehn Jahre verteilt abzusetzen (siehe Rz 1398 ff). Wird ein solches Gebäude veräußert, bevor alle Instandsetzungsfünfzehntel steuerlich geltend gemacht wurden, sind noch offene Fünfzehntel vom Veräußerungsgewinn in Abzug zu bringen bzw. erhöhen einen allfälligen Veräußerungsverlust (siehe auch Rz 1406). Zur Übergangsregelung siehe Rz 1400.

Wurden Instandsetzungsmaßnahmen bei einem Gebäude im Privatvermögen vorgenommen und erfolgte danach eine Einlage in das Betriebsvermögen, sind die noch offenen Instandsetzungsfünfzehntel nunmehr als Betriebsausgaben zu berücksichtigen (siehe Rz 6487). Wird ein solches Gebäude veräußert, können auch in diesem Fall noch offene Fünfzehntel bei der Ermittlung des Veräußerungsgewinnes berücksichtigt werden.

(BMF-AV Nr. 2018/79)

Die Ermittlung des Veräußerungsgewinnes bzw. der durch die Entnahme aufgedeckten stillen Reserven von Neugrundstücken erfolgt nach den allgemeinen Regeln der betrieblichen Gewinnermittlung. Dem Veräußerungserlös ist daher der Buchwert des betroffenen Wirtschaftsgutes gegenüberzustellen. Es kommt daher grundsätzlich zu keiner Änderung im Vergleich zur bisherigen Methode der Gewinnermittlung. **774**

Zum Veräußerungserlös gehören neben dem Barpreis auch vom Käufer übernommene Verbindlichkeiten und erlassene Schulden; werden Verbindlichkeiten übernommen, sind diese unabhängig von der Laufzeit der Verbindlichkeit nicht abzuzinsen.

Daneben sind auch sonstige wirtschaftliche (geldwerte) Vorteile zu beachten.

Kein bzw. nicht Teil des Veräußerungserlöses sind Nutzungsrechte (zB Fruchtgenussrecht, Wohnrecht) am übertragenen Grundstück, die im Zuge der Übertragung zurückbehalten werden (zur Übertragung gegen unter Vorbehalt von Nutzungsrechten und Erhalt weiterer Gegenleistungen siehe Rz 6624). Diese zurückbehaltenen Nutzungsrechte vermindern den gemeinen Wert des übertragenen Grundstücks.

Wird der Veräußerungserlös über einem Zeitraum von mehr als einem Jahr in Raten entrichtet, ist – unabhängig von der Art der Gewinnermittlung – der besondere Steuersatz nur auf den abgezinsten auf das Grundstück entfallenden Veräußerungsgewinn anzuwenden. Die in den Raten enthaltenen Zinsen und Wertsicherungsbeiträge sind kein Veräußerungserlös bzw. nicht Teil des Veräußerungserlöses. Der besondere Steuersatz ist daher auf die Zinsen und Wertsicherungsbeträge nicht anwendbar.

Fließt der Veräußerungserlös über einen Zeitraum von mehr als einem Jahr ratenmäßig zu, sind die Ratenzahlungen abzuzinsen.

Im Falle der Bilanzierung ist der Buchwert des veräußerten Grundstücks vom auf den Veräußerungszeitpunkt abgezinsten Verkaufspreis (Barwert) in Abzug zu bringen. Von den in späteren Jahren zufließenden Raten ist der in den Ratenzahlungen enthaltene Zinsanteil auszuscheiden und zum Normaltarif zu erfassen; der Kaufpreisanteil der Ratenzahlung stellt eine steuerneutrale Vermögensumschichtung dar (siehe auch Rz 5678).

Im Falle der Einnahmen-Ausgaben-Rechnung ist der Buchwert von der Summe aller zugeflossenen (abgezinsten) Ratenzahlungen (Barwert des Kaufpreises) in Abzug zu bringen (Merkpostenmethode; siehe dazu Rz 3888). Ein steuerpflichtiger Gewinn entsteht daher erst in dem Zeitpunkt, in dem die Summe aller bis dahin geleisteten (abgezinsten) Ratenzahlungen den Buchwert des veräußerten Grundstückes übersteigt. Der in den Ratenzahlungen enthaltene Zinsanteil ist auszuscheiden und zum Normaltarif im Rahmen der laufenden Besteuerung des Betriebsgewinnes zu erfassen.

Beispiel:

Ein im Jahr 2005 um 200.000 Euro angeschaffter Grund und Boden eines Betriebes (Gewinnermittlung nach § 4 Abs. 3 EStG 1988) wird per 30. Juni des Jahres 01 um 300.000 Euro verkauft. Der Preis ist in drei gleich hohen Raten zu bezahlen, die erste Rate sofort, die Zweite am 30. Juni des Jahres 02 und die Dritte am 30. Juni des Jahres 03. Der Buchwert des Grund und Bodens beträgt 200.000 Euro. Als banküblicher Sollzinssatz wird 6% p.a. angenommen.

Barwert des Kaufpreises ist der auf einen Stichtag bezogene Wert. Finanzmathematisch wird der Barwert unter Anwendung der Grundsätze der Zinseszinsrechnung ermittelt. Die Grundformel der Zinseszinsrechnung lautet: $k^n = k^0 * q^n$

k^0 = Anfangskapital

k^n = Endkapital (inklusive Zinseszinsen) nach n Jahren

q = Verzinsungsfaktor = 1 + p/100

p = Zinssatz in Prozent p.a.

Bei der Ermittlung des Barwertes nach den Grundsätzen der Zinseszinsrechnung entspricht der Barwert dem Anfangskapital und der später fällige Geldbetrag dem Endkapital in obiger Formel. Um den Barwert ablesen zu können, ist die Formel folgendermaßen umzuformen:

k^0 (Barwert) = k^n (nach n Jahren fälliger Geldbetrag) dividiert durch q^n

Im vorliegenden Beispiel sind somit:

der Barwert der ersten, im Jahr 01 fälligen Rate: 100.000/1,060 = 100.000,

der Barwert der zweiten, im Jahr 02 fälligen Rate: 100.000/$1,06^1$ = 94.339;

der Barwert der dritten, im Jahr 03 fälligen Rate: 100.000/$1,06^2$ = 88.999.

Unter Anwendung der Merkpostenmethode kommt es daher im Jahr 01 zu keinem Zufluss eines Veräußerungsgewinnes. Auch im Jahr 02 übersteigt der zugeflossene Kaufpreis nicht den Buchwert des Grundstückes; allerdings ist der in der Rate enthalten Zinsanteil in Höhe von 5.661 Euro zum Tarif zu erfassen.

Erst im Jahr 03 wird der Buchwert des Grundstückes überschritten. Es fließt ein Veräußerungsgewinn in Höhe von 83.338 Euro zu, der zum besonderen Steuersatz zu erfassen ist; der in der Rate enthaltene Zinsanteil in Höhe von 11.001 Euro ist zum Tarif zu erfassen.

(AÖF 2013/280)

775 Im Falle der Bilanzierung ist bei Veräußerung gegen Rente der kapitalisierte Rentenbarwert nach § 16 Abs. 2 BewG 1955 zu ermitteln (siehe Rz 7020a). Ein steuerpflichtiger Gewinn (Differenz von Rentenbarwert und Buchwert des veräußerten Grundstücks; hinsichtlich des Grund und Bodens ist uU ein Inflationsabschlag bei Veräußerungen vor dem 1.1.2016 zu berücksichtigen) ist im Veräußerungsjahr zu erfassen. Auf diesen Veräußerungsgewinn ist der besondere Steuersatz anwendbar. Die Ausnahme vom besonderen Steuersatz gemäß § 30a Abs. 4 EStG 1988 kommt in diesem Fall nicht zur Anwendung, weil die Einkünfte nicht nach Maßgabe des § 4 Abs. 3 EStG 1988 zufließen. In den Folgejahren ist der Barwert der Rentenforderung jährlich neu zu berechnen, der Unterschiedsbetrag zum letzten Bilanzansatz ist als Aufwand zu erfassen und die Rentenzahlung als Einnahme; darauf ist der besondere Steuersatz nicht anwendbar. Überschreiten die Rentenzahlungen den Rentenbarwert, sind die Zahlungen als Betriebseinnahmen zu erfassen. Im Falle einer späteren Betriebsaufgabe bzw. -veräußerung unter Zurückbehaltung des Rentenanspruches stellen die Rentenzahlungen nachträgliche Betriebseinnahmen dar.

Im Falle der Einnahmen-Ausgaben-Rechnung entsteht ein Veräußerungsgewinn erst in dem Zeitpunkt, in dem die Summe aller bis dahin geleisteten Rentenzahlungen den Buchwert übersteigt. In diesem Fall steht der besondere Steuersatz auf Grund der steuerlichen Erfassung nach Maßgabe des Zuflusses nicht zu.

(BMF-AV Nr. 2018/79)

776 Betriebsausgaben im Zusammenhang mit der Grundstücksveräußerung sind nach § 20 Abs. 2 EStG 1988 bei der Ermittlung des Veräußerungsgewinnes nicht zu berücksichtigen, außer der besondere Steuersatz in Höhe von 25% bei Veräußerungen vor dem 1.1.2016 bzw. 30% bei Veräußerungen nach dem 31.12.2015 ist im Zusammenhang mit dem konkreten Grundstück nicht anwendbar (siehe dazu Rz 6682 ff). Kommt der besondere Steuersatz auf Grund der Ausübung der Regelbesteuerungsoption gemäß § 30a Abs. 2 EStG 1988 nicht zur Anwendung, ist das Abzugsverbot bei Veräußerungen nach dem 31.12.2015 nicht anwendbar.

Nicht abzugsfähig sind daher insbesondere:

- Vertragserrichtungskosten
- Beratungskosten
- Maklerkosten
- Kosten für Inserate (Werbekosten)
- Kosten von Bewertungsgutachten

Zu Schuldzinsen im Zusammenhang mit der Anschaffung bzw. Herstellung von Grundstücken siehe Rz 4873.

Als Betriebsausgaben abzugsfähig sind gemäß § 4 Abs. 3a Z 2 EStG 1988 nur die Kosten für die Mitteilung oder Selbstberechnung gemäß § 30c EStG 1988 durch einen Parteienvertreter im Sinne des § 11 GrEStG 1987 und Minderbeträge aus Vorsteuerberichtigungen gemäß § 6 Z 12 EStG 1988, die anlässlich der Grundstücksveräußerung anfallen (siehe Rz 737 ff). Unter diese Kosten fallen die konkret durch einen Parteienvertreter in Rechnung gestellten Kosten für die Durchführung der Mitteilung gemäß § 30c Abs. 1 EStG 1988 oder für die Durchführung der Selbstberechnung der ImmoESt gemäß § 30c Abs. 2 EStG 1988 (inklusive der Mitteilung nach § 30c Abs. 2 Z 1 EStG 1988). Dazu gehören auch die durch einen Parteienvertreter in Rechnung gestellten Kosten für die Ermittlung der Bemessungsgrundlage (inklusive der Fremdhonorare). Als Kosten der Selbstberechnung gelten auch die Kosten für einen Steuerberater, wenn sie zur Durchführung der Selbstberechnung erforderlich sind. Die Kosten der Bewertungsgutachten stellen keine Kosten für die Ermittlung der Bemessungsgrundlage dar. Die Kosten für die Selbstberechnung der GrESt sind nicht abzugsfähig.

Werden Teile des gesamten Veräußerungsgewinnes aus der Grundstücksveräußerung pauschal nach § 30 Abs. 4 EStG 1988 ermittelt, können dennoch die gesamten Kosten der Mitteilung oder Selbstberechnung gemäß § 30c EStG 1988 bei dem nach den allgemeinen Regeln der betrieblichen Gewinnermittlung ermittelten Teilgewinn in Abzug gebracht werden.

(AÖF 2013/280, BMF-AV Nr. 2018/79)

4.7.3.2.2 Inflationsabschlag

(AÖF 2013/280)

Rechtslage für Grundstücksveräußerungen vor dem 1.1.2016 777

Zusätzlich zu den Kosten der Mitteilung oder Selbstberechnung der Minderbeträge aus Vorsteuerberichtigungen gemäß § 6 Z 12 EStG 1988 kann gemäß § 4 Abs. 3a Z 3 lit. a EStG 1988 auch ein Inflationsabschlag für den auf Grund und Boden entfallenden Veräußerungsgewinn berücksichtigt werden; für Gebäude (einschließlich Superädifikate) und grundstücksgleiche Rechte kann kein Inflationsabschlag in Abzug gebracht werden. Die Art der Gewinnermittlung ist dabei unerheblich.

Bei Gewinnen aus Zuschreibungen von Grund und Boden steht ein Inflationsabschlag nicht zu.

Bei der Veräußerung von bebauten Grundstücken ist der Veräußerungserlös aufzuteilen (zur Aufteilung des Veräußerungserlöses siehe Rz 2612 ff).

Ein Inflationsabschlag ist nur dann zu berücksichtigen, wenn der besondere Steuersatz auf den Veräußerungsgewinn anwendbar ist (ungeachtet dessen, ob von der Regelbesteuerungsoption Gebrauch gemacht wird). Fällt das konkrete Grundstück unter eine der Ausnahmen vom besonderen Steuersatz gemäß § 30a Abs. 3 Z 1 bis 4 oder Abs. 4 EStG 1988, ist der Inflationsabschlag nicht anwendbar. Der Inflationsabschlag ist daher jedenfalls nicht anwendbar, wenn der veräußerte Grund und Boden dem Umlaufvermögen zuzurechnen war (gewerblicher Grundstückshandel).

Der Inflationsabschlag beträgt jährlich 2%, höchstens jedoch 50% und ist ab dem 11. Jahr nach der Anschaffung in Abzug zu bringen. Für die Berechnung ist auf den Tag der Anschaffung und der Veräußerung des Grundstückes abzustellen, wobei als Zeitpunkt der Anschaffung und der Veräußerung in diesem Zusammenhang der Zeitpunkt des Überganges des wirtschaftlichen Eigentums anzusehen ist (siehe Rz 763). Angefangene Jahre sind dabei voll zu berücksichtigen. Im Falle einer Umwidmung ist der Zeitraum für die Berechnung des Inflationsabschlages ab dem Zeitpunkt der Umwidmung zu berechnen. Dabei ist es unerheblich, ob die Umwidmung vor 1988 stattgefunden hat oder nicht.

Wurde das veräußerte Grundstück mit dem Teilwert eingelegt oder auf Grund des Wechsels der Gewinnermittlungsart nach § 4 Abs. 10 Z 3 lit. a EStG 1988 idF vor dem 1. StabG 2012 steuerneutral auf- oder abgewertet (siehe Rz 704a ff), ist der Inflationsabschlag bei Anwendung der pauschalen Gewinnermittlung nach § 30 Abs. 4 EStG 1988 auf den Zeitpunkt der Einlage oder des Wechsels der Gewinnermittlungsart zu beziehen (§ 4 Abs. 3a Z 3 lit. b EStG 1988). Werden die stillen Reserven vor der Einlage mit dem Teilwert oder der Aufwertung auf Grund des Wechsels der Gewinnermittlungsart nicht pauschal ermittelt, ist für die Berechnung des Inflationsabschlages für Grund und Boden auf den tatsächlichen Anschaffungszeitpunkt abzustellen.

Beispiel:

Grund und Boden wurde am 1.6.2000 von einem Betrieb, dessen Gewinn gemäß § 4 Abs. 1 EStG 1988 ermittelt wird, um 100 angeschafft. Im Jahr 2010 erfolgte der Wechsel zur Gewinnermittlung nach § 5 Abs. 1 EStG 1988. Dadurch wird auch der Grund und Boden steuerhängig, allerdings wurde gemäß § 4 Abs. 10 Z 3 lit. a EStG 1988 idF vor dem 1. StabG 2012 der zum Zeitpunkt des Wechsels der Gewinnermittlungsart höhere

Teilwert (150) als Buchwert des Grund und Bodens angesetzt. Am 31.10.2018 wird der Grund und Boden um 190 veräußert.

Zusätzlich zum Veräußerungsgewinn von 40 (190-150) ist gemäß § 4 Abs. 3a Z 3 lit. c EStG 1988 der Aufwertungsbetrag nach § 4 Abs. 10 Z 3 lit. a EStG 1988 idF vor dem 1. StabG 2012 gewinnwirksam anzusetzen. Da es sich bei dem Grund und Boden um Altvermögen handelt, kann § 30 Abs. 4 EStG 1988 hinsichtlich der stillen Reserven vor dem Wechsel der Gewinnermittlungsart angewendet werden. Für die Ermittlung der fiktiven Anschaffungskosten ist der Teilwert zum Zeitpunkt des Wechsels der Gewinnermittlungsart (150) heranzuziehen.

In diesem Fall kann der Inflationsabschlag, obwohl der Grund und Boden mehr als 10 Jahre dem Betriebsvermögen angehörte, nicht angewendet werden, weil seit der Aufwertung im Jahr 2010 weniger als 10 Jahre vergangen sind.

Variante:

Werden die stillen Reserven vor der Aufwertung nicht pauschal ermittelt, ist für die Berechnung des Inflationsabschlages auf den tatsächlichen Anschaffungszeitpunkt abzustellen. Daher ist ein Veräußerungsgewinn in Höhe von 73,80 (90-18%) zu versteuern. In diesem Gewinn ist der Aufwertungsbetrag in Höhe von 50 enthalten.

Die Bestimmung über den Inflationsabschlag in § 30 Abs. 3 zweiter Teilstrich EStG 1988 wurde vom VfGH aufgehoben (VfGH 3.3.2017, G 3-4/2017-9). Allerdings ist ein Inflationsabschlag gemäß Art. 140 Abs. 7 B-VG noch für alle offenen Veranlagungsfälle zu berücksichtigen, bei denen das maßgebliche Verpflichtungsgeschäft vor dem 1.1.2016 abgeschlossen wurde.

Rechtslage für Grundstücksveräußerungen nach dem 31.12.2015

Für Grundstücksveräußerungen, bei denen das maßgebliche Verpflichtungsgeschäft nach dem 31.12.2015 abgeschlossen wird, ist ein Inflationsabschlag nicht mehr zu berücksichtigen.

(AÖF 2013/280, BMF-AV Nr. 2018/79)

778 **Rechtslage für Grundstücksveräußerungen vor dem 1.1.2016**

Der Inflationsabschlag ist auf Basis des vorläufigen Gewinnes aus der Veräußerung des Grund und Bodens nach den Grundsätzen des § 30 Abs. 3 EStG 1988 zu ermitteln, daher stellt er den letzten Abzugsposten nach Abzug der Kosten der Mitteilung oder Selbstberechnung und der Vorsteuerminderbeträge gemäß § 30c EStG 1988 dar.

Beispiel:

Ein Grundstück wurde am 1.4.1995 durch einen Betrieb, dessen Gewinn nach § 5 Abs. 1 EStG 1988 ermittelt wird, um 100.000 Euro angeschafft. Am 1.9.2013 wird dieses Grundstück um 160.000 veräußert. Die ImmoESt wird durch einen Parteienvertreter selbstberechnet, wofür dieser 1.000 Euro in Rechnung stellt.

Die Veräußerung am 1.9.2013 liegt bereits im 19. Jahr nach der Anschaffung. Daher ist ein Inflationsabschlag für 9 Jahre (18%) zu berücksichtigen.

Veräußerungserlös	*160.000*
Anschaffungskosten	*–100.000*
Kosten der Selbstberechnung	*–1.000*
Vorläufiger Gewinn	*59.000*
18% Inflationsabschlag	*–10.620*
Veräußerungsgewinn	*48.380*

Ein Inflationsabschlag kann nur bei positiven Einkünften berücksichtigt werden.

Rechtslage für Grundstücksveräußerungen nach dem 31.12.2015

Siehe Rz 777.

(AÖF 2013/280, BMF-AV Nr. 2018/79)

4.7.3.3 Altgrundstücke

(AÖF 2013/280)

779 Für Grund und Boden des Altvermögens kann nach § 4 Abs. 3a Z 3 lit. a EStG 1988 der Veräußerungsgewinn auch pauschal ermittelt werden. Voraussetzung dafür ist, dass der Grund und Boden zum 31.3.2012 im Betriebsvermögen nicht steuerverfangen war. Die pauschale Gewinnermittlung für betriebliche Gewinne ist bei Vorliegen der Gewinnermittlung nach § 5 Abs. 1 EStG 1988 zum 31.3.2012 daher für alle zum Stichtag vorhandenen Grundstücke des Betriebsvermögens grundsätzlich ausgeschlossen. Kommt es erst nach dem 31.3.2012

zum Wechsel der Gewinnermittlungsart auf die Gewinnermittlung nach § 5 Abs. 1 EStG 1988, bleibt der Status von Grund und Boden als Altvermögen und somit die Möglichkeit der pauschalen Gewinnermittlung erhalten.

(AÖF 2013/280)

Die Möglichkeit der pauschalen Gewinnermittlung stellt ein Wahlrecht des Steuerpflichtigen dar, das im Rahmen der Selbstberechnung und Entrichtung der ImmoESt bzw. im Rahmen der Steuererklärung für das betreffende Wirtschaftsjahr auszuüben ist; ein Abgehen von der ursprünglichen Wahl ist bis zur Rechtskraft des Einkommensteuerbescheides zulässig. **780**

Bemessungsgrundlage für die pauschale Gewinnermittlung ist der Veräußerungserlös (siehe dazu Rz 774). Von diesem sind die nach § 30 Abs. 4 EStG 1988 ermittelten pauschalen Anschaffungskosten in Abzug zu bringen; der Abgang des Buchwertes des Grund und Bodens erfolgt dagegen steuerneutral.

Bei Anwendung der pauschalen Gewinnermittlung nach § 30 Abs. 4 EStG 1988 ist der Abzug weiterer Betriebsausgaben nicht zulässig. Näheres zur pauschalen Gewinnermittlung siehe Rz 6668 ff.

(AÖF 2013/280)

Fließt der Veräußerungserlös über einem Zeitraum von mehr als einem Jahr ratenmäßig zu, sind die pauschalen Anschaffungskosten nach § 30 Abs. 4 EStG 1988 auf Basis des zum Veräußerungszeitpunkt abgezinsten Verkaufspreises zu berechnen. **781**

Im Falle der Bilanzierung sind die pauschalen Anschaffungskosten dem auf den Veräußerungszeitpunkt abgezinsten Verkaufspreis gegenüberzustellen. Von den in späteren Jahren zufließenden Raten ist der in den Ratenzahlungen enthaltene Zinsanteil auszuscheiden und zum Normaltarif zu erfassen (siehe auch Rz 5678).

Im Falle der Einnahmen-Ausgaben-Rechnung entsteht ein steuerpflichtiger Gewinn erst in dem Zeitpunkt, in dem die Summe aller bis dahin geleisteten (abgezinsten) Ratenzahlungen die pauschalen Anschaffungskosten übersteigen (siehe dazu auch Rz 774). Es bestehen keine Bedenken, die pauschale Gewinnermittlung auf Basis der jährlich zugeflossenen (nicht abgezinsten) Ratenzahlungen vorzunehmen; in diesem Fall ist die Wahl der pauschalen Gewinnermittlung auch für die folgenden Jahre, in denen Ratenzahlungen auf Grund der seinerzeitigen Grundstücksveräußerung zufließen, bindend.

Im Falle der Veräußerung eines Einzelwirtschaftsgutes gegen Rente sind die pauschalen Anschaffungskosten auf Basis des nach § 16 Abs. 2 BewG 1955 kapitalisierten Rentenbarwertes (= Veräußerungserlös) zu ermitteln (siehe Rz 7020a). Im Falle der Bilanzierung ist ein steuerpflichtiger Gewinn (Differenz von Rentenbarwert und auf Basis dieses Barwertes ermittelter pauschaler Anschaffungskosten iSd § 30 Abs. 4 EStG 1988) im Veräußerungsjahr zu erfassen. Auf diesen Veräußerungsgewinn ist der besondere Steuersatz anwendbar (siehe dazu Rz 775).

Im Falle der Einnahmen-Ausgaben-Rechnung entsteht ein Veräußerungsgewinn erst in dem Zeitpunkt, in dem die Summe aller bis dahin geleisteten Rentenzahlungen die pauschalen Anschaffungskosten übersteigen. In diesem Fall ist der besondere Steuersatz gemäß § 30a Abs. 4 EStG 1988 nicht anwendbar.

Bei der Anwendung der pauschalen Gewinnermittlung nach § 30 Abs. 4 EStG 1988 ist der Abzug weiterer Betriebsausgaben nicht zulässig. Näheres zur pauschalen Gewinnermittlung siehe Rz 6668 ff.

(AÖF 2013/280)

Bei der Veräußerung von Grundstücken des Betriebsvermögens kann die pauschale Gewinnermittlung aber uU auch zum Teil (auch für Gebäude) angewendet werden, wenn das Grundstück mit dem Teilwert eingelegt wurde oder im Zuge des Wechsels der Gewinnermittlungsart steuerneutral nach § 4 Abs. 10 Z 3 lit. a EStG 1988 idF vor dem 1. StabG 2012 auf- oder abgewertet wurde. In solchen Fällen kann die pauschale Gewinnermittlung für einen Teil des Veräußerungsgewinnes auch bei Vorliegen der Gewinnermittlung nach § 5 Abs. 1 EStG 1988 vorgenommen werden, wobei nur im Falle der Erfassung des Auf- oder Abwertungsbetrages die pauschale Gewinnermittlung im Rahmen des betrieblichen Gewinnes erfolgt. **782**

(AÖF 2013/280)

Wurde ein Grundstück mit dem Teilwert eingelegt und wird es später aus dem Betriebsvermögen veräußert, stellt der Unterschiedsbetrag zwischen dem Einlageteilwert und den historischen Anschaffungskosten Einkünfte aus privaten Grundstücksveräußerungen gemäß § 30 EStG 1988 dar (§ 4 Abs. 3a Z 4 EStG 1988). Die nach der Einlage angewachsenen stillen Reserven sind nach den allgemeinen Regeln zu ermitteln und als betrieblicher Veräußerungsgewinn aus der Grundstücksveräußerung zu erfassen. **783**

Da es sich hinsichtlich der vor der Einlage entstandenen stillen Reserven um Einkünfte aus privaten Grundstücksveräußerungen handelt, kann § 30 Abs. 4 EStG 1988 angewendet werden, wenn eingelegter Grund und Boden zum 31.3.2012 ohne Einlage in einen Betrieb, dessen Gewinn nach § 5 Abs. 1 EStG 1988 ermittelt wurde, nicht steuerverfangen gewesen wäre; wird § 30 Abs. 4 EStG 1988 angewendet, ist auch auf die sonstigen Bestimmungen des § 30 EStG 1988, die auf diese Art der Einkünfteermittlung Einfluss nehmen, Bedacht zu nehmen. Wurde ein Gebäude eingelegt, kann die pauschale Gewinnermittlung dann angewendet werden, wenn das Gebäude bei einer Einlage vor dem 1.4.2012 ohne Einlage zum 31.3.2012 nicht steuerverfangen gewesen wäre, oder bei einer Einlage nach dem 31.3.2012 gemäß § 6 Z 5 lit. c EStG 1988 mit dem Teilwert bewertet wurde (siehe dazu auch Rz 2487).

Wird für die gemäß § 4 Abs. 3a Z 4 EStG 1988 privaten Grundstücksveräußerungen die pauschale Gewinnermittlung angewendet, sind die pauschalen Anschaffungskosten nicht auf Basis des Veräußerungserlöses, sondern auf Basis des Teilwertes zum Zeitpunkt der Einlage zu berechnen.

Die Besteuerung der vor der Einlage angewachsenen stillen Reserven kommt jedoch nur im Veräußerungsfall zum Tragen. Wird das zum Teilwert eingelegte Grundstück später aus dem Betriebsvermögen wieder entnommen, wird die Besteuerung der vor der Einlage angewachsenen stillen Reserven bis zum Zeitpunkt der späteren Veräußerung (aus dem Privatvermögen) aufgeschoben. Im Zeitpunkt der Entnahme sind daher nur die im Zeitraum der betrieblichen Nutzung angewachsenen stillen Reserven zu erfassen (siehe dazu Rz 2635a). In diesem Fall ist § 4 Abs. 3a Z 4 EStG 1988 auch im Zusammenhang mit einer Veräußerung aus dem Privatvermögen anzuwenden; unabhängig von der Art der Einkünfteermittlung bezüglich der nach der Entnahme angewachsenen stillen Reserven, können die vor der Einlage angewachsenen stillen Reserven auf Basis des Einlageteilwertes pauschal ermittelt werden.

Beispiele:

1. Im Jahr 2000 wird ein bebautes Grundstück im Privatvermögen angeschafft. Auf Grund und Boden entfallen Anschaffungskosten von 40; auf das Gebäude 60. Dieses Grundstück wird 2008 in einen Betrieb, dessen Gewinn nach § 4 Abs. 1 EStG 1988 ermittelt wird, eingelegt. Der Teilwert beträgt im Zeitpunkt der Einlage für Grund und Boden 70, für das Gebäude ebenfalls 70. 2015 wird das bebaute Grundstück veräußert. Auf Grund und Boden entfällt ein Veräußerungserlös von 100, auf das Gebäude 90.

Die Einlage des bebauten Grundstückes im Jahr 2008 erfolgte mit dem Teilwert, allerdings war lediglich das Gebäude durch die Einlage zum 31.3.2012 steuerverfangen. Dadurch liegt hinsichtlich des Gebäudes im Betriebsvermögen Neuvermögen vor; § 4 Abs. 3a Z 4 EStG 1988 ist somit für das Gebäude anwendbar und im Falle der späteren Veräußerung liegen für die vor der Einlage entstandenen stillen Reserven Einkünfte aus privaten Grundstücksveräußerungen gemäß § 30 EStG 1988 vor. Hinsichtlich dieser stillen Reserven ist § 30 Abs. 4 EStG 1988 anwendbar, weil das Gebäude ohne Einlage zum 31.3.2012 nicht mehr steuerverfangen gewesen wäre. Allerdings ist für die Ermittlung der pauschalen Anschaffungskosten an Stelle des Veräußerungserlöses der Teilwert im Einlagezeitpunkt heranzuziehen. Die nach Einlage entstandenen stillen Reserven sind nach den allgemeinen Regeln der betrieblichen Gewinnermittlung zu ermitteln (Differenz Veräußerungserlös und Buchwert).

Der Grund und Boden war trotz der Einlage im Jahr 2008 zum 31.3.2012 nicht steuerverfangen. Es liegt kein Anwendungsfall des § 4 Abs. 3a Z 4 EStG 1988 vor. Der Grund und Boden stellt auch im Betriebsvermögen weiterhin Altvermögen dar, wodurch gemäß § 4 Abs. 3a Z 3 lit. a EStG 1988 die pauschale Gewinnermittlung gemäß § 30 Abs. 4 EStG 1988 anwendbar ist.

2. Variante zu Beispiel 1: Die Anschaffung des bebauten Grundstückes erfolgte 2004.

Die Einlage des bebauten Grundstückes im Jahr 2008 erfolgte mit dem Teilwert. Unabhängig von der Einlage wäre aufgrund der Fristen des § 30 EStG 1988 idF vor dem 1. StabG 2012 auch der Grund und Boden zum 31.3.2012 steuerverfangen gewesen. Daher ist § 4 Abs. 3a Z 4 EStG 1988 sowohl für Grund und Boden als auch für das Gebäude wie folgt anzuwenden: Die vor der Einlage entstandenen stillen Reserven des Grund und Bodens sowie des Gebäudes sind als Einkünfte aus privaten Grundstücksveräußerungen gemäß § 30 EStG 1988 zu erfassen, wobei allerdings – weil es sich hier um Neuvermögen handelt – die Einkünfte gemäß § 30 Abs. 3 EStG 1988 zu ermitteln sind. Die nach Einlage entstandenen stillen Reserven des Grund und Bodens sowie des Gebäudes sind nach den allgemeinen Regeln der betrieblichen Gewinnermittlung zu ermitteln (Differenz Veräußerungserlös und Buchwert). Für einen allfälligen Inflationsabschlag bezüglich des Veräußerungsgewinnes des Grund und Bodens ist mangels Anwendung der pauschalen Gewinnermittlung nach § 30 Abs. 4 EStG 1988 auf den Zeitpunkt der Anschaffung des

Grund und Bodens abzustellen (siehe Rz 777). Der Inflationsabschlag kommt in diesem Fall zur Anwendung, da die Veräußerung im Jahr 2015 stattfindet. Für Veräußerungen ab 1.1.2016 kann kein Inflationsabschlag mehr geltend gemacht werden.

3. Variante zu Beispiel 1: Die Einlage erfolgt 2008 in einen Betrieb, dessen Gewinn nach § 5 Abs. 1 EStG 1988 ermittelt wird.

Die Einlage des bebauten Grundstücks im Jahr 2008 bewirkt, dass auch der Grund und Boden zum 31.3.2012 steuerverfangen ist. Dadurch kommt § 4 Abs. 3a Z 4 EStG 1988 sowohl für den Grund und Boden als auch für das Gebäude zur Anwendung. Die vor der Einlage entstandenen stillen Reserven des Grundstücks stellen daher Einkünfte aus privaten Grundstücksveräußerungen gemäß § 30 EStG 1988 dar. Da diese stillen Reserven (von Gebäude und Grund und Boden) ohne Einlage in das Betriebsvermögen zum 31.3.2012 nicht steuerverfangen gewesen wären, kann die pauschale Gewinnermittlung für diese stillen Reserven angewendet werden. Allerdings tritt für die Anwendung des § 30 Abs. 4 EStG 1988 der Teilwert im Einlagezeitpunkt an Stelle des Veräußerungserlöses. Die nach der Einlage entstandenen stillen Reserven sind nach den allgemeinen Regeln der betrieblichen Gewinnermittlung zu ermitteln (Differenz Veräußerungserlös und Buchwert).

4. Variante zu Beispiel 1: Die Einlage erfolgt 2013 in einen Betrieb (die Art der Gewinnermittlung ist in diesem Zusammenhang nicht von Bedeutung).

Gemäß § 6 Z 5 EStG 1988 ist hinsichtlich der Bewertung der Einlage zu unterscheiden: Der Grund und Boden ist gemäß § 6 Z 5 lit. b EStG 1988 mit den Anschaffungskosten, das Gebäude gemäß § 6 Z 5 lit. c EStG 1988 mit dem Teilwert im Zeitpunkt der Einlage zu bewerten. Daher kommt § 4 Abs. 3a Z 4 EStG 1988 hinsichtlich des Gebäudes zur Anwendung. Hinsichtlich der vor der Einlage entstandenen stillen Reserven des Gebäudes liegen Einkünfte aus privaten Grundstücksveräußerungen gemäß § 30 EStG 1988 vor. Hinsichtlich dieser stillen Reserven ist § 30 Abs. 4 EStG 1988 anwendbar, wobei allerdings für die Ermittlung der pauschalen Anschaffungskosten an Stelle des Veräußerungserlöses der Teilwert im Einlagezeitpunkt heranzuziehen ist. Die nach der Einlage entstandenen stillen Reserven sind nach den allgemeinen Regeln der betrieblichen Gewinnermittlung zu ermitteln (Differenz Veräußerungserlös und Buchwert).

Der Grund und Boden war zum 31.3.2012 nicht steuerverfangen; es handelt sich daher um Altvermögen. Dadurch kommt § 4 Abs. 3a Z 4 EStG 1988 für Grund und Boden nicht zur Anwendung. Der Grund und Boden stellt auch im Betriebsvermögen weiterhin Altvermögen dar, wodurch gemäß § 4 Abs. 3a Z 3 lit. a EStG 1988 die pauschale Gewinnermittlung gemäß § 30 Abs. 4 EStG 1988 auch im Betriebsvermögen anwendbar ist.

5. Grund und Boden wurde 1985 um 100 angeschafft. Dieser Grund und Boden wurde im Jahr 2000 in einen Betrieb (Gewinnermittlung nach § 5 Abs. 1 EStG 1988) zum Teilwert 150 eingelegt. Im Jahr 2014 wird dieser Grund und Boden (gemeiner Wert 180) entnommen; auf Grund der Entnahme zum Buchwert kommt es zu keiner Versteuerung der stillen Reserven. Im Jahr 2018 wird der Grund und Boden um 190 veräußert. In diesem Fall ist der Unterschiedsbetrag von Veräußerungserlös (190) und Entnahmewert (Buchwert 150) als Einkünfte nach § 30 EStG 1988 zu versteuern. Die Einkünfte sind gemäß § 30 Abs. 3 EStG 1988 zu ermitteln, weil es sich bei dem Grund und Boden um Neuvermögen handelt (zum 31.3.2012 war der Grund und Boden als Betriebsvermögen steuerhängig). Zusätzlich sind auch die stillen Reserven, die vor der Einlage in den Betrieb entstanden sind, zu erfassen. Hinsichtlich dieser stillen Reserven ist § 30 Abs. 4 EStG 1988 anwendbar, wobei allerdings für die Ermittlung der pauschalen Anschaffungskosten an Stelle des Veräußerungserlöses der Teilwert im Einlagezeitpunkt heranzuziehen ist.

Für den Inflationsabschlag gilt folgendes:

Werden die stillen Reserven vor der Einlage des Grund und Bodens pauschal nach § 30 Abs. 4 EStG 1988 erfasst, ist der Inflationsabschlag bei Veräußerungen bis 31.12.2015 im Zuge der Einkünfteermittlung nach § 30 Abs. 3 EStG 1988 auf den Zeitpunkt der Einlage zu beziehen.

Werden die stillen Reserven vor der Einlage des Grund und Bodens auf Antrag des Steuerpflichtigen ebenfalls nach § 30 Abs. 3 EStG 1988 ermittelt, ist für die gesamten Einkünfte aus der Grundstücksveräußerung der Inflationsabschlag auf den Zeitpunkt der Anschaffung zu beziehen (siehe Rz 777). Dies gilt für Veräußerungen bis 31.12.2015; ab 1.1.2016 kann bei Veräußerungen kein Inflationsabschlag mehr geltend gemacht werden.

(BMF-AV Nr. 2018/79)

4.7.4 Verwertung von Verlusten iZm Grundstücken (§ 6 Z 2 lit. d EStG 1988)

(AÖF 2013/280)

784 **Rechtslage für realisierte Verluste aus betrieblichen Grundstücksveräußerungen vor dem 1.1.2016**

Verluste aus der Veräußerung oder Abschreibung auf den niedrigeren Teilwert von Grundstücken müssen vorrangig mit Gewinnen aus Grundstücksveräußerungen oder mit Wertzuschreibungen von Grundstücken desselben Betriebes verrechnet werden. Der Veräußerung sind für die Anwendung dieser Bestimmung Entnahmen gleichzuhalten; dies bewirkt die gleiche steuerliche Behandlung, wie sie § 6 Z 2 lit. c EStG 1988 für betriebliches Kapitalvermögen vorsieht.

Ein verbleibender Verlustüberhang ist zu halbieren und wie ein „normaler" betrieblicher Verlust zunächst innerbetrieblich und dann nach den allgemeinen Ertragsteuergrundsätzen auszugleichen. Ein auch nach dem vertikalen Verlustausgleich (siehe Rz 153) verbleibender Verlustüberhang geht in den Verlustvortrag ein und kann nach den Regeln des § 18 Abs. 6 und 7 EStG 1988 in den folgenden Wirtschaftsjahren abgezogen werden.

Die vorrangige Verrechnung mit anderen Grundstücksgewinnen desselben Betriebes sowie die Halbierung vor einer Verrechnung mit anderen Gewinnen gilt nur für Grundstücke, deren Wertsteigerungen dem besonderen Steuersatz gemäß § 30a Abs. 1 EStG 1988 unterliegen. Eine solche vorrangige Verrechnung ist auch dann vorzunehmen, wenn von der Regelbesteuerungsoption gemäß § 30a Abs. 2 EStG 1988 Gebrauch gemacht wird.

Rechtslage für realisierte Verluste aus betrieblichen Grundstücksveräußerungen nach dem 1.1.2016

Verluste aus der Veräußerung oder Abschreibung auf den niedrigeren Teilwert sowie Absetzungen für außergewöhnliche technische und wirtschaftliche Abnutzung von Grundstücken müssen vorrangig mit Gewinnen aus Grundstücksveräußerungen oder mit Wertzuschreibungen von Grundstücken desselben Betriebes verrechnet werden. Der Veräußerung sind für die Anwendung dieser Bestimmung Entnahmen gleichzuhalten; dies bewirkt die gleiche steuerliche Behandlung, wie sie § 6 Z 2 lit. c EStG 1988 für betriebliches Kapitalvermögen vorsieht.

Ein verbleibender Verlustüberhang ist auf 60% zu kürzen und wie ein „normaler" betrieblicher Verlust zunächst innerbetrieblich und dann nach den allgemeinen Ertragsteuergrundsätzen auszugleichen. Ein auch nach dem vertikalen Verlustausgleich (siehe Rz 153) verbleibender Verlustüberhang geht in den Verlustvortrag ein und kann nach den Regeln des § 18 Abs. 6 EStG 1988 in den folgenden Wirtschaftsjahren abgezogen werden.

Die vorrangige Verrechnung mit anderen Grundstücksgewinnen desselben Betriebes sowie die Kürzung auf 60% vor einer Verrechnung mit anderen Gewinnen gilt nur für Grundstücke, deren Wertsteigerungen dem besonderen Steuersatz gemäß § 30a Abs. 1 EStG 1988 unterliegen. Eine solche vorrangige Verrechnung ist auch dann vorzunehmen, wenn von der Regelbesteuerungsoption gemäß § 30a Abs. 2 EStG 1988 Gebrauch gemacht wird.

(BMF-AV Nr. 2015/133, BMF-AV Nr. 2018/79, BMF-AV Nr. 2019/75)

785 Die Ermittlung und Besteuerung von Gewinnen aus der Veräußerung, Entnahme oder Zuschreibung von Grundstücken des Anlagevermögens erfolgt gesondert vom übrigen betrieblichen Gewinn mit dem besonderen Steuersatz. Daraus ergibt sich, dass Verluste aus dem laufenden Betrieb nicht mit dem besonderen Steuersatz unterliegenden Gewinnen aus Grundstücksveräußerungen zu verrechnen sind. Es kommt daher zu keiner Kürzung des laufenden betrieblichen Verlustes. Kann dieser nicht im Wege des horizontalen und vertikalen Verlustausgleiches ausgeglichen werden, ist er im Wege des Verlustabzuges in den Folgejahren zu berücksichtigen.

Für eine Verrechnung des laufenden betrieblichen Verlustes mit Gewinnen aus der Veräußerung von Grundstücken des Anlagevermögens ist die Ausübung der Regelbesteuerungsoption gemäß § 30a Abs. 2 EStG 1988 erforderlich.

(AÖF 2013/280)

4.8 Kapitalbesteuerung im betrieblichen Bereich

(AÖF 2013/280)

4.8.1 Allgemeines

(AÖF 2013/280)

4.8.1.1 Überblick zur Neuordnung durch das Budgetbegleitgesetz 2011

(AÖF 2013/280)

786 Bis zum BBG 2011 erstreckte sich im betrieblichen Bereich die Abgeltungswirkung der KESt auf die Früchte aus der Überlassung von Kapital (insb. Dividenden, Zinsen und andere

Erträgnisse aus Kapitalforderungen jeder Art; Veranlagungsoption zum Hälftesteuersatz für Beteiligungserträge iSd § 37 Abs. 4 EStG 1988). Die Substanz von Kapitalanlagen war bisher schon voll steuerverfangen; Einkünfte aus Beteiligungsveräußerungen unterlagen außerhalb der Jahresfrist dem Hälftesteuersatz nach § 37 Abs. 4 EStG 1988.

Auch nach der Neuordnung der Kapitalbesteuerung durch das BBG 2011 erstreckt sich die Abgeltungswirkung der KESt im betrieblichen Bereich nur auf die „Früchte" aus der Überlassung von Kapital gemäß § 27 Abs. 2 Z 1 und 2 EStG 1988; die Abgeltungswirkung erfasst damit

- Dividenden (Gewinnanteile) und sonstige Bezüge aus Aktien und GmbH-Anteilen,
- gleichartige Bezüge und Rückvergütungen aus Anteilen an Genossenschaften,
- Bezüge aus Substanzgenussrechten und Partizipationskapital iSd BWG oder VAG,
- Bezüge aus körperschaftlich organisierten Agrargemeinschaften,
- Zinsen und andere Erträgnisse aus Kapitalforderungen jeder Art (zB Darlehen, Anleihen, Hypotheken, Einlagen, Guthaben bei Kreditinstituten und aus Ergänzungskapital).

(AÖF 2013/280)

Substanzgewinne (zB Aktiengewinne) und Derivate iSd § 27 Abs. 3 und 4 EStG 1988 unterliegen im betrieblichen Bereich nicht der Abgeltungswirkung, die Besteuerung erfolgt vielmehr im Wege der Veranlagung. Bei der Veranlagung steht für Substanzgewinne und Derivate idR ebenfalls ein Sondersteuersatz (25% bzw. 27,5%) zu, die einbehaltene KESt ist anzurechnen. **787**

Im betrieblichen Bereich können damit auch allfällige Teilwertabschreibungen weiter berücksichtigt werden, die Höhe der aufwandswirksamen Teilwertabschreibung wird allerdings eingeschränkt (dazu unten Rz 794 ff).

Der Umstand, dass Stückzinsen nicht als Früchte, sondern als Teil der Wertsteigerung erfasst werden, hat keinerlei Auswirkung auf die Grundsätze der ordnungsgemäßen Buchführung. Bei der Gewinnermittlung gemäß § 4 Abs. 1 oder § 5 EStG 1988 sind Zinsen im Zuge einer Abgrenzung ertragswirksam gegen Bildung eines Rechnungsabgrenzungspostens zu erfassen. Die kalkulatorischen Zinsen bei Nullkuponanleihen sowie Unterpari-Emissionen sind finanzmathematisch zu errechnen. Die Konvertierung einer Fremdwährungsforderung führt zu Einkünften iSd § 27 Abs. 3 EStG 1988 (zum Nachlass einer Forderung siehe aber Rz 6143). Wertsteigerungen aus Forderungen gegenüber Banken unterliegen dem besonderen Steuersatz von 25% gemäß § 27a Abs. 1 EStG 1988, nachdem auch die Zinsen daraus zum besonderen Steuersatz zu besteuern sind. Hingegen führt die Konvertierung einer Fremdwährungsverbindlichkeit nicht zu Einkünften gemäß § 27 Abs. 3 EStG 1988, womit ein Konvertierungsverlust in voller Höhe ausgleichsfähig ist und ein Konvertierungsgewinn nicht dem Sondersteuersatz gemäß § 27a Abs. 1 EStG 1988 unterliegt (VwGH 18.12.2017, Ro 2016/15/0026).

(BMF-AV Nr. 2018/79)

Die Grundsätze der ordnungsgemäßen Buchführung finden auch auf die Ermittlung des Gewinns von Kapitalanlagefonds und Immobilienfonds Anwendung. Eine laufende Erfassung von Zinsen im Wege der Rechnungsabgrenzung hat daher auch bei der Gewinnermittlung eines Kapitalanlagefonds und Immobilienfonds zu erfolgen. Soweit im Investmentfondsrecht von Zinsen die Rede ist (insbesondere § 186 Abs. 1 und § 186 Abs. 2 Z 1 InvFG 2011 als Einkünfte iSd § 27 EStG 1988, sowie § 58 Abs. 2 InvFG 2011), sind darunter die abgegrenzten Zinsen zu verstehen. **788**

(AÖF 2013/280)

4.8.1.2 Sondersteuersatz von 25% oder 27,5%

(BMF-AV Nr. 2018/79)

§ 27a Abs. 1 EStG 1988 sieht für die meisten Kapitaleinkünfte einen Sondersteuersatz iHv 25% bzw. 27,5% vor (dazu Abschnitt 20.3); dieser Sondersteuersatz gilt nach § 27a Abs. 6 EStG 1988 auch für den betrieblichen Bereich. Bei Substanzgewinnen (zB Aktiengewinnen) und verbrieften Derivaten kommt im betrieblichen Bereich einer der Sondersteuersätze bei der Veranlagung zur Anwendung, die einbehaltene KESt ist anzurechnen. Im Falle von sonstigen negativen betrieblichen Einkünften steht die Regelbesteuerungsoption offen. **789**

Ergeben sich aus Kapitalanlagen Verluste (zB aus Aktien), ist die Verrechenbarkeit mit den übrigen Einkünften auf die Hälfte bzw. auf 55% (ab 2016) eingeschränkt; mit Zinsen aus Sparbüchern und sonstigen Geldeinlagen/Forderungen bei Kreditinstituten können solche Verluste aus Kapitalanlagen grundsätzlich nicht verrechnet werden, außer im Falle der Ausübung der Regelbesteuerungsoption.

Beispiele:

1. *Ein Steuerpflichtiger ermittelt den Gewinn nach § 5 EStG 1988 und erwirbt im Jahr 2012 Aktien, die sich auf einem Depot bei einem österreichischen Kreditinstitut befinden. Im Jahr 2014 veräußert der Steuerpflichtige die Aktien mit einem Gewinn iHv 1.000. Das Kreditinstitut behält 25% KESt ein. Da im betrieblichen Bereich für Aktiengewinne mit der KESt keine Abgeltung verbunden ist, sind die Aktiengewinne bei der Veranlagung zu erklären und unterliegen einem Sondersteuersatz iHv 25%; die bereits einbehaltene KESt ist in der Steuererklärung ebenfalls anzugeben und wird angerechnet. Da im betrieblichen Bereich die Anschaffungsnebenkosten auch zu den Anschaffungskosten zählen (dazu unten), sind diese im Zuge der Veranlagung geltend zu machen.*
2. *Wie in Beispiel 1, der Steuerpflichtige erwirbt neben den Aktien im Jahr 2012 auch Fondsanteile; die Aktien veräußert er im Jahr 2014 mit einem Gewinn iHv 1.000, die Fondsanteile mit einem Verlust iHv 400. Das Kreditinstitut behält auf die Aktiengewinne 25% KESt ein (= 250). Es hat wiederum eine Veranlagung zu erfolgen, wobei der Aktiengewinn mit dem Fondsverlust zu verrechnen ist; die verbleibenden 600 unterliegen dem Sondersteuersatz iHv 25%, die einbehaltene KESt ist anzurechnen (150) und – im Falle keiner sonstigen betrieblichen Einkünfte – gutzuschreiben oder auf Antrag zu erstatten (100).*
3. *Wie Beispiel 2, aus den übrigen betrieblichen Einkünften des Steuerpflichtigen resultiert aber ein Verlust iHv 5.000. Der Steuerpflichtige kann die Regelbesteuerung beantragen, wodurch sich der gesamte betriebliche Verlust auf 4.400 vermindert; die gesamte KESt iHv 250 ist gutzuschreiben und auf Antrag zu erstatten. Ohne Regelbesteuerungsoption bliebe es hinsichtlich der Kapitalanlagen beim Ergebnis von Beispiel 2, der übrige Verlust iHv 5.000 würde zur Gänze in den Verlustvortrag eingehen.*
4. *Wie Beispiel 2, der Verlust aus den Fondsanteilen beträgt aber 1.400. Im Zuge der Veranlagung hat eine Verrechnung mit dem Aktiengewinn iHv 1.000 zu erfolgen, wodurch sich ein Verlust iHv 400 ergibt. Dieser Verlust darf nach § 6 Z 2 lit. c letzter Satz EStG 1988 nur zur Hälfte ausgeglichen (bzw. vorgetragen) werden (dazu unten).*
5. *Wie Beispiel 4, aber zudem gehen im betreffenden Wirtschaftsjahr noch Dividenden iHv 250 ein und es werden Zinsen auf einem betrieblichen Sparbuch iHv 150 gutgeschrieben. Tabellarisch zusammengefasst bedeutet das für das Jahr 2014:*

Substanzgewinn aus Aktien	*+1.000*
Verlust aus Fondsanteilen	*-1.400*
Dividenden	*+250*
Zinsen Sparbuch	*+200*

Vorrangig sind die Aktiengewinne und Fondsverluste zu verrechnen; für die Dividenden und Zinsen entfaltet die KESt Abgeltungswirkung auch im betrieblichen Bereich. Der nach der Verrechnung verbleibende Verlustüberhang iHv 400 darf nach § 6 Z 2 lit. c letzter Satz EStG 1988 nur zur Hälfte ausgeglichen (bzw. vorgetragen) werden. Hinsichtlich der Dividenden und Zinsen kann auch in die Regelbesteuerung optiert werden (dazu unten), wodurch aber der ansonsten entstehende Verlustvortrag in Höhe von 200 entfiele.

6. *Wie Beispiel 5, die übrigen betrieblichen Einkünfte des Steuerpflichtigen ergeben einen Verlust iHv 5.000. Da der Verlustüberhang iHv 400 nur zur Hälfte in den Verlustvortrag eingeht, ergibt sich ein Verlustvortrag iHv 5.200. Der Steuerpflichtige kann die Regelbesteuerung beantragen, wodurch eine Verrechnung mit den Dividenden und Sparbuchzinsen iHv 450 erfolgen würde (dazu Rz 796). Dadurch reduziert sich der Verlustvortrag auf 4.750.*

(AÖF 2013/280, BMF-AV Nr. 2018/79)

4.8.2 Anschaffungskosten im betrieblichen Bereich

(AÖF 2013/280)

790 Nach § 27a Abs. 4 Z 2 EStG 1988 sind bei Kapitalanlagen und Derivaten, die einem der beiden besonderen Steuersätze (25% bzw. 27,5%) unterliegen, die Anschaffungskosten ohne Anschaffungsnebenkosten anzusetzen. Für im Betriebsvermögen gehaltene Kapitalanlagen und Derivate gilt diese Einschränkung nicht. Daher gehören im Betriebsvermögen auch die Anschaffungsnebenkosten von Kapitalanlagen/Derivaten zu den Anschaffungskosten; die

Anschaffungsnebenkosten sind auf die Anschaffungskosten der Kapitalanlagen/Derivate hinzuzuaktivieren.

(BMF-AV Nr. 2018/79)

Das Abzugsverbot nach § 20 Abs. 2 EStG 1988 für Aufwendungen und Ausgaben, die in unmittelbarem wirtschaftlichem Zusammenhang mit Einkünften stehen, die einem der beiden besonderen Steuersätze (25% bzw. 27,5%) nach § 27a Abs. 1 EStG 1988 unterliegen, gilt auch im betrieblichen Bereich. Diese Aufwendungen/Ausgaben sind von den Anschaffungsnebenkosten abzugrenzen. Anschaffungsnebenkosten sind Aufwendungen, die mit der Anschaffung in einem unmittelbaren (zeitlichen und kausalen) Zusammenhang stehen. **791**

Im Zusammenhang mit der Anschaffung von Kapitalanlagen/Derivaten kommen als Anschaffungsnebenkosten vor allem in Betracht:

- Vermittlungsprovisionen;
- Handelsgebühren;
- Beratungskosten (für eine rechtliche oder wirtschaftliche Beratung);
- Ausgabeaufschlag (insbesondere bei Fonds);
- Spread bei Zertifikaten;
- Börsespesen.

Die aufgezählten Kosten zählen aber nur dann zu den Anschaffungsnebenkosten, wenn sie in einem unmittelbaren (zeitlichen und kausalen) Zusammenhang mit der Anschaffung (= Erwerb des wirtschaftlichen Eigentums) stehen. Losgelöst von einer konkreten Anschaffung anfallende laufende Beratungskosten über Finanzanlagen/Derivate zählen mangels Anschaffung nicht zu den Anschaffungsnebenkosten. Die Anschaffungsnebenkosten sind im betrieblichen Bereich unabhängig davon zu berücksichtigen, ob sie als solche offen ausgewiesen werden.

(AÖF 2013/280, BMF-AV Nr. 2018/79)

Geltend zu machen sind die Anschaffungsnebenkosten erst im Rahmen der Veranlagung. Die Bank (= Abzugsverpflichteter für KESt) darf die Anschaffungsnebenkosten auch dann nicht berücksichtigen, wenn sie weiß, dass die angeschafften Kapitalprodukte (zB Aktien) im Betriebsvermögen gehalten werden; denn nach § 93 Abs. 5 erster TS EStG 1988 ist für Zwecke des Steuerabzuges davon auszugehen, dass die Wirtschaftsgüter und Derivate iSd § 27 Abs. 3 und 4 EStG 1988 nicht in einem Betriebsvermögen gehalten werden. Finanzierungskosten zählen nicht zu den Anschaffungsnebenkosten und können steuerlich nicht berücksichtigt werden. **792**

(AÖF 2013/280)

Auf Grund des Abzugsverbotes nach § 20 Abs. 2 EStG 1988 für Aufwendungen und Ausgaben, die in unmittelbarem wirtschaftlichem Zusammenhang mit Einkünften stehen, die einem der beiden besonderen Steuersätze (25% bzw. 27,5%) nach § 27a Abs. 1 EStG 1988 unterliegen, sind vor allem Schuldzinsen (Finanzierungskosten), Depotgebühren und laufende Bankspesen nicht abzugsfähig. Das Abzugsverbot gilt auch dann, wenn mit den entsprechenden Einkünften aus Kapitalanlagen/Derivaten in die Regelbesteuerung optiert wird. Werden vom Abzugsverbot nach § 20 Abs. 2 EStG 1988 erfasste Aufwendungen/Ausgaben verdeckt als überhöhte Anschaffungsnebenkosten ausgewiesen, ist der entsprechende Teil aus den überhöhten Anschaffungsnebenkosten herauszurechnen und nicht abzugsfähig. **793**

Anschaffungszeitpunkt ist der Zeitpunkt des Erwerbs des wirtschaftlichen Eigentums. Zu Kapitalanlagen/Derivaten im Bereich des Depotgeschäfts siehe Rz 6106a.

(BMF-AV Nr. 2021/65)

4.8.3 Teilwertabschreibung und Verluste

(BMF-AV Nr. 2015/133)

Nach § 6 Z 2 lit. c EStG 1988 sind Teilwertabschreibungen auf und Verluste aus der Veräußerung, Entnahme und Einlösung und sonstigen Abschichtungen aus Kapitalanlagen und Derivaten iSd § 27 Abs. 3 und 4 EStG 1988 vorrangig mit positiven Einkünften aus realisierten Wertsteigerungen von solchen Kapitalanlagen und Derivaten desselben Betriebes zu verrechnen. Dies gilt nur für Kapitalanlagen und Derivate, auf deren Erträge einer der beiden besonderen Steuersätze (25% bzw. 27,5%) gemäß § 27a Abs. 1 EStG 1988 anwendbar ist. Durch diese Verrechnung werden vorrangig jene Gewinne und Verluste (Teilwertabschreibungen) aus Kapitalanlagen und Derivaten wechselseitig neutralisiert, die einem Sondersteuersatz unterliegen. **794**

Beispiele:

1. Ein Steuerpflichtiger ermittelt den Gewinn nach § 5 EStG 1988 und erwirbt im Jahr 01 Aktien; im Jahr 03 veräußert er einen Teil der Aktien mit einem Gewinn iHv 1.000, einen anderen Teil mit einem Verlust iHv 400. Die übrigen betrieblichen Einkünfte des Steuerpflichtigen betragen 100.000. Im Wege der Veranlagung sind die Aktiengewinne zu erklären; die Verluste aus Aktien sind vorrangig mit den Aktiengewinnen zu verrechnen, sodass der verbleibende positive Saldo iHv 600 dem Sondersteuersatz von 27,5% unterliegt. Die übrigen betrieblichen Einkünfte unterliegen dem allgemeinen Steuertarif.

2. Wie in Beispiel 1, die „Verlustaktien" werden vom Steuerpflichtigen aber nicht veräußert, sondern teilwertberichtigt. Die Teilwertabschreibung iHv 400 ist vorrangig mit den Aktiengewinnen zu verrechnen.

Dies gilt durch analoge Anwendung von § 6 Z 2 lit. c EStG 1988 auch bei negativen Einkünften im Sinne des § 27 Abs. 2 EStG 1988 aufgrund der Rückzahlung von Einnahmen, bei denen ein besonderer Steuersatz anwendbar ist.

(BMF-AV Nr. 2018/79)

795 Sollten keine Gewinne aus Kapitalanlagen oder Derivaten vorliegen, hat die vorrangige Verrechnung gegen Zuschreibungen zu erfolgen.

Beispiel:

Ein Steuerpflichtiger ermittelt den Gewinn nach § 5 EStG 1988 und erwirbt im Jahr 01 die X-Aktien und Y-Aktien; im Jahr 03 erfolgt auf die X-Aktien eine Teilwertabschreibung iHv 500. Im Jahr 05 steigt der Wert der X-Aktien und es hat eine Zuschreibung iHv 300 zu erfolgen. Im selben Jahr veräußert der Steuerpflichtige zudem die Y-Aktien mit einem Verlust iHv 200. Die Verrechnung des Verlustes hat vorrangig mit der Zuschreibung zu erfolgen; der verbleibende Zuschreibungsbetrag iHv 100 unterliegt dem Sondersteuersatz iHv 27,5%.

(BMF-AV Nr. 2018/79)

796 Die vorrangige Verrechnung gilt allgemein nur für Kapitalanlagen und Derivate, die einem der beiden besonderen Steuersätze (25% bzw. 27,5%) gemäß § 27a Abs. 1 EStG 1988 unterliegen; Teilwertabschreibungen auf oder Veräußerungsverluste aus nicht einem der beiden besonderen Steuersätze unterliegenden Kapitalanlagen oder Derivaten (zB nicht verbriefte obligationenähnliche Genussrechte, Anteilscheine an nicht öffentlich angebotenen Immobilienfonds) sind nicht vorrangig zu verrechnen und voll aufwandswirksam.

(BMF-AV Nr. 2018/79)

797 Sollte eine Verrechnung von Teilwertabschreibungen oder Veräußerungsverlusten aus Kapitalanlagen und Derivaten mangels ausreichend hoher Veräußerungsgewinne oder Zuschreibungsbeträge im Wirtschaftsjahr nicht möglich sein, darf nach § 6 Z 2 lit. c letzter Satz EStG 1988 der „verbleibende negative Überhang" nur zur Hälfte bzw. zu 55% (ab 2016) ausgeglichen werden.

(BMF-AV Nr. 2018/79)

798 Der gekürzte negative Überhang aus Teilwertabschreibungen und Veräußerungsverlusten ist sodann wie ein „normaler" betrieblicher Verlust, zunächst innerbetrieblich und sodann nach allgemeinen Ertragsteuergrundsätzen zu verrechnen.

Beispiele:

1. Ein Steuerpflichtiger ermittelt den Gewinn nach § 5 EStG 1988 und erwirbt im Jahr 01 Aktien, die er im Jahr 03 mit einem Verlust iHv 1.000 veräußert. Ansonsten tätigt der Steuerpflichtige im Jahr 03 keinerlei „Kapitalgeschäfte", aus Geldeinlagen bei Banken resultieren Zinsen iHv 100; die übrigen betrieblichen Einkünfte des Steuerpflichtigen betragen 100.000. Da mangels anderer Veräußerungsgewinne aus oder Zuschreibungen auf Kapitalanlagen/Derivaten eine vorrangige Verrechnung nicht möglich ist, darf nur die Hälfte des Veräußerungsverlustes (= 500) mit den übrigen Einkünften ausgeglichen werden (ab 2016 dürfen 55% des Veräußerungsverlustes ausgeglichen werden = 550); ein Verlustausgleich mit den Zinsen scheidet zudem aufgrund von § 97 Abs. 1 EStG 1988 aus. Die Zinsen unterliegen der KESt mit Abgeltungswirkung.

2. Wie in Beispiel 1, aus den übrigen betrieblichen Einkünften ergibt sich ein Verlust iHv 10.000. In den Verlustvortrag gehen dadurch 10.500 bzw. 10.550 (ab 2016) ein (= 10.000 + der gekürzte Veräußerungsverlust); zu einer allfälligen Regelbesteuerungsoption hinsichtlich der Zinsen siehe Beispiel 3.

3. Wie in Beispiel 2, der Steuerpflichtige bezieht zudem Dividenden iHv 200; die Situation für den Steuerpflichtigen stellt sich daher wie folgt dar:

Verlust aus Aktien	*-1.000*
Zinsen (Geldeinlagen)	*+100*
Dividenden	*+200*
sonstige betriebliche Einkünfte	*-10.000*

Da mangels anderer Veräußerungsgewinne aus Kapitalanlagen/Derivaten oder Zuschreibungen eine vorrangige Verrechnung der Verluste aus Aktien nicht möglich ist, darf nur der gekürzte Veräußerungsverlust (= 500 bzw. 550 ab 2016) mit den sonstigen Einkünften ausgeglichen werden. Da die sonstigen betrieblichen Einkünfte ebenfalls negativ sind, gehen wie in Beispiel 2 10.500 bzw. 10.550 (ab 2016) in den Verlustvortrag ein. Die Zinsen und Dividenden unterliegen der Abgeltungswirkung und könnten nur im Wege einer Regelbesteuerungsoption gegengerechnet werden. Im Falle einer Regelbesteuerungsoption können im betrieblichen Bereich aber auch Verluste aus Aktien mit Zinsen gegengerechnet werden, weil durch die vorangegangene „Kürzung" der Aktienverluste diese gewissermaßen zu „normalen" betrieblichen Verlusten umqualifiziert werden und daher die Verlustausgleichsbeschränkung nach § 27 Abs. 8 EStG 1988 nicht mehr greift. Im Falle der Ausübung der Regelbesteuerungsoption würde sich der Verlustvortrag auf 10.200 bzw. 10.250 (ab 2016) vermindern.

4. Ein Steuerpflichtiger ermittelt den Gewinn nach § 5 EStG 1988 und erwirbt im Jahr 01 Aktien, die er im Jahr 03 mit einem Verlust iHv 1.000 veräußert. Die sonstigen betrieblichen Einkünfte des Stpfl betragen Null. Der Steuerpflichtige verkauft im Jahr 03 zudem noch privat Aktien mit Gewinn iHv 800 (Anschaffung ebenfalls 2012). Der Stpfl beantragt die Regelbesteuerung; da der betriebliche Aktienverlust nur gekürzt als betrieblicher Verlust gilt, können nur 500 bzw. 550 (ab 2016) mit dem privaten Aktiengewinn verrechnet werden, 300 unterliegen dem allgemeinen Steuertarif. Würde der Stpfl mit den privaten Aktiengewinnen nicht in die Regelbesteuerung optieren, wäre die Besteuerung mit der KESt abgegolten und im betrieblichen Bereich würden 500 bzw. 550 (ab 2016) in den Verlustvortrag eingehen.

(BMF-AV Nr. 2018/79)

Wie Veräußerungsverluste dürfen auch Teilwertabschreibungen nur gekürzt ausgeglichen **799** werden. Teilwertabschreibungen auf Kapitalanlagen/Derivate senken im vollen Umfang der Teilwertabschreibung den Buchwert der Kapitalanlagen/Derivate, außerbilanziell ist der gekürzte Betrag des Teilwertabschreibungsbetrages wieder hinzuzurechnen (nur der gekürzte Teil der Teilwertabschreibung wird aufwandswirksam), wodurch es zu einer 50% bzw. 45% (ab 2016) Neutralisierung der Teilwertabschreibung kommt.

Beispiele:

1. Ein Steuerpflichtiger ermittelt den Gewinn nach § 5 EStG 1988 und erwirbt im Jahr 01 Aktien, auf die er im Jahr 03 eine Teilwertabschreibung iHv 1.000 durchführt. Der Stpfl veräußert im Jahr 03 im Rahmen seines Betriebes zudem Aktien mit einem Gewinn iHv 1.000 (Anschaffung der Aktien ebenfalls 01). Die Teilwertabschreibung senkt im vollen Umfang den Buchwert der Aktien; da ausreichend Aktiengewinne vorhanden sind und vorrangig eine Verrechnung mit diesen stattzufinden hat, hat keine außerbilanzmäßige Hinzurechnung zu erfolgen.

2. Ein Steuerpflichtiger ermittelt den Gewinn nach § 5 EStG 1988 und erwirbt im Jahr 01 Aktien, auf die er im Jahr 03 eine Teilwertabschreibung iHv 1.000 durchführt. Ansonsten tätigt der Stpfl im Jahr 03 keinerlei „Kapitalgeschäfte"; die Teilwertabschreibung senkt im vollen Umfang den Buchwert der Aktien, außerbilanziell ist der gekürzte Betrag der Teilwertabschreibung wieder hinzuzurechnen (daher wird nur der gekürzte Teil der Teilwertabschreibung aufwandswirksam).

(BMF-AV Nr. 2018/79)

Zuschreibungen nach § 6 Z 13 EStG 1988, die nicht gegen Teilwertabschreibungen oder **800** Veräußerungsverluste verrechnet werden können, unterliegen wie Veräußerungsgewinne aus Kapitalanlagen/Derivaten einem der beiden besonderen Steuersätze (25% bzw. 27,5%).

(BMF-AV Nr. 2018/79)

4.8.4 Einlagenbewertung

(AÖF 2013/280)

Nach § 6 Z 5 EStG 1988 sind Einlagen mit dem Teilwert im Zeitpunkt der Zuführung **801** anzusetzen. Eine Ausnahme davon gab es vor dem BBG 2011 nur für Beteiligungen iSd § 31 EStG 1988: Beteiligungen, deren Veräußerung nach § 31 EStG 1988 idF vor dem BBG 2011 zu erfassen gewesen wäre, waren stets mit den Anschaffungskosten anzusetzen, wenn dieser niedriger als der Teilwert im Einlagezeitpunkt war. Die bisherige Sonderregelung für Beteiligungen iSd § 31 EStG 1988 idF vor dem BBG 2011 wird durch das BBG 2011 und das BBG 2012 auf Kapitalanlagen/Derivate erweitert, weil nach dem 31.12.2010 angeschaffte Anteile an Körperschaften unabhängig von der Behaltedauer und dem Beteiligungsausmaß auch im Privatvermögen steuerpflichtig sind. Nach § 6 Z 5 lit. a EStG 1988 sind daher Wirtschaftsgüter und Derivate iSd § 27 Abs. 3 und 4 EStG 1988 mit den Anschaffungskosten anzusetzen, wenn diese niedriger als der Teilwert im Einlagezeitpunkt sind.

Werden daher zB Aktien, GmbH-Anteile oder Derivate in einen Betrieb eingelegt, sind folgende Werte maßgeblich:

- grundsätzlich: (ursprüngliche) Anschaffungskosten;
- ausnahmsweise der Teilwert, wenn der Teilwert im Einlagezeitpunkt niedriger ist als die Anschaffungskosten.

(AÖF 2013/280)

802 § 6 Z 5 lit. a EStG 1988 tritt nach § 124b Z 228 iVm Z 181 EStG 1988 mit 1.4.2012 in Kraft und ist ab diesem Zeitpunkt anzuwenden auf

- nach dem 31.12.2010 erworbene Anteile an Körperschaften und Anteilscheinen an Fonds,
- nach dem 30.9.2011 entgeltlich erworbene andere Wirtschaftsgüter und Derivate iSd § 27 Abs. 3 und 4 EStG 1988.

Auf vor den jeweiligen Zeitpunkten erworbene Wirtschaftsgüter und Derivate iSd § 27 Abs. 3 und 4 EStG 1988 ist § 6 Z 5 EStG 1988 idF vor dem BBG 2011 weiter anzuwenden. Danach sind „Altanteile“ und „Altderivate“ weiterhin mit dem Teilwert im Zeitpunkt der Einlage anzusetzen; nur für „Altbeteiligungen“ iSd § 31 EStG 1988 idF vor dem BBG 2011 sind die Anschaffungskosten anzusetzen, sofern der Teilwert im Zeitpunkt der Einlage nicht niedriger ist.

(AÖF 2013/280)

4.8.5 Entnahme

(AÖF 2013/280)

803 Die Entnahme von Kapitalvermögen aus dem Betriebsvermögen stellt einen steuerpflichtigen Realisationsvorgang dar. Ein Entnahmegewinn ist dabei entweder mit einem der beiden besonderen Steuersätze des § 27a Abs. 1 EStG 1988 oder, wenn das entnommene Kapitalvermögen unter § 27a Abs. 2 EStG 1988 fällt, mit dem Normalsteuersatz zu erfassen. Für die Ermittlung zukünftiger steuerpflichtiger Einkünfte gilt der Entnahmewert als Anschaffungskosten.

(BMF-AV Nr. 2018/79)

4.8.6 Übergangsfragen

804 Die Neuordnung der Kapitalvermögensbesteuerung tritt grundsätzlich mit 1.4.2012 in Kraft, erfasst dabei aber auch Aktien und Anteile an Investmentfonds, die ab 1.1.2011 angeschafft worden sind (siehe Abschnitt 20.1.1.3). Davor angeschaffte Altbeteiligungen wurden durch das AbgÄG 2011 im betrieblichen Bereich – wie im außerbetrieblichen Bereich bei § 31 EStG 1988 idF vor dem BBG 2011 – generell ins neue Regime überführt. Die Veräußerung von Altbeteiligungen unterliegt daher ab 1.4.2012 auch dem Sondersteuersatz iHv 25%, Teilwertabschreibungen und Veräußerungsverluste sind ab 1.4.2012 nur zur Hälfte aufwandswirksam. Ab 1.4.2012 werden Altbeteiligungen und Neubeteiligungen im betrieblichen Bereich steuerlich gleich behandelt, es bedarf keinerlei steuerlicher Abgrenzungen zwischen Alt- und Neubeteiligungen. Für Altbeteiligungen besteht allerdings keine KESt-Abzugspflicht.

Nachdem gemäß § 124b Z 192 EStG 1988 auf betrieblich gehaltenes Kapitalvermögen der besondere Steuersatz gemäß § 27a Abs. 1 EStG 1988 auch bereits auf „Altvermögen“ anzuwenden ist, sofern die Veräußerung/Realisierung nach dem 31.3.2012 erfolgt, ist auch bei „Altvermögen“ ein Realisierungsgewinn bereits mit 25% bzw. 27,5% (ab 2016) zu besteuern. Ebenso ist ein Realisierungsverlust ab 1.4.2012 nur gekürzt ausgleichsfähig.

(BMF-AV Nr. 2018/79)

Randzahlen 805 bis 1000: *derzeit frei*

5. Betriebseinnahmen und Betriebsausgaben (§ 4 EStG 1988)

5.1 Betriebseinnahmen (inklusive Sanierungsgewinn)

5.1.1 Grundsätzliches

5.1.1.1 Betriebseinnahmen allgemein

Der Begriff der Betriebseinnahmen ist gesetzlich nicht geregelt. Zur Auslegung sind daher **1001** die §§ 4 Abs. 4 und 15 EStG 1988 heranzuziehen. Betriebseinnahmen sind betrieblich veranlasste Wertzugänge in Geld oder geldwerten Vorteilen (VwGH 22.03.2006, 2001/13/0289). Dabei genügt ein mittelbarer Zusammenhang mit den betrieblichen Vorgängen, auch ein widerrechtlicher Bezug hindert die Einnahmenqualität nicht (VwGH 17.1.1989, 88/14/0010). Einnahmen aus der Veräußerung von Waren, die Gegenstand des Handelsgewerbes sind, gelten als Betriebseinnahmen (VwGH 4.11.1948, 0241/46: widerlegbare Vermutung). Ideelle Vorteile und fiktive Einnahmen sind nicht anzusetzen.

(BMF-AV Nr. 2018/79)

§ 15 Abs. 2 EStG 1988 über die Bewertung von Sachbezügen gilt analog für nicht in **1002** Geld bestehende Einnahmen. Die (Sachbezugs-)Verordnung BGBl. II Nr. 416/2001 ist nicht unmittelbar anwendbar (VwGH 31.3.2005, 2002/15/0029). Sofern keine erheblichen Abweichungen vom üblichen Endpreis des Abgabeortes vorliegen, bestehen keine Bedenken, einer Schätzung des ortsüblichen Endpreises die Werte laut (Sachbezugs-)Verordnung zu Grunde zu legen. § 6 Z 9 lit. b EStG 1988 ist für den unentgeltlichen Erwerb anwendbar. § 4 Abs. 6 EStG 1988 und § 19 Abs. 3 EStG 1988 gelten für den Bereich der Betriebseinnahmen nicht (VwGH 24.10.1995, 95/14/0057; vgl. Rz 1392 f). Betriebliche Wertzugänge müssen nicht Entgelt iSd Umsatzsteuergesetzes sein.

(BMF-AV Nr. 2018/79)

Betrieblich veranlasst sind auch Einnahmen aus **1003**

- Hilfsgeschäften (sie kommen im Gefolge von Grundgeschäften vor und ermöglichen diese) sowie
- Nebengeschäften (sie kommen im Randbereich von Grundgeschäften vor und gehören eigentlich zu einem anderen Tätigkeitsbereich).

Beispiele für Hilfsgeschäfte:

Veräußerung von Anlagen (VwGH 26.4.1989, 89/14/0004, betreffend Abverkauf von Grundstücken bei einem landwirtschaftlichen Betrieb, wenn dessen Erhaltung den Abverkauf erzwingt); Veräußerung von Fachbüchern eines Rechtsanwaltes; Veräußerung des Kundenstocks eines Versicherungsvertreters.

Vermietung von Anlagegütern.

Abfindung für Praxisräume eines Arztes.

Beispiele für Nebengeschäfte:

Kreditvermittlung durch Grundstücksmakler.

Gelegentliche Überlassung des Betriebsfahrzeuges.

5.1.1.2 Einnahmen vor Betriebseröffnung und nach der Betriebsaufgabe

Betriebliche Einnahmen können schon in der Gründungsphase des Betriebes und nach **1004** der Beendigung des betrieblichen Geschehens anfallen. Die Wertzugänge müssen durch den zukünftigen bzw. beendeten Betrieb veranlasst sein (zB Veräußerung von Betriebsmitteln vor Aufnahme der werbenden Tätigkeit; Betriebssteuer, die nach der Aufgabe des Betriebes gutgeschrieben wird – VwGH 17.3.1976, 1534/75; Abzug von Schuldzinsen nach Betriebsaufgabe, VwGH 29.6.2016, 2013/15/0286).

Siehe dazu auch Rz 6895 ff.

(BMF-AV Nr. 2018/79)

5.1.2 Schulderlass im Rahmen eines Insolvenzverfahrens

Siehe dazu Rz 7269 ff.

(BMF-AV Nr. 2018/79)

Randzahlen 1005 bis 1023: *derzeit frei*

5.1.3 Betriebseinnahmen und Gewinnermittlung

Der Betriebseinnahmenbegriff hat grundsätzlich bei allen Gewinnermittlungsarten den- **1024** selben Inhalt und umfasst sämtliche Einnahmen, die der betrieblichen Sphäre zuzurechnen sind (VwGH 27.5.1987, 84/13/0265). Es ergeben sich aber unterschiedliche Auswirkungen in zeitlicher Hinsicht.

5.1.3.1 Betriebsvermögensvergleich nach § 4 Abs. 1 und § 5 EStG 1988

1025 Betriebseinnahmen sind alle betrieblich veranlassten Betriebsvermögenserhöhungen; sie liegen nicht beim Zufluss, sondern bei abgeschlossener Leistungserbringung vor. Diese kann vor oder nach dem Zufluss gegeben sein (Honorarvorschuss und Leistung noch nicht vollendet, daher keine Einnahme, weil dem Zugang gleichzeitig eine Verbindlichkeit auf Erbringung der Leistung gegenüber steht).

5.1.3.2 Einnahmen-Ausgaben-Rechnung

5.1.3.2.1 Allgemeines

1026 Erfasst sind alle laufenden Einnahmen, Vorschüsse und geldwerten Güter. Forderungen aus Lieferungen oder Leistungen sind im Zeitpunkt der Vereinnahmung Betriebseinnahme. Bei einer Aufrechnung fließt der Forderungsbetrag im Zeitpunkt des Wirksamwerdens zu. Bei einer einseitigen Aufrechnungserklärung (Klient eines Rechtsanwaltes erklärt sich einverstanden mit der Abdeckung von Honorarforderungen durch Treuhanderläge) tritt im Zeitpunkt des Zuganges die Tilgung und der Zufluss ein (VwGH 14.9.1993, 93/15/0009). Bestände werden nicht berücksichtigt. Entnahmen von Waren, Erzeugnissen, Nutzungen und Leistungen erhöhen wie Betriebseinnahmen den Gewinn (VwGH 5.5.1961, 2497/60 und VwGH 18.1.1963, 1520/62).

1027 Maßgeblich ist der Geldfluss im Rahmen des Betriebes (VwGH 18.1.1983, 82/14/76); ein Geldeingang auf Grund eines „Vorvertrages" ist zunächst Einnahme, auch wenn der Kauf letztendlich nicht zu Stande kommt.

5.1.3.2.2 Sonderfälle

1028 Hinsichtlich der Vorgangsweise im Bereich verschiedener Sondertatbestände (zB Ansatz der Umsatzsteuer, Einnahme eines Sachwertes, der Umlaufvermögen darstellt, Tausch, Erlass von Verbindlichkeiten, Kursgewinne aus Fremdwährungsdarlehen) siehe Rz 658 ff und Rz 731 ff.

5.1.3.3 Gewinnermittlung nach Durchschnittssätzen gemäß § 17 EStG 1988

1029 Die Betriebseinnahmen sind wie bei der Einnahmen-Ausgaben-Rechnung aufzuzeichnen. Siehe dazu Rz 4101 ff.

5.1.4 ABC der Betriebseinnahmen

1030 Abfindungen

Der Grund für das Entstehen des Anspruches muss in der betrieblichen Sphäre liegen: Verzicht auf eine Firmenbezeichnung (VwGH 29.3.1978, 0652/77), Entgelt für Verzicht auf Vorkaufsrecht eines Baumaterialienhändlers, da das Recht notwendiges Betriebsvermögen darstellt (VwGH 25.2.1970, 1099/68).

1031 Ablösezahlungen

Die Aufgabe oder Abtretung von Rechten (zB von Mietrechten) oder die Beschaffung von Ersatzmöglichkeiten gehört zu den Einnahmen (siehe auch Rz 6804 ff).

Beispiele:

Die Absiedlungsbeihilfe einer Gemeinde ist Einnahme (VwGH 29.10.1974, 1141/74); siehe dazu auch VwGH 12.2.1965, 0575/64 betreffend Freimachung eines Bauareales durch den Magistrat).

Die Investitionsablöse für die Weitergabe eines angemieteten Werkstättenlokales ist Einnahme, wenn das Lokal in der Absicht angemietet wurde, es als Werkstätte zu nutzen (es aber in der Folge nicht in dieser Weise verwendet) und an eine Nachmieterin abgegeben wird.

1031a AKM-Altersquote

Zahlungen von Verwertungsgesellschaften (auch Altersquoten bzw. Altersausgleiche) sind ein Anteil an den durch die Verwertungsgesellschaft in gesammelter Form vereinnahmten Entgelten Dritter für die Inanspruchnahme von urheberrechtlich geschützten Leistungen. Dadurch stehen diese Zahlungen zumindest mittelbar in Zusammenhang mit der Leistung der Urheber und stellen somit Betriebseinnahmen bei diesen dar (VwGH 17.4.2013, 2012/13/0125 zur AKM-Altersquote).

(BMF-AV Nr. 2015/133)

Anschlussgebühren bzw. Baukostenzuschüsse 1032

Einmalige Anschlussgebühren bzw. Baukostenzuschüsse, die nicht eine in der Art eines Dauerschuldverhältnisses zeitraumbezogene Leistung (mit)abgelten, dürfen nicht passiv abgegrenzt werden (VwGH 18.12.1996, 94/15/0148; VwGH 29.10.2003, 2000/13/0090).

Soweit Anschlussgebühren bzw. Baukostenzuschüsse zum Teil auch das Entgelt für die Einräumung eines Benützungs- bzw. Bezugsrechtes darstellen, sind sie nicht sofort zur Gänze als Einnahme zu erfassen, sondern auf den Zeitraum der Einräumung des Nutzungsrechtes (Vertragsdauer), höchstens jedoch auf 20 Jahre passiv abzugrenzen. Dies gilt insbesondere für Anschlussgebühren bzw. Baukostenzuschüsse für einen Anschluss an das Versorgungsnetz eines Energieversorgungsunternehmens, weil der Leistungsempfänger mit dem Anschluss an das Versorgungsnetz auch ein langfristiges Versorgungsrecht erwirbt (siehe auch Rz 2404). Das Netzbereitstellungsentgelt nach dem ElWOG 2010 ist auf 20 Jahre passiv abzugrenzen (siehe Rz 3125).

(BMF-AV Nr. 2018/79)

Beihilfen aufgrund des Gesundheits- und Sozialbereich-Beihilfengesetzes (GSBG 1996) 1032a

Beihilfen (Ausgleichszahlungen), die im Rahmen des Gesundheits- und Sozialbereich-Beihilfengesetzes, BGBl. Nr. 746/1996 und der dazu ergangenen Verordnung, BGBl. II Nr. 56/1997 geleistet werden (siehe § 1 Abs. 2 GSBG 1996), sind Betriebseinnahmen.

(AÖF 2013/280)

Besserungsvereinbarungen 1033

Wurde ein Besserungsanspruch mit seinem niedrigeren Teilwert angesetzt, sind Rückzahlungen des Besserungskapitals ab dem Überschreiten des niedrigeren Teilwertes ertragswirksam (siehe Rz 2382 ff).

Betriebssteuern 1034

Rückzahlungen von als Betriebsausgaben abgesetzten Betriebssteuern sind im Gutschriftszeitraum Betriebseinnahmen (VwGH 20.4.1993, 93/14/0001; nach Beendigung des Betriebes liegen nachträgliche Einkünfte vor – siehe dazu Rz 6895 ff), ebenso Gutschriften nach einer Rechtsmittelentscheidung (VwGH 11.5.1976, 0851/76). Bei nachgesehenen Betriebs- und Personensteuern sind die Betriebssteuern herauszurechnen (VwGH 26.1.1962, 2628/59 und 19.6.1962, 1120/60).

Betriebsunterbrechungsversicherung 1034a

Zahlungen aus einer Betriebsunterbrechungsversicherung (zu Prämienzahlungen siehe Rz 1271) stellen Betriebseinnahmen dar (VwGH 26.07.2007, 2006/15/0263).

(AÖF 2008/51)

Betrügerisch erlangte Vorteile 1035

Fremdwarenbezüge (zB Kosmetika) eines Arztes aus fingierten Rezepten sind als Einnahme anzusetzen (VwGH 17.1.1989, 88/14/0010).

Brauereivergütung 1036

Die Zuwendung ist ein Darlehen, soweit auf übliche Rabatte verzichtet wird und der Betrag bei Verletzung des Vertrages rückgefordert werden kann. Nur der nicht als Darlehen verbleibende Anteil ist als Gegenleistung anzusehen (VwGH 29.9.1987, 87/14/0086 betreffend § 4 Abs. 3 – Ermittler). Ein einmaliger Betrag für eine zehnjährige Bezugsverpflichtung ist bei einem Einnahmen-Ausgaben-Rechner im Zuflussjahr zu versteuern (VwGH 24.10.1995, 95/14/0057), sofern kein Darlehen vorliegt. Ein Bilanzierer kann (§ 4 Abs. 1 – Ermittler) bzw. muss (§ 5 – Ermittler) den Vergütungsbetrag auf die Laufzeit abgrenzen. Die Überlassung von Stühlen ist geldwerter Vorteil (siehe auch unter Tausch).

Durchlaufende Posten 1037

sind Beträge, die der Unternehmer im Namen und für Rechnung eines anderen vereinnahmt und verausgabt. Durchlaufende Posten scheiden aus der Gewinnermittlung aus, und zwar auch dann, wenn keine gesonderten Konten geführt werden (VwGH 6.11.1991, 89/13/0049). § 4 Abs. 3 EStG 1988 zweiter Satz gilt unabhängig von der Gewinnermittlungsart. Entscheidend ist, dass jemand für Rechnung eines anderen tätig wird. Zur Frage vereinnahmter Gelder gemäß § 19a Rechtsanwaltsordnung siehe unter „Rechtsanwalt“.

Entschädigungen 1038

Entschädigungen für Wertminderungen von Wirtschaftsgütern des Betriebsvermögens sind als Betriebseinnahmen zu erfassen.

Dazu zählen auch Entschädigungen für Wertminderungen von Grundstücken. Tritt die Wertminderung auf Grund einer Maßnahme im öffentlichen Interesse ein, ist die Entschädigung steuerfrei (§ 3 Abs. 1 Z 33 EStG 1988; siehe dazu Rz 6653). Besteht kein öffentliches

Interesse für die die Wertminderung auslösende Maßnahme, ist die Entschädigung als Einnahme zu erfassen. Mangels Veräußerung eines Grundstücks ist der für Grundstücksveräußerungen anzuwendende besondere Steuersatz gemäß § 30a EStG 1988 nicht anwendbar.

Zu Entschädigungen im Sinne des § 32 Abs. 1 Z 1 EStG 1988 siehe Rz 6804 ff.

(AÖF 2013/280)

1039 **Ersatzleistungen**

An Stelle vertraglicher Leistungen erbrachte Ersatzleistungen sind Einnahmen: zB Zahlung eines Pönales für die Nichteinräumung eines vertraglich vereinbarten Vertriebsrechtes (VwGH 20.5.1970, 0055/69).

Randzahl 1040: *derzeit frei*

(BMF-AV Nr. 2018/79)

1041 **Fremdgelder**

sind grundsätzlich Durchlaufposten. Dies gilt nicht, wenn die Berechtigung besteht, über die Gelder zu verfügen (VwGH 7.7.1971, 0140/69) oder wenn tatsächlich wie über eigenes Geld verfügt wird (zB Veruntreuung und Verwendung für Schuldenrückzahlung). Vorschüsse für künftige Leistungen sind – auch bei späterer Abtretung an einen Substituten – keine Fremdgelder.

1042 **Geschenke**

Über bloße Aufmerksamkeiten hinausgehende Zuwendungen von Geschäftsfreunden bzw. Kunden oder Patienten sind Einnahmen (Urlaubsreisen, Sach- oder Geldzuwendungen). Siehe weiters Incentive-Reise, Rz 4818.

1043 **Gesellschaftsanteile**

Siehe unter „Wertpapiere" (siehe Rz 1074).

1044 **Gratisflüge und ähnliche Zuwendungen**

Werden seitens der Betriebsgesellschaft eines Flughafens Flugtickets unentgeltlich überlassen (zB Kauf der Tickets, um den Fluglinien einen Rabatt auf die Landegebühren einzuräumen), so ist die steuerliche Beurteilung dieses Vorganges je nach dem Empfängerkreis vorzunehmen:

- Bei Aufsichtsräten der Betriebsgesellschaft sind die Flüge Teil der Aufsichtsratsvergütungen. Bei Personen, die den Aufsichtsräten nahe stehen, sind die Flüge dem Aufsichtsrat zuzurechnen.
- Bei Dienstnehmern der Betriebsgesellschaft sind die Tickets als Teil des Arbeitslohnes zu werten und gemäß § 25 EStG 1988 steuerpflichtig. Dem Dienstnehmer sind auch die Flüge nahe stehender Personen zuzurechnen.
- Bei Personen, die für den Erhalt der Tickets eine Gegenleistung erbracht haben, stellen die Gratisflüge Werklohn (Honorar) für erbrachte Leistungen dar und sind je nach Leistungsinhalt unter die Einkunftstatbestände des EStG zu subsumieren (bei nahe stehenden Personen gilt dasselbe wie bei Dienstnehmern).
- Stehen die Personen einem Gesellschafter der Betriebsgesellschaft nahe (in der Verwaltung der Beteiligung eingesetzte Arbeitnehmer eines Gesellschafters), stellen die Flüge eine verdeckte Ausschüttung an eine dem Gesellschafter nahe stehende Person dar. Derartige Ausschüttungen sind dem Gesellschafter zuzurechnen.
- Bei Empfängern, die keine unmittelbare Nahebeziehung zur Betriebsgesellschaft oder einem ihrer Gesellschafter aufweisen (zB Sportvereine, Freiflüge im Rahmen von Tombolas), fällt die Zuwendung unter keine Einkunftsart des EStG (freigiebige Zuwendungen).

Die Gratisflüge sind beim Vorteilsempfänger gemäß § 15 Abs. 2 EStG 1988 mit jenem Wert anzusetzen, der dem um übliche Preisnachlässe verminderten üblichen Endpreis des Abgabeortes entspricht (keine Bedenken gegen den Ansatz mit den tatsächlichen Kosten).

Die angeführten steuerlichen Grundsätze sind auch auf ähnliche Zuwendungen im Wirtschaftsverkehr zwischen Geschäftspartnern beziehungsweise Arbeitnehmern anzuwenden (zB Zurverfügungstellung von Autos für private Fahrten an Sportjournalisten durch Autohändler). Siehe auch Stichwort „Unentgeltliche Überlassung von Kraftfahrzeugen".

(BMF-AV Nr. 2018/79)

1045 **Hilfsgeschäfte**

Siehe Rz 1003.

1046 **Inflationsgewinne**

Inflationsgewinne stellen Einnahmen dar (siehe auch VwGH 17.9.1975, 0353/75).

Inkassobüros 1047

Die von einem bilanzierenden Inkassobüro dem Schuldner im Falle der Beachtung der Grundsätze der Bundeswirtschaftskammer in Rechnung gestellten Spesen sind mangels Rechtsanspruches nicht als Forderung auszuweisen, sondern erst mit dem tatsächlichen Eingang als Betriebseinnahmen zu erfassen. Dies wird auch in Fällen eines ausdrücklichen Schuldanerkenntnisses anzunehmen sein, da der Teilwert einer solchen Forderung des Inkassobüros nach den Erfahrungen in dieser Berufsgruppe mit Null anzusetzen ist. Die dem Auftraggeber des Inkassobüros sofort nach Auftragserteilung in Rechnung gestellten Gebühren sind als Forderungen auszuweisen und damit Betriebseinnahmen. Mit dem Auftraggeber vereinbarte Erfolgsprovisionen können erst mit Eintritt des Erfolges (mit einer Zahlung seitens des Schuldners) Forderungscharakter annehmen und sind in diesem Zeitpunkt als Betriebseinnahmen zu erfassen.

Investmentfondsanteile im Betriebsvermögen 1048

Siehe InvFR 2018 Rz 282 ff

(BMF-AV Nr. 2019/75)

Konventionalstrafen 1049

sind in der betrieblichen Sphäre Betriebseinnahmen.

Randzahl 1050: *entfällt*

(AÖF 2008/238)

Nachsicht, Nachlass 1051

betrieblicher Schulden ist Einnahme, soweit hierfür nicht private Gründe vorliegen.

Nebengeschäfte 1052

Siehe Rz 1003.

Personensteuern 1053

Gutschriften, Erstattungen und Nachsichten sind keine Einnahmen (Einkommensteuer, Vermögensteuer, Erbschafts- und Schenkungssteuer usw.), das gilt auch für ausländische Personensteuern – siehe analog Abzugsverbot des § 20 EStG 1988 (siehe Rz 4847 ff).

Preise 1054

Einnahmen liegen bei von einer Jury verliehenen Preisen im Rahmen eines Wettbewerbes auf Grund einer Leistungsqualifikation (zB Architektenwettbewerb) vor, auch wenn keine Gegenleistung vereinbart ist. Gleiches gilt bei Preisausschreiben aus geschäftlichen Motiven (zB Schaufensterwettbewerb mit Verlosung einer [Incentive-]Reise).

Keine Einnahmen liegen vor bei

- Preisen in Würdigung der Persönlichkeit oder des Schaffens (Literaturpreis, Nobelpreis),
- Preisen durch Einsatz von Allgemeinwissen (Fernsehquiz).

Siehe auch Rz 101.

Hinsichtlich der Steuerbefreiung für Preise nach dem Kunstförderungsgesetz siehe Rz 313.

Rechtsanwalt 1055

Die Einnahme von Beträgen, die auf Eintreibungsmaßnahmen beim Prozessgegner oder Drittschuldner zurückzuführen sind (§ 19a Rechtsanwaltsordnung), führt zu Einnahmen im Zeitpunkt des Einganges, wenn eine Verrechnung mit dem Klienten dergestalt erfolgt, dass die Rechnungssumme von Honorarabrechnungen um die einbehaltenen Beträge gekürzt wird. Die bezeichneten Beträge sind keine Fremdgelder.

Reise 1056

Siehe Rz 4818.

Rentenverpflichtung 1057

Siehe Rz 7001 ff.

Rückgängigmachung von Betriebsausgaben 1058

Die Rückgängigmachung bzw. Rückzahlung von Betriebsausgaben führt zu Einnahmen.

Beispiele:

Rückgezahlte Pflichtversicherungsbeiträge (VwGH 23.10.1990, 89/14/0178, betreffend Werbungskosten);

rückgezahlte Betriebssteuern (VwGH 7.8.1992, 91/14/0087);

gestohlenes, ausgebuchtes und wiederaufgefundenes Betriebsvermögen.

Randzahl 1059: *derzeit frei*

(BMF-AV Nr. 2018/79)

1060 Schadenersätze

Schadenersätze sind Einnahmen, soweit sie mit dem betrieblichen Geschehen im Zusammenhang stehen.

Beispiele:

Versicherung von Wasserschäden in der Ordination eines Facharztes – auch bei Anmietung und Arbeit an Wänden und Decken (VwGH 17.10.1991, 89/13/0261); Schadenersätze infolge Beratungsfehler (VwGH 8.10.1998, 97/15/0135, betr. Zahlung eines Steuerberaters).

Die Behebung des Schadens durch eigene Arbeitsleistung ändert nichts am Einnahmencharakter des Schadenersatzes (VwGH 20.2.1991, 90/13/0210 betr. KFZ). Der Schadenersatz eines – mit dem Bauausführer nicht identen – Dritten (Versicherung) für unfallbedingte Mehrkosten eines Hausumbauses führt zu keiner nachträglichen Minderung der Anschaffungskosten des Hauses. Der Schadenersatz ist bei entsprechend betrieblicher Nutzung des Hauses (anteilig) als Betriebseinnahme anzusehen. Dieser Betriebseinnahme steht die von den tatsächlichen Anschaffungskosten berechnete (anteilige) AfA als Betriebsausgabe gegenüber (VwGH 19.3.2002, 96/14/0087, Rz 6121e).

Keine Einnahmen sind Krankheits- und Heilungskosten. Weiters siehe unter „Schmerzengeld".

(AÖF 2013/280)

1061 Schmerzengeld

Das Schmerzengeld für den Betriebsinhaber ist keine Betriebseinnahme, Schmerzengelder in Form wiederkehrender Bezüge stellen sonstige Einkünfte gemäß § 29 Z 1 EStG 1988 dar.

1061a Schulderlässe in einem Insolvenzverfahren

Sind grundsätzlich Einnahmen. Näheres siehe Rz 7269 ff.

(BMF-AV Nr. 2018/79)

1062 Schuldnachlass

Der teilweise Nachlass eines im Rahmen der Anschaffungskosten des Betriebsgebäudes angesetzten Wohnhauswiederaufbaufondsdarlehens mindert nicht die Anschaffungskosten, sondern ist außerordentlicher Ertrag (VwGH 19.10.1983, 82/13/0190).

1063 Sterbegelder

Sterbegelder, die ein Gesamt- oder Einzelrechtsnachfolger aus Wohlfahrtseinrichtungen der freiberuflichen Kammern der selbstständig Erwerbstätigen bezieht, sind Einnahmen, die mit einer ehemaligen betrieblichen Tätigkeit im Zusammenhang stehen, sodass Steuerpflicht gemäß § 22 Z 4 EStG 1988 in Verbindung mit § 32 Abs. 1 Z 2 EStG 1988 besteht (zum Sterbegeld aus einer Kassa der Rechtsanwaltskammer siehe VwGH 29.7.1997, 93/14/0117).

Siehe auch Rz 5299.

(BMF-AV Nr. 2018/79)

1064 Stipendien

Siehe LStR 1999, Rz 32 ff.

1065 Subventionen

Subventionen in Zusammenhang mit der betrieblichen Tätigkeit stellen grundsätzlich Einnahmen dar. Allenfalls kann die Steuerbefreiung des § 3 Abs. 1 Z 6 EStG 1988 zur Anwendung kommen.

Beispiele für steuerpflichtige Betriebseinnahmen:

Zuschüsse vom Bundesministerium für Unterricht und Kunst für Personalkosten und Investitionen einer Schauspielschule (VwGH 14.1.1981, 1562, 3393/80);

Zuschuss vom Fremdenverkehrsverband für eine Tennisanlage gegen begünstigte Behandlung von Fremdengästen (VwGH 8.9.1992, 88/14/0076);

„verlorener Zuschuss" von Bund und Land zur Abdeckung betrieblicher Verbindlichkeiten (VwGH 14.12.1993, 90/14/0034).

1066 Tausch

Beim Tausch kommt § 6 Z 14 EStG 1988 (Rz 2590 ff: Bewertung mit dem gemeinen Wert des hingegebenen Wirtschaftsgutes) zum Tragen (VwGH 16.3.1989, 88/14/0055 betreffend Überlassung von Stühlen gegen Bierabnahmeverpflichtung, deren gemeiner Wert den geldwerten Vorteil bildet, der als Einnahme zu erfassen ist). Das gilt nicht bei der Erbringung von Sachleistungen gegen Dienstleistungen (GmbH-Anteile an Zahlung statt mit dem üblichen Endpreis des Abgabeortes).

(BMF-AV Nr. 2018/79)

Treueprämie 1067

An eine Arztwitwe (siehe Rz 5301) ausgezahlte Treueprämien zählen nicht zu den nichtselbstständigen Einkünften, sondern sind entweder als selbstständige Einkünfte oder als sonstige Einkünfte zu erfassen (VwGH 5.11.1991, 91/14/0055).

Treuhandgelder 1068

Veruntreute Treuhandgelder, über die wie über eigenes Geld verfügt wird, stellen Betriebseinnahmen dar.

Unentgeltliche Überlassung von Kraftfahrzeugen (zB an selbständig tätige Vertreter oder Geschäftsführer gemäß § 22 Z 2 EStG 1988) 1069

Wird einem Steuerpflichtigen, der eine (verkaufs)beratende Tätigkeit oder eine Tätigkeit nach § 22 Z 2 EStG 1988 selbständig ausübt, ein Kraftfahrzeug für privat veranlasste Fahrten unentgeltlich überlassen, stellt der Vorteil aus der Zurverfügungstellung einen als Betriebseinnahme zu erfassenden geldwerten Vorteil dar.

Der steuerwirksame geldwerte Vorteil ist mit jenem Wert anzusetzen, der sich aus § 4 der Sachbezugswerteverordnung, BGBl. II Nr. 416/2001, in der jeweils geltenden Fassung, ergibt.

Abweichend davon kann der geldwerte Vorteil aus der privaten Nutzung des zur Verfügung gestellten Kraftfahrzeuges nach den auf die private Nutzung entfallenden, vom überlassenden Unternehmen getragenen Aufwendungen bemessen werden. Dazu ist erforderlich, dass der Nutzungsberechtigte den Anteil der privaten Fahrten (beispielsweise durch Vorlage eines Fahrtenbuches) nachweist.

Das überlassene Kraftfahrzeug befindet sich im Betriebsvermögen des überlassenden Unternehmens. Die mit dem Kraftfahrzeug zusammenhängenden Aufwendungen stellen – soweit sie betrieblich veranlasst sind – Betriebsausgaben dar, die bei der Gewinnermittlung des überlassenden Unternehmens zu berücksichtigen sind (VwGH 19.4.2018, Ro 2018/15/0003).

Zur steuerlichen Behandlung bei Inanspruchnahme der gesetzlichen Basispauschalierung siehe Rz 4127a.

(BMF-AV Nr. 2021/65)

Unterstützungsleistung wegen lang andauernder Krankheit 1069a

Die Unterstützungsleistung bei lang andauernder Krankheit (§§ 104a und 104b GSVG) stellt einen Einkommensersatz dar, der gemäß § 32 Abs. 1 Z 1 lit. a EStG 1988 zu den Einkünften zählt. Sie kann bei Vorliegen der Voraussetzungen des § 3 Abs. 1 Z 3 lit. a EStG 1988 wegen vorliegender Hilfsbedürftigkeit steuerfrei sein. Zur Hilfsbedürftigkeit siehe LStR 2002 Rz 30.

(BMF-AV Nr. 2015/133)

Veräußerungsgewinne 1070

Siehe Rz 5501 ff und Rz 5801 ff.

Verdienstentgang 1071

Eine unter dem Titel Verdienstentgang erhaltene Ersatzleistung (auch als Versicherungsleistung, siehe Rz 1072) ist steuerpflichtige Einnahme in jener Einkunftsart, die der Ausfall betroffen hätte. Nicht maßgeblich ist, ob tatsächlich ein Verdienstausfall stattgefunden hat.

(BMF-AV Nr. 2015/133)

Versicherungsentschädigungen 1072

sind Einnahmen, soweit die Versicherung im Interesse des Betriebes abgeschlossen (VwGH 11.12.1978, 0094/77, betr. Versicherung gegen Einbrüche), die Prämie für Betriebsvermögen bezahlt worden ist (VwGH 20.2.1991, 90/13/0210, betreffend Kraftfahrzeuge) oder ein betrieblicher Verdienstentgang ausgeglichen wird (VwGH 24.4.2014, 2011/15/0197).

(BMF-AV Nr. 2015/133)

Verzicht auf Einnahmen 1073

Keine Einnahme liegt bei von vornherein unentgeltlicher Tätigkeit vor (kostenlose Behandlung durch einen Arzt, kostenlose Rechtsberatung durch Rechtsanwälte). Bei zunächst entgeltlicher Tätigkeit entscheidet das Motiv (Einnahme bei Verzicht aus außerbetrieblichen Gründen oder bei Vorausverfügung).

1074 **Wertpapiere**

Wertpapiere, die als Entgelt für eine betriebliche Leistung eingenommen werden, sind Einnahmen, die mit dem tatsächlichen Wert im Zeitpunkt der Übertragung anzusetzen sind, falls der Wert nicht mit dem Nennbetrag übereinstimmt. Für Gesellschaftsanteile gilt dasselbe.

1075 **Wertsicherungsbeträge**

Werden Wertsicherungsbeträge nur bei Rückzahlung der Darlehensraten ausbezahlt und sofort wieder dem Darlehensnehmer überlassen, sind sie durch die Vorausverfügung im Überlassungszeitpunkt als Einnahme zugeflossen (VwGH 14.12.1988, 87/13/0030).

1076 **Wertzugänge**

Stellt der Wertzugang an einen nahen Angehörigen des Betriebsinhabers das Entgelt für eine von diesem erbrachte Tätigkeit dar, liegen Betriebseinnahmen des Betriebsinhabers vor (VwGH 12.4.1972, 2240/71, betreffend Steuerberater, der auf sein Honorar zu Gunsten einer Beteiligung seiner Ehegattin am Unternehmen des Klienten verzichtet).

1077 **Zinsen**

Diese stellen Einnahmen dar, wenn sie aus betrieblichen Forderungen, Bankkonten usw stammen.

1078 **Zuwendungen an Geschäftsfreunde**

Siehe „Geschenke" (siehe Rz 1042).

5.2 Betriebsausgaben – Allgemeines

5.2.1 Allgemeines

5.2.1.1 Begriff der Betriebsausgaben

1079 Betriebsausgaben sind gemäß § 4 Abs. 4 EStG 1988 Aufwendungen oder Ausgaben, die durch den Betrieb veranlasst sind. Eine betriebliche Veranlassung ist gegeben, wenn die Aufwendungen oder Ausgaben

- objektiv im Zusammenhang mit einer betrieblichen Tätigkeit stehen und
- subjektiv dem Betrieb zu dienen bestimmt sind oder den Steuerpflichtigen unfreiwillig treffen und
- nicht unter ein steuerliches Abzugsverbot fallen.

1080 Betriebsausgaben setzen einen endgültigen Wertabgang voraus. Sie können entweder in Geld oder Geldeswert bestehen. Auch Wertabgänge ohne Zahlung können Betriebsausgaben sein, zB die AfA.

1081 Der Betriebsausgabenbegriff gilt gleichermaßen für unbeschränkt und beschränkt Steuerpflichtige (VwGH 25.3.1966, 536/65).

1082 Zur Abgrenzung sofort abzugsfähiger Betriebsausgaben von aktivierungspflichtigen Anschaffungsnebenkosten siehe Rz 2186, 2187.

1083 Zur Abgrenzung der Betriebsausgaben von den nicht abzugsfähigen Aufwendungen und Ausgaben gemäß § 20 EStG 1988 siehe Rz 4701 ff.

5.2.1.2 Wesentliche Aspekte des Betriebsausgabenabzuges

1084 Ausgaben müssen ausschließlich oder überwiegend aus betrieblichen Gründen anfallen (vgl. VwGH 2.10.1968, 1345/67); bedeutsam ist die Verkehrsauffassung (VwGH 20.4.1993, 92/14/0232).

1085 Ein mittelbarer Zusammenhang mit dem Betrieb genügt für eine betriebliche Veranlassung, ausgenommen ein persönlicher Faktor (vgl. VwGH 18.3.1986, 85/14/0156) tritt hinzu. In diesem Fall wird der Veranlassungszusammenhang unterbrochen (vgl. VwGH 29.6.1995, 93/15/0112).

1086 Für die Abgrenzung zwischen den betrieblichen Kosten und den Aufwendungen der Lebensführung ist die typisierende Betrachtungsweise maßgebend. Dabei ist von der Lebenserfahrung, sowie einer Durchschnittseinschätzung und einem üblicherweise zu vermutenden Geschehensablauf auszugehen (vgl. VwGH 1.2.1980, 0732, 3413/79, VwGH 14.1.1981, 2202/79). Die Betätigung und die daraus entstehende Aufwendungen müssen einem typischen Berufsbild entsprechen (vgl. VwGH 4.4.1990, 86/13/0116, VwGH 19.5.1994, 92/15/0171).

1087 Nicht zu prüfen ist grundsätzlich die Angemessenheit, die Wirtschaftlichkeit, die Zweckmäßigkeit oder die Notwendigkeit einer Ausgabe (ausgenommen die Regelung des § 20 Abs. 1 Z 2 lit b EStG 1988 – siehe Rz 4761 ff). Unangemessenheit kann aber Indiz für eine private Veranlassung sein (vgl. VwGH 12.1.1983, 81/13/0004).

1088 Nichteintritt des angestrebten wirtschaftlichen Erfolges hindert die Veranlassung nicht (VwGH 18.6.65, 0248/65). Ausnahme: Aufwendungen werden ohne Rücksicht auf den wirtschaftlichen Nutzen getätigt (VwGH 1.12.1982, 81/13/0043). Ein Rechtsanspruch des Empfängers ist nicht Voraussetzung für die betriebliche Veranlassung (vgl. VwGH 11.5.1979, 237/77 – siehe dazu Rz 4839). Freiwillige Zahlungen können betrieblich veranlasst sein.

Aufwendungen, die gegen gesetzliche oder berufsrechtliche Bestimmungen verstossen, **1089** können Betriebsausgabe sein (vgl. VwGH 15.12.1987, 87/14/0134); betreffend Schmiergelder siehe Rz 4840 ff.

Ersparte Ausgaben sind nicht abzugsfähig. Eine irrtümlich geleistete Nichtschuld führt **1090** zu einem Rückforderungsanspruch, sodass (auch beim § 4 Abs. 3 – Ermittler) ein endgültiger Abgang analog zur Hingabe eines Darlehens nicht anzunehmen ist (VwGH 1.7.1992, 91/13/0084).

Aufwendungen sind nur bei demjenigen als Ausgabe zu berücksichtigen, der sie leistet **1091** (vgl. VwGH 16.12.1986, 85/14/0098).

(BMF-AV Nr. 2018/79)

Ausgaben, die keiner Einkunftsart zuzuordnen sind oder mit steuerfreien Einnahmen in **1092** einem unmittelbaren Zusammenhang stehen, bleiben bei Ermittlung der Einkünfte außer Ansatz (Rz 4853 ff). Auch Einnahmen, die auf Grund eines DBA von der Besteuerung im Inland ausgenommen sind, sind nicht steuerpflichtig im Sinne des § 20 Abs. 2 EStG 1988, damit zusammenhängende Aufwendungen sind daher nicht abzugsfähig.

5.2.2 Aufwandszuordnung

Aufwendungen und Ausgaben sind jener Einkunftstätigkeit zuzuordnen, durch die sie **1093** konkret veranlasst werden (siehe VwGH 28.11.2007, 2004/15/0128; VwGH, 27.03.2008, 2004/13/0141).

Die Ermittlung der Ausgaben erfolgt für jeden einzelnen Betrieb des Unternehmens gesondert (Ausnahme: mehrere Betriebe sind als einheitlicher Betrieb anzusehen). Verweigert der Abgabepflichtige die Aufteilung, verstößt er gegen die Verpflichtung, für jede einzelne Einkunftsquelle getrennte Aufzeichnungen zu führen und verletzt damit seine Offenlegungsverpflichtung (VwGH 20.11.1996, 89/13/0259). Eine Mischverwendung der als Dienstnehmerin angestellten Ehegattin, führt zu einer Aufteilung der Aufwendungen auf beide unternehmerische Tätigkeiten (VwGH 16.12.1998, 96/13/0046 – schriftstellerische Tätigkeit und Patentanwaltskanzlei).

(BMF-AV Nr. 2018/79)

Hängen Ausgaben sowohl mit einer betrieblichen als auch mit einer beruflichen Tätig- **1094** keit zusammen, sind sie entsprechend aufzuteilen (VwGH 29.5.1996, 93/13/0008; VwGH 29.5.2001, 2001/14/0090). Die Aufteilung kann sich allenfalls am Einnahmenschlüssel orientieren (VwGH 29.5.2001, 2001/14/0090; VwGH 30.9.1987, 86/13/0080 betr Büromaterial, Mitgliedsbeiträge, Fachliteratur, Tagungen, Fremdleistungen, geringwertige Wirtschaftsgüter). Ist der Abgabepflichtige mit der Aufteilung nicht einverstanden, liegt es an ihm, entsprechende Aufteilungen nachzuweisen oder glaubhaft zu machen (VwGH 8.10.1985, 83/14/0237).

Beispiel:

Fortbildungsaufwendungen eines Arztes, der selbstständig und nichtselbstständig tätig ist, sind im Verhältnis der erzielten Einnahmen aufzuteilen.

(AÖF 2002/84)

5.2.3 Vorweggenommene, vergebliche und nachträgliche Betriebsausgaben

5.2.3.1 Vorweggenommene Betriebsausgaben

Aufwendungen können – auch bei Einnahmen-Ausgaben-Rechnern – schon vor der **1095** Betriebseröffnung anfallen. Eine zielstrebige Vorbereitung der Betriebseröffnung muss erkennbar sein. Dabei genügt es bereits, dass Aufwendungen zur Gewinnung der notwendigen Betriebsmittel gemacht werden.

Beispiele:

Aufwendungen zur Anschaffung der Betriebsmittel (VwGH 6.5.1980, 3371/79);
Mietzahlungen für ein Geschäftslokal vor der Betriebseröffnung;
vorbereitende Reisen zu potenziellen Kunden.

Die Absicht der Eröffnung des Betriebes ist durch geeignete Unterlagen nachzuweisen (zB Gewerbeanmeldung, Schriftverkehr mit potenziellen Geschäftspartnern, Einreichpläne, Kreditvereinbarungen, Kosten-Nutzenrechnung usw.).

Vorweggenommene Aufwendungen stellen keine Betriebsausgaben dar, wenn ersichtlich ist, dass die Ziele nicht auf einen Betrieb als Einkunftsquelle gerichtet waren (VwGH 10.11.1993, 93/13/0108). Siehe weiters LRL 2012 Rz 3 ff (Liebhaberei).

Die entfernte Möglichkeit, mit den künftigen Mitgliedern eines zu gründenden Vereines in Geschäftsbeziehungen treten zu können, verleiht den Aufwendungen für die Vereinsgründung noch nicht die Eigenschaft von Betriebsausgaben (VwGH 27.6.2000, 95/14/0134).

(AÖF 2013/280)

5.2.3.2 Vergebliche Betriebsausgaben

1096 Die tatsächliche Eröffnung des Betriebes ist nicht notwendige Voraussetzung für die Abzugsfähigkeit der Aufwendungen (VwGH 26.11.1979, 2846/78), das gilt gleichfalls für eine angestrebte Geschäftsbeteiligung (VwGH 6.5.1980, 3371/79). Der Erwerb eines Nutzungsrechtes an landwirtschaftlichen Liegenschaften ohne einen Zusammenhang mit künftigen Einnahmen führt nicht zu abzugsfähigen Ausgaben (VwGH 12.4.1983, 82/14/0150). Die bloße Möglichkeit der späteren betrieblichen Verwendung eines Wirtschaftsgutes reicht für einen Abzug als Betriebsausgabe nicht aus (VwGH 11.10.1972, 69/72).

5.2.3.3 Nachträgliche Betriebsausgaben

1097 Aufwendungen, die nach Beendigung des Betriebes anfallen, sind bei Vorliegen eines Zusammenhanges mit der ehemaligen Tätigkeit als nachträgliche Betriebsausgaben abzugsfähig. Siehe dazu auch Rz 5501 ff und Rz 6895 ff.

5.3 Nachweis der Betriebsausgaben

5.3.1 Allgemeines (Nachweis oder Glaubhaftmachung)

1098 Der Abgabepflichtige hat dem Finanzamt über Verlangen die geltend gemachten Aufwendungen nachzuweisen oder, wenn ihm dies nicht zumutbar ist, wenigstens glaubhaft zu machen (§ 138 Abs. 1 BAO).

5.3.2 Nachweis

1099 Die betriebliche Veranlassung von Aufwendungen ist grundsätzlich von Amts wegen festzustellen, wobei den Steuerpflichtigen eine Mitwirkungspflicht trifft. Der Steuerpflichtige hat die Richtigkeit seiner Ausgaben zu beweisen (VwGH 26.9.1990, 86/13/0097).

Im Rahmen der Beweiswürdigung kann das Finanzamt von mehreren Möglichkeiten die als erwiesen annehmen, die gegenüber allen anderen eine überragende Wahrscheinlichkeit oder gar Gewissheit für sich hat und alle anderen Möglichkeiten weniger wahrscheinlich erscheinen lässt. Offenkundig fingierte Ausgaben sind nicht anzuerkennen (VwGH 8.4.1992, 90/13/0132; VwGH 26.9.1990, 89/13/0239). Wer einen den Erfahrungen des täglichen Lebens widersprechenden Sachverhalt (zB die überwiegende betriebliche Nutzung dreier Kraftfahrzeuge durch eine Person) behauptet, hat hiefür den Nachweis zu erbringen (VwGH 31.7.1996, 92/13/0020). Den Steuerpflichtigen trifft für von ihm behauptete Sachverhalte, die nach dem Gesamtbild der festgestellten Gegebenheiten außergewöhnlich und daher nicht zu vermuten sind, die Beweislast (VwGH 15.9.1988, 87/16/0165). Es kann nicht Sache der Behörde sein, weitgehende Ermittlungen über Umstände anzustellen, für deren Vorhandensein nach der gegebenen Sachlage nur eine geringe Wahrscheinlichkeit besteht (VwGH 22.6.1967, 0153/65). Für die Darlegung der betrieblichen Veranlassung von Zahlungen bedarf es seitens des Abgabepflichtigen einer besonders exakten Leistungsbeschreibung, wenn Zahlungen für die Erbringung schwer fassbarer Leistungen, wie Kontaktvermittlung, Know-how-Überlassung, „Bemühungen", uä. erfolgt sein sollen. Die Anerkennung der betrieblichen Veranlassung solcher Zahlungen hat eine konkrete und detaillierte Beschreibung der erbrachten Leistungen zur Voraussetzung (VwGH 15.9.2016, 2013/15/0274).

(BMF-AV Nr. 2018/79)

5.3.2.1 Belege

1100 Betriebsausgaben sind im allgemeinen durch schriftliche Belege nachzuweisen (vgl. VwGH 29.1.1991, 89/14/0088). Gemäß § 138 Abs. 2 BAO sind Belege („Geschäftspapiere, Schriften und Urkunden") auf Verlangen des Finanzamtes diesem zur Einsicht und Prüfung vorzulegen.

Eigenbelege sind in der Regel nur dann als Nachweis anzuerkennen, wenn nach der Natur der Ausgabe (etwa bei auswärts geführten Telefonaten und Trinkgeldern) kein Fremdbeleg erhältlich ist. Dies trifft zB bei Postspesen nicht zu (VwGH 7.1.1981, 0418/80). Aus dem Eigenbeleg müssen Datum, Betrag und Grund der Zahlung, Art und Menge der gelieferten Ware bzw. der erhaltenen Leistung ersichtlich sein. Der Zahlungsempfänger ist – soweit möglich – konkret zu bezeichnen.

5.3.2.2 Sonstige Beweismittel

Als Beweismittel kommt neben Belegen alles in Betracht, das geeignet ist, zur Sachverhaltsermittlung beizutragen und der Erforschung der materiellen Wahrheit dient, zB Aussagen von Zeugen und Auskunftspersonen, Sachverständigengutachten oder Augenschein. **1101**

5.3.3 Glaubhaftmachung

Die Glaubhaftmachung setzt die schlüssige Behauptung aller maßgeblichen Umstände durch den Steuerpflichtigen voraus (VwGH 26.4.1989, 89/14/0027). Ein Sachverhalt ist glaubhaft gemacht, wenn die Umstände des Einzelfalles dafür sprechen, der vermutete Sachverhalt habe von allen anderen denkbaren Möglichkeiten die größte Wahrscheinlichkeit für sich (VwGH 14.9.1988, 86/13/0150). Für Aufwendungen, über die vom Empfänger auf Grund allgemeiner Verkehrsübung keine oder meist nur mangelhafte Belege erteilt werden genügt an Stelle eines belegmäßigen Nachweises, dass die Ausgaben bloß glaubhaft gemacht werden (VwGH 9.12.1992, 91/13/0094). **1102**

5.3.4 Schätzung nach § 184 BAO

Grundlagen für die Abgabenerhebung (zB Betriebsausgaben) sind von der Abgabenbehörde nur insoweit zu schätzen, als sie diese Grundlagen nicht bzw. nicht genau ermitteln oder berechnen kann (vgl. zB VwGH 5.7.1999, 98/16/0148). Ein solcher Schätzungsgrund kann sich insbesondere dann ergeben, wenn der Abgabepflichtige über seine Angaben keine ausreichenden Aufklärungen zu geben vermag oder weitere Auskunft über Umstände verweigert, die für die Ermittlung der Bemessungsgrundlagen wesentlich sind. **1103**

Es sind alle Umstände zu berücksichtigen, die für die Schätzung von Bedeutung sind. **1104**

Die Abgabenbehörde kann die Schätzungsmethode grundsätzlich frei wählen (VwGH 27.4.1994, 92/13/0011, 94/13/0094; VwGH 15.5.1997, 95/15/0093; VwGH 22.4.1998, 95/13/0191; VwGH 15.7.1998, 95/13/0286). Die Abgabenbehörde hat jene Methode (bzw. jene Methoden kombiniert) zu verwenden, die im Einzelfall zur Erreichung des Zieles, nämlich der tatsächlichen Besteuerungsgrundlage möglichst nahe zu kommen, am geeignetsten erscheint (zB VwGH 25.6.1998, 97/15/0218).

Hinsichtlich der Betriebsausgaben oder bestimmter Gruppen davon (zB Reisekosten) kommt eine Teilschätzung in Betracht. Dies kann an Hand der Werte des Betriebes in anderen Zeiträumen (innerer Betriebsvergleich) geschehen (VwGH 26.6.1984, 83/14/0251; VwGH 5.5.1992, 92/14/0018). **1105**

Die Abgabenbehörde ist nicht verpflichtet, Aufzeichnungen, die der Abgabepflichtige zu führen und vorzulegen hatte, zu rekonstruieren (VwGH 6.2.1992, 88/14/0080) muss jedoch offensichtlich angefallene Ausgaben für „Schwarzarbeit" (VwGH 15.5.1997, 95/15/0093) und „Schwarzeinkäufe" (VwGH 28.5.1997, 94/13/0200) bei einer Schätzung berücksichtigen. **1106**

Der Abgabepflichtige ist auch bei der Schätzung zur Mitwirkung verpflichtet (VwGH 17.10.1991, 91/13/0090). Im Schätzungsverfahren ist das Recht auf Parteiengehör vor Bescheiderlassung durch Mitteilung der Basis und Art der Schätzungsmethode, Schlussfolgerungen und Ergebnisse zu wahren. Der Partei ist ausreichend Zeit zur Äußerung von Einwendungen zu gewähren. Es liegt am Abgabepflichtigen, sachlich begründete Argumente gegen die Schätzungsmethode oder einzelne Elemente der Schätzung vorzubringen (VwGH 7.6.1989, 88/13/0015). Die Abgabenbehörde muss sich mit allen konkreten für die Schätzung relevanten Behauptungen auch dann auseinander setzen und eventuell erforderliche ergänzende Erhebungen durchführen (VwGH 24.2.1998, 95/13/0083; VwGH 27.5.1998, 95/13/0282, 0283). **1107**

Die Begründung (§ 93 Abs. 3 lit. a BAO) hat die für die Schätzungsbefugnis sprechenden Umstände, die Schätzungsmethode, die der Schätzung zu Grunde gelegten Sachverhaltsannahmen (Darstellung der Berechnung) darzulegen (zB VwGH 5.7.1999, 98/16/0148). **1108**

5.3.5 Empfängerbenennung nach § 162 BAO

Die Abgabenbehörde kann vom Abgabepflichtigen, der Betriebsausgaben geltend macht, verlangen, den Gläubiger oder Empfänger der abgesetzten Beträge genau zu bezeichnen (§ 162 Abs 1 BAO). Die Behauptung, die Aufwendungen seien beim Empfänger nicht steuerpflichtig, befreit nicht von der Verpflichtung zur Empfängerbenennung (VwGH 14.5.1974, 284/73). **1109**

Die Verweigerung der Empfängerbenennung stellt ein rückwirkendes Ereignis iSd § 295a BAO dar (VwGH 27.11.2020, Ro 2020/15/0019).

Werden an Kunden Waren ohne Rechnungslegung („Naturalrabatte") und ohne entsprechende Lagerabgangsbelege, aus denen die Empfänger dieser Lieferungen ersichtlich sind, geliefert, kann nur jener Wareneinsatz als Aufwand anerkannt werden, der durch (aufbewahrte) Lagerabgangsbelege ausgewiesen ist (VwGH 31.1.2001, 98/13/0156 betreffend Lieferungen von Waren an Apothekenunternehmungen als „Naturalrabatte“).

(BMF-AV Nr. 2021/65)

5.3.5.1 Zweck der Bestimmung

1110 Zweck der Bestimmung ist die Sicherung der Besteuerung jener Beträge beim Empfänger, die ein anderer steuermindernd als Betriebsausgabe absetzt (VwGH 2.3.1993, 91/14/0144; VwGH 28.5.1997, 94/13/0230). Eine schätzungsweise Ermittlung der Bemessungsgrundlagen kommt bei Anwendung des § 162 BAO nicht in Betracht (VwGH 31.1.2001, 98/13/0156).

(AÖF 2002/84)

5.3.5.2 Ermessensübung

1111 Ob eine Aufforderung im Sinne des § 162 BAO ergeht, liegt im Ermessen der Abgabenbehörde (VwGH 3.6.1987, 86/13/0001). Eine Aufforderung zur Empfängerbenennung wäre rechtswidrig, wenn der Auftrag unverschuldet (VwGH 29.11.1988, 87/14/0203; VwGH 11.7.1995, 91/13/0154, 91/13/0186; VwGH 28.5.1997, 94/13/0230) offensichtlich unerfüllbar (VwGH 2.3.1993, 91/14/0144) ist.

1112 In der Regel muss der Abgabepflichtige seine Geschäftsbeziehungen so einrichten, dass er die Person des Empfängers oder Gläubigers namhaft machen kann (VwGH 2.3.1993, 91/14/0144; VwGH 28.5.1997, 94/13/0230; VwGH 28.10.1997, 93/14/0073, 93/14/0099). Bei regelmäßig geringwertigen Einkäufen bei Privatpersonen kann es allerdings unzumutbar sein, die Verkäufer namentlich festzuhalten, wenn es um viele laufende Geschäfte geht (VwGH 29.11.1988, 87/14/0203).

1113 Eine Unmöglichkeit zur Empfängerbenennung kann bei Diebstahl (VwGH 10.1.1958, 1176/56) oder unverschuldetem Verlust von Unterlagen vorliegen (VwGH 19.2.1965, 0044/64). Geschäftliche Rücksichtnahmen auf den Empfänger entheben den Abgabepflichtigen nicht von der Verpflichtung der Empfängerbenennung (zB VwGH 14.5.1974, 0284/73; VwGH 29.11.1988, 87/14/0203).

5.3.5.3 Förmliche Aufforderung zur Empfängerbenennung

1114 Die ausdrücklich auf § 162 Abs. 1 BAO zu stützende Aufforderung ist eine verfahrensleitende Verfügung, die auch noch im Rechtsmittelverfahren erlassen werden kann (Bescheid gemäß § 94 iVm § 244 BAO, VwGH 16.3.1988, 87/13/0252, 0253, 0254, 0255).

5.3.5.4 Zwingende Versagung der Anerkennung

1115 Kommt der Abgabepflichtige einer gesetzmäßigen Aufforderung nach § 162 Abs. 1 BAO nicht nach, so dürfen die betreffenden Betriebsausgaben (Aufwendungen) nach Abs. 2 nicht anerkannt werden. Dies gilt auch dann, wenn die betriebliche Veranlassung unbestritten (VwGH 30.9.1998, 96/13/0017) und die Ausgabe tatsächlich getätigt (VwGH 7.6.1989, 88/13/0115) worden ist.

Die Rechtswirkungen der mangelnden Empfängerbenennung treten in dem Veranlagungszeitraum ein, in dem die fraglichen Aufwendungen angefallen sind, und nicht in dem Zeitraum, in dem die Aufforderung zur Empfängerbenennung erlassen oder ihr nicht entsprochen wurde (VwGH 27.11.2020, Ro 2020/15/0019).

(BMF-AV Nr. 2021/65)

1116 Die Nennung bloß des Familiennamens (VwGH 25.11.1992, 89/13/0043), einer falschen (VwGH 30.9.1998, 96/13/0017) oder beliebigen Person (VwGH 17.11.1982, 81/13/0194, 82/13/0036, 82/13/0037), einer Firma in einer Steueroase (VwGH 13.11.1985, 84/13/0127) oder einer Briefkastengesellschaft (VwGH 11.7.1995, 91/13/0154, 91/13/0186), ohne die an diesen tatsächlich Beteiligten bekannt zu geben, kann die zwingende Versagung der Anerkennung nicht verhindern. Die Namhaftmachung einer nicht existenten GmbH bzw. deren nicht ausforschbare Kontaktperson stellt keine hinreichende Empfängerbenennung dar (VwGH 8.6.1988, 84/13/0069).

1117 Hat der Steuerpflichtige darauf verzichtet, die Identität des Empfängers festzustellen, oder hat er falsche Angaben in Kauf genommen, so hat er sich die Versagung der Anerkennung als Betriebsausgabe selbst zuzuschreiben (VwGH 28.5.1997, 94/13/0230; 28.10.1997, 93/14/0073).

1118 Die Abgabenbehörde kann in freier Beweiswürdigung trotz Namensnennung den Betriebsausgabenabzug versagen, wenn wichtige und maßgebliche Gründe dafür sprechen, dass die genannten Personen nicht die tatsächlichen Empfänger der strittigen Beträge sind (VwGH 22.10.1991, 91/14/0032).

5.3.6 Nachweis von Tatsachen mit Auslandsbezug

5.3.6.1 Erhöhte Mitwirkungspflicht

Die amtswegige Ermittlungspflicht stößt dort an Grenzen, wo der Behörde weitere Nachforschungen nicht zugemutet werden können (VwGH 15.12.2009, 2006/13/0136). **1119**

(BMF-AV Nr. 2018/79)

Der Abgabepflichtige ist gemäß § 138 BAO verpflichtet, in Erfüllung seiner Offenlegungspflicht zur Beseitigung von Zweifeln den Inhalt seiner Anbringen zu erläutern und zu ergänzen, sowie deren Richtigkeit unter Beweis zu stellen bzw. glaubhaft zu machen. Handelt es sich hiebei um Sachverhalte, die ihre Wurzel im Ausland haben, so erhöht sich die Mitwirkungs- und Offenlegungspflicht des Abgabepflichtigen nach Maßgabe seiner Möglichkeiten in dem Maß, als die Pflicht der Behörde zur amtswegigen Erforschung des Sachverhalts wegen Fehlens der ihr zur Gebote stehenden Mittel abnimmt (VwGH 26.7.2000, 95/14/0145). **1120**

(BMF-AV Nr. 2018/79)

Allerdings sind auch im Rahmen der erhöhten Mitwirkungspflicht Zumutbarkeitsgrenzen zu beachten, sodass vom Abgabepflichtigen nichts Unmögliches oder für das Abgabenverfahren Unerhebliches verlangt werden darf. **1121**

Diese erhöhte Mitwirkungspflicht bei Auslandssachverhalten (VwGH 8.4.1970, 1415/68; 17.9.1974, 1613/73; 12.7.1990, 89/16/0069; 26.9.1990, 86/13/0097; 5.11.1991, 91/14/0049, 25.5.1993, 93/14/0019; 30.5.1995, 91/13/0248, 0250) umfasst insbesondere die Beweisvorsorgepflicht (VwGH 25.5.1993, 93/14/0019; 7.9.1993, 93/14/0069) und Beweismittelbeschaffungspflicht (VwGH 5.11.1991, 91/14/0049; 30.5.1995, 91/13/0248, 0250). Wer „dunkle Geschäfte" tätigt und das über diesen Geschäften lagernde Dunkel auch nachträglich gegenüber der Abgabenbehörde nicht durch lückenlose Beweisführung erhellen kann, muss das damit verbundenen steuerliche Risiko selbst tragen (VwGH 14.12.2000, 95/15/0129, 0131). **1122**

(AÖF 2002/84)

Der Abgabepflichtige hat Betriebsausgaben betreffend im Ausland wohnende Zeugen zum Zweck der Einvernahme stellig zu machen (VwGH 9.12.2004, 2000/14/0095) und die im Ausland befindlichen Unterlagen und Bücher vorzulegen (VwGH 8.4.1970, 1415/68). Im Verhältnis zu Steueroasen sind nur unzweifelhaft als erwiesen angenommene Aufwendungen abzugsfähig (VwGH 22.11.2001, 98/15/0089); bloße Glaubhaftmachung reicht sonach nicht aus. **1123**

(BMF-AV Nr. 2018/79)

5.3.6.2 Auslandsprovisionen (§ 162 BAO)

Bei Auslandsgeschäften, bei denen der Abgabenbehörde im Allgemeinen eine genaue Überprüfung der Angaben des Abgabepflichtigen nur schwer möglich ist, sind für Zahlungen an ausländische Provisionsempfänger erhöhte Anforderungen an die Nachweispflicht zu stellen. In einem solchen Fall tritt die Mitwirkungspflicht des Abgabepflichtigen im Verhältnis zur Ermittlungspflicht der Behörde in den Vordergrund. **1124**

Bei Auslandsprovisionen kann grundsätzlich von der Anwendung des § 162 BAO nicht abgesehen werden. Den Steuerpflichtigen entbinden weder geschäftliche Rücksichten (VwGH 21.5.1969, 538/68; 16.3.1988, 87/13/0252 bis 0255) noch die Befürchtung von Schadensfolgen (VwGH 17.2.1961, 1497/59) von der Auskunftspflicht. **1125**

Ein Empfängerbenennungsauftrag kann bei Provisionszahlungen (Geld- oder Sachzuwendungen) an Steuerausländer dann entfallen, wenn einerseits die Tatsache des Aufwandes und seine betriebliche Veranlassung, das ist ein unmittelbarer Zusammenhang mit einem ausländischen erteilten oder angestrebten Geschäftsauftrag bzw. -abschluss, als erwiesen angenommen werden kann und wenn andererseits sichergestellt ist, dass der wirkliche Empfänger der Zahlungen im Inland nicht steuerpflichtig ist.

Nur unter diesen Voraussetzungen kann auf die Namhaftmachung der Empfänger verzichtet werden. Die Abgabenbehörde hat den Steuerpflichtigen unter Einbeziehung aller Umstände des Einzelfalles zur Erbringung entsprechender Nachweise aufzufordern, die eine Beurteilung im Sinne des obigen Absatzes ermöglichen. Provisionszahlungen können daher nicht unter Anwendung eines etwa vom Auslandsumsatz abhängigen Durchschnittssatzes berechnet und als Betriebsausgaben abgesetzt werden.

Besonderer Dokumentations- und Aufklärungsbedarf besteht bei Provisionen, die nicht branchenüblich sind und in einem kalkulierten Mehrpreis keine Deckung finden sowie generell in Fällen, in denen hiedurch Verluste oder unüblich niedrige Gewinne anfallen. Die bloße Behauptung, Provisionen seien im Auslandsgeschäft üblich, reicht nicht aus (VwGH 18.11.1987, 84/13/0083). **1126**

5.4 Rechtsbeziehungen zwischen nahen Angehörigen

5.4.1 Allgemeines

1127 Rechtsbeziehungen zwischen nahen Angehörigen sind darauf hin zu untersuchen, ob Steuerpflichtige durch eine Art „Splitting" ihre Steuerbemessungsgrundlage mittels Absetzung von Betriebsausgaben oder Werbungskosten dadurch zu vermindern versuchen, dass sie nahen Angehörigen Teile ihres steuerpflichtigen Einkommens in Form von in Leistungsbeziehungen gekleideten Zahlungen zukommen lassen, mit deren Zufluss diese jedoch in der Regel entweder gar keiner Steuerpflicht oder bloß einer niedrigeren Progression unterliegen.

In der Regel fehlt es nämlich bei derartigen Rechtsbeziehungen an dem zwischen Fremden üblicherweise bestehenden Interessensgegensatz, der aus dem Bestreben der Vorteilsmaximierung jedes Vertragspartners resultiert (vgl. VwGH 27.4.2000, 96/15/0185; VwGH 24.6.2009, 2007/15/0113) und durch rechtliche Gestaltungen können steuerliche Folgen abweichend von den wirtschaftlichen Gegebenheiten herbeigeführt werden (VwGH 18.10.1995, 95/13/0176). Daher müssen eindeutige Vereinbarungen vorliegen, die eine klare Abgrenzung zwischen Einkommenserzielung und -verwendung zulassen. Zweifel an der steuerlichen Tragfähigkeit einer Vereinbarung und das Nichterfüllen der entsprechenden Kriterien iSd Rz 1130 ff gehen zu Lasten des Steuerpflichtigen (VwGH 7.12.1988, 88/13/0099).

Bei Verträgen zwischen nahen Angehörigen muss eine Verlagerung privat motivierter Geldflüsse in einen steuerlich relevanten Bereich und somit eine sich zu Lasten der Gleichmäßigkeit der Besteuerung auswirkende willkürliche Herbeiführung (VwGH 6.4.1995, 93/15/0064, 26.1.1999, 98/14/0095) oder Vortäuschung (VwGH 15.3.1989, 88/16/0225) abgabenrechtlicher Wirkungen vermieden werden.

(BMF-AV Nr. 2018/79)

5.4.2 Tabellarischer Überblick über die Formen der Rechtsbeziehungen

1128

Art der Rechtsbeziehung	Wesentliche Erscheinungsformen	Verweis auf Abschnitt
Mitarbeit im Betrieb	Familienhaftes Verhältnis	5.4.6.1 Rz 1142 ff
	Dienstverhältnis	5.4.6.2 Rz 1148 ff
	Werkvertrag	5.4.6.3 Rz 1177 ff
Beteiligung am Betrieb	Mitunternehmerschaft	5.4.7.1 Rz 1181 ff
	Echte stille Gesellschaft	5.4.7.2 Rz 1190 ff
Kapitalgesellschaft	Gesellschafter	5.4.8.1 Rz 1196 ff
	Gesellschafter-Geschäftsführer	5.4.8.2 Rz 1200 ff
Sonstige Rechtsbeziehungen	Miet- und Pachtvertrag	5.4.9.1 Rz 1206 ff
	Darlehensvertrag	5.4.9.2 Rz 1214 ff
	Treuhandverhältnis	5.4.9.3 Rz 1217
	Kaufvertrag	5.4.9.4 Rz 1218 ff
	Schenkung	5.4.9.5 Rz 1221 ff
	Gütergemeinschaft	5.4.9.6 Rz 1224

5.4.3 Anwenderkreis der Grundsätze

1129 Als „nahe Angehörige", für welche die unten in Abschn. 5.4.4 angeführten Grundsätze anzuwenden sind, gelten insbesondere:

- die in § 25 BAO aufgezählten Personen,
- andere verwandte oder verschwägerte Personen (zB Schwiegervater, vgl. VwGH 25.10.1994, 94/14/0067; Schwager, vgl. VwGH 20.11.1990, 89/14/0090),
- sonstige Personen, die untereinander in einem besonderen persönlichen Naheverhältnis stehen (zB Verlobte oder Lebensgefährten, vgl. VwGH 16.11.1993, 90/14/0179; VwGH 29.7.1997, 93/14/0056; unter Berücksichtigung der konkreten Umstände des Einzelfalles auch besonders eng befreundete Personen, siehe VwGH 26.3.2014, 2011/13/0036),
- Stiefkinder (VwGH 29.1.1991, 89/14/0088).
- Personengesellschaft und naher Angehöriger eines (insbesondere des beherrschenden) Gesellschafters,

- Kommanditgesellschaft und die von den Kommanditisten beherrschte Komplementär-GmbH (VwGH 6.10.1992, 88/14/0045, betr. Privatnutzung eines Firmenautos bzw. VwGH 24.10.1995, 92/14/0020, betr. Gewinnaufteilung zwischen Komplementär-GmbH und Kommanditisten),
- GmbH und (beherrschender) Gesellschafter (VwGH 26.5.1999, 99/13/0039),
- GmbH und Gesellschafter-Geschäftsführer (VwGH 13.10.1999, 96/13/0113), insbesondere bei einer Einmann-GmbH (VwGH 14.12.1993, 90/14/0264),
- Alleingesellschafter (VwGH 20.6.2000, 98/15/0008, betr. durch eine liechtensteinische Domizilgesellschaft geltend gemachten Vorsteuerabzug aus in Österreich ausgeübten Umsätzen aus der Vermietung von Bürogeräten und Software an den österreichischen Alleingesellschafter als einzigem Mieter),
- eine einem Gesellschafter nahe stehenden Person (VwGH 13.3.1998, 93/14/0023),
- daran beteiligtem stillen Gesellschafter (VwGH 23.6.1998, 93/14/0192),
- Betrieb gewerblicher Art einer Körperschaft öffentlichen Rechts und Trägerkörperschaft (VwGH 21.10.1999, 94/15/0113),
- Privatstiftung und Stifter bzw. Begünstigter sowie
- Verein und Vereinsmitglied bzw. Vereinsfunktionär (VwGH 24.6.1999, 97/15/0212; VwGH 24.2.2000, 97/15/0213).

(BMF-AV Nr. 2015/133)

5.4.4 Erfordernisse für die Anerkennung von Vereinbarungen zwischen nahen Angehörigen

5.4.4.1 Allgemeines

Vereinbarungen zwischen nahen Angehörigen finden – selbst wenn sie den Gültigkeitserfordernissen des Zivilrechtes entsprechen (vgl. zB VwGH 3.9.1997, 93/14/0095, VwGH 26.1.1999, 98/14/0095) – im Steuerrecht nur dann Anerkennung, wenn sie **1130**

- nach außen ausreichend zum Ausdruck kommen (Publizität),
- einen eindeutigen, klaren und jeden Zweifel ausschließenden Inhalt haben und
- auch zwischen Familienfremden unter den selben Bedingungen abgeschlossen worden wären (ständige Rechtsprechung; vgl. zB VwGH 22.2.2000, 99/14/0082, VwGH 28.5.2015, 2013/15/0135).

(BMF-AV Nr. 2018/79)

Diese Grundsätze beruhen auf der in § 21 BAO normierten wirtschaftlichen Betrachtungsweise (VwGH 10.5.1988, 87/14/0084) und haben ihre Bedeutung vor allem im Rahmen der Beweiswürdigung (VwGH 6.10.1992, 89/14/0078). Allerdings darf ein Naheverhältnis nicht generell zu Verdachtsvermutungen gegen Angehörigenvereinbarungen bzw. zu einer steuerlichen Schlechterstellung führen (VfGH 16.6.1987, G 52/87), weil es sich bei der Berücksichtigung des Naheverhältnisses nicht um ein schematisch anzuwendendes Beweislastkriterium handelt (vgl. VwGH 17.9.1979, 2223, 2235/78; VwGH 27.5.1981, 1299/80). **1131**

5.4.4.2 Die Merkmale im Einzelnen

5.4.4.2.1 Publizitätswirkung

5.4.4.2.1.1 Allgemeines

Schriftform des Vertrages ist nicht unbedingt erforderlich; in Ausnahmefällen ist bei genügend deutlicher Fixierung der wesentlichen Vertragsbestandteile sowie des Beweises des Abschlusses und der tatsächlichen Durchführung des Vertrages eine steuerrechtliche Anerkennung auch ohne Schriftform möglich (VwGH 16.12.1988, 87/14/0036, betreffend zunächst mündlich und in der Folge schriftlich abgeschlossenen Bestandvertrag, dem unbestritten fremdübliche schriftliche Vereinbarungen zugrundelagen). **1132**

Mit welchen Mitteln die Tatbestandserfüllung nachgewiesen wird, steht dem Abgabepflichtigen zwar frei, der Vertrag(sabschluss) muss aber jedenfalls für Dritte erkennbar sein. Ist es jedoch nach Art und Inhalt des Vertrages üblich, ihn in Schriftform abzuschließen, führt die mangelnde Schriftform in der Regel zu seiner Nichtanerkennung (VwGH 14.9.1977, 0027, 0162/77, betreffend Darlehensvertrag zwischen Ehegatten). **1133**

Die bloße Mitteilung an das FA kann üblicherweise nicht als eine nach außen hin mit genügender Deutlichkeit in Erscheinung tretende Vereinbarung angesehen werden. Die (behauptete) Notwendigkeit einer Leistungserbringung durch einen nahen Angehörigen bewirkt für sich gesehen noch keine Publizität (VwGH 19.5.1993, 91/13/0045, betreffend Schreibarbeiten der Ehegattin).

5.4.4.2.1.2 Schriftform von Verträgen zwischen Ehegatten

1134 Auch wenn die zivilrechtliche Gültigkeit bestimmter Verträge und Rechtshandlungen nach dem Notariatszwangsgesetz (RGBl. Nr. 76/1871) durch die Aufnahme eines Notariatsaktes bedingt ist (zB Ehepakte, zwischen Ehegatten abgeschlossene Kauf-, Tausch-, Renten- und Darlehensverträge sowie Schuldbekenntnisse eines Ehegatten dem anderen gegenüber), ist sie für die steuerliche Anerkennung deshalb nicht Voraussetzung, weil Rechtsvorgänge nach der wirtschaftlichen Betrachtungsweise zu beurteilen sind und auch ein wegen Formmangels nichtiges Geschäft gemäß § 23 Abs. 3 BAO für die Erhebung der Abgaben von Bedeutung sein kann (VwGH 25.10.1994, 94/14/0067). Im Rahmen der Beweiswürdigung kommt aber der Schriftform besondere Bedeutung zu (VwGH 14.9.1977, 0027, 0162/77, betreffend Darlehensvertrag zwischen Ehegatten).

5.4.4.2.2 Inhalt der Vereinbarung

1135 Allgemein gesehen müssen die für das Zustandekommen des Vertrages wesentlichen Bestandteile mit genügender Deutlichkeit fixiert sein (VwGH 4.10.1983, 83/14/0034).

1136 Liegt keine schriftliche Vereinbarung vor, müssen zumindest die wesentlichen Punkte der Vereinbarung (zB bei Bestandverträgen der Bestandgegenstand, der zeitliche Geltungsbereich des Vertrages, der Bestandzins, bei Gesellschaftsverträgen insbesondere die Art und Höhe der Beteiligung und die Höhe des Gewinnanteiles des eintretenden Ehegatten) nach außen hin dokumentierbar sein.

1137 In Hinblick darauf, dass Beziehungen zwischen nahen Angehörigen auch familienhafter Natur sein können (vgl. hiezu Rz 1142 ff), muss eine klare und eindeutige Abgrenzung einer auf einem wirtschaftlichen Gehalt beruhenden Beziehung von einer familienhaften vorliegen, wobei unklare Vereinbarungen zu Lasten des Steuerpflichtigen gehen (vgl. VwGH 23.5.1978, 1943, 2557/77). Zur Aufklärung einer unklaren Vertragsgestaltung hat somit derjenige beizutragen, der sich darauf beruft (VwGH 29.6.1995, 93/15/0115).

5.4.4.2.3 Fremdvergleich

1138 Hiebei ist die im allgemeinen Wirtschaftsleben geübte Praxis maßgeblich; erforderlichenfalls sind entsprechende Ermittlungen durchzuführen (VwGH 4.10.1983, 83/14/0017; 21.3.1996, 95/15/0092).

Ein Indiz für die Fremdunüblichkeit eines Vertrages liegt vor, wenn die Höhe der Entlohnung bzw. der Arbeitsumfang vom Erreichen steuerlicher Grenzen abhängt (VwGH 21.3.1996, 92/15/0055, betreffend Bagatellregelung des § 21 Abs. 6 UStG 1972).

1139 Der Fremdvergleich ist grundsätzlich anhand von Leistungsbeziehungen zwischen einander fremd gegenüberstehenden Personen anzustellen, wobei von deren üblichem Verhalten in vergleichbaren Situationen auszugehen ist (VwGH 1.12.1992, 92/14/0149, 92/14/0151). Nur Leistungsbeziehungen, die ihrer Art nach zwischen einander fremd gegenüber stehenden Personen nicht vorkommen (zB Schenkungen oder unentgeltliche Betriebsübergaben), sind danach zu beurteilen, wie sich dabei üblicherweise andere Personen verhalten, die zueinander in familiärer Beziehung stehen (VwGH 25.10.1994, 94/14/0067).

Auf dieser Basis ist die Vergleichsprüfung in zweifacher Form anzustellen:

- Die erste Prüfung erfolgt dahingehend, ob der entsprechende Vertrag auch zwischen Fremden in der konkreten äußeren Form abgeschlossen worden wäre.
- Dann ist ein am Vertragsinhalt orientierter Fremdvergleich anzustellen (VwGH 13.12.1988, 85/13/0041), wobei zu beachten ist, dass es nahen Angehörigen an einem den Marktgesetzen unterliegenden natürlichen Interessensgegensatz fehlen kann.

Diese Grundsätze stellen nicht nur den Maßstab für die Vereinbarung, sondern auch für die Erfüllung derselben dar (VwGH 28.10.2009, 2005/15/0118).

(AÖF 2011/66)

1140 Hinsichtlich der Unangemessenheit von Leistungsentgelten als Ausfluss des Fremdvergleiches siehe Rz 1228 ff.

5.4.5 Rückwirkende Parteienvereinbarungen

1141 Diese sind im Steuerrecht ganz allgemein gesehen nicht zu beachten (VwGH 18.12.1973, 0979/72; VwGH 3.5.1983, 82/14/0277; VwGH 25.3.1999, 96/15/0079); umso mehr ist ihnen daher bei Rechtsbeziehungen zwischen nahen Angehörigen die Anerkennung zu versagen. Dabei ist jedoch eine Differenzierung zwischen einer – in keinem Fall zu berücksichtigenden – rückwirkenden Gestaltung und einer unter der Voraussetzung der Fremdüblichkeit anzuerkennenden bloßen späteren Fixierung eines nachgewiesenermaßen tatsächlich bereits früher abgeschlossenen Vertrages vorzunehmen.

Beispiele aus der Judikatur für rückwirkende Vereinbarungen:

Rückwirkende Änderung der Gewinnaufteilung bei einer Mitunternehmerschaft selbst bei Bezug auf den Beginn des noch nicht abgelaufenen Wirtschaftsjahres (VwGH 3.5.1983, 82/14/0277; 7.6.1983, 82/14/0230);

nachträglich behaupteter Mietvertrag, der mehr als zwei Jahre nicht verbucht wurde (VwGH 27.5.1987, 84/13/0221);

nachträgliche Aufstellung über erbrachte Leistungen iVm der Bildung einer Rückstellung für nicht ausbezahlte Honorare aus einem Werkvertrag (VwGH 11.12.1990, 89/14/0109);

Erfassung von Werkvertragshonoraren erst bei Erstellung des Jahresabschlusses in einer Nachbuchungsliste nach Ermittlung des Gewinnes und Berechnung der Investitionsrücklage (VwGH 22.9.1999, 97/15/0005).

5.4.6 Mitarbeit im Betrieb des nahen Angehörigen

5.4.6.1 Mitarbeit im Rahmen eines rein familienhaften Verhältnisses

5.4.6.1.1 Allgemeines

Die rechtliche Grundlage für Leistungen im Familienverband liegt regelmäßig nicht in unmittelbar aktualisierten Entgeltsvorstellungen, sondern in anderen Beweggründen, wie zB Erbringung eines eigenen Beitrages zur Befriedigung der Familienbedürfnisse, Erwerb von Erfahrung oder Erweis der Tauglichkeit für die erwartete Position als künftiger Nachfolger in der Führung des elterlichen Unternehmens. Bei einer derartigen Mitarbeit ohne besondere vertragliche Verpflichtung, welche die oben in Rz 1141 dargestellten Erfordernisse nicht erfüllt, sind die dadurch veranlassten Aufwendungen jedenfalls gemäß § 20 Abs. 1 Z 4 EStG 1988 nicht abzugsfähig (VwGH 4.9.1992, 91/13/0196). **1142**

Ein familienhaftes Verhältnis liegt zB auch dann vor, wenn ein Kind im Betrieb der Eltern ohne rechtliche Verpflichtung zur Erbringung einer bestimmten Arbeitsleistung bzw. zur Einhaltung einer bestimmten Arbeitsleistung oder -zeit tätig ist und die Eltern nicht zur Zahlung eines bestimmten Entgeltes verpflichtet sind, sondern die Höhe des Taschengeldes nach ihrem Ermessen bestimmen (VwGH 27.2.1959, 1371/57). In diesem Zusammenhang werden auch Aushilfslöhne an minderjährige Kinder dann nicht als Betriebsausgabe anerkannt, wenn bzw. weil eine schuldrechtliche Verpflichtung zur Arbeitsleistung nicht besteht (VwGH 13.9.1989, 88/13/0042). Demzufolge gehört auch das Taschengeld selbst dann nicht zu den Einkünften im Sinne des § 2 Abs. 3 EStG 1988, wenn es als „Lohn" bzw. „Entgelt" oder unter ähnlicher Bezeichnung für Verrichtungen des nahen Angehörigen zur Auszahlung gelangt (VwGH 11.2.1970, 0943/68). **1143**

Zahlungen für Aushilfstätigkeiten der Kinder sind jedoch nicht schon deshalb vom Abzug als Betriebsausgabe ausgeschlossen, weil die Kinder familienrechtlich hiezu verpflichtet sind. Entscheidend ist, ob die von ihnen verrichteten Tätigkeiten üblicherweise auch als Inhalt eines mit einem Fremden zu begründenden Dienst- oder Werkvertragsverhältnisses in Frage kommen. Die familiäre Beistandsleistung ist auf kein bestimmtes Alter des Leistenden beschränkt (VwGH 25.2.1997, 92/14/0039). **1144**

Weitere typische Beispiele einer familienhaften Mitarbeit sind die Rasenbetreuung, Laubrechen, Streicharbeiten, PKW-Reinigung, usw. (VwGH 29.1.1991, 89/14/0098) sowie Telefondienst, Terminvereinbarungen, gelegentliche Chauffeurdienste und Bankerledigungen (VwGH 22.2.2000, 99/14/0082). Ein praktisch nur in der Freizeit sowie im Urlaub erfolgendes Tätigwerden spricht für eine familienhafte Mitarbeit (VwGH 21.10.1986, 86/14/0042). **1145**

Werden von einem Familienmitglied in einem Bereich fremdübliche, in einem anderen Bereich jedoch lediglich familienhaft bedingte Leistungen erbracht, so ist eine getrennte Betrachtung anzustellen (VwGH 21.10.1986, 86/14/0042), gegebenenfalls ist die auf die familienhafte Mitarbeit entfallende Leistungstangente herauszurechnen (VwGH 30.1.1990, 89/14/0162). **1146**

5.4.6.1.2 Eheliche Beistandspflicht

Diese ist als besonders ausgeprägte – ausdrücklich gesetzlich normierte – Form der familienhaften Mitarbeit in den § 90 und 98 ABGB geregelt. § 90 ABGB bestimmt im Wesentlichen, dass ein Ehegatte im Erwerb des Anderen im Rahmen der Zumutbarkeit und Üblichkeit mitzuwirken hat, wofür er gemäß § 98 ABGB Anspruch auf angemessene Vergütung hat. Liegt der Mitwirkung im Erwerb des anderen Ehegatten kein über diese Verpflichtungen hinausgehendes Vertragsverhältnis vor, sind die geleisteten Abgeltungsbeträge im Sinne des § 98 ABGB familienhaft bedingt und somit nicht als Betriebsausgaben abzugsfähig, sondern als Zuwendungen an unterhaltsberechtigte Personen im Sinne des § 20 EStG 1988 **1147** anzusehen (VwGH 26.3.1985, 84/14/0059, betreffend Hilfeleistungen der Ehegattin in Form von Autofahrten; VwGH 21.7.1993, 91/13/0163; VwGH 23.4.1998, 95/15/0191).

5.4.6.2 Dienstvertrag

5.4.6.2.1 Allgemeines

1148 Ein Dienstvertrag, der gemäß § 47 EStG 1988 das Schulden der Arbeitskraft zum Inhalt hat, setzt das Vorliegen einer besonderen Vereinbarung voraus, die über die im Familienrecht begründete Mitwirkungspflicht hinausgeht (VwGH 5.12.1973, 0789/73), dh. es müssen alle Merkmale eines echten Dienstverhältnisses vorliegen.

5.4.6.2.2 Publizitätswirkung

1149 Obwohl Schriftlichkeit nicht unbedingt erforderlich ist, ist sie doch ein wesentliches Beweismittel. Der Anmeldung bei der Sozialversicherung sowie der Abfuhr von Lohnabgaben kann zwar Indizfunktion für das Vorliegen eines Dienstverhältnisses zukommen (vgl. auch VwGH 16.12.1997, 96/14/0099; VwGH 22.2.2000, 99/14/0082), doch ist zu beachten, dass in der Regel gerade bei vorgetäuschten Verträgen formale Belange beachtet werden (vgl. betreffend „Konstruktion" eines Dienstverhältnisses aus sozialversicherungsrechtlichen Gründen VwGH 17.9.1996, 92/14/0161).

5.4.6.2.3 Inhalt der Vereinbarung

1150 Die wesentlichen Vertragsinhalte müssen eindeutig festgelegt sein, was auch für abgrenzbare Gehaltsbestandteile gilt (vgl. VwGH 18.5.1977, 0346, 0347/77, betreffend Bilanzgeld bzw. VwGH 14.2.1978, 2488/77, betreffend Überstundenpauschale). Somit ist zB ein Dienstvertrag, der die wöchentliche Arbeitszeit nur in einem ungefähren Ausmaß und keine Bestimmungen über die Vergütung allfälliger Mehrarbeit beinhaltet, nicht anzuerkennen.

Eine familienhafte Mitarbeit etwa als Ausfluss der ehelichen Mitwirkungspflicht darf nicht Vertragsgegenstand sein, was zB bei der Beantwortung von Telefonanrufen durch die Ehegattin angenommen werden kann (VwGH 29.10.1985, 85/14/0067, betreffend einen Arzt sowie VwGH 22.2.2000, 99/14/0082, betreffend einen Politiker; gilt gleichermaßen aber auch für andere Berufsgruppen).

1151 Widersprüchliche Angaben über den Vertragsinhalt führen in der Regel zur Nichtanerkennung der Vereinbarung (VwGH 15.3.1995, 92/13/0271, betreffend ursprüngliche Behauptung einer Ganztagesbeschäftigung und spätere Einschränkung auf Halbtagesbeschäftigung).

Zahlungen für gelegentliche Hilfeleistungen, die im Hinblick auf den geringen Zeitaufwand nicht als Inhalt eines Arbeitsverhältnisses geeignet wären, sind nicht anzuerkennen (zB VwGH 17.5.1989, 88/13/0038, betreffend Wartung des PKWs des Vaters; siehe auch Rz 1142 ff).

5.4.6.2.4 Fremdvergleich

1152 Neben allgemein erforderlichen Kriterien (vgl. Rz 1138 ff) ist für die steuerliche Anerkennung der Vereinbarung weiters erforderlich, dass der nahe Angehörige eine sonst notwendige Arbeitskraft ersetzt (VwGH 29.10.1985, 85/14/0067).

1153 Ein Dienstvertrag hält etwa dann einem Fremdvergleich nicht stand, wenn keine Vereinbarung über Dienstbeginn und -ende, Qualifikation der Entgegennahme von Telefonanrufen als Bereitschaftsdienst oder Vollarbeitszeit sowie für den Fall besteht, dass die tatsächlich erbrachte Arbeitszeit von der vereinbarten abweicht (VwGH 22.2.2000, 99/14/0082, betreffend einen Politiker, der seine Ehegattin als Teilzeitbeschäftigte angestellt hatte; VwGH 23.3.2000, 96/15/0120, betreffend für ein einziges Unternehmen tätigen EDV-Berater). Eine vom Steuerpflichtigen selbst behauptete Unterbezahlung naher Angehöriger spricht gegen das Vorliegen eines Dienstverhältnisses (VwGH 19.12.1990, 87/13/0053).

1154 Anhaltspunkte für die Angemessenheit der Gehaltshöhe sind vor allem auch durch die bei verdeckten Ausschüttungen heranzuziehenden Kriterien zu gewinnen (vgl. Rz 6116 ff), wobei vorrangig ein innerbetrieblicher Vergleich (VwGH 18.11.1987, 86/13/0113; VwGH 6.4.1995, 93/15/0064) und sodann ein außerbetrieblicher Vergleich (VwGH 19.11.1974, 1115/74, betr. Stellenangebot in einer Wirtschaftszeitung bzw. übliches Lohn-Gewinnverhältnis) herangezogen werden kann.

(AÖF 2013/280)

1155 Wird ein Bezug vereinbart, der wesentlich über dem zwischen Familienfremden Üblichen liegt, ist der darüber liegende Betrag nicht abzugsfähig (vgl. VwGH 5.10.1982, 82/14/0006, 0008; siehe auch Rz 1229).

Ein sprunghaftes Ansteigen der Lohnbezüge ohne entsprechende Veränderung der Arbeitszeit deutet auf eine Unangemessenheit hin (VwGH 17.1.1989, 88/14/0010). **1156**

Die Entlohnung hat sich an den Gesichtspunkten Qualität und Quantität der Arbeitsleistung zu orientieren (VwGH 26.1.1999, 98/14/0095; VwGH 22.9.1999, 96/15/0232, 0238, 0239), wobei allerdings die Überprüfung der Höhe einer Entlohnung zwangsläufig mit gewissen Unschärfen verbunden ist (VwGH 13.3.1997, 95/15/0128). Eine gewisse Toleranzgrenze bzw. Bandbreite ist daher zu berücksichtigen (VwGH 13.12.1989, 85/13/0041). Eine wesentlich höhere Entlohnung des nahen Angehörigen mit kürzerer Vordienstzeit gegenüber jener eines fremden Angestellten mit längerer Vordienstzeit ist jedoch keinesfalls anzuerkennen (VwGH 6.4.1995, 93/15/0064). Ebenso rechtfertigt auch das Argument einer besonderen Vertrauenswürdigkeit nicht eine wesentlich höhere Entlohnung (VwGH 18.11.1987, 86/13/0133). Die (behauptete) laufende Erbringung von Überstundenleistungen in einem die arbeitsrechtlichen Höchstgrenzen übersteigenden Ausmaß ist ebenfalls nicht fremdüblich. **1157**

Dem für die Berufsgruppe anzuwendenden Kollektivvertrag ist bei einer derartigen Prüfung im Rahmen der amtswegigen Sachverhaltsermittlungspflicht eine entscheidende Bedeutung beizumessen, wobei auch die Einstufung in die richtige Verwendungsgruppe zu prüfen und darauf Bedacht zu nehmen ist, inwieweit sich die Entlohnung fremder Dienstnehmer daran orientiert (VwGH 29.7.1997, 93/14/0056). Die Höhe eines fremdüblichen Arbeitslohnes muss zwar nicht mit der im Kollektivvertrag festgelegten übereinstimmen, es ist jedoch davon auszugehen, dass sie grundsätzlich nicht darunter liegen wird (VwGH 16.11.1993, 90/14/0083). **1158**

(AÖF 2003/209)

Werden sämtliche Angestellte über dem Kollektivvertrag entlohnt, ist – bei Zutreffen der sonstigen Voraussetzungen – auch das in gleicher Höhe darüber liegende Gehalt des Angehörigen anzuerkennen. **1159**

(AÖF 2003/209)

Eine Lohnfortzahlung an die geschiedene Ehegattin nach Verzicht auf ihre Arbeitsleistung ist fremdunüblich und nicht durch den Betrieb veranlasst (VwGH 24.3.1981, 2857, 2858, 2992, 2993/80). **1160**

5.4.6.2.5 Gewährung von weiteren Vergütungen neben dem Grundlohn

5.4.6.2.5.1 Zurverfügungstellung einer Dienstwohnung

Leben die Vertragspartner im gemeinsamen Haushalt, so stellen derartige „freiwillige Sozialleistungen" im Hinblick auf § 20 Abs. 1 Z 1 EStG 1988 selbst bei an sich gegebener Angemessenheit keine Betriebsausgaben dar, zumal Haushaltsaufwendungen diese Eigenschaft nicht dadurch verlieren, dass zwischen nahen Angehörigen ein Vertrag abgeschlossen wurde (VwGH 20.9.1980, 1421, 1626, 1627/79). Wird eine Wohnung an eine Arbeitnehmerin überlassen, mit der der Steuerpflichtige gemeinsame Kinder hat, so gehört diese nicht zum betrieblichen Gebäudeteil (vgl. VwGH 24.6.1986, 85/14/0175). **1161**

Die Zurverfügungstellung einer Dienstwohnung ist unter dem Aspekt des Fremdvergleiches bei Betrieben mittlerer Größe (VwGH 22.9.1992, 88/14/0058; VwGH 30.9.1999, 98/15/0005) sowie bei kleinen Familienbetrieben (VwGH 1.2.1980, 0732, 0908, 3413/79) unüblich. Kein betriebliches Interesse liegt auch vor, wenn einem Arbeitnehmer eine Wohnung zur Verfügung gestellt wird, um ihm eine Fahrtstrecke von 10 km zu ersparen (VwGH 22.9.1992, 88/14/0058). Andererseits kann eine betriebliche Veranlassung der Wohnungsüberlassung dann vorliegen, wenn diese nach der Verkehrsauffassung üblich ist (VwGH 17.10.1989, 88/14/0204, betr eine Nachtdienste verrichtende Apothekenhelferin). **1162**

(AÖF 2002/84)

Auch wenn es zweckmäßig ist, dass ein zu unregelmäßigen Zeiten Wartungsarbeiten verrichtender Arbeitnehmer direkt am Betriebsort wohnt, tritt die familiäre Veranlassung dann noch nicht in den Hintergrund, wenn die dem Sohn zur Verfügung gestellte Wohnung nicht auch für einen fremden Dienstnehmer errichtet worden wäre (VwGH 17.9.1990, 89/15/0019). Es ist fremdunüblich, dass ein Steuerpflichtiger der bei ihm teilzeitbeschäftigten studierenden Tochter eine fast 100 m² große Dienstwohnung zur Verfügung stellt, da damit vorrangig die Wünsche einer erwachsenen Frau, ihre Wohnbedürfnisse nicht mehr in der elterlichen Wohnung zu befriedigen, erfüllt werden (VwGH 14.1.1981, 2202/79). **1163**

Wird für eine Tätigkeit im Ausmaß von 20 Wochenstunden der Ehegattin eine Entlohnung in Form einer Dienstwohnung sowie eines monatlichen Barbetrages von ca 1.000 S (72,67 €) deshalb gewährt, weil ein über dem Existenzminimum liegendes Einkommen den Gläubigern zufiele, so stellt diese Vertragskonstruktion keinen Sachbezug dar, sondern die Gestattung der Benützung der Wohnung auf Basis faktischer ehelicher Auseinandersetzung **1164** mit dem Ziel, den Zugriff der Gläubiger der Ehegattin auf deren Einkommen zu verhindern (VwGH 25.1.1995, 93/15/0003).

(AÖF 2002/84)

5.4.6.2.5.2 Freie Verpflegung

1165 Üblicherweise zählen Aufwendungen, die mit der Übernahme von Lebenshaltungskosten für einen nahen Angehörigen in Zusammenhang stehen, zu den nichtabzugsfähigen Kosten im Sinne des § 20 Abs. 1 Z 1 EStG 1988, weil diese die Eigenschaft der Unterhaltsgewährung nicht dadurch verlieren, dass ein Dienstverhältnis begründet wird (VwGH 30.9.1980, 1421, 1626, 1627/79).

Nur wenn freie Verpflegung auch anderen Dienstnehmern gewährt wird, und eine derartige Vereinbarung dem Fremdvergleich standhält, dh. branchenüblich ist, stellen derartige Aufwendungen keinen Unterhalt im Sinne des § 94 ABGB dar (VwGH 19.5.1987, 85/14/0118; 30.6.1987, 85/14/0190). Wird der Vorteil auch anderen Dienstnehmern gewährt, ist der Fremdvergleich in der Regel erfüllt; bei einem einzigen Dienstnehmer ist die Branchenüblichkeit zu prüfen.

5.4.6.2.5.3 Weitere Vergütungen

1166 In folgenden Fällen wurden beispielsweise Vergütungen an nahe Angehörigen von der Rechtsprechung nicht anerkannt:

1167 **Abfertigung**

Abfertigung, die an den Betriebsübernehmer im Rahmen einer unentgeltlichen Betriebsübergabe geleistet wird (VwGH 1.12.1992, 89/14/0176).

Freiwillige zusätzlich zur gesetzlichen gewährte Abfertigung, die einem familienfremden Arbeitnehmer nicht bezahlt würde (VwGH 10.9.1998, 93/15/0051).

1168 **Aus- und Fortbildungskosten**

Übernahme von Aus- und Fortbildungskosten, die einem fremden Dienstnehmer nicht gewährt würde (VwGH 26.4.1994, 91/14/0066).

1169 **Betriebsausflug**

Gewährung eines Betriebsausfluges an Stelle des Jahresurlaubes (VwGH 24.6.1999, 97/15/0070).

1170 **Dienstwagen**

Unentgeltliche Zurverfügungstellung eines Dienstwagens an den Gesellschafter-Geschäftsführer bei einem Betrieb mit ca 3 Mio S (218.018,50 €) Umsatz (VwGH 23.2.1994, 92/15/0158).

(AÖF 2002/84)

1171 **Lebensversicherungsprämien**

Bezahlung der Prämien für eine Lebensversicherung, wenn in der Gesamtausstattung (dh. inklusive Auszahlung eines bar ausbezahlten Gehaltsteiles) nicht gedeckt (VwGH 12.1.1983, 81/13/0004).

1172 **Mitreise**

Kostenübernahme für die Mitreise zu einer Kongressreise, die einem familienfremden Arbeitnehmer nicht gewährt worden wäre (VwGH 17.11.1992, 92/14/0150).

1173 **Pensionszusage**

Eine Pensionszusage, die in der fremdüblichen Gesamtausstattung nicht gedeckt ist, stellt einen verdeckte Ausschüttung dar (siehe hiezu ausführlich Rz 3391 ff).

1174 **Prämienzahlung**

Prämienzahlung in Höhe von 80% des Jahresgehaltes (VwGH 24.3.1998, 93/14/0009).

1175 **Tantieme**

Tantieme, deren Höhe sich nach dem Verhältnis der Beteiligung an einer Kapitalgesellschaft richtet (VwGH 8.3.1994, 91/14/0151, 0152).

1176 **Urlaubsablöse**

Ablöse des Urlaubes in Geld statt Urlaubsgewährung (VwGH 24.6.1999, 97/15/0070; die Urlaubsablöse ist weiters gemäß § 7 Urlaubsgesetz rechtsunwirksam).

5.4.6.3 Werkverträge und ähnliche Leistungsbeziehungen

1177 Bei einem Werkvertrag schuldet der Leistende aus zivilrechtlicher Sicht gemäß § 1165 ABGB nicht seine Arbeitskraft, sondern einen bestimmten Arbeitserfolg ohne persönliche

Weisungsgebundenheit. Die für derartige Verträge geltenden Grundsätze sind analog beispielsweise auch auf Vermittlungs- und Sponsorleistungen anwendbar.

Der Abschluss eines derartigen Vertrages muss jedenfalls mit detaillierter, inhaltlich klarer Darlegung der erbrachten Leistungen nachgewiesen werden und es hat ein fremdüblicher Zahlungsverkehr (regelmäßige Rechnungslegung und Zahlung) zu erfolgen, was dann nicht zutrifft, wenn ein von der Leistungserbringung unabhängiges Pauschalhonorar vereinbart wird (VwGH 10.7.1996, 95/15/0181, 0182, 0183). Dieses Erfordernis ist auch dann nicht erfüllt, wenn Rechnungen über Leistungen erst anlässlich der Bilanzierung erstellt und auf das Jahresende des jeweiligen Jahres rückdatiert werden (VwGH 21.7.1998, 93/14/0187, 0188). **1178**

Geringfügige Zahlungen für Wartungsarbeiten sind zur Gänze nicht abzugsfähig (VwGH 17.5.1989, 88/13/0038; siehe Rz 1142 ff). Überhöhten Provisionszahlungen für tatsächlich erbrachte Leistungen ist hingegen nur im Ausmaß der überhöhten fremdunüblichen Zahlung die Anerkennung zu versagen (VwGH 17.5.1989, 88/13/0038, 27.5.1987, 86/13/0107). Der Abschluss von Werkverträgen mit drei nahen Angehörigen durch einen praktischen Arzt (ua. für Belegsammlung bzw. für Ordinationshilfetätigkeit) ist einerseits fremdunüblich, andererseits fehlt es auch an der notwendigen Publizität, wenn das Leistungsentgelt nicht laufend als Kassaausgang erfasst, sondern erst als Nachbuchung berücksichtigt wird (VwGH 22.9.1999, 97/15/0005). **1179**

Sofern Schreibarbeiten für einen Schriftsteller fremdüblich honoriert werden, sind sie nicht als Ausfluss der familienhaften Mitarbeit anzusehen (VwGH 27.5.1981, 1299/80). Unüblich hohe Sponsorzahlungen an den als Sportler tätigen Lebensgefährten sprechen gegen eine überwiegend betriebliche Veranlassung (VwGH 19.5.1992, 92/14/0032). **1180**

Im Übrigen siehe auch Rz 1148 ff.

5.4.7 Beteiligung am Betrieb

5.4.7.1 Mitunternehmerschaft

Eine steuerlich beachtliche Mitunternehmerschaft liegt grundsätzlich dann vor, wenn die Beteiligten zur Erreichung des Gesellschaftszweckes durch Mitarbeit, Hingabe von Kapital oder Überlassung von Wirtschaftsgütern in der Form beitragen, wie es im wirtschaftlichen Leben zwischen fremden Gesellschaftern üblich ist (vgl. hiezu allgemein Rz 5801 ff). Bei Gestaltungen zwischen nahen Angehörigen ist mittels Fremdvergleichs zu prüfen, ob sie eine Mitunternehmerschaft zu begründen vermögen (VwGH 18.12.1996, 94/15/0168). Ein schriftlicher Vertrag ist nicht unbedingt erforderlich; ausreichend sind etwa – sofern die sonstigen Kriterien erfüllt werden – ein mit ausreichender Deutlichkeit nach außen dringendes konkludentes Verhalten (VwGH 13.10.1987, 87/14/0114) bzw. eine über die Beistandspflicht hinausgehende Mitarbeit (VwGH 21.1.1986, 84/14/0057). **1181**

Bezieht sich die Mitunternehmerschaft auf Vermögen im Sinne des § 23 Abs. 2 UmgrStG, sind die Regelungen des Art. IV UmgrStG zu beachten. **1182**

Vereinbarungen über eine von den §§ 1193 bzw. 1197 ABGB abweichende (dh. eine nicht dem Verhältnis der Kapitalbeiträge entsprechende) Einkunftsverteilung, die dem Finanzamt erst im Nachhinein mittels der Abgabe von Steuererklärungen bekannt gegeben werden, erfüllen nicht das Merkmal der Publizität (VwGH 15.12.1987, 87/14/0163). Eine unübliche unangemessene Gewinnverteilung ist auf eine angemessene zu korrigieren (VwGH 5.10.1994, 94/15/0036). Ein Umlaufbeschluss, der eine vom Gesellschaftsvertrag abweichende Gewinnverteilung zwischen den Kommanditisten und der als Geschäftsführerin fungierenden Komplementär-GmbH beeinhaltet, hat die für nahe Angehörige maßgeblichen Kriterien im Sinne der Rz 1130 ff zu erfüllen (VwGH 27.4.2000, 96/15/0185). Ein völlig unüblicher Modus der Gewinnverteilung kann sogar zur Nichtanerkennung des Gesellschaftsverhältnisses führen (VfGH 20.6.1984, B 514/79; VwGH 22.9.1987, 85/14/0033, betreffend eine der alleinigen Entscheidungsbefugnis eines Gesellschafters vorbehaltene Aufteilung des Gewinnes). **1183**

Im Widerspruch zu einem behaupteten Gesellschaftsverhältnis stehende Handlungen (zB keine Gewinnaufteilung, keine Führung entsprechender Konten) berechtigen zu Zweifeln am klaren Inhalt eines Gesellschaftsvertrages (VwGH 20.1.1988, 87/13/0022, 0023); dies gilt ebenso für eine differierende rechtliche Einstufung des Gesellschaftsverhältnisses (VwGH 13.6.1989, 86/14/0037, betreffend Wechsel zwischen stiller Gesellschaft und Gesellschaft nach bürgerlichem Recht). Hinsichtlich einer rückwirkenden Änderung der Gewinnaufteilung siehe Rz 5894 f. **1184**

Bei Einbringung der Arbeitskraft ist zu prüfen, ob die Höhe des Gewinnanteiles des eintretenden Angehörigen zur erbrachten Arbeitsleistung in einem angemessenen Verhältnis steht; die Mitarbeit im Betrieb muss eine für die Unternehmereigenschaft typische **1185** sein (VwGH 8.6.1982, 2994, 3151/78). Werden von allen Mitgliedern Arbeiten (im gleichen Umfang) geleistet, so heben sich diese gegenseitig auf (VwGH 15.12.1987, 87/14/0163).

1186 Einkünfte aus freiberuflicher Tätigkeit sind grundsätzlich demjenigen, der den Beruf ausübt, zuzurechnen (VwGH 22.3.1963, 2052/62); eine gemeinsame Einkunftsquelle wäre nur dann denkbar, wenn beide Ehegatten die gleiche Ausbildung oder Berufsbefugnis aufweisen oder berufsrechtliche Vorschriften Gesellschaften mit Berufsfremden (dh. Personen, die nicht die für einen freien Beruf erforderliche Vorbildung besitzen) zulassen (vgl. zB § 68 Abs. 1 Z 2 WirtschaftstreuhänderberufsG, BGBl. I Nr. 58/1999, siehe Rz 5839 ff).

1187 Bei freien Berufen ist idR jedoch davon auszugehen, dass der Gewinn fast ausschließlich durch den Arbeitseinsatz des Berufsträgers erzielt wird und ein Gesellschaftsvertrag mit einem nur mittätigen Fremden ohne entsprechende Vorbildung nicht abgeschlossen würde. Aus dem Fremdvergleich kann daher – trotz gesetzlicher Zulässigkeit – die steuerliche Nichtanerkennung eines solchen Gesellschaftsverhältnisses abzuleiten sein (VwGH 29.9.2004, 2001/13/0159). Für die Ermittlung des Ausmaßes der steuerlich zu berücksichtigenden Gewinnbeteiligung ist hinsichtlich der Mitarbeit des nicht qualifizierten Angehörigen der Fremdvergleich anzustellen. Kann der Betriebsinhaber keine hinreichenden Aussagen darüber machen, wann, für welche konkreten Leistungen seiner Ehegattin und in welchem Ausmaß er Vergütungen geleistet hat, ist die behauptete Gewinnbeteiligung steuerlich nicht anzuerkennen (VwGH 27.4.1983, 2813/80).

(AÖF 2006/114)

1188 Von den gesetzlichen Ausnahmen abgesehen kann bei freien Berufen nur in besonders gelagerten Fällen ein Gesellschaftsverhältnis unter Ehegatten begründet werden (zB wenn die Ehegattin eines Arztes durch Kapitalbeteiligung für die Kosten der Ordinationseinrichtung aufkommt); zur Frage, welche Einkünfte aus einer solchen Mitunternehmerschaft bezogen werden, siehe Rz 5839 ff. Ist ein derartiges Gesellschaftsverhältnis steuerlich anzuerkennen, ist für die Kapitalüberlassung nur eine Gewinnbeteiligung in Form einer angemessenen Verzinsung zu berücksichtigen. Es wäre somit fremdunüblich, für die Zurverfügungstellung der Hälfte des Betriebsvermögens eine Gewinnbeteiligung im Ausmaß von 40% oder 50% einzuräumen (VfGH 20.9.1984, B 471/80; VwGH 27.4.1983, 2813/80; 6.3.1985, 84/13/0242).

Beispiel:

Nach erfolgreicher Ablegung der Steuerberaterprüfung eröffnet ein Steuerpflichtiger eine Kanzlei. Seine keine entsprechenden Vorkenntnisse besitzende Ehegattin stellt ihm dafür aus ererbten Mitteln 1 Million S zur Verfügung und verrichtet außerdem in einem Ausmaß von 10 Wochenstunden administrative Tätigkeiten (Schreibarbeiten, Postbearbeitung, usw.). Hiefür wird sie im Rahmen einer OEG mit 50% am Gewinn beteiligt.

Die Gesellschaftsgründung ist gemäß den §§ 66 Z 1 und 68 Z 2 WTBG zwar zulässig, die vorgenommene Gewinnaufteilung ist jedoch fremdunüblich.

Fremdüblich wäre allenfalls eine entsprechende angemessene Verzinsung des hingegebenen Kapitals sowie eine Gewinnbeteiligung, die von der Höhe her ungefähr einer angestellten Schreibkraft im selben Beschäftigungsausmaß entspricht.

1188a Kostengemeinschaften, die nicht nach außen hin auftreten, sondern bloß ihre Kosten intern aufteilen, sind keine Mitunternehmerschaften. Im Falle von Kostengemeinschaften kommt daher auch § 188 BAO nicht zur Anwendung.

(BMF-AV Nr. 2021/65)

1189 Eine Beteiligung eines Alleingesellschafters einer GmbH an dieser als atypisch stiller Gesellschafter, lediglich zum Zwecke der Verlustübernahme, stellt einen Missbrauchstatbestand dar (VwGH 11.12.1990, 89/14/0140; VwGH 2.2.2000, 97/13/0199). Bei der Einkunftszurechnung hinsichtlich einer behaupteten Mitunternehmerschaft zwischen nahen Angehörigen sind gegebenenfalls auch Untersuchungen dahingehend anzustellen, ob einer der Mitunternehmer allenfalls als Strohmann anzusehen ist (VwGH 27.5.1999, 97/15/0113).

5.4.7.2 Echte stille Gesellschaft

1190 Obwohl hier das Gesellschaftsverhältnis in der Geschäftswelt nicht in Erscheinung treten soll, muss es dennoch jedenfalls dem zuständigen Finanzamt gegenüber ausreichend nach außen zum Ausdruck kommen und auch die übrigen in Rz 1141 angeführten Merkmale erfüllen (VwGH 11.2.1980, 3132/78; 13.2.1991, 89/13/0223). Eine Anzeige beim Finanzamt für Gebühren und Verkehrsteuern bzw. bei den gemäß der Verordnung des BM für Finanzen, BGBl. II. Nr. 459/1999, für die Erhebung von Gebühren und Verkehrsteuern zuständigen Finanzämtern ist somit nicht ausreichend (VwGH 27.5.1998, 95/13/0171). Hat das stille Gesellschaftsverhältnis jedoch seinen Niederschlag durch buchmäßige Erfassung der Einlage gefunden, ist eine gesonderte Mitteilung an das Finanzamt nicht erforderlich (vgl. VwGH 11.11.1980, 1175, 1533/80). Erfolgte keine laufende Aufzeichnung in den Büchern und wird es erst nach Ablauf des Besteuerungszeitraumes, für den es Wirkung entfalten soll, dem Finanzamt zur Kenntnis gebracht, kommt es nicht in einer jeden Zweifel ausschließenden Form zum Ausdruck (VwGH 6.10.1992, 89/14/0078).

Auch bei derartigen Gesellschaftsverhältnissen ist zu untersuchen, aus welchen Mitteln der sich beteiligende nahe Angehörige die Einlage bestritten hat und ob bei Einbringung seiner Arbeitskraft der Gewinnanteil angemessen ist. Für die Prüfung, ob eine Person als Dienstnehmer oder Arbeitsgesellschafter anzusehen ist, sind die Gegebenheiten des Einzelfalles maßgeblich. Wird die gesamte Entlohnung als wirtschaftliches Äquivalent für erbrachte Arbeitsleistungen angesehen, liegt bei Fremdüblichkeit der Vereinbarung ein Dienstverhältnis vor (VwGH 10.9.1998, 93/15/0051). **1191**

Im Rahmen des Fremdvergleiches widerspricht es beispielsweise jeder Lebenserfahrung, dass ein Lehrberechtigter einen (fremden) Lehrling bereits zu Beginn des Lehrverhältnisses mit 20% des Gewinnes an seinem Unternehmen beteiligt (VwGH 13.2.1991, 89/13/0223). **1192**

Auch bei Einkünften aus selbständiger Arbeit ist eine Unterbeteiligung an einem Gesellschaftsanteil in Form einer Innengesellschaft nach Art einer echten stillen Gesellschaft möglich (VwGH 5.3.1979, 2217/78). Die Einkünfte des unterbeteiligten Angehörigen sind als Einkünfte aus Kapitalvermögen zu qualifizieren. **1193**

Die Umwandlung eines Darlehens, das einem überschuldeten Betrieb von einem nahen Angehörigen des Betriebsinhabers gewährt wurde, in eine stille Beteiligung, ist dann nicht anzuerkennen, wenn die Beteiligung auf längere Sicht nur zu Verlustanteilen führt (VwGH 21.9.1983, 82/14/0049). **1194**

Die Konstruktion einer „GmbH und Still(er Gesellschafter)" unterliegt auch dann dem Fremdvergleich, wenn zwar keinerlei familiäre Verflechtung, aber entsprechende gesellschaftsrechtliche Verflechtungen bestehen (VwGH 23.6.1998, 93/14/0192). **1195**

5.4.8 Rechtsbeziehungen zwischen einer Kapitalgesellschaft und ihren Gesellschaftern

5.4.8.1 Rechtsbeziehungen Gesellschafter-Gesellschaft

An die Anerkennung von Rechtsgeschäften zwischen einer Kapitalgesellschaft und ihren Gesellschaftern sind im Abgabenrecht ebenso strenge Maßstäbe anzulegen, wie sie auch bei Vereinbarungen zwischen nahen Angehörigen gelten. Sie müssen demnach nach außen ausreichend zum Ausdruck kommen, von vornherein ausreichend klar sein und einem Fremdvergleich standhalten (VwGH 14.4.1993, 91/13/0194; VwGH 28.5.1997, 94/13/0015; VwGH 23.10.1997, 96/15/0180; 96/15/0204, VwGH 23.6.1998, 97/14/0075; VwGH 31.3.2000, 95/15/0056). **1196**

Das den Fremdvergleich erfordernde Naheverhältnis zwischen Gesellschafter und Kapitalgesellschaft kann auch über eine dem Gesellschafter nahe stehende Person begründet werden (VwGH 13.3.1998, 93/14/0023, betreffend Ehegattin bzw. Mutter des Gesellschafters). Die dargestellten Grundsätze gelten auch für Verträge, die zwischen Gesellschaften abgeschlossen werden, die von der selben Person vertreten oder wirtschaftlich dominiert werden (VwGH 26.5.1999, 99/13/0039, 0072). **1197**

Nach der im Wirtschaftsleben geübten Praxis hält eine Bürgschaftsübernahme eines Rechtsanwaltes für einen Klienten dann dem Fremdvergleich nicht stand, wenn zwar eine Verknüpfung der Erlangung einer Syndikusposition mit dieser Bürgschaft besteht, die getroffene Vereinbarung jedoch auch die Übernahme einer Beteiligung des Rechtsanwaltes an jener GmbH enthält, deren Syndikus er werden soll (VwGH 30.9.1999, 97/15/0101). **1198**

Auch wenn im Wirtschaftsleben die Beauftragung von „Subunternehmern" üblich ist, darf über die besonderen Umstände des Einzelfalles, wie zB das Verhältnis zwischen Einzelunternehmer und einer von ihm als Gesellschafter-Geschäftsführer beherrschten Kapitalgesellschaft, der im Wege von In-sich-Geschäften Aufträge zukommen, nicht hinweggesehen werden. Fehlen bei derartigen Geschäften beachtliche außersteuerliche Gründe, ist von Missbrauch im Sinne des § 22 BAO auszugehen (VwGH 10.9.1998, 93/15/0051). **1199**

5.4.8.2 Rechtsbeziehungen Gesellschafter-Geschäftsführer und Gesellschaft

Prinzipiell gelten die Ausführungen in Rz 1196 ff sinngemäß; im Folgenden werden Fälle, die konkret für Gesellschafter-Geschäftsführer Geltung haben, dargestellt. **1200**

Für die Anerkennung von Vereinbarungen zwischen einer Kapitalgesellschaft und ihrem Gesellschafter-Geschäftsführer sind ebenso strenge Maßstäbe wie für die Anerkennung von Rechtsbeziehungen zwischen nahen Angehörigen anzulegen (VwGH 15.3.1995, 94/13/0249; 14.4.1993, 91/13/0194); sie sind insbesondere auch für Rechtsbeziehungen zwischen einer GmbH und ihrem Ein-Mann-Gesellschafter(-Geschäftsführer) von Bedeutung (VwGH 14.12.1993, 90/14/0264). **1201**

1202 Fremdunübliche Beziehungen bzw. Vertragsgestaltungen können daher zu verdeckten Ausschüttungen an den Gesellschafter-Geschäftsführer führen (vgl. zB VwGH 8.3.1994, 91/14/0151, 0152, betreffend überhöhter Bezüge sowie VwGH 10.4.1997, 94/15/0210 und VwGH 24.6.1999, 94/15/0185, jeweils betreffend Pensionsrückstellung für entsprechende Ansprüche des geschäftsführenden Gesellschafters, wenn die Pensionszusage, auf welcher der Pensionsanspruch beruht, einem gesellschaftsfremden Geschäftsführer nicht gemacht worden wäre; siehe hiezu ausführlich Rz 3391 ff).

1203 Die Angemessenheit von Geschäftsführerbezügen kann anhand eines äußeren und inneren Betriebsvergleiches beurteilt werden (VwGH 22.9.1999, 96/15/0232, 0238, 0239). Es gibt hiebei keine festen Regeln. Beurteilungskriterien sind zB Art und Umfang der Tätigkeit, Ertragsaussichten des Unternehmens, Verhältnis des Geschäftsführergehaltes zum Gesamtgewinn und zur verbleibenden Kapitalverzinsung sowie Art und Höhe der Vergütungen, die gleichartige Betriebe (gesellschaftsfremden) Geschäftsführern für entsprechende Leistungen gewähren. Die Frage, ob einem fremden Geschäftsführer eine Entlohnung in gleicher Höhe oder unter gleichen Bedingungen gewährt worden wäre, ist eine auf Grund entsprechender Erhebungen in freier Beweiswürdigung zu lösende Sachverhaltsfrage (VwGH 8.3.1994, 91/14/0151, 0152).

1204 Eine fremdübliche Geschäftsführerentlohnung ist ohne Bedachtnahme auf eine allfällige Beteiligung an der Gesellschaft zu vereinbaren. Die Interessenslage zwischen Gesellschaft und Geschäftsführer ist insoweit gegensätzlich, als die Interessen der Gesellschafter in der Ausschüttung eines möglichst hohen Gewinnes und jene des Geschäftsführers in einer möglichst hohen Entlohnung liegen. Die Grenze dieser divergierenden Interessen wird bei (teilweiser) Personenidentität von Gesellschafter und Geschäftsführer im Rahmen des Fremdvergleiches erkennbar, weil davon auszugehen ist, dass einander fremd gegenüberstehende Gesellschafter und Geschäftsführer ihre jeweilige Interessenslage bestmöglich wahrnehmen (VwGH 25.10.1994, 94/14/0071).

1205 Ein Mietvertrag zwischen einer GmbH und ihrem (alleinigen) Gesellschafter-Geschäftsführer ist dann fremdunüblich, wenn die Zahlungsmodalitäten nicht festgelegt sind (VwGH 23.6.1998, 97/14/0075).

5.4.9 Weitere Rechtsbeziehungen zwischen nahen Angehörigen

5.4.9.1 Miet- und Pachtverträge

1206 Der rückwirkende Abschluss berechtigt auch bei einem Mietvertrag die Versagung der steuerlichen Anerkennung (VwGH 27.5.1987, 84/13/0221).

1207 Das Naheverhältnis zwischen den Vertragsparteien rechtfertigt auch bei derartigen Verträgen eine genaue Prüfung, ob sie durch eine Leistungsbeziehung oder familienhaft bestimmt sind (VwGH 30.06.1994, 92/15/0221). Die Fremdüblichkeit ist aus Sicht beider Vertragsteile zu beurteilen (VwGH 10.07.1996, 94/15/0039). Zwar bedarf der Abschluss (zivilrechtlich) nicht der Schriftform (VwGH 16.04.1991, 90/14/0043), liegt jedoch kein schriftlicher Bestandvertrag vor, so müssen die wesentlichen Vertragsbestandteile (zB Bestandgegenstand, zeitlicher Geltungsbereich, Mietzinshöhe, Wertsicherungsklauseln, Schicksal von Mieterinvestitionen, Instandhaltungspflichten, Tragung der Betriebskosten) mit genügender Deutlichkeit fixiert sein, wobei diesen Kriterien Bedeutung im Rahmen der Beweiswürdigung zukommt (VwGH 08.09.1992, 87/14/0186; VwGH 26.05.2010, 2006/13/0134).

(AÖF 2011/66)

1208 Fremdunübliche Modalitäten (wie zB fehlende Vereinbarungen über Vergütung von Eigenleistungen bei vorzeitiger Beendigung des Mietverhältnisses, Bezahlung von Mietzins bereits ein Jahr vor Bezug der Wohnung, Diskrepanz zwischen vereinbartem Mietzins und Geldmittelflüssen) sprechen gegen eine eindeutige, jeden Zweifel ausschließende Vereinbarung (VwGH 8.9.1992, 87/14/0186).

1209 Unregelmäßige Mietzinszahlungen bzw. Stunden der Forderungen über einen längeren Zeitraum führen zur Versagung der steuerlichen Anerkennung (VwGH 27.5.1987, 84/13/0221); geringfügige Zahlungsrückstände sind jedoch unbeachtlich (VwGH 16.2.1988, 87/14/0036, betreffend einmonatigen Mietzinsrückstand). Eine Fremdunüblichkeit liegt auch bei fehlendem Abschluss eines schriftlichen Mietvertrages sowie der Übernahme von Zahlungsverpflichtungen des Vermieters (zB Betriebskosten, Abgabenforderungen, Versicherungen) an Stelle der Zahlung von Mietentgelten (VwGH 24.2.1999, 96/13/0201) bzw. auch dann vor, wenn bei einer Fremdvermietung Mietentgelte erzielt werden könnten, die jene, die von nahen Angehörigen bezahlt werden, um ein Mehrfaches übersteigen (VwGH 12.9.1996, 94/15/0019).

(AÖF 2002/84)

Unter Fremden wird der Pachtzins nach den bisherigen bzw. voraussichtlich zu erwirtschaftenden Erträgen bemessen; eine von wirtschaftlichen Verhältnissen unabhängige Pachtzinsvereinbarung ist daher fremdunüblich (VwGH 27.6.1989, 88/14/0131, 0132). 1210

Zu weiteren Einzelfällen aus der Judikatur betreffend fremdunübliche Bestandverträge vgl. Rz 1233, Stichworte „Mietvertrag“ und „Pachtverhältnis“; siehe weiters auch die Ausführungen bzw. Beispiele in Rz 6523, 6533 f. 1211

Hinsichtlich der Verpachtung von land- und forstwirtschaftlichen Betrieben zwischen nahen Angehörigen siehe Rz 5154 ff. 1212

Ein Anwendungsfall des Missbrauches von Formen und Gestaltungsmöglichkeiten des bürgerlichen Rechts liegt dann vor, wenn in einem im Hälfteeigentum von Ehegatten stehendem Wohnhaus die gemeinsam benutzte eheliche Wohnung von der aus den Ehegatten bestehenden Miteigentümergemeinschaft einem Ehegatten vermietet wird (VwGH 13.10.1993, 93/13/0129). Aufwendungen für die gemeinsame eheliche Wohnung sind ganz allgemein gesehen nicht abzugsfähig (VwGH 27.5.1998, 98/13/0084; siehe auch Rz 6523, 6533 f). 1213

5.4.9.2 Darlehensverträge

Auch bei diesen Verträgen sind zB Schriftlichkeit und zivilrechtliche Wirksamkeit keine unabdingbaren Voraussetzungen für deren steuerliche Anerkennung, ein bloßer bilanzmäßiger Ausweis als Schuldpost ist jedoch nicht ausreichend (VwGH 14.9.1977, 0027, 0162/77). Bei Fehlen des Fixierens schriftlicher Vereinbarungen und des Treffens eindeutiger Abmachungen über Rückzahlungsmodalitäten und Verzinsung bei einem Vertrag zwischen Ehegatten ist davon auszugehen, dass dieser zwischen fremden Personen nie vereinbart worden wäre (VwGH 14.9.1977, 0027, 0162/77). Unter dem Gesichtspunkt der Fremdüblichkeit ist jedoch schon aus Gründen der Beweissicherung für den Darlehensgeber ein bloß mündlich abgeschlossener Darlehensvertrag ohnehin unüblich. Weiters ist eine ausreichende Dokumentation der Leistungsabwicklung (zB durch Überweisungen oder Empfangsbestätigungen) erforderlich (VwGH 20.12.1982, 81/13/0036, 82/13/0207). 1214

Der Inhalt des Darlehensvertrages hat jedenfalls zu enthalten: Darlehensgeber und -nehmer, Art der geliehenen Sachen (Geld- oder Sachwerte), Laufzeit, Höhe der Zins- oder Wertsicherungsvereinbarung, Besicherung, sowie klare Kündigungs-, Tilgungs- und Zahlungsmodalitäten (VwGH 4.10.1983, 83/14/0034; VwGH 1.10.1992, 92/14/0149, 0151; VwGH 25.10.1994, 94/14/0067). Von unklaren Darlehensbedingungen ist demnach etwa dann auszugehen, wenn jahrelang keine Zinsen verrechnet sowie keine Rückzahlungen vorgenommen wurden und keine Vereinbarung über die Besicherung erfolgte (VwGH 10.2.1982, 81/13/0094, 82/13/0002, 0003, 0004). 1215

Als fremdunüblich sind beispielsweise zinsenlose Darlehen, unverzinsliche Verrechnungsforderungen, durch verspätete Zinsenverrechnung entgangene Zinseszinsen, der Verzicht auf die Einforderung abgereifter Zinsen (VwGH 30.5.1989, 88/14/0111) sowie das Fehlen einer Vereinbarung über einen Rückzahlungstermin, die Nichtfestlegung der Fälligkeit von Zinsen und eines Kreditrahmens (VwGH 24.11.1993, 92/15/0113) anzusehen. 1216

5.4.9.3 Treuhandverhältnisse

Die bloße Erklärung, die Rechte an einem Wirtschaftsgut künftig (nur noch) als Treuhänder für einen anderen ausüben zu wollen, ohne die schuldrechtliche Vereinbarung anzuführen, auf die sich die Treuhandschaft begründet, entspricht nicht den Kriterien für die Anerkennung von Vereinbarungen zwischen nahen Angehörigen (VwGH 28.10.2009, 2005/15/0118). Zwischen Fremden würden derartige Verhältnisse nicht ohne eindeutige Festlegung seines Inhaltes betr. Gegenstand, Dauer, Beendigung sowie beidseitige Rechte und Pflichten eingegangen (VwGH 16.03.1989, 89/14/0024). Die nicht offen gelegten, die wahren wirtschaftlichen Gegebenheiten widerspiegelnden Verhältnisse sind zu ermitteln (VwGH 22.12.1988, 84/17/0069). Da der Inhalt einer derartigen Vereinbarung den Abgabenbehörden nicht bekannt sein kann, trifft die Parteien die Pflicht zur Darlegung des maßgeblichen Inhaltes (VwGH 16.03.1989, 89/14/0024). 1217

Entspricht das tatsächliche Geschehen nicht einer vertraglich vereinbarten Treuhandschaft, kann eine solche Treuhandschaft nicht mit steuerlicher Wirkung anerkannt werden (VwGH 28.10.2009, 2005/15/0118).

(AÖF 2011/66)

5.4.9.4 Kaufvertrag

Nach außen nicht in Erscheinung tretende Kaufverträge sind steuerlich nicht anzuerkennen (VwGH 23.10.1984, 84/14/0060). Weiters ist zu prüfen, ob überhaupt ein Wechsel des (wirtschaftlichen) Eigentums stattgefunden hat und ob sie dem Fremdvergleich standhalten 1218

(VwGH 7.2.1989, 88/14/0043, 0044). Eine mangelnde bzw. unklare Vereinbarung über die Kaufpreisabstattung kann zur Nichtanerkennung der Vereinbarung führen (VwGH 7.2.1989, 88/14/0043, 0044).

1219 Zu hohe Anschaffungskosten sind hinsichtlich des den angemessenen Betrag übersteigenden Ausmaßes unbeachtlich (VwGH 20.11.1990, 89/14/0090); bei zu geringen Anschaffungskosten richtet sich die Beurteilung des Rechtsvorganges nach den für gemischte Schenkungen geltenden Regeln.

1220 Zur Veräußerung von Gesellschaftsanteilen einer Kapitalgesellschaft an nahe Angehörige siehe Rz 2603.

(BMF-AV Nr. 2021/65)

5.4.9.5 Schenkung

1221 Bei derartigen Rechtsbeziehungen ist primär zu prüfen, ob die erforderliche Publizität vorliegt (VwGH 15.4.1980, 19/79). Werden die zivilrechtlichen Erfordernisse nicht erfüllt, berechtigt dies üblicherweise auch zur Annahme, dass wirtschaftlich kein Eigentumsübergang stattgefunden hat (VwGH 24.9.1980, 2735/79). Der Übergang des wirtschaftlichen Eigentums bedarf einer besonderen Prüfung und ist insbesondere in Fällen des Missbrauches von Formen und Gestaltungsmöglichkeiten des bürgerlichen Rechts im Sinne des § 22 BAO zu verneinen (VwGH 29.9.1981, 81/14/0003; siehe hiezu Rz 1233, Stichwort „Schenkung"). Die Schenkung von Gesellschaftsanteilen an nahe Angehörige unter Vereinbarung eines Fruchtgenussrechtes ist nicht ungewöhnlich (VwGH 24.11.1982, 81/13/21).

1222 Eine Einschränkung des Fremdvergleiches ergibt sich insoweit, als zwischen Fremden in der Regel keine Schenkungen erfolgen (VwGH 21.12.1989, 86/14/0173). Allerdings ist bei einer unentgeltlichen Betriebsübergabe ein Fremdvergleich zulässig (VwGH 19.9.1989, 86/14/0157).

1223 Zur Frage von Abfertigungszahlungen bei Betriebsschenkungen siehe Rz 1167.

5.4.9.6 Gütergemeinschaft zwischen Ehegatten

1224 Diese bewirkt allein nicht, dass Einkünfte von vornherein beiden Ehegatten als zugeflossen gelten bzw. dass deshalb ein Gesellschaftsverhältnis besteht (VwGH 21.2.1996, 92/14/0041). Erst der durch die Tätigkeit erzielte Vermögenszuwachs kann als jener Vermögenswert angesehen werden, auf den die Vereinbarung über die Gütergemeinschaft wirksam wird.

Ein Gütergemeinschaftsvertrag über das gegenwärtige und künftig zu erwerbende Vermögen führt nur zur Verwendung steuerrechtlich bereits zugeflossener Einkünfte, was bei Einkünften aus einer freiberuflichen Tätigkeit besonders augenscheinlich ist (VwGH 22.3.1963, 2052/62; VwGH 4.2.1975, 1400/74). Auch bei Einkünften aus Land- und Forstwirtschaft und aus Gewerbebetrieb bewirkt eine Gütergemeinschaft nur unter der Voraussetzung, dass der andere Ehegatte im Betrieb mitarbeitet, ein Zufließen von Einkünften an beide Ehegatten bzw. eine Mitunternehmerschaft (VwGH 22.1.1965, 1535/64; VwGH 21.10.1980, 2385/79), sofern sie über die Beistands- bzw. Mitwirkungspflicht nach bürgerlichem Recht hinausgeht und nach außen hin ausreichend in Erscheinung tritt (VwGH 22.3.1972, 1459/71; siehe oben Rz 1142 ff). Führt eine Gütergemeinschaft zum Zufließen der Einkünfte an beide Ehegatten, kann dies grundsätzlich nur zu gleichen Teilen erfolgen. Ein Dienstverhältnis ist bei Bestehen eines Gütergemeinschaftsvertrages auszuschließen (VwGH 5.12.1973, 789/73).

5.4.10 Mehrfache vertragliche Vereinbarungen

1225 Derartige Vereinbarungen, wie zB Schenkung von Wirtschaftsgütern an den Ehegatten mit anschließender Rückmiete oder Entlohnung des nahen Angehörigen mit anschließender Darlehensgewährung, sind auf ein allfälliges Vorliegen eines Missbrauches von Formen und Gestaltungsmöglichkeiten des bürgerlichen Rechtes (§ 22 BAO) oder eines Scheingeschäftes (§ 23 Abs. 1 BAO) zu überprüfen.

1226 Erhielt ein Ehegatte die Geldmittel für den Ankauf eines Grundstückes teils durch Schenkung, teils durch langfristige Darlehen vom anderen und mietet es dieser für betriebliche Zwecke, spricht das Gesamtbild für einen Missbrauchstatbestand (vgl. VwGH 29.9.1981, 81/14/0003, 0004, 0005). Unter dem Aspekt des Fremdvergleiches ist ein Vorgang, bei dem auf einem erworbenen Grundstück mit eigenen Mitteln ein Gebäude errichtet, die Vermietung einem anderen überlassen und von diesem das Objekt zurückgemietet wird, sogar als „abwegig" zu bezeichnen (VwGH 23.6.1998, 97/14/0075). Schenkt ein Steuerpflichtiger seinen Kindern dem Betrieb entnommene Geldbeträge und nimmt er diese Beträge wieder als Darlehen für betriebliche Zwecke auf, ist diese Vereinbarung nicht anzuerkennen (VwGH 29.6.1982, 14/3323/78, 82/14/173).

Der Verkauf und die anschließende Rückmietung von Wirtschaftsgütern („Sale and lease back") ist eine im heutigen Wirtschaftsleben gebräuchliche Vorgangsweise, die prinzipiell nicht fremdunüblich ist (VwGH 31.3.1998, 97/13/0003). Auch die Schenkung von Gesellschaftsanteilen an nahe Angehörige unter Vereinbarung eines Fruchtgenussrechtes ist nicht ungewöhnlich (VwGH 24.11.1982, 81/13/0021). Andererseits kann beim Zuwendungsfruchtgenuss (zur Definition vgl. Rz 116 ff) an nahe Angehörige Missbrauch dann vorliegen, wenn der Fruchtnießer das Grundstück an den Fruchtgenussbelasteten vermietet. 1227

5.4.11 Rechtsfolgen eines unangemessenen Leistungsentgeltes

5.4.11.1 Mangelnde Leistungserbringung trotz Zahlung eines Leistungsentgeltes

In einem derartigen Fall werden keine oder keine nennenswerten – allenfalls auf familienhafter Mitarbeit beruhende – Leistungen erbracht. Das dennoch bezahlte Leistungsentgelt ist zur Gänze nicht abzugsfähig. Anwendungsfälle sind insbesondere als Dienst- oder Werkverträge bezeichnete Vereinbarungen. Stellt ein naher Angehöriger für von ihm angeblich erbrachte Buchhaltungsleistungen Honorare in Rechnung, so ist die Aufforderung des Betriebsprüfers nach einer Demonstration seiner Fähigkeiten am PC zur Prüfung eines möglichen Scheingeschäftes zumutbar (VwGH 9.12.2004, 99/14/0135). 1228

(AÖF 2006/114)

5.4.11.2 Unangemessen hohes Leistungsentgelt

In einem derartigen Fall wird ein im Verhältnis zur konkret erbrachten Leistung zu hohes – einem Fremden in dieser Höhe nicht gewährtes – Leistungsentgelt ausbezahlt, was bei allen Arten von Rechtsbeziehungen auftreten kann. Sofern die Vereinbarung überhaupt die ansonsten erforderlichen Kriterien erfüllt, hat dies zu einer Kürzung des unangemessenen Entgeltes zu führen (VwGH 5.10.1982, 82/14/0006, 0007; 6.4.1995, 93/15/0064), wobei sich die Angemessenheit beispielsweise an gesetzlich vorgegebenen Entgelten oder Honoraren orientieren kann (VwGH 20.11.1990, 89/14/0090). Bei der Beurteilung der Angemessenheit eines Lohnaufwandes ist jedoch eine gewisse Bandbreite bzw. Toleranzgrenze zu berücksichtigen (VwGH 13.12.1989, 93/14/0056). 1229

Beispiel 1 (siehe hiezu auch VwGH 26.1.1999, 98/14/0095):

Die bei ihrem Ehegatten angestellte Ehegattin bezieht als Ordinationshilfe ein Gehalt, das um 25 % über jenem einer weiteren eine vergleichbare Tätigkeit ausübenden Angestellten liegt. Sofern die Gattin keine über eine Ordinationshilfe hinausgehende Qualifikation aufweist (was zB bei einer Diplomkrankenschwester, die ua. auch Blutabnahmen oder Impfungen durchführt oder bei einer Zusatzausbildung als medizinisch-technische Assistentin der Fall wäre), ist das Gehalt auf das Niveau der eine vergleichbare Tätigkeit ausübenden weiteren Angestellten zu reduzieren. Bei Vorhandensein der angeführten Zusatzqualifikationen ist eine Anerkennung eines höheren Gehaltes zwar unbedenklich, eine wesentliche Überschreitung des Gehaltes einer Angestellten mit einer derartigen Qualifikation führt aber ebenfalls wieder zur Nichtanerkennung des unangemessen hohen Gehaltsteiles.

Beispiel 2 (siehe hiezu auch VwGH 20.11.1990, 89/14/0090):

Für die erfolgreiche Vermittlung eines Liegenschaftsverkaufes werden bei der Ermittlung der Einkünfte aus einem Spekulationsgeschäft an einen nahen Angehörigen 14% des Verkaufspreises als Vermittlungsprovision gezahlt. Nach der Verordnung über Ausübungsregeln für Immobilienmakler wären insgesamt lediglich 6% des Kaufpreises als Höchstprovision zulässig.

Es hat daher eine Reduktion der Provision auf einen Betrag zu erfolgen, der den verordnungsmäßig vorgegebenen Höchstsatz nicht übersteigen darf.

5.4.11.3 Unangemessen niedriges Leistungsentgelt

Eine derartige Vereinbarung führt zu unterschiedlichen Rechtsfolgen: 1230

- Ist das Entgelt derart niedrig, dass es nur noch taschengeldähnlichen Charakter aufweist, ist es steuerlich überhaupt nicht anzuerkennen (vgl. etwa VfGH 27.9.1985, B 253/79; VwGH 19.12.1990, 87/13/0053).
- Ist das Entgelt zwar unangemessen niedrig, liegt betragsmäßig aber über einem Taschengeld, ist es bei sonstiger steuerlicher Unbedenklichkeit der Vereinbarung in Höhe der tatsächlichen Auszahlung anzuerkennen. Eine Korrektur eines derartigen Entgeltes dahingehend, dass Ausgaben oder Einnahmen (in fremdüblicher Höhe) fingiert werden, hat jedenfalls zu unterbleiben.

Beispiel:

Bei einem zwischen nahen Angehörigen abgeschlossenen Dienstvertrag im Stundenausmaß der Normalarbeitszeit werden folgende Entgelte vereinbart:

a) 70 % des entsprechenden Kollektivvertrages;

b) 10.000 S jährlich.

Es ist wie folgt vorzugehen:

a) Anerkennung der Gehaltsaufwendungen in der tatsächlichen Höhe (kein Ansatz eines „angemessenen" – höheren – Kollektivvertragslohnes);

b) keine Anerkennung als Betriebsausgaben, da von einem taschengeldähnlichen Charakter auszugehen ist.

5.4.11.4 Unübliche Abwicklung der Leistungsbeziehung

1231 Erfolgen die Auszahlungsmodalitäten nicht in fremdüblicher Form (zB nicht regelmäßige Lohnauszahlungen), spricht dies gegen den tatsächlichen Abschluss einer Vereinbarung (VwGH 17.05.1989, 88/13/0038). So ist etwa das jahrelange Stunden von Gehaltsforderungen unüblich (VwGH 25.02.1997, 92/14/0039). Leben beide Vertragspartner in einem gemeinsamen Haushalt und wird das Leistungsentgelt oder ein Teil hievon durch „Naturalleistungen" oder „freiwillige Sozialleistungen" (etwa durch Übernahme der Wohnungs- und Verpflegungskosten) ausbezahlt, so können diese Aufwendungen – selbst bei an sich gegebener Angemessenheit – im Hinblick auf § 20 Abs. 1 Z 1 EStG 1988 – nicht als Betriebsausgaben anerkannt werden (VwGH 30.09.1980, 1421/79; vgl. auch Rz 1165). Fremdunüblich ist auch die Überweisung des Mietzinses durch den Mieter mit nachfolgender Rücküberweisung durch den Vermieter und anschließender Barzahlung durch den Mieter (VwGH 26.05.2010, 2006/13/0134). Bei der Unüblichkeit der Abwicklung der Leistungsbeziehungen ist weiters eine Beurteilung vorzunehmen, ob nach dem Gesamtbild der Verhältnisse ein betriebliches oder privates Motiv im Vordergrund steht (VwGH 25.01.1995, 93/15/0003).

Beispiel:

Die Ehegattin arbeitet im Rahmen eines Dienstverhältnisses in einem Ausmaß von fünf Wochenstunden in der Rechtsanwaltskanzlei ihres Ehegatten. Die Lohnzahlungen werden in der Form vereinbart, dass einerseits am Jahresende ein Stundenlohn von 5 Euro ausbezahlt wird und der Ehegatte andererseits für ihren gesamten Unterhalt aufkommt, der mit monatlich 400 Euro bewertet wird. Hierüber wird ein schriftlicher Vertrag verfasst; weiters werden Sozialversicherungsbeiträge abgeführt.

Infolge völlig fremdunüblichen Auszahlungsmodus des Gehaltes sind die Aufwendungen selbst dann nicht anzuerkennen, wenn sie der Höhe nach angemessen wären.

(BMF-AV Nr. 2018/79)

1232 Eine Einstellung der Lohnzahlung aus bedeutsamen betrieblichen Gründen hat auf die Anerkennung des Dienstverhältnisses zwar in der Regel keinen Einfluss (VwGH 11.2.1970, 943/68). Ist dies jedoch nicht nur vorübergehend der Fall und erfolgt seitens des nahen Angehörigen keine Reaktion (zB vorzeitiger Austritt gemäß § 26 AngG), ist unter dem Aspekt der Fremdüblichkeit das Dienstverhältnis steuerlich nicht anzuerkennen.

5.4.12 ABC der Vereinbarungen zwischen nahen Angehörigen – Einzelfälle aus der Judikatur

1233

Stichwort/Leitsatz	Erkenntnis
Abfertigung *(siehe Rz 1167)*	
Fremdunüblichkeit einer freiwilligen – familienfremden Dienstnehmern nicht gewährten – Abfertigung	10.9.1998, 93/15/0051
Fremdunüblich, wenn an den Betriebsübernehmer im Rahmen einer unentgeltlichen Betriebsübergabe geleistet	1.12.1992, 89/14/0176
Abgeltungsbeträge gemäß § 98 ABGB *(siehe Rz 1147)* familienhafter Natur, keine Betriebsausgaben	21.7.1993, 91/13/0163
Allgemeine Kriterien für Angehörigenvereinbarungen *(siehe Rz 1130 ff)* Publizität, eindeutiger und klarer Inhalt, Fremdvergleich	22.2.2000, 99/14/0082
Angehörige – Personenkreis *(siehe Rz 1129)*	

Angemessenheit – Allgemein	
Gehälter s „Gehaltszahlungen“	
Geschäftsführerbezüge s „Gesellschafter-Geschäftsführer“	
Gewinnbeteiligung des echten stillen Gesellschafters s „Stille Gesellschaft“	
Mietzins s „Mietvertrag“	
Sponsorleistungen s „Sponsorzahlungen“	23.1.1996, 92/14/0034
Taschengeldähnliches Leistungsentgelt	19.12.1990, 87/13/0053
Unangemessen hohes Leistungsentgelt	6.4.1995, 93/15/0064
Bereitschaftsdienst (bei Dienstverhältnis)	
Fremdunüblichkeit bei Nichtvorliegen einer Vereinbarung, ob Telefondienst Bereitschaftsdienst oder Vollarbeitszeit darstellt	22.2.2000, 99/14/0082
Fremdunüblichkeit bei Bestehen eines Großteiles der Arbeitsleistung in Bereitschaftsdienst	23.3.2000, 96/15/0120
Betriebsübergabe *(siehe Rz 1221)* Zulässigkeit des Fremdvergleiches bei Unentgeltlichkeit	19.9.1989, 86/14/0157
Beweiswürdigung *(siehe Rz 1130 ff)* Vornahme anhand von Fremdvergleich, klarer Inhalt, Publizität	6.10.1992, 89/14/0078
Darlehensverhältnis *(siehe Rz 1214)*	
Fremdunüblichkeit eines zinsenlosen Darlehens	30.5.1989, 88/14/0111
Fremdunüblichkeit einer verspäteten Zinsenverrechnung	30.5.1989, 88/14/0111
Fremdunüblichkeit des Verzichtes auf Einforderung fälliger Zinsen	30.5.1989, 88/14/0111
Fremdunüblichkeit des Fehlens klarer Kündigungs-, Tilgungs- und Zinszahlungsvereinbarungen	25.10.1994, 94/14/0067
Erfordernis der Dokumentation der Leistungsabwicklung (zB Überweisungen, Empfangsbestätigungen)	20.12.1982, 81/13/0036
Unglaubwürdigkeit einer schriftlichen Erklärung über eine 13 Jahre zuvor zustandegekommene mündliche Vereinbarung mangels zeitnaher Erstellung	1.12.1992, 92/14/0149
Umdeutung zinsenloser und nichtbesicherter Geldleistungen bei personeller Verflechtung von Personengesellschaften in Einlagen	1.12.1992, 92/14/0149, 92/14/0151
Umdeutung eines fremdunüblichen Bilanzpostens Darlehen in Eigenkapital	22.6.1993, 93/14/0067
Schenkung von dem Betrieb entnommenen Geldbeträgen und anschließende Darlehensaufnahme dieser Beträge für betriebliche Zwecke ist nicht anzuerkennen	29.6.1982, 82/14/0173
Dienstverhältnis *(siehe Rz 1148 ff)*	
zur Höhe des Gehaltes s Gehaltszahlungen, Kollektivvertrag	
(mangelhafte) Beweiswürdigung iZm angeblich umfangreichen – jede Freizeit ausschließenden – Bereitschaftsdiensten	13.10.1999, 93/13/0074
Ersetzen einer sonst notwendigen Arbeitskraft	29.10.1985, 85/14/0067
Unklarer Inhalt und Fremdunüblichkeit bei Nichtvorliegen einer Vereinbarung über Dienstbeginn und -ende	22.2.2000, 99/14/0082
Unklarer Inhalt und Fremdunüblichkeit bei Nichtvorliegen einer Vereinbarung für den Fall, dass vereinbarte und tatsächlich erbrachte Arbeitsleistung auseinander fallen	22.2.2000, 99/14/0082
Unklarer Inhalt und Fremdunüblichkeit bei Nichtvorliegen einer Vereinbarung darüber, ob Telefondienst Bereitschaftsdienst oder Vollarbeitszeit darstellt	22.2.2000, 99/14/0082
Fremdunüblichkeit bei Bestehen eines Großteiles der Arbeitsleistung in Bereitschaftsdienst	23.3.2000, 96/15/0120

Fremdunüblichkeit der Gehaltsfortzahlung an die geschiedene Gattin trotz Verzichtes auf ihre Arbeitsleistung	24.3.1981, 2857, 2858, 2992, 2993/80
Keine Anerkennung bei Nichtauszahlung von Lohnzahlungen, trotz Einbehaltes von Lohnsteuer und Sozialversicherung	1.7.1992, 90/13/0169, 22.2.2000, 99/14/0082
Fremdunüblichkeit der Gewährung eines Betriebsausfluges anstatt eines Urlaubes	24.6.1999, 97/15/0070
Fremdunüblichkeit einer Urlaubsablöse statt Urlaubsgewährung	24.6.1999, 97/15/0070
Kein zwingender Schluss, dass Angestelltentätigkeit des nahen Angehörigen deshalb nicht 20 Wochenstunden betragen kann, weil eigene gewerbliche Tätigkeit (10 Wochenstunden) ausgeübt und Haushalt mit Kind geführt wird	18.11.1987, 86/13/0113
Dienstwagen *(siehe Rz 1170)* Fremdunüblichkeit der unentgeltlichen Zurverfügungstellung an den Geschäftsführer bei Betrieb mit 3 Mio S (218.018,50 €) Umsatz	23.2.1994, 92/15/0158
Dienstwohnung *(siehe Rz 1161 ff)*	
Unüblichkeit der Zurverfügungstellung einer Dienstwohnung bei Betrieben mittlerer Größe	30.9.1999, 98/15/0005
Üblichkeit der Zurverfügungstellung einer Dienstwohnung zB bei Nachtdienstverrichtung	17.10.1989, 88/14/0204
Familiäre Veranlassung trotz Zweckmäßigkeit des Wohnsitzes am Betriebsort eines zu unregelmäßigen Zeiten Wartungsarbeiten verrichtenden Arbeitnehmers, wenn Wohnung nicht für Fremden errichtet worden wäre	17.9.1990, 89/15/0019
Keine Betriebsvermögenszugehörigkeit hinsichtlich einer Wohnung, die an eine Arbeitnehmerin überlassen wird, mit der der Steuerpflichtige gemeinsame Kinder hat	24.6.1986, 85/14/0175
Fremdunüblichkeit einer Entlohnung eines Teilzeitbeschäftigten durch Auszahlung eines unter dem Existenzminimum liegenden Gehaltes und Überlassung einer mit dem Sachbezugswert bewerteten Wohnung	25.1.1995, 93/15/0003
Unüblichkeit der Zurverfügungstellung einer fast 100 m² großen Dienstwohnung an die teilzeitbeschäftigte studierende Tochter, da damit vorrangig die Wünsche, die Wohnbedürfnisse nicht mehr in der elterlichen Wohnung zu befriedigen, erfüllt werden	14.1.1981, 2202/79
Kein betriebliches Interesse bei Zurverfügungstellung einer Wohnung an einen Arbeitnehmer, um ihm Fahrtstrecke von 10 km zu ersparen	22.9.1992, 88/14/0058
Echte stille Gesellschaft *(siehe Rz 1190 ff)*	
Erfordernis der Bekanntgabe gegenüber dem zuständigen Finanzamt und des Erfüllens der sonstigen Kriterien	13.2.1991, 89/13/0223
Erfordernis der Anzeige beim sachlich zuständigen Finanzamt	27.5.1998, 95/13/0171
Einer als Äquivalent für erbrachte Arbeitsleistungen anzusehende Entlohnung liegt ein Dienstverhältnis zu Grunde.	10.9.1998, 93/15/0051
„GmbH und Still(er Gesellschafter)" unterliegt auch dann dem Fremdvergleich, wenn zwar keinerlei familiäre, aber entsprechende gesellschaftsrechtliche Verflechtungen bestehen	23.6.1998, 93/14/0192
Fremdunüblichkeit einer Beteiligung eines Lehrlings zu Beginn des Lehrverhältnisses mit 20% des Gewinnes	13.2.1991, 89/13/0223
Nach der Lebenserfahrung beteiligt sich ein gesellschaftsfremder Dritter nicht zu einem Zeitpunkt, in dem der gänzliche Verlust der Einlage absehbar war	25.6.1997, 94/15/0118

Ehegattenvereinbarungen *(siehe Rz 1134, 1147 und 1224)*	
Verstöße gegen das Notariatszwanggesetz führen nicht zur Unbeachtlichkeit des Rechtsgeschäfts	25.10.1994, 94/14/0067
Gütergemeinschaft bewirkt nicht, dass Einkünfte von vornherein beiden Ehegatten als zugeflossen gelten bzw. dass deshalb ein Gesellschaftsverhältnis besteht	21.2.1996, 92/14/0041
Ausschluss eines Dienstverhältnisses bei Gütergemeinschaft	5.12.1973, 0789/73
Abgeltungsanspruch gemäß § 98 ABGB	23.4.1998, 95/15/0191
Zurechnung von Einnahmen ist nicht davon abhängig, auf welches Konto eine Zahlung überwiesen wurde	24.1.1990, 88/13/0243
Eheliche Wohnung *(siehe Rz 1161 ff und Rz 1206 ff)* Allgemeine Nichtabzugsfähigkeit von Aufwendungen	27.5.1998, 98/13/0084
Einmann-GmbH *(siehe Rz 1142 ff)*	14.12.1993, 90/14/0264
Ermittlungsverfahren oftmalig Voraussetzung für die Überprüfung von Angehörigenvereinbarungen, wobei Verfahrensgrundsätze der BAO zu beachten sind	15.12.1992, 89/14/0154
Familienhafte Mitarbeit *(siehe Rz 1142 ff)*	
Rechtsgrundlage sind nicht unmittelbar aktualisierte Entgeltsvorstellungen, sondern zB Erbringung eines Beitrages zur Befriedigung der Familienbedürfnisse, Erwerb von Erfahrung oder Erweis der Tauglichkeit für Nachfolge als Betriebsinhaber	4.9.1992, 91/13/0196
typische Tätigkeiten: zB Rasenmähen, Streicharbeiten	29.1.1991, 89/14/0088
typische Tätigkeiten: zB Reinigungsarbeit, Telefondienst, Botengänge	24.6.1999, 97/15/0070
typische Tätigkeiten: zB gelegentliche Chauffeurdienste, Bankerledigungen	22.2.2000, 99/14/0082
Tätigwerden ausschließlich in der Freizeit spricht für familienhafte Mitarbeit	21.10.1986, 86/14/0042
Getrennte Betrachtung bei Tätigwerden in einem Dienstverhältnis in einem Bereich und in familienhafter Mitarbeit in anderem Bereich	21.10.1986, 86/14/0042
Tätigwerden in der Freizeit oder im Urlaub	21.10.1986, 86/14/0042
Fremdunüblichkeit der Ausrichtung der Entlohnung an einer gesetzlichen Regelung (betreffend Bagatellregelung des § 21 Abs. 6 UStG 1972)	21.3.1996, 92/15/0055
Lohnzahlungen eines öffentlich Bediensteten für Telefondienst	27.6.1989, 88/14/0112
Familienhafte Mitarbeit in bäuerlichen Kreisen	30.6.1988, 87/16/0026
Wartungsarbeiten am väterlichen PKW gegen jährlichen Einmalbetrag von S 3.000 (218,02 €) bis S 4.000 (290,69 €)	17.5.1989, 88/13/0038
Aushilfslöhne an den die Mittelschule besuchenden Sohn für einfachste Arbeiten (zB Kleben von Etiketten)	13.9.1989, 88/13/0042
Hilfeleistung bei Errichtung einer Arztpraxis	30.1.1990, 89/14/0162
Bezahlung der Grabpflege als Entlohnung für Wäschereidienste in einem Hotelbetrieb	19.10.1988, 86/13/0155
Fallweise Lenkertätigkeit	26.3.1985, 84/14/0059
Keine Beschränkung der familiären Beistandsleistung auf ein bestimmtes Alter	25.2.1997, 92/14/0039
Abgeltungsbeträge iSd § 98 ABGB	21.7.1993, 91/13/0163
Taschengeldähnlicher Entgeltscharakter	25.2.1997, 92/14/0039

Firmenwert Gründet sich die Leistung eines überhöhten Erwerbspreises auf außerbetriebliche Umstände, kann sich ein Firmenwert nur insoweit ergeben, als auch ein Fremder bereit wäre, einen den Wert der Aktiva übersteigenden Wert aufzuwenden	21.10.1999, 94/15/0117
Freie Verpflegung *(siehe Rz 1165)*	
Wenn auch anderen Dienstnehmern gewährt und branchenüblich, kein Unterhalt iSd § 94 ABGB	19.5.1987, 85/14/0118
Üblicherweise Unterhaltsaufwendung gemäß § 20 EStG 1988	30.9.1980, 1421/79
Fremdvergleich – Allgemeine Grundsätze *(siehe Rz 1138 ff)*	
Erfordernis des Vorliegens zu Beginn der Vereinbarung	14.4.1993, 91/13/0194
Voraussetzung eines geklärten Sachverhaltes	15.3.1995, 92/13/0271
Grundsätzliche Bedachtnahme auf Leistungsbeziehungen zwischen einander fremd gegenüberstehenden Personen	25.10.1994, 94/14/0067
Zwischen Fremden nicht vorkommende Beziehungen sind nach dem Verhalten anderer nahe stehender Personen zu beurteilen	25.10.1994, 94/14/0067
Maßgeblichkeit der im Wirtschaftsleben geübten Praxis	21.3.1996, 95/15/0092
Gehaltszahlungen *(siehe Rz 1148 ff)*	
siehe auch „Dienstverhältnis"	s Erk bei 5.4.6.2
siehe auch „Kollektivvertrag"	29.7.1997, 93/14/0056
Innerbetrieblicher Vergleich mit anderen Angestellten zulässig	3.3.1997, 95/15/0128
Orientierung der Angemessenheit bei äußerem Betriebsvergleich an Stellenangeboten in Wirtschaftszeitungen	8.11.1977, 1115/74
Unangemessenheit des sprunghaften Ansteigens von Bezügen	17.1.1989, 88/14/0100
Orientierung der Höhe an Qualität und Quantität der Leistungen	10.9.1998, 93/15/0051
Reduktion überhöhter Lohnzahlungen auf angemessene Höhe (Erkenntnis betreffend Rechtsanwaltsanwärter; Ordinationshilfe; ausgebildete Ärztin als Ordinationshilfe)	5.10.1982, 82/14/0006; 29.10.1985, 84/14/0087; 30.1.1990, 89/14/0162
Unschärfen bei der Höhe einer Entlohnung	13.3.1997, 95/15/0128
bei der Überprüfung der Angemessenheit ist eine gewisse Bandbreite zu berücksichtigen	13.12.1989, 93/14/0056
Keine Anerkennung einer wesentlich höheren Bezahlung trotz kürzerer Vordienstzeit	6.4.1995, 93/15/0064
Eine besondere Vertrauenswürdigkeit rechtfertigt nicht ein das allgemeine Gehaltsniveau wesentlich übersteigendes Gehalt	18.11.1987, 86/13/0113
Nicht regelmäßige Lohnauszahlungen sprechen gegen den Abschluss eines Dienstvertrages	17.5.1989, 88/13/0038
Unüblichkeit des jahrelangen Stundens von Gehaltsforderungen	25.2.1997, 92/14/0039
Unüblichkeit des jahrelangen Unterbleibens von Lohnauszahlungen	25.2.1997, 92/14/0039
Gehaltshöhe – innerbetrieblicher Vergleich	18.11.1987, 86/13/0113
Gehaltshöhe – außerbetrieblicher Vergleich	8.11.1977, 1115/74
Angemessenheit von Geschäftsführerbezügen anhand eines äußeren und inneren Betriebsvergleiches	22.9.1999, 96/15/0232
Keine Anerkennung zu niedriger eklant unangemessener Lohnzahlungen	14.1.1986, 85/14/0186
Fremdunüblichkeit der Gehaltsfortzahlung an die geschiedene Gattin trotz Verzichtes auf ihre Arbeitsleistung	24.3.1981, 2857, 2858, 2992, 2993/80

Keine Anerkennung bei Nichtauszahlung von Teilen des Nettolohnes trotz Einbehaltes von Lohnsteuer und Sozialversicherung	1.7.1992, 90/13/0169
Unangemessenheit eines sprunghaften Ansteigens des Lohnes ohne Veränderung der Arbeitsleistung	17.1.1989, 88/14/0010
Unangemessenheit eines sich an der ASVG-Höchstbeitragsgrundlage orientierenden Gehaltes	13.5.1986, 85/14/0180
Gesellschafter-Geschäftsführer *(siehe Rz 1200 ff)*	
Überhöhte Bezüge sind verdeckte Gewinnausschüttung	8.3.1994, 91/14/0151
Fremdvergleich bei Vereinbarungen zwischen Gesellschafter-Geschäftsführer und Gesellschaft	15.3.1995, 94/13/0249
Maßgebliche Kriterien für die Anerkennung von Beziehungen zwischen Gesellschafter-Geschäftsführer und Gesellschaft	14.4.1993, 91/13/0194
Beurteilung der Angemessenheit von Geschäftsführerbezügen an Hand eines äußeren und inneren Betriebsvergleiches	22.9.1999, 96/15/0232
Üblichkeit des Interessensgegensatzes zwischen Gesellschafter und Geschäftsführer	25.10.1994, 94/14/0071
Unüblichkeit der unentgeltlichen Zurverfügungstellung einer Wohnung zusätzlich zum angemessenen Bezug	17.2.1993, 89/14/0248
Keine Anerkennung der Abtretung eines Gesellschaftsanteiles an die Ehegattin, wenn die Möglichkeit offen gelassen wird, den Abtretungspreis auf unbestimmte Zeit nicht einzufordern	7.2.1989, 88/14/0043
Unüblichkeit der Vereinbarung von Nebenleistungen (Dienstwagen, Pensionszusage, Versicherung) bei Unternehmen mit Umsatz von ca 3 Mio S (218.018,50 €)	23.2.1994, 92/15/0198
Unüblichkeit einer vom Beteiligungsausmaß abhängigen Tantieme	8.3.1994, 91/14/0151
Unüblichkeit der Bestellung eines Geschäftsführers, um allen an der GmbH beteiligten Familien die Vertretung in der Geschäftsführung zu ermöglichen	8.3.1994, 91/14/0151
Keine Anerkennung einer Pensionszusage, die als Ganzes einem fremden Geschäftsführer nicht gemacht worden wäre	7.2.1990, 88/13/0241; 24.6.1999, 94/15/0185
Gleichmäßigkeit der Besteuerung Verletzung durch willkürliche Herbeiführung steuerliche Wirkungen	6.4.1995, 93/15/0064, 26.1.1999, 98/14/0095
Gütergemeinschaft *(siehe Rz 1181 ff und Rz 1224)*	
Kein automatisches Zufließen an beide Ehegatten	21.2.1996, 92/14/0041
Erfordernis der Mitarbeit im Betrieb	21.10.1980, 2385/79
Ausschluss des Dienstverhältnisses bei Gütergemeinschaftsvertrag	5.12.1973, 0789/73
Kapitalgesellschaft *(siehe Rz 1196 ff)*	
Kriterien zur steuerlichen Anerkennung sind auch für Rechtsbeziehungen zwischen Kapitalgesellschaft und ihren Gesellschaftern von Bedeutung	26.5.1993, 89/13/0082
Fremdunüblichkeit der Bürgschaftsübernahme eines Rechtsanwaltes bei Verknüpfung der Erlangung einer Syndikusposition und gleichzeitiger Übernahme einer Beteiligung an jener GmbH, deren Syndikus er werden soll	30.9.1999, 97/15/0101
Fremdüblichkeit von Verträgen zwischen Kapitalgesellschaft und Gesellschaftern	5.10.1994, 94/15/0036
Verdeckte Ausschüttung bei fehlender Darlehensverzinsung einer GmbH gegenüber nahe stehenden Gesellschafter	26.5.1999, 99/13/0039
Vereinbarungen zwischen Ein-Mann-Gesellschaft und Gesellschafter unterliegen Fremdvergleich	14.4.1993, 91/13/0194

Klarer Inhalt von Vereinbarungen – Allgemeines Grundsätze *(siehe Rz 1130 ff)*	
Pflicht zur Aufklärung unklarer Vertragsgestaltungen durch den sich darauf Berufenden	29.6.1995, 93/15/0115
Erfordernis des Festhaltens wesentlicher Vertragspunkte	22.9.1992, 88/14/0074
Abweichen von allgemein üblichen Vertragsinhalten	6.10.1992, 88/14/0045
Keine laufende Aufzeichnung von Leistungsbeziehungen	6.10.1992, 89/14/0078
Kollektivvertrag *(siehe Rz 1158)*	
Bei Gehaltszahlungen hinsichtlich der Einstufung in die richtige Verwendungsgruppe und für deren Höhe (insbes im Hinblick auf auch fremdübliche Überbezahlungen) heranzuziehen	29.7.1997, 93/14/0056
Anhaltspunkt für Fremdüblichkeit der Entlohnung	15.3.1995, 92/13/0271
Fremdunüblichkeit von unter dem Kollektivvertrag liegenden Gehaltszahlungen	16.11.1993, 90/14/0083
Konkludentes Verhalten *(siehe Rz 1181)* das mit ausreichender Deutlichkeit nach außen dringt, kann eine Mitunternehmerschaft begründen	13.10.1987, 87/14/0114
Lebensversicherung Unüblichkeit der Übernahme der Prämie, wenn in Gesamtausstattung nicht gedeckt	12.1.1983, 81/13/0004
Lohnzahlungen *(siehe Rz 1148 ff)* siehe Gehaltszahlungen	s Erk bei 5.4.6.2 u „Gehaltszahlungen“
Mietvertrag *(siehe Rz 1206 ff)*	
Naheverhältnis rechtfertigt Prüfung, ob Mietvertrag durch eine Leistungsbeziehung oder familienhaft bestimmt ist	30.6.1994, 92/15/0221
Fremdüblichkeit ist aus Sicht beider Vertragsteile zu beurteilen	10.7.1996, 94/15/0039
Vertragsabschluss bedarf (zivilrechtlich) nicht der Schriftform	16.4.1991, 90/14/0043
Bloße Meldung an die Abgabenbehörde nicht ausreichend	5.2.1992, 89/13/0111
Erfordernis der Festlegung wesentlicher Vertragsbestandteile bei Nichtabschluss eines schriftlichen Vertrages	8.9.1992, 87/14/0186
Unklare bzw. fehlende Vereinbarungen sprechen gegen eindeutigen, dem Fremdvergleich standhaltenden Vertrag	8.9.1992, 87/14/0186
Fremdunüblichkeit eines mündlichen Vertrages bei Orientierung der Miethöhe an veränderlichen Nutzungsmöglichkeiten des Mieters	VwGH 30.6.1994, 92/15/0221
Fremdunüblichkeit eines mündlichen Vertrages, wenn darin keine Vereinbarung über eine Indexanpassung des Mietentgeltes getroffen wurde.	BFG 28.9.2015, RV/3100391/2011
Fremdübliche Mietzinshöhe wird von Amortisation des eingesetzten Kapitals und angemessener Verzinsung bestimmt	8.11.1988, 87/14/0197
Fremdunüblichkeit von durch Angehörige bezahlten Mietentgelten, wenn bei einer Fremdvermietung ca das Zwei- bis Vierfache an Mieten erzielt werden könnte	12.9.1996, 94/15/0019
Fremdunüblichkeit einer sich nach dem Geschäftsvolumen des Mieters richtenden Mietzinshöhe	12.9.1996, 94/15/0019
Fremdunüblichkeit, bei fehlendem Abschluss eines schriftlichen Mietvertrages und Übernahme von Zahlungsverpflichtungen des Vermieters (zB Abgabenforderungen, Versicherungen) an Stelle der Zahlung von Mietentgelten	24.2.1999, 96/13/0201
Fremdunüblichkeit, wenn Mietzins für nahe Angehörige nur ca 10% bzw. 20% der von einem fremden Mieter für Objekte im gleichen Haus bezahlten Miete ausmacht	18.11.1991, 91/15/0043

Fremdunüblichkeit des jahrelangen Stundens eines Untermietzinses ohne Zinsen und Sicherheiten	27.5.1987, 84/13/0221
Fremdunüblichkeit eines Mietvertrages zwischen GmbH und Gesellschafter-Geschäftsführer bei Nichtfestlegung der Zahlungsmodalitäten	23.6.1998, 97/14/0075
Fremdunüblichkeit des Erlasses von Mietzinsen während der Dauer der Rückzahlung des für Mieterinvestitionen aufgenommenen Kredites	18.11.1991, 91/15/0043
Fremdunüblichkeit von Mietentgelten zwischen GmbH und Gesellschafter-Geschäftsführer und Berichtigung auf angemessene Mietzinse	25.11.1999, 97/15/0036
Bei überhöhten Mietzahlungen ist bei Anerkennung einer fremdüblichen Miete das Heranziehen von dem Steuerpflichtigen bekannten Basisdaten zulässig	10.7.1996, 94/15/0039
Fremdunüblichkeit des jahrelangen Stundens des Untermietzinses ohne entsprechende Sicherheiten	27.5.1987, 84/13/0221
Missbrauch gemäß § 22 BAO	
Insichgeschäfte zwischen Einzelunternehmer und einer von diesem als Gesellschafter-Geschäftsführer beherrschten Kapitalgesellschaft ohne beachtliche außersteuerliche Gründe	10.9.1998, 93/15/0051
Vermietung der gemeinsam benutzten ehelichen Wohnung in einem im Hälfteeigentum der Ehegatten stehendem Wohnhaus durch die Miteigentümergemeinschaft an einen Ehegatten	13.10.1993, 93/13/0129
Zurverfügungstellung von Geldmitteln an den Ehegatten für Grundkauf durch Schenkung und langfristige Darlehen und Miete dieses Grundstückes für betriebliche Zwecke	29.9.1981, 81/14/0003
Atypisch stille Beteiligung des Alleingesellschafters einer GmbH zwecks Verlustübernahme	11.12.1990, 89/14/0140
Mitunternehmerschaft *(siehe Rz 1181 ff)*	
Fremdüblichkeit von Gestaltungen zwischen nahen Angehörigen	18.12.1996, 94/15/0168
Keine Publizität bei im Nachhinein mit der Steuererklärung bekannt gegebener Vereinbarung über eine von den §§ 1193 bzw. 1197 ABGB abweichende Einkunftsverteilung	15.12.1987, 87/14/0163
Korrektur einer unangemessenen Gewinnaufteilung auf eine angemessene	5.10.1994, 94/15/0036
Unklarer Vertragsinhalt bei im Widerspruch zu einem Gesellschaftsverhältnis stehenden Handlungen	20.1.1988, 87/13/0022
Unklarer Vertragsinhalt bei wechselnder rechtlicher Qualifikation des Gesellschaftsverhältnisses	13.6.1989, 86/14/0037
aus dem Rechenwerk nicht ableitbare Ermittlung des Gewinnanteiles	13.6.1989, 86/14/0037
Fremdunüblichkeit, wenn Gewinnverteilung der alleinigen Entscheidung eines Gesellschafters vorbehalten ist	22.9.1987, 85/14/0033
Mitunternehmer kann auch Strohmann sein	27.5.1999, 97/15/0113
Begründen durch konkludentes Verhalten	13.10.1987, 87/14/0114
Unüblicher Modus der Gewinnverteilung	22.9.1987, 85/14/0033
Zu einem Gesellschaftsverhältnis in Widerspruch stehende Handlungen	20.1.1988, 87/13/0022
Differierende rechtliche Einstufung eines Gesellschaftsverhältnisses	13.6.1989, 86/14/0037
Keine Anerkennung einer auf den Beginn des Wirtschaftsjahres bezogene Änderung der Gewinnaufteilung	7.6.1983, 82/14/0340

Nachbuchung an Stelle Erfassung als laufender Kassaausgang erfüllt nicht das Merkmal der Publizität	22.9.1999, 97/15/0005
Notariatszwanggesetz *(siehe Rz 1134)* Verstöße führen nicht zur Unbeachtlichkeit des Rechtsgeschäfts	25.10.1994, 94/14/0067
Notwendigkeit einer Leistungserbringung bewirkt für sich gesehen keine Publizität	19.5.1993, 91/13/0045
Pachtverhältnis *(siehe Rz 1210 ff)*	
Unüblichkeit einer von wirtschaftlichen Verhältnissen unabhängigen Pachtzinsvereinbarung	27.6.1989, 88/14/0131
Nichtanerkennung einer rückwirkenden Pachtvertragsänderung	27.3.1996, 93/15/0223
Nichtanerkennung einer Jahrespacht von 4.000 S (290,69 €) bei einem Betriebskapital von 365.000 S (26.525,58 €)	8.11.1988, 87/14/0197
Mangelnde Einkunftsquellenschaft bei Verpachtung einer Liegenschaft an eine GmbH durch beherrschenden Gesellschafter ohne Zufluss von Pachtzinsen	28.10.1997, 95/14/0060
Pauschalhonorar Unüblichkeit bei von der Leistungserbringung unabhängigem Anfall	10.7.1996, 95/15/0181
Prämienzahlung *(siehe Rz 1174)* Fremdunüblichkeit bei einer Höhe von 80% des Jahresgehaltes	24.3.1998, 93/14/0009
Publizität – Allgemeine Grundsätze *(siehe Rz 1132 f)*	
Vermeidung willkürlicher Herbeiführung steuerlicher Folgen	20.1.1988, 87/13/0022
Erfordernis eindeutiger schriftlicher Abmachungen	13.2.1991, 86/13/0071
Erfordernis der Anzeige beim sachlich zuständigen Finanzamt	27.5.1998, 95/13/0171
Bedeutsamkeit der Dokumentation in den Büchern für Rechtsgrundlage einer Leistung	21.7.1993, 91/13/0109
Erfordernis der zeitgerechten Anzeige stiller Zessionen	16.3.1989, 89/14/0024
Nachbuchung an Stelle Erfassung als laufender Kassaausgang	22.9.1999, 97/15/0005
Erstellung von Rechnungen anlässlich der Bilanzierung und Rückdatierung auf das Jahresende	21.7.1998, 93/14/0187
Kein Erfordernis der Schriftform bei Fixierung wesentlicher Vertragsbestandteile und Beweis des Abschlusses	16.2.1988, 87/14/0036
Rückstellungen Bildung bei fremdunüblichen Aufwendungen unzulässig	11.12.1990, 89/14/0109
Rückwirkende Rechtsgeschäfte *(siehe Rz 1141)*	
im Steuerrecht ganz allgemein nicht anzuerkennen	25.3.1999, 96/15/0079
Erfordernis der Bekanntgabepflicht „pro futuro" (im Vorhinein)	21.10.1986, 84/14/0086
Unterlagenvorlage erst im Betriebsprüfungsverfahren	20.1.1988, 87/13/0022
rückwirkende Änderung der Gewinnaufteilung einer Mitunternehmerschaft	7.6.1983, 82/14/0230
Nachträglich erstellte Aufstellung über erbrachte Leistungen	11.12.1990, 89/14/0109
nachträglich behaupteter zwei Jahre nicht verbuchter Mietvertrag	27.5.1987, 84/13/0221
Sale and lease back *(siehe Rz 1225 ff)* Verkauf und anschließende Rückmietung von Wirtschaftsgütern ist eine gebräuchliche fremdübliche Vorgangsweise	31.3.1998, 97/13/0003
Schenkung *(siehe Rz 1221 ff)*	
Erfordernis der Publizität	25.4.1980, 0019/79

Nichterfüllen der zivilrechtlichen Erfordernisse	24.9.1980, 2735/79
Unter Fremden idR keine Schenkungen	21.12.1989, 86/14/0173
Vorbehalt eines Fruchtgenussrechtes	24.11.1982, 81/13/0021
Zulässigkeit des Fremdvergleichs bei unentgeltlicher Betriebsübergabe	19.9.1989, 86/14/0157
Sozialversicherungsrechtliche Bedürfnisse des angestellten Angehörigen sind bei Lohnzahlungen nicht zu berücksichtigen	13.5.1986, 85/14/0180
Sponsorzahlungen *(siehe Rz 1177 ff und Rz 1200 ff)*	
keine betriebliche Veranlassung bei Leistung in unüblicher Höhe an den als Sportler tätigen Lebensgefährten	19.5.1992, 92/14/0032
Angemessenheitsprüfung bei Gesellschafter und Möglichkeit einer verdeckten Gewinnausschüttung	23.1.1996, 92/14/0034
Stundung der Gehaltsforderungen auf unbestimmte Zeit nicht fremdüblich	25.2.1997, 92/14/0039
Tantieme Unüblichkeit als Gehaltsbestandteil, wenn sie sich nach Beteiligung an der Kapitalgesellschaft richtet	8.3.1994, 91/14/0151
Telefondienst *(siehe Rz 1145 und Rz 1152 ff)*	
Fremdunüblichkeit eines Dienstverhältnisses durch die Ehegattin eines Arztes	29.10.1985, 85/14/0067
Fremdunüblichkeit eines Dienstverhältnisses zur Erreichbarkeit des sich auf Geschäftsreise befindlichen Ehemannes	26.1.1999, 98/14/0107
Treuhandverhältnis *(siehe Rz 1217)* Wahre nicht offen gelegte Verhältnisse sind zu erfragen	22.12.1988, 84/17/0069
Umlaufbeschluss Maßgeblichkeit der für Verträge zwischen nahen Angehörigen geltenden Kriterien	27.4.2000, 96/15/0185
Keine Anerkennung im Rahmen der Beweiswürdigung, wenn nicht zeitnah nach außen zum Ausdruck gekommen	16.3.1989, 89/14/0024
Unangemessenes Leistungsentgelt *(siehe Rz 1228 ff)*	
Zu hohes Entgelt	6.4.1995, 93/15/0064
Wesentlich zu niedriges Entgelt	19.12.1990, 87/13/0053
Unübliche Abwicklung der Leistungsbeziehung	25.1.1995, 93/15/0003
Orientierung an gesetzlich bzw. verordnungsmäßig festgelegten Höchstentgelten (hier Maklerprovision)	20.11.1990, 89/14/0090
Urlaub *(siehe Rz 1176)* Fremdunüblichkeit des Leistens einer (gesetzlich unwirksamen) Urlaubsablöse statt Urlaubsgewährung	24.6.1999, 97/15/0070
Verdeckte Ausschüttung *(siehe Rz 1196 ff)* siehe Kapitalgesellschaften und Gesellschafter-Geschäftsführer	siehe Erk bei 5.4.8
Vortäuschung von Leistungen	15.3.1989, 88/16/0225
Werkvertrag *(siehe Rz 1177 ff)*	
Wartungsarbeiten am PKW als familienhafte Mitarbeit	17.5.1989, 88/13/0038
Überhöhte Provisionszahlungen: im Ausmaß der überhöhten Zahlung nicht abzugsfähig	20.11.1990, 89/14/0090; 27.5.1987, 86/13/0107
Schreibarbeiten für einen Schriftsteller: kein Ausfluss familienhafter Mitarbeit bei Fremdüblichkeit	27.5.1981, 1299/80
Unüblichkeit von Werkvertragsabschlüssen mit drei nahen Angehörigen durch einen praktischen Arzt	22.9.1999, 97/15/0005
Keine Publizität bei Erstellung von Rechnungen anlässlich der Bilanzierung und Rückdatierung auf das entsprechende Jahr	21.7.1998, 93/14/0187

Fremdunüblichkeit eines leistungsunabhängigen Pauschalhonorars	10.7.1996, 95/15/0181
Wirtschaftliche Betrachtungsweise	10.5.1988, 87/14/0084
Zession Erfordernis der zeitgerechten Anzeige	16.3.1989, 89/14/0024

(AÖF 2002/84, BMF-AV Nr. 2018/79)

5.5 Einzelne Betriebsausgaben

5.5.1 Beiträge zu betrieblichen Versicherungen

5.5.1.1 Pflichtbeiträge zu gesetzlichen Kranken-, Unfall- und Pensionsversicherungen; Beiträge zur gesetzlichen Arbeitslosenversicherung

(AÖF 2010/43)

5.5.1.1.1 Pflichtversicherungsbeiträge im Sinne des § 4 Abs. 4 Z 1 lit. a EStG 1988 im engeren Sinn

1234 Der Betriebsausgabencharakter derartiger Beiträge ergibt sich nicht aus dem ansonsten erforderlichen Zusammenhang der Versicherung mit der betrieblichen Tätigkeit, sondern aus dem Zwangscharakter der Versicherung. Ausschlaggebend ist somit allein, ob die Beitragsleistung den Steuerpflichtigen auf Grund einer zwingenden Vorschrift, der er sich nicht entziehen kann, trifft (VwGH 2.3.1993, 93/14/0003).

1235 Als derartige Pflichtversicherungen sind Beträge auf Grund österreichischer Sozialversicherungsgesetze abzugsfähig (VwGH 18.3.1991, 90/14/0265), wozu insbesondere die gesetzliche Unfallversicherung sowie die Versicherungen nach dem Gewerblichen Sozialversicherungsgesetz, BGBl. Nr. 560/1978 (GSVG), dem Bauern-Sozialversicherungsgesetz, BGBl. Nr. 559/1978 (BSVG), dem Sozialversicherungsgesetz freiberuflich selbständig Erwerbstätiger, BGBl. Nr. 624/1978 (FSVG) sowie dem Notarversorgungsgesetz, BGBl. I Nr. 100/2018, zählen.

(BMF-AV Nr. 2021/65)

1235a Als Betriebsausgaben sind auch Beiträge zur gesetzlichen Arbeitslosenversicherung abzugsfähig. Versicherungspflicht in der gesetzlichen Arbeitslosenversicherung besteht für freie Dienstnehmer. Andere Selbständige können gemäß § 3 Abs. 2 AlVG in die gesetzliche Arbeitslosenversicherung optieren. Auf Grund dieses Opting-In ist der Steuerpflichtige für einen Bindungszeitraum von acht Jahren in die Arbeitslosenversicherung unwiderruflich einbezogen. Auch auf Grund einer derartigen Option zu leistende Beiträge sind als Betriebsausgaben abzugsfähig.

(AÖF 2010/43)

1236 Beiträge zu ausländischen Pflichtversicherungen gelten auch als Beiträge zu einer gesetzlichen Sozialversicherung iSd § 4 Abs. 4 Z 1 EStG 1988, wenn die ausländische Pflichtversicherung einer inländischen gesetzlichen Sozialversicherung entspricht. Eine gesetzliche Sozialversicherung ist auch dann gegeben, wenn im Rahmen einer gesetzlichen Versicherungspflicht die Versicherung frei gewählt werden kann. Beiträge auf Grund einer Versicherungspflicht sind nur insoweit abzugsfähig, als sie der Höhe nach insgesamt Pflichtbeiträgen in der gesetzlichen Sozialversicherung entsprechen.

(AÖF 2009/74)

1236a Beiträge, die an eine ausländische Pensionskasse auf Grund einer gesetzlichen Verpflichtung geleistet werden, gelten als Beiträge zu einer gesetzlichen Sozialversicherung iSd § 4 Abs. 4 Z 1 EStG 1988. Zahlungen, die ohne gesetzliche Verpflichtung geleistet werden, stellen dagegen keine Betriebsausgaben, sondern Sonderausgaben dar. Pensionsbezüge auf Grund solcher Beiträge sind Einkünfte aus nichtselbständiger Arbeit iSd § 25 Abs. 1 Z 2 lit. b EStG 1988 (zur steuerlichen Behandlung der Pensionsbezüge im Falle der Berücksichtigung der Beitragsleistung als Sonderausgabe siehe LStR 2002 Rz 680 ff).

(AÖF 2009/74)

1237 Pflichtbeiträge sind auch Beiträge zur Kranken-Selbstversicherung gemäß § 16 ASVG oder §§ 14a, 14b GSVG, die ein Berufsangehöriger bestimmter Kammern der freien Berufe seiner ihm gemäß § 5 Abs. 1 GSVG zustehenden Wahlmöglichkeit entsprechend leistet. Voraussetzung dafür ist jedoch, dass die Kammer vom „opting out“ (siehe Rz 1251 ff) Gebrauch gemacht hat; dies ist bei den Wirtschaftstreuhändern, Tierärzten, Rechtsanwälten, Ziviltechnikern, Notaren, Apothekern und Patentanwälten der Fall (zu den Ärzten siehe Rz 1247).

Wird von der in § 25 Abs. 6a GSVG vorgesehenen Option Gebrauch gemacht (Aufstockung auf die jeweilige Höchstbeitragsgrundlage aus Anlass von Betriebsgründungsinvestitionen), sind die bezahlten Beiträge insgesamt Pflichtversicherungsbeiträge.

(AÖF 2008/238)

Zum Service-Entgelt für die E-Card (E-Card-Gebühr) siehe Rz 1518a. **1237a**

(AÖF 2006/114)

5.5.1.1.2 Freiwillige Beiträge zur Weiterversicherung in der gesetzlichen Pensionsversicherung als Pflichtbeiträge

Unter die als Betriebsausgaben abzugsfähigen Beiträge zu einer Pflichtversicherung **1238**
gemäß § 4 Abs. 4 Z 1 lit. a EStG 1988 fallen auch Beiträge zu einer Weiterversicherung im Rahmen der gesetzlichen Sozialversicherung, wie dies zB bei der Weiterversicherung nach dem Allgemeinen Sozialversicherungsgesetz, BGBl. Nr. 266/1956 (ASVG), der Fall ist, durch die der Steuerpflichtige von der Pflichtversicherung nach dem GSVG oder dem BSVG oder dem FSVG auf Antrag befreit wurde.

Beiträge zu einer freiwilligen Weiterversicherung, auf die diese Voraussetzungen nicht **1239**
zutreffen, sind keine Betriebsausgaben, sondern gemäß § 18 Abs. 3 Z 2 EStG 1988 unbeschränkt abzugsfähige Sonderausgaben (vgl. zB VwGH 21.12.1989, 89/14/0103; VwGH 13.3.1991; 87/13/0260). Dies trifft bspw. auf Pensionsversicherungsbeiträge eines Kommanditisten zu, sofern keine Versicherungspflicht nach dem ASVG oder GSVG besteht. Zur steuerlichen Umqualifizierung von Pflichtbeiträgen zur Sozialversicherung iZm einer Liebhabereibetätigung siehe LRL 2012 Rz 127 f.

(AÖF 2013/280)

Der Nachkauf von Versicherungszeiten ist im Rahmen des § 18 Abs. 3 Z 2 EStG 1988 als **1240**
betraglich unbeschränkte Sonderausgabe abzugsfähig (VwGH 12.1.1983, 81/13/206; VwGH 27.9.1995, 92/15/0105). Arbeitgeberanteile zur Sozialversicherung, die eine Personengesellschaft wegen eines sozialversicherungsrechtlich anzuerkennenden Dienstverhältnisses eines ihrer Gesellschafter entrichten muss, stellen Betriebsausgaben dar.

5.5.1.1.3 Freiwillige Höherversicherung in der gesetzlichen Sozialversicherung

Derartige Beiträge stellen trotz öffentlich-rechtlicher Grundlage solche zu einer freiwilligen **1241**
Versicherung dar und fallen somit nicht unter den Betriebsausgabenbegriff des § 4 Abs. 4 Z 1 lit. a EStG 1988 (VfGH 28.9.1979, B 207/78). Dies gilt auch für Beitragszahlungen auf Grund einer Höherreihung in die Geldleistungsberechtigung der GSVG-Krankenversicherung.

Beiträge für eine Familienversicherung gemäß § 10 GSVG, die Pflichtversicherte oder **1242**
Weiterversicherte für im § 10 GSVG genannte Personen leisten, stellen beim Pflicht- oder Weiterversicherten keine Betriebsausgaben dar. Werden im Rahmen der Familienversicherung diese Beiträge von den versicherten Familienmitgliedern selbst getragen, können sie von diesen Personen im Rahmen ihrer Einkunftsermittlung als Betriebsausgaben (Werbungskosten) in Höhe der selbstgetragenen Beträge oder allenfalls als Sonderausgaben geltend gemacht werden. Beiträge, die im Rahmen der Familienversicherung für Personen, die dem begünstigten Personenkreis im Sinne des § 18 Abs. 3 Z 1 EStG 1988 angehören, geleistet werden, stellen beim Beitragszahler Sonderausgaben im Sinne des § 18 Abs. 1 Z 2 EStG 1988 dar.

Beiträge für eine Zusatzversicherung gemäß § 9 GSVG sind als Beiträge zu einer **1243**
Taggeldversicherung zu qualifizieren. Die entsprechenden Leistungen aus einer solchen Versicherung stellen steuerpflichtige Einkünfte bei jener Einkunftsart dar, bei der sie als Betriebsausgaben abgezogen wurden. Die Beitragsleistungen sind beim Beitragszahler als Betriebsausgaben abzugsfähig.

5.5.1.2 Pflichtbeiträge zu Versorgungs- und Unterstützungseinrichtungen (§ 4 Abs. 4 Z 1 lit. b EStG 1988)

Derartigen Beitragsleistungen sind nur solche, denen sich der Steuerpflichtige nicht **1244**
entziehen kann, zu denen er also ohne bspw. einen Versicherungsvertrag abgeschlossen zu haben, verpflichtet ist (VwGH 28.10.1975, 1708/75). Beiträge die darüber hinaus an eine derartige Einrichtung geleistet werden, können ggf. Sonderausgaben darstellen (VwGH 14.9.1977, 1952/75). Für die Berücksichtigung dieser Beiträge als Betriebsausgaben gemäß § 4 Abs. 4 Z 1 lit. b EStG 1988 kommt es darauf an, ob deren Entrichtung auf Grund eines Bescheides des zuständigen Kammerorganes zwingend vorgeschrieben wird.

Beitragsordnungen sehen zT für ihre Mitglieder die Möglichkeit einer Herabsetzung der Pflichtbeiträge bis zu einem Mindestbeitrag vor (zB aus wirtschaftlichen oder sozialen Gründen). Erfolgt in derartigen Fällen antragsgemäß eine reduzierte Beitragsvorschreibung, stellt der vorgeschriebene reduzierte Betrag Betriebsausgaben dar.

Die Versorgungs- und Unterstützungseinrichtungen müssen zwar nicht nach dem Versicherungsprinzip eingerichtet sein, sie müssen aber der Kranken-, Alters-, Invaliditäts- und Hinterbliebenenversorgung dienen.

Die auf eine als Liebhaberei anzusehende Tätigkeit zurückzuführenden Pflichtbeiträge an Versorgungs- und Unterstützungseinrichtungen der Kammern der selbständig Erwerbstätigen für künftige Pensionsleistungen sind als freiwillige Weiterversicherung in der gesetzlichen Pensionsversicherung anzusehen (VwGH 20.6.2006, 2004/15/0038).

(AÖF 2007/88)

5.5.1.3 Beiträge zu einer inländischen gesetzlichen Krankenversicherung sowie zu den Einrichtungen der Krankenversorgung (§ 4 Abs. 4 Z 1 lit. b EStG 1988)

5.5.1.3.1 Allgemeines

1245 Unter diese Beiträge fallen

- freiwillige Beiträge zu einer inländischen gesetzlichen Krankenversicherung sowie
- freiwillige Beiträge zu Einrichtungen der Krankenversorgung.

Als Einrichtungen der Krankenversorgung kommen die Versorgungs- und Unterstützungseinrichtungen der Kammern der selbständig Erwerbstätigen in Betracht.

Die Abzugsbeschränkung betrifft nur jenen Leistungsbereich dieser Einrichtungen, der mit jenem einer gesetzlichen Krankenversorgung vergleichbar ist. Unberührt von der Abzugsbeschränkung sind daher Beiträge zu Leistungsbereichen, im Rahmen derer aus dem Titel der Krankenversorgung Taggelder ausbezahlt werden. Dem unbeschränkten Abzug solcher Beiträge entspricht es, dass die ausbezahlten Taggelder als steuerpflichtige Einnahmen zu erfassen sind.

5.5.1.3.2 Höchstausmaß

1246 Freiwillige Beiträge zu einer inländischen gesetzlichen Krankenversicherung sowie zu den Einrichtungen der Krankenversorgung sind nur insoweit abzugsfähig, als sie der Höhe nach insgesamt Pflichtbeiträgen in der gesetzlichen Sozialversicherung entsprechen.

1247 Für die Berechnung des Höchstausmaßes kommt als Vergleichswert für Pflichtbeiträge in der gesetzlichen Sozialversicherung einerseits der Höchstbetrag (Arbeitgeber- und Arbeitnehmeranteil) in der Selbstversicherung für Angestellte nach dem ASVG und andererseits der Höchstbetrag nach dem GSVG in Betracht. Aus dem arithmetischen Mittel zwischen diesen beiden Höchstbeträgen ergibt sich somit die jeweilige Beitragsgrenze. Dabei ist zur Ermittlung des monatlichen Höchstbeitrages nach dem ASVG der sich auf Grund der Höchstbeitragsgrundlage ergebende monatliche Beitragssatz (und zwar sowohl Arbeitnehmer- als auch Arbeitgeberanteil) auf eine Basis von 14 Bezügen hochzurechnen und anschließend wiederum durch 12 Kalendermonate zu dividieren. Für die Ermittlung des Höchstbeitrages nach dem GSVG ist der monatliche Höchstbeitragssatz (Grundbetrag und Zusatzbeitrag) heranzuziehen.

Die Addition dieser beiden Werte und anschließende Halbierung dieses Betrages ergibt das als Betriebsausgabe zu berücksichtigende arithmetische Mittel, wobei sich folgende Rechtsfolgen ergeben können:

- Bei Steuerpflichtigen, die Pflichtbeiträge nur zur Krankenversorgung der Kammern der selbständig Erwerbstätigen leisten (zB niedergelassene Ärzte), sind diese Pflichtbeiträge bis zum so ermittelten monatlichen Grenzbetrag als Betriebsausgaben absetzbar.
- Bei Steuerpflichtigen, die Pflichtbeiträge zur Krankenversorgung der Kammern der selbständig Erwerbstätigen sowie Beiträge zur Selbstversicherung in der Krankenversicherung gemäß § 16 ASVG leisten, sind die Beiträge gemäß § 16 ASVG insoweit absetzbar, als sie unter Berücksichtigung der Pflichtbeiträge im monatlichen Grenzbetrag Deckung finden.
- Bei Steuerpflichtigen, die Pflichtbeiträge sowohl zur Krankenversorgung der Kammern der selbständig Erwerbstätigen als auch zur Krankenversorgung in der gesetzlichen Sozialversicherung leisten (zB angestellte Ärzte), sind die Pflichtbeiträge zur Krankenversorgung der Kammern der selbständig Erwerbstätigen bis zu einem monatlichen Betrag in Höhe des aus dem Arbeitnehmeranteil bei der Sozialversicherung abgeleiteten halben Grenzbetrages als Betriebsausgaben bzw. Werbungskosten absetzbar.
- Bei Steuerpflichtigen, die im Rahmen der Krankenversorgung der Kammern der selbständig Erwerbstätigen keiner Pflichtversicherung unterliegen, sind freiwillige Beiträge zu dieser Versorgung als freiwillige Beiträge zu einer gesetzlichen Krankenversicherung (Sozialversicherung) zu behandeln. Die freiwilligen Beiträge zur Krankenversorgung der Kammern der selbständig Erwerbstätigen sowie die freiwilligen Beiträge

zu einer gesetzlichen Krankenversicherung sind insgesamt bis zu einem sich aus dem arithmetischen Mittel ergebenden monatlichen Grenzbetrag als Betriebsausgaben bzw. Werbungskosten absetzbar.

Der nach der oben dargestellten Berechnung ermittelte monatliche Grenzbetrag erhöht sich jährlich nach Maßgabe der Anhebung der für die Berechnung herangezogenen Höchstbeiträge nach dem ASVG und dem GSVG. Im Rahmen der Beitragsgrenze sind Pflichtbeiträge zur Sonderklasse der Krankenhäuser Betriebsausgaben oder Werbungskosten. **1248**

Hinsichtlich der Grenzbeträge bei den Gruppenkrankenversicherungen von Berufsangehörigen bestimmter Kammern von selbständig Erwerbstätigen („Opting-Out") siehe Rz 1256 bis Rz 1263 f. **1249**

5.5.1.3.3 Beiträge an eine private Krankenversicherung

Beiträge an private Krankenversicherungen fallen nicht unter § 4 Abs. 4 Z 1 lit. b EStG 1988. Hinsichtlich der Behandlung von Beiträgen zu Gruppenkrankenversicherungen von Berufsangehörigen bestimmter Kammern von selbständig Erwerbstätigen („Opting-Out") siehe Rz 1256 bis Rz 1263 f. **1250**

5.5.1.4 Beiträge zu Gruppenkrankenversicherungen (Opting-Out)

Seit 1. Jänner 2000 leisten Berufsangehörige bestimmter Kammern der selbständig Erwerbstätigen (Wirtschaftstreuhänder, Tierärzte, Rechtsanwälte, Ziviltechniker, Notare, Apotheker, Patentanwälte) Beiträge zu Gruppenkrankenversicherungen. **1251**

Die steuerliche Behandlung dieser Beiträge sowie der Leistungen aus der Gruppenkrankenversicherung ist wie folgt vorzunehmen:

5.5.1.4.1 Pflichtversicherung in der Krankenversicherung – Opting-Out

Gemäß § 5 GSVG sind Personen von der Pflichtversicherung in der Krankenversicherung nach dem GSVG unter den dort angeführten Bedingungen ausgenommen. Voraussetzung dafür ist, dass diese Personen auf Grund ihrer Zugehörigkeit zu einer gesetzlichen beruflichen Vertretung (Kammer) und einer Tätigkeit im Sinne des § 2 Abs. 1 Z 4 GSVG (dh. Erzielung von Einkünften gemäß den §§ 22 Z 1 bis 3 und 5 und/oder 23 EStG 1988) gleichartige oder zumindest annähernd gleichwertige Leistungsansprüche aus einer Einrichtung der Berufsvertretung haben oder eine Selbstversicherung in der gesetzlichen Sozialversicherung eingehen. **1252**

5.5.1.4.2 Steuerliche Leitlinien

Machen gesetzliche berufliche Vertretungen von der Möglichkeit des Opting-Out Gebrauch und liegt ein Bescheid des Bundesministers für Arbeit, Soziales, Gesundheit und Konsumentenschutz vor, so ist die steuerliche Abzugsfähigkeit der Krankenversicherungsbeiträge (§§ 4 Abs. 4 Z 1 bzw. 16 Abs. 1 Z 4 lit. e EStG 1988) nach den folgenden Abschnitten zu beurteilen. **1253**

(BMF-AV Nr. 2018/79)

5.5.1.4.3 Gruppenkrankenversicherung als Versorgungseinrichtung

Schafft eine Kammer der selbständig Erwerbstätigen im Hinblick auf § 5 GSVG sowie auf der Grundlage gesetzlicher Regelungen **1254**

- durch eigene Bestimmungen ihrer jeweiligen Berufsordnung oder Satzung Kammereinrichtungen
- und sind diese Kammereinrichtungen Gruppenkrankenversicherungen mit Versicherungsunternehmen,

so handelt es sich dabei um eine Versorgungseinrichtung einer Kammer der selbständig Erwerbstätigen, die der Krankenversorgung dient. Die Gruppenkrankenversicherung ist damit eine Einrichtung im Sinne des § 4 Abs. 4 Z 1 lit. b EStG 1988.

5.5.1.4.4 Beiträge zu Gruppenkrankenversicherungen als Betriebsausgabe

Beiträge (Prämien) zu einer Gruppenkrankenversicherung im Sinne der Rz 1254 sind insoweit Betriebsausgaben gemäß § 4 Abs. 4 Z 1 lit. b EStG 1988, als **1255**

- es sich nach Maßgabe der auf gesetzlicher Grundlage beruhenden Bestimmungen der Satzung bzw. anderer Verordnungen um Pflichtbeiträge handelt und
- die Beiträge der Höhe nach Pflichtbeiträgen in der gesetzlichen Sozialversicherung entsprechen.

5.5.1.4.5 Allgemeine Begrenzung des Betriebsausgabenabzugs bei Krankenversicherungsbeiträgen

1256 Zur steuerlichen Anerkennung von Beiträgen zu Einrichtungen der Kammern der selbständig Erwerbstätigen in der Krankenversorgung, und zwar im Hinblick auf die einer Pflichtversicherung entsprechenden Höhe dieser Beiträge, wird grundsätzlich auf Rz 1245 ff verwiesen. Im Bereich der Gruppenkrankenversicherungen auf Basis des § 5 GSVG gelten – insoweit Abweichungen gegeben sind – an Stelle dieser Ausführungen die folgenden Regelungen.

5.5.1.4.6 Begrenzung des Betriebsausgabenabzugs beim Opting-Out

1257 Hätten die betroffenen Berufsgruppen vom Opting-Out nicht Gebrauch gemacht, wären von berufszugehörigen Erwerbstätigen die gesetzlichen (Pflicht-)Krankenversicherungsbeiträge nach dem GSVG zu entrichten. Das Opting-Out „verdrängt" lediglich diese Beiträge.

Tabellarische Übersicht:

Jahr	Höchstbeitragsgrundlage	Beitragssatz	Höchstbeitrag monatlich
2012	4.935 Euro	7,65	377,53 Euro
2013	5.180 Euro	7,65	396,72 Euro
2014	5.285 Euro	7,65	404,31 Euro
2015	5.425 Euro	7,65	415,01 Euro
2016	5.670 Euro	7,65	433,76 Euro
2017	5.810 Euro	7,65	444,47 Euro
2018	5.985 Euro	7,65	457,85 Euro
2019	6.090 Euro	7,65	465,89 Euro
2020	6.265 Euro	7,65	479,27 Euro
2021	6.475 Euro	7,65	495,34 Euro

(BMF-AV Nr. 2021/65)

1258 Bei Festlegung jener Höhe von Beiträgen zur Gruppenkrankenversicherung, die der Höhe von Pflichtbeiträgen zur gesetzlichen Sozialversicherung entspricht, ist daher grundsätzlich vom gesetzlichen (Pflicht-)Krankenversicherungshöchstbeitrag nach dem GSVG auszugehen. Beiträge zu Gruppenkrankenversicherungen auf Basis des § 5 GSVG sind somit in tatsächlich geleisteter Höhe, höchstens aber bis zu jenem nach Maßgabe der entsprechenden Änderungen im GSVG jährlich zu ermittelnden Höchstbetrag abzugsfähig.

(BMF-AV Nr. 2018/79)

5.5.1.4.7 Kalkulationsbedingtes Überschreiten des Grenzbetrages

1259 Die Versicherungsunternehmen, mit denen Gruppenkrankenversicherungsverträge abgeschlossen werden, haben die Krankenversicherungsprämien auf Grundlage des Versicherungsaufsichtsgesetzes und entsprechend vorgegebener Prämienkalkulationen festzulegen. Bei der Kalkulation der Prämien ist dabei auf das jeweilige Eintrittsalter der versicherten Person abzustellen. Daraus folgt, dass – bei gleichem Versicherungsschutz – die Prämien mit steigendem Eintrittsalter höher werden. Die Beiträge zur Gruppenkrankenversicherung können aus diesem Grund – auch bei gleichem Versicherungsschutz wie im GSVG – bei höherem Eintrittsalter den in der Rz 1257 angeführten Grenzbetrag überschreiten.

(BMF-AV Nr. 2018/79)

5.5.1.4.8 Alterszuschlag

1260 Die Betriebsausgabenbegrenzung des § 4 Abs. 4 Z 1 lit. b EStG 1988 hat den Zweck, „überhöhte" Pflichtbeiträge vom Steuerabzug auszuschließen. Derart überhöhte Pflichtbeiträge können insbesondere dann vorliegen, wenn im Rahmen von Versorgungseinrichtungen der Kammern der selbstständig Erwerbstätigen über den Versicherungsschutz der gesetzlichen Krankenversicherung liegende Leistungen vorgesehen werden.

1261 Sind höhere Pflichtbeiträge hingegen lediglich auf eine versicherungsbedingte Prämienkalkulation zurückzuführen, werden die aus diesem Grund höheren Pflichtbeiträge vom Normzweck der Betriebsausgabenbegrenzung des § 4 Abs. 4 Z 1 lit. b EStG 1988 nicht umfasst. Es bestehen daher keine Bedenken, die die entsprechenden Jahresbeträge übersteigenden Prämien auch insoweit als Betriebsausgaben anzuerkennen, als

- das Eintrittsalter des Steuerpflichtigen über 50 liegt, und

- der übersteigende Beitragsteil nicht mehr als 20% des Höchstbetrages gemäß Rz 1257 f beträgt („Alterszuschlag").

(BMF-AV Nr. 2018/79)

5.5.1.4.9 Sonderleistungen

Bewegt sich die Höhe von Pflichtbeiträgen an die Gruppenkrankenversicherung innerhalb der Beträge nach den Rz 1257 f und Rz 1260 f, so ist nicht weiter zu untersuchen, welche Leistungen durch die Einrichtungen erbracht werden (zB Übernahme von Kosten der Sonderklasse). Die Beiträge sind in vollem Umfang Betriebsausgaben. Besteht ein Wahlrecht zur Leistung höherer Prämien gegen (wahlweise) Beanspruchung von Zusatzleistungen (zB Übernahme von Kosten der Sonderklasse), sind die entsprechenden Beiträge als freiwillig geleistet nicht absetzbar. Dies gilt auch innerhalb der Betragsgrenzen, die sich aus den Rz 1257 f und Rz 1260 f ergeben. **1262**

Beispiel:

Der Pflichtbeitrag zur Gruppenkrankenversicherung beträgt bei einem 55-jährigen monatlich 500 Euro. Der freiwillige Zuschlag zur Sonderklasse beläuft sich auf monatlich 50 Euro. Auf Basis 2017 ist für den Pflichtbeitrag (inklusive Alterszuschlag) maximal ein Betrag von 533,36 Euro als Betriebsausgabe absetzbar. Der Pflichtbeitrag von 500 Euro ist darin zur Gänze gedeckt und somit in vollem Umfang Betriebsausgabe. Der auf die Sonderklasse entfallende Betrag von 50 Euro stellt hingegen keine Betriebsausgabe dar.

(BMF-AV Nr. 2018/79)

5.5.1.4.10 Angehörigenzuschlag

Das Opting-Out nach § 5 GSVG setzt im Hinblick auf die geforderte Gleichartigkeit oder zumindest annähernde Gleichwertigkeit der Leistungsansprüche eine dem § 83 GSVG gleichkommende Anspruchsberechtigung für Angehörige voraus. **1263**

Soweit ein Gruppenkrankenversicherungsvertrag keine kostenlose Mitversicherung von Angehörigen iSd § 83 GSVG vorsieht, besteht daher die Verpflichtung, für die Angehörigen durch Beitragsleistungen vorzusorgen. Diese Beiträge stellen somit Pflichtbeiträge dar. Da das GSVG eine kostenlose Anspruchsberechtigung (Mitversicherung) der Angehörigen vorsieht, geht insoweit der nach § 4 Abs. 4 Z 1 lit. b EStG 1988 anzustellende Vergleich mit einer der Höhe nach Pflichtbeiträgen in der gesetzlichen Sozialversicherung entsprechenden Beitragsleistung ins Leere. Auf der Basis einer analogen Anwendung des Beitragsvergleiches ist bei Beitragsleistungen für Angehörige iSd § 83 GSVG von einer steuerlichen Anerkennung von 20% des Höchstbetrages gemäß Rz 1257 f, das sind 2016 20% von 433,76, somit also 86,75 Euro und 2017 20% von 444,47 Euro, somit also 88,89 Euro an abzugsfähiger Betriebsausgabe pro im Gruppenkrankenversicherungsvertrag beitragspflichtig mitversicherten Angehörigen auszugehen („Angehörigenzuschlag"). **1264**

(BMF-AV Nr. 2018/79)

5.5.1.4.11 Steuerliche Behandlung von Sach- und Geldleistungen

Sachleistungen aus Einrichtungen der Kammern der selbstständig Erwerbstätigen in der Krankenversorgung unterliegen nicht der Steuerpflicht. Geldleistungen aus Krankenversorgungseinrichtungen der Kammer der selbstständigen Erwerbstätigen sind gemäß § 3 Abs. 1 Z 4 lit. b EStG 1988 nur steuerfrei, so weit sie den dort angeführten Geldleistungen aus der gesetzlichen Krankenversicherung entsprechen. **1265**

5.5.1.4.12 Krankenversicherungsbeiträge von Pensionisten

Berufsangehörige Erwerbstätige können nach Übertritt in den Ruhestand als Werbungskosten gemäß § 16 Abs. 1 Z 4 lit. e EStG 1988 absetzen **1266**

- Pflichtbeiträge (zB laut § 3 Abs. 2 der Satzung der Versorgungseinrichtung – Krankenversicherung der Kammer der Wirtschaftstreuhänder) an eine Krankenversorgungseinrichtung der Kammer der selbstständig Erwerbstätigen,
- bei Fehlen einer Pflichtversicherung freiwillige Beiträge zu einer inländischen gesetzlichen Krankenversicherung.

5.5.1.4a Pflichtbeiträge an eine Betriebliche Vorsorgekasse (BV-Kasse, § 4 Abs. 4 Z 1 lit. c EStG 1988)

(AÖF 2008/238)

Pflichtbeiträge, die ein Unternehmer im Rahmen der Selbständigenvorsorge leistet, sind als Betriebsausgaben abzugsfähig. Dies gilt nicht nur für jene Unternehmer, die aufgrund der Krankenversicherung in der Gewerblichen Sozialversicherung zum Abschluss einer **1266a**

Selbständigenvorsorge verpflichtet sind, sondern auch für Unternehmer, die vom „Opting-In" in die Selbständigenvorsorge Gebrauch gemacht haben, weil auch in diesen Fällen nach Optieren in die Selbständigenvorsorge die Beiträge verpflichtend geleistet werden müssen und ein Widerruf nicht mehr möglich ist. Selbständig tätige Notariatskandidaten können ebenfalls vom „Opting-In" Gebrauch machen. Eine Aktivierung eines Anspruches gegenüber der Vorsorgeeinrichtung hat zu unterbleiben.

(AÖF 2010/43)

5.5.1.5 Versicherungsprämien nach dem allgemeinen Betriebsausgabenbegriff des § 4 Abs. 4 EStG 1988

5.5.1.5.1 Personenversicherungen

1267 Prämien zu freiwilligen Personenversicherungen sind grundsätzlich – auch bei einer gewissen betrieblichen Mitveranlassung – als Aufwendungen der privaten Lebensführung nicht als Betriebsausgaben absetzbar (vgl. VwGH 22.10.1991, 91/14/0043), sondern stellen allenfalls Sonderausgaben dar. Dies gilt im Hinblick auf die gleichzeitige Absicherung persönlicher Gefahrenmomente für Versicherungen, die zur Besicherung eines betrieblichen Kredites abgeschlossen werden (VwGH 29.6.1995, 93/15/0110).

1268 In besonderen Fällen können Betriebsausgaben vorliegen:

- Prämien zu einer Er- und Ablebensversicherung stellen ausnahmsweise dann Betriebsausgaben dar, wenn der Abschluss dieser Versicherung ausschließlich zwecks Ansparens für die Tilgung eines Betriebskredites aufgenommen worden und mit der Kreditlaufzeit abgestimmt ist. Sind diese Voraussetzungen erfüllt und ist die in der Pauschalrate neben der Prämie enthaltene Zinskomponente eindeutig bestimmbar, kann der auf die Zinsen entfallende Teil sofort als Betriebsausgabe abgesetzt werden; hinsichtlich des Prämienanteils ist eine Aktivierung vorzunehmen. Wenn die Versicherungsleistung höher als die Summe der aktivierten Prämien ist, unterliegt der Unterschiedsbetrag selbst dann der Ertragbesteuerung, wenn er gleichfalls zur Kredittilgung verwendet wird.
- Wird zur Besicherung eines betrieblichen Kredites eine Risikolebensversicherung abgeschlossen (sog. „kurze Ablebensversicherung" bzw. Kreditrestschuldversicherung), so ist damit vorrangig die betriebliche Komponente berührt, sodass Prämienleistungen absetzbar sind (VwGH 3.12.1986, 86/13/0098; VwGH 26.3.1996, 92/14/0085). In einem derartigen Fall stellen jedoch geleistete Versicherungsvergütungen Betriebseinnahmen dar (VwGH 26.3.1996, 92/14/0085).
- Prämien zu Personenversicherungen stellen Betriebsausgaben dar, wenn das Moment der Freiwilligkeit in den Hintergrund tritt und die Beiträge zu dieser Versicherung anlässlich der Erzielung von Einkünften mit einer gewissen beruflichen Notwendigkeit aufgewendet werden müssen (zB wenn ein Artist ein Auslandsengagement nur bei Abschluss einer Unfallversicherung erhält; VwGH 28.11.1978, 1951/0076; VwGH 28.4.1982, 13/2760/80; 21.12.1989, 89/14/0103). Eine vergleichbare berufliche Notwendigkeit besteht aber beispielsweise weder für einen operierenden Facharzt (VwGH 22.10.1991, 91/14/0043) noch für einen Rechtsanwalt, weil dessen Einkünfte auch dann nicht verloren gingen, wenn er freiwillige Krankenversicherungsbeiträge nicht entrichten würde (VwGH 21.12.1989, 89/14/0103).
- Prämien zu freiwilligen Versicherungen, die vom Betriebsinhaber zu Gunsten seiner Arbeitnehmer abgeschlossen werden, führen in der Regel zu Betriebsausgaben, zumal sie auch ohne Rechtsanspruch der Arbeitnehmer aus Sicht des Betriebes Entgeltscharakter haben (VwGH 11.6.1965, 1881/64). Werden sie jedoch auf Grund familienhafter Beziehungen erbracht, sind die Prämien gemäß § 20 Abs. 1 Z 4 EStG 1988 nicht abzugsfähig (vgl. Rz 1171).

5.5.1.5.2 Teilhaberversicherung

1269 Prämien zu einer Teilhaberversicherung, die von einer Personengesellschaft zu ihren Gunsten für den Fall des Ablebens eines Mitgesellschafters abgeschlossen wird, stellen keine Betriebsausgaben dar. Die finanzielle Auseinandersetzung mit den Erben eines verstorbenen Teilhabers einer Personengesellschaft ist nicht durch den (im Erbweg erworbenen) Betrieb, sondern durch den nicht der Einkommensteuer unterliegenden Erwerb von Todes wegen veranlasst (vgl. VwGH 15.12.1992, 88/14/0093).

5.5.1.5.3 Betriebliche Sach- und Schadensversicherung

1270 Soweit derartige Versicherungen auf das Betriebsvermögen oder die Betriebsführung bezogen sind, sind die Prämien als Betriebsausgaben abzugsfähig. Darunter fallen insbesondere Feuerversicherungen und sonstige Sachversicherungen für Betriebsgebäude und Maschinen,

Einbruchsversicherungen, Transportversicherungen sowie Haftpflichtversicherungen (zB Berufs- oder Betriebshaftpflicht).

5.5.1.5.4 Betriebsunterbrechungsversicherung

Als Betriebsausgaben absetzbar sind auch Prämien zu einer Betriebsunterbrechungsversicherung, welche den Schaden ersetzt, der durch eine gänzliche oder teilweise Unterbrechung des Betriebes infolge eines Schadenereignisses, wie zB Krankheit der den Betrieb leitenden Personen, Brand, Explosion, eintritt (VwGH 26.07.2007, 2006/15/0263). Dabei darf nur ein Ersatz in Höhe des tatsächlich entgangenen Betriebsgewinnes einschließlich der laufenden Betriebskosten gewährt werden. Prämien zu einer bloßen Krankentagegeldversicherung sind hingegen nicht als Betriebsausgaben absetzbar, wenn der Anspruch auf Tagegeld nach dem Versicherungsvertrag vom Bestehen einer Betriebsunterbrechung unabhängig ist. **1271**

(AÖF 2008/51)

5.5.1.5.5 Berufsunfähigkeitsversicherung

Prämien zu einer derartigen Versicherung sind nur dann Betriebsausgaben, wenn ausschließlich ein typisches Berufsrisiko versichert wird, worunter jenes Risiko zu verstehen ist, das mit der Berufsausübung verbunden ist. Versicherungsprämien sind dann nicht abzugsfähig, wenn Versicherungsgegenstand auch eine Berufsunfähigkeit infolge jeglicher Erkrankung, Körperverletzung oder Kräfteverfalles ist, weil diesfalls die allgemeine Vorsorge für die Zukunft im Vordergrund steht (VwGH 22.10.1991, 91/14/0043). Dies gilt auch für Versicherungsprämien zu so genannten Loss-of-Licence-Versicherungen (zB bei Berufspiloten, VwGH 27.2.2002, 96/13/0101). **1272**

(AÖF 2003/209)

Prämien für die Versicherung bestimmter Gliedmaßen oder Körperteile, die für die Berufsausübung von besonderer Bedeutung sind (zB die Hände eines Pianisten, die Beine eines Fußballers, das Gesicht eines Schauspielers oder die Stimme eines Opernsängers) sind betrieblich bzw. beruflich veranlasst (vgl. VwGH 28.11.1978, 1951/76; siehe auch Rz 1270). **1273**

Prämien für eine Invaliditätsversicherung sind in der Regel nur als Sonderausgaben abzugsfähig. **1274**

5.5.1.5.6 Rückdeckungsversicherung für Abfertigungen

Siehe Rz 3330 ff.

5.5.2 Zuwendungen an Pensions- oder Unterstützungskassen sowie an den Betriebsratsfonds

(AÖF 2006/210)

5.5.2.1 Pensionskassenbeiträge (§ 4 Abs. 4 Z 2 lit. a EStG 1988)

5.5.2.1.1 Allgemeines

Beiträge an Pensionskassen iSd Pensionskassengesetzes, BGBl. Nr. 281/1990, sind nur dann abzugsfähige Betriebsausgaben, wenn die Vorschriften des Betriebspensionsgesetzes (BPG), BGBl. Nr. 282/1990, und BGBl. Nr. 754/1996, und des Pensionskassengesetzes (PKG) eingehalten werden. **1275**

Betriebliche Kollektivversicherungen (§§ 93 ff VAG 2016) und ausländische Einrichtungen iSd § 5 Z 4 PKG sind den inländischen Pensionskassen gleichgestellt.

(BMF-AV Nr. 2018/79)

5.5.2.1.2 Pensionskassenbeiträge im Sinne des § 16 PKG

Pensionskassenbeiträge sind solche im Sinne des § 16 Abs. 1 PKG. Das sind die (Vorsorge-) Beiträge der Arbeitgeber und der Arbeitnehmer sowie die Verwaltungskostenbeiträge. Abzugsfähig sind nur die vertraglich festgelegten Beiträge. Außerhalb des Vertrages geleistete Beiträge können auch nicht unter den allgemeinen Betriebsausgabenbegriff des § 4 Abs. 4 EStG 1988 fallen. Betragsmäßig disponible Beiträge sind nur dann abzugsfähig, wenn sie betriebspensionsgesetzlich gedeckt sind und auf Grund einer pensionskassenvertraglichen Verankerung geleistet werden; es darf auch kein Missbrauch vorliegen, von dem insbesondere dann auszugehen ist, wenn die Grundbeiträge zu keinen echten Pensionsleistungen führen. Der Zeitpunkt des Abzuges von Pensionskassenbeiträgen als Betriebsausgaben richtet sich nach den für den Arbeitgeber maßgebenden Gewinnermittlungsvorschriften. **1276**

5.5.2.1.3 Begrenzung der Zusagen

1277 Die Zusagen dürfen 80% des letzten laufenden Aktivbezuges nicht übersteigen. Wenn in den letzten Aktivjahren des Dienstnehmers eine Verminderung des Arbeitslohnes aus wirtschaftlich beachtlichen Gründe erfolgt, ist das Überschreiten dieser Grenze insoweit unbeachtlich.

5.5.2.1.4 Abzugsfähigkeit weiterer Aufwendungen des Arbeitgebers

1278 Weitere Aufwendungen des Arbeitgebers im Zusammenhang mit den in Rz 1276 genannten Pensionskassenbeiträgen fallen unter den allgemeinen Betriebsausgabentatbestand des § 4 Abs. 4 EStG 1988. Dazu gehören im Wesentlichen die zweieinhalbprozentige Versicherungssteuer und allfällige Zinsen für die Finanzierung des Kassenbeitritts oder für rückständige Beiträge.

5.5.2.1.5 Ausschluss von Beiträgen des Arbeitgebers für sich

1279 Beiträge des Arbeitgebers als Einzelunternehmer oder Mitunternehmer für sich selbst sind nicht abzugsfähig. Der Geschäftsführer einer Komplementär-GmbH, der Einkünfte nach § 25 EStG 1988 bezieht, fällt nicht unter diese Einschränkung.

Wird für Gesellschafter-Geschäftsführer mit Einkünften gemäß § 22 Z 2 EStG 1988 die Leistung von Pensionskassenbeiträgen durch die Gesellschaft übernommen, gilt Folgendes: Auf Seiten der Gesellschaft sind die Beiträge als Teil der Leistungsvergütung abzugsfähig [es liegt kein Pensionskassenbeitrag iSd § 4 Abs. 4 Z 2 lit. a EStG 1988 vor, da für den Gesellschafter-Geschäftsführer keine (Arbeitgeber-)Beiträge zu leisten sind], die übernommene Beitragsleistung stellt für den Gesellschafter-Geschäftsführer einen steuerpflichtigen Vorteil im Rahmen seiner Einkünfte gemäß § 22 Z 2 EStG 1988 dar, der als (Topf-)Sonderausgabe (§ 18 EStG 1988) abzugsfähig ist. Die Pensionskassenleistung ist gemäß § 25 Abs. 1 Z 2 lit. a sublit. bb EStG 1988 mit 25% als Einkünfte aus nichtselbständiger Arbeit zu erfassen.

(AÖF 2010/43)

5.5.2.1.6 Möglichkeiten der betrieblichen Vorsorge über Pensionskassen nach dem PKG

1280 Das PKG ermöglicht betriebliche (Alters-)Vorsorge über Pensionskassen im Rahmen

- leistungsorientierter Veranlagungs- und Risikogemeinschaften (Rz 1282 ff) sowie
- beitragsorientierter Veranlagungs- und Risikogemeinschaften (Rz 1285),
- einer teils beitragsorientierten und teils leistungsorientierten Veranlagungs- und Risikogemeinschaft (Rz 1286).

1281 Die Abzugsfähigkeit der Beiträge als Betriebsausgaben im Rahmen des § 4 Abs. 4 Z 2 EStG 1988 ist unabhängig davon gegeben, welcher Gemeinschaft die Anwartschaftsberechtigten angehören oder ob eine belegschaftsorientierte oder personenbezogene Mischung der beiden Systeme erfolgt.

5.5.2.1.7 Leistungsorientierte Veranlagungs- und Risikogemeinschaft

1282 Eine leistungsorientierte Veranlagungs- und Risikogemeinschaft liegt vor, wenn die Pensionshöhe definiert ist und sich die zur Finanzierung der Gesamtverpflichtung der Pensionskasse erforderlichen Beiträge (laufende Beiträge und Zusatzbeiträge aus Nachschussverpflichtungen) aus den versicherungsmathematischen Grundsätzen ergeben. Zur Rückstellung für künftig zu leistende Nachschüsse an Pensionskassen siehe Rz 3494a.

(AÖF 2007/88)

1283 Die in Rz 1287 ff beschriebene 10%-Grenze gilt nicht für leistungsorientierte Zusagen, wenn sie in einem ausschließlich betraglich oder im Verhältnis zu sonstigen Bestimmungsgrößen zugesagten Ausmaß zum Erbringen von Pensionsleistungen dienen (ausschließlich leistungsorientierte Zusagen).

(AÖF 2002/84)

1284 Für leistungsorientierte Zusagen, die die Voraussetzungen der Rz 1283 nicht erfüllen (nicht ausschließlich leistungsorientierte Zusagen), gilt die in Rz 1287 ff beschriebene 10%-Grenze. Eine Ausnahme von der Abzugsbegrenzung besteht für diese Zusagen nur dann, wenn

- sich der Arbeitgeber vertraglich zur Beitragsanpassung verpflichtet hat,
- in der Pensionskasse eine vorübergehende unvorhergesehene Deckungslücke zur Erfüllung der übernommenen Verpflichtungen entsteht und
- der Arbeitgeber dementsprechend höhere, die 10%-Grenze überschreitende Beiträge leisten muss.

Der beschriebene Ausnahmefall liegt nicht vor, wenn das Überschreiten der Grenze bei Abschluss des Pensionskassenvertrages feststeht oder mit großer Wahrscheinlichkeit anzunehmen ist oder wenn die unvorhergesehene Deckungslücke nicht nur vorübergehender Natur ist. Dabei ist auf den aufsichtsbehördlich genehmigten Geschäftsplan Bedacht zu nehmen.

(AÖF 2002/84)

5.5.2.1.8 Beitragsorientierte Veranlagungs- und Risikogemeinschaft

Eine beitragsorientierte Veranlagungs- und Risikogemeinschaft liegt vor, wenn die Beiträge definiert sind und sich die Pensionshöhe durch Verrentung des in der Pensionskasse angesammelten Kapitals ergibt. Diesbezüglich ist für die Frage der Abzugsfähigkeit § 3 Abs 1 Z 2 BPG zu beachten, wonach die vom Arbeitgeber zu entrichtenden Beiträge betragsmäßig oder in fester Relation zu laufenden Entgelten oder Entgeltbestandteilen festzulegen sind. Bei beitragsorientierten Zusagen ist die in Rz 1287 ff beschriebenen 10%-Grenze jedenfalls maßgeblich. **1285**

(AÖF 2002/84)

5.5.2.1.9 Teils beitrags- und leistungsorientierte Veranlagungs- und Risikogemeinschaft

Soweit eine Veranlagungs- und Risikogemeinschaft leistungsorientiert ist, gilt Rz 1282 ff sinngemäß, soweit sie beitragsorientiert ist, gilt Rz 1285 sinngemäß. **1286**

5.5.2.1.10 Begrenzung mit 10% der Lohn- und Gehaltssumme

Die in Rz 1276 mit Ausnahme der in Rz 1283 und Rz 1284 genannten Pensionskassenbeiträge des Arbeitgebers sind insoweit abzugsfähig, als der Jahresaufwand 10% der Lohn- und Gehaltssumme der Anwartschaftsberechtigten (§ 5 Abs 1 PKG) nicht übersteigt. Ob der Pensionskassenbeitrag für den einzelnen Arbeitnehmer die 10%-Grenze überschreitet, ist unbeachtlich. Die maßgebende Betriebsausgabengrenze wird auch dadurch nicht verändert, dass der Arbeitgeber Beiträge in mehrere Pensionskassen leistet. **1287**

(AÖF 2002/84)

Lohn- und Gehaltssumme ist der Bruttolohnaufwand einschließlich weiterer den betreffenden Arbeitnehmern konkret zurechenbarer steuerpflichtiger oder steuerfreier Bezugsteile sowie der Abfertigungszahlungen. **1288**

Der Arbeitgeberanteil zur gesetzlichen Sozialversicherung, der Dienstgeberbeitrag zum Ausgleichsfonds für Familienbeihilfen, die Kommunalabgabe, Zuführungen zu Abfertigungsrückstellungen und zu Pensionsrückstellungen sowie Pensionszahlungen zählen nicht zur Lohn- und Gehaltssumme.

Betriebliche Kollektivversicherungen (§§ 93 ff VAG 2016) und ausländische Einrichtungen im Sinne des § 5 Z 4 PKG sind steuerlich den inländischen Pensionskassen gleichgestellt. Unter der Voraussetzung, dass der betriebliche Kollektivversicherungsvertrag bzw. der Pensionskassenvertrag dem Betriebspensionsgesetz entspricht, die Zuwendungen 80% des letzten laufenden Aktivbezuges und 10% der Lohn- und Gehaltssumme der Anwartschaftsberechtigten nicht übersteigen, sind die Beiträge als Betriebsausgaben abzugsfähig (siehe auch LStR 2002 Rz 756 ff). **1288a**

(BMF-AV Nr. 2018/79)

Zuwendungen des Arbeitgebers für die Zukunftssicherung seiner Arbeitnehmer (§ 3 Abs. 1 Z 15 EStG 1988) und eigene Beiträge der Arbeitnehmer werden auf die Beschränkung mit 10% nicht angerechnet. **1289**

Beiträge des Arbeitgebers, die dieser auf Grund des Pensionskassenvertrages oder auf Grund einer Betriebsvereinbarung trotz Wegfalls der Entgeltsverpflichtung (zB bei Karenzierung) für derartige Arbeitnehmer an die Pensionskasse entrichtet, sind in die 10%-Grenze nicht einzubeziehen.

5.5.2.2 Zuwendungen an betriebliche Unterstützungskassen und sonstige Hilfskassen (§ 4 Abs. 4 Z 2 lit. b EStG 1988)

5.5.2.2.1 Allgemeines

Auf Leistungen derartiger Versorgungseinrichtungen besteht kein Rechtsanspruch. Für den Betriebsausgabenabzug ist die Körperschaftsteuerbefreiung dieser Kassen nicht erforderlich. **1290**

5.5.2.2.2 10%-Grenze

1291 Der Betriebsausgabenabzug ist unter Berücksichtigung der unmittelbaren Zuwendungen mit 10% der Lohn- und Gehaltssumme der Leistungsberechtigten der Kasse begrenzt. Leistungsberechtigte sind jene Personen, die nach dem zu Grunde liegenden Vertrag gegenüber der Kasse anspruchsberechtigt sind, wobei sich der Umfang des begünstigten Personenkreises mit § 6 Abs. 2 Z 1 und 2 KStG 1988 nicht decken muss (siehe Rz 1290). Im Gegensatz zu Anwartschaftsberechtigten gegenüber Pensionskassen können dies neben aktiven Arbeitnehmern auch ehemalige Arbeitnehmer sein. Die 10%-Grenze ist gegenüber jener bei den Pensionskassenbeiträgen eigenständig. Für denselben Arbeitnehmer können beide Grenzen daher unabhängig voneinander genützt werden. Diese 10%-Grenze darf nur insoweit ausgenützt werden, als die Leistungen zu keinem unangemessenem Kassenvermögen (Rz 1292 ff.) führen. Wenn das Vermögen der Kasse unangemessen hoch geworden ist, sind die Zuwendungen erst wieder abzugsfähig, wenn das Kassenvermögen die Grenze des § 4 Abs 4 Z 2 lit b EStG 1988 nicht mehr übersteigt.

(AÖF 2005/110)

5.5.2.2.3 Angemessenes Kassenvermögen

5.5.2.2.3.1 Kassen mit laufenden Unterstützungszahlungen

1292 Als angemessen gilt bei Kassen mit laufenden Unterstützungszahlungen im Falle des Alters oder der laufenden Invalidität das Deckungskapital für die bereits laufenden Unterstützungen und für die Anwartschaften auf Witwen- und Waisenunterstützungen.

1293 Das Deckungskapital derartiger Unterstützungskassen (§ 4 Abs. 4 Z 2 lit. b 1. Teilstrich EStG 1988) ist nach der Anlage 1 zum EStG 1988 zu berechnen. Dabei sind nur die Personen zu berücksichtigen, die bereits laufende Unterstützungen beziehen. Der Jahresbetrag der Unterstützung ist mit der Zahl zu vervielfachen, die dem Alter der betreffenden Person (Spalte 1 der Anlage) entspricht. Diese Zahl (Vervielfacher) ergibt sich aus Spalte 2 der Anlage zum EStG 1988.

Beispiel:

Ein ehemaliger Angestellter im Alter von 75 Jahren bezieht eine laufende Unterstützung von jährlich 600 Euro. Das Deckungskapital für den Angestellten beträgt daher 600 x 8 = 4.800 Euro.

Anwartschaften der Belegschaftsmitglieder sind bei der Berechnung des Deckungskapitals nicht zu berücksichtigen.

(BMF-AV Nr. 2018/79)

1294 Die Vervielfacher der Spalte 2 der Anlage sind so festgesetzt, dass neben der laufenden Unterstützung eine Anwartschaft auf Witwenunterstützung und Waisenunterstützung berücksichtigt ist. Es kommt dabei nicht darauf an, wie groß die Witwenunterstützung oder die Waisenunterstützung ist. Spalte 2 der Anlage ist auch in den Fällen anzuwenden, in denen eine solche Anwartschaft nicht vorgesehen ist oder eine Witwenunterstützung oder Waisenunterstützung aus anderen Gründen nicht in Betracht kommt (zB weil der Arbeitnehmer unverheiratet ist). Tritt der Fall der Witwenunterstützung ein, so ist nicht mehr Spalte 2, sondern Spalte 3 der Anlage anzuwenden, wodurch auch eine allenfalls daneben gewährte Waisenunterstützung berücksichtigt ist.

Beispiel:

Ein Angestellter ist im Jahr 2 in den Ruhestand getreten. Das Deckungskapital für ihn ist nach Spalte 2 zu berechnen. Damit ist die Anwartschaft der Witwe berücksichtigt.

Der Angestellte stirbt im Jahr 3. Seine Witwe, die 58 Jahre alt ist, bezieht eine Witwenunterstützung von jährlich 500 Euro. Das Deckungskapital ist nunmehr nach Spalte 3 zu berechnen und beträgt 6.000 Euro (500 x 12). Das Deckungskapital ändert sich nicht, wenn neben der Witwenunterstützung noch eine Waisenunterstützung gewährt wird.

Stirbt die Witwe, so ist das Deckungskapital für eine allfällige Waisenunterstützung unter Anwendung der Spalte 3 der Anlage zu errechnen.

(BMF-AV Nr. 2018/79)

1295 Die Anlage 1 zum EStG 1988 ist bei Kassen, die sich die Mittel für ihre Leistungen durch einen Vertrag mit einem Lebensversicherungsunternehmen verschaffen, nicht anzuwenden. Einer solchen Kasse kann nur ein Betrag in Höhe der Jahresprämie, die die Kasse an das Versicherungsunternehmen zu zahlen hat, zugewendet werden.

5.5.2.2.3.2 Kassen ohne laufende Unterstützungszahlungen

Bei Kassen, die keine laufenden Unterstützungen gewähren (§ 4 Abs. 4 Z 2 lit. b 2. Teilstrich EStG 1988), ist der durchschnittliche Jahresbedarf nach dem Durchschnitt der Leistungen zu bemessen, die die Kasse in den letzten drei Jahren vor dem Zeitpunkt der Zuwendungen an ihre Unterstützungsempfänger bewirkt hat. 1296

Beispiel:

Ein Unternehmer will im Wirtschaftsjahr 5 der Unterstützungskasse seines Betriebes einen Betrag zuwenden. Die Leistungen der Kasse haben in den letzten drei Jahren betragen:

Wirtschaftsjahr 2	*35.000 Euro*
Wirtschaftsjahr 3	*30.000 Euro*
Wirtschaftsjahr 4	*40.000 Euro*
Summe	*105.000 Euro*

Der durchschnittliche Jahresbedarf (Höchstbetrag der als Betriebsausgaben absetzbaren Zuwendungen) beträgt 105.000 Euro: 3 = 35.000 Euro.

Die Zuwendungen an die Kassen sind auch dann abzugsfähig, wenn die Kasse noch nicht drei Jahre bestanden hat. In solchen Fällen ist der Jahresbedarf zu schätzen.

(BMF-AV Nr. 2018/79)

5.5.2.3 Zuwendungen an den Betriebsratsfonds (§ 4 Abs. 4 Z 3 EStG 1988)

Dem Grunde nach sind alle Zuwendungen an den Betriebsratsfonds als Betriebsausgabe abzugsfähig, 1297

- unabhängig davon, ob die Zuwendungen an den Fonds im Interesse aller, einer bestimmten Gruppe oder nur einzelner Arbeitnehmer erfolgen und
- unabhängig davon, ob sie freiwillig oder auf Grund eines Rechtsanspruches gewährt werden.

Die Abzugsfähigkeit ist mit 3% der Lohn- und Gehaltssumme begrenzt. Hinsichtlich der Lohn- und Gehaltssumme wird auf Rz 1287 ff verwiesen.

5.5.3, 5.5.3a und 5.5.3b *entfallen*

(BMF-AV Nr. 2021/65)

Randzahlen 1298 bis 1329l: *derzeit frei*

(BMF-AV Nr. 2021/65)

5.5.4 Abzugsfähige Zuwendungen aus dem Betriebsvermögen (Spenden) an begünstigte Spendenempfänger (§ 4a EStG 1988)

(AÖF 2010/43)

5.5.4.1 Begriff der Zuwendungen (Spenden)

Als Zuwendungen im Sinne des § 4a EStG 1988 sind nur freigebige Leistungen – „Spenden“ – anzusehen, die zu einer endgültigen wirtschaftlichen Belastung des „Spenders“ führen. Voraussetzung ist der Übergang des Eigentums; bloße Verwahrung genügt nicht (VwGH 09.10.1991, 90/13/0047). Keine freigebige Leistung liegt vor, wenn ein Pflichtbeitrag für mildtätige Zwecke zweckgebunden wird (zB Zweckbindung des Kirchenbeitrages für mildtätige Zwecke, siehe auch VwGH 29.04.2010, 2008/15/0001). 1330

Geld- oder Sachspenden an Einrichtungen im Sinne des § 4a Abs. 3, 4, 5 und 6 EStG 1988 sind im Rahmen des Höchstbetrages nach § 4a Abs. 1 EStG 1988 (10% des Gewinnes vor Berücksichtigung von Zuwendungen gemäß § 4b und § 4c EStG 1988 und vor Berücksichtigung eines Gewinnfreibetrages; siehe dazu Rz 1348) als Betriebsausgaben abzugsfähig. Zuwendungen an Organisationen im Sinne des § 4a Z 3 lit. b EStG 1988 idF vor dem AbgÄG 2011 (Spendensammeleinrichtungen), die vor dem 1.1.2012 getätigt werden, sind nur in Form von Geldspenden abzugsfähig; auch die Zuwendung eines Sparbuches kann als Geldspende angesehen werden; hingegen stellt die Zuwendung von Gutscheinen keine Geldspende dar.

Spenden aus dem Privatvermögen sind als Sonderausgaben abzugsfähig. Sie können an Organisationen im Sinne des § 4a Abs. 3 Z 1 bis 3 und Abs. 4 EStG 1988 in Form von Geld- und Sachzuwendungen erfolgen. Spenden an Organisationen gemäß § 4a Abs. 3 Z 4 bis 6, Abs. 5 und 6 EStG 1988 sind nur dann als Sonderausgaben abzugsfähig, wenn sie in Form von Geldzuwendungen erfolgen.

(BMF-AV Nr. 2019/75)

1330a Aufwendungen und Ausgaben, die zu einer Gegenleistung des Empfängers führen, sowie Mitgliedsbeiträge sind nicht begünstigt (siehe auch Rz 1330e). Als Spenden sind daher nur freiwillige Zuwendungen zu verstehen, die keinen Entgeltcharakter haben, sodass Leistungsvergütungen (zB solche an Feuerwehren) keinesfalls abzugsfähig sind.

Steht der Zuwendung eine Gegenleistung gegenüber, darf der gemeine Wert der Gegenleistung höchstens 50% der Zuwendung betragen. In diesem Fall ist nur der Teil der Zuwendung, der den gemeinen Wert der Gegenleistung überschreitet, abzugsfähig. Steht der Zuwendung jedoch eine Gegenleistung von völlig unerheblichem Wert gegenüber, ist zur Gänze von einer Spende auszugehen. Ob der Wert der Gegenleistung völlig unerheblich ist, ist nicht von der Wertrelation zur getätigten Spende, sondern vom Wert der Gegenleistung für sich abhängig. Von völlig unerheblichem Wert ist die Gegenleistung nur dann, wenn dieser zu vernachlässigen ist (zB einem Spendenerlagschein beiliegende Weihnachts- oder Glückwunschkarten, Aufkleber oder ein Kalender im Wert weniger Euro).

Dagegen ist im Hinblick auf die Unerheblichkeit der Gegenleistung bei Losverkäufen zu unterscheiden: Erfolgt der Verkauf von Losen im Rahmen einer Veranstaltung (zB bei einer Tombola), liegt auf Grund der hohen Gewinnchancen keine Spende vor, es sei denn, dass den ausgespielten Gewinnen lediglich symbolischer Charakter zukommt. Erfolgt der Verkauf von Losen hingegen im Rahmen einer an eine große Öffentlichkeit gerichteten Aktion (zB durch postalische Versendung, sonstige Nummernlotterien nach § 32 Glücksspielgesetz), kommt der Gewinnchance auf Grund der in diesem Fall großen Anzahl der aufgelegten Lose im Vergleich zum freigebigen Aspekt, ein Los zu erwerben, nur untergeordnete Bedeutung zu, sodass insgesamt eine Spende vorliegt.

Bei einer Versteigerung/Veräußerung gespendeter Gegenstände ist hinsichtlich der Spendenabzugsfähigkeit zu unterscheiden:

1. Die Person, die den zu versteigernden/zu veräußernden Gegenstand zur Verfügung stellt, leistet eine Sachspende.
2. Die Person, die diese Sachspende gegen Zahlung eines Geldbetrages erwirbt, der idR den gemeinen Wert der Sachspende erheblich übersteigt, leistet eine Geldspende.

Der begünstigten Körperschaft ist letztlich eine Spende in Höhe des vom Erwerber des versteigerten Gegenstandes entrichteten Geldbetrages zugekommen. Die Höhe dieses Geldbetrages bestimmt die abzugsfähige Spende, die auf die beiden Spender aufzuteilen ist. Die Aufteilung richtet sich dabei nach dem Wertverhältnis der Leistungen, die die beiden Spender erbringen. Der Sachspender kann den gemeinen Wert der versteigerten/veräußerten Sache als Spende absetzen, vorausgesetzt dieser Gegenstand stammt aus dem Betriebsvermögen. Der Erwerber kann den Betrag als Geldspende geltend machen, der den gemeinen Wert der Sachspende übersteigt.

Erfolgt die Sachspende aus dem Privatvermögen, kann der Spender keine Sonderausgabe geltend machen. Dies ändert nichts an dem Umstand, dass der Erwerber des Gegenstandes nur die Differenz zwischen dem von ihm aufgewendeten Betrag und dem gemeine Wert der Sachspende als Sonderausgabe absetzen kann.

Kann der gemeine Wert der Sachspende nicht ohne großen Aufwand ermittelt werden, bestehen keine Bedenken, die insgesamt von der Organisation erzielte Spende im Verhältnis 50:50 auf die beiden Spender aufzuteilen.

(BMF-AV Nr. 2015/133)

1330b Nicht betrieblich veranlasste Geld- oder Sachzuwendungen einer Kapitalgesellschaft zu Gunsten eines spendenbegünstigen Gesellschafters bzw. einer spendenbegünstigten Körperschaft, an der eine Beteiligung besteht, stellen eine abzugsfähige Spende im Sinne des § 4a EStG 1988 dar, wenn die formalen Voraussetzungen des § 4a EStG 1988 erfüllt sind. Es muss sich daher um eine freigebige Zuwendung handeln. Von einer solchen ist dann nicht auszugehen, wenn das Gesellschaftsverhältnis einen maßgeblichen Einfluss des Gesellschafters auf die Gesellschaft begründet.

(AÖF 2013/280)

1330c Wird eine Nutzungsmöglichkeit aus dem Betriebsvermögen unentgeltlich eingeräumt (zB ein LKW wird aus dem Betriebsvermögen einer spendenbegünstigten Einrichtung unentgeltlich überlassen) oder die Arbeitsleistung eines Dienstnehmers an eine spendenbegünstigte Einrichtung unentgeltlich überlassen, stellt der nach dem allgemeinen Betriebsausgabenbegriff nicht abzugsfähige Aufwand eine Betriebsausgabe im Rahmen des § 4a EStG 1988 dar. Der Ansatz eines fremdüblichen Nutzungsentgelts kommt für die Bemessung der Betriebsausgabe nicht in Betracht.

Da die eigene Arbeitskraft nicht aus dem Betrieb „entnommen" werden kann, ist die kostenlose Arbeit eines Betriebsinhabers nicht unter den Begriff der Zuwendung iSd § 4a EStG 1988 zu subsumieren.

(AÖF 2012/63)

Eine Zuwendung von Todes wegen (Vermächtnis, Erbschaft, Schenkung auf den Todesfall) ist ebenfalls eine Zuwendung im Sinne des § 4a EStG 1988. Diese Zuwendungen sind – unabhängig vom Zeitpunkt des tatsächlichen Abflusses – beim zuwendenden Erblasser im Rahmen der Veranlagung des letzten Lebensjahres zu berücksichtigen. Dabei ist zu beachten, dass nur der positive Saldo der von Todes wegen übertragenen Aktiva und Passiva eine Zuwendung im Sinne des § 4a EStG 1988 darstellt. **1330d**

(AÖF 2010/43)

Nicht als Zuwendungen abzugsfähig sind die Mitgliedsbeiträge jener Mitglieder, die am Vereinsleben als vollberechtigte Mitglieder teilnehmen können und die lediglich auf Grund der Mitgliedschaft bei der Körperschaft geleistet werden (echte Mitgliedsbeiträge eines ordentlichen Mitgliedes). Auch Beiträge, die zur Erlangung einer von der Organisation konkret erwarteten bzw. erbrachten Gegenleistung gefordert und entrichtet werden (unechte Mitgliedsbeiträge), sind nicht abzugsfähig. Echte Mitgliedsbeiträge dienen vor allem der laufenden Abdeckung des Aufwandes der Körperschaft. Anzeichen für das Vorliegen von Mitgliedsbeiträgen eines ordentlichen Mitgliedes ist die allgemeine, statutengemäße Leistung durch die Mitglieder, unabhängig von Art und Ausmaß der Inanspruchnahme der Einrichtungen der Körperschaft (vgl. VereinsR 2001 Rz 339 und KStR 2013 Rz 514). **1330e**

Beträge, die über diesen Mitgliedsbeitrag eines ordentlichen Mitgliedes hinaus vom Mitglied freiwillig oder auf Grund einer gegenüber der Körperschaft eingegangenen Einzelverpflichtung zur Förderung des Vereinszweckes geleistet werden, sind nicht als Mitgliedsbeiträge eines ordentlichen Mitgliedes anzusehen und daher als Spenden abzugsfähig (siehe auch UFS 11.08.2009, RV/1823-W/09).

Dies gilt auch für Zahlungen auf Grund einer Fördermitgliedschaft ohne Mitgliedschaftsrechte.

(AÖF 2010/43, AÖF 2013/280)

5.5.4.2 Begünstigte Empfänger

Abzugsfähig sind nur Spenden, die an eine Einrichtung geleistet werden, die entweder im Gesetz selbst definiert ist oder zum Zeitpunkt der Spende in der nach § 4a Abs. 7 Z 1 EStG 1988 vorgesehenen Liste der begünstigten Spendenempfänger angeführt ist. Bei diesen handelt es sich im Einzelnen um folgende Einrichtungen: **1331**

1. Einrichtungen, die im Wesentlichen mit Forschungs- und Lehraufgaben auf wissenschaftlichem Gebiet und damit verbundenen Publikationen oder Dokumentationen befasst sind (§ 4a Abs. 3 Z 4 bis 6 EStG 1988).
2. Stiftungen und Fonds nach dem BStFG 2015 oder nach vergleichbaren Landesgesetzen, die ausschließlich der Erfüllung von Aufgaben der Forschungsförderung dienen (§ 4a Abs. 3 Z 2a EStG 1988).
3. Dachverbände, deren ausschließlicher Zweck die Förderung des Behindertensportes ist, und der österreichische Behindertensport tatsächlich gefördert wird (§ 4a Abs. 4 lit. d EStG 1988).
4. Einrichtungen, die im Wesentlichen mit der allgemein zugänglichen Durchführung von der österreichischen Kunst und Kultur dienenden künstlerischen Tätigkeiten befasst sind oder allgemein zugängliche Präsentationen von Kunstwerken vornehmen (§ 4a Abs. 4a EStG 1988).
5. Einrichtungen, die im Wesentlichen mildtätigen Zwecken iSd § 37 BAO, der Bekämpfung von Armut und Not in Entwicklungsländern, der Hilfeleistung in Katastrophenfällen, dem Umwelt, Natur- und Artenschutz dienen, oder die im Wesentlichen dem Betrieb eines behördlich genehmigten Tierheimes dienen (§ 4a Abs. 5 Z 1 bis 3 EStG 1988).
6. Spendensammelorganisationen für die in Rz 1338b genannten Zwecke (§ 4a Abs. 5 Z 4 EStG 1988).
7. Spendensammelorganisationen, deren abgabenrechtliche Begünstigung gemäß den §§ 34 bis 47 BAO gemäß § 40a Z 1 BAO nicht verloren geht (Mittelbeschaffungskörperschaft), für die in Rz 1338b genannten Zwecke (§ 4a Abs. 5 Z 5 EStG 1988).

Ist die Einrichtung weder

- ausdrücklich im Gesetz genannt, noch

- in der Liste für die unter Punkt 1 bis 7 angeführten Einrichtungen enthalten, sind Spenden nicht abzugsfähig.

(BMF-AV Nr. 2018/79)

1331a Als begünstigte Spendenempfänger-Körperschaften nach § 4a Abs. 5 Z 1 bis 3 EStG 1988 kommen neben juristischen Personen des privaten Rechtes (zB Vereine oder GmbHs) auch Körperschaften des öffentlichen Rechts (zB kirchliche Organisationen mit ausschließlich mildtätigem Zweck) oder Betriebe gewerblicher Art von Körperschaften öffentlichen Rechts in Frage, wenn sie die in den §§ 34 ff BAO vorgesehenen Voraussetzungen erfüllen. Ebenso begünstigungsfähig sind Organisationen aus EU- bzw. EWR-Mitgliedsstaaten, wenn sie in die Spendenliste eingetragen sind. Die Voraussetzungen zur Eintragung solcher ausländischer Organisationen entsprechen jenen für inländische Körperschaften.

(AÖF 2012/63)

1331b Neben diesen direkt und unmittelbar der Erfüllung der in § 4a Abs. 2 Z 3 EStG 1988 genannten begünstigten Zwecke dienenden Organisationen kommen auch so genannte „Spendensammeleinrichtungen" als begünstigte Spendenempfänger in Betracht (§ 4a Abs. 5 Z 4 und 5 EStG 1988). Spenden an solche Organisationen sind abzugsfähig, wenn sie im Wesentlichen (mindestens 75%, siehe dazu Rz 1338g) die Sammlung von Spenden für begünstigte Zwecke iSd § 4a Abs. 2 Z 3 EStG 1988 als Aufgabe haben, und auch sonst den in § 4a Abs. 8 Z 3 EStG 1988 genannten Anforderungen entsprechen. Werden die Voraussetzungen für das Vorliegen abgabenrechtlicher Begünstigungen gemäß den §§ 34 ff BAO nicht erfüllt (Körperschaften iSd § 4a Abs. 5 Z 4 EStG 1988), stellt § 4a Abs. 8 Z 3 EStG 1988 eigene Regeln auf, die den Gemeinnützigkeitsvoraussetzungen im Wesentlichen entsprechen. In der Satzung ist das Sammeln von Spenden als ausschließlicher Zweck zu verankern (§ 4a Abs. 8 Z 3 lit. a EStG 1988). Die Verwendung der gesammelten Mittel erfolgt durch Weitergabe an in der Spendenliste eingetragene Körperschaften, wo diese Gelder zur Erfüllung von mildtätigen Zwecken, Zwecken der Entwicklungszusammenarbeit, der Hilfestellung in Katastrophenfällen, dem Umwelt-, Natur- und Artenschutz oder für den Betrieb eines behördlich genehmigten Tierheimes (§ 4a Abs. 2 Z 3 EStG 1988) verwendet werden, oder durch von der Organisation selbst durchgeführte Hilfsaktionen (§ 4a Abs. 8 Z 3 lit. c EStG 1988); die Organisation kann aber auch durch Erfüllungsgehilfen (§ 40 Abs. 1 BAO) für die entsprechende Verwendung des Spendenaufkommens sorgen (siehe auch VereinsR 2001 Rz 119 und Rz 120). Es ist für die Erfüllung der Voraussetzungen des § 4a Abs. 8 Z 3 EStG 1988 nicht schädlich, wenn die Spendensammeleinrichtung auch selbst unmittelbar mildtätige Zwecke verfolgt (zB eigene mildtätige Zwecke durchführt).

(BMF-AV Nr. 2018/79)

1331ba Werden von der Organisation die Voraussetzungen der §§ 34 ff BAO iVm § 40a Z 1 BAO erfüllt (Körperschaften iSd § 4a Abs. 5 Z 5 EStG 1988), sind die in § 4a Abs. 8 Z 3 EStG 1988 normierten Anforderungen an die Rechtsgrundlage unbeachtlich, weil die Rechtsgrundlage bereits § 41 BAO entsprechen muss (§ 4a Abs. 8 Z 4 EStG 1988; siehe dazu auch VereinsR 2001 Rz 120b ff). Nach der Rechtsgrundlage der Körperschaft ist ein begünstigter Zweck gemäß § 4a Abs. 2 Z 3 EStG 1988 (mildtätige Zwecke iSd § 37 BAO, Bekämpfung von Armut und Not in Entwicklungsländern, Hilfeleistung in Katastrophenfällen, Umwelt, Natur- und Artenschutz oder Betrieb eines behördlich genehmigten Tierheimes) zu verfolgen. Im Unterschied zur Spendensammeleinrichtung gemäß § 4a Abs. 5 Z 4 EStG 1988 ist die Sammlung von Spenden in der Rechtsgrundlage nicht als begünstigter Zweck anzuführen. Diese stellt ein Mittel zur Erreichung der begünstigten Zwecke dar (siehe dazu VereinsR 2001 Rz 120c).

(BMF-AV Nr. 2018/79)

1331c Eine genaue Zuordnung der Spende zum Spendenempfänger ist erforderlich. Dies ist bei einem gemeinsamen Konto nicht möglich. Ein gemeinsames Konto mehrerer (begünstigter und nicht begünstigter) Spendenempfänger verhindert daher grundsätzlich die Abzugsfähigkeit von Spenden für alle Spendenempfänger, denen dieses gemeinsame Konto zuzuordnen ist.

Bei Spontanaktionen (mehrere Hilfsorganisationen koordinieren gemeinsam ihre Hilfsmaßnahmen in Katastrophenfällen oder anderen akut auftretenden Ereignissen, die spontane Hilfsmaßnahmen erfordern) werden die Spenden und Hilfsmaßnahmen jedoch oft über ein gemeinsames Konto aller beteiligten Organisationen abgewickelt. Es bestehen in solchen Fällen keine Bedenken, die steuerliche Abzugsfähigkeit dieser Spenden anzuerkennen, wenn diese gemeinsame Aktion und somit auch das gemeinsame Konto auf Dauer oder zumindest für die Dauer der Aktion eingerichtet ist und alle beteiligten Organisationen begünstigte Spendenempfänger sind. Eine der beteiligten Organisationen hat in einem derartigen Fall hinsichtlich der Kontoführung als Treuhänder für die anderen Organisationen aufzutreten. Von dieser Organisation sind auch die Spendenbestätigungen auszustellen.

Ein Sammelkonto mehrerer begünstigter Spendenorganisationen ist auch dann nicht schädlich, wenn die Spende einer der beteiligten Spendenorganisationen direkt zugeordnet werden kann (zB durch Angabe des Verwendungszwecks, des Empfängernames usw.). Dem Spender ist durch die begünstigte spendensammelnde Organisation eine Bestätigung auszustellen, die die inhaltlichen Erfordernisse des § 18 Abs. 1 Z 8 lit. a EStG 1988 erfüllen muss (siehe auch Rz 1341).

(AÖF 2012/63)

Für die Berücksichtigung einer betrieblichen Zuwendung nach § 4a EStG 1988 ist eine Datenübermittlung gemäß § 18 Abs. 8 EStG 1988 nicht notwendig. Sind der Empfängerkörperschaft alle für die Datenübermittlung erforderlichen Daten bekannt, muss der Zuwender die Übermittlung dieser Daten für die Zuwendung untersagen, andernfalls die Empfängerkörperschaft eine Datenübermittlung vorzunehmen hat, was automatisch zu einer Berücksichtigung als Sonderausgabe führt. **1331d**

Wird eine Untersagung der Datenübermittlung unterlassen oder erfolgt entgegen der Untersagung dennoch eine Datenübermittlung, ist die Zuwendung als Sonderausgabe zu berücksichtigen und darf nicht als Betriebsausgabe geltend gemacht bzw. berücksichtigt werden. Soll die Zuwendung dennoch als Betriebsausgabe berücksichtigt werden, muss der Zuwender die Empfängerkörperschaft zu einer Berichtung der Datenübermittlung gemäß § 18 Abs. 8 Z 3 lit. b EStG 1988 veranlassen. Eine Berichtigung durch die Abgabenbehörde ist nur bei nachweislicher Verweigerung einer Berichtigung durch die Empfängerkörperschaft zulässig.

(BMF-AV Nr. 2018/79)

5.5.4.3 Begünstigte Zwecke

5.5.4.3.1 Zuwendungen an Empfänger iSd § 4a Abs. 3 EStG 1988

(AÖF 2012/63)

Die Zuwendungen an die im § 4a Abs. 3 EStG 1988 genannten Empfänger müssen zur Durchführung von Forschungs- oder Lehraufgaben sowie damit verbundenen wissenschaftlichen Publikationen oder Dokumentationen bestimmt sein. **1332**

Soweit sich die Körperschaft mit Lehraufgaben befasst, müssen sich diese an Erwachsene richten, Fragen der Wissenschaft (oder bei Einrichtungen iSd § 4a Abs. 3 Z 1 bis 3 EStG 1988 auch der Kunst) zum Inhalt haben und nach Art ihrer Durchführung den Lehrveranstaltungstypen des Universitätsgesetzes 2002 entsprechen. Die Maßstäbe des Erwachsenenbildungsgesetzes, BGBl. Nr. 171/1973, sind für die Anwendung des § 4a Abs. 3 EStG 1988 nicht maßgeblich. Demzufolge ist auch die Lehrtätigkeit von Universitäten, Kunsthochschulen und der Akademie der bildenden Künste für die Anwendung des § 4a Abs. 3 EStG 1988 als Erwachsenenbildung anzusehen.

Privathochschulen und seit 1.1.2021 auch Fachhochschulen gelten hinsichtlich der steuerlichen Behandlung von Zuwendungen an sie als Universitäten im Sinne des § 4a Abs. 3 Z 1 des EStG 1988 (§ 6 Abs. 2 PrivHG bzw. § 2 Abs. 7 FHG).

(BMF-AV Nr. 2021/65)

Mit dem Urteil vom 16.06.2011, C-10/10, Kommission/Österreich, hat der EuGH ausgesprochen, dass es gegen die Kapitalverkehrsfreiheit verstößt, wenn nur Zuwendungen an in Österreich ansässigen Einrichtungen mit Forschungs- und Lehraufgaben steuerlich abzugsfähig sind. **1332a**

Im Lichte dieses Urteils muss § 4a Abs. 3 Z 1 bis 4 EStG 1988 unionsrechtskonform ausgelegt werden. Dementsprechend kommen als begünstigte Spendenempfänger neben den in § 4a Abs. 3 Z 1 bis 4 EStG 1988 genannten Einrichtungen jeweils auch *diesen entsprechende ausländische Einrichtungen mit Sitz in einem Staat der Europäischen Union oder einem Staat, mit dem eine umfassende Amtshilfe besteht*, in Betracht.

Voraussetzung für die Spendenbegünstigung ist, dass die begünstigten Einrichtungen dem im Allgemeininteresse liegenden Ziel der Förderung der österreichischen Wissenschaft und Erwachsenenbildung dienen. Dies ist bei ausländischen Einrichtungen zB bei einer Kooperation der ausländischen Einrichtung mit österreichischen Einrichtungen oder der Beteiligung österreichischer Wissenschaftler an Projekten der Wissenschaft oder Erwachsenenbildung im Ausland der Fall.

Spenden an Einrichtungen iSd § 4a Abs. 3 Z 4 EStG 1988 sind nur abzugsfähig, wenn die jeweilige Einrichtung vom Finanzamt Österreich (bis 31.12.2020: Finanzamt Wien 1/23) als begünstigter Spendenempfänger anerkannt worden ist und auf der Liste begünstigter Spendenempfänger aufscheint. Diese Voraussetzung gilt auch für Spenden an ausländische Einrichtungen iSd § 4a Abs. 3 Z 4 EStG 1988. Spenden an ausländische Einrichtungen iSd

§ 4a Abs. 3 Z 4 EStG 1988 sind daher nur abzugsfähig, wenn die empfangende Einrichtung in der Liste begünstigter Spendenempfänger aufscheint. Ist diese Voraussetzung erfüllt, sind Spenden an ausländische Spendenempfänger auch dann begünstigt, wenn die empfangende Körperschaft zum Zeitpunkt der Spende (noch) nicht in der Liste aufscheint.

Die vorstehenden Ausführungen gelten für den Sonderausgabenabzug von Spenden an ausländische Einrichtungen im Rahmen des § 18 Abs. 1 Z 7 und Z 8 EStG 1988 entsprechend.

Diese unionskonforme Auslegung des § 4a Abs. 3 Z 1 bis 4 EStG 1988 ist auch hinsichtlich § 4a Z 1 lit. a bis d EStG 1988 idF vor AbgÄG 2011 in allen offenen Verfahren anzuwenden. Das Urteil des EuGH stellt allein aber keinen Wiederaufnahmegrund iSd § 303 BAO dar.

(BMF-AV Nr. 2021/65)

1332b Zuwendungen an Forschungsförderungseinrichtungen iSd § 4a Abs. 3 Z 2a EStG 1988 sind abzugsfähig. Eine unmittelbare wissenschaftliche Tätigkeit des Zuwendungsempfängers ist in diesem Fall nicht erforderlich.

Eine Forschungsförderungseinrichtung iSd § 4a Abs. 3 Z 2a EStG 1988 ist eine Stiftung oder ein Fonds, die bzw. der nach dem BStFG 2015 oder diesem vergleichbaren Landesgesetzen errichtet wurde; dem steht eine Stiftung oder ein Fonds gleich, die bzw. der nach dem „alten“ BStFG (BGBl. Nr. 11/1975 idF BGBl. I Nr. 161/2013) oder diesem vergleichbaren Landesgesetzen errichtet wurde. Die Forschungsförderungseinrichtung muss folgende Voraussetzungen erfüllen:

- Die Einrichtung muss nicht die Voraussetzungen nach den §§ 34 ff BAO erfüllen, allerdings darf die Einrichtung nach ihrer Rechtsgrundlage und tatsächlichen Geschäftsführung nicht auf Gewinn gerichtet sein.
- Die Einrichtung dient ausschließlich der Forschungsförderung. Dh. sie entfaltet keine eigenständige unmittelbare Forschungstätigkeit, es sei denn, es handelt sich dabei um einen völlig untergeordneten Nebenzweck.
- Die Einrichtung ist seit mindestens drei Jahren nachweislich im Bereich der Forschungsförderung tätig.
- Empfänger der Forschungsförderungsmittel sind im Wesentlichen (dh. zumindest 75% der Fördermittel) spendenbegünstigte Forschungseinrichtungen (zB Universitäten, die Österreichische Akademie der Wissenschaften usw).

Die Spendenbegünstigung steht der Einrichtung bei Erfüllung aller Voraussetzungen unmittelbar aus dem Gesetz zu; eine bescheidmäßige Zuerkennung der Spendenbegünstigung durch das Finanzamt Österreich (bis 31.12.2020: Finanzamt Wien 1/23) und die Eintragung in die Liste der begünstigten Spendenempfänger gemäß § 4a Abs. 7 Z 1 EStG 1988 erfolgen daher nicht. Allerdings ist zur Durchführung der elektronischen Spendendatenübermittlung eine spezifische Registrierung beim Finanzamt Österreich (bis 31.12.2020: Finanzamt Wien 1/23) erforderlich. Dies hat aber keine Auswirkung auf den Bestand der Spendenbegünstigung iSd § 4a EStG 1988.

(BMF-AV Nr. 2021/65)

1333 Da § 4a Abs. 3 EStG 1988 die Förderung von Wissenschaft und Forschung bezweckt, muss die Durchführung von Forschungs- bzw. Lehraufgaben die vorrangige Aufgabe des Spendenempfängers sein. Ob die Durchführung von Forschungs- oder Lehraufgaben als vorrangige Aufgabe der betreffenden Einrichtung anzusehen ist, wird nicht ausschließlich nach den verursachten Aufwendungen, sondern unter Bedachtnahme auf die Gesamttätigkeit dieser Einrichtung zu beurteilen sein. Einrichtungen, deren vorrangige Aufgabe etwa die Durchführung von Ausstellungen ist, sind nicht nach dieser Bestimmung begünstigt, können aber unter § 4a Abs. 2 Z 5 iVm Abs. 4a EStG 1988 fallen (siehe dazu Rz 1338a ff).

(BMF-AV Nr. 2018/79)

1333a Zu den für die Durchführung von Forschungs- und Lehraufgaben erforderlichen Aufwendungen gehören Anschaffungs- und Herstellungskosten für die benötigten Gebäude und deren Einrichtung, für Maschinen und Laboreinrichtungen, für Vorführ- und Testapparate usw. sowie die unmittelbar mit der Durchführung dieser Forschungs- und Lehraufgaben im Zusammenhang stehenden Personalaufwendungen und Kostenersätze für erforderliche Reisen. Darunter fallen auch Aufwendungen für Studierende für deren Mitwirkung bei der Durchführung von Forschungsaufgaben, nicht hingegen Zahlungen von Gratifikationen oder ähnliche freiwillige Personalaufwendungen und Stipendien an Studierende, deren Zweck es ist, den Lernenden zu unterstützen.

Es bestehen keine Bedenken, wenn der Spendenempfänger zugewendete Mittel zwischenveranlagt, soweit eine sofortige und unmittelbare Verwendung für begünstigte Zwecke nicht möglich ist.

(AÖF 2012/63)

Spenden an Einrichtungen iSd § 4a Abs. 3 Z 4 bis 6 EStG 1988 sind nur dann abzugsfähig, wenn die Einrichtung in der Liste der begünstigten Spendenempfänger zum Zeitpunkt der Spende eingetragen ist (siehe dazu Rz 1343 ff). **1333b**

Diese Voraussetzung gilt auch für Spenden an ausländische Einrichtungen iSd § 4a Abs. 3 Z 4 EStG 1988. Zum Spendenabzug in Bezug auf ausländische Einrichtungen iSd § 4a Z 1 lit. d EStG 1988 idF vor dem AbgÄG 2011 siehe Rz 1332a.

(AÖF 2012/63)

Eine Einrichtung iSd § 4a Abs. 3 Z 5 EStG 1988 ist eine juristische Person, an der eine Gebietskörperschaft oder eine Körperschaft iSd § 4a Abs. 3 Z 1 bis 3 EStG 1988 (zB Universität) mehrheitlich beteiligt ist. Diese Mehrheitsbeteiligung kann auch durch mehrere Gebietskörperschaften oder Körperschaften iSd § 4a Abs. 3 Z 1 bis 3 EStG 1988 erreicht werden. **1333c**

Diese Einrichtung muss im Wesentlichen (zumindest 75% der eingesetzten Gesamtressourcen) mit Forschungsaufgaben oder der Erwachsenenbildung dienenden Lehraufgaben sowie damit verbundenen wissenschaftlichen Publikationen und Dokumentationen befasst sein.

(AÖF 2012/63)

In der Rechtsgrundlage (zB Gesellschaftsvertrag) von Forschungseinrichtungen iSd § 4a Abs. 3 Z 4 und 5 EStG 1988 ist das mangelnde Gewinnstreben zu verankern. Daher ist es erforderlich, dass juristisch unselbständige Einrichtungen von Gebietskörperschaften, die sich im Wesentlichen mit Forschungs- und Lehraufgaben der genannten Art befassen, auf einer Rechtsgrundlage basieren. **1333d**

Vom in der Rechtsgrundlage verankerten mangelnden Gewinnstreben bleiben aber untergeordnete betriebliche Tätigkeiten unberührt (zB eine Forschungs-GmbH, die neben ihrer nicht auf Gewinn gerichteten Tätigkeit eine hinsichtlich des Ressourceneinsatzes untergeordnete Auftragsforschung für ein Industrieunternehmen durchführt).

In der Rechtsgrundlage ist zu verankern, dass die gesammelten Spenden ausschließlich für den begünstigten Zeck zu verwenden sind.

In der Rechtsgrundlage ist auch sicher zu stellen, dass an die Mitglieder oder Gesellschafter des Spendenempfängers oder diesen nahe stehenden Personen keinerlei Vermögensvorteile zugewendet werden; dies gilt auch für den Fall der Auflösung der Körperschaft oder für den Wegfall des begünstigten Zweckes.

Hinsichtlich des erforderlichen dreijährigen Bestandes des Spendenempfängers oder einer Vorgängerorganisation siehe Rz 1338h f.

Zum Verbleib von bereits begünstigten Forschungseinrichtungen auf der Liste begünstigter Spendenempfänger gemäß § 4a Abs. 7 Z 1 EStG 1988 siehe Rz 1345e.

(AÖF 2012/63)

Bei juristischen Personen iSd § 4a Abs. 3 Z 6 EStG 1988 ist darüber hinaus erforderlich, dass sie iSd § 39 BAO ausschließlich wissenschaftliche Zwecke verfolgen (VwGH 09.07.1997, 95/13/0110). Der Umstand der Gemeinnützigkeit darf sich nur aus dem Titel der Förderung wissenschaftlicher Zwecke (§ 35 Abs. 2 BAO) ergeben. Dabei ist nicht nur die Satzung oder sonstige Rechtsgrundlage, sondern auch die tatsächliche Geschäftsführung zu prüfen. Im Zusammenhang mit nicht unter § 4a Abs. 4 lit. b EStG 1988 fallende Museen ist zu beachten, dass die bloße Sammlung und Schaustellung von Gegenständen kultureller Bedeutung noch keine wissenschaftliche Betätigung darstellt. Ob die Gestaltung eines Museums geeignet ist, der Vermehrung menschlichen Wissens im Interesse der Allgemeinheit zu dienen, ist im Einzelfall danach zu beurteilen, ob die Ausgestaltung dem Aufbau (ihrer Methode) und dem Inhalt (ihrem Niveau) nach einer wissenschaftlichen Arbeit gleichzuhalten ist (VwGH 26.06.2001, 97/14/0170). **1334**

Die Zuwendungen dürfen vom Spendenempfänger nicht in einem Betrieb, ausgenommen einem wirtschaftlichen Geschäftsbetrieb gemäß § 45 Abs. 2 BAO, verwendet werden.

Eine Jagdpacht dient bei einem Verein, der sich mit Forschungsprojekten zur Lösung von Umweltproblemen (Boden-, Luft- und Wasserreinhaltung, Lärmbekämpfung, Landschaftspflege und Raumordnung) befasst, nicht ausschließlich der Verwirklichung des begünstigten Zweckes (der Umweltforschung), sodass die Begünstigung nicht in Betracht kommt (VwGH 30.1.2001, 95/14/0135).

(AÖF 2012/63)

Bei Einrichtungen iSd § 4a Abs. 3 Z 4 bis 6 EStG 1988 ist in der Rechtsgrundlage sicherzustellen, dass die vereinnahmten Zuwendungen dem in der Satzung verankerten begünstigten Zweck zugeführt werden. Insbesondere muss im Falle der Auflösung der Körperschaft oder **1334a** bei Wegfall des begünstigten Zweckes das Restvermögen für die in der Satzung genannten begünstigten Zwecke iSd § 4a Abs. 2 Z 1 EStG 1988 erhalten bleiben.

(AÖF 2012/63)

1335 Die Forschungs- und Lehraufgaben sowie die Publikationen und Dokumentationen müssen, soweit es sich nicht um die in § 4a Abs. 3 Z 2 EStG 1988 genannten Fonds handelt, vom Spendenempfänger unmittelbar selbst durchgeführt werden. Allerdings ist eine gemäß § 40a BAO unschädliche Tätigkeit, bei tatsächlichem Vorliegen einer unmittelbaren Zweckverfolgung, für Zwecke der Beurteilung der Wesentlichkeit der unmittelbaren Zweckverfolgung, wie eine unmittelbare Zweckverfolgung zu sehen (siehe dazu Rz 1338g). Werden allerdings bloß Forschungs- und Lehraufgaben sowie Publikationen und Dokumentationen, die nicht vom Spendenempfänger selbst durchgeführt werden, finanziert, reicht dies – von den in § 4a Abs. 3 Z 2 EStG 1988 genannten Fonds bzw. den in § 4a Abs. 3 Z 2a EStG 1988 genannten Stiftungen und Fonds abgesehen – für die Inanspruchnahme der Spendenbegünstigung nicht aus. Der Spendenempfänger hat dafür zu sorgen, dass seine Tätigkeit nach außen hin ausreichend zum Ausdruck kommt. Allfällige Verwertungsrechte an Forschungsergebnissen müssen bei ihm verbleiben und dürfen daher nicht etwa seinen Mitgliedern zugutekommen.

(BMF-AV Nr. 2018/79)

1336 Die Publikation oder Dokumentation von Forschungs- oder Lehraufgaben, die von anderen durchgeführt wurden bzw. werden, stellt daher grundsätzlich keinen begünstigten Verwendungszweck dar, es sei denn, dass der Ankauf wissenschaftlicher Publikationen bzw. Dokumentationen oder die Dokumentation, die der Spendenempfänger selbst vornimmt oder vornehmen lässt, Voraussetzung für eine konkrete Forschungs- oder Lehraufgabe des Spendenempfängers bildet und damit einen integrierenden Bestandteil jener Kosten darstellt, die vom Spendenempfänger für die Eigendurchführung einer bestimmten Forschungs- oder Lehraufgabe aufzuwenden sind.

(BMF-AV Nr. 2018/79)

1337 Wissenschaftliche Durchführung von Publikationen und Dokumentationen bedeutet eine Durchführung nach den Kriterien des heutigen Standes der Wissenschaften (VwGH 22.10.1997, 95/13/0275). Es kann daher zB die Präsentation von Kunstwerken im Rahmen von Verkaufsveranstaltungen nicht als gesetzlich begünstigter Verwendungszweck angesehen werden. Unter wissenschaftlicher Dokumentation ist die wissenschaftliche Präsentation von Ergebnissen von Forschungs- und Lehraufgaben zu verstehen.

5.5.4.3.2 Zuwendungen an Empfänger iSd § 4a Abs. 4 EStG 1988

(AÖF 2012/63)

1338 Die Zuwendungen an die im § 4a Abs. 4 EStG 1988 genannten Empfänger müssen zur Erfüllung der diesen Einrichtungen zukommenden Zwecke bestimmt sein.

- Hinsichtlich der in § 4a Abs. 4 lit. a EStG 1988 genannten Einrichtungen sind diese Zwecke in den §§ 24 (Österreichisches Archäologisches Institut) und § 26 (Institut für Österreichische Geschichtsforschung) Forschungsorganisationsgesetz, BGBl. Nr. 341/1981, in § 13 Bundesmuseen-Gesetz 2002, BGBl. I Nr. 14/2002 idF BGBl. I Nr. 112/2011 (Österreichische Nationalbibliothek) und in § 2 Filmförderungsgesetz (Österreichisches Filminstitut) festgelegt.
- Abzugsfähig sind auch Zuwendungen an Museen von inländischen Körperschaften des öffentlichen Rechts sowie an begünstigte inländische Museen von anderen Rechtsträgern, deren Sammlung in geschichtlicher, künstlerischer oder sonstiger kultureller Hinsicht von überregionaler Bedeutung ist, wenn die Zuwendung zur Erfüllung der diesen Einrichtungen zukommenden Zwecken dient (§ 4a Abs. 4 lit. b EStG 1988).

  Ein Museum ist eine Einrichtung, die zur Wahrung des kulturellen oder naturkundlichen Erbes Zeugnisse der Vergangenheit und der Gegenwart dauerhaft zu erhalten und für die Zukunft zu sichern hat. Dabei sind die Sammlungen des Museums der Öffentlichkeit zugänglich zu machen, zu dokumentieren und wissenschaftlich zu erforschen oder der wissenschaftlichen Forschung zugänglich zu machen.

  Museen anderer Rechtsträger sind nur dann begünstigt, wenn sie Sammlungsgegenstände zur Schau stellen, die in geschichtlicher, künstlerischer oder sonstiger kultureller Hinsicht von überregionaler Bedeutung sind. Dies ist dann der Fall, wenn sie durch ihre Einzigartigkeit, Besonderheit oder Vielfalt der Sammlung einen besonderen Stellenwert verleihen oder Grundlage eines spezifischen Alleinstellungsmerkmales sind (§ 1 SammlungsgegenständeV, BGBl. II Nr. 34/2017). Dieser Stellenwert ist insbesondere nach folgenden Kriterien zu beurteilen:

  1. Die wissenschaftlichen, forschungsbezogenen und erzieherischen Aufgaben des Museums sind nicht nur auf den näheren regionalen Umkreis bezogen.

2. Das Publikumsinteresse geht über die Region hinaus, dh. ein wesentlicher Teil der Besucher stammt aus anderen Regionen (Bezirke).
3. Medienberichte über das Museum stammen nicht bloß von regionalen Medien, wobei die überregionale Berichterstattung nicht bloß ein Einzelfall sein darf.

Werden von einer Gebietskörperschaft lediglich die Abgänge eines ein Museum führenden Vereines in Form von Subventionen getragen, bedeutet das noch nicht, dass diese Gebietskörperschaft iSd § 4a Abs. 3 Z 5 EStG 1988 an dem Verein mehrheitlich beteiligt wäre (VwGH 26.06.2001, 97/14/0170).

- Unter die Abzugsfähigkeit fallen auch Zuwendungen an das Bundesdenkmalamt inklusive des Denkmalfonds gemäß § 33 Abs. 1 des Denkmalschutzgesetzes (§ 4a Abs. 4 lit. c EStG 1988).
- Begünstigt sind auch Spenden an österreichische Dachverbände von Körperschaften, Personenvereinigungen und Vermögensmassen sowie diesen vergleichbare Einrichtungen mit Sitz in einem Mitgliedstaat der EU oder in einem Staat, mit dem eine umfassende Amtshilfe besteht, deren ausschließlicher Zweck die Förderung des Behindertensportes ist und der österreichische Behindertensport tatsächlich gefördert wird (§ 4a Abs. 4 lit. d EStG 1988).

  Eine tatsächliche Förderung des österreichischen Behindertensportes durch ausländische Dachverbände ist insbesondere dann anzunehmen, wenn österreichische Behindertensportler materiell unterstützt werden oder Kooperationsvereinbarungen mit österreichischen Behindertensportverbänden bestehen.

  Im Unterschied zu den anderen in § 4a Abs. 4 EStG 1988 angeführten Einrichtungen sind an solche Einrichtungen nach dem 31.12.2012 getätigte Spenden nur dann abzugsfähig, wenn die Einrichtung in der Liste der begünstigten Spendenempfänger gemäß § 4a Abs. 7 Z 1 EStG 1988 eingetragen ist. War eine solche Einrichtung auf Grund des § 4a Abs. 4 lit. d EStG 1988 in der Fassung vor dem AbgÄG 2012 spendenbegünstigt, konnte bis 30.4.2013 ein Antrag auf Eintragung in die Liste der begünstigten Spendenempfänger gestellt werden. Erfolgte auf Basis dieses Antrages die Eintragung in die Liste, gilt diese Eintragung jedenfalls als mit 1.1.2013 bewirkt. Das führt dazu, dass Spenden, die im Jahr 2013 vor der Eintragung in die Liste geleistet werden, abzugsfähig sind.
- Abzugsfähig sind auch freigebige Zuwendungen an die Diplomatische Akademie zur Erfüllung der dieser nach § 2 Bundesgesetz über die "Diplomatische Akademie Wien", BGBl. Nr. 178/1996, zukommenden Zwecke (§ 4a Abs. 4 lit. f EStG 1988) sowie Zuwendungen an eine vergleichbare ausländische Einrichtung mit Sitz in einem Mitgliedstaat der EU oder in einem Staat, mit dem eine umfassende Amtshilfe besteht.
- Gemäß § 4a Abs. 4 lit. g EStG 1988 sind auch Zuwendungen an ausländische Einrichtungen mit Sitz in einem Mitgliedstaat der EU oder in einem Staat, mit dem eine umfassende Amtshilfe (vgl. Rz 215) besteht, abzugsfähig, wenn die Einrichtung den in § 4a Abs. 4 lit. a bis c EStG 1988 genannten Einrichtungen vergleichbar ist und der Förderung, Erhaltung, Vermittlung und Dokumentation von Kunst und Kultur in Österreich dient.

Eine Förderung, Erhaltung, Vermittlung und Dokumentation von Kunst und Kultur in Österreich durch eine ausländische Einrichtung kann insbesondere durch Leihgaben von Gegenständen an österreichische Museen zur Präsentation in Ausstellungen in Österreich oder durch den Abschluss von Kooperationsvereinbarungen mit österreichischen Museen oder anderen Kultureinrichtungen (zB zur Durchführung von Ausstellungen in Österreich, zur Erhaltung, Vermittlung und Dokumentation von Sammlungsgegenständen oder zur Durchführung von Ausgrabungen) bewirkt werden.

Bei dem Bundesdenkmalamt nach § 4a Abs. 4 lit. c EStG 1988 vergleichbaren ausländischen Einrichtungen liegt eine Förderung, Erhaltung, Vermittlung und Dokumentation von Kunst und Kultur in Österreich dann vor, wenn denkmalgeschützte Gebäude in Österreich gefördert werden.

(BMF-AV Nr. 2019/75)

5.5.4.3.2a Zuwendungen an Empfänger iSd § 4a Abs. 4a EStG 1988

(BMF-AV Nr. 2018/79)

Die Zuwendungen an die in § 4a Abs. 4a EStG 1988 genannten Einrichtungen müssen für folgende Zwecke verwendet werden: **1338a**

- Durchführung von allgemein zugänglichen künstlerischen Tätigkeiten iSd § 22 Z 1 EStG 1988 (zu künstlerischen Tätigkeiten siehe Rz 5237 ff), die der österreichischen Kunst und Kultur dienen.
- Allgemein zugängliche Präsentationen von Kunstwerken.

Diese Zwecke sind von der Einrichtung unmittelbar zu verfolgen (§ 4a Abs. 8 Z 1 lit. b EStG 1988). Dh. die künstlerische Tätigkeit ist durch die Einrichtung zu entfalten (zB Theateraufführungen eines Theatervereines, Musikdarbietungen eines Musikvereines). Die unmittelbare Zweckverwirklichung kann auch durch Erfüllungsgehilfen gemäß § 40 Abs. 1 BAO durchgeführt werden (siehe dazu VereinsR 2001 Rz 120).

Der Begriff der Unmittelbarkeit des § 4a Abs. 8 Z 1 lit. b EStG 1988 entspricht dem der BAO. § 40a BAO begründet keine Unmittelbarkeitsfiktion (siehe dazu VereinsR 2001 Rz 120a). Allerdings ist eine gemäß § 40a BAO unschädliche Tätigkeit, bei tatsächlichem Vorliegen einer unmittelbaren Zweckverfolgung, für Zwecke der Beurteilung der Wesentlichkeit der unmittelbaren Zweckverfolgung, wie eine unmittelbare Zweckverfolgung zu sehen (siehe dazu Rz 1338g).

(BMF-AV Nr. 2018/79)

1338aa Eine Einrichtung gemäß § 4a Abs. 4a EStG 1988 liegt nur dann vor, wenn folgende Voraussetzungen erfüllt sind:

1. Die Einrichtung erhält mindestens alle zwei Jahre eine Förderung des Bundes, eines Landes oder der Bundeshauptstadt Wien im Bereich Kunst und Kultur.
2. Die Förderungen müssen in der Transparenzdatenbank im Tätigkeitsbereich „Kunst und Kultur“ ersichtlich gemacht sein.

Wird die Spendenbegünstigung für eine Kunst- und Kultureinrichtung erstmals beantragt, muss bereits zum Antragszeitpunkt eine Einrichtung iSd § 4a Abs. 4a EStG 1988 vorliegen. Das heißt, dass bereits in den der erstmaligen Antragstellung vorangegangenen drei Jahren mindestens zweimal eine Förderung des Bundes, eines Landes oder der Bundeshauptstadt Wien vereinnahmt werden musste. Förderungen außerhalb dieses Dreijahreszeitraumes sind unbeachtlich (§ 4a Abs. 4a Z 2 EStG 1988).

Der Begriff der Förderung ist weit im Sinne von Transferzahlungen gemäß § 30 Abs. 5 BHG 2013 zu verstehen. Darunter fallen daher auch zB Zuwendungen und Abgeltungen (zB Abgeltung des kulturpolitischen Auftrages gemäß § 7 Bundestheaterorganisationsgesetz an Bundestheater).

Begünstigt sind auch Einrichtungen, die ihren Sitz in einem Mitgliedstaat der Europäischen Union oder einem Staat haben, mit dem eine umfassende Amtshilfe besteht.

(BMF-AV Nr. 2018/79)

1338ab Begünstigt sind nur solche Einrichtungen, denen durch das Finanzamt Österreich (bis 31.12.2020: Finanzamt Wien 1/23) eine Spendenbegünstigung nach § 4a Abs. 8 Z 1 EStG 1988 erteilt wurde und deren aufrechte Spendenbegünstigung in der Liste der begünstigten Spendenempfänger gemäß § 4a Abs. 7 Z 1 EStG 1988 ausgewiesen ist.

Die Spendenbegünstigung kann nur erteilt werden, wenn die erhaltenen Förderungen in der Transparenzdatenbank ausgewiesen sind. Fehlt ein solcher Ausweis, ist, auch bei anderweitigem Nachweis des Erhalts von Kulturförderung durch den Bund, die Länder oder die Bundeshauptstadt, mangels Erfüllung einer zwingenden Voraussetzung für die Spendenbegünstigung, diese nicht zu erteilen.

Zur erstmaligen Erteilung von Spendenbegünstigungen an Einrichtungen iSd § 4a Abs. 4a EStG 1988 siehe Rz 1345g.

(BMF-AV Nr. 2021/65)

5.5.4.3.3 Zuwendungen an Empfänger iSd § 4a Abs. 5 EStG 1988

(AÖF 2012/63)

1338b Die Zuwendungen an die in § 4a Abs. 5 EStG 1988 genannten Empfänger müssen für folgende Bereiche verwendet werden:

- Mildtätige Zwecke, die überwiegend im Inland, in Mitgliedstaaten der Europäischen Union oder in Staaten des Europäischen Wirtschaftsraumes verfolgt werden. Mildtätige Zwecke sind solche, die auf die Unterstützung materiell oder persönlich hilfsbedürftiger Personen gerichtet sind (vgl. VereinsR 2001 Rz 28 f und die demonstrative Aufzählung in VereinsR 2001 Rz 82 bis Rz 94). Ausschlaggebend für die Beurteilung als „mildtätig“ ist die Tätigkeit selbst, nicht deren Finanzierung.

  Beispiel:

  Ein Pflegeheim wird durch Eigenleistungen der Pfleglinge und/oder durch Tagsätze von Sozialversicherungen und Körperschaften öffentlichen Rechtes ausfinanziert. Das Pflegeheim ist als mildtätig anzusehen.

- Die Bekämpfung von Armut und Not in Entwicklungsländern durch Förderung der wirtschaftlichen und sozialen Entwicklung, welche zu einem Prozess des nachhaltigen

Wirtschaftens und des wirtschaftlichen Wachstums, verbunden mit strukturellem und sozialem Wandel führen soll (ähnlich § 1 Abs. 3 Z 1 Entwicklungszusammenarbeitsgesetz). Dem entspricht auch die Erfüllung von mildtätigen Zwecken in Entwicklungsländern oder zB die Errichtung von Schulen. Dabei sind als Entwicklungsländer jene Staaten anzusehen, die in der Liste der ODA-Empfängerstaaten des Entwicklungshilfeausschusses der OECD (DAC) als solche genannt sind. Begünstigt sind nur solche Organisationen, die Projekte in einer Größenordnung fördern, die eine effektive Wirkung im Sinne der Zielsetzungen des nachhaltigen Wandels ermöglichen und sich als allgemeine Fördermaßnahme darstellen, also nicht auf eine kleine Anzahl von Einzelpersonen fokussiert sind. Dies erscheint jedenfalls gegeben, wenn der Umfang der Einzelprojekte oder Programme, an denen die Organisation mitwirkt, 30.000 Euro erreicht, wobei sich die Projekte oder Programme auch über einen mehrjährigen Zeitraum erstrecken können. In Einzelfällen kann auch bei geringerer Projektgröße eine allgemeine Förderungsmaßnahme gegeben sein.

- Hilfestellung in Katastrophenfällen. Neben den gesetzlich beispielhaft genannten Katastrophenfällen (Hochwasser-, Erdrutsch-, Vermurungs- und Lawinenschäden) kommen weiters insbesondere in Betracht (vgl. Rz 4836): Schäden durch Flächenbrand, Strahleneinwirkung, Erdbeben, Felssturz oder Steinschlag, technische Katastrophen (zB Brand- oder Explosionskatastrophen), kriegerische Ereignisse, Terroranschläge oder sonstige humanitäre Katastrophen (zB Seuchen, Hungersnöte, Flüchtlingskatastrophen).

Zuwendungen an die in § 4a Abs. 5 EStG 1988 genannten Empfänger sind auch für folgende Zwecke begünstigt, wenn sie ab dem 1.1.2012 erfolgen:

- Durchführung von Maßnahmen zum Schutz der Umwelt mit dem Ziel der Erhaltung und der Pflege der natürlichen Lebensgrundlagen von Lebewesen oder der Behebung der durch den Menschen verursachten Beeinträchtigungen und Schäden der Umwelt (Umwelt-, Natur- und Artenschutz).

  Darunter fallen insbesondere Maßnahmen mit dem Ziel, schädliche Einwirkungen auf Menschen, Tiere und Pflanzen, deren Lebensgrundlagen und deren natürliche Umwelt zu vermeiden oder so gering wie möglich zu halten. Dazu zählen auch Maßnahmen, die das Bewusstsein der Allgemeinheit für nachhaltigen Ressourceneinsatz stärken sollen.

  Unter Artenschutz im Besonderen versteht man den Schutz und die Pflege bestimmter, aufgrund ihrer Gefährdung als schützenswert erachteter, wild lebender Tier- und Pflanzenarten in ihrem natürlichen Lebensraum. Der Artenschutz dient dem Ziel der Erhaltung der biologischen Vielfalt (Biodiversität).

  Nicht begünstigt ist dagegen grundsätzlich der Tierschutz im Allgemeinen, bei dem das individuelle Tier (Haustier) um seiner selbst willen geschützt werden soll.

- Betreuung von Tieren in behördlich genehmigten Tierheimen iSd Tierschutzgesetzes (inkl. der veterinärmedizinischen Betreuung). Ein Tierheim ist nach § 4 Z 9 Tierschutzgesetz, BGBl. I Nr. 118/2004, eine nicht auf Gewinn gerichtete dauerhafte Einrichtung, die der Verwahrung herrenloser oder fremder Tiere dient. Unter den Begriff des Tierheimes fallen auch Tierasyle und Gnadenhöfe.

  Die Tierhaltung muss eine von der privaten Sphäre einzelner Vereinsmitglieder klar abgegrenzte eigenständige wirtschaftliche Einrichtung darstellen. Die Haltung, Pflege und Betreuung von Tieren im häuslichen Bereich ist daher nicht begünstigt (zB Tierheim auf dem privaten Wohngrundstück des Vereinsvorstandes, BFG 21.10.2014, RV/7100992/2013). Nicht begünstigt ist auch eine Betreuungstätigkeit, die im Rahmen einer betrieblichen Tätigkeit entfaltet wird (zB die Erteilung des Gnadenbrotes an alte Reitpferde im Rahmen einer land- und forstwirtschaftlichen Tätigkeit, vgl. dazu auch BFG 21.10.2014, RV/7100992/2013).

  Die Führung des Tierheimes muss den Anforderungen des Tierschutzgesetzes und der Tierheim-Verordnung, BGBl. II Nr. 490/2004, entsprechen. Werden Verstöße gegen das Tierschutzgesetz behördlich festgestellt, ist die erteilte Spendenbegünstigung unverzüglich zu widerrufen.

  Begünstigt ist auch die Betreuung von Tieren in einem Tierheim in einem Mitgliedstaat der Europäischen Union oder des EWR, wenn es mit einem Tierheim iSd Tierschutzgesetzes vergleichbar ist.

Voraussetzung ist, dass die begünstigten Spendenempfänger die Maßstäbe der §§ 34 ff BAO erfüllen und die Förderung eigennütziger Zwecke ausgeschlossen wird.

(BMF-AV Nr. 2015/133)

Um für den Spender oder die Spenderin die Abzugsfähigkeit der Spende sicherzustellen, **1338ba**
werden sowohl die nach § 4a Abs. 5 Z 1 bis 3 EStG 1988 (begünstigte Zwecke unmittelbar verwirklichende Einrichtungen) als auch die nach § 4a Abs. 5 Z 4 und 5 EStG 1988 (Spen-

densammeleinrichtungen) spendenbegünstigten Organisationen zumindest einmal jährlich in einer Liste erfasst und veröffentlicht. Die Veröffentlichung erfolgt auf der Homepage des Bundesministeriums für Finanzen, wobei sämtliche begünstigte Organisationen – einschließlich begünstigter Forschungseinrichtungen iSd § 4a Abs. 3 Z 4 bis 6 EStG 1988 (siehe dazu Rz 1333a) sowie begünstigte Kunst- und Kultureinrichtungen iSd § 4a Abs. 4a EStG 1988 (siehe dazu Rz 1338a ff) – in einer Liste zusammengefasst sind.

Sind die Voraussetzungen für die Anerkennung als begünstigte Organisation nicht (mehr) gegeben, hat das Finanzamt Österreich (bis 31.12.2020: Finanzamt Wien 1/23) den das Vorliegen der Begünstigungsvoraussetzungen feststellenden Bescheid zu widerrufen und dies in der Liste nach § 4a Abs. 7 Z 1 EStG 1988 zu veröffentlichen. Ab dem Tag nach der Veröffentlichung des Widerrufs sind Spenden nicht mehr abzugsfähig.

Für jede spendenbegünstigte Organisation ist in der Liste ein Zeitraum („gültig ab – gültig bis") angegeben. Dieser Zeitraum bezeichnet den aufrechten Bestand der Spendenbegünstigungsfähigkeit. Die Spende ist abzugsfähig, wenn sie innerhalb des angegebenen Zeitraumes erfolgt.

(BMF-AV Nr. 2021/65)

5.5.4.3.4 Zuwendungen an Empfänger iSd § 4a Abs. 6 EStG 1988

(AÖF 2012/63)

1338c Ab dem 1.1.2012 erfolgende Zuwendungen an freiwillige Feuerwehren und die Landesfeuerwehrverbände (§ 4a Abs. 6 EStG 1988) sind als Betriebsausgaben abzugsfähig. Die Spenden müssen zur Erfüllung der in den Landesgesetzen zugewiesenen Aufgaben der Feuerpolizei, der örtlichen Gefahrenpolizei und des Katastrophenschutzes bestimmt sein. Eine Verwendung für andere Zwecke (zB Kameradschaftskasse, Ausbau von Anlagen eines Betriebes gewerblicher Art wie zB Veranstaltungshalle) ist nicht zulässig.

In den Kreis begünstigter Spendenempfänger fallen alle freiwilligen Feuerwehren, unabhängig davon, ob sie selbständige Organisationen oder Teil einer Gemeinde sind. Bezirks-, Abschnitts- oder Unterabschnittskommanden sind Teil des jeweiligen Landesfeuerwehrverbandes. Freiwillige Feuerwehren sind Feuerwehren, deren Angehörige freiwillig und überwiegend ehrenamtlich tätig sind.

Berufsfeuerwehren sind ebenso wie Betriebsfeuerwehren vom Kreis der begünstigten Spendenempfänger nicht erfasst.

Aufwendungen eines Unternehmens für seine eigene Betriebsfeuerwehr stellen allerdings nach den allgemeinen Regeln Betriebsausgaben dar.

Zuwendung an Feuerwehren durch Betriebe gewerblicher Art und/oder Körperschaften, die mit einer Gemeinde oder einem Gemeindeverband wirtschaftlich verbunden sind, sind nicht abzugsfähig.

(AÖF 2012/63)

1338d Die begünstigten Einrichtungen haben Aufzeichnungen hinsichtlich der Spendeneinnahmen zu führen und Spendenbestätigungen iSd § 18 Abs. 1 Z 7 EStG 1988 auszustellen (§ 4a Abs. 7 Z 5 EStG 1988); Kopien/Durchschriften von ausgestellten Spendenbestätigungen sind aufzubewahren. In Bezug auf Banküberweisungen sind die den Zahlungseingang nachweisenden Kontoauszüge aufzubewahren; bei Aufforderung durch die Finanzverwaltung sind detailliertere Nachweise der Zahlungseingänge beizubringen.

(BMF-AV Nr. 2018/79)

5.5.4.3.5 Materielle Voraussetzungen für Spendenempfänger iSd § 4a Abs. 8 EStG 1988

(AÖF 2012/63)

1338e Für die begünstigten Spendenempfänger im Sinne des § 4a Abs. 3 Z 6, Abs. 4a und Abs. 5 Z 1 bis 3 EStG 1988 sieht § 4a Abs. 7 Z 1 EStG 1988 in Verbindung mit § 4a Abs. 8 Z 1 EStG 1988 vor, dass die Empfängerkörperschaft alle in den §§ 34 ff BAO festgelegten grundlegenden Voraussetzungen für die Erlangung von Abgabenbegünstigungen erfüllen muss, um als begünstigter Spendenempfänger in Betracht zu kommen. Die VereinsR 2001, insbesondere die Rz 6 bis Rz 9 und Rz 105 bis Rz 135, sind zu beachten.

(BMF-AV Nr. 2018/79)

1338f Zur Erlangung der Spendenbegünstigung ist es erforderlich, dass die Rechtsgrundlage der antragstellenden Organisation den allgemeinen Anforderungen der §§ 34 ff BAO entspricht. Zusätzlich muss sie aber hinsichtlich Art und Umfang der begünstigten Tätigkeit an die Vorgaben des § 4a Abs. 8 Z 1 EStG 1988 angepasst sein. Dies betrifft vor allem die

Konzentration auf im Wesentlichen spendenbegünstigte Zwecke (siehe Rz 1338g) sowie die Vermögensbindung für diese in der Rechtsgrundlage genannten spendenbegünstigten Zwecke.

Als Rechtsgrundlage kommen zB in Betracht:

- Vereinssatzungen oder Statuten
- Gesellschaftsverträge von Kapitalgesellschaften
- das nach kanonischem Recht ergangene Einsetzungsdekret
- Rechtsgrundlagen, die auf einem Gesetz basieren
- Beschlüsse der Leitungsgremien von Körperschaften öffentlichen Rechtes

Eine mangelhafte Rechtsgrundlage schließt die Aufnahme in die Liste aus. VereinsR 2001 Rz 111 ist in Zusammenhang mit der Erteilung einer Spendenbegünstigung in Hinblick auf den speziellen Zweck und den Spenderwillen nicht anwendbar. Die Aufnahme in die Liste kann erst nach der tatsächlichen Behebung der Mängel erfolgen. Als behoben ist ein Mangel dann anzusehen, wenn das zur Gestaltung der Rechtsgrundlage berufene Gremium die entsprechenden Änderungen beschlossen hat und gegebenenfalls eine entsprechende Meldung bei der zuständigen Stelle (zB Vereinsbehörde) erfolgt ist.

Da in Zusammenhang mit der „Spendenbegünstigung" vor allem auch der Spenderwille beachtlich ist, orientiert sich die Vermögensbindung nicht allgemein an begünstigten Zwecken iSd §§ 34 ff BAO, sondern ist auf die in der Rechtsgrundlage angeführten spendenbegünstigten Zwecke einzuschränken (§ 4a Abs. 8 Z 1 lit. e EStG 1988). Daher ist auch eine Vermögensbindung für den Fall der Aufhebung der Körperschaft vorzusehen. Dabei ist aber zu beachten, dass im Falle der Auflösung der Körperschaft oder des Wegfalles des begünstigten Zweckes das Restvermögen den in der Satzung genannten begünstigten Zwecken erhalten bleiben muss. Dabei gelten die in § 4a Abs. 2 Z 3 lit. a bis c EStG 1988 genannten Zwecke als gleichwertig. Wird in der Satzung ein in § 4a Abs. 2 Z 3 lit. d EStG 1988 begünstigter Zweck genannt, muss im Fall der Auflösung das Restvermögen auch einem Zweck erhalten bleiben, der in § 4a Abs. 2 Z 3 lit. d EStG 1988 gedeckt ist. Gleiches gilt, wenn in der Satzung ein in § 4a Abs. 2 Z 3 lit. e oder in § 4a Abs. 2 Z 1 und 5 EStG 1988 begünstigter Zweck genannt ist, entsprechend. Zu Forschungsvereinen siehe auch Rz 1334a.

Zur Anpassung der Rechtsgrundlage siehe Rz 1345f.

Die in § 4a Abs. 2 Z 1, Z 3 und 5 EStG 1988 verankerten begünstigten Zwecke müssen den **1338g**
Hauptzweck der begünstigten Rechtsträger darstellen. Die Empfängerkörperschaften müssen sich im Wesentlichen unmittelbar mit der Durchführung von Forschungsaufgaben oder der Erwachsenenbildung dienenden Lehraufgaben iSd § 4a Abs. 2 Z 1 EStG 1988 befassen, auf mildtätigem Gebiet, in der Bekämpfung von Armut und Not in Entwicklungsländern, in der Hilfestellung in Katastrophenfällen, auf dem Gebiet des Umwelt-, Natur- und Artenschutz betätigen, ein behördlich genehmigtes Tierheim betreiben, allgemein zugängliche, der österreichischen Kunst und Kultur dienende künstlerische Aktivitäten entfalten oder allgemein zugängliche Präsentationen von Kunstwerken veranstalten.

Eine wesentliche Verfolgung der begünstigten Zwecke liegt vor, wenn zumindest 75% der Gesamtressourcen (Arbeitsleistung, Sachaufwand und Geldeinsatz) für diese Zwecke eingesetzt werden (siehe UFS 11.08.2009, RV/1823-W/09). Als Tätigkeiten zur direkten Erfüllung des Hauptzweckes können nur solche betrachtet werden, die dessen Erfüllung unmittelbar dienen. Dazu gehört auch die Ausbildung von eigenem Personal für den Einsatz im wesentlichen Tätigkeitsbereich (zB für Behindertenpflege oder Katastropheneinsätze usw.). Daneben kann auch das Personal anderer vergleichbarer Organisationen in die Ausbildung einbezogen werden. Eine Tätigkeit zur direkten Erfüllung des Hauptzweckes ist auch die Durchführung von Informationskampagnen mit dem Ziel, das Bewusstsein der Allgemeinheit für den nachhaltigen Ressourceneinsatz zu stärken (siehe Rz 1338b). Tätigkeiten, die nicht unmittelbar auf die Verwirklichung begünstigter Zwecke gerichtet sind (zB Erste-Hilfe-Kurse für Führerscheinwerber), stellen keine Erfüllung des Hauptzweckes dar und zählen daher zu den Nebentätigkeiten. Allerdings ist eine gemäß § 40a BAO unschädliche Tätigkeit, bei tatsächlichem Vorliegen einer unmittelbaren Zweckverfolgung, für Zwecke der Beurteilung der Wesentlichkeit der unmittelbaren Zweckverfolgung wie eine unmittelbare Zweckverfolgung zu sehen. Gleiches gilt für eine gemäß § 40b BAO unschädliche Tätigkeit:

Beispiel 1:

Ein Kulturverein betreibt selbst eine Theaterbühne, unterstützt aber auch andere Kulturvereine, in dem er diesen gegen Selbstkosten sein Theater samt Ausstattungsgegenständen und Personal zu Probe- und Aufführungszwecken überlässt. Zudem wendet er finanzielle Mittel an andere Kulturvereine zu.

Auf die unmittelbare künstlerische Tätigkeit dieses Vereines entfallen weniger als 75% der Gesamttätigkeit des Vereines; der Verein dient somit nicht im Wesentlichen seinem begünstigten Zweck. Erfüllen die zusätzlich erbrachten Leistungen die Voraussetzungen des § 40a BAO, sind diese aber bei der Ermittlung des Ausmaßes der unmittelbaren Zweckverfolgung mitzuberücksichtigen, sodass eine wesentliche Zweckverfolgung vorliegen kann.

Beispiel 2:

Eine spendenbegünstigte Forschungseinrichtung iSd § 4a Abs. 3 Z 6 EStG 1988 vergibt Stipendien und Preise iSd § 40b BAO im Ausmaß von 20% der Mittel, die ihr für ihre Gesamttätigkeit zur Verfügung stehen. Auch wenn dies insoweit unschädlich ist, dient die Forschungseinrichtung somit nicht ausschließlich ihrem begünstigten Zweck. Erfüllen die zusätzlich erbrachten Leistungen die Voraussetzungen des § 40b BAO, sind diese aber bei der Ermittlung des Ausmaßes der unmittelbaren Zweckverfolgung mitzuberücksichtigen, sodass eine ausschließliche Zweckverfolgung vorliegen kann.

Neben der unmittelbaren Zweckverfolgung sind dem begünstigten Rechtsträger – abgesehen von völlig untergeordneten Nebentätigkeiten – nur Nebentätigkeiten erlaubt, die den Begünstigungsvorschriften der §§ 34 ff BAO entsprechen. Alle vom begünstigten Rechtsträger unterhaltenen Nebentätigkeiten dürfen in Summe die Grenze von 25% der Gesamtressourcen nicht übersteigen. Als solche Nebentätigkeiten sind neben der reinen Vermögensverwaltung auch betriebliche Tätigkeiten, die keine Zweckverwirklichungsbetriebe (unentbehrlicher Hilfsbetrieb) im Sinne des § 45 Abs. 2 BAO darstellen, zulässig (siehe Rz 1338j).

(BMF-AV Nr. 2021/65)

1338h Um einen effizienten Mitteleinsatz zu garantieren, wird eine Kontinuität der begünstigten Betätigung über einen zumindest dreijährigen Zeitraum vorausgesetzt, wobei auch Zeiten einer allfälligen Vorgängerorganisation in diese Bestandsdauer einzubeziehen sind.

Unter Vorgängerorganisationen sind Körperschaften zu verstehen, die ihren Tätigkeitsbereich im Sinne der Spendenbegünstigungsregel ganz oder teilweise auf eine andere auch neu entstandene Rechtsperson übertragen oder übertragen haben. Als Vorgängerorganisation im Sinne des § 4a EStG 1988 gelten aber auch unselbständige Einheiten, wie Teilorganisationen, als eigene Abteilungen geführte Aktivitäten oder als eigene Verwaltungseinheiten geführte Tätigkeitsfelder.

Die Anerkennung als Vorgängerorganisation im Sinne des § 4a Abs. 8 Z 1 lit. b EStG 1988 setzt voraus, dass die bisherige Tätigkeit der Vorgängerorganisation den begünstigten Zwecken im Sinne des § 4a Abs. 2 Z 1 und 3 EStG 1988 entsprochen hat und dass ihre Tätigkeit in einem eigenen Rechnungskreis erfasst wurde.

Für die Erteilung der Spendenbegünstigung an Forschungseinrichtungen iSd § 4a Abs. 3 Z 4 und 5 EStG 1988, sowie an Dachverbände iSd § 4a Abs. 4 lit. d EStG 1988 und an Spendensammelorganisationen iSd § 4a Abs. 5 Z 4 EStG 1988 setzt § 4a Abs. 8 Z 2 lit. d EStG 1988 ebenfalls einen dreijährigen Bestand der antragstellenden Körperschaft oder deren Vorgängerorganisation voraus. Auch in diesen Fällen ist erforderlich, dass die Vorgängerorganisation den begünstigten Zwecken der antragstellenden Körperschaft entsprochen hat.

Auch ein (Geschäfts)Betrieb, der im Zuge einer Umgründung von einer anderen Körperschaft übernommen wird, kann grundsätzlich als Vorgängerorganisation bezüglich der Erteilung der Spendenbegünstigung an die aufnehmende Körperschaft gewertet werden. Allerdings muss die aufnehmende Körperschaft ab dem Tag der Übernahme der begünstigten Tätigkeit durch die Vorgängerorganisation (bei Umgründungen daher ab Beginn des dem Umgründungsstichtag folgenden Tages) selbst die Voraussetzungen des § 4a EStG 1988 erfüllen. Ist dies auf Grund der tatsächlichen Geschäftsführung bzw. wegen Nichterfüllung des Wesentlichkeitskriteriums (siehe Rz 1338g) nicht der Fall, geht der Status als Vorgängerorganisation verloren. Im Ergebnis ist somit ein nahtloser Übergang der Erfüllung der Begünstigungsvoraussetzungen von der Vorgängerorganisation auf die aufnehmende Körperschaft erforderlich. Erfüllt somit die aufnehmende Körperschaft die Voraussetzungen des § 4a EStG 1988 nach Aufnahme der Vorgängerorganisation nicht, sind die Voraussetzungen des § 4a EStG 1988 nicht erfüllt.

(BMF-AV Nr. 2015/133)

1338i Um den historisch gewachsenen Strukturen Rechnung zu tragen, besteht gemäß § 4a Abs. 8 Z 1 lit. b und Z 2 lit. d EStG 1988 iVm § 124b Z 152 EStG 1988 bzw. iVm § 124b Z 196 lit. a EStG 1988 die Möglichkeit der organisatorischen Bereinigung dieser Strukturen ohne begünstigungsschädliche Folgen. Diese Möglichkeit zur Umgliederung ist nicht auf den Übergangszeitraum beschränkt, sondern kann auch zur Bereinigung zukünftig entstehender Strukturen benutzt werden. Für diese Bereinigungen kommen vor allem Ausgliederungen von Tätigkeitsfeldern aus dem Rechtsträger in Betracht. Dabei ist unerheblich, ob eine oder mehrere neue Organisationen entstehen, oder lediglich eine Abspaltung vorgenommen wird. Voraussetzung für die erfolgreiche Bereinigung ist lediglich, dass für jene Tätigkeitsfelder, die in den Bereich der Spendenbegünstigung fallen sollen, bereits seit drei vollen Rechnungsjahren der Vorgängerorganisation ein eigener klar abgegrenzter Rechnungskreis bestanden hat und die Tätigkeit selbst den Begünstigungsvorschriften des § 4a Abs. 2 und Abs. 8 EStG 1988 entspricht. Zur Prüfung der Vorgängerorganisation siehe Rz 1338m.

(AÖF 2012/63)

Um eine Bündelung der Spendenmittel auf die „begünstigten" Zwecke zu erreichen, sind andere gemäß den §§ 34 ff BAO nicht begünstigten Zwecke für die Erlangung oder den Fortbestand der Stellung als begünstigter Spendenempfänger unschädlich, wenn sie ein völlig untergeordnetes Ausmaß nicht überschreiten. **1338j**

Eine betriebliche Tätigkeit darf gemäß § 4a Abs. 8 Z 1 lit. c EStG 1988 nur in einem sehr eingeschränkten Rahmen erfolgen: Unschädlich sind nur Tätigkeiten, die entweder

- als unentbehrlicher Hilfsbetrieb im Sinne des § 45 Abs. 2 BAO oder
- als entbehrlicher Hilfsbetrieb im Sinne des § 45 Abs. 1 BAO zu qualifizieren sind, oder
- die Voraussetzungen des § 45a BAO erfüllen oder
- nicht über die bloße Verwaltung eigenen Vermögens hinausgehen (§ 47 BAO).

Dies soll eine Vermischung des begünstigtenZweckes mit erwerbswirtschaftlichen Zwecken ausschließen, ohne aber jegliche mit dem eigentlichen Zweck der Organisation in Zusammenhang stehende betriebliche Tätigkeit zu verhindern.

Daher betrifft das Verbot erwerbswirtschaftlicher Tätigkeit solche Betriebe nicht, die regelmäßig steuerpflichtige Wirtschaftstätige nicht konkurrenzieren. Ebenso ist die bloße Verwaltung eigenen Vermögens (§ 47 BAO) unschädlich.

(AÖF 2012/63)

Aus den Begünstigungsvoraussetzungen der BAO ergibt sich, dass die satzungsgemäße Tätigkeit grundsätzlich vom begünstigten Rechtsträger selbst – also unmittelbar – durchgeführt werden muss. Da es sich bei den genannten Rechtsträgern ausschließlich um juristische Personen handelt, sind sie zur Zweckerfüllung auf so genannte Erfüllungsgehilfen angewiesen. Dies sind im Normalfall meist Funktionäre, Mitglieder oder Bedienstete des Rechtsträgers. Es ist aber auch ein fremder (auch entgeltlich tätiger) Dritter als Erfüllungsgehilfe zu betrachten und dessen Tätigkeit unmittelbar dem begünstigten Rechtsträger zuzurechnen, wenn das Verhältnis zwischen begünstigtem Rechtsträger und Erfüllungsgehilfen auf einer Rechtsgrundlage beruht, die dem begünstigten Rechtsträger bestimmenden Einfluss auf die Gestaltung der Ausführung ermöglicht (zB bedient sich das ÖRK zur Ausführung einer internationalen Hilfsaktion des internationalen Roten Kreuzes Genf). Dieser Einfluss kann durch eine zivilrechtliche Vertragsgestaltung hergestellt werden oder auch durch eine auf gesellschaftsrechtlicher Basis bestehende Einflussnahmemöglichkeit gegeben sein (siehe dazu auch VereinsR 2001 Rz 119 und Rz 120). Hat zB die Organisation eine beherrschende Gesellschafterstellung in einer GmbH mit entsprechendem satzungsmäßigem Zweck, kann sie sich der GmbH als Erfüllungsgehilfe bedienen, wobei die Tätigkeit der Gesellschaft wie eine unmittelbare Tätigkeit der Organisation anzusehen ist. Gleiches gilt für den Fall, dass Körperschaften des öffentlichen Rechtes bestimmte Tätigkeiten über eine weitere Körperschaft öffentlichen Rechtes abwickeln, der durch ihre Rechtsgrundlage eben diese dienende Funktion für die anderen Körperschaften öffentlichen Rechtes zugewiesen ist und in deren Leitungsgremium die Mitglieder der Leitungsgremien der beauftragenden Körperschaften vertreten sind. **1338k**

Beispiel:

Eine Hilfsorganisation hat neun Landesorganisationen, die Körperschaften öffentlichen Rechts sind. Eine weitere Körperschaft öffentlichen Rechts wird für Zwecke der internationalen Katastrophenhilfe errichtet. Diese stellt einen Erfüllungsgehilfen für die 9 Landesorganisationen dar.

Die Tätigkeit eines Rechtsträgers als Erfüllungsgehilfe schließt dessen eigene „Gemeinnützigkeit" nicht aus (siehe dazu VereinsR 2001 Rz 120).

(BMF-AV Nr. 2018/79)

Begünstigte Rechtsträger können ihre begünstigten Zwecke auch durch Kooperation mit anderen begünstigten Rechtsträgern (so genannte Arbeitsgemeinschaften) erfüllen, wenn gewährleistet ist, dass der einzelne Kooperationspartner auf die Erreichung des Kooperationsziels direkt Einfluss nehmen kann. Voraussetzung ist es dabei auch, dass die rechtlichen Verhältnisse zwischen den Partnern durch eine klare Kooperationsvereinbarung geregelt sind. Aus abgabenrechtlicher Sicht sind in diesem Zusammenhang alle „transparenten" **1338l**

Vereinigungen wie OG, KG oder Gesellschaft bürgerlichen Rechts geeignet. Dass einem der Partner das Projektmanagement übertragen wird, ändert daran nichts.

(AÖF 2010/43)

5.5.4.3.6 Formelle Voraussetzungen für Spendenempfänger iSd § 4a Abs. 8 EStG 1988

(AÖF 2012/63)

1338m Die in § 4a Abs. 8 EStG 1988 vorgesehenen Voraussetzungen müssen jährlich von einem Wirtschaftsprüfer bestätigt werden. Siehe dazu Rz 1345d.

Die Prüfung des Wirtschaftsprüfers hat daher neben der Prüfung des Rechnungs- oder Jahresabschlusses, die mit einem förmlichen Bestätigungsvermerk abgeschlossen werden muss, auch die Prüfung der in § 4a Abs. 8 EStG 1988 festgelegten Voraussetzungen zu umfassen. Sie hat den Anforderungen der §§ 268 ff UGB zu entsprechen, wobei die üblichen Prüfungsgrundsätze und die Haftungsbeschränkungen des § 275 Abs. 2 UGB anzuwenden sind (die allgemeinen Auftragsbedingungen für die Erteilung des Bestätigungsvermerkes sind nicht beizulegen).

Die auf Grund der entsprechenden Prüfung erteilte Bestätigung hat folgende Mindestangaben zu enthalten:

- Bestätigung der Ordnungsmäßigkeit des Rechnungs- oder Jahresabschlusses.
- Bestätigung der Ausgestaltung der Rechtsgrundlage (zB Satzung) iSd § 4a Abs. 8 EStG 1988.
- Bestätigung über die zumindest dreijährige gesetzentsprechende Tätigkeit der Organisation.
- Bestätigung über die Prüfung der tatsächlichen Geschäftsführung der Organisation und deren Übereinstimmung mit den gesetzlichen Vorgaben.
- Bestätigung über die Einhaltung der Obergrenze der Verwaltungskosten. Siehe auch die Musterbestätigung in Anhang IV.

Sind Gegenstand der Prüfung auch Abschlüsse von Vorgängerorganisationen, kann sich die Prüfung auf die entsprechenden Teilorganisationen, Abteilungen oder Tätigkeitsfelder beschränken.

Beispiel:

Ein gemeinnütziger Verein ist in der Forschung im Bereich des Gesundheitswesens tätig. Daneben führt er in einem eigenen Rechnungskreis die medizinische Unterstützung von bedürftigen Personen durch. Dieser Bereich wird ab dem Jahr 2009 als eigenständiger mildtätiger Verein geführt. Die Prüfung der Jahre 2006 und 2007 muss nicht den gesamten Vorgängerverein umfassen, sondern kann sich auf den mildtätigen Bereich dieses Vereins beschränken. Die Rechtsgrundlage ist nur vorzulegen, wenn sie geändert wurde.

(BMF-AV Nr. 2018/79)

5.5.4.4 Sparsame Verwaltung – Mittelverwendung durch den Spendenempfänger

(AÖF 2012/63)

1339 Als weitere materielle Voraussetzung für die Aufnahmen in die Liste der begünstigten Spendenempfänger besteht nach § 4a Abs. 8 EStG 1988 die Verpflichtung zu einer sparsamen Verwaltung hinsichtlich der durch die Verwendung der Spenden notwendigen Aktivitäten.

Die im Zusammenhang mit der Verwendung der Spenden stehenden Verwaltungskosten dürfen 10% der Spendeneinnahmen nicht übersteigen. Dies soll sicherstellen, dass Spendengelder nicht mehr als unbedingt erforderlich in die Verwaltung umgeleitet werden. In die 10%-Grenze sind Verwaltungskosten, die im Zusammenhang mit der Verwaltung der Spendengelder stehen (zB Bankspesen, Kosten der Büros des mit der Spendenverwaltung befassten Personals) sowie Personalkosten für die Spendenverwaltung einzubeziehen. Direkte Projektkosten (zB Personal- und Sachaufwand, Transportkosten, Kosten für Projektcontrolling) und Fundraising-Kosten sind von dieser Begrenzung nicht umfasst; ebenso wenig fallen darunter Kosten der gesetzlich vorgesehenen Prüfung. Nicht zu berücksichtigen sind auch die die Kosten für die Erfüllung der Verpflichtung, die Spendendaten elektronisch zu übermitteln (§ 18 Abs. 8 EStG 1988).

Beispiel:

Die Organisation beschäftigt eine Arbeitskraft mit der Erledigung der notwendigen Verwaltungsarbeiten. Die Arbeitszeit dieser Arbeitskraft teilt sich im Verhältnis von 30 zu 70 auf die Bereiche allgemeine Organisationsverwaltung (zB Mitgliederverwaltung) und Spendenverwaltung auf. In diesem Fall sind 70% der Kosten der Arbeitskraft in die Berechnung der 10%-Grenze einzubeziehen.

(BMF-AV Nr. 2018/79)

Randzahl 1339a: *derzeit frei*

(AÖF 2012/63)

5.5.4.5 Zuwendung im Weg der Treuhandschaft

Lässt der Spender eine Zuwendung dem begünstigten Spendenempfänger nicht unmittelbar, sondern im Wege eines Treuhänders zukommen, so ist für die Abzugsfähigkeit der Zuwendung (Spende) zu beachten: **1340**

- Besteht das Treuhandverhältnis zwischen dem Spender und dem Treuhänder, ist die Zuwendung gemäß § 24 Abs. 1 lit. b BAO dem Spender als Treugeber so lange zuzurechnen, als nicht die Zuwendung an den Spendenempfänger weitergegeben wird. Die Zuwendung ist für den Spender daher erst mit der Weitergabe durch den Treuhänder als Betriebsausgabe bzw. Sonderausgabe abzugsfähig, und zwar nur in der Höhe, in der die Zuwendung weitergegeben wurde. Wird die Zuwendung vom Treuhänder bis zur Übergabe an den Spendenempfänger verzinslich angelegt, erhöht sich der abzugsfähige Betrag nur insoweit, als die Zinsen an den Spendenempfänger weitergegeben werden. Unkosten, die der Treuhänder dem Spender anlastet, sind nicht abzugsfähig.
- Besteht das Treuhandverhältnis zwischen dem Spendenempfänger und dem Treuhänder und tritt sonach der Treuhänder als treuhändig Empfangsberechtigter des Spendenempfängers auf, ist die Zuwendung ab dem Zeitpunkt der Übergabe an den Treuhänder gemäß § 24 Abs. 1 lit. c BAO dem Spendenempfänger zuzurechnen und damit als Betriebsausgabe bzw. Sonderausgabe abzugsfähig. Es muss dabei sicher gestellt und dokumentiert sein, dass die gesammelten Spenden zur Gänze an die begünstigte Körperschaft weitergeleitet werden. Die begünstigte Körperschaft ist zur Datenübermittlung nach Maßgabe des § 18 Abs. 8 EStG 1988 verpflichtet (Spende als Sonderausgabe) bzw. hat dem Spender auf dessen Verlangen gemäß § 4a Abs. 7 Z 5 EStG 1988 eine Spendenbestätigung auszustellen (Spende als Betriebsausgabe, siehe dazu Rz 1341).
- Sollte im Zeitpunkt der Übernahme der Zuwendung der Spendenempfänger zwar schon rechtlich existent, jedoch das Treuhandverhältnis noch nicht begründet worden sein, kann der Treuhänder als Geschäftsführer ohne Auftrag (§§ 1035, 1037 und 1039 ABGB) angesehen werden, wenn die treuhändige Übernahme der Zuwendung von dem Spendenempfänger nachträglich genehmigt wird; diesfalls ist die Zuwendung ebenso bereits im Zeitpunkt der Übergabe an den Treuhänder gemäß § 24 Abs. 1 lit. c BAO dem Spendenempfänger zuzurechnen und damit als Betriebsausgabe bzw. Sonderausgabe abzugsfähig.
- Besteht ein Treuhandverhältnis sowohl zwischen dem Spender und dem Treuhänder einerseits als auch zwischen dem Spendenempfänger und demselben Treuhänder andererseits, sind die Ausführungen zum Treuhandverhältnis zwischen dem Spendenempfänger und dem Treuhänder zu beachten.

(BMF-AV Nr. 2018/79)

5.5.4.6 Bestätigung des Spendenempfängers

Für Spenden, die ab 2017 geleistet werden, und vom automatischen Datenaustausch gemäß § 18 Abs. 8 EStG 1988 betroffen sind, besteht keine Verpflichtung zur Ausstellung einer Spendenbestätigung. Dies betrifft Spenden, für die der Spender der empfangenden Organisation seine Identifikationsdaten (Vor- und Zuname, Geburtsdatum) bekannt gegeben hat. Der Spender gibt damit zu erkennen, dass die Spende steuerlich als Sonderausgabe zu qualifizieren ist (siehe Rz 1331d). **1341**

Für Spenden, die ab 2017 geleistet werden, besteht nur mehr in folgenden Fällen die Verpflichtung zur Ausstellung einer Spendenbestätigung (§ 4a Abs. 7 Z 5 iVm § 18 Abs. 1 Z 7 EStG 1988):

1. Die Spende wird nicht auf Grundlage einer Datenbekanntgabe gemäß § 18 Abs. 8 EStG 1988 geleistet bzw. die Datenbekanntgabe wird widerrufen (Untersagung der Datenübermittlung gemäß § 18 Abs. 8 EStG 1988). Dies betrifft Spenden, die als Betriebsausgaben zu berücksichtigen sind.
2. Die empfangende Organisation verfügt über keine feste örtliche Einrichtung im Inland und ist daher nicht zum Datenaustausch gemäß § 18 Abs. 8 EStG 1988 verpflichtet. Dies betrifft Spenden, die als Betriebsausgaben zu berücksichtigen sind und solche, die als Sonderausgaben zu berücksichtigen sind.

Für Spenden, die für die keine Datenübermittlung erfolgt, gilt:

Für die begünstigte Absetzung ist die Zuwendung durch einen Beleg (zB Quittung, Erlagschein, Kontoauszug) nachzuweisen. Auf Verlangen des Spenders hat der Spendenempfänger dem Spender zusätzlich eine Bestätigung auszustellen, aus der die Höhe der Geldzuwendung oder die genaue Bezeichnung der Sachzuwendung, der Zeitpunkt der Zuwendung und der Verwendungszweck der Spende hervorgehen. In der Spendenbestätigung sind jedenfalls

- der Name und die Anschrift des Spenders,
- der Name des Spendenempfängers,
- die Zuwendung,
- das Datum der Zuwendung sowie
- die Registrierungsnummer anzugeben, unter der der Spendenempfänger in der Liste der begünstigten Spendenempfänger eingetragen ist.

In Analogie zu elektronisch ausgestellten Rechnungen gemäß § 11 Abs. 2 UStG 1994 muss eine elektronisch ausgestellte Spendenbestätigung die oben angeführten Daten ausweisen und in einem unveränderbaren Dateiformat (vorzugsweise pdf-Format) übermittelt werden. Dabei ist auch auf eine ordnungsgemäße Unterfertigung zu achten. Dies kann durch eine elektronische Signatur, aber auch durch eine gescannte Unterschrift im übermittelten Dokument erfolgen.

Erfolgt die Spende durch Überweisung von einem Konto mit mehr als einem Inhaber, ist die Person als Spender anzuführen, in deren Namen die Überweisung erfolgt. Bei Vorliegen einer Treuhandschaft sind auch der Name und die Anschrift des Treuhänders anzugeben. Bei unmittelbaren Geldzuwendungen ist ein entsprechender Zahlungsbeleg ausreichend. Sachzuwendungen sind im Rahmen der Spendenbestätigung durch den Spendenempfänger nicht zu bewerten; die Bewertung hat durch den Spender zu erfolgen. Die Beschreibung der Sachzuwendung muss gewährleisten, dass der gespendete Gegenstand eindeutig identifizierbar ist. Es sind daher die Kriterien der Beschreibung der Art und des Umfanges der Leistung in einer Rechnung im Sinne des § 11 UStG 1994 zu beachten. Bloße Sammelbezeichnungen (zB Speisen, Getränke, Lebensmittel) sind nicht ausreichend.

(BMF-AV Nr. 2018/79)

1341a Für die Zuordnung der Spende gilt das Zufluss-Abfluss-Prinzip. Bei Abbuchungsaufträgen (Daueraufträgen) oder Einziehungsaufträgen kommt es zum Abfluss mit der Abbuchung. Es bestehen keine Bedenken, auf den Valutatag abzustellen (siehe Rz 4625).

Für die empfangene Spendenorganisation ist jedoch nur der Zeitpunkt des Zuflusses auf dem Spendenkonto ersichtlich. Zur Vermeidung von Unsicherheiten im Zuge des Jahreswechsels gilt:

- Für die Zuordnung von Spenden zu den Kalenderjahren bis einschließlich 2016: Es bestehen keine Bedenken, Spenden, die jeweils bis zum 7. Jänner eines Kalenderjahres dem Spendenkonto gutgeschrieben werden, dem vorangegangenen Kalenderjahr zuzurechnen und in die Spendenbestätigung für das vorangegangenen Kalenderjahr aufzunehmen. Nur wenn der Spender der Spendenorganisation gegenüber darlegt, dass er den Geldbetrag tatsächlich nach dem 31.12. des Vorjahres gespendet hat, ist die Spende diesem Jahr zuzuordnen.
- Für die Zuordnung von Spenden zu den Kalenderjahren ab 2017: In Analogie zu § 6 der Sonderausgaben-Datenübermittlungsverordnung – Sonderausgaben-DÜV, BGBl. II Nr. 289/2016, kann die übermittlungspflichtige Organisation davon ausgehen, dass Kontogutschriften, deren spätestes Wertstellungsdatum (§ 43 Abs. 1 des Zahlungsdienstegesetzes, BGBl. I Nr. 66/2009 in der jeweils geltenden Fassung) der 3. Jänner eines Kalenderjahres ist, solche Zahlungen betreffen, die beim Zuwendenden vor dem 1. Jänner des Kalenderjahres gemäß § 19 EStG 1988 abgeflossen und damit dem Vorjahr zuzuordnen sind. Nur wenn der Spender der Spendenorganisation gegenüber darlegt, dass er den Geldbetrag tatsächlich nach dem 31.12. des Vorjahres gespendet hat, ist die Spende diesem Jahr zuzuordnen.

(BMF-AV Nr. 2018/79)

1342 Bestehen Zweifel an den vom Empfänger vorgelegten Belegen, bedarf es für den Nachweis der Zuwendung jedenfalls eine Spendenbestätigung. Solange eine Empfangsbestätigung des Spendenempfängers nicht vorliegt, kann in derartigen Fällen die Zuwendung vom Spender nicht abgesetzt werden. Ohne Vorlage der Empfangsbestätigung des Spendenempfängers kommt dann nur eine vorläufige Veranlagung (§ 200 Abs. 1 BAO) in Betracht, wobei die Zuwendung unberücksichtigt zu bleiben hat.

(BMF-AV Nr. 2018/79)

5.5.4.7 Liste der begünstigten Spendenempfänger

(AÖF 2012/63)

Die Abzugsfähigkeit von Spenden an die in § 4a Abs. 3 Z 4 bis 6 (siehe dazu Rz 1333b ff), Abs. 4 lit. d (siehe dazu Rz 1338), Abs. 4a (siehe dazu Rz 1338a ff) und Abs. 5 EStG 1988 (siehe dazu Rz 1338b) genannten Empfänger setzt darüber hinaus voraus, dass der Empfänger zum Zeitpunkt der Spende in die Liste der begünstigten Spendenempfänger eingetragen ist. Diese Eintragung erfolgt auf Grund eines Bescheides des Finanzamtes Österreich (bis 31.12.2020: Finanzamt Wien 1/23), in dem bestätigt wird, dass die betreffende Einrichtung bzw. juristische Person dem begünstigten Empfängerkreis angehört. Dieser Bescheid wird für die jeweils begünstigte Einrichtung bzw. juristische Person ausgestellt. Es handelt sich dabei um einen Begünstigungsbescheid, dessen Spruch Bedingungen und Auflagen, wie die jährliche Beibringung eines Tätigkeitsberichts, beinhalten kann. **1343**

(BMF-AV Nr. 2021/65)

Gemäß § 4a Abs. 8 EStG 1988 sind die Voraussetzungen für die Aufnahme in die Liste der begünstigten Spendenempfänger jährlich durch Bestätigung eines Wirtschaftsprüfers nachzuweisen (siehe Rz 1345d). Dadurch wird dem Finanzamt Österreich (bis 31.12.2020: Finanzamt Wien 1/23) die Möglichkeit eingeräumt, bei Wegfall der Voraussetzungen, die für die Bescheiderteilung maßgeblich waren, die Erteilung der Spendenbegünstigung zu widerrufen. Für Widerruf bzw. Änderung gilt § 294 BAO. Bei einem solchen Widerruf können ab dem – in der Liste der begünstigten Spendenempfänger ersichtlichen – Zeitpunkt des Widerrufes keine steuerlich begünstigten Spenden an die betreffende Einrichtung bzw. juristische Person mehr getätigt werden. **1344**

(BMF-AV Nr. 2021/65)

Sämtliche Einrichtungen bzw. juristische Personen, für die ein Bescheid des Finanzamtes Österreich (bis 31.12.2020: Finanzamt Wien 1/23) betreffend die Zugehörigkeit zum begünstigten Spendenempfängerkreis ausgestellt worden ist, werden in der Liste der begünstigten Spendenempfänger auf der Homepage des Bundesministeriums für Finanzen verlautbart (www.bmf.gv.at). Die Verlautbarung erfolgt zeitnahe mit der Erlassung des Begünstigungsbescheides. In der Liste werden der Zeitpunkt des Beginnes der Spendenbegünstigung und gegebenenfalls der Zeitpunkt eines Widerrufes mit dem genauen Datum angegeben. Daher ist jederzeit der Zeitraum der aufrechten Spendenbegünstigung für jeden begünstigten Spendenempfänger in der Liste erkennbar. **1345**

Zusätzlich sind gemäß § 10 Abs. 2 Sonderausgaben-DÜV auch die Teilnehmer an der Datenübermittlung gemäß § 18 Abs. 8 EStG 1988 auf der Homepage des Bundesministeriums für Finanzen zu veröffentlichen. Die Nichtteilnahme an der Datenübermittlung ist aber für das Vorliegen der Spendenbegünstigung gemäß § 4a EStG 1988 (betriebliche Einkünfte) grundsätzlich unbeachtlich (siehe aber zur Neuerteilung der Spendenbegünstigung Rz 1345aa), sodass aus dem Nichtaufscheinen einer Organisation in dieser Liste nicht geschlossen werden kann, dass dieser Organisation keine Spendenbegünstigung gemäß § 4a EStG 1988 zukommt.

(BMF-AV Nr. 2021/65)

5.5.4.7.1 Aufnahme in die Liste begünstigter Spendenempfänger

(AÖF 2012/63)

Dem Antrag auf Aufnahme in die Liste begünstigter Spendenempfänger gemäß § 4a Abs. 7 Z 1 EStG 1988 sind auf Grund ausdrücklicher gesetzlicher Anordnung die Bestätigung des Wirtschaftsprüfers und eine aktuelle Fassung der Rechtsgrundlage der Organisation beizulegen (siehe dazu Rz 1345d). Bei mangelhaften Anträgen (zB Fehlen der Bestätigung) ist ein Mängelbehebungsverfahren nach § 85 Abs. 2 erster Satz BAO durchzuführen. **1345a**

Der Antrag auf Verbleib in der Liste ist jährlich innerhalb von neun Monaten nach dem Stichtag des jeweiligen Rechnungs- oder Jahresabschlusses beim Finanzamt Österreich (bis 31.12.2020: Finanzamt Wien 1/23) einzureichen.

Das Finanzamt hat über den Antrag mittels Feststellungsbescheid abzusprechen.

(BMF-AV Nr. 2021/65)

Gemäß § 4a Abs. 8 EStG 1988 darf die Erteilung der Spendenbegünstigung und die Aufnahme in die Liste gemäß § 4a Abs. 7 Z 1 EStG 1988 nur dann erfolgen, wenn glaubhaft gemacht wird, dass die Körperschaft Maßnahmen zur Erfüllung der Datenübermittlungsverpflichtung gemäß § 18 Abs. 8 EStG 1988 getroffen hat. **1345aa**

Das betrifft nur Organisationen, die gemäß § 18 Abs. 8 EStG 1988 zur Sonderausgaben-Datenübermittlung verpflichtet sind, nämlich Organisationen, die eine feste örtliche

Einrichtung im Inland haben. Zur Erfüllung der Datenübermittlungsverpflichtungen sind jedenfalls folgende Maßnahmen nachzuweisen:

- Beantragung eines noch nicht vorhandenen FinanzOnline-Zuganges
- Planungsüberlegungen betreffend technischer Umsetzungsschritte bzw. Organisationsmaßnahmen für die Übermittlungsverpflichtung.
- Vorbereitung/Durchführung derartiger Maßnahmen

Im Antrag auf Erteilung eines Spendenbegünstigungsbescheides ist bekannt zu geben, welche Maßnahmen zur Erfüllung der Datenübermittlungsverpflichtung im Sinne des § 18 Abs. 8 EStG 1988 getroffen wurden. Außerdem ist im Antrag der gesetzliche Vertreter der Körperschaft mit Adresse und Telefonnummer bekannt zu geben.

Zum Erhalt der Spendenbegünstigung und Verbleiben auf der Liste gemäß § 4a Abs. 7 Z 1 EStG 1988 siehe Rz 1345ea.

(BMF-AV Nr. 2018/79)

1345b Grundsätzlich müssen alle in die Liste aufgenommenen Organisationen unter einer Steuernummer erfasst sein. Für Organisationen, die bereits eine allgemeine Steuernummer haben, tritt keine Änderung ein; es werden auch hinsichtlich der normalen steuerlichen Belange keine Zuständigkeiten verschoben, weil sich die vom Gesetz angeordnete Zuständigkeit des Finanzamtes Österreich (bis 31.12.2020: Finanzamt Wien 1/23) ausschließlich auf die Wartung der Liste bezieht. Antragsteller, die noch nicht unter einer Steuernummer erfasst sind und in der Liste aufgenommen werden, werden vom Finanzamt unter einer Steuernummer erfasst.

Das Finanzamt Österreich (bis 31.12.2020: Finanzamt Wien 1/23) hat eingegangene Anträge zunächst auf ihre Vollständigkeit zu prüfen. Weiters ist die Übereinstimmung der Satzung mit den gesetzlichen Vorgaben zu überprüfen. Hinsichtlich der tatsächlichen Geschäftsführung ist zunächst die Bestätigung des Wirtschaftsprüfers für die Beurteilung des Antrages heranzuziehen. Das Finanzamt hat jedenfalls in Fällen, in denen Zweifel an der Begründung des Antrages bestehen, einen Bescheid erst zu erlassen, nachdem die Zweifel durch geeignete Maßnahmen (zB Vorhaltsverfahren) geklärt sind. Das Finanzamt ist berechtigt, Prüfungshandlungen auch dann vorzunehmen, wenn eine positive Bestätigung des Wirtschaftsprüfers vorliegt.

(BMF-AV Nr. 2021/65)

1345c Grundsätzlich sind nur solche Spenden abzugsfähig, die nach Veröffentlichung der Eintragung in der Liste geleistet wurden.

Wird außerhalb des in Rz 1345f beschriebenen Verfahrens (Antragstellung bis 31. Dezember 2011) die Aufnahme in eine Liste erstmalig beantragt, sind die aktuelle Rechtsgrundlage, die Bestätigungen des Wirtschaftsprüfers für die vorangegangenen drei Wirtschaftsjahre und die Daten, unter denen die Körperschaft im Zentralen Vereinsregister oder im Firmenbuch erfasst ist, dem Finanzamt Österreich (bis 31.12.2020: Finanzamt Wien 1/23) zu übermitteln. Sind die Voraussetzungen für die Anerkennung als spendenbegünstigte Organisation gegeben und wird dies vom Finanzamt Österreich (bis 31.12.2020: Finanzamt Wien 1/23) bescheidmäßig festgestellt, erfolgt die Aufnahme der Organisation in die Liste. Ab dem Tag der Erteilung des Begünstigungsbescheides geleistete Spenden sind abzugsfähig.

(BMF-AV Nr. 2021/65)

5.5.4.7.2 Voraussetzungen für den Verbleib auf der Liste gemäß § 4a Abs. 7 Z 1 EStG 1988

(AÖF 2012/63)

1345d Das Vorliegen der gesetzlichen Voraussetzungen für die Anerkennung als spendenbegünstigte Organisation ist von einem Wirtschaftsprüfer jährlich im Rahmen einer den Anforderungen der §§ 268 ff UGB entsprechenden Prüfung des Rechnungs- oder Jahresabschlusses zu bestätigen. Die Haftungsbeschränkung des § 275 Abs. 2 UGB ist anzuwenden.

Die Prüfungspflicht umfasst dabei die Einhaltung der Voraussetzungen des § 4a Abs. 8 Z 1 bis 4 EStG 1988 und betrifft neben der Überprüfung des von der Organisation zu erstellenden Jahresabschlusses oder Rechnungsabschlusses (Einnahmen-Ausgaben- Rechnung mit Vermögensaufstellung) auch die Überprüfung der auf der Satzung oder einer sonstigen Rechtsgrundlage beruhenden Organisationsverfassung und die Übereinstimmung der tatsächlichen Geschäftsführung mit den Vorgaben des § 4a Abs. 8 EStG 1988. Dagegen ist die Einhaltung der Datenübermittlungsverpflichtung mangels Nennung in den Z 1 bis 4 des § 4a Abs. 8 EStG 1988 von der Prüfungspflicht nicht erfasst und somit auch nicht Gegenstand der Bestätigung des Wirtschaftsprüfers.

Die Prüfung hat den (gesamten) Jahresabschlusses zu erfassen. § 22 Abs. 3 und 4 des Vereinsgesetzes 2002 sind nicht anzuwenden.

Die Bestätigung des Wirtschaftsprüfers ist dem Finanzamt Österreich (bis 31.12.2020: Finanzamt Wien 1/23) jährlich innerhalb von neun Monaten nach dem Abschlussstichtag gemeinsam mit einer aktuellen Fassung der Rechtsgrundlage (wie Satzung, Gesellschaftsvertrag) vorzulegen. Das Finanzamt Österreich (bis 31.12.2020: Finanzamt Wien 1/23) hat die Erfüllung der gesetzlichen Voraussetzungen jährlich mit Bescheid zu bestätigen. Liegen die Voraussetzungen für die Anerkennung als begünstigte Organisation nicht (mehr) vor, hat das Finanzamt Österreich (bis 31.12.2020: Finanzamt Wien 1/23) dies bescheidmäßig auszusprechen und den Begünstigungsbescheid zu widerrufen. Ein Widerruf hat auch dann zu erfolgen, wenn die Bestätigung dem Finanzamt Österreich (bis 31.12.2020: Finanzamt Wien 1/23) nicht fristgerecht (neun Monate nach dem Abschlussstichtag) vorgelegt wird.

In sinngemäßer Anwendung des § 3a Abs. 2 des Gesellschaftsrechtlichen COVID-19-Gesetzes idF des 4. COVID-19-Gesetzes, BGBl. I Nr. 24/2020, hat die Vorlage der Bestätigung des Wirtschaftsprüfers gemäß § 4a Abs. 8 EStG 1988 infolge der COVID-19-Pandemie spätestens 12 Monate (in Fällen des § 3a Abs. 1 leg. cit.: 13 Monate) nach dem Abschlussstichtag zu erfolgen.

Spenden, die ab dem Tag der Veröffentlichung der Aberkennung des Status als begünstigter Spendenempfänger geleistet wurden, sind nicht mehr absetzbar.

(BMF-AV Nr. 2021/65)

Für Forschungseinrichtungen iSd § 4a Abs. 3 Z 4 bis 6 EStG 1988, die bis zum 1.9.2011 einen vollständigen Antrag auf Anerkennung als begünstigter Spendenempfänger gestellt haben und solche, die bereits auf der Liste geführt werden, bestehen für den Verbleib auf der Liste gemäß § 4a Abs. 7 Z 1 EStG 1988 vereinfachte Vorschriften. Es muss bis 31.12.2011 durch Vorlage einer Bestätigung eines Wirtschaftsprüfers das Vorliegen der Voraussetzungen nach § 4a Abs. 8 Z 1 oder 2 EStG 1988 bestätigt werden. Dabei entfällt aber das Erfordernis des Bestandes während der vorangegangenen drei Jahre; dies gilt auch für die beiden Folgejahre. **1345e**

Bei Forschungseinrichtungen, deren erstes Bestandsjahr noch nicht abgelaufen ist und die daher noch keinen Rechnungs- oder Jahresabschluss vorlegen können, bestehen keine Bedenken, die Bestätigung des Wirtschaftsprüfers auf Basis des laufenden Jahres zu erteilen.

(AÖF 2012/63)

Im Unterschied zur erstmaligen Erteilung der Spendenbegünstigung ist für die Beibehaltung der Spendenbegünstigung und damit für den Verbleib auf der Liste gemäß § 4a Abs. 7 Z 1 EStG 1988 das Vorliegen von Einrichtungen zur Erfüllung der Datenübermittlungsverpflichtung grundsätzlich nicht erforderlich. **1345ea**

Kommt aber die spendenbegünstigte Körperschaft ihren Übermittlungsverpflichtungen bezüglich Spenden, die als Sonderausgabe gemäß § 18 Abs. 1 Z 7 bis 9 EStG 1988 geltend gemacht werden sollen, nicht nach, ist die Spendenbegünstigung zu widerrufen und dies in der Liste gemäß § 4a Abs. 7 Z 1 EStG 1988 ersichtlich zu machen (§ 18 Abs. 8 Z 4 lit. a EStG 1988).

Kommt eine spendenbegünstigte Körperschaft, deren Spendenbegünstigung unabhängig von einer bescheidmäßigen Erteilung unmittelbar aus dem Gesetz erwächst und somit nicht in der Liste gemäß § 4a Abs. 7 Z 1 EStG 1988 aufscheint, ihrer Datenübermittlungsverpflichtung bezüglich Spenden, die als Sonderausgabe gemäß § 18 Abs. 1 Z 7 bis 9 EStG 1988 geltend gemacht werden sollen, nicht nach, kann dieser Körperschaft ein Zuschlag zur Körperschaftsteuer vorgeschrieben werden. Dieser Zuschlag beträgt 20% der im Veranlagungszeitraum zugewendeten Beträge, für die die Berücksichtigung als Sonderausgabe begehrt wird. Der Zuschlag kann unabhängig davon festgesetzt werden, ob die Körperschaft auch aus anderen Gründen einer KSt-Veranlagung unterliegt.

(BMF-AV Nr. 2018/79)

5.5.4.7.3 Erstmalige Listenaufnahme für Einrichtungen des Umwelt-, Natur- und Artenschutzes iSd § 4a Abs. 2 Z 3 lit. d EStG 1988 sowie des Tierschutzes iSd § 4a Abs. 2 Z 3 lit. e EStG 1988 – § 124b Z 196 EStG 1988

(AÖF 2012/63)

Gemäß § 124b Z 196 EStG 1988 sind § 4a und § 18 Abs. 1 Z 7 und 8 EStG 1988 auf alle nach dem 31.12.2011 erfolgenden Zuwendungen anzuwenden. Die Spendenabzugsfähigkeit ist grundsätzlich an die Eintragung der empfangenden Organisation in der Liste gebunden. Grundsätzlich sind nur solche Spenden abzugsfähig, die nach Veröffentlichung der Eintragung in der Liste geleistet wurden. **1345f**

Für das Jahr 2012 sind begünstigte Organisationen, die bis 31.12.2011 einen Antrag auf Erteilung der Spendenbegünstigung gestellt haben, bis spätestens zum 31.3.2012 in der Liste zu veröffentlichen. Das führt dazu, dass auch Spenden, die im Jahr 2012 vor diesem Tag geleistet wurden, abzugsfähig sind. Dazu ist folgendes Verfahren vorgesehen:

Die spendensammelnde Organisation muss bis 31.12.2011 den Antrag auf Aufnahme in die Liste stellen. Diese Frist ist nicht verlängerbar; die vollständigen Anträge müssen bis Ablauf des 31.12.2011 dem Finanzamt Wien 1/23 zukommen (31.12.2011 = Tag der Postaufgabe). Für die Aufnahme in die Liste ist eine Bestätigung eines Wirtschaftsprüfers über das Vorliegen der gesetzlich vorgesehenen Voraussetzungen zu den Abschlussstichtagen der Jahre 2008, 2009 und 2010 und die Vorlage der dem Gesetz entsprechenden aktuellen Rechtsgrundlage erforderlich.

Kann auf Grund berücksichtigungswürdiger Gründe eine Anpassung der Rechtsgrundlage an die speziellen Voraussetzungen des § 4a Abs. 8 EStG 1988 nicht bis 31.12.2011 erfolgen, ist folgende Vorgangsweise zu wählen: Die vorgesehene Änderung der Rechtsgrundlage ist zusätzlich zur bestehenden vorzulegen. Dazu ist eine nach der Satzung rechtsgültige Verpflichtungserklärung der antragstellenden Organisation beizubringen, dass dieser Änderungsvorschlag dem befugten Gremium zur Beschlussfassung vorgelegt und dass ein Beschluss darüber bis zum 31.3.2012 herbeigeführt wird. Das Ergebnis des Beschlusses ist dem Finanzamt Wien 1/23 umgehend mitzuteilen. Nur unter dieser Voraussetzung kann eine Bescheiderlassung erfolgen.

Die Versäumung der Frist bis 31.12.2011 schließt die Aufnahme in die Liste mit Stichtag 1.1.2012 aus, verhindert aber nicht die spätere Aufnahme in die Liste.

(AÖF 2012/63)

5.5.4.7.4 Erstmalige Listenaufnahme für Kunst- und Kultureinrichtungen iSd § 4a Abs. 4a EStG 1988 – § 124b Z 272 und Z 312 EStG 1988

(BMF-AV Nr. 2018/79)

1345g Gemäß § 124b Z 272 EStG 1988 ist § 4a Abs. 2 Z 5 und Abs. 4a EStG 1988 idF des GG 2015 (BGBl. I Nr. 160/2015) auf alle nach dem 31.12.2015 erfolgenden Zuwendungen anzuwenden. Die Spendenabzugsfähigkeit ist grundsätzlich an die Eintragung der empfangenden Organisation in der Liste gebunden. Grundsätzlich sind nur solche Spenden abzugsfähig, die nach Veröffentlichung der Eintragung in der Liste geleistet wurden.

Für das Jahr 2016 waren begünstigte Kunst- und Kultureinrichtungen, die bis 30.6.2016 einen Antrag auf Erteilung der Spendenbegünstigung gestellt haben, bis spätestens zum 31.10.2016 in der Liste gemäß § 4a Abs. 7 Z 1 EStG 1988 zu veröffentlichen. Das führt dazu, dass nach dem 31.12.2015 getätigte Zuwendungen auch dann abzugsfähig sind, wenn sie vor dem Tag Erteilung der Spendenbegünstigung getätigt wurden.

Voraussetzung dafür war aber, dass die spendensammelnde Organisation bis 30.6.2016 den Antrag auf Aufnahme in die Liste gestellt hat. Für die Aufnahme in die Liste war eine Bestätigung eines Wirtschaftsprüfers über das Vorliegen der gesetzlich vorgesehenen Voraussetzungen zu den Abschlussstichtagen der Jahre 2013, 2014 und 2015 und die Vorlage der dem Gesetz entsprechenden aktuellen Rechtsgrundlage erforderlich. Die Organisation muss daher insbesondere mindestens zweimal in der Transparenzdatenbank ausgewiesene Kulturförderungen in diesem Zeitraum erhalten haben (§ 4a Abs. 4a Z 2 EStG 1988).

Die Versäumung der Frist bis 30.6.2016 schließt die Aufnahme in die Liste mit Stichtag 1.1.2016 aus, verhindert aber nicht die spätere Aufnahme in die Liste.

Für Kunst- und Kultureinrichtungen, deren Zweck die allgemein zugängliche Präsentation von Kunstwerken ist, gilt dies gleichermaßen mit der Maßgabe, dass der Antrag auf Aufnahme in die Liste bis 31.3.2017 gestellt wurde. In diesem Fall hatte eine Erteilung der Spendenbegünstigung durch das Finanzamt Wien 1/23 bis längstens 30.6.2017 zu erfolgen. Das führt dazu, dass nach dem 31.12.2015 getätigte Zuwendungen auch dann abzugsfähig sind, wenn sie vor dem Tag Erteilung der Spendenbegünstigung getätigt wurden.

(BMF-AV Nr. 2018/79)

5.5.4.8 Bewertung von Sachzuwendungen

1346 Sachzuwendungen sind für Zwecke des Spendenabzugs mit dem gemeinen Wert des zugewendeten Wirtschaftsgutes zu bewerten. Daneben ist der Restbuchwert nicht zusätzlich als Betriebsausgabe abzusetzen. Andererseits ist der Teilwert des Wirtschaftsgutes nicht als Betriebseinnahme anzusetzen. Zur Vermeidung einer Besteuerungslücke ist insoweit eine Nachversteuerung vorgesehen, als auf das zugewendete Wirtschaftsgut stille Reserven im Sinne des § 12 EStG 1988 übertragen worden sind.

1347 Für die Bestimmung des gemeinen Wertes einer Sachspende (zB einem Kunstwerk) kommen verschiedene Anhaltspunkte in Betracht. Wurde das gespendete Kunstwerk käuflich erworben, ist der Kaufpreis für die Festsetzung des gemeinen Wertes der Sachspende heranzuziehen, sofern der Kauf nicht allzu weit zurückliegt. Als Anhaltspunkte kommen auch der Versicherungswert des gespendeten Kunstwerkes oder ein Schätzgutachten in Frage.

5.5.4.9 Begrenzung des Spendenabzugs

Rechtslage ab der Veranlagung 2013 **1348**

Aus dem Betriebsvermögen geleistete Zuwendungen an in § 4a EStG 1988 genannte begünstigte Spendenempfänger sind insgesamt nur insoweit als Betriebsausgaben abzugsfähig, als sie 10% des Gewinnes desselben Wirtschaftsjahres vor Berücksichtigung von Zuwendungen gemäß § 4b und § 4c EStG 1988 und vor Berücksichtigung eines Gewinnfreibetrages nicht übersteigen. Dabei ist eine Zuwendung aus dem Betriebsvermögen noch anzunehmen, wenn ein Wirtschaftsgut aus betrieblichen Mitteln angeschafft und unmittelbar danach übereignet wird (VwGH 22.03.1993, 91/13/0060). Es ist auf den jeweiligen Betrieb abzustellen, aus dessen Betriebsvermögen die Zuwendung erfolgt. Bei einem Verlust ist ein Spendenabzug als Betriebsausgabe zur Gänze ausgeschlossen. Spenden aus einem Betriebsvermögen können allerdings bis zu 10% des Gesamtbetrags der Einkünfte als Sonderausgaben abgesetzt werden (siehe Rz 1349).

(BMF-AV Nr. 2019/75)

Bei den Veranlagungen 2020 und 2021 ist ausnahmsweise hinsichtlich der 10%-Grenzen in den § 4a Abs. 1 sowie § 18 Abs. 1 Z 7 EStG 1988 nicht auf den angepassten Gewinn bzw. den Gesamtbetrag der Einkünfte des laufenden Jahres abzustellen, sondern auf jenen des Veranlagungsjahres 2019, wenn dieser höher war (§ 124b Z 369 EStG 1988 idF COVID-19-StMG). **1348a**

(BMF-AV Nr. 2021/65)

Randzahl 1348b: *entfällt*

(BMF-AV Nr. 2021/65)

Rechtslage für die Veranlagung 2012 **1349**

Zuwendungen im Sinne des § 4a EStG 1988 sind als Betriebsausgaben in Höhe von bis zu 10% des steuerpflichtigen Vorjahresgewinnes abzugsfähig. Als Sonderausgaben sind Zuwendungen an nach § 4a EStG 1988 spendenbegünstigte Empfänger gemäß § 18 Abs. 1 Z 7 und 8 EStG 1988 abzugsfähig, wobei der Gesamtbetrag aller als Betriebsausgaben und Sonderausgaben abzugsfähiger Zuwendungen mit 10% des Gesamtbetrages der Vorjahreseinkünfte begrenzt ist.

„Vorjahresgewinn" ist der steuerpflichtige Gewinn des der Zuwendung unmittelbar vorangegangenen Wirtschaftsjahres, auch eines allfälligen Rumpfwirtschaftsjahres. Steuerliche Vorjahresverluste schließen einen Spendenabzug als Betriebsausgaben aus, ebenso können neu eröffnete Betriebe im ersten (Rumpf-)Wirtschaftsjahr noch keine als Betriebsausgaben absetzbare Zuwendungen iSd § 4a EStG 1988 tätigen (es könnte aber ein Werbeaufwand im Zusammenhang mit der Hilfeleistung in Katastrophenfällen iSd § 4 Abs. 4 Z 9 EStG 1988 vorliegen, aus dem Betriebsvermögen geleistete Zuwendungen iSd § 4a EStG 1988 können jedoch bis zu 10% des Gesamtbetrags der Vorjahreseinkünfte als Sonderausgaben abgesetzt werden).

Der Gesamtbetrag der Einkünfte des Vorjahres umfasst auch steuerfreie Bezüge und sonstige Bezüge gemäß § 67 EStG 1988 sowie Einkünfte, an denen nach einem DBA Österreich ein Besteuerungsrecht nicht zusteht (VwGH 24.5.2007, 2004/15/0051; BFG 30.6.2014, RV/4100587/2013).

Übersteigen die Zuwendungen 10% des Vorjahresgewinnes, kann der Überhang ggf. im Rahmen des § 18 Abs. 1 Z 7 oder 8 EStG 1988 berücksichtigt werden. Danach kommt ein Abzug von Zuwendungen als Sonderausgabe nur insoweit in Frage, als die gesamten Ausgaben zusammen mit Zuwendungen aus dem Betriebsvermögen 10% des sich nach Verlustausgleich ergebenden Gesamtbetrages der Einkünfte des unmittelbar vorangegangenen Kalenderjahres nicht übersteigen. War der Gesamtbetrag der Einkünfte des Vorjahrs negativ, kann kein Abzug als Sonderausgaben erfolgen.

Rechtslage ab der Veranlagung 2013

Zuwendungen im Sinne des § 4a EStG 1988 sind als Betriebsausgaben in Höhe von bis zu 10% des steuerpflichtigen Gewinnes abzugsfähig. Als Sonderausgaben sind Zuwendungen an nach § 4a EStG 1988 spendenbegünstigte Empfänger gemäß § 18 Abs. 1 Z 7 EStG 1988 abzugsfähig. Die als Sonderausgaben abzugsfähigen Spenden sind – unter Einbeziehung der als Betriebsausgaben berücksichtigten Spenden – mit 10% des sich nach Verlustausgleich ergebenden Gesamtbetrages der Einkünfte begrenzt.

Für die Berechnung des Spendenhöchstbetrages sind Kapitaleinkünfte und Einkünfte aus Grundstücksveräußerungen nur zu berücksichtigen, wenn auf sie nicht der besondere

Steuersatz nach § 27a EStG 1988 bzw. § 30a EStG 1988 angewendet wird (§ 27a Abs. 1 EStG 1988 bzw. § 30a Abs. 1 EStG 1988).

Gewinn ist der steuerpflichtige Gewinn des laufenden Wirtschaftsjahres vor Berücksichtigung eines Gewinnfreibetrages und vor Berücksichtigung von Zuwendungen gemäß § 4b und § 4c EStG 1988; dies gilt sinngemäß auch für die Verlustbegrenzungen gemäß § 4b und § 4c EStG 1988.

Ein steuerlicher Verlust schließt einen Spendenabzug als Betriebsausgaben aus (es könnte aber ein Werbeaufwand im Zusammenhang mit der Hilfeleistung in Katastrophenfällen iSd § 4 Abs. 4 Z 9 EStG 1988 vorliegen). Bei Vorliegen eines Verlustes können aus dem Betriebsvermögen geleistete Zuwendungen iSd § 4a EStG 1988 bis zu 10% des Gesamtbetrags der Einkünfte als Sonderausgaben abgesetzt werden. Der Gesamtbetrag der Einkünfte umfasst auch steuerfreie Bezüge und sonstige Bezüge gemäß § 67 EStG 1988 sowie Einkünfte, an denen nach einem DBA Österreich ein Besteuerungsrecht nicht zusteht (VwGH 24.5.2007, 2004/15/0051; BFG 30.6.2014, RV/4100587/2013). Allerdings sind für die Berechnung des Gesamtbetrages der Einkünfte in diesem Zusammenhang Zuwendungen gemäß § 4a und § 4c bzw. § 18 Abs. 1 Z 8 und 9 EStG 1988 nicht zu berücksichtigen.

Übersteigen die Zuwendungen 10% des Gewinnes vor Berücksichtigung eines Gewinnfreibetrages, kann der Überhang gegebenenfalls im Rahmen des § 18 Abs. 1 Z 7 EStG 1988 berücksichtigt werden. Allerdings können diese Zuwendungen – wie auch solche aus dem Privatvermögen – als Sonderausgabe nur insoweit berücksichtigt werden, als sie zusammen mit Zuwendungen aus dem Betriebsvermögen 10% des sich nach Verlustausgleich ergebenden Gesamtbetrages der Einkünfte des Kalenderjahres nicht übersteigen. Ist der Gesamtbetrag der Einkünfte des betreffenden Jahres negativ, kann kein Abzug als Sonderausgaben erfolgen.

Beispiele:

*1. Der Gewinn vor Berücksichtigung eines Gewinnfreibetrages beträgt 111. Es können daher Zuwendungen in Höhe von 11 (gerundet) für begünstigte Zwecke gemäß § 4a EStG 1988 als Betriebsausgaben geltend gemacht werden. Der betriebliche Gewinn beträgt 87 (unter Berücksichtigung eines Gewinnfreibetrages in Höhe von 13 [100*0,13]). Daneben werden Einkünfte aus Vermietung und Verpachtung in Höhe von 50 erwirtschaftet. Der Gesamtbetrag der Einkünfte beträgt somit 137. Daher können zusätzlich Zuwendungen in Höhe von 2,7 als Sonderausgaben gemäß § 18 Abs. 1 Z 7 EStG 1988 berücksichtigt werden (insgesamt 13,7).*

*2. Der Gewinn vor Berücksichtigung eines Gewinnfreibetrages beträgt 111. Es können daher Zuwendungen in Höhe von 11 für begünstigte Zwecke gemäß § 4a EStG 1988 als Betriebsausgaben geltend gemacht werden. Der betriebliche Gewinn beträgt 87 (unter Berücksichtigung eines Gewinnfreibetrages in Höhe von 13 [100*0,13]). Daneben wurde ein Verlust aus Vermietung und Verpachtung in Höhe von 50 erzielt. Der Gesamtbetrag der Einkünfte beträgt somit 37. Die Deckelung des Betriebsausgabenabzuges für Zuwendungen nach § 4a EStG 1988 knüpft an den Gewinn des laufenden Wirtschaftsjahres an. Der geringere Gesamtbetrag der Einkünfte ist daher für das Ausmaß der als Betriebsausgabe berücksichtigungsfähigen Spendeunbeachtlich. Somit können Zuwendungen in Höhe von 11 als Betriebsausgaben abgezogen werden. Ein zusätzlicher Abzug von Zuwendungen als Sonderausgaben kommt hingegen nicht in Betracht.*

(BMF-AV Nr. 2018/79)

1349a Erfolgt eine Spende aus dem Betriebsvermögen einer Mitunternehmerschaft, gilt Folgendes:

1. Spenden aus dem Betriebsvermögen der Mitunternehmerschaft sind den Beteiligten nach ihrer Vermögensbeteiligung anteilig zuzurechnen. Für die Begrenzung mit 10% des Gewinnes ist auf den Anteil am steuerlichen Ergebnis der Mitunternehmerschaft abzustellen, der auf den jeweiligen Mitunternehmer vor Berücksichtigung einer Spende entfällt. Entfällt danach auf einen Mitunternehmer ein Gewinn, kommt hinsichtlich dieses Beteiligten die Berücksichtigung der auf ihn anteilig entfallenden Spende in Betracht. Entfällt auf einen Mitunternehmer ein Verlust, kommt hinsichtlich dieses Beteiligten die Berücksichtigung der auf ihn anteilig entfallenden Spende nicht in Betracht.

Beispiel:

An der AB-OG sind A und B zu je 50% beteiligt. Aus dem Betriebsvermögen der OG werden 12 gespendet. Der Gewinn der OG beträgt (vor Berücksichtigung der Spende) 100, bei B liegen Sonderbetriebsausgaben von 60 vor.

Die Höhe der Einkünfte beträgt daher bei A +50, bei B – 10 (50 – 60 Sonderbetriebsausgaben).

Da bei A ein Gewinn vorliegt, kann die auf ihn anteilig entfallende Spende (6) in Höhe von 5, das sind 10% seines Gewinnanteiles, berücksichtigt werden. Der Gewinnanteil des A beträgt daher 45.

Bei B liegt ein Verlust vor, ein Abzug der auf ihn anteilig entfallenden Spende kommt nicht in Betracht.

Der Gewinn der Mitunternehmerschaft beträgt somit 35 und entfällt in Höhe von + 45 auf A und – 10 auf B.

2. Wird der Anteil an der Mitunternehmerschaft im Betriebsvermögen eines Einzelunternehmens gehalten, ist zunächst im Rahmen der Feststellung gemäß § 188 BAO für jeden Beteiligten eine anteilige Spende zu berücksichtigen, wenn die Voraussetzungen dafür gemäß Punkt 1 in Betracht kommen. Da das Ergebnis der Mitunternehmerschaft (als Zwischenergebnis) in das Ergebnis des Einzelunternehmens einfließt, kann eine dem Beteiligten anteilig zuzurechnende Spende aus dem Betriebsvermögen der Mitunternehmerschaft insoweit im Rahmen der Ermittlung des Gewinnes des Einzelunternehmens (mit)berücksichtigt werden, als sie nicht schon den Gewinnanteil vermindert hat und in der Begrenzung mit 10% des gesamten Gewinnes des Einzelunternehmens gedeckt ist. Es kann sich aber auch ergeben, dass bei der Mitunternehmerschaft eine Spende berücksichtigt worden ist, die zwar unter Zugrundelegung des anteiligen Gewinnes im Feststellungsverfahren richtig ermittelt wurde, sich aber bei Berücksichtigung des gesamten Ergebnisses des Einzelunternehmens als zu hoch erweist. In derartigen Fällen kann die Ermittlung des insgesamt richtigen Ausmaßes der berücksichtigungsfähigen Spenden erst im Rahmen der Gewinnermittlung für das Einzelunternehmen erfolgen. Allfällige Korrekturen berücksichtigungsfähiger Spenden der Höhe nach sind daher im Rahmen des Einkommensteuerverfahrens durchzuführen. Dem steht die Bindungswirkung des § 192 BAO nicht entgegen.

Fortsetzung des Beispiels:

A und B halten ihre Beteiligung jeweils im Betriebsvermögen eines Einzelunternehmens.

A erzielt im Einzelunternehmen (ohne Berücksichtigung des Gewinnanteiles aus der OG iHv 45; dabei wurden [anteilige] Spenden von 5 berücksichtigt)

a) einen Gewinn von 30,

b) einen Verlust von 10.

Im Einzelunternehmen selbst erfolgt keine betriebliche Spende durch A.

B erzielt im Einzelunternehmen (ohne Berücksichtigung des Verlustanteiles aus der OG iHv 10)

a) einen Gewinn von 20,

b) einen Verlust von 35.

Im Einzelunternehmen selbst erfolgt keine betriebliche Spende durch B.

Da in beiden Fällen das Ergebnis aus der Mitunternehmerschaft in das Ergebnis des Einzelunternehmens einfließt, ist auf Ebene des Einzelunternehmens (gesamthaft) zu prüfen, in welchem Umfang sich die dem Einzelunternehmer insgesamt zuzurechnenden Spenden (anteilig zuzurechnende Spenden aus der Beteiligung an der Mitunternehmerschaft sowie allfällige Spenden aus dem Betriebsvermögen des Einzelunternehmens selbst) im Rahmen der Gewinnermittlung des Einzelunternehmens auswirken.

Das bedeutet für A:

- *Fall a: A sind anteilige Spenden aus der Mitunternehmerschaft iHv 6 zuzurechnen. Der Gewinnanteil aus der Mitunternehmerschaft beträgt vor Berücksichtigung der Spende 50. Zuzüglich des eigenen Gewinnanteiles iHv 30 ergibt das einen Gesamtgewinn (vor Berücksichtigung von Spenden) von 80. Es können daher insgesamt Spenden im Ausmaß von 8 gewinnmindernd berücksichtigt werden. Zusätzlich zu dem schon im Rahmen der Gewinnermittlung der Mitunternehmerschaft berücksichtigten (anteiligen) Spenden von 5 kann die noch nicht berücksichtigte restliche Spende von 1 berücksichtigt werden.*
- *Fall b: Unter Berücksichtigung des Gewinnes aus der Mitunternehmerschaft (vor Berücksichtigung der Spende) in Höhe von 50 beträgt der Gesamtgewinn des A 40 (50 abzüglich 10). Es können daher insgesamt Spenden im Ausmaß von 4 gewinnmindernd berücksichtigt werden. Da bei der Gewinnermittlung der Mitunternehmerschaft bereits (anteilige) Spenden von 5 berücksichtigt worden sind, muss das Spendenausmaß korrigiert werden. Es ist daher im Rahmen der Gewinnermittlung für das Einzelunternehmen eine Hinzurechnung von 1 vorzunehmen. Der Gewinn aus dem Einzelunternehmen beträgt somit insgesamt 36 (+45 – 10 + 1). Die im Rahmen*

der Gewinnermittlung nicht berücksichtigte Spende von 2 kann gegebenenfalls als Sonderausgabe berücksichtigt werden (siehe Rz 1348).

Das bedeutet für B:

- *Fall a: B sind anteilige Spenden aus der Mitunternehmerschaft iHv 6 zuzurechnen. Der Verlustanteil aus der Mitunternehmerschaft beträgt 10, Spenden wurden nicht berücksichtigt. Zuzüglich des „eigenen" Gewinnes iHv 20 ergibt das einen Gesamtgewinn des Einzelunternehmens von 10 (vor Berücksichtigung von Spenden). Es können daher insgesamt Spenden im Ausmaß von 1 gewinnmindernd berücksichtigt werden. Da im Rahmen der Gewinnermittlung der Mitunternehmerschaft keine Spenden berücksichtigt worden sind, kann die dem B zuzurechnende Spende aus der Mitunternehmerschaft in Höhe von 1 berücksichtigt werden. Der Gewinn des Einzelunternehmens beträgt daher 19 (-10 + 20 – 1). Die im Rahmen der Gewinnermittlung nicht als Betriebsausgabe berücksichtigte Spende von 5 kann gegebenenfalls als Sonderausgabe berücksichtigt werden (siehe Rz 1348).*
- *Fall b: Da ein Gesamtverlust vorliegt, kommt die Berücksichtigung einer Spende als Betriebsausgabe nicht in Betracht. Die im Rahmen der Gewinnermittlung nicht zu berücksichtigende (auf B entfallende anteilige) Spende aus der Mitunternehmerschaft iHv 6 kann gegebenenfalls als Sonderausgabe berücksichtigt werden (siehe Rz 1348).*

(AÖF 2013/280)

5.5.4a Zuwendungen in Katastrophenfällen (§ 4 Abs. 4 Z 9 EStG 1988)

1349b Ab der Veranlagung 2002 sind gemäß § 4 Abs. 4 Z 9 EStG 1988 Geld- und Sachzuwendungen im Zusammenhang mit der Hilfestellung in Katastrophenfällen (insbesondere Hochwasser-, Erdrutsch-, Vermurungs- und Lawinenschäden), wenn sie der Werbung dienen, ohne betragliche Begrenzung als Betriebsausgaben abzugsfähig. Siehe dazu Rz 4836ff.

(AÖF 2005/110, AÖF 2013/280)

5.5.4b Zuwendungen an außerhalb des EStG 1988 begünstigte Empfänger

(AÖF 2012/63)

1349c Als Betriebsausgaben abzugsfähig sind Zuwendungen an den Allgemeinen Entschädigungsfonds für Opfer des Nationalsozialismus (§ 2 Abs. 2 Entschädigungsfondsgesetz, BGBl. I Nr. 12/2001 in der jeweils geltenden Fassung) und Zuwendungen an den Fonds zur Instandsetzung der jüdischen Friedhöfe in Österreich (§ 2 Abs. 4 Bundesgesetz über die Einrichtung des Fonds zur Instandsetzung der jüdischen Friedhöfe in Österreich, BGBl. I Nr. 99/2010).

(AÖF 2012/63, AÖF 2013/280)

5.5.4c Abzugsfähige Zuwendungen aus dem Betriebsvermögen zur Vermögensausstattung von spendenbegünstigten Stiftungen oder vergleichbaren Vermögensmassen

5.5.4c.1 Zuwendung zur ertragsbringenden Vermögensausstattung

(BMF-AV Nr. 2018/79)

1349d Als Betriebsausgaben abzugsfähig sind Zuwendungen zur ertragsbringenden Vermögensausstattung einer privatrechtlichen Stiftung oder einer anderen vergleichbaren Vermögensmasse (Stiftung). Privatrechtliche Stiftungen sind insbesondere Stiftungen nach dem Privatstiftungsgesetz oder nach dem Bundes-Stiftungs- und Fondsgesetz 2015 (BStFG 2015, BGBl. I Nr. 160/2015) errichtete Stiftungen.

Zur Datenübermittlungsverpflichtung siehe Rz 1331d.

(BMF-AV Nr. 2018/79)

1349e Eine Zuwendung zur ertragsbringenden Vermögensausstattung liegt nur dann vor, wenn die Zuwendung

- freigebig erfolgt (zur Freigebigkeit vgl. Rz 1330 f und Rz 1330d),
- nicht zur zeitnahen Verwendung der zugewendeten Mittel für den begünstigten Zweck des Zuwendungsempfängers bestimmt ist und
- zu einer endgültigen wirtschaftlichen Belastung des Zuwenders führt.

Die Zuwendung zur ertragsbringenden Vermögensausstattung dient daher primär der Kapitalausstattung der Stiftung. Die Zuwendung ist daher ertragsbringend zu veranlagen und unterliegt einer Verwendungssperre. Diese Verwendungssperre erstreckt sich auf die dem

Kalenderjahr der Zuwendung folgenden zwei Kalenderjahre, die somit den Veranlagungsmindestzeitraum darstellen.

Allerdings bedingt eine Zuwendung zur ertragsbringenden Vermögensausstattung nicht, dass die zugewendeten Mittel auf Dauer im Stiftungsvermögen verbleiben müssen. Eine Verwendung der zugewendeten Mittel zur unmittelbaren Erreichung des in der Rechtsgrundlage angeführten begünstigten Zweckes ist gemäß § 4b Abs. 1 Z 2 EStG 1988 zulässig, wenn der Veranlagungsmindestzeitraum abgelaufen ist. Vermögensverbrauchsstiftungen fallen daher auch in den Anwendungsbereich des § 4b EStG 1988.

Eine Zuwendung zur ertragsbringenden Vermögensausstattung unterscheidet sich von einer freigebigen Zuwendung gemäß § 4a EStG 1988 (Spende) somit gerade dadurch, dass die zugewendeten Mittel befristet nicht unmittelbar zur Zweckerreichung des Zuwendungsempfängers verwendet werden dürfen, während die zeitnahe Verwendung zur unmittelbaren Zweckerfüllung die Voraussetzung für das Vorliegen einer Spende ist (siehe dazu Rz 1332, 1338, 1338b und 1338c).

(BMF-AV Nr. 2018/79)

Zuwendungen sind, soweit sie im Wirtschaftsjahr 10% des Gewinnes eines Betriebes vor Berücksichtigung von Zuwendungen gemäß § 4a und § 4c EStG 1988 und vor Berücksichtigung des Gewinnfreibetrages nicht übersteigen, bis zum Betrag von 500.000 Euro abzugsfähig. Wird der Höchstbetrag von 500.000 Euro nicht erreicht, sind Zuwendungen in den folgenden vier Wirtschaftsjahren, insoweit sie im jeweiligen Wirtschaftsjahr 10% des Gewinnes eines Betriebes vor Berücksichtigung von Zuwendungen gemäß § 4a und § 4c EStG 1988 und vor Berücksichtigung des Gewinnfreibetrages nicht übersteigen, abzugsfähig. Die Abzugsfähigkeit solcher Zuwendungen besteht solange, bis die Summe aller seit der erstmaligen Zuwendung getätigten Zuwendungen iSd § 4b EStG 1988 den Höchstbetrag von 500.000 Euro erreicht (§ 4b Abs. 1 Z 5 lit. a und b EStG 1988). Dies gilt allerdings nur dann, wenn die erstmalige Zuwendung nach dem 31.12.2015 und vor dem 1.1.2022 erfolgt (§ 124b Z 274 EStG 1988 idF COVID-19-StMG). **1349f**

Übersteigt eine Zuwendung im Wirtschaftsjahr 10% des Gewinnes vor Berücksichtigung von Zuwendungen gemäß § 4a und § 4c EStG 1988 und vor Berücksichtigung des Gewinnfreibetrages (zur Ermittlung des maßgeblichen Gewinnes siehe Rz 1349) und hat die Summe aller bisher getätigten Zuwendungen iSd § 4b EStG 1988 den Höchstbetrag von 500.000 Euro noch nicht erreicht, kann der nicht abzugsfähige Teil der Zuwendung dieses Wirtschaftsjahres nicht bei der Veranlagung des folgenden Wirtschaftsjahres berücksichtigt werden. Ein Vortrag der Zuwendung in das folgende Wirtschaftsjahr ist daher nicht zulässig.

Kann eine Zuwendung nur teilweise als Betriebsausgabe berücksichtigt werden, weil die Zuwendung 10% des Gewinnes des Betriebes vor Berücksichtigung von Zuwendungen gemäß § 4b und § 4c EStG 1988 und vor Berücksichtigung des Gewinnfreibetrages übersteigt, kann der übersteigende Teil insoweit als Sonderausgabe gemäß § 18 Abs. 1 Z 8 EStG 1988 berücksichtigt werden. Voraussetzung dafür ist aber, dass diese Zuwendung nicht 10% des Gesamtbetrages der Einkünfte übersteigt (§ 4b Abs. 1 Z 5 lit. c EStG 1988); zur Ermittlung des maßgeblichen Gesamtbetrages der Einkünfte siehe Rz 1349. Für die Berücksichtigung dieser Zuwendung als Sonderausgabe ist eine elektronische Datenübermittlung gemäß § 18 Abs. 8 EStG 1988 – analog zu Spenden gemäß § 4a EStG 1988 – nicht erforderlich (§ 18 Abs. 8 Z 3 lit. b EStG 1988).

Bei den Veranlagungen 2020 und 2021 ist ausnahmsweise hinsichtlich der 10%-Grenzen in den § 4b Abs. 1 Z 5 lit. b sowie § 18 Abs. 1 Z 8 EStG 1988 nicht auf den angepassten Gewinn bzw. den Gesamtbetrag der Einkünfte des laufenden Jahres abzustellen, sondern auf jenen des Veranlagungsjahres 2019, wenn dieser höher war (§ 124b Z 369 EStG 1988 idF COVID-19-StMG).

(BMF-AV Nr. 2021/65)

Eine Stiftung fällt nur dann in den Anwendungsbereich des § 4b EStG 1988, wenn sie nach ihrer Rechtsgrundlage verpflichtet ist, die Erträge aus Zuwendungen gemäß § 4b EStG 1988 innerhalb von drei Jahren nach dem Kalenderjahr deren Zuflusses für die in ihrer Rechtsgrundlage angeführten begünstigten Zwecke zu verwenden (zeitnahe Mittelverwendung; § 4b Abs. 1 Z 1 EStG 1988). Bei den begünstigten Zwecken muss es sich um Zwecke gemäß § 4a Abs. 2 EStG 1988 handeln. **1349g**

Neben der Verwendung für die satzungsmäßigen Zwecke der Stiftung, liegt eine zeitnahe Mittelverwendung auch dann vor, wenn bis zu 20% der Gesamterträge eines Jahres in eine Rücklage eingestellt werden und somit einer Wiederveranlagung zugeführt werden.

(BMF-AV Nr. 2018/79)

Erträge, die im Jahr deren Zufließens nicht für begünstigte Zwecke verwendet werden, sind zum Bilanzstichtag für steuerliche Zwecke in Evidenz zu nehmen. Werden diese Erträge **1349h** in den folgenden Kalenderjahren für begünstigte Zwecke verwendet, ist der evidenzierte Betrag aufzulösen. Kommt die Stiftung daher ihrer Verpflichtung zur zeitnahen Verwendung der Erträge nach, muss der evidenzierte Betrag zum Ende des dritten Kalenderjahres nach Zufließen der Erträge wegfallen. Es ist für jedes Kalenderjahr eine gesonderte Evidenz der nicht verwendeten Jahreserträge zu führen.

Kommt die Stiftung ihrer Verpflichtung zur zeitnahen Verwendung der Erträge nicht nach, dh. verbleibt zum Ende des dritten Kalenderjahres nach Zufließen der Erträge ein Restbetrag von Erträgen, liegt eine Mittelfehlverwendung vor. In diesem Fall sind alle Zuwendungen iSd § 4b EStG 1988, die im Kalenderjahr der Mittelfehlverwendung und den vorhergehenden vier Kalenderjahren vereinnahmt wurden, von der Stiftung nachzuversteuern (§ 4b Abs. 2 Z 3 lit. a EStG 1988, siehe dazu auch Rz 1349n). Liegt eine Mittelfehlverwendung in einem Kalenderjahr vor, unterbleibt eine Nachversteuerung von Zuwendungen in Vorjahren, wenn diese bereits Gegenstand einer Nachversteuerung nach § 4b Abs. 2 EStG 1988 gewesen sind.

(BMF-AV Nr. 2018/79)

1349i Eine Zuwendung zur ertragsbringenden Vermögensausstattung ist nur dann abzugsfähig, wenn diese an eine Stiftung iSd § 4b EStG 1988 erfolgt. Eine solche Stiftung liegt dann vor, wenn diese nach ihrer Rechtsgrundlage verpflichtet ist, die Erträge aus der Veranlagung der Zuwendung binnen dreier Kalenderjahre nach dem Kalenderjahr der Zuwendung für die satzungsmäßigen spendenbegünstigten Zwecke zu verwenden (siehe dazu auch Rz 1349e).

Darüber hinaus muss die empfangende Stiftung als spendenbegünstigt anerkannt sein und diese Spendenbegünstigung durch die Erfassung in der Liste der begünstigten Spendenempfänger gemäß § 4a Abs. 7 Z 1 EStG 1988 ersichtlich sein (§ 4b Abs. 1 Z 3 EStG 1988).

(BMF-AV Nr. 2018/79)

1349j Erfolgt eine Zuwendung zur ertragsbringenden Vermögensausstattung im Zuge der Errichtung einer Stiftung oder innerhalb von drei Jahren nach der Errichtung, wird in der Regel der empfangenden Stiftung eine Spendenbegünstigung noch nicht erteilt worden sein, weil die Stiftung noch nicht die Mindestfrist innerhalb der eine spendenbegünstigter Zweck verfolgt werden muss, erfüllt hat (siehe dazu auch Rz 1338h).

Erfolgt eine solche Zuwendung innerhalb von drei Jahren nach der Errichtung an eine zum Zeitpunkt der Zuwendung noch nicht spendenbegünstigte Stiftung, ist die Zuwendung dennoch abzugsfähig, wenn der Stiftung die Spendenbegünstigung nur auf Grund der fehlenden Mindestbestandsdauer nicht gewährt werden kann (bedingte Abzugsfähigkeit; § 4b Abs. 1 Z 4 EStG 1988). Wäre die Spendenbegünstigung aus anderen Gründen nicht zu gewähren, ist die Zuwendung nicht abzugsfähig.

(BMF-AV Nr. 2018/79)

5.5.4c.2 Nachversteuerung

1349k Sind die Voraussetzungen für die Erteilung der Spendenbegünstigung gemäß § 4a EStG 1988 nach Ablauf von drei Jahren nach der Errichtung der Stiftung nicht mehr gegeben, ist die Zuwendung bei der empfangenden Stiftung nachzuversteuern.

Die Nachversteuerung erfolgt durch Festsetzung eines Zuschlages in Höhe von 30% der Zuwendung zur KSt (§ 4b Abs. 2 Z 1 EStG 1988). Der Zuschlag zur KSt ist unabhängig davon festzusetzen, ob die Stiftung auch aus anderen Gründen einer KSt-Veranlagung unterliegt. Hat die Stiftung über den gesamten Dreijahreszeitraum ab ihrer Errichtung Zuwendungen iSd § 4b EStG 1988 empfangen, ist der Zuschlag zur KSt von allen in diesem Zeitraum empfangenen Zuwendungen zu bemessen.

Die Nachversteuerung ist in jenem Veranlagungszeitraum von Amts wegen festzusetzen, in dem die dreijährige Mindestbestandsdauer endet.

1349l Ein Rückgriff auf den Zuwender kommt nur bei der Nachversteuerung auf Grund des Fehlens der Voraussetzung für die Erteilung der Spendenbegünstigung nach Ablauf von drei Jahren ab der Errichtung in Frage. Ist daher in diesem Fall der festgesetzte Zuschlag zur KSt bei der Stiftung nicht einbringlich (zB die Stiftung ist zum Zeitpunkt der Festsetzung des Zuschlages überschuldet oder vermögenslos), gilt die Nichtaufnahme der Stiftung als rückwirkendes Ereignis iSd § 295a BAO (§ 4b Abs. 3 EStG 1988). Somit entfällt rückwirkend die Abzugsfähigkeit der Zuwendung des Stifters. Es ist daher die Veranlagung des Stifters für den Veranlagungszeitraum der Zuwendung entsprechend abzuändern.

Bei allen anderen Nachversteuerungstatbeständen erfolgt die Nachversteuerung nur auf Ebene der Stiftung. Ein Rückgriff auf den Zuwender ist bei diesen Nachversteuerungstatbeständen jedenfalls unzulässig.

1349m Werden ertragsbringende Vermögensausstattungen innerhalb des Veranlagungsmindestzeitraumes (siehe Rz 1349e) verwendet, sind die innerhalb dieses Zeitraumes verwendeten

Mittel nachzuversteuern (§ 4b Abs. 2 Z 2 EStG 1988). Die Nachversteuerung erfolgt durch Festsetzung eines Zuschlages in Höhe von 30% der verwendeten Mittel zur KSt.

Verliert die empfangende Stiftung ihre Spendenbegünstigung, sind alle Zuwendungen iSd § 4b EStG 1988, die im Kalenderjahr des Verlustes der Spendenbegünstigung und den vorhergehenden vier Kalenderjahren vereinnahmt wurden, von der Stiftung nachzuversteuern. Die Nachversteuerung erfolgt durch Festsetzung eines Zuschlages zur KSt in Höhe von 30% aller von der Nachversteuerung betroffenen Zuwendungen (§ 4b Abs. 2 Z 3 lit. b EStG 1988). **1349n**

5.5.4d Abzugsfähige Zuwendungen aus dem Betriebsvermögen an die Innovationsstiftung für Bildung (§ 1 ISBG) sowie an deren Substiftungen

(BMF-AV Nr. 2018/79)

Als Betriebsausgaben abzugsfähig sind freigebige Zuwendungen (zur Freigebigkeit siehe Rz 1330 f und 1330d) an die Innovationsstiftung für Bildung gemäß § 1 ISBG sowie an deren Substiftungen gemäß § 4 Abs. 5 ISBG. Diese Zuwendungen müssen erfolgen zur **1349o**

- Förderung der begünstigten Zwecke der Stiftungen gemäß § 2 ISBG (Förderung des Bildungsniveaus und der Innovationskompetenz in Österreich) oder zur
- ertragsbringenden Vermögensausstattung (siehe Rz 1349d ff).

Die Förderung der begünstigten Zwecke der Stiftung erfolgt durch Zweckwidmung der Zuwendung für ihre unmittelbare Tätigkeit gemäß § 3 Abs. 1 und 2 ISBG (insbesondere Vergabe von Förderungen, Vergabe eines Gütesiegels für Bildungsinnovation, Durchführung strategischer Studien zur Verbesserung der Effektivität, Effizienz und Wirkungsorientierung von Bildungsmaßnahmen).

Zur Datenübermittlungsverpflichtung siehe Rz 1331d.

(BMF-AV Nr. 2018/79)

Eine Substiftung gemäß § 4 Abs. 5 ISBG ist eine Stiftung, die von der Innovationsstiftung für Bildung gemeinsam mit Dritten nach den Bestimmungen des BStFG 2015 gegründet und mit Vermögen ausgestattet wird. Dabei muss das Vermögen der Substiftung zu mindestens 70 Prozent von den Dritten bereitgestellt werden. Gemäß § 4 Abs. 6 ISBG sind auf eine solche Substiftung insbesondere die §§ 2 und 3 ISBG anzuwenden. Die in § 3 Abs. 1 ISBG vorgesehenen Tätigkeiten stellen daher eine unmittelbare Förderung im Sinne des § 40 BAO dar. **1349p**

Zu den Anforderungen an die Rechtsgrundlage einer Substiftung siehe Rz 1349r.

(BMF-AV Nr. 2018/79)

Zuwendungen sind bei einem Gewinn eines Betriebes vor Berücksichtigung von Zuwendungen gemäß § 4a und § 4b EStG 1988 und vor Berücksichtigung des Gewinnfreibetrages bis höchstens 5 Millionen Euro bis zum Betrag von 500.000 Euro abzugsfähig. Durch Berücksichtigung der Zuwendung darf allerdings kein Verlust entstehen (§ 4c Abs. 1 Z 1 EStG 1988). **1349q**

Beispiel:

Der Gewinn von A beträgt 90.000 Euro. A wendet aus den Reserven des Betriebes der Innovationsstiftung 100.000 Euro zu. Er schöpft damit den Höchstbetrag von 500.000 Euro nicht aus, allerdings würde durch die vollständige Berücksichtigung der Zuwendung als Betriebsausgabe ein Verlust von 10.000 Euro entstehen. Daher ist die Zuwendung nur in Höhe von 90.000 Euro abzugsfähig.

Beträgt der Gewinn vor Berücksichtigung von Zuwendungen gemäß § 4a und § 4b EStG 1988 und vor Berücksichtigung des Gewinnfreibetrages mehr als 5 Millionen Euro, sind Zuwendungen insoweit als Betriebsausgaben abzugsfähig, als sie im jeweiligen Wirtschaftsjahr 10% des Gewinnes vor Berücksichtigung von Zuwendungen gemäß § 4a und § 4b EStG 1988 und vor Berücksichtigung des Gewinnfreibetrages nicht übersteigen (§ 4c Abs. 1 Z 2 EStG 1988); zur Ermittlung des maßgeblichen Gewinnes siehe Rz 1349.

Übersteigt eine Zuwendung im Wirtschaftsjahr die genannten Höchstgrenzen, kann der nicht abzugsfähige Teil der Zuwendung dieses Wirtschaftsjahres nicht bei der Veranlagung des folgenden Wirtschaftsjahres berücksichtigt werden. Ein Vortrag der Zuwendung in das folgende Wirtschaftsjahr ist daher nicht zulässig.

Kann eine Zuwendung nur teilweise als Betriebsausgabe berücksichtigt werden, weil die Zuwendung die genannten Höchstgrenzen übersteigt, kann der übersteigende Teil insoweit als Sonderausgabe gemäß § 18 Abs. 1 Z 9 EStG 1988 berücksichtigt werden. Voraussetzung dafür ist aber, dass die Zuwendung nicht 10% des Gesamtbetrages der Einkünfte übersteigt (§ 4c Abs. 1 EStG 1988); soweit freigebige Zuwendungen aus dem Privatvermögen gemeinsam mit Zuwendungen aus dem Betriebsvermögen im Kalenderjahr der Zuwendung weder den Betrag von 500.000 Euro noch den Gesamtbetrag der Einkünfte übersteigen, sind sie jedenfalls als Sonderausgaben abzuziehen. Zur Ermittlung des maßgeblichen Gesamtbetrages der Einkünfte siehe Rz 1349. Für die Berücksichtigung einer betrieblichen Zuwendung als Sonderausgabe aufgrund der Überschreitung des betrieblichen Höchstbetrages ist eine elektronische Datenübermittlung gemäß § 18 Abs. 8 EStG 1988 – analog zu Spenden gemäß § 4a EStG 1988 – nicht erforderlich (§ 18 Abs. 8 Z 3 lit. b EStG 1988). Werden der Innovationsstiftung die Identifikationsdaten des Zuwendenden bekannt gegeben, hat aber eine Datenübermittlung zu erfolgen (§ 18 Abs. 8 EStG 1988).

Bei den Veranlagungen 2020 und 2021 ist ausnahmsweise hinsichtlich der 10%-Grenzen in den § 4c Abs. 1 Z 2 sowie § 18 Abs. 1 Z 9 EStG 1988 nicht auf den angepassten Gewinn bzw. den Gesamtbetrag der Einkünfte des laufenden Jahres abzustellen, sondern auf jenen des Veranlagungsjahres 2019, wenn dieser höher war (§ 124b Z 369 EStG 1988 idF COVID-19-StMG).

Zu Sachzuwendungen siehe Rz 1346 f.

(BMF-AV Nr. 2021/65)

1349r Wird Betriebsvermögen zur ertragsbringenden Vermögensausstattung zugewendet, sind die Erträge aus Zuwendungen innerhalb von drei Jahren nach dem Kalenderjahr deren Zuflusses für die begünstigten Zwecke der Stiftung zu verwenden (zeitnahe Mittelverwendung; § 4c Abs. 2 iVm § 4b Abs. 1 Z 1 EStG 1988; siehe dazu auch Rz 1349g f).

Dies gilt auch Substiftungen gemäß § 4 Abs. 5 ISBG. Eine solche Substiftung ist aber nur dann begünstigt, wenn die Verpflichtung zur zeitnahen Mittelverwendung iSd § 4c Abs. 2 EStG 1988 in ihrer Rechtsgrundlage festgeschrieben ist.

(BMF-AV Nr. 2018/79)

1349s Die Zuwendung hat grundsätzlich unmittelbar an die Stiftung zu erfolgen. Erfolgen bei Substiftungen gemäß § 4 Abs. 5 ISBG Zuwendungen über eine Körperschaft, die zur Wahrnehmung der Gründerrechte nach ISBG errichtet wurde, erfolgen die Zuwendungen an diese Körperschaft; in weiterer Folge werden die Mittel durch die zwischengeschaltete Körperschaft an die Substiftung zugewendet. Mangels unmittelbarer Zuwendung an die Substiftung liegen keine Zuwendungen iSd § 4c EStG 1988 vor. Die zwischengeschaltete Körperschaft kann aber als Treuhänder für die Substiftung auftreten (siehe dazu Rz 1340).

(BMF-AV Nr. 2018/79)

1349t Kommt die Stiftung ihrer Verpflichtung zur zeitnahen Verwendung der Erträge nicht nach, liegt eine Mittelfehlverwendung vor. In diesem Fall sind alle Zuwendungen zur ertragsbringenden Vermögensausstattung, die im Kalenderjahr der Mittelfehlverwendung und den vorhergehenden vier Kalenderjahren vereinnahmt wurden, von der Stiftung nachzuversteuern (§ 4c Abs. 2 iVm § 4b Abs. 2 Z 3 lit. a EStG 1988). Die Nachversteuerung erfolgt durch Festsetzung eines Zuschlages in Höhe von 30% aller von der Nachversteuerung betroffenen Zuwendungen zur KSt. Von der Nachversteuerung nicht erfasst sind Zuwendungen zur unmittelbaren Förderung der begünstigten Zwecke der Stiftung.

(BMF-AV Nr. 2018/79)

5.5.5 Aus- und Fortbildungsmaßnahmen

1350 § 4 Abs. 4 Z 7 EStG 1988 deckt sich mit § 16 Abs. 1 Z 10 EStG 1988. Die Ausführungen in den LStR 2002, Rz 358 bis 366, gelten daher sinngemäß.

(AÖF 2003/68)

1351 § 4 Abs. 4 Z 7 EStG 1988 erfasst nur Aufwendungen des Betriebsinhabers selbst als Einzel- oder Mitunternehmer, nicht aber solche, die der Steuerpflichtige (Betriebsinhaber) für in seinem Betrieb tätige Personen vornimmt. Diese unterliegen dem allgemeinen Betriebsausgabenbegriff des § 4 Abs. 4 EStG 1988.

5.5.6 *entfällt*

(BMF-AV Nr. 2021/65)

Randzahlen 1352 bis 1377e: *derzeit frei*

(BMF-AV Nr. 2021/65)

5.5.7 Reisekosten

5.5.7.1 Allgemeines

1378 Der Reisebegriff des § 4 Abs. 5 EStG 1988 deckt sich mit jenem des § 16 Abs. 1 Z 9 EStG 1988, ist aber von der Dienstreise iSd § 26 Z 4 EStG 1988 zu unterscheiden (vgl. VwGH 11.06.1991, 91/14/0074). Die in den LStR 2002 getroffenen Ausführungen (Rz 278 bis 318) sind daher – soweit sie nicht „Dienstreisen" betreffen – auch für Reisen selbständig Tätiger sinngemäß anzuwenden. Zur „fremdbestimmten Reise" bei Steuerpflichtigen mit betrieblichen Einkünften siehe insbesondere LStR 2002 Rz 295d. Siehe auch Rz 1651, Stichwort „Studien- und Fortbildungsreisen".

(AÖF 2012/63)

5.5.7.2 Abgrenzung betrieblich veranlasste Reise – Fahrten zur Betriebsstätte

Fahrten zwischen Wohnort und Betriebsstätte sind keine Reisen (VwGH 26.4.1989, 86/14/0030; zur verfassungsmäßigen Unbedenklichkeit vgl. VfGH 25.6.1982; B 484/77); die Fahrtkosten sind jedoch in der tatsächlichen Höhe – anders als bei Arbeitnehmern (RZ 291 der LStR 1999) – abzugsfähig, sofern der Wohnort nicht aus persönlichen Gründen ausserhalb der üblichen Entfernung vom Betriebsort liegt (vgl. Rz 1528, Stichwort „Fahrtkosten"). Der übliche Mittelpunkt der Tätigkeit befindet sich dort, wo der Steuerpflichtige den größten Teil des Jahres tätig wird (VwGH 16.6.1961, 0146/61) bzw. wo der Schwerpunkt der wirtschaftlichen Tätigkeit liegt (VwGH 29.1.1965, 1176/73). Ein Steuerpflichtiger kann auch über mehrere Tätigkeitsmittelpunkte verfügen. Ein Filialbetrieb, in dem sich der Steuerpflichtige ständig während eines Teils der Woche aufhält, begründet einen weiteren Tätigkeitsmittelpunkt (VwGH 19.2.1979, 2463/78). Ein Transportunternehmer, der nahezu täglich auf denselben Routen Fahrten unternimmt, begründet mit dieser Fahrtätigkeit einen weiteren Tätigkeitsmittelpunkt (vgl. auch Rz 309 der LStR 1999). **1379**

Bei einer Musikgruppe ist dies der Proberaum, sodass Fahrten zwischen den Wohnorten der Gruppenmitglieder und diesem Raum keine Reisen sind (VwGH 23.2.1994, 93/15/0167; 21.5.1997, 96/14/0094). Bei einem Musiker, der über einen längeren Zeitraum hin an einem Ort (zB einem Hotel) tätig ist, gilt dieser Ort als Mittelpunkt der Tätigkeit (VwGH 21.2.1996, 95/14/0072). Bei Vortragenden an bestimmten Bildungsinstituten (zB WIFI, BFI) ist dieses Institut als Mittelpunkt der Tätigkeit anzusehen, wenn die Vortragstätigkeit einen längeren Zeitraum umfasst (vgl. hiezu VwGH 20.1.1999, 98/13/0132, betreffend Nichtabzugsfähigkeit eines Arbeitszimmers). **1380**

5.5.8 Verteilung bestimmter Vorauszahlungen

5.5.8.1 Allgemeines

Vorauszahlungen sind solche Zahlungen, die wirtschaftlich einem späteren Zeitraum als jenem, in welchem der Zahlungszeitpunkt liegt, zuzurechnen sind. Das heißt, dass der Zahlung noch keine Leistung des Empfängers gegenübersteht. **1381**

5.5.8.2 Zu verteilende Aufwendungen

Die Aufzählung jener Aufwendungen, auf die sich das Verteilungsgebot des § 19 Abs. 3 EStG 1988 erstreckt, ist eine erschöpfende (VwGH 24.10.1995, 95/14/0057). Vorauszahlungen, die in dieser Bestimmung nicht enthalten sind, sind daher in der Regel im Leistungszeitpunkt abzusetzen. Bei diesen Aufwendungen ist nicht die Bezeichnung, sondern die wirtschaftliche Funktion maßgebend (VwGH 12.8.1994, 94/14/0064). Im Einzelnen sind darunter zu verstehen: **1382**

Beratungskosten **1383**

Diese umfassen jegliche Form einer Beratung, wie zB Rechts- und Steuerberatung sowie die technische und wirtschaftliche Beratung.

Bürgschaftskosten **1384**

Darunter sind durch die Übernahme einer Bürgschaft durch einen Dritten verursachten Kosten zu verstehen. Die anlässlich der Bürgschaft entstehenden sonstigen Aufwendungen (zB Gebühren) sind hingegen sofort abzugsfähig.

Fremdmittelkosten **1385**

Dies sind alle mit der Aufnahme von Fremdmitteln in Zusammenhang stehenden Kosten (wie insbesondere Zinsen). Bearbeitungs-, Kredit-, Darlehens-, Eintragungsgebühren etc sind – soweit sie nicht verdeckte Zinsenzahlungen sind – keine zu verteilenden Vorauszahlungen.

Garantiekosten **1386**

Dies sind die mit Bankgarantien verbundenen Kosten.

Mietkosten **1387**

Darunter sind Kosten für die entgeltliche Überlassung beweglicher und unbeweglicher Wirtschaftsgüter samt Betriebskosten zu verstehen. Dabei kommt es auf die Bezeichnung „Miete" nicht an, sodass vom Verteilungsgebot beispielsweise auch Leasing- und Pachtzahlungen, die vom Bestandnehmer geleisteten Betriebskosten sowie Zahlungen für Mietgarantien umfasst sind. Einmalzahlungen für den Erwerb eines Mietrechtes sind jedoch nicht verteilungspflichtig, sondern als Aufwendungen für das Wirtschaftsgut „Mietrecht" im Wege der AfA abzusetzen.

1388 **Treuhandkosten**

Dies sind jene Kosten, die der Treuhänder für seine Tätigkeit (zB Abschluss von Verträgen, Namhaftmachen von Darlehensgebern usw.) verrechnet.

1389 **Vermittlungskosten**

Diese fallen für die Vermittlung bestimmter Leistungen oder Vertragspartner (zB eines Generalunternehmers bei einem Bauvorhaben) an; sie fallen nur insoweit unter den Anwendungsbereich des § 4 Abs. 6 EStG 1988, als sie nicht zu den Anschaffungskosten des Wirtschaftsgutes gehören.

1390 **Vertriebskosten**

Dies sind vor allem mit der Kundenakquisition in Zusammenhang stehende Kosten (zB Werbeaufwand, Kosten der Erstellung von Prospekten, Verkaufs- und Vermittlungsprovisionen).

1391 **Verwaltungskosten**

Diese sind vor allem in Zusammenhang mit der Verwaltung von Mietobjekten stehende Aufwendungen.

5.5.8.3 Anwendungsbereich des Verteilungsgebotes

1392 Das Verteilungsgebot ist für alle Gewinnermittlungsarten sowie gemäß der analogen Bestimmung in § 19 Abs. 3 EStG 1988 auch für alle Überschusseinkünfte anzuwenden. In erster Linie findet es bei der Einnahmen-Ausgaben-Rechnung (als Durchbrechung des Abflussprinzips) sowie bei der Gewinnermittlung nach § 4 Abs. 1 EStG 1988 (als Bildung von Rechnungsabgrenzungsposten vergleichbaren Abgrenzungen) Anwendung. Bei der Gewinnermittlung nach § 5 EStG 1988 liegt in den meisten Fällen Aktivierungspflicht auf Grund der nach unternehmensrechtlichen Grundsätzen zu bildenden Rechnungsabgrenzungsposten vor. Da der Gesetzeswortlaut nur auf nicht aktivierungspflichtige Vorauszahlungen Bezug nimmt, trifft die Verteilungspflicht nur gegebene Vorauszahlungen (die Aufwandseite; vgl. auch VwGH 24.10.1995, 95/14/0057). Die Behandlung erhaltener Vorauszahlungen ist davon nicht berührt.

Im Rahmen der USt-Bruttomethode (vgl. Rz 745) ist die abziehbare Vorsteuer, die auf verteilungspflichtige Ausgaben entfällt, gesondert abzugsfähig (Verteilung des Nettowertes).

(AÖF 2008/238)

1393 Eine Verteilung hat nicht nur dann zu erfolgen, wenn jemand verpflichtet wäre, laufend Zahlungen zu leisten (wie z.B. bei Mietzins, Kreditzinsen), sondern auch dann, wenn sich die Gegenleistung auf einen längeren Zeitraum erstreckt.

Beispiel:

Im Jahr 2000 werden Kosten einer für die Dauer von zehn Jahren ab der Fertigstellung und Vermietbarkeit im Jahr 2003 erteilten Vermietungsgarantie sowie für die Vermittlung von künftigen Mietern vorausbezahlt. Die Vorauszahlung ist auf den Zeitraum 2003 bis 2012 zu verteilen.

5.5.8.4 Ausschluss des Anwendungsbereiches des § 4 Abs. 6 EStG 1988

1394 Das Verteilungsgebot ist dann nicht anzuwenden, wenn

- Aktivierungspflicht besteht, weil
- die Aufwendung zum Erwerb eines aktivierungspflichtigen Rechtes (zB Mietrecht) führt;
- eine Vorauszahlung mit Darlehenscharakter vorliegt ;
- für § 5-Ermittler nach den unternehmensrechtlichen Grundsätzen ordnungsgemäßer Buchführung bzw. für § 4 Abs. 1-Ermittler nach den Grundsätzen der Bewertungsstetigkeit Rechnungsabgrenzungen zu bilden sind;
- für Bilanzierende die Sonderbestimmung des § 6 Z 3 EStG 1988 betreffend das Damnum eingreift (vgl. hiezu Rz 2459 ff).

(AÖF 2008/238)

5.5.8.5 Maßgeblicher Vorauszahlungszeitraum

1395 Die Bestimmung, wonach Vorauszahlungen gleichmäßig auf den Zeitraum der Vorauszahlung zu verteilen sind, bedeutet zB, dass

- Mietvorauszahlungen auf die gesamte Mietdauer,
- für die Übernahme von Garantien geleistete Entgelte auf den Zeitraum der Garantieerklärung bzw

• Fremdmittelkosten auf die Kreditlaufzeit

zu verteilen sind.

Die Verteilung ist nur vorzunehmen, wenn der Zeitraum, für den die Vorauszahlung geleistet wird, über das laufende und das folgende Jahr hinausgeht, wobei unter der Bezeichnung „Jahr“ – auch wenn die Gewinnermittlung einen vom Kalenderjahr abweichenden Zeitraum umfasst – jedenfalls das Kalenderjahr zu verstehen ist (VwGH 12.8.1994, 94/14/0064). Unmaßgeblich ist, wann der Zeitraum, für den die Vorauszahlung geleistet wurde, beginnt. Je nachdem, ob die Vorauszahlung am Beginn oder am Ende eines Kalenderjahres geleistet wird, setzt die Verteilungsregel bei einem Vorauszahlungszeitraum zwischen 12 und 24 Monaten ein. Die Verteilung hat stets nach jenen Monaten zu erfolgen, die von der Vorauszahlung betroffen sind. Sofern eine betragsmäßige Zuordnung zu angefangenen Monaten nicht eindeutig möglich ist, sind sie als volle Monate zu rechnen und der Gesamtbetrag der Vorauszahlung auf alle (angefangenen und vollen) Monate aufzuteilen. **1396**

Beispiel 1:

Mietvorauszahlung von 500 Euro monatlich am 20.6.00 für

a) Juni 00 bis Dezember 01: Keine Verteilung, der vorausgezahlte Betrag von 9.000 Euro ist im Jahr 00 abzusetzen.

b) Jänner 00 bis Dezember 00: Keine Verteilung, der Betrag von 6.000 Euro ist im Jahr 00 abzusetzen.

Beispiel 2:

Mietvorauszahlung am 20. 6. 00, Vorauszahlungsbetrag:

a) 10.500 Euro für 20.6.00 bis 20.2.02; eine Zuordnung zu einzelnen Monaten ist nicht möglich: der für insgesamt 19 volle und 2 angefangene Monate vorausgezahlte Betrag ist zu 7/21 im Jahr 00, zu 12/21 im Jahr 01 und zu 2/21 im Jahr 02 abzusetzen.

b) 6.500 Euro für 1.1.01 bis 15.1.02; laut Mietvereinbarung entfällt auf volle Monate 525 Euro, auf Jänner 02 200 Euro. Verteilung: Der Betrag von 6.300 Euro ist im Jahr 01, die restlichen 200 Euro sind im Jahr 02 abzusetzen.

c) 6.500 Euro für Jänner bis Dezember 02: Die Vorauszahlung ist zur Gänze im Jahr 02 abzusetzen.

Beispiel 3:

Ein Leasingentgelt ist jeweils im Voraus für ein volles Jahr zum 1.10. fällig. Zudem besteht für den Leasingnehmer die Option, eine weitere Leasingrate im Voraus für das darauf folgende Jahr zu leisten.

Leasingrate 1: Fällig 1.10.00 für 1.10.00 – 30.9.01; Zahlung am 1.10.00

Leasingrate 2: Fällig 1.10.01 für 1.10.01 – 30.9.02; Zahlung am 1.12.00 Unter die Verteilungsregel fällt Leasingrate 2, weil sie nicht lediglich das laufende und das folgende Jahr betrifft. Werden die in einem Jahr geleisteten Leasingraten 1 und 2 als wirtschaftlich zusammenhängend angesehen, fällt auch Leasingrate 1 unter die Verteilungsregel.

(BMF-AV Nr. 2018/79)

Bei vorzeitiger Beendigung der Tätigkeit, in deren Rahmen verteilungspflichtige Vorauszahlungen angefallen sind, ist der noch nicht durch die Gegenleistung konsumierte Restbetrag dem Aufgabe- bzw. Veräußerungsgewinn (vgl. hiezu Rz 5501 ff) zuzurechnen. **1397**

5.5.9 Instandsetzungsaufwendungen bei Betriebsgebäuden

5.5.9.1 Begriff der Instandsetzung

Instandsetzungsaufwand ist jener Aufwand, der nicht zu den Anschaffungs- oder Herstellungskosten gehört und allein oder zusammen mit einem Herstellungsaufwand **1398**

- den Nutzungswert des Gebäudes wesentlich erhöht (zB Austausch von Gebäudeteilen zu mehr als 25%; die mögliche Erzielbarkeit höherer Mieteinnahmen, kürzere Leerstehzeiten, die Verbesserung des Wohnwertes oder möglicher höherer Veräußerungserlös genügen), oder
- die Nutzungsdauer des Gebäudes wesentlich (um mehr als 25%) verlängert.

Zu den Begriffen Erhöhung des Nutzungswertes und Verlängerung der Nutzungsdauer siehe Rz 6460 ff. **1399**

5.5.9.2 Steuerliche Behandlung von Instandsetzungsaufwendungen

Rechtslage für Wirtschaftsjahre, die vor dem 1.1.2016 beginnen: **1400**

Gemäß § 4 Abs. 7 EStG 1988 sind Instandsetzungsaufwendungen für zum Anlagevermögen gehörende Wohngebäude vorrangig um steuerfreie Subventionen der öffentlichen

Hand zu kürzen. Der Restbetrag ist auf zehn Jahre verteilt abzusetzen. Von der Verteilung sind grundsätzlich (siehe Abschn. 5.5.9.3) sämtliche Einkunfts- und Gewinnermittlungsarten betroffen.

Rechtslage für Wirtschaftsjahre, die nach dem 31.12.2015 beginnen:

Gemäß § 4 Abs. 7 EStG 1988 sind Instandsetzungsaufwendungen für zum Anlagevermögen gehörende Wohngebäude vorrangig um steuerfreie Subventionen der öffentlichen Hand zu kürzen. Der Restbetrag ist auf fünfzehn Jahre verteilt abzusetzen. Von der Verteilung sind grundsätzlich (siehe Abschnitt 5.5.9.3) sämtliche Einkunfts- und Gewinnermittlungsarten betroffen.

Für davor erfolgte Instandsetzungsaufwendungen, die bisher gemäß § 4 Abs. 7 EStG 1988 in der Fassung vor dem StRefG 2015/2016, BGBl. I Nr. 118/2015, auf zehn Jahre verteilt abgesetzt wurden, verlängert sich hinsichtlich der Beträge, die nach dem 31.12.2015 zu berücksichtigen sind, der ursprüngliche Verteilungszeitraum auf fünfzehn Jahre.

Beispiel:

Im Jahr 2012 wurden Instandsetzungsaufwendungen in der Höhe von 90 getätigt. Bis 2015 (somit für vier Jahre) wurden bereits in Summe Aufwendungen von 36 abgesetzt (90/10 x 4). Ab dem Jahr 2016 sind die restlichen Instandsetzungsaufwendungen (54) auf 11 Jahre – anstelle von auf 6 Jahre – zu verteilen. Die noch offenen Aufwendungen in Höhe von 54 sind daher jährlich mit 4,9 abzusetzen.

(BMF-AV Nr. 2018/79)

5.5.9.3 Nicht betroffene Betriebsgebäude

1401 Insbesondere sind folgende Betriebsgebäude von der Sonderregelung nicht betroffen:

- Wohnzwecken betriebszugehöriger Arbeitnehmer dienende Gebäude, unabhängig davon, ob die Überlassung gegen ein gesondertes Entgelt oder im Rahmen des Dienstvertrages erfolgt. Grundlage der Nutzung muss aber das Dienstverhältnis sein, nicht ein davon unabhängiger Mietvertrag. Die Instandsetzung von räumlich getrennt errichteten Garagen löst gleichfalls keine Verteilung aus, da sie nicht „Wohnzwecken" dienen (vgl. VwGH 16.9.1987, 87/13/0058).
- Hotels und vergleichbare Gebäude, die der kurzfristigen Beherbergung dienen. Bei der Beurteilung, ob kurzfristige Beherbergung oder Vermietung zu Wohnzwecken vorliegt, ist auf den Inhalt der Tätigkeit abzustellen. Die Einkunftsart (Einkünfte aus Gewerbebetrieb oder aus Land- und Forstwirtschaft) ist unbeachtlich.
- Andere zum notwendigen Betriebsvermögen gehörende Betriebsgebäude, die keine Wohngebäude darstellen, unabhängig davon, ob sie unmittelbar der Betriebsausübung dienen oder für die eigene Verwaltung bestimmt sind.

In den angeführten Fällen sind Instandsetzungsaufwendungen daher nach den allgemeinen Grundsätzen im Verausgabungszeitpunkt (Einnahmen-Ausgaben-Rechner) oder Aufwandsentstehungszeitpunkt voll abzusetzen.

5.5.9.4 Betroffene Betriebsgebäude

1402 Die Sonderregelung des § 4 Abs. 7 EStG 1988 kommt damit in erster Linie zB für als Kapitalanlage erworbene Miethäuser von Banken oder Versicherungen in Betracht. Für kleinere Betriebe ist die Regelung von Bedeutung, wenn Teile des Betriebsgebäudes an fremde Personen vermietet sind.

1403 Dient ein Gebäude gemischten Zwecken, so ist für die Behandlung des Instandsetzungsaufwandes wie folgt vorzugehen:

- Eindeutig zuordenbare Aufwendungen sind entsprechend der Zuordnung zu behandeln (zB Instandsetzung eines Geschäftslokales in einem Mietwohnhaus).
- Die Behandlung nicht eindeutig zuordenbarer Aufwendungen (Instandsetzung der gesamten Fassade, Erneuerung der Hauptwasser- oder Stromleitungen usw.) richtet sich nach dem Verhältnis der Nutzflächen. Ein untergeordnetes Ausmaß (weniger als 20%) der jeweils anders gearteten Nutzung bleibt dabei außer Betracht.

5.5.9.5 Nachgeholte Instandsetzungskosten

1404 Die oben angeführten Grundsätze gelten auch für so genannte nachgeholte Instandsetzungskosten (Instandsetzung innerhalb von rund drei Jahren nach Anschaffung des Gebäudes), die bis 31.12.2010 grundsätzlich als aktivierungspflichtiger Teil der Anschaffungskosten zu behandeln waren (vgl. Rz 2620).

(AÖF 2011/66)

5.5.9.6 Charakter der Fünfzehntelabsetzung

(BMF-AV Nr. 2018/79)

Ungeachtet der vorgesehenen Verteilung wird durch Instandsetzungsaufwendungen kein Wirtschaftsgut geschaffen. Es kommen weder ein investitionsbedingter Gewinnfreibetrag noch eine Übertragung stiller Reserven nach § 12 EStG 1988, noch eine Teilwertabschreibung ausständiger Fünfzehntelabsetzungen in Betracht. **1405**

(BMF-AV Nr. 2018/79)

5.5.9.7 Schicksal der offenen Fünfzehntelabsetzungen in besonderen Fällen

(BMF-AV Nr. 2018/79)

- Änderungen der Art der Nutzung in Folgejahren berühren die Fünfzehntelabsetzung nicht. **1406**
- Wird das Gebäude bei weiterlaufendem Betrieb veräußert, zur privaten Nutzung entnommen, unentgeltlich übertragen oder durch höhere Gewalt zerstört, so sind die restlichen Fünfzehntelabsetzungen sofort abzusetzen. Sie kürzen den Veräußerungs- bzw. Entnahmegewinn oder die Versicherungsentschädigung. Dies gilt auch dann, wenn ein instandgesetztes Gebäude entnommen und vom Steuerpflichtigen in der Folge zur Erzielung von Einkünften aus Vermietung und Verpachtung genutzt wird.
- Wird das Gebäude im Zuge der Veräußerung oder Aufgabe des Betriebes mitveräußert oder entnommen, so ist eine Sofortabsetzung der offenen Fünfzehntelabsetzungen im Rahmen der Ermittlung des Gewinnes aus der Grundstücksveräußerung vorzunehmen (siehe dazu auch Rz 773). Wird von der Regelbesteuerung Gebrauch gemacht, ist die Sofortabsetzung der offenen Fünfzehntelabsetzungen im Rahmen des laufenden Gewinnes vorzunehmen (nicht zu Lasten des begünstigten Veräußerungsgewinns).
- Im Falle der unentgeltlichen Übertragung des Betriebes inklusive des instand gesetzten Gebäudes (unter Lebenden oder von Todes wegen), sind die Fünfzehntelabsetzungen vom Rechtsnachfolger fortzuführen.
- Bei Einbringungen in eine Kapitalgesellschaft (Art. III UmgrStG) mit Buchwertfortführung sind die Fünfzehntelbeträge von der Kapitalgesellschaft fortzuführen (UmgrStR 2002 Rz 952); bei Zusammenschlüssen (Art. IV UmgrStG) mit Buchwertfortführung sind die Fünfzehntelbeträge vom bisherigen Gebäudeeigentümer weiterzuführen (UmgrStR 2002 Rz 1453); bei Realteilungen (Art. V UmgrStG) mit Buchwertfortführung sind die Zehntelbeträge von dem das Gebäude übernehmenden Nachfolgeunternehmer fortzuführen (UmgrStR 2002 Rz 1621).
- Wird ein instand gesetzter Gebäudeteil in weiterer Folge durch höhere Gewalt zerstört (zB ein instand gesetztes Dach erleidet einen Sturmschaden), so sind die restlichen Fünfzehntel unverändert fortzuführen. Die Schadensbehebung stellt jedoch keine neuerliche Instandsetzung dar, sodass die Aufwendungen dafür sofort absetzbar sind.

(BMF-AV Nr. 2018/79)

5.5.10 Aufforstungskosten

5.5.10.1 Allgemeines

Stehendes Holz stellt nicht abnutzbares Anlagevermögen dar. Nach der Grundregel des § 6 Z 2 lit. a EStG 1988 wäre die Bewertung nach oben mit den Anschaffungs- oder Herstellungskosten beschränkt. § 6 Z 2 lit. b EStG 1988 erlaubt für das stehende Holz (Wirtschaftsgut mit biologischem Wachstum) auch den Ansatz des die Anschaffungs- oder Herstellungskosten übersteigenden Teilwertes. **1407**

Wird von dieser Möglichkeit nicht Gebrauch gemacht, so müssten die Aufwendungen für die Pflege des stehenden Holzes und Wiederaufforstungskosten aktiviert werden (VwGH 21.10.1986, 86/14/0021). § 4 Abs. 8 EStG 1988 ordnet jedoch den sofortigen Abzug als Betriebsausgabe an (Aktivierungsverbot). **1408**

(BMF-AV Nr. 2018/79)

Pflegekosten sind die Aufwendungen für die Pflege des Bestandes (aus der Wiederaufforstung und Erstaufforstung), wie Dickungspflege (Läuterung), Astung und Bestandsdüngung. Unter Wiederaufforstungskosten sind Kosten für die Bodenvorbereitung, Schlagräumung, für die Beschaffung von Saatgut und Pflanzen, für die Anzucht von Forstpflanzen für den eigenen Bedarf, für Säen und Pflanzen sowie für Kulturschutz (zB gegen Wildverbiss, Feger, Rüsselkäfer) und Pflege des Jungwuchses (zB Gras- und Unkrautbekämpfung, Düngung) zu verstehen. **1409**

5.5.10.2 Erstaufforstungskosten

1410 Erstaufforstungskosten und Anschaffungskosten müssen grundsätzlich aktiviert werden.

Die Kosten der Erstaufforstung sind im Allgemeinen der Höhe nach niedriger als die Wiederaufforstungskosten, der Art nach – bis auf die Schlagräumung – ident mit jenen der Wiederaufforstung.

1411 Kosten der Erstaufforstung eines bestehenden Betriebes sind jedoch nicht aktivierungspflichtig, wenn sie unter Berücksichtigung des Aufforstungsprogramms zu keiner erheblichen (nicht mehr als jährlich 10%-igen) Vergrößerung der Forstfläche führen.

5.5.11 Beiträge an Berufs- und Wirtschaftsverbände

5.5.11.1 Allgemeines

1412 Beiträge an Berufs- und Wirtschaftsverbände sind:

- Pflichtbeiträge an Körperschaften und Verbände, denen der Steuerpflichtige als selbständig Erwerbstätiger angehören muss, die – im Gegensatz zu den Werbungskosten im Sinne des § 16 Abs. 1 lit. a EStG 1988 – gesetzlich zwar nicht explizit angeführt sind, jedoch in Höhe der vorgeschriebenen Beträge jedenfalls Betriebsausgaben darstellen;
- freiwillige Beiträge an Berufs- und Wirtschaftsverbände im Sinne des § 4 Abs. 9 EStG 1988, die nur unter bestimmten – im Rz 1415 ff näher erläuterten – Voraussetzungen zum Betriebsausgabenabzug berechtigen.

5.5.11.2 Pflichtbeiträge an Berufs- und Wirtschaftsverbände

1413 Diese Verbände sind unmittelbar durch Gesetz oder darauf basierender Ermächtigung errichtet und somit als Körperschaften des öffentlichen Rechts anzusehen. Der Begriff „Pflichtbeiträge" besagt, dass zum entsprechenden Verband Pflichtmitgliedschaft bestehen muss. Unter diesen Tatbestand fallen somit sämtliche Kammerumlagen und ähnlich bezeichneten Beiträge (VwGH 15.4.1975, 724/74). Der Betriebsausgaben- bzw. Werbungskostencharakter ergibt sich aus dem Zwangscharakter der zu leistenden Beiträge.

1414 Im Einzelnen sind von selbstständig Tätigen je nach Berufsstand Pflichtbeiträge an folgende Verbände zu leisten:

- Apothekerkammer (§ 1 Abs. 1 Apothekerkammergesetz, BGBl. Nr. 152/1947);
- Ärztekammern (Österreichische Ärztekammer, § 117 Abs. 1 bzw. Ärztekammern für die einzelnen Bundesländer, § 65 Abs. 1 Ärztegesetz 1998, BGBl. I Nr. 169/1998);
- Börsekammer (§ 2 Abs. 1 Börsegesetz 1989, BGBl. Nr. 555/1989);
- Hebammengremium (§ 39 Abs. 1 Hebammengesetz, BGBl. Nr. 310/1994);
- Ziviltechnikerkammer (Bundeskammer, § 1 Abs. 1 Z 2 bzw. Länderkammern, § 1 Abs. 1 Z 1 Ziviltechnikerkammergesetz 1993, BGBl. Nr. 157/1994);
- Kammer der Wirtschaftstreuhänder (§ 145 Abs. 1 Wirtschaftstreuhänderberufsgesetz, BGBl. I Nr. 58/1999);
- Landwirtschaftskammern (landesgesetzliche Regelungen; die überregionale Präsidentenkonferenz der Landwirtschaftskammern Österreichs ist ein Verein im Sinne des Vereinsgesetz 1951);
- Österreichische Dentistenkammer (§ 18 Abs. 1 Dentistengesetz, BGBl. Nr. 90/1949);
- Österreichische Notariatskammern (§ 134 Notariatsordnung, RGBl. Nr. 75/1871);
- Österreichische Patentanwaltskammer (§ 31 Patentanwaltsgesetz, BGBl. Nr. 214/1967);
- Österreichische Rechtsanwaltskammer (§ 22 Rechtsanwaltsordnung, RGBl. Nr. 69/1868);
- Tierärztekammern (Bundeskammer bzw. Landeskammern für die einzelnen Bundesländer, § 29 Tierärztegesetz, BGBl. Nr. 16/1975);
- Wirtschaftskammer (Bundeskammer: §§ 31 bis 42; Länderkammern: §§ 19 bis 30; Fachgruppen: §§ 43 bis 46; Fachverbände: §§ 47 bis 49 Wirtschaftskammergesetz, BGBl. I Nr. 103/1998).

(AÖF 2006/210)

5.5.11.3 Freiwillige Beiträge an Berufs- und Wirtschaftsverbände im Sinne des § 4 Abs. 9 EStG 1988

5.5.11.3.1 Notwendige Merkmale des Verbandes

1415 Berufs- und Wirtschaftsverbände sowie Interessensvertretungen iSd § 4 Abs. 9 EStG 1988 sind Zusammenschlüsse von Personen, die dieselbe berufliche oder gewerbliche oder artverwandte, durch eine natürliche Interessensgemeinschaft verbundene Tätigkeit ausüben. Nicht als derartige Verbände und Interessensvertretungen sind daher Institutionen anzusehen, die nicht darauf ausgerichtet sind, spezielle berufliche Interessen der Mitglieder zu fördern, sondern bei denen die Fördertätigkeit in einem nicht eindeutigen und damit losen Zusammenhang zur Tätigkeit steht (VwGH 29.6.1995, 93/15/0104). Beiträge zu derartigen Verbänden können jedoch unter den allgemeinen Betriebsausgabenbegriff des § 4 Abs. 1 EStG 1988 fallen (vgl. zB VwGH 30.9.1987, 86/13/0080, betreffend Mitgliedschaft bei einer ärztlichen Fachvereinigung).

(BMF-AV Nr. 2015/133)

Soweit die im § 4 Abs. 9 EStG 1988 genannten gesetzlichen Voraussetzungen für eine Anerkennung der freiwilligen Beiträge an Berufs- und Wirtschaftsverbände als Betriebsausgaben nicht gegeben sind, stellen die Leistungen des Steuerpflichtigen an den Berufs- und Wirtschaftsverband nicht abzugsfähige Spenden dar (VwGH 23.11.1962, 114/61). **1416**

5.5.11.3.2 Einschränkung der Abzugsfähigkeit dem Grunde nach

Der Berufs- und Wirtschaftsverband, an den Beiträge gezahlt werden, die als Betriebsausgaben geltend gemacht werden, muss sich **1417**

- sowohl nach der Satzung
- als auch nach der tatsächlichen Geschäftsführung
- ausschließlich oder überwiegend
- mit der Wahrnehmung der betrieblichen und/oder beruflichen Interessen seiner Mitglieder

befassen.

Die im § 4 Abs. 9 EStG 1988 angeführten Merkmale, nämlich Satzung, tatsächliche Geschäftsführung sowie Ausschließlichkeit, entsprechen den für das Vorliegen der Gemeinnützigkeit im Sinne des § 34 BAO notwendigen Voraussetzungen. Insoweit ist daher die hiezu ergangene Judikatur sinngemäß anzuwenden. **1418**

5.5.11.3.3 Beschränkung der Abzugsfähigkeit der Höhe nach

Der Höhe nach ist die Abzugsfähigkeit derartiger Beiträge insoweit beschränkt, als es sich um Beiträge in angemessener statutenmäßig festgesetzter Höhe handeln muss. Dies bedeutet, dass sie in einer Höhe geleistet werden, die dem Verband zwar die Wahrnehmung der beruflichen und betrieblichen Interessen seiner Mitglieder ermöglicht, nicht jedoch der Finanzierung nicht damit zusammenhängender Zwecke dient. Bei Verbänden, die eine parteinahe Stellung haben, sind die Beiträge daher nur insoweit abzugsfähig, als sie in Bezug auf die Vertretung der unternehmerischen Interessen der Verbandsangehörigen angemessen sind. **1419**

5.5.11.4 Einzelfälle

- Beiträge an Berufs- und Wirtschaftsverbände, die politischen Parteien nahe stehen (zB Wirtschaftsbund, Ring freiheitlicher Wirtschaftstreibender, Freier Wirtschaftsverband): Diese sind in angemessener Höhe abzugsfähig. **1420**
- Beiträge an die Vereinigung der österreichischen Industrie (Industriellenvereinigung): Diese sind in angemessener Höhe abzugsfähig.
- Private Mitgliedsbeiträge (zB Naturschutzbund, Greenpeace, World Wildlife Found, Kriegsblinde, Absolventenverband der Diplomingenieure für Landwirtschaft): Sie sind auch bei einem Ingenieurkonsulenten für Landwirtschaft keine Beiträge an Berufsverbände; sie fallen auch nicht unter den allgemeinen Betriebsausgaben- oder Werbungskostenbegriff (VwGH 17.5.1989, 88/13/0038).
- Vereinigungen zur beruflichen Fortbildung: Die entsprechenden Beiträge fallen allenfalls unter den allgemeinen Betriebsausgaben- bzw. Werbungskostenbegriff (VwGH 28.4.1987, 86/14/0187, betr. geographische Gesellschaft; VwGH 30.9.1987, 86/13/0080, betreffend ärztliche Fachvereinigung).
- Außerordentliche Beiträge: Werden an einen Berufsverband außerordentliche – über die üblichen Beiträge hinausgehende – Zahlungen geleistet, so ist die betriebliche Veranlassung bzw. deren Angemessenheit nachzuweisen (VwGH 15.12.1994, 93/15/0002, 93/15/0018).
- Beiträge an politische Parteien: Siehe LStR 2002, Rz 239.

(AÖF 2008/51)

5.5.12 Zuwendungen an und von Privatstiftungen

Zuwendungen an Privatstiftungen siehe StiftR 2009 Rz 194 ff.

Zuwendungen von Privatstiftungen siehe StiftR 2009 Rz 213 ff.

(AÖF 2010/43)

5.5.13 Zinsen als Betriebsausgaben

5.5.13.1 Allgemeines

1421 Dem Steuerpflichtigen steht es frei, seinen Betrieb mit Eigen- oder Fremdkapital auszustatten (Grundsatz der Finanzierungsfreiheit). Ob ein Finanzierungsaufwand zu Betriebsausgaben führt, entscheidet sich – ungeachtet der betriebswirtschaftlichen Betrachtung – für Zwecke der Einkommensbesteuerung nach der Mittelverwendung. Dienen die Mittel der Finanzierung von Aufwendungen, die der betrieblichen Sphäre zuzuordnen sind, liegen Betriebsausgaben vor; dienen die Mittel der privaten Lebensführung, liegt eine Privatverbindlichkeit vor und die Zinsen sind nicht abzugsfähig (vgl. VwGH 30.9.1999, 99/15/0106; VwGH 23.3.2000, 97/15/0164). Ein enger zeitlicher Zusammenhang mit der Anschaffung von Wirtschaftsgütern rechtfertigt den Schluss, dass die Kreditschuld mit der Anschaffung in ursächlichem Zusammenhang steht (VwGH 26.6.1984, 83/14/0204). Aus einer für frühere Zeiträume durchgeführten abgabenbehördlichen Prüfung ergibt sich hinsichtlich der Zuordnung der Schulden zum Betrieb bzw. zum Privatbereich keine Bindung für nachfolgende Zeiträume, in denen die Zinsaufwendungen anfallen (VwGH 23.3.2000, 97/15/0164).

(AÖF 2002/84)

1422 Wird ein betrieblich veranlasster Aufwand durch Fremdmittel finanziert, so sind die Zinsen auch dann Betriebsausgaben, wenn der Abgabepflichtige in der Lage gewesen wäre, den Aufwand durch Eigenmittel zu finanzieren (VwGH 19.9.1990, 89/13/0112). Gleiches gilt, wenn betriebliche Eigenmittel für die Privatsphäre verwendet und deshalb betriebliche Aufwendungen fremdfinanziert werden müssen (VwGH 16.11.1993, 89/14/0158).

1423 Für jeden fremdfinanzierten Aufwand ist gesondert zu prüfen, ob der Finanzierungsaufwand der Betriebssphäre zuzurechnen ist (vgl. VwGH 16.11.1993, 89/14/0158). Zinsen für betriebsbedingt aufgenommene Schulden sind auch dann Betriebsausgaben, wenn den durch die laufenden Geschäftsfälle entstehenden oder sich vergrößernden Betriebsverbindlichkeiten Privatentnahmen im Ausmaß der angemessenen regelmäßigen persönlichen Aufwendungen des Unternehmers gegenüberstehen.

1424 Wird ein mit Fremdkapital finanziertes Wirtschaftsgut dem Betriebsvermögen für private Zwecke entzogen, gelangen auch die Verbindlichkeiten ins Privatvermögen und die Zinsen sind nach der Entnahme nicht mehr als Betriebsausgaben absetzbar (VwGH 30.9.1999, 99/15/0106, 0107). Umgekehrt wird bei Einlage eines fremdfinanzierten Wirtschaftsgutes das in der Privatsphäre aufgenommene Fremdkapital zum Betriebsvermögen (VwGH 12.9.1989, 88/14/0188; VwGH 30.11.1999, 94/14/0166). Verbindlichkeiten allein kommen als gewillkürtes Betriebsvermögen nicht in Betracht.

1425 Wird ein betriebliches fremdfinanziertes Wirtschaftsgut veräußert oder scheidet es (nicht in Form einer Entnahme) aus der Vermögenssphäre des Steuerpflichtigen aus, bleibt die zur Finanzierung des Wirtschaftsgutes aufgenommene Schuld weiterhin eine betrieblich veranlasste Schuld.

1426 Ist für einen Teil eines ursprünglich aus betrieblichen Gründen aufgenommenen Darlehens die betriebliche Veranlassung nicht mehr gegeben (zB Privatnutzung eines Wirtschaftsgutes, die zu keiner Entnahme führt), so ist insoweit ein weiterer Abzug der Zinsen als Betriebsausgaben ausgeschlossen. Ungeachtet einer überwiegenden Verwendung des Darlehens für betriebliche Zwecke, ist der nichtbetriebliche Prozentsatz zu ermitteln und es sind die Ausgaben entsprechend zu kürzen. Eine Automatik dahingehend, dass zuerst die (privaten) Altschulden durch die Rückzahlungen getilgt worden seien, gibt es nicht. Es ist vielmehr der Aufwand Jahr für Jahr anteilig zu korrigieren (vgl. VwGH 15.5.1997, 94/15/0223).

1427 Die hypothekarische Besicherung von Verbindlichkeiten ändert nichts an der Zugehörigkeit zum Betriebs- oder Privatvermögen. Wird eine Privatschuld mit einem betrieblichen Wirtschaftsgut abgesichert (betriebliche Sicherungsübereignung), bleibt sie im privaten Vermögen. Wird eine Betriebsschuld mit einem privaten Wirtschaftsgut abgesichert (private Sicherungsübereignung), bleibt sie Betriebsschuld.

1428 Zinsen sind nicht als Betriebsausgaben abzugsfähig:

- Soweit sie durch steuerfreie Zinsenzuschüsse (§ 3 Abs. 1 Z 6 EStG 1988, siehe Rz 303) abgedeckt werden oder die Schulden der Anschaffung endbesteuerter Kapitalanlagen dienten (siehe Rz 4853 ff.) bzw. iZm nicht steuerpflichtigen Erträgen stehen. Der unmittelbare wirtschaftliche Zusammenhang zwischen Finanzierungsaufwendungen und nicht steuerpflichtigen Vermögenswerten (Einnahmen) muss von der Abgabenbehörde konkret erwiesen werden. Ein Abstellen auf Bilanzrelationen ist nicht zulässig. Wenn sich ein Kaufmann nämlich dessen bewusst ist, dass er Zinsen für aufgenommenes Fremdkapital nicht als Betriebsausgaben absetzen kann, wenn er das Fremdkapital unmittelbar für die Erzielung nicht steuerpflichtiger Einkünfte verwendet, so wird er bestrebt sein, die Fremdmittel vorrangig für andere Zwecke zu verwenden, um die begünstigten Einkünfte mit Eigenmitteln zu finanzieren. Ein solches aus steuerlicher Sicht sinnvolles Verhalten kann grundsätzlich unterstellt werden. Der Gegenbeweis der (anteiligen) Fremdfinanzierung von nicht steuerpflichtigen Einkunftsquellen wäre demgegenüber von der Abgabenbehörde zu führen (VwGH 20.10.1999, 94/13/ 0027).

- Wenn die Schuldaufnahme die betriebliche Sphäre nicht betrifft. Dies ist zB der Fall bei Unterstützung eines Not leidenden Klienten durch einen Rechtsanwalt (VwGH 18.12.1996, 94/15/0157); bei Aufnahme eines Kredites für Pflichtteilsschulden (VwGH 5.8.1993, 88/14/0060), und zwar auch dann nicht, wenn das Nachlassvermögen zu einem Betriebsvermögen gehört; wenn die Schuldaufnahme der Finanzierung einer nichtbetrieblichen Steuer dient (zB Einkommensteuer, VwGH 17.9.1997, 93/13/0027).
- Soweit sie auf den nichtbetrieblichen Anteil bei Verbindlichkeiten entfallen, die von vornherein sowohl eine betriebliche, als auch eine private Veranlassung aufweisen (die Verbindlichkeit entfällt zB teils auf betriebliche, teils auf private Wirtschaftsgüter oder auf den betrieblichen und privaten Teil eines Wirtschaftsgutes). In diesem Fall ist eine Aufteilung vorzunehmen, siehe dazu auch Rz 1429 ff.
- Soweit das gesetzliche Abzugsverbot des § 20 Abs. 1 Z 2 lit b EStG 1988 (Angemessenheitsprüfung) Platz greift. Bei der Angemessenheitsprüfung unterliegenden Wirtschaftsgütern mit Anschaffungskosten über der steuerlichen Angemessenheitsgrenze (zB Pkw) unterliegen Zinsen für einen Kredit auch dann der anteiligen Kürzung (Luxustangente), wenn die Kreditsumme die Angemessenheitsgrenze nicht erreicht (VwGH 16.12.1999, 96/15/0116).
- Wenn dem Betrieb Fremdmittel entzogen werden. Dies ist bspw. bei Aufnahme eines Darlehens und gleichzeitiger Entnahme des Betrages für nichtbetriebliche Zwecke der Fall (VwGH 24.2.2005, 2000/15/0057; VwGH 20.11.1996, 89/13/0259), weiters wenn mittels eines Bausparkassenkredites in wirtschaftlicher Betrachtungsweise der private Hausbau finanziert wird (VwGH 18.1.1989, 88/13/0081, betreffend privater Grundstückskauf; VwGH 10.9.1998, 93/15/0051).

(AÖF 2006/114)

5.5.13.2 Betrieblich genutzte Liegenschaften und Fremdmittelzuordnung

Verbindlichkeiten für Liegenschaften belasten diese gleichmäßig. Daher sind die Zinsen in dem Ausmaß abzugsfähig, mit dem die Liegenschaft dem Betriebsvermögen zuzurechnen ist (VwGH 21.5.1985, 85/14/0004). **1429**

Bei einem hergestellten Wirtschaftsgut ist der auf den betrieblich genutzten Teil entfallende Schuldbetrag betrieblich bedingt. Wird ein einheitliches Wirtschaftsgut hergestellt (zB Gebäude), kann die Schuld nicht deshalb, weil sie geringer ist als die Herstellungskosten des betrieblich genutzten Teiles, als nur auf den betrieblich genutzten Teil fallend angesehen werden. Die Schuld ist vielmehr der betrieblichen und privaten Nutzung des Gebäudes entsprechend aufzuteilen, ausgenommen es wurde nur ein abgrenzbarer und ausschließlich betrieblich genutzter Gebäudeteil finanziert (VwGH 20.4.1977, 1468/76; VwGH 4.10.1995, 93/15/0130; VwGH 24.10.1995, 91/14/0270). Die einmal erfolgte Aufteilung eines Darlehens für den Hausbau (zB 40% Ordination, 60% privat) und der damit in Zusammenhang stehenden Zinsen, kann nicht im Nachhinein mit dem Argument abgeändert werden, entsprechend der unternehmerischen Gestaltungsfreiheit wäre zuerst der private Teil getilgt worden. **1430**

Ist das fremdfinanzierte Gebäude zur Gänze Betriebsvermögen und damit auch die Verbindlichkeit, stellen die auf die Privatnutzung entfallenden Zinsen Entnahmen dar (VwGH 18.1.1983, 82/14/0100). **1431**

5.5.13.3 Zinsenabzug beim Einnahmen-Ausgaben-Rechner

Bei einem Einnahmen-Ausgaben-Rechner bestimmt sich der Betriebsausgabenabzug nach dem Abfluss von (Geld)Mitteln. Bei einem Kontokorrentkonto bewirken die Belastungen mit Bankspesen und Zinsen einen Abfluss, und zwar unabhängig davon, ob ein Guthaben verringert oder der Schuldenstand vergrößert wird. Es kommt hinsichtlich aller Belastungen (und auch Gutschriften) zu einer Art Novation, dh. der Kontoinhaber schuldet die Bankspesen (Zinsen) nunmehr aus dem Titel Kontokorrentschuld. Wirtschaftlich betrachtet wird dem Kontoinhaber nämlich gleichsam ein Darlehen eingeräumt, mit dem er seine Belastungen begleicht. **1432**

5.5.13.4 Zweikontenmodell

Die obigen Grundsätze gelten auch dann, wenn sich der Steuerpflichtige des so genannten Zweikontenmodells gezielt bedient. **1433**

Das Wesen dieses Modells besteht darin, dass Betriebseinnahmen und Betriebsausgaben über zwei verschiedene Konten geleitet werden. Vom Konto, auf das die Betriebseinnahmen gebucht werden, fließen die Entnahmen ab, wobei dieses Konto immer positiv bleibt. Das Betriebsausgabenkonto weist dagegen einen sich ständig vergrößernden Minusstand auf. Teilweise wird dabei der Minusstand des Ausgabenkontos mittels privat besicherter Kredite ausgeglichen, wobei die Kreditverbindlichkeit als notwendiges Betriebsvermögen gesehen wird und die darauf entfallenden Zinsen als Betriebsausgaben abgesetzt werden, indem ein wirtschaftlicher Zusammenhang zwischen den Konten verneint wird.

1434 Ein Hinweis auf die gezielte Inanspruchnahme des Zweikontenmodells ergibt sich daraus, dass sich das Eigenkapital laufend vermindert. Im Sinne der Judikatur des VwGH ist das Zweikontenmodell folgendermaßen zu beurteilen (VwGH 27.1.1998, 94/14/0017; VwGH 10.9.1998, 93/15/0051; VwGH 20.12.2006, 2003/13/0090):

- Es ist generell davon auszugehen, dass der Fremdmittelaufwand nicht betrieblich veranlasst ist, wenn Fremdmittel und nicht Eigenmittel dem Betrieb entzogen werden.
- Wenn Geldmittel entnommen werden, obwohl bei saldierter Betrachtung der Bankkonten kein Geldmittelüberschuss im Betrieb vorhanden ist, entstehen durch die Entnahmen keine betrieblichen Schulden. Die Entnahmen stehen vielmehr in einem eindeutigen Veranlassungszusammenhang mit dem Ansteigen der Fremdmittel.
- In diesem Sinn ist ungeachtet der „künstlichen" Aufspaltung betrieblicher Zahlungsvorgänge auf zwei (oder mehrere) Konten von einem einzigen Konto auszugehen.

(BMF-AV Nr. 2018/79)

5.5.13.5 Zinsen als vorweggenommene und nachträgliche Betriebsausgaben

1435 Zinsen für Verbindlichkeiten, die vor der Betriebseröffnung aufgenommen wurden, sind Ausgaben, wenn damit betrieblich veranlasste Leistungen oder betrieblich genutzte Wirtschaftsgüter finanziert werden.

1436 Werden im Zuge der Betriebsaufgabe Wirtschaftsgüter in das Privatvermögen übernommen, so gelangen auch die Verbindlichkeiten, die der Finanzierung dieser Wirtschaftsgüter gedient haben, in das Privatvermögen. Scheidet zB ein fremdfinanziertes Gebäude aus dem Betriebsvermögen aus, teilt die Finanzierungsverbindlichkeit sein Schicksal. Wird dieses Gebäude vermietet, so sind die auf die Finanzierungsverbindlichkeit entfallenden Zinsen Werbungskosten im Rahmen der Einkünfte aus Vermietung und Verpachtung (VwGH 30.11.1999, 94/14/0166). Hingegen sind nicht Werbungskosten Zinsen für Bankverbindlichkeiten, deren Valuta nicht zur Finanzierung des aus dem Betriebsvermögen ausgeschiedenen und vermieteten Gebäudes, sondern für allgemeine betriebliche Zwecke verwendet worden ist; eine Verbindlichkeit kann mit steuerlicher Wirkung nicht umgewidmet werden (VwGH 30.9.1999, 99/15/0106, 0107; VwGH 15.6.2005, 2001/13/0174, siehe auch Rz 1437).

(AÖF 2006/114)

1437 Vom Erwerber des Betriebes nicht übernommene bzw. nach Betriebsveräußerung oder -aufgabe noch vorhandener Verbindlichkeiten sind, soweit sie nicht mit einem in die private Sphäre überführten Wirtschaftsgut zusammenhängen, weiterhin dem Betriebsvermögen zuzurechnen (§ 32 Abs. 1 Z 2 EStG 1988). Die darauf entfallenden Aufwendungen (insbesondere Zinsen) sind daher nachträgliche Betriebsausgaben, andererseits führt ein Erlass dieser Schulden zu nachträglichen Betriebseinnahmen. Es sind aber alle zumutbaren Schritte zur Tilgung der Verbindlichkeiten zu setzen; bei Unterbleiben derartiger Maßnahmen sind die Zinsen nicht mehr Aufwendungen iSd § 32 Abs. 1 Z 2 EStG 1988 (VwGH 22.10.1996, 95/14/0018; VwGH 20.9.2001, 98/15/0126; VwGH 29.6.2016, 2013/15/0286). Werden ins Privatvermögen übernommene Wirtschaftsgüter (zB ein vormaliges Betriebsgebäude) in der Folge zur Erzielung von Einkünften (zB Vermietung und Verpachtung) genutzt, ist in Höhe des gemeinen Wertes dieser Wirtschaftsgüter eine Tilgung der Verbindlichkeiten nicht zumutbar, sodass ein Zinsenabzug nach § 32 Abs. 1 Z 2 EStG 1988 in Betracht kommt. Zur Überprüfung, ob alle zumutbaren Schritte zur Tilgung der Verbindlichkeiten gesetzt wurden, sind für jedes Veranlagungsjahr nach der Betriebsveräußerung bzw. -aufgabe die Einnahmen und die „notwendigen Ausgaben" des Steuerpflichtigen gegenüberzustellen; auf diese Weise ist ein rechnerischer Einnahmenüberschuss zu ermitteln, wobei auch auf das Vermögen des Steuerpflichtigen Bedacht zu nehmen und insb. zu prüfen ist, ob der Rückkauf von Lebensversicherungen zumutbar ist. Wird der Betrag des rechnerischen Einnahmenüberschusses nicht zur Kredittilgung verwendet, wird die vormalige Betriebsschuld mit diesem Betrag (rechnerischer Einnahmenüberschuss) zur Privatschuld. Es kommt daher zu einer Aufteilung der vormaligen Betriebsschuld. Nur jener Teil der Schuld, dessen Tilgung dem ehemaligen Betriebsinhaber (noch) nicht zumutbar war, führt zu nachträglichen Betriebsausgaben (VwGH 20.9.2001, 98/15/0126; VwGH 28.4.2011, 2008/15/0308).

(BMF-AV Nr. 2018/79)

Schulden sind aber insoweit notwendiges Privatvermögen und die darauf entfallenden Zinsen nicht mehr abzugsfähig, als der Erlös und die zurückbehaltenen Aktivwerte nicht zur Tilgung der Verbindlichkeiten verwendet werden; für solche Zinsen kommt mangels Zwangsläufigkeit auch keine außergewöhnliche Belastung in Betracht. **1438**

Beispiel:

Verbindlichkeiten 500.000 Euro. Ein Grundstück mit einem Verkehrswert von 300.000 Euro und sonstiges Vermögen von 100.000 Euro werden in die private Sphäre überführt.

Verbindlichkeiten sind nur insoweit dem Betriebsvermögen zuzurechnen, als sie die Aktivwerte übersteigen, das sind 100.000 Euro; nur die darauf entfallenden Zinsen sind als nachträgliche Ausgaben abzugsfähig.

(BMF-AV Nr. 2018/79)

Nach der Beendigung der betrieblichen Tätigkeit aufgenommene Kredite bilden keine Betriebsschuld mehr (VwGH 6.3.1984, 83/14/0107), es sei denn, sie finanzieren nachträgliche Betriebsausgaben. **1439**

5.6 *entfallen*

Randzahlen 1440 bis 1456: *derzeit frei*

(AÖF 2013/280)

5.7 ABC der Betriebsausgaben

Abbruchkosten **1457**

Siehe Rz 2618 f.

Abfertigung an Dienstnehmer **1458**

Diese ist grundsätzlich als Lohnaufwand Betriebsausgabe. Dies gilt auch hinsichtlich naher Angehöriger, wenn die für die Anerkennung eines Dienstverhältnisses erforderlichen Kriterien, insbesondere der Fremdvergleich, erfüllt sind (vgl. hiezu Rz 1148 ff).

Wird die Abfertigung hingegen an einen als Dienstnehmer beschäftigten nahen Angehörigen geleistet, der den Betrieb unentgeltlich oder gegen ein unangemessen niedriges Entgelt übernimmt, ist sie nicht abzugsfähig, da auf Grund des gebotenen Fremdvergleiches davon auszugehen ist, dass der Erwerber auf den Abfertigungsanspruch verzichtet (vgl. zB VwGH 1.12.1992, 89/14/0176; vgl. hiezu Rz 1167).

Abfindung an einen lästigen Gesellschafter **1459**

Siehe unter „lästiger Gesellschafter" (Rz 1587).

Abgaben **1460**

Siehe „Steuern" sowie zu nichtabzugsfähigen Abgaben Rz 4847 ff.

Abgeltungsanspruch gemäß § 98 ABGB **1461**

Derartige Ansprüche beruhen auf der ehelichen Beistandspflicht des Ehegatten. Sie sind familienhafter Natur und daher nicht abzugsfähig (VwGH 26.3.1985, 84/14/0059; 21.7.1993, 91/13/0163; siehe auch Rz 1147).

Ablösezahlungen zur Vermeidung des Militärdienstes **1462**

Diese sind selbst dann nichtabzugsfähige Kosten der Lebensführung, wenn damit die Förderung des Betriebes verbunden ist (VwGH 30.5.1989, 86/14/0139; 22.12.1989, 89/13/0235, jeweils betreffend türkischen Militärdienst).

Absetzung für Abnutzung (AfA) **1463**

Siehe Rz 3101 ff.

Abwehrkosten – Allgemeines **1464**

Bei der Abgrenzung von als Betriebsausgabe anzuerkennenden Abwehrkosten zu jenen, die mit der privaten Lebensführung zusammenhängen, ist zu untersuchen, ob auch die abgewehrten Aufwendungen Betriebsausgaben wären. Wenn dies der Fall ist, sind auch die Abwehrkosten Betriebsausgaben. Die Abwehrkosten stellen in jenem Jahr Betriebsausgaben dar, in dem sie anfallen. Der Zeitpunkt des Anfallens der abgewehrten Aufwendungen ist dabei irrelevant (VwGH 5.7.1955, 3493/53). Zuwendungen an den Entschädigungsfonds stellen Betriebsausgaben dar (§ 2 Abs. 2 Entschädigungsfondsgesetz BGBl. I Nr. 12/2001).

(AÖF 2002/84)

1465 **Abwehrkosten – Beispiele für abzugsfähige Zahlungen**

- Wahrung des guten Rufes als Unternehmer (VwGH 11.5.1979, 0237/77, betreffend Abdeckung der Verluste eines Kunden durch einen Vermögensverwalter);
- Vermeidung einer abzugsfähigen Betriebsausgabe (VwGH 5.7.1955, 3493/53);
- Vermeidung einer Gewinnminderung oder Verlusterhöhung (VwGH 13.1.1967, 1142/66, betreffend Anschaffungskosten von Betriebsvermögen, hinsichtlich derer Aktivierungspflicht besteht);
- Vermeidung einer zwangsweisen Unternehmensschließung (VwGH 12.9.1989, 89/14/0087, betreffend Gründung einer für den Betrieb des Steuerpflichtigen die notwendige Gewerbeberechtigung aufweisende GmbH);
- Vermeidung einer drohenden Betriebseinstellung (VwGH 11.8.1993, 92/13/0096, betreffend Erwerb eines Grundstückes zu einem überhöhten Preis, wobei in Höhe der Überbezahlung eine Teilwertabschreibung vorgenommen werden kann);
- Abwendung der nachteiligen Folgen einer zwangsweisen Räumung eines Geschäftslokales (VwGH 7.6.1957, 0458/55);
- Vermeidung von (betrieblichen) Rentenzahlungen, Prozess- und Übersiedlungskosten (VwGH 4.11.1960, 1471/59);
- Vermeidung einer Darlehensforderung (VwGH 2.5.1958, 1090/56);
- Konkurrenzabwehr (VwGH 12.9.1989, 89/14/0097);
- Übernahme der Strafe für einen Klienten (VwGH 13.12.1989, 85/13/0041, durch einen Wirtschaftstreuhänder wegen unvollständiger Abgabe von Steuererklärungen).

1466 **Abwehrkosten – Beispiele für nichtabzugsfähige Zahlungen**

- Erhaltung des persönlichen Rufes (VwGH 17.9.1974, 0168/74, betreffend Bezahlung von Spielschulden eines nahen Angehörigen durch einen Rechtsanwalt);
- Aufwendungen in Zusammenhang mit außerberuflichem Verhalten (VwGH 17.9.1990, 89/14/0130, betreffend Aufwendungen eines Rechtsanwaltes zur Vermeidung disziplinärer Folgen durch die Rechtsanwaltskammer);
- Abwendung völlig unbestimmter drohender Verluste (VwGH 27.4.2000, 97/15/0207);
- Bürgschaft im privaten Bereich (VwGH 8.12.1949, 0310/47);
- Verwandtendarlehen (VwGH 2.5.1958, 1090/56);
- Pflichtteilsansprüche (VwGH 3.7.1991, 91/14/0108);
- Abschluss einer Teilhaberversicherung bei einer Mitunternehmerschaft, die der Abwehr von Erbenansprüchen dient (VwGH 15.12.1992, 88/14/0093, siehe Rz 1269);
- Vermeidung nichtabzugsfähiger Aufwendungen (VwGH 27.10.1980, 2953, 2954/78).

(BMF-AV Nr. 2018/79)

1467 **Aktenkoffer, Aktentasche, Aktenmappe**

Die Aufwendungen sind bei ausschließlicher oder zumindest weitaus überwiegender betriebsbezogener Nutzung (zB Transport oder Aufbewahrung betrieblich oder beruflich verwendeter Unterlagen, wie zB Gerichtsakten eines Rechtsanwaltes, steuerliche Unterlagen eines Steuerberaters, Unterlagen eines auf Werkvertragsbasis tätigen Außendienstmitarbeiters usw.) abzugsfähig.

1468 **Anbahnungsspesen**

Siehe „Bewirtungsspesen“ (Rz 1505) sowie Rz 4702 ff und Rz 4808 ff.

1469 **Angehörige**

Siehe Rz 1127 ff.

1470 **Anlaufkosten**

Siehe „Ingangsetzungskosten“ (Rz 1561).

1471 **Antiquitäten**

Siehe Rz 4797 ff.

1472 **Anwaltskosten**

Siehe „Prozesskosten“ (Rz 1621), „Rechtsberatungskosten“ (Rz 1623) sowie „Strafen“ (Rz 1649).

1473 **Anzahlungen (auf Betriebsausgaben)**

Soweit nicht die Vorschrift des § 4 Abs. 6 EStG 1988 Platz greift (siehe hiezu Rz 1381 ff), sind diese steuerlich wie die spätere Betriebsausgabe zu behandeln. Ist diese sofort abschreibbar, gilt dies auch für die Anzahlung im Jahr der Bezahlung. Dabei muss jedoch im Zeitpunkt der Leistung der Anzahlung ernstlich damit gerechnet werden, dass der die Betriebsausgabeneigenschaft begründende Zusammenhang gegeben ist (VwGH 22.1.1992, 91/13/0114).

Arbeitsessen 1474

Siehe Rz 4808 ff.

Arbeitskleidung 1475

Siehe „Kleidung“ (Rz 1574).

Arbeitsmittel 1476

Siehe LStR 1999, Rz 277.

Arbeitszimmer 1477

Siehe LStR 1999, Rz 324 bis 336.

Armbanduhr 1478

Siehe Rz 4710, Stichwort „Armbanduhr“.

Arztkosten 1479

Siehe „Krankheitskosten“ (Rz 1581).

Aufforstungskosten 1480

Siehe Rz 1407 ff.

Aufstockung eines Gebäudes 1481

Die diesbezüglichen Kosten stellen Herstellungsaufwand dar, der nicht sofort, sondern nur im Wege der AfA abzugsfähig ist (hinsichtlich von Betriebsgebäuden siehe auch Rz 1398 ff).

Ausbildungskosten 1482

Siehe LStR 1999, Rz 358 bis 366.

Auskunftsbescheid („Advance Ruling“) 1482a

Der Verwaltungskostenbeitrag im Rahmen eines Auskunftsbescheidverfahrens betreffend Rechtsfragen im Zusammenhang mit Umgründungen, Unternehmensgruppen und Verrechnungspreisen (§ 118 BAO, „Advance Ruling“) ist als Betriebsausgabe abzugsfähig (§ 4 Abs. 4 Z 4 EStG 1988).

(AÖF 2013/280)

Ausstellungen 1483

Aufwendungen für die Teilnahme an bzw. den Besuch von Ausstellungen, Fachmessen, etc sind bei entsprechender betrieblicher Veranlassung abzugsfähig.

Autobahnvignette 1484

Die Aufwendungen sind im Ausmaß der betrieblichen Nutzung abzugsfähig. Bei Ansatz von Kilometergeld ist der Aufwand für Autobahnvignetten durch das Kilometergeld abgegolten (siehe auch LStR 1999, Rz 372).

Autofahrerklub 1485

Siehe „Beiträge“ (Rz 1491).

Autogenes Training 1486

Siehe Rz 4712, Stichwort „Autogenes Training“.

Autoradio 1487

Siehe Rz 4713, Stichwort „Autoradio“.

Autotelefon 1488

Anschaffungs-, Einbau- und Betriebskosten sind im Umfang der betrieblichen Verwendung Betriebsausgaben.

Ballveranstaltung, Ballbesuch 1489

Siehe Rz 4714, Stichwort „Ballbesuch“.

Begräbnis 1490

Kosten für das Begräbnis des Steuerpflichtigen sind keine Betriebsausgaben.

Die Aufwendungen für das Begräbnis von im Dienst verunglückten Arbeitnehmern sind jedoch Betriebsausgaben.

Beitragszuschlag nach ASVG 1490a

Der Beitragszuschlag nach § 113 Abs. 1 Z 1 und Abs. 2 ASVG, der wegen der unterlassenen Anmeldung von Dienstnehmern zur Sozialversicherung vor Arbeitsantritt verhängt wird, stellt keine Strafe bzw. keine Sanktion strafrechtlichen Charakters dar, sondern ist als Pauschalersatz der Dienstgeber für den Verwaltungsaufwand der Krankenversicherungsträger zur Aufdeckung von Schwarzarbeit zu werten (VfGH 7.3.2017, G 407/2016 und G 24/2017). Er ist als Betriebsausgabe abzugsfähig.

(BMF-AV Nr. 2018/79)

1491 **Beiträge**

Prinzipiell ergibt sich eine Abzugsfähigkeit nur bei unmittelbarem Zusammenhang mit der betrieblichen oder beruflichen Tätigkeit (VwGH 17.5.1989, 88/13/0038).

Einzelfälle:

- Sportvereine: nicht abzugsfähig (VwGH 2.12.1970, 1223/70).
- Schulverein: nicht abzugsfähig (VwGH 24.11.1999, 99/13/0202).
- Autofahrerklub: siehe Personenkraftwagen – Einzelfälle (Rz 1614).
- Politische Parteien: siehe Rz 1420 sowie LStR 1999, Rz 239.
- Freiwillige Mitgliedschaft zu Berufs- und Wirtschaftsverbänden: siehe Rz 1412 ff.
- Pflichtmitgliedschaft zu Berufs- und Wirtschaftsverbänden: siehe Rz 1412 ff.

1492 **Beratungskosten**

Siehe „Rechtsberatung“ (Rz 1623), „Steuerberatung“ (Rz 1646).

1493 **Bereitstellungszinsen**

Zinsen für die Bereithaltung von Kapital bei Kreditzusagen sind sofort Betriebsausgaben und müssen nicht auf die voraussichtliche Kreditlaufzeit verteilt werden (zu verteilungspflichtigen Aufwendungen siehe Rz 1381 ff).

1494 **Berufskleidung**

Siehe „Kleidung“ (Rz 1577).

1495 **Berufskrankheit**

Siehe „Krankheitskosten“ (Rz 1581).

1496 **Berufsrisikoversicherung**

Siehe „Versicherung“ (Rz 1682) sowie Rz 1270.

1497 **Berufsverbände**

Zur Abzugsfähigkeit der an diese geleisteten Beiträge siehe Rz 1412 ff.

1498 **Beschädigung privater Wirtschaftsgüter**

Siehe „Verlust privater Wirtschaftsgüter“ (Rz 1677).

1499 **Besserungskapital**

Besserungskapital, das an Not leidende Unternehmen zum Zwecke ihrer Sanierung gezahlt wird oder in einem Forderungsnachlass besteht und im Falle der Besserung der wirtschaftlichen Situation dieses Unternehmens zurückgezahlt werden soll, ist grundsätzlich zu aktivieren (VwGH 31.5.2006, 2002/13/0168); siehe hiezu auch Rz 2382 ff.

(BMF-AV Nr. 2018/79)

1499a **Betreuung**

Siehe „Pflegetätigkeit“, Rz 1616.

(AÖF 2008/51)

1500 **Betriebsausflug des Personals**

Die damit im Zusammenhang stehenden Aufwendungen sind als freiwilliger Sozialaufwand abzugsfähig (vgl. VwGH 15.11.1995, 92/13/0216). Zur Steuerfreiheit oder Steuerpflicht beim Dienstnehmer vgl. LStR 1999, Rz 78.

1501 **Betriebsratsfonds**

Siehe Rz 1297

1502 **Betriebssteuern**

Siehe „Steuern“ (Rz 1647).

1503 **Betriebsunterbrechungsversicherung**

Siehe Rz 1271

1504 **Betrug eines Gesellschafters**

Kosten, die einem Gesellschafter aus seinem eigenen betrügerischen Vorgehen gegen seine Mitgesellschafter erwachsen, stellen für ihn keine Betriebsausgaben dar (VwGH 13.11.1953, 1262/51, betreffend aus einer unredlichen Geschäftsführung resultierende Aufwendungen für einen Zivilrechtsstreit).

1505 **Bewirtungskosten**

Siehe Rz 4814 ff.

Bilder 1506

Siehe „Kunstwerke“ (Rz 1586).

Randzahl 1507: *derzeit frei*

(BMF-AV Nr. 2021/65)

Blumenspenden 1508

Siehe auch „Geschenke“ (Rz 1548) sowie Rz 4715 „Blumengeschenke“.

Brillen 1509

Die Aufwendungen sind nicht abzugsfähig, selbst wenn die Brille für die betriebliche oder berufliche Tätigkeit unentbehrlich ist und ausschließlich in diesem Zusammenhang verwendet wird (VwGH 28.2.1995, 94/14/0154, betreffend Bifokalbrille). Dies gilt auch für entsprechende Reparaturkosten (VwGH 15.2.1983, 82/14/0135). Die Aufwendungen sind jedoch abzugsfähig bei entsprechender betrieblicher oder beruflicher Veranlassung wie zB Schutzbrillen, Bildschirmbrillen, etc.

Bücher 1510

Siehe Stichwörter „Fachbücher, Fachzeitschriften“ (Rz 1525).

Bürgschaft 1511

Bei betrieblicher Veranlassung des Eingehens der Bürgschaft sind die entsprechenden Aufwendungen abzugsfähig (VwGH 23.10.1990, 90/14/0080).

Eine Bürgschaftsverpflichtung ist dann als notwendiges Privatvermögen anzusehen, wenn die Bürgschaft vom Unternehmer für Verwandte überwiegend aus persönlichen (privaten) Gründen eingegangen wird (VwGH 20.9.1988, 87/14/0168; VwGH 23.10.1990, 90/14/0080).

Bei beratenden Berufen (zB Notar, Rechtsanwalt, Steuerberater) gehört das Eingehen einer Bürgschaftsverpflichtung idR nicht zu den beruflichen Obliegenheiten (vgl. VwGH 27.3.2008, 2004/13/0141, betr. Steuerberater; VwGH 19.5.1994, 92/15/0171 betr. Notar; VwGH 27.11.2001, 98/14/0052, betr. Rechtsanwalt). Dies gilt selbst dann, wenn durch die Bürgschaftsübernahme eine drohende Insolvenz des Klienten verhindert und dadurch eine bereits bestehende Honorarforderung gesichert werden soll (VwGH 22.2.1993, 92/15/0051; VwGH 21.3.1996, 95/15/0092).Die diesbezüglichen Aufwendungen können bei einem Rechtsanwalt jedoch betrieblich sein, wenn dieser seinen Klienten nur durch die Bürgschaftsübernahme gewinnen oder halten konnte (VwGH 30.9.1999, 97/15/0101; VwGH 22.7.2015, Ra 2014/13/0006).

Beim Gesellschafter-Geschäftsführer sind die Aufwendungen für eine Bürgschaft zu Gunsten der Gesellschaft grundsätzlich auf die Beteiligung zu aktivieren (siehe auch LStR 2002 Rz 338). Bürgschaftszahlungen eines ehemaligen Gesellschafter-Geschäftsführers sind nicht abzugsfähig (VwGH 24.07.2007, 2006/14/0052).

Bürgschaftszahlungen von Mitunternehmern, die diese auf Grund einer Bürgschaft für die Personengesellschaft zu leisten haben, stellen keine Betriebsausgabe dar, sondern erhöhen als Einlage das Kapitalkonto (VwGH 19.3.2008, 2008/15/0018). Überträgt ein Kommanditist seinen Anteil unentgeltlich, so führt die Bürgschaftszahlung nach der unentgeltlichen Übertragung zu einer nachträglichen Einlage zu Gunsten des Kapitalkontos des Rechtsnachfolgers (VwGH 17.12.1998, 97/15/0122).

(BMF-AV Nr. 2018/79)

Computer 1512

Die Aufwendungen für die Anschaffung einschließlich des Zubehörs (zB Disketten, Drucker, Modem, Scanner) sind Betriebsausgaben, wenn die betriebliche Nutzung eindeutig feststeht. Dies ist dann der Fall, wenn er am Betriebsort des Unternehmers ortsfest eingesetzt wird. In einem derartigen Fall besteht auch kein Aufteilungsverbot.

Bei Computern, die in der Wohnung des Steuerpflichtigen aufgestellt sind, sind die betriebliche Notwendigkeit (als Abgrenzung zur privaten Veranlassung) und das Ausmaß der betrieblichen Nutzung vom Steuerpflichtigen nachzuweisen oder glaubhaft zu machen. Eine Aufteilung in einen beruflichen oder privaten Anteil ist gegebenenfalls nach entsprechenden Feststellungen im Schätzungsweg vorzunehmen. Bei dieser Schätzung ist angesichts der breiten Einsatzmöglichkeiten von Computern ein strenger Maßstab anzuwenden. Dabei ist unter anderem zu berücksichtigen, ob das Gerät von in Ausbildung stehenden Familienangehörigen des Steuerpflichtigen für Ausbildungszwecke verwendet wird oder inwieweit Internetanschlüsse verwendet werden, für die keine berufliche Notwendigkeit besteht. Bei der Schätzung ist das Parteiengehör zu wahren (VwGH 26.5.1999, 98/13/0138). Auf Grund der Erfahrungen des täglichen Lebens ist davon auszugehen, dass die private Nutzung eines beruflich verwendeten, im Haushalt des Steuerpflichtigen stationierten Computers mindestens 40 % beträgt. Wird vom Steuerpflichtigen eine niedrigere private Nutzung behauptet, ist dies im Einzelfall konkret nachzuweisen bzw. glaubhaft zu machen.

Ein Computer, der durch die bloße Absicht des Steuerpflichtigen, den Umgang mit dem Gerät zu erlernen, angeschafft wurde, begründet nicht notwendiges Betriebsvermögen (VwGH 26.11.1996, 92/14/0078).

(AÖF 2002/84)

1513 **Damnum (Darlehensabgeld, Disagio)**

Nach § 6 Z 3 EStG 1988 sind die Aufwendungen zwingend auf die Laufzeit des Vertrages zu verteilen (vgl. auch Rz 2403).

1514 **Darlehensforderung, Darlehensverlust**

Eine Darlehensforderung gehört dann zum notwendigen Betriebsvermögen, wenn bei der Hingabe des Darlehens betriebliche Interessen im Vordergrund stehen (VwGH 13.12.1963, 865/61). Eine Darlehensforderung ist dann als notwendiges Privatvermögen anzusehen, wenn der Unternehmer das Darlehen Verwandten überwiegend aus persönlichen (privaten) Gründen gewährt (VwGH 20.9.1988, 87/14/0168; VwGH 23.10.1990, 90/14/0080).

Wird unter Vorwegnahme einer Erbschaft ein Betriebsvermögen unentgeltlich an ein Kind übertragen und diesem aufgetragen, den Anspruch eines anderen Kindes in der Weise zu befriedigen, dass es die Forderung des abzufindenden Kindes in der Bilanz als Darlehen ausweist, so handelt es sich bei dem Darlehen um keine Betriebsschuld. Die damit zusammenhängenden Aufwendungen (Zinsen, Wertsicherungsbeträge) sind keine Betriebsausgaben (VwGH 4.11.1980, 0804/1980).

Ist die Darlehensgewährung betrieblich veranlasst, ist auch der entsprechende Darlehensverlust steuerlich beachtlich (VwGH 19.3.1980, 2143/77). Bei der Gewinnermittlung nach § 4 Abs. 3 EStG 1988 liegt die Gewinnminderung in dem Zeitpunkt vor, in welchem der Verlust feststeht (VwGH 13.5.1981, 2535/80).

Für den Betriebsausgabencharakter eines Freiberuflers in Zusammenhang mit Darlehensgewährungen zu Gunsten von Klienten kommt es entscheidend darauf an, ob ein bestimmtes Verhalten in Ausübung des Berufes gesetzt wird oder ob die Berufsausübung dazu nur eine Gelegenheit schafft. Das Vorstrecken diverser Gebühren ist dabei als in Ausübung des Berufes eines Rechtsanwaltes getätigt anzusehen. Keine Betriebsausgabe stellt hingegen das Vorstrecken eines Geldbetrages zur Vermeidung einer drohenden Insolvenz eines Klienten (VwGH 28.1.1998, 95/13/0260) sowie die Gewährung eines Darlehens an einen anderen Rechtsanwalt, mit dem ein Anwalt anlässlich eines Prozesses (als Vertreter einer anderen Prozesspartei) zu tun hat (VwGH 15.2.1984, 81/13/0150), dar.

Zu Darlehensverträgen unter nahen Angehörigen siehe auch Rz 1214 ff.

1515 **Depotgebühren**

Depotgebühren sind Betriebsausgaben, wenn sie für im Betriebsvermögen befindliche Wertpapiere anfallen, deren Erträge nicht der Endbesteuerung unterliegen (siehe Rz 4853 ff).

1516 **Diäten (als Verpflegungsmehraufwendungen)**

Siehe Rz 1378 ff sowie LStR 1999, Rz 297 ff.

1517 **Diebstahl**

Siehe „Veruntreuung“ (Rz 1689).

1517a **Diversion (Rücktritt von der Verfolgung)**

Diversionszahlungen sind nicht abzugsfähig (siehe auch Rz 4846e).

(AÖF 2012/63)

1518 **Doppelte Haushaltsführung, Doppelwohnsitz**

Siehe LStR 1999, Rz 341 bis 352.

1518a **E-Card**

Ist von Beziehern betrieblicher Einkünfte ein Service-Entgelt für die E-Card (E-Card-Gebühr, § 31c ASVG) zu leisten, liegen Betriebsausgaben gemäß § 4 Abs. 4 Z 1 lit. a EStG 1988 vor (vgl. Rz 243 der Lohnsteuerrichtlinien 2002). Die Einhebung eines derartigen Service-Entgelts ist jedoch gemäß § 104 GSVG sowie § 101a BSVG jeweils an Satzungsermächtigungen geknüpft. Von derartigen Satzungsermächtigungen wurde derzeit nicht Gebrauch gemacht.

(BMF-AV Nr. 2018/79)

1519 **Einrichtungsgegenstände im häuslichen Arbeitszimmer**

Siehe LStR 1999, Rz 327.

Eintreibungskosten 1520

Kosten für die Einbringung betrieblicher Forderungen sind Betriebsausgaben. Dies gilt auch dann, wenn sie nach Beendigung der betrieblichen Tätigkeit gesetzt werden. Voraussetzung für die Abzugsfähigkeit ist, dass die Aufwendungen in unmittelbarem Zusammenhang mit Einbringungsmaßnahmen erwachsen, was dann nicht der Fall ist, wenn der Gläubiger Aufwendungen tätigt, die dem Schuldner zusätzliches Einkommen verschaffen sollen, welches ihn in weiterer Folge in die Lage versetzen soll, seine Schulden zu begleichen (VwGH 4.4.1990, 86/13/0116).

Erbauseinandersetzung, Erbschaftsregelung 1521

Die dadurch anfallenden Kosten sind deshalb keine Betriebsausgabe, weil sie lediglich die Privatsphäre bzw. einen nicht der Einkommensteuer unterliegenden Vermögenszuwachs betreffen (VwGH 7.7.2011, 2008/15/0142). Sie sind somit auch dann nicht abzugsfähig, wenn sie einen zum Nachlass gehörenden Betrieb betreffen. Dies betrifft auch damit im Zusammenhang stehende Anwalts- und Prozesskosten sowie die Erfüllung von Pflichtteilsansprüchen (VwGH 3.7.1991, 91/14/0108).Die Zahlungen sind auch dann nicht abzugsfähig, wenn sie ein Erbe aus nachträglichen Honorareinnahmen zu leisten hat (VwGH 8.2.1977, 0122/77).

(BMF-AV Nr. 2018/79)

Erhaltungsaufwendungen 1522

sind sofort abzugsfähige Betriebsausgaben, soweit sie nicht den zwingend auf 15 Jahre zu verteilenden Instandsetzungsaufwendungen iSd § 4 Abs. 7 EStG 1988 zuzuordnen sind (siehe auch Rz 1398 ff).

(BMF-AV Nr. 2018/79)

Erpressung 1523

Die diesbezüglichen finanziellen Folgen gehören zwar in der Regel in den Bereich der privaten Lebensführung, jedoch sind betrieblich veranlasste Ausnahmen denkbar, zB Drohungen mit

- Geheimnisverrat an die Konkurrenz,
- Beschädigung oder Zerstörung von Wirtschaftsgütern,
- Vergiftung von durch den Betrieb erzeugten (bereits in Letztverbrauchermärkte gelangten) Lebensmitteln.

Siehe auch unter „Lösegeld“ (Rz 1594).

Erwachsenenvertretung, gerichtliche 1523a

Siehe Rz 1629a.

(BMF-AV Nr. 2021/65)

EU-Geldbußen, Geldbußen nach dem Kartellgesetz wegen Wettbewerbsverstößen 1523b

EU-Geldbußen oder Geldbußen nach dem österreichischen Kartellgesetz (vgl. §§ 29, 30 Kartellgesetz 2005, BGBl. I Nr. 61/2005), die wegen Wettbewerbsverstößen von der Europäischen Kommission bzw. dem österreichischen Kartellgericht verhängt werden, haben bestrafenden Charakter und sind nicht abzugsfähig (§ 20 Abs. 1 Z 5 lit. a EStG 1988).

(BMF-AV Nr. 2021/65)

Euro-Umstellung 1524

Kursverluste sind zum 31.12.1998 auszuweisen und sofort steuerwirksam.

Nach Art. III des 1. Euro-Finanzbegleitgesetzes, BGBl. I Nr. 126/1998, ist in Zusammenhang mit der Währungsumstellung eine Bildung von Rückstellungen unzulässig.

Event-Marketing 1524a

Aufwendungen, die im Zusammenhang mit Events anfallen, sind abzugsfähig, wenn der Anlass der Veranstaltung dem Betriebsgeschehen zuzuordnen ist und Event-Marketing im Rahmen eines Marketingkonzeptes vom Unternehmen dazu eingesetzt wird, das Marktteilnehmerinteresse auf das Unternehmen zu lenken und dem Adressaten firmen- und produktbezogene Kommunikationsinhalte erlebnisorientiert zu vermitteln. Zur Bewirtung im Rahmen von Marketing-Events s Rz 4819 und Rz 4823.

(AÖF 2003/209)

Fachbücher, Fachliteratur, Fachzeitschriften 1525

Abzugsfähige Aufwendungen liegen dann vor, wenn sie derart auf die spezifischen betrieblichen oder beruflichen Bedürfnisse des Steuerpflichtigen abgestellt sind, dass ihnen die Eignung fehlt, private Bedürfnisse literarisch interessierter Bevölkerungskreise zu befriedigen (VwGH 22.3.1991, 87/13/0074). Es ist Sache des Steuerpflichtigen, die Berufsbezogenheit aller Druckwerke im Einzelnen darzutun. Mangelt es an der Offenlegung, ist den Aufwendungen zur Gänze die Abzugsfähigkeit zu versagen (VwGH 27.5.1999, 97/15/0142). Betreffen derartige Aufwendungen sowohl die selbständige als auch die nichtselbständige Tätigkeit, hat eine Aufteilung auf beide Einkunftsquellen zu erfolgen (VwGH 29.5.1996, 93/13/0008).

Aufwendungen sind nicht abzugsfähig, wenn sie mit einem Hochschulstudium (ausgenommen Fachhochschule oder Postgradualer Lehrgang) oder dem Besuch einer allgemeinbildenden höheren Schule in Zusammenhang stehen (vgl. Rz 1350 f).

Im Übrigen siehe LStR 1999, Rz 353, Stichwort „Fachliteratur“, sowie Rz 4736, Stichwort „Literatur“.

1526 **Fachmesse**

Siehe „Ausstellungen“ (Rz 1483).

1527 **Fahrrad**

Ein Fahrrad gehört bei betrieblicher Veranlassung unter den gleichen Voraussetzungen zum Betriebsvermögen wie ein KFZ (kein Aufteilungsverbot).

Aufwendungen für die Freizeitgestaltung, wie zB Sportgeräte, die sowohl beruflich als auch privat genutzt werden können, fallen unter das Abzugsverbot des § 20 Abs. 1 Z 2 lit. a EStG 1988. Ein diesem Grundsatz entgegenstehender Nachweis, dass ein Sportgerät (nahezu) ausschließlich beruflich genutzt wird, ist vom Steuerpflichtigen zu erbringen (VwGH 24.6.1999, 94/15/0196, betr. Mountain-Bike eines Sportlehrers).

Es bestehen keine Bedenken, wenn zur Schätzung der Kosten aus der betrieblichen Nutzung eines nicht zum Betriebsvermögen gehörenden Fahrrades (keine überwiegende betriebliche Nutzung) jene Kilometersätze herangezogen werden, die die Reisegebührenvorschrift 1955 für eine Fahrradnutzung vorsieht. Es sind dies 0,38 Euro pro Kilometer. Die Schätzung durch Ansatz dieser Kilometergelder ist – bezogen auf durchschnittliche Anschaffungskosten – mit 570 Euro im Jahr (1.500 Kilometer) begrenzt. Anstelle des Kilometergeldes können die tatsächlichen Werbungskosten nachgewiesen werden.

Die Kosten aus der betrieblichen Nutzung eines zum Betriebsvermögen gehörenden Fahrrades (überwiegende betriebliche Nutzung) können nur in tatsächlicher Höhe berücksichtigt werden.

(BMF-AV Nr. 2021/65)

1528 **Fahrtkosten**

- Wohnsitz-Betrieb: Die Aufwendungen sind Betriebsausgaben, sofern der Betriebsinhaber nicht aus persönlichen Gründen seinen Wohnsitz außerhalb der üblichen Entfernung vom Betriebsort (bis 120 km = Einzugsbereich) gewählt hat (vgl. VwGH 21.12.1989, 86/14/0118; VwGH 22.2.2000, 96/14/0018).
- Doppelveranlassung bei selbständiger und nicht selbständiger Tätigkeit: Einem angestellten Arzt eines Sanatoriums können im Zusammenhang mit dem Aufsuchen des Sanatoriums zur Behandlung von Sonderklassepatienten lediglich dann Betriebsausgaben erwachsen, wenn diese Fahrtkosten außerhalb seiner Dienstbereitschaft – etwa über Anforderung einzelner Patienten – anfallen. Soweit die Fahrten zwischen Wohnung und Sanatorium in Erfüllung des Dienstplanes einschließlich der Dienstbereitschaften erfolgen, ist von einer Veranlassung durch das Dienstverhältnis auch dann auszugehen, wenn an den entsprechenden Tagen Operationen stattgefunden haben, die dem Arzt Anspruch auf Honoraranteile vermitteln (VwGH 31.03.2011, 2007/15/0144).

Beispiele aus der Judikatur für persönliche Gründe:

– *Vorhandensein eines Hauses (VwGH 21.12.1956, 1281/55);*
– *familiäre Rücksichten (VwGH 02.06.1967, 0174/67);*
– *aus gesundheitlichen Gründen gewählter Sommerwohnsitz (VwGH 20.11.1959, 0197/58);*
– *in Kürze geplanter Ruhestand (VwGH 17.12.1969, 1642/68)*
– *Wehrdienstverpflichtung (VwGH 1.7.1981, 81/13/0046);*
– *Beibehaltung eines entfernten Wohnsitzes über 10 Jahre hin (VwGH 10.12.1965, 1479/65)*

- Zweitwohnsitz Betriebsstätte: Wird dieser Wohnsitz nur zeitweise (zB als Sommerwohnung) verwendet, sind lediglich die Kosten vom näher gelegenen Hauptwohnsitz anzuerkennen (VwGH 21.9.1988, 85/13/0064).
- Betriebsstätte-Betriebsstätte: Derartige Fahrten sind ohne Einschränkungen absetzbar (VwGH 8.10.1991, 88/14/0023).
- Betriebsstätte – sonstiger Einsatzort: Die Kosten sind ohne Beschränkung absetzbar.

- Sonstige Betriebsfahrten: Bei nachgewiesener oder glaubhaft gemachter betrieblicher Veranlassung sind die entsprechenden Aufwendungen anzuerkennen (VwGH 21.12.1989, 86/14/0118).
- Untertägige Heimfahrten: Derartige Fahrten (zB zum Mittagessen) sind grundsätzlich keine Betriebsausgaben, außer es treten beruflich bedingte große Intervalle in der Arbeitszeit auf. Dies ist zB bei vormittags probenden und abends auftretenden Künstlern oder bei einem Arzt mit unregelmäßigen Dienstzeiten der Fall (VwGH 7.4.1970, 1566/69).
- Zu Fahrtkosten im Zusammenhang mit am selben Ort ausgeübter selbständiger und nichtselbständiger Tätigkeit siehe Rz 1614.
- Wahl des Verkehrsmittels ist dem Abgabepflichtigen freigestellt. Fahrtkosten für öffentliche Verkehrsmittel sind demnach in Höhe der tatsächlichen Ausgaben Betriebsausgaben (kein Abstellen auf billigstes öffentliches Verkehrsmittel, sodass auch die Kosten einer Bahnkarte erster Klasse bzw. bei Flugreisen bspw. ein Ticket der „Business-Class“ abzugsfähig sind). Bei Netzkarten kommt es insoweit zu einer Durchbrechung des Aufteilungsverbotes, als der auf die betriebliche oder berufliche Verwendung entfallende Anteil abzugsfähig ist (VwGH 27.3.1996, 92/13/0205).
- Reisekosten: Zur Berücksichtigung von Verpflegungsmehraufwendungen sowie Nächtigungskosten als Betriebsausgaben siehe Rz 1378 ff sowie LStR 2002, Rz 297 bis 318 (nach Maßgabe der für selbständig Tätige anzuwendenden Aussagen).

(AÖF 2012/63)

Familienheimfahrten **1529**

Siehe LStR 1999, Rz 354 bis 356.

Fernsehapparat **1530**

Siehe Rz 4718, Stichwort „Fernsehapparat“.

Finanzierungskosten **1531**

Siehe Rz 1421 ff.

Firmenwert **1532**

Zur Abschreibbarkeit siehe Rz 3187 ff.

Fitness-Studio **1533**

Siehe Rz 4719, Stichwort „Fitness-Studio“.

Flugzeug **1534**

Siehe Rz 4783 ff.

Randzahl 1535: *derzeit frei*

(BMF-AV Nr. 2021/65)

Forschungsprämie – Feststellungsbescheid **1535a**

Kosten für eine Bestätigung eines Wirtschaftsprüfers zur Erlangung eines Feststellungsbescheides gemäß § 108c Abs. 8 EStG 1988 über die Höhe der Bemessungsgrundlage für die Forschungsprämie (siehe Anhang V) sind als Betriebsausgaben abzugsfähig (§ 4 Abs. 4 Z 4 EStG 1988).

(AÖF 2013/280)

Forschungsprämie – Forschungsbestätigung **1535b**

Der Verwaltungskostenbeitrag im Rahmen eines Verfahrens betreffend Forschungsbestätigung (§ 118a BAO) ist als Betriebsausgabe abzugsfähig (§ 4 Abs. 4 Z 4 EStG 1988).

(AÖF 2013/280)

Forschungszuwendungen **1536**

Siehe Rz 1330 ff.

Fotoapparat, Filmkamera **1537**

Siehe Rz 4720, Stichwort „Fotoapparat, Filmkamera“.

Freimachungskosten **1538**

Abfindungs- bzw. Ablösezahlungen zur Freimachung eines Gebäudes von bestehenden Bestandsrechten sind auf das Gebäude zu aktivieren (VwGH 5.7.1955, 3943/53).

Freiwilliger Sozialaufwand **1539**

Dieser ist in der Regel als Betriebsausgabe abzugsfähig (zB Gewährung von Betriebsausflügen, Veranstaltung von Weihnachtsfeiern usw.).

Beim Arbeitnehmer sind diese Leistungen prinzipiell steuerpflichtiger Arbeitslohn (vgl. VwGH 29.5.1985, 83/13/0201, sowie LStR 1999, Rz 667). Zur Steuerfreiheit derartiger Leistungen siehe LStR 1999, Rz 75 bis 104.

1540 **Freiwillig geleistete Aufwendungen**

Auch ohne rechtliche Verpflichtung geleistete Aufwendungen sind Betriebsausgaben, wenn sie ausschließlich oder überwiegend durch den Betrieb veranlasst sind, wie zB in Kulanz oder Versicherungsfällen (VwGH 11.5.1979, 0237/77; VwGH 20.12.2006, 2002/13/0130, VwGH 15.12.2010, 2007/13/0089; vgl. auch Rz 4839). Aus familiären Gründen geleistete freiwillige Aufwendungen sind jedoch gemäß § 20 EStG 1988 nicht abzugsfähig (VwGH 18.3.1966, 2126/65; VwGH 20.12.2006, 2002/13/0130).

(BMF-AV Nr. 2018/79)

1541 **Führerschein**

Siehe Rz 4721, Stichwort „Führerschein".

1542 **Garagierung**

Siehe Personenkaftwagen – Einzelfälle (Rz 1614).

1543 **Gästehaus**

Siehe Rz 4814 ff.

1544 **Gebäude**

Siehe Rz 479 ff.

1545 **Geburtstagsfeier**

Siehe Rz 4723, Stichwort „Geburtstagsfeier".

1546 **Geldbeschaffungskosten**

Siehe Rz 1421 ff; zum „Damnum" siehe dieses Stichwort (Rz 1513) sowie Rz 2403. Zur Verteilungspflicht (§ 4 Abs. 6 EStG 1988) siehe Rz 1381 ff.

1547 **Geldstrafen**

Siehe „Strafen" (Rz 1649).

1548 **Geschenke**

Betriebsausgaben liegen ausnahmsweise dann vor, wenn die Geschenkgewährung überwiegend Entgeltcharakter hat und das Schenkungsmoment in den Hintergrund tritt (vgl. zB VwGH 15.6.1988, 87/13/0052). Vom Steuerpflichtigen ist der Entgeltcharakter jedenfalls nachzuweisen. Da eine freiberufliche Tätigkeit von einem besonderen Vertrauen des Auftraggebers in die Fähigkeiten und Seriosität des Leistungserbringers gekennzeichnet ist, kommt den von diesem gewährten Sachgeschenken keine für die Auftragserteilung maßgebliche Bedeutung zu (VwGH 15.7.1998, 93/13/0205).

Geschenke an Arbeitnehmer sind als freiwilliger Sozialaufwand abzugsfähig (vgl. VwGH 19.11.1979, 0237/77, betreffend Weihnachtsgeschenke).

Beispiele für gemäß § 20 Abs. 1 Z 3 EStG 1988 nicht abzugsfähige Geschenke siehe Rz 4813.

1549 **Gewinnanteile**

Gewinnanteile des echten stillen Gesellschafters sind für den Inhaber des Unternehmens Betriebsausgaben (siehe „Stille Beteiligung", Rz 1648).

(AÖF 2008/238)

1550 **Gläubigerschutzverband**

Beiträge hiezu sind bei entsprechender betrieblicher Veranlassung abzugsfähig (VwGH 25.9.1964, 0700/64, betreffend Einkünfte aus Kapitalvermögen).

1551 **Goldkauf eines Zahnarztes**

Die Beschaffung eines Goldvorrates zur Deckung eines langjährigen Goldbedarfes ist ungewöhnlich und führt zu keiner Betriebsausgabe (VwGH 14.1.1992, 91/14/0178, betreffend 19-jährigen Zeitraum)

1552 **Grund und Boden**

Aufwendungen, die mit der laufenden betrieblichen Nutzung von Grund und Boden oder mit der Sicherung des bestehenden Eigentums am Grund und Boden im Zusammenhang stehen, stellen Betriebsausgaben dar. Somit sind Prozesskosten zur Verteidigung des Eigentums am Grund und Boden Betriebsausgaben (VwGH 2.4.1979, 3429/78). Aufwendungen im Zusammenhang mit der Anschaffung von Grund und Boden sind keine Betriebsausgaben, sondern Anschaffungsnebenkosten (siehe Rz 2617 ff).

Aufwendungen im Zusammenhang mit der Veräußerung von Grund und Boden: Rechtslage bis 31.12.2015

Aufwendungen im Zusammenhang mit der Veräußerung von Grund und Boden unterliegen dem Abzugsverbot nach § 20 Abs. 2 EStG 1988, wenn auf die Einkünfte aus der Grundstücksveräußerung der besondere Steuersatz gemäß § 30a Abs. 1 EStG 1988 anwendbar ist. Daher zB stellen Prozesskosten aus Anlass des Erwerbs Anschaffungsnebenkosten dar und sind daher zu aktivieren. Prozesskosten aus Anlass der Veräußerung sind aufgrund des § 20 Abs. 2 EStG 1988 nicht abzugsfähig.

Aufwendungen im Zusammenhang mit der Veräußerung von Grund und Boden: Rechtslage ab 1.1.2016

Aufwendungen im Zusammenhang mit der Veräußerung von Grund und Boden unterliegen dem Abzugsverbot nach § 20 Abs. 2 EStG 1988, wenn auf die Einkünfte aus der Grundstücksveräußerung der besondere Steuersatz gemäß § 30a Abs. 1 EStG 1988 angewendet wird. Prozesskosten aus Anlass der Veräußerung sind daher nur dann abzugsfähig, wenn eine Regelbesteuerungsoption für Einkünfte aus Grundstücksveräußerungen gemäß § 30a Abs. 2 EStG 1988 ausgeübt wurde. Dagegen stellen Prozesskosten aus Anlass des Erwerbs Anschaffungsnebenkosten dar und sind zu aktivieren.

(BMF-AV Nr. 2018/79)

Gründungskosten 1553

Siehe „Ingangsetzungskosten“ (Rz 1561).

Haftpflichtversicherung 1554

Siehe Rz 1271

Hallenbad 1555

Betriebsausgaben liegen vor, wenn das Hallenbad zum Betriebsvermögen eines Hotelbetriebes gehört (gilt sinngemäß auch für Sauna, Solarium, usw.). Hinsichtlich der Nichtabzugsfähigkeit siehe Rz 4724.

Handy 1556

Siehe „Telefonkosten“ (Rz 1657).

Hausgehilfin 1557

Siehe „Kinderbetreuung“, „Kindermädchen“ (Rz 1572).

Hypothekarverschreibung 1558

Kosten der grundbücherlichen Sicherstellung für ein betriebliches Darlehen sind Betriebsausgaben (VwGH 7.7.1971, 0734/69). Zur Frage der Verteilungspflicht vgl. Rz 1382 ff.

Incentive-Reisen 1559

Derartige Reisen, mit denen Geschäftspartner oder freie Mitarbeiter (insbesondere Geschäftsvermittler) für erfolgreiches Tätigwerden belohnt werden, führen in der Regel zu Betriebsausgaben. Sie stellen auch dann keine Repräsentationaufwendungen dar, wenn der Aufwand ganz oder zum Teil unter „Bewirtung“ subsumiert werden könnte (siehe hiezu Rz 4818).

Derartige Aufwendungen sind jedoch dann nicht absetzbar, wenn der Repräsentationscharakter überwiegt bzw. kein Nachweis erbracht werden kann, dass Reiseeinladungen eindeutig auf Kundenwerbung gerichtet sind (VwGH 16.11.1993, 93/14/0138, betreffend Einladungen eines Bandagistenunternehmers an Fachärzte zu Auslandsreisen).

Beim zur Reise Eingeladenen stellt die Einladung in der Regel eine Betriebseinnahme dar.

Informationskosten 1560

Siehe Rz 4821 ff.

Ingangsetzungskosten 1561

Diese sind in der Regel sofort abzugsfähige Betriebsausgaben. Siehe aber Rz 2413.

(AÖF 2011/66)

Instandsetzungsaufwendungen 1562

Instandsetzungsaufwendungen auf Betriebsgebäude zählen grundsätzlich zu den sofort absetzbaren Betriebsausgaben, sofern nicht die Bestimmung des § 4 Abs. 7 EStG 1988 (zwingende Fünfzehn-Jahres-Verteilung für Wohngebäude) zur Anwendung kommt. Zur Abgrenzung zu Herstellungskosten siehe Abschn. 5.5.9.1 und 21.4.4.

Nach der Betriebsaufgabe in ehemaligen, nunmehr privat genutzten Betriebsräumlichkeiten vorgenommene Aufwendungen sind selbst dann keine Betriebsausgaben, wenn sie der Behebung eines durch die Betriebsausübung verursachten Schadens dienen (VwGH 11.12.1984, 84/14/0004).

(BMF-AV Nr. 2018/79)

1563 **Interessensvertretung**

Siehe Rz 1412 ff.

1564 **Internet**

Aufwendungen für die Internet-Nutzung sind bei entsprechender betrieblicher Veranlassung abzugsfähig. Zur Internet-Nutzung vom häuslichen Arbeitszimmer aus siehe LStR 1999, Rz 367.

Randzahl 1565: *derzeit frei*

(BMF-AV Nr. 2018/79)

1566 **Jagd, Jagdpacht**

Aufwendungen, die zu einem nicht unbeträchtlichen Teil für Zwecke anfallen, die in keinem Zusammenhang mit der betrieblichen Tätigkeit stehen (zB persönliche Jagdausübung, Jagd durch Bekannte), sind dem privaten Lebensbereich zuzuordnen (VwGH 1.12.1992, 92/14/0149, betr. Hotelbetrieb). Dies gilt selbst dann, wenn sich Jagdeinladungen auf den Abschluss von Geschäften förderlich auswirken. Diesfalls liegen nichtabzugsfähige Repräsentationsaufwendungen vor (VwGH 18.12.2013, 2011/13/0119; siehe Rz 4808 ff).

(BMF-AV Nr. 2018/79)

1567 **Jahresnetzkarte**

Die diesbezüglichen Kosten sind entsprechend der betrieblichen oder beruflichen Verwendung abzugsfähig (VwGH 27.3.1996, 92/13/0205). Zur Qualifikation der Zurverfügungstellung an einen Arbeitnehmer als geldwerter Vorteil siehe LStR 1999, Rz 714.

1568 **Jubiläum**

- Firmenjubiläum: Die damit im Zusammenhang stehenden Aufwendungen sind – vorbehaltlich des § 20 EStG 1988 – Betriebsausgaben (siehe auch Rz 4821 ff und Rz 4825 f).
- Arbeitnehmerjubiläum: Zuwendungen an langjährig im Betrieb beschäftigte Arbeitnehmer sind (steuerpflichtiger) Arbeitslohn und – sofern nicht durch außerbetriebliche Gründe (zB Angehörigeneigenschaft) beeinflusst – Betriebsausgaben.

1568 **Kammerbeiträge**

Siehe Rz 1412 ff.

1570 **KFZ-Aufwendungen**

Siehe „Personenkraftwagen“ (Rz 1612 ff).

1571 **Kilometergeld**

Siehe LStR 2002 Rz 289 und Rz 371, und Stichwort „Personenkraftwagen“ (Rz 1612 ff). Zur Höhe siehe LStR 2002 Rz 1404.

Ab 1. Jänner 2011 sind die mit BGBl. I Nr. 111/2010 festgesetzten Werte anzuwenden (Pkw und Kombi: 0,42 Euro; Mitbeförderungszuschlag pro Person in PKW und Kombi: 0,05 Euro; Motorfahrräder und Motorräder: 0,24 Euro).

(BMF-AV Nr. 2018/79)

1572 **Kinderbetreuung, Kindergarten, Kindermädchen**

Siehe Rz 4729, Stichwort „Kinderbetreuung“.

1573 **Kirchenbeitrag**

Siehe Rz 4730, Stichwort „Kirchenbeitrag“.

1574 **Kleidung**

Kleidung gehört idR zu den Aufwendungen der Lebensführung; dies gilt selbst dann, wenn sie nahezu ausschließlich für die Berufsausübung benötigt wird (VwGH 17.9.1990, 89/14/0277; 10.9.1998, 96/15/0198). Siehe Rz 4731, Stichwort „Kleidung“.

Selbst der Umstand, dass ein Kameramann seine Motive oft aus Extrempositionen aufnehmen muss, etwa auch im Schlamm liegend oder im Wasser stehend, führt nicht dazu, dass Aufwendungen für die Reinigung verschmutzter (bürgerlicher) Kleidung als Werbungskosten anerkannt werden (VwGH 26.9.2000, 94/13/0171).

Ein als Betriebausgabe abzugsfähiges Arbeitsmittel liegt nur dann vor, wenn es sich um typische Berufs- oder Arbeitsschutzkleidung handelt. Darunter fallen ua.:

- Arbeitsschutzkleidung: Schutzhelm, Asbestanzug, Fleischerschürze, spezielle Kleidung für Bedienstete der Müllabfuhr, des Straßendienstes, etc (vgl. zB VwGH 10.10.1978, 0167/76);

- typische Berufskleidung: Uniform, Arbeitsmantel, Leinenhose und weißer Mantel eines Arztes, Kochmütze, Talar eines Geistlichen bzw. Richters oder Staatsanwaltes (vgl. zB VwGH 10.10.1978, 0167/76);
- Bekleidungsstücke mit „Uniformcharakter" (zB Trachtenbekleidung einer Volksmusikgruppe mit Hinweis auf Gruppennamen, Einheitskleidung einer Firmengruppe);
- Bekleidungsstücke, die als Kostüm eines Schauspielers einer von ihm verkörperten Rolle dienen, bei Ausschluss einer privaten Verwendungsmöglichkeit (VwGH 10.9.1998, 96/15/0198, betr Damenbekleidung eines männlichen Schauspielers).

Die Anschaffung von Kleidung für einen Dienstnehmer ist prinzipiell auch dann Betriebsausgabe, wenn die Merkmale der Berufskleidung nicht vorliegen. Diesfalls liegt jedoch ein Sachbezug vor (VwGH 11.4.1984, 83/13/0084). Siehe auch LStR 2002, Rz 322 (Berufskleidung) sowie LStR 2002, Rz 323 (Reinigung von Berufskleidung).

(AÖF 2002/84)

Kongress **1575**

Siehe „Studienreisen" (Rz 1651).

Konventionalstrafe **1576**

Siehe „Strafen" (Rz 1649).

Konversationslexikon **1577**

Siehe „Fachliteratur" (Rz 1525).

Kosmetika **1578**

Siehe Rz 4732, Stichwort „Kosmetika".

Körperbehinderung **1579**

Siehe Rz 4733, Stichwort „Körperbehinderung", sowie LStR 1999, Rz 839 bis 864.

Kraftfahrzeug **1580**

Siehe „Personenkraftwagen" (Rz 1612 ff).

Krankheitskosten **1581**

Die Aufwendungen sind nur dann als Betriebsausgabe abzugsfähig, wenn entweder eine typische Berufskrankheit vorliegt oder der Zusammenhang zwischen Erkrankung und Beruf eindeutig feststeht (VwGH 15.11.1995, 94/13/0142; VwGH 24.9.2007, 2006/15/0325).

Aufwendungen für einen Erholungsaufenthalt zur Wiederherstellung und Kräftigung der Gesundheit (Genesungsurlaub) gehören zu den nichtabzugsfähigen Aufwendungen für die Lebensführung (VwGH 6.10.1970, 0007/69). Bei Berufskrankheiten sind die entsprechenden Aufwendungen Betriebsausgaben (VwGH 10.11.1987, 85/14/0128); ein Herzinfarkt oder ein berufsbedingter Nervenzusammenbruch sind jedoch keine Berufskrankheiten. Eine Liste der Berufskrankheiten ist in der Anlage 1 zum ASVG angeführt (§ 177 ASVG).

Zur Qualifikation als außergewöhnliche Belastung siehe weiters LStR 2002, Rz 902 bis 904.

(BMF-AV Nr. 2018/79)

Kranzspenden **1582**

Derartige Aufwendungen sind hinsichtlich verstorbener Klienten (VwGH 7.12.1962, 1574/62) und Arbeitnehmer (VwGH 23.5.1966, 1829/65) abzugsfähig.

Kreditgewährung an Kunden **1583**

Siehe „Bürgschaft" (Rz 1511) und „Darlehen" (Rz 1514).

Kulanzleistung **1584**

Siehe Rz 4839

Kulturveranstaltung, Kinobesuch **1585**

Siehe Rz 4734, Abschnitt „Kulturveranstaltung".

Kunstwerke, Bilder **1586**

Siehe Rz 4735, Stichwort „Kunstwerke".

Lästiger Gesellschafter **1587**

Siehe Rz 5998 f.

Lebensversicherung **1588**

Siehe Rz 1267 f.

Legate **1589**

Siehe „Erbauseinandersetzung" (Rz 1521).

1590 **Lexikon**

Siehe „Fachbücher, Fachliteratur“ (Rz 1525).

1591 **Literatur**

Siehe „Fachbücher, Fachliteratur“ (Rz 1525) sowie Rz 4736, Stichwort „Literatur“.

1592 **Lizenzgebühren**

Gebühren für die Nutzung fremder Erfindungen und Rechte sind Betriebsausgaben. Über längere Zeiträume laufende Beträge sind zu aktivieren (beim Einnahmen-Ausgaben-Rechner dann, wenn der Erwerb eines Nutzungsrechtes gegeben ist).

Hinsichtlich der Nichtabzugsfähigkeit von Lizenzzahlungen an eine ausländische Domizilgesellschaft siehe VwGH 11.7.1995, 91/13/0154, 91/13/0186.

1593 **Lohnaufwand**

Ist grundsätzlich Betriebsausgabe, auch bei sonstigen geldwerten Vorteilen (Nutzung eines Firmenfahrzeuges), freiwilligem Sozialaufwand oder Zahlungen an Schwarzarbeiter, Geldstrafen, die über den Arbeitnehmer verhängt und vom Arbeitgeber ersetzt wurden, stellen abzugsfähigen Lohnaufwand dar (und sind beim Arbeitnehmer Einkünfte aus nichtselbständiger Arbeit: VwGH 25.2.1997, 96/14/0022). Die Identität von Personen, die kurzfristig beschäftigt waren, ist vom Betriebsinhaber festzuhalten, andernfalls können die Zahlungen nicht zum Abzug als Betriebsausgabe zugelassen werden (VwGH 7.6.1989, 88/13/0115).

Zu Verträgen mit nahen Angehörigen s. Rz 1148 ff.

1594 **Lösegeld**

Zahlungen für Betriebsinhaber und Gesellschafter von Personengesellschaften oder Kapitalgesellschaften sind nicht abzugsfähig, da das Motiv für die Entführung in der Kapitalkraft und Vermögenslage der Person liegt. Keine Betriebsausgabe ist auch die Prämie einer Lösegeldversicherung.

1595 **Messen**

Aufwendungen für die Teilnahme an Messen und Ausstellungen sind Betriebsausgabe, siehe dazu auch unter „Ausstellung“ (Rz 1483).

1596 **Miet- und Pachtzahlungen**

Miet- und Pachtzahlungen sind Betriebsausgaben, sofern sie für betrieblich genutzte Wirtschaftsgüter bezahlt werden. In Bezug auf die Verteilung von Vorauszahlungen siehe Rz 1381 ff, in Bezug auf Leasingaufwendungen siehe Rz 135 ff.

1597 **Mitgliedsbeiträge**

Siehe „Beiträge“ (Rz 1491).

1598 **Musikinstrumente**

Siehe Rz 4737, Stichwort „Musikinstrumente“.

1599 **Nachträgliche Betriebsausgaben**

Siehe Rz 1097 und Rz 1435 ff.

1600 **Nachforderung von Steuern**

Wurden Abgaben vorsätzlich verkürzt, genügt die bloße Kenntnis des Steuerpflichtigen von der Tatbegehung alleine noch nicht für die Passivierung einer daraus allenfalls resultierenden Abgabenverbindlichkeit (vgl. VwGH 23.2.2017, Ra 2015/15/0023). Eine Passivierung der daraus resultierenden Steuernachforderungen ist erst dann vorzunehmen, wenn die Nachforderung zumindest der Höhe nach bekannt und deren Geltendmachung hinreichend wahrscheinlich ist.

In allen anderen Fällen stellt die Nichterfassung einer Abgabe in der Bilanz einen unrichtigen Bilanzansatz dar, der gemäß § 4 Abs. 2 EStG 1988 im Wurzeljahr zu berichtigen ist (VwGH 27.11.2017, Ra 2016/15/0042). Eine Rückstellung für eine Nachforderung von Umsatzsteuer, Lohnsteuer, Dienstgeber- und Sozialversicherungsbeiträgen ist daher in jenem Jahr zu bilden, in dem der Abgabenanspruch entstanden ist.

(BMF-AV Nr. 2018/79)

1601 **Nahe Angehörige bzw. Nahebeziehung zu Vertragspartnern**

Siehe Rz 1123 ff und Rz 4701 ff.

1602 **Nebenansprüche zu Steuern**

Siehe Stichwort „Steuern“ (Rz 1647).

1603 **Negatives Kapitalkonto**

Ist das negative Kapitalkonto eines gemäß § 140 UGB (gerichtlich) ausgeschlossenen Gesellschafters einer OG uneinbringlich (mangels stiller Reserven und eines Firmenwertes sowie Zahlungsunfähigkeit des Gesellschafters), führt dies in Höhe des Anspruchsverzichtes zur Betriebsausgabe (VwGH 13.10.1981, 81/14/0028), sofern nicht aus außerbetrieblichen (zB familiären) Gründen verzichtet wurde.

(BMF-AV Nr. 2018/79)

Normverbrauchsabgabe **1604**

Die Normverbrauchsabgabe ist Teil der Anschaffungskosten (siehe Rz 2164 ff) und wird im Falle der Einkunftserzielung als Bestandteil der AfA steuerwirksam (auch bei Eigenimport – Steuerschuld auf Grund der Zulassung). Bei einer Vergütung nach § 3 Z 3 NOVAG liegt eine Minderung der Anschaffungskosten vor. Im Fall der Vergütung an einen steuerbefreiten Leasingnehmer ist die Vergütung – verteilt auf die Grundmietzeit – als Einnahme anzusetzen, der in der Leasingrate enthaltene Anteil führt zu einem Aufwand in gleicher Höhe (Erfolgsneutralität).

Für Leasingunternehmen zählt sie zu den Anschaffungskosten. Least der Leasinggeber selbst, ist die Normverbrauchsabgabe als Mietrecht zu aktivieren. Im Wege des Leasingnehmers wird sie an den Letztverbraucher überwälzt und wird im Wege der Leasingrate abzugsfähige Ausgabe.

Wird ein steuerbefreiter Zweck durch Verkauf des Fahrzeuges aufgegeben, liegt eine sofort absetzbare Betriebsausgabe vor, andernfalls (wenn das Fahrzeug im Betriebsvermögen verbleibt) fallen nachträgliche Anschaffungskosten an.

Im Fall des Eigenverbrauches durch Entnahme (Taxi in den Privatbereich) ist die Abgabe für den Ertragsteuer- und Umsatzsteuerbereich in den Entnahmewert einzubeziehen.

Notarkosten **1605**

Notarkosten sind grundsätzlich laufende Betriebsausgaben, es sei denn, sie stehen im Zusammenhang mit der Anschaffung eines zu aktivierenden Wirtschaftsgutes.

Opting-Out in der Sozialversicherung **1606**

Siehe Rz 1251 ff.

Öffentliche Unternehmensverwaltung **1607**

Die Entlohnung des öffentlichen Verwalters eines Unternehmens (zB Zwangsverwalter kraft behördlicher Anordnung) ist Ausgabe, auch wenn dieser zusätzlich Gesellschafter des (zwangsverwalteten) Unternehmens ist (VwGH 20.11.1953, 1138/51). Die zwangsweise Vermögensverwaltung von Betriebsvermögen (durch Gesetz oder letztwillige Verfügung) ist abzugsfähig (VwGH 15.3.1957, 0771/54).

Pachtzins **1608**

Der Pachtzins für betrieblich genutzte land- und forstwirtschaftliche Grundstücke stellt eine Ausgabe dar.

Parteisteuern und Parteispende **1609**

Zur Abzugsfähigkeit der Parteisteuer siehe auch Rz 1420.

Parteispenden sind keine Betriebsausgaben (auch nicht, wenn als „Gegenleistung" eine unternehmerfreundliche Handlung des Empfängers erwartet wird).

Pensionskassen **1610**

Siehe Rz 1275 ff. Zur Behandlung beim Arbeitnehmer siehe LStR 2002 Rz 245 und 764.

(BMF-AV Nr. 2018/79)

Personalverpflegung **1611**

Die Kosten der Verpflegung der Ehegattin sind Lohnbestandteil, wenn dies üblich ist (zB Gastgewerbe) und die anderen Dienstnehmer eine Verpflegung gleicher Art und gleichen Umfanges erhalten (VwGH 30.6.1987, 85/14/0109); siehe Rz 1165.

Personenkraftwagen im Betriebsvermögen **1612**

Aufwendungen für Kraftfahrzeuge, die überwiegend betrieblich verwendet werden und deshalb Betriebsvermögen darstellen, sind Betriebsausgaben (siehe auch Rz 531). Die private Nutzung stellt insoweit eine Entnahme dar, als die entsprechenden Aufwendungen als Betriebsausgabe abgesetzt wurden. Der Umfang der betrieblichen Nutzung ist grundsätzlich nachzuweisen bzw. glaubhaft zu machen (vgl. VwGH 17.11.1982, 81/13/0194, VwGH 16.4.1991, 90/14/0043). Einzelne im Privatvermögen des Unternehmers vorhandene Fahrzeuge sind kein Hindernis für den Ansatz eines Privatanteiles beim Betriebsfahrzeug.

Zur Angemessenheitsprüfung siehe Rz 4761 ff.

1613 **Personenkraftwagen im Privatvermögen**

Bei betrieblicher Verwendung eines nicht im Betriebsvermögen befindlichen Kraftfahrzeuges sind die Aufwendungen grundsätzlich in tatsächlicher Höhe als Betriebsausgaben zu berücksichtigen (VwGH 30.11.1999, 97/14/0174).

Benützt der Steuerpflichtige sein eigenes Fahrzeug, bestehen keine Bedenken, bei betrieblichen Fahrten von nicht mehr als 30.000 km im Kalenderjahr das amtliche Kilometergeld an Stelle der tatsächlichen Kosten anzusetzen. Bei betrieblichen Fahrten von mehr als 30.000 km im Kalenderjahr stehen – sofern nicht ohnedies die betriebliche Nutzung überwiegt und das Fahrzeug dem Betriebsvermögen zuzurechnen ist – als Betriebsausgaben entweder das amtliche Kilometergeld für 30.000 km oder die tatsächlich nachgewiesenen Kosten für die gesamten betrieblichen Fahrten zu. Wird das Kilometergeld abgesetzt, sind damit sämtliche Aufwendungen (auch Parkgebühren und Mauten) abgegolten (vgl. VwGH 11.8.1994, 94/12/0115; VwGH 24.3.2015, 2012/15/0074). Lediglich Schäden auf Grund höherer Gewalt (zB Unfallkosten) können allenfalls zusätzlich geltend gemacht werden (siehe auch LStR 2002 Rz 372 ff). Der Nachweis der Fahrtkosten kann mittels eines Fahrtenbuches bzw. durch andere Aufzeichnungen, die eine verlässliche Beurteilung ermöglichen, erbracht werden (VwGH 23.5.1990, 86/13/0181).

(BMF-AV Nr. 2018/79)

1614 **Personenkraftwagen – Einzelfälle**

- Anmietung eines Fahrzeuges: Bei Anmietung eines Fahrzeuges sind die tatsächlichen Mietkosten für die betriebliche Nutzung abzugsfähig. In Bezug auf Leasing von Kfz s Rz 135 ff.
- Unentgeltliche Zurverfügungstellung: Handelt es sich um ein zu einem Betriebsvermögen gehörendes Fahrzeug, können nur die tatsächlich anfallenden Aufwendungen des Steuerpflichtigen (Treibstoff, anteilige Fixkosten usw), nicht jedoch Kilometergelder geltend gemacht werden. Handelt es sich um ein privates (nicht zu einem Betriebsvermögen gehörendes) Fahrzeug, können auch Kilometergelder (für maximal 30.000 betrieblich gefahrene Kilometer) geltend gemacht werden (vgl LStR 2002, Rz 372). Dies gilt nicht, wenn das überlassene Fahrzeug überwiegend betrieblich verwendet wird. In diesem Fall können – wie bei Nutzung des eigenen Fahrzeuges – nur die tatsächlich anfallenden Aufwendungen (Treibstoff, anteilige Fixkosten usw, keine AfA), nicht jedoch Kilometergelder geltend gemacht werden (vgl Rz 1613).
- Ausübung einer selbständigen und nichtselbständigen Tätigkeit am selben Ort: Sofern diese Tätigkeiten in einem derartigen Zusammenhang stehen, dass sich die eine Tätigkeit aus der anderen ergibt, sind Aufwendungen für Fahrten zwischen Wohnung und Arbeitsstätte zur Gänze bei der Tätigkeit zu berücksichtigen, die im Vordergrund steht. Es sind somit ausschließlich der Verkehrsabsetzbetrag und bei Vorliegen der Voraussetzungen das Pendlerpauschale nach § 16 Abs. 1 Z 6 EStG 1988 und der Pendlereuro nach Maßgabe des § 33 Abs. 5 Z 4 EStG 1988 bei den Einkünften aus nichtselbständiger Tätigkeit zu berücksichtigen, wenn die Veranlassung durch die nichtselbständige Tätigkeit im Vergleich zu jener durch die selbständige Tätigkeit im Vordergrund steht. Jene (einzelnen) Fahrten, die nicht mit der nichtselbständigen Tätigkeit in Zusammenhang stehen, sind mit den tatsächlichen Aufwendungen (gegebenenfalls mit den Kilometergeldern) bei den Einkünften aus selbständiger Tätigkeit zu berücksichtigen (VwGH 28.1.1997, 95/14/0156, VwGH 21.12.2005, 2002/14/0148, betr. Arzt, der Einkünfte aus nichtselbständiger Arbeit aus einem Dienstverhältnis zum Krankenhaus und aus selbständiger Arbeit (Sondergebühren) bezieht – die Fahrten ins Krankenhaus sind durch Verkehrsabsetzbetrag und Pendlerpauschale abgegolten).
- Reparaturen betr Schäden auf betrieblichen Fahrten sind Ausgaben (VwGH 20.2.1991, 90/13/0210; s weiters „Schadensfälle“, Rz 1634 f.).
- Mitgliedsbeiträge an Autofahrerklubs sind im Verhältnis der Betriebsfahrten Betriebsausgaben. Bei Ansatz des Kilometergeldes sind derartige Beiträge aber nicht zusätzlich absetzbar. Eine Kapitalgesellschaft kann Mitgliedsbeiträge dann nicht aufwandswirksam geltend machen, wenn ein Gesellschafter Mitglied ist (VwGH 27.10.1970, 1865/68).
- Veräußerungsgewinn: Dieser ist bei Fahrzeugen im Betriebsvermögen zur Gänze steuerpflichtig, eine Kürzung im Ausmaß des Privatanteiles ist nicht vorzunehmen (VwGH 29.1.1975, 1919/74).
- Absetzung für Abnutzung s Rz 3208 ff, zum Leasingaktivposten s Rz 3226 ff.
- Garagierungskosten: Garagierungskosten am Betriebsort sind abzugsfähige Aufwendungen, zu Garagierungskosten am Wohnort s Rz 509.

- Privatnutzung des Fahrzeuges einer GmbH & Co KG durch einen Kommanditisten: s Rz 5864 ff.

(AÖF 2007/88, BMF-AV Nr. 2018/79)

Personenkraftwagen – Nachweis der Aufwendungen 1615

Die betriebliche Nutzung des Fahrzeuges durch den Betriebsinhaber ist grundsätzlich mittels Fahrtenbuch nachzuweisen (VwGH 21.2.1996, 93/14/0167). Aus dem laufend geführten Fahrtenbuch müssen der Tag (Datum) der betrieblichen Fahrt, Ort, Zeit und Kilometerstand jeweils am Beginn und am Ende der betrieblichen Fahrt, Zweck jeder einzelnen betrieblichen Fahrt und die Anzahl der gefahrenen Kilometer, aufgegliedert in betrieblich und privat gefahrene Kilometer, ersichtlich sein (vgl. VwGH 23.5.1990, 86/13/0181; 16.9.1979, 0373/70).

Wenn der Abgabepflichtige keine Aufzeichnungen über die betrieblichen KFZ-Kosten führt, sind diese der Höhe nach zu schätzen (vgl. VwGH 19.5.1993, 91/13/0045). Bei zum Betriebsvermögen gehörenden Kfz (überwiegende betriebliche Nutzung) ist die Schätzung nicht auf Basis des Kilometergeldes durchzuführen, weil die AfA von den tatsächlichen Anschaffungskosten vorzunehmen ist (VwGH 1.10.1974, 0114/74). Die übrigen Kfz-Kosten (Versicherung, Öl, Benzin, Service, Reparaturen, Steuern, Autobahnvignette, Kreditzinsen) werden, soweit sie nicht nachgewiesen werden können, zu schätzen sein.

Pflegetätigkeit (Betreuung) 1616

Erfolgt die Betreuung (Pflegetätigkeit) im Familienverband durch nahe Angehörige (zB Eltern, Kinder, Enkelkinder, Schwiegerkinder, Lebensgefährte/gefährtin), ist davon auszugehen, dass die persönliche Nahebeziehung sowie sittliche Verpflichtung die Betreuung (Pflegetätigkeit) veranlasst. Eine Betreuung (Pflegetätigkeit) durch nahestehende Personen ist daher als Betätigung iSd § 1 Abs. 2 Z 2 Liebhabereiverordnung, BGBl. Nr. 33/1993, anzusehen.

Auf Grund der Erfahrungen des täglichen Lebens entstehen den Angehörigen bei einer Betreuung (Pflegetätigkeit) im Familienverband regelmäßig erhebliche Aufwendungen, wie etwa Fremdleistungskosten für Aufsicht, Pflege und Betreuung für besondere Zeiten und Anlässe (zB während der Arbeitszeit, Urlaubszeit). Es ist angesichts dieser Umstände davon auszugehen, dass ein Gesamtgewinn oder ein Gesamtüberschuss der Einnahmen über die Werbungskosten nicht zu erwarten ist (vgl. § 2 Abs. 4 Liebhabereiverordnung). Die Weitergabe von Pflegegeld an nahe Angehörige führt daher bei diesen zu keinen Einkünften.

Zu steuerrelevanten Einkünften können allerdings Zahlungen führen, die ein Angehöriger im Rahmen eines geförderten Betreuungsprogrammes unter den gleichen Modalitäten wie jeder fremde Dritte erhält.

Erfolgt die Betreuung (Pflegetätigkeit) durch dritte Personen, die nicht dem Familienverband der zu betreuenden (pflegebedürftigen) Person angehören (Fremde), sind die obigen Ausführungen nicht anzuwenden; es ist, sofern kein Dienstverhältnis vorliegt, grundsätzlich von einer gewerblichen Betätigung der betreuenden Person (Pflegepersonen) auszugehen (§ 23 EStG 1988).

Zu Leistungen an Pflegeeltern zur Erleichterung der mit der Pflege eines Kindes verbundenen (Unterhalts-)Lasten siehe Rz 6606.

Betriebsausgaben aus einer Betreuungstätigkeit (Pflegetätigkeit) im Haushalt des Betreuenden (Pflegenden) können in Anlehnung an die Regelung für Tagesmütter (siehe Rz 1653) ohne Nachweis mit 70% der Einnahmen, maximal 650 Euro pro Monat der Betreuungstätigkeit (Pflegetätigkeit), geschätzt werden.

Erfolgt die Betreuung oder Pflege im Haushalt des zu Betreuenden (Gepflegten) kommt eine pauschale Schätzung mit 70% der Einnahmen nicht in Betracht. Betriebsausgaben sind in tatsächlicher Höhe oder im Wege der Pauschalierung nach § 17 Abs. 1 EStG 1988 zu berücksichtigen.

(BMF-AV Nr. 2021/65)

Pflegschaftskosten 1617

Siehe „gerichtliche Erwachsenenvertretung“ (bis 1.7.2018: Sachwalterschaft, Rz 1629a).

(BMF-AV Nr. 2021/65)

Pflichtversicherung 1618

Siehe Rz 1234 ff.

Pflichtteilszahlungen 1619

Pflichtteilszahlungen sind nicht betrieblich veranlasst. Die Übertragung des Betriebes im Erbwege ändert daran nichts (VfGH 2.10.1984, B 528/80). Zur Nichtabzugsfähigkeit der Zinsen siehe Rz 1421 ff. Auch sonstige Aufwendungen (Anwaltskosten, Tilgungen) sind nicht absetzbar (VwGH 7.7.2011, 2008/15/0142).

(BMF-AV Nr. 2018/79)

1620 Provisionen

Provisionen begründen Betriebsausgaben, sofern die Zahlung betrieblich veranlasst ist. Bei Auslandssachverhalten besteht grundsätzlich erhöhte Mitwirkungspflicht (Beweisvorsorgepflicht und Beweismittelbeschaffungsverpflichtung).

Die Höhe der Zahlungen ist nachzuweisen oder glaubhaft zu machen (VwGH 4.10.1983, 83/14/0022), der Nachweis von Bargeldübergaben ist zumutbar (VwGH 19.5.1992, 91/14/0089). Wird die Namhaftmachung der Empfänger aus geschäftlicher Rücksichtnahme verweigert, kommt ein Abzug nicht in Betracht, sofern ein Verlangen gemäß § 162 Abs. 1 BAO vorausgegangen ist (VwGH 3.6.1987, 86/13/0001 und VwGH 16.3.1988, 87/13/0252). Die Benennung genügt nicht, wenn anzunehmen ist, dass die genannten Personen nicht Empfänger sind (VwGH 22.10.1991, 91/14/0032). Widersprüche in der Anzahl der Provisionsempfänger, Buchhaltungsmängel oder verschwiegene Konten rechtfertigen die Annahme einer nur vorgetäuschten Zahlung (VwGH 25.3.1992, 86/13/0055).

Kann aus gutem Grunde angenommen werden, dass die gezahlten Beträge weiterhin in der Verfügung der Provisionsgeber verblieben sind, ist die Abzugsfähigkeit zu verweigern (VwGH 12.4.1983, 82/14/0211). Die Behauptung der „Üblichkeit" von Provisionen im Auslandsgeschäft ist kein Anhaltspunkt für deren tatsächliche Zahlung (VwGH 18.11.1987, 84/13/0083). Daher können entsprechende Nachweise (Buchungsbeleg, Zahlungsbestätigung, Nachweis der Existenz des Geschäftspartners und seiner Befähigung zur Vermittlung) gefordert werden (VwGH 31.7.1996, 92/13/0020).

Subprovisionen für die Vermittlung von Liegenschaften müssen sich grundsätzlich an den Sätzen berufstätiger Makler orientieren (VwGH 20.11.1990, 89/14/0090, siehe auch Rz 1229).

Niedrigsteuerländer sind geprägt von den dort tätigen Sitz- oder Domizilgesellschaften. Dies sind Gebilde ohne eigenen (aktiven) Geschäftsbetrieb im Sitzstaat, ohne eigenes Personal und mit lediglich statuarischem Sitz im Niedrigsteuerland, die nur als Durchlauf- oder Thesaurierungsstation dienen. Werden die Beteiligten der Steueroasenfirma nicht offen gelegt (oder bleibt der letztlich Verfügungsberechtigte anonym), so reicht das für die Abzugsfähigkeit der Provisionszahlungen ebenso wenig aus (VwGH 13.11.1985, 84/13/0127), wie die blosse Versicherung, dass kein Mitglied der Familie des Steuerpflichtigen dem Personenkreis der Beteiligten angehört (VwGH 11.7.1995, 91/13/0154).

1621 Prozesskosten, Verfahrenskosten

Kosten eines Zivilprozesses:

Derartige Kosten sind Betriebsausgaben, sofern der Prozessgegenstand objektiv mit dem Betrieb zusammenhängt. Das gilt auch unabhängig von der Art der Beendigung (Urteil oder Vergleich). Kosten für einen übernommenen Nachlass sind nicht abzugsfähig. Gegen Personengesellschaften gerichtete Ansprüche sind prinzipiell Ausgabe, ausgenommen es ist ausschließlich die Privatsphäre der Gesellschafter berührt (VwGH 10.12.1991, 91/14/0154). Streitigkeiten in Bezug auf den Mitgesellschafter sind jedenfalls Sonderbetriebsausgaben, ausgenommen bei unredlicher Geschäftsführung (VwGH 13.11.1953, 1262/51).

Kosten eines Strafverfahrens:

Gemäß § 20 Abs. 1 Z 5 lit. b und c EStG 1988 sind Strafen und Geldbußen, die von einem Gericht, einer Verwaltungsbehörde oder einem Organ der Europäischen Union verhängt werden, sowie Verbandsgeldbußen nach dem Verbandsverantwortlichkeitsgesetz generell nicht abzugsfähig. Verfahrenskosten sind abzugsfähig, wenn die zur Last gelegte Handlung ausschließlich und unmittelbar aus der betrieblichen Tätigkeit heraus erklärbar und damit betrieblich veranlasst ist (vgl. VwGH 22.3.2018, Ro 2017/15/0001); dies gilt sinngemäß für Verfahrenskosten in Zusammenhang mit einem Rücktritt von der Verfolgung.

Kosten eines Verwaltungsverfahrens:

Derartige Kosten sind abzugsfähig, soweit ein betrieblicher Zusammenhang gegeben ist (zB Bauverfahren für Betriebsgebäude, Verfahren im Gewerberecht).

Kosten für eine Selbstanzeige:

Betreffen derartige Kosten schwerpunktmäßig Betriebssteuern oder die Höhe betrieblicher Einkünfte, sind sie grundsätzlich abzugsfähig. Andernfalls können sie Sonderausgaben iSd § 18 Abs. 1 Z 6 EStG 1988 darstellen, wenn sie an berufsrechtlich befugte Personen geleistet werden.

Kosten zur Erfüllung einer mit Strafe sanktionierten Verpflichtung:

Derartige Kosten sind bei betrieblicher Veranlassung nicht von § 20 Abs. 1 Z 5 EStG 1988 erfasst und daher abzugsfähig. Dies gilt auch dann, wenn diese Kosten bereits nach Verhängung einer Strafe anfallen und durch die mit den Kosten verbundene Erfüllung der Verpflichtung die Verhängung einer weiteren Strafe abgewendet wird (zB Verhängung von

Zwangsstrafen gemäß § 283 UGB wegen verspäteter Offenlegung eines Jahresabschlusses beim Firmenbuch).

(BMF-AV Nr. 2019/75)

Radio 1622

Siehe Rz 4741, Stichwort „Radio".

Rechtsberatungskosten 1623

Kosten eines Rechtsanwalts sind Betriebsausgaben, soweit ein Zusammenhang mit dem Betriebsgeschehen nachgewiesen wird (zB Beratung im Bereich Arbeits-, Versicherungs-, Vertragsrecht, Einbringung betrieblicher Forderungen). Kosten für die Vertragserrichtung und Beratung, die der Anschaffung von Wirtschaftsgütern dienen, sind entsprechend der Nutzungsdauer abzuschreiben.

Reisekosten 1624

Siehe Rz 1378 ff sowie Stichwort „Studienreisen" (Rz 1651).

Rentenzahlungen 1625

Siehe Rz 7001 ff.

Repräsentationsaufwendungen 1626

Siehe Rz 4808 ff.

Rückdeckungsversicherung 1627

Zu Rückdeckungsversicherungen für Abfertigungen siehe Rz 3368 f.

Rückzahlungen 1628

Die freiwillige Rückzahlung von Einnahmen zur Vermeidung der Steuerprogression ist keine Betriebsausgabe (VwGH 2.12.1955, 0257/53). Betriebsausgaben sind aber die Rückzahlung eines Kaufpreises für eine Warenlieferung (VwGH 26.1.1962, 0549/60) und die Herausgabe von Vorjahresgewinnen aus Anlass eines Urteiles auf Herausgabe des Betriebes im Erbschaftsprozess (VwGH 22.9.1982, 81/13/0028).

Sachbezüge 1629

Sachbezüge von Arbeitnehmern sind grundsätzlich Betriebsausgabe (Lohnbestandteil). Bezüglich naher Angehöriger siehe Rz 1161 ff.

Sachwalterschaft, gerichtliche Erwachsenenvertretung 1629a

Abzugsfähig ist die Verwaltung von Betriebsvermögen (auf Grund gesetzlicher oder letztwilliger Anordnungen), nicht aber die Kosten von Erbschaftsstreitigkeiten.

(BMF-AV Nr. 2021/65)

Sanierungskosten 1630

Vorzeitig anfallende Kosten, die der Herbeiführung des Schuldnachlasses dienen (zB Rechtsanwaltskosten vor Entstehung des Sanierungsgewinnes), sind im Wirtschaftsjahr des Anfalles Betriebsausgaben (VwGH 21.4.1970, 1527/69).

Sanitärräume 1631

Siehe Rz 535, Stichwort „Sanitärräume".

Säumniszuschläge 1632

Siehe Stichwort „Steuern" (Rz 1647).

Schadenersatz 1633

Schadenersatzleistungen, die auf ein Fehlverhalten des Betriebsinhabers zurückzuführen sind, sind dann abzugsfähig, wenn das Fehlverhalten und die sich daraus ergebenden Folgen der betrieblichen Sphäre zuzuordnen sind. Entscheidend ist, aus welchen Gründen das in Rede stehende unrechtmäßige Verhalten gesetzt wurde, nämlich ob diese im Bereich der Einkünfteerzielung oder im Privatbereich liegen (vgl. VwGH 30.10.2014, 2011/15/0137).

Eignet sich ein Dienstnehmer aufgrund seiner Dienstnehmerstellung rechtswidrig, etwa durch Veruntreuung, Vermögensgegenstände seiner Arbeitgeberin an, sind darin steuerpflichtige Einnahmen im Rahmen der Einkünfte aus nichtselbständiger Arbeit zu erblicken. Die nach Aufdeckung der rechtswidrigen Handlung vom Dienstnehmer zu leistenden Schadenersatzzahlungen sind diesfalls als Werbungskosten zu berücksichtigen (VwGH 25.02.1997, 95/14/0112). Dies gilt für den betrieblichen Bereich entsprechend (VwGH 28.04.2011, 2008/15/0259).

Abzugsfähig sind zB:

- Zahlungen eines Wirtschaftstreuhänders an die geschädigte Bank auf Grund unrichtiger Finanzpläne. Diese sind ein durch die mangelhafte berufliche Tätigkeit entstandener Aufwand (VwGH 13.12.1989, 85/13/0041).

- Schadenersatzleistungen wegen sexueller Belästigung von Dienstnehmern führen dann zu Betriebsausgaben, wenn die Belästigung nicht durch den Arbeitgeber selbst erfolgte.
- Schadenersätze auf Grund von Rezeptmanipulationen eines Arztes insoweit, als sie einen Abschöpfungsanteil enthalten (Abschöpfung des rechtswidrig erlangten wirtschaftlichen Vorteils bzw. der Bereicherung).
- Schadenersätze auf Grund der vorsätzlichen Schädigung des Arbeitgebers zur Erlangung eines Vorteils, der zu eigenen betrieblichen Einkünften führt (VwGH 28.04.2011, 2008/15/0259).
- Schadenersatzleistungen eines Notars aufgrund einer nicht aus privaten Gründen erfolgten treuwidrigen Ausfolgung eines Treuhanderlages (VwGH 30.10.2014, 2011/15/0137).

Nicht abzugsfähig sind zB:

- Verzicht auf Kassafehlbeträge aus familiären Gründen (der Steuerpflichtige muss die Durchsetzung der Ansprüche zumindest versuchen): VwGH 3.7.1968, 1067/66 (vgl. Rz 1101).
- Verzicht auf Schadenersatzanspruch auf Grund der Gesellschaftereigenschaft des Geschäftsführers des Komplementärs einer GmbH & Co KG (Gelddiebstahl fahrlässig herbeigeführt): VwGH 12.3.1980, 2819/79.
- Treuwidrige und nicht betrieblich veranlasste Verwendung von übernommenen Schecks durch einen Rechtsanwalt.
- Die Beteiligung an einem Hotelbetrieb ist nicht typische Tätigkeit eines Rechtsanwalts. Daher sind Schadenersatzzahlungen an die Konkursmasse nicht als Betriebsausgaben bei der selbständigen Tätigkeit abziehbar (VwGH 17.9.1990, 89/14/0130).

(BMF-AV Nr. 2015/133, BMF-AV Nr. 2018/79)

1634 **Schadensfälle – Wirtschaftsgut im Betriebsvermögen**

Resultiert die Schädigung aus einer nichtbetrieblichen Betätigung (zB Privatfahrt mit dem Betriebs-PKW), sind die Kosten auf Grund eines Unfalles oder eines sonstigen Schadensgrundes (zB umstürzender Baum) nicht abzugsfähig.

Resultiert die Schädigung aus dem betrieblichen Einsatz des Wirtschaftsgutes, sind die Kosten grundsätzlich absetzbar (insbesondere bei geringfügigen Verstößen wie Übersehen eines Fahrzeuges siehe VwGH 26.6.1974, 1505/73; besondere Straßenverhältnisse siehe VwGH 5.6.1974, 0180/73). Die private Nutzung führt nicht zu einem Privatanteil bei der außergewöhnlichen technischen oder wirtschaftlichen Abnutzung (VwGH 23.5.1990, 89/13/0278). Liegen die Gründe des Schadens im persönlichen Bereich des Betriebsinhabers (zB überhöhte Geschwindigkeit nach Gasthausbesuch – VwGH 21.10.1999, 94/15/0193; Trunkenheit, abgefahrene Reifen, Fahrerflucht – VwGH 14.12.1979, 1716/79) sind die Aufwendungen nicht abzugsfähig.

1635 **Schadensfälle – Wirtschaftsgut im Privatvermögen**

Wird das Wirtschaftsgut betrieblich genutzt, sind Schadensfälle unter den obgenannten Voraussetzungen als Betriebsausgaben absetzbar (vgl. VwGH 23.5.1990, 89/13/0278).

1636 **Schmiergelder**

Schmiergelder, deren Gewährung oder Annahme mit gerichtlicher Strafe bedroht ist, dürfen nicht abgesetzt werden. Dies gilt selbst bei feststehender ausschließlich betrieblicher Veranlassung der Zahlung (siehe Rz 4840 ff).

(BMF-AV Nr. 2018/79)

1637 **Schuldzinsen**

Siehe Rz 1421 ff.

1638 **Schwarzarbeit**

Löhne für „schwarz“ beschäftigte Arbeiter und Angestellte sind grundsätzlich Betriebsausgaben, soweit sie der Erzielung betrieblicher Umsätze dienen. Auch Löhne für „schwarz“ beschäftigte Aushilfsarbeiter, um „Schwarzumsätze“ zu erzielen, sind abzugsfähig (siehe Rz 111 ff).

Randzahl 1639: *derzeit frei*

(BMF-AV Nr. 2018/79)

1640 **Sicherstellung**

Die grundbücherliche Sicherstellung von betrieblichen Darlehen ist betrieblich veranlasst, die Kosten sind abzugsfähig.

1641 **Sonderbetriebsausgaben**

Siehe Rz 5801 ff.

Spenden 1642

Spenden sind freiwillige Zuwendungen und als solche gemäß § 20 Abs. 1 Z 4 EStG 1988 grundsätzlich nicht abzugsfähig (siehe Rz 4830 ff). Zu abzugsfähigen Zuwendungen nach § 4a EStG 1988 siehe Rz 1330 ff, zur Abgrenzung von Sponsorzahlungen siehe Rz 1643.

(AÖF 2012/63)

Sponsorzahlungen 1643

Freiwillige Zuwendungen sind grundsätzlich nicht abzugsfähig, und zwar auch dann nicht, wenn sie durch betriebliche Erwägungen mitveranlasst sind. Sponsorzahlungen eines Unternehmers sind aber dann Betriebsausgaben, wenn sie nahezu ausschließlich auf wirtschaftlicher (betrieblicher) Grundlage beruhen und als eine angemessene Gegenleistung für die vom Gesponserten übernommene Verpflichtung zu Werbeleistungen angesehen werden können. Der Sponsortätigkeit muss eine breite öffentliche Werbewirkung zukommen.

Einzelfälle von Sponsorzahlungen:

- Sportler und Vereine müssen Werbeleistungen zusagen, die erforderlichenfalls auch durch den Sponsor rechtlich erzwungen werden können. Der gesponserte Sportler oder Künstler muss sich als Werbeträger eignen und Werbeaufwand und Eignung müssen in einem angemessenen Verhältnis stehen. Die vereinbarte Reklame muss ersichtlich sein (etwa durch Aufschrift am Sportgerät oder auf der Sportkleidung, Führung des Sponsornamens in der Vereinsbezeichnung). Die Werbefunktion wird auch durch eine Wiedergabe in den Massenmedien erkenntlich. Die Sponsorleistung darf nicht außerhalb jedes begründeten Verhältnisses zur Werbetätigkeit stehen. Ist der Verein nur einem kleinen Personenkreis bekannt, fehlt es an der typischen Werbewirksamkeit (VwGH 25.1.1989, 88/13/0073, betr. Tennisanzüge für einen Tennisverein).
- Sponsorzahlungen für kulturelle Veranstaltungen: Hier hat der gesponserte Veranstalter allerdings nur eingeschränkte Möglichkeiten, für den Sponsor als Werbeträger aufzutreten.

  So ist beispielsweise die Aufnahme des Sponsornamens in die Bezeichnung der Kulturveranstaltung im Allgemeinen ebenso wenig möglich wie das Anbringen des Sponsornamens auf der Bühne, der Kulisse oder den Kostümen. Deshalb wird es für die Frage der Werbewirkung einer Kulturveranstaltung in besonderem Maße auch auf die (regionale) Bedeutung der Veranstaltung und deren Verbreitung in der Öffentlichkeit ankommen. Aus dieser Sicht bestehen keine Bedenken, Sponsorleistungen für kulturelle Veranstaltungen (insbesondere Opern- und Theateraufführungen, sowie Kinofilme) mit entsprechender (regionaler) Breitenwirkung als Betriebsausgaben anzuerkennen, wenn die Tatsache der Sponsortätigkeit angemessen in der (regionalen) Öffentlichkeit bekannt gemacht wird. Von einer solchen Bekanntmachung wird dann ausgegangen werden können, wenn der Sponsor nicht nur anlässlich der Veranstaltung (etwa im Programmheft) erwähnt wird, sondern auch in der kommerziellen Firmenwerbung (zB Inserat- oder Plakatwerbung) auf die Sponsortätigkeit hingewiesen oder darüber in den Massenmedien redaktionell berichtet wird.

  Diese Grundsätze gelten sinngemäß für Sponsorzahlungen für Denkmalschutzmaßnahmen. Das Ausmaß der Werbewirkung ist dabei insbesondere abhängig von der Bedeutung und Bekanntheit des denkmalgeschützten Objektes. Dabei kann die Werbewirkung zB dadurch erzielt werden, dass während der Durchführung der Maßnahme vom Eigentümer des Objektes öffentlich auf den Sponsor hingewiesen wird und/oder auch nach Abschluss der Arbeiten ein Hinweis am Objekt oder in dessen Umfeld angebracht wird. Die Werbewirkung kann auch durch die Nennung des Sponsors im Internetauftritt des Objektes oder des Eigentümers des Objektes erzielt werden.
- Sponsorzahlungen an politische Parteien sind nicht mit steuerlicher Wirkung absetzbar und zwar auch dann nicht, wenn eine gewisse Werbewirkung damit verbunden ist.

(BMF-AV Nr. 2021/65)

Sprachkurs 1644

Aufwendungen für einen Sprachkurs können als Fortbildungskosten abzugsfähig sein, siehe LStR 1999, Rz 363. Siehe auch Rz 1350 f.

Stabilitätsabgabe 1644a

Die von einem Kreditinstitut zu leistende Stabilitätsabgabe sowie der in 2012 bis 2017 zu leistende Sonderbeitrag zur Stabilitätsabgabe ist gemäß § 10 Stabilitätsabgabegesetz, BGBl. I Nr. 111/2010, eine Betriebsausgabe.

(AÖF 2013/280)

1645 **Stereoanlage**

Siehe Rz 4747, Stichwort „Stereoanlage".

1646 **Steuerberatungskosten**

Sind Betriebsausgaben, so weit betrieblich veranlasst, andernfalls Sonderausgaben (LStR 1999, Rz 561 bis 564). Bei freiberuflich Tätigen sind die Kosten der Erstellung der Einnahmen-Überschussrechnung grundsätzlich Betriebsausgaben.

1647 **Steuern**

- Betriebssteuern (zB Grundsteuer für ein Betriebsgrundstück, Kfz-Steuer für ein Betriebsfahrzeug) stellen Betriebsausgaben dar.
- Personensteuern (zB Einkommensteuer, Erbschafts- und Schenkungssteuer) sind nicht abzugsfähig (siehe auch Rz 4847 ff).
- Nebenansprüche (Abgabenerhöhungen, Verspätungszuschlag, im Verfahren auflaufende Kosten und Zwangs- und Ordnungsstrafen, Kosten der Ersatzvornahme, Nebengebühren wie Stundungszinsen, Aussetzungszinsen, Säumniszuschlag, Kosten des Vollstreckungs- und Sicherungsverfahrens) unterliegen der gleichen Regelung wie die zu Grunde liegende Steuer. Gemäß § 20 Abs. 1 Z 5 lit. d EStG 1988 sind jedoch Abgabenerhöhungen nach dem FinStrG nicht abzugsfähig; siehe dazu auch Rz 4846d.
- Bezüglich Nachforderungen (zB von Lohnsteuer) siehe unter „Nachforderungen" (Rz 1600).

(BMF-AV Nr. 2015/133)

1648 **Stille Beteiligung**

Der Gewinnanteil des echten stillen Gesellschafters stellt für den Inhaber des Unternehmens eine Betriebsausgabe dar. Siehe dazu auch Rz 6127 ff.

(AÖF 2013/280)

1649 **Strafen**

Rechtslage ab 2.8.2011 (Inkrafttreten des AbgÄG 2011):

Gemäß § 20 Abs. 1 Z 5 lit. b EStG 1988 idF des AbgÄG 2011, BGBl. I Nr. 76/2011, sind Strafen und Geldbußen, die von Gerichten, Verwaltungsbehörden oder Organen der Europäischen Union verhängt werden, nicht abzugsfähig. § 20 Abs. 1 Z 5 lit. b EStG 1988 ist mit dem der Kundmachung im BGBl. folgenden Tag, das war der 2.8.2011, in Kraft getreten. Dementsprechend sind Strafen und Geldbußen, die nach dem 1.8.2011 gezahlt werden oder aufwandswirksam sind, generell nicht abzugsfähig (siehe Rz 4846a).

Vertragsstrafen sind pauschalierter Schadenersatz und damit abzugsfähig. Strafen, die über den Dienstnehmer im Rahmen seiner dienstlichen Obliegenheiten verhängt werden, sind für den Arbeitgeber, der sie trägt, grundsätzlich Betriebsausgaben. Beim Arbeitnehmer liegen Lohnzahlungen vor (vgl. VwGH 29.01.1991, 91/14/0002, VwGH 23.05.1984, 83/13/0092).

Rechtslage bis 1.8.2011 (vor Inkrafttreten des AbgÄG 2011):

Strafen, die durch das eigene Verhalten des Betriebsinhabers ausgelöst werden, sind grundsätzlich Kosten der privaten Lebensführung. Ausnahmsweise sind Geldstrafen abzugsfähig, wenn

- das Fehlverhalten in den Rahmen der normalen Betriebsführung fällt und
- die Bestrafung vom Verschulden unabhängig ist oder nur ein geringes Verschulden voraussetzt.

Nach der Rechtsprechung sind zB nicht abzugsfähig:

- Strafen betr. das vom Betriebsinhaber angeordnete Überladen eines Lastkraftwagens VwGH 3.6.1986, 86/14/0061).
- Strafen für die Verletzung von Außenhandelsvorschriften, Verkehrs- und Zollvorschriften (Verstoß gegen das Außenhandelsverkehrsgesetz; vgl. VwGH 11.10.1957, 2553/55).
- Strafen wegen überhöhter Geschwindigkeit, die über den Unternehmer verhängt werden (VwGH 25.2.1997, 96/14/0022).
- Strafen wegen Verletzung der Verkehrssicherheit oder Unterlassung der Beantwortung einer Lenkeranfrage (VwGH 11.7.1995, 91/13/0145).
- Wertersatzstrafen eines Schmugglers (VwGH 29.4.1992, 90/13/0036).
- Sonstige Verwaltungsstrafen wie zB Fahrunterrichtserteilung ohne behördliche Genehmigung (VwGH 5.7.1963, 0983/61), Vergehen gegen das Lebensmittelgesetz durch vorsätzliches Verbreiten schädlicher Lebensmittel (VwGH 21.5.1980, 2848/79).
- Geldstrafen nach dem Finanzstrafgesetz (VwGH 27.10.1970, 1865/68: fahrlässige Nichtentrichtung der Umsatzsteuer) und Wertersatzstrafen (VwGH 7.3.1972, 2051/71

und VwGH 29.4.1992, 90/13/0036), Strafen auf Grund der Durchführung von Scheinbuchungen durch einen befugten Steuerberater (VwGH 16.9.1992, 90/13/0063).

- Disziplinarstrafen, sofern ihre Ursache im nicht bloß geringfügigen Verschulden des Steuerpflichtigen liegt und kein enger Zusammenhang mit der Einkunftserzielung besteht (Disziplinarstrafen von Rechtsanwälten und Rechtsanwältinnen, vgl. VwGH 29.3.2012, 2009/15/0035 und 2009/15/0034).

Abzugsfähig sind zB:

- Verstoß gegen die Importpreisverordnung (VwGH 30.6.1961, 0994/59).
- Bauführung vor der Bewilligung durch den Baumeister auf Grund einer vertraglichen Verpflichtung, den Bau ungesäumt zu beginnen (VwGH 11.5.1962, 1316/60).
- Organmandat im Zusammenhang mit berufsbedingtem Entladen von Waren (VwGH 3.7.1990, 90/14/0069), analog auch irrtümliches Falschparken auf vermeintlichem Kundenparkplatz, Parken in zweiter Spur.
- Vertragsstrafen sind pauschalierter Schadenersatz und damit abzugsfähig. Strafen, die über den Dienstnehmer im Rahmen seiner dienstlichen Obliegenheiten verhängt werden, sind für den Arbeitgeber, der sie trägt, grundsätzlich Betriebsausgaben. Beim Arbeitnehmer liegen Lohnzahlungen vor (vgl. VwGH 29.1.1991, 91/14/0002, VwGH 23.5.1984, 83/13/0092).

(AÖF 2013/280)

Strafverteidigung und Strafprozess 1650

Siehe „Prozesskosten“ (Rz 1621).

Studien- und Fortbildungsreisen 1651

Nach der Rechtsprechung sind bei Reisen mit klar abgrenzbarem betrieblichen und privaten Reiseteil die Reise- und Fahrtkosten hinsichtlich des betrieblich veranlassten Reiseteils grundsätzlich abzugsfähig (VwGH 27.01.2011, 2010/15/0197; VwGH 27.01.2011, 2010/15/0043, siehe dazu LStR 2002 Rz 281 und Rz 295 ff). Im Fall einer untrennbaren Vermengung von betrieblicher und privater Veranlassungskomponente (Mischprogramm, LStR 2002 Rz 281) liegt jedoch keine betriebliche Veranlassung vor. Kosten einer Studienreise nur dann abzugsfähig, wenn die folgenden Voraussetzungen gegeben sind (vgl. VwGH 16.07.1996, 92/14/0133):

- Planung und Durchführung im Rahmen einer lehrgangsmäßigen Organisation oder in einer Weise, die weitaus überwiegende betriebliche (berufliche) Bedingtheit erkennen lässt. Betriebliche Veranlassung reicht nicht aus. Die Reisen müssen vielmehr fast ausschließlich betrieblich bedingt sein (VwGH 13.12.1988, 88/14/0002).
- Die Reise bietet die Möglichkeit, Kenntnisse zu erwerben, die eine einigermaßen konkrete Verwertung im Unternehmen zulassen.
- Reiseprogramm und Durchführung müssen nahezu ausschließlich auf interessierte Teilnehmer im Tätigkeitsbereich des Steuerpflichtigen abgestellt sein, sodass sie auf andere Teilnehmer keine Anziehungskraft ausüben.
- Allgemein interessierende Programmpunkte dürfen nicht mehr Zeit in Anspruch nehmen, als während einer regelmäßigen betrieblichen Betätigung als Freizeit verwendet wird.

Der Steuerpflichtige hat anhand des Reiseprogrammes nachzuweisen oder zumindest glaubhaft zu machen, welche Tagesstunden an welchen Tagen beruflichen und privaten Zwecken gedient haben. Eine pauschale Angabe über Arbeitszeiten ist nicht ausreichend (VwGH 13.12.1988, 88/14/0002). Aus der Gesamtdauer der Arbeitszeit kann ein durchschnittlicher Wert pro Tag errechnet werden; dies ermöglicht den Ausgleich von Minderzeiten einzelner Tage durch Mehrzeiten anderer Tage (VwGH 17.11.1992, 92/14/0150).

Die allgemein interessierenden Programmpunkte (Privatzeiten) dürfen jeweils nicht mehr Raum einnehmen als jenen, der während der laufenden Berufsausübung als Freizeit regelmäßig zu anderen als beruflichen Betätigungen verwendet wird; dabei ist von einer Normalarbeitszeit von acht Stunden täglich auszugehen. Privatzeiten an den Wochenenden bleiben außer Betracht, da diese auch während der Berufsausübung im Inland zur Verfügung stehen (VwGH 26.6.1990, 89/14/0106).

An-und Abreisezeiten teilen das steuerliche Schicksal der Reise, sie sind aber nicht als Arbeitsstunden zu werten. Maßgebend ist die Gestaltung des Aufenthaltes ohne Berücksichtigung der Reisebewegungen (VwGH 10.5.1994, 93/14/0104).

Liegt keine Reise mit klar abgrenzbarem betrieblichem und privatem Reiseteil vor und ist nach dem Reiseprogramm eine Arbeitszeit von achtzig Stunden während einer zweiwöchigen Reise nicht zu Stande gekommen, ist die Reise nicht absetzbar. Dabei kommt es nicht darauf an, ob die durchschnittliche tägliche Arbeitszeit von acht Stunden im Beruf üblicherweise nur durch Einbeziehung von Abendstunden und Wochenendzeiten erreicht wird (VwGH 24.11.1993, 92/15/0099).

Eine Reise, bei der die allgemeinen Programmpunkte nicht entscheidend in den Hintergrund treten (Mischprogramm), verweist die Reise in den privaten Lebensbereich. Entscheidend ist das zeitliche Ausmaß der allgemein interessierenden Programmpunkte zu jenen der ausschließlich beruflich veranlassten Aktivitäten (gemessen an der tatsächlichen Abwicklung der Reise). Eine Studienreise, die nicht erkennen lässt, was sie von den Reisen anderer kulturell interessierter Personen unterscheidet, ist nicht absetzbar (VwGH 9.10.1991, 88/13/0121; VwGH 28.3.2001, 2000/13/0194, betreffen Kosten für Fachexkursion in ein landwirtschaftlich attraktives Weinbaugebiet).

Stehen private Urlaubsmotive hinter der Reise, kann auch die Tatsache, dass einige der Programmpunkte an Samstagen oder Feiertagen liegen, nichts an der fehlenden betrieblichen Veranlassung ändern (VwGH 6.11.1990, 90/14/0176).

Die Teilnahme an einem Kongress, verbunden mit sportlichen und allgemein interessierenden Aktivitäten, ist nicht absetzbar (VwGH 26.6.1990, 89/14/0125, betr. Schirechtskongress; VwGH 26.1.1993, 88/14/0108, betr. Sportärztewoche; VwGH 19.9.1973, 0579/72, betr. Kongress im Rahmen einer der fachlichen Weiterbildung und Erholungszwecken dienenden Kreuzfahrt). Auch die Unüblichkeit des gewählten Veranstaltungsortes in Bezug auf den Teilnehmerkreis und/oder das Programm ist Indiz für eine private Veranlassung.

Ist eine Reise wegen einer untrennbaren Vermengung von betrieblicher und privater Veranlassungskomponente (Mischprogramm) nicht betrieblich veranlasst, sind lediglich die Gebühren für die Teilnahme an Berufsveranstaltungen (Kongressen und ähnlichem) abzugsfähig (VwGH 19.09.1978, 2749/77).

Aufwendungen für die Teilnahme der im Betrieb des Steuerpflichtigen angestellten Ehefrau an einer betrieblich veranlassten Reise sind, wenn sie nach Gegenstand und Umfang des Betriebes einer wirtschaftlich begründbaren, vernünftigen Disposition nicht entsprechen, keine Betriebsausgaben (VwGH 4.3.1980, 2334/79). Die Mitnahme von nahen Angehörigen zu Fachkongressen etc wird, auch wenn ein Dienstverhältnis steuerlich anerkannt ist, idR nicht betrieblich veranlasst sein (VwGH 18.2.1980, 2829/77).

Bei lehrgangsmäßig orientierten Studienreisen kann die Begleitung der Familie ein Indiz für eine Privatreise sein (VwGH 02.06.1992, 92/14/0043). Die betriebliche Veranlassung der Mitreise eines nahen Angehörigen auf einer betrieblich veranlassten Reise ist nur dann zu bejahen, wenn der Steuerpflichtige unter den gleichen Bedingungen und mit demselben Aufwand auch einen familienfremden Arbeitnehmer auf seiner Reise mitgenommen hätte (VwGH 16.12.1998, 96/13/0046; VwGH 17.11.1992, 92/14/0150, VwGH 30.01.2001, 95/14/0042). Liegt die Mitnahme der Ehegattin in der persönlichen Nahebeziehung begründet, sind die auf die Ehegattin entfallenden Kosten (50% der tatsächlichen Aufwendungen für den Steuerpflichtigen und seine Ehegattin) auszuscheiden, auch wenn der Preis des Einzelzimmers 80% der Kosten eines Doppelzimmers betragen sollte (VwGH 30.01.2001, 95/14/0042).

Der ausschließliche berufliche Zweck einer von einem bildenden Künstler unternommenen Reise ist an der tatsächlich während der Reise ausgeübten Tätigkeit zu messen. Werden während der Reise zahlreiche bildnerische Werke mit Motiven der bereisten Länder oder Entwürfe, Skizzen oder Zeichnungen geschaffen, die später in entsprechenden Kunstwerken ihren Niederschlag finden bzw. auf Ausstellungen präsentiert werden, kann eine Abzugsfähigkeit der Reise gegeben sein (VwGH 03.02.1993, 91/13/0001; VwGH 21.07.1993, 91/13/0231). Ein allgemeiner Einfluss der Reise auf die in der Heimat zu schaffenden Kunstwerke genügt nicht. Mitgebrachte Gegenstände (Masken) und Fotos schließen einen privaten Reisezweck nicht aus (VwGH 18.02.1999, 97/15/0092).

(AÖF 2012/63)

1652 Stundungszinsen

Siehe „Steuern“ (Rz 1647).

1653 Tagesmütter

Weisen Tagesmütter, die einen Lehrgang nach den für die Ausbildung von Tagesmüttern bestehenden landesgesetzlichen Vorschriften absolviert haben, die bei ihrer Tätigkeit anfallenden Betriebsausgaben nicht nach, ist deren Höhe gemäß § 184 BAO im Wege der Schätzung zu ermitteln. Im Hinblick auf Erfahrungswerte bestehen keine Bedenken, diese Betriebsausgaben insgesamt mit 70% der Einnahmen aus der Tätigkeit als Tagesmutter, maximal 650 Euro pro Monat der Tätigkeit, zu berücksichtigen. Voraussetzung für das Betriebsausgabenpauschale ist, dass die Betreuungstätigkeit in der Wohnung der Tagesmutter ausgeübt wird.

Setzt eine Tagesmutter 70% der Einnahmen (maximal 650 Euro pro Monat) als Betriebsausgaben ab, sind damit sämtliche mit dieser Tätigkeit im Zusammenhang stehenden Aufwendungen steuerlich abgegolten. Ein Abzug höherer Beträge setzt voraus, dass die geltend gemachten Aufwendungen insgesamt nachgewiesen werden. Weist eine Tagesmutter die einzelnen Aufwendungen nach, ist zu beachten, dass typischerweise in den privaten Lebensbereich fallende Kosten nur dann abgesetzt werden können, wenn sie ausschließlich oder nahezu ausschließlich im betrieblichen Interesse gemacht werden. Aufwendungen für die (anteilige) Abnutzung von Hausratsgegenständen (Möbel, Rundfunkgeräte usw.) sowie (anteilige) Energiekosten werden daher idR nicht als Betriebsausgaben abzugsfähig sein.

Die Begrenzung der geschätzten Betriebsausgaben in Höhe von 650 Euro pro Monat der Tätigkeit als Tagesmutter bezieht sich nicht auf jedes einzelne Kind, sondern ist auf die erzielten Gesamteinnahmen anzuwenden. Die Anzahl der beaufsichtigten Kinder ist für die Inanspruchnahme der Schätzung unmaßgeblich.

Tagesmüttern, die einen Lehrgang nach den für die Ausbildung von Tagesmüttern bestehenden landesgesetzlichen Vorschriften nicht absolviert haben, steht das Betriebsausgabenpauschale gemäß § 17 EStG 1988 iHv 12% der Umsätze zu.

(AÖF 2010/43)

Tageszeitungen 1654

Aufwendungen für Tageszeitungen sind grundsätzlich nicht abzugsfähig. Siehe „Fachliteratur“ (Rz 1525).

Teilungskosten 1655

Siehe „Umgründung“.

Teilhaberversicherung 1656

Siehe Rz 1269.

Telefonkosten 1657

Kosten für betrieblich veranlasste Telefonate – unabhängig davon, ob im Festnetz oder im Mobilfunk – sind im tatsächlichen Umfang als Betriebsausgaben abzugsfähig. Telefonkosten (Grundgebühr, Anschlussgebühr, Sprechgebühr, Gerätekosten) unterliegen nicht dem Aufteilungsverbot. Ein Anrufbeantworter, selbst wenn es sich um ein gesondertes Gerät handelt und nicht bloß als Anrufbeantworterfunktion ein integrierter Teil eines Telefonapparates, eines Telefon/Fax- Apparates oder eines Modems für einen Internetzugang ist, ist als Ergänzungsgerät zu einem Telefon anzusehen. Als solches sind die Kosten für dessen Anschaffung jedoch nicht von vorneherein anders als Telefonkosten zu behandeln (VwGH 27.2.2002, 96/13/0101).

Telefongespräche, die von betrieblichen Apparaten geführt werden, sind grundsätzlich abzugsfähig. Ein Privatanteil ist allenfalls auszuscheiden (vgl. VwGH 21.2.1996, 93/14/0167).

Die Kosten eines Telefons in der Wohnung sind durch genaue Aufzeichnung der betrieblichen Gespräche nachzuweisen. Dass in einer Wohnung nur berufliche Gespräche abgewickelt werden, widerspricht der allgemeinen Lebenserfahrung (VwGH 26.6.1984, 83/14/0216). Fehlen Unterlagen über Zahl und Dauer der Gespräche, sind die Kosten zu schätzen (VwGH 16.2.1983, 81/13/0044). Eine Schätzung der Kosten (diesfalls mit 500 S/36,34 €), die sich an den (geringfügigen) Einnahmen orientiert, ist angemessen. Werden Aufzeichnungen oder Beweismittel für das behauptete berufliche Ausmaß nicht vorgelegt, ist eine Schätzung der betrieblichen Aufwendungen mit 25% der Gesamtkosten (bei einer vierköpfigen Familie) nicht unschlüssig (VwGH 29.6.1995, 93/15/0104). Der Umstand, dass auch andere Telefonanschlüsse privat verwendet werden, besagt nicht, dass der Anschluss überwiegend betrieblich verwendet wurde (VwGH 4.3.1986, 85/14/0131).

Wird ein Telefon im Arbeitszimmer des Wohnhauses beruflich verwendet, erscheint ein Ansatz von 6.000 S (436,04 €) als Privatanteil für einen Erwachsenen und vier Kinder nicht unschlüssig (vgl. VwGH 20.12.1994, 90/14/0229).

(AÖF 2003/209)

Teppiche 1658

Teppiche als Betriebsvermögen unterliegen der Angemessenheitsprüfung (siehe Rz 4792 ff).

Traueranzeigen 1659

Traueranzeigen führen zu Betriebsausgaben, wenn das Inserat betrieblich veranlasst ist (VwGH 5.7.1994, 93/14/0049).

Treuhandvertrag 1660

Erstattet der Treuhänder auf Grund eines Fehlverhaltens (Weitergabe des Treuhandgeldes entgegen der Vereinbarung) eine bestimmte Summe an den Treugeber, führt diese

Zahlung (auch bei einem Einnahmen-Ausgaben-Rechner) zu einer Betriebsausgabe, wenn das Fehlverhalten dem Bereich der Einkünfteerzielung zuzuordnen ist (VwGH 30.10.2014, 2011/15/0137). Keine Betriebsausgaben liegen vor, wenn das Fehlverhalten aus außerbetrieblichen Gründen (zB Nahebeziehung) gesetzt wird.

(BMF-AV Nr. 2018/79)

1661 **Trinkgelder**

Trinkgelder sind abzugsfähig, wenn die betriebliche Veranlassung nachgewiesen oder zumindest glaubhaft gemacht wird (vgl. VwGH 12.4.1983, 82/14/0342).

1662 **Umgründung, Kosten einer**

Kosten in Zusammenhang mit einer Umgründung sind wie Gründungskosten sofort abzugsfähige Betriebsausgaben.

1663 **Umrüstung eines LKW**

Der Umbau zu einem lärmarmen LKW ist sofort abzugsfähig.

1664 **Umsatzsteuer**

Die Umsatzsteuer kann bei einem Einnahmen-Ausgaben-Rechner entweder als durchlaufender Posten (Nettoverrechnung) oder entsprechend dem Zu- und Abflussprinzip (Bruttoverrechnung) behandelt werden (§ 4 Abs. 3, dritter Satz EStG 1988). Ein jährliches Wahlrecht ist zulässig (VwGH 01.12.1992, 88/14/0004). Siehe auch Rz 695 ff sowie Rz 731 ff. Zur Unzulässigkeit der Nettomethode siehe Rz 754.

Es gibt keine Bindung hinsichtlich der für einen Veranlagungszeitraum gewählten Verrechnungsmethode; ebensowenig gibt es Formvorschriften hinsichtlich des Widerrufes der für einen Veranlagungszeitraum gewählten Verrechnungsmethode. Von der für einen Veranlagungszeitraum gewählten Verrechnungsmethode kann daher auch noch im Berufungsverfahren abgegangen werden (VwGH 25.06.2007, 2002/14/0090).

Wird eine Umsatzsteuervorauszahlung geleistet, ohne dass Lieferungen oder sonstige Leistungen erbracht worden sind, so ist bei einem Einnahmen-Ausgaben-Rechner mit Bruttomethode die Zahlung keine Betriebsausgabe und die spätere Rückzahlung keine Betriebseinnahme.

(AÖF 2008/51)

1665 **Umzugskosten**

Umzugskosten sind bei betrieblicher Veranlassung Betriebsausgaben.

1666 **Unentgeltliche Betriebsübertragung**

Die unentgeltliche Betriebsübertragung ist der privaten Sphäre zuzuordnen. Die damit zusammenhängende Schenkungssteuer bzw. für Übertragungsvorgänge nach dem 31. Juli 2008 die damit zusammenhängende Grunderwerbsteuer ist daher – ebenso wie Aufwendungen für den Anwalt und Einverleibungskosten – nicht abziehbar (siehe auch Rz 2534). Die Vereinbarung einer Auflage zur Abfindung des anderen Kindes ist keine Betriebsschuld, damit zusammenhängende Wertsicherungen und Zinsen sind nicht abzugsfähig (VwGH 04.11.1980, 0804/80).

(AÖF 2009/74)

1667 **Unfallkosten**

Die Abzugsfähigkeit hängt grundsätzlich vom in jedem Fall zu prüfenden Grad des Verschuldens ab. Betreffend Verkehrsunfälle siehe „Schadensfälle" (Rz 1634 f). Die Berechnung der Unfallkosten bei Fahrzeugen kann durch Abzug von Abschreibung, Wrackwert und Versicherungsersatz vom Neuwert vorgenommen werden (zur Mitunternehmerschaft siehe Rz 5801 ff).

1668 **Unredliche Geschäftsführung**

Siehe „Betrug eines Gesellschafters" (Rz 1504).

1669 **Unternehmerlohn**

Ein Unternehmerlohn ist keine Betriebsausgabe. Die Nichtabzugsfähigkeit kann auch nicht durch Zwischenschaltung einer GmbH, die den Betriebsinhaber als Geschäftsführer seines eigenen Betriebes anstellt, umgangen werden (VwGH 31.03.2005, 2000/15/0117, VwGH 29.04.2010, 2007/15/0002).

(AÖF 2011/66)

1670 **Unterschlagung**

Siehe Stichwort „Veruntreuung" (Rz 1689).

Verflochtene Unternehmen 1671

Erfolgen Erwerbsvorgänge zwischen einer Mitunternehmerschaft und einer illiquiden Kapitalgesellschaft mit identen Beteiligungsverhältnissen zu fremdunüblich hohen Preisen, so fehlt den Aufwendungen, so weit sie überhöht sind, die betriebliche Veranlassung.

Vergnügungssteuer 1672

Diese ist als betrieblich veranlasste Steuer abzugsfähig.

Verkehrsunfall 1673

Siehe „Schadensfälle" (Rz 1634 f).

Verlassenschaftsverfahren 1674

Kosten des Verlassenschaftsverfahrens sind nicht betrieblich veranlasst (VwGH 29.11.1963, 1059/62).

Verlust 1675

Siehe „Schadensfälle" (Rz 1634 f), „Unterschlagung" (Rz 1670) und „Veruntreuung" (Rz 1689).

Ein Warenverderb wirkt sich nur beim bilanzierenden Unternehmen aus und ist dort durch entsprechende Aufzeichnungen nachzuweisen (zB Lebensmittelhandel, Bäckerei). Beim Einnahmen-Ausgaben-Rechner wurden die Kosten bereits berücksichtigt (im Zeitpunkt der Bezahlung der Waren: VwGH 14.7.1961, 0137/58).

Verluste aus betrieblich bedingten Kreditvergaben sind Ausgaben (VwGH 3.7.1957, 0988/52). Zu Verlusten eines Einnahmen-Ausgaben-Rechners aus gewährten Darlehen siehe Rz 669.

Verlustabdeckungszuschüsse 1676

Ein österreichisches Unternehmen (Sparte: Industrieanlagenbau) wird in Japan tätig und errichtet dort eine Tochtergesellschaft, die Service- und Wartungsarbeiten übernimmt. Wird die Tochtergesellschaft von der Muttergesellschaft dazu genötigt, ihren Betrieb in einer Weise einzurichten, dass es ihr nicht gestattet ist, kostendeckende Preise zu verrechnen, muss die Muttergesellschaft für die Differenz aufkommen. Werden aus diesen Erwägungen Verlustabdeckungszuschüsse an die asiatische Tochtergesellschaft geleistet, führen sie auf der Grundlage von Art. VII DBA Japan in Österreich zu abzugsfähigen Betriebsausgaben.

Verlust privater Wirtschaftsgüter 1677

Untergang oder Beschädigung privater Wirtschaftsgüter anlässlich der betrieblichen Nutzung kann zu Betriebsausgaben (oder Werbungskosten – Näheres siehe Rz 4030 ff) führen.

Verluste aus Darlehens- und Kreditgewährung 1678

Siehe „Darlehen" (Rz 1514).

Vermögensumschichtung 1679

Ist ein Gehaltsvorschuss (an die Ehegattin) als Darlehen zu qualifizieren (wenn sie ein Vielfaches des laufenden Arbeitslohnes ausmachen, für einen bestimmten Zweck gewährt und nach einem festen Tilgungsplan zurückgezahlt werden), führt die Hingabe zu keinen Betriebsausgaben. Ausgenommen davon ist ein echter Gehaltsvorschuss, dem ein Darlehenscharakter fehlt.

Verpflegungs(mehr)aufwand 1680

Siehe „Reisekosten" (Rz 1624) und Rz 1378 ff.

Verpflichtungen einer Kapitalgesellschaft 1681

Übernimmt ein Gesellschafter-Geschäftsführer einer Kapitalgesellschaft Verpflichtungen der Gesellschaft, so sind die Aufwendungen keine Betriebsausgaben, sondern Einlagen, da die Sicherung der Geschäftsführerbezüge nur eine Folge des Fortbestandes der Gesellschaft ist (VwGH 24.1.1990, 86/13/0162).

Versicherungen 1682

Siehe ausführlich Rz 1234 ff; die Versicherungssteuer ist bei betrieblichen Versicherungen Betriebsausgabe.

Versicherungszeitennachkauf 1683

Der Nachkauf von Pensionsversicherungsjahren für die Ehegattin (mit der ein Dienstverhältnis bestand), kann nicht als Ersatz einer Abfertigung angesehen werden und führt daher nicht zu Betriebsausgaben (VwGH 16.9.1986, 86/14/0017).

Versorgungsrente, betriebliche 1684

Siehe ausführlich Rz 7026.

1685 Verteidigerkosten

Siehe „Prozesskosten“ (Rz 1621). So weit das Verfahren betrieblich veranlasst ist, sind die Kosten eines Rechtsanwalts Betriebsausgaben.

1686 Verteidigung des Eigentums an Grund und Boden

Siehe Rz 1552.

(AÖF 2013/280)

1687 Vertragsstrafen

Siehe „Strafen“ (Rz 1649).

1688 Verträge zwischen nahen Angehörigen

Siehe ausführlich Rz 1127 ff.

1689 Veruntreuung

Ein widerrechtlicher Entzug durch Unterschlagung, Diebstahl, Veruntreuung und Entwendung (§ 141 StGB) führt beim Betriebsvermögensvergleich zu Betriebsausgaben, wobei ein Ersatzanspruch zu aktivieren ist. Ein Verzicht auf den Anspruch aus außerbetrieblichen Gründen führt zur Nichtabzugsfähigkeit. Bei der Einnahmen-Ausgaben-Rechnung wirken sich nur solche Aufwendungen aus, die noch nicht Betriebsausgaben waren (daher nicht Wirtschaftsgüter des Umlaufvermögens oder abgeschriebene Wirtschaftsgüter).

Die Veruntreuung von Geld führt nur dann zu einem betrieblichen Aufwand, wenn Betriebs- und Privatvermögen entsprechend getrennt sind, nicht aber wenn über die Betriebskassa auch die private Gebarung verrechnet wird. Eine Aktivierung des Rückforderungsanspruches kommt hier nicht in Betracht (VwGH 28.6.1988, 87/14/0118). Zu beachten ist, dass der Abgabepflichtige alle ihm zumutbaren Maßnahmen zu ergreifen hat, um die ihm durch deliktische Handlungen verursachten Minderungen seines Betriebsvermögens durch Ersatzansprüche auszugleichen oder hintanzuhalten (VwGH 5.7.1994, 91/14/0174).

Unterschlagungen des Gesellschafters einer Personengesellschaft bei dieser stellen unrechtmäßige Entnahmen dar, die den Gewinn der Gesellschaft (die Gewinnanteile der übrigen Gesellschafter) ebenso wenig berühren, wie die rechtmäßige Entnahme. Auch die Uneinbringlichkeit entsprechender Ansprüche gegen den Unterschlagenden bewirkt keine Gewinnminderung (vgl. VwGH 14.12.1983, 81/13/0204).

1690 Verwaltung des Unternehmens

Siehe „Öffentliche Unternehmensverwaltung“ (Rz 1607).

1691 Videoanlage

Siehe Rz 4754, Stichwort „Videoanlage“.

1692 Visitenkarten

Visitenkarten, die Werbemittel darstellen, sind Betriebsausgaben.

1693 Vorbereitungshandlungen zur Betriebseröffnung

Siehe Rz 1095 f.

Randzahl 1694: *derzeit frei*

(BMF-AV Nr. 2018/79)

1695 Waffen

Siehe Rz 4755, Stichwort „Waffen“.

1696 Wecker

Siehe Rz 4756, Stichwort „Wecker“.

1697 Werbung

Die Kosten der betrieblich veranlassten Werbung sind abzugsfähig (zB Fernsehspots, Einschaltung in Tageszeitungen). Zur Bewirtung siehe Rz 4808 ff, zu Werbegeschenken siehe Stichwort „Geschenke“ (Rz 1548).

1698 Wertsicherungsbeträge

Wertsicherungsbeträge sind Betriebsausgaben, so weit sie mit betrieblich veranlassten Krediten zusammenhängen (VwGH 13.5.1986, 83/14/0089: keine nachträglichen Anschaffungskosten).

1699 Wettbewerbsverbot (vertragliches)

Zahlungen wegen Übertretung eines vertraglich eingeräumten Wettbewerbsverbotes sind als betrieblich veranlasste Schadenersatzleistung abzugsfähig (siehe auch Rz 1649).

(AÖF 2008/51)

Wiederaufforstung 1700

Siehe Rz 1407 ff.

Wohnsitz 1701

Die Begründung eines Wohnsitzes in unüblicher Entfernung vom Schwerpunkt der Tätigkeit kann nicht zu einkunftsmindernden Ausgaben führen (VwGH 25.11.1986, 86/14/0065).

Wohnung 1702

- Eigene Wohnung: Die Aufwendungen betreffend die Wohnung des Betriebsinhabers (oder Mitunternehmers) sind Kosten der Lebensführung (VwGH 17.6.1992, 90/13/0158).
- Dienstwohnung für Betriebsangehörige: Betrieblich veranlasst ist der Aufwand für eine Dienstwohnung, wenn die Wohnung objektiv dem Betrieb dient, dh. für die Einräumung des Wohnrechtes überwiegend betriebliche Gründe maßgebend sind. Zur Überlassung einer Dienstwohnung an Angehörige siehe Rz 1161 ff.
- Reisewohnung: Die Kosten einer kleinen Wohnung, die auf betrieblichen Reisen als Unterkunft dient, können ausnahmsweise betrieblich veranlasst sein, wenn eine Privatnutzung ausgeschlossen ist und Hotelkosten auf längere Sicht noch viel teurer kämen (vgl. VwGH 12.12.1978, 2575/76; VwGH 16.9.1986, 86/14/0017).
- Zweitwohnung: Kosten für eine Wohnung am Betriebsort sind abzugsfähig, wenn es sich um einen berufsbedingten Doppelwohnsitz handelt, nicht aber, wenn die weit entfernte Privatwohnung aus privaten Gründen weiter unterhalten wird (VwGH 15.2.1977, 1602/76).

Siehe dazu auch LStR 1999, Rz 341 bis 352 (zur doppelten Haushaltsführung).

Wunschkennzeichen 1703

Ein Wunschkennzeichen ist abzugsfähig, wenn der Werbezweck eindeutig im Vordergrund steht, zB bei Ausstattung des gesamten Fuhrparks mit einer für einen Dritten verständlichen Kennzeichnung, nicht jedoch, wenn das Kennzeichen nur am Fahrzeug des Firmeninhabers selbst angebracht wird.

Zahnreparaturkosten 1704

Siehe Rz 4757, Stichwort „Zahnreparaturkosten".

Zeitschriften, Zeitungen 1705

Siehe „Fachbücher", „Fachliteratur", „Fachzeitschriften" (Rz 1525).

Zinsen 1706

Siehe Rz 1421 ff.

Zuwendungen 1707

Siehe „Spenden" (Rz 1642), „Sponsorzahlung" (Rz 1643).

Zwangsräumung 1708

Die Aufwendungen zur Abwendung nachteiliger Folgen einer zwangsweisen Räumung des Geschäftslokales sind abzugsfähig (VwGH 7.6.1957, 0458/55).

Randzahlen 1709 bis 2100: *derzeit frei*

6. Bewertung (§ 6 EStG 1988)

6.1 Bestandsaufnahme

6.1.1 Allgemeines

6.1.1.1 Ordnungsmäßigkeit der Inventur

2101 Steuerpflichtige, die ihren Gewinn durch Betriebsvermögensvergleich ermitteln, sind verpflichtet, zu Beginn der Buchführung (VwGH 11.6.1991, 90/14/0171) und danach zu jedem Bilanzstichtag eine Bestandsaufnahme (Inventur) durchzuführen (§ 4 Abs. 1 EStG 1988, § 125 Abs. 1 BAO). Regelmäßig sind somit einmal jährlich die Wirtschaftsgüter des Betriebsvermögens nach Art, Menge und Wert festzustellen. Enden in einem Kalenderjahr mehrere (Rumpf-) Wirtschaftsjahre, ist eine entsprechende Anzahl von Inventuren erforderlich. In Zusammenhang mit bloßen Ergebnisabgrenzungen ist jedoch nicht zu beanstanden, wenn dies aufbauend auf einer ordnungsmäßigen Buchführung im Weg einer Schätzung erfolgt.

2102 Für Inventur und Inventar gelten gemäß § 4 Abs. 2 EStG 1988 die allgemeinen Grundsätze ordnungsmäßiger Buchführung (GoB), aus denen die Grundsätze ordnungsmäßiger Inventur abgeleitet werden können (ua. betreffend Vollständigkeit, Richtigkeit, Genauigkeit, Klarheit, Übersichtlichkeit, usw.). Als spezieller Inventurgrundsatz ist insbesonders der Grundsatz der Nachprüfbarkeit anzusehen (VwGH 2.10.1964, 1179/63). Die Inventurmaßnahmen sind so zu dokumentieren, dass sie ein sachverständiger Dritter ohne besondere Schwierigkeiten nachvollziehen kann.

2103 Für die Grundaufzeichnungen (zB Unterlagen der Inventurplanung und -durchführung, Inventurlisten, Verfahrensbeschreibungen, Auswertungen der Inventurergebnisse) gelten die Bestimmungen der §§ 131 und 132 BAO uneingeschränkt (dh. insbesonders Verwendung von nicht leicht entfernbaren Schreibmitteln auch für „Strichlisten“, grundsätzliche Aufbewahrungsfrist von sieben Jahren, Zurverfügungstellung von Datenträgern usw.).

2104 Als Inventurergebnis sind alle Wirtschaftsgüter mit ihren Einzelwerten in ein Bestandsverzeichnis (Inventar) aufzunehmen. Die Inventur erfolgt grundsätzlich im Weg einer körperlichen Bestandsaufnahme des einzelnen Wirtschaftsgutes. Das bedeutet in der Regel Messen, Zählen oder Wiegen der zum Betriebsvermögen gehörenden Wirtschaftsgüter. Insbesondere gilt dies auch für:

- Unfertige Arbeiten und Erzeugnisse (VwGH 15.9.1982, 81/13/0202),
- Konsignationswaren,
- auf Baustellen befindliches Material (VwGH 15.9.1982, 81/13/0202),
- bei fremden Unternehmungen zur Be- oder Verarbeitung lagernde Materialien,
- veraltete, nicht mehr bewertbare Waren (VwGH 28.9.1976, 1356/76),
- Vorräte in Außen- und Zolllagern.

2105 Ist die körperliche Bestandsaufnahme physisch unmöglich (zB bei Lagerung an zur Zeit der Bestandsaufnahme unzugänglichen Orten, bei rollender oder schwimmender Ware), so ist der Bestand vorerst auf Grund der vorhandenen Unterlagen buchmäßig festzustellen und zu errechnen (zB Eingangsrechnungen, Lagerbuchhaltungen). Nach Beseitigung des Hindernisses ist die körperliche Bestandsaufnahme umgehend nachzuholen.

2106 Bei unkörperlichen Wirtschaftsgütern (zB Forderungen, Schulden) wird eine Bestandsaufnahme grundsätzlich nur buchmäßig erfolgen können. Deren Bestand und Werte sind jedoch zu überprüfen und abzustimmen.

2107 Bei „Schüttgut“ (zB Kohle auf Halde) kann die Trennlinie zwischen Messen, Zählen oder Wiegen einerseits und entsprechenden Kontrollmaßnahmen verbunden mit einer fundierten Schätzung andererseits verschwimmen.

Bei der Inventarisierung von Verbrauchsmaterialien der Verwaltung (wie Büromaterial, Drucksorten, Reinigungsmaterial) wird kein strenger Maßstab anzulegen sein.

2108 Es ist nicht zu beanstanden, wenn im Bereich des Anlagevermögens auf eine jährliche körperliche Bestandsaufnahme verzichtet wird. Voraussetzung dafür ist jedoch eine ordnungsmäßige Anlagenbuchführung, die eine richtige Darstellung und Fortschreibung der Bestände gewährleistet. Der tatsächliche Bestand ist jedenfalls in Übereinstimmung mit den GoB und grundsätzlich alle vier Jahre festzustellen.

6.1.1.2 Inventurmängel

2109 Führt ein Inventurfehler zu einem nicht nur unwesentlichen formellen oder sachlichen Mangel, ist die Behörde nach § 184 Abs. 3 BAO zur Schätzung verpflichtet. Die Beurteilung ist unter Berücksichtigung aller Umstände, die für die Schätzung von Bedeutung sind (auch Betriebsgröße, Wirtschaftszweig, Wesentlichkeit) zu treffen.

Als wesentliche Inventurmängel werden angesehen: 2110

- Nichtvorlage der Inventur trotz Verlangen der Behörde (VwGH 26.4.1989, 89/14/0015).
- Fehlen von für die Überprüfung der Inventur unerlässlichen Grundaufzeichnungen (zB Schmierzettel, elektronische Warenwirtschaftssysteme) (VwGH 2.10.1964, 1179/63)
- Fehlen der Inventurlisten (VwGH 28.4.1993, 89/13/0247).
- Unvollständige oder unrichtige Aufnahme der Bestände (VwGH 11.12.1990, 89/14/0109).
- Fehlende Aufzeichnungen über Möbelstücke, die zur Restaurierung antiker Möbel dienten (VwGH 21.12.1993, 89/14/0180).
- Gänzliches Fehlen der unfertigen Arbeiten (VwGH 15.9.1982, 81/13/0202).
- Die fehlende Bezeichnung von Art und Umfang unfertiger Leistungen (VwGH 11.12.1990, 89/14/0109).
- Vernachlässigen unverkäuflicher oder im Umbau befindlicher Wirtschaftsgüter (VwGH 11.12.1990, 89/14/0177).
- Falscher Ansatz des Warenlagers auf Grund eines Rechenfehlers (VwGH 23.5.1966, 190/ 65).
- Vernachlässigen sämtlicher sich auf Baustellen befindlicher Materialien (VwGH 15.9.1982, 81/13/0202).

Hinsichtlich der Auswirkungen auf den Verlustabzug gemäß § 18 Abs. 6 EStG 1988 siehe Rz 4509 ff.

(BMF-AV Nr. 2018/79)

6.1.2 Inventurmethoden (Vorräte)

Die unternehmensrechtlichen Bestimmungen und Ausführungen (insbesonders zu § 192 UGB) sind als grundsätzliche Rahmenbedingungen anzusehen. 2111

(AÖF 2008/238)

6.1.2.1 Stichtagsinventur

Grundsätzlich hat die körperliche Bestandsaufnahme am Ende des letzten Arbeitstages im alten Wirtschaftsjahr oder zu Beginn des ersten Arbeitstages im neuen Wirtschaftsjahr zu erfolgen. Es wird jedoch nicht beanstandet, wenn die Inventur zeitnahe zum Bilanzstichtag aufgenommen wird. Der Zeitraum soll zehn Tage vor bzw. nach dem Bilanzstichtag nicht übersteigen. Zwischen dem Aufnahmestichtag und dem Bilanzstichtag auftretende Bestandsveränderungen müssen anhand von Belegen oder Aufzeichnungen (auch mengenmäßig) ordnungsgemäß berücksichtigt werden können. 2112

Bestände, bei denen durch Schwund, Verdunsten, Verderb, leichte Zerbrechlichkeit oder ähnlichem ins Gewicht fallende unkontrollierbare Abgänge eintreten, die auch auf Grund von Erfahrungswerten schätzungsweise nicht annähernd zutreffend berücksichtigt werden können, und – abgestellt auf die Verhältnisse des jeweiligen Betriebs – besonders wertvolle Wirtschaftsgüter, müssen jedenfalls einer vollständigen, körperlichen Stichtagsinventur unterzogen werden. 2113

6.1.2.2 Zeitverschobene (vor- und nachverlegte) Inventur

Die körperliche Bestandsaufnahme kann für sämtliche Wirtschaftsgüter oder für bestimmte Gruppen davon vor oder nach dem Bilanzstichtag durchgeführt werden. Dabei sind die nachstehenden Voraussetzungen zu beachten: 2114

- Der Aufnahmestichtag muss innerhalb von drei Monaten vor bzw. zwei Monaten nach dem Bilanzstichtag liegen.
- Das Inventar darf auch (teilweise) auf Grund einer permanenten Inventur erstellt werden.
- Das Inventurergebnis ist hinsichtlich Art und Menge in einem eigenen Inventar festzuhalten und nach allgemeinen Grundsätzen auf den Tag der Bestandsaufnahme zu bewerten.
- Ein den GoB entsprechendes Verfahren hat sicherzustellen, dass für die am Aufnahmestichtag ermittelten Bestände eine wertmäßige Fortschreibung bzw. Rückrechnung auf den Bilanzstichtag erfolgen kann. Die dazwischen eintretenden Bestandsveränderungen brauchen dazu nicht nach Art und Menge (artikelgenau) aufgezeichnet zu werden.
- Bestimmte Bestände (mit unkontrollierbarem Bestand, Verderb oder Schwund etc, bzw. bei in Relation besonders wertvollen Güter) sind ausgenommen – siehe Rz 2112 f.

6.1.2.3 Permanente (laufende) Inventur

2115 Abweichend von den Regelungen über die Stichtagsinventur darf die körperliche Bestandsaufnahme auch auf das Geschäftsjahr verteilt werden. Dabei sind folgende Voraussetzungen zu beachten:

- Jeder Bestand muss einem Arbeits- und Inventurplan folgend (gruppenweise) zumindest einmal im Geschäftsjahr körperlich aufgenommen werden.
- Ein den GoB entsprechendes Verfahren (in der Regel ordnungsmäßige Lagerbuchführung) hat sicherzustellen, dass für sämtliche Vorräte durch mengenmäßige (in der Regel artikelgenaue) Verrechnung aller Zu- und Abgänge die zu bewertenden Bestände hinsichtlich Art und Menge zum Bilanzstichtag ermittelt werden können (fortschreiben bzw. rückrechnen).
- Das Ergebnis der ordnungsmäßigen Lagerbuchführung (oder eines anderen den GoB entsprechenden Verfahrens) wird mit den Einzelwerten als Inventar der Bilanz zu Grunde gelegt.
- Bestimmte Bestände (mit unkontrollierbarem Bestand, Verderb oder Schwund etc, bzw. bei in Relation besonders wertvollen Güter) sind ausgenommen – siehe Rz 2112 f.

6.1.2.4 Stichprobeninventur

2116 Die körperliche Bestandsaufnahme darf bei allen vorstehend angeführten Inventurmethoden nach Art, Menge und Wert auch mit Hilfe anerkannter mathematisch-statistischer Methoden auf Grund von Stichproben durchgeführt werden. Bestände, die nicht in die statistische Grundgesamtheit eingehen bzw. aus dieser ausgeschieden werden, sind vollständig körperlich aufzunehmen.

2117 Bei der Stichprobeninventur sind besonders der Grundsatz der Nachprüfbarkeit und die erhöhten Anforderungen an die Dokumentation des gesamten Inventurverfahrens zu beachten (als „nachvollziehbare Dokumentation" auch hinsichtlich der Basis für mathematische Berechnungen, der organisatorischen und programmtechnischen Schritte bzw. technischen Durchführung). Dabei sind folgenden Voraussetzungen zu beachten:

- Das Verfahren muss den GoB entsprechen.
- Das Verfahren muss zu einem einer vollständigen körperlichen Bestandsaufnahme hinsichtlich Einzelnachweis der Wirtschaftsgüter und Gesamtwert gleichwertigen Ergebnis führen (Aussageäquivalenz).
- Die statistische Grundgesamtheit ist aus dem Lagerkollektiv eindeutig zu definieren und abzugrenzen. Sie ist dazu neben dem Ausscheiden von Extremwerten (zB verhältnismäßig besonders wertvolle Güter) und schwer kontrollierbaren Positionen (auch bei Verderb, Schwund, etc) – siehe Rz 2112 f – insbesondere auch um Positionen mit buchmäßig negativem Bestand zu bereinigen.
- Die Aufnahme der Positionen in die Stichprobe hat durch eine Zufallsauswahl zu erfolgen.
- Als Maßstab dafür, ob eine Methode „anerkannt" ist, dient grundsätzlich die statistische Methodenlehre, wobei die Methode – in voller Übereinstimmung mit den GoB – gerade für Inventurzwecke geeignet sein muss.

  Statistische Verfahren, welche entweder einseitig gegen Überbewertung schützen (zB Dollar-Unit-Sampling), oder bei denen die Auswahlwahrscheinlichkeit durch subjektive Momente (zB Bayessche Verfahren) bzw. Wesentlichkeitsüberlegungen beeinflusst wird, sind dafür – unabhängig von deren Eignung für Zwecke der Wirtschaftsprüfung – aus dem besonderen Blickwinkel des Steuerrechts heraus grundsätzlich ungeeignet

2118 Neben der Anforderung an die Aussageäquivalenz wird dem Grundsatz der Richtigkeit und Genauigkeit der Stichprobeninventur jedenfalls dann entsprochen, wenn

- der Sicherheitsgrad (1-Alpha) mit mindestens 95% und
- der statistische Zufallsfehler (er) mit höchstens 1%

in die Stichprobenberechnung einfließen.

2119 Bei Testverfahren ist der

- Fehler erster Art (Alpha = „Irrtumswahrscheinlichkeit") jedenfalls mit 5%,
- Fehler zweiter Art (Beta = „Nichtablehnungsrisiko") regelmäßig mit 1%

zu begrenzen.

- Das Ergebnis der Lagerbuchführung wird als bestätigt angesehen werden können, wenn der Gesamtfehler bezogen auf die Grundgesamtheit 2% nicht übersteigt. Es sei denn, Höhe und Häufigkeit der im Rahmen der Stichproben vorgefundenen Einzelabweichungen lassen grundsätzliche Zweifel an der erforderlichen Zuverlässigkeit der Bestandsführung aufkommen.

Kann das Ergebnis der ordnungsmäßigen Lagerbuchführung (oder eines anderen den GoB entsprechenden Verfahrens) als Inventar der Bilanz zu Grunde gelegt werden, hat die Bewertung der Bestände in einem zweiten Schritt durch Ableitung daraus zu erfolgen (Anhängeverfahren). Bereits bei der Bildung von Stichprobenbereichen (zB Schichten, Gruppen, Klumpen, etc) sind die Erfordernisse des nachfolgenden steuerlichen Anhängeverfahrens jedenfalls umfassend zu berücksichtigen. 2120

Die Erbringung des Einzelnachweises wird regelmäßig das Vorliegen einer ordnungsmäßigen Lagerbuchführung erfordern. Gewisse Einschränkungen (zB auf Artikelgruppen) sind im Falle einer zulässigen Gruppenbewertung möglich.

Kann das Ergebnis der Lagerbuchführung (oder eines anderen den GoB entsprechenden Verfahrens) durch das Stichprobenverfahren (zunächst) nicht bestätigt werden, könnte eine Nacherhebung die Signifikanz steigern. Auch eine Wiederholung der Stichprobeninventur (eventuell nach Schwachstellenanalyse) ist nicht grundsätzlich auszuschließen. Da die Vornahme einer vollständigen körperlichen Bestandserhebung im laufenden Jahr regelmäßig nicht mehr möglich sein wird, muss als letztes Mittel eine vollständige körperliche Bestandserhebung zur Berichtigung der Lagerbuchführung (oder des anderen den GoB entsprechenden Verfahrens) im Folgejahr durchgeführt werden. Die Bestände für das laufende Jahr sind diesfalls (grundsätzlich in Anlehnung an die Lagerbuchführung) zu schätzen. 2121

6.1.2.5 Andere Methoden, Verfahren und deren Kombinationen

Eine bloß buchmäßige Inventur der Vorräte ist nicht zulässig. Eine körperliche Aufnahme aller Lagerbestände, mindestens einmal jährlich, wenn auch zulässigerweise eingeschränkt auf Zufallsstichproben, ist unbedingte Voraussetzung. Darüber hinaus bestehen keine prinzipiellen Einschränkungen für „anerkannte“ Verfahren bzw. Kombinationen von Inventurmethoden, wie zB: 2122

- Stichprobeninventur in Vertriebseinrichtungen des Handels mit artikelgruppenbezogener Bestandsführung zur Gruppenbewertung,
- Sequenzialtest bei hoch bestandszuverlässigen, eventuell vollautomatischen Lagersystemen,
- Null-Bestands-Inventur (zu verstehen als Null-Bestands-„Kontrolle“ im Rahmen einer permanenten Inventur – unter erhöhten Anforderungen an das Interne Kontrollsystem),
- Einlagerungsinventur (nur als Ergänzung zu anderen Verfahren zulässig),
- Systemgestützte Werkstattinventur mit Hilfe von automatischen Produktionsplanungs- und Steuerungssystemen (PPS-System), wobei laufende Rückmeldungen auf Basis körperlicher Zählung stattfinden,
- Warenwirtschaftssystem-gestützte Inventur im Handel auf Basis eines geschlossenen Warenwirtschaftssystems (im Rahmen einer permanenten Inventur).

Zu beurteilen ist ein bestimmtes Verfahren zur Bestandsaufnahme immer in einer Gesamtbetrachtung des (inner)betrieblichen Umfeldes, welche zusätzliche Hinweise auf die Verlässlichkeit bzw. Fehleranfälligkeit der Bestandsführung geben kann (zB Güte des Internen Kontrollsystems, Grad der Automation, Art und Zahl automatischer Kontrollen, Integration betrieblicher Abläufe und Verrechnungskreise usw.). 2123

6.2 Bewertungsgrundsätze

6.2.1 Allgemeines

Für die Bewertung haben Steuerpflichtige, die den Gewinn nach § 4 Abs. 1 EStG 1988 ermitteln, auf den allgemeinen Grundsätzen ordnungsmäßiger Buchführung aufzubauen (siehe Rz 419 ff). Des Weiteren sind die allgemeinen Bewertungsgrundsätze zu beachten. Dazu gehören insbesondere: 2124

- der Grundsatz der Bewertungsstetigkeit,
- der Grundsatz der Periodisierung,
- das Stichtagsprinzip,
- der Grundsatz der Unternehmensfortführung,
- der Grundsatz der Einzelbewertung,
- das Realisationsprinzip,
- der Grundsatz des Wertzusammenhanges.

2125 Steuerpflichtige, die den Gewinn gemäß § 5 Abs. 1 EStG 1988 ermitteln, sind zusätzlich an die speziellen Bewertungsgrundsätze des Unternehmensrechts gebunden. Dazu zählt insbesondere das Imparitätsprinzip als ein aus dem Vorsichtsprinzip abgeleiteter Grundsatz.

(AÖF 2008/238)

6.2.2 Allgemeine Bewertungsgrundsätze

6.2.2.1 Grundsatz der Bewertungsstetigkeit

2126 Ein Wechsel der in den Vorjahren angewendeten Methoden und Grundsätze bei der Bewertung ist für dieselben und gleichartige Wirtschaftsgüter grundsätzlich nicht zulässig. Beizubehalten sind insbesondere:

- Abschreibungszeiträume (VwGH 24.6.2003, 99/14/0015),
- Abzinsungssätze (VwGH 11.4.1978, 2705/77),
- Festwertmethode (VwGH 29.4.1963, 1974/62),
- Wahlrechte bei den Herstellungskosten (beispielsweise Einbeziehung des freiwilligen Sozialaufwands),
- die Bildung von Rechnungsabgrenzungsposten (VwGH 26.2.1975, 1125/74),
- die Bildung einer Rückstellung (zB Gewährleistungsrückstellung eines Baumeisters).

(AÖF 2005/110)

2127 Ändern sich die für die Bewertung maßgeblichen Verhältnisse wesentlich, ist ein Wechsel der Bewertungsmethoden zulässig (VwGH 11.4.1978, 2705/77).

2128 Der Grundsatz der Bewertungsstetigkeit kommt insbesondere in folgenden Fällen nicht zur Anwendung:

- Erstmalige Inanspruchnahme eines Wahlrechts (VwGH 26.2.1975, 1125/74; VwGH 7.2.1990, 88/13/0241),
- Steuerbegünstigungen (zB Freibeträge, Übertragung stiller Reserven),
- Wechsel von Inventurmethoden,
- Wechsel von Bewertungsvereinfachungsverfahren,
- Wechsel von Verbrauchsabfolgeverfahren.

(BMF-AV Nr. 2018/79)

6.2.2.2 Grundsatz der Periodisierung

2129 Der Grundsatz der periodengerechten Gewinnermittlung als Grundlage der Abschnittsbesteuerung ist auch bei der Bewertung zu beachten (siehe Rz 650 ff). Durch Abschreibungen und Zuschreibungen dürfen keine Ergebnisauswirkungen, die andere Wirtschaftsjahre betreffen, in den aktuellen Abrechnungszeitraum verlagert werden.

Besondere Bedeutung kommt in diesem Zusammenhang dem Zeitpunkt der Gewinnverwirklichung zu (siehe Rz 2153 ff).

Erfolgsabgrenzungen, die die Periodenrichtigkeit des Ergebnisses erhöhen, sind zulässig (siehe Rz 2395 ff und Rz 3327 ff).

6.2.2.3 Stichtagsprinzip

2130 Die Bewertung in der Bilanz hat sich nach den Verhältnissen zu richten, wie sie sich am Bilanzstichtag dem Unternehmer darstellen (VwGH 13.12.1995, 92/13/0081). Wertänderungen nach dem Bilanzstichtag, die dem Steuerpflichtigen vor dem Bilanzerstellungszeitpunkt bekannt werden, sind nicht zu berücksichtigen.

2131 Zu diesen wertbeeinflussenden Umständen zählen beispielsweise:

- Abschreibungen von Wirtschaftsgütern des Umlaufvermögens, die Wertschwankungen der nächsten Zukunft nach dem Bilanzstichtag berücksichtigen,
- Gewinnansprüche gegenüber Kapitalgesellschaften (VwGH 18.1.1994, 93/14/0169),
- Schuldnachlass im Rahmen eines Zwangsausgleichs nach dem Bilanzstichtag (VwGH 24.5.1993, 92/15/0041),
- Substanzmindernde Ausschüttungen nach dem Bilanzstichtag (VwGH 29.4.1992, 90/13/0031),
- Vertragsänderungen nach dem Bilanzstichtag (VwGH 29.4.1992, 90/13/0228).

2132 Wertänderungen, die sich lediglich während des Wirtschaftsjahres, also zwischen den Bilanzstichtagen, ergeben, dürfen nicht berücksichtigt werden.

Beispiel:

Der Wert einer im Jahr 1999 um 1,000.000 S angeschafften Beteiligung sinkt während des Jahres 2000 auf 800.000 S. Am Bilanzstichtag 31.12.2000 beträgt der wieder gestiegene Wert 1,100.000 S. Eine Abwertung der Beteiligung kommt nicht in Betracht.

Nach dem Bilanzstichtag eingetretene Wertminderungen sind steuerlich nicht zu berücksichtigen. Hingegen sind für die Bilanzansätze Umstände zu berücksichtigen, die objektiv bereits am Bilanzstichtag tatsächlich bestanden haben, dem Steuerpflichtigen jedoch erst zwischen Bilanzstichtag und Bilanzerstellungszeitpunkt (Zeitraum der Bilanzerstellung) bekannt wurden (werterhellende Umstände, VwGH 16.12.1999, 95/15/0027; VwGH 26.9.1984, 82/13/0051). Der Bilanzerstellungszeitraum, in dem besseres Wissen bei der Bilanzerstellung zu berücksichtigen ist, endet mit der der jeweiligen Rechtsform entsprechenden, unternehmensrechtlich ordnungsmäßigen Feststellung des Jahresabschlusses.

(AÖF 2008/238)

6.2.2.4 Grundsatz der Unternehmensfortführung (Going-Concern-Prinzip)

Bei der Bewertung der Wirtschaftsgüter im Rahmen der Bilanzierung ist grundsätzlich von der Fortführung des Unternehmens auszugehen. Dieser aus dem Teilwertbegriff abgeleitete Grundsatz entspricht dem unternehmensrechtlichen „Going-Concern-Prinzip“. **2133**

Für die Bewertung der einzelnen Wirtschaftsgüter ist ihre bestimmungsgemäße Verwendung im Betrieb zu berücksichtigen.

(AÖF 2008/238)

Ein Abgehen vom Grundsatz der Unternehmensfortführung ist dann zulässig, wenn tatsächliche oder rechtliche Gründe am Bilanzstichtag vorliegen, die dies rechtfertigen. Tatsächliche Gründe werden dann angenommen werden können, wenn zB Umweltschutzauflagen die Schließung des Unternehmens in absehbarer Zeit erzwingen. Rechtliche Gründe liegen vor, wenn die Fortführung oder Inbetriebnahme des Unternehmens auf Grund von Gesetzen untersagt wird. Die Person des Betriebsinhabers und seine persönlichen Fähigkeiten sind für die Frage, ob das Unternehmen fortgeführt werden kann, nicht von Bedeutung. Eine rein rechnerische Überschuldung zu Liquidationswerten zwingt nicht zur Eröffnung des Konkurses und widerlegt daher nicht die Annahme der Fortführung (OGH 3.12.1986, 1 Ob 655/86). **2134**

6.2.2.5 Grundsatz der Einzelbewertung

6.2.2.5.1 Saldierungsverbot

Die Bewertung der einzelnen Wirtschaftsgüter hat unabhängig von den Wertverhältnissen anderer Wirtschaftsgüter zu erfolgen (VwGH 15.2.1983, 82/14/0067). Eine Saldierung ist nicht zulässig; insbesondere ist ein Wertausgleich durch die Verrechnung von Wertminderungen und Wertsteigerungen verschiedener Wirtschaftsgüter zu vermeiden. **2135**

Was als Wirtschaftsgut den Bewertungsgegenstand darstellt, ist dem Rz 452 f zu entnehmen.

Dem Grundsatz der Einzelbewertung entspricht in erster Linie das Identitätspreisverfahren (siehe Rz 2313 f).

Nicht vom Saldierungsverbot umfasst sind positive und negative Wirtschaftsgüter dann, wenn sie als Bewertungseinheit angesehen werden können. Liegt eine nachvollziehbare, sachliche und kausale Verknüpfung vor, ist für diese geschlossenen Positionen eine gemeinsame Bewertung geboten. Als Beispiele dafür gelten: **2136**

- zinsenabhängige Forderungen und Verbindlichkeiten (insbesondere bei Banken),
- (gleichartige) Fremdwährungsforderungen und –verbindlichkeiten, die der Kurssicherung dienen,
- durch Devisentermingeschäfte abgesicherte Fremdwährungsforderungen und -verbindlichkeiten,
- versicherte Forderungen,
- Verbindlichkeiten (zB aus Haftungsverhältnissen) mit vollwertigen Regressansprüchen und
- risikoausgleichende Optionsgeschäfte.

6.2.2.5.2 Gruppenbewertung

Ausnahmen vom Grundsatz der Einzelbewertung stellen die zulässigen Gruppenbewertungsverfahren dar. Dazu zählen: **2137**

- das Festwertverfahren (siehe Rz 2277 und Rz 2324),

- die Durchschnittspreisverfahren
  - gewogene Durchschnittspreisbewertung (siehe Rz 2264 ff und Rz 2315) und
  - gleitende Durchschnittspreisbewertung (siehe Abschnitt Rz 2316 f), sowie
- die Verbrauchsabfolgeverfahren
  - FIFO-Bewertung („first-in-first-out") (siehe Rz 2318 f) und
  - LIFO-Bewertung („last-in-first-out") (siehe Rz 2320 f).

2138 Wirtschaftsgüter des Sachanlagevermögens sowie Roh-, Hilfs- und Betriebsstoffe können unter der Voraussetzung, dass

- sie regelmäßig ersetzt werden,
- ihr Gesamtwert von untergeordneter Bedeutung ist,
- ihr Bestand voraussichtlich nach Größe, Wert und Zusammensetzung nur geringen Schwankungen unterliegt,

mit einem gleich bleibenden Wert (Festwert) angesetzt werden. Dieser Wert ist zumindest alle fünf Jahre durch eine körperliche Bestandsaufnahme zu überprüfen. Bei wesentlichen Mengenänderungen ist der Wert entsprechend anzupassen.

2139 Die Durchschnittspreisverfahren können auf Gruppen gleichartiger Wirtschaftsgüter des Finanzanlage- und Vorratsvermögens, des Weiteren auf Umlaufwertpapiere angewendet werden. Für andere bewegliche Wirtschaftsgüter sind die Durchschnittspreisverfahren nur bei Gleichartigkeit oder annähernder Gleichwertigkeit zulässig. Die Verbrauchsabfolgeverfahren betreffen Gruppen gleichartiger Wirtschaftsgüter des Vorratsvermögens. Hinsichtlich der Unzulässigkeit von Sammelabschreibungen und Sammelwertberichtigungen siehe Rz 2372 f. Zur Unzulässigkeit der Bildung von Pauschalrückstellungen gemäß § 9 Abs. 3 EStG 1988 idF vor COVID-19-StMG bzw. zu deren Zulässigkeit gemäß § 9 Abs. 3 EStG 1988 idF COVID-19-StMG siehe Rz 3319.

(BMF-AV Nr. 2021/65)

6.2.2.6 Realisationsprinzip

2140 Dem Zeitpunkt der Gewinnverwirklichung kommt im Hinblick auf das Wesen der Abschnittsbesteuerung eine besondere Bedeutung zu. Es gilt, dass Wirtschaftsgüter solange mit den Anschaffungs- oder Herstellungskosten bzw. dem (niedrigeren) Teilwert anzusetzen sind, bis durch einen Umsatzakt der Mehrwert realisiert wird (VwGH 18.1.1994, 90/14/0124). Dies ist regelmäßig der Fall, wenn das Wirtschaftsgut durch Übergang des wirtschaftlichen Eigentums aus dem Betriebsvermögen ausscheidet.

2141 Eine Ausnahme von diesem Grundsatz gilt bei land- und forstwirtschaftlichen Betrieben für Wirtschaftsgüter mit biologischem Wachstum (siehe Rz 2301 ff).

2142 Ohne Umsatzakt kommt es hinsichtlich von Wirtschaftsgütern durch die Entnahme (ua. bei Betriebsveräußerung), die Überführung ins Ausland und gegebenenfalls durch den Wechsel der Gewinnermittlungsart zur Gewinnrealisierung.

Bezüglich des Zeitpunkts der Gewinnverwirklichung siehe Rz 2153 ff.

6.2.2.7 Grundsatz des Wertzusammenhangs

2143 Es ist zwischen

- dem eingeschränkten Wertzusammenhang und
- dem uneingeschränkten Wertzusammenhang

zu unterscheiden.

2144 Dem eingeschränkten Wertzusammenhang zufolge darf eine in den Vorjahren vorgenommene Teilwertabschreibung wieder rückgängig gemacht werden (Zuschreibungswahlrecht). Diese Aufwertung ist mit den ursprünglichen Anschaffungs- oder Herstellungskosten bzw. dem ursprünglichen Einlagewert des jeweiligen Wirtschaftsguts begrenzt. Dieser Grundsatz ist bei der Bewertung des nicht abnutzbaren Anlagevermögens und des Umlaufvermögens zu beachten. Bei der Bewertung von Verbindlichkeiten gilt dieser Grundsatz sinngemäß.

2145 Die Aufwertung ist nur in jenem Jahr zulässig, in dem der Teilwert gestiegen ist. Damit können bilanzmäßig ausgewiesene, nicht verwirklichte Verluste wieder rückgängig gemacht werden (VwGH 18.5.1971, 1582/69). Die Aufwertung ist nur in der Schlussbilanz, also erfolgswirksam zulässig (VwGH 30.10.1951, 1168/49).

2146 Der Ansatz von Zwischenwerten ist nicht zulässig, weil die ansonsten unbeschränkte Anzahl möglicher Wertausweise eine Verletzung des Grundsatzes der Bilanzwahrheit darstellt. Auch hinsichtlich des Grundsatzes der Periodisierung besteht das Wahlrecht nur darin, den niedrigeren Wert beizubehalten oder den höheren Teilwert, höchstens die Anschaffungs- bzw. Herstellungskosten anzusetzen.

Rechtslage für Wirtschaftsjahre vor 2016:

Ausnahmen vom Zuschreibungswahlrecht bestehen in folgenden Fällen:

- Beteiligungen gemäß § 228 Abs. 1 UGB: Diese sind mit dem höheren Teilwert anzusetzen, soweit unternehmensrechtlich eine Zuschreibung geboten ist (§ 6 Z 13 EStG 1988; siehe Rz 2574 ff).
- Im Rahmen der Gewinnermittlung gemäß § 5 Abs. 1 EStG 1988 gilt für Verbindlichkeiten das Wahlrecht zur Wertbeibehaltung.

Zu Passivposten siehe Rz 2439 ff.

Rechtslage für Wirtschaftsjahre ab 2016:

Im Rahmen der Gewinnermittlung gemäß § 5 Abs. 1 EStG 1988 sind Zuschreibungen sowohl für das Anlagevermögen als auch das Umlaufvermögen zwingend vorzunehmen (siehe dazu näher Rz 2574 ff). Gleichermaßen sind Wertaufholungen von Verbindlichkeiten zwingend vorzunehmen (siehe dazu Rz 2441).

(BMF-AV Nr. 2018/79)

Der uneingeschränkte Wertzusammenhang normiert ein Zuschreibungsverbot für Wirtschaftsgüter des abnutzbaren Anlagevermögens. Der letzte Bilanzansatz darf nicht überschritten werden. Ein Verharren auf dem Wert des letzten Bilanzansatzes bis zur Wertangleichung durch Gebrauch oder Zeitablauf ist im Hinblick auf die Verpflichtung zur Vornahme der AfA nicht zulässig (VwGH 30.9.1960, 262/58). **2147**

Eine Ausnahme von der Anwendung des uneingeschränkten Wertzusammenhangs besteht für gemäß § 208 Abs. 1 UGB gebotene Zuschreibungen (abnutzbares Anlagevermögen). **2148**

Diese erhöhen den steuerlichen Wertansatz und den steuerlichen Gewinn im jeweiligen Jahr.

Im Hinblick auf § 208 Abs. 2 UGB idF vor dem RÄG 2014 ist für Wirtschaftsjahre vor 2016 in diesem Fall sowie bei unternehmensrechtlich zulässigen Zuschreibungen (beispielsweise gemäß § 13 EStG 1988 gebildete Bewertungsreserven nach § 205 UGB idF vor dem RÄG 2014) von einem Zuschreibungswahlrecht in der UGB-Bilanz auszugehen. Es gilt der Grundsatz der Maßgeblichkeit (siehe Rz 433 f). Beanspruchen dürfen dieses Wahlrecht alle Steuerpflichtigen, die unternehmensrechtliche Jahresabschlüsse legen, unabhängig von der Art der betrieblichen Einkünfte.

(BMF-AV Nr. 2018/79)

6.2.3 Unternehmensrechtliche Bewertungsgrundsätze

(AÖF 2008/238)

6.2.3.1 Verhältnis zum Steuerrecht

Neben den steuerrechtlichen Bewertungsgrundsätzen (siehe Rz 2126 ff) gelten im Rahmen der Gewinnermittlung gemäß § 5 Abs. 1 EStG 1988 zusätzlich die Bewertungsgrundsätze des Unternehmensrechts. Sie sind unbedingt bei der steuerlichen Gewinnermittlung zu beachten, soweit ihnen nicht zwingende steuerliche Vorschriften entgegenstehen. Damit werden in vielen Bereichen die Wahlrechte, die bei der Gewinnermittlung gemäß § 4 Abs. 1 EStG 1988 gelten, durch die engeren Regeln des Unternehmensrechts für die Gewinnermittlung gemäß § 5 Abs. 1 EStG 1988 eingeschränkt. Der Unterschied betrifft im Wesentlichen: **2149**

- Rechnungsabgrenzungen,
- Rückstellungen,
- Teilwertabschreibungen,
- Zuschreibungen.

(AÖF 2008/238)

6.2.3.2 Imparitätsprinzip

Erkennbare Risken und drohende Verluste, die im jeweiligen oder in einem vorangegangenen Wirtschaftsjahr entstanden sind, müssen bereits vor ihrer Realisierung berücksichtigt werden. Dies drückt sich aus durch **2150**

- das unbedingte Niederstwertprinzip im Bereich des Umlaufvermögens,
- das bedingte Niederstwertprinzip im Bereich des Anlagevermögens,
- das unbedingte Höchstwertprinzip bei den Verbindlichkeiten und
- das Ansatzgebot für drohende Verluste aus schwebenden Geschäften.

2151 Ein gegenüber den Anschaffungs- oder Herstellungskosten gesunkener Teilwert ist bei der Bewertung von Wirtschaftsgütern des Umlaufvermögens ohne Einschränkung anzusetzen (unbedingtes Niederstwertprinzip).

Eine Teilwertabschreibung bei Wirtschaftsgütern des Anlagevermögens hängt von der voraussichtlichen Dauerhaftigkeit der Wertminderung ab. Unter dieser Voraussetzung ist sie jedoch zwingend vorzunehmen (bedingtes Niederstwertprinzip). Für das Finanzanlagevermögen darf ein niedrigerer Teilwert auch dann gewählt werden, wenn die Wertminderung voraussichtlich nur vorübergehend ist (gemildertes Niederstwertprinzip).

2152 Verbindlichkeiten sind zwingend mit dem höchsten von mehreren zulässigen Werten anzusetzen (unbedingtes Höchstwertprinzip).

Drohende Verluste aus schwebenden Geschäften sind als Rückstellung auszuweisen, soweit diese nicht bereits bei der Bewertung anderer Wirtschaftsgüter eingeflossen sind (zB durch retrograde Bewertung).

6.3 Gewinnverwirklichung

6.3.1 Zeitpunkt der Gewinnverwirklichung

2153 Aus § 6 EStG 1988 ergibt sich, dass nur verwirklichte Gewinne der Besteuerung unterliegen. Die Gewinnverwirklichung tritt grundsätzlich bei der Veräußerung oder dem sonstigen Ausscheiden eines Wirtschaftsgutes aus dem Betriebsvermögen ein.

Gewinnrealisierung tritt ein, wenn der Abnehmer das wirtschaftliche Eigentum erwirbt (VwGH 8.3.1994, 93/14/0179).

Einzelfälle:

2154 **Abgrenzbare Teilleistungen**

Die allgemeinen Grundsätze ordnungsgemäßer Buchführung umfassen auch die Bewertungsgrundsätze, wozu auch das Realisationsprinzip zählt. Danach dürfen Gewinne erst ausgewiesen werden, wenn sie realisiert sind. Gewinnrealisierung darf erst angenommen werden, wenn der Gewinn durch einen Umsatz verwirklicht, also die Leistung erbracht ist. Bei Dauerschuldverhältnissen erfolgt sie pro rata temporis; die Gewinne werden bei solchen durch kontinuierliche Leistungserbringung gekennzeichneten Vertragsverhältnissen laufend nach Maßgabe der Leistungserbringung realisiert und sind daher jedenfalls zum jeweiligen Bilanzstichtag auszuweisen (VwGH 29.04.2003, 99/14/0112, VwGH 06.07.2006, 2003/15/0123).

Bei Erbringung abgrenzbarer Teilleistungen wird mit dem Abschluss jeder einzelnen Teilleistung der darauf entfallende Gewinnanteil verwirklicht.

Die von einem Wirtschaftstreuhänder besorgte laufende Führung von Büchern, die Lohnverrechnung und die Errechnung monatlich abzuführender Abgaben stellen abgrenzbare Teilleistungen dar; dies selbst dann, wenn sich an diese Tätigkeiten die Erstellung des Jahresabschlusses und die Ausfertigung der Abgabenerklärungen anschließen. Der auf die genannten Teilleistungen entfallende Gewinnanteil ist bei buchführenden Wirtschaftstreuhändern ungeachtet des Zeitpunktes der Ausstellung der Honorarnote jeweils am Ende des betreffenden Kalenderjahres zu aktivieren (VwGH 1.12.1981, 81/14/0017).

Dies gilt sinngemäß für abgrenzbare und abrechenbare Teilleistungen anderer buchführender Freiberufler (zB VwGH 16.2.1962, 0005/59).

Abgrenzbare und abrechenbare Teilleistungen sind auch bei Wiederkehrschuldverhältnissen, Sukzessivlieferungsverträgen und Dauerwartungsverträgen anzunehmen.

Bei Bauleistungen ist für die Gewinnrealisierung auf den Übergang des wirtschaftlichen Eigentums in Form der Übertragung der faktischen Verfügungsmöglichkeit abzustellen. Der Zeitpunkt der Legung der Schlussrechnung ist nicht maßgeblich. Vielmehr ist aus dem Gesamtbild der Verhältnisse der Zeitpunkt der Verschaffung der Verfügungsmacht zu ermitteln (VwGH 6.7.2006, 2003/15/0123).

Werden im Rahmen langfristiger Fertigungen (insbesondere Bauleistungen, die in mehrere Wirtschaftsjahre fallen) keine abgrenzbaren Teilleistungen erbracht, ist im Rahmen der Gewinnermittlung gemäß § 5 Abs. 1 EStG 1988 eine Gewinnrealisierung erst im Zeitpunkt der Lieferung (Abnahme) vorzunehmen.

Eine abgrenzbare Teilleistung liegt bspw. bei der Fertigstellung eines von mehreren herzustellenden Reihenhäusern vor. Vor der Fertigstellung sind unvollendete, nicht abgerechnete Bauvorhaben mit den Herstellungskosten der teilfertigen Bauten anzusetzen. Von einer Fertigstellung kann nur ausgegangen werden, wenn im Gesamtgefüge des Geschäfts den ausstehenden Arbeiten eine zu vernachlässigende Bedeutung zukommt und der auf die ausstehenden Arbeiten entfallende Betrag eine zu vernachlässigende Höhe ausmacht

(VwGH 15.2.1994, 93/14/0175). Der tatsächlichen Abrechnung kommt für die Realisation keine besondere Bedeutung zu (VwGH 19.9.1989, 89/14/0119).

Die ausständige Montageüberwachung über den Zeitpunkt des Eigentumsüberganges hinaus rechtfertigt ein Hinausschieben des Realisierungszeitpunkts nicht. Dafür ist durch eine Rückstellung vorzusorgen.

(AÖF 2010/43)

Annahmeverweigerung durch den Abnehmer 2155

Im Fall der Annahmeverweigerung durch den Abnehmer tritt keine Gewinnrealisierung ein.

Ergebnisse aus Mitunternehmeranteilen 2156

Ergebnisse aus Anteilen an Mitunternehmerschaften, die in einem Betriebsvermögen gehalten werden, sind dem Mitunternehmer unmittelbar zuzurechnen und beeinflussen in der jeweiligen Höhe den Beteiligungsansatz im Jahresabschluss (Spiegelbildtheorie); s Rz 2249 und 2341.

(AÖF 2003/209)

Kauf unter aufschiebender Bedingung 2157

Beim Kauf unter aufschiebender Bedingung (bspw. Kauf auf Probe) tritt Gewinnrealisierung erst mit Eintritt der Bedingung ein (VwGH 28.4.1967, 1818/66), es sei denn, das wirtschaftliche Eigentum ist schon vorher auf den Käufer übergegangen (VwGH 26.3.2003, 97/13/0052; VwGH 22.9.1981, 0217/80).

(AÖF 2004/167)

Kaufvertrag 2158

Bei Kaufverträgen ist der Zeitpunkt der Realisierung im Regelfall jener der Übertragung der wirtschaftlichen Verfügungsmacht. Dies gilt auch für den Kauf unter auflösender Bedingung (VwGH 3.5.1983, 82/14/0243, betreffend Kauf unter Eigentumsvorbehalt).

Realisierung der Gewinne aus Kapitalgesellschaften 2159

Siehe Rz 2339.

Tausch 2160

Der Tausch eines Wirtschaftsgutes gegen ein anderes stellt steuerlich eine Veräußerung des hingegebenen und eine Anschaffung des im Tauschwege erworbenen Wirtschaftsgutes dar. Das erworbene Wirtschaftsgut ist gemäß § 6 EStG 1988 mit den Anschaffungskosten zu bewerten, wobei die Anschaffungskosten gleich sind dem gemeinen Wert des hingegebenen Wirtschaftsgutes (siehe Rz 2588 ff). Durch den Tausch wird in der Höhe des Unterschiedsbetrages zwischen dem Buchwert des hingegebenen Wirtschaftsgutes und seinem gemeinen Wert ein Gewinn realisiert (VwGH 22.6.1976, 529/74).

Zuschüsse von dritter Seite, Subventionen 2161

Zuschüsse von dritter Seite (zB Subventionen) sind bei Vorliegen aller Voraussetzungen zu realisieren. Dies gilt auch für Zuschüsse in Form von Wirtschaftsgütern. Sind Zuschüsse an eine Leistungserbringung geknüpft, wird mit der Leistungserfüllung auch der Zuschuss realisiert (zB Zuschüsse zur Preisauffüllung). Dienen Zuschüsse zur Deckung eines bestimmten Aufwandes, ist der Zuschuss im Aufwandsentstehungszeitpunkt zu realisieren (zB Zinsenzuschüsse). Werden Zuschüsse ohne Rückzahlungsverpflichtungen für bestimmte Zwecke gewährt, fallen Zufluss- und Realisierungszeitpunkt zusammen (VwGH 29.10.1974, 1141/74). Private Zuschüsse (zB Baukostenzuschüsse, Investitionszuschüsse einer Getränkefirma, Umzugskostenvergütungen) sind unabhängig von ihrer unternehmensrechtlichen Beurteilung steuerlich als Ertrag auszuweisen (VwGH 18.1.1994, 90/14/0124; VwGH 6.5.75, 1703/74; VwGH 25.10.1994, 94/14/0080).

(AÖF 2008/238)

6.3.2 Schwebende Rechtsverhältnisse

Bei zweiseitig verbindlichen Verträgen, die noch von keiner Seite erfüllt wurden (schwebende Geschäfte), gilt der Grundsatz, dass sich die gegenseitigen Forderungen und Verbindlichkeiten wechselseitig ausgleichen und daher buch- und bilanzmäßig nicht zu berücksichtigen sind (VwGH 6.11.1968, 1637/66; VwGH 28.4.1970, 12967/68). Die bilanzmäßige Erfassung der Anzahlungen hat keinen Einfluss auf den Schwebezustand (siehe Rz 2327 f). 2162

6.3.3 Dauerschuldverhältnisse

Im Rahmen von Dauerschuldverhältnissen erfolgt die Gewinnrealisierung im Umfang der anteiligen Leistungserbringung. Es ist daher wesentlich, ob Leistungen zeitpunkt- oder zeitraumbezogen erbracht werden (VwGH 18.1.1994, 90/14/0124). 2163

Mieterträge sind unabhängig vom Abrechnungs- und Zahlungszeitpunkt zeitanteilig zu realisieren.

Wird das Entgelt leistungsabhängig berechnet (zB nach den gefahrenen Kilometern), sind bei der Bilanzierung Kenntnisse über das Ausmaß der Nutzung durch den Mieter zu verwerten.

6.4 Anschaffungs- und Herstellungskosten, Teilwert

6.4.1 Anschaffungskosten

6.4.1.1 Allgemeines

2164 Das EStG enthält keine gesetzliche Umschreibung des Begriffes. Da die allgemeinen und die unternehmensrechtlichen Grundsätze ordnungsmäßiger Buchführung im Bereich der Anschaffungskosten nicht voneinander abweichen, gilt der unternehmensrechtliche Anschaffungskostenbegriff (§ 203 Abs. 2 UGB) für sämtliche Gewinnermittlungsarten und auch für die außerbetrieblichen Einkunftsarten (VwGH 23.11.1994, 91/13/0111). Unterschiede können sich ua. aus der steuerlichen Angemessenheitsprüfung gemäß § 20 Abs. 1 Z 2 lit. b EStG (VwGH 21.10.1986, 84/14/ 0054) oder durch das Unterbleiben der Namensnennung des Vermittlungsprovisionsempfängers gemäß § 162 BAO ergeben.

(AÖF 2008/238)

2165 Anschaffungskosten sind jene Aufwendungen, die geleistet werden, um ein Wirtschaftsgut zu erwerben und in einen betriebsbereiten Zustand zu versetzen, soweit sie dem Wirtschaftsgut einzeln zugeordnet werden können, wobei zu den Anschaffungskosten auch die Nebenkosten sowie die nachträglichen Anschaffungskosten gehören. Anschaffungspreisminderungen sind abzusetzen (§ 203 Abs. 2 UGB).

(AÖF 2008/238)

6.4.1.2 Anschaffungszeitpunkt, Anschaffungszeitraum

6.4.1.2.1 Anschaffungszeitpunkt

2166 Der Anschaffungszeitpunkt entspricht dem Zeitpunkt der Erlangung des wirtschaftlichen Eigentums. Das ist jener Zeitpunkt, zu dem die Möglichkeit, ein Wirtschaftsgut wirtschaftlich zu beherrschen und den Nutzen aus ihm zu ziehen, übergeht (Übergang der wirtschaftlichen Verfügungsmacht). Es entscheidet die tatsächliche betriebliche Nutzungsmöglichkeit und nicht nur der rechtliche Übergang von Besitz, Preisgefahr, Nutzen und Lasten (VwGH 12.6.1991, 90/13/ 0028; VwGH 11.3.1992, 90/13/0230; VwGH 8.3.1994, 93/14/0179; VwGH 25.2.1997, 97/14/ 0006).

2167 Der Anschaffungszeitpunkt ist für die Bilanzierung dem Grunde nach und für den Diskontierungszeitpunkt des Barwertes einer Renten- oder Ratenverpflichtung und somit auch für die Höhe der Anschaffungskosten (Bilanzierung der Höhe nach bzw. Bewertung) der auf diese Weise finanzierten Wirtschaftsgüter maßgebend.

6.4.1.2.2 Anschaffungszeitraum

2168 Die Ermittlung der Anschaffungskosten eines Wirtschaftsgutes erfolgt nicht zeitpunkt-, sondern zeitraumbezogen (VwGH 23.2.2017, Ro 2016/15/0006, zur Anschaffung einer Beteiligung). Nur jene Aufwendungen, welche innerhalb dieses Zeitraumes anfallen, kommen als Anschaffungskosten in Frage. Der Anschaffungsvorgang ist bedeutsam vor allem für die Ermittlung der Anschaffungsnebenkosten und der nachträglichen Anschaffungskosten.

(BMF-AV Nr. 2018/79)

2169 Als Anschaffungskosten kommen nur jene Aufwendungen in Frage, die auf Tätigkeiten zurückzuführen sind, die zur erstmaligen bestimmungsgemäßen Nutzbarmachung des Wirtschaftsgutes führen. Der Anschaffungszeitraum erfasst dabei nicht nur jene Aufwendungen ab der endgültigen Erwerbsentscheidung, sondern alle auf den Erwerb gerichteten Aufwendungen ab der Dokumentation der Absicht, ein bestimmtes Wirtschaftsgut erwerben zu wollen; dazu zählen auch Aufwendungen in Zusammenhang mit der Bestimmung der Beschaffenheit und des Wertes des zu erwerbenden Wirtschaftsgutes (VwGH 23.2.2017, Ro 2016/15/0006). Das Ende des Anschaffungszeitraumes ist nicht bereits mit der Erlangung der wirtschaftlichen Verfügungsmacht erreicht, sondern erst dann, wenn der erworbene Gegenstand einen Zustand erreicht hat, der seine bestimmungsgemäße Nutzung am geplanten Einsatzort ermöglicht (objektive Betriebsbereitschaft).

Beispiel 1:

Ein defekt erworbener Lastkraftwagen ist für eine Reparaturwerkstätte oder einen Schrotthändler „betriebsbereit“, nicht jedoch für ein Transportunternehmen.

Beispiel 2:

Die Betriebsbereitschaft einer Anlage, für die der Verkäufer eine bestimmte während eines Garantielaufes zu erreichende Anlagenleistung verspricht, ist mit der Beendigung der mechanischen Fertigstellung und der Eignung zum Probebetrieb gegeben (VwGH 8.3.1994, 93/14/0179).

Zu den anschaffungsnahen Erhaltungsaufwendungen siehe Rz 2620 ff.

(BMF-AV Nr. 2018/79)

6.4.1.3 Anschaffungspreisprinzip

Anschaffungskosten müssen auf tatsächlich am Markt realisierte Zahlungs- oder Austauschvorgänge zurückführbar sein. Anschaffungskosten können daher teilweise oder zur Gänze etwa durch Hingabe von Sachgütern oder durch Überlassung von Nutzungsmöglichkeiten erbracht werden, wenn diesen im wirtschaftlichen Verkehr ein Geldwert beigemessen wird. **2170**

6.4.1.4 Finanzierungsaufwendungen

Die Aktivierung von Fremdkapitalzinsen ist grundsätzlich unzulässig (Aktivierungsverbot). Ausnahmsweise ist im Falle von kreditfinanzierten Anzahlungen oder Vorauszahlungen im Zusammenhang mit der Anschaffung von Neuanlagen mit längerer Bauzeit von einem unternehmensrechtlichen Aktivierungswahlrecht der bis zum Anschaffungszeitpunkt anfallenden Zinsen auszugehen. Wird dieses Wahlrecht in Anspruch genommen, dann ist dem auch steuerlich zu folgen. **2171**

(AÖF 2008/238)

Eine Abzinsung einer Verbindlichkeit im Zusammenhalt mit der Ermittlung von Anschaffungskosten ist dann notwendig, wenn im Rückzahlungsbetrag Zinskomponenten enthalten sind, die nicht Bestandteil der Anschaffungskosten des fremdfinanzierten Wirtschaftsgutes sind (VwGH 23.11.1994, 91/13/0111). **2172**

Eigenkapitalzinsen kommen nicht als Teil der Anschaffungsneben- oder als nachträgliche Anschaffungskosten in Frage, da diese zu keiner Zeit zu Ausgaben, aber auch nicht zum Verzicht auf ein geldwertes Recht führen. **2173**

6.4.1.5 Bestandteile der Anschaffungskosten

6.4.1.5.1 Kaufpreis

Der Kaufpreis gilt als Anschaffungskosten im engeren Sinn und entspricht jenen Aufwendungen, die gegenüber dem Veräußerer oder einem Dritten getätigt werden, um das wirtschaftliche Eigentum an einem Wirtschaftsgut zu erwerben. **2174**

6.4.1.5.1.1 Einzelfälle

Anschaffung, Einlage **2175**

Wird ein Wirtschaftsgut aus dem Privatvermögen verkauft und zugleich für den Betrieb rückgekauft, liegt tatsächlich keine Veräußerung und Anschaffung vor. Es handelt sich vielmehr um eine Einlage in das Betriebsvermögen (VwGH 14.5.1991, 89/14/0012).

Barzahlung, Übernahme von Verbindlichkeiten und Verpflichtungen **2176**

Dem Kaufpreis entspricht das vertraglich vereinbarte Entgelt (Barzahlung) für die Übertragung des wirtschaftlichen Eigentums einschließlich übernommener Verbindlichkeiten und Verpflichtungen gegenüber dem Verkäufer oder Dritten.

Leasing **2177**

Die Ermittlung der Anschaffungskosten im Falle der Zurechnung zum Leasingnehmer siehe Rz 135 ff.

Rentenverpflichtungen **2178**

Werden Wirtschaftsgüter gegen eine Rentenverpflichtung angeschafft, dann ergeben sich die Anschaffungskosten aus dem Barwert der Rentenverpflichtung im Anschaffungszeitpunkt; siehe Rz 2454 ff, Rz 7031 ff, Rz 7042 f.

(AÖF 2004/167)

Skontoabzug **2179**

Gewährt ein Lieferant eines Wirtschaftsgutes dem Abnehmer Skonti, so liegen bei diesem in Höhe der Skonti keine Anschaffungskosten vor, da er insoweit keine Aufwendungen getätigt hat.

2180 **Überhöhter Kaufpreis**

Der Kaufpreis gilt auch dann in unverminderter Höhe als Teil der Anschaffungskosten, wenn dieser unbestrittener Maßen weit überhöht ist. Es ist anzunehmen, dass die Anschaffungskosten und der Teilwert im Zeitpunkt der Anschaffung übereinstimmen; diese Teilwertvermutung ist widerlegbar (VwGH 11.8.1993, 92/13/0096, VwGH 10.9.1998, 93/15/0051).

2181 **Unrentable Investitionen**

Anders als bei unverzinslichen Forderungen dürfen die Anschaffungskosten eines von einem Kreditinstitut zur Vermeidung höherer Forderungsausfälle ersteigerten unrentablen Grundstücks nicht abgezinst werden. Die möglicherweise nicht Gewinn bringende Investition ist ein in den Geschäftswert eingehender Faktor.

2182 **Unverzinste Verbindlichkeiten und Verbindlichkeiten inklusive Zinsen**

Die Anschaffungskosten eines fremdfinanzierten Wirtschaftsgutes decken sich auch dann mit dem nominellen Rückzahlungsbetrag der Verbindlichkeit, wenn diese unverzinst ist. Eine Abzinsung einer unverzinsten Verbindlichkeit auch zur Ermittlung der Anschaffungskosten ist nur zulässig, wenn im Rückzahlungsbetrag der Verbindlichkeit Zinskomponenten enthalten sind, die nicht Bestandteil der Anschaffungskosten des fremdfinanzierten Wirtschaftsgutes sind (VwGH 23.11.1994, 91/13/0111).

2183 **Verzicht auf ein Recht, Hingabe von Wirtschaftsgütern jeder Art**

Der Kaufpreis kann auch durch Verzicht auf ein Recht erbracht werden (VwGH 5.8.1992, 90/13/0138).

2184 **Währung**

Der Kaufpreis in ausländischer Währung ist zum Zwecke der Bilanzierung stets in die nationale Währungseinheit unter Verwendung des höheren Briefkurses umzurechnen (vgl. § 193 Abs. 4 UGB).

Bei Anzahlungen und Barzahlungen entspricht der Anschaffungspreis dem tatsächlich entrichteten Devisenbetrag, umgerechnet mit dem Tagesbriefkurs im Zeitpunkt der Bezahlung. Das gilt selbst dann, wenn die erforderlichen Devisen bereits kürzere oder längere Zeit vor ihrem Bedarf zu einem gegenüber dem Tagesbriefkurs niedrigeren oder höheren Wechselkurs ohne Zusammenhang mit der Anschaffung gekauft wurden und daher mit der Ausbuchung der Fremdwährungsposition eine Gewinn- bzw. Verlustrealisierung in Höhe der Kursdifferenz eintritt. Die Aufbringung der zur Bewirkung des Rechnungsausgleichs erforderlichen Devisen ist als eigenständiger von der Anschaffung losgelöster Geschäftsfall zu betrachten.

Der Anschaffungswert eines auf Ziel in fremder Währung gekauften Wirtschaftsgutes entspricht nicht nur wegen der fehlenden Vorhersehbarkeit künftiger Wechselkursänderungen der Fremdwährungsschuld, umgerechnet mit dem Briefkurs im Anschaffungszeitpunkt. Kommt es zwischen dem Anschaffungszeitpunkt und dem späteren Termin der Devisentransaktion zu Änderungen des Wechselkurses, so bleiben die Anschaffungskosten davon unberührt.

(AÖF 2008/238)

2185 **Wertsicherungsbeträge**

Wertsicherungsbeträge, die auf ein Darlehen zur Anschaffung eines Wirtschaftsgutes entfallen, stellen keine nachträglichen Anschaffungskosten dar. Soweit sie auf den Anschaffungszeitraum entfallen, erhöhen sie den Kaufpreis und sind sie zu aktivieren.

6.4.1.5.2 Anschaffungsnebenkosten

2186 Dazu zählen zB:

- Abgaben auf Grund des Abschlusses des Rechtsgeschäftes

  Beispielsweise Grunderwerbsteuer, NoVA, nicht als Vorsteuer abzugsfähige USt, gerichtliche Eintragungsgebühren (VwGH 17.3.1961, 0207/58), Zölle, Anmeldekosten für Kraftfahrzeuge, Börsenumsatzsteuer; zu Umgründungskosten siehe Rz 1662.
- Anschlusskosten

  Sind Anschlusskosten speziell für den Betrieb einer Anlage erforderlich, zählen sie zu den Anschaffungskosten dieser Anlage (VwGH 20.05.2010, 2007/15/0153 zu einer Windenergieanlage). Zu Anschlusskosten allgemein siehe Rz 3125.
- Behördliche Genehmigung

  Ist die Aufnahme des Betriebes einer Anlage von einer behördlichen Genehmigung abhängig, sind die dadurch veranlassten Aufwendungen aktivierungspflichtig.

- Honorare auf Grund des Abschlusses des Rechtsgeschäftes.

  Vermittlungsprovisionen (VwGH 20.11.1990, 89/14/0090), Anwalts- und Notarhonorare (VwGH 7.1.1955, 3195/53), Übersetzerhonorare, Maklergebühren.
- Montage- und Anschlusskosten (auch dann wenn sie im Unternehmen durch Eigenleistungen anfallen)

  Der Begriff der Montagekosten ist weit zu fassen. Er schließt alle Aufwendungen ein, die bei der Aufstellung einer Anlage erforderlich werden, wie bspw. Kosten für notwendige Zubehörteile, für Veränderungen an anderen Maschinen sowie alle baulichen Maßnahmen die damit verbunden sind. Daher sind bspw. auch Aufwendungen für das Niederreißen und Wiederherstellen von Mauern aktivierungspflichtig.
- Reise- und Besichtigungskosten oder Kosten der Begutachtung der Beschaffenheit und des Wertes des anzuschaffenden Gegenstandes

  Derartige Kosten sind zu aktivieren, wenn diese zu einem Vertragsabschluss führen. Nicht zu aktivieren sind hingegen die Personalkosten des Einkäufers. Transaktionsentgelte und Bankspesen für an den Terminbörsen erworbene Optionsrechte sind zu aktivieren.
- Transportkosten

  Derartige Kosten sind zu aktivieren, gleichgültig ob sie durch Dritte oder betriebseigene Arbeitskräfte erbracht werden. Dazu zählen nur Aufwendungen der Überführung des Wirtschaftsgutes von der fremden in die eigene Verfügungsmacht. Kosten für innerbetriebliche Transporte – etwa vom Rohstofflager in ein Produktionslager – oder die Einsortierung von Handelswaren in die Verkaufsregale sind nicht zu aktivieren.
- Transportversicherung

  Die Aufwendungen sind zu aktivieren, wenn sie vom Erwerber zu bezahlen sind.
- Umladung und Entladung

  Derartige Kosten sind zu aktivieren, gleichgültig ob sie durch Dritte oder betriebseigene Arbeitskräfte erbracht werden.
- Umrüstkosten

  Werden gebraucht erworbene Gegenstände erst nach einer entsprechenden Umrüstung im Unternehmen bestimmungsgemäß einsatzfähig, sind die Umrüstkosten als Kosten der erstmaligen Inbetriebnahme den Anschaffungskosten zuzuordnen.
- Verluste aus der Veräußerung notwendig mitangeschaffter Wirtschaftsgüter

  Als Anschaffungsnebenkosten eines Wirtschaftsgutes und nicht als Aufwand der laufenden Periode gelten auch die Verluste aus der Veräußerung notwendig mitangeschaffter Wirtschaftsgüter (VwGH 22.1.1960, 714/59: Erwerb einer Liegenschaft im Rahmen einer Zwangsversteigerung; die miterworbenen Anlagen werden später mit Verlust veräußert).
- Vertragserrichtungskosten gehören zu den Anschaffungskosten (VwGH 22.9.1971, 406/71; VwGH 24.10.1978, 1006/76).
- Vorperiodische Anschaffungsnebenkosten

  Entstehen die Anschaffungsnebenkosten spätestens zum Bilanzstichtag und erfolgt die Anschaffung erst danach, so sind diese zu aktivieren.
- Zwischenlagerung

  Kosten der Zwischenlagerung auf dem Weg vom Lieferanten zum Erwerber sind zu aktivieren.

(AÖF 2011/66)

Nicht aktivierungspflichtig sind zB: **2187**

- Devisenbeschaffungskosten

  Wird der Kaufpreis eines Wirtschaftsgutes in ausländischer Währung vereinbart, so sind die durch die notwendige Devisenbeschaffung veranlassten Nebenkosten (zB Bankgebühren) nicht in die Anschaffungskosten einzurechnen.
- Entscheidungsvorbereitung und Entscheidungsfindung

  Derartige Kosten (zB eine Investitionsrechnung) dürfen nicht aktiviert werden, wurde die endgültige Erwerbsentscheidung jedoch getroffen, sind diese Aufwendungen zu aktivieren (siehe Rz 2168 f).
- Finanzierungsaufwendungen

  Zinsen im Zusammenhang mit der Finanzierung des Kaufpreises gehören grundsätzlich nicht zu den Anschaffungsnebenkosten; zur Ausnahme siehe Rz 2171 ff.

- Lagerkosten

  Bei Roh-, Hilfs- und Betriebsstoffen und bei Handelswaren endet der Anschaffungsvorgang mit der erstmaligen Aufnahme in das Material- bzw. Warenlager. Die Lagerkosten selbst zählen nicht mehr zu den Anschaffungsnebenkosten.
- Planungskosten

  Diese zählen nicht zu den Anschaffungskosten, wenn sie allgemeiner Natur sind und der Ermittlung von Beschaffungsalternativen dienen. Demgegenüber sind sie Teil der Anschaffungsnebenkosten, wenn sie nach der Entscheidung für eine bestimmte Beschaffungsalternative anfallen.
- Qualitätskontrolle

  Sind die Kosten der Qualitätskontrolle durch Herstellungs- bzw. Absatzmaßnahmen veranlasst, gehören sie nicht mehr zu den Anschaffungsnebenkosten.
- Rechtsstreitigkeiten

  Kosten auf Grund von Rechtsstreitigkeiten über die Zahlung des Kaufpreises, über Gewährleistungs- und Garantieansprüche sowie Anfechtung eines Vertrages wegen Verletzung des Hälftewertes gemäß § 934 ABGB gehören nicht zu den Anschaffungskosten.
- Testläufe

  Die mit Testläufen verbundenen Aufwendungen gehören nicht zu den Anschaffungsnebenkosten, und zwar unabhängig davon, ob der Probebetrieb vom Hersteller der Anlage selbst oder von betriebseigenen Arbeitskräften überwacht wird (VwGH 8.3.1994, 93/14/0179). Sie sind ausnahmsweise dann zu den Anschaffungsnebenkosten zu rechnen, wenn die Durchführung einer Vielzahl von Testläufen unabdingbar für die Herstellung der Betriebsbereitschaft ist.
- Wertsicherungsbeträge für gestundete Kaufpreisschulden sind keine Anschaffungsnebenkosten (VwGH 13.5.1986, 83/14/0089).

(BMF-AV Nr. 2018/79)

6.4.1.5.3 Nachträgliche Anschaffungskosten

6.4.1.5.3.1 Allgemeines

2188 Nachträgliche Anschaffungskosten sind Bestandteil der Anschaffungskosten. Dabei handelt es sich um Erhöhungen der einzelnen Anschaffungskostenkomponenten (Kaufpreis, Nebenkosten, Kosten der Herstellung der erstmaligen Betriebsbereitschaft). Aufwendungen, die nach erstmaliger Erreichung der Betriebsbereitschaft entstehen, sind nicht zu aktivieren.

6.4.1.5.3.2 Einzelfälle

2189
- Kaufpreiserhöhungen

  Diese können bspw. aus der Neufestlegung des Kaufpreises auf Grund eines Urteils oder (gerichtlichen) Vergleichs oder aus Nachzahlungen auf Grund einer Verletzung des § 934 ABGB resultieren. Weiters führen aufschiebend bedingte Verbindlichkeiten erst im Zeitpunkt ihres Feststehens zu nachträglichen Anschaffungskosten.
- Erhöhung der Anschaffungsnebenkosten und Kosten für die Herstellung der Betriebsbereitschaft.
- Die nachträgliche Rückzahlung steuerfreier Subventionen (Anschaffungskostenerhöhung).
- Rentenzahlungen, Rentenwagnis,

  Ergibt der Verlauf der Rentenzahlungen, dass die tatsächlich erbrachten Teilzahlungen ohne den in ihnen enthaltenen Zinsanteil die Höhe der passivierten Rentenlast übersteigen, so liegen keine nachträglichen Anschaffungskosten vor.
- Kosten in unmittelbarem Zusammenhang mit der nachträglichen Errichtung von Wohnungseigentum (Vertragserrichtungskosten, Eintragungsgebühr usw.)

(BMF-AV Nr. 2015/133)

6.4.1.5.4 Anschaffungskostenminderungen

2190 Anschaffungspreisminderungen kürzen die Anschaffungskosten (§ 203 Abs. 2 UGB).
(AÖF 2008/238)

6.4.1.5.4.1 Einzelfälle

2191 Beispiele für eine Minderung der Anschaffungskosten:
- Kaufpreisreduktion wegen Inanspruchnahme der Gewährleistung.

- Kaufpreisreduktionen wegen Verletzung des Hälftewertes gemäß § 934 ABGB.
- Kaufpreisstreitigkeiten

  Werden nachträglich die Anschaffungskosten (Kaufpreis, Anschaffungsnebenkosten) gesenkt, zB durch Nachverhandlungen, im Prozessweg oder aus ähnlichen Gründen, so führen diese Umstände zu einer Verminderung der Anschaffungskosten.
- Rabatte
- Skonti bewirken eine Anschaffungskostenminderung, wenn diese auch tatsächlich ausgenützt werden. Erfolgt die Zahlung erst nach dem Bilanzstichtag, dann sind die Anschaffungskosten ungekürzt auszuweisen.
- Zuschüsse und Subventionen

Siehe Rz 2539 ff.

Beispiele, die zu einer Minderung führen können 2192

- Ein Bonus darf grundsätzlich nicht als Anschaffungskostenminderung berücksichtigt werden. Steht die Höhe des Bonus in der Weise fest, dass er sich im Voraus als Preisermäßigung für eine Lieferung exakt ermitteln lässt, liegt kein Bonus, sondern vielmehr ein Rabatt vor. Um diesen Rabatt sind die Anschaffungskosten zu kürzen. Gleiches gilt, wenn bei Erstellung des Jahresabschlusses für die am Abschlussstichtag vorhandenen Wirtschaftsgüter der Bonus bekannt ist.
- Der Forderungsnachlass bewirkt keine Anschaffungskostenminderung, wenn dieser mit der seinerzeitigen Anschaffung in keinem wirtschaftlichen Zusammenhang mehr steht (VwGH 29.10.1974, 1293/73). Hingegen liegt eine Anschaffungskostenminderung vor, wenn der Verkäufer des Wirtschaftsguts die Kaufpreisschuld erlässt.

Beispiele, die zu keiner Minderung führen: 2193

- Erlass einer gegenüber Dritten bestehenden Darlehensverbindlichkeit zur Finanzierung einer Anschaffung
- Keine Anschaffungskostenminderung, sondern ein gewinnerhöhender Schulderlass liegt vor, wenn eine Darlehensverbindlichkeit, die gegenüber Dritten zur Finanzierung einer Anschaffung eingegangen wurde, erlassen wird (VwGH 19.10.1983, 82/13/0190).
- Wegfall einer anschaffungsbedingten Rentenschuld

  Wird ein Wirtschaftsgut gegen Rente erworben, dann führt der Wegfall der Rente nicht zur Minderung der Anschaffungskosten, sondern ist als Ertrag auszuweisen (VwGH 24.11.1980, 716/79).
- Wegfall einer vertraglich zugesicherten Steuerersparnis auf Grund einer Investitionsbegünstigung

  Es liegt keine Anschaffungskostenminderung vor, wenn eine Steuerersparnis auf Grund einer Investitionsbegünstigung vertraglich zugesagt wurde, diese jedoch nicht zum Zuge kommt und deshalb der Veräußerer die Einkommensteuer zu ersetzen hat (VwGH 15.12.1982, 81/13/0025).

6.4.1.5.5 Umsatzsteuer

Soweit die Vorsteuer abgezogen werden kann (§ 12 Abs. 1 und Art. 12 UStG 1994), gehört 2194 sie nicht zu den Anschaffungskosten des Wirtschaftsgutes und ist als Forderung auszuweisen. Soweit die Vorsteuer nicht abgezogen werden kann, gehört sie zu den Anschaffungskosten.

6.4.2 Herstellungskosten

6.4.2.1 Allgemeines

Herstellungskosten sind im Sinne von Herstellungsaufwendungen zu verstehen. Sie ha- 2195 ben im Falle der Gewinnermittlung durch Betriebsvermögensvergleich (§ 5 und § 4 Abs. 1 EStG 1988) Bedeutung für das Anlage- und Umlaufvermögen. Im Bereich des Sachanlagevermögens sind dies vor allem die selbst erstellten Anlagen, Maschinen und Gebäude. Im Bereich des Umlaufvermögens sind die Herstellungskosten nur für die unfertigen und fertigen Erzeugnisse, sowie für die noch nicht abrechenbaren Leistungen von Bedeutung. Keine Bedeutung haben die Herstellungskosten für unkörperliche Wirtschaftsgüter bzw. immaterielle Gegenstände des Anlagevermögens; für diese darf ein Aktivposten nur im Falle ihres entgeltlichen Erwerbs angesetzt werden (siehe Rz 623 ff).

6.4.2.2 Steuerrecht, Unternehmensrecht

(AÖF 2008/238)

6.4.2.2.1 Einkommensteuergesetz

2196 Nach § 6 Z 1 und Z 2 lit a EStG 1988 ist das abnutzbare und das nicht abnutzbare Anlagevermögen sowie das Umlaufvermögen mit den Anschaffungs- oder Herstellungskosten anzusetzen. Zu den Herstellungskosten des abnutzbaren und nicht abnutzbaren Anlagevermögens sowie des Umlaufvermögens gehören auch angemessene Teile der Material- und Fertigungsgemeinkosten (Aktivierungspflicht, § 6 Z 2 lit a EStG 1988). Ist der Teilwert niedriger, kann dieser angesetzt werden.

(AÖF 2006/114)

6.4.2.2.2 Maßgeblichkeit der UGB-Bilanz

(AÖF 2008/238)

2197 Im Rahmen des § 5 EStG 1988 ist grundsätzlich der unternehmensrechtliche Begriff der Herstellungskosten maßgeblich. Die Bewertung hat den Grundsätzen ordnungsmäßiger Buchführung zu entsprechen, wobei die auf den vorhergehenden Jahresabschluss angewendeten Bewertungsmethoden beizubehalten sind; ein Abweichen ist nur bei Vorliegen besonderer Umstände zulässig (§ 201 Abs. 1 UGB; § 201 Abs. 2 UGB).

(AÖF 2008/238)

6.4.2.3 Herstellungskosten

2198 Herstellungskosten sind jene Aufwendungen, die für die Herstellung eines Wirtschaftsgutes, seine Erweiterung oder für eine über seinen ursprünglichen Zustand hinausgehende wesentliche Verbesserung entstehen.

Bei der Berechnung der Herstellungskosten sind auch angemessene Teile dem einzelnen Erzeugnis nur mittelbar zurechenbarer fixer und variabler Gemeinkosten in dem Ausmaß, wie sie auf den Zeitraum der Herstellung entfallen, einzurechnen (§ 203 Abs. 3 UGB idF RÄG 2014; für Herstellungsvorgänge ab 2016). Dies entspricht dem steuerlichen Herstellungskostenbegriff, demzufolge gemäß § 6 Z 2 lit. a EStG 1988 ebenfalls angemessene Teile der Materialgemeinkosten oder Fertigungsgemeinkosten aktivierungspflichtig sind.

Für Herstellungsvorgänge, die vor dem 1. Jänner 2016 begonnen wurden, sieht § 203 Abs. 3 UGB idF vor dem RÄG 2014 jedoch keine zwingende Aktivierung der Materialgemeinkosten und der Fertigungsgemeinkosten vor; diesbezüglich kommt es daher bei unternehmensrechtlicher Nichtaktivierung zur Durchbrechung der Maßgeblichkeit.

Aufwendungen, die unter Beibehaltung der Wesensart lediglich den Nutzwert und/oder die Nutzungsdauer verändern, sind nicht zu den Herstellungskosten zu zählen (VwGH 24.09.2007, 2006/15/0333 zur Wasserleitung einer Brauerei; siehe auch Rz 3178).

(BMF-AV Nr. 2018/79)

2199 **Fassung für Herstellungsvorgänge, die vor 2005 begonnen wurden:**

Sind die Gemeinkosten durch offenbare Unterbeschäftigung überhöht, so dürfen nur die einer durchschnittlichen Beschäftigung entsprechenden Teile dieser Kosten eingerechnet werden. Aufwendungen für Sozialeinrichtungen des Betriebes, für freiwillige Sozialleistungen, für betriebliche Altersversorgung und Abfertigungen dürfen eingerechnet werden. Kosten der allgemeinen Verwaltung und des Vertriebes dürfen nicht in die Herstellungskosten einbezogen werden (§ 203 Abs 3 UGB). Nur bei Aufträgen, deren Ausführung sich über mehr als 12 Monate erstreckt, dürfen angemessene Teile der Verwaltungs- und Vertriebskosten angesetzt werden, falls eine verlässliche Kostenrechnung vorliegt und soweit aus der weiteren Auftragsabwicklung keine Verluste drohen (Aktivierungswahlrecht, § 206 Abs. 3 UGB).

Fassung für Herstellungsvorgänge, die nach 2004 begonnen werden:

Sind die Gemeinkosten durch offenbare Unterbeschäftigung überhöht, so dürfen nur die einer durchschnittlichen Beschäftigung entsprechenden Teile dieser Kosten eingerechnet werden. Aufwendungen für Sozialeinrichtungen des Betriebes, für freiwillige Sozialleistungen, für betriebliche Altersversorgung und Abfertigungen dürfen eingerechnet werden. Kosten der allgemeinen Verwaltung und des Vertriebes dürfen nicht in die Herstellungskosten einbezogen werden (§ 203 Abs 3 UGB). Da der steuerliche Herstellungskostenbegriff Verwaltungs- und Vertriebskosten nicht umfasst, besteht zum Unterschied vom Unternehmensrecht (§ 206 Abs. 3 UGB) für langfristige Aufträge steuerlich keine Möglichkeit zur Aktivierung von Verwaltungs- und Vertriebskosten bzw. zum Ausweis der Selbstkosten.

(AÖF 2008/238)

Zu den Kosten der allgemeinen Verwaltung gehören ua. die Aufwendungen für Geschäftsleitung, Betriebsrat, Personalbüro vorbehaltlich Rz 2227, Nachrichtenwesen, Ausbildungswesen, Rechnungswesen (zB Buchführung, Betriebsabrechnung, Statistik und Kalkulation), Werkschutz, allgemeine Fürsorge einschließlich Betriebskrankenkasse. **2200**

(AÖF 2001/196, auf alle offenen Fälle anzuwenden)

Zinsen für Fremdkapital, das zur Finanzierung der Herstellung eines Wirtschaftsgutes verwendet wird, dürfen im Rahmen der Herstellungskosten angesetzt werden, soweit sie auf den Zeitraum der Herstellung entfallen (sogenannte Bauzeitzinsen, § 203 Abs. 4 UGB). Das Wahlrecht bezieht sich auf direkt zurechenbare Zinsen und auf Zinsen, die aus der gesamten Fremdfinanzierung des Unternehmens herausgeschlüsselt werden. Davon abgesehen unterliegen Zinsen einem Aktivierungsverbot. Kalkulatorische Eigenkapitalzinsen dürfen nicht in die Herstellungskosten eingerechnet werden. Zinsersetzende Aufwendungen (Wertsicherungsbeträge, Damnum) sind wie Zinsen zu behandeln. **2201**

(AÖF 2008/238)

6.4.2.4 Herstellung

Herstellung bedeutet in erster Linie die Produktion oder die Verarbeitung der zum Verkauf bestimmten Erzeugnisse. Zur Herstellung gehört auch die Fertigung von Anlagen, die im eigenen Unternehmen eingesetzt werden sollen. Auch die Errichtung von Gegenständen (insbesondere Gebäuden), bei der die Leistung ausschließlich von anderen Unternehmern erbracht wird, wird zur Herstellung gerechnet, wenn der Hersteller (Bauherr) das wirtschaftliche Risiko während der Bauzeit trägt. Wird dagegen ein fertiges Gebäude erworben, so liegt Anschaffung vor. **2202**

Auch ein Lagerungsprozess zählt zur Herstellung, wenn es dadurch zu einer Änderung der Verkehrsgängigkeit kommt, beispielsweise bei der Lagerung von Wein oder Holz zur Erreichung einer bestimmten Produktqualität. Die Verbindung von Vermögensgegenständen zu einem in der Verkehrsauffassung als neu anerkannten Gegenstand ist eine Herstellung. Hingegen ist die Zusammenstellung eines neuen Sortiments keine Herstellung eines neuen Wirtschaftsgutes. Unter den Begriff der Herstellung fällt auch die Erstellung unfertiger Leistungen (noch nicht abrechenbare Leistungen); es handelt sich dabei um vorbereitete, aber noch nicht abgeschlossene Dienstleistungen, zB die Erstellung von EDV-Programmen, Gutachten oder Zeichnungen. **2203**

Unter Erweiterung ist eine Vermehrung der Substanz, die zumeist auch eine weiter gehende Nutzungsmöglichkeit zulässt, zu verstehen. **2204**

Über den ursprünglichen Zustand hinausgehende wesentliche Verbesserung bedeutet, dass der Gegenstand durch Aufwendungen in seiner wirtschaftlichen oder technischen Nutzungsmöglichkeit erweitert wird. Die Verlängerung der Nutzungsdauer kann ein Indiz für die wesentliche Verbesserung sein. Erforderlich ist aber eine Änderung der Wesensart. Sofern die Wesensart des Wirtschaftsgutes nicht geändert wird, führen Aufwendungen, die lediglich den Nutzungswert erhöhen oder die Nutzungsdauer verlängern, zu Erhaltungsaufwendungen (VwGH 24.09.2007, 2006/15/0333).

(AÖF 2008/238)

Herstellungsvorgänge verlaufen innerhalb eines Zeitabschnittes (Herstellungszeitraum). Dieser beginnt in dem Zeitpunkt, in dem durch Handlungen (zB Planung) die Absicht, einen neuen Gegenstand herzustellen oder ein bestehendes Wirtschaftsgut zu ändern, zu verwirklichen begonnen wird. **2205**

Das Ende des Herstellungszeitraumes entspricht jenem Zeitpunkt, zu dem der Gegenstand in den Zustand versetzt ist, der seine beabsichtigte bestimmungsgemäße Verwendung ermöglicht. Das ist beispielsweise der Fall, wenn der technische Herstellungsprozess abgeschlossen ist und die Erzeugnisse Absatzreife erlangt haben bzw. die selbsterstellten Anlagen sich in betriebsbereitem Zustand befinden. Alle Aufwendungen, die nach dem Zeitpunkt der Absatzreife entstehen sind nicht mehr aktivierbar. **2206**

6.4.2.5 Funktionale Beziehung der aktivierbaren Kosten zum hergestellten Wirtschaftsgut

Nur jene Kosten, welche der Herstellung eines Wirtschaftsgutes dienen, kommen zur Aktivierung im Rahmen der Herstellungskosten in Frage. Das gilt für die Material- und Fertigungskosten, welche entweder als Einzel- oder Gemeinkosten in Erscheinung treten. Für diese Kosten besteht sowohl im Unternehmens- als auch im Steuerrecht Aktivierungspflicht (§ 203 Abs. 3 UGB idF RÄG 2014; § 6 Z 2 lit. a EStG 1988). **2207**

(BMF-AV Nr. 2018/79)

6.4.2.5.1 Einzelfälle

2208 **Abstandszahlungen**

Zahlungen an Nachbarn für die Zustimmung zur Herstellung eines Gebäudes sind nicht zu dessen Herstellungskosten, sondern zum aktivierungspflichtigen Aufwand für Grund und Boden zu zählen.

2209 **Auftragsfertigung**

Führen im Falle der Auftragsfertigung der Höhe nach unübliche Kosten der Geschäftsanbahnung zu Selbstkosten und nach Berücksichtigung eines angemessenen Gewinnaufschlages letztlich zu einem Bar- oder Nettokassapreis, der vom Auftraggeber akzeptiert wird, handelt es sich bei wirtschaftlicher Betrachtung nicht um Vertriebskosten, welche einem unternehmens- und steuerrechtlichen Aktivierungsverbot unterliegen. Werden derartige Geschäftsanbahnungskosten in einer Periode vor der Gewinnrealisierung vom Auftragnehmer an den Auftraggeber oder an mit dem Auftraggeber in Verbindung stehende Personen bezahlt, so sind diese Zahlungen beim Auftragnehmer im Zeitpunkt ihrer Verausgabung nicht betriebsausgabenwirksam zu behandeln. Es entsteht auf diese Weise eine Zwischenfinanzierung des Auftraggebers durch den Auftragnehmer. Eine entsprechende Forderung des Auftragnehmers gegenüber dem Auftraggeber auf Rückzahlung der Geschäftsanbahnungskosten ist daher zu bilanzieren.

(AÖF 2008/238)

2210 **Bereitschaftskosten**

Nur die Kosten, die zur Produktion der im abgelaufenen Jahr hergestellten Güter notwendig waren, stehen in einem funktionalen Zusammenhang mit diesen Gütern. Wurden darüber hinaus Teile des Produktionsapparates mit Rücksicht auf künftige Zeitabschnitte in einem Bereitschaftsgrad gehalten, der für die Durchführung des Produktionsprogramms der abgelaufenen Periode nicht erforderlich war, so stehen die dadurch bedingten Leerkosten in keinem Zusammenhang mit der Produktion des abgelaufenen Geschäftsjahres.

2211 **Entwicklung oder Verbesserung volkswirtschaftlich wertvoller Erfindungen**

Führen die Entwicklungstätigkeiten zu erfolglosen Erfindungen oder überhaupt zu keinen Erfindungen, so fehlt der für die Aktivierbarkeit im Rahmen der Herstellungskosten notwendige funktionale Zusammenhang zu einem hergestellten Wirtschaftsgut. Eine Aktivierung ist daher nicht zulässig. Gleiches gilt für jene zum Teil erfolglosen Bemühungen, die mit der Entwicklung oder Verbesserung einer volkswirtschaftlich wertvollen Erfindung nahezu zwangsläufig verbunden sind.

Aktivierbare Entwicklungsaufwendungen treten je nach Sachlage entweder in der Form von Sondereinzelkosten der Fertigung oder als Gemeinkosten in Erscheinung. Für ihre Aktivierung als Teil der Herstellungskosten ist es erforderlich, dass sie gleichzeitig in der Periode ihrer technischen Ausführung anfallen.

Als aktivierbare Herstellungskosten kommen auch die Abschreibungen der bei der Entwicklungstätigkeit eingesetzten Maschinen in Frage. Auch die dabei verwendeten geringwertigen Wirtschaftsgüter (§ 13 EStG 1988) sind zu berücksichtigen. Weiters gelten beispielsweise Entwicklungskosten für Software, sofern sie nicht ohnehin bereits integrierender Bestandteil der gemäß § 4 Abs. 4 Z 4 EStG 1988 begünstigten Entwicklungskosten sind, als aktivierbare Herstellungskosten.

2212 **Firmenwert**

Abschreibungen auf den derivativen Firmenwert sind bei der Ermittlung der Herstellungskosten nicht zu berücksichtigen.

2213 **Grundlagenforschung**

Dieser fehlt das Verhältnis der Funktionalität zu einzelnen hergestellten Wirtschaftsgütern; die damit in Zusammenhang stehenden Kosten sind daher nicht aktivierbar.

2214 **Insolvent gewordene Lieferanten, Zahlungen an**

Stehen Zahlungen an (insolvent gewordene) Bauunternehmen keine Gegenleistungen gegenüber, so liegen zwar grundsätzlich Herstellungskosten vor. Diesen kann aber eine Teilwertabschreibung folgen.

2215 **Planungskosten**

Folgt der Planung keine Herstellung oder ist der folgende Herstellungsvorgang von dieser Planung völlig losgelöst, sind die Planungskosten nicht als Herstellungskosten zu aktivieren. Anderes gilt, wenn die Planung zwar als solche nicht verwirklicht wird aber ein Durchgangsstadium für eine sodann perfektionierte Planung darstellt.

Sozialeinrichtungen des Betriebes, freiwillige Sozialleistungen, betriebliche Altersversorgung und Abfertigungen 2216

Das unternehmensrechtliche Aktivierungswahlrecht für diese Aufwendungen (§ 203 Abs. 3 UGB) gilt auch für die Steuerbilanz, vorausgesetzt, in der UGB-Bilanz wird entsprechend verfahren.

Zu den Aufwendungen für Sozialeinrichtungen gehören zB Aufwendungen für Kantine einschließlich der Essenszuschüsse sowie für Freizeitgestaltung der Arbeitnehmer.

Freiwillige Sozialleistungen sind nur Aufwendungen, die nicht arbeitsvertraglich oder tarifvertraglich vereinbart worden sind; hierzu können zB Jubiläumsgeschenke, Wohnungs- und andere freiwillige Beihilfen, Weihnachtszuwendungen oder Aufwendungen für die Beteiligung der Arbeitnehmer am Ergebnis des Unternehmens gehören.

Aufwendungen für die betriebliche Altersversorgung sind Beiträge zu Direktversicherungen, Zuwendungen an Pensions- und Unterstützungskassen sowie Zuführungen zu Pensionsrückstellungen.

(AÖF 2008/238)

Steuern (Abgaben) 2217

Für Abgaben, welche den Charakter betrieblicher Kosten haben, besteht Aktivierungspflicht. Es kommen ausschließlich Betriebssteuern in Frage (nicht abzugsfähige Vorsteuer und Normverbrauchsabgabe als Teil der Anschaffungskosten, Kommunalsteuer als Teil der Lohn- und Gehaltskosten, Grundsteuer und Bodenwertabgabe bei betrieblich genutztem Grundbesitz, Grunderwerbsteuer als Teil der nicht abschreibbaren Anschaffungskosten und Teil der Abschreibungen, Kraftfahrzeugsteuer, Straßenbenützungsabgabe, Verbrauchsteuern wie Mineralölsteuer als Teil der Treibstoffkosten, Energieabgaben auf Erdgas und elektrische Energie, soweit keine Rückvergütungsmöglichkeit besteht, Gebühren, soweit sie Schriften und Rechtsgeschäfte für das Unternehmen betreffen (zB Mietverträge), Beiträge, Eingangszölle, Sozialabgaben).

Die Erfassung hat entweder in Form von Einzel- oder Gemeinkosten zu erfolgen (zB Erfassung der Kommunalsteuer bei Akkordlohn als Lohneinzelkosten im Fertigungsbereich und im Falle von Zeitlohn als Teil der Gemeinkosten in den Material- und Fertigungskostenstellen).

Steuern vom Einkommen 2218

Sie gehören nicht zu den steuerlich abziehbaren Betriebsausgaben und damit auch nicht zu den Herstellungskosten.

Unterbeschäftigung 2219

Sind die Gemeinkosten durch offenbare Unterbeschäftigung überhöht, so dürfen nur die einer durchschnittlichen Beschäftigung entsprechenden Teile dieser Kosten in die Herstellungskosten eingerechnet werden (§ 203 Abs. 3 UGB). Das Ausmaß der offenbaren Unterbeschäftigung ist nicht auf Basis der durchschnittlichen, sondern der gerade noch zulässigen Beschäftigung zu ermitteln.

Schwankungen der Kapazitätsausnutzung, die innerhalb eines Wirtschaftsjahres häufig bei Saisonbetrieben vorkommen (zB Zuckerfabrik), führen zwar zu einer zeitweisen Unterbeschäftigung, nicht jedoch zu Kosten der Unterbeschäftigung im Sinne des § 203 Abs 3 UGB. Die in den einzelnen Perioden jeweils erreichte Beschäftigung ist bei diesen Betrieben aus dem gesamten Saisonverlauf zu ermitteln, in den sowohl die Stillstands- als auch die Produktionszeiten einbezogen werden müssen.

(AÖF 2008/238)

Verlorene Anzahlungen 2220

Diese sind keine Herstellungskosten.

Vertrieb 2221

Vertriebskosten dienen nicht der Herstellung, Erweiterung oder der über den ursprünglichen Zustand hinausgehenden wesentlichen Verbesserung eines Wirtschaftsgutes (§ 203 Abs. 3 UGB).

(AÖF 2008/238)

6.4.2.6 Istkosten

Werden die bilanziellen Herstellungskosten nicht aus den tatsächlichen Istkosten, sondern 2222
aus den aus der Kostenrechnung hervorgehenden Sollkosten abgeleitet, so sind diese unter Berücksichtigung der kostenarten- und kostenstellenweise verfügbaren Abweichungen auf die tatsächlichen Herstellungskosten, dh. auf Istkosten umzurechnen. Gleiches gilt für Standard- oder Verrechnungspreise; diese sind ebenfalls auf die in der Regel davon abweichenden höheren oder niedrigeren effektiven Faktorpreise (Istkosten) umzurechnen.

2223 Als Wertverzehr des Anlagevermögens, soweit er der Fertigung der Erzeugnisse gedient hat, ist grundsätzlich der Betrag anzusetzen, der bei der Bilanzierung des Anlagevermögens als AfA berücksichtigt wird. Der Wertverzehr des der Fertigung dienenden Anlagevermögens ist bei der Berechnung der Herstellungskosten der Erzeugnisse auch dann in Höhe der sich nach den Anschaffungs- oder Herstellungskosten des Anlagevermögens ergebenden AfA in gleichen Jahresbeträgen zu berücksichtigen, wenn der Steuerpflichtige Bewertungswahlrechte (zB § 12 EStG 1988; § 13 EStG 1988) oder erhöhte Absetzungen in Anspruch genommen und diese nicht in die Herstellungskosten der Erzeugnisse einbezogen hat. Teilwertabschreibungen auf das Anlagevermögen im Sinne des § 6 Z 2 lit. b EStG 1988 sind bei der Berechnung der Herstellungskosten der Erzeugnisse nicht zu berücksichtigen.

2224 Kalkulatorische Kosten, welche zwar als betriebliche Kosten im Sinne der Kostenrechnung gelten, denen aber keine Ausgaben und demnach auch keine buchhalterischen Aufwendungen zu Grunde liegen, kommen für eine Aktivierung im Rahmen der bilanziellen Herstellungskosten nicht in Frage. Zu diesen Kosten zählen beispielsweise kalkulatorische Eigenkapitalzinsen, kalkulatorischer Unternehmerlohn, kalkulatorische Mieten, Überschuss der kalkulatorischen Abschreibungen auf Basis der Wiederbeschaffungskosten gegenüber buchhalterischer Abschreibung, Überschuss der kalkulatorischen Fremdkapitalzinsen gegenüber den buchhalterischen Fremdkapitalzinsen, kalkulatorische Wagniszuschläge für Anlagen-, Lagerbestands-, Entwicklungs- und Konstruktions- und Produktionswagnis.

2225 Die Inanspruchnahme eines IFB, Forschungs- oder Bildungsfreibetrages ist nicht nur bei der Ermittlung der Herstellungskosten, sondern auch bei der Ermittlung der betriebswirtschaftlichen Herstellkosten nicht zu berücksichtigen. Diesen Aufwendungen (Betriebsausgaben) liegen weder Ausgaben noch betriebliche Kosten zu Grunde.

6.4.2.6.1 Einzel- und Gemeinkosten

2226 Die unternehmensrechtliche Abgrenzung zwischen Einzel- und Gemeinkosten hat für die Ermittlung der steuerlichen Herstellungskosten auf Grund der in § 6 Z 2 lit a EStG 1988 ausdrücklich enthaltenen Aktivierungspflicht für angemessene Teile der Materialgemein- und Fertigungsgemeinkosten keine Bedeutung. Das gilt nicht nur für das Umlaufvermögen, sondern auch für das abnutzbare und nicht abnutzbare Anlagevermögen (selbsterstellte Wirtschaftsgüter). Zu den Einzelkosten gehören das Fertigungsmaterial, die Fertigungslöhne und die Sonderkosten der Fertigung.

(AÖF 2008/238)

2227 Zu den Materialgemein- und Fertigungsgemeinkosten gehören ua. auch die Aufwendungen für folgende Kostenstellen:

- Lagerhaltung, Transport und Prüfung des Fertigungsmaterials, Vorbereitung und Kontrolle der Fertigung, Werkzeuglager, Betriebsleitung, Raumkosten, Sachversicherungen, Unfallstationen und Unfallverhütungseinrichtungen der Fertigungsstätten,
- Lohnbüro, soweit in ihm die Löhne und Gehälter der in der Fertigung tätigen Arbeitnehmer abgerechnet werden.

6.4.2.6.2 Variable und fixe Kosten

2228 Aus dem Erfordernis der Aktivierung auch der angemessenen Teile der Materialgemein- und Fertigungsgemeinkosten (§ 6 Z 2 lit. a EStG 1988) folgt, dass – wie auch im Unternehmensrecht (§ 203 Abs. 3 UGB idF RÄG 2014) – davon auch die fixen Kosten betroffen sind. Eine Ausnahme bilden sowohl im Unternehmensrecht als auch im Steuerrecht die Kosten der offensichtlichen Unterbeschäftigung bzw. Leerkosten.

(BMF-AV Nr. 2018/79)

6.4.2.7 Materielle Bewertungskontinuität

2229 Die Bewertungskontinuität gilt für jedes einzelne Wirtschaftsgut und für gleichartige Wirtschaftsgüter. Wird die Aktivierung von Bauzeitzinsen unterlassen, so muss auch im Folgejahr dabei geblieben werden.

6.4.3 Teilwert

6.4.3.1 Allgemeines

2230 Dem Begriff des Teilwertes liegen mehrere Fiktionen zu Grunde

- Erwerb des gesamten Betriebes,
- Vereinbarung eines Gesamtkaufpreises,
- Betriebsfortführung.

Der Teilwert eines Wirtschaftsgutes ergibt sich somit aus dem Wert des Wirtschaftsgutes im Hinblick auf die Bedeutung des Wirtschaftsgutes für den Betrieb; der Teilwert ist der Wert, den das Wirtschaftsgut für den Betrieb hat, wobei die Fortführung des Unternehmens zu unterstellen ist (Going-Concern-Prinzip, siehe Rz 2133 f).

Der Teilwert schließt die Anschaffungsnebenkosten mit ein (VwGH 29.4.1992, 90/13/0031).

Der Teilwert ist ein objektiver Wert, der nicht von der persönlichen Auffassung des Steuerpflichtigen, sondern von der allgemeinen Verkehrsauffassung bestimmt wird.

Die Verpfändung eines Wirtschaftgutes hat auf dessen Teilwert keinen Einfluss. Der Teilwert eines Wirtschaftgutes ist davon unabhängig, ob an dem Wirtschaftsgut ein Pfandrecht eingeräumt worden ist (VwGH 29.5.2001, 98/14/0103).

(AÖF 2002/84)

Das Stichtagsprinzip gilt auch für die Ermittlung des Teilwertes. Ausschlaggebend ist jener Teilwert, wie er sich zum jeweiligen Bilanzstichtag bzw. an einem anderen Bewertungsstichtag darstellt. **2231**

Aus dem Stichtagsprinzip ist abzuleiten, dass bei der Ermittlung des Teilwertes auf die Verhältnisse des nachfolgenden Jahres nicht Bedacht zu nehmen ist.

Der Teilwert ist ein Zusammenhangswert. Der Teilwert von Anlagegütern kann daher aus dem Zusammenhang der einzelnen Wirtschaftsgüter im Betrieb über dem gemeinen Wert des einzelnen Anlagegutes liegen. Keinesfalls liegt der Teilwert unter dem Einzelveräußerungspreis (VwGH 11.6.1991, 90/14/0175).

Im Hinblick auf die Teilwertermittlung zum Bilanzstichtag wurden von der Rechtsprechung Teilwertvermutungen entwickelt: **2232**

- Der Teilwert im Zeitpunkt der Anschaffung oder Herstellung entspricht den tatsächlichen Anschaffungs- oder Herstellungskosten (VwGH 15.6.1983, 1419/78). Je kürzer der zeitliche Abstand zwischen Anschaffungszeitpunkt und Bilanzstichtag ist, desto stärker ist die Vermutung der Übereinstimmung von Teilwert und Anschaffungskosten. Ist der Kaufpreis überhöht, weil der Käufer zB in einer Zwangslage war, so gilt dennoch der überhöhte Kaufpreis, weil davon ausgegangen wird, dass auch der fiktive Erwerber in der gleichen Situation den überhöhten Preis gezahlt hätte (VwGH 11.8.1993, 92/13/0096).
- Bei nicht abnutzbaren Anlagegütern entspricht auch der spätere Teilwert zumindest den seinerzeitigen (tatsächlichen) Anschaffungs- oder Herstellungskosten (VwGH 29.4.1992, 90/13/0228).
- Bei abnutzbaren Anlagegütern entspricht der Teilwert den seinerzeitigen Anschaffungs- oder Herstellungskosten vermindert um die AfA (VwGH 22.9.1992, 88/14/0088).
- Beim Umlaufvermögen entspricht der Teilwert den Wiederbeschaffungskosten (VwGH 11.11.1953, 3183/52).

Der Gegenbeweis, insbesondere im Fall einer Fehlmaßnahme oder gesunkener Wiederbeschaffungskosten, ist zulässig (VwGH 29.4.1992, 90/13/0292).

Zur Teilwertfiktion bei Übertragung betriebszugehöriger Wirtschaftgüter von einem Betrieb in den anderen Betrieb desselben Steuerpflichtigen siehe Rz 436.

(AÖF 2007/88)

6.4.3.2 Anlagevermögen

6.4.3.2.1 Grundstücke

Der Teilwert beinhaltet neben den unmittelbaren Anschaffungskosten auch die Anschaffungsnebenkosten. **2233**

Zur Bewertung von (bebauten) Liegenschaften siehe auch Rz 2610 ff.

(AÖF 2013/280)

Zahlungen, die unter Zwang erfolgen, bleiben bei der Ermittlung des Teilwertes unberücksichtigt, zB Zahlung eines zu hohen Kaufpreises für ein Nachbargrundstück um einer Schließung des gesamten Betriebes entgegenzuwirken (VwGH 11.8.1993, 92/13/0096). **2234**

Bei der Teilwertermittlung ist jedenfalls auch ein allgemeiner Lagevorteil, zB Ortszentrum, zu berücksichtigen (VwGH 30.6.1987, 86/14/0195), ebenso sind nur für einen bestimmten Betrieb Standortvorteile (Blumengeschäft in unmittelbarer Nähe zu einem Friedhof) dem Wert des Grund und Bodens zuzurechnen (VwGH 20.2.1992, 88/13/0099). **2235**

6.4.3.2.2 Anlagen, Maschinen, Betriebs- und Geschäftsausstattung

2236 Grundsätzlich entspricht der Teilwert den Anschaffungskosten abzüglich der Abschreibungen.

2237 Insbesondere in folgenden Fällen kann der Teilwert niedriger sein:

- Überdimensionierung,
- Fehlinvestition (zB VwGH 29.4.1992, 90/13/0292),
- Verbot eines Produktes, die Produktionsanlage kann nicht anderweitig eingesetzt werden und ist deshalb wertlos (VwGH 18.12.1990, 89/14/0091),
- wenn eine schadhafte Maschine nicht in absehbarer Zeit repariert werden kann,
- für eine Reisebürokonzession auf Grund einer Rechtsänderung (VwGH 5.4.1978, 664/77, betreffend Reisebüro),
- verdeckte Mängel, soweit mit einer Beseitigung nicht gerechnet werden kann, anders, wenn die Mängel bekannt waren (VwGH 18.1.1984, 82/13/0173),
- Rentabilität einzelner Wirtschaftsgüter liegt unter den Erwartungen.

6.4.3.2.3 Beteiligungen und Anteile an Körperschaften

2238 Beteiligungen liegen dann vor, wenn die Anteile an anderen Unternehmen dazu bestimmt sind, dauerhaft dem Betrieb zu dienen. Ob die Beteiligung in Wertpapieren verbrieft ist, ist unerheblich. Ein Mindestausmaß der Anteile ist nicht erforderlich.

2239 Bewertet werden Beteiligungen mit den Anschaffungskosten zuzüglich der angefallenen Nebenkosten, wozu insbesondere die vom Gesellschafter übernommenen Gründungskosten, Gesellschaftsteuer, Börsenumsatzsteuer, Provisionen, Kosten der Vertragserrichtung sowie eine allfällige Grunderwerbsteuer zu zählen sind.

2240 Zu den nachträglichen Anschaffungskosten zählen bei Beteiligungen insbesondere:

- Auffüllungsverpflichtungen,
- Gesellschafterzuschüsse (zB Sanierungszuschüsse),
- Ordentliche Kapitalerhöhungen,
- Verdeckte Einlagen (VwGH 24.1.1990, 86/13/0162),
- Verlustabdeckungen (VwGH 29.4.1992, 90/13/0228).

2241 Ein unter den Anschaffungskosten liegender Teilwert der Beteiligung ist in der Regel auf der Grundlage einer betriebswirtschaftlichen Grundsätzen entsprechenden Unternehmensbewertung nachzuweisen.

2242 Bei börsenotierten Anteilen entspricht der Teilwert nicht zwingend dem Börsenwert, da durch eine Beteiligung Gesellschafterrechte vorhanden sind, die dem Eigentümer sehr geringer Anteile nicht zustehen. Daher wird der Teilwert in der Regel höher sein als der Börsewert.

2243 Für die Ermittlung des Teilwerts einer Beteiligung wird der Veräußerungspreis vergleichbarer Anteile an derselben Gesellschaft herangezogen. Bei Beteiligungen erhöhen die gesellschaftsrechtlich verbrieften Rechte den Teilwert (Paketzuschlag). Mangels eines vergleichbaren Veräußerungspreises orientiert sich der Teilwert von Beteiligungen an Kapitalgesellschaften an folgenden wertbestimmenden Faktoren:

- Substanzwert,
- Ertragswert und
- strategischer Wert (VwGH 29.4.1992, 90/13/0031).

2244 Wirken sich kombinatorische Effekte positiv auf den Betrieb des Besitzunternehmens aus (zB Fremdenverkehrsbetrieb als Besitzunternehmen und verlustbringende Sessellift-GmbH als Beteiligungsunternehmen), sind diese zu berücksichtigen und hindern die Teilwertabschreibung beim Besitzunternehmen (VwGH 26.5.1971, 150/71; VwGH 2.2.1972, 1991/71).

2245 Anlaufverluste rechtfertigen nur in begründeten Einzelfällen (zB bei gänzlichem Fehlen von Ertragsaussichten) eine Teilwertabschreibung (VwGH 29.4.1992, 90/13/0228). Unerwartet geringe Gewinne bzw. Verluste rechtfertigen den Ansatz eines niedrigeren Teilwertes nur dann, wenn mit keiner Besserung zu rechnen ist und der Beteiligung keine besondere funktionale Bedeutung (zB Marktpräsenz, Markterschließung) zukommt, die Anschaffung also eine Fehlmaßnahme war bzw. die Anschaffungskosten als überhöht anzusehen sind. Dies ist für den Anlaufzeitraum regelmäßig zu verneinen (VwGH 24.2.1999, 96/13/0206).

Eine Teilwertabschreibung ist im Falle mangelnder Ertragsaussicht auch im Jahr der Anschaffung bzw. der Zuschussgewährung möglich.

Ausnahmsweise können Ausschüttungen die Begründung einer Teilwertabschreibung tragen. Dies kann durch Absinken des Beteiligungswertes unter den Bilanzansatz beispielsweise dann der Fall sein, wenn den Kaufpreis beeinflussende Rücklagen ausgeschüttet werden. 2246

Bei der Bewertung von Auslandsbeteiligungen können zusätzlich noch andere wertbestimmende Faktoren zum Tragen kommen (zB Kapitaltransferverbote, Rechtschutzdefizite, Kriegsgefahr), wenn sie konkret und erst nach der Anschaffung in Erscheinung treten. 2247

Bei Auslandsbeteiligungen sind zusätzlich die besonderen Risken des jeweiligen Landes bei der Ermittlung des Teilwertes zu berücksichtigen (Gefahr von Unruhen, politische Risken, schlechte Infrastruktur), das Vorhandensein dieser Umstände allein rechtfertigt jedoch noch keine Teilwertabschreibung.

6.4.3.2.4 Echte stille Beteiligung

Echte (typische) stille Beteiligungen im Betriebsvermögen sind wie die Beteiligung an einer Kapitalgesellschaft und nicht etwa wie eine Forderung zu bewerten (VwGH 29.4.1992, 90/13/ 0292). Der Teilwert einer echten stillen Beteiligung ändert sich nicht im Ausmaß der Verlustzuweisung. Verluste begründen für sich allein nicht in jedem Fall eine Teilwertabschreibung, da die Ertragslage allein nicht immer den Wert einer echten stillen Beteiligung ausmacht, insbesondere dann nicht, wenn für den Beteiligungserwerb Sanierungserwartungen ausschlaggebend sind. Anlauf- und Buchverluste (zB Verlust durch Bildung eines IFB) rechtfertigen keine Teilwertabschreibung (VwGH 29.4.1992, 90/13/0292). Nimmt der stille Gesellschafter über seine Einlage hinaus am Verlust teil, so kann dies nicht zu einer Minusposition führen. Eine etwaige Nachschusspflicht führt zu nachträglichen Anschaffungskosten, gegebenenfalls mit anschließender Teilwertabschreibung. 2248

6.4.3.2.5 Mitunternehmeranteil

Anders als die Beteiligung an einer Kapitalgesellschaft ist der Posten „Beteiligung an einer Personengesellschaft“ kein selbständiges Wirtschaftsgut iSd § 6 EStG 1988; er hat ertragsteuerlich grundsätzlich keine eigenständige Bedeutung (zB keine Teilwertabschreibung). Die Beteiligung an der Mitunternehmerschaft entspricht stets dem steuerlichen Kapitalkonto (einschließlich Ergänzungs- und Sonderkapital) des Mitunternehmers (Spiegelbildtheorie; vgl. VwGH 29.07.2010, 2007/15/0048). 2249

(AÖF 2011/66)

6.4.3.2.6 Wertpapiere

Bei Wertpapieren entspricht der Teilwert dem Kurswert bzw. dem Ankaufspreis. Der niedrigere Verkaufspreis ist der gemeine Wert (Liquidationswert). Wird anlässlich der Begebung ein über dem Nennwert liegender Preis bezahlt, ist dieser Mehrbetrag von den Anschaffungskosten zu trennen und als Zinsenregulativ über die Laufzeit abzugrenzen. 2250

6.4.3.2.7 Ausleihungen

Ausleihungen sind langfristige Forderungen, die im Gegensatz zu Forderungen aus Waren- und Leistungsbeziehungen aus der Hingabe von Kapital entstanden sind. Sie gehören jedenfalls bei einer Laufzeit von 5 Jahren zum Anlagevermögen (§ 227 UGB). Eine Wertberichtigung wegen Uneinbringlichkeit ergibt sich unabhängig von der Gewinnermittlungsart zwingend aus dem Wirtschaftsgutbegriff und aus dem Grundsatz der Bilanzwahrheit. Dies gilt konsequenterweise auch für die nur teilweise Uneinbringlichkeit. 2251

(AÖF 2008/238)

6.4.3.3 Umlaufvermögen

6.4.3.3.1 Allgemeine Grundsätze

Der Teilwert von Wirtschaftsgütern des Umlaufvermögens wird nach dem Erwerbszeitpunkt mit den Wiederbeschaffungskosten angesetzt (VwGH 11.11.1953, 3182/52). Es muss sich wohl um ein nachhaltiges Absinken der Wiederbeschaffungskosten handeln, nicht aber um vorübergehende Preissenkungen wie zB bei einem Räumungsverkauf. Bei Erzeugnissen und Waren spielen auch die Verkaufserlöse eine wesentliche Rolle. Der Einzelveräußerungspreis liegt über dem Teilwert, zumal ein Erwerber des Betriebes im Interesse einer Gewinn bringenden Verwertung des Umlaufvermögens weniger als den am Markt erzielbaren Verkaufspreis bezahlen wird. 2252

6.4.3.3.2 Grund und Boden

Gehört eine bebaute Liegenschaft zum Umlaufvermögen (zB Realitätenhandel), kann ein möglicher Wertverlust durch zwischenzeitige Nutzung nur durch eine Teilwertabschreibung 2253 berücksichtigt werden (VwGH 31.5.1983, 82/14/0188), daher wird der Wertverlust bei § 4 Abs. 3 EStG 1988 erst mit der Veräußerung wirksam.

Zur „Aktivierungspflicht" im Umlaufvermögen von Gebäuden und Wirtschaftsgütern, die keinem regelmäßigen Wertverzehr unterliegen, siehe Rz 664b ff.

Zur Ausnahme vom besonderen Steuersatz für Grundstücke des Umlaufvermögens siehe Rz 6682 ff.

(AÖF 2013/280)

6.4.3.3.3 Roh-, Hilfs- und Betriebsstoffe

2254 Waren, Roh-, Hilfs- und Betriebsstoffe sowie halbfertige und fertige Erzeugnisse sind mit den Anschaffungs- oder Herstellungskosten oder mit dem niedrigeren Teilwert zu bewerten (VwGH 22.2.1963, 700/61, zur Aktivierungspflicht von unfertigen Arbeiten und Erzeugnissen). Fehlt eine Kalkulation, können die Herstellungskosten im Schätzungsweg aus den Verkaufspreisen abgeleitet werden (VwGH 24.4.1990, 89/14/0279).

6.4.3.3.4 Unfertige Erzeugnisse und noch nicht abrechenbare Leistungen

2255 Ausgangspunkt für die Bewertung sind die progressiv ermittelten Herstellungskosten. Diesem Wert ist ein Kontrollwert gegenüber zu stellen, der dem voraussichtlichen Verkaufserlös abzüglich den noch anfallenden Herstellungskosten entspricht (retrograde Bewertung).

Dabei ist als voraussichtlicher Verkaufserlös

- der aus dem Börsenpreis abzuleitende Wert,
- der aus dem Marktpreis abzuleitende Wert oder
- der dem Gegenstand beizumessende Wert, wenn kein Börse- oder Marktpreis feststellbar ist, anzusetzen.

2256 Sowohl bei den unfertigen Erzeugnissen als auch bei den noch nicht abrechenbaren Leistungen sind dem Börse- bzw. Marktpreis (bei den noch nicht abrechenbaren Leistungen der vereinbarte Verkaufspreis) der Vorzug zu geben.

2257 Die retrograde Bewertung soll sicherstellen, dass den einzelnen Erzeugnissen am Abschlussstichtag nicht ein Wert beigemessen wird, der im Jahr der Auslieferung oder Leistung zu einem Verlust führt (verlustfreie Bewertung).

Dementsprechend darf ein kalkulatorischer Gewinnzuschlag bei der retrograden Bewertung nicht angesetzt werden. Der retrograd ermittelte Wert ist dann anzusetzen, wenn dieser geringer ist als die progressiv ermittelten Herstellungskosten.

2258 Sinken die Marktpreise für Roh-, Hilfs- und Betriebsstoffe, kann auch dies eine Auswirkung auf den Teilwert von unfertigen und fertigen Erzeugnissen und von noch nicht abrechenbaren Leistungen haben. Dies kann jedoch ausgeschlossen werden, wenn die Preisminderung am Rohstoffmarkt nur eine vorübergehende ist, weil dann der Preis des Fertigproduktes unverändert bleibt.

Zukünftige Wertverluste haben keine Auswirkung auf den Teilwert am Abschlussstichtag.

6.4.3.3.5 Fertige Erzeugnisse und Waren

2259 Der Teilwert der zum Absatz bestimmten Waren hängt nicht nur von ihren Wiederbeschaffungskosten, sondern auch von ihrem voraussichtlichen Veräußerungserlös ab. Deckt dieser Preis nicht mehr die Selbstkosten, so sind die Anschaffungskosten um den Fehlbetrag zu vermindern.

2260 Bei sinkenden Anschaffungs- oder Herstellungskosten können auch die bereits vorhandenen Waren auf den niedrigeren Wert abgeschrieben werden. Nachhaltigkeit des Wertverlustes ist nicht erforderlich. Der rechnungslegungspflichtige Unternehmer hat sie abzuschreiben. Der Teilwert ist bei Vergleich der Wiederbeschaffungskosten und dem aus dem Verkaufspreis rückgerechneten (retrograd ermittelten) Wert immer der niedrigere der beiden Werte. Künftige Wertschwankungen können in der Bilanz nicht berücksichtigt werden.

(BMF-AV Nr. 2015/133)

6.4.3.3.6 Forderungen

Siehe Rz 2325 ff.

6.4.3.3.7 Wertpapiere und Anteile

2261 Wertpapiere des Umlaufvermögens sind mit den Anschaffungskosten oder mit dem niedrigeren Börse- oder Marktwert anzusetzen. Eine voraussichtlich dauernde Wertminderung ist dabei nicht erforderlich (strenges Niederstwertprinzip).

Wesentlich für den Teilwert ist der Kurswert des Wertpapiers. Im Falle des Erwerbs zu einem über dem Nennwert des Papiers liegenden Betrag ist zu unterscheiden: Im Falle einer Begebung zu einem „Überpari“-Preis ist der Überbetrag von den Anschaffungskosten zu trennen und als Zinsenregulativ über die Laufzeit abzugrenzen. Bei Erwerb eines „pari“ begebenen Papiers zu einem Überbetrag von einem Dritten ist der gesamte Erwerbspreis als Anschaffungskosten anzusetzen; im Falle einer gleichmäßigen Teilwertentwicklung kann der Überparibetrag nach Art einer Abgrenzung entwickelt (abgeschrieben) werden. Hinsichtlich des Ansatzes von Anteilscheinen an Kapitalanlagefonds siehe InvFR 2018 Rz 316. **2262**

(BMF-AV Nr. 2019/75)

6.5 Anlagevermögen

Für die Bewertung ist die Zuordnung zum notwendigen bzw. gewillkürten Betriebsvermögen eine wesentliche Voraussetzung(siehe Rz 469 ff und Rz 589 ff). Eine weitere Abgrenzung betrifft die Zugehörigkeit zu den Vermögensbereichen **2263**

- nicht abnutzbares Anlagevermögen,
- abnutzbares Anlagevermögen oder
- Umlaufvermögen (siehe Rz 604 ff).

6.5.1 Nicht abnutzbares Anlagevermögen

6.5.1.1 Steuerrechtliche Bewertung

Ausgangspunkt der Bewertung des nicht abnutzbaren Anlagevermögens sind die Anschaffungs- oder Herstellungskosten (siehe Rz 2164 ff) bzw. der Einlagewert. Unter folgenden Voraussetzungen kommen gekürzte Anschaffungs- oder Herstellungskosten zum Ansatz: **2264**

- Gewährung steuerfreier Zuschüsse (siehe Rz 2539 ff),
- Übertragung stiller Reserven (siehe Rz 3861 ff).

Liegt der Teilwert niedriger, kann dieser angesetzt werden. Bei betrieblich entbehrlichen Wirtschaftsgütern entspricht der Teilwert dem Einzelveräußerungspreis, also dem gemeinen Wert. Eine Teilwertabschreibung kommt nicht in Betracht, wenn die Wertminderung nicht erheblich und dauerhaft ist (VwGH 18.7.1995, 91/14/0047). **2265**

(AÖF 2005/110)

Eine Gruppenbewertung von Gegenständen des Finanzanlagevermögens (zB Wertpapiere) ist grundsätzlich zulässig. Dafür kommen Durchschnittspreisverfahren in Frage (siehe Rz 2315 ff). Im Allgemeinen wird aber dem Grundsatz der Einzelbewertung durch das Identitätspreisverfahren mit einem angemessenen Aufwand entsprochen werden können. **2266**

Der bebaute Grund und Boden ist in der Bilanz getrennt vom Gebäude anzusetzen; zur Aufteilung siehe Rz 2610 ff. **2267**

(AÖF 2013/280)

Antiquitäten, Kunstwerke und Gebrauchskunst sind nicht im Weg der AfA abschreibbar (VwGH 20.05.2010, 2006/15/0200; VwGH 24.09.1996, 94/13/0240). Wertminderungen durch Wandel des Zeitgeschmacks oder durch unsachgemäße Behandlung kann durch eine Teilwertabschreibung Rechnung getragen werden (VwGH 20.12.1963, 2125/62). Historische Musikinstrumente, die im Konzert- und Probebetrieb einer ständigen Nutzung unterworfen sind, stellen allerdings abnutzbare Wirtschaftsgüter dar (VwGH 31.7.2012, 2008/13/0082); handelt es sich dabei um Instrumente, die bereits über 100 Jahre alt sind, kann eine Nutzungsdauer von weiteren 100 Jahren zu Grunde gelegt werden (UFS 4.9.2012, RV/2398-W/12). **2268**

(AÖF 2013/280)

Verlorener Bauaufwand kann nur dann abgeschrieben werden, wenn er jenes Maß übersteigt, das in gleicher Höhe bei jedem entsprechenden Bau anfällt (VwGH 13.5.1960, 1782/56). **2269**

Zu Beteiligungen siehe Rz 2238 ff.

Handelbare (Gold-)Münzen sind mit den Anschaffungskosten oder einem niedrigeren Teilwert anzusetzen, jedoch nicht mit dem Nennwert. **2270**

Da der eingeschränkte Wertzusammenhang gilt, sind Zuschreibungen zulässig; siehe Rz 2574 ff. Kein Wahlrecht besteht hinsichtlich der Aktivierung nachträglicher Anschaffungs- oder Herstellungskosten. **2271**

6.5.1.2 Unternehmensrechtliche Bewertung

(AÖF 2008/238)

Unternehmensrechtliche Bewertungsgrundsätze sind im Rahmen der Gewinnermittlung gemäß § 5 Abs. 1 EStG 1988 anzuwenden, soweit nicht steuerlich zwingende Regeln dem **2272** entgegenstehen. Der unternehmensrechtliche Wertansatz wird damit auch für die steuerliche Gewinnermittlung maßgeblich (siehe Rz 433 f).

(AÖF 2008/238)

2273 Abschreibungen sind zwingend dann vorzunehmen, wenn die Wertminderung voraussichtlich von Dauer ist (bedingtes Niederstwertprinzip). Ein Abwertungswahlrecht auch ohne voraussichtlich dauernde Wertminderung besteht nur hinsichtlich der Finanzanlagen. Eine dauerhafte Wertminderung ist jedenfalls anzunehmen, wenn die Wertminderung bereits länger als zwölf Monate bestanden hat.

2274 Wertänderungen des Grund und Bodens sind bei der Gewinnermittlung durch Bilanzierung in Form von Teilwertabschreibungen und Zuschreibungen gemäß § 6 Z 13 EStG 1988 zu berücksichtigen. Dafür kommen insbesondere in Betracht:

- Umweltveränderungen wie Verkehrslärm,
- Verschlechterung der Verkehrsverhältnisse,
- behördliche Maßnahmen wie Umwidmungen und
- Veränderungen des wirtschaftlichen Umfelds.

(AÖF 2013/280)

2275 **Rechtslage für Wirtschaftsjahre vor 2016:**

§ 208 Abs. 2 UGB idF vor dem RÄG 2014 relativiert für Wirtschaftsjahre vor 2016 das unternehmensrechtliche Aufwertungsgebot zu einem Aufwertungswahlrecht iSd eingeschränkten Wertzusammenhangs. Der Ansatz von Zwischenwerten ist unzulässig.

Rechtslage für Wirtschaftsjahre ab 2016:

Mit dem RÄG 2014 entfiel für Wirtschaftsjahre ab 2016 das bisherige unternehmensrechtliche Wertbeibehaltungswahlrecht gemäß § 208 Abs. 2 UGB idF vor dem RÄG 2014.

(BMF-AV Nr. 2018/79)

6.5.2 Abnutzbares Anlagevermögen

6.5.2.1 Steuerrechtliche Bewertung

2276 Das Steuerrecht definiert die Zugehörigkeit zum abnutzbaren Anlagevermögen in § 7 Abs. 1 EStG 1988 ebenso wie die Bewertung eigenständig. Ausgangspunkt der Bewertung sind die um die lineare Abschreibung verminderten (fortgeschriebenen) Anschaffungs- oder Herstellungskosten bzw. der fortgeschriebene Einlagewert (siehe Rz 3101 ff).

2277 Unter bestimmten Voraussetzungen dürfen Wirtschaftsgüter des abnutzbaren Sachanlagevermögens zu einer Gruppe zusammengefasst werden und mit einem gleich bleibenden Wert (Festwert) in der Bilanz ausgewiesen werden:

- Es muss sich um gleichartige Wirtschaftsgüter handeln.
- Die Gruppe unterliegt hinsichtlich Größe, Wert und Zusammensetzung voraussichtlich nur geringen Veränderungen.
- Der Gruppenbestand wird regelmäßig ersetzt, so dass Abgänge und Abschreibungen durch entsprechende Zugänge ausgeglichen werden.
- Der Gesamtwert der Gruppe muss von untergeordneter Bedeutung im Verhältnis zum Wert des Gesamtvermögens sein.

2278 Der Festwert ist zumindest alle fünf Jahre durch eine Bestandsaufnahme zu überprüfen. Wesentlichen Veränderungen des Festwertes ist durch eine entsprechende Anpassung Rechnung zu tragen. Ist auf Grund von betrieblichen Entwicklungen auf eine wesentliche Veränderung des Festwertes zu schließen, ist eine Bestandsaufnahme durchzuführen (VwGH 29.4.1963, 1974/ 62). Wird der Festwert als Wertansatz gewählt, ist er iSd Bewertungsstetigkeit fortzuführen.

(AÖF 2002/84)

2279 Festwerte kommen insbesondere für folgende Gruppen von Wirtschaftsgütern in Betracht:

- Bahn- und Gleisanlagen,
- Beleuchtungsanlagen,
- Feuerlöschgeräte,
- Flaschen,
- Flaschenkästen,
- Formen,
- Gerüstteile,
- Hotelgeschirr und -wäsche,

- Kanaldielen,
- Laboratoriumseinrichtungen,
- Leergebinde (VwGH 29.4.1963, 1974/62),
- Mess- und Prüfgeräte,
- Modelle,
- Rechen- und Schreibmaschinen,
- Stromleitungen,
- Werkzeugsätze.

Liegt der Teilwert niedriger als der Buchwert, kann dieser angesetzt werden. Ein Abschreibungsgebot ist nur dann anzunehmen, wenn dies die allgemeinen Grundsätze ordnungsmäßiger Buchführung verlangen (VwGH 27.6.1989, 88/14/0126). Bei betrieblich entbehrlichen Wirtschaftsgütern entspricht der Teilwert dem Einzelveräußerungspreis, also dem gemeinen Wert. **2280**

Eine Teilwertabschreibung kommt nicht in Betracht, wenn die Wertminderung nicht erheblich und dauerhaft ist (VwGH 27.6.1989, 88/14/0126). Als dauerhaft ist eine Wertminderung jedenfalls dann nicht anzusehen, wenn durch die lineare AfA innerhalb der halben Restnutzungsdauer der niedrigere Teilwert ohnehin erreicht würde. Bei abnutzbaren Wirtschaftsgütern mit einer Restnutzungsdauer von mehr als zehn Jahren ist diese Bedingung jedenfalls innerhalb von fünf Jahren zu erreichen. **2281**

(AÖF 2005/110)

Randzahl 2282: *derzeit frei*

(AÖF 2013/280)

Rechtslage für Wirtschaftsjahre vor 2016: **2283**

Der uneingeschränkte Wertzusammenhang untersagt grundsätzlich das Neutralisieren von Teilwertabschreibungen der Vorjahre.

Eine Ausnahme vom uneingeschränkten Wertzusammenhang stellt im Hinblick auf § 208 Abs. 2 UGB idF vor dem RÄG 2014 in Verbindung mit § 6 Z 13 EStG 1988 idF vor dem RÄG 2014 das Zuschreibungswahlrecht in der UGB-Bilanz dar. Es gilt der Grundsatz der Maßgeblichkeit (siehe Rz 433 f). Beanspruchen dürfen dieses Wahlrecht alle Steuerpflichtigen, die unternehmensrechtliche Jahresabschlüsse legen, unabhängig von der Art der betrieblichen Einkünfte (siehe Rz 2143 ff).

Rechtslage für Wirtschaftsjahre ab 2016:

Eine Ausnahme vom uneingeschränkten Wertzusammenhang stellt die Zuschreibungsverpflichtung des § 208 Abs. 1 UGB in Verbindung mit § 6 Z 13 EStG 1988 idF RÄG 2014 in der UGB-Bilanz dar. Es gilt der Grundsatz der Maßgeblichkeit (siehe Rz 433 f). Dies gilt für alle Steuerpflichtigen, die unternehmensrechtliche Jahresabschlüsse legen, unabhängig von der Art der betrieblichen Einkünfte (siehe Rz 2143 ff).

(BMF-AV Nr. 2018/79)

Zulässig sind in Wirtschaftsjahren vor 2016 Zuschreibungen der Bewertungsreserve aus der Übertragung stiller Reserven (§ 12 EStG 1988) und Aufwertungen von abnutzbaren Anlagegütern (zB Zuschreibung von Zehntelabschreibungen gemäß § 8 Abs. 2 EStG 1988) einschließlich geringwertiger Wirtschaftsgüter (§ 13 EStG 1988). **2284**

Zur Rechtslage für Wirtschaftsjahre ab 2016 siehe Rz 2574 ff.

(BMF-AV Nr. 2018/79)

6.5.2.2 Unternehmensrechtliche Bewertung

(AÖF 2008/238)

Auf Grund der eigenständigen Regelung des Steuerrechts über die Zugehörigkeit zum abnutzbaren Anlagevermögen in § 7 Abs. 1 EStG 1988 ist für die steuerliche Gewinnermittlung die Maßgeblichkeit des Unternehmensrechts durchbrochen. Auch die im Unternehmensrecht über die lineare AfA (siehe Rz 3109) und die Sonderformen der AfA (siehe Rz 139 ff und Rz 3208 ff) hinausgehenden Abschreibungsmethoden sind bei der steuerlichen Gewinnermittlung nicht anwendbar. **2285**

Außerplanmäßige Abschreibungen sind zwingend dann vorzunehmen, wenn die Wertminderung voraussichtlich von Dauer ist (bedingtes Niederstwertprinzip).

(BMF-AV Nr. 2018/79)

2286 **Rechtslage für Wirtschaftsjahre vor 2016:**

§ 208 Abs. 2 UGB idF vor dem RÄG 2014 in Verbindung mit § 6 Z 13 EStG 1988 idF vor dem RÄG 2014 relativiert für Wirtschaftsjahre vor 2016 das unternehmensrechtliche Aufwertungsgebot zu einem Aufwertungswahlrecht iSd eingeschränkten Wertzusammenhangs (siehe Rz 2272 ff). Der Ansatz von Zwischenwerten ist unzulässig.

Rechtslage für Wirtschaftsjahre ab 2016:

Mit dem RÄG 2014 entfiel für Wirtschaftsjahre ab 2016 das bisherige unternehmensrechtliche Wertbeibehaltungswahlrecht gemäß § 208 Abs. 2 UGB idF vor dem RÄG 2014.

(BMF-AV Nr. 2018/79)

6.5.3 Firmenwert

6.5.3.1 Abnutzbarer und nicht abnutzbarer Firmenwert

2287 Der Firmenwert ist jener Wert eines Betriebes, der nicht einzelnen betrieblich eingesetzten Wirtschaftsgütern zugeordnet werden kann, sondern sich als Mehrwert über den Substanzwert der einzelnen materiellen und immateriellen Wirtschaftsgüter ergibt (VwGH 29.01.1974, 1945/73), also durch den Betrieb des Unternehmens im Ganzen vermittelt wird. Nur der derivativ (von einem Dritten entgeltlich) erworbene Firmenwert ist als Firmenwert aktivierungsfähig; ein originärer Firmenwert darf nicht aktiviert werden (VwGH 26.11.1997, 95/13/0003). Steuerlich besteht im Hinblick auf die Eigenschaft als Wirtschaftsgut Aktivierungspflicht (VwGH 21.09.1983, 82/13/0248; VwGH 05.03.1986, 84/13/0062). Auch unternehmensrechtlich besteht für Geschäftsjahre, die nach dem 31.12.2009 beginnen, Aktivierungspflicht (§ 203 Abs. 5 UGB).

(AÖF 2011/66)

2288 Zur Ermittlung der Anschaffungskosten des Firmenwertes siehe Rz 2524 ff. Der Ansatz eines negativen Firmenwertes kommt nicht in Betracht (VwGH 29.1.1974, 1945/1973). Nicht jeder Unterschiedsbetrag ist jedoch stets als Firmenwert zu behandeln; er kann auch auf andere bisher nicht aktivierte unkörperliche Wirtschaftsgüter wie etwa Nutzungsrechte entfallen (VwGH 8.11.1977, 1973/1975).

2288 Der Firmenwert gründet sich (Firmenwertbestandteile) ua. auf den Kundenstock (VwGH 23.2.1972, 699/1971), den Vertriebswegen, seinen guten Ruf, der Bekanntheit seiner Firma, seinen guten Geschäftsbeziehungen, der Qualität seiner Belegschaft, seine langjährige Erfahrung, seine innerbetriebliche Organisation (VwGH 21.12.1961, 403/1960; VwGH 2.10.1964, 1179/ 1963), den Auftragsbestand (VwGH 5.3.1986, 84/13/0062; VwGH 17.9.1997, 93/13/0064). Im Übrigen gilt der Firmenwert als einheitliches Wirtschaftsgut, das nicht in weitere Faktoren zerlegt werden kann (VwGH 11.12.1990, 90/14/0187; VwGH 26.11.1991, 91/14/0160; VwGH 3.11.1992, 92/14/0038; VwGH 15.9.1993, 91/13/0053).

2290 Der Standort eines Unternehmens gehört grundsätzlich zum Wert des Grund und Bodens bzw. des Mietrechts und nicht zum Firmenwert (VwGH 20.2.1992, 88/13/0099; VwGH 30.6.1987, 86/14/0195).

2291 Werden der Kundenstock oder andere Firmenwertbestandteile getrennt erworben, so sind auf sie die Vorschriften über den Firmenwert ebenfalls anzuwenden (VwGH 21.11.2007, 2004/13/0144; VwGH 27.01.1998, 94/14/0017).

(AÖF 2008/238)

2292 Vom Firmenwert sind die sogenannten firmenwertähnlichen Wirtschaftsgüter zu unterscheiden. Darunter fallen im betrieblichen Gefüge für den Unternehmenswert bedeutsame immaterielle Wirtschaftsgüter, die aber neben dem Firmenwert selbständig bewertbar sind. Sie sind nach den allgemeinen Bewertungsregeln entweder als abnutzbar oder als nicht abnutzbar zu behandeln. Darunter fallen zB Zahlungen für den Erwerb von Rezepturen (VwGH 20.11.1996, 94/15/0143), das Markenrecht (VwGH 27.09.1995, 92/13/0297), die Apothekenkonzession (nicht abnutzbar VwGH 21.09.2005, 2001/13/0214, VwGH 05.07.2004, 2000/14/0123, VwGH 16.09.2003, 2000/14/0119, VwGH 26.02.2003, 97/13/0155, VwGH 25.01.2000, 94/14/0141; VwGH 26.07.2000, 2000/14/0111). Es bestehen keine Bedenken, den nicht abnutzbaren Konzessionswert von Apotheken mit 25% des Kaufpreises der Apotheke anzusetzen, wobei ein auf Grund und Boden und Gebäude entfallender Kaufpreisbestandteil sowie die USt nicht zu berücksichtigen sind. Der Konzessionswert der gesamten Apotheke beträgt aber höchstens 500.000 Euro. Zu Rauchfangkehrern siehe Rz 2292a.

(AÖF 2009/74)

2292a Rauchfangkehrer sind auf Grund der gewerberechtlichen Rechtslage (§§ 120 ff GewO 1994) innerhalb des Kehrbezirkes von Konkurrenz durch andere Rauchfangkehrer außerhalb des Kehrbezirkes weitestgehend abgeschirmt. Diese geschützte Marktposition stellt keinen Firmenwert, sondern ein nicht abnutzbares Recht dar. Wird bei Übernahme eines

Rauchfangkehrerbetriebes eine Zahlung für einen „Kundenstock" oder unter einer ähnlichen Bezeichnung geleistet, stellt diese auch eine Abgeltung für die Einräumung des begünstigten Marktzuganges dar und unterliegt insoweit als Anschaffungskosten für ein immaterielles (firmenwertähnliches) Wirtschaftsgut keiner Abnutzung. Es bestehen keine Bedenken, den auf dieses immaterielle Wirtschaftsgut entfallenden Anteil mit 25% des gesamten Kaufpreises des Rauchfangkehrerbetriebes anzusetzen, wobei ein auf Grund und Boden und Gebäude entfallender Kaufpreisbestandteil sowie die USt nicht zu berücksichtigen sind.

Mit der Gewerberechtsnovelle 2015 wurde zusätzlich zum öffentlich zugelassenen Rauchfangkehrer das Gewerbe Rauchfangkehrer geschaffen, welches sämtliche Arbeiten des Rauchfangkehrers mit Ausnahme der sicherheitsrelevanten Tätigkeiten durchführen darf. Insoweit ein Firmenwert auf die nicht sicherheitsrelevanten Tätigkeiten zurückzuführen ist, ist Rz 2292a ab Inkrafttreten dieser Änderung nicht mehr anwendbar. Der auf sicherheitsrelevante Tätigkeiten entfallende Anteil des Firmenwertes kann mit 15% des gesamten Kaufpreises des Rauchfangkehrerbetriebes angesetzt werden, wobei ein auf Grund und Boden und Gebäude entfallender Kaufpreisbestandteil sowie die USt nicht zu berücksichtigen sind.
(BMF-AV Nr. 2018/79)

Auf Grund der gesetzlichen Fiktion des § 6 Z 1 zweiter Satz EStG 1988 gilt der nach dem 31. Dezember 1988 entgeltlich erworbene Firmenwert bei „Land- und Forstwirten" und bei „Gewerbetreibenden" immer als abnutzbares Anlagevermögen. Firmenwerte, die vor dem 1. Jänner 1989 erworben und als nicht abnutzbares Anlagevermögen behandelt wurden, bleiben weiterhin nicht abnutzbar. **2293**

Zur Teilwertabschreibung siehe Rz 3192 f.

6.5.3.2 Entgeltlicher Erwerb des Praxiswertes von Freiberuflern

Bei den Angehörigen freier Berufe wird der Firmenwert (Praxiswert) beinahe ausschließlich durch den Kundenstock bestimmt (VwGH 10.5.1994, 91/14/0116). Anders als beim Firmenwert kann daher der Praxiswert zB auch bloß in einem Kundenstock bestehen und isoliert übertragen werden (VwGH 23.2.1972, 699/1971; VwGH 20.9.1983, 82/14/0341). **2294**

Die Fiktion des § 6 Z 1 zweiter Satz EStG 1988 gilt nicht für den entgeltlichen Erwerb des Firmen- bzw. Praxiswertes eines freiberuflich Tätigen. Dieser Praxiswert ist grundsätzlich auf persönliche Leistungen des Rechtsvorgängers zurückzuführen und daher abnutzbar (vgl. ua. VwGH 13.5.1986, 83/14/0089, 0094; VwGH 10.5.1994, 91/14/0116), da mit dem Ausscheiden des Praxisinhabers das von ihm begründete Vertrauensverhältnis allmählich endet und vom Nachfolger neu begründet werden muss (VwGH 10.6.1980, 2420/79). **2295**

Ist der Rechtsvorgänger (Praxisinhaber) weiter im Betrieb tätig, ist der Praxiswert nicht abnutzbar (VwGH 25.5.1988, 87/13/0159); ebenso bei Unternehmensfortführung in bloß geänderter Rechtsform oder anderer gesellschaftsrechtlicher Position (VwGH 18.10.1988, 87/14/0174; VwGH 15.9.1993, 91/13/0053). Auch wenn der bisherige Praxisinhaber weiterhin einen entscheidenden Einfluss auf das Unternehmen ausübt, weil er zB als nach außen hin tätiger Gesellschafter der erwerbenden Personengesellschaft oder als Geschäftsführer der erwerbenden Kapitalgesellschaft tätig bleibt, ist der Praxiswert als nicht abnutzbares Wirtschaftsgut zu betrachten (VwGH 13.5.1986, 83/14/0089, 0094; VwGH 15.9.1993, 91/13/0053; VwGH 10.5.1994, 91/14/ 0116; VwGH 18.2.1999, 97/15/0017). **2296**

Geht der Firmenwert von einer Kapitalgesellschaft auf eine natürliche Person über, so kann ein Praxiswert auch dann nicht angenommen werden, wenn der Betrieb der Kapitalgesellschaft einem freien Beruf entsprochen hat. Ein Praxiswert, der nicht weitgehend auf einem persönlichen Vertrauensverhältnis (wie zB zwischen einem Rechtsanwalt und seinen Klienten) beruht, ist ebenfalls nicht abnutzbar (zB der Praxiswert eines Facharztes für Labormedizin). Es bestehen aber keine Bedenken, wenn ein nicht abnutzbarer Praxiswert in analoger Anwendung des § 8 Abs. 3 EStG 1988 verteilt auf fünfzehn Jahre abgeschrieben wird. **2297**

Beispiel:

Eine GesBR erwirbt das Einzelunternehmen eines Freiberuflers. Ist der bisherige Praxisinhaber weiterhin als Gesellschafter tätig, so unterliegt der Praxiswert nicht der Abnutzung. § 8 Abs. 3 EStG 1988 kann angewendet und der Praxiswert auf fünfzehn Jahre verteilt abgeschrieben werden.

Zur Nutzungsdauer eines Praxiswertes siehe Rz 3188 ff.

6.5.3.3 Abstellen auf den Inhalt der Tätigkeit

§ 6 Z 1 zweiter Satz EStG 1988 stellt auf den Inhalt der Tätigkeit („Land- und Forstwirte" bzw. „Gewerbetreibende") und nicht auf die Zuordnung zur jeweiligen Einkunftsart ab. Die vorstehenden Ausführungen gelten daher auch dann, wenn das freiberufliche Unternehmen **2298** von einer Gesellschaft erworben wird, die gemäß § 7 Abs. 3 KStG 1988 nur Einkünfte aus Gewerbebetrieb erzielen kann.

Beispiel:

Eine GmbH erwirbt das Einzelunternehmen eines Freiberuflers. Ist der bisherige Praxisinhaber weiterhin als Geschäftsführer tätig, so unterliegt der Praxiswert nicht der Abnutzung. Wird das Unternehmen unabhängig vom bisherigen Praxisinhaber betrieben, unterliegt der Praxiswert hingegen der Abnutzung.

6.5.3.4 Entgeltlicher Erwerb von Mitunternehmeranteilen

2299 Beim entgeltlichen Erwerb von Mitunternehmeranteilen an land- und forstwirtschaftlich oder gewerblich tätigen Personengesellschaften ist der Firmenwert auch dann abnutzbar, wenn alle Gesellschafter in der Gesellschaft verbleiben. Dies gilt sowohl beim Erwerb eines Mitunternehmeranteiles durch einen anderen Mitunternehmer als auch beim Erwerb durch eine gesellschaftsfremde Person.

2300 Wird hingegen ein Anteil an einer freiberuflich tätigen Personengesellschaft erworben, so ist darauf abzustellen, ob der oder die Mitunternehmer, auf deren persönliche Leistungen der Praxiswert zurückzuführen ist, weiterhin in der Gesellschaft verbleiben oder nicht; Rz 2294 ff gilt entsprechend.

6.6 Bewertungsvorschriften im Rahmen der Land- und Forstwirtschaft

6.6.1 Biologisches Wachstum

2301 Gemäß § 6 Z 2 lit. b EStG 1988 ist bei buchführenden land- und forstwirtschaftlichen Betrieben für die Wirtschaftsgüter mit biologischem Wachstum (Pflanzen und Tiere) auch der Ansatz des über den Anschaffungs- oder Herstellungskosten liegenden Teilwertes zulässig ist. Macht der Land- und Forstwirt vom höheren Teilwert Gebrauch, weist er durch die Aktivierung noch nicht verwirklichte Gewinne aus, die der Besteuerung unterliegen (VwGH 6.11.1990, 89/14/0244). Die Aufwertung ist gegen entstandenen Aufwand (zB Wiederaufforstungs- und Pflegekosten) zu verrechnen.

6.6.1.1 Feldinventar und stehende Ernte

2302 Zu den bewertungsfähigen Wirtschaftsgütern auf dem nackten Grund und Boden zählt auch bürgerlich-rechtliches Zubehör (VwGH 11.12.1990, 90/14/0199), wie „Gras, Bäume, Früchte und alle brauchbaren Dinge, welche die Erde auf ihrer Oberfläche hervorbringt" (vgl. § 295 ABGB). Solche Wirtschaftsgüter bleiben nichtabnutzbares Anlagevermögen, solange sie mit dem Grund und Boden fest verbunden sind. Soweit diese Wirtschaftsgüter land- und forstwirtschaftlichen Zwecken dienen (zB stehendes Holz, Bäume einer Obstplantage), sind sie auch nicht vom Grundstücksbegriff nach § 30 Abs. 1 EStG 1988 erfasst (siehe Rz 6621); dies gilt sinngemäß auch für das Feldinventar. Feldinventar und stehende Ernte sind zumindest mit den Feldbestellungskosten (im Boden befindliche Saat, Dünger, Pflegekosten, Maschinenkosten, Fremdlöhne usw.) zu bewerten. Da es sich bei der stehenden Ernte (einschließlich des Feldinventars) um Wirtschaftsgüter mit biologischem Wachstum handelt, ist beim Bilanzierenden auch der Ansatz des höheren Teilwertes iSd § 6 Z 2 lit. b EStG 1988 möglich). Wird von diesem Aktivierungswahlrecht nicht Gebrauch gemacht, können die Feldbestellungs- und Pflegekosten sofort als Aufwand geltend gemacht werden.

(AÖF 2013/280)

2303 Der höhere Teilwert wird in der Praxis bei solchen Wirtschaftsgütern ansetzbar sein, deren Heranwachsen sich über ein Wirtschaftsjahr hinaus erstreckt (zB Gewächse einer Baumschule, Ziersträucher bei einer Gärtnerei, Christbaumkultur). Diese Wirtschaftsgüter werden zum Umlaufvermögen, wenn sie vom Grund und Boden getrennt werden.

6.6.1.2 Stehendes Holz

2304 Das stehende Holz ist ein eigenständig zu bewertendes, von Grund und Boden zu trennendes Wirtschaftsgut (VwGH 11.12.1990, 90/14/0199). Es ist auch nicht vom Grundstücksbegriff nach § 30 Abs. 1 EStG 1988 erfasst (siehe Rz 6621), weil es sich hier um ein Wirtschaftsgut handelt, das als Produktionsmittel dazu bestimmt ist, Holz zu erzeugen und damit zum nichtabnutzbaren Anlagevermögen einer Forstwirtschaft gehört. Erst mit der Schlägerung geht diese Funktion verloren und aus dem Anlagegut wird durch Änderung der Zweckbestimmung Umlaufvermögen (VwGH 27.3.1985, 83/13/0079; VwGH 21.10.1986, 86/14/0021).

Zur jährlichen Erfassung des natürlichen Zuwachses des heranwachsenden Waldes beim Bilanzierenden (höherer Teilwert für ein Wirtschaftsgut mit biologischem Wachstum) siehe Abschn. 6.6.1.

Zur Bewertung des Holzbestandes bei Waldgrundstücksveräußerungen siehe Abschn. 15.1.8.3.2.

Zur Bewertung des stehenden Holzes im Falle der Veräußerung von Waldgrundstücken siehe Abschn. 15.1.8.3.

(AÖF 2013/280)

6.6.2 Firmenwert

Im § 6 Z 1 EStG 1988 wird fingiert, dass der nach dem 31.12.1988 entgeltlich erworbene Firmenwert bei Land- und Forstwirten (sowie bei Gewerbetreibenden) immer als abnutzbares Anlagevermögen gilt. Firmenwerte, die vor diesem Zeitraum erworben und als nicht abnutzbares Anlagevermögen behandelt wurden, bleiben weiterhin nicht abnutzbar. Der nach dem 31.12.1988 entgeltlich erworbene Firmenwert ist zwingend auf einen Zeitraum von fünfzehn Jahren abzuschreiben. Bei Firmenwerten, die vor diesem Zeitpunkt erworben wurden und abnutzbar sind, ist die bisherige Nutzungsdauer weiterhin maßgebend. In der Praxis kommt der Firmenwert bei Land- und Forstwirten selten vor. **2305**

Der entgeltlich erworbene Firmenwert kann auf den niedrigeren Teilwert abgeschrieben werden, wenn dies durch bestimmte nachweisbare Tatsachen begründet wird (zB Verkleinerung des Betriebes, Umstellung der Bewirtschaftung auf niederpreisliche Produkterzeugung). In jenen Fällen, in denen die gesetzliche Abschreibungsdauer von fünfzehn Jahren unmittelbar anzuwenden ist oder analog angewendet wird, kann eine außergewöhnliche technische oder wirtschaftliche Abschreibung nicht vorgenommen werden. Dies ergibt sich daraus, dass der fünfzehnjährige Zeitraum zwingend zum Tragen kommt. Siehe auch Rz 2287 ff. **2307**

6.6.3 Sondervorschriften Weinbau

Siehe Rz 5096 ff.

6.7 Umlaufvermögen

6.7.1 Vorräte

6.7.1.1 Allgemeines

Zu den Vorräten zählen insbesondere **2306**

- Rohstoffe,
- Hilfsstoffe,
- Betriebsstoffe,
- unfertige Erzeugnisse,
- fertige Erzeugnisse,
- Waren und
- noch nicht abrechenbare Leistungen.

Im Speziellen zählen dazu: **2308**

- der angeschaffte Bodenschatz (zB Schotter) bei Abbaubetrieben (VwGH 12.2.1998, 94/15/0184),
- Ersatzteile, nicht jedoch Spezialersatzteile (VwGH 26.4.1977, 671/75),
- Gebäude und Wohnungen, die der Veräußerung dienen (VwGH 7.6.1983, 87/14/0318, 0329),
- Grundstücke bei einem Immobilienhandel (VwGH 31.5.1983, 82/14/0188),
- geschlägertes Holz (VwGH 16.6.1987, 86/14/0188) und
- Vorführwagen (VwGH 2.7.1975, 2306/74).

Im Bereich des Vorratsvermögens kommt der körperlichen Bestandsaufnahme und der Bewertung für die Bilanzierung besondere Bedeutung zu (siehe Rz 2101 ff). Der Verbrauch beeinflusst unmittelbar das Ergebnis, die Wertansätze der Bestände direkt die Höhe des Betriebsvermögens und damit ebenfalls den steuerlichen Gewinn. **2309**

6.7.1.2 Bewertungsregeln

Die Bewertungsregeln des § 6 Z 2 lit. a EStG 1988 ordnen den Vorräten die Anschaffungs- oder Herstellungskosten als primäre Wertbegriffe zu. Wahlweise kann im Rahmen der Gewinnermittlung gemäß § 4 Abs. 1 EStG 1988 ein niedrigerer Teilwert angesetzt werden (VwGH 22.2.1963, 700/61). **2310**

Im Geltungsbereich des § 5 Abs. 1 EStG 1988 ist zwingend ein niedrigerer Teilwert anzusetzen (unbedingtes Niederstwertprinzip), Zwischenwerte sind unzulässig. Die Be- **2311** dingung der voraussichtlichen Dauerhaftigkeit von Wertminderungen gilt im Bereich des Umlaufvermögens nicht.

2312 Steuerrechtlich sind Zuschreibungen insofern zulässig, als sie Teilwertabschreibungen der Vorjahre rückgängig machen (eingeschränkter Wertzusammenhang). Unternehmensrechtlich wird durch § 208 Abs. 2 UGB idF vor dem RÄG 2014 dieses Wahlrecht für Wirtschaftsjahre vor 2016 übernommen. Für Wirtschaftsjahre ab 2016 ist gemäß § 208 Abs. 1 UGB auf Grund des Maßgeblichkeitsprinzips im Rahmen der Gewinnermittlung gemäß § 5 Abs. 1 EStG 1988 eine Zuschreibung zwingend vorzunehmen.

Die Gründe für die ehemalige Teilwertabschreibung müssen im Jahr der Zuschreibung weggefallen sein. Eine Identität der Gründe ist nicht Voraussetzung (VwGH 22.04.2009, 2007/15/0074; siehe dazu auch Rz 2584). Diese Wertaufholung ist mit den ursprünglichen Anschaffungs- oder Herstellungskosten bzw. dem ursprünglichen Einlagewert begrenzt (Realisationsprinzip).

(BMF-AV Nr. 2018/79)

2312a Bei der Bewertung des Lagerbestandes im Buchhandel gelten die allgemeinen Grundsätze. Es bestehen aber keine Bedenken, die Richtlinien für die Lagerbewertung im Buchhandel – Fassung 2008, BMF-010203/0514-VI/6/2008, anzuwenden. Diese Richtlinien können ab der Veranlagung 2008 für Wirtschaftsjahre, die nach dem 31.12.2007 beginnen, angewendet werden.

(AÖF 2009/74)

6.7.1.3 Identitätspreisverfahren

2313 Dieses Verfahren gewährleistet, dass dem einzelnen Wirtschaftsgut der konkrete Anschaffungspreis gegebenenfalls unter Berücksichtigung von Nebenkosten und Preisminderungen zugerechnet werden kann. Damit entspricht dieses Verfahren sowohl dem Grundsatz der Einzelbewertung als auch dem Realisationsprinzip.

In der Praxis kann diese Bewertung nur umgesetzt werden, wenn entsprechende begleitende Maßnahmen die Identifikation des Wirtschaftsguts und die Preiszuordnung unterstützen.

2314 Das Identitätspreisverfahren ist immer dann einzusetzen, wenn es betrieblich zweckmäßig erscheint.

Beispiel:

Von einer bestimmten Vorratsposition wurden folgende Daten aufgezeichnet:

Anfangsbestand	*90 Stück*	*à*	*400 S*
Zugänge:			
1. Zukauf am 28.1.2000	*400 Stück*	*à*	*390 S*
2. Zukauf am 15.4.2000	*200 Stück*	*à*	*405 S*
3. Zukauf am 7.7.2000	*350 Stück*	*à*	*395 S*
4. Zukauf am 20.9.2000	*150 Stück*	*à*	*410 S*
5. Zukauf am 6.12.2000	*100 Stück*	*à*	*415 S*

Abgänge lt Entnahmescheine:

27.1.2000	*vom Anfangsbestand*	*60 Stück*
5.3.2000	*vom Anfangsbestand*	*30 Stück*
5.3.2000	*vom 1. Zukauf*	*350 Stück*
22.6.2000	*vom 2. Zukauf*	*180 Stück*
7.9.2000	*vom 3. Zukauf*	*320 Stück*
20.11.2000	*vom 4. Zukauf*	*135 Stück*

Endbestand lt Inventur:

vom 1. Zukauf	*50 Stück*	
vom 2. Zukauf	*20 Stück*	
vom 3. Zukauf	*30 Stück*	
vom 4. Zukauf	*15 Stück*	
vom 5. Zukauf	*95 Stück*	*5 Stück Schwund*

Der Verbrauch ergibt sich wie folgt:

Abgang am 27.1.2000	*60 Stück*	*à*	*400 S*	*24.000 S*
Abgang am 5.3.2000	*30 Stück*	*à*	*400 S*	*12.000 S*
Abgang am 5. 3.2000	*350 Stück*	*à*	*390 S*	*136.500 S*
Abgang am 22.6.2000	*180 Stück*	*à*	*405 S*	*72.900 S*
Abgang am 7.9.2000	*320 Stück*	*à*	*395 S*	*126.400 S*
Abgang am 20.11.2000	*135 Stück*	*à*	*410 S*	*55.350 S*
Verbrauch	*1.075 Stück*			*427.150 S*

Der Endbestand wird folgendermaßen ermittelt:

Endbestand	*vom 1. Zukauf*	*50 Stück*	*à*	*390 S*	*19.500 S*
Endbestand	*vom 2. Zukauf*	*20 Stück*	*à*	*405 S*	*8.100 S*
Endbestand	*vom 3. Zukauf*	*30 Stück*	*à*	*395 S*	*11.850 S*
Endbestand	*vom 4. Zukauf*	*15 Stück*	*à*	*410 S*	*6.150 S*
Endbestand	*vom 5. Zukauf*	*95 Stück*	*à*	*415 S*	*39.425 S*
Endbestand		*210 Stück*			*85.025 S*
Schwund	*vom 5. Zukauf*	*5 Stück*	*à*	*415 S*	*2.075 S*

Ist hinsichtlich der Abfassungen das konkrete Wirtschaftsgut, bzw. die Reihenfolge und die Menge der einzelnen Positionen nicht detailliert feststellbar, sind andere Bewertungsverfahren anzuwenden.

Für eine Teilwertabschreibung sind die Anschaffungskosten des einzelnen Wirtschaftsguts mit dem jeweiligen Teilwert zu vergleichen.

6.7.1.4 Durchschnittspreisverfahren

6.7.1.4.1 Gewogenes Durchschnittspreisverfahren

Gleichartige Wirtschaftsgüter des Vorratsvermögens können zu einer Gruppe zusammengefasst werden. Die Bewertung erfolgt mit dem gewogenen Durchschnittspreis. Dieser wird dadurch ermittelt, dass für die einzelne Gruppe von Wirtschaftsgütern aus dem Anfangswert zu Beginn des Wirtschaftsjahres und den Anschaffungswerten der Zugänge im Wirtschaftsjahr der Gesamtwert der Position errechnet wird. Geteilt durch die Anzahl der einzelnen Wirtschaftsgüter dieser Gruppe aus dem Anfangsbestand und dem Zukauf ergibt sich der gewogene Durchschnittspreis. Mit diesem werden die Wirtschaftgüter dieser Gruppe, die lt Inventur als Endbestand vorhanden sind, bewertet. Liegt der Teilwert niedriger, sind die Voraussetzungen für eine Abschreibung gegeben. **2315**

Beispiel:

Von einer bestimmten Vorratsposition wurden folgende Daten aufgezeichnet:

Anfangsbestand	*90 Stück*	*à*	*400 S*
Zugänge:			
Zukauf am 28.1.2000	*400 Stück*	*à*	*390 S*
Zukauf am 15.4.2000	*200 Stück*	*à*	*405 S*
Zukauf am 7.7.2000	*350 Stück*	*à*	*395 S*
Zukauf am 20.9.2000	*150 Stück*	*à*	*410 S*
Zukauf am 6.12.2000	*100 Stück*	*à*	*415 S*
Endbestand lt Inventur:	*210 Stück*		

Daraus wird der Endbestand wie folgt abgeleitet:

	Menge		*Preis*	*Wert*
Anfangsbestand	*90 Stück*	*à*	*400 S*	*36.000 S*
Zukauf am 28.1.2000	*400 Stück*	*à*	*390 S*	*156.000 S*
Zukauf am 15.4.2000	*200 Stück*	*à*	*405 S*	*81.000 S*
Zukauf am 7.7.2000	*350 Stück*	*à*	*395 S*	*138.250 S*

Zukauf am 20.9.2000	*150 Stück*	*à*	*410 S*	*61.500 S*
Zukauf am 6.12.2000	*100 Stück*	*à*	*415 S*	*41.500 S*
	1.290 Stück			*514.250 S*

Gewogener Durchschnittspreis: 514.250 Stück / 1.290 Stück = 398,64 S

Endbestand: 210 Stück x 398,64 S = 83.714,40 S

6.7.1.4.2 Gleitendes Durchschnittspreisverfahren

2316 Eine besondere Form des gewogenen Durchschnittspreisverfahrens ist das gleitende Durchschnittspreisverfahren. Gleichartige Wirtschaftsgüter des Vorratsvermögens werden als Gruppe bewertet, wobei der Durchschnittspreis nach jedem Zukauf neu ermittelt wird. Die Lagerabgänge werden bis zum nächsten Zukauf mit diesem Durchschnittspreis angesetzt. Eine Lagerbuchführung, die sowohl eine mengenmäßige wie auch wertmäßige Erfassung zulässt, ist dafür Voraussetzung.

2317 Der zuletzt ermittelte Durchschnittspreis wird der Bewertung des Endbestandes zu Grunde gelegt. Liegt der Teilwert niedriger, sind die Voraussetzungen für eine Abschreibung gegeben.

Beispiel:

Von einer bestimmten Vorratsposition wurden folgende Daten aufgezeichnet:

Anfangsbestand	*90 Stück*	*à*	*400 S*
Zugänge:			
Zukauf 28.1.2000	*400 Stück*	*à*	*390 S*
Zukauf 15.4.2000	*200 Stück*	*à*	*405 S*
Zukauf 7.7.2000	*350 Stück*	*à*	*395 S*
Zukauf 20.9.2000	*150 Stück*	*à*	*410 S*
Zukauf 6.12.2000	*100 Stück*	*à*	*415 S*
Abgänge laut Entnahmescheine:			
27.1.2000	*60 Stück*		
5.3.2000	*380 Stück*		
22.6.2000	*180 Stück*		
7.9.2000	*320 Stück*		
20.11.2000	*135 Stück*		
Endbestand laut Inventur:	*210 Stück*		

	Menge		*Preis*	*Wert*	*Verbrauch*
Anfangsbestand	*90 Stück*	*à*	*400,00 S*	*36.000,00 S*	
Abgang 27.1.2000	*60 Stück*	*à*	*400,00 S*	*24.000,00 S*	*24.000,00 S*
	30 Stück	*à*	*400,00 S*	*12.000,00 S*	
Zukauf 28.1.2000	*400 Stück*	*à*	*390,00 S*	*156.000,00 S*	
	430 Stück	*à*	*390,70 S*	*168.000,00 S*	
Abgang 5.3.2000	*380 Stück*	*à*	*390,70 S*	*148.466,00 S*	*148.466,00 S*
	50 Stück	*à*	*390,70 S*	*19.534,00 S*	
Zukauf 15.4.2000	*200 Stück*	*à*	*405,00 S*	*81.000,00 S*	
	250 Stück	*à*	*402,14 S*	*100.534,00 S*	
Abgang 22.6.2000	*180 Stück*	*à*	*402,14 S*	*72.385,20 S*	*72.385,20 S*
	70 Stück	*à*	*402,14 S*	*18.148,80 S*	
Zukauf 7.7.2000	*350 Stück*	*à*	*395,00 S*	*138.250,00 S*	
	420 Stück	*à*	*396,19 S*	*166.398,80 S*	
Abgang 7.9.2000	*320 Stück*	*à*	*396,19 S*	*126.780,80 S*	*126.780,80 S*
	100 Stück	*à*	*396,19 S*	*39.618,00 S*	
Zukauf 20.9.2000	*150 Stück*	*à*	*410,00 S*	*61.500,00 S*	
	250 Stück	*à*	*404,47 S*	*101.118,00 S*	

Abgang 20.11.2000	*135 Stück*	*à*	*404,47 S*	*54.603,45 S*	*54.603,45 S*
	115 Stück	*à*	*404,47 S*	*46.514,55 S*	
Zukauf 6.12.2000	*100 Stück*	*à*	*415,00 S*	*41.500,00 S*	
SOLL – Endbestand	*215 Stück*	*à*	*409,37 S*	*88.014,55 S*	
IST – Endbestand	*210 Stück*	*à*	*409,37 S*	*85.967,70 S*	
Schwund	*5 Stück*	*à*	*409,37 S*	*2.046,85 S*	

6.7.1.5 Verbrauchsabfolgeverfahren

6.7.1.5.1 FIFO-Bewertung

Eine weitere Möglichkeit der Bewertung darf nach einer typisierten Reihenfolge der Lagerabfassungen erfolgen. Die tatsächliche Verbrauchsabfolge darf dieser Annahme nicht entgegenstehen. Werden die zuerst angeschafften Vorräte als erste wieder verbraucht bzw. verkauft („first in – first out"), kann der Endbestand lt Inventur auf Grund der letzten Zukäufe bewertet werden. **2318**

Liegt der Teilwert niedriger als der durch die FIFO-Bewertung ermittelte, sind die Voraussetzungen für eine Abschreibung gegeben. **2319**

Beispiel:

Von einer bestimmten Vorratsposition wurden folgende Daten aufgezeichnet:

Zugänge:				
vorletzter Zukauf am 20.9.2000	*150 Stück*	*à*	*410 S*	
letzter Zukauf am 6.12.2000	*100 Stück*	*à*	*415 S*	
Endbestand lt Inventur:	*210 Stück*			
	Menge		*Preis*	*Wert*
Restbestand Zukauf am 20.9.2000	*110 Stück*	*à*	*410 S*	*45.100 S*
Zukauf am 6.12.2000	*100 Stück*	*à*	*415 S*	*41.500 S*
Endbestand	*210 Stück*			*86.600 S*

Betragen die Wiederbeschaffungskosten weniger als 410 S, ist der gesamte Endbestand im entsprechenden Umfang einer Teilwertabschreibung zugänglich. Liegt der Teilwert zwischen 410 S und 415 S, ist die Teilwertabschreibung auf den Bestand aus dem Zukauf vom 6.12.2000 beschränkt.

6.7.1.5.2 LIFO-Bewertung

Das LIFO-Verfahren („last in – first out") unterstellt, dass die zuletzt eingekauften Bestände als erste wieder verbraucht bzw. verkauft werden. Diese Bewertungsmethode darf nur ausnahmsweise angewendet werden, wenn die tatsächliche Verbrauchsabfolge durch die Art der Lagerhaltung dieser Annahme am ehesten entspricht (zB Lagerhaltung eines Kohlenhändlers). Dies ist durch den Steuerpflichtigen glaubhaft zu machen. **2320**

Die Bewertung des Endbestandes geht von den Werten des Anfangsbestandes aus. Bei zunehmenden Beständen werden die Erhöhungen mit den Anschaffungskosten der ersten Zukäufe des Wirtschaftsjahres bewertet.

Eine Teilwertabschreibung auf Grund von Preisveränderungen wird nur in Ausnahmefällen in Frage kommen. **2321**

Beispiel:

Von einer bestimmten Vorratsposition wurden folgende Daten aufgezeichnet:

Anfangsbestand:	*90 Stück*	*à*	*400 S*	
Zugänge:				
Zukauf 28.1.2000	*400 Stück*	*à*	*390 S*	
Endbestand lt Inventur:	*210 Stück*			
	Menge		*Preis*	*Wert*
gesamter Anfangsbestand	*90 Stück*	*à*	*400 S*	*36.000 S*
vom Zukauf 28.1.2000	*120 Stück*	*à*	*390 S*	*46.800 S*
Endbestand	*210 Stück*			*82.800 S*

Betragen die Wiederbeschaffungskosten weniger als 390 S, ist der gesamte Endbestand im entsprechenden Umfang einer Teilwertabschreibung zugänglich. Liegt der Teilwert zwischen 390 S und 400 S, ist die Teilwertabschreibung auf den Anfangsbestand beschränkt.

6.7.1.5.3 HIFO-Bewertung

2322 Das HIFO-Verfahren („highest in – first out") unterstellt eine Verbrauchsabfolge, die sich am Wert des Einkaufs orientiert. Da dies keiner realistischen Verbrauchsabfolge entspricht, ist die steuerliche Bewertung nach dieser Methode nicht zulässig.

2323 Das Gegenstück des HIFO-Verfahrens ist das LOFO-Verfahren („lowest in – first out"). Dieses kommt ua. aus den oben genannten Gründen für die Bewertung ebenfalls nicht in Betracht.

6.7.1.6 Festwert

2324 Werden Roh-, Hilfs- und Betriebsstoffe regelmäßig ersetzt und ist der Gesamtwert von untergeordneter Bedeutung, darf der Bilanzansatz mit einem gleich bleibenden Wert erfolgen. Als weitere Voraussetzung dürfen voraussichtlich nur geringe Veränderungen hinsichtlich Umfang, Wert und Zusammensetzung eintreten. Dieser Festwert ist zumindest alle fünf Jahre durch eine Bestandsaufnahme zu überprüfen und gegebenenfalls entsprechend anzupassen. Zwischenzeitig sind die Einkäufe in vollem Umfang als Aufwand zu erfassen. Der Festwert ist mit den Anschaffungskosten anzusetzen.

6.7.2 Forderungen

6.7.2.1 Wirtschaftsgut

2325 Ein Anspruch kann im bilanzrechtlichen Sinn nur bzw. erst dann als Forderung angesetzt werden, wenn es sich dabei um ein Wirtschaftsgut handelt. Dafür sind in erster Linie die Regeln der Betriebswirtschaftslehre maßgeblich, nicht sosehr die Vorschriften des Zivilrechts (VwGH 12.1.1962, 155/60). Voraussetzung für eine Aktivierbarkeit ist somit, dass dem Grunde nach selbständig bewertbare Ansprüche zum Bilanzstichtag entstanden sind. Nicht maßgeblich ist, ob eine Forderung oder ein Anspruch fällig ist, sondern ob der Vermögensvorteil wirtschaftlich ausnutzbar ist und damit einen realisierbaren Vermögenswert darstellt. Ein Anspruch ist bei wirtschaftlicher Betrachtung (§ 21 BAO) entstanden, wenn die für seine Entstehung wesentlichen wirtschaftlichen Ursachen im abgelaufenen Wirtschaftsjahr gesetzt worden sind; ein solcher Anspruch ist schon vor seinem rechtlichen Entstehen in der Steuerbilanz auszuweisen. Da wirtschaftliche Gesichtspunkte dominieren, kann als Forderung auch der Anspruch auf eine in langjähriger Übung freiwillig gewährte Leistung anzusehen sein.

2326 Hat ein Anspruch (noch) nicht die Eigenschaft eines Wirtschaftsgutes, darf er nicht bilanziert werden. Gleiches gilt, wenn eine Forderung die Eigenschaft eines Wirtschaftsgutes verliert (zB wenn eine Forderung wegen Insolvenz des Schuldners absolut uneinbringlich wird oder eine Forderung verjährt und die Verjährungseinrede entgegengehalten wird). Hingegen ist eine Forderung weiterhin als Wirtschaftsgut zu bilanzieren, wenn sie zwar formal erloschen ist, aber dennoch mit ihrer Bezahlung zu rechnen ist, wie zB verjährte Forderungen, die erkennbar dennoch vom Schuldner bezahlt werden (zB Banken, die auch verjährte Zinsen ausbezahlen).

6.7.2.2 Eigenschaften

2327 Eine Forderung ist in der Bilanz dann auszuweisen, wenn sie entstanden ist. Dies ist ab der Leistungsabwicklung der Fall. Bei Kaufvorgängen ist die Leistungsabwicklung mit der Übertragung des wirtschaftlichen Eigentums, sonst bei Erbringung der vereinbarten Leistung gegeben. Unmaßgeblich ist hingegen die Fälligkeit des Kaufpreises oder die Rechnungslegung (VwGH 1.12.1981, 81/14/0017; VwGH 19.9.1989, 89/14/0119). Bei zweiseitig verbindlichen Verträgen, die noch von keiner Seite erfüllt wurden (schwebende Geschäfte), gilt der Grundsatz, dass sich die gegenseitigen Forderungen und Verbindlichkeiten wechselseitig ausgleichen und daher buch- und bilanzmäßig nicht zu berücksichtigen sind (VwGH 20.11.1968, 1184/68; VwGH 28.4.1970, 1296/68; VwGH 26.2.1975, 936/74; VwGH 19.9.1995, 92/14/0008). Zu den schwebenden Geschäften zählen auch Dauerschuldverhältnisse wie zB Bestandsverträge oder Arbeitsverträge, soweit sie nicht erfüllt sind (VwGH 19.9.1995, 92/14/0008).

2328 Anzahlungen (Vorauszahlungen) haben als reine Finanzierungsvorgänge keinen Einfluss auf den Schwebezustand. Anzahlungen sind bei beiden Vertragspartnern gewinnneutral als Forderungen bzw. Verbindlichkeiten auszuweisen und führen beim Leistungsverpflichteten (Verkäufer) zu einem gleich hohen Passivposten und beim Leistungsberechtigten (Käufer) zu einem gleich hohen Aktivposten. Sind nur mehr unwesentliche Nebenleistungen aus einem

Vertrag offen, kann nicht mehr von einem schwebenden Geschäft gesprochen werden; die Forderung aus dem Geschäft ist in voller Höhe auszuweisen (VwGH 15.2.1994, 93/14/0175). Wird die Forderung aus einem noch nicht erfüllten Geschäft abgetreten, dann ist wie bei der Vorauszahlung ein gleich hoher Betrag als Passivposten einzusetzen.

6.7.2.2.1 Einzelfälle

Bestrittene Forderungen 2329

Von vornherein in vollem Umfang bestrittene Forderungen ohne erbrachte Gegenleistung wie Schadenersatzforderungen, Forderungen auf Grund einer Vertragsverletzung, einer unerlaubten Handlung oder einer ungerechtfertigten Bereicherung uä. dürfen nicht bilanziert werden. Sie dürfen erst dann angesetzt werden, wenn ein rechtskräftiges Urteil vorliegt oder eine Einigung (Vergleich) mit dem Schuldner zustandegekommen ist, die Ansprüche also zum Bilanzstichtag ausreichend konkretisiert sind. Das Anerkenntnis bzw. das Urteil ist kein werterhellender Umstand, der eine frühere Bilanzierung rechtfertigen würde, weil die WirtschaftsgutEigenschaft nicht rückprojeziert werden kann. Eine bloß zum Teil bestrittene Forderung ist dem Grunde nach anzusetzen und wertzuberichtigen.

Verjährte Forderungen 2330

Verjährte Forderungen sind selbst dann nicht auszuweisen, wenn mit der Bezahlung trotz Verjährung gerechnet werden kann, es sei denn, der Schuldner hat die Forderung anerkannt oder es ist bekannt, dass der Schuldner auch verjährte Forderungen bezahlt (siehe Rz). Auch Ersatzansprüche wegen Diebstahls und Unterschlagung sind als Forderungen zu aktivieren (VwGH 10.4.1964, 147/1962), jedoch ist bei der Bewertung die in der Regel mangelnde Bonität des Schuldners zu berücksichtigen.

Forderungen aus Warenlieferungen und Leistungen 2331

Forderungen aus Warenlieferungen und Leistungen sind auszuweisen, wenn die Warenlieferung erfolgt bzw. die Leistung erbracht ist; das ist der Zeitpunkt, in dem das wirtschaftliche Eigentum übergeht (VwGH 7.2.1958, 0013/57). Die Forderung ist ohne Rücksicht auf ihre Fälligkeit und ohne Rücksicht auf die Rechnungslegung oder gar Exekutionstitel zu bilanzieren (VwGH 19.9.1989, 89/14/0119). Auch eine mangelhafte Leistungserbringung rechtfertigt keine Wertberichtigung der Forderung, wobei drohende Gewährleistungsansprüche im Einzelfall im Wege einer Rückstellung zu berücksichtigen sind (VwGH 26.2.2014, 2009/13/0112; zur Bildung einer Rückstellung für Gewährleistungsansprüche siehe Rz 3474). Gleiches gilt für abgrenzbare Teilleistungen, zu denen bei Wirtschaftstreuhändern die laufende Führung von Büchern, die Lohnverrechnung und die Errechnung monatlich an das Finanzamt abzuführender Abgaben für die Klienten gehören, auch wenn die Leistungen im Rahmen eines weiter gehenden Auftrages verrichtet werden (VwGH 1.12.1981, 81/14/0017).

(BMF-AV Nr. 2015/133)

Forderungen aus gesetzlichen Prämienansprüchen 2332

Forderungen aus gesetzlichen Prämienansprüchen sind dann auszuweisen, wenn die Voraussetzungen erfüllt sind; auf die bescheidmäßige Festsetzung kommt es nicht an (VwGH 19.9.1989, 89/14/0119).

Forderungen aus Provisionsansprüchen 2333

Die Forderung eines Handelsvertreters aus einem Provisionsanspruch ist dann entstanden, wenn er das Geschäft vermittelt und die Vermittlung angezeigt hat und vertraglich nichts anderes vereinbart ist (VwGH 20.9.1963, 1593/1962; VwGH 27.9.1963, 996/1961; VwGH 12.4.1983, 82/14/0193). Die Höhe der Forderung ist von der Vertragsvereinbarung und den damit verbundenen Risiken abhängig (VwGH 12.4.1983, 82/14/0193). Ist vereinbart, dass der Provisionsanspruch mit dem Geschäftsabschluss entsteht, aber erst mit dem Abschluss des Geschäftes fällig ist, dann ist für den Ausweis der Forderung der Geschäftsabschluss maßgeblich (VwGH 30.4.1965, 126/1965). Die Forderung ist aber spätestens dann anzusetzen, wenn die Provision an den Vertreter tatsächlich zur Auszahlung gelangt.

Aufschiebend bedingte Forderungen 2334

Aufschiebend bedingte Forderungen auf Grund bereits erbrachter Leistungen sind in der Schlussbilanz des Jahres der Leistung zu bilanzieren, auch wenn die Bedingung, zB die Zahlung durch den Kunden bei einem von einem Handelsvertreter bereits vermittelten Geschäft am Bilanzstichtag noch nicht erfüllt ist (VwGH 12.1.1962, 155/1960; VwGH 30.4.1965, 126/1965; VwGH 4.3.1966, 2174/1965; VwGH 17.2.1993, 90/14/0128). Auflösend bedingte Forderungen sind ebenfalls anzusetzen; erst im Fall des Eintritts der Bedingung sind sie auszuscheiden (VwGH 19.9.1989, 89/14/0119).

2335 **Abgabenerstattungen**

Die auf Grund eines Rechtsmittels oder auf Grund eines Verfahrens vor dem VwGH oder VfGH erhofften Abgabenerstattungen sind nicht zu aktivieren (VwGH 28.1.1966, 1592/1965). Zu aktivieren ist erst das Guthaben auf Grund positiver Berufungsentscheidung mit Zustellung des betreffenden Bescheides, doch ist im Falle eines die positive Berufungsentscheidung auslösenden höchstgerichtlichen Erkenntnis eine Aktivierung schon mit Zustellung des Erkenntnisses zulässig (VwGH 6.5.1970, 213/1970).

Eine durch eine Steuererklärung hervorgekommene Abgabenüberzahlung stellt bei ordnungsmäßiger Steuererklärung bereits zu diesem Zeitpunkt und nicht erst anlässlich der bescheidmäßigen Festsetzung oder kassentechnischen Ausweisung eine bewertbare Forderung dar (VwGH 19.9.1972, 1054/1972); bei der Nachsicht einer Abgabennachforderung ist auf den Zeitpunkt des Nachsichtsbescheides abzustellen (VwGH 8.6.1982, 81/14/0160). Bei Forderungen aus Leistungen der öffentlichen Hand genügt die Erfüllung des gesetzlichen Anspruchstatbestandes; ein Bescheid muss noch nicht ergangen sein (VwGH 19.9.1989, 89/14/0119).

2336 **Verkauf einer Forderung (Factoring)**

Beim Verkauf einer Forderung (Factoring) ist zwischen echtem und unechtem Factoring zu unterscheiden. Beim echten Factoring scheidet die Forderung aus der Bilanz gegen Vereinnahmung eines Kaufpreises aus. Die Factorbank übernimmt das Risiko der Einbringlichkeit. Das unechte Factoring wird als Kreditgeschäft mit Sicherungsabtretung (Zessionskredit) beurteilt; das Risiko der Einbringlichkeit bleibt beim Unternehmer. Die weiterwirkende Verpflichtung des Gläubigers muss jedenfalls in der Bilanz ausgewiesen werden.

2337 **Umsatzprämien**

Der Höhe nach feststehende Umsatzprämien, die ein Großhändler auf Grund langjähriger Übung auf freiwilliger Basis ohne vertraglichen Anspruch und ohne anderen Rechtsanspruch von einem Lieferanten erhält, sind zum Bilanzstichtag zu aktivieren, wenn er fest damit rechnen kann, dass die Umsatzprämien wie in den Vorjahren angewiesen und eingehen werden.

2338 **Forderungen auf Warenrückvergütungen einer Genossenschaft**

Forderungen auf Warenrückvergütungen einer Genossenschaft entstehen mit Ablauf des Geschäftsjahres, wenn die Satzung konkrete Vorschriften über die Warenrückvergütung enthält und der auszuschüttende Betrag bestimmt ist oder zumindest bestimmbar ist. Enthält die Satzung keine derartigen Vorschriften, so entsteht der Anspruch erst im Zeitpunkt der Beschlussfassung der Organe über die Warenrückvergütung.

2339 **Forderungen aus Gewinnanteilen gegenüber Kapitalgesellschaften**

Forderungen der Gesellschafter gegenüber der Kapitalgesellschaft aus Gewinnanteilen entstehen grundsätzlich erst, wenn von der Kapitalgesellschaft die Gewinnausschüttung beschlossen ist. Zu einer Aktivierungspflicht der Forderung bereits vor dem Zustandekommen des Gewinnausschüttungsbeschlusses kann es nur dann kommen, wenn zum Bilanzstichtag die Ausschüttung eines bestimmten Gewinnanteiles durch die Kapitalgesellschaft bei vernünftiger kaufmännischer Beurteilung bereits festgestanden ist (VwGH 18.01.1994, 93/14/0169; VwGH 23.03.2000, 97/15/0112; siehe auch KStR 2013 Rz 1169). Zur Beurteilung durch den EuGH im Sinne eines Wahlrechts des Steuerpflichtigen, siehe Urteil EuGH 27.06.1996, Rs C-234/94.

Ist im Gesellschaftsvertrag einer GmbH kein Gewinnverteilungsbeschluss vorgesehen, sondern eine automatische Ausschüttung des Gewinnes an die Gesellschafter (§ 82 Abs. 1 und 2 GmbHG), so entsteht der Anspruch mit der Genehmigung des Jahresabschlusses der GmbH (VwGH 18.1.1996, 93/15/0142).

(AÖF 2011/66, AÖF 2013/280)

2340 **Forderungen aus Gewinnanteilen aus echten stillen Beteiligungen**

Der Anspruch auf den Gewinnanteil aus einer echten stillen Beteiligung ist im Zeitpunkt der Bilanzerstellung durch den Inhaber des Unternehmens zu erfassen. Ist die Einlage durch Verluste herabgemindert und wird der Gewinnanteil gemäß § 182 Abs. 2 UGB zur Auffüllung der Einlage herangezogen, entsteht keine eigene Forderung hierauf. Wird der Gewinnanteil trotzdem ausgeschüttet oder die Einlage verzinst, so entsteht im Zeitpunkt der Bilanzierung des Inhabers des Unternehmens eine Forderung.

(AÖF 2008/238)

2341 **Forderungen aus Gewinnanteilen aus Beteiligungen an Personengesellschaften**

Gewinnanteile aus Beteiligungen an Personengesellschaften sind in jenem Wirtschaftsjahr zu erfassen, das durch den Gewinnfeststellungsbescheid vorgegeben wird (= Ausfluss der Bindungswirkung diese Bescheides). Enden die Wirtschaftsjahre der Personengesellschaft und des beteiligten Unternehmens im selben Zeitpunkt, so ist der Beteiligungsertrag aus einem Wirtschaftsjahr der Personengesellschaft im selben Wirtschaftsjahr des beteiligten Unternehmens zu erfassen. Hat eines der Unternehmen ein abweichendes Wirtschaftsjahr, so ist der Beteiligungsertrag in jenem Wirtschaftsjahr des beteiligten Unternehmens zu erfassen, in das das Ende des Wirtschaftsjahres der Personengesellschaft fällt.

Beispiel 1:

Wirtschaftsjahr beteiligtes Unternehmen 1.1.2001 bis 31.12.2001, Wirtschaftsjahr Personengesellschaft 1.1.2001 bis 31.12.2001, Erfassung des Beteiligungsertrages im Jahr 2001.

Beispiel 2:

Wirtschaftsjahr beteiligtes Unternehmen 1.1.2002 bis 31.12.2002, Wirtschaftsjahr Personengesellschaft 1.5.2001 bis 30.4.2002, Erfassung des Beteiligungsertrages im Jahr 2002.

Beispiel 3:

Wirtschaftsjahr beteiligtes Unternehmen 1.5.2001 bis 30.4.2002, Wirtschaftsjahr Personengesellschaft 1.1.2001 bis 31.12.2001, Erfassung des Beteiligungsertrages im Jahr 2002.

(AÖF 2010/43)

Ausschüttungen aus neu ausgebenen Investmentzertifikaten **2342**

Ausschüttungen aus einem neu ausgegebenen Investmentzertifikat führen nur insoweit zu Einkünften, als diese Ausschüttungen nicht auf den Ertragsausgleich, sondern auf den nach Ausgabe des neuen Investmentzertifikates erwirtschafteten Ertrag entfallen; der dem Ertragsausgleich entsprechende Teil des Ausgabepreises ist als Forderung zu bewerten (VwGH 21.11.1995, 95/14/0035).

Zur steuerlichen Behandlung von Besserungsvereinbarungen siehe Rz 2382 ff.

6.7.2.3 Bewertung

6.7.2.3.1 Einzelbewertung

Forderungen zählen grundsätzlich zum Umlaufvermögen und unterliegen damit beim rechnungslegungspflichtigen Unternehmer (§ 5 Abs. 1 EStG 1988 – Gewinnermittlung) dem strengen Niederstwertprinzip. Forderungen, die als Ausleihungen zum Anlagevermögen gehören, unterliegen dem gemilderten Niederstwertprinzip (siehe Rz 2264 ff). Es gilt der Grundsatz der Einzelbewertung (VwGH 15.12.1983, 82/14/0067), doch ist eine Zusammenfassung gleichartiger Forderungen, wie der Forderungen aus Warenlieferungen und Leistungen zulässig (VwGH 23.4.1965, 0768/64). **2343**

(BMF-AV Nr. 2018/79)

Forderungen sind mit den Anschaffungskosten oder dem niedrigeren Teilwert anzusetzen. In der Regel entsprechen die Anschaffungskosten dem Nennwert der Forderung (VwGH 10.10.1996, 94/15/0102). Bei Forderungen aus Lieferungen und Leistungen entspricht dies dem Fakturenbetrag (VwGH 7.2.1958, 13/1956), bei Forderungen aus Kredit- und Darlehensverträgen dem Rückzahlungsbetrag. Forderungen, denen kein Anschaffungsvorgang zu Grunde liegt (zB Schadenersatzforderungen, Gewinnansprüche) sind grundsätzlich ebenfalls mit dem Nennwert zu bewerten. **2344**

Maßgeblich für die Bewertung der Forderungen sind die Verhältnisse am Bilanzstichtag (VwGH 4.11.1998, 93/13/0186; VwGH 16.12.1997, 93/14/0177). Der nachträgliche Eintritt von Umständen, die am Bilanzstichtag noch nicht vorhanden waren, bleibt bei der Bewertung am Bilanzstichtag außer Ansatz (VwGH 16.12.1997, 93/14/0177). Die Zahlungsunfähigkeit eines Schuldners im Zeitpunkt der Erstellung des Jahresabschlusses ist ein Indiz, rechtfertigt alleine aber nicht die Wertberichtigung zum Bilanzstichtag. Die Zahlungsunfähigkeit muss am Bilanzstichtag bereits bestanden haben oder vorhersehbar gewesen sein, um eine Wertberichtigung zu rechtfertigen (VwGH 2.6.1976, 1667/1975; VwGH 27.9.1995, 92/13/1996; VwGH 16.12.1997, 93/14/0177; VwGH 31.3.1998, 96/13/0002). Die Bewertung der Forderungen mit einem unter den Anschaffungskosten liegenden Teilwert kann entweder in Form der direkten Abschreibung oder in der Form der Schaffung einer Wertberichtigungspost erfolgen. **2345**

6.7.2.3.2 Gruppenbewertung

Der Grundsatz der Einzelbewertung schließt es nicht aus, dass Gruppen gleichartiger Forderungen zusammengefasst und ihr Wert gemeinsam festgestellt wird (VwGH 23.4.1965, 768/ 1964; VwGH 2.3.1977, 2030/1976). Im Rahmen der Gruppenbewertung (Sammelbewertung) sind Sammelabschreibungen bzw. Sammelwertberichtigungen infolge des Verbotes pauschaler Forderungswertberichtigung (§ 6 Z 1 lit. a EStG 1988) nur mehr insoweit zulässig, als der Anlass hierfür ein bei allen Elementen der Gruppe gleichartiger konkreter Sachverhalt ist, zB ein devisenrechtliches Verbot für die in einem bestimmten Währungsgebiet ansässigen Schuldner, ihre Schulden in einer frei konvertierbaren Währung zu bezahlen (vgl. auch VwGH 27.8.1998, 96/13/0165). **2346**

2347 Die Bewertung von Forderungen im Wege sogenannter Bewertungseinheiten ist zulässig. Dabei werden Forderungen mit Besicherungsansprüchen als Einheit angesehen und die Forderung im Hinblick auf den Besicherungsanspruch nicht teilwertabgeschrieben, zB eine Forderung, für die eine Debitorenversicherung besteht. Bewertungseinheiten sind weiters für geschlossene Positionen deckungsfähiger Ansprüche und Verbindlichkeiten in ausländischer Währung sowie für geschlossene Positionen deckungsfähiger Ansprüche und Verbindlichkeiten bei Swaps und Optionen zu bilden. Die Verbindlichkeiten und Forderungen in einer geschlossenen Position bleiben mit den Anschaffungskosten bewertet. Soweit eine geschlossene Position vorliegt, kommt es weder zu einer Teilwertabschreibung, noch zu einer Drohverlustrückstellung.

6.7.2.3.3 Teilwertabschreibung

2348 Die Teilwertabschreibung kann indirekt durch Bildung einer Wertberichtigung oder in der Form der direkten Abschreibung erfolgen. Wertbestimmend sind Einbringlichkeit (VwGH 12.12.1971, 285/1969), Fälligkeit (VwGH 15.9.1970, 1518/1969) und Verzinsung (VwGH 11.4.1978, 2705/1978). Ausfälle bei Forderungen aus Lieferungen und Leistungen können im Hinblick auf § 16 UStG 1994 nur mit ihren Nettobeträgen – also ohne Umsatzsteuer – berücksichtigt werden. Dies gilt auch für Wertberichtigungen (Teilwertabschreibungen) von Forderungen im Hinblick auf künftige Ausfälle (VwGH 23.11.1977, 2400/1977).

2349 Eine Wertberichtigung wegen Uneinbringlichkeit ergibt sich unabhängig von der Gewinnermittlungsart zwingend aus dem Wirtschaftsgutbegriff (VwGH 15.2.1984, 83/13/0150). Uneinbringliche Forderungen sind auszubuchen. Mit dem Uneinbringlichwerden der Forderung endet die Wirtschaftsguteigenschaft der Forderung. Die Ausbuchung ist daher ein Gebot der Bilanzwahrheit (VwGH 15.2.1984, 83/13/0150; VwGH 31.3.1998, 96/13/0002). Dies gilt auch für nur teilweise endgültig uneinbringliche Forderungen.

2350 Bei Abschreibung einer Forderung wegen Forderungsverzichtes ist zu prüfen, ob die Forderung im Zeitpunkt des Verzichtes tatsächlich uneinbringlich ist (VwGH 11.6.1965, 350/1965). Teilwertabschreibungen von Forderungen sind trotz Zahlungsschwierigkeiten des Schuldners insoweit unzulässig, als sich die Forderungen durch Aufrechnung (Kompensation) – der Forderung steht eine Verbindlichkeit gegen den selben Schuldner gegenüber – oder im Hinblick auf (Faust- oder Grund-)Pfandrechte als einbringlich erweisen.

2351 Ist die Realisierung einer Forderung durch Bankgarantien, staatliche Garantien (zB im Rahmen der staatlichen Ausfuhrförderung) ua. gesichert, so kann zwar die Forderung berichtigt werden, doch ist der Ersatzanspruch gegen die Kreditinstitut, den Bund ua. zu aktivieren bzw. eine Bewertungseinheit zu bilden (siehe Rz 2343 ff). Ist der Forderungsverlust durch eine Regressforderung abgesichert, dann ist mit der Forderungsabschreibung die Regressforderung zu aktivieren. Ist dagegen die Forderung nur gefährdet, dann unterbleibt eine Wertberichtigung in Anbetracht der Regressforderung; allfällige persönliche und sachliche Sicherheiten sind dabei zu berücksichtigen (VwGH 10.10.1996, 94/15/0102).

2352 Zwangsvollstreckungsmaßnahmen sind keine Voraussetzung für die Abschreibung uneinbringlicher Forderungen, wenn sich die Zahlungsunfähigkeit des Schuldners schon aus anderen Umständen erweist (zB Aufhebung eines Konkursverfahrens mangels Masse; wenn eine Verlassenschaft armutshalber abgetan wird).

2353 Dagegen scheint eine volle Wertberichtigung einer Forderung ungerechtfertigt, wenn der Steuerpflichtige wegen seines Interesses an der Weiterführung des Betriebes seines Schuldners keine Schritte zur zwangsweisen Einbringung seiner Forderung durchführt (VwGH 16.6.1970, 405/1968).

2354 Ebenso wenig ist eine Teilwertabschreibung einer Forderung gegen einen Darlehensschuldner wegen Konkurseröffnung 1,5 Jahre nach dem Bilanzstichtag gerechtfertigt, wenn der Steuerpflichtige dem Schuldner noch nach dem Bilanzstichtag weitere Darlehen gewährt hat (VwGH 26.10.1962, 720/1962). Bloß vorübergehende Zahlungsschwierigkeiten des Schuldners berechtigen nicht zu einer Wertberichtigung.

2355 Eine uneinbringlich gewordene Forderung ist auch dann abzuschreiben, wenn der Steuerpflichtige die Uneinbringlichkeit der Forderung verhindern hätte können und er noch weitere in ihrer Honorierung höchst ungewisse Leistungen an seine Kunden erbringt (VwGH 31.3.1998, 96/13/0002). Bei Forderungen gegen einen Schuldner, der Unterschlagungen begangen hat, kann in der Regel wegen verminderter Bonität des Schuldners eine Teilwertabschreibung vorgenommen werden (VwGH 20.11.1959, 1615/1958).

2356 Bei Gefährdung der Einbringlichkeit ist nur der § 5-Gewinnermittler nach dem Niederstwertprinzip zur Wertberichtigung verpflichtet; bei der Gewinnermittlung nach § 4 Abs. 1 EStG 1988 besteht ein Wahlrecht. Hat der Steuerpflichtige eine Forderung, deren Uneinbringlichkeit ihm im Zeitpunkt der Bilanzerstellung bekannt war, nicht abgeschrieben oder hat er eine Teilwertabschreibung nicht vorgenommen, kann er die Abschreibung nicht in einem späteren Jahr nachholen (VwGH 3.7.1968, 1067/68; VwGH 30.9.1998, 97/13/0033; 19.5.2005, 2001/15/0041). Zu berichtigen ist dann die ursprünglich falsche Bilanz, auch wenn dies steuerlich nicht mehr wirksam sein sollte.

(AÖF 2007/88)

Eine Wertberichtigung wegen Niedrig- oder Unverzinslichkeit ist beim rechnungslegungspflichtigen Unternehmer (§ 5 Abs. 1 EStG 1988) idR zwingend, bei der Gewinnermittlung nach § 4 Abs. 1 EStG 1988 besteht ein Wahlrecht. Zur Teilwertabschreibung wegen Forderungsabzinsung siehe Rz 2362, 2368 ff. **2357**

(BMF-AV Nr. 2018/79)

6.7.2.3.4 Einzelfälle

Besserungsvereinbarungen **2358**

Siehe Rz 2382 ff.

Disagio **2359**

Ein bei einer Darlehensgewährung vereinbartes Disagio führt beim Darlehensgeber unter dem Gesichtspunkt der Gewinnrealisierung schon mit Hingabe der Darlehensvaluta zu einer unbedingten Forderung auf das Disagio. Im Hinblick auf den Zinsencharakter des Disagio ist die Darlehensforderung mit dem Rückzahlungsbetrag zu aktivieren und gleichzeitig der Disagiobetrag zu passivieren und auf die Laufzeit verteilt aufzulösen.

Durch Bankgarantien oder staatliche Garantien gesicherte Forderungen **2360**

Bei Gefährdung oder Uneinbringlichkeit der Forderung ist diese zwar wertzuberichtigen, jedoch ist der Ersatzanspruch gegen die Bank bzw. den Bund zu aktivieren. Wird zB eine durch Insolvenz des Schuldners gefährdete Forderung von der FinanzierungsgarantieGmbH garantiert, hat der Garantienehmer gemäß § 1a Abs. 3 GarantieG 1977, BGBl. Nr. 296/1977 den garantierten Teil der Forderung in der jeweiligen Höhe als Vermögen auszuweisen. Für Forderungen aus Ausfuhrlieferungen übernimmt der Bund bzw. der Ausfuhrförderungsfonds in bestimmten Fällen eine Ausfallshaftung. Bei der Bewertung solcher Forderungen ist die Verminderung des eigenen Ausfallsrisikos durch die Ausfallshaftung zu berücksichtigen.

Forderungen aus Rückdeckungsversicherungen **2361**

Sind in Höhe des Deckungskapitals einschließlich Gewinnbeteiligung anzusetzen.

Forderungen aus Warenlieferungen, Abzinsung **2362**

Eine Abzinsung von Forderungen aus Warenlieferungen mit einem Zahlungsziel von nicht mehr als zwei Monaten wird nach allgemeiner kaufmännischer Übung nicht durchgeführt, weshalb eine Teilwertabschreibung nicht mit der Notwendigkeit einer Abzinsung begründet werden kann. Solche Forderungen werden stets mit den Nennwert anzusetzen sein, wenn sie voll einbringlich sind (VwGH 15.5.1964, 1975/1962; VwGH 11.4.1978, 2752/1977).

Bei einer sich allmählich ergebenden Verlängerung der Zahlungsfristen widerspricht es aber nicht dem Grundsatz der Bewertungsgleichmäßigkeit, wenn der Steuerpflichtige im ersten Jahr eines sprunghaften Ansteigens der Zahlungsfristen auf über zwei Monate Laufzeit zur Bewertung der Forderungen aus Warenlieferungen unter Berücksichtigung einer Abzinsung übergeht; demnach ist bei einer Steigerung der durchschnittlichen Laufzeit der Forderungen in früheren Jahren von 2,06 über 2,21 und 2,45 Monaten auf 3,45 Monate eine sachliche Berechtigung zur Änderung der Bewertungsmethode im Jahr des sprunghaften Anstieges von 2,45 auf 3,45 Monate Laufzeit gegeben (VwGH 11.4.1978, 2705/1978).

Bei unverzinslichen oder besonders niedrig verzinslichen Forderungen – gemessen am allgemeinen Zinsniveau – mit einem Zahlungsziel von mehr als einem Jahr ist eine Abzinsung vorzunehmen (VwGH 14.12.1988, 84/13/0063; VwGH 5.7.2004, 2000/14/0174). IdR entspricht eine Abzinsung längerfristiger, zinsenlos gestundeter oder in langfristigen, zinsenlosen Raten eingehender Forderungen dem Niederstwertprinzip (VwGH 27.6.1989, 88/14/0126), was sinngemäß auch für eine Verzinsung unter dem üblichen Zinsfuß gilt. Eine Abzinsung ist unter diesen Voraussetzungen auch bei ausdrücklicher Zinsenlosigkeit vorzunehmen.

(AÖF 2005/110)

Forderungen in ausländischer Währung **2363**

Siehe Rz 2379 f.

Hypothekarisch gesicherte Forderungen **2364**

Bei der Bewertung ist auf die dingliche Sicherung durch das belastete Objekt Bedacht zu nehmen.

2365 Nullkuponanleihen (Zerobonds)

Derartige Anleihen sind festverzinsliche Wertpapiere, bei denen die Zinszahlungen aber nicht jährlich, sondern am Ende der Laufzeit zusammen mit dem Tilgungsbetrag erfolgen. Bei Nullkoponanleihen sind die laufend anwachsenden Zinsen zur Forderung hinzuzuaktivieren; (siehe auch Rz 2447).

2366 Ratenforderungen

Forderungen aus der Veräußerung eines Wirtschaftsgutes gegen langfristige Raten sind mit den Anschaffungskosten anzusetzen; diese entsprechen dem Barwert der abgezinsten Raten (VwGH 14.1.1986, 85/14/0134).

2367 Rentenforderungen

Siehe Rz 2381.

2368 Unverzinsliche oder niedrig verzinsliche Forderungen

Stehen den Forderungen andere betriebliche Vorteile als Zinsen gegenüber, so erfolgt insoweit keine Abzinsung, als der Wert der anderen betrieblichen Vorteile die Wertminderung aus der Unverzinslichkeit bzw. Niedrigverzinslichkeit aufwiegt.

2369 Unverzinsliche oder niedrig verzinsliche Forderungen aus Darlehen oder Krediten

Eine Abzinsung ist bei einer Laufzeit von mehr als einem Jahr vorzunehmen (VwGH 14.12.1988, 84/13/0063).

2370 Unverzinsliche oder niedrig verzinsliche Arbeitnehmer-Darlehen

Sind auch dann mit dem Nennbetrag zu bilanzieren, wenn ihnen keine bestimmten Gegenleistungen der Arbeitnehmer gegenüberstehen.

2371 Wertsicherung

Wird bei einer Forderung eine Wertsicherung wirksam, kann dennoch höchstens der Forderungsnennbetrag angesetzt werden. Endfällige Wertsicherungsbeträge, deren endgültige Höhe erst im Zeitpunkt der Kapitalrückzahlung festgestellt werden kann, werden erst am Ende der Vertragsdauer zu aktivierungspflichtigen Forderungen (VwGH 20.12.1994, 89/14/0214).

6.7.2.4 Zweifelhafte Forderungen

6.7.2.4.1 Pauschalwertberichtigung von Forderungen

(BMF-AV Nr. 2021/65)

2372 Für Wirtschaftsjahre, die vor dem 1.1.2021 beginnen, gilt:

Unter Pauschalwertberichtigungen sind solche Wertberichtigungen zu verstehen, die einem allgemeinen Forderungsrisiko Rechnung tragen, ohne dass eine Risikozuordnung zu bestimmten Forderungen vorgenommen werden kann. Eine solche Schätzung des niedrigeren Teilwertes auf Grund von Erfahrungswerten aus der Vergangenheit (allgemeines Forderungsrisiko, allgemeines Branchenrisiko, allgemeines Ausfalls- und Verzögerungsrisiko) oder auf Grund einer allgemeinen Konjunkturschwäche bzw. einer allgemeinen schlechten Schuldnerbonität ist aufgrund von § 6 Z 2 lit. a EStG 1988 idF vor COVID-19-StMG nicht zulässig.

Eine unzulässige Pauschalwertberichtigung gemäß § 6 Z 2 lit. a EStG 1988 idF vor COVID-19-StMG liegt nicht vor, wenn lediglich die Höhe einer Einzelwertberichtigung auf Grund von Erfahrungswerten aus der Vergangenheit geschätzt wird. Ebenso ist es zulässig, eine größere Anzahl von Forderungen auf Grund gleichartiger, konkret zuordenbarer, bis zum Bilanzstichtag eingetretener Umstände gruppenweise nach bestimmten Kriterien einheitlich mit einem niedrigeren Ansatz zu bewerten (siehe Rz 2376 f Einzelfälle). Keine unzulässige Pauschalwertberichtigung liegt vor, wenn eine Einzelwertberichtigung von verschiedenen Forderungen bei tatsächlich gleich gelagertem Sachverhalt im Wege einer Schätzung (vgl. § 184 BAO) in gleichem Ausmaß vorgenommen wird; es müssen aber gleichartige Ausfallkriterien bestehen (VwGH 27.8.1998, 96/13/0165).

(BMF-AV Nr. 2021/65)

2373 Für Wirtschaftsjahre, die nach dem 31.12.2020 beginnen, gilt:

Aufgrund von § 6 Z 2 lit. a EStG 1988 idF COVID-19-StMG ist eine pauschale Wertberichtigung von Forderungen unter den Voraussetzungen des § 201 Abs. 2 Z 7 UGB idF BGBl. I Nr. 22/2015 zulässig. Danach muss die Bestimmung eines Wertes, die nur auf Basis von Schätzungen möglich ist, auf einer umsichtigen Beurteilung beruhen (Grundsatz der verlässlichen Schätzung). Liegen statistisch ermittelbare Erfahrungswerte aus gleichgelagerten Sachverhalten vor, sind diese gemäß § 201 Abs. 2 Z 7 UGB bei der umsichtigen Beurteilung zu berücksichtigen (zB statistisch ermittelte Ausfallswahrscheinlichkeiten), dh., sie müssen diesfalls in die Schätzung einfließen.

Nach § 201 Abs. 2 Z 7 UGB sind Schätzungen stets nach dem bestmöglichen Verfahren vorzunehmen. Von einer „umsichtigen Beurteilung“ im Sinne des § 201 Abs. 2 Z 7 UGB ist im Lichte von Erwägungsgrund 22 der Bilanzrichtlinie (2013/34/EU) insbesondere auszugehen, wenn Schätzungen die aktuellsten verfügbaren Angaben umfassen, auf einer vorsichtigen Bewertung beruhen sowie auf einer objektiven Grundlage ermittelt werden; Erfahrungen aus vergleichbaren Geschäftsfällen sind dabei ergänzend zu berücksichtigen. Der pauschale Prozentsatz ist kaufmännisch auf zwei Nachkommastellen zu runden. Forderungen, die bereits einzelwertberichtigt sind, können nicht pauschal berichtigt werden.

Im Rahmen der Gewinnermittlung gemäß § 5 Abs. 1 EStG 1988 besteht im Falle der unternehmensrechtlichen Vornahme von Pauschalwertberichtigungen aufgrund der Maßgeblichkeit eine Pflicht, diese auch für steuerliche Zwecke vorzunehmen; im Rahmen der Gewinnermittlung gemäß § 4 Abs. 1 EStG 1988 besteht hingegen ein Wahlrecht zur Pauschalwertberichtigung nach (abstrakter) Maßgabe der unternehmensrechtlichen Voraussetzungen des § 201 Abs. 2 Z 7 UGB.

Beispiel 1:

*Der bilanzierende Einzelunternehmer A (Gewinnermittlung gemäß § 5 Abs. 1 EStG 1988; Bilanzstichtag 31.12.) weiß aufgrund von statistischen Erfahrungswerten der Vergangenheit, dass rd. 2% der ihm im Geschäftsjahr X1 entstandenen Forderungen aus Lieferungen und Leistungen ausfallen und nicht beglichen werden. A möchte dieses Ausfallrisiko pauschal – bezogen auf sämtliche Forderungen derselben Kategorie – sowohl unternehmens- als auch steuerrechtlich mit dem errechneten Pauschalsatz berücksichtigen und die Forderungen gebündelt wertberichtigen. Die zum 31.12.X1 nicht einzelwertberichtigten offenen Forderungen aus Lieferungen und Leistungen betragen insgesamt 500.000. A kann daher 10.000 (500.000*0,02) als pauschale Wertberichtigung zum 31.12.X1 steuerlich geltend machen.*

Stimmt das Wirtschaftsjahr mit dem Kalenderjahr überein, kann eine Pauschalwertberichtigung von Forderungen erstmals zum Bilanzstichtag 31.12.2021 erfolgen. Dabei ist zu beachten, dass auch Forderungen pauschalwertberichtigt werden können, die in früheren Wirtschaftsjahren entstanden sind („Forderungsaltbestände“; siehe § 124b Z 372 lit. a EStG 1988). Die Pauschalwertberichtigung dieser Forderungsaltbestände wirkt sich zum 31.12.2021 steuerlich jedoch nicht sofort in voller Höhe aus, sondern ist über fünf Jahre zu verteilen (§ 124b Z 372 lit. c EStG 1988). Als Forderungsaltbestand iSd § 124b Z 372 lit. a EStG 1988 kann der zum 31.12.2020 ausgewiesene Stand offener, nicht einzelwertberichtigter, Forderungen herangezogen werden. Rechnerisch ist der auf Basis des Forderungsaltbestandes per 31.12.2020 ermittelte pauschale Wertberichtigungsbedarf sodann dem auf Basis des Forderungsstandes per 31.12.2021 ermittelten pauschalen Wertberichtigungsbedarf gegenüberzustellen. Bei einer zum 31.12.2021 erstmals vorgenommenen Pauschalwertberichtigung von Forderungen wirken sich Wertberichtigungen somit nur insoweit in voller Höhe als Betriebsausgabe aus, als sie nicht bereits auf den – der Fünftelung unterliegenden – Forderungsaltbestand per 31.12.2020 entfallen.

Beispiel 2 – Variante 1:

Der bilanzierende Einzelunternehmer A (Gewinnermittlung gemäß § 5 Abs. 1 EStG 1988; Bilanzstichtag 31.12.) weist zum 31.12.2021 offene Forderungen aus Lieferungen und Leistungen iHv 1.500.000 aus, für die keine Einzelwertberichtigung vorgenommen wurde. A möchte erstmals zum 31.12.2021 für sämtliche Forderungen derselben Kategorie sowohl unternehmens- als auch steuerrechtlich mit dem errechneten Pauschalsatz von 2% eine Pauschalwertberichtigung vornehmen.

*Zunächst ermittelt A die auf den Forderungsaltbestand entfallende Pauschalwertberichtigung: Zum 31.12.2020 betrugen die nicht einzelwertberichtigten Forderungen 1.000.000 (Forderungsaltbestand). Die rechnerisch ermittelte Pauschalwertberichtigung zum 31.12.2020 beträgt folglich 20.000 (= 1.000.000*0,02). Da die auf den Altbestand entfallende Pauschalwertberichtigung über fünf Jahre zu verteilen ist, wirken sich davon zum 31.12.2021 lediglich 4.000 als Betriebsausgabe aus.*

*Die auf Basis des Forderungsstandes zum 31.12.2021 erstmalig ermittelte Pauschalwertberichtigung beträgt 30.000 (1.500.000*0,02). Davon entfallen 20.000 bereits auf den Forderungsaltbestand, sodass sich aus der zum 31.12.2021 ermittelten Pauschalwertberichtigung lediglich die Differenz in Höhe von 10.000 in voller Höhe als Betriebsausgabe auswirkt.*

In Summe kann A am 31.12.2021 somit 14.000 (4.000 bezogen auf den Forderungsaltbestand + 10.000 aus der Neudotierung) als Betriebsausgabe geltend machen:

		Steuerlich zum 31.12.2021 zu berücksichtigen
Pauschalwertberichtigung rechnerisch 31.12.2020	*20.000*	*-4.000*
Pauschalwertberichtigung 31.12.2021	*30.000*	
Veränderung	*10.000*	*-10.000*

In den folgenden vier Wirtschaftsjahren kann A die Pauschalwertberichtigung hinsichtlich des Forderungsaltbestandes jeweils iHv 4.000 steuerlich geltend machen (Mehr-Weniger-Rechnung -4.000). Weiters kann A in den folgenden Wirtschaftsjahren die jeweilige jährliche unternehmensrechtliche Dotierung der Pauschalwertberichtigung auch steuerlich in voller Höhe geltend machen.

Zukünftige Auflösungen der Pauschalwertberichtigung sind zur Gänze steuerpflichtig. Beträgt zum 31.12.2022 die Pauschalwertberichtigung zB 25.000, ist die Auflösung (5.000) zur Gänze steuerwirksam. Die Verteilung der auf den Forderungsaltbestand per 31.12.2020 rechnerisch ermittelten Pauschalwertberichtigung ist davon unbeeinflusst.

Beispiel 2 – Variante 2:

Der bilanzierende Einzelunternehmer A (Gewinnermittlung gemäß § 5 Abs. 1 EStG 1988; Bilanzstichtag 31.12.) weist zum 31.12.2021 offene Forderungen aus Lieferungen und Leistungen iHv 900.000 aus, für die keine Einzelwertberichtigung vorgenommen wurde. A möchte erstmals zum 31.12.2021 für sämtliche Forderungen derselben Kategorie sowohl unternehmens- als auch steuerrechtlich mit dem errechneten Pauschalsatz von 2% eine Pauschalwertberichtigung vornehmen.

*Zunächst ermittelt A die auf den Forderungsaltbestand entfallende Pauschalwertberichtigung: Zum 31.12.2020 betrugen die nicht einzelwertberichtigten Forderungen 1.000.000 (Forderungsaltbestand). Die rechnerisch ermittelte Pauschalwertberichtigung zum 31.12.2020 beträgt folglich 20.000 (= 1.000.000*0,02). Da die auf den Altbestand entfallende Pauschalwertberichtigung über fünf Jahre zu verteilen ist, wirken sich davon zum 31.12.2021 lediglich 4.000 als Betriebsausgabe aus.*

*Die auf Basis des Forderungsstandes zum 31.12.2021 erstmalig ermittelte Pauschalwertberichtigung beträgt 18.000 (900.000*0,02); der Pauschalwertberichtigungsbedarf per 31.12.2021 ist somit verglichen mit der per 31.12.2020 rechnerisch ermittelten Pauschalwertberichtigung geringer. Die Differenz in Höhe von 2.000 ist folglich zum 31.12.2021 in voller Höhe steuerwirksam aufzulösen.*

In Summe kann A per 31.12.2021 somit 2.000 (-4.000 bezogen auf den Forderungsaltbestand + 2.000 aus der Auflösung) als Betriebsausgabe geltend machen:

		Steuerlich zum 31.12.2021 zu berücksichtigen
Pauschalwertberichtigung rechnerisch 31.12.2020	*20.000*	*-4.000*
Pauschalwertberichtigung 31.12.2021	*18.000*	
Veränderung	*-2.000*	*+2.000*

Sofern unternehmensrechtlich eine Pauschalwertberichtigung nicht erstmalig zum 31.12.2021, sondern bereits in einem früheren Wirtschaftsjahr vorgenommen wurde, ist der unternehmensrechtliche Stand der Pauschalwertberichtigung des früheren Wirtschaftsjahres steuerwirksam über fünf Jahre zu verteilen. Unternehmensrechtliche Dotierungen und Auflösungen ab dem Wirtschaftsjahr 2021 sind zur Gänze steuerwirksam.

Im Fall einer Betriebsveräußerung oder -aufgabe sind noch nicht abgesetzte Fünftelbeträge im Rahmen des Veräußerungs-/Aufgabegewinnes zu berücksichtigen; siehe dazu auch analog die Ausführungen in Rz 3351a.

Zur Zulässigkeit einer pauschalen Rückstellungsbildung gemäß § 9 Abs. 3 EStG 1988 idF COVID-19-StMG siehe Rz 3315.

(BMF-AV Nr. 2021/65)

6.7.2.4.2 Einzelwertberichtigungen von Forderungen

(BMF-AV Nr. 2021/65)

2374 Wertberichtigungen sind – unabhängig von der Zulässigkeit einer pauschalen Wertberichtigung (siehe dazu Rz 2373) – steuerlich anzuerkennen, wenn zum Bilanzstichtag konkrete

Risken bestehen, die einzelnen Forderungen zugerechnet werden können (zB Nichteinhalten einer Ratenvereinbarung, vorübergehende oder dauernde Einstellung von Kreditrückzahlungen, Überziehen eines Kreditrahmens ohne entsprechende Vereinbarung, sonstiges vertragswidriges Verhalten, schlechte Vermögens- und Liquiditätslage des Schuldners, Währungsverlust). Es müssen somit am Bilanzstichtag Umstände vorliegen, nach denen damit zu rechnen ist, dass bestimmte Forderungen nicht mit dem vollen Nennbetrag eingehen werden. Das konkrete Forderungsrisiko orientiert sich daher ausschließlich an der individuellen Bonität des Schuldners oder an besonderen Absprachen zwischen Gläubiger und Schuldner in Zusammenhang mit dem Forderungseingang (zB betr. Skonti).

(BMF-AV Nr. 2021/65)

Weder bei einem Tilgungsrückstand noch bei einer Kontoüberziehung muss eine vorübergehende oder dauernde Einstellung von Kreditrückzahlungen vorliegen, die eine Einzelwertberichtigung rechtfertigen würde. Diese Umstände zeigen für sich alleine noch keine über das allgemeine Ausfallrisiko hinausgehende Gefährdung an, sondern könnten durchaus auch saisonbedingt sein (VwGH 19.2.1991, 90/14/0242). Eine Einzelwertberichtigung kann daher nur vorgenommen werden, wenn qualifizierte Gefährdungsgründe oder besondere Absprachen hinsichtlich des Forderungseingangs vorliegen. **2375**

Zur Zulässigkeit pauschaler Wertberichtigungen von Forderungen gemäß § 6 Z 2 lit. a EStG 1988 idF COVID-19-StMG unter den Voraussetzungen des § 201 Abs. 2 Z 7 UGB idF BGBl. I Nr. 22/2015 siehe Rz 2373.

(BMF-AV Nr. 2021/65)

6.7.2.4.3 Einzelfälle

Gefährdungsfälle **2376**

Eine pauschale Einzelwertberichtigung ist insbesondere in jenen Fällen zulässig, in denen ein vereinbarter Überziehungsrahmen überschritten wird, ohne dass mit dem Kontoinhaber eine entsprechende Kreditvereinbarung geschlossen wurde, oder wenn ein Rückstand von mehr als drei Kreditraten besteht und der Rückstand bei schriftlicher Krediteinräumung mehr als 15% des eingeräumten Kreditrahmens beträgt, ohne dass ausreichende Sicherheiten vorhanden sind. In diesen Fällen bestehen keine Bedenken, eine pauschale Berichtigung in Höhe von 2,5% der jeweiligen unter den Gefährdungstatbestand fallenden Gruppensummen anzusetzen, sofern die Summe der gruppenweisen Einzelwertberichtigung den durchschnittlichen Jahresbedarf an tatsächlichen Einzelwertberichtigungen in der einzelnen Gruppe innerhalb der letzten fünf Jahre nicht übersteigt. Weiters ist eine pauschale Einzelwertberichtigung im Falle eines Zahlungsverzugs zulässig (1% pro Monat für Zinsen und Spesenabgeltung).

Fälle besonderer Absprachen **2377**

Eine gruppenweise Vornahme von Einzelwertberichtigungen ist insbesondere in folgenden Fällen zulässig:

- Bei Skontoinanspruchnahme: um den in Anspruch genommenen Skonto. Bei mittelfristig nicht fälligen unverzinslichen oder ungewöhnlich niedrig verzinsten Forderungen hat eine Abzinsung bis zur Fälligkeit zu erfolgen. Da die Abzinsung der Ermittlung des aktuellen Barwertes der Forderung dient, hat sich diese am jeweils aktuellen Zinsniveau zu orientieren. Künftig anfallende Spesen (Eintreibungskosten, Mahnspesen etc.) sind bei der Abzinsung nicht zu berücksichtigen. Als Zinssatz für die Abzinsung von Forderungen ist der jeweils bankübliche Sollzinssatz heranzuziehen.
- Bei langfristigen Ratenvereinbarungen: Wertberichtigung für Zinsendifferenz, soweit der Kunde nicht die vollen Aufwandszinsen vergütet.

(AÖF 2006/114)

6.7.2.4.4 Auslandsforderungen

Es bestehen keine Bedenken, Wertberichtigungen für Auslandsforderungen zu bilden, wenn die Gefährdung der Einbringlichkeit aller Forderungen gegenüber einem bestimmten Land gleichartig ist (politisches oder wirtschaftliches Länderrisiko). Eine Wertberichtigung kann in Form einer gruppenweisen Einzelwertberichtigung nur dann erfolgen, wenn tatsächlich Bedenken hinsichtlich der Einbringlichkeit auf Grund tatsächlicher Zahlungsmoral, Sicherheiten und Bonität etc bestehen. Die Tatsache, dass so genannte Ratings publiziert werden, ist für sich kein Anlass, die dort genannten Kreditwürdigkeitsfaktoren ungeprüft bei der Bewertung von Auslandsforderungen einer Wertberichtigung zu Grunde zu legen. **2378**

(AÖF 2003/209)

6.7.2.5 Forderungen in ausländischer Währung

2379 Forderungen in ausländischer Währung sind grundsätzlich mit dem Kurswert (Geld-Devisen-Kurs) der ausländischen Währung im Zeitpunkt der Anschaffung der Forderung, das ist der Zeitpunkt der Erbringung bzw. Annahme der Leistung, anzusetzen. Wird die Forderung durch ein Devisentermingeschäft kursgesichert, dann sind die Anschaffungskosten der Forderung durch den Terminkurs fixiert. Ist der Kurswert am Bilanzstichtag aber niedriger, so kann (beim § 5 Abs. 1 EStG 1988 – Gewinnermittler: muss) dieser angesetzt werden, soweit der Steuerpflichtige das Kursrisiko zu tragen hat; dies kann durch Vereinbarung mit dem Geschäftspartner ausgeschlossen werden.

2380 Bei staatlicher Übernahme (eines Teiles) des Kursrisikos zB im Rahmen der staatlichen Ausfuhrförderung ist zwar die Forderung zu berichtigen, aber der Ersatzanspruch gegen den Bund zu aktivieren. Der Garantieübernahme kann auch durch eine Bewertungseinheit Rechnung getragen werden (siehe Rz 2346 f). Steht der Fremdforderung eine Fremdwährungsverbindlichkeit gegenüber (insoweit Ausgleich des Währungsrisikos), so ist insoweit eine geschlossene Position gegeben, die als solche einheitlich bewertet wird.

6.7.2.6 Rentenforderungen

2381 Betriebliche Rentenforderungen sind mit dem Rentenbarwert anzusetzen; siehe Rz 2454 ff, Rz 7020a, Rz 7044.

(AÖF 2004/167)

6.7.2.7 Besserungsvereinbarungen

2382 Es sind darunter Vereinbarungen zu verstehen, wonach ein Kapitalnehmer mit Kapital ausgestattet wird, das er dem Kapitalgeber nur im Fall seiner „Besserung“ zurückzahlen muss. Die „Besserung“ kann dabei als (Wieder-)Eintritt in die Gewinnzone bzw. als Erreichen bestimmter betriebswirtschaftlicher Parameter (zB Erreichen einer bestimmten Eigenkapitalquote) definiert sein. Die Hingabe des Kapitals kann im Wesentlichen erfolgen in Form

- einer betrieblich veranlassten Kapitalhingabe,
- eines Forderungsnachlasses.

6.7.2.7.1 Aktivierungspflicht des Besserungsanspruchs

2383 Aus § 6 EStG 1988 ist abzuleiten, dass für die Steuerbilanz eine allgemeine Aktivierungspflicht für Wirtschaftsgüter besteht. Dieser zwingende Grundsatz des Steuerrechts gilt auch dann, wenn nach unternehmensrechtlichen Vorschriften für die UGB-Bilanz ein Aktivierungswahlrecht oder ein Aktivierungsverbot besteht.

(AÖF 2011/66)

2384 Wird Kapital unter einer Besserungsvereinbarung hingegeben, so ist damit für den Kapitalgeber ein – wenn auch erst später wieder auflebender – Anspruch auf Kapitalrückzahlung verbunden. Ungeachtet der zivilrechtlichen (insbesondere unternehmensrechtlichen) Wertung des Besserungsanspruchs handelt es sich dabei um ein Wirtschaftsgut (VwGH 31.1.2001, 95/13/0281, betr Zuschussgewährung mit Anspruch auf Rückzahlung über eine Gewinnbeteiligung; VwGH 21.10.1999, 94/15/0088, betreffend Genussrecht mit Besserungsvereinbarung). Dies ergibt sich daraus, dass der Rückzahlungsanspruch

- selbständig bewertbar ist,
- im Geschäftsverkehr auch für wertlose und stark wertgeminderte Forderungen Aufwendungen getätigt werden, und daher
- der Wert ein greifbarer ist.

(AÖF 2008/238)

2385 Die einer Besserungsvereinbarung innewohnende zivilrechtliche Bedingung, dass die Verpflichtung zur Rückzahlung nur im Fall der Besserung wieder auflebt, vermag hieran nichts zu ändern. Dies deshalb, weil bei der Bilanzierung von Wirtschaftsgütern nicht nach zivilrechtlichen, sondern nach wirtschaftlichen Kriterien vorzugehen ist (zB VwGH 18.10.1989, 88/13/ 0198, wonach unter Umständen sogar zivilrechtlich verjährte Verbindlichkeiten anzusetzen sind).

6.7.2.7.2 Bewertung des Besserungsanspruchs

2386 Der Besserungsanspruch ist gemäß § 6 Z 2 lit. a EStG 1988 ungeachtet eines ausgesprochenen Verzichts auf Rückzahlung des Besserungskapitals grundsätzlich mit den Anschaffungskosten anzusetzen, weil nach allgemeinen kaufmännischen Grundsätzen nicht davon auszugehen ist, dass Aufwendungen ohne Erhalt eines Gegenwertes getätigt werden.

Der Ansatz des niedrigeren Teilwertes käme im Jahr der Anschaffung nur dann zum Zug, wenn der Gläubiger nachweist, ein angenommener Erwerber des Betriebes würde unter Annahme der Betriebsfortführung für den Besserungsanspruch weniger als die Anschaffungskosten ansetzen. Dies wird jedenfalls ausgeschlossen sein, wenn **2387**

- der Besserungsanspruch gegenüber einem nicht sanierungsbedürftigen Unternehmen besteht und/oder
- ein Ausfallen des Besserungsanspruchs nach der Art und Weise der näheren Umstände der Besserungsvereinbarung unwahrscheinlich ist; dies wird regelmäßig bei Besserungsmodellen der Fall sein, die von Banken oder kapitalstarken Projektgesellschaften vermittelt werden.

Der Teilwertansatz in den folgenden Jahren richtet sich nach der Entwicklung des mit Besserungskapital ausgestatteten Unternehmens. **2388**

6.7.2.7.3 Rückzahlung

Wurde der Besserungsanspruch mit seinem niedrigeren Teilwert angesetzt, so sind Rückzahlungen des Besserungskapitals ab dem Überschreiten des niedrigeren Teilwertes ertragswirksam. **2389**

6.7.2.7.4 Besserungsansprüche auf Grund eines betrieblich veranlassten Forderungsnachlasses

Wird eine Besserungsvereinbarung in der Weise getroffen, als eine bereits in der Vergangenheit begründete Forderung unter der Bedingung einer Besserung nachgelassen wird, so gelten hinsichtlich des Weiterbestehens eines Forderungsansatzes und dessen Bewertung die Ausführungen zur Aktivierungspflicht für Besserungsanspruch und Bewertung des Besserungsanspruchs sinngemäß. Für die Erfolgswirksamkeit von Rückzahlungen gelten die Ausführungen betreffend Rückzahlung von Besserungskapital entsprechend. **2390**

Erwirbt ein Einnahmen-Ausgaben-Rechner einen Besserungsanspruch oder wird ein Besserungsanspruch im Privatvermögen erworben, so ist eine Abschreibung ausgeschlossen. Die bei einer Wertänderung des Besserungsanspruchs im Bereich des Betriebsvermögens mögliche Teilwertabschreibung ist beim Einnahmen-Ausgaben-Rechner unzulässig bzw. im Bereich des Privatvermögens begrifflich nicht möglich. Übersteigt die Rückzahlung des Besserungskapitals den Betrag des zugeführten Besserungskapitals, so liegen insoweit betriebliche Einkünfte bzw. Einkünfte aus Kapitalvermögen vor. **2391**

6.7.3 Bankguthaben in ausländischer Währung

Bankguthaben in ausländischer Währung sind mit dem Anschaffungskurs zu bewerten. Ist der Devisen-Geldkurs am Bilanzstichtag niedriger, so kann (bei Gewinnermittlung gemäß § 5 Abs. 1 EStG 1988: muss) dieser angesetzt werden. **2392**

Ist die Fremdwährungsforderung durch ein Devisentermingeschäft kursgesichert, dann ist die Forderung mit dem Terminkurs zu bewerten. Steht dem Bankguthaben ein Bankkredit gegenüber (insoweit Ausgleich des Währungsrisikos), so ist insoweit eine geschlossene Position gegeben, die als solche einheitlich bewertet wird. **2393**

6.7.4 Bargeld in ausländischer Währung

Kassenbestände ausländischer Geldsorten sind mit dem Anschaffungskurs zu bewerten. Ist der Valuten-Geldkurs am Bilanzstichtag niedriger, so kann (bei Gewinnermittlung nach § 5 Abs. 1 EStG 1988: muss) dieser angesetzt werden. **2394**

6.7.5 CO_2-Emissionszertifikate

CO_2-Emissionszertifikate sind nach der EU-Richtlinie vom 25.10.2003, RL 2003/87/EG, grundsätzlich frei handel- und übertragbar und gewähren dem Inhaber das Recht, pro Zertifikat eine Tonne CO_2 im Kalenderjahr zu emittieren. Ein gewisses Kontingent an Zertifikaten wird zunächst den Emittenten vom Bundesministerium für Land- und Forstwirtschaft, Umwelt und Wasserwirtschaft für jeweils ein Kalenderjahr unentgeltlich zugeteilt; die Zertifikate müssen sodann entsprechend dem CO_2-Ausstoß bis zum 30. April des Folgejahres wieder zurückgegeben werden. Nicht verbrauchte Zertifikate können an Dritte frei veräußert werden. Im Falle eines überhöhten CO_2-Austoßes sind Zertifikate am Markt zuzukaufen, widrigenfalls eine Sanktionszahlung anfällt. **2394a**

(AÖF 2005/110)

CO_2-Emissionszertifikate sind Wirtschaftsgüter des Umlaufvermögens, weil sie entweder dem Verbrauch dienen oder gehandelt werden können, wenn sie nicht verbraucht werden. **2394b**

(AÖF 2005/110)

2394c Die Bewertung der Zertifikate erfolgt nach dem Anschaffungswertprinzip (§ 6 EStG 1988): Für unentgeltlich zugeteilte Zertifikate betragen die Anschaffungskosten Null. Entgeltlich hinzuerworbene Zertifikate sind grundsätzlich gesondert mit den Anschaffungskosten auszuweisen; entgeltlich hinzuerworbene Zertifikate können aber auch als gleichartige Wirtschaftsgüter des Umlaufvermögens zu einer Gruppe zusammengefasst und entsprechend bewertet werden (dazu EStR Rz 2315 ff). Unentgeltlich zugeteilte und entgeltlich erworbene Zertifikate können nicht zu einer Gruppe zusammengefasst werden.

Werden unterjährig CO_2-Emissionszertifikate für den überhöhten Jahresausstoß angeschafft, sind sie mit ihren Anschaffungskosten zu aktivieren. Für die Rückgabeverpflichtung bis spätestens 30.4. des Folgejahres ist ein entsprechender Passivposten anzusetzen, weil der Aufwand der betreffenden Periode zuzuordnen ist. Werden CO_2-Emissionszertifikate für einen in künftigen Jahren erwarteten überhöhten CO_2-Ausstoß angeschafft, ist der Passivposten sodann im Jahr des überhöhten CO_2-Ausstoßes anzusetzen.

(AÖF 2005/110)

2394d Für den im abgelaufenen Wirtschaftsjahr nicht mit CO_2-Emissionszertifikaten gedeckten (überhöhten) CO_2-Ausstoß ist zum Bilanzstichtag eine Rückstellung zu bilden, die spätestens im Zeitpunkt der Anschaffung der fehlenden Zertifikate aufzulösen ist. Ist auf Grund der Unterdeckung zudem mit einer Sanktionszahlung mit überwiegender Wahrscheinlichkeit ernsthaft zu rechnen (zB Knappheit von Zertifikaten am Weltmarkt), ist zusätzlich auch für die Sanktionszahlung eine Rückstellung zu bilden.

Da die Emissionszertifikate für Kalenderjahre (Jahresperioden) und nicht für Wirtschaftsjahre zugeteilt werden, kommt bei einem abweichendem Wirtschaftsjahr eine Rückstellungsbildung, die das abgelaufenen Kalenderjahr betrifft, nur dann in Betracht, wenn bis zum Bilanzstichtag für den (überhöhten) CO_2-Ausstoß für das abgelaufene Kalenderjahr die fehlenden Emissionszertifikate noch nicht nachbeschafft sind. Steht am Bilanzstichtag des abweichenden Wirtschaftsjahres für das laufende Kalenderjahr mit überwiegender Wahrscheinlichkeit fest, dass im Kalenderjahr ein überhöhter (nicht durch Emissionszertifikate gedeckter) CO_2-Ausstoß vorliegt, ist eine Rückstellung für den überhöhten CO_2-Ausstoß anteilig nach den Kalendermonaten zu bilden. Für abweichende Wirtschaftjahre mit Bilanzstichtag vor dem 30.4. bestehen keine Bedenken, wenn die Rückstellung in voller Höhe (ohne 80%-Kürzung) angesetzt wird.

Beispiel:

Abweichendes Wirtschaftsjahr mit Bilanzstichtag 28.02. Für das Kalenderjahr 02 werden 90 Zertifikate zugeteilt, der tatsächliche Ausstoß des Jahres 02 erfolgt in einem Umfang, der 120 Zertifikate erforderlich machen würde. Steht zum 28.2.02 (Bilanzstichtag des Wirtschaftsjahres 01/02) mit überwiegender Wahrscheinlichkeit fest, dass der Ausstoß des Jahres 02 durch die zugeteilten 90 Zertifikate nicht gedeckt sein wird, muss im Wirtschaftsjahr 01/02 eine Rückstellung für Zertifikatsbeschaffungen, die wirtschaftlich den Zeitraum Jänner und Februar 02 betreffen, gebildet werden.

Ermittlung des Rückstellungsausmaßes:

Kalenderjahr 02		*Monate 1, 2*		*Monate 3–12*	
Zuteilung KJ 02 gesamt: (= 12 x Monatswert von 7,5)	*90*	*aliqoter Wert:*	*15*	*aliqoter Wert:*	*75*
tatsächl. Ausstoß 02 gesamt:	*120*	*tatsächl. Ausstoß:*	*20*	*tatsächl. Ausstoß:*	*100*
Rst-Erfordernis KJ 02:	*30*	*Rst-Erfordernis:*	*5*	*Rst-Erfordernis:*	*25*

Für die Kosten von 5 voraussichtlich nachzubeschaffenden Emissionszertifikaten ist zum Bilanzstichtag 28.2.02 eine Rückstellung zu bilden. Ein Rückstellungserfordernis (in Höhe der Kosten von 25 nachzubeschaffenden Emissionszertifikaten) besteht im Wirtschaftsjahr 02/03 insoweit, als bis zum Bilanzstichtag dieses Wirtschaftsjahres (28.2.03) keine 25 Emissionszertifikate beschafft wurden.

(AÖF 2005/110)

6.8 Rechnungsabgrenzungsposten

6.8.1 Allgemeines

2395 Rechnungsabgrenzungsposten dienen dazu, Einnahmen und Ausgaben jenem Wirtschaftsjahr zuzuordnen, zu dem sie wirtschaftlich gehören. Der Anwendungsbereich besteht vor allem im Zusammenhang mit (schwebenden) Dauerschuldverhältnissen, also zeitraumbezogenen Schuldverhältnissen vor ihrer vollständigen Erfüllung.

Demgegenüber versteht man unter Anzahlungen 2396

- Vorleistungen auf einen zukünftigen einmaligen, zeitpunktbezogenen Leistungsaustausch (zB Anschaffungs- und Veräußerungsgeschäfte) und
- Vorleistungen auf zukünftig beginnende Dauerschuldverhältnisse (zB Mietverhältnisse, Vereinbarungen über ein erst zu errichtendes Wirtschaftsgut).

Als Forderungen und Verbindlichkeiten, somit als Wirtschaftsgüter gelten: 2397

- Vorweggenommene Aufwendungen für eine bestimmte Zeit vor dem Bilanzstichtag, deren Zahlung nach dem Bilanzstichtag fällig ist, und
- vorweggenommene Erträge für eine bestimmte Zeit vor dem Bilanzstichtag, deren Zahlung nach dem Bilanzstichtag fällig ist.

Beispiel:

Der Mieter leistet und der Vermieter erhält die Miete des laufenden Wirtschaftsjahres vereinbarungsgemäß erst im Folgejahr. Beim Vermieter liegt eine Forderung und beim Mieter eine Verbindlichkeit vor.

Im Rahmen der Gewinnermittlung gemäß § 5 Abs. 1 EStG 1988 sind nach den unternehmensrechtlichen Grundsätzen ordnungsmäßiger Buchführung Rechnungsabgrenzungsposten zu bilden. Gemäß § 198 Abs 5 und 6 UGB sind auszuweisen 2398

- auf der Aktivseite Ausgaben vor dem Abschlussstichtag, soweit sie Aufwand für eine bestimmte Zeit nach diesem Tag sind (Aktivierungspflicht);
- auf der Passivseite Einnahmen vor dem Abschlussstichtag, soweit sie Ertrag für eine bestimmte Zeit nach diesem Tag sind (Passivierungspflicht).

(AÖF 2008/238)

Im Bereich der Gewinnermittlung gemäß § 4 Abs. 1 EStG 1988 bestehen Abgrenzungsverpflichtungen nur für ausdrücklich geregelte Positionen (siehe Rz 1381 ff, Rz 2403 ff, Rz 2415 ff, Rz 2417 ff, Rz 2459, Rz 2460, Rz 3226 ff), andere Abgrenzungen können in Ausübung von Wahlrechten vorgenommen werden. Dadurch bindet sich der Steuerpflichtige nach dem Grundsatz der Bewertungsstetigkeit (VwGH 23.1.1974, 1138/72). 2399

Als Abgrenzungsposten kommen in Betracht: 2401

- Ausgaben vor dem Bilanzstichtag, die Aufwand für eine bestimmte Zeit nach dem Bilanzstichtag sind, und
- Einnahmen vor dem Bilanzstichtag, die Ertrag für eine bestimmte Zeit nach dem Bilanzstichtag sind.

Unter den Begriff der Rechnungsabgrenzungen fallen nicht: 2401

- Einnahmenverlagerungen in die Zukunft mit der Begründung, in dieser Zeit fallen die Ausgaben bzw. Kosten an, zu deren Deckung sie dienen;
- Ausgabenverlagerungen in die Zukunft mit der Begründung, in dieser Zeit fallen die Einnahmen an, aus denen die Ausgaben gedeckt werden sollen.

Dies gilt auch dann, wenn zwischen Einnahmen und Ausgaben ein Zusammenhang besteht.

Werden Pauschalentgelte vereinbart, so ist eine Passivierung selbst dann nicht zulässig, wenn damit auch zukünftige Leistungen abgedeckt werden (zB Wartungsarbeiten, Nachbetreuungsleistungen). 2402

Beispiel:

Ein Rechenzentrum vereinbart mit seinen Kunden ein Pauschalentgelt pro Buchungszeile. Daneben besteht die Verpflichtung, die gespeicherten Daten noch zwei weitere Jahre bereitzuhalten. Ein für den Kunden erkennbarer, konkreter Entgeltsbestandteil dafür ist nicht vereinbart.

Ein passiver Rechnungsabgrenzungsposten darf nicht gebildet werden. Obwohl die Kosten der zukünftigen Speicherung und Sicherung der Daten in den Preis einkalkuliert werden, kann aus dem Pauschalentgelt nicht einmal schätzungsweise ein Teilbetrag für die zukünftigen Leistungen abgespalten werden. Auch eine Passivierung als erhaltene Anzahlung oder als Rückstellung ist nicht zulässig.

6.8.1.1 Anwendungsfälle

Abgeld (Damnum) 2403

Siehe Rz 2459 ff.

2404 Anschlussgebühren bzw. Baukostenzuschüsse

Einmalige Anschlussgebühren bzw. Baukostenzuschüsse, die nicht eine in der Art eines Dauerschuldverhältnisses zeitraumbezogene Leistung (mit)abgelten, dürfen nicht passiv abgegrenzt werden (VwGH 18.12.1996, 94/15/0148; VwGH 29.10.2003, 2000/13/0090).

Soweit Anschlussgebühren bzw. Baukostenzuschüsse zum Teil auch das Entgelt für die Einräumung eines Benützungs- bzw. Bezugsrechtes darstellen, sind sie nicht sofort zur Gänze als Einnahme zu erfassen, sondern auf den Zeitraum der Einräumung des Nutzungsrechtes (Vertragsdauer), höchstens jedoch auf 20 Jahre passiv abzugrenzen. Dies gilt insbesondere für Anschlussgebühren bzw. Baukostenzuschüsse für einen Anschluss an das Versorgungsnetz eines Energieversorgungsunternehmens, weil der Leistungsempfänger mit dem Anschluss an das Versorgungsnetz auch ein langfristiges Versorgungsrecht erwirbt (siehe auch Rz 1032). Das Netzbereitstellungsentgelt nach dem ElWOG 2010 ist auf 20 Jahre passiv abzugrenzen (siehe Rz 3125).

(BMF-AV Nr. 2018/79)

2405 Baurecht

Wird ein Baurecht im Sinne des Baurechtsgesetzes gegen Entgelt (Bauzinsen) bestellt, ist der in Form von wiederkehrenden Leistungen zu erbringende Bauzins als dauernde Last zu qualifizieren. Bilanziell kann der Bauberechtigte, soweit nicht die Voraussetzungen für die Aktivierung des Baurechts vorliegen, Vorleistungen als Rechnungsabgrenzungsposten aktivieren; der Grundstückseigentümer kann einen passiven Rechnungsabgrenzungsposten bilden (VwGH 26.2.1975, 936/ 74).

2406 Finanzierungskosten

Zu den Finanzierungskosten im Zusammenhang mit Darlehen und Krediten siehe Rz 2417 und Rz 2459 ff.

2407 Ratenkauf

Beim Ratenkauf wird der Kaufpreis mit dem Barwert der Raten angesetzt (VwGH 14.1.1986, 85/14/0134). Den Unterschiedsbetrag zwischen Barwert und Summe der Raten können unabhängig voneinander der Ratenkäufer aktivieren und der Ratenverkäufer passivieren. Dies gilt auch beim Leasing mit dem Charakter eines Ratenkaufs. Eine degressive Abschreibung bzw. Auflösung ist zulässig.

2408 Miet- und Pachtverhältnisse

Miet- und Pachtverhältnisse sind Dauerschuldverhältnisse. In diesem Zusammenhang sind Vorleistungen typische Anwendungsfälle für zulässige aktive und passive Rechnungsabgrenzungsposten. Die Abgrenzung erfolgt im Regelfall zeitraumbezogen. Der Vermieter darf Passivposten für zukünftige Instandhaltungsarbeiten selbst dann nicht bilden, wenn die künftigen Ausgaben im Entgelt einkalkuliert sind (VwGH 19.3.1986, 83/13/0109, 0139).

2409 Versicherungsverhältnisse

Diese führen bei über den Bilanzstichtag hinausgehenden Leistungsansprüchen zur Berechtigung, Rechnungsabgrenzungsposten nach den allgemeinen Regeln zu bilden.

2410 Wettbewerbsverbote

Solche Verbote (Verzicht, Stilllegung) können nur dann zur Bildung von Rechnungsabgrenzungsposten führen, wenn eine zeitliche Befristung vereinbart ist. Entschädigungen für zeitlich unbefristete Wettbewerbsunterlassungen können nicht als Ertrag künftiger Jahre angesehen werden.

2411 Zuschüsse

Verpflichtet sich der Empfänger von Zuschüssen zu weiteren Leistungen (zB Erhaltung, Instandsetzung, Erneuerung), kann ein passiver Rechnungsabgrenzungsposten gebildet werden. Dieser ist zeitanteilig aufzulösen. Bei Sanierungszuschüssen ohne Rückzahlungsverpflichtung fehlt es am zeitraumbezogenen Verhalten, somit an der Gegenleistung, eine Abgrenzung kommt daher nicht in Betracht. Eine allfällige Rückzahlungsverpflichtung löst erst bei Eintritt der Bedingung die Passivierung einer Schuld aus (VwGH 14.12.1993, 90/14/0034).

Zuschüsse gegen Abnahmeverpflichtungen können auf den Vertragszeitraum verteilt werden. Investitionszuschüsse eines Getränkeerzeugungs- und -lieferunternehmens, die kein bestimmtes Verhalten des Empfängers bedingen, erlauben keinen passiven Rechnungsabgrenzungsposten; Werbezuschüsse zu einem Produktplatzierungsprogramm über 34 Monate können abgegrenzt werden; ein Zuschuss für den Fall der Erfüllung der vorgeschriebenen Anschaffungsquoten ist als Entgelt für eine am Bilanzstichtag bereits erfüllte Leistung anzusehen (VwGH 18.1.1994, 90/14/0124).

Eine Bierabnahmeverpflichtung gegen die Überlassung von Einrichtungsgegenständen, die nach zehn Jahren (Vertragsdauer) ins Eigentum des zu ihrer Erhaltung verpflichteten Wirts übergehen, führt einerseits zur Gewinnrealisierung im Umfang des gemeinen Werts der Bierbezugsverpflichtung (VwGH 16.3.1989, 88/14/0055). Andererseits kann die Betriebseinnahme passiv abgegrenzt werden. Die Bevorschussung von üblichen Rabatten durch eine Brauerei gegen eine Bierabnahmeverpflichtung ist nach dem wahren wirtschaftlichen Gehalt gegebenenfalls in ein Darlehen (der Höhe nach übliche, nicht gewährte Rabatte) und in eine Einnahme aufzuspalten (VwGH 29.9.1987, 87/14/0086; VwGH 13.9.1994, 90/14/0172); diese Einnahme kann durch einen passiven Rechnungsabgrenzungsposten auf die Laufzeit verteilt werden.

Die Rechtsprechung hat darüber hinaus in folgenden Fällen Abgrenzungsposten zugelassen: **2412**

- Abraumrückstand bei Substanzbetrieben (VwGH 23.5.1966, 1829/65; VwGH 8.6.1979, 2042, 2189/78),
- Ersatz des Ertragsausfalls (VwGH 8.6.1979, 2189/78),
- Wirtschaftserschwernisse (VwGH 24.2.1961, 3045/58), siehe Rz 5170 f.

Dazu kommen weitere Passivposten in Zusammenhang mit sogenannten vorbelasteten Einkünften (Einnahmen); siehe Rz 3303.

Rechtslage bis 2009: **2413**

Nach § 198 Abs. 3 UGB dürfen Aufwendungen für das Ingangsetzen und Erweitern eines Betriebes als Aktivposten ausgewiesen werden, der nach § 210 UGB in jedem Geschäftsjahr zu mindestens einem Fünftel abzuschreiben ist. Ingangsetzungskosten sind Ausgaben, die mit dem Aufbau der Betriebsorganisation zusammenhängen (Kosten für Personalbeschaffung, Marktanalysen, Einführungswerbung, behördliche Bewilligungen und Gutachten). Steuerrechtlich sind vorbereitende Betriebsausgaben und Anlaufkosten regelmäßig als laufende Unkosten zu behandeln (Aufwendungen für Planung, Organisation, Lieferantensuche, Gewinnung von Kunden usw.). Der unternehmensrechtliche Aktivposten ist weder ein Wirtschaftsgut iSd EStG 1988 noch ein aktiver Rechnungsabgrenzungsposten iSd UGB. Wird in der UGB-Bilanz vom Aktivierungswahlrecht Gebrauch gemacht, ergibt sich iSd so genannten ergänzenden Maßgeblichkeit (siehe Rz 433 f) eine Pflicht zur Aktivierung in der Steuerbilanz.

Rechtslage ab 2010:

Aufwendungen für das Ingangsetzen und Erweitern eines Betriebes dürfen für Geschäftsjahre (Wirtschaftsjahre), die nach dem 31.12.2009 beginnen, weder unternehmensrechtlich noch steuerrechtlich aktiviert werden (siehe auch § 906 Abs. 21 UGB). Aktivposten nach § 198 Abs. 3 UGB, die in Wirtschaftsjahren, die vor dem 1. Jänner 2010 begonnen haben, ausgewiesen worden sind, sind gemäß § 210 UGB idF vor dem RÄG 2010 weiterhin in jedem Wirtschaftsjahr zu mindestens einem Fünftel abzuschreiben.

Ingangsetzungskosten sind Ausgaben, die mit dem Aufbau der Betriebsorganisation zusammenhängen (Kosten für Personalbeschaffung, Marktanalysen, Einführungswerbung, behördliche Bewilligungen und Gutachten, Aufwendungen für Planung, Organisation, Lieferantensuche, Gewinnung von Kunden usw.). De facto handelt es sich dabei um die Schaffung eines originären Firmenwertes, der nicht aktivierungsfähig ist.

(AÖF 2011/66)

Rechnungsabgrenzungsposten wurden in folgenden Fällen verwehrt: **2414**

- Entgeltlicher Verzicht auf die Ausübung einer gewerblichen Erfahrung (VwGH 24.11.1987, 87/14/0001),
- Veräußerung eines Wasserrechts gegen ein von den zukünftigen Stromverbrauchskosten abhängiges Entgelt (VwGH 27.6.1960, 357/58).

6.8.1.2 Nicht aktivierungspflichtige Vorauszahlungen

Da § 4 Abs. 6 EStG 1988 nur auf nicht „aktivierungspflichtige" Vorauszahlungen Bezug nimmt, trifft die Verteilungspflicht nur gegebene Vorauszahlungen, also die Aufwandseite. Für erhaltene Vorauszahlungen fehlt eine entsprechende Regelung; in diesem Bereich ist daher weiterhin von einem Wahlrecht auszugehen. **2415**

§ 4 Abs. 6 EStG 1988 ist lediglich dann nicht anzuwenden, wenn aus folgenden Gründen eine Aktivierungspflicht besteht: **2416**

- Die Aufwendungen führen zum Erwerb eines aktivierungspflichtigen Rechts (zB Mietrecht).
- Es liegt eine Vorauszahlung mit Darlehenscharakter vor (zB Mietvorauszahlung mit Rückverrechnung im Falle der vorzeitigen Vertragsauflösung).

- Im Geltungsbereich der Gewinnermittlung gemäß § 4 Abs. 1 EStG 1988 werden nach den Grundsätzen der Bewertungsstetigkeit Rechnungsabgrenzungen gebildet.
- Im Rahmen der Gewinnermittlung gemäß § 5 Abs. 1 EStG 1988 sind nach den unternehmensrechtlichen Grundsätzen ordnungsmäßiger Buchführung Rechnungsabgrenzungen zu bilden.
- Bei bilanzierenden Steuerpflichtigen gilt die Sonderbestimmung des § 6 Z 3 EStG 1988 (Damnum und Geldbeschaffungskosten, siehe Rz 2459 ff).

Weitere Ausführungen sind dem Rz 1381 ff zu entnehmen.

(AÖF 2008/238)

6.8.1.3 Leasingaktivposten

2417 In § 8 Abs. 6 Z 2 EStG 1988 ist ein Aktivposten für bestimmte Fälle von Leasingverhältnissen geregelt. Der Aktivposten verteilt den Aufwand des Leasingnehmers, der auf die Anschaffungskosten eines PKW oder Kombi im Wege der Leasingrate entfällt, auf die Mindestnutzungsdauer gemäß § 8 Abs. 6 Z 1 EStG 1988. Es handelt sich nicht um einen Rechnungsabgrenzungsposten im Sinne des § 198 Abs. 5 UGB. Von der Verpflichtung zur Bildung eines Aktivpostens ist vor allem das Finanzierungsleasing unabhängig von der Ausformung als Voll- oder Teilarmortisationsvertrag betroffen. Das Operating- und das Marktpreisleasing lösen nur bei Fehlen bestimmter Voraussetzungen die Verpflichtung zur Bildung eines Aktivpostens aus. Ein passiver Ausgleichsposten ist insbesondere im Jahr des Vertragsabschlusses denkbar, wenn der Abschreibungszeitraum (Ganzjahres-AfA bzw. Halbjahres-AfA) länger als der Leasingzeitraum ist. Siehe Rz 3226 ff.

(AÖF 2008/238)

6.9 Verbindlichkeiten

6.9.1 Negatives Wirtschaftsgut

2418 Eine Verpflichtung kann im bilanzrechtlichen Sinn erst dann als Verbindlichkeit angesehen werden, wenn es sich dabei um ein negatives Wirtschaftsgut handelt. Die Verpflichtung muss, um als Verbindlichkeit angesehen zu werden, sowohl dem Grunde als auch der Höhe nach feststehen; der Zeitpunkt der Passivierung ist von der Fälligkeit unabhängig (VwGH 11.12.1964, 2334/1963).

6.9.2 Einzelfälle

2419 Ausweis einer Verbindlichkeit

Maßgeblich für den Ausweis von Verbindlichkeiten ist das wirtschaftliche Bestehen einer konkreten Belastung (Last), wie zB die Verpflichtung eines Gastwirtes, bestimmte Produkte einer Brauerei gegen Verzicht auf sonst übliche Rabatte anzukaufen (VwGH 29.9.1987, 87/14/ 0086; VwGH 16.3.1989, 88/14/0055) oder die Verpflichtung zur Gebrauchsüberlassung im Falle einer Forderungsveräußerung. Eine Verbindlichkeit ist in jenem Zeitpunkt zu passivieren, in dem die betreffende Belastung dem Grunde nach auftritt (VwGH 2.6.1976, 1667/1975). Auf den Zeitpunkt der Fälligkeit bzw. der Rechnungslegung kommt es dabei nicht an (VwGH 11.12.1964, 2334/1963). Bei Warenlieferungen ist das der Zeitpunkt der Lieferung (Verschaffung des wirtschaftlichen Eigentums).

2420 Verbindlichkeiten auf Grund einer Haftung

Verbindlichkeiten auf Grund einer Haftung sind zu passivieren, sobald mit der Inanspruchnahme gerechnet werden muss; dasselbe gilt für eine Verpflichtung aus einer übernommenen Bürgschaft (VwGH 2.6.1976, 1667/1975; die Abgrenzung zur Rückstellung ist fließend, vgl. VwGH 13.9.1988, 87/14/0132); ein etwaiger Rückforderungsanspruch ist zu aktivieren.

2421 Verjährte Verbindlichkeit

Eine verjährte Schuld ist weiterhin bilanziell als solche auszuweisen, wenn der Steuerpflichtige zB aus geschäftlichen Rücksichten von einer möglichen Verjährungseinrede nicht Gebrauch machen will (VwGH 21.12.1971, 285/1969; VwGH 18.10.1989, 88/13/0198). Diese Absicht von einer möglichen Verjährungseinrede nicht Gebrauch machen zu wollen, muss aus dem Verhalten des Steuerpflichtigen erkennbar sein (VwGH 18.10.1989, 88/13/0198). Der Wille, die verjährte Schuld nicht mehr zu tilgen, manifestiert sich erst durch die entsprechende Ausbuchung im Rechenwerk gegenüber der Außenwelt (VwGH 18.10.1989, 88/13/0198). Eine verjährte Schuld ist abzuschreiben, sobald Gewissheit besteht, dass von der Verjährungseinrede Gebrauch gemacht wird, und der Verjährungsgegner keinen Unterbrechungstatbestand geltend machen kann (VwGH 1.12.1992, 92/14/0148).

2422 Sind Nachteile in den Geschäftsbeziehungen zum Gläubiger oder eine Schädigung des wirtschaftlichen Rufs des Schuldners zu befürchten, dann kann die Verbindlichkeit trotz

Verjährung weiterhin ausgewiesen bleiben. Die bloße Erwartung eines späteren Schuldnachlasses rechtfertigt keine niedere Bewertung (VwGH 27.4.1962, 1464/1962).

Andererseits sind formal noch bestehende und noch nicht verjährte Verbindlichkeiten nicht mehr zu bilanzieren, wenn sie mit an Sicherheit grenzender Wahrscheinlichkeit nicht mehr erfüllt werden müssen (VwGH 27.9.2000, 96/14/0141).

(BMF-AV Nr. 2021/65)

Schadenersatzansprüche, Bereicherungsansprüche 2423

Schadenersatzansprüche Dritter und Bereicherungsansprüche Dritter sind auszuweisen, wenn sie dem Grunde nach entstanden sind. Schadenersatzansprüche aus einem von Erblasser abgeschlossenen Geschäft, die zwar die Verlassenschaft betreffen, aber erst nach dem Tod des Erblassers entstanden sind, sind den Erben zuzurechnen (VwGH 29.9.1982, 82/13/0017).

Steuerschulden 2424

Steuerschulden sind in jenem Zeitpunkt zu passivieren, in dem sie gemäß § 4 BAO entstanden sind (VwGH 29.1.1965, 1558/1964; VwGH 7.5.1965, 2208/1963) und zwar in Höhe des Abgabenanspruches der anspruchsberechtigten Gebietskörperschaft, der sich auf Grund der Abgabengesetze ergibt (VwGH 29.1.1965, 1558/1964). Eine Betriebssteuerschuld erlischt bei Abgabennachsicht mit dem Nachsichtsbescheid (VwGH 19.6.1962, 1120/1969).

Finanzierung von Betriebsvermögen 2425

Eine zur Finanzierung von Betriebsvermögen eingegangene Verbindlichkeit ist eine Betriebsschuld und daher zu bilanzieren (VwGH 26.6.1984, 83/14/0078). Hingegen werden aus Anlass eines unentgeltlichen Betriebserwerbes entstehende Verbindlichkeiten nicht zu Betriebsschulden, damit zusammenhängende Ausgaben sind keine Betriebsausgaben (VwGH 19.9.990, 89/13/0021).

Zusammenfallen von Gläubiger- und Schuldnerstellung 2426

Grundsätzlich ist bei einem Zusammenfallen von Gläubiger- und Schuldnerstellung die Verbindlichkeit auszubuchen. Der Rückkauf von Inhaberschuldverschreibungen durch den Emittenten führt aber nur dann zu einer Tilgung der Schuld, wenn eine Wiederveräußerung ausgeschlossen ist; sofern diese Absicht nicht als ausgeschlossen anzusehen ist, bleibt es bei der Passivierung (VwGH 10.12.1985, 85/14/0078).

Aufschiebend bedingte Verbindlichkeiten 2427

Aufschiebend bedingte Verbindlichkeiten sind zu passivieren (zumindest als Rückstellung), wenn eine Inanspruchnahme wahrscheinlich ist; Gleiches gilt für auflösend bedingte Verbindlichkeiten.

Bedingter Schuldnachlass 2428

Bei bedingtem Schuldnachlass ist die Verbindlichkeit solange zu passivieren, als nicht deren wirtschaftliches Erlöschen feststeht (VwGH 31.3.1976, 517/1976; VwGH 21.4.1970, 1527/ 1969, betreffend sukzessives Erlöschen von Ausgleichsverbindlichkeiten nach Maßgabe des Erfüllens der Ausgleichsquote).

Erlöschen einer Schuld 2429

Solange nicht einwandfrei feststeht, dass die Schuld tatsächlich erloschen ist, ist die Verbindlichkeit im Jahresabschluss weiterhin auszuweisen. Die Schuld ist zB dann auszubuchen, wenn die Ausgleichsquote vollständig beglichen wurde (VwGH 24.5.1993, 92/15/0041).

Bedingte Rabatte 2430

Bedingte Rabatte bei Verbindlichkeiten aus langfristigen Kaufpreisstundungen mit gleichzeitiger Warenabnahmeverpflichtung sind bei hoher Wahrscheinlichkeit der Erfüllung der Abnahmeverpflichtung sofort zu realisieren.

Unbedingter Schuldnachlass 2431

Bei unbedingten Schuldnachlässen führt der betrieblich veranlasste Wegfall der Verpflichtung zu einem Ertrag, der im vollen Umfang der Ertragsteuer unterliegt (VwGH 19.10.1983, 82/13/0190); dies gilt auch dann, wenn die erlassene Schuld uneinbringlich war (VwGH 3.6.1992, 87/13/0118).

Zuschüsse mit aufschiebend bedingter Rückzahlungsverpflichtung 2432

Bei Zuschüssen mit aufschiebend bedingter Rückzahlungsverpflichtung entsteht die Rückzahlungsverpflichtung erst mit dem Eintritt der Bedingung; sprechen mehr Umstände für als gegen die Rückzahlungsverpflichtung des Zuschusses, dann ist eine Rückstellung in Höhe des zu erwartenden Rückzahlungsbetrages zu bilden. Zuschüsse mit auflösend bedingter Rückzahlungsverpflichtung sind analog zu beurteilen.

2433 **Bestrittene Verbindlichkeit**

Wird eine Verbindlichkeit bestritten, so ist in jenen Fällen, in denen der Gläubiger eine Forderung anzusetzen hat, beim Schuldner eine Verbindlichkeit zu passivieren; in jenen Fällen, in denen beim Gläubiger noch keine Forderung anzusetzen ist, kann beim Schuldner eine Rückstellung zu bilden sein.

2434 **Verbindlichkeiten aus schwebenden Verträgen**

Verbindlichkeiten aus schwebenden Verträgen (schwebende Geschäfte, schwebende Dauerschuldverhältnisse) können (noch) nicht passiviert werden.

2435 **Echte stille Beteiligungen**

Echte stille Beteiligungen sind in der Regel ebenfalls Fremdkapital und daher wie Fremdkapital zu bewerten.

2435a **Kapitalsparbücher**

Die eingegangene Zinsverpflichtung führt auch in der Differenz zwischen dem garantierten Zinssatz und den niedrigeren Zinsen, die im Fall der vorzeitigen Auflösung zur Auszahlung gelangen, zu einer Verbindlichkeit (keine Rückstellung hinsichtlich des Differenzbetrages, VwGH 25.06.2008, 2006/15/0059).

(AÖF 2009/74)

6.9.3 Bewertung

6.9.3.1 Verfügungsbetrag und Rückzahlungsbetrag

2436 Verbindlichkeiten sind in aller Regel wie Umlaufvermögen zu behandeln. Sie sind daher gemäß § 6 Z 3 EStG 1988 unter sinngemäßer Anwendung des § 6 Z 2 lit. a EStG 1988 mit den Anschaffungskosten zu bewerten; als Anschaffungskosten ist der Rückzahlungsbetrag anzusetzen, den der Steuerpflichtige beim Eingehen der Schuld schuldig geworden ist (VwGH 23.11.1994, 91/13/0111; VwGH 24.5.1993, 92/15/0041). IdR stimmt dieser Betrag mit dem Verfügungsbetrag (Betrag, der dem Schuldner zugeflossen ist) überein. Ist bei einer Verbindlichkeit der Rückzahlungsbetrag höher als der Verfügungsbetrag (zB Disagio, Damnum) oder sind Geldbeschaffungskosten angefallen, so ist nach § 6 Z 3 EStG 1988 zwingend ein Aktivposten anzusetzen, der auf die Laufzeit der Verbindlichkeit verteilt abzuschreiben ist (siehe Abschnitt 6.9.7). Der Ansatz geht als zwingende steuerliche Aktivierung dem – für Wirtschaftsjahre vor 2016 geltenden – UGB-bilanziellen Wahlrecht zur Aktivierung des Disagios/Damnums gemäß § 198 Abs. 7 UGB idF vor dem RÄG 2014 vor (VwGH 10.12.1985, 85/14/0078). Für Wirtschaftsjahre ab 2016 ist das Disagio/Damnum auch unternehmensrechtlich zwingend zu aktivieren (§ 198 Abs. 7 UGB idF RÄG 2014).

(BMF-AV Nr. 2018/79)

2437 Verbindlichkeiten, denen kein Anschaffungsvorgang zu Grunde liegt (zB Bereicherungsansprüche oder Schadenersatzansprüche Dritter), sind ebenfalls mit dem Nennbetrag auszuweisen.

2438 Solange nicht feststeht, dass eine Schuld ganz oder teilweise erloschen ist, muss sie mindestens mit dem Betrag bewertet werden, den der Steuerpflichtige beim Eingehen der Schuld schuldig geworden ist (VwGH 30.10.1953, 0690/51; VwGH 24.11.1961, 1295/59; VwGH 10.12.1985, 85/14/0078; VwGH 18.10.1988, 88/13/0198; VwGH 24.5.1993, 92/15/0041). Der Ansatz des niedrigeren Teilwertes ist solange unzulässig, als nicht einwandfrei feststeht, dass die Verbindlichkeit ganz oder teilweise erloschen ist. Dabei kann es nicht darauf ankommen, ob eine Schuld iSd § 156 Abs. 1 und § 156a IO zunächst teilweise erlischt und mit ihrem (allenfalls aliquoten) Wiederaufleben nur für den Fall der ganzen oder teilweisen Nichterfüllung des Sanierungsplanes gerechnet werden muss, sondern darauf, ob der Unternehmer zum Bilanzstichtag, allenfalls mit seinen bis zum Tag der Erstellung der Bilanz gewonnenen Erkenntnissen mit Sicherheit damit rechnen kann, dass die Verbindlichkeit nicht mehr zur Gänze abzustatten sein wird (VwGH 21.4.1970, 1527/69).

(BMF-AV Nr. 2018/79)

6.9.3.2 Ansatz des Teilwertes

2439 Ist der Teilwert einer Verbindlichkeit gestiegen, so kann bei der Gewinnermittlung nach § 4 Abs. 1 EStG 1988 der höhere Teilwert angesetzt werden. Bei der Gewinnermittlung gemäß § 5 Abs. 1 EStG 1988 muss im Hinblick auf § 211 Abs. 1 in Verbindung mit § 201 Abs. 1 Z 4 UGB der höhere Wert im Jahr der Entstehung angesetzt werden (so genanntes Höchstwertprinzip). Ein höherer Wert der Verbindlichkeit kann sich vor allem aus einer Wertsicherung, bei Verbindlichkeiten in ausländischer Währung aus Kurssteigerungen sowie bei besonders hoch verzinslichen Verbindlichkeiten ergeben.

(AÖF 2008/238)

Ist der Teilwert unter den Rückzahlungsbetrag gesunken, dann darf der niedrigere Betrag nicht angesetzt werden, um den Ausweis nicht realisierter Gewinne zu vermeiden (VwGH 23.11.1994, 91/13/0111). **2440**

Sinkt der Teilwert der Verbindlichkeit, nachdem ein höherer Teilwert (nicht verwirklichter Verlust) ausgewiesen wurde, besteht im Rahmen der Gewinnermittlung gemäß § 4 Abs. 1 EStG 1988 das Recht, nicht aber eine Verpflichtung, den nunmehr wieder gesunkenen Teilwert – jedenfalls begrenzt durch die ursprünglichen Anschaffungskosten – anzusetzen; siehe Rz 2143 ff. Für Wirtschaftsjahre vor 2016 gilt dieses Wahlrecht auch im Rahmen der Gewinnermittlung gemäß § 5 Abs. 1 EStG 1988. **2441**

Für Wirtschaftsjahre ab 2016 ist im Rahmen der Gewinnermittlung gemäß § 5 Abs. 1 EStG 1988 der niedrigere Teilwert von Verbindlichkeiten (zB bei Fremdwährungsverbindlichkeiten) zwingend anzusetzen.

(BMF-AV Nr. 2018/79)

6.9.3.3 Einzelfälle

Altersteilzeit **2441a**

Nach § 27 Abs. 2 AlVG haben seit 1. Oktober 2001 Anspruch auf Altersteilzeit

- Männer, die das 55. und Frauen, die das 50. Lebensjahr vollendet haben und
- innerhalb der letzten 25 Jahre mindestens 15 Jahre arbeitslosenversicherungspflichtig beschäftigt waren.

Die Normalarbeitszeit derartiger Personen kann dabei für einen Durchrechnungszeitraum von bis zu 6,5 Jahren (ab 1. Jänner 2004: bis zu fünf Jahren) auf 40% bis 60% der Normalarbeitszeit vor Herabsetzung reduziert werden. Vom Dienstgeber sind dabei zusätzlich 50% des Unterschiedsbetrages zwischen dem vor der Herabsetzung der Normalarbeitszeit gebührenden Bruttoentgelt und jenem für die verringerte Arbeitszeit inklusiv der Dienstnehmerbeiträge zur Sozialversicherung entsprechend der Beitragsgrundlage vor Herabsetzung als Lohnausgleich (§ 27 Abs. 2 Z 3 lit. a AlVG) zu entrichten, sodass der Mitarbeiter etwa bei einer Reduzierung der Arbeitszeit um 50%, 75% seines bisherigen Entgeltes erhält. Der Arbeitgeber kann diesen Aufstockungsbetrag inklusive Dienstnehmer- und Dienstgeberbeiträge zur Sozialversicherung vom AMS als Alterteilzeitgeld zurückfordern, sofern eine zuvor arbeitslose Person über der Geringfügigkeitsgrenze versicherungspflichtig beschäftigt oder zusätzlich ein Lehrling ausgebildet und in diesem Zusammenhang kein Dienstverhältnis aufgelöst wird. Die reduzierte Arbeitszeit kann flexibel verteilt bzw. geblockt werden, das Arbeitsentgelt ist jedoch gleichmäßig verteilt über den gesamten Zeitraum zu leisten.

Liegt im Rahmen eines Blockmodells in der ersten Phase die tatsächliche Arbeitszeit des Arbeitnehmers über der reduzierten vereinbarten Arbeitszeit, leistet der Arbeitgeber aber nur jenes Entgelt (inklusiv Lohnausgleich), das der vereinbarungsgemäß reduzierten entspricht, liegt in der Differenz am Bilanzstichtag ein Erfüllungsrückstand des Arbeitgebers vor (dem Erfüllungsrückstand des Arbeitgebers steht ein entsprechendes „Stundenguthaben“ des Arbeitnehmers gegenüber). Für diesen Erfüllungsrückstand ist eine Verbindlichkeit zu bilden, weil die Verpflichtung – dem Erfüllungsrückstand entsprechend – am Bilanzstichtag dem Grunde und der Höhe nach gewiss ist. Die Verbindlichkeit darf nur in jenem Ausmaß gebildet werden, in dem am Bilanzstichtag eine gewisse Verpflichtung besteht. Für Erfüllungsrückstände künftiger Perioden kann weder eine Verbindlichkeit noch eine Rückstellung gebildet werden. Ebenso können künftige Lohnerhöhungen oder Biennalsprünge in der Bewertung der Verbindlichkeit nicht berücksichtigt werden. Da der Arbeitgeber gegenüber dem AMS einen Anspruch auf Vergütung des Lohnausgleichs hat, ist die Verbindlichkeit um diesen Betrag zu vermindern. Nur dann, wenn ausnahmsweise ausreichend wahrscheinlich ist, dass dieser Vergütungsanspruch nicht geltend gemacht werden kann (es kann zB keine „Ersatzkraft“ eingestellt werden), kommt in entsprechender Höhe eine Rückstellung in Betracht.

Sollte unter Zugrundelegung der Rechtsansicht in Rz 3451b EStR 2000 idF vor dem EStR 2000 Wartungserlasses 2005 (der Erfüllungsrückstand ist bilanziell durch Bildung einer Rückstellung zu berücksichtigen) in einem vorangegangenen Wirtschaftsjahr keine Verbindlichkeit oder eine im Vergleich zur Verbindlichkeit zu niedrige Rückstellung gebildet worden sein, sind die jeweiligen Bilanzen zu berichtigen. Es bestehen keine Bedenken, wenn beantragte Änderungen bereits rechtskräftiger Veranlagungen mangels eines anderen für die Änderung in Betracht kommenden Verfahrenstitels auf § 303 BAO gestützt werden.

(AÖF 2006/210)

(Bank-)Verbindlichkeiten in ausländischer Währung **2442**

Siehe Rz 2457 f.

2443 **Besserungsvereinbarungen**

Siehe Rz 2452.

2444 **Grunddienstbarkeit**

Eine Grunddienstbarkeit kann nicht passiviert werden. Ein dadurch eingetretener Wertverlust ist jedoch bei immer währender Duldung durch eine Teilwertabschreibung des Grund und Bodens zu berücksichtigen. Erfolgt die Einräumung der Grunddienstbarkeit im öffentlichen Interesse und wird für die Wertminderung durch den Servitutsberechtigten eine Abgeltung geleistet, liegen steuerfreie Einnahmen im Sinne des § 3 Abs. 1 Z 33 EStG 1988 vor. Soweit die Wertminderung durch die Abgeltung ausgeglichen wird, ist eine Teilwertabschreibung steuerlich nicht wirksam.

(AÖF 2013/280)

2445 **Kauf auf Ziel oder Raten**

Hier enthält der Kaufpreis eine Zinskomponente, weil bei sofortiger Bezahlung die Ware billiger gewesen wäre; das Wirtschaftsgut ist mit dem Barwert zu bewerten, die Verbindlichkeit mit dem Nennwert; der Differenzbetrag ist als Zinsenkomponente wie ein Disagio auf den Stundungszeitraum zu verteilen.

2446 **Fassung bis 2014**

Die Abzinsung wegen Unverzinslichkeit oder geringer Verzinslichkeit ist wegen des Realisationsprinzips nicht zulässig; dies gilt für Darlehensschulden wie für Kaufpreisschulden (VwGH 25.11.1966, 0599/66); eine Abzinsung kommt in Betracht, wenn in der Verbindlichkeit Zinskomponenten enthalten sind, die nicht zu den Anschaffungskosten der Verbindlichkeit zählen, sondern als Zinsaufwand zu erfassen sind.

Fassung ab 2015

Langfristige, formal unverzinsliche oder nicht marktüblich verzinste Verbindlichkeiten sind ab einem Wirtschaftsjahr, das im Jahr 2015 beginnt, marktüblich abzuzinsen, wenn sie in wirtschaftlicher Betrachtungsweise Zinskomponenten enthalten („verdecktes Kreditgeschäft"). Diese stellen nicht Anschaffungskosten der Verbindlichkeit, sondern laufenden Zinsaufwand dar (VwGH 23.11.1994, 91/13/0111). Siehe dazu aber näher Rz 3309c.

(BMF-AV Nr. 2015/133)

2447 **Nullkuponanleihen**

Sie sind beim Emittenten mit dem niedrigeren Ausgabebetrag zu passivieren; dem ursprünglich verbuchten Ausgabebetrag werden jährlich die aufgelaufenen Zinsen zugebucht.

2448 **Rentenverbindlichkeiten**

Siehe Rz 2454 ff, Rz 7042 ff.

(AÖF 2004/167)

2449 **Überverzinslichkeit von vorzeitig nicht rückzahlbaren Verbindlichkeiten**

Überverzinslichkeit von vorzeitig nicht rückzahlbaren Verbindlichkeiten auf Grund gesunkenen Marktniveaus (Verbesserung der Kreditbedingungen) führt zu einem höheren Teilwert der Verbindlichkeit bzw. zu einer Rückstellung.

2450 **Verdecktes Darlehensgeschäft**

Dieses ist in Anwendung der wirtschaftlichen Betrachtungsweise aufzudecken. Wird zB ein Wirtschaftsgut von vornherein gegen das Eingehen einer langfristigen Verbindlichkeit erworben und ist in den Kaufpreis auch die Zinsenbelastung hineinkalkuliert (zB beim sogenannter Leasingkauf), sind einerseits die Anschaffungskosten des erworbenen Wirtschaftsgutes um diese hineinkalkulierten Zinsen zu kürzen (VwGH 14.1.1986, 85/14/0134; VwGH 23.11.1994, 91/13/0111) und andererseits von der Verbindlichkeit die hineinkalkulierten Zinsen auszuscheiden (VwGH 14.1.1986, 85/14/0134; VwGH 23.11.1994, 91/13/0111); hiebei handelt es sich nicht um eine verbotene Abzinsung einer Verbindlichkeit, sondern um das Aufteilen eines verdeckten Darlehensgeschäftes in seine einzelnen wirtschaftlichen Komponenten.

2451 **Wertsicherungen**

Sie führen zu einem höheren Teilwert der Verbindlichkeit (VwGH 30.6.1987, 86/14/0035), jedoch erst wenn sie bis zum Bilanzstichtag schlagend geworden sind; bei Unterlassung einer Höherbewertung hat der protokollierte Gewerbetreibende (§ 5 Abs. 1 EStG 1988) die Bilanz zu berichtigen. Vorher kommt gegebenenfalls eine Rückstellung in Betracht.

6.9.4 Besserungsverpflichtungen

2452 Bei Besserungsverpflichtungen handelt es sich um zunächst erlassene oder gestundete Verbindlichkeiten, die bei Eintritt gewisser vereinbarter Voraussetzungen (anteilig) wieder aufleben bzw. zu tilgen sind (zB bei Anfallen von Gewinnen beim Schuldner). Besserungsverpflichtungen sind nach wirtschaftlichen Kriterien zu bewerten. Ist mit der vollen Inanspruchnahme nicht mehr ernsthaft zu rechnen, ist die Besserungsverpflichtung entsprechend aufzulösen. Kommt ihnen die Eigenschaft eines negativen Wirtschaftsgutes zu, so sind sie als Verbindlichkeiten auszuweisen (VwGH 27.9.2000, 95/14/0079, betr Zuschüsse an Unternehmen mit Besserungsvereinbarung und Vereinbarung einer vorzeitigen Schuldtilgung vor Erreichen der Rückzahlungsverpflichtung). Rückzahlungen des Besserungskapitals sind ab Überschreiten des passivierten Betrages aufwandswirksam.

(AÖF 2005/110)

6.9.5 Rentenverbindlichkeiten

Zur Bewertung von Renten siehe Rz 2454 ff, Rz 7020a, Rz 7031 ff, Rz 7042 ff. **2453**

(AÖF 2004/167)

Wurden Rentenverbindlichkeiten bereits in einem vor dem 1.1.2004 endenden Wirtschaftsjahr in eine Bilanz aufgenommen, fiel die erstmalige Berechnung noch in den Anwendungsbereich des § 16 BewG 1955 idF vor dem Budgetbegleitgesetz 2003. Die Altfassung des § 16 BewG 1955 schloss eine Anwendung in der Handels- und Steuerbilanz aus. Wurden solche älteren Rentenverbindlichkeiten nach dem 1.1.2000 abgeschlossen, sind die Sterbewahrscheinlichkeiten aus den im Anhang III befindlichen Sterbetafeln abzuleiten und als Diskontierungszinsfuß 5,5% anzunehmen. Beruhen Rentenverbindlichkeiten auf Vereinbarungen, die vor dem 1.1.2004 abgeschlossen wurden, bestehen keine Bedenken, ab der Veranlagung 2004 die aktuellen Sterbetafeln gemäß § 16 Abs. 2 BewG 1955 in der Fassung des Budgetbegleitgesetzes 2003 zu verwenden. **2454**

(AÖF 2004/167)

Liegt einer Rente ein konkreter Versicherungsvertrag zu Grunde oder steht einer Rente ein konkreter Versicherungsvertrag gegenüber, ist der Rentenbarwert auf Grund der Ansprüche (ggf. Verbindlichkeit) gegenüber dem Versicherungsunternehmen zu bewerten. **2455**

(AÖF 2004/167)

Weitere Sondernormen, welche die Bewertung von Rentenverbindlichkeiten gemäß § 16 BewG 1955 ausschließen, sind jene des VAG, welche jedoch nur für Versicherungsunternehmen maßgeblich sind. Eine Bewertungssonderbestimmung ist ferner § 14 EStG 1988. Betriebliche Versorgungsrenten sind hingegen überhaupt nicht zu passivieren, weil keine Gegenleistung gegenübersteht (VwGH 24.10.1978, 243/1976). **2456**

(AÖF 2004/167)

6.9.6 Verbindlichkeiten in ausländischer Währung

(Bank)Verbindlichkeiten in ausländischer Währung sind grundsätzlich mit dem Rückzahlungsbetrag zu passivieren. Dabei ist der im Zeitpunkt der Kreditaufnahme maßgebliche Kurs zum Ankauf der Devisen (Briefkurs, Waren-Devisen-Kurs) zu Grunde zulegen. Ist der Briefkurs zum Bilanzstichtag höher, so kann (§ 5 Abs. 1 EStG 1988- Gewinnermittler: muss) der höhere Teilwert angesetzt werden. Zum Absinken des Teilwertes siehe Rz 2441. **2457**

(BMF-AV Nr. 2018/79)

Ist für den Fremdwährungskredit ein Devisentermingeschäft abgeschlossen, erfolgt die Bewertung mit dem Terminkurs. Sog geschlossene Positionen (den Fremdwährungsforderungen stehen Fremdwährungsverbindlichkeiten in gleicher Währung und mit gleicher Fälligkeit gegenüber) sind als solche einheitlich zu bewerten; es erfolgt insoweit ein Ausgleich des Währungsrisikos. **2458**

6.9.7 Abgeld (Damnum) und Geldbeschaffungskosten

6.9.7.1 Begriff des Abgeldes

Unter Abgeld (Damnum) ist der Unterschiedsbetrag zwischen dem Nennbetrag (Rückzahlungsbetrag) und dem Verfügungsbetrag zu verstehen. **2459**

Für das Abgeld ist pro Verbindlichkeit ein Aktivposten im Jahr der Aufnahme der Verbindlichkeit anzusetzen und auf die Laufzeit der Verbindlichkeit verteilt abzuschreiben (§ 6 Z 3 EStG 1988).

Der Darlehensgeber kann in der Höhe des Unterschiedsbetrages von Nennwert und Auszahlungsbetrag einen passiven Rechnungsabgrenzungsposten ausweisen, der planmäßig aufzulösen ist.

6.9.7.2 Begriff der Geldbeschaffungskosten

Unter Geldbeschaffungskosten, die unmittelbar mit der Verbindlichkeit zusammenhängen, sind alle Nebenkosten zu verstehen, die anlässlich der Aufnahme (oder auch schon früher) **2460** des Kredites (Darlehens) anfallen, auch wenn sie lediglich der Sicherung des Kreditgebers (Darlehensgebers) dienen. Diese Nebenkosten sind als Aktivposten auf die Laufzeit der Verbindlichkeit verteilt abzuschreiben (§ 6 Z 3 EStG 1988). Wird in der UGB-Bilanz kein Aktivposten angesetzt, ist der Gewinn für steuerliche Zwecke zu adaptieren.

(AÖF 2008/51)

2461 Verteilungspflichtig sind insbesondere:

- Abschlussgebühren,
- Bearbeitungsgebühren,
- Gerichtskosten,
- Kosten der Schätzung des Belehnungsobjektes,
- Kreditgebühren,
- Notariatskosten,
- Rechtsanwaltskosten,
- Vermittlungsprovisionen,
- Verwaltungsgebühren,
- Zuteilungsgebühren.

2462 Wird das Entgelt als einmalige Kreditgebühr dem Kreditbetrag hinzugerechnet (zB bei Finanzierung von Teilzahlungsgeschäften) und dieser vom Kreditnehmer in gleichen Raten getilgt, kann dieser Anspruch vom Kreditgeber aktiviert werden. Eine passiver Rechnungsabgrenzungsposten verteilt dann bei degressiver Auflösung das Entgelt in die zutreffenden Zeiträume.

6.9.7.3 Bildung und Auflösung des Aktivpostens

2463 Der für Abgeld und Geldbeschaffungskosten ggf. gemeinsam gebildete Aktivposten ist verteilt auf die Laufzeit der Verbindlichkeit abzuschreiben. Die Verteilung hat entsprechend den Grundsätzen ordnungsmäßiger Buchführung planmäßig (linear oder degressiv) zu erfolgen. Für Einnahmen-Ausgaben-Rechner gilt grundsätzlich § 4 Abs. 6 EStG 1988; fallen jedoch nur Geldbeschaffungskosten an, dann ist § 6 Z 3 EStG 1988 anzuwenden.

Beispiel:

Gewinnermittlung durch Betriebsvermögensvergleich; Darlehensaufnahme 1.10.2007, Nennbetrag: 100.000 Euro, Verfügungsbetrag: 93.000 Euro; Geldbeschaffungskosten: 5.000 Euro; Laufzeit der Verbindlichkeit bis 31.3.2010 (insgesamt 30 Monate).

Nennbetrag	*100.000 Euro*
Verfügungsbetrag	*– 93.000 Euro*
Damnum	*7.000 Euro*
Geldbeschaffungskosten	*+ 5.000 Euro*
Aktivposten	*12.000 Euro*

Dieser Aktivposten ist bei linearer Verteilung folgendermaßen in den Jahren 2007 bis 2010 abzuschreiben:

2007	*3/30 =*	*1.200 Euro*
2008	*12/30 =*	*4.800 Euro*
2009	*12/30 =*	*4.800 Euro*
2010	*3/30 =*	*1.200 Euro*
		12.000 Euro

Unterschiedsbeträge, die sich bei der Ausgabe und der Rücknahme von Wertpapieren seitens Daueremittenten ergeben, können in Anlehnung an § 27 Abs. 2 Z 2 EStG 1988 sofort in voller Höhe als Betriebsausgabe steuerlich geltend gemacht werden, wenn sie 2% des Wertpapiernominales nicht übersteigen.

(AÖF 2010/43)

6.9.7.4 Freigrenze für Geldbeschaffungskosten

2464 Entsteht bei der Aufnahme einer Verbindlichkeit kein aktivierungspflichtiges Abgeld, so braucht für Geldbeschaffungskosten, die mit dieser Verbindlichkeit unmittelbar zusammenhängen und die (ab der Veranlagung 2002) den Betrag von 900 € (bis einschließlich 2001: 12.000 S) nicht übersteigen (Freigrenze), kein Aktivposten angesetzt werden.

Beispiel:

Gewinnermittlung durch Betriebsvermögensvergleich; Darlehensaufnahme 1.10.2002, Nennbetrag: 8.000 €; der Verfügungsbetrag entspricht dem Nennbetrag des Darlehens. Die Geldbeschaffungskosten in Höhe von 350 € können sofort gewinnmindernd abgesetzt werden.

(AÖF 2002/84)

6.9.7.5 Laufzeit und Umfang der Verbindlichkeit

Die tatsächliche Laufzeit und der Umfang der Verbindlichkeit ist nicht anhand zivilrechtlicher Vereinbarungen, sondern nach der wirtschaftlichen Betrachtungsweise zu beurteilen. Wird die festgelegte Laufzeit zu einem späteren Zeitpunkt verlängert, so ist der noch nicht abgeschriebene Aktivposten auf die Restlaufzeit zu verteilen. **2465**

Beispiel 1:

In einem Darlehensvertrag wird die Laufzeit des Darlehens mit zwei Jahren begrenzt. Auf Grund einer Zusatzvereinbarung wird die Laufzeit auf insgesamt fünf Jahre verlängert. Der Aktivposten ist daher auf fünf und nicht auf zwei Jahre abzuschreiben.

Beispiel 2:

In einem Darlehensvertrag wird die Laufzeit des Darlehens mit fünf Jahren begrenzt. Die Höhe des Aktivpostens beträgt 25.000 Euro. Im dritten Jahr wird die Laufzeit auf insgesamt sieben Jahre verlängert. Der noch nicht abgeschriebene Teil des Aktivpostens (15.000 Euro) ist auf die Restlaufzeit von fünf Jahren zu verteilen.

(AÖF 2008/51)

6.9.7.6 Kontokorrentkredite

Hat ein Kontokorrentkredit überwiegend den Charakter eines Darlehens (Einmalbarkredit), so ist für Damnum und Geldbeschaffungskosten ebenfalls ein Aktivposten anzusetzen und auf die Laufzeit dieses Kredites zu verteilen. Die Laufzeit ist nach der wirtschaftlichen Betrachtungsweise (insbesondere anhand eines erkennbaren Rückzahlungsplanes) zu bestimmen. **2466**

6.10 Unversteuerte Rücklagen

6.10.1 Rechtslage für Wirtschaftsjahre vor 2016

(BMF-AV Nr. 2018/79)

Rechnungslegungspflichtige Unternehmer müssen in der UGB-Bilanz für Wirtschaftsjahre vor 2016 Bewertungsreserven und unversteuerte Rücklagen gesondert ausweisen (vgl. § 198 Abs. 1 UGB idF vor dem RÄG 2014, § 205 UGB idF vor dem RÄG 2014). **2467**

(BMF-AV Nr. 2018/79)

Sind bilanzierende Steuerpflichtige verpflichtet, einen unternehmensrechtlichen Jahresabschluss zu erstellen, müssen folgende steuerliche Begünstigungen – unter Beachtung der besonderen steuerlichen Ausweispflichten – für Wirtschaftsjahre vor 2016 bereits in der UGB-Bilanz angesetzt werden, um überhaupt steuerwirksam zu sein (so genannte umgekehrte Maßgeblichkeit, § 205 Abs. 1 UGB idF vor dem RÄG 2014): **2468**

- § 8 Abs. 2 EStG 1988: Begünstigte Abschreibung für denkmalgeschützte Gebäude (siehe dazu Rz 3180 ff)
- § 12 Abs. 1 und Abs. 8 EStG 1988: Übertragung stiller Reserven; Bildung einer Übertragungsrücklage (siehe dazu Rz 3861 ff)

(BMF-AV Nr. 2018/79)

Der Ausweis erfolgt unter den unversteuerten Rücklagen, aufgegliedert in Bewertungsreserve und unversteuerte Rücklagen (§ 224 UGB idF vor dem RÄG 2014). **2469**

(BMF-AV Nr. 2018/79)

Macht das Unternehmen von dem in § 223 Abs. 6 UGB verankerten Wahlrecht Gebrauch, die Bewertungsreserve und die unversteuerten Rücklagen in der Bilanz in einer Summe zusammengefasst darzustellen, bestehen keine Bedenken, wenn die steuerlichen Begünstigungen nur im Anhang nach der Art eines „Bewertungsreservespiegels" und eines „Spiegels der unversteuerten Rücklagen" entsprechend den Ausweisvorschriften des EStG 1988 aufgegliedert werden. **2470**

(BMF-AV Nr. 2018/79)

6.10.2 Rechtslage für Wirtschaftsjahre ab 2016

(BMF-AV Nr. 2018/79)

2471 Mit dem RÄG 2014 entfiel § 205 UGB. Unversteuerte Rücklagen (einschließlich Bewertungsreserven) sind in der Unternehmensbilanz für Wirtschaftsjahre ab 2016 daher nicht mehr gesondert auszuweisen.

(BMF-AV Nr. 2018/79)

2472 Bei der Gewinnermittlung gemäß § 5 Abs. 1 EStG 1988 können die steuerlichen Begünstigungen gemäß § 8 Abs. 2, § 12 Abs. 1 und Abs. 8 sowie § 13 EStG 1988 für Wirtschaftsjahre ab 2016 unabhängig von der Behandlung im unternehmensrechtlichen Jahresabschluss ausschließlich in der Steuerbilanz – in der Praxis somit im Wege der Mehr-Weniger-Rechnung zur UGB-Bilanz – geltend gemacht werden; dies setzt eine geeignete Evidenzhaltung für steuerliche Zwecke voraus.

(BMF-AV Nr. 2018/79)

2473 Gemäß § 906 Abs. 31 UGB sind bereits bilanzierte unversteuerte Rücklagen – abzüglich der darin enthaltenen passiven latenten Steuern – im (ersten) Geschäftsjahr, das nach dem 31.12.2015 beginnt, in die Gewinnrücklagen (bei Kapitalgesellschaften) bzw. ins Eigenkapital (bei rechnungslegungspflichtigen Einzelunternehmen und Personengesellschaften) einzustellen.

(BMF-AV Nr. 2018/79)

6.10.3 Steuerliche Übergangsbestimmung

(BMF-AV Nr. 2018/79)

2474 Gemäß § 124b Z 271 EStG 1988 idF RÄG 2014 können bestehende unversteuerte Rücklagen (einschließlich Bewertungsreserven) iSd § 906 Abs. 31 UGB unabhängig vom unternehmensrechtlichen Jahresabschluss als steuerliche Rücklagen weitergeführt werden. Dadurch wird eine sofortige steuerwirksame Auflösung der unversteuerten Rücklagen (einschließlich Bewertungsreserven) unterdrückt.

(BMF-AV Nr. 2018/79)

2475 Wird dieses steuerliche Fortführungswahlrecht in Anspruch genommen, sind auf diese steuerlichen Rücklagen § 205 UGB und § 6 Z 13 erster Satz EStG 1988, jeweils idF vor RÄG 2014, sinngemäß weiter anzuwenden. Für steuerliche Zwecke werden diese steuerlichen Rücklagen somit nicht dauerhaft fortgeführt, sondern entsprechend der bisherigen Rechtslage behandelt.

Wurde daher etwa unternehmensrechtlich eine Bewertungsreserve aufgrund von § 12 EStG 1988 für ein Wirtschaftsgut gebildet und aufgrund des RÄG 2014 unternehmensrechtlich aufgelöst, ist die steuerlich fortgeführte Rücklage bei einer außerplanmäßigen Abschreibung dieses Wirtschaftsgutes oder spätestens bei dessen Ausscheiden aus dem Betriebsvermögen ertragswirksam aufzulösen bzw. bei Übertragung auf ein abnutzbares Wirtschaftsgut bereits laufend verteilt über dessen Restnutzungsdauer aufzulösen. Die Auflösung der steuerlichen Rücklage erfolgt im Wege der steuerlichen Mehr-Weniger-Rechnung.

Für steuerliche Zwecke ist der Umstand der Fortführung als steuerliche Rücklage (durch einen entsprechenden Vermerk) im Anlageverzeichnis gesondert in Evidenz zu halten.

Beispiel:

Ein Einzelunternehmer (§ 5 – Gewinnermittler, Bilanzstichtag: 31.12.) übertrug im Jahr 2015 stille Reserven in Höhe von 20.000 Euro auf eine in der ersten Jahreshälfte angeschaffte Maschine (Anschaffungskosten 120.000 Euro; Nutzungsdauer 10 Jahre).

2015:

In der UGB-Bilanz zum 31.12.2015 wurde entsprechend der Rechtslage vor dem RÄG 2014 die Maschine mit 120.000 Euro aktiviert und eine Bewertungsreserve für diese Maschine mit 20.000 Euro aufwandswirksam passiviert. Unternehmensrechtlich wird in 2015 eine planmäßige Abschreibung iHv 12.000 Euro aufwandswirksam und eine Auflösung der Bewertungsreserve iHv 2.000 Euro verbucht;

31.12.2015: Unternehmensrechtliche Buchwerte: Maschine 108.000 Euro;

Bewertungsreserve 18.000 Euro.

Die steuerlichen Anschaffungskosten der Maschine betragen auf Grund von § 12 Abs. 6 EStG 1988 100.000 Euro (120.000 – 20.000); AfA 2015: 10.000 Euro; keine Mehr-Weniger-Rechnung.

2016:

Unternehmensrechtlich wird im Wirtschaftsjahr 2016 die Bewertungsreserve aufgelöst und in die Gewinnrücklagen eingestellt. Weiters wird zum 31.12.2016 eine planmäßige Abschreibung der Maschine in Höhe von 12.000 Euro aufwandswirksam vorgenommen.

Wird vom steuerlichen Fortführungswahlrecht gemäß § 124b Z 271 EStG 1988 Gebrauch gemacht, ist die unternehmensrechtlich aufgelöste Bewertungsreserve als steuerliche Rücklage fortzuführen und entsprechend § 205 Abs. 2 UGB idF vor dem RÄG 2014 zu behandeln.

Die ertragswirksame Auflösung der steuerlichen Rücklage erfolgt über die – in den Jahren 2016 bis 2024 somit jährlich vorzunehmende steuerliche Mehr-Weniger-Rechnung von + 2.000 Euro. Die steuerliche Abschreibung des Wirtschaftsgutes im Jahr 2016 beträgt somit 10.000 Euro.

(BMF-AV Nr. 2018/79)

6.11 Entnahmen

6.11.1 Allgemeines

(AÖF 2013/280)

Für die Bewertung ist grundsätzlich der Teilwert (siehe Rz 2230 ff) im Zeitpunkt der Entnahme maßgeblich. Zur Bewertung von Grund und Boden siehe Rz 2635 ff. Werden ererbte Wirtschaftsgüter entnommen, um eine Pflichtteilsschuld abzudecken, so sind die stillen Reserven beim Erben (und nicht beim Erblasser) im Jahr der Entnahme zu versteuern (VwGH 5.8.1993, 88/14/0060). **2476**

Der Entnahmewert tritt für nachfolgende steuerrelevante Sachverhalte an die Stelle der Anschaffungs- oder Herstellungskosten.

Zur vereinfachten Bewertung siehe Rz 5926.

(AÖF 2013/280)

6.11.2 Nutzungen

Werden bewegliche Wirtschaftsgüter des Betriebes für private (betriebsfremde) Zwecke verwendet, ohne dass dadurch das Wirtschaftsgut aus dem Betriebsvermögen ausscheidet (die Nutzung des Wirtschaftsgutes erfolgt in einem Ausmaß von mehr als 50% für den Betrieb, ist die Nutzung unter 50% so liegt Privatvermögen vor), so ist darin eine Nutzungsentnahme zu erblicken, die ebenfalls mit dem Teilwert zu erfolgen hat. Der Teilwert stimmt mit den durch die private Nutzung verursachten Kosten überein. Stille Reserven werden dabei nicht aufgedeckt, da keine Überführung des Wirtschaftsgutes in das Privatvermögen erfolgt. Bei der Nutzungsentnahme eines PKW sind sämtliche anteilige Kosten zu erfassen (VwGH 18.2.1999, 98/15/0192). Bei Gebäuden wird der Teilwert der Nutzungsentnahme die anteilige AfA, Kosten der Instandhaltung sowie Betriebskosten und Finanzierungsaufwendungen sein (somit nicht ein fiktiver Mietwert), bei einem angemieteten Gebäude die anteiligen Mietzinse inklusive der Betriebskosten. **2477**

6.11.3 Leistungen

Wenn der Steuerpflichtige Leistungen, die im Rahmen seines Betriebes erbracht und dort im Aufwand verrechnet werden, privat nutzt, so sind diese Leistungen als Entnahme zu behandeln. Lässt sich zB der Baumeister von seinen Arbeitnehmern ein Privathaus errichten, so stellt der Teilwert der Leistung die darauf entfallene Entlohnung mit sämtlichen Lohnzuschlägen dar. **2478**

6.11.4 Wirtschaftsgüter, die in der Bilanz nicht aufscheinen

Notwendiges Betriebsvermögen kann auch vorliegen, wenn es nicht in die Steuerbilanz aufzunehmen war. Somit ist ein gegenleistungsloser Übergang dieses Betriebsvermögens in die Privatsphäre des Betriebsinhabers ebenfalls als Entnahme mit dem Teilwert zu erfassen. In Betracht kommen dafür insbesondere selbstgeschaffene unkörperliche Wirtschaftsgüter sowie Mietrechte. **2479**

6.11.4.1 Mietrecht

Der Teilwert des Mietrechtes kann in der Differenz zwischen vertraglicher Mietzinszahlung und Zahlung bei Neuabschluss des Mietvertrages gesehen werden (VwGH 6.4.1994, 91/13/ 0211). **2480**

6.11.4.2 Selbstgeschaffene Wirtschaftsgüter

2481 Bei der Entnahme von selbstgeschaffenen unkörperlichen Wirtschaftsgütern sind für den Teilwert nicht nur die angefallenen Kosten, sondern auch die zu erwartenden Ertragsaussichten zu berücksichtigen.

6.11.5 Die Entnahme von Grundstücken

(AÖF 2013/280)

Siehe Rz 2635 f.

6.11.6 Fremdfinanzierte Wirtschaftsgüter

2482 Wird ein mit Fremdkapital finanziertes Wirtschaftsgut dem Betriebsvermögen für private Zwecke entzogen, gelangen auch die Verbindlichkeiten ins Privatvermögen und sind die Zinsen nach der Entnahme nicht mehr als Betriebsausgaben absetzbar (VwGH 30.9.1999, 99/15/0106, 0107). Zur Betriebsaufgabe siehe Rz 1435 ff.

6.11.7 Speisen und Getränke der Gastwirte

2483 Für die Bewertung der Entnahme von Speisen und Getränken im Gast-, Schank- und Beherbergungsgewerbe ist grundsätzlich von jenen Werten auszugehen, die für Zwecke des Steuerabzuges vom Arbeitslohn als Sachbezug anzusetzen sind. Bei einem erheblichen Abweichen der Sachbezugswerte von den tatsächlichen Kosten sind diese anzusetzen. Ein erhebliches Abweichen der Sachbezugswerte entsprechend den lohnsteuerlichen Bestimmungen ist dann anzunehmen, wenn die Sachbezugswerte weniger als 50% der tatsächlichen Kosten betragen.

6.12 Einlagen

6.12.1 Einlagen nach dem 31.3.2012

2484 Die Bewertung von Einlagen von Wirtschaftsgütern in das Betriebsvermögen wurde durch das 1. StabG 2012 und das AbgÄG 2012 mit Wirksamkeit für Einlagen nach dem 31.3.2012 neu geregelt. Die Neuregelung gilt für alle Arten der Gewinnermittlung gleichermaßen.

Grundsätzlich sind Einlagen stets mit dem Teilwert zum Zeitpunkt der Einlage zu bewerten (§ 6 Z 5 lit. d EStG 1988). Bei abnutzbaren Wirtschaftsgütern stellt daher der Einlageteilwert die Basis für die Bemessung der Absetzung für Abnutzung dar.

Es bestehen aber für Kapitalanlagen und Derivate im Sinne des § 27 Abs. 3 und 4 EStG 1988 sowie für Grundstücke im Sinne des § 30 Abs. 1 EStG 1988 Ausnahmen von diesem Grundsatz.

Zur Einlage von Kapitalanlagen und Derivaten siehe Rz 799 f.

(AÖF 2013/280)

6.12.1.1 Einlagen von (bebauten) Grundstücken

(AÖF 2013/280)

2485 Grundstücke im Sinne des § 30 Abs. 1 EStG 1988 (siehe dazu Rz 6621) sind grundsätzlich mit den (historischen) Anschaffungs- oder Herstellungskosten anzusetzen. Bei unentgeltlichem Erwerb des Grundstücks sind die Anschaffungs- oder Herstellungskosten des Rechtsvorgängers heranzuziehen.

Die Anschaffungs- oder Herstellungskosten sind um später angefallene Herstellungsaufwendungen zu erhöhen. Wurde ein eingelegtes Grundstück bereits vor der Einlage zur Erzielung von Einkünften verwendet, sind die (erhöhten) Anschaffungs- oder Herstellungskosten um bereits bei der Ermittlung der Einkünfte steuerlich berücksichtigte Absetzungen für Abnutzungen und sonstige begünstigte Abschreibungen (zB Herstellungsfünfzehntel im Sinne des § 28 Abs. 3 EStG 1988) zu vermindern. Weiters sind diese Anschaffungs- oder Herstellungskosten auch um die in § 28 Abs. 6 EStG 1988 genannten steuerfreien Beträge zu vermindern.

Ist der Teilwert im Zeitpunkt der Einlage niedriger als die (adaptierten) Anschaffungs- oder Herstellungskosten, ist das Grundstück mit diesem Teilwert anzusetzen. Adaptierungen wie im Fall des Ansatzes der Anschaffungs- oder Herstellungskosten sind bei Ansatz des Teilwertes nicht vorzunehmen.

Beispiel:

Grund und Boden wurde 2008 um 50.000 angeschafft. 2009 wurde um 100.000 ein Gebäude darauf errichtet und mit Beginn 2010 vermietet; jährlich wird eine AfA in Höhe von 1.500 als Werbungskosten bei VuV geltend gemacht. Mit 1.1.2013 wird das Grundstück in einen Betrieb eingelegt. Der Einlagewert ermittelt sich wie folgt:

Anschaffungskosten Grund und Boden	*50.000*
Herstellungskosten Gebäude	*100.000*
Steuerlich geltend gemachte AfA	*- 4.500*
Einlagewert	*145.500*

(AÖF 2013/280)

Wurde ein eingelegtes Grundstück bereits vor der Einlage zur Erzielung von betrieblichen Einkünften verwendet, tritt der Wert zum Zeitpunkt der Entnahme oder Betriebsaufgabe an die Stelle der (historischen) Anschaffungs- oder Herstellungskosten. Für Grundstücke ist daher im Falle der Entnahme der Teilwert zum Entnahmezeitpunkt und im Fall der Betriebsaufgabe der gemeine Wert zum Aufgabezeitpunkt heranzuziehen; für Grund und Boden ist aber bei Entnahmen und Betriebsaufgaben nach dem 31.3.2012 der Buchwert zum Zeitpunkt der Entnahme oder Betriebsaufgabe heranzuziehen. **2486**

Die nach § 6 Z 5 lit. b EStG 1988 erforderlichen Adaptierungen sind daher auf Basis dieses Wertes vorzunehmen.

Ist der Teilwert im Zeitpunkt der Einlage niedriger als der (adaptierte) historische Entnahme- oder Aufgabewert, ist das Grundstück mit diesem Teilwert anzusetzen. Adaptierungen wie im Fall des Ansatzes des historischen Entnahme- oder Aufgabewertes sind bei Ansatz des Teilwertes nicht vorzunehmen.

Beispiel:

Ein Gebäude (Anschaffungskosten 80.000) wurde mit Beginn 2007 aus dem Betriebsvermögen entnommen. Der Teilwert zum Zeitpunkt der Entnahmebetrug 100.000. In weiterer Folge wurde das Gebäude vermietet (ab der ersten Jahreshälfte 2007) und 2010 wurden Herstellungsaufwendungen im Sinne des § 28 Abs. 3 EStG 1988 im Umfang von 75.000 getätigt. Diese Herstellungsaufwendungen wurden als Herstellungsfünfzehntel bei den Einkünften aus Vermietung und Verpachtung berücksichtigt. Mit 1.1.2015 wird das Gebäude wieder in einen Betrieb eingelegt. Der Einlagewert ermittelt sich wie folgt:

Entnahmewert Gebäude	*100.000*	
Herstellungsaufwendungen	*75.000*	
Steuerlich geltend gemachte AfA	*-12.000*	*(8*1.500)*
Steuerlich geltend gemachte Fünfzehntel	*-25.000*	
Einlagewert	*138.000*	

(AÖF 2013/280)

Abweichend vom grundsätzlichen Ansatz der (historischen) Anschaffungs- oder Herstellungskosten sind Gebäude und grundstücksgleiche Rechte (siehe dazu Rz 6622) im Sinne des § 30 Abs. 1 EStG 1988, die zum 31.3.2012 nicht steuerverfangen waren (Altvermögen) stets mit dem Teilwert zu bewerten (§ 6 Z 5 lit. c EStG 1988). Der Teilwert stellt auch dann den Einlagewert dar, wenn die (historischen) Anschaffungs- oder Herstellungskosten zum Zeitpunkt der Einlage höher waren als der Teilwert im Einlagezeitpunkt. Im Privatvermögen eingetretene Wertminderungen können daher nicht in die betriebliche Sphäre verschoben werden. Zur Einlage mit dem Teilwert und einer nachfolgenden Veräußerung aus dem Betriebsvermögen siehe Rz 783. **2487**

(AÖF 2013/280)

Werden nach einer Betriebsaufgabe nach § 24 Abs. 6 EStG 1988 begünstigte Gebäudeteile in einen Betrieb eingelegt, ist der maßgebliche steuerliche Wertansatz um die unversteuerte stille Reserve zu kürzen und davon die AfA zu bemessen. Im Fall einer Veräußerung innerhalb der fünfjährigen Sperrfrist ist der steuerliche Wertansatz um die versteuerten stillen Reserven rückwirkend zu erhöhen (§ 24 Abs. 6 EStG 1988, siehe auch Rz 5717a). Von diesem erhöhten Betrag ist rückwirkend die AfA zu bemessen. **2488**

Bei der Gewinnermittlung nach § 4 Abs. 3 EStG 1988 sind die Vorschriften für Entnahmen und Einlagen entsprechend dem Betriebsvermögensvergleich heranzuziehen. Die Einlage von Umlaufvermögen ist als Betriebsausgabe auszuweisen, soweit nicht § 4 Abs. 3 letzter Satz EStG 1988 anzuwenden ist. Eingelegtes Anlagevermögen ist zu aktivieren.

(BMF-AV Nr. 2015/133)

6.12.2 Einlage eines entdeckten Bodenschatzes

(AÖF 2013/280)

2489 Ein entdeckter Bodenschatz ist steuerlich ein vom Grund und Boden getrennt zu betrachtendes Wirtschaftsgut. Ein Bodenschatz stellt allerdings, falls noch nicht mit der Verwertung des Bodenschatzes begonnen worden ist, nur dann ein eigenes Wirtschaftsgut dar, wenn dieser abbauwürdig und mit seiner Aufschließung zu rechnen ist (VwGH 29.3.2006, 2004/14/0063).

Stellt der Bodenschatz ein selbständiges Wirtschaftsgut dar, ist bei einer Veräußerung eines Grundstückes samt Bodenschatz nicht nur für Grund und Boden, sondern auch für den Bodenschatz ein Kaufpreis(anteil) anzusetzen. Erfolgt keine angemessene Aufteilung im Kaufvertrag, ist diese glaubhaft zu machen.

Ein als selbständiges Wirtschaftsgut anzusehender Bodenschatz fällt als solcher nicht unter den Begriff des Grundstücks im Sinne des § 30 Abs. 1 EStG 1988. Daher ist ein Bodenschatz im Falle der Einlage nach § 6 Z 5 lit. d EStG 1988 mit dem Teilwert im Zeitpunkt der Einlage zu bewerten. Gegenstand der Einlage ist das gesamte Schottervorkommen, eine fraktionierte Einlage des Schottervorkommens entsprechend der abgebauten Menge ist ausgeschlossen (VwGH 19.12.2013, 2012/15/0024). Für die Bewertung sind jene Verhältnisse maßgebend, die im Zeitpunkt der Einlage bekannt waren oder bekannt sein konnten. Eine fehlerhafte Bewertung zum Einlagezeitpunkt kann berichtigt werden. Im Falle einer zutreffenden Bewertung zum Einlagezeitpunkt kommt es nicht zu einer jährlichen Neubewertung, obwohl laufend die Kenntnis über das Ausmaß und die Beschaffenheit des Bodenschatzes verfeinert wird. Maßgeblich ist die seinerzeitige Teilwertermittlung, soweit sie unter sorgfältiger Beachtung aller bewertungsrelevanter Umstände, die dem Unternehmer bekannt waren oder bekannt hätten sein müssen, erfolgt ist (VwGH 29.3.2006, 2004/14/0063, betreffend Schottervorkommen).

6.12.3 Einlagen vor dem 1.4.2012

(AÖF 2013/280)

2490 Einlagen sind unabhängig vom Zeitpunkt der Anschaffung oder Herstellung des eingelegten Wirtschaftsgutes stets mit dem Teilwert im Zeitpunkt der Einlage anzusetzen. Werden angeschaffte Wirtschaftsgüter eingelegt, sind im Fall der späteren Veräußerung (vor dem 1.4.2012 nur innerhalb der Spekulationsfrist) – neben gleichzeitig zu erfassenden betrieblichen Einkünften – in Höhe der Differenz zwischen Anschaffungskosten und dem Teilwert zum Zeitpunkt der Einlage Einkünfte nach § 30 EStG 1988 gegeben (§ 30 Abs. 1 Z 2 EStG 1988 idF vor dem 1. StabG 2012 und § 4 Abs. 3a Z 4 EStG 1988, siehe Rz 783).

Eingelegte Beteiligungen im Sinne des § 31 EStG 1988 sind höchstens mit den Anschaffungskosten anzusetzen (siehe Rz 2493).

Werden nach einer Betriebsaufgabe nach § 24 Abs. 6 EStG 1988 begünstigte Gebäudeteile eingelegt, ist der maßgebliche steuerliche Wertansatz um die unversteuerte stille Reserve zu kürzen und davon die AfA zu bemessen. Im Fall einer Veräußerung innerhalb der fünfjährigen Sperrfrist ist der steuerliche Wertansatz um die versteuerten stillen Reserven rückwirkend zu erhöhen (§ 24 Abs. 6 EStG 1988 idF des AbgÄG 2004, siehe auch Rz 5717a). Von diesem erhöhten Betrag ist rückwirkend die AfA zu bemessen.

Bei der Gewinnermittlung nach § 4 Abs. 3 EStG 1988 sind die Vorschriften für Entnahmen und Einlagen entsprechend dem Betriebsvermögensvergleich heranzuziehen. Die Einlage von Umlaufvermögen ist als Betriebsausgabe auszuweisen, eingelegtes Anlagevermögen ist grundsätzlich zu aktivieren.

Randzahlen 2491 und 2492: *entfallen*

(AÖF 2013/280)

6.12.4 Einlage von Beteiligungen vor dem 1.4.2012

(AÖF 2013/280)

6.12.4.1 Beteiligungen, deren Veräußerung nach § 31 EStG 1988 zu erfassen wären, sind:

2493
- Beteiligungen von mindestens 1% am Grund- oder Stammkapital von Kapitalgesellschaften. Dieses Beteiligungsausmaß muss beim Steuerpflichtigen oder – im Falle des unentgeltlichen Erwerbes – beim Rechtsvorgänger irgendwann innerhalb der letzten fünf Jahre bestanden haben.
- Gesellschaftsanteile iSd § 5 Abs. 3 und 4 UmgrStG, § 20 Abs. 5 und 6 UmgrStG, § 37 Abs. 2 UmgrStG.

Diese Beteiligungen sind gemäß § 6 Z 5 letzter Satz EStG 1988 stets mit den Anschaffungskosten zu bewerten. Dies gilt nur in Fällen, in denen der Teilwert höher als die Anschaffungskosten sind. Zur Vermeidung der Verlagerung eines außerbetrieblichen Wertverlustes in den Betrieb sind jedoch Beteiligungen, deren Teilwert unter den Anschaffungskosten liegt, mit dem niedrigeren Teilwert anzusetzen. (VwGH 23.9.2005, 2002/15/0028, teleologische Reduktion des § 6 Z 5 EStG 1988 letzter Satz; ab 2007 § 6 Z 5 EStG 1988 idF StruktAnpG 2006).
(AÖF 2011/66)

6.12.4.2 Beteiligungen, deren Veräußerung nicht nach § 31 EStG 1988 zu erfassen wäre

Rechtslage bis 2006: 2494

Alle Beteiligungen, die innerhalb eines Jahres nach der Anschaffung eingelegt werden, sind mit dem Teilwert, höchstens jedoch mit den Anschaffungskosten zu bewerten.

Rechtslage ab 2007:

Alle Beteiligungen, deren Veräußerung nicht nach § 31 EStG 1988 zu erfassen wäre, sind mit dem Teilwert im Einlagezeitpunkt zu bewerten.
(AÖF 2007/88)

Rechtslage bis 2006: 2495

Beteiligungen, deren Anschaffung mehr als ein Jahr zurückliegt und die entweder das Beteiligungsausmaß von mindestens 1% innerhalb der letzten fünf Jahre nicht erreichen bzw. nicht erreicht haben und die keine Gesellschaftsanteile iSd § 5 Abs. 3 und 4 UmgrStG (UmgrStR 2002 Rz 270 ff), § 20 Abs. 5 und 6 UmgrStG (UmgrStR 2002 Rz 1134 ff), § 37 Abs. 2 UmgrStG (UmgrStR 2002 Rz 1736) sind oder bei denen es sich nicht um Beteiligungen an Kapitalgesellschaften handelt (Beteiligung als echter stiller Gesellschafter), sind immer mit dem Teilwert anzusetzen.

Rechtslage ab 2007:

Beteiligungen, die entweder das Beteiligungsausmaß von mindestens 1% innerhalb der letzten fünf Jahre nicht erreichen bzw. nicht erreicht haben und die keine Gesellschaftsanteile iSd § 5 Abs. 3 und 4 UmgrStG (UmgrStR 2002 Rz 270 ff), § 20 Abs. 5 und 6 UmgrStG (UmgrStR 2002 Rz 1134 ff), § 37 Abs. 2 UmgrStG (UmgrStR 2002 Rz 1736) sind oder bei denen es sich nicht um Beteiligungen an Kapitalgesellschaften handelt (Beteiligung als echter stiller Gesellschafter), sind immer mit dem Teilwert anzusetzen.
(AÖF 2007/88)

6.12.5 Nutzungseinlagen

Bloße Nutzungen sind nicht als einlagefähige Wirtschaftsgüter anzusehen, weshalb die Bewertung gemäß § 6 Z 5 lit. d EStG 1988 nicht anzuwenden ist (siehe auch Rz 632 f). Nutzungseinlagen in ein Einzelunternehmen oder in eine Personengesellschaft sind in Form der Einlage einer AfA (für nicht überwiegend betrieblich genutzte bewegliche Wirtschaftsgüter oder für untergeordnet betrieblich genutzte Gebäude) möglich. Die Regelung für die als Entnahmewert anzusetzenden anteiligen Kosten für die Privatnutzung ist sinngemäß für Nutzungseinlagen anzuwenden. 2496
(AÖF 2013/280)

Unternehmer, deren Kraftfahrzeug nicht Bestandteil des Betriebsvermögens ist, können die auf die betriebliche Nutzung entfallenden tatsächlich nachgewiesenen Aufwendungen – zu denen auch die aliquote AfA gehört – geltend machen. Zur Geltendmachung des Kilometergeldes siehe Rz 1615 ABC unter „Personenkraftwagen im Privatvermögen“. 2497

Zu Nutzungseinlagen kommt es insbesondere dann, wenn ein im Privatvermögen befindliches Gebäude untergeordnet (weniger als 20%) betrieblich genutzt wird. Anzusetzen sind die anteiligen – dem Umfang der betrieblichen Nutzung entsprechenden – Kosten. Zu den anteiligen Aufwendungen zählen nicht nur die auf den betrieblich genutzten Anteil entfallende AfA, sondern auch die anteiligen Finanzierungskosten. Als Bewertungsgrundlage für die Nutzungseinlage ist nicht der Mietwert anzusetzen (VwGH 18.2.1999, 98/15/0192). Die Bewertungsvorschriften des § 6 Z 5 EStG 1988 (Bewertungsmaßstab, bis 2006 Fristenberechnung) sind heranzuziehen. 2498

Beispiel:

Anschaffung eines Gebäudes im Jahre 01 (Wert des Gebäudes 250.000 €; Grund und Boden 50.000 €). Das gesamte Gebäude wird von 01 - 04 vermietet. Ab dem Jahr 05 eigenbetriebliche Nutzung 10%, AfA gemäß § 8 Abs. 1 EStG 1988 3%. 90% des Gebäudes werden weiter fremdvermietet (Einkünfte aus Vermietung und Verpachtung).

Betriebskosten des gesamten Gebäudes: 10.000 €/Jahr. Zinsen für Gebäudekredit: 30.000 €/Jahr. Teilwert des Gebäudes im Zeitpunkt der Einlage: 270.000 €)

Die Nutzungseinlage erfolgt innerhalb von 10 Jahren seit Anschaffung. Der Bewertungsmaßstab für die Berechnung der AfA von 3% für die betriebliche Nutzung sind in diesem Fall die Anschaffungs- oder Herstellungskosten.

Anschaffungskosten Gebäudewert:	*250.000*
AfA außerbetriebliche Nutzung (1,5%)	*-15.000*
Bemessungsgrundlage	*235.000*
Davon 10% betriebliche Nutzung	*23.500*
Nutzungseinlage:	
3% AfA von 23.500	*705*
Anteil Betriebskosten	*1.000*
Anteil Zinsen	*3.000*
Nutzungseinlage gesamt	*4.705*

Ist ein im Alleineigentum stehendes Gebäude im Sinne des 20/80%-Regel teils Betriebsvermögen und teils Privatvermögen bewirkt eine innerhalb des 20/80%-Rahmens stattfindende nachhaltige Nutzungsänderung idR entweder eine Entnahme oder Einlage.

(AÖF 2007/88)

6.12.6 Einlage von (selbstgeschaffenen) unkörperlichen Wirtschaftsgütern

2499 Für die Einlage von entgeltlich erworbenen unkörperlichen Wirtschaftsgütern gilt prinzipiell die Regelung wie bei sonstigen Wirtschaftsgütern.

2500 Werden unkörperliche Wirtschaftsgüter in das Betriebsvermögen eines Einzelunternehmers oder einer Mitunternehmerschaft eingelegt, so sind sie unabhängig davon, ob sie vor der Einlage vom Steuerpflichtigen entgeltlich erworben wurden oder nicht, stets nach den allgemein für Einlagen geltenden Bewertungsgrundsätzen zu aktivieren (§ 6 Z 5 lit. d EStG 1988 geht vor § 4 Abs. 1 vorletzter Satz EStG 1988).

Unkörperliche Wirtschaftsgüter, die in das Umlaufvermögen eingelegt werden, sind jedenfalls anzusetzen und nach § 6 Z 5 lit. d EStG 1988 zu bewerten.

Beispiel

Ein Angestellter hat im Privatbereich eine Erfindung gemacht. In der Folge gründet er einen Gewerbebetrieb und verwendet die Erfindung im Rahmen dieses Betriebes als Anlagegut. Die Erfindung ist mit dem Teilwert bzw. im Falle der Fertigstellung innerhalb des letzten Jahres mit den Herstellungskosten in der Eröffnungsbilanz (ins Anlagenverzeichnis) aufzunehmen.

(AÖF 2013/280)

2501 Der Begriff der unkörperlichen Wirtschaftsgüter umfasst sowohl immaterielle Wirtschaftsgüter als auch Finanzanlagen (siehe Rz 624 ff). Zu den Finanzanlagen zählen beispielsweise Beteiligungen an Kapitalgesellschaften, echte stille Gesellschaftsanteile und Wertpapiere. Finanzanlagen werden in der Regel entgeltlich erworben, sodass das Aktivierungsverbot kaum eingreifen kann.

2502 Zur Mitunternehmerschaft siehe Rz 5874 ff und Rz 5920 ff. Bei der Schätzung des Teilwertes von selbstgeschaffenen unkörperlichen Wirtschaftsgütern sind nicht nur die angefallenen Kosten, sondern auch die zu erwartende Ertragsaussichten zu berücksichtigen, wie zB Barwert der kapitalisierten (prognostizierten) Netto-Jahreserträge unter Annahme einer bestimmten Nutzungsdauer im Zusammenhang mit der Verwertung von Lizenzen.

6.12.7 *entfällt*

Randzahlen 2503 bis 2504: *derzeit frei*

(AÖF 2013/280)

6.13 Entstrickungs- und Verstrickungsbesteuerung

(BMF-AV Nr. 2018/79)

6.13.1 Allgemeines

2505 § 6 Z 6 EStG 1988 dient der Abgrenzung der Besteuerungshoheit der Republik Österreich im Zusammenhang mit Gewinnverlagerungen ins Ausland und vom Ausland ins Inland.

Sinn und Zweck der Bestimmung ist es, in Österreich entstandene stille Reserven bei der Überführung von Wirtschaftsgütern, Teilbetrieben oder ganzen Betrieben ins Ausland steuerlich zu erfassen bzw. ausländische stille Reserven bei Überführung ins Inland zu neutralisieren. Die Wirkungen des § 6 Z 6 lit. a EStG 1988 erstrecken sich auch auf sonstige Leistungen (siehe Rz 2510).

§ 6 Z 6 EStG 1988 ist auf natürliche Personen und auf Körperschaften anzuwenden. Als allgemeine Norm hat § 6 Z 6 EStG 1988 Nachrang gegenüber den speziellen Entstrickungsbestimmungen des Umgründungssteuerrechtes.

Mit dem Abgabenänderungsgesetz 2015 wurde § 6 Z 6 EStG 1988 neu geregelt. Die Bestimmung wurde um eine allgemeine Entstrickungsregelung für sonstige Umstände erweitert, die zu einer Einschränkung des Besteuerungsrechtes der Republik Österreich im Verhältnis zu anderen Staaten führen (§ 6 Z 6 lit. b EStG 1988 idF AbgÄG 2015; siehe dazu Rz 2518).

Das bisher in § 6 Z 6 EStG 1988 im Verhältnis zu EU/EWR-Staaten mit umfassender Amts- und Vollstreckungshilfe vorgesehene Nichtfestsetzungskonzept wurde durch ein Ratenzahlungskonzept für die in § 6 Z 6 lit. c EStG 1988 abschließend geregelten Entstrickungsfälle der lit. a und lit. b im Verhältnis zu diesen Staaten ersetzt (siehe dazu Rz 2518).

Mit dem Jahressteuergesetz 2018 wurde das Ratenzahlungskonzept an Art. 5 der Richtlinie 2016/1164/EU (ATAD) angepasst, indem der Ratenzahlungszeitraum für Wirtschaftsgüter des Anlagevermögens von 7 auf 5 Jahre verkürzt wurde (siehe dazu Rz 2518f) und die Fälligstellungstatbestände erweitert wurden (siehe dazu Rz 2518g).

Zur bisherigen Nichtfestsetzung der entstandenen Steuerschuld bei Überführung bzw. Verlegung gemäß § 6 Z 6 lit. b EStG 1988 idF vor AbgÄG 2015 in den EU-/EWR-Raum, die vor dem 1. Jänner 2016 erfolgte, siehe Rz 2517a ff.

(BMF-AV Nr. 2019/75)

6.13.2 Grenzüberschreitende Überführung von Wirtschaftsgütern

(BMF-AV Nr. 2018/79)

6.13.2.1 Tatbestand

(BMF-AV Nr. 2018/79)

§ 6 Z 6 lit. a EStG 1988 ist für nachfolgende Falltypen der Überführung von Wirtschaftsgütern anwendbar: **2506**

- Von Betrieben in Betriebe.
- Von Betriebsstätten in Betriebe und umgekehrt.
- Von Betriebsstätten in Betriebsstätten desselben Betriebes.
- Verlegung ganzer Betriebe oder Teilbetriebe ins Ausland.

§ 6 Z 6 lit. a EStG 1988 erfasst auch alle Fälle, bei denen

- der Steuerpflichtige Mitunternehmer des ausländischen und/oder des inländischen Betriebes ist (siehe Rz 2514),
- der Steuerpflichtige an einer ausländischen Kapitalgesellschaft oder die ausländische Kapitalgesellschaft an der inländischen Kapitalgesellschaft zu mehr als 25% beteiligt ist (siehe Rz 2515) oder
- bei beiden Betrieben dieselben Personen die Geschäftsleitung oder die Kontrolle ausüben oder darauf Einfluss haben.

§ 6 Z 6 lit. a EStG 1988 kommt auch bei Überführung von Wirtschaftsgütern oder Verlegung von Betrieben (Betriebsstätten) in einen Staat zur Anwendung, mit dem Österreich kein Doppelbesteuerungsabkommen oder abkommensrechtlich die Anrechnungsmethode für spätere Gewinne aus der Veräußerung der überführten Wirtschaftsgüter vereinbart hat (zB Italien). Grenzüberschreitende Überführungen von Wirtschaftsgütern zwischen ausländischen Betriebsstätten sind von § 6 Z 6 lit. a EStG 1988 nicht erfasst. Insoweit damit jedoch die Einschränkung von österreichischen Besteuerungsrechten verbunden ist, sind derartige Vorgänge von § 6 Z 6 lit. b EStG 1988 erfasst (siehe Rz 2518).

(BMF-AV Nr. 2018/79)

6.13.2.2 Begriff „Überführen“

(BMF-AV Nr. 2018/79)

Das Überführen von Wirtschaftsgütern zur betrieblichen Verwendung in einen anderen Betrieb/ eine andere Betriebsstätte geschieht durch Verbringen. Der Begriff Überführen im Sinne des § 6 Z 6 erfasst Tatbestände, die entweder als Lieferung oder sonstige Leistung gelten oder als Entnahme/Einlage – Vorgang anzusehen sind. **2507**

2508 Im Verhältnis zwischen Stammhaus und Betriebsstätte können Wirtschaftsgüter nur dem Stammhaus oder einer Betriebsstätte zugeordnet werden. Das Überführen geht in diesem Fall einher mit einer geänderten Zuordnung des Wirtschaftsgutes (zB vom Stammhaus zur Betriebsstätte).

2509 Einer Betriebsstätte sind alle Wirtschaftsgüter zuzuordnen, die der Erfüllung ihrer Betriebsstättenfunktion dienen (VwGH 23.4.1985, 84/14/0160; zur funktionalen Zuordnung von Beteiligungen und Wertpapieren aus abkommensrechtlicher Sicht: VwGH 18.10.2017, Ro 2016/13/0014, VwGH 15.10.2020, Ro 2019/13/0007; siehe auch VPR 2010 Rz 189 ff; KStR 2013 Rz 433). Dies gilt vor allem für Wirtschaftsgüter, welche zur ausschließlichen Verwertung und Nutzung für diese Betriebsstätte bestimmt sind. Ausschlaggebend für die Zuordnung sind die tatsächlichen und objektiven Verhältnisse und die jeweiligen Funktionen der Betriebsstätte.

(BMF-AV Nr. 2021/65)

2510 Keine Überführung iSd § 6 Z 6 lit. a EStG 1988 ist anzunehmen, wenn das Wirtschaftsgut nur vorübergehend in einem anderen Betrieb/einer anderen Betriebsstätte verwendet wird. Als vorübergehende Verwendung ist ein Zeitraum von nicht mehr als zwölf Monaten anzusehen (siehe auch Rz 3710). Bei Baugerät, das bei Bau- und Montagetätigkeiten zum Einsatz gelangt, wird regelmäßig auch dann keine Wirtschaftsgutüberführung in die Bau- oder Montagebetriebsstätte vorliegen, wenn der Einsatz länger als zwölf Monate dauert (siehe auch VPR 2010 Rz 225).

Die Bestimmungen des § 6 Z 6 lit. a EStG 1988 sind auch auf sonstige Leistungen zwischen den in Rz 2506 genannten verbundenen wirtschaftlichen Einheiten anzuwenden (siehe auch schon EAS 1090 vom 19. Juni 1997), nicht jedoch im außerbetrieblichen Bereich (BFG 18.07.2019, RV/1100628/2016).

(BMF-AV Nr. 2021/65)

6.13.2.3 Ermittlung des fremdüblichen Verrechnungspreises – OECD-Verrechnungspreisgrundsätze

(BMF-AV Nr. 2018/79)

2511 Gemäß § 6 Z 6 EStG 1988 ist jener Wert anzusetzen, der im Falle einer Lieferung oder sonstigen Leistung an einen vom Steuerpflichtigen völlig unabhängigen Betrieb angesetzt worden wäre, was dem sog. Fremdvergleichswert entspricht.

§ 6 Z 6 EStG 1988 bildet auch die primäre innerstaatliche Rechtsgrundlage für Gewinnerhöhungen zur Wahrnehmung des in Art. 9 der DBA verankerten Fremdvergleichsgrundsatzes (siehe dazu Rz 2512 f und VPR 2010 Rz 14 ff).

Im Verhältnis zu Staaten, mit denen ein Doppelbesteuerungsabkommen besteht, unterliegt die Ermittlung des fremdvergleichskonformen Wertes des § 6 Z 6 EStG 1988 auch den gleichlaufenden Regeln der den Artikeln 7 und 9 des OECD-Musterabkommens nachgebildeten Abkommensvorschriften (sowie im EU-Raum den Artikeln 4 Abs. 1 und 2 der Schiedskonvention). Dies hat zur Folge, dass die auf österreichischer Seite als Ausgangsland angesetzten fremdvergleichskonformen Preise mit jenen übereinstimmen müssen, die auf ausländischer Seite als Eingangsland des Wirtschaftsgut- oder Leistungstransfers angesetzt werden. Findet im Ausland keine den internationalen Verrechnungspreisgrundsätzen entsprechende Bewertung statt und führt dies zum Eintritt des Risikos einer internationalen Doppelbesteuerung, kann durch Antrag auf Einleitung eines Verständigungsverfahrens eine grenzüberschreitende Konfliktlösung herbeigeführt werden. Dieser Antrag ist im Ansässigkeitsstaat des Unternehmers zu stellen bzw. sollte bei verbundenen Kapitalgesellschaften grundsätzlich im Staat der Muttergesellschaft gestellt werden.

(BMF-AV Nr. 2018/79)

2512 Die laufend erfolgenden Kommentarrevisionen sind insofern zu berücksichtigen, als der revidierte OECD-Kommentar (in seiner jeweils geltenden Fassung) auch auf (vor der jeweiligen Revision) abgeschlossene Doppelbesteuerungsabkommen anzuwenden ist. Dies setzt voraus, dass der aktuelle Kommentar – unter Beachtung des Gesamtzusammenhanges der Abkommensbestimmung – in der jeweils geltenden Fassung mit dem Wortlaut der vergleichbaren Bestimmung des betroffenen bilateralen österreichischen Doppelbesteuerungsabkommens zumindest sinngemäß übereinstimmt.

2513 In Verständigungsverfahren getroffene Abkommensauslegungen bleiben davon unberührt. (Erlass BMF 27.10.1995, AÖF Nr. 284/1995).

Weiters sind die von der OECD überarbeiteten und ergänzten „Verrechnungspreisgrundsätze für multinationale Unternehmungen und Steuerverwaltungen" zu berücksichtigen (siehe dazu VPR 2010 Rz 1 ff).

(BMF-AV Nr. 2018/79)

6.13.2.4 Personenidentität

(BMF-AV Nr. 2018/79)

Werden Wirtschaftsgüter eines inländischen (ausländischen) Betriebes in einen anderen ausländischen (inländischen) Betrieb desselben Steuerpflichtigen überführt, liegt eine Entnahme und nachfolgende Einlage vor. Werden Wirtschaftsgüter einer inländischen Personengesellschaft in eine andere (ausländische) Personengesellschaft überführt, gilt dieser Vorgang ebenfalls als Entnahme und nachfolgende Einlage, wenn an beiden Personengesellschaften die gleichen Gesellschafter mit dem gleichen Anteilsverhältnis beteiligt sind. **2514**

Für beide Fälle gilt, dass Geschäftsbeziehungen nur zwischen verschiedenen Vertragspartnern möglich sind. Daraus folgt, dass in diesen Überführungen unbeschadet der im § 6 Z 6 lit. a EStG 1988 vorgesehenen Wertansätze keine Anschaffungs- oder Veräußerungsvorgänge iSd §§ 10 und 12 EStG 1988 erblickt werden können.

(BMF-AV Nr. 2018/79)

§ 6 Z 6 lit. a EStG 1988 ist auch dann anzuwenden, wenn der Steuerpflichtige an einer ausländischen Kapitalgesellschaft oder die ausländische Kapitalgesellschaft an der inländischen Kapitalgesellschaft wesentlich, das ist zu mehr als 25%, beteiligt ist. Für die Beurteilung der Frage, ob eine mehr als 25-prozentige Beteiligung vorliegt, sind auch mittelbare Beteiligungen miteinzubeziehen. Die ausländische Kapitalgesellschaft muss zudem mit einer inländischen Kapitalgesellschaft vergleichbar sein (KStR 2013 Rz 133 und 1204). **2515**

(BMF-AV Nr. 2018/79)

Die Anwendung des § 6 Z 6 lit. a EStG 1988 erfasst auch Betriebe, an denen dieselben Personen die Geschäftsleitung oder die Kontrolle ausüben oder darauf Einfluss haben. Ob diese Kriterien vorliegen, ist von der Behörde in freier Beweiswürdigung gemäß § 167 Abs. 2 BAO zu überprüfen, wobei der Abgabepflichtige auf Grund des Vorliegens von Auslandsbeziehungen im Rahmen der erhöhten Mitwirkungspflicht an der Beweismittelbeschaffung mitzuwirken hat. Die Beurteilung erfolgt im Einklang mit den dem Artikel 9 des OECD-Musterabkommens nachgebildeten Vorschriften des jeweiligen DBA. **2516**

(BMF-AV Nr. 2018/79)

6.13.2.5 Verlegung von Betrieben (Betriebsstätten)

(BMF-AV Nr. 2018/79)

Der Fremdvergleichswert gemäß § 6 Z 6 lit. a EStG 1988 ist auch bei der Verlegung von Betrieben oder Betriebsstätten ins Ausland anzusetzen; dies betrifft auch die Verlegung des Ortes der Geschäftsleitung einer bislang unbeschränkt steuerpflichtigen betrieblich tätigen Körperschaft vom Inland in das Ausland, weil der Ort der Geschäftsleitung eine Betriebsstätte gemäß § 29 Abs. 2 lit. a BAO darstellt. Dabei ist der Wert des gesamten Betriebes (Betriebsstätte) einschließlich eines Firmenwertes zu ermitteln. Die Ermittlung dieses Werts hat nach einer betriebswirtschaftlich anerkannten Methode zu erfolgen. **2517**

(BMF-AV Nr. 2018/79)

6.13.3 Nichtfestsetzung der entstandenen Steuerschuld für Überführung bzw. Verlegung in den EU-/EWR-Raum vor dem 1.1.2016

(BMF-AV Nr. 2018/79)

Für Überführungen von Wirtschaftsgütern und Verlegungen von Betrieben/Betriebsstätten, die vor dem 1.1.2016 aus dem Inland in einen EU-Staat oder EWR-Staat erfolgen, mit dem eine umfassende Amts- und Vollstreckungshilfe besteht, ist das bisherige Nichtfestsetzungskonzept (§ 6 Z 6 EStG 1988 idF vor AbgÄG 2015) weiterhin anwendbar. Danach ist auf Grund eines in der Steuererklärung gestellten Antrages über die durch Überführung bzw. Verlegung entstandene Steuerschuld im Abgabenbescheid nur abzusprechen, die Steuerschuld jedoch bis zur tatsächlichen Veräußerung oder dem sonstigen Ausscheiden aus dem Betriebsvermögen nicht festzusetzen. Das Ausscheiden eines EU/EWR-Staates aus dem EU/EWR-Raum (zB „Brexit") bewirkt keine Festsetzung (siehe dazu auch Rz 2518a). **2517a**

Überführt der Steuerpflichtige in einem Wirtschaftsjahr mehrere Wirtschaftsgüter (Betriebe, Betriebsstätten), kann er sein Antragsrecht für jedes einzelne Wirtschaftsgut (jeden Betrieb, jede Betriebsstätte) unabhängig ausüben.

(BMF-AV Nr. 2019/75)

2517b Die Möglichkeit der Nichtfestsetzung der durch Überführung von Wirtschaftsgütern bzw. Verlegung von Betrieben oder Betriebsstätten entstandenen Steuerschuld gilt nur bei Überführung bzw. Verlegung in einen Staat

- der Europäischen Union,
- des Europäischen Wirtschaftsraumes, mit dem eine umfassende Amts- und Vollstreckungshilfe besteht (siehe dazu Rz 2518).

(BMF-AV Nr. 2018/79)

2517c Die Möglichkeit der Nichtfestsetzung ist bei der Überführung von Wirtschaftsgütern oder Betriebsstätten auf Überführungen innerhalb eines einheitlichen Betriebes desselben Steuerpflichtigen (einschließlich der grenzüberschreitenden Verlegung des einheitlichen Betriebes als solchem) eingeschränkt. Entsprechend kommt es auch im Inland bei Überführungen zwischen Betrieben zu einer Erfassung der stillen Reserve. Zum einheitlichen Betrieb siehe Rz 411ff.

(AÖF 2007/88)

2517d Der Antrag auf Nichtfestsetzung der Steuerschuld kann nur mit der Steuererklärung des Jahres der Überführung bzw. der Verlegung gestellt werden, die vor Ergehen des Einkommensteuerbescheides eingebracht wurde. Wurde in dieser Steuererklärung kein Antrag gestellt, kann ein solcher in einer nach Ergehen des Einkommensteuerbescheides (zB in einem Berufungsverfahren oder einem wieder aufgenommenen Verfahren) eingereichten Steuererklärung nicht nachgeholt werden. Dies gilt auch in Fällen, in denen der Einkommensteuerbescheid nicht auf Grundlage einer vom Steuerpflichtigen eingereichten Steuererklärung erging; denn wird im Zuge einer Berufung gegen einen derartigen Einkommensteuerbescheid erstmalig eine Steuererklärung mit Antrag auf Nichtfestsetzung der Steuerschuld eingebracht, wurde der Antrag im Berufungsverfahren und nicht in der Steuererklärung gestellt.

(AÖF 2006/114)

2517e Die nach der Überführung oder Verlegung erfolgte Veräußerung oder das sonstige Ausscheiden aus dem Betriebsvermögen gilt als rückwirkendes Ereignis im Sinne des § 295a BAO, das die Steuerfestsetzung im Wege der Abänderung des Bescheides des Jahres der Überführung bzw. der Verlegung nach sich zieht. Der Eintritt des rückwirkenden Ereignisses ist dem zuständigen Finanzamt anzuzeigen, wenn das rückwirkende Ereignis in der Begründung des Bescheides angeführt ist (§ 120 Abs. 3 BAO).

Sollte es zwischen der Überführung oder Verlegung und der tatsächlichen Veräußerung oder dem sonstigen Ausscheiden aus dem Betriebsvermögen zu einer Wertminderung des Wirtschaftsgutes oder des Vermögens kommen, reduziert diese die Bemessungsgrundlage bis auf maximal Null. Damit ist sichergestellt, dass nur tatsächlich realisierte Wertsteigerungen der Besteuerung unterliegen (zur steuertechnischen Ermittlung des Nichtfestsetzungsbetrages siehe Rz 6156d).

Wird die Wertminderung aber bereits im Zuzugstaat berücksichtigt, kann es – ab der Veranlagung für das Kalenderjahr 2007 – zu keiner Reduzierung der Bemessungsgrundlage kommen. Damit wird eine Doppelberücksichtigung von Wertminderungen der überführten Wirtschaftsgüter vermieden.

Beispiel:

Ein Steuerpflichtiger überführt im Jahr 2010 ein Wirtschaftsgut von seinem Betrieb in Wien in seine Betriebsstätte nach München; der Buchwert des Wirtschaftsgutes bei Überführung beträgt 200, der fremdübliche Verrechnungspreis beträgt 300. Der Steuerpflichtige beantragt die Nichtfestsetzung der stillen Reserve iHv 100. Im Jahr 2011 veräußert der Steuerpflichtige das Wirtschaftsgut um

a) 350,

b) 250,

c) 150.

Im Fall a) ist die stille Reserve bei Überführung iHv 100 voll zu berücksichtigen; die in Deutschland eingetretene Wertsteigerung von 300 auf 350 bleibt unberücksichtigt.

Im Fall b) sind von der stillen Reserve bei Überführung nur 50 zu berücksichtigen, weil nachträgliche Wertminderungen im Ausland den zu berücksichtigenden Betrag bis auf 50 reduzieren. Wird die Wertminderung von 50 jedoch im Ausland berücksichtigt, ist die stille Reserve bei Überführung iHv 100 voll anzusetzen.

Im Fall c) ist von der stillen Reserve bei Überführung Null zu berücksichtigen, weil nachträgliche Wertminderungen im Ausland den zu berücksichtigenden Betrag bis auf maximal Null reduzieren. Wird die Wertminderung von 150 jedoch im Ausland berücksichtigt, ist die stille Reserve bei Überführung iHv 100 voll anzusetzen.

(BMF-AV Nr. 2018/79, BMF-AV Nr. 2019/75)

Um zu verhindern, dass in den Fällen der Nichtfestsetzung durch einen weiteren Vermögenstransfer in einen nicht der EU angehörenden Staat oder in einen EWR-Staat, mit dem keine dem EU-Bereich vergleichbare umfassende Amtshilfe besteht, die Erfassung der stillen Reserve unterbleibt, gilt auch die spätere Überführung bzw Verlegung als Veräußerung, die die Festsetzung der Steuer im Wege der Abänderung des Bescheides des Wegzugjahres nach sich zieht (s Rz 2517e). **2517f**

(AÖF 2006/114)

Für rückwirkende Ereignisse iSd § 295a BAO richtet sich der Verjährungsbeginn nach § 208 Abs. 1 lit. e BAO. Nach § 208 Abs. 1 lit. e BAO beginnt die Verjährung in den Fällen des § 295a BAO mit Ablauf des Jahres, in dem das Ereignis eingetreten ist. Abänderungen gemäß § 295a BAO sind daher auch dann zulässig, wenn die vom Jahr des Entstehens des Abgabenanspruches abgeleitete (fünfjährige oder bei hinterzogenen Abgaben zehnjährige) Bemessungsverjährungsfrist (§ 208 Abs. 1 lit. a BAO) bereits abgelaufen ist. **2517g**

Dies gilt gemäß § 209 Abs. 5 BAO auch für die absolute Verjährung, die somit ebenfalls mit Eintritt des rückwirkenden Ereignisses beginnt. Dadurch ist es möglich, auch in jenen Nichtfestsetzungsfällen noch eine Festsetzung vorzunehmen, in denen das die Festsetzung auslösende (rückwirkende) Ereignis außerhalb der absoluten Verjährungsfrist nach § 209 Abs. 3 BAO eintritt.

§ 209 Abs. 5 BAO trat mit 1. Jänner 2016 in Kraft. Die Durchbrechung der absoluten Verjährung ist somit auch in jenen Fällen anzuwenden, in denen die Steuerschuld nach § 6 Z 6 lit. b EStG 1988 idF vor AbgÄG 2015 bereits vor dem Inkrafttreten der geänderten Verjährungsbestimmungen nicht festgesetzt worden ist. Dies gilt allerdings nur dann, wenn der Abgabenanspruch nach dem 31.12.2005 entstanden ist, da „Wegzüge" vor diesem Zeitpunkt aufgrund der absoluten Verjährung nicht mehr erfasst werden können.

Beispiel:

Ein Steuerpflichtiger überführte

a) im Jahr 2005,

b) im Jahr 2006

ein Wirtschaftsgut von seinem Betrieb in Wien in seine Betriebsstätte nach Bratislava und beantragte die Nichtfestsetzung der Steuerschuld.

Im Jahr 2017 veräußert der Steuerpflichtige das Wirtschaftsgut.

Im Fall a) ist die Steuerfestsetzung im Weg der Abänderung des Bescheides 2005 nicht mehr möglich, weil der Abgabenanspruch bereits mit dem 31.12.2005 entstanden ist und somit die absolute Verjährung nach § 209 Abs. 3 BAO bereits mit Ablauf des 31.12.2015 eingetreten ist.

Im Fall b) ist die Steuerfestsetzung im Wege der Abänderung des Bescheides des Jahres 2006 hingegen noch möglich. Die Verjährung beginnt mit Ablauf des Jahres 2017 (Eintritt des rückwirkenden Ereignisses); die Festsetzung hat daher bis Ende des Jahres 2022 (bei hinterzogenen Abgaben bis Ende 2027) zu erfolgen. Spätestens mit Ablauf des Jahres 2027 tritt die absolute Verjährung nach § 209 Abs. 5 BAO ein.

(BMF-AV Nr. 2018/79)

Erfolgt in den Fällen nicht festgesetzter Steuerschuld tatsächlich oder umgründungsveranlasst eine Rücküberführung von Wirtschaftsgütern oder eine Rückverlegung von Betrieben (Betriebsstätten) aus dem Ausland ins Inland, sind unverändert zur bisherigen Rechtslage die fortgeschriebenen Buchwerte vor Überführung bzw. Verlegung anzusetzen (§ 6 Z 6 lit. h EStG 1988). Die Bewertung mit den fortgeschriebenen Buchwerten kommt ab 1.1.2016 auch zur Anwendung, wenn hinsichtlich dieser Wirtschaftsgüter sonstige Umstände eintreten, die (wieder) zu einer Entstehung des Besteuerungsrechtes der Republik Österreich im Verhältnis zu anderen Staaten führen. Die Rücküberführung, Rückverlegung oder der Wiedereintritt in das Besteuerungsrecht der Republik Österreich löst daher einerseits keine Festsetzung der im Jahr der Überführung bzw. Verlegung nicht festgesetzten Steuer aus. Andererseits sind bei Rücküberführung, bei Rückverlegung oder bei Wiedereintritt in das Besteuerungsrecht der Republik Österreich die fortgeschriebenen Buchwerte bei Überführung bzw. Verlegung anzusetzen. Mit dem gesetzlichen Erfordernis der „fortgeschriebenen Buchwerte" sollen Mehrfachabschreibungen im Ausland und im Inland verhindert werden. Daher sind bei Rücküberführung bzw. bei Rückverlegung alle Abschreibungen, die zwischenzeitlich im Inland (nach inländischem Steuerrecht) vorzunehmen gewesen wären, **2517h** vom Buchwert bei Überführung bzw. Verlegung abzuziehen. Dies gilt für die AfA und für Teilwertabschreibungen gleichermaßen.

Beispiel:

Eine Anfang 2011 angeschaffte Maschine mit Anschaffungskosten iHv 400 wird im Inland jährlich mit 50 abgeschrieben (Nutzungsdauer 8 Jahre). Nach Ablauf des Jahres 2014 wird die Maschine in die Betriebsstätte nach München überführt; der Buchwert bei Überführung beträgt 200, der fremdübliche Verrechnungspreis beträgt 220. Die darauf entfallende Steuer wurde antraggemäß nicht festgesetzt. Die Maschine wird zwei Jahre in München genutzt und sodann Anfang 2016 nach Österreich rücküberführt. In Österreich ist die Maschine mit 100 anzusetzen, weil die fortgeschriebenen Buchwerte bei Überführung maßgebend sind; das bedeutet, dass vom Buchwert bei Überführung (200) zwei Jahresabschreibungsbeträge (100) abzuziehen sind.

Abweichend vom § 6 Z 6 lit. c EStG 1988 idF vor AbgÄG 2015 gilt jedoch ab dem 1.1.2016 gemäß § 6 Z 6 lit. h EStG 1988 iVm § 27 Abs. 6 Z 1 lit. e EStG 1988 idF AbgÄG 2015 der gemeine Wert als Bewertungsobergrenze. Damit sollen im Ausland eingetretene und berücksichtigte Wertminderungen nicht durch Ansatz der ursprünglich höheren fortgeschriebenen Buchwerte ein weiteres Mal steuerlich berücksichtigt werden können.

(BMF-AV Nr. 2018/79)

2517i Sollte nach Rücküberführung von Wirtschaftsgütern oder Rückverlegung von Betrieben (Betriebsstätten) nach Österreich eine Veräußerung (Entnahme) erfolgen, kann vom Veräußerungserlös (Entnahmenwert) eine im ausländischen EU-/EWR-Raum eingetretene Wertsteigerung abgezogen werden, wenn der Steuerpflichtige die Wertsteigerung im ausländischen EU-/EWR-Raum nachweist (§ 6 Z 6 lit. h EStG 1988 iVm § 27 Abs. 6 Z 1 lit. e EStG 1988 idF AbgÄG 2015).

Beispiel:

Ein nicht abnutzbares Wirtschaftsgut wird im Jahr 2015 vom Betrieb in Wien in die Betriebsstätte in München überführt. Der Buchwert bei Überführung beträgt 200, der fremdübliche Verrechnungspreis 250. Zwei Jahre später wird das Wirtschaftsgut nach Österreich rücküberführt, wobei das Wirtschaftsgut im Ausland eine Wertsteigerung auf 300 erfahren hat; in Österreich ist für das Wirtschaftsgut der Buchwert bei Überführung maßgebend. Sodann wird das Wirtschaftsgut in Österreich um 320 veräußert. Vom Veräußerungsgewinn iHv 120 kann die Wertsteigerung im Ausland iHv 50 abgezogen werden, sofern sie vom Steuerpflichtigen nachgewiesen wird.

(BMF-AV Nr. 2018/79)

2517j Im Falle der Verlegung von Betrieben (Betriebsstätten) ist die stille Reserve des Betriebes (der Betriebsstätte) zu ermitteln (siehe Rz 2517) und auf die einzelnen Wirtschaftsgüter des Betriebes (der Betriebsstätte) aufzuteilen.

Es bestehen keine Bedenken, von einer Aufteilung auf Wirtschaftsgüter des Umlaufvermögens in folgenden Fällen abzusehen:

- Der Steuerpflichtige gibt im Zuge der Antragstellung auf Nichtfestsetzung die auf das gesamte Umlaufvermögen entfallenden stillen Reserven bekannt und
- erteilt gleichzeitig seine Einwilligung, dass der die Besteuerung der stillen Reserven des Umlaufvermögens im bekannt gegebenen Ausmaß vornehmende Änderungsbescheid erst nach Ablauf eines Jahres nach Rechtskraft des Bescheides des Jahres der Verlegung erlassen wird.

(AÖF 2006/114)

2517k Auf die durch Überführung von Wirtschaftsgütern bzw. Verlegung von Betrieben (Betriebsstätten) entstandene, aber zunächst nicht festgesetzte Steuerschuld sind im Fall der nachträglichen Festsetzung keine Anspruchszinsen (§ 205 BAO) zu entrichten (§ 6 Z 6 lit. b EStG 1988 idF vor AbgÄG 2015 iVm § 124b Z 300 EStG 1988).

(BMF-AV Nr. 2018/79)

2517l Für nicht entgeltlich erworbene unkörperliche Wirtschaftsgüter des Anlagevermögens, für die nach der Überführung oder Verlegung ins Ausland ein Aktivposten angesetzt wird, war in § 6 Z 6 lit. b EStG 1988 idF vor AbgÄG 2015 eine Ausnahme vom Steueraufschub vorgesehen. Im Rahmen des Ratenzahlungskonzeptes entfiel diese Sonderregelung für unkörperliche Wirtschaftsgüter, da diese ohnedies für sämtliche Wirtschaftsgüter des Anlagevermögens zur Anwendung kommt. Die bisherige Bestimmung ist letztmalig auf Überführungen bzw. auf Verlegungen von Betrieben (Betriebsstätten) vor dem 1.1.2016 anzuwenden.

Für nicht entgeltlich erworbene unkörperliche Wirtschaftsgüter des Anlagevermögens darf nach § 4 Abs. 1 vorletzter Satz EStG 1988 kein Aktivposten angesetzt werden; Aufwendungen für diese Wirtschaftsgüter sind damit im Inland sofort aufwandswirksam.

Werden sie in den EU/EWR-Raum überführt oder werden Betriebe/Betriebsstätten mit solchen Wirtschaftsgütern in den EU/EWR-Raum verlegt und wird für sie im Ausland ein Aktivposten angesetzt, käme es jedenfalls zu einer Doppelberücksichtigung dieser Aufwendungen, und zwar grundsätzlich in Form der Absetzung für Abnutzung oder spätestens beim Ausscheiden aus dem Betriebsvermögen in Form der Absetzung des Restbuchwertes. Eine Vermeidung der Doppelberücksichtigung von Aufwendungen steht im Einklang mit der Rechtsprechung des EuGH (zB EuGH 07.09.2006, Rs C-470/04).

Eine Aktivierung unkörperlicher Wirtschaftsgüter des Anlagevermögens soll erst nach Manifestierung ihres Wertes erfolgen. Durch Ansatz des Aktivpostens im Ausland ist der Wert insoweit manifestiert, sodass kein Grund mehr für eine Fortführung der Ausnahme von der Aktivierungspflicht besteht. Die bisher erfolgte Sofortberücksichtigung der Aufwendungen, die im Wert des unkörperlichen Wirtschaftsgutes jedoch weiterhin enthalten bleiben, wird damit im Überführungszeitpunkt rückgängig gemacht. Die Nichtfestsetzung erstreckt sich damit im Ergebnis nur auf die stillen Reserven der überführten unkörperlichen Wirtschaftsgüter.

(BMF-AV Nr. 2018/79)

Die Ausnahme von der Steuer-Nichtfestsetzung erfasst unkörperliche Wirtschaftsgüter **2517m** des Anlagevermögens, die nicht entgeltlich erworben wurden, wie zB EDV-Programme (Individual- und Standardsoftware), gewerbliche Schutzrechte wie Patente, Lizenzen, Marken-, Urheber- und Verlagsrechte, Warenzeichen, Erfindungen, Rezepturen oder Know-How. Da aber § 6 Z 6 lit. a EStG 1988 nicht nur die Überführung von Wirtschaftsgütern, sondern auch die Verlegung von (gesamten) Betrieben oder Betriebsstätten betrifft, ist die Ausnahme von der Steuer-Nichtfestsetzung gemäß § 6 Z 6 lit. b EStG 1988 idF vor AbgÄG 2015 auch auf einen selbst geschaffenen (originären) Firmenwert anzuwenden. Mangels konkret zuordenbaren Aufwendungen kommt für den überführten originären Firmenwert hinsichtlich der Nichtfestsetzung wohl nur die 65%-Pauschalregelung zur Anwendung.

(BMF-AV Nr. 2018/79)

Die nachträgliche Zuordnung von Aufwendungen zu unkörperlichen Wirtschaftsgütern **2517n** kann in der Praxis schwierig sein. Es ist daher ein pauschaler Wert von 65% des Fremdvergleichswertes als Basis für die jedenfalls festzusetzende Steuerschuld vorgesehen. Der Steuerpflichtige kann niedrigere Aufwendungen nachweisen, dabei sind – dem Herstellungskostenbegriff entsprechend – auch angemessene Teile der Gemeinkosten einzurechnen. Bei Anwendung der Pauschalbewertung stellen daher 35% des Fremdvergleichswertes die von einer beantragten Nichtfestsetzung umfassten stillen Reserven dar, die erst bei Veräußerung oder sonstigem Ausscheiden aus dem Betriebsvermögen im Wege des § 295a BAO zu versteuern sind (siehe Rz 2517e).

Beispiel:

Selbst erstellte Software des Anlagevermögens wird im Jahr 2015 von Österreich in eine Betriebsstätte im EU-Raum überführt. Der Fremdvergleichswert im Überführungszeitpunkt beträgt 500. Mit diesem Wert erfolgt auch die Aktivierung im Ausland. Werden die sofort abgesetzten Aufwendungen nicht nachgewiesen, sind 325 (65% von 500) sofort zu versteuern.

Würde die Aktivierung im Ausland nur mit 300 vorzunehmen sein, sind auch nur diese 300 sofort zu versteuern, da nur in diesem Umfang eine Doppelberücksichtigung von Aufwendungen erfolgt.

Weist der Steuerpflichtige auf Grund fundierter Unterlagen (zB Kostenrechnung) nach, dass die Herstellungskosten der Software insgesamt nur 200 betragen haben, sind auch nur diese 200 sofort zu versteuern.

Die jeweilige Differenz zum Fremdvergleichswert (175/200/300) ist erst bei Ausscheiden oder Überführung aus dem EU/EWR-Raum im Wege des § 295a BAO zu erfassen.

(BMF-AV Nr. 2018/79)

6.13.4 Einschränkung des Besteuerungsrechtes (§ 6 Z 6 lit. b EStG 1988 idF AbgÄG 2015)

(BMF-AV Nr. 2018/79)

Nach § 6 Z 6 lit. b EStG 1988 idF AbgÄG 2015 sind Wirtschaftsgüter ebenfalls mit dem **2518** Fremdvergleichswert gemäß § 6 Z 6 lit. a EStG 1988 anzusetzen, wenn sonstige Umstände eintreten, die zu einer Einschränkung des Besteuerungsrechtes der Republik Österreich im Verhältnis zu anderen Staaten hinsichtlich dieser Wirtschaftsgüter führen. Damit sind sämtliche sonstige – nicht bereits von § 6 Z 6 lit. a EStG 1988 erfasste – Umstände, welcher Art auch immer, gemeint. Eine aktive Handlung des Steuerpflichtigen ist für den Eintritt von Umständen iSd lit. b nicht erforderlich (siehe auch Rz 6148a); daher sind davon auch Handlungen anderer Personen oder rechtliche Vorgänge erfasst.

§ 6 Z 6 lit. b EStG 1988 ist daher insbesondere auf folgende Umstände anwendbar:

- Die Verlegung des Ortes der Geschäftsleitung einer bislang unbeschränkt steuerpflichtigen betrieblich tätigen Körperschaft vom Inland in das Ausland in Bezug auf Wirtschaftsgüter, die keinem inländischen Betriebsvermögen zuzurechnen waren (zB Betriebsstättenvermögen bzw. Immobilienvermögen in Staaten, mit denen im DBA die Anrechnungsmethode verankert ist);
- Die Verlegung des Ortes der Geschäftsleitung einer bislang unbeschränkt steuerpflichtigen Holdinggesellschaft vom Inland in das Ausland in Bezug auf Wirtschaftsgüter, für deren Veräußerung nach einem DBA ausschließlich dem Ansässigkeitsstaat der Holdinggesellschaft das Besteuerungsrecht zukommt (zB für Beteiligungen an Kapitalgesellschaften);
- Die unentgeltliche Übertragung von Wirtschaftsgütern, die keinem inländischen Betriebsvermögen zuzurechnen sind, an eine im Ausland ansässige Person;
- Die grenzüberschreitende Überführung von Wirtschaftsgütern zwischen ausländischen Betriebsstätten bei Einschränkung von österreichischem Besteuerungssubstrat;
- Die Änderung oder der Neuabschluss eines DBA, wenn hierdurch Österreich in seinem Recht auf Besteuerung jener stillen Reserven in Wirtschaftsgütern des Betriebsvermögens eingeschränkt wird, die bis zum Inkrafttreten des Abkommens entstanden sind, zB durch
  - die Erweiterung des Betriebsstättenbegriffs, durch welchen ein Zurechnungswechsel von Wirtschaftsgütern vom inländischen Betrieb zur ausländischen Betriebsstätte erfolgt;
  - den Wechsel von der Anrechnungs- zur Befreiungsmethode in Bezug auf die Veräußerung von ausländischem Immobilienvermögen oder von Beteiligungen an Kapitalgesellschaften.

Eine Einschränkung des Besteuerungsrechts durch ein neues oder geändertes DBA liegt allerdings nicht vor, wenn der DBA-Partnerstaat der Abkommensauslegung Österreichs folgt, die in der Bemerkung Österreichs zum OECD-Musterkommentar Ausdruck findet, wonach der Neuabschluss eines Abkommens einen Vertragsstaat nicht in der Ausübung des Rechts auf Besteuerung jener stillen Reserven hindert, die vor Inkrafttreten des Abkommens entstanden sind (OECD-MK Art. 13 Rz 32.1). Siehe zB im Verhältnis zu Japan EAS 3402 und EAS 3424.

(BMF-AV Nr. 2021/65)

6.13.5 Ratenzahlungskonzept ab dem 1.1.2016 (§ 6 Z 6 lit. c bis e EStG 1988 idF JStG 2018)

(BMF-AV Nr. 2019/75)

2518a Wird die Steuerschuld aufgrund der in § 6 Z 6 lit. a oder lit. b EStG 1988 normierten Tatbestände festgesetzt, kann der Steuerpflichtige im Rahmen der Steuererklärung beantragen, die Steuerschuld gemäß lit. a oder lit. b in Raten zu entrichten, wenn

- die Überführung von Wirtschaftsgütern bzw. die Verlegung von Betrieben oder Betriebsstätten in einen EU/EWR-Staat, oder
- die Einschränkung des Besteuerungsrechts in Bezug auf Wirtschaftsgüter aufgrund sonstiger Umstände gegenüber einem EU/EWR-Staat

erfolgt.

Das Ratenzahlungskonzept kommt mit sämtlichen EU-Staaten und EWR-Staaten zur Anwendung, weil eine umfassende Amts- und Vollstreckungshilfe sowohl mit Norwegen als auch seit 2014 mit Liechtenstein und seit 2017 mit Island besteht.

Scheidet ein EU/EWR-Staat aus dem EU/EWR-Raum aus (zB „Brexit"), kann für nach dessen Ausscheiden verwirklichte Entstrickungsfälle im Verhältnis zu diesem Staat keine Ratenzahlung der Steuer mehr beantragt werden. Wurde allerdings bereits ein Entstrickungstatbestand im Verhältnis zu diesem Staat vor dessen Ausscheiden aus dem EU/EWR-Raum verwirklicht und hierfür ab 2016 eine Ratenzahlung oder vor 2016 die Nichtfestsetzung der Steuer beantragt, führt das spätere Ausscheiden dieses Staates aus dem EU/EWR-Raum zu keiner sofortigen Fälligstellung offener Raten (siehe dazu auch Rz 2518f) oder Festsetzung der Steuer (siehe dazu auch Rz 2517a). Im Hinblick auf das Ausscheiden des Vereinigten Königreiches aus der EU („Brexit") ist zu beachten: Der Austritt des Vereinigten Königreiches aus der EU erfolgte mit Ablauf des 31.1.2020. Nahtlos daran anschließend begann eine Übergangsfrist (Dauer bis 31.12.2020), innerhalb der das Vereinigte Königreich in jeglicher Hinsicht – und somit auch für ertragsteuerliche Zwecke – nach wie vor wie ein Mitgliedstaat zu behandeln ist (vgl. Art. 127 des Austrittsabkommens).

(BMF-AV Nr. 2021/65)

Entsprechend der bisherigen Rechtslage (siehe Rz 2517c) ist die Möglichkeit der Entrichtung der Steuerschuld in Raten bei der Überführung von Wirtschaftsgütern oder Betriebsstätten auf Überführungen innerhalb eines einheitlichen Betriebes desselben Steuerpflichtigen (einschließlich der grenzüberschreitenden Verlegung des einheitlichen Betriebes als solchem) eingeschränkt. **2518b**

(BMF-AV Nr. 2018/79)

Überführt der Steuerpflichtige in einem Wirtschaftsjahr mehrere Wirtschaftsgüter (Betriebe, Betriebsstätten) oder kommt es in Bezug auf mehrere Wirtschaftsgüter (Betriebe, Betriebsstätten) zu einer Einschränkung des Besteuerungsrechts, kann er sein Antragsrecht auf Ratenzahlung für jedes einzelne Wirtschaftsgut (jeden Betrieb, jede Betriebsstätte) gesondert ausüben. **2518c**

(BMF-AV Nr. 2018/79)

Entsprechend der bisherigen Rechtslage kann der Antrag auf Entrichtung der Steuerschuld in Raten nur mit der Steuererklärung des Jahres der Überführung/Verlegung oder Einschränkung des Besteuerungsrechts gestellt werden, die vor Ergehen des Einkommen-/Körperschaftsteuerbescheides eingebracht wurde; zu den verfahrensrechtlichen Aspekten siehe bereits Rz 2517d. **2518d**

(BMF-AV Nr. 2018/79)

Bei der Ratenzahlung wird zwischen Wirtschaftsgütern des Anlage- und Umlaufvermögens unterschieden; zur Abgrenzung siehe Rz 606. Beim Anlagevermögen wird nicht danach unterschieden, ob es sich um abnutzbares oder nicht abnutzbares bzw. um körperliches oder unkörperliches Anlagevermögen handelt. **2518e**

(BMF-AV Nr. 2018/79)

Die auf die Wirtschaftsgüter des Anlagevermögens entfallende Steuerschuld kann auf Antrag in fünf Jahresraten entrichtet werden (§ 6 Z 6 lit. d EStG 1988 idF JStG 2018). Dies gilt für Überführungen, Verlegungen und Einschränkungen des Besteuerungsrechts der Republik Österreich, die ab dem 1.1.2019 erfolgen. **2518f**

Bei Überführungen, Verlegungen und Einschränkungen des Besteuerungsrechts der Republik Österreich, die bereits vor dem 1.1.2019 erfolgten, kann die Steuerschuld für das Anlagevermögen nach § 6 Z 6 lit. d EStG 1988 idF AbgÄG 2015 auf sieben Jahre verteilt entrichtet werden. Dieser auf § 6 Z 6 lit. d EStG 1988 idF AbgÄG 2015 basierende Ratenzahlungszeitraum von sieben Jahren läuft unverändert weiter.

Abweichend vom Anlagevermögen ist für Wirtschaftsgüter des Umlaufvermögens gemäß § 6 Z 6 lit. e EStG 1988 ein gesonderter Ratenzahlungszeitraum von zwei Jahren vorgesehen.

Die erste Rate wird mit Ablauf eines Monats nach Bekanntgabe des Abgabenbescheides fällig; somit zum gleichen Zeitpunkt wie die restliche (nicht von der Ratenzahlung betroffene) Steuerschuld (§ 210 Abs. 1 BAO).

Die folgenden vier Raten für das Anlagevermögen sowie die zweite Rate für das Umlaufvermögen werden aus Vereinfachungsgründen jeweils am 30. Juni der (des) Folgejahre(s) fällig (§ 6 Z 6 lit. d und e EStG 1988 idF JStG 2018).

Bei Überführungen, Verlegungen und Einschränkungen des Besteuerungsrechts der Republik Österreich, die bereits vor dem 1.1.2019 erfolgten, ist der Fälligkeitstermin der 30.9. Dieser auf § 6 Z 6 lit. d und e EStG 1988 idF AbgÄG 2015 basierende Fälligkeitstermin gilt unverändert weiter.

Das erste Folgejahr bezieht sich nicht auf das Jahr des Ergehens des Abgabenbescheides, sondern auf das Jahr, in dem die 1. Rate fällig gestellt wird.

Beispiel:

Der Abgabenbescheid 2019 ergeht am 20.12.2020; die 1. Rate der Steuerschuld gemäß § 6 Z 6 EStG 1988 wird gemeinsam mit der restlichen Steuerschuld am 20.1.2021 fällig, 2022 ist somit das Folgejahr. Die 2. Rate wird daher am 30.6.2022 fällig; die Raten 3 bis 5 hinsichtlich des Anlagevermögens werden jeweils am 30.6. der Jahre 2023 bis 2025 fällig.

(BMF-AV Nr. 2019/75)

Über die in § 6 Z 6 lit. d und lit. e EStG 1988 geregelten Fälligkeitstermine ist im Abgabenbescheid abzusprechen. Es sind weder Stundungs- noch Anspruchszinsen für die in Raten zu zahlenden Beträge zu entrichten. **2518g**

(BMF-AV Nr. 2018/79)

2518h Werden Wirtschaftsgüter des Anlagevermögens, Betriebe oder Betriebsstätten vor Eintritt der Fälligkeit sämtlicher Raten

- veräußert oder
- scheiden diese auf sonstige Weise aus dem Betriebsvermögen aus oder
- werden in einen Staat außerhalb des EU/EWR-Raumes überführt oder verlegt,

kommt es gemäß § 6 Z 6 lit. d EStG 1988 zu einer vorzeitigen Fälligstellung noch offener Raten.

Für Überführungen, Verlegungen und Einschränkungen des Besteuerungsrechts der Republik Österreich, die ab dem 1.1.2019 erfolgen, führen zudem folgende Umstände zu einer vorzeitigen Fälligstellung der offenen Raten (§ 6 Z 6 lit. d EStG 1988 TS 2 bis 4 idF JStG 2018):

- Verlegung des (abkommensrechtlichen) Ortes der Geschäftsleitung der die Raten schuldenden Körperschaft in einen Staat außerhalb des EU/EWR- Raumes,
- Anmeldung der Insolvenz des die Raten schuldenden Steuerpflichtigen oder dessen Abwicklung,
- die Nichtentrichtung einer Rate binnen zwölf Monaten ab Eintritt der Fälligkeit oder die Entrichtung in zu geringer Höhe.

Das Ausscheiden eines EU/EWR- Staates aus dem EU/EWR-Raum (zB „Brexit") stellt keinen Umstand im Sinne der lit. d dar (siehe dazu auch Rz 2518a).

Der Steuerpflichtige hat den Eintritt eines in lit. d genannten Umstandes der zuständigen Abgabenbehörde innerhalb von drei Monaten anzuzeigen.

(BMF-AV Nr. 2019/75)

2518i Die gesonderte Fälligstellung einzelner Raten erfolgt auf Grundlage des § 6 Z 6 lit. d EStG 1988 durch einen eigenen Abänderungsbescheid, der neben den ursprünglichen Abgabenbescheid des Entstrickungsjahres tritt und lediglich die zum Zeitpunkt der Bescheiderlassung noch offene Steuerschuld fällig stellt, für die die weitere Ratenentrichtung nicht mehr zulässig ist. Die Fälligstellung erfolgt gemäß § 210 Abs. 1 BAO mit Ablauf eines Monates nach Bekanntgabe des Abänderungsbescheides.

- Betrifft die Fälligstellung die gesamte von der Ratenzahlung erfasste noch offene Steuerschuld, bleibt für weitere Raten kein Raum.
- Betrifft die Fälligstellung nicht die gesamte von der Ratenzahlung erfasste noch offene Steuerschuld, vermindert sich die Gesamthöhe der verbleibenden Raten um den fällig gestellten Betrag; die noch offenen Raten sind daher entsprechend zu vermindern. Das ist zB der Fall, wenn – bei gleichzeitiger Übertragung von mehreren dem Ratenzahlungskonzept unterliegenden Wirtschaftsgütern – ein die Fälligstellung auslösender Tatbestand nicht in Bezug auf alle Wirtschaftsgüter verwirklicht wird, zB nur ein einzelnes Wirtschaftsgut veräußert wird. Im Abänderungsbescheid sind dann die noch offenen Raten bezogen auf das veräußerte Wirtschaftsgut sofort fällig zu stellen; die verbleibenden Raten, welche die Steuerschuld in Bezug auf die anderen Wirtschaftsgüter betreffen, sind der Höhe nach abzuändern; an der Fälligkeit der verbleibenden Raten zum 30.6. für Entstrickungstatbestände ab 2019 (§ 6 Z 6 lit. d EStG 1988 idF JStG 2018) oder zum 30.9. für Entstrickungstatbestände vor 2019 (§ 6 Z 6 lit. d EStG 1988 idF vor JStG 2018) ändert sich nichts.

Beispiel:

Die Wirtschaftsgüter A und B wurden 2016 in eine ausländische Betriebsstätte verbracht. Gemäß § 6 Z 6 EStG 1988 wurde hinsichtlich der Steuerschuld in Bezug auf das Wirtschaftsgut A (70.000 €) und in Bezug auf das Wirtschaftsgut B (21.000 €) im Abgabenbescheid 2016 die Ratenzahlung bewilligt. Dieser Abgabenbescheid erging am 1.10.2017. Es werden daher in den Jahren 2017 (1 Monat nach Bescheidbekanntgabe) sowie jeweils am 30.9. der Jahre 2018 bis 2023 jeweils 13.000 € fällig.

Am 1.3.2020 werden die Wirtschaftsgüter A und B veräußert und dies dem Finanzamt am 30.5.2020 fristgerecht mitgeteilt. Das Finanzamt erlässt am 2.8.2020 den Abänderungsbescheid, in dem der zu diesem Zeitpunkt noch offene Betrag fällig gestellt wird. Dieser Betrag ist wie folgt zu ermitteln:

Gesamte von der Ratenzahlung betroffene Steuerschuld	*91.000*
Bisher fällig gewordene Raten der Jahre 2017 bis 2019	*39.000*
*Differenz: Mit Bescheid vom 2.8.2020 fällig zu stellender Betrag *)*	*52.000*

**) Entspricht den Raten der Jahre 2020 bis 2023*

Variante:
Am 1.3.2020 wird (bei gleichbleibendem sonstigem Sachverhalt) nur das Wirtschaftsgut A veräußert.

Gesamte von der Ratenzahlung betroffene Steuerschuld	*91.000*
– Bisher fällig gewordene Raten der Jahre 2017 bis 2019	*– 39.000*
– Mit Bescheid vom 2.8.2020 fällig zu stellender Betrag (entspricht den Raten der Jahre 2020 bis 2023 in Bezug auf das Wirtschaftsgut A)	*– 40.000*
*– Verbleibende Rate 2020 zum 30.9.2020 *)*	*– 3.000*
*– Verbleibende Rate 2021 zum 30.9.2021 *)*	*– 3.000*
*– Verbleibende Rate 2022 zum 30.9.2022 *)*	*– 3.000*
*– Verbleibende Rate 2023 zum 30.9.2023 *)*	*– 3.000*

**) Ursprünglicher Ratenbetrag von 13.000 abzüglich des 2020 fällig gestellten Anteils von 10.000.*

(BMF-AV Nr. 2019/75)

Der Abänderungsbescheid spricht (nur) über die Fälligkeit ab und ergänzt insoweit den die Raten vorsehenden Ursprungsbescheid. Der Spruch umfasst die sofortige Fälligstellung und eine allfällige Betragsverminderung, die sich daraus für noch verbleibende Raten ergibt. Da der ursprüngliche Abgabenfestsetzungsbescheid nur hinsichtlich der Fälligkeit abgeändert wird, können im Rahmen der Erlassung des Abänderungsbescheides nur Umstände berücksichtigt werden, die den Tatbestand des § 6 Z 6 lit. c EStG 1988 betreffen. Nur dahingehend ist der Bescheid mit Beschwerde bekämpfbar und einer sonstigen Änderung zugänglich. Dementsprechend kann der Festsetzungsbescheid des Entstrickungsjahres hinsichtlich des gesamten der Entrichtung in Raten unterliegenden Steuerbetrages durch den Abänderungsbescheid keine Änderung erfahren. **2518j**

(BMF-AV Nr. 2018/79)

Abweichend vom Anlagevermögen erfolgt beim Umlaufvermögen keine gesonderte vorzeitige Fälligstellung der noch offenen – auf das Umlaufvermögen entfallenden – Raten vor Ablauf des zweijährigen Verteilungszeitraums. Eine frühere Veräußerung von Umlaufvermögen führt daher zu keiner vorzeitigen Fälligstellung noch offener Raten; diese muss daher auch nicht beim zuständigen Finanzamt angezeigt werden. **2518k**

(BMF-AV Nr. 2018/79)

Der Fremdvergleichswert gemäß § 6 Z 6 lit. a EStG 1988 ist auch für passive Wirtschaftsgüter anzusetzen. Liegt dieser unter dem steuerlichen Buchwert, kommt es daher gemäß § 6 Z 6 EStG 1988 zur Aufdeckung stiller Reserven. Es bestehen keine Bedenken, das Ratenzahlungskonzept gemäß § 6 Z 6 lit. c und lit. d EStG 1988 auch analog für Wirtschaftsgüter der Passivseite anzuwenden. Entsprechend der Unterscheidung zwischen Umlaufvermögen und Anlagevermögen sind daher Wirtschaftsgüter der Passivseite, die eine Laufzeit von mehr als einem Jahr aufweisen, entsprechend dem Ratenzahlungskonzept für Wirtschaftsgüter des Anlagevermögens zu behandeln. Dahingegen sind Wirtschaftsgüter der Passivseite, die eine Laufzeit von bis zu einem Jahr aufweisen, hinsichtlich des Ratenzahlungskonzeptes wie das Umlaufvermögen zu behandeln. **2518l**

(BMF-AV Nr. 2018/79)

Liegt der Fremdvergleichswert eines passiven Wirtschaftsgutes über dem steuerlichen Buchwert, kommt es gemäß § 6 Z 6 EStG 1988 zu einer steuerwirksamen Aufdeckung stiller Lasten (zB in einer Sozialkapitalrückstellung). Diese negativen Beträge sind bei der Einkünfteermittlung in voller Höhe zu berücksichtigen; zur Kürzung mit stillen Reserven anderer Wirtschaftsgüter bei einer Verlegung von Betrieben/Betriebsstätten siehe Rz 2518n. **2518m**

(BMF-AV Nr. 2018/79)

Im Falle der Verlegung von Betrieben (Betriebsstätten) ist die stille Reserve des Betriebes (der Betriebsstätte) zu ermitteln; diese ergibt sich aus der Differenz aus den stillen Reserven und den stillen Lasten (saldierter Betrag). Diese saldierte stille Reserve des Betriebes (der Betriebsstätte) ist in weiterer Folge auf die einzelnen Wirtschaftsgüter aufzuteilen. Entsprechend diesem Aufteilungsverhältnis ist sodann bei Inanspruchnahme des Ratenzahlungskonzepts die gemäß § 6 Z 6 lit. a EStG 1988 entstandene Steuerschuld den einzelnen Wirtschaftsgütern des Anlagevermögens, dem etwaigen Firmenwert und dem Umlaufvermögen zuzuordnen. Diese Aufteilung ist im Hinblick auf eine spätere vorzeitige Fälligstellung (zB aufgrund einer späteren Veräußerung einzelner Wirtschaftsgüter) von Bedeutung. **2518n**

Die Aufteilung der stillen Lasten auf die einzelnen Wirtschaftsgüter des Anlage- bzw. Umlaufvermögens kann dabei entsprechend dem Verhältnis der in den Wirtschaftsgütern enthaltenen stillen Reserven erfolgen. Es bestehen keine Bedenken, aus Vereinfachungsgründen die stillen Lasten ausschließlich mit einem etwaigen Firmenwert zu saldieren.

Beispiel:

Im Jahr 2016 wird ein Betrieb mit einem Buchwert von 30 und einem Fremdvergleichswert gemäß § 6 Z 6 lit. a EStG 1988 von 70 ins EU-Ausland überführt. Die stille Reserve des gesamten Betriebes beträgt somit 40; die stillen Reserven in den Aktiva betragen jedoch 50 (stille Reserven in einem nicht abnutzbaren immateriellen Wirtschaftsgut des Anlagevermögens 30, im Firmenwert 15 und im Umlaufvermögen 5), die stillen Lasten in den Passiva betragen 10.

Entsprechend dem Verhältnis der stillen Reserven sind daher die stillen Lasten zu 60% dem nicht abnutzbaren immateriellen Wirtschaftsgut des Anlagevermögens, zu 30% dem Firmenwert und zu 10% dem Umlaufvermögen zuzuordnen. Folglich beträgt die saldierte stille Reserve im nicht abnutzbaren immateriellen Wirtschaftsgut des Anlagevermögens 24, im Firmenwert 12 und im Umlaufvermögen 4.

Alternativ dazu bestehen keine Bedenken, die stillen Lasten ausschließlich von den stillen Reserven des Firmenwertes abzuziehen. Diesfalls ergibt sich folgende Aufteilung der saldierten stillen Reserve: nicht abnutzbares immaterielles Wirtschaftsgut des Anlagevermögens 30, Firmenwert 5, Umlaufvermögen 5.

(BMF-AV Nr. 2018/79)

2518o Die positiven Beträge gemäß § 6 Z 6 EStG 1988 erhöhen die Einkünfte jenes Betriebes, dem die betreffenden entstrickten Wirtschaftsgüter zugeordnet sind. Steht dem Steuerpflichtigen für die auf diese Beträge entfallende Steuerschuld die Inanspruchnahme des Ratenzahlungskonzepts gemäß § 6 Z 6 lit. c EStG 1988 offen, ist im Rahmen der Einkünfteermittlung bei der Verrechnung dieser Beträge mit laufenden Verlusten wie folgt vorzugehen:

- Zunächst sind bei der Ermittlung der Einkünfte des betreffenden Betriebes laufende Verluste mit positiven Beträgen gemäß § 6 Z 6 EStG 1988 zu verrechnen.
- Insoweit danach noch positive Beträge gemäß § 6 Z 6 EStG 1988 im Gewinn des Betriebes enthalten sind und Verluste aus anderen Betrieben oder anderen Einkunftsarten vorhanden sind, kann der Steuerpflichtige sowohl im Rahmen des horizontalen Verlustausgleiches als auch im anschließenden vertikalen Verlustausgleich die für ihn günstigste Verlustverrechnungsmöglichkeit wählen, um die vom Gesetzgeber vorgesehene Begünstigung in Form einer Ratenzahlung in höchstmöglichem Ausmaß auszunützen (siehe dazu Rz 152 und Rz 153).
- Entfallen positive Entstrickungsbeträge sowohl auf Wirtschaftsgüter des Anlagevermögens als auch des Umlaufvermögens, kürzen entsprechend dem Günstigkeitsprinzip die laufenden Verluste primär die auf die Wirtschaftsgüter des Umlaufvermögens entfallenden Entstrickungsbeträge.

Durch den Verlustausgleich mit laufenden Verlusten aus demselben Betrieb, innerhalb derselben Einkunftsart oder mit anderen Einkunftsarten kann es daher dazu kommen, dass Beträge gemäß § 6 Z 6 EStG 1988 nicht in voller Höhe oder gar nicht mehr im Gesamtbetrag der Einkünfte enthalten sind, sodass für eine Ratenzahlung (insoweit) kein Anwendungsbereich verbleibt.

(BMF-AV Nr. 2018/79)

2518p Darüber hinaus kann es auch durch den Verlustabzug gemäß § 18 Abs. 6 EStG 1988 zu einer Kürzung von im Gesamtbetrag der Einkünfte noch enthaltenen Beträgen gemäß § 6 Z 6 EStG 1988 kommen, sodass diese Beträge nicht mehr in voller Höhe oder gar nicht im Einkommen des Steuerpflichtigen enthalten sind. Der Verlustabzug kann im Bereich der Einkommensteuer ebenfalls vorrangig mit anderen im Einkommen enthaltenen Einkünften erfolgen, um die vom Gesetzgeber für diese Beträge vorgesehene Begünstigung in Form einer Ratenzahlung gemäß § 6 Z 6 lit. c EStG 1988 in größtmöglichem Ausmaß auszunützen.

Beispiel:

Ein Steuerpflichtiger überführt im Jahr 2019 ein Wirtschaftsgut des Anlagevermögens von seinem inländischen Betrieb 1 in seine Betriebsstätte in München. Die gemäß § 6 Z 6 lit. a EStG 1988 aufgedeckte stille Reserve beträgt 300. Der laufende Verlust aus Betrieb 1 beträgt jedoch 100, weiters erzielt der Steuerpflichtige aus Betrieb 2 einen laufenden Gewinn von 500 und aus Betrieb 3 einen laufenden Verlust von 300. Es liegen Verluste aus Vermietung und Verpachtung iHv 50 vor. Der Verlustvortrag beträgt 250. Es wird gemäß § 6 Z 6 lit. c EStG 1988 eine Ratenzahlung der Steuerschuld über 5 Jahre beantragt.

Der positive Betrag gemäß § 6 Z 6 lit. a EStG 1988 ist zunächst mit dem laufenden Verlust aus Betrieb 1 zu verrechnen, sodass Betrieb 1 einen Gewinn iHv 200 erzielt. In weiterer Folge können im Rahmen des horizontalen Verlustausgleiches die Verluste von Betrieb 3 vorrangig mit dem Gewinn aus Betrieb 2 verrechnet werden. Die Einkünfte aus Gewerbebetrieb betragen daher 400; darin sind somit noch Beträge gemäß § 6 Z 6 lit. a EStG 1988 iHv 200 enthalten.

Im Rahmen des vertikalen Verlustausgleichs können sodann die Verluste aus Vermietung und Verpachtung iHv 50 vorrangig mit den – nicht dem Ratenzahlungskonzept zugänglichen – Beträgen verrechnet werden. Im Gesamtbetrag der Einkünfte von 350 sind daher weiterhin positive Beträge gemäß § 6 Z 6 lit. a EStG 1988 iHv 200 enthalten.

Der Verlustabzug von 250 kann wiederum vorrangig von den im Gesamtbetrag der Einkünfte enthaltenen anderen Einkünften aus Betrieb 2 vorgenommen werden (somit in Höhe von 150); erst danach ist der verbleibende Verlustvortrag von 100 von den 200 aus Betrieb 1 abzuziehen.

Das Einkommen des Steuerpflichtigen (unter Außerachtlassung von anderen Sonderausgaben oder außergewöhnlichen Belastungen) beträgt daher 100. Darin enthalten sind ausschließlich positive Beträge gemäß § 6 Z 6 lit. a EStG 1988.

Der Steuerpflichtige kann daher die gesamte Steuerschuld auf das Einkommen 2019 in Form einer Ratenzahlung über 5 Jahre verteilt entrichten.

(BMF-AV Nr. 2019/75)

Für Zwecke der Ermittlung der in Raten zu entrichtenden Steuerschuld ist zunächst die Steuerschuld auf das gesamte Einkommen gemäß den Vorschriften des § 33 EStG 1988 zu ermitteln. **2518q**

Der dabei ermittelte Durchschnittsteuersatz ist sodann auf die im Einkommen enthaltenen Beträge gemäß § 6 Z 6 EStG 1988 anzuwenden; diese ermittelte Steuerschuld unterliegt sodann dem Ratenzahlungskonzept.

Dies gilt nicht für entstrickte Wirtschaftsgüter und Derivate iSd § 27 Abs. 3 und 4 EStG 1988 im Betriebsvermögen, wenn diese nicht zum allgemeinen Tarifsteuersatz, sondern mit einem besonderen Steuersatz gemäß § 27a Abs. 1 EStG 1988 besteuert werden (siehe dazu Rz 787).

(BMF-AV Nr. 2018/79)

Beziehen sich die Beträge gemäß § 6 Z 6 EStG 1988 auf mehrere Wirtschaftsgüter, muss die in Raten zu entrichtende Steuerschuld zunächst anteilig auf die Wirtschaftsgüter des Anlagevermögens und die Wirtschaftsgüter des Umlaufvermögens aufgeteilt werden, weil die Steuerschuld für Anlagevermögen auf 5 Jahre (für Entstrickungstatbestände ab 2019) oder 7 Jahre (für Entstrickungstatbestände vor 2019) und für Umlaufvermögen auf 2 Jahre verteilt zu entrichten ist. **2518r**

Darüber hinaus ist es notwendig, die in Raten zu entrichtende Steuerschuld für Wirtschaftsgüter des Anlagevermögens im Verhältnis der stillen Reserven der einzelnen Wirtschaftsgüter zueinander aufzuteilen (siehe dazu bereits Rz 2518i), weil es bei vorzeitiger Veräußerung einzelner Wirtschaftsgüter insoweit zu einer Fälligstellung der das jeweilige Wirtschaftsgut betreffenden anteiligen Steuerschuld kommt. Da für das Umlaufvermögen jedenfalls eine Verteilung über 2 Jahre erfolgt, ist eine Aufteilung der auf das Umlaufvermögen entfallenden Steuerschuld im Verhältnis der stillen Reserven der einzelnen Wirtschaftsgüter des Umlaufvermögens nicht erforderlich und hat daher zu unterbleiben.

Beispiel:

Ein Steuerpflichtiger überführt im Jahr 2016 zwei Wirtschaftsgüter des Anlagevermögens in seine in München gelegene Betriebsstätte. Die gemäß § 6 Z 6 lit. a EStG 1988 aufzudeckende stille Reserve beträgt hinsichtlich des ersten Wirtschaftsgutes 7.000 Euro, hinsichtlich des zweiten Wirtschaftsgutes 14.000 Euro. Der Steuerpflichtige beantragt, die auf die Beträge gemäß § 6 Z 6 lit. a EStG 1988 entfallende Steuerschuld in 7 Jahresraten zu entrichten.

Die Einkünfte aus Gewerbebetrieb betragen insgesamt 70.000 Euro; es sind weder andere Einkünfte noch Verlustvorträge vorhanden; weitere Sonderausgaben gemäß § 18 EStG 1988 und außergewöhnliche Belastungen gemäß § 34 EStG 1988 werden aus Vereinfachungsgründen nicht berücksichtigt.

Das Einkommen 2016 beträgt 70.000 Euro; darin enthalten sind somit Beträge gemäß § 6 Z 6 lit. a EStG 1988 iHv 21.000 Euro. Der Einkommensteuerbescheid ergeht am 15.10.2017. Es wurde für 2016 keine Vorauszahlung geleistet.

Die Einkommensteuerschuld beträgt 23.280 Euro (ohne Berücksichtigung von Absetzbeträgen). Der Durchschnittsteuersatz beträgt 33,26%. Auf die Beträge gemäß § 6 Z 6 lit. a EStG 1988 entfällt daher eine anteilige Steuerschuld von 6.984 Euro; davon entsprechend dem Verhältnis der stillen Reserven auf das erste Wirtschaftsgut 2.328 Euro, auf das zweite Wirtschaftsgut 4.656 Euro.

Die 1. Rate der in 7 Raten zu entrichtenden Steuerschuld wird einen Monat nach Bescheidzustellung fällig; diese beträgt 997,71 Euro. Die restlichen 6 Raten sind jeweils am 30.9. der Folgejahre 2018 bis 2023 fällig zu stellen.

Fortsetzung Beispiel:

Am 2.1.2019 wird das erste Wirtschaftsgut veräußert. Dieser Vorgang wird vom Steuerpflichtigen fristgerecht dem zuständigen Finanzamt angezeigt, das am 5.2.2019 einen Abänderungsbescheid zum Einkommensteuerbescheid 2016 vom 15.10.2017 erlässt. Bislang wurden 2 Raten zu 997,71 Euro entrichtet. Hinsichtlich des ersten Wirtschaftsgutes sind die 5 noch nicht entrichteten Jahresraten insoweit fällig zu stellen. Der ein Monat nach Bekanntgabe des Abänderungsbescheides fällig zu stellende Betrag beträgt daher 1.662,86 Euro (= 5 x 332,57 Euro). Die noch offenen 5 Jahresraten sind daher im Abänderungsbescheid auf einen Betrag von 665,14 Euro abzuändern.

(BMF-AV Nr. 2019/75)

2518s Bei der Aufdeckung stiller Reserven aufgrund von § 6 Z 6 lit. a EStG 1988 bei Überführung von Wirtschaftsgütern oder Verlegung von Betrieben (Betriebsstätten) in einen Staat, mit dem abkommensrechtlich für die späteren Gewinne aus der Veräußerung der überführten Wirtschaftsgüter die Anrechnungsmethode vorgesehen ist (zB Italien, Großbritannien), kann die ausländische Quellensteuer auf die späteren Einkünfte aus der Veräußerung der überführten Wirtschaftsgüter lediglich auf jene österreichische Einkommensteuer des Veräußerungsjahres angerechnet werden, die im späteren Jahr der Veräußerung auf diese ausländischen Einkünfte entfällt (siehe dazu auch Rz 7586).

Beispiel:

Ein Einzelunternehmer überführt ein Patent in seine Betriebsstätte, die in einem Staat, mit dem Österreich die Anrechnungsmethode vereinbart hat, gelegen ist. Die Anschaffungskosten des Patentes betrugen 1.000 Euro, der Wert gemäß § 6 Z 6 lit. a EStG 1988 im Zeitpunkt der Überführung beträgt 10.000 Euro. Der Betriebsstättenstaat gewährt keinen step-up. Der Steuerpflichtige beantragt, die auf die Beträge gemäß § 6 Z 6 lit. a EStG 1988 entfallende Steuerschuld in 5 Jahresraten zu entrichten. 8 Jahre später wird das Patent um 15.000 Euro veräußert. Der Betriebsstättenstaat versteuert einen Gewinn in Höhe von 14.000 Euro; Österreich versteuert lediglich einen Gewinn in Höhe von 5.000 Euro. Die ausländischen Steuern sind lediglich auf jene österreichische Einkommensteuer anzurechnen, die auf den Veräußerungsgewinn in Höhe von 5.000 Euro entfällt.

(BMF-AV Nr. 2019/75)

6.13.6 Verstrickungsbesteuerung (§ 6 Z 6 lit. f bis h EStG 1988)

(BMF-AV Nr. 2018/79)

2519 Im Falle eines Vermögenstransfers (Wirtschaftsgüter bzw. Betriebe oder Betriebsstätten) aus dem Ausland ins Inland kommt es – unabhängig davon, ob das Vermögen aus dem EU- oder EWR-Raum oder aus anderen Staaten transferiert wird – unverändert zur Rechtslage vor dem AbgÄG 2015 – zu einer Neubewertung des transferierten Vermögens mit dem fremdüblichen Wert zum Transferzeitpunkt (§ 6 Z 6 lit. f EStG 1988). Dies gilt im Allgemeinen unverändert zur Rechtslage vor dem AbgÄG 2015 sinngemäß auch für nicht fremdüblich abgerechnete sonstige Leistungen im Wege des Ansatzes der fremdüblichen Verbindlichkeit in jenem Zeitpunkt, zu dem unter Fremden die Gegenleistungsschuld entstünde. Sollte die im Inland gewinnmindernd berücksichtigte Verbindlichkeit im ausländischen Staat zu keiner korrespondierend besteuerten Gewinnerhöhung führen, ist – gegebenenfalls unter Inanspruchnahme internationaler Amtshilfemöglichkeiten – zu prüfen, ob möglicherweise ein Fall von Steuerumgehung vorliegt.

Der Fremdvergleichswert ist ebenfalls anzusetzen, wenn sonstige Umstände eintreten, die das Besteuerungsrecht Österreichs an Wirtschaftsgütern begründen (§ 6 Z 6 lit. g EStG 1988).

Diese beiden Bewertungsbestimmungen gelten sowohl für den erstmaligen Import sowie für den Reimport von Wirtschaftsgütern aus dem Ausland nach Österreich. Sie gelten daher auch für den Reimport von Wirtschaftsgütern, für die bei einer vorherigen Entstrickung ab dem 1.1.2016 bereits das neue Ratenzahlungskonzept zur Anwendung kam. Für Fälle des Reimports ist bedeutsam, dass die Ratenzahlung durch den Reimport weder abgeändert noch aufgehoben wird, sondern unverändert weiterläuft. Dies entspricht dem nunmehrigen System der Festsetzung der Steuerschuld mit anschließender Entrichtung der Steuerschuld in Form einer Ratenzahlung, da die Steuerschuld bereits durch die Entstrickung ausgelöst wurde und insofern nicht mehr rückgängig gemacht wird. Entsprechend diesem Konzept werden auch nachträglich im Ausland eingetretene Wertminderungen nicht berücksichtigt, hierfür besteht auch unionsrechtlich keine Notwendigkeit (EuGH 29.11.2011, C- 371/10, National Grid Indus, Rn 56 ff). Die Veräußerung eines rücküberführten Wirtschaftsgutes oder dessen Ausscheiden aus dem Betriebsvermögen vor Ablauf des Ratenzahlungszeitraumes führt jedoch sodann zu einer Fälligstellung der noch offenen Raten gemäß § 6 Z 6 lit. d EStG 1988 (siehe dazu bereits Rz 2518h).

Abweichend von § 6 Z 6 lit. f und lit. g EStG 1988 sind jedoch für den Reimport von Wirtschaftsgütern, die bei ihrem vorherigen Wegzug in den EU-/EWR-Raum mit umfassender Amts- und Vollstreckungshilfe

- im betrieblichen Bereich noch dem bisherigen Nichtfestsetzungskonzept unterlagen oder
- im außerbetrieblichen Bereich noch dem Nichtfestsetzungskonzept unterlagen bzw. weiter unterliegen,

weiterhin die fortgeschriebenen Buchwerte maßgebend (§ 6 Z 6 lit. h EStG 1988; siehe Rz 2517h).

(BMF-AV Nr. 2018/79)

6.14 Betriebseröffnung, entgeltlicher Betriebserwerb

6.14.1 Allgemeines

Eröffnung eines Betriebes liegt vor, wenn ein vollkommen neuer Betrieb oder Teilbetrieb geschaffen wird. **2520**

Entgeltlicher Erwerb eines Betriebes liegt vor, wenn ein bereits bestehender Betrieb, Teilbetrieb, Mitunternehmeranteil oder eine Quote eines Mitunternehmeranteiles (VwGH 8.3.1994, 91/14/0173) als funktionsfähige Sachgesamtheit übernommen wird. **2521**

6.14.2 Eröffnung

6.14.2.1 Bewertung

Werden für die Gründung eines Betriebes Wirtschaftsgüter angeschafft oder hergestellt, so sind diese mit den Anschaffungs- oder Herstellungskosten anzusetzen. Die Zuführung bereits vorhandener Wirtschaftsgüter stellt eine Einlage dar, die nach § 6 Z 5 EStG 1988 zu bewerten ist (siehe Rz 2484). **2522**

(AÖF 2007/88)

6.14.2.2 Eröffnungsbilanz

Bei Gewinnermittlung nach § 4 Abs. 1 oder § 5 EStG 1988 sind diese Werte als Aktiva in der Eröffnungsbilanz zu erfassen und die mit dem erworbenen Wirtschaftsgütern zusammenhängenden Verbindlichkeiten als Passiva einzustellen. Der Differenzbetrag auf die Summe der Aktiva ist als Eigenkapital anzusetzen. **2523**

6.14.3 Entgeltlicher Betriebserwerb

6.14.3.1 Bewertung

Wird ein Betrieb entgeltlich erworben, sind die Wirtschaftsgüter einschließlich Firmenwert stets mit den Anschaffungskosten zu bewerten. Die Aufteilung der Gesamtanschaffungskosten auf die erworbenen Wirtschaftsgüter ist nach objektiven Wertregeln und sachverständig vorzunehmen. Es kommt weder auf die durch den Veräußerer vorgenommene Aufteilung des erzielten Erlöses auf die Einzelwirtschaftsgüter noch auf eine vertraglich im Veräußerungsgeschäft vereinbarte Wertzuordnung an (VwGH 15.9.1993, 91/13/0053). **2524**

Der Firmenwert ist von den übrigen selbständig bewertbaren körperlichen und unkörperlichen Wirtschaftsgütern abzugrenzen. Der Ansatz eines Firmenwertes kommt nur dann in Frage, wenn die für die Übernahme des Unternehmens bewirkte Gegenleistung die tatsächlichen Werte der einzelnen übernommen Wirtschaftsgüter übersteigt bzw. der Kaufpreis nicht nachweislich für bestimmte einzelne Wirtschaftsgüter aufgewendet wird. Die Aufteilung der Gegenleistung auf die erworbenen Wirtschaftsgüter hat in der Regel im Wege einer Verhältnisrechnung zu erfolgen: Zunächst werden alle Wirtschaftsgüter einschließlich Firmenwert mit dem Teilwert bewertet. Sodann wird die Gegenleistung nach dem Verhältnis der Teilwerte auf die Wirtschaftsgüter verteilt. **2525**

6.14.3.2 Negativer Firmenwert

Erfolgt der entgeltliche Erwerb zu einem Kaufpreis, der unter der Summe der Teilwerte der einzelnen Wirtschaftsgüter liegt, so sind die tatsächlichen niedrigeren Anschaffungs- **2526** kosten anzusetzen. Der Ansatz eines negativen Firmenwertes kommt nicht in Betracht (VwGH 29.1.1974, 1945/73).

2527 Liegt der Kaufpreis aus betrieblichen Motiven unter dem vom Veräußerer ausgewiesenen Kapitalkonto, wobei der Wert des Betriebes dem Buchwert entspricht, sind ebenfalls die tatsächlichen niedrigeren Anschaffungskosten anzusetzen. Der Ansatz eines negativen Firmenwertes kommt auch hier nicht in Betracht. Der unterpreisige Erwerb führt auch nicht dazu, dass der Erwerber den Differenzbetrag zwischen dem Kapitalkonto und dem Kaufpreis sofort im Zeitpunkt des Betriebserwerbes als Erwerbergewinn zu versteuern hat (VwGH 24.11.1999, 97/13/0022).

6.14.3.3 Erwerb gegen Kaufpreisrenten

2528 Der Rentenbarwert (Rz 7020 ff und Rz 2453 ff) einschließlich Zuzahlungen stellt die tatsächlichen Anschaffungskosten dar und ist zu passivieren. Weichen die Rentenleistungen durch früheres oder späteres Ableben des Rentenberechtigten vom ursprünglichen Rentenbarwert ab, führt dies zu keiner Änderung der Anschaffungskosten (VwGH 21.4.1961, 2966/58); siehe Rz 7042.

(AÖF 2004/167)

6.15 Buchwertfortführung, fiktive Anschaffungskosten

6.15.1 Unentgeltlicher Betriebs- und Mitunternehmeranteilserwerb

6.15.1.1 Betriebserwerb

2529 Die unentgeltliche Übertragung eines Betriebes (Teilbetriebes) setzt voraus, dass die wesentlichen Betriebsgrundlagen durch einen einheitlichen Übertragungsakt überführt werden. Die Rückbehaltung einzelner unwesentlicher Wirtschaftsgüter anlässlich des Übertragungsaktes hindert die Annahme eines unentgeltlichen Betriebserwerbes nicht. Die Rückbehaltung der Wirtschaftsgüter ist eine Entnahme (VwGH 29.06.1995, 93/15/0134). Die Rückbehaltung einzelner unwesentlicher Wirtschaftsgüter (zB Forstparzellen oder einzelner Klienten eines Klientenstocks) im Zuge einer unentgeltlichen Betriebsübertragung stellt dann keine Entnahme dar, wenn die zurückbehaltenen Wirtschaftsgüter einen eigenständig lebensfähigen Betrieb begründen. Wird ein Betrieb jedoch in Teilen auf mehrere Übernehmer unentgeltlich übertragen, liegt eine Betriebsaufgabe vor (siehe Rz 5631); die Zurückbehaltung einzelner Wirtschaftsgüter ist bei der Ermittlung des Aufgabegewinnes entsprechend zu berücksichtigen. Bleibt durch die zurückbehaltenen Wirtschaftsgüter jedoch weiterhin ein lebensfähiger Betrieb bestehen, stellt die unentgeltliche Übertragung der Betriebsteile eine Entnahme der betroffenen Wirtschaftsgüter mit anschließender Übertragung aus dem Privatvermögen dar.

(BMF-AV Nr. 2018/79)

2530 In der Beendigung eines Fruchtgenussverhältnisses ist keine unentgeltliche Betriebsübertragung, sondern eine Einstellung der betrieblichen Tätigkeit des Fruchtgenussberechtigten zu erblicken (VwGH 21.7.1998, 98/14/0029). Die unentgeltliche Übertragung eines Anteiles an einem Einzelunternehmen (Schenkung der Quote eines Einzelunternehmens) wird der unentgeltlichen Übertragung eines Mitunternehmeranteiles gleichgestellt.

Zur unentgeltlichen Übertragung auf eine Privatstiftung siehe StiftR 2009 Rz 194 ff.

Zur weiteren Abgrenzung unentgeltliche/entgeltliche Übertragung siehe Rz 5564 ff.

Zur Aufteilung der Einkünfte zwischen Geschenkgeber und Geschenknehmer siehe Rz 104 ff

(AÖF 2010/43)

6.15.1.2 Übertragung von Mitunternehmeranteilen und Sonderbetriebsvermögen

Siehe Rz 5926 ff.

6.15.1.3 Buchwertfortführung

2531 Bei der unentgeltlichen Übernahme von Betrieben, von Teilbetrieben oder von Anteilen eines Gesellschafters ist der neue Betriebs- bzw. Anteilsinhaber bei der Bewertung der Wirtschaftsgüter an die Buchwerte des Rechtsvorgängers gebunden.

2532 Wird ein Betrieb oder Teilbetrieb durch Legat übertragen, so hat der Vermächtnisnehmer die Buchwerte seines Vorgängers (das ist der Erbe) fortzuführen, der seinerseits die Buchwerte des Erblassers übernimmt (VwGH 20.11.1990, 89/14/0156, 0157).

2533 Wird im Zuge der unentgeltlichen Übertragung die Gewinnermittlungsart gewechselt, ist der Übergangsgewinn/-verlust im ersten Wirtschaftsjahr des Übernehmers zu erfassen, wobei bei Übergang von § 5 EStG 1988 Gewinnermittlung auf § 4 Abs. 1 bzw. 3 EStG 1988 auch die stillen Reserven des gewillkürten Betriebsvermögens anzusetzen sind (siehe auch Rz 690); bei einem Übergang von der Gewinnermittlung nach § 5 Abs. 1 EStG 1988 auf eine andere Art der Gewinnermittlung vor dem 1.4.2012 sind auch die stillen Reserven des Grund und Bodens zu erfassen.

(AÖF 2013/280)

Aus Anlass der unentgeltlichen Betriebsübertragung entstehende Verbindlichkeiten (zB Pflichtteilsschulden) werden nicht zu Betriebsschulden (VwGH 19.09.1990, 89/13/0021; VwGH 21.10.1986, 86/14/0124). Der Privatsphäre zuzuordnen sind auch die bei unentgeltlichen Betriebsübertragungen nach dem 31. Juli 2008 anfallende Grunderwerbsteuer (siehe auch Rz 1666) sowie damit zusammenhängende Einverleibungskosten. Gleiches gilt für Privatschulden des Rechtsvorgängers, welche im Zuge einer unentgeltlichen Betriebsübertragung auf Grund der getroffenen Vereinbarung vom Erwerber übernommen werden (VwGH 04.11.1980, 0804/80). **2534**

(AÖF 2009/74)

6.15.2 Unentgeltlicher Einzelwirtschaftsgütererwerb

Die fiktiven Anschaffungskosten sind nur dann anzusetzen, wenn ein betrieblich veranlasster unentgeltlicher Erwerb einzelner Wirtschaftsgüter vorliegt. Wird aus privaten Gründen ein Wirtschaftsgut unentgeltlich übertragen und sofort dem Betrieb zugeführt, so sind die Bestimmungen des § 6 Z 5 EStG 1988 über die Einlagenbewertung anzuwenden. **2535**

Die fiktiven Anschaffungskosten (siehe Rz 6440a ff) sind sowohl Bewertungsmaßstab für die anzusetzende Betriebseinnahme als auch für den Buchwertansatz des Anlage- oder Umlaufvermögens. **2536**

(BMF-AV Nr. 2019/75)

Bei unentgeltlichen Übertragungen unter Fremden ist eine betriebliche Veranlassung zu vermuten. Aus betrieblichem Anlass werden zB Sachgeschenke von Geschäftspartnern übertragen. Incentive-Reisen, die von einem Geschäftspartner zugewendet werden, sind mit den in den Prospekten angegebenen Preisen anzusetzen. **2537**

Steht der Sachzuwendung aus betrieblichem Anlass jedoch eine Verpflichtungsübernahme gegenüber, ist von einem entgeltlichen Erwerb zu Anschaffungskosten auszugehen (VwGH 16.3.1989, 88/14/0055, betreffend Inventar gegen Bierbezugsverpflichtung). **2538**

6.16 Kürzung der Anschaffungs- oder Herstellungskosten bei Gewährung von Subventionen

6.16.1 Subvention aus öffentlichen Mitteln und EU-Förderungen

Subventionen sind Zuwendungen aus öffentlichen Mitteln in Form von Geld- oder Sachzuwendungen, die von öffentlich-rechtlichen Institutionen an Unternehmen gewährt werden, ohne dass im unmittelbaren Zusammenhang mit dieser Leistung Gegenleistungen erbracht werden. Die Subventionen werden unter der Voraussetzung gegeben, dass ein förderungswürdiges Verhalten und/oder ein förderungswürdiger Zweck vorliegt. Die Erfüllung dieses Verhaltens und/oder Zweckes wird nicht als Gegenleistung des Zuwendungsempfängers angesehen. **2539**

Verwendet eine Gemeinde Mittel aus Bedarfszuweisungen des Landes für Anlageninvestitionen, führt dies zu keiner Kürzung der Anschaffungskosten iSd § 6 Z 10 EStG 1988 (VwGH 04.03.2009, 2007/15/0303).

(AÖF 2010/43)

Als öffentlich-rechtliche Institutionen sind staatliche und überstaatliche Einrichtungen sowie andere Institutionen (insbesondere öffentlich-rechtliche Körperschaften) anzusehen, die staatliche Aufgaben zu erfüllen haben. Eine öffentlich-rechtliche Körperschaft kann sich bei der Vergabe von öffentlichen Mitteln auch eines Treuhänders bedienen. In Abgrenzung zur Privatwirtschaftsverwaltung öffentlicher Einrichtungen gelten sinngemäß die Subventionen von Institutionen der Europäischen Union, die an Unternehmen gewährt werden, als öffentliche Mittel. **2540**

Subventionen aus öffentlichen Mitteln werden mittels Geld in Form von Zuschüssen, Zuwendungen, Beihilfen, Bezügen, Prämien, Zielgebietsprämien, Förderungen, Leistungen, verbilligten Darlehen, Zinsen- und Annuitätenzuschüssen, Haftungsübernahmen etc gewährt. Seltener kommen Personal- oder Sachzuwendungen vor. **2541**

6.16.2 Formen der Subvention

6.16.2.1 Investitionssubvention bzw. Investitionszuschuss

2542 Der häufigste Anwendungsfall einer Zuwendung ist die Geldzuwendung zur Anschaffung oder Herstellung von Wirtschaftsgütern des Anlagevermögens zB

- Anschaffung oder Herstellung einer neuen Maschine oder
- Aufbau eines neuen Produktionszweiges in neuen Räumlichkeiten.

2543 Von privater Seite hingegen werden Investitionszuwendungen für die unterschiedlichsten Zwecke und zum Großteil mit Gegenleistungsverpflichtung gewährt zB Brauerei gibt einen Zuschuss für eine Bierabnahmeverpflichtung in Form der Überlassung von Gegenständen (Schankeinrichtung).

6.16.2.2 Annuitätenzuschuss

2544 Ein Annuitätenzuschuss ist ein Zuschuss zur Rückzahlung eines Investitionskredites. Inhaltlich kommt es durch so eine Zuwendung zu einem Zuschuss sowohl zum Kapital als auch zu den Fremdkapitalzinsen. Wird eine Zuwendung im Sinne des § 3 Abs. 1 Z 6 EStG 1988 in Form eines Annuitätenzuschusses gewährt, dann sind die Anschaffungs- oder Herstellungskosten des Wirtschaftsgutes um den Teil der künftigen Annuitätenzuschüsse zu kürzen, der auf das Kapital entfällt. Der durch den jeweils vereinnahmten Annuitätenzuschuss abgedeckte Zinsanteil führt zur Kürzung des in der jeweiligen Annuität enthaltenen absetzbaren Zinsaufwandes (§ 20 Abs. 2 EStG 1988).

6.16.2.3 Aufwands-(Ertrags-)Zuschuss

2545 Dies sind Zuwendungen, die zur Abdeckung von sofort abziehbaren Aufwendungen gegeben werden und besonders dazu dienen, ein bestimmtes Verhalten des Subventionsempfängers herbeizuführen. Die Gegenleistung des Empfängers kann in der Ausführung einer aufwandswirksamen Maßnahme (zB Forschung und Entwicklung, Werbung, Instandhaltung eines Wirtschaftsgutes) liegen oder in der Übernahme einer ertragsmindernden Verpflichtung (zB Aufrechterhaltung der Nahversorgung, Kohlebergbau).

Diese Zuschüsse sind im Zeitpunkt des Eintritts der Zuschussgewährung erfolgswirksam zu verrechnen.

6.16.2.3.1 Zinsenzuschuss

2546 Gefördert wird eine Investition dadurch, dass eine Stützung der Zinsen für das aufgenommene Fremdkapital gewährt wird. Es ist nicht erforderlich, dass neben einem Zinsenzuschuss auch ein Kapitalzuschuss gewährt wird.

6.16.3 Steuerpflicht/Steuerfreiheit einer Subvention

2547 Die Verwendung eines bestimmten Wortes (wie zB Zuwendung, Zuschuss, Beihilfe usw.) für eine Geldzuwendung an ein Unternehmen sagt nichts über den Geldgeber und sein Motiv aus. Für die steuerliche Behandlung von zugewendetem Geld ist zu untersuchen, wer die Geldleistung erbracht hat und in welcher Stellung der Geldgeber zum Geldempfänger steht.

6.16.3.1 Steuerpflicht

2548 Eine Geldzuwendung, die der Zuwendungsempfänger aus betrieblichem Anlass erhält, bewirkt eine Erhöhung des Betriebsvermögens und ist grundsätzlich eine sofort steuerpflichtige Betriebseinnahme.

Werden Geldzuwendungen mit Gegenleistungsverpflichtung gegeben, dann ist der Zuschuss entsprechend der Verpflichtung oder entsprechend der gelieferten oder abgenommenen Menge ertragswirksam aufzulösen.

6.16.3.2 Steuerfreiheit

2549 Geldzuwendungen sind nur dann steuerbefreit, wenn die Steuerbefreiung ausdrücklich gesetzlich bestimmt ist.

Dies führt ertragsteuerlich dazu, dass zB die Zinsenaufwendungen nur in ihrer effektiven Belastung als Betriebsausgabe berücksichtigt werden.

2550 Der Begriff der Zuwendung setzt nicht voraus, dass für die Anschaffung oder Herstellung eines Wirtschaftsgutes auch eigene Mittel des Unternehmens eingesetzt werden. Wird das gesamte Investitionsvolumen subventioniert, so ist für das Wirtschaftsgut nur ein Erinnerungseuro anzusetzen.

(AÖF 2011/66)

Unter den Begriff der Zuwendung fallen auch Sachzuwendungen. Wenn zB eine Gemeinde aus öffentlichen Mitteln ein Grundstück zuwendet, damit der Steuerpflichtige darauf ein Gebäude errichtet, so ist die Zuwendung nach Maßgabe der entsprechenden Bestimmung des § 3 EStG 1988 steuerfrei und nur mit einem Erinnerungsschilling anzusetzen. Zum steuerpflichtigen Leistungsaustausch siehe Rz 304. 2551

6.16.4 UGB-Bilanz/Steuerbilanz

6.16.4.1 Die unternehmensrechtliche Behandlung einer Subvention

(AÖF 2008/238)

Ohne Unterscheidung, ob es sich um Zuwendungen aus öffentlichen oder privaten Mitteln handelt, gibt es unternehmensrechtlich ein Wahlrecht zwischen zwei Möglichkeiten: 2552
(AÖF 2008/238)

6.16.4.1.1 Nettomethode

Die Subvention wird von den Anschaffungs- oder Herstellungskosten abgezogen. Bei dieser Nettomethode ist der um die Subvention gekürzte Betrag Basis für die Abschreibung des Anlagevermögens. 2553

6.16.4.1.2 Bruttomethode

Die Subvention wird als Passivposten in der Bilanz ausgewiesen. Es handelt sich bei dem Passivposten um einen Passivposten eigener Art, der einem Rechnungsabgrenzungsposten nahe kommt. Die Auflösung des Sonderpostens wird auf die Nutzdauer des Wirtschaftsgutes verteilt, sodass es zu einer Korrektur der Abschreibung des Wirtschaftsgutes kommt. 2554

Der Abzug eines Subventionsbetrages von den Anschaffungs- oder Herstellungskosten einerseits und die Bildung einer Passivpost, die zur Neutralisierung der Abschreibung des Wirtschaftsgutes aufgelöst wird, andererseits sind unterschiedliche Arten der bilanziellen Darstellung ein und desselben Vorganges. Es mag der einen oder anderen Art der Darstellung aus Gründen der Bilanzklarheit und -wahrheit der Vorzug gegeben werden, auf die Höhe des durch das Rechnungswesen ermittelten Gewinnes des Unternehmens hat dies keinen Einfluss (VwGH 18.1.1994, 90/14/0124). 2555

6.16.4.2 Die steuerrechtliche Behandlung einer Subvention

Die Anschaffungs- oder Herstellungskosten sind um eine öffentliche Zuwendung zu kürzen (= Nettomethode). Es kann nicht auf die Steuerfreiheit der Zuschüsse verzichtet werden, um so eine Kürzung zu vermeiden. 2556

Diese gekürzten Anschaffungs- oder Herstellungskosten sind Berechnungsbasis

- für die steuerliche AfA,
- für die Inanspruchnahme von Investitionsbegünstigungen (Investitionsfreibetrag, Übertragung stiller Reserven) und
- für die Inanspruchnahme einer Forschungsprämie für eigenbetriebliche Forschung.

(BMF-AV Nr. 2019/75)

Bei der Veräußerung eines subventionierten Wirtschaftsgutes kann es zu einer Nachversteuerung der stillen Reserven kommen, wenn der Veräußerungserlös entsprechend hoch ist. 2557

Wird unternehmensrechtlich die Bruttomethode gewählt, sind die steuerrechtlichen Korrekturen in einer Mehr-Weniger- Rechnung darzustellen.

(AÖF 2008/238)

Aufwendungen, die in unmittelbarem wirtschaftlichen Zusammenhang mit einer Subvention aus öffentlichen Mitteln stehen, können bei der Gewinnermittlung nicht abgezogen werden. Dies führt ertragsteuerlich dazu, dass zB die Zinsenaufwendungen nur in ihrer effektiven Belastung dh. saldiert mit den Zinsenzuschüssen als Betriebsausgabe berücksichtigt werden. 2558

Subventionen zur Instandsetzung von Wirtschaftsgütern kürzen steuerrechtlich zwingend den Instandsetzungsaufwand. 2559

Werden öffentliche Mittel ganz allgemein zur Verlustabdeckung gegeben, so stehen solchen Subventionen keine konkreten Aufwendungen für Wirtschaftsgüter oder für sonstigen Aufwand gegenüber, die gekürzt werden müssen. 2560

Werden steuerfreie Subventionen zB nach dem Arbeitsmarktförderungsgesetz gegeben, kürzen die Subventionen nur die Personalaufwendungen, berühren jedoch nicht etwaige Anschaffungs- oder Herstellungskosten von Wirtschaftsgütern. 2561

Beispiel:

Die steuerfreie Zuwendung wird in Form eines Annuitätenzuschusses zur Anschaffung einer neuen Maschine gewährt.

Anschaffungskosten einer Maschine 1.000.000. Für diese Maschine wird ein Kredit von 870.000 mit 10-jähriger Laufzeit aufgenommen. Die Kredittilgung erfolgt mit Annuitäten von 150.000. Die öffentliche Hand gewährt dafür einen Annuitätenzuschuss von jährlich 50.000.

Insgesamt fallen 1.500.000 Gesamtkreditkosten in 10 Jahren an, davon werden 870.000 für die Kapitaltilgung und 630.000 für die Zinsen gezahlt; das entspricht einem Verhältnis von 58 : 42. An Annuitätenzuschüssen werden insgesamt 500.000 in 10 Jahren gewährt. Dieser Betrag ist im Verhältnis 58 : 42 aufzuteilen.

Es entfallen somit 290.000 auf die Kapitaltilgung und 210.000 auf die Zinsen. Die Anschaffungskosten der Maschine sind mit 710.000 (=1.000.000 minus 290.000) als gekürzte Anschaffungskosten anzusetzen.

Im Jahr der Anschaffung 01 sind in der Annuität 82.000 Kapitaltilgung und 68.000 Zinsen enthalten dh. ein Verhältnis von 55 : 45. Der Annuitätenzuschuss von 50.000 ist im selben Verhältnis aufzuteilen. 27.500 entfallen auf das Kapital (das ist ein Teil, der gemäß § 6 Z 10 EStG 1988 bereits in der Kürzung der Anschaffungskosten enthalten ist). 22.500 entfallen auf die Zinsen und kürzen gemäß § 20 Abs. 2 EStG 1988 den Zinsaufwand von 68.000 auf den aufwandswirksamen Betrag von 45.500.

Im nächsten Jahr 02 enthält die Annuität 90.000 Kapitaltilgung und 60.000 Zinsen, dh. ein Verhältnis 60 : 40. Bei Umlegung dieses Verhältnisses auf den Annuitätenzuschuss von 50.000 entfallen in diesem Betrag 30.000 auf die Kapitaltilgung und 20.000 auf die Zinsen. Der Zinsenaufwand von 60.000 ist um den Zinsenzuschuss von 20.000 auf den aufwandswirksamen Betrag von 40.000 zu kürzen.

In den Folgejahren ist diese Aufteilung entsprechend weiterzuführen.

(BMF-AV Nr. 2021/65)

6.16.5 Investitionsjahr/Rückzahlung

6.16.5.1 Investitionsjahr

2562 Fällt die Zusage der Subvention und deren Auszahlung in das Jahr, in dem ein Wirtschaftsgut angeschafft oder hergestellt wird, so sind steuerlich die Anschaffungs- oder Herstellungskosten um den Betrag der Subvention zu kürzen dh. es sind gekürzte Anschaffungs- oder Herstellungskosten anzusetzen oder es ist der Aufwand für die Instandsetzung zu kürzen.

6.16.5.1.1 Zusage auf Gewährung einer Subvention bzw. nachträgliche Subvention

2563 Auch in jenen Fällen, in denen eine Zuwendung iS des § 3 Abs. 1 Z 6 EStG 1988 nicht in jenem Wirtschaftsjahr gewährt wird, in dem die bezughabende Anschaffung oder Herstellung erfolgt, sondern erst in einem der folgenden Wirtschaftsjahre, ist die Begünstigungsbestimmung des § 3 Abs. 1 Z 6 EStG 1988 anzuwenden, sofern der Steuerpflichtige nachweist oder zumindest glaubhaft macht, dass für die betreffende Investition – gegebenenfalls auch vorbehaltlich der Erfüllung einer bestimmten Bedingung – tatsächlich eine Zuwendung im Sinne des § 3 Abs. 1 Z 6 EStG 1988 zugesagt wurde und für diese zugesagte Zuwendung die im § 3 Abs. 1 Z 6 EStG 1988 genannten Voraussetzungen gegeben sind dh. besteht in dem Jahr, in dem die Anschaffungs- oder Herstellungskosten anfallen, bis zum Bilanzstichtag nur eine Zusage auf Gewährung einer Subvention, so ist steuerrechtlich bereits die Bestimmung des § 6 Z 10 EStG 1988 anzuwenden.

2564 Diesfalls ist wie folgt vorzugehen:

a) Der Steuerpflichtige setzt für die steuerliche Gewinnermittlung – entsprechend § 6 Z 10 EStG 1988 – im Investitionsjahr die um die erwartete Zuwendung verminderten Anschaffungs- oder Herstellungskosten an, wobei auch die AfA von diesen verminderten Anschaffungs- oder Herstellungskosten zu berechnen ist.

b) Treffen die besagten Umstände zu, dann ist eine endgültige Veranlagung gemäß § 200 BAO vorzunehmen, zumal die endgültige Anwendung des § 3 Abs. 1 Z 6 EStG 1988 und des § 6 Z 10 EStG 1988 eine definitive Gewährung einer Zuwendung gemäß § 3 Abs. 1 Z 6 EStG 1988 voraussetzt.

c) Wird die erwartete Zuwendung in der bisher berücksichtigten Höhe tatsächlich gewährt, so sind die betreffenden Veranlagungen für endgültig zu erklären. Wird die erwartete Zuwendung versagt oder nur in einem verminderten Umfang gewährt, dann hat der Steuerpflichtige die betreffenden Anschaffungs- bzw. Herstellungskosten und die darauf verrechnete AfA gemäß §§ 7 und 8 EStG 1988 entsprechend zu berichtigen.

Sollte die tatsächlich gewährte Zuwendung höher sein als sie im Zuge der vorläufigen Veranlagung berücksichtigt worden ist, so ist im Zuge der endgültigen Veranlagung ebenfalls eine entsprechende Berichtigung der Anschaffungs- oder Herstellungskosten sowie der bezughabenden AfA vorzunehmen.

d) Analog der unter a) und c) genannten Vorgangsweise ist beispielsweise auch hinsichtlich des § 108c EStG 1988 (Forschungsprämie für eigenbetriebliche Forschung) und § 12 EStG 1988 (Übertragung stiller Reserven) vorzugehen.

(BMF-AV Nr. 2019/75)

Besteht in dem Jahr, in dem Instandsetzungsaufwendungen angefallen sind, bis zum Bilanzstichtag nur eine Zusage auf Gewährung einer Subvention, so ist steuerrechtlich bereits die Bestimmung des § 3 Abs. 1 Z 6 EStG 1988 anzuwenden, dh. die Instandsetzungsaufwendungen sind um die bereits rechtsverbindlich zugesagte Subvention zu kürzen. Sollte die Subvention tatsächlich nicht oder in einem anderen Ausmaß gewährt werden, ist (sind) der entsprechende Veranlagungsbescheid (im Fall einer Verteilung des Instandsetzungsaufwandes: die entsprechenden Veranlagungsbescheide) rückwirkend gemäß § 295a BAO zu berichtigen. 2565

(AÖF 2006/210)

6.16.5.1.2 Auszahlung einer Förderung

Wird die Subvention überhaupt nicht, in geringerem Ausmaß, in höherem Ausmaß oder in Teilbeträgen gewährt, so sind die Anschaffungs- oder Herstellungskosten mit allen Folgewirkungen für das Jahr der Anschaffung, der Herstellung oder der Instandsetzung zu berichtigen, soweit nicht schon eine Subventionszusage in die steuerliche Gewinnermittlung Eingang gefunden hat. 2566

Wird eine nicht rückzahlbare Zuwendung ausbezahlt ohne dass in dem Jahr der Auszahlung die Voraussetzungen für die Gewährung erfüllt sind, dann ist der empfangene Betrag bis zu seiner bestimmungsgemäßen Verwendung unter den Verbindlichkeiten zu passivieren. 2567

6.16.5.2 Rückzahlungen

Eine spätere Rückzahlung von Subventionen, die Anschaffungs- oder Herstellungskosten gekürzt haben, führt zu nachträglichen Anschaffungs- oder Herstellungskosten. Es können stille Reserven übertragen bzw. eine Forschungsprämie bei Vorliegen der Voraussetzungen des § 108c EStG 1988 geltend gemacht werden. Wenn Zuschüsse auf Zinsen entfallen, werden die gekürzten Beträge nachträglich Betriebsausgaben. 2568

(AÖF 2013/280)

Unbedingt rückzahlbare Zuwendung 2569

Wenn eine Zuwendung unter der Voraussetzung der unbedingten Rückzahlbarkeit gegeben wird, dann handelt es sich um Fremdkapital, das zu einem vereinbarten Zeitpunkt an den Darlehensgeber zurückgezahlt werden muss. Es kommt zu keiner Kürzung der Anschaffungs- oder Herstellungskosten von Wirtschaftsgütern des Anlagevermögens oder von Instandsetzungsaufwendungen.

Bedingt rückzahlbare Zuwendung 2570

a) auflösend bedingte Rückzahlungsverpflichtung

Eine Zuwendung wird gewährt. Wenn der Steuerpflichtige eine bestimmte Investition tätigt, eine bestimmte Bedingung erfüllt oder ein ungewisses Ereignis eintritt, dann entfällt die Rückzahlungsverpflichtung.

Steuerrechtliche Behandlung

Bis zum Eintritt dieses ungewissen Ereignisses ist eine Verbindlichkeit in Höhe des Rückzahlungsbetrages auszuweisen. Eine Kürzung der Anschaffungs- oder Herstellungskosten von Wirtschaftsgütern des Anlagevermögens oder eine Kürzung von Instandsetzungsaufwendungen tritt erst ein, wenn die Rückzahlungsverpflichtung entfällt.

Unternehmensrechtliche Behandlung

Bis zum Eintritt der auflösenden Bedingung oder des ungewissen Ereignisses ist eine Verbindlichkeit in Höhe des Rückzahlungsbetrages auszuweisen. Wenn die auflösende Bedingung eingetreten ist, ist die Verbindlichkeit entweder als außerordentlicher Ertrag oder als Passivposten eigener Art oder als Kürzung der Anschaffungs- oder Herstellungskosten in der UGB-Bilanz auszuweisen.

b) aufschiebend bedingte Rückzahlungsverpflichtung

Eine Rückzahlungsverpflichtung entsteht erst mit Eintritt einer Bedingung oder eines Ereignisses.

Steuerrechtliche Behandlung

Es ist entsprechend Rz 2562 der Zusage auf Gewährung einer Subvention im Investitionsjahr vorzugehen und zwar so, als ob die aufschiebende Bedingung nicht gesetzt worden wäre.

Unternehmensrechtliche Behandlung

Es ist so vorzugehen, als ob die Subvention ohne aufschiebend bedingte Rückzahlungsverpflichtung gewährt worden wäre.

Steuerrechtliche und unternehmensrechtliche Behandlung

Erst wenn Umstände eintreten, die eine Rückzahlung wahrscheinlich machen, so ist eine Rückstellung in der Höhe des zu erwartenden Rückzahlungsbetrages zu bilden. Eine Umbuchung auf Verbindlichkeit ist in jenem Wirtschaftsjahr vorzunehmen, in dem am Bilanzstichtag der Sachverhalt für die Passivierung tatsächlich verwirklicht wird und die Höhe der Verpflichtung feststeht.

(AÖF 2008/238)

2571 **Nicht rückzahlbare Zuwendungen**

Ein nicht rückzahlbarer Zuschuss liegt nur dann vor, wenn der Subventionsempfänger nach Erhalt der Subvention an keine weiteren Bedingungen gebunden ist.

2572 **Teilrückzahlung wegen Rückforderungsanspruch**

Zu unterscheiden ist die Subventionsrückzahlung unter bestimmten Bedingungen und die Subventionsgewährung mit Rückforderungsanspruch einer öffentlich-rechtlichen Institution.

Beispiel:

Höhe des Investitionszuschusses aus öffentlichen Mitteln ohne Gegenleistungsverpflichtung ist abhängig von der Investitionssumme oder dem erreichbaren Wirkungsgrad bei Umweltschutzmaßnahmen.

Durch die Zweckbindung von Subventionen der öffentlichen Hand an ein spezielles Investitionsprojekt, das im Antrag für die Subvention genau bezeichnet, berechnet und vorgestellt wird, erfolgt auch eine Endkontrolle über die verwendeten öffentlichen Gelder. Diese Kontrolle erfolgt nach Beendigung des Projektes, wobei der Subventionsnehmer

- die tatsächlich vom Unternehmen geleisteten Investitionskosten nachweisen muss
- oder zB bei Umweltschutzinvestitionen über Jahre den technischen Wirkungsgrad der Anlage durch Nachweise bestätigen muss.

Kommt es zwischen dem Antrag und der Endabrechnung zu Unterschieden (zB es wurde nicht so viel investiert, wie im Förderungsantrag angegeben wurde oder der Wirkungsgrad einer technischen Anlage wird nicht voll erreicht), so kann der Umstand eintreten, dass eine Subvention zur Gänze bzw. teilweise zurückzuzahlen ist.

Diese Zweckwidmung ändert nichts daran, dass bei Gewährung oder Zusage der Subvention mit einer Kürzung der Anschaffungs- oder Herstellungskosten vorzugehen ist.

6.16.6 Aufteilung einer Subvention auf mehrere Wirtschaftsgüter

2573 Eine aliquote Zurechnung der gewährten Zuwendungen gemäß § 3 Abs. 1 Z 6 auf die einzelnen Anlagegüter, für die die Zuwendungen gewährt wurden, ist insoweit vorzunehmen, als im Einzelfall keine andere Aufteilung durch den Subventionsgeber bestimmt ist. In eine solche aliquote Aufteilung sind auch allfällige geringwertige Wirtschaftsgüter im Sinne des § 13 miteinzubeziehen. Das bedeutet, dass die Anschaffungs- oder Herstellungskosten von den einzelnen Wirtschaftsgütern im Verhältnis der Gesamtinvestitionskosten zur Subvention anteilig zu kürzen sind.

6.16.7 Behandlung von Subventionen bei Gewinnermittlung durch Einnahmen-Ausgaben-Rechnung gemäß § 4 Abs. 3 EStG 1988

(AÖF 2010/43)

2573a Bei der Einnahmen-Ausgaben-Rechnung werden Betriebseinnahmen und Betriebsausgaben grundsätzlich nicht im Zeitpunkt des Entstehens, sondern im Zeitpunkt ihrer Vereinnahmung bzw. Verausgabung erfasst (Zufluss-Abfluss-Prinzip, siehe Rz 663). Aufwendungen zur Anschaffung oder Herstellung von Anlagegütern dürfen jedoch nicht im Zeitpunkt der Bezahlung als Betriebsausgaben abgesetzt werden (VwGH 16.06.1987, 86/14/0190), sondern sind im Anlageverzeichnis zu erfassen und bei Abnutzbarkeit im Wege der AfA abzusetzen. Für die Geltendmachung der AfA sind die Formvorschriften des § 7 Abs. 3 EStG 1988 zu beachten (siehe Rz 665). Die Durchbrechung des Zufluss-Abfluss-Prinzips im Bereich des Anlagevermögens schlägt auch auf die Behandlung von Subventionen durch, sodass auch bei Gewinnermittlung durch Einnahmen-Ausgaben-Rechnung steuerrechtlich bereits im Jahr der Anschaffung oder Herstellung die Bestimmung des § 6 Z 10 EStG 1988 anzuwenden ist, wenn bis zum Ende des Wirtschaftsjahres nur eine Zusage auf Gewährung einer Subvention besteht und für die zugesagte Subvention die im § 3 Abs. 1 Z 6 EStG 1988 genannten Voraussetzungen gegeben sind. Die Rz 2539 bis Rz 2573 gelten daher sinngemäß und mit folgenden Einschränkungen auch für die Gewinnermittlung durch Einnahmen-Ausgaben-Rechnung:

- Bei Auszahlung einer nicht rückzahlbaren Zuwendung, ohne dass in dem Jahr der Auszahlung die Voraussetzungen für die Gewährung bereits erfüllt sind, kommt es bereits im Jahr der Auszahlung bzw. im Jahr der Anschaffung/Herstellung zu einer Kürzung der Anschaffungs-/Herstellungskosten. Sollte es zu einer Rückzahlung kommen, stellt dies ein rückwirkendes Ereignis im Sinne des § 295a BAO dar und es hat eine Berichtigung der Anschaffungs-/Herstellungskosten zu erfolgen (anders bei Gewinnermittlung durch Vermögensvergleich, siehe Rz 2567).
- Im Falle einer auflösend oder aufschiebend bedingten Rückzahlungsverpflichtung kommt es bereits im Jahr der Auszahlung bzw. im Jahr der Anschaffung/Herstellung zu einer Kürzung der Anschaffungs-/Herstellungskosten. Fällt die Rückzahlungsverpflichtung später weg bzw. tritt sie nicht ein, stellt dies einen steuerneutralen Vorgang dar. Kommt es zu einer Rückzahlung, stellt diese ein rückwirkendes Ereignis im Sinne des § 295a BAO dar und es hat eine Berichtigung der Anschaffungs-/Herstellungskosten zu erfolgen (anders bei Gewinnermittlung durch Vermögensvergleich, siehe Rz 2570).

(AÖF 2010/43)

6.17 Berichtigung der Anschaffungs- oder Herstellungskosten auf Grund einer Vorsteuerberichtigung

Siehe Rz 737 ff.

6.18 Zuschreibungen (§ 6 Z 13 EStG 1988)

6.18.1 Steuerliche Rechtsgrundlagen und Grundsätze

(BMF-AV Nr. 2018/79)

§ 6 Z 13 EStG 1988 erweitert das Maßgeblichkeitsprinzip. Die den unternehmensrechtlichen Grundsätzen ordnungsgemäßer Buchführung (GoB) entsprechende Aufwertung (Zuschreibung) ist damit auch für die steuerliche Gewinnermittlung für das Steuerrecht maßgeblich. Sie führt im Jahr der Zuschreibung zu einer Erhöhung des steuerlichen Buchwertes und Gewinnes. § 6 Z 13 EStG 1988 durchbricht den uneingeschränkten Wertzusammenhang iSd § 6 Z 1 EStG 1988; dies gilt nur für Steuerpflichtige, die unternehmensrechtlich rechnungslegungspflichtig sind. **2574**

Für nach dem 30.4.2019 beschlossene oder vertraglich unterfertigte Umgründungen mit steuerlicher Buchwertfortführung ist § 6 Z 13 zweiter Satz EStG 1988 idF StRefG 2020 zu beachten: Sind die sich aus der Umgründung ergebenden Anschaffungskosten von Anlagegütern niedriger als die ursprünglichen steuerlichen Anschaffungskosten vor der Umgründung, ist im Falle einer späteren Werterholung steuerlich auf die ursprünglichen Anschaffungskosten vor der Umgründung abzustellen und bis zu diesen zuzuschreiben. Siehe dazu näher UmgrStR 2002 Rz 952 und 952a.

(BMF-AV Nr. 2021/65)

Eine Änderung der Schätzung der Nutzungsdauer (vgl. Rz 3119 f) führt zu keiner steuerwirksamen Zuschreibung. **2575**

(BMF-AV Nr. 2018/79)

Wird bei abnutzbarem Anlagevermögen zugeschrieben, ist der erhöhte Buchwert auf die Restnutzungsdauer zu verteilen. **2576**

(BMF-AV Nr. 2018/79)

6.18.1.1 Persönlicher Anwendungsbereich

(BMF-AV Nr. 2018/79)

Siehe Rz 2143 ff.

6.18.1.2 Sachlicher Anwendungsbereich

(BMF-AV Nr. 2018/79)

Rechtslage für Wirtschaftsjahre vor 2016: **2577**

§ 6 Z 13 EStG 1988 idF vor dem RÄG 2014 umfasst – in taxativer Aufzählung – folgende Zuschreibungen:

- Das gänzliche oder teilweise Rückgängigmachen steuerlicher Begünstigungen (Zuschreibungen der Bewertungsreserve, insbesondere § 12 EStG 1988 – Übertragung stiller Reserven bzw. Übertragungsrücklage).
- Die Aufwertungen von abnutzbaren und nichtabnutzbaren Anlagegütern (zB auf Grund der Rückgängigmachung von Teilwertabschreibungen) einschließlich geringwertiger Wirtschaftsgüter gemäß § 13 EStG 1988 (zB Zuschreibung von Zehntelabschreibungen gemäß § 8 Abs. 2 EStG 1988).

Rechtslage für Wirtschaftsjahre ab 2016:

Die unternehmensrechtliche Zuschreibungspflicht für Anlagegüter gemäß § 208 Abs. 1 UGB ist gemäß § 6 Z 13 EStG 1988 idF RÄG 2014 auch für steuerliche Zwecke maßgeblich. Zur Bildung einer Zuschreibungsrücklage für vor 2016 unterlassene Zuschreibungen siehe Rz 2587a ff.

(BMF-AV Nr. 2018/79)

2578 Eine Zuschreibung von Zehntel- bzw. ab 2016 Fünfzehntelabsetzungen für Instandsetzungsaufwendungen gemäß § 4 Abs. 7 EStG 1988 bzw. der Rücklage gemäß § 4 Abs. 10 Z 3 EStG 1988, der Forschungsfreibeträge gemäß § 4 Abs. 4 Z 4 EStG 1988, § 4 Abs. 4 Z 4a und Z 4b EStG 1988 (ausgelaufen mit 2010) oder der Bildungsfreibeträge gemäß § 4 Abs. 4 Z 8 und Z 10 EStG 1988 (ausgelaufen mit 2015) ist steuerlich nicht zulässig. Ebenso sind Zuschreibungen in Verbindung mit anschaffungskostenmindernd verrechneten Subventionen gesetzlich nicht vorgesehen.

(BMF-AV Nr. 2018/79)

2579 § 6 Z 13 EStG 1988 sieht Zuschreibungen beim Umlaufvermögen nicht vor. Eine unternehmensrechtliche – für Wirtschaftsjahre ab 2016 verpflichtend vorzunehmende – Aufwertung (Zuschreibung) des Umlaufvermögens ist aber auf Basis des § 208 Abs. 1 UGB in Verbindung mit § 6 Z 2 EStG 1988 zulässig und steuerlich gemäß § 5 Abs. 1 EStG 1988 maßgeblich. Eine Aufwertung (Zuschreibung) hat auf den höheren Teilwert, höchstens aber auf die seinerzeitigen Anschaffungs- oder Herstellungskosten zu erfolgen.

Der Gewinn des Wirtschaftsjahres, in dessen unternehmensrechtlichem Jahresabschluss die Zuschreibung vorgenommen wird, ist um diese Zuschreibung zu erhöhen. Überdies ist der erhöhte unternehmensrechtliche Wertansatz auch für den steuerlichen Wertansatz maßgebend.

(BMF-AV Nr. 2018/79)

2580 Bei der Aufwertung ist jene AfA, die im Zeitraum des geringeren Wertausweises von den Anschaffungs- oder Herstellungskosten vorzunehmen gewesen wäre, zu berücksichtigen.

2581 Wird eine Teilwertabschreibung ganz oder teilweise zugeschrieben, ist der erhöhte Buchwert auf die Restnutzungsdauer zu verteilen. Nach § 6 Z 13 EStG 1988 idF vor dem RÄG 2014 erfolgte darüber hinaus in Wirtschaftsjahren vor 2016 auch eine Zuschreibung bei einer unternehmensrechtlich vorgenommenen gänzlichen oder teilweisen Rückgängigmachung übertragener stiller Reserven (unternehmensrechtliche Zuschreibung der Bewertungsreserve).

Beispiel 1:

Ein Gebäude wurde im ersten Halbjahr 2002 um 1,2 Mio. Euro hergestellt. Auf die Herstellungskosten wurde eine stille Reserve in Höhe von 400.000 Euro übertragen. Die betriebsgewöhnliche Nutzungsdauer beträgt 25 Jahre (Gutachten). Zum Bilanzstichtag 31.12.2007 soll im höchstzulässigen Ausmaß zugeschrieben werden.

	Buchwert-entwicklung	*Vergleichswert-entwicklung*
Herstellungskosten	*1.200.000 Euro*	*1.200.000 Euro*
übertragene stille Reserven	*– 400.000 Euro*	
steuerliche Herstellungskosten	*800.000 Euro*	
AfA 2002 bis 2007	*– 192.000 Euro*	*– 288.000 Euro*
Wert 31.12.2007	*608.000 Euro*	*912.000 Euro*
Gegenüberstellung Buchwert und Vergleichswert		*– 608.000 Euro*
zulässige Aufwertung zum 31.12.2007		*304.000 Euro*

Der Buchwert zum 31. Dezember 2007 in der Höhe von 912.000 Euro ist auf die Restnutzungsdauer von 19 Jahren zu verteilen. Die AfA für 2008 und Folgejahre beträgt 48.000 Euro.

Beispiel 2:

Ein Gebäude wurde im ersten Halbjahr 1992 um 1.200.000 Euro hergestellt. Zum 31.12.1996 wurde eine Teilwertabschreibung (TWA) im Ausmaß von 50% in Anspruch genommen; die betriebsgewöhnliche Nutzungsdauer beträgt 25 Jahre (Gutachten). Zum Bilanzstichtag 31.12.2007 sollen 180.000 Euro wieder zugeschrieben werden.

	Buchwert-entwicklung	*Vergleichswert-entwicklung*
Herstellungskosten	*1.200.000 Euro*	*1.200.000 Euro*
AfA 1992 bis 1996	*– 240.000 Euro*	*– 240.000 Euro*
unberichtigter Wert 31.12.1996	*960.000 Euro*	
TWA 1996	*– 480.000 Euro*	
Wert 31.12.1996	*480.000 Euro*	
AfA 1997 bis 2007	*– 264.000 Euro*	*– 528.000 Euro*
Buchwert 31.12.2007	*216.000 Euro*	
Vergleichswert 31.12.2007		*432.000 Euro*
Zuschreibung 31.12.2007	*+ 180.000 Euro*	
Buchwert 31.12.2007	*396.000 Euro*	
Restnutzungsdauer:		
Betriebsgewöhnliche Nutzungsdauer	*25 Jahre*	
bisherige Nutzung 1992 bis 2007	*– 16 Jahre*	
Restnutzungsdauer	*9 Jahre*	

Die geplante Zuschreibung von 180.000 Euro findet im Vergleichswert Deckung und ist daher zulässig. Der Buchwert zum 31. Dezember 2007 ist auf 9 Jahre verteilt abzuschreiben (AfA 2008 bis 2016 jährlich 44.000 Euro).

(AÖF 2008/51, BMF-AV Nr. 2018/79)

6.18.1.3 Maßgeblichkeit der unternehmensrechtlichen Rechnungslegungsvorschriften

(BMF-AV Nr. 2018/79)

Rechtslage für Wirtschaftsjahre vor 2016: 2582

Bei Sachanlagevermögen, immateriellen Vermögensgegenständen und Finanzanlagen (ausgenommen Beteiligungen iSd § 228 Abs. 1 UGB, siehe Rz 2583 ff), ist eine Zuschreibung (Aufwertung) auch steuerlich wirksam, sofern unternehmensrechtlich gemäß § 208 Abs. 1 UGB auf den planmäßigen Buchwert zugeschrieben wurde. Wurde unternehmensrechtlich auf Grund der Bestimmung des § 208 Abs. 2 UGB idF vor dem RÄG 2014 (Beibehaltungswahlrecht – Steuerklausel) nicht zugeschrieben, so führt dies in Ermangelung unternehmensrechtlicher Ansätze zu keiner steuerlichen Auswirkung.

Rechtslage für Wirtschaftsjahre ab 2016:

Unternehmensrechtlich besteht gemäß § 208 Abs. 1 UGB für Wirtschaftsgüter des Anlage- und Umlaufvermögens ein uneingeschränktes Wertaufholungsgebot; dieses gilt sinngemäß auch für Verbindlichkeiten. Die unternehmensrechtliche Zuschreibung ist auch steuerlich aufgrund von § 6 Z 13 EStG 1988 für das Anlagevermögen, aufgrund von § 5 Abs. 1 iVm § 6 Z 2 lit. a EStG 1988 für das Umlaufvermögen und aufgrund von § 5 Abs. 1 iVm § 6 Z 3 EStG 1988 für Verbindlichkeiten maßgeblich.

(BMF-AV Nr. 2018/79)

6.18.2 Zuschreibungen auf zum Anlagevermögen gehörende Anteile an Körperschaften im Sinne des § 228 Abs. 1 UGB

(AÖF 2008/238)

6.18.2.1 Zuschreibungsgebot

Gemäß § 208 Abs. 1 UGB in Verbindung mit § 6 Z 13 EStG 1988 idF vor dem RÄG 2014 2583
bestand bereits für Wirtschaftsjahre vor 2016 ein Wertaufholungsgebot (Zuschreibungsgebot) für Beteiligungen iSd § 228 Abs. 1 UGB. Beteiligungen iSd § 228 Abs. 1 UGB sind Anteile an anderen Unternehmen, die bestimmt sind, dem eigenen Geschäftsbetrieb durch eine dauernde Verbindung zu diesen Unternehmen zu dienen. Ob die Anteile in Wertpapieren

verbrieft sind oder nicht, ist unerheblich. Als Beteiligungen gelten im Zweifel Anteile an einer Kapitalgesellschaft oder Genossenschaft, die insgesamt 20% des Nennkapitals dieser Gesellschaft erreichen. Das bisherige in § 208 Abs. 2 UGB idF vor dem RÄG 2014 vorgesehene Wertbeibehaltungsrecht war im Geltungsbereich des § 6 Z 13 EStG 1988 inhaltsleer.

(BMF-AV Nr. 2018/79)

2584 Eine Zuschreibung nach einer früheren außerplanmäßigen Abschreibung (Teilwertabschreibung) ist gemäß § 208 Abs. 1 UGB dann vorzunehmen, wenn die Gründe dafür nicht mehr bestehen. Ab der Veranlagung 2009 ist eine Identität der Gründe nicht Voraussetzung. Maßgeblich sind nicht die einzelnen Ursachen des früheren Wertverlustes, sondern der Wertverlust an sich. Die Zuschreibung stellt das Gegenstück zur Teilwertabschreibung dar. Für die Frage des Nachweises oder der Glaubhaftmachung der Wertsteigerung einer Beteiligung gelten daher die gleichen Grundsätze wie für die Teilwertabschreibung. Auch eine Zuschreibung im Sinn des § 6 Z 13 EStG 1988 setzt somit in der Regel eine Unternehmensbewertung nach wissenschaftlich anerkannten Methoden voraus (VwGH 22.04.2009, 2007/15/0074).

Wurde in einem vor 2009 endenden Wirtschaftsjahr eine steuerwirksame Zuschreibung vom Steuerpflichtigen deswegen unterlassen, weil die Werterhöhung auf einen anderen Grund zurückzuführen ist, als jenem, der für die seinerzeitige Teilwertabschreibung maßgeblich war, ist seitens des Finanzamtes keine Bilanzberichtigung vorzunehmen.

Wird in einem solchen Fall vom Steuerpflichtigen unter Berufung auf die vom VwGH im Erkenntnis vom 22.04.2009, 2007/15/0074, zum Ausdruck gebrachte Ansicht eingewendet, für eine Zuschreibung sei die Identität der Gründe nicht erforderlich und deshalb sei eine nicht steuerwirksame Bilanzberichtigung im betreffenden Wirtschaftsjahr vorzunehmen, ist dem ab 2013 für unterlassene Zuschreibungen, die Wirtschaftsjahre ab 2003 betreffen, unter Zugrundelegung des § 4 Abs. 2 EStG 1988 in der Fassung des AbgÄG 2012 zu entsprechen. Das bedeutet, dass im ersten nicht verjährten Veranlagungsjahr ein Zuschlag für die nicht steuerwirksam gewordene Zuschreibung anzusetzen ist.

(AÖF 2013/280)

2585 Das unternehmensrechtliche Zuschreibungsgebot bezieht sich auf Wertaufholungen von bilanzwirksamen Wertverlusten, die nach dem Jahr 1997 eingetreten sind. Die steuerliche Wirksamkeit ist unabhängig von einer bilanzmäßigen Darstellung gegeben. Wertaufholungen außerhalb des Zuschreibungsgebotes sind demgegenüber bei bilanzmäßiger Darstellung steuerwirksam. Die unternehmensrechtliche und damit steuerwirksame Zuschreibung hat zwingend auf den höheren beizulegenden Wert zu erfolgen.

Beispiel:

Eine Beteiligung wurde im Jahr 1990 zu Anschaffungskosten von 100.000 Euro erworben. Im Jahr 1992 wurde eine Teilwertabschreibung von 40.000 Euro (Teilwert/Buchwert also 60.000 Euro) vorgenommen. Im Jahr 1997 stieg der Teilwert zum Jahresende 1997 auf 75.000 Euro, im Jahr 1998 zum Jahresende auf 110.000 Euro. Der Teilwertanstieg im Jahr 1997 führte im Jahr 1997 zu einem Zuschreibungswahlrecht, das nur im Falle seiner Ausübung steuerwirksam wäre. Der im Jahr 1998 eingetretene Teilwertanstieg ist im Ausmaß der seinerzeitigen Abschreibung, aber nur in dem nach 1997 eingetretenen Umfang und lediglich bis zu den Anschaffungskosten des Jahres 1990 zu berücksichtigen. Das bedeutet eine steuerwirksame Zuschreibung

vom Teilwert Ende 1997 von	*75.000 Euro*
auf den Teilwert Ende 1998 (maximal Anschaffungskosten) von	*100.000 Euro*
also von	*25.000 Euro*

Sollte der Wertansatz in der UGB-Bilanz von dem für die steuerliche Gewinnermittlung maßgeblichen Wertansatz abweichen (zB steuerunwirksame Bewertung des Vermögens nach einer Umgründung mit dem beizulegenden Wert gemäß § 202 Abs. 1 UGB) und kommt es in der UGB-Bilanz nach erfolgter außerplanmäßiger Abschreibung zu einer Zuschreibung, so ist diese nur insoweit steuerwirksam, als sich auch die vorangegangene Abschreibung steuerlich ausgewirkt hat.

(AÖF 2008/51)

2586 Wurden auf eine angeschaffte Beteiligung in der Vergangenheit stille Reserven übertragen und kommt es in der UGB-Bilanz zunächst zu einer außerplanmäßigen Abschreibung und sodann zu einer Zuschreibung, ist zu unterscheiden:

- Die außerplanmäßige Abschreibung hat zu einem Bewertungsansatz geführt, der unter dem steuerlichen Buchwert liegt. Die Zuschreibung erhöht den steuerlichen Gewinn jedenfalls in dem Ausmaß, in dem sie eine „Rückführung“ auf den steuerlichen Buchwert bewirkt. Eine darüber hinaus gehende Zuschreibung ist steuerlich nur dann gewinnwirksam, wenn sie in der UGB-bilanziellen Gewinnermittlung als Ertrag gebucht wird. Wurde die darüber hinaus gehende Zuschreibung hingegen in Wirtschaftsjahren vor 2016 als Erhöhung der Bewertungsreserve verbucht, war insoweit keine steuerliche Gewinnerhöhung gegeben.

- Die außerplanmäßige Abschreibung hat zu einem Bewertungsansatz geführt, der nicht unter dem steuerlichen Buchwert liegt. Die Zuschreibung erhöht in Wirtschaftsjahren vor 2016 den steuerlichen Gewinn nur dann, wenn sie in der UGB-bilanziellen Gewinnermittlung nicht als Erhöhung der Bewertungsreserve, sondern ertragswirksam verbucht wurde.

(BMF-AV Nr. 2018/79)

6.18.2.2 Zuschreibung und steuerneutrale Kapitalrückzahlungen

Wird der steuerliche Buchwert einer Beteiligung wegen einer Einlagenrückzahlung gemäß § 4 Abs. 12 EStG 1988 vermindert, sinken auch die steuerlichen Anschaffungskosten im Ausmaß der Einlagenrückzahlung. Liegt der steuerliche Buchwert aufgrund einer Teilwertabschreibung unter den durch die Einlagenrückzahlung geminderten steuerlichen Anschaffungskosten, ist auch eine unternehmensrechtliche Zuschreibung gemäß § 208 Abs. 1 UGB iVm § 6 Z 13 EStG 1988 für steuerliche Zwecke maßgeblich und erhöht sowohl den steuerlichen Buchwert der Beteiligung als auch den steuerlichen Gewinn in Höhe des Zuschreibungsbetrages. Eine steuerliche Zuschreibung kann jedoch höchstens in Höhe der Differenz zwischen dem steuerlichen Buchwert und den durch die Einlagenrückzahlung geminderten steuerlichen Anschaffungskosten erfolgen; höchstens jedoch in Höhe der vorangegangenen Teilwertabschreibung. **2587**

(BMF-AV Nr. 2018/79)

6.18.3 Bildung einer Zuschreibungsrücklage im Wirtschaftsjahr 2016

(BMF-AV Nr. 2018/79)

Wurden Wirtschaftsgüter des Anlagevermögens oder des Umlaufvermögens in der Vergangenheit unternehmensrechtlich außerplanmäßig abgeschrieben und wurde von der Zuschreibung aufgrund von § 208 Abs. 2 UGB idF vor dem RÄG 2014 bisher abgesehen, ist, wenn die Gründe für die Abschreibung nicht mehr bestehen, unternehmensrechtlich im ersten Wirtschaftsjahr, das nach dem 31.12.2015 beginnt, eine Zuschreibung vorzunehmen (§ 906 Abs. 32 iVm § 208 Abs. 1 UGB). **2587a**

Diese unternehmensrechtlich nachgeholte Zuschreibung ist aufgrund von § 208 Abs. 1 UGB iVm § 6 Z 13 EStG 1988 für das Anlagevermögen sowie aufgrund von § 208 UGB iVm § 5 Abs. 1 iVm § 6 Z 2 lit. a EStG 1988 für das Umlaufvermögen steuerrechtlich maßgeblich und steuerwirksam vorzunehmen (§ 124b Z 270 lit. a EStG 1988). Es sind somit sowohl der steuerliche Buchwert des betreffenden Wirtschaftsgutes als auch der steuerliche Gewinn in Höhe des Zuschreibungsbetrages zu erhöhen.

(BMF-AV Nr. 2018/79)

Für steuerliche Zwecke kann im Wirtschaftsjahr 2016 der nachgeholte Zuschreibungsbetrag jedoch aufwandswirksam einer Zuschreibungsrücklage zugeführt und dadurch vorerst steuerneutral gehalten werden. Die Bildung einer Zuschreibungsrücklage setzt jedoch einen entsprechenden Antrag auf Zuführung des Zuschreibungsbetrages zu einer solchen Rücklage in der Steuererklärung bzw. bei Mitunternehmerschaften in der Feststellungserklärung für das Wirtschaftsjahr 2016 (bzw. 2016/2017 bei abweichendem Wirtschaftsjahr) voraus. **2587b**

Wurde in dieser Steuererklärung kein Antrag gestellt, kann ein solcher in einer nach Ergehen des Einkommensteuerbescheides (zB in einem Beschwerdeverfahren oder in einem wieder aufgenommenen Verfahren) eingereichten Steuererklärung nicht nachgeholt werden.

(BMF-AV Nr. 2018/79)

Die Bildung einer Zuschreibungsrücklage steht für jedes einzelne Wirtschaftsgut gesondert zu. Voraussetzung hierfür ist jedoch neben der Stellung eines Antrages der Ausweis der betreffenden Wirtschaftsgüter in einem Verzeichnis (§ 124b Z 270 lit. b EStG 1988). In diesem Verzeichnis sind der steuerliche Bilanzansatz des betreffenden Wirtschaftsgutes sowie der Stand der Zuschreibungsrücklage bis zum Ausscheiden des Wirtschaftsgutes aus dem Betriebsvermögen jährlich evident zu halten, sodass die Wertentwicklung des Wirtschaftsgutes und der Zuschreibungsrücklage nachvollziehbar sind. Das Verzeichnis ist in geeigneter Form der jährlichen Steuererklärung anzuschließen. **2587c**

Die aufwandswirksame Dotierung einer Zuschreibungsrücklage erfolgt in der Steuerbilanz – somit in der Praxis im Wege der steuerlichen Mehr-Weniger- Rechnung, sofern nicht bereits gemäß § 906 Abs. 32 UGB die Zuschreibungsrücklage in der Unternehmensbilanz unter den passiven Rechnungsabgrenzungsposten gesondert ausgewiesen wurde.

(BMF-AV Nr. 2018/79)

2587d Die Zuschreibungsrücklage kann sowohl für Wirtschaftsgüter des Anlagevermögens als auch des Umlaufvermögens gebildet werden. Dies gilt analog auch für nachgeholte Wertaufholungen von Verbindlichkeiten (zB bei Fremdwährungsverbindlichkeiten).

Bei nachgeholten Beteiligungszuschreibungen ist die Bildung einer Zuschreibungsrücklage zulässig für

- nicht § 228 UGB idF vor RÄG 2014 unterliegenden Beteiligungen und
- § 228 UGB idF vor RÄG 2014 unterliegende Beteiligungen , wenn deren Wertaufholung bereits vor dem Jahr 2009 erfolgte und eine Zuschreibung mangels Identität der Gründe damals noch unterbleiben konnte (siehe dazu Rz 2584).

(BMF-AV Nr. 2018/79)

2587e Der Zuschreibungsrücklage kann lediglich der nachgeholte Zuschreibungsbetrag aus unterlassenen Zuschreibungen in Jahren vor dem Wirtschaftsjahr 2016 zugeführt werden; eine teilweise Dotierung des nachgeholten Zuschreibungsbetrages eines einzelnen Wirtschaftsgutes ist jedoch nicht möglich. Der für die Bildung der Zuschreibungsrücklage maßgebliche Teilwert ist grundsätzlich der Teilwert zum Bilanzstichtag des letzten, noch nicht vom RÄG 2014 betroffenen Wirtschaftsjahres (bei einem Regelbilanzstichtag somit der Teilwert zum 31.12.2015). Es kann allerdings höchstens jener Betrag im Wirtschaftsjahr 2016 einer Zuschreibungsrücklage zugeführt werden, der im gesamten Zuschreibungsbetrag des Wirtschaftsjahres 2016 Deckung findet. Übersteigt daher der Teilwert am Ende des Wirtschaftsjahres 2015 den Teilwert am Ende des Wirtschaftsjahres 2016, wird die für die Bildung der Zuschreibungsrücklage maßgebliche Obergrenze durch den Teilwert 2016 begrenzt. Darüber hinaus bilden jedenfalls die historischen Anschaffungskosten die Obergrenze für die Dotierung der Zuschreibungsrücklage.

Beispiel:

Im Jahr 2010 wurde ein 10%-Kapitalanteil um 1.000.000 Euro angeschafft. Zum Bilanzstichtag 31.12.2013 sank der beizulegende Wert (= Teilwert) auf 500.000 Euro. Aufgrund von § 208 Abs. 2 UGB iVm § 6 Z 13 Satz 2 und 3 EStG 1988 idF vor dem RÄG 2014 wurde von der Vornahme einer Zuschreibung unternehmens- wie steuerrechtlich abgesehen.

Zum 31.12.2015 stieg der beizulegende Wert (= Teilwert) auf 800.000 Euro; zum 31.12.2016 beträgt der beizulegende Wert (= Teilwert) 900.000 Euro.

Unternehmens- wie steuerrechtlich sind die im Jahr 2015 unterlassenen Zuschreibungen im Ausmaß von 300.000 Euro im Wirtschaftsjahr 2016 nachzuholen sowie die aktuelle Zuschreibung im Ausmaß von 100.000 Euro vorzunehmen.

Für steuerliche Zwecke kann der nachzuholende Zuschreibungsbetrag von 300.000 Euro auf Antrag aufwandswirksam einer Rücklage („Zuschreibungsrücklage“) zugeführt werden, wodurch die nachgeholte Zuschreibung steuerneutral gehalten wird.

Der unternehmens- wie steuerrechtliche Bilanzansatz zum 31.12.2016 beträgt 900.000 Euro.

Variante 1:

Teilwert zum 31.12.2015: 800.000 Euro; Teilwert zum 31.12.2016: 700.000 Euro.

Unternehmens- wie steuerrechtlich sind die im Jahr 2015 unterlassenen Zuschreibungen nachzuholen; allerdings kann 2016 lediglich auf den niedrigeren Teilwert zum 31.12.2016 zugeschrieben werden. Der Zuschreibungsbetrag von 200.000 Euro kann auf Antrag einer Rücklage („Zuschreibungsrücklage“) zugeführt werden.

Variante 2:

Teilwert zum 31.12.2015: 1,200.000 Euro; Teilwert zum 31.12.2016: 1,300.000

Unternehmens- wie steuerrechtlich sind die im Jahr 2015 unterlassenen Zuschreibungen nachzuholen; allerdings kann 2016 lediglich auf die historischen Anschaffungskosten von 1,000.000 Euro zugeschrieben werden.

Der Zuschreibungsbetrag von 500.000 Euro kann auf Antrag einer Rücklage („Zuschreibungsrücklage“) zugeführt werden.

(BMF-AV Nr. 2018/79)

2587f Die Zuschreibungsrücklage ist insoweit steuerwirksam aufzulösen, als der Teilwert des betreffenden Wirtschaftsgutes den für die Bildung der Zuschreibungsrücklage maßgeblichen Teilwert unterschreitet oder eine Absetzung für Abnutzung in Sinne der §§ 7 und 8 EStG 1988 vorgenommen wird.

Fortsetzung des Beispieles in Rz 2587e:

Am 31.12.2017 sinkt der beizulegende Wert (= Teilwert) der Beteiligung von 900.000 Euro auf 700.000 Euro. Die unternehmensrechtliche außerplanmäßige Abschreibung im Ausmaß von 200.000 Euro ist auch steuerlich maßgeblich.

Da der Teilwert zum 31.12.2017 von 700.000 Euro unter den für die Bildung der Zuschreibungsrücklage maßgeblichen Teilwert von 800.000 Euro sinkt, ist gleichzeitig die Zuschreibungsrücklage in Höhe von 100.000 Euro steuerwirksam aufzulösen. Der Stand der Zuschreibungsrücklage zum 31.12.2017 beträgt daher 200.000 Euro.

(BMF-AV Nr. 2018/79)

Nach (teilweiser) Auflösung der Zuschreibungsrücklage später erneut vorzunehmende Zuschreibungen sind steuerwirksam, berühren die Zuschreibungsrücklage jedoch nicht. **2587g**

Fortsetzung des Beispiels in Rz 2587f:

Am 31.12.2018 steigt der beizulegende Wert (= Teilwert) wieder von 700.000 Euro auf 1.000.000 Euro. Die unternehmensrechtliche Zuschreibung im Ausmaß von 300.000 Euro ist auch steuerlich maßgeblich. Der steuerliche wie unternehmensrechtliche Bilanzansatz zum 31.12.2018 beträgt somit 1.000.000 Euro.

Die gebildete Zuschreibungsrücklage beträgt unverändert 200.000 Euro.

(BMF-AV Nr. 2018/79)

Eine verpflichtende vorzeitige Auflösung der Zuschreibungsrücklage für ein Wirtschaftsgut des nichtabnutzbaren Anlagevermögens und Umlaufvermögens vor dessen Ausscheiden aus dem Betriebsvermögen kann sich ausschließlich bei einer Teilwertabschreibung ergeben. **2587h**

Beim abnutzbaren Anlagevermögen kommt es zu einer verpflichtenden Auflösung der Zuschreibungsrücklage jedoch auch bei Vornahme einer laufenden AfA. In diesem Fall ist die Zuschreibungsrücklage ratierlich über die Restnutzungsdauer des abnutzbaren Anlagevermögens aufzulösen. Dadurch wird die Steuerwirkung der Abschreibung auf jenes Ausmaß reduziert, das sich ohne Vornahme der Zuschreibung ergeben hätte.

Beispiel:

Anfang des Jahres 2012 wurde eine Maschine (Anschaffungskosten: 1.000; Nutzungsdauer: 10 Jahre) angeschafft. Im Jahr 2012 wurde eine planmäßige AfA von 100 vorgenommen. Im Jahr 2013 wurde eine Teilwertabschreibung auf 600 vorgenommen. Da der verbleibende Teilwert linear auf die Restnutzungsdauer von 8 Jahren zu verteilen war, wurde in den Jahren 2014 und 2015 jeweils eine AfA von 75 vorgenommen. Ende 2015 stieg der Teilwert jedoch wieder auf 700, allerdings wurde von einer Zuschreibung im Jahr 2015 abgesehen.

Im Jahr 2016 muss nach Vornahme der laufenden AfA von 75 eine Zuschreibung iHv 125 nachgeholt werden, wobei diese betraglich mit den fortgeschriebenen Anschaffungskosten von 500 zum 31.12.2016 begrenzt ist. Der Zuschreibungsbetrag kann einer Zuschreibungsrücklage zugeführt werden; deren Stand zum 31.12.2016 125 beträgt.

Die Zuschreibungsrücklage (ZRL) ist gleichmäßig über die Restnutzungsdauer von 5 Jahren aufzulösen; der ertragswirksame Auflösungsbetrag der Zuschreibungsrücklage in den Jahren 2017 bis 2021 beträgt daher jährlich 25.

Jahr	Buchwert Beginn	AfA/ TWA	Teilwert	Zuschreibung	Buchwert Ende	Stand ZRL
2012	1.000	100	900	-	900	-
2013	900	100/200	600	-	600	-
2014	600	75			525	
2015	525	75	700		450	
2016	450	75		125	500	125
2017	500	100			400	100
2018	400	100			300	75
2019	300	100			200	50
2020	200	100			100	25
2021	100	100			0	0

(BMF-AV Nr. 2018/79)

2587i Eine (teilweise) freiwillige vorzeitige Auflösung des jeweiligen für ein Wirtschaftsgut dotierten Zuschreibungsbetrages ist jederzeit möglich.

(BMF-AV Nr. 2018/79)

2587j Die Zuschreibungsrücklage ist spätestens im Zeitpunkt des Ausscheidens des betreffenden Wirtschaftsgutes aus dem Betriebsvermögen steuerwirksam aufzulösen. Unter Ausscheiden aus dem Betriebsvermögen ist die Veräußerung, die Entnahme oder ein sonstiges Ausscheiden des Wirtschaftsgutes aus dem nämlichen Betrieb zu verstehen.

(BMF-AV Nr. 2018/79)

2587k Wird ein Wirtschaftsgut bloß anteilig veräußert (zB eine Tranche einer Beteiligung), ist die Zuschreibungsrücklage bloß anteilig (dh. im Ausmaß der veräußerten Quote) aufzulösen.

(BMF-AV Nr. 2018/79)

2587l Steuerwirksame Erträge aus der Auflösung einer Zuschreibungsrücklage sind hinsichtlich der Anwendung eines besonderen Steuersatzes gemäß § 27a Abs. 1 EStG 1988 für Wirtschaftsgüter und Derivate sowie der damit verbundenen Verlustverrechnungsbeschränkungen des § 6 Z 2 lit. c EStG 1988 wie steuerwirksame Zuschreibungen derartiger Wirtschaftsgüter zu behandeln.

(BMF-AV Nr. 2018/79)

2587m Sollte das Wirtschaftsgut ohne Gewinnverwirklichung aus dem Betriebsvermögen ausscheiden und etwa bei einer unentgeltlichen Betriebsübertragung sowie bei unter das Umgründungssteuergesetz fallenden steuerneutralen Vorgängen vom Rechtsnachfolger zu Buchwerten übernommen werden, kann auch die Zuschreibungsrücklage unverändert fortgeführt werden. Die Zuschreibungsrücklage bleibt daher beim Rechtsnachfolger steuerhängig und ist von diesem entsprechend den Bestimmungen des § 124b Z 270 EStG 1988 zu behandeln.

(BMF-AV Nr. 2018/79)

2587n Kommt es hinsichtlich eines Wirtschaftsgutes, für das eine Zuschreibungsrücklage gebildet wurde, nicht zu einem Ausscheiden aus dem (nämlichen) Betriebsvermögen, allerdings zur Verwirklichung eines Entstrickungstatbestandes nach § 6 Z 6 EStG 1988 oder nach den sinngemäß anwendbaren Bestimmungen des Umgründungssteuergesetzes, teilt die Zuschreibungsrücklage das steuerliche Schicksal der entstrickten Wirtschaftsgüter. Die Zuschreibungsrücklage ist daher im Entstrickungsjahr zur Gänze steuerwirksam aufzulösen.

Wird allerdings bei der Überführung von Wirtschaftsgütern oder Betriebsstätten innerhalb eines einheitlichen Betriebes desselben Steuerpflichtigen (einschließlich der grenzüberschreitenden Verlegung des einheitlichen Betriebes als solchem) in einen EU/EWR-Staat mit umfassender Amts- und Vollstreckungshilfe, eine Entrichtung der Steuerschuld in Form einer Ratenzahlung beantragt, kann der auf die die steuerwirksame Auflösung der Zuschreibungsrücklage entfallende Steuerbetrag ebenfalls gleichmäßig über den Ratenzahlungszeitraum von 7 bzw. 2 Jahren entrichtet werden (siehe dazu näher Rz 2518a ff).

Dieser Betrag ist aber ebenfalls nach Maßgabe von § 6 Z 6 lit. d EStG 1988 vorzeitig fällig zu stellen, wenn das betreffende Wirtschaftsgut veräußert wird oder auf sonstige Art aus dem Betriebsvermögen ausscheidet (siehe dazu Rz 2518h).

(BMF-AV Nr. 2018/79)

2587o Zur Bildung von Zuschreibungsrücklagen gemäß § 124b Z 270 lit. c EStG 1988 von Kreditinstituten im Falle der Auflösung von steuerlich grundsätzlich anerkannten Einzelwertberichtigungen auf steuerlich gemäß § 6 Z 2 lit. a EStG 1988 idF vor COVID-19-StMG nicht anerkannte Pauschalwertberichtigungen siehe KStR 2013 Rz 1347 ff. Eine nach diesen Grundsätzen gebildete und bis zur Veranlagung 2020 unverändert weitergeführte Zuschreibungsrücklage ist ab der Veranlagung 2021 jährlich um ein Fünftel aufzulösen.

(BMF-AV Nr. 2021/65)

6.19 Tausch von Wirtschaftsgütern, Einlage oder Einbringung von Wirtschaftsgütern oder sonstigem Vermögen in eine Körperschaft:

6.19.1 Tausch von Wirtschaftsgütern

2588 Der Tausch stellt ein entgeltliches Rechtsgeschäft dar, da beim Tausch eines Wirtschaftgutes gegen ein anderes Wirtschaftsgut eine Anschaffung des erworbenen Wirtschaftsgutes und eine Veräußerung des hingegebenen Wirtschaftsgutes vorliegt (VwGH 22.6.76, 529/74). Es muss beim Tausch grundsätzlich zu einer Gewinnrealisierung kommen (VwGH 16.3.1989, 88/14/0055), wenn vorhandene stillen Reserven aufzudecken sind durch den Ansatz des gemeinen Werts des hingegebenen Wirtschaftsguts. Das Hinausschieben der Besteuerung kann bei Vorliegen der Voraussetzungen des § 12 EStG 1988 durch die Übertragung stiller Rücklagen erreicht werden.

(BMF-AV Nr. 2015/133)

§ 6 Z 14 EStG 1988 überträgt den Tauschgrundsatz auch auf die Einlage und Einbringungen in eine Körperschaft und bewirkt, dass eine Sacheinlage in eine Körperschaft einerseits eine Veräußerung des eingelegten Wirtschaftsgutes, andererseits eine Anschaffung der Gesellschaftsanteile darstellt. Gemäß § 27 Abs. 3 EStG 1988 führt daher eine Sacheinlage von Kapitalvermögen, dessen Erträge Einkünfte aus der Überlassung von Kapital iSd § 27 Abs. 2 EStG 1988 darstellen, zur Realisierung und Versteuerung der darin enthaltenen stillen Reserven. Ebenso stellt eine Sacheinlage von Grundstücken iSd § 30 Abs. 1 EStG 1988 einen Tausch dar und unterliegt der Immobilienertragsteuer iSd § 30 EStG 1988. Die Sacheinlage anderer Privatvermögenswerte aus dem Privatvermögen führt nur im Falle des Vorliegens eines Spekulationstatbestandes iSd § 31 Abs. 1 EStG 1988 zu einem steuerpflichtigen Vorgang nach dem Tauschgrundsatz. Im KStG 1988 wurde der Einlagentatbestand auch im Körperschaftsteuerrecht festgeschrieben, die durch die Einlage eintretende Erhöhung des Vermögens der Körperschaft wird steuerlich nicht erfasst. 2589

(BMF-AV Nr. 2019/75)

6.19.1.1 Anschaffungskosten bei Tausch von Wirtschaftsgütern: Bewertungsgrundsatz Gemeiner Wert

Der gemeine Wert kommt als subsidiärer Wertmaßstab im EStG ua. auf Grund ausdrücklicher Regelung beim Tausch und diesem gleichgestellter Sacheinlage in Kapitalgesellschaften zur Anwendung. Die Bewertung des erworbenen Wirtschaftsguts erfolgt zu Anschaffungskosten, die dem gemeinen Wert des hingegebenen entsprechen. Der gemeine Wert ist im EStG nicht eigenständig definiert, es gelten daher die Bestimmungen des BewG (§ 1 Abs. 1 BewG in Verbindung mit § 10 Abs. 1 BewG). 2590

Während bei Ermittlung des Teilwertes die Wiederbeschaffungskosten (VwGH 20.10.1971, 1055/69, das von einem Beschaffungsmarkt ausgeht) im Vordergrund stehen, ergibt sich der gemeine Wert aus einem Marktwert ohne Zusammenhang mit einem Betrieb und entspricht dem Liquidationswert bei Einzelveräußerung (VwGH 6.3.1989, 86/15/0109). Der gemeine Wert ist ein Verkaufswert und schließt die Anschaffungsnebenkosten nicht mit ein, während der Teilwert diese beinhaltet (VwGH 29.4.1992, 90/13/0031). Ungewöhnliche und persönliche Verhältnisse einschließlich personenbezogener Verfügungsbeschränkungen sind bei Ermittlung des gemeinen Wertes auszuschalten (§ 10 Abs. 2 und 3 BewG 1955). Der gemeine Wert beinhaltet keine Umsatzsteuer (VwGH 25.10.2006, 2004/15/0093). 2591

(AÖF 2007/88)

Beim Tausch mit Aufzahlung setzen sich die Anschaffungskosten aus dem gemeinen Wert der hingegebenen Sache zuzüglich der Aufzahlung zusammen. Beim Tauschpartner ergeben sich als Anschaffungskosten der Wert des von ihm hingegebenen Wirtschaftsgutes abzüglich der Barzahlung. 2592

Eine mittelbare Wertermittlung aus dem gemeinen Wert des erworbenen Wirtschaftsguts als Hilfswert ist zulässig, wenn sich der gemeine Wert des hingegebenen Wirtschaftsguts schwieriger ermitteln lässt als der Wert des erworbenen Wirtschaftsguts, weil davon ausgegangen werden kann, dass etwa gleichwertige Leistungen getauscht werden. 2593

6.19.1.2 Zeitpunkt der Gewinnrealisierung bei Tausch

Die Gewinnrealisierung beim Tausch ist bei Gewinnermittlung durch Betriebsvermögensvergleich mit der Hingabe des Wirtschaftsgutes anzunehmen; wird das im Tauschwege erworbene Wirtschaftsgut später geliefert, ist eine entsprechende Forderung auszuweisen. 2594

Wird der Gewinn mittels Einnahmen-Ausgaben-Rechnung ermittelt, erfolgt die Erfassung der Einnahme im Zeitpunkt der Erlangung der betrieblichen Nutzungsmöglichkeit iSd faktischen Verfügungsmacht über das eingetauschte Wirtschaftsgut (vgl. VwGH 8.3.1994, 93/14/0179). Der Buchwert des hingegebenen Wirtschaftsgutes ist grundsätzlich im Zeitpunkt von dessen Hingabe als Aufwand zu erfassen. Es bestehen aber keine Bedenken, den Buchwertabgang erst im Zeitpunkt der Erfassung der Einnahme als Aufwand zu erfassen (vgl. auch Rz 774).

Kommt es somit zu einem Auseinanderfallen von Hingabe des Wirtschaftsgutes und Zufluss der Einnahme aus dem Tauschgeschäft, ist dies wirtschaftlich einer Akontozahlung vergleichbar. In Höhe des gemeinen Wertes des erhaltenen Wirtschaftsgutes kommt es insoweit zum Zufluss des Veräußerungserlöses.

Übersteigt sodann der gemeine Wert des in einem späteren Zeitraum hingegebenen Wirtschaftsgutes den gemeinen Wert des erhaltenen Wirtschaftsgutes, ist die positive Differenz im Zeitpunkt der Hingabe des eingetauschten Wirtschaftsgutes als Veräußerungserlös aus dem Tauschgeschäft zu erfassen. Grundsätzlich sind vom zugeflossenen Veräußerungserlös die Anschaffungskosten des hingegebenen Wirtschaftsgutes erst im Zeitpunkt der Hingabe in Abzug zu bringen; es bestehen aber keine Bedenken, den Buchwertabgang bereits im Zeitpunkt des Zuflusses des Veräußerungserlöses insoweit zu berücksichtigen, als er im zugeflossenen Veräußerungserlös Deckung findet.

Beispiel:

A und B tauschen zwei Grundstücke. Das Grundstück von A hat einen gemeinen Wert in Höhe von 100.000 und das Grundstück von B einen gemeinen Wert in Höhe von 110.000 und dessen Anschaffungskosten betragen 80.000.

A überträgt sein Grundstück an B bereits im Jahr 01, erhält von diesem aber das andere Grundstück erst im Jahr 02.

Mit der Übernahme des Grundstückes von A kommt es bei B bereits im Jahr 01 zum Zufluss des Veräußerungserlöses in Höhe von 100.000. Soweit der gemeine Wert des erhaltenen Grundstückes die Anschaffungskosten des noch hinzugebenden Grundstückes nicht übersteigt, wird bei B noch kein Zufluss von Einkünften aus diesem Tauschgeschäft bewirkt. Da die Anschaffungskosten des Grundstückes von B 80.000 betragen, fließen bei B im Jahr 01 Einkünfte aus der Grundstücksveräußerung in Höhe von 20.000 zu.

Mit der Hingabe des Grundstückes durch B im Jahr 02 fließt auch der Rest des Veräußerungserlöses in Höhe von 10.000 zu (Gesamtveräußerungserlös ist der gemeine Wert des hingegebenen Grundstückes in Höhe von 110.000). Da die Anschaffungskosten bereits beim Erhalt des Grundstückes von A im Jahr 01 berücksichtigt wurden, sind im Jahr 02 Einkünfte aus der Grundstücksveräußerung in Höhe von 10.000 zu erfassen (Gesamteinkünfte aus der Grundstücksveräußerung bei B 30.000).

(BMF-AV Nr. 2019/75)

6.19.2 Tauschgrundsätze bei Einlage oder Einbringung von Wirtschaftsgütern oder sonstigem Vermögen in eine Körperschaft

6.19.2.1 Allgemeines

2595 Durch die Aufnahme der Geltung des Tauschgrundsatzes für die Einlage oder Einbringung von Wirtschaftsgütern oder sonstigem Vermögen in § 6 Z 14 EStG 1988 wurde klargestellt, dass die Einlagenbewertungsvorschrift des § 6 Z 5 EStG 1988 auf gesellschaftsrechtliche Einlagen nicht anwendbar ist und bei der die Einlage empfangenden Kapitalgesellschaft oder Genossenschaft ein Anschaffungsvorgang vorliegt.

2596 War der die Einlage bewirkende Steuerpflichtige bereits vor der Einlage an die Körperschaft beteiligt, so ist

- im Falle einer Einlage anlässlich einer Kapitalerhöhung die Anschaffung weiterer Anteile,
- im Falle einer Einlage ohne Kapitalerhöhung die nachträgliche Erhöhung der seinerzeitigen Anschaffungskosten der bisherigen Anteile anzunehmen.

In beiden Fällen ist der gemeine Wert des eingelegten Wirtschaftsgutes anzusetzen. Aber auch die Vermögenszuwendung durch einen nicht unmittelbar an der Gesellschaft Beteiligten gilt als über den unmittelbar beteiligten Gesellschafter eingelegt und daher als steuerneutraler Vermögenszugang.

2597 Auf der Seite der Körperschaft, die die Einlage erhält, liegt eine Anschaffung in Form eines Tausches vor. Die durch die Einlage eintretende Erhöhung des Vermögens der Körperschaft wird steuerlich nicht erfasst (§ 8 Abs. 1 KStG 1988). Das im Wege der Einlage zugegangene Wirtschaftsgut gilt als angeschafft; als Anschaffungskosten ist der gemeine Wert des eingelegten Wirtschaftsguts anzusetzen. § 4 Abs. 1 vorletzter Satz EStG 1988 kann nicht angewendet werden.

(AÖF 2010/43)

2598 Die Zuführung eines Wirtschaftsguts an eine Körperschaft kann auch anteilig als Einlage anzusehen sein. Dies wäre dann der Fall, wenn ein Anteilsinhaber der Körperschaft ein Wirtschaftsgut zu einem unangemessen niedrigen Preis verkauft. In diesem Fall ist in Höhe der Differenz zum gemeinen Wert eine Einlage anzunehmen.

Der gemeine Wert eingelegter Wirtschaftsgüter erhöht die Anschaffungskosten der Beteiligung (VwGH 21.7.1998, 93/14/0187, 0188).

2599 Unter den dargestellten Einlagentatbestand des § 6 Z 14 lit. b EStG 1988 fällt nicht nur die Übertragung von Geld oder Sachen, sondern auch der Verzicht auf eine unter den Wirtschaftsgutbegriff fallende Forderung gegenüber der Kapitalgesellschaft aus gesellschaftsrechtlichen Motiven (causa societatis).

Beispiel:

Der Gesellschafter gewährt der Gesellschaft ein zinsloses Darlehen zur Finanzierung von Investitionen. Nach zwei Jahren beschließt der Gesellschafter, auf die werthaltige Darlehensforderung zu verzichten. In Höhe des der Verbindlichkeit entsprechenden gemeinen Wertes der Kapitalforderung liegt einlagebedingt ein Veräußerungstatbestand (Buchwert der wegfallenden Forderung = gemeiner Wert, daher keine Steuerpflicht) und eine Beteiligungsanschaffung im Wege der Aktivierung des gemeinen Wertes der Forderung auf die Beteiligung an der Tochter vor. Bei der Gesellschaft liegt ein einlagebedingt steuerneutraler Vermögenszugang im Wege der Aktivierung der erworbenen Forderung mit dem gemeinen Wert und der Passivierung auf Kapitalrücklage vor. Eine juristische Sekunde später bewirkt die Vereinigung von Forderung und Verbindlichkeit (Confusio) den Wegfall von Aktivum und Passivum, der sich ergebende Saldo ist Null.

Der gesellschaftlich veranlasste (causa societatis) Verzicht des Gesellschafters auf seine Forderung gegen die Gesellschaft ist nur mit jenem Betrag eine gesellschaftlich veranlasste Einlage, der dem Tageswert entspricht (VwGH 26.05.1998, 94/14/0042). Der Wegfall des nicht mehr werthaltigen Teiles der Forderung ist bei der Gesellschaft nicht mehr gesellschaftsrechtlich, sondern betrieblich veranlasst und deshalb steuerwirksam (§ 8 Abs. 1 KStG 1988 idF des Budgetbegleitgesetzes 2007, wirksam ab 24.Mai 2007).

Fortsetzung des Beispiels:

Der Gesellschafter sieht nach zwei Jahren die Werthaltigkeit der Forderung nicht mehr gegeben und nimmt eine steuerwirksame Teilwertabschreibung iHv 70% auf die Forderung vor. Im dritten Jahr verzichtet der Gesellschafter außerhalb eines allgemeinen Gläubigerverzichtes auf die Forderung. In Höhe des gemeinen Wertes der Forderung (30% der Nominalforderung) liegt ein einlagebedingter Veräußerungstatbestand (steuerneutral) in Verbindung mit der Aktivierung des gemeinen Wertes auf die Beteiligung vor. Bei der Gesellschaft liegt ein einlagebedingt steuerneutraler Vermögenszugang im Wege der Aktivierung der erworbenen Forderung mit dem gemeinen Wert (30% der Nominalforderung) und der Passivierung auf Kapitalrücklage in gleicher Höhe vor. Eine juristische Sekunde später bewirkt die Vereinigung von Forderung und Verbindlichkeit (Confusio) den Wegfall von Aktivum und Passivum, der sich ergebende Saldo ist als „nicht mehr werthaltiger Teil der Forderung" ein steuerwirksamer Buchgewinn.

(AÖF 2008/51)

6.19.2.2 Offene und verdeckte Einlagen sowie Nutzungseinlagen

Ein wesentlicher Unterschied zwischen den Einzelunternehmern und Kapitalgesellschaften **2600** besteht darin, dass der Vermögenstransfer in die Kapitalgesellschaft auch in der Form eines Rechtsgeschäfts Platz greifen kann. Es stellt aber nur der gesellschaftsrechtlich veranlasste Vermögenstransfer eine Einlage dar.

Verdeckte Einlagen sind alle nicht ohne weiteres als Einlagen erkennbare Zuwendungen **2601** (Vorteilseinräumungen) einer an der Körperschaft unmittelbar oder mittelbar beteiligten Person, die von einer dritten, der Körperschaft fremd gegenüberstehenden Person nicht gewährt würden. Bei der verdeckten Einlage erhält die Körperschaft vom Anteilsinhaber Geld oder körperliche oder unkörperliche Wirtschaftsgüter aus gesellschaftlichem Anlass (societatis causa).

(AÖF 2010/43)

Eine direkte verdeckte Einlage liegt vor, wenn der Gesellschafter der Körperschaft ein **2602** Wirtschaftsgut außerhalb eines Leistungsaustauschs und außerhalb eines gesellschaftsrechtlich gedeckten Einlagevorganges zuwendet. Ob eine Geldeinlage zum Zwecke der Kapitalstärkung, zur Finanzierung einer Investition oder zur Verlustabdeckung erfolgt, ist nicht von Bedeutung. Soweit eine Sacheinlage erfolgt, ist das erworbene Wirtschaftsgut von der empfangenden Körperschaft mit dem gemeinen Wert im Anlage- oder Umlaufvermögen zu aktivieren. Der Vermögenszugang ist einer Kapitalrücklage zuzuführen. Beim Gesellschafter liegt korrespondierend ein Veräußerungstatbestand vor, der im betrieblichen Bereich stets, im außerbetrieblichen Bereich nach Maßgabe des § 30 EStG 1988 in der Differenz zwischen dem gemeinen Wert und dem Buchwert bzw. den Anschaffungskosten Steuerpflicht auslöst. Der Differenzbetrag erhöht außerdem die Anschaffungskosten bzw. den Buchwert der Beteiligung.

(AÖF 2010/43)

Bei der indirekt verdeckten Sacheinlage, die im wörtlichen Sinn durch ein Rechtsgeschäft **2603** verdeckt wird, ist der rechtsgeschäftliche Vorgang vom gesellschaftsrechtlichen zu trennen.

Veräußert ein Gesellschafter einer Körperschaft ein Wirtschaftsgut zu einem dem Fremdvergleich nicht entsprechenden unangemessen niedrigen Preis, liegt in Höhe der Bereicherung der Gesellschaft eine Einlage vor. Die Anschaffungskosten der Körperschaft sind auf den gemeinen Wert zu erhöhen, die Differenz zum gemeinen Wert ist auf Grund des Einlagentatbestandes der Kapitalrücklage zuzuführen. Beim Gesellschafter erhöht sich der Veräußerungspreis um die vorerwähnte Differenz mit der in Rz 2602 beschriebenen Wirkung.

Veräußert die Körperschaft an einen Gesellschafter ein Wirtschaftsgut zu einem dem Fremdvergleich nicht entsprechenden überhöhten Preis, liegt in Höhe der Bereicherung der Gesellschaft ebenfalls eine Einlage vor. Der Veräußerungsgewinn ist um den den gemeinen Wert des veräußerten Wirtschaftsgutes übersteigenden Betrag zu kürzen und als Kapitalrücklage zu behandeln. Beim Gesellschafter liegt nur in Höhe des gemeinen Wertes eine Anschaffung vor, der übersteigende Betrag erhöht auf Grund des Einlagentatbestandes die Anschaffungskosten bzw. den Buchwert der Beteiligung.

(AÖF 2010/43)

2604 Auf der Passivseite stellt das gesellschaftsrechtlich veranlasste Entschulden der Gesellschaft eine Einlage dar. Dies ist durch Übernahme einer bestehenden Gesellschaftsschuld gegenüber einem Dritten oder durch Verzicht auf eine bestimmte Forderung gegen die Gesellschaft möglich.

2605 Bei Nutzungseinlagen überlässt der Gesellschafter sein Vermögen oder seine Arbeitskraft der Körperschaft aus gesellschaftsrechtlichen Gründen unentgeltlich oder teilentgeltlich zur Nutzung, wodurch der Körperschaft in Höhe des nicht verrechneten Aufwands ein Vorteil zukommt. Nutzungseinlagen durch unentgeltliche oder zu gering bemessene entgeltliche Überlassung der Arbeitskraft, von Geld oder Wirtschaftsgütern des Anteilsinhabers an die Körperschaft lösen keine steuerlichen Einlagenwirkungen aus. Auf der Ebene der Körperschaft sind weder bilanziell ein Aktivum anzusetzen noch fiktive Betriebsausgaben in Höhe der ersparten Aufwendungen zu berücksichtigen, ebenso liegen beim Einlegenden keine fiktiven Einnahmen vor (etwa bei unentgeltlicher Geschäftsführertätigkeit oder bei unentgeltlichen Werbemaßnahmen).

6.19.3 Anwendung von Tauschgrundsätzen bei Umgründungen

2606 Ausnahmen von der Gewinnrealisierung infolge Verwirklichung der Tauschfiktion des § 6 Z 14 EStG 1988 sind auf der Grundlage des UmgrStG gegeben.

2607 Sind die Voraussetzungen des Art. III UmgrStG nicht gegeben oder liegt ein in Art. III UmgrStG vorgesehener Fall der Aufwertungsoption oder Zwangsaufwertung vor ist der Tauschgrundsatz auch bei Einbringung von (Teil-)Betrieben, Mitunternehmer- und Kapitalanteilen iSd § 12 UmgrStG zwingend anzuwenden. Es kommt zu einer (Teil-) Betriebsveräußerung oder Mitunternehmer- oder Kapitalanteilsveräußerung, auf die ggf die Begünstigungsvorschriften des EStG anzuwenden sind. Diese ist auf den nach dem UmgrStG maßgeblichen Einbringungsstichtag zu beziehen, sofern die Anmeldung oder Meldung innerhalb der Neunmonatsfrist des § 13 Abs. 1 UmgrStG erfolgt. Eine rückwirkende Gewinnverwirklichung kommt nicht in Betracht, wenn es sich nicht um eingebrachtes Vermögen iSd § 12 Abs. 2 UmgrStG handelt. Siehe UmgrStR 2002 Rz 1275 ff.

(AÖF 2004/167)

6.20 Kapitalerhöhung aus Gesellschaftsmitteln (Kapitalberichtigung)

6.20.1 Unternehmens- und gesellschaftsrechtliche Voraussetzungen sowie Wirkungen der Kapitalberichtigung

Siehe Rz 306 ff.

6.20.1.1 Anschaffungszeitpunkt und Anschaffungskosten der Gesellschaftsanteile gemäß § 6 Z 15 EStG 1988

(BMF-AV Nr. 2018/79)

2608 Bei Anteilen im Betriebs- und Privatvermögen ist davon auszugehen, dass durch die Aufteilung des Buchwertes bzw. der Anschaffungskosten der Altanteile auf alte und neue keine Anschaffung, sondern nur ein Erwerb im Zeitpunkt der Protokollierung des Kapitalberichtigungsbeschlusses im Firmenbuch vorliegt (dies ergibt aus § 2 Abs. 2 iVm § 4 der Kapitalmaßnahmen-VO). Somit teilen die Freianteile im Hinblick auf die Anwendbarkeit der neuen Kapitalbesteuerung (§ 124b Z 185 EStG 1988) das Schicksal der Altanteile.

(AÖF 2013/280)

2609 § 6 Z 15 und § 27a Abs. 4 Z 4 EStG 1988 sehen im Falle einer Kapitalberichtigung die „Spreizung" der Anschaffungskosten bzw. Buchwerte der Anteile an der berichtigenden

Gesellschaft vor. Im Verhältnis des ursprünglichen Nennkapitals zum erhöhten Nennkapital werden die Anschaffungskosten bzw. Buchwerte abgestockt und die Abstockungsbeträge als Anschaffungskosten bzw. Buchwerte der „Freianteile" (bei GmbH) oder „Gratisaktien" (bei AG) behandelt.

Bestehen für Altanteile unterschiedliche Anschaffungskosten aus verschiedenen Anschaffungsvorgängen, so wird für Zwecke der Behaltefrist des § 12 EStG 1988 eine Zuordnung der Neuanteile zu den einzelnen Anschaffungsvorgängen vorzunehmen sein. Denn mangels eines steuerpflichtigen Vermögenszugangs haben die anlässlich einer Kapitalberichtigung ausgegebenen Freianteile keinen eigenständigen Wertansatz. Es ist der Wertansatz der Altanteile auf die Alt- und Neuanteile zu verteilen.

Beispiel:

Der Steuerpflichtige besitzt 40 Aktien mit Anschaffungskosten von 28.000 € und 30 weitere Aktien mit Anschaffungskosten von 18.000 € bei gleich hohen Nennwerten. Wird das Grundkapital aus Gesellschaftsmitteln im Verhältnis 2:1 erhöht, so verteilen sich die Aktien mit Anschaffungskosten von 28.000 € nunmehr auf 60 Aktien und die Aktien mit Anschaffungskosten von 18.000 € auf 45 Aktien.

Bei durch Teilwertabschreibungen oder Übertragungen gemäß § 12 EStG 1988 reduzierte Altanteile ist dieser reduzierte Buchwert für die Aufteilung auf Alt- und Neuanteile heranzuziehen.

(AÖF 2013/280)

6.20.1.2 Steuerpflicht für Rückzahlungen auf Grund einer nachfolgenden Kapitalherabsetzung gemäß § 32 Abs. 1 Z 3 EStG 1988

(BMF-AV Nr. 2018/79)

Siehe Rz 6907 ff. **2609a**

§ 6 Z 15 EStG 1988 regelt die Qualifikation der Anschaffungskosten bzw. Buchwerte der Anteile nach Ablauf der Zehnjahresfrist nicht.

Die ordentliche Kapitalherabsetzung nach Ablauf der Zehnjahresfrist mit Rückzahlung ist in der Regel als Einlagenrückzahlung iSd § 4 Abs. 12 EStG 1988 zu werten(siehe dazu näher den Einlagenrückzahlungs- und Innenfinanzierungserlass des BMF vom 27.9.2017, BMF-010203/0309-IV/6/2017, BMF-AV Nr. 155/2017). Mangels Veränderung der Anschaffungskosten oder Buchwerte der Anteile kann sich daher ein Überhang des Rückzahlungsbetrages gegenüber den Anschaffungskosten bzw. Buchwerten ergeben, der sowohl bei der natürlichen Person gemäß § 27 Abs. 3 EStG 1988 als auch bei der Körperschaft gemäß § 7 Abs. 2 KStG 1988 Steuerpflicht auslöst.

Beispiel:

Bei der A-GmbH erfolgte im Jahr 2002 eine Nennkapitalerhöhung von 50.000 € auf 200.000 € im Wege einer Kapitalerhöhung aus Gesellschaftsmitteln. Für die Kapitalberichtigung wurden 50.000 € aus der Kapitalrücklage und 100.000 € aus der Gewinnrücklage verwendet.

Im Jahr 2013 beschließen die Gesellschafter der A-GmbH – beteiligt sind die natürliche Person B mit 60% (Anschaffungskosten des GmbH-Anteils: 30.000 €) und die C-GmbH mit 40% (Anschaffungskosten des GmbH-Anteils: 20.000 €) –, das Nennkapital im Wege einer ordentlichen Kapitalherabsetzung auf 80.000 € herabzusetzen und an die Gesellschafter zurückzuzahlen. Die ordentliche Kapitalherabsetzung im Nominale von 120.000 € entfällt mit 72.000 € auf A und mit 48.000 € auf die C-GmbH.

Bei B übersteigt der Rückzahlungsbetrag von 72.000 € die Gesamtanschaffungskosten der Beteiligung (Altanteil und Freianteil) von 30.000 € um 42.000 €. Dieser Betrag ist gemäß § 4 Abs. 12 iVm § 27 Abs. 3 EStG 1988 steuerpflichtig und ist im Veranlagungsweg der Einkommensteuer zu unterwerfen.

Für die weitere steuerliche Behandlung bei B sind Anschaffungskosten für die Beteiligung an der A-GmbH von Null maßgeblich. Wird daher von B die Beteiligung an der A-GmbH zu einem späteren Zeitpunkt veräußert, sind bei der Einkünfteermittlung dem Veräußerungserlös Anschaffungskosten von Null gegenüberzustellen.

Bei der C-GmbH übersteigt die Forderung auf das rückzuzahlende Kapital von 48.000 € den Buchwert der Beteiligung von 20.000 € (Altanteile und Freianteile) um 28.000 € und liegt bei ihr in dieser Höhe ein steuerpflichtiger Ertrag vor. Für die fortgesetzte steuerliche Behandlung der Beteiligung an der A-GmbH ist ebenfalls ein Buchwert von Null maßgebend.

(BMF-AV Nr. 2018/79)

6.21 Bewertung von (bebauten) Grundstücken im Anlagevermögen

(AÖF 2013/280)

6.21.1 Aufteilung der Anschaffungskosten

2610 Der bebaute Grund und Boden ist in der Bilanz getrennt vom Gebäude anzusetzen.

2611 Bei Grundstücken ist die Aufteilung der Anschaffungskosten auf den Grund und Boden einerseits und das Gebäude andererseits ua. im Hinblick auf § 4 Abs. 1 letzter Satz EStG 1988 und auf die Abschreibung bedeutsam, weil nur das Gebäude einer Abnutzung unterliegt. Dies gilt auch für Eigentumswohnungen (VwGH 13.12.1989, 88/13/0056).

2612 Für die Frage der Aufteilung von Liegenschaftsanschaffungskosten ist die subjektive Einschätzung der Kaufpreisanteile durch die Vertragspartner nicht bindend. Die Aufteilung hat nach streng objektiven Maßstäben entweder nach der Verhältnis- oder der Differenzmethode zu erfolgen.

2613 Bei der Verhältnismethode wird jeweils der Verkehrswert des bloßen Grund und Bodens einerseits und des Gebäudes andererseits ermittelt und der Kaufpreis für die gesamte Liegenschaft im Verhältnis der Verkehrswerte aufgeteilt (VwGH 23.4.1998, 96/15/0063; VwGH 15.3.1995, 92/13/0271; VwGH 15.2.1994, 93/14/0175; VwGH 30.6.1987, 86/14/0195; VwGH 15.4.1980, 3259/79).

2614 Bei der Differenzmethode wird zuerst der Wert des Grund und Bodens festgestellt, sodass sich der Gebäudewert als „Restgröße" ergibt. Diese Methode ist nur dann zulässig, wenn einerseits der Wert des Grund und Bodens unter Berücksichtigung des wertbeeinflussenden Umstandes der Bebauung unbedenklich festgestellt werden kann, und andererseits die Summe aus Boden- und Gebäudewert genau den Gesamtkaufpreis ergibt (VwGH 19.12.2013, 2012/15/0033; VwGH 7.9.1990, 86/14/0084; VwGH 23.4.1998, 96/15/0063).

(BMF-AV Nr. 2015/133)

2615 Die Aufteilung kann auch ohne Beiziehung eines Sachverständigen anhand der amtlichen Kaufpreissammlung für annähernd vergleichbare Grundstücke ermittelt werden (VwGH 8.10.1998, 97/15/0048; VwGH 15.3.1988, 87/14/0067). Die geforderte Vergleichbarkeit des Bodenwerts ergibt sich im Wesentlichen aus der Lage.

2616 Sind mit Grund und Boden Rechte verbunden (zB Abbaurecht, Deponierecht, Jagdrecht, Wasserrecht), ist der Kaufpreis auf das betreffende Recht sowie Grund und Boden aufzuteilen (VwGH 18.2.1999, 97/15/0015). Sind hingegen mit dem Grundstück keine derartigen Rechte verbunden, ist der Kaufpreis zur Gänze den Anschaffungskosten für Grund und Boden zuzuordnen (VwGH 11.12.1996, 94/13/0179, betreffend Erwerb einer ausgearbeiteten Schottergrube, an der noch kein Deponierecht bestanden hat).

6.21.2 Anschaffungsnebenkosten

6.21.2.1 Nebenkosten

2617 Zu den Nebenkosten gehören ua. Vertragserrichtungskosten, gerichtliche Eintragungsgebühren, Grunderwerbsteuer (VwGH 22.9.1971, 0406/71; VwGH 24.10.1978, 1006/76). Sie sind den Anschaffungskosten des Grund und Bodens bzw. Gebäudes zuzuordnen. Schätzungskosten des Gebäudes gehören zu den Anschaffungskosten des Gebäudes (VwGH 12.5.1967, 1302/66).

(BMF-AV Nr. 2021/65)

6.21.2.2 Abbruchkosten und Restbuchwert von Gebäuden

2618
- Abbruch eines abbruchreifen Gebäudes: Abbruchkosten bzw. Restbuchwert gehören mit dem Kaufpreis zu den Anschaffungskosten des Grund und Bodens (VwGH 18.05.1962, 2221/61). Abbruchreif ist ein Gebäude, wenn es aus objektiven wirtschaftlichen oder technischen Gründen nicht sinnvoll saniert werden kann (vgl. VwGH 27.04.2005, 2000/14/0110).
- Abbruch eines noch verwendbaren Gebäudes, wobei es unbeachtlich ist, ob das Gebäude in Abbruchabsicht erworben wurde oder nicht, oder ob der Abbruch in der Absicht einer Neuerrichtung eines Gebäudes erfolgt oder zur Herstellung eines unbebauten Grundstückes dient: Abbruchkosten und Restbuchwert sind sofort (im Wirtschaftsjahr des Beginns der Abbrucharbeiten) abzugsfähig (VwGH 27.11.2014, 2011/15/0088; VwGH 24.06.2010, 2008/15/0179; VwGH 25.1.2006, 2003/14/0107; siehe auch Rz 6418a).

(BMF-AV Nr. 2018/79)

2619 Ist der Teilwert niedriger als die Anschaffungs- oder Herstellungskosten, kann dieser angesetzt werden. Dies wäre bei einem Neubau nur dann der Fall, wenn sich die Planung des Neubaus als Fehlspekulation erwiesen hätte, sodass mit Grund angenommen werden könnte, ein Erwerber des ganzen Unternehmens hätte für das Betriebsgebäude nicht einmal die Beträge der Bilanzwerte aufgewendet (VwGH 21.5.1965, 240/65).

6.21.2.3 Anschaffungsnahe Erhaltungsaufwendungen

Rechtslage für (anschaffungsnahe) Erhaltungsaufwendungen, die bis 31.12.2010 anfallen: 2620

Anschaffungsnahe (nachgeholte) Erhaltungsaufwendungen sind Aufwendungen, die in einem zeitlichen Zusammenhang mit dem Erwerb einer Liegenschaft stehen. Sie sind insoweit zu aktivieren, als der Kaufpreis der Liegenschaft deswegen niedriger ist, weil nicht der Verkäufer, sondern erst der Käufer diese Aufwendungen tätigt. Die Aktivierung dient der Gleichstellung mit einem Käufer, dessen erworbene Liegenschaft vor der Veräußerung verbessert wurde und der deshalb einen höheren (aktivierungspflichtigen) Kaufpreis zu zahlen hat (VwGH 12.1.1971, 1764/69, VwGH 29.9.1971, 1117/69, VwGH 25.4.1973, 0460/72).

Die AfA ist (auch über 2010 hinaus) fortzusetzen. Mit Zustimmung des Steuerpflichtigen kann jedoch in offenen Verfahren auch die Rechtslage angewendet werden, die für ab 1.1.2011 anfallende Erhaltungsaufwendungen gilt.

Rechtslage für (anschaffungsnahe) Erhaltungsaufwendungen, die ab dem 1.1.2011 anfallen:

Anschaffungsnahe (nachgeholte) Erhaltungsaufwendungen sind auch auf Grund des bloßen zeitlichen Zusammenhanges mit dem Kauf und dem Verhältnis der Höhe der Aufwendungen zum Kaufpreis nicht zu aktivieren (VwGH 30.06.2010, 2005/13/0076). Für Aufwendungen im Zusammenhang mit dem Erwerb einer Liegenschaft sind die allgemeinen Aktivierungsregelungen zu beachten.

Die Rz 2621, 2622, 2623 und 2625 sind für Erhaltungsaufwendungen, die ab dem 1.1.2011 anfallen, nicht anzuwenden.

(AÖF 2011/66)

Ein naher zeitlicher Zusammenhang zwischen Anschaffung und nachgeholtem Erhaltungsaufwand ist in der Regel anzunehmen, wenn der zeitliche Abstand der Erhaltungsaufwendungen von der Anschaffung der Liegenschaft nicht mehr als drei Jahre beträgt (zB VwGH 4.4.1978, 557/75). In Einzelfällen wird dieser zeitliche Abstand bis zu fünf Jahren ausgedehnt (VwGH 27.9.1963, 983/61f, VwGH 20.9.1963, 717/63). Schlechter Zustand des Gebäudes ist ein Indiz dafür, dass sich das Tragen des anschaffungsnahen Instandsetzungsaufwandes auf den Kaufpreis niedergeschlagen hat und eine Aktivierung vorzunehmen ist (zB VwGH 20.9.1963, 717/63, VwGH 29.3.1957, 2969/52, betreffend Renovierung eines im stark vernachlässigten Zustand erworbenen Geschäftslokales). 2621

Aktivierungspflichtiger anschaffungsnaher Erhaltungsaufwand kann auch im Zuge einer allgemeinen Modernisierung des Gebäudes im zeitlichen Zusammenhang mit dem Liegenschaftserwerb anfallen (VwGH 25.4.1973, 460/72). Bekanntheit des schlechten Zustandes ist nicht notwendig, bloße Inkaufnahme wegen hohen Alters und ähnlichem genügt. 2622

Anschaffungsnaher Erhaltungsaufwand ist nur dann zu aktivieren, wenn dieser eine im Verhältnis zum Kaufpreis nicht bloß untergeordnete Höhe erreicht (VwGH 25.4.1973, 460/72). Kleinere ständig wiederkehrende Arbeiten sind hingegen nicht aktivierungspflichtig (VwGH 12.1.1960, 757/59). Geringfügige „Schönheitsreparaturen" sind auch bei Anschaffungsnähe sofort abzugsfähig. 2623

Aufwendungen für die Beseitigung von Schäden, die nach dem Erwerb des bebauten Grundstückes entstanden sind, sind nicht zu aktivieren (VwGH 15.2.1994, 93/14/0175); dasselbe gilt auch für verdeckte Mängel. 2624

Im Anwendungsbereich des § 4 Abs. 7 EStG 1988 (soweit das Gebäude Wohnzwecken dient, siehe Abschnitt 5.5.9), wird die Aktivierung des nachgeholten Instandsetzungsaufwandes durch die Anordnung der zwingenden Verteilung der Instandsetzungsaufwendungen auf zehn Jahre verdrängt. Davon abgesehen ist anschaffungsnaher Erhaltungsaufwand bei Gebäuden, die den einschränkenden gesetzlichen Bestimmungen über die Mietzinsbildung unterliegen, nicht zu aktivieren (VwGH 20.4.1995, 91/13/0143; VwGH 29.4.1965, 605/64). 2625

6.21.2a Beiträge zur Errichtung öffentlicher Wege, Aufschließungskosten

(BMF-AV Nr. 2015/133)

Aufschließungskosten (Beiträge zur Verkehrserschließung durch öffentliche Interessentenwege oder Ortsstraßen, Herstellung der Wasserversorgung und Abwasserentsorgung, gesetzliche Beiträge zu Fußgängerzonen usw.) sowie Kosten von Schutzbauten (zB Hochwasserschutz) und anderen behördlichen Auflagen (zB Vorschreibung der Errichtung eines Wasserrückhaltebeckens durch die Gemeinde), soweit sie durch den Grundeigentümer zu tragen sind (zB in Form von Anlieger- oder Interessentenbeiträgen oder Infrastrukturbeiträ- 2626 gen), stellen nachträgliche Anschaffungskosten oder, soweit sie nach erstmaliger Erreichung der Betriebsbereitschaft anfallen und zu einer Änderung der Wesensart des Grundstückes führen (zB Umwidmungskosten), Herstellungskosten dar; soweit Aufwendungen auf Dritte überwälzt werden, sind diese entsprechend zu kürzen. Ein zeitlicher Zusammenhang der Aufschließungskosten mit dem Anschaffungsvorgang ist nicht erforderlich; die Aufschließungskosten können auch beim Rechtsvorgänger angefallen sein, von dem der Steuerpflichtige das Grundstück unentgeltlich erworben hatte.

Diese Aufwendungen sind entsprechend ihres Veranlassungszusammenhanges auf Grund und Boden oder Gebäude aufzuteilen.

(BMF-AV Nr. 2015/133)

2627 Hingegen gehören die Kosten des Anschlusses an öffentliche Versorgungssysteme wie Gas, Wasser, Strom, Kanalisation zu den Herstellungskosten des Gebäudes, weil sie der Nutzbarkeit des Gebäudes dienen (VwGH 12.2.1965, 1279/64). Gleiches gilt für die Kosten für die Ablöse der Verpflichtung zur Errichtung von Garagenabstellplätzen (zB nach Wiener Garagengesetz).

Bei unbebauten Grundstücken stellen solche Anschlusskosten grundsätzlich eigene Wirtschaftsgüter dar (VwGH 1.3.1983, 82/14/0156); allerdings sind diese Anschlusskosten auf Grund des engen Nutzungs- und Funktionszusammenhanges mit dem Grund und Boden vom Grundstücksbegriff mitumfasst (siehe Rz 6621). Im Falle der Veräußerung des Grund und Bodens sind daher die Anschaffungskosten um diese Anschlusskosten zu erhöhen.

(AÖF 2013/280)

2627a Kosten für Maßnahmen der Bodenverbesserung (zB durch Drainagen, Geländegestaltungen) sind selbständig bewertbare Wirtschaftsgüter oder Bestandteile von Grund und Boden und zu aktivieren.

(BMF-AV Nr. 2018/79)

2628 Sofort abziehbar sind Beiträge und Gebühren zur Verbesserung von Aufschließungsanlagen, wie zB Verbesserung von Kläranlagen, ein Anschluss an Stelle einer eigenen Anlage, Erweiterung von Kanalisation, Wasserversorgung und Wasserversorgungsumstellung.

6.21.3 Teilwert

2629 Unternehmensrechtliche Bewertungsgrundsätze sind im Rahmen der Gewinnermittlung gemäß § 5 Abs. 1 EStG 1988 anzuwenden, soweit nicht steuerlich zwingende Regeln dem entgegenstehen. Abschreibungen sind zwingend dann vorzunehmen, wenn die Wertminderung voraussichtlich von Dauer ist (bedingtes Niederstwertprinzip).

(AÖF 2008/238)

2630 Der Teilwert beinhaltet neben den unmittelbaren Anschaffungskosten auch die Anschaffungsnebenkosten. Bei der Beurteilung, ob der Teilwert eines Gebäudes gesunken ist, ist auf die Veränderungen der Baukosten (Baukostenindex) Bedacht zu nehmen (VwGH 12.7.1963, 2017/61). Eine mit verlorenem Bauaufwand begründete Teilwertabschreibung erfordert den Nachweis, dass höhere Aufwendungen angefallen sind als bei jedem vergleichbaren Bau (VwGH 13.5.1960, 1782/56).

2631 Wertänderungen des Grund und Bodens sind bei der Gewinnermittlung durch Bilanzierung in Form von Teilwertabschreibungen und Zuschreibungen gemäß § 6 Z 13 EStG 1988 zu berücksichtigen. Dafür kommen insbesondere in Betracht:

- Umweltveränderungen wie Verkehrslärm,
- Verschlechterung der Verkehrsverhältnisse,
- behördliche Maßnahmen wie Umwidmungen und
- Veränderungen des wirtschaftlichen Umfelds.

(AÖF 2013/280)

2632 Lagevorteile aus dem guten Standort werden dem Grund und Boden zugeschlagen (VwGH 20.2.1992, 88/13/0099, betreffend Gasthaus in der Nähe von Massenanziehungspunkten).

2633 Bei einem bebauten Grundstück stellen Grund und Boden und Gebäude zwei selbständige Wirtschaftsgüter dar. Eine durch einen Wertverlust begründete Teilwertabschreibung am Gebäude ist daher ab dem 1.4.2012 unabhängig von den Wertentwicklungen des Grund und Bodens vorzunehmen. Eine Teilwertabschreibung für das Gebäude kommt nur dann in Betracht, wenn der Wert zum Bilanzstichtag nachweislich (idR durch Bewertungsgutachten) gesunken ist.

Ist vor dem 1.4.2012 auf Grund der Einheitstheorie eine Teilwertabschreibung unterblieben, ist der bisherige Wertansatz des Gebäudes fortzuführen.

Eine Absetzung für außergewöhnliche technische und wirtschaftliche Abnutzung eines Gebäudes kann nicht mit Werterhöhungen des Grund und Bodens ausgeglichen werden. 2634
(AÖF 2013/280)

6.21.4 Die Entnahme von Grundstücken

(AÖF 2013/280)

Bei Entnahme sind Grundstücke mit dem Teilwert im Zeitpunkt der Entnahme zu bewerten (§ 6 Z 4 EStG 1988). Davon abweichend erfolgt die Entnahme von Grund und Boden nach dem 31.3.2012 zum Buchwert im Zeitpunkt der Entnahme, wenn der entnommene Grund und Boden im Falle der Veräußerung dem besonderen Steuersatz gemäß § 30a Abs. 1 EStG 1988 unterläge. Wäre der besondere Steuersatz in Höhe von 25% bzw. 30% bei Veräußerungen nach dem 31.12.2015 nicht anwendbar, erfolgt auch die Entnahme des Grund und Bodens zum Teilwert. 2635

Ist der besondere Steuersatz auf Grund der Ausübung der Regelbesteuerungsoption gemäß § 30a Abs. 2 EStG 1988 nicht anzuwenden, erfolgt die Entnahme von Grund und Boden dennoch zum Buchwert.

Zu den Ausnahmen vom besonderen Steuersatz siehe Rz 6682 ff.

Beispiele:

1. *Grund und Boden wurde im Jahr 2008 um 100.000 im Betriebsvermögen eines § 4 Abs. 1-Gewinnermittlers angeschafft. Im Jahr 2013 wird dieser Grund und Boden aus dem Betriebsvermögen entnommen. Der Teilwert des Grund und Bodens beträgt zu diesem Zeitpunkt 120.000, die Entnahme erfolgt aber zum Buchwert in Höhe von 100.000.*
2. *Grund und Boden wurde im Jahr 1990 im Betriebsvermögen eines § 5 Abs. 1-Gewinnermittlers angeschafft. Im Jahr 2004 wurde der Grund und Boden auf Grund eines nachhaltigen Wertverlustes auf den Teilwert in Höhe von 80.000 abgeschrieben. Im Jahr 2013 wird der Grund und Boden aus dem Betriebsvermögen entnommen. Der Teilwert zu diesem Zeitpunkt beträgt 90.000. Auf Grund der Teilwertabschreibung im Jahre 2004 käme gemäß § 30a Abs. 3 Z 3 EStG 1988 der besondere Steuersatz im Fall der Veräußerung nicht zur Anwendung. Daher erfolgt die Entnahme zum Teilwert und es sind die stillen Reserven in Höhe von 10.000 zu versteuern. Auf Grund des § 30a Abs. 3 Z 3 EStG 1988 erfolgt die Besteuerung dieser stillen Reserven zum Normaltarif nach § 33 EStG 1988.*

(AÖF 2013/280, BMF-AV Nr. 2018/79)

Erfolgt die Entnahme von Grundstücken nach dem 31.3.2012 zum Teilwert (zB Gebäude; Gebäudeanteil bei betrieblich genutzten Eigentumswohnungen), sind die stillen Reserven (Unterschiedsbetrag von Entnahmeteilwert und Buchwert) im Rahmen der betrieblichen Einkünfte in der Veranlagung mit dem besonderen Steuersatz zu erfassen (im Zeitpunkt der Entnahme ist keine ImmoESt oder besondere Vorauszahlung zu leisten). Hinsichtlich einer späteren privaten Veräußerung des Grundstückes tritt der Entnahmeteilwert an die Stelle der Anschaffungs- bzw. Herstellungskosten. 2635a

Wurde das entnommene Grundstück mit dem Teilwert eingelegt, sind die stillen Reserven gemäß § 4 Abs. 3a Z 4 EStG 1988 der außerbetrieblichen Sphäre zugewiesen. Diese stillen Reserven führen zu Einkünften nach § 30 EStG 1988 und sind erst im Zeitpunkt einer späteren Veräußerung zu versteuern; als Veräußerungserlös gilt der Teilwert im Einlagezeitpunkt. Soweit das Grundstück zum 31.3.2012 nicht steuerverfangen war oder es ohne Einlage nicht mehr steuerverfangen gewesen wäre, kann § 30 Abs. 4 EStG 1988 angewendet werden (§ 30 Abs. 6 lit. c EStG 1988), wobei in diesem Fall auch die übrigen Bestimmungen des § 30 EStG 1988, die auf diese Art der Einkünfteermittlung Einfluss nehmen, zu beachten sind.

Beispiel:

Im Jahr 2000 wird ein bebautes Grundstück im Privatvermögen angeschafft. Auf Grund und Boden entfallen Anschaffungskosten von 40; auf das Gebäude 60. Dieses Grundstück wird 2008 in einen Betrieb, dessen Gewinn nach § 4 Abs. 1 EStG 1988 ermittelt wird, eingelegt. Der Teilwert beträgt im Zeitpunkt der Einlage für Grund und Boden 70, für das Gebäude ebenfalls 70. 2015 wird das bebaute Grundstück entnommen. Der Teilwert des Grund und Bodens im Entnahmezeitpunkt beträgt 100 (Buchwert 70, Anschaffungskosten 40), der des Gebäudes 90 (Buchwert 70, Anschaffungskosten 60).

Die Einlage des bebauten Grundstückes im Jahr 2008 erfolgte mit dem Teilwert, allerdings war lediglich das Gebäude durch die Einlage zum 31.3.2012 steuerverfangen. Dadurch liegt hinsichtlich des Gebäudes im Betriebsvermögen Neuvermögen vor; § 4 Abs. 3a Z 4 EStG 1988 ist somit für das Gebäude anwendbar und im Falle einer späteren Veräuße-

rung lägen für die vor der Einlage entstandenen stillen Reserven Einkünfte aus privaten Grundstücksveräußerungen gemäß § 30 EStG 1988 vor.

Auf Grund der Entnahme kommt es aber nur zur Erfassung der im Betriebsvermögen angefallenen stillen Reserven. Die Entnahme des Grund und Bodens erfolgt nach § 6 Z 4 EStG 1988 zum Buchwert, zu steuerpflichtigen Einnahmen in Höhe von 20 (90-70) führt daher nur die Entnahme des Gebäudes.

2020 wird das Grundstück um 220 veräußert (davon entfallen 120 auf Grund und Boden und 100 auf das Gebäude).

*Der Grund und Boden war trotz der Einlage in den Betrieb im Jahr 2008 zum 31.3.2012 nicht steuerverfangen. Er stellte daher durchgehend Altvermögen dar. Daher kann die pauschale Gewinnermittlung gemäß § 30 Abs. 4 EStG 1988 angewendet werden. Der Veräußerungsgewinn ist daher auf Basis des auf Grund und Boden entfallenden Veräußerungserlöses zu ermitteln. Der Veräußerungsgewinn für den Grund und Boden beträgt daher 16,80 (120*0,14).*

Das Gebäude stellt kein Altvermögen dar, weil es im Rahmen des Betriebes zum 31.3.2012 steuerverfangen war. Allerdings sind die betrieblichen stillen Reserven im Zeitpunkt der Entnahme bereits versteuert worden. Der Entnahmewert ist an die Stelle der Anschaffungskosten getreten. Daher beträgt der Veräußerungsgewinn 10 (100-90). Zusätzlich sind aber auch die auf Grund des § 4 Abs. 3a Z 4 EStG 1988 der außerbetrieblichen Sphäre zugeordneten stillen Reserven, die vor der Einlage entstanden sind, im Veräußerungszeitpunkt zu erfassen (§ 30 Abs. 6 lit. c EStG 1988). Hinsichtlich dieser stillen Reserven ist § 30 Abs. 4 EStG 1988 anwendbar, weil das Gebäude ohne Einlage zum 31.3.2012 nicht steuerverfangen gewesen wäre. Allerdings ist für die Ermittlung der pauschalen Anschaffungskosten an Stelle des Veräußerungserlöses der Teilwert im Einlagezeitpunkt (70) heranzuziehen.

(BMF-AV Nr. 2018/79)

2635b Entnahmen von Grund und Boden vor dem 1.4.2012 waren nur dann steuerlich zu erfassen, wenn die Gewinnermittlung nach § 5 Abs. 1 EStG 1988 erfolgte. In diesem Fall war der entnommene Grund und Boden jedenfalls mit dem Teilwert im Zeitpunkt der Entnahme zu bewerten und einer Besteuerung zu unterziehen. Bei der Regeleinkünfteermittlung sind in diesem Fall die Einkünfte aus privaten Grundstücksveräußerungen um etwaige bei der Entnahme realisierte stille Reserven, höchstens jedoch um die Differenz zwischen den Anschaffungskosten bzw. dem Einlagewert und dem Teilwert im Zeitpunkt der Entnahme, zu kürzen. Dh. jener Teil der Wertsteigerung, der auf die betriebliche Zeit der Nutzung entfällt und durch die Besteuerung der Entnahme aus dem Betriebsvermögen bereits erfasst wurde, ist von den Einkünften zu subtrahieren.

War die Entnahme steuerlich nicht zu erfassen, ist diese Entnahme nicht als Anschaffung iSd § 30 EStG 1988 anzusehen (VwGH 28.2.1973, 0900/72); bei Berechnung der Einkünfte aus privaten Grundstücksveräußerungen ist daher vom Zeitpunkt der tatsächlichen Anschaffung und den tatsächlichen Anschaffungskosten auszugehen (es sei denn, es wird von der pauschalen Einkünfteermittlung nach § 30 Abs. 4 EStG 1988 Gebrauch gemacht).

(BMF-AV Nr. 2021/65)

2635c Auch die Entnahme von Grund und Boden des Altvermögens erfolgt zum Buchwert. Wurde dem Grund und Boden auf Grund des Umstandes der mangelnden Steuerwirksamkeit von Wertveränderungen kein Buchwert beigemessen, bestehen in Anbetracht der Möglichkeit der pauschalen Gewinnermittlung nach § 30 Abs. 4 EStG 1988 keine Bedenken, den Buchwert des Grund und Bodens mit einem „Erinnerungseuro" anzunehmen.

(AÖF 2013/280)

2636 Erfolgt die Bewertung der Entnahme von Grundstücken mit dem Teilwert, ist dieser im Schätzungswege nach anerkannten Bewertungsmethoden zu ermitteln. Ein vorgelegtes Gutachten unterliegt der freien Beweiswürdigung.

(AÖF 2013/280)

6.22 Sonderbewertungsvorschrift bei Leasinggesellschaften

2636a Nach § 6 Z 16 EStG 1988 kann bei einem Betrieb, dessen Unternehmensschwerpunkt in der gewerblichen Vermietung von Wirtschaftsgütern liegt (also vor allem Leasingunternehmen), der Unterschiedsbetrag zwischen dem Buchwert sämtlicher vermieteter Wirtschaftsgüter und dem Barwert der (diskontierten) Forderungen aus sämtlichen Mietverhältnissen (Leasingforderungen) als aktiver oder passiver Ausgleichsposten angesetzt werden. Es soll damit der Effekt erreicht werden, dass im wirtschaftlichen Ergebnis die Zinsspanne – gleichmäßig über die Mietdauer verteilt – als Einnahme erfasst wird.

Die Anwendung des § 6 Z 16 EStG 1988 setzt voraus: **2636b**

1. Einen Mietvertrag, aus dem konkrete Forderungen resultieren. Es darf sich also nicht um einen „gänzlich" unbefristeten Mietvertrag handeln; es muss zumindest der Mieter einen Kündigungsverzicht auf die Kalkulationsdauer des Vertrages abgegeben haben.
2. Die Vereinbarung einer Miete, in deren Kalkulation ein bestimmter Zinssatz eingegangen ist. Die Abzinsung erfolgt sodann mit jenem Zinssatz, der der Miete zu Grunde gelegt worden ist.
3. Hinsichtlich des Mietvertrages dürfen keine Umstände eingetreten sein, die die vollständige Vertragserfüllung durch den Vertragspartner unwahrscheinlich erscheinen lassen. In einem derartigen Fall ist der betroffene Mietvertrag von der Anwendung des § 6 Z 16 EStG 1988 ausgenommen; dem Ausfallsrisiko ist entsprechend Rechnung zu tragen.

Ist ein Restwert (siehe Rz 141) vereinbart, ist dieser wie eine Forderung – und zwar mit dem Barwert – anzusetzen. Auf den Buchwertansatz der vermieteten Wirtschaftsgüter hat der Ansatz von Ausgleichsposten keine Auswirkungen.

(AÖF 2007/88)

Der Ausgleichsposten ist für jeden Mietvertrag gesondert zu ermitteln. Er kann außerbücherlich angesetzt werden. Ein Ansatz bei der unternehmensrechtlichen Gewinnermittlung ist nicht erforderlich. **2636c**

(AÖF 2008/238)

Ausgleichsposten im Sinne des § 6 Z 16 EStG 1988 dürfen nur angesetzt werden, wenn für sämtliche Forderungen aus sämtlichen Mietverträgen eines Betriebes, die die Voraussetzungen für die Ausgleichspostenbildung gemäß Rz 2636b erfüllen, Ausgleichsposten gebildet werden. Der Ansatz muss überdies bereits im Jahr der Gründung des Betriebes (also bei der erstmaligen Gewinnermittlung) erfolgen. Ein späterer „Einstieg" ist ausgeschlossen. Wurden demnach zulässigerweise Ausgleichsposten angesetzt, müssen sodann auf Bestehensdauer des Betriebes für sämtliche in Betracht kommende Forderungen Ausgleichsposten gebildet werden. **2636d**

Bei Betrieben, die bereits im Jahr 2000 bestanden haben, muss die Entscheidung über den Ansatz von Ausgleichsposten bereits für das Jahr 2000 getroffen werden. Werden für dieses Jahr Ausgleichsposten angesetzt, müssen auf Bestehensdauer des Betriebes für sämtliche in Betracht kommende Forderungen Ausgleichsposten gebildet werden. Werden für das Jahr 2000 keine Ausgleichsposten angesetzt, können auch in den Folgejahren keine Ausgleichsposten mehr gebildet werden.

Die Grundsätze der Bilanzänderung kommen zum Tragen.

(AÖF 2006/114)

Im Falle einer Umgründung im Sinne des UmgrStG mit Buchwertfortführung gilt Folgendes: **2636e**

Werden bisher von mehreren Rechtsträgern selbständig geführte Betriebe sodann von einem Rechtsträger gemeinsam geführt (zB Verschmelzung, Einbringung), prägt die bei jenem Betrieb getroffenen Entscheidung, dessen betriebliche Wertigkeit höher ist (zu beurteilen nach dem Gesamtbild der Verhältnisse, wie Unternehmenswert, Umsatzhöhe), die weitere Vorgangsweise beim „Nachfolgerechtsträger". Werden Betriebe (Teilbetriebe) lediglich in einem geänderten Rechtskleid weitergeführt (zB Einbringung in eine bisher nicht produktive GmbH, Realteilung auf eine bisher nicht produktiven Gesellschafter), ist die für den Betrieb getroffenen Wahl für die weitere Vorgangsweise maßgeblich.

(AÖF 2001/178)

Randzahlen 2637–3100: *derzeit frei*

7. Absetzung für Abnutzung (§§ 7, 8 EStG 1988)

7.1 Allgemeine Grundsätze

7.1.1 Anwendungsbereich der allgemeinen Grundsätze

3101 Die Vorschriften über die AfA gelten, soweit nicht gesetzlich etwas Anderes vorgesehen ist, für alle Einkunftsarten (VwGH 23.11.1994, 91/13/0111). Die Vornahme der AfA ist nicht auf bestimmte Gewinnermittlungsarten beschränkt.

7.1.2 Persönliche AfA-Berechtigung

3102 Die AfA kann nur der wirtschaftliche Eigentümer (siehe Rz 121 ff) vornehmen (VwGH 15.3.1988, 88/14/0009). Durch die Einräumung von Verwaltungs- und Nutzungsrechten, zB eines Bestandrechtes, verliert der zivilrechtliche Eigentümer nicht auch sein wirtschaftliches Eigentum. Der Pächter oder Mieter eines Wirtschaftsgutes ist somit nicht als dessen wirtschaftlicher Eigentümer anzusehen (VwGH 22.9.1987, 86/13/0178). Diesem steht die AfA nur für Wirtschaftsgüter zu, die er selbst angeschafft oder hergestellt hat. Ein Fruchtnießer kann nur dann die AfA geltend machen, wenn er als wirtschaftlicher Eigentümer anzusehen ist (VwGH 15.3.1988, 88/14/0009).

3103 Im Bereich des Leasing steht die AfA grundsätzlich dem Leasinggeber zu. Lediglich dann, wenn das Leasinggut dem Leasingnehmer als wirtschaftliches Eigentum (siehe Rz 135 ff) zugerechnet wird, ist der Leasingnehmer zum Abzug der AfA berechtigt.

3104 Bei Miteigentum ist die AfA entsprechend aufzuteilen (VwGH 19.5.1993, 89/13/0151).

3105 Wird ein Wirtschaftsgut einem Anderen unentgeltlich zur Einkünfteerzielung überlassen, ohne dass es zu einer Übertragung des wirtschaftlichen Eigentums kommt, so steht die AfA weder dem Eigentümer noch dem Nutzungsberechtigten zu (VwGH 6.11.1991, 91/13/0074).

7.1.3 Sachliche AfA-Berechtigung

3106 Absetzungsfähig sind nur Wirtschaftsgüter des Anlagevermögens, die der Abnutzung unterliegen. Eine AfA von nicht abnutzbarem Anlagevermögen ist ebenso ausgeschlossen wie eine AfA vom Umlaufvermögen. Zur Abnutzbarkeit siehe Rz 612 und Rz 613 f. Zur Aufteilung des Kaufpreises für das Grundstück auf Gebäude und Grund und Boden siehe Rz 588 letzter Absatz.

7.1.4 Einheitlichkeit des Wirtschaftsgutes

3107 Dem Grundsatz der Einzelbewertung entsprechend ist die AfA für jedes Wirtschaftsgut gesondert anzusetzen. Jedes Wirtschaftsgut als solches unterliegt einer einheitlichen Abnutzung. Die Wahl verschiedener AfA-Sätze für sich verschieden schnell abnutzende Teile eines Wirtschaftsgutes kommt nicht in Frage (VwGH 27.11.1973, 790/73). Werden Teile, die sich rascher abnutzen, ausgetauscht, liegt Erhaltungsaufwand vor.

3108 Bei Gebäuden gilt der Grundsatz der Einheitlichkeit der AfA bei den betrieblichen Einkünften jedoch nicht bzw. nur eingeschränkt (siehe Rz 3139 ff).

7.1.5 AfA-Methode

3109 Grundsätzlich ist die einzig zulässige Form der Abschreibung die lineare AfA (gleichmäßige Verteilung der Anschaffungs- oder Herstellungskosten auf die betriebsgewöhnliche Nutzungsdauer). Für bestimmte nach dem 30. Juni 2020 angeschaffte oder hergestellte Wirtschaftsgüter besteht allerdings die Möglichkeit einer degressiven AfA (§ 7 Abs. 1a EStG 1988; siehe Rz 3261 ff).

Die Bildung so genannter Festwerte (siehe Rz 2276 ff) ist als besondere Bewertungsmethode anzusehen; eine AfA vom Festwert ist nicht zulässig.

(BMF-AV Nr. 2021/65)

7.1.6 Pflicht zum AfA-Abzug

3110 Für die AfA besteht kein Wahlrecht. Sie ist verpflichtend vorzunehmen. Unterlassene AfA kann nicht nachgeholt werden (VwGH 27.5.1987, 84/13/0270). Dies gilt für alle Einkunftsarten. Ein Verstoß gegen diese Verpflichtung führt zum Verlust der AfA als Betriebsausgabe, ohne dass das Anlagegut zu einem höheren als den um die AfA verminderten Wert angesetzt werden dürfte. In dem rechtskräftig veranlagten Jahr ist bei einem Bilanzierenden zwar der Bilanzansatz zu berichtigen, doch bleibt dies – sofern eine Wiederaufnahme nicht möglich ist – ohne steuerliche Auswirkung. Auch im Fall der Veräußerung ist dem Veräußerungserlös der berichtigte Wertansatz gegenüberzustellen (VwGH 17.6.1970, 1769/68).

Beispiel:
Im April 2000 wird ein Wirtschaftsgut um 70.000 S angeschafft und sofort in Betrieb genommen. Die betriebsgewöhnliche Nutzungsdauer des Wirtschaftsgutes wird mit sieben Jahren geschätzt. Im Jahr 2000 wird keine AfA, in den Jahren 2001 bis 2003 die AfA in Höhe von jährlich 10.000 S geltend gemacht. Das Wirtschaftsgut wird im November 2003 um 50.000 S verkauft. Aus der Differenz zwischen dem Veräußerungserlös von 50.000 S und dem berichtigten Restbuchwert von 30.000 S ergibt sich ein Veräußerungsgewinn von 20.000 S.

7.1.7 AfA-Bemessungsgrundlage

Bemessungsgrundlage sind die Anschaffungs- oder Herstellungskosten, mit denen das Wirtschaftsgut aktiviert wird, ersatzweise der Teilwert, die fiktiven Anschaffungskosten oder der gemeine Wert. Erfolgt keine Aktivierung, so steht auch keine AfA zu. Der Investitionsfreibetrag kürzt die AfA-Bemessungsgrundlage nicht. Bei der Übertragung stiller Reserven gilt der um die stillen Reserven gekürzte Betrag als Anschaffungskosten (siehe § 12 Abs. 5 EStG 1988). Übertragene Rücklagen (§ 12 Abs. 8 EStG 1988) sowie steuerfreie Anlagesubventionen vermindern ebenfalls die Anschaffungskosten und damit die AfA-Bemessungsgrundlage. Die Anschaffungs- oder Herstellungskosten sind auch dann anzusetzen, wenn ein sogenannter Schrottwert für quantitativ und qualitativ ins Gewicht fallendes Material angesetzt wird. **3111**

§ 162 BAO gilt auch für die AfA. Eine Aktivierung eines Wirtschaftsgutes und damit die Vornahme der AfA ist nicht zulässig, wenn der Empfänger der Anschaffungs- oder Herstellungskosten nicht genannt wird (VwGH 9.4.86, 84/13/0089).

7.1.8 Teilwertabschreibung

Eine Teilwertabschreibung (siehe Rz 2230 ff) schließt eine AfA im selben Wirtschaftsjahr aus. Der verbleibende Teilwert ist linear auf die Restnutzungsdauer zu verteilen. **3112**

7.1.9 Nutzungsdauer

7.1.9.1 Allgemeines

Die AfA bemisst sich nach der betriebsgewöhnlichen Nutzungsdauer des Wirtschaftsgutes. Darunter ist die Dauer der normalen technischen und wirtschaftlichen Nutzbarkeit zu verstehen (VwGH 20.11.1996, 92/13/0304). Die technische Nutzungsdauer wird durch den Materialverschleiß bestimmt. Die wirtschaftliche Nutzungsdauer richtet sich nach der wirtschaftlichen Nutzungsmöglichkeit, insbesondere also danach, inwieweit das Wirtschaftsgut unmodern ist oder durch bessere Anlagen überholt werden kann. Die wirtschaftliche Nutzungsdauer kann niemals länger, wohl aber kürzer als die technische Nutzungsdauer sein. Eine kürzere wirtschaftliche Nutzungsdauer ist der AfA-Berechnung aber erst zu Grunde zu legen, wenn dies der Abgabepflichtige durch konkrete Tatsachen nachgewiesen hat (VwGH 12.9.1989, 88/14/0162). Weiters ist die Nutzungsdauer betriebsindividuell und kann für gleichartige Wirtschaftsgüter von Betrieb zu Betrieb abweichen. Maßgebend ist dabei aber nicht der Zeitraum der voraussichtlichen Benutzung durch den Besitzer des Wirtschaftsgutes oder andere subjektive Erwägungen, sondern die objektive Möglichkeit der Nutzung des Wirtschaftsgutes (VwGH 7.9.1993, 93/14/0081). **3113**

(BMF-AV Nr. 2018/79)

Eine besondere Komponente der Nutzungsdauer ist die rechtliche Nutzungsdauer. Das ist jener Zeitraum, innerhalb dessen das Wirtschaftsgut genutzt werden darf (siehe zB Rz 3122 f betreffend Mietrechte). **3114**

7.1.9.2 Ermittlung der Nutzungsdauer

Die Nutzungsdauer ist vom Steuerpflichtigen zu schätzen (VwGH 12.9.1989, 88/14/0162, VwGH 27.1.1994, 92/15/0127). Dabei sind alle Umstände zu beachten, die die Nutzungsdauer bestimmen, und zwar sowohl jene, die durch die Art des Wirtschaftsgutes bedingt sind, als auch jene, die sich aus der besonderen Nutzungs-(Verwendungs-)Form im Betrieb des Steuerpflichtigen ergeben (VwGH 24.6.2003, 99/14/0015). Bei Einschätzung der Nutzungsdauer sind zukünftige Verhältnisse nur insoweit zu berücksichtigen, als sich diese in der Gegenwart bereits verlässlich voraussehen lassen (VwGH 25.4.2002, 99/15/0255). **3115**

Sofern eine Nutzungsdauer im Gesetz nicht vorgegeben ist, gilt:

1. Für Baugeräte, die in der Österreichischen Baugeräteliste enthalten sind, können die anzuwendenden Nutzungsdauern nach Maßgabe der Rz 3115a ermittelt werden.

2. Für Wirtschaftsgüter, die unmittelbar dem Unternehmenszweck eines Energieversorgungsunternehmens dienen, bestimmt sich die „betriebsgewöhnliche Nutzungsdauer" (§ 7 EStG 1988) nach Rz 3115b und der Tabelle laut Anhang I.
3. Für Wirtschaftsgüter, die von Punkt 1 und 2 nicht erfasst sind, können die deutschen amtlichen AfA-Tabellen als Hilfsmittel bei Ermittlung der Nutzungsdauer von Anlagegütern herangezogen werden. Die im deutschen BMF-Schreiben vom 26.2.2021 vorgesehene Herabsetzung der Nutzungsdauern von Computerhardware und Software auf ein Jahr ist nicht anzuwenden.

(BMF-AV Nr. 2021/65)

3115a Die Österreichische Baugeräteliste 2015 (ÖBGL 2015) und die Österreichische Baugeräteliste 2020 (ÖBGL 2020) weisen für die darin enthaltenen Baugeräte jeweils Nutzungsdauern aus. Für Baugeräte, bei denen die steuerliche AfA nach der „betriebsgewöhnlichen Nutzungsdauer" (§ 7 EStG 1988) zu bemessen ist, stellen diese Werte eine taugliche Grundlage dar, um daraus die jeweils steuerlich maßgebende Abschreibungsdauer wie folgt abzuleiten:

1. Als „betriebsgewöhnliche Nutzungsdauer" im Sinne des § 7 Abs. 1 EStG 1988 kann der AfA der Jahreswert zu Grund gelegt werden, der sich aus einer Erhöhung der in der ÖBGL 2015 ausgewiesene Nutzungsdauer um 50% ergibt (Erhöhung der Nutzungsdauer um den Faktor 1,5). Dabei ist gegebenenfalls auf ganze Jahre aufzurunden.
2. Für Wirtschaftsgüter, die der Gruppe P.0 bis P.6 angehören (Kraftfahrzeuge und Anhänger), kann die in der ÖBGL 2015 und ÖBGL 2020 ausgewiesene Nutzungsdauer unverändert der steuerlichen AfA zugrunde gelegt werden. Davon ausgenommen sind Pkws und Kombis, für die gemäß § 8 Abs. 6 EStG 1988 eine Mindestnutzungsdauer von acht Jahren vorgesehen ist.

Diese Regelung gilt für Anschaffungen von Baugeräten in Wirtschaftsjahren, die nach dem 31.12.2017 beginnen. Umstände, die den Ansatz einer kürzeren Nutzungsdauer rechtfertigen, sind vom Unternehmen nachzuweisen, wobei insbesondere Erfahrungswerten aus der Vergangenheit eine besondere Bedeutung beizumessen ist.

(BMF-AV Nr. 2021/65)

3115b Bei Wirtschaftsgütern, die unmittelbar dem Unternehmenszweck eines Energieversorgungsunternehmens dienen, bestimmt sich die „betriebsgewöhnliche Nutzungsdauer" (§ 7 EStG 1988) nach der Tabelle laut Anhang I.

Diese Regelung gilt für die Inbetriebnahme von Wirtschaftsgütern in Wirtschaftsjahren, die nach dem 31.12.2020 beginnen. Bei Wirtschaftsgütern, die nicht in der „AfA-Tabelle 1988 für den Bereich der Elektrizitätswirtschaft" enthalten sind und bei denen noch keine Beurteilung der Nutzungsdauer in einem Ermittlungs- und Veranlagungsverfahren, im Zuge einer Außenprüfung oder in einem Rechtsmittelverfahren erfolgte, ist ab dem nach dem 31.12.2020 beginnenden Wirtschaftsjahr eine Anpassung der Nutzungsdauern auf die Werte laut Tabelle im Anhang I vorzunehmen.

Soweit eine Nutzungsdauer mit einer Bandbreite in der Tabelle laut Anhang I (zB für Pumpstationen maschineller Teil eine Nutzungsdauer von 15–20 Jahren) ausgewiesen wird, ist die zur Anwendung kommende Nutzungsdauer vom jeweiligen Unternehmen nachzuweisen, wobei insbesondere Erfahrungswerten aus der Vergangenheit eine besondere Bedeutung beizumessen ist.

(BMF-AV Nr. 2021/65)

3116 Beim Kauf gebrauchter Wirtschaftsgüter ist der AfA-Berechnung die noch zu erwartende tatsächliche Nutzungsdauer zu Grunde zu legen, unabhängig von der Nutzungsdauer des Vorgängers. Beim Kauf eines vom Verkäufer voll abgeschriebenen Wirtschaftsgutes darf daher nicht eine Nutzungsdauer von Null angenommen werden.

3117 Die Behörde kann eine abweichende Schätzung auf Grund allgemein anerkannter Erfahrungssätze vornehmen (VwGH 20.1.1953, 906/52), wenn die Differenzen zur Schätzung des Steuerpflichtigen nicht nur geringfügig sind (VwGH 22.2.1972, 1909/70). Die Behörde ist berechtigt, die Schätzung der Nutzungsdauer zu überprüfen, auch wenn sie die vom Steuerpflichtigen bisher vorgenommene Schätzung in den Vorjahren unbeanstandet gelassen hat. Dem Grundsatz von Treu und Glauben könnte diesfalls nur dann Bedeutung beigemessen werden, wenn die Abgabenbehörde selbst eine später als unrichtig erkannte AfA-Berechnung veranlasst hat (VwGH 24.1.1998, 93/14/0151).

3118 Wurde im Veranlagungsverfahren, im Zuge einer Betriebsprüfung oder im Rechtsmittelverfahren die Frage der AfA im Einzelfall bei Kenntnis der für die Beurteilung der AfA maßgeblichen Umstände in einer Art und Weise geprüft, dass der Steuerpflichtige mit gutem Grund die Anerkennung der AfA und damit der Nutzungsdauer annehmen durfte, sollen die AfA-Sätze und die Nutzungsdauer bei den Veranlagungen oder Betriebsprüfungen der folgenden Jahre grundsätzlich nicht geändert werden, es sei denn, die Angaben des Steuerpflichtigen waren unrichtig oder die Verhältnisse haben sich wesentlich geändert. Wurde hingegen die beantragte AfA bei der Veranlagung ohne eine solche Prüfung und Anerkennung berücksichtigt, kann die Behörde in den folgenden Jahren eine solche Prüfung vornehmen und ggf von der vom Steuerpflichtigen vorgenommenen AfA abweichen.

(AÖF 2006/114)

7.1.9.3 Berichtigung der Nutzungsdauer

Die Berichtigung der Nutzungsdauer ist notwendig, wenn von vornherein von einer (objektiv) falschen Nutzungsdauer ausgegangen worden ist. Die Abweichung muss hierbei aber erheblich (jedenfalls 20%) sein. Bei den Berichtigungen ist das Moment der subjektiven Richtigkeit zu beachten (VwGH 27.4.2017, Ra 2015/15/0062). **3119**

(BMF-AV Nr. 2018/79)

Randzahl 3120: *derzeit frei*

(AÖF 2013/280)

Wurde die Nutzungsdauer mit entsprechender Sorgfalt, zB aufgrund der amtlichen deutschen AfA-Tabelle geschätzt, hat sie zunächst die Vermutung der Richtigkeit für sich. Stellt sich später heraus, dass die Nutzungsdauer objektiv falsch war, liegen keine unrichtigen iSd § 4 Abs. 2 Z 2 EStG 1988 „bis zur Wurzel" zu korrigierende weil fehlerhafte Bilanzen vor. **3120**

Für die Folgejahre ist wie folgt vorzugehen:

Bisher zu kurze Nutzungsdauer

Wurde die Nutzungsdauer zu kurz geschätzt, dh. es wurden zu hohe Absetzungen geltend gemacht, können sie durch entsprechende Minderung der AfA für die restliche Nutzungsdauer ausgeglichen werden.

Beispiel:

Im Mai 2015 wird ein Wirtschaftsgut um 5.000 Euro angeschafft und sofort in Betrieb genommen. Die betriebsgewöhnliche Nutzungsdauer dieses Wirtschaftsgutes wird mit fünf Jahren statt mit richtigerweise zehn Jahren geschätzt. In den Jahren 2015 bis 2017 werden Absetzungen für Abnutzung in Höhe von jeweils 1.000 Euro vorgenommen. Im Jahr 2018 erfolgt eine Berichtigung der AfA unter Berücksichtigung einer Nutzungsdauer von zehn Jahren. Der Restbuchwert des Wirtschaftsgutes betrug am Ende des Jahres 2017 2.000 Euro Dieser Betrag ist gleichmäßig auf die verbleibenden sieben Jahre der betriebsgewöhnlichen Nutzung aufzuteilen, sodass für die Jahre 2018 bis 2024 die AfA in Höhe von jeweils 286 Euro geltend gemacht werden kann.

Bisher zu lange Nutzungsdauer

Eine bisher zu lang angenommene Nutzungsdauer kann durch Verteilung des Restbuchwertes auf die (korrigierte) Restnutzungsdauer berichtigt werden.

Beispiel:

Im Mai des Jahres 2015 wird ein Wirtschaftsgut um 5.000 Euro angeschafft und sofort in Betrieb genommen. Seine betriebsgewöhnliche Nutzungsdauer wird statt mit fünf Jahren mit zehn Jahren geschätzt. In den Jahren 2015 bis 2017 werden Absetzungen für Abnutzung in Höhe von jeweils 500 Euro vorgenommen. Im Jahr 2018 erfolgt eine Berichtigung der AfA unter Berücksichtigung einer Nutzungsdauer von fünf Jahren. Da das Wirtschaftsgut am Ende des Jahres 2017 einen Restbuchwert von 3.500 Euro hatte, beträgt die AfA für die verbleibenden zwei Jahre jeweils 1.750 Euro.

(BMF-AV Nr. 2018/79, BMF-AV Nr. 2019/75)

War die Schätzung der Nutzungsdauer nicht nur objektiv, sondern auch subjektiv unrichtig, ist eine Bilanzberichtigung gemäß § 4 Abs. 2 Z 2 EStG 1988 vorzunehmen: **3120a**

Die AfA muss infolge der im Einkommensteuerrecht geltenden Periodenbesteuerung bei der Gewinn-/Überschussermittlung des Kalenderjahres geltend gemacht werden, in das sie wirtschaftlich gehört. Daher können unterbliebene Absetzungen nicht nachgeholt und zu hohe Absetzungen nicht durch eine Minderung oder Aussetzung der Abschreibung in der Zukunft ausgeglichen werden (Nachholverbot; VwGH 31.05.2011, 2007/15/0015; 30.03.2011, 2008/13/0024). Liegt die Wurzel des Fehlers im Jahr 2003 oder in einem späteren Jahr, kommt ab 2013 für eine steuerwirksame AfA-Korrektur die Berücksichtigung eines Zu/Abschlages in Betracht (§ 4 Abs. 2 EStG 1988; § 4 Abs. 3 letzter Satz EStG 1988, § 28 Abs. 7 EStG 1988).

(BMF-AV Nr. 2018/79)

7.1.9.4 Änderung der Nutzungsdauer

3121 Eine Änderung der vom Steuerpflichtigen ursprünglich zutreffend geschätzten Nutzungsdauer ist nur zulässig, wenn sich die für die Nutzungsdauer maßgebenden Verhältnisse wesentlich und dauernd ändern, beispielsweise

- bei einer Änderung der Nutzungsart (ein LKW, der bisher für den Transport auf der Straße eingesetzt war, wird in Zukunft in einer Baugrube eingesetzt),
- einer Änderung der Einsatzdauer (eine Anlage wird statt acht Stunden in Zukunft sechzehn Stunden eingesetzt) oder
- bei nachträglichem Herstellungsaufwand, wenn sich dadurch die Restnutzungsdauer des Wirtschaftsgutes insgesamt verlängert bzw. die Höhe des nachträglichen Herstellungsaufwandes nur unter dem Gesichtspunkt einer längeren als der buchmäßigen Restnutzungsdauer erklärbar ist.

7.1.9.5 Mietrecht, Mietvorauszahlungen

3122 Ablösezahlungen zur Erlangung eines Mietrechtes an Geschäftsräumlichkeiten stellen Anschaffungskosten des Mietrechtes dar. Das Mietrecht an Geschäftsräumlichkeiten gehört zu den beweglichen Wirtschaftsgütern des Anlagevermögens. Die Aufwendungen zur Erlangung des Mietrechtes sind zu aktivieren (VwGH 5.7.1998, 97/13/0076, betreffend Abgrenzung zwischen Mietvorauszahlungen und Anschaffungskosten eines Mietrechtes). Ein entgeltlich erworbenes Mietrecht ist auf die voraussichtliche Vertragsdauer abzuschreiben (VwGH 12.1.1993, 88/14/ 0077).

3123 Leistet der Mieter unter bestimmten Auflagen Mietvorauszahlungen – bei Einzug des Mieters wird das Lokal entsprechend den Bedürfnissen des Mieters formell vom Vermieter errichtet bzw. adaptiert, der Vermieter stimmt einem Kündigungsverzicht für jenen Zeitraum zu, der Berechnung der Vorleistung des Mieters zu Grunde gelegt wurde, die vertraglichen Rechte und Pflichten gehen auf den jeweiligen Rechtsnachfolger über, dem Mieter wird das Recht der Weiter- und Untervermietung eingeräumt, das Bestandrecht wird im Grundbuch intabuliert –, dann unterscheidet sich dieser Sachverhalt wirtschaftlich nicht von jenem, in dem der Mieter selbst Investitionen im gemieteten Objekt durchführt. Mieterinvestitionen sind grundsätzlich dem Mieter als dessen wirtschaftlicher Eigentümer zuzurechnen. Es ist daher davon auszugehen, dass durch derartige Mietvorauszahlungen ein im wirtschaftlichen Eigentum des Mieters stehendes unbewegliches Wirtschaftsgut (Gebäudeinvestition) angeschafft wird.

7.1.9.6 Mieterinvestitionen

3124 Investitionen des Mieters sind auf die voraussichtliche Nutzungsdauer, höchstens auf die voraussichtliche Mietdauer abzuschreiben. Ist der Mietvertrag auf unbestimmte Zeit abgeschlossen, ist für die Abschreibung die Nutzungsdauer der Investition maßgebend. Die Nutzungsdauer bei Aufwendungen, deren Ergebnis der Mieter dem Vermieter bei Beendigung des Bestandsverhältnisses zu überlassen hat, ist durch die voraussichtliche Dauer des Bestandsverhältnisses begrenzt. Somit ist die – voraussichtliche – Vertragsdauer maßgeblich, wenn sie kürzer als die Nutzungsdauer eines Wirtschaftsgutes ist. Es kommt darauf an, wie lange der Mieter nach dem gewöhnlichen Ablauf der Dinge mit einer Nutzung seiner Aufwendungen im Rahmen des Vertrages rechnen kann. Der Plan des Mieters, das Mietverhältnis künftig vorzeitig zu beenden, führt nicht zu einer außergewöhnlichen wirtschaftlichen Abnutzung der Mieterinvestition, sofern diese bis zur tatsächlichen Beendigung des Mietverhältnisses uneingeschränkt nutzbar ist (VwGH 24.10.2019, Ro 2018/15/0013). Auf die voraussichtliche Vertragsdauer ist auch bei auf unbestimmte Zeit abgeschlossenen Mietverträgen abzustellen (VwGH 25.04.2002, 99/15/0255). Wird die Nutzungsdauer der betrieblichen Gebäudeinvestition nicht nachgewiesen, kann diese auch in Anlehnung an § 8 EStG 1988 geschätzt werden (vgl. VwGH 23.03.2010, 2005/13/0027; VwGH 12.01.1993, 88/14/0077).

(BMF-AV Nr. 2021/65)

7.1.9.7 Baukostenzuschüsse für Energieversorgung

3125 Baukostenzuschüsse, die an Energieversorgungsunternehmen für den Anschluss an die Energieversorgung (elektrischer Strom, Ferngas, Fernwärme usw.) geleistet werden, sind zu aktivieren und auf den Nutzungszeitraum verteilt abzusetzen. Dies gilt für das Netzzutrittsentgelt gemäß § 54 ElWOG 2010. Mit dem Netzzutrittsentgelt werden dem Netzbetreiber alle Aufwendungen abgegolten, die mit der erstmaligen Herstellung des Anschlusses an ein Netz verbunden sind. Für die Bestimmung der Nutzungsdauer ergeben sich Anhaltspunkte aus der betriebsgewöhnlichen Nutzungsdauer der mit den Baukostenzuschüssen errichteten Anlagen sowie aus der voraussichtlichen Geltungsdauer der zwischen dem Energieabnehmer und dem Energieversorgungsunternehmen abgeschlossenen Vereinbarungen.

Sind dagegen Anschlusskosten speziell für den Betrieb einer Anlage erforderlich, zählen sie zu den Anschaffungskosten dieser Anlage (VwGH 20.05.2010, 2007/15/0153 zu einer Windenergieanlage).

Das Netzbereitstellungsentgelt stellt nach § 55 ElWOG 2010 einen leistungsbezogenen Pauschalbetrag für den bereits erfolgten sowie notwendigen Ausbau des Netzes zur Ermöglichung des Anschlusses dar. Die Höhe des Netzbereitstellungsentgeltes richtet sich somit nach dem vereinbarten Ausmaß der Netznutzung. Steigt oder sinkt das Ausmaß der Netznutzung, ist das Netzbereitstellungsentgelt grundsätzlich dem anzupassen. Wird die Netznutzung im selben Netz örtlich geändert, ist das bereits entrichtete Netzbereitstellungsentgelt zu übertragen und kein weiteres Netzbereitstellungsentgelt zu entrichten. Eine Reduktion des Netzbereitstellungsentgeltes auf Grund einer Stilllegung des Netzanschlusses oder einer Verringerung der Ausnutzung ist aber nur bis zu 15 Jahre nach Entrichtung des Netzbereitstellungsentgeltes möglich.

Das Energieversorgungsunternehmen hat das vereinnahmte Netzbereitstellungsentgelt gemäß § 55 Abs. 6 ElWOG 2010 auf zwanzig Jahre zu verteilen und mit dem Netznutzungsentgelt zu verrechnen, sodass dieses gemindert wird. Danach sollte keine Minderung des Netznutzungsentgeltes mehr eintreten. Im Ergebnis stellt dadurch das Netzbereitstellungsentgelt kein Entgelt für den Erwerb eines immateriellen Rechtes, sondern eine Vorauszahlung auf das Netznutzungsentgelt dar, die spätestens nach Ablauf von 20 Jahren erschöpft ist. Im Rahmen einer Bilanzierung ist für das Netzbereitstellungsentgelt ein aktiver Rechnungsabgrenzungsposten zu bilden und dieser verteilt auf 20 Jahre aufzulösen (BFG 21.12.2015, RV/5100054/2011).

(BMF-AV Nr. 2018/79)

7.1.10 Ganzjahres- und Halbjahres-AfA

7.1.10.1 Beginn der AfA

§ 7 EStG 1988 geht von der grundsätzlichen Überlegung aus, dass der Zeitpunkt der Anschaffung oder Herstellung eines Wirtschaftsgutes mit dem Zeitpunkt seiner Inbetriebnahme zusammenfällt. Erfolgt die Inbetriebnahme zu einem späteren Zeitpunkt, dann kommt die AfA erst ab dem Zeitpunkt in Betracht, zu dem das Wirtschaftsgut den Zwecken des Betriebes dient und deshalb einer Abnutzung unterliegt (VwGH 5.10.1962, 0748/62). Bei hergestellten Wirtschaftsgütern sind Absetzungen für Abnutzung idR ausgeschlossen, solange das Wirtschaftsgut nicht fertig gestellt ist (VwGH 11.8.1993, 91/13/0159). Die Vornahme von Erhaltungsmaßnahmen nach der Fertigstellung hindert den Beginn der AfA ab der Fertigstellung nicht; werden dagegen noch Herstellungsmaßnahmen in nicht untergeordnetem Ausmaß getätigt, beginnt der Lauf der AfA nicht vor dem Abschluss dieser Maßnahmen. Dabei können abgrenzbare Teile eines Gebäudes (zB Dachbodenausbau) eine unterschiedliche Betrachtung erfahren, wenn einzelne Teile bereits in Nutzung genommen werden (VwGH 23.5.2013, 2010/15/0067). **3126**

(BMF-AV Nr. 2015/133)

Tritt ein Wertverzehr schon vor der Inbetriebnahme ein (zB wirtschaftlicher Wertverzehr bei Wohngebäuden), so kann die AfA schon vor der technischen Inbetriebnahme beginnen (VwGH 23.5.2013, 2010/15/0067; VwGH 22.2.1993, 92/15/0048). **3127**

(BMF-AV Nr. 2015/133)

Ein Probebetrieb ist nicht als Inbetriebnahme anzusehen, es sei denn, das Wirtschaftsgut wird nach dem Probebetrieb unmittelbar in die Produktion übernommen. **3128**

7.1.10.2 Ganzjahres- oder Halbjahres-AfA bei Inbetriebnahme

Wird ein Wirtschaftsgut im Wirtschaftsjahr mehr als sechs Monate genutzt, dann ist der gesamte auf ein Jahr entfallende Betrag abzusetzen, sonst die Hälfte dieses Betrages. Fallen der Zeitpunkt der Anschaffung (Herstellung) eines Wirtschaftsgutes und der Zeitpunkt seiner Inbetriebnahme auseinander, dann ist für die Berechnung der AfA auf den Zeitpunkt der Inbetriebnahme abzustellen. Wird also ein Wirtschaftsgut im ersten Halbjahr angeschafft, jedoch erst im zweiten Halbjahr in Betrieb genommen, dann kann im Wirtschaftsjahr der Anschaffung (Herstellung) nur die Halbjahres-AfA abgesetzt werden. Erfolgt die Inbetriebnahme nicht im Jahr der Anschaffung (Herstellung), kann in diesem Jahr keine AfA abgesetzt werden. In einem solchen Fall kann die AfA erst im Jahr der Inbetriebnahme des Wirtschaftsgutes unter Anwendung des § 7 Abs. 2 EStG 1988 in Anspruch genommen werden. **3129**

Beispiel:

Anfang Dezember 1999 wird ein Kaufvertrag über die Anschaffung einer Maschine zu einem Kaufpreis von 500.000 S zuzüglich 20% USt unterzeichnet. Weiters ist eine Probe-

zeit von vier Monaten nach Beendigung der Montage vorgesehen. Die Montagekosten betragen 50.000 S zuzüglich 10.000 S USt. Die Lieferung der Maschine erfolgt Mitte August 2000. Da die Montage einen Zeitraum von vier Wochen beansprucht, wird mit dem Probebetrieb Mitte September 2000 begonnen. Als betriebsgewöhnliche Nutzungsdauer wird ein Zeitraum von 10 Jahren angenommen.

Kaufpreis (netto): 500.000 S

Nebenkosten (netto): + 50.000 S

Anschaffungskosten: 550.000 S

davon 1/10 = 55.000 S

AfA 1999 (keine Inbetriebnahme) 0 S

AfA 2000 (ebenfalls noch keine Inbetriebnahme) 0 S

Ab dem Jahr 2001 steht eine Jahres-AfA von jeweils – 55.000 S für zehn Jahre zu.

3130 Wird ein Wirtschaftsgut innerhalb eines Jahres zunächst zur Erzielung betrieblicher Einkünfte und anschließend zur Erzielung außerbetrieblicher Einkünfte genutzt, kann es sowohl zum Ansatz einer Ganzjahres-AfA als auch einer Halbjahres-AfA kommen.

Beispiel:

Ein Betrieb wird zum 1. April 2001 aufgegeben und das ehemalige Betriebsgebäude anschließend zur Erzielung von Einkünften aus Vermietung und Verpachtung genutzt. Bei der Gewinnermittlung des Betriebes ist für das Jahr 2001 noch die Hälfte der AfA abzusetzen (§ 7 Abs. 2 EStG 1988), bei den Werbungskosten aus Vermietung und Verpachtung steht die AfA für das ganze Jahr 2001 zu (§ 16 Abs. 1 Z 8 EStG 1988 in Verbindung mit § 7 Abs. 2 EStG 1988).

7.1.10.3 Halbjahres-AfA bei Veräußerung und Rumpfwirtschaftsjahr

3131 Beträgt ein Wirtschaftsjahr weniger als sechs Monate (Rumpfwirtschaftsjahr), steht nur die halbe Jahres-AfA zu. Dieser Grundsatz ist auch bei einer Veräußerung (Ausscheiden) eines Wirtschaftsgutes während des Wirtschaftsjahres (Rumpfwirtschaftsjahres) anzuwenden, wobei der AfA bei einer solchen Veräußerung (bei einem solchen Ausscheiden) im Rahmen der Übertragung der stillen Reserven nach § 12 EStG 1988 (siehe Rz 3861 ff) Bedeutung zukommt. Bei Vorliegen eines Rumpfwirtschaftsjahres ist die anteilsmäßige AfA auch hinsichtlich der nicht in diesem Wirtschaftsjahr angeschafften oder hergestellten (bzw. veräußerten) Wirtschaftsgüter nach den Grundsätzen des § 7 Abs. 2 EStG 1988 (Halbjahres- oder Ganzjahres-AfA) zu berechnen.

7.1.10.4 AfA bei unentgeltlicher Betriebsübertragung

3132 Aus dem Umstand, dass bei einer unentgeltlichen Betriebsübertragung die Buchwerte fortzuführen sind (§ 6 Z 9 lit. a EStG 1988), kann geschlossen werden, dass der Buchwert in der Schlussbilanz des Übernehmers mit demselben Betrag anzusetzen ist, der beim Rechtsvorgänger in dieser Schlussbilanz auszuweisen gewesen wäre. Daraus folgt, dass im Jahr der Übertragung insgesamt nicht mehr als die ganze Jahres-AfA abgesetzt werden kann. Da der Rechtsnachfolger in die Rechtsstellung des Rechtsvorgängers eintritt, bestehen keine Bedenken, wenn in diesem Fall die Jahres-AfA aliquot bei der Gewinnermittlung des Rechtsvorgängers und des Rechtsnachfolgers berücksichtigt wird. Gleiches gilt in anderen Fällen von Betriebsübertragungen mit Buchwertfortführung, bspw. Umgründungen iSd UmgrStG, siehe UmgrStR 2002 Rz 120 f, Rz 952, Rz 1403, Rz 1585).

(AÖF 2004/167)

3133 Bei den außerbetrieblichen Einkunftsarten können sich dagegen im Fall von unentgeltlichen Übertragungen vor dem 1. August 2008 Gesamtabsetzungsbeträge für mehr als ein Jahr ergeben (zB Schenkung im November 2007: Ganzjahres-AfA beim Geschenkgeber, Halbjahres-AfA beim Empfänger).

(AÖF 2009/74)

7.2 Anlageverzeichnis

3134 Steuerpflichtige, die ihren Gewinn gemäß § 4 Abs. 3 EStG 1988 ermitteln, haben eine Anlagekartei (Anlageverzeichnis) der im Betrieb verwendeten abnutzbaren Wirtschaftsgüter und des Grund und Bodens des Anlage- und Umlaufvermögens zu führen. Nach § 7 Abs. 3 EStG 1988 ist das Führen eines Anlageverzeichnisses keine materielle Voraussetzung für die Inanspruchnahme einer AfA, diese Bestimmung hat nur den Charakter einer bloßen Ordnungsvorschrift.

(AÖF 2013/280)

Wird die Anlagekartei nicht geführt, dann geht das Recht auf die AfA nicht verloren, es liegt jedoch eine Verletzung von Aufzeichnungspflichten vor (Finanzordnungswidrigkeit nach § 51 FinStrG). **3135**

Es ist ausreichend, wenn das Verzeichnis im Zeitpunkt der Abgabe der Steuererklärung ordnungsgemäß geführt ist. **3136**

Das der Eingabe beigelegte Verzeichnis ist grundsätzlich AfA-tauglich, wenn Name und Anschrift des Lieferanten (liefernden Unternehmers) in der Buchhaltung eindeutig dokumentiert sind (Lieferantenrechnung) und auf Verlangen des Finanzamtes jederzeit vorgelegt werden können. **3137**

Bloße Sammelbuchungen sind nur nach Konkretisierung der selbstständig bewertbaren abnutzbaren Anlagegüter einer AfA im Sinne des § 7 EStG 1988 zugänglich. Zur Beseitigung von Zweifeln hat das Finanzamt den Steuerpflichtigen zur Aufklärung bzw. Richtigstellung aufzufordern. **3138**

7.3 Gebäude

7.3.1 Allgemeines zum AfA-Satz und Nachweis einer kürzeren Nutzungsdauer

Für bis zum 31.12.2015 endende Wirtschaftsjahre gelten bei Gebäuden die im § 8 Abs. 1 EStG 1988 idF vor StRefG 2015/2016 gesetzlich bestimmten AfA-Sätze. **3139**

Für im Jahr 2016 beginnende Wirtschaftsjahre gilt für betrieblich genutzte Betriebsgebäude gemäß § 7 EStG 1988 iVm § 8 EStG 1988 ein einheitlicher Abschreibungssatz in Höhe von 2,5%. Werden Gebäude für Wohnzwecke überlassen, gilt ein AfA-Satz von 1,5% (zur beschleunigten AfA für Gebäude, die nach dem 30. Juni 2020 angeschafft oder hergestellt worden sind, siehe Rz 3139b ff und Rz 6443a ff).

Diese Sätze gelten auch für Gebäude, die in gebrauchtem Zustand erworben wurden. Die AfA-Sätze können ohne Nachweis in Anspruch genommen werden. Sollen höhere AfA-Sätze angewendet werden, so ist die Nutzungsdauer nachzuweisen. Dies hat in aller Regel – insbesondere auch bei gebrauchten Gebäuden – durch ein Gutachten zu geschehen. Die Beweislast in Ansehung einer kürzeren Nutzungsdauer trifft den Steuerpflichtigen. Enthält ein Gutachten keinen nachvollziehbaren Bezug zwischen dem Befund und der vom Gutachter angesetzten Restnutzungsdauer, ist es als Nachweis einer geringeren als der gesetzlichen Nutzungsdauer ungeeignet, ohne dass es weiterer Ermittlungsschritte der Behörde bedarf (VwGH 11.5.2005, 2001/13/0162).

Wurde bereits in der Vergangenheit die Nutzungsdauer im Einzelfall nachgewiesen, kommt es aufgrund der Änderungen durch das StRefG 2015/2016 zu keiner Änderung des Abschreibungssatzes. Der Umstand, dass sich in der Vergangenheit die Nutzungsdauer aufgrund nachträglicher Herstellungsaufwendungen verlängert hat, gilt nicht automatisch als Nachweis dieser neuen Nutzungsdauer.

Wurde in der Vergangenheit die Nutzungsdauer nicht nachgewiesen, kann für das erste Wirtschaftsjahr, das nach dem 31. Dezember 2015 beginnt, eine kürzere Restnutzungsdauer nachgewiesen werden als jene, die sich bei Anwendung des Abschreibungssatzes von 2,5% bzw. 1,5% ergibt. Dabei sind die noch nicht abgeschriebenen Anschaffungs- oder Herstellungskosten auf diese nachgewiesene kürzere Restnutzungsdauer zu verteilen (§ 124b Z 283 EStG 1988 idF EU-AbgÄG 2016).

Zu Gebäuden in Leichtbauweise siehe Rz 3139a.; zu Gebäuden, die vor 1915 erbaut wurden, siehe Rz 6444. Eine Änderung des Abschreibungssatzes durch das StRefG 2015/2016 hat bei diesen Gebäuden daher nicht zu erfolgen.

(BMF-AV Nr. 2021/65)

Gebäude in Leichtbauweise, die bis 2006 angeschafft oder fertig gestellt werden: **3139a**

Bei derartigen Gebäuden, genügt die Art der Gebäudekonstruktion als solche für einen Nachweis einer geringeren als der gesetzlichen Nutzungsdauer. Höhere AfA-Sätze sind in diesem Fall ohne Vorlage eines Gutachtens möglich. Leichtbauweise liegt etwa bei Bauausführung im Fachwerk oder Rahmenbau mit einfachen Wänden zB aus Holz, Blech, Faserzement oder Ähnlichem und nicht massiven Dächern vor (zB Papp-, Blech- oder Wellfaserzementausführung).

Gebäude, die ab 2007 angeschafft oder fertig gestellt werden:

Es sind die gesetzlichen AfA-Sätze anzuwenden. Sollen höhere AfA-Sätze angewendet werden, ist die Nutzungsdauer nachzuweisen. Es bestehen aber keine Bedenken, bei Gebäuden, die nicht in Massivbauweise errichtet werden, eine Nutzungsdauer von mindestens 25 Jahren auch ohne Vorlage eines Gutachtens anzuerkennen.

Massivbauweise liegt vor bei Bauten aus Ziegel- oder Steinmauerwerk, aus Stahlbeton, aus Stahl (z.B. in Form von Skelett-, Rahmenbau oder Fachwerkbau) oder Bauten aus massiven Holzkonstruktionen (wie z.B. Nagel- oder Leimbindern, Massivholzplatten). Die Ausfachung der Wände kann aus Ziegel- oder Steinmauerwerk, Gasbeton, Betonfertigteilen, Sandwichpaneelen aus Metall, Kunststoff, Glasbausteinen, massivem Glas, Massivholz oder Massivholzplatten bestehen.

(AÖF 2007/88)

3139b Für Gebäude, die nach dem 30. Juni 2020 angeschafft oder hergestellt worden sind, kann unabhängig vom unternehmensrechtlichen Abschreibungssatz eine beschleunigte AfA geltend gemacht werden (§ 8 Abs. 1a EStG 1988 idF KonStG 2020). Dies gilt auch für eingelegte Gebäude, wenn diese nach dem 30. Juni 2020 im Privatvermögen angeschafft oder hergestellt wurden und zu einem späteren Zeitpunkt ins Betriebsvermögen eingelegt werden. Für die Beurteilung des Herstellungszeitpunktes ist der Zeitpunkt der Fertigstellung maßgeblich, sodass für die Inanspruchnahme der beschleunigten AfA das Gebäude nach dem 30. Juni 2020 fertiggestellt worden sein muss.

Im Jahr, in dem die AfA erstmalig zu berücksichtigen ist, beträgt die AfA von den Anschaffungs- oder Herstellungskosten höchstens das Dreifache des jeweiligen Prozentsatzes des § 8 Abs. 1 EStG 1988 (7,5% bzw. 4,5%), im darauffolgenden Jahr höchstens das Zweifache (5% bzw. 3%). Die Grenzen des zulässigen AfA-Satzes von 7,5% bzw. 4,5% können unterschritten werden, sodass ab dem Jahr der erstmaligen Berücksichtigung der AfA auch die einfache AfA zulässig ist.

Die Regelung ermöglicht dem Steuerpflichtigen, den für ihn passenden beschleunigten Abschreibungssatz für das Jahr der erstmaligen Geltendmachung der beschleunigten AfA zu wählen. Auch im darauffolgenden Jahr kann der AfA-Satz grundsätzlich frei gewählt werden, dieser darf jedoch nicht höher sein als der AfA-Satz im Jahr der erstmaligen Geltendmachung der AfA und nicht niedriger als der einfache AfA-Satz.

Beispiel:

Anschaffung eines Bürogebäudes im Jahr 2021, Anschaffungskosten 500.000 Euro, AfA-Satz gemäß § 8 Abs. 1 EStG 1988: 2,5%. Die beschleunigte AfA soll voll ausgenützt werden.

Beschleunigte AfA 2021: 500.000 x 7,5%	*= 37.500*
Beschleunigte AfA 2022: 500.000 x 5%	*= 25.000*
AfA ab 2023: 500.000 x 2,5%	*= 12.500*

(BMF-AV Nr. 2021/65)

3139c Die beschleunigte AfA kommt bei einem Nachweis einer kürzeren Nutzungsdauer (siehe dazu Rz 3139) nicht zur Anwendung.

Ebenso ausgeschlossen ist die beschleunigte AfA für Gebäude, die nicht in Massivbauweise errichtet wurden und für die von vornherein ohne Nachweis eine kürzere Nutzungsdauer zugrunde gelegt wurde (siehe Rz 3139a), sowie für Anschaffungs- bzw. Herstellungskosten im Interesse der Denkmalpflege, die gemäß § 8 Abs. 2 EStG 1988 auf zehn Jahre gleichmäßig verteilt abgeschrieben werden. Die beschleunigte AfA ist auch nicht auf Gebäude, die vor 1915 erbaut wurden, anzuwenden, sofern von einem einfachen AfA-Satz iHv 2% ausgegangen wird (siehe Rz 6444).

(BMF-AV Nr. 2021/65)

3139d Die Halbjahresabschreibungsregelung gemäß § 7 Abs. 2 EStG 1988 ist für Gebäude, die nach dem 30. Juni 2020 hergestellt oder angeschafft wurden und bei denen § 8 Abs. 1a EStG 1988 angewendet wird, nicht anzuwenden, sodass auch bei Anschaffung, Herstellung oder Einlage im zweiten Halbjahr der volle Jahres-AfA-Betrag aufwandswirksam ist.

Die Nichtanwendung der Halbjahresabschreibungsregelung gilt nur für den Zeitraum der Inanspruchnahme der beschleunigten Abschreibung. Scheidet ein Gebäude außerhalb des beschleunigten Abschreibungszeitraums in der ersten Jahreshälfte aus dem Betriebsvermögen aus, kann daher nur die Halbjahres-AfA geltend gemacht werden.

(BMF-AV Nr. 2021/65)

3140 Der Begriff „Gebäude" bestimmt sich nach der Verkehrsauffassung (VwGH 21.09.2006, 2006/15/0156). Als Gebäude gilt danach jedes Bauwerk, das durch räumliche Umfriedung Schutz gegen äußere Einflüsse gewährt, den Eintritt von Menschen gestattet (auch wenn es zur dauerhaften Wohnnutzung nicht geeignet oder bestimmt ist), mit dem Boden fest verbunden und von einiger Beständigkeit ist (vgl. VwGH 21.12.1956, 1391/54, VwGH 22.04.2009, 2007/15/0307, betreffend Berg- und Talstation einer Liftanlage); dabei hat die Zweckbestimmung des Gebäudes unberücksichtigt zu bleiben (VwGH 28.11.2013, 2009/13/0164). Ein Bauwerk ist mit dem Boden fest verbunden, wenn es in diesem derart verankert ist, dass die Verbindung nicht durch bloßen Abtransport beseitigt werden kann. Ein Gebäude ist auch dann gegeben, wenn sich die Verbindung des Bauwerkes zum Boden (ohne Zerstörung) lösen lässt, aber der Abtransport mit unverhältnismäßigen Kosten verbunden ist (vgl. VwGH 21.09.2006, 2006/15/0156 betreffend ein Gewächshaus). Ebenso stellt auch ein schwimmendes Bauwerk ein Gebäude dar, wenn dieses mit dem Boden fest vertäut ist und sich diese Verbindung nur mit größerem Aufwand und erheblichen Kosten lösen lässt.

Ohne Bedeutung ist, ob ein Bauwerk auf Dauer oder nur auf begrenzte Zeit errichtet wird. Bei Bauwerken, die typische Merkmale eines Gebäudes aufweisen, ist die Zweckbestimmung oder das Wertverhältnis des Bauwerks zu den darin befindlichen Betriebsvorrichtungen für die Beurteilung als Gebäude grundsätzlich unbeachtlich (VwGH 22.04.2009, 2007/15/0307 zu einer Seilbahnstation). Gegenstände, die aber von ihrer Zweckbestimmung zum Einsatz an verschiedenen Orten bestimmt sind (zB Container, Ausstellungspavillons) fallen auch dann nicht unter den Begriff „Gebäude", wenn sie auf einem festen Fundament aufgestellt sind.

Der Begriff „Gebäude" umfasst auch Herstellungsaufwendungen auf ein Gebäude und Superädifikate (Rz 3141). Mieterinvestitionen sind als Gebäude anzusehen, wenn sie für sich nach der Verkehrsauffassung als „Gebäude" einzustufen sind; dies kann insbesondere im Fall einer gänzlichen Aufstockung eines Gebäudes durch den Mieter oder im Fall eines vom Mieter getätigten Zubaus zutreffen (VwGH 25.10.2006, 2006/15/0152). Zum Gebäudeausschluss beim Freibetrag für investierte Gewinne siehe Rz 3705.

Die Beurteilung, ob eine Anschaffung oder Herstellung das Gebäude oder einen Bestandteil desselben betrifft oder aber ein nicht als Gebäude anzusehendes Wirtschaftsgut, hat ausschließlich nach den für das Einkommensteuerrecht maßgebenden Kriterien zu erfolgen, wobei es auf die bewertungsrechtliche Beurteilung nicht ankommt.

Für andere unbewegliche Wirtschaftsgüter als Gebäude (zB Maschinenumhüllungen; Rz 3140a) gelten die Sätze des § 8 Abs. 1 EStG 1988 nicht.

(BMF-AV Nr. 2015/133)

Frei stehende Maschinenumhüllungen sind keine Gebäude, da sie aus Sicherheitsgründen **3140a**
nur in Betriebspausen der Maschine betreten werden können, nicht aber während des sich ständig wiederholenden Betriebsvorganges; abgesehen von Aufenthalten zu Kontroll- und Inspektionszwecken ist daher ein längerfristiger Aufenthalt innerhalb des Bauwerkes während des Betriebsvorganges nicht möglich. Bauwerke, die auch dem Aufenthalt des Bedienungspersonals dienen, stellen keine Maschinenhüllen dar (vgl. VwGH 22.04.2009, 2007/15/0307).

(AÖF 2010/43)

Rechtslage für vor 2016 beginnende Wirtschaftsjahre **3141**

Die Herstellungskosten von Superädifikaten sind wie Gebäude auf eigenem Grund und Boden mit den AfA-Sätzen des § 8 Abs. 1 EStG 1988 idF vor StRefG 2015/2016 abzuschreiben, je nach Verwendungszweck im Regelfall somit mit 2% bis 3%. Eine auf die Dauer des Bestandvertrages abgestimmte kürzere Abschreibungsdauer kommt nur in Betracht, wenn der Bestandnehmer nach Beendigung des Bestandverhältnisses keinen Ersatzanspruch gegen den Vermieter hat und mit einer kürzeren Nutzung des Bestandgegenstandes gerechnet werden muss. Liegt der Ersatzanspruch bei der Beendigung eines Bestandverhältnisses gegen den Vermieter unter dem Buchwert, der sich bei Anwendung der AfA-Sätze des § 8 Abs. 1 EStG 1988 ergäbe, so sind die Abschreibungsbeträge auf diesen geringeren Ersatzanspruch hin anzupassen.

Rechtslage für ab 2016 beginnende Wirtschaftsjahre

Die Herstellungskosten von Superädifikaten sind wie Gebäude auf eigenem Grund und Boden mit den AfA-Sätzen des § 8 Abs. 1 EStG 1988 abzuschreiben, je nach Verwendungszweck somit mit 2,5% oder 1,5%. Eine auf die Dauer des Bestandvertrages abgestimmte kürzere Abschreibungsdauer kommt nur in Betracht, wenn der Bestandnehmer nach Beendigung des Bestandverhältnisses keinen Ersatzanspruch gegen den Vermieter hat und mit einer kürzeren Nutzung des Bestandgegenstandes gerechnet werden muss. Liegt der Ersatzanspruch bei der Beendigung eines Bestandverhältnisses gegen den Vermieter unter dem Buchwert, der sich bei Anwendung der AfA-Sätze des § 8 Abs. 1 EStG 1988 ergäbe, so sind die Abschreibungsbeträge auf diesen geringeren Ersatzanspruch hin anzupassen.

(BMF-AV Nr. 2021/65)

Bis zur Veranlagung 2015 **3142**

Das Wahlrecht zur Nachweisführung steht immer nur für das gesamte Gebäude zu. Es ist zB nicht zulässig, den Nachweis nur für jenen Teil des Gebäudes zu führen, der unmittelbar der Gewerbeausübung dient und für einen freiberuflich genutzten Teil den gesetzlich vorgesehenen AfA-Satz anzuwenden.

(BMF-AV Nr. 2018/79)

3143 Ändern sich die Nutzungsverhältnisse nicht grundlegend, kann der Abgabepflichtige nur bei Inbetriebnahme eine kürzere Nutzungsdauer nachweisen oder innerhalb der in § 8 Abs. 1 EStG 1988 angeführten Höchstgrenzen wählen. Er bleibt an den gewählten oder nachgewiesenen AfA-Satz gebunden. Das Wahlrecht ist konsumiert.

3144 Ändern sich hingegen die Nutzungsverhältnisse grundlegend (zB Wechsel im Nutzungseinsatz, der auch zu einer Änderung des gesetzlichen AfA-Satzes führt; außergewöhnliche technische oder wirtschaftliche Abnützung oder Änderung der Restnutzungsdauer wegen nachträglich vorgenommener Herstellungsaufwendungen) kann auf Grund eines dann angetretenen Nachweises von den gesetzlichen AfA-Sätzen auf einen nachgewiesenen AfA-Satz umgestiegen werden.

7.3.2 Halbjahres-AfA

3145 **Rechtslage bis Veranlagung 2019:**

§ 7 Abs. 2 EStG 1988 gilt auch für die besonderen Formen der AfA. Wird ein Gebäude nicht mehr als sechs Monate im Wirtschaftsjahr genutzt, so ist nur die Hälfte des auf ein Jahr entfallenden AfA-Betrages abzusetzen. Unter betrieblich genutzten Gebäuden versteht man in diesem Zusammenhang Gebäude, die betrieblichen Zwecken dienen. Für Gebäude, die in so genannten Einsaisonbetrieben eingesetzt sind, steht daher eine volle Jahres-AfA zu.

Rechtslage ab Veranlagung 2020:

Siehe Rz 3139d.

(BMF-AV Nr. 2021/65)

7.3.3 AfA-Satz von 3% – Rechtslage für vor 2016 beginnende Wirtschaftsjahre

(BMF-AV Nr. 2021/65)

3146 Ein AfA-Satz von 3% kann angewendet werden,

- soweit das Gebäude unmittelbar der Betriebsausübung eines Land- und Forstwirtes oder eines Gewerbetreibenden dient,
- soweit ein Gebäude im Sinne des Rz 3152 ff zu mindestens 80% dem Kundenverkehr dient.
- Die Verringerung des AfA-Satzes gilt nicht nur für ab dem Veranlagungszeitraum 2001 angeschaffte oder hergestellte Gebäude, sondern auch für vor dem Veranlagungszeitraum 2001 bereits im Betrieb vorhandene Gebäude, für die ein AfA-Satz von 4% zur Anwendung gekommen ist.

Beispiel:

Eine Gebäude wurde in den Jahren 1986 angeschafft oder hergestellt. Nachträgliche Anschaffungs- oder Herstellungskosten sind nicht angefallen. Der AfA-Satz von 3% ist auf die Anschaffungs- oder Herstellungskosten des Jahres 1986 anzuwenden. Zu nachträglichen aktivierungspflichtigen Aufwendungen siehe Rz 3163 ff.

(AÖF 2012/63)

3147 Ob es sich um die Gebäude eines „Land- und Forstwirtes" oder eines „Gewerbetreibenden" handelt, ist in typisierender Betrachtungsweise nach dem Inhalt der Tätigkeit des betreffenden Steuerpflichtigen zu beurteilen (VwGH 25.10.1994, 94/14/0052). Werden etwa die Einkünfte aus einer freiberuflichen Tätigkeit gemäß § 7 Abs. 3 KStG 1988 nur auf Grund der Rechtsform des Unternehmens als gewerblich eingestuft (zB bei einer Wirtschaftstreuhand-GmbH), so handelt es sich nicht um einen „Gewerbetreibenden" iSd § 8 EStG 1988 idF vor StRefG 2015/2016. Liegen deshalb gewerbliche Einkünfte vor, weil ein Freiberufler nicht mehr leitend und eigenverantwortlich tätig ist (siehe Rz 5289 ff), dann ist von einer gewerblichen Berufsausübung auszugehen.

(BMF-AV Nr. 2018/79)

3148 Wird ein Gebäude gewerblich vermietet, so bestimmt sich der AfA-Satz nach dem Nutzungseinsatz beim Mieter (VwGH 24.6.2003, 99/14/0015). Das gewerbliche Vermieten allein reicht somit noch nicht für die Anwendung des AfA-Satzes von 3%. Er steht nur dann zu, wenn der Bestandnehmer seinerseits das Wirtschaftsgut unmittelbar für die land- und forstwirtschaftliche oder gewerbliche Betriebsausübung (auch hier inhaltlich zu verstehen) verwendet. Ist der Mieter (Bestandnehmer) eine Körperschaft öffentlichen Rechts, so ist darauf abzustellen, wie die Tätigkeit der Körperschaft öffentlichen Rechts bei Wegdenken der Hoheitssphäre einzustufen wäre.

(AÖF 2012/63)

3149 Unmittelbar der Betriebsausübung dienen insbesondere Gebäude, die in der Produktion (einschließlich der Herstellung geistiger Produkte), der Bearbeitung, der Lagerung und dem Verkauf eingesetzt werden. Weiters zählen dazu Gebäude, die den rationelleren Arbeitseinsatz von Arbeitnehmern fördern (zB Pausenräume, Werksküche, Essensräume, Sanitärräume und Waschräume). Setzt eine Körperschaft öffentlichen Rechts ein gemietetes Gebäude für Hoheitszwecke ein, dann ist beispielsweise bei Feuerwehrhäusern, Bauhöfen, Spitälern, Altersheimen, im Schul- und Erziehungswesen eingesetzten Gebäuden, Turn- und Sporthallen, Kultur- und Veranstaltungshäusern beim Vermieter ein unmittelbar der gewerblichen Betriebsausübung dienender Einsatz anzunehmen.

Hinsichtlich der Abgrenzung zur mittelbaren Betriebsausübung siehe Rz 3150 f.

7.3.4 AfA-Satz von 2%

Ein AfA-Satz von 2% kommt zum Zug 3150

- bei Gebäuden, die unmittelbar oder mittelbar der Betriebsausübung außerhalb einer land- und forstwirtschaftlichen oder einer gewerblichen Tätigkeit (zB einer freiberuflichen Tätigkeit, der sonstigen selbstständigen Arbeit, der Vermögensverwaltung bei Kapitalgesellschaften) dienen;
- bei Gebäuden, die nur mittelbar der Betriebsausübung eines Land- und Forstwirtes oder eines Gewerbetreibenden dienen;
- bei Gebäuden von Banken, Versicherungsunternehmen sowie ähnlicher Dienstleistungen (siehe Rz 3152 ff), wenn das Gebäude zur Gänze mittelbar betrieblichen Zwecken dient;
- bei Gebäuden, die der Mieter (Leasingnehmer) für private (Wohn-)Zwecke oder zur außerbetrieblichen Einkünfteerzielung nutzt;
- bei Gebäuden, die eine Körperschaft öffentlichen Rechts als Mieter (Leasingnehmer) im Bereich der Administration (Amtsgebäude, Rathäuser uä) einsetzt.

Ein Gebäude dient insoweit nur mittelbar der Betriebsausübung, als es für Zwecke der 3151 eigenen Verwaltung, der Unterbringung betriebszugehöriger Arbeitnehmer zu Wohnzwecken, weiters als Urlaubs- oder Freizeitheim, als Sport- oder Fitnesseinrichtung eingesetzt wird. Ob Dritten zur Nutzung überlassene Gebäude (gewillkürtes Betriebsvermögen) unmittelbar oder mittelbar der Betriebsausübung dienen, ist anhand des Nutzungseinsatzes beim Dritten zu prüfen.

7.3.5 AfA-Satz von 2,5%

Rechtslage für vor 2016 beginnende Wirtschaftsjahre 3152

Ein AfA-Satz von 2,5% kann angewendet werden

- bei Gebäuden, soweit diese unmittelbar dem Betrieb des Bank- und Versicherungswesens dienen,
- bei Gebäuden, soweit diese unmittelbar dem Betrieb ähnlicher Dienstleistungen, wie zB der Kreditvermittlung, der Versicherungsvermittlung sowie der Versicherungsberatung dienen,
- bei Gebäuden, soweit diese unmittelbar dem Betrieb der Dienstleistungen der Post und Telekom Austria Aktiengesellschaft dienen.

Rechtslage für ab 2016 beginnende Wirtschaftsjahre

Ab dem Veranlagungsjahr 2016 gilt für betrieblich genutzte Betriebsgebäude ein einheitlicher AfA-Satz in Höhe von 2,5%.

(BMF-AV Nr. 2021/65)

Im Falle einer Änderung des Abschreibungssatzes (statt bisher 2% oder 3%) ist der neue 3152a Abschreibungssatz von 2,5% (bzw. 1,5%) auf die ursprüngliche Bemessungsgrundlage anzuwenden. Die Änderung des Abschreibungssatzes führt demnach auch zu einer Änderung der Restnutzungsdauer. Hat der bisherige Abschreibungssatz bereits 2,5% betragen, oder wird der bisherige Abschreibungssatz von 2% beibehalten, ergeben sich keine Änderungen.

(BMF-AV Nr. 2018/79)

Der neue AfA-Betrag (und damit auch ein allfälliger neuer AfA-Mischsatz) kann ver- 3152b einfacht derart ermittelt werden, dass der bisherige AfA-Betrag um 1/6 gekürzt (bei einem bisherigen AfA-Satz von 3%) oder um 1/4 erhöht (bei einem bisherigen AfA-Satz von 2%) werden kann.

Beispiel 1:

Ein Betriebsgebäude wurde im Jänner 2006 mit Herstellungskosten von 100.000 Euro fertig gestellt und sofort in Betrieb genommen. Der AfA-Satz beträgt:

a) 2% (50 Jahre)

b) 3% (33,3 Jahre)

Ad a) Bei einem AfA-Satz von 2% beträgt der Buchwert zum 31.12.2015 bei linearer Abschreibung von 2.000 Euro p.a. 80.000 Euro. Die Restnutzungsdauer beträgt 40 Jahre. Mit 1. Jänner 2016 erhöht sich der AfA-Satz auf 2,5%, womit der jährliche AfA-Betrag (ausgehend von der ursprünglichen Bemessungsgrundlage) 2.500 Euro beträgt. Dadurch verkürzt sich die Restnutzungsdauer von 40 Jahren auf 32 Jahre (80.000 Euro RBW / 2.500 Euro AfA = 32 Jahre).

*Vereinfachte Anpassungsmethode: Der bisherige jährliche AfA-Betrag von 2.000 Euro wird um 1/4 erhöht (2.000 Euro AfA * 1,25% = 2.500 Euro).*

Ad b) Bei einem AfA-Satz von 3% beträgt der Buchwert zum 31.12.2015 bei linearer Abschreibung von 3.000 Euro p.a. 70.000 Euro. Die Restnutzungsdauer beträgt 23,3 Jahre. Mit 1. Jänner 2016 reduziert sich der AfA-Satz auf 2,5%, womit der jährliche AfA-Betrag (ausgehend von der ursprünglichen Bemessungsgrundlage) 2.500 Euro beträgt. Dadurch verlängert sich die Restnutzungsdauer von 23,3 Jahren auf 28 Jahre (70.000 Euro RBW / 2.500 Euro AfA = 28 Jahre).

*Vereinfachte Anpassungsmethode: Der bisherige AfA-Betrag von 3.000 Euro wird um 1/6 verringert (3.000 Euro AfA * 0,8334 = 2.500 Euro).*

(BMF-AV Nr. 2018/79)

3153 Die Begriffe „Bankwesen“ und „Versicherungswesen“ sind im Sinne des Bankwesengesetzes und des Versicherungsaufsichtsgesetzes, der Begriff „Dienstleistungen der Post und Telekom Austria Aktiengesellschaft“ ist im Sinne des Poststrukturgesetzes auszulegen. Handelt es sich um einen Betrieb mit mehreren Betriebssparten (also mit einer Betriebssparte im Bank- oder Versicherungswesen sowie einer anderen Betriebssparte), so richtet sich der AfA-Satz danach, in welcher Sparte das Gebäude eingesetzt wird.

3154 **Rechtslage ab Veranlagung 2001 bis Veranlagung 2015**

Dienen die angeführten Gebäude zu mindestens 80% dem Kundenverkehr, dann kann für das gesamte Gebäude ein AfA-Satz von 3% herangezogen werden. Der andernfalls zum Zug kommende AfA-Satz von 2,5% ist auch dann maßgebend, wenn das Gebäude nur knapp weniger als 80% dem Kundenverkehr dient. Andererseits ist der AfA-Satz von 2,5% auch bei einem sehr geringen Kundenverkehrsanteil (zB 30% oder weniger) anwendbar.

(AÖF 2001/178, AÖF 2013/280, BMF-AV Nr. 2018/79)

7.3.5a Satz von 1,5%

(BMF-AV Nr. 2018/79)

3154a Für Betriebsgebäude, die zu Wohnzwecken überlassen werden, beträgt der AfA-Satz (analog zur Regelung bei Vermietung und Verpachtung) 1,5% (siehe dazu Rz 3155a ff).

(BMF-AV Nr. 2018/79)

7.3.6 AfA-Satz bei gemischter, betrieblicher Verwendung

3155 **Rechtslage ab 2001 bis 2015 *(vor 2016 beginnende Wirtschaftsjahre)***

Wird ein Gebäude gleichzeitig für mehrere der in den Rz 3146 bis 3154 angeführten Zwecke genutzt, so sind dem jeweiligen Nutzungsausmaß entsprechend mehrere AfA-Sätze anzuwenden. Zum selben Ergebnis kommt man durch die Anwendung eines AfA-Mischsatzes.

Beispiel:

Ein Gebäude dient zu 60% der Lagerung von Waren und zu 40% der eigenen Verwaltung (Lohnbüro). Soweit das Gebäude der Lagerung dient, steht ein AfA-Satz von 3%, soweit es der eigenen Verwaltung dient, ein AfA-Satz von 2% zu. Der AfA- Mischsatz beträgt 2,6%.

Rechtslage für ab 2016 beginnende Wirtschaftsjahre

Bei gemischt genutzten Gebäuden sind jene Gebäudeteile, die für Wohnzwecke überlassen werden, mit 1,5% und die restlichen Gebäudeteile mit 2,5% abzuschreiben (keine Überwiegensbetrachtung). Bei Dritten zur Nutzung überlassenen Gebäuden ist somit zu differenzieren, ob die Überlassung für Wohnzwecke oder für andere Zwecke erfolgt.

Bis zu einer Bagatellgrenze im Ausmaß von 10% der Nutzfläche unterbleibt eine Differenzierung zwischen betrieblicher Nutzung und Überlassung zu Wohnzwecken. Die von einem Unternehmer in einem Betriebsgebäude für eigene Wohnzwecke genützten Räumlichkeiten bleiben bei Ermittlung der 10%-Grenze außer Ansatz.

(BMF-AV Nr. 2021/65)

3155a Eine „Überlassung für Wohnzwecke“ iSd § 8 Abs. 1 EStG 1988 liegt jedenfalls bei einer längerfristigen Überlassung von Wohnraum über einen Zeitraum von zumindest drei Monaten vor. Ein (Neben-)Gebäude, das für die Unterbringung betriebszugehöriger Arbeitnehmer zu

Wohnzwecken eingesetzt wird, wird jedoch immer zu Wohnwecken überlassen, unabhängig davon wie lange der einzelne Arbeitnehmer das Gebäude für Wohnzwecke nutzt, sodass der anzuwendende AfA-Satz in diesen Fällen stets 1,5% beträgt.

(BMF-AV Nr. 2018/79)

Gebäude oder Gebäudeteile, die im Rahmen einer gewerblichen Beherbergung überlassen werden (Hotels, Gaststätten, gewerbliche Appartementvermietung), dienen grundsätzlich einer kurzfristigen Beherbergung (vergleichsweise hohe Nutzungsfluktuation), womit in der Regel keine Überlassung für Wohnzwecke iSd § 8 Abs. 1 EStG 1988 vorliegt (vgl. Rz 1401 zur „Gebäudeüberlassung für Wohnzwecke" im Rahmen des § 4 Abs. 7 EStG 1988). **3155b**

Ausnahmsweise kann aufgrund der tatsächlichen Nutzungsverhältnisse durch den Dritten eine Überlassung für Wohnzwecke vorliegen. Eine solche ist jedenfalls bei einer längerfristigen Überlassung von Wohnraum über einen Zeitraum von zumindest drei Monaten an betriebsfremde Personen (zB Vermietung eines Appartements) anzunehmen. Werden weiters – etwa im Rahmen eines Hotelbetriebes beschäftigten – Arbeitnehmern Räumlichkeiten zu ständigen Wohnzwecken überlassen („Burschenzimmer"), überwiegt das Verwendungselement des „Wohnzweckes", sodass der anzuwendende AfA-Satz in diesen Fällen 1,5% beträgt (zur 10-prozentigen Bagatellgrenze siehe Rz 3155).

(BMF-AV Nr. 2018/79)

Gebäudeteile, die nicht als Garage oder Pkw-Abstellplatz dienen und nicht selbst unmittelbar für die Befriedigung eines Wohnbedürfnisses verwendbar sind (etwa Kellerabteile oder Lagerräume), sind für die Anwendung des § 8 Abs. 1 EStG 1988 nicht von der Wohnraumvermietung gesondert zu behandeln, wenn **3155c**

- der betreffende Raum im selben Gebäude liegt, in dem sich auch der überlassene Wohnraum befindet und
- alle Flächen vom selben Vermieter im Rahmen der Wohnraumüberlassung oder ergänzend zu dieser vermietet werden.

Dementsprechend ist auch auf diese Gebäudeteile der AfA-Satz von 1,5% anzuwenden.

Die Vermietung bzw. Nutzungsüberlassung von Räumlichkeiten oder Plätzen für das Abstellen von Fahrzeugen (Garage oder Pkw-Abstellplatz) stellt hingegen dem Grunde nach keine Gebäudeüberlassung für Wohnzwecke dar. Daher unterliegt eine allenfalls mit einer Wohnung mitvermietete Garage nicht dem (einheitlichen) AfA-Satz von 1,5%. Hinsichtlich der Garage oder des PKW- Abstellplatzes ist daher stets der AfA-Satz von 2,5% anzuwenden.

(BMF-AV Nr. 2018/79)

Bei unterjähriger Änderung der Nutzung ist der AfA-Satz anzupassen, wobei eine Überwiegensbetrachtung (vergleichbar mit der Halbjahres-AfA gemäß § 7 Abs. 2 EStG 1988) zu erfolgen hat. **3155d**

(BMF-AV Nr. 2018/79)

Rechtslage ab 2001 bis 2015 *(vor 2016 beginnende Wirtschaftsjahre)* **3156**

Dient ein Gebäude zu einem Teil unmittelbar der Betriebsausübung außerhalb des Bank- und Versicherungswesens und zu einem anderen Teil dem Bank- und Versicherungswesen bzw. ähnlichen Zwecken, so ist der dem Bank- und Versicherungswesen und ähnlichen Zwecken dienende Gebäudeteil als eigenständige Beurteilungseinheit hinsichtlich der im § 8 Abs. 1 zweiter Teilstrich EStG 1988 idF vor StRefG 2015/2016 normierten 80%-Grenze anzusehen. Dient dieser Gebäudeteil zu mehr als 80% dem Kundenverkehr, steht für diesen Gebäudeteil ein AfA-Satz von 3% zu. Dient er zu weniger als 80% dem Kundenverkehr, beträgt der AfA-Satz für diesen Gebäudeteil 2,5% und für den unmittelbar der Betriebsausübung außerhalb des Bank- und Versicherungswesens dienenden Gebäudeteil 3%.

Beispiel:

Ein Gebäude dient dem Betrieb eines Unternehmens zu 60% für den Handel und zu 40% für Bankgeschäfte mit weniger als 80% Kundenverkehr. Die AfA ist von 60% des Gebäudes mit 3%, von 40% des Gebäudes mit 2,5% zu bemessen. Der AfA-Mischsatz beläuft sich auf 2,8%.

(BMF-AV Nr. 2021/65)

Rechtslage ab 2001 bis 2015 *(vor 2016 beginnende Wirtschaftsjahre)* **3157**

Diese Aussagen gelten auch für Gebäude, die an verschiedene Bestandnehmer, bei denen die Gebäudeteile jeweils für unterschiedliche Zwecke genutzt werden, gewerblich vermietet werden sowie für Gebäude, die von mehreren Miteigentümern für unterschiedliche Zwecke genutzt werden.

(BMF-AV Nr. 2021/65)

3158 **Rechtslage ab 2001 bis 2015** ***(vor 2016 beginnende Wirtschaftsjahre)***

Dient ein Gebäude zu mindestens 80% unmittelbar der Betriebsausübung eines Land- und Forstwirtes oder eines Gewerbetreibenden, so beträgt der AfA-Satz jedenfalls 3%. Beträgt umgekehrt das Ausmaß der Gebäudenutzung für unmittelbar betriebliche Zwecke nicht mehr als 20%, ist ein AfA-Mischsatz zu bilden.

(BMF-AV Nr. 2021/65)

7.3.7 AfA-Satz bei teilweiser Privatnutzung des Gebäudes

3159 Befindet sich ein Gebäude zum einen Teil im Betriebsvermögen und zum anderen Teil im Privatvermögen des Steuerpflichtigen, so ist eine „isolierende" Betrachtung vorzunehmen. Auf den zum Betriebsvermögen gehörenden Gebäudeteil kann der dem Verwendungszweck entsprechende AfA-Satz im Sinne des § 8 Abs. 1 EStG 1988 angewendet werden. Für den Gebäudeteil des Privatvermögens kann bei Erzielen von außerbetrieblichen Einkünften ein AfA-Satz von 1,5% angesetzt werden (VwGH 27.1.1994, 92/15/0141). Es ist kein AfA-Mischsatz zu ermitteln.

Beispiel:

Rechtslage ab Veranlagung 2001 bis Veranlagung 2015 (vor 2016 beginnende Wirtschaftsjahre)

Ein Gebäude befindet sich zu 45% im Betriebsvermögen und dient in diesem Ausmaß unmittelbar der Betriebsausübung. Zu 55% ist das Gebäude im Bereich des Privatvermögens vermietet. Für den im Betriebsvermögen befindlichen Gebäudeteil beträgt die AfA 3%, für den im Privatvermögen befindlichen Gebäudeanteil 1,5%. Es darf kein AfA-Mischsatz ermittelt werden.

Rechtslage für ab 2016 beginnende Wirtschaftsjahre

Ein Gebäude befindet sich zu 45% im Betriebsvermögen und dient in diesem Ausmaß unmittelbar der Betriebsausübung. Zu 55% ist das Gebäude im Bereich des Privatvermögens vermietet. Für den für betriebliche Zwecke genutzten Gebäudeteil beträgt die AfA 2,5%, für den im Privatvermögen befindlichen Gebäudeanteil 1,5%. Es darf kein AfA-Mischsatz ermittelt werden.

(BMF-AV Nr. 2021/65)

3160 Wird ein Betriebsgebäude nur in untergeordnetem Ausmaß (im Regelfall bis zu 20%) für private Zwecke genutzt, so ist die Privatnutzung als Nutzungsentnahme zu berücksichtigen. Als Entnahmewert sind die anteiligen – dem Umfang der Privatnutzung entsprechenden – Kosten anzusetzen. Aus dem Aufwand ist daher auch die entsprechende Absetzung für Abnutzung im Ausmaß der untergeordneten Gebäudenutzung auszuscheiden. Soweit Finanzierungskosten im Rahmen der Herstellungskosten aktiviert werden, ergibt sich automatisch eine höhere AfA-Komponente als Entnahmewert.

3161 Bei einem Gebäude, das wegen seiner untergeordneten betrieblichen Nutzung (bis zu 20%) nicht zum Betriebsvermögen gehört, ist eine anteilige AfA als Betriebsausgabe anzuerkennen. Bei dieser Nutzung handelt es sich um eine Nutzungseinlage, wobei das Gebäude nach den Vorschriften des § 6 Z 5 EStG 1988 zu bewerten ist. Die Höhe des AfA-Satzes ist auch in diesem Fall nach den Kriterien des § 8 Abs. 1 EStG 1988 zu ermitteln (VwGH 18.3.1997, 93/14/0235). Siehe auch Rz 2496 ff.

7.3.8 Ermittlung des Ausmaßes der Gebäudenutzung

3162 Das Ausmaß der Gebäudenutzung für einen bestimmten Verwendungszweck ist grundsätzlich nach der Nutzfläche (ohne Keller-, Dachboden-, Abstellräume uä) zu ermitteln. Ergibt diese Ermittlungsmethode auf Grund der besonderen Verhältnisse des Einzelfalles keine befriedigenden Ergebnisse, so kann auch ein anderer Aufteilungsschlüssel (insbesondere die Kubatur) herangezogen werden (siehe Rz 558 ff).

(AÖF 2005/110)

7.3.9 Auswirkungen eines nachträglich zu aktivierenden Aufwandes

3163 Kommt es bei einem Gebäude nachträglich zu aktivierungspflichtigen Aufwendungen, so erhöhen diese Aufwendungen den Restbuchwert. Dieser erhöhte Restbuchwert ist sodann auf die sich aus dem jeweiligen AfA-Satz ergebende Restnutzungsdauer abzuschreiben.

Beispiel 1:

Rechtslage bis Veranlagung 2000

Ein Hotelgebäude wird im Jänner 1989 mit einem Herstellungsaufwand von 2 Millionen Schilling fertig gestellt und sofort in Betrieb genommen. Der AfA-Satz beträgt 4%. Im

Jänner 1997 wird in das Gebäude mit einem Herstellungsaufwand von 500.000 S eine Aufzugsanlage eingebaut.

1,360.000 S (Buchwert 1.Jänner 1997) + 500.000 S (Aufzugsanlage) = 1.860.000 S (neuer Restbuchwert)

Dieser neue Restbuchwert ist auf die sich aus dem AfA-Satz von 4% ergebende Restnutzungsdauer, das sind 17 Jahre, aufzuteilen. Die AfA kann mit 4% von 2 Millionen Schilling und mit 5,9% von 500.000 S oder mit einem einheitlichen Satz von 5,9% von 1.860.000 S berechnet werden.

Zur Ermittlung des AfA-Satzes ab 2001 ist der Restbuchwert nach Aktivierung des Herstellungsaufwandes auf die sich aus der AfA-Satzänderung ergebende neue Nutzungsdauer zu verteilen. Die neue Restnutzungsdauer ist auf Basis des ab 2001 geltenden AfA-Satzes zu ermitteln. Da bei Ermittlung eines auf die Restnutzungsdauer abgestellten AfA-Satzes die darin enthaltene Rechnungskomponente 4% durch die neue Rechnungskomponente 3% ersetzt wird, ist es zulässig, den auf die Restnutzungsdauer abgestellten AfA-Satz ab 2001 durch Anwendung des Faktors 75% auf den bisherigen AfA- Satz zu ermitteln.

Fortsetzung des Beispiels 1:

Rechtslage ab Veranlagung 2001 bis Veranlagung 2015

Die anlässlich der Aktivierung des Herstellungsaufwandes ermittelte Restnutzungsdauer ist auf Basis des AfA-Satzes von 3% neu zu ermitteln: 1.360.000 (Restbuchwert 1. Jänner 1997): 60.000 (2.000.000 x 3%) ergibt eine Restnutzungsdauer von 22,67 Jahren. Dies entspricht einem AfA-Satz von 4,42%. Die AfA ab 2001 beträgt: 60.000 S (=AfA Gebäude – 3% von 2 Millionen S) plus 22.100 S (= AfA Herstellungsaufwand – 4,42% von 500.000 S). Die AfA kann auch durch Anwendung des Faktors 75% auf den bisherigen AfA-Satz von 5,9% ermittelt werden. Der AfA-Satzbeträgt somit 4,42% von 1.860.000 S, das sind 82.212 S.

Beispiel 1a

Rechtslage für ab 2016 beginnende Wirtschaftsjahre

Ein Betriebsgebäude wurde im Jänner 2006 mit Herstellungskosten von 500.000 Euro fertig gestellt und sofort in Betrieb genommen. Nachträglich fallen im Jänner 2011 aktivierungspflichtige Aufwendungen in Höhe von 100.000 Euro an. Der Afa-Satz beträgt:

a) 2% (50 Jahre)

b) 3% (33,3 Jahre)

Ad a) Bei einem AfA-Satz von 2% beträgt der Buchwert zum 31.12.2010 bei linearer Abschreibung von 10.000 Euro p.a. 450.000 Euro. Bei Hinzurechnung der 100.000 Euro an nachträglichen Herstellungsaufwendungen ergibt sich ein Restbuchwert von 550.000 Euro. Die Restnutzungsdauer beträgt 45 Jahre. Die AfA kann mit 2% von 500.000 Euro, was einem AfA-Betrag von 10.000 Euro entspricht und mit 2,2% von 100.000 (ermittelter AfA-Mischsatz: 100.000 Euro / 45 Jahre RND), was einem AfA-Betrag von 2.222,22 Euro entspricht oder mit einem einheitlichen Satz von 2,2% von 550.000 Euro, was einem AfA-Betrag von insgesamt 12.222,22 Euro entspricht, angesetzt werden (siehe Beispiel 1)

Mit 1. Jänner 2016 ist der einheitliche AfA-Satz von 2,5% der ursprünglichen Bemessungsgrundlage des Gebäudes zu Grunde zu legen. Der Buchwert des Gebäudes beträgt zum 31.12.2015 (unter Ausklammerung der aktivierten Herstellungskosten) bei linearer Abschreibung von 10.000 Euro p.a. 400.000 Euro. Die Restnutzungsdauer beträgt 40 Jahre. Durch die Erhöhung des AfA-Satzes auf 2,5% erhöht sich der jährliche AfA-Betrag für das Gebäude (ausgehend von der ursprünglichen Bemessungsgrundlage) auf 12.500 Euro, womit sich die Restnutzungsdauer von 40 Jahren auf 32 Jahre verkürzt (400.000 Euro / 12.500 Euro = 32 Jahre). Auf Basis der nunmehr ermittelten Restnutzungsdauer von 32 Jahren erhöht sich ebenfalls der AfA-Betrag des aktivierten Herstellungsaufwandes auf 2.777,78 Euro (88.888,89 Euro RBW / 32 Jahre RND). Dadurch ergibt sich für die neu ermittelte Restnutzungsdauer von 32 Jahren ab dem Jahr 2016 ein neuer AfA-Mischsatz in Höhe von 3,125% vom Restbuchwert des aktivierten Herstellungsaufwandes in Höhe von 88.888,89 Euro.

Die AfA kann daher ab dem Jahr 2016 mit 2,5% von 500.000 Euro, was einem AfA-Betrag von 12.500 Euro entspricht, und mit dem AfA-Mischsatz von 3,125% vom Restbuchwert des aktivierten Herstellungsaufwandes in Höhe von 88.888,89 Euro, was einem AfA-Betrag von 2.777,78 Euro entspricht, oder mit einem einheitlichen Satz von 3,125% vom Restbuchwert vom Gebäude zuzüglich des aktivierten Herstellungsaufwandes zum 31.12.2015 in Höhe von 488.888,89, was einem AfA-Betrag von insgesamt 15.277,80 Euro entspricht, angesetzt werden.

*Vereinfachte Anpassungsmethode: Der neue AfA-Betrag (und damit auch der neue AfA-Mischsatz) kann vereinfacht derart ermittelt werden, dass der bisherige (kumulierte) AfA-Betrag um 1/4 erhöht wird (12.222,22 Euro AfA * 1,25% = 15.277,80 Euro – gerundet).*

		Buchwert	*Nachträgliche HK*	*AfA*		*RND (J)*
	01.01.2006	*500.000*	*-*	*2%*	*10.000*	*50*
	31.12.2010	*450.000*	*-*			*45*
a)	*01.01.2011*	*450.000*	*100.000*	*2,2%*	*12.222,22*	
	31.12.2015	*488.888,89*				*40*
	01.01.2016			*3,125%*	*15.277,80*	*32*

Ad b) Bei einem AfA-Satz von 3% beträgt der Buchwert zum 31.12.2010 bei linearer Abschreibung von 15.000 Euro p.a. 425.000 Euro. Bei Hinzurechnung der 100.000 Euro an nachträglichen Herstellungsaufwendungen ergibt sich ein neuer Restbuchwert von 525.000 Euro. Die Restnutzungsdauer beträgt 28,3 Jahre. Die AfA kann mit 3% von 500.000 Euro, was einem AfA-Betrag von 15.000 Euro entspricht, und mit 3,53% von 100.000 Euro (ermittelter AfA-Mischsatz: 100.000 Euro / 28,3 Jahre RND), was einem AfA-Betrag von 3.529,41 Euro entspricht, berechnet werden oder mit einem einheitlichen Satz von 3,53% von 525.000 Euro, was einem AfA-Betrag von insgesamt 18.529,40 Euro entspricht, angesetzt werden (siehe Beispiel 1).

Mit 1. Jänner 2016 ist der einheitliche AfA-Satz von 2,5% der ursprünglichen Bemessungsgrundlage des Gebäudes zu Grunde zu legen. Der Buchwert des Gebäudes hätte zum 31.12.2015 bei linearer Abschreibung von 15.000 Euro p.a. 350.000 Euro betragen. Die Restnutzungsdauer beträgt 23,3 Jahre. Durch die Reduktion des AfA-Satzes auf 2,5% verringert sich der jährliche AfA-Betrag für das Gebäude (ausgehend von der ursprünglichen Bemessungsgrundlage) auf 12.500 Euro, womit sich die Restnutzungsdauer von 23,3 Jahren auf 28 Jahre verlängert (350.000 Euro / 12.500 Euro = 28 Jahre RND). Auf Basis der nunmehr ermittelten Restnutzungsdauer von 28 Jahren verringert sich ebenfalls der AfA-Betrag des aktivierten Herstellungsaufwandes auf 2.941,18 Euro. Dadurch ergibt sich für die neu ermittelte Restnutzungsdauer von 28 Jahren ab dem Jahr 2016 ein neuer AfA-Mischsatz in Höhe von 3,57% vom Restbuchwert des aktivierten Herstellungsaufwandes in Höhe von 82.352,94 Euro.

Die AfA kann daher ab dem Jahr 2016 mit 2,5% von 500.000 Euro, was einem AfA-Betrag von 12.500 Euro entspricht, und mit dem AfA-Mischsatz von 3,57% vom Restbuchwert des aktivierten Herstellungsaufwandes in Höhe von 82.352,94 Euro, was einem AfA-Betrag von 2.941,18 Euro entspricht, oder mit einem einheitlichen Satz von 3,57% vom Restbuchwert vom Gebäude zuzüglich des aktivierten Herstellungsaufwandes zum 31.12.2015 in Höhe von 432.352,94 Euro, was einem AfA-Betrag von insgesamt 15.441,18 Euro entspricht, angesetzt werden.

*Vereinfachte Anpassungsmethode: Der neue AfA-Betrag (und damit auch der neue AfA-Mischsatz) kann vereinfacht derart ermittelt werden, dass der bisherige (kumulierte) AfA-Betrag um 1/6 gekürzt wird (18.529,40 Euro AfA * 0,8334 = 15.442 Euro – gerundet).*

		Buchwert	*Nachträgliche HK*	*AfA*		*RND (J)*
	01.01.2006	*500.000*	*-*	*3%*	*15.000*	*33,3*
	31.12.2010	*425.000*	*-*			*28,3*
b)	*01.01.2011*	*425.000*	*100.000*	*3,53%*	*18.529,40*	
	31.12.2015	*432.352,94*				*23,3*
	01.01.2016			*3,57%*	*15.441,18*	*28*

Bei der Berechnung der Restnutzungsdauer ist zu beachten, dass diese infolge der beschleunigten AfA verkürzt wird.

Beispiel 1b:

Rechtslage ab Veranlagung 2020

Ein Betriebsgebäude wird im Jänner 2021 mit Herstellungskosten von 500.000 Euro fertiggestellt und sofort in Betrieb genommen. Nachträglich fallen im Jänner 2031 aktivierungspflichtige Aufwendungen in Höhe von 100.000 Euro an. Der einfache AfA-Satz beträgt 2,5%, wobei die beschleunigte AfA in Anspruch genommen wird. 2021 beträgt der AfA-Satz 7,5%, 2022 5% und ab dem Jahr 2023 2,5%. Die Nutzungsdauer beträgt aufgrund der beschleunigten AfA 37 Jahre (bei 2,5% linearer Abschreibung beträgt die

Nutzungsdauer 40 Jahre; indem 5% und 2,5% vorgezogen werden, wird die Nutzungsdauer um drei Jahre verkürzt).

Der Buchwert zum 31.12.2030 bei beschleunigter Abschreibung beträgt 337.500 Euro. Bei Hinzurechnung der 100.000 Euro an nachträglichen Herstellungsaufwendungen ergibt sich ein Restbuchwert von 437.500 Euro. Die Restnutzungsdauer beträgt 27 Jahre. Im Jahr 2031 kann die AfA mit 2,5% von 500.000 Euro, was einem AfA-Betrag von 12.500 Euro entspricht, und mit 3,7% von 100.000 (ermittelter AfA-Mischsatz: 100.000 Euro / 27 Jahre Restnutzungsdauer), was einem AfA-Betrag von 3.700 Euro entspricht, oder mit einem einheitlichen Satz von 3,7% von 437.500 Euro, was einem AfA-Betrag von insgesamt rund 16.200 Euro entspricht, angesetzt werden.

Beispiel 1c:

Rechtslage ab Veranlagung 2020

Ein Betriebsgebäude wird im Jänner 2021 mit Herstellungskosten von 500.000 Euro fertiggestellt und sofort in Betrieb genommen. Nachträglich fallen im Jänner 2022 aktivierungspflichtige Aufwendungen in Höhe von 100.000 Euro an. Der einfache AfA-Satz beträgt 2,5%, wobei die beschleunigte AfA in Anspruch genommen wird. 2021 beträgt der AfA-Satz 7,5%, 2022 5% und ab dem Jahr 2023 2,5%. Die Nutzungsdauer beträgt aufgrund der beschleunigten AfA 37 Jahre.

Die nachträglichen aktivierungspflichtigen Anschaffungskosten iHv 100.000 sind im ersten Jahr (= Jahr nach der erstmaligen Berücksichtigung der AfA) mit 5,4% (2,7% x 2), ab dem Jahr darauf mit 2,7% (100.000 / 37 Jahre Restnutzungsdauer) abzuschreiben.

(BMF-AV Nr. 2021/65)

Durch einen nachträglichen aktivierungspflichtigen Aufwand kann sich die Restnutzungsdauer eines Gebäudes verlängern. Dies ist insbesondere der Fall, wenn der Investitionsaufwand den Restbuchwert des Betriebsgebäudes übersteigt und die Restnutzungsdauer des Gebäudes kürzer ist als die für die Zusatzinvestition ermittelte Nutzungsdauer. Bei Zusatzinvestitionen, die den Charakter eines eigenständigen Gebäudeteils aufweisen (zB Aufstockung, An- und Zubauten), sind für die Ermittlung der Nutzungsdauer für die Zusatzinvestitionen die Sätze des § 8 Abs. 1 EStG 1988 anwendbar (VwGH 12.9.1989, 88/14/0162), bei anderen Zusatzinvestitionen (Badezimmereinbau, Einbau von Aufzugsanlagen, Einbau von Heizungsanlagen) ist die Nutzungsdauer nach allgemeinen Kriterien zu ermitteln. **3164**

Beispiel 2:

Rechtslage bis Veranlagung 2000

Ein Hotelgebäude wird im Jänner 1989 mit einem Herstellungsaufwand von 2 Millionen Schilling fertig gestellt und sofort in Betrieb genommen. Der AfA-Satz beträgt 4%. Im Jänner 1997 wird das Gebäude mit einem Herstellungsaufwand von 1,5 Millionen Schilling aufgestockt.

1.360.000 S (Buchwert 1.Jänner 1997) + 1.500.000 S (Aufstockung) = 2.860.000 S (neuer Restbuchwert)

Auf Gebäudeteile wie ein gesamtes Stockwerk ist ein AfA-Satz von 4% anzuwenden, die Nutzungsdauer beträgt also 25 Jahre. Die bisherige Restnutzungsdauer von 17 Jahren ist daher auf 25 Jahre zu verlängern. Auf den neuen Restbuchwert ist ein AfA- Satz von 4% anzuwenden.

Rechtslage ab Veranlagung 2001 bis Veranlagung 2015

Auf den Restbuchwert von 2.860.000 S ist der AfA-Satz von 3% anzuwenden.

Beispiel 3:

Angaben wie Beispiel 2, der Herstellungsaufwand betrifft aber den nachträglichen Einbau von Badezimmern. Die Badezimmer sind kein eigenständiger Gebäudeteil und unterliegen daher nicht den AfA-Sätzen des § 8 Abs. 1 EStG 1988. Es wird nach allgemeinen AfA-Grundsätzen eine Nutzungsdauer von zehn Jahren ermittelt. Die Restnutzungsdauer verlängert sich somit nicht, es ist daher wie im Beispiel 1 vorzugehen.

Rechtslage für ab 2016 beginnende Wirtschaftsjahre

Beispiel 4:

Ein Betriebsgebäude wird im Jänner 1986 mit Herstellungskosten von 100.000 Euro fertig gestellt und sofort in Betrieb genommen. Nachträglich fallen im Jänner 2006 aktivierungspflichtige Aufwendungen in Höhe von 70.000 Euro an. Der AfA-Satz beträgt

a) 2% (50 Jahre)

b) 3% (33,3 Jahre)

Ad a) Bei einem AfA-Satz von 2% beträgt der Buchwert zum 31.12.2005 bei linearer Abschreibung von 2.000 Euro p.a. 60.000 Euro. Die Restnutzungsdauer zum 1.1.2006 beträgt 30 Jahre. Der Investitionsaufwand im Jänner 2006 in Höhe von 70.000 Euro, für den sich unter Zugrundelegung eines AfA-Satzes von 2% eine Nutzungsdauer von 50 Jahren ergibt, übersteigt den Restbuchwert des Betriebsgebäudes. Da weiters die für die Zusatzinvestition angenommene Nutzungsdauer von 50 Jahren länger ist als die Restnutzungsdauer des Gebäudes, ist diese ebenfalls auf 50 Jahre zu verlängern (statt bisher 30 Jahre).

Auf den neuen Restbuchwert in Höhe von 130.000 Euro (60.000 Euro RBW + 70.000 Euro nHK= 130.000 Euro neuer RBW) ist ein AfA-Satz von 2% anzuwenden. Dies entspricht einem jährlichen AfA-Betrag in Höhe von 2.600 Euro (siehe Beispiel 2). Bei einem AfA-Satz von 2% beträgt der Buchwert zum 31.12.2015 bei linearer Abschreibung von 2.600 Euro p.a. 104.000 Euro. Die Restnutzungsdauer beträgt 40 Jahre. Mit 1. Jänner 2016 erhöht sich der AfA-Satz auf 2,5%, womit der jährliche AfA-Betrag (ausgehend vom zum 1.1.2006 ermittelten neuen Restbuchwert in Höhe von 130.000 Euro) 3.250 Euro beträgt. Dadurch verkürzt sich die Restnutzungsdauer von 40 Jahren auf 32 Jahre (104.000 Euro RBW / 3.250 Euro AfA = 32 Jahre) (siehe Beispiel 2).

*Vereinfachte Anpassungsmethode: Der bisherige jährliche AfA-Betrag von 2.600 Euro wird um 1/4 erhöht (2.600 Euro AfA * 1,25 = 3.250 Euro).*

		Buchwert	*Nachträgliche HK*	*AfA*		*RND (J)*
	01.01.1986	*100.000*	*-*	*2%*	*2.000*	*50*
	31.12.2005	*60.000*	*-*			*30*
a)	*01.01.2006*	*60.000*	*70.000*	*2%*	*2.600*	*50*
	31.12.2015	*104.000*				*40*
	01.01.2016			*2,5%*	*3.250*	*32*

Ad b) Bei einem AfA-Satz von 3% beträgt der Buchwert zum 31.12.2005 bei linearer Abschreibung von 3.000 Euro p.a. 40.000 Euro. Die Restnutzungsdauer zum 1.1.2006 beträgt 13,33 Jahre. Der Investitionsaufwand im Jänner 2006 in Höhe von 70.000 Euro, für den eine Nutzungsdauer von 33,33 Jahren angenommen wurde, übersteigt den Restbuchwert des Betriebsgebäudes. Da weiters die für die Zusatzinvestition angenommene Nutzungsdauer von 33,33 Jahren länger ist als die Restnutzungsdauer des Gebäudes, ist diese ebenfalls auf 33,33 Jahre zu verlängern (statt bisher 13,33 Jahre).

Auf den neuen Restbuchwert in Höhe von 110.000 Euro (40.000 Euro RBW + 70.000 Euro HK = 110.000 Euro neuer RBW) ist ein AfA-Satz von 3% anzuwenden. Dies entspricht einem jährlichen AfA-Betrag in Höhe von 3.300 Euro (siehe Beispiel 2).

Bei einem AfA-Satz von 3% beträgt der Buchwert zum 31.12.2015 bei linearer Abschreibung von 3.300 Euro p.a. 77.000 Euro. Die Restnutzungsdauer beträgt 23,33 Jahre. Mit 1. Jänner 2016 reduziert sich der AfA-Satz auf 2,5%, womit der jährliche AfA-Betrag (ausgehend vom zum 1.1.2006 ermittelten neuen Restbuchwert in Höhe von 110.000 Euro) 2.750 Euro beträgt. Dadurch verlängert sich die Restnutzungsdauer von 23,33 Jahren auf 28 Jahre (77.000 Euro RBW / 2.750 Euro AfA = 28 Jahre) (siehe Beispiel 2).

*Vereinfachte Anpassungsmethode: Der bisherige jährliche AfA-Betrag von 3.300 Euro wird um 1/6 verringert (3.300 Euro AfA * 0,8334 = 2.750 Euro – gerundet).*

		Buchwert	*Nachträgliche HK*	*AfA*		*RND (J)*
	01.01.1986	*100.000*	*-*	*3%*	*3.000*	*33,3*
	31.12.2005	*40.000*	*-*			*13,33*
b)	*01.01.2006*	*40.000*	*70.000*	*3%*	*3.300*	*33,3*
	31.12.2015	*77.000*				*23,33*
	01.01.2016			*2,5%*	*2.750*	*28*

Rechtslage ab Veranlagung 2020

Beispiel 5:

Ein Betriebsgebäude wird im Jänner 2021 mit Herstellungskosten von 500.000 Euro fertiggestellt und sofort in Betrieb genommen. Nachträglich fallen im Jänner 2036 aktivierungspflichtige Aufwendungen in Höhe von 350.000 Euro (gänzliche Aufstockung des Gebäudes) an. Der einfache AfA-Satz beträgt 2,5%, wobei die beschleunigte AfA in Anspruch genommen wird. 2021 beträgt der AfA-Satz 7,5%, 2022 5% und ab dem Jahr 2023 2,5%. Die Nutzungsdauer beträgt aufgrund der beschleunigten AfA 37 Jahre.

Unter Berücksichtigung der beschleunigten AfA beträgt der Buchwert zum 31.12.2035 275.000 Euro. Die Restnutzungsdauer zum 1.1.2036 beträgt 22 Jahre.

Da der Investitionsaufwand den Restbuchwert des Betriebsgebäudes und dessen Nutzungsdauer die Restnutzungsdauer des Betriebsgebäudes übersteigt, gilt:

- *Der Investitionsaufwand im Jänner 2036 in Höhe von 350.000 Euro kann beschleunigt abgeschrieben werden (2036: 7,5%, 2037: 5% und ab dem Jahr 2038: 2,5%).*
- *Durch Anwendung der beschleunigten AfA ergibt sich eine Nutzungsdauer von 37 Jahren. Die Restnutzungsdauer des Altbestandes verlängert sich somit auf 37 Jahre (statt bisher 22 Jahre).*

(BMF-AV Nr. 2021/65)

Ist die Nutzungsdauer des Gebäudes bereits abgelaufen, dann sind die aktivierungspflichtigen Aufwendungen stets auf die für sie neu ermittelte Nutzungsdauer zu verteilen. **3165**

(AÖF 2001/178)

7.3.10 Abgrenzung von selbständig und nicht selbständig bewertbaren Gebäudeinvestitionen

Grundsätzlich kann immer nur eine einheitliche AfA für das gesamte Wirtschaftsgut geltend gemacht werden. Nur ein selbständig bewertbares Wirtschaftsgut kann hinsichtlich der AfA gesondert behandelt werden. Auch in einem Gebäude gibt es verschiedene Teile mit unterschiedlicher Lebensdauer, ohne dass diese Tatsache allein die einzelnen Hausteile zu selbständigen gesondert bewertbaren Wirtschaftsgütern machen würde (VwGH 11.6.1965, 0316/65; VwGH 16.12.2015, 2012/15/0230). Unterschiedliche AfA-Sätze hinsichtlich einzelner Gebäudeteile sind jedoch bei unterschiedlicher (gemischter) Nutzung eines Gebäudes möglich (siehe zB Rz 3155 ff). **3166**

(BMF-AV Nr. 2018/79)

Die Frage nach der selbständigen Bewertbarkeit von Wirtschaftsgütern, die mit Gebäuden in fester Verbindung stehen, ist nicht nach den sachenrechtlichen Bestimmungen des bürgerlichen Rechtes, sondern nach der Verkehrsauffassung zu entscheiden. **3167**

Um einer gesonderten Bewertung zugänglich zu sein, muss ein Wirtschaftsgut daher eine gewisse Selbständigkeit haben, die bei der Veräußerung besonders ins Gewicht fällt, sodass dafür im Rahmen des Gesamtkaufpreises ein besonderes Entgelt angesetzt werden würde (VwGH 18.9.1964, 1226/63). **3168**

Ist ein Wirtschaftsgut mit einem Gebäude derart verbunden, dass es ohne Verletzung seiner Substanz nicht an einen anderen Ort versetzt werden kann, ist es als Teil des Gebäudes und als unbeweglich anzusehen; damit teilt es steuerrechtlich das Schicksal der Gesamtanlage. Ist eine Anlage nach ihrer Bauart (wegen ihrer bloß geringen, jederzeit leicht aufhebbaren Verbindung mit dem Gebäude) nach der Verkehrsauffassung aber als selbständiges Wirtschaftsgut anzusehen, ist sie in der Regel als beweglich zu behandeln (VwGH 13.4.1962, 1639/60; VwGH 11.6.1965, 0316/65). **3169**

Was Teil eines Wirtschaftsgutes oder eigenständiges Wirtschaftsgut – wofür es keine gesetzliche Definition gibt – ist, entscheidet sich nach der Verkehrsauffassung. Bei Gebäudeeinbauten gehören nach der Verkehrsauffassung typische Gebäudeteile auch bei nur loser Verbindung zum Gebäude. Nach der Rechtsprechung sind alle nach der Verkehrsauffassung typischen Gebäudeteile nicht selbständig bewertbar, auch wenn sie ohne Verletzung ihrer Substanz und mit geringen Kosten aus der Verbindung mit dem Gebäude gelöst werden können. Als typische Teile des Gebäudes und deshalb nicht zu selbständigen Wirtschaftsgütern zählen demnach zB Sanitär– sowie Heizungsanlagen. Entscheidend ist, ob das entsprechende Wirtschaftsgut dem Typus Gebäude zuzuordnen ist. Alle in ein Gebäude gemachten Investitionen, welche nach der Verkehrsauffassung als Teil des Hauses und nicht als selbständige Wirtschaftsgüter angesehen werden, teilen steuerrechtlich das Schicksal des Gebäudes, sofern nicht im Einzelfall nachgewiesen wird, dass die betreffende Anlage je nach ihrer Bauart, etwa wegen ihrer bloß geringen, jederzeit leicht aufhebbaren Verbindung mit dem Gebäude als selbständiges Wirtschaftsgut anzusehen ist. Vor diesem rechtlichen Hintergrund wurden in der Judikatur in einem Hotelgebäude eingebaute Bäder, Schwimmbecken, Saunaanlagen als Teil eines solchen Gebäudes angesehen (VwGH 04.03.2009, 2006/15/0203; VwGH 16.12.2009, 2007/15/0305).

(AÖF 2011/66)

Selbständige Wirtschaftsgüter, die nicht Gebäudebestandteil sind, sind zB: **3170**

- Einbaumöbel, Holzdecken und Wandverkleidungen, die der Raumeinrichtung dienen (VwGH 1.3.1983, 82/14/0156);
- außerhalb des Verputzes verlegte Elektroinstallationen (VwGH 23.4.1985, 84/14/ 0188);

- Einbauküchen;
- in Leichtbauweise errichtete Trennwände, die entfernbar und wieder einsetzbar sind (in diesem Sinn UFS 25.04.2008, RV/0213-F/06).

(AÖF 2011/66)

3171 Als nicht selbständig bewertbare Gebäudeinvestitionen werden angesehen:

- eingebaute Elektroinstallationen sowie Gas- und Wasserzuleitungen (VwGH 13.04.1962, 1639/60); VwGH 17.05.2006, 2004/14/0080, betreffend Anbindung einzelner Parzellen an das Trinkwassernetz einer Gemeinde); das von einer Wassergewinnungsanlage führende kilometerlange Wasserleitungsnetz eines Wasserversorgungsunternehmens oder eines Brauereibetriebes ist hingegen ein selbständiges Wirtschaftsgut (VwGH 23.10.1990, 89/14/0118; VwGH 17.05.2006, 2004/14/0080);
- sanitäre Anlagen (Waschtische, Badewannen oder Klosettanlagen), Beleuchtungsanlagen, Türschnallen und ähnliche Gegenstände (VwGH 18.09.1964, 1226/63); eingebaute Wellness- und Saunaanlagen (VwGH 04.03.2009, 2006/15/0203);
- Aufwendungen für den Anschluss eines zu errichtenden Gebäudes an die öffentlichen Versorgungsbetriebe und für die Straßenkanalisation (VwGH 12.2.1965, 1279/64);
- Zu den nach der Verkehrsauffassung typischen Gebäudeteilen zählen auch Heizungsanlagen. Da die Heizungsanlage zum Gebäude zu rechnen ist, kommt es nicht darauf an, ob einzelne Teile dieser Heizungsanlage in nur loser Verbindung zum Gebäude stehen (zB Brenner, Radiatoren; VwGH 16.12.2009, 2007/15/0305 zu einer Hackschnitzelheizung für ein Stallgebäude). Dies gilt nicht für einen nicht eingemauerten Zusatzofen. Hingegen ist ein gemauerter Kachelofen nach der Verkehrsanschauung Gebäudebestandteil (UFS 26.02.2009, RV/0008-L/06);
- Aufzugsanlagen, da der Mauerschacht und der Aufzug eine Einheit bilden, und erst diese geeignet ist, die an sie gestellten Anforderungen hinsichtlich der betrieblich notwendigen Beförderung von Lasten und Personen zu erfüllen, und es außerdem jeder wirtschaftlichen Erfahrung widerspricht, anzunehmen, dass eine solche Anlage ohne Verletzung der Substanz bzw. ohne erhebliche Werteinbuße an einen anderen Ort verbracht werden kann (VwGH 20.05.1970, 0248/69); eine gesonderte Behandlung einzelner Teile als bewegliche Wirtschaftsgüter ist auch hier nicht möglich;
- Integrierte Belüftungs-, Entlüftungs- und Klimaanlagen (UFS 26.02.2009, RV/0008-L/06).

(AÖF 2011/66)

3172 Gilt eine Anlage als Teil eines Gebäudes, ist die Absetzung für Abnutzung nach der Nutzungsdauer des Gebäudes zu bemessen. Werden als Teil eines Gebäudes anzusehende Anlagen später in das Gebäude eingebaut, erhöht sich sein Restbuchwert um die Anschaffungs- oder Herstellungskosten dieser Anlage. Dieser erhöhte Restbuchwert ist dann auf die sich aus dem jeweiligen AfA-Satz ergebende Restnutzungsdauer abzuschreiben (siehe Rz 3163 ff). Durch einen aktivierungspflichtigen nachträglichen Herstellungsaufwand kann sich auch die Restnutzungsdauer eines Gebäudes verlängern (siehe Rz 3164). Wird eine bestehende Anlage jedoch lediglich erneuert bzw. durch eine modernere ersetzt, bilden die dafür aufgewendeten Kosten als Erhaltungsaufwand (Instandhaltung oder Instandsetzung) im Jahre ihrer Entstehung Betriebsausgaben (Werbungskosten). Ausgenommen hiervon sind jedoch gemäß § 4 Abs. 7 EStG 1988 Instandsetzungsaufwendungen an vermieteten Wohngebäuden (siehe Rz 3173 ff).

7.3.11 Abgrenzung Herstellungs- und Erhaltungsaufwand

7.3.11.1 Allgemeines

3173 Nach dem Wortlaut des § 7 EStG 1988 ist Herstellungsaufwand auch bei Gebäuden nur entsprechend der Nutzungsdauer (Restnutzungsdauer) des Gebäudes im Wege der AfA absetzbar. Erhaltungsaufwand hingegen ist im Jahre seiner Entstehung voll als Betriebsausgabe (Werbungskosten) absetzbar, außer es liegt Instandsetzungsaufwand im Sinne des § 4 Abs. 7 (Rz 1398 ff) oder § 28 Abs. 2 (Rz 6469 ff) vor.

7.3.11.2 Herstellungsaufwand

3174 Bei Herstellungsaufwand handelt es sich um Aufwand, der auf ein bestehendes Gebäude gemacht wird und über den laufenden Erhaltungsaufwand hinausgeht. Herstellungsaufwand liegt vor, wenn Aufwendungen baulichen Maßnahmen dienen, durch die die Wesensart des Gebäudes geändert wird.

Beispiele für Herstellungsaufwand: 3175

- Vornahme eines Anbaus, eines Umbaus größeren Ausmaßes oder einer Gebäudeaufstockung (VwGH 16.3.1962, 0241/59; VfGH 17.3.1970, B 168/69);
- Ersetzung eines Flachdaches durch ein Steildach, sodass neue Räume geschaffen werden, was im wirtschaftlichen Ergebnis einer Gebäudeaufstockung gleichkommt (VwGH 12.3.1969, 1741/68, 1742/68);
- Zusammenlegung zweier Wohnungen (VwGH 27.01.1969, 0981/68);
- Einbau einer mit erhöhtem Bedienungskomfort verbundenen Heizanlage an Stelle von einzelne Räume beheizender Öfen (VwGH 20.10.1971, 0970/71); siehe auch Rz 3171;
- Vornahme einer Generalüberholung, wenn dadurch ein unbrauchbar gewordenes oder in seiner Brauchbarkeit durch schwere Substanzschäden an den für die Nutzbarkeit und Nutzungsdauer bestimmenden Teilen wesentlich gemindertes Wirtschaftsgut wieder voll verwendungsfähig wird (vgl. VwGH 16.12.2009, 2009/15/0079).

(BMF-AV Nr. 2018/79)

7.3.11.3 Erhaltungsaufwand

Erhaltungsaufwand dient dazu, ein Gebäude in einem ordnungsgemäßen Zustand zu erhalten. Bei regelmäßig in gewissen Zeitabständen wiederkehrenden notwendigen Ausbesserungen, durch die die Wesensart des Gebäudes nicht verändert wird, liegt Erhaltungsaufwand vor. Eine dabei allenfalls eingetretene Wertsteigerung des Gebäudes hat keine ausschlaggebende Bedeutung (VwGH 16.3.1962, 241/59; VwGH 26.5.1971, 1552/70; VwGH 2.8.1995, 93/13/0197). Der Umstand, dass im Zuge einer Instandsetzung besseres Material oder eine modernere Ausführung gewählt wird, nimmt den Aufwendungen in der Regel nicht den Charakter eines Erhaltungsaufwandes, solange nicht die Wesensart des Hauses verändert wird oder das Gebäude ein größeres Ausmaß erhält (VwGH 12.3.1969, 1741, 1742/68). 3176

Erhaltungsaufwand kann sowohl Instandsetzung als auch Instandhaltung sein. Instandsetzung und Instandhaltung sind daher in der Regel gleich zu behandeln und sofort als Betriebsausgabe abzuschreiben. Nur bei den Einkünften aus Vermietung und Verpachtung (§ 28 Abs. 2 EStG 1988) sowie im Bereich der Gewinnermittlung bei vermieteten Wohngebäuden (§ 4 Abs. 7 EStG 1988) ist die auf zehn Jahre verteilte Absetzung eines als Instandsetzung zu bezeichnenden Aufwandes vorgesehen. 3177

Beispiele für Erhaltungsaufwand: 3178

- Umdeckung des Daches, Ausbesserung der Dachrinne oder des Mauerwerkes, Erneuerung des Verputzes und des Anstriches, Instandsetzung schadhaft gewordener Türen und Fenster, sowie die Reparatur sanitärer Anlagen und der Elektroanlagen;
- Einfügen eines neuen Teiles, zum Beispiel an Stelle einer Holzdecke eine Betondecke, wenn ansonsten das Gebäude und insbesondere die Mauern, welche in erster Linie über die Nutzungsdauer eines Hauses entscheiden, unverändert bestehen bleiben;
- Ersetzung eines Schindeldaches durch ein Leichtmetalldach, Ersetzung eines Holztores durch ein Eisentor oder Ersetzung einer Gartenmauer bzw. eines Zaunes durch eine Umfriedung (VwGH 16.3.1962, 0241/59; VwGH 1.3.1963, 1681/62);
- Umstellung einer mit festen Brennstoffen beheizten Zentralheizungsanlage auf eine mit Ölfeuerung (VwGH 12.2.1975, 0881/74).
- Aufwendungen wie Kanalisationsbeitrag, eine Kanaleinmündungsgebühr oder ähnliche Zahlungen für den Anschluss eines bestehenden Gebäudes mit bereits vorhandenen Abwasserbeseitigungsanlagen (Senkgrube, Sickergrube, Kanal) an eine öffentliche Kanalisationsanlage;
- Erneuerung/Sanierung eines Bades und ähnliche Maßnahmen;
- Erneuerung/Sanierung von Böden;
- Erneuerung von technischen Installationen;
- als Großreparatur zu bezeichnende Aufwendungen, die für die Erhaltung von Gebäuden aufgewendet werden und nicht jährlich erwachsen (VwGH 18.11.1966, 1565/65; VwGH 10.6.1987, 86/13/0167; VwGH 2.8.1995, 93/13/0197).
- die Generalsanierung bzw. Generalüberholung eines Wirtschaftsgutes, solange die Wesensart dieses Wirtschaftsgutes erhalten bleibt (VwGH 24.09.2007, 2006/15/0333 zur Wasserleitung einer Brauerei; siehe Rz 2204).

(BMF-AV Nr. 2015/133)

7.3.11.4 Aufwendungen im Zusammenhang mit umfangreichem Herstellungsaufwand

3179 Aufwendungen im Zusammenhang mit umfangreichem Herstellungsaufwand, die nicht einwandfrei dem Erhaltungsaufwand zugerechnet werden können, sind zur Gänze als Herstellungsaufwand anzusehen (VwGH 15.2.1963, 2204/61; VwGH 27.1.1969, 981/68; VwGH 28.10.1975, 1281/74; VwGH 9.9.1980, 994/80; VwGH 17.2.1993, 89/14/0248). Ist hingegen eine Trennung in Erhaltungsaufwand einerseits und Herstellungsaufwand andererseits einwandfrei möglich, dann hat eine solche Trennung zu erfolgen.

Beispiel:

Anlässlich der notwendigen gänzlichen Erneuerung der Dachkonstruktion eines schadhaften Daches wird auch ein Ausbau des Dachgeschosses vorgenommen. Während die Dacherneuerung als solche ihren Reparaturcharakter nicht verliert (VwGH 9.6.1980, 55, 186/79), stellt der Ausbau des Dachgeschosses Herstellungsaufwand dar.

Hinsichtlich der Verteilung des Herstellungsaufwandes auf die Nutzungsdauer des Gebäudes siehe Rz 3163 ff.

7.4 Absetzung für Abnutzung – Denkmalpflege

3180 Die begünstigte Abschreibung gilt für Anschaffungs- und Herstellungskosten für denkmalgeschützte Gebäude im Interesse der Denkmalpflege.

Voraussetzung ist das Vorliegen einer Bescheinigung des Bundesdenkmalamtes darüber, dass die Aufwendungen im Interesse der Denkmalpflege getätigt wurden. Diese muss im Zeitpunkt der Geltendmachung noch nicht vorliegen.

3181 Die Anschaffung des Gebäudes selbst (also der Erwerb vor der Denkmalschutzmaßnahme) unterliegt nicht der besonderen Abschreibung nach § 8 Abs. 2 EStG 1988, sondern jener nach § 8 Abs. 1 EStG 1988.

Nachträgliche Anschaffungskosten, die für Maßnahmen im Interesse der Denkmalpflege aufgewendet werden, fallen unter die Sonder-AfA.

3182 Die Inanspruchnahme der Sonder-AfA ist ein Wahlrecht. Auf die AfA nach § 8 Abs. 1 EStG 1988 kann nicht umgestiegen werden, wenn Umstände eintreten, die sonst zu einer Änderung des AfA-Satzes berechtigen.

Das betreffende Gebäude muss zum Betriebsvermögen gehören. Auch gewillkürtes Betriebsvermögen ist begünstigt.

3182a Für Wirtschaftsjahre ab 2016 kann bei der Gewinnermittlung gemäß § 5 Abs. 1 EStG 1988 die Sonder-AfA gemäß § 8 Abs. 2 EStG 1988 unabhängig von der Behandlung im unternehmensrechtlichen Jahresabschluss erfolgen. Der Umstand der Inanspruchnahme der Sonder-AfA gemäß § 8 Abs. 2 EStG 1988 ist (durch einen entsprechenden Vermerk) im Anlageverzeichnis gesondert in Evidenz zu halten (§ 8 Abs. 2 zweiter Satz EStG 1988 idF RÄG 2014).

Für Wirtschaftsjahre vor 2016 setzte die Inanspruchnahme der Sonder-AfA im Rahmen der Gewinnermittlung gemäß § 5 Abs. 1 EStG 1988 hingegen deren Ausweis als Bewertungsreserve in der UGB-Bilanz voraus. Wurde unternehmensrechtlich daher eine Bewertungsreserve gebildet und gemäß § 906 Abs. 31 UGB im Wirtschaftsjahr 2016 unternehmensrechtlich aufgelöst, kann diese steuerlich gemäß § 124b Z 271 EStG 1988 unabhängig vom unternehmensrechtlichen Jahresabschluss als steuerliche Rücklage weitergeführt werden (siehe dazu Rz 2475). In diesem Fall ist daher die unternehmensrechtliche Auflösung der Bewertungsreserve im Wirtschaftsjahr 2016 nicht steuerwirksam. Die steuerliche Rücklage ist allerdings über die unternehmensrechtliche Restnutzungsdauer des Gebäudes im Wege der steuerlichen Mehr-Weniger-Rechnung aufzulösen.

(BMF-AV Nr. 2018/79)

3183 Die Abschreibungsbegünstigung kann auch der Mieter in Anspruch nehmen, wenn dieser die Investition tätigt.

Die begünstigte Abschreibung kann auch von Teilbeträgen der Herstellungskosten geltend gemacht werden.

3184 Die Inanspruchnahme eines Investitionsfreibetrages schließt die Abschreibung gemäß § 8 Abs. 2 EStG 1988 aus. Zum Ausschluss kommt es nur dann, wenn der Investitionsfreibetrag von den Denkmalschutzmaßnahmen geltend gemacht wird, nicht hingegen auch bei Inanspruchnahme des Investitionsfreibetrages anlässlich der Anschaffung des Gebäudes.

3185 Steht nur ein Teil eines Gebäudes unter Denkmalschutz und erfolgt damit nur ein geringer abgrenzbarer Teil eines Aufwandes im Interesse der Denkmalpflege, so erscheint es denkbar, für den nicht begünstigten Aufwand bei Vorliegen der Voraussetzungen den Investitionsfreibetrag in Anspruch zu nehmen. Dies kann auch in den Fällen gelten, in denen An- und Zubauten vorgenommen werden, die nicht im Interesse der Denkmalpflege erfolgen und eine gewisse wirtschaftliche Eigenständigkeit haben.

Bei Förderung des Aufwandes aus öffentlichen Mitteln kann die begünstigte Abschreibung **3186** des § 8 Abs. 2 EStG 1988 für die nicht aus öffentlichen Mitteln getragenen Aufwendungen beansprucht werden. Zinsenzuschüsse aus öffentlichen Mitteln lassen die Abschreibung nach § 8 Abs. 2 EStG 1988 unberührt.

7.5 Absetzung für Abnutzung – Firmenwert

7.5.1 Firmenwert bei „Land- und Forstwirten“ und bei „Gewerbetreibenden“

Der nach dem 31. Dezember 1988 entgeltlich erworbene Firmenwert bei „Land- und **3187** Forstwirten“ und bei „Gewerbetreibenden“ gilt auf Grund gesetzlicher Fiktion (§ 6 Z 1 zweiter Satz EStG 1988) als abnutzbar (siehe Rz 2287 ff) und ist gemäß § 8 Abs. 3 EStG 1988 zwingend auf einen Zeitraum von 15 Jahren linear abzuschreiben. Gemäß § 114 Abs. 3 EStG 1988 gilt diese Nutzungsdauer nur für jene Firmenwerte, die nach dem 31. Dezember 1988 entgeltlich erworben wurden. Bei Firmenwerten, die vor diesem Zeitpunkt erworben wurden und abnutzbar sind, ist die bisherige Nutzungsdauer weiterhin maßgebend.

7.5.2 Praxiswert eines freiberuflich Tätigen

Ist der Praxiswert eines freiberuflich Tätigen abnutzbar (siehe Rz 2287 ff), so sind die **3188** Anschaffungskosten gegebenenfalls auf einen kürzeren Zeitraum als jenen nach § 8 Abs. 3 EStG 1988 abzuschreiben.

Da die Nutzungsdauer des Praxiswertes nicht gesetzlich geregelt ist, muss sie im Einzelfall **3189** gesondert ermittelt werden. Ein entscheidendes Kriterium ist das Ausmaß der Abgeltung des mit der persönlichen Beziehung des freiberuflich Tätigen verbundenen besonderen Vertrauensverhältnisses zu den von ihm Betreuten (Klienten, Patienten) oder unter Umständen zu anderen Personen (das Vertrauen der Berufskollegen zu einem Spezialisten) im Vergleich zu anderen Komponenten des Praxiswertes. Dies gilt nicht nur für die unterschiedlichen Berufsgruppen der freien Berufe, sondern kann auch bei unterschiedlichen Strukturen innerhalb einer Berufsgruppe, zB jener der Ärzte, zutreffen. Als Richtlinie kann daher gelten, dass die Nutzungsdauer des Praxiswertes zwar im Standardfall mit fünf Jahren angenommen werden kann, dass dies aber nicht ausschließt, dass sie nach den konkreten Umständen des Einzelfalles innerhalb eines mit mindestens drei und höchstens fünfzehn Jahren (wenn der Praxiswert nicht abnutzbar ist) begrenzten Zeitrahmens angenommen wird.

Es bestehen keine Bedenken, einen nicht abnutzbaren Praxiswert analog zur Regelung **3190** für die entgeltlich erworbenen Firmenwerte bei Land- und Forstwirten und bei Gewerbetreibenden auf 15 Jahre verteilt abzuschreiben. In diesen Fällen ist ein späterer Wechsel zu einer kürzeren Abschreibungsdauer nicht zulässig.

Beispiel 1:

Eine GmbH erwirbt das Einzelunternehmen eines Freiberuflers. Ist der bisherige Praxisinhaber weiterhin als Geschäftsführer tätig, so unterliegt der Praxiswert nicht der Abnutzung, er kann analog zu § 8 Abs. 3 EStG 1988 auf 15 Jahre verteilt abgeschrieben werden. Wird das Unternehmen unabhängig vom bisherigen Praxisinhaber betrieben, unterliegt der Praxiswert hingegen der Abnutzung und ist auf einen gegebenenfalls kürzeren Zeitraum als 15 Jahre abzuschreiben.

Beispiel 2:

Ein Mitunternehmer verkauft seinen gesamten Anteil. Wenn der Praxiswert auf die persönlichen Leistungen dieses Mitunternehmers zurückzuführen ist, ist er abnutzbar und auf einen gegebenenfalls kürzeren Zeitraum als 15 Jahre abzuschreiben. Wenn der Praxiswert hingegen auch durch die Leistungen eines anderen in der Gemeinschaft verbleibenden und nach außen hin tätigen Mitunternehmers entstanden ist, ist er nicht abnutzbar und kann analog zu § 8 Abs. 3 EStG 1988 auf 15 Jahre verteilt abgeschrieben werden. Dies gilt auch dann, wenn ein Mitunternehmer nur einen Teil seines Anteiles veräußert und weiterhin nach außen hin tätig bleibt.

7.5.3 Ganzjahres- und Halbjahres-AfA

Ist der entgeltlich erworbene Firmenwert (Praxiswert) länger als sechs Monate eines **3191** Wirtschaftsjahres im Anlagevermögen, so ist gemäß § 7 Abs. 2 EStG 1988 der gesamte auf ein Jahr entfallende Betrag abzusetzen, sonst die Hälfte.

7.5.4 Teilwertabschreibung

3192 Der entgeltlich erworbene Firmenwert (Praxiswert) eines bilanzierenden Unternehmens kann auf den niedrigeren Teilwert abgeschrieben werden (siehe Rz 2230 ff zur Teilwertabschreibung), wenn dies durch bestimmte nachweisbare Tatsachen begründet wird.

Beispiel 1:

Wegfall eines wesentlichen Teiles des Kundenstockes

Beispiel 2:

Gewerberechtliche Änderungen, die sich tatsächlich auf das Unternehmen auswirken (zB Umsatzrückgang)

Beispiel 3:

Der Firmenwert eines Rauchfangkehrerbetriebes kann sinken infolge Einführung von Fernheizungen und Zentralheizungen (VwGH 18.7.1995, 91/14/0047), weiters wenn im Kehrgebiet eine neue Konzession vergeben wird.

3193 Da der Firmenwert als ein einheitliches Wirtschaftsgut anzusehen ist, kommt eine Teilwertabschreibung dann nicht in Betracht, wenn an die Stelle des erworbenen (derivativen) Firmenwertes ein selbstgeschaffener (originärer) tritt und der Teilwert des Firmenwertes in seiner Gesamtheit nicht unter dem gemäß § 8 Abs. 3 EStG 1988 anzusetzenden Buchwert liegt (VwGH 18.7.1995, 91/14/0047).

7.5.5 Außergewöhnliche technische oder wirtschaftliche Abschreibung

3194 In jenen Fällen, in denen die gesetzliche Abschreibungsdauer von 15 Jahren unmittelbar anzuwenden ist oder analog angewendet wird, kann eine außergewöhnliche technische oder wirtschaftliche Abschreibung nicht vorgenommen werden.

7.5.6 Firmenwertähnliche Wirtschaftsgüter

3195 Für immaterielle Wirtschaftsgüter, die einem Firmenwert nur ähnlich sind (siehe Rz 2287 ff), ist auf Basis der allgemeinen Bewertungsregeln festzustellen, ob sie abnutzbar sind oder nicht. Es bestehen keine Bedenken, ein in ein Betriebsvermögen entgeltlich erworbenes Markenrecht wie einen Firmenwert auf 15 Jahre verteilt abzuschreiben.

(AÖF 2006/210)

7.6 Außergewöhnliche technische oder wirtschaftliche Abnutzung

3196 Die Absetzung für außergewöhnliche technische oder wirtschaftliche Abnutzung (AfaA) kommt bei allen Einkunftsarten zur Anwendung.

3197 Absetzungen für außergewöhnliche technische oder wirtschaftliche Abnutzung können nur für das Jahr, in dem die außergewöhnliche Abnutzung eingetreten ist, geltend gemacht werden (VwGH 5.10.51, 2540/49). Eine Nachholung der AfaA ist nicht zulässig.

Eine Inbetriebnahme des Wirtschaftsgutes ist nicht erforderlich.

3198 Eine außergewöhnliche technische Abnutzung liegt vor, wenn durch besondere Umstände, zB durch Beschädigung, Brand, Bruch usw., ein gegenüber der gewöhnlichen Abnutzung erhöhter Substanzverbrauch eines abnutzbaren Wirtschaftsgutes eintritt.

3199 Eine außergewöhnliche wirtschaftliche Abnutzung liegt vor, wenn die wirtschaftliche Nutzbarkeit eines Gegenstandes durch außergewöhnliche Umstände verändert wurde, zB wenn eine Maschine durch Ausfall von Aufträgen infolge Geschmackswandels oder durch eine neue Erfindung unrentabel wird. Die Absetzung für außergewöhnliche wirtschaftliche Abnutzung hat jedoch stets zur Voraussetzung, dass die geltend gemachten wirtschaftlichen Gründe geeignet sind, die voraussichtliche Nutzungsdauer zu kürzen. Eine bloße Wertminderung, die die Nutzung des Gegenstandes nicht beeinflusst, ist keine außergewöhnliche wirtschaftliche Abnutzung, sondern kann lediglich (wenn dies nicht – wie bei einer Einnahmen-Ausgaben-Rechnung – unzulässig ist) zu einer Teilwertabschreibung führen (VwGH 15.3.57, 630/56).

3200 Es ist Aufgabe des Steuerpflichtigen, den Nachweis für das Vorliegen einer außergewöhnlichen Abnutzung zu führen (VwGH 26.4.1989, 89/14/0027).

3201 Aus Vereinfachungsgründen bestehen keine Bedenken, wenn nach der Vornahme einer Absetzung für außergewöhnliche technische oder wirtschaftliche Abnutzung die bisherige AfA beibehalten wird.

3202 Bei einer Absetzung für außergewöhnliche technische oder wirtschaftliche Abnutzung, die beruflich veranlasst ist, ist kein Privatanteil auszuscheiden (VwGH 23.5.1990, 89/13/0278). Ist die Abnutzung durch eine private Verwendung des Wirtschaftsgutes verursacht worden, darf die dadurch entstehende Wertminderung eines zum Betriebsvermögens gehörenden

Wirtschaftsgutes den betrieblichen Gewinn nicht mindern (VwGH 21.10.1999, 94/15/0193). Unterlassene Instandsetzungs- oder Erhaltungsaufwendungen können zu einer außergewöhnlichen Abnutzung führen, wenn ihr Unterbleiben auch die Nutzungsdauer wesentlich verkürzt hat (VwGH 12.5.1981, 3204/80). Verliert ein abnutzbares Nutzungsrecht vor Ablauf der Nutzungsdauer die Nutzungsfähigkeit, dann ist eine Absetzung für außergewöhnliche wirtschaftliche Abnutzung gerechtfertigt (VwGH 25.11.1986, 86/14/0045, Konkurs des Vermieters).

7.7 Absetzung für Substanzverringerung (AfS)

Zur AfS berechtigt ist der Grundeigentümer. **3203**

Bemessungsgrundlage: **3204**

- Die Anschaffungskosten der Abbaurechte bei entgeltlichem Erwerb. Wird ein Grundstück zum Zwecke der Ausbeutung entgeltlich erworben, sind die Anschaffungskosten auf Bodenschatz sowie Grund und Boden aufzuteilen.
- Bewertung des Bodenschatzes nach Maßgabe des § 6 Z 5 EStG 1988 zum Zeitpunkt der Einlage des gesamten mineralischen Vorkommens (VwGH 19.12.2013, 2012/15/0024), wenn das Grundstück zum Privatvermögen gehört hat (siehe Rz 2489, Rz 5041 ff) und nunmehr betrieblich zum Ausbau genutzt wird.
- Wird ein zum Privatvermögen gehöriger Bodenschatz verpachtet (zB Schotterabbauvertrag), bestehen bei der Ermittlung der Einkünfte aus Vermietung und Verpachtung keine Bedenken, sämtliche Werbungskosten (einschließlich AfS) in Höhe von 50% der Bruttoerlöse (einschließlich Umsatzsteuer) zu berücksichtigen. Bei Anwendung der Nettomethode können die Werbungskosten (einschließlich AfS) mit 40% der Nettoerlöse (ohne Umsatzsteuer) geschätzt werden.

(BMF-AV Nr. 2015/133)

Die AfS richtet sich auf Basis der historischen Anschaffungskosten oder des Teilwertes zum Zeitpunkt der Einlage des Bodenschatzes (VwGH 19.12.2013, 2012/15/0024) nach der im Wirtschaftsjahr tatsächlich abgebauten Menge. Wurde in dem betreffenden Wirtschaftsjahr nicht abgebaut, kann auch keine AfS vorgenommen werden. **3205**

Beispiel:

Substanzanschaffungskosten 540.000 Euro, geschätzte Gesamtabbaumenge 45.000 t. In einem Jahr werden 1.500 t (1/30 von 45.000 t) abgebaut. AfS daher 18.000 Euro (1/30 von 540.000 Euro).

(BMF-AV Nr. 2015/133)

Kommt es zu einer Teilwertabschreibung, so ist der nach der Teilwertabschreibung verbleibende Restwert der AfS zu Grunde zu legen. Die weitere AfS ist folgendermaßen zu berechnen: AfS = Restwert x Jahresfördermenge / Restmenge **3206**

Eine normale AfA im Sinne des § 7 Abs. 1 EStG 1988 ist nicht zulässig.

Die AfS ist zwingend vorzunehmen und unterliegt dem Nachholverbot. **3207**

Ein größeres Vorkommen als geschätzt führt zu einer Änderung der Abschreibungsdauer, nicht der Bemessungsgrundlage (VwGH 29.3.2006, 2004/14/0063).

(AÖF 2007/88)

7.8 Absetzung für Abnutzung – Kraftfahrzeuge

7.8.1 Überblick

Die Regelungen des § 8 Abs. 6 EStG 1988, mit denen für Personenkraftwagen und Kombinationskraftwagen die Mindestnutzungsdauer gesetzlich festgelegt wird, gelten ab der Veranlagung 1996 sowohl für die Gewinnermittlung nach § 4 Abs. 1 und 3 EStG 1988 sowie § 5 EStG 1988 als auch über den Verweis des § 16 Abs. 1 Z 8 EStG 1988 auf den (gesamten) § 8 EStG 1988 für die außerbetrieblichen Einkunftsarten (zB wenn ein nichtselbständig Erwerbstätiger ein Fahrzeug beruflich nutzt und die anteiligen Fahrzeugkosten – also auch die AfA – absetzt). Der Anwendungsbereich ist aber auf die Fälle des Ansatzes von AfA oder der Kalkulation von AfA in einer Leasingrate beschränkt. Werden Fahrzeugkosten im Wege des amtlichen Kilometergeldes geltend gemacht, so bleibt dessen Abzug als Betriebsausgaben oder Werbungskosten von diesen Bestimmungen unberührt. **3208**

Zur Möglichkeit der Anwendung einer degressiven AfA für Kraftfahrzeuge mit einem CO_2-Emissionswert von 0 Gramm pro Kilometer siehe Rz 3261 ff.

(BMF-AV Nr. 2021/65)

§ 8 Abs. 6 EStG 1988 hat keine Auswirkungen auf die UGB-Bilanz. Die Bestimmungen des UGB, wonach Vermögensgegenstände (einschließlich PKW und Kombi) planmäßig **3209** abzuschreiben sind (§ 204 UGB) bleiben unberührt. Der Aktivposten nach § 8 Abs. 6 Z 2 EStG 1988 entspricht auch nicht einem „Rechnungsabgrenzungsposten auf der Aktivseite" im Sinne des § 198 Abs. 5 UGB. Er darf daher in der UGB-Bilanz nicht als solcher angesetzt werden. Bei der steuerlichen Gewinnermittlung ist daher darauf zu achten, dass das UGB-bilanzielle Ergebnis in diesen Punkten an die steuerlichen Gewinnermittlungsvorschriften angepasst wird.

(AÖF 2008/238)

7.8.2 Betroffene Fahrzeuge

7.8.2.1 Personenkraftwagen, Kombinationskraftwagen

3210 Die Regelungen in § 8 Abs. 6 Z 1 EStG 1988 sowie § 8 Abs. 6 Z 2 EStG 1988 beziehen sich nur auf Personenkraftwagen und Kombinationskraftwagen. Der Begriffsinhalt dieser Fahrzeugkategorien ist in der Verordnung BGBl. II Nr. 193/2002 näher festgelegt. Siehe dazu Rz 4769a. Die Verordnung gilt auch für den Bereich des § 12 Abs. 2 Z 2 lit. b UStG 1994, also beim Vorsteuerausschluss für PKW und Kombi.

(AÖF 2003/209)

7.8.2.2 Fahrschulkraftfahrzeuge, Fahrzeuge für gewerbliche Personenbeförderung, Fahrzeuge für gewerbliche Vermietung

3211 Bei Fahrschulkraftfahrzeugen sowie bei mindestens zu 80% der gewerblichen Personenbeförderung dienenden Fahrzeugen gilt weder die Mindestnutzungsdauer noch der Aktivposten für das Leasing. Insoweit deckt sich § 8 Abs. 6 EStG 1988 mit der in § 12 Abs. 2 Z 2 lit. b UStG 1994 festgelegten Ausnahme vom Vorsteuerausschluss für PKW und Kombi. Für Fahrzeuge, die der gewerblichen Vermietung – also insbesondere dem Leasing – dienen, besteht zwar eine Ausnahme vom Vorsteuerausschluss, nicht hingegen von den Regelungen des § 8 Abs. 6 EStG 1988 betreffend die Mindestnutzungsdauer sowie den Aktivposten beim Leasing. Im Bereich des Leasing mit PKW und Kombi besteht somit für den Leasinggeber ein Recht auf den Vorsteuerabzug, nicht hingegen auf eine kürzere Abschreibung als die Mindestabschreibungsdauer; beim Leasingnehmer kann ein Aktivposten zu bilden sein. Von der Anwendung der Mindestabschreibungsdauer und vom Aktivposten sind verleaste Fahrzeuge nur dann ausgenommen, wenn sie als Fahrschulkraftfahrzeuge oder als Kraftfahrzeuge, die zu mindestens 80% der gewerblichen Personenbeförderung dienen, verwendet werden.

7.8.2.3 Andere Fahrzeuge

3212 Bei Fahrzeugen, die nicht von den Regelungen des § 8 Abs. 6 Z 1 und 2 EStG 1988 betroffen sind (zB Lastkraftwagen bzw. Kleinbusse iSd Verordnung BGBl. Nr. 273/1996 und der Verordnung BGBl. II Nr. 193/2002), kann die betriebsgewöhnliche Nutzungsdauer nach den allgemeinen Grundsätzen des § 7 EStG 1988 (siehe Rz 3113 ff) ermittelt werden. Bei Lastkraftwagen beträgt die Nutzungsdauer erfahrungsgemäß zwischen 5 und 8 Jahren.

(BMF-AV Nr. 2021/65)

7.8.3 Mindestnutzungsdauer

7.8.3.1 Wesen

3213 Bei der Nutzungsdauer von acht Jahren handelt es sich um eine Mindestnutzungsdauer. § 8 Abs. 6 Z 1 EStG 1988 lässt somit keine kürzere als eine achtjährige Nutzungsdauer zu. Ist die betriebsgewöhnliche Nutzungsdauer aber länger als die Mindestnutzungsdauer, so kommt die „echte" betriebsgewöhnliche Nutzungsdauer zum Ansatz. Eine solche längere Nutzungsdauer kann sich insbesondere bei Gebrauchtfahrzeugen ergeben, bei denen die Mindestnutzungsdauer nach der so genannten Differenzmethode zu ermitteln ist (siehe Rz 3218 ff).

3214 Kommt die Mindestnutzungsdauer zum Tragen, so sind ausgeschlossen

- jede einer kürzeren Nutzungsdauer entsprechende (höhere) AfA.
- eine Teilwertabschreibung.
- eine Absetzung für außergewöhnliche technische oder wirtschaftliche Abnutzung.

Zum Ausscheiden eines Fahrzeuges siehe Rz 3221.

3215 Dem vorstehend umschriebenen Wesen der Mindestnutzungsdauer entsprechend kommen die übrigen Bestimmungen des § 7 EStG 1988, wie das Gebot der linearen Abschreibung, die Regelung über die Halbjahres-AfA, der AfA-Beginn mit Inbetriebnahme des Fahrzeugs sowie die Bestimmungen über die Führung der Anlagekartei auch in den Fällen des § 8 Abs. 6 EStG 1988 zum Tragen. Sollte bei einem Fahrzeug im Hinblick auf dessen hohe Anschaffungskosten (§ 20 Abs. 1 Z 2 lit. b EStG 1988) eine Repräsentationstangente auszuscheiden sein, so wären die nach Ausscheiden der Repräsentationstangente verbleibenden steuerlich maßgeblichen Anschaffungskosten auf die Mindestnutzungsdauer zu verteilen.

7.8.3.2 Mindestnutzungsdauer bei Neufahrzeugen

Die Mindestnutzungsdauer bei Neufahrzeugen beträgt acht Jahre. Dies entspricht einem AfA-Satz von 12,5% der Anschaffungs- oder Herstellungskosten. Als Neufahrzeuge gelten Fahrzeuge, die weder beim Steuerpflichtigen selbst noch beim Voreigentümer des Fahrzeuges in Nutzung gestanden sind. Die bloße Zugehörigkeit zum Umlaufvermögen lässt die Eigenschaft als Neufahrzeug unberührt. Als Neufahrzeug gelten auch Vorführwagen. Es bestehen keine Bedenken, wenn bei einem länger als sechs Monate als Vorführwagen eingesetzten Fahrzeug vom „Verbrauch" einer Nutzungsdauer im Ausmaß eines halben Jahres ausgegangen wird. 3216

Beispiel 1:

Ein PKW wird drei Monate als Vorführfahrzeug eingesetzt und sodann an einen Unternehmer veräußert. Der Unternehmer setzt als Mindestnutzungsdauer eine solche von acht Jahren an.

Beispiel 2:

Ein PKW wird neun Monate als Vorführfahrzeug eingesetzt und sodann an einen Unternehmer veräußert. Der Unternehmer setzt als Mindestnutzungsdauer eine solche von siebeneinhalb Jahren an.

Die Regelung des § 7 Abs. 2 EStG 1988 betreffend die Halbjahres-/Jahres-AfA ist auch im Falle einer achtjährigen Mindestnutzungsdauer anzuwenden. 3217

7.8.3.3 Mindestnutzungsdauer bei Gebrauchtfahrzeugen

Die Mindestnutzungsdauer von Gebrauchtfahrzeugen errechnet sich anhand der so genannten Differenzmethode. Als Gebrauchtfahrzeug gilt jedes Fahrzeug, das beim Voreigentümer einer Nutzung zugeführt worden ist, die nicht im Rahmen des Umlaufvermögens erfolgt ist. Bei der Differenzmethode wird von der Mindestnutzungsdauer von acht Jahren der Zeitraum der Nutzung durch den (die) Voreigentümer abgezogen. Es ist dabei gleichgültig, ob der (die) Voreigentümer das Fahrzeug für betriebliche Zwecke, für eine außerbetriebliche Einkunftserzielung oder für die private Lebensführung genutzt hat (haben). Für Zwecke der Ausmessung der Dauer der Fahrzeugnutzung beim Voreigentümer (bei den Voreigentümern) ist auch die Regelung für die Halbjahres-AfA zu beachten. Als Zeitpunkt der ersten Nutzungsnahme gilt im Zweifel der Zeitpunkt der erstmaligen Zulassung. 3218

Beispiel 1:

Ein Fahrzeug wird am 4.2.1996 erstmals in Nutzung genommen. Am 10.6.1998 wird es als Gebrauchtfahrzeug erworben. Es sind verstrichen:

das volles Nutzungsjahr 1996 („Ganzjahres-AfA"),

das volle Nutzungsjahr 1997 („Ganzjahres-AfA"),

das halbe Nutzungsjahr 1998 („Halbjahres-AfA").

Die Mindestabschreibungsdauer nach der Differenzmethode beträgt 8 Jahre minus 2 1/2 Jahre, also 5 1/2 Jahre. Der AfA-Satz beträgt demgem 18,18%. Es stehen dem Erwerber des Fahrzeuges für die Jahre 1998 bis 2002 jeweils eine Ganzjahres-AfA zu, für das Jahr 2003 kommt eine Halbjahres-AfA zum Tragen.

Nach der Konzeption der Differenzmethode können sich AfA-Ansätze „überlagern". Es kann insbesondere eine Halbjahres-AfA des (der) Voreigentümer(s) für die Bestimmung des AfA-Satzes eine „mittelbare" Rolle spielen und sodann beim Erwerber eines Gebrauchtfahrzeuges abermals die Halbjahres-AfA-Regelung zum Tragen kommen. 3219

Beispiel 2:

Ein Fahrzeug wird am 4.11.1996 erstmals in Nutzung genommen. Am 10.12.1998 wird es als Gebrauchtfahrzeug erworben. Es sind verstrichen.

das halbe Nutzungsjahr 1996 („Halbjahres-AfA").

das volle Nutzungsjahr 1997 („Ganzjahres-AfA").

das volle Nutzungsjahr 1998 („Ganzjahres-AfA").

Die Mindestabschreibungsdauer nach der Differenzmethode beträgt 8 Jahre minus 2 1/2 Jahre, also 5 1/2 Jahre. Der AfA-Satz beträgt demgemäß 18,18%. Es stehen dem Erwerber des Fahrzeuges für das Jahr 1998 eine Halbjahres-AfA von 18,18% : 2 = 9,09% zu, für die Jahre 1999 bis 2003 kommt jeweils eine Ganzjahres-AfA zum Tragen.

Wie bereits unter Rz 3213 ff erwähnt, kann bei Gebrauchtfahrzeugen eine längere Nutzungsdauer anzusetzen sein, als die nach der Differenzmethode ermittelte Nutzungsdauer. 3220

Beispiel 3:
Es wird ein PKW angeschafft, der beim Voreigentümer bereits sieben Jahre in Nutzung stand. Im Jahr der Anschaffung beträgt die betriebsgewöhnliche (wirtschaftliche Rest-) Nutzungsdauer im Sinne des § 7 Abs. 1 EStG 1988 drei Jahre. Das Fahrzeug ist somit nicht auf die sich nach der Differenzmethode ergebende (Rest-)Nutzungsdauer von einem Jahr, sondern auf eine (Rest-)Nutzungsdauer von drei Jahren abzuschreiben.

7.8.4 Ausscheiden von PKW und Kombi

3221 Scheidet ein PKW oder Kombi aus dem Betriebsvermögen aus, so wird der Buchwert aufwandswirksam abgesetzt. Es ist dies der einzige Fall, dass ein höherer Betrag abgeschrieben werden kann, als der Mindestnutzungsdauer entspricht. Unter Ausscheiden aus dem Betriebsvermögen ist die Veräußerung, die Entnahme, die Zerstörung des Fahrzeuges sowie dessen völliger funktionaler Wertverlust (zB Totalschaden) zu verstehen.

7.8.5 Mindestabschreibungsdauer und Zurechnung von Leasinggegenständen

3222 Die Mindestnutzungsdauer ist auch dort beachtlich, wo die Nutzungsdauer die Zurechnung eines Leasingfahrzeuges zum Leasinggeber bzw. zum Leasingnehmer beeinflusst (siehe dazu Rz 135 ff). Bei einem Vollamortisationsvertrag ist das Erfordernis, dass die Grundmietzeit mindestens 40% der Nutzungsdauer betragen muss (siehe Rz 135 ff) an der Mindestnutzungsdauer zu messen. Handelt es sich beim Leasinggut um ein dem § 8 Abs. 6 Z 1 EStG 1988 unterliegendes Neufahrzeug, so müsste die Grundmietzeit also mindestens drei Jahre und zwei Monate betragen. Die sowohl für Vollamortisationsverträge wie auch für Teilamortisationsverträge geltende 90%-Obergrenze (siehe Rz 135 ff) ergibt bezogen auf eine Mindestnutzungsdauer von acht Jahren eine maximale Grundmietzeit von sieben Jahren und zwei Monaten.

3223 **Für Vertragsabschlüsse bis 30.4.2007:**

Besteht bei einem Vollamortisationsvertrag, dessen Grundmietzeit zwischen 40% und 90% der betriebsgewöhnlichen Nutzungsdauer beträgt, eine vertraglich vereinbarte Kaufoption gegen Leistung eines wirtschaftlich nicht ausschlaggebenden Entgeltes (Rz 3224, siehe auch Rz 135 ff), erfolgt eine Zurechnung beim Leasingnehmer.

Für Vertragsabschlüsse ab 1.5.2007:

Besteht bei einem Vollamortisationsvertrag, dessen Grundmietzeit zwischen 40% und 90% der betriebsgewöhnlichen Nutzungsdauer beträgt, eine vertraglich vereinbarte Kaufoption gegen Leistung eines wirtschaftlich nicht angemessenen Entgeltes (Rz 3224, siehe auch Rz 135 ff), erfolgt eine Zurechnung beim Leasingnehmer.

(AÖF 2007/88)

3224 **Für Vertragsabschlüsse bis 30.4.2007:**

Als wirtschaftlich ausschlaggebend ist ein Entgelt dann anzusehen, wenn es zumindest die Hälfte des Schätzwertes erreicht. Als Schätzwert kann der Buchwert des Fahrzeuges unter Außerachtlassen von Übertragungen gemäß § 12 EStG 1988 (siehe Rz 3861 ff) sowie unter Ansatz einer Monats-AfA angenommen werden. Es wird dabei davon ausgegangen, dass die für Zwecke der steuerlichen Gewinnermittlung beim Leasinggeber angesetzte AfA auch in die Kalkulation der Leasingrate eingegangen ist. Sollte nunmehr die der Leasingrate zu Grunde liegende Kalkulation von einer anderen AfA ausgehen als der auf Grund der Mindestnutzungsdauer anzusetzenden AfA, so wird bei Ausmessung des wirtschaftlichen ausschlaggebenden Entgeltes vom „Buchwert" auf Basis der in der Leasingrate kalkulierten AfA auszugehen sein. Diese Vorgangsweise ist deshalb angezeigt, weil bei Einstufung des Entgeltes für die Ausübung der Kaufoption als „wirtschaftlich ausschlaggebend" aus der Sicht des Leasingnehmers zu treffen ist. Dieser Überlegung entspricht es, die bereits in der Leasingrate kalkulierte – und damit vom Leasingnehmer indirekt bezahlte – AfA dem Entgelt für die Ausübung der Kaufoption gegenüberzustellen.

Für Vertragsabschlüsse ab 1.5.2007:

Als wirtschaftlich angemessen ist ein Entgelt dann anzusehen, wenn es zumindest den voraussichtlichen Verkehrswert zum Ende der Grundmietzeit erreicht. Beim voraussichtlichen Verkehrswert des Fahrzeuges bzw. Leasinggegenstandes ist vom steuerlichen Buchwert am Ende der Grundmietzeit unter Außerachtlassen von Übertragungen gemäß § 12 EStG 1988 (siehe Rz 3861 ff) sowie unter Ansatz von Beträgen an Halbjahres-AfA bzw. Jahres-AfA auszugehen; von diesem steuerlichen Buchwert ist sodann ein Abschlag von 20% vorzunehmen. Ein niedrigerer voraussichtlicher Verkehrswert ist durch ein Gutachten nachzuweisen. Bei Kraftfahrzeugen kann auch die Eurotax-Bewertung (Händler-Verkauf) herangezogen werden.

Beispiel:

Die Anschaffungskosten eines Wirtschaftsgutes mit einer Nutzungsdauer von acht Jahren betragen 80.000 €. Die Grundmietzeit beträgt vier Jahren. Der voraussichtliche Verkehrswert des Wirtschaftsgutes am Ende der Grundmietzeit ist mit 32.000 € anzunehmen (Abschlag von 20% von 40.000 €); ein niedrigerer voraussichtlicher Verkehrswert ist durch ein Gutachten nachzuweisen.

(AÖF 2007/88)

Für Vertragsabschlüsse bis 30.4.2007: 3225

Diese Überlegungen gelten sinngemäß für Teilamortisationsverträge, bei denen eine Kaufoption zum Restwert ausgeübt werden kann. Dabei ist davon auszugehen, dass der Restwert nicht erheblich niedriger sein darf als der voraussichtliche Verkehrswert. Andernfalls müsste eine Zurechnung beim Leasingnehmer erfolgen. Als erhebliches Abweichen vom voraussichtlichen Verkehrswert wird eingestuft, wenn der Restwert unter dem halben (allenfalls adaptierten) Buchwert des Leasinggegenstandes (beim Leasinggeber) zu liegen kommt. Auch in diesem Fall ist die Relation des Restwertes zu der in der Leasingrate kalkulierten AfA maßgebend. Der sich auf Grund der Mindestnutzungsdauer ergebende Buchwert spielt daher in diesem Bereich keine Rolle.

Für Vertragsabschlüsse ab 1.5.2007:

Diese Überlegungen gelten sinngemäß für Teilamortisationsverträge, bei denen eine Kaufoption zum Restwert ausgeübt werden kann. Dabei ist davon auszugehen, dass der Restwert nicht niedriger sein darf als der voraussichtliche Verkehrswert. Andernfalls müsste eine Zurechnung beim Leasingnehmer erfolgen. Als Abweichen vom voraussichtlichen Verkehrswert wird eingestuft, wenn der Restwert unter dem adaptierten Buchwert des Leasinggegenstandes beim Leasinggeber (steuerlicher Buchwert abzüglich Abschlag von 20%) zu liegen kommt. Ein unter dem adaptierten Buchwert liegender voraussichtlichen Verkehrswert ist durch ein Gutachten nachzuweisen. Bei Kraftfahrzeugen kann auch die Eurotax-Bewertung (Händler-Verkauf) herangezogen werden.

(AÖF 2007/88)

7.8.6 Wesen des Leasingaktivpostens

In § 8 Abs. 6 Z 2 EStG 1988 ist ein Aktivposten eingeführt worden, der in bestimmten Fällen von Leasingverhältnissen (Rz 3229 ff) zu bilden ist. Der Aktivposten hat die Funktion, den auf die Anschaffungskosten eines PKW oder Kombi im Wege der Leasingrate entfallenden Aufwand des Leasingnehmers mit jenem Betrag zu begrenzen, der einer AfA auf Grundlage der Mindestnutzungsdauer entspricht. Das Wesen des Aktivpostens liegt in der Korrektur von Aufwendungen, die sich aus der Leasingrate ergeben. Er ist kein aktiver Rechnungsabgrenzungsposten. Auf Grund dieses eigenständigen Charakters kann der Aktivposten bei allen Gewinnermittlungsarten zum Tragen kommen, und zwar auch bei der Einnahmen-Ausgaben-Rechnung. Überdies ist der Aktivposten gegebenenfalls bei den außerbetrieblichen Einkunftsarten zu bilden. In der UGB-Bilanz wird der Aktivposten nicht als „Rechnungsabgrenzungsposten auf der Aktivseite“ (§ 198 Abs. 5 UGB) angesetzt (siehe Rz 3209). 3226

(AÖF 2008/238)

Seiner Funktion nach ist der Aktivposten in engem Zusammenhang mit der Mindestnutzungsdauer nach § 8 Abs. 6 Z 1 EStG 1988 zu sehen. Wie in Rz 3210 dargestellt, gilt er ausschließlich für jene Fahrzeugkategorien, die auch von der Mindestnutzungsdauer betroffen sind, also für PKW und Kombi. Der Aktivposten ist nicht anzusetzen, wenn es sich beim Leasinggegenstand aus der Sicht des Leasingnehmers um ein als Fahrschulkraftfahrzeug oder um ein zumindest zu 80% für Zwecke der gewerblichen Personenbeförderung eingesetztes Kraftfahrzeug handelt (siehe Rz 3211). 3227

Der Aktivposten knüpft grundsätzlich an die AfA des Leasinggebers an. Beim Leasinggeber ist die AfA bei PKW und Kombis gemäß § 8 Abs. 6 Z 1 EStG 1988 nach der Mindestnutzungsdauer zu bemessen (Rz 3213 ff). Dies gilt auch für ausländische Leasinggeber. Ergibt sich nun nach diesem Vergleichsmaßstab, dass die in der Leasingrate dem Leasingnehmer kalkulatorisch „überwälzte“ AfA höher ist, als jene des Leasinggebers, so ist insoweit ein Aktivposten zu bilden. Voraussetzung für die Bildung eines Aktivpostens ist nach § 8 Abs. 6 Z 2 EStG 1988, dass „Teile des Nutzungsentgeltes“ (also Teile der Leasingrate) auf die (Teil-)Amortisation der Anschaffungs- oder Herstellungskosten entfallen. 3228

7.8.7 Vom Aktivposten betroffene Leasingarten

7.8.7.1 Allgemeine Abgrenzung

3229 Der Aktivposten ist dann anzusetzen, wenn im Nutzungsentgelt für den Leasingnehmer objektiv erkennbar eindeutig abgrenzbare Teile der Anschaffungs- oder Herstellungskosten des Leasinggebers einkalkuliert sind. Ist dies nicht der Fall, so geht § 8 Abs. 6 Z 2 EStG 1988 von vornherein ins Leere.

7.8.7.2 Finanzierungsleasing

3230 In den Fällen des „klassischen" Finanzierungsleasing (siehe Rz 135 ff) ist jedenfalls davon auszugehen, dass die (Teil-)Amortisation der Anschaffungs-(Herstellungs-)Kosten des Fahrzeuges konkret in der Leasingrate einkalkuliert sind, wenn dies für den Leasingnehmer objektiv erkennbar ist. Dies ergibt sich schon aus der Funktion des Finanzierungsleasing, das – wie schon seine Bezeichnung aussagt – auf die konkrete Finanzierung eines Fahrzeugs ausgerichtet ist. Finanzierungsleasing, und zwar sowohl in Form der Vollamortisation wie auch in Form der Teilarmortisation führt daher – wenn die Voraussetzungen des § 8 Abs. 6 EStG 1988 gegeben sind – jedenfalls zur Bildung des Aktivpostens. Dies wird auch für Spezialfälle des Finanzierungsleasing gelten, wie etwa das jederzeit kündbare Restwertleasing.

7.8.7.3 Operatingleasing

3231 Operatingleasing ist dadurch gekennzeichnet, dass die Gebrauchsüberlassung gegenüber der Finanzierung in den Vordergrund tritt. Als Operatingleasing ist in diesem Zusammenhang ein Leasingvertrag (Mietvertrag) zu verstehen, bei dem

- ein Restwert weder vereinbart noch dem Leasingnehmer bekannt ist,
- kein Andienungsrecht des Leasinggebers besteht,
- eine allfällige Kaufoption nur zum Marktwert ausgeübt werden kann, bzw. der Leasingnehmer nicht damit rechnen kann, das geleaste Fahrzeug unter dem Marktpreis erwerben zu können,
- der Leasinggeber die wirtschaftliche Chance und das wirtschaftliche Risiko der Verwertung trägt.

3232 Erfüllt ein Leasingvertrag (Mietvertrag) diese Voraussetzungen, ist kein Aktivposten zu bilden.

3233 *(gemäß AÖF 2002/84 aufgehoben)*

7.8.8 Berechnung und Auflösung des Aktivpostens

7.8.8.1 Berechnung des Aktivpostens

3234 Der Berechnung des Aktivpostens sind folgende Eckwerte zu Grunde zu legen:

- Die AfA des Leasinggebers: Es ist dabei jene AfA heranzuziehen, die konkret beim Leasinggeber anzusetzen ist. Es sind somit jene AfA-Beträge maßgeblich, die der Mindestnutzungsdauer bei Neufahrzeugen entsprechen, die für Gebrauchtfahrzeuge im Wege der Differenzmethode ermittelt worden sind oder die sich aus den Übergangsregelungen ergeben.
- Die AfA-Tangente in der Leasingrate: Diese ist nach den dargestellten Methoden zu ermitteln.
- Die Verhältnisse des Leasingnehmers: Damit ist gemeint, dass die AfA des Leasinggebers auf die Verhältnisse des Leasingnehmers hinsichtlich des Vorsteuerabzuges „umzurechnen" ist.

Beispiel 1:

Für ein Fahrzeug mit Anschaffungskosten (ohne Umsatzsteuer) von 20.000 Euro wird eine Leasingrate von jährlich 5.000 Euro zuzüglich 1.000 Euro Umsatzsteuer vereinbart. Der Vorsteuerabzug steht dem Leasingnehmer nicht zu (§ 12 Abs. 2 Z 2 UStG 1994). Als Grundmietzeit werden vier Jahre vereinbart. Die Amortisation der Anschaffungskosten ist in der Leasingrate mit einem Teilbetrag von 4.000 Euro kalkuliert; dazu kommt die anteilige Umsatzsteuer von 800 Euro. Hinsichtlich der Grundmietzeit ergibt sich folgendes: Bei einem gedachten Ankauf durch den Leasingnehmer wäre von den Bruttoanschaffungskosten von 24.000 Euro eine jährliche AfA von 12,5%, das sind 3.000 Euro zugestanden. Für den Unterschiedsbetrag zu dem auf Amortisation entfallenden Teilbetrag der Leasingrate (brutto 4.800 Euro) ist ein Aktivposten von 4.800 Euro minus 3.000 Euro = 1.800 Euro einzustellen. Der restliche Teil der Leasingrate 6.000 Euro minus 1.800 Euro = 4.200 Euro brutto ist „normaler" Aufwand.

(AÖF 2009/74)

Hat der Leasingnehmer Kenntnis von der in der Leasingrate enthaltenen AfA-Tangente, dann ist die ihm bekannte AfA-Tangente der Berechnung des Aktivpostens zu Grunde zu legen. Dies gilt auch dann, wenn die AfA-Tangente nicht linear, sondern progressiv (die Kapitaltilgung ist am Anfang der Grundmietzeit geringer und steigt erst dann an) oder degressiv (die Kapitaltilgung ist fallend) gestaltet ist. 3235

Ist dem Leasingnehmer lediglich die Gesamtkapitaltilgung (Anschaffungskosten und Restwert) bekannt, dann hat er die AfA-Tangente aus dem Nutzungsentgelt selbst zu ermitteln. Es ist grundsätzlich von einer linearen Verteilung der Kapitaltilgung über den Zeitraum der Grundmietzeit auszugehen, eine finanzmathematisch exakte Berechnung der Kapitaltilgung ist jedoch zulässig. Die einmal gewählte Methode ist beizubehalten. 3236

Beispiel 2:

Ein PKW wird am 1.1.01 geleast. Die Grundmietzeit, innerhalb der die Kapitaltilgung erfolgt, endet am 31.12.03. Es betragen einschließlich Umsatzsteuer (dem Leasingnehmer bekannt)

der Kaufpreis des Fahrzeuges 40.000 Euro,

der Restwert zum 31.12.03 16.000 Euro,

die monatliche Leasingrate 850 Euro

Die monatliche Tilgungskomponente errechnet sich aus der Formel:

$$\frac{\text{Anschaffungswert minus Restwert}}{\text{Laufzeit}} = \frac{\text{40.000 Euro minus 16.000 Euro}}{36} = \text{666,7 Euro}$$

Die AfA des Leasinggebers zuzüglich Umsatzsteuer beträgt jährlich 5.000 Euro. Stellt man die Tilgungskomponente von 12 x 666,7 Euro = 8.000,40 Euro der AfA von 5.000 Euro gegenüber, ist ein Betrag von 3.000,40 Euro dem Aktivposten zuzuführen. Der AfA-Aufwand beträgt daher im Saldo 5.000 Euro, der gesamte Jahresleasingaufwand im Saldo 7.199,60 Euro.

(AÖF 2009/74)

Ist dem Leasingnehmer lediglich der Restwert bekannt, so kann er die dargestellte Berechnung unter Heranziehung des Listenpreises des KFZ (einschließlich Sonderausstattung) vornehmen. Ein Abschlag um – wenn auch handelsübliche – Rabatte ist nicht zulässig. 3237

7.8.8.2 Aktivposten bei erhöhter erster Leasingrate

Erbringt der Leasingnehmer Vorleistungen, wie zB eine erhöhte erste Leasingrate, so hat dies bei Steuerpflichtigen, die ihren Gewinn auf Grund eines Betriebsvermögensvergleiches ermitteln, auf die Bildung des Aktivpostens keinen Einfluss. Dies ergibt sich daraus, dass die Leasingvorauszahlung ohnedies als Rechnungsabgrenzung zu aktivieren ist und somit auf den „Leasingaufwand" keinen Einfluss hat. 3238

Beispiel 1:

Ein PKW wird am 1.1.01 geleast. Die Grundmietzeit, innerhalb der die Kapitaltilgung erfolgt, endet am 31.12.03. Es betragen einschließlich Umsatzsteuer

der Kaufpreis des Fahrzeuges 40.000 Euro,

der Restwert zum 31.12.03 16.000 Euro,

die Leasingvorauszahlung 9.000 Euro,

die monatliche Leasingrate 550 Euro.

Die monatliche Tilgungskomponente errechnet sich auch in diesem Fall aus der Formel:

$$\frac{\text{Anschaffungswert minus Restwert}}{\text{Laufzeit}} = \frac{\text{40.000 Euro minus 16.000 Euro}}{36} = \text{666,7 Euro}$$

Die AfA des Leasinggebers zuzüglich Umsatzsteuer beträgt jährlich 5.000 Euro. Stellt man die Tilgungskomponente von 12 x 666,70 Euro = 8.000,40 Euro der AfA von 5.000 Euro gegenüber, ist ein Betrag von 3.000,40 Euro dem Aktivposten zuzuführen. Überdies wird im Jahr 01 eine „echte" aktive Rechnungsabgrenzung von 6.000 Euro gebildet, die im Jahr 02 und 03 mit jeweils 3.000 Euro aufgelöst wird. Der AfA-Aufwand beträgt daher ebenso wie in Beispiel 2 der Rz 3236 jährlich im Saldo 5.000 Euro (Vorauszahlung 9.000 Euro – Abgrenzung 6.000 Euro + AfA-Anteil in reduzierter Leasingrate 5.000,40 Euro – Aktivposten 3.000,40 Euro), der gesamte Jahresleasingaufwand im Saldo 6.599,60 Euro. Die Betragsdifferenz zum gesamten Leasingaufwand gegenüber dem Beispiel 2 der Rz 3236 resultiert lediglich aus der mit der Vorauszahlung verbundenen geringeren Zinsenbelastung in der Leasingrate.

(AÖF 2009/74)

3239 Wird der Gewinn des Leasingnehmers nach § 4 Abs. 3 EStG 1988 ermittelt oder handelt es sich um einen Leasingnehmer, bei dem der Leasinggegenstand im Rahmen einer außerbetrieblichen Einkunftsart eingesetzt wird, gilt folgendes: Ist die Verteilungsregelung des § 19 Abs. 3 EStG 1988 anwendbar, so stellt sich das oben dargestellte Ergebnis in gleicher Form „automatisch" ein. Sollte hingegen § 19 Abs. 3 EStG 1988 nicht anwendbar sein (weil die Vorauszahlung nur das laufende und das folgende Kalenderjahr betrifft), so müsste die Vorauszahlung in den Aktivposten aufgenommen werden. In den Folgejahren wird der Aktivposten auf der Basis der sodann in der Leasingrate enthaltenen Tilgungsbeträgen errechnet.

Beispiel 2:

Ein PKW wird am 1.1.01 geleast. Die Grundmietzeit, innerhalb der die Kapitaltilgung erfolgt, endet am 31.12.03. Es betragen einschließlich Umsatzsteuer

der Kaufpreis des Fahrzeuges 40.000 Euro,

der Restwert zum 31.12.03 16.000 Euro,

die Leasingvorauszahlung (Vz) für das laufende und das folgende Jahr 6.000 Euro,

die monatliche Leasingrate 700 Euro.

Die monatliche Tilgungskomponente errechnet sich in diesem Fall aus der Formel:

$$\frac{\text{Anschaffungswert minus Vz minus Restwert}}{\text{Laufzeit}} = \frac{\text{40.000 Euro minus 16.000 Euro minus 6.000 Euro}}{36} = \text{500 Euro}$$

Die AfA des Leasinggebers zuzüglich Umsatzsteuer beträgt jährlich 5.000 Euro. Stellt man die Tilgungskomponente von 12 x 500 Euro = 6.000 Euro sowie die Vz von 6.000 Euro der AfA von 5.000 Euro gegenüber ist im Jahr 01 ein Betrag von 7.000 Euro dem Aktivposten zuzuführen. In den Jahren 02 und 03 stehen der jährlichen Tilgungskomponente von 6.000 Euro AfA-Beträge von jeweils 5.000 Euro gegenüber, es sind daher im Jahr 02 und 03 jeweils 1.000 Euro dem Aktivposten zuzuführen. Der AfA-Aufwand beträgt damit jährlich 5.000 Euro. Der gesamte Leasingaufwand beläuft sich jährlich auf jeweils 7.400 Euro.

(AÖF 2009/74)

7.8.8.3 Auflösung des Aktivpostens

3240 Der Aktivposten ist nach § 8 Abs. 6 Z 2 EStG 1988 so aufzulösen, „dass der auf die Anschaffungskosten entfallende Gesamtbetrag der Aufwendungen jeweils den sich aus der Z 1 ergebenden Abschreibungssätzen entspricht". Unter „Gesamtbetrag der Aufwendungen" sind sämtliche mit den Anschaffungskosten im Zusammenhang stehende Aufwendungen zu verstehen, und zwar unabhängig davon, ob diese Aufwendungen für das Leasing des Fahrzeugs oder als „echte" AfA nach einem späteren Fahrzeugkauf anfallen.

3241 Es sind insbesondere folgende Fälle denkbar, in denen der Aktivposten aufzulösen ist: Das Fahrzeug wird nach Ablauf der Grundmietzeit

- vom Leasingnehmer gekauft,
- an den Leasinggeber zurückgestellt,
- vom Leasingnehmer weitergeleast,

oder das Fahrzeug wird während der Grundmietzeit

- zerstört,
- gestohlen.

3242 Wird das Fahrzeug nach Ablauf der Grundmietzeit gekauft, so ist der Aktivposten den Anschaffungskosten zuzuschlagen und die AfA von dem sich daraus ergebenden Gesamtbetrag zu ermitteln.

Beispiel 1:

Wird in Beispiel 2 der Rz 3236 das Fahrzeug am Ende der Grundmietzeit um den Restwert von 16.000 Euro gekauft, so wird der Aktivposten von 9.001,20 Euro den Anschaffungskosten zugerechnet. Die nach der Differenzmethode ermittelte AfA (Satz 20%) errechnet sich sodann vom Gesamtbetrag von 25.001,20 Euro. Sie beträgt also 5.000,20 Euro jährlich.

(AÖF 2009/74)

Die Zurechnung des Aktivpostens zu den Anschaffungskosten bewirkt gleichzeitig, dass der Aktivposten Teil der Anschaffungskosten wird. Steuerliche Bestimmungen, die auf die (steuerlichen) Anschaffungskosten abstellen, verstehen sich daher unter Einbeziehung des Aktivpostens; insbesondere können auch stille Reserven gemäß § 12 EStG 1988 auf die Anschaffungskosten einschließlich jener aus dem Aktivposten übertragen werden. **3243**

Wird das Fahrzeug nach Ablauf der Grundmietzeit an den Leasinggeber zurückgestellt, so ist der Aktivposten wie ein Restbuchwert aufwandswirksam auszubuchen. **3244**

Beispiel 2:

Wird in Beispiel 2 der Rz 3236 das Fahrzeug am Ende der Grundmietzeit dem Leasinggeber zurückgestellt, ist der Aktivposten von 90.012 S als Aufwand auszubuchen.

Sollte das Fahrzeug zwar an den Leasinggeber zurückgestellt, aber sodann von einem anderen Unternehmer, der das Fahrzeug seinerseits vom Leasinggeber erworben hat, angeschafft werden, so ist dieser Vorgang unter dem Gesichtspunkt der §§ 21 und 22 BAO zu prüfen. Stellt sich dabei als wirtschaftlich angemessene Gestaltung ein unmittelbarer Erwerb des ursprünglichen Leasingnehmers vom Leasinggeber heraus, so ist der Aktivposten nicht als Aufwand auszubuchen, sondern im Sinne des vorangegangenen Punktes den Anschaffungskosten zuzuschlagen. **3245**

Wird das Fahrzeug vom Leasingnehmer nach Ende der Grundmietzeit weitergeleast und der Restwert neu amortisiert, so kann die Leasingrate dadurch absinken. Kommt der auf die Anschaffungskosten entfallende Teil der Leasingrate betraglich unter der AfA des Leasinggebers zu liegen, so ist der Aktivposten im Ausmaß der Differenz zwischen diesem Teil der Leasingrate und der AfA aufzulösen. **3246**

Beispiel 3:

Wird in Beispiel 2 der Rz 3236 das Fahrzeug am Ende der Grundmietzeit neuerlich geleast und der Betrag von 16.000 Euro nunmehr auf vier Jahre amortisiert, so enthalten die folgenden Leasingraten einen auf diese „Anschaffungskosten“ entfallenden Betrag von 4.000 Euro jährlich. Vom Aktivposten von 9.001,20 Euro sind jährlich 1.000 Euro (= Differenz zwischen Leasinggeber-AfA von 5.000 Euro und „Anschaffungsteil“ der Leasingrate von 4.000 Euro) aufwandswirksam aufzulösen.

(AÖF 2009/74)

Wird das Fahrzeug während der Leasingzeit zerstört oder gestohlen oder tritt ein vergleichbarer Schadensfall ein, dann ist der Aktivposten aufwandswirksam aufzulösen. Dem steht allenfalls eine Versicherungsentschädigung als Einnahme gegenüber. **3247**

Endet die betriebliche Nutzung vor Ablauf der Leasingzeit, ist der Aktivposten ebenfalls aufwandswirksam aufzulösen.

(AÖF 2002/84)

7.8.9 „Negativer“ Aktivposten

Der Aktivposten im Sinne des § 8 Abs. 6 Z 2 EStG 1988 begrenzt den von den Anschaffungskosten abgeleiteten Leasingaufwand für PKW und Kombi mit der AfA von diesen Anschaffungskosten. Es erfolgt somit im Ergebnis eine Umstellung von Leasingaufwand zu AfA. **3248**

Im Regelfall ist der Leasingaufwand höher als die AfA. Aus diesem Grund wird auch in § 8 Abs. 6 Z 2 EStG 1988 von der Bildung eines aufwandsbegrenzenden Aktivpostens ausgegangen. Es ist aber unter bestimmten Voraussetzungen denkbar, dass der Leasingaufwand vergleichsweise unter dem Betrag einer AfA liegt. Dies kann insbesondere bei unterjährigem Beginn eines Leasingvertrages der Fall sein, wenn die Leasingrate nach monatlicher Nutzung verrechnet wird, hingegen bei der AfA bereits die Ganzjahres-AfA oder die Halbjahres-AfA zum Tragen kommt. Es bestehen keine Bedenken, wenn im Jahr des Vertragsbeginns in solchen Fällen ein „negativer“ Ausgleichsposten, also ein aufwandswirksam dotierter Ausgleichsposten gebildet wird. Die Bildung eines „negativen Ausgleichspostens“ in den Folgejahren (weil die AfA-Komponente in der Leasingrate unter der AfA auf Grundlage einer achtjährigen Nutzungsdauer liegt), ist nicht zulässig. **3249**

Beispiel:

Ein PKW wird am 1.12.2006 geleast Die Grundmietzeit, innerhalb der die Kapitaltilgung erfolgt, endet am 1.12.2009. Es betragen einschließlich Umsatzsteuer (dem Leasingnehmer bekannt)

der Kaufpreis des Fahrzeuges 40.000 €,

der Restwert zum 1.12.2009 16.000 €,

die monatliche Leasingrate 850 €.

Die monatliche Tilgungskomponente errechnet sich aus der Formel:
(Anschaffungswert minus Restwert) : Laufzeit = (40.000 € - 16.000) : 36 = 667 €
Die AfA des Leasinggebers zuzüglich Umsatzsteuer beträgt jährlich 5.000 €, im Jahr 01 fällt nur die Halbjahres-AfA, also 2.500 € an. Stellt man die Tilgungskomponente für den Monat Dezember des Jahres 01 von 667 € der Halbjahres-AfA von 2.500 € gegenüber so übersteigt die Halbjahres-AfA diese Tilgungskomponente um 1.833 €. Dieser Betrag kann einem „negativen" Aktivpostenzugeführt werden. Der AfA-Aufwand des Jahres 01 beträgt daher in Summe 2.500 €. Im Jahr 02 beträgt die AfA des Leasinggebers (einschließlich Umsatzsteuer) 5.000 €. Stellt man die Tilgungskomponente von 12 x 667 € = 8.004 € der AfA von 5.000 € gegenüber, ist ein Betrag von 3.004 € dem Aktivposten aufwandsmindernd zuzuführen. Der AfA-Aufwand beträgt im Jahr 02 saldiert 5.000 €.
(AÖF 2007/88)

7.9 Vorzeitige Absetzung für Abnutzung (§ 7a EStG 1988)

(AÖF 2010/43)

7.9.1 Allgemeines

3250 Zur Unterstützung von Investitionen besteht für bestimmte körperliche Anlagegüter, die in den Kalenderjahren 2009 und 2010 angeschafft oder hergestellt werden, die Möglichkeit einer vorzeitigen AfA in Höhe von 30% der Anschaffungs- oder Herstellungskosten.
(AÖF 2010/43)

3251 Für die vorzeitige AfA gelten folgende Regelungen:

- Sie steht nur für abnutzbares körperliches Anlagevermögen (teilweise jedoch eingeschränkt) zu.
- Sie kann nur bei betrieblichen Einkünften beansprucht werden und grundsätzlich nur bei Bilanzierung oder vollständiger Einnahmen-Ausgaben-Rechnung. Bei Inanspruchnahme einer Pauschalierung ist sie nur dann zulässig, wenn die Absetzung für Abnutzung nicht abpauschaliert ist. Damit steht eine vorzeitige AfA bei folgenden Pauschalierungen jedenfalls nicht zu:
  - Land- und forstwirtschaftliche Pauschalierung nach der Verordnung BGBl. II Nr. 258/2005,
  - Basispauschalierung (§ 17 Abs. 1 EStG 1988) einschließlich Drogisten (Verordnung BGBl. II Nr. 229/1999),
  - Gaststättenpauschalierung (Verordnung BGBl. II Nr. 227/1999),
  - Lebensmitteleinzel- und Gemischtwarenhandel (Verordnung BGBl. II Nr. 228/1999).

Die Inanspruchnahme einer vorzeitigen Abschreibung ist hingegen grundsätzlich nicht ausgeschlossen bei der Pauschalierung für Handelsvertreter (Verordnung BGBl. II Nr. 95/2000) und der Künstler- und Schriftstellerpauschalierung (Verordnung BGBl. II Nr. 417/2000, allerdings hier nur hinsichtlich jenes abnutzbaren körperlichen Anlagevermögens, welches gemäß der Verordnung nicht vom Betriebsausgabenpauschale erfasst ist. Ebenso ist die Inanspruchnahme einer vorzeitigen Abschreibung bei der Pauschalierung für nichtbuchführende Gewerbetreibende, BGBl. Nr. 55/1990, und bei der Sportlerpauschalierung, BGBl. II Nr. 418/2000 zulässig.
(AÖF 2010/43)

3252 Für die vorzeitige AfA bestehen folgende Grundsätze:

- Die vorzeitige AfA ist (unabhängig von der Inbetriebnahme) im Anschaffungs- oder Herstellungsjahr geltend zu machen; der Abschreibungssatz beträgt 30%, ein niedrigerer Satz kann nicht angewendet werden. Im Falle einer Teilherstellung oder Teilanschaffung steht vorzeitige AfA anteilig für die jeweils zu aktivierenden Teilherstellungs-/Teilanschaffungskosten zu. Zur Geltendmachung bei Teilherstellungskosten siehe auch Rz 3257.
- Im Falle der Inbetriebnahme im selben Wirtschaftsjahr umfasst die vorzeitige AfA auch die lineare AfA, welche in den Satz von 30% einzurechnen ist (siehe dazu auch Rz 3254).
- Die vorzeitige AfA zieht die Abschreibungsbeträge der letzten Jahre ins Investitionsjahr vor. Sie führt daher insgesamt nicht zu einer Abschreibung von mehr als 100%, sondern verkürzt die Abschreibungsdauer.
- Es besteht keine „Behaltefrist", innerhalb welcher die Anlagegüter nicht veräußert oder entnommen werden dürfen.

• Soweit für Investitionen steuerfreie Subventionen oder gewidmete Spenden (§ 3 Abs. 1 Z 16 EStG 1988) empfangen worden sind (zB aus dem Katastrophenfonds), kürzen diese die Berechnungsbasis (§ 6 Z 10 EStG 1988). Ebenso kürzt die Übertragung stiller Reserven oder die Übertragung von Rücklagen nach § 12 EStG 1988 die Berechnungsbasis.

(AÖF 2010/43)

7.9.2 Sachliche Voraussetzungen

(AÖF 2010/43)

Die vorzeitige AfA ist für folgende Wirtschaftsgüter des Anlagevermögens ausgeschlossen: 3253

- Gebäude und Herstellungsaufwendungen eines Mieters oder sonstigen Nutzungsberechtigten auf ein Gebäude (zum Gebäudebegriff siehe Rz 3140 ff);
- Pkws und Kombis, außer sie werden als Fahrschulkraftfahrzeuge oder zu mindestens 80% für die gewerbliche Personenbeförderung genutzt;
- Luftfahrzeuge;
- Geringwertige Wirtschaftsgüter, die gemäß § 13 EStG 1988 abgesetzt werden;
- Gebrauchte Wirtschaftsgüter und Wirtschaftsgüter, die von einem Unternehmen erworben werden, das unter beherrschendem Einfluss des Steuerpflichtigen steht (siehe Rz 3705). Für Zwecke der vorzeitigen Abschreibung liegen derartige Wirtschaftsgüter nicht vor, wenn innerhalb eines Konzerns der Einkauf durch eine Einkaufsgesellschaft zentral auch für eine andere Konzerngesellschaft erfolgt und die eingekauften Wirtschaftsgüter unmittelbar (dh. vor der Inbetriebnahme) an die Konzerngesellschaft ohne Aufschlag oder mit einem angemessenen (fremdüblichen) Kostenaufschlag weiterverrechnet werden. Unter den weiteren Voraussetzungen des § 7a EStG 1988 steht daher für derartige Wirtschaftgüter bei der anderen Konzerngesellschaft eine vorzeitige Abschreibung zu. Die Einkaufsgesellschaft kann keine vorzeitige Abschreibung geltend machen, da die eingekauften Wirtschaftsgüter bei ihr kein Anlagevermögen darstellen.
- Wirtschaftsgüter, mit deren Anschaffung oder Herstellung vor dem 1. Jänner 2009 begonnen worden ist. Zum Anschaffungszeitpunkt siehe Rz 2166, zum Beginn der Herstellung siehe Rz 2205).

(AÖF 2010/43)

Im Jahr der Anschaffung oder Herstellung steht auch bei Anschaffung oder Herstellung im 2. Halbjahr die vorzeitige AfA in Höhe von 30% zu. Die Halbjahresabschreibungsregel (§ 7 Abs. 2 EStG 1988) ist insoweit nicht anzuwenden. 3254

(AÖF 2010/43)

Im Fall der (nicht überwiegenden) Privatnutzung eines Wirtschaftsgutes ist – analog zur normalen AfA – die vorzeitige AfA um einen Privatanteil zu kürzen. 3255

Beispiel:

Anschaffung eines Computers am 1.4.01 um 100; Nutzungsdauer 5 Jahre, gleich bleibender Privatanteil von 40%.

Jahr	*AfA*	*Vz. AfA*	*Buchwert*	*PA (%)*	*Nutzungsentnahme*	*AfA (steuerwirksam)*
1	*20*	*10*	*70*	*40*	*12*	*18*
2	*20*		*50*	*40*	*8*	*12*
3	*20*		*30*	*40*	*8*	*12*
4	*20*		*10*	*40*	*8*	*12*
5	*10*		*–*	*40*	*4*	*6*

(AÖF 2010/43)

Hinsichtlich der Bewertungsreserve (§ 205 UGB; siehe Rz 3259) ist zu beachten: 3256

Erfolgt die Inbetriebnahme des Wirtschaftsgutes im Jahr der Anschaffung oder Herstellung, ist die lineare AfA in den Abschreibungssatz von 30% der vorzeitigen AfA einzurechnen. Erfolgt die Inbetriebnahme in der zweiten Jahreshälfte ist hinsichtlich der linearen AfA die Halbjahresabschreibungsregel anzuwenden. Dadurch erhöht sich der Anteil der vorzeitigen AfA an der 30-prozentigen Abschreibung. Auf die Abschreibungsdauer hat dies aber keinen Einfluss.

Beispiel:

Es wird eine Maschine um 30.000 Euro angeschafft. Die Nutzungsdauer beträgt 10 Jahre.

a) Die Anschaffung und Inbetriebnahme erfolgt im ersten Halbjahr 2009:

Anschaffungskosten	*Lineare AfA*	*Vorzeitige AfA*	*Gesamt*	
30.000	*3.000*	*6.000*	*9.000*	*30%*

b) Die Anschaffung und Inbetriebnahme erfolgt im zweiten Halbjahr 2009:

Anschaffungskosten	*Lineare AfA*	*Vorzeitige AfA*	*Gesamt*	
30.000	*1.500*	*7.500*	*9.000*	*30%*

c) Die Anschaffung erfolgt 2009, die Inbetriebnahme erst 2010:

Anschaffungskosten	*Lineare AfA*	*Vorzeitige AfA*	*Gesamt*	
30.000	*0*	*9.000*	*9.000*	*30%*

In allen drei Varianten beträgt die AfA in 2010 bis 2016 jeweils 3.000.

(AÖF 2010/43)

7.9.2.1 Teilherstellung- bzw. Teilanschaffungskosten

(AÖF 2010/43)

3257 Erstreckt sich die Herstellung oder Anschaffung des Wirtschaftsgutes über mehr als ein Wirtschaftsjahr (zB die Montage erfolgt erst im folgenden Jahr), ist die vorzeitige AfA von den auf die einzelnen Jahre entfallenden Teilbeträgen der Anschaffungs- oder Herstellungskosten vorzunehmen. Nur bei Herstellungs- und Anschaffungsvorgängen, die dem Auftraggeber abschnittsweise zuwachsen (insbesondere bei einer im eigenen Unternehmen durchgeführten Herstellung von Anlagevermögen), kommt eine vorzeitige AfA von Teilherstellungskosten in Betracht. Bei Herstellungs- und Anschaffungsvorgängen, die erst nach Fertigstellung übertragen werden (zB die Herstellung von Maschinen im Werk des Auftraggebers), ist die vorzeitige AfA von den gesamten Herstellungs- oder Anschaffungskosten zu bemessen. Für Anzahlungen für noch zu erbringende Leistungen aus einem schwebenden Vertrag kann keine vorzeitige Abschreibung geltend gemacht werden.

Es besteht kein Wahlrecht, die vorzeitige AfA erst im Wirtschaftsjahr der Fertigstellung zur Gänze in Anspruch zu nehmen. Die Teilbeträge der Anschaffungs- oder Herstellungskosten sind dabei für die Einrechnung der linearen AfA wie eigene Anschaffungen oder Herstellungen zu werten.

Beispiel:

Ein Wirtschaftsgut wird über die Jahre 2009 und 2010 hergestellt. Die Nutzungsdauer beträgt 10 Jahre.

a) Die Inbetriebnahme erfolgt in der ersten Jahreshälfte 2010:

Jahr	*Teil-HK*	*Lineare AfA*	*Vorzeitige AfA*	*Gesamt*	*RBW*
2009	*50.000*	*0*	*15.000*	*15.000*	*35.000*
2010	*50.000*	*10.000*[1)]	*10.000*[2)]	*20.000*	*65.000*
2011–2016	*0*	*10.000/anno*	*0*	*60.000*	*5.000*
2017	*0*	*5.000*	*0*	*5.000*	*0*

[1)] *Lineare AfA aus Teilherstellungskosten 2009 (5.000) und 2010 (5.000).*

[2)] *30% vorzeitige AfA von Teilherstellungskosten 2010 (15.000) abzüglich der linearen AfA aus Teilherstellungskosten 2010 (5.000).*

b) Die Inbetriebnahme erfolgt in der zweiten Jahreshälfte 2010:

Jahr	*Teil-HK*	*Lineare AfA*	*Vorzeitige AfA*	*Gesamt*	*RBW*
2009	*50.000*	*0*	*15.000*	*15.000*	*35.000*
2010	*50.000*	*5.000*[1)]	*12.500*[2)]	*17.500*	*67.500*
2011–2016	*0*	*10.000/anno*	*0*	*60.000*	*7.500*
2017	*0*	*7.500*	*0*	*7.500*	*0*

[1)] *Lineare Halbjahres-AfA aus Teilherstellungskosten 2009 (2.500) und 2010 (2.500).*

[2)] *30% vorzeitige AfA von Teilherstellungskosten 2010 (15.000) abzüglich der linearen Halbjahres-AfA aus Teilherstellungskosten 2010 (2.500).*

Erfolgt die Fertigstellung eines Wirtschaftsgutes nach dem 31.12.2010, kann die vorzeitige Abschreibung von in den Jahren 2009 und 2010 anfallenden Teilherstellungskosten geltend gemacht werden. Die Kostenabgrenzung kann dabei vom Kontostand der „in Bau befindlichen Anlagen" abgeleitet werden.

(AÖF 2010/43)

7.9.2.2 Nachträgliche Minderung der Anschaffungs- oder Herstellungskosten

(AÖF 2010/43)

Kommt es in einem späteren Wirtschaftsjahr zu einer nachträglichen Minderung der Anschaffungs- oder Herstellungskosten, bleibt die vorzeitige AfA unberührt. Es ist der Restbuchwert im Ausmaß der nachträglichen Kostenminderung abzustocken und auf die verbleibende Abschreibungsdauer zu verteilen. **3258**

(AÖF 2010/43)

7.9.2.3 Inanspruchnahme der vorzeitigen Absetzung für Abnutzung

(AÖF 2010/43)

Die Geltendmachung der vorzeitigen AfA ist in der der Steuererklärung zu Grunde liegenden Gewinnermittlung darzustellen. **3259**

Einnahmen-Ausgaben-Rechner müssen die vorzeitige AfA im Verzeichnis gemäß § 7 Abs. 3 EStG 1988 ausweisen (siehe Rz 3134 ff).

Bilanzierende Steuerpflichtige nach § 5 EStG 1988 müssen die vorzeitige AfA bereits in der UGB-Bilanz über die Bewertungsreserve nach § 205 UGB ansetzen (Maßgeblichkeitsgrundsatz). Die Bewertungsreserve ist aufzulösen, soweit die durch die vorzeitige AfA vorzeitig abgeschriebenen Anschaffungs- bzw. Herstellungskosten durch die Normal-AfA aufgebraucht wurden oder wenn das Wirtschaftsgut, für dessen Anschaffungs- bzw. Herstellungskosten sie gebildet wurde, aus dem Betriebsvermögen ausscheidet. Eine freiwillige Auflösung ist möglich (§ 6 Z 13 EStG 1988; siehe dazu auch Rz 2577 ff).

Es bestehen jedoch keine Bedenken, wenn für ein abweichendes Wirtschaftsjahr 2008/09 mit Bilanzstichtag spätestens zum 30.4.2009 die vorzeitige AfA lediglich in der Mehr-Weniger-Rechnung geltend gemacht wird.

(AÖF 2010/43)

7.9.3 Sonstige Rechtsfolgen der Geltendmachung der vorzeitigen Absetzung für Abnutzung

(AÖF 2010/43)

Wurde für ein Wirtschaftsgut die vorzeitige AfA gemäß § 7a EStG 1988 in Anspruch genommen, ist die Übertragung stiller Reserven gemäß § 12 EStG 1988 insoweit (= im Ausmaß der Vorzeitigkeit der 30-prozentigen Absetzung nach § 7a EStG 1988) ausgeschlossen. **3260**

Eine Übertragung stiller Reserven kann aber insoweit vorgenommen werden, als die stille Reserve auch ohne vorzeitige AfA angefallen wäre (zB wenn das Wirtschaftsgut zwischenzeitig vollständig abgeschrieben ist) oder wenn die vorzeitige AfA durch Zuschreibung gemäß § 6 Z 13 EStG 1988 wieder rückgängig gemacht wird.

(AÖF 2010/43)

7.10 Degressive AfA

(BMF-AV Nr. 2021/65)

7.10.1 Allgemeines

(BMF-AV Nr. 2021/65)

Für nach dem 30. Juni 2020 angeschaffte oder hergestellte Wirtschaftsgüter besteht alternativ zur linearen AfA die Möglichkeit einer degressiven AfA (§ 7 Abs. 1a EStG 1988). Für die Beurteilung des Herstellungszeitpunktes ist der Zeitpunkt der Fertigstellung maßgeblich, sodass für die Inanspruchnahme der degressiven AfA das Wirtschaftsgut nach dem 30. Juni 2020 fertiggestellt worden sein muss. **3261**

Die degressive AfA erfolgt nach einem unveränderlichen Prozentsatz von höchstens 30%, wobei dieser Prozentsatz auf den jeweiligen Buchwert (Restbuchwert) anzuwenden ist. Für bis zum 30. Juni 2020 angeschaffte oder hergestellte Wirtschaftsgüter ergeben sich in Bezug auf die AfA keine Änderungen. Zur Durchbrechung des Grundsatzes der Bewertungsstetigkeit bei erstmaliger Inanspruchnahme der degressiven AfA siehe Rz 2128.

Damit vor dem Hintergrund der COVID-19-Krise dem mit dem KonStG 2020 primär verfolgten Zweck der Investitionsförderung und Konjunkturbelebung bestmöglich entsprochen wird, besteht für Anschaffungen und Herstellungen bis zum 31.12.2021 die Berechtigung, die degressive Abschreibung gemäß § 7 Abs. 1a EStG 1988 unabhängig vom Unternehmensrecht vorzunehmen (keinerlei Maßgeblichkeit, § 124b Z 356 letzter Satz EStG 1988).

Auch bei Vornahme einer degressiven AfA bleibt die Halbjahresabschreibungsregelung gemäß § 7 Abs. 2 EStG 1988 aufrecht.

Beispiel:

Anschaffung eines Wirtschaftsgutes im zweiten Halbjahr 2020 um 100.000

Degressive AfA 2020: (100.000 x 30%)/2 = 15.000	*Restbuchwert Ende 2020: 85.000*
Degressive AfA 2021: 85.000 x 30% = 25.500	*Restbuchwert Ende 2021: 59.500*
Degressive AfA 2022: 59.500 x 30% = 17.850	*Restbuchwert Ende 2023: 41.650*
Degressive AfA 2023: 41.650 x 30% = 12.495	*Restbuchwert Ende 2024: 29.155*

usw.

(BMF-AV Nr. 2021/65)

7.10.2 Wirtschaftsgüter, die von der degressiven AfA ausgenommen sind

(BMF-AV Nr. 2021/65)

3262 Von der degressiven AfA ausgenommen sind

1. Wirtschaftsgüter, für die in § 8 EStG 1988 eine Sonderform der Absetzung für Abnutzung vorgesehen ist:
   a) Gebäude (zur beschleunigten AfA von Gebäuden siehe Rz 3139b ff und Rz 6443a ff)
   b) Firmenwerte
   c) Wirtschaftsgüter, die einer Absetzung für Substanzverringerung unterliegen (zB Bodenschätze),
   d) Pkw und Kombis (siehe Rz 3212; zur Abgrenzung siehe insbesondere die Verordnung BGBl. Nr. 273/1996 sowie BGBl. II Nr. 193/2002) mit Ausnahme von
      - Fahrschulfahrzeugen und Kraftfahrzeugen, die zu mindestens 80% der gewerblichen Personenbeförderung dienen (§ 8 Abs. 6 EStG 1988) und
      - Kraftfahrzeugen mit einem CO_2-Emissionswert von 0 Gramm pro Kilometer.

      Lastkraftwagen, Kleinlastkraftwagen und Kleinbusse können degressiv abgeschrieben werden.
2. Unkörperliche Wirtschaftsgüter, die nicht den Bereichen Digitalisierung, Ökologisierung und Gesundheit/Life-Science zuzuordnen sind. Selbst bei einer Zuordnung zu diesen Bereichen sind jene unkörperlichen Wirtschaftsgüter von der degressiven AfA ausgeschlossen, die zur entgeltlichen Überlassung bestimmt sind oder von einem konzernzugehörigen Unternehmen bzw. von einem einen beherrschenden Einfluss ausübenden Gesellschafter erworben werden;
3. Gebrauchte Wirtschaftsgüter;
4. Anlagen, die der Förderung, dem Transport oder der Speicherung fossiler Energieträger dienen, sowie Anlagen, die fossile Energieträger direkt nutzen. Darunter fallen Energieerzeugungsanlagen, sofern sie mit fossiler Energie betrieben werden, Tank- und Zapfanlagen für Treib- und Schmierstoffe sowie Brennstofftanks, wenn diese der energetischen Nutzung fossiler Kraft- und Brennstoffe dienen und Luftfahrzeuge (taxative Aufzählung in § 7 Abs. 1a Z 1 lit. d EStG 1988).

(BMF-AV Nr. 2021/65)

7.10.3 Wahlrecht

(BMF-AV Nr. 2021/65)

3263 Der Steuerpflichtige kann im Wirtschaftsjahr, in dem die AfA erstmalig zu berücksichtigen ist, wählen, ob die lineare oder die degressive AfA zur Anwendung kommen soll. Für Anschaffungen und Herstellungen bis zum 31.12.2021 besteht im Rahmen der § 5-Gewinnermittlung vor dem Hintergrund der COVID-19-Krise dabei keine Maßgeblichkeit, um in Krisenzeiten dem Zweck der Investitionsförderung und Konjunkturbelebung bestmöglich zu entsprechen (siehe Rz 3261).

Entscheidet sich der Steuerpflichtige für die degressive AfA, kann er den AfA-Satz innerhalb des Höchstausmaßes von 30% frei wählen; dieser Satz ist sodann unverändert fortzuführen. Anzuwenden ist der AfA-Satz auf den jeweiligen Buchwert (Restbuchwert).

Die Inanspruchnahme der degressiven AfA steht unabhängig von der Gewinnermittlungsart zu. Bei Einnahmen-Ausgaben-Rechnung bezieht sich die Verpflichtung zum Ausweis des jährlichen AfA-Betrages in der Anlagekartei (§ 7 Abs. 3 EStG 1988) auch auf die degressive AfA. Die Möglichkeit der degressiven AfA steht auch im außerbetrieblichen Bereich zu.

Wurde vom Steuerpflichtigen mit der Abschreibung nach der degressiven Abschreibungsmethode begonnen, ist er in den Folgejahren daran gebunden. Dennoch ist ein Wechsel zur linearen Abschreibungsmethode mit Beginn eines Wirtschaftsjahres zulässig; nicht zulässig ist hingegen der umgekehrte Wechsel von der linearen zur degressiven Abschreibung. Entscheidet sich der Steuerpflichtige daher bei erstmaliger Berücksichtigung für die lineare Abschreibung, ist die Möglichkeit der degressiven Abschreibung für dieses Wirtschaftsgut in der Folge ausgeschlossen.

Entscheidet sich der Steuerpflichtige für einen Wechsel von der degressiven zur linearen Abschreibung, wird im Jahr des Wechsels der Restbuchwert durch die Zahl der auf Basis der tatsächlichen Nutzungsdauer des Wirtschaftsgutes noch verbleibenden Restnutzungsdauer dividiert, sodass sich ab dem Wirtschaftsjahr des Wechsels gleichbleibende, lineare Abschreibungsbeträge ergeben.

Beispiel:

Anschaffungskosten: 100.000 Euro, Anschaffung und Inbetriebnahme im Jänner 2021, betriebsgewöhnliche Nutzungsdauer: 8 Jahre; das Wirtschaftsjahr entspricht dem Kalenderjahr.

Degressive Abschreibung bis 2025; 2026 erfolgt der Wechsel zur linearen Abschreibung.

Degressive AfA 2021: 100.000 x 30% = 30.000	*Restbuchwert Ende 2021: 70.000*
Degressive AfA 2022: 70.000 x 30% = 21.000	*Restbuchwert Ende 2022: 49.000*
Degressive AfA 2023: 49.000 x 30% = 14.700	*Restbuchwert Ende 2023: 34.300*
Degressive AfA 2024: 34.300 x 30% = 10.290	*Restbuchwert Ende 2024: 24.010*
Degressive AfA 2025: 24.010 x 30% = 7.203	*Restbuchwert Ende 2025: 16.807*

Wechsel zur linearen AfA 2026:

Lineare AfA ab 2026: 5.602 (Restbuchwert Ende 2025 iHv 16.807 / Restnutzungsdauer 3 Jahre)

(BMF-AV Nr. 2021/65)

Randzahlen 3264 bis 3300: *derzeit frei*

(BMF-AV Nr. 2021/65)

8. Rückstellungen (§§ 9 und 14 EStG 1988)

8.1 Allgemeine Grundsätze

8.1.1 Rückstellungsarten

3301 Rückstellungen dienen dazu, Ausgaben, die erst in späteren Perioden konkret anfallen, der Periode ihres wirtschaftlichen Entstehens als Aufwand zuzuordnen. Ungeachtet der für rechnungslegungspflichtige Gewerbetreibende bestehenden unternehmensrechtlichen Rückstellungspflicht ist von einem eigenständigen steuerlichen Rückstellungsbegriff auszugehen (VwGH 26.5.2004, 2000/14/0181, siehe Rz 3302).

§ 198 Abs. 8 UGB unterscheidet in Verbindung mit den Grundsätzen ordnungsmäßiger Buchführung

- Rückstellungen für ungewisse Verbindlichkeiten (Verbindlichkeitsrückstellungen, § 198 Abs. 8 Z 1 UGB),
- Rückstellungen für drohende Verluste aus schwebenden Geschäften (§ 198 Abs. 8 Z 1 UGB) und
- Aufwandsrückstellungen (§ 198 Abs. 8 Z 2 UGB).

(BMF-AV Nr. 2015/133)

3302 Gemäß § 9 EStG 1988 können mit steuerlicher Wirkung nur

- Verbindlichkeitsrückstellungen (§ 9 Abs. 1 Z 1 bis Z 3 EStG 1988) und
- Rückstellungen für drohende Verluste aus schwebenden Geschäften (§ 9 Abs. 1 Z 4 EStG 1988)

gebildet werden. Die Bildung von Pauschalrückstellungen ist gemäß § 9 Abs. 3 EStG 1988 idF vor COVID-19-StMG steuerlich unzulässig (zur Einschränkung auf Einzelrückstellungen siehe Rz 3315). Mit dem COVID-19-StMG wurde das generelle Verbot zur Bildung von Pauschalrückstellungen ab 2021 aufgehoben. Gemäß § 9 Abs. 3 letzter Satz EStG 1988 idF COVID-19-StMG dürfen Rückstellungen im Sinne des § 9 Abs. 1 Z 3 EStG 1988 (Rückstellungen für sonstige ungewisse Verbindlichkeiten) unter den Voraussetzungen des § 201 Abs. 2 Z 7 UGB in der Fassung BGBl. I Nr. 22/2015 pauschal gebildet werden (siehe dazu näher Rz 3315).

(BMF-AV Nr. 2021/65)

3303 Einen Sonderfall stellen Rückstellungen im Zusammenhang mit vorbelasteten Einnahmen dar. Sind mit bestimmten Einnahmen eines Wirtschaftsjahres bestimmte künftige Ausgaben zwangsläufig in einer Weise verbunden, dass sie wirtschaftlich betrachtet bereits das Jahr der Einnahmen treffen, dann sind diese künftigen Ausgaben bereits für das Jahr, in dem die Einnahmen erzielt werden, zu passivieren (VwGH 10.10.1955, 1847/53; VwGH 26.11.1974, 1840/73; VwGH 21.10.1986, 86/14/0021). Voraussetzung ist, dass es sich ihrer Art nach um Verbindlichkeits- oder Drohverlustrückstellungen in der Form der Einzelrückstellung handelt (zB Rückstellung für Rekultivierungsaufwendungen, „Deponierückstellung", Wiederaufforstungskosten); zur Bewertung solcher Rückstellungen siehe Rz 3309i.

(BMF-AV Nr. 2015/133)

8.1.2 Passivierungsgebote und Passivierungswahlrechte

3304 Ermittelt der Steuerpflichtige seinen Gewinn nach § 5 EStG 1988, hat er die unternehmensrechtlich zu bildenden Rückstellungen aufgrund des Maßgeblichkeitsprinzips grundsätzlich auch für Zwecke der steuerlichen Gewinnermittlung anzusetzen. Dies gilt insoweit nicht, als sich aus der taxativen Aufzählung des § 9 EStG 1988 ein Passivierungsverbot ergibt (zB für Aufwandsrückstellungen). Besteht unternehmensrechtlich ein Passivierungswahlrecht für Verbindlichkeitsrückstellungen (Rückstellungen von untergeordneter Bedeutung), ist die Ausübung des Wahlrechtes in der UGB-Bilanz auch für die steuerliche Gewinnermittlung maßgeblich.

(BMF-AV Nr. 2015/133)

3305 Ermittelt der Steuerpflichtige seinen Gewinn nach § 4 Abs. 1 EStG 1988, hat er im Rahmen der nach § 9 EStG 1988 steuerlich zulässigen Rückstellungen ein Passivierungswahlrecht. Macht der Steuerpflichtige vom Wahlrecht zur Rückstellungsbildung Gebrauch, ist die Rückstellung in der gleichen Höhe wie bei der Gewinnermittlung nach § 5 EStG 1988 zu bilden.

Bei der Rückstellungsbildung ist der Steuerpflichtige an den Grundsatz der Bewertungsstetigkeit gebunden (siehe Rz 2126 ff), weshalb eine Passivierungspflicht im Rahmen der Gewinnermittlung gemäß § 4 Abs. 1 EStG 1988 dann besteht, wenn der Steuerpflichtige mit der Rückstellungsbildung für bestimmte Schuldgründe begonnen hat. Die erstmalige Bildung einer Rückstellung für Schuldgründe, die ihrer Art nach bereits in der Vergangenheit in diesem Betrieb vorgelegen haben, stellt bei einer Gewinnermittlung nach § 4 Abs. 1 EStG 1988 keinen Verstoß gegen den Grundsatz der Bewertungsstetigkeit dar.

Das Nachholverbot ist zu beachten.

(BMF-AV Nr. 2018/79)

Randzahl 3306: *derzeit frei*

(BMF-AV Nr. 2015/133)

Da die Bildung von Rückstellungen eine Gewinnermittlung durch Bestandsvergleich voraussetzt, können Steuerpflichtige, die den Gewinn nach § 4 Abs. 3 EStG 1988 ermitteln, künftige Ausgaben nicht im Wege von Rückstellungen berücksichtigen (VwGH 11.5.1962, 51/1960). **3307**

8.1.3 Nachholverbot

Eine Rückstellung ist nur im Jahr des wirtschaftlichen Entstehens des Schuldgrundes zu bilden (siehe Rz 3313 ff). Eine unterlassene Rückstellung darf in einem späteren Jahr nicht nachgeholt werden (VwGH 25.2.1998, 97/14/0015; VwGH 1.7.2003, 98/13/0214; „Nachholverbot"). Vielmehr ist der Fehler an der Wurzel und somit im Jahr der wirtschaftlichen Entstehung des Schuldgrundes zu berichtigen (zur Passivierungspflicht im Rahmen der Gewinnermittlung nach § 4 Abs. 1 EStG 1988 siehe Rz 3305). Betrifft der Fehler einen bereits verjährten Veranlagungszeitraum und kann aus diesem Grund die Berichtigung eines periodenübergreifenden Fehlers keine steuerliche Wirkung mehr entfalten, sind die Grundsätze der Bilanzberichtigung gemäß § 4 Abs. 2 Z 2 EStG 1988 zu beachten (siehe Rz 650 ff sowie Rz 3312). Wurden Rückstellungen dem Grunde nach richtig, aber trotz sorgfältiger Einschätzung des Erfüllungsbetrages oder des Erfüllungszeitpunktes der Höhe nach unrichtig gebildet, ist keine Berichtigung erforderlich (siehe Rz 3309g und Rz 3309h). **3308**

(BMF-AV Nr. 2021/65)

8.1.4 Rückstellungsbewertung

Für die Bewertung von Rückstellungen gelten grundsätzlich dieselben Bewertungsprinzipien wie für Verbindlichkeiten. Sie sind mit jenem Betrag anzusetzen, der nach den Verhältnissen am Bilanzstichtag voraussichtlich zur Erfüllung notwendig sein wird (voraussichtlicher Erfüllungsbetrag). Voraussichtliche Preis- und Kostensteigerungen (siehe Rz 3309a) sind folglich zu berücksichtigen. **3309**

(BMF-AV Nr. 2015/133)

Gemäß § 9 Abs. 5 EStG 1988 sind Rückstellungen im Sinne des § 9 Abs. 1 Z 3 und Z 4 EStG 1988 mit ihrem Teilwert anzusetzen; dieser entspricht dem voraussichtlichen unabgezinsten Erfüllungsbetrag (Rz 3309). Künftige Preis- und Kostensteigerungen sind im Erfüllungsbetrag zu berücksichtigen, wenn ausreichend objektive Hinweise auf deren Eintritt schließen lassen. Davon ist auszugehen, wenn im jeweiligen Einzelfall künftige Preis- und Kostensteigerungen bereits feststehen (zB aufgrund einer Indexanpassung der Kosten) oder sich bereits abzeichnen (zB aufgrund verlässlicher statistisch aufbereiteter Erfahrungswerte der Vergangenheit). **3309a**

(BMF-AV Nr. 2015/133)

Beträgt die Laufzeit von Rückstellungen im Sinne des § 9 Abs. 1 Z 3 und Z 4 EStG 1988 am Bilanzstichtag mehr als zwölf Monate, ist der voraussichtliche Erfüllungsbetrag mit einem einheitlichen Fixzinssatz von 3,5% über die Laufzeit abzuzinsen. Maßgebend für die Beurteilung der Zwölfmonatsfrist ist der Zeitpunkt des Wegfalls des Rückstellungsgrundes (regelmäßig der Zeitpunkt der Entstehung der Verbindlichkeit), nicht aber der Zeitpunkt des aus der Verbindlichkeit resultierenden Geldflusses. Es bestehen keine Bedenken, Rückstellungen für Verbindlichkeiten aus nicht konsumierten Urlauben (siehe Rz 3523) generell ungekürzt anzusetzen. **3309b**

Bei Rückstellungen, denen ausnahmsweise bereits eine verzinste Verpflichtung zu Grunde liegt, bestehen keine Bedenken, von einer Abzinsung abzusehen.

(BMF-AV Nr. 2015/133)

Wie langfristige unverzinste oder nicht marktüblich verzinste Rückstellungen (Rz 3309b) sind auch langfristige, formal unverzinste oder nicht marktüblich verzinste Verbindlichkeiten abzuzinsen, wenn der Vorteil aus der fehlenden Verzinsung nicht durch andere wirtschaftliche Nachteile entsprechend kompensiert wird und der Verbindlichkeit zweiseitig verbindliche Verträge zu Grunde liegen („verdecktes Kreditgeschäft" bei Kauf auf Ziel mit langfristiger „zinsloser" Kaufpreisstundung oder „zinslosem" Ratenkauf). Eine marktübliche Abzinsung ist auch dann vorzunehmen, wenn die Verbindlichkeit tatsächlich als unverzinst deklariert **3309c** wird. An Stelle einer Abzinsung kann die Verbindlichkeit unabgezinst passiviert und in Höhe der Abzinsungsspanne ein Aktivposten gebildet werden.

Abzuzinsen ist mit einem marktüblichen Zinssatz; es bestehen aber keine Bedenken, aus Vereinfachungsgründen eine Abzinsung mit dem gemäß § 9 Abs. 5 EStG 1988 maßgeblichen Zinssatz von 3,5% vorzunehmen.

Wurden formal unverzinste Verbindlichkeiten in der Vergangenheit nicht abgezinst, gilt die Abzinsung für Wirtschaftsjahre, die nach dem 31.12.2014 beginnen. Eine Abzinsung bereits marktüblich verzinster Verbindlichkeiten hat aber nicht zu erfolgen.

(BMF-AV Nr. 2015/133)

3309d Die Beurteilung, ob eine Rückstellung abgezinst oder nicht abgezinst anzusetzen ist, ist für jede einzelne Rückstellung insgesamt anzustellen; eine Aufteilung in einen lang- und einen kurzfristigen Rückstellungsteil hat nicht zu erfolgen.

Beispiel:

In der Bilanz zum 31.12.X1 wird im Hinblick auf einen im Jahr X1 eingetretenen Gewährleistungsfall eine Rückstellung gebildet. Der voraussichtliche Erfüllungsbetrag (Teilwert) beträgt zum Bilanzstichtag X1 300.000 Euro. Teile der Mängel werden voraussichtlich bereits im Jahr X2 behoben; die Rückstellungshöhe zum 31.12.X2 wird daher voraussichtlich 150.000 Euro betragen. Da die Rückstellung dem Grunde nach am 31.12.X2 voraussichtlich noch besteht, ist der gesamte Rückstellungsbetrag zum 31.12.X1 abzuzinsen.

(BMF-AV Nr. 2015/133)

3309e Die Abzinsung mit 3,5% ist für Rückstellungen vorzunehmen, deren Anlass für die erstmalige Bildung in Wirtschaftsjahren liegt, die nach dem 30.6.2014 enden („Neurückstellungen"). Für bereits davor erstmalig gebildete Rückstellungen kommt eine Übergangsregelung zur Anwendung (§ 124b Z 251 EStG 1988, dazu Rz 3309j).

Beispiel:

Im Wirtschaftsjahr 2014 verursacht das Unternehmen X eine Bodenkontamination (somit keine Ansammlungsrückstellung), deren Beseitigung erst in 10 Jahren zu erfolgen hat. Zum Bilanzstichtag 31.12.2014 wird dafür erstmals eine Rückstellung gebildet. Die Kosten zur Beseitigung der Bodenkontamination werden 100.000 Euro betragen; über die Laufzeit der Rückstellung ergibt sich kein Anpassungsbedarf des Erfüllungsbetrages.

Der Erfüllungsbetrag von 100.000 Euro ist mit 3,5% über die Laufzeit von 10 Jahren (Erfüllungsjahr wird zur Gänze berücksichtigt, siehe Rz 3309f) abzuzinsen. Die Rückstellung wird zum Bilanzstichtag 31.12.2014 folglich in Höhe von 70.892 Euro (100 000/1,035^{10}) gebildet. In den Folgejahren entwickelt sich die Rückstellung wie folgt:

Restlaufzeit	*10*	*9*	*8*	*7*	*6*
Bilanzstichtag	*31.12.2014*	*31.12.2015*	*31.12.2016*	*31.12.2017*	*31.12.2018*
Dotierung	*–70.892*	*–2.481*	*–2.568*	*–2.658*	*–2.751*
RSt-Ansatz	*70.892*	*73.373*	*75.941*	*78.599*	*81.350*

Restlaufzeit	*5*	*4*	*3*	*2*	*1*	*0*
Bilanzstichtag	*31.12.2019*	*31.12.2020*	*31.12.2021*	*31.12.2022*	*31.12.2023*	*31.12.2024*
Dotierung	*–2.847*	*–2.947*	*–3.050*	*–3.157*	*–6.649*	*0*
RSt-Ansatz	*84.197*	*87.144*	*90.194*	*93.351*	*100.000*	*0*

(BMF-AV Nr. 2015/133)

3309f Grundsätzlich hat die Schätzung des Erfüllungszeitpunktes so genau wie möglich zu erfolgen. Aus Vereinfachungsgründen bestehen jedoch insbesondere bei längerfristigen Rückstellungen keine Bedenken, eine jahresweise Abzinsung vorzunehmen, wobei das Erfüllungsjahr nur dann zu berücksichtigen ist, wenn der voraussichtliche Erfüllungszeitpunkt in der zweiten Hälfte des Wirtschaftsjahres liegt.

(BMF-AV Nr. 2015/133)

3309g Wurde eine Rückstellung unabgezinst (abgezinst) angesetzt, weil sie nach den Verhältnissen am Bilanzstichtag voraussichtlich weniger als zwölf Monate (mehr als zwölf Monate) bestehen wird, und stellt sich zum aktuellen Bilanzstichtag (nachträglich) heraus, dass diese Einschätzung zu Unrecht erfolgt ist, hat eine Berichtigung des ursprünglichen Bilanzansatzes nicht zu erfolgen, wenn die ursprüngliche Einschätzung mit der Sorgfalt eines ordentlichen Unternehmers erfolgt ist. Der aktuelle Wissensstand ist aber für die Erstellung der aktuellen Bilanz jedenfalls zu berücksichtigen.

(BMF-AV Nr. 2015/133)

Rückstellungen sind auch in Folgejahren „fortzuführen“, solange die Gründe für deren erstmalige Bildung nicht weggefallen sind. Sie sind zu jedem Bilanzstichtag neu und unabhängig von einem früheren Bilanzansatz zu bilden. Da sich sowohl die Höhe des voraussichtlichen Erfüllungsbetrages als auch der voraussichtliche Erfüllungszeitpunkt einer Rückstellung von Bilanzstichtag zu Bilanzstichtag ändern können, sind der Erfüllungsbetrag sowie die Restlaufzeit einer Rückstellung zu jedem Bilanzstichtag neu und bestmöglich zu bestimmen. **3309h**

Stellt sich zum aktuellen Bilanzstichtag (nachträglich) heraus, dass die Einschätzung über die Höhe des Erfüllungsbetrages oder des Erfüllungszeitpunktes unrichtig erfolgt ist, hat eine Berichtigung des ursprünglichen Bilanzansatzes nicht zu erfolgen, wenn die ursprüngliche Einschätzung mit der Sorgfalt eines ordentlichen Unternehmers erfolgt ist. Der aktuelle Wissensstand ist aber für die Erstellung der aktuellen Bilanz jedenfalls zu berücksichtigen. Bleiben sowohl der Erfüllungsbetrag als auch die Restlaufzeit einer Rückstellung unverändert, verändert sich die Rückstellung im Vergleich zum vorherigen Bilanzstichtag lediglich hinsichtlich der verkürzten Abzinsungsdauer (siehe Rz 3309e).

(BMF-AV Nr. 2015/133)

Der Erfüllungsbetrag von Rückstellungen ist gleichmäßig über ihre Laufzeit anzusammeln, wenn für das Entstehen der zu Grunde liegenden Verpflichtung im wirtschaftlichen Sinne der laufende Betrieb ursächlich ist („Ansammlungsrückstellungen“). Eine „Ansammlung“ des Erfüllungsbetrages hat typischerweise für langfristige „Umweltrückstellungen“, Rekultivierungs-, Abwrack- oder Entsorgungsverpflichtungen zu erfolgen (zB Verpflichtung für die Beseitigung einer durch den laufenden Betrieb einer Anlage verursachten Bodenkontamination). Bei Ansammlungsrückstellungen ist der zum jeweiligen Bilanzstichtag angesammelte Erfüllungsbetrag mit 3,5% abzuzinsen. **3309i**

(BMF-AV Nr. 2015/133)

Gemäß § 9 Abs. 5 EStG 1988 idF vor AbgÄG 2014 waren langfristige Rückstellungen mit 80% ihres Teilwerts anzusetzen. Die Bestimmung ist letztmalig für Rückstellungen anzuwenden, die für Wirtschaftsjahre gebildet werden, die vor dem 1.7.2014 enden („Altrückstellungen“). Für die Bewertung dieser Rückstellungen in den folgenden Wirtschaftsjahren gilt Folgendes (§ 124b Z 251 lit. b EStG 1988): **3309j**

- Ergibt sich bei der erstmaligen Abzinsung nach Maßgabe von § 9 Abs. 5 EStG 1988 idF AbgÄG 2014 ein geringerer Rückstellungsbetrag, ist die Rückstellung mit dem geringeren Betrag anzusetzen. Der in der Vergangenheit steuerwirksam zu hoch rückgestellte Betrag ist aufzulösen und – ausgenommen im Falle einer Betriebsveräußerung oder Betriebsaufgabe – zu je einem Drittel auf das betreffende und die nachfolgenden beiden Wirtschaftsjahre zu verteilen. Dabei handelt es sich um eine „einmalige Vergleichsrechnung“; in den folgenden Wirtschaftsjahren ist bereits § 9 Abs. 5 EStG 1988 idF AbgÄG 2014 anzuwenden.

Beispiel 1:

Zum Bilanzstichtag 31.12.2013 wurde von Unternehmen X eine Rückstellung für die Beseitigung einer Bodenkontamination gebildet, die im Wirtschaftsjahr 2013 eingetreten ist (somit keine Ansammlungsrückstellung) und deren Beseitigung erst in 10 Jahren zu erfolgen hat. Es wurden Kosten in der Höhe von 100.000 Euro erwartet. Die Rückstellung wurde mit 80% ihres Teilwertes, somit in Höhe von 80.000 Euro gebildet. Über die Laufzeit der Rückstellung ergibt sich kein Anpassungsbedarf des Erfüllungsbetrages.

Zum Bilanzstichtag 31.12.2014 ergibt die erstmalige Abzinsung nach Maßgabe von § 9 Abs. 5 EStG 1988 idF AbgÄG 2014 einen geringeren Rückstellungsansatz in Höhe von 73.373 Euro (100.000/1,035^9, abgezinst auf Laufzeit von 9 Jahren; Erfüllungsjahr wird zur Gänze berücksichtigt, siehe Rz 3309f); die Rückstellung ist in dieser Höhe zu bilden. Der in der Vergangenheit steuerwirksam zu hoch gebildete Unterschiedsbetrag in Höhe von 6.627 Euro (80.000 – 73.373 Euro) ist in diesem sowie in den beiden folgenden Wirtschaftsjahren zu je einem Drittel zu berücksichtigen (somit Erhöhung des steuerlichen Gewinns um je 2.209 Euro). Die Rückstellung entwickelt sich in den Folgejahren wie folgt:

Restlaufzeit	*9*	*8*	*7*	*6*	*5*
Bilanzstichtag	*31.12.2014*	*31.12.2015*	*31.12.2016*	*31.12.2017*	*31.12.2018*
Steuerwirksame Zuführung		*–2.568*	*–2.658*	*–2.751*	*–2.847*
RSt-Ansatz	*73.373*	*75.941*	*78.599*	*81.350*	*84.144*
Ertrag aus Verteilung des UB	*+2.209*	*+2.209*	*+2.209*		

Restlaufzeit	*4*	*3*	*2*	*1*	*0*
Bilanzstichtag	*31.12.2019*	*31.12.2020*	*31.12.2021*	*31.12.2022*	*31.12.2023*
Steuerwirksame Zuführung	*–2.947*	*–3.050*	*–3.157*	*–6.649*	*0*
RSt-Ansatz	*87.144*	*90.194*	*93.351*	*100.000*	*0*
Ertrag aus Verteilung des UB					

Entspricht das Wirtschaftsjahr nicht dem Kalenderjahr, erfolgt – je nach Bilanzstichtag – die Erfassung des in der Vergangenheit zu hoch angesetzten Unterschiedsbetrages zu jeweils einem Drittel im Rahmen der in den Steuererklärungen 2014 bis 2016 zu erfassenden Wirtschaftsjahre oder im Rahmen der in den Steuererklärungen 2015 bis 2017 zu erfassenden Wirtschaftsjahre.

Beispiel 2:

Zum Bilanzstichtag 31.5.2014 besteht bei Unternehmen X weiterhin der Grund für die Bildung einer schon im vorherigen Wirtschaftsjahr gebildeten Gewährleistungsrückstellung. Die Rückstellung ist zum Bilanzstichtag 31.5.2014 mit 80% des Teilwertes zu bilden (§ 124b Z 251 lit. b EStG 1988). Zum Bilanzstichtag 31.5.2015 ist der Grund für die Rückstellungsbildung nach wie vor aufrecht, weshalb zu diesem Bilanzstichtag die „einmalige Vergleichsrechnung" durchzuführen ist. Da die erstmalige Abzinsung nach Maßgabe von § 9 Abs. 5 EStG 1988 idF AbgÄG 2014 einen geringeren Rückstellungsbetrag ergibt, ist die Rückstellung zum Bilanzstichtag 31.5.2015 mit dem geringeren Betrag anzusetzen. Der in der Vergangenheit steuerwirksam zu hoch rückgestellte Betrag ist aufzulösen und zu je einem Drittel im Wirtschaftsjahr 2014/2015 (Steuererklärung 2015), im Wirtschaftsjahr 2015/2016 (Steuererklärung 2016) und im Wirtschaftsjahr 2016/2017 (Steuererklärung 2017) zu erfassen.

Beispiel 3:

Zum Bilanzstichtag 30.9.2014 besteht bei Unternehmen X weiterhin der Grund für die Bildung einer schon im vorherigen Wirtschaftsjahr gebildeten Gewährleistungsrückstellung. Da die erstmalige Abzinsung nach Maßgabe von § 9 Abs. 5 EStG 1988 idF AbgÄG 2014 zu diesem Bilanzstichtag einen geringeren Rückstellungsbetrag ergibt, ist die Rückstellung zum Bilanzstichtag 30.9.2014 mit dem geringeren Betrag anzusetzen. Der in der Vergangenheit steuerwirksam zu hoch rückgestellte Betrag ist aufzulösen und zu je einem Drittel im Wirtschaftsjahr 2013/2014 (Steuererklärung 2014), im Wirtschaftsjahr 2014/2015 (Steuererklärung 2015) und im Wirtschaftsjahr 2015/2016 (Steuererklärung 2016) zu erfassen.

- Ergibt sich aufgrund der erstmaligen Abzinsung nach Maßgabe von § 9 Abs. 5 EStG 1988 idF AbgÄG 2014 ein höherer Rückstellungsbetrag, ist die Rückstellung weiterhin mit 80% ihres Teilwertes zu bilden, wenn deren Restlaufzeit mehr als ein Jahr beträgt.

Beispiel 4:

Zum Bilanzstichtag 31.12.2009 wurde eine Rückstellung für die Beseitigung einer Bodenkontamination gebildet, die im Wirtschaftsjahr 2009 eingetreten ist (somit keine Ansammlungsrückstellung) und deren Beseitigung in 10 Jahren zu erfolgen hat. Es wurden Kosten in Höhe von 100.000 Euro erwartet. Die Rückstellung wurde gemäß § 9 Abs. 5 EStG 1988 idF vor AbgÄG 2014 mit 80% ihres Teilwertes, somit in Höhe von 80.000 Euro gebildet. Über die Laufzeit der Rückstellung ergibt sich kein Anpassungsbedarf des Erfüllungsbetrages.

Zum Bilanzstichtag 31.12.2014 ergibt die erstmalige Abzinsung einen (höheren) Rückstellungsansatz iHv 84.197 Euro (100 000/1,035^5, abgezinst auf Laufzeit von 5 Jahren; Erfüllungsjahr wird zur Gänze berücksichtigt, siehe Rz 3309f). Die Rückstellung ist in den Folgejahren unverändert mit 80.000 Euro anzusetzen, solange die Restlaufzeit mehr als ein Jahr beträgt.

Restlaufzeit	*5*	*4*	*3*	*2*	*1*	*0*
Bilanzstichtag	*31.12.2014*	*31.12.2015*	*31.12.2016*	*31.12.2017*	*31.12.2018*	*31.12.2019*
Steuerwirksame Zuführung	*0*	*0*	*0*	*0*	*20.000*	*0*
RSt-Ansatz	*80.000*	*80.000*	*80.000*	*80.000*	*100.000*	*0*

- Sofern es im Wirtschaftsjahr, für das die „einmalige" Vergleichsrechnung vorzunehmen ist, zu einer Änderung des Erfüllungsbetrages kommt, sind für Zwecke der Vergleichsrechnung zwischen dem bisher rückgestellten und dem nach neuer Rechtslage rückzustellenden Betrag zwischenzeitlich eingetretene Änderungen des Erfüllungsbetrages nicht zu berücksichtigen. Ergibt die einmalige Vergleichsrechnung eine Überführung der Rückstellung in das „Neurecht" (siehe Beispiel 5), ist die Änderung des Erfüllungsbetrages bereits gemäß § 9 Abs. 5 EStG 1988 idF AbgÄG 2014 zu berücksichtigen. Ergibt die einmalige Vergleichsrechnung keine Überführung der Rückstellung in das „Neurecht" (siehe Beispiel 6), ist die Änderung des Erfüllungsbetrages gemäß § 9 Abs. 5 EStG 1988 idF vor AbgÄG 2014 zu berücksichtigen.

Beispiel 5:

Zum Bilanzstichtag 31.12.2013 wurde von Unternehmen X eine Rückstellung für die Beseitigung einer Bodenkontamination gebildet, die im Wirtschaftsjahr 2013 eingetreten ist (somit keine Ansammlungsrückstellung) und deren Beseitigung erst in 10 Jahren zu erfolgen hat. Es wurden Kosten in der Höhe von 100.000 Euro erwartet. Die Rückstellung wurde mit 80% ihres Teilwertes, somit in Höhe von 80.000 Euro gebildet.

Zum Bilanzstichtag 31.12.2014 wird bekannt, dass die Beseitigungskosten voraussichtlich 130.000 Euro betragen werden. Für Zwecke der Vergleichsrechnung ist die im Jahr 2014 bekannt gewordene Kostensteigerung nicht zu berücksichtigen, sondern es ist der zum Bilanzstichtag 31.12.2013 erwartete Erfüllungsbetrag von 100.000 Euro abzuzinsen. Die erstmalige Abzinsung dieses Erfüllungsbetrages nach Maßgabe von § 9 Abs. 5 EStG 1988 idF AbgÄG 2014 ergibt einen geringeren Rückstellungsbetrag in Höhe von 73.373 Euro (100.000/1,035^9, abgezinst auf Laufzeit von 9 Jahren; Erfüllungsjahr wird zur Gänze berücksichtigt, siehe Rz 3309f) als der bisher rückgestellte Betrag in Höhe von 80.000 Euro; auf diese Rückstellung ist daher § 9 Abs. 5 EStG 1988 idF AbgÄG 2014 zur Gänze anzuwenden. Der per 31.12.2014 erwartete Erfüllungsbetrag in Höhe von 130.000 Euro ist daher nach Maßgabe des § 9 Abs. 5 EStG 1988 idF AbgÄG 2014 mit 3,5% abgezinst auf die Laufzeit von 9 Jahren anzusetzen (§ 124b Z 251 lit. b EStG 1988). Die Rückstellung ist daher in Höhe von 95.385 Euro zu bilden (130.000/1,035^9). Der in der Vergangenheit steuerwirksam zu hoch gebildete Unterschiedsbetrag in Höhe von 6.627 Euro (80.000 – 73.373 Euro) ist in diesem sowie in den beiden folgenden Wirtschaftsjahren zu je einem Drittel zu berücksichtigen (somit Erhöhung des steuerlichen Gewinns um je 2.209 Euro). Die Rückstellung entwickelt sich in den Folgejahren wie folgt:

Restlaufzeit	*9*	*8*	*7*	*6*	*5*
Bilanzstichtag	*31.12.2014*	*31.12.2015*	*31.12.2016*	*31.12.2017*	*31.12.2018*
Steuerwirksame Zuführung	*–22.012*	*–3.339*	*–3.455*	*–3.576*	*–3.702*
RSt-Ansatz	*95.385*	*98.724*	*102.179*	*105.755*	*109.457*
Ertrag aus Verteilung des UB	*+2.209*	*+2.209*	*+2.209*		

Restlaufzeit	*4*	*3*	*2*	*1*	*0*
Bilanzstichtag	*31.12.2019*	*31.12.2020*	*31.12.2021*	*31.12.2022*	*31.12.2023*
Steuerwirksame Zuführung	*–3.830*	*–3.966*	*–4.103*	*–8.644*	*0*
RSt-Ansatz	*113.287*	*117.253*	*121.356*	*130.000*	*0*
Ertrag aus Verteilung des UB					

Beispiel 6:

Zum Bilanzstichtag 31.12.2009 wurde von Unternehmen X eine Rückstellung für die Beseitigung einer Bodenkontamination gebildet, die im Wirtschaftsjahr 2009 eingetreten ist (somit keine Ansammlungsrückstellung) und deren Beseitigung erst in 10 Jahren zu erfolgen hat. Es wurden Kosten in der Höhe von 100.000 Euro erwartet. Die Rückstellung wurde mit 80% ihres Teilwertes, somit in Höhe von 80.000 Euro gebildet.

Zum Bilanzstichtag 31.12.2014 wird bekannt, dass die Beseitigungskosten voraussichtlich 130.000 Euro betragen werden. Für Zwecke der Vergleichsrechnung ist die im Jahr 2014 bekannt gewordene Kostensteigerung nicht zu berücksichtigen, sondern es ist der zum Bilanzstichtag 31.12.2013 erwartete Erfüllungsbetrag von 100.000 Euro abzuzinsen. Die erstmalige Abzinsung dieses Erfüllungsbetrages nach Maßgabe von § 9 Abs. 5 EStG 1988 idF AbgÄG 2014 ergibt einen höheren Rückstellungsbetrag von 84.197 Euro (100.000/1,035^5, abgezinst auf Laufzeit von 5 Jahren; Erfüllungsjahr wird zur Gänze *berücksichtigt, siehe Rz 3309f) als der bisher rückgestellte Betrag in Höhe von 80.000 Euro; diese Rückstellung ist daher weiterhin mit 80% ihres Teilwertes anzusetzen, wenn die Laufzeit der Rückstellung mehr als ein Jahr beträgt (§ 124b Z 251 lit. b EStG 1988). Der per 31.12.2014 erwartete Erfüllungsbetrag von 130.000 Euro ist daher mit 80% anzusetzen; die Rückstellung ist in Höhe von 104.000 Euro zu bilden (130.000*0,8) und entwickelt sich in den Folgejahren wie folgt:*

Restlaufzeit	*5*	*4*	*3*	*2*	*1*	*0*
Bilanzstichtag	*31.12.2014*	*31.12.2015*	*31.12.2016*	*31.12.2017*	*31.12.2018*	*31.12.2019*
Steuerwirksame Zuführung	*24.000*	*0*	*0*	*0*	*26.000*	*0*
RSt-Ansatz	*104.000*	*104.000*	*104.000*	*104.000*	*130.000*	*0*

(BMF-AV Nr. 2015/133)

3310 Die Rückstellung ist in jenem Jahr aufzulösen, in dem

- der rückstellungsmaßgebende Umstand zwar noch gegeben bzw. der Eintritt des Ereignisses noch wahrscheinlich, aber die Wahrscheinlichkeit der Inanspruchnahme weggefallen ist,
- der rückstellungsmaßgebende Umstand endgültig weggefallen oder der Eintritt des Umstandes unwahrscheinlich geworden ist,
- die Unsicherheit dem Grunde und/oder der Höhe nach wegfällt und somit eine „echte" Verbindlichkeit entsteht.

Randzahl 3311: *derzeit frei*

(BMF-AV Nr. 2015/133)

8.1.5 Bilanzberichtigung und Bilanzänderung

3312 Eine nachträgliche Bildung von Rückstellungen oder die nachträgliche Änderung gebildeter Rückstellungen richtet sich nach den Regeln der Bilanzberichtigung (§ 4 Abs. 2 Z 2 EStG 1988) und der Bilanzänderung (§ 4 Abs. 2 Z 1 EStG 1988). Umstände, die eine Änderung der gebildeten Rückstellung erforderlich machen, sind sowohl bei der Gewinnermittlung nach § 5 EStG 1988 als auch nach § 4 Abs. 1 EStG 1988 im Wege einer Bilanzberichtigung geltend zu machen.

Unterblieb die Bildung einer Rückstellung, ist bei Passivierungspflicht eine Bilanzberichtigung durchzuführen; bei einem Passivierungswahlrecht kann es gegebenenfalls zu einer Bilanzänderung kommen.

Besteht bis zur Bilanzerstellung keine Wahrscheinlichkeit für das Entstehen einer Verbindlichkeit und ist die Rückstellungsbildung in dem Wirtschaftsjahr somit ausgeschlossen, ist selbst bei späterem Eintritt der Verbindlichkeit eine nachträgliche Rückstellungsbildung im ursprünglichen Jahr unzulässig (VwGH 27.01.2009, 2006/13/0062).

(BMF-AV Nr. 2015/133)

8.2 Rückstellungen für ungewisse Verbindlichkeiten

8.2.1 Wesen der Verbindlichkeitsrückstellungen

3313 Bei den Rückstellungen für ungewisse Verbindlichkeiten muss eine Verpflichtung gegenüber Dritten gegeben sein. Verbindlichkeitsrückstellungen sind daher Rückstellungen, die gebildet werden auf Grund

- privatrechtlicher Verpflichtungen auf vertraglicher oder deliktischer Grundlage (zB Rechts- und Beratungskosten, Pfandverbindlichkeiten, drohende Inanspruchnahme aus Bürgschaften, vertraglich vereinbarte Miet- oder Pachterneuerungskosten, Gewährleistungsansprüche),
- öffentlich-rechtlicher Verpflichtungen (Gesetz, Verordnung, Bescheid – zB Rückstellung für Umzugsräumungskosten, Baustellenräumungskosten – VwGH 25.2.1954, 2959/51, sonstige Entfernungs- und Entsorgungspflichten oder Berücksichtigung der Differenzbeträge iRd Feststellung der Kostenbasis für die nächsten Entgeltsperioden nach § 50 ElWOG 2010) sowie
- wirtschaftlicher Verpflichtungen (zB Rückstellungen für nicht einklagbare Kulanzfälle, für freiwillig gewährte zusätzliche Arbeitsentgelte).

Gemeinsames Merkmal aller Verpflichtungsarten ist, dass gegenüber Dritten eine Leistungsverpflichtung besteht, die mit hoher Wahrscheinlichkeit zu einem Vermögensabfluss in der Zukunft führt. Die wirtschaftliche Verursachung der Verpflichtung muss im Abschlussjahr gelegen sein (vgl. VwGH 30.10.2003, 99/15/0261). Eine Verbindlichkeitsrückstellung darf nicht gebildet werden, wenn sich die ungewisse Verpflichtung auf aktivierungspflichtige Aufwendungen bezieht; künftige Abschreibungen dürfen nicht im Wege einer Rückstellung vorweggenommen werden (VwGH 21.10.1986, 86/14/0021; VwGH 26.5.2004, 99/14/0261).

Im Bereich von Abfertigungen, Pensionen und Jubiläumsgeldern ist eine steuerwirksame Rückstellungsbildung ausschließlich nach Maßgabe des § 14 EStG 1988 zulässig (siehe dazu Rz 3330 ff).

(BMF-AV Nr. 2021/65)

Eine öffentlich-rechtliche Verpflichtung kann nur Gegenstand einer Rückstellung für ungewisse Verbindlichkeiten sein, wenn die Verpflichtung nach ihrem Inhalt und insbesondere ihrem Entstehungszeitpunkt hinreichend konkretisiert ist. Dies ist dann anzunehmen, wenn die Verpflichtung unmittelbar auf dem Gesetz oder auf einem besonderen Verwaltungsakt beruht und wenn an die Verletzung der öffentlich-rechtlichen Verpflichtung Sanktionen geknüpft sind. Ob die zuständige Behörde bereits ein Verfahren auf Geltendmachung der öffentlich-rechtlichen Leistungspflicht in die Wege geleitet hat, ist hingegen nicht entscheidend. Daher ist auch ein behördlicher Auftrag bei öffentlich-rechtlichen Verpflichtungen nicht erforderlich. Es genügt vielmehr, dass die sachverhaltsmäßigen Voraussetzungen für die Geltendmachung der Pflicht der Behörde bekannt sind oder mit hoher Wahrscheinlichkeit bekannt werden (VwGH 10.10.1996, 94/15/0089). **3314**

8.2.2 Einschränkung auf Einzelrückstellungen

Für Wirtschaftsjahre, die vor dem 1.1.2021 beginnen, gilt: **3315**

Die Bildung von Verbindlichkeitsrückstellungen ist gemäß § 9 Abs. 3 EStG 1988 idF vor COVID-19-StMG nur zulässig, wenn konkrete Umstände nachgewiesen werden können, nach denen im jeweiligen Einzelfall mit dem Vorliegen oder dem Entstehen einer Verbindlichkeit ernsthaft zu rechnen ist. Unzulässig ist hingegen die Bildung von Pauschalrückstellungen (siehe dazu näher Rz 3319). Rückstellungen für ungewisse Verbindlichkeiten dürfen daher nur gebildet werden, wenn folgende Voraussetzungen erfüllt sind:

- Es müssen konkrete Umstände nachgewiesen werden können (dh. Nachweis darüber, dass ein „Schaden" bis zum Bilanzstichtag tatsächlich entstanden ist; keine bloße Vermutung),
- nach denen im jeweiligen Einzelfall,
- mit dem Vorliegen oder dem Entstehen einer Verbindlichkeit (eines Verlustes) ernsthaft zu rechnen ist.

Die pauschale Berechnung gruppenweiser zusammengefasster Einzelrückstellungen nach einem einheitlichen Satz ist in solchen Fällen zulässig (pauschal berechnete steuerlich zulässige Einzelrückstellung, siehe Rz 3319 Beispiel 2).

Für Wirtschaftsjahre, die nach dem 31.12.2020 beginnen, gilt:

Die Bildung von Verbindlichkeitsrückstellungen ist gemäß § 9 Abs. 3 EStG 1988 idF COVID-19-StMG unter den Voraussetzungen des § 201 Abs. 2 Z 7 UGB idF BGBl. I Nr. 22/2015 auch pauschal möglich. Die Zulässigkeit der Bildung pauschaler Rückstellungen ist an deren unternehmensrechtliche Zulässigkeit geknüpft: Gemäß § 201 Abs. 2 Z 7 UGB muss die Bestimmung eines Wertes, die nur auf Basis von Schätzungen möglich ist, auf einer umsichtigen Beurteilung beruhen. Liegen statistisch ermittelbare Erfahrungswerte aus gleichgelagerten Sachverhalten vor, sind diese zu berücksichtigen. Der pauschale Prozentsatz ist kaufmännisch auf zwei Nachkommastellen zu runden. Verpflichtungen, für die bereits im Wege einer Einzelrückstellung vorgesorgt wurde, sind keiner pauschalen Rückstellungsbildung zugänglich.

Im Rahmen der Gewinnermittlung gemäß § 5 Abs. 1 EStG 1988 besteht im Falle der unternehmensrechtlichen Bildung pauschaler Rückstellungen aufgrund der Maßgeblichkeit eine Pflicht, die pauschale Rückstellungsbildung auch für steuerliche Zwecke vorzunehmen; im Rahmen der Gewinnermittlung gemäß § 4 Abs. 1 EStG 1988 besteht hingegen ein Wahlrecht zur Bildung pauschaler Rückstellungen nach (abstrakter) Maßgabe der unternehmensrechtlichen Voraussetzungen des § 201 Abs. 2 Z 7 UGB.

Stimmt das Wirtschaftsjahr mit dem Kalenderjahr überein, kann die Bildung pauschaler Rückstellungen erstmals zum Bilanzstichtag 31.12.2021 erfolgen. Dabei ist zu beachten, dass auch „Altrückstellungen" einer pauschalen Rückstellungsbildung zugänglich sind, dh. solche Rückstellungen, bei denen der Anlass für deren erstmalige Bildung in früheren Wirtschaftsjahren liegt (§ 124b Z 372 lit. b EStG 1988). Die steuerwirksame Nachholung dieser Rückstellungsbeträge hat über fünf Jahre verteilt zu erfolgen (§ 124b Z 372 lit. c EStG

1988). Zur rechnerischen Ermittlung des „Rückstellungsaltbestandes" siehe sinngemäß die Ausführungen in Rz 2373.

(BMF-AV Nr. 2021/65)

3316 Die bloße Möglichkeit der Inanspruchnahme reicht somit nicht aus. Der Abgabepflichtige muss vielmehr entweder ausdrücklich mit einer Inanspruchnahme konfrontiert werden (z.B. schriftliche Inanspruchnahme einer Gewährleistungs- oder Garantieverpflichtung, behördlicher Auftrag zur Beseitigung eines Umweltschadens) oder selbst Schritte zur Sanierung eines eingetretenen Schadens gesetzt haben, die eine schriftliche Inanspruchnahme im Einzelfall erübrigen.

Beispiel 1:

Die schriftliche Inanspruchnahme einer Gewährleistungsverpflichtung durch den Berechtigten ist ein konkreter Umstand, nach dem im jeweiligen Einzelfall mit dem Entstehen einer Verbindlichkeit ernsthaft zu rechnen ist.

Beispiel 2:

Mit dem Nachweis eines innerbetrieblichen Beschlusses eine Rückholaktion durchzuführen, liegt ein konkreter Umstand vor, nach dem im jeweiligen Einzelfall mit dem Entstehen einer Verbindlichkeit ernsthaft zu rechnen ist.

3317 Die Gründe für eine künftige Inanspruchnahme müssen gewichtiger sein als jene Gründe, die dagegen sprechen. Dies ist nach objektiv erkennbaren Tatsachen zu beurteilen.

3318 Aus der Formulierung des § 9 Abs. 3 EStG 1988 ergibt sich, dass es sich bei diesen Voraussetzungen um Beurteilungskriterien handelt, die dem Grunde nach bereits zum Bilanzstichtag vorliegen müssen (keine Frage der Werterhellung). Es bestehen jedoch keine Bedenken, in jenen Fällen mit steuerlicher Wirksamkeit Rückstellungen zu bilden, in denen der Abgabepflichtige innerhalb von drei Monaten nach dem Bilanzstichtag, jedenfalls aber vor dem Bilanzerstellungstag, vom Vorliegen dieser Umstände zum Bilanzstichtag Kenntnis erlangt hat. Derjenige, der den Anspruch geltend macht, muss nachweislich bis zum Bilanzstichtag des Abgabepflichtigen Kenntnis von den Umständen erlangt haben, auf die er seinen Anspruch gründet.

Beispiel:

Ein Bauunternehmen erzielt 2014 einen garantierelevanten (von konkreten Gewährleistungsansprüchen unbelasteten) Umsatz von 10 Millionen Euro. Bilanzstichtag ist der 31.12.2014, Bilanzerstellungszeitpunkt der 10.5.2015. Bis 31.3.2015 sind Mängelrügen (Kenntnisstand 31.12.2014) mit einem Aufwandsvolumen von 300.000 Euro erhoben worden, bis 10.5.2015 weitere Mängelrügen mit einem Volumen von 100.000 Euro. Steuerlich ist zum Bilanzstichtag 31.12.2014 die Bildung von Einzelrückstellungen hinsichtlich eines Aufwandsvolumens von 300.000 Euro zulässig. Gegebenenfalls hat eine Abzinsung dieser Einzelrückstellungen zu erfolgen (siehe Rz 3309b).

(BMF-AV Nr. 2015/133)

8.2.3 Abgrenzung zur Pauschalrückstellung

3319 **Für Wirtschaftsjahre, die vor dem 1.1.2021 beginnen, gilt:**

Steuerlich unzulässige Pauschalrückstellungen sind Rückstellungen, bei denen die Wahrscheinlichkeit der Inanspruchnahme durch Dritte gegeben ist, ohne dass bereits konkrete Umstände im jeweiligen Einzelfall eine Verbindlichkeit (Verpflichtung) erwarten lassen. Sie werden dem Grunde nach anhand von Erfahrungswerten angesetzt. Dazu zählen bestimmte Arten dem Grunde nach pauschal gebildeter Verbindlichkeitsrückstellungen (zB vom Umsatz abgeleitete Rückstellungen für Gewährleistungen, Garantiepflichten, Kulanzfälle, Produkthaftung, Umwelthaftung). Es handelt sich auch dann um eine unzulässige Pauschalrückstellung, wenn gleichartige Einzelrückstellungen dem Grunde nach gruppenweise aufgrund von Erfahrungswerten der Vergangenheit zusammengefasst werden (VwGH 20.10.2010, 2007/13/0085).

Beispiel 1:

Bei einem Autohändler gibt es nach den Erfahrungen der vergangenen Jahre bei 10% der verkauften Neuwagen Inanspruchnahmen aus der Gewährleistung. Dies berechtigt den Autohändler nicht zur steuerwirksamen Bildung einer Rückstellung für Gewährleistungen (steuerlich unzulässige Pauschalrückstellung dem Grunde nach).

Beispiel 2:

Ein bestimmtes Modell eines Autoherstellers ist von einem Serienmangel betroffen. Da ein Teil dieser Mängel bereits geltend gemacht wurde, wird in den Medien eine Rückholaktion bekannt gegeben. In diesem Fall kann eine Rückstellung nicht nur für die Mängel, die bereits geltend gemacht wurden, sondern für alle zu erwartenden Ansprüche gebildet werden (pauschal berechnete steuerliche zulässige Einzelrückstellung).

Für Wirtschaftsjahre, die nach dem 31.12.2020 beginnen, gilt:

Die Bildung von Verbindlichkeitsrückstellungen ist nicht mehr nur dann möglich, wenn im jeweiligen Einzelfall mit dem Vorliegen oder dem Entstehen einer Verbindlichkeit ernsthaft zu rechnen ist. Die Bildung von Verbindlichkeitsrückstellungen kann gemäß § 9 Abs. 3 EStG 1988 idF COVID-19-StMG nach den Voraussetzungen des § 201 Abs. 2 Z 7 UGB auch pauschal erfolgen (siehe Rz 3315). Danach muss der Ansatz von Pauschalrückstellungen auf einer umsichtigen Beurteilung (Schätzung) beruhen; liegen statistisch ermittelbare Erfahrungswerte aus gleichgelagerten Sachverhalten vor, sind diese zu berücksichtigen.

Beispiel:

Der bilanzierende Einzelunternehmer A (§ 5 Abs. 1 EStG 1988; Bilanzstichtag 31.12.) ist seit vielen Jahren in der Massenproduktion von Dachziegeln tätig. Aufgrund von statistischem Datenmaterial, das auf Erfahrungswerten der Vergangenheit beruht, kann A davon ausgehen, dass rd. 2% der von ihm im Wirtschaftsjahr X1 produzierten und veräußerten Dachziegel mangelhaft sind und dafür auch in diesem Geschäftsjahr erneut mit der Geltendmachung von Gewährleistungsansprüchen durch seine Kunden von insgesamt 100.000 zu rechnen ist. A möchte dafür im Wege einer Pauschalrückstellung sowohl unternehmens- als auch steuerrechtlich vorsorgen. Gemäß § 201 Abs. 2 Z 7 UGB iVm § 9 Abs. 3 EStG 1988 idF COVID-19-StMG sind dabei die ihm vorliegenden Erfahrungswerte der Vergangenheit zu berücksichtigen. A bildet unter Heranziehung dieser Erfahrungswerte zum 31.12.X1 für die zu erwartenden Garantiefälle pauschal – bezogen auf alle voraussichtlich mangelhaften Produkte – eine Rückstellung auch für steuerliche Zwecke.

(BMF-AV Nr. 2021/65)

8.3 Rückstellungen für drohende Verluste aus schwebenden Geschäften

8.3.1 Wesen der Drohverlustrückstellungen

Übersteigt am Bilanzstichtag der Wert der Leistungsverpflichtung aus einem Vertragsverhältnis den Wert der Gegenleistung, droht also aus dem Geschäft ein Verlust, so ist dieser im Wege einer Rückstellung jener Periode zuzuweisen, in welcher sich die Unausgewogenheit von Leistung und Gegenleistung einstellt (VwGH 15.7.1998, 97/13/0190). **3320**

Voraussetzung einer Rückstellung für drohende Verluste aus schwebenden Geschäften ist, dass der Vertrag bereits abgeschlossen oder zumindest ein bindendes Vertragsangebot vom Rückstellungsbildenden gestellt worden ist. Für die Frage, ob ein Verlust „droht", sind die allgemeinen Grundsätze der Rückstellungsbildung heranzuziehen. Die Grundsätze für die Bildung von Rückstellungen für ungewisse Verbindlichkeiten gelten auch für die Rückstellung für drohende Verluste aus schwebenden Geschäften.

(Droh)verlustrückstellungen sind wie Verbindlichkeitsrückstellungen steuerlich auf Vollkostenbasis zu bewerten. Die Bewertung zu Vollkosten ergibt sich schon aus dem Gesetz: § 9 Abs. 5 EStG 1988 sieht für die Bewertung von Rückstellungen den Teilwert (bzw. den mit 3,5% abgezinsten Teilwert) als Bewertungsmaßstab vor. Es lässt sich schon nach dem klaren Gesetzeswortlaut nicht rechtfertigen, bei den Verbindlichkeitsrückstellungen die Vollkosten und bei den Verlustrückstellungen nur die Teilkosten anzusetzen. Der Teilwert ist ein Bewertungsmaßstab auf Vollkostenbasis. Das gilt für alle Rückstellungen, also für Verbindlichkeits- und Verlustrückstellungen gleichermaßen.

(BMF-AV Nr. 2015/133)

8.3.2 Grundsatz der Einzelbewertung und verknüpfte Geschäfte

Aus dem Grundsatz der Einzelbewertung ergibt sich die Verpflichtung, jedes einzelne schwebende Geschäft für sich daraufhin zu prüfen, ob daraus ein Verlust droht. Eine Rückstellung für drohende Verluste aus schwebenden Geschäften ist nur dann anzuerkennen, wenn die dem Unternehmen zufließenden wirtschaftlichen Vorteile hinter den aus dem Vertrag erfließenden Verpflichtungen zurückbleiben; diese Verhältnisse bedürfen der konkreten Feststellung (VwGH 17.3.1994, 91/14/0001). **3321**

Es ist keine Saldierung mit Gewinn bringenden gleichartigen schwebenden Geschäften vorzunehmen. Erfolgsmäßig miteinander verknüpfte Geschäfte sind aber als Einheit zu bewerten. Mehrere Verträge sind somit dann vom Saldierungsbereich umfasst, wenn ein Geschäft das andere ursächlich bedingt, dh. wenn ein sachlicher Zusammenhang zwischen den Geschäften besteht. Werden beispielsweise verlustbringende Geschäfte mit einer Firma in Kauf genommen, um andere Gewinn abwerfende Geschäfte mit dieser Firma nicht zu gefährden, kann eine Saldierung vorgenommen werden. **3322**

Beispiel:

Mietet ein Apotheker Ordinationsräume, um sie einem Arzt verbilligt weiter zu vermieten, dann kann für den Mietverlust keine Rückstellung gebildet werden, soweit nach wirtschaftlichen Gesichtspunkten der Fehlbetrag durch andere mit dem Leistungsaustausch zusammenhängende Erträge (Einkäufe der Patienten des Arztes) ausgeglichen wird.

(BMF-AV Nr. 2021/65)

8.3.3 Rückstellungen für drohende Verluste aus schwebenden Absatzgeschäften

3323 Rückstellungen für drohende Verluste aus schwebenden Absatzgeschäften sind zu bilden, wenn der Wert der Leistungsverpflichtung (eigene Anschaffungs- oder Herstellungskosten) höher ist als der Wert des Entgeltanspruches. Bei zu erwartendem Verkauf über Buchwert – aber unter Verkehrswert – darf keine Rückstellung für entgehenden Gewinn gebildet werden. Gegenüberzustellen sind der Wert (in der Regel Nennwert, unter Umständen auch Teilwert, wenn zweifelhaft) der Forderung auf das Entgelt einerseits und andererseits die Vollkosten (Anschaffungs- oder Herstellungskosten).

Beispiel:

Der Ölgroßhändler verkauft an die Raffinerie Öl, das er noch nicht beschafft hat, zum Preis von 100 Euro je Barrel. Wenn die bereits zum Preis von 100 Euro je Barrel verkaufte Ware nun um 110 Euro je Barrel beschafft werden muss, dann ist in Höhe der Differenz von 10 Euro je Barrel vom Ölgroßhändler eine Rückstellung zu bilden.

(BMF-AV Nr. 2015/133)

8.3.4 Rückstellungen für drohende Verluste aus schwebenden Beschaffungsgeschäften

3324 Bei schwebenden Beschaffungsgeschäften liegt ein drohender Verlust vor, wenn der Teilwert der angeschafften, aber noch nicht gelieferten Wirtschaftsgüter am Bilanzstichtag niedriger ist als die Kaufpreisschuld. Es handelt sich daher um eine Art vorweggenommene Teilwertabschreibung. Bei einer Leistungsverpflichtung ergibt sich der rückstellungsfähige Verlust aus der Differenz der Leistungsverpflichtung (Absatzgeschäft) und dem Beschaffungsgeschäft. Da die Bewertung von Handelswaren sowohl anschaffungs- als auch absatzorientiert ist, ist auch bei der Rückstellungsbildung für Beschaffungsgeschäfte von Handelswaren darauf Bedacht zu nehmen. Sinken daher die Wiederbeschaffungskosten für die betreffenden Waren, ist aber mit Sicherheit davon auszugehen, dass die Absatzpreise kostendeckend sind, so ist keine Rückstellung zu bilden.

Beispiel:

Ein Ölgroßhändler kauft Öl vom Produzenten zu einem Preis von 100 Euro je Barrel; das Öl ist am Bilanzstichtag noch nicht geliefert. Der Wiederbeschaffungspreis (Weltmarktpreis) für Öl sinkt zum Bilanzstichtag unter den vereinbarten Preis von 100 Euro je Barrel. Wenn auf Grund des gesunkenen Weltmarktpreises der Absatzpreis in Höhe von 80 Euro je Barrel nicht mehr kostendeckend ist, dann ist eine Rückstellung von 20 Euro je Barrel zu bilden.

(BMF-AV Nr. 2015/133)

8.3.5 Rückstellungen für drohende Verluste aus absatzorientierten Dauerrechtsverhältnissen

3325 Rückstellungen für drohende Verluste aus absatzorientierten Dauerrechtsverhältnissen sind zu bilden, wenn der Anspruch auf das (Nutzungs-)Entgelt geringer zu bewerten ist als die Aufwendungen (Vollkosten) im Zusammenhang mit der Erfüllung der Dauerschuld. Es ist eine Rückstellung für drohende Verluste zB aus Mietverträgen zu bilden, wenn die Aufwendungen des Vermieters in der vereinbarten Miete keine Deckung finden. Unmaßgeblich bleibt, ob das Rechtsverhältnis über seine Gesamtlaufzeit ausgeglichen ist (Ganzheitsbetrachtung). Die verbleibende Laufzeit des Schuldverhältnisses muss einen Verlust erwarten lassen (Restwertbetrachtung).

8.3.6 Rückstellungen für drohende Verluste aus beschaffungsorientierten Dauerrechtsverhältnissen

3326 Rückstellungen für drohende Verluste aus beschaffungsorientierten Dauerrechtsverhältnissen sind in der Regel unzulässig, weil der Beitrag des Dauerrechtsverhältnisses zum Unternehmenserfolg nicht eindeutig quantifizierbar und bewertbar ist (vgl. VwGH 17.3.1994, 91/14/0001).

8.4 Aufwandsrückstellungen

8.4.1 Wesen der Aufwandsrückstellungen

Bei Aufwandsrückstellungen ist kein Verpflichtungscharakter gegenüber Dritten gegeben (zB Rückstellungen für unterlassene Instandsetzungen). Sie sind von der Aufzählung in § 9 EStG 1988 nicht erfasst, weshalb ihre Bildung und Auflösung steuerlich unwirksam ist. 3327

(BMF-AV Nr. 2015/133)

8.4.2 Beispiele für Aufwandsrückstellungen

Zu den Aufwandsrückstellungen zählen Rückstellungen für 3328

- unterlassene Instandhaltung,
- Entsorgungsmaßnahmen, sofern nicht Entsorgungspflicht gegeben ist, siehe ABC der Rückstellung
- Aufräumungsarbeiten nach Katastrophenschäden,
- freiwillige Rekultivierung,
- unterlassenen Forschungs- und Reklameaufwand,
- Substanzerhaltung bei steigenden Wiederbeschaffungskosten,
- freiwillige Abraumbeseitigung,
- Selbstversicherung bei nicht versicherten Schadensfällen.

8.4.3 Abgrenzung Aufwandsrückstellungen zur Rechnungsabgrenzung

Vorgänge des abgelaufenen Wirtschaftsjahres, die nach Art einer Rechnungsabgrenzung sowohl zu aktiv- als auch zu passivseitigen Positionen führen können (zB die Behandlung des Abraumes im Bergbau und für rückständige Urlaubsansprüche) sind jedenfalls zu passivieren. 3329

8.5 Vorsorge für Abfertigungen

8.5.1 Allgemeines

8.5.1.1 Abfertigungsverpflichtungen und Vordienstzeiten

Die Bildung einer Abfertigungsrückstellung nach § 14 Abs. 1 EStG 1988 ist nur zulässig 3330

- für gesetzliche oder kollektivvertragliche Abfertigungsansprüche
- für Abfertigungsansprüche, die den gesetzlichen (kollektivvertraglichen) Abfertigungsansprüchen dem Ausmaß nach entsprechen, die aber ganz oder zum Teil auf einer freiwilligen Anrechnung von Vordienstzeiten durch den Arbeitgeber beruhen
- auf Grund schriftlicher und rechtsverbindlicher Zusagen an Arbeitnehmer oder andere Personen, wenn der Gesamtbetrag der zugesagten Abfertigung einer gesetzlichen oder dem Dienst- bzw. Anstellungsverhältnis entsprechenden kollektivvertraglichen Abfertigung nachgebildet ist, wobei in beiden Fällen Beschäftigungszeiten (Vordienstzeiten) angerechnet werden können (ab Veranlagung 2004).

Für alle Arbeitsverträge, die laut Arbeitsvertrag nach dem 31.12.2002 beginnen, besteht grundsätzlich kein Direktanspruch des Arbeitnehmers auf Abfertigung gegenüber dem Arbeitgeber. Abfertigungsrückstellungen können nur insoweit gebildet werden, als sich auf Grund des § 46 Abs. 3 oder des § 48 Abs. 2 des Bundesgesetzes über die betriebliche Mitarbeitervorsorge BGBl. I Nr. 100/2002 (BMVG) idF BGBl. I Nr. 155/2002 bei derartigen Dienstverhältnissen weiterhin Direktansprüche gegenüber dem Arbeitgeber ergeben.

(AÖF 2004/167)

Zur Anrechnung von Beschäftigungs- bzw Vordienstzeiten gilt Folgendes: 3331

Als Beschäftigungs- bzw. Vordienstzeiten anrechenbar sind Zeiten, während der die Beschäftigung einen (einzelvertraglichen, kollektivvertraglichen oder gesetzlichen) Abfertigungsanspruch vermittelt hat. Dementsprechend gilt:

1. Vordienstzeitenanrechnung bei (arbeitsrechtlichen) Dienstnehmern:

   Bei den Vordienstzeiten muss es sich um Beschäftigungszeiten handeln, die der Arbeitnehmer entweder beim selben Arbeitgeber (zB bei Übernahme vom Arbeiter- in das Angestelltenverhältnis) oder bei einem oder mehreren in- oder ausländischen früheren Arbeitgebern tatsächlich verbracht hat. Als Beschäftigungszeiten anrechenbar sind auch Zeiträume, in denen ein Arbeitnehmer auf Grund einer einzelvertraglichen schriftlichen und rechtsverbindlichen Abfertigungszusage Ansprüche auf eine einer gesetzlichen oder kollektivvertraglichen Abfertigung nachgebildete Abfertigung erworben hat.

Angerechnet können nur tatsächliche Beschäftigungszeiten werden. Da Präsenzdienst und Karenzzeit ein arbeitsrechtliches Dienstverhältnis nicht unterbrechen, sind sie als anrechenbare Vordienstzeiten anzusehen.

Zeiten, in denen jemand selbständig erwerbstätig war, zB auch als Kommanditist, kommen als Vordienstzeiten nicht in Betracht, selbst wenn der Kommanditist arbeitsrechtlich Dienstnehmer war (VwGH 6.12.1983, 83/14/1961, VwGH 15.12.1994, 92/15/0019).

Ein zeitlicher Zusammenhang der Vordienstzeitenanrechnung mit einem Wechsel im Dienstverhältnis ist nicht erforderlich. Erfolgt eine (spätere) Vordienstzeitenanrechnung und hat der Steuerpflichtige eine Abfertigungsrückstellung gebildet, so sind die auf Grund der Vordienstzeitenanrechnung gestiegenen Abfertigungsansprüche bei Bildung der Abfertigungsrückstellung zwingend zu berücksichtigen; ein Wahlrecht besteht nicht (VwGH 6. 12. 1983, 83/14/1961). Erfolgt die Anrechnung zu Beginn des Dienstverhältnisses, so ist dies bei der Rückstellungsberechnung sofort zu berücksichtigen.

2. Anrechnung von Beschäftigungszeiten (Vordienstzeiten) bei „anderen Personen" iSd § 14 Abs. 1 Z 3 EStG 1988

   Eine Anrechnung von Beschäftigungszeiten (Vordienstzeiten) kann gemäß § 14 Abs. 1 Z 3 EStG 1988 auch bei arbeitsrechtlichen „Nicht-Dienstnehmern" (vgl. Rz 3334) erfolgen. Dabei können für die Rückstellungsbildung aber nur Beschäftigungszeiten angerechnet werden, die der nunmehrige „Nicht-Dienstnehmer" zuvor (beim selben Betrieb oder bei einem anderen Betrieb, zB einem anderen Mitglied einer Konzerngruppe) als Dienstnehmer oder als nach § 14 Abs. 1 Z 3 EStG 1988 abfertigungsberechtigter „Nicht-Dienstnehmer" abgeleistet hat.

(AÖF 2006/114)

3332 Für andere, freiwillig eingegangene Abfertigungsverpflichtungen, die über die gesetzlichen (kollektivvertraglichen) Abfertigungsverpflichtungen hinausgehen, besteht weder die Möglichkeit der steuerfreien Bildung einer Rücklage (VwGH 29.4.1966, 211/66) noch die Möglichkeit der Bildung einer „allgemeinen" Verbindlichkeitsrückstellung gemäß § 9 Abs 1 Z 3 EStG 1988. Gleiches gilt für Abfertigungszusagen, die über das vergleichbare Ausmaß einer gesetzlichen oder einer dem Dienst- bzw. Anstellungsverhältnis entsprechenden kollektivvertraglichen Abfertigung hinausgehen.

Wurde hingegen ein Dienstverhältnis zum Bilanzstichtag bereits gekündigt und ist lediglich die Kündigungsfrist abzuwarten, so ist die konkretisierte Abfertigungsverpflichtung rückstellbar (VwGH 20.6.1990, 86/13/0003, VwGH 5.7.1994, 91/14/0110). Dabei handelt es sich um keine Rückstellung des § 14 EStG 1988. Daher sind die Vorschriften betreffend Aufbau, Höhe und Wertpapierdeckung nicht anzuwenden.

(AÖF 2004/167)

3333 Gemäß § 14 Abs. 1 Z 2 EStG 1988 erstreckt sich die Rückstellungsbildung auch auf Abfertigungen, die auf Grund gesetzlicher Anordnung an Personen gezahlt werden müssen, denen steuerrechtlich keine Arbeitnehmereigenschaft zukommt. Unter den Personenkreis des § 14 Abs. 1 Z 2 EStG 1988 fallen insbesondere wesentlich Beteiligte iSd § 22 Z 2 EStG 1988, wenn sie arbeitsrechtlich als Dienstnehmer (Angestellte iSd Angestelltengesetzes) anzusehen sind.

(AÖF 2009/74)

3334 Keine Dienstnehmer im arbeitsrechtlichen Sinn sind Vorstandsmitglieder einer Aktiengesellschaft sowie Gesellschafter-Geschäftsführer einer Gesellschaft mit beschränkter Haftung ab einer Beteiligung von 50 Prozent bzw. einer ihnen eingeräumten Sperrminorität. Für Abfertigungszusagen an diese Personen ist ab Veranlagung 2004 – bei Beachtung des Nachholverbotes (Rz 3308) – die Bildung einer Abfertigungsrückstellung nur auf Grund schriftlicher und rechtsverbindlicher Zusagen zulässig, wenn der Gesamtbetrag der zugesagten Abfertigung einer gesetzlichen oder dem Dienst- bzw. Anstellungsverhältnis entsprechenden kollektivvertraglichen Abfertigung nachgebildet ist, wobei Beschäftigungszeiten (Vordienstzeiten) angerechnet werden können (§ 14 Abs. 1 Z 3 EStG 1988). Dies gilt nicht in Fällen, in denen 2002 oder 2003 die Abfertigungsrückstellung steuerfrei aufgelöst worden ist (§ 124 b Z 68 lit b EStG 1988).

Wurden in der Vergangenheit bereits Abfertigungsrückstellungen gemäß § 9 Abs. 1 Z 3 EStG 1988 gebildet, sind diese im Veranlagungsjahr 2004 an die neue Rechtslage mit folgender Maßgabe anzupassen: Übersteigt die nach § 9 Abs. 1 Z 3 EStG 1988 steuerwirksam gebildete Rückstellung jene nach § 14 Abs. 1 Z 3 EStG 1988, ist der Unterschiedsbetrag in einen eigenen Passivposten einzustellen, der mit späteren Zuführungen zur Rückstellung gewinnneutral zu verrechnen ist.

Wird ein Dienstnehmer oder Gesellschafter-Geschäftsführer zum Kommanditisten oder atypisch stillen Gesellschafter, besteht aber das arbeitsrechtliche Dienst- bzw. Anstellungsverhältnis (wenn auch ruhend) weiter, ist auch die Abfertigungsrückstellung weiterzuführen und erst aufzulösen, wenn das arbeitsrechtliche Dienst- bzw. Anstellungsverhältnis beendet wird.

(AÖF 2004/167)

8.5.1.2 Ausweis der Rückstellung

Ist der Steuerpflichtige zur Bildung einer Abfertigungsrückstellung verpflichtet oder hat er sich zu einer solchen entschieden, so ist die Rückstellung in jedem Wirtschaftsjahr zu errechnen und in der Bilanz gesondert auszuweisen. Der Unterschiedsbetrag zwischen der Rückstellung des Wirtschaftsjahres und der Rückstellung des Vorjahres wirkt sich als Aufwand oder Ertrag auf den Gewinn aus. Die Abfertigungszahlungen sowie die zum Bilanzstichtag bereits geschuldeten Abfertigungen sind zur Gänze laufender Aufwand. **3335**

8.5.2 Bildung und Fortführung der Rückstellung

8.5.2.1 Berechnungsmethode

Die Berechnung der Rückstellung hat ausschließlich nach der in § 14 Abs. 1 EStG 1988 festgelegten Methode zu erfolgen. Die Bildung einer versicherungsmathematisch oder durch Abzinsung errechneten Rückstellung für Abfertigungsansprüche ist unzulässig. **3336**

8.5.2.2 Erstmalige Bildung einer Abfertigungsrückstellung

8.5.2.2.1 Ausmaß der Rückstellung

Im ersten Jahr der Bildung der Rückstellung wird das prozentuelle Ausmaß der Rückstellungsbildung festgelegt. Das maximale steuerliche Ausmaß beträgt grundsätzlich 50 %, für ältere Arbeitnehmer 60 % (siehe Rz 3342 ff). Das bei der erstmaligen Bildung festgelegte Ausmaß ist beizubehalten (§ 14 Abs. 3 EStG 1988). Entstehen in späteren Wirtschaftsjahren für einzelne Arbeitnehmer oder Gruppen von Arbeitnehmern Abfertigungsansprüche, so sind diese in die Rückstellung mit jenem prozentuellen Ausmaß aufzunehmen, welches für die bereits vorher anspruchsberechtigten Arbeitnehmer maßgebend ist. Eine Verteilung des Aufstockungsbetrages auf mehrere Jahre ist sohin unzulässig. **3337**

Wurde keine Erklärung über das gewählte Ausmaß abgegeben, jedoch in der Bilanz eine Rückstellung gebildet, ist das gewählte Ausmaß der Rückstellung im steuerlichen Ermittlungsverfahren festzustellen.

Eine Abfertigungsrückstellung kann

- für Wirtschaftsjahre, die nach dem 31.12.2001 enden, im Ausmaß bis zu 47,5%, und
- für folgende Wirtschaftsjahre im Ausmaß bis zu 45% der am Bilanzstichtag bestehenden fiktiven Abfertigungsansprüche

steuerlich geltend gemacht werden. Für ältere (über 50jährige) Arbeitnehmer bleibt das Ausmaß von 60% aufrecht. Von der Zurücknahme des Ausmaßes steuerlich wirksam gebildeter Abfertigungsrückstellungen sind auch jene betroffen, die bereits am 31.12.2001 bzw. zum Bilanzstichtages des folgenden Wirtschaftsjahres bestanden haben. Zur steuerlichen Erfassung von Auflösungsgewinnen aus der Absenkung des Rückstellungsausmaßes siehe Rz 3351b.

(AÖF 2003/70)

Für Abfertigungsrückstellungen, die für Wirtschaftsjahre gebildet werden, die nach dem 28.2.2014 enden, gilt: **3337a**

Eine Rückstellung für zukünftige Abfertigungsansprüche darf mit steuerlicher Wirkung nur insoweit gebildet werden, als die zukünftigen Abfertigungsansprüche steuerlich abzugsfähig sind. Die Bildung der Rückstellung ist somit insoweit nicht zulässig, als der Rückstellungsbildung Abfertigungsansprüche zu Grunde liegen, die beim Empfänger nicht mit dem Steuersatz von 6% zu versteuern sind (Näheres zur Steuerbegünstigung von Abfertigungen siehe LStR 2002 Rz 1070 ff und Rz 11070).

Für bestehende Abfertigungsrückstellungen, die für Wirtschaftsjahre gebildet wurden, die vor dem 1.3.2014 enden, gilt:

Ergibt sich aus der Anwendung des § 20 Abs. 1 Z 8 EStG 1988 ein geringerer als der bisher rückgestellte Betrag, ist der Unterschiedsbetrag nicht gewinnerhöhend aufzulösen. Eine steuerwirksame Zuführung zu diesen Rückstellungen darf erst dann vorgenommen werden, wenn die Höhe der Abfertigungsansprüche unter Berücksichtigung des § 20 Abs. 1 Z 8 EStG 1988 eine Rückstellungsbildung über den bisher rückgestellten Betrag hinaus zulässt.

(BMF-AV Nr. 2018/79)

8.5.2.2.2 Bildung einer Abfertigungsrückstellung bei der Gewinnermittlung nach § 5 EStG 1988

3338 Bei der Gewinnermittlung nach § 5 EStG 1988 muss der Steuerpflichtige eine Abfertigungsrückstellung in der Steuerbilanz bilden, sofern er eine solche bereits in der UGB-Bilanz gebildet hat. Hinsichtlich der Höhe kann er sich – unabhängig vom unternehmensrechtlichen Prozentsatz – innerhalb der Grenzen des § 14 Abs. 1 EStG 1988 auf ein Ausmaß festlegen. Hat er unternehmensrechtlich keine Abfertigungsrückstellung gebildet, so darf er dies auch steuerlich nicht tun (Maßgeblichkeit hinsichtlich des Ansatzes dem Grunde nach).

Beispiel:

Die Höhe der unternehmensrechtlichen Abfertigungsrückstellung in Relation zu den unternehmensrechtlichen Abfertigungsansprüchen beträgt bei der erstmaligen Bildung im Jahr 2001 35%. Der Betrieb beschäftigt keine älteren Arbeitnehmer. Das prozentuelle Höchstausmaß der für Zwecke der Steuerbilanz zu bildenden Abfertigungsrückstellung kann bis zu 50% frei gewählt werden.

(AÖF 2008/238)

8.5.2.2.3 Bildung einer Abfertigungsrückstellung bei der Gewinnermittlung nach § 4 Abs. 1 EStG 1988

3339 Bei der Gewinnermittlung nach § 4 Abs. 1 EStG 1988 kann sich der Steuerpflichtige zunächst dem Grunde nach für die Bildung einer Abfertigungsrückstellung entscheiden; hinsichtlich der Höhe kann er sich innerhalb der Grenzen des § 14 Abs. 1 EStG 1988 auf ein Ausmaß festlegen.

8.5.2.2.4 Ermittlung des Ausmaßes bei der Zusammenführung von Betrieben

3340 Werden zwei oder mehrere Betriebe zu einem einheitlichen Betrieb zusammengeführt und war die Vorgangsweise bezüglich der Bildung von Abfertigungsrückstellungen in den einzelnen zusammengeführten Betrieben vor der Zusammenführung uneinheitlich – sei es, dass einzelne Betriebe überhaupt keine Abfertigungsrückstellung gebildet hatten, sei es, dass die Bildung der Abfertigungsrückstellung mit unterschiedlichen Prozentsätzen erfolgte –, dann ist nach der Zusammenführung bezüglich der Bildung und Fortführung der Abfertigungsrückstellung einheitlich vorzugehen. Dabei ist für das Rückstellungsausmaß der höchste Prozentsatz maßgebend, mit dem die Abfertigungsrückstellung in einem der Betriebe vor der Zusammenführung zulässigerweise gebildet wurde.

Wird in einem Betrieb die Abfertigungsrückstellung steuerfrei aufgelöst (Rz 3351a) oder „eingefroren" (Rz 3351c) und in anderem Betrieb die Abfertigungsrückstellung weitergeführt (Rz 3351b), ist nach Zusammenführung der Betriebe hinsichtlich der Abfertigungsvorsorge jeweils getrennt vorzugehen.

(AÖF 2003/70)

8.5.2.2.5 Gleichmäßige Verteilung

3341 Das gewählte Ausmaß ist gleichmäßig auf fünf aufeinander folgende Wirtschaftsjahre verteilt zu erreichen. Der Steuerpflichtige ist auch in den Folgejahren an das gewählte prozentuelle Ausmaß gebunden.

Beispiel:

a) *Ein Steuerpflichtiger entschließt sich im Jahr 1997 zur Rückstellungsbildung im Ausmaß von 50%. Die Abfertigungsansprüche und die jeweilige Rückstellung betragen zu den Bilanzstichtagen (umgerechnet für alle Jahre in €):*

1997	*100.000 €*	*davon 10 %*	*=*	*10.000 €*
1998	*120.000 €*	*davon 20 %*	*=*	*24.000 €*
1999	*110.000 €*	*davon 30 %*	*=*	*33.000 €*
2000	*130.000 €*	*davon 40 %*	*=*	*52.000 €*
2001	*140.000 €*	*davon 50 %*	*=*	*70.000 €*

Nach Ablauf des Aufstockungszeitraumes können die neuen oder erhöhten Abfertigungsverpflichtungen sofort in voller Höhe im gewählten Prozentsatz bzw. unter Berücksichtigung des gesetzlichen Ausmaßes gemäß § 14 Abs. 1 EStG (siehe Rz 3337) rückgestellt werden.

b) *Ein Steuerpflichtiger entschließt sich im Jahr 1999 zur Rückstellungsbildung im Ausmaß von 50%. Die Abfertigungsansprüche und die jeweilige Rückstellung betragen unter Berücksichtigung der Reduzierung des Ausmaßes ab 2002 zu den Bilanzstichtagen (umgerechnet für alle Jahre in €):*

1999	*100.000 €*	*davon 10 %*	*=*	*10.000 €*
2000	*120.000 €*	*davon 20 %*	*=*	*24.000 €*
2001	*110.000 €*	*davon 30 %*	*=*	*33.000 €*
2002	*130.000 €*	*davon 38 % (47% x 80%)*	*=*	*49.400 €*
2001	*140.000 €*	*davon 45 %*	*=*	*63.000 €*

(AÖF 2003/70)

8.5.2.3 Anhebung des Höchstausmaßes für ältere Arbeitnehmer

8.5.2.3.1 Prozentsatz

Das steuerliche Höchstausmaß der Abfertigungsrückstellung von 50% wurde mit dem Steuerreformgesetz 1993, BGBl. Nr. 818/1993, für Personen, die am Bilanzstichtag das 50. Lebensjahr vollendet haben, auf 60% angehoben, wobei dieses Höchstausmaß in einer fünfjährigen Übergangsphase ab 1994 erreicht werden konnte. **3342**

Ab dem Wirtschaftsjahr 1998 kann bzw. muss (in Bezug auf das sonst verlorene Wahlrecht) bei erstmaligem Überschreiten des 50. Lebensjahres auch nur eines Dienstnehmers der Prozentsatz sofort im gewählten Höchstausmaß (mit maximal 60%) angenommen werden.

8.5.2.3.2 Anhebung des Höchstausmaßes

Sowohl bei der Gewinnermittlung nach § 4 Abs 1 EStG 1988 als auch bei der Gewinnermittlung nach § 5 EStG 1988 steht ein Wahlrecht bei der Inanspruchnahme des erhöhten Rückstellungsausmaßes zu. Diese Wahl bezieht sich jedoch grundsätzlich nur auf die Höhe des Rückstellungsausmaßes (zwischen 50% bzw. 47,5% / 45% und 60%), nicht jedoch auf den Zeitpunkt. Bestehen daher in einem Wirtschaftsjahr erstmalig Abfertigungsrückstellungen für Anwartschaftsberechtigte über 50 Lebensjahren, so muss in diesem Jahr auf das gewählte Rückstellungsausmaß angehoben werden, andernfalls davon auszugehen ist, dass vom Wahlrecht nicht Gebrauch gemacht wurde. **3343**

(AÖF 2003/70)

Der Steuerpflichtige kann sich auch nur einheitlich für ein Herabsetzen der Obergrenzen entscheiden. Nimmt er daher bei Rückstellungen für anwartschaftsberechtigte Personen unter 50 Jahren einen geringeren Prozentsatz als 50% bzw. 47,5% / 45% in Anspruch, so kann er auch für Personen über 50 Jahren nur das verhältnismäßige Höchstmaß bilden. **3344**

Beispiel:

Ein Unternehmer hatte bisher die Abfertigungsrückstellungen im Höchstmaß von 40% (das sind 80% vom Höchstausmaß von 50%) gebildet. Der Dienstnehmer C ist am 3.5.1949 geboren. Die fiktiven Abfertigungsansprüche und die Abfertigungsrückstellungen betragen:

Dienstnehmer C

31.12.1999 520.000 S x 48% (= 80% von 60%) = 249.600 S

(AÖF 2003/70)

8.5.2.4 Betriebsübertragung und Betriebsaufgabe

8.5.2.4.1 Entgeltliche Betriebsübertragung

Gehen die Abfertigungsverpflichtungen im Falle einer entgeltlichen Betriebsübertragung auf den Erwerber über, ist für Zwecke der Ermittlung des Veräußerungsgewinnes nur der Betrag der Rückstellung als Passivposten zu behandeln (vgl. VwGH 2.4.1965, 2126/64). Der Erwerber hat die Rückstellung gemäß § 14 Abs. 4 EStG 1988 weiterzuführen (mit dem vom Vorgänger gewählten Prozentsatz). **3345**

Werden die Abfertigungsverpflichtungen in der Kaufvereinbarung mit einem höheren Wert angesetzt als dem Betrag der Rückstellung entspricht, kürzt dies beim Veräußerer den Veräußerungsgewinn. Ist die Abfertigungsrückstellung steuerneutral aufgelöst worden (§ 124b Z 68 EStG 1988), erhöht die Übernahme der Abfertigungsverpflichtung (im vereinbarten betraglichen Ausmaß) hingegen zunächst den Veräußerungsgewinn. Der Betrag für die Übernahme der Abfertigungsverpflichtung ist beim Veräußerer aber – wirtschaftlich einer Abfertigungszahlung entsprechend – auf fünf Jahre verteilt abzusetzen (analog § 124b

Z 68 lit. c EStG 1988). Im Falle der Veräußerung des ganzen Betriebes liegen nachträgliche negative Einkünfte iSd § 32 Abs. 1 Z 2 EStG 1988 vor (Rz 3351a).

Beispiel:

Schlussbilanz Veräußerer 31.12.2003

Aktiva	*320*	*Kapital*	*320*
(Teilwert inkl. Firmenwert	*500)*		

Die Abfertigungsrückstellung ist vom Veräußerer 2002 steuerneutral auf das Kapitalkonto übertragen worden. Im Zuge der Betriebsveräußerung zum 31.12.2003 werden Abfertigungsverpflichtungen in Höhe von 60 mitübernommen, der Barkaufpreis beträgt daher statt 500 nur 440. Der Veräußerungsgewinn iSd § 24 EStG 1988 beträgt (500 – 320 =) 180. In den Jahren 2003 bis 2007 sind jeweils 12 als (nachträgliche) Betriebsausgabe absetzbar.

Der Erwerber hat in der ersten Eröffnungsbilanz für den Unterschiedsbetrag zwischen dem Rückstellungsbetrag und dem in der Kaufvereinbarung angesetzten Wert einen Passivposten einzustellen. Sofern beim Übertragenden (insbesondere wegen steuerneutraler Auflösung in 2002 oder 2003) keine Abfertigungsrückstellung bestanden hat, ist der gesamte für die Übernahme der Abfertigungsverpflichtung errechnete Betrag als Passivposten auszuweisen. In den Folgejahren ist eine Aufstockung der Rückstellung jeweils (gewinnneutral) gegen den Passivposten zu verrechnen. In Wirtschaftsjahren, in denen die Abfertigungsrückstellung sinkt, ist der Passivposten unverändert weiterzuführen. Fallen die Abfertigungsverpflichtungen hingegen zur Gänze weg, ist der Passivposten gemeinsam mit der Rückstellung gewinnerhöhend aufzulösen. Im Fall einer steuerfreien Auflösung der Rückstellung (Rz 3351a) ist der Passivposten weiterzuführen und im Zeitpunkt des Entstehens der Abfertigungsverpflichtung gewinnerhöhend aufzulösen. Im Fall einer Vollübertragung der Abfertigungsansprüche an eine Mitarbeitervorsorgekasse ist der Passivposten gewinnerhöhend aufzulösen. Im Fall des „Einfrierens der Abfertigungsrückstellung" (Rz 3351c) ist der Passivposten weiterzuführen und im Zeitpunkt des Entstehens der Abfertigungsverpflichtung gewinnerhöhend aufzulösen.

Werden Abfertigungsverpflichtungen im Rahmen einer Betriebsübertragung übernommen und hat der Erwerber von der steuerfreien Auflösung der Abfertigungsrückstellung Gebrauch gemacht, sind die übernommenen Verpflichtungen zu passivieren. Dieser Passivposten ist im Zeitpunkt des Entstehens der Abfertigungsverpflichtung gewinnerhöhend aufzulösen.

(AÖF 2008/51, AÖF 2013/280)

3345a Wurde die Abfertigungsrückstellung steuerneutral aufgelöst, hat der Erwerber eines (Teil-) Betriebes, der mit diesem die Abfertigungsverpflichtungen übernimmt, den Betrag der übernommenen Verpflichtung zu passivieren. Im Fall des Schlagendwerdens der Abfertigungsansprüche ist der Passivposten gewinnerhöhend aufzulösen. Die Aufwendungen (Ausgaben) aus der Zahlung der Abfertigung sind nicht zu fünfteln.

(AÖF 2008/238)

3346 Wird ein Betrieb entgeltlich übertragen und gehen die Abfertigungsverpflichtungen nicht auf den Erwerber über, ist die Abfertigungsrückstellung im Falle des Geltendmachens von Abfertigungsansprüchen zu Gunsten des laufenden Gewinnes aufzulösen.

3347 Erlöschen Abfertigungsverpflichtungen im Zuge einer Betriebsveräußerung, erhöht die Auflösung der Abfertigungsrückstellung den Veräußerungsgewinn. Die vorstehenden Ausführungen gelten sinngemäß in den Fällen der Betriebsaufgabe.

8.5.2.4.2 Unentgeltliche Betriebsübertragung und Betriebsverpachtung

3348 Übernimmt im Falle der steuerneutralen Übertragung eines Betriebes mit Buchwertfortführung der Rechtsnachfolger die Abfertigungsverpflichtungen, ist die Rückstellung beim Rechtsnachfolger gemäß § 14 Abs. 4 EStG 1988 fortzuführen. Wurde in einem derartigen Fall die Abfertigungsrückstellung vom Rechtsvorgänger steuerneutral aufgelöst, sind die Aufwendungen (Ausgaben) aus der Zahlung der Abfertigung vom Rechtsnachfolger zu fünfteln (§ 124b Z 68 lit. c EStG 1988).

Werden die Abfertigungsverpflichtungen vom Rechtsnachfolger nicht übernommen oder fallen die Abfertigungsverpflichtungen anlässlich der steuerneutralen Übertragung des Betriebes mit Buchwertfortführung weg, ist die Abfertigungsrückstellung vom Übergeber zu Gunsten des laufenden Gewinnes aufzulösen.

(AÖF 2008/238)

3349 Werden bei einer Betriebsverpachtung, die als Betriebsaufgabe zu beurteilen ist, vom Rechtsnachfolger die Abfertigungsverpflichtungen aus Vordienstzeiten beim Vorgänger übernommen und hat der Rechtsvorgänger (Verkäufer, Verpächter) in der Folge die Abfertigungen aus den bei ihm verbrachten Vordienstzeiten zu übernehmen (aus Vertrag oder Gesetz), so hat er die geschuldete Vergütung zu passivieren. Gleichzeitig fällt die Rückstellung weg. Der Passivposten ist bis zum Wegfall dem Betriebsvermögen zuzurechnen. Der Rechtsnachfolger hat die Abfertigungsrückstellung weiterzuführen und zwar in Höhe der vom Vorgänger geschuldeten Vergütungen, höchstens jedoch im Ausmaß des § 14 Abs. 1 EStG 1988. Der Vergütungsanspruch ist vom Rechtsnachfolger zu aktivieren. In Höhe der Differenz zwischen Vergütungsanspruch und Rückstellung ist ein Passivposten einzustellen. In den Folgejahren ist eine Aufstockung der Rückstellung jeweils gewinnneutral gegen den Passivposten zu verrechnen.

Geht ein Betrieb unentgeltlich an einen bisherigen Dienstnehmer über, dann ist eine für **3350**
diesen als Arbeitnehmer gebildete Abfertigungsrückstellung beim Übergeber des Betriebes gewinnerhöhend aufzulösen. Abfertigungszahlungen sind nicht als Betriebsausgaben abzugsfähig (siehe Rz 1167 und Rz 1458).

(AÖF 2008/51)

8.5.2.4.3 Umgründungsfälle

Die in Rz 3340 und Rz 3348 ff dargestellte Vorgangsweise gilt auch für die unter das **3351**
Umgründungssteuergesetz fallenden Tatbestände der Verschmelzung, der Umwandlung, der Einbringung, des Zusammenschlusses, der Realteilung und der Spaltung. Die Abfertigungsrückstellung ist dabei in der zum Umgründungsstichtag zu erstellenden Bilanz (Schlussbilanz, Jahres- oder Zwischenabschluss) nach den allgemeinen Grundsätzen des § 14 EStG 1988 zu bilden. Die Vorgangsweise gilt auch bei gesetzlich vorgesehenen Ausgliederungen und/oder Umstrukturierungen, sofern keine Regelungen in Sondergesetzen vorgesehen sind. Veräußerer ist jede natürliche oder juristische Person, die als Inhaber ausscheidet, Erwerber ist jede natürliche oder juristische Person, die als Inhaber in den Betrieb eintritt.

8.5.2.4.4 Entgeltliche Übernahme von Dienstnehmern

Bei der Übernahme von Dienstnehmern unter Anrechnung von Vordienstzeiten gegen eine Entschädigung ist im Sinne der Rz 3345 ff vorzugehen.

8.5.2.5 Steuerliche Behandlung der Abfertigungsrückstellung ab 2002

8.5.2.5.1 Steuerfreie Auflösung der Abfertigungsrückstellung 2002 oder 2003

Im Wirtschaftsjahr 2002 konnte erstmals der Gesamtbetrag der Abfertigungsrückstel- **3351a**
lung nach steuerwirksamer Verrechnung der wegfallenden Abfertigungsansprüche (im Wirtschaftsjahr 2002 entstandene Abfertigungsansprüche, unabhängig vom Auszahlungszeitpunkt) auf das Kapitalkonto oder auf eine als versteuert geltende Rücklage übertragen werden. Wurde im Wirtschaftsjahr 2002 von der Möglichkeit der Übertragung nicht Gebrauch gemacht, konnte der Gesamtbetrag der Abfertigungsrückstellung auch im Wirtschaftsjahr 2003 nach steuerwirksamer Verrechnung der wegfallenden Abfertigungsansprüche (im Wirtschaftsjahr 2003 entstandene Abfertigungsansprüche, unabhängig vom Auszahlungszeitpunkt) auf das Kapitalkonto oder auf eine als versteuert geltende Rücklage übertragen werden. Dies galt insoweit, als die Ansprüche nicht vorher oder gleichzeitig an eine Mitarbeitervorsorgekasse oder ein Versicherungsunternehmen (Rz 3369a) übertragen worden sind.

Die Auflösung war nur hinsichtlich der gesamten Rückstellung (nach oben dargestellten Verrechnungsmodalitäten) möglich, andernfalls war die Rückstellung fortzuführen.

Eine steuerfreie Auflösung des Gesamtbetrages der Abfertigungsrückstellung war nur zum Bilanzstichtag zulässig, allerdings vor Neubewertung (vor Rückstellungszuführung bzw. Abstockung auf 47,5% / 45%).

Die steuerrechtliche Auflösungsbestimmung galt unabhängig davon, dass Rückstellungen für Abfertigungen in der UGB-Bilanz fortgeführt werden. Die steuerfreie Auflösung war in einer Beilage zur Einkommensteuer- oder Körperschaftsteuererklärung zu dokumentieren. Wurde von der Möglichkeit der steuerfreien Auflösung der Abfertigungsrückstellung Gebrauch gemacht, sind später anfallende Abfertigungsansprüche und Übertragungsbeträge an eine betriebliche Vorsorgekasse steuerlich gleichmäßig auf fünf Jahre verteilt abzusetzen.

Im Fall einer Betriebsveräußerung oder -aufgabe sind noch nicht abgesetzte Fünftelbeträge im Rahmen des Veräußerungs-/Aufgabegewinnes zu berücksichtigen (vgl. UFS 20.08.2010, RV/0041-F/09). Im Fall einer Liquidation iSd § 19 KStG 1988 sind offene Fünftelbeträge in einem Betrag abzusetzen. Scheidet ein Mitunternehmer aus einer Mitunternehmerschaft aus, verbleibt der auf diesen Mitunternehmer entfallende Anteil an den offenen Fünftelbeträgen nicht bei der Mitunternehmerschaft; beim ausscheidende Mitunternehmer sind die noch nicht abgesetzten anteiligen Fünftelbeträge im Rahmen des Veräußerungs-/Aufgabegewinnes zu berücksichtigen. Im Fall von Betriebsübertragungen mit Buchwertfortführung (unentgeltliche Übertragung, Umgründungen) setzt der Rechtsnachfolger die Fünftelabsetzung fort.

Beispiel:

Der Arbeitgeber beschäftigt ausschließlich Arbeitnehmer, die noch nicht das 50. Lebensjahr vollendet haben, deren Arbeitsverhältnis gemäß Arbeitsvertrag vor dem 1.1.2003 begonnen hat und für die bereits eine Abfertigungsrückstellung (50%) dotiert worden ist.

Die Abfertigungsrückstellung beträgt zum 31.12.2001 10.000. Der Arbeitgeber kündigt 2002 den Arbeitnehmer A, wobei auf ihn eine Abfertigungsrückstellung von 2.000 entfällt. Der Arbeitnehmer C (auf ihn entfällt eine Abfertigungsrückstellung von 1.500) kündigt 2002 selbst und erhält keine Abfertigung. Der Arbeitgeber kündigt 2003 den Arbeitnehmer B, wobei auf ihn eine Abfertigungsrückstellung von 1.000 entfällt.

a) Der Arbeitgeber macht 2002 von der Möglichkeit der steuerfreien Auflösung der Abfertigungsrückstellung Gebrauch. Die Ansprüche steigen im Jahr 2002 nach Berücksichtigung des Ausscheidens des Arbeitnehmers C um 1.000. Im Jahr 2003 überträgt er an eine betriebliche Mitarbeitervorsorgekasse (MVK) Ansprüche in der Höhe von 15.000 (inklusive Steigerung von 1.000 im Jahr 2003).

	Abfertigungs-anspruch	*Abfertigungs-rückstellung*	*Ausmaß*
31.12.2001	*20.000,00*	*10.000,00*	*50,00%*
Neudotierung steuerlich 2002	*1.000,00*	*0,00*	*0,00%*
Verrechnung Abfertigung A	*4.000,00*	*– 2.000,00*	
verbleiben		*8.000,00*	
davon steuerfreier Auflösungsbetrag 2002		*8.000,00*	
steuerwirksamer Abfertigungsbetrag 2002 (keine Fünftelverteilung)		*2.000,00*	

	Abfertigungs-anspruch	*steuerwirksam*	*Ausmaß*
Anspruchszuwachs 2003	*1.000,00*	*0,00*	*0,00%*
Steuerwirksamer Abfertigungs-			
*betrag 2003 an B**	*2.000,00*	*400,00*	*20,00%*
Übertragung der Ansprüche an			
*MVK 2003***	*15.000,00*	*3.000,00*	*20,00%*

* *Die Aufwendungen aus der Abfertigungsverpflichtung an den Arbeitnehmer B sind im Wirtschaftsjahr 2003 und den folgenden 4 Wirtschaftsjahren jeweils mit einem Fünftel, das sind 400 absetzbar.*

** *Der Übertragungsbetrag an die MVK ist 2003 und in den folgenden 4 Wirtschaftsjahren steuerlich mit jeweils einem Fünftel, das sind 3.000, absetzbar.*

b) Der Arbeitgeber macht 2003 von der Möglichkeit der steuerfreien Auflösung der Abfertigungsrückstellung Gebrauch. Die Ansprüche steigen im Jahr 2002 nach Berücksichtigung des Ausscheidens des Arbeitnehmers C um 1.000. Im Jahr 2003 überträgt er an die MVK Ansprüche in der Höhe von 10.000.

	Abfertigungs-anspruch	*Abfertigungs-rückstellung*	*Ausmaß*
31.12.2001	*20.000,00*	*10.000,00*	*50,00%*
Verrechnung Abfertigung A	*4.000,00*	*– 2.000,00*	*50,00%*
vorläufig vor Neubewertung	*16.000,00*	*8.000,00*	*50,00%*
Neubewertung	*16.000,00*	*7.600,00*	*47,50%*
Neudotierung steuerlich 2002	*1.000,00*	*+ 475,00*	*47,50%*
Rückstellung 31.12.2002	*17.000,00*	*8.075,00*	*47,50%*
steuerwirksamer Abfertigungsbetrag 2002		*2.000,00*	

	Abfertigungs-anspruch	*steuerwirksam*	*Ausmaß*
Rückstellung 31.12.2002	*17.000,00*	*8.075,00*	*47,50%*

Verrechnung Abfertigung B	*2.000,00*	*– 950,00*	*47,50%*
Übertragung der Ansprüche an MVK 2003	*10.000,00*	*– 4.750,00*	*47,50%*
31.12.2003 vorläufig	*5.000,00*	*2.375,00*	*47,50%*
steuerfreier Auflösungsbetrag 2003		*2.375,00*	
Rückstellung übersteigender Übertragungsbetrag (10.000 – 4.750)		*5.250,00*	
*davon steuerwirksam 2003**		*1.050,00*	*20,00%*
steuerwirksamer Abfertigungsbetrag 2003 (2.000 – 950)		*1.050,00*	

* *Der die Rückstellung übersteigende Übertragungsbetrag an die MVK ist im Jahr 2003 und den folgenden vier Wirtschaftsjahren zu einem Fünftel, das sind 1.050, absetzbar.*

Nach steuerfreier Auflösung der Abfertigungsrückstellung besteht ein steuerliches Verbot der Neubildung von Abfertigungsrückstellungen. Dies gilt sowohl für Abfertigungsansprüche aus der aufgelösten Rückstellung als auch für Abfertigungsansprüche von Arbeitnehmern, deren Arbeitsverhältnis gemäß Arbeitsvertrag vor dem 1.1.2003 begonnen hat, für die aber erst nach steuerlicher Auflösung der Abfertigungsrückstellung erstmals eine Abfertigungsrückstellung zu bilden wäre, weiters für Abfertigungsansprüche, die nach § 48 Abs. 2 BMVG für ein nach dem 31.12.2002 abgeschlossenes Dienstverhältnis entstehen.

Beispiel:

Der Arbeitgeber (Bilanzstichtag 31.12.) beschäftigt ausschließlich Arbeitnehmer, die noch nicht das 50. Lebensjahr vollendet haben und deren Arbeitsverhältnis gemäß Arbeitsvertrag vor dem 1.1.2003 begonnen hat. Der Arbeitnehmer A hat laut Arbeitsvertrag sein Dienstverhältnis am 1.10.2002 begonnen. Nach einer Dauer des Dienstverhältnisses von 3 Jahren hat er Anspruch auf eine Abfertigung von 2 Monatsentgelten. Im Kalenderjahr 2005 ist jedoch keine steuerliche Rückstellungsbildung möglich, wenn sich der Arbeitgeber zur steuerfreien Auflösung der Abfertigungsrückstellung im Jahr 2002 oder 2003 entschlossen hat.

(AÖF 2011/66)

8.5.2.5.2 Weiterführung der Abfertigungsrückstellung

Eine Weiterführung der Abfertigungsrückstellung und deren weiterer Aufbau gemäß den **3351b** steuerrechtlichen Bestimmungen ist für jene Arbeitnehmer möglich, deren Arbeitsverhältnis laut Arbeitsvertrag vor dem 1.1.2003 begonnen hat und deren Ansprüche nicht an eine betriebliche Mitarbeitervorsorgekasse oder ein Versicherungsunternehmen (Rz 3369a) übertragen wurden. Wird die Abfertigungsrückstellung weitergeführt, sind die entstehenden Abfertigungsansprüche weiterhin sofort steuerlich absetzbar. Auflösungsgewinne, die sich aus der erstmaligen Anwendung des § 14 Abs. 1 EStG 1988 ergeben sind, soweit der Satz 47,5% beträgt, im Wirtschaftsjahr 2002 anzusetzen. Soweit der Satz 45% beträgt, sind sie im Wirtschaftsjahr 2003 anzusetzen. Dies gilt auch dann, wenn im Kalenderjahr 2002 zwei Wirtschaftsjahre enden und daher der Satz von 45% für das „zweitendende" Wirtschaftsjahr zur Anwendung kommt.

Beispiel:

Der Arbeitgeber beschäftigt ausschließlich Arbeitnehmer, die noch nicht das 50. Lebensjahr vollendet haben, deren Arbeitsverhältnis gemäß Arbeitsvertrag vor dem 1.1.2003 begonnen hat und für die bereits eine Abfertigungsrückstellung dotiert worden ist.

a)

	Abfertigungsanspruch	*Abfertigungsrückstellung*	*Ausmaß*
31.12.2001	*15.000,00*	*7.500,00*	*50,00%*
31.12.2002	*15.500,00*	*7.362,50*	*47,50%*
Auflösungsbetrag Wirtschaftsjahr 2002		*137,50*	

Der Auflösungsbetrag von 137,50 erhöht den steuerpflichtigen Gewinn des Wirtschaftsjahres 2002.

b)

	Abfertigungs-anspruch	*Abfertigungs-rückstellung*	*Ausmaß*
31.12.2001	*15.000,00*	*7.500,00*	*50,00%*
31.12.2002	*18.000,00*	*8.550,00*	*47,50%*
Zuführungsbetrag Wirtschaftsjahr 2002		*1.050,00*	

Die steuerwirksame Zuführung beträgt im Wirtschaftsjahr 2002 1.050. (Nach alter Rechtslage hätten 1.500 steuerwirksam zugeführt werden können.)

c) Im Kalenderjahr 2002 erfolgt die Umstellung des Bilanzstichtages vom 31.5. auf den 31.12.

	Abfertigungs-anspruch	*Abfertigungs-rückstellung*	*Ausmaß*
31.5.2001	*15.000,00*	*7.500,00*	*50,00%*
31.5.2002	*15.500,00*	*7.362,50*	*47,50%*
31.12.2002	*15.800,00*	*7.110,00*	*45,00%*
Auflösungsbetrag erstes Wirtschaftsjahr 2002		*137,50*	
Auflösungsbetrag zweites (Rumpf-)Wirtschaftsjahr 2002		*252,50*	

Der Auflösungsbetrag des ersten Wirtschaftsjahres 2002 (137,50) erhöht den steuerpflichtigen Gewinn des ersten Wirtschaftsjahres 2002. Der Auflösungsbetrag des Rumpfwirtschaftsjahres 1.6.2002 bis 31.12.2002 (252,50) erhöht hingegen den steuerpflichtigen Gewinn des Wirtschaftsjahres 2003.

(AÖF 2003/70)

8.5.2.5.3 „Einfrieren" der Abfertigungsrückstellung

3351c Entscheiden sich der Arbeitgeber und der Arbeitnehmer in einer schriftlichen Vereinbarung gemäß § 47 Abs.1 BMVG ab einem bestimmten Stichtag für die weitere Dauer des Arbeitsverhältnisses zur Anwendung des BMVG, verbleibt die Abfertigungsverpflichtung für Zeiträume bis zum vereinbarten Stichtag beim Arbeitgeber, während für Zeiträume nach dem vereinbarten Stichtag Beitragsleistungen an die Mitarbeitervorsorgekasse erfolgen. In diesem Fall ist die Abfertigungsrückstellung hinsichtlich der beim Arbeitgeber verbleibenden Abfertigungsverpflichtung ab dem Stichtag „einzufrieren". Ab diesem Zeitpunkt kann es nicht mehr zu einer Erhöhung der Abfertigungsansprüche aus dem Titel „Dauer des Dienstverhältnisses" kommen. Die Rückstellung kann nur mehr insoweit anwachsen, als es bei den davon umfassten Mitarbeitern zu Gehaltssteigerungen bzw. wegen Vollendung des 50. Lebensjahres zu einer Erhöhung des Ausmaßes kommt (60% statt 47,5% / 45%).

Beispiel:

Der Arbeitgeber beschäftigt vier Arbeitnehmer, die noch nicht das 50. Lebensjahr vollendet haben, deren Arbeitsverhältnis gemäß Arbeitsvertrag vor dem 1.1.2003 begonnen hat und für die bereits eine Abfertigungsrückstellung dotiert worden ist. Für zwei Arbeitnehmer werden im Jahr 2003 die Ansprüche (400) zur Gänze an eine betriebliche Mitarbeitervorsorgekasse (MVK) übertragen. Für die beiden verbleibenden Arbeitnehmer werden die Abfertigungsansprüche zum 1.1.2003 „eingefroren". Beide haben im Jahr 2003 eine Gehaltserhöhung von 10% erhalten und das 25. volle Dienstjahr erreicht. Damit würden sie nach alter Rechtslage jeweils einen Abfertigungsanspruch von 12 Monatsentgelten haben.

	Abfertigungs-anspruch	*Abfertigungs-rückstellung*	*Ausmaß*
31.12.2002	*1.000,00*	*475,00*	*47,50%*
Übertrag MVK	*400,00*	*190,00*	*47,50%*
31.12.2003 vor Neubewertung	*600,00*	*285,00*	*47,50%*
31.12.2003 vorläufig nach Neubewertung	*600,00*	*270,00*	*45,00%*
steuerwirksamer Auflösungsbetrag 2003		*15,00*	
*Neudotierung 2003**	*60,00*	*27,00*	*45,00%*
31.12.2003	*660,00*	*297,00*	*45,00%*

** Da der Abfertigungsanspruch nach den Regelungen des BMVG nicht mehr auf 12 Monatsentgelte ansteigt, kann sich aus diesem Titel auch keine Erhöhung der Rückstellung ergeben. Die Dotierung umfasst lediglich die Gehaltserhöhungen.*

(AÖF 2003/70)

8.5.2.5.4 Übertragung der Abfertigungsrückstellung an eine Mitarbeitervorsorgekasse

Wird eine Abfertigungsverpflichtung an eine MV-Kasse übertragen ohne dass die Abfertigungsrückstellung steuerfrei aufgelöst wird, ist aus Anlass der Übertragung der Abfertigungsverpflichtung die Abfertigungsrückstellung steuerwirksam aufzulösen. Übersteigt der an die MV-Kasse zu leistende Übertragungsbetrag den Auflösungsbetrag der Rückstellung, ist der Verpflichtungsüberhang (Bilanzierer) gleichmäßig auf fünf Jahre als Betriebsausgabe zu verteilen. Dies gilt auch für Einnahmen-Ausgaben-Rechner, und zwar ungeachtet des Zeitpunktes der tatsächlichen Zahlung(en). Im Fall einer Betriebsveräußerung oder -aufgabe (Liquidation) sind noch nicht abgesetzte Fünftelbeträge im Veräußerungs- oder Aufgabejahr in einem Betrag abzusetzen. Im Fall von Betriebsübertragungen mit Buchwertfortführung (unentgeltliche Übertragung, Umgründungen) setzt der Rechtsnachfolger die Fünftelabsetzung fort. Sollte der Übertragungsbetrag geringer sein, als die aufgelöste Rückstellung, ist der Differenzbetrag im Übertragungsjahr gewinnerhöhend anzusetzen. **3351d**

Verpflichtet sich der Arbeitgeber freiwillig, neben der vollen Übertragung der Abfertigungsverpflichtung im Fall einer späteren Kündigung des Arbeitnehmers eine Abfertigungszahlung an den Arbeitnehmer oder eine Nachschusszahlung an die Mitarbeitervorsorgekasse zu leisten, so kann dafür im Hinblick auf die Freiwilligkeit dieser Verpflichtung keine Abfertigungsrückstellung gebildet werden. Eine Rückstellung wäre allerdings dann zu bilden, wenn sich eine derartige Verpflichtung aus einer gesetzlichen oder kollektivvertraglichen Regelung ergibt.

Eine Fünftelung des Unterschiedsbetrages zwischen der aufgelösten Rückstellung und dem Übertragungsbetrag unterbleibt insoweit, als der Übertragungsbetrag das Ausmaß des gesetzlichen oder kollektivvertraglichen Abfertigungsanspruches übersteigt.

(AÖF 2003/70)

Abschnitt 8.5.3: *entfällt*

Randzahlen 3352 bis 3362: *derzeit frei*

(BMF-AV Nr. 2018/79)

8.5.4 Vorsorge für Abfertigungen bei der Einnahmen-Ausgaben-Rechnung und bei der Pauschalierung

Für die Bildung und Verwendung eines steuerfreien Betrages für künftige Abfertigungen bei Steuerpflichtigen, die den Gewinn nach § 4 Abs. 3 EStG 1988 ermitteln, gelten die Ausführungen gemäß Rz 3330 ff sinngemäß. Für die erstmalige Bildung und die Aufstockung des steuerfreien Betrages ist Voraussetzung, dass die steuerfrei belassenen Beträge in einer laufend geführten Aufzeichnung ausgewiesen sind. Aus dieser Aufzeichnung müssen die Berechnung der steuerfrei belassenen Beträge sowie die genaue Bezeichnung der Wertpapiere unter Angabe des jeweiligen Anschaffungstages klar ersichtlich sein. **3363**

(AÖF 2007/88)

Beim Übergang von der Gewinnermittlung durch Betriebsvermögensvergleich zur Einnahmen-Ausgaben-Rechnung oder umgekehrt ist die Rückstellung (der steuerfreie Betrag) als steuerfreier Betrag (als Rückstellung) fortzuführen. **3364**

Steuerfreie Beträge für Abfertigungsverpflichtungen können bei der Basispauschalierung gemäß § 17 Abs. 1 EStG 1988 sowie bei der Pauschalierung für Drogisten (BGBl. II Nr. 229/1999) neben dem Betriebsausgabenpauschale als Ausgaben für Löhne abgezogen werden. Vor der Anwendung dieser Pauschalierungsarten gebildete Abfertigungsrückstellungen (steuerfreie Beträge) sind weiterzuführen. Zuschläge wegen Fehlens der Wertpapiere stellen Betriebseinnahmen dar. **3365**

(BMF-AV Nr. 2019/75)

Bei der Pauschalierung für Lebensmitteleinzel- und Gemischtwarenhändler (BGBl. II Nr. 228/1999) ist die Bildung und Fortführung einer Abfertigungsrückstellung (eines steuerfreien Betrages) nicht zulässig. Sämtliche Betriebsausgaben- und Betriebseinnahmenwirkungen im Zusammenhang mit der Abfertigungsrückstellung (dem steuerfreien Betrag) sind bei aufrechter Pauschalierung abpauschaliert. Wurde vor Inanspruchnahme dieser Pauschalierungsarten eine Abfertigungsrückstellung gebildet, ist die Wertpapierdeckung letztmalig in der Schlussbilanz („Schlussrechnung“ bei Gewinnermittlung nach § 4 Abs. 3 **3366**

EStG 1988) des letzten „normalen" Wirtschaftsjahres erforderlich. Während der Pauschalierung können Wertpapiere, die zur Deckung der Abfertigungsrückstellung gedient haben, sanktionslos verkauft werden.

(BMF-AV Nr. 2015/133)

3367 Bei Rückkehr zur „normalen Gewinnermittlung" nach Pauschalierung ist bei (fortgesetzter) Inanspruchnahme der Abfertigungsrückstellung die Rückstellung (der steuerfreie Betrag), mit dem Wert zum Zeitpunkt des Eintrittes, in die „normale Gewinnermittlung" steuerneutral einzustellen. Die gegenüber dem Eröffnungswert im ersten Gewinnermittlungszeitraum nach Pauschalierung eintretenden Veränderungen der Rückstellung (des steuerfreien Betrages) – sowohl Erhöhungen als auch Verminderungen – sind gewinnwirksam. Eine Wertpapierdeckung ist (nach Pauschalierung erstmalig) zum Bilanzstichtag (Abschlusstag) des zweiten Wirtschaftsjahres nach der Pauschalierung in Höhe von 50% der Vorjahresrückstellung erforderlich.

8.5.5 Rückdeckungsversicherungen für Abfertigungen

3368 Die Bildung von Abfertigungsrückstellungen (von steuerfreien Beträgen gemäß § 14 Abs. 6 EStG 1988) schließt die steuerliche Anerkennung von Rückdeckungsversicherungen für die betreffenden Abfertigungsansprüche nicht aus, sie ändert nichts an der lediglich im Rahmen des § 14 EStG 1988 steuerlich zu berücksichtigenden Passivierung künftiger Abfertigungsverpflichtungen. Auch Rückdeckungsversicherungen für freiwillig eingegangene Abfertigungsverpflichtungen sind steuerlich nicht ausgeschlossen.

Unter Rückdeckungsversicherungen sind Versicherungen zu verstehen, die dazu dienen, dem Unternehmer (als Versicherungsnehmer) die Mittel zur Erfüllung seiner Verpflichtung zur Zahlung von Abfertigungen an seine Dienstnehmer zu verschaffen. Dabei ist nur der Unternehmer unmittelbar bezugsberechtigt, der versicherte Arbeitnehmer selbst hat keinen Anspruch gegen das Versicherungsunternehmen.

Im Hinblick auf ihren Zweck sind Abfertigungsversicherungen steuerlich nur bis zu einer auf das Ausmaß der Abfertigungsansprüche abgestimmten Höhe anzuerkennen. Die Versicherungsbeiträge des Unternehmers sind als Betriebsausgabe zu behandeln (vgl. hiezu VwGH 21.10.1955, 1106/53). Da mit den Versicherungsbeiträgen ein im Allgemeinen jährlich steigender Anspruch gegen das Versicherungsunternehmen erworben wird, muss der Wert dieses Anspruchs im Rahmen der Gewinnermittlung durch Betriebsvermögensvergleich aktiviert werden. Der Anspruch ist regelmäßig mit dem versicherungsmäßigen Deckungskapital zuzüglich der Ansprüche aus einer Gewinnbeteiligung zu bewerten. Die Bewertung des Anspruches mit dem Rückkaufswert kommt nur dann in Betracht, wenn mit der Auflösung des Vertrages zum Bilanzstichtag ernsthaft zu rechnen ist. Fehlerhafte Wertansätze sind in der Bilanz der jeweiligen Wirtschaftsjahre zu berichtigen.

3369 Ansprüche gegen ein Versicherungsunternehmen im Rahmen der Gewinnermittlung durch Betriebsvermögensvergleich einerseits und im Rahmen der Gewinnermittlung gemäß § 4 Abs. 3 EStG 1988 andererseits dürfen zu keinen gewinnmäßig unterschiedlichen Auswirkungen führen. Die Versicherungsbeiträge können sich daher auch im Rahmen der Gewinnermittlung gemäß § 4 Abs. 3 EStG 1988 nur insoweit gewinnmindernd auswirken, als sie den zu berücksichtigenden Wert des Versicherungsanspruches bzw. die sich jeweils ergebende Erhöhung dieses Wertes übersteigen (VwGH 16.6.1987, 86/14/0190).

Dies gilt auch im Rahmen der Pauschalierung gemäß § 17 Abs. 1 EStG 1988, der Individualpauschalierung und der Pauschalierung für Drogisten.

8.5.6 Ausgliederung von Abfertigungs- und Jubiläumsgeldverpflichtungen

3369a Werden Abfertigungs- oder Jubiläumsgeldverpflichtungen im Sinne des § 14 Abs. 1 bzw. Abs. 12 EStG 1988 für sämtliche oder einzelne Mitarbeiter zur Gänze (siehe Punkt 2) an eine Versicherung übertragen (Ausgliederung der Abfertigungs- oder Jubiläumsgeldverpflichtungen), gilt für bilanzierende Steuerpflichtige und Einnahmen-Ausgaben-Rechner Folgendes:

Der die Verwaltungskosten der Versicherung betreffende Teil der Versicherungsprämien ist uneingeschränkt abzugsfähig. Der übrige Teil der Prämienzahlungen an die Versicherung ist unter den nachfolgenden Voraussetzungen als Betriebsausgaben abzugsfähig.

1. Die den arbeitsrechtlichen Bestimmungen entsprechenden Abfertigungsansprüche sowie Jubiläumsgeldansprüche von Mitarbeitern können an eine Versicherung übertragen werden (Direktversicherung mit Bezugsrecht des Mitarbeiters). Diese Übertragung bewirkt den Entfall der Aktivierung eines Anspruches gegenüber der Versicherung, den Entfall der fortgesetzten Bildung einer (steuerwirksamen) Rückstellung für Abfertigungs- bzw. Jubiläumsgeldverpflichtungen hinsichtlich der betroffenen Mitarbeiter sowie den Entfall einer Wertpapierdeckungspflicht, wenn

- ihr eine unwiderrufliche Zweckwidmung zu Grunde liegt und
- von jenen bilanzierenden Steuerpflichtigen und bei Abfertigungsvorsorge Einnahmen-Ausgaben-Rechnern, die eine Vorsorge für Abfertigungs- oder Jubiläumsgeldverpflichtungen (§ 14 EStG 1988) bisher vorgenommen haben, für Vertragsabschlüsse nach dem 31.12.2002 ein Erstbeitrag tatsächlich geleistet wird, deren Höhe der Abfertigungs- oder Jubiläumsgeldrückstellung (dem steuerfreiem Betrag) gemäß § 14 EStG 1988 laut letzter Bilanz (Einnahmen-Ausgaben-Rechnung) entspricht, bzw.
- von jenen bilanzierenden Steuerpflichtigen und Einnahmen-Ausgaben-Rechnern, die eine Vorsorge für Abfertigungsverpflichtungen (§ 14 EStG 1988) bisher nicht vorgenommen haben für Vertragsabschlüsse nach dem 31.12.2002 die Beitragsleistung in den ersten fünf Jahren den Zuführungsbeträgen zur Rückstellung (zum steuerfreien Betrag) im „Aufbauzeitraum" des § 14 Abs. 3 EStG 1988 mindestens entspricht.

Eine derartige „unwiderrufliche Zweckwidmung" liegt vor, wenn vertraglich sichergestellt ist, dass die Versicherungsleistung durch die Versicherung ausschließlich zur Erfüllung von gesetzlichen oder kollektivvertraglichen Abfertigungs- bzw. Jubiläumsgeldverpflichtungen gegenüber Mitarbeitern des Versicherungsnehmers zu verwenden ist. Dem Prämien leistenden Steuerpflichtigen darf als Versicherungsnehmer somit – abgesehen vom Fall des ersatzlosen Entfalles einer Abfertigungs- bzw. Jubiläumsgeldverpflichtung – keine (anderweitige) Verfügungsmöglichkeit über die Versicherungsleistung verbleiben. Nur für den Fall des ersatzlosen Entfalles der Abfertigungs- bzw. Jubiläumsgeldverpflichtung gegenüber dem betreffenden Mitarbeiter kann eine Verfügung über den (insoweit frei werdenden) Anspruch vorbehalten werden. Gleiches gilt für den Fall, dass die Versicherungsleistung die Abfertigungs- oder Jubiläumsgeldverpflichtung übersteigt. Wurde die Abfertigungsrückstellung im Jahr 2002 oder 2003 steuerfrei aufgelöst (§ 124b Z 68 EStG 1988), hat bei einer danach erfolgenden Ausgliederung von Abfertigungs- oder Jubiläumsgeldverpflichtungen der Erstbeitrag im Sinne des obigen Punktes zumindest jenem Betrag zu entsprechen, der sich bei Weiterführung der Abfertigungs- oder Jubiläumsgeldrückstellung ergäbe.

2. Eine gänzliche Ausgliederung der Abfertigungs- oder Jubiläumsgeldverpflichtung liegt vor, wenn vertraglich vereinbart ist, dass die aus dem Vertrag zur Auszahlung gelangende Versicherungsleistung jenem Betrag entspricht, der zur Erfüllung des gesamten künftigen gesetzlichen oder kollektivvertraglichen Abfertigungs- bzw. Jubiläumsgeldanspruches des jeweiligen Mitarbeiters erforderlich sein wird. Dieser Betrag bestimmt das versicherungsvertragliche Deckungserfordernis. Einer nachträglich eintretenden Unter- oder Überdeckung während der Vertragslaufzeit ist durch eine Prämienanpassung zu begegnen. Ist die Gestaltung der laufenden Prämien (ohne Erstbeitrag) unter Berücksichtigung von Verzinsung und Gewinnbeteiligung auf eine gänzliche Auslagerung gerichtet, kann die Prämienanpassung auch durch Zahlung einer Ergänzungsprämie unmittelbar vor Auszahlung der Abfertigung erfolgen.

3. Die Prämienzahlungen an die Versicherung stellen insoweit Betriebsausgaben dar, als sie insgesamt nicht höher sind, als die jährlichen auf den Mitarbeiter entfallenden Aufwendungen im Zusammenhang mit der sonst erfolgenden Bildung der Abfertigungs- oder Jubiläumsgeldrückstellung gemäß § 14 EStG 1988 in der jeweils geltenden Fassung sowie allfälliger sonst erfolgender, die Rückstellungsauflösung übersteigender Abfertigungs- bzw. Jubiläumsgeldzahlungen. Prämienzahlungen, die über dieses Ausmaß hinausgehen, sind einem Aktivposten zuzuführen, der – sofern nicht Punkt 4 zur Anwendung kommt – grundsätzlich im Zeitpunkt der Abfertigungs- oder Jubiläumsgeldzahlung durch die Versicherung aufwandswirksam aufzulösen ist. Der Aktivposten ist für jeden Mitarbeiter individuell zu führen. Im Zusammenhang mit dem BMVG können hinsichtlich der Abfertigungsverpflichtungen folgende Sachverhalte bzw. Rechtsfolgen auftreten:

- Die Abfertigungsrückstellung wurde im Jahr 2002 oder 2003 steuerfrei aufgelöst und es werden in einem Wirtschaftsjahr nach steuerfreier Auflösung die Abfertigungsverpflichtungen ausgegliedert: Sämtliche Prämienzahlungen sind zur Gänze einem Aktivposten zuzuführen, der im Leistungsfall in analoger Anwendung des § 124b Z 68 lit. c EStG 1988 auf fünf Jahre verteilt abzusetzen ist.
- Soll zu den Bilanzstichtagen 2002 oder 2003 die Abfertigungsverpflichtung hinsichtlich sämtlicher Mitarbeiter in eine Versicherung ausgelagert werden, besteht ein Wahlrecht, die gesamte Abfertigungsrückstellung entweder steuerfrei oder steuerwirksam aufzulösen. Wird die gesamte Abfertigungsrückstellung steuerfrei aufgelöst, kommt der Vorpunkt zur Anwendung. Der Aktivposten ist im Leistungsfall in analoger Anwendung des § 124b Z 68 lit. c EStG 1988 auf fünf Jahre verteilt abzusetzen. Wird die gesamte Abfertigungsrückstellung steuerwirksam aufgelöst, kommt Punkt 3 erster Absatz zur Anwendung.

- Die Abfertigungsverpflichtungen werden für einige (nicht für sämtliche) Mitarbeiter in eine Versicherung ausgelagert, hinsichtlich der verbleibenden Abfertigungsverpflichtungen erfolgt im selben Wirtschaftsjahr eine steuerfreie Auflösung der Abfertigungsrückstellung: Da die steuerfreie Auflösung der Abfertigungsrückstellung gesetzlich auf die Rückstellung in ihrer Gesamtheit zu beziehen ist, sind sämtliche Prämienzahlungen dem Aktivposten zuzuführen, der im Leistungsfall in analoger Anwendung des § 124b Z 68 lit. c EStG 1988 auf fünf Jahre verteilt abzusetzen ist.
- Die Abfertigungsverpflichtungen wurden bereits für sämtliche Mitarbeiter in eine Versicherung ausgelagert, wobei die gesamte Abfertigungsrückstellung steuerwirksam aufgelöst wurde: Zu den Bilanzstichtagen 2002 oder 2003 besteht die Möglichkeit, an Stelle der im ersten Absatz des Punktes 3 beschriebenen Vorgangsweise die zu diesem Stichtag gemäß § 14 EStG 1988 fiktiv bestehende Abfertigungsrückstellung (Punkt 9) steuerneutral einem Aktivposten zuzuführen. Da damit eine Gleichstellung mit der effektiven steuerneutralen Auflösung der Abfertigungsrückstellung hergestellt wird, sind alle laufenden und künftigen Prämienzahlungen ebenfalls dem Aktivposten zuzuführen. Der Aktivposten ist im Leistungsfall in analoger Anwendung des § 124b Z 68 lit. c EStG 1988 auf fünf Jahre verteilt abzusetzen.
- Die Abfertigungsverpflichtungen wurden bereits für einige (nicht für sämtliche) Mitarbeiter in eine Versicherung ausgelagert, wobei die Abfertigungsrückstellung hinsichtlich der ausgelagerten Ansprüche steuerwirksam aufgelöst wurde: Wird hinsichtlich der verbleibenden Abfertigungsverpflichtungen in einem späteren Wirtschaftsjahr eine steuerfreie Auflösung der diesbezüglichen Abfertigungsrückstellung vorgenommen, sind sämtliche im selben Wirtschaftsjahr und danach geleisteten Prämienzahlungen zur Gänze einem Aktivposten zuzuführen. Die in den vorangegangenen Wirtschaftsjahren geleisteten Prämienzahlungen sind, soweit sie Betriebsausgaben waren, steuerneutral dem Aktivposten zuzuführen. Der Aktivposten ist im Leistungsfall in analoger Anwendung des § 124b Z 68 lit. c EStG 1988 auf fünf Jahre verteilt abzusetzen.
- Wurden Teile der Abfertigungsansprüche „eingefroren“, können auch diese Abfertigungsansprüche auf eine Versicherung übertragen werden. Die Dotierung einer Abfertigungsrückstellung könnte in diesem Fall nur insoweit zu Betriebsausgaben führen, als die „eingefrorenen“ Abfertigungsansprüche im Hinblick auf Gehaltssteigerungen zunehmen bzw. das Ausmaß der Abfertigungsrückstellung wegen Vollendung des 50. Lebensjahres (60%) zunimmt. Prämienzahlungen sind daher nur in diesem Ausmaß als Betriebsausgabe abzugsfähig.

4. Übersteigt das Ausmaß der sonst erfolgenden Zuführung zur Abfertigungs- oder Jubiläumsgeldrückstellung die Prämienzahlungen eines Wirtschaftsjahres, können insoweit die auf die betreffenden Mitarbeiter entfallenden Aktivposten gewinnmindernd aufgelöst werden. Sollte ein Aktivposten nicht bestehen, ist die Bildung eines Passivpostens in Höhe der die Prämienzahlung übersteigenden gedachten Rückstellungszuführung ausgeschlossen.

5. Abweichend von Punkt 3 gilt für das Wirtschaftsjahr der gewinnerhöhenden Auflösung einer bestehenden Abfertigungs- bzw. Jubiläumsgeldrückstellung Folgendes:

a. Im Fall der Ausgliederung von Abfertigungsverpflichtungen können im Jahr der gewinnerhöhenden Auflösung der bestehenden Abfertigungsrückstellung Prämien bis zu jenem Höchstausmaß als Betriebsausgabe abgesetzt werden, das insgesamt dem Betrag der aufzulösenden Abfertigungsrückstellung entspricht. Dies gilt dementsprechend für eingefrorene Abfertigungsrückstellungen (Siehe Rz 3351c). Für über dieses Ausmaß hinausgehende Prämienleistungen gilt Punkt 3 entsprechend. Wurde die Abfertigungsrückstellung im Jahr 2002 oder 2003 steuerfrei aufgelöst und werden danach die Abfertigungsverpflichtungen ausgegliedert, sind die Prämien zur Gänze einem Aktivposten zuzuführen.

b. Im Fall der Ausgliederung von Jubiläumsgeldverpflichtungen können im Jahr der gewinnerhöhenden Auflösung der bestehenden Jubiläumsgeldrückstellung Prämien bis zu jenem Höchstausmaß als Betriebsausgabe abgesetzt werden, das insgesamt dem Betrag der aufzulösenden Jubiläumsgeldrückstellung zuzüglich der noch aushaftenden Fünfzehntelbeträge gemäß Rz 3440 EStR 2000 entspricht. Für über dieses Ausmaß hinausgehende Prämienleistungen gilt Punkt 3 entsprechend. Eine Verteilung von Fünfzehntelbeträgen gemäß Rz 3440 EStR 2000 kommt nach Ausgliederung der Jubiläumsgeldverpflichtung nicht mehr in Betracht.

c. Im Fall des Bestehens einer Abfertigungsrückdeckungsversicherung gelten die Ausführungen der lit. a und b mit der Maßgabe, dass die Abschreibung des aktivierten Anspruches aus der Abfertigungsrückdeckungsversicherung bis zur Höhe der aufgelösten Rückstellung steuerwirksam ist und ein darüber hinausgehender Betrag dem in Punkt 3 genannten Aktivposten zuzuführen ist.

6. Bei Ausgliederung von Abfertigungsverpflichtungen hat der Deckungsstock der Versicherung hinsichtlich der Veranlagungsvorschriften den Erfordernissen des § 14 EStG 1988 zu entsprechen und zwar im Ausmaß der nach den gesetzlichen Vorschriften (§ 124b Z 69 EStG 1988) für eine entsprechende Abfertigungsrückstellung erforderlichen Wertpapierdeckung. Eine Rückversicherung kann das Nichtvorhandensein eines entsprechenden Deckungsstockes nicht ersetzen. In jenen Fällen, in denen Prämienzahlungen in vollem Umfang einem Aktivposten zuzuführen sind, entfällt die Wertpapierdeckungspflicht zur Gänze.

7. Die Prämienzahlungen an die Versicherung stellen im Hinblick auf das Fehlen eines individuell gesicherten Anspruches beim Mitarbeiter keinen geldwerten Vorteil dar. Abfertigungs- oder Jubiläumsgeldzahlungen durch die Versicherung an die Mitarbeiter sind bei Arbeitnehmern in die Lohnverrechnung des Arbeitgebers aufzunehmen. Die Auszahlung der Abfertigung durch die Versicherung unmittelbar an den berechtigten Arbeitnehmer stellt eine Abkürzungszahlung dar, die keinen Einfluss auf die Haftung des Arbeitgebers bzw. dessen Pflichten zum Lohnsteuerabzug hat (siehe LStR 2002, Rz 1078a). Der Arbeitgeber haftet daher auch für die auf die Abfertigung entfallende Lohnsteuer. Ungeachtet des Punktes 1 kann zur vereinfachten Abwicklung die Abfertigung an Stelle der Auszahlung durch die Versicherung auch durch das auslagernde Unternehmen an den Mitarbeiter ausbezahlt werden, wobei letzterer seine Ansprüche aus der Versicherung an das auslagernde Unternehmen abtritt.

8. Eine Abfertigungsbesteuerung gemäß § 67 Abs. 3 EStG 1988 im Sinne des Punktes 7 hat auch dann zu erfolgen, wenn an Stelle einer Barauszahlung der Abfertigung der Abfertigungsanspruch als Einmalprämie für eine Rentenversicherung behandelt wird.

9. Zu jedem Bilanzstichtag sind für jeden Mitarbeiter folgende Daten aufzuzeichnen und evident zu halten:

- Die Versicherungsprämie an die Versicherung abzüglich der Verwaltungskosten,
- die gemäß § 14 EStG 1988 fiktiv zulässige Rückstellung,
- einen allfälligen Aktivposten,
- Anfangsstand, Veränderung und Endstand eines Aktivpostens,
- Höhe des versicherungsvertraglichen Deckungserfordernisses laut Punkt 2,
- Wert der Versicherung (Rückkaufswert bzw. Wert des Vertrages bei vorzeitiger Inanspruchnahme wegen Fälligkeit der Abfertigungsverpflichtung).

10. Im Wirtschaftsjahr der Ausgliederung können Wertpapiere, die zur Deckung der Abfertigungsrückstellung gedient haben, zuschlagsfrei (§ 14 Abs. 5 Z 2 EStG 1988) verkauft werden.

(AÖF 2005/110)

8.6 Vorsorge für Pensionen

8.6.1 Allgemeines

Steuerpflichtige, die ihren Gewinn gemäß § 4 Abs. 1 EStG 1988 ermitteln, können nach Maßgabe des § 14 Abs. 6 EStG 1988 Pensionsrückstellungen bilden. **3370**

Von § 14 Abs. 6 EStG 1988 sind Pensionszusagen, die nicht auf Leistungen aus einem Arbeits- oder Werkvertrag zurückzuführen sind, nicht ausgeschlossen (VwGH 28.10.2008, 2008/15/0028, betreffend eine Pensionszusage für eine laufende Vertretungstätigkeit).

(AÖF 2012/63)

Steuerpflichtige, die ihren Gewinn gemäß § 5 EStG 1988 ermitteln und nach § 198 Abs. 8 UGB zur Rückstellungsbildung verpflichtet sind, haben auch für Zwecke der steuerlichen Gewinnermittlung eine Pensionsrückstellung anzusetzen, wenn die Voraussetzungen des § 14 Abs. 7 EStG 1988 erfüllt sind. Bei Berechnung der Rückstellung gehen die speziellen steuerlichen Vorschriften der unternehmensrechtlichen Bewertung nach § 211 Abs. 2 UGB vor. **3371**

(AÖF 2008/238)

Voraussetzungen für die Rückstellungsbildung: **3371a**

Für Pensions- oder Leistungszusagen, die vor dem 1.1.2011 erteilt worden sind:

Es muss sich um eine

- schriftliche, rechtsverbindliche und unwiderrufliche Pensionszusage oder um eine
- direkte Leistungszusage im Sinne des Betriebspensionsgesetzes (BPG)

jeweils in Rentenform handeln.

Für Pensions- oder Leistungszusagen, die nach dem 31.12.2010 erteilt worden sind:

Es muss sich um eine

- schriftliche und rechtsverbindliche Pensionszusage in Rentenform, die keine über § 8 und § 9 des Betriebspensionsgesetzes hinausgehende Widerrufs-, Aussetzungs- und Einschränkungsklauseln enthält, oder um eine
- direkte Leistungszusage in Rentenform im Sinne des Betriebspensionsgesetzes

handeln.

(AÖF 2012/63)

8.6.2 Pensionszusagen

8.6.2.1 Bis zum 31.12.2010 erteilte schriftliche, rechtsverbindliche und unwiderrufliche Zusagen in Rentenform

(AÖF 2012/63)

8.6.2.1.1 Allgemeines

3372 Bis zum 31.12.2010 erteilte Pensionszusagen, die nicht dem BPG unterliegen, müssen schriftlich, rechtsverbindlich und unwiderruflich erfolgen (zB Zusagen an Vorstände, und zwar unabhängig davon, ob und in welchem Ausmaß eine Beteiligung besteht, Zusagen an Gesellschafter-Geschäftsführer, die Einkünfte iSd § 22 Z 2 EStG 1988 erzielen, oder zB Zusagen an Personen mit anderen Einkünften aus selbständiger Arbeit).

Hinsichtlich der Gesellschafter einer Personengesellschaft und einer GmbH & Co KG wird auf Rz 5869 f verwiesen.

Die Änderung des § 14 Abs. 6 EStG 1988 durch das AbgÄG 2011, BGBl. I Nr. 76/2011, bezieht sich nicht auf derartige Pensionszusagen. Die Beurteilung hat ausschließlich nach Maßgabe der Rz 3373 bis 3377 zu erfolgen.

(AÖF 2012/63)

8.6.2.1.2 Voraussetzungen im Einzelnen

3373 Die geforderte Schriftlichkeit besagt nicht, dass die Pensionszusage nur in Form einer Einzelzusage erfolgen kann. Die Bildung von Pensionsrückstellungen ist vielmehr ebenso für Pensionszusagen auf Grund von Betriebsvereinbarungen, Kollektivverträgen oder einseitig vom Arbeitgeber erlassenen Pensionsordnungen zulässig, und zwar auch dann, wenn in den jeweiligen Dienstverträgen auf diese Rechtsgrundlage nicht besonders hingewiesen wird (VwGH 8.7.1960, 2309/59).

3374 Eine rechtsverbindliche Pensionszusage liegt nur vor, wenn der Arbeitnehmer einen Rechtsanspruch auf den (künftigen) Pensionsbezug hat, wobei es gleichgültig ist, ob in der Pensionszusage aufschiebende Bedingungen, wie zB das Erfordernis einer Mindestdienstzeit (Wartezeit) vorgesehen sind oder nicht (VwGH 8.7.1960, 2309/59).

3375 Eine unwiderrufliche Pensionszusage liegt nur vor, wenn der Arbeitgeber unter allen Umständen, sohin auch im Falle einer unverschuldeten wirtschaftlichen Notlage, verhalten ist, die Pensionsverpflichtungen zu erfüllen. Diese Betrachtungsweise entspricht auch dem Wesen einer rechtsverbindlich zugesagten Pension als Teil des Entgeltes für die in der Aktivitätszeit geleisteten Dienste des Arbeitnehmers (VwGH 21.10.1955, 1106/53). Es sind daher insbesondere auch folgende Widerrufsklauseln als für die Bildung von Pensionsrückstellungen schädlich zu betrachten:

Das Unternehmen behält sich vor, die zugesagte Pension zu kürzen oder einzustellen,

- wenn sich die wirtschaftliche Lage des Unternehmens nachhaltig so wesentlich verschlechtert, dass dem Unternehmen die (volle) Aufrechterhaltung der zugesagten Pensionen auch unter Berücksichtigung der wirtschaftlichen Verhältnisse des Pensionsberechtigten nicht mehr zugemutet werden kann, eine Existenzgefährdung jedoch nicht gegeben ist, oder
- wenn sich die abgabenrechtlichen Vorschriften betreffend die Bildung von Pensionsrückstellungen so wesentlich ändern, dass dem Unternehmen die Aufrechterhaltung der zugesagten Pensionen nicht mehr zugemutet werden kann, oder
- wenn das Unternehmen veräußert wird oder sich seine Rechtsform ändert.

3376 In bestimmten Fällen kann jedoch die Aufrechterhaltung einer Pensionszusage für den Arbeitgeber mit einer erheblichen Härte verbunden sein bzw. den Fortbestand des Unternehmens gefährden; es bestehen daher keine Bedenken, insbesondere folgende Widerrufsklauseln als unschädlich anzusehen:

Das Unternehmen behält sich vor,

- die zugesagte Pension zu kürzen oder einzustellen, wenn sich die wirtschaftliche Lage des Unternehmens nachhaltig so wesentlich verschlechtert, dass die (volle) Aufrechterhaltung der zugesagten Pensionen eine Gefährdung des Weiterbestandes des Unternehmens zur Folge hätte,

- die zugesagte Pension zu kürzen oder einzustellen, wenn die Arbeitgeberbeiträge zur gesetzlichen Pensionsversicherung, das gesetzliche Pensionsalter oder die Leistungen aus der gesetzlichen Pensionsversicherung sich so wesentlich ändern, dass die (volle) Aufrechterhaltung der zugesagten Pension dem Unternehmen nicht mehr zumutbar ist,
- die zugesagte Pension zu kürzen oder einzustellen, wenn der Pensionsberechtigte Handlungen begeht, die an sich zu einer fristlosen Entlassung berechtigen würden,
- die Auszahlung der zugesagten Pension unbeschadet des Weiterbestandes des Rechtsanspruches vorübergehend zum Teil oder zur Gänze auszusetzen, wenn die Liquiditätslage des Unternehmens dies zwingend erforderlich macht. Das Unternehmen verpflichtet sich aber, die solcherart gestundeten Pensionen spätestens innerhalb von drei Jahren nachzuzahlen.

Der Entscheidung des UFS vom 7. Mai 2010, RV/4084-W/08, kommt keine über den Einzelfall hinausgehende Bedeutung zu.

(AÖF 2011/66)

Sind in einer Pensionszusage Widerrufsklauseln vorgesehen, die von den oben genannten wesentlich abweichen, so ist im Einzelfall zu prüfen, ob die Voraussetzung der Unwiderruflichkeit noch als gegeben angenommen werden kann. Dies ist zB bei Pensionszusagen der Fall, die nur solche Widerrufs-, Aussetzungs- und Einschränkungsklauseln enthalten, die dem § 8 und dem § 9 BPG entsprechen. **3377**

Der Umstand, dass Kollektivverträge (Betriebsvereinbarungen), die eine Pensionszusage enthalten, gekündigt werden können, berührt nicht die Unwiderruflichkeit der Zusage, weil durch eine derartige Kündigung bereits erworbene Rechtsansprüche nicht verloren gehen. Vielmehr bleiben die Rechtswirkungen eines Kollektivvertrages (einer Betriebsvereinbarung) so lange aufrecht, bis für diese Arbeitsverhältnisse ein neuer Kollektivvertrag (eine neue Betriebsvereinbarung) abgeschlossen wird (vgl. §§ 13 und 32 Arbeitsverfassungsgesetz).

(AÖF 2011/66)

8.6.2.1a Ab dem 1.1.2011 erteilte Pensionszusagen in Rentenform

(AÖF 2012/63)

Auf Grund der Änderung des § 14 Abs. 6 EStG 1988 durch das AbgÄG 2011, BGBl. I Nr. 76/2011, wurden die Voraussetzungen für die Rückstellungsbildung für nicht dem Betriebspensionsgesetz unterliegende Anwartschaftsberechtigte geändert: Für nach dem 31.12.2010 erteilte schriftliche und rechtsverbindliche Pensionszusagen in Rentenform kann (§ 4 Abs. 1 EStG 1988) bzw. muss (§ 5 EStG 1988) eine Pensionsrückstellung gebildet werden, sofern die Pensionszusage keine über § 8 und § 9 des Betriebspensionsgesetzes hinausgehende Widerrufs-, Aussetzungs- und Einschränkungsklauseln enthält; Rz 3376 ist auf diese Pensionszusagen nicht (mehr) anzuwenden. **3377a**

Gemäß § 8 Betriebspensionsgesetz kann eine Pensionszusage widerrufen werden, wenn sich die wirtschaftliche Lage des Unternehmens nachhaltig so wesentlich verschlechtert, dass die Aufrechterhaltung der zugesagten Leistung eine Gefährdung des Weiterbestandes des Unternehmens zur Folge hätte. § 9 Betriebspensionsgesetz sieht überdies die Möglichkeit vor, dass Leistungen eingeschränkt oder ausgesetzt werden.

In Bezug auf die Rückstellungsbildung ist für nach dem 31.12.2010 erteilte Leistungszusagen, die nicht dem Betriebspensionsgesetz unterliegen, der nach dem Betriebspensionsgesetz geforderte Standard maßgeblich.

Rz 3378 und 3379 gelten entsprechend.

(AÖF 2012/63)

8.6.2.2 Direkte Leistungszusagen im Sinne des Betriebspensionsgesetzes (BPG)

8.6.2.2.1 Allgemeines

Das Betriebspensionsgesetz (BPG), BGBl. Nr. 282/1990, ist mit 1. Juli 1990 in Kraft getreten. Unter das BPG fallen Pensionsberechtigte, die Einkünfte aus nichtselbständiger Arbeit im Sinne des § 25 EStG 1988 erzielen. Das BPG ist somit auch für Gesellschafter-Geschäftsführer bis 25% Beteiligung anzuwenden. **3378**

Leistungszusagen, die vor dem Inkrafttreten des BPG gemacht wurden, fallen nach Art. V Abs. 3 BPG nur hinsichtlich der nach dem Inkrafttreten des BPG entstehenden Anwartschaften in den Geltungsbereich dieses Bundesgesetzes. Unter dem im Art. V Abs. 3

BPG verwendeten Begriff Anwartschaften ist die nach den Berechnungsmethoden des § 14 Abs. 6 EStG 1988 ermittelte Zuführung zur Pensionsrückstellung zu verstehen.

Unter § 14 Abs. 6 EStG 1988 fallen auch Anwartschaften aus einer nach § 48 Abs. 3 Pensionskassengesetz entstandenen direkten Leistungszusage.

(AÖF 2011/66)

8.6.2.2.2 Voraussetzungen im Einzelnen

3379 Auch die direkten Leistungszusagen im Sinne des BPG müssen rechtsverbindlich gestaltet sein. Für Leistungszusagen, die jederzeit ohne Angabe von Gründen widerruflich sind und keinen Rechtsanspruch auf Leistungen vorsehen, gilt das BPG nicht. Eine schriftliche Zusage wird vom BPG nicht verlangt. Unterliegt eine direkte Leistungszusage dem BPG, sind die dort genannten Regelungen über die Widerrufsmöglichkeiten und die Unverfallbarkeit steuerlich maßgebend. Ferner müssen auch die allgemeinen Voraussetzungen des BPG, im Besonderen der Gleichbehandlungsgrundsatz des Art. 1 § 18 BPG erfüllt sein.

Ist nur eine der Voraussetzungen des BPG nicht erfüllt, ist die Bildung einer Rückstellung nicht zulässig. Sofern Normen der kollektiven Rechtsgestaltung oder Einzelvereinbarungen, die vor Inkrafttreten des BPG abgeschlossen wurden, über den Widerruf etwas anderes bestimmen, haben diese Bestimmungen Vorrang vor der gesetzlichen Regelung des Widerrufs im § 8 Abs. 1 BPG. Auf Grund des BPG können daher Widerrufsklauseln zulässig sein, die vor dem 1. Juli 1990 eine steuerliche Rückstellungsbildung ausgeschlossen haben. Im Hinblick auf die Übergangsregelung des Art. V Abs. 3 BPG sind für die vor dem Wirksamkeitsbeginn des BPG angefallenen Anwartschaften die im Rz 3375 ff angeführten Widerrufsklauseln maßgebend.

(BMF-AV Nr. 2019/75)

8.6.2.3 Rentenform

3380 § 14 Abs. 6 EStG 1988 ist nur auf direkte Leistungszusagen in Rentenform anwendbar (VwGH 21.10.2004, 2000/13/0133). Eine direkte Leistungszusage in Rentenform liegt auch vor, wenn die Pensionszusage eine nach dem BPG wirksame Abfindungsmöglichkeit mindestens in Höhe der nach § 14 Abs. 6 EStG 1988 berechneten Rückstellung vorsieht. Die Abfindungsmöglichkeit eines primär auf Renten lautenden, im Leistungsfall des Alters bereits entstandenen Anspruches in Höhe seines Barwertes ist – auch für Pensionszusagen außerhalb des BPG – unschädlich (UFS 25.3.2008, RV/0011- K/05). Eine eventuelle Abfindungsmöglichkeit vor Beendigung der Aktivitätszeit des Arbeitnehmers darf nur bei außergewöhnlichen Umständen vorgesehen sein. Kann sich das Unternehmen vor Pensionseintritt seiner Verpflichtung zur Zahlung einer Pension in der zugesagten Höhe durch Ablöse der bisher erworbenen Ansprüche jederzeit einseitig ohne besonderen Grund entbinden, steht dies mangels Unwiderruflichkeit einer Rückstellungsbildung jedenfalls entgegen (UFS 4.3.2004, RV/0437-L/02). Reine Kapitalzusagen auf den Todesfall fallen ebenso wie Versorgungs-(Pensions-)Zusagen nur in Form einer Einmalzahlung unter den Begriff freiwillige Abfertigungen, die nur nach Maßgabe des § 14 Abs. 1 Z 3 EStG 1988 rückstellungsfähig sind.

(BMF-AV Nr. 2019/75)

8.6.2a Beitragsorientierte direkte Pensionszusage

(AÖF 2010/43)

3380a Bei einer so genannten „beitragsorientierten direkten Leistungszusage" verspricht der Arbeitgeber Pensionsleistungen (Alterspension und allfällige zusätzliche Hinterbliebenen- und Invaliditätsversorgung), deren Höhe mit dem Veranlagungserfolg eines Finanzierungsinstruments (zB Lebensversicherung, Fonds) verknüpft ist.

Eine derartige Pensionszusage berechtigt nur dann zu einer steuerlichen Rückstellung nach § 14 Abs. 6 EStG 1988, wenn sie

- dem Anwartschaftsberechtigten bzw. den Anwartschaftsberechtigten gegenüber hinsichtlich betraglicher Bestimmtheit bzw. betraglicher Bestimmbarkeit einer Zusage entspricht, bei der sich der Arbeitgeber unmittelbar zur Erbringung einer bzw. mehrerer konkreten Pensionsleistung(en) verpflichtet, und wenn
- die zugesagte Pensionsleistung dem Anwartschaftsberechtigten bzw. den Anwartschaftsberechtigten gegenüber davon unabhängig ist, ob die vorgesehene Finanzierungsplanung (zB durch Beiträge in eine Versicherung) geändert oder das Finanzierungsinstrument unplanmäßig beendet wird.

(AÖF 2010/43)

Eine Zusage, bei der der Arbeitgeber Pensionsleistungen verspricht, deren Höhe sich aus der/den garantierten Rentenleistung(en) aus einer Rentenversicherung ergibt, erfüllt diesbezüglich die Voraussetzungen für eine Rückstellung nach § 14 EStG 1988. Das gilt auch für allfällige zusätzliche Leistungen, wie Invaliditäts- und Hinterbliebenenpensionen, wenn sie rechtsverbindlich und unwiderruflich geregelt sind. Bei der versicherungsmathematischen Berechnung der Pensionsrückstellung darf im Fall der Bindung der Pensionszusage an die Rentenleistung(en) aus einer Rentenversicherung nur die garantierte(n) Pensionsleistung(en) zugrunde gelegt werden. Jede Erhöhung durch eine (spätere) Gewinnzuweisung, die zu einer unwiderruflichen Anwartschaft für den/die Anwartschafts-/Anspruchsberechtigten führt, stellt eine Erhöhungszusage dar. **3380b**

Wird als Finanzierungsinstrument anstelle einer Rentenversicherung eine Kapitalversicherung verwendet und ergeben sich die Pensionsleistungen aus der Verrentung einer garantierten Kapitalleistung, gelten die vorstehenden Ausführungen entsprechend, wobei die Verrentungsbestimmungen (biometrische Größen und Rechungszinsfuß) vertraglich geregelt sein müssen. Änderungen der biometrischen Größen sind jedoch nur zulässig, wenn die Änderung

- bis zu Beendigung des Arbeitsverhältnisses eintritt,
- den anerkannten Regeln der Versicherungsmathematik entspricht und
- die Änderungsmöglichkeit rechtsverbindlich vereinbart ist.

(AÖF 2010/43)

Pensionszusagen, die hinsichtlich ihrer betraglichen Bestimmtheit bzw. betraglichen Bestimmbarkeit den Anforderungen der Rz 3380a nicht entsprechen (insbesondere Pensionszusagen, die an Finanzierungsinstrumente ohne garantierte Leistungen geknüpft sind), sind für eine steuerliche Rückstellungsbildung gemäß § 14 Abs. 6 EStG 1988 nicht geeignet. Sie erfüllen hinsichtlich der Höhe der Leistungen nicht das Erfordernis der Rechtsverbindlichkeit und Unwiderruflichkeit und stellen damit keine für eine steuerliche Rückstellung taugliche Zusage iSd § 14 Abs. 6 EStG 1988 dar. Soweit der Anwartschaftsberechtigte, auf dessen Arbeitsleistungen die Pensionszusage beruht, dem Grunde nach dem Anwendungsbereich des BPG unterliegt (Bezieher von Einkünften aus nichtselbständiger Arbeit, Rz 3378), stellt die Zusage überdies keine „direkte Leistungszusage im Sinne des BPG in Rentenform" dar, sodass auch deshalb steuerlich eine Rückstellungsbildung nicht in Betracht kommt. **3380c**

(AÖF 2010/43)

Für die steuerliche Behandlung von beitragsorientierten Pensionszusagen gilt: **3380d**

1. Beitragsorientierte Pensionszusagen, die erstmalig in einem Wirtschaftsjahr gemacht werden, das frühestens bei der Veranlagung 2009 zu erfassen ist, berechtigen nur dann zu einer Rückstellung gemäß § 14 EStG 1988, wenn sie der Rz 3380a entsprechen oder bis zum 30.6.2010 an die Rz 3380a angepasst werden.
2. Entspricht eine beitragsorientierte Pensionszusage, die in einem vor der Veranlagung 2009 zu erfassenden Wirtschaftsjahr gemacht worden ist, nicht der Rz 3380a, ist dies unschädlich, wenn die Pensionszusage bis 30.6.2010 an die Voraussetzungen der Rz 3380a angepasst wird. Es bestehen keine Bedenken, die Anpassung wie eine Änderung der Pensionszusage zu behandeln (siehe auch Rz 3383 vierter Absatz).
3. Unterbleibt bei beitragsorientierten Pensionszusagen im Sinne der Z 2 eine Anpassung bis 30.6.2010, bestehen keine Bedenken, den Stand der Rückstellung des letzten vor der Veranlagung 2009 zu erfassenden Wirtschaftsjahres bis zur Beendigung der der Pensionszusage zu Grunde liegenden Arbeitsleistung unverändert fortzuführen (die steuerliche Rückstellung ist mit diesem Wert „einzufrieren").
4. Erfolgt bei beitragsorientierten Pensionszusagen im Sinne der Z 2 eine Anpassung an die Rz 3380a erst nach dem 30.6.2010, ist die Rückstellung im Wirtschaftsjahr der Anpassung gewinnmindernd auf jene Höhe aufzustocken, die sich gemäß § 14 EStG 1988 für die dann der Höhe nach ausreichend bestimmte(n) [rechtsverbindliche(n) und unwiderrufliche(n)] künftige(n) Leistungsverpflichtung(en) ergibt. Dabei müssen alle sonstigen Voraussetzungen des § 14 Abs. 6 EStG 1988 gegeben sein, wie zB Schriftlichkeit hinsichtlich der Festlegung der Pensionshöhen, in jenen Fällen, in denen die zu Grunde liegende Arbeitsleistung nicht dem BPG unterliegt.
5. Ohne vorherige Anpassung gemäß Z 4 ist die Rückstellung in den Fällen der Z 3 im Wirtschaftsjahr des erstmaligen Eintritts eines Leistungsfalles gewinnmindernd auf jene Höhe aufzustocken, die sich gemäß § 14 EStG 1988 für die dann der Höhe nach ausreichend bestimmte (rechtsverbindliche und unwiderrufliche) Leistungsverpflichtung(en) ergibt. Dabei müssen alle sonstigen Voraussetzungen des § 14 Abs. 6 EStG 1988 gegeben sein, wie zB Schriftlichkeit hinsichtlich der Festlegung der Pensionshö-

hen, in jenen Fällen, in denen die zu Grunde liegende Arbeitsleistung nicht dem BPG unterliegt.

(AÖF 2010/43)

8.6.3 Bildung und Fortführung der Rückstellung

8.6.3.1 Erstmalige Bildung

3381 Mit der Bildung der Pensionsrückstellung ist grundsätzlich im Jahr der Pensionszusage zu beginnen, und zwar auch dann, wenn im Rahmen der erteilten Zusage eine Wartezeit vorgesehen ist.

8.6.3.2 Berechnung und Fortführung der Pensionsrückstellung

8.6.3.2.1 Anwendung der anerkannten Regeln der Versicherungsmathematik

3382 Die Pensionsrückstellung ist nach den anerkannten Regeln der Versicherungsmathematik zu bilden. Die Einholung eines versicherungsmathematischen Gutachtens ist nicht vorgeschrieben, jedoch jedenfalls empfehlenswert.

8.6.3.2.2 Ansammlungsverfahren (Anwartschaftsdeckungsverfahren)

3383 Bei der steuerlichen Gewinnermittlung ist nur das Ansammlungsverfahren zulässig. Die Pensionsrückstellung ist buchmäßig während der Aktivitätsjahre des Arbeitnehmers, also vom Beginn des Wirtschaftsjahres, in dem die Pensionszusage gegeben wurde, bis zum Zeitpunkt der vorgesehenen Pensionierung anzusammeln. Bruchteile des Jahres, in dem der vorgesehene Zeitpunkt der Pensionierung liegt, sind als volles Jahr zu werten, wenn sie sechs Monate übersteigen, andernfalls bleiben sie unberücksichtigt. Der Rückstellung ist im jeweiligen Wirtschaftsjahr soviel zuzuführen, als bei Verteilung des Gesamtaufwandes auf das einzelne Wirtschaftsjahr nach den anerkannten Regeln der Versicherungsmathematik entfällt. Nach dem Grundsatz der Bewertungsstetigkeit sind für jedes Wirtschaftsjahr die gleichen Berechnungsgrundlagen heranzuziehen.

Die Pensionsrückstellung ergibt sich zu jedem Bilanzstichtag als Unterschiedsbetrag aus dem Barwert der künftigen Leistungen und dem Barwert der künftigen gleich hohen Jahresbeträge. Der Barwert der künftigen Leistungen ist der unter Berücksichtigung des Rechnungszinsfußes (Abzinsung) und der Wahrscheinlichkeit für die Fälligkeit der (einzelnen) Teilleistungen nach den anerkannten Regeln der Versicherungsmathematik berechnete Wert aller künftigen, rechtsverbindlich zugesagten Leistungen des Arbeitgebers aus der Pensionszusage. Dabei sind Leistungsveränderungen auch dann in das Wirtschaftsjahr ihrer Zusage einzubeziehen, wenn sie sich erst nach dem Bilanzstichtag des betreffenden Wirtschaftsjahres auswirken; Biennien und Ähnliches können dabei jedoch vernachlässigt werden.

Der Barwert der künftigen Leistungen ist unter Beachtung eines eventuellen Ruhens der Leistungen (zB während des Abfertigungszeitraumes) und einer sich aus der Pensionszusage ergebenden entsprechenden Berücksichtigung der Leistungen aus der gesetzlichen Sozialversicherung zu bestimmen. Die für die künftigen Jahre der Aktivität des Arbeitnehmers gleich hohen Jahresbeträge sind derart zu bemessen, dass ihr Barwert zu Beginn des Wirtschaftsjahres, in dem die Pensionszusage erteilt wurde, gleich dem Barwert der künftigen Leistungen bzw. ihr Barwert zu Beginn des jeweils folgenden Wirtschaftsjahres gleich dem Unterschiedsbetrag aus dem Barwert der künftigen Leistungen und der nach diesen Ausführungen ermittelten Pensionsrückstellung zum Ende der jeweiligen Vorjahre ist. Die Pensionsrückstellung darf jedoch den auf den Bilanzstichtag zu bestimmenden Barwert der künftigen Leistungen nicht übersteigen.

Dieses Ansammlungsverfahren führt dazu, dass eine Änderung der künftigen, rechtsverbindlich zugesagten Leistungen aus der Pensionszusage über das Ausmaß der bisher zugesagten Leistungen stets nur auf die restliche Aktivitätszeit verteilt werden kann.

Die jährlich den Gewinn als Aufwand oder Ertrag beeinflussende Zuführung bzw. Auflösung stellt den Unterschiedsbetrag aus der Pensionsrückstellung des Wirtschaftsjahres und jener des Vorjahres dar; sie wird im Allgemeinen bedingt durch die Rechenelemente (Verzinsung, Wahrscheinlichkeit und gleich hoher Jahresbetrag) bis zum Anfall der Leistungen ansteigen.

3384 Die Zuführung hat unabhängig vom Geschäftsergebnis zu erfolgen und ist daher auch in Verlustjahren vorzunehmen. Bei Rumpfwirtschaftsjahren hat eine Berücksichtigung durch eine entsprechende Aliquotierung der Rückstellungsveränderungen (lineare Interpolation der Rückstellungen zum Anfang und Ende des der Berechnung zu Grunde liegenden ganzen Jahres) zu erfolgen, wobei die in Abschnitt 8.3.3.2.2 angeführte Sechsmonatsrundung zu beachten ist.

Beispiel:

Auf Grund einer Pensionszusage beträgt die Pensionsrückstellung zum 31.12.1999 10.000 S und würde zum 31.12.2000 22.000 S betragen. Infolge des Überganges auf ein vom Kalenderjahr abweichendes Wirtschaftsjahr besteht ein Rumpfwirtschaftsjahr vom 1.1.2000 bis 30.6.2000. Rückstellungsveränderung für das ganze der Berechnung zu Grunde liegende Jahr: 12.000 S. Die Zuführung zur Pensionsrückstellung beträgt 6.000 S (6/12 von 12.000 S), die Pensionsrückstellung zum 30.6.2000 beträgt daher 16.000 S.

8.6.3.2.3 Obergrenze der Bemessungsgrundlage

Gemäß § 14 Abs 6 Z 5 EStG 1988 darf der Berechnung der Pensionsrückstellung maximal 80% des letzten laufenden Aktivlohns zu Grunde gelegt werden. Bei veränderlichen Pensionsansprüchen darf die Pensionszusage in keiner Phase über die 80%-Begrenzung hinausgehen. Dies ist vor allem zu beachten, wenn die Zusage so abgefasst ist, dass die Pension einen bestimmten Prozentsatz des letzten Aktivbezuges beträgt und der Prozentsatz mit zunehmender Beschäftigung steigt. In solchen Fällen ist die Rückstellung schon von Beginn an entsprechend zu kürzen. Wird die Grenze überschritten, ist nur jener Teil der Rückstellung abzugsfähig, der der gesetzlichen Obergrenze entspricht. Die Überschreitung der Grenze ist aber insoweit unschädlich, als sie auf Pensionserhöhungen infolge allgemein gestiegener Lebenshaltungskosten, allgemeiner Lohnerhöhungen oder höherer Löhne für vergleichbare Gruppen von Arbeitnehmern zurückzuführen ist. Eine Überschreitung der Grenze infolge einer altersteilzeitbedingten Gehaltsreduktion ist im Hinblick darauf, dass § 6 Abs. 1 letzter Satz KStG 1988 eine Verminderung des Arbeitslohnes in den letzten Aktivitätsjahren aus wirtschaftlich beachtlichen Gründen als für die unveränderte Finanzierung einer Pensionskassenanwartschaft unschädlich ansieht, ebenfalls unschädlich. **3385**

(AÖF 2011/66)

Auf die Obergrenze von 80% sind zugesagte Leistungen aus einer Pensionskasse anzurechnen, soweit sie nicht auf Beiträgen der Anwartschafts- oder Leistungsberechtigten beruhen; Leistungen aus Pensionskassen für Arbeitsverhältnisse von Personen, deren Arbeits- bzw. Werkleistung der Pensionszusage nicht zu Grunde liegt, bleiben hiebei außer Betracht (zB Pensionskassenleistungen aus dem Arbeitsverhältnis des Ehepartners oder eines Hinterbliebenen). Pensionsansprüche aus der gesetzlichen Sozialversicherung sind auf die Obergrenze nicht anzurechnen. In den Fällen des § 14 Abs. 10 EStG 1988 entfällt eine Begrenzung mit der genannten Obergrenze. **3386**

Für Pensionszusagen bis 31.12.2017 gilt: **3387**

Im Falle einer Pensionszusage ohne Aktivlohn oder bei einem unangemessen niedrigen Aktivlohn ist für die Bemessung der 80%-Begrenzung ein fiktiver angemessener Lohn heranzuziehen.

Für Pensionszusagen ab 1.1.2018 gilt:

Es ist auf die tatsächliche Höhe des letzten laufenden Aktivbezuges abzustellen. Im Falle einer Pensionszusage ohne Aktivlohn kommt eine Rückstellungsbildung nicht in Betracht. Bei einem unangemessen niedrigen Aktivlohn ist für die Bemessung der 80%-Begrenzung der tatsächliche Lohn maßgebend.

(BMF-AV Nr. 2018/79)

Für Pensionsrückstellungen, die für Wirtschaftsjahre gebildet werden, die nach dem 28.2.2014 enden, gilt: **3387a**

Eine Rückstellung mit steuerlicher Wirkung kann nur insoweit gebildet werden, als die zukünftigen Pensionsansprüche steuerlich abzugsfähig sind. Die Bildung einer Rückstellung ist somit insoweit nicht zulässig, als der Rückstellungsbildung Pensionsansprüche von mehr als 500.000 Euro zugrunde gelegt werden.

Beispiel:

Einem Geschäftsführer einer GmbH wird eine Firmenpension von jährlich 600.000 Euro zugesagt. Eine Rückstellung kann nur für eine angemessene jährliche Firmenpension in Höhe von 500.000 Euro gebildet werden, weil auch nur eine künftige jährliche Pension in Höhe von 500.000 Euro als Betriebsausgabe abgezogen werden kann.

Für bestehende Pensionsrückstellungen, die für Wirtschaftsjahre gebildet wurden, die vor dem 1.3.2014 enden, gilt:

Ergibt sich aus der Anwendung des § 20 Abs. 1 Z 7 EStG 1988, ein geringerer als der bisher rückgestellte Betrag, ist der Unterschiedsbetrag nicht gewinnerhöhend aufzulösen. Eine steuerwirksame Zuführung zu diesen Rückstellung kann erst dann vorgenommen werden, wenn die Höhe der Pensionsansprüche unter Berücksichtigung des § 20 Abs. 1 Z 7 EStG 1988 eine Rückstellungsbildung über den bisher rückgestellten Betrag hinaus zulässt.

(BMF-AV Nr. 2018/79)

8.6.3.2.4 Rechnungszinsfuß

3388 Der Berechnung der Rückstellung ist ein Rechnungszinsfuß von 6% zu Grunde zu legen.

8.6.3.3 Pensionsfall

3389 Auch nach dem Eintritt des Pensionsfalles ist die Pensionsrückstellung versicherungsmathematisch fortzuführen, wobei sie stets den Barwert der künftigen Leistungen darstellt; hiebei sind alle im jeweiligen Wirtschaftsjahr eingetretenen leistungsverändernden Umstände (Erhöhungen und Verminderungen) zu berücksichtigen.

Der Unterschiedsbetrag zwischen der Pensionsrückstellung des Wirtschaftsjahres und jener des Vorjahres stellt die jährliche Auflösung bzw. Zuführung dar. Die Pensionszahlungen selbst sind als Betriebsausgaben anzusetzen. Eine direkte Verrechnung der Pensionszahlungen gegen die gebildeten Pensionsrückstellungen ist unzulässig. Die vorstehenden Ausführungen gelten auch für Pensionszusagen, die erst nach Beendigung der Aktivitätszeit erteilt werden. Eine Einmalrückstellung (Barwert der künftigen Leistungen) ist nur zulässig, wenn eine Aufteilung auf künftige Wirtschaftsjahre nicht mehr erfolgen kann. Erreicht die Pensionsrückstellung trotz richtiger Ermittlung und Passivierung der Verpflichtungen während der Arbeitszeit des Arbeitnehmers nicht den Barwert der künftigen Leistungen, weil der Pensionsfall vor dem Zeitpunkt der vorgesehenen Pensionierung des Arbeitnehmers vorzeitig eingetreten ist (zB infolge Tod, Invalidität), dann ist die vorzeitig eingetretene Pensionsverpflichtung in der vollen gesetzlich zulässigen Höhe zu passivieren.

8.6.3.4 Weiterführung der Rückstellung bei Ausscheiden aus dem Dienstverhältnis

3390 Scheiden Personen aus dem Arbeitsverhältnis mit unverfallbaren Versorgungsanwartschaften – auf Grund des § 7 BPG (in Verbindung mit Art. V Abs. 5 BPG) bzw. einer für sie günstigeren Vereinbarung oder auf Grund des § 48 Abs. 4 und 5 PKG – aus, so ist für die sich aus der Unverfallbarkeit ergebenden künftigen Leistungen weiterhin eine Pensionsrückstellung gemäß § 14 Abs. 6 EStG 1988 zu bilden. Diese Rückstellung ist nach § 14 Abs. 6 EStG 1988 fortzuführen, solange mit einer Inanspruchnahme aus der Versorgungszusage zu rechnen ist. Aus Vereinfachungsgründen bestehen keine Bedenken, wenn mangels erweislich besserer Kenntnis die Frage, ob mit einer solchen Inanspruchnahme zu rechnen ist, spätestens nach Erreichen der vertraglich vereinbarten Altersgrenze geprüft wird. Sind in der Pensionszusage mehrere Altersgrenzen vorgesehen, so ist die jeweils höchste Altersgrenze, höchstens jedoch das Erreichen des gesetzlichen Pensionsalters (§ 253 Allgemeines Sozialversicherungsgesetz) maßgebend.

(AÖF 2011/66)

8.6.3.5 Angemessenheit von Pensionszusagen

3391 Bei Überprüfung der Angemessenheit sind der Aktivbezug und die Pensionserwartungen als wirtschaftliche Einheit anzusehen. Unter dem laufenden Aktivbezug sind auch Bezüge gemäß §§ 67 und 68 EStG 1988 zu verstehen, sofern sie bei der Pensionszusage mit berücksichtigt werden und nicht das Merkmal der Außergewöhnlichkeit aufweisen. Ist die Gesamtausstattung (Aktivbezug zuzüglich Pensionserwartungen) bei Gesellschaftern von Kapitalgesellschaften unangemessen, so ist die verdeckte Ausschüttung (§ 8 Abs. 2 KStG 1988) zunächst bei der Pensionszusage anzusetzen. Zur Angemessenheit von Pensionszusagen siehe auch KStR 2013 Rz 874 ff.

(BMF-AV Nr. 2018/79)

3392 Eine Rückstellungsbildung ist zur Gänze zu versagen, wenn eine Pensionszusage dem Grunde nach unangemessen ist. Demgemäß spricht das hohe Alter eines Pensionsberechtigten im Zeitpunkt der Pensionszusage für das Vorliegen einer verdeckten Ausschüttung (VwGH 2.3.1977, 2030, 2117/76; 9.11.1982, 82/14/0090);

3393 Ist die Angemessenheit der Pensionszusage dem Grunde nach gegeben, ist die Angemessenheit des Ausmaßes dieser Pensionszusage zu prüfen.

Grundregel für die Angemessenheit der Höhe nach ist, dass die Pensionszusage nicht zu einer Besserstellung gegenüber der Aktivitätszeit führen darf. Die zugesagte Pension darf einschließlich der Sozialversicherungspension nicht höher sein als der Aktivlohn im Zeitpunkt des Pensionsantritts (VwGH 8.11.1983, 83/14/0101; VwGH 7.2.1990, 88/13/0241). Im Falle einer Pensionszusage ohne Aktivlohn oder bei einem unangemessen niedrigen Aktivlohn gilt:

- Pensionszusagen bis 31.12.2017 (inklusive nachträglicher Änderungen in Bezug auf Pensionszusagen, die vor dem 1.1.2018 gegeben worden sind, und zwar unabhängig vom Inhalt der Änderung und davon, ob formell ein neuer Vertrag abgeschlossen wird): Als Vergleichsbasis ist ein fiktiver angemessener Lohn heranzuziehen.
- Pensionszusagen ab 1.1.2018: Es ist auf die tatsächliche Höhe des letzten laufenden Aktivbezuges abzustellen. Im Falle einer Pensionszusage ohne Aktivlohn kommt eine Rückstellungsbildung nicht in Betracht. Bei einem unangemessen niedrigen Aktivlohn ist der tatsächliche Lohn maßgebend.

Ist die Pensionszusage der Höhe nach unangemessen, ist die Rückstellungsbildung hinsichtlich des unangemessenen Teiles zu versagen, hinsichtlich des angemessenen Teiles jedoch anzuerkennen.

(BMF-AV Nr. 2019/75)

Werden Pensionen in einem festen, wenn auch wertgesicherten, vom jeweils letzten laufenden Aktivbezug unabhängigen Ausmaß zugesagt, so sind sie insoweit rückstellungsfähig, als sie den voraussichtlichen letzten Aktivbezug vor Eintritt des Pensionsfalles nicht übersteigen. **3394**

Beispiele für Unangemessenheit: **3395**

- Verhältnis von Eigenkapital und Höhe der Pensionsverpflichtung: Beträgt die Rückstellung ein Mehrfaches des Eigenkapitals, wird dies zur Annahme einer verdeckten Ausschüttung führen (VwGH 23.5.1978, 1630, 1805/77); dabei sind sämtliche Umstände des Einzelfalles zu berücksichtigen (s KStR 2013 Rz 877).
- Escape-Klauseln: Ist es einer Körperschaft möglich, eine (angemessene) Pensionszusage zurückzunehmen (siehe Rz 3376 f) und unterlässt sie diese Zurücknahme bei qualifizierten wirtschaftlichen Schwierigkeiten, könnte eine verdeckte Ausschüttung vorliegen (VwGH 24.11.1987, 87/14/0157, KStR 2013 Rz 874).

(AÖF 2002/84, AÖF 2013/280)

8.6.3.6 Übergang vom deckungslosen Zahlungsverfahren auf das Ansammlungsverfahren

In Fällen, in denen der Steuerpflichtige vom deckungslosen Zahlungsverfahren auf das Ansammlungsverfahren übergeht, gilt Folgendes: Es ist im Sinne des Nachholverbotes vorzugehen. Die Pensionsrückstellung ist im vollen Ausmaß zu bilden. Sie ist nur insoweit gewinnmindernd zu berücksichtigen, als sie jene (fiktive) Pensionsrückstellung übersteigt, die in der Schlussbilanz des vorangegangenen Wirtschaftsjahres auszuweisen gewesen wäre, hätte der Steuerpflichtige bereits im Wirtschaftsjahr der Pensionszusage mit der Rückstellungsbildung begonnen. Dabei ist es gleichgültig, ob die Pensionsrückstellung für aktive Arbeitnehmer oder für Pensionsempfänger gebildet wird. Der nach dem ersten Satz gewinnneutral gebildete Teil der Pensionsrückstellung ist – idR nach Eintritt des Versorgungsfalles – insoweit im selben Verhältnis gewinnneutral aufzulösen, als sich im einzelnen Wirtschaftsjahr die auf Basis der im Zeitpunkt der Umstellung zugesagten Leistungen errechnete Pensionsrückstellung vermindern würde. **3396**

(BMF-AV Nr. 2019/75)

8.6.3.7 Übertragung von Verpflichtungen

8.6.3.7.1 Beteiligung an Pensionslasten

Im § 14 Abs. 8 EStG 1988 wird ausdrücklich festgehalten, dass Zusagen an Dritte, für deren Pensionsverpflichtungen ab dem Leistungsfall Kostenersätze zu entrichten sind (es verpflichtet sich zB ein Konzernunternehmen gegenüber einem anderen einen Arbeitnehmer gestellenden Konzernunternehmen zum Ersatz der auf die Zeit der Gestellung anteilig entfallenden Pensionsverpflichtungen ab dem Pensionsanfall), nur im Rahmen des § 14 EStG 1988 rückgestellt werden können. Im Rahmen der Rückstellungsberechnung hat der Dritte die für den Leistungsfall zugesagten Kostenersätze bei der versicherungsmathematischen Berechnung der Barwerte der künftigen Leistungen abzuziehen. **3397**

Beispiel:

Verpflichtet sich der neue Arbeitgeber B gegenüber dem früheren Arbeitgeber A, die künftigen von A an den Arbeitnehmer zu erbringenden Leistungen mit 30% zu ersetzen, so kann der Steuerpflichtige B die Rückstellung für künftige Ersätze im Ausmaß von 30% der künftigen Pensionsleistungen bilden. Der Steuerpflichtige A kann die Rückstellung nur für 70% der künftigen Pensionsleistungen bilden.

Die Obergrenze des § 14 Abs. 6 Z 5 EStG 1988 (siehe Rz 3385 f) wird durch die zugesagten Kostenersätze nicht erweitert. Als maßgebender laufender Aktivbezug ist zur

Ermittlung der Obergrenze der Betrag heranzuziehen, auf den der gestellte Arbeitnehmer bei Beendigung des Gestellungsverhältnisses Anspruch hätte.

(AÖF 2011/66)

8.6.3.7.2 Übertragung auf andere Arbeitgeber

3398 Im § 14 Abs. 9 EStG 1988 ist auch die gänzliche oder teilweise entgeltliche Übernahme von Pensionsverpflichtungen aus Anlass einer Betriebsübertragung oder auch nur der Überstellung von Arbeitskräften oder eines sonstigen Wechsels des Arbeitsplatzes geregelt. Durch diese Bestimmung wird sichergestellt, dass der neue Arbeitgeber in solchen Fällen mit der Rückstellungsbildung für die übernommenen Pensionsverpflichtungen nicht neu beginnen muss, sondern die Pensionsrückstellung in Höhe der Vergütungen, höchstens jedoch im Ausmaß des § 14 Abs. 6 EStG 1988 weiterzuführen hat (Rucksackprinzip). § 26 Z 7 lit. b EStG 1988 ist analog anzuwenden, wenn Ansprüche von Nichtarbeitnehmern (zB Gesellschafter-Geschäftsführer iSd § 22 EStG 1988) übertragen werden (keine Steuerpflicht bei Übertragung der Ansprüche im Hinblick auf die Steuerpflicht der späteren Pensionsleistung).

(AÖF 2011/66)

3399 Die vom früheren Arbeitgeber geleistete (geschuldete) Vergütung stellt einen Aufwand dar, dem die Auflösung der für den ausscheidenden Arbeitnehmer gebildeten Pensionsrückstellung als Ertrag gegenübersteht. Beim neuen Arbeitgeber stellt der Vergütungsanspruch einen Ertrag dar. Diesem Ertrag steht die zu bildende Pensionsrückstellung als Aufwand gegenüber. Die Rückstellung ist zum Zeitpunkt der Übernahme der Pensionsverpflichtungen mit dem Betrag der Vergütung, höchstens jedoch mit dem Betrag anzusetzen, der beim früheren Arbeitgeber unter der Voraussetzung der Fortdauer des früheren Dienstverhältnisses zu bilden gewesen wäre.

3399a Sind die Pensionsverpflichtungen in der Übernahmevereinbarung mit einem Wert angesetzt, der den Rückstellungsbetrag übersteigt, hat der neue Arbeitgeber für den übersteigenden Betrag zum Übernahmszeitpunkt einen Passivposten einzustellen; dabei ist für jeden Arbeitnehmer gesondert vorzugehen. In den Folgejahren ist eine Aufstockung der Rückstellung – einschließlich einer infolge Zusagenveränderungen iSd § 14 Abs. 6 Z 2 EStG 1988 und nachgeholter Rückstellungsteile iSd § 116 Abs. 4 Z 2 EStG 1988 sich ergebenden Aufstockung – jeweils gewinnneutral gegen den Passivposten zu verrechnen. In Wirtschaftsjahren, in denen die Rückstellung sinkt, vermindert sich der Passivposten im gleichen Verhältnis; dabei sind jene Pensionsleistungen zu Grunde zu legen, die im Übernahmszeitpunkt zugesagt wurden.

(BMF-AV Nr. 2019/75)

8.6.3.7.3 Übertragung auf Pensionskassen oder betriebliche Kollektivversicherungen

(AÖF 2008/51)

3400 Die Übertragung von Pensionsverpflichtungen an Pensionskassen und betriebliche Kollektivversicherungen im Sinne des § 93 VAG 2016 ist im § 124 EStG 1988 geregelt.

§ 26 Z 7 lit. c EStG 1988 ist analog anzuwenden, wenn Ansprüche von Nichtarbeitnehmern (zB Gesellschafter-Geschäftsführer iSd § 22 EStG 1988) an Pensionskassen oder betriebliche Kollektivversicherungen übertragen werden (keine Steuerpflicht bei Übertragung der Ansprüche im Hinblick auf die Steuerpflicht der späteren Leistung aus der Pensionskasse oder betriebliche Kollektivversicherung).

(BMF-AV Nr. 2018/79)

8.6.3.8 Änderung der biometrischen Rechnungsgrundlagen

8.6.3.8.1 Anwendungsbereich

3400a § 14 Abs. 13 EStG 1988 sieht für den Fall einer Änderung von biometrischen Größen im Bereich der Pensionsrückstellungen und der Jubiläumsgeldrückstellungen, sofern letztere nach Grundsätzen der Versicherungsmathematik berechnet werden, besondere Regelungen vor. Biometrische Größen sind Wahrscheinlichkeiten und sonstige mit dem Leben verbundene, statistische Größen und können aus Richttafeln (Sterbetafeln) oder sonstigen statistischen Untersuchungen abgeleitet werden. Wird die Berechnung der Jubiläumsgeldrückstellung nach der finanzmathematischen Methode, demnach ohne Berücksichtigung biometrischer Größen, vorgenommen, so ist § 14 Abs. 13 EStG 1988 hiefür ohne Bedeutung. § 14 Abs. 13 EStG 1988 ist darüber hinaus weder auf versicherungstechnische Rückstellungen gemäß § 15 KStG 1988 noch bei der Bewertung von – nach dem versicherungsmathematischen Barwert – errechneten Rentenverpflichtungen (auch nicht analog) anzuwenden.

8.6.3.8.2 Systematische Einordnung

Die Berücksichtigung der geänderten biometrischen Größen ist als Auswertung eines besseren Wissenstandes beim Rückstellungsausmaß aufzufassen. Es liegt kein Anwendungsfall des Nachholverbotes vor. Die Änderung der zu Grunde zu legenden biometrischen Größen stellt eine Art bessere Einsicht in die Belastung eines Unternehmens durch eine an sich unveränderte Pensionszusage dar. Für den Bereich der Jubiläumsgeldrückstellung ist ebenfalls der Änderungsbetrag zu ermitteln, der gemäß § 14 Abs. 13 EStG 1988 steuerwirksam wird. **3400b**

Die Änderung der biometrischen Rechnungsgrundlagen ist grundsätzlich für das Jahr zu berücksichtigen, in dem die Änderung eintritt. Es bestehen jedoch keine Bedenken, wenn die Berücksichtigung der Drittelverteilung auf Grund der geänderten biometrischen Größen um ein Jahr verschoben wird. Für die im Jahr 1999 feststehenden Änderungen der biometrischen Größen darf die erstmalige Drittelverteilung spätestens für das erste nach dem 31. Juli 2001 endende Wirtschaftsjahr vorgenommen werden. Ein späterer Beginn der Drittelverteilung unterliegt jedenfalls dem Nachholverbot. **3400c**

Durch geänderte biometrische Größen verändert sich – ebenso wie bei einer Veränderung (Erhöhung bzw. Reduktion) der Pensionszusage – der Gesamtaufwand. Daher kann bei einer der Rückstellung zu Grunde liegenden Arbeits- bzw. Werkleistung gemäß dem § 14 Abs. 6 Z 2 und 3 EStG 1988 innewohnenden Grundprinzip der Verteilung eine Veränderung des Gesamtaufwands wie eine Veränderung der Pensionszusage behandelt werden; Rz 3400c gilt sinngemäß. Alternativ dazu sieht § 14 Abs. 13 EStG 1988 eine Verteilungsmöglichkeit des Änderungsbetrages auf drei Wirtschaftsjahre vor. **3400d**

Ist die der Rückstellung zu Grunde liegende Arbeits- bzw. Werkleistung bereits beendet, ist ausschließlich eine Verteilung gemäß § 14 Abs. 13 EStG 1988 vorzunehmen.

Für versicherungsmathematisch berechnete Jubiläumsgeldrückstellungen kann analog vorgegangen werden. Eine unterschiedliche Vorgangsweise bei der Pensions- und Jubiläumsgeldrückstellung ist nicht zulässig.

(AÖF 2011/66)

8.6.3.8.3 Laufende Anpassung an geänderte Verhältnisse

Werden die Sterbewahrscheinlichkeiten jährlich nach der gleichen statistischen Methode den geänderten Sterbewahrscheinlichkeiten angepasst, ist § 14 Abs. 13 EStG 1988 nicht anzuwenden. **3400e**

8.6.3.8.4 Berechnung und Verteilung des Unterschiedsbetrages

Wählt der Steuerpflichtige die Vorgangsweise gemäß Rz 3400b, so ist folgendermaßen vorzugehen: Die Bilanzierungsmethode ist für alle betroffenen pensions- und versicherungsmathematisch berechneten Jubiläumsgeldrückstellungen anzuwenden. Maßgeblich für die Berechnung des Änderungsbetrages ist jenes Wirtschaftsjahr, in dem erstmals die geänderten biometrischen Größen angewendet werden (Anwendungsjahr). **3400f**

a) Es ist zum Anfang des Anwendungsjahres der Rückstellungsbetrag unter Zugrundelegung der geänderten biometrischen Größen zu berechnen, wobei der Rückstellungsberechnung jene Leistungen zu Grunde zu legen sind, die zum Schluss des unmittelbar vorgegangenen Wirtschaftsjahres zugesagt waren. Der Änderungsbetrag berechnet sich in der Folge als Unterschiedsbetrag aus dem vorstehenden Rückstellungsbetrag und dem Rückstellungsbetrag zum Schluss des unmittelbar vor dem Anwendungsjahr liegenden Wirtschaftsjahres. Bei beiden Rückstellungsbeträgen ist ein allfälliger Unterdeckungsbetrag gemäß § 116 Abs. 4 EStG 1988 nicht zu berücksichtigen.

b) Der Änderungsbetrag ist wie folgt fortzuführen: Vermindert sich die nach den geänderten biometrischen Größen berechnete Rückstellung gegenüber der nach den geänderten biometrischen Größen zum Schluss des unmittelbar vorangegangenen Wirtschaftsjahrs berechneten Rückstellung, so vermindert sich im selben Verhältnis der Änderungsbetrag; dabei sind der Berechnung der zu vergleichenden Rückstellungen jene Leistungen zu Grunde zu legen, die am Schluss des letzten Wirtschaftsjahres vor dem Anwendungsjahr zugesagt waren.

c) Die am Ende des Anwendungsjahres berechnete Rückstellung ist um zwei Drittel des fortgeführten Änderungsbetrags zu vermindern. Im darauf folgenden Wirtschaftsjahr ist die Rückstellung um ein Drittel des fortgeführten Änderungsbetrags (siehe lit. b) zu vermindern.

8.6.3.8.5 Alternative Bildung der Rückstellungen für aktive Arbeitnehmer und Werkvertragsnehmer

Wählt der Steuerpflichtige die Vorgangsweise gemäß Rz 3400d, so ist folgendermaßen vorzugehen: **3400g**

a) Ist die der Rückstellung zu Grunde liegende Arbeits- bzw. Werkleistung zu Beginn des Anwendungsjahres noch nicht beendet, so ist die Auswirkung der Änderung der biometrischen Größen wie eine neue Zusage im Sinne des § 14 Abs. 6 Z 2 EStG 1988 zu behandeln.

b) Ist die der Rückstellung zu Grunde liegende Arbeits- bzw. Werkleistung zu Beginn des Anwendungsjahres beendet, so ist für die Pensionsrückstellung gemäß den Bestimmungen der Rz 3400h vorzugehen.

c) Bei Jubiläumsgeldrückstellungen ist lit. a sinngemäß anzuwenden.

(AÖF 2011/66)

8.6.3.8.6 Berechnungsmethode bei Rückstellungen für Pensionisten

3400h Ändern sich die biometrischen Rechnungsgrundlagen bei Rückstellungen, bei denen das der Pensionszusage zu Grunde liegende Arbeitsverhältnis am Beginn des Wirtschaftsjahres der erstmaligen Anwendung beendet ist, kann folgendermaßen vorgegangen werden:

- Die durch die Änderung der Sterbetafel bedingte Änderung des Rückstellungsbetrages ist zwingend auf drei Jahre zu verteilen (siehe Rz 3400f).
- Vermindert sich die Rückstellung gegenüber jener Rückstellung, die nach der geänderten Sterbetafel am Ende des unmittelbar vorangegangenen Wirtschaftsjahres gebildet wurde, so vermindert sich der Änderungsbetrag im gleichen Verhältnis. Dabei ist auszugehen
  - von den geänderten biometrischen Rechnungsgrundlagen,
  - von den weder nach § 14 Abs. 13 EStG 1988 noch nach § 116 Abs. 4 EStG 1988 gekürzten Rückstellungsbeträgen,
  - von jenen Leistungszusagen, die am Schluss des der erstmaligen Anwendung unmittelbar vorangegangenen Wirtschaftsjahres gegeben waren.

3400i Der Steuerpflichtige hat in einer Beilage zur Steuererklärung die zu Grunde liegende Methode zu dokumentieren.

8.6.3.8.7 Betriebsübertragung

3400j Sollten im Falle einer entgeltlichen (Teil-)Betriebsübertragung offene Drittelbeträge vorhanden sein (einschließlich solcher aus einer Berechnung nach Rz 3400h), werden diese im letzten Wirtschaftsjahr des Veräußerers des Betriebes gewinnwirksam.

3400k Sind im Falle einer unentgeltlichen (Teil-)Betriebsübertragung offene Drittelbeträge vorhanden (einschließlich solcher aus einer Berechnung nach Rz 3400h), sind diese vom Rechtsnachfolger weiterzuführen. Die Verteilung der Drittelbeträge ist beim Rechtsnachfolger fortzusetzen.

3400l Bei (Teil-)Betriebsübertragungen im Zuge von Umgründungen nach dem Umgründungssteuergesetz ist grundsätzlich nach Rz 3400k vorzugehen, für Umgründungen ohne Buchwertfortführung siehe Rz 3400j.

8.6.3.8.8 Wertpapierdeckung

3400m Für die Wertpapierdeckung ist die Pensionsrückstellung gemäß § 14 Abs. 6 EStG 1988 und § 116 Abs. 4 EStG 1988 vermindert um die abzuziehenden Drittelbeträge maßgeblich.

(AÖF 2011/66)

8.6.4 Wertpapierdeckung

8.6.4.1 Allgemeines

3401 Für die Pensionsrückstellung ist eine Wertpapierdeckung erforderlich. Wertpapiere zur Deckung der Pensionsrückstellung gehören zum notwendigen Betriebsvermögen. Die ursprünglich in § 14 Abs. 7 Z 7 EStG 1988 geregelte Wertpapierdeckung wurde vom VfGH aufgehoben; mit dem Budgetbegleitgesetz 2007 erfolgte eine Neuregelung. § 14 in der Fassung des Budgetbegleitgesetzes 2007 ist erstmals auf Wirtschaftsjahre anzuwenden, die nach dem 30. Juni 2007 beginnen (siehe Rz 3401e).

Für Pensions- und direkte Leistungszusagen, für die erst nach dem (letzten) Bilanzstichtag 1989 Pensionsrückstellungen mit steuerlicher Wirkung gebildet werden konnten, muss die Wertpapierdeckung am Schluss des jeweiligen Wirtschaftsjahres in Höhe von jeweils 50% der Vorjahresrückstellung gegeben sein. Für Pensions- und direkte Leistungszusagen, für die vor dem (ersten) Bilanzstichtag 1990 Pensionsrückstellungen nach dem EStG 1972 gebildet werden konnten, ist einschließlich der danach erworbenen Anwartschaften die Übergangsvorschrift des § 116 Abs. 4 Z 4 EStG 1988 maßgebend. Die vorstehenden Ausführungen gelten auch für Zusagen von Kostenersätzen iSd § 14 Abs. 8 EStG 1988.

Wird ein Betrieb gewerblicher Art in eine Kapitalgesellschaft gemäß Art. III UmgrStG eingebracht, ist damit der Wegfall der bis zur Einbringung geltenden Ausnahmeregelung des § 14 Abs. 11 EStG 1988 verbunden. Es bestehen keine Bedenken, wenn der Aufbau der Wertpapierdeckung bei den Pensionsvorsorgen über einen Zeitraum von zwanzig Jahren erfolgt.

(BMF-AV Nr. 2018/79)

Auf das Ausmaß der erforderlichen Wertpapierdeckung können Ansprüche aus Rückdeckungsversicherungen (Lebensversicherungen, die auf das Leben des Arbeitnehmers als versicherte Person abgeschlossen werden, wobei der Arbeitgeber Versicherungsnehmer sowie aus der Versicherung berechtigt ist) angerechnet werden. Es ist das Gesamtausmaß der Ansprüche aus Rückdeckungsversicherungen auf das gesamte Wertpapierdeckungsausmaß anzurechnen (keine auf den einzelnen Mitarbeiter abstellende Betrachtung). **3401a**

Anrechenbar sind nur Ansprüche aus solchen Rückdeckungsversicherungen, die in der gesonderten Abteilung des Deckungsstocks für Lebensversicherungen iSd § 300 Abs. 1 Z 1 VAG 2016 (klassischen Lebensversicherung) oder § 300 Abs. 1 Z 5 VAG 2016 (kapitalanlageorientierte Lebensversicherung) geführt werden. Für eine Anrechnung geeignet sind daher solche Rückdeckungsversicherungen, die entsprechend den klassischen Lebensversicherungen oder kapitalanlageorientierten Lebensversicherungen veranlagen.

Kapitalanlagen von Versicherungs- und Rückversicherungsunternehmen sollen stets nach dem Grundsatz der unternehmerischen Vorsicht verwaltet werden (§ 124 VAG 2016). Nähere qualitative Vorgaben zu diesem Grundsatz sind in der Versicherungsunternehmen Kapitalanlageverordnung – VU-KAV, BGBl. II Nr. 423/2015, angeführt. Den Versicherungs- und Rückversicherungsunternehmen darf gemäß Art. 133 der Richtlinie 2009/138/EG nicht vorgeschrieben werden, ihr Vermögen in bestimmte geeignete Vermögenswerte zu investieren; sie dürfen aber weiterhin in die in § 78 Abs. 1 VAG 1978 genannten Vermögenswerte investieren.

Den inländischen Versicherern gleichgestellt und damit ebenso auf die Wertpapierdeckung anrechenbar sind vergleichbare Ansprüche aus Rückdeckungsversicherungen gegenüber Versicherern, die in einem Mitgliedstaat der EU oder einem Staat des EWR ansässig sind.

(BMF-AV Nr. 2018/79)

Die Anrechung der Ansprüche aus Rückdeckungsversicherungen auf die Wertpapierdeckung hat in Höhe des versicherungsmathematischen Deckungskapitals zu erfolgen. Soweit der Rückkaufswert aus diesen Versicherungen das versicherungsmathematische Deckungskapital übersteigt, das ist regelmäßig in den ersten Jahren nach Abschluss des Versicherungsvertrages der Fall, kann an Stelle des versicherungsmathematischen Deckungskapitals der Rückkaufswert angerechnet werden. **3401b**

(AÖF 2008/51)

Zwingende Voraussetzung für die Erfüllung des Deckungserfordernisses des § 14 Abs. 7 Z 1 EStG 1988 ist, dass die Wertpapiere bzw. Ansprüche aus den Rückdeckungsversicherungen ausschließlich der Besicherung der Pensionsanwartschaften oder Pensionsansprüche dienen. Dienen Wertpapiere bzw. Versicherungsansprüche auch nur teilweise anderen Zwecken, können sie nicht zur Erfüllung des Deckungserfordernisses herangezogen werden. **3401c**

(AÖF 2008/51)

Die Wertpapierdeckung ist erstmals für Wirtschaftsjahre erforderlich, die nach dem 30. Juni 2007 beginnen (§ 124b Z 137 EStG 1988), bei einem vollen Wirtschaftsjahr daher frühestens ab 30. Juni 2008. Kommt es zB auf Grund eines Wechsels des Bilanzstichtages zu einem nach dem 30. Juni 2007 beginnenden Rumpfwirtschaftsjahr, entsteht das Wertpapierdeckungserfordernis bereits entsprechend früher (zB Rumpfwirtschaftsjahr vom 1. Juli 2007 bis 31. Dezember 2007 – die Wertpapierdeckung muss bereits zum Bilanzstichtag am 31. Dezember 2007 gegeben sein). **3401d**

(AÖF 2008/51)

Die Wertpapierdeckung für die in der vorangegangenen Schlussbilanz gebildete Pensionsrückstellung muss in der Schlussbilanz des folgenden Wirtschaftsjahres gegeben sein, auch wenn eines der beiden Wirtschaftsjahre ein Rumpfwirtschaftsjahr ist. Endet ein Wirtschaftsjahr vorzeitig infolge Todes des Steuerpflichtigen, genügt es, wenn der Erbe (Vermächtnisnehmer) – sofern er den Betrieb übernimmt – für eine ordnungsgemäße Wertpapierdeckung in der ersten Schlussbilanz des Erben (Vermächtnisnehmers) Sorge trägt. Eine Todfallsbilanz bleibt unberücksichtigt. **3401e**

(AÖF 2008/51)

8.6.4.2 Gelockertes Prinzip der Dauerdeckung – § 14 Abs. 7 Z 2 und 3 EStG 1988

(AÖF 2008/51)

3402 Die Wertpapierdeckung muss grundsätzlich durchgehend während des gesamten Folgejahres vorhanden sein (Prinzip der Dauerdeckung). Beträgt die Wertpapierdeckung im Wirtschaftsjahr auch nur vorübergehend (bereits ab einem vollen Tag) weniger als 50% der maßgebenden Pensionsrückstellung, ist der Gewinn um 30% der Wertpapierunterdeckung zu erhöhen. Die Pensionsrückstellung selbst wird von der Wertpapierunterdeckung nicht berührt.

Das Prinzip der Dauerdeckung ist in folgenden Fällen durchbrochen, es kommt daher in diesen Fällen bei einer Wertpapierunterdeckung zu keinem Gewinnzuschlag (§ 14 Abs. 7 Z 3 EStG 1988):

- Für jenen Teil des Rückstellungsbetrages, der infolge des Absinkens der Pensionsansprüche am Schluss des Wirtschaftsjahres nicht mehr ausgewiesen ist.
- Bei der Tilgung von Wertpapieren, wenn die getilgten Wertpapiere innerhalb von zwei Monaten nach Einlösung ersetzt werden (siehe Rz 3403a).

(AÖF 2008/51)

3403 Fallen Pensionsansprüche während des Wirtschaftsjahres weg (weil etwa der Pensionsberechtigte ohne eintrittsberechtigte Hinterbliebene verstorben ist), kann sofort nach Absinken der Pensionsansprüche ein Abbau der Wertpapierdeckung (bis zu 50% der weggefallenen Pensionsansprüche) erfolgen (§ 14 Abs. 7 Z 3 erster Teilstrich EStG 1988).

Sinken die Pensionsansprüche unterjährig bloß ab oder vermindert sich die Pensionsrückstellung unterjährig aus anderen Gründen (zB wegen Hinaufsetzung der Pensionsaltersgrenze), ist zur entsprechenden Verminderung der Wertpapierdeckung eine unterjährige Berechnung der Pensionsrückstellung erforderlich. Verwaltungsökonomisch wird eine derartige Rückstellungsberechnung nur ausnahmsweise (zB in Fällen, in denen ein Arbeitnehmer mit verminderten Ansprüchen in Pension gehen muss, nicht hingegen deshalb, weil sich der Rückstellungsbetrag gegenüber dem Vorjahr nur im Hinblick auf die sinkende Lebenserwartung des Leistungsempfängers vermindert) in Betracht kommen. Bei der Berechnung einer unterjährigen Pensionsrückstellung ist eine sich im selben Wirtschaftsjahr ergebende Erhöhung der Pensionszusage außer Acht zu lassen, und zwar auch dann, wenn die Zusagenerhöhung noch vor dem Absinken der Pensionsansprüche eintritt.

(AÖF 2008/51)

3403a Es kommt zu keinem Gewinnzuschlag, wenn eine Unterdeckung dadurch entsteht, weil während des Wirtschaftsjahres Wertpapiere getilgt und innerhalb von zwei Monaten nach Einlösung die Wertpapiere ersetzt werden.

Beispiel 1:

Die Pensionsrückstellung beträgt zum 31.12.2008 120.000. Zum 31.12.2009 ist eine ausreichende Wertpapierdeckung in Höhe von 60.000 vorhanden. Am 12.3.2010 werden Wertpapiere mit einem Nennwert von 10.000 getilgt; die Einlösung erfolgt am 15.5.2010.

Die Nachbeschaffungsfrist endet daher am 15.7.2010. Werden die getilgten Wertpapiere bis zu diesem Zeitpunkt nicht nachgeschafft, ist der Gewinn des Wirtschaftsjahres 2010 um 3.000 (= 30% der Wertpapierunterdeckung von 10.000) zu erhöhen.

Die Zweimonatsfrist kann sich auch über den jeweiligen Bilanzstichtag hinaus erstrecken. Werden die Wertpapiere nicht innerhalb der Zweimonatsfrist nachgeschafft, ist die Wertpapierunterdeckung bereits ab dem Zeitpunkt der Einlösung gegeben.

Beispiel 2:

Die Wertpapierdeckung zum 31.12.2008 beträgt 40.000, die Pensionsrückstellung zum gleichen Stichtag 120.000. Zum 31.12.2009 müsste sohin eine Wertpapierdeckung in Höhe von 60.000 vorhanden sein. Am 10.11.2009 werden getilgte Wertpapiere mit einem Nennwert von 10.000 eingelöst. Ungeachtet der Aufstockungsverpflichtung in Höhe von 20.000, die in jedem Fall bis zum 31.12.2009 erfüllt werden muss, können die getilgten Wertpapiere bis zum 10.1.2010 nachgeschafft werden. Ein Wertpapierbestand von 50.000 zum 31.12.2009 erfüllt sohin das Deckungserfordernis, sofern die Nachbeschaffung für die getilgten 10.000 bis zum 10.1.2010 erfolgt.

(AÖF 2008/51)

3403b Eine Wertpapierunterdeckung zu einem Bilanzstichtag würde an sich in zwei Wirtschaftsjahren zu einem entsprechenden 30-prozentigen Gewinnzuschlag führen, weil die Wertpapierunterdeckung in einem solchen Fall sowohl zum Schluss des einen als auch zum Beginn des folgenden Wirtschaftsjahres vorliegt. Da es aber unbillig erscheint, dass eine Wertpapierunterdeckung gleichen Ausmaßes nur deswegen zu einem zweifachen Gewinnzuschlag führt, weil sie nicht nur während eines Wirtschaftsjahres, sondern schon am vorangegangenen Bilanzstichtag vorgelegen hat, bestehen keine Bedenken, von einem Gewinnzuschlag für das zweite Wirtschaftsjahr Abstand zu nehmen, wenn die fehlenden Wertpapiere innerhalb von zwei Monaten nach Ende des ersten Wirtschaftsjahres nachgeschafft werden.

Beispiel 3:

Ausgehend vom Beispiel 2 in Rz 3403a wird angenommen:

Gewinnzuschlag		
	Wirtschaftsjahr 2009	*Wirtschaftsjahr 2010*
a) Der Aufstockungsverpflichtung (20.000) wird erst nach dem 31.12.2009, wohl aber bis Ende Februar 2010 entsprochen	*6.000*	*–*
b) Der Aufstockungsverpflichtung wird auch nicht bis Ende Februar 2010 entsprochen	*6.000*	*6.000*
c) Die Nachbeschaffung der getilgten Wertpapiere (10.000) erfolgt nach dem 10.1.2010, aber noch vor dem 1.3.2010	*3.000*	*–*
d) Die Nachbeschaffung der getilgten Wertpapiere erfolgt nicht bis Ende Februar 2010	*3.000*	*3.000*
e) Es trifft sowohl die Annahme a) als auch die Annahme c) zu	*9.000*	*–*
f) Es trifft sowohl die Annahme a) als auch die Annahme d) zu	*9.000*	*3.000*
g) Es trifft sowohl die Annahme b) als auch die Annahme c) zu	*9.000*	*6.000*
h) Es trifft sowohl die Annahme b) als auch die Annahme d) zu	*9.000*	*9.000*

(AÖF 2008/51)

8.6.4.3 Wertpapierdeckung bei außergewöhnlicher Rückstellungszuführung

Erfolgt in einem vom Arbeitgeber nicht verursachten vorzeitigen Versorgungsfall (zB infolge Invalidität oder Tod des Arbeitnehmers) eine Auffüllung der Pensionsrückstellung auf den vollen Barwert der künftigen Leistungen (außergewöhnliche Rückstellungszuführung), so ist es zur Vermeidung von Härten nicht zu beanstanden, wenn hinsichtlich der außergewöhnlichen Rückstellungszuführung das erforderliche Ausmaß der Wertpapierdeckung nicht bis zum nächstfolgenden Bilanzstichtag, sondern auf einen längeren Zeitraum verteilt erreicht wird. Von einem solchen Härtefall kann nur dann ausgegangen werden, wenn die Summe der Veränderungen aller Pensionsrückstellungen die entsprechende Summe, jedoch ohne Berücksichtigung der genannten vorzeitigen Versorgungsfälle, um mindestens das Doppelte übersteigt. Dem Gesichtspunkt einer Vermeidung von Härten wird dann entsprechend Rechnung getragen, wenn das erforderliche Ausmaß der Wertpapierdeckung für die außergewöhnliche Rückstellungszuführung wie folgt verteilt wird: Es ist jährlich jener Bruchteil an Wertpapierdeckung zuzuführen, der sich aus der Teilung der außergewöhnlichen Rückstellungszuführung durch die Rückstellungszuführung ohne Vorliegen eines vorzeitigen Versorgungsfalles ergibt, höchstens jedoch der sich aus einer Verteilung der Wertpapierdeckung auf 20 Wirtschaftsjahre ergebende Betrag. 3404

Beispiel:

Ein Arbeitgeber, der nach einem sich mit dem Kalenderjahr deckenden Wirtschaftsjahr bilanziert, beschäftigt vier Arbeitnehmer (A, B, C und D). Im Jahre 1995 hat er seinen Arbeitnehmern eine Pension zugesagt. Beim Arbeitnehmer A kommt es im Jahre 2007 infolge einer durch Arbeitsunfall eingetretenen Invalidität zu einem vorzeitigen Versorgungsfall. Die Zuführung zur Pensionsrückstellung zum 31.12.2007 beträgt:

	ohne vorzeitigen Versorgungsfall	*mit vorzeitigem Versorgungsfall*
für A	*50.000*	*520.000*
für B	*80.000*	*80.000*
für C	*100.000*	*100.000*

für D	*120.000*	*120.000*
insgesamt	*350.000*	*820.000*

Die Gesamtsumme der Rückstellungszuführungen unter Berücksichtigung des vorzeitigen Versorgungsfalles übersteigt die Gesamtsumme der Rückstellungszuführungen ohne vorzeitigem Versorgungsfall um mehr als das Doppelte (820.000 / 350.000 = 2,34). Es liegt demnach ein Härtefall vor.

Zur Vermeidung von Härten braucht die Wertpapierdeckung für die außergewöhnliche Rückstellungszuführung bei A von 520.000 nicht schon zum 31.12.2008 in vollem Ausmaß von 50%, dh. mit 260.000, gegeben sein; es genügt, dass der Wertpapierdeckung für die außergewöhnliche Rückstellungszuführung ab 2008 jährlich so lange ein Betrag von 260.000 dividiert durch 10,4 (Bruchteil aus 520.000 / 50.000) = 25.000 zugeführt wird, bis das erforderliche Ausmaß von 260.000 erreicht ist.

(AÖF 2008/51)

3405 Durch eine spätere Änderung der Pensionsleistungen (zB infolge Überganges der Pension auf die Witwe des invaliden Versorgungsberechtigten) tritt im bruchteilsmäßigen Ausmaß der nachzuholenden Wertpapierzuführung keine Veränderung ein; es kann dadurch aber das volle Ausmaß der Wertpapierdeckung früher erreicht werden. Im Beispielsfall der Rz 3404 ist die Wertpapieraufstockung von jährlich 25.000 daher auch dann bis zum Erreichen der vollen Wertpapierdeckung beizubehalten, wenn sich die (unter Berücksichtigung der außergewöhnlichen Rückstellungszuführung von 520.000 gebildete) Rückstellung infolge Überganges der Pension auf die Witwe vermindert.

(AÖF 2008/51)

8.6.4.4 Übergangsbestimmung gemäß § 116 Abs. 4 Z 4 EStG 1988

3406 Gemäß § 116 Abs. 4 Z 4 EStG 1988 muss die Wertpapierdeckung erstmalig am Schluss des (ersten) im Kalenderjahr 1991 endenden Wirtschaftsjahres gegeben sein. Das gemäß § 14 Abs. 7 Z 7 EStG 1988 vorgesehene prozentuelle Ausmaß von 50% ist gleichmäßig auf 20 Wirtschaftsjahre zu verteilen. Im Falle eines sich mit dem Kalenderjahr deckenden Wirtschaftsjahres beträgt das Bedeckungsausmaß daher im Kalenderjahr 1991 2,5%, 1992 5% und erst im Kalenderjahr 2010 50% der steuerwirksam gebildeten Vorjahresrückstellung.

Beispiel:

Gebildete Pensionsrückstellungen:

31.12.1990	*440.327 S*
31.12.1991	*587.948 S*
31.12.1992	*652.255 S*
31.12.1993	*645.674 S*

Auf Grund der oben angeführten Rückstellungen betragen die Wertpapierdeckungen zum

31.12.1991	*440.327 S*	*x 2,5%*	*= 11.008 S*
31.12.1992	*587.948 S*	*x 5%*	*= 29.397 S*
31.12.1993	*652.255 S*	*x 7,5%*	*= 48.919 S*
31.12.1994	*645.674 S*	*x 10%*	*= 64.567 S*

3406a Gemäß § 116 Abs. 4 Z 4 letzter Satz EStG 1988 in der Fassung des Budgetbegleitgesetzes 2007 ist die Aufstockung unter Zugrundelegung des zwanzigjährigen Zeitraumes weiter fortzuführen. Als Ausgangspunkt für die weitere Erhöhung der Wertpapierdeckung (ab 2008 sind auch Rückdeckungsversicherungen für die Deckung geeignet) ist dabei das vor der Aufhebung des § 14 Abs. 7 Z 7 EStG 1988 erreichte Prozentausmaß heranzuziehen.

Beispiel:

Gebildete Pensionsrückstellungen:

31.12.1990	*440.327 S*
31.12.1991	*587.948 S*
31.12.1992	*652.255 S*
31.12.1993	*645.674 S*
.	.

.	*.*
31.12.2004	*92.000 €*
31.12.2005	*95.000 €*
31.12.2006	*102.000 €*
31.12.2007	*105.000 €*
31.12.2008	*110.000 €*

Auf Grund der oben angeführten Rückstellungen betragen die Deckungsverpflichtungen zum

31.12.1991	*440.327 S*	*x 2,5%*	*= 11.008 S*
31.12.1992	*587.948 S*	*x 5,0%*	*= 29.397 S*
31.12.1993	*652.255 S*	*x 7,5%*	*= 48.919 S*
31.12.1994	*645.674 S*	*x 10,0%*	*= 64.567 S*
.	*.*	*.*	
.	*.*	*.*	
31.12.2005	*92.000 €*	*x 37,5%*	*34.500 €*
31.12.2006	*95.000 €*	*–*	*–*)*
31.12.2007	*102.000 €*	*–*	*–*)*
31.12.2008	*105.000 €*	*x 40,0%*	*42.000 €*
31.12.2009	*110.000 €*	*x 42,5%*	*46.750 €*

**) zum 31.12. 2006 und 2007 besteht keine Wertpapierdeckungsverpflichtung.*

(AÖF 2008/51, BMF-AV Nr. 2018/79)

8.6.4.5 Unternehmerwechsel

(AÖF 2008/51)

Gehen im Fall des Unternehmerwechsels die Verpflichtungen aus Pensionszusagen auf den Rechtsnachfolger über, hat der Rechtsnachfolger mit der Verpflichtung zur Weiterführung der Pensionsrückstellung auch die Deckungsverpflichtung unter Beachtung der vorstehenden Absätze zu übernehmen. Es bestehen keine Bedenken, die Deckung erstmals in der ersten Schlussbilanz nach dem Übergang der Pensionsansprüche auszuweisen. Das erforderliche Deckungsausmaß bestimmt sich dabei nach dem Ausmaß der fortzuführenden Pensionsrückstellung. **3406b**

Bei rückwirkenden Umgründungen muss die Deckung spätestens an jenem Tag gegeben sein, an dem sie ohne rückwirkende Umgründung beim Übertragenden hätte vorliegen müssen.

Für die Berechnung der Deckung ist nicht die zum Übernahmestichtag errechnete, sondern die beim bisherigen Arbeitgeber zum letzten Bilanzstichtag ausgewiesene Rückstellung maßgebend.

Bei Umgründungen iSd UmgrStG ist hingegen die vom Übertragenden in der zum Umgründungsstichtag erstellten Bilanz auszuweisende Rückstellung, soweit die Verpflichtungen aus Pensionszusagen auf den Übernehmenden übergehen, für diesen maßgebend.

Beispiel:

Die A-GmbH (Wirtschaftsjahr = Kalenderjahr) weist zum 31.12.01 eine Pensionsrückstellung iSd § 14 EStG 1988 in Höhe von 100.000 aus. Der Wertpapierbestand beträgt 20.000 (25% der Rückstellung zum 31.12.00). Die A-GmbH bringt ihren Betrieb zum 30.6.02 in die bestehende B-GmbH (Wirtschaftsjahr 1.7. bis 30.6., bisher keine Pensionsvorsorge) ein. In dem nach § 12 Abs. 2 UmgrStG zu erstellenden Zwischenabschluss zum 30.6.02 wird die Pensionsrückstellung mit 110.000 ausgewiesen. Der Wertpapierbestand beträgt unverändert 20.000, eine Aufstockung auf 25.000 (25% von 100.000) ist nicht erforderlich. Die B-GmbH übernimmt steuerlich mit 1.7.02 den Betrieb einschließlich der Belegschaft und damit auch den Wertpapierstock der A-GmbH. Die B-GmbH hat bis 31.12.02 (ungeachtet des Nichtvorliegens eines Bilanzstichtages) den Wertpapierstock auf 27.500 (25% von 110.000) aufzustocken.

Hätte die A-GmbH den Betrieb zum 31.12.02 eingebracht, hätte sie den Wertpapierstand bis zu diesem Stichtag auf 25.000 (25% von 100.000) aufstocken müssen. Die überneh-

mende B-GmbH hätte zum 31.12.03 25% der von der A-GmbH gebildeten Pensionsrückstellung zu decken.

(AÖF 2008/51)

8.6.4.6 Art der Wertpapiere

(AÖF 2008/51)

3406c Für die Wertpapierdeckung kommen nur die in § 14 Abs. 7 Z 4 lit. a bis f EStG 1988 angeführten Wertpapiere in Betracht. Die Funktion der Wertpapiere iSd § 14 Abs. 7 Z 4 EStG 1988 liegt vor allem in der Bedeckung der Pensionsrückstellung, sie stellen ein Sicherungsinstrument dar. Daraus ist abzuleiten, dass Bedeckungswert und tatsächlicher Wert der Wertpapiere sich weitgehend decken sollen.

Auf Inhaber lautende Schuldverschreibungen iSd § 14 Abs. 7 Z 4 lit. a und b EStG 1988 müssen in Euro begeben werden:

- Bei ausländischen Emittenten für Anschaffungen nach dem 30. Juni 2009,
- bei inländischen Emittenten für Anschaffungen nach dem 30. Juni 2010 in Euro begeben werden.

Damit soll sichergestellt werden, dass die betreffenden Schuldverschreibungen kein Kursrisiko in sich bergen.

Schuldverschreibungen, deren Rückzahlungs- bzw. Tilgungswert im Vorhinein unbestimmt ist, weil er etwa von der zukünftigen (ungewissen) Wertentwicklung eines Basiswertes abhängig ist, eignen sich daher nur dann als Wertpapiere zur Rückstellungsdeckung, wenn sie eine 100-prozentige Kapitalgarantie aufweisen, dh. dass bei ihrer Tilgung der Rückzahlungs-(Einlösungs)wert mindestens dem Nennwert und bei Wertpapieren ohne Nennwert mindestens dem Erstausgabepreis der Wertpapiere entspricht. Bei Schuldverschreibungen mit unbegrenzter Laufzeit (zB Open End-Zertifikate) muss die 100-prozentige Kapitalgarantie permanent gegeben sein, bei Schuldverschreibungen mit begrenzter Laufzeit jedenfalls am Ende der Laufzeit.

Gemäß § 14 Abs. 7 Z 4 lit. f EStG 1988 können zur Rückstellungsdeckung auch Anteile an Investmentfonds verwendet werden. Diese Fonds müssen über Fondsbestimmungen bestimmten Inhalts verfügen. Es sind dazu zwei Varianten zulässig:

Beim Rückstellungsdeckungsfonds I müssen die Fondsbestimmungen vorsehen, dass neben der Haltung eines Dispositionskapitals von höchstens 10% des Fondsvermögens ausschließlich in Wertpapiere veranlagt wird, welche selbst wieder zur Rückstellungsdeckung geeignet sind. Das sind im Wesentlichen auf Inhaber lautende Schuldverschreibungen von privaten oder staatlichen Schuldnern mit Sitz im EU/EWR-Raum. Der Ausgabewert dieser Wertpapiere darf nicht niedriger als 90% des Nennbetrages sein, woraus sich das Verbot des Erwerbs von Nullkuponanleihen ergibt. Indexpapiere oder Hebelprodukte dürfen nur erworben werden, wenn die Rückzahlung des Ausgabebetrages garantiert ist. Außerdem darf der Erwerb von Derivaten nur zur Absicherung zugelassen sein.

Der Rückstellungsdeckungsfonds II muss Veranlagungen aufweisen, welche den Vorschriften des § 25 Abs. 1 Z 5 bis 8, § 25 Abs. 2 bis 4 und § 25 Abs. 6 bis 8 Pensionskassengesetz in der Fassung vor dem BGBl. I Nr. 81/2018 entsprechen. Dafür müssen die Fondsbestimmungen jedenfalls vorsehen, dass

- Guthaben bei einer Kreditinstitutsgruppe 25% des Fondsvermögens nicht übersteigen dürfen;
- Aktien, aktienähnliche Wertpapiere, corporate bonds und sonstige Beteiligungswertpapiere höchstens 70% des Fondsvermögens betragen dürfen;
- Veranlagungen in anderer als Eurowährung 30% des Fondsvermögens nicht übersteigen, wobei bei Beseitigung des Währungsrisikos durch Kurssicherungsgeschäfte diese Veranlagungen den auf Euro lautenden Veranlagungen zugeordnet werden dürfen;
- derivative Produkte, die nicht zur Absicherung von Kursrisiken erworben wurden, nur dann erworben werden dürfen, wenn sie zur Verringerung von Veranlagungsrisiken oder zur Erleichterung einer effizienten Verwaltung des einer Veranlagungs- und Risikogemeinschaft zugeordneten Vermögens beitragen; die Risikokonzentration in Bezug auf eine einzige Gegenpartei oder auf andere Veranlagungen in derivative Produkte ist zu vermeiden;
- die Vermögenswerte in angemessener Weise zu streuen sind und eine Risikokonzentration zu vermeiden ist;
- Veranlagungen in Wertpapiere ein und desselben Ausstellers, ausgenommen die vom Bund, einem Bundesland, einem anderen Mitgliedstaat, einem Gliedstaat eines anderen Mitgliedstaates oder einer internationalen Organisation öffentlich rechtlichen Charak-

ters, der ein oder mehrere Mitgliedstaaten angehören, begeben oder garantiert werden dürfen, höchstens 5% des Fondsvermögens, Veranlagungen in Vermögenswerten von Ausstellern, die einer einzigen Unternehmensgruppe angehören dürfen, höchstens 10% des Fondsvermögens betragen und der Erwerb von Vermögenswerten ein und desselben Ausstellers oder von Ausstellern, die derselben Unternehmensgruppe angehören, generell nicht zu einer übermäßigen Risikokonzentration führt;

- bei Veranlagung in Anteilscheine von anderen Investmentfonds, Immobilienfonds oder AIF von mehr als 5% des Fondsvermögens eine Durchrechnung auf die tatsächliche Veranlagung auf die Subfonds vorzunehmen ist.

Weicht während des Geschäftsjahres des Fonds (auch unzulässigerweise) die tatsächliche Veranlagung davon ab, gilt der Fonds für jenen Zeitraum, nicht als geeignetes Papier für die Deckung von Pensionsrückstellungen gemäß § 14 EStG 1988.

Gemäß § 14 Abs. 7 Z 4 lit. f EStG 1988 sind auch Anteile an inländischen Immobilienfonds, die nach den Vorschriften des Immobilien-Investmentfondsgesetzes errichtet wurden, zur Rückstellungsdeckung geeignet.

Bei Erfüllung der genannten Voraussetzungen können auch Anteile an ausländischen OGAWs (§ 188 Abs. 1 Z 1 InvFG 2011) des offenen Typs oder ausländische Veranlagungsgemeinschaften in Immobilien des offenen Typs, die laut Fondsbestimmungen außer in Immobilien nur in in § 32 Abs. 1 ImmoInvFG aufgezählte Wertpapiere veranlagen dürfen, verwendet werden.

Anteile an AIFs sind nur dann zur Rückstellungsdeckung geeignet, wenn sie gleichzeitig dem InvFG 2011 oder ImmoInvFG unterliegen, oder – wenn es sich um ausländische Gebilde handelt – unterliegen würden.

(BMF-AV Nr. 2019/75)

Gemäß § 14 Abs. 7 Z 1 EStG 1988 ist für die Berechnung der Wertpapierdeckung der **3406d**
Nennbetrag der Wertpapiere heranzuziehen. Soweit Schuldverschreibungen, die zur Wertpapierdeckung geeignet sind, keinen Nennwert aufweisen, tritt bei der Berechnung des Deckungsausmaßes gemäß § 14 Abs. 7 Z 1 EStG 1988 (50%- Grenze) an die Stelle des Nennwertes der Erstausgabepreis der Wertpapiere.

Bei Fremdwährungswertpapieren, die vor dem 1. Juli 2009 angeschafft wurden, ist bei der Ermittlung des für die Wertpapierdeckung maßgeblichen Nennbetrages jeweils der Devisenmittelkurs zum Zeitpunkt der Anschaffung der Wertpapiere maßgeblich.

Bei Anteilsscheinen an Kapitalanlagefonds und Immobilienfonds ist immer der Erstausgabepreis maßgebend. Es ist darunter der historische, anlässlich der Auflage des Fonds erzielte Preis zuzüglich des Ausgabeaufschlages zu verstehen. Wurden vom Fonds später für alle Anteilscheine Splittungen oder Reversesplittungen durchgeführt, erhöht oder vermindert sich der zur Deckung maßgebliche Erstausgabepreis entsprechend. Werden Fonds zusammengelegt, erfolgt hinsichtlich des untergehenden Fonds eine Tilgung und es kommt zu keiner Gewinnerhöhung, wenn die Wiederausgabe von Anteilscheinen des aufnehmenden Fonds innerhalb der in § 14 Abs. 7 Z 3 EStG 1988 normierten Frist erfolgt. Zur Neuberechnung der Deckungshöhe ist jedoch der Erstausgabepreis des aufnehmenden Fonds maßgeblich. Liegt die Deckungshöhe unter dem Erstausgabepreis des untergehenden Fonds, ist innerhalb von zwei Monaten ab Einziehung der Anteilscheine des untergehenden Fonds eine Nachbeschaffung vorzunehmen.

(BMF-AV Nr. 2019/75)

Beispiele für taugliche Wertpapiere iSd § 14 Abs. 7 Z 4 lit. a - c EStG 1988 (sofern der **3406e**
Ausgabewert mindestens 90% des Nennwertes beträgt und Prospektpflicht gegeben ist Ausnahme: § 3 KMG, BGBl. Nr. 625/1991), unabhängig davon, ob die Verzinsung fix oder variabel ausgestaltet ist):

- Öffentliche Anleihen (werden von Gebietskörperschaften begeben)
  - Bundesanleihen, Bundesobligationen
  - Anleihen der Bundesländer und Gemeinden
- Bundesschatzscheine
- Bankschuldverschreibungen (Papiere, die von Geschäftsbanken begeben werden)
- Pfandbriefe, Kommunalobligationen
- Industrieobligationen (werden von Unternehmen des Nichtbankensektors begeben)
- Gewinnschuldverschreibungen (sind dadurch gekennzeichnet, dass die Anleihe nicht mit einer festen Verzinsung, sondern mit einer Gewinnbeteiligung am Schuldnerunternehmen ausgestattet ist)

- „Wohnbauanleihen“ (Wandelschuldverschreibungen zur Förderung des Wohnbaues – die KESt-Freiheit gemäß § 2 des Bundesgesetzes über steuerliche Sondermaßnahmen zur Förderung des Wohnbaues kommt nicht zum Tragen, da die Zinsen beim Empfänger nicht den Einkünften aus Kapitalvermögen zuzurechnen sind)
- Wandelschuldverschreibungen (sie vermitteln dem Inhaber das Recht zu einer bestimmten Zeit statt der Rückzahlung der Schuldsumme den Umtausch in Aktien des Emittenten zu einem bereits bei der Begebung der Anleihe festgesetzten Kurs zu verlangen)
- Optionsanleihen (es besteht neben dem Anspruch auf Rückzahlung des Einlösungsbetrages ein zusätzliches selbstständiges Aktienbezugsrecht)
- Umtauschanleihen (anstatt der Rückzahlung des eingesetzten Kapitals kann der Bezug von Aktien einer in den Anleihebedingungen genannten Gesellschaft vereinbart werden)
- Nachrangige Schuldverschreibungen
- Zertifikate (ohne Einschränkung auf einen bestimmten Basiswert), sofern eine 100-prozentige Kapitalgarantie (bei Zertifikaten mit unbegrenzter Laufzeit permanent, bei Zertifikaten mit begrenzter Laufzeit zumindest am Laufzeitende) gegeben ist. Bei Zertifikaten, die über keinen Nennwert verfügen, hat sich die 100-prozentige Kapitalgarantie auf den Erstausgabepreis des Zertifikates zu beziehen, sonst auf den Nennwert.

  Zertifikate können in unterschiedlichster Form ausgestaltet sein; etwa als
  - Indexzertifikate – ihre Wertentwicklung hängt ab von der Wertentwicklung eines Index.
  - Zertifikate auf einen Einzeltitel – ihre Wertentwicklung hängt ab von der Wertentwicklung zB einer Aktie.
  - Rohstoffzertifikate – ihre Wertentwicklung hängt von der Wertentwicklung eines bestimmten Rohstoffpreises (zB Kupfer) ab.
- Indexanleihen, sofern sie mit einer 100-prozentigen Kapitalgarantie ausgestattet sind.

(BMF-AV Nr. 2021/65)

3406f Beispiele für nicht taugliche Wertpapiere iSd § 14 Abs. 7 Z 4 lit. a–c EStG 1988:

- Zertifikate, die keine 100-prozentige Kapitalgarantie aufweisen, dh. ihre Rückzahlung wird vom Emittenten nicht zu 100% des Nennwertes bzw. des Erstausgabepreises (bei Zertifikaten ohne Nennwert) garantiert.
- Discount-Zertifikate, das sind Kombinationsprodukte bestehend aus einem Zertifikat und einer Option. Der Emittent begibt ein Zertifikat unter Gewährung eines Preisnachlasses (Discounts). Der Discount stellt die Stillhalteprämie aus der Option für den Anleger dar.
- Bonuszertifikate, das sind Kombinationsprodukte: Notiert der Basiswert (zB Aktie) während der gesamten Laufzeit zwischen Bonuslevel und Barriere, zahlt der Emittent jedenfalls einen festen Gewinn (den Bonus) aus. Unterschreitet der Basiswert während der Laufzeit auch nur ein einziges Mal die festgelegte Barriere, erlischt der Bonusmechanismus und das Papier wird automatisch zu einem „normalen“ Zertifikat mit der Konsequenz, dass am Laufzeitende, ohne Rücksicht auf Barriere und Bonuslevel, nur der aktuelle Kurs des Basiswertes für die Tilgung herangezogen wird.
- Hebel(Turbo)-Zertifikate: Der Anleger partizipiert überproportional an der Wertentwicklung des Basiswertes.
- Indexanleihen, die nicht mit einer 100-prozentigen Kapitalgarantie ausgestattet sind.
- Aktienanleihen (Reverse Convertible Notes) – sind meist mit einem hohen Zinskupon ausgestattet und beinhalten ein Wahlrecht des Emittenten, ob er am Schluss der Laufzeit die Anleihe zum Nennwert tilgen oder dem Anleger die zugrunde liegenden Aktien gutschreiben will.
- Nullkuponanleihen, deren Ausgabepreis unter 90% ihres Nennwertes liegt.
- Optionsscheine.

(AÖF 2008/51)

8.6.5 *entfällt*

Randzahlen 3407 bis 3419: *derzeit frei*

(BMF-AV Nr. 2019/75)

8.6.6 Rückdeckungsversicherung

Hinsichtlich der Rückdeckungsversicherungen für Pensionen sind die Ausführungen in Rz 3368 f anzuwenden.

8.6.7 Berichtigung von Pensionsrückstellungen

Ist eine Pensionsrückstellung in der Bilanz nicht richtig ausgewiesen (zB weil die Pensionszusage der Höhe nach nicht angemessen ist, oder weil sie dem Grunde nach nicht anzuerkennen ist), so hat die Korrektur durch Bilanzberichtigung bis zur Wurzel zurück zu erfolgen, sodass der jeweilige Aufwand des Jahres zu korrigieren ist. **3420**

Wird eine nicht anerkannte Pensionsrückstellung in der Folge neu – den Anforderungen entsprechend – gebildet, kann mit der Rückstellungsbildung neu begonnen werden. Ein Fall eines Nachholverbotes liegt nicht vor. **3421**

8.7 Vorsorge für Jubiläumsgelder

8.7.1 Jubiläumsgeldzusage

Eine Jubiläumsgeldrückstellung ist mit steuerlicher Wirkung dann (und nur dann) zu bilden, wenn die Auszahlung eines Geldes anlässlich eines Dienstjubiläums kollektivvertraglich vereinbart wurde, in einer Betriebsvereinbarung enthalten ist oder – im Einzelfall – schriftlich, rechtsverbindlich und unwiderruflich zugesagt wurde. Unverbindliche oder unter Vorbehalt des jederzeitigen Widerrufs gemachte Zusagen rechtfertigen deren steuerliche Anerkennung nicht. Hinsichtlich des Erfordernisses einer schriftlichen, rechtsverbindlichen und unwiderruflichen Zusage gelten die Ausführungen in Rz 3372 ff gleichermaßen. **3422**

Liegt keine formelle Zusage vor, sondern werden Jubiläumsgelder lediglich tatsächlich gewährt, so ist eine Rückstellung keinesfalls zulässig. Anders als für Veranlagungszeiträume bis einschließlich 1993 darf daher ab dem Wirtschaftsjahr 1999 (1998/1999) eine Rückstellung auch dann nicht gebildet werden, wenn der Charakter der Freiwilligkeit durch lange Übung verloren gegangen ist. **3423**

8.7.2 Bildung und Fortführung der Jubiläumsgeldrückstellung

8.7.2.1 Sinngemäße Anwendung der Vorschriften für die Pensionsrückstellung

Die Rückstellung ist unter sinngemäßer Anwendung des § 14 Abs. 7 Z 1 bis 3, Abs. 7 Z 6 sowie der Abs. 8 und 9 EStG 1988 zu bilden; eine Bildung nach den Regeln der Finanzmathematik ist zulässig (§ 14 Abs. 12 letzter Satz EStG 1988). **3424**

Die sinngemäße Anwendung führt zu folgenden Erfordernissen:

- Die Jubiläumsgeldrückstellung ist nach den anerkannten Regeln der Versicherungsmathematik zu bilden; eine Bildung nach den Regeln der Finanzmathematik ist zulässig.
- Die Jubiläumsgeldrückstellung ist erstmals im Wirtschaftsjahr der Jubiläumsgeldzusage zu bilden, wobei Veränderungen der Jubiläumsgeldzusage wie neue Zusagen zu behandeln sind. Als neue Zusagen gelten auch Änderungen der Jubiläumsgeldbemessungsgrundlage und Indexanpassungen von Jubiläumsgeldzusagen.
- Der Rückstellung ist im jeweiligen Wirtschaftsjahr so viel zuzuführen, als bei Verteilung des Gesamtaufwandes auf die Zeit zwischen Jubiläumsgeldzusage und dem vorgesehenen Zeitpunkt der Leistung des Jubiläumsgeldes auf das einzelne Wirtschaftsjahr entfällt.
- Der Bildung der Jubiläumsgeldrückstellung ist ein Rechnungszinsfuß von 6% zu Grunde zu legen.
- § 14 Abs. 7 EStG 1988 gilt auch für Rückstellungen, die für Zusagen von Kostenersätzen für Jubiläumsgeldverpflichtungen eines Dritten gebildet werden.
- Wird ein Jubiläumsgeld zugesagt, für das von einem früheren Arbeitgeber (Vertragspartner) des Leistungsberechtigten Vergütungen gewährt werden, ist bei der Bildung der Jubiläumsgeldrückstellung von der Höhe dieser Vergütungen, höchstens jedoch von dem nach § 14 Abs. 7 EStG 1988 ermittelten Ausmaß auszugehen.
- Anders als bei der Vorsorge für Abfertigungen und Pensionen ist die Jubiläumsgeldrückstellung nicht durch Wertpapiere zu decken.

8.7.2.2 Berechnung der Jubiläumsgeldrückstellung

Nach § 14 Abs. 12 EStG 1988 besteht für Wirtschaftsjahre, die nach dem 31. Dezember 1998 enden, ein Passivierungswahlrecht, solange der Steuerpflichtige nicht mit der Bildung von Jubiläumsgeldrückstellungen begonnen hat. Eine abgabenrechtliche Passivierungspflicht ergibt sich aus § 198 Abs. 8 UGB. Dieser Passivierungspflicht unterliegen die nach dem Unternehmensgesetzbuch zur Buchführung verpflichteten Personen, die auf Grund anderer Bestimmungen zur Buchführungspflicht nach den Grundsätzen des Unternehmensrechtes verpflichteten Personen (zB nach § 13 des Genossenschaftsgesetzes) sowie sonstige unter **3425**

§ 5 EStG 1988 fallende Steuerpflichtige (zB Scheinkaufmann, eingetragene Erwerbsgesellschaften bei Buchführungspflicht gemäß § 125 BAO).

(AÖF 2008/238)

3426 Werden Jubiläumsgeldrückstellungen gebildet, so besteht hinsichtlich der Bewertungsmethode ein Wahlrecht zwischen der versicherungs- und der finanzmathematischen Berechnung. Im Hinblick auf den Grundsatz der Bewertungsstetigkeit ist der Abgabepflichtige an die einmal gewählte Bewertungsmethode gebunden; ein Abweichen von der im vorhergehenden Jahresabschluss angewendeten Methode ist nur bei Vorliegen besonderer Umstände zulässig (§ 201 Abs. 2 UGB).

(AÖF 2008/238)

8.7.2.3 Rechnungszinsfuß

3427 Sowohl bei der versicherungsmathematischen als auch bei der vereinfachten finanzmathematischen Berechnungsmethode ist ein Rechnungszinssatz von 6% zu Grunde zu legen.

8.7.2.4 Fluktuationsabschlag

3428 Bei der Berechnung der Rückstellung ist auch die zu erwartende Fluktuation der Belegschaft (einschließlich des Verlustes von Arbeitnehmern durch Invalidität und Todesfälle) zu berücksichtigen. Soweit zugesagte Jubiläumsgelder durch eine zu erwartende Fluktuation voraussichtlich nicht ausbezahlt werden müssen, dürfen die Zusagen zu keiner Rückstellung führen. Die zu erwartende Fluktuation ist aus den im Unternehmen in der Vergangenheit (in den letzten Jahren) gegebenen Verhältnissen abzuleiten. Dabei sind außerordentliche Verhältnisse in der Vergangenheit (z.B. Ausgliederungen, Sozialpläne) für zukünftige Prognosen nicht zu berücksichtigen. Werden seitens des Steuerpflichtigen die maßgeblichen Verhältnisse nicht dokumentiert, bestehen keine Bedenken, bei Berechnung nach der reinen finanzmathematischen Methode den Fluktuationsabschlag mit 25% anzunehmen. Werden bei Anwendung einer versicherungsmathematischen Methode bestimmte Fluktuationsgründe nicht erfasst, ist der Abschlag entsprechend geringer. Auf Grund der Maßgeblichkeit der Unternehmensbilanz und des Fehlens von zwingendem Steuerrecht hat sich der Fluktuationsabschlag in der Steuerbilanz mit dem in der Unternehmensbilanz zu decken. Zur Anwendung des Fluktuationsabschlages in Verbindung mit der Ableitung des Gegenwartswertverfahrens aus dem Teilwertverfahren siehe Rz 3431.

(AÖF 2007/88)

8.7.2.5 Erstmalige Bildung der Jubiläumsgeldrückstellung

3429 Eine Jubiläumsgeldrückstellung kann erstmals für jenes Wirtschaftsjahr steuerwirksam gebildet werden, in dem die Jubiläumsgeldleistung schriftlich, rechtsverbindlich und unwiderruflich zugesagt wird. Dies wird regelmäßig das Wirtschaftsjahr des Beginns des Dienstverhältnisses sein. Eine Änderung der künftigen, rechtverbindlich zugesagten Jubiläumsgeldleistungen über das Ausmaß der bisher zugesagten Leistungen hinaus (zB durch eine Gehaltserhöhung) ist stets wie eine neue Zusage zu behandeln (siehe Rz 3422 f).

8.7.2.6 Ansammlungsverfahren

3430 Die Rückstellung ist nach dem für Pensionsrückstellungen maßgeblichen Ansammlungsverfahren zu bilden. Der Rückstellung (pro Arbeitnehmer) ist daher im Wirtschaftsjahr so viel zuzuführen, als bei Verteilung des zukünftigen Jubiläumsgeldanspruches auf die Zeit zwischen dem jeweiligen Beginn der Rückstellungsbildung und der Auszahlung des Jubiläumsgeldes auf dieses Wirtschaftsjahr entfällt. Daraus resultiert, dass „Mehrleistungen" auf Grund späterer Änderungen, die wie eine neue Zusage zu behandeln sind, nur auf die restliche Laufzeit bis zur Auszahlung des Jubiläumsgeldes verteilt werden können (Gegenwartswertverfahren).

3431 Ebenso wie bei der Pensionsrückstellung kommt auch bei der Jubiläumsgeldrückstellung das Teilwertverfahren nicht zur Anwendung. Beim Teilwertverfahren werden sämtliche Bezugsveränderungen auf die gesamte Laufzeit und nicht nur auf die verbleibende Laufzeit verteilt, wodurch das Ausmaß der Rückstellung über jener nach dem Gegenwartswertverfahren liegt. Aus Gründen einer vereinfachten Berechnung der Jubiläumsgeldrückstellung (durch Vermeiden eines sich jährlich vervielfachenden Berechnungsaufwandes) ist es jedoch zulässig, das Gegenwartswertverfahren aus dem Teilwertverfahren abzuleiten. Dabei kann von dem nach dem Teilwertverfahren errechneten Rückstellungsbetrag ein gleich bleibender Abschlag von 10% vorgenommen werden. Voraussetzung für diese vereinfachte Berechnungsmethode ist, dass beim Teilwertverfahren ein Rechnungszinsfuß von 6% zu Grunde gelegt wurde bzw. vor dem Abschlag die mit einem anderen Rechnungszinsfuß ermittelte „Teilwertrückstellung" auf einen Rechnungszinsfuß von 6% umgerechnet wurde.

Der Fluktuationsabschlag (siehe Rz 3428 kann entweder bereits bei der Ermittlung der Rückstellung nach dem Teilwertverfahren Berücksichtigung finden (der 10%ige Gegenwartswertverfahren-Abschlag wird in diesem Fall von einem bereits um den Fluktuationsabschlag gekürzten Betrag vorgenommen) oder erst nach der Ableitung aus dem Teilwertverfahren vorgenommen werden (der nach dem Teilwertverfahren berechnete und um den Fluktuationsabschlag nicht gekürzte Rückstellungsbetrag ist zunächst um 10%, der danach verbleibende Betrag um den prozentuellen Fluktuationsabschlag zu vermindern). Wurde beim Teilwertverfahren ein Fluktuationsabschlag von weniger als 25% angenommen, obwohl die maßgeblichen Verhältnisse, die für die Annahme eines unter 25% liegenden Fluktuationsabschlages sprechen, nicht dokumentiert wurden, so ist der gleich bleibende „Gegenwartswertverfahren-Abschlag" entsprechend zu erhöhen.

Beispiel:

Mangels Dokumentation der in der Vergangenheit herrschenden maßgeblichen Verhältnisse kommt der Fluktuationsabschlag von 25% zum Tragen. Die nach dem Teilwertverfahren berechnete Rückstellung beträgt

a) bei einem (zunächst angenommenen) 25%igen Fluktuationsabschlag 750.000 S,

b) bei einem (zunächst angenommenen) 20%igen Fluktuationsabschlag 800.000 S,

c) ohne Fluktuationsabschlag 1,000.000 S.

Im Fall a) ist der Betrag von 750.000 S um 10% zu vermindern. Die steuerliche Jubiläumsgeldrückstellung beträgt somit 675.000 S.

Im Fall b) ist der Betrag von 800.000 S entweder zunächst um die „fehlenden" 5% (das sind 50.000 S bezogen auf 1,000.000 S) auf 750.000 S zu vermindern und davon die 10%ige Kürzung vorzunehmen oder es kann sofort ein auf den Betrag von 800.000 S bezogener „kombinierter Gegenwartswertverfahren-Abschlag" von 15,625% (das sind 125.000 S) vorgenommen werden. In beiden Fällen beträgt die steuerliche Rückstellung 675.000 S.

Im Fall c) beträgt der „kombinierte Gegenwartswertverfahren-Abschlag" 32,5%. Die steuerliche Jubiläumsgeldrückstellung ergibt ebenfalls 675.000 S.

8.7.2.7 Kostenersätze durch Dritte

Rückstellungen für Zusagen an Dritte, für deren Jubiläumsgeldverpflichtungen bei Leistungseintritt Kostenersätze zu entrichten sind, sind nach den für Jubiläumsgeldrückstellungen geltenden Kriterien zu bilden. Rz 3397 ist sinngemäß anzuwenden. **3432**

8.7.2.8 Übernahme von Jubiläumsgeldverpflichtungen

8.7.2.8.1 Entgeltliche Übernahme von Jubiläumsgeldverpflichtungen

Bei der gänzlichen oder teilweisen entgeltlichen Übernahme von Jubiläumsgeldverpflichtungen aus Anlass einer Betriebsübertragung, der Überstellung von Arbeitnehmern oder eines sonstigen Arbeitsplatzwechsels darf der neue Arbeitgeber mit der Rückstellungsbildung für den (die) übernommenen Arbeitnehmer nicht neu beginnen, sondern hat die Jubiläumsgeldrückstellung in Höhe der erhaltenen (geschuldeten) Vergütungen, maximal in der nach § 14 Abs. 12 EStG 1988 zulässigen Rückstellungshöhe weiterzuführen (so genanntes „Rucksackprinzip"). Der frühere Arbeitgeber hat die von ihm gebildete Rückstellung für den (die) Arbeitnehmer zur Gänze aufzulösen; diesem Ertrag steht die geleistete (geschuldete) Vergütung als Aufwand gegenüber. Der neue Arbeitgeber hat die erhaltene (geschuldete) Vergütung als Ertrag anzusetzen, dem die zu bildende Jubiläumsgeldrückstellung als Aufwand gegenübersteht. **3433**

Übersteigt die erhaltene (geschuldete) Vergütung die nach § 14 Abs. 12 EStG 1988 zulässige Rückstellungshöhe, so ist für den übersteigenden Betrag zum Übernahmszeitpunkt ein Passivposten einzustellen und mit späteren Zuführungen zur Jubiläumsgeldrückstellung gewinnneutral zu verrechnen. Entfällt die Jubiläumsgeldverpflichtung, dann ist der Passivposten gemeinsam mit der Jubiläumsgeldrückstellung gewinnerhöhend aufzulösen. **3434**

8.7.2.8.2 Unentgeltliche Übernahme von Jubiläumsgeldverpflichtungen

Übernimmt im Falle einer Buchwertfortführung der Rechtsnachfolger die Jubiläumsgeldverpflichtungen, ist die vom früheren Arbeitgeber gebildete Jubiläumsgeldrückstellung fortzuführen. Hinsichtlich des Grundsatzes der Bewertungsstetigkeit darf der Rechtsnachfolger daher bei Vorliegen besonderer Umstände von der vom Rechtsvorgänger angewendeten Bewertungsmethode abweichen. **3435**

8.7.3 Übergangsbestimmungen

8.7.3.1 Allgemeines

3436 § 14 Abs. 12 EStG 1988 in der Fassung des Bundesgesetzes BGBl. I Nr. 28/1999 ist erstmals bei der Veranlagung für das Kalenderjahr 1999 anzuwenden. Es darf dabei nur jener Betrag der Rückstellung zugeführt werden, der bei der Verteilung des Gesamtaufwandes auf das einzelne Wirtschaftsjahr entfällt (§ 124b Z 33 lit. a EStG 1988).

8.7.3.2 Nachholverbot

3437 § 124b Z 33 lit. a EStG 1988 sieht bei der Bildung von Jubiläumsgeldrückstellungen im Bereich der steuerlichen Gewinnermittlung das so genannte Nachholverbot vor. Dieses Nachholverbot bewirkt, dass die Zuführung zur Rückstellung nur insoweit den steuerlichen Gewinn mindern darf, als die Zuführung wirtschaftlich auf das betreffende Wirtschaftsjahr entfällt. Rückstellungszuführungen, die im Rückstellungsstand zum Beginn des Wirtschaftsjahres 1999 (1998/ 1999) enthalten sind und die in der Vergangenheit nicht steuerwirksam dotiert wurden, können daher nicht gewinnmindernd nachgeholt werden. Bei (teilweiser) Auflösung der Jubiläumsgeldrückstellung wegen (teilweisen) Wegfalls der Zahlungsverpflichtung erhöht nur jener Teil des aufgelösten Betrages den Gewinn, dessen Zuführung sich bereits gewinnmindernd auswirkte. Die Auflösung des steuerunwirksam gebildeten Rückstellungsanteiles hat keinerlei steuerliche Auswirkungen.

Beispiel:

Für die Arbeitnehmer A und B wurden bisher keine Jubiläumsgeldrückstellungen gebildet. Der fiktive Rückstellungsstand zum 1.1.1999 beträgt für A 28.295 S, für B 104.156 S. A verlässt das Unternehmen im Jänner 2001, B erhält das Jubiläumsgeld mit Ablauf des Jahres 2003.

	Arbeitnehmer A		*Arbeitnehmer B*		*Summe*	
Dotierung 1999	*4.559*		*13.563*		*18.122*	
Stand 31.12.1999	*32.854*		*117.719*		*150.573*	
steuerwirksam		*4.559*		*13.563*		*18.122*
steuerunwirksam		*28.295*		*104.156*		*132.451*
Zuführung 2000	*+5.023*		*+15.615*		*+20.638*	
Stand 31.12.2000	*37.877*		*133.334*		*171.211*	
steuerwirksam		*9.582*		*29.178*		*38.760*
steuerunwirksam		*28.295*		*104.156*		*132.451*
Zuführung 2001 für B			*+18.305*		*+18.305*	
Auflösung A	*-37.877*				*-37.877*	
steuerwirksam		*9.582*				*9.582*
steuerunwirksam		*28.295*				*28.295*
Stand 31.12.2001		*0*	*151.639*		*151.639*	
steuerwirksam				*47.483*		
steuerunwirksam				*104.156*		
Zuführung 2002			*+22.194*			
Stand 31.12.2002			*173.833*			
steuerwirksam				*69.677*		
steuerunwirksam				*104.156*		
Auflösung 2003			*-173.833*			
steuerwirksam				*69.677*		
steuerunwirksam				*104.156*		
Stand 31.12.2003			*0*			

8.7.3.3 Steuerwirksame und steuerunwirksame Rückstellungsteile

Die folgende Tabelle zeigt einen Überblick über jene steuerwirksamen und steuerunwirksamen Rückstellungsdotierungen, aus denen sich der Stand der Rückstellung zum Ende des Wirtschaftsjahres 1999 (1998/1999) zusammensetzen kann: 3438

	Steuerwirksam	Steuerunwirksam
Rückstellungsbildung bis 1993; keine Auflösung vorgenommen (= fortgeschriebener Rückstellungsstand 31.12.1993)	X	
Rückstellungsbildung bis 1993; Auflösung vorgenommen, keine Wiederaufnahme durchgeführt		X
Rückstellungsbildung bis 1993; Auflösung vorgenommen, im Zuge der Wiederaufnahme wieder rückgängig gemacht (= fortgeschriebener Rückstellungsstand 31.12.1993)	X	
Dotierungen der Jahre 1994 bis 1998 (einschließlich der Nachholung gem Art. X Abs. 1 RLG)[x]		X
Dotierung des Jahres 1999	X	

[x] ausgenommen Dotierungen bei den Anlassfällen des VfGH-Verfahrens

Für die Berechnung des steuerwirksamen und des steuerunwirksamen Anteiles der zum Ende des Wirtschaftsjahres 1999 (1998/1999) bestehenden Jubiläumsgeldrückstellung(en) ist von folgender vereinfachter Formel auszugehen: 3439

Summe der Rückstellungsstände zum Ende des Wirtschaftsjahres 1999 (1998/1999)

abzüglich der steuerwirksamen Dotierungen des Jahres 1999 (1998/1999)

abzüglich Summe der fortgeschriebenen Rückstellungsstände zum Ende des Wirtschaftsjahres 1993 (1992/1993)

Ergebnis höher als 0 = steuerunwirksamer Sockelbetrag (siehe Rz 3440 ff)

Ergebnis niedriger als 0 = steuerwirksamer Mehrbetrag (siehe Rz 3444)

Beispiel 1:

Der Rückstellungsstand zum 31.12.1993 von 400.000 S wird fortgeschrieben; der Rückstellungsstand zum 31.12.1999 beträgt 650.000 S. Im Jahr 1999 wären (fiktiv) 100.000 S zu dotieren.

Der steuerwirksame bzw. steuerunwirksame Anteil an dieser Rückstellung beträgt daher:

Stand 31.12.1999	*650.000*
minus Dotierung 1999	*100.000*
minus Stand 31.12.1993	*400.000*
steuerunwirksamer Sockelbetrag	*+150.000*

Beispiel 2:

Der Rückstellungsstand zum 31.12.1993 von 400.000 S wird fortgeschrieben; der Rückstellungsstand zum 31.12.1999 beträgt 350.000 S. Im Jahr 1999 wären (fiktiv) 50.000 S zu dotieren.

Der steuerwirksame bzw. steuerunwirksame Anteil an dieser Rückstellung beträgt daher:

Stand 31.12.1999	*350.000*
minus Dotierung 1999	*50.000*
minus Stand 31.12.1993	*400.000*
steuerwirksamer Mehrbetrag	*–100.000*

8.7.3.4 Verteilung des steuerunwirksamen Rückstellungsteiles

Grundsätzlich ist ein steuerneutral gebildeter Rückstellungsteil auch steuerneutral aufzulösen. Zur vereinfachten (Fort-)Führung des nicht gewinnwirksam gebildeten Rückstellungsteiles bestehen keine Bedenken, den zum Ende des Wirtschaftsjahres 1999 (1998/1999) für alle Jubiläumsgeldverpflichtungen in Summe bestehenden steuerunwirksamen Sockelbetrag beginnend ab dem Veranlagungsjahr 1999 auf einen angenommenen durchschnittlichen Zeitraum der Jubiläumsgeldzahlungen von mindestens 15 Jahren gleichmäßig verteilt ab- 3440 zuschreiben. Die gewinnmindernde Verteilung des Sockelbetrages ist losgelöst von der (weiteren) Entwicklung der Jubiläumsgeldrückstellungen vorzunehmen.

3441 Im Falle einer Betriebsaufgabe oder einer entgeltlichen Betriebsübergabe sind die noch offenen Fünfzehntelbeträge im Rahmen des laufenden Gewinnes sofort abzusetzen. Bei einer Teilbetriebsaufgabe bzw. -veräußerung kommt es insoweit zu einem Sofortabzug der offenen Fünfzehntelbeträge, als sie auf Arbeitnehmer entfallen, die von der Teilbetriebsaufgabe bzw. -veräußerung erfasst werden.

3442 Wird der Betrieb unentgeltlich oder nach dem Umgründungssteuergesetz mit Buchwertfortführung übertragen, dann sind die Fünfzehntelabsetzungen vom Rechtsnachfolger fortzuführen.

3443 Auf Grund der Steuerwirksamkeit der Auflösung des Sockelbetrages sind im Gegenzug auch die Rückstellungsauflösungen zur Gänze steuerwirksam. Fällt daher ein Rückstellungsgrund (teilweise) weg, sind die (entsprechenden) Rückstellungsbeträge zur Gänze gewinnerhöhend aufzulösen (zB bei Ausscheiden eines Arbeitnehmers oder bei Absinken des Jubiläumsgeldes durch Verringerung der Arbeitszeit).

Beispiel:

Siehe Beispiel 1 in Rz 3439: Der steuerunwirksame Sockelbetrag kann auf die Veranlagungsjahre 1999 bis 2013 verteilt mit jährlich 10.000 S gewinnmindernd abgeschrieben werden.

8.7.3.5 Auflösung des „steuerwirksamen Mehrbetrages“

3444 Liegt zum Ende des Wirtschaftsjahres 1999 (1998/1999) ein steuerwirksamer Mehrbetrag vor, so ist die Auflösung dieses Mehrbetrages zu diesem Zeitpunkt „nachzuholen“.

Beispiel:

Siehe Beispiel 2 in Rz 3439: Der steuerwirksame Mehrbetrag von 100.000 S ist zum 31.12.1999 gewinnerhöhend aufzulösen.

8.7.3.6 Auflösung der zum Ende des Wirtschaftsjahres 1993 (1992/1993) bestehenden Jubiläumsgeldrückstellungen

3445 Nach Art. I Z 64 Steuerreformgesetz 1993 (StRefG 1993), BGBl. Nr. 818/1993, waren Rückstellungen, die für Zwecke der steuerlichen Gewinnermittlung gebildet worden waren und § 9 EStG 1988 idF StRefG 1993 nicht entsprachen, mit jenem Betrag aufzulösen, mit dem die Rückstellungen im Jahresabschluss für das letzte vor dem 1. Jänner 1994 endende Wirtschaftsjahr angesetzt wurden. Die gewinnerhöhende Auflösung war in jenen Wirtschaftsjahren vorzunehmen, die auf das letzte vor dem 1. Jänner 1994 endende Wirtschaftsjahr folgen, somit in den Jahren 1994 bis 1997. In dem nach dem 31. Dezember 1995 endenden Wirtschaftsjahr waren mindestens 50% des zu Beginn dieses Wirtschaftsjahres noch vorhandenen Rückstellungsbetrages aufzulösen.

3446 Im Hinblick auf die Möglichkeit der Bildung von Jubiläumsgeldrückstellungen ab der Veranlagung 1999 wurde mit dem AbgÄG 1998 (§ 124b Z 33 lit. b EStG 1988) die zwingende Auflösung früher gebildeter Jubiläumsgeldrückstellungen wiederum aufgehoben. Wurde in endgültig rechtskräftig veranlagten Fällen eine Auflösung derartiger Rückstellungen vorgenommen, so sind diese auf Antrag des Steuerpflichtigen wiederaufzunehmen. Dieser Antrag war bis zum 30. Juni 1999 zu stellen.

Für den Wiederaufnahmeantrag im Sinne des § 124b Z 33 lit. b EStG 1988 gelten – abgesehen von der besonderen Antragsfrist – die allgemeinen Voraussetzungen der §§ 303 bis 307 BAO. § 303a BAO verlangt, dass ein Wiederaufnahmeantrag das (die) Verfahren zu bezeichnen hat, dessen (deren) Wiederaufnahme beantragt wird, die Umstände anzugeben hat, auf die der Antrag gestützt wird, sowie jene Angaben zu machen hat, die für die Beurteilung der Rechtzeitigkeit notwendig sind; andernfalls ist die Abgabenbehörde verpflichtet, die Behebung der Mängel unter Setzung einer angemessenen Frist aufzutragen.

Gründete sich ein Wiederaufnahmeantrag auf § 124b Z 33 lit. b EStG 1988, so kann er – auch ohne spezifische Erwähnung – nur das Ziel verfolgen, die in bestimmten Jahren vorgenommenen Auflösungen früher gebildeter Jubiläumsgeldrückstellungen zur Gänze zurückzunehmen. Es ist (war) daher ausreichend, in diesem Antrag lediglich die Verfahren zu bezeichnen, die wieder aufgenommen werden sollen. Die Beurteilung der Rechtzeitigkeit des Anbringens beschränkt sich auf die Beachtung der nicht verlängerbaren Fallfrist 30. Juni 1999. Ein Mängelbehebungsauftrag darf daher nur dann erlassen werden, wenn die Verfahren, deren Wiederaufnahme beantragt wird, nicht genannt sind. Dieser Antrag kann – wie jeder andere Wiederaufnahmeantrag – bis zur Rechtskraft der Entscheidung zurückgezogen werden.

8.7.3.7 Ausgliederung von Jubiläumsgeldverpflichtungen

Zur Ausgliederung von Jubiläumsgeldverpflichtungen siehe Rz 3369a. **3446a**

Rz 3369a und Rz 3446a sind auf alle offenen Fälle anzuwenden.

(AÖF 2001/198)

8.8 ABC der Rückstellungen

Abbruchkosten **3447**

Für konkret erwartete Aufwendungen (zB auf Grund öffentlich-rechtlicher Verpflichtung) sind Rückstellungen zu bilden (vgl. Entfernungspflicht, Miet- und Pachtverhältnis, Abschnitt 8.2.1). Nicht umfasst von der Höhe der Rückstellung ist der Wertverlust der abgebrochenen (entfernten) Anlagen, sondern lediglich die Höhe der zu erwartenden Aufwendungen für den Abbruch und die Beseitigung (vgl. Baustellenräumung, Rz 3458). Wird die Verpflichtung übernommen, bei Einstellung des Liftbetriebes eines Seilbahnunternehmens die Liftanlagen abzutragen und den ursprünglichen Zustand wieder herzustellen, ist eine Ansammlungsrückstellung gerechtfertigt (VwGH 30.4.2015, 2011/15/0198).

Die Ansammlung hat über die Betriebszeit bis zum „voraussichtlichen Abbau der Anlagen" zu erfolgen; der Ansammlungszeitraum hängt somit vom Konzessionszeitraum ab. Sollte im Zeitpunkt der Dotierung der Rückstellung eine Verlängerung der Konzession für eine Seilbahn aber wahrscheinlicher sein als eine Nichtverlängerung, ist von einer Verlängerung auszugehen, wodurch sich der Ansammlungszeitraum auch entsprechend verlängert.

(BMF-AV Nr. 2018/79)

Abfertigungen **3448**

Rückstellungen für gesetzliche oder kollektivvertragliche Abfertigungsansprüche sind ausschließlich im Rahmen des § 14 EStG zulässig (siehe Rz 3330 ff).

Abraumarbeiten **3449**

Rückstellungen, die nach Art einer Rechnungsabgrenzung sowohl zu aktiv- als auch zu passivseitigen Positionen führen können, zählen nicht zu den steuerunwirksamen Aufwandsrückstellungen. Darunter fallen auch Rückstellungen für rückständige Abraumbeseitigung. Hängen die Abräumarbeiten wirtschaftlich mit der Erzielung künftiger Erträge zusammen (Beseitigung unbrauchbarer Gesteinsschichten, um an darunter liegende Schichten zu gelangen), scheidet eine Rückstellung aus (vgl. VwGH 26.5.2004, 2000/14/0181; siehe auch Umweltschäden, Rz 3519).

(AÖF 2005/110)

Abschlussprüfung einer Kapitalgesellschaft oder einer Genossenschaft **3450**

Aufwände für die gesetzliche Verpflichtung zur Erstellung eines Jahresabschlusses (einschließlich der Kosten der gesetzlichen Pflichtprüfung des Jahresabschlusses und seiner Veröffentlichung sowie Pensionsgutachten) sind rückstellungsfähig, soweit sie das abgelaufene Wirtschaftsjahr betreffen (vgl. VwGH 15.12.1961, 2321/60; VwGH 9.12.1992, 89/13/0048). Kosten einer freiwilligen Prüfung sind nicht rückstellbar. Für die Höhe der Rückstellung sind die internen „Zusatzkosten" (zB Überstundenentlohnung uä., maximal im Ausmaß vergleichbarer Fremdkosten) und externen Kosten heranzuziehen. Nicht zu berücksichtigen sind laufende interne Kosten, die allgemeine Geschäftskosten darstellen (VwGH 13.4.2005, 2001/13/0122).

(AÖF 2006/114)

Absiedlungsbeihilfen **3451**

Von Gebietskörperschaften auf Grund einer öffentlich-rechtlichen Verpflichtung (Gesetz, Verordnung, Bescheid) an Bestandnehmer geleistete Beihilfen für die vorzeitige Aufgabe von Bestandrechten sind in gleicher Höhe als vorbelastete Einnahmen zu berücksichtigen. Die Höhe der Rückstellung umfasst auch die Umsiedlungskosten.

Altfahrzeuge, Rücknahme und Verwertung **3451a**

Für Verpflichtungen der Hersteller oder Importeure zur Rücknahme und Verwertung von Altfahrzeugen gemäß § 5 der auf Grund von § 14 Abs. 1 des Abfallwirtschaftsgesetzes 2002, BGBl. I Nr. 102/2002, erlassenen Altfahrzeugeverordnung vom 6.11.2002, BGBl. II Nr. 407/2002, sind erstmals für das nach dem 5.11.2002 endende Wirtschaftsjahr Rückstellungen zu bilden. Das Jahr der wirtschaftlichen Verursachung und somit das Jahr der Rückstellungsbildung ist bei künftigen Neufahrzeugen regelmäßig jenes Jahr, in dem jener Tatbestand erfüllt wird, der zur späteren Rücknahme bzw. Kostenübernahmeverpflichtung führt. Dies wird in der Regel der Zeitpunkt sein, in dem Fahrzeuge gegen Entgelt in den Verkehr gebracht werden.

Soweit sich diese Verpflichtungen auf Fahrzeuge beziehen, die vor dem 1.7.2002 in Verkehr gebracht wurden, ist der Unterschiedsbetrag zwischen der Rückstellung und dem Betrag, der sich bei Ansammlung der Rückstellung in gleichmäßig bemessenen Jahresraten ergibt, als gesonderter Aktivposten in der Bilanz auszuweisen. Dabei ist ein Ansammlungszeitraum zugrunde zulegen, der mit dem nach dem 5.11.2002 endenden Wirtschaftsjahr beginnt und mit dem letzten vor dem 1.1.2007 endenden Wirtschaftsjahr endet (§ 124b Z 86 EStG 1988).

Die Rückstellung kann in Höhe der in Zukunft voraussichtlich anfallenden Kosten der zu erwartenden Rücklaufquote ermittelt werden.

Hersteller oder Importeure können die Verpflichtungen je Marke gesamthaft an ein Sammel- und Verwertungssystem für Altfahrzeuge vertraglich überbinden, wodurch diese Verpflichtungen auf den Betreiber dieses Systems übergehen (§ 5 Abs. 2 der Altfahrzeugeverordnung, BGBl. II Nr. 407/2002).

(AÖF 2004/167)

3451b *(aufgehoben durch AÖF 2006/114)*

3452 Altlastensanierung

Siehe Umweltschäden, Rz 3519

3453 Arbeitgeberhaftung

Nicht rückstellungsfähig – auch bei hoher Wahrscheinlichkeit des Schadenseintrittes – ist gemäß § 9 Abs. 3 EStG 1988 idF vor COVID-19-StMG die mögliche Haftung des Arbeitgebers dem Arbeitnehmer gegenüber für Schäden, die dieser beim Einsatz von eigenen Arbeitsmitteln erleidet (zB Unfallschäden), da es sich dabei um eine Pauschalrückstellung handelt. Erst bei Eintritt des Schadensfalles ist die Bildung einer Rückstellung bzw. das Passivieren der Verbindlichkeit vorzunehmen. Zur Möglichkeit der pauschalen Rückstellungsbildung gemäß § 9 Abs. 3 EStG 1988 idF COVID-19-StMG für Wirtschaftsjahre, die nach dem 31.12.2020 beginnen, siehe jedoch Rz 3315 und 3319.

(BMF-AV Nr. 2021/65)

3454 Aufwandsrückstellungen

Siehe Rz 3327 ff

3455 Ausgleichsansprüche der Konzerngesellschaft

Zwischen Konzernbetrieben (Produktionsgesellschaft und Vertriebsgesellschaft) vertraglich vereinbarte Ausgleichsansprüche für Verluste infolge hoher Produktentwicklungskosten sind rückstellungsfähig, weil am Stichtag ein rechtlicher Leistungszwang besteht. Ein faktischer Leistungszwang reicht für die Bildung einer Rückstellung nicht aus.

3456 Ausschüttungsvorbehaltene Genussrechtsverbindlichkeiten

Im Falle der Beteiligung am Ergebnis und an der Substanz eines Wirtschaftsgutes der die Genussrechte emittierenden Körperschaft ist kein Substanzgenussrecht im Sinne des § 8 Abs. 3 Z 1 KStG 1988 gegeben. Der Anspruch der Genussberechtigten ist als steuerlich abzugsfähiger Aufwand zu behandeln und führt bei den Empfängern, soweit er natürliche Personen oder Körperschaften mit steuerpflichtigen Kapitaleinkünften betrifft, zur Endbesteuerung.

Die Beteiligung an einem Wirtschaftsgut ändert dem Grunde nach nichts an der Eigentümerstellung der die Genussrechte emittierenden Körperschaft. Sie hat das Wirtschaftsgut zu aktivieren, sämtliche mit dem Wirtschaftsgut zusammenhängenden Vermögensveränderungen, Aufwendungen und Erträge sind nach allgemeinem Ertragsteuerrecht zu beurteilen. Es ist ihr daher das Engagement steuerlich so zuzurechnen, als ob es keine Genussberechtigten gäbe.

Getrennt davon ist die Beziehung zu den Genussberechtigten zu beurteilen. Das aufgebrachte Genussrechtskapital ist als Fremdkapital anzusehen, die Verzinsung dieses Kapitals führt nach Maßgabe der Genussrechtsbedingungen jährlich zu einer steuerwirksamen Verbindlichkeit gegenüber den Genussberechtigten in Höhe des ihnen zustehenden Beteiligungsergebnisses. Sollten die Bedingungen einen Ausschüttungsvorbehalt vorsehen, kommt es im Jahr einer späteren Fälligstellung zu einer entsprechenden Erhöhung der Verbindlichkeit. Ob und wieweit demgegenüber eine vorherige Berücksichtigung im Wege einer Verbindlichkeit oder Rückstellung in Betracht kommt, hängt von den Grundsätzen ordnungsmäßiger Buchführung und einkommensteuerlichen Vorschriften ab.

3456a Batterienrecycling

Stehen mit der Verpflichtung, für die eine Rückstellung zu bilden ist, künftige wirtschaftsgutähnliche Vorteile in einem unmittelbaren Kausalzusammenhang, gebietet die vernünftige unternehmerische Beurteilung eine verlustkompensierende Berücksichtigung dieser Vorteile bei der Rückstellungsbewertung. Nimmt ein Batteriehersteller die gelieferten

Batterien zum Recycling zurück, entsteht mit der Lieferung an die Recyclinggesellschaft ein Anspruch auf den Kaufpreis für die Altbatterien. In den Altbatterien ist Blei enthalten, das recycelt wird. Der daraus resultierende Vorteil steht in unmittelbarem Zusammenhang mit der Rücknahmeverpflichtung und ist verlustkompensierend zu berücksichtigen (VwGH 20.12.2016, Ro 2014/15/0012).

(BMF-AV Nr. 2018/79)

Bausparkassen 3457

Die Bildung einer Rückstellung wegen Einschränkungen der staatlichen Förderungen bei bestehenden niedrig verzinsten Anleihen ist ebenso unzulässig wie die Bildung einer Rückstellung für Verwaltungskosten bei der Darlehensvergabe (VwGH 27.6.1989, 88/14/0126).

Baustellenräumung 3458

Für die Verpflichtung der Baustellenräumung nach Beendigung der Fertigstellung ist im Ausmaß der voraussichtlichen Räumungskosten eine Rückstellung zu bilden.

Betriebsbereitschaft bzw. Baukostenzuschuss 3459

Verpflichtungen eines Elektrizitätsunternehmens zur Aufrechterhaltung der Betriebsbereitschaft und der Stromlieferungsverpflichtung gegen Leistung eines Baukostenzuschusses sind nicht rückstellungsfähig. Zum Ausweis eines passiven Rechnungsabgrenzungspostens siehe Rz 2404.

Betriebsprüfung 3460

Kosten der Betriebsprüfung sind mangels Konkretisierbarkeit ebenso wenig rückstellungsfähig wie Steuernachforderungen im Zuge einer Betriebsprüfung. Die Bildung einer Rückstellung für die Mehraufwendungen, die allenfalls durch die Administration einer (ungewissen) Betriebsprüfung in einem zukünftigen Jahr verursacht werden könnten, ist unzulässig, da sowohl der Grund als auch die Höhe der Schuld ungewiss ist.

Betriebsübergang 3461

Wenn bei Bemessung des Kaufpreises dem Grunde nach betrieblich veranlasste Rückstellungen berücksichtigt werden, die zwar unternehmensrechtlich, nicht aber steuerrechtlich anerkannt werden (etwa Aufwandsrückstellungen), hat der Betriebserwerber in Höhe des übernommenen Rückstellungsbetrages einen Passivposten anzusetzen. Dieser ist mit den entsprechenden Aufwendungen erfolgsneutral zu verrechnen, andernfalls erfolgswirksam aufzulösen. Beim Veräußerer ergibt sich ein um den Rückstellungsbetrag geringerer Veräußerungsgewinn.

Hinsichtlich des Übergangs von Abfertigungs-, Pensions- und Jubiläumsgeldverpflichtungen siehe Rz 3345 ff, Rz 3398 ff und Rz 3433 ff.

(AÖF 2008/238)

Betriebsübersiedlung 3462

Aufwendungen einer zukünftigen Betriebsübersiedlung sowie die dafür erforderlichen Kosten sind auch im Falle der betrieblichen Notwendigkeit der Übersiedelung nicht rückstellungsfähig (vgl. Umzugskosten; Rz 3521).

Brandmeldeanlagen 3462a

Für den behördlich auferlegten Einbau einer Brandmeldeanlage darf keine Rückstellung gebildet werden, weil die Kosten für die Brandmeldeanlage aktivierungspflichtigen Herstellungsaufwand darstellen (VwGH 26.5.2004, 99/14/0261).

(AÖF 2005/110)

Bürgschaften 3463

Droht (ernstlich) die Inanspruchnahme aus einer Bürgschaftserklärung und besteht keine ausreichende Regressmöglichkeit des Bürgen beim Schuldner, so ist dafür eine Rückstellung zu bilden. Das Geltendmachen der Schuld durch den Gläubiger bzw. die Fälligkeit stellt keine Voraussetzung für die Bildung der Rückstellung dar. Ist die Inanspruchnahme aus der Bürgschaft hingegen (absolut) sicher, so ist eine Verbindlichkeit auszuweisen (VwGH 24.11.1987, 87/14/ 0154). Eine Inanspruchnahme droht nicht, wenn der Hauptschuldner zahlungskräftig ist und dem Bürgen die rechtzeitige Erfüllung seiner Verbindlichkeit in einer objektiv ernst zu nehmenden Weise zugesichert hat (VwGH 13.9.1988, 87/14/0132).

Wenn aber ein Abgabepflichtiger im Falle der Bildung einer Rückstellung wegen einer drohenden Inanspruchnahme (zB aus dem Titel einer bestehenden Bürgschaft) gegen einen Dritten einen Regressanspruch hat, dann ist dieser zu aktivieren. Ist die Einbringlichkeit der Regressforderung nicht gefährdet, wirkt sich die Bildung der Rückstellung nicht gewinnmindernd aus, weil deren Auswirkungen durch die Aktivierung der Regressforderung kompensiert werden (VwGH 30.9.1987, 86/13/0153).

Ist ein Gesellschafter im Zusammenhang mit seiner Gesellschafterstellung eine Bürgschaftsverpflichtung für Schulden der Gesellschaft eingegangen und erbringt er auf Grund dieser Verpflichtung eine Leistung, so ist darin eine Einlage im Sinne des § 4 Abs. 1 EStG 1988 zu erblicken (VwGH 20.11.1996, 96/15/0004). Die Inanspruchnahme des Gesellschafters aus dieser Bürgschaft führt sohin nicht zu Betriebsausgaben, sondern zu Einlagen. Daher darf die drohende Inanspruchnahme nicht durch eine – im Sonderbetriebsvermögen des Gesellschafters auszuweisende – steuerliche Rückstellung berücksichtigt werden. Die bevorstehende Verpflichtung zur Leistung einer Einlage im Sinne des § 4 Abs. 1 EStG 1988 ist nicht rückstellungsfähig (VwGH 17.12.1998, 97/15/0122).

3464 Einsatzverpflichtung

Für Verpflichtung, gegen Einsatz überlassene Wirtschaftsgüter (Paletten, Gebinde, Flaschen usw.) wieder zurückzulösen, sind Rückstellungen in der Höhe zu bilden, in der die Inanspruchnahme tatsächlich droht, dh. im Ausmaß zwischen der Rücknahmeverpflichtung und dem Wert der übernommenen Wirtschaftsgüter.

3464a Emissionszertifikate

Zur Rückstellungsbildung für den im abgelaufenen Wirtschaftsjahr nicht durch Emissionszertifikate gedeckten CO_2-Ausstoß oder wegen einer drohenden Sanktionszahlung siehe Rz 2394d.

(AÖF 2005/110)

3465 Entfernungspflicht

Für Entfernungsaufwendungen (zB auf Grund öffentlich-rechtlicher Verpflichtung) sind Rückstellungen in dem Wirtschaftsjahr zu bilden, in dem die Inanspruchnahme nachweislich konkret wird. Nicht umfasst von der Höhe der Rückstellung ist der Wertverlust der entfernten Anlagen, sondern lediglich die Höhe der zu erwartenden Aufwendungen für die Beseitigung. Zu Abbruchkosten siehe Rz 3447.

(BMF-AV Nr. 2018/79)

3466 Entsorgungspflicht

Eine öffentlich-rechtliche Verpflichtung kann Gegenstand einer Rückstellung für ungewisse Verbindlichkeiten sein, wenn die Verpflichtung nach ihrem Inhalt und insbesondere ihrem Entstehungszeitpunkt hinreichend konkretisiert ist. Dies ist anzunehmen, wenn die Verpflichtung unmittelbar auf dem Gesetz oder auf einem besonderen Verwaltungsakt beruht und wenn an die Verletzung der öffentlich-rechtlichen Verpflichtung Sanktionen geknüpft sind. Die Rückstellung ist zu bilden, wenn die Leistungspflicht dem Entstehungsgrund und der Leistungsart gesetzlich in dem Maße vorgezeichnet ist, dass sie absehbar und abschätzbar, sowie ihre bescheidmäßige Anforderung zufolge Tatbestandsverwirklichung zulässig und geboten ist.

3467 Erdölbevorratung

Für die allfälligen Kosten der Erdölbevorratung auf Grund des Erdölbevorratungsgesetzes sind Rückstellungen zu bilden (§ 3 Abs. 1 ErdölbevorratungsG). Davon ausgeschlossen sind die Anschaffungskosten der Vorräte selbst.

3468 Ergebnisabführungsvertrag

Für künftig zu tragende Verluste der Organgesellschaft ist beim Organträger die Bildung einer Rückstellung unzulässig.

3469 Erneuerungspflicht des Mieters

Die Zulässigkeit der Rückstellung liegt im Bestandsverhältnis begründet. Ist bei dessen Beendigung der Bestandnehmer verpflichtet, den ursprünglichen Zustand wiederherzustellen, so ist eine Rückstellung hiefür zu bilden (vgl. analog Miet- und Pachtverhältnisse, Rz 3489).

Randzahl 3470: *derzeit frei*

(BMF-AV Nr. 2015/133)

3471 Forderungsüberwachung

Nicht rückstellungsfähig sind Aufwände der Forderungskontrolle, Einziehung und Verbuchung, weil diese allgemeine Geschäftskosten darstellen und ausschließlich jenes Jahr betreffen, in dem sie entstanden sind.

3472 Forderungsverzicht

Ein auflösend bedingter Forderungsverzicht des Gläubigers berechtigt den Schuldner zur Bildung einer Rückstellung, sobald mit dem Eintritt der Bedingung zu rechnen ist.

3473 Funktionsprüfungen – Wartungsintervalle

Kosten für in regelmäßigen Zeitabständen notwendige öffentlich-rechtliche Kontrollen, sind als künftiger Aufwand nicht rückstellungsfähig. Dies gilt auch dann, wenn die Verpflichtung dazu im vergangenen Wirtschaftsjahr entstanden ist, die Frist dagegen erst im folgenden Jahr abläuft; Gegenstand der Prüfung ist nicht die Funktionsfähigkeit im abgelaufenen Wirtschaftsjahr, sondern die Funktionsfähigkeit im Zeitpunkt der Kontrolle. Ist die Frist abgelaufen, ohne dass die Anlage geprüft wurde, dann wird eine Rückstellung zu bilden sein.

Garantie- und Gewährleistungsrückstellung 3474

Rückstellungen für Garantie- und Gewährleistungsverpflichtungen dürfen gemäß § 9 Abs. 3 EStG 1988 idF vor COVID-19-StMG ausschließlich für den Einzelfall und nur in Höhe der ernstlich, mit größter Wahrscheinlichkeit zu erwartenden Haftung gebildet werden. Die bloße Möglichkeit der Inanspruchnahme aus einem Garantiefall kann nicht mit seiner Wahrscheinlichkeit gleichgesetzt werden. Die Bildung von Pauschalrückstellungen ist unzulässig (siehe Rz 3319); zur Möglichkeit der pauschalen Rückstellungsbildung gemäß § 9 Abs. 3 EStG 1988 idF COVID-19-StMG für Wirtschaftsjahre, die nach dem 31.12.2020 beginnen, siehe jedoch Rz 3315 und 3319.

(BMF-AV Nr. 2021/65)

Genussrechtsverpflichtungen 3475

Vgl. ausschüttungsvorbehaltene Genussrechtsverbindlichkeiten, Rz 3456.

Gestionsrisiken 3476

Allfällige (Schadenersatz-)Ansprüche, die der Gesellschaft durch ihre Gesellschaftsorgane (Geschäftsführer, Vorstandsmitglieder) aus Verletzung der Sorgfaltspflicht bei der Besorgung ihrer Aufgaben verursacht werden können, sind nicht rückstellungsfähig, da es sich um gemäß § 9 Abs. 3 EStG 1988 idF vor COVID-19-StMG unzulässige Pauschalrückstellungen handelt; zur Möglichkeit der pauschalen Rückstellungsbildung gemäß § 9 Abs. 3 EStG 1988 idF COVID-19-StMG für Wirtschaftsjahre, die nach dem 31.12.2020 beginnen, siehe jedoch Rz 3315 und 3319.

(BMF-AV Nr. 2021/65)

Gewinnbeteiligungszusagen und Leistungsprämienzusagen 3477

Derartige Zusagen sind rückstellungsfähig, wenn am Bilanzstichtag eine rechtliche Verpflichtung gegenüber den Mitarbeitern bestand. Wird erst im Zuge der Bilanzerstellung die Auszahlung von Gewinnbeteiligung bzw. Leistungsprämien beschlossen, ist die Bildung einer Rückstellung ausgeschlossen (VwGH 11.12.1990, 89/14/0109), da ein wertändernder und nicht werterhellender Umstand vorliegt.

Gleitzeitüberlänge 3478

Siehe Urlaubsrückstellung, Rz 3523 (sinngemäß).

GSVG-Beiträge 3478a

Rückstellungen können nach § 9 Abs. 1 EStG 1988 nur gebildet werden für Anwartschaften auf Abfertigungen, laufende Pensionen und Anwartschaften auf Pensionen, sonstige ungewisse Verbindlichkeiten und drohende Verluste aus schwebenden Geschäften. Was unter das Tatbestandselement „sonstige ungewisse Verbindlichkeiten" fällt, richtet sich nach dem Steuerrecht und nicht nach dem Unternehmensrecht, da es keinen Verweis auf eine unternehmensrechtliche Norm gibt. Zu den Betriebsausgaben gemäß § 4 Abs. 4 Z 1 EStG 1988 zählen unter anderem Beiträge des Versicherten zur Pflichtversicherung in der gesetzlichen Kranken-, Unfall- und Pensionsversicherung. Bei der Nachentrichtung von GSVG-Beiträgen handelt es sich somit um eine Drittverpflichtung, bei der das Bestehen konkreter Umstände am Bilanzstichtag nachgewiesen werden kann, nach denen mit dem Vorliegen oder dem Entstehen dieser Verbindlichkeit zu rechnen ist. Die Voraussetzungen für die Bildung einer Rückstellung iSd § 9 Abs. 3 EStG 1988 sind daher erfüllt.

Unternehmensrechtlich dürften die GSVG-Beiträge hingegen weder abzugs- noch rückstellungsfähig sein, da es sich um Aufwendungen des Unternehmers und nicht des Unternehmens handelt. Dem unternehmensrechtlichen Abzugsverbot steht somit eine steuerrechtliche Abzugspflicht gegenüber, weswegen kein Fall einer Maßgeblichkeit der UGB-Bilanz für die Steuerbilanz vorliegt. Sowohl der § 5 als auch der § 4 Abs. 1 EStG-Ermittler kann daher von einem Passivierungswahlrecht Gebrauch machen; eine Passivierungspflicht besteht dann, wenn der Steuerpflichtige mit der Rückstellungsbildung für GSVG-Beiträge begonnen hat (Rz 3305 EStR 2000).

(AÖF 2008/238)

Gutscheinmünzen 3479

Die Einlöseverpflichtung für umlaufende Gutscheinmünzen begründet eine „echte" Verbindlichkeit im Ausmaß der drohenden Belastung und keine Rückstellung.

3480 **Handelsvertreter**

Ausgleichsansprüche des Handelsvertreters nach § 24 HVertrG 1993 entstehen erst mit Beendigung des Vertretungsverhältnisses. Eine Rückstellung für Ausgleichsansprüche vor Lösung des Vertretungsverhältnisses ist nicht möglich. Die Ausgleichsansprüche gelten künftig entgehende Provisionen ab und betreffen nicht in der Vergangenheit entstandene Ansprüche (VwGH 27.11.2001, 2001/14/0081; VwGH 29.3.2006, 2001/14/0214).

(AÖF 2007/88)

3481 **Heimfallsrechte**

Diese Rückstellung kommt nur für Aufwendungen anlässlich des Heimfalls, nicht hingegen für die Vermögensrückstellung, in Betracht. Bei Mieterinvestitionen, die nach Ablauf des (zeitlich begrenzten) Bestandsvertrages dem Vermieter heimfallen, kommt es beim abnutzbaren Anlagevermögen gegebenenfalls zu einer Verkürzung der Nutzungsdauer. Gleiches gilt für den Heimfall eines auf Grund eines (zeitlich begrenzten) Baurechtes errichteten Gebäudes nach Ablauf der Baurechtszeit an den Grundstückseigentümer.

3482 **Investitionszuschüsse**

Ist die Rückzahlung eines Investitionszuschusses vertraglich vereinbart, so liegt keine Rückstellung, sondern eine Verbindlichkeit vor. Ist ungeachtet des Fehlens einer diesbezüglichen Vereinbarung mit der Rückforderung ernsthaft zu rechnen, muss eine Rückstellung in der Bilanz ausgewiesen werden. Ist am Bilanzstichtag (noch) nicht sicher, ob der Zuschuss als solcher nicht rückzahlbar ist oder in ein Darlehen umgewandelt wird, ist dafür ebenfalls eine Rückstellung zu bilden.

3483 **Jahresabschlusskosten**

Siehe Abschlussprüfung, Rz 3450.

3484 **Jubiläumsgelder**

Zuwendungen anlässlich eines Dienstjubiläums dürfen lediglich nach Maßgabe des § 14 Abs. 12 EStG 1988 gebildet werden. Unzulässig ist die Bildung einer Rückstellung für Firmenjubiläen (§ 9 Abs. 4 EStG 1988). Im Übrigen siehe Rz 3422.

3484a **Konventionalstrafe**

Eine Rückstellung für Aufwendungen aus der drohenden Inanspruchnahme aus einer Konventionalstrafe setzt voraus, dass die Verwirklichung des Sachverhaltes, an den eine Konventionalstrafe geknüpft ist, vor dem Bilanzstichtag gesetzt wurde. Erst nach dem Bilanzstichtag gesetzte Schadenersatztatbestände eignen sich nicht als rechtliche Grundlage für die Bildung einer Rückstellung schon für diese Besteuerungsperiode (VwGH 29.11.2006, 2002/13/0176). Siehe auch „Schadenersatzansprüche", Rz 3510.

(AÖF 2008/51)

3485 **Koppelungsgeschäfte**

Für drohende Verluste aus Koppelungsgeschäften ist ebenfalls eine Rückstellung anzusetzen (VwGH 7.2.1958, 2177/54). Auch für Nebenverpflichtungen aus Kompensationsgeschäften ist eine Rückstellung zulässig (VwGH 18.2.1954, 3018/52).

3486 **Kulanzleistungen**

Siehe Rz 3313 und Rz 3319.

3487 **Leasing**

Eine Rückstellung des Leasinggebers für eine Beteiligung des Leasingnehmers am Verwertungserlös aus der Veräußerung des Leasinggutes nach erfolgter Beendigung des Leasingvertrages ist unzulässig.

3488 **Lehrlingsausbildung**

Schließt ein Unternehmer Lehrverträge unter üblichen Voraussetzungen ab, so kann davon ausgegangen werden, dass der Wert der Gegenleistung des Unternehmers nicht hinter den von ihm erwarteten Vorteilen zurückbleibt. Lehrverhältnisse werden nicht im allgemeinen oder auch nur überwiegenden Interesse des Lehrlings abgeschlossen, was sich schon aus der Lehrlingsbeschäftigung ohne gesetzliche Verpflichtung ergibt. Eine Rückstellung für drohende Verluste wäre nur dann anzuerkennen, wenn sich im Einzelfall nachweisen lässt, dass die dem Unternehmen zufließenden Vorteile hinter denen aus dem Vertrag erfließenden Verpflichtungen zurückbleiben (VwGH 17.3.1994, 91/14/0001; VwGH 27.6.2000, 97/14/0057).

3488a **Masseverwalter**

Kosten für die Entlohnung des Masseverwalters sind beim Gemeinschuldner rückstellungsfähig (VwGH 16.2.2006, 2005/14/0033).

(AÖF 2007/88)

Miet- und Pachtverhältnis 3489

Die Zulässigkeit der Rückstellung liegt im Bestandsverhältnis begründet, wenn darin die Verpflichtung des Bestandnehmers statuiert ist, bei dessen Beendigung Inventar in gleicher Qualität und Höhe wieder zurückzustellen. Für die Vereinbarung der Zurückgabe von Umlaufvermögen ist eine Rückstellung zu Wiederbeschaffungskosten einzustellen. Rückstellungen für die bloße Möglichkeit einer Inanspruchnahme zur Räumung des Grundstückes – nach Ablauf des Mietvertrages auf Verlangen des Vermieters – reichen für die Passivierung künftiger Verbindlichkeiten nicht aus. Die Inanspruchnahme muss nach objektiv belegbaren Gesichtspunkten wahrscheinlich sein, es müssen also nach erkennbaren Tatsachen mehr Gründe dafür als dagegen sprechen.

Mietmehrkosten 3490

Bezahlt der Vermieter eine höhere Miete als er dem Untermieter weiterverrechnen kann, kommt der Differenzbetrag für eine Rückstellung in Betracht.

Mietzinsreserve 3491

Eine Rückstellung für eine Mietzinsreserve, selbst bei bestimmungsgemäßer Verwendung für notwendige Reparaturen, ist unzulässig, zumal allenfalls eine Aufwandsrückstellung vorliegen würde.

Montageüberwachung 3492

Im Zeitpunkt der Lieferung der Anlagen (Eigentumsübergang an den Abnehmer) ist der Gewinn in jedem Fall auszuweisen. Ein Hinausschieben der Gewinnverwirklichung wegen der noch ausstehenden Montageüberwachung über den Zeitpunkt des Eigentumsübergangs hinaus ist unzulässig. Für eine ausstehende Montageüberwachung ist bilanziell durch eine Rückstellung vorzusorgen.

Nachbetreuungskosten 3493

Nach Art der Gewährleistungsrückstellungen (im Einzelfall) sind Rückstellungen für vertragliche Verpflichtungen zur Nachbetreuung zu bilden. Dies trifft nicht zu, wenn die Nachbetreuungskosten Abnutzung und Verschleiß des Wirtschaftgutes betreffen.

Nachschusspflicht 3494

Wird zwischen einer GmbH und ihren Gesellschaftern vereinbart, dass die Gesellschafter bei ihrem Ausscheiden aus der GmbH dieser eine Vergütung in Höhe der hypothetischen Liquidationskosten zu leisten haben, so sind die Gesellschafter während ihrer Gesellschafterstellung mangels konkret drohender Verpflichtung nicht berechtigt, für diese künftige Belastung eine Rückstellung zu bilden (VwGH 22.4.1986, 84/14/0056).

Nachschusspflicht an Pensionskassen 3494a

Für mögliche Nachschussverpflichtungen an Pensionskassen aus leistungsorientierten Verträgen darf grundsätzlich keine Rückstellung gebildet werden, weil zum Bilanzstichtag die Verpflichtung im Einzelfall noch nicht hinreichend konkretisiert ist. Sollte bei Bilanzerstellung feststehen, dass eine Unterdeckung für das abgelaufene Wirtschaftsjahr weder aus der Schwankungsrückstellung der Pensionskasse bedient noch über höhere laufende Beiträge ausgeglichen werden kann, sodass eine Nachschussverpflichtung für das abgelaufene Wirtschaftsjahr konkret droht, kann auf Grundlage eines versicherungsmathematischen Gutachtens im betreffenden Ausmaß eine Rückstellung gebildet werden (VwGH 27.6.2012, 2008/13/0064).

(BMF-AV Nr. 2018/79)

Optionsgeschäfte 3495

Für den Stillhalter eines Optionsgeschäftes ist eine Rückstellung für drohende Verluste aus schwebenden Geschäften zu bilden,

- wenn und so weit bei einer Call-Option der Kurs des Optionsgegenstandes am Bilanzstichtag über dem Basispreis liegt (Stillhalter verpflichtet sich, gegen eine Optionsprämie an den Optionsberechtigten zum vereinbarten Basispreis zu liefern),
- wenn und so weit bei einer Put-Option der Kurs des Optionsgegenstandes am Bilanzstichtag unter dem Basispreis liegt (Stillhalter verpflichtet sich, gegen eine Optionsprämie vom Optionsberechtigten zum vereinbarten Basispreis zu kaufen).

Die Höhe der Rückstellung bemisst sich als Unterschiedsbetrag zwischen Basispreis und Tagespreis abzüglich der Optionsprämie. Liegen Deckungsgeschäfte oder geschlossene Positionen vor, ist die Bildung einer Rückstellung nicht zulässig.

Patentrechtsverletzung 3496

Ist bei einer Patentverletzung die Geltendmachung des Anspruchs durch den Patentinhaber wahrscheinlich, kann eine Rückstellung gebildet werden (VwGH 15.6.1983, 1409/79).

3496a **Patronatserklärung**

Erbringt ein Gesellschafter einer Mitunternehmerschaft aufgrund der Bürgschaftsverpflichtung für Schulden der Gesellschaft eine Leistung, ist darin eine Einlage iSd § 4 Abs. 1 EStG 1988 zu erblicken. Die bevorstehende Verpflichtung zur Leistung einer Einlage eignet sich nicht für eine Rückstellung (VwGH 22.10.2015, Ro 2014/15/0049).

(BMF-AV Nr. 2018/79)

3497 **Pauschalrückstellungen**

Siehe Rz 3319.

3498 **Pensionszusagen**

Rückstellungen für Pensionszusagen sind ausschließlich im Rahmen des § 14 EStG 1988 zulässig. Siehe Rz 3370 ff.

3499 **Produkthaftung**

Pauschalrückstellungen für Produkthaftungsrisiken sind gemäß § 9 Abs. 3 EStG 1988 idF vor COVID-19-StMG nicht gestattet. Einzelrückstellungen sind steuerlich anzuerkennen, wenn

- gegen den Hersteller (Importeur) bereits dem Grunde nach Ansprüche nach dem PHG geltend gemacht wurden, oder
- Fehlleistungen im Produktionsprozess in Verkehr gebrachter Produkte festgestellt werden und deshalb eine Produkthaftung wahrscheinlich ist.

Schließt der Unternehmer eine Produkthaftpflichtversicherung ab, ist die Rückstellung nur im Verhältnis der versicherten Summe zu der dem Produkthaftpflichtrisiko angemessenen Versicherungssumme zulässig. Bei vollem Versicherungsschutz des Unternehmers sowie bei einem durchsetzbaren Regressanspruch des Haftenden gegenüber dem „Vormann" besteht keine Möglichkeit der Bildung einer Rückstellung.

Nach § 1 PHG haftet der Hersteller und Importeur. Der Händler haftet nur, wenn er dem Geschädigten den Hersteller bzw. den Importeur nicht nennt. Der Händler ist daher zur Bildung der Rückstellung nicht berechtigt, weil er sich im Regelfall von der Haftung befreien kann.

Zur Möglichkeit der pauschalen Rückstellungsbildung gemäß § 9 Abs. 3 EStG 1988 idF COVID-19-StMG für Wirtschaftsjahre, die nach dem 31.12.2020 beginnen, siehe jedoch Rz 3315 und 3319.

(BMF-AV Nr. 2021/65)

3500 **Produktionsausschuss**

Der bei der Herstellung von Wirtschaftsgütern erfahrungsgemäß auftretende Ausschuss erhöht die Herstellungskosten für die funktionsfähigen Produkte und ist daher nicht rückstellungsfähig.

3501 **Provisionsverpflichtungen**

Rückstellungen für Provisionsverpflichtungen werden erst dann zulässig, wenn der Gewinn aus dem vermittelten Geschäft (Hauptgeschäft) realisiert wird. Droht aus dem Hauptgeschäft vor Gewinnrealisierung ein Gesamtverlust, so ist eine Rückstellung wegen drohender Verluste aus schwebenden Geschäften unter Einschluss der Provisionsverpflichtung zu bilden.

3502 **Prozesskosten**

Eine Rückstellung für Prozesskosten kann nur gebildet werden, wenn am Bilanzstichtag bereits ein Prozess anhängig und ernsthaft damit zu rechnen ist, dass dem Steuerpflichtigen durch den Ausgang des Prozesses besondere Aufwendungen (zB Gerichtskosten, Rechtsanwaltskosten) erwachsen, soweit sie auf das entsprechende Jahr entfallen (VwGH 30.9.1987, 86/13/0153; VwGH 26.4.2012, 2009/15/0158).

(AÖF 2013/280)

3503 **Rabatte, Skonti, Boni**

Werden nach dem Bilanzstichtag für am Bilanzstichtag bestehende Warenforderungen Rabatte, Skonti oder Boni geltend gemacht, sind die Forderungen am Bilanzstichtag entsprechend niedriger (um Rabatte, Boni und Skonti reduziert) zu bewerten.

3504 **Rechtsanwalts- und Beratungskosten**

Im abgelaufenen Wirtschaftsjahr erbrachte Beratungsleistungen sind als Verbindlichkeiten (allenfalls in geschätzter Höhe) auszuweisen, wenn es sich zumindest zum abrechenbare Teilleistungen handelt; andernfalls sind Rückstellungen zu bilden.

3505 **Rechtsgeschäftsgebühren**

Vorgeschriebene Rechtsgeschäftsgebühren (zB Gesellschaftsverträge, Zessionsgebühren) sind Verbindlichkeiten.

Refinanzierungskosten 3506

Der Aufwand aus einer teureren Refinanzierung künftiger Darlehensforderungen ist nicht rückstellungsfähig (VwGH 27.6.1989, 88/14/0126), da Rückstellungen einen bereits entstandenen Aufwand ausweisen. Refinanzierungskosten, die die eigenen Zinseinnahmen übersteigen, sind erst dann rückstellungsfähig, wenn eine Unterdeckung vorliegt oder ernstlich droht.

Registrierungsverfahren 3507

Eine konkrete Verpflichtung zur Abdeckung von Kosten, die mit einem Registrierungsverfahren (zB Arzneimittel) verbunden sind, kann frühestens mit dem Zeitpunkt der Antragstellung auf Zulassung eintreten. Der Umstand, dass die Registrierungskosten im Jahr der Antragstellung noch nicht vorgeschrieben wurden, steht der Bildung einer entsprechenden Rückstellung grundsätzlich nicht entgegen, wohl aber eine allfällige Aktivierungspflicht der Registrierungskosten als Anschaffungs- oder Herstellungskosten.

Rekultivierung 3508

Aufwendungen für die (privat- oder öffentlich-rechtliche) Verpflichtung der Rekultivierung (zB Wiederauffüllung, Planierung) des eigenen oder eines fremden Grundstückes nach Abbau von Bodenschätzen (zB Schottergrube) sind rückstellungsfähig (zu Aufwendungen im Zusammenhang mit vorbelasteten Einnahmen siehe Rz 3303).

Rücktrittsrecht 3509

Verpflichtungen des Verkäufers zur Rückabwicklung des Kaufvertrages sind rückstellungsfähig, wenn die konkreten Umstände, nach denen die Rückabwicklung zu genau bestimmten Bedingungen und bis zu einem exakt bestimmten Zeitpunkt ernsthaft droht, nachweislich vorliegen.

Schadenersatzansprüche 3510

Ist der die vertragliche oder deliktische Schadenersatzpflicht auslösende Sachverhalt dem betrieblichen Bereich zuzuordnen und bis zum Bilanzstichtag gesetzt worden, bestehen aber noch Ungewissheiten über die Ersatzpflicht, sind die Voraussetzungen für eine Rückstellung gegeben, wenn die Ersatzpflicht ernsthaft droht. Pauschalrückstellungen dürfen gemäß § 9 Abs. 3 EStG 1988 idF vor COVID-19-StMG jedenfalls nicht gebildet werden; zur Möglichkeit der pauschalen Rückstellungsbildung gemäß § 9 Abs. 3 EStG 1988 idF COVID-19-StMG für Wirtschaftsjahre, die nach dem 31.12.2020 beginnen, siehe jedoch Rz 3315 und 3319.

Im Fall eines Versicherungsschutzes ist die Rückstellung nur in Höhe des Selbstbehaltes zulässig. Eine Rückstellung wegen eines bereits gerichtlich geltend gemachten Schadenersatzanspruches ist bis zum Ergehen der rechtskräftigen Entscheidung (Urteil, Vergleich) in der Bilanz fortzuführen. Nicht zu berücksichtigen sind nach dem Bilanzstichtag gesetzte Schadenersatztatbestände. Zur Rückstellung für drohende Inanspruchnahme aus Konventionalstrafen siehe Rz 3484a.

(BMF-AV Nr. 2021/65)

Schadensrückstellungen 3511

Für noch nicht abgewickelte Schadensfälle haben Versicherungsunternehmen gemäß § 15 Abs. 1 KStG 1988 Rückstellungen zu bilden. Diese Bestimmung geht § 9 EStG 1988 vor.

Sonderzahlungen 3512

Siehe Urlaubsentgelt, Rz 3523.

Sozialplan 3513

Zukünftige Kosten eines Sozialplanes sind nicht als Rückstellung sondern als Verbindlichkeit anzusetzen, wenn für den Unternehmer die rechtliche Verpflichtung aus dem Sozialplan entstanden ist.

Rechtslage ab 1.3.2014:

Gemäß § 124b Z 254 EStG 1988 sind nur Zahlungen auf Grund von Sozialplänen, die vor dem 1. März 2014 abgeschlossen wurden, abzugsfähig. Zahlungen von später abgeschlossenen Sozialplänen unterliegen dem Abzugsverbot des § 20 Abs. 1 Z 8 EStG 1988 idF AbgÄG 2014, soweit sie dem Grunde nach sonstige Bezüge nach § 67 Abs. 6 EStG 1988 darstellen (VwGH 1.9.2015, 2012/15/0122; VwGH 21.9.2016, 2013/13/0102).

(BMF-AV Nr. 2018/79)

Steuerberatungskosten 3514

Im abgelaufenen Wirtschaftsjahr erbrachte Steuerberatungsleistungen sind als Verbindlichkeiten (allenfalls in geschätzter Höhe) auszuweisen, wenn es sich zumindest um abrechenbare Teilleistungen handelt; andernfalls sind Rückstellungen zu bilden. Künftige

Steuerberatungskosten für das abgelaufene Jahr (Aufwände der Bilanzerstellung) sind ebenfalls rückstellungsfähig.

Im Gegensatz zur Abschlussprüfung sind Aufwendungen für Betriebsprüfungen nicht rückstellbar, da der Grund für den Aufwand nicht im abgelaufenen, sondern im Jahr der Betriebsprüfung liegt. Eine Rückstellung für Steuerberatungskosten für eine Bilanzberichtigung ist nicht möglich, sie sind dem Jahr anzulasten, in dem die Bilanzberichtigung erfolgt.

3515 **Steuerlasten, Steuerrückstellungen**

Rückstellungsfähig sind Aufwände für Betriebssteuern, sowie Rückstellungen für Betriebssteuern in Zusammenhang mit Betriebsprüfungen und Rechtsmittelverfahren.

Für Betriebssteuerschulden, die (noch) nicht als Verbindlichkeiten ausgewiesen werden können, besteht ertragsteuerrechtlich für Steuerpflichtige, die den Gewinn gemäß § 5 EStG 1988 ermitteln, Passivierungspflicht. Rückstellungen für Personensteuern (Körperschaftsteuer) – für Kapitalgesellschaften unternehmensrechtlich unerlässlich – sind ertragsteuerrechtlich gemäß § 12 Abs. 1 Z 6 KStG 1988 nicht abzugsfähig (Rz 4847 bis Rz 4852 und KStR 2013 Rz 1199).

Rückstellungen für Steuernachforderungen kommen vor allem bei schwebenden Rechtsmittelverfahren in Betracht.

Der betriebsinterne Aufwand für die Abrechnung von Steuern (zB Umsatzsteuer für November und Dezember des laufenden Jahres, die erst am 15. Jänner bzw. 15. Februar des Folgejahres zu entrichten ist), darf nicht rückgestellt werden, da allgemeine Geschäftskosten vorliegen.

(BMF-AV Nr. 2018/79)

3516 **Strafbare Handlungen**

Strafen und Geldbußen, die von Gerichten, Verwaltungsbehörden oder Organen der Europäischen Union verhängt werden, sind generell nicht abzugsfähig (siehe Rz 4846a ff). Eine Rückstellung der Geldstrafe ist unabhängig vom Verschulden nicht zulässig.

Rückstellungen wegen der Inanspruchnahme aus strafbaren Handlungen (zB Schadenswiedergutmachungen) kommen dann in Betracht, wenn dieses Fehlverhalten und die sich daraus ergebenden Folgen der betrieblichen Sphäre zurechenbar sind und die Inanspruchnahme wahrscheinlich ist; von einer wahrscheinlichen Inanspruchnahme kann jedenfalls solange nicht ausgegangen werden, als das strafbare Verhalten nicht entdeckt wird; die Kenntnis der Tatbegehung durch den Täter alleine ist somit nicht ausreichend (VwGH 18.10.2018, Ra 2017/15/0085, VwGH 23.2.2017, Ra 2015/15/0023).

Rückstellungen wegen der Inanspruchnahme aus strafbaren Handlungen durch Abschöpfung der Bereicherung (§ 20 StGB) kommen in Betracht, sobald von der Entdeckung des strafbaren Verhaltens ausgegangen werden muss.

Zur Abzugsfähigkeit von Verfahrenskosten siehe Rz 1621.

(BMF-AV Nr. 2019/75)

3517 **Subvention**

Subventionen, die unter der aufschiebenden oder auflösenden Bedingung der Rückzahlungspflicht erteilt werden, sind nur unter Rückstellungsgesichtspunkten – Drohen des Eintritts der Rückzahlungsverpflichtung – zu passivieren. Gemäß § 6 Z 10 EStG 1988 gewährte steuerfreie Subventionen sind nicht rückstellungsfähig, wenn sie nachträglich rückgezahlt werden müssen. Sie erhöhen nachträglich die Herstellungs- oder Anschaffungskosten. Bei steuerfreien Subventionen kommt die Bildung einer Rückstellung ausschließlich nur dann in Betracht, so weit die Subvention gemäß § 20 Abs. 2 EStG 1988 oder § 12 Abs. 2 KStG 1988 zu einer Kürzung von Aufwänden geführt hat.

3518 **Tantiemen**

Ist die Erfolgsbeteiligung (Tantieme) eines Geschäftsführers dem Grunde nach eindeutig festgelegt, so verhindert die Bildung einer Rückstellung nicht, wenn die Höhe der einzelnen (jährlichen) Erfolgsbeteiligungen nicht von vornherein eindeutig bestimmt ist, sofern eine ernsthafte Abmachung vorliegt, diese Vereinbarung den Interessen der Gesellschaft entspricht und die jährlich ausbezahlten Erfolgsbeteiligungen auf ihre Angemessenheit (vgl. Fremdüblichkeitskriterien) hin überprüfbar sind (VwGH 19.3.1985, 84/14/0174). Liegt somit keine verdeckte Gewinnausschüttung vor, ist die Erfolgsbeteiligung rückstellungsfähig.

3519 **Umweltschäden, Sanierungskosten**

Rückstellungen für Aufwendungen im Zusammenhang mit entstandenen Umweltschäden und Altlastenbeseitigung sind nur zulässig, wenn

- ein behördlicher Auftrag zur Beseitigung ergangen ist oder

- der Umweltschaden nachgewiesen und ein behördliches Eingreifen konkret zu erwarten ist (VwGH 26.6.1990, 89/14/0266) oder
- der Umweltschaden und das behördliche Eingreifen in einem hohen Maße wahrscheinlich sind (VwGH 26.6.1990, 89/14/0266).

Neben der objektiven hohen Wahrscheinlichkeit eines Umweltschadens muss sich der Unternehmer der Umweltbeeinträchtigung auch (zB auf Grund von Untersuchungen, Messungen, Labortests) subjektiv bewusst sein. Keinesfalls darf über ein „latentes Umweltschaden-Risiko", zB bloß wegen Betätigung in einer bestimmten umweltgefährlichen Branche (Lackfabrik uä.), eine Rückstellung gebildet werden oder wegen bloßer Vermutungen über das Vorhandensein von Umweltschäden.

Geht eine Verpflichtung zur Beseitigung eines Umweltschadens unmittelbar vom Gesetz aus, so ist eine Rückstellung nur zulässig, wenn

- das Gesetz ein inhaltlich genau bestimmtes Handeln vorsieht und
- innerhalb eines bestimmten Zeitraumes gehandelt werden muss und
- eine Sanktion vorgesehen ist.

Die Forderung von Nachbarn und der Druck der öffentlichen Meinung ohne rechtliche Verpflichtung ist alleine keine Rechtfertigung für die Bildung einer Rückstellung.

Beziehen sich gesetzliche Verpflichtungen bzw. behördliche Auflagen auf die Vermeidung von Umweltbelastungen beim künftigen Betrieb einer Anlage, liegt die Verwendung der entsprechenden Aufwendungen in der Zukunft; es kann daher keine Rückstellung gebildet werden.

Umweltschutzanlagen 3520

Aufwendungen für die Errichtung von Umweltschutzanlagen sind – auch im Falle einer öffentlich-rechtlichen Verpflichtung – nicht rückzustellen. Es handelt sich dabei ausnahmslos um (auf Anschaffungs- oder Herstellungsaufwand) aktivierungspflichtige Wirtschaftsgüter.

Umzugskosten 3521

Verpflichtet sich der Veräußerer eines Grundstückes bis zu einem vereinbarten Termin zu dessen Räumung, sind die zu erwartenden Umzugskosten im Jahr der Grundstücksveräußerung rückstellungsfähig.

Unterlassene Reparaturen 3522

Für Instandsetzungsarbeiten, die erst in späteren Jahren durchzuführen sein werden, kann eine Rückstellung nicht gebildet werden (VwGH 22.11.1957, 1301/54; vgl. Rz 3327 ff, Aufwandsrückstellung).

Urlaubsansprüche, Urlaubsentgelt 3523

Nach dem Urlaubsgesetz behält der Arbeitnehmer den Anspruch auf Fortzahlung des Lohnes auch während des Urlaubes. Das Urlaubsentgelt geht auch dann nicht verloren, wenn das Dienstverhältnis vor Verbrauch des Urlaubes endet. In diesem Fall gebührt dem Dienstnehmer eine Urlaubsentschädigung. Das Urlaubsentgelt ist somit Bestandteil des Entgeltes für die während des Jahre erbrachte Arbeitsleistung.

Rückstellungen für Lasten aus nicht konsumiertem Urlaub sind im Interesse einer periodengerechten Gewinnabgrenzung nur für jene nicht konsumierten Urlaubsanteile vorzunehmen, für die innerhalb des betreffenden Wirtschaftsjahres ein Urlaubsanspruch entstand, weil die Urlaubsgelder wirtschaftlich gesehen einen Teil des Entgelts für die während des Jahres erbrachte Arbeitsleistung des einzelnen Arbeitnehmers darstellen (VwGH 14.11.1990, 90/13/0091). Der Rückstellung darf somit nur der auf das Jahr entfallende anteilige offene Urlaubsanspruch zu Grunde gelegt werden.

Hat der Dienstnehmer mehr Urlaubstage verbraucht, als ihm für das Wirtschaftsjahr zustehen, dann ist der Anspruch des in Vorleistung getretenen Dienstgebers aktiv abzugrenzen.

Ein steuerneutral gebildeter Rückstellungsteil ist auch steuerneutral aufzulösen.

Versicherungstechnische Rückstellungen 3524

Steuerwirksam sind die im § 15 KStG 1988 genannten Rückstellungen zu bilden. Diese Vorschrift geht § 9 EStG 1988 vor.

Vorsteuer-Berichtigungsbeträge 3525

Im Fall einer Vorsteuerberichtigung gemäß § 12 Abs. 10 UStG 1994 kann von einer ungewissen Verbindlichkeit keine Rede sein. Die Verbindlichkeiten aus der Vorsteuerberichtigung entstehen erst in Zukunft bei Vorliegen der im Umsatzsteuergesetz genannten Voraussetzungen.

Innerhalb eines Beobachtungszeitraumes von neunzehn Jahren (bei Grundstücken) bzw. vier Jahren (bei anderen Wirtschaftsgütern) nach dem Jahr der erstmaligen Verwendung als

Anlagevermögen muss für jedes Jahr gesondert beurteilt werden, ob sich die für den Vorsteuerabzug maßgeblichen Verhältnisse geändert haben. Die wirtschaftliche Verursachung der jeweiligen Jahresbeträge an Vorsteuerberichtigung liegt somit in jedem Jahr, in dem sich die Verhältnisse für den Vorsteuerabzug geändert haben. Die Jahresbeträge können nur für das jeweilige Jahr, für das sie zu entrichten sind, aufwandswirksam werden. Es ist daher nicht zulässig, den Aufwand sämtlicher Jahresbeträge durch die Bildung einer Rückstellung für das Jahr des erstmaligen Wirksamwerdens der unechten Steuerbefreiung (hier des § 6 Abs. 1 Z 25 UStG 1994) vorzuziehen.

(BMF-AV Nr. 2018/79)

3526 **Warenvorrat, Wertverlust**

Die Berücksichtigung drohender Wertverluste am Betriebsvermögen (zB wegen Überalterung) durch Dotierung einer Rückstellung ist unzulässig (VwGH 23.4.1965, 0768/68).

3527 **Wartungsintervalle**

Siehe „Funktionsprüfungen“, Rz 3473.

3528 **Wechselobligo**

Droht dem Indossanten die Inanspruchnahme aus dem Wechsel, so hat er unter Bedachtnahme auf seine Regressmöglichkeiten dafür eine Rückstellung zu bilden.

3529 **Werbeaufwendungen**

Unterlassene bzw. rückständige Werbeaufwendungen auf Grund von Franchise- oder Lizenzvertragsverpflichtungen sind rückstellungsfähig.

3530 **Wiederaufforstung**

Aufwendungen für Wiederaufforstung gehören zu den Herstellungs- und Anschaffungskosten (VwGH 21.10.1986, 86/14/0021). Wird auf den Ansatz des höheren Teilwertes nach § 6 Z 2 lit. b EStG 1988 verzichtet, dann sind diese Aufwendungen nach § 4 Abs. 8 EStG 1988 als Betriebsausgaben abzusetzen. In diesem Fall ist bei Vorliegen von mit einem Wiederaufforstungsbedarf vorbelasteten Einnahmen eine Rückstellung zu bilden (siehe auch Rz 3303).

Randzahl 3531: *derzeit frei*

(BMF-AV Nr. 2015/133)

3532 **Zeitausgleichsguthaben**

Verpflichtungen aus Zeitguthaben sind – ähnlich der Rückstellung für nicht konsumierte Urlaube – rückstellungsfähig.

Randzahlen 3533 bis 3700: *derzeit frei*

9. Besondere Gewinnermittlungsvorschriften (§§ 10 bis 13 EStG 1988) und besondere Verlustberücksichtigungsvorschriften

(BMF-AV Nr. 2021/65)

9.1 Freibetrag für investierte Gewinne (§ 10 EStG 1988, Rechtslage bis zur Veranlagung 2009)

(AÖF 2010/43)

9.1.1 Allgemeines

(AÖF 2007/88)

Bei Gewinnermittlung durch Einnahmen-Ausgaben-Rechnung (§ 4 Abs. 3 EStG 1988) kann ab der Veranlagung 2007 ein Freibetrag für investierte Gewinne (§ 10 EStG 1988 in der Fassung vor dem Steuerreformgesetz 2009, BGBl. I Nr. 26/2009) als fiktive Betriebsausgabe geltend gemacht werden. Der Freibetrag für investierte Gewinne kann letztmalig bei der Veranlagung für das Jahr 2009 geltend gemacht werden; ab der Veranlagung 2010 kann ein Gewinnfreibetrag (§ 10 EStG 1988 in der Fassung des Steuerreformgesetzes 2009, BGBl. I Nr. 26/2009) geltend gemacht werden (siehe dazu Rz 3819). **3701**

Bei Inanspruchnahme einer Vollpauschalierung (zB Pauschalierung für Gastwirte, Lebensmitteleinzel- und Gemischtwarenhändler, land- und forstwirtschaftliche Vollpauschalierung) steht kein Freibetrag für investierte Gewinne zu (vgl. VwGH 04.03.2009, 2008/15/0333).

Bei Inanspruchnahme einer Teilpauschalierung steht der Freibetrag nur bei der Handelsvertreter- und der Künstler/Schriftsteller-Pauschalierung zu, da (nur) nach diesen Pauschalierungsverordnungen ein Freibetrag für investierte Gewinne nicht vom Betriebsausgabenpauschale erfasst ist. Bei Inanspruchnahme der gesetzlichen Basispauschalierung (§ 17 Abs. 1 EStG 1988) steht kein Freibetrag für investierte Gewinne zu (VwGH 04.03.2009, 2008/15/0333).

Es bestehen keine Bedenken, auch bei Inanspruchnahme der Verordnung für nichtbuchführende Gewerbetreibende, BGBl. Nr. 55/1990, neben dem Betriebsausgabenpauschale einen Freibetrag für investierte Gewinne geltend zu machen.

Bei Inanspruchnahme der Sportlerpauschalierung (BGBl. II Nr. 418/2000) kann der Freibetrag in Anspruch genommen werden. In diesem Fall ist ein Drittel des unter Berücksichtigung des Freibetrages ermittelten Gewinnes bei Ermittlung der Bemessungsgrundlage zu berücksichtigen; zwei Drittel des unter Berücksichtigung des Freibetrages ermittelten Gewinnes sind progressionserhöhend zu berücksichtigen (§ 2 und § 3 der Sportlerpauschalierungsverordnung).

(AÖF 2010/43)

Der Freibetrag setzt voraus, dass in dem betreffenden Wirtschaftsjahr aus dem jeweiligen Betrieb vor Inanspruchnahme des Freibetrages ohne Berücksichtigung eines Veräußerungsgewinnes bzw. eines Übergangsgewinnes ein (laufender) Gewinn erzielt wird. Bei Vorhandensein mehrerer Teilbetriebe oder einer betrieblichen Mitunternehmerbeteiligung steht ein Freibetrag daher nur zu, wenn das gesamte (laufende) Betriebsergebnis einen Gewinn darstellt. **3702**

Beispiel:

A hält im Rahmen seines Betriebes als Einzelunternehmer eine Beteiligung an der AB-GesbR. Der Betrieb des A erzielt (vor Berücksichtigung des Betriebsergebnisses der GesbR) einen Verlust von 10.000 Euro. Der Gewinnanteil aus der GesbR beträgt 15.000 Euro. Da insgesamt ein Gewinn erzielt wird, steht ein Freibetrag zu, sodass für Investitionen des A in seinem Betrieb, dem A zuzurechnende Investitionen im Vermögen der GesbR sowie für Investitionen des A in seinem Sonderbetriebsvermögen bei der AB-GesbR ein Freibetrag zusteht.

Der Freibetrag steht höchstens in Höhe der (gegebenenfalls um steuerfreie Subventionen oder übertragene stille Reserven gekürzten) Anschaffungs- oder Herstellungskosten begünstigter Wirtschaftsgüter zu. Insgesamt darf der Freibetrag höchstens 10% des (laufenden) Gewinnes des Betriebes (vor Freibetrag) ohne Übergangs- und Veräußerungsgewinne betragen. Er ist überdies mit 100.000 Euro im Kalenderjahr begrenzt. Bei Vorhandensein mehrerer Betriebe steht dem Steuerpflichtigen der Höchstbetrag von 100.000 Euro insgesamt nur einmal zu.

Der Freibetrag kann wahlweise in Anspruch genommen werden. Das Wahlrecht kann jährlich unabhängig von der Vorgangsweise in früheren Zeiträumen ausgeübt werden. Der Freibetrag muss nicht schon ab Beginn des Betriebes oder der Mitunternehmerstellung in Anspruch genommen werden.

(AÖF 2008/238)

9.1.2 Begünstigte Investitionen

(AÖF 2007/88)

3703 Voraussetzung für den Freibetrag ist, dass im betreffenden Wirtschaftsjahr abnutzbare körperliche Anlagegüter mit einer betriebsgewöhnlichen Nutzungsdauer von mindestens vier Jahren angeschafft oder hergestellt worden sind. Im Fall der gemischten (teils betrieblichen, teils privaten) Nutzung ist auf die Betriebsvermögenszugehörigkeit abzustellen: Bei Überwiegen der betrieblichen Nutzung können die gesamten Anschaffungs- oder Herstellungskosten berücksichtigt werden, im Fall des Überwiegens der privaten Nutzung liegt kein betriebliches Wirtschaftsgut vor, für das ein Freibetrag geltend gemacht werden könnte.

(AÖF 2008/238)

3704 Der Freibetrag steht auch zu, wenn bestimmte Wertpapiere angeschafft werden. Die Wertpapiere sind im § 14 Abs. 7 Z 4 EStG 1988 umschrieben (siehe dazu Rz 3406c ff). Rückdeckungsversicherungen, die bei der Pensionsrückstellung auf das Ausmaß der erforderlichen Wertpapierdeckung anrechenbar sind, sind für die Inanspruchnahme des Freibetrages nicht geeignet.

Im Falle der Wertpapieranschaffung müssen die Wertpapiere dem Anlagevermögen ab dem Anschaffungszeitpunkt mindestens vier Jahre gewidmet werden. Wertpapiere mit einer (Rest)Laufzeit von weniger als vier Jahren kommen als begünstigte Wirtschaftsgüter nicht in Betracht.

Bundesschatzscheine stellen auch bei Wahl einer Laufzeitvariante von weniger als vier Jahren begünstigte Wertpapiere dar; zur Vermeidung einer Nachversteuerung dürfen sie vor Ablauf von vier Jahren nicht aus dem Betriebsvermögen ausscheiden, sodass die Laufzeit gegebenenfalls verlängert werden muss.

Als Anschaffungszeitpunkt ist bei Wertpapieren – unabhängig vom Zahlungsfluss und vom Zeitpunkt der Erteilung des Kaufauftrages – jener Zeitpunkt anzusehen, zu dem das Wertpapier für den Steuerpflichtigen verfügbar ist, das ist jener Zeitpunkt, zu dem das Wertpapier auf dem Depot als zugegangen ausgewiesen ist (vgl. BFG 10.6.2014, RV/7100104/2013; BFG 23.10.2014, RV/5101024/2011).

Der Umtausch von Anteilen an einem Kapitalanlagefonds auf Grund der Zusammenlegung von Fondsvermögen gemäß § 3 Abs. 2 oder eines Anteilserwerbs gemäß § 14 Abs. 4 InvFG 1993 gilt nicht als Tausch (§ 40 Abs. 3 InvFG 1993). Die neuen Anteile treten an die Stelle der alten.

Die Widmung für den Freibetrag geschieht bei Wertpapieren durch Aufnahme in das zu führende gesonderte Verzeichnis (§ 10 Abs. 7 Z 2 EStG 1988). In diesem ist betriebsbezogen für jedes Wertpapier der in Anspruch genommene Freibetrag der Höhe nach auszuweisen (siehe Rz 3714). Da die Widmung für Zwecke des Freibetrages (nur) durch den Ausweis in dem gesonderten Verzeichnis erfolgt, können Wertpapiere, die zur Inanspruchnahme des Freibetrages angeschafft wurden, auch mit privaten Wertpapieren auf einem gemeinsamen Wertpapierdepot gehalten werden. Ebenso können Wertpapiere, die in mehreren Betrieben für Zwecke des Freibetrages angeschafft wurden, auf einem einzigen Depot gehalten werden. Lautet das Depot auf mehrere Inhaber, muss die Anschaffung nachweislich durch den Steuerpflichtigen erfolgt sein.

Erfolgt eine Gewinnerhöhung, können Wertpapiere durch Aufnahme in das Verzeichnis für den Freibetrag (nach-)gewidmet werden.

Angeschaffte und im Verzeichnis ausgewiesene Wertpapiere gemäß § 14 Abs. 7 Z 4 EStG 1988 stellen in jenem Umfang, in dem sie einen Freibetrag für investierte Gewinne vermitteln, notwendiges Betriebsvermögen dar. Für die Bemessung des Freibetrages sind bei Wertpapieren die tatsächlichen Anschaffungskosten, die sich mit dem Nennwert bzw. Erstausgabepreis nicht decken müssen, heranzuziehen. Eingekaufte Stückzinsen zählen zu den Anschaffungskosten des Wertpapiers.

Wird die Anschaffung der im Verzeichnis ausgewiesenen Wertpapiere fremdfinanziert, können Finanzierungsaufwendungen im Hinblick darauf, dass die Wertpapiererträge endbesteuert sind, nicht als Betriebsausgaben abgezogen werden (§ 20 Abs. 2 EStG 1988). Im Fall der ohne vorhergehende Entnahme erfolgenden Veräußerung der Wertpapiere sind seit der Anschaffung angefallene Finanzierungsaufwendungen insoweit abzugsfähig, als sie die gesamten Wertpapiererträge übersteigen (vgl. Rz 4863).

Eine Veräußerung von Wertpapieren, für die ein Freibetrag geltend gemacht wurde, innerhalb der Behaltefrist ist insoweit unschädlich, als im selben Wirtschaftsjahr begünstigte körperliche Wirtschaftsgüter angeschafft oder hergestellt werden (Ersatzbeschaffung, siehe Rz 3717).

(BMF-AV Nr. 2021/65)

Werden Wertpapiere, für die ein Freibetrag in Anspruch genommen wurde, vorzeitig getilgt, treten innerhalb von zwei Monaten nachbeschaffte Wertpapiere im Umfang der Anschaffungskosten der vorzeitig getilgten Wertpapiere an deren Stelle; es unterbleibt eine Nachversteuerung, in den nachbeschafften Wertpapieren setzt sich der Lauf der Behaltefrist der getilgten Wertpapiere fort. **3704a**

Sollte eine vorzeitige Tilgung von Wertpapieren im Kalendermonat Dezember erfolgen, bestehen keine Bedenken, wenn für das Jahr der Tilgung eine Ersatzbeschaffung der getilgten Wertpapiere bis spätestens 31. Jänner des Folgejahres erfolgt; die Ersatzbeschaffung ist dann als zum 31.12. des Jahres der Tilgung erfolgt anzusehen.

(AÖF 2008/238)

Im Fall von aktivierungspflichtigen Teilherstellungsvorgängen steht der Freibetrag erst im Wirtschaftsjahr der Fertigstellung von den gesamten Herstellungskosten zu. **3704b**

Im Fall nachträglicher Anschaffungskosten sind die nachträglich anfallenden Kosten im Wirtschaftsjahr der Anschaffung des Wirtschaftsgutes für den Freibetrag zu berücksichtigen. Nachträgliche Änderungen (Erhöhungen, Verminderungen) der Anschaffungskosten stellen rückwirkende Ereignisse iSd § 295a BAO dar.

Beispiel:

Im Jahr 1 wird eine Maschine (Nutzungsdauer fünf Jahre) um 10.000 Euro an den Steuerpflichtigen geliefert. In diesem Ausmaß wird ein Freibetrag in Anspruch genommen. Im Jahr 2 fallen Montagekosten in Höhe von 500 Euro an. Diese sind im Jahr 1 in die Bemessungsgrundlage für den Freibetrag einzubeziehen, ungeachtet der Tatsache, dass die nachträglichen Anschaffungskosten erst im Jahr 2 zu aktivieren sind.

Vorauszahlungen (Anzahlungen) auf Anschaffungs- oder Herstellungskosten führen zu keinem Freibetrag, da im Zeitpunkt der Vorauszahlung noch keine Anschaffung oder Herstellung vorliegt.

Beispiel:

Im Jahr 1 wird für eine Maschine (Nutzungsdauer fünf Jahre) eine Anzahlung in Höhe von 1.000 Euro geleistet. Die Maschine wird im Jahr 2 geliefert. Der Kaufpreis beträgt 5.000 Euro, davon werden – nach Abzug der Anzahlung – 4.000 Euro bezahlt. Die gesamten Anschaffungskosten von 5.000 Euro sind in die Bemessung des Freibetrages des Jahres 2 einzubeziehen. Die Anzahlung des Jahres 1 darf nicht in die Bemessung des Freibetrages des Jahres 1 einbezogen werden.

(AÖF 2008/238)

9.1.2.1 Ausgeschlossene Wirtschaftsgüter

(AÖF 2007/88)

Für folgende Wirtschaftsgüter kann kein Freibetrag für investierte Gewinne geltend gemacht werden: **3705**

- Gebäude und Herstellungsaufwendungen eines Mieters oder sonstigen Nutzungsberechtigten auf ein Gebäude.
- Personen- und Kombinationskraftfahrzeuge, ausgenommen Fahrschulkraftfahrzeuge sowie Kraftfahrzeuge, die zu mindestens 80% der gewerblichen Personenbeförderung dienen. Die Begriffe „Personenkraftwagen" und „Kombinationskraftwagen" sind im Sinne der Verordnung BGBl. II Nr. 193/2002 auszulegen.
- Luftfahrzeuge.
- Geringwertige Wirtschaftgüter, die gemäß § 13 EStG 1988 abgesetzt werden.
- Gebrauchte Wirtschaftsgüter.
  - Im Fall der Anschaffung ist von einem gebrauchten Wirtschaftsgut auszugehen, wenn es im Zeitpunkt der Anschaffung bereits einem nutzungsbedingten Wertverzehr unterlegen ist. Vorführgeräte (zB Vorführfahrzeuge) sind als gebrauchte Wirtschaftsgüter anzusehen. Ausstellungsstücke (bspw. auf Messen) oder im Probebetrieb (VwGH 04.03.2009, 2006/15/0378) eingesetzte Wirtschaftsgüter sind als ungebrauchte Wirtschaftsgüter zu werten. Ebenso sind dem Grunde nach begünstigte Fahrzeuge, die durch den Händler für einen Tag zugelassen wurden (Tageszulassungen), als ungebrauchte Wirtschaftsgüter zu werten.
  - Für hergestellte Wirtschaftsgüter gilt:
    - Ein ungebrauchtes Wirtschaftsgut liegt vor, wenn durch die Herstellung ein Wirtschaftsgut entsteht, das sich in seiner Verkehrsgängigkeit von jenem unterscheidet, aus dessen Bestandteilen es zusammengesetzt ist (in diesem Sinne VwGH 20.02.2008, 2006/15/0130).

- Wird ein Wirtschaftsgut hergestellt und stammen die Bestandteile aus Wirtschaftsgütern, die zuvor dieselbe Marktgängigkeit wie das hergestellte Wirtschaftsgut aufgewiesen haben, führt nicht schon die Herstellung selbst zu einem ungebrauchten Wirtschaftsgut. Das hergestellte Wirtschaftsgut ist ungebraucht, wenn der Wertanteil ungebrauchter Bestandteile und der Eigenleistung mindestens 75% der Herstellungskosten beträgt.

– Wird ein voll abgeschriebenes Wirtschaftsgut dergestalt generalüberholt, dass die Produktivität massiv erhöht wird, stellt dies eine Änderung der Wesensart dar; es liegt daher ein ungebrauchtes Wirtschaftsgut vor (VwGH 16.12.2009, 2009/15/0079).

- Wirtschaftsgüter, die von einem Unternehmen erworben werden, das unter beherrschendem Einfluss des Steuerpflichtigen steht. Dies ist der Fall, wenn der Steuerpflichtige oder die Mitunternehmerschaft bei Beteiligung an einer Personen- oder Kapitalgesellschaft zu mindestens 20% beteiligt ist (vgl. § 228 UGB) und einen beherrschenden Einfluss ausübt. Gegebenenfalls kann auch auf Grund eines persönlichen Naheverhältnisses ein beherrschender Einfluss vorliegen (zB bei Unternehmen im Familienverband).
- Wirtschaftsgüter, für die eine Forschungsprämie gemäß § 108c EStG 1988 in Anspruch genommen wurde.

(AÖF 2013/280)

9.1.2.2 Vierjährige Mindestnutzungsdauer

(AÖF 2007/88)

3706 Die angeschafften oder hergestellten abnutzbaren Wirtschaftsgüter müssen eine betriebsgewöhnliche Nutzungsdauer von mindestens vier Jahren haben. Als betriebsgewöhnliche Nutzungsdauer ist jene anzunehmen, die der Bemessung der AfA zu Grunde gelegt wird.

Eine Inanspruchnahme des Freibetrages auf Grund nachträglicher Anschaffungs- oder Herstellungskosten ist bei einer vierjährigen Nutzungsdauer auch dann möglich, wenn die restliche Nutzungsdauer im Zeitpunkt des Anfalles der nachträglichen Anschaffungs- oder Herstellungskosten nicht mehr vier Jahre beträgt.

(AÖF 2007/88)

3707 Wird im Zuge abgabenrechtlicher Überprüfungen die betriebsgewöhnliche Nutzungsdauer auf weniger als vier Jahre reduziert, bleibt ein in Anspruch genommener Freibetrag bestehen, es sei denn, die seinerzeitige Nutzungsdauer wurde willkürlich festgelegt. Die Nutzungsdauer ist jedenfalls nicht willkürlich festgelegt worden, wenn ihr allgemein übliche AfA-Werte (zB Werte laut deutschen AfA-Tabellen, vgl. Rz 3115) zu Grunde liegen.

Wird im Zuge abgabenrechtlicher Überprüfungen die betriebsgewöhnliche Nutzungsdauer auf mindestens vier Jahre erhöht, kann der Freibetrag für das Jahr der Anschaffung oder Herstellung in Anspruch genommen werden.

Kommt es nachträglich (nach dem Jahr der Anschaffung bzw. Herstellung) wegen einer wesentlichen und dauernden Änderung der für die Nutzungsdauer maßgeblichen Verhältnisse zu einer Änderung der einmal geschätzten Nutzungsdauer, ergeben sich daraus für den Freibetrag keine Konsequenzen. Bei Absinken der Nutzungsdauer auf unter vier Jahre (etwa durch Einführung eines Mehrschichtbetriebes) hat daher keine Auflösung des ursprünglich zu Recht geltend gemachten Freibetrages zu erfolgen; bei Verlängerung der bisher nicht mindestens vier Jahre betragenden Nutzungsdauer (etwa Einstellung des Mehrschichtbetriebes) kann jedoch keine Bildung eines Freibetrages, erfolgen.

(AÖF 2007/88)

9.1.2.3 Verwendung in einer Betriebsstätte im Inland oder im übrigen EU/EWR-Raum

(AÖF 2007/88)

3708 Die angeschafften oder hergestellten abnutzbaren Wirtschaftsgüter müssen in einer Betriebsstätte im Inland oder im übrigen EU/EWR-Raum verwendet werden, die der Erzielung von betrieblichen Einkünften dient. Dabei gelten Wirtschaftsgüter, die auf Grund einer entgeltlichen Überlassung überwiegend außerhalb des EU/EWR-Raumes eingesetzt werden, nicht als in einer Betriebsstätte im EU/EWR-Raum verwendet.

(AÖF 2007/88)

9.1.2.3.1 Eigennutzung

(AÖF 2007/88)

3709 Bei Wirtschaftsgütern, die nicht auf Grund einer entgeltlichen Überlassung überwiegend außerhalb des EU/EWR-Raumes eingesetzt werden, ist eine körperliche Anwesenheit des

Wirtschaftsgutes in einer Betriebsstätte im Inland oder im übrigen EU/EWR-Raum nicht unbedingt erforderlich (zB bei LKWs, Containern). Das Wirtschaftsgut muss der Betriebsstätte im Inland oder im übrigen EU/EWR-Raum jedoch dienen, es muss eine funktionelle Zugehörigkeit gegeben sein; das Wirtschaftsgut muss somit dem Aufgabenbereich der Betriebsstätte im Inland oder im übrigen EU/EWR-Raum zuordenbar sein. Der geforderte Bezug zur Betriebsstätte im Inland oder im übrigen EU/EWR-Raum ergibt sich zB durch Leistungen für diese oder durch die Einsatzlenkung von dieser aus.

Erfolgen sämtliche kaufmännischen und einsatzorganisatorischen Maßnahmen von einer Betriebsstätte im Inland oder im übrigen EU/EWR-Raum aus, ist das Wirtschaftsgut dieser Betriebsstätte funktional zuzuordnen, sodass die Voraussetzungen des § 10 Abs. 3 lit. b erster Satz EStG 1988 als erfüllt anzusehen sind. Dies auch dann, wenn das Wirtschaftsgut ausschließlich außerhalb des EU/EWR-Raumes stationiert ist und die Einsätze von diesem Ort aus erfolgen. Hat ein Unternehmer in einem solchen Fall nur im Inland oder im übrigen EU/EWR-Raum eine Betriebsstätte, können alle zum Betriebsvermögen gehörigen Wirtschaftsgüter nur dieser Betriebsstätte zugerechnet werden. Der Freibetrag steht daher unter diesen Voraussetzungen auch für außerhalb des EU/EWR-Raumes eingesetzte Wirtschaftsgüter zu.

(AÖF 2007/88)

Hat der Unternehmer hingegen (auch) eine Betriebsstätte außerhalb des EU/EWR-Raumes, **3710** ist zu prüfen, ob ein dort eingesetztes Wirtschaftsgut dieser Betriebsstätte zuzurechnen ist. Wird ein Wirtschaftsgut in jenem Staat außerhalb des EU/EWR-Raumes eingesetzt, in dem sich eine Betriebsstätte befindet, ist regelmäßig von einer Zurechnung zu dieser Betriebsstätte auszugehen. Eine Zurechnung zu einer Betriebsstätte außerhalb des EU/EWR-Raumes ist jedenfalls dann gerechtfertigt, wenn ein Wirtschaftsgut für einen Einsatz in dieser ausländischen Betriebsstätte angeschafft wird. Wird ein Wirtschaftsgut zunächst in einer Betriebsstätte im Inland oder im übrigen EU/EWR-Raum eingesetzt und sodann vor Ablauf der Behaltefrist in eine Betriebsstätte außerhalb des EU/EWR-Raumes verbracht, ist der Freibetrag gewinnerhöhend aufzulösen (§ 10 Abs. 5 EStG 1988, Rz 3715). Eine gewinnerhöhende Auflösung unterbleibt nur dann, wenn es sich um einen bloß vorübergehenden Auslandseinsatz von nicht mehr als zwölf Monaten handelt.

(AÖF 2007/88)

9.1.2.3.2 Fremdnutzung

(AÖF 2007/88)

Für die Ausschlussbestimmung des § 10 Abs. 3 lit. b zweiter Satz EStG 1988 ist der tat- **3711** sächliche Einsatzort durch den Nutzungsberechtigten maßgebend. Wirtschaftsgüter, die auf Grund einer entgeltlichen Überlassung (Vermietung, Verpachtung, Leasing) überwiegend außerhalb des EU/EWR-Raumes eingesetzt werden, gelten nicht als in einer Betriebsstätte im EU/EWR-Raum verwendet. Dabei ist auf den Auslandseinsatz durch den Nutzungsberechtigten (Mieter, Pächter, Leasingnehmer) abzustellen.

Der Ausschluss vom Freibetrag betrifft auch jene Fälle, in denen mehrere Nutzungsberechtigte im EU/EWR-Raum zwischengeschaltet sind und erst beim letzten Nutzungsberechtigten ein überwiegender Einsatz außerhalb des EU/EWR-Raumes vorliegt. Von einem Einsatz außerhalb des EU/EWR-Raumes ist jedenfalls zu sprechen, wenn es sich um einen ortsfesten Einsatz in einer Betriebsstätte außerhalb des EU/EWR-Raumes des Nutzungsberechtigten handelt. Ob der Auslandseinsatz überwiegt, ist zeitlich zu beurteilen und richtet sich nach dem Verhältnis der betriebsgewöhnlichen Nutzungsdauer des Wirtschaftsgutes zum zeitlichen Ausmaß des Auslandseinsatzes.

Beispiel:

A verpachtet eine begünstigte Maschine im Rahmen seines Betriebes an B. Die Maschine hat eine betriebsgewöhnliche Nutzungsdauer von fünf Jahren. B setzt diese drei Jahre in seiner Betriebsstätte in Russland ein. A hat keinen Anspruch auf den Freibetrag.

Eine überwiegende Verwendung außerhalb des EU/EWR-Raumes auf Grund einer nachträglich erfolgenden Vermietung stellt ein rückwirkendes Ereignis iSd § 295a BAO dar.

Bei nicht ortsfest eingesetzten Wirtschaftsgütern (zB im Frachtverkehr außerhalb des EU/EWR-Raumes eingesetzte LKW) liegt keine überwiegende Verwendung außerhalb des EU/EWR-Raumes vor, wenn die Einsatzlenkung des Wirtschaftsgutes von einer Betriebsstätte im EU/EWR-Raumes erfolgt (funktionelle Zuordnung zu dieser Betriebsstätte), auch wenn es sich zeitmäßig überwiegend außerhalb des EU/EWR-Raumes befindet. Es darf keine weitere Einrichtung des Nutzungsberechtigten außerhalb des EU/EWR-Raumes geben, von der aus er das Wirtschaftsgut außerhalb des EU/EWR-Raumes einsetzt.

(AÖF 2007/88)

9.1.3 Ermittlung der Höhe des Freibetrages

(AÖF 2007/88)

3712 „Der Freibetrag beträgt maximal 10 % des (laufenden) Gewinnes (vor Freibetrag), soweit diesem Betrag Investitionen in begünstigte Wirtschaftsgüter (siehe Rz 3703) im gleichen Wirtschaftsjahr gegenüberstehen. Ersatzbeschaffte Wirtschaftsgüter, deren Anschaffung gemäß § 10 Abs. 5 Z 2 EStG 1988 (zwingend) zum Unterbleiben der Nachversteuerung aus der Nichteinhaltung der Behaltefrist bei früher angeschafften Wertpapieren führt, dürfen insoweit nicht in die Bemessungsgrundlage einbezogen werden.

Beispiel:

Im Jahr 01 angeschaffte Wertpapiere (Anschaffungskosten von 10.000 €, Freibetrag in dieser Höhe) werden im Jahr 02 veräußert. Im selben Jahr (Gewinn 150.000 €) werden begünstige Wirtschaftsgüter (Maschinen) um

a) 6.000 €,

b) 13.000 € angeschafft.

Im Fall a) unterbleibt in Höhe von 6.000 € eine Nachversteuerung des Freibetrages aus dem Jahr 1 (insoweit „Übertragung" des Freibetrages auf angeschaffte Wirtschaftsgüter). Der Rest des Freibetrages von 4.000 € ist nachzuversteuern. Ein Freibetrag für investierte Gewinne kann im Jahr 02 nicht in Anspruch genommen werden.

Im Fall b) unterbleibt zur Gänze eine Nachversteuerung des Freibetrages aus dem Jahr 1 in Höhe von 10.000 €. Ein Freibetrag für investierte Gewinne kann im Jahr 02 in Höhe von 3.000 € in Anspruch genommen werden.

Endbesteuerungsfähige betriebliche in- oder ausländische Kapitalerträge sind für die Inanspruchnahme des § 10 EStG 1988 sowohl bei Tarifveranlagung als auch im Fall der Endbesteuerung mit KESt oder der Besteuerung mit 25% im Rahmen des § 37 Abs. 8 EStG 1988 bei Ermittlung der 10%-Grenze zu berücksichtigen (vgl. zu § 11a Rz 3860d).

(AÖF 2007/88)

3713 Sind die Investitionen geringer als die 10%-Grenze, ist die Begünstigung mit der Höhe der (gegebenenfalls um steuerfreie Subventionen oder übertragene stille Reserven gekürzten) Anschaffungs- oder Herstellungskosten begrenzt. Insgesamt ist die Begünstigung je Steuerpflichtigen mit 100.000 Euro pro Jahr begrenzt. Die Zuordnung des Freibetrages zu den Investitionen hat im Anlageverzeichnis (körperliche Wirtschaftsgüter) oder in einem gesonderten Verzeichnis (Wertpapiere) zu erfolgen (vgl. Rz 3714).

Beispiele:

Folgende Investitionen in begünstigte Wirtschaftgüter werden getätigt bzw. folgender Gewinn wird erzielt (Beträge in 1.000 Euro, die Investitionen erfolgen in begünstigte Wirtschaftsgüter):

Fall	*1*	*2*	*3*	*4*
Gewinn/Verlust	*40*	*-30*	*350*	*1.200*
10 % des Gewinns	*4*	*-*	*35*	*120*
Investitionen	*6*	*20*	*20*	*135*
Freibetrag	*4*	*0*	*20*	*100*
Steuerpflichtige Einkünfte	*36*	*-30*	*330*	*1.100*

Nicht in die Berechnung mit einzubeziehen sind Übergangsgewinne oder -verluste gemäß § 4 Abs. 10 EStG 1988 oder Veräußerungsgewinne oder -verluste gemäß § 24 EStG 1988.

(AÖF 2008/238)

9.1.4 Ausweis in der Steuererklärung, Dokumentation begünstigter Wirtschaftsgüter

(AÖF 2008/238)

3714 Der Freibetrag muss in der Steuererklärung an der dafür vorgesehenen Stelle getrennt in Bezug auf körperliche Wirtschaftsgüter und Wertpapiere ausgewiesen werden. Eine Berichtigung einer trotz gewinnermittlungsmäßiger Geltendmachung unrichtigen oder unterlassenen Eintragung ist bis zum Eintritt der Rechtskraft des betreffenden Bescheides möglich; die Berichtigung kann somit im Rahmen einer Berufung oder im Rahmen einer Wiederaufnahme des Verfahrens erfolgen. Zur Berichtigung reicht es aus, wenn der in der jeweiligen Kennzahl einzutragende Betrag der Abgabenbehörde bekannt gegeben wird (keine Abgabe einer berichtigten Erklärung erforderlich).

Die Inanspruchnahme des Freibetrages für ein bestimmtes Wirtschaftsgut muss dokumentiert werden. Hinsichtlich abnutzbarer Wirtschaftsgüter ist der in Anspruch genommene Freibetrag im Anlageverzeichnis (§ 7 Abs. 3 EStG 1988) beim jeweiligen Wirtschaftsgut der Höhe nach auszuweisen. Das Anlageverzeichnis ist dem Finanzamt auf Verlangen vorzulegen. Es bestehen keine Bedenken, wenn der Ausweis in einer getrennten Beilage zum Anlageverzeichnis erfolgt.

Begünstigte Wertpapiere sind in einem gesonderten Verzeichnis auszuweisen, das dem Finanzamt auf Verlangen vorzulegen ist; der Ausweis im Anlageverzeichnis gemäß § 7 Abs. 3 EStG 1988 ist für Wertpapiere nicht ausreichend.

Der Freibetrag kann höchstens im Umfang der Anschaffungs- oder Herstellungskosten begünstigter Wirtschaftsgüter in Anspruch genommen werden, eine auch nur teilweise Ausschöpfung der Anschaffungs- oder Herstellungskosten für den Freibetrag ist zulässig.

Unterbleibt bei den begünstigten körperlichen Wirtschaftsgütern im Anlageverzeichnis oder bei den Wertpapieren im gesonderten Verzeichnis eine genaue Darstellung, in welcher Höhe ein Freibetrag für das jeweilige Wirtschaftsgut in Anspruch genommen worden ist, ist im Fall der Verwirklichung des Nachversteuerungstatbestandes der Freibetrag im Umfang der vollen Anschaffungs- oder Herstellungskosten nachzuversteuern; dies gilt auch dann, wenn andere Wirtschaftsgüter vorhanden sind, um den gesamten in Anspruch genommenen Freibetrag (10% des laufenden Gewinnes) durch Anschaffungs- oder Herstellungskosten zu decken.

Da der Freibetrag bis zur Rechtskraft des Bescheides in Anspruch genommen werden kann, kann bis dahin – somit auch in einem wiederaufgenommenen Verfahren – ein in Anspruch genommener Freibetrag beim jeweiligen Wirtschaftsgut im Anlageverzeichnis ausgewiesen werden.

Zum Wirtschaftsgutausweis bei im Betriebsvermögen eines Einnahmen-Ausgaben-Rechners gehaltenen Mitunternehmeranteilen siehe Rz 3729b.

(AÖF 2008/238)

9.1.5 Behaltefrist, Nachversteuerung

(AÖF 2007/88)

Scheiden Wirtschaftsgüter, für die der Freibetrag für investierte Gewinne geltend gemacht **3715**
worden ist, vor Ablauf von vier Jahren seit ihrer Anschaffung oder Herstellung aus dem Betriebsvermögen aus oder werden sie in eine Betriebsstätte außerhalb des EU/EWR-Raumes verbracht, kommt es – abgesehen von den Fällen des Ausscheidens infolge höherer Gewalt oder wegen behördlichen Eingriffs (siehe dazu Rz 3726) – zu einer Nachversteuerung durch gewinnerhöhenden Ansatz des geltend gemachten Freibetrages. Dies hat im Wirtschaftsjahr des Ausscheidens oder des Verbringens zu erfolgen.

Im Falle des Ausscheidens von Wertpapieren gemäß § 14 Abs. 7 Z 4 EStG 1988 unterbleibt insoweit der gewinnerhöhende Ansatz, als im Jahr des Ausscheidens begünstigte körperliche Wirtschaftsgüter angeschafft oder hergestellt werden (Ersatzbeschaffung, siehe dazu Rz 3717; siehe aber Rz 3704a zur vorzeitigen Tilgung von Wertpapieren).

Eine bloße Änderung in der Verwendung des Wirtschaftsgutes führt nicht zur Nachversteuerung. Wurde der Freibetrag von vornherein zu Unrecht gebildet, kann er mangels einer gesetzlichen Grundlage in einem der Folgejahre nicht aufgelöst werden. Eine Korrektur kann, unter Beachtung der verfahrensrechtlichen Möglichkeiten, nur für das Jahr vorgenommen werden, in welchem die Bildung erfolgte.

Die Bestimmungen über die Nachversteuerung des Freibetrages für investierte Gewinne sind gemäß § 124b Z 153 EStG 1988 auch nach Außerkrafttreten des Freibetrages für investierte Gewinne weiter anzuwenden.

(AÖF 2011/66)

Die Behaltefrist läuft von Tag zu Tag. Sie beginnt mit dem der Anschaffung oder Her- **3716**
stellung folgenden Tag und endet vier Kalenderjahre nach diesem Tag.

Beispiel:

Am 12.8.01 wird eine Maschine (Nutzungsdauer fünf Jahre) angeschafft, für die ein Freibetrag in Anspruch genommen wird. Die Behaltefrist beginnt mit dem 13.8.01, 0.00 Uhr und endet am 12.8.05, 24.00 Uhr.

(AÖF 2007/88)

Im Falle des Ausscheidens von Wertpapieren gemäß § 14 Abs. 7 Z 4 EStG 1988 unterbleibt **3717**
insoweit der gewinnerhöhende Ansatz, als im Jahr des Ausscheidens, unabhängig davon, ob ein Gewinn oder Verlust vorliegt, körperliche Wirtschaftsgüter, die die Voraussetzungen für den Freibetrag erfüllen, angeschafft oder hergestellt (ersatzbeschafft) werden (zwingende

„Übertragung" des Freibetrages auf die Anschaffungs- oder Herstellungskosten begünstigter körperlicher Wirtschaftsgüter). Wertpapiere gemäß § 14 Abs. 7 Z 4 EStG 1988 kommen als Ersatzbeschaffungswirtschaftsgüter nicht in Betracht (siehe aber Rz 3704a zur vorzeitigen Tilgung von Wertpapieren). Gebäudeanschaffungen oder -herstellungen (einschließlich Herstellungsaufwendungen eines Mieters oder sonstigen Nutzungsberechtigten auf ein Gebäude) kommen ab der Veranlagung 2010 als Ersatzbeschaffungswirtschaftsgüter in Betracht.

Der Steuerpflichtige hat im Anlageverzeichnis beim entsprechenden Ersatzbeschaffungswirtschaftsgut zu dokumentieren, in welcher Höhe ein Freibetrag aus einem ausgeschiedenen Wertpapier auf das entsprechende körperliche Wirtschaftsgut übertragen worden ist. Überdies ist der Zeitpunkt des Ausscheidens des Wertpapiers, von dem der übertragene Freibetrag stammt, zu dokumentieren (zum Fristenlauf bei Ersatzbeschaffung siehe Rz 3718 ff). Zur leichteren Lesbarkeit des Anlageverzeichnisses bestehen keine Bedenken, diese Dokumentation in einer gesonderten Beilage vorzunehmen.

Im selben Wirtschaftsjahr angeschaffte oder hergestellte begünstigungsfähige körperliche Anlagegüter sind zur Übertragung des Freibetrages jedenfalls heranzuziehen. Die ersatzbeschafften Wirtschaftsgüter dürfen im Fall eines Gewinnes in Höhe des übertragenen Freibetrages nicht in die Bemessungsgrundlage des Freibetrages im Jahr der Anschaffung oder Herstellung einbezogen werden (siehe Rz 3712).

(AÖF 2008/238, AÖF 2012/63)

3718 Beim ersatzbeschafften Wirtschaftsgut wird der Fristenlauf des ausgeschiedenen Wertpapiers auf den Lauf der Frist von vier Jahren angerechnet. Erfolgen Wertpapierveräußerung und Wirtschaftsgutanschaffung oder -herstellung am selben Tag, wird im Ergebnis beim angeschafften oder hergestellten Wirtschaftsgut der ursprüngliche Fristenlauf fortgesetzt.

Beispiel:

Die Anschaffung von Wertpapieren erfolgte am 17.4.01 unter Inanspruchnahme des Freibetrages in Höhe von 10.000 €. Am 12.2.03 werden sämtliche angeschafften Wertpapiere veräußert. Am selben Tag wird eine begünstigte Maschine um 13.000 € angeschafft (Ersatzbeschaffung). Die Behaltefrist für diese Maschine hinsichtlich des Freibetrages von 10.000 € endet am 17.4.05.

(AÖF 2007/88)

3719 Sollte die Veräußerung des Wertpapiers vor der Anschaffung/Herstellung des Ersatzwirtschaftsgutes erfolgt sein, ist die Zeitspanne zwischen Wertpapierveräußerung und Anschaffung/Herstellung des Ersatzwirtschaftsgutes dem ursprünglichen Fristenlauf des Wertpapiers hinzuzurechnen.

Beispiel:

Wertpapieranschaffung am 1.4.01, Wertpapierveräußerung am 1.5.02, Anschaffung der Maschine (Ersatzbeschaffung) am 1.7.02. Die Behaltefrist für die ersatzbeschaffte Maschine endet am 1.6.2005 (1.4.05 – Ende der ursprünglichen vierjährigen Behaltefrist des Wertpapiers zuzüglich 2 Monate – Zeitspanne zwischen Wertpapierveräußerung und Maschinenanschaffung).

(AÖF 2007/88)

3720 Sollte die Anschaffung/Herstellung des Ersatzwirtschaftsgutes vor der Veräußerung des Wertpapiers erfolgt sein, ist beim angeschafften oder hergestellten Wirtschaftsgut der ursprüngliche Fristenlauf des Wertpapiers fortzusetzen. Es kommt zu keiner Verkürzung des Fristenlaufs, da die Anschaffung/Herstellung erst mit der Veräußerung des Wertpapiers zur „Ersatzbeschaffung" wird.

(AÖF 2007/88)

3721 Stehen der Anschaffung eines Wirtschaftsgutes Wertpapieranschaffungen zu unterschiedlichen Zeitpunkten gegenüber, erfolgt somit die Übertragung mehrerer aus Wertpapieranschaffungen stammender Freibeträge auf ein einziges Wirtschaftsgut, ist die Fortsetzung der Behaltefrist auf die einzelnen Wertpapieranschaffungen bezogen zu sehen.

Beispiel:

Wertpapieranschaffung 1 am 15.3.01 um 200,

Wertpapieranschaffung 2 am 7.5.02 um 500,

Wertpapieranschaffung 3 am 21.8.03 um 300.

Veräußerung sämtlicher Wertpapiere am 14.11.04, am selben Tag erfolgt die Anschaffung einer Maschine um 1.200. Im Umfang des Freibetrages von insgesamt 1.000 unterbleibt eine Nachversteuerung und ist keine Inanspruchnahme des Freibetrages im Jahr 04 möglich („Übertragung" des Freibetrages).

Hinsichtlich der Maschine endet die Behaltefrist in Bezug auf die Wertpapieranschaffung 1 am 15.3.05, in Bezug auf die Wertpapieranschaffung 2 am 7.5.06 und in Bezug auf die Wertpapieranschaffung 3 am 21.8.07.

Wird die Maschine vor dem 16.3.05 veräußert, ist der Freibetrag aus der Wertpapieranschaffung 1, 2 und 3 nachzuversteuern (1.000), da die Behaltefrist in Bezug auf sämtliche Wertpapieranschaffungen noch nicht abgelaufen ist.

Wird die Maschine nach dem 15.3.05 aber vor dem 8.5.06 veräußert, ist der Freibetrag aus der Wertpapieranschaffung 2 und 3 nachzuversteuern (800), da die Behaltefrist in Bezug auf diese Wertpapieranschaffungen noch nicht abgelaufen ist.

Wird die Maschine nach dem 7.5.06 aber vor dem 22.8.07 veräußert, ist der Freibetrag aus der Wertpapieranschaffung 3 nachzuversteuern (300), da die Behaltefrist in Bezug auf diese Wertpapieranschaffung noch nicht abgelaufen ist.

(AÖF 2007/88)

Die Anpassung eines Freibetrages auf Grund nachträglicher Anschaffungs- oder Herstellungskosten löst keinen neuen Fristenlauf aus, ebenso die Anpassung des Freibetrages wegen nachträglich geänderter Anschaffungs- oder Herstellungskosten. **3722**

(AÖF 2007/88)

Bei entgeltlicher oder unentgeltlicher Übertragung des gesamten Betriebes oder bei Übertragung eines Teilbetriebes unter Mitübertragung des Wirtschaftsgutes wird die Nachversteuerungsverpflichtung auf den Erwerber überbunden. Es kommt beim Übernehmenden nur dann zur Nachversteuerung, wenn die Wirtschaftsgüter vor Ablauf der Behaltefrist aus dem Betriebsvermögen ausscheiden oder in eine Betriebsstätte außerhalb des EU/EWR-Raumes verbracht werden. Wird bei Übertragung des (Teil)Betriebes das Wirtschaftsgut, für das der Freibetrag geltend gemacht worden ist, im Restbetrieb zurückbehalten, läuft die Behaltefrist beim Übertragenden weiter. Entsprechendes gilt bei Umgründungen. **3723**

Wird aus Anlass einer Betriebsveräußerung ein körperliches Wirtschaftsgut oder Wertpapier, für das der Freibetrag geltend gemacht worden ist, vor Ablauf der Behaltefrist ins Privatvermögen entnommen, kommt es zur Nachversteuerung. Der Nachversteuerungsbetrag ist Teil des Veräußerungsgewinnes (§ 24 EStG 1988).

(AÖF 2010/43)

Der (freiwillige oder zwangsläufige) Wechsel zur Bilanzierung löst noch keine Nachversteuerung aus, zu einer solchen kommt es erst, wenn die Wirtschaftsgüter nach dem Wechsel vor Ablauf der Behaltefrist ausscheiden oder in eine Betriebsstätte außerhalb des EU/EWR-Raumes verbracht werden. **3724**

(AÖF 2007/88)

Werden begünstigte Wirtschaftsgüter im Fall einer Betriebsaufgabe vor Ablauf der Behaltefrist ins Privatvermögen entnommen, kommt es zur Nachversteuerung. Der Nachversteuerungsbetrag ist Teil des Veräußerungsgewinnes (§ 24 EStG 1988). **3725**

(AÖF 2007/88)

Scheidet ein Wirtschaftsgut infolge höherer Gewalt oder infolge eines behördlichen Eingriffs aus, unterbleibt die gewinnerhöhende Auflösung des Freibetrages. Zur höheren Gewalt siehe Rz 3864 ff. **3726**

(AÖF 2007/88)

9.1.6 Mitunternehmerschaften

(AÖF 2007/88)

Bei Gesellschaften, bei denen die Gesellschafter als Mitunternehmer anzusehen sind und die ihren Gewinn gemäß § 4 Abs. 3 EStG 1988 ermitteln, können nur die Gesellschafter den Freibetrag für investierte Gewinne im Sinne des Abs. 1 in Anspruch nehmen, sofern sie aus der Beteiligung einen steuerlichen Gewinn erzielen. Sollte ein Beteiligter einen Verlust aus einer privat gehaltenen Beteiligung erzielen, kann der Freibetrag von diesem Beteiligten nicht in Anspruch genommen werden. **3727**

Beispiel:

X, Y und Z sind an einer GesbR zu je einem Drittel beteiligt und halten die Beteiligung jeweils im Privatvermögen. Die GesbR erzielt im Jahr 1 einen Gewinn (vor Berücksichtigung von Sonderbetriebsausgaben) von 3.000 Euro. Bei Y liegen Sonderbetriebsausgaben in Höhe von 1.200 Euro vor. Im Gesellschaftsvermögen werden Investitionen in begünstigte Wirtschaftsgüter im Umfang von 450 Euro vorgenommen; Investitionen in einem Sonderbetriebsvermögen liegen nicht vor.

	X	Y	Z
Steuerliches Ergebnis	*1.000*	*- 200*	*1.000*
10% vom Gewinn	*100*	*-*	*100*
Anteil an den Investitionen	*150*	*150*	*150*
Anteiliger Freibetrag	*100*	*-*	*100*

Im Fall der Beteiligung einer Körperschaft (zB GmbH & Co KG) kann der auf die Körperschaft entfallende Freibetrag (anteilige Höchstbetrag) bei dieser keine Wirkung entfalten; der auf die Körperschaft entfallende Freibetrag kann bei den anderen Gesellschaftern (natürlichen Personen) keine Erhöhung des Freibetrages bewirken.

Bei einer privat gehaltenen Beteiligung ist der Freibetrag für körperliche Wirtschaftsgüter im Anlageverzeichnis gesellschafterbezogen auszuweisen, für Wertpapiere hat in dem gesonderten Verzeichnis ein gesellschafterbezogener Ausweis zu erfolgen bzw. sind im Sonderbetriebsvermögen eines Gesellschafters angeschaffte Wertpapiere in einem eigenen Verzeichnis des Gesellschafters auszuweisen; Rz 3714 gilt entsprechend. Zur Vorgangsweise bei Beteiligungen an einer Mitunternehmerschaft mit Einnahmen-Ausgaben-Rechnung, die im Betriebsvermögen eines Einnahmen-Ausgaben-Rechners gehalten wird, siehe Rz 3729b.

Der Freibetrag ist bei einer privat gehaltenen Beteiligung mit Bindungswirkung (§ 252 BAO) im Feststellungsverfahren (§ 188 BAO) zu berücksichtigen. Wird der Mitunternehmeranteil im Betriebsvermögen eines Betriebes mit § 4 Abs. 3 EStG-Gewinnermittlung gehalten, ist der Freibetrag bei Zutreffen der Voraussetzungen nur beim Einzelunternehmen zu berücksichtigen (vgl. Rz 3728 und Rz 3729b).

(AÖF 2008/238)

3728 Wird der Anteil im Betriebsvermögen eines Betriebes mit § 4 Abs. 3 EStG 1988-Gewinnermittlung gehalten, kann bei natürlichen Personen ein (anteiliger) Freibetrag aus Investitionen in der Mitunternehmerschaft mit Einnahmen-Ausgaben-Rechnung (abnutzbare körperliche Anlagegüter und Wertpapiere iSd § 14 Abs. 7 Z 4 EStG 1988 im Gesellschaftsvermögen und im Sonderbetriebsvermögen eines Mitunternehmers) beim Einzelunternehmer dann berücksichtigt werden, wenn der Betrieb, zu dessen Betriebsvermögen die Beteiligung gehört, insgesamt einen Gewinn erzielt. Umgekehrt kann kein Freibetrag geltend gemacht werden, wenn zwar aus dem im Betriebsvermögen gehaltenen Anteil ein Gewinn, in dem Betrieb, zu dessen Betriebsvermögen der Anteil gehört, jedoch insgesamt ein Verlust erzielt wird.

(AÖF 2008/51)

3729 Der Freibetrag für investierte Gewinne, höchstens jedoch der Betrag von 100.000 Euro, ist bei den Mitunternehmern mit einem der Gewinnbeteiligung entsprechenden Teilbetrag anzusetzen (vgl dazu Rz 3860h, die entsprechend gilt).

Der Freibetrag kann insoweit nicht bei Ermittlung der Einkünfte aus der Beteiligung geltend gemacht werden, als der Mitunternehmer die Beteiligung in einem Betriebsvermögen eines Betriebes hält, für den ein Freibetrag für investierte Gewinne geltend gemacht werden kann (siehe dazu auch Rz 3729b).

Beispiel:

1. *A ist mit 50 %, B und C sind jeweils mit 25 % an der ABC-GesbR (§ 4 Abs. 3-Gewinnermittlung) beteiligt, die einen Gewinn (vor Berücksichtigung von Sonderbetriebsausgaben) von 160.000 € erzielt, der steuerlich im Beteiligungsverhältnis auf die Gesellschafter aufzuteilen ist. Von der ABC-GesbR wurden begünstigte Wirtschaftsgüter im Wert von 8.000 € angeschafft. C hat ein begünstigtes Wirtschaftsgut im Sonderbetriebsvermögen um 1.000 € angeschafft, für das eine AfA als Sonderbetriebsausgabe in Höhe von 100 berücksichtigt wurde.*
2. *A hat zudem ein Einzelunternehmen (Gewinnermittlung nach § 4 Abs. 3 EStG 1988) und erzielt dort einen Gewinn von 250.000 €. Im Einzelunternehmen wurden begünstigte Wirtschaftsgüter im Wert von 30.000 € angeschafft.*
3. *B hält den Mitunternehmeranteil im Betriebsvermögen seines Einzelunternehmens (Gewinnermittlung nach § 4 Abs. 3 EStG 1988) und erzielt in diesem Betrieb einen Gewinn von 175.000 €, insgesamt somit von 215.000 €. Im Einzelunternehmen wurden begünstigte Wirtschaftsgüter im Wert von 16.000 € angeschafft.*
4. *C hat neben seiner Beteiligung nur nichtselbständige Einkünfte.*

	A	B	C
Anteiliger Gewinn aus der Mitunternehmerschaft	*80.000*	*40.000*	*39.900*
davon 10 %	*8.000*	*4.000*	*3.990*

Angeschaffte begünstigte Wirtschaftsgüter (anteilig und Sonderbetriebsvermögen)	*4.000*	*2.000*	*3.000*[1)]
Mitunternehmeranteil im BV eines Betriebes des Gesellschafters	*nein*	*ja*	*nein*
Höhe des jeweils zustehenden Freibetrages (FBiG)	*4.000*	*0*	*3.000*
Steuerliches Ergebnis aus der Mitunternehmerschaft	*76.000*	*40.000*	*36.900*
Einzelunternehmen: Gewinn	*250.000*	*215.000*	*-*
Bemessungsgrundlage für FBiG	*250.000*	*215.000*	*-*
davon 10 %	*25.000*	*21.500*	*-*
begünstigte Wirtschaftsgüter	*30.000*[2)]	*18.000*[3)]	*-*
Höhe des FBiG	*25.000*	*18.000*	*-*
Höhe des FBiG insgesamt	*29.000*[4)]	*18.000*[5)]	*3.000*

[1)] 2.000 anteilig aus Investitionen im Gesellschaftsvermögen und 1.000 aus Investitionen im Sonderbetriebsvermögen

[2)] Im Einzelunternehmen

[3)] 16.000 im Einzelunternehmen und 2.000 anteilig in der Mitunternehmerschaft

[4)] Davon 25.000 beim Einzelunternehmen und 4.000 bei der Beteiligung

[5)] Im Einzelunternehmen

(AÖF 2008/238)

Der Freibetrag muss hinsichtlich jedes Mitunternehmers durch Investitionen in begünstigte Wirtschaftsgüter (im gemeinschaftlichen Vermögen und/oder Sonderbetriebsvermögen), die dem Mitunternehmer zuzurechnen sind, gedeckt sein. Die begünstigten Investitionen des gemeinschaftlichen Betriebsvermögens sind den Mitunternehmern im Verhältnis ihrer Vermögensbeteiligung (nicht ihrer Gewinnbeteiligung) zuzurechnen. Mangels Vermögensbeteiligung kann einem reinen Arbeitsgesellschafter kein Anteil an begünstigungsfähigen Investitionen des gemeinschaftlichen Betriebsvermögens zugerechnet werden; Arbeitsgesellschafter können einen Freibetrag daher nur insoweit in Anspruch nehmen, als dieser durch Investitionen im Sonderbetriebsvermögen des Arbeitsgesellschafters gedeckt ist. Ein von einem Mitunternehmer nicht ausgenützter oder ausnützbarer Freibetrag kann von den anderen Mitunternehmern nicht genutzt werden. **3729a**

Beispiel 1:

An der ABCD-OG sind A mit 90% und B mit 10% substanzbeteiligt, C und D sind hingegen reine Arbeitsgesellschafter ohne Substanzbeteiligung. Die Arbeitsgesellschafter C und D erhalten einen fixen Gewinnanteil von jeweils 40.000 Euro, der verbleibende Gewinn wird auf A und B im Verhältnis 70% zu 30% aufgeteilt. Im Gemeinschaftsvermögen werden Investitionen von 120.000 Euro getätigt.

	A (70%)	*B (30%)*	*C*	*D*	*Summe*
Steuerlicher Gewinn vor Gewinnverteilung	*294.000*	*126.000*	*40.000*	*40.000*	*500.000*
Steuerliches Ergebnis aus SBV und Ergänzungsbilanz	*– 30.000*	*0*	*– 12.000*	*– 5.000*	*– 47.000*
Steuerliches Ergebnis gemäß § 188 BAO	*264.000*	*126.000*	*28.000*	*35.000*	*453.000*
davon 10% (höchstmöglicher FBiG)	*26.400*	*12.600*	*2.800*	*3.500*	*45.300*
Anteil an begünstigten Investitionen im Gemeinschaftsvermögen	*108.000*	*12.000*	*0*	*0*	*120.000*
Begünstigte Investitionen im Sonderbetriebsvermögen	*0*	*0*	*3.000*	*2.000*	*–*
Freibetrag	*26.400*	*12.000* [1)]	*2.800*	*2.000* [2)]	*43.200*

[1)] Da der Anteil an begünstigten Investitionen im Gemeinschaftsvermögen nur 12.000 beträgt, kann der Freibetrag nicht im höchstmöglichen Ausmaß (12.600 Euro) beansprucht werden; der Differenzbetrag (600 Euro) kann von anderen Gesellschaftern nicht beansprucht werden.

[2]) Da begünstigte Investitionen im Sonderbetriebsvermögen nur in Höhe von 2.000 erfolgt sind, kann der Freibetrag nicht im höchstmöglichen Ausmaß (3.500 Euro) beansprucht werden; der Differenzbetrag (1.500 Euro) kann von anderen Gesellschaftern nicht beansprucht werden.

Beträgt der steuerliche Gewinn mehr als 1 Million Euro, sodass der Freibetrag in Höhe von maximal 100.000 Euro zusteht, ist für jeden Mitunternehmer zunächst vom anteiligen möglichen Freibetrag entsprechend dem steuerlichen Gewinnanteil ohne Berücksichtigung der Begrenzung von 100.000 Euro auszugehen. Entsprechend dem Ausmaß der Überschreitung ist der Freibetrag bei jedem Gesellschafter zu kürzen.

Beispiel 2:

An der EFGH-OG sind E mit 90% und F mit 10% substanzbeteiligt, G und H sind hingegen reine Arbeitsgesellschafter ohne Substanzbeteiligung. Die Arbeitsgesellschafter G und H erhalten einen fixen Gewinnanteil von jeweils 60.000 Euro, der verbleibende Gewinn wird auf E und F im Verhältnis 70% zu 30% aufgeteilt. Es liegen ausreichende Investitionen im Gemeinschafts- und den Sonderbetriebsvermögen (G, H) vor, um bei jedem Mitunternehmer den höchstmöglichen Freibetrag zu decken.

	E (70%)	F (30%)	G	H	Summe
Steuerlicher Gewinn vor Gewinnverteilung	966.000	414.000	60.000	60.000	1.500.000
Steuerliches Ergebnis aus SBV und Ergänzungsbilanz	– 30.000	0	– 12.000	– 5.000	– 47.000
Steuerliches Ergebnis gemäß § 188 BAO	936.000	414.000	48.000	55.000	1.453.000
Davon 10%	93.600	41.400	4.800	5.500	145.300
Anteil am steuerlichen Ergebnis gemäß § 188 BAO	64,42%	28,49%	3,30%	3,79%	100%
Maximaler Freibetrag	100.000, daher Kürzung um ca. 31,18%[1)]				
Anteiliger max. Freibetrag (10% des Anteils am steuerlichen Gewinn)	64.418,44	28.492,77	3.303,51	3.785,27	100.000

[1]) (45.300/145.300) x 100

(AÖF 2008/238)

3729b Für Einnahmen-Ausgaben-Rechner, die eine Beteiligung an einer Mitunternehmerschaft mit Einnahmen-Ausgaben-Rechnung im Betriebsvermögen halten, gilt:

- Der Mitunternehmerschaft zuzurechnende körperliche Wirtschaftsgüter, für die im Einzelunternehmen ein Freibetrag beansprucht wird, sind beim Einzelunternehmen in einem gesonderten Verzeichnis darzustellen; Rz 3714 gilt entsprechend. Im Anlageverzeichnis (Verzeichnis) der Mitunternehmerschaft hat für den betreffenden Gesellschafter der Ausweis eines Freibetrages zu unterbleiben.
- Investitionen im Einzelunternehmen (körperliche Wirtschaftsgüter und Wertpapiere) können für einen aus der Mitunternehmerschaft stammenden Freibetrag verwendet werden. Investitionen in einer Mitunternehmerschaft (körperliche Wirtschaftsgüter und Wertpapiere) können höchstens in jenem Umfang für den Freibetrag berücksichtigt werden, in dem das Ergebnis aus der Beteiligung zum gesamten Freibetrag beiträgt.

Beispiel:

Gewinnanteil aus der Mitunternehmerschaft:	*5.000*
Gewinn des Einzelunternehmens (vor MU-Gewinntangente):	*12.000*
Gesamt:	*17.000*

Höchstmöglicher Freibetrag daher 1.700

Die 1.700 können zur Gänze durch Investitionen im Einzelunternehmen gedeckt werden, es können aber auch Investitionen in der Mitunternehmerschaft zur Deckung des Freibetrages herangezogen werden, höchstens jedoch in Höhe von 10% des aus der Mitunternehmerschaft stammenden Gewinnanteils. Unzulässig ist es daher in diesem Fall, aus der Mitunternehmerschaft mehr Investitionen als 500 zur Deckung heranzuziehen, das heißt es können fehlende Investitionen im Einzelunternehmen nicht durch Investitionen in der Mitunternehmerschaft ersetzt werden.

- Für ausgeschiedene Wertpapiere der Mitunternehmerschaft kommen als Ersatzbeschaffungswirtschaftsgüter nur von der Mitunternehmerschaft angeschaffte/hergestellte körperliche Wirtschaftsgüter in Betracht. Für ausgeschiedene Wertpapiere des Einzelunternehmens kommen als Ersatzbeschaffungswirtschaftsgüter nur vom Einzelunternehmer angeschaffte/hergestellte körperliche Wirtschaftsgüter in Betracht (siehe aber Rz 3704a zur vorzeitigen Tilgung von Wertpapieren).
- Bei Vorhandensein von Sonderbetriebsvermögen gilt Folgendes: Für ausgeschiedene Wertpapiere der Mitunternehmerschaft oder aus dem Sonderbetriebsvermögen eines Gesellschafters kommen als Ersatzbeschaffungswirtschaftsgüter von der Mitunternehmerschaft oder vom Gesellschafter im Sonderbetriebsvermögen angeschaffte/hergestellte körperliche Wirtschaftsgüter in Betracht (siehe aber Rz 3704a zur vorzeitigen Tilgung von Wertpapieren).

(AÖF 2008/238)

Ein Freibetrag für investierte Gewinne kann im Rahmen eines Betriebes mit § 4 Abs. 3-Gewinnermittlung nicht für (anteilige) Investitionen in einer Mitunternehmerschaft geltend gemacht werden, wenn die Mitunternehmerschaft die Einkünfte durch Betriebsvermögensvergleich ermittelt. **3730**

Beispiel:

Die rechnungslegungspflichtige ABC-KG, an der A im Rahmen seines Einzelunternehmens (§ 4 Abs. 3-Gewinnermittlung) und B und C privat beteiligt sind, investiert und erzielt einen Gewinn. Keiner der Beteiligten kann einen Freibetrag für investierte Gewinne in Anspruch nehmen.

Ein Freibetrag für investierte Gewinne kann im Rahmen eines Betriebes mit Gewinnermittlung durch Betriebsvermögensvergleich auch nicht für (anteilige) Investitionen in einer im Betriebsvermögen gehaltenen, den Gewinn nach § 4 Abs. 3 EStG 1988 ermittelnden Mitunternehmerschaft geltend gemacht werden.

Beispiel:

Der bilanzierende Einzelunternehmer D, der im Rahmen seines Betriebes an der DE-GesbR (§ 4 Abs. 3-Gewinnermittlung) beteiligt ist, kann für anteilige Investitionen der GesbR keinen Freibetrag für investierte Gewinne in Anspruch nehmen.

(AÖF 2007/88)

Randzahlen 3731 bis 3818: *derzeit frei*

(AÖF 2007/88)

9.2 Gewinnfreibetrag (§ 10 EStG 1988, Rechtslage ab der Veranlagung 2010 bis 2012)

(AÖF 2013/280)

9.2.1 Allgemeines

(AÖF 2010/43)

Ab der Veranlagung 2010 steht Einkommensteuerpflichtigen mit betrieblichen Einkünften ein Gewinnfreibetrag zu. Er tritt an die Stelle des „Freibetrages für investierte Gewinne", setzt aber im Unterschied zu diesem für Gewinne bis 30.000 € keine Investitionsdeckung voraus; erst die über 30.000 € hinausgehenden Gewinne müssen durch Investitionen in begünstigte Wirtschaftsgüter gedeckt sein. Zu den für die Veranlagungszeiträume 2013 bis 2016 geltenden Besonderheiten siehe Rz 3845 ff. **3819**

(AÖF 2013/280)

Der Gewinnfreibetrag für Gewinne bis 30.000 € wird als „Grundfreibetrag" bezeichnet. Bei mehreren Betrieben mit positivem Betriebsergebnis (darunter fallen sowohl Einzelbetriebe als auch „Bündelbetriebe" im Rahmen von Mitunternehmerschaften) werden die Gewinne für den Grundfreibetrag zusammengerechnet. Dabei werden nur positive Ergebnisse einbezogen, Verluste bleiben unberücksichtigt. **3820**

Für Gewinne über 30.000 € steht ein Gewinnfreibetrag insoweit zu, als er durch Anschaffungs- oder Herstellungskosten begünstigter Wirtschaftsgüter gedeckt ist. Dieser Teil des Gewinnfreibetrages wird als „investitionsbedingter Gewinnfreibetrag" bezeichnet.

(AÖF 2010/43)

Der Gewinnfreibetrag steht allen betrieblichen Einkunftsarten offen. Er ist sowohl bei Einnahmen-Ausgaben-Rechnung als auch bei Bilanzierung möglich. Die Anschaffung oder Herstellung begünstigter Wirtschaftsgüter muss in einem Wirtschaftsjahr erfolgen, das im selben Veranlagungsjahr endet. Durch die Einbeziehung von Bilanzierern in die Begünsti- **3821** gung können bei § 5-Gewinnermittlern daher bereits Investitionen in einem abweichenden Wirtschaftjahr 2009/2010 begünstigt sein.

(AÖF 2010/43)

3822 Bemessungsgrundlage ist der Gewinn ohne Veräußerungsgewinn im Sinne des § 24 EStG 1988. Ein Übergangsgewinn erhöht die Bemessungsgrundlage, ein Übergangsverlust vermindert nach Maßgabe des § 4 Abs. 10 Z 1 EStG 1988 (Siebentelregelung) die Bemessungsgrundlage.

- Für endbesteuerungsfähige bzw. dem besonderen Steuersatz unterliegende Kapitalerträge gilt:
  - **Rechtslage für die Veranlagungen 2010 und 2011:**

    Gemäß § 20 Abs. 2 EStG 1988 sind Aufwendungen oder Ausgaben nicht abzugsfähig, soweit sie mit Kapitalerträgen im Sinne des § 97 EStG 1988 oder § 37 Abs. 8 EStG 1988 in unmittelbarem wirtschaftlichem Zusammenhang stehen. Dementsprechend können endbesteuerungsfähige in- oder ausländische Kapitalerträge nicht in die Bemessungsgrundlage des Gewinnfreibetrages einbezogen werden. Dies gilt auch dann, wenn die endbesteuerungsfähigen Kapitalerträge (freiwillig) tarifveranlagt werden. Rz 3712 betreffend den Freibetrag für investierte Gewinne ist insoweit für den Gewinnfreibetrag nicht anzuwenden.
  - **Rechtslage für Veranlagungen ab 2012:**

    Betriebliche Kapitalerträge im Sinne des § 27 Abs. 2 Z 1 und Z 2 EStG 1988, somit Früchte aus einer Kapitalüberlassung, können dann nicht in die Bemessungsgrundlage für den Gewinnfreibetrag einbezogen werden, wenn sie mit dem besonderen Steuersatz von 25% besteuert werden. Bei Besteuerung mit dem Tarifsteuersatz (Regelbesteuerungsoption) besteht der Ausschluss für Kapitalerträge im Sinne des § 27 Abs. 2 Z 1 und Z 2 EStG 1988 nicht. Substanzgewinne (§ 27 Abs. 3 EStG 1988) und Gewinne aus Derivaten (§ 27 Abs. 4 EStG 1988) sind stets zu berücksichtigen. Substanzgewinne erhöhen daher stets die Bemessungsgrundlage für den Gewinnfreibetrag, während andererseits die zur Hälfte tarifsteuerpflichtigen Substanzverluste die Bemessungsgrundlage vermindern.
- Für Grundstücksgewinne, die dem besonderen Steuersatz unterliegen gilt:

  Diese sind ab 2013 in die Bemessungsgrundlage einzubeziehen, unabhängig davon, ob sie zum Tarif oder mit 25% bzw. bei Veräußerungen nach dem 31.12.2015 mit 30% besteuert werden.

(BMF-AV Nr. 2018/79)

3822a Gewinne, die nach Durchschnittssätzen (§ 17 EStG 1988) oder auf Grundlage einer darauf gestützten Verordnung durch Teil- oder Vollpauschalierung pauschal ermittelt worden sind, können ebenfalls in die Ermittlung des Grundfreibetrages einbezogen werden. Für derartige pauschal ermittelte Gewinne kann allerdings nur der Grundfreibetrag, nicht aber ein investitionsbedingter Gewinnfreibetrag geltend gemacht werden.

Bei Inanspruchnahme der Sportlerpauschalierung (BGBl. II Nr. 418/2000) kann neben dem Grundfreibetrag auch ein investitionsbedingter Gewinnfreibetrag in Anspruch genommen werden. In diesem Fall ist ein Drittel des unter Berücksichtigung der Freibeträge ermittelten Gewinnes bei Ermittlung der Bemessungsgrundlage zu berücksichtigen; zwei Drittel des unter Berücksichtigung der Freibeträge ermittelten Gewinnes sind progressionserhöhend zu berücksichtigen (§ 2 und § 3 der Sportlerpauschalierungsverordnung).

Bei Inanspruchnahme der Gaststättenpauschalierung (BGBl. II Nr. 227/1999, letztmalig bis 2012 möglich) darf der Gewinn auch im Fall der Berücksichtigung des Grundfreibetrages den Mindestgewinn gemäß § 3 Abs. 1 der Verordnung (10.900 Euro) nicht unterschreiten.

(BMF-AV Nr. 2015/133)

3823 Der Gewinnfreibetrag beträgt 13% der Bemessungsgrundlage, höchstens 100.000 € pro Veranlagungsjahr und Steuerpflichtigem. Aus dieser Obergrenze errechnet sich ein begünstigungsfähiger Maximalgewinn von insgesamt ca. 769.230 €.

Beispiele:

Im Kalenderjahr 2010 werden folgende Gewinne erzielt und folgende Investitionen in begünstigte Wirtschaftsgüter getätigt:

	Fall a	*Fall b*	*Fall c*	*Fall d*
Gewinn vor Gewinnfreibetrag	*20.000*	*–30.000*	*50.000*	*1.200.000*
Davon 13%	*2.600*	*0*	*6.500*	*156.000*
Investitionen begünstigte WG	*1.000*	*20.000*	*2.000*	*135.000*

Grundfreibetrag	*2.600*	*0*	*3.900*	*3.900*
Investitionsbedingter Gewinnfreibetrag	*0*	*0*	*2.000*	*96.100*
Gewinnfreibetrag insgesamt	*2.600*	*0*	*5.900*	*100.000*
Gewinn endgültig	*17.400*	*–30.000*	*44.100*	*1.100.000*

(AÖF 2010/43)

Bei der Ermittlung des Gewinnfreibetrages sind auch ausländische Teile einer betrieblichen Einkunftsquelle zu berücksichtigen. **3823a**

Der maximal mögliche Gewinnfreibetrag wird auf Basis des gesamten Betriebsgewinnes ermittelt. Bei DBA mit Befreiungsmethode ist der Gewinnfreibetrag entsprechend dem Anteil der inländischen und der ausländischen Einkünfte aufzuteilen. Dadurch kürzt der Gewinnfreibetrag auch den ausländischen Teil des Gewinnes und wirkt sich daher beim Progressionsvorbehalt aus.

Beispiel:

Einkünfte aus Gewerbebetrieb in Höhe von 100, davon im Inland 30 und im Ausland 70.

Inländische Einkünfte nach GFB 26,10 (30 – 13%)

Progressionseinkünfte nach GFB 60,90 (70 – 13%).

Auch bei teilweisen Verlusten ist der gesamte Gewinn die Obergrenze hinsichtlich der Ermittlung des maximal möglichen Gewinnfreibetrages. Wird im inländischen Teil ein Gewinn und im Ausland ein Verlust erzielt, ist der Verlust nach § 2 Abs. 8 EStG 1988 in Österreich zu berücksichtigen und kürzt somit den maximal möglichen Gewinnfreibetrag.

Beispiel:

Einkünfte aus Gewerbebetrieb in Höhe von 80, davon im Inland 100, im Ausland –20. Da die negativen ausländischen Einkünfte in Österreich zu berücksichtigen sind, kann der GFB nur von 80 bemessen werden.

In Fällen, in denen ein Verlust im Inland und im Ausland ein diesen Verlust übersteigender Gewinnteil erzielt wird, ist ebenfalls der gesamte Gewinn die Obergrenze für die Bemessung des Gewinnfreibetrages. Dies ist jedoch nur dann relevant, wenn im Inland aus anderen nicht betrieblichen Einkunftsquellen positive Einkünfte erzielt werden.

Beispiel:

Einkünfte aus Gewerbebetrieb in Höhe von 80, davon im Inland –20, im Ausland 100; zusätzlich inländische Einkünfte aus VuV in Höhe von 50.

Inländische gewerbliche Einkünfte –20 (kein GFB möglich)

Progressionseinkünfte nach GFB 89,60 (100 – 13% von 80).

(AÖF 2012/63)

9.2.1.1 Grundfreibetrag

(AÖF 2010/43)

Tätigt der Steuerpflichtige keine Investitionen, steht ihm jedenfalls ein Grundfreibetrag in Höhe von 13% des Gewinnes, höchstens aber in Höhe von 13% von 30.000 € zu. Der Grundfreibetrag kann daher höchstens 3.900 € betragen. Bei zwei oder mehreren betrieblichen Einkunftsquellen kann der Steuerpflichtige den Grundfreibetrag den einzelnen Betrieben (einschließlich Mitunternehmeranteilen) zuordnen, maximal jedoch in Höhe von 13% des Gewinnes der jeweiligen betrieblichen Einkunftsquelle. **3824**

Der Grundfreibetrag steht dem Steuerpflichtigen pro Veranlagungsjahr nur einmal zu. Enden in einem Veranlagungsjahr mehrere Wirtschaftsjahre (zB ein abweichendes Wirtschaftsjahr und ein Rumpfwirtschaftsjahr) mit einerseits positivem und andererseits negativem Ergebnis, sind diese zu saldieren. Dies gilt analog dazu auch für jene Fälle, in denen mehrere Wirtschaftsjahre zu positiven Ergebnissen in einem Veranlagungsjahr führen.

Bei Mitunternehmerschaften steht der Grundfreibetrag entsprechend dem Gewinnanteil zu; soweit einzelne Mitunternehmer andere betriebliche Einkunftsquellen besitzen, kann sich daraus ebenfalls nur ein Grundfreibetrag von insgesamt höchstens 3.900 € pro Person und Veranlagungsjahr ergeben.

(BMF-AV Nr. 2019/75)

Der Grundfreibetrag wird im Einkommensteuerverfahren (Formular E 1a) auch ohne besondere Geltendmachung automatisch zuerkannt. Dies gilt aber nicht im Feststellungsver- **3825**

fahren nach § 188 BAO. Bei zwei oder mehreren Betrieben erfolgt in derartigen Fällen (keine Zuordnung durch den Steuerpflichtigen) eine Aufteilung nach dem Verhältnis der Gewinne.
(AÖF 2011/66)

9.2.1.2 Investitionsbedingter Gewinnfreibetrag

(AÖF 2010/43)

3826 Der Grundfreibetrag erhöht sich um einen „investitionsbedingten Gewinnfreibetrag“: Innerhalb des Höchstbetrages von 100.000 € beträgt das maximale Ausmaß der Erhöhung 13% jenes Betrages, um den die Bemessungsgrundlage 30.000 € übersteigt. Voraussetzung dafür ist, dass die Erhöhung zur Gänze durch Investitionen in begünstigte Wirtschaftsgüter gedeckt ist.

Das Ausmaß der Erhöhung ist somit zweifach limitiert, und zwar mit

- 13% des Betrages, um den die Bemessungsgrundlage den Betrag von 30.000 € übersteigt, sowie
- der Summe der Anschaffungs- oder Herstellungskosten begünstigter Wirtschaftsgüter.

Der niedrigere Betrag stellt den investitionsbedingten Gewinnfreibetrag dar.
(AÖF 2010/43)

3826a Die COVID-19-Investitionsprämie für Unternehmen nach dem Investitionsprämiengesetz, BGBl. I Nr. 88/2020, stellt gemäß § 124b Z 365 EStG 1988 keine Betriebseinnahme dar. § 6 Z 10 und § 20 Abs. 2 EStG 1988 sowie § 12 Abs. 2 KStG 1988 sind auf sie nicht anwendbar. Somit werden die Anschaffungs- bzw. Herstellungskosten begünstigter Wirtschaftsgüter (§ 10 Abs. 1 Z 4 EStG 1988) durch die Investitionsprämie nicht gekürzt.
(BMF-AV Nr. 2021/65)

9.2.1.3 Mehrere Einkunftsquellen

(AÖF 2010/43)

3827 Bei mehreren begünstigungsfähigen Einkunftsquellen (Betrieben einschließlich Mitunternehmeranteilen) kann der Steuerpflichtige frei entscheiden, welcher betrieblichen Einkunftsquelle bzw. welchen betrieblichen Einkunftsquellen und gegebenenfalls in welchem Ausmaß er den Grundfreibetrag zuordnet (höchstens aber 13% des jeweiligen Betriebsgewinnes, maximal 3.900 €). Unterbleibt eine Zuordnung, erfolgt die Aufteilung nach dem Verhältnis der Gewinne.

Beispiel:

Ein Steuerpflichtiger erzielt im Jahr 2010 im Gewerbebetrieb A einen Gewinn von 40.000 € und im Gewerbebetrieb B einen Gewinn von 10.000 €. In Betrieb B werden begünstigte Wirtschaftsgüter in Höhe von 1.000 € angeschafft. Der Grundfreibetrag von insgesamt 3.900 € kann vom Steuerpflichtigen zB zur Gänze dem Betrieb A zugeordnet werden (siehe a). Der Steuerpflichtige könnte auch beispielsweise 2.600 € dem Betrieb A und 1.300 € (=Maximalbetrag für Betrieb B) dem Betrieb B zuordnen (siehe b); dies wäre allerdings – ebenso wie wenn er eine Zuordnung unterlässt – nachteilig (siehe c).

a) Zuordnung zur Gänze zum Betrieb A:

	Betrieb A	*Betrieb B*
Gewinn vor Gewinnfreibetrag	*40.000*	*10.000*
Davon 13%	*5.200*	*1.300*
Investitionen begünstigte WG	*–*	*1.000*
Grundfreibetrag	*3.900*	*0*
Investitionsbedingter Gewinnfreibetrag	*0*	*1.000*
Gewinnfreibetrag insgesamt	*3.900*	*1.000*
Gewinn endgültig	*36.100*	*9.000*
Einkünfte aus Gewerbebetrieb	*45.100*	

b) Zuordnung nach Wahl: Betrieb A 2.600 €, Betrieb B 1.300 €:

	Betrieb A	*Betrieb B*
Gewinn vor Gewinnfreibetrag	*40.000*	*10.000*
Davon 13%	*5.200*	*1.300*
Investitionen begünstigte WG	*–*	*1.000*

Grundfreibetrag	*2.600*	*1.300*
Investitionsbedingter Gewinnfreibetrag	*0*	*0[1)]*
Gewinnfreibetrag insgesamt	*2.600*	*1.300*
Gewinn endgültig	*37.400*	*8.700*
Einkünfte aus Gewerbebetrieb	*46.100*	

[1)] Kein investitionsbedingter Gewinnfreibetrag, da die Bemessungsgrundlage schon durch den Grundfreibetrag ausgeschöpft wurde.

c) Keine Zuordnung, daher Aufteilung des Grundfreibetrages nach dem Gewinnverhältnis:

	Betrieb A	*Betrieb B*
Gewinn vor Gewinnfreibetrag	*40.000*	*10.000*
Davon 13%	*5.200*	*1.300*
Investitionen begünstigte WG	*–*	*1.000*
Grundfreibetrag	*3.120*	*780*
Investitionsbedingter Gewinnfreibetrag	*0*	*520*
Gewinnfreibetrag insgesamt	*3.120*	*1.300*
Gewinn endgültig	*36.880*	*8.700*
Einkünfte aus Gewerbebetrieb	*45.580*	

(AÖF 2010/43)

9.2.2 Begünstigte Wirtschaftsgüter

(AÖF 2010/43)

Der Kreis der begünstigten beweglichen Wirtschaftsgüter entspricht der Rechtslage zum Freibetrag für investierte Gewinne. **3828**

Für den Gewinnfreibetrag besteht – im Gegensatz zur Rechtslage für den Freibetrag für investierte Gewinne – kein Ausschluss von Gebäudeinvestitionen (einschließlich Herstellungsaufwendungen eines Mieters oder sonstigen Nutzungsberechtigten auf ein Gebäude). Mit dieser Einschränkung gelten für den Gewinnfreibetrag die Ausführungen in Rz 3705 entsprechend.

Kosten für die Anschaffung oder Herstellung eines Gebäudes können in jenem Ausmaß zur Deckung eines investitionsbedingten Gewinnfreibetrages beitragen, in dem das Gebäude dem Betriebsvermögen zuzurechnen ist (siehe dazu Rz 557 ff).

Beispiele:

1. *Ein angeschafftes Gebäude wird zu 90% privat und zu 10% betrieblich genutzt. Die Anschaffungskosten können infolge Zuordnung des gesamten Gebäudes zum Privatvermögen nicht zur Deckung eines investitionsbedingten Gewinnfreibetrages herangezogen werden.*
2. *Ein angeschafftes Gebäude wird zu 85% betrieblich und zu 15% privat genutzt. Die Anschaffungskosten können infolge Zuordnung des gesamten Gebäudes zum Betriebsvermögen zur Gänze zur Deckung eines investitionsbedingten Gewinnfreibetrages herangezogen werden.*
3. *In einem zu 85% betrieblich und zu 15% privat genutzten Gebäude wird der Privatbereich durch einen Herstellungsaufwand vollständig umgestaltet. Dieser (private) Herstellungsaufwand kann nicht zur Deckung eines investitionsbedingten Gewinnfreibetrages herangezogen werden.*

(BMF-AV Nr. 2018/79)

Als begünstigte Wertpapiere kommen in Betracht (§ 10 iVm § 124b Z 252 EStG 1988): **3828a**

- Für Wirtschaftsjahre, die nach dem 30. Juni 2014 enden und vor dem 1. Jänner 2017 beginnen: ausschließlich Wohnbauanleihen iSd § 10 Abs. 3 Z 2 EStG 1988.
- Für Wirtschaftsjahre, die vor dem 1. Juli 2014 enden und für Wirtschaftsjahr, die nach dem 31. Dezember 2016 beginnen: Wertpapiere iSd § 14 Abs. 7 Z 4 EStG 1988.

Hinsichtlich der begünstigten Wertpapiere iSd § 14 Abs. 7 Z 4 EStG 1988 siehe Rz 3704. Die Rz 3703, Rz 3704 (ausgenommen der Nachwidmung bei Gewinnänderung, diesbezüglich siehe Rz 3835) und Rz 3704a gelten für den Gewinnfreibetrag entsprechend. Zur Wertpapierersatzbeschaffung bei vorzeitiger Tilgung siehe Rz 3840. Eine fondsgebundene Lebensversicherung stellt kein zur Deckung des Gewinnfreibetrages taugliches Wirtschaftsgut dar.

Auch nach Ablauf der Behaltefrist stellen Wertpapiere, die zum Zweck der Deckung eines Gewinnfreibetrages angeschafft worden sind, Betriebsvermögen dar. Dies gilt auch außerhalb der Gewinnermittlung gemäß § 5 EStG 1988. Nur durch eine Entnahme scheiden sie aus dem Betriebsvermögen aus.

(BMF-AV Nr. 2018/79)

3828b Wertpapiere müssen im Jahr der Geltendmachung des Freibetrages die Voraussetzungen als begünstigtes Wirtschaftsgut erfüllen. Eine Änderung der Qualifikation als begünstigtes Wertpapier während der Behaltedauer, etwa weil Anlagebestimmungen eines Investmentfonds so geändert werden, dass die entsprechenden Anteile nicht mehr den gesetzlichen Voraussetzungen entsprechen, hat keine Auswirkung und stellt keinen Grund für eine Nachversteuerung dar.

(BMF-AV Nr. 2018/79)

3829 Der Gewinnfreibetrag steht im Herstellungsfall (erst) im Fertigstellungszeitpunkt für die gesamten Herstellungskosten zu. Bei Fertigstellung nach dem Wirtschaftsjahr 2009 können daher die gesamten Herstellungskosten in die Bemessungsgrundlage einbezogen werden (vgl. Rz 3704b). Gemäß § 124b Z 153 EStG 1988 sind Herstellungskosten von Gebäuden (einschließlich Mieterinvestitionen) allerdings nur begünstigt, wenn mit der tatsächlichen Bauausführung nach dem 31. Dezember 2008 begonnen worden ist.

Beginn der tatsächlichen Bauausführung ist der tatsächliche Baubeginn im Sinne von „erster Spatenstich". Eine vorangegangene Planung ist unschädlich.

(AÖF 2010/43)

3830 Die begünstigten Wirtschaftsgüter müssen einem inländischen Betrieb oder einer inländischen Betriebsstätte zuzurechnen sein. Dazu ist eine körperliche Anwesenheit des Wirtschaftsgutes in einer Betriebsstätte im Inland nicht unbedingt erforderlich (zB bei LKWs, Containern). Das Wirtschaftsgut muss dem inländischen Betrieb oder der inländischen Betriebsstätte jedoch dienen, es muss eine funktionelle Zugehörigkeit gegeben sein; das Wirtschaftsgut muss somit dem Aufgabenbereich des inländischen Betriebes oder einer inländischen Betriebsstätte zuordenbar sein. Der geforderte Bezug zum inländischen Betrieb oder einer inländischen Betriebsstätte ergibt sich zB durch Leistungen für diese oder durch die Einsatzlenkung von dieser aus.

Erfolgen sämtliche kaufmännischen und einsatzorganisatorischen Maßnahmen von einem inländischen Betrieb oder einer inländischen Betriebsstätte aus, ist das Wirtschaftsgut diesem Betrieb/dieser Betriebsstätte funktional zuzuordnen. Dies auch dann, wenn das Wirtschaftsgut ausschließlich außerhalb des inländischen Betriebes oder einer inländischen Betriebsstätte stationiert ist und die Einsätze von diesem Ort aus erfolgen. Hat ein Unternehmer in einem solchen Fall nur im Inland eine Betriebsstätte, können alle zum Betriebsvermögen gehörigen Wirtschaftsgüter nur dieser Betriebsstätte zugerechnet werden. Der Gewinnfreibetrag steht daher unter diesen Voraussetzungen auch für außerhalb der Betriebsstätte eingesetzte Wirtschaftsgüter zu.

(AÖF 2010/43)

3831 Hat der Unternehmer hingegen (auch) eine Betriebsstätte außerhalb Österreichs, ist zu prüfen, ob ein im Ausland eingesetztes Wirtschaftsgut der ausländischen Betriebsstätte zuzurechnen ist. Wird ein Wirtschaftsgut in jenem ausländischen Staat eingesetzt, in dem sich eine Betriebsstätte befindet, ist regelmäßig von einer Zurechnung zu dieser Betriebsstätte auszugehen. Die Zurechnung zu einer ausländischen Betriebsstätte ist jedenfalls dann anzunehmen, wenn ein Wirtschaftsgut für einen Einsatz in dieser ausländischen Betriebsstätte angeschafft wird. Wird ein Wirtschaftsgut zunächst in einer Betriebsstätte im Inland eingesetzt und sodann vor Ablauf der Behaltefrist in eine ausländische Betriebsstätte verbracht, ist der Gewinnfreibetrag gewinnerhöhend aufzulösen (§ 10 Abs. 5 EStG 1988). Eine gewinnerhöhende Auflösung unterbleibt nur dann, wenn es sich um einen bloß vorübergehenden Auslandseinsatz von nicht mehr als zwölf Monaten handelt.

(AÖF 2010/43)

3832 Wirtschaftsgüter, die aufgrund einer entgeltlichen Überlassung überwiegend außerhalb eines Mitgliedstaates der Europäischen Union oder eines Staates des Europäischen Wirtschaftsraumes eingesetzt werden, gelten nicht als einem inländischen Betrieb oder einer inländischen Betriebsstätte zugehörig. Von einem inländischen Betrieb oder einer inländischen Betriebsstätte verleaste Wirtschaftsgüter müssen daher in einem Mitgliedstaat der Europäischen Union oder in einem Staat des Europäischen Wirtschaftsraumes eingesetzt werden (vgl. EuGH 04.12.2008, Rs C-330/07, Jobra, zu § 108e EStG 1988). Die Ausführungen der Rz 3711 gelten entsprechend.

(AÖF 2010/43)

9.2.3 Ausweis in der Steuererklärung, Dokumentation begünstigter Wirtschaftsgüter

(AÖF 2010/43)

Für die Inanspruchnahme des investitionsbedingten Gewinnfreibetrages sieht § 10 Abs. 7 EStG 1988 – anders als für den Grundfreibetrag – als weitere Voraussetzung den Ausweis des investitionsbedingten Gewinnfreibetrages in der Steuererklärung vor, und zwar getrennt nach körperlichen Anlagegütern und Wertpapieren. Wird nur die Geltendmachung des investitionsbedingten Gewinnfreibetrages in der Steuererklärung ausgewiesen, erfolgt die Berücksichtigung des Grundfreibetrages von Amts wegen. **3833**

(AÖF 2010/43)

Die Antragstellung für den investitionsbedingten Gewinnfreibetrag (einschließlich einer allfälligen gegenüber dem Gewinnverhältnis abweichenden Zuordnung des Grundfreibetrages im Falle zweier oder mehrerer Betriebe) ist bis zur Rechtskraft des entsprechenden Einkommen- oder Feststellungsbescheides möglich. Die Begrenzung der Antragstellung bis zur Rechtskraft beschränkt die Möglichkeit der Geltendmachung des investitionsbedingten Gewinnfreibetrages bis zum erstmaligen Eintritt der Rechtskraft (vgl. VwGH 1.6.2017, Ro 2016/15/0024). Damit kann ein Steuerpflichtiger, der die Geltendmachung im Rahmen der Steuererklärung unterlassen hat, dies innerhalb der Beschwerdefrist nachholen. Nachfolgende Rechtskraftbeseitigungen (etwa in Folge eines Wiederaufnahmeverfahrens) führen jedoch zu keiner Öffnung der Antragsmöglichkeiten für Nachmeldungen. Das bedeutet, dass das betragliche Ausmaß eines möglichen Gewinnfreibetrages mit den konkret zur Bedeckung herangezogenen Wirtschaftsgütern und den jeweiligen gewählten Summen beschränkt ist. **3834**

Die Begrenzung der Antragstellung bis zur Rechtskraft als einkommensteuerliche Sonderverfahrensbestimmung ermöglicht eine konzentrierte, verwaltungsökonomische Verfahrensabwicklung und eine zeitnahe budgetäre Kalkulierbarkeit der antragspflichtigen Maßnahme.

(BMF-AV Nr. 2019/75)

Wirtschaftsgüter, die der Deckung eines investitionsbedingten Gewinnfreibetrages dienen, sind in einem Verzeichnis auszuweisen. In diesem Verzeichnis ist für jeden Betrieb jeweils getrennt für körperliche Anlagegüter gemäß § 10 Abs. 3 Z 1 EStG 1988 (siehe Rz 3836) und Wertpapiere gemäß § 10 Abs. 3 Z 2 EStG 1988 (siehe Rz 3837) auszuweisen, in welchem Umfang die Anschaffungs- oder Herstellungskosten zur Deckung des investitionsbedingten Gewinnfreibetrages beitragen. Das Verzeichnis ist der Abgabenbehörde auf Verlangen vorzulegen. Eine Berichtigung des Verzeichnisses ist bis zum erstmaligen Eintritt der Rechtskraft des betreffenden Einkommensteuerbescheides oder Feststellungsbescheides möglich. Wirtschaftsgüter, die im Verzeichnis nicht enthalten sind, können nach Eintritt der erstmaligen Rechtskraft nicht (mehr) zur Deckung eines investitionsbedingten Gewinnfreibetrages herangezogen werden. **3835**

(AÖF 2010/43)

Hinsichtlich abnutzbarer Wirtschaftsgüter ist der in Anspruch genommene Freibetrag bei Einnahmen-Ausgaben-Rechnern im Anlageverzeichnis (§ 7 Abs. 3 EStG 1988) beim jeweiligen Wirtschaftsgut der Höhe nach auszuweisen. Das Anlageverzeichnis ist dem Finanzamt auf Verlangen vorzulegen. Es bestehen keine Bedenken, wenn der Ausweis in einer getrennten Beilage zum Anlageverzeichnis erfolgt. **3836**

Bei Bilanzierern kann der Ausweis im Anlagenspiegel oder in einem eigenen Verzeichnis erfolgen.

(AÖF 2010/43)

Begünstigte Wertpapiere, für die der Gewinnfreibetrag in Anspruch genommen worden ist, sind in einem gesonderten Verzeichnis auszuweisen, das dem Finanzamt auf Verlangen vorzulegen ist; der Ausweis im Anlageverzeichnis gemäß § 7 Abs. 3 EStG 1988 ist für Wertpapiere nicht ausreichend. In dem Verzeichnis ist auszuweisen, in welchem Umfang die Anschaffungskosten des jeweiligen Wertpapiers zur Deckung des Freibetrages beitragen. Soweit Wertpapiere zur Deckung eines Gewinnfreibetrages nicht herangezogen worden sind, können sie ohne Nachversteuerung wieder veräußert werden. **3837**

(AÖF 2010/43)

Der Freibetrag kann höchstens im Umfang der Anschaffungs- oder Herstellungskosten begünstigter Wirtschaftsgüter in Anspruch genommen werden, eine auch nur teilweise Ausschöpfung der Anschaffungs- oder Herstellungskosten für den Freibetrag ist zulässig. **3838**

Unterbleibt bei den begünstigten körperlichen Wirtschaftsgütern im Anlageverzeichnis oder bei den Wertpapieren im gesonderten Verzeichnis eine genaue Darstellung, in welcher Höhe ein Freibetrag für das jeweilige Wirtschaftsgut in Anspruch genommen worden ist, ist im Fall der Verwirklichung des Nachversteuerungstatbestandes der Freibetrag im Umfang

der vollen Anschaffungs- oder Herstellungskosten nachzuversteuern; dies gilt auch dann, wenn andere Wirtschaftsgüter vorhanden sind, um den gesamten in Anspruch genommenen Freibetrag durch Anschaffungs- oder Herstellungskosten zu decken.
(AÖF 2010/43)

9.2.4 Behaltefrist, Nachversteuerung

(AÖF 2010/43)

3839 Scheiden Wirtschaftsgüter, für die der investitionsbedingte Gewinnfreibetrag geltend gemacht worden ist, vor Ablauf der Frist von vier Jahren aus dem Betriebsvermögen aus oder werden sie ins Ausland – ausgenommen im Falle der entgeltlichen Überlassung in einen Mitgliedstaat der Europäischen Union oder in einen Staat des Europäischen Wirtschaftsraumes – verbracht, kommt es zu einer Nachversteuerung durch gewinnerhöhenden Ansatz des geltend gemachten Freibetrages. Dies hat im Wirtschaftsjahr des Ausscheidens oder des Verbringens zu erfolgen.

Keine Nachversteuerung erfolgt in Fällen des Ausscheidens infolge höherer Gewalt oder wegen behördlichen Eingriffs (siehe dazu Rz 3864 ff sowie hinsichtlich Insolvenz Rz 3840).

Einem Ausscheiden durch höhere Gewalt ist eine durch den Tod des Betriebsinhabers zwangsweise ausgelöste Betriebsaufgabe gleichzuhalten; dies ist dann der Fall, wenn der Betrieb durch den Tod unmittelbar untergeht (zB bei höchstpersönlichen Tätigkeiten) oder auf Grund einer Erbausschlagung kein Betrieb auf die Erben übergeht.

Eine durch Erwerbsunfähigkeit ausgelöste Betriebsaufgabe ist als Ausscheiden durch höhere Gewalt zu betrachten. Ein Nachweis über die Krankheit und die damit einhergehende Erwerbsunfähigkeit ist zu erbringen (siehe dazu Rz 7315b).
(BMF-AV Nr. 2021/65)

3840 Im Falle des Ausscheidens von begünstigten Wertpapieren unterbleibt insoweit der gewinnerhöhende Ansatz, als im Jahr des Ausscheidens begünstigte körperliche Wirtschaftsgüter angeschafft oder hergestellt werden (Ersatzbeschaffung, siehe dazu Rz 3717).

Werden Wertpapiere vorzeitig getilgt, können zur Vermeidung einer Nachversteuerung an Stelle begünstigter körperlicher Wirtschaftsgüter innerhalb von zwei Monaten nach der vorzeitigen Tilgung begünstigte Wertpapiere angeschafft werden (Wertpapierersatzbeschaffung). In diesen Papieren setzt sich der Lauf der Frist unverändert fort. Derartige Ersatzpapiere sind im Verzeichnis als solche gesondert auszuweisen.

Im Fall der Insolvenz eines das Wertpapier begebenden Unternehmens gilt hinsichtlich der Nachversteuerungsverpflichtung Folgendes:

Das Wertpapier verbleibt bis zur Befriedigung der Gläubiger entsprechend der Konkursquote im Betriebsvermögen. Erst mit der Befriedigung sind die Voraussetzungen der Nachversteuerung nach § 10 Abs. 5 EStG 1988 (Ausscheiden aus dem Betriebsvermögen) erfüllt. Da es sich um eine vorzeitige Tilgung handelt, kann eine Wertpapierersatzbeschaffung vorgenommen werden. Eine Insolvenz stellt zwar ein von außen einwirkendes Ereignis dar, sie ist aber im Wirtschaftsleben als ein Fall typischer Betriebsgefahr keine höhere Gewalt im Sinne des § 10 Abs. 5 EStG 1988. Dementsprechend stellt sie keinen Grund für das Unterbleiben der Nachversteuerung dar.
(BMF-AV Nr. 2015/133, BMF-AV Nr. 2018/79)

3840a Ein Rückkauf von Wertpapieren im Rahmen einer Abwicklung nach dem Bundesgesetz über die Sanierung und Abwicklung von Banken (Sanierungs- und Abwicklungsgesetz – BaSAG), BGBl. I Nr. 98/2014, ist einer vorzeitigen Tilgung gleichzuhalten. Eine Nachversteuerung unterbleibt daher in Fällen, in denen sich das emittierende Institut gemäß den Bestimmungen des BaSAG in Abwicklung befindet bzw. aufgrund eines Bescheides der FMA gemäß § 162 BaSAG eine Abbaugesellschaft anstelle des Kreditinstitutes errichtet wurde und die betreffenden Wertpapiere vom Kreditinstitut oder der betreffenden Abbaugesellschaft zurückgekauft werden.

Verkäufe außerhalb des Anwendungsbereiches des BaSAG oder an Dritte sind, auch wenn es sich um „Notverkäufe" handelt, einer vorzeitigen Tilgung nicht gleichzuhalten.
(BMF-AV Nr. 2018/79)

3841 Eine bloße Änderung in der Verwendung des Wirtschaftsgutes führt nicht zur Nachversteuerung. Wurde der Freibetrag von vornherein zu Unrecht gebildet, kann er mangels einer gesetzlichen Grundlage in einem der Folgejahre nicht aufgelöst werden. Eine Korrektur kann, unter Beachtung der verfahrensrechtlichen Möglichkeiten, nur für das Jahr vorgenommen werden, in welchem die Bildung erfolgte.

Rz 3716 bis Rz 3726 gelten entsprechend.

(AÖF 2010/43)

9.2.5 Mitunternehmerschaften

(AÖF 2010/43)

3842 Der Gewinnfreibetrag, höchstens der Betrag von 100.000 € für die gesamte Mitunternehmerschaft, steht den Gesellschaftern von Mitunternehmerschaften nach Maßgabe ihrer jeweiligen Gewinnbeteiligung zu. Die Aufteilung auf mehrere Gesellschafter hat nach Maßgabe des Anteils am steuerlichen Gewinn der Mitunternehmerschaft, somit nach Maßgabe des gesellschaftsvertraglich zustehenden Gewinnanteiles unter Berücksichtigung von Sonderbetriebseinnahmen und Sonderbetriebsausgaben zu erfolgen. Der Gewinnfreibetrag ist daher auf jene Gesellschafter, die positive steuerliche Beteiligungseinkünfte erzielen, entsprechend ihrer prozentuellen steuerlichen Gewinnbeteiligung aufzuteilen (vgl. Rz 3860h).

Gehört der Mitunternehmeranteil zum Betriebsvermögen eines Betriebes eines Steuerpflichtigen, ist das Geltendmachen des Freibetrages nur im Rahmen der Gewinnermittlung dieses Betriebes möglich. Ergibt sich insgesamt ein Gewinn, teilt der darin enthaltene Gewinnanteil das Schicksal der betrieblichen Bemessungsgrundlage. Ergibt sich nach Verrechnung des Gewinnanteiles insgesamt ein Verlust, ist auch der Gewinnanteil vom Freibetrag ausgeschlossen.

Rz 3727 bis Rz 3729b gelten entsprechend mit der Maßgabe, dass der Gewinnfreibetrag unabhängig von der Gewinnermittlungsart zusteht.

Beispiel:

1. A ist mit 50%, B und C jeweils mit 25% am Gewinn und am Vermögen der ABC-OG (in der Folge: MU) beteiligt, die einen unternehmensrechtlichen Gewinn von 160.000 € erzielt. Von der MU werden begünstigte Wirtschaftsgüter (WG) im Wert von 8.000 € angeschafft. C hat im Sonderbetriebsvermögen begünstigte Wertpapiere in Höhe von 3.000 € angeschafft.

2. A hat zudem ein Einzelunternehmen (EU) und erzielt dort einen Gewinn von 240.000 €. Im Einzelunternehmen wurden begünstigte Wirtschaftsgüter im Wert von 35.000 € angeschafft. Er ordnet den Grundfreibetrag im Höchstausmaß dem MU-Anteil zu.

3. B hält den Mitunternehmeranteil im Betriebsvermögen seines Einzelunternehmens und erzielt in diesem Betrieb einen Gewinn von 175.000 €, insgesamt somit von 215.000 €. Im Einzelunternehmen wurden begünstigte Wirtschaftsgüter im Wert von 16.000 € angeschafft.

4. C hat neben seiner Beteiligung keine betrieblichen Einkünfte.

	A	B	C
Anteiliger Gewinn aus der MU	*80.000*	*40.000*	*40.000*
Davon 13% (= maximaler Gewinnfreibetrag aus MU, insgesamt max. 100 000)	*10.400*	*5.200*	*5.200*
Angeschaffte begünstigte WG	*4.000*	*2.000*	*5.000[1)]*
MU-Anteil im Betriebsvermögen?	*Nein*	*Ja*	*Nein*
Grundfreibetrag	*1.950[2)]*	*0[3)]*	*975[4)]*
Investitionsbedingter Gewinnfreibetrag aus MU	*4.000*	*0[3)]*	*4.225[5)]*
Gewinnfreibetrag insgesamt aus MU	*5.950*	*0*	*5.200*
Steuerliches Ergebnis aus der MU	*74.050*	*40.000*	*34.800*
Gewinn des EU	*240.000*	*215.000[6)]*	–
Davon 13%	*31.200*	*27.950*	–
Begünstigte WG	*35.000[7)]*	*18.000[8)]*	–
Grundfreibetrag	*1.950[9)]*	*3.900*	–
Investitionsbedingter Gewinnfreibetrag EU	*29.250[10)]*	*18.000*	–
Gewinnfreibetrag insgesamt EU	*31.200*	*21.900*	–
Gewinnfreibetrag insgesamt MU + EU	*37.150*	*21.900*	*5.200*

[1)] 2.000 anteilig aus MU und 3.000 im Sonderbetriebsvermögen.

[2)] Maximale Bemessungsgrundlage für den Grundfreibetrag aufgrund des Gewinnanspruchs 50% von 30.000 = 15.000, davon 13%.

[3] MU-Anteil im Betriebsvermögen, daher Berücksichtigung auf Ebene des Einzelunternehmens.

[4] Bemessungsgrundlage für den Grundfreibetrag aufgrund des Gewinnanspruchs 25% von 30.000 = 7.500, davon 13%.

*[5] Der Maximalbetrag errechnet sich in diesem Fall wie folgt: maximal begünstigter anteiliger Gewinn minus anteiligem Grundfreibetrag (40.000 * 13% – 975).*

[6] einschließlich der 40.000 Gewinntangente aus der MU.

[7] im EU.

[8] 2.000 aus MU und 16.000 aus EU.

[9] Noch nicht ausgeschöpfter Grundfreibetrag (3.900 abzüglich 1.950 aus Mitunternehmerschaft).

[10] 31.200 abzüglich „verbrauchter" Grundfreibetrag 1.950.

(AÖF 2010/43)

3843 Bei Mitunternehmerschaften ist der den einzelnen Mitunternehmern zuzuordnende Gewinnfreibetrag wie folgt zu ermitteln:

1. Aufteilung des Grundfreibetrages entsprechend dem Gewinnanteil.
2. Aufteilung des möglichen investitionsbedingten Gewinnfreibetrages nach dem Gewinnanteil.
3. Prüfung, ob der mögliche investitionsbedingte Gewinnfreibetrag vermögensmäßig durch dem jeweiligen Gesellschafter zuzurechnende Wirtschaftsgüter gedeckt ist. Dabei sind im Gesellschaftsvermögen stehende Wirtschaftsgüter den Gesellschaftern entsprechend ihrer Vermögensbeteiligung zuzurechnen (vgl. Rz 3729a).

Beispiel:

An der ABC-OG sind A mit 25%, B mit 35% und C mit 40% gewinnbeteiligt. Die Vermögensbeteiligung beträgt: A: 10%, B: 15% und C 75%.

Im Jahr 1 wurden folgende (begünstigte) Wirtschaftsgüter (WG) angeschafft:

WG	*AK in €*	*Anteil A*	*Anteil B*	*Anteil C*
WG 1	*34.000*	*3.400*	*5.100*	*25.500*
WG 2	*27.000*	*2.700*	*4.050*	*20.250*
WG 3	*4.500*	*450*	*675*	*3.375*
WG 4	*900*	*90*	*135*	*675*
WG 5	*650*	*65*	*97,50*	*487,50*
Gesamt	*67.050*	*6.705*	*10.057,50*	*50.287,50*

Die ABC-OG erzielt einen steuerlichen Gewinn von 115.000 €, davon entfallen – entsprechend der vertraglichen Gewinnaufteilung – auf A 28.750 €, auf B 40.250 € und auf C 46.000 €.

Den Mitunternehmern sind folgende Grundfreibeträge zuzuordnen:

	Gewinnanteil	*Grundfreibetrag[1]*	*Möglicher investitionsbedingter Gewinnfreibetrag[2]*	*Vermögensdeckung*
A	*28.750,00*	*975,00*	*2.762,50*	*6.705,00*
B	*40.250,00*	*1.365,00*	*3.867,50*	*10.057,50*
C	*46.000,00*	*1.560,00*	*4.420,00*	*50.287,50*

[1] 13% von 30.000 x Gewinnanteil

[2] 13% vom Gewinnanteil abzüglich Grundfreibetrag

Von den Mitunternehmern werden folgende Gewinnfreibeträge in Anspruch genommen:

	A	*B*	*C*
Grundfreibetrag	*975,00*	*1.365,00*	*1.560,00*
Investitionsbedingter Gewinnfreibetrag			
WG 1	*–*	*3.867,50*	*–*
WG 2	*2.700,00*	*–*	*4.420,00*
WG 3	*62,50*	*–*	*–*

WG 4, 5	–	–	–
Gesamter investitionsbedingter Gewinnfreibetrag	*2.762,50*	*3.867,50*	*4.420,00*
Gesamter Gewinnfreibetrag	*3.737,50*	*5.232,50*	*5.980,00*

(AÖF 2010/43)

Ergibt sich im Einkommensteuerverfahren, dass das Höchstausmaß des Grundfreibetrages überschritten wurde, weil der Grundfreibetrag im Rahmen verschiedener Gewinnfeststellungsverfahren in einem insgesamt den Betrag von 3.900 Euro übersteigenden Ausmaß berücksichtigt worden ist, muss der Grundfreibetrag auf das Höchstausmaß zurückgeführt werden. Sollte wegen der Höchstbetragsüberschreitung eine Änderung eines Gewinnfeststellungsverfahrens erforderlich sein, stellt die Tatsache, dass sich das Überschreiten des Höchstbetrages aus einem anderen Verfahren ergibt, ein rückwirkendes Ereignis gemäß § 295a BAO in Bezug auf das betreffende Feststellungsverfahren dar. Kann die Höchstbetragsüberschreitung nicht bereits im Rahmen des Einkommensteuerverfahrens durch Kürzung des geltend gemachten Grundfreibetrages berücksichtigt werden, ist dem Steuerpflichtigen mittels Vorhaltes die Höchstbetragsüberschreitung zur Kenntnis zu bringen; er ist weiters aufzufordern, bekannt zu geben, im Rahmen welchen Feststellungsverfahrens eine Minderung des Grundfreibetrages eintreten soll. Aufgrund der Entscheidung des Steuerpflichtigen ist sodann das betreffende Feststellungsverfahren gemäß § 295a BAO zu ändern. Der geänderte Gewinnanteil ist sodann der Einkommensteuerveranlagung zu Grunde zu legen. **3844**

(AÖF 2011/66)

9.2a Gewinnfreibetrag (§ 10 EStG 1988, Rechtslage für Veranlagungszeiträume ab 2013)

(BMF-AV Nr. 2015/133)

Für die Veranlagungszeiträume ab 2013 gelten die Rz 3819 bis 3844 unter Berücksichtigung folgender Änderungen durch das 1. StabG 2012, das AbgÄG 2012 und das AbgÄG 2014: **3845**

1. Staffelung des Prozentausmaßes (Verschleifung des Freibetrages, Rz 3846).
2. Einbeziehung von steuersatzbegünstigt versteuerten Gewinnen aus Grundstücksveräußerungen in die Bemessungsgrundlage.
3. Einkommensteuervorauszahlungen für die Kalenderjahre 2013 bis 2016 sind bereits unter Zugrundelegung des § 10 EStG 1988 in der für die Jahre 2013 bis 2016 geänderten Fassung zu berechnen (§ 124b Z 214 EStG 1988). Dementsprechend sind Vorauszahlungsbescheide für 2013 und Folgejahre gegebenenfalls von Amts wegen zu ändern, wenn bei der Bemessung der Vorauszahlung ein Gewinnfreibetrag berücksichtigt wurde, der auf Basis der neuen Rechtslage nur in geringerem Umfang zusteht.

Für Wirtschaftsjahre, die nach dem 30.6.2014 enden und vor dem 31.12.2016 beginnen, ergeben sich durch das AbgÄG 2014 folgende Änderungen (siehe dazu auch Rz 3849 ff):

1. Als deckungsfähige Wertpapiere sind nur mehr Wohnbauanleihen geeignet.
2. Körperliche abnutzbare Wirtschaftsgüter, die zur Deckung des investitionsbedingten Gewinnfreibetrages dienen, sind im Anlageverzeichnis (Anlagekartei) auszuweisen.

Hinsichtlich endbesteuerungsfähiger bzw. sondersteuersatzbegünstigter Kapitalerträge (Früchte und Substanz) und sondersteuersatzbegünstigter Grundstücksgewinne siehe Rz 3822 bzw. Rz 3845a.

(BMF-AV Nr. 2015/133)

Sind im Betriebsgewinn sondersteuersatzbegünstigte Substanzgewinne enthalten, sind diese Gewinne stets (unabhängig von einer Regelbesteuerungsoption) in die Bemessungsgrundlage für den Gewinnfreibetrag einzubeziehen (siehe Rz 3822). **3845a**

Wird von der Regelbesteuerung kein Gebrauch gemacht, ist bei Vorhandensein von mit 25% bzw. bei Veräußerungen nach dem 31.12.2015 mit 30% besteuerten Substanzgewinnen gegebenenfalls eine Zuordnung des Gewinnfreibetrages vorzunehmen. Sofern auch ein investitionsbedingter Gewinnfreibetrag in Anspruch genommen wird, betrifft die Zuordnung sowohl den Grundfreibetrag als auch den investitionsbedingten Gewinnfreibetrag. Ein ausschließlicher Abzug des Gewinnfreibetrages von den Tarifeinkünften kommt jedenfalls nicht in Betracht.

Für die Zuordnung gilt:

- In einem ersten Schritt ist die Höhe des Gewinnfreibetrages auf der Grundlage des (gesamten) Betriebsgewinnes zu ermitteln. Liegt ein Gesamtverlust vor, besteht kein

Anspruch auf einen (anteiligen) Gewinnfreibetrag für einen darin allenfalls enthaltenen Grundstücksgewinn.

- Steht ein Gewinnfreibetrag auf Grund eines betrieblichen Gesamtgewinnes zu, ist der gesamte Gewinnfreibetrag in einem zweiten Schritt nach dem Verhältnis aufzuteilen, in dem der Teil der tarifsteuerpflichtigen Einkünfte und der Teil der mit 25% bzw. bei Veräußerungen nach dem 31.12.2015 mit 30% besteuerten Substanzgewinne zum Betriebsgewinn beiträgt.

Beispiele:

1. *Der Verlust beträgt 2.000 €. Davon sind 10.000 € laufender Verlust und 8.000 € ein Gewinn aus dem Verkauf eines Betriebsgrundstückes im Jahr 2015, der mit 25% besteuert wird. Im Hinblick auf den Gesamtverlust steht kein GFB zu.*
2. *Der Gewinn beträgt 20.000 €. Davon sind 2.000 € laufender Verlust und 22.000 € ein Gewinn aus dem Verkauf eines Betriebsgrundstückes im Jahr 2015, der mit 25% besteuert wird. Bemessungsgrundlage für den Gewinnfreibetrag (Grundfreibetrag) ist der (gesamte) Betriebsgewinn, das sind 20.000. Der GFB beträgt daher 13% von 20.000 €, somit 2.600 €. Der gesamte GFB ist nur dem Grundstücksveräußerungsgewinn zuzuordnen, dieser beträgt daher 19.400 €.*
3. *Der Gewinn beträgt 40.000 €. Davon sind 30.000 € laufender Gewinn und 10.000 € ein Gewinn aus dem Verkauf eines Betriebsgrundstückes im Jahr 2015, der mit 25% besteuert wird. Bemessungsgrundlage für den GFB ist der (gesamte) Betriebsgewinn, das sind 40.000. Der GFB beträgt daher 13% von 40.000 €, somit 5.200 €. Der gesamte GFB ist zu 75% dem laufenden Gewinn und zu 25% dem Grundstücksveräußerungsgewinn zuzuordnen. Der tarifmäßig zu berücksichtigende GFB beträgt daher 3.900 (75% von 5.200); er gliedert sich entsprechend anteilig in einen Grundfreibetrag iHv 2.925 (75% von 3.900) und einen investitionsbedingten Gewinnfreibetrag iHv 975 (75% von 1.300). Der auf den Grundstücksgewinn entfallende GFB beträgt 1.300 und entfällt iHv 975 (25% von 3.900) auf den Grundfreibetrag und iHv 325 (25% von 1.300) auf den investitionsbedingten Gewinnfreibetrag. Die Einkünfte betragen:*

	Gewinn vor GFB	*Grund-FB*	*Investitionsbedingter GFB*	*Gewinn nach GFB*
Tarif	*30.000*	*2.925*	*975*	*26.100*
25%	*10.000*	*975*	*325*	*8.700*
Gesamt	*40.000*	*3.900*	*1.300*	*34.800*

Eine allfällige Nachversteuerung des Gewinnfreibetrages erfolgt im Rahmen des Besteuerungsregimes, in dem sich der Gewinnfreibetrag ausgewirkt hat. Die Bestimmungen, die hinsichtlich des investitionsbedingten Gewinnfreibetrags die Deckungs-, Ausweis- und Nachversteuerungsverpflichtungen betreffen, gelten auch bei Berücksichtigung des Gewinnfreibetrages im Rahmen der Besteuerung mit 25% bzw. 30% bei Veräußerungen nach dem 31.12.2015. Dementsprechend ist erforderlichenfalls beim Deckungswirtschaftsgut danach zu differenzieren, ob das Wirtschaftsgut einen im Rahmen des Tarifs berücksichtigten Gewinnfreibetrag oder einen im Rahmen der Besteuerung mit 25% bzw. 30% berücksichtigten Gewinnfreibetrag deckt.

(BMF-AV Nr. 2018/79)

3846 Der Gewinnfreibetrag beträgt bis zu einer Bemessungsgrundlage von 175.000 Euro (unverändert zu 2010 bis 2012) 13%. Überschreitet die Bemessungsgrundlage diesen Betrag, steht für den Überschreitungsbetrag, abhängig von der Höhe der Überschreitung, ein reduzierter Gewinnfreibetrag zu. Für einen Überschreitungsbetrag bis 175.000 Euro stehen 7% und für weitere 230.000 Euro 4,5% Gewinnfreibetrag zu. Abweichend von der bis 2012 geltenden Rechtslage, die ein maximales Ausmaß des Gewinnfreibetrages von 100.000 Euro vorsah (dies entspricht einem maximalen begünstigten Gewinn von 769.230 Euro), steht der Gewinnfreibetrag somit nur für Gewinne bis zu 580.000 Euro zu. Unter Zugrundelegung der Prozentstaffelung ergibt sich damit ein Maximalausmaß von 45.350 Euro.

Enden in einem Veranlagungsjahr mehrere Wirtschaftsjahre (zB ein abweichendes Wirtschaftsjahr und ein Rumpfwirtschaftsjahr) mit einerseits positivem und andererseits negativem Ergebnis, sind diese zu saldieren. Beträgt der Saldo max. 100.000 Euro, beträgt das maximale Ausmaß der Erhöhung 13% jenes Betrages, um den die Bemessungsgrundlage bzw. der Saldo 30.000 Euro übersteigt. Dies gilt analog dazu auch für jene Fälle, in denen mehrere Wirtschaftsjahre zu positiven Ergebnissen in einem Veranlagungsjahr führen.

Beispiele:

	Fall 1	*Fall 2*	*Fall 3*
Bemessungsgrundlage	*190.000*	*280.000*	*650.000*
Höchstmögliches Ausmaß GFB	*23.800*[1)]	*30.100*	*45.350*
Grundfreibetrag	*3.900*	*3.900*	*3.900*
Verbleibender möglicher investitionsbedingter GFB	*19.900*	*26.200*	*41.450*
Investitionen in begünstigte WG	*24.000*	*25.000*	*60.000*
Investitionsbedingter GFB	*19.900*[2)]	*25.000*[3)]	*41.450*
GFB gesamt	*23.800*	*28.900*	*45.350*
Gewinn endgültig	*166.200*	*251.100*	*604.650*

[1)] 22.750 (175.000 x 13%) + 1.050 (15.000 x 7%) = 23.800

[2)] 23.800 (Zeile 2) – 3.900 (Zeile 3) = 19.900

[3)] Mit der Höhe der Investitionen begrenzt

(AÖF 2013/280, BMF-AV Nr. 2018/79, BMF-AV Nr. 2019/75)

Übersteigt bei mehreren Betrieben die Bemessungsgrundlage insgesamt 175.000 Euro, ist auf Basis der gestaffelten Sätze ein Durchschnittssatz zu ermitteln. Dabei ist zunächst der höchstmögliche Gewinnfreibetrag auf Grundlage der Gewinne der einzelnen Betriebe an Hand der gestaffelten Sätze zu errechnen. Daraus ist ein Durchschnittssatz abzuleiten. Dieser ist sodann für das Höchstausmaß des Gewinnfreibetrages für jeden einzelnen Betrieb maßgebend. **3847**

Bei mehreren Betrieben ist der Grundfreibetrag von höchstens 3.900 Euro wie bisher grundsätzlich vom Steuerpflichtigen zuzuordnen, subsidiär erfolgt eine Zurechnung im Verhältnis der Gewinne. Übersteigt die Bemessungsgrundlage insgesamt 30.000 Euro, steht unter der Voraussetzung entsprechender Investitionen bei jedem Betrieb in Höhe von 13% oder eines entsprechend geringeren Durchschnittssatzes ein investitionsbedingter Gewinnfreibetrag zu, soweit diesem Betrieb nicht ohnehin schon ein Grundfreibetrag zugeordnet ist.

Beispiel:

	Betrieb A	*Betrieb B*	*Betrieb C*	*Gesamt*
Bemessungsgrundlagen	*40.000*	*90.000*	*50.000*	*180.000*
Höchstmögliches Ausmaß GFB für den Steuerpflichtigen insgesamt				*23.100*
Durchschnittssatz				*12,83%*[1)]
Betriebsbezogene Höchstgrenze für GFB (12,83% des Gewinns)	*5.133*	*11.550*	*6.417*	
Grundfreibetrag	-	-	*3.900*	*3.900*
Verbleibender möglicher investitionsbedingter GFB gesamt				*19.200*
Verbleibender möglicher investitionsbedingter GFB betriebsbezogen	*5.133*	*11.550*	*2.517*[2)]	
Investitionen in begünstigte WG	*6.000*	*13.000*	*2.600*	
Berücksichtigter Investitionsbedingter GFB	*5.133*	*11.550*	*2.517*	*19.200*
Berücksichtigter GFB	*5.133*	*11.550*	*6.417*	*23.100*
Betriebliche Einkünfte endgültig	*34.867*	*78.450*	*43.583*	*156.900*[3)]

[1)] Periodisch

[2)] Da diesem Betrieb der Grundbetrag zugeordnet wurde, ist dieser vom betriebsbezogenen Höchstbetrag abzuziehen; der verbleibende Restbetrag stellt das Potenzial für den investitionsbedingten GFB dar.

[3)] = 180.000 (Bemessungsgrundlagen gesamt) – 23.100 (GFB gesamt)

(AÖF 2013/280)

3848 Übersteigt die Summe der Betriebsgewinne den Betrag von 580.000 Euro, beträgt der Gewinnfreibetrag höchstens 45.350 Euro. Aus diesem Höchstbetrag ist der Durchschnittssatz abzuleiten und dieser auf die einzelnen Betriebsgewinne anzuwenden.

Beispiel:

	Betrieb A	*Betrieb B*	*Betrieb C*	*Gesamt*
Bemessungsgrundlagen	*40.000*	*90.000*	*460.000*	*590.000*
Höchstmögliches Ausmaß GFB für den Steuerpflichtigen insgesamt				*45.350*
Durchschnittssatz				*7,6864%[1)]*
Betriebsbezogene Höchstgrenze bei Anwendung des Durchschnittssatzes	*3.074,56*	*6.917,76*	*35.357,44*	*~ 45.350*
Grundfreibetrag	-	-	*3.900*	*3.900*
Verbleibender möglicher investitionsbedingter GFB gesamt				*41.450*
Verbleibender möglicher investitionsbedingter GFB betriebsbezogen	*3.128*	*7.038*	*31.457,44*	
Investitionen in begünstigte WG	*4.000*	*8.000*	*32.000*	
Berücksichtigter Investitionsbedingter GFB	*3.074,56*	*6.917,76*	*31.457,44*	
Berücksichtigter GFB	*3.074,56*	*6.917,76*	*35.357,44*	*45.350*
Betriebliche Einkünfte endgültig	*36.925,44*	*83.082,24*	*424.642,56*	*~544.650[2)]*

[1)] *(45.350: 590.000) x 100*

[2)] *Betriebsgewinne gesamt (590.000) abzüglich GFB gesamt (45.350)*

3849 Für Wirtschaftsjahre, die nach dem 30.6.2014 enden, kommt eine Wertpapierdeckung nur mehr durch Wohnbauanleihen in Betracht. In Bezug auf Deckungswertpapiere, die in vor dem 1. Juli 2014 endenden Wirtschaftsjahren angeschafft wurden, gilt hinsichtlich Ersatzbeschaffung und vorzeitiger Tilgung die Rechtslage vor dem AbgÄG 2014 weiter (vgl. Rz 3840).

(BMF-AV Nr. 2015/133)

3850 Wohnbauanleihen sind Wandelschuldverschreibungen, die von

a) Aktiengesellschaften im Sinne des § 1 Abs. 2 des Bundesgesetzes über steuerliche Sondermaßnahmen zur Förderung des Wohnbaus, BGBl. Nr. 253/1993, in der jeweils geltenden Fassung, oder von

b) diesen vergleichbaren Aktiengesellschaften mit Sitz in einem Mitgliedstaat der Europäischen Union oder einem Staat, mit dem eine umfassende Amtshilfe besteht,

ausgegeben worden sind und der Förderung des Wohnbaus in Österreich entsprechend den Vorschriften des Bundesgesetzes über steuerliche Sondermaßnahmen zur Förderung des Wohnbaus, BGBl. Nr. 253/1993, in der jeweils geltenden Fassung, dienen.

(BMF-AV Nr. 2015/133)

3851 Die Wohnbauanleihen müssen dem Anlagevermögen eines inländischen Betriebes oder einer inländischen Betriebsstätte ab dem Anschaffungszeitpunkt mindestens vier Jahre gewidmet werden; Wohnbauanleihen mit einer (Rest)Laufzeit von weniger als vier Jahren kommen daher als begünstigte Wirtschaftsgüter nicht in Betracht. Im Falle des Ausscheidens von Wohnbauanleihen unterbleibt insoweit eine Nachversteuerung, als im Jahr des Ausscheidens begünstigte körperliche Wirtschaftsgüter angeschafft oder hergestellt werden (Ersatzbeschaffung).

Werden Wohnbauanleihen vorzeitig getilgt, können zur Vermeidung einer Nachversteuerung an Stelle begünstigter körperlicher Wirtschaftsgüter innerhalb von zwei Monaten nach der vorzeitigen Tilgung Wohnbauanleihen angeschafft werden (Wohnbauanleihenersatzbeschaffung). In diesen Papieren setzt sich der Lauf der Behaltefrist unverändert fort. Derartige Ersatzpapiere sind im Verzeichnis als solche gesondert auszuweisen.

Die Wohnbauanleihen müssen in einem gesonderten Verzeichnis ausgewiesen werden.

(BMF-AV Nr. 2015/133)

Randzahlen 3852 bis 3860: *derzeit frei*

(BMF-AV Nr. 2015/133)

9.2b Begünstigte Besteuerung für nicht entnommene Gewinne

9.2b.1 Allgemeines

§ 11a EStG 1988 wurde durch das Budgetbegleitgesetz 2003 im Interesse der Förderung der Eigenkapitalbildung eingefügt. Danach werden Gewinne, die für einen Anstieg des Eigenkapitals „reserviert" werden, einer begünstigten Besteuerung zugeführt. **3860a**

Die Regelung tritt mit der Veranlagung 2004 in Kraft (zur Behandlung eines Eigenkapitalabfalles im Kalenderjahr 2003 siehe Rz 3860p); § 11 EStG 1988 ist für natürliche Personen letztmalig bei der Veranlagung 2003 anzuwenden. Zum Außerkrafttreten des § 11a EStG 1988 siehe Rz 3860t und Rz 3860u.

Die Begünstigung kann im Rahmen eines Wahlrechts in Anspruch genommen werden. Das Wahlrecht kann jährlich unabhängig von der Vorgangsweise in früheren oder späteren Zeiträumen immer wieder neu ausgeübt werden. Auch dann, wenn sich der Steuerpflichtige nicht schon ab Beginn des Betriebes oder der Mitunternehmerstellung für die Eigenkapitalbegünstigung entscheidet, kann die Begünstigung in Anspruch genommen werden.

Die Begünstigung kann im Rahmen des Höchstbetrages von 100.000 Euro voll oder teilweise ausgeschöpft werden.

Wird der laufende Gewinn (Verlust) im abgabenrechtlichen Verfahren geändert (berichtigt), ist eine Nachholung der begünstigten Besteuerung (zB weil erst im Zuge eines Betriebsprüfungsverfahrens ein Gewinn entsteht) ebenso zulässig wie eine nachträgliche Abstandnahme von der bereits in Anspruch genommenen Begünstigung.

(AÖF 2010/43)

9.2b.2 Betroffener Personenkreis

(AÖF 2004/167)

Die Begünstigung steht für Gewinne zu, die von nach Unternehmens- oder Abgabenrecht bilanzierenden Einzelunternehmern sowie Mitunternehmern von bilanzierenden Mitunternehmerschaften (siehe dazu Rz 3860h) erzielt werden. Bis zur Veranlagung 2006 können nur natürliche Personen, die Einkünfte aus Land- und Forstwirtschaft (§ 21 EStG 1988) oder aus Gewerbebetrieb (§ 23 EStG 1988) erzielen, von der Begünstigung Gebrauch machen. Steuerpflichtige mit Einkünften gemäß § 22 EStG 1988 sind bis zur Veranlagung 2006 ausgeschlossen (VfGH 6.12.2006, G 151/06). Ab der Veranlagung 2007 steht die Begünstigung auch bilanzierenden Steuerpflichtigen mit Einkünften aus selbständiger Arbeit offen. **3860b**

(AÖF 2008/238)

9.2b.3 Ermittlung des Eigenkapitals

(AÖF 2004/167)

Die Ermittlung des Eigenkapitalanstieges hat für jeden Betrieb gesondert zu erfolgen. **3860c**

Der für die Begünstigung maßgebliche Eigenkapitalanstieg ermittelt sich aus dem laufenden Gewinn des Wirtschaftsjahres zuzüglich „betriebsnotwendiger" Einlagen (siehe Rz 3860e) und abzüglich Entnahmen.

Komponenten des Eigenkapitalaufbaus sind der (laufende) Gewinn, Einlagen und Entnahmen, und zwar jeweils im einkommensteuerrechtlichen Sinn. Sanierungsgewinne iSd § 36 EStG 1988 in der bis zur Veranlagung 2005 geltenden Fassung bzw. Gewinne iSd § 36 Abs. 2 EStG 1988 in der ab der Veranlagung 2006 geltenden Fassung sind Bestandteile des (laufenden) Gewinns.

Veräußerungs- und Übergangsgewinne sind nicht zu berücksichtigen. Entnahmen anlässlich einer Betriebs- oder Teilbetriebsveräußerung in Höhe eines Veräußerungsgewinnes und/oder Entnahmen in Höhe eines Übergangsgewinnes bleiben im Hinblick darauf, dass diese Gewinnteile gesetzlich aus der Ermittlung eines Eigenkapitalanstieges/abfalles ausgenommen sind, bei dessen Ermittlung ebenfalls unberücksichtigt. Die Entnahme des gesamten Veräußerungsgewinnes bleibt auch dann unberücksichtigt, wenn die steuerliche Erfassung des Veräußerungsgewinnes auf drei Jahre gleichmäßig verteilt wird. In Fällen der Ermittlung eines Übergangsgewinnes sind bei weiter bestehendem Betrieb nachfolgende Entnahmen bis zur Höhe des Übergangsgewinnes nicht zu berücksichtigen.

Beispiel 1:

Übergang zur Bilanzierung mit 1.1.2001. Übergangsgewinn zum 1.1.2001: 46.000 Euro, (laufender) Gewinn des Jahres 2001: 93.000 Euro, Entnahmen 2001: 75.000 Euro.

Ermittlung des Eigenkapitalanstieges 2001:

Laufender Gewinn	*93.000 Euro*

- Entnahmen (75.000 – 46.000)	*29.000 Euro*
Eigenkapitalanstieg	*64.000 Euro*

Beispiel 2:

Angaben wie Beispiel 1, allerdings betragen die Entnahmen des Jahres 2001 nur 45.000 Euro.

Ermittlung des Eigenkapitalanstieges 2001:

Laufender Gewinn	*93.000 Euro*
- Entnahmen (75.000 – 46.000)	*0 Euro*
Eigenkapitalanstieg	*93.000 Euro*

Von den nächstfolgenden Entnahmen (zB des Jahres 2002) bleiben 1.000 Euro (Differenz zwischen dem Übergangsgewinn und den Entnahmen des Jahres 2001) bei Ermittlung eines Eigenkapitalanstieges oder -abfalles unberücksichtigt.

Von der Entnahme von Veräußerungs- und Übergangsgewinnen abgesehen, sind jedoch sämtliche Entnahmen – auch in Fällen einer nicht vollständigen Inanspruchnahme der Begünstigung oder der Beurteilung einer vorhergehenden Einlage als nicht betriebsnotwendig – als eigenkapitalmindernd zu berücksichtigen; eine Zuordnung von Entnahmen zu nicht nach § 11a EStG 1988 begünstigten Gewinnteilen hat zu unterbleiben.

Beispiel 1:

2004 wird ein Gewinn von 150.000 Euro und ein Eigenkapitalanstieg von 140.000 Euro erzielt. Es können 2004 versteuert werden:

- *100.000 Euro (Höchstbetrag) mit dem Hälftesteuersatz und*
- *50.000 Euro mit dem Normalsatz.*

2005 beträgt der Gewinn 10.000 Euro; Entnahmen sind im Ausmaß von 30.000 Euro getätigt worden, nicht jedoch Einlagen.

2005 liegt ein Eigenkapitalabfall von 20.000 Euro vor, der zur Nachversteuerung führt. Ungeachtet dessen, dass 2004 ein Eigenkapitalanstieg von 40.000 Euro zu keiner Tarifbegünstigung nach § 11a EStG 1988 geführt hat, sind sämtliche Entnahmen des Jahres 2005 (30.000 Euro) in die Ermittlung des Eigenkapitalabfalles einzubeziehen.

Beispiel 2:

2004 wird ein Gewinn von 130.000 Euro und ein Eigenkapitalanstieg von 80.000 Euro erzielt. Im Gewinn sind Einkünfte aus der Verwertung von patentrechtlich geschützten Erfindungen in Höhe von 60.000 Euro enthalten. Da diese Einkünfte außerhalb des § 11a EStG 1988 halbsatzbegünstigt sind, entschließt sich der Steuerpflichtige die Begünstigung des § 11a EStG 1988 nur hinsichtlich von 70.000 Euro in Anspruch zu nehmen. Der gesamte Gewinn 2004 wird somit mit dem Hälftesteuersatz besteuert.

2005 beträgt der Gewinn 90.000 Euro; Entnahmen sind im Ausmaß von 110.000 Euro getätigt worden.

2005 liegt ein Eigenkapitalabfall von 20.000 Euro vor, der zur Nachversteuerung führt. Ungeachtet dessen, dass 2004 ein Eigenkapitalanstieg von 10.000 Euro zu keiner Tarifbegünstigung nach § 11a EStG 1988 geführt hat, sind sämtliche Entnahmen des Jahres 2005 (110.000 Euro) in die Ermittlung des Eigenkapitalabfalles einzubeziehen.

(AÖF 2009/74)

3860d Die Bezugnahme auf § 4 Abs. 1 EStG 1988 in § 11a EStG 1988 bedeutet, dass buchungstechnische Einlagen (zB Übertragung des Investitionsfreibetrages auf das Kapitalkonto) und Entnahmen unberücksichtigt bleiben.

Nutzungsentnahmen sind zu berücksichtigen. Nutzungseinlagen stellen betriebsnotwendige Einlagen dar.

Nutzungsbedingte Sacheinlagen von notwendigem Betriebsvermögen stellen betriebsnotwendige Einlagen dar.

Beispiele:

1. *Ein bisher zu 17% betrieblich genutztes Gebäude wird ab dem Jahr 1 zu 25% betrieblich genutzt. Das bisher zur Gänze dem Privatvermögen zuzurechnende Gebäude wird durch den Umfang der über 20% hinausgehenden Nutzung im Umfang von 25% notwendiges Betriebsvermögen. Bis zur Einlage des Gebäudes war die Nutzungseinlage (anteilige AfA und sonstige Kosten) eine betriebsnotwendige Einlage. Die nutzungsbedingte Einlage des Gebäudeteils ist betriebsnotwendig.*

Sollte das Nutzungsausmaß in einem späteren Jahr wieder unter 20% absinken, läge eine Entnahme vor, die im Rahmen des § 11a EStG 1988 zu berücksichtigen wäre.

2. *Ein bisher zu 40% betrieblich genutzter Pkw wird ab dem Jahr 1 zu 60% betrieblich genutzt. Der bisher zur Gänze dem Privatvermögen zuzurechnende Pkw wird durch den Umfang der überwiegenden Nutzung zur Gänze notwendiges Betriebsvermögen. Bis zur Einlage des Pkw war dessen betriebliche Nutzung (anteilige AfA und sonstige Kosten oder Kilometergeld) eine betriebsnotwendige Einlage. Die durch die überwiegende betriebliche Nutzung des Pkw bedingte Einlage des gesamten Pkw ist betriebsnotwendig. Der (auf die private Nutzung entfallende) auszuscheidende Privatanteil ist eine Entnahme.*

   Sollte das Nutzungsausmaß in einem späteren Jahr wieder unter 50% absinken, läge eine Entnahme vor, die im Rahmen des § 11a EStG 1988 zu berücksichtigen wäre.

Steuerlich nicht abzugsfähige Aufwendungen im Sinne des § 20 Abs. 1 EStG 1988 stellen Entnahmen dar. Soweit Aufwendungen und Ausgaben nach § 20 Abs. 1 EStG 1988 dem Abzugsverbot unterliegen, unternehmensrechtlich aber zu einer Aktivierung führen, stellen sie hinsichtlich des unangemessenen Teiles eine Entnahme dar. In den Folgejahren auf Grund der Aktivierung notwendige Korrekturen (zB AfA) sind damit bereits erfasst und nicht neuerlich als Entnahmen zu werten. Die stillen Reserven, die auf den steuerlich nicht relevanten Teil entfallen, stellen bei ihrer Aufdeckung durch Veräußerung eine Einlage dar.

Steuerfreie Vermögensvermehrungen nach § 3 EStG 1988, die ohne Anwendung des § 3 EStG 1988 eine Betriebseinnahme darstellen würden, sind grundsätzlich als betriebsnotwendige Einlagen anzusehen. Sie stellen nur insoweit keine Einlagen dar, als auf der Ausgabenseite eine Kürzung des steuerlich abzusetzenden Aufwandes zu erfolgen hat (§§ 20 Abs. 2 und 6 Z 10 EStG 1988).

Steuerlich nicht zu erfassende Betriebsergebnisse (Ergebnisse ausländischer Betriebsstätten auf Grund eines DBA mit Befreiungsmethode) bleiben bei Ermittlung des Eigenkapitalanstieges außer Ansatz. Der befreiten Betriebsstätte zuzuordnende Entnahmen und Einlagen bleiben außer Ansatz. Werden aus einer befreiten Betriebsstätte stammende Mittel in einen inländischen nach § 11a EStG 1988 begünstigungsfähigen Betrieb transferiert, liegt bei letzterem eine Einlage im Sinn des § 11a EStG 1988 vor. Werden umgekehrt aus einem inländischen nach § 11a EStG 1988 begünstigungsfähigen Betrieb stammende Mittel in eine ausländische befreite Betriebsstätte transferiert, liegt bei ersterem eine Entnahme im Sinn des § 11a EStG 1988 vor.

Steuerfreie Übertragungen der Abfertigungsrückstellung gemäß § 124b Z 68 EStG 1988 bleiben ebenfalls außer Ansatz.

Werden mit Kapitalertragsteuer oder gemäß § 37 Abs. 8 EStG 1988 endbesteuerungsfähige Einkünfte gemäß § 97 Abs. 4 EStG 1988 nicht tarifversteuert, sind derartige Einkünfte zur Herstellung der gleichen Wirkung wie im Fall der Mitveranlagung als betriebsnotwendige Einlagen anzusehen.

Prämien gemäß §§ 108c bis f EStG 1988 sind als betriebsnotwendige Einlagen anzusehen.

Thesaurierte Mittel sind auch bei der Gewinnermittlung gemäß § 4 Abs. 1 EStG 1988 erst dann als entnommen anzusehen, wenn eine außerbetrieblich veranlasste Disposition über die Mittel erfolgt. Eine Umschichtung von Betriebseinnahmen vom Betriebskonto auf Sparbücher oder in Wertpapiere stellt keine außerbetrieblich veranlasste Disposition dar (vgl. Rz 485 und 554). Hingegen stellt eine Verwendung von thesaurierten Mitteln z.B. für nicht betriebsnotwendige Immobilien eine außerbetrieblich veranlasste Disposition (Entnahme) dar.

(AÖF 2008/51)

Einlagen sind nur insoweit der Begünstigung zugänglich, als sie betriebsnotwendig sind. **3860e**
Diese Voraussetzung soll vermeiden, dass vorangegangene Entnahmen durch kurzzeitige Einlagen ausgeglichen werden . Eine betriebsnotwendige Einlage ist jede Einlage, die im betrieblichen Interesse gelegen ist (VwGH 24.06.2010, 2007/15/0261). Eine Geldeinlage ist daher insbesondere betriebsnotwendig, wenn sie entweder dazu dient,

- einen konkreten Kapitalbedarf aus Anlass konkreter betrieblicher Investitionen oder konkreter betrieblicher Aufwendungen, welche andernfalls mit Fremdmitteln finanziert werden müssten, zu decken (Betriebsnotwendigkeit zwecks Fremdkapitalvermeidung bei betrieblich veranlasstem Kapitalbedarf) oder
- betriebliches Fremdkapital durch Eigenkapital zu ersetzen, weil für die Bedienung der betrieblichen Bankverbindlichkeit (Tilgung und Zinsendienst) keine ausreichenden liquiden Mittel im Betrieb vorhanden sind (Betriebsnotwendigkeit zwecks Fremdkapitalersatz).

Beispiele:

1. *Eine Textilunternehmerin finanziert den Ankauf der neuen Herbstkollektion im Frühjahr nicht durch einen Betriebsmittelkredit, sondern durch eine Einlage. Diese ist betriebsnotwendig, auch wenn nach Eingang der Verkaufserlöse im Herbst eine Entnahme getätigt wird, die zum Teil oder zur Gänze dem eingelegten Betrag entspricht.*
2. *Für die Abdeckung einer betrieblich veranlassten Bankverbindlichkeit sind im Betriebsvermögen keine liquiden Mittel vorhanden. Es wird eine Einlage zur Abdeckung der Bankverbindlichkeit getätigt. Diese Einlage ist betriebsnotwendig.*

Wird eine Geldeinlage lediglich zum Ausgleich von Entnahmen getätigt, ist sie nicht betriebsnotwendig (VwGH 24.06.2010, 2007/15/0261). Dies ist insb. dann anzunehmen, wenn Geldeinlagen kurz vor dem Bilanzstichtag getätigt werden, um frühere Geldentnahmen auszugleichen (und sich damit die begünstigte Besteuerung zu sichern).

Beispiel:

Während des Jahres 2004 wurden laufend Entnahmen in Höhe von insgesamt 30.000 Euro getätigt. Am 31.12.2004 erfolgt eine Einlage von 30.000 Euro, ohne dass dafür ein konkreter betrieblicher Kapitalbedarf gegeben wäre. Die Einlage ist nicht betriebsnotwendig.

Es bestehen keine Bedenken, eine Entnahme insoweit unberücksichtigt zu lassen, als der Entnahme eine Einlage gegenübersteht, die innerhalb von zehn Tagen vor oder nach der Entnahme erfolgt; Voraussetzung ist, dass beide Vorgänge im selben Wirtschaftsjahr stattfinden. Soweit die Einlage die Entnahme „neutralisiert", sind beide Vorgänge für die Anwendung des § 11a EStG 1988 unberücksichtigt zu lassen.

Beispiele:

1. *Am 15.2. werden 1.000 Euro vom betrieblichen Bankkonto an das Finanzamt zur Begleichung der Einkommensteuervorauszahlung überwiesen. Am 25.2. werden 1.000 Euro vom privaten Sparbuch dem betrieblichen Bankkonto gutgeschrieben. Für die Anwendung des § 11a EStG 1988 wird durch die betragsgleiche Einlage innerhalb von zehn Tagen die Entnahme neutralisiert, es liegt weder eine schädliche Entnahme noch eine (nicht betriebsnotwendige) Einlage vor.*
2. *Am 10.2. erfolgt eine Einlage von 1.200 Euro auf das betriebliche Bankkonto. Am 15.2. wird die Einkommensteuervorauszahlung in Höhe von 1.000 Euro vom betrieblichen Bankkonto bezahlt. Die innerhalb von zehn Tagen vor der Entnahme erfolgte Einlage neutralisiert im Umfang von 1.000 Euro die Entnahme (Bezahlung der Einkommensteuervorauszahlung). Hinsichtlich der verbleibenden 200 Euro der Einlage liegt für die Anwendung des § 11a EStG 1988 eine nicht betriebsnotwendige Einlage vor.*
3. *Am 14.2. erfolgt eine Einlage von 750 Euro auf das betriebliche Bankkonto. Am 15.2. wird die Einkommensteuervorauszahlung in Höhe von 1.000 Euro vom betrieblichen Bankkonto bezahlt. Die innerhalb von zehn Tagen vor der Entnahme erfolgte Einlage neutralisiert im Umfang von 750 Euro die Entnahme (Bezahlung der Einkommensteuervorauszahlung). Für die Anwendung des § 11a EStG 1988 sind nur mehr 250 Euro der Entnahme zu berücksichtigen.*
4. *Am 4.2. erfolgt eine Einlage von 1.750 Euro auf das betriebliche Bankkonto. Am 15.2. wird die Einkommensteuervorauszahlung in Höhe von 1.750 Euro vom betrieblichen Bankkonto bezahlt. Die Einlage neutralisiert die Entnahme (Bezahlung der Einkommensteuervorauszahlung) nicht, da sie nicht innerhalb von zehn Tagen vor der Entnahme erfolgt ist. Für die Anwendung des § 11a EStG 1988 liegen eine zu berücksichtigende Entnahme (1.750 Euro) und eine nicht betriebsnotwendige Einlage (1.750 Euro) vor.*

Es bestehen weiters keine Bedenken, eine Entnahme insoweit unberücksichtigt zu lassen, als der Entnahme die Einlage einer Ersatzforderung gegenübersteht, die im selben Wirtschaftsjahr erfolgt.

Beispiel:

Ein Gebäude wird zu 60% betrieblich und zu 40% privat genutzt. Das Gebäude wird durch einen Hagelsturm beschädigt, die Schadensbeseitigung kostet 20.000 Euro. Die Dachdeckerrechnung im Betrag von 20.000 Euro wird am 1.10.2005 zur Gänze aus dem Betriebskonto bezahlt. Der Schaden ist zur Gänze durch eine Versicherung gedeckt, die Gebäudeversicherung überweist am 1.3.2006 einen Betrag von 20.000 Euro auf das Betriebskonto.

Die Bezahlung des auf den privat genutzten Teil entfallenden Betrages (8.000 Euro) stellt eine Entnahme dar. Diese Entnahme kann durch eine Bareinlage innerhalb von zehn Tagen (siehe oben) neutralisiert werden.

Gleiches gilt, wenn im selben Wirtschaftsjahr die auf den privaten Anteil entfallende Forderung gegen die Versicherung eingelegt wird. Erfolgt die Einlage der Forderung gegen die Versicherung nicht im selben Wirtschaftsjahr (zB weil der Anspruch gegen die Versicherung strittig ist), liegt keine Neutralisierung der Entnahme vor, sondern ist die Betriebsnotwendigkeit im Folgejahr zu prüfen.

Die automatische Verrechnung privater Forderungen mit schon bestehenden betrieblichen Verbindlichkeiten führt im Hinblick auf den „Zwangscharakter" der Verrechnung zu einer betriebsnotwendigen Einlage iSd § 11a EStG 1988.

Beispiele:

1. *Auf dem Abgabenkonto wird am 1.9.02 der Einkommensteuerbescheid 01 der zu einer Gutschrift von 15.000 Euro führt, verbucht. Diese Gutschrift wird zur Gänze mit zum Zeitpunkt der Gutschrift fälligen betrieblichen Abgaben (L, DB, USt) verrechnet. Für die Anwendung des § 11a EStG 1988 führt eine Einkommensteuergutschrift auf dem Abgabenkonto zunächst noch nicht zu einer Einlage ins Betriebsvermögen, erst eine allfällige weitere Verwendung (hier die Verwendung zur Begleichung betrieblicher Abgabenschuldigkeiten) kann eine Einlagehandlung darstellen. Da die Einkommensteuergutschrift automatisch zur Gänze zur Abdeckung von Betriebssteuern verwendet wird, stellt sie in vollem Umfang eine betriebsnotwendige Einlage dar.*
2. *Auf dem Abgabenkonto wird am 1.10.02 der Einkommensteuerbescheid 01, der zu einer Gutschrift von 20.000 Euro führt, verbucht. Diese Gutschrift wird im Umfang von 15.000 Euro mit zum Zeitpunkt der Gutschrift fälligen betrieblichen Abgaben (L, DB, USt) verrechnet. Die Verwendung der Einkommensteuergutschrift zur Abdeckung von Betriebssteuern stellt im Umfang von 15.000 Euro eine betriebsnotwendige Einlage dar.*
3. *Die Sozialversicherungsanstalt der gewerblichen Wirtschaft verrechnet die Gutschrift aus einer eingereichten (privaten) Arztrechnung sofort mit rückständigen Sozialversicherungsbeiträgen.*

   Die automatische Verrechnung der privaten Gutschrift mit rückständigen Sozialversicherungsbeiträgen stellt eine betriebsnotwendige Einlage dar.
4. *Auf dem Abgabenkonto wird am 1.5.02 der Einkommensteuerbescheid 01, der zu einer Gutschrift von 12.000 Euro führt, verbucht und vom Steuerpflichtigen stehen gelassen. Zum Zeitpunkt der Gutschrift besteht kein Rückstand auf dem Konto. Am 13.6.02 wird die USt-Voranmeldung für April 02 (Zahllast 10.000 Euro) mit Wirkung vom 15.6.02 verbucht. Die Verrechnung des Einkommensteuerguthabens mit der USt-Vorauszahlung stellt eine betriebsnotwendige Einlage dar.*

(AÖF 2011/66)

9.2b.4 Steuersatzermäßigung

Kommt es in einem Gewinnjahr (auch) zu einem Eigenkapitalanstieg, besteht im Rahmen eines Höchstbetrages von 100.000 € (siehe dazu Rz 3860g) Anspruch auf Anwendung des ermäßigten Steuersatzes nach § 37 Abs. 1 EStG 1988 (Hälftesteuersatz). In einem Verlustjahr kommt die Inanspruchnahme der Begünstigung nicht in Betracht. Der ermäßigte Steuersatz steht hinsichtlich des im Wirtschaftsjahr erzielten Gewinnes (im Rahmen des Höchstbetrages) insoweit zu, als er durch den Eigenkapitalanstieg dieses Wirtschaftsjahres gedeckt ist. Sollte der Gewinn höher als der Eigenkapitalanstieg oder der Höchstbetrag sein, ist insoweit eine normale Tarifbesteuerung vorzunehmen. **3860f**

(AÖF 2004/167)

Die Begünstigung kann im Rahmen des jedem Einkommensteuerpflichtigen zustehenden Höchstbetrages von 100.000 € ausgeübt werden. Der Höchstbetrag von 100.000 € steht jedem Steuerpflichtigen nur einmal zu (steuersubjektbezogener Höchstbetrag). Bei Vorhandensein mehrerer nach § 11a begünstigungsfähiger Gewinne (Gewinnteile) steht der Höchstbetrag daher insgesamt nur einmal zu. Gegebenenfalls kann innerhalb des einheitlichen steuersubjektbezogenen Höchstbetrages die Zuordnung der Begünstigung zu mehreren aus verschiedenen Betrieben (Mitunternehmerbeteiligungen) stammenden begünstigungsfähigen Gewinnteilen frei vorgenommen werden. Die Zuordnung ist zu dokumentieren. **3860g**

Beispiel:

1. X betreibt als Bilanzierer drei Gewerbebetriebe (A, B und C) und als Einnahmen-Ausgaben-Rechner einen weiteren Gewerbebetrieb (D). Außerdem ist er (außerhalb seiner

Einzelbetriebe) an der gewerblichen E-OHG zu einem Viertel beteiligt. In den einzelnen Betrieben (der Mitunternehmerschaft) werden 2004 folgende Gewinne/Verluste und folgender Eigenkapitalanstieg erzielt:

Betrieb	*Gewinn/Verlust*	*Eigenkapitalanstieg*	*Davon höchstens begünstigungsfähig nach § 11a EStG 1988*
A	*+ 50.000*	*60.000*	*50.000*
B	*– 20.000*	*30.000*	*0*
C	*+ 150.000*	*120.000*	*100.000*
D	*+ 10.000*	*–*	*–*
X-Anteil an E-OHG	*+ 110.000*	*80.000*	*25.000 (= anteiliger Höchstbetrag, siehe dazu Rz 3860h)*

Von den Einkünften aus Gewerbebetrieb in Höhe von insgesamt 300.000 können darin enthaltene nach § 11a EStG 1988 begünstigungsfähige Gewinne (insgesamt 175.000 €) im Ausmaß von höchstens 100.000 € mit dem Hälftesteuersatz besteuert werden.

Da die Zuordnung der begünstigt zu besteuernden Gewinn(teil)e frei erfolgen kann, entscheidet sich X dafür, den gesamten Gewinn des Betriebes A (50.000 €) sowie 50.000 € des Gewinnes des Betriebes C dem Hälftesteuersatz zu unterwerfen. (Nur) hinsichtlich dieser Betriebe besteht aus 2004 eine Nachversteuerungshängigkeit. Die Zuordnung wird folgendermaßen dokumentiert:

Betrieb	*Gewinn/Verlust*	*Eigenkapitalanstieg*	*Davon höchstens begünstigungsfähig nach § 11a EStG 1988*	*Begünstigt besteuert nach § 11a EStG 1988*
A	*+ 50.000*	*60.000*	*50.000*	*50.000*
B	*– 20.000*	*30.000*	*–*	
C	*+ 150.000*	*120.000*	*100.000*	*50.000*
D	*10.000*	*–*	*–*	
Y-OHG	*+ 110.000*	*80.000*	*25.000*	

Dem Hälftesteuersatz unterliegen im Rahmen des steuersubjektbezogenen Höchstbetrages nur jene nach § 11a EStG 1988 begünstigungsfähigen Einkünfte, die nach Vornahme des horizontalen Verlustausgleiches verbleiben (vgl. Rz 154) und nach Vornahme des vertikalen Verlustausgleiches (und Rz 7367) bzw. eines Verlustabzuges im Einkommen gedeckt sind.

Beispiel (Sonderausgaben werden vernachlässigt):

1. A erzielt aus dem Gewerbetrieb I als Bilanzierer einen Gewinn von 130.000 € (Eigenkapitalanstieg: 120.000 €) und aus dem Gewerbebetrieb II einen Verlust von 40.000 €. Daneben erzielt er einen Überschuss aus einem Spekulationsgeschäft von 60.000 €. Es können die nach Vornahme des horizontalen Verlustausgleiches verbleibenden 90.000 € des durch den Eigenkapitalanstieg gedeckten Gewinnes des Betriebes A mit dem Hälftesteuersatz versteuert werden.

2. A erzielt aus einem Gewerbetrieb als Bilanzierer einen Gewinn von 130.000 € (Eigenkapitalanstieg: 120.000 €) und aus einem freiberuflichen Betrieb einen Verlust von 40.000 €. Daneben erzielt er einen Überschuss aus einem Spekulationsgeschäft von 60.000 €. Es können die nach Vornahme des vertikalen Verlustausgleiches zwischen freiberuflichem Verlust und Spekulationsüberschuss verbleibenden 100.000 € des durch den Eigenkapitalanstieg gedeckten Gewinnes des Gewerbebetriebes mit dem Hälftesteuersatz versteuert werden.

3. B erzielt jeweils als Bilanzierer aus dem Gewerbetrieb I einen Gewinn von 70.000 € und aus dem Gewerbebetrieb II einen Gewinn von 50.000 €. Daneben erzielt er einen Verlust aus Vermietung und Verpachtung von 40.000 €. Der Eigenkapitalanstieg im Betrieb I beträgt 65.000 €, der Eigenkapitalanstieg im Betrieb II beträgt 45.000 €.

Nach Vornahme des vertikalen Verlustausgleiches können insgesamt 80.000 € an nach § 11a EStG 1988 begünstigungsfähigen Gewinnen (nach Zuordnung durch den Steuerpflichtigen) mit dem Hälftesteuersatz versteuert werden.

4. D erzielt einen durch einen Eigenkapitalanstieg von 15.000 € gedeckten Gewinn von 100.000 €. Im Rahmen des Verlustabzuges berücksichtigungsfähige Verluste aus Vorjahren sind im Rahmen von 200.000 € vorhanden.

Nach Vornahme des Verlustabzuges in Höhe von 75.000 € (75%-Grenze) können 15.000 € mit dem Hälftesteuersatz versteuert werden, die restlichen 10.000 € des Gewinnes sind mit dem Normalsatz zu versteuern.

(AÖF 2004/167)

9.2b.5 Mitunternehmerschaften

(AÖF 2004/167)

Bei Mitunternehmerschaften können nur die einzelnen Mitunternehmer bei Vorliegen der gesetzlichen Voraussetzungen die Begünstigung in Anspruch nehmen. Keine Begünstigung steht zu, wenn die Mitunternehmerschaft den Gewinn nach § 4 Abs. 3 EStG 1988 ermittelt. **3860h**

Gehört der Mitunternehmeranteil zum Betriebsvermögen eines Mitunternehmers und ist die Eigenkapitalbegünstigung im Eigenbetrieb des Mitunternehmers möglich, kann diese nur hinsichtlich des Eigenbetriebes geltend gemacht werden, da der Mitunternehmerergebnisanteil im Unternehmensergebnis enthalten ist (§ 11a Abs. 2 EStG 1988).

Gehört der Mitunternehmeranteil nicht zum Betriebsvermögen eines Mitunternehmers oder ist die Eigenkapitalbegünstigung im Eigenbetrieb des Mitunternehmers nicht möglich (zB. Einnahmen-Ausgaben-Rechner, Einkünfte gemäß § 22 EStG 1988), kann diese hinsichtlich des Mitunternehmeranteils (innerhalb des steuersubjektbezogenen Höchstbetrages von 100.000 Euro) geltend gemacht werden.

Bei Personengesellschaften wird der Höchstbetrag von 100.000 Euro den Gesellschaftern anteilig entsprechend ihrer Gewinnbeteiligung zugeordnet (siehe dazu unten). Im Fall der Beteiligung einer Kapitalgesellschaft ist dieser ebenfalls ein anteiliger Höchstbetrag zuzuordnen, der allerdings mangels Wirksamkeit des § 11a EStG 1988 bei dieser nicht wirksam wird.

Beispiele:

1. *A erzielt neben nichtselbständigen Einkünften gewerbliche Einkünfte aus der Beteiligung von 65% an der ABC-KG in Höhe von 97.500 Euro. Der Eigenkapitalanstieg des A im Rahmen der ABC-KG beträgt 70.000 Euro. Der auf A entfallende anteilige Höchstbetrag beträgt 65.000 Euro.*

   A kann hinsichtlich seiner gewerblichen Beteiligungseinkünfte für 65.000 Euro den Hälftesteuersatz in Anspruch nehmen, die restlichen 32.500 Euro seiner Beteiligungseinkünfte sind mit dem Normalsatz zu versteuern.

2. *B erzielt gewerbliche Einkünfte als bilanzierender Einzelunternehmer, für die er für den gesamten Gewinn von 80.000 Euro den § 11a EStG 1988 in Anspruch nimmt. Daneben erzielt er gewerbliche Einkünfte aus der Beteiligung von 25% an der ABC-KG in Höhe von 37.500 Euro. Der Eigenkapitalanstieg des B im Rahmen der ABC-KG beträgt 22.000 Euro. Der auf B entfallende anteilige Höchstbetrag beträgt 25.000 Euro.*

   Da die Beteiligungseinkünfte unter dem anteiligen Höchstbetrag liegen, könnte der gesamte Eigenkapitalanstieg aus der Mitunternehmerbeteiligung in Höhe von 22.000 Euro dem Hälftesteuersatz unterworfen werden. Da A jedoch bereits für seinen einzelbetrieblichen Gewinn in Höhe von 80.000 Euro den Hälftesteuersatz in Anspruch nimmt, bleibt im Rahmen des steuersubjektbezogenen Höchstbetrages von 100.000 Euro lediglich ein Gewinnteil von 20.000 Euro, der aus der Mitunternehmerbeteiligung begünstigt besteuert werden kann.

Die Aufteilung des Höchstbetrages von 100.000 Euro auf mehrere Gesellschafter hat nach Maßgabe des Anteils am steuerlichen Gewinn der Mitunternehmerschaft, somit nach Maßgabe des gesellschaftsvertraglich zustehenden Gewinnanteiles unter Berücksichtung von Sonderbetriebseinnahmen und Sonderbetriebsausgaben zu erfolgen. Zur Ermittlung des auf die einzelnen Gesellschafter entfallenden anteiligen Höchstbetrages ist daher der Betrag von 100.000 Euro auf jene Gesellschafter, die positive steuerliche Beteiligungseinkünfte erzielen, entsprechend ihrer prozentuellen steuerlichen Gewinnbeteiligung aufzuteilen. Dies gilt auch in Fällen, in denen ein (oder mehrere) Gesellschafter mit positiven Beteiligungseinkünften deshalb von der Begünstigung nicht Gebrauch machen können, weil bei ihm (ihnen) ein Eigenkapitalabfall vorliegt.

Beispiele:

1. *D, E und F sind an der DEF-KG beteiligt, die einen unternehmensrechtlichen Gewinn von 115.000 Euro erzielt.*

	D	E	F
Unternehmensrechtl. Gewinn	*45.000*	*65.000*	*5.000*
Sonderbetriebseinnahmen	*+5.000*	*+35.000*	*+20.000*
Sonderbetriebsausgaben	*-30.000*	*-20.000*	*-15.000*
Entnahmen	*-50.000*	*-40.000*	*-10.000*
Betriebsnotw. Einlagen	*+10.000*	*+50.000*	*+20.000*

Ermittlung des Höchstbetrages:

	D	E	F
steuerlicher Gewinn/Verlust	*+20.000*	*+80.000*	*+10.000*
%-Anteil am Höchstbetrag	*18,18*	*72,72*	*9,09*
Anteiliger Höchstbetrag	*18.180*	*72.720*	*9.090*

Eigenkapitalveränderung:

	D	E	F
steuerlicher Gewinn/Verlust	*+20.000*	*+80.000*	*+10.000*
Entnahmen	*-50.000*	*-40.000*	*-10.000*
Betriebsnotw. Einlagen	*+10.000*	*+50.000*	*+20.000*
Eigenkapitalveränderung	*-20.000*	*+90.000*	*+20.000*

D kann keine Begünstigung nach § 11a EStG 1988 in Anspruch nehmen, da bei ihm ein Eigenkapitalabfall vorliegt. E kann im Rahmen seines anteiligen Höchstbetrages 72.720 Euro mit dem Hälftesteuersatz versteuern; die restlichen 7.280 Euro sind mit dem Normalsatz zu versteuern. F kann im Rahmen seines anteiligen Höchstbetrages 9.090 Euro mit dem Hälftesteuersatz versteuern; die restlichen 910 Euro sind mit dem Normalsatz zu versteuern.

2. *G, H und I sind an der GHI-OHG beteiligt, die einen unternehmensrechtlichen Gewinn von 140.000 Euro erzielt.*

	G	H	I
Unternehmensrechtl. Gewinn	*45.000*	*85.000*	*10.000*
Sonderbetriebseinnahmen	*+5.000*	*+35.000*	*+20.000*
Sonderbetriebsausgaben	*-30.000*	*-20.000*	*-40.000*
Entnahmen	*-50.000*	*-40.000*	*-10.000*
Betriebsnotw. Einlagen	*+10.000*	*+50.000*	*+40.000*
Eigenkapitalveränderung	*-20.000*	*+110.000*	*+20.000*

Ermittlung des Höchstbetrages:

	G	H	I
Steuerl. Gewinn/Verlust	*+20.000*	*+100.000*	*-10.000*
%-Anteil am Höchstbetrag	*16,67*	*83,33*	*0*
Anteiliger Höchstbetrag	*16.670*	*83.330*	*0*

Eigenkapitalveränderung:

	G	H	I
Steuerl. Gewinn/Verlust	*+20.000*	*+100.000*	*-10.000*
Entnahmen	*-50.000*	*-40.000*	*-10.000*
Betriebsnotw. Einlagen	*+10.000*	*+50.000*	*+40.000*
Eigenkapitalveränderung	*-20.000*	*+110.000*	*+20.000*

G kann keine Begünstigung nach § 11a EStG 1988 in Anspruch nehmen, da bei ihm ein Eigenkapitalabfall vorliegt. H kann im Rahmen seines anteiligen Höchstbetrages 83.330 Euro mit dem Hälftesteuersatz versteuern; die restlichen 16.670 Euro sind mit dem Normalsatz zu versteuern. I kann keine Begünstigung nach § 11a EStG 1988 in Anspruch nehmen, da bei ihm ein Verlust vorliegt.

(AÖF 2007/88)

9.2b.6 Nachversteuerung

(AÖF 2006/114)

Allgemeines 3860i

Der Förderung des Eigenkapitalzuwachses ist eine „Entförderung" bei späterem Eigenkapitalabbau zur Seite gestellt, indem bei Abbau der seinerzeit geförderten Eigenkapitalbildung eine Nachversteuerung einsetzt. Eigenkapitalabbau ist dabei die „Vorzeichenumkehrung" des Eigenkapitalanstiegs, also die Entnahmen abzüglich betriebsnotwendiger Einlagen übersteigen den Gewinn (vor allfälliger Berücksichtigung eines Gewinnfreibetrages). Eigenkapitalminderungen auf Grund von Verlusten werden dabei allerdings ausgeblendet. Dies deshalb, weil es sich dabei um keinen „willentlichen" Eigenkapitalabbau handelt. Somit kommt es nur insoweit zur Nachversteuerung, als der Kapitalabbau auf Entnahmen zurückzuführen ist.

Als Maßnahme einer nachträglichen „Entförderung" ist die Nachversteuerung überdies mit der Summe der innerhalb der letzten sieben Wirtschaftsjahre geförderten – dh. mit dem ermäßigten Satz versteuerten – Gewinne begrenzt.

Keine Nachversteuerung wird in folgenden Fällen ausgelöst:

- Veräußerung oder Aufgabe des gesamten Betriebes (siehe Rz 3860m)
- Einbringung des Betriebes in eine Körperschaft (siehe Rz 3860o)
- Wechsel zur Einkunftsart nach § 22 EStG 1988.

Siebenjahresfrist, Entnahmereihenfolge

Nach § 11a Abs. 3 EStG 1988 ist eine Nachversteuerung vorzunehmen, wenn in einem der Inanspruchnahme der Begünstigung folgenden Jahr das Eigenkapital entnahmebedingt sinkt. Nachzuversteuern ist höchstens jener Betrag, der in den vorangegangenen sieben Wirtschaftsjahren begünstigt besteuert worden ist. Daraus ist eine vom Gesetz intendierte Kapitalbindung von sieben Jahren abzuleiten. Dies bedeutet, dass ab dem achten Jahr nach Inanspruchnahme der Begünstigung der „abgereifte" begünstigt besteuerte Betrag jedenfalls ohne Nachversteuerung entnommen werden kann. Ein Eigenkapitalabfall führt daher ab dem achten Jahr insoweit zu keiner Nachversteuerung, als er durch „abgereifte" begünstigte Eigenkapitalzuwächse desselben Jahres (oder eines Vorjahres) gedeckt ist (vgl. BFG 28.4.2014, RV/7100938/2014).

Unschädlich entnommen werden können weiters Eigenkapitalzuwächse iSd § 11 Abs. 1 EStG 1988 aus Jahren nach der letztmaligen Inanspruchnahme der Begünstigung (ab 2010).

Ungeachtet des Auslaufens der Begünstigung mit 2009 sind daher für Zwecke der Nachversteuerung die Verhältnisse der Jahre 2010 bis 2016 unter dem Gesichtspunkt des § 11a EStG 1988 weiter bedeutsam. Die Nachversteuerung tritt insoweit nicht ein, als ein allfälliger Eigenkapitalabfall durch

- „abgereifte" begünstigt besteuerte Beträge aus 2004 bis 2009 oder
- Eigenkapitalzuwächsen aus 2010 bis 2015

gedeckt ist, und diese nicht schon in Vorjahren zur Vermeidung der Nachversteuerung eines Eigenkapitalabfalles ab 2010 aufgebraucht worden sind.

Beispiel:

Jahr	*Eigenkapital*			*Nachversteuerung*		
	Zuwachs		*Abfall*	*Betrag*	*Ursprungsjahr*	*Weiter nachversteuerungs-hängiger (Gesamt) Betrag*
	(§ 11a begünstigt)	*(§ 11a nicht (begünstigt)*				
2004	*40*					*40*
2005	*10*					*50*
2006	*30*					*80*
2007	*25*					*105*
2008	*5*					*110*
2009	*15*					*125*
2010		*20*				*125*
2011			*–25*	*5[1)]*	*2004*	*120*

2012		*−50*	*15[2)]*	*2005/2006*	*70*
2013	*12*		*–[3)]*		*70*
2014		*−60*	*23[4)]*	*2007*	*22*
2015	*15*		*–[5)]*		*20*
2016		*−35*	*13[6)]*		*–*

[1)] Der EK-Abfall führt grundsätzlich zur Nachversteuerungspflicht in Bezug auf den begünstigten Betrag von 2004 in Höhe von 25. Da aber 2010 ein (nicht mehr) begünstigter EK-Zuwachs von 20 erzielt wurde, sind nur 5 (aus 2004) nachzuversteuern.

[2)] Mit 1.1.2012 reift der nicht nachversteuerte begünstigt besteuerte Betrag aus 2004 in Höhe von 35 ab. Der EK-Abfall von 50 führt im Umfang dieses Betrages zu keiner Nachversteuerung, nachzuversteuern sind demnach 15, und zwar 10 aus 2005 und 5 aus 2006. Der weiter nachversteuerungshängige Betrag vermindert sich um 50 (abgereifter Betrag von 35 aus 2004 und nachversteuerter Betrag von 15).

[3)] Mangels EK-Abfalles kommt es im Jahr 2013 zu keiner Nachversteuerung. Der EK-Zuwachs aus 2012 in Höhe von 12 steht in den Folgejahren für eine nachversteuerungsfreie Entnahme zur Verfügung. Da 2005 schon nachversteuert wurde (siehe Pkt. 2), reift dieser Betrag nicht mehr ab.

[4)] Mit 1.1. 2014 reift der noch nicht nachversteuerte begünstigt besteuerte Betrag aus 2006 in Höhe von 25 ab; aus 2013 steht ein Betrag von 12 für eine nachversteuerungsfreie Entnahme zur Verfügung, insgesamt somit 37. Dementsprechend führt der EK-Abfall von 60 zu einer Nachversteuerung von 23; diese Nachversteuerung betrifft den begünstigten Betrag aus 2007. Der weiter nachversteuerungshängige Betrag vermindert sich um 48 (abgereifter Betrag von 25 aus 2006 und nachversteuerter Betrag von 23).

[5)] Mangels EK-Abfalles kommt es im Jahr 2015 zu keiner Nachversteuerung. Allerdings reift im Jahr 2015 der noch nicht nachversteuerte begünstigt besteuerte Betrag aus 2007 in Höhe von 2 (25 abzüglich der nachversteuerten 23, siehe Punkt 4) ab.

[6)] Mit 1.1.2016 reift der begünstigt besteuerte Betrag aus 2008 (5) ab. Zusammen mit den 17 (2 aus 2007, siehe Fußnote 5, sowie 15 aus dem Eigenkapitalzuwachs aus 2015) können daher 22 nachversteuerungsfrei entnommen werden. Der Eigenkapitalabfall von 35 führt daher in Höhe von 13 zu einer Nachversteuerung des begünstigten Eigenkapitalzuwachses aus 2009. Es findet keine weitere Nachversteuerung statt, da die Nachversteuerungsregelung 2016 ausläuft.

Die Nachversteuerung erfolgt in der Weise, dass der Betrag der Eigenkapitalminderung – isoliert vom Einkommen des Jahres des Eigenkapitalabfalls – mit dem Hälftesteuersatz jenes Jahres versteuert wird, in dem die ursprüngliche Begünstigung in Anspruch genommen worden ist. Der auf diese Weise ermittelte Nachversteuerungsbetrag ist der Einkommensteuerschuld des Jahres des Eigenkapitalabfalls hinzuzurechnen. Der Nachversteuerungsbetrag ist bei Ermittlung der Einkommensteuerbemessungsgrundlage des Jahres des Eigenkapitalabfalls nicht einkommenserhöhend anzusetzen und hat auch keine Auswirkung auf den Steuersatz des Jahres der Nachversteuerung.

Beispiel:

Im Jahr 2004 (Einkommen 25.000 Euro, Steuersatz 23%) wurden 10.000 Euro begünstigt (11,5%) besteuert. Im Jahr 2007 tritt bei einem Gewinn von 12.000 Euro (erstmalig) ein Eigenkapitalabfall von 6.000 Euro ein, wodurch eine Nachversteuerung des im Jahr 2004 begünstigt besteuerten Gewinnteils im Ausmaß von 6.000 Euro zu erfolgen hat. Es sind daher 6.000 Euro mit dem Hälftesteuersatz des Jahres 2004 (11,5%) nachzuversteuern, das ergibt einen Steuerbetrag aus Nachversteuerung iHv 690 Euro. Der Nachversteuerungsbetrag (6.000 Euro) hat keinen weiteren Einfluss auf die Ermittlung der Einkommensteuer des Jahres 2007.

(BMF-AV Nr. 2015/133)

3860j Sollten in einem Verlustjahr Entnahmen vorliegen, so führt zwar der Eigenkapitalabbau, insoweit er auf den Verlust zurückzuführen ist, zu keiner Nachversteuerung, wohl aber der anteilige entnahmebedingte Eigenkapitalabbau.

In einem solchen Fall besteht folgendes Wahlrecht:

- Der Nachversteuerungsbetrag kann – soweit möglich – mit dem Jahresverlust ausgeglichen werden (innerbetrieblicher Verlustausgleich gemäß § 11a Abs. 4 EStG 1988).
- Die nachzuversteuernden Einkünfte können (unter Aussparung des Verlustes für einen innerbetrieblichen, vertikalen oder horizontalen Verlustausgleich oder einen späteren

Verlustvortrag) in voller Höhe des entnahmebedingten Eigenkapitalabbaues versteuert werden. Zur Nachversteuerung siehe Rz 3860i.

In beiden Fällen ist der Nachversteuerungsbetrag (bzw. ein nach Verlustausgleich noch verbleibender Nachversteuerungsbetrag) gleichteilig auf das laufende und das folgende Jahr zu verteilen und tarifmäßig mit dem Hälftesteuersatz zu besteuern.

Beispiel:

	2004	*2005*	*2006*	*2007*	*2008*
EK – Entwicklung					
Laufender Gewinn	*140*	*100*		*10*	*0*
Laufender Verlust			*-30*		
Betriebsnotwendige Einlage	*10*	*0*	*0*	*0*	*0*
Entnahmen	*-30*	*-50*	*-50*	*-70*	*-50*
Eigenkapitalanstieg	*120*	*50*	*0*	*0*	*0*
Begünstigt besteuerter Teil	*100*	*50*	*0*	*0*	*0*
Absinken des Eigenkapitals	*Nein*	*Nein*	*50*	*60*	*50*
Ermittlung des Nachversteuerungsbetrages					
Nachversteuerungsbetrag - vorläufig			*50*	*60*	*50*
Liegt ein laufender Verlust vor?			*-30*	*Nein*	*Nein*
Inanspruchnahme Kürzung Verlustausgleich?			*Ja*		
Bleibt für Verlustvortrag	*0*	*0*	*0*		
Begünstigt in den letzten sieben Vorjahren (kumuliert)	*0*	*100*	*150*	*100*	*40*
Bleibt für Nachversteuerung			*20*	*60*	*40*
Nachzuversteuern aus laufendem Jahr			*10*	*60*	*40*
Nachzuversteuern aus Vorjahr				*10*	
Nachzuversteuern gesamt			*10*	*70*	*40*

Entscheidet sich der Steuerpflichtige für eine Nachversteuerung im Sinn des § 11a Abs. 4 EStG 1988, wird der innerbetriebliche Verlustausgleich (des Nachversteuerungsbetrages mit dem betrieblichen Verlust) unterdrückt („freiwilliges Verlustausgleichsverbot"). Damit kommt es hinsichtlich des betrieblichen Verlustes – bei Vorhandensein anderer ausgleichsfähiger Einkünfte – zuerst zu einem horizontalen bzw. vertikalen Verlustausgleich. Ein nach Vornahme des horizontalen und/oder vertikalen Verlustausgleichs verbleibender Verlust (bzw. bei Nichtvorliegen anderer ausgleichsfähiger Einkünfte: der gesamte betriebliche Verlust) scheidet aus der Einkünfteermittlung aus und wird dem Verlustvortrag gemäß § 18 Abs. 6 EStG 1988 zugeführt.

Ab der Veranlagung 2007 ist in derartigen Fällen der Nachversteuerungshälftebetrag mit dem Hälftesteuersatz des Jahres, das nachversteuert wird, zu versteuern (siehe Rz 3860i)

Bis zur Veranlagung 2006 (siehe Rz 3860i) verbleibt in derartigen Fällen der Nachversteuerungsbetrag gemäß § 11a Abs. 4 EStG 1988 in der Einkommensteuerbemessungsgrundlage. Das auf dieser Grundlage ermittelte Einkommen ist der Ermittlung des Hälftesteuersatzes zu Grunde zu legen.

Beispiel 1 (Nachversteuerung bis 2006, Angaben in Tausend €, Sonderausgaben werden vernachlässigt):

Der Eigenkapitalabfall des laufenden Jahres beträgt in allen Variante 40, der Nachversteuerungsbetrag daher 40 (Gewinnjahr) oder 20 (Verlustjahr). In Verlustjahren wird die Nachversteuerung (kein innerbetrieblicher Verlustausgleich) in Anspruch genommen.

	Var. 1	*Var. 2*	*Var. 3*	*Var. 4*	*Var. 5*	*Var. 6*
Gewinn/Verlust	*- 150*	*- 150*	*- 150*	*- 150*	*70*	*70*
Nachversteuerungsbetrag gem. § 11a Abs. 3 oder 4 EStG 1988	*20*	*20*	*20*	*20*	*40*	*40*
Einkünfte aus VuV	*220*	*70*		*- 70*	*- 150*	*- 50*

Freiwilliges Verlustausgleichverbot gem. § 11a Abs. 4 EStG 1988		*80*	*150*	*150*		
Gesamtbetrag der verbleibenden Einkünfte		*20*	*20*	*- 50*	*- 40*	*60*
Einkommen gem. § 2 Abs. 2 EStG 1988	*90*	*20*	*20*	*- 50*	*-40*	*60*
Vollsatz	*70*					*20*
Hälftesteuersatz	*20*	*20*	*20*			*40*
Verlustvortrag		*80*	*150*	*150*		

Fortsetzung des Beispiels – Nachversteuerung bis 2006 – Eintragung in der Einkommensteuererklärung (Formular E 1) und Darstellung im Einkommensteuerbescheid

Variante 1:

Eingabe in der Erklärung E 1:

E 1:	*Einkünfte aus Gewerbebetrieb*	*Kennzahl 330*	*-150.000,00*
	Einkünfte aus Vermietung und Verpachtung	*Kennzahl 370*	*220.000,00*
	Nachversteuerung § 11a (negative Einkünfte)	*Kennzahl 795*	*40.000,00*

Darstellung im Bescheid:

Einkünfte aus Gewerbebetrieb				*-150.000,00*
Einkünfte aus Vermietung und Verpachtung				*220.000,00*
Nachversteuerung gem. § 11a Abs. 3 oder 4 EStG 1988				*20.000,00*
Gesamtbetrag der Einkünfte				*90.000,00*
Einkommen				*90.000,00*
Steuer für den Durchschnittssteuersatz				*36.585,00*
Durchschnittssteuersatz				*40,65 %*
Gem. § 33	*40,65 %*	*von*	*70.000,00*	*28.455,00*
Gem. § 37 (1)	*20,33 %*	*von*	*20.000,00*	*4.066,00*

Variante 2:

Eingabe in der Erklärung E 1:

E 1:	*Einkünfte aus Gewerbebetrieb*	*Kennzahl 330*	*-150.000,00*
	Einkünfte aus Vermietung und Verpachtung	*Kennzahl 370*	*70.000,00*
	Nachversteuerung § 11a (negative Einkünfte)	*Kennzahl 795*	*40.000,00*
	Nachversteuerung § 11a – Korrekturposten	*Kennzahl 796*	*80.000,00*

Darstellung im Bescheid:

Einkünfte aus Gewerbebetrieb				*-150.000,00*
Einkünfte aus Vermietung und Verpachtung				*70.000,00*
Nachversteuerung gem. § 11a Abs. 3 oder 4 EStG 1988				*20.000,00*
Freiwilliges Verlustausgleichsverbot gem. § 11a Abs 4 EStG 1988				*80.000,00*
Gesamtbetrag der Einkünfte				*20.000,00*
Pauschbetrag für Sonderausgaben				*-60,00*
Einkommen				*19.940,00*
Steuer für den Durchschnittssteuersatz				*3.810,33*
Durchschnittssteuersatz				*19,11 %*
Gem. § 37 (1)	*9,56 %*	*von*	*19.940,00*	*1.906,26*

Variante 3
Eingabe in der Erklärung E 1:

E 1:	*Einkünfte aus Gewerbebetrieb*	*Kennzahl 330*	*-150.000,00*
	Nachversteuerung § 11a (negative Einkünfte)	*Kennzahl 795*	*40.000,00*
	Nachversteuerung § 11a – Korrekturposten	*Kennzahl 796*	*150.000,00*

Darstellung im Bescheid:

Einkünfte aus Gewerbebetrieb				*-150.000,00*
Nachversteuerung gem. § 11a Abs. 3 oder 4 EStG 1988				*20.000,00*
Freiwilliges Verlustausgleichsverbot gem. § 11a Abs 4 EStG 1988				*150.000,00*
Gesamtbetrag der Einkünfte				*20.000,00*
Pauschbetrag für Sonderausgaben				*-60,00*
Einkommen				*19.940,00*
Steuer für den Durchschnittssteuersatz				*3.810,33*
Durchschnittssteuersatz				*19,11 %*
Gem. § 37 (1)	*9,56 %*	*von*	*19.940,00*	*1.906,26*

Variante 4
Eingabe in der Erklärung E 1:

E 1:	*Einkünfte aus Gewerbebetrieb*	*Kennzahl 330*	*-150.000,00*
	Einkünfte aus Vermietung und Verpachtung	*Kennzahl 370*	*-70.000,00*
	Nachversteuerung § 11a (negative Einkünfte)	*Kennzahl 795*	*40.000,00*
	Nachversteuerung § 11a Korrekturposten	*Kennzahl 796*	*150.000,00*

Darstellung im Bescheid:

Einkünfte aus Gewerbebetrieb	*-150.000,00*
Einkünfte aus Vermietung und Verpachtung	*-70.000,00*
Nachversteuerung gem. § 11a Abs. 3 oder 4 EStG 1988	*20.000,00*
Freiwilliges Verlustausgleichsverbot gem. § 11a Abs 4 EStG 1988	*150.000,00*
Gesamtbetrag der Einkünfte	*-50.000,00*
Pauschbetrag für Sonderausgaben	*-60,00*
Einkommen	*-50.060,00*
Steuer für den Durchschnittssteuersatz	*0,00*
Durchschnittssteuersatz	*0,00 %*

Variante 5
Eingabe in der Erklärung E 1:

E 1:	*Einkünfte aus Gewerbebetrieb*	*Kennzahl 330*	*70.000,00*
	Einkünfte aus Vermietung und Verpachtung	*Kennzahl 370*	*-150.000,00*
	Nachversteuerung § 11a	*Kennzahl 794*	*40.000,00*

Darstellung im Bescheid:

Einkünfte aus Gewerbebetrieb	*70.000,00*
Einkünfte aus Vermietung und Verpachtung	*-150.000,00*
Nachversteuerung gem. § 11a Abs. 3 oder 4 EStG 1988	*40.000,00*
Gesamtbetrag der Einkünfte	*-40.000,00*
Pauschbetrag für Sonderausgaben	*-60,00*
Einkommen	*-40.060,00*
Steuer für den Durchschnittssteuersatz	*0,00*
Durchschnittssteuersatz	*0,00 %*

Variante 6
Eingabe in der Erklärung E 1:

E 1:	*Einkünfte aus Gewerbebetrieb*	*Kennzahl 330*	*70.000,00*
	Einkünfte aus Vermietung und Verpachtung	*Kennzahl 370*	*-50.000,00*
	Nachversteuerung § 11a	*Kennzahl 794*	*40.000,00*

Darstellung im Bescheid:

Einkünfte aus Gewerbebetrieb				*70.000,00*
Einkünfte aus Vermietung und Verpachtung				*-50.000,00*
Nachversteuerung gem. § 11a Abs. 3 oder 4 EStG 1988				*40.000,00*
Gesamtbetrag der Einkünfte				*60.000,00*
Einkommen				*60.000,00*
Steuer für den Durchschnittssteuersatz				*21.585,00*
Durchschnittssteuersatz				*35,98 %*
Gem. § 33	*35,98 %*	*von*	*20.000,00*	*7.196,00*
Gem. § 37 (1)	*17,99 %*	*von*	*40.000,00*	*7.196,00*

Beispiel 2 (Nachversteuerung ab 2007, Angaben in Tausend Euro, Sonderausgaben werden vernachlässigt):

Der Eigenkapitalabfall des laufenden Jahres beträgt in allen Varianten 40, der Nachversteuerungsbetrag daher 40 (Gewinnjahr) oder 20 (Verlustjahr). Nachversteuert wird die Begünstigung aus dem Jahr 2004. In Verlustjahren wird die Nachversteuerung (kein innerbetrieblicher Verlustausgleich) in Anspruch genommen.

	Var. 1	*Var. 2*	*Var. 3*	*Var. 4*	*Var. 5*	*Var. 6*
Gewinn/Verlust	*- 150*	*- 150*	*- 150*	*- 150*	*70*	*70*
Nachversteuerungsbetrag gem. § 11a Abs. 3 oder 4 EStG 1988	*20*	*20*	*20*	*20*	*40*	*40*
Einkünfte aus VuV	*220*	*70*	*–*	*- 70*	*- 150*	*- 50*
Gesamtbetrag der Einkünfte	*70*	*- 80*	*- 150*	*- 220*	*- 80*	*20*
Einkommen gem. § 2 Abs. 2 EStG 1988	*70*	*- 80*	*- 150*	*- 220*	*- 80*	*20*
Vollsatz	*70*	*0*	*0*	*0*	*0*	*20*
Hälftesteuersatz (aus dem Jahr der Inanspruchnahme)	*20*	*20*	*20*	*20*	*40*	*40*
Verlustvortrag	*–*	*80*	*150*	*150*	*–*	*–*

Fortsetzung des Beispiels – Nachversteuerung ab 2007 – Eintragung in der Einkommensteuererklärung (Formular E 1) und Darstellung im Einkommensteuerbescheid

Variante 1:
Eingabe in der Erklärung E 1:

E 1:	*Einkünfte aus Gewerbebetrieb*	*Kennzahl 330*	*-150.000,00*
	Einkünfte aus Vermietung und Verpachtung	*Kennzahl 370*	*220.000,00*
	Nachversteuerung § 11a (negative Einkünfte)	*Kennzahl 795*	*40.000,00*

Darstellung im Bescheid:

Einkünfte aus Gewerbebetrieb	*-150.000,00*
Einkünfte aus Vermietung und Verpachtung	*220.000,00*
Gesamtbetrag der Einkünfte	*70.000,00*
Einkommen	*70.000,00*
ESt von 70.000	*27.585,00*
Nachversteuerung § 11a EStG 1988: aus 2004 23,48% von 20.000	*4.696,00*

Variante 2:
Eingabe in der Erklärung E 1:

E 1:	*Einkünfte aus Gewerbebetrieb*	*Kennzahl 330*	*-150.000,00*
	Einkünfte aus Vermietung und Verpachtung	*Kennzahl 370*	*70.000,00*
	Nachversteuerung § 11a (negative Einkünfte)	*Kennzahl 795*	*40.000,00*

Darstellung im Bescheid:

Einkünfte aus Gewerbebetrieb	*-150.000,00*
Einkünfte aus Vermietung und Verpachtung	*70.000,00*
Gesamtbetrag der Einkünfte	*- 80.000,00*
Einkommen	*- 80.000,00*
ESt	*0,00*
Nachversteuerung § 11a EStG 1988: aus 2004 23,48% von 20.000	*4.696,00*

Variante 3
Eingabe in der Erklärung E 1:

E 1:	*Einkünfte aus Gewerbebetrieb*	*Kennzahl 330*	*-150.000,00*
	Nachversteuerung § 11a (negative Einkünfte)	*Kennzahl 795*	*40.000,00*

Darstellung im Bescheid:

Einkünfte aus Gewerbebetrieb	*-150.000,00*
Gesamtbetrag der Einkünfte	*-150.000,00*
Einkommen	*-150.000,00*
ESt	*0,00*
Nachversteuerung § 11a EStG 1988: aus 2004 23,48% von 20.000	*4.696,00*

Variante 4
Eingabe in der Erklärung E 1:

E 1:	*Einkünfte aus Gewerbebetrieb*	*Kennzahl 330*	*-150.000,00*
	Einkünfte aus Vermietung und Verpachtung	*Kennzahl 370*	*-70.000,00*
	Nachversteuerung § 11a (negative Einkünfte)	*Kennzahl 795*	*40.000,00*

Darstellung im Bescheid:

Einkünfte aus Gewerbebetrieb	*-150.000,00*
Einkünfte aus Vermietung und Verpachtung	*-70.000,00*
Gesamtbetrag der Einkünfte	*-220.000,00*
Einkommen	*-220.000,00*
ESt	*0,00*
Nachversteuerung § 11a EStG 1988: aus 2004 23,48% von 20.000	*4.696,00*

Variante 5
Eingabe in der Erklärung E 1:

E 1:	*Einkünfte aus Gewerbebetrieb*	*Kennzahl 330*	*70.000,00*
	Einkünfte aus Vermietung und Verpachtung	*Kennzahl 370*	*-150.000,00*
	Nachversteuerung § 11a	*Kennzahl 794*	*40.000,00*

Darstellung im Bescheid:

Einkünfte aus Gewerbebetrieb	*70.000,00*
Einkünfte aus Vermietung und Verpachtung	*-150.000,00*
Gesamtbetrag der Einkünfte	*-80.000,00*
Einkommen	*-80.000,00*

ESt	*0,00*
Nachversteuerung § 11a EStG 1988: aus 2004 23,48% von 40.000	*9.392,00*

Variante 6
Eingabe in der Erklärung E 1:

E 1:	*Einkünfte aus Gewerbebetrieb*	*Kennzahl 330*	*70.000,00*
	Einkünfte aus Vermietung und Verpachtung	*Kennzahl 370*	*-50.000,00*
	Nachversteuerung § 11a	*Kennzahl 794*	*40.000,00*

Darstellung im Bescheid:

Einkünfte aus Gewerbebetrieb	*70.000,00*
Einkünfte aus Vermietung und Verpachtung	*-50.000,00*
Gesamtbetrag der Einkünfte	*20.000,00*
Einkommen	*20.000,00*
ESt von 20.000	*3.833,33*
Nachversteuerung § 11a EStG 1988: aus 2004 23,48% von 40.000	*9.392,00*

(AÖF 2008/51)

9.2b.7 Wechsel der Gewinnermittlung

3860k Verlässt der Steuerpflichtige nach Inanspruchnahme der begünstigten Besteuerung innerhalb des siebenjährigen Nachversteuerungszeitraums die Gewinnermittlung durch Betriebsvermögensvergleich (insb. durch Wechsel zur Einnahmen-Ausgaben-Rechnung nach § 4 Abs. 3 EStG 1988), ist eine Beurteilung des Nachversteuerungserfordernisses mangels Kenntnis der betriebsnotwendigen Einlagen und der Entnahmen nicht mehr gegeben. Zur Vermeidung von Missbräuchen ist daher grundsätzlich die Nachversteuerung der bisher angesammelten begünstigt versteuerten Beträge im Jahr des Wechsels der Gewinnermittlung vorgesehen (§ 11a Abs. 6 EStG 1988).

Der Steuerpflichtige kann die Nachversteuerung allerdings vermeiden, soweit er durch entsprechende Aufzeichnungen nachweist, dass im jeweiligen Wirtschaftsjahr kein Sinken des Eigenkapitals eingetreten ist. Die dafür erforderlichen Aufzeichnungen betreffen insb. die Entnahmen sowie die betriebsnotwendigen Einlagen. Diese werden sodann dem (nach der neuen Gewinnermittlungsart ermittelten) Gewinn/Verlust gegenübergestellt.

Soweit sich aufgrund des Nachweises ein Sinken des Eigenkapitals ergibt, erfolgt die Nachversteuerung nach den allgemeinen Regeln. Ergibt sich kein Sinken des Eigenkapitals, unterbleibt eine Nachversteuerung für dieses Wirtschaftsjahr. Innerhalb des Nachversteuerungszeitraums muss der Nachweis für jedes Wirtschaftsjahr gesondert erbracht werden. Wird für ein Wirtschaftsjahr kein Nachweis erbracht, erfolgt in diesem Wirtschaftsjahr eine Nachversteuerung der gesamten offenen (= im aus der Sicht dieses Wirtschaftsjahres im Nachversteuerungszeitraum begünstigt besteuerten und auch früher noch nicht nachversteuerten) Beträge. Kehrt der Steuerpflichtige wieder zum Betriebsvermögensvergleich zurück, ist die Eigenkapitalveränderung wieder nach den allgemeinen Regeln zu beurteilen, das Erfordernis eines Nachweises entfällt.

(AÖF 2004/167)

9.2b.8 Übertragung betrieblicher Einheiten

3860l Wird ein Betrieb oder ein Mitunternehmeranteil übertragen, ist zu unterscheiden, ob die Übertragung auf der Grundlage eines entgeltlichen Rechtsgeschäftes mit Bewertung zu Anschaffungskosten oder eines unentgeltlichen Erwerbs mit Buchwertfortführung oder einer Umgründungsmaßnahme nach dem Umgründungssteuergesetz mit Buchwertfortführung erfolgt.

(AÖF 2004/167)

3860m Die Veräußerung eines Betriebes oder eines Mitunternehmeranteils führt beim Veräußerer zu keiner Nachversteuerung der in den letzten sieben Wirtschaftjahren in Anspruch genommenen Eigenkapitalbegünstigungen. Im Fall der Veräußerung des gesamten Betriebes oder des gesamten Mitunternehmeranteils oder der einer Veräußerung gleichzuhaltende Umgründung mit Gewinnverwirklichung bezüglich des gesamten Betriebes oder des gesamten Mitunternehmeranteils kann es nur hinsichtlich von Entnahmen, die nicht mit der Veräußerung zusammenhängen, zu einer Nachversteuerung kommen. Entnahmen im Rahmen des Veräußerungsvorganges selbst führen zu keiner Nachversteuerung. Entsprechendes gilt im Fall der Betriebsaufgabe.

In den Fällen des entgeltlichen Erwerbes mit Bewertung zu Anschaffungskosten hat der Betriebserwerber unabhängig von der Vorgehensweise des Veräußerers die Wahl zur Anwendung der Begünstigung, und zwar auf der Basis seines Eigenkapitalanstiegs. Ist der Betriebserwerber ein Neuunternehmer, ist der Eigenfinanzierungsanteil des Kaufpreises für den Betriebserwerb die erste Einlage. Hat der Betriebserwerber bereits ein Unternehmen, das er um den erworbenen Betrieb aus betrieblichen Mitteln ausweitet, ergibt sich bei ihm nur eine Vermögensumschichtung.

In den Fällen einer entgeltlichen Teilbetriebsübertragung oder der entgeltlichen Übertragung eines Teiles eines (privaten) Mitunternehmeranteils ändert sich für den Veräußerer nichts, der Veräußerungsgewinn(verlust) ist allerdings kein laufender Gewinn (Verlust) und vermehrt (vermindert) somit nicht das Eigenkapital. Tätigt der Veräußerer Entnahmen in Höhe des Veräußerungsgewinnes, führen derartige Entnahmen nicht zur einer Reduktion des Eigenkapitals (siehe Rz 3860c). Gleiches gilt für die teilweise oder volle entgeltliche Übetragung eines betriebszugehörigen Mitunternehmeranteiles. Für den Erwerber gelten die Ausführungen des vorstehenden Absatzes.

(AÖF 2004/167)

In Fällen des unentgeltlichen Erwerbes (zB Betriebsschenkung) werden die Verhältnisse des Rechtsvorgängers auf den Rechtsnachfolger überbunden, das heißt, eine vom Rechtsvorgänger geltend gemachte Begünstigung bleibt beim Rechtsnachfolger „nachversteuerungsverfangen“. **3860n**

Im Fall einer unentgeltlichen Teilbetriebsübertragung hat eine anteilige Betrachtung zu erfolgen, dh im Verhältnis des Verkehrswerte des übergehenden Teilbetriebes zum gesamten Verkehrswert des Betriebes gehen auch die nachversteuerungshängigen Beträge auf den Rechtsnachfolger über.

Sollten bei einem unentgeltlichen Erwerb Betriebe oder Mitunternehmeranteile des Übertragenden mit solchen des Übernehmenden vereinigt werden, hat eine getrennte Beurteilung je nachdem zu erfolgen, ob bisher nur der Rechtsvorgänger oder nur der Rechtsnachfolger oder beide von der Begünstigung Gebrauch gemacht haben.

Beispiel:

An der A-KG ist A als Kommanditist mit einem Anteil von 50% und B als Kommanditist mit einem Anteil von 25% beteiligt. B übernimmt als Erbe nach A mit dem Todestag des A den 50%igen Kommanditanteil.

Der Erblasser hat für seinen Anteil von der Begünstigung Gebrauch gemacht, der Erbe hingegen hinsichtlich seines Anteils nicht. Für Zwecke einer allfälligen Nachversteuerung sind die Gewinne, Entnahmen und Einlagen des Erben anteilig (nach Maßstab der Verkehrswerte) dem übernommenen und dem bereits zuvor bei ihm vorhandenen Anteil zuzuordnen.

(AÖF 2004/167)

Für Umgründungen iSd UmgrStG gilt Folgendes (siehe auch UmgrStR 2002 Rz 1267 f, Rz 1501 f und Rz 1637 f): **3860o**

- Im Fall einer Umwandlung nach Art. II UmgrStG stellen Gewinnausschüttungen im Rückwirkungszeitraum keine Entnahmen dar (§ 8 Abs. 3 und 4 UmgrStG). Ein umwandlungsbedingt entstehendes Einzelunternehmen bzw. eine umwandlungsbedingt entstehende Mitunternehmerschaft gilt als neu eröffnet. Die umwandlungsbedingte Vermögensübernahme bei einem Hauptgesellschafter (natürliche Person oder Mitunternehmerschaft) gilt nicht als Einlage.
- Entnahmen (einschließlich vorbehaltener Entnahmen gemäß Art. III UmgrStG) und Einlagen im Rückwirkungszeitraum (§ 16 Abs. 5 UmgrStG, vgl. aber UmgrStR 2002 Rz 888 für den Fall der Nicht-Rückwirkung) sind dem Einbringenden (Art. III UmgrStG), Übertragenden (Art. IV UmgrStG) oder Realteilenden (Art. V UmgrStG) zuzurechnen. Derartige Entnahmen können daher zu einer eigenkapitalabfallbedingten (letzten) Nachversteuerung in jenem Wirtschaftsjahr führen, das mit dem Umgründungsstichtag endet. Rückwirkende Einlagen zwecks Herstellung eines positiven Verkehrswertes sind als betriebsnotwendig anzusehen.
- Im Fall einer Einbringung nach Art. III UmgrStG kommt es vorbehaltlich des Vorpunktes zu keiner Nachversteuerung der in den letzten sieben Wirtschaftsjahren vom Einbringenden in Anspruch genommenen Eigenkapitalbegünstigungen. Die übernehmende Körperschaft ist von der Anwendung des § 11a EStG 1988 (und damit auch von einer

Nachversteuerung der vom Einbringenden in Anspruch genommenen Begünstigung) ausgeschlossen.

- Bei einem Zusammenschluss bzw. einer Realteilung iSd UmgrStG mit Buchwertfortführung ist für Zwecke einer allfälligen Nachversteuerung auf die Gewinne, Entnahmen und Einlagen in der Folgeära der Mitunternehmerstellung bzw. der Einzelunternehmerstellung abzustellen.

(AÖF 2011/66)

9.2b.9 Eigenkapitalabfall 2003 (§ 11a Abs. 7 EStG 1988)

3860p § 11a Abs. 7 EStG 1988 sieht für den Fall eines Eigenkapitalabfalles im Kalenderjahr 2003 eine Kürzung des Eigenkapitalanstieges in Folgejahren vor. Diese Bestimmung ist nur für Steuerpflichtige anzuwenden, auf die bereits bei der Veranlagung 2003 die gesetzlichen Anspruchsvoraussetzungen für die Inanspruchnahme des § 11a EStG 1988 zutreffen. Wurde der Gewinn/Verlust 2003 durch Einnahmen-Ausgaben-Rechnung ermittelt, ist § 11a Abs. 7 EStG 1988 daher nicht anzuwenden.

Der Anstieg des Eigenkapitals ist gemäß § 11a Abs. 7 EStG 1988 insoweit zu kürzen, als das Eigenkapital im Kalenderjahr 2003 außerhalb eines bei der Veranlagung 2004 zu erfassenden Wirtschaftsjahres sinkt. Dabei ist auf Entnahmen (§ 4 Abs. 1 EStG 1988) und betriebsnotwendige Einlagen (§ 4 Abs. 1 EStG 1988) des Kalenderjahres 2003, die außerhalb eines bei der Veranlagung 2004 zu erfassenden Wirtschaftsjahres anfallen, sowie den anteiligen Gewinn des Kalenderjahres 2003 abzustellen.

Der anteilige Gewinn des Kalenderjahres 2003 ist wie folgt zu ermitteln: Der bei der Veranlagung 2003 zu erfassende laufende Gewinn (gegebenenfalls auch die Summe der Gewinne mehrerer bei der Veranlagung 2003 zu erfassender Wirtschaftsjahre) ist durch die Anzahl der Monate, für die dieser Gewinn ermittelt wurde, zu teilen (anteiliger Monatsgewinn). Der anteilige Monatsgewinn ist mit der Anzahl der Monate des Kalenderjahres 2003, die nicht einem bei der Veranlagung 2004 zu erfassenden Wirtschaftsjahr zuzurechnen sind, zu multiplizieren. Angefangene Monate gelten dabei als ganze Monate.

(AÖF 2004/167)

3860q Im Fall eines Regelwirtschaftsjahres 2003 ist gemäß § 11a Abs. 7 EStG 1988 der im gesamten Kalenderjahr 2003 eingetretene Eigenkapitalabfall zu ermitteln.

Im Fall eines abweichenden Wirtschaftsjahres 2002/2003 sowie in Fällen einer im Kalenderjahr 2003 erfolgenden Umstellung des Bilanzstichtages ist gemäß § 11a Abs. 7 EStG 1988 nur der in jenem Teil des Kalenderjahres 2003 eingetretene Eigenkapitalabfall zu ermitteln, der nicht in Zeiträume fällt, die bereits bei der Veranlagung 2004 erfasst werden.

Beispiele:

1. Im abweichenden Wirtschaftsjahr 1.5.2002 bis 30.4.2003 beträgt der Gewinn 18.000 €. An Entnahmen und betriebsnotwendigen Einlagen werden 2003 (jeweils in €) geleistet:

Datum	*Entnahme*	*Betriebsnotwendige Einlage*
1.2.2003 (A)	*10.000*	
12.4.2003 (B)		*3.000*
23.5.2003 (C)	*12.000*	
28.7.2003 (D)		*3.000*

Der gemäß § 11a Abs 7 EStG 1988 maßgebliche Eigenkapitalabfall ist für den Zeitraum 1.1. bis 30.4.2003 zu ermitteln. Dazu sind die Entnahme A und die betriebsnotwendige Einlage B zu berücksichtigen, nicht jedoch die Entnahme C und die Einlage D. Der anteilige Gewinn des Kalenderjahres 2003 (1.1. bis 30.4.) beträgt 6.000 € (1.500 € x 4). Der Eigenkapitalabfall ist (jeweils in €) wie folgt zu ermitteln:

Anteiliger Gewinn 1.1. bis 30.4.2003	*6.000*
Entnahme A	*– 10.000*
Betriebsnotwendige Einlage B	*+ 3.000*
Eigenkapitalabfall 2003	*1.000*

2. 2003 erfolgt die Umstellung des Bilanzstichtages auf den 30.4. (bisher 31.12.). Der Verlust des Rumpfwirtschaftsjahres 2003 beträgt 3.000 €. An Entnahmen und betriebsnotwendigen Einlagen werden 2003 (jeweils in €) geleistet:

Datum	*Entnahme*	*Betriebsnotwendige Einlage*
1.3.2003 (A)	*4.000*	
22.4.2003 (B)		*2.500*
23.5.2003 (C)	*12.000*	
28.7.2003 (D)		*3.000*

Der gemäß § 11a Abs 7 EStG 1988 maßgebliche Eigenkapitalabfall ist im Bezug auf das Rumpfwirtschaftsjahr 1.1. bis 30.4.2003 zu ermitteln. Dazu sind die Entnahme A und die betriebsnotwendige Einlage B zu berücksichtigen, nicht jedoch die Entnahme C und die Einlage D. Der Verlust des Rumpfwirtschaftjahres 2003 wird ausgeblendet. Der Eigenkapitalabfall 2003 beträgt in E:

Entnahme A	*– 4.000*
Betriebsnotwendige Einlage B	*+ 2.500*
Eigenkapitalabfall 2003	*1.500*

3. 2003 erfolgt eine Umstellung des Bilanzstichtages vom 30.6 auf den 31.12. Der Gewinn des abweichenden Wirtschaftsjahres 2002/2003 beträgt 12.000 €, der Gewinn des Rumpfwirtschaftsjahres 1.7. bis 31.12.2003 beträgt 4.800 €. An Entnahmen und betriebsnotwendigen Einlagen werden 2003 geleistet:

Datum	*Entnahme*	*Betriebsnotwendige Einlage*
1.2.2003 (A)	*10.000*	
12.4.2003 (B)		*2.000*
23.5.2003 (C)	*13.000*	
28.7.2003 (D)		*4.000*

Der gemäß § 11a Abs 7 EStG 1988 maßgebliche Eigenkapitalabfall ist im Bezug auf das Kalenderjahr 2003 zu ermitteln. Dazu ist der anteilige Gewinn des Kalenderjahres 2003 wie folgt zu ermitteln: [(12.000 + 4.800) / 18] x 12. Er beträgt 11.200 €. Die Entnahmen und betriebsnotwendigen Einlagen des Jahres 2003 sind ebenfalls zu berücksichtigen. Der Eigenkapitalabfall 2003 beträgt in €:

Anteiliger Gewinn 1.1. bis 31.12.2003	*11.200*
Entnahme A	*– 10.000*
Betriebsnotwendige Einlage B	*+ 2.000*
Entnahme C	*– 13.000*
Betriebsnotwendige Einlage D	*+ 4.000*
Eigenkapitalabfall 2003	*5.800*

(AÖF 2004/167)

Wurde ein Eigenkapitalabfall 2003 ermittelt, ist dieser ab 2004 vom Eigenkapitalzuwachs abzuziehen. Soweit nach Kürzung noch ein Eigenkapitalzuwachs vorliegt, kann dieser, soweit er im Gewinn gedeckt ist, maximal aber im Rahmen des Höchstbetrages von 100.000 € begünstigt besteuert werde. Übersteigt der Kürzungsbetrag aus 2003 den Eigenkapitalzuwachs, ist der verbleibende Rest des Kürzungsbetrages aus 2003 in Folgejahren vom Eigenkapitalzuwachs abzuziehen. **3860r**

Beispiele:

1. Im Regelwirtschaftsjahr 2003 erfolgte ein Eigenkapitalabfall von 60.000 €. Im Wirtschaftsjahr 2004 beträgt der Gewinn 40.000 € und der Eigenkapitalzuwachs 70.000 €. Zu versteuern sind 2004

- *mit dem Hälftesteuersatz 10.000 € (Eigenkapitalzuwachs von 70.000 € abzüglich 60.000 €) und*
- *30.000 mit dem Normalsatz.*

2. Im Regelwirtschaftsjahr 2003 erfolgte ein Eigenkapitalabfall von 40.000 €. Im Wirtschaftsjahr 2004 beträgt der Gewinn 200.000 € und der Eigenkapitalanstieg 120.000 €. Zu versteuern sind 2004

- *mit dem Hälftesteuersatz 80.000 € (Eigenkapitalzuwachs von 120.000 € abzüglich 40.000 €) und*

- *120.000 mit dem Normalsatz.*

3. Im Regelwirtschaftsjahr 2003 erfolgte ein Eigenkapitalabfall von 30.000 €. Im Wirtschaftsjahr 2004 beträgt der Gewinn 80.000 € und der Eigenkapitalzuwachs 20.000 €. 2004 ist der gesamte Gewinn von 80.000 € mit dem Normalsatz zu versteuern, da der Eigenkapitalabfall 2003 von 30.000 € zur Gänze den Eigenkapitalanstieg 2004 von 20.000 € kürzt. Als Kürzungsgröße bleiben für die Folgejahre 10.000 €.

(AÖF 2004/167)

9.2b.10 Abschließende Beispiele

(AÖF 2004/167)

3860s *Angaben in 1000 Euro, Einlagen sind jeweils „betriebsnotwendig", Sonderausgaben werden vernachlässigt.*

Jahr 2004:

Einkünfte aus Gewerbebetrieb (laufender Gewinn: 300), Einkünfte aus Vermietung und Verpachtung (+250), Entnahmen 260, Einlagen 40

Eigenkapitalanstieg:

Laufender Gewinn (Gw)	*300*
Entnahmen	*-260*
Betriebsnotwendige Einlagen	*+40*
Eigenkapitalanstieg	*80*

Gesamtbetrag der Einkünfte:

Einkünfte aus Gw	*300*
Einkünfte aus VuV	*250*
Gesamtbetrag der Einkünfte	*550*

Zu versteuern sind:

Mit dem Vollsatz (angenommen 48%)	*470*
Mit dem Hälftesteuersatz (24%)	*80 (Eigenkapitalanstieg)*

Nachversteuerungshängigkeit (aus 2004) besteht bis 2011 für 80.

Jahr 2005:

Einkünfte aus Gewerbebetrieb (laufender Verlust: 200), Einkünfte aus Vermietung und Verpachtung (+400), Entnahmen 70, Einlagen 120

Eigenkapitalanstieg:

Entnahmen	*-70*
Betriebsnotwendige Einlagen	*+120*
Eigenkapitalanstieg	*50*

Gesamtbetrag der Einkünfte:

Einkünfte aus Gw	*-200*
Einkünfte aus VuV	*+400*
Gesamtbetrag der Einkünfte	*+200*

Zu versteuern sind:

Mit dem Vollsatz (angenommen 42%)	*200*
Mit dem Hälftesteuersatz (21%)	*0 (da kein Gewinn vorhanden)*

Nachversteuerungshängigkeit:

Bis 2011 für 80 (aus 2004)

Jahr 2006:

Einkünfte aus Gewerbebetrieb (laufender Gewinn: 50), Einkünfte aus Vermietung und Verpachtung (+170), Entnahmen 10, Einlagen 80

Eigenkapitalanstieg:

Laufender Gewinn (Gw)	*50*
Entnahmen	*-10*
Betriebsnotwendige Einlagen	*+80*
Eigenkapitalanstieg	*120*

Gesamtbetrag der Einkünfte:

Einkünfte aus Gw	*+50*
Einkünfte aus VuV	*+170*
Gesamtbetrag der Einkünfte	*+220*

Zu versteuern sind:

Mit dem Vollsatz (angenommen 40%)	*170*
Mit dem Hälftesteuersatz (20%)	*50 (Eigenkapitalanstieg, maximal Gewinn)*

Nachversteuerungshängigkeit (aus 2006) besteht bis 2013 für 50.
Nachversteuerungshängigkeit:

Bis 2011	*für 80 (aus 2004)*
Bis 2013	*für 50 (aus 2006)*

Jahr 2007:

Einkünfte aus Gewerbebetrieb (laufender Gewinn: 120), Einkünfte aus Vermietung und Verpachtung (-280), Entnahmen 80, Einlagen 30
Eigenkapitalanstieg:

Laufender Gewinn (Gw)	*120*
Entnahmen	*-80*
Betriebsnotwendige Einlagen	*+30*
Eigenkapitalanstieg	*70*

Gesamtbetrag der Einkünfte:

Einkünfte aus Gw	*+120*
Einkünfte aus VuV	*-280*
Gesamtbetrag der Einkünfte	*-160*

Mangels eines positiven Gesamtbetrages der Einkünfte kann die Begünstigung nicht in Anspruch genommen werden.
Jahr 2008:

Einkünfte aus Gewerbebetrieb (laufender Gewinn: 30), Einkünfte aus Vermietung und Verpachtung (+110), Entnahmen 130, Einlagen 10
Eigenkapitalabfall:

Laufender Gewinn (Gw)	*30*
Entnahmen	*-130*
Betriebsnotwendige Einlagen	*+10*
Eigenkapitalabfall	*90*

Gesamtbetrag der Einkünfte:

Einkünfte aus Gw	*+30*
Einkünfte aus VuV	*+110*
Gesamtbetrag der Einkünfte	*+140*

Zu versteuern sind:

Mit dem Vollsatz	*140*

Nachversteuerung von 80 (aus 2004) mit 24% (Halbsatz aus 2004) .... Steuer aus Nachverst.:	*19,2*
Nachversteuerung von 10 (aus 2006) mit 20% (Halbsatz aus 2005) .... Steuer aus Nachverst.:	*2,0*
Steuer aus Nachversteuerung gesamt	*21,2*

Damit wurden nachversteuert:

Aus 2004	*80*
Aus 2006	*10*
Nachversteuerungsverfangen bleiben:	
Aus 2006	*40*

Jahr 2009:
Einkünfte aus Gewerbebetrieb (laufender Verlust: 150), Einkünfte aus Vermietung und Verpachtung (+220), Entnahmen 80, Einlagen 30
Eigenkapitalabfall:

Laufender Verlust (Gw)	*0*
Entnahmen	*-80*
Betriebsnotwendige Einlagen	*+30*
Eigenkapitalabfall	*50*

Variante 1 (Verlustausgleich):
Gesamtbetrag der Einkünfte:

Einkünfte aus Gw (150 laufender Verlust	*+ 50*
Nachversteuerungsbetrag, maximal 40 noch offen)	*-110*
Einkünfte aus VuV	*+220*
Gesamtbetrag der Einkünfte	*+110*

Zu versteuern sind:

Mit dem Vollsatz	*110*

Damit wurden nachversteuert:

Aus 2006	*40*

Nachversteuerungsverfangen bleiben: 0
Variante 2 (Nachversteuerung):
Gesamtbetrag der Einkünfte:

Einkünfte aus Gw (150 laufender Verlust)	*-150*
Einkünfte aus VuV	*+220*
Gesamtbetrag der Einkünfte	*+70*

Zu versteuern sind:

Mit dem Vollsatz	*70*
Nachversteuerung von 40 (aus 2006) mit 20% (Halbsatz aus 2006), davon 50% ergibt Steuer aus Nachversteuerung:	*4*

Damit wurden nachversteuert:

Aus 2006	*40*
Nachversteuerungsverfangen bleiben:	*0*

Jahr 2010:
Einkünfte aus Gewerbebetrieb (laufender Gewinn: 40), Einkünfte aus Vermietung und Verpachtung (+130), Entnahmen 180, Einlagen 30

Eigenkapitalabfall:

Laufender Gewinn (Gw)	*40*
Entnahmen	*-180*
Betriebsnotwendige Einlagen	*+30*
Eigenkapitalabfall	*110*

Gesamtbetrag der Einkünfte:

Einkünfte aus	*+40*
Einkünfte aus VuV	*+130*
Gesamtbetrag der Einkünfte	*+170*

Zu versteuern sind:

Mit dem Vollsatz	*170*
Nachversteuerung von 20 (aus 2006) mit 20% (Halbsatz aus 2006) ergibt Steuer aus Nachversteuerung:	*4*

(AÖF 2010/43)

9.2b.11 Außerkrafttreten (§ 124b Z 154 EStG 1988)

(AÖF 2010/43)

Gemäß § 124b Z 154 EStG 1988 kann die Begünstigung letztmals bei der Veranlagung für das Kalenderjahr 2009 angewendet werden. Abweichend von der regulären Nachversteuerungsregelung (§ 11a Abs. 3 bis 6 EStG 1988) kann bei der Veranlagung 2009 eine Nachversteuerung sämtlicher bis zur Veranlagung für das Kalenderjahr 2008 begünstigt versteuerten Beträge, die noch nicht nachversteuert worden sind, erfolgen. In diesem Fall **3860t**

- erfolgt die Nachversteuerung dieser Beträge mit einem einheitlichen Pauschalsatz von 10% und
- kann die Begünstigung des § 11a EStG 1988 bei der Veranlagung 2009 nicht mehr angewendet werden.

Im Hinblick darauf, dass die Begünstigung des § 11a EStG 1988 selbst betriebsbezogen konzipiert war, ist es zulässig, bei mehreren Betrieben (MU-Beteiligungen) nur hinsichtlich eines Betriebes (MU-Beteiligung) die pauschale Nachversteuerung für das Jahr 2009 in Anspruch zu nehmen.

Wird die pauschale Nachversteuerung sämtlicher nachversteuerungshängiger begünstigt besteuerter Beträge mit 10% bei der Veranlagung 2009 in Anspruch genommen, kommt es zu keiner Nachversteuerung auf Grund eines Eigenkapitalabfalls im Jahr 2009.

(AÖF 2012/63)

Wird von der pauschalen Nachversteuerung nicht Gebrauch gemacht, **3860u**

- kann die Begünstigung des § 11a EStG 1988 letztmalig bei der Veranlagung 2009 in Anspruch genommen werden und
- hat eine Nachversteuerung nach Maßgabe des § 11a Abs. 3 bis 6 EStG 1988 in den Folgejahren zu erfolgen.

(AÖF 2010/43)

9.3 Übertragung stiller Reserven, Übertragungsrücklage und steuerfreier Betrag

9.3.1 Wirkungsweise

Die Anschaffungs- oder Herstellungskosten eines neu angeschafften (hergestellten) Wirtschaftsgutes des Anlagevermögens werden um die stille(n) Rücklage(n) des (der) ausgeschiedenen Wirtschaftsgutes(-güter) vermindert und damit eine sofortige Versteuerung der aufgedeckten stillen Reserve(n) verhindert. Stille Reserve ist der Unterschiedsbetrag zwischen dem Erlös und dem Restbuchwert (nach laufender Abschreibung) des ausgeschiedenen Wirtschaftsgutes. Veräußerungskosten sind als laufender Aufwand zu behandeln und kürzen nicht den Unterschiedsbetrag. Dies gilt nicht für Veräußerungskosten bei Grundstücksveräußerungen, die nur auf Grund der Anordnung des § 4 Abs. 3a Z 2 EStG 1988 abzugsfähig sind (zB Kosten der Selbstberechnung). In diesem Fall ergibt sich die übertragbare stille Reserve aus dem Unterschiedsbetrag zwischen dem Erlös und der Summe **3861** aus dem Restbuchwert (nach laufender Abschreibung) und den gemäß § 4 Abs. 3a Z 2 EStG 1988 abzugsfähigen Aufwendungen und Minderbeträgen aus Vorsteuerberichtigungen.

Beispiel:

A veräußert einen als Lagerplatz genutzten Grund und Boden um 40.000 Euro. Der Buchwert des Grund und Bodens beträgt 25.000 Euro. Bei der Ermittlung des Veräußerungsgewinnes für die Grundstücksveräußerung werden die Kosten für die Selbstberechnung und Entrichtung der ImmoESt in Höhe von 500 Euro abgezogen, sodass der steuerpflichtige Gewinn 14.500 Euro beträgt.

Sollen auf einen ersatzweise angeschafften Grund und Boden die stillen Reserven des veräußerten Grund und Bodens übertragen werden, sind auch diese stillen Reserven um die Kosten der Selbstberechnung und Übermittlung bei Ermittlung der stillen Reserven zu berücksichtigen. Die übertragbaren stillen Reserven betragen daher 14.500 Euro und nicht 15.000 Euro.

Aufgedeckte stille Reserven können teilweise sofort versteuert und teilweise übertragen werden. Der bei teilweiser Übertragung verbleibende Rest kann entweder einer offenen Rücklage zugeführt oder versteuert werden. Eine Übertragung von stillen Reserven ist im selben Wirtschaftsjahr auch auf vor der Veräußerung angeschaffte Wirtschaftsgüter zulässig.

(BMF-AV Nr. 2015/133)

3861a Eine Übertragung stiller Reserven (Bildung eines steuerfreien Betrages nach § 12 EStG 1988) ist bei Anwendung der LuF-PauschVO 2011 sowie der LuF-PauschVO 2015 nicht möglich.

Die LuF-PauschVO 2011 sowie die LuF-PauschVO 2015 sieht – vom Nebenerwerb abgesehen – für die Gewinnermittlung hinsichtlich der verschiedenen land- und forstwirtschaftlichen Betriebszweige ausschließlich eine Voll- oder Teilpauschalierung vor. Gemäß § 1 Abs. 1 LuF-PauschVO 2011 bzw. LuF-PauschVO 2015 ist die Anwendung der Verordnung bloß auf einzelne Betriebszweige oder einzelne betriebliche Tätigkeiten unzulässig. Im Hinblick darauf kommt für Steuerpflichtige, die von der LuF-PauschVO 2011 bzw. von der LuF-PauschVO 2015 Gebrauch machen, die Übertragung stiller Reserven (Bildung eines steuerfreien Betrages) nicht in Betracht, weil es zu einer steuerlichen Erfassung der unversteuert gebliebenen stillen Reserve infolge der Pauschalierung nicht mehr kommen kann.

(BMF-AV Nr. 2015/133)

3861b Bei Anwendung der LuF-PauschVO 2011 bzw. LuF-PauschVO 2015 (BGBl. II Nr. 125/2013 idF BGBl. II Nr. 559/2020) sind von der Pauschalierung die regelmäßig im Betrieb anfallenden Rechtsgeschäfte und Vorgänge erfasst. Im Unterschied zu der in größeren zeitlichen Abständen erfolgenden Erneuerung des Maschinenparks, die in den Anwendungsbereich der LuF-PauschVO 2011 bzw. LuF-PauschVO 2015 fällt (siehe dazu Rz 4175), stellt die Veräußerung und Anschaffung von Grundstücken kein regelmäßiges Rechtsgeschäft dar (siehe Rz 4157a). Die Einkünfte aus Grundstücksveräußerungen unterliegen grundsätzlich dem besonderen Steuersatz und sind nicht Teil des Gesamtbetrages der Einkünfte und des Einkommens im Sinne des § 33 EStG 1988; sie sind daher immer gesondert zu ermitteln, wobei die Übertragung stiller Reserven (Bildung eines steuerfreien Betrages) nach § 12 EStG 1988 zulässig ist.

(BMF-AV Nr. 2021/65)

9.3.2 Ausscheiden eines Wirtschaftsgutes

9.3.2.1 Veräußerung, Veräußerungserlös

3862 Veräußerung bedeutet Ausscheiden aus dem Betriebsvermögen gegen Entgelt (zB Verkauf, Tausch, Ausscheiden durch höhere Gewalt, Enteignung, Tilgung von Wertpapieren, Einziehung von Aktien bei effektiver Kapitalherabsetzung). Die Entnahme von Wirtschaftsgütern (siehe Abschnitt 6.9) ist kein Veräußerungsvorgang. Es ist jedoch nicht schädlich, wenn das Wirtschaftsgut seinerzeit im Wege einer Einlage dem Betriebsvermögen zugeführt worden ist. Auch wenn bei einem schwebenden Dauervertrag (zB Mietrecht) Anschaffungskosten nicht zu bilanzieren waren, ist eine aufgedeckte stille Reserve übertragbar. Das Aktivierungsverbot nach § 4 Abs. 1 EStG 1988 und der Umstand, dass gemäß § 13 EStG 1988 vom Wahlrecht der Sofortabschreibung Gebrauch gemacht worden ist, ändern nichts an der Übertragbarkeit der bei der Veräußerung des Wirtschaftsgutes aufgedeckten stillen Reserve.

3863 Veräußerungserlös ist der beim Ausscheiden des Wirtschaftsgutes zufließende Betrag. Auch wenn auf Grund einer Neuwertversicherung die Vergütung weit über dem Zeitwert liegt, ist diese als maßgeblicher Veräußerungserlös zu betrachten (VwGH 14.5.1991, 91/14/0025).

9.3.2.2 Höhere Gewalt, behördlicher Eingriff

Für Wirtschaftsgüter des Anlagevermögens, die zufolge höherer Gewalt, durch behördlichen Eingriff oder zur Vermeidung eines nachweisbar unmittelbar drohenden Eingriffes ausscheiden, gelten die Behaltefristen (siehe Rz 3876 ff) nicht. Unter höherer Gewalt ist ein von außen einwirkendes Ereignis zu verstehen, das vom Steuerpflichtigen nicht zu verantworten ist, auch durch äußerste Sorgfalt nicht zu verhindern war und keine typische Betriebsgefahr darstellt. Ein Verschulden oder unsachgemäße Behandlung und Pflege schließt das Vorliegen von höherer Gewalt aus (VwGH 8.6.1979, 1340/78; VwGH 25.3.1966, 1564/65); dies gilt auch dann, wenn eine Handlung dem Rechtsvorgänger zuzurechnen ist (VwGH 14.9.1956, 59/54). Der Begriff der höheren Gewalt trifft auch für den Bereich des § 37 Abs. 6 EStG 1988 zu (siehe Rz 7334). **3864**

(AÖF 2006/114)

Für den Nachweis des drohenden behördlichen Eingriffes (siehe dazu Rz 7371) genügt es, wenn sich aus den entsprechenden Unterlagen ergibt, dass die Veräußerung an die Gebietskörperschaft der Vermeidung des drohenden Eingriffes gedient hat. **3865**

(AÖF 2011/66)

Höhere Gewalt liegt nicht vor, wenn eine Gebietskörperschaft als Grundeigentümer einen Kündigungsgrund geltend gemacht hat, den auch jeder private Eigentümer hätte geltend machen können (VfGH 24.6.66, B 3/66). **3866**

Stille Rücklagen können bei Ausscheiden durch höhere Gewalt nur insoweit entstehen, als die Entschädigung für das untergegangene Wirtschaftsgut selbst geleistet wird und nicht für Schäden, die Folge des Ausscheidens sind (zB Aufräumungskosten, entgangener Gewinn). **3867**

9.3.3 Übertragungsmöglichkeiten

Die nach der Übertragung verbleibenden Beträge gelten als Anschaffungskosten und bilden somit die Basis für die Berechnung der AfA, für die Dotierung eines investitionsbedingten Gewinnfreibetrages usw. Stille Reserven können auch von den in der jeweiligen Bilanz zu aktivierenden Teilanschaffungs- oder Teilherstellungskosten abgezogen werden. **3868**

(BMF-AV Nr. 2018/79)

9.3.3.1 Sonstige körperliche und unkörperliche Wirtschaftsgüter

(AÖF 2013/280)

Stille Reserven, die aus sonstigen körperlichen Wirtschaftsgütern (körperliche Wirtschaftsgüter mit Ausnahme von Grundstücken im Sinne des § 30 Abs. 1 EStG 1988) stammen, dürfen nur auf sonstige körperliche Wirtschaftsgüter übertragen werden. Ebenso verhält es sich bei unkörperlichen Wirtschaftsgütern. Nutzungsrechte (zB Mietrechte, Servitute, Fruchtgenussrechte) sind unkörperliche Wirtschaftsgüter. Wird durch die Einräumung eines Nutzungsrechtes an einem Wirtschaftsgut jedoch wirtschaftliches Eigentum begründet, hat sich die Beurteilung am Wirtschaftsgut selbst zu orientieren. Zur Abgrenzung der körperlichen Wirtschaftsgüter von den unkörperlichen siehe im Übrigen Rz 454. **3869**

Rechtslage für Übertragungen stiller Reserven vor dem 1.4.2012

Für Übertragungen stiller Reserven auf körperliche Wirtschaftsgüter vor dem 1.4.2012 besteht keine Einschränkung hinsichtlich stiller Reserven aus der Veräußerung von Gebäuden.

(AÖF 2013/280)

9.3.3.2 Besonderheiten

Die Übertragung stiller Reserven auf die Anschaffungskosten von Betrieben bzw. Teilbetrieben, von Beteiligungen an Personengesellschaften und von Finanzanlagen (siehe Rz 628) ist nicht zulässig. Ebenso können stille Reserven nicht übertragen werden, die aus der Veräußerung von Betrieben bzw. Teilbetrieben oder von Beteiligungen an Personengesellschaften stammen. Dasselbe gilt auch für stille Reserven, die durch eine Betriebsaufgabe aufgedeckt werden. Die Reservenübertragung bezweckt ausschließlich die Förderung der echten Ersatzbeschaffung von Ausrüstungsgütern im aufrechten Betrieb. Daher steht die Veräußerung aller wesentlichen Betriebsgrundlagen an verschiedene Erwerber der Reservenübertragung entgegen (VwGH 08.02.2007, 2006/15/0044). Ebenfalls nicht zulässig ist eine Übertragung stiller Reserven von Wirtschaftsgütern eines Betriebes auf Wirtschaftsgüter aus einem anderen Betrieb desselben Steuerpflichtigen. **3870**

Wirtschaftsgüter, auf welche stille Reserven oder Übertragungsrücklagen übertragen werden, müssen für eine inländische Betriebstätte angeschafft oder hergestellt worden sein.

Der VfGH hat mit Erkenntnis vom 13.3.2003, G 334/02, im § 12 Abs. 3 EStG 1988 die Wortfolge „und von Finanzanlagen“ mit Ablauf des 31. Dezember 2003 aufgehoben und ausgesprochen, dass die aufgehobene Bestimmung für vor dem 31. Dezember 1996 getätigte Anschaffungen nicht mehr anzuwenden ist (Kundmachung BGBl. I Nr. 22/2003).

Das 1996 eingeführte Übertragungsverbot stiller Reserven auf Finanzanlagen wurde durch das Budgetbegleitgesetz 2003 ab 1. Jänner 2004 wieder in Kraft gesetzt. Damit ist das Übertragungsverbot stiller Reserven auf Finanzanlagen – mit Ausnahme der VfGH-Anlassfälle – unverändert wirksam.

(BMF-AV Nr. 2021/65)

3871 Die Übertragung auf Teilherstellungskosten ist zulässig.

(AÖF 2002/84)

3872 Eine Übertragung stiller Reserven auf Anschaffungskosten von Grund und Boden ist nur zulässig, wenn auch die stillen Reserven aus der Veräußerung von Grund und Boden stammen. Stille Reserven aus Grund und Boden sind auch auf Gebäude übertragbar.

Eine Übertragung stiller Reserven auf Anschaffungskosten von Gebäuden ist nur zulässig, wenn auch die stillen Reserven aus der Veräußerung von Gebäuden oder Grund und Boden stammen.

Eine Übertragung stiller Reserven aus körperlichen Wirtschaftsgütern auf Anschaffungskosten eines als Wirtschaftsgut zu aktivierenden Aufgriffs- bzw. Optionsrechtes ist nicht zulässig, weil es sich beim Aufgriffs- bzw. Optionsrecht um ein unkörperliches Wirtschaftsgut handelt.

Rechtslage für Übertragungen stiller Reserven vor dem 1.4.2012

Für eine Übertragung stiller Reserven auf Anschaffungskosten von Grund und Boden vor dem 1.4.2012 ist zusätzlich zu den sonstigen Voraussetzungen die Gewinnermittlung nach § 5 Abs. 1 EStG 1988 erforderlich. Stille Reserven aus Grund und Boden sind auch auf andere körperliche Wirtschaftsgüter übertragbar.

(BMF-AV Nr. 2021/65)

3872a Handelt es sich bei dem veräußerten Grund und Boden, dessen stille Reserven übertragen werden sollen, um Altvermögen im Sinne des § 30 Abs. 4 EStG 1988, können die zu übertragenden stillen Reserven auch pauschal ermittelt werden. Mit der Reservenübertragung wird das Wahlrecht bezüglich der pauschalen Gewinnermittlung ausgeübt; eine nachträgliche Änderung der Methode der Ermittlung der übertragenen stillen Reserven im Falle der späteren Veräußerung des Ersatzwirtschaftsgutes ist nicht zulässig.

(AÖF 2013/280)

3873 Wird auf ein bebautes Grundstück übertragen, so kann eine Aufteilung analog den entsprechenden Anschaffungskosten vorgenommen werden. Entscheidend ist die Beschaffenheit des Wirtschaftsgutes, auf das die stille Reserve übertragen werden soll (bebautes Grundstück), zum Bilanzstichtag. Da es sich aber bei einem bebauten Grundstück um zwei selbständige Wirtschaftsgüter handelt, können die stillen Reserven (Grund und Boden und Gebäude) auch nur auf das Gebäude übertragen werden.

(AÖF 2013/280)

9.3.4 Ausweis der Rücklage

3874 **Rechtslage für Wirtschaftsjahre vor 2016:**

Die Übertragung stiller Reserven bzw. die Bildung einer entsprechenden Rücklage muss für Wirtschaftsjahre vor 2016 bereits in der UGB-Bilanz erfolgen (siehe auch Rz 2467 ff, zur Bilanzänderung siehe Rz 653).

Rechtslage für Wirtschaftsjahre ab 2016:

Die Übertragung stiller Reserven bzw. die Bildung einer entsprechenden Rücklage kann für Wirtschaftsjahre ab 2016 bei der Gewinnermittlung gemäß § 5 Abs. 1 EStG 1988 unabhängig von der Behandlung im unternehmensrechtlichen Jahresabschluss ausschließlich in der Steuerbilanz – somit im Wege der Mehr- Weniger-Rechnung zur UGB-Bilanz – geltend gemacht werden.

Erfolgt die Übertragung der stillen Reserven auf ein neu angeschafftes Wirtschaftsgut, ist dieser Umstand für steuerliche Zwecke (durch einen entsprechenden Vermerk) im Anlageverzeichnis gesondert in Evidenz zu halten (§ 12 Abs. 1 Satz 2 EStG 1988 idF RÄG 2014). Es bestehen keine Bedenken, wenn bei Gewinnermittlung nach § 4 Abs. 1 EStG 1988 die Ausführungen zu § 5 EStG 1988 sinngemäß angewendet werden.

(BMF-AV Nr. 2018/79)

9.3.4.1 Nachträgliche Geltendmachung

Die nachträgliche Geltendmachung stellt eine Bilanzänderung dar, die den Regeln des § 4 Abs. 2 EStG 1988 unterliegt (VwGH 20.12.1994, 94/14/0086). Zur Bilanzänderung und Bilanzberichtigung siehe Rz 637 ff. 3875

9.3.5 Behaltefristen

Die Behaltefrist beträgt grundsätzlich sieben Jahre. 3876

Für folgende Wirtschaftsgüter ist die Behaltefrist von 15 Jahren vorgesehen: 3877

- Grundstücke, auf deren Anschaffungs- oder Herstellungskosten stille Reserven übertragen wurden und
- Gebäude, die iSd § 8 Abs. 2 EStG 1988 oder vorzeitig iSd EStG 1972 abgeschrieben wurden.

(AÖF 2013/280)

9.3.5.1 Berechnung der Behaltefristen

Für die Berechnung der Behaltefrist gilt das Stichtagsprinzip. Maßgeblich ist somit der Zeitraum zwischen dem Tag der tatsächlichen Anschaffung oder Herstellung und dem Tag des Ausscheidens. Es kommt nicht auf die Betriebszugehörigkeit an, sondern es muss das Wirtschaftsgut während der gesamten Behaltefrist demselben Steuerpflichtigen gehört haben und Anlagevermögen gewesen sein (ua. VfGH 20.6.83, B 33/80). 3878

Im Falle der Buchwertfortführung (siehe dazu auch Rz 2531) laufen die Behaltefristen des Rechtsvorgängers weiter (unabhängig davon, ob die unentgeltliche Betriebsübertragung im Rahmen einer Einzel- oder einer Gesamtrechtsnachfolge erfolgt; VwGH 18.2.2021, Ra 2019/15/0052). 3879

(BMF-AV Nr. 2021/65)

9.3.5.1.1 Berechnung bei bebauten Grundstücken

(AÖF 2013/280)

Bei bebauten Grundstücken handelt es sich um zwei selbständige Wirtschaftsgüter. Daher ist die Behaltefrist für Grund und Boden und für das Gebäude jeweils gesondert zu berechnen. Für Zwecke der Ermittlung der auf den Grund und Boden entfallenden stillen Reserven zählen zum Grund und Boden auch Einrichtungen wie Kanalisation, Umzäunungen, Befestigungseinrichtungen usw. Wurde ein Tatbestand, der zur Verlängerung der Behaltefrist auf 15 Jahre führt, in Bezug auf einen Teil des Grund und Bodens oder einen Teil des Gebäudes gesetzt, dann verlängert sich die Behaltefrist jeweils für den ganzen Grund und Boden bzw. für das ganze Gebäude auf 15 Jahre. 3880

(AÖF 2013/280)

Wird ein bebautes Grundstück veräußert, ist zur Ermittlung der auf Grund und Boden und Gebäude entfallenden stillen Reserven der Veräußerungserlös im Verhältnis der Verkehrswerte auf Grund und Boden und Gebäude aufzuteilen (siehe Rz 2613). 3881

Für die Beurteilung der Zulässigkeit der Übertragung stiller Reserven ist die Behaltefrist gemäß § 12 Abs. 3 EStG 1988 für Grund und Boden und Gebäude gesondert zu berechnen. Dabei ist immer auf den Zeitpunkt der Anschaffung bzw. Herstellung des jeweiligen Wirtschaftsgutes abzustellen. 3882

Dies gilt auch für Wirtschaftsgüter, auf die eine Übertragung stiller Reserven vor dem 1.4.2012 stattgefunden hat.

Beispiel 1:

Im Jahre 2012 wird Grund und Boden angeschafft und darauf keine stillen Reserven übertragen. Auf die Herstellungskosten des im Jahre 2014 errichteten Gebäudes werden stille Reserven übertragen. Das bebaute Grundstück wird im Jahre 2022 veräußert.

Die Behaltefrist für den Grund und Boden beträgt 7 Jahre und jene für das Gebäude 15 Jahre.

Im Jahr 2022 befindet sich der Grund und Boden bereits seit mehr als 7 Jahren im Anlagevermögen. Das Gebäude befindet sich ebenfalls seit mehr als 7 Jahren im Anlagevermögen, allerdings beträgt die Behaltefrist für das Gebäude 15 Jahre. Daher können lediglich die stillen Reserven des Grund und Bodens auf Grund und Boden und/oder Gebäude übertragen werden.

Beispiel 2:

Im Jahr 2012 wird Grund und Boden angeschafft. Im Zuge der Anschaffung werden stille Reserven auf den Grund und Boden übertragen. 2014 wird ein Gebäude ohne Übertragung stiller Reserven errichtet. Das bebaute Grundstück wird im Jahre 2022 veräußert.

Die Behaltefrist für den Grund und Boden beträgt 15 Jahre, für das Gebäude 7 Jahre.

Im Jahr der Veräußerung ist lediglich für das Gebäude die Behaltefrist erfüllt. Daher sind nur die stillen Reserven des Gebäudes auf Gebäude übertragbar.

Beispiel 3:

Im Jahr 2012 wird Grund und Boden angeschafft. Im Zuge der Anschaffung werden stille Reserven auf den Grund und Boden übertragen. 2014 wird ein Gebäude errichtet, wobei stille Reserven auf das Gebäude übertragen werden. Das bebaute Grundstück wird im Jahre 2028 veräußert.

Die Behaltefrist für den Grund und Boden und Gebäude beträgt jeweils 15 Jahre.

Im Jahr der Veräußerung ist lediglich für den Grund und Boden die Behaltefrist erfüllt. Daher sind nur die stillen Reserven des Grund und Bodens auf Grund und Boden und/ oder Gebäude übertragbar.

Beispiel 4:

Im Jahre 1997 wird Grund und Boden angeschafft und darauf keine stillen Reserven übertragen. Auf die Herstellungskosten des im Jahre 2010 errichteten Gebäudes werden stille Reserven übertragen. Das bebaute Grundstück wird im Jahre 2013 veräußert.

Die Behaltefrist für den Grund und Boden beträgt 7 Jahre und jene für das Gebäude 15 Jahre.

Da sich der Grund und Boden im Jahre 2013 bereits mehr als 7 Jahre im Anlagevermögen befindet, können die stillen Reserven des Grund und Bodens auf Grund und Boden und/ oder Gebäude übertragen werden. Die 15-jährige Behaltefrist für das Gebäude ist noch nicht erfüllt. Daher sind die stillen Reserven des Gebäudes nicht übertragbar.

(AÖF 2013/280)

9.3.6 Übertragungsrücklage

3883 Insoweit stille Reserven nicht im Jahr ihrer Bildung übertragen werden, können diese einer Übertragungsrücklage zugeführt werden. Die Übertragungsrücklage ist bei der Gewinnermittlung nach § 4 Abs. 1 und § 5 Abs. 1 EStG 1988 entsprechend zu bezeichnen und für steuerliche Zwecke in Evidenz zu halten (§ 12 Abs. 8 Satz 2 und 3 EStG 1988 idF RÄG 2014). Es hat daher ein Ausweis der Übertragungsrücklage in der Steuerbilanz bzw. bei der Gewinnermittlung nach § 5 Abs. 1 EStG 1988 in einer gesonderten Aufstellung zur UGB-Bilanz (Mehr- Weniger-Rechnung) zu erfolgen.

Bei Gewinnermittlung nach § 4 Abs. 3 EStG 1988 kann ein Betrag in dieser Höhe steuerfrei belassen werden (siehe Rz 3887 f).

(BMF-AV Nr. 2018/79)

9.3.6.1 Verwendungsfristen

3884 Die Rücklage (der steuerfreie Betrag) kann innerhalb von 12 Monaten ab dem Ausscheiden des Wirtschaftsgutes auf die Anschaffungs- oder Herstellungskosten von Anlagevermögen übertragen werden (Stichtagsprinzip). Erfolgte das Ausscheiden durch höhere Gewalt oder behördlichen Eingriff oder handelt es sich um Einkünfte aus Waldnutzungen infolge höherer Gewalt (siehe Rz 3889), verlängert sich die Übertragungsfrist auf 24 Monate. Die Verlängerung der Frist auf 24 Monate gilt ebenfalls, wenn auf Herstellungskosten von Gebäuden übertragen wird und mit der tatsächlichen Bauausführung („1. Spatenstich") innerhalb der Frist von 12 Monaten ab dem Ausscheiden des Gebäudes begonnen wird.

(BMF-AV Nr. 2021/65)

3885 Für Fälle, in denen die Aufdeckung der stillen Reserve nicht im Wirtschaftsjahr des Ausscheidens des Wirtschaftsgutes erfolgt, ist der Zeitpunkt der Aufdeckung der stillen Reserve für den Fristenlauf maßgeblich. Dies gilt sowohl in Fällen, in denen die zeitliche Divergenz zwischen dem Ausscheiden des Wirtschaftsgutes und der Aufdeckung der stillen Reserve auf die Maßgeblichkeit des Zu- und Abflussprinzips zurückzuführen ist als auch in Fällen, in denen bei Bilanzierern die Gewinnrealisierung nicht im Wirtschaftsjahr des Ausscheidens des Wirtschaftsgutes eintritt (zB weil der Anspruch dem Grunde nach strittig ist).

(AÖF 2006/114)

3886 Eine frühestmögliche Übertragung ist nicht verpflichtend. Wurde eine Rücklage oder ein Teil davon nicht innerhalb der Frist verwendet, ist sie gewinnerhöhend aufzulösen.

Stammen die stillen Reserven aus der Veräußerung eines mit Sondersteuersatz besteuerten Finanzvermögens oder eines Grundstückes, ist auf diese der besondere Steuersatz gemäß § 27a Abs. 1 EStG 1988 oder § 30a EStG 1988 anwendbar.

(BMF-AV Nr. 2018/79)

9.3.7 Steuerfreier Betrag

Der steuerfreie Betrag ist in einem Verzeichnis auszuweisen, aus dem die Verwendung ersichtlich ist. Wird dieses Verzeichnis nicht mit der Steuererklärung vorgelegt, ist eine Nachfrist von zwei Wochen zu setzen. **3887**

Wird bei der Gewinnermittlung nach § 4 Abs 3 EStG 1988 der Veräußerungserlös (die Entschädigungsleistung) erst in späteren Jahren vereinnahmt, so steht dem Steuerpflichtigen die Möglichkeit offen, den Buchwert sofort als Betriebsausgabe abzusetzen oder nach Art eines Merkpostens zu behandeln (zum Zeitpunkt der Vereinnahmung siehe Rz 4601 ff). In beiden Fällen werden stille Reserven aufgedeckt, sobald der zugeflossene Veräußerungserlös (die zugeflossene Entschädigung) den Buchwert übersteigt (vgl. VwGH 26.6.1984, 83/14/234). Die Frist für den Verwendungszeitraum beginnt in beiden Fällen mit dem Zeitpunkt der Aufdeckung der stillen Reserven. **3888**

Beispiel:

Im Jahr 1 wird ein Anlagegut (Buchwert nach Abschreibung 50.000, Behaltefrist erfüllt) um 80.000 veräußert. Es wird je eine Ratenzahlung für 1 und 2 von 40.000 vereinbart.

	BW = Betriebsausgabe	*BW = Merkposten*
Jahr 1:		
Erste Rate	*40.000*	*40.000*
Abfluss BW	*50.000*	*40.000*
Verlust	*10.000*	*0*
Jahr 2:		
Zweite Rate	*40.000*	*40.000*
Abfluss BW	*0*	*10.000*
Gewinn	*40.000*	*30.000*

Bei beiden Varianten wird im Jahr 2 eine stille Reserve in Höhe von 30.000 aufgedeckt. Diese kann im Jahr 2 übertragen oder einem steuerfreien Betrag zugeführt werden, wobei in letzterem Fall die Verwendungsfrist mit den Zufließen der zweiten Ratenzahlung zu laufen beginnt.

(BMF-AV Nr. 2021/65)

9.3.8 Waldnutzungen

Fassung ab Veranlagung 2005: **3889**

Die Hälfte der Einkünfte aus Waldnutzungen infolge höherer Gewalt (Kalamitätsnutzung, siehe Rz 7338) gilt als übertragbare stille Reserve. Die Bildung einer Übertragungsrücklage gemäß § 12 Abs. 8 EStG 1988 ist ab 2005 ebenfalls zulässig, sofern die stillen Reserven auf Grund des Ausscheidens von Wirtschaftsgütern nach dem 31.12.2004 aufgedeckt werden und eine Übertragung im selben Wirtschaftsjahr nicht erfolgt (§ 12 Abs. 7 iVm § 124b Z 117 EStG 1988 idF AbgÄG 2004).

Fassung ab Veranlagung 2020:

70% der Einkünfte aus Waldnutzungen infolge höherer Gewalt (Kalamitätsnutzung, siehe Rz 7338) gelten als übertragbare stille Reserve. Die Bildung einer Übertragungsrücklage gemäß § 12 Abs. 8 EStG 1988 ist ebenfalls zulässig, sofern eine Übertragung im selben Wirtschaftsjahr nicht erfolgt.

(BMF-AV Nr. 2021/65)

Der ermäßigte Steuersatz gemäß § 37 EStG 1988 ist auf Antrag des Steuerpflichtigen auf den Teil der Einkünfte aus Waldnutzungen infolge höherer Gewalt anzuwenden, der nach Abzug des als stille Reserve behandelten Betrages und nach Vornahme eines allfälligen Verlustausgleiches verbleibt. Kann angefallenes Kalamitätsholz nicht sofort nach dem Kalamitätsereignis aufgearbeitet werden, bestehen keine Bedenken, wenn die Übertragung in einem späteren Wirtschaftsjahr vorgenommen wird. Dies gilt jedoch nur insoweit, als eine **3890**

Aufdeckung der stillen Reserven innerhalb von 24 Monaten ab dem Kalamitätsereignis erfolgt und spätere Fällungen nicht in die betriebsplanmäßige Holznutzung einbezogen werden.

(BMF-AV Nr. 2021/65)

3891 Die anlässlich der Veräußerung eines Waldgrundstückes aufgedeckten stillen Reserven des stehenden Holzes sind übertragbar (VwGH 16.6.1987, 86/14/0188).

9.3.9 Zuschreibung

3892 **Rechtslage für Wirtschaftsjahre vor 2016:**

Wird in Wirtschaftsjahren vor 2016 die Übertragung stiller Reserven oder die Übertragungsrücklage durch Zuschreibung gemäß § 6 Z 13 EStG 1988 idF vor dem RÄG 2014 ganz oder teilweise rückgängig gemacht, so erhöht diese den Gewinn. Ist bereits eine Übertragung auf ein Wirtschaftsgut erfolgt, ist diese Zuschreibung für den steuerlichen Wertansatz des betreffenden Wirtschaftsgutes maßgeblich.

Rechtslage für Wirtschaftsjahre ab 2016:

Für bereits vor dem Wirtschaftsjahr 2016 unternehmensrechtlich gebildete unversteuerte Rücklagen (einschließlich Bewertungsreserven), die gemäß § 124b Z 271 EStG 1988 idF RÄG 2014 unabhängig von der Auflösung im unternehmensrechtlichen Jahresabschluss des Wirtschaftsjahres 2016 als steuerliche Rücklagen weitergeführt wurden, gilt dies weiterhin, weil auf diese § 6 Z 13 erster Satz EStG 1988 idF vor RÄG 2014 sinngemäß weiter anzuwenden ist.

Werden in Wirtschaftsjahren ab 2016 hingegen stille Reserven auf ein Wirtschaftsgut übertragen, gelten die um diese übertragenen stillen Reserven gekürzten Beträge als Anschaffungskosten (§ 12 Abs. 6 EStG 1988). Eine gänzliche oder teilweise Rückgängigmachung einer bereits erfolgten Übertragung stiller Reserven ist nicht möglich, weil eine Zuschreibung über die steuerlichen Anschaffungs- bzw. Herstellungskosten nicht zulässig ist. Eine freiwillige gewinnerhöhende Auflösung einer ab 2016 gebildeten Übertragungsrücklage vor Ablauf der Verwendungsfristen gemäß § 12 Abs. 9 EStG 1988 ist jedoch möglich.

(BMF-AV Nr. 2018/79)

9.3.10 Ausschluss der Übertragbarkeit bei Körperschaften

3892a Der Anwendungsbereich des § 12 EStG 1988 wird durch das SteuerrefG 2005 auf natürliche Personen (Einzelunternehmer, Mitunternehmer als natürliche Person) eingeschränkt. Der Ausschluss von Körperschaften tritt stichtagsbezogen für stille Reserven ein, die nach dem 31.12.2004 aufgedeckt werden, und zwar auch dann, wenn Anlagevermögen infolge höherer Gewalt, durch behördlichen Eingriff oder zur Vermeidung eines solchen aus dem Betriebsvermögen ausscheidet. Bis zum 31.12.2004 aufgedeckte stille Reserven bleiben bei Körperschaften weiterhin übertragbar.

Beispiel:

Eine Körperschaft ermittelt ihren Gewinn nach einem abweichenden Wirtschaftsjahr vom 1.7 bis 30.6. Veräußert sie ein Wirtschaftsgut mit einem Buchwert von 1.000 am 1.9.2004 um 5.000, kann sie die stillen Reserven von 4.000 im Wirtschaftsjahr 1.7.2004 bis 30.6.2005 entweder auf die Anschaffungs- oder Herstellungskosten eines in diesem Wirtschaftsjahr erworbenen Wirtschaftsgutes des Anlagevermögens übertragen oder einer Übertragungsrücklage in der Bilanz zum 30.6.2005 zuführen.

(AÖF 2005/110)

3892b Sind am Vermögen einer Mitunternehmerschaft natürliche Personen und Körperschaften beteiligt, können hinsichtlich der nach dem 31.12.2004 aufgedeckten stillen Reserven von § 12 EStG 1988 nur die natürlichen Personen einheitlich (siehe Rz 5955) Gebrauch machen.

Die stille Reserven werden dann nicht im Gesellschaftsvermögen übertragen bzw. einer offenen steuerfreien Rücklage zugeführt, sondern sind die Wertkorrekturen zu den Ansätzen in der Gesellschaftsbilanz in einer Ergänzungsbilanz vorzunehmen.

Beispiel:

An einer GmbH & Co KG sind am Vermögen die GmbH A zu 60 % und die natürliche Person B zu 40 % beteiligt. Im Wirtschaftsjahr 08 wird ein im Gesellschaftsvermögen stehendes Anlagegut mit einem Buchwert von 1.000 um 5.000 veräußert. Die stillen Reserven werden entweder auf die Anschaffungs- oder Herstellungskosten eines im Wirtschaftsjahr 08 erworbenen Anlagegutes übertragen oder einer Übertragungsrücklage zugeführt.

Im ersten Halbjahr eines Wirtschaftsjahres wird von der KG ein neues Anlagegut um 10.000 mit einer Nutzungsdauer von 10 Jahren angeschafft.

Gesellschaftsebene

- *Auf Ebene der Gesellschaft sind die aufgedeckten stillen Reserven von 4.000 einnahmenwirksam zu erfassen.*
- *Das neu erworbene Anlagegut wird in der Bilanz der KG mit 10.000 aktiviert und jährlich entsprechend der Nutzungsdauer mit 1.000 abgeschrieben.*

Gesellschafterebene

- *Auf den Gesellschafter B entfallen 40 % der stillen Reserven des veräußerten Anlagegutes.*
- *Macht der Gesellschafter B von § 12 EStG 1988 Gebrauch, ist der Betrag von 1.600 (= 40 % von 4.000) bei ihm zunächst als Sonderbetriebsausgabe gewinnmindernd zu berücksichtigen.*
- *In weiterer Folge werden die stillen Reserven entweder auf die Anschaffungskosten des im selben Wirtschaftsjahr erworbenen Anlagegutes übertragen oder einer Übertragungsrücklage in der Ergänzungsbilanz zugeführt.*
  - *Im Fall der Übertragung im selben Wirtschaftsjahr ist in eine Ergänzungsbilanz des Gesellschafters B ein passiver Ausgleichsposten „Minderwert Anlagegut" (Bewertungsreserve § 12 EStG 1988) in Höhe von 1.600 einzustellen, der analog der Abschreibung der Anschaffungskosten jenes Anlagegutes, auf das die stillen Reserven übertragen wurden, verteilt auf zehn Jahre jährlich gewinnerhöhend als Sonderbetriebseinnahme zu erfassen ist. Dadurch wird die für den Gesellschafter B zu hohe Abschreibung in der Gesellschaftsbilanz korrigiert.*
  - *Wird die Übertragungsrücklage in einer Ergänzungsbilanz gebildet, ist im Fall der Übertragung diese auf den passiven Ausgleichsposten „Minderwert Anlagegut" (Bewertungsreserve § 12 EStG 1988) umzubuchen. Für die Auflösung gilt der erste Punkt.*
  - *Scheidet dieses Wirtschaftsgut vor Ablauf der Nutzungsdauer aus dem Betriebsvermögen der KG aus, ist der noch verbleibende Minderwert vom Gesellschafter B im Wirtschaftsjahr des Ausscheidens des Wirtschaftsgutes zur Gänze als Sonderbetriebseinnahme zu erfassen.*

(AÖF 2005/110)

Sind Körperschaften als bloße Arbeitsgesellschafter nicht am Vermögen der Mitunternehmerschaft beteiligt, sind aufgedeckte stille Reserven den natürlichen Personen zur Gänze zuzurechnen. **3892c**

(AÖF 2005/110)

Gehen Übertragungsrücklagen (steuerfreie Beträge) auf eine Körperschaft über, erfolgt nur dann keine Nachversteuerung, wenn die stillen Reserven vor dem 1.1.2005 aufgedeckt wurden. Bei Einbringung eines ganzen Betriebes nach Art. III UmgrStG sind Übertragungsrücklagen (steuerfreie Beträge) aus nach dem 31.12.2004 aufgedeckten stillen Reserven zum Einbringungsstichtag jedenfalls nachzuversteuern. Wird nur ein Teilbetrieb nach Art. III eingebracht, kann die Übertragungsrücklage im verbleibenden Restbetrieb zurückbehalten werden. Bei Zusammenschlüssen nach Art. IV UmgrStG ist insoweit eine Nachversteuerung nicht vorzunehmen, als die Rücklagen (steuerfreien Beträge) weiterhin natürlichen Personen zuzurechnen sind. **3892d**

(AÖF 2005/110)

9.4 Geringwertige Wirtschaftsgüter

9.4.1 Allgemeines

§ 13 EStG 1988 ermöglicht dem Abgabepflichtigen unter bestimmten Voraussetzungen die Sofortabschreibung von geringwertigen Wirtschaftsgütern. Die Bestimmung ist insoweit eine Sondervorschrift zu § 7 EStG 1988. Die Regelung gilt für alle Gewinnermittlungsarten und ist auch bei den außerbetrieblichen Einkunftsarten anwendbar (§ 16 Abs. 1 Z. 8 lit. a EStG 1988). **3893**

Hinsichtlich der Anwendbarkeit bei der Gewinnermittlung nach Durchschnittssätzen siehe Rz 4127.

Die Sofortabschreibung erfolgt auch bei der Gewinnermittlung gemäß § 5 Abs. 1 EStG 1988 unabhängig von der Behandlung im unternehmensrechtlichen Jahresabschluss (§ 13 EStG 1988 idF RÄG 2014). **3893a**

Wurde unternehmensrechtlich für Wirtschaftsjahre vor 2016 bei Vollabschreibung geringwertige Wirtschaftsgüter eine Bewertungsreserve gebildet und gemäß § 906 Abs. 31 UGB im Wirtschaftsjahr 2016 unternehmensrechtlich aufgelöst, kann diese steuerlich gemäß § 124b Z 271 EStG 1988 unabhängig vom unternehmensrechtlichen Jahresabschluss als steuerliche Rücklage weitergeführt werden (siehe dazu Rz 2475). In diesem Fall ist daher die unternehmensrechtliche Auflösung der Bewertungsreserve im Wirtschaftsjahr 2016 nicht steuerwirksam. Die steuerliche Rücklage ist allerdings über die unternehmensrechtliche Restnutzungsdauer der geringwertigen Wirtschaftsgüter im Wege der steuerlichen Mehr-Weniger-Rechnung aufzulösen.

(BMF-AV Nr. 2018/79)

9.4.1.1 Begünstigte Wirtschaftsgüter

3894 Geringwertige Wirtschaftsgüter im Sinne des § 13 EStG 1988 sind abnutzbare Wirtschaftsgüter des Anlagevermögens, sofern die Anschaffungs- oder Herstellungskosten für das einzelne Wirtschaftsgut 800 Euro (bis 31.12.2019: 400 Euro) nicht übersteigen. Erfolgt die Anschaffung oder Herstellung unter Verwendung von entsprechenden gewidmeten gemäß § 6 Z 10 EStG 1988 steuerfreien Subventionen aus öffentlichen Mitteln, sind die Anschaffungs- oder Herstellungskosten nur die vom Steuerpflichtigen aus anderen Mitteln geleisteten Aufwendungen (siehe dazu auch Rz 2539 ff). Fallen die Anschaffungs- oder Herstellungskosten durch die Übertragung stiller Reserven oder durch die Gewährung steuerfreier Zuschüsse auf 800 Euro (bis 31.12.2019: 400 Euro) oder darunter, kann von der Sofortabschreibung Gebrauch gemacht werden.

Wird ein Wirtschaftsgut auch privat genutzt, kürzt der Anteil der privaten Nutzung nicht die maßgebenden Anschaffungs- oder Herstellungskosten; die private Nutzung ist lediglich als Entnahme zu werten (siehe Rz 480; vgl. auch UFS 24.7.2012, RV/1042-W/12).

Begünstigt ist die Anschaffung ungebrauchter und gebrauchter Wirtschaftsgüter.

(BMF-AV Nr. 2021/65)

9.4.1.2 Ausschlüsse

3895 Sind geringwertige Wirtschaftsgüter zur entgeltlichen Überlassung bestimmt (zB Kostüm-, Schiverleih), ist § 13 EStG 1988 ausdrücklich ausgeschlossen. Ist die entgeltliche Überlassung jedoch nur als völlig untergeordneter Nebenzweck anzusehen, kann § 13 EStG 1988 weiterhin in Anspruch genommen werden.

Berufs-, Hotel- und Krankenhausbettwäsche, die zur entgeltlichen Überlassung bestimmt ist, fällt nicht unter das Anwendungsverbot des § 13 letzter Satz EStG 1988, sofern nicht die Vermietung, sondern die laufend erbrachte aktive Dienstleistung des Waschens und Instandhaltens der Wäsche sowie die Abwicklung der gesamten Logistik im Vordergrund steht (VwGH 24.10.2019, Ra 2018/15/0072).

(BMF-AV Nr. 2021/65)

9.4.1.3 Zeitpunkt der Sofortabschreibung

3896 Bei buchführenden Steuerpflichtigen hat die Sofortabschreibung im Jahr der Anschaffung bzw. Herstellung zu erfolgen, bei der Gewinnermittlung nach § 4 Abs. 3 EStG 1988 sowie bei der Geltendmachung als Werbungskosten ist das Jahr der Verausgabung maßgeblich. Auf den Zeitpunkt der Inbetriebnahme kommt es nicht an. Zur Einlage von zunächst privat erworbenen Wirtschaftsgütern siehe Rz 441.

(AÖF 2005/110)

9.4.1.4 (Aktivierungs-)Wahlrecht

3897 Die Sofortabschreibung stellt ein Wahlrecht des Abgabepflichtigen dar. Es kann für jedes Wirtschaftsgut einzeln und in jedem Wirtschaftsjahr unterschiedlich ausgeübt werden.

3898 Wird von der Sofortabschreibung Gebrauch gemacht, steht für diese Wirtschaftsgüter, auch wenn deren betriebsgewöhnliche Nutzungsdauer zumindest vier Jahre beträgt, ein investitionsbedingter Gewinnfreibetrag nicht zu.

(BMF-AV Nr. 2018/79)

9.4.2 Mehrteilige Wirtschaftsgüter

3899 Wirtschaftsgüter, die aus Teilen bestehen, sind als Einheit aufzufassen, wenn sie nach ihrem wirtschaftlichen Zweck oder nach der Verkehrsauffassung eine Einheit bilden.

Der Austausch von (selbständigen) Wirtschaftsgütern, die aber wirtschaftlich als ein einziges Wirtschaftgut (§ 13 EStG 1988) anzusehen sind, führt nicht zu sofort abziehbaren Betriebsausgaben (VwGH 8.5.2003, 99/15/0036).

(AÖF 2004/167)

Einzelfälle: 3900

- Beleuchtungskörper: Grundsätzlich keine Einheit, außer wenn die Beleuchtungskörper im Raum auf Grund ihres Erscheinungsbildes eine Einheit ergeben;
- Bestuhlung eines Theaters bildet eine Einheit (VwGH 20.11.1964, 1671/63);
- Eine einheitliche Möbelgarnitur, die die wesentliche Einrichtung eines Zimmers bildet, kann nicht auf einzelne Wirtschaftsgüter aufgeteilt werden;
- Geschäftseinrichtung stellt grundsätzlich keine Einheit dar (VwGH 30.6.1987, 87/14/0046);
- EDV-Geräte wie PC und Drucker stellen kein einheitliches Wirtschaftsgut dar;
- Gasflaschen zur Lieferung von Gas an verschiedene Kunden kommen als geringwertige Wirtschaftsgüter in Betracht; ebenso Gaszähler (VwGH 17.2.1999, 97/14/0059);
- Schreibtischkombinationen aus Schreibtischen, Computerbeistelltischen und Rollcontainern können selbständig nutzbare Wirtschaftsgüter darstellen, wenn eine Trennung nicht zum Verlust der selbständigen Nutzbarkeit eines Teiles führt;
- Baugerüste stellen eine Einheit dar (VwGH 30.1.2014, 2011/15/0084).

(BMF-AV Nr. 2015/133)

9.5 Verlustrücktrag und COVID-19-Rücklage

(BMF-AV Nr. 2021/65)

9.5.1 Allgemeines

(BMF-AV Nr. 2021/65)

Um die wirtschaftlichen Auswirkungen der COVID-19-Krise durch eine Ergebnisglättung steuerlich abzumildern, besteht zeitlich befristet seit dem Konjunkturstärkungsgesetz 2020, BGBl. I Nr. 54/2020, die Möglichkeit eines Verlustrücktrages. 3901

(BMF-AV Nr. 2021/65)

Nach § 124b Z 355 EStG 1988 können Verluste aus betrieblichen Einkünften, die – nach Hinzurechnung einer etwaigen COVID-19-Rücklage (siehe Rz 3903) – im Rahmen der Veranlagung 2020 nicht ausgeglichen werden, auf Antrag im Rahmen der Veranlagung 2019 vom Gesamtbetrag der Einkünfte vor Berücksichtigung von Sonderausgaben und außergewöhnlichen Belastungen abgezogen werden (Verlustrücktrag). Unter bestimmten Voraussetzungen ist auch ein Rücktrag von Verlusten des Jahres 2020 in die Veranlagung des Jahres 2018 möglich; die dafür geltenden Regelungen finden sich in der COVID-19-Verlustberücksichtigungsverordnung, BGBl. II Nr. 405/2020 (dazu Rz 3928). 3902

(BMF-AV Nr. 2021/65)

Zur Schaffung einer ehestmöglichen steuerlichen Entlastung können betriebliche Verluste des Jahres 2020 bereits vor der Veranlagung 2020 – und damit vor Vornahme des Verlustrücktrages – berücksichtigt werden. Diese vorgezogene Verlustberücksichtigung erfolgt auf Antrag über einen besonderen Abzugsposten im Rahmen der Ermittlung des Gesamtbetrages der Einkünfte bei der Veranlagung 2019 (COVID-19-Rücklage). Bei der Veranlagung 2020 ist die bei der Veranlagung 2019 berücksichtigte COVID-19-Rücklage im Rahmen der Ermittlung des Gesamtbetrages der Einkünfte wieder hinzuzurechnen. Ein nach der Hinzurechnung noch verbleibender Verlust des Jahres 2020 kann sodann in das Jahr 2019 (bzw. 2018) rückgetragen werden, ohne dass die erfolgte Berücksichtigung der COVID-19-Rücklage dadurch berührt wird. 3903

Während der Rücktrag von Verlusten des Jahres 2020 unter bestimmten Voraussetzungen auch in das Jahr 2018 erfolgen kann, beschränkt sich die Berücksichtigung einer COVID-19-Rücklage ausschließlich auf die Veranlagung 2019; eine Berücksichtigung der COVID-19-Rücklage bei der Veranlagung 2018 ist folglich ausgeschlossen.

(BMF-AV Nr. 2021/65)

Ein nach Berücksichtigung der COVID-19-Rücklage und des Verlustrücktrages noch verbleibender betrieblicher Verlust des Jahres 2020 ist nach Maßgabe des § 18 Abs. 6 EStG 1988 als Verlustabzug zu berücksichtigen (siehe dazu Rz 4508 ff). 3904

(BMF-AV Nr. 2021/65)

Zur Möglichkeit der nachträglichen Herabsetzung der Vorauszahlungen für das Jahr 2019 nach § 5 COVID-19-Verlustberücksichtigungsverordnung siehe Rz 3938. 3905

9.5.2 COVID-19-Rücklage

(BMF-AV Nr. 2021/65)

9.5.2.1 Voraussetzungen zur Bildung der COVID-19-Rücklage

(BMF-AV Nr. 2021/65)

3906 Die COVID-19-Rücklage kann unabhängig von der Art der Gewinnermittlung (§ 4 Abs. 1, § 5 Abs. 1 und § 4 Abs. 3 EStG 1988) geltend gemacht werden.

Der Abzug der COVID-19-Rücklage erfolgt auf Grundlage eines gesonderten Antrages, der unter Verwendung des dafür vorgesehenen amtlichen Formulars (CoV-19-RL-(ZE)-PDF-2019) bzw. über FinanzOnline gestellt werden kann.

Erhöht sich nach erstmaliger Berücksichtigung der COVID-19-Rücklage nachträglich der Gesamtbetrag der Einkünfte (zB auf Grund einer Tangente gemäß § 295 BAO oder einer Wiederaufnahme des Verfahrens), kann vor der Veranlagung 2020 ein Antrag auf (zusätzliche) Berücksichtigung der COVID-19-Rücklage insoweit gestellt werden, als durch die nachträgliche Erhöhung die Berücksichtigung der Rücklage in höherem Ausmaß möglich wird.

(BMF-AV Nr. 2021/65)

3907 Die Bildung der COVID-19-Rücklage setzt einen positiven Gesamtbetrag der betrieblichen Einkünfte im Jahr 2019 und einen voraussichtlich negativen Gesamtbetrag der betrieblichen Einkünfte im Jahr 2020 voraus.

(BMF-AV Nr. 2021/65)

3908 Als Gesamtbetrag der betrieblichen Einkünfte gilt der Saldo der nach dem Tarif zu versteuernden Gewinne und Verluste gemäß § 2 Abs. 3 Z 1 bis 3 EStG 1988 aus Wirtschaftsjahren, die im jeweiligen Kalenderjahr enden (§ 1 Abs. 1 Z 1 COVID-19-Verlustberücksichtigungsverordnung). Betriebliche Einkünfte, die einem besonderen Steuersatz unterliegen (zB §§ 27a Abs. 1 oder 30a Abs. 1 EStG 1988) oder aufgrund eines Doppelbesteuerungsabkommens befreit sind, sind für Zwecke der Ermittlung der COVID-19-Rücklage folglich nicht zu berücksichtigen.

(BMF-AV Nr. 2021/65)

3909 Die COVID-19-Rücklage kürzt den Gesamtbetrag der Einkünfte 2019 (Abzugsposten). Die Höhe der einzelnen betrieblichen Einkünfte bleibt somit unberührt (§ 1 Abs. 1 Z 2 COVID-19-Verlustberücksichtigungsverordnung), weshalb sich durch den Abzug der COVID-19-Rücklage auch keine Auswirkungen auf die Bemessung der Sozialversicherungsbeiträge und das Feststellungsverfahren nach § 188 BAO ergeben (siehe dazu näher Rz 3917). Dies gilt auch für die Erhöhung des Gesamtbetrages der Einkünfte durch die COVID-19-Rücklage im Rahmen der Veranlagung 2020 (Hinzurechnungsposten); siehe dazu Rz 3920.

(BMF-AV Nr. 2021/65)

3910 Durch die Bildung der COVID-19-Rücklage wird der positive Gesamtbetrag der Einkünfte des Jahres 2019 vermindert. Die COVID-19-Rücklage kürzt die Basis (Gesamtbetrag der Einkünfte) für den Verlustabzug und geht damit auch der Berücksichtigung von Verlustvorträgen nach Maßgabe von § 18 Abs. 6 EStG 1988 aus Vorjahren vor.

Für Körperschaften verändert sich durch den Abzug der COVID-19-Rücklage somit auch die Basis (= Gesamtbetrag der Einkünfte) für die von Körperschaften zu berücksichtigende 75%-Verlustvortragsgrenze gemäß § 8 Abs. 4 Z 2 lit. a KStG 1988.

9.5.2.2 Höhe der COVID-19-Rücklage

(BMF-AV Nr. 2021/65)

3911 Für die Ermittlung der COVID-19-Rücklage ist der Gesamtbetrag der betrieblichen Einkünfte 2019 maßgeblich. Darin sind – wie beim Verlustrücktrag – auch Einkünfte zu berücksichtigen, die durch Vollpauschalierung ermittelt werden. Auch Veräußerungsgewinne gemäß § 24 EStG 1988 sind in der für die Höhe der COVID-19-Rücklage maßgeblichen Größe des positiven Gesamtbetrages der Einkünfte 2019 zu berücksichtigen (dazu auch Rz 3914). Dies gilt auch, wenn eine Progressionsermäßigung (§ 37 EStG 1988) in Anspruch genommen wird.

(BMF-AV Nr. 2021/65)

3912 Bei der Ermittlung der Höhe der COVID-19-Rücklage ist Folgendes zu beachten (§ 1 Abs. 1 Z 3 lit. a bis c COVID-19-Verlustberücksichtigungsverordnung):

- Betragen die Einkommensteuer- oder Körperschaftsteuervorauszahlungen 2020 Null oder wurde die Höhe der Körperschaftsteuervorauszahlung 2020 nur in Höhe der Mindeststeuer (§ 24 Abs. 4 KStG 1988) festgesetzt, beträgt die COVID-19-Rücklage – ohne weiteren Nachweis des Steuerpflichtigen – bis zu 30% des positiven Gesamtbetrages der betrieblichen Einkünfte 2019. Voraussetzung dafür ist, dass der Gesamtbetrag der betrieblichen Einkünfte 2020 voraussichtlich negativ sein wird.

- Wird die Höhe der voraussichtlichen betrieblichen Verluste 2020 gegenüber der Abgabenbehörde glaubhaft gemacht, kann die COVID-19-Rücklage insoweit in höherem Ausmaß gebildet werden, höchstens jedoch bis zu 60% des positiven Gesamtbetrages der betrieblichen Einkünfte 2019.
- Für Zwecke der Glaubhaftmachung ist eine sorgfältige Schätzung vorzunehmen, die der Abgabenbehörde auf Verlangen vorzulegen ist. Verluste können durch Glaubhaftmachung folglich auch dann berücksichtigt werden, wenn die Vorauszahlungen 2020 – trotz voraussichtlichen Verlusts im Jahr 2020 – nicht Null betragen oder der erwartete voraussichtliche Verlust 2020 höher ist als 30% des positiven Gesamtbetrages der Einkünfte 2019. Dabei ist zu beachten, dass eine sorgfaltswidrig durchgeführte grob falsche Schätzung zu einer Wiederaufnahme des Verfahrens gemäß § 303 Abs. 1 lit. a BAO und dementsprechend zu einer Nachforderung führen kann. Die Höhe der COVID-19-Rücklage kann die Höhe des glaubhaft gemachten voraussichtlichen Verlustes 2020 nicht überschreiten.
- Die COVID-19-Rücklage darf einen Betrag von fünf Millionen Euro nicht übersteigen.
- Die COVID-19-Rücklage kann den Gesamtbetrag der Einkünfte 2019 maximal bis zu einem Betrag von Null kürzen.

Die COVID-19-Rücklage kann ausschließlich in jener Höhe berücksichtigt werden, in der sie vom Steuerpflichtigen – innerhalb der rechtlichen Rahmenbedingungen – ermittelt und beantragt worden ist. Insoweit steht dem Steuerpflichtigen ein Wahlrecht zu, ob die vorgezogene Verlustberücksichtigung im Wege der COVID-19-Rücklage im rechtlich maximal zulässigen Ausmaß oder nur anteilig gebildet wird.

Beispiel 1:

Im Jahr 2019 erzielt A Einkünfte aus Gewerbebetrieb in Höhe von 385.000 Euro, einen Verlust aus selbständiger Arbeit von 7.200 Euro und Einkünfte aus Vermietung und Verpachtung von 6.500 Euro.

a) Für 2020 erwartet A insgesamt einen Verlust aus seiner betrieblichen Tätigkeit. Er kann jedoch die Höhe des voraussichtlichen Verlusts 2020 noch nicht abschätzen. A hat seine Vorauszahlungen im Jahr 2020 auf Null herabsetzen lassen.

Die COVID-19-Rücklage beträgt:

Gesamtbetrag der betrieblichen Einkünfte 2019	*377.800*
Davon 30%	*113.340*
Höchstausmaß der COVID-19-Rücklage	*113.340*

Der Gesamtbetrag der Einkünfte 2019 beträgt somit:

Einkünfte aus selbständiger Arbeit	*-7.200*
Einkünfte aus Gewerbebetrieb	*385.000*
COVID-19-Rücklage	*-113.340*
Einkünfte aus Vermietung und Verpachtung	*6.500*
Gesamtbetrag der Einkünfte 2019	*270.960*

b) Für 2020 erwartet A einen Verlust aus seiner betrieblichen Tätigkeit, der auf Grundlage einer sorgfältigen Schätzung mit 300.000 Euro angenommen wird. Die Vorauszahlungen 2020 wurden von A trotz des erwarteten Verlustes 2020 nicht auf null herabgesetzt.

Die COVID-19-Rücklage beträgt:

Gesamtbetrag der betrieblichen Einkünfte 2019	*377.800*
Davon 60%	*226.680*
Höchstausmaß der COVID-19-Rücklage	*226.680*

Der Gesamtbetrag der Einkünfte 2019 beträgt somit:

Einkünfte aus selbständiger Arbeit	*-7.200*
Einkünfte aus Gewerbebetrieb	*385.000*
COVID-19-Rücklage	*-226.680*
Einkünfte aus Vermietung und Verpachtung	*6.500*
Gesamtbetrag der Einkünfte 2019	*157.620*

Ein allenfalls noch verbleibender, nicht bereits über die COVID-19-Rücklage berücksichtigter Verlust 2020 (dh. die COVID-19-Rücklage beträgt weniger als der sich bei der Veranlagung 2020 ergebende tatsächliche Verlust) kann im Wege des Verlustrücktrages bei der Veranlagung 2019 berücksichtigt werden. Dadurch ergeben sich keine rückwirkenden Auswirkungen auf die COVID-19-Rücklage (siehe Rz 3930 f).

9.5.2.3 Keine steuersubjektübergreifende Bildung der COVID-Rücklage

(BMF-AV Nr. 2021/65)

3913 Der Abzug und die Hinzurechnung der COVID-19-Rücklage hat stets beim selben Steuerpflichtigen zu erfolgen (§ 1 Abs. 2 COVID-19-Verlustberücksichtigungsverordnung); eine steuersubjektübergreifende Berücksichtigung der COVID-19-Rücklage ist folglich nicht zulässig.

(BMF-AV Nr. 2021/65)

3914 Für entgeltliche und unentgeltliche Betriebsübertragungen ist vor diesem Hintergrund beim Rechtsnachfolger und Rechtsvorgänger zu beachten, dass die Rücklagenbildung ausschließlich für die vom jeweiligen Steuersubjekt eigens erzielten Gewinne (2019) bzw. Verluste (2020) in Frage kommt.

- Erfolgt die Betriebsübertragung im Jahr 2019, ist zu beachten:
  - Der Rechtsnachfolger kann für die bereits von ihm erwirtschafteten Gewinne im Jahr 2019 eine COVID-19-Rücklage bilden, soweit er im Jahr 2020 Verluste aus dem Betrieb erwartet.
  - Der Rechtsvorgänger kann für die von ihm erwirtschafteten Gewinne aus dem Jahr 2019 nur dann eine COVID-19-Rücklage bilden, wenn er im Jahr 2020 aus einer anderen betrieblichen Tätigkeit einen Verlust erwartet. Veräußerungsgewinne gemäß § 24 EStG 1988 sind in der für die Höhe der COVID-19-Rücklage maßgeblichen Größe des positiven Gesamtbetrages der Einkünfte 2019 zu berücksichtigen.

Beispiel 1:

A veräußert seinen (einzigen) Betrieb im Juli 2019 an B. A erzielte 2019 einen Gewinn aus dem Betrieb (inklusive eines Veräußerungsgewinnes gemäß § 24 EStG 1988) iHv 550.000 Euro. B hat 2019 einen Gewinn aus dem übernommenen Betrieb iHv 200.000 Euro erzielt. Für das Jahr 2020 macht der Rechtsnachfolger B Verluste in Höhe von -300.000 Euro glaubhaft.

B kann für die von ihm erzielten Gewinne 2019 (Juli - Dezember) eine COVID-19-Rücklage iHv 120.000 Euro (= 60% von 200.000 Euro) bilden, die 2020 aufzulösen ist. A kann für die noch von ihm erzielten Gewinne 2019 (Jänner - Juli) keine COVID-19-Rücklage bilden, weil er – mangels anderer betrieblicher Tätigkeit – keine Verluste 2020 erwartet. Hätte A hingegen noch einen zweiten Betrieb, könnte er insoweit eine COVID-19-Rücklage bilden.

- Erfolgt die Betriebsübertragung im Jahr 2020, ist zu beachten:
  - Der Rechtsnachfolger kann eine COVID-19-Rücklage bilden, wenn er im Jahr 2020 Verluste aus dem Betrieb erwartet und bereits im Jahr 2019 andere positive betriebliche Einkünfte vorlagen.
  - Der Rechtsvorgänger kann, soweit er im Jahr 2020 Verluste aus einem Betrieb erwartet, für seine Gewinne im Jahr 2019 eine COVID-19-Rücklage bilden. Da im Rahmen der Veranlagung 2020 zwingend eine Auflösung der Rücklage stattfinden muss (Hinzurechnung), lässt die Übertragung des Betriebes die Auflösung der Rücklage im Jahr 2020 unberührt.

Beispiel 2:

A veräußert seinen (einzigen) Betrieb im Juli 2020 an B. A erzielte 2019 einen Gewinn aus dem Betrieb iHv 200.000 Euro; im Jahr 2020 erzielt er (inklusive eines Veräußerungsgewinnes gemäß § 24 EStG 1988) einen Gewinn iHv 50.000 Euro. Eine Herabsetzung der Vorauszahlungen auf Null ist nicht erfolgt. B erzielte 2019 einen Gewinn aus einem anderen Betrieb iHv 1.000.000 Euro; für das Jahr 2020 macht B Verluste in Höhe von -300.000 Euro glaubhaft, wovon -100.000 Euro auf den erworbenen Betrieb entfallen.

B kann 2019 eine COVID-19-Rücklage iHv 300.000 Euro (Verlust im Jahr 2020) bilden, weil er 2019 aus dem anderen Betrieb positive Einkünfte aus Gewerbebetrieb erzielt hat und ausreichend Verluste im Jahr 2020 erwartet; die Rücklage ist 2020 aufzulösen. Für die von A 2019 erzielten Gewinne aus dem Betrieb kann dieser keine COVID-19-Rücklage bilden, weil er – mangels anderer betrieblicher Tätigkeit – 2020 keine Verluste erwartet.

(BMF-AV Nr. 2021/65)

Eine steuersubjektübergreifende Berücksichtigung der COVID-19-Rücklage ist auch bei Betriebsübertragungen im Wege von Umgründungen ausgeschlossen. 3915

Beispiel 3:

Die U-GmbH wird zum 31.12.2019 auf die natürliche Person A umgewandelt. Der Rechtsnachfolger A macht 2020 einen Verlust in Höhe von -200.000 Euro, die GmbH hatte im Jahr 2019 einen Gewinn in Höhe von 300.000 Euro. Weitere Einkünfte liegen weder bei der U-GmbH noch bei A vor.

Weder die U-GmbH noch A können eine COVID-19-Rücklage bilden: Die U-GmbH geht umwandlungsbedingt unter und erwartet daher im Jahr 2020 keine Verluste; der Rechtsnachfolger A hat im Jahr 2019 keine betrieblichen Einkünfte erzielt.

Beispiel 4:

Die U-GmbH wird zum 30.9.2019 auf die natürliche Person A umgewandelt. Der Rechtsnachfolger A erzielt 2019 einen Gewinn in Höhe von 100.000, 2020 erwartet er auf Grundlage einer sorgsamen Schätzung einen Verlust in Höhe von -200.000. Die GmbH hatte im Jahr 2019 einen Gewinn in Höhe von 300.000 Euro. Weitere Einkünfte liegen weder bei der U-GmbH noch bei A vor.

Der Rechtsnachfolger A kann für die von ihm im Jahr 2019 erzielten Gewinne eine COVID-19-Rücklage bilden (60.000). Da die U-GmbH umwandlungsbedingt untergeht und daher im Jahr 2020 keine Verluste erwartet, kann von ihr keine COVID-19-Rücklage gebildet werden.

(BMF-AV Nr. 2021/65)

Zur Möglichkeit der Übertragung des Verlustrücktrages auf einen anderen Steuerpflichtigen (§ 8 COVID-19-Verlustberücksichtigungsverordnung) siehe Rz 3935. 3916

(BMF-AV Nr. 2021/65)

9.5.2.4 Mitunternehmerschaften

(BMF-AV Nr. 2021/65)

Bei Gesellschaften, deren Gesellschafter als Mitunternehmer anzusehen sind, wird die COVID-19-Rücklage nicht im Feststellungsverfahren (§ 188 BAO) berücksichtigt. Die aus der Beteiligung an einer Mitunternehmerschaft stammenden Gewinnanteile (Tangenten) werden beim jeweiligen Mitunternehmer im Gesamtbetrag seiner betrieblichen Einkünfte erfasst. Die Berücksichtigung der COVID-19-Rücklage erfolgt somit nur im Rahmen der jeweiligen Veranlagung der Mitunternehmer, weshalb auch die Höhe der für die Bemessung der Sozialversicherung relevanten festzustellenden Einkünfte dadurch nicht beeinflusst wird. Die für die COVID-19-Rücklage geltenden betraglichen Beschränkungen (siehe Rz 3912) sind folglich auch bezogen auf den jeweiligen Mitunternehmer anzuwenden. 3917

Beispiel:

A und B sind zu je 50% an der gewerblich tätigen AB-OG beteiligt. 2019 erzielt die AB-OG einen Gewinn in Höhe von 500.000, der A und B entsprechend ihrer Beteiligungsquoten als Gewinnanteil (§ 23 Z 2 EStG 1988) zugerechnet wird; die A und B jeweils zuzurechnenden betrieblichen Einkünfte wurden im Feststellungsverfahren gemäß § 188 BAO ermittelt. Darüber hinaus erzielt A 2019 Einkünfte aus selbständiger Tätigkeit in Höhe von 10.000 Euro; B erzielt keine weiteren Einkünfte. Insgesamt erzielt A somit in 2019 betriebliche Einkünfte in Höhe von 260.000, B von 250.0000 Euro. 2020 erwartet die AB-OG einen Verlust, sodass auch von einem voraussichtlichen negativen Gesamtbetrag der jeweiligen betrieblichen Einkünfte von A und B auszugehen ist, dessen Höhe jedoch noch nicht vorhersehbar ist. Die Vorauszahlungen zur Einkommensteuer bei A und B betragen Null.

*A kann in seiner Veranlagung zur Einkommensteuer 2019 eine COVID-19-Rücklage in Höhe von 78.000 Euro bilden (260.000*30%); B in Höhe von 75.000 Euro (250.000*30%). Die Höhe der gemäß § 188 BAO festgestellten Einkünfte wird durch die COVID-19-Rücklage folglich nicht berührt.*

(BMF-AV Nr. 2021/65)

Für voraussichtliche Wartetastenverluste nach § 23a Abs. 1 EStG 1988 kann keine COVID-19-Rücklage gebildet werden. Diese sind nur mit Gewinnen späterer Wirtschaftsjahre zu verrechnen. Dies gilt auch insoweit diese Verluste zu ausgleichs- und vortragsfähigen Verlusten werden. Zu Wartetastenverlusten beim Verlustrücktrag siehe Rz 3933. 3918

(BMF-AV Nr. 2021/65)

3919 Ein entsprechender Antrag auf Bildung einer COVID-19-Rücklage ist vom jeweiligen Mitunternehmer zu stellen. Kommt es infolge einer nachträglichen Abänderung des Feststellungsbescheides zu einer Erhöhung einer Tangente (§ 295 Abs. 1 BAO) und erhöht sich infolgedessen der positive Gesamtbetrag der betrieblichen Einkünfte 2019 des jeweiligen Mitunternehmers, kann vor der Veranlagung 2020 insoweit ein (weiterer) Antrag auf zusätzliche Berücksichtigung einer COVID-19-Rücklage gestellt werden.

Vermindert sich durch eine nachträgliche Verminderung einer Tangente der positive Gesamtbetrag der betrieblichen Einkünfte 2019 derart, dass die bisher berücksichtigte COVID-19-Rücklage im verminderten Höchstausmaß nicht mehr Deckung findet, ist im Rahmen der Änderung gemäß § 295 Abs. 1 BAO auch das Ausmaß der bei der Veranlagung 2019 zu berücksichtigenden COVID-19-Rücklage zu korrigieren. Ist der Veranlagungsbescheid 2020 bereits rechtskräftig, ist die dadurch erforderliche Änderung der Hinzurechnung der COVID-19-Rücklage bei der Veranlagung 2020 im Wege einer Änderung gemäß § 295 Abs. 3 BAO vorzunehmen.

Beispiel:

Im Rahmen des Einkommensteuerbescheides 2019 wurde eine COVID-19-Rücklage wie folgt berücksichtigt.

Einkünfte gemäß § 23 EStG 1988 (Einzelunternehmen)	*80.000*
Beteiligungseinkünfte gemäß § 23 EStG 1988	*20.000*
Gesamtbetrag der betrieblichen Einkünfte	*100.000*
COVID-19-Rücklage (30%, ohne Glaubhaftmachung eines höheren Verlustes)	*-30.000*
Einkünfte aus Vermietung und Verpachtung	*10.000*
Gesamtbetrag der Einkünfte	*80.000*

Nach Rechtskraft der Einkommensteuerbescheide 2019 und 2020 werden die Einkünfte 2019 aus der Mitunternehmerschaft geändert und betragen statt 20.000 Euro nur 10.000 Euro. Im Rahmen der Änderung gemäß § 295 Abs. 1 BAO ist der Gesamtbetrag der Einkünfte 2019 wie folgt zu ermitteln:

Einkünfte gemäß § 23 EStG 1988 (Einzelunternehmen)	*80.000*
Beteiligungseinkünfte gemäß § 23 EStG 1988	*10.000*
Gesamtbetrag der betrieblichen Einkünfte	*90.000*
COVID-19-Rücklage (30%)	*-27.000*
Einkünfte aus Vermietung und Verpachtung	*10.000*
Gesamtbetrag der Einkünfte	*73.000*

Durch die Änderung des Ausmaßes der COVID-19-Rücklage durch den gemäß § 295 Abs. 1 BAO geänderten Einkommensteuerbescheid 2019 ist auch der Einkommensteuerbescheid 2020 gemäß § 295 Abs. 3 BAO in Bezug auf die Hinzurechnung der COVID-19-Rücklage zu ändern: Die verminderte Berücksichtigung der COVID-19-Rücklage führt daher 2020 zu einer Verminderung der Hinzurechnung in Höhe von 3.000 Euro.

9.5.2.5 Hinzurechnung der COVID-19-Rücklage

(BMF-AV Nr. 2021/65)

3920 Eine bei der Veranlagung 2019 vom Gesamtbetrag der Einkünfte in Abzug gebrachte COVID-19-Rücklage ist bei der Veranlagung 2020 dem Gesamtbetrag der Einkünfte wieder hinzuzurechnen. Die Hinzurechnung hat bei der Veranlagung 2020 zwingend in dem Ausmaß zu erfolgen, in dem die COVID-19-Rücklage bei der Veranlagung 2019 abgezogen wurde. Da der Abzug und die Hinzurechnung der COVID-19-Rücklage betragsmäßig ident sind, wird der bei der Veranlagung 2019 bereits berücksichtigte Verlust aus 2020 bei der Veranlagung 2020 insoweit gekürzt. Da sowohl die Hinzurechnung als auch der Abzug der COVID-19-Rücklage lediglich den Gesamtbetrag der Einkünfte beeinflussen, bewirken diese keine Änderung der Höhe der betrieblichen Einkünfte (siehe bereits Rz 3909).

Fortsetzung Beispiel 1, Variante a in Rz 3912:

Im Jahr 2020 beträgt der tatsächliche Verlust aus Gewerbebetrieb 130.000 Euro, der Gewinn aus selbständiger Arbeit 1.600 Euro und die Einkünfte aus Vermietung und Verpachtung 5.200 Euro.

Der Gesamtbetrag der Einkünfte 2020 beträgt:

Einkünfte aus selbständiger Arbeit	*1.600*
Einkünfte aus Gewerbebetrieb	*-130.000*
Hinzurechnung der COVID-19-Rücklage	*113.340*
Einkünfte aus Vermietung und Verpachtung	*5.200*
Gesamtbetrag der Einkünfte 2020	*-9.860*

Fortsetzung Beispiel 1, Variante b in Rz 3912:

Im Jahr 2020 beträgt der tatsächliche Verlust aus Gewerbebetrieb 280.000 Euro, der Gewinn aus selbständiger Arbeit 1.600 Euro und die Einkünfte aus Vermietung und Verpachtung 5.200 Euro.

Der Gesamtbetrag der Einkünfte 2020 beträgt:

Einkünfte aus selbständiger Arbeit	*1.600*
Einkünfte aus Gewerbebetrieb	*-280.000*
Hinzurechnung der COVID-19-Rücklage	*226.680*
Einkünfte aus Vermietung und Verpachtung	*5.200*
Gesamtbetrag der Einkünfte 2020	*-46.520*

Ergibt sich in Folge der Hinzurechnung der COVID-19-Rücklage ein positiver Gesamtbetrag der betrieblichen Einkünfte, wurde die COVID-19-Rücklage zu hoch gebildet und es ist eine Korrektur vorzunehmen: Im Jahr der Bildung der COVID-19-Rücklage ist diese dahingehend zu kürzen, dass sie nur den negativen Gesamtbetrag der betrieblichen Einkünfte umfasst. Die Korrektur ist im Wege des § 295a BAO vorzunehmen. Sollten die betraglichen Voraussetzungen bloß geringfügig sein, bestehen keine Bedenken, von der Korrektur abzusehen.

(BMF-AV Nr. 2021/65)

9.5.2.6 COVID-19-Rücklage bei abweichendem Wirtschaftsjahr

(BMF-AV Nr. 2021/65)

Endet im Kalenderjahr 2020 ein abweichendes Wirtschaftsjahr, besteht – wie auch beim **3921** Verlustrücktrag – das Wahlrecht, die COVID-19-Rücklage vom voraussichtlichen negativen Gesamtbetrag der betrieblichen Einkünfte 2020 oder vom voraussichtlichen negativen Gesamtbetrag der betrieblichen Einkünfte 2021 zu bemessen (§ 3 COVID-19-Verlustberücksichtigungsverordnung). Wird der voraussichtliche negative Gesamtbetrag der betrieblichen Einkünfte 2021 herangezogen, sind die Bestimmungen über die Berücksichtigung der COVID-19-Rücklage (Ermittlung, Abzug, Hinzurechnung und Herabsetzung Vorauszahlungen) an Stelle der Jahre 2020 und 2019 auf die Jahre 2021 und 2020 zu beziehen.

Zum abweichenden Wirtschaftsjahr beim Verlustrücktrag siehe Rz 3934.

(BMF-AV Nr. 2021/65)

9.5.3 Verlustrücktrag

(BMF-AV Nr. 2021/65)

9.5.3.1 Voraussetzungen des Verlustrücktrages

(BMF-AV Nr. 2021/65)

Die Voraussetzungen des Verlustrücktrages sind den Voraussetzungen des Verlustvortrages (Verlustabzug iSd § 18 Abs. 6 EStG 1988) nachgebildet. Der Verlustrücktrag soll **3922** dementsprechend grundsätzlich unter denselben Voraussetzungen möglich sein. In Anlehnung an den Verlustabzug müssen die Verluste daher durch ordnungsgemäße Buchführung bzw. durch ordnungsgemäße Einnahmen-Ausgaben-Rechnung gemäß § 4 Abs. 3 EStG 1988 ermittelt worden sein (hierfür gelten die Ausführungen in den Rz 4509 ff sinngemäß). Im Gegensatz zum Verlustabzug ist der Verlustrücktrag allerdings nicht von Amts wegen zu berücksichtigen, sondern stets antragsgebunden (zum Antrag siehe näher Rz 3937). Dem Steuerpflichtigen kommt insoweit ein Wahlrecht zur Inanspruchnahme des Verlustrücktrages zu. Dieses Wahlrecht kann unabhängig davon ausgeübt werden, ob eine COVID-19-Rücklage gebildet wurde; für einen Verlustrücktrag bleibt jedoch dann kein Raum, wenn der Verlust des Jahres 2020 bereits vollständig im Wege der COVID-19-Rücklage (vorgezogener Verlustrücktrag) berücksichtigt wurde.

Der Antrag auf Verlustrücktrag hat sich primär auf das Jahr 2019 zu beziehen. Kann der Verlustrücktrag im Jahr 2019 keine Wirkung entfalten, weil kein positiver Gesamtbetrag der Einkünfte vorliegt oder kann im Jahr 2019 das Ausmaß des möglichen Verlustrücktrages nicht ausgeschöpft werden, kann beantragt werden, den Verlustrücktrag im Jahr 2018 unter Berücksichtigung des dafür vorgesehenen Höchstbetrages von zwei Millionen Euro zu berücksichtigen (siehe Rz 3928).

Nach Maßgabe von § 19 KStG 1988 ermittelte Liquidationsverluste sind vor dem Hintergrund der Zielsetzung des § 124b Z 355 EStG 1988, werbende Unternehmen in der Krise zu stärken (siehe dazu auch Rz 3901), von der Vornahme eines Verlustrücktrages ausgeschlossen.

(BMF-AV Nr. 2021/65)

3923 Ein Verlustrücktrag steht nur insoweit zu, als der Verlust nicht bereits bei der Veranlagung des betreffenden Kalenderjahres – etwa durch Verrechnung mit anderen Einkünften – berücksichtigt wurde. Die Höhe der rücktragsfähigen Verluste ergibt sich dabei aus den allgemeinen Vorschriften über die Gewinn- und Einkommensermittlung.

Dabei sind auch etwaige Verlustausgleichs- und Verlustvortragsbeschränkungen zu beachten. Somit können etwa Teilwertabschreibungen und Verluste aus der Veräußerung von Wirtschaftsgütern nach § 27 Abs. 3 und 4 EStG 1988 innerhalb des Betriebsvermögens nur nach Maßgabe des § 6 Z 2 lit. c EStG 1988 rückgetragen werden. Zudem sind Verluste nach § 2 Abs. 2a EStG 1988 nicht rücktragsfähig (zu Wartetastenverlusten nach § 23a EStG 1988 siehe Rz 3933.

(BMF-AV Nr. 2021/65)

3924 Ausländische Verluste sind ebenso rücktragsfähige Verluste, jedoch nur nach Maßgabe der Regelungen des § 2 Abs. 8 Z 3 EStG 1988. Bei ausländischen Einkünften, die von der Besteuerung im Inland ausgenommen sind, kommt es in jenem Kalenderjahr, in dem die Verluste ganz oder teilweise berücksichtigt werden oder berücksichtigt werden können, zur Nachversteuerung. Sollte nach ausländischem Steuerrecht ein Verlustrücktrag möglich sein, kommt ein Verlustrücktrag im Inland in den Fällen des § 2 Abs. 8 Z 4 EStG 1988 von vornherein nicht in Betracht.

(BMF-AV Nr. 2021/65)

9.5.3.2 Ermittlung und Höhe des Verlustrücktrages

(BMF-AV Nr. 2021/65)

3925 Der Verlustrücktrag ist der Höhe nach mehrfach begrenzt. Aus § 124b Z 355 EStG 1988 und §§ 6 und 7 COVID-19-Verlustberücksichtigungsverordnung ergeben sich dafür überblicksartig folgende Grundsätze:

- Es sind nur die – nach Hinzurechnung der COVID-19-Rücklage – verbleibenden Verluste rücktragsfähig (siehe Rz 3926).
- Es besteht eine Deckelung unter Berücksichtigung einer COVID-19-Rücklage mit einem Höchstbetrag von fünf Millionen Euro im Jahr 2019 (siehe Rz 3928).
- Soweit der Höchstbetrag 2019 nicht ausgeschöpft wird und ein Verlustrücktrag in 2018 erfolgt, besteht für 2018 eine zusätzliche Deckelung mit einem Höchstbetrag von zwei Millionen Euro (siehe Rz 3928).
- Der Gesamtbetrag der Einkünfte kann maximal bis zu einem Betrag von Null herabgesetzt werden.

Der Verlustrücktrag muss nicht im höchstmöglichen Ausmaß, das heißt bis zu einem Gesamtbetrag der Einkünfte von Null, in Anspruch genommen werden. Ein Verlustrücktrag in das Jahr 2018 kommt allerdings nur insoweit in Betracht, als ein Abzug im Rahmen der Veranlagung 2019 nicht möglich ist (§ 124b Z 355 lit. a EStG 1988); der Verlustrücktrag in das Jahr 2018 setzt daher voraus, dass der Verlustrücktrag im Jahr 2019 in höchstmöglichem Ausmaß in Anspruch genommen wird.

(BMF-AV Nr. 2021/65)

3926 Ein Verlustrücktrag steht nur insoweit zu, als der Verlust des Jahres 2020 nach Hinzurechnung der COVID-19-Rücklage (§ 2 COVID-19-Verlustberücksichtigungsverordnung) noch vorhanden ist.

Sofern im Rahmen der Veranlagung 2019 also eine COVID-19-Rücklage berücksichtigt und im Rahmen der Veranlagung 2020 wieder hinzugerechnet wurde, werden die rücktragsfähigen Verluste 2020 gekürzt. Durch den Verlustrücktrag bleibt die Berücksichtigung der COVID-19-Rücklage allerdings unberührt (§ 6 COVID-19-Verlustberücksichtigungsverordnung).

Fortsetzung Beispiel 1, Variante a in Rz 3920:

Es verbleibt ein rücktragsfähiger Verlust iHv 9.860. Der Verlust von 9.860 Euro kann auf Antrag rückgetragen werden. Im Wege einer Änderung gemäß § 295a BAO ist der Veranlagungsbescheid für 2019 zu ändern und der Gesamtbetrag der Einkünfte 2019 berechnet sich wie folgt:

Einkünfte aus selbständiger Arbeit	*-7.200*
Einkünfte aus Gewerbebetrieb	*385.000*
COVID-19-Rücklage	*-113.340*
Einkünfte aus Vermietung und Verpachtung	*6.500*
Verlustrücktrag (§ 124b Z 355 EStG 1988)	*-9.860*
Gesamtbetrag der Einkünfte 2019	*261.100*

(BMF-AV Nr. 2021/65)

Der Verlustrücktrag kann darüber hinaus nur bis zu einem Betrag von fünf Millionen Euro im Rahmen der Veranlagung 2019 abgezogen werden. Das Ausmaß von fünf Millionen Euro vermindert sich um die Höhe einer in Anspruch genommenen COVID-19-Rücklage; der Höchstbetrag betrifft daher den Verlustrücktrag und die COVID-19-Rücklage gemeinsam. Soweit durch den Verlust aus 2020 dieser Höchstbetrag nicht ausgeschöpft wird, ist unter bestimmten Voraussetzungen ein Rücktrag auf die Veranlagung 2018 möglich (§ 7 COVID-19-Verlustberücksichtigungsverordnung). **3927**

(BMF-AV Nr. 2021/65)

Verluste, die innerhalb des Höchstbetrages bei der Veranlagung 2019 (Rz 3927) nicht abgezogen werden, können in das Jahr 2018 rückgetragen werden (§ 124b Z 355 lit. a EStG 1988), wobei 2018 jedoch höchstens ein Abzug von bis zu zwei Millionen Euro möglich ist (§ 7 Z 1 COVID-19-Verlustberücksichtigungsverordnung). In Summe darf der Höchstbetrag von fünf Millionen Euro in den Jahren 2019 (COVID-19-Rücklage und Verlustrücktrag) und 2018 (Verlustrücktrag) nicht überschritten werden. **3928**

(BMF-AV Nr. 2021/65)

Ein nach Vornahme des Verlustrücktrages in die Jahre 2019 und 2018 noch verbleibender Verlust aus dem Jahr 2020 ist unter den Voraussetzungen des § 18 Abs. 6 EStG 1988 ab dem Folgejahr 2021 als Verlustabzug zu berücksichtigen (§ 124b Z 355 lit. a dritter Teilstrich EStG 1988 iVm § 7 Z 2 COVID-19-Verlustberücksichtigungsverordnung). Gleiches gilt, wenn kein Verlustrücktrag vorgenommen wird. **3929**

(BMF-AV Nr. 2021/65)

Beispiel 1a: **3930**

Der Gesamtbetrag der Einkünfte 2019 setzt sich nach Berücksichtigung der COVID-19-Rücklage folgendermaßen zusammen:

Einkünfte aus selbständiger Arbeit	*200.000*
Einkünfte aus Gewerbebetrieb	*2.000.000*
COVID-19-Rücklage (30%)	*-660.000*
Einkünfte aus Vermietung und Verpachtung	*40.000*
Gesamtbetrag der Einkünfte 2019	*1.580.000*

Der Gesamtbetrag der Einkünfte 2020 setzt sich – nach Hinzurechnung der COVID-19-Rücklage – folgendermaßen zusammen:

Einkünfte aus selbständiger Arbeit	*80.000*
Einkünfte aus Gewerbebetrieb	*-2.000.000*
Hinzurechnung der COVID-19-Rücklage	*660.000*
Einkünfte aus Vermietung und Verpachtung	*30.000*
Gesamtbetrag der Einkünfte 2020	*-1.230.000*

Beantragt der Steuerpflichtige einen Verlustrücktrag, dann setzt sich der Gesamtbetrag der Einkünfte 2019 folgendermaßen zusammen:

Einkünfte aus selbständiger Arbeit	*200.000*
Einkünfte aus Gewerbebetrieb	*2.000.000*

COVID-19-Rücklage	*-660.000*
Einkünfte aus Vermietung und Verpachtung	*40.000*
Verlustrücktrag	*-1.230.000*
Gesamtbetrag der Einkünfte 2019	*350.000*

Der gesamte Verlust aus 2020 kann auf das Jahr 2019 rückgetragen werden. Für 2018 ergeben sich keine Auswirkungen.

Beispiel 1b:

Der Gesamtbetrag der Einkünfte 2019 setzt sich – wie bei Beispiel 1a – nach Berücksichtigung der COVID-19-Rücklage folgendermaßen zusammen:

Einkünfte aus selbständiger Arbeit	*200.000*
Einkünfte aus Gewerbebetrieb	*2.000.000*
COVID-19-Rücklage	*-660.000*
Einkünfte aus Vermietung und Verpachtung	*40.000*
Gesamtbetrag der Einkünfte 2019	*1.580.000*

Der Gesamtbetrag 2020 setzt sich wie bei Beispiel 1a zusammen. Allerdings ist der Verlust aus Einkünften aus Gewerbebetrieb höher:

Einkünfte aus selbständiger Arbeit	*80.000*
Einkünfte aus Gewerbebetrieb	*-4.000.000*
Hinzurechnung der COVID-19-Rücklage	*660.000*
Einkünfte aus Vermietung und Verpachtung	*30.000*
Gesamtbetrag der Einkünfte 2020	*-3.230.000*

Beantragt der Steuerpflichtige einen Verlustrücktrag, dann setzt sich der Gesamtbetrag der Einkünfte 2019 folgendermaßen zusammen:

Einkünfte aus selbständiger Arbeit	*200.000*
Einkünfte aus Gewerbebetrieb	*2.000.000*
COVID-19-Rücklage	*-660.000*
Einkünfte aus Vermietung und Verpachtung	*40.000*
Verlustrücktrag	*-1.580.000*
Gesamtbetrag der Einkünfte 2019	*0*

Es kann der Verlust aus 2020 auf das Jahr 2019 rückgetragen werden. Allerdings übersteigt der Verlust 2020 iHv 3.230.000 den Gesamtbetrag der Einkünfte im Jahr 2019 um 1.650.000. Dieser Verlust kann auf das Jahr 2018 rückgetragen werden:

Einkünfte aus selbständiger Arbeit	*150.000*
Einkünfte aus Gewerbebetrieb	*1.500.000*
Einkünfte aus Vermietung und Verpachtung	*40.000*
Verlustrücktrag	*-1.650.000*
Gesamtbetrag der Einkünfte 2018	*40.000*

Beispiel 1c:

Der Gesamtbetrag der Einkünfte 2019 setzt sich – wie bei Beispiel 1a – nach Berücksichtigung der COVID-19-Rücklage folgendermaßen zusammen:

Einkünfte aus selbständiger Arbeit	*200.000*
Einkünfte aus Gewerbebetrieb	*2.000.000*
COVID-19-Rücklage	*-660.000*
Einkünfte aus Vermietung und Verpachtung	*40.000*
Gesamtbetrag der Einkünfte 2019	*1.580.000*

Der Gesamtbetrag 2020 setzt sich wie bei Beispiel 1a zusammen. Allerdings ist der Verlust aus Einkünften aus Gewerbebetrieb noch höher als bei Beispiel 1b:

Einkünfte aus selbständiger Arbeit	*80.000*
Einkünfte aus Gewerbebetrieb	*-6.000.000*
Hinzurechnung der COVID-19-Rücklage	*660.000*
Einkünfte aus Vermietung und Verpachtung	*30.000*
Gesamtbetrag der Einkünfte 2020	*-5.230.000*

Beantragt der Steuerpflichtige einen Verlustrücktrag im Höchstausmaß, dann setzt sich der Gesamtbetrag der Einkünfte 2019 folgendermaßen zusammen:

Einkünfte aus selbständiger Arbeit	*200.000*
Einkünfte aus Gewerbebetrieb	*2.000.000*
COVID-19-Rücklage	*-660.000*
Einkünfte aus Vermietung und Verpachtung	*40.000*
Verlustrücktrag	*-1.580.000*
Gesamtbetrag der Einkünfte 2019	*0*

Allerdings übersteigt der Verlust 2020 iHv 5.230.000 den Gesamtbetrag der Einkünfte im Jahr 2019 um 3.650.000. Dieser Verlust kann auf das Jahr 2018 (maximal 2 Mio Euro) rückgetragen werden:

Einkünfte aus selbständiger Arbeit	*150.000*
Einkünfte aus Gewerbebetrieb	*1.500.000*
Einkünfte aus Vermietung und Verpachtung	*40.000*
Verlustrücktrag	*-1.690.000*
Gesamtbetrag der Einkünfte 2018	*0*

Allerdings übersteigt der Verlust 2020 iHv 5.230.000 den Gesamtbetrag der Einkünfte im Jahr 2019 und 2018 um 1.960.000. Dieser verbleibende Verlust kann auf das Jahr 2021 vorgetragen werden.

Einkünfte aus selbständiger Arbeit	*80.000*
Einkünfte aus Gewerbebetrieb	*-6.000.000*
Hinzurechnung der COVID-19-Rücklage	*660.000*
Einkünfte aus Vermietung und Verpachtung	*30.000*
Verlustrücktrag 2019 und 2018	*3.270.000*
Gesamtbetrag der Einkünfte 2020 (möglicher Verlustvortrag ab 2021)	*-1.960.000*

(BMF-AV Nr. 2021/65)

Beispiel 2: **3931**

Der Gesamtbetrag der Einkünfte 2019 setzt sich nach Berücksichtigung der COVID-19-Rücklage folgendermaßen zusammen:

Einkünfte aus selbständiger Arbeit	*30.000*
Einkünfte aus Gewerbebetrieb	*8.000.000*
COVID-19-Rücklage (30%)	*-2.409.000*
Einkünfte aus Vermietung und Verpachtung	*20.000*
Gesamtbetrag der Einkünfte 2019	*5.641.000*

Der Gesamtbetrag der Einkünfte 2020 setzt sich – nach Hinzurechnung der COVID-19-Rücklage – folgendermaßen zusammen:

Einkünfte aus selbständiger Arbeit	*10.000*
Einkünfte aus Gewerbebetrieb	*-8.000.000*
Hinzurechnung der COVID-19-Rücklage	*2.409.000*
Einkünfte aus Vermietung und Verpachtung	*20.000*
Gesamtbetrag der Einkünfte 2020	*-5.561.000*

Beantragt der Steuerpflichtige einen Verlustrücktrag im Höchstausmaß, dann setzt sich der Gesamtbetrag der Einkünfte 2019 folgendermaßen zusammen:

Einkünfte aus selbständiger Arbeit	*30.000*
Einkünfte aus Gewerbebetrieb	*8.000.000*
COVID-19-Rücklage	*-2.409.000*
Einkünfte aus Vermietung und Verpachtung	*20.000*
Verlustrücktrag	*-2.591.000*
Gesamtbetrag der Einkünfte 2019	*3.050.000*

Es kann der Verlust aus 2020 auf das Jahr 2019 rückgetragen werden. Allerdings übersteigt der Verlust 2020 iHv 5.561.000 samt bereits berücksichtigter COVID-19-Rücklage den Betrag von fünf Millionen Euro. Es kann daher nur ein Verlustrücktrag in Höhe der Differenz zwischen dem Höchstbetrag von fünf Millionen und der COVID-19-Rücklage von 2.409.000 geltend gemacht werden. Der verbleibende Verlust iHv 2.970.000 kann auf das Jahr 2021 vorgetragen werden:

Einkünfte aus selbständiger Arbeit	*10.000*
Einkünfte aus Gewerbebetrieb	*-8.000.000*
Hinzurechnung der COVID-19-Rücklage	*2.409.000*
Einkünfte aus Vermietung und Verpachtung	*20.000*
Verlustrücktrag	*2.591.000*
Gesamtbetrag der Einkünfte 2020	*-2.970.000*

(BMF-AV Nr. 2021/65)

9.5.3.3 Mitunternehmerschaften

(BMF-AV Nr. 2021/65)

3932 Bei Mitunternehmerschaften berührt der Verlustrücktrag – wie eine COVID-19-Rücklage (dazu Rz 3917) – die Feststellung der Einkünfte nach § 188 BAO nicht, sondern ist lediglich im Rahmen der Veranlagung bei dem einzelnen Mitunternehmer zu berücksichtigen. Somit kann jeder Mitunternehmer den Verlustrücktrag unabhängig von den anderen Mitunternehmern in Anspruch nehmen. Die für den Verlustrücktrag geltenden betraglichen Beschränkungen (siehe Rz 3925) sind folglich auch bezogen auf den jeweiligen Mitunternehmer anzuwenden.

Beispiel:

A ist zu 50%, B zu 30% und C zu 20% an der ABC-OG beteiligt. Die ABC-OG hat folgende steuerliche Ergebnisse erzielt:

2018:	*300.000*
2019:	*400.000*
2020:	*-500.000*

Zudem hatte der Gesellschafter A folgende Sonderbetriebseinnahmen und Sonderbetriebsausgaben (saldiert):

2018:	*18.000*
2019:	*17.000*
2020:	*3.000*

Daraus ergeben sich bei A folgende Einkünfte:

2018:	*168.000*
2019:	*217.000*
2020:	*-247.000*

A kann beantragen, den Verlust des Jahres 2020 auf 2019 rückzutragen und den darüber hinaus gehenden Verlust iHv 30.000 auf das Jahr 2018 rückzutragen (vorausgesetzt es bestehen keine anderen Einkünfte).

Kommt es infolge einer nachträglichen Abänderung des Feststellungsbescheides zu einer Änderung einer Tangente (§ 295 Abs. 1 BAO) und erhöht sich infolgedessen beim jeweiligen

Mitunternehmer eine für die Geltendmachung des Verlustrücktrages maßgebliche Größe (Gesamtbetrag der Einkünfte 2020, 2019 bzw. 2018), kann insoweit ein (weiterer) Antrag auf zusätzliche Berücksichtigung eines Verlustrücktrages gestellt werden (siehe dazu Rz 3937).

(BMF-AV Nr. 2021/65)

Nicht rücktragsfähig sind Wartetastenverluste nach § 23a Abs. 1 EStG 1988. Dies gilt auch, wenn die Wartetastenverluste nach § 23a Abs. 4 EStG 1988 zu vortragsfähigen Verlusten werden. **3933**

(BMF-AV Nr. 2021/65)

9.5.3.4 Abweichendes Wirtschaftsjahr

(BMF-AV Nr. 2021/65)

Bei abweichendem Wirtschaftsjahr besteht die Möglichkeit, dass COVID-19-bedingte Verluste erst im abweichenden Wirtschaftsjahr 2020/2021 eintreten; sie würden damit erst in der Veranlagung 2021 berücksichtigt werden. Daher hat der Steuerpflichtige diesfalls ein Wahlrecht, den Verlust alternativ aus der Veranlagung 2020 oder aus der Veranlagung 2021 rückzutragen (§ 124b Z 355 lit. b EStG 1988). Wird der Verlust aus der Veranlagung 2021 rückgetragen, kann dieser im Rahmen der Veranlagung 2020 bzw. unter bestimmten Voraussetzungen im Rahmen der Veranlagung 2019 abgezogen werden. In diesem Fall beziehen sich die Regelungen der §§ 6 und 7 COVID-19-Verlustberücksichtigungsverordnung auf die Jahre 2021, 2020 und 2019. **3934**

Beispiel:

Das Wirtschaftsjahr eines Steuerpflichtigen beginnt mit 1.4. und endet zum Bilanzstichtag 31.3. Im Wirtschaftsjahr 1.4.2019 – 31.3.2020 hat der Steuerpflichtige noch einen Gewinn erzielt. Im folgenden Wirtschaftsjahr 1.4.2020 – 31.3.2021 hat der Steuerpflichtige bedingt durch COVID-19 allerdings einen hohen Verlust erzielt. Da in der Veranlagung 2020 nur der Gewinn des Wirtschaftsjahres mit Stichtag 31.3.2020 zu berücksichtigen ist (§ 2 Abs. 5 EStG 1988), bestünde ohne Sonderregelung keine Möglichkeit, den – erst im folgenden Wirtschaftsjahr entstehenden – Verlust rückzutragen. Der Steuerpflichtige kann daher wählen, den im Rahmen der Veranlagung 2021 zu berücksichtigenden Verlust aus dem Wirtschaftsjahr 1.4.2020 – 31.3.2021 auf das Jahr 2020 und allenfalls auf das Jahr 2019 rückzutragen.

(BMF-AV Nr. 2021/65)

9.5.3.5 Verlustrücktrag bei Rechtsnachfolge

(BMF-AV Nr. 2021/65)

§ 124b Z 355 EStG 1988 enthält keine ausdrücklichen Regelungen für einen steuersubjektübergreifenden Verlustrücktrag bei Gesamtrechtsnachfolge (zB Erbfolge) sowie für Umgründungen. Anders als im Zuge der Bildung der COVID-19-Rücklage ist bei der Durchführung des tatsächlichen Verlustrücktrages ein subjektübergreifender Verlustrücktrag vorgesehen (§ 8 COVID-19-Verlustberücksichtigungsverordnung). Da der Verlustrücktrag einen „umgekehrten Verlustvortrag" darstellt, gelten die für den Verlustvortrag allgemeinen ertragsteuerlichen Grundsätze. **3935**

Wie der Verlustvortrag ist auch der Verlustrücktrag somit ein höchstpersönliches Recht. Persönlich rücktragsberechtigt ist nach allgemeinen ertragsteuerlichen Grundsätzen daher grundsätzlich jene Person, die den Verlust erlitten hat (vgl. VwGH 4.6.1986, 84/13/0251 zum Verlustabzug). Nur im Rahmen einer unentgeltlichen Übertragung von Todes wegen kommt ein Übergang des Verlustrücktrages vom Rechtsnachfolger auf den Erblasser in Betracht, dessen verlustverursachender Betrieb zu Buchwerten übertragen wurde (vgl. VwGH 25.4.2013, 2010/15/0131 zum Verlustabzug). In allen anderen Fällen der Übertragung des verlusterzeugenden Betriebes geht der Verlustrücktrag nicht über.

Beispiel:

Der Erblasser X stirbt im November 2019; er erzielt im Jahr 2019 Einkünfte aus Gewerbebetrieb in Höhe von 500.000 Euro. Der Erbe Y erzielt im Jahr 2019 einen Gewinn aus dem übernommenen Betrieb in Höhe von 50.000 Euro sowie weitere außerbetriebliche Einkünfte in Höhe von 100.000 Euro. Im Jahr 2020 macht Y einen Verlust iHv -200.000 Euro glaubhaft (er hat keine anderen betrieblichen Einkünfte).

Y kann in seiner eigenen Veranlagung 2019 eine COVID-19-Rücklage in Höhe von 30.000 Euro (= 60% von 50.000 Euro) bilden. Die COVID-19-Rücklage ist 2020 hinzuzurechnen.

Eine darüberhinausgehende Verlustverwertung kann objektbezogen im Rahmen der Durchführung des Verlustrücktrages vorgenommen werden: 2020 beträgt der Verlust unter Berücksichtigung der Auflösung der Rücklage beim Erben -170.000 Euro. Davon können -120.000 Euro primär beim Erben berücksichtigt werden; der Überhang in Höhe von -50.000 Euro kann beim Erblasser berücksichtigt werden.

(BMF-AV Nr. 2021/65)

9.5.3.6 Verlustrücktrag bei Umgründungen

(BMF-AV Nr. 2021/65)

3936 Eine steuersubjektübergreifende Übertragung des Verlustrücktrages im Rahmen von Umgründungen ist nicht möglich, um unerwünschte Rückkoppelungen auf bereits abgeschlossene gesellschaftsrechtliche Vereinbarungen im Rahmen der Umgründung zu vermeiden. Dies trägt auch dem Vereinfachungsgedanken Rechnung. Die Verlustnutzung bei den übernehmenden Rechtsträgern kann daher ausschließlich durch diese im Hinblick auf ihre jeweils eigenen Gewinne bzw. Verluste im Rahmen des Verlustvortrages und des Verlustrücktrages erfolgen.

Beispiel 1:

Es erfolgt eine Einbringung eines Betriebes durch die natürliche Person A zum 31.12.2019 in die bestehende B-GmbH. Im Jahr 2019 erzielt A einen Gewinn in Höhe von 300.000 Euro. Die B-GmbH erzielt

- *im Jahr 2018 einen Gewinn in Höhe von 60.000 Euro,*
- *im Jahr 2019 einen Gewinn in Höhe von 100.000 Euro und*
- *im Jahr 2020 einen Verlust in Höhe von -200.000 Euro.*

Der Verlust der B-GmbH kann im Zuge des Verlustrücktrages ausschließlich mit den Gewinnen der B-GmbH verrechnet werden. Verluste im Ausmaß von -100.000 Euro können mit den Gewinnen aus 2019 und Verluste im Ausmaß von -60.000 Euro mit den Gewinnen aus 2018 verrechnet werden. Der Verlustüberhang in Höhe von -40.000 Euro wird zum Verlustvortrag der GmbH. Ein Verlustrücktrag auf A ist unzulässig.

Wird im Rahmen von Umgründungen unter zivilrechtlicher Gesamtrechtsnachfolge gemäß § 19 Abs 1 BAO der Eintritt des Gesamtrechtsnachfolgers in ein bereits bestehendes Steuerschuldverhältnis des Rechtsvorgängers bewirkt, bleibt allerdings die Geltendmachung des Verlustrücktrages durch den Gesamtrechtsnachfolger für originär beim Rechtsvorgänger gemäß § 4 BAO verwirklichte Abgabenansprüche möglich (keine steuersubjektübergreifende Übertragung).

Beispiel 2:

Es erfolgt eine Verschmelzung nach Art. I UmgrStG zum 31.12.2020 von der A-GmbH auf ihre 100prozentige Muttergesellschaft, die B-GmbH (Wj=Kj). Die Eintragung der Verschmelzung im Firmenbuch erfolgt vor Einreichung der Körperschaftsteuererklärung 2020 der A-GmbH mit 30.6.2021. Die A-GmbH erzielte

- *im Jahr 2018 einen Gewinn in Höhe von 50.000 Euro*
- *im Jahr 2019 einen Gewinn in Höhe von 100.000 Euro und*
- *im Jahr 2020 einen Verlust in Höhe von -200.000 Euro.*

Die B-GmbH hat als Gesamtrechtsnachfolgerin der A-GmbH (§ 19 Abs. 1 BAO) unter Angabe deren Steuernummer eine Körperschaftsteuererklärung für das Jahr 2020 einzureichen. Die B-GmbH kann als Gesamtrechtsnachfolgerin der A-GmbH den nach § 4 BAO originär bei der A-GmbH entstandenen Verlust im Jahr 2020 im Zuge des Verlustrücktrages mit den Gewinnen der A-GmbH aus den Jahren 2019 und 2018 verrechnen. Verluste aus 2020 im Ausmaß von 100.000 Euro können mit den Gewinnen aus 2019 und Verluste im Ausmaß von 50.000 Euro mit den Gewinnen aus 2018 verrechnet werden. Der Verlustüberhang aus 2020 in Höhe von 50.000 Euro wird zum Verlustvortrag der A-GmbH, der nach Maßgabe des § 4 UmgrStG auf die B-GmbH übergeht.

(BMF-AV Nr. 2021/65)

9.5.3.7 Antrag auf Verlustrücktrag

(BMF-AV Nr. 2021/65)

3937 Der Antrag auf Verlustrücktrag ist ein von den Steuererklärungen 2020 und 2019 (bzw. 2018) gesonderter eigener Antrag. Der Antrag kann frühestens gestellt werden, sobald der (negative) Gesamtbetrag der Einkünfte im Wege der Steuererklärung 2020 erklärt wurde. Er kann bis zum Ablauf der Beschwerdefrist in Bezug auf den vom Verlustrücktrag betroffenen Veranlagungsbescheid zurückgezogen werden. Der Antrag betrifft die Veranlagung 2019 (bzw. 2018), nicht die Veranlagung 2020. Sollte das Jahr, in das der Verlust rückgetragen werden soll (2019 bzw. 2018) im Zeitpunkt der Antragstellung bereits rechtskräftig veranlagt worden sein, begründet die Stellung eines Antrags auf Berücksichtigung eines

Verlustrücktrages ein rückwirkendes Ereignis iSd § 295a BAO (§ 124b Z 355 lit. a zweiter Teilstrich EStG 1988).

Wurde das Jahr 2020 bereits rechtskräftig veranlagt, bevor ein Antrag auf Berücksichtigung eines Verlustrücktrages eingebracht wurde, kann dieser dennoch (nachträglich) gestellt werden, und zwar bis zum Ablauf der Verjährungsfrist des Jahres, in das der Verlust rückgetragen werden soll. Der Bescheid für das Jahr 2020 ist diesfalls gemäß § 295a BAO zu ändern.

Bei einer nachträglichen Änderung der für den Verlustrücktrag maßgebenden Veranlagungen 2020, 2019 und 2018, die dazu führt, dass der Verlustrücktrag in einem höheren Ausmaß berücksichtigt werden kann, als es bisher möglich war, kann insoweit ein (zusätzlicher) Antrag auf Verlustrücktrag gestellt werden.

(BMF-AV Nr. 2021/65)

9.5.4 Nachträgliche Herabsetzung der Vorauszahlungen für 2019

(BMF-AV Nr. 2021/65)

Um für jene Fälle, in denen die Veranlagung für 2019 noch nicht durchgeführt wurde **3938**
und somit die Bildung der COVID-19-Rücklage noch nicht möglich ist, eine steuerliche Entlastung herbeizuführen, ist in § 5 COVID-19-Verlustberücksichtigungsverordnung die Möglichkeit vorgesehen, die Vorauszahlungen an Einkommen- bzw. Körperschaftsteuer für das Jahr 2019 auf Antrag herabzusetzen. Die Steuer ist in diesem Fall mit dem Betrag festzusetzen, der sich als voraussichtliche Steuer für das Jahr 2019 auf Grundlage einer Veranlagung unter Berücksichtigung einer COVID-19-Rücklage (siehe Rz 3906 ff) ergibt. Dadurch muss für eine Berücksichtigung der COVID-19-Rücklage nicht erst eine Veranlagung durchgeführt werden. Der Antrag ist nur bis zur Abgabe der Steuererklärung für das Jahr 2019 zulässig. Zudem ist eine Ermittlung des voraussichtlichen Betrages dem Antrag zwingend anzuschließen.

(BMF-AV Nr. 2021/65)

Randzahlen 3939 bis 4000: *derzeit frei*

(BMF-AV Nr. 2021/65)

10. Überschuss der Einnahmen über die Werbungskosten (§§ 15, 16 EStG 1988)

10.1 Einnahmen (§ 15 EStG 1988)

10.1.1 Allgemeines

4001 Einnahmen liegen vor, wenn dem Steuerpflichtigen Geld oder geldwerte Vorteile im Rahmen der Einkunftsarten des § 2 Abs. 3 Z 4 bis 7 EStG 1988 zufließen. Im Allgemeinen fließen Einnahmen in (Bar)Geld zu; soweit jedoch Einnahmen in Form von geldwerten Vorteilen zufließen, sind diese in Geld zu bewerten (vgl. Rz 4027 ff).

4002 Geldwerte Vorteile sind alle von außen zukommende in Geld messbare und daher auch bewertbare Vorteile. § 15 Abs. 2 EStG 1988 zählt in demonstrativer Weise „Wohnung, Heizung, Beleuchtung, Kleidung, Kost, Waren, Überlassung von Kraftfahrzeugen zur Privatnutzung und sonstige Sachbezüge" zu den geldwerten Vorteilen. Durch diese beispielhafte Aufzählung wird klargestellt, dass nicht nur Sachbezüge geldwerte Vorteile darstellen, sondern darunter alle Vorteile, die dem Steuerpflichtigen im Rahmen der letzten vier Einkunftsarten an Stelle von Geld, aber mit Geldeswert zukommen, zu verstehen sind. Die Gewährung eines ideellen Vorteiles hingegen fällt nicht unter den Einnahmenbegriff, zumal sich ein derartiger Vorteil monetär nicht messen lässt.

4003 Sachleistungen des Arbeitgebers stellen nur dann keinen Vorteil aus dem Dienstverhältnis dar, wenn diese nicht nur den Arbeitnehmern, sondern auch Betriebsfremden gewährt werden, wie zB Großkunden und Dauerkunden zugestandene Preisnachlässe. Bei der Beurteilung, ob ein geldwerter Vorteil vorliegt oder nicht, kommt es nicht darauf an, ob aus der verbilligten Abgabe von Waren an Arbeitnehmer und ihre Angehörigen auch ein Vorteil für den Zuwendenden (Arbeitgeber) entstanden ist, sondern allein, ob geldwerte Vorteile für die Empfänger der Waren entstanden sind (vgl. VwGH 19.9.1995, 91/14/0240, betreffend Abgabe von vergünstigten Treibstoffen).

4004 Bei der Einräumung von Anwartschafts(Options)rechten ist der Vorteil iSd § 15 Abs. 2 EStG 1988 mit der Optionseinräumung zugeflossen, wenn der Option der Charakter eines Wirtschaftgutes zukommt, dh. über die Option frei verfügt werden kann. Andernfalls fließt der Vorteil erst mit der Ausübung des Rechts zu. Zur Bewertung von an Mitarbeiter kostenlos oder verbilligt abgegebenen Optionen siehe die Sachbezugswerteverordnung, BGBl. II Nr. 416/2001 idF BGBl. II Nr. 396/2012, sowie LStR 2002 Rz 210 bis 213.

(AÖF 2013/280)

10.1.1.1 Verhältnis zum Begriff „Betriebseinnahmen"

4005 Die im außerbetrieblichen Bereich maßgebenden Begriffe „Einnahmen" und „Werbungskosten" korrespondieren grundsätzlich mit den Begriffen „Betriebseinnahmen" und „Betriebsausgaben" im betrieblichen Bereich. Obwohl § 15 EStG 1988 ausschließlich die außerbetrieblichen Einkunftsarten betrifft, ist der Einnahmenbegriff des § 15 EStG 1988 hilfsweise auch bei der Interpretation des Betriebseinnahmenbegriffes gemäß § 4 Abs. 3 EStG 1988 heranzuziehen (VwGH 29.9.1987, 87/14/0086).

10.1.1.2 Vermögensveräußerung

4006 Die Veräußerung von Wirtschaftsgütern führt außerhalb betrieblicher Einkünfte nur dann zu Einnahmen, wenn dies gesetzlich ausdrücklich vorgesehen ist. Eine derartige gesetzliche Anordnung findet sich bei der Veräußerung, Einlösung und sonstigen Abschichtung von Wirtschaftsgütern, deren Erträge Einkünfte aus der Überlassung von Kapital darstellen (§ 27 Abs. 3 EStG 1988), Einkünfte aus der Veräußerung von Derivaten (§ 27 Abs. 4 EStG 1988), bei der Veräußerung von Miet- und Pachtzinsforderungen (§ 28 Abs. 1 Z 4 EStG 1988 idF vor dem AbgÄG 2012), bei den besonderen Einkünften aus Vermietung und Verpachtung im Rahmen von Veräußerungen von Gebäuden vor dem 1.4.2012 (§ 28 Abs. 7 EStG 1988), bei privaten Grundstücksveräußerungen (§ 30 EStG 1988) und bei Spekulationsgeschäften (§ 31 EStG 1988).

(AÖF 2013/280)

10.1.1.3 Vermögensvermehrung

4007 Voraussetzung für die Qualifikation als Einnahme ist die Vermehrung des Vermögens auf Empfängerseite durch von außen zugeflossenes Geld bzw. geldwerte Vorteile (siehe dazu auch Abschnitt 13). Ein gewährtes Darlehen führt beim Darlehensnehmer zu keinen Einnahmen, weil das Zufließen der Darlehensvaluta keine Vermögensvermehrung bewirkt (VwGH 29.9.1987, 87/14/0086). Dies gilt auch für zinsenlose bzw. zinsverbilligte Arbeitgeberdarlehen, da dem Arbeitnehmer nicht die Darlehensvaluta als solche als Vorteil zufließen, sondern lediglich die aus der Gewährung resultierenden Zinsvorteile (zur Bewertung der Zinsersparnis bei zinsverbilligten oder unverzinslichen Arbeitgeberdarlehen und Gehaltsvorschüssen siehe die Sachbezugswerteverordnung, BGBl. II Nr. 416/2001 idF BGBl. II Nr. 396/2012, sowie LStR 2002 Rz 204 bis 207).

Zu Gehaltsvorschüssen siehe LStR 2002 Rz 633; zu Mietvorauszahlungen siehe Rz 6411.

(AÖF 2013/280)

10.1.1.4 Durchlaufende Posten

Beträge, die im Namen und für Rechnung eines anderen vereinnahmt werden (echte durchlaufende Posten/Fremdgelder) stellen keine Einnahmen des Empfängers, sondern des Vertretenen dar. Die vereinnahmte Umsatzsteuer kann entweder als durchlaufender Posten (Nettosystem, VwGH 13.11.1985, 84/13/0123) oder als Einnahme und Ausgabe behandelt werden (Bruttosystem, VwGH 27.5.1987, 84/13/0265). In Fällen, in denen die Umsatzsteuer keinen Durchlaufcharakter hat (bei unecht befreiten Unternehmern), kommt nur die Behandlung nach dem Bruttosystem in Betracht. Werden durchlaufende Posten treuwidrig nicht weitergeleitet, so liegen Einnahmen vor. **4008**

10.1.2 Zufluss von Geld oder geldwerten Vorteilen

10.1.2.1 Allgemeines

Einnahmen müssen grundsätzlich von außen zufließen. Bloße Wertzuwächse, die in der Einkunftsquelle selbst liegen, fließen nicht zu und stellen demnach auch keine Einnahmen im Sinne des § 15 EStG 1988 dar. Nicht entscheidend sind die subjektiven Vorstellungen der am Leistungsaustausch Beteiligten; daher sind sowohl die Bewertung der Zuwendung durch den Empfänger, als auch ein allfälliges Fehlen der Absicht der Vorteilsgewährung durch den Leistenden ohne Belang. Zur zeitlichen Erfassung siehe Rz 4601 ff. **4009**

Nicht entscheidend ist, ob auf die Einnahme ein Rechtsanspruch besteht oder nicht; so zählen auch freiwillig vom Arbeitgeber übernommene Leistungen sowie Leistungen von dritter Seite (zB Incentive-Reisen) zu den Einnahmen; Trinkgelder zählen zu den Einnahmen, sofern sie nicht steuerfrei sind (§ 3 Abs. 1 Z 16a EStG 1988, vgl. Rz 92a ff LStR 2000). **4010**

(AÖF 2006/114)

Vorteilsgewährungen gegenüber Angehörigen des Arbeitnehmers sind diesem zuzurechnen (VwGH 28.2.1973, 1192/72, betreffend Verkauf eines Grundstückes an den Ehegatten des Arbeitnehmers). Erhält hingegen der Ehepartner auf Grund des Dienstvertrages nach dem Tod des Ehegatten das unentgeltliche Nutzungsrecht an der Dienstwohnung eingeräumt, dann liegen bei ihm insoweit Einkünfte aus nichtselbständiger Arbeit vor. **4011**

Zur Behandlung von geldwerten Vorteilen als Zuwendung einer Privatstiftung siehe StiftR 2009 Rz 249 ff. **4011a**

(AÖF 2010/43)

Wird einem Dienstnehmer oder einem Aufsichtsratsmitglied einer Gesellschaft die Option eingeräumt, die von ihm gezeichneten Aktien dieser Gesellschaft (zum wirtschaftlichen Eigentum daran siehe LStR 2002 Rz 216) innerhalb einer bestimmten Frist zum Ausgabekurs an diese zurückzugeben, liegt darin ein geldwerter Vorteil iSd § 15 Abs. 2 EStG 1988, wenn die Aktien zum Zeitpunkt der Optionsausübung unter dem Ausgabepreis notieren. Der geldwerte Vorteil, der in der Differenz zwischen Ausgabepreis und dem tatsächlichen Wert der Aktien im Zeitpunkt der Optionsausübung besteht, fließt im Zeitpunkt der Optionsausübung zu. **4011b**

(BMF-AV Nr. 2015/133)

10.1.2.2 Ersparte Aufwendungen

Ersparte Aufwendungen können zu geldwerten Vorteilen führen, wenn ein wirtschaftlicher Zusammenhang mit einer Leistung gegeben ist. Dies ist etwa bei einem Verzicht des Arbeitgebers auf Zinsen für den Arbeitnehmer der Fall. Ebenso führt die vom Mieter übernommene Rückzahlung eines vom Vermieter aufgenommenen Darlehens nach Maßgabe der Rückzahlungen zu Mieteinnahmen (VwGH 13.5.1992, 87/13/0083). Nach dem 31.12.2003 zugeflossene Ablösesummen für ein Rentenstammrecht aus einer Kaufpreisrente stellen steuerpflichtige Einnahmen dar (Rz 7039), es sei denn, es wurde in die alte Rechtslage optiert (siehe Rz 7002a ff). Siehe auch Rz 6865. **4012**

(AÖF 2004/167)

10.1.2.3 Verbotene Tätigkeiten

Einnahmen aus einer verbotenen Tätigkeit aber auch Vorteile, die sich ein Arbeitnehmer gegen den Willen des Arbeitgebers verschafft, sind steuerpflichtig (VwGH 4.6.1985, 85/14/0016, betreffend unerlaubte Benützung des arbeitgebereigenen KFZ; VwGH 16.1.1991, **4013**

90/13/0285, betreffend veruntreute Gelder). Ebenso sind Einnahmen aus einer den guten Sitten widersprechenden Betätigung steuerpflichtig (vgl. § 23 Abs. 2 BAO).

10.1.2.4 Schadenersatzleistungen

4014 Ob die unter dem Titel des Schadenersatzes geleisteten Zahlungen zu Einnahmen führen oder nicht, hängt davon ab, ob ein Zusammenhang zwischen dem schadenskausalen Ereignis und der außerbetrieblichen Einkunftsquelle existiert.

Zu den Einnahmen zählen Schadenersatzleistungen dann, wenn diese einerseits im Zusammenhang mit einer steuerrelevanten Tätigkeit stehen, andererseits nicht der Vermögenssphäre des Geschädigten zuzurechnen sind. Zur Vermögenssphäre zählen etwa Leistungen des Versicherers, welche anlässlich der Vernichtung eines Mietwohngrundstückes durch ein Elementarereignis zur Auszahlung gelangen. Als Einnahmen gelten auch vom Arbeitgeber ersetzte Verwaltungsstrafen (VwGH 29.1.1991, 91/14/0002).

Schadenersätze bei denen der unmittelbare Zusammenhang mit der beruflichen Tätigkeit nicht vorhanden ist (zB Schadenersatz wegen sexueller Belästigung von Dienstnehmerinnen durch Arbeitgeber), führen nicht zu Einnahmen. Auch die Zahlung von Schmerzensgeld stellt keine steuerbare Einnahme dar, es sei denn, es liegen Rentenzahlungen im Sinne des § 29 Z 1 EStG 1988 vor. Schadenersatzleistungen, welche im Zusammenhang mit nicht steuerwirksamen Wertminderungen stehen, stellen keine Einnahmen dar. Ersatzleistungen, die ein Bestandgeber für die Wertminderung des Bestandobjektes erhält (vgl. VwGH 19.9.1989, 89/14/0107) oder Entschädigungen für die Verschlechterung des Gebäudezustandes (vgl. VwGH 14.6.1988, 87/14/ 0014) unterliegen daher nicht der Einkommensteuer.

10.1.2.5 Verzicht auf Einnahmen

4015 Der Verzicht auf eine nichtbetriebliche Forderung einer natürlichen Person gegenüber einer anderen natürlichen Person führt ebenso wie der Verzicht auf künftige Einnahmen zwischen diesen Personen nicht zu einem Einnahmenzufluss beim Gläubiger, da Zufluss und Rückzahlung grundsätzlich nicht fingiert werden dürfen (vgl. VwGH 17.3.1994, 91/14/0076; VwGH 21.7.1998, 98/14/0021). Trifft jedoch der Anspruchsberechtigte eine Verfügung (Vorausverfügung), was mit den verzichteten Einnahmen zu geschehen habe (zB Anordnung, das Geld einem gemeinnützigen Zweck zuzuführen), so liegt eine Maßnahme der Einkommensverwendung vor und die Einnahmen gelten als dem Anspruchsberechtigten zugeflossen. Wird auf einen bereits entstandenen Anspruch zu Gunsten Dritter verzichtet, so kommt diesem Verzicht der Charakter von Einnahmen zu, da eine derartige Leistung bereits als Einkommensverwendung einzustufen ist.

Zum Verzicht eines Gesellschafters einer Kapitalgesellschaft auf eine bereits entstandene Forderung gegen die Gesellschaft siehe Rz 2599.

10.1.2.6 Erlass von Verbindlichkeiten

4016 Der Erlass von Verbindlichkeiten aus privaten Motiven führt im außerbetrieblichen Bereich mangels Erfassung der Vermögenssphäre grundsätzlich zu keinen Einnahmen. Dies gilt dann nicht, wenn der Schulderlass ein Leistungsentgelt im Rahmen einer steuerlich beachtlichen Einkunftsquelle darstellt (zB der Arbeitgeber verzichtet zugunsten des Arbeitnehmers auf die Rückzahlung eines Darlehens).

10.1.2.7 Wegfall einer Rentenschuld

4017 Der Wegfall einer Rentenschuld sowie auch die Ermäßigung der Verbindlichkeit in Folge von Kursschwankungen führen zu keinen Einnahmen; andererseits führen auch Forderungsverluste in diesen Fällen zu keinen Werbungskosten.

10.1.2.8 Rückzahlung von Pflichtbeiträgen zur gesetzlichen Sozialversicherung

4018 Erfolgt eine Rückerstattung geleisteter Beitragszahlungen zur gesetzlichen Sozialversicherung ohne dass ein Anspruch auf eine ASVG-Pension entstanden ist (zB durch eine Beendigung des Dienstverhältnisses vor Erreichung des Pensionsalters), so ist eine Rückzahlung der vom Steuerpflichtigen an das Institut geleisteten Pflichtbeiträge, die in den Vorjahren bei den Einkünften aus nichtselbständiger Arbeit als Werbungskosten abgezogen wurden, im Jahr des Rückflusses als Einnahmen bei den Einkünften aus nichtselbständiger Arbeit zu erfassen und zum laufenden Tarif zu versteuern (VwGH 23.10.1990, 89/14/0178).

4019 Erfolgt die Beitragsrückerstattung an den Versicherten bei Pensionsantritt bzw. nach Entstehen eines Pensionsanspruches an Stelle der laufenden Pensionsleistung, so ist von einer Pensionsabfindung auszugehen. Um die begünstigte Besteuerung nach § 67 Abs. 8 lit. b EStG 1988 in Anspruch nehmen zu können, ist es notwendig, dass eine Pensionszusage bzw. ein statutarisch festgelegter Anspruch auf eine Pension durch den Arbeitgeber bestanden hat und die Abfindungszeiträume zumindest sieben Jahre umfassen (vgl. dazu LStR 1999, Rz 1110).

10.1.2.9 Sachzuwendungen im betrieblichen Interesse

Vorteile, die der Arbeitgeber im überwiegend eigenbetrieblichen Interesse gewährt, **4020** werden nicht zum Zwecke der Entlohnung vorgenommen und stellen keine Einnahmen dar. Das eigenbetriebliche Interesse wiegt umso geringer, je höher aus der Sicht des Arbeitnehmers die Bereicherung anzusehen ist. Aufwendungen, die im Rahmen der Erfüllung arbeitsschutzrechtlicher Bestimmungen (zB Bildschirmarbeitsbrillen, Schutzausrüstungen gemäß § 70 ASchG) getätigt werden oder welche Ausfluss der dem Arbeitgeber obliegenden Fürsorgepflichten nach § 18 AngG sind (zB Anschaffung und Zuweisung ergonomischer Arbeitsmittel), liegen ausschließlich im Interesse des Arbeitgebers und führen zu keinem Vorteil aus dem Dienstverhältnis.

Eine Werbeaufschrift auf dem vom Arbeitnehmer privat genutzten Firmenauto schmälert **4021** hingegen nicht den Sachbezug. Überlässt ein Arbeitgeber seinen Bediensteten die Trophäen der von ihnen in seinem Jagdrevier getätigten Wildabschüsse, stellt dies auch dann einen geldwerten Vorteil und damit einen Sachbezug dar, wenn die Wildabschüsse im betrieblichen Interesse des Arbeitgebers erfolgt sind. Für die Bewertung dieses Sachbezuges ist maßgebend, welchen Betrag der Empfänger hätte aufwenden müssen, um im Wege der Jagdausübung eine Trophäe zu erwerben (VwGH 27.2.2001, 98/13/0007).

(AÖF 2002/84)

Bei der Kostentragung für eine im betrieblichen Interesse gelegene Auslandsreise, welche **4022** auf Grund ihrer Gestaltung auch für außenstehende Dritte interessant ist, ist das betriebliche Interesse in besonderer Weise zu dokumentieren.

Die unentgeltliche Zurverfügungstellung einer Dienstwohnung stellt nur dann keinen **4023** geldwerten Vorteil dar, wenn der Arbeitnehmer sie ausschließlich im Interesse des Arbeitgebers in Anspruch nimmt. Ein solches ausschließliches dienstliches Interesse liegt jedenfalls dann nicht vor, wenn dem Arbeitnehmer keine andere als die Dienstwohnung zur Befriedigung seines regelmäßigen Wohnbedürfnisses zur Verfügung steht (VwGH 25.11.1997, 93/14/0109). Weder das Bestehen des Dienstgebers auf der Benutzung der Dienstwohnung noch das Vorliegen eines erheblichen betrieblichen Interesses des Dienstgebers an der Benutzung der Dienstwohnung steht der Qualifizierung einer Dienstwohnung als geldwerter Vorteil aus dem Dienstverhältnis für sich allein schon entgegen. Von einer Ausschließlichkeit des Interesses des Arbeitgebers an der Benutzung einer Dienstwohnung durch den Dienstnehmer kann im Fall der wesentlich größeren Nutzfläche der Dienstwohnung gegenüber der Privatwohnung, die auch den Angehörigen des Steuerpflichtigen die Mitbenutzung der Dienstwohnung als Mittelpunkt der Lebensinteressen ermöglicht, keine Rede sein (VwGH 2.8.2000, 97/13/0100).

(AÖF 2002/84)

Ein geldwerter Vorteil liegt nicht vor, wenn dem Arbeitnehmer ein arbeitgebereigenes **4024** Fahrzeug ausschließlich zur Verrichtung von Dienstfahrten zur Verfügung gestellt wird (VwGH 23.4.1998, 96/15/0246).

10.1.2.10 Annehmlichkeiten, Gelegenheitsgeschenke

Bloße Annehmlichkeiten bzw. Aufmerksamkeiten (z.B. Blumenstrauß zum Geburtstag) **4025** stellen keine Einnahmen dar, da solche im Allgemeinen als nicht mehr messbar empfunden werden. Ebenso sind Gelegenheitsgeschenke zu beurteilen, soweit sie über Annehmlichkeiten nicht hinausgehen (vgl. diesbezüglich auch die Befreiung für übliche Sachzuwendungen im Rahmen von Betriebsveranstaltungen gemäß § 3 Abs. 1 Z 14 EStG 1988).

Die Grenze zwischen steuerlich unbeachtlichen Aufmerksamkeiten und geldwerten Vor- **4026** teilen ist fließend. Sie wird dann nicht überschritten, wenn sich Arbeitnehmer bestimmten Leistungen aus Gründen der Konvention nicht entziehen können. Bei der laufenden Abgabe von verbilligten Treibstoffen kann von geringfügigen und somit nicht steuerbaren Annehmlichkeiten keine Rede mehr sein (VwGH 19.9.1995, 91/14/0240). Ebenso stellt die unentgeltliche Nutzung von durch den Arbeitgeber angemieteten Tennis- und Squashplätzen keine bloße Annehmlichkeit dar (vgl. diesbezüglich aber die Steuerbefreiung des § 3 Abs. 1 Z 13 EStG 1988).

10.1.3 Bewertung von geldwerten Vorteilen

Geldwerte Vorteile sind mit den üblichen Endpreisen des Abgabeortes anzusetzen. Der **4027** übliche Endpreis ist der um übliche Preisnachlässe verminderte Preis. Der Begriff „üblich" verweist auf eine Bewertung, die sich an den objektiven, normalerweise am Markt bestehenden Gegebenheiten am Abgabeort orientiert. Auf die subjektive Einschätzung des Steuerpflichtigen, den tatsächlichen persönlichen Nutzen sowie dessen persönliche Verhältnisse kommt es nicht an. Ist der Empfänger zum Vorsteuerabzug nicht berechtigt, so inkludiert der Betrag auch die Umsatzsteuer (VwGH 10.12.1997, 95/13/0078).

(BMF-AV Nr. 2018/79)

4028 Sollte für die Zuwendung kein Markt vorhanden sein bzw. keine Nachfrage bestehen (zB bei einem Halbfertigerzeugnis), so ist der Marktpreis im Wege des Vergleiches mit dem Fertigerzeugnis zu eruieren und ein Abschlag nach dem Grad der Fertigung vorzunehmen.

4029 Aus Gründen der Verwaltungsvereinfachung wurden die üblichen Endpreise des Abgabeortes für bestimmte Sachbezüge durch die Sachbezugswerteverordnung, Verordnung des Bundesministers für Finanzen über die bundeseinheitliche Bewertung bestimmter Sachbezüge für 1992 und ab 1993, BGBl. Nr. 642/1992, bundesweit einheitlich festgesetzt.

Die Verordnung regelt die Bewertung folgender Sachbezüge:

- Volle freie Station,
- Wohnraum,
- Deputate in der Land- und Forstwirtschaft,
- Privatnutzung des arbeitgebereigenen Kraftfahrzeuges,
- Privatnutzung des arbeitgebereigenen Kfz-Abstell- oder Garagenplatzes,
- Zinsersparnisse bei zinsverbilligten oder unverzinslichen Arbeitgeberdarlehen (Gehaltsvorschüssen),
- Kostenlos oder verbilligt abgegebene Optionen,
- Sonstige Sachbezugswerte.

Vgl. dazu LStR 2002 Rz 143 bis 222d.

(BMF-AV Nr. 2018/79)

10.2 Werbungskosten (§ 16 EStG 1988)

10.2.1 Allgemeines

4030 Werbungskosten sind Wertabflüsse von Geld oder geldwerten Gütern, die durch eine Tätigkeit veranlasst sind, welche auf die Erzielung außerbetrieblicher Einkünfte ausgerichtet ist. Diese Veranlassung ist gegeben, wenn die Aufwendungen oder Ausgaben

- objektiv im Zusammenhang mit einer außerbetrieblichen Tätigkeit stehen und
- subjektiv zur Erwerbung, Sicherung oder Erhaltung der Einnahmen geleistet werden oder den Steuerpflichtigen unfreiwillig treffen und
- nicht unter ein Abzugsverbot des § 20 EStG 1988 fallen.

Siehe auch LStR 1999, Rz 223 bis 225.

4031 Aus dem objektiven Nettoprinzip des § 2 Abs 4 EStG 1988 ergibt sich, dass der Werbungskostenbegriff bei allen außerbetrieblichen Einkunftsarten gleich ist und sich grundsätzlich auch nicht vom Begriff der Betriebsausgaben unterscheidet. Die Unterschiede zwischen Betriebsausgaben und Werbungskosten liegen lediglich im Umfang der Einkunftstatbestände begründet. So sind Aufwendungen oder Ausgaben für den Erwerb oder die Wertminderung von Wirtschaftsgütern im außerbetrieblichen Bereich nur insoweit abzugsfähig, als dies ausdrücklich vorgesehen ist. Demnach können solche Aufwendungen (Ausgaben) – soweit die Wirtschaftsgüter durch die Einkunftserzielung abgenutzt werden – als Absetzung für Abnutzung (AfA) gemäß § 16 Abs 1 Z 8 EStG 1988 Berücksichtigung finden. Bei Beträgen von bis zu 400 € jährlich ist eine Sofortabschreibung analog zu § 13 EStG 1988 möglich (vgl. § 16 Abs 1 Z 8 lit a letzter Satz EStG 1988).

(AÖF 2002/84)

4032 Auch außerordentliche Abschreibungen (Abschreibung für außergewöhnliche technische oder wirtschaftliche Abnutzung) sind möglich. Der Untergang einer abnutzbaren Einkunftsquelle wird daher im Rahmen der AfA werbungskostenwirksam (zB ein Miethaus wird infolge eines Brandes zerstört; ein beruflich verwendetes KFZ wird infolge Totalschadens unbrauchbar). Andererseits führen Wertverluste in der Einkunftsquelle – abgesehen von der AfA – nicht zu Werbungskosten, da die im Rahmen der Ermittlung außerbetrieblicher Einkünfte Teilwertabschreibungen auf Grund Wertänderungen der Einkunftsquelle bzw. Wertveränderungen der zur Einkunftserzielung eingesetzten Wirtschaftsgüter nicht erfassen (VwGH 14.6.1988, 87/14/0014, betreffend Kosten eines Rechtsstreites, der auf eine im Rahmen der Erzielung von Einkünften aus Vermietung und Verpachtung nicht zu berücksichtigenden Wertminderung der der Einkünfteerzielung dienenden Anlage zurückgeht). Zu Freimachungs(Räumungs)kosten siehe Rz 6414.

(AÖF 2013/280)

Aufwendungen, welche mit den Einkünften des Steuerpflichtigen zusammenhängen, aber nicht vom Steuerpflichtigen, sondern von einem Dritten getragen werden, sind keine Werbungskosten (vgl. VwGH 6.11.1991, 91/13/0074 betreffend Fruchtgenuss). **4033**

Zum Verhältnis des Werbungskostenbegriffes zu § 20 EStG 1998 siehe LStR 1999, Rz 226 bis 229 sowie Rz 4701 ff. Zum Zeitpunkt des Werbungskostenabzuges siehe Rz 4620 ff und LStR 1999, Rz 233 bis 238.

10.2.2 Veranlassung durch mehrere Einkunftsquellen

Werbungskosten sind grundsätzlich bei der Einkunftsart abzuziehen, bei der sie erwachsen sind. Ist jedoch eine Aufwendung zugleich durch mehrere nicht die Lebensführung berührende Bereiche veranlasst worden, so sind die getätigten Aufwendungen nach sachlichen Kriterien aufzuteilen und den unterschiedlichen Betätigungen zuzuordnen (VwGH 28.1.1997, 95/14/ 0156). Vertretbar ist dabei eine Aufteilung im Verhältnis der Einnahmen (vgl. VwGH 29.5.1996, 93/13/0008). **4034**

10.2.3 Vorweggenommene Werbungskosten

Auch Aufwendungen, die vor der Erzielung steuerpflichtiger Einnahmen geleistet werden, können grundsätzlich Werbungskosten darstellen (sogenannte vorweggenommene Werbungskosten, LStR 1999, Rz 230), soferne Umstände vorliegen, die über die bloße Absichtserklärung zur künftigen Einnahmenerzielung hinausgehen und klar und deutlich nach außen in Erscheinung treten (VwGH 23.6.92, 92/14/0037). **4035**

Ist ein ausreichend klarer Zusammenhang mit den künftigen Einnahmen aus Vermietung und Verpachtung nachweisbar, kommen als vorweggenommene Werbungskosten beispielsweise in Betracht:

- Schuldzinsen für die Anschaffung des Baugrundes,
- öffentliche Abgaben vom Grundbesitz bis zur Fertigstellung des Gebäudes,
- Absetzung für Abnutzung von der Bereitstellung zur Vermietung bis zur effektiven Vermietung.

10.2.4 Nachträgliche Werbungskosten

Aufwendungen, die erst nach dem Zufließen der Einnahmen anfallen, stellen dann Werbungskosten dar, wenn ein nach außen erkennbarer Veranlassungszusammenhang mit den früheren Einnahmen gegeben ist (sogenannte nachträgliche Werbungskosten, vgl. LStR 1999, Rz 231). Bei einem Mietgebäude, bei welchem die Vermietungstätigkeit eingestellt wurde, stellen noch nicht abgesetzte Instandhaltungs- oder Instandsetzungszehntelbeträge nachträgliche Werbungskosten dar (vgl. Rz 6487). Zinsen für Fremdmittel, die der Anschaffung bzw. Herstellung des Gebäudes gedient haben, sind nach Beendigung der Vermietung nicht abzugsfähig, soweit sie Zeiträume nach Einstellung der Vermietung betreffen. **4036**

10.2.5 Vergebliche Werbungskosten

Vergebliche Aufwendungen führen zu Werbungskosten, wenn ein objektiv erkennbarer Zusammenhang mit der auf die Erzielung von Einnahmen ausgerichteten Tätigkeit vorliegt (vgl. LStR 1999, Rz 232) Erforderlich ist das Vorhandensein eines ernsthaften Bemühens des Abgabepflichtigen zur Einkunftserzielung (zB nachhaltiges Bewerben eines leer stehenden Bestandobjektes in Zeitungsinseraten); eine bloße Absichtserklärung reicht nicht aus (vgl. LStR 1999, Rz 232). Honorarzahlungen an Architekten und Anwaltskosten für die in Angriff genommene Errichtung eines Wohngebäudes zum Zwecke der Vermietung stellen Werbungskosten auch dann dar, wenn auf Grund der Änderung der Förderungsbestimmungen die Errichtung des Wohngebäudes unterbleibt (VwGH 11.6.1974, 50/74). **4037**

10.2.6 Im Gesetz angeführte Werbungskosten

Zu den Werbungskosten gemäß § 16 Abs. 1 Z 3 EStG 1988 (Pflichtbeiträge zu gesetzlichen Interessenvertretungen, Betriebsratsumlage), § 16 Abs. 1 Z 4 EStG 1988 (Pflichtversicherungsbeiträge), § 16 Abs. 1 Z 6 EStG 1988 (Pendlerpauschale), § 16 Abs. 1 Z 7 EStG 1988 (Arbeitsmittel), § 16 Abs. 1 Z 9 EStG 1988 (Reisekosten) und § 16 Abs. 1 Z 10 EStG 1988 (Aus- und Fortbildung) siehe die entsprechenden Rz der LStR 1999. Zur Familienversicherung gemäß § 10 GSVG siehe Rz 1242.

10.2.6.1 Schuldzinsen, Renten und dauernde Lasten (§ 16 Abs. 1 Z 1 EStG 1988)

4038 Schuldzinsen, die für die Überlassung fremden Kapitals anfallen, stellen insoweit Werbungskosten dar, als diese mit einer Einkunftsart in wirtschaftlichem Zusammenhang stehen und nicht unter das Abzugsverbot nach § 20 Abs. 2 EStG 1988 fallen. Zu den Schuldzinsen zählen auch Zinseszinsen, Verzugszinsen, das Damnum sowie Geldbereitstellungskosten im weiteren Sinne, wie bspw. Kreditprovisionen, Kreditgebühren, Kosten der grundbücherlichen Sicherstellung für Darlehen bzw. Kredite. Zur Abzugsfähigkeit von Schuldzinsen bei Einkünften aus privaten Grundstücksveräußerungen siehe Rz 6666. Zur Abzugsfähigkeit von Schuldzinsen bei Einkünften aus Spekulationsgeschäften siehe Rz 6704. Zur Abzugsfähigkeit von Schuldzinsen bei Renten siehe Rz 7018. Zur Behandlung von Schuldzinsen nach einer nach Betriebsaufgabe erfolgenden Vermietung siehe Rz 1436.

(AÖF 2013/280)

4038a Werden im Fall einer unentgeltlichen Übertragung (gemischten Schenkung mit Überwiegen des Schenkungscharakters) Schulden, die mit der Einkunftsquelle in keinem unmittelbaren Zusammenhang stehen, vom Erwerber übernommen, sind Zinsen, die für derartige Schulden bezahlt werden, nicht abzugsfähig.

Im betrieblichen Bereich werden nach Rz 2425 Verbindlichkeiten, die aus Anlass einer unentgeltlichen Betriebsübertragung entstehen (zB Pflichtteilsschulden), nicht zu Betriebsschulden (VwGH 19.09.1990, 89/13/0021; VwGH 21.10.1986, 86/14/0124). Gleiches gilt für Privatschulden des Rechtsvorgängers, die im Zuge einer unentgeltlichen Betriebsübertragung auf Grund der getroffenen Vereinbarung vom Erwerber übernommen werden (VwGH 04.11.1980, 0804/80, 0954/80, 0955/80).

Diese Grundsätze sind auch im außerbetrieblichen Bereich bei der unentgeltlichen Übertragung der Einkunftsquelle „Mietobjekt“ anzuwenden. Schulden, die mit der Einkunftsquelle zusammenhängen (zB Errichtung, Erhaltung), sind dem Mietobjekt zuzurechnen; derartige Zinsen sind (auch bei einem „unentgeltlichen Rechtsnachfolger“) Werbungskosten. Werden im Rahmen der insgesamt unentgeltlichen Übertragung hingegen Schulden übernommen, die mit der Einkunftsquelle nicht in einem unmittelbaren Zusammenhang stehen, oder fremdfinanzierte Zahlungen an den Übergeber oder an Dritte geleistet, führt dies nicht dazu, dass den Zinsen Werbungskostencharakter zukommt (VwGH 22.11.2006, 2004/15/0121).

(AÖF 2008/238)

4038b Ein Zinscap-Optionsschein ist ein Wertpapier, das dem Optionsberechtigten das Recht auf Auszahlung der Zinsdifferenz zwischen einem Referenzzinssatz und einem Basiszinssatz einräumt und – als Sicherungsinstrument eingesetzt – einem Kreditnehmer einen sicheren Kreditzinssatz garantiert. Wirtschaftlich werden gegen Zahlung des Optionsentgelts variable in fixe Zinsen umgewandelt.

Zinsen aus Anschaffungskrediten sind bei den Einkünften aus Vermietung und Verpachtung abzugsfähig. Ist ein Zinscap-Optionsschein auf einen Anschaffungskredit hinsichtlich einer zu Einkünften aus Vermietung und Verpachtung führenden Einkunftsquelle bezogen, ist er dieser Einkunftsquelle zuzuordnen und in wirtschaftlicher Betrachtungsweise als Einheit mit dem Kredit zu sehen. Demzufolge ist das Entgelt für das Sicherungsgeschäft der abzugsfähigen Einkunftsquellenfinanzierung zuzuordnen.

Bei Aufwendungen für eine vorzeitige Auflösung von Zinsswapverträgen handelt es sich ebenso wie bei Entschädigungen für eine vorzeitige Tilgung eines Darlehens um ein Nutzungsentgelt für das auf die verkürzte Laufzeit in Anspruch genommene Fremdkapital und somit um Schuldzinsen. Eine Abzugsfähigkeit dieser Schuldzinsen als Werbungskosten ist dem Grunde nach möglich, sofern diese Schuldzinsen durch die Erzielung von Einkünften aus Vermietung und Verpachtung veranlasst wurden. Dies ist beispielsweise dann der Fall, wenn die Vermietung fortgesetzt wird, nicht hingegen, wenn das betreffende Grundstück veräußert oder privat verwendet werden soll.

Liegt ein Zusammenhang mit einer Einkunftsquelle von vornherein nicht vor oder wird ein solcher Zusammenhang durch die Veräußerung des Wertpapiers gelöst, wäre die Veräußerung im Rahmen des § 30 EStG 1988 bzw. – im Anwendungsbereich der durch das BBG 2011 und des AbgÄG 2011 erfolgten Änderung der Besteuerung von Kapitalvermögen – im Rahmen des § 27 Abs. 4 EStG 1988 (Einkünfte aus Derivaten) steuerlich zu beurteilen. Sollte ein Teil der Anschaffungskosten schon bei den Einkünften aus Vermietung und Verpachtung als Werbungskosten berücksichtigt worden sein, verbietet sich in analoger Anwendung des § 30 Abs. 3 EStG 1988 eine Doppelberücksichtigung von Aufwendungen. Dementsprechend sind die zu berücksichtigenden Anschaffungskosten bei Ermittlung der Einkünfte gemäß § 30 bzw. § 27 Abs. 4 EStG 1988 entsprechend zu kürzen.

§ 19 Abs. 3 EStG 1988 sieht die Verteilung von Fremdmittelkosten, die nicht bloß das laufende und das folgende Jahr betreffen, auf die Laufzeit vor. In Anwendung des § 19

Abs. 3 EStG 1988 sind die Kosten für den Zinscap-Optionsschein über die Laufzeit des Optionsscheines verteilt als Werbungskosten abzugsfähig.

(BMF-AV Nr. 2021/65)

Werbungskosten sind auch Renten und dauernde Lasten, soferne ein wirtschaftlicher Zusammenhang mit der Einkunftsart besteht. Wesentlich für die Werbungskosteneigenschaft ist das Vorliegen einer rechtlichen Verpflichtung zur Leistung; freiwillig gewährte Leistungen sind daher nicht absetzbar. Zur steuerlichen Behandlung von Renten und dauernden Lasten siehe Rz 7001 ff. **4039**

10.2.6.2 Abgaben und Versicherungsprämien (§ 16 Abs. 1 Z 2 EStG 1988)

Alle regelmäßig anfallenden Abgaben für Wirtschaftsgüter, die dem Steuerpflichtigen zur Erzielung von Einnahmen dienen, wie die Grundsteuer, die Bodenwertabgabe oder die Kanalisationsabgabe, stellen Werbungskosten dar. Abgaben, die lediglich einmal anfallen, wie etwa die Grunderwerbsteuer, Grundbuchsgebühren usw. zählen zu den Anschaffungs- bzw. Herstellungskosten des Wirtschaftsgutes und sind ausschließlich im Wege der AfA absetzbar. **4040**

Zu den abzugsfähigen Versicherungsprämien zählen insbesondere die Gebäudeversicherungen (Versicherung für Feuer-, Wasser- und Sturmschäden sowie Gebäudehaftpflicht). Der Umstand, dass die Versicherungsentschädigung unter Umständen nicht steuerbar ist, ändert nichts am Werbungskostencharakter der Versicherungsprämie. **4041**

Prämien zu einer Kreditrestschuldversicherung (Ablebensversicherung, die im Fall des Ablebens des Steuerpflichtigen einen noch offenen Kreditbetrag aus der Anschaffung einer vermieteten Liegenschaft abdeckt) stellen Sicherungskosten für die Kaufpreisfinanzierung dar und gehören nicht zu den Anschaffungskosten. Die Prämien zur Restschuldversicherung dienen nicht ausschließlich zur Absicherung der Kreditverbindlichkeit, sondern auch zur Absicherung der Hinterbliebenen und liegen damit im gemäß § 20 Abs. 1 Z 2 lit. a EStG 1988 nichtabzugsfähigen Bereich der privaten Lebensführung. Die Prämien sind zufolge des Aufteilungsverbotes auch bei einer unter § 30 EStG 1988 fallenden Grundstücksveräußerung nicht als Werbungskosten abzugsfähig. Sie stellen aber Sonderausgaben im Sinne des § 18 Abs. 1 Z 2 EStG 1988 dar.

(BMF-AV Nr. 2018/79)

10.2.6.3 Absetzung für Abnutzung (§ 16 Abs. 1 Z 8 EStG 1988)

Werden Wirtschaftsgüter mit einer Nutzungsdauer von mehr als einem Jahr zur Erzielung außerbetrieblicher Einkünfte verwendet, dann können die Aufwendungen nur im Wege der AfA berücksichtigt werden. § 13 EStG 1988 ist anzuwenden. Die §§ 7 und 8 EStG 1988 und die daraus abgeleiteten Grundsätze gelten sinngemäß. Eine Absetzung für außergewöhnliche technische oder wirtschaftliche Abnutzung ist möglich. Die Ausführungen in Rz 3101 ff, soweit sie sich nicht ausdrücklich auf Wirtschaftsgüter des Betriebsvermögens beziehen, sind sinngemäß zu beachten. Zur Bemessungsgrundlage siehe Rz 6422 ff. **4042**

10.2.7 Rückzahlung von Einnahmen (§ 16 Abs. 2 EStG 1988), Werbungskostenpauschale (§ 16 Abs. 3 EStG 1988)

Siehe die entsprechenden Rz der LStR 1999.

10.3 Auswirkungen des Umsatzsteuerrechts auf die Überschussrechnung

Die Umsatzsteuer kann im Rahmen der Überschusseinkünfte nach der Brutto- oder Nettomethode behandelt werden (vgl. Rz 4008). Im Rahmen der USt-Bruttomethode (vgl. Rz 745) ist die abziehbare Vorsteuer, die auf Ausgaben entfällt, die verteilt als Werbungskosten zu berücksichtigen sind oder berücksichtigt werden (§ 28 Abs. 2 und Abs. 3 EStG 1988), gesondert als Werbungskosten abzugsfähig (Verteilung des Nettowertes). **4043**

Eine Vorsteuerberichtigung gemäß § 12 Abs. 10 UStG 1994 führt nur dann zu Werbungskosten, wenn der die Vorsteuerberichtigung auslösende Vorgang einkommensteuerpflichtig ist. Löst der Verkauf eines Gebäudes eine Vorsteuerberichtigung aus, kommt ein Werbungskostenabzug bzw. eine Erfassung als Einnahme jedenfalls nicht im Rahmen der Einkünfte aus Vermietung und Verpachtung, sondern nur im Rahmen des Einkunftstatbestandes in Betracht, der durch den Verkauf verwirklicht wird (zB § 30 EStG 1988). In diesem Fall ist die berichtigte Vorsteuer bei Inanspruchnahme der Nettomethode – abweichend vom Grundsatz, dass die Umsatzsteuer bei der Einkünfteermittlung außer Ansatz bleibt – nach Maßgabe des Abflusses als Werbungskosten bzw. nach Maßgabe des Zuflusses als Einnahme zu berücksichtigen.

(AÖF 2005/110)

10.4 Zuwendungen an und von Privatstiftungen (§ 15 Abs. 3 EStG 1988)

Siehe StiftR 2009.

(AÖF 2010/43)

Randzahlen 4044 bis 4099: *derzeit frei*

11. Gewinn- bzw. Überschussermittlung nach Durchschnittssätzen (§ 17 EStG 1988)

11.1 Basispauschalierung (§ 17 Abs. 1 bis 3 EStG 1988)

11.1.1 Pauschalierungsvoraussetzungen

Sind die gesetzlichen Voraussetzungen für die Inanspruchnahme einer Pauschalierung erfüllt, steht es dem Steuerpflichtigen grundsätzlich frei, diese Form der Einkünfteermittlung in Anspruch zu nehmen. Bei einer Teilpauschalierung (Ausgabenpauschalierung) reicht dabei die Möglichkeit des Vorliegens von als Betriebsausgaben pauschal abzugsfähigen Aufwendungen oder Ausgaben für die Inanspruchnahme der Pauschalierung aus. **4100**

(AÖF 2003/209)

Die Basispauschalierung ist unter folgenden Voraussetzungen zulässig: **4101**

1. Es werden Einkünfte aus selbständiger Arbeit (freiberufliche Einkünfte, Einkünfte aus sonstiger selbständiger Arbeit) oder Einkünfte aus Gewerbebetrieb erzielt.
2. Es besteht keine Buchführungspflicht und es werden auch nicht freiwillig Bücher geführt, die eine Gewinnermittlung nach § 4 Abs. 1 EStG 1988 ermöglichen.
3. Aus der Steuererklärung geht hervor, dass der Steuerpflichtige von der Pauschalierung Gebrauch macht.

(AÖF 2007/88)

Die Basispauschalierung darf nur innerhalb der gesetzlichen Umsatzgrenze vorgenommen werden. Die Umsatzgrenze bezieht sich auf den Vorjahresumsatz des betreffenden Betriebes. Dieser Vorjahresumsatz darf nicht mehr als 220.000 Euro betragen. Maßgeblich ist der in § 125 BAO umschriebene Umsatz, also **4102**

Umsätze aus Lieferungen und sonstigen Leistungen

\+ Umsätze aus nicht steuerbaren Auslandsumsätzen

\+ Umsätze aus Eigenverbrauch

\- Umsätze gemäß § 6 Abs. 1 Z 8 und 9 UStG 1994 (zB Umsätze im Geschäft mit Geldforderungen und Wertpapieren, Umsätze aus dem Verkauf von Grundstücken im Sinne des Grunderwerbsteuergesetzes; in diesem Sinne sind auch Entschädigungen für Bodenwertminderungen auszuscheiden), außer wenn sie unmittelbar dem Betriebszweck oder dem Zweck des wirtschaftlichen Geschäftsbetriebes dienen

\- Umsätze gemäß § 10 Abs. 2 Z 4 UStG 1994 (Umsätze aus der Vermietung oder Verpachtung von Grund und Boden und Gebäuden), außer wenn sie unmittelbar dem Betriebszweck oder dem Zweck des wirtschaftlichen Geschäftsbetriebes dienen

\- Umsätze aus Geschäftsveräußerungen iSd § 4 Abs. 7 UStG 1994 (Veräußerung eines Unternehmens oder eines in der Gliederung eines Unternehmens gesondert geführten Betriebes im Ganzen)

\- Umsätze aus Entschädigungen (§ 32 Abs. 1 Z 1 EStG 1988) und aus besonderen Waldnutzungen

(AÖF 2013/280)

Die Grenze von 220.000 Euro ist auch für freiberufliche Betriebe und Betriebe von Steuerpflichtigen mit sonstigen selbstständigen Einkünften maßgebend. Sind Gesellschafter-Geschäftsführer keine Unternehmer im Sinne des UStG 1994, sind die Einnahmen aus der Geschäftsführertätigkeit maßgebend. Zur Behandlung von Kraftfahrzeugkosten (Kilometergelder) und Reisekosten (Tages- und Nächtigungsgelder) als durchlaufende Posten siehe Rz 4109a. Der Vorjahresumsatz ist auch dann maßgeblich, wenn die betreffende Tätigkeit im Vorjahr nicht das ganze Jahr hindurch ausgeübt worden ist; eine Umrechnung auf ein volles Jahr ist nicht vorzunehmen. **4103**

Wird ein Betrieb neu eröffnet oder im Wege einer Einzelrechtsnachfolge übernommen und liegen daher keine Vorjahresumsätze vor, kann die Verordnung ungeachtet der Höhe der Umsätze des laufenden Jahres angewendet werden (VwGH 25.10.2011, 2008/15/0200). Wird ein Betrieb im Wege der Gesamtrechtsnachfolge übernommen, ist die Verordnung nur dann anwendbar, wenn der Umsatz des letzten vollen Wirtschaftsjahres des Rechtsvorgängers 220.000 Euro nicht überschritten hat.

(BMF-AV Nr. 2015/133)

Die Umsatzgrenze ist für den einzelnen Betrieb zu ermitteln. Ob mehrere Tätigkeiten zur Annahme mehrerer Betriebe führen oder ob ein einheitlicher Betrieb anzunehmen ist, entscheidet sich nach der Verkehrsauffassung (siehe Rz 5286). Tätigkeiten als Gesellschafter-Geschäftsführer iSd § 22 Z 2 EStG 1988 für mehrere Gesellschaften können als einheitlicher **4104**

Betrieb angesehen werden, wenn die Tätigkeiten in einem engen wirtschaftlichen und organisatorischen Zusammenhang stehen. Die Umsätze einer Mitunternehmerschaft sind auch dann als Einheit anzusehen, wenn sie zwei oder mehrere betriebliche Tätigkeiten ausübt.

(BMF-AV Nr. 2018/79)

4105 Grundsätzlich ist die Basispauschalierung für alle Rechtsformen zulässig. Sie kann daher nicht nur von Einzelunternehmen und Mitunternehmerschaften, sondern auch von (nicht buchführungspflichtigen) Körperschaften in Anspruch genommen werden.

4106 Dem Wesen der Gewinnermittlungsart entsprechend ist Voraussetzung für die Basispauschalierung, dass weder Buchführungspflicht besteht noch freiwillig Bücher geführt werden. Das Erstellen einer vollständigen Einnahmen-Ausgaben-Rechnung hindert hingegen die Inanspruchnahme der Pauschalierung nicht.

11.1.2 Wesen und Funktionsweise der Basispauschalierung

4107 Die Basispauschalierung ist eine Form der Einnahmen-Ausgaben-Rechnung. Nimmt daher ein bisher buchführender Steuerpflichtiger erstmals die Pauschalierung in Anspruch, ist ein Übergangsgewinn (Übergangsverlust) zu ermitteln. Gleiches gilt, wenn der Steuerpflichtige von der Gewinnermittlung durch Basispauschalierung zur Buchführung übergeht. Der Wechsel von der vollständigen Einnahmen-Ausgaben-Rechnung zur Basispauschalierung oder umgekehrt löst hingegen keinen Übergangsgewinn aus.

4107a Die Einkünfte aus der Veräußerung von Grundstücken im Sinne des § 30 Abs. 1 EStG 1988 sind neben der Basispauschalierung gesondert unter Beachtung des § 4 Abs. 3a EStG 1988 zu ermitteln (siehe dazu Rz 763 ff). Sie sind daher nicht Teil der Bemessungsrundlage des Betriebsausgabenpauschales.

(AÖF 2013/280)

4108 Die „abpauschalierten" Betriebsausgaben sind als abgeflossene Betriebsausgaben zu werten, dh. insbesondere, dass während der Pauschalierung weder Nachzahlungen für Zeiträume davor noch Vorauszahlungen für Zeiträume danach abgesetzt werden können. Eine andere Besteuerungsperiode betreffende „pauschalierungsfähige" Ausgaben sind daher nach der jeweiligen Gewinnermittlungsart im Zeitpunkt des Abflusses zu behandeln. Ungeachtet des Umstandes, dass (mangels Ansatzes von Anlagevermögen) Rücklagen (steuerfreie Beträge) nach § 12 Abs. 5 EStG 1988 nicht mehr widmungsgemäß verwendet werden können, ist beim Übergang auf die Basispauschalierung hiefür kein Übergangsgewinn zu ermitteln. Die spätere Auflösung der Rücklagen (steuerfreien Beträge) ist als Betriebseinnahme anzusetzen. Zur Abfertigungsrückstellung (steuerfreier Betrag) siehe Rz 4121.

4109 Die Basispauschalierung bezieht sich nur auf Betriebsausgaben. Die Betriebseinnahmen sind daher grundsätzlich in der tatsächlichen Höhe anzusetzen (siehe aber Rz 4109a). Als Betriebseinnahmen sind sämtliche Umsätze im Sinne des § 125 Abs. 1 lit. a BAO (vgl. Rz 4102 f) zuzüglich sonstiger Betriebseinnahmen anzusetzen. Sonstige Betriebseinnahmen sind insb.

- Auflösungsbeträge von Rücklagen einschließlich Zuschlägen und von steuerfreien Beträgen,
- Zuschlag nach § 14 Abs. 5 EStG 1988 wegen des Fehlens von Wertpapieren,
- erhaltene Versicherungsentschädigungen und andere echte Schadenersätze,
- echte Subventionen (soweit nicht ohnehin nach § 3 Abs. 1 Z 6 EStG 1988 befreit),
- Entnahmen von Gegenständen des Unternehmens mit dem Teilwert der entnommenen Gegenstände.

(AÖF 2006/114)

4109a Durchlaufende Posten im Sinne des § 4 Abs. 3 EStG 1988 stellen keine Umsätze im Sinne des § 125 BAO dar. Als durchlaufende Posten gelten für die Pauschalierung auch eindeutig abgrenzbare Kostenersätze im Bereich der Reisekosten einschließlich der Kfz-Nutzung; dies gilt nur dann, wenn dem Kostenersatz Betriebsausgaben in gleicher Höhe gegenüberstehen. Zur Rechtslage ab der Veranlagung 2017 siehe Rz 4127a.

Beispiele:

1. *Ein Vortragsveranstalter bezahlt neben dem Vortragshonorar die Fahrtkosten für die Fahrt zum Vortrag zB in Höhe des Kilometergeldes sowie die tatsächlichen Nächtigungskosten. Die Kostenersätze sind für Zwecke der Pauschalierung nicht als Betriebseinnahmen anzusetzen, die ersetzten Aufwendungen sind dementsprechend keine Betriebsausgaben und haben auf das Betriebsausgabenpauschale keine Auswirkung.*
2. *Ein wesentlich beteiligter GmbH-Geschäftsführer erhält für die betrieblichen Fahrten mit dem eigenen Pkw Kilometergelder als Kostenersatz. Er fährt 15.000 km betrieb-*

lich und 10.000 km privat. Das Kilometergeld für 15.000 km kann nicht als durchlaufender Posten behandelt werden, weil der GmbH-Geschäftsführer auf Grund der überwiegenden betrieblichen Nutzung nur die anteiligen tatsächlichen Kfz-Kosten als Betriebsausgaben geltend machen könnte (siehe Rz 1612f). Um als durchlaufender Posten angesehen werden zu können, dürfte der Kostenersatz in diesem Fall nur in Höhe der auf die betriebliche Nutzung entfallenden anteiligen Kfz-Kosten des GmbH-Geschäftsführers geleistet werden.

Bei unentgeltlicher Überlassung von Kraftfahrzeugen im Sinn der Rz 1069 gilt hinsichtlich der Pauschalierung Folgendes: Wird der geldwerte Vorteil in Höhe des Wertes nach der Sachbezugsverordnung geschätzt, stellt dieser Wert eine Betriebseinnahme dar, die die Bemessungsgrundlage für das Pauschale erhöht. Wird der geldwerte Vorteil auf Grundlage der tatsächlichen Kosten ermittelt, ist für die Anwendung der Pauschalierung ebenfalls nur der auf den privaten Nutzungsanteil entfallende Teil der Fahrzeugüberlassung als Betriebseinnahme zu erfassen.

Beispiel:

Die ersparten Aufwendungen betragen insgesamt 1.000 €. Davon entfallen 400 € (40%) auf betriebliche Fahrten. Für Zwecke der Inanspruchnahme des § 17 EStG 1988 ist von Betriebseinnahmen in Höhe von 600 € auszugehen, die in die Bemessungsgrundlage zur Ermittlung des Betriebsausgabenpauschales eingehen.

(AÖF 2006/114, BMF-AV Nr. 2018/79)

Nicht als Betriebseinnahmen, sondern als Betriebsausgabenkürzungen sind Preisminderungen (Skonti, Gewährleistung) und Nutzungsentnahmen (Eigenverbrauch) wie zB der Privatanteil von Kraftfahrzeugen oder Aufwendungen für privat genutzte Gebäudeteile anzusehen. Gutschriften für Verpackungsgebinde (Kisten, Paletten) stellen aufgrund des Durchlaufcharakters ebenfalls keine Betriebseinnahmen dar. **4110**

Kapitalerträge, die der Steuerabgeltung gemäß § 97 EStG 1988 unterliegen, können nach Wahl des Steuerpflichtigen folgendermaßen behandelt werden: **4111**

- Die Kapitalerträge werden als endbesteuert bei Ermittlung des pauschalierten Gewinnes ausgeschieden; in einem derartigen Fall ist die anfallende Kapitalertragsteuer auf die Einkommensteuer nicht anzurechnen.
- Wird zur Veranlagung der Kapitalerträge optiert, sind diese als Betriebseinnahmen anzusetzen. In diesem Fall ist die Kapitalertragsteuer auf die Einkommensteuer anzurechnen und gegebenenfalls zu erstatten.

Von den Betriebseinnahmen sind einerseits das Betriebsausgabenpauschale und andererseits (abgeflossene) tatsächliche Ausgaben für die im Gesetz angeführten Gruppen von Betriebsausgaben abzusetzen (siehe Rz 4113 f). **4112**

Die pauschale Gewinnermittlung umfasst beide Ebenen der Gewinnermittlung: Auf der ersten Ebene der Gewinnermittlung (Ermittlung des verteilungsfähigen Gewinnes) ist neben den nach § 17 Abs. 1 EStG 1988 gesondert abzugsfähigen Betriebsausgaben das Betriebsausgabenpauschale zu berücksichtigen. Da Leistungsvergütungen im Sinne des § 23 Z 2 EStG 1988 (Vergütungen der Gesellschaft an den Gesellschafter für Tätigkeiten im Dienste der Gesellschaft, für die Hingabe von Darlehen oder für die Überlassung von Wirtschaftsgütern) als Sonderbetriebseinnahmen in voller Höhe anzusetzen sind, sind sie bei Ermittlung des verteilungsfähigen Gewinnes in voller Höhe zu berücksichtigen; sie sind daher vom Betriebsausgabenpauschale nicht erfasst. **4112a**

Auf der zweiten Ebene der Gewinnermittlung steht ein Betriebsausgabenpauschale nicht zu, weil dafür keine Bemessungsgrundlage (Umsätze) vorhanden ist. Sonderbetriebsausgaben sind hier (nur) anzusetzen, wenn sie gemäß § 17 Abs. 1 EStG 1988 gesondert zu berücksichtigen sind (VwGH 19.9.2013, 2011/15/0107).

Beispiel:

An der gewerblich tätigen ABC-OG sind A, B und C jeweils zu einem Drittel beteiligt. Diese OG erzielt Umsätze von 52.500 Euro.

A steht in einem Dienstverhältnis zur Gesellschaft und erhält einen Arbeitslohn von 13.000 Euro. Im Rahmen dieser Tätigkeit beschäftigt er (unter fremdüblichen Bedingungen) eine Sekretärin, der er dafür einen Lohn iHv 1.000 Euro bezahlt.

B hat eine Gebäude an die OG vermietet, das diese betrieblich nutzt und dafür eine Miete an B in Höhe von 9.200 Euro bezahlt. Die AfA für das Mietgebäude beträgt 700 Euro

C hat seinen Anteil fremdfinanziert und bezahlt an Zinsen 500 Euro.

Der steuerliche Gewinn der OG ist unter Anwendung der Basispauschalierung folgendermaßen zu ermitteln:

Erste Ebene der Gewinnermittlung:

Umsätze	*52.500*
Betriebsausgabenpauschale (12% der Umsätze)[1]	*–6.300*
Arbeitslohn A (als Sonderbetriebseinnahme zu erfassen)	*–13.000*
Miete B (als Sonderbetriebseinnahme zu erfassen)	*–9.200*
Verteilungsfähiger Gewinn (vor Berücksichtigung von Sonderbetriebsausgaben und Sonderbetriebseinnahmen	*24.000*

[1] *Auf Gesellschaftsebene existieren keine zusätzlich abzugsfähigen Betriebsausgaben*

Zweite Ebene der Gewinnermittlung:

	Gewinnanteil A	*Gewinnanteil B*	*Gewinnanteil C*
Drittelanteil	*8.000*	*8.000*	*8.000*
Sonderbetriebseinnahme A	*+ 13.000*		
Sonderbetriebsausgabe A	*–1.000*		
Sonderbetriebseinnahme B		*+9.200*	
Steuerlicher Gewinnanteil	*20.000*	*17.200*[2]	*8.000*[2]
Steuerlicher Gewinn der OG		*45.200*	

[2] *Die Sonderbetriebsausgaben AfA und Zinsen sind nicht gesondert abzugsfähig.*

(BMF-AV Nr. 2015/133)

11.1.3 Ermittlung der Betriebsausgaben

11.1.3.1. Allgemeines

4113 Seit 1997 beträgt das Betriebsausgabenpauschale 6% für Tätigkeiten iSd § 22 Z 2 EStG 1988 (zB wesentlich beteiligte Gesellschafter-Geschäftsführer, Aufsichtsräte, Hausverwalter, siehe dazu Rz 4113b), bei Einkünften aus einer kaufmännischen oder technischen Beratung (siehe dazu auch Rz 7937 f), bei Einkünften aus einer schriftstellerischen, vortragenden, wissenschaftlichen, unterrichtenden oder erzieherischen Tätigkeit (siehe dazu auch Rz 5262 ff).

Für die übrigen Tätigkeiten im Rahmen der Einkünfte aus selbstständiger Arbeit bzw. Gewerbebetrieb beträgt das Betriebsausgabenpauschale 12%.

Ab der Veranlagung 2004 ist das Betriebsausgabenpauschale gedeckelt. Der Höchstbetrag beträgt

- bei Anwendung des Pauschalsatzes von 6%: 13.200 Euro,
- bei Anwendung des Pauschalsatzes von 12%: 26.400 Euro.

Die Höchstbeträge ergeben sich aus der Anwendung der Pauschalsätze auf die als Anwendungsvoraussetzung in § 17 Abs. 2 Z 2 EStG 1988 vorgesehene Umsatzgrenze von 220.000 Euro. Die Begrenzung zielt darauf ab, einer gezielten Ausnutzung der Pauschalierung in Fällen entgegenzuwirken, in denen sich aus der Ableitung der Pauschalierung von den jeweiligen Jahresumsätzen ein verglichen mit den tatsächlichen Verhältnissen überhöhter Betriebsausgabenpauschalbetrag ergibt. Die Begrenzung ist sachlich gerechtfertigt, da erfahrungsgemäß bei umsatzstarken Betrieben der Zuwachs an Betriebsausgaben nicht linear mit dem Umsatz steigt.

(AÖF 2008/238)

4113a Die Basispauschalierung kommt nur für Einkünfte in Betracht, die aus einer im Veranlagungsjahr aktiv ausgeübten Betätigung herrühren. Ruhebezüge oder (nachträgliche) betriebliche Einkünfte aus einer ehemaligen aktiven Tätigkeit sind von der Pauschalierung nicht erfasst (VwGH 16.9.2003, 2000/14/0175).

(AÖF 2004/167)

4113b Bei Einkünften gemäß § 22 Z 2 EStG 1988 (insbesondere wesentlich beteiligte Gesellschafter-Geschäftsführer) beträgt das Pauschale 6%, wobei es auf die Art der Tätigkeit nicht ankommt (VwGH 25.06.2007, 2002/14/0100, betreffend einen wesentlich beteiligten Gesellschafter-Geschäftsführer).

(AÖF 2008/238)

4114 Einheitliche Tätigkeiten sind nicht aufzuteilen (zB Steuerberater, der auch kaufmännische Beratungen vornimmt – einheitliches Betriebsausgabenpauschale von 12%). Bei Tätigkeiten, die nicht nur einem einzigen Berufsbild entsprechen, sind hingegen die jeweils unterschiedlichen Pauschsätze einkünftebezogen anzusetzen (zB Steuerberater, der auch als Fachschriftsteller tätig ist – für die Einnahmen als Steuerberater beträgt das Betriebsausgabenpauschale 12%, für die schriftstellerischen Einnahmen 6%).

Das Betriebsausgabenpauschale von 6% für kaufmännische oder technische Beratung betrifft nur Tätigkeiten, die nicht über die Beratung hinausgehen. Beratungsleistungen sind insb. reine Konsulententätigkeiten (VwGH 24.11.2016, Ro 2014/13/0028). Tätigkeiten, die über die Beratung hinausgehen (zB Erstellung von Bauplänen, Durchführung statischer Berechnungen, Durchführung der Bauaufsicht, überwachende Tätigkeiten im Markscheidewesen) unterliegen dem Betriebsausgabenpauschale von 12%.

(BMF-AV Nr. 2018/79)

Das Betriebsausgabenpauschale leitet sich vom Umsatz im Sinne des § 125 Abs. 1 lit a BAO ab. Bemessungsgrundlage für den Pauschalierungssatz sind nur diese Umsätze, nicht aber die daneben anzusetzenden Betriebseinnahmen. **4115**

(AÖF 2007/88)

Neben dem Betriebsausgabenpauschale dürfen noch die unter Rz 4117 ff angeführten Ausgaben – unter den dort angeführten Voraussetzungen – in tatsächlicher Höhe abgezogen werden. Die Ausgaben müssen im Sinne des § 19 EStG 1988 abgeflossen sein. **4116**

Steuerberatungskosten sind nicht mit dem Betriebsausgabenpauschale abgegolten, sondern können als Sonderausgaben berücksichtigt werden (vgl. VwGH 24.10.2002, 98/15/0145); siehe Rz 561 ff LStR 2002. **4116a**

(AÖF 2004/167)

Nehmen Ärzte, die neben nichtselbständigen Einkünften auch Einkünfte gemäß § 22 Z 1 lit. b letzter Satz EStG 1988 (Sonderklassegebühren) erzielen, hinsichtlich der Sonderklassegebühren das Betriebsausgabenpauschale nach § 17 Abs. 1 EStG 1988 in Anspruch, sind bei den nichtselbständigen Einkünften jene Werbungskosten, die sowohl durch die nichtselbständigen Einkünfte als auch durch die Sonderklassegebühren veranlasst sind, zu kürzen; der Anteil, der auf die Sonderklassegebühren entfällt, wird nämlich bereits durch das Betriebsausgabenpauschale berücksichtigt. Die Kürzung hat nach dem Einnahmenschlüssel zu erfolgen (Verhältnis der Einnahmen nach § 22 Z 1 lit. b letzter Satz EStG 1988 zu den den laufenden steuerpflichtigen nichtselbständigen Einkünften zuzuordnenden Einnahmen [Kennzahl 210 abzüglich Kennzahlen 215 und 220 des Lohnzettels], siehe auch Rz 1094). Aufwendungen für Fahrten Wohnung - Arbeitsstätte sind nicht als Betriebsausgaben zu berücksichtigen, da sie mit dem Verkehrsabsetzbetrag und dem Pendlerpauschale abgedeckt sind (vgl. Rz 1528). **4116b**

Zieht die Krankenanstalt bei der Abrechnung der Beträge von dem Anteil, der auf den Arzt entfällt, für die Nutzung der Einrichtungen der Krankenanstalt einen „Hausanteil" (wie zB nach § 54 Abs. 3 oö. KAG 1997) ab und wird dieser Hausanteil als Betriebsausgabe berücksichtigt, steht ein Betriebsausgabenpauschale nach § 17 Abs. 1 EStG 1988 nicht zu (VwGH 22.02.2007, 2002/14/0019). Bei Inanspruchnahme des Betriebsausgabenpauschales nach § 17 Abs. 1 EStG 1988 ist die Betriebsausgabe für den Hausanteil vom Pauschale erfasst. Dies ist ab der Veranlagung 2008 anzuwenden. Für Veranlagungszeiträume vor 2008 bestehen keine Bedenken, wenn in derartigen Fällen das Pauschale auch bei Abzug eines Hausanteils als Betriebsausgabe berücksichtigt wird.

(AÖF 2009/74)

11.1.3.2 Ausgaben für Waren, Halberzeugnisse, Roh- und Hilfsstoffe sowie Zutaten

Es fallen darunter nur solche Waren usw., die in ein Wareneingangsbuch einzutragen sind oder – bei angenommener gewerblicher Einkunftsart – einzutragen wären. Um welche Waren es sich dabei handelt, ergibt sich für den gewerblichen Bereich unmittelbar aus der Definition des § 128 BAO. Bei Freiberuflern kommen nur solche Waren usw. in Betracht, die – wenn auch im Rahmen der freiberuflichen Tätigkeit – nach gewerblicher Art weiterveräußert werden (z.B. Medikamente der Hausapotheke eines insgesamt freiberuflich tätigen Arztes). Ausgaben für Waren usw., die für Dienstleistungen eingesetzt werden (beispielsweise auch „wertvolle Waren" wie Zahngold), können weder bei Gewerbetreibenden noch bei Freiberuflern gesondert abgesetzt werden. **4117**

„Ausgaben für den Eingang an Waren" umfassen Anschaffungskosten inklusive Anschaffungsnebenkosten (zB Bezugskosten). Eine mengenabhängige Einkaufsprovision, deren Höhe sich exakt nach der Art und Menge der eingekauften Waren bestimmt (zB Provision in Höhe von 1 S pro eingekauftem kg Futtermittel) ist als Anschaffungsnebenkosten zur Warenanschaffung zu qualifizieren. Derartige Provisionen sind als „Ausgaben für den Eingang an Waren" neben dem Betriebsausgabenpauschale gesondert absetzbar.

Der gesonderte Abzug der Waren usw. ist im Wesentlichen § 2 Z 1 der VO über die Gewinnermittlung nach Durchschnittssätzen bei Gewerbetreibenden (BGBl. Nr. 55/1989) **4118** nachgebildet. Nicht unter diesen Begriff fallen daher all jene Ausgaben, die in der erwähnten Verordnung unter § 2 Z 2 ff angeführt sind. So sind insbesondere Energiekosten (Beheizung, Strom usw.) einschließlich Treibstoffen (Benzin für Kraftfahrzeuge) nicht den „Roh- und Hilfsstoffen" zuzuordnen und daher „abpauschaliert".

11.1.3.3 Ausgaben für Löhne samt Lohnnebenkosten

4119 Ausgaben für Löhne sind sämtliche laufend oder in Form sonstiger Bezüge (§ 67 EStG 1988) ausbezahlten Löhne und Gehälter einschließlich der darauf entfallenden Lohnsteuer. Steuerpflichtige Sachbezüge gehören zum Arbeitslohn und stellen daher aus der Sicht des Arbeitgebers Lohnaufwand dar. Soweit die dem Sachbezug entsprechenden Aufwendungen des Arbeitgebers (z.B. Abschreibungen, Kfz-Kosten für Dienstwagen) von der Pauschalierung erfasst sind, ist der zugerechnete Sachbezug als Betriebsausgabe absetzbar.

4120 Vom Arbeitgeber gewährte steuerfreie Bezugsteile nach § 3 EStG 1988 oder § 26 EStG 1988 sind als Betriebsausgaben absetzbar, soweit eine individuelle Zuordnung an bestimmte Dienstnehmer möglich ist und der Vorteil beim einzelnen Dienstnehmer in Geld besteht und nicht freiwilliger Sozialaufwand (z.B. Zurverfügungstellung von Betriebseinrichtungen im Sinne des § 3 Abs. 1 Z 13 EStG 1988, Durchführung von Betriebsveranstaltungen im Sinne des § 3 Abs. 1 Z 14 EStG 1988 oder Gewährung verbilligter Mahlzeiten im Sinne des § 3 Abs. 1 Z 17 EStG 1988) vorliegt. Neben dem Betriebsausgabenpauschale abzugsfähig sind daher im Rahmen des § 3 EStG 1988 steuerbefreite Bezüge (Einkünfte) nach § 3 Abs. 1 Z 10, Z 11, Z 12 und Z 15 lit. a EStG 1988. Im Rahmen des § 26 EStG 1988 sind nur Beträge nach § 26 Z 4 und Z 6 EStG 1988 gesondert abzugsfähig.

4121 Steuerfreie Beträge für Abfertigungsverpflichtungen nach § 14 Abs. 6 EStG 1988 können abgezogen werden. Vor Anwendung der Basispauschalierung gebildete Abfertigungsrückstellungen (steuerfreie Beträge) sind weiterzuführen. Prämien zu Abfertigungsversicherungen führen insoweit zu Betriebsausgaben, als sie die Forderung aus der Versicherung übersteigen.

Randzahl 4122: *derzeit frei*

(BMF-AV Nr. 2021/65)

4123 Unter die Lohnnebenkosten fallen insbesondere der Dienstgeberanteil zur gesetzlichen Sozialversicherung, der Dienstgeberbeitrag zum Familienlastenausgleichsfonds (DB), die Kommunalsteuer (KommSt), die Wiener U-Bahn-Abgabe, die Betriebsratsumlage sowie Pensionskassenbeiträge.

11.1.3.4 Ausgaben für Fremdlöhne, soweit diese unmittelbar in Leistungen eingehen, die den Betriebsgegenstand des Unternehmens bilden

4124 Darunter fallen insbesondere Ausgaben auf Grund von Arbeitskräftegestellungen sowie auf Grund von Werkverträgen. Bei der Güterproduktion gehen die Fremdlöhne nur dann in die Leistungen ein, wenn sie zwingend zu den Anschaffungskosten (§ 203 Abs. 2 UGB) oder Herstellungskosten (§ 6 Z 2 lit. a EStG 1988) des Umlaufvermögens gehören. Bei Dienstleistungen liegen abzugsfähige Fremdlöhne nur dann vor, wenn es sich um Fremdleistungen handelt, die ihrer Art nach an den Auftraggeber erbracht werden (zB Ausgaben für Schuhreparaturen durch Dritte, an nachgeordnete Ärzte weiterbezahlte Sonderklassegebühren, Substitutskosten bei Rechtsanwälten, Fremdleistungskosten – einschließlich jene für Datenverarbeitungsleistungen – bei Wirtschaftstreuhändern).

(AÖF 2008/238)

4125 Wird von jenem Honorar, das der Facharzt für die Behandlung von Patienten der Sonderklasse erhält, ein pauschaler Honorarrücklass für die Leistungen der Krankenanstalt abgezogen, dann handelt es sich dabei nicht um „Fremdlöhne". Der Haftrücklass ist durch das Betriebsausgabenpauschale gedeckt und darf nicht neben diesem Pauschale abgesetzt werden.

11.1.3.5 Sozialversicherungsbeiträge

4126 Zusätzlich zum Betriebsausgabenpauschale kann auch die gesetzliche Sozialversicherung iSd § 4 Abs. 4 Z 1 EStG 1988 gewinnmindernd geltend gemacht werden (siehe dazu Rz 1235 ff). Ebenso können auch an eine Betriebliche Vorsorgekasse (BV-Kasse) geleistete Pflichtbeiträge im Sinne des BMSVG zusätzlich geltend gemacht werden. Dies gilt auch für Beiträge von Unternehmern, die von der Optionsmöglichkeit in die Selbständigenvorsorge Gebrauch gemacht haben.

(AÖF 2009/74)

4127 Die nicht unter Rz 4117 ff fallenden Betriebsausgaben sind durch das Betriebsausgabenpauschale abgedeckt. Es handelt sich dabei insbesondere um Betriebsausgaben aus dem Titel

- Abschreibungen (§§ 7, 8 und 13 EStG 1988),

- Restbuchwerte abgehender Anlagen,
- Investitionsfreibeträge,
- Fremdmittelkosten,
- Miete und Pacht,
- Post und Telefon,
- Betriebsstoffe (Brenn- und Treibstoffe),
- Energie und Wasser,
- Werbung,
- Rechts- und Beratungskosten; Steuerberatungskosten sind Sonderausgaben, siehe Rz 4116a),
- Provisionen, außer mengenabhängige Einkaufsprovisionen (siehe Rz 4117),
- Büroausgaben,
- Prämien für Betriebsversicherungen,
- Betriebssteuern,
- Instandhaltung, Reinigung durch Dritte,
- Kraftfahrzeugkosten,
- Reisekosten (einschließlich Tages- und Nächtigungsgelder),
- Trinkgelder.

(AÖF 2008/238)

11.1.3.6 Reise- und Fahrtkosten

(BMF-AV Nr. 2018/79)

Ab der Veranlagung 2017 sind Reise- und Fahrtkosten abzugsfähig, soweit ihnen ein Kostenersatz in gleicher Höhe gegenübersteht. Diese Reise- und Fahrtkosten vermindern die Umsätze für die Ermittlung des Pauschales. **4127a**

Davon betroffen sind sowohl Reise- und Fahrtkosten, die vom Auftraggeber von vorneherein übernommen werden, als auch solche, die zuerst vom Auftragnehmer verausgabt und in weitere Folge ersetzt werden. Um auch im Rahmen der Pauschalierung den Durchlaufcharakter zu wahren, sind sie einerseits aus der Bemessungsgrundlage für die Pauschalierung ausgenommen, andererseits als Betriebsausgabe absetzbar.

Zur Rechtslage bis zur Veranlagung 2016 siehe Rz 4109a.

(BMF-AV Nr. 2018/79)

11.1.4 Pauschalierung im Zusammenhang mit der Umsatzsteuer

Die einkommensteuerliche Pauschalierung ist von der umsatzsteuerlichen Pauschalierung unabhängig. Die Pauschalierungen können ohne jegliche wechselseitige Bindungen jeweils gesondert gewählt werden. **4128**

Die Basispauschalierung ist unabhängig davon möglich, ob der Steuerpflichtige die Umsatzsteuer ertragsteuerlich nach dem Bruttosystem oder nach dem Nettosystem (§ 4 Abs. 3 vorletzter Satz EStG 1988) ansetzt. **4129**

Steuerpflichtige, die eine Vorsteuerpauschalierung gemäß § 14 Abs. 1 Z 2 UStG 1994 in Anspruch nehmen, können als Einnahmen-Ausgaben-Rechner generell nur nach dem Bruttosystem vorgehen. Im Hinblick darauf, dass die Basispauschalierung wesensmäßig eine Einnahmen-Ausgaben-Rechnung darstellt, gilt dies auch für diese Form der Gewinnermittlung. Im Übrigen schließt auch die Anwendung der Pauschalierung nach § 14 Abs. 1 Z 1 UStG 994 die Nettomethode bei einer „normalen Einnahmen-Ausgaben-Rechnung" (ohne Anwendung des § 17 Abs. 1 bis 3 EStG 1988) aus (vgl. Rz 753 f).

Wird das Nettosystem gewählt, ist weder die auf Grund von Lieferungen oder sonstigen Leistungen geschuldete Umsatzsteuer noch die an andere Unternehmer bezahlte Umsatzsteuer (Vorsteuer) noch eine Umsatzsteuerzahllast anzusetzen. Das Betriebsausgabenpauschale ist als Nettogröße zu werten. Ungeachtet des Umstandes, ob bei der Umsatzsteuer eine Vorsteuerpauschalierung nach § 14 Abs. 1 Z 1 UStG 1994 gewählt worden ist oder die tatsächlichen Vorsteuern angesetzt worden sind, darf daher aus dem Betriebsausgabenpauschale keine Umsatzsteuer herausgerechnet werden. **4130**

Beim Bruttosystem sind sowohl die auf Grund von Lieferungen oder sonstigen Leistungen geschuldete Umsatzsteuer als auch die an andere Unternehmer bezahlte Umsatzsteuer (Vorsteuer) sowie die Umsatzsteuerzahllast anzusetzen. Da das Betriebsausgabenpauschale als Nettogröße anzusehen ist, ist die auf ertragsteuerlich „abpauschalierte" Betriebsaus- **4131** gaben entfallende Vorsteuer gesondert anzusetzen. Wird im Bereich der Umsatzsteuer die Vorsteuerpauschalierung nach § 14 Abs. 1 Z 1 UStG 1994 in Anspruch genommen, ist das Vorsteuerpauschale ebenfalls gesondert als Betriebsausgabe anzusetzen. Im Fall einer unechten Umsatzsteuerbefreiung (zB Kleinunternehmer iSd § 6 Abs. 1 Z 27 UStG 1994) oder im Fall eines Gesellschafter-Geschäftsführers, der umsatzsteuerlich nicht als Unternehmer behandelt wird (siehe UStR 2000 Rz 184), kann ab der Veranlagung 2019 die auf abpauschalierte Betriebsausgaben entfallende – einkommensteuerlich abzugsfähige – Umsatzsteuer nicht in Höhe des rechnerisch ermittelten Vorsteuerpauschales gemäß § 14 UStG 1994 berücksichtigt werden (BFG 18.1.2016, RV/7100168/2016). Es kann nur die auf abpauschalierte Betriebsausgaben entfallende tatsächliche Umsatzsteuer angesetzt werden.

Neben dem Betriebsausgabenpauschale sind somit beim Bruttosystem aus dem Titel der Umsatzsteuer absetzbar:

- sämtliche gesondert absetzbaren Betriebsausgaben einschließlich Umsatzsteuer,
- die auf Anlagenzugänge entfallende Vorsteuer, soweit sie bei Inanspruchnahme des Vorsteuerpauschales nicht vom Vorsteuerpauschale erfasst ist,
- die auf pauschalierte Betriebsausgaben entfallende tatsächliche Umsatzsteuer oder – bei Inanspruchnahme der Vorsteuerpauschalierung – der darauf entfallende Vorsteuerpauschalbetrag).

(BMF-AV Nr. 2021/65)

4132 Damit wird dem Grundprinzip des § 4 Abs. 3 EStG 1988 Rechnung getragen, wonach die Umsatzsteuer grundsätzlich den Charakter eines durchlaufenden Postens aufzuweisen hat. Dies gewährleistet, dass die Nettomethode und die Bruttomethode jeweils zum selben steuerlichen (Total-)Gewinn führen.

Beispiel:

Aus Gründen einer systematischen Darstellung werden bei den folgenden Angaben und Berechnungen Periodenverschiebungen auf Grund „nachhängender“ USt-Fälligkeiten sowie die besondere („13.“) Umsatzsteuervorauszahlung zum 15. Dezember vernachlässigt.

Einnahmen brutto:

Warenerlöse usw. 2.400.000 (400.000 USt)

Ausgaben brutto:

Waren 1.440.000 (240.000 USt), Anlageninvestitionen (über 15.000, 10 Jahre ND) 360.000 (60.000 USt), Löhne, Gehälter samt Nebenkosten 300.000, Sonstige Ausgaben 240.000 (40.000 USt).

Zahllast USt bei Einnahmen-Ausgaben-Rechnung

	ohne USt-Pauschalierung	*mit USt-Pauschalierung*
Geschuldete Ust	*400.000*	*400.000*
Vst Waren	*– 240.000*	*– 240.000*
Vst Anlagen	*– 60.000*	*– 60.000*
Vst sonstige Ausgaben	*– 40.000*	*– 36.000*
Zahllast	*60.000*	*64.000*

Einnahmen-Ausgaben-Rechnung mit ESt-Pauschalierung

Bruttomethode:	*2.400.000*	
Umsatz brutto		
Wareneinsatz brutto		*1.440.000*
Lohnaufwand		*300.000*
Zahllast		*60.000*
		(64.000 bei USt-Pauschalierung)
Vorsteuer aus Anlageninvestitionen	*60.000*	
Vorsteuer aus pauschalierten		
Ausgaben		*40.000*
		(36.000 bei USt-Pauschalierung)

12% von 2.000.000	*240.000*	
Summe Betriebsausgaben	*2.140.000*	
Gewinn	*260.000*	
Nettomethode:		
Umsatz netto	*2.000.000*	
Wareneinsatz netto		*1.200.000*
Lohnaufwand		*300.000*
12% von 2.000.000		*240.000*
Summe Betriebsausgaben		*1.740.000*
Gewinn	*260.000*	

11.1.5 Wechsel der Gewinnermittlung

Die Inanspruchnahme der Basispauschalierung muss nicht gesondert beantragt werden. **4133**
Es genügt, wenn der Steuerpflichtige dies in den Beilagen zur Steuererklärung eindeutig dokumentiert. Ein Wechsel von der vollständigen Einnahmen-Ausgaben-Rechnung zur Basispauschalierung und umgekehrt ist bis zur Rechtskraft des Bescheides möglich. Erfolgt ein Rücktritt von der Basispauschalierung, obwohl für die nachfolgenden Jahre eine Veranlagung unter Zugrundelegung dieser Pauschalierung stattgefunden hat, ermöglicht § 295 Abs. 3 BAO eine Änderung der die Folgejahre betreffenden Bescheide, um der Bestimmung des § 17 Abs. 3 EStG 1988 – Verbot der Pauschalierung für die folgenden fünf Jahre – zu entsprechen (VwGH 27.02.2003, 99/15/0143). Der Rücktritt von der erstmalig beanspruchten Basispauschalierung löst keine Sperrfrist nach § 17 Abs. 3 EStG 1988 aus (VwGH 21.09.2006, 2006/15/0041).

(AÖF 2010/43)

Hat sich der Steuerpflichtige der Basispauschalierung (erstmals) bedient, so ist ein Wechsel **4134**
zur Gewinnermittlung durch Buchführung oder durch Geltendmachung der Betriebsausgaben nach den allgemeinen Vorschriften jederzeit möglich. Der Wechsel der Gewinnermittlung ist – ausgenommen nach der bis 2006 geltenden Rechtslage bei unterjähriger Protokollierung eines Gewerbetreibenden – nur zu Beginn eines Kalenderjahres möglich. Im Fall eines freiwilligen Wechsels von der Basispauschalierung zur Gewinnermittlung durch Buchführung oder durch Geltendmachung der Betriebsausgaben nach den allgemeinen Vorschriften ist ein neuerlicher Übergang zur Basispauschalierung gemäß § 17 Abs. 3 EStG 1988 durch denselben Steuerpflichtigen frühestens nach Ablauf von fünf Wirtschaftsjahren zulässig; die Sperrwirkung bezieht sich nicht auch auf den Rechtsnachfolger. Fälle eines durch Überschreiten von Umsatzgrenzen erzwungenen Wechsels sind von § 17 Abs. 3 EStG 1988 nicht erfasst.

(AÖF 2008/238)

11.1.6 Aufzeichnungsverpflichtungen

Aus ertragsteuerlicher Sicht sind im Rahmen der Basispauschalierung nach § 126 BAO **4135**
aufzuzeichnen bzw. die entsprechenden Belege aufzubewahren:

- die Betriebseinnahmen,
- die gesondert absetzbaren Betriebsausgaben (Pflichtversicherungsbeiträge des Unternehmers, Ausgaben für Löhne einschließlich Lohnnebenkosten, Ausgaben für Waren usw. sowie Ausgaben für Fremdlöhne).

Aus den Aufzeichnungen muss der Zeitpunkt der Bezahlung hervorgehen.

Nach Maßgabe der §§ 127 und 128 BAO ist ein Wareneingangsbuch zu führen. **4136**

Ein Anlageverzeichnis (§ 7 Abs. 3 EStG 1988) ist grundsätzlich nicht erforderlich. Geht **4137**
der Steuerpflichtige zur Buchführung oder zur vollständigen Geltendmachung der Betriebsausgaben im Rahmen der Gewinnermittlung nach § 4 Abs. 3 EStG 1988 über, so ist der Restbuchwert von abnutzbarem Anlagevermögen durch rechnerische Fortschreibung der Anschaffungs- oder Herstellungskosten unter Berücksichtigung der Dauer der bisherigen Nutzung und der betriebsgewöhnlichen Nutzungsdauer zu ermitteln. In diesem Sinn ist auch im Fall der Veräußerung oder Aufgabe des Betriebes vorzugehen.

Grund und Boden des Anlage- und Umlaufvermögens ist in die Anlagekartei (Anlage- **4137a**
verzeichnis) gemäß § 7 Abs. 3 EStG 1988 aufzunehmen. Der Gewinn aus Grundstücksveräußerungen ist gesondert zu ermitteln (siehe Rz 4109a). Auf Grund der gesonderten Gewinnermittlung ist daher auch bei Anwendung der Basispauschalierung hinsichtlich des Grund und Bodens jedenfalls eine Anlagekartei zu führen. Auf Grund der gesonderten

Gewinnermittlung sind in der Anlagekartei auch die im Betriebsvermögen befindlichen Gebäude zu erfassen, wobei für die Gebäude jährlich eine rechnerische AfA vorzunehmen ist, unabhängig davon, dass die AfA – auf Grund des Zusammenhanges mit dem laufenden Betrieb – durch das Betriebsausgabenpauschale konsumiert ist. Dadurch wird aber der für die Ermittlung des Gewinnes aus einer Grundstücksveräußerung erforderliche Buchwert evident gehalten.

(AÖF 2013/280)

4138 Die Verpflichtung, die Betriebseinnahmen und Betriebsausgaben nach der in der Steuererklärung vorgesehenen gruppenweisen Gliederung auszuweisen (§ 44 Abs. 4 EStG 1988), bleibt unberührt. Aus der Steuererklärung muss hervorgehen, dass der Steuerpflichtige von der Pauschalierung Gebrauch macht.

(AÖF 2007/88)

11.2 Kleinunternehmerpauschalierung (§ 17 Abs. 3a EStG 1988)

(BMF-AV Nr. 2021/65)

11.2.1 Allgemeines

(BMF-AV Nr. 2021/65)

4139 Mit dem Steuerreformgesetz 2020, BGBl. I Nr. 103/2019, wurde die Kleinunternehmerpauschalierung geschaffen (§ 17 Abs. 3a EStG 1988). Die Pauschalierung in der Fassung des Steuerreformgesetzes 2020, BGBl. I Nr. 103/2019, ist nur bei der Veranlagung 2020 anwendbar.

Mit dem COVID-19-Steuermaßnahmengesetz – COVID-19-StMG, BGBl. I Nr. 3/2021, wurde die Kleinunternehmerpauschalierung geändert. Die Pauschalierung in der Fassung des COVID-19-StMG ist ab der Veranlagung 2021 anwendbar.

Die Kleinunternehmerpauschalierung ist eine vereinfachte Einnahmen-Ausgaben-Rechnung. Sie erfasst Einkünfte gemäß § 22 EStG 1988 oder § 23 EStG 1988. Sie ist nicht anwendbar auf Einkünfte aus einer Tätigkeit eines Gesellschafters gemäß § 22 Z 2 zweiter Teilstrich EStG 1988, als Aufsichtsratsmitglied und als Stiftungsvorstand.

Bei Inanspruchnahme der Pauschalierung besteht keine Verpflichtung zur Führung eines Wareneingangsbuches und einer Anlagenkartei.

(BMF-AV Nr. 2021/65)

4139a Die Pauschalierung ist nur auf eine unternehmerische Tätigkeit iSd UStG 1994 anwendbar. Das ergibt sich nach der ab der Veranlagung 2021 geltenden Rechtslage daraus, dass § 6 Abs. 1 Z 27 UStG 1994 auf nichtunternehmerische Tätigkeiten nicht anwendbar ist (s. Rz 4139c). Für das Veranlagungsjahr 2020 gilt dies gleichermaßen: Aus einer nichtunternehmerischen Tätigkeit können keine Umsätze erzielt werden, die der Bemessung des – auf Umsätze bezogenen – Pauschales zu Grunde gelegt werden können. Das trifft etwa auf einen Obmann des Vorstandes einer Erwerbs- und Wirtschaftsgenossenschaft zu, der Mitglied der Genossenschaft ist und in dieser Eigenschaft nicht Unternehmer ist (VwGH 5.4.1984, 83/15/0013; UStR 2000 Rz 184).

(BMF-AV Nr. 2021/65)

11.2.2 Umsatzgrenze

(BMF-AV Nr. 2021/65)

4139b **Rechtslage für die Veranlagung 2020:**

§ 17 Abs. 3a Z 2 EStG 1988 sieht als Anwendungsvoraussetzung vor, dass die Umsatzgrenze von 35.000 Euro nicht überschritten wird. Für diese Grenze sind Umsätze im Sinne des § 1 Abs. 1 Z 1 des Umsatzsteuergesetzes 1994 maßgeblich, die zu Einkünften führen, die der Pauschalierung zugänglich sind. Vermietungsumsätze, die zu Einkünften aus Vermietung und Verpachtung führen, sowie solche aus einer von der Pauschalierung ausgenommenen Tätigkeit bleiben daher außer Betracht.

In die Grenze sind auch Umsätze einzubeziehen, die im Ausland ausgeführte Lieferungen und Leistungen betreffen. Umsätze aus Entnahmen bleiben unberücksichtigt.

Die Pauschalierung ist anwendbar, wenn die zu berücksichtigenden Umsätze (ohne Umsatzsteuer) 35.000 Euro nicht übersteigen. Die für die Anwendung der Umsatzsteuerbefreiung gemäß § 6 Abs. 1 Z 27 UStG 1994 maßgebende Betrachtung ist für die Veranlagung 2020 nicht maßgeblich.

§ 17 Abs. 3a Z 2 EStG 1988 in der Fassung vor der Änderung durch das COVID-19-StMG, BGBl. I Nr. 3/2021, sieht eine Toleranzregelung vor: Werden Umsätze von nicht mehr als 40.000 Euro erzielt, kann die Pauschalierung angewendet werden, wenn im Vorjahr Umsätze von nicht mehr als 35.000 Euro erzielt wurden. Dementsprechend ist die Verordnung im Jahr 2020 anwendbar, wenn die Umsätze 2020 nicht mehr als 40.000 Euro betragen und im Jahr 2019 Umsätze von nicht mehr als 35.000 Euro erzielt wurden. Ab der Veranlagung 2021 ist die Regelung nicht mehr anwendbar, weil Z 2 mit dem COVID-19-StMG mit Wirkung ab 2021 geändert wurde.

(BMF-AV Nr. 2021/65)

Rechtslage ab der Veranlagung 2021: 4139c

Die Pauschalierung kann angewendet werden, wenn im Veranlagungsjahr die Umsatzsteuerbefreiung gemäß § 6 Abs. 1 Z 27 UStG 1994 für Kleinunternehmer anwendbar ist oder nur deswegen nicht anwendbar ist, weil

- auch Umsätze erzielt wurden, die zu Einkünften führen, die gemäß Z 1 von der Pauschalierung nicht betroffen sind (siehe dazu Rz 4139d) oder
- weil auf die Anwendung der Umsatzsteuerbefreiung gemäß § 6 Abs. 3 UStG 1994 verzichtet wurde (siehe dazu Rz 4139d).

Maßgebend ist somit die Grenze von 35.000 Euro gemäß § 6 Abs. 1 Z 27 UStG 1994. Danach bleiben zB Umsätze aus Hilfsgeschäften oder aus der Geschäftsveräußerung außer Ansatz, nicht aber Umsätze im Geschäft mit Wertpapieren (§ 6 Abs. 1 Z 8 lit. f UStG 1994) oder Grundstücksumsätze (§ 6 Abs. 1 Z 9 lit. a UStG 1994). Da die Grenze von 35.000 Euro auf die Bemessungsgrundlage bei unterstellter Steuerpflicht abstellt (VwGH 28.10.1998, 98/14/0057; UStR 2000 Rz 996), ist für die Frage der Ausschöpfung der Grenze von der Besteuerung nach den allgemeinen Regelungen des UStG 1994 auszugehen.

Beispiel:

A erzielt neben nichtselbständigen Einkünften im Jahr 2021

- *Einnahmen als Fachschriftsteller iHv 21.000 Euro*
- *Einnahmen als Künstler iHv 15.000 Euro*

Für die Anwendung der Kleinunternehmergrenze ist aus den Umsätzen die USt herauszurechnen:

- *Fachschriftsteller: 17.500 Euro (Herausrechnung von 20% USt)*
- *Künstler: 14.285,71 Euro (Herausrechnung von 5% USt; Steuersatz 5% gemäß § 10 Abs. 3 Z 4 iVm § 28 Abs. 52 Z 1 lit. b UStG 1994)*

Die für die Kleinunternehmergrenze insgesamt maßgeblichen Umsätze betragen 31.785,71 Euro; die Pauschalierung ist daher anwendbar.

Da die Toleranzregelung des § 6 Abs. 1 Z 27 UStG 1994 – mit den oben beschriebenen Modifikationen – unmittelbar auf die Pauschalierung durchschlägt, gilt das auch für die dort vorgesehene Toleranzregelung. Demnach kann die Grenze von 35.000 Euro innerhalb eines Zeitraumes von fünf Jahren einmal um nicht mehr als 15% überschritten werden. Dies gilt daher auch im Rahmen der einkommensteuerlichen Kleinunternehmerpauschalierung; zu berücksichtigen ist dabei, dass auch für die Toleranzregelung Umsätze auszublenden sind, die zu Einkünften führen, die gemäß Z 1 von der Pauschalierung nicht erfasst sind.

(BMF-AV Nr. 2021/65)

Die unmittelbare Verknüpfung mit der umsatzsteuerlichen Kleinunternehmerbefreiung wird zweifach modifiziert: 4139d

1. Die umsatzsteuerrechtliche Regelung erfasst auch Umsätze aus Tätigkeiten, die der einkommensteuerrechtlichen Pauschalierung nicht zugänglich sind, zB Vermietungsumsätze. Derartige Umsätze sind nicht zu berücksichtigen. Die für die Anwendung maßgebliche Umsatzgrenze gemäß § 6 Abs. 1 Z 27 UStG 1994 ist dementsprechend (nur) auf Umsätze zu beziehen, die zu Einkünften führen, die sachlich von der Pauschalierung erfasst sind. Erzielt der Steuerpflichtige keine Umsätze aus Tätigkeiten, die von der Pauschalierung ausgeschlossen sind, ist eine gesonderte Umsatzbetrachtung nicht erforderlich. Andernfalls sind die Umsätze aus ausgeschlossenen Tätigkeiten auszublenden.

Beispiele:

1. *B ist nichtselbständig tätig. Daneben ist er Fachschriftsteller und erzielt daraus Einnahmen von 40.000 Euro; weitere Umsätze werden nicht erzielt. Da pauschalierungsschädliche Umsätze nicht vorliegen, ist die Umsatzgrenze des § 6 Abs. 1 Z 27 UStG 1994 auf die Umsätze als Fachschriftsteller zu beziehen. Der Umsatz beträgt bei Herausrechnung der USt (20%) 33.333,30 Euro, die Pauschalierung ist daher anwendbar.*
2. *C ist nichtselbständig tätig. Daneben ist er Vortragender und vermietet eine Wohnung. Aus der Vortragstätigkeit erzielt er Einnahmen von 41.000 Euro (inkl. USt), aus der Vermietung Einnahmen von 24.000 Euro (inkl. USt), insgesamt somit Einnahmen von*

65.000 Euro. Für die Anwendung der Pauschalierung in Bezug auf die Einkünfte aus der Vortragstätigkeit bleiben die Vermietungsumsätze unberücksichtigt. Der Umsatz aus der Vortragstätigkeit beträgt bei Herausrechnung der USt (20%) 34.166,67 Euro, die Pauschalierung ist daher anwendbar.

2. Die Umsatzsteuerbefreiung gemäß § 6 Abs. 1 Z 27 UStG 1994 ist nicht anwendbar, wenn der Steuerpflichtige darauf gemäß § 6 Abs. 3 UStG 1994 verzichtet hat. Ob ein Unternehmer aus Wettbewerbsgründen von der Umsatzsteuerbefreiung Gebrauch macht oder nicht, ist für die Pauschalierung nicht relevant. Wäre die Kleinunternehmerbefreiung anwendbar, weil die (allenfalls gemäß Z 1 modifizierten) Umsätze die Umsatzgrenze nicht überschreiten, ist die Pauschalierung daher auch dann anwendbar, wenn auf die Kleinunternehmerbefreiung verzichtet wurde.

(BMF-AV Nr. 2021/65)

4139e Bei Vorhandensein mehrerer der Pauschalierung zugänglicher Betriebe kann der Steuerpflichtige die Pauschalierung anwenden, wenn die Summe der Umsätze der Betriebe die Umsatzgrenze nicht überschreitet. Ist das der Fall, kann für jeden Betrieb eigenständig entschieden werden, ob die Pauschalierung angewendet wird oder nicht.

Beispiele:

1. A erzielt im Jahr 2020 Umsätze aus zwei betrieblichen Tätigkeiten und der Vermietung einer Wohnung. Er erzielt insgesamt Umsätze von 52.000 Euro (ohne Umsatzsteuer) und zwar:

Tätigkeiten	*Umsatz (Euro)*
Betrieb 1	*10.000*
Betrieb 2	*12.000*
Vermietung	*30.000*
Gesamt	*52.000*

Da die Summe der betrieblichen Umsätze die Höchstgrenze von 35.000 Euro nicht überschreitet, kann A die Pauschalierung anwenden. Er kann für jeden Betrieb eigenständig wählen, ob er von der Pauschalierung Gebrauch macht. Würde die Summe der betrieblichen Umsätze die Höchstgrenze überschreiten, wäre die Pauschalierung für keinen Betrieb anwendbar.

2. B erzielt im Jahr 2021 Umsätze aus drei betrieblichen Tätigkeiten und aus der Vermietung einer Wohnung.

Tätigkeiten	*Umsatz (Euro)*
Betrieb 1 (Künstler; Steuersatz 5% gemäß § 10 Abs. 3 Z 4 iVm § 28 Abs. 52 Z 1 lit. b UStG 1994)	*10.000 (9.523,81 + 476,19 USt)*
Betrieb 2 (Vortragender)	*17.500 (14.583,33 + 2.916,67 USt)*
Betrieb 3 (Arzt)	*100.000*
Vermietung (zu Wohnzwecken)	*18.750 (17.045,45 + 1.704,55 USt)*
Gesamt	*141.152,59 + 5.097,41 (USt)*

Die gesamten Umsätze betragen 141.152,59 Euro. Die Umsätze als Arzt in Höhe von 100.000 Euro bleiben bei Anwendung der Umsatzgrenze gemäß § 6 Abs. 1 Z 27 UStG 1994 außer Ansatz; die Vermietungsumsätze bleiben gemäß § 17 Abs. 3a Z 2 erster Teilstrich EStG 1988 außer Ansatz. Die für die Anwendungsgrenze relevanten Umsätze aus Betrieb 1 und Betrieb 2 betragen in Summe 24.107,14 Euro und überschreiten den maßgebenden Grenzwert nicht. Die Pauschalierung ist anwendbar. B kann für jeden Betrieb eigenständig wählen, ob er von der Pauschalierung Gebrauch macht.

(BMF-AV Nr. 2021/65)

11.2.3 Pauschale Gewinnermittlung

(BMF-AV Nr. 2021/65)

11.2.3.1 Betriebseinnahmen

(BMF-AV Nr. 2021/65)

4139f **Rechtslage für die Veranlagung 2020:**

Als Betriebseinnahmen sind nur Betriebseinnahmen (ohne Umsatzsteuer) aus Umsätzen (§ 1 Abs. 1 Z 1 UStG 1994 und Auslandsumsätze) zu erfassen. Umsätze sind solche im Sinne des § 1 Abs. 1 Z 1 UStG 1994 sowie Umsätze, die im Ausland ausgeführte Lieferungen und Leistungen betreffen. Umsätze aus Entnahmen bleiben unberücksichtigt.

Als Betriebseinnahmen sind nach Maßgabe des Zuflusses nur solche anzusetzen, die aus derartigen Umsätzen resultieren. Ob diese Umsätze umsatzsteuerpflichtig oder umsatzsteuersteuerfrei sind, ist nicht relevant. Betriebseinnahmen, die keine derartigen Umsätze darstellen, bleiben außer Betracht. Dementsprechend bleiben zB Schadenersätze, Versicherungsentschädigungen, Folgerechtsvergütungen gemäß § 16b UrhG, eine Reprographie- sowie Speichermedienvergütung gemäß § 42b UrhG oder Zahlungen von Insolvenz-Ausfallgeld durch den Insolvenz-Ausfallgeld-Fonds an freie Dienstnehmer unberücksichtigt.

Da bei Entnahmen von Anlagegütern der Teilwert nicht als Betriebseinnahme anzusetzen ist, ist in § 17 Abs. 3a Z 6 EStG 1988 eine Ausnahme von der Regelung des § 6 Z 4 EStG 1988, wonach der Teilwert an die Stelle der Anschaffungskosten tritt, enthalten. Damit bleibt eine betriebliche stille Reserve weiterhin steuerhängig. Die Regelung hat nur in den Ausnahmefällen Relevanz, in denen während der Pauschalierung werthaltiges Anlagevermögen entnommen wird, wie etwa Gebäude(teile).

(BMF-AV Nr. 2021/65)

Rechtslage ab der Veranlagung 2021: 4139g

Es sind sämtliche aus dem jeweiligen Betrieb dem jeweiligen Kalenderjahr zuzuordnenden Betriebseinnahmen ohne Umsatzsteuer zu erfassen. Entnahmen bleiben außer Ansatz (siehe oben Rz 4139f).

Besteht Unternehmereigenschaft und wird die Grenze für die Anwendung der Verordnung nicht überschritten (Rz 4139c), ist für die Anwendbarkeit der Pauschalierung ab der Veranlagung 2021 unerheblich, dass erzielte Betriebseinnahmen keine steuerbaren Umsätze darstellen; dementsprechend sind Versicherungsentschädigungen, Schadenersätze, Folgerechtsvergütungen gemäß § 16b UrhG, Reprographie- sowie Speichermedienvergütungen gemäß § 42b UrhG oder Zahlungen von Insolvenz-Ausfallgeld durch den Insolvenz-Ausfallgeld-Fonds an freie Dienstnehmer als Betriebseinnahmen zu erfassen.

(BMF-AV Nr. 2021/65)

11.2.3.2 Betriebsausgaben

(BMF-AV Nr. 2021/65)

Rechtslage für die Veranlagung 2020: 4139h

Neben dem Betriebsausgabenpauschale (Rz 4139j) sind gezahlte Beiträge gemäß § 4 Abs. 4 Z 1 EStG 1988 (ua. Pflichtversicherungsbeiträge) zu berücksichtigen. Weitere Betriebsausgaben sind nicht zu berücksichtigen. Der Grundfreibetrag steht nach § 10 Abs. 1 Z 6 EStG 1988 zu.

(BMF-AV Nr. 2021/65)

Rechtslage ab der Veranlagung 2021: 4139i

Neben dem Betriebsausgabenpauschale (Rz 4139j) sind abzuziehen:

- Beiträge gemäß § 4 Abs. 4 Z 1 EStG 1988 (ua. Pflichtversicherungsbeiträge),
- Reise- und Fahrtkosten, soweit ihnen ein Kostenersatz in gleicher Höhe gegenübersteht; der Kostenersatz ist bei der Bemessungsgrundlage für die pauschalen Betriebsausgaben nicht zu berücksichtigen (siehe dazu Rz 4127a zur Basispauschalierung).

Weitere Betriebsausgaben sind nicht zu berücksichtigen. Eine nicht als Vorsteuer abzugsfähige Umsatzsteuer ist daher nicht gesondert abzuziehen. Entnahmen bleiben unberücksichtigt. Der Grundfreibetrag steht nach § 10 Abs. 1 Z 6 EStG 1988 zu.

(BMF-AV Nr. 2021/65)

Betriebsausgabenpauschale – Rechtslage für die Veranlagung 2020: 4139j

Die pauschalen Betriebsausgaben betragen 45% der (Netto)Betriebseinnahmen aus Umsätzen (Rz 4139e). Abweichend davon betragen die pauschalen Betriebsausgaben bei einem Dienstleistungsbetrieb (Rz 4139l) 20% der Betriebseinnahmen.

(BMF-AV Nr. 2021/65)

Betriebsausgabenpauschale – Rechtslage ab der Veranlagung 2021: 4139k

Die pauschalen Betriebsausgaben betragen 45% der Betriebseinnahmen ohne Umsatzsteuer (Rz 4139g), höchstens aber 18.900 Euro. Abweichend davon betragen die pauschalen Betriebsausgaben bei einem Dienstleistungsbetrieb (Rz 4139l) 20% der Betriebseinnahmen, höchstens aber 8.400 Euro.

Die Deckelung bewirkt, dass das Pauschale – ungeachtet der Höhe der Betriebseinnahmen – immer nur bis zu jenem Betrag wirkt, der sich durch Anwendung des Pauschalsatzes auf den für die Z 1 maßgebenden höchsten Grenzbetrag ergibt. Bei Maßgeblichkeit eines Umsatzsteuersatzes von 20% kann die Pauschalierung (unter Herausrechnung der Umsatzsteuer) bis zu einem Einnahmenbetrag von 42.000 Euro Anwendung finden. Der Deckel ergibt sich durch Anwendung des Pauschalsatzes von 45% bzw. 20% auf diesen Wert und beträgt sohin 18.900 Euro bzw. 8.400 Euro. Sollten höhere Betriebseinnahmen erzielt werden, greift insoweit das Pauschale nicht mehr.

(BMF-AV Nr. 2021/65)

4139l Welche Betriebe Dienstleistungsbetriebe sind, ergibt sich aus § 1 Abs. 1 Dienstleistungsbetriebe-Verordnung, BGBl. II Nr. 615/2020.

Bei Inanspruchnahme der Pauschalierung für einen Dienstleistungsbetrieb ist in der Steuererklärung die für den Betrieb maßgebende Branchenkennzahl anzuführen.

Bei einem Betrieb, der branchenbezogen nicht ausschließlich § 1 der VO zuzuordnen ist, muss aus den Aufzeichnungen klar erkennbar sein, für welche Tätigkeiten der Pauschalsatz von 20% oder der Pauschalsatz von 45% maßgeblich ist. Für die Anwendung des einheitlichen Pauschalsatzes von 20% oder 45% ist die Tätigkeit maßgebend, aus der die höheren Betriebseinnahmen stammen.

(BMF-AV Nr. 2021/65)

11.2.4 Mitunternehmerschaft

(BMF-AV Nr. 2021/65)

4139m Die Pauschalierung ist auch anwendbar, wenn eine der Pauschalierung zugängliche Tätigkeit im Rahmen einer Mitunternehmerschaft ausgeübt wird. In Bezug auf die Umsatzgrenze ist der gesamte von der Mitunternehmerschaft erzielte Umsatz maßgebend. Individuelle Umsätze der einzelnen Mitunternehmer bleiben unberücksichtigt.

(BMF-AV Nr. 2021/65)

4139n § 17 Abs. 3a Z 7 EStG 1988 sieht vor, dass die Pauschalierung nur anwendbar ist, wenn keiner der Mitunternehmer außerhalb der Mitunternehmerschaft in einem eigenen Betrieb von der Pauschalierung Gebrauch macht. Die Inanspruchnahme der Pauschalierung bei einer weiteren Mitunternehmerschaft ist unschädlich.

Wird nach erfolgter rechtskräftiger Feststellung gemäß § 188 BAO von einem Mitunternehmer im Rahmen der Einkommensteuerveranlagung in einem Betrieb die Kleinunternehmerpauschalierung in Anspruch genommen, fällt die Anwendungsvoraussetzung in Bezug auf die Mitunternehmerschaft nachträglich weg. Dieser Umstand stellt ein rückwirkendes Ereignis iSd § 295a BAO dar.

(BMF-AV Nr. 2021/65)

4139o Die pauschale Gewinnermittlung ist von der Mitunternehmerschaft einheitlich vorzunehmen; der so ermittelte Gewinn ist auf die Beteiligten aufzuteilen. Sonderbetriebseinnahmen und Sonderbetriebsausgaben (inklusive Pflichtversicherungsbeiträge) sind beim jeweiligen Mitunternehmer in tatsächlicher Höhe zu berücksichtigen.

Beispiel:

An der AB-OG sind A und B zu 50% beteiligt. Die OG erzielt 2020 Umsätze iSd § 17 Abs. 3a Z 2 EStG 1988 in Höhe von 32.300 Euro. A und B haben an Pflichtversicherungsbeiträgen im Jahr 2020 jeweils 4.455 Euro geleistet. A hat der OG einen Betriebsraum um 1.000 Euro vermietet. Für die Anwendung der Pauschalierung ist der Pauschalsatz von 45% maßgeblich.

	A	*B*
Vorläufiger Gewinn[1)]	*8.882,50*	*8.882,50*
abzüglich Pflichtversicherung	*-4.455,00*	*-4.455,00*
zuzüglich Miete	*+1.000,00*	*–*
Zwischensumme	*5.427,50*	*4.427,50*
abzüglich Grundfreibetrag (13%)	*705,57*	*575,57*
Pauschalierter Gewinn	*4.721,93*	*3.851,93*

[1)] Umsatz der OG abzüglich Pauschale: 32.300 - 14.535 = 17.765, davon je 8.882,50 auf A und B

(BMF-AV Nr. 2021/65)

11.2.5 Wechsel der Gewinnermittlung

(BMF-AV Nr. 2021/65)

Wird von der Kleinunternehmerpauschalierung freiwillig auf eine andere Form der Gewinnermittlung übergegangen, ist eine erneute Ermittlung des Gewinnes nach diesen Vorschriften frühestens nach Ablauf von drei Wirtschaftsjahren zulässig. Nach Ablauf der 3-jährigen Sperrfrist kann die Kleinunternehmerpauschalierung frühestens im vierten Jahr nach dem Wechsel wieder in Anspruch genommen werden. 4139p

Der Wechsel erfolgt freiwillig, wenn die Kleinunternehmerpauschalierung nicht in Anspruch genommen wird, obwohl dies möglich wäre, weil die Anwendungsvoraussetzungen erfüllt sind. Bei einem die Pauschalierung ausschließenden Überschreiten der Umsatzgrenze liegt kein freiwilliger Wechsel vor. Daher kann die Pauschalierung in jedem Folgejahr, in dem die Voraussetzungen erfüllt sind, wieder angewendet werden.

(BMF-AV Nr. 2021/65)

11.2a Nichtbuchführende Gewerbetreibende (Verordnung BGBl. Nr. 55/1990 idF BGBl. II Nr. 215/2018)

(BMF-AV Nr. 2021/65)

Siehe die Verordnung des Bundesministers für Finanzen vom 14. Dezember 1989 über die Aufstellung von Durchschnittssätzen für die Ermittlung des Gewinnes bei nichtbuchführenden Gewerbetreibenden, BGBl. Nr. 55/1990 idF BGBl. II Nr. 215/2018.

11.3 Land- und Forstwirtschaft (Veranlagungsjahre 2011 bis 2014: LuF-PauschVO 2011 idF BGBl. II Nr. 164/2014; Veranlagungsjahre ab 2015 bzw. ab 2020/21: LuF-PauschVO 2015 idF BGBl. II Nr. 164/2014 bzw. idF BGBl. II Nr. 559/2020)

(BMF-AV Nr. 2021/65)

11.3.1 Allgemeines

Rechtslage bis zur Veranlagung 2014 4140

Für nichtbuchführende land- und forstwirtschaftliche Betriebe sind zwei Arten der Gewinnermittlung vorgesehen:

- Vollpauschalierung: land- und forstwirtschaftlicher Einheitswert bis einschließlich 100.000 Euro.
- Teilpauschalierung:
  - bei einem Einheitswert von mehr als 100.000 Euro und nicht mehr als 150.000 Euro oder
  - bei Ermittlung der sozialversicherungsrechtlichen Beitragsgrundlage gemäß § 23 Abs. 1a Bauern-Sozialversicherungsgesetz oder
  - bei einem Einheitswert bis einschließlich 100.000 Euro und Ausübung der Teilpauschalierungsoption gemäß § 2 Abs. 3 LuF-PauschVO 2011 oder
  - bei einem forstwirtschaftlichen Einheitswert von mehr als 11.000 Euro (nur hinsichtlich der Einkünfte aus Forstwirtschaft).

Rechtslage Veranlagung 2015 bis 2019

Für einen nicht buchführenden land- und forstwirtschaftlichen Betrieb kann der Gewinn pauschal ermittelt werden, wenn dessen Einheitswert 130.000 Euro nicht übersteigt und er seinen Gewinn nicht auf Grund des Überschreitens der 400.000 Euro-Umsatzgrenze (siehe dazu auch Rz 5018) in zwei aufeinanderfolgenden Kalenderjahren nach Ablauf eines Pufferjahres (§ 1 Abs. 1a der Verordnung) durch eine vollständige Einnahmen-Ausgaben-Rechnung ermitteln muss.

Dabei sind zwei Arten der pauschalen Gewinnermittlung vorgesehen (siehe auch Rz 4141d):

- Vollpauschalierung: Keine der folgenden Grenzen darf überschritten werden:
  - Einheitswert von 75.000 Euro
  - die selbst bewirtschaftete reduzierte landwirtschaftliche Nutzfläche von 60 ha
  - die Zahl der tatsächlich erzeugten oder gehaltenen Vieheinheiten von 120.
- Teilpauschalierung:
  - bei Überschreitung einer der oben genannten Grenzen oder
  - bei Ermittlung der sozialversicherungsrechtlichen Beitragsgrundlage gemäß § 23 Abs. 1a Bauern-Sozialversicherungsgesetz oder

– bei Unterschreiten der oben genannten Grenzen und Ausübung der Teilpauschalierungsoption gemäß § 2 Abs. 3 LuF-PauschVO 2015 oder
– isoliert bezogen auf den Gewinn aus Forstwirtschaft bei einem forstwirtschaftlichen Einheitswert von mehr als 11.000 Euro (nur hinsichtlich der Einkünfte aus Forstwirtschaft)
– isoliert bezogen auf den Gewinn aus Weinbau bei einer weinbaulich genutzten Grundfläche von mehr als 60 Ar
– isoliert bezogen auf den Gewinn aus Obstbau bei einer selbstbewirtschafteten Grundfläche für Intensivobstanlagen zur Produktion von Tafelobst von mehr als 10 ha.

Rechtslage ab der Veranlagung 2020

Für einen nicht buchführenden land- und forstwirtschaftlichen Betrieb kann der Gewinn pauschal ermittelt werden, wenn dessen Einheitswert 130.000 Euro nicht übersteigt und er seinen Gewinn nicht auf Grund des Überschreitens der 400.000 Euro-Umsatzgrenze (siehe dazu auch Rz 5018) in zwei aufeinanderfolgenden Kalenderjahren nach Ablauf eines Pufferjahres (§ 1 Abs. 1a LuF-PauschVO 2015) durch eine vollständige Einnahmen-Ausgaben-Rechnung ermitteln muss.

Bei Berechnung des für die 400.000 Euro-Grenze maßgeblichen Umsatzes ist ab der Veranlagung 2021 gemäß § 1 Abs. 1a letzter Satz LuF-PauschVO 2015 der Wert des Futters hinzuzurechnen, wenn in einem landwirtschaftlichen Tierhaltungsbetrieb das Futter vom Abnehmer der Tiere zur Verfügung gestellt wird, ohne dass das Eigentum daran auf den Betriebsinhaber übergeht. Dies betrifft insbesondere Fälle der Lohnmast. Lohntierhaltung (im engeren Sinne) ist das Halten, die Aufzucht und das Mästen von Vieh, das im Eigentum Dritter (Abnehmer der Tiere) steht. Wird nicht das gesamte Futter vom Abnehmer der Tiere zur Verfügung gestellt, sondern auch Eigenfutter verwendet, beschränkt sich die Hinzurechnung auf den Wert des zur Verfügung gestellten Futters. Die Hinzurechnung gilt auch für Tierhalter, soweit diese bei in ihrem Eigentum stehenden Tieren Futter verwenden, das vom Abnehmer der Tiere zur Verfügung gestellt wird. Wird bei Berechnung des Mast- oder Aufzuchtlohns der Wert des Futters nicht gesondert ausgewiesen, ist dieser zu schätzen. Der Wert des Futters wird idR dem Einkaufswert entsprechen. Dabei ist auf den Einkaufspreis beim Abnehmer der Tiere abzustellen. Zur Prüfung der 400.000 Euro-Grenze ist der Wert des Futters in jenem Jahr hinzuzurechnen, in dem der entsprechende Mast- oder Aufzuchtlohn vereinnahmt wird.

Dabei sind zwei Arten der pauschalen Gewinnermittlung vorgesehen (siehe auch Rz 4141d):

- Vollpauschalierung: Wenn der Einheitswert die Grenze von 75.000 Euro nicht überschreitet.
- Teilpauschalierung:
  – bei Überschreitung der oben genannten Einheitswertgrenze oder
  – bei Ermittlung der sozialversicherungsrechtlichen Beitragsgrundlage gemäß § 23 Abs. 1a Bauern-Sozialversicherungsgesetz oder
  – bei Unterschreiten der oben genannten Grenze und Ausübung der Teilpauschalierungsoption gemäß § 2 Abs. 3 LuF-PauschVO 2015 oder
  – isoliert bezogen auf den Gewinn aus Forstwirtschaft bei einem forstwirtschaftlichen Einheitswert von mehr als 15.000 Euro (nur hinsichtlich der Einkünfte aus Forstwirtschaft)
  – isoliert bezogen auf den Gewinn aus Weinbau bei einer weinbaulich genutzten Grundfläche von mehr als 60 Ar.

(BMF-AV Nr. 2021/65)

4140a Die LuF-PauschVO 2015 ist für jenen Veranlagungszeitraum erstmals anzuwenden, für den gemäß § 20c BewG 1955 festgestellte Einheitswerte gemäß § 20 Abs. 3 BewG 1955 erstmalig anzuwenden sind (§ 17 Abs. 1 LuF-PauschVO 2015). Gemäß § 20c BewG 1955 werden die Einheitswerte im Rahmen der Hauptfeststellung zum 1.1.2014 festgestellt. Unabhängig davon, wann der Bescheid ergeht, wird der Bescheid gemäß § 20 Abs. 3 BewG 1955 mit dem Folgejahr – also zum 1.1.2015 – wirksam und die darin festgestellten Einheitswerte sind ab diesem Zeitpunkt anzuwenden. Somit ist das Jahr 2015 – unabhängig vom Zeitpunkt der Bescheiderstellung – immer der erste Veranlagungszeitraum, in dem die neuen Einheitswerte wirksam werden.

Die LuF-PauschVO 2015 ist daher für das gesamte Bundesgebiet erstmals für den Veranlagungszeitraum 2015 anzuwenden. Die LuF-PauschVO 2015 ist somit auch für jene

Land- und Forstwirte anzuwenden, deren Einheitswert noch nicht gemäß § 20c BewG 1955 festgestellt wurde.

(BMF-AV Nr. 2015/133)

Die Beurteilung, ob die genannten Einheitswertgrenzen überschritten sind oder nicht, ist auf Basis des land- und forstwirtschaftlichen Betriebes vorzunehmen. Ein einheitlicher land- und forstwirtschaftlicher Betrieb einer selbständigen land- und forstwirtschaftlichen Mitunternehmerschaft liegt dann vor, wenn alle Beteiligten zur Erreichung eines gemeinsamen wirtschaftlichen Erfolges zusammenwirken. **4140b**

Ein einheitlicher Betrieb ist insbesondere anzunehmen, wenn der Betrieb

- auf nahe Angehörige aufgeteilt wird und
- eine Verflechtung in der Nutzung von Produktionsmitteln und im Vertrieb der erzeugten Produkte vorliegt (zB Bewirtschaftung einer gemeinsamen Betriebsstätte, einheitlicher Marktauftritt, überwiegend gemeinschaftliche Nutzung von Maschinen und Geräten; keine klare Abgrenzung bei Wirtschaftsgebäuden und Flächen, keine exakte Zuordenbarkeit im Belegwesen, bei Verträgen und Behördenmeldungen).

Bei der Beurteilung, ob ein einheitlicher Betrieb vorliegt, ist auf das Gesamtbild der Verhältnisse abzustellen.

Getrennte Betriebe liegen dann vor, wenn eine eindeutig getrennte Bewirtschaftung gegeben ist (zB sind die konventionelle Bewirtschaftung einerseits und die biologische Bewirtschaftung andererseits auf Grund der unterschiedlichen Produktionsmethoden und der damit verbundenen Anforderungen ein Indiz für das Vorliegen von zwei getrennten Betrieben).

(BMF-AV Nr. 2015/133)

11.3.1.1 Anwendung und maßgebender Einheitswert (§ 1 Abs. 1 bis 3 der Verordnung)

Rechtslage bis zur Veranlagung 2014 **4141**

§ 1. (1) Der Gewinn eines land- und forstwirtschaftlichen Betriebes kann nach den Bestimmungen dieser Verordnung ermittelt werden, wenn

1. *dessen Inhaber hinsichtlich dieses Betriebes weder zur Buchführung verpflichtet ist noch freiwillig Bücher führt und*
2. *die Anwendung der Verordnung nicht gemäß Abs. 1a ausgeschlossen ist.*

Die Anwendung der Verordnung ist nur auf den gesamten land- und forstwirtschaftlichen Betrieb zulässig. Eine Anwendung auf bloß einzelne Betriebszweige oder einzelne betriebliche Teiltätigkeiten ist unzulässig.

(1a) Wurden in zwei aufeinander folgenden Kalenderjahren Umsätze im Sinne des § 125 der Bundesabgabenordnung – BAO, BGBl. Nr. 194/1961, von jeweils mehr als 400 000 Euro erzielt, kann mit Beginn des darauf zweitfolgenden Kalenderjahres der Gewinn des land- und forstwirtschaftlichen Betriebes nicht mehr nach den Bestimmungen dieser Verordnung ermittelt werden, es sei denn der Inhaber macht glaubhaft, dass die Umsatzgrenze nur vorübergehend und auf Grund besonderer Umstände überschritten worden ist und beantragt die weitere Anwendung dieser Verordnung. Der Gewinn eines land- und forstwirtschaftlichen Betriebes kann mit Beginn des darauf folgenden Kalenderjahres wieder nach den Bestimmungen dieser Verordnung ermittelt werden, wenn diese Umsatzgrenze in zwei aufeinanderfolgenden Kalenderjahren nicht überschritten wird.

(2) Als maßgebender Einheitswert des land- und forstwirtschaftlichen Betriebes gilt der Einheitswert für das während des Veranlagungsjahres bewirtschaftete land- und forstwirtschaftliche Vermögen zuzüglich der Einheitswertanteile der während des Veranlagungsjahres bewirtschafteten Zupachtungen, Zukäufe und zur Nutzung übernommenen Flächen und abzüglich der Einheitswertanteile der während des Veranlagungsjahres nicht selbst bewirtschafteten Verpachtungen, Verkäufe und zur Nutzung überlassenen Flächen. Für die Ermittlung der Einheitswertanteile der Zu- und Verpachtungen, der Zu- und Verkäufe bzw. der zur Nutzung übernommenen und überlassenen Flächen sind hinsichtlich des Hektarsatzes § 125 Abs. 1 lit. b der Bundesabgabenordnung, BGBl. Nr. 194/1961, in der jeweils geltenden Fassung maßgebend.

(3) Wird am 31. Dezember eines Jahres durch unterjährige Zukäufe, Zupachtungen, zur Nutzung übernommene Flächen oder unentgeltliche Erwerbe von land- und forstwirtschaftlich genutzten Grundstücken der maßgebende Einheitswert gemäß § 2 bzw. der maßgebende Teileinheitswert gemäß § 3 Abs. 2 bzw. die weinbaulich genutzte Grundfläche von 60 Ar überschritten, so sind ab Beginn des Folgejahres die §§ 8 bis 12 bzw. § 3 Abs. 2 bzw. § 4 Abs. 2 anzuwenden. Wird am 31. Dezember eines Jahres durch unterjährige Verkäufe, Verpachtungen, zur Nutzung überlassene Flächen oder unentgeltliche Übertragungen

von land- und forstwirtschaftlich genutzten Grundstücken der maßgebende Einheitswert gemäß § 2 bzw. der maßgebende Teileinheitswert gemäß § 3 Abs. 2 bzw. die weinbaulich genutzte Grundfläche von 60 Ar unterschritten, so sind ab Beginn des Folgejahres die §§ 8 bis 12 bzw. § 3 Abs. 2 bzw. § 4 Abs. 2 nicht mehr anzuwenden. Bei der Ermittlung des maßgebenden Einheitswertes gemäß § 2 bzw. des maßgebenden Teileinheitswertes gemäß § 3 Abs. 2 ist § 125 Abs. 1 lit. b der Bundesabgabenordnung, BGBl. Nr. 194/1961, in der jeweils geltenden Fassung sinngemäß anzuwenden, wobei der Steuerpflichtige zum 31. Dezember jenen Hektarsatz zugrunde zu legen hat, der im zuletzt vor diesem Stichtag ergangenen Einheitswertbescheid festgestellt wurde.

Rechtslage Veranlagung 2015 bis 2019

§ 1 (1) Der Gewinn eines land- und forstwirtschaftlichen Betriebes kann nach den Bestimmungen dieser Verordnung ermittelt werden, wenn

1. *dessen Einheitswert 130 000 Euro nicht übersteigt und*
2. *dessen Inhaber hinsichtlich dieses Betriebes nicht freiwillig Bücher führt und*
3. *die Anwendung der Verordnung nicht gemäß Abs. 1a ausgeschlossen ist.*

Die Anwendung der Verordnung ist nur auf den gesamten land- und forstwirtschaftlichen Betrieb zulässig. Eine Anwendung auf bloß einzelne Betriebszweige oder einzelne betriebliche Teiltätigkeiten ist unzulässig.

(1a) Wurden in zwei aufeinander folgenden Kalenderjahren Umsätze iSd § 125 BAO von jeweils mehr als 400 000 Euro erzielt, kann mit Beginn des darauf zweitfolgenden Kalenderjahres der Gewinn des land- und forstwirtschaftlichen Betriebes nicht mehr nach den Bestimmungen dieser Verordnung ermittelt werden, es sei denn der Inhaber macht glaubhaft, dass die Umsatzgrenze nur vorübergehend und auf Grund besonderer Umstände überschritten worden ist und beantragt die weitere Anwendung dieser Verordnung. Der Gewinn eines land- und forstwirtschaftlichen Betriebes kann mit Beginn des darauf folgenden Kalenderjahres wieder nach den Bestimmungen dieser Verordnung ermittelt werden, wenn diese Umsatzgrenze in zwei aufeinanderfolgenden Kalenderjahren nicht überschritten wird.

(2) Als maßgebender Einheitswert des land- und forstwirtschaftlichen Betriebes gilt der Einheitswert für das während des Veranlagungsjahres bewirtschaftete land- und forstwirtschaftliche Vermögen zuzüglich der Einheitswertanteile der während des Veranlagungsjahres bewirtschafteten Zupachtungen, Zukäufe und zur Nutzung übernommenen Flächen und abzüglich der Einheitswertanteile der während des Veranlagungsjahres nicht selbst bewirtschafteten Verpachtungen, Verkäufe und zur Nutzung überlassenen Flächen. Für die Ermittlung der Einheitswertanteile der Zu- und Verpachtungen, der Zu- und Verkäufe bzw. der zur Nutzung übernommenen und überlassenen Flächen ist hinsichtlich des Hektarsatzes § 125 Abs. 1 lit. b der Bundesabgabenordnung – BAO, BGBl. Nr. 194/1961, in der jeweils geltenden Fassung maßgebend.

(3) Für die Anwendung der Voll- oder Teilpauschalierung gilt Folgendes:

1. *Wird am 31. Dezember eines Jahres eine der in § 2 Abs. 1 Z 1, 2 oder 3 genannten Grenzen überschritten, sind im Folgejahr die §§ 9 bis 14 anzuwenden.*
2. *Wird am 31. Dezember eines Jahres der maßgebende Teileinheitswert gemäß § 3 Abs. 2 überschritten, ist im Folgejahr § 3 Abs. 2 anzuwenden.*
3. *Wird am 31. Dezember eines Jahres die selbst bewirtschaftete weinbaulich genutzte Grundfläche von 60 Ar überschritten, ist im Folgejahr § 4 Abs. 2 anzuwenden.*
4. *Wird am 31. Dezember eines Jahres die selbst bewirtschaftete Grundfläche für Intensivobstanlagen zur Produktion von Tafelobst von zehn Hektar überschritten, ist im Folgejahr § 6 Abs. 2 anzuwenden.*
5. *Werden am 31. Dezember eines Jahres die in § 2 Abs. 1 Z 1, 2 oder 3 genannten Grenzen unterschritten und wird die sozialversicherungsrechtliche Beitragsgrundlagenoption gemäß § 23 Abs. 1a des Bauern-Sozialversicherungsgesetzes – BSVG, BGBl. Nr. 559/1978, in der jeweils geltenden Fassung oder die Option nach § 2 Abs. 3 nicht ausgeübt, sind im Folgejahr die §§ 9 bis 14 nicht mehr anzuwenden.*
6. *Wird am 31. Dezember eines Jahres der maßgebende Teileinheitswert gemäß § 3 Abs. 2 unterschritten, ist im Folgejahr § 3 Abs. 2 nicht mehr anzuwenden, es sei denn, die §§ 9 bis 14 sind für den gesamten land- und forstwirtschaftlichen Betrieb anzuwenden.*
7. *Wird am 31. Dezember eines Jahres die selbst bewirtschaftete weinbaulich genutzte Grundfläche von mehr als 60 Ar unterschritten, ist im Folgejahr § 4 Abs. 2 nicht mehr anzuwenden, es sei denn, die §§ 9 bis 14 sind für den gesamten land- und forstwirtschaftlichen Betrieb anzuwenden.*
8. *Wird am 31. Dezember eines Jahres die selbst bewirtschaftete Grundfläche für Intensivobstanlagen zur Produktion von Tafelobst von mehr als zehn Hektar unterschritten,*

ist im Folgejahr § 6 Abs. 2 nicht mehr anzuwenden, es sei denn, die §§ 9 bis 14 sind für den gesamten land- und forstwirtschaftlichen Betrieb anzuwenden.

9. *Bei der Ermittlung des maßgebenden Einheitswertes gemäß § 2 bzw. des maßgebenden Teileinheitswertes gemäß § 3 Abs. 2 ist § 125 Abs. 1 lit. b BAO sinngemäß anzuwenden, wobei der Steuerpflichtige zum 31. Dezember jenen Hektarsatz zugrunde zu legen hat, der im zuletzt vor diesem Stichtag ergangenen Einheitswertbescheid festgestellt wurde.*
10. *Wird vom Steuerpflichtigen glaubhaft gemacht, dass die Grenze des § 2 Abs. 1 Z 3 nur vorübergehend überschritten worden ist, kann auf Antrag die Gewinnermittlung mittels Vollpauschalierung beibehalten werden.*

Rechtslage ab der Veranlagung 2020

§ 1 (1) Der Gewinn eines land- und forstwirtschaftlichen Betriebes kann nach den Bestimmungen dieser Verordnung ermittelt werden, wenn

1. *dessen Einheitswert 130 000 Euro nicht übersteigt und*
2. *dessen Inhaber hinsichtlich dieses Betriebes nicht freiwillig Bücher führt und*
3. *die Anwendung der Verordnung nicht gemäß Abs. 1a ausgeschlossen ist.*

Die Anwendung der Verordnung ist nur auf den gesamten land- und forstwirtschaftlichen Betrieb zulässig. Eine Anwendung auf bloß einzelne Betriebszweige oder einzelne betriebliche Teiltätigkeiten ist unzulässig.

(1a) Wurden in zwei aufeinander folgenden Kalenderjahren Umsätze iSd § 125 BAO von jeweils mehr als 400 000 Euro erzielt, kann mit Beginn des darauf zweitfolgenden Kalenderjahres der Gewinn des land- und forstwirtschaftlichen Betriebes nicht mehr nach den Bestimmungen dieser Verordnung ermittelt werden, es sei denn der Inhaber macht glaubhaft, dass die Umsatzgrenze nur vorübergehend und auf Grund besonderer Umstände überschritten worden ist und beantragt die weitere Anwendung dieser Verordnung. Der Gewinn eines land- und forstwirtschaftlichen Betriebes kann mit Beginn des darauf folgenden Kalenderjahres wieder nach den Bestimmungen dieser Verordnung ermittelt werden, wenn diese Umsatzgrenze in zwei aufeinanderfolgenden Kalenderjahren nicht überschritten wird. Wird in einem landwirtschaftlichen Tierhaltungsbetrieb das Futter vom Abnehmer der Tiere zur Verfügung gestellt (insbesondere Lohnmast), ist für die Ermittlung des relevanten Umsatzes der Wert des Futters hinzuzurechnen.

(2) Als maßgebender Einheitswert des land- und forstwirtschaftlichen Betriebes gilt der Einheitswert für das während des Veranlagungsjahres bewirtschaftete land- und forstwirtschaftliche Vermögen zuzüglich der Einheitswertanteile der während des Veranlagungsjahres bewirtschafteten Zupachtungen, Zukäufe und zur Nutzung übernommenen Flächen und abzüglich der Einheitswertanteile der während des Veranlagungsjahres nicht selbst bewirtschafteten Verpachtungen, Verkäufe und zur Nutzung überlassenen Flächen. Für die Ermittlung der Einheitswertanteile der Zu- und Verpachtungen, der Zu- und Verkäufe bzw. der zur Nutzung übernommenen und überlassenen Flächen ist hinsichtlich des Hektarsatzes § 125 Abs. 1 der Bundesabgabenordnung in der Fassung vor BGBl. I Nr. 96/2020 maßgebend.

(3) Für die Anwendung der Voll- oder Teilpauschalierung gilt Folgendes:

1. *Wird am 31. Dezember eines Jahres die in § 2 Abs. 1 genannte Grenze überschritten, sind im Folgejahr die §§ 9 bis 14 anzuwenden.*
2. *Wird am 31. Dezember eines Jahres der maßgebende Teileinheitswert gemäß § 3 Abs. 2 überschritten, ist im Folgejahr § 3 Abs. 2 anzuwenden.*
3. *Wird am 31. Dezember eines Jahres die selbst bewirtschaftete weinbaulich genutzte Grundfläche von 60 Ar überschritten, ist im Folgejahr § 4 Abs. 2 anzuwenden.*
5. *Wird am 31. Dezember eines Jahres die in § 2 Abs. 1 genannte Grenze unterschritten und wird die sozialversicherungsrechtliche Beitragsgrundlagenoption gemäß § 23 Abs. 1a des Bauern-Sozialversicherungsgesetzes – BSVG, BGBl. Nr. 559/1978, in der jeweils geltenden Fassung oder die Option nach § 2 Abs. 3 nicht ausgeübt, sind im Folgejahr die §§ 9 bis 14 nicht mehr anzuwenden.*
6. *Wird am 31. Dezember eines Jahres der maßgebende Teileinheitswert gemäß § 3 Abs. 2 unterschritten, ist im Folgejahr § 3 Abs. 2 nicht mehr anzuwenden, es sei denn, die §§ 9 bis 14 sind für den gesamten land- und forstwirtschaftlichen Betrieb anzuwenden.*
7. *Wird am 31. Dezember eines Jahres die selbst bewirtschaftete weinbaulich genutzte Grundfläche von mehr als 60 Ar unterschritten, ist im Folgejahr § 4 Abs. 2 nicht mehr anzuwenden, es sei denn, die §§ 9 bis 14 sind für den gesamten land- und forstwirtschaftlichen Betrieb anzuwenden.*
9. *Bei der Ermittlung des maßgebenden Einheitswertes gemäß § 2 bzw. des maßgebenden Teileinheitswertes gemäß § 3 Abs. 2 ist § 125 Abs. 1 der Bundesabgabenordnung in der*

Fassung vor BGBl. I Nr. 96/2020 sinngemäß anzuwenden, wobei der Steuerpflichtige zum 31. Dezember jenen Hektarsatz zugrunde zu legen hat, der im zuletzt vor diesem Stichtag ergangenen Einheitswertbescheid festgestellt wurde.

Die LuF-PauschVO 2011 bzw. die LuF-PauschVO 2015 kann entweder nur zur Gänze oder überhaupt nicht angewendet werden. Wird zB der Gewinn aus Forstwirtschaft mittels vollständiger Einnahmen-Ausgaben-Rechnung ermittelt, so kann auch der Gewinn aus Landwirtschaft nur mittels vollständiger Einnahmen-Ausgaben-Rechnung ermittelt werden. Eine Mischung zwischen Pauschalierung (Voll- oder Teilpauschalierung) und vollständiger Einnahmen-Ausgaben-Rechnung hinsichtlich der einzelnen land- und forstwirtschaftlichen Betriebszweige ist nicht möglich.

(BMF-AV Nr. 2021/65)

4141a Gemäß § 1 Abs. 1 iVm Abs. 2 LuF-PauschVO 2015 ist diese Verordnung anwendbar, wenn der Einheitswert für das während des Veranlagungsjahres bewirtschaftete land- und forstwirtschaftliche Vermögen (zum maßgeblichen land- und forstwirtschaftlichen Vermögen siehe Rz 4142) 130.000 Euro nicht übersteigt. Maßgeblicher Einheitswert ist dabei – in analoger Anwendung des § 1 Abs. 3 LuF-PauschVO 2015 – der zum 31. Dezember des Jahres, das dem zu beurteilenden Veranlagungszeitraum vorangeht, wirksame Einheitswert. Übersteigt an diesem Stichtag der Einheitswert 130.000 Euro, ist die LuF-Pauschalierung im Folgejahr nicht mehr zulässig.

(BMF-AV Nr. 2015/133)

4141b Kommt es im Zuge einer Wertfortschreibung zu einem Überschreiten des maßgeblichen Einheitswertes, tritt dieser ab dem dafür maßgeblichen Fortschreibungszeitpunkt (Beginn des Kalenderjahres; § 21 Abs. 4 BewG 1955) an die Stelle des bis dahin festgestellten Einheitswertes.

Liegt der Zeitpunkt, für den der fortgeschriebene Einheitswert wirksam wird, in einem Kalenderjahr, das zum Zeitpunkt der Bescheiderlassung bereits vergangen ist, treten die Wirkungen bezüglich der Anwendbarkeit der LuF-PauschVO 2015 dennoch erst mit dem der Zustellung des Wertfortschreibungsbescheides folgenden Kalenderjahr ein.

(BMF-AV Nr. 2015/133)

11.3.1.1a Erstmalige Anwendung der LuF-PauschVO 2015 im Zusammenspiel mit der Hauptfeststellung gemäß § 20c BewG 1955

(BMF-AV Nr. 2015/133)

4141c **Veranlagungszeitraum 2015:**

Für den Veranlagungszeitraum 2015 ist für die Beurteilung der Anwendbarkeit der LuF-PauschVO 2015 der zum 31. Dezember 2014 festgestellte Einheitswert maßgeblich. Somit sind für das Jahr 2015 für die Anwendbarkeit der LuF-PauschVO 2015 noch nicht die auf Grund der Hauptfeststellung zum 1. Jänner 2014 festgestellten Einheitswerte heranzuziehen, weil diese gemäß § 20 Abs. 3 BewG 1955 erst mit 1. Jänner 2015 wirksam werden.

Veranlagungszeitraum 2016 und nachfolgende Veranlagungszeiträume:

Für den Veranlagungszeitraum 2016 und die Folgejahre ist die Beurteilung der Anwendbarkeit der LuF-PauschVO 2015 an Hand der zum 31. Dezember 2015 bzw. zum jeweiligen 31. Dezember der Folgejahre festgestellten Einheitswerte vorzunehmen. Unabhängig vom Umstand, dass gemäß § 20c BewG 1955 festgestellte Einheitswerte immer zum 1. Jänner 2015 wirksam werden (siehe dazu Rz 4141e), tritt für Zwecke der Anwendbarkeit der LuF-PauschVO 2015 die Wirkung des Einheitswertbescheides aber erst mit dem der Zustellung folgenden Kalenderjahr ein. Daher kann der Gewinn ab dem der Bescheidzustellung folgenden Kalenderjahr pauschal ermittelt werden, wenn es auf Grund der Hauptfeststellung zu einem Absinken des Einheitswertes auf 130.000 Euro oder weniger und somit zur Anwendbarkeit der LuF-PauschVO 2015 ab dem Jahr 2016 kommt.

Kommt es auf Grund der Hauptfeststellung zu einem Anstieg des Einheitswertes über 130.000 Euro, kommt es mit dem Jahr 2016 oder einem anderen auf die Zustellung des Hauptfeststellungsbescheides folgenden Kalenderjahr zum Entfall der Anwendbarkeit der LuF-PauschVO 2015.

Beispiel 1:

Ein landwirtschaftlicher Betrieb, dessen Gewinn nach der LuF-PauschVO 2011 bislang pauschal ermittelt wurde, hat zum 31.12.2014 einen Einheitswert in Höhe von 132.000 Euro. Für die Anwendbarkeit der LuF-PauschVO 2015 im Jahr 2015 ist noch der Einheitswert zum 31.12.2014 maßgeblich. Daher ist im Jahr 2015 die Pauschalierung unter Anwendung der LuF-PauschVO 2015 nicht anwendbar und der Gewinn muss jedenfalls durch eine vollständige Einnahmen-Ausgaben-Rechnung ermittelt werden.

Wird im Rahmen der Hauptfeststellung im Jahr 2016 ein Einheitswertbescheid erlassen, mit dem ein Einheitswert von 130.000 Euro oder weniger festgestellt wird, stellt dieser den zum 31.12.2016 maßgeblichen Einheitswert dar. Ab dem der Bescheidzustellung folgenden Jahr (2017) kann der Gewinn daher nach den Regeln der LuF-PauschVO 2015 ermittelt werden.

Beispiel 2:

Ein landwirtschaftlicher Betrieb, dessen Gewinn nach der LuF-PauschVO 2011 pauschal ermittelt wurde, hat zum 31.12.2014 einen Einheitswert in Höhe von 128.000 Euro. Für die Anwendbarkeit der LuF-PauschVO 2015 im Jahr 2015 ist noch der Einheitswert zum 31.12.2014 maßgeblich. Daher kann auch im Jahr 2015 der Gewinn unter Anwendung der LuF-PauschVO 2015 ermittelt werden.

Wird im Rahmen der Hauptfeststellung im Jahr 2016 ein Einheitswertbescheid erlassen, mit dem ein Einheitswert von über 130.000 Euro festgestellt wird, stellt dieser den zum 31.12.2016 maßgeblichen Einheitswert dar. Ab dem der Bescheidzustellung folgenden Jahr (2017) ist die LuF-PauschVO 2015 nicht mehr anwendbar. Der Gewinn ist daher zumindest durch eine vollständige Einnahmen-Ausgaben-Rechnung zu ermitteln (es sei denn, der maßgebliche Einheitswert beträgt auf Grund von unterjährigen Verkäufen, Verpachtungen und zur Nutzung überlassenen Flächen höchstens 130.000 Euro).

(BMF-AV Nr. 2015/133)

Wird durch unterjährige Zukäufe, Zupachtungen, zur Nutzung übernommene Flächen **4141d**
oder unentgeltliche Erwerbe der für die Vollpauschalierung maßgebende Einheitswert (Gesamteinheitswert von 75.000 Euro bzw. für Veranlagungszeiträume bis 2014 100.000 Euro; Forst-Teileinheitswert von 15.000 Euro [bzw. für Veranlagungszeiträume bis 2019: 11.000 Euro]) am 31. Dezember eines Jahres überschritten, ist ab dem Folgejahr die Teilpauschalierung anzuwenden (§ 1 Abs. 3 LuF-PauschVO 2015). Solange der Steuerpflichtige hinsichtlich der zugekauften bzw. unentgeltlich erworbenen Flächen zum 31. Dezember des jeweiligen Veranlagungsjahres noch über keinen eigenen Einheitswertbescheid verfügt, sind zur Ermittlung des maßgebenden Einheitswertes – wie bei Zupachtungen – die eigenen Hektarsätze heranzuziehen.

Für die Beurteilung der Anwendbarkeit der Vollpauschalierung auf Grund des Einheitswertes gelten in Zusammenhang mit der Hauptfeststellung der Einheitswerte dieselben Regeln wie für die generelle Anwendbarkeit der LuF-PauschVO 2015 (siehe dazu Rz 4141a und Rz 4141c).

Beispiel:

Ein landwirtschaftlicher Betrieb, dessen Gewinn nach der LuF-PauschVO 2011 bislang mittels Vollpauschalierung ermittelt wurde, hat zum 31.12.2014 einen Einheitswert in Höhe von 77.000 Euro. Für die Anwendbarkeit der Vollpauschalierung im Jahr 2015 ist noch der Einheitswert zum 31.12.2014 maßgeblich. Daher ist im Jahr 2015 die Vollpauschalierung unter Anwendung der LuF-PauschVO 2015 nicht möglich; der Gewinn kann daher im Rahmen der LuF-PauschVO 2015 nur mittels Teilpauschalierung ermittelt werden.

Wird 2016 im Zuge der Hauptfeststellung ein Einheitswertbescheid erlassen, mit dem ein Einheitswert von höchstens 75.000 Euro festgestellt wird, stellt dieser den zum 31.12.2016 maßgeblichen Einheitswert dar. Ab dem der Bescheidzustellung folgenden Jahr (2017) ist der Gewinn daher mittels Vollpauschalierung zu ermitteln.

(BMF-AV Nr. 2021/65)

Kommt es auf Grund der Hauptfeststellung zu einem Anstieg des Einheitswertes, ist auf **4141e**
Grund der bewertungsrechtlichen Rückwirkung des Einheitswertbescheides (siehe Rz 4141c) auch für bereits vergangene Veranlagungszeiträume der Grundbetrag gemäß § 2 Abs. 1 LuF-PauschVO 2015 unter Zugrundelegung des neu festgestellten Einheitswertes zu ermitteln.

Bezüglich der Anwendbarkeit der Vollpauschalierung entfaltet der Einheitswertbescheid aber erst mit dem der Zustellung folgenden Kalenderjahr Wirkung. Daher ist auch bei einem Einheitswert von mehr als 75.000 Euro der Gewinn für vergangene Kalenderjahre und das Kalenderjahr der Zustellung des Hauptfeststellungsbescheides mittels Vollpauschalierung zu ermitteln (§ 2 Abs. 1 Z 1 LuF-PauschVO 2015). Für die Ermittlung des Grundbetrages gemäß § 2 Abs. 1 LuF-PauschVO 2015 ist aber auf den gemäß § 20c BewG 1955 neu festgestellten Einheitswert Bezug zu nehmen. Sollten vergangene Veranlagungszeiträume bereits veranlagt sein, sind die Veranlagungsbescheide gemäß § 295 Abs. 1 BAO zu ändern und die Veranlagung auf Basis der neuen Einheitswertbescheide vorzunehmen.

Beispiel:

Ein landwirtschaftlicher Betrieb, dessen Gewinn nach der LuF-PauschVO 2011 pauschal ermittelt wurde, hat zum 31.12.2014 einen Einheitswert in Höhe von 74.000 Euro. Für die Anwendbarkeit der LuF-PauschVO 2015 im Jahr 2015 ist noch der Einheitswert zum 31.12.2014 maßgeblich. Daher kann auch im Jahr 2015 der Gewinn mittels Vollpauschalierung ermittelt werden.

Wird im Zuge der Hauptfeststellung im Jahr 2016 ein Einheitswertbescheid erlassen, mit dem ein Einheitswert von über 75.000 Euro festgestellt wird, ist dieser Einheitswert gemäß § 20 Abs. 3 iVm § 20c BewG 1955 bewertungsrechtlich mit 1. Jänner 2015 rückwirkend wirksam. Allerdings ist der Gewinn im Rahmen der LuF-PauschVO mittels Teilpauschalierung erst ab dem der Bescheidzustellung folgenden Jahr 2017 zu ermitteln (es sei denn der maßgebliche Einheitswert beträgt auf Grund von unterjährigen Verkäufen, Verpachtungen und zur Nutzung überlassenen Flächen höchstens 75.000 Euro). Die Gewinnermittlung im Rahmen der Vollpauschalierung hat aber auch für die Jahre 2015 und 2016 auf Basis des neu festgestellten Einheitswertes zu erfolgen (dies gilt sinngemäß auch für die pauschalen Betriebsausgaben gemäß § 3 Abs. 2 LuF-PauschVO 2015). Sollten für diese Jahre bereits Veranlagungsbescheide ergangen sein, sind diese gemäß § 295 Abs. 1 BAO zu ändern.

(BMF-AV Nr. 2019/75)

4141f Wird ein land- und forstwirtschaftlicher Betrieb oder Teilbetrieb unterjährig im Wege der Gesamt- oder Einzelrechtsnachfolge erworben oder zugepachtet, ist für die Beurteilung der Frage, welche Pauschalierungsmethode durch den Betriebserwerber anzuwenden ist, der Einheitswert der übertragenen land- und forstwirtschaftlich genutzten Flächen zum vorangegangenen 31. Dezember maßgeblich. Beträgt der maßgebliche Gesamteinheitswert der selbst bewirtschafteten Fläche über 75.000 Euro (für Veranlagungszeiträume bis 2014 100.000 Euro) oder der maßgebliche Forst-Teileinheitswert über 15.000 Euro (für Veranlagungszeiträume bis 2019: 11.000 Euro), ist bereits für das Jahr der Betriebsübertragung der Gewinn mittels Teilpauschalierung zu ermitteln (siehe § 191 Abs. 4 BAO und VwGH 15.5.2019, Ro 2019/13/0010).

Entsprechendes gilt im Fall der Verpflichtung des Rechtsvorgängers, den Gewinn durch Einnahmen-Ausgaben-Rechnung bzw. Bilanzierung zu ermitteln.

Sollte der Erwerber bereits einen Betrieb auf eigene Rechnung und Gefahr führen, kann für diesen Betrieb im Jahr des unterjährigen Betriebserwerbs die bisherige Gewinnermittlung fortgeführt werden.

(BMF-AV Nr. 2021/65)

4142 Der maßgebliche Einheitswert ergibt sich aus Eigenbesitz plus Zupachtungen, Zukäufe und zur Nutzung übernommene Flächen minus Verpachtungen, Verkäufe und zur Nutzung überlassener Flächen. Bei Zupachtungen und zur Nutzung übernommenen Flächen ist der ha-Satz des Pächters maßgebend. Stellen landwirtschaftlich genutzte Flächen bewertungsrechtlich Grundvermögen dar, sind sie mit dem Wert, der sich aus der Multiplikation der Fläche mit dem Hektarsatz des jeweiligen Betriebszweiges ergibt, dem Einheitswert hinzuzurechnen.

Hinsichtlich des Zeitpunktes der Zurechnung von Zu- und Verkäufen, Zu- oder Verpachtungen und Nutzungsübernahmen und -überlassungen stellt die Verordnung klar, dass es nicht auf einen bestimmten Zeitpunkt, sondern auf die Bewirtschaftung während des Veranlagungszeitraumes ankommt. Im Zweifel kann daher die Regel „Wer die Ernte hat, der hat die Zurechnung" gelten. Ist im maßgeblichen Einheitswertbescheid des Pächters für die betreffende Vermögensunterart (Landwirtschaft, Forstwirtschaft, Weinbau) kein Hektarsatz ausgewiesen, ist der entsprechende im Einheitswertbescheid des Verpächters ausgewiesene Hektarsatz anzuwenden. Diesen Hektarsatz hat das Finanzamt auf Anfrage dem Pächter mitzuteilen.

Kommt es auf Grund von Zupachtungen, Zukäufen und Nutzungsübernahmen bzw. auf Grund von Verpachtungen, Verkäufen und Nutzungsüberlassungen zu einer Änderung des maßgeblichen Einheitswertes zum 31. Dezember eines Jahres, ist im Falle des Überschreitens der Einheitswertgrenze für die Vollpauschalierung bzw. für die generelle Anwendbarkeit der LuF-PauschVO 2015 die Vollpauschalierung bzw. die LuF-PauschVO 2015 ab dem Folgejahr nicht mehr anwendbar.

Kommt es hinsichtlich der Zupachtungen, Zukäufe und Nutzungsübernahmen in Folge der Hauptfeststellung zu Änderungen des maßgeblichen Einheitswertes, gilt für die Anwendbarkeit der LuF-PauschVO 2015 Rz 4141c und für die Anwendbarkeit der Vollpauschalierung Rz 4141d entsprechend.

(BMF-AV Nr. 2015/133)

11.3.1.2 Grundsätzliches zur Durchschnittssatzgewinnermittlung

4143 Die Durchschnittssatzbesteuerung („Pauschalierung") stellt lediglich eine besondere Art der Gesamtschätzung nach äußeren Betriebsmerkmalen dar (VwGH 19.10.1971, 0013/70).

Zu unterscheiden ist zwischen einer Vollpauschalierung und einer Teilpauschalierung.

Bei der Vollpauschalierung, die vom Einheitswert oder von flächenabhängigen Durchschnittssätzen (gärtnerische Erzeugung für Wiederverkäufer) ausgeht, sind die tatsächlichen Betriebseinnahmen und Betriebsausgaben grundsätzlich nicht von Bedeutung. Dieses Prinzip wird insoweit durchbrochen, als außerordentliche Einnahmen gesondert zu erfassen sind und bestimmte Ausgaben im Verordnungswege zum Abzug zugelassen werden. Dabei ist zu beachten, dass alle nicht abpauschalierten Einnahmen und Aufwendungen nach dem Zufluss-Abfluss-Prinzip zu erfassen sind.

(BMF-AV Nr. 2015/133)

Die Teilpauschalierung gilt als Einnahmen-Ausgaben-Rechnung, wobei von den tatsächlichen Betriebseinnahmen (inklusive der vereinnahmten Förderungen und Prämien) pauschale Betriebsausgaben abgezogen werden. **4144**

(BMF-AV Nr. 2015/133)

Bildet ein landwirtschaftlicher Betrieb einen Teil eines einheitlichen Gewerbebetriebes, so kommt die Anwendung von Durchschnittssätzen für die Ermittlung des Gewinnes aus Land- und Forstwirtschaft nicht in Betracht (VwGH 6.11.1968, 0051/67). **4145**

Bei einem Rumpfwirtschaftsjahr ist der pauschaliert ermittelte Gewinn eines land- und forstwirtschaftlichen Betriebes grundsätzlich jenem Steuerpflichtigen zuzurechnen, der im jeweiligen Kalenderjahr von den betreffenden Flächen die Ernte eingebracht bzw. den überwiegenden Ertrag erzielt hat; es bestehen aber auch keine Bedenken, wenn der pauschal ermittelte Gewinn dem Betriebsvorgänger und Betriebsnachfolger anteilig zugerechnet wird (siehe Rz 5154). **4146**

(AÖF 2007/88)

11.3.2 Gewinnermittlung im Rahmen der Vollpauschalierung (einheitswertabhängige Gewinnermittlung; §§ 2 bis 7 LuF-PauschVO 2015)

(BMF-AV Nr. 2015/133)

Rechtslage bis zur Veranlagung 2014 **4147**

§ 2. (1) Bei einem maßgebenden Einheitswert des land- und forstwirtschaftlichen Betriebes bis 100.000 Euro ist der Gewinn mittels eines Durchschnittssatzes von 39% vom maßgebenden Einheitswert (§ 1 Abs. 2) zu ermitteln (Grundbetrag), soweit die §§ 3 bis 6 nichts Gegenteiliges bestimmen. Wird die sozialversicherungsrechtliche Beitragsgrundlagenoption gemäß § 23 Abs. 1a des Bauernsozialversicherungsgesetzes ausgeübt, kommt die Anwendung dieses Durchschnittssatzes nicht in Betracht.

(2) Wird der Grundbetrag von Alpen von einem gemäß § 39 Abs. 2 Z 1 lit. a des Bewertungsgesetzes 1955 gesondert festgestellten Vergleichswert abgeleitet, ist der Durchschnittssatz mit 70% des sich aus Abs. 1 ergebenden Satzes anzusetzen.

Rechtslage Veranlagung 2015 bis 2019

§ 2. (1) Der Gewinn ist mittels eines Durchschnittssatzes von 42% vom maßgebenden Einheitswert (§ 1 Abs. 2) zu ermitteln (Grundbetrag), wenn

1. *der maßgebende Einheitswert des land- und forstwirtschaftlichen Betriebes 75 000 Euro nicht übersteigt und*
2. *die selbst bewirtschaftete reduzierte landwirtschaftliche Nutzfläche (§ 30 Abs. 6 des Bewertungsgesetzes 1955 – BewG. 1955, BGBl. Nr. 148, in der jeweils geltenden Fassung) 60 Hektar nicht übersteigt und*
3. *die Zahl der tatsächlich erzeugten oder gehaltenen Vieheinheiten 120 nicht übersteigt.*

Soweit die §§ 3 bis 7 Abweichendes bestimmen, die sozialversicherungsrechtliche Beitragsgrundlagenoption gemäß § 23 Abs. 1a BSVG oder die Option gemäß Abs. 3 ausgeübt wird, kommt die Anwendung dieses Durchschnittssatzes nicht in Betracht.

(2) Wird der Grundbetrag von Alpen von einem gemäß § 39 Abs. 2 Z 1 lit. a BewG. 1955 gesondert festgestellten Vergleichswert abgeleitet, ist der Durchschnittssatz mit 70% des sich aus Abs. 1 ergebenden Satzes anzusetzen.

(3) Liegen die Voraussetzungen des Abs. 1 vor und wird die sozialversicherungsrechtliche Beitragsgrundlagenoption gemäß § 23 Abs. 1a BSVG nicht ausgeübt, kann der Gewinn auf Antrag gemäß den §§ 9 bis 14 ermittelt werden. Eine erneute Gewinnermittlung gemäß den §§ 2 bis 7 dieser Verordnung oder entsprechender Bestimmungen einer dieser Verordnung nachfolgenden Pauschalierungsverordnung ist frühestens nach Ablauf von fünf Kalenderjahren zulässig.

Rechtslage ab der Veranlagung 2020

§ 2. (1) Der Gewinn ist mittels eines Durchschnittssatzes von 42% vom maßgebenden Einheitswert (§ 1 Abs. 2) zu ermitteln (Grundbetrag), wenn der maßgebende Einheitswert des land- und forstwirtschaftlichen Betriebes 75 000 Euro nicht übersteigt.

Soweit die §§ 3 bis 7 Abweichendes bestimmen, die sozialversicherungsrechtliche Beitragsgrundlagenoption gemäß § 23 Abs. 1a des Bauern-Sozialversicherungsgesetzes – BSVG, BGBl. Nr. 559/1978 in der jeweils geltenden Fassung, oder die Option gemäß Abs. 3 ausgeübt wird, kommt die Anwendung dieses Durchschnittssatzes nicht in Betracht.

(2) Wird der Grundbetrag von Alpen von einem gemäß § 39 Abs. 2 Z 1 lit. a BewG. 1955 gesondert festgestellten Vergleichswert abgeleitet, ist der Durchschnittssatz mit 70% des sich aus Abs. 1 ergebenden Satzes anzusetzen.

(3) Liegen die Voraussetzungen des Abs. 1 vor und wird die sozialversicherungsrechtliche Beitragsgrundlagenoption gemäß § 23 Abs. 1a BSVG nicht ausgeübt, kann der Gewinn auf Antrag gemäß den §§ 9 bis 14 ermittelt werden. Eine erneute Gewinnermittlung gemäß den §§ 2 bis 7 dieser Verordnung oder entsprechender Bestimmungen einer dieser Verordnung nachfolgenden Pauschalierungsverordnung ist frühestens nach Ablauf von fünf Kalenderjahren zulässig.

(BMF-AV Nr. 2021/65)

11.3.2.1 Anwendungsvoraussetzungen

(BMF-AV Nr. 2015/133)

4148 Grundsätzlich ist der Land- und Forstwirt bis zu einem Gesamteinheitswert von 75.000 Euro (bis 2014: 100.000 Euro) hinsichtlich seiner Einkünfte aus der Land- und Forstwirtschaft vollpauschaliert.

- In den Veranlagungsjahren 2015 bis 2019 bestanden allerdings zusätzliche Anwendungsgrenzen, von denen keine überschritten werden durfte. Die selbst bewirtschaftete reduzierte landwirtschaftliche Nutzfläche durfte 60 ha nicht übersteigen.
- Die tatsächlich erzeugten oder gehaltenen Vieheinheiten durften nicht mehr als 120 Vieheinheiten betragen.

Wird die nunmehr allein maßgebliche Einheitswertgrenze nicht überschritten, besteht weiters die Möglichkeit, gemäß § 2 Abs. 3 LuF-PauschVO 2015 in die Teilpauschalierung zu optieren (siehe Rz 4148a).

Die Vollpauschalierung ist darüber hinaus hinsichtlich des gesamten land- und forstwirtschaftlichen Betriebes unzulässig, wenn die sozialversicherungsrechtliche Beitragsgrundlagenoption gemäß § 23 Abs. 1a Bauern-Sozialversicherungsgesetz ausgeübt wird (§ 2 Abs. 1 LuF-PauschVO 2015).

(BMF-AV Nr. 2021/65)

4148a Bei einem Einheitswert bis 75.000 Euro (bis 2014: 100.000 Euro) kann ohne Ausübung der großen Beitragsgrundlagenoption nach § 23 Abs. 1a BSVG in die Teilpauschalierung optiert werden (§ 2 Abs. 3 LuF-PauschVO 2015). Die Option ist nur für den gesamten Betrieb möglich und kann bis zum Eintritt der Rechtskraft des Einkommensteuer- bzw. Feststellungsbescheides ausgeübt werden. Wird die Teilpauschalierungsoption ausgeübt, besteht eine Bindung an diese Option für die folgenden fünf Kalenderjahre, eine Rückkehr zur Vollpauschalierung ist erst nach Ende des Bindungszeitraumes zulässig. Eine vollständige Einnahmen-Ausgaben-Rechnung oder eine freiwillige Bilanzierung nach § 4 Abs. 1 EStG 1988 ist aber immer möglich, wobei in diesen Fällen eine Rückkehr zur Pauschalierung erst nach Ablauf von 5 Jahren möglich ist. Die fünfjährige Sperrfrist besteht nur für den Fall des freiwilligen Wechsels zur Teilpauschalierung. Ist die Vollpauschalierung nicht mehr zulässig, weil die Grenze des § 2 Abs. 1 LuF-PauschVO 2015 überschritten wurde, besteht keine Sperrfrist.

(BMF-AV Nr. 2021/65)

4148b **Rechtslage bis Veranlagung 2019**

Die Flächengrenze von 60 ha für die Anwendbarkeit der Vollpauschalierung bezieht sich auf die durch den Steuerpflichtigen selbst bewirtschaftete reduzierte landwirtschaftliche Nutzfläche gemäß § 30 Abs. 6 BewG 1955 (inklusive der obstbaulich genutzten Fläche). Zugepachtete, zugekaufte und in Nutzung genommene Flächen sind daher zu den Eigenflächen hinzuzurechnen; verpachtete, verkaufte und zur Nutzung überlassene Flächen sind von den Eigenflächen in Abzug zu bringen.

Nicht Teil der reduzierten landwirtschaftlichen Nutzfläche und daher für die Flächengrenze unbeachtlich sind Flächen, die dem forstwirtschaftlichen Vermögen, dem Weinbauvermögen, dem gärtnerischen Vermögen oder dem übrigen land- und forstwirtschaftlichen Vermögen zuzurechnen sind.

Nicht zu berücksichtigen sind Flächen, die im Einheitswertbescheid als unproduktive Flächen oder Vegetationsflächen, deren Ertragsfähigkeit so gering ist, dass sie in ihrem derzeitigen Zustand landwirtschaftlich nicht bestellt werden können, ausgewiesen sind (§ 39 Abs. 2 Z 1 lit. b BewG 1955).

Als landwirtschaftliche Nutzfläche zu berücksichtigen sind allerdings solche Flächen, die anderen als landwirtschaftlichen Zwecken dienen, wenn die Zugehörigkeit dieser Flächen zum landwirtschaftlichen Betrieb den landwirtschaftlichen Hauptzweck des Betriebes nicht wesentlich beeinflusst (zB kleine Teichflächen; § 31 Abs. 1 BewG 1955).

Bei der Ermittlung der reduzierten landwirtschaftlichen Nutzfläche unbeachtlich sind bewirtschaftete Flächen im Ausland.

(BMF-AV Nr. 2021/65)

Rechtslage bis Veranlagung 2019 **4148c**

Bei der Ermittlung der reduzierten landwirtschaftlichen Nutzfläche sind Hutweiden und Streuwiesen nur mit einem Drittel des tatsächlichen Flächenausmaßes anzusetzen; Alpen und Bergmähder sind nur mit einem Fünftel des tatsächlichen Flächenausmaßes anzusetzen.

Hutweiden sind Dauergrünlandflächen, die nur eine geringe Ertragsfähigkeit haben, landwirtschaftlich nicht bestellt werden können und nur eine gelegentliche Weidenutzung zulassen.

Streuwiesen sind (vernässte) Dauergrünlandflächen, die vorwiegend der Streunutzung dienen.

Als Nachweis für eine Hutweiden- und Streuwiesennutzung sind die Ergebnisse der Bodenschätzung in der Bodenschätzungsreinkarte (§ 1 Abs. 3 Bodenschätzungsgesetz 1970) heranzuziehen.

Alpen sind Vegetationsflächen oberhalb oder außerhalb der höhenbezogenen Dauersiedlungsgrenze, die vorwiegend durch Beweidung während der Sommermonate genutzt werden, sowie die in regelmäßigen Abständen gemähten Dauergrasflächen im Almbereich.

Bergmähder sind Dauergrünlandflächen im Gebirge, die für die Beweidung zu steil sind und ausschließlich der Heugewinnung dienen.

(BMF-AV Nr. 2021/65)

Rechtslage bis Veranlagung 2019 **4148d**

Stehen landwirtschaftlich selbst genutzte Flächen im Miteigentum verschiedener Steuerpflichtiger, ist eine dem Miteigentumsanteil entsprechende Teilfläche unmittelbar dem land- und forstwirtschaftlichen Betrieb der Miteigentümer als Teil der selbst bewirtschafteten reduzierten landwirtschaftlichen Nutzfläche zuzurechnen.

Beispiel:

Ein Landwirt besitzt einen Miteigentumsanteil an einer Alm im Ausmaß von 20%. Die Gesamtfläche der Alm beträgt 200 ha. Entsprechend seines Miteigentumsanteiles sind dem Landwirt daher 40 ha als Eigenfläche, somit 8 ha selbst bewirtschaftete reduzierte landwirtschaftliche Nutzfläche, zuzurechnen.

Stehen landwirtschaftlich genutzte Flächen im Eigentum einer körperschaftlich organisierten Agrargemeinschaft, sind die Flächen der Agrargemeinschaft zuzurechnen.

(BMF-AV Nr. 2021/65)

Rechtslage bis Veranlagung 2019 **4148e**

Die Vieheinheitengrenze für die Anwendbarkeit der Vollpauschalierung bezieht sich auf die Zahl der im Eigentum des Steuerpflichtigen befindlichen Tiere bzw. auf Tiere, die dem Steuerpflichtigen überlassen wurden (zB Lohnmast oder im Rahmen einer Betriebspacht). Vieh auf Fremdalmen (Zinsvieh) ist dagegen dem Eigentümer und nicht dem Almbewirtschafter bzw. Almeigner zuzurechnen und durch den Vieheigentümer dementsprechend bei der Ermittlung der Vieheinheiten zu Gänze zu berücksichtigen (auch eine Agrargemeinschaftsalm, an der der Vieheigentümer beteiligt ist, ist wie eine Fremdalm zu sehen). Dies gilt auch bei Vieh, das auf Gemeinschaftsalmen aufgetrieben wird.

Vieh, das in Gemeinschaftsställen (Kooperationen) eingestellt wird, die als eigenständige Mitunternehmerschaft anzusehen sind (siehe Rz 4148l f), ist dieser Mitunternehmerschaft zuzurechnen.

(BMF-AV Nr. 2021/65)

Rechtslage bis Veranlagung 2019 **4148f**

Die Berechnung der Vieheinheiten ist an Hand des Vieheinheitenschlüssels gemäß § 30 Abs. 7 BewG 1955 idF BGBl. I Nr. 63/2013 vorzunehmen. Daher sind für die Vieheinheitengrenze nur jene Tiere maßgeblich, für die ein Vieheinheitenschlüssel festgelegt ist. Andere Tiere bleiben daher bei der Beurteilung der Frage, ob die Vieheinheitengrenze überschritten ist, außer Betracht.

Für die Anwendung des Vieheinheitenschlüssels ist Folgendes zu beachten:

- Jungsauen sind weibliche Schweine bis zum ersten Abferkeln.
- Jungeber sind männliche Schweine, die zur Zucht bestimmt sind.
- Zuchtsauen sind weibliche Schweine nach dem ersten Abferkeln.
- Zuchteber sind männliche Schweine ab dem ersten Zuchteinsatz.
- Babyferkel unter 10 kg sind in der Vieheinheit für Zuchtsauen enthalten und daher nicht gesondert zu erfassen.
- Legehennen sind Junghennen ab dem Zeitpunkt der Einstallung im Eierproduktionsbetrieb.
- Kleinpferde sind Pferde mit einem Stockmaß von höchstens 1,2 m.

(BMF-AV Nr. 2021/65)

4148g **Rechtslage bis Veranlagung 2019**

Für die Berechnung der maßgeblichen Vieheinheiten ist der Bestand bzw. die Jahresproduktion (siehe dazu Rz 4148i) von Tieren heranzuziehen.

Der Bestand ist der durchschnittliche Bestand von Tieren der letzten drei Jahre. Zu diesem Zweck sind die Bestände jeweils zum Monatsersten eines Kalenderjahres zu ermitteln und die Summe ist durch 12 zu dividieren. Alternativ dazu kann eine Zählung an 13 Stichtagen (zusätzlicher Termin am 15. Juli) erfolgen. Sind genauere Datenaufzeichnungen vorhanden (zB Sauenplaner), sind diese zu verwenden.

Beispiel:

	Stück Schweine												
Stichtag	*1.1.*	*1.2.*	*1.3.*	*1.4.*	*1.5.*	*1.6.*	*1.7.*	*1.8.*	*1.9.*	*1.10.*	*1.11.*	*1.12.*	*Ø*
Zuchtsauen	*95*	*93*	*97*	*95*	*102*	*95*	*98*	*94*	*98*	*96*	*93*	*95*	*95,92*
Eber	*2*	*2*	*2*	*2*	*2*	*1*	*2*	*2*	*2*	*2*	*1*	*1*	*1,75*
Summe	*97*	*95*	*99*	*97*	*104*	*96*	*100*	*96*	*100*	*98*	*94*	*96*	*97,67*

Der Durchschnittsbestand an Zuchtsauen/Zuchteber beträgt 97,67; das sind 34,18 Vieheinheiten.

Wurde der Bestand gegenüber den Vorjahren wesentlich gesteigert, ist nur der Bestand des laufenden Jahres beachtlich, wobei eine wesentliche Steigerung dann angenommen werden kann, wenn sich der Bestand gegenüber dem Vorjahr um mehr als 25% verändert.

(BMF-AV Nr. 2021/65)

4148h **Rechtslage bis Veranlagung 2019**

Bei der Berechnung des Durchschnittsbestandes bei Legehennen ist zu berücksichtigen, dass während der Serviceperiode (Zeitraum zwischen Ausstallung der alten Legehennen und Einstallung der Junghennen) auf Grund der erforderlichen Reinigung und Desinfektion des Stalles keine Tiere gehalten werden. Die Serviceperiode ist daher bei der Berechnung des Durchschnittsbestandes produktionsmindernd zu berücksichtigen. Zuchthähne sind in den Bestand nicht einzubeziehen. Der Durchschnittsbestand ist daher wie folgt zu ermitteln:

$$\text{ØBestand} = \frac{\text{Anzahl Junghennen Einstallung} + \text{Anzahl Legehennen Ausstallung}}{2} * \frac{\text{Haltedauer}}{\text{Haltedauer} + \text{Serviceperiode}}$$

Beispiel:

Es werden die alten Legehennen ausgestallt und der Stall gereinigt und desinfiziert (Serviceperiode 3 Wochen). Danach werden Junghennen angekauft und eingestallt. Eingestallt wurden 10.000 Junghennen. Nach 53 Wochen werden 9.200 Legehennen ausgestallt.

$$\text{ØBestand} = \frac{10.000 + 9.200}{2} * \frac{53 \text{ Wochen}}{56 \text{ Wochen}} = 9.086 \text{ Stück}$$

Der Durchschnittsbestand an Legehennen beträgt 9.086 Stück; das sind 118,118 Vieheinheiten.

(BMF-AV Nr. 2021/65)

Rechtslage bis Veranlagung 2019 4148i

Die Jahresproduktion ist die Summe der im Jahr erzeugten Tiere; bei Masttieren entspricht die Jahresproduktion der Summe der im Jahr verkauften und der für den Privatverbrauch verwendeten Tiere. Dabei ist bei einer unterschiedlichen Zahl von Umtrieben pro Jahr auf die nachhaltige Jahresproduktion abzustellen. Diese ist an Hand des Durchschnittes der Produktion des zu beurteilenden Jahres und der zwei vorangegangenen Jahre zu ermitteln.

Überschreitet die nachhaltige Jahresproduktion daher im zu beurteilenden Jahr die Vieheinheitengrenze, ist ab dem folgenden Jahr eine Vollpauschalierung nicht mehr zulässig.

Beispiel 1:

Masthühnerproduktion 2018 *118.500 Stück (6 Umtriebe)*
Masthühnerproduktion 2017 *102.000 Stück (5 Umtriebe)*
Masthühnerproduktion 2016 *134.400 Stück (7 Umtriebe)*

Nachhaltige Produktion $\frac{118.500+102.000+134.400}{3} = 118.300$

Der Durchschnittsbestand an Masthühnern beträgt im Jahr 2018 118.300 Stück; das sind 118,3 Vieheinheiten. Eine Vollpauschalierung ist daher auch im Jahr 2019 zulässig.

Beispiel 2:

Masthühnerproduktion 2018 *117.400 Stück (7 Umtriebe)*
Masthühnerproduktion 2017 *119.600 Stück (5 Umtriebe)*
Masthühnerproduktion 2016 *126.500 Stück (6 Umtriebe)*

Nachhaltige Produktion $\frac{117.400+119.600+126.500}{3} = 121.167$

Der Durchschnittsbestand an Masthühnern beträgt im Jahr 2018 121.167 Stück; das sind 121,17 Vieheinheiten. Ab dem Jahr 2019 ist daher eine Vollpauschalierung nicht mehr zulässig.

Wurden die Produktionskapazitäten gegenüber den Vorjahren wesentlich gesteigert, ist nur die Produktionskapazität (Zahl der gehaltenen Masttiere) des laufenden Jahres beachtlich. Eine wesentliche Steigerung der Produktionskapazität kann dann angenommen werden, wenn sich die Zahl der Masttiere gegenüber dem Vorjahr um mehr als 25% verändert. Überschreitet die nachhaltige Jahresproduktion daher im laufenden Jahr die Vieheinheitengrenze, ist ab dem folgenden Jahr eine Vollpauschalierung nicht mehr zulässig.

Dies gilt entsprechend bei einer wesentlichen Absenkung der Produktionskapazität.

(BMF-AV Nr. 2021/65)

Rechtslage bis Veranlagung 2019 4148j

Der Vieheinheitenschlüssel gemäß § 30 Abs. 7 BewG 1955 stellt auf einen durchschnittlichen Futtereinsatz bis zur Erreichung des Produktionszieles ab. Erfolgt die Erreichung des Produktionszieles arbeitsteilig, dh. befindet sich das Tier bis zur Erreichung des Produktionszieles nicht nur in einem landwirtschaftlichen Betrieb, sondern erfolgt die Vor- und Endaufzucht in verschiedenen Betrieben, ist eine anteilige Aufteilung des Vieheinheiten-Satzes pro Tier nach dem Futterbedarf der jeweiligen Kategorie vorzunehmen.

Bei Fehlen eines Nachweises über die tatsächliche Futterverwendung bestehen keine Bedenken, den Aufteilungsschlüssel für die Vieheinheiten bei Junghennen, Mastputen und Mastschweinen wie folgt zu schätzen:

	Voraufzucht/Vormast	Endaufzucht/Endmast
Junghennen (Voraufzucht bis rund 6 Wochen)	20%	80%
Mastputen (Voraufzucht bis rund 6 Wochen)	10%	90%
Mastschweine bis rund 60 kg Lebendgewicht	30%	70%
Mastschweine bis rund 80 kg Lebendgewicht	50%	50%

Beispiel 1 (arbeitsteilige Junghennenproduktion):

Betrieb A: Voraufzuchtbetrieb

Voraufzucht von durchschnittlich 70.000 Stück pro Jahr für die Dauer von rund 6 Wochen (10.000 Stück, 6 Wochen, 7 Umtriebe). Die Endaufzucht erfolgt in anderen Betrieben. Diese Tiere werden mit 0,0004 Vieheinheiten (VE) bewertet (20% von 0,002 VE Junghennen), dh. in Summe 28 VE.

Betrieb B: Endaufzuchtbetrieb

Endaufzucht von 30.000 Junghennen aus voraufgezogenen Küken (Alter von rd. 6 Wochen). Diese Tiere werden mit 0,0016 VE bewertet (80% von 0,002 VE Junghennen), dh. in Summe 48 VE.

Beispiel 2 (arbeitsteilige Mastputenproduktion):

Betrieb A: Voraufzucht und einen Teil der Produktion Endmast Einstallung von 6.200 Küken pro Jahr, Endmast von 2.500 Mastputen, 3.500 werden mit rund 6 Wochen an einen reinen Endmastbetrieb verkauft/abgegeben (restliche Tiere sind Verluste). Die erzeugten Tiere der Vormast werden mit 0,0009 Vieheinheiten (VE) bewertet (10% von 0,009 VE Mastputen), dies ergibt in Summe 3,15 VE. Die am Betrieb fertig gemästeten Puten (2.500 Stück) werden mit 0,009 VE bewertet, dies ergibt für diese Tiere 22,5 VE. Die gesamten Vieheinheiten betragen für diesen Betrieb somit 25,65 VE.

Betrieb B: Endmast

Reine Endmast von 3.500 voraufgezogenen Puten pro Jahr mit einem Einstallalter von rund 6 Wochen: Die erzeugten Tiere der Endmast werden mit 0,0081 VE bewertet (90% von 0,009 VE Mastputen), dies ergibt in Summe 28,35 VE.

(BMF-AV Nr. 2021/65)

4148k Rechtslage bis Veranlagung 2019

Betragen die Vieheinheiten auf Grund des Bestandes und/oder der Jahresproduktion in einem Jahr mehr als 120, ist die Ermittlung des Gewinnes mittels Vollpauschalierung ab dem folgenden Jahr nicht mehr zulässig. Auf Antrag kann allerdings die Vollpauschalierung auch im folgenden Jahr beibehalten werden, wenn der Steuerpflichtige glaubhaft macht, dass die Vieheinheitengrenze nur vorübergehend überschritten wurde (§ 1 Abs. 3 Z 10 LuF-PauschVO 2015).

Über den formlosen Antrag ist mit einem gesondert zu erlassenden Feststellungsbescheid gemäß § 92 BAO abzusprechen.

(BMF-AV Nr. 2021/65)

4148l Die Zurückbehaltung der durch eine Kooperation, die als eigenständige Mitunternehmerschaft anzusehen ist, genutzten landwirtschaftlichen Flächen im Eigentum der beteiligten Landwirte (Gesellschafter) ist unschädlich und löst keine ertragsteuerlichen Konsequenzen aus. Das Vieh sowie die notwendigen Gerätschaften werden hingegen an die Kooperation übertragen, sodass die beteiligten Gesellschafter Miteigentum daran erwerben. Zahlungen (auch solche der GAP) erfolgen an die Kooperation.

Für das Vorliegen eines Zusammenschlusses in diesen Fällen sind die Voraussetzungen des Art. IV UmgrStG zu beachten. Die in der Kooperation zusammengeführten Betriebe der beteiligten Landwirte stellen den einheitlichen Betrieb der Mitunternehmerschaft dar, für den der Gewinn einheitlich und gesondert festgestellt wird. Die im Eigentum der Gesellschafter verbliebenen Flächen stellen Sonderbetriebsvermögen der Gesellschafter dar. Ein landwirtschaftlicher Betrieb liegt solange vor, als nicht eine geringfügig gewerbliche Tätigkeit ausgeübt wird (zB Überschreiten der Umsatzgrenze bei Be- und Verarbeitung; siehe dazu Rz 5835 ff). Die Art der Gewinnermittlung erfolgt nach den jeweiligen Vorschriften, wobei hinsichtlich der Vollpauschalierungsgrenze eine Zusammenrechnung aller von der Kooperation bewirtschafteten Flächen (auch derjenigen Flächen, die die dem Sonderbetriebsvermögen der Gesellschafter zuzurechnen sind) und aller in der Kooperation gehaltenen Tiere (keine Aufteilung auf die Gesellschafter) vorzunehmen ist.

Dies gilt entsprechend, wenn von Landwirten Betriebsteile in der Art von Teilbetrieben in die Kooperation übertragen werden und andere Betriebsteile, die in keinem wirtschaftlichen Zusammenhang mit der Tätigkeit in der Kooperation stehen, als eigenständiger Betrieb fortgeführt werden (zB Forst, Obstbau gegenüber der in die Kooperation übertragenen Viehwirtschaft). Die Anwendbarkeit des Art. IV UmgrStG ist in einem solchen Fall aber nur dann gegeben, wenn die übertragenen Betriebsteile einen Teilbetrieb im Sinne des § 23 Abs. 2 UmgrStG darstellen (zum land- und forstwirtschaftlichen Teilbetrieb siehe Rz 5134).

(BMF-AV Nr. 2021/65)

Wird nicht der gesamte Betrieb, sondern werden bloß einzelne Wirtschaftsgüter (Vieh, Geräte) in die Kooperation überführt, ist ein vom verbleibenden landwirtschaftlichen Betrieb des Gesellschafters getrennter Betrieb der Kooperation nur dann anzunehmen, wenn dieser nach außen hin eindeutig erkennbar als eigenständige betriebliche Einheit auftritt, im Innenverhältnis eine klare Abgrenzung zu den land- und forstwirtschaftlichen Betrieben der Miteigentümer besteht (insbesondere eigenständige Kontoführung, fremdübliche Preisgestaltung für Leistungserbringungen wie zB Vieheinstellung gegenüber den Miteigentümern, fremdübliche Verrechnung von für die Kooperation erbrachte Leistungen der Miteigentümer) und nicht ausschließlich Leistungen nur für die Miteigentümer erbracht werden (VwGH 27.2.2014, 2011/15/0082; insbesondere Vieheinstellung auch durch Dritte). In diesem Fall stellt die Kooperation eine eigenständige Mitunternehmerschaft dar. Landwirtschaftliche Flächen sind dieser Mitunternehmerschaft insoweit zuzurechnen, als deren Bewirtschaftung in unmittelbarem Zusammenhang mit der Tätigkeit der Mitunternehmerschaft steht; in diesem Fall ist eine unmittelbare Zurechnung dieser Flächen zu den Miteigentümern ausgeschlossen. Zur Zurechnung des eingestellten Viehs siehe Rz 4148e. **4148m**

Liegt eine Mitunternehmerschaft in jenen Fällen vor, ist Art. IV UmgrStG mangels Übertragung von nicht begünstigtem Vermögen nicht anwendbar. Auf Grund der Gewährung von Anteilen an der Kooperation (GesBR, OG oder KG) gegen die anteilige Übertragung von Miteigentum an den übertragenen Wirtschaftsgütern liegt ein Tausch gemäß § 6 Z 14 lit. a EStG 1988 vor. Somit sind die anteiligen stillen Reserven steuerlich zu erfassen.

(BMF-AV Nr. 2015/133)

Erbringt ein land- und forstwirtschaftlicher Betrieb eines Mitunternehmers ausschließlich Leistungen an die Mitunternehmerschaft und tritt er als eigenständiger Betrieb nicht am Markt auf, liegt kein selbständiger Betrieb vor (vgl. VwGH 27.2.2014, 2011/15/0082). In diesem Fall stellt das land- und forstwirtschaftliche Vermögen Sonderbetriebsvermögen des Mitunternehmers im Rahmen der Mitunternehmerschaft dar. **4148n**

(BMF-AV Nr. 2015/133)

11.3.2.2 Gewinn aus Almwirtschaft

Wurde für Almen ein gesonderter Einheitswert festgestellt, ist dieser Einheitswert (bzw. der darin enthaltene Hektarsatz) um 30% zu kürzen. Für die Anwendung der Durchschnittssätze ist der gekürzte Betrag heranzuziehen. **4149**

11.3.2.3 Gewinn aus Forstwirtschaft (§ 3 der Verordnung)

Rechtslage Veranlagung 2015 bis 2019 **4150**

§ 3. (1) Beträgt der forstwirtschaftliche (Teil)Einheitswert nicht mehr als 11.000 Euro, ist der Gewinn aus Forstwirtschaft mit dem Durchschnittssteuersatz gemäß § 2 erfasst.

(2) Übersteigt der forstwirtschaftliche (Teil)Einheitswert den Betrag von 11.000 Euro, sind von den Betriebseinnahmen pauschale Betriebsausgaben abzuziehen. Diese sind von der dem forstwirtschaftlichen (Teil)Einheitswert zugrunde liegenden Minderungszahl für Fichte und Lärche der Bonität 7 bzw. Bringungslage abhängig und betragen:

1. *Bei Selbstschlägerung:*
   - a) *70% der Betriebseinnahmen (einschließlich Umsatzsteuer) bei einer Minderungszahl von 1 bis 61 oder bei einer Bringungslage 3,*
   - b) *60% der Betriebseinnahmen (einschließlich Umsatzsteuer) bei einer Minderungszahl von 62 bis 68 oder bei einer Bringungslage 2,*
   - c) *50% der Betriebseinnahmen (einschließlich Umsatzsteuer) bei einer Minderungszahl von 69 bis 100 oder bei einer Bringungslage 1.*
2. *Bei Holzverkäufen am Stock:*
   - a) *30% der Betriebseinnahmen (einschließlich Umsatzsteuer) bei einer Minderungszahl von 1 bis 63 oder bei einer Bringungslage 3,*
   - b) *20% der Betriebseinnahmen (einschließlich Umsatzsteuer) bei einer Minderungszahl von 64 bis 100 oder bei einer Bringungslage 2 oder 1.*

Liegt dem Einheitswert einer forstwirtschaftlich genutzten Grundfläche keine Minderungszahl oder Bringungslage zugrunde, ist vom Finanzamt eine fiktive Bringungslage zu ermitteln.

(3) Ist der Gewinn aus Forstwirtschaft gemäß Abs. 2 gesondert zu ermitteln, ist der auf die fortwirtschaftlich genutzten Grundflächen entfallende Teil des Einheitswertes bei der Berechnung des Grundbetrages (§ 2) auszuscheiden.

Rechtslage ab der Veranlagung 2020

§ 3. (1) Beträgt der forstwirtschaftliche (Teil)Einheitswert nicht mehr als 15.000 Euro, ist der Gewinn aus Forstwirtschaft mit dem Durchschnittssteuersatz gemäß § 2 erfasst.

(2) Übersteigt der forstwirtschaftliche (Teil)Einheitswert den Betrag von 15.000 Euro, sind von den Betriebseinnahmen pauschale Betriebsausgaben abzuziehen. Diese sind von der dem forstwirtschaftlichen (Teil)Einheitswert zugrunde liegenden Minderungszahl für Fichte und Lärche der Bonität 7 bzw. Bringungslage abhängig und betragen:

1. Bei Selbstschlägerung:

a) 70% der Betriebseinnahmen (einschließlich Umsatzsteuer) bei einer Minderungszahl von 1 bis 61 oder bei einer Bringungslage 3,

b) 60% der Betriebseinnahmen (einschließlich Umsatzsteuer) bei einer Minderungszahl von 62 bis 68 oder bei einer Bringungslage 2,

c) 50% der Betriebseinnahmen (einschließlich Umsatzsteuer) bei einer Minderungszahl von 69 bis 100 oder bei einer Bringungslage 1.

2. Bei Holzverkäufen am Stock:

a) 30% der Betriebseinnahmen (einschließlich Umsatzsteuer) bei einer Minderungszahl von 1 bis 63 oder bei einer Bringungslage 3,

b) 20% der Betriebseinnahmen (einschließlich Umsatzsteuer) bei einer Minderungszahl von 64 bis 100 oder bei einer Bringungslage 2 oder 1.

Liegt dem Einheitswert einer forstwirtschaftlich genutzten Grundfläche keine Minderungszahl oder Bringungslage zugrunde, ist vom Finanzamt eine fiktive Bringungslage zu ermitteln.

(3) Wird für die Ermittlung des Gewinnes aus Forstwirtschaft Abs. 2 angewendet, sind Abs. 2 Z 1 und Z 2 auch für die Ermittlung der Einkünfte aus besonderen Waldnutzungen gemäß § 37 Abs. 6 EStG 1988 anzuwenden. Dabei erhöhen sich für die Ermittlung der Einkünfte aus Waldnutzungen in Folge höherer Gewalt gemäß § 37 Abs. 6 EStG 1988 die in Abs. 2 Z 1 und Z 2 genannten Prozentsätze um jeweils 20 Prozentpunkte.

(4) Ist der Gewinn aus Forstwirtschaft gemäß Abs. 2 gesondert zu ermitteln, ist der auf die fortwirtschaftlich genutzten Grundflächen entfallende Teil des Einheitswertes bei der Berechnung des Grundbetrages (§ 2) auszuscheiden.

(BMF-AV Nr. 2021/65)

Randzahlen 4151 und 4152: *entfallen*

(AÖF 2009/74)

11.3.2.3.1 Forsteinheitswert bis 15.000 Euro (bis 2019: 11.000 Euro)

(BMF-AV Nr. 2021/65)

4153 Der Gewinn wird mit 42% (bis 2014: 39%) vom forstwirtschaftlichen Einheitswert ermittelt, sofern der forstwirtschaftliche Einheitswert nicht mehr als 15.000 Euro (bis 2019: 11.000 Euro) und der Gesamteinheitswert nicht mehr als 75.000 Euro (bis 2014: 100.000 Euro) beträgt, (bis 2019: die selbst bewirtschaftete reduzierte landwirtschaftliche Nutzfläche 60 ha nicht übersteigt und die Vieheinheitengrenze von 120 Vieheinheiten nicht überschritten wurde) sowie weder die Teilpauschalierungsoption (siehe Rz 4148a) noch die Beitragsgrundlagenoption (§ 23 Abs. 1a BSVG) ausgeübt wurde. In dem pauschal ermittelten Gewinn ist auch der Eigenverbrauch enthalten.

(BMF-AV Nr. 2021/65)

11.3.2.3.2 Forsteinheitswert über 15.000 Euro (bis 2019: 11.000 Euro)

(BMF-AV Nr. 2021/65)

4154 Der Gewinn ist durch Abzug folgender pauschaler Betriebsausgaben von den tatsächlichen Betriebseinnahmen zu ermitteln:

- Bei Selbstschlägerung:
  - a) 70% der Betriebseinnahmen (einschließlich Umsatzsteuer) bei einer Minderungszahl von 1 bis 61 oder bei einer Bringungslage 3
  - b) 60% der Betriebseinnahmen (einschließlich Umsatzsteuer) bei einer Minderungszahl von 62 bis 68 oder bei einer Bringungslage 2
  - c) 50% der Betriebseinnahmen (einschließlich Umsatzsteuer) bei einer Minderungszahl von 69 bis 100 oder bei einer Bringungslage 1
- Bei Holzverkäufen am Stock:
  - a) 30% der Betriebseinnahmen (einschließlich Umsatzsteuer) bei einer Minderungszahl von 1 bis 63 oder bei einer Bringungslage 3

b) 20% der Betriebseinnahmen (einschließlich Umsatzsteuer) bei einer Minderungszahl von 64 bis 100 oder bei einer Bringungslage 2 oder 1

Dies gilt auch für die Ermittlung der Einkünfte aus besonderen Waldnutzungen gemäß § 37 Abs. 6 EStG 1988. Dabei erhöhen sich ab der Veranlagung 2020 für die Ermittlung der Einkünfte aus Waldnutzungen in Folge höherer Gewalt gemäß § 37 Abs. 6 EStG 1988 (Kalamitätsnutzungen) die genannten Prozentsätze um jeweils 20 Prozentpunkte. Dabei findet das erhöhte Betriebsausgabenpauschale keine Anwendung auf Nutzungen, die nicht auf Grund höherer Gewalt erfolgen. Hinsichtlich der Beurteilung der höheren Gewalt siehe die Rz 7335 bis 7337 sowie 7325 und 7326.

Beispiel:

Ein teilpauschalierter Forstwirt erzielt Betriebseinnahmen aus Forstwirtschaft in Höhe von 200.000 Euro, auf die Kalamitätsnutzungen entfallen 150.000 Euro. Die Holzernte erfolgte durch Selbstschlägerung bei Bringungslage 1.

Von den Betriebseinnahmen aus Forstwirtschaft sind pauschale Betriebsausgaben in Höhe von 50% der Einnahmen abzuziehen, jedoch erhöht sich das Betriebsausgabenpauschale um 20 Prozentpunkte (auf 70%) für die auf Kalamitätsnutzungen entfallenden Betriebseinnahmen.

Betriebseinnahmen aus Forstwirtschaft:	*200.000 Euro*
Betriebseinnahmen (ohne Kalamitätsnutzung)	*50.000 Euro*
minus 50% pauschale Betriebsausgaben	*-25.000 Euro*
	= 25.000 Euro
Betriebseinnahmen (aus Kalamitätsnutzung)	*150.000 Euro*
minus 70% pauschale Betriebsausgaben	*-105.000 Euro*
	= 45.000 Euro

Der Gewinn aus Forstwirtschaft gemäß § 3 Abs. 2 LuF-PauschVO 2015 beträgt 70.000 Euro.

Maßgeblich ist die in den Berechnungsgrundlagen des jeweils gültigen Einheitswertbescheides enthaltene Minderungszahl oder Bringungslage. Nicht ganzzahlige Minderungszahlen sind immer abzurunden.

Bei Kleinstwäldern bis 10 ha Größe wird keine Bringungslage mehr festgestellt. Es bestehen keine Bedenken, für diese Wälder eine Bringungslage 1 anzunehmen. Der Nachweis einer schlechteren Bringungslage ist zulässig. Zur Definition und Ermittlung der Bringungslage siehe Anlage 9 der Kundmachung des Bundesministers für Finanzen über die Bewertung von forstwirtschaftlichem Vermögen vom 5. März 2014, BMF-010202/0104-VI/3/2014.

Ein Eigenverbrauch von Holz ist als Betriebseinnahme anzusetzen.

(BMF-AV Nr. 2021/65)

11.3.2.4 Gewinn aus Weinbau (§ 4 der Verordnung)

Rechtslage ab 2015 **4155**

§ 4. (1) Der Gewinn aus Weinbau (z.B. Wein, Weintrauben, Maische, Traubensaft, Traubenmost und Sturm sowie alkoholfreie Getränke und Speisen im Rahmen des Buschenschankes) ist durch Einnahmen-Ausgaben-Rechnung gesondert zu ermitteln. Wenn die weinbaulich genutzte Grundfläche 60 Ar nicht übersteigt, hat die gesonderte Ermittlung des Gewinnes aus Weinbau zu unterbleiben.

(2) Die Betriebsausgaben betragen 70% der Betriebseinnahmen (einschließlich Umsatzsteuer), mindestens aber 5.000 Euro je Hektar weinbaulich genutzter Grundflächen, höchstens jedoch die Höhe der Betriebseinnahmen.

(3) Ist der Gewinn aus Weinbau gemäß Abs. 1 erster Satz gesondert zu ermitteln, dann ist der auf die weinbaulich genutzten Grundflächen entfallende Teil des Einheitswertes bei der Berechnung des Grundbetrages (§ 2) auszuscheiden.

(4) Übersteigt die weinbaulich genutzte Grundfläche nicht 60 Ar, dann sind abweichend von Abs. 1 zweiter Satz die Gewinne aus Buschenschank und Bouteillenweinverkauf durch Einnahmen-Ausgaben-Rechnung gesondert zu ermitteln, wobei die Bestimmungen des Abs. 2 sinngemäß anzuwenden sind.

(BMF-AV Nr. 2015/133)

Die gesonderte Gewinnermittlung hat im Rahmen von Landwirtschaftsbetrieben bis 75.000 **4156**
Euro Einheitswert (Vollpauschalierung) zu unterbleiben, wenn die weinbaulich genutzte Grundfläche 60 Ar nicht übersteigt. In diesem Fall erfolgt lediglich eine Ableitung des Ge-

winnes aus dem Einheitswert wie bei einer Vollpauschalierung eines landwirtschaftlichen Betriebes. Der jeweilige Durchschnittssatz ist auf den gesamten Einheitswert des Betriebes (inklusive Weinbau) anzuwenden. Wenn ein Buschenschank oder ein Bouteillenweinverkauf (Verkauf von Wein in Flaschen zu 0,75 Liter und weniger) betrieben wird, ist aber stets – somit auch bei unter 60 Ar weinbaulich genutzter Fläche – eine Teilpauschalierung notwendig.

Näheres zum Wein- und Mostbuschenschank siehe Rz 4231 ff.

(BMF-AV Nr. 2021/65)

11.3.2.4.1 Betriebseinnahmen

4157 Als Betriebseinnahmen sind nach den allgemeinen Grundsätzen die durch den Betrieb veranlassten Einnahmen (einschließlich geldwerter Vorteile) anzusehen (siehe Rz 1001 ff). Dazu zählen auch Hagelversicherungsentschädigungen, Stilllegungsprämien, EU-Beihilfen, Prämien für den kontrollierten integrierten Weinbau, Anlagenverkäufe (siehe Rz 4175), Erlöse aus der Veräußerung von Rauchwaren im Buschenschank, Eigenverbrauch und dgl. Die Einnahmen sind brutto (einschließlich Umsatzsteuer) anzugeben, und zwar auch dann, wenn die Umsatzsteuer nach den Grundsätzen der Regelbesteuerung ermittelt wird. Die Betriebseinnahmen sind aufzuzeichnen (§ 126 Abs. 2 BAO).

(AÖF 2010/43)

4157a Durch die Pauschalierung sind die regelmäßig im Betrieb anfallenden Rechtsgeschäfte und Vorgänge erfasst (siehe auch Rz 4172 ff). Die Veräußerung und Anschaffung von Grundstücken stellt kein regelmäßiges Rechtsgeschäft dar. Daher sind diese Rechtsgeschäfte im Falle der Regelbesteuerung gesondert anzusetzen (§ 15 Abs. 1 LuF-PauschVO 2015).

Unterliegen die Einkünfte allerdings dem besonderen Steuersatz, sind sie gesondert nach den Prinzipien der Grundstücksbesteuerung zu erfassen (siehe dazu Rz 763 ff).

Die Einkünfte aus Grundstücksveräußerungen sind daher außerhalb der Pauschalierung immer gesondert zu ermitteln. Unabhängig davon, ob die pauschalierten Gewinne nach der Methode der Vollpauschalierung oder der Teilpauschalierung zu ermitteln sind, sind Gewinne aus Grundstücksveräußerungen nach den Regeln der Einnahmen-Ausgaben-Rechnung (unter Ansatz einer rechnerischen AfA) zu ermitteln und die Grundstücke in das Anlageverzeichnis gemäß § 7 Abs. 3 EStG 1988 aufzunehmen (siehe Rz 4137a).

Unabhängig von der außerhalb der Pauschalierung erfolgenden Gewinnermittlung bei Grundstücksveräußerungen ist die AfA von Gebäuden und grundstücksgleichen Rechten auf Grund des Zusammenhanges mit dem laufenden Betrieb durch die Pauschalierung konsumiert.

Die dargestellten Grundsätze gelten sinngemäß auch für dem besonderen Steuersatz unterliegende Einkünfte aus Kapitalvermögen im Sinne des § 27 EStG 1988.

(BMF-AV Nr. 2015/133)

11.3.2.4.2 Betriebsausgaben

4158 Bei einer (vorübergehenden) Stilllegung von Weingärten gelten die stillgelegten Flächen weiterhin als weinbaulich genutzte Flächen, solange Stilllegungsprämien bezogen werden. Erfolgt während des Veranlagungsjahres eine unentgeltliche Betriebsübergabe oder Verpachtung der Weingärten, so können die pauschalen Betriebsausgaben in Höhe von 5.000 Euro/ha grundsätzlich von jenem Steuerpflichtigen in Abzug gebracht werden, der im jeweiligen Kalenderjahr von den betreffenden Flächen die Ernte eingebracht bzw. den überwiegenden Ertrag erzielt hat; es bestehen aber auch keine Bedenken, wenn die pauschalen Betriebsausgaben dem Betriebsvorgänger und Betriebsnachfolger anteilig zugerechnet werden. Siehe Rz 5154.

(BMF-AV Nr. 2015/133)

4159 Der Abzug der pauschal ermittelten Betriebsausgaben darf nur bis zur Höhe der Betriebseinnahmen erfolgen. Der Winzer kann daher einen allfälligen Verlust aus Weinbau nur geltend machen, wenn er die gesamten tatsächlichen Betriebseinnahmen und Betriebsausgaben im Weinbau und den anderen land- und forstwirtschaftlichen Betriebszweigen und Tätigkeiten nachweist.

(AÖF 2007/88)

11.3.2.4.3 Rodungsprämien

4160 Werden für die endgültige Aufgabe von Rebflächen bzw. den unwiderruflichen, dauerhaften Verzicht des Auspflanzungsrechtes seitens der öffentlichen Hand Prämien gewährt, sind diese Prämien Betriebseinnahmen. Die Betriebsausgaben sind gemäß § 4 der Pauschalierungsverordnung zu ermitteln.

(AÖF 2008/51, AÖF 2012/63)

11.3.2.4.4 Stilllegungsprämien

Laufend ausbezahlte Stilllegungsprämien sind Betriebseinnahmen, auf welche die Ausgabenpauschalsätze gemäß § 4 der Pauschalierungsverordnung anzuwenden sind. **4161**

11.3.2.4.5 Auspflanzungsförderungen

Werden für die Neuauspflanzung von Weingärten Förderungen gewährt, handelt es sich um gemäß § 3 Abs. 1 Z 6 EStG 1988 steuerfreie Einnahmen. Die pauschalen Betriebsausgaben (70% der Einnahmen, mindestens jedoch 5.000 Euro/ha der weinbaulich genutzten Fläche) sind in den nächsten zehn Jahren jeweils um 1/10 der erhaltenen Förderungszahlungen zu kürzen. **4162**

(BMF-AV Nr. 2015/133)

11.3.2.5 Gewinn aus Gartenbau (§ 5 der Verordnung)

Rechtslage bis 2014 **4163**

§ 5. (1) Der Gewinn aus Gartenbau (§ 49 Bewertungsgesetz 1955) ist durch Einnahmen-Ausgaben-Rechnung zu ermitteln.

(2) Die Betriebsausgaben sind mit einem Durchschnittssatz von 70% der Betriebseinnahmen (einschließlich Umsatzsteuer) anzusetzen. Neben den mittels dieses Durchschnittssatzes berechneten Betriebsausgaben sind noch Ausgaben für Löhne (einschließlich Lohnnebenkosten) als Betriebsausgaben zu berücksichtigen. Der Abzug der gemäß Abs. 2 ermittelten Betriebsausgaben darf nur bis zur Höhe der Betriebseinnahmen erfolgen.

(3) Abweichend von den Bestimmungen der Abs. 1 und 2 sind für die Ermittlung des Gewinnes aus Gartenbau flächenabhängige Durchschnittssätze anzuwenden. Voraussetzung dafür ist, daß der ausschließliche Betriebsgegenstand in der Lieferung eigener gärtnerischer Erzeugnisse an Wiederverkäufer besteht. Diese Voraussetzung ist auch erfüllt, wenn die Einnahmen aus anderen Lieferungen – ausgenommen aus Anlagenverkäufen – und aus Leistungen nachhaltig insgesamt nicht mehr als 1.500 Euro (einschließlich Umsatzsteuer) jährlich betragen. Als Wiederverkäufer gelten Betriebe, die gewerbsmäßig die ihnen gelieferten Erzeugnisse entweder unverändert oder nach Bearbeitung oder Verarbeitung weiterveräußern. Die Durchschnittssätze betragen:

1.	*Für den Anbau von Gemüse*	
	je m² der	*Euro*
	a) Freilandfläche	
	aa) einkulturig	*0,24*
	bb) mehrkulturig	*0,42*
	b) überdachten Kulturflächen	
	aa) bei Plastikfolientunnel	
	bis 3,5 m Basisbreite	*0,42*
	Über 3,5 m Basisbreite	*0,84*
	bb) bei Niederglas (Mistbeete, Erdhäuser)	*0,84*
	cc) bei nicht stabilen Gewächshäusern	
	nicht heizbar	*0,96*
	heizbar	*1,2*
	dd) bei stabilen Gewächshäusern	
	nicht heizbar	*1,08*
	heizbar	*1,32*
2.	*für den Anbau von Blumen und Stauden*	
	je m² der	*Euro*
	a) Freilandfläche	
	aa) einkulturig	*0,3*
	bb) mehrkulturig	*0,48*

	b) überdachten Kulturflächen	
	aa) bei Plastikfolientunnel	
	bis 3,5 m Basisbreite	*0,48*
	Über 3,5 m Basisbreite	*1,08*
	bb) bei Niederglas (Mistbeete, Erdhäuser)	*1,08*
	cc) bei nicht stabilen Gewächshäusern	
	nicht heizbar	*1,2*
	heizbar	*1,8*
	dd) bei stabilen Gewächshäusern	
	nicht heizbar	*1,5*
	heizbar	*2,7*
3.	*für Baumschulen*	
	je m² der	*Euro*
	a) Fläche zur Heranzucht von	
	Obstgehölzen und Beerensträuchern	*0,48*
	b) Fläche zur Heranzucht von	
	Ziergehölzen	*0,6*

(4) Das Ausmaß der überdachten Kulturflächen bestimmt sich nach dem Flächenausmaß, das die Außenseiten der überdachten Flächen umschließt. Bei Gewächshäusern sind daher die Außenseiten dieser Gebäude maßgebend.

(5) Bei der Ermittlung des Grundbetrages (§ 2) scheidet der auf die gärtnerisch genutzten Grundflächen entfallende Anteil des Einheitswertes aus.

Rechtslage 2015 bis 2020

§ 5. (1) Der Gewinn aus Gartenbau (§ 49 BewG. 1955) ist durch Einnahmen-Ausgaben-Rechnung zu ermitteln.

(2) Die Betriebsausgaben sind mit einem Durchschnittssatz von 70% der Betriebseinnahmen (einschließlich Umsatzsteuer) anzusetzen. Neben diesem Durchschnittssatz sind die Ausgaben für Löhne (einschließlich Lohnnebenkosten) als zusätzliche Betriebsausgaben zu berücksichtigen. Der Abzug der Betriebsausgaben darf nur bis zur Höhe der Betriebseinnahmen erfolgen.

(3) Abweichend von den Bestimmungen der Abs. 1 und 2 sind für die Ermittlung des Gewinnes aus Gartenbau flächenabhängige Durchschnittssätze anzuwenden. Voraussetzung dafür ist, dass der ausschließliche Betriebsgegenstand in der Lieferung eigener gärtnerischer Erzeugnisse an Wiederverkäufer besteht. Diese Voraussetzung ist auch erfüllt, wenn die Einnahmen aus anderen Lieferungen – ausgenommen aus Anlagenverkäufen – und aus anderen Leistungen nachhaltig insgesamt nicht mehr als 2 000 Euro (einschließlich Umsatzsteuer) jährlich betragen. Als Wiederverkäufer gelten Betriebe, die gewerbsmäßig die ihnen gelieferten Erzeugnisse entweder unverändert oder nach Bearbeitung oder Verarbeitung weiterveräußern. Die Durchschnittssätze betragen:

Gärtnerisch genutzte Fläche	*Euro/m²*
Freiland für Schnittblumen, Gemüse, Bauflächen, Hof, Wege, Folientunnel kleiner 3,5 m Basisbreite, Rasenerzeugung	*0,13*
Freiland für Beeren- Obst- und Ziergehölze, Stauden; Rebschulen	*0,25*
Freiland für Forstgehölze	*0,10*
Folientunnel mit 3,5 m bis 7,5 m Basisbreite; Folientunnel einfach für Feldgemüse und Obstbau mit mindestens 3,5 m Basisbreite	*0,34*
Folientunnel größer 7,5 m Basisbreite	*0,45*
Foliengewächshaus einfach	*0,67*
Foliengewächshaus normal	*1,50*
Foliengewächshaus gut	*2,17*
Gewächshaus älter als 30 Jahre	*1,64*
Gewächshaus über 20 bis 30 Jahre alt	*2,17*
Gewächshaus bis 20 Jahre alt	*2,43*

(4) Das Ausmaß der überdachten Kulturflächen bestimmt sich nach dem Flächenausmaß, das die Innenseiten der überdachten Flächen umschließt.

(5) Bei der Ermittlung des Grundbetrages (§ 2) scheidet der auf die gärtnerisch genutzten Grundflächen entfallende Anteil des Einheitswertes aus.

Rechtslage ab 2021

§ 5. (1) Der Gewinn aus Gartenbau (§ 49 BewG. 1955) ist durch Einnahmen-Ausgaben-Rechnung zu ermitteln.

(2) Die Betriebsausgaben sind mit einem Durchschnittssatz von 70% der Betriebseinnahmen (einschließlich Umsatzsteuer) anzusetzen. Neben diesem Durchschnittssatz sind die Ausgaben für Löhne (einschließlich Lohnnebenkosten) als zusätzliche Betriebsausgaben zu berücksichtigen. Der Abzug der Betriebsausgaben darf nur bis zur Höhe der Betriebseinnahmen erfolgen.

(3) Abweichend von den Bestimmungen der Abs. 1 und 2 sind für die Ermittlung des Gewinnes aus Gartenbau flächenabhängige Durchschnittssätze anzuwenden. Voraussetzung dafür ist, dass der ausschließliche Betriebsgegenstand in der Lieferung eigener gärtnerischer Erzeugnisse an Wiederverkäufer oder an Land- und Forstwirte für deren erwerbsmäßige Produktion besteht. Diese Voraussetzung ist auch erfüllt, wenn die Einnahmen aus anderen Lieferungen – ausgenommen aus Anlagenverkäufen – und aus anderen Leistungen nachhaltig insgesamt nicht mehr als 2 000 Euro (einschließlich Umsatzsteuer) jährlich betragen. Als Wiederverkäufer gelten Betriebe, die gewerbsmäßig die ihnen gelieferten Erzeugnisse entweder unverändert oder nach Bearbeitung oder Verarbeitung weiterveräußern. Die Durchschnittssätze betragen:

Gärtnerisch genutzte Fläche	*Euro/m²*
Freiland für Schnittblumen, Gemüse, Bauflächen, Hof, Wege, Folientunnel kleiner 3,5 m Basisbreite, Rasenerzeugung	*0,13*
Freiland für Beeren- Obst- und Ziergehölze, Stauden; Rebschulen	*0,25*
Freiland für Forstgehölze	*0,10*
Folientunnel mit 3,5 m bis 7,5 m Basisbreite; Folientunnel einfach für Feldgemüse und Obstbau mit mindestens 3,5 m Basisbreite	*0,34*
Folientunnel größer 7,5 m Basisbreite	*0,45*
Foliengewächshaus einfach	*0,67*
Foliengewächshaus normal	*1,50*
Foliengewächshaus gut	*2,17*
Gewächshaus älter als 30 Jahre	*1,64*
Gewächshaus über 20 bis 30 Jahre alt	*2,17*
Gewächshaus bis 20 Jahre alt	*2,43*

(4) Das Ausmaß der überdachten Kulturflächen bestimmt sich nach dem Flächenausmaß, das die Innenseiten der überdachten Flächen umschließt.

(5) Bei der Ermittlung des Grundbetrages (§ 2) scheidet der auf die gärtnerisch genutzten Grundflächen entfallende Anteil des Einheitswertes aus.

(BMF-AV Nr. 2021/65)

Für die Einordnung des gärtnerischen Vermögens in die in § 5 Abs. 3 LuF-PauschVO 2015 angeführten Kategorien ist der Einheitswertbescheid maßgebend. **4163a**

- Zu den Freilandflächen zählen daher alle nicht überdachten gärtnerisch genutzten Kulturflächen, außerdem Plastikfolientunnel mit einer Basisbreite unter 3,5 m, Mistbeetkästen, Kulturen unter Flachfolien, Schlitzfolien oder Vlies.
- Zu den Freilandflächen, die dem Gemüse- und Blumenbau dienen, gehören auch Dauerwege, Lagerplätze für Materialien und Gerätschaften, Erdlager, Hofräume, Kundenparkplätze, Zier- und Schauflächen, Überwinterungsflächen (Einschlagplätze) für Baumschulen, Flächen, die der Rasenerzeugung dienen, sowie die Grundflächen der zum gärtnerischen Betrieb gehörigen Betriebsgebäude einschließlich der Grundflächen der Wohn- und Aufenthaltsräume der im gärtnerischen Betrieb angestellten Personen.
- Freilandflächen für Beeren-, Obst- und Ziergehölze sind baumschulmäßig genutzte Grundflächen, die nachhaltig zur Heranzucht von Obstgehölzen (Obstbäume, Beerensträucher) und Ziergehölzen (Rosen, Koniferen, Laubgehölze) dienen. Umtriebsflächen gehören demnach nicht zum Gartenbau, sondern zur Landwirtschaft.

- Der gleiche Pauschalsatz für Freilandflächen für Beeren-, Obst- und Ziergehölze, Stauden und Rebschulen ist auch für Safrankulturen anzuwenden.
- Freilandflächen für Forstgehölze sind Freilandflächen der Baumschulen zur Heranzucht von Forstgehölzen (Forstgarten).

Das Ausmaß der überdachten Kulturflächen wird nach Innenraummaßen bestimmt.

- Zu den überdachten Flächen zählen alle Gewächs- oder Treibhäuser aus Glas, Kunststoffplatten und Kunststofffolie, die das geschützte, kontrollierte Kultivieren von Pflanzen einschließlich Obst- und Sonderkulturen ermöglichen oder dem Verkauf von gärtnerischen Erzeugnissen aus eigener Produktion einschließlich Zukaufwaren (sofern nicht gewerblich) dienen.
- Bei Folientunneln dient eine Bogenkonstruktion als tragendes Element, über die eine Folie gespannt wird (Einfach- oder Doppelfoliendeckung). Ausführungen mit seitlichen, in die Bögen integrierten Lüftungsklappen zählen zu den Folientunneln. Konstruktionen mit einer Basisbreite unter 3,5 m werden den entsprechenden Kulturen im Freiland zugerechnet.

  Kennzeichnend für Folientunnel über 7,5 m Basisbreite ist, dass die Bogenkonstruktion stets im Erdboden verankert ist, der Standort nicht wechselt und notwendige Anschlüsse (Stromnetz) zumindest in der Nähe des Folientunnels vorhanden sind.
- Bei den Foliengewächshäusern sind Stehwände und Eindeckung aus Folienmaterial gefertigt. Foliengewächshäuser weisen, im Unterschied zu den Folientunneln, gerade Stehwände (schräg oder senkrecht stehend) auf. Einfache Foliengewächshäuser haben nur eine Einfachfolie oder überwiegend eine Einfachfolie, während „Foliengewächshäuser normal" überwiegend eine aufblasbare Doppelfolie aufweisen. Gute Foliengewächshäuser verfügen außerdem über Firstentlüftung und eine Stehwandhöhe über 3,5 m oder über eine Spezialfolie, wie insbesondere ETFE-Folien oder Folien vergleichbarer Qualität.
- Gewächshäuser bestehen aus Stehwänden aus Glas, Kunststoffplatten, Plexiglas oder Material ähnlicher Qualität.

(BMF-AV Nr. 2015/133)

11.3.2.5.1. Gewinnermittlung durch Einnahmen-Ausgaben-Rechnung

4164 Die Ermittlung der Betriebsausgaben mit einem pauschalen Durchschnittssatz von 70% der Betriebseinnahmen (einschließlich Umsatzsteuer) zuzüglich allfälliger Lohnkosten gilt für gärtnerische Endverkaufsbetriebe. Rebschulen zählen zum Gartenbau. Siehe auch die Rz 5060b, 5060e und 5060g.

(BMF-AV Nr. 2019/75)

11.3.2.5.2. Gewinnermittlung nach flächenabhängigen Durchschnittssätzen

4165 Diese Gewinnermittlung ist nur für Gärtnerei- und Baumschulbetriebe mit einem Einheitswert bis 75.000 Euro anzuwenden, für die auch keine Option zur Teilpauschalierung gemäß § 2 Abs. 3 LuF-PauschVO 2015 ausgeübt wurde, wenn ausschließlich eigene Erzeugnisse an Wiederverkäufer oder (ab der Veranlagung 2021) an Land- und Forstwirte für deren erwerbsmäßige Produktion geliefert werden bzw. die Einnahmen aus anderen Lieferungen (Lieferung von zugekaufter Handelsware oder Lieferungen an Letztverbraucher) und aus Leistungen (zB Schneiden und Spritzen von Pflanzen, Verleih von Dekorationspflanzen, Gartengestaltungsarbeiten, Friedhofsarbeiten) sowie aus gärtnerischem Nebenerwerb nicht mehr als 2.000 Euro betragen. Nicht in diese Grenze sind Anlagenverkäufe einzubeziehen.

Als Wiederverkäufer gelten Betriebe, die gewerbsmäßig die ihnen gelieferten Erzeugnisse entweder unverändert oder nach Bearbeitung oder Verarbeitung weiterveräußern. Ab der Veranlagung 2021 sind auch Lieferungen an Land- und Forstwirte für deren erwerbsmäßige Produktion erfasst, etwa zur Auspflanzung von Obstanlagen oder zur Aufforstung von Waldflächen. Nicht erfasst sind zB der Erwerb von Blumen für Dekorationszwecke im Rahmen von Urlaub am Bauernhof (keine „Produktion") oder von Pflanzen für den privaten Gartenbereich des Landwirtes (nicht „erwerbsmäßig").

(BMF-AV Nr. 2021/65)

11.3.2.6 Gewinn aus Bienenzucht (Imkerei)

4165a Der Gewinn aus Imkerei wird bei vollpauschalierten Landwirten (Gesamteinheitswert bis 75.000 Euro) durch Anwendung des landwirtschaftlichen Gewinnprozentsatzes von 42% (bis 2014: 39%; siehe Rz 4147) auf den Einheitswert für Bienenzucht ermittelt. Da für Imkereien erst ab einem Bestand von 50 Bienenvölkern (bis 2014: 40 Ertragsvölkern oder Einheitswert auf Basis einer Einzelertragsbewertung) ein Einheitswert festgesetzt wird, bleibt die Imkerei bei einer geringeren Anzahl von Bienenvölkern im Rahmen der Vollpauschalierung außer Ansatz. Ab einem Bestand von 50 Bienenvölkern wird ein Einheitswert festgesetzt, der im Rahmen der Vollpauschalierung zu berücksichtigen ist.

Bei teilpauschalierten Landwirten (Gesamteinheitswert über 75.000 Euro) sind die Einnahmen aus dem Verkauf von Urprodukten im Rahmen der Imkerei unabhängig von der Anzahl der Bienenvölker aufzuzeichnen und davon 70% pauschale Betriebsausgaben in Abzug zu bringen (siehe Rz 4166). Einkünfte aus Nebentätigkeiten sind gesondert zu erfassen (siehe Rz 4202 ff; zu be- und verarbeiteten Produkten siehe Rz 5123).

Zu den Urprodukten aus Imkerei zählen Honig, Cremehonig, Propolis, Gelee Royal, Blütenpollen, Bienenwachs, Met (siehe Rz 4220) sowie Einnahmen aus dem Verkauf von Bienenköniginnen, Weiselzellen, Bienengift und anderen marktgängigen Urprodukten der Imkerei (zB Ablegervölker).

Zur Einheitsbewertung siehe auch Rz 5123.

(BMF-AV Nr. 2021/65)

11.3.2.7 Gewinn aus Mostbuschenschank (§ 6 der Verordnung)

(BMF-AV Nr. 2021/65)

Rechtslage bis Veranlagung 2019 4165b

§ 6. (1) Der Gewinn aus Obstbau im Rahmen von Intensivobstanlagen zur Produktion von Tafelobst ist durch Einnahmen-Ausgaben-Rechnung gesondert zu ermitteln. Beträgt die selbst bewirtschaftete Grundfläche für Intensivobstanlagen zur Produktion von Tafelobst höchstens zehn Hektar, hat die gesonderte Ermittlung des Gewinnes aus Obstbau zu unterbleiben.

(2) Die Betriebsausgaben sind mit 70% der auf die Bewirtschaftung der Intensivobstanlagen für Tafelobst entfallenden Betriebseinnahmen (einschließlich Umsatzsteuer) anzusetzen. Neben diesem Durchschnittssatz sind die Ausgaben für Löhne (einschließlich Lohnnebenkosten) als zusätzliche Betriebsausgaben zu berücksichtigen. Der Abzug der Betriebsausgaben darf nur bis zur Höhe der Betriebseinnahmen erfolgen.

(3) Ist der Gewinn aus Obstbau gemäß Abs. 1 erster Satz gesondert zu ermitteln, ist der Einheitswert, der auf die für Intensivobstanlagen zur Produktion von Tafelobst genutzten Grundflächen entfällt, bei der Berechnung des Grundbetrages (§ 2) auszuscheiden.

(4) Der Gewinn aus Mostbuschenschank (Buschenschank im Rahmen des Obstbaues einschließlich alkoholfreier Getränke und Speisen) ist durch Einnahmen-Ausgaben-Rechnung gesondert zu ermitteln. Die Betriebsausgaben sind mit 70% der Betriebseinahmen (einschließlich Umsatzsteuer) anzusetzen.

Rechtslage ab Veranlagung 2020

§ 6. Der Gewinn aus Mostbuschenschank (Buschenschank im Rahmen des Obstbaues einschließlich alkoholfreier Getränke und Speisen) ist durch Einnahmen-Ausgaben-Rechnung gesondert zu ermitteln. Die Betriebsausgaben sind mit 70% der Betriebseinahmen (einschließlich Umsatzsteuer) anzusetzen.

(BMF-AV Nr. 2021/65)

Rechtslage bis Veranlagung 2019 4165c

Der Gewinn aus Obstbau wird bei vollpauschalierten Landwirten (Gesamteinheitswert bis 75.000 Euro; bis 2014: 100.000 Euro, selbst bewirtschaftete reduzierte landwirtschaftliche Nutzfläche bis 60 ha und nicht mehr als 120 Vieheinheiten) durch Anwendung des landwirtschaftlichen Gewinnprozentsatzes von 42% (bis 2014: 39%) auf den Einheitswert ermittelt. Dies gilt auch für den Gewinn aus Obstbau im Rahmen von Intensivobstanlagen zur Produktion von Tafelobst, wenn deren Flächenausmaß 10 ha nicht übersteigt.

Übersteigt das Flächenausmaß von Intensivobstanlagen zur Produktion von Tafelobst 10 ha, ist der Gewinn ab 2015 für die gesamte Produktion von Tafelobst durch Intensivobstanlagen mittels Teilpauschalierung zu ermitteln. Dabei sind von den auf die Bewirtschaftung der Intensivobstanlagen entfallenden Betriebseinnahmen pauschale Betriebsausgaben in Höhe von 70% der Betriebseinnahmen (inklusive Umsatzsteuer) in Abzug zu bringen. Neben den pauschalen Betriebsausgaben sind zusätzlich die Aufwendungen für Löhne und Lohnnebenkosten abzuziehen. Der Abzug dieser Betriebsausgaben ist aber mit der Höhe der Betriebseinnahmen beschränkt. Ein Verlust aus der Tafelobstproduktion kann daher nicht entstehen.

Ist der Gewinn aus Obstbau im Rahmen von Intensivobstanlagen zur Produktion von Tafelobst gesondert zu ermitteln, ist der auf die Intensivobstanlagen entfallende Einheitswert bei der Berechnung des Grundbetrages nach § 2 LuF-PauschVO 2015 auszuscheiden.

Rechtslage ab Veranlagung 2020

Der Gewinn aus Obstbau wird bei vollpauschalierten Landwirten (Gesamteinheitswert bis 75.000 Euro) durch Anwendung des landwirtschaftlichen Gewinnprozentsatzes von 42% auf den Einheitswert ermittelt.

(BMF-AV Nr. 2021/65)

4165d **Rechtslage bis Veranlagung 2019**

Die Flächengrenze für die Anwendbarkeit der Vollpauschalierung für die Intensivobstanlagen bezieht sich auf die durch den Steuerpflichtigen selbst bewirtschafteten Flächen. Dazu zählen zugepachtete, zugekaufte und in Nutzung genommene Flächen; verpachtete, verkaufte und zur Nutzung überlassene Flächen sind von den Eigenflächen in Abzug zu bringen.

Übersteigt am 31. Dezember eines Jahres das Flächenausmaß von selbst bewirtschafteten Intensivobstanlagen zur Produktion von Tafelobst 10 ha, ist der Gewinn aus diesen Flächen ab dem folgenden Jahr mittels Teilpauschalierung zu ermitteln. Übersteigt am 31. Dezember eines Jahres das Flächenausmaß von selbst bewirtschafteten Intensivobstanlagen zur Produktion von Tafelobst 10 ha nicht, ist der Gewinn ab dem folgenden Jahr mittels Vollpauschalierung zu ermitteln, es sei denn, diese ist auf Grund des Überschreitens einer der Grenzen für die Anwendbarkeit der Vollpauschalierung nicht zulässig oder es wurde für den Gesamtbetrieb in die Teilpauschalierung optiert.

Die Rechtsfolge des Entfalles der Vollpauschalierung tritt erstmals für das Jahr 2015 ein, wenn zum 31. Dezember 2014 die Flächen von selbst bewirtschafteten Intensivobstanlagen zur Produktion von Tafelobst das Ausmaß von 10 ha überschreiten.

(BMF-AV Nr. 2021/65)

4165e **Rechtslage bis Veranlagung 2019**

Intensivobstbau unterscheidet sich vom extensiven Obstbau dadurch, dass beim Intensivobstbau der Obstbau idR in Form von Plantagenanlagen erfolgt. Keine Intensivobstanlagen sind daher Streuobstflächen. Auch die Produktion von Bioobst zählt zum Intensivobstbau, sofern diese nicht in Streuobstwiesen erfolgt.

(BMF-AV Nr. 2021/65)

4165f **Rechtslage bis Veranlagung 2019**

Gesondert zu ermitteln ist der Gewinn aus Intensivobstbau.

Eine „Intensivobstanlage zur Produktion von Tafelobst“ ist eine Obstanlage, deren Beschaffenheit und Pflege dazu geeignet ist, Obst zu produzieren, welches als hochwertiges Tafelobst vermarktet werden kann (entsprechend den Vermarktungsnormen für Obst und Gemüse (VO (EG) Nr. 1234/2007).

Erwerbsobstanlagen werden idR nach einem regelmäßigen System gepflanzt und weisen einen guten, zur Erzeugung von hochwertigem Tafelobst geeigneten Pflegezustand auf.

Tafelobst ist Obst, das ohne weitere Zubereitung für Zwecke des unmittelbaren Verzehrs vermarktet wird. Ist Obst für diese Zwecke nicht vermarktungsfähig, kann es kein Tafelobst darstellen.

Industrieobst ist Obst, das nicht für den unmittelbaren Verzehr, sondern für die Weiterverarbeitung durch denselben Betrieb (zB zur Produktion von Most), durch andere land- und forstwirtschaftliche Betriebe oder durch die Lebensmittelindustrie produziert wird (zB Obst zur Safterzeugung). Aus diesem Grunde sind zB Aroniabeeren idR nicht als Tafelobst, sondern als Industrieobst zu beurteilen.

Soll in einer Intensivobstanlage sowohl Tafel- als auch Industrieobst produziert werden, ist eine Überwiegensbetrachtung vorzunehmen. Ist die Obstanlage überwiegend zur Tafelobstproduktion bestimmt, ist die gesamte Fläche der Intensivobstanlage der Tafelobstproduktion zuzurechnen, bei einem Überwiegen von Industrieobst der Industrieobstproduktion.

(BMF-AV Nr. 2021/65)

11.3.3 Gewinnermittlung im Rahmen der Teilpauschalierung (§§ 9 bis 14 LuF-PauschVO 2015)

(BMF-AV Nr. 2015/133)

4166 **Rechtslage 2011 bis 2014**

§ 8. (1) Bei einem Einheitswert des land- und forstwirtschaftlichen Betriebes von mehr als 100.000 Euro, bei Ausübung der Option gemäß § 2 Abs. 3 dieser Verordnung oder bei Ausübung der sozialversicherungsrechtlichen Beitragsgrundlagenoption gemäß § 23 Abs. 1a des Bauernsozialversicherungsgesetzes ist der Gewinn aus Land- und Forstwirtschaft stets durch Einnahmen-Ausgaben-Rechnung zu ermitteln.

(2) Die Betriebsausgaben sind, soweit die §§ 9 bis 12 keine abweichende Regelung vorsehen, mit einem Durchschnittssatz von 70% der diesen Betriebsausgaben gegenüberstehenden Betriebseinnahmen (einschließlich Umsatzsteuer) anzusetzen.

Forstwirtschaft

§ 9. Die Betriebsausgaben aus Forstwirtschaft sind unter sinngemäßer Anwendung des § 3 Abs. 2 zu berechnen.

Weinbau und Buschenschank im Rahmen des Obstbaues

§ 10. (1) Die Betriebsausgaben aus Weinbau (zB Wein, Weintrauben, Maische, Traubensaft, Traubenmost und Sturm sowie alkoholfreie Getränke und Speisen im Rahmen des Buschenschankes) sind unter sinngemäßer Anwendung des § 4 Abs. 2 zu berechnen.

(2) Die Betriebsausgaben aus Mostbuschenschank (Buschenschank im Rahmen des Obstbaues einschließlich alkoholfreier Getränke und Speisen) sind unter sinngemäßer Anwendung des § 4 Abs. 5 zu berechnen.

Gartenbau

§ 11. Die Betriebsausgaben aus Gartenbau (§ 49 Bewertungsgesetz 1955) sind unter sinngemäßer Anwendung des § 5 Abs. 2 zu berechnen.

Land- und forstwirtschaftlicher Nebenerwerb, Be- und/oder Verarbeitung und Almausschank

§ 12. Für die Gewinnermittlung der Einkünfte aus land- und forstwirtschaftlichem Nebenerwerb, der Be- und/oder Verarbeitung und aus dem Almausschank gilt § 6 sinngemäß.

Rechtslage 2015 bis 2019

Gewinnermittlung im Rahmen der Teilpauschalierung (Ausgabenpauschalierung)

§ 9. (1) In folgenden Fällen ist der Gewinn aus Land- und Forstwirtschaft stets durch Einnahmen-Ausgaben-Rechnung zu ermitteln:

1. *Bei einem Einheitswert des land- und forstwirtschaftlichen Betriebes von mehr als 75 000 Euro.*
2. *Bei Vorliegen einer selbst bewirtschafteten reduzierten landwirtschaftlichen Nutzfläche von mehr als 60 Hektar.*
3. *Bei Vorliegen von mehr als 120 tatsächlich erzeugten oder gehaltenen Vieheinheiten, sofern die Gewinnermittlung durch Vollpauschalierung nicht gemäß § 1 Abs. 3 Z 10 beibehalten werden kann.*
4. *Bei Ausübung der Option gemäß § 2 Abs. 3.*
5. *Bei Ausübung der sozialversicherungsrechtlichen Beitragsgrundlagenoption gemäß § 23 Abs. 1a BSVG.*

(2) Die Betriebsausgaben sind, soweit Abs. 3 und die §§ 10 bis 14 keine abweichende Regelung vorsehen, mit einem Durchschnittssatz von 70% der diesen Betriebsausgaben gegenüberstehenden Betriebseinnahmen (einschließlich Umsatzsteuer) anzusetzen.

(3) Bei Veredelungstätigkeiten (Haltung von Schweinen, Rindern, Schafen, Ziegen und Geflügel) sind die mit diesen Tätigkeiten in Zusammenhang stehenden Betriebsausgaben mit einem Durchschnittssatz von 80% der auf diese Tätigkeit entfallenden Betriebseinnahmen (einschließlich Umsatzsteuer) anzusetzen.

Forstwirtschaft

§ 10. Die Betriebsausgaben aus Forstwirtschaft sind unter sinngemäßer Anwendung des § 3 Abs. 2 zu berechnen.

Weinbau

§ 11. Die Betriebsausgaben aus Weinbau (zB Wein, Weintrauben, Maische, Traubensaft, Traubenmost und Sturm sowie alkoholfreie Getränke und Speisen im Rahmen des Buschenschankes) sind unter sinngemäßer Anwendung des § 4 Abs. 2 zu berechnen. Gartenbau

§ 12. Die Betriebsausgaben aus Gartenbau (§ 49 BewG. 1955) sind unter sinngemäßer Anwendung des § 5 Abs. 2 zu berechnen.

Obstbau

§ 13. (1) Die Betriebsausgaben aus Obstbau im Rahmen von Intensivobstanlagen zur Produktion von Tafelobst sind unter sinngemäßer Anwendung des § 6 Abs. 2 zu berechnen.

(2) Die Betriebsausgaben aus Mostbuschenschank (Buschenschank im Rahmen des Obstbaues einschließlich alkoholfreier Getränke und Speisen) sind unter sinngemäßer Anwendung des § 6 Abs. 4 zu berechnen.

Land- und forstwirtschaftlicher Nebenerwerb, Be- und/oder Verarbeitung und Almausschank

§ 14. Für die Gewinnermittlung der Einkünfte aus land- und forstwirtschaftlichem Nebenerwerb, der Be- und/oder Verarbeitung und aus dem Almausschank gilt § 7 sinngemäß.

Rechtslage ab 2020

Gewinnermittlung im Rahmen der Teilpauschalierung (Ausgabenpauschalierung)

§ 9. (1) In folgenden Fällen ist der Gewinn aus Land- und Forstwirtschaft stets durch Einnahmen-Ausgaben-Rechnung zu ermitteln:

1. *Bei einem Einheitswert des land- und forstwirtschaftlichen Betriebes von mehr als 75 000 Euro.*
2. *Bei Ausübung der Option gemäß § 2 Abs. 3.*
3. *Bei Ausübung der sozialversicherungsrechtlichen Beitragsgrundlagenoption gemäß § 23 Abs. 1a BSVG.*

(2) Die Betriebsausgaben sind, soweit Abs. 3 und die §§ 10 bis 14 keine abweichende Regelung vorsehen, mit einem Durchschnittssatz von 70% der diesen Betriebsausgaben gegenüberstehenden Betriebseinnahmen (einschließlich Umsatzsteuer) anzusetzen.

(3) Bei Veredelungstätigkeiten (Haltung von Schweinen, Rindern, Schafen, Ziegen und Geflügel) sind die mit diesen Tätigkeiten in Zusammenhang stehenden Betriebsausgaben mit einem Durchschnittssatz von 80% der auf diese Tätigkeit entfallenden Betriebseinnahmen (einschließlich Umsatzsteuer) anzusetzen.

Forstwirtschaft

§ 10. Die Betriebsausgaben aus Forstwirtschaft sind unter sinngemäßer Anwendung des § 3 Abs. 2 und 3 zu berechnen.

Weinbau

§ 11. Die Betriebsausgaben aus Weinbau (zB Wein, Weintrauben, Maische, Traubensaft, Traubenmost und Sturm sowie alkoholfreie Getränke und Speisen im Rahmen des Buschenschankes) sind unter sinngemäßer Anwendung des § 4 Abs. 2 zu berechnen.

Gartenbau

§ 12. Die Betriebsausgaben aus Gartenbau (§ 49 BewG. 1955) sind unter sinngemäßer Anwendung des § 5 Abs. 2 zu berechnen.

Obstbau

§ 13. (1) Bei Intensivobstanlagen zur Produktion von Tafelobst sind neben dem Durchschnittssatz gemäß § 9 Abs. 2 die Ausgaben für Löhne (einschließlichLohnnebenkosten) als zusätzliche Betriebsausgaben zu berücksichtigen. Der Abzug der Betriebsausgaben darf nur bis zur Höhe der Betriebseinnahmen erfolgen.

(2) Die Betriebsausgaben aus Mostbuschenschank (Buschenschank im Rahmen des Obstbaues einschließlich alkoholfreier Getränke und Speisen) sind unter sinngemäßer Anwendung des § 6 zu berechnen.

Land- und forstwirtschaftlicher Nebenerwerb, Be- und/oder Verarbeitung und Almausschank

§ 14. Für die Gewinnermittlung der Einkünfte aus land- und forstwirtschaftlichem Nebenerwerb, der Be- und/oder Verarbeitung und aus dem Almausschank gilt § 7 sinngemäß.

Macht der Land- und Forstwirt von der sozialversicherungsrechtlichen Beitragsgrundlagenoption gemäß § 23 Abs. 1a Bauern-Sozialversicherungsgesetz, BGBl. Nr. 559/1978 in der geltenden Fassung, Gebrauch, beantragt er also, an Stelle des vom Einheitswert abgeleiteten Versicherungswertes die gemäß Einkommensteuerveranlagung festgestellten Einkünfte als Grundlage seiner Sozialversicherungsbeiträge heranzuziehen, darf er auch seinen steuerlichen Gewinn aus Land- und Forstwirtschaft nur durch Bilanzierung, vollständige Einnahmen-Ausgaben-Rechnung oder durch Teilpauschalierung (§§ 9 bis 14 LuF-PauschVO 2015) ermitteln. Eine Vollpauschalierung ist in einem solchen Fall auch bei einem Gesamteinheitswert von weniger als 75.000 Euro (bis 2014: 100.000 Euro) unzulässig.

Die Optionserklärung gemäß § 23 Abs. 1a Bauern-Sozialversicherungsgesetz ist in jedem Fall nicht beim Finanzamt, sondern ausschließlich bei der Sozialversicherungsanstalt der Selbständigen abzugeben.

Zur Teilpauschalierungsoption nach § 2 Abs. 3 LuF-PauschVO 2015 siehe Rz 4148a.

(BMF-AV Nr. 2021/65)

4166a Die Teilpauschalierung ist nach der Bruttomethode ausgestaltet: Der pauschale Betriebsausgabensatz errechnet sich durch Anwendung des Durchschnittssatzes von 70% auf die Betriebseinnahmen einschließlich der Umsatzsteuer. Im Rahmen der Bruttomethode sind Umsatzsteuerzahlungen an das Finanzamt Betriebsausgaben und Umsatzsteuererstattungen seitens des Finanzamtes Betriebseinnahmen. Da die Betriebsausgabenpauschalierung den

Charakter der Brutto-Einnahmen-Ausgaben-Rechnung nicht verändert, sind Umsatzsteuererstattungen (Gutschriften aus dem Saldo Vorsteuer und geschuldeter Umsatzsteuer) auch bei Inanspruchnahme der Einnahmen-Ausgaben-Rechnung im Weg der Teilpauschalierung als Betriebseinnahmen zu erfassen; sie erhöhen damit auch wieder im Ausmaß von 70% das Betriebsausgabenpauschale. Umsatzsteuerzahlungen an das Finanzamt gehen im Betriebsausgabenpauschale auf (VwGH 26.7.2017, Ro 2015/13/0003). Bei unentgeltlicher Betriebsübergabe gilt in Bezug auf die Umsatzsteuer gemäß § 12 Abs. 15 UStG 1994 im Fall der Überrechnung des Vorsteuerguthabens Folgendes: § 12 Abs. 15 UStG 1994 bezweckt, die unentgeltliche Betriebsübertragung umsatzsteuerneutral zu halten. Gemäß § 6 Z 9 lit. a EStG 1988 führt eine unentgeltliche Betriebsübertragung zu keiner Gewinnrealisierung und wird durch die Anordnung der Buchwertfortführung steuerneutral gestellt. Erfolgt eine Überrechnung der Vorsteuergutschrift an den Übergeber des Betriebes, ist die Gutschrift der weiterverrechneten Umsatzsteuer im Rahmen des § 12 Abs. 15 UStG 1994 beim Übernehmer des Betriebes bei Teilpauschalierung nicht als Betriebseinnahme zu erfassen.

(BMF-AV Nr. 2019/75)

Im Rahmen der Teilpauschalierung sind Subventionen, sofern sie nicht steuerfrei sind (zB Subventionen zur Anschaffung oder Herstellung von Wirtschaftsgütern des Anlagevermögens iSd § 3 Abs. 1 Z 6 EStG 1988), und der Eigenverbrauch stets als Betriebseinnahmen zu erfassen (siehe auch Rz 4175). **4166b**

(BMF-AV Nr. 2015/133)

Die Betriebsausgaben für den Bereich der Landwirtschaft, des Obstbaues, den Mostbuschenschank und den Gartenbau, für die Be- und/oder Verarbeitung und den Almausschank sind pauschal mit 70% zu berücksichtigen. **4167**

(BMF-AV Nr. 2015/133)

Für Veredelungstätigkeiten ist ein pauschaler Betriebsausgabensatz in Höhe von 80% der auf diese Tätigkeiten entfallenden Betriebseinnahmen (einschließlich Umsatzsteuer) anzuwenden. Eine Veredelungstätigkeit besteht im Halten von Schweinen, Rindern, Schafen, Ziegen oder Geflügel. Bei Betrieben mit verschiedenen Tätigkeitsbereichen (zB Haltung von Rindern und Forstwirtschaft, Produktion von Getreide usw.) sind daher nur jene Betriebseinnahmen (zB Verkauf oder Eigenverbrauch von Milch und Eiern), die auf Grund der Veredelungstätigkeit erzielt werden, als Bemessungsgrundlage für das 80-prozentige Betriebsausgabenpauschale heranzuziehen. Für den Verkauf von zB Getreide, Heu oder Stroh steht nur das 70-prozentige Betriebsausgabenpauschale zu. **4167a**

Betriebseinnahmen, die keinem konkreten Tätigkeitsbereich zuzurechnen sind, sind aliquot mit jenem Anteil, der sich aus der Aufteilung der übrigen Betriebseinnahmen auf die verschiedenen Betriebszweige ergibt, der Veredelungstätigkeit zuzuordnen.

Bei Förderungen (zB einheitliche Flächenprämie, ÖPUL, Ausgleichszulage für benachteiligte Gebiete) ist allerdings der pauschale Betriebsausgabensatz in Höhe von 70% anzuwenden.

Förderungen und Zuschüsse aus öffentlichen Mitteln gelten in dem Kalenderjahr, für das der Anspruch besteht, als zugeflossen (§ 19 Abs. 1 Z 2 EStG 1988).

(BMF-AV Nr. 2018/79)

In keinem unmittelbaren Zusammenhang mit der Veredelungstätigkeit stehen Betriebseinnahmen, die einem Nebenbetrieb zuzurechnen sind. Keine Betriebseinnahmen aus der Veredelungstätigkeit sind daher Betriebseinnahmen aus der Be- und/oder Verarbeitung von Urprodukten aus der Veredelungstätigkeit (zB bearbeitetes Fleisch, Wurst und Käse, der kein Urprodukt gemäß der Urprodukteverordnung, BGBl. II Nr. 410/2008, darstellt; siehe dazu Rz 4220). **4167b**

(BMF-AV Nr. 2015/133)

Zur Ermittlung der Einkünfte aus land- und forstwirtschaftlichem Nebenerwerb siehe Rz 4201 ff, Rz 4193 und Rz 5073. **4168**

(BMF-AV Nr. 2021/65)

Der Gewinn aus Forstwirtschaft ist unabhängig von der Höhe des forstwirtschaftlichen Einheitswertes stets durch Einnahmen-Ausgaben-Rechnung zu ermitteln. Als Betriebsausgaben sind jedoch die Pauschalsätze gemäß § 3 Abs. 2 LuF-PauschVO 2015 bzw. LuF-PauschVO 2011 heranzuziehen (Teilpauschalierung). **4169**

(BMF-AV Nr. 2015/133)

Der Gewinn aus Gartenbau, Weinbau und Obstbau ist ebenfalls immer durch Einnahmen-Ausgaben-Rechnung zu ermitteln, wobei als pauschale Betriebsausgaben jene Sätze heranzuziehen sind, die auch bei land- und forstwirtschaftlichen Betrieben mit einem Einheitswert bis 75.000 Euro (bis 2014: 100.000 Euro) gelten. Bei der Ermittlung des Gewinnes **4170** aus Obstbau im Rahmen von Intensivobstanlagen zur Produktion von Tafelobst sind neben diesen pauschalen Betriebsausgaben auch die Ausgaben für Löhne (einschließlich Lohnnebenkosten) als zusätzliche Betriebsausgaben zu berücksichtigen, wobei jedoch kein Verlust entstehen darf (§ 13 Abs. 1 LuF-PauschVO 2015).

Eine flächenabhängige Pauschalierung beim Gartenbau bzw. eine vom Einheitswert abgeleitete Pauschalierung beim Weinbau unter 60 Ar ist bei land- und forstwirtschaftlichen Betrieben mit einem Gesamteinheitswert über 75.000 Euro (bis 2014: 100.000 Euro) nicht möglich.

(BMF-AV Nr. 2021/65)

11.3.4 Abgrenzungsfragen zur Pauschalierung (§ 1 Abs. 4 der Verordnung)

4171 **Rechtslage bis 2014**

(4) Durch diese Verordnung werden nur die regelmäßig in den Betrieben anfallenden Rechtsgeschäfte und Vorgänge pauschal berücksichtigt, die auch von Artikel 295 der Richtlinie des Rates vom 28. November 2006, Nr. 2006/112/EG, ABl, Nr. L 347, in der jeweils gültigen Fassung erfasst sind.

Rechtslage ab 2015

(4) Durch diese Verordnung werden nur die regelmäßig in den Betrieben anfallenden Rechtsgeschäfte und Vorgänge pauschal berücksichtigt. Nicht regelmäßig in den Betrieben anfallende Vorgänge (zB die Veräußerung von Grundstücken nach § 30 EStG 1988 oder von Kapitalvermögen gemäß § 27 Abs. 3 und 4 EStG 1988) sind daher gesondert zu erfassen.

(BMF-AV Nr. 2015/133)

11.3.4.1 Durch die Pauschalierung abgegoltene Vorgänge

4172 Grundsätzlich werden mit der Pauschalierung die laufenden Einnahmen und die laufenden Ausgaben abgegolten. Davon sind die regelmäßig im Betrieb anfallenden Rechtsgeschäfte und Vorgänge betroffen.

(BMF-AV Nr. 2015/133)

Randzahl 4173: *derzeit frei*

(BMF-AV Nr. 2015/133)

4174 Aufgrund von vor dem 1.4.2012 geschlossenen Verträgen gezahlte Entschädigungen für Bodenwertminderungen (Bodenverschlechterungen) sind wie Grundablösen steuerfrei. Wird die Entschädigung für guten Bodenzustand (besondere Bodenqualität) gewährt, so bleibt sie ebenfalls steuerfrei.

Werden Entschädigungen von Wertminderungen von Grundstücken im Sinne des § 30 Abs. 1 EStG 1988 (Grund und Boden, Gebäude und grundstücksgleiche Rechte) auf Grund von nach dem 31.3.2012 geschlossenen Verträgen gezahlt, bleiben sie dann steuerfrei, wenn die für die Wertminderung kausale Maßnahme im öffentlichen Interesse steht (siehe dazu Rz 6653).

(AÖF 2013/280)

4175 Durch die Vollpauschalierung sind zB erfasst und daher nicht gesondert als Einnahmen anzusetzen:

- Verkäufe von Altmaschinen im Zuge der Erneuerung des Maschinenparks (gilt auch für teilpauschalierte Land- und Forstwirte); dabei ist jedoch zu beachten, dass die nicht versteuerten stillen Reserven der Altmaschinen den Buchwert der ersatzbeschafften Maschinen entsprechend kürzen;
- Versicherungsentschädigungen zB für zerstörte Einrichtungen und Maschinen sowie für vor dem 1.4.2012 zerstörte Gebäude, soweit ihnen entsprechende Aufwendungen (Ersatzinvestitionen oder Schadensbeseitigungskosten) gegenüberstehen (gilt auch für teilpauschalierte Land- und Forstwirte); dabei ist jedoch zu beachten, dass die nicht versteuerten stillen Reserven des zerstörten Wirtschaftsgutes den Buchwert des ersatzbeschafften Wirtschaftsgutes entsprechend kürzen;
- Versicherungsentschädigungen zB für nach dem 31.3.2012 zerstörte Gebäude, sind gesondert zu erfassen. Allerdings ist die Übertragung stiller Reserven auf das neu errichtete Gebäude zulässig (siehe Rz 3861b);
- Entschädigungen für vor dem 1.4.2012 enteignete Grundstücke (zB Hofgebäude), soweit ihnen entsprechende Aufwendungen für ersatzbeschaffte Wirtschaftsgüter des Betriebsvermögens (Wiederbeschaffungskosten) gegenüberstehen (gilt auch für teilpauschalierte Land- und Forstwirte); dabei ist jedoch zu beachten, dass die nicht versteuerten stillen Reserven des enteigneten Grundstückes den Buchwert des ersatzbeschafften Wirt-

schaftsgutes entsprechend kürzen; Einkünfte aus der Veräußerung von Grundstücken nach dem 31.3.2012 sind gesondert zu erfassen; erfolgt die Veräußerung allerdings in Folge eines drohenden behördlichen Eingriffes, sind die Einkünfte gemäß § 4 Abs. 3a Z 1 EStG 1988 steuerfrei (siehe dazu Rz 766 und Rz 6651);

- Entschädigungen für enteignete Wirtschaftsgüter, soweit ihnen entsprechende Aufwendungen für ersatzbeschaffte Wirtschaftsgüter des Betriebsvermögens (Wiederbeschaffungskosten) gegenüberstehen (gilt auch für teilpauschalierte Land- und Forstwirte); dabei ist jedoch zu beachten, dass die nicht versteuerten stillen Reserven des enteigneten Wirtschaftsgutes den Buchwert des ersatzbeschafften Wirtschaftsgutes entsprechend kürzen;
- Entschädigungen für Wirtschaftsgüter, wenn die Aufgabe ihrer Bewirtschaftung im öffentlichen Interesse gelegen ist (zB bei Absiedelung aus einem Überschwemmungsgebiet oder infolge Geruchsbelästigung), soweit ihnen entsprechende Aufwendungen für ersatzbeschaffte Wirtschaftsgüter des Betriebsvermögens (Wiederbeschaffungskosten) gegenüberstehen (gilt auch für teilpauschalierte Land- und Forstwirte); dabei ist jedoch zu beachten, dass die nicht versteuerten stillen Reserven des entschädigten Wirtschaftsgutes den Buchwert des ersatzbeschafften Wirtschaftsgutes entsprechend kürzen;
- Niederlassungsprämien bzw. Existenzgründungsbeihilfe für Junglandwirte (gilt auch für teilpauschalierte Land- und Forstwirte);
- Vergütung der Mineralölsteuer für Agrardiesel auf Grund der Agrardieselverordnung, BGBl II Nr. 506/2004 (gilt auch für teilpauschalierte Land- und Forstwirte);
- Betriebsprämien auf Grund der Direktzahlungs-Verordnung, BGBl. II Nr. 491/2009;
- Zuschuss zur Hagelversicherung, Übernahme eines wesentlichen Teiles der Kosten für Milchleistungskontrolle, Fleischklassifizierung, Geflügelhygiene sowie Ausgleichszahlungen und Prämien zu laufenden Betriebseinnahmen oder Betriebsausgaben;
- Anlagensubventionen (Alternativenergieförderung zB bei Errichtung einer Biomasseanlage, Solaranlage, Stückholzkessel, ökologische Bauweise) seitens der EU, Bund, Länder und Gemeinden sind gemäß § 3 Abs. 1 Z 6 EStG 1988 insoweit steuerfrei, als entsprechende Aufwendungen vorliegen; „Überförderungen" sind zusätzlich als Betriebseinnahmen zu erfassen;
- Jährliche (degressive) Ausgleichszahlungen (nicht im Rahmen der EU-Rodungsaktion);
- Prämien für Flächenstilllegungen (zB nach der Agenda 2000);
- Sonderprämien für männliche Rinder (Stiere und Ochsen, einmal jährlich pro Altersklasse), Mutterkuhprämie und Milchkuhprämie auf Grund der Direktzahlungs-Verordnung, BGBl. II Nr. 491/2009, Mutterschaf- und Ziegenprämien;
- Extensivierungsprämien (zB für Rinder, wenn die Besatzdichte nicht höher ist als 1,4 GVE/ha Futterfläche; diese Prämie gibt es für prämienbeantragte männliche Rinder, Mutterkühe und für im Rahmen der Mutterkuhprämie beantragte Kalbinnen);
- Schlachtprämien für Großrinder und Kälber;
- Förderung von Biobetrieben (Betriebe mit biologischer Wirtschaftsweise erhalten Prämien für Ackerland, förderbares Grünland, Gemüse, Obst und Wein);
- Alpungsprämie (die Auftriebsprämie – je ha/beweidete Almfläche eine GVE-Einheit – samt dem Behirtungszuschlag);
- Forstförderungen für Neuaufforstungen, für Energieholzflächen (Umtrieb höchstens 10 Jahre auf stillgelegten Flächen) und für die Pflege aufgegebener Forstflächen;
- Biotopförderungen;
- Die Umstrukturierungsbeihilfe Zucker gemäß Art. 3 Abs. 6 der VO (EG) Nr. 320/2006 des Rates betreffend eine befristete Umstrukturierungsregelung für die Zuckerindustrie (zu Erlösen aus der Veräußerung oder Verpachtung des Rübenkontingentes/der Zuckerquote siehe Rz 4180).
- Ausgleichszulagen für benachteiligte Gebiete (AZ);
- ÖPUL
- Einheitliche Flächenprämien nach dem Marktordnungsgesetz 2007 idF BGBl. I Nr. 47/2014.
- Junglandwirteförderung Top-Up;
- Marktanpassungsbeihilfen für Milcherzeuger (Milchreduktionsbeihilfe, außergewöhnliche Anpassungsbeihilfe; BGBl. II Nr. 248/2016)

(BMF-AV Nr. 2015/133, BMF-AV Nr. 2018/79)

11.3.4.2 Nicht von der Pauschalierung erfasste Einnahmen

Folgende Einnahmen sind beispielsweise nicht von der Pauschalierung erfasst:

4176 • **Ersätze**
- Vergütungen für nicht pauschalierte Aufwendungen,
- der Ersatz von zusätzlich geltend gemachten Betriebsausgaben (zB Beitragsrückzahlungen von den gesetzlichen Kranken- u. Sozialversicherungsanstalten),
- Warenrückvergütungen einer Genossenschaft.

4177 • **Abfindungen und Ablösen**
- Abfindungen oder Entschädigungen sind gesondert anzusetzen, hinsichtlich des Grund und Bodens können Einkünfte iSd § 29 Z 1 EStG 1988 vorliegen,
- Ablösen für Baulichkeiten und Dienstbarkeiten (VwGH 5.3.1981, 1302/80, 1404/80),
- Ablöse für ein Wegerecht (VwGH 29.03.2007, 2006/15/0112).

(AÖF 2008/51)

4178 **Enteignungen**
- Enteignungszahlungen, soweit sie nicht den nackten Grund und Boden oder den Ertrag des laufenden Jahres betreffen (siehe jedoch Rz 4175),
- Entschädigungen für den durch die Enteignung entstandenen Überhang an Gebäuden und Maschinen,
- Abgeltung für nachteilige wirtschaftliche Folgen (keine Aufrechnung mit Umbaukosten oder Umstellungskosten).

(AÖF 2012/63)

4179 • **Entschädigungen**
- Entschädigungen iSd § 32 Abs. 1 Z 1 EStG 1988 (zur Progressionsermäßigung gemäß § 37 Abs. 2 EStG 1988 siehe Rz 7369),
- Entschädigungen im Bereich der Einkünfte aus Land- und Forstwirtschaft ergeben sich insbesondere für die Aufgabe von Rechten, für Bodenwertminderungen, für die Einräumung von Dienstbarkeiten, für die Lagerung von Bodenmaterial und für Naturschutzbeschränkungen,
- Entschädigungen für Bodenwertminderung, die nicht auf Grund von Maßnahmen im öffentlichen Interesse gewährt werden, sind steuerpflichtig. Mangels Veräußerung ist der besondere Steuersatz gemäß § 30a EStG 1988 nicht anwendbar.

(AÖF 2013/280)

4180 • **Aufgabe von Rechten**
- Übertragung und freiwillige Abgabe von Zahlungsansprüchen der Betriebsprämie auf Grund der Direktzahlungs-Verordnung 2015, BGBl. II Nr. 368/2014,
- Aufgabe eines Eigenstromrechtes,
- Erlös für Veräußerung oder Verpachtung des Milchkontingents (siehe dazu Rz 4180a) oder des Rübenkontingentes/der Zuckerquote,
- Verzicht auf Nachbarrecht stellt sonstige Leistung iSd § 29 Z 3 EStG 1988 dar (VwGH 28.1.1997, 96/14/0012),
- Entgelt für die Aufgabe des Pacht(Miet)rechtes,
- Veräußerung von Teilwaldrechten (Holz- und Streunutzung) (VwGH 31.1.1990, 89/14/0143, VwGH 6.2.1990, 89/14/0147),
- Aufgabe von Wasserbenutzungsrechten, Entschädigungen als Kostenersatz für den Anschluss oder Zuleitung der Wasserversorgungsanlage bzw. Entschädigungen in Höhe des Kostenersatzes für den Wasserzins,
- Endgültige Aufgabe von Auspflanzrechten von Wein (zur geänderten Rechtslage in Bezug auf Auspflanzrechte siehe Rz 5098).

(BMF-AV Nr. 2021/65)

4180a Zur Ermittlung des zu versteuernden Gewinnes aus der Veräußerung von Milchreferenzmengen (Milchkontingente oder Milchquoten, siehe Rz 4180) können vom Veräußerungserlös (Betriebseinnahme) allenfalls vorhandene Buchwerte (seinerzeitige Anschaffungskosten des Milchkontingents) abgezogen werden. Bei Fehlen von Belegen über konkrete Anschaffungskosten können diese gemäß § 184 BAO geschätzt werden.

Es bestehen keine Bedenken, aus den Statistiken der AMA und des früheren Milchwirtschaftsfonds über die durchschnittlichen Milchquoten je Betrieb im Schätzungswege anzunehmen, dass 50% des verkauften Milchkontingentes entgeltlich erworben wurden. Im

Rahmen dieser Schätzung sind die Anschaffungskosten für diese 50% in Anlehnung an die in Art. VI Abs. 2 Z 3 Marktordnungsnovelle 1986, BGBl. Nr. 183/1986 aufgestellten Preise pauschal mit 0,83 Euro/kg anzusetzen (0,415 Euro/kg der verkauften Gesamtmenge). Dies gilt nur für die so genannte A-Quote (Verkauf an Molkereien).

Beispiel:

Ein Landwirt besitzt eine einzelbetriebliche Milchreferenzmenge (A-Quote) von 38.000 kg. Davon sollen 2006 18.000 kg um insgesamt 16.150 Euro verkauft werden.

Ermittlung der geschätzten Anschaffungskosten	
veräußerte Menge	*18.000 kg*
davon 50%	*9.000 Euro*
9.000 kg mal 0,83 Euro	*7.470 Euro*
Ermittlung des gesondert anzusetzenden Gewinns	
Veräußerungserlös	*16.150 Euro*
- Anschaffungskosten (geschätzt)	*- 7.470 Euro*
gesondert anzusetzender Gewinn	*8.680 Euro*

Angesichts des Umstandes, dass auf die gesonderte Erfassung der Veräußerung von Milchquoten erstmals in dieser Deutlichkeit in den EStR 2000 hingewiesen wurde, bestehen keine Bedenken, Verkäufe nicht zu erfassen, wenn das Verpflichtungsgeschäft vor dem 1. Jänner 2000 abgeschlossen wurde.

Der Verkauf des Milchkontingents ist durch die landwirtschaftliche Pauschalierung nicht erfasst. Während die Vollpauschalierung eine pauschale Art der Buchführung ist, gilt die Teilpauschalierung als Einnahmen-Ausgaben-Rechnung (vgl. Rz 4250).

Jene Einnahmen, die durch die Pauschalierung nicht abgegolten sind, sind jedoch sowohl bei vollpauschalierten als auch bei teilpauschalierten Landwirten nach Zu- und Abflussgrundsätzen zu erfassen. Beim Verkauf des Milchkontingents handelt es sich um den Verkauf von Anlagevermögen.

Wird der Verkaufserlös ratenweise vereinnahmt, bestehen folgende Möglichkeiten der Einkünfteermittlung:

Variante 1 – Erfassung des gesamten Buchwertabganges im Zeitpunkt der Veräußerung

Variante 2 – Erfassung des Buchwertabganges nach Maßgabe des Zufließens der Raten entsprechend Rz 3888 (Merkposten)

Variante 3 – Erfassung des Buchwertabganges durch Abzug der geschätzten Anschaffungskosten von 0,415 Euro/kg entsprechend dem Zufließen der Raten

Beispiel:

Ein vollpauschalierter Landwirt verkauft 2004 sein gesamtes Milchkontingent von 20.000 kg um 20.000 Euro (1 Euro/kg). Der Kaufpreis wird in zwei Raten bezahlt, und zwar 2004 10.000 Euro und 2005 ebenfalls 10.000 Euro. Die Anschaffungskosten werden entsprechend der EStR 2000 Rz 4180a im Schätzungswege mit 8.300 Euro (10.000 kg x 0,83 Euro) ermittelt.

	Variante 1 und 2	*Variante 3*
Betriebsausgabe 2004	*8.300*	*4.150*
Betriebseinnahme 2004	*10.000*	*10.000*
Einkünfte 2004	*1.700*	*5.850*
Betriebsausgabe 2005	*0*	*4.150*
Betriebseinnahme 2005	*10.000*	*10.000*
Einkünfte 2005	*10.000*	*5.850*
Einkünfte gesamt	*11.700*	*11.700*

Liegen für einen Teil des verkauften Milchkontingents konkrete Anschaffungskosten vor, für den Rest jedoch keine, richtet sich die Besteuerung nach der vom Steuerpflichtigen vorgenommenen Zuordnung. Voraussetzung dafür ist, dass der Bestand des angeschafften Milchkontingents hinsichtlich Anschaffungszeitpunkt und Anschaffungskosten lückenlos dokumentiert wird, sodass eine eindeutige (rechnerische) Zuordnung des veräußerten Milchkontingents möglich ist. Ist dies nicht der Fall, sind die Anschaffungskosten des verkauften Milchkontingentes mit 0,415 Euro/kg anzusetzen.

Beispiel:

Ein vollpauschalierter Landwirt verkauft im Jahr 2007 das gesamte Milchkontingent (A-Quote) von 50.000 kg um 50.000 Euro (1 Euro/kg).

20.000 kg des Milchkontingents wurden von ihm im Jahr 2002 um 18.000 Euro entgeltlich erworben (0,90 Euro/kg).

Die gesondert anzusetzenden Einkünfte aus dem Verkauf des Milchkontingents sind wie folgt zu ermitteln:

Verkaufserlös	*50.000 kg*	*1 €/kg*	*50.000 €*
– Anschaffungskosten (AK)			
Tatsächliche AK	*20.000 kg*	*0,90 €/kg*	*18.000 €*
Geschätzte AK	*30.000 kg*	*0,415 €/kg*	*12.450 €*
Gesondert steuerpflichtig			*19.550 €*

Es bestehen keine Bedenken, wenn die Anschaffungskosten des verkauften Milchkontingentes hinsichtlich der so genannten D-Quote (bäuerliche Direktvermarktung) mit 50% des Verkaufserlöses geschätzt werden.

(AÖF 2008/51)

Randzahl 4180b: *entfällt*

(AÖF 2008/51)

4181 • **Einräumung von Dienstbarkeiten**

- Entschädigungen im Zusammenhang mit der Einräumung der Dienstbarkeit der Duldung und Beeinträchtigung der Fischerei gegen einen einmaligen Entschädigungsbetrag (Entwertung des Fischereirechtes),
- Entgeltzahlungen für die Einräumung der Dienstbarkeit der Führung eines Abwasserkanals,
- Entschädigungen für die Einräumung der Leitungsdienstbarkeit (zB Errichtung einer Ölleitung, VwGH 19.3.1970, 1120/68),
- Entschädigungen für immer währenden Nutzungsentgang beim Bau einer Pipeline,
- Entschädigungen für Maststandorte
- Entschädigungen für die Einräumung eines Schipistenservituts,
- Entschädigungen für die Duldung des Fortbestandes der durchgeführten Geländeänderungen,
- Entgelt für die Einräumung des Rechtes der Wegbenützung,
- Entgelt für die Einräumung eines Wassermitbenutzungsrechtes.

(AÖF 2004/167)

4182 Grundsätzlich sind bei der Vollpauschalierung Entschädigungen für Ertragsausfälle und Wirtschaftserschwernisse, soweit sie nicht das laufende Jahr betreffen und in einem Betrag zufließen, dann gesondert anzusetzen, wenn es aus diesem Grund zu einer Verminderung des (land- und forstwirtschaftlichen) Einheitswertes gekommen ist (vgl. VwGH 19.03.1970, 1120/68). Dies betrifft:

- Entschädigung für den Ernteentgang einschließlich Förderungsverlust,
- Entschädigung für den Verlust von Sonderkulturen,
- Ersatz von Flurschäden,
- Ersatzleistungen für den Aufwuchsentgang in Folge von Geländekorrekturen,
- Entschädigungen im Zusammenhang mit Bundesheermanövern, wenn sie mehr als das laufende Jahr betreffen (vgl. auch VwGH 19.2.1985, 84/14/0107),
- Einmalige Entschädigungen für die Entwertung eines Fischereirechtes (VwGH 1.12.1981, 81/14/0036),
- Entschädigungen im Zusammenhang mit der Errichtung von (Leitungs-)Trassen (Randschäden vermindern den Zuwachs),
- Entschädigungen für die "Hiebsunreife" (VwGH 28.09.1962, 0588/63),
- Entschädigung für die Schlägerung zur Unzeit und Verblauung.

Siehe dazu auch die Übersicht in Rz 5174.

(BMF-AV Nr. 2019/75)

Mangels Berücksichtigung im Einheitswert sind ab der Veranlagung 2013 folgende Entschädigungen (nach Abzug von in unmittelbarem Zusammenhang stehenden Aufwendungen) auch bei der Vollpauschalierung gesondert anzusetzen: **4182a**

- Entschädigungen für Jagdbeeinträchtigungen (höhere Kosten der Jagdaufsicht und des Jagdbetriebsablaufes),
- Verdienstausfallsentschädigungen, soweit sie im Bereich der Nebentätigkeit des Betriebsinhabers anfallen, nach Abzug der mit der Nebentätigkeit verbundenen Aufwendungen,
- Entschädigung für den Ersatz künftiger Mieteinnahmen im Rahmen der landwirtschaftlichen Zimmervermietung.

(AÖF 2013/280)

- **Zahlungen für Nutzungsbeschränkungen** **4183**

  Zur Sicherung des Naturschutzes sind Eingriffe vorgesehen, die von Nutzungsbeschränkungen über Duldungs- und Handlungspflichten, Vorkaufsrechten, Bewirtschaftungsbeschränkungen bis zur Enteignung reichen.

  Solche Beschränkungen und Pflichten sind zB:

  – Aufforstungsverbote, Rodungsverbote, Nutzung nur als Wäldernutzung, Nutzung nur einzelstammweise, Verbot der Schlägerung bestimmter Baumarten, Wiederbewaldung nur mit bestimmten Baumarten,

  – Bewilligungspflicht für Eingriffe im Nahbereich von Gewässern, Vorschriften zum Schutz von Auwäldern, Betretungsverbote, Verbot der forstlichen Nutzung außer zur Entnahme abgestorbener Bäume, Verbot jedes jagdlichen und forstwirtschaftlichen Eingriffs, Jagdverbot außer zur Regulierung von Schalenwild, Jagdausübung nur auf bestimmte Wildarten und dgl.

  Im Einzelfall ist zu beurteilen, ob Bodenwertminderungen, Ertragsausfälle, Einräumung von Servituten oder Kostenersätze abgegolten werden und ob die Naturschutzbeschränkungen bei der Einheitsbewertung Berücksichtigung gefunden haben: Ist bei der Einheitsbewertung ein Abschlag (ein niedrigerer Ertragswert) zum Zug gekommen, sind die Entschädigungszahlungen bis auf die Bodenwertminderung gesondert als Betriebseinnahme anzusetzen.

- **Ersatz von Kosten** **4184**

  Der Ersatz von Schlägerungs- und Räumungskosten ist nur bei Vollpauschalierten bis zur Höhe der tatsächlich angefallenen Kosten nicht anzusetzen, bei Teilpauschalierten ist dieser Ersatz als Betriebseinnahme zu erfassen. Dies betrifft:

  – Ersatz der Umsiedlungskosten,

  – Benützungsentgelt für die Duldung der Befahrung von Brücken und Wegen,

  – Entschädigung für die Neuerrichtung einer Wegeanlage.

(AÖF 2006/114)

Jagdpachterlöse, Wildabschüsse **4185**

Jagdpachterlöse, die für die Zur-Verfügung-Stellung von Grundflächen einer Eigen- oder Gemeindejagd gezahlt werden, sind im Rahmen der pauschalen Gewinnermittlung als „Pachtzins" gesondert anzusetzen.

Die Einkünfte aus den Wildabschüssen (Einnahmen abzüglich der tatsächlich angefallenen Ausgaben für den vergebenen Abschuss, zB anteilige Wildfütterungskosten, anteilige Kosten für die Errichtung von Hochsitzen und Kanzeln) sind ebenfalls gesondert anzusetzen. Es bestehen keine Bedenken, die anteiligen Ausgaben mit 30% der Einnahmen aus dem Wildabschuss zu schätzen und die Einkünfte aus den Wildabschüssen mit 70% der Einnahmen anzusetzen.

(AÖF 2012/63)

Da Holzservitutsrechte gemäß § 11 Abs. 4 BewG 1955 im Einheitswert nicht erfasst sind, sind sie bei Zugehörigkeit zu einem land- und forstwirtschaftlichen Betriebsvermögen durch die Pauschalierung nicht abgegolten und somit gesondert als Einkünfte aus Land- und Forstwirtschaft zu erfassen. Die Erfassung kann wahlweise durch vollständige Einnahmen- Ausgabenrechnung oder entsprechend der Rz 6218c vorgenommen werden. Es bestehen keine Bedenken, wenn bei Vorliegen von Einkünften gemäß § 29 Z 1 EStG 1988 die Einkunftsermittlung wie bei den Einkünften aus Land- und Forstwirtschaft erfolgt. **4185a**

Es bestehen weiters keine Bedenken, wenn Vorausbezüge an Holz infolge Windbruchs oder Windwurfs gemäß § 206 Abs. 1 lit. a BAO auf zehn Jahre verteilt erfasst werden. Der Hälftesteuersatz gemäß § 37 Abs. 6 EStG 1988 steht nicht zu.

(BMF-AV Nr. 2018/79)

4185b **Fischereikarten**

- Verkauf von Fischereikarten, unter folgenden Voraussetzungen:
  - das Entgelt wird nicht nach der Menge bzw. Anzahl der gefangenen Fische abgerechnet und
  - der Verkauf wurde nicht im Einheitswert für Angelfischerei berücksichtigt (§ 9 der Kundmachung des BMF über die Bewertung des der Fischzucht und der Teichwirtschaft gewidmeten Vermögens sowie der Fischereirechte, BMF-010202/0108-VI/3/2014, Amtsblatt zur Wiener Zeitung vom 4.3.2014, Nr. 44),
- Verpachtung von Fischereirechten (siehe auch Rz 5118 ff).

(BMF-AV Nr. 2018/79)

4185c Teichflächen, die ausschließlich mit nicht selbst aufgezogenen fangfertigen Fischen besetzt werden (Angelsportzentren oder Partyteiche), gehen über das Ausmaß land- und forstwirtschaftlicher Bewirtschaftung hinaus und stellen einen Gewerbebetrieb dar.

(BMF-AV Nr. 2018/79)

11.3.4.2.1 Durch die Pauschalierung nicht erfasste Gewinne aus Veräußerungen

4186 • Gewinne anlässlich der Veräußerung eines pauschalierten (Teil)Betriebes. Abfindungszahlungen an die weichenden Erben mindern nicht den Veräußerungserlös, weil sie privatrechtlicher (erbrechtlicher) Natur sind.

4186a • Gewinne aus nach dem 31.3.2012 erfolgenden Veräußerungen von Grundstücken im Sinne des § 30 Abs. 1 EStG 1988 (siehe Rz 4157a).

(AÖF 2013/280)

4187 • Der Erlös aus dem Verkauf eines Teilwaldrechtes, das zum Anlagevermögen der Landwirtschaft gehört, ist von der Besteuerung der Einkünfte aus Land- und Forstwirtschaft nach Durchschnittssätzen nicht erfasst. Vom Erlös aus dem Verkauf des Teilwaldrechtes sind die mit diesem Verkauf unmittelbar zusammenhängenden Aufwendungen (zB Anschaffungskosten, Kosten der Vertragserrichtung, Gebühren) abzuziehen (VwGH 30.1.1990, 89/14/0143). Zur Veräußerung von Teilwaldrechten siehe auch Rz 5078 f.

(BMF-AV Nr. 2015/133)

4188 • Die Entschädigung für die Inanspruchnahme einer Trinkwasserquelle (gegebenenfalls Quellfassung samt Behälter und Transportleitungen), für die ein Land- und Forstwirt eine Wasserberechtigung innehatte und die er für seine Betriebszwecke nutzte, ist insoweit nicht durch die Pauschalierung abgegolten.

4189 • Veräußerung von Beteiligungen jeder Art (insbesonders Anteile an Agrargemeinschaften).

4190 • Veräußerungen des stehenden Holzes im Zuge des Verkaufs von Forstflächen.

4190a • Veräußerung von Reb-, Obst- und Sonderkulturanlagen im Zuge des Verkaufes der entsprechenden Grundflächen.

(BMF-AV Nr. 2015/133)

11.3.4.2.2 Zinsen, Dividenden und Verzinsung von Restforderungen

4191 Da Zahlungsmittel, Geldforderungen, Beteiligungen und Wertpapiere bewertungsrechtlich nicht zum land- und forstwirtschaftlichen Vermögen gehören, sind Früchte und realisierte Wertsteigerungen aus diesem Vermögen (zB Zinsen, Dividenden, Veräußerungsgewinne und Gewinne aus sonstigen Abschichtungen) gesondert zu erfassen bzw. nach den Bestimmungen über die Endbesteuerung zu beurteilen. Werden Restforderungen aus Ablösen bzw. Entschädigungen verzinst, sind die gesamten Zinsen Einkünfte aus Land- und Forstwirtschaft. Zinsenzuschüsse mindern stets die gesondert abzugsfähigen Schuldzinsen.

(AÖF 2013/280)

11.3.4.2.3 Einnahmen aus Vermietungen und Verpachtungen

4192 Einnahmen aus Vermietungen und Verpachtungen sind steuerlich gesondert zu erfassen, und zwar unabhängig davon, ob sie Einkünfte aus Land- und Forstwirtschaft oder Einkünfte aus Vermietung und Verpachtung darstellen.

Folgende Einnahmen aus Vermietungen und Verpachtungen sind bspw. nicht mit der Pauschalierung abgegolten (zur Erfassung dieser Einnahmen als Einkünfte aus Land- und Forstwirtschaft oder aus Vermietung und Verpachtung siehe Rz 5070 ff): **4193**

- Entschädigungen für die Überlassung landwirtschaftlicher Grundstücke für die (vorübergehende) Lagerung von Humus und Mutterboden.
- (Vorübergehende) Vermietung von Grund- und Boden, Gebäuden oder Gebäudeteilen für nicht landwirtschaftliche Zwecke.
- Die Zimmervermietung mit Frühstück im Ausmaß von höchstens zehn Betten stellt land- und forstwirtschaftlichen Nebenerwerb dar, wobei die Betriebsausgaben mit 50% der entsprechenden Betriebseinnahmen (einschließlich USt) angesetzt werden können. Werden neben Zimmern mit Frühstück auch solche ohne Frühstück vermietet, bestehen keine Bedenken, hinsichtlich der ohne Frühstück vermieteten Zimmer die Betriebsausgaben mit 30% der entsprechenden Betriebseinnahmen (einschließlich USt) anzusetzen (ausgenommen Dauervermietung; siehe Rz 5436). Werden mehr als zehn Betten vermietet, liegt eine gewerbliche Tätigkeit vor (siehe Rz 5435 und Rz 5073).
- Überschüsse aus der Vermietung von anderen zum Betriebsvermögen gehörenden Wirtschaftsgütern, zB Maschinen und (Spezial)Werkzeugen; auch an Land- und Forstwirte, ausgenommen im Rahmen der zwischenbetrieblichen Zusammenarbeit auf Selbstkostenbasis.
- Überlassung von Grund und Boden für nicht land- und forstwirtschaftliche Zwecke.
- Entschädigungen für die Einräumung des Rechtes der Duldung des Bestandes und der Benützung eines Handymastes – ausgenommen auf landwirtschaftlichen Gebäuden und Betriebsanlagen (zB Stallgebäude, Maschinenhallen, Silos; siehe auch Rz 4245a) – stellen Einkünfte aus Vermietung und Verpachtung dar.
- Ersatzleistungen einer Bergbahngesellschaft für die Einräumung eines Schipistenservituts (VwGH 19.9.1989, 89/14/0107).
- Entschädigungen für die Neuerrichtung einer Wegeanlage und die Duldung des Fortbestandes der durchgeführten Geländeänderungen stellen ebenfalls Einkünfte aus Vermietung und Verpachtung dar.

(BMF-AV Nr. 2021/65)

Rechtslage bis Veranlagung 2020: **4193a**

Die Beherbergung von Feriengästen durch Zimmervermietung führt zu Einkünften aus Land- und Forstwirtschaft, wenn von der Vermietung nicht mehr als zehn Betten erfasst werden (vgl. Rz 4193). Hinsichtlich dieser Zehn-Betten-Grenze ist folgendermaßen zu unterscheiden:

1. Es werden zur Nutzungsüberlassung mit Frühstück weitere zusätzliche Nebenleistungen erbracht („Urlaub am Bauernhof", wie zB Produktverkostung, „Mitarbeit" der Gäste, Besichtigung des Betriebes, Zugang zu den Stallungen, Demonstrieren der Wirtschaftsabläufe usw.):

   In diesem Fall ist die Zehn-Betten-Grenze einheitlich zu sehen, dh es ist unerheblich, ob die Betten in einem (mehreren) Appartement(s) oder in einem (mehreren) sonstigen Zimmer(n) angeboten werden. Es liegen bei Überschreitung der 10 Betten-Grenze – unabhängig, ob sich diese in Fremdenzimmern oder Appartements befinden – insgesamt Einkünfte aus Gewerbebetrieb vor.
2. Es werden Fremdenzimmer mit Nebenleistungen in Form von Frühstück und täglicher Reinigung angeboten, während bei der Vermietung der Appartements keine Nebenleistungen erbracht werden. In diesem Fall sind die Zimmervermietung und die Appartementvermietung getrennt zu beurteilen. Die Zehn-Betten-Grenze bezieht sich nur auf die Überlassung von Fremdenzimmern. Die Appartementvermietung führt zu Einkünften aus Vermietung und Verpachtung.
3. Es werden sowohl Fremdenzimmer als auch Appartements mit Nebenleistungen in Form von Frühstück und täglicher Reinigung angeboten. In diesem Fall ist wie im Fall 1 die gesamte Bettenanzahl zusammenzurechnen. Es liegen bei Überschreitung der Zehn-Betten-Grenze – unabhängig, ob sich diese in Fremdenzimmern oder Appartements befinden – insgesamt Einkünfte aus Gewerbebetrieb vor.

Beispiele:

1. Im Rahmen von „Urlaub am Bauernhof" (umfassend Frühstück, Produktverkostung, „Mitarbeit" der Gäste, Besichtigung des Betriebes und Demonstrieren der Wirtschaftsabläufe) werden 4 Doppelzimmer und 2 Appartements mit jeweils 4 Betten (insgesamt 16 Betten) mit Frühstück vermietet. Es liegt insgesamt hinsichtlich der gesamten Zimmervermietung eine gewerbliche Tätigkeit vor.

2. Es werden 4 Doppelzimmer und 2 Appartements mit jeweils 4 Betten vermietet. Bei der Appartementvermietung wird kein Frühstück verabreicht, es werden keine Nebenleistungen angeboten. Es erfolgt keine tägliche Reinigung, sondern lediglich eine Endreinigung. Die Fremdenzimmer werden hingegen täglich gereinigt und es wird ein Frühstück verabreicht. Die Einkünfte aus der Vermietung der Fremdenzimmer sind als Nebentätigkeit im Rahmen des landwirtschaftlichen Betriebes durch Einnahmen-Ausgaben-Rechnung (Rz 4193) zu ermitteln. Die Vermietung der Appartements führt zu Einkünften aus Vermietung und Verpachtung.

3. Wie Beispiel 2, es werden allerdings auch die Appartements wie die Fremdenzimmer täglich gereinigt und es wird an alle Gäste ein Frühstück verabreicht. Es liegt eine einheitliche gewerbliche Tätigkeit vor.

Rechtslage ab Veranlagung 2021:

Ab der Veranlagung 2021 gilt Rz 5073.

(BMF-AV Nr. 2021/65)

11.3.5 Veräußerung von Forstflächen (§ 1 Abs. 5 der Verordnung)

4194 *(5) Abweichend von den Abs. 1 bis 4 können aus der Veräußerung von forstwirtschaftlich genutzten Flächen entstehende Gewinne mit 35% des auf Grund und Boden, stehendes Holz und Jagdrecht entfallenden Veräußerungserlöses angenommen werden, sofern dieser 250 000 Euro im Kalenderjahr nicht überschreitet. Dies gilt abweichend von Abs. 1 auch für Betriebe, für die der Gewinn durch Buchführung gemäß § 4 Abs. 1 EStG 1988 oder vollständige Einnahmen-Ausgaben-Rechnung gemäß § 4 Abs. 3 EStG 1988 ermittelt wird.*

(BMF-AV Nr. 2015/133)

4195 Werden forstwirtschaftlich genutzte Flächen veräußert, hat auch der pauschalierte Land- und Forstwirt den Gewinn aus dieser Veräußerung neben dem (pauschal ermittelten) laufenden Gewinn anzusetzen. Bis zu einem sich aus allen Veräußerungsgeschäften des Kalenderjahres ergebenden Veräußerungserlös von 250.000 Euro (siehe Rz 4195a) kann der Gewinn aus diesen Veräußerungsgeschäften mit 35% des auf Grund und Boden, stehendes Holz und Jagdrecht entfallenden Veräußerungserlöses pauschal ermittelt werden (§ 1 Abs. 5 LuF-PauschVO 2015 bzw. LuF-PauschVO 2011). Bei einem sich aus allen Veräußerungsgeschäften des Kalenderjahres ergebenden Gesamtveräußerungserlös von mehr als 250.000 Euro ist eine pauschale Ermittlung des Veräußerungsgewinnes insgesamt nicht zulässig.

Das Recht des Steuerpflichtigen, einen vom pauschal ermittelten Veräußerungsgewinn abweichenden Veräußerungsgewinn nachzuweisen, bleibt unberührt. Ein vorgelegtes Gutachten als Nachweis unterliegt der behördlichen Beweiswürdigung. Mit den 35% sind auch allfällige Buchwerte des stehenden Holzes abgegolten.

Beispiel:

Veräußerung von 5 ha Forstflächen um 100.000 Euro

Variante 1: Ansatz mit 35% von 100.000 Euro = 35.000 Euro

Variante 2: Einholung eines Sachverständigen-Gutachtens zur Ermittlung der auf die einzelnen veräußerten Wirtschaftsgüter entfallenden Teile des Veräußerungserlöses.

Die pauschale Ermittlung des Veräußerungsgewinnes aus der Veräußerung von forstwirtschaftlich genutzten Flächen gemäß § 1 Abs. 5 der LuF-PauschVO 2015 bzw. LuF-PauschVO 2011 ist auch dann zulässig, wenn der Gewinn des Betriebes mittels Buchführung nach § 4 Abs. 1 EStG 1988 oder mittels vollständiger Einnahmen-Ausgaben-Rechnung nach § 4 Abs. 3 EStG 1988 ermittelt wird.

(BMF-AV Nr. 2015/133)

4195a Für die Beurteilung des Überschreitens der Grenze von 250.000 Euro im Kalenderjahr kommt es auf die vereinbarten Kaufpreise aus Verpflichtungsgeschäften des jeweiligen Jahres an. Der Zufluss des Veräußerungserlöses ist für diese Frage unbeachtlich.

Steht der veräußerte Wald im Eigentum mehrerer Steuerpflichtiger, ist § 1 Abs. 5 LuF-PauschVO 2015 bzw. LuF-PauschVO 2011 auf den gesamten veräußerten Wald anzuwenden; für die Beurteilung des Überschreitens der Grenze von 250.000 Euro im Kalenderjahr ist daher eine Aufteilung des Veräußerungserlöses auf die einzelnen Steuerpflichtigen nicht zulässig.

Bei einer Veräußerung von Forstflächen gegen Ratenzahlung ist für die Beurteilung, ob die 250.000 Euro-Grenze im Kalenderjahr überschritten wurde, der Zeitpunkt des Abschlusses des Verpflichtungsgeschäftes heranzuziehen; der Zeitpunkt des Zuflusses der Raten ist unbeachtlich. Fließen über einen mehrjährigen Zeitraum Kaufpreisraten auf Grund einer unter § 1 Abs. 5 LuF-PauschVO 2015 bzw. LuF-PauschVO 2011 fallenden Veräußerung von Forstflächen zu, ist der Gewinn mit 35% der auf Grund und Boden, stehendes Holz und

Jagdrecht entfallenden Ratenzahlung anzusetzen. Im Fall der Bilanzierung ist der pauschale Gewinn im Jahr der Entstehung der Forderung auf den Veräußerungserlös zu erfassen.

(BMF-AV Nr. 2015/133)

Werden forstwirtschaftliche Flächen nach dem 31.3.2012 veräußert, ist auch der auf den Grund und Boden entfallende Veräußerungsgewinn steuerpflichtig. Es ist daher auch bei Anwendung des § 1 Abs. 5 LuF-PauschVO 2015 bzw. LuF-PauschVO 2011 der auf Grund und Boden entfallende Veräußerungsgewinn zu ermitteln. **4195b**

Mit den 35% des auf Grund und Boden, stehendes Holz und Jagdrecht entfallenden Veräußerungserlöses werden nur die stillen Reserven des stehenden Holzes und des Jagdrechtes erfasst (zu nicht im Pauschalsatz von 35% erfassten stillen Reserven siehe Rz 4196).

Die verbleibenden 65% des Veräußerungserlöses verteilen sich daher auf den Grund und Boden sowie auf die Buchwerte des stehenden Holzes und des Jagdrechtes. Unter Berücksichtigung dieser Buchwerte sind 50% des auf Grund und Boden, stehendes Holz und Jagdrecht entfallenden Veräußerungserlöses als auf Grund und Boden entfallender Veräußerungserlös anzusetzen.

(BMF-AV Nr. 2015/133)

Der auf Grund und Boden entfallende pauschale Veräußerungserlös ist als Grundlage für die Ermittlung des Gewinnes hinsichtlich des Grund und Bodens heranzuziehen. Dabei ist zwischen Grund und Boden des Altvermögens und des Neuvermögens zu unterscheiden (zur Unterscheidung von Alt- und Neuvermögen siehe Rz 769 und Rz 779). **4195c**

- Bei Grund und Boden des Altvermögens kann gemäß § 4 Abs. 3a Z 3 lit. a EStG 1988 die pauschale Gewinnermittlung iSd § 30 Abs. 4 EStG 1988 angewendet werden. In diesem Fall ist der pauschale Veräußerungserlös als Basis für die Ermittlung der pauschalen Anschaffungskosten nach § 30 Abs. 4 EStG 1988 heranzuziehen.
- Bei Grund und Boden des Neuvermögens oder auch des Altvermögens, wenn die pauschale Gewinnermittlung iSd § 30 Abs. 4 EStG 1988 nicht angewendet wird, ist vom pauschalen Veräußerungserlös der Buchwert des Grund und Bodens und – bei Veräußerungen vor dem 1.1.2016 – ab dem 11. Jahr nach der Anschaffung ein Inflationsabschlag in Abzug zu bringen (zum Inflationsabschlag siehe Rz 777 f). Bei Veräußerungen ab 1.1.2016 ist kein Inflationsabschlag mehr zu berücksichtigen.

Anders als der Gewinn aus der Veräußerung des Grund und Bodens unterliegen die stillen Reserven des stehenden Holzes und des Jagdrechtes nicht dem besonderen Steuersatz gemäß § 30a EStG 1988.

Beispiel:

Im Jahr 1990 wurden Forstflächen um 130.000 Euro erworben. Dabei entfielen 50.000 Euro auf den Waldboden.

Im Jahr 2013 werden diese Forstflächen um 190.000 Euro veräußert.

*Der Gewinn wird unter Anwendung des § 1 Abs. 5 LuF-PauschVO 2011 ermittelt. Für das stehende Holz und das Jagdrecht wird ein Gewinn in Höhe von 66.500 Euro ermittelt (= 190.000*0,35).*

*Auf den Grund und Boden entfällt ein Veräußerungserlös in Höhe von 95.000 Euro (50% von 190.000). Bei Anwendung der pauschalen Gewinnermittlung iSd § 30 Abs. 4 EStG 1988 ist daher hinsichtlich des Grund und Bodens ein Gewinn in Höhe von 13.300 Euro zu versteuern (95.000*0,14).*

Variante:

Die Forstflächen wurden 2004 angeschafft. Daher handelt es sich um Neuvermögen und die pauschale Gewinnermittlung iSd § 30 Abs. 4 EStG 1988 ist nicht zulässig.

Daher ist vom pauschalen Veräußerungserlös (95.000 Euro) der auf Grund und Boden entfallende Buchwert (50.000 Euro) abzuziehen. Somit ist hinsichtlich des Grund und Bodens ein Gewinn von 45.000 Euro zu versteuern.

(BMF-AV Nr. 2018/79)

Nicht im Pauschalsatz von 35% sind stille Reserven enthalten, die nicht auf das stehende Holz oder Jagdrecht entfallen (zB Gebäude oder Rechte). Daher ist zB der Verkauf von Teilwaldrechten oder Agrargemeinschaftsanteilen nicht als Waldverkauf anzusehen. Diese Verkaufserlöse sind weiterhin nicht von der Pauschalierung erfasst und zur Gänze steuerpflichtig (vgl. VwGH 8.10.1991, 91/14/0013). **4196**

Christbaumkulturen sind hinsichtlich ihrer Ertragskraft und damit auch stiller Reserven nicht mit normalen Beständen an stehendem Holz vergleichbar. Daher sind sie meist auch als Sonderkultur im landwirtschaftlichen Vermögen und nicht als forstwirtschaftliches Vermögen bewertet. Somit ist für Christbaumkulturen die pauschale Gewinnermittlung für **4196a**

Waldveräußerungen gemäß § 1 Abs. 5 LuF- PauschVO 2015 nicht anwendbar. Die Ermittlung des Veräußerungsgewinnes hat auf Basis der tatsächlichen Gegebenheiten zu erfolgen.

(BMF-AV Nr. 2018/79)

4197 Macht der Forstwirt von der 35%-Gewinnpauschalierung nicht Gebrauch, liegen aber Anschaffungskosten vor, die den veräußerten Forstflächen zuordenbar sind, sind sie vom auf das stehende Holz entfallenden Veräußerungserlös (neben den anteiligen Veräußerungskosten) in Abzug zu bringen (zur Aufteilung des Veräußerungserlöses siehe Rz 5082 ff). Sind keine Anschaffungskosten gegeben, weil der Forst unentgeltlich vom Vorgänger (zumeist Generationen hindurch) erworben wurde, sind die historischen Anschaffungskosten zu schätzen. Es bestehen keine Bedenken, wenn die historischen Anschaffungskosten in Höhe des (auf die entsprechenden Flächen anteilig entfallenden) Einheitswertes zum 1. Jänner 2014 geschätzt werden (siehe auch Rz 5086). Wurde vom Wahlrecht der Aktivierung des höheren Teilwertes für das stehende Holz nicht Gebrauch gemacht (§ 4 Abs. 8 EStG 1988), dürfen vom Veräußerungserlös keine Wiederaufforstungskosten in Abzug gebracht werden (VwGH 19.6.2002, 99/15/0264).

Wird der Veräußerungserlös ratenweise vereinnahmt, bestehen im Rahmen der Pauschalierung infolge des Verlustausgleichsverbotes folgende Möglichkeiten der Einkünfteermittlung:

- Variante 1 – Erfassung des gesamten Buchwertabganges im Zeitpunkt der Veräußerung;
- Variante 2 – Erfassung des Buchwertabganges nach Maßgabe des Zufließens der Raten (Merkposten, siehe auch Rz 3888).

(AÖF 2013/280)

4198 Bei Waldverkäufen vor dem 1.4.2012 kann überdies auch hinsichtlich des auf den Grund und Boden entfallenden Teiles des Veräußerungserlöses der Spekulationstatbestand erfüllt sein, wenn die Veräußerung innerhalb von 10 Jahren nach dem letzten entgeltlichen Erwerb erfolgte. Bei Veräußerung vor dem 1.4.2012 gegen Renten sind die Grundsätze der Rentenbesteuerung zu beachten (siehe Rz 7001 ff).

(BMF-AV Nr. 2015/133)

4199 Der Forst stellt keine betriebswirtschaftliche Ergänzung der bäuerlichen Betätigung dar, sondern ist vom landwirtschaftlichen Besitz getrennt zu beurteilen (VwGH 28.6.1972, 2230/70).

4200 Schenkt die Forstwirtin ihrem Sohn ein Waldgrundstück, so ist diese Sachentnahme nach § 6 Z 4 EStG 1988 hinsichtlich des stehenden Holzes (und des Jagdrechtes) mit dem gegenwärtigen Teilwert anzusetzen (VwGH 18.1.1963, 1520/62). Die Entnahme des Grund und Bodens erfolgt bei Entnahmen nach dem 31.3.2012 mit dem Buchwert (zur Entnahme von Grund und Boden siehe auch Rz 2635 ff).

(AÖF 2013/280)

4200a Wird ein Wald durch den Eigentümer verpachtet, stellt dieser dennoch weiterhin land- und forstwirtschaftliches Betriebsvermögen dar (siehe Rz 5152). Dies gilt auch für Wälder, die über viele Jahre nicht der Einkünfteerzielung dienen, denn bei diesen Wäldern handelt es sich idR um solche Wälder, die auf Grund nicht gestaffelter Altersklassen an Baumbeständen nur in Abständen von Jahrzehnten nennenswerte Erträge liefern und daher auch nur eine geringe Bearbeitung erfordern. Für die Annahme eines aussetzenden Betriebes genügt aber auch die Naturverjüngung durch Samenanflug und Stockausschlag. Daher ist ein aussetzender Betrieb auch dann als forstwirtschaftlicher Betrieb anzusehen, wenn über Jahre keine Bewirtschaftung erfolgt und keine Erträge erzielt werden, weil das natürliche Wachstum der Bäume zu einem Wertzuwachs führt.

Die Veräußerung solcher Wälder bzw. die Veräußerung verpachteter Wälder stellt daher die abschließende Verwertung des Wertzuwachses des stehenden Holzes der vergangenen Jahre dar und ist daher den Einkünften aus Land- und Forstwirtschaft zuzurechnen, es sei denn, in einer Gesamtbetrachtung ist von einem Liebhabereibetrieb auszugehen (siehe dazu auch LRL 2012 Rz 33).

Hinsichtlich der Aufteilung des Veräußerungserlöses auf den Grund und Boden einerseits und das stehende Holz andererseits sowie für die Ermittlung des auf das stehende Holz entfallenden Gewinnes gelten die in Rz 4195b f dargestellten Grundsätze.

Stellt der veräußerte Wald den gesamten Betrieb dar, liegt eine Betriebsveräußerung iSd § 24 EStG 1988 vor (siehe dazu Rz 5659 ff).

(BMF-AV Nr. 2015/133)

4200b Stellt der Baumbewuchs auf dem veräußerten Grund und Boden keinen Wald iSd § 1 Forstgesetz 1975 dar, liegt für sich betrachtet kein Betrieb vor. Die Veräußerung des Grund und Bodens führt daher zu privaten Grundstückseinkünften (es sei denn, das Grundstück ist dem Betriebsvermögen eines land- und forstwirtschaftlichen Betriebes oder eines Gewerbebetriebes zuzuordnen), wobei der Baumbewuchs vom Grundstücksbegriff mitumfasst ist (siehe Rz 6621). Für die Ermittlung der Einkünfte ist daher der gesamte Veräußerungserlös zu Grunde zu legen.

Ein Wald iSd § 1 Forstgesetz 1975 ist dann gegeben, wenn die Grundfläche mindestens 1.000 m² beträgt und eine durchschnittliche Breite von 10 m erreicht sowie einen forstlichen Bewuchs aufweist. Forstlicher Bewuchs sind Holzgewächse im Sinne des Anhangs zum Forstgesetz 1975 (zB Eiche, Buche, Fichte, Tanne usw.). Obstbäume und Ziergehölzer zählen nicht dazu und begründen somit keinen Wald iSd Forstgesetzes 1975.

(BMF-AV Nr. 2015/133)

11.3.5a Veräußerung von Rebflächen

(BMF-AV Nr. 2015/133)

Rebanlagen stellen ein vom Grund und Boden selbständiges Wirtschaftsgut dar (siehe **4200c**
dazu auch Rz 5100 und Rz 6621). Wird ein Weingarten veräußert, ist daher für die Rebanlage grundsätzlich ein gesonderter Kaufpreis zu ermitteln, der von der Pauschalierung nicht erfasst wird und gesondert anzusetzen ist (siehe Rz 4190a).

Für die Ermittlung des auf die Rebanlage entfallenden Gewinnes bestehen keine Bedenken, wie folgt vorzugehen:

Vom Veräußerungserlös können 20.000 Euro/ha als auf den Wert der Rebanlage entfallend angesetzt werden (das sind 2 Euro/m²). Davon kann die Hälfte als geschätzter Buchwert in Abzug gebracht werden, sodass 10.000 Euro/ha (das ist 1 Euro/m²) als Gewinn aus der Veräußerung der Rebanlage anzusetzen sind.

Beträgt der Veräußerungserlös für den Weingarten nicht mehr als 3 Euro/m² oder ist die Rebanlage älter als 25 Jahre, kann davon ausgegangen werden, dass auf die Rebanlage auf Grund deren geringen Wertes kein Veräußerungserlös entfällt und der gesamte Veräußerungserlös nur für den Grund und Boden geleistet wird. Beträgt der Veräußerungserlös zwischen 3 und 5 Euro/m², kann davon ausgegangen werden, dass der 3 Euro/m² übersteigende Veräußerungserlös auf die Rebanlage entfällt; als Buchwert kann die Hälfte des auf die Rebanlage entfallenden Veräußerungserlöses angesetzt werden.

Der Nachweis der tatsächlichen Werte ist zulässig.

(BMF-AV Nr. 2015/133)

11.3.6 Land- und forstwirtschaftlicher Nebenerwerb bzw. Nebentätigkeiten (§ 7 LuF-PauschVO 2015 bzw. § 6 LuF-PauschVO 2011)

(BMF-AV Nr. 2015/133)

Rechtslage bis 2014 **4201**

§ 6. (1) Der Gewinn aus land- und forstwirtschaftlichem Nebenerwerb, aus be- und/oder verarbeiteten eigenen und zugekauften Urprodukten sowie aus dem Almausschank ist durch Einnahmen-Ausgaben-Rechnung gesondert zu ermitteln. Bei Ermittlung des Gewinnes aus land- und forstwirtschaftlichem Nebenerwerb dürfen die Betriebsausgaben nur bis zur Höhe der entsprechenden Betriebseinnahmen in Abzug gebracht werden.

(2) Als land- und forstwirtschaftlicher Nebenerwerb sind Nebentätigkeiten zu verstehen, die nach ihrer wirtschaftlichen Zweckbestimmung zum land- und forstwirtschaftlichen Hauptbetrieb im Verhältnis der wirtschaftlichen Unterordnung stehen. Die Zimmervermietung mit Frühstück im Ausmaß von höchstens 10 Betten stellt land- und forstwirtschaftlichen Nebenerwerb dar, wobei die Betriebsausgaben mit 50% der entsprechenden Betriebseinnahmen (einschließlich Umsatzsteuer) angesetzt werden können. Wird beim land- und forstwirtschaftlichen Nebenerwerb das Entgelt überwiegend für die Bereitstellung von Fahrzeugen, Maschinen oder Geräten gegenüber Nichtlandwirten geleistet, können 50% der gesamten Einnahmen (einschließlich Umsatzsteuer) als pauschale Betriebsausgaben abgezogen werden. Dies gilt auch dann, wenn das anteilige Entgelt für die Arbeitsleistung zu Einkünften aus nichtselbständiger Arbeit führt.

(3) Bei der Ermittlung des Gewinnes aus be- und/oder verarbeiteten Urprodukten sowie aus Almausschank (Abs. 1) sind die Betriebsausgaben mit 70% der Betriebseinnahmen (einschließlich Umsatzsteuer) anzusetzen. Voraussetzung für die Zurechnung der Be- und/oder Verarbeitung des Urproduktes und des Almausschankes zur Land- und Forstwirtschaft ist, dass die Be- und/oder Verarbeitung bzw. der Almausschank nach ihrer wirtschaftlichen Zweckbestimmung zum land- und forstwirtschaftlichen Hauptbetrieb im Verhältnis der wirtschaftlichen Unterordnung stehen.

(4) Wird eine Be- und/oder Verarbeitung alleine betrieben, liegt eine Unterordnung im Sinne der Abs. 2 und 3 vor, wenn die Einnahmen aus Be- und/oder Verarbeitung 33.000 Euro

(einschließlich Umsatzsteuer) nicht übersteigen. Wird eine Be- und/oder Verarbeitung bzw. ein Almausschank neben einem Nebenerwerb betrieben, ist die Unterordnung nur dann gegeben, wenn die gemeinsamen Einnahmen 33.000 Euro (einschließlich Umsatzsteuer) nicht übersteigen und das Ausmaß der land- und forstwirtschaftlichen Grundflächen mehr als 5 Hektar oder der weinbaulich oder gärtnerisch genutzten Grundflächen mehr als 1 Hektar beträgt. Auf den Betrag von 33.000 Euro sind Einnahmen aus Zimmervermietung sowie Einnahmen aus auf reiner Selbstkostenbasis und ohne Verrechnung der eigenen Arbeitsleistung erbrachte Dienstleistungen und Vermietungen im Rahmen der zwischenbetrieblichen Zusammenarbeit (bäuerliche Nachbarschaftshilfe) nicht anzurechnen.

Rechtslage 2015 bis 2019

§ 7. (1) Der Gewinn aus land- und forstwirtschaftlichem Nebenerwerb, aus be- und/oder verarbeiteten eigenen und zugekauften Urprodukten sowie aus dem Almausschank ist durch Einnahmen-Ausgaben-Rechnung gesondert zu ermitteln. Bei Ermittlung des Gewinnes aus land- und forstwirtschaftlichem Nebenerwerb dürfen die Betriebsausgaben nur bis zur Höhe der entsprechenden Betriebseinnahmen in Abzug gebracht werden.

(2) Als land- und forstwirtschaftlicher Nebenerwerb sind Nebentätigkeiten zu verstehen, die nach ihrer wirtschaftlichen Zweckbestimmung zum land- und forstwirtschaftlichen Hauptbetrieb im Verhältnis der wirtschaftlichen Unterordnung stehen. Die Zimmervermietung mit Frühstück im Ausmaß von höchstens zehn Betten stellt land- und forstwirtschaftlichen Nebenerwerb dar, wobei die Betriebsausgaben mit 50% der entsprechenden Betriebseinnahmen (einschließlich Umsatzsteuer) angesetzt werden können. Wird beim land- und forstwirtschaftlichen Nebenerwerb das Entgelt überwiegend für die Bereitstellung von Fahrzeugen, Maschinen oder Geräten gegenüber Nichtlandwirten geleistet, können 50% der gesamten Einnahmen (einschließlich Umsatzsteuer) als pauschale Betriebsausgaben abgezogen werden. Dies gilt auch dann, wenn das anteilige Entgelt für die Arbeitsleistung zu Einkünften aus nichtselbständiger Arbeit führt.

(3) Bei der Ermittlung des Gewinnes aus be- und/oder verarbeiteten Urprodukten sowie aus Almausschank (Abs. 1) sind die Betriebsausgaben mit 70% der Betriebseinnahmen (einschließlich Umsatzsteuer) anzusetzen. Voraussetzung für die Zurechnung der Be- und/oder Verarbeitung des Urproduktes und des Almausschankes zur Land- und Forstwirtschaft ist, dass die Be- und/oder Verarbeitung bzw. der Almausschank nach ihrer wirtschaftlichen Zweckbestimmung zum land- und forstwirtschaftlichen Hauptbetrieb im Verhältnis der wirtschaftlichen Unterordnung stehen.

(4) Wird bloß eine Be- und/oder Verarbeitung oder bloß ein Almausschank betrieben, liegt eine Unterordnung im Sinne der Abs. 2 und 3 vor, wenn die Einnahmen aus Be- und/oder Verarbeitung oder dem Almausschank 33.000 Euro (einschließlich Umsatzsteuer) nicht übersteigen. Wird eine Be- und/oder Verarbeitung bzw. ein Almausschank neben einem Nebenerwerb betrieben, ist die Unterordnung nur dann gegeben, wenn die gemeinsamen Einnahmen 33.000 Euro (einschließlich Umsatzsteuer) nicht übersteigen und das Ausmaß der land- und forstwirtschaftlichen Grundflächen mehr als fünf Hektar oder der weinbaulich oder gärtnerisch genutzten Grundflächen mehr als 1 Hektar beträgt. Auf den Betrag von 33.000 Euro sind Einnahmen aus Zimmervermietung sowie Einnahmen aus auf reiner Selbstkostenbasis und ohne Verrechnung der eigenen Arbeitsleistung erbrachte Dienstleistungen und Vermietungen im Rahmen der zwischenbetrieblichen Zusammenarbeit (bäuerliche Nachbarschaftshilfe) nicht anzurechnen.

Rechtslage ab 2020

§ 7. (1) Der Gewinn aus land- und forstwirtschaftlichem Nebenerwerb, aus be- und/oder verarbeiteten eigenen und zugekauften Urprodukten sowie aus dem Almausschank ist durch Einnahmen-Ausgaben-Rechnung gesondert zu ermitteln. Bei Ermittlung des Gewinnes aus land- und forstwirtschaftlichem Nebenerwerb dürfen die Betriebsausgaben nur bis zur Höhe der entsprechenden Betriebseinnahmen in Abzug gebracht werden.

(2) Als land- und forstwirtschaftlicher Nebenerwerb sind Nebentätigkeiten zu verstehen, die nach ihrer wirtschaftlichen Zweckbestimmung zum land- und forstwirtschaftlichen Hauptbetrieb im Verhältnis der wirtschaftlichen Unterordnung stehen. Die Zimmervermietung mit Frühstück im Ausmaß von höchstens zehn Betten stellt land- und forstwirtschaftlichen Nebenerwerb dar, wobei die Betriebsausgaben mit 50% der entsprechenden Betriebseinnahmen (einschließlich Umsatzsteuer) angesetzt werden können. Wird beim land- und forstwirtschaftlichen Nebenerwerb das Entgelt überwiegend für die Bereitstellung von Fahrzeugen, Maschinen oder Geräten gegenüber Nichtlandwirten geleistet, können 50% der gesamten Einnahmen (einschließlich Umsatzsteuer) als pauschale Betriebsausgaben abgezogen werden. Dies gilt auch dann, wenn das anteilige Entgelt für die Arbeitsleistung zu Einkünften aus nichtselbständiger Arbeit führt.

(3) Bei der Ermittlung des Gewinnes aus be- und/oder verarbeiteten Urprodukten sowie aus Almausschank (Abs. 1) sind die Betriebsausgaben mit 70% der Betriebseinnahmen (einschließlich Umsatzsteuer) anzusetzen. Voraussetzung für die Zurechnung der Be- und/oder Verarbeitung des Urproduktes und des Almausschankes zur Land- und Forstwirtschaft ist, dass die Be- und/oder Verarbeitung bzw. der Almausschank nach ihrer wirtschaftlichen Zweckbestimmung zum land- und forstwirtschaftlichen Hauptbetrieb im Verhältnis der wirtschaftlichen Unterordnung stehen.

(4) Wird bloß eine Be- und/oder Verarbeitung oder bloß ein Almausschank betrieben, liegt eine Unterordnung im Sinne der Abs. 2 und 3 vor, wenn die Einnahmen aus Be- und/oder Verarbeitung oder dem Almausschank 40.000 Euro (einschließlich Umsatzsteuer) nicht übersteigen. Wird eine Be- und/oder Verarbeitung bzw. ein Almausschank neben einem Nebenerwerb betrieben, ist die Unterordnung nur dann gegeben, wenn die gemeinsamen Einnahmen 40.000 Euro (einschließlich Umsatzsteuer) nicht übersteigen und das Ausmaß der land- und forstwirtschaftlichen Grundflächen mehr als fünf Hektar oder die weinbaulich oder gärtnerisch genutzten Grundflächen mehr als 1 Hektar beträgt. Auf den Betrag von 40.000 Euro sind Einnahmen aus Zimmervermietung sowie Einnahmen aus auf reiner Selbstkostenbasis und ohne Verrechnung der eigenen Arbeitsleistung erbrachte Dienstleistungen und Vermietungen im Rahmen der zwischenbetrieblichen Zusammenarbeit (bäuerliche Nachbarschaftshilfe) nicht anzurechnen.

(BMF-AV Nr. 2021/65)

Ob eine land- und forstwirtschaftliche Nebentätigkeit vorliegt, ist nach dem Gesamtbild der Verhältnisse zu beurteilen. Eine land- und forstwirtschaftliche Nebentätigkeit ist eine an sich nicht land- und forstwirtschaftliche Tätigkeit, für deren Ausübung keine Organisation erforderlich ist, die erheblich über das zum Betrieb der Land- und Forstwirtschaft erforderliche Betriebsvermögen hinausgeht; dies ist der Fall, wenn die für die Nebentätigkeit verwendeten Wirtschaftsgüter bereits zum Betriebsvermögen des land- und forstwirtschaftlichen Betriebes gehören (VwGH 31.05.2011, 2008/15/0129). Weiters muss die land- und forstwirtschaftliche Nebentätigkeit wegen ihres engen Zusammenhanges mit der Haupttätigkeit und wegen ihrer untergeordneten Bedeutung gegenüber dieser Haupttätigkeit nach der Verkehrsauffassung in der Haupttätigkeit gleichsam aufgehen, sodass die gesamte Tätigkeit des Land- und Forstwirts als land- und forstwirtschaftlich anzusehen ist (VwGH 31.05.2011, 2008/15/0129; VwGH 21.07.1998, 93/14/0134). **4202**

(AÖF 2012/63)

Die wirtschaftliche Unterordnung muss sowohl hinsichtlich der Zweckbestimmung (die Nebentätigkeit darf keinen eigenständigen Tätigkeitszweck annehmen, sondern muss lediglich als Ausfluss der land- und forstwirtschaftlichen Tätigkeit anzusehen sein) als auch hinsichtlich des wirtschaftlichen Umfanges vorliegen. Bei Prüfung der Unterordnung ist insbesondere auf das Verhältnis der Bruttoeinnahmen abzustellen. **4203**

Eine wirtschaftliche Unterordnung ist ohne Nachweis anzuerkennen, wenn das Ausmaß der land- und forstwirtschaftlich genutzten Grundflächen mindestens fünf Hektar oder der weinbaulich oder gärtnerisch genutzten Grundflächen mindestens ein Hektar beträgt und die Einnahmen aus den Nebentätigkeiten (inklusive Umsatzsteuer) insgesamt nicht mehr als 40.000 Euro (bis 2019: 33.000 Euro) betragen.

Übersteigen die Einnahmen aus dem Nebenerwerb den Betrag 40.000 Euro, ist die wirtschaftliche Unterordnung vom Steuerpflichtigen nachzuweisen. Eine Unterordnung ist insbesondere dann anzunehmen, wenn die Einnahmen aus den Nebentätigkeiten unter 25% der Gesamteinnahmen liegen; dabei ist nicht auf das Jahr des Zuflusses abzustellen (vgl. VwGH 31.05.2011, 2008/15/0129). Anderenfalls liegt hinsichtlich des Nebenerwerbs ein Gewerbebetrieb vor. Wird jedoch ein Nebenerwerb gemeinsam mit einer Be- und/oder Verarbeitung überwiegend selbst erzeugter landwirtschaftlicher Urprodukte betrieben und übersteigen die Einnahmen beider Betätigungen 40.000 Euro, so liegt hinsichtlich beider Tätigkeiten ein Gewerbebetrieb vor.

Zur Prüfung der wirtschaftlichen Unterordnung bei einer Mehrzahl von Nebenbetrieben und/oder Nebenerwerben siehe Rz 4208a ff.

Führen vom Steuerpflichtigen nicht beeinflussbare außergewöhnliche Umstände (zB außergewöhnlicher Windbruch, außergewöhnliche Schneefälle) dazu, dass die Einnahmen aus dem Nebenerwerb das Ausmaß der in den vergangenen Jahren durchschnittlich erzielten Einnahmen übersteigen, liegen ungeachtet dieses Einnahmenzuwachses weiterhin Einkünfte aus einem land- und forstwirtschaftlichen Nebenerwerb vor.

Beispiel 1:

Ein außergewöhnlicher Windbruch führt zu überhöhten Einnahmen aus der Nebentätigkeit als Holzakkordant. Die überdurchschnittlichen Einnahmen aus der Holzakkordan-

tentätigkeit bleiben Einkünfte aus land- und forstwirtschaftlichem Nebenerwerb, und zwar auch dann, wenn

- *der Steuerpflichtige, der die Holzakkordantentätigkeit als einzigen Nebenerwerb betreibt, damit die Grenze von 40.000 Euro übersteigt oder*
- *der Steuerpflichtige, der die Holzakkordantentätigkeit neben einer Be- und/oder Verarbeitung selbst erzeugter landwirtschaftlicher Urprodukte betreibt, dadurch die Grenze von 40.000 Euro übersteigt.*

Beispiel 2:

Führt im Jahr 2020 eine erhöhte Nachfrage nach be- und verarbeiteten Produkten bäuerlicher Direktvermarkter aufgrund der COVID-19-Krise zu einem Überschreiten der Grenze, liegen weiterhin Einkünfte aus Land- und Forstwirtschaft vor. Das Überschreiten der Grenze im Jahr 2020 darf ausschließlich auf eine erhöhte Nachfrage infolge der COVID-19-Krise in einem Zeitraum, in dem die Versorgungsmöglichkeiten mit Lebensmitteln eingeschränkt waren (16.3. bis 1.5.2020), zurückzuführen sein. Dies ist durch einen Vergleich mit den Aufzeichnungen des Vorjahres darzulegen. Diese Ausnahmeregelung gilt ausschließlich für das Jahr 2020 und begründet keinerlei Ansprüche auf eine darüberhinausgehende Wirkung.

Der Gewinn aus land- und forstwirtschaftlichem Nebenerwerb ist durch Einnahmen-Ausgaben-Rechnung gesondert zu ermitteln. Damit in Zusammenhang stehende Betriebsausgaben dürfen allerdings nur bis zur Höhe der entsprechenden Betriebseinnahmen in Abzug gebracht werden. Erzielt der Landwirt Einkünfte aus mehreren Tätigkeiten im land- und forstwirtschaftlichen Nebenerwerb (zB Zimmervermietung und Schneeräumung), darf der Saldo von sämtlichen im Nebenerwerb erzielten Einkünften nicht negativ sein.

Wird beim land- und forstwirtschaftlichen Nebenerwerb das Entgelt überwiegend für die Bereitstellung von Fahrzeugen, Maschinen oder Geräten gegenüber Nichtlandwirten geleistet, können 50% der gesamten Einnahmen als pauschale Betriebsausgaben abgezogen werden. Das gilt auch dann, wenn das anteilige Entgelt für die Arbeitsleistung zu Einkünften aus nichtselbständiger Arbeit führt. Der Abzug der Sätze des Österreichischen Kuratoriums für Landtechnik und Landentwicklung (ÖKL-Sätze) im Rahmen des landwirtschaftlichen Nebenerwerbs gegenüber Nichtlandwirten ist unzulässig.

Beispiel:

Ein pauschalierter Landwirt erbringt über die Maschinenring-Service-Genossenschaft die Schneeräumung für die Gemeinde. Von der Maschinenring-Service-Genossenschaft bezieht er für die Erbringung der Arbeitsleistung Einkünfte aus nichtselbständiger Arbeit (jährlicher Bruttobezug 1.000 Euro). Für die Vermietung des Traktors und Schneepfluges erhält er ein jährliches Bruttoentgelt von 9.000 Euro (inklusive 13% USt).

Von den 9.000 Euro können 50% der gesamten Einnahmen (10.000 Euro) als pauschale Betriebsausgaben in Abzug gebracht werden, sodass 4.000 Euro als Einkünfte aus landwirtschaftlichem Nebenerwerb im Rahmen der Einkünfte aus Land- und Forstwirtschaft gesondert zu versteuern sind.

Sollte sich die Landwirtschaft im Miteigentum beider Ehepartner (jeweils 50%) befinden, so wären die 4.000 Euro auf beide Ehepartner mit jeweils 2.000 Euro aufzuteilen.

Das Überwiegen der Fahrzeug-, Maschinen- bzw. Gerätekomponente ist auf jede einzelne land- und forstwirtschaftliche Nebentätigkeit zu beziehen. Eine Zusammenfassung etwa in der Form, dass sämtliche dem gleichen Punkt der Rz 4204 zuzuordnenden Nebentätigkeiten (zB Kulturpflege im ländlichen Raum) als Einheit gesehen werden, ist unzulässig.

Zur Anwendbarkeit der ÖKL-Sätze im Rahmen der bäuerlichen Nachbarschaftshilfe siehe Rz 4206 bis Rz 4208.

(BMF-AV Nr. 2021/65)

4203a Beträgt das Ausmaß der land- und forstwirtschaftlich genutzten Grundflächen weniger als fünf Hektar oder der weinbaulich oder gärtnerisch genutzten Grundflächen weniger als ein Hektar, kann von einem land- und forstwirtschaftlichen Nebenerwerb noch ausgegangen werden, wenn die Einnahmen aus dem Nebenerwerb nicht mehr als 25 % des geschätzten land- und forstwirtschaftlichen Umsatzes einschließlich des Umsatzes aus dem Nebenerwerb betragen (VwGH 19.2.1985, 84/14/0125). Wird der Umsatz aus dem land- und forstwirtschaftlichen Betrieb nicht nachgewiesen, kann er iSd Rz 2907 UStR 2000 mit 150 % des Einheitswertes geschätzt werden.

Beispiel:

Einheitswert der Land- und Forstwirtschaft 4.000 €

Geschätzter Umsatz: 150 % von 4.000 € EW = 6.000 €

Einnahmen aus Nebenerwerb: 2.000 €
Gesamtumsatz somit 8.000 €
Die Einnahmen aus dem land- und forstwirtschaftlichen Nebenerwerb dürfen 2.000 € (25 % von 8.000 €) betragen.
Vereinfacht lässt sich die Obergrenze für die zulässigen Einnahmen aus dem Nebenerwerb mit 50 % des land- und forstwirtschaftlichen Einheitswertes ermitteln (50 % von 4.000 € EW = 2.000 €).

In der Folge werden einzelne Nebentätigkeiten, die sich zum Großteil mit den Bestimmungen des § 2 Abs. 4 Z 4 bis 8 der Gewerbeordnung 1994, BGBl. Nr. 194, decken, angeführt.
(AÖF 2004/167)

11.3.6.1 Dienstleistungen

Zu den Nebentätigkeiten bzw. dem Nebenerwerb gehören insbesondere folgende Dienstleistungen: **4204**

- Bauern- bzw. Holzakkordanten: Derartige Nebentätigkeiten werden nur dann zusammen mit den Einkünften aus Land- und Forstwirtschaft (Haupttätigkeit) besteuert, wenn sie wegen ihres engen Zusammenhanges mit der Haupttätigkeit und wegen ihrer untergeordneten Bedeutung gegenüber dieser Haupttätigkeit nach der Verkehrsauffassung in dieser gleichsam aufgehen.
- Dienstleistungen mit land- und forstwirtschaftlichen Betriebsmitteln (ausgenommen Fuhrwerksdienste), die im eigenen Betrieb verwendet werden, für andere land- und forstwirtschaftliche Betriebe in demselben oder in einem angrenzenden Verwaltungsbezirk; mit Mähdreschern vorgenommene Dienstleistungen nur für landwirtschaftliche Betriebe in demselben Bereich. Dies betrifft nur den Bedarf an Maschinen und Geräten im eigenen Urproduktionsbereich, nicht hingegen im Bereich der Be- und/oder Verarbeitung und der fremden Urproduktion.
- Dienstleistungen ohne Betriebsmittel für andere land- und forstwirtschaftliche Betriebe (Betriebshelfer)
- Kulturpflege im ländlichen Raum (Mähen von Straßenrändern, öffentlichen Grünflächen, Pflege der Rasenflächen von Sportanlagen, Abtransport des bei diesen Tätigkeiten anfallenden Mähgutes usw.).
- Die Verwertung eigener organischer Abfälle durch Kompostierung stellt keinen Nebenerwerb dar, sondern ist Teil des landwirtschaftlichen Hauptbetriebes, wenn die Verwertung überwiegend mit Hilfe der Naturkräfte geschieht (Düngerbeschaffung für Zwecke der Urproduktion).

  Werden überwiegend fremde Abfälle verwertet, stellt dies grundsätzlich eine gewerbliche Tätigkeit dar. Allerdings liegt darin gemäß § 2 Abs. 4 Z 4 lit. b Gewerbeordnung 1994, BGBl. Nr. 194/1994, eine (nicht schädliche) Nebentätigkeit, wenn das Sammeln und Kompostieren von fremden, kompostierbaren Abfällen mit den in der Land- und Forstwirtschaft üblichen Methoden erfolgt. Ist die Nebentätigkeit nicht mehr wirtschaftlich untergeordnet (siehe dazu Rz 4203), stellt diese einen eigenständigen Gewerbebetrieb dar (siehe UFS 30.3.2012, RV/0288-G/11; UFS 5.6.2012, RV/0215-W/08). Wird der erzeugte Kompost aber ausschließlich im eigenen land- und forstwirtschaftlichen Betrieb verwendet, sind die Einkünfte aus der Kompostierung unabhängig vom Überschreiten der 40.000 Euro-Grenze weiterhin der Land- und Forstwirtschaft zuzurechnen. Die Einkünfte sind aber in jedem Fall gesondert mittels Einnahmen-Ausgaben-Rechnung zu ermitteln.
- Dienstleistungen für den Winterdienst (Schneeräumung, einschließlich Schneetransport und Streuen von Verkehrsflächen, die hauptsächlich der Erschließung land- und forstwirtschaftlich genutzter Grundflächen dienen; vgl. UFS 22.09.2009, RV/1407-W/07, zum Winterdienst in größerer räumlicher Entfernung).
- Die Schlachtung fremder Tiere im Rahmen des eigenen land- und forstwirtschaftlichen Hauptbetriebes ohne weitere Be- und Verarbeitung (die Halbierung von Schweinen und Fünftelung von Rindern stellt keine Be- und Verarbeitung dar; siehe dazu Rz 4220).
- Die entgeltliche Überwinterung von Pflanzen im Eigentum Dritter im Rahmen eines gärtnerischen Betriebes.

(BMF-AV Nr. 2021/65)

Die Tätigkeiten als Schweinetätowierer, Waldhelfer, Milchprobennehmer, Besamungstechniker im Sinne eines Landes-Tierzuchtgesetzes, Klauenpfleger, Bienensachverständiger (BFG 21.7.2015, RV/5100913/2010), Fleischklassifizierer, Saatgut- und Sortenberater, Biokontrollor, Zuchtwart, Hagelschätzer, Hagelberater sowie eine land- und forstwirtschaftli- **4204a** che Beratungstätigkeit (siehe Anlage 2 zum BSVG, Punkte 6 und 7) sind als Einkünfte aus Gewerbebetrieb einzustufen, soweit kein Dienstverhältnis vorliegt. Dies gilt ebenso für die unter Punkt 8 und 9 der Anlage 2 zum BSVG angeführten Tätigkeiten.

Ein eigenständiger Gewerbebetrieb ist auch die Vornahme von Schlachtungen im Betrieb des Auftraggebers.

Waldpädagogen erzielen aufgrund ihrer unterrichtenden Tätigkeit Einkünfte aus selbständiger Arbeit.

(BMF-AV Nr. 2018/79)

4204b Der Obmann einer landwirtschaftlichen Genossenschaft erzielt Einkünfte aus sonstiger selbständiger Arbeit nach § 22 Z 2 erster Teilstrich EStG 1988 (VwGH 29.07.2010, 2006/15/0217).

(AÖF 2011/66)

11.3.6.2 Fuhrwerksdienste

4205 Als Nebenerwerb bzw. Nebentätigkeiten gelten Fuhrwerksdienste mit anderen als Kraftfahrzeugen (§ 2 Abs 4 Z 6 Gewerbeordnung 1994). Ebenso zum Nebenerwerb bzw. zu den Nebentätigkeiten zählen auch im örtlichen Nahebereich (das ist gemäß § 2 Abs. 4 Z 5 GewO 1994 der eigene Verwaltungsbezirk oder eine an diesen angrenzende Ortsgemeinde) durchgeführte Fuhrwerksdienste mit hauptsächlich im eigenen land- und forstwirtschaftlichen Betrieb verwendeten, selbstfahrenden Arbeitsmaschinen, Zugmaschinen, Motorkarren und Transportkarren, die ihrer Leistungsfähigkeit nach den Bedürfnissen des eigenen land- und forstwirtschaftlichen Betriebes entsprechen, für bestimmte andere land- und forstwirtschaftliche Betriebe zur Beförderung von land- und forstwirtschaftlichen Erzeugnissen, von Gütern zur Bewirtschaftung oder von Gütern, die der Tierhaltung dienen (§ 2 Abs. 4 Z 5 Gewerbeordnung 1994). Darunter fallen auch Milchfuhren und Müllabfuhr sowie die Mithilfe bei Erntearbeiten.

11.3.6.3 Zwischenbetriebliche Zusammenarbeit, bäuerliche Nachbarschaftshilfe

4206 Werden im Rahmen der zwischenbetrieblichen Zusammenarbeit (bäuerliche Nachbarschaftshilfe) nur Maschinenselbstkosten verrechnet, werden diese in den Betrag von 40.000 Euro (bis 2019: 33.000 Euro) nicht eingerechnet. Wird dabei auch eine Arbeitsleistung durch den Steuerpflichtigen erbracht, schadet dies solange nicht, als diese Arbeitsleistung nicht in den Gesamtpreis der Dienstleistung Eingang findet. Solange die ÖKL-Richtlinien auf diesem Grundsatz aufgebaut sind, bestehen keine Bedenken, wenn die ÖKL-Richtwerte zur Schätzung der Betriebsausgaben herangezogen werden. Diese Regelung ist nur anwendbar, wenn die zwischenbetriebliche Zusammenarbeit die Grenzen für das Nebengewerbe der Land- und Forstwirtschaft nach § 2 Abs. 4 GewO 1994 nicht überschreitet. Voraussetzung ist jedenfalls die Unterordnung der bäuerlichen Nachbarschaftshilfe unter die Land- und Forstwirtschaft und die Verwendung der Betriebsmittel auch im eigenen land- und forstwirtschaftlichen Betrieb. Eine Unterordnung kann angenommen werden, wenn nur ein einziges Betriebsmittel einer bestimmten Art (zB Mähdrescher, Rundballenpresse) im Betrieb vorhanden ist. Sind mehrere Betriebsmittel derselben Art vorhanden, hat der Steuerpflichtige glaubhaft zu machen, dass deren Verwendung im eigenen Betrieb erforderlich ist. Zusätzlich ist ab der Veranlagung 2020 eine wirtschaftliche Unterordnung jedenfalls nur dann gegeben, wenn die Einnahmen aus der zwischenbetrieblichen Zusammenarbeit 40.000 Euro (inklusive USt) nicht übersteigen (gesonderte Einnahmengrenze; keine Anrechnung auf die 40.000 Euro-Grenze nach § 7 Abs. 4 LuF-PauschVO 2015). Bei über diesen Betrag hinausgehenden Einnahmen ist eine Unterordnung dann gegeben, wenn die Einnahmen aus der zwischenbetrieblichen Zusammenarbeit 25% der Gesamteinnahmen (brutto) des land- und forstwirtschaftlichen Betriebes nicht übersteigt.

Bei Erbringung von Leistungen durch einen Landwirt an einen (eigenen oder fremden) Gewerbebetrieb können die ÖKL-Richtwerte zur Schätzung der Betriebsausgaben nicht herangezogen werden.

(BMF-AV Nr. 2021/65)

4207 Wird die Arbeitsleistung dennoch verrechnet, ist das volle Entgelt (Maschinen- und Mannkosten) für den Betrag von 40.000 Euro maßgebend. Dies unabhängig davon, ob diese Mannkosten getrennt ausgewiesen oder versteckt einkalkuliert werden. Es bestehen in der Folge keine Bedenken, wenn anschließend die reinen ÖKL-Maschinenkosten, sofern sie nach den genannten Grundsätzen erstellt werden, bei der Gewinnermittlung wieder als Betriebsausgaben abgezogen werden, sodass letztendlich nur die reinen Mannkosten als Gewinn verbleiben.

(BMF-AV Nr. 2021/65)

Selbstkostenersatz im Sinne der Verordnung bedeutet Verzicht auf die Verrechnung der eigenen Arbeitskraft. Verrechnet daher der Landwirt nicht nur die Maschinenleistung im Rahmen der ÖKL-Sätze, sondern auch die eigene Arbeitskraft, so ist der Gesamtbetrag (Maschinenumsatz und Arbeitskraft) den Einnahmen aus Nebenerwerb hinzuzurechnen. **4208**

11.3.6.4 Prüfung der wirtschaftlichen Unterordnung bei einer Mehrzahl von Nebenbetrieben und/oder Nebenerwerben

Nach § 21 Abs. 2 Z 1 EStG 1988 ist das Beurteilungsobjekt für die wirtschaftliche Unterordnung grundsätzlich der einzelne Nebenbetrieb. Dabei ist aber zu beachten, dass für die Einbeziehung von Nebentätigkeiten die land- und forstwirtschaftliche Tätigkeit immer als Haupttätigkeit wirtschaftlich im Vordergrund stehen muss. Daher ist gemäß § 7 Abs. 4 LuF-PauschVO 2015 für die Beurteilung der wirtschaftlichen Unterordnung eine Gesamtbetrachtung über alle Nebentätigkeiten hinweg vorzunehmen. Nach dieser Bestimmung liegt eine wirtschaftliche Unterordnung von Nebenbetrieben und Nebenerwerben nur dann vor, wenn die daraus resultierenden gemeinsamen Einnahmen 40.000 Euro inklusive USt nicht übersteigen. Für die Beurteilung der wirtschaftlichen Unterordnung einer Mehrzahl von Nebenbetrieben und/oder Nebenerwerben ist daher sowohl eine isolierende als auch eine zusammenfassende Beurteilung der Nebentätigkeiten vorzunehmen. **4208a**

In einem ersten Schritt ist der zu beurteilende Betrieb bzw. die zu beurteilende Tätigkeit isoliert zu prüfen, ob eine wirtschaftliche Unterordnung gegenüber dem land- und forstwirtschaftlichen Hauptbetrieb besteht. Ist dies nicht der Fall, liegt ein eigenständiger Gewerbebetrieb vor. Ist aber bei der isolierten Beurteilung von einer wirtschaftlichen Unterordnung auszugehen, ist in einem zweiten Schritt zu prüfen, ob die Gesamtheit aller grundsätzlich als Nebenbetrieb bzw. Nebenerwerb zu beurteilenden Tätigkeiten gegenüber dem land- und forstwirtschaftlichen Hauptbetrieb wirtschaftlich untergeordnet ist. Nur wenn dies zu bejahen ist, liegen land- und forstwirtschaftliche Nebentätigkeiten vor. Ist eine gesamthafte wirtschaftliche Unterordnung nicht gegeben, stellen alle zu beurteilenden Tätigkeiten keine land- und forstwirtschaftliche Nebentätigkeit dar, sondern sind als gewerblich zu beurteilen. Wird eine Tätigkeit aber von Haus aus als gewerbliche Tätigkeit ausgeübt, scheidet sie bereits dem Grunde nach aus der Prüfung der wirtschaftlichen Unterordnung aus.

(BMF-AV Nr. 2021/65)

Im Anwendungsbereich der LuF-PauschVO ist die Gesamtbeurteilung der Nebentätigkeiten allerdings insoweit in „Töpfe" zu unterteilen, als in § 7 Abs. 4 LuF-PauschVO 2015 die 40.000 Euro-Grenze nicht für alle Nebentätigkeiten einheitlich anzuwenden ist. Nebenbetriebe, die keine Be- und/oder Verarbeitung darstellen (zB Substanzbetriebe) und Tätigkeiten der bäuerlichen Nachbarschaftshilfe auf reiner Selbstkostenbasis sind nicht in die 40.000 Euro-Grenze einzubeziehen. Für die bäuerliche Nachbarschaftshilfe besteht eine gesonderte 40.000 Euro-Einnahmen-Grenze für die Beurteilung der wirtschaftlichen Unterordnung, wobei die bäuerliche Nachbarschaftshilfe unabhängig von der Art der Tätigkeiten als eine einheitliche Tätigkeit anzusehen ist, sodass eine isolierte Prüfung der einzelnen Tätigkeiten in diesem Fall entfällt (siehe dazu Rz 4206). **4208b**

Im Anwendungsbereich der LuF-PauschVO 2015 ist daher für die Gesamtbeurteilung der Nebentätigkeiten eine entsprechende Segmentierung vorzunehmen. Dh. neben der Be- und/oder Verarbeitung und den Nebenerwerben ist jedenfalls für die bäuerliche Nachbarschaftshilfe auf reiner Selbstkostenbasis eine gesonderte Beurteilung der wirtschaftlichen Unterordnung vorzunehmen und in die Gesamtbetrachtung für die übrigen Nebentätigkeiten nicht einzubeziehen. Die wirtschaftliche Unterordnung ist daher für jeden Topf gesondert zu beurteilen. Daher sind Bruttoeinnahmen eines anderen Topfes bei der Beurteilung der wirtschaftlichen Unterordnung der Tätigkeiten in einem Topf außer Ansatz zu lassen.

Diese Sichtweise gilt aber nicht für den Fall, dass die LuF-PauschVO nicht angewendet wird. In diesem Fall ist die 40.000 Euro-Grenze des § 7 Abs. 4 LuF-PauschVO 2015 nicht anwendbar und somit ist auch die Anordnung, dass die Einkünfte aus der bäuerlichen Nachbarschaftshilfe bei dieser nicht zu berücksichtigen sind, nicht wirksam. Somit ist die bäuerliche Nachbarschaftshilfe nicht einem gesonderten Beurteilungskreis zugewiesen und die Gesamtbetrachtung hat sich daher über den gesamten Bereich der Nebentätigkeiten zu erstrecken.

Beispiele:

Fall 1 – Aufzeichnungspflichtige Nebentätigkeiten (ohne Be- und Verarbeitung)

Bruttoeinnahmen Hauptbetrieb 150.000 Euro

Bruttoeinnahmen aus Bauern-(Holz)akkordantentätigkeit	*40.000*
Bruttoeinnahmen aus Winterdienst	*20.000*

Bruttoeinnahmen aus Kulturpflege im ländlichen Raum	*15.000*
Gesamtbruttoeinnahmen Nebentätigkeiten	*75.000*

Die Einnahmengrenze von 40.000 Euro inkl. USt ist überschritten, somit ist der Vergleich der Bruttoeinnahmen notwendig (siehe Rz 4203):

1. Isolierte Beurteilung

Bruttoeinnahmen Hauptbetrieb	*150.000*
Bruttoeinnahmen aus Holzakkord	*40.000*
Gesamteinnahmen zur Beurteilung der Unterordnung	*190.000*
25% der Gesamteinnahmen	*47.500*

Bruttoeinnahmen Hauptbetrieb	*150.000*
Bruttoeinnahmen aus Winterdienst	*20.000*
Gesamteinnahmen zur Beurteilung der Unterordnung	*170.000*
25% der Gesamteinnahmen	*42.500*

Bruttoeinnahmen Hauptbetrieb	*150.000*
Bruttoeinnahmen aus Kulturpflege	*15.000*
Gesamteinnahmen zur Beurteilung der Unterordnung	*165.000*
25% der Gesamteinnahmen	*41.250*

Die Bruttoeinnahmen jeder einzelnen Nebentätigkeit liegen für sich gesehen unter 25% der Gesamteinnahmen, die wirtschaftliche Unterordnung ist jeweils gegeben.

2. Gesamtbeurteilung

Bruttoeinnahmen Hauptbetrieb	*150.000*
Bruttoeinnahmen aus allen Nebentätigkeiten	*75.000*
Gesamteinnahmen zur Beurteilung der Unterordnung	*225.000*
25% der Gesamteinnahmen	*56.250*

Insgesamt liegt keine wirtschaftliche Unterordnung vor, sodass die gesamten Nebentätigkeiten nicht mehr als luf-Nebentätigkeiten, sondern als Gewerbebetriebe zu werten sind.

Fall 2 – Aufzeichnungspflichtige Nebentätigkeiten (ohne Be- und Verarbeitung)

Bruttoeinnahmen Hauptbetrieb 150.000 Euro

Bruttoeinnahmen aus Bauern-(Holz)akkordantentätigkeit	*52.000*
Bruttoeinnahmen aus Winterdienst	*20.000*
Bruttoeinnahmen aus Kulturpflege im ländlichen Raum	*15.000*
Gesamtbruttoeinnahmen Nebentätigkeiten	*87.000*

Die Einnahmengrenze von 40.000 Euro inkl. USt ist überschritten, somit ist der Vergleich der Bruttoeinnahmen notwendig (siehe Rz 4203).

1. Isolierte Beurteilung

Bruttoeinnahmen Hauptbetrieb	*150.000*
Bruttoeinnahmen aus Holzakkord	*52.000*
Gesamteinnahmen zur Beurteilung der Unterordnung	*202.000*
25% der Gesamteinnahmen	*50.500*

Bruttoeinnahmen Hauptbetrieb	*150.000*
Bruttoeinnahmen aus Winterdienst	*20.000*
Gesamteinnahmen zur Beurteilung der Unterordnung	*170.000*
25% der Gesamteinnahmen	*42.500*
Bruttoeinnahmen Hauptbetrieb	*150.000*

Bruttoeinnahmen aus Kulturpflege im ländlichen Raum	*15.000*
Gesamteinnahmen zur Beurteilung der Unterordnung	*165.000*
25% der Gesamteinnahmen	*41.250*

Die Bruttoeinnahmen aus der Nebentätigkeit „Holzakkord" betragen mehr als 25% der Gesamteinnahmen. Die wirtschaftliche Unterordnung ist daher nicht mehr gegeben. Es liegt somit ein Gewerbebetrieb vor. Diese Tätigkeit ist für die Beurteilung der wirtschaftlichen Unterordnung der übrigen Nebentätigkeiten nicht weiter von Belang.

Die wirtschaftliche Unterordnung für die verbliebenen Nebentätigkeiten „Winterdienst" und „Kulturpflege im ländlichen Raum" ist jeweils gegeben.

2. Gesamtbeurteilung

Bruttoeinnahmen Hauptbetrieb	*150.000*
Bruttoeinnahmen aus verbliebenen Nebentätigkeiten	*35.000*
Gesamteinnahmen zur Beurteilung der Unterordnung	*185.000*
25% der Gesamteinnahmen	*46.250*

Die Bruttoeinnahmen aus verbliebenen Nebentätigkeiten liegen insgesamt unter 25% der Gesamteinnahmen, sodass diese Tätigkeiten luf-Nebentätigkeiten darstellen.

(BMF-AV Nr. 2021/65)

11.3.7 Land- und forstwirtschaftlicher Nebenbetrieb

(BMF-AV Nr. 2015/133)

Als land- und forstwirtschaftlicher Nebenbetrieb im Sinne des § 21 Abs. 2 Z 1 EStG 1988 (und § 30 Abs. 8 BewG 1955) gilt ein Betrieb, der einem land- und forstwirtschaftlichen Hauptbetrieb seiner Funktion nach zu dienen bestimmt ist. Unter den Voraussetzungen der Verordnung kann auch eine für sich gesehen gewerbliche Betätigung ein land- und forstwirtschaftlicher Nebenbetrieb sein. **4209**

Die Einkünfte aus land- und forstwirtschaftlichen Nebenbetrieben sind durch die Pauschalierung nicht erfasst, sondern durch vollständige Einnahmen-Ausgaben-Rechnung zu ermitteln. Allerdings sind bei Be- und/oder Verarbeitungsbetrieben die Betriebsausgaben zwingend mit 70% der Betriebseinnahmen (einschließlich USt) anzusetzen (siehe § 7 Abs. 3 LuF-PauschVO 2015 bzw. § 6 Abs. 3 LuF-PauschVO 2011 und Rz 4218). **4210**

(BMF-AV Nr. 2015/133)

Als land- und forstwirtschaftliche Nebenbetriebe kommen sowohl Be- und/oder Verarbeitungsbetriebe als auch Substanzbetriebe in Betracht. Einem Landwirt ist es nicht verwehrt, einen Nebenbetrieb an einem anderen Ort als in seiner Hofstelle (auf seinem Hof) zu führen. **4211**

11.3.7.1 Zukauf

Werden im Rahmen eines Betriebes einer Landwirtschaft, Forstwirtschaft, im Weinbau, Gartenbau, Obstbau, Gemüsebau und in allen Betrieben, die Pflanzen und Pflanzenteile mit Hilfe der Naturkräfte gewinnen, neben eigenen Urprodukten auch zugekaufte Erzeugnisse (Urprodukte oder be- und/oder verarbeitete Produkte) vermarktet, dann gelten für die Abgrenzung zum Gewerbebetrieb die Bestimmungen in § 30 Abs. 9 bis 11 BewG 1955 (§ 21 Abs. 1 Z 1 letzter Satz EStG 1988). Ohne diese Bestimmung wäre jeglicher Verkauf zugekaufter land- und forstwirtschaftlicher Produkte schon eine gewerbliche Betätigung. Ein einheitlicher landwirtschaftlicher Betrieb ist auf Grund der Bestimmung des § 30 Abs. 9 erster Satz BewG 1955 noch anzunehmen, wenn der Einkaufswert zugekaufter Erzeugnisse nachhaltig 25% des Umsatzes dieses Betriebes nicht übersteigt (abweichend davon ist für den Weinbau eine Sonderregelung in § 30 Abs. 9 zweiter Satz BewG 1955 vorgesehen). Eine Überschreitung der Zukaufsgrenze auf Grund von nicht einkalkulierbaren Ernteausfällen (Frostschäden, Hagel usw.) ist nicht schädlich. **4212**

§ 30 Abs. 9 letzter Satz BewG 1955 sieht vor, dass dann, wenn zu einem landwirtschaftlichen Betrieb auch Betriebsteile gehören, die gemäß § 39 Abs. 2 Z 2 bis 5 BewG 1955 gesondert zu bewerten sind, die Bestimmungen des § 30 Abs. 9 erster und zweiter Satz BewG 1955 auf jeden Betriebsteil gesondert anzuwenden sind. Übersteigt der Zukauf fremder Erzeugnisse diesen Wert nachhaltig, so ist hinsichtlich des Betriebes (Betriebsteiles) ein einheitlicher Gewerbebetrieb anzunehmen (§ 30 Abs. 10 und 11 BewG 1955). **4213**

11.3.7.1.1 Wirtschaftliche Unterordnung hinsichtlich des Zukaufes

4214 Neben der Grenze von Betriebseinnahmen in Höhe 40.000 Euro ist weitere Voraussetzung für das Vorliegen eines Nebenbetriebes, dass überwiegend Erzeugnisse des land- und forstwirtschaftlichen Hauptbetriebes verwendet werden. Von einem Überwiegen der Erzeugnisse des land- und forstwirtschaftlichen Hauptbetriebes ist auszugehen, wenn der Wert der zugekauften und verarbeiteten Waren 25% der Einnahmen aus dem Nebenbetrieb nicht überschreitet. Beträgt der Zukaufswert mehr als 25%, liegt jedenfalls ein Gewerbebetrieb vor (siehe auch Rz 5045 ff).

Hinsichtlich der Anwendung dieser Regelung auf die in § 21 Abs. 1 Z 2 bis 4 EStG 1988 aufgezählten Betriebsarten (Tierzucht und Tierhaltung, Binnenfischerei, Fischzucht und Teichwirtschaft, Fischerei, Bienenzucht und Jagd) siehe auch Rz 5045 ff.

(BMF-AV Nr. 2021/65)

11.3.7.2 Be- und/oder Verarbeitung von Urprodukten

4215 Urproduktion ist die Herstellung eines Produktes mit Hilfe von Naturkräften bis zu einer Zustandsstufe, die marktfähig ist. Unter Be- und/oder Verarbeitung von Urprodukten versteht man Verkäufe von be- und/oder verarbeiteten (eigenen oder zugekauften) Urprodukten an jedermann, also nicht nur an Letztverbraucher (zB Bauernmärkte), sondern auch an Handelsketten, an den Lebensmitteleinzelhandel oder an die Gastronomie.

4216 Voraussetzung für die Zurechnung der Be- und/oder Verarbeitung eines Urproduktes zur Land- und Forstwirtschaft ist, dass die Be- und/oder Verarbeitung nach ihrer wirtschaftlichen Zweckbestimmung zum land- und forstwirtschaftlichen Hauptbetrieb im Verhältnis der wirtschaftlichen Unterordnung steht. Diese liegt vor,

- wenn der Wert der zugekauften und verarbeiteten Waren 25% der Einnahmen aus dem Nebenbetrieb nicht überschreitet und
- wenn die Einnahmen aus der Be-und/oder Verarbeitung für sich alleine oder gemeinsam mit den Einnahmen aus einem allfälligen land- und forstwirtschaftlichen Nebenerwerb 40.000 Euro nicht überschreiten.

(BMF-AV Nr. 2021/65)

4217 Da der Gewinn aus der Veräußerung von Urprodukten bei vollpauschalierten Betrieben bis zu einem Gesamteinheitswert von 75.000 Euro (bis zur Veranlagung 2014: 100.000 Euro; bis zur Veranlagung 2019 zusätzlich: einer selbst bewirtschafteten reduzierten landwirtschaftlichen Nutzfläche von maximal 60 ha, von nicht mehr als 120 Vieheinheiten) und einem Forsteinheitswert bis 15.000 Euro (bis zur Veranlagung 2019: 11.000 Euro) auch weiterhin durch die Pauschalierung abgegolten ist, müssen die Einnahmen aus der Veräußerung von Urprodukten für Zwecke der Einkommensteuer nicht aufgezeichnet werden. Im Zweifel sind jedoch die Voraussetzungen für die Anwendbarkeit der land- und forstwirtschaftlichen Pauschalierung an Hand geeigneter Unterlagen (Belegaufbewahrung) nachzuweisen (§ 125, § 126 BAO).

(BMF-AV Nr. 2021/65)

4218 Solange sich die Be- und/oder Verarbeitung im Rahmen des § 2 Abs. 4 Z 1 GewO 1994 bewegt, liegt grundsätzlich Be- und/oder Verarbeitung im Rahmen der Land- und Forstwirtschaft vor. Bei Ermittlung des Gewinnes aus be- und/oder verarbeiteten Urprodukten sind die Betriebsausgaben zwingend mit 70% der Betriebseinnahmen (einschließlich USt) anzusetzen.

(AÖF 2009/74)

4219 Ob noch Urproduktion oder bereits Be- und/oder Verarbeitung vorliegt, ist nach der Verkehrsauffassung zu beurteilen, die durch § 2 Abs. 4 Z 1 Gewerbeordnung 1994 sowie durch die Urprodukteverordnung, BGBl. II Nr. 410/2008, geprägt ist. Hinsichtlich der steuerlichen Abgrenzung einzelner Produkte ist daher grundsätzlich die Verwaltungspraxis des Gewerberechtes heranzuziehen.

(AÖF 2009/74)

4220 Als Urprodukte gelten (Aufzählung entsprechend Urprodukteverordnung, BGBl. II Nr. 410/2008, Abweichung nur in Z 6, siehe dazu unten):

1. Fische und Fleisch von sämtlichen landwirtschaftlichen Nutztieren und von Wild (auch gerupft, abgezogen, geschuppt, im Ganzen, halbiert, bei Rindern auch gefünftelt); den Schlachttierkörpern können auch die zum menschlichen Genuss nicht verwendbaren Teile entfernt werden;
2. Milch (roh oder pasteurisiert), Sauerrahm, Schlagobers, Sauermilch, Buttermilch, Jogurt, Kefir, Topfen, Butter (Alm-, Landbutter), Molke, alle diese ohne geschmacksverändernde Zusätze, sowie typische bäuerliche, althergebrachte Käsesorten, wie zB Almkäse/

Bergkäse, Zieger/Schotten, Graukäse, Kochkäse, Rässkäse, Hobelkäse, Schaf- oder Ziegen(misch)frischkäse (auch eingelegt in Öl und/oder gewürzt), Bierkäse;

3. Getreide; Stroh, Streu (roh, gehäckselt, gemahlen, gepresst), Silage;
4. Obst (Tafel- und Pressobst), Dörrobst, Beeren, Gemüse und Erdäpfel (auch gewaschen, geschält, zerteilt oder getrocknet), gekochte Rohnen (rote Rüben), Edelkastanien, Mohn, Nüsse, Kerne, Pilze einschließlich Zuchtpilze, Sauerkraut, Suppengrün, Tee- und Gewürzkräuter (auch getrocknet), Schnittblumen und Blütenblätter (auch getrocknet), Jungpflanzen, Obst- und Ziersträucher, Topfpflanzen, Zierpflanzen, Gräser, Moose, Flechten, Reisig, Wurzeln, Zapfen;
5. Obstwein (insbesondere Most aus Äpfeln und/oder Birnen), Obststurm, Süßmost, direkt gepresster Gemüse-, Obst- und Beerensaft sowie Nektar und Sirup (frisch oder pasteurisiert), Wein, Traubenmost, Sturm, Beerenwein, Met, Holunderblütensirup;
6. Rundholz, Brennholz, Hackschnitzel, Rinde, Christbäume, Forstpflanzen, Forstgewächse, Reisig, Schmuckreisig, Holzspäne, Schindeln, Holzkohle, Pech, Harz;
7. Eier, Federn, Haare, Hörner, Geweihe, Zähne, Klauen, Krallen, Talg, Honig, Cremehonig, Propolis, Gelee Royal, Blütenpollen, Wachs, Komposterde, Humus, Naturdünger, Mist, Gülle, Rasenziegel, Heu (auch gepresst), Angora- oder Schafwolle (auch gesponnen), Speiseöle (insbesondere aus Sonnenblumen, Kürbis oder Raps), wenn diese bei befugten Gewerbetreibenden gepresst wurden, Samen (tierischen oder pflanzlichen Ursprungs) sowie im Rahmen der Land- und Forstwirtschaft anfallende Ausgangsprodukte für Medizin, Kosmetik, Farben und dergleichen.

Entgegen § 1 Z 6 Urproduktverordnung, BGBl. II Nr. 410/2008, gelten folgende Produkte steuerlich nicht als Urprodukte:

- Rohe Bretter und Balken sowie gefrästes Rundholz.

Es bestehen keine Bedenken, wenn auf Grund der Erweiterung des Urproduktekataloges ein Übergangsgewinn (Übergangsverlust) nicht ermittelt wird, sofern die bisherige Gewinnermittlungsmethode im land- und forstwirtschaftlichen Betrieb beibehalten wird.

(BMF-AV Nr. 2015/133)

Ergänzend zu den Ausführungen in Rz 4220 stellen folgende Produkte Urprodukte dar: **4220a**

- Perlwein oder Frizzante (alkoholisches Getränk aus Trauben oder Obst, welches in geschlossenen Behältnissen einen Kohlensäureüberdruck von mindestens 1 bar bis höchstens 2,5 bar bei 20° C aufweist) ist im Anwendungsbereich des BSVG als Urprodukt zu werten (BVwG vom 7.9.2015, W228 2106423-1). Diese Einstufung ist auch für steuerliche Zwecke anzuwenden.
- Auf Grund des Umstandes, dass Cidre bzw. Cider oder Zider (alkoholisches Getränk aus einem Gemenge von Fruchtsaft und Obstwein, derselben Obstartgruppe, mit einem Kohlensäureüberdruck von höchstens 2,5 bar bei 20° C) Perlwein vergleichbar ist und zudem ein Gemisch von Urprodukten darstellt, ist auch Cider als Urprodukt zu werten.

Be- und Verarbeitung liegt in folgenden Fällen vor:

- Die Anbringung eines Schriftzuges mittels Lasers bei Obst stellt eine über die genannten Arbeitsschritte des Waschens, Schälens, Zerteilens und Trocknens hinausgehende Bearbeitung mit eigener Wertschöpfung dar (VwGH 2.3.2017, Ra 2015/08/0175 zum Sozialversicherungsrecht).
- Filetieren und Räuchern von Fisch, dagegen stellt eine Fischseite (halbierter Fisch ohne Rückengräte aber mit Bauchlappen) noch ein Urprodukt dar (VwGH 2.6.2016, Ro 2016/08/0004).

(BMF-AV Nr. 2018/79)

11.3.7.3 Beispiele für Nebenbetriebe

11.3.7.3.1

Die Erzeugung von Biogas stellt einen Betriebsteil (unselbständiger Verarbeitungsbetrieb) **4221** der Land- und Forstwirtschaft dar, wenn das Biogas ausschließlich dem Eigenbedarf dient. Wird die erzeugte Energie (auch) verkauft, so kommt die Regelung für Nebenbetriebe zur Anwendung (Grenze von 40.000 Euro, bis 2019: 33.000 Euro).

Diese Grundsätze gelten auch für eine Hackschnitzelheizung.

(BMF-AV Nr. 2021/65)

Bei der Erzeugung von Energie, zB durch Wind-, Solar- oder Wasserkraft, handelt es sich **4222** weder um die planmäßige Nutzung der natürlichen Kräfte des Bodens noch um eine Be- und Verarbeitung von Rohstoffen noch um die Verwertung selbstgewonnener Erzeugnisse. Diese

Tätigkeit ist grundsätzlich als gewerbliche Tätigkeit anzusehen. Wird die auf diese Weise erzeugte Energie überwiegend im eigenen land- und forstwirtschaftlichen Betrieb verwendet, kann hinsichtlich der an Dritte veräußerten Energie ein Substanzbetrieb (Nebenbetrieb) vorliegen (siehe Rz 4226 ff). Zur steuerlichen Behandlung von Photovoltaikanlagen siehe den Erlass über die steuerliche Beurteilung von Photovoltaikanlagen, BMF-AV Nr. 8/2014.

(BMF-AV Nr. 2015/133)

11.3.7.3.2

4223 Wird ein(e) Säge(werk) von einer Gemeinschaft von Land- und Forstwirten betrieben, in der einerseits Bauholz für die Mitglieder der Gemeinschaft geschnitten, andererseits aber auch Lohnschnitt für Nichtmitglieder durchgeführt wird, dann liegt kein land- und forstwirtschaftlicher Nebenbetrieb vor.

4224 Die Durchführung von Lohnverarbeitung (Lohnschnitt) schließt die Annahme eines Nebenbetriebes aus, wenn die Lohnverarbeitung nicht nur gelegentlich oder in unbedeutendem Umfang, sondern nachhaltig (mit einem Anteil von ca 50%) vorgenommen wird (VwGH 29.4.1991, 90/15/0174).

11.3.7.3.3 Weitere Be- und Verarbeitungsbetriebe

4225 Im Wesentlichen sind das:

- Brennereien,
- Herstellung von Molkereiprodukten (außer Urprodukte),
- Käsereien,
- Konservierung zB von Fisch, Fleisch, Obst, Gemüse und Salat durch Beizen, Räuchern, Tiefgefrieren,
- Sekterzeugung,
- Sennereien,
- die Verabreichung und das Ausschenken selbsterzeugter Produkte sowie von ortsüblichen, in Flaschen abgefüllten Getränken im Rahmen der Almbewirtschaftung nach § 2 Abs. 4 Z 10 GewO 1994 (hinsichtlich der Zukaufsgrenze siehe Rz 4212 f).

(AÖF 2010/43)

11.3.7.3.4 Substanzbetriebe (Sand, Schotter, Kies, Lehm usw.)

4226 Substanzbetriebe stellen land- und forstwirtschaftliche Nebenbetriebe dar, wenn die abgebaute Bodensubstanz zumindest überwiegend im eigenen land- und forstwirtschaftlichen Betrieb verwendet wird (zB Verwendung des gewonnenen Schotters für den Bau forsteigener Straßen); andernfalls bildet der Abbau einen Gewerbebetrieb (VwGH 3.4.1959, 2315/57).

4227 Räumt der Land- und Forstwirt das Recht zum Abbau der Bodensubstanz einem Dritten gegen Abbauzins ein, fallen die als Abbauzins vereinnahmten Beträge unter die Einkünfte aus Vermietung und Verpachtung. Der Einkunftsart Vermietung und Verpachtung ist auch die Überlassung des Rechtes zum Abbau der Bodensubstanz gegen einen Einmalbetrag zuzuordnen.

4228 Der für den Verkauf von Wasser (auf Grund einer Wasserberechtigung des Land- und Forstwirtes) erzielte Erlös ist durch die Pauschalierung nicht abgegolten (vergleichbar einem Substanzbetrieb).

(AÖF 2007/88)

11.3.7.3.5 *entfällt*

(BMF-AV Nr. 2015/133)

Randzahl 4229: *derzeit frei*

(BMF-AV Nr. 2015/133)

11.3.7.3.6 Aufzeichnungsverpflichtung, Belegaufbewahrung

4230 Im Bereich der Nebenbetriebe sind die Einnahmen aufzuzeichnen und die Belege sieben Jahre hindurch aufzubewahren. Für die Feststellung des Überschreitens der Umsatzgrenze von 40.000 Euro ist die Höhe des Umsatzes aus dem Verkauf von Nichturprodukten erforderlich, aber auch die Höhe der Einnahmen aus dem Nebenerwerb. Um festzustellen, wie hoch der Zukauf ist, müssen Einkaufsrechnungen für zugekaufte Waren aufbewahrt werden.

(BMF-AV Nr. 2021/65)

11.3.7.4. Buschenschank

11.3.7.4.1 Allgemeines

Der Buschenschank ist kein Nebenbetrieb, sondern unmittelbarer Bestandteil des Hauptbetriebes. Auf Grund der engen Verbindung gehört dazu auch das Buschenschankbuffet. Werden daher bäuerliche Urprodukte für Zwecke der Verabreichung im Rahmen des Buschenschanks be- und/oder verarbeitet, liegt kein Nebenbetrieb vor. Einnahmen aus dem Buschenschank samt Buschenschankbuffet sind daher nicht in die Grenze von 40.000 Euro einzurechnen. Dies gilt ungeachtet des Erkenntnisses VwGH 16.09.2003, 99/14/0228. Aus diesem Erkenntnis können keine über den Einzelfall hinausgehenden Schlussfolgerungen gezogen werden. **4231**

(BMF-AV Nr. 2021/65)

Kein unmittelbarer Bestandteil des Hauptbetriebes, sondern ein eigenständiger Gewerbebetrieb liegt hingegen vor, wenn innerhalb des Buschenschanks (einschließlich Buffet) überwiegend zugekaufte Speisen und Getränke veräußert werden (VwGH 10.6.1987, 86/13/0065). Als im Buschenschank veräußert gelten nur jene Speisen und Getränke, die auf Grund des Buschenschankprivilegs angeboten werden. Dazu gehören ausschließlich Speisen und Getränke, die zu bestimmten Zeiten zum sofortigen Verzehr vor Ort bestimmt sind. Dazu zählen nicht an Buschenschankbesucher veräußerte Waren, die üblicherweise auch außerhalb der Buschenschankzeiten verkauft werden und die nicht zum Konsum vor Ort bestimmt sind (z.B. Flaschenweinverkauf über die Gasse). **4232**

11.3.7.4.2 Abgrenzung zum Gewerbebetrieb

Wird die Zukaufsgrenze des § 30 Abs. 9 und 10 BewG 1955 von 25% des Wertes zugekaufter Erzeugnisse bezogen auf die Einnahmen aus dem Betriebszweig Weinbau (Einnahmen aus Weinverkauf und Buschenschank) nicht überschritten und werden die Vorschriften des § 2 Abs. 9 und § 111 Abs. 2 Z 5 GewO 1994 sowie die jeweiligen (Landes-) Buschenschankgesetze eingehalten, liegen Einkünfte aus Land- und Forstwirtschaft vor. **4233**

Weinbaubetriebe dürfen gemäß § 30 Abs. 9 BewG 1955 außerdem nicht mehr als 2.000 kg Weintrauben oder 1.500 l Wein pro Hektar weinbaulich genutzter Fläche zukaufen. Werden beispielsweise 1.000 kg Weintrauben zugekauft, dürfen maximal 750 l Wein zugekauft werden. Außerdem dürfen die gesamten zugekauften Erzeugnisse (zB Wein, Würste) wertmäßig nicht mehr als 25% der gesamten Einnahmen aus dem Weinbaubetrieb (einschließlich Buschenschank) betragen (hinsichtlich des Zukaufs beim Weinbau siehe auch Rz 5052 bis Rz 5055).

(AÖF 2007/88)

Wird der Buschenschank in einer Form betrieben, für die eine Gewerbeberechtigung für das Gastgewerbe gemäß § 111 Abs. 1 Z 2 GewO 1994 und ein entsprechender Befähigungsnachweis erforderlich sind, stellt der Buschenschank einen eigenständigen steuerlichen Gewerbebetrieb dar. Ist für den Buschenschank auf Grund des Umfanges des Speisen- und Getränkeangebotes gemäß § 111 Abs. 2 Z 5 GewO 1994 iVm § 143 Z 7 GewO 1994 idF vor dem BGBl. I Nr. 111/2002 kein Befähigungsnachweis für das Gastgewerbe erforderlich, liegen weiterhin Einkünfte aus Land- und Forstwirtschaft vor, wenn die Zukaufsgrenze gemäß § 30 Abs. 9 BewG 1955 nicht überschritten wird (Rz 4233). **4234**

Dementsprechend gilt:

- Ein Buschenschankbetrieb, der der Definition des § 2 Abs. 9 GewO 1994 (insbesondere keine Verabreichung warmer Speisen) entspricht, unterliegt nicht der Gewerbeordnung; wird die Zukaufsgrenze gemäß § 30 Abs. 9 BewG 1955 nicht überschritten, liegen Einkünfte aus Land- und Forstwirtschaft vor.
- Ein Buschenschankbetrieb, für den es auf Grund eines begrenzten Angebotes an warmen Speisen keines Befähigungsnachweises nach der GewO bedarf (§ 111 Abs. 2 Z 5 GewO 1994 iVm § 143 Z 7 GewO 1994 idF vor dem BGBl. I Nr. 111/2002) und bei dem die Zukaufsgrenze gemäß § 30 Abs. 9 BewG 1955 nicht überschritten wird, führt zu Einkünften aus Land- und Forstwirtschaft.
- Ist nach dem Umfang des Buschenschankbetriebes eine Gewerbeberechtigung für das Gastgewerbe und ein entsprechender Befähigungsnachweis erforderlich, liegen Einkünfte aus Gewerbebetrieb vor.

(BMF-AV Nr. 2015/133)

Wird der Buschenschank und das Buschenschankbuffet von zwei verschiedenen Personen betrieben, ist bei Fehlen einer klaren Trennung und sofern keine andere Gesellschaftsform vorliegt, von einer konkludent entstandenen GesBR (bloße Gewinngemeinschaft, allenfalls mit Sonderbetriebsvermögen) hinsichtlich des gesamten Buschenschankbetriebes auszu- **4235** gehen. Liegt eine ausdrückliche Vereinbarung vor, welche eine GesBR ausschließt, ist diese Vereinbarung nach den Grundsätzen der wirtschaftlichen Betrachtungsweise zu überprüfen.

4236 Wenn Buschenschank und Buffet nach der primär maßgeblichen Verkehrsauffassung und nach den betrieblichen Verhältnissen als Teile eines Betriebes anzusehen sind (was insbesondere bei einem engen wirtschaftlichen, technischen und organisatorischen Zusammenhang zutrifft), liegt jedenfalls ein einheitlicher Gewerbebetrieb vor. Eine Trennung kann demnach nur erfolgen, wenn diese tatsächlich für Dritte erkennbar ist. Bloß getrennte Verrechnungskreise allein reichen für diese Trennung jedoch nicht aus. So führt etwa der Umstand, dass für die Arbeitskräfte im Weinbaubetrieb und im Buffet unterschiedliche Kollektivverträge gelten, nicht dazu, den Buschenschank und das Buffet als getrennte Betriebe anzusehen (vgl. hilfsweise VwGH 11.4.1978, 723, 2346/75).

4237 Eine Trennung ist auch dann nicht gegeben, wenn dasselbe Bedienungspersonal sowohl für die Speisenausgabe als auch die Getränke zuständig ist und die Personalkosten des einen Gesellschafters für das Mitabservieren des Speisegeschirrs nicht zu fremdüblichen Konditionen verrechnet werden, der Buffetbereich nicht abgegrenzt ist oder der Buffetbetreiber kein angemessenes Entgelt für die Benützung des Buschenschanklokales entrichtet.

4238 Bei nahen Angehörigen sind zusätzlich die dafür maßgeblichen Grundsätze zu beachten (siehe Rz 5154 ff). Treten hingegen die Ehegatten jeweils als Einzelunternehmer im Geschäftsverkehr in Erscheinung (wenn etwa die getrennte Betriebsführung nach außen hin unmissverständlich zum Ausdruck kommt) und besteht eine getrennte Kontenführung betriebsintern wie auch extern und erfolgen darüber hinaus die Leistungsbeziehungen zwischen den jeweiligen Betriebszweigen nach fremdüblichen Kriterien, liegen zwei getrennte Betriebe (Buffet einerseits und Weinbau andererseits) vor.

(AÖF 2002/84)

4239 Wird der Buschenschank (einschließlich Buffet) von Gesellschaftern betrieben, die nicht mit jenen Personen ident sind, denen die Einkünfte des landwirtschaftlichen Hauptbetriebes zuzurechnen sind, so kann nicht mehr von einem engen Bestandteil des Hauptbetriebes gesprochen werden. In solchen Fällen ist hinsichtlich des Buschenschanks jedenfalls ein eigener Gewerbebetrieb anzunehmen.

11.3.7.4.3 Mostbuschenschank (§ 6 LuF-PauschVO 2015)

(BMF-AV Nr. 2021/65)

4240 *§ 6 Der Gewinn aus Mostbuschenschank (Buschenschank im Rahmen des Obstbaues einschließlich alkoholfreier Getränke und Speisen) ist durch Einnahmen-Ausgaben-Rechnung gesondert zu ermitteln. Die Betriebsausgaben sind mit 70% der Betriebseinnahmen (einschließlich Umsatzsteuer) anzusetzen.*

Wird im Rahmen des landwirtschaftlichen Betriebes ein Mostbuschenschank betrieben, sind die Einnahmen daraus gesondert aufzuzeichnen. Bei der Ermittlung des Gewinnes sind die Betriebsausgaben mit 70% der Betriebseinnahmen (einschließlich USt) anzusetzen. Hinsichtlich der Abgrenzung zum Gewerbebetrieb siehe Rz 4233 ff.

(BMF-AV Nr. 2021/65)

11.3.7.4.4 Weinbuschenschank

4241 Der Weinbuschenschank stellt eine besondere Vermarktungsform des selbsterzeugten Weines im Rahmen des Weinbaubetriebs dar und ist nach der Verkehrsauffassung ein unmittelbarer Bestandteil dieses Betriebes. Wird ein Weinbuschenschank betrieben, der als unselbständiger Bestandteil des landwirtschaftlichen Hauptbetriebes anzusehen ist (Rz 5096), so sind die Einnahmen daraus ebenfalls den Einnahmen aus dem Weinbaubetrieb hinzuzurechnen. Auf Grund der engen Verbindung zählen dazu auch die Einnahmen aus dem Buschenschankbuffet, die auch nicht in die 40.000 Euro-Grenze einzurechnen sind. Erfolgt wegen Unterschreitens der in § 4 Abs. 1 der Verordnung normierten Bagatellgrenze von 60 Ar eine vom Einheitswert abgeleitete Pauschalierung, sind die Einkünfte aus dem Buschenschank gesondert mittels Teilpauschalierung (aufzuzeichnende Einnahmen abzüglich 70%, mindestens jedoch abzüglich 5.000 Euro pro Hektar Weingarten, höchstens jedoch in Höhe der Betriebseinnahmen) zu ermitteln.

(BMF-AV Nr. 2021/65)

11.3.8 Zuschläge gemäß § 40 BewG

4242 Bei der Bewertung (Einheitswert des land- und forstwirtschaftlichen Betriebes) werden zunächst regelmäßige Verhältnisse unterstellt. Weichen die tatsächlichen Verhältnisse davon wesentlich ab und führen sie zu einer wesentlichen und nachhaltigen Steigerung der Ertragsfähigkeit, ist diese Abweichung in Form eines Zuschlages auf Rechtsgrundlage des

§ 40 BewG 1955 zu berücksichtigen. Schon allein die Frage, ob die Abweichung überhaupt wesentlich ist, bildet daher bereits einen abgabenrechtlich relevanten Umstand. Umso mehr ist daher die Frage des Ausmaßes dieser Abweichung von Bedeutung. Diese zusätzlichen Erträgnisse sind daher abgabepflichtige Tatbestände im Sinne des § 126 Abs. 1 BAO, die durch Belege zu dokumentieren sind.

11.3.9 Gewinnerhöhende Beträge und gewinnmindernde Beträge (§ 15 LuF-PauschVO 2015)

(BMF-AV Nr. 2015/133)

Rechtslage 2011 bis 2014 (§ 13 LuF-PauschVO 2011) 4243

§ 13. (1) Die nach den Bestimmungen der §§ 1 bis 6 oder 8 bis 12 sich ergebende Zwischensumme ist um vereinnahmte Pachtzinse (einschließlich Jagdpacht und Verpachtung von Fischereirechten), um Einkünfte aus Wildabschüssen sowie um Einkünfte aus gemäß § 1 Abs. 4 und 5 nicht erfassten Vorgängen und um Einkünfte aus gemäß §§ 30 Abs. 2 Z 6 und 11 Abs. 4 des Bewertungsgesetzes 1955 nicht zum Einheitswert gehörenden Wirtschaftsgütern zu erhöhen, sofern diese Einkünfte nicht gemäß § 97 Abs. 1 Einkommensteuergesetz 1988 als endbesteuert behandelt werden. Der gesonderte Ansatz dieser durch die Pauschalierung nicht erfassten Vorgänge darf in jedem einzelnen Fall zu keinem Verlust führen.

(2) Der sich nach Zurechnung gemäß Abs. 1 ergebende Betrag ist um den Wert der Ausgedingelasten (Geld- und Sachleistungen), um Beiträge, die an die Sozialversicherungsanstalt der Bauern entrichtet wurden, um bezahlte Schuldzinsen und um bezahlte Pachtzinse zu vermindern, wobei der Abzug der bezahlten Pachtzinse 25% des auf die zugepachteten Flächen entfallenden Einheitswertes nicht übersteigen darf. Durch den Abzug dieser gewinnmindernden Beträge darf insgesamt kein Verlust entstehen.

(3) Die aus Sachleistungen bestehenden Ausgedingelasten sind pro Person mit 700 Euro jährlich anzusetzen. Werden die Sachleistungen nachgewiesen oder glaubhaft gemacht, sind sie in der nachgewiesenen (glaubhaft) gemachten Höhe zu berücksichtigen.

Rechtslage 2015 bis 2019 (§ 15 LuF-PauschVO 2015)

§ 15. (1) Die sich nach den Bestimmungen der §§ 1 bis 7 oder 9 bis 14 ergebende Zwischensumme ist um vereinnahmte Pachtzinse (einschließlich Jagdpacht und Verpachtung von Fischereirechten), um Einkünfte aus Wildabschüssen sowie um Einkünfte aus gemäß § 1 Abs. 4 und 5 nicht erfassten Vorgängen und um Einkünfte aus gemäß §§ 30 Abs. 2 Z 6 und 11 Abs. 4 BewG. 1955 nicht zum Einheitswert gehörenden Wirtschaftsgütern zu erhöhen, sofern diese Einkünfte nicht gemäß § 97 Abs. 1 EStG 1988 als endbesteuert behandelt werden. Der gesonderte Ansatz dieser durch die Pauschalierung nicht erfassten Vorgänge darf in jedem einzelnen Fall zu keinem Verlust führen.

(2) Der sich nach Zurechnung gemäß Abs. 1 ergebende Betrag ist um den Wert der Ausgedingelasten (Geld- und Sachleistungen), um Beiträge, die an die Sozialversicherungsanstalt der Bauern entrichtet wurden, um bezahlte Schuldzinsen und um bezahlte Pachtzinse zu vermindern, wobei der Abzug der bezahlten Pachtzinse 25% des auf die zugepachteten Flächen entfallenden Einheitswertes nicht übersteigen darf. Durch den Abzug dieser gewinnmindernden Beträge darf insgesamt kein Verlust entstehen.

(3) Die aus Sachleistungen bestehenden Ausgedingelasten sind pro Person mit 700 Euro jährlich anzusetzen. Werden die Sachleistungen nachgewiesen oder glaubhaft gemacht, sind sie in der nachgewiesenen (glaubhaft) gemachten Höhe zu berücksichtigen.

Rechtslage ab 2020 (§ 15 LuF-PauschVO 2015)

§ 15. (1) Die sich nach den Bestimmungen der §§ 1 bis 7 oder 9 bis 14 ergebende Zwischensumme ist um vereinnahmte Pachtzinse (einschließlich Jagdpacht und Verpachtung von Fischereirechten), um Einkünfte aus Wildabschüssen sowie um Einkünfte aus gemäß § 1 Abs. 4 und 5 nicht erfassten Vorgängen und um Einkünfte aus gemäß §§ 30 Abs. 2 Z 6 und 11 Abs. 4 BewG. 1955 nicht zum Einheitswert gehörenden Wirtschaftsgütern zu erhöhen, sofern diese Einkünfte nicht gemäß § 97 Abs. 1 EStG 1988 als endbesteuert behandelt werden. Der gesonderte Ansatz dieser durch die Pauschalierung nicht erfassten Vorgänge darf in jedem einzelnen Fall zu keinem Verlust führen.

(2) Der sich nach Zurechnung gemäß Abs. 1 ergebende Betrag ist um den Wert der Ausgedingelasten (Geld- und Sachleistungen), um Beiträge, die an die Sozialversicherungsanstalt der Selbständigen entrichtet wurden, um bezahlte Schuldzinsen und um bezahlte Pachtzinse zu vermindern, wobei der Abzug der bezahlten Pachtzinse 25% des auf die zugepachteten Flächen entfallenden Einheitswertes nicht übersteigen darf. Durch den Abzug dieser gewinnmindernden Beträge darf insgesamt kein Verlust entstehen.

(3) Die aus Sachleistungen bestehenden Ausgedingelasten sind pro Person mit 700 Euro jährlich anzusetzen. Werden die Sachleistungen nachgewiesen oder glaubhaft gemacht, sind sie in der nachgewiesenen (glaubhaft) gemachten Höhe zu berücksichtigen.

Die nach den Bestimmungen der §§ 1 bis 7 oder der §§ 9 bis 14 der LuF-PauschVO 2015 ermittelte Gewinnsumme ist um

- vereinnahmte Pachtzinse (einschließlich Einnahmen aus Jagdpacht und Verpachtung von Fischereirechten),
- Einkünfte aus Wildabschüssen,
- Einkünfte aus Beteiligungen,
- Einkünfte aus nichtlandwirtschaftlicher Nutzungsüberlassung von Grund und Boden (zB Verpachtung von Schipisten, Vermietung von Gebäuden für land- und forstwirtschaftliche Zwecke siehe Rz 4245) und
- weitere nicht durch die Pauschalierung abgegoltene Einkünfte (zB Veräußerung von Rechten, Holzbezugsrechte, Grundstücken im Falle der Regelbesteuerung, „Vermietung" von Bienen für Bestäubungsleistungen, Erträge aus Schuldnachlässen [VwGH 16.12.2015, 2013/15/0148])

zu erhöhen.

Der gesonderte Ansatz der durch die Pauschalierung nicht erfassten Vorgänge (zB Verkauf des Milchkontingents, Veräußerung von stehendem Holz oder im Falle der Regelbesteuerung von betrieblichen Grundstücken sowie die Veräußerung von Anteilen an Agrargemeinschaften) darf in jedem einzelnen Fall zu keinem Verlust führen.

Ausschüttungen von körperschaftlich organisierten Agrargemeinschaften unterliegen dem besonderen Steuersatz gemäß § 27a EStG 1988. (siehe Rz 6217 ff). Im Falle der Veranlagung der Kapitaleinkünfte sind die Ausschüttungen der Agrargemeinschaft anzusetzen und die einbehaltene KESt anzurechnen.

Eine Jagdgenossenschaft stellt keine Agrargemeinschaft dar. Ausschüttungen von Jagdgenossenschaften sind daher nicht unter § 27 Abs. 2 Z 1 lit. d EStG 1988 zu subsumieren. Bei Ausschüttungen aus einem im land- und forstwirtschaftlichen Betriebsvermögen gehaltenen Anteil an einer Jagdgenossenschaft liegen Einkünfte aus Land- und Forstwirtschaft vor, die zum allgemeinen Tarif zu erfassen sind.

(BMF-AV Nr. 2021/65)

4244 Der Begriff „Beteiligungen" ist weit auszulegen. Es sind darunter Mitunternehmeranteile im Betriebsvermögen ebenso wie Genossenschaftsanteile zu verstehen.

4245 Bei der nichtlandwirtschaftlichen Nutzungsüberlassung von Grund und Boden ist jedenfalls das reine Nutzungsentgelt anzusetzen. Für Einkünfte aus Anlass der Einräumung von Leitungsrechten sieht § 107 EStG 1988 für Auszahlungen ab 2019 eine Abzugsteuer mit Endbesteuerungswirkung vor (siehe dazu Rz 8207a ff). Soweit für Auszahlungen ab 2019 § 107 EStG 1988 nicht anwendbar ist (zB bei Zahlungen, die nicht von Infrastrukturbetreibern iSd § 107 EStG 1988 stammen oder die von einer Gemeinde aus Anlass der Verlegung von nicht zur Energieerzeugung dienenden Wasserleitungen erfolgen), kann der steuerfreie Anteil aus einer Gesamtentschädigung bei Leitungsrechten vereinfacht ermittelt werden; siehe dazu Rz 5173 ff.

Zur vereinfachten Ermittlung des steuerfreien Anteils aus einer Gesamtentschädigung in anderen Fällen (zB für Schipisten und Aufstiegshilfen, Langlaufloipen oder Tunneldienstbarkeiten) gilt:

Ist eine Bodenwertminderung dem Grunde nach gegeben, bestehen keine Bedenken, bei Entgelten bis zu einer jährlichen Gesamthöhe von 10.000 Euro sowie bei Einmalentgelten bis 15.000 Euro den Anteil der reinen Nutzungsentgelte mit 70% des jeweiligen Gesamtentgeltes anzunehmen. Bei höheren Beträgen ist eine Feststellung im Einzelfall zu treffen; es bestehen jedoch keine Bedenken auch in diesem Fall jedenfalls einen Betrag von 3.000 Euro bzw. 4.500 Euro als Anteil der Bodenwertminderung anzusetzen.

(BMF-AV Nr. 2018/79, BMF-AV Nr. 2019/75)

4245a Entschädigungen einschließlich Sachzuwendungen für die Einräumung des Rechtes der Duldung des Bestandes und der Benützung eines Handymastes auf land- und forstwirtschaftlich genutzten Flächen (ausgenommen auf landwirtschaftlichen Gebäuden und Betriebsanlagen, zB Stallgebäude, Maschinenhallen, Silos) stellen Einkünfte aus Vermietung und Verpachtung dar (VwGH 30.3.2006, 2003/15/0062). Gleiches gilt für Windräder.

Allfällige damit zusammenhängende Werbungskosten können nur bei entsprechendem Nachweis in Abzug gebracht werden. Rz 4245 ist nicht anwendbar.

(BMF-AV Nr. 2015/133)

Von der Summe der einzelnen Betriebsparteneinkünfte (aus Landwirtschaft, Forstwirtschaft usw.) und der gewinnerhöhenden Beträge können noch folgende Beträge in Abzug gebracht werden: **4246**

- Bezahlte Pachtzinse; bezahlte Pachtzinse sind nur insoweit abzugsfähig, als sie 25% des auf die zugepachteten Flächen insgesamt entfallenden Einheitswertes (iSd § 125 Abs. 1 lit. b BAO idF vor KonStG 2020, BGBl. I Nr. 96/2020, inklusive der gemäß § 35 BewG 1955 berücksichtigten öffentlichen Gelder; eigener Hektarsatz) nicht übersteigen (VwGH 31.3.2017, Ro 2015/13/0017). Ist ein Pachtzins etwa wegen Gewährung eines steuerfreien Zuschusses gemäß § 20 Abs. 2 EStG 1988 zu kürzen, ist der gekürzte Pachtzins maßgeblich. Bezahlte Pachtzinse sind allerdings nur insoweit gesondert abzugsfähig, als sie für Zupachtungen geleistet werden, deren Einheitswert bei der Ermittlung des maßgeblichen Einheitswertes nach § 1 Abs. 2 LuF-PauschVO 2015 zu berücksichtigen sind (vgl. UFS 14.10.2008, RV/0545-W/06).
- Bezahlte, die Land- und Forstwirtschaft betreffende Schuldzinsen (ohne Kapitalrückzahlung und Bankspesen).
- Ausgedingslasten (Geld- und Sachleistungen). Als Wert der freien Station (Sachleistung) sind für jede Person pauschal 700 Euro anzusetzen. An Stelle dieses Betrages können auch die nachgewiesenen oder glaubhaft gemachten tatsächlichen Kosten geltend gemacht werden. Die Ausgedingslasten können bei Bilanzierern und Einnahmen-Ausgaben-Rechnern mit dem Pauschalbetrag als Sonderausgabe in Abzug gebracht werden.
- An die Sozialversicherungsanstalt der Selbständigen bezahlte Sozialversicherungsbeiträge; an das Finanzamt gemäß § 30 Abs. 3 BSVG entrichtete Zuschläge für die Unfallversicherung sowie Beiträge zum Ausgleichsfonds für Familienbeihilfen gemäß § 44 FLAG 1967 (insgesamt 425% (bis 30.6.2012 325%) des Grundsteuermessbetrages) sind nicht gesondert abzugsfähig. Ebenfalls nicht abzugsfähig sind Kostenanteile für Sachleistungen gemäß § 80 Abs. 2 BSVG sowie Behandlungsbeiträge E-Card.
- Beiträge, die aufgrund der Option in die Selbständigenvorsorge gemäß § 64 BMSVG an die Sozialversicherungsanstalt der Selbständigen zu entrichten sind und von dieser an eine Betriebliche Vorsorgekasse (BV-Kasse) überwiesen werden.

Beispiele zur Beschränkung des Abzuges von bezahlten Pachtzinsen:

1. *Beispiel Vollpauschalierung*
   Selbstbewirtschaftete Fläche 35 ha,
   EW insgesamt 63.000 €, davon EW Pachtanteil 9.000 €
   Eigengrund 30 ha (Hektarsatz 1.800 €), Zupachtung 5 ha à 500 € = 2.500 €
   Sozialversicherungsbeiträge 12.576 € (ohne Option)

EW x 42% =	*26.460 €*	
- Sozialversicherung	*12.576 €*	
- Pachtzins	*2.250 €*	*(9.000 € x 0,25 statt 2.500 €)*
	11.634 €	

2. *Beispiel Teilpauschalierung*
   Selbstbewirtschaftete Fläche 100 ha
   EW insgesamt 120.000 €, davon EW Pachtanteil 48.000 €
   Eigengrund 60 ha (Hektarsatz 1.200 €), Zupachtung 40 ha à 400 € = 16.000 €
   Einnahmen 140.000 €
   Sozialversicherungsbeiträge 14.126 € (ohne Option)

Einnahmen - 70% BA =	*42.000 €*	
- Pachtzins max.	*12.000 €*	*(48.000 € x 0,25 statt 16.000 €)*
- Sozialversicherung	*14.126 €*	
	15.874 €	

3. *Beispiel Weinbau*
   Selbstbewirtschaftete Fläche 15 ha
   Einheitswert insgesamt 45.000 €, davon EW Pachtanteil 9.000 €,
   Eigengrund 12 ha (Hektarsatz 3.000 €), Zupachtung 3 ha à 500 € = 1.500 €,
   Sozialversicherungsbeiträge (ohne Option) 11.161 €
   Bruttoeinnahmen 150.000 € (5.000 l Flaschenwein/ha à 2 €)

Einnahmen - 70% BA =	*45.000 €*	
- Sozialversicherung	*11.161 €*	
- Pachtzins	*1.500 €*	*(ungekürzt)*
	32.339 €	

4. *Beispiel gemischter Betrieb (Vollpauschalierung und Weinbau)*
Selbstbewirtschaftete Fläche 35 ha
30 ha Landwirtschaft (Hektarsatz 1. 500 €),
5 ha Weinbau (Hektarsatz 4.000 €, Einnahmen 10.000 €/ha),
Eigengrund 25 ha, Zupachtung von 10 ha Ackerland à 300 € = 3.000 €
Einheitswert insgesamt 65.000 €, davon EW Pachtanteil 15.000 €,
Sozialversicherungsbeiträge 12.596 € (ohne Option)

EW LW x 42% =	*18.900 €*	
+ Einnahmen Weinbau -70% BA =	*15.000 €*	
- Sozialversicherung	*12.596 €*	
- Pachtzins	*3.000 €*	*(ungekürzt)*
	18.304 €	

(BMF-AV Nr. 2021/65)

4247 Der Abzug der gewinnmindernden Beträge darf insgesamt zu keinem Verlust der laufenden Einkünfte aus Land- und Forstwirtschaft führen. Veräußerungsgewinne und -verluste sowie Übergangsgewinne und -verluste sind außerhalb der Pauschalierung gesondert zu erfassen.

Bei Mitunternehmerschaften darf der Abzug der gewinnmindernden Beträge beim jeweiligen Mitunternehmer zu keinem Verlust führen.

(BMF-AV Nr. 2015/133)

4248 Eine außergewöhnliche technische (oder wirtschaftliche) Abnutzung (AfA) von Wirtschaftsgütern des Betriebsvermögens kann bei Teilpauschalierung nicht vorgenommen werden.

(BMF-AV Nr. 2015/133)

Randzahl 4248a: *entfällt*

(BMF-AV Nr. 2015/133)

11.3.10 Wechsel der Pauschalierungsmethode oder der Gewinnermittlungsart

(BMF-AV Nr. 2021/65)

4249 **Rechtslage bis 2014**

§ 7. Wechselt der Steuerpflichtige in Anwendung dieser Verordnung von der pauschalen Gewinnermittlung mittels eines Durchschnittssatzes gemäß § 2 Abs. 1 zur Gewinnermittlung mittels Berücksichtigung pauschaler Betriebsausgaben oder umgekehrt, hat die Ermittlung eines Übergangsgewinnes bzw. -verlustes gemäß § 4 Abs. 10 des Einkommensteuergesetzes 1988 zu unterbleiben.

§ 15. (2) § 7 ist auf den Wechsel von der pauschalen Gewinnermittlung in Anwendung der LuF PauschVO 2006, BGBl. II Nr. 258/2005, zur pauschalen Gewinnermittlung in Anwendung dieser Verordnung entsprechend anzuwenden.

Rechtslage ab 2015

§ 8. Wechselt der Steuerpflichtige in Anwendung dieser Verordnung von der pauschalen Gewinnermittlung mittels eines Durchschnittssatzes gemäß § 2 Abs. 1 zur Gewinnermittlung mittels Berücksichtigung pauschaler Betriebsausgaben oder umgekehrt, hat die Ermittlung eines Übergangsgewinnes bzw. -verlustes gemäß § 4 Abs. 10 EStG 1988 zu unterbleiben.

§ 17. (2) § 8 ist auf den Wechsel von der pauschalen Gewinnermittlung in Anwendung der LuF-PauschVO 2011, BGBl. II Nr. 471/2010 in der Fassung der Verordnung BGBl. II Nr. 164/2014, zur pauschalen Gewinnermittlung in Anwendung dieser Verordnung entsprechend anzuwenden.

Der Wechsel der Gewinnermittlungsart innerhalb der Anwendung der LuF-PauschVO 2011 bzw. LuF-PauschVO 2015 (Wechsel von der Vollpauschalierung zur Teilpauschalierung und umgekehrt) erfordert keine Ermittlung eines Übergangsgewinnes oder -verlustes.

Bei einem Wechsel von einer pauschalen Gewinnermittlung nach der LuF-PauschVO 2011 bzw. LuF-PauschVO 2015 zur vollständigen Gewinnermittlung nach § 4 Abs. 1 oder Abs. 3 EStG 1988 und umgekehrt ist jedoch ein allfälliger Übergangsgewinn oder -verlust zu ermitteln. Gleiches gilt auch im Falle der Veräußerung oder Aufgabe des Betriebes, Teilbetriebes oder eines Mitunternehmeranteiles. In diesen Fällen ist aber zu beachten, dass die Vollpauschalierung eine pauschale Art der Buchführung ist, die Teilpauschalierung aber als Einnahmen-Ausgaben-Rechnung gilt. Anlässlich des Wechsels aus einer pauschalen Gewinnermittlung zu einer vollständigen Gewinnermittlung ist daher ein Übergangsergebnis nur dann zu ermitteln, wenn es dabei zum Wechsel der Grundgewinnermittlungsart kommt. So ist ein Übergangsergebnis zu ermitteln, wenn ein bisher buchführender Betrieb zur Teilpauschalierung wechselt und umgekehrt.

Wechselt ein vollpauschalierter Land- und Forstwirt, der wegen Überschreitens der Forsteinheitswertgrenze von 15.000 Euro (nur) hinsichtlich des forstwirtschaftlichen Betriebszweiges die Teilpauschalierung anwendet, zur Buchführung, ist nur hinsichtlich des forstwirtschaftlichen Betriebszweiges ein Übergangsgewinn zu ermitteln. Gleiches gilt in einem derartigen Fall für den land- und forstwirtschaftlichen Nebenerwerb und Nebenbetrieb, für teilpauschalierte Winzer und Gärtner sowie für den Betrieb eines Mostbuschenschankes.

Im Übrigen siehe zum Wechsel der Gewinnermittlungsart Rz 689 ff.

Der Ausschluss eines Übergangsgewinnes im Falle des Wechsels der Pauschalierungsmethode gilt auch für einen Wechsel der Pauschalierungsmethode im Zuge des Wechsels von der Anwendung der LuF-PauschVO 2011 zur LuF-PauschVO 2015.

Übersicht der Anwendungsfälle	Übergangsgewinn/-verlust ist zu ermitteln
Vollpauschalierung zur Teilpauschalierung	nein
Teilpauschalierung zur Vollpauschalierung	nein
Vollpauschalierung zur Bilanzierung	nein
Bilanzierung zur Vollpauschalierung	nein
Teilpauschalierung zur vollständigen Einnahmen-Ausgaben-Rechnung	nein
Vollständige Einnahmen-Ausgaben-Rechnung zur Teilpauschalierung	nein
Vollpauschalierung zur vollständigen Einnahmen-Ausgaben-Rechnung	ja
Vollständige Einnahmen-Ausgaben-Rechnung zur Vollpauschalierung	ja
Teilpauschalierung zur Bilanzierung	ja
Bilanzierung zur Teilpauschalierung	ja

(BMF-AV Nr. 2021/65)

Randzahl 4249a: *entfällt*

(BMF-AV Nr. 2015/133)

Rechtslage bis 2014 4250

§ 14. Geht der Steuerpflichtige von der pauschalen Gewinnermittlung auf Grund dieser Verordnung zur Gewinnermittlung nach § 4 Abs. 1 oder zur Gewinnermittlung nach § 4 Abs. 3 des Einkommensteuergesetzes 1988 über, so ist eine erneute pauschale Ermittlung der Einkünfte aus Land- und Forstwirtschaft auf Grund dieser oder einer dieser Verordnung nachfolgenden Pauschalierungsverordnung frühestens nach Ablauf von fünf Wirtschaftsjahren zulässig.

Rechtslage ab 2015

§ 16. Geht der Steuerpflichtige von der pauschalen Gewinnermittlung auf Grund dieser Verordnung zur Gewinnermittlung nach § 4 Abs. 1 oder zur Gewinnermittlung nach § 4 Abs. 3 EStG 1988 über, so ist eine erneute pauschale Ermittlung der Einkünfte aus Land- und Forstwirtschaft auf Grund dieser oder einer dieser Verordnung nachfolgenden Pauschalierungsverordnung frühestens nach Ablauf von fünf Wirtschaftsjahren zulässig.

Dies gilt nur für den Steuerpflichtigen selbst; die Sperrwirkung bezieht sich nicht auch auf den Rechtsnachfolger.

Der Ausschluss des Rückwechsels in die Gewinnermittlung nach der LuF-PauschVO bezieht sich nur auf Fälle, in denen freiwillig von der Gewinnermittlung nach der LuF-PauschVO auf die Gewinnermittlung nach § 4 Abs. 1 oder nach § 4 Abs. 3 EStG 1988 gewechselt wurde. Fälle eines durch Überschreiten der Umsatz- oder Einheitswertgrenzen des

§ 125 BAO erzwungenen Wechsels sind davon nicht erfasst (siehe Rz 4134 zur gesetzlichen Basispauschalierung).

(BMF-AV Nr. 2015/133)

11.3.11 Steuerberatungskosten

4250a Steuerberatungskosten sind weder bei voll- noch bei teilpauschalierten Land- und Forstwirten mit den Durchschnittssätzen abgegolten, sondern können als Sonderausgaben berücksichtigt werden (VwGH 24.10.2002, 98/15/0145); siehe Rz 561 ff LStR 2002.

(AÖF 2004/167)

11.4 Allgemeines zur Gastgewerbe-, Lebensmittelhändler- und Drogistenpauschalierung

(BMF-AV Nr. 2015/133)

4251 Mit den Verordnungen BGBl. II Nr. 228/1999 und BGBl. II Nr. 229/1999 wurden Einkünfte- und Vorsteuerpauschalierungen für Lebensmitteleinzel- und Gemischtwarenhändler sowie Drogisten eingeführt.

Die Gaststättenpauschalierungs-Verordnung, BGBl. II Nr. 227/1999, wurde vom Verfassungsgerichtshof mit Erkenntnis vom 14.3.2012, V 113/11-14, als gleichheitswidrig aufgehoben. Sie ist letztmalig für die Veranlagung 2012 anzuwenden. An ihre Stelle tritt ab der Veranlagung 2013 die Gastgewerbepauschalierungsverordnung 2013, BGBl. II Nr. 488/2012 idF BGBl. II Nr. 355/2020 (vgl. dazu Rz 4287 ff).

(BMF-AV Nr. 2021/65)

11.4.1 Verhältnis der Pauschalierungsverordnungen zu bereits bestehenden Pauschalierungen sowie zueinander

4252 Die Pauschalierungsverordnungen lassen die Anwendung der gesetzlichen Basispauschalierung (§ 17 Abs. 1 bis 3 EStG 1988, § 14 Abs. 1 Z 1 UStG 1994) sowie die Anwendung der bereits bestehenden Pauschalierungsverordnungen unberührt.

Die Inanspruchnahme von Pauschalierungen kann für Zwecke der Einkommensteuer und für Zwecke der Umsatzsteuer jeweils unabhängig voneinander erfolgen.

Sind die Anwendungsvoraussetzungen mehrerer Pauschalierungsverordnungen erfüllt, kann der Steuerpflichtige (jeweils für Zwecke der Einkommensteuer und für Zwecke der Umsatzsteuer unabhängig) frei wählen, welche der in Betracht kommenden Pauschalierungen er in Anspruch nimmt.

4253 Im Verhältnis der Verordnungen betreffend Lebensmitteleinzelhändler oder Gemischtwarenhändler und Drogisten gilt Folgendes: Treffen auf einen Betrieb sowohl die Voraussetzungen der Verordnung betreffend Lebensmitteleinzel- oder Gemischtwarenhändler als auch die Voraussetzungen der Verordnung betreffend Drogisten zu, kommt nur die Anwendung der Verordnung betreffend Lebensmitteleinzel- oder Gemischtwarenhändler in Betracht.

11.4.2 Sachliche und zeitliche Reichweite der Pauschalierungen

4254 Die Pauschalermittlung des Gewinns und der Vorsteuern betrifft die für den jeweiligen Betrieb zu ermittelnden Gewinne bzw. Vorsteuern.

(BMF-AV Nr. 2015/133)

4255 Das unter Rz 4252 beschriebene Wahlrecht kann für jeden von mehreren Betrieben eigenständig ausgeübt werden. Ob mehrere Betätigungen insgesamt einen einheitlichen Betrieb darstellen, ist nach der Verkehrsauffassung zu beurteilen.

(BMF-AV Nr. 2015/133)

4256 Bei der Pauschalierung betreffend Lebensmitteleinzel- oder Gemischtwarenhändler kann der Steuerpflichtige für jeden Gewinnermittlungszeitraum frei wählen, ob er die Gewinnermittlung auf Grundlage der Pauschalierungsverordnungen vornimmt oder nicht.

Bei der Gastgewerbepauschalierung besteht eine dreijährige Bindung, sowohl innerhalb der Pauschalierung als auch im Fall des (freiwilligen) Verlassens der Pauschalierung (siehe Rz 4308).

(BMF-AV Nr. 2015/133)

4257 In Bezug auf die Verordnung betreffend Drogisten ist gemäß § 2 der Verordnung § 17 Abs. 3 EStG 1988 anzuwenden, wonach bei Wechsel von der Pauschalierung auf die „normale“ Einnahmen-Ausgaben-Rechnung eine neuerliche Inanspruchnahme erst nach Ablauf von fünf Wirtschaftsjahren zulässig ist.

Soweit Betriebsausgaben bzw. Werbungskosten „abpauschaliert“ sind, entfällt sowohl die Verpflichtung zur Führung von Aufzeichnungen als auch die Aufbewahrungspflicht der dazugehörenden Belege nach § 132 BAO. Dies gilt nicht für jene Belege, die die Grundlage für Eintragungen in das Wareneingangsbuch darstellen (zur vereinfachten Führung des Wareneingangsbuches nach den Verordnungen betreffend Gastgewerbe und Lebensmitteleinzel- oder Gemischtwarenhändler siehe Rz 4309 f und Rz 4321 f. **4258**

(BMF-AV Nr. 2015/133)

11.4.3 Anwendungsvoraussetzungen der Verordnungen

11.4.3.1 Keine Buchführungspflicht und keine freiwillige Buchführung

Von der Inanspruchnahme der Pauschalierungen sind Betriebe ausgeschlossen, für die Buchführungspflicht besteht oder für die Bücher freiwillig geführt werden. Von einer freiwilligen Buchführung kann nur gesprochen werden, wenn alle Geschäftsfälle bereits im Zeitpunkt des Entstehens unter Beachtung der gesetzlichen Bestimmungen laufend auf Konten erfasst werden. Bloße Bestandsübersichten zum Schluss eines Wirtschaftsjahres oder die nachträgliche Erfassung der Bestände, Forderungen und Außenstände zum Bilanzstichtag erfüllen nicht die Voraussetzungen für eine laufende Buchführung (vgl. VwGH 21.07.1998, 95/14/0054; VwGH 12.08.1994, 91/14/0256; VwGH 11.06.1991, 90/14/0171). **4259**

(BMF-AV Nr. 2015/133)

Die Führung von Aufzeichnungen, die eine Gewinnermittlung nach § 4 Abs. 3 EStG 1988 ermöglichen würden, steht der Inanspruchnahme einer Pauschalierung nicht entgegen. Auch die Führung von Aufzeichnungen für andere als steuerliche Zwecke, wie zur Vorlage bei Banken, Subventionsgebern, Verpächtern und anderen Adressaten, ist solange unschädlich, als sie nicht mit einer freiwilligen Gewinnermittlung nach § 4 Abs. 1 EStG 1988 verbunden ist. **4260**

11.4.3.2 Nichtüberschreiten von Umsatzgrenzen

Die Inanspruchnahme der Pauschalierungen ist jeweils an das Nichtüberschreiten von Umsatzgrenzen (§ 125 Abs. 1 BAO) gebunden. Durchlaufende Posten stellen keine Umsätze iSd § 125 Abs. 1 BAO dar. Die maßgebenden Umsatzgrenzen sind jeweils betriebsbezogen zu sehen. Sie betragen: **4261**

(AÖF 2006/114)

Verordnung betreffend *Gastgewerbe*: **4262**

Die Umsätze dürfen nicht mehr als 400.000 Euro (bis 2019: 255.000 Euro) betragen haben (§ 1 Abs. 2 Z 2 der Verordnung). Siehe dazu auch Rz 4298.

(BMF-AV Nr. 2021/65)

Verordnung betreffend *Lebensmitteleinzel- oder Gemischtwarenhändler*: **4263**

Die Umsätze zweier aufeinander folgender Kalenderjahre dürfen jeweils nicht mehr als 700.000 Euro (bis 2009: 400.000 Euro) betragen haben.

Unternehmen, die ihren Betrieb vor dem 1. Jänner 2007 eröffnet haben, konnten aber einen Antrag nach § 124b Z 134 EStG 1988 stellen. In diesem Fall durften sie ihren Gewinn für Geschäftsjahre, die vor dem 1. Jänner 2010 begonnen haben, hinsichtlich der Art der Gewinnermittlung nach den vor dem 1. Jänner 2007 geltenden abgabenrechtlichen Bestimmungen ermitteln. Daher war die Verordnung in jenen Fällen auch noch dann anwendbar, wenn die Umsätze zweier aufeinander folgender Kalenderjahre jeweils nicht mehr als 600.000 Euro betragen haben. Eine zwischen 1. Jänner 2007 und 31. Dezember 2009 erfolgende Eintragung in das Firmenbuch löst jedoch keinen Wechsel zur Gewinnermittlung nach § 5 EStG 1988 aus.

Wurde ein solcher Antrag gestellt, bewirkt die Erhöhung der Schwellenwerte für die Rechnungslegungspflicht gemäß § 189 UGB, dass auch nach dem Auslaufen der Aufschub-Option die Verordnung weiterhin anwendbar bleibt, solange die Schwellenwerte des § 189 UGB nicht überschritten werden.

(AÖF 2011/66)

Verordnung betreffend *Drogisten*: **4264**

Die Umsätze zweier aufeinander folgender Kalenderjahre dürfen jeweils nicht mehr als 700.000 Euro (bis 2009: 400.000 Euro) betragen haben.

(AÖF 2011/66)

Randzahlen 4265 und 4266: *derzeit frei*

(BMF-AV Nr. 2015/133)

4267 Die Verordnung betreffend Lebensmitteleinzel- oder Gemischtwarenhändler sieht in § 2 Abs. 1 Z 1 und 2 vor, dass bestimmte Umsatzrelationen im Durchschnitt der letzten drei Wirtschaftsjahre nicht überschritten worden sein dürfen, um vom Vorliegen eines Lebensmitteleinzel- oder Gemischtwarenhändlers im Sinne der Verordnung sprechen zu können. Wird der Betrieb eröffnet oder im Wege der Einzelrechtsnachfolge erworben, liegt während der ersten drei Wirtschaftjahre der von der Verordnung geforderte dreijährige Beobachtungszeitraum (noch) nicht vor.

4268 In derartigen Fällen bestehen keine Bedenken, einen kürzeren Beobachtungszeitraum als drei Wirtschaftsjahre heranzuziehen oder (im ersten Jahr) auf die Verhältnisse des laufenden Jahres abzustellen.

Beispiel:

A eröffnet im Jahr 2000 ein Lebensmittelgeschäft.

- *Im Jahr 2000 ist die Verordnung anwendbar, wenn in diesem Jahr die Voraussetzungen des § 2 Abs. 1 Z 1 und 2 der Verordnung erfüllt sind.*
- *Im Jahr 2001 ist die Verordnung anwendbar, wenn die Voraussetzungen des § 2 Abs. 1 Z 1 und 2 der Verordnung im Jahr 2000 erfüllt sind.*
- *Im Jahr 2002 ist die Verordnung anwendbar, wenn die Voraussetzungen des § 2 Abs. 1 Z 1 und 2 der Verordnung im Durchschnitt der Jahre 2000 und 2001 erfüllt sind.*
- *Im Jahr 2003 liegt ein voller dreijähriger Beobachtungszeitraum vor. Die Verordnung ist anwendbar, wenn die Voraussetzungen des § 2 Abs. 1 Z 1 und 2 der Verordnung im Durchschnitt der Jahre 2000, 2001 und 2002 erfüllt sind.*

4269 Sollten pauschalierungsrelevante Umsätze nachträglich wesentlich durch Betriebsprüfungsergebnisse oder durch andere Verfahren geändert werden und dadurch die jeweils in Betracht kommende Umsatzgrenze überschritten werden, fällt die Anwendungsvoraussetzung der jeweiligen Verordnung (nachträglich) weg. Liegt ein bloß geringfügiges Überschreiten der Umsatzgrenze vor oder liegen andere berücksichtigungswürdige Umstände vor, bestehen keine Bedenken, die Schätzung der Betriebsausgaben (Werbungskosten) bzw. des Gewinns in ähnlicher Art wie bei der Pauschalierung vorzunehmen. Vorsteuern stehen in diesem Falle aber nur insoweit zu, als den Rechnungserfordernissen entsprochen wird.

Randzahl 4270: *derzeit frei*

(BMF-AV Nr. 2015/133)

11.4.3.3 Bekanntgabe der Inanspruchnahme einer Pauschalierung

(BMF-AV Nr. 2015/133)

4271 Die Inanspruchnahme der Pauschalierung ist in der Steuererklärung (Formular E 1a) bekannt zu geben.

(BMF-AV Nr. 2015/133)

4272 entfällt

(AÖF 2008/51)

4273 Hinsichtlich der Pauschalierungen betreffend Drogisten siehe Rz 4133 und Rz 4134 betreffend die gesetzliche Basispauschalierung, die entsprechend gelten.

(AÖF 2006/114)

11.4.4 Gewinnermittlung

11.4.4.1 Gewinnermittlungsart bei Inanspruchnahme einer Pauschalierung

4274 Alle vier Pauschalierungen stellen – soweit sie die Ermittlung betrieblicher Einkünfte betreffen – Gewinnermittlungen im Rahmen einer Einnahmen-Ausgaben-Rechnung im Sinne des § 4 Abs. 3 EStG 1988 dar. Der Wechsel von der Besteuerung nach den allgemeinen Vorschriften des § 4 Abs. 3 EStG 1988 oder von der gesetzlichen Basispauschalierung gemäß § 17 Abs. 1 EStG 1988 zu den Branchenpauschalierungen und umgekehrt führt daher zu keinem Übergangsgewinn oder Übergangsverlust.

4275 Ausgaben, die vor dem Wechsel zur Pauschalierung abgeflossen sind und wirtschaftlich Zeiträume innerhalb der Anwendung der Pauschalierung betreffen, und Nachzahlungen für Aufwendungen im Pauschalierungszeitraum können daher nach Maßgabe des § 19 EStG 1988 abgezogen werden. Vorauszahlungen im Pauschalierungszeitraum für Veranlagungszeiträume danach und Nachzahlungen im Pauschalierungszeitraum für Veranlagungszeiträume davor sind – soweit ein Abfluss im Pauschalierungszeitraum vorliegt (§ 19 Abs. 3 EStG 1988) – „abpauschaliert" und können daher nicht gesondert abgesetzt werden.

Beim Übergang von einer Pauschalierung zur Gewinnermittlung gemäß § 4 Abs. 1 EStG 1988 oder § 5 EStG 1988 gelten die Regelungen des § 4 Abs. 10 EStG 1988 wie bei einem Wechsel von der Gewinnermittlung gemäß § 4 Abs. 3 EStG 1988 nach § 4 Abs. 1 EStG 1988 oder § 5 EStG 1988. Gleiches gilt beim Übergang von einer Gewinnermittlung gemäß § 4 Abs. 1 EStG 1988 oder § 5 EStG 1988 zu einer Pauschalierung. Diesfalls ist ein Übergangsgewinn/verlust mit der Pauschalierung nicht abgegolten, sondern zusätzlich zum pauschalierten Gewinn (Verlust) im ersten Gewinnermittlungszeitraum, in dem die Pauschalierung Anwendung findet bzw. im Fall eines Übergangsverlustes im ersten und in den folgenden sechs Gewinnermittlungszeiträumen anzusetzen (§ 4 Abs. 10 Z 1 EStG 1988). **4276**

Von der Pauschalierung werden ab der Veranlagung 2008 nur die laufenden Geschäftsfälle erfasst. Außergewöhnliche Vorgänge (zB die Veräußerung oder Entnahme von wesentlichem Betriebsvermögen wie etwa Gebäuden oder Gebäudeteilen) sind nicht von der Pauschalierung erfasst. Im Fall einer Betriebsveräußerung oder Betriebsaufgabe während aufrechter Pauschalierung ist ein Veräußerungsgewinn neben dem pauschal ermittelten laufenden Gewinn (Verlust) anzusetzen, sodass zunächst ein Wechsel auf die Bilanzierung mit Übergangsgewinnermittlung und anschließend die Veräußerungsgewinnermittlung gemäß § 24 EStG 1988 zu erfolgen haben. **4277**

(AÖF 2008/51)

Die sich aus den Pauschalierungsverordnungen ergebenden Betriebsausgabenpauschalien sind umsatzsteuerlich jeweils als „Nettogröße" anzusehen. Die Pauschalierung ist unabhängig davon möglich, ob der Steuerpflichtige die Umsatzsteuer ertragsteuerlich nach dem Bruttosystem oder nach dem Nettosystem (§ 4 Abs. 3 vorletzter Satz EStG 1988) ansetzt. Zu den Fällen des Ausschlusses des Nettosystems durch Anwendung einer Pauschalierung siehe Rz 4129 betreffend die gesetzliche Basispauschalierung, der entsprechend gilt. **4278**

(BMF-AV Nr. 2015/133)

Für Zwecke der Liebhabereibeurteilung im Hinblick auf die Beurteilung der Totalgewinnfähigkeit siehe LRL 2012 Rz 28. **4279**

(AÖF 2013/280)

11.4.4.2 Betriebseinnahmen und Betriebsausgaben

(BMF-AV Nr. 2015/133)

Als Betriebseinnahmen im Sinne der Verordnungen betreffend Lebensmitteleinzel- oder Gemischtwarenhändler, Gastgewerbe und Drogisten sind sämtliche Umsätze (einschließlich Umsatzsteuer) im Sinne des § 125 Abs. 1 lit. a BAO zuzüglich sonstiger Betriebseinnahmen anzusetzen. Durchlaufende Posten stellen keine Umsätze im Sinne des § 125 BAO dar. Sonstige Betriebseinnahmen sind insb. **4280**

- Auflösungsbeträge von Rücklagen einschließlich Zuschlägen und von steuerfreien Beträgen,
- der Zuschlag nach § 14 Abs. 5 EStG 1988 wegen des Fehlens von Wertpapieren (bei der Verordnung betreffend Drogisten und der Individualpauschalierungsverordnung),
- erhaltene Versicherungsentschädigungen und andere echte Schadenersätze,
- echte Subventionen (soweit nicht ohnehin nach § 3 Abs. 1 Z 6 EStG 1988 befreit),
- Entnahmen von Gegenständen des Unternehmens mit dem Teilwert der entnommenen Gegenstände (ausgenommen die Entnahme von wesentlichem Betriebsvermögen; siehe Rz 4277).

(BMF-AV Nr. 2015/133)

Nicht als Betriebseinnahmen, sondern als Betriebsausgabenkürzungen sind Preisminderungen (Skonti, Gewährleistung) und Nutzungsentnahmen (Eigenverbrauch) wie zB der Privatanteil von Kraftfahrzeugen oder Aufwendungen für privat genutzte Gebäudeteile anzusehen. Gutschriften für Verpackungsgebinde (Kisten, Paletten) stellen aufgrund des Durchlaufcharakters ebenfalls keine Betriebseinnahmen dar. **4281**

Kapitalerträge, die der Steuerabgeltung gemäß § 97 EStG 1988 unterliegen, können nach Wahl des Steuerpflichtigen folgendermaßen behandelt werden: **4282**

- Die Kapitalerträge werden als endbesteuert bei Ermittlung des pauschalierten Gewinnes ausgeschieden; in einem derartigen Fall ist die anfallende Kapitalertragsteuer auf die Einkommensteuer nicht anzurechnen.
- Wird zur Veranlagung der Kapitalerträge optiert, sind diese zur Herstellung der Wirkung der „Bruttobesteuerung" (§ 20 Abs. 2 EStG 1988) neben dem sich aus der Pauschalierung ergebenden pauschalierten Gewinn/Überschuss anzusetzen. In diesem Fall ist

die Kapitalertragsteuer auf die Einkommensteuer anzurechnen und gegebenenfalls zu erstatten.

4283 Betriebsausgaben oder Werbungskosten, die von einer der angewendeten Pauschalierungsregelungen umfasst und „abpauschaliert" sind, können nicht als Sonderausgaben geltend gemacht werden (siehe aber Rz 4283a). Die Zahlung von gemäß § 12 Abs. 10 oder 11 UStG 1994 rückgerechneten Vorsteuern ist im Rahmen der Verordnung ebenfalls als einkommensteuerliche Betriebsausgabe (Werbungskosten) „abpauschaliert" und führt nicht zu einem gesonderten Abzug dieser Ausgabe.

(AÖF 2008/238)

4283a Soweit Steuerberatungskosten im Rahmen einer pauschalen Gewinnermittlung nicht gesondert absetzbar sind, stellen sie Sonderausgaben iSd § 18 Abs. 1 Z 6 EStG 1988 dar (vgl. zur land- und forstwirtschaftlichen Voll- oder Teilpauschalierung auch Rz 4250a, zur Basispauschalierung auch Rz 4116a, zur Gastgewerbepauschalierung Rz 4305). Soweit umsatzsteuerlich ein Vorsteuerabzug zusteht, ist nur der Nettobetrag abziehbar.

(BMF-AV Nr. 2015/133)

4284 Die Führung eines Anlagenverzeichnisses (§ 7 Abs. 3 EStG 1988) ist bei pauschalierter Gewinn-(Einkünfte-)Ermittlung nicht erforderlich. Zur Ermittlung des Buchwertes bei Wechsel der Gewinnermittlung siehe Abschnitt 11.1.6 betreffend die gesetzliche Basispauschalierung, die entsprechend gilt.

11.4.4.3 Mitunternehmerschaften

4285 Diese Randzahl ist nur bis zur Veranlagung 2010 anzuwenden. Zur Rechtslage ab Veranlagung 2011 siehe Rz 4286a. Die Pauschalierungsverordnungen können bei Zutreffen der Voraussetzungen für die Gewinnermittlung einer Mitunternehmerschaft – auf der Ebene der Gewinnermittlung der Mitunternehmerschaft (erste Stufe der Gewinnermittlung) – angewendet werden. Auf der Ebene der Gewinnermittlung eines einzelnen Mitunternehmers kommt die Inanspruchnahme einer Pauschalierung nicht in Betracht. Die umsatzbezogenen Anwendungsvoraussetzungen müssen daher jeweils auf die (gesamte) Mitunternehmerschaft bezogen vorliegen. Der Mindestgewinn in Höhe von 10.900 € gemäß § 3 Abs. 1 der Verordnung betreffend Gaststätten- und Beherbergungsgewerbe ist somit auf den Gewinn der Mitunternehmerschaft bezogen.

(AÖF 2011/66)

4286 Diese Randzahl ist nur bis zur Veranlagung 2010 anzuwenden. Zur Rechtslage ab Veranlagung 2011 siehe Rz 4286a. Wird der Gewinn von der Mitunternehmerschaft pauschal ermittelt, ist im Fall von Leistungsvergütungen im Sinn des § 23 Z 2 EStG 1988 (Vergütungen der Gesellschaft an den Gesellschafter für Tätigkeiten im Dienste der Gesellschaft, für die Hingabe von Darlehen oder für die Überlassung von Wirtschaftsgütern) folgendermaßen vorzugehen:

- Auf der ersten Stufe (Mitunternehmerschaft) ist der Gewinn nach der jeweiligen Verordnung pauschal zu ermitteln. Davon sind die genannten Vergütungen iSd § 23 Z 2 EStG 1988 nach Kürzung um allfällige Sonderbetriebsausgaben in voller Höhe abzuziehen. Das verbleibende Ergebnis ist den Gesellschaftern zuzurechnen.
- Auf der zweiten Stufe (Mitunternehmer) ist (sind) dem (den) betroffenen Mitunternehmer(n) die Vergütung(en) iSd § 23 Z 2 EStG 1988 nach Kürzung um allfällige Sonderbetriebsausgaben in voller Höhe zuzurechnen.

Beispiel:

Eine Gastwirte-Erwerbsgesellschaft (A, B und C zu je einem Drittel beteiligt) ermittelt den Gewinn nach der Verordnung BGBl. II Nr. 227/1999. Der Gewinn für das Jahr 2007 beträgt danach 24.000 Euro. A erhält als Arbeitslohn 13.000 Euro, B erhält als Miete für der Gesellschaft überlassene Räumlichkeiten 9.200 Euro, wofür eine AfA in Höhe von 700 Euro zu berücksichtigen ist. C hat die Anschaffung seines Anteiles fremdfinanziert; die Zinsen im Jahr 2007 betragen 500 Euro.

Im pauschalen Gewinn sind die Betriebsausgaben Arbeitslohn und Miete abpauschaliert. Vom pauschalen Gewinn in Höhe von 24.000 Euro sind der als Sonderbetriebseinnahme anzusetzende Arbeitslohn des A (13.000 Euro) und die als Sonderbetriebseinnahme anzusetzende Miete vermindert um die als Sonderbetriebsausgabe zu berücksichtigende AfA (8.500 Euro) abzuziehen sowie die als Sonderbetriebsausgabe des C zu berücksichtigenden Finanzierungskosten (500 Euro) hinzuzurechnen, sodass 3.000 Euro (24.000 – 13.000 –8.500 + 500 = 3.000) verbleiben, die anteilsmäßig (je 1.000 Euro) verteilt werden. Diese werden sodann bei den Gesellschaftern um die Sonderbetriebseinnahmen erhöht bzw. um die Sonderbetriebsausgaben verringert.

Der Gewinn der Gesellschaft in Höhe von 24.000 Euro ist daher den Gesellschaftern wie folgt zuzurechnen:

A	*14.000 Euro*	*(1.000 + 13.000)*
B	*9.500 Euro*	*(1.000 + 8.500)*
C	*500 Euro*	*(1.000 – 500)*

(AÖF 2011/66)

Rechtslage ab Veranlagung 2011: **4286a**

Wird der Gewinn von der Mitunternehmerschaft pauschal ermittelt, sind auch allfällige Leistungsvergütungen im Sinne des § 23 Z 2 EStG 1988 (Vergütungen der Gesellschaft an den Gesellschafter für Tätigkeiten im Dienste der Gesellschaft, für die Hingabe von Darlehen oder für die Überlassung von Wirtschaftsgütern) von der pauschalen Gewinnermittlung erfasst. Leistungsvergütungen sind daher im Falle einer pauschalen Gewinnermittlung nicht gesondert zu berücksichtigen. Der pauschale ermittelte Gewinn ist entsprechend der gesellschaftsvertraglichen Gewinnverteilung auf die Gesellschafter aufzuteilen. Durch die pauschale Gewinnermittlung sind weder Vergütungen noch Sonderbetriebsausgaben auf Ebene der Gesellschafter zu berücksichtigen (vgl. VwGH 19.9.2013, 2011/15/0107).

(BMF-AV Nr. 2015/133)

11.5 Gastgewerbepauschalierung (Verordnung BGBl. II Nr. 488/2012 idF BGBl. II Nr. 355/2020)

(BMF-AV Nr. 2021/65)

11.5.1 Inkrafttreten

(BMF-AV Nr. 2015/133)

4287 Die Gaststättenpauschalierungs-Verordnung, BGBl. II Nr. 227/1999, wurde vom Verfassungsgerichtshof mit Erkenntnis vom 14.3.2012, V 113/11-14, als gleichheitswidrig aufgehoben. Sie ist letztmalig für die Veranlagung 2012 anzuwenden. An ihre Stelle tritt ab der Veranlagung 2013 die Gastgewerbepauschalierungsverordnung 2013, BGBl. II Nr. 488/2012 idF BGBl. II Nr. 355/2020. Für den Anwendungsbereich der Gaststättenpauschalierungs-Verordnung gilt der Abschnitt 11.5 in der Fassung vor Änderung durch den Wartungserlass 2015 weiter.

(BMF-AV Nr. 2021/65)

11.5.2 Systematik der Pauschalierung

(BMF-AV Nr. 2015/133)

4288 Die Gastgewerbepauschalierungsverordnung 2013 sieht eine Betriebsausgabenpauschalierung (Teilpauschalierung) durch Anwendung eines Grundpauschales (15%), eines Mobilitätspauschales (2 - 6%) und eines Energie- und Raumpauschales (8%) vor. Bemessungsgrundlage sind die Umsätze iSd § 125 Abs. 1 BAO. Neben diesen Umsätzen anzusetzende Betriebseinnahmen sind für die Ermittlung des Pauschalbetrages nicht maßgeblich (vgl. Rz 4115). Werden sämtliche Pauschalien in Anspruch genommen, beträgt der Pauschalsatz somit zwischen 25 und 29%.

- Grundpauschale: Es erfasst Betriebsausgaben für ein Arbeitszimmer und Einrichtungsgegenstände der Wohnung und alle nicht gesondert abzugsfähigen Betriebsausgaben, die nicht vom Mobilitäts- und vom Energie- und Raumpauschale abgedeckt sind. Die Inanspruchnahme des Grundpauschales ist Voraussetzung für die Anwendung der anderen Pauschalien.
- Mobilitätspauschale: Die pauschalierten Betriebsausgabenkategorien sind beim Mobilitätspauschale ausdrücklich genannt; es sind Kfz-Kosten und Kosten für die betriebliche Nutzung eines Verkehrsmittels und Reisekosten.
- Energie- und Raumpauschale: Dieses deckt raumbezogene Betriebsausgaben mit Ausnahme der AfA, von Instandsetzung und Instandhaltung und Miete und Pacht ab.

Neben den Pauschalien sind bestimmte taxativ aufgezählten Betriebsausgaben (voll) abzugsfähig.

Durchlaufende Posten stellen keine Umsätze dar (vgl. UStR 2000 Rz 656) und bleiben bei Anwendung der Pauschalierung außer Ansatz; gleiches gilt für die Ortstaxe, Tourismusabgabe oder eine ähnliche Abgabe, die an die Gemeinde bzw. das Land abzuführen ist.

Die Vorgangsweise des Jahres der ersten Inanspruchnahme ist für die beiden folgenden Wirtschaftsjahre bindend (ausgenommen der Fall des § 9 Abs. 3 der VO, vgl. Rz 4308a).

Bei freiwilligem Wechsel von der Pauschalierung zur regulären Gewinnermittlung besteht eine dreijährige Sperrfrist.

(BMF-AV Nr. 2021/65)

4289 Die Pauschalien erfassen die Betriebsausgaben mit den Nettowerten. Bei Anwendung des Umsatzsteuer-Bruttosystems sind die auf abpauschalierte Betriebsausgaben entfallenden Vorsteuern gesondert abzugsfähig. Die Umsatzsteuer-Zahllast stellt eine Betriebsausgabe dar.

(BMF-AV Nr. 2015/133)

11.5.3 Anwendungsvoraussetzungen

(BMF-AV Nr. 2015/133)

11.5.3.1 Einkünfte aus Gewerbebetrieb und Gewerbeberechtigung

(BMF-AV Nr. 2015/133)

4290 Die Pauschalierung ist für Betriebe mit Einkünften aus Gewerbebetrieb (§ 23 EStG 1988) anwendbar, für die eine Gewerbeberechtigung für das Gastgewerbe (§ 111 der Gewerbeordnung 1994) erforderlich ist und während des gesamten Wirtschaftsjahres vorliegt. Liegt diese Anwendungsvoraussetzung vor, ist die Verordnung unabhängig davon anwendbar, ob der Betrieb einem Einzelunternehmen oder einer Mitunternehmerschaft zuzurechnen ist.

§ 111 Abs. 1 und 2 GewO 1994 lauten:

§ 111. (1) Einer Gewerbeberechtigung für das Gastgewerbe (§ 94 Z 26) bedarf es für

1. *die Beherbergung von Gästen;*
2. *die Verabreichung von Speisen jeder Art und den Ausschank von Getränken.*

(2) Keines Befähigungsnachweises für das Gastgewerbe bedarf es für

1. *den Ausschank und den Verkauf von in handelsüblich verschlossenen Gefäßen abgefüllten Getränken durch zur Ausübung des mit Omnibussen betriebenen Mietwagen-Gewerbes berechtigte Gewerbetreibende an ihre Fahrgäste;*
2. *die Beherbergung von Gästen, die Verabreichung von Speisen jeder Art und den Verkauf von warmen und angerichteten kalten Speisen, den Ausschank von Getränken und den Verkauf dieser Getränke in unverschlossenen Gefäßen im Rahmen eines einfach ausgestatteten Betriebes, der in einer für den öffentlichen Verkehr nicht oder nur schlecht erschlossenen Gegend gelegen und auf die Bedürfnisse der Bergsteiger und Bergwanderer abgestellt ist (Schutzhütte);*
3. *die Verabreichung von Speisen in einfacher Art und den Ausschank von nichtalkoholischen Getränken und von Bier in handelsüblichen verschlossenen Gefäßen, wenn hierbei nicht mehr als acht Verabreichungsplätze (zum Genuss von Speisen und Getränken bestimmte Plätze) bereitgestellt werden;*
4. *die Beherbergung von Gästen, wenn nicht mehr als zehn Fremdenbetten bereitgestellt werden, und die Verabreichung des Frühstücks und von kleinen Imbissen und der Ausschank von nichtalkoholischen Getränken und von Bier in handelsüblichen verschlossenen Gefäßen sowie von gebrannten geistigen Getränken als Beigabe zu diesen Getränken an die Gäste;*
5. *die Verabreichung von Speisen und den Ausschank von Getränken nach Maßgabe des § 143 Z 7 der Gewerbeordnung 1994 in der Fassung vor dem In-Kraft-Treten der Novelle BGBl. I Nr. 111/2002, wenn die Verabreichung von Speisen und der Ausschank von Getränken im Zusammenhang mit der Ausübung des Buschenschankes (§ 2 Abs. 9) nach Maßgabe landesgesetzlicher Vorschriften erfolgt;*
6. *den Ausschank von nichtalkoholischen Getränken und den Verkauf dieser Getränke in unverschlossenen Gefäßen, wenn der Ausschank oder der Verkauf durch Automaten erfolgt.*

Die erforderliche Gewerbeberechtigung für das Gastgewerbe muss während des gesamten Wirtschaftsjahres vorliegen. Auch Tätigkeiten, für die gemäß § 111 Abs. 2 GewO 1994 kein Befähigungsnachweis erforderlich ist (zB Schutzhütten), sind vom Anwendungsbereich erfasst (zum Buschenschank siehe unten Rz 4296).

(BMF-AV Nr. 2015/133)

4291 Ein ganzjähriger Betrieb ist nicht erforderlich; dementsprechend ist die Verordnung auch auf Saisonbetriebe anwendbar.

Das Ruhen der Gewerbeberechtigung führt nicht zum Verlust der Gewerbeberechtigung. Wird daher die Gewerbeberechtigung ruhend gemeldet, führt dieser Umstand allein nicht zur Nichtanwendung der Verordnung.

Da die Pauschalierung hinsichtlich der pauschalen Gewinnermittlung den Regelfall eines selbst bewirtschafteten Betriebes unterstellt, ist sie bei einer gewerblichen (Dauer)Verpachtung, die über den Zeitraum von einem Jahr hinausgeht, nicht anwendbar (vgl. hinsichtlich der Land- und Forstwirtschaft § 1 Abs. 4 LuF-PauschVO 2015, BGBl. II Nr. 125/2013 idF BGBl. II Nr. 559/2020).

Endigt die Gewerbeberechtigung während des Wirtschaftsjahres (§ 85 GewO 1994), ist die Verordnung nicht anzuwenden.

(BMF-AV Nr. 2021/65)

Wird ein Betrieb in Form einer Mitunternehmerschaft geführt, ist es ausreichend, wenn das Erfordernis der aufrechten Gewerbeberechtigung während des gesamten Wirtschaftsjahres bei zumindest einem Mitunternehmer vorliegt. **4292**

(BMF-AV Nr. 2015/133)

11.5.3.1.1 Abgrenzung bei Beherbergung

(BMF-AV Nr. 2015/133)

Da die Verordnung die Ermittlung des Gewinnes zum Gegenstand hat, müssen gewerbliche Einkünfte iSd § 23 EStG 1988 vorliegen; das bedeutet insbesondere, dass eine nicht zu gewerblichen Einkünften (§ 23 EStG 1988) führende Beherbergung nicht unter den Anwendungsbereich der Verordnung fällt, und zwar auch dann nicht, wenn für diese eine Gewerbeberechtigung iSd § 111 GewO 1994 erforderlich sein sollte und vorliegt. **4293**

Werden mit einer Beherbergung Einkünfte aus Vermietung und Verpachtung erzielt, kommt die Anwendung der Verordnung jedenfalls nicht in Betracht. Dies ist bei der (Privat) Zimmervermietung von nicht mehr als zehn Fremdenbetten der Fall (Rz 5435). In diesen Fällen ist es unerheblich, ob die Privatzimmervermietung in den Anwendungsbereich der Gewerbeordnung fällt (§ 111 Abs. 1 iVm Abs. 2 Z 4 GewO 1994) oder im Rahmen der häuslichen Nebenbeschäftigung (§ 2 Abs. 1 Z 9 GewO 1994) außerhalb der Anwendung der GewO betrieben wird.

(BMF-AV Nr. 2015/133)

Randzahlen 4293a und 4293b: *entfallen*

(BMF-AV Nr. 2015/133)

Da eine Appartementvermietung bis 5 Appartements (noch) nicht zu gewerblichen Einkünften führt (Rz 5436), ist die Verordnung in diesen Fällen nicht anwendbar. Gleiches gilt für eine Zimmervermietung im Rahmen des Nebenerwerbs im Rahmen einer Land- und Forstwirtschaft, weil hier die (speziellere) Pauschalierung nach § 6 Abs. 2 LuF-PauschVO 2011 bzw. § 7 Abs. 2 LuF-PauschVO 2015 vorgeht. **4294**

(BMF-AV Nr. 2015/133)

1. Übersicht Zimmervermietung mit Frühstück **4295**

Zimmervermietung mit Frühstück	VO anwendbar	VO nicht anwendbar
Außerhalb LuF	Mehr als 10 Betten[1)]	Bis 10 Betten[2)]
Bei LuF-Betrieb	Mehr als 10 Betten[3)]	Bis 10 Betten[4)]

[1)] Einkünfte aus Gewerbebetrieb gemäß Rz 5435, Gewerbeberechtigung für Beherbergung erforderlich, da vom Ausnahmetatbestand des § 2 Abs. 1 Z 9 GewO 1994 nicht erfasst.

[2)] Einkünfte aus Vermietung und Verpachtung gemäß Rz 5435.

[3)] Einkünfte aus Gewerbebetrieb gemäß Rz 4193, 5073.

[4)] Einkünfte aus Land- und Forstwirtschaft gemäß LuF-PauschVO 2011 bzw. LuF-PauschVO 2015.

2. Übersicht Appartementvermietung

Appartementvermietung	VO anwendbar	VO nicht anwendbar
Ohne Frühstück	Mehr als 5 Appartements, wenn steuerlich Einkünfte gemäß § 23 EStG 1988 vorliegen[1)]	Bis 5 Appartements[2)]
Mit Frühstück	Mehr als 10 Betten[3)]	Bis 10 Betten[3)]

[1)] Hohe Umschlagshäufigkeit, häufiger Mieterwechsel, Rz 5436.

[2)] Einkünfte aus Vermietung und Verpachtung gemäß Rz 5436.

[3)] Wie Zimmervermietung zu behandeln.

(BMF-AV Nr. 2021/65)

11.5.3.1.2 Abgrenzung beim Buschenschank

(BMF-AV Nr. 2015/133)

4296 Auf den Betrieb eines Buschenschankes (Wein- oder Mostbuschenschank) ist die Verordnung nur anzuwenden, wenn

- daraus Einkünfte aus Gewerbebetrieb (und nicht aus Land- und Forstwirtschaft) erzielt werden und
- eine Gewerbeberechtigung für das Gastgewerbe erforderlich ist und vorliegt.

Zur Abgrenzung siehe insbesondere Rz 4234.

(BMF-AV Nr. 2015/133)

11.5.3.2 Keine Buchführungspflicht, keine freiwillige Buchführung

(BMF-AV Nr. 2015/133)

4297 Voraussetzung für die Anwendbarkeit der Verordnung ist das Fehlen einer Buchführungspflicht und einer freiwilligen Buchführung, die eine Gewinnermittlung nach § 4 Abs. 1 EStG 1988 ermöglicht (§ 1 Abs. 2 Z 1 der Verordnung).

Im Hinblick auf die (eigenständige) Umsatzgrenze von 400.000 Euro (Rz 4298) ergibt sich bereits bei einem Überschreiten dieser Grenze die Nichtanwendbarkeit der Verordnung; das Überschreiten der die Buchführungspflicht nach § 189 Abs. 1 Z 2 UGB auslösenden Umsatzgrenze ist daher ohne Bedeutung. Die rechtsformabhängige Buchführungspflicht gemäß § 189 Abs. 1 Z 1 UGB schließt hingegen die Anwendung der Verordnung generell (und umsatzunabhängig) aus. Dementsprechend ist die Verordnung nicht auf Kapitalgesellschaften anwendbar; gleiches gilt für eine GmbH & Co KG mit der GmbH als einzigem Vollhafter.

(BMF-AV Nr. 2021/65)

11.5.3.3 Umsatzgrenze

(BMF-AV Nr. 2015/133)

4298 Gemäß § 1 Abs. 2 Z 2 ist die Verordnung anwendbar, wenn die Umsätze im Sinne des § 125 BAO (vgl. dazu Rz 4102) nicht mehr als 400.000 Euro (bis zur Veranlagung 2019: 255.000 Euro) betragen. Maßgebend ist der Umsatz des letzten Wirtschaftsjahres. Liegt ein solches für denselben Betrieb nicht vor, gilt Folgendes:

- Im Fall einer unentgeltlichen Betriebsübertragung mit Buchwertfortführung ist auf die Umsätze des Rechtsvorgängers abzustellen.
- Im Fall der Betriebseröffnung sind für das Jahr der Betriebseröffnung die Umsätze dieses Wirtschaftsjahres maßgebend. Auch der entgeltliche Betriebserwerb ist als „Betriebseröffnung" iS der Verordnung anzusehen.

Ist das maßgebende (Vor)Wirtschaftsjahr ein Rumpfwirtschaftsjahr, sind die Umsätze dieses Wirtschaftsjahres auf ein volles (zwölf Kalendermonate umfassendes) Wirtschaftsjahr hochzurechnen.

(BMF-AV Nr. 2021/65)

11.5.3.4 Bekanntgabe der Inanspruchnahme

(BMF-AV Nr. 2015/133)

4299 Die Inanspruchnahme der Pauschalierung ist in der Steuererklärung bekannt zu geben. Die Inanspruchnahme der Pauschalierung ist bis zum Eintritt der Rechtskraft des entsprechenden Bescheides möglich.

(BMF-AV Nr. 2015/133)

11.5.4 Die einzelnen Pauschalien

(BMF-AV Nr. 2015/133)

11.5.4.1 Grundpauschale

(BMF-AV Nr. 2015/133)

4300 Die Inanspruchnahme des Grundpauschales ist Voraussetzung für die Inanspruchnahme der beiden anderen Pauschalien. Der Steuerpflichtige kann frei wählen, ob er bei Inanspruchnahme des Grundpauschales eines der beiden anderen Pauschalien in Anspruch nimmt oder die darunter fallenden Aufwendungen in tatsächlicher Höhe geltend macht. Allerdings bindet ihn seine Entscheidung für die folgenden zwei Wirtschaftsjahre (siehe dazu Rz 4308 und zur Ausnahme von dieser Bindung Rz 4308a).

(BMF-AV Nr. 2021/65)

Randzahl 4300a: *entfallen*
(BMF-AV Nr. 2015/133)

Das Grundpauschale beträgt 15%, höchstens 60.000 Euro, mindestens jedoch 6.000 Euro (Sockelbetrag) (bis zur Veranlagung 2019: 10%, höchstens 25.500 Euro, mindestens 3.000 Euro). Es umfasst: **4301**

- Ausgaben für ein im Wohnungsverband gelegenes Arbeitszimmer sowie Einrichtungsgegenstände der Wohnung.
- Sämtliche Betriebsausgaben mit Ausnahme derjenigen, die von den beiden anderen Pauschalien abgedeckt sind und derjenigen, die auch bei Pauschalierung jedenfalls gesondert in tatsächlicher Höhe zu berücksichtigen sind (Rz 4307).

(BMF-AV Nr. 2021/65)

Insbesondere folgende Ausgaben sind durch das Grundpauschale abgedeckt: **4302**

- Bürobedarf
- Telefon, Internet
- Buchhaltungsaufwand
- Beiträge zu Berufsverbänden
- Werbung
- Literatur
- Bewirtung und Betreuung
- Versicherungen, soweit sie nicht Räumlichkeiten oder betrieblich genutzte Fahrzeuge betreffen
- Arbeitszimmer innerhalb des Wohnungsverbandes (inkl. damit verbundener Aufwendungen wie Inventar)
- Miete (Leasing), ausgenommen Kfz und Räumlichkeiten
- Geringwertige Wirtschaftsgüter
- betriebliche Spenden

(BMF-AV Nr. 2015/133)

Beträgt die Bemessungsgrundlage weniger als 40.000 Euro, darf durch den Ansatz des Pauschales von 6.000 Euro kein Verlust entstehen. Dies verhindert, dass der Pauschalbetrag, der in diesen Fällen umsatzunabhängig wirkt, verlustbegründend (bzw. -erhöhend) wirkt. **4303**

Wirkt sich das Grundpauschale nicht aus, weil die Berücksichtigung der nicht pauschalierten Betriebsausgaben zu einem Verlust führt, kommt die Inanspruchnahme des Mobilitätspauschales bzw. des Energie- und Raumpauschales nicht in Betracht.

Bei Mitunternehmerschaften ist hinsichtlich des Höchst- bzw. Mindestbetrages auf die Mitunternehmerschaft als solche und nicht auf die einzelnen Mitunternehmer abzustellen.

(BMF-AV Nr. 2021/65)

11.5.4.2 Mobilitätspauschale

(BMF-AV Nr. 2015/133)

Das Mobilitätspauschale beträgt bis zur Veranlagung 2019 2%, höchstens 5.100 Euro, jedenfalls nicht mehr als das höchste Pendlerpauschale und ab der Veranlagung 2020: **4304**

- 6% der Bemessungsgrundlage, wenn sich der Betrieb in einer Gemeinde mit höchstens 5.000 Einwohnern befindet; höchstens jedoch 24.000 Euro.
- 4% der Bemessungsgrundlage, wenn sich der Betrieb in einer Gemeinde mit mehr als 5.000, aber höchstens 10.000 Einwohnern befindet; höchstens jedoch 16.000 Euro.
- 2% der Bemessungsgrundlage, wenn sich der Betrieb in einer Gemeinde mit mehr als 10.000 Einwohnern befindet; höchstens jedoch 8.000 Euro.

Hinsichtlich der Einwohnerzahl ist auf die online verfügbare, von der Bundesanstalt Statistik Österreich gemäß § 10 Abs. 7 Finanzausgleichsgesetz 2017 (FAG 2017) für den Finanzausgleich ermittelte Bevölkerungszahl (Volkszahl) zum Stichtag 31. Oktober des vorangegangenen Kalenderjahrs abzustellen.

Das Mobilitätspauschale umfasst:

- Sämtliche betriebliche Kfz-Kosten und Kosten für Nutzung anderer Verkehrsmittel.
- Reisekosten des Unternehmers selbst (nicht für Dienstnehmer), zB Diäten, Kfz-Kosten, Kosten des öffentlichen Verkehrs.

Bei Mitunternehmerschaften ist hinsichtlich des Höchstbetrages auf die Mitunternehmerschaft als solche und nicht auf die einzelnen Mitunternehmer abzustellen.

(BMF-AV Nr. 2021/65)

11.5.4.3 Energie- und Raumpauschale

(BMF-AV Nr. 2015/133)

4305 Das Energie- und Raumpauschale beträgt 8%, höchstens 32.000 Euro (bis zur Veranlagung 2019: 20.400 Euro) und umfasst alle Kosten aus Anlass der Nutzung von Räumlichkeiten außerhalb des Wohnungsverbandes.

Nicht erfasst und stets gesondert absetzbar sind, soweit sie Räumlichkeiten betreffen, die

- AfA,
- Ausgaben für Instandhaltung und Instandsetzung und
- Ausgaben für Miete und Pacht.

Insbesondere folgende Ausgaben sind durch das Energie- und Raumpauschale abgedeckt:

- Strom
- Wasser
- Kanalgebühr
- Gas
- Öl, Holz, Kohle, Pellets
- Reinigung
- Rauchfangkehrer
- liegenschaftsbezogene Abgaben und Versicherungen (zB Grundsteuer)

Bei Mitunternehmerschaften ist hinsichtlich des Höchstbetrages auf die Mitunternehmerschaft als solche und nicht auf die einzelnen Mitunternehmer abzustellen.

(BMF-AV Nr. 2021/65)

11.5.4.4 Übersicht über die Pauschalien

(BMF-AV Nr. 2015/133)

4306

	Höhe	Voraussetzung	Erfasst insbesondere:
Grundpauschale	15%, mindestens 6.000 €	Allgemeine Voraussetzungen für die Anwendung der Pauschalierung (Umsatzgrenze, Gewerbeberechtigung, gewerbliche Einkünfte)	Bürobedarf, Werbung, Literatur, Bewirtung und Betreuung, Versicherungen (wenn nicht vom Energie- und Raumpauschale erfasst), Arbeitszimmer innerhalb des Wohnungsverbandes (inkl. damit verbundener Aufwendungen wie Inventar), geringwertige Wirtschaftsgüter
Mobilitätspauschale	2%, 4% oder 6%, je nach Gemeindegröße	Inanspruchnahme des Grundpauschales	Kosten für betriebliche Fahrzeuge, Verkehrs- u. Reisekosten des Unternehmers (Diäten, Kfz-Kosten, Kosten des öffentlichen Verkehrs)
Energie- und Raumpauschale	8%	Inanspruchnahme des Grundpauschales	Ausgaben für Räumlichkeiten außerhalb des Wohnungsverbandes, die dem Gastgewerbe dienen, wie zB Strom, Wasser, Gas, Öl, Reinigung, Rauchfangkehrer, liegenschaftsbezogene Aufwendungen, Abgaben und Versicherung

(BMF-AV Nr. 2021/65)

11.5.5 Voll abzugsfähige Betriebsausgaben

(BMF-AV Nr. 2015/133)

4307 Neben den Pauschalien bleiben bestimmte Betriebsausgaben weiterhin voll abzugsfähig. Dies gilt für:

1. Wareneinsatz; dazu zählen auch Schipässe, Sommercards usw.

2. Löhne und Lohnnebenkosten
3. Sozialversicherungsbeträge
4. Aus- und Fortbildung von Arbeitnehmern
5. AfA, Instandhaltung und Instandsetzung
6. Miete und Pacht von Liegenschaften; dazu zählt zB auch die Anmietung von fremden Hotelzimmern.
7. Fremdmittelkosten
8. GFB-Grundfreibetrag
9. die unter das Mobilitätspauschale fallende Aufwendungen, wenn dieses nicht in Anspruch genommen wird
10. die unter das Energie- und Raumpauschale fallende Aufwendungen, wenn dieses nicht in Anspruch genommen wird

Steuerberatungskosten sind als Sonderausgaben iSd § 18 Abs. 1 Z 6 EStG 1988 zu berücksichtigen (vgl. Rz 4283a).

(BMF-AV Nr. 2021/65)

11.5.6 Bindung

(BMF-AV Nr. 2015/133)

Bei Inanspruchnahme der Gastgewerbepauschalierung besteht eine dreijährige Bindung, **4308**
sowohl innerhalb der Pauschalierung, als auch im Fall des freiwilligen Verlassens der Pauschalierung. Innerhalb der Pauschalierung bindet das erste Jahr der Inanspruchnahme die beiden folgenden: Der Steuerpflichtige muss in den folgenden zwei Wirtschaftsjahre dieselbe Vorgangsweise wählen wie im Jahr der erstmaligen Inanspruchnahme. Wird daher zB neben dem Grundpauschale (nur) das Mobilitätspauschale in Anspruch genommen (nicht aber das Energie- und Raumpauschale), muss der Steuerpflichtige diese Vorgangsweise auch in den folgenden beiden Wirtschaftsjahren beibehalten.

Wird die Pauschalierung freiwillig verlassen, ist eine erneute Inanspruchnahme frühestens nach drei Wirtschaftsjahren möglich. Dann gilt neuerlich eine Bindung in den folgenden zwei Wirtschaftsjahren.

(BMF-AV Nr. 2021/65)

Mit Wirksamkeit ab 2020 wird das Mobilitätspauschale unter bestimmten Voraussetzungen auf 6% bzw. 4% erhöht. Ist das Basisjahr das Jahr 2018 oder 2019, kann das Mobilitätspauschale unabhängig von der Bindung gemäß § 6 Abs. 1 der Verordnung in Anspruch genommen. Das erhöhte Pauschale kann daher auch dann berücksichtigt werden, wenn im Basisjahr 2018 oder 2019 kein Mobilitätspauschale in Anspruch genommen wurde. **4308a**

Der Verweis in § 9 Abs. 3 der Verordnung hat richtiger Weise „§ 4 Abs. 1 Z 1 oder Z 2“ zu lauten.

(BMF-AV Nr. 2021/65)

11.5.7 Vereinfachte Führung des Wareneingangsbuches

(BMF-AV Nr. 2015/133)

§ 7 der Verordnung sieht vor, dass das Wareneingangsbuch vereinfacht geführt werden kann. Diesfalls sind **4309**

- die Belege sämtlicher Wareneingänge jeweils getrennt nach ihrer Bezeichnung (branchenüblichen Sammelbezeichnung) in richtiger zeitlicher Reihenfolge mit einer fortlaufenden Nummer zu versehen,
- die Beträge jährlich für das abgelaufene Wirtschaftsjahr jeweils getrennt nach der Bezeichnung (branchenüblichen Sammelbezeichnung) des Wareneingangs zusammenzurechnen und die zusammengerechneten Beträge in das Wareneingangsbuch einzutragen und
- die Berechnungsunterlagen zu den Summenbildungen (Rechenstreifen) aufzubewahren.

Während des Jahres sind die Eingangsrechnungen getrennt nach Warengruppen gemäß ihrer branchenüblichen Sammelbezeichnung – in richtiger zeitlicher Reihenfolge und mit einer fortlaufenden Nummer versehen – abzulegen. Für sämtliche Eingangsrechnungen der jeweiligen Warengruppen sind Jahressummen zu bilden und diese in das Wareneingangsbuch einzutragen. Die Berechnungsunterlagen zu den Summenbildungen (Rechenstreifen) sind aufzubewahren (§ 132 BAO).

(BMF-AV Nr. 2015/133)

4309a Als Warengruppen kommen insb. folgende in Betracht:

- Küche,
- Brot und Gebäck,
- Speiseeis,
- Heißgetränke,
- Bier,
- Wein,
- Spirituosen,
- alkoholfreie Getränke,
- Rauchwaren,
- Hilfsstoffe,
- Sonstige Wareneinkäufe.

Belege, die Grundlage für Eintragungen in das Wareneingangsbuch sind, sind gemäß § 132 BAO sieben Jahre aufzubewahren.

(BMF-AV Nr. 2015/133)

11.5.8 Aufzeichnungspflicht

(BMF-AV Nr. 2015/133)

4309b Für nach dem 31. Juli 1999 erfolgte Lieferungen von Lebensmitteln und Getränken, bei denen

- nach den äußeren Umständen (insbesondere Menge der gelieferten Gegenstände) anzunehmen ist, dass die gelieferten Gegenstände nicht im Rahmen der privaten Lebensführung verwendet werden, und
- Name und Anschrift des Empfängers der Lieferung nicht festgehalten und aufgezeichnet werden,

gilt die Vermutung der ordnungsmäßigen Führung von Büchern und Aufzeichnungen des liefernden Unternehmers als nicht gegeben (§ 8 der Verordnung).

Werden Lebensmittel und Getränke – auch in Kleinmengen – im Wege der Beförderung oder Versendung an einen Unternehmer zugestellt, der sie zur Weiterveräußerung einsetzen kann, so besteht die Vermutung, dass die gelieferten Gegenstände nicht im Rahmen der privaten Lebensführung verwendet werden, und es ist daher Name und Anschrift des Empfängers der Lieferung aufzuzeichnen.

Werden Lebensmittel und Getränke vom Abnehmer beim Lieferer abgeholt, kann unter folgenden Voraussetzungen angenommen werden, dass die gelieferten Gegenstände nicht außerhalb der privaten Lebensführung eingesetzt werden:

Es handelt sich um eine Lieferung in Mengen, die dem üblichen Einkauf für den Einsatz in der privaten Haushaltsführung dienen. Dies kann seitens des liefernden Unternehmers angenommen werden, wenn bei folgenden Gegenständen die nachstehenden Liefermengen pro Lieferung nicht überschritten werden:

- Bier: 100 l,
- Wein: 60 l,
- Spirituosen und Zwischenerzeugnisse: 15 l,
- Alkoholfreie Getränke: 120 l.

(BMF-AV Nr. 2015/133)

4309c Die obigen Aussagen beziehen sich lediglich auf die Verpflichtungen des liefernden Unternehmers. Sollte nach den äußeren Umständen aus der Sicht des liefernden Unternehmers anzunehmen sein, dass die gelieferten Gegenstände nicht außerhalb der privaten Lebensführung verwendet werden, hat dies für sich gesehen keinerlei Auswirkungen auf den Abnehmer der Lieferung. Verwendet der Abnehmer der Lieferung andererseits die gelieferten Lebensmittel und/oder Getränke entgegen den – aus der Sicht des liefernden Unternehmers beurteilten – äußeren Umständen dennoch für gewerbliche Zwecke, sind daraus beim Empfänger der Lieferung die entsprechenden abgabenrechtlichen Konsequenzen zu ziehen.

(BMF-AV Nr. 2015/133)

4309d Auf welche Weise der liefernde Unternehmer Name und Anschrift des Abnehmers festhält, bleibt dem Unternehmer überlassen. Unrichtige Angaben des Abnehmers, die der liefernde Unternehmer bei Beachtung der Sorgfalt eines ordentlichen Kaufmannes nicht erkennen konnte, lassen die Vermutung der ordnungsmäßigen Führung von Büchern und Aufzeichnungen (§ 163 BAO) unberührt.

(BMF-AV Nr. 2015/133)

11.6 Lebensmitteleinzel- oder Gemischtwarenhändler (Verordnung BGBl. II Nr. 228/1999)

11.6.1 Anwendungsvoraussetzungen (§§ 1 und 5 der Verordnung)

§ 1. Für die Ermittlung des Gewinnes und des Abzugs von Vorsteuern bei Betrieben von Lebensmitteleinzel- oder Gemischtwarenhändlern, deren Inhaber hinsichtlich dieser Betriebe weder zur Buchführung verpflichtet sind noch freiwillig Bücher führen, gelten die folgenden Bestimmungen. **4310**

§ 5. Die Anwendung der Pauschalierung ist nur zulässig, wenn aus einer der Abgabenbehörde vorgelegten Beilage hervorgeht, dass der Steuerpflichtige von dieser Pauschalierung Gebrauch macht. Der Steuerpflichtige hat in der Beilage die Berechnungsgrundlagen darzustellen. Ab Veranlagung 2003 entfällt diese Verpflichtung (VO BGBl. II Nr. 633/2003).

Siehe dazu Rz 4259 ff.

(AÖF 2004/167)

11.6.2 Lebensmitteleinzel- und Gemischtwarenhändler (§ 2 der Verordnung)

§ 2. (1) Lebensmitteleinzel- oder Gemischtwarenhändler sind Gewerbetreibende, die einen Handel mit Waren des täglichen Bedarfs weitaus überwiegend in Form eines Kleinhandels unter folgenden Voraussetzungen ausüben: **4311**

1. *Andere Waren als Lebensmittel dürfen im Durchschnitt der letzten drei Wirtschaftsjahre in einem Ausmaß von höchstens 50% der gesamten Betriebseinnahmen (einschließlich Umsatzsteuer) veräußert worden sein.*
2. *Be- und/oder verarbeitete Lebensmittel dürfen im Durchschnitt der letzten drei Wirtschaftsjahre in einem Ausmaß von höchstens 25% der Betriebseinnahmen (einschließlich Umsatzsteuer) aus Lebensmitteln veräußert worden sein.*

(2) Zu den Betrieben des Lebensmitteleinzel- oder Gemischtwarenhandels gehören keinesfalls gastronomische Betriebe.

Lebensmitteleinzelhändler oder Gemischtwarenhändler sind Gewerbetreibende, die mit Waren des täglichen Bedarfs handeln und auf die die Voraussetzungen des § 2 Abs. 1 der Verordnung zutreffen. Die Qualifikation als Lebensmitteleinzelhändler oder Gemischtwarenhändler hat auf Grundlage der Definition des § 2 Abs. 1 der Verordnung nach der allgemeinen Verkehrsauffassung zu erfolgen. Waren des täglichen Bedarfs sind Verbrauchsgegenstände, die im täglichen Leben benötigt und in kürzeren Zeitabständen regelmäßig nachbeschafft werden, wie etwa Lebensmittel, Rauchwaren, Kurzwaren, Bekleidung, Hygieneartikel, Geschirr und Ähnliches.

Lebensmitteleinzelhändler oder Gemischtwarenhändler im Sinne der Verordnung sind solche die ihre Geschäftstätigkeit „überwiegend in Form eines Kleinhandels" betreiben. „Kleinhandel" im Sinne der Verordnung ist der Handel mit Abnehmern, die Letztverbraucher sind. Der Handel mit Wiederverkäufern (Großhandel) stellt keinen „Kleinhandel" im Sinne der Verordnung dar. **4312**

Wird ein Lebensmittel- oder Gemischtwarenhandel im Rahmen eines Betriebes sowohl in Form des Kleinhandels als auch in Form des Großhandels betrieben, muss der Kleinhandel „weitaus überwiegen", was solange zutrifft, als der Großhandelsumsatz des jeweiligen Jahres 25% des gesamten Handelsumsatzes des jeweiligen Jahres nicht übersteigt. Wird diese Grenze in jenem Jahr, für das die pauschale Gewinnermittlung in Aussicht genommen ist, nicht überschritten, ist die Anwendung der Pauschalierung zulässig. Es bestehen jedoch im Interesse eines schon bei Jahresbeginn gesicherten Vorliegens dieser Anwendungsvoraussetzung keine Bedenken, die Pauschalierung auch in Fällen anzuwenden, in denen die 25%-Grenze im Jahr der geplanten Inanspruchnahme der pauschalen Gewinnermittlung überschritten wird, soferne diese Grenze im Durchschnitt der letzten drei Wirtschaftsjahre nicht überschritten worden ist. **4313**

Beispiel 1:

In den Jahren 1,2 und 3 betrugen die Großhandelsumsätze 28% (Jahr 1), 24% (Jahr 2) und 17% (Jahr 3). Der Durchschnitt der Großhandelsumsätze der Jahre 1 bis 3 beträgt 23%. Im Jahr 4 ist die Verordnung jedenfalls anwendbar, selbst wenn die Großhandelsumsätze dieses Jahres 25% übersteigen sollten.

Beispiel 2:

In den Jahren 1,2 und 3 betrugen die Großhandelsumsätze 23% (Jahr 1), 24% (Jahr 2) und 34% (Jahr 3). Der Durchschnitt der Großhandelsumsätze der Jahre 1 bis 3 beträgt 27%. Im Jahr 4 ist die Verordnung unter der Voraussetzung anwendbar, dass die Großhandelsumsätze dieses Jahres 25% nicht übersteigen.

Beispiel 3:

Der Betrieb wurde im Jahr 1 eröffnet. In den Jahren 1 und 2 betrugen die Großhandelsumsätze 26% (Jahr 1) und 22% (Jahr 2). Der Durchschnitt der Großhandelsumsätze der Jahre 1 und 2 beträgt 24%. Im Jahr 3 ist die Verordnung jedenfalls anwendbar, selbst wenn die Großhandelsumsätze dieses Jahres 25% übersteigen sollten.

(BMF-AV Nr. 2015/133)

4313a Eine unentgeltliche Betriebsübertragung im Beobachtungs- oder Pauschalierungszeitraum führt in Fällen einer Gesamtrechtsnachfolge (zB Erbfolge, Erbschaftskauf, Erbschaftsschenkung) zu einer weiteren Berücksichtigung der Verhältnisse des Rechtsvorgängers beim Rechtsnachfolger (§ 19 Abs. 1 BAO). In Fällen einer (entgeltlichen oder unentgeltlichen) Einzelrechtsnachfolge (zB Kauf, Schenkung, Vermächtnis) im Beobachtungs- oder Pauschalierungszeitraum kommt eine Anwendung einer Pauschalierung für den Rechtsnachfolger nur in Betracht, wenn die in den Verordnungen jeweils vorgesehenen Anwendungsvoraussetzungen vom Rechtsnachfolger erfüllt werden.

(BMF-AV Nr. 2015/133)

4314 Für die Beurteilung, ob Betriebe von Lebensmitteleinzelhändlern oder Gemischtwarenhändlern im Sinne der Verordnung vorliegen, ist es nicht schädlich, wenn in untergeordnetem Ausmaß auch Produkte angeboten werden, die nicht zum typischen in § 2 Abs. 1 der Verordnung näher umschriebenen Sortiment von Lebensmitteleinzelhändlern oder Gemischtwarenhändlern gehören, sofern das branchentypische Angebot derart überwiegt, dass im Gesamtbild der Charakter eines Lebensmitteleinzelhändlers oder Gemischtwarenhändlers nicht verloren geht. Die Relation von Umsätzen aus branchentypischen und nicht branchentypischen Umsätzen kann dafür einen Anhaltspunkt darstellen. Bei einer Relation von mehr als 25% nicht branchentypischer Umsätze wird nicht mehr vom Vorliegen eines Lebensmitteleinzelhändlers oder Gemischtwarenhändlers im Sinne der Verordnung gesprochen werden können.

Eine im Rahmen eines Betriebes eines Lebensmitteleinzel- oder Gemischtwarenhändlers betriebene Tätigkeit, die zu Provisionseinnahmen führt (zB aus dem Betrieb einer Lotto/Toto-Annahmestelle), hat auf die Anwendung der Pauschalierung keine Auswirkung. Die Provisionseinnahmen sind durch die Pauschalierung nicht erfasst, sondern in voller Höhe (ohne Abzug von Betriebsausgaben) neben dem pauschal ermittelten Gewinn gesondert anzusetzen. Den Provisionserlösen stehen nämlich keine nennenswerten (nicht schon durch die Pauschalierung abgegoltene) Betriebsausgaben gegenüber, sodass deren Besteuerung nach der Verordnung zu einem völlig verzerrten Ergebnis führen würde.

(BMF-AV Nr. 2015/133)

4315 Als „Lebensmittel" gelten Stoffe, die dazu bestimmt sind, zum Zwecke der Ernährung oder Ernährungsergänzung in rohem, zubereitetem, be- oder verarbeitetem Zustand von Menschen aufgenommen zu werden. Lebensmittel sind insbesondere Speisen und Getränke einschließlich Spirituosen. Keine Lebensmittel sind insbesondere Rauchwaren. Be- und Verarbeitung iSd § 2 Abs. 1 der VO BGBl. II Nr. 228/1999 liegt vor, wenn aus typischen Erzeugungsprodukten (bei einem Fleischhauer zB Fleisch, Wurst- und Selchwaren) Produkte anderer Marktgängigkeit hergestellt werden (bei einem Fleischhauer zB Wurstsemmeln und panierte Schnitzel).

(AÖF 2006/114)

4316 Ein „Gemischtwarenhändler" ist ein Händler, der sowohl mit Lebensmitteln als auch mit anderen Waren des täglichen Bedarfs handelt.

4317 Die Verordnung ist nicht anwendbar, wenn in einem Gesamtbetrieb neben einem in Form eines Teilbetriebes geführten Lebensmitteleinzelhandelsbetrieb (Gemischtwarenhandelsbetrieb) ein oder mehrere „branchenfremde" Teilbetriebe, auf die – isoliert betrachtet – die Anwendungsvoraussetzungen der Verordnung nicht zutreffen, geführt werden. Dies gilt auch dann, wenn das wirtschaftliche Gewicht des Teilbetriebes im Bereich des Lebensmitteleinzelhandels überwiegt.

Beispiel:

B betreibt einen Lebensmitteleinzelhandelsbetrieb und eine Trafik als selbstständige Teilbetriebe eines Gesamtbetriebes. Der Teilbetrieb Trafik erfüllt nicht die Anwendungs-

voraussetzungen des § 2 Abs. 1 der Verordnung. Die Verordnung ist für den Gesamtbetrieb nicht anwendbar.

Die Voraussetzungen des § 2 Abs. 1 Z 1 und Z 2 der Verordnung müssen kumulativ erfüllt sein. Danach dürfen im Durchschnitt der letzten drei Wirtschaftsjahre die Umsätze aus „Nicht-Lebensmitteln“ (einschließlich der nicht branchentypischen Umsätze) die Hälfte sämtlicher (Brutto-)Betriebseinnahmen des Betriebes nicht überstiegen haben und die Umsätze aus be- und/oder verarbeiteten Lebensmitteln ein Viertel der (Brutto-)Betriebseinnahmen aus Lebensmitteln nicht überstiegen haben. **4318**

Beispiel 1:

C betreibt einen Obst- und Gemüsehandel, in dem auch Obstsäfte, die aus frischen Früchten zubereitet werden, angeboten werden. Im Durchschnitt der letzten drei Wirtschaftsjahre wurden sämtliche Umsätze aus dem Lebensmittelhandel erzielt. Die Umsätze aus dem Verkauf der zubereiteten Obstsäfte haben im Durchschnitt der letzten drei Wirtschaftsjahre stets nicht mehr als 20% der (Brutto-)Betriebseinnahmen des Betriebes (das sind somit weniger als ein Viertel der [Brutto-]Betriebseinnahmen aus Lebensmitteln) ausgemacht.

Der Betrieb stellt einen Lebensmittelhandel dar, der die Anwendungsvoraussetzungen der Verordnung erfüllt.

Beispiel 2:

D betreibt im Rahmen eines einzigen Betriebes – ohne Teilbetriebsfunktion der einzelnen Sparten – einen Handel mit Lebensmitteln sowie Tabakwaren und Zeitungen (Trafik). Im Durchschnitt der letzten drei Wirtschaftsjahre haben die Umsätze aus dem Lebensmittelhandel stets mindestens 70% der (Brutto-)Betriebseinnahmen des Betriebes ausgemacht. Be- oder verarbeitete Lebensmittel wurden nicht veräußert.

Der Betrieb stellt einen Gemischtwarenhandel dar, der die Anwendungsvoraussetzungen der Verordnung erfüllt.

Beispiel 3:

E betreibt im Rahmen eines einzigen Betriebes – ohne Teilbetriebsfunktion der einzelnen Sparten – einen Gemischtwarenhandel und eine Imbiss-Stube, in der warme Speisen zum Verzehr im Lokal oder über die Gasse angeboten werden. Im Durchschnitt der letzten drei Wirtschaftsjahre haben die Umsätze aus dem Lebensmittelhandel einschließlich der Umsätze aus der Abgabe be- und verarbeiteter Speisen stets mindestens 60% der (Brutto-) Betriebseinnahmen des gesamten Betriebes ausgemacht. Die Umsätze aus zubereiteten Speisen haben im Durchschnitt der letzten drei Wirtschaftsjahre stets nicht mehr als 15% der (Brutto-)Betriebseinnahmen des gesamten Betriebes (das sind somit nicht mehr als ein Viertel der [Brutto-]Betriebseinnahmen aus Lebensmitteln) ausgemacht.

Der Betrieb stellt einen Gemischtwarenhandel (und auf Grund der im Gesamtbild des Betriebes nicht im Vordergrund stehenden Bedeutung der gastronomischen Leistungen keinen gastronomischen Betrieb) dar. Die Anwendungsvoraussetzungen der Verordnung sind erfüllt.

Beispiel 4:

F betreibt eine Tankstelle, an der neben diversem Zubehör für Kraftfahrzeuge auch Lebensmittel und Zeitungen angeboten werden. Kleinere Speisen und warme und kalte Getränke können im Tankstellengebäude konsumiert werden. Im Durchschnitt der letzten drei Wirtschaftsjahre haben die Umsätze aus dem Handel mit Lebensmitteln einschließlich der Umsätze aus der Abgabe be- und verarbeiteter Speisen stets mindestens 75% der gesamten (Brutto-)Betriebseinnahmen des Betriebes ausgemacht. Die Umsätze aus zubereiteten Speisen haben im Durchschnitt der letzten drei Wirtschaftsjahre stets mehr als 25% der (Brutto-)Betriebseinnahmen des gesamten Betriebes (das sind somit mehr als ein Viertel der [Brutto-]Betriebseinnahmen aus Lebensmitteln) ausgemacht.

Der Betrieb stellt zwar (im Sinne der Verkehrsauffassung) einen Gemischtwarenhandel (und auf Grund der im Gesamtbild des Betriebes nicht im Vordergrund stehenden Bedeutung der gastronomischen Leistungen keinen gastronomischen Betrieb) dar. Die Anwendungsvoraussetzungen der Verordnung sind jedoch nicht erfüllt, da die Umsätze aus zubereiteten Speisen im Durchschnitt der letzten drei Wirtschaftsjahre stets mehr als ein Viertel der (Brutto-)Betriebseinnahmen aus Lebensmitteln ausgemacht haben. Der Betrieb ist somit kein Gemischtwarenhandel im Sinne der Verordnung.

Zu den Betrieben des Lebensmitteleinzel- oder Gemischtwarenhandels gehören keinesfalls gastronomische Betriebe. Die Qualifikation als „gastronomischer Betrieb“ iSd § 2 Abs. 2 der Verordnung betreffend Lebensmitteleinzel- oder Gemischtwarenhandel hat nach der allgemeinen Verkehrsauffassung zu erfolgen. Gastronomische Betriebe sind jedenfalls Betriebe, auf die die Voraussetzungen des § 2 Abs. 2 der Verordnung betreffend Gaststät- **4319** ten- und Beherbergungsgewerbe zutreffen. Betriebe, die nicht die Voraussetzungen des § 2 Abs. 2 der Verordnung betreffend Gaststätten- und Beherbergungsgewerbe erfüllen, können aber dennoch entsprechend der Verkehrsauffassung gastronomische Betriebe iSd der Verordnung betreffend Lebensmitteleinzel- oder Gemischtwarenhandel darstellen. Würstelstände, Maroni- und Kartoffelbratereien, Eisgeschäfte und Konditoreien sind jedenfalls gastronomische Betriebe iSd § 2 Abs. 2 der Verordnung betreffend Lebensmitteleinzel- oder Gemischtwarenhandel, jedoch keine Gaststätten im Sinne der Verordnung betreffend das Gaststätten- und Beherbergungsgewerbe (§ 2 Abs. 2 der Verordnung, BGBl. II Nr. 227/1999).

(AÖF 2010/43)

4319a Die gewerblichen Vollpauschalierungen für Lebensmitteleinzel- und Gemischtwarenhändler unterstellen hinsichtlich der pauschalen Gewinnermittlung den Regelfall eines selbst bewirtschafteten Betriebes. Die (gewerbliche) Betriebsverpachtung weicht davon beträchtlich ab, da als Ausgabenpositionen idR lediglich Abschreibungen und Betriebskosten, jedenfalls aber kein Wareneinsatz in Betracht kommen. Aus diesem Grund kann die genannte Pauschalierung in derartigen Fällen nicht angewendet werden. In Mischfällen (teilweise Eigenbewirtschaftung, teilweise gewerbliche Betriebsverpachtung im selben Wirtschaftsjahr) ist die (unterjährige) Betriebsverpachtung für die Anwendung der Pauschalierung so lange nicht schädlich, als die Umsätze aus der Verpachtung 25% des Gesamtumsatzes nicht übersteigen.

(BMF-AV Nr. 2015/133)

11.6.3 Pauschale Gewinnermittlung (§ 3 Abs. 1 der Verordnung)

4320 *§ 3. (1) Der Gewinn aus dem Betrieb eines Lebensmitteleinzel- oder Gemischtwarenhändlers kann wie folgt ermittelt werden: Der Gewinn ist im Rahmen einer Einnahmen-Ausgaben-Rechnung mit einem Durchschnittssatz von 3.630 € zuzüglich 2% der Betriebseinnahmen (einschließlich Umsatzsteuer) anzusetzen. Von dem mittels dieses Durchschnittssatzes berechneten Gewinn dürfen keine Betriebsausgaben abgezogen werden.*

Der Gewinn wird über den Sockelbetrag von 3.630 € hinaus mit 2% aus den Betriebseinnahmen (einschließlich Umsatzsteuer) abgeleitet. Zum Betriebseinnahmenbegriff siehe Rz 4280 ff.

Zur Abfertigungsrückstellung (§ 14 Abs. 1 bis 6 EStG 1988) siehe Rz 4304 ff, der entsprechend gilt. Zur Antragsveranlagung endbesteuerungsfähiger Kapitalerträge siehe Rz 4303.

(AÖF 2004/167)

11.6.4 Vereinfachte Führung des Wareneingangsbuches (§ 3 Abs. 2 der Verordnung)

4321 *§ 3. (2) Das Wareneingangsbuch (§ 127 der Bundesabgabenordnung) kann in der Weise vereinfacht geführt werden, dass*

- *die Belege sämtlicher Wareneingänge jeweils getrennt nach ihrer Bezeichnung (branchenüblichen Sammelbezeichnung) in richtiger zeitlicher Reihenfolge mit einer fortlaufenden Nummer versehen werden,*
- *die Beträge jährlich für das abgelaufene Wirtschaftsjahr jeweils getrennt nach der Bezeichnung (branchenüblichen Sammelbezeichnung) des Wareneingangs zusammengerechnet werden und die zusammengerechneten Beträge in das Wareneingangsbuch eingetragen werden,*
- *die Berechnungsunterlagen zu den Summenbildungen (Rechenstreifen) aufbewahrt werden.*

Während des Jahres sind die Eingangsrechnungen getrennt nach Warengruppen gemäß ihrer branchenüblichen Sammelbezeichnung – in richtiger zeitlicher Reihenfolge und mit einer fortlaufenden Nummer versehen – abzulegen. Für sämtliche Eingangsrechnungen der jeweiligen Warengruppen sind Jahressummen zu bilden und diese in das Wareneingangsbuch einzutragen. Die Berechnungsunterlagen zu den Summenbildungen (Rechenstreifen) sind aufzubewahren (§ 132 BAO).

4322 Als Warengruppen kommen insb. folgende in Betracht:

- Waren, die einem 10%igen Umsatzsteuersatz unterliegen,
- Waren, die einem 20%igen Umsatzsteuersatz unterliegen, ausgenommen Getränke,
- Getränke, die einem 10%igen Umsatzsteuersatz unterliegen (Milch, Kakao),
- Getränke, die einem 20%igen Umsatzsteuersatz unterliegen.

Belege, die Grundlage für Eintragungen in das Wareneingangsbuch sind, sind gemäß § 132 BAO sieben Jahre aufzubewahren.

(AÖF 2002/84)

11.6.5 Inkrafttreten

§ 6. Die Verordnung ist erstmals bei der Veranlagung für das Kalenderjahr 2000 anzuwenden. **4323**

Die Anwendung der Verordnungen kommt erstmalig bei der Ermittlung des Gewinns des Wirtschaftsjahres 2000 bzw. hinsichtlich der Vorsteuerpauschalierung ab dem Kalenderjahr 2000 in Betracht.

11.7 Drogisten (Verordnung BGBl. II Nr. 229/1999)

11.7.1 Anwendungsvoraussetzungen

Siehe dazu Rz 4259 ff.

11.7.2 Betrieb eines Drogisten (§ 1 der Verordnung)

§ 1. Für die Ermittlung des Gewinnes und des Abzugs von Vorsteuern bei Betrieben von Drogisten, deren Inhaber hinsichtlich dieser Betriebe weder zur Buchführung verpflichtet sind noch freiwillig Bücher führen, gelten die folgenden Bestimmungen. **4324**

Die Beurteilung, ob ein Betrieb eines Drogisten vorliegt, hat nach der Verkehrsauffassung zu erfolgen. Eine Drogerie ist danach ein Spezialgeschäft des Einzelhandels mit Sortimentsschwerpunkten bei kosmetischen, chemisch-pharmazeutischen und Naturkosterzeugnissen. Der Betrieb eines Drogisten umfasst auch einen im Rahmen einer Drogerie betriebenen Fotohandel.

Für die Beurteilung, ob eine „Drogerie“ im Sinne der Verordnung vorliegt, ist es nicht schädlich, wenn in untergeordnetem Ausmaß auch Produkte angeboten werden, die nicht zum typischen Sortiment von Drogerien gehören, sofern das Angebot von Drogeriewaren derart überwiegt, dass im Gesamtbild der Charakter einer Drogerie erhalten bleibt. Die Relation von Umsätzen aus Drogerie-Artikeln und „Nicht-Drogerie-Artikeln“ kann dafür einen Anhaltspunkt darstellen. Bei einer Relation von mehr als 25% an „Nicht-Drogerie-Artikeln“ wird nicht mehr vom Vorliegen einer Drogerie im Sinn der Verordnung gesprochen werden können. **4325**

Treffen auf einen Betrieb sowohl die Voraussetzungen der Verordnung betreffend Lebensmitteleinzel- und Gemischtwarenhändler als auch die Voraussetzungen der Verordnung betreffend Drogisten zu, kommt nur die Anwendung der Verordnung betreffend Lebensmitteleinzel- und Gemischtwarenhändler in Betracht. **4326**

11.7.3 Gewinnermittlung (§ 2 der Verordnung)

§ 2. Der Gewinn aus dem Betrieb eines Drogisten kann wie folgt ermittelt werden: Der Gewinn ist nach Maßgabe des § 17 Abs. 1 bis 3 des EStG 1988 zu ermitteln; das Vorliegen der Voraussetzungen des § 17 Abs. 2 Z 2 des EStG 1988 ist dabei unbeachtlich. **4327**

Die Gewinnermittlung hat nach Maßgabe der Bestimmungen des § 17 Abs. 1 bis 3 EStG 1988 (gesetzliche Basispauschalierung) zu erfolgen. Danach beträgt der Durchschnittssatz 12% der Umsätze (§ 125 Abs. 1 lit. a BAO). Ab der Veranlagung 2004 ist das Betriebsausgabenpauschale gedeckelt. Der Höchstbetrag beträgt 26.400 E. Neben dem Pauschale dürfen nur folgende Ausgaben als Betriebsausgaben abgesetzt werden:

- Ausgaben für den Eingang an Waren, Rohstoffen, Halberzeugnissen, Hilfsstoffen und Zutaten, die nach ihrer Art und ihrem betrieblichen Zweck in ein Wareneingangsbuch (§ 128 BAO) einzutragen sind oder einzutragen wären,
- Ausgaben für Löhne (einschließlich Lohnnebenkosten),
- Ausgaben für Fremdlöhne, soweit diese unmittelbar in Leistungen eingehen, die den Betriebsgegenstand des Unternehmens bilden, weiters
- Beiträge im Sinne des § 4 Abs. 4 Z 1 EStG 1988.

(AÖF 2004/167)

Zu den Betriebseinnahmen und -ausgaben siehe Rz 4109 ff. Zu den neben dem Pauschalsatz absetzbaren Betriebsausgaben siehe auch Rz 4117 ff betreffend die gesetzliche Basispauschalierung, die entsprechend gilt. **4328**

(BMF-AV Nr. 2019/75)

Zu den Aufzeichnungsverpflichtungen und zur Führung eines Wareneingangsbuches bei Inanspruchnahme der Verordnung betreffend Drogisten siehe Rz 4135 ff betreffend die gesetzliche Basispauschalierung, der entsprechend gilt. Eine vereinfachte Führung des Wareneingangsbuches kommt bei Inanspruchnahme der Verordnung betreffend Drogisten nicht in Betracht. **4329**

11.7.4 Inkrafttreten

4330 *§ 6. Die Verordnung ist erstmals bei der Veranlagung für das Kalenderjahr 2000 anzuwenden.*

Die Anwendung der Verordnungen kommt erstmalig bei der Ermittlung des Gewinns des Wirtschaftsjahres 2000 bzw. hinsichtlich der Vorsteuerpauschalierung ab dem Kalenderjahr 2000 in Betracht.

11.8 *entfällt*

Randzahlen 4331 bis 4354: *derzeit frei*

(AÖF 2013/280)

11.9 Handelsvertreter (Verordnung BGBl. II Nr. 95/2000)

4355 Die Verordnung ist erstmalig bei der Veranlagung für das Kalenderjahr 2000 für jene Steuerpflichtigen anwendbar, die die Tätigkeit eines Handelsvertreter iSd Handelsvertretergesetzes 1993, BGBl. Nr. 88/1993, ausüben. Gemäß § 1 Abs. 1 Handelsvertretergesetz 1993, BGBl. Nr. 88/1993, ist Handelsvertreter, wer von einem anderen (im Handelsvertretergesetz, „Unternehmer" genannt) mit der Vermittlung oder dem Abschluss von Geschäften, ausgenommen über unbewegliche Sachen, in dessen Namen und für dessen Rechnung ständig betraut ist und diese Tätigkeit selbständig und gewerbsmäßig ausübt. Der Unternehmer kann auch ein Handelsvertreter sein. Anwendungsvoraussetzung für die Handelsvertreterpauschalierung ist, dass die Tätigkeit dem im § 1 Abs. 1 Handelsvertretergesetz 1993 umschriebenen Berufsbild entspricht. Steuerpflichtige, die im eigenen Namen und auf eigene Rechnung Geschäftsabschlüsse tätigen (Eigenhändler), sind – unabhängig davon, ob der Verkauf zum Einstandspreis erfolgt oder nicht – vom Anwendungsbereich der Verordnung nicht erfasst.

(AÖF 2003/209)

4355a Fertigteilhäuser gelten als bewegliche Wirtschaftsgüter, solange sie nicht aufgestellt und mit einem Grundstück verbunden sind. Auf Vertreter, die Geschäfte über Fertigteilhäuser vermitteln oder abschließen, ist die Verordnung bei Vorliegen der übrigen Voraussetzungen anwendbar.

(AÖF 2007/88)

4356 Werden Warenpräsentatoren, Bausparkassenvertreter unter Umständen tätig, die dem in § 1 Abs. 1 Handelsvertretergesetz 1993, BGBl. Nr. 88/1993, umschriebenen Tätigkeitsfeld von Handelsvertretern entsprechen, sind sie als Handelsvertreter im Sinne der Verordnung anzusehen.

Werden Finanzdienstleister (zB AWD-Berater), Finanzdienstleistungsassistenten iSd § 2 Abs. 1 Z 14 GewO, BGBl. Nr. 194/1994 idF BGBl. I Nr. 131/2004 und Vermögensberater [„reine" gewerbliche Vermögensberater, gewerbliche Vermögensberater (in der Form Versicherungsagent) sowie gewerbliche Vermögensberater (in der Form Versicherungsmakler), § 94 Z 75 iVm § 136a und § 137 GewO, BGBl. Nr. 194/1994 idF BGBl. I Nr. 131/2004] unter Umständen tätig, die dem in § 1 Abs. 1 Handelsvertretergesetz 1993, BGBl. Nr. 88/1993, umschriebenen Tätigkeitsfeld von Handelsvertretern entsprechen, sind sie als Handelsvertreter im Sinne der Verordnung anzusehen. Voraussetzung ist somit, dass von derartig Tätigen eine Vertretungstätigkeit ausgeübt wird, die der in § 1 Abs. 1 Handelsvertretergesetz 1993, BGBl. Nr. 88/1993, umschriebenen entspricht. In diesem Fall ist die 25%-Grenze der Rz 4357 nicht anzuwenden. Die Verordnung ist jedoch nicht auf Finanzdienstleister und Vermögensberater anzuwenden, die keine derartige Vertretungstätigkeit ausüben (zB Ausgleichsvermittler, Auskunfteien über Kreditverhältnisse, Leasingunternehmen, Pfandleihunternehmen, Vermögensverwalter, Versteigerer beweglicher Sachen).

Auf selbstständige Versicherungsagenten im Sinn des § 94 Z 76 Gewerbeordnung, BGBl. Nr. 194/1994 idF BGBl I Nr. 111/2002, ist die Verordnung anwendbar (auch auf „Mehrfachagenten", die mit mehreren Versicherungsunternehmen vertraglich verbunden sind). Selbstständiger Versicherungsagent ist, wer von einem Versicherer ständig damit betraut ist, für diesen Versicherungsverträge zu vermitteln oder zu schließen (§ 43 Versicherungsvertragsgesetz, BGBl. Nr. 509/1994).

Auf Versicherungsmakler (Versicherungsvermittler, die ausschließlich in der Form „Versicherungsmakler und Berater in Versicherungsangelegenheiten" tätig sind) ist die Verordnung ebenfalls anwendbar, da der Versicherungsmakler in der Praxis unter Umständen tätig wird, die dem in § 1 Abs. 1 Handelsvertretergesetz 1993, BGBl. Nr. 88/1993, umschriebenen Tätigkeitsfeld von Handelsvertretern entsprechen (ständiges Betrauungsverhältnis seitens des Versicherungskunden).

(AÖF 2006/114)

Die Betriebsausgabenpauschalierung nach der Verordnung kommt für die Einnahmen-Ausgaben-Rechnung sowie bis zur Veranlagung 2017 auch für die Bilanzierung in Betracht. Gemäß § 2 Abs. 1 der Verordnung sind die nicht „abpauschalierten" Betriebsausgaben in vollem Umfang nach den tatsächlichen Verhältnissen anzusetzen. Durch diese Bestimmung wird die pauschale Geltendmachung von Betriebsausgaben (Kilometergeld bei untergeordneter betrieblicher Nutzung, Nächtigungsgeld in Höhe von 15 Euro) nicht ausgeschlossen. **4357**

Für Kapitalgesellschaften ist die Pauschalierung nicht anwendbar, da die abpauschalierten Betriebsausgabenkategorien auf natürliche Personen zugeschnitten sind.

Wird neben einer Tätigkeit die dem in Rz 4355 definierten Tätigkeitsbild des Handelsvertreters entspricht, im Rahmen desselben Betriebes eine andere Tätigkeit ausgeübt wird, auf die dies nicht zutrifft, ist dies für die Inanspruchnahme der Pauschalierung unschädlich, wenn die „Nicht-Handelsvertretertätigkeit" lediglich untergeordnet ist. Dies wird in Fällen zutreffen, in denen der Umsatz aus der „Nicht-Handelsvertretertätigkeit" 25 % des Gesamtumsatzes nicht übersteigt (vgl. Rz 4292, 4314 und 4325). In derartigen Fällen ist die Pauschalierung auf die gesamte Tätigkeit zu beziehen (kein Herausschälen der Umsätze aus der „Nicht-Handelsvertretertätigkeit). Wird die genannte Grenze hingegen überschritten, ist die Handelsvertreterpauschalierung zur Gänze nicht anwendbar".

(BMF-AV Nr. 2018/79)

Wird eine Handelsvertretertätigkeit von einer Mitunternehmerschaft ausgeübt, kommt die Anwendung der Pauschalierung für die Gewinnermittlung der Mitunternehmerschaft in Betracht. Der Betriebsausgabenpauschbetrag steht unabhängig von der Anzahl der an der Mitunternehmerschaft beteiligten Handelsvertreter einmal zu. **4358**

Bis einschließlich Veranlagung 2002 ist die Anwendung der Pauschalierung nur zulässig, wenn aus einer der Abgabenbehörde vorgelegten Beilage hervorgeht, dass der Steuerpflichtige von dieser Pauschalierung Gebrauch macht. Der Steuerpflichtige hat in der Beilage die Berechnungsgrundlagen darzustellen. Die Beilage ist nach einem amtlichen Vordruck zu erstellen. Ab Veranlagung 2003 entfällt diese Verpflichtung (VO BGBl. II Nr. 635/2003). **4359**

(AÖF 2004/167)

Der Durchschnittssatz für Betriebsausgaben beträgt 12% der Umsätze iSd § 125 Abs. 1 BAO (siehe dazu Rz 4109 ff), höchstens jedoch 5.825 Euro jährlich. Damit sind „abpauschaliert": **4360**

- eigene Tagesgelder des Handelsvertreters, nicht jedoch Tagesgeldersätze, die vom Handelsvertreter an für ihn tätige Personen geleistet werden;
- Ausgaben für im Wohnungsverband gelegene Räume (insbesondere Lagerräumlichkeiten und Kanzleiräumlichkeiten);
- Ausgaben anlässlich der Bewirtung von Geschäftsfreunden;
- üblicherweise nicht belegbare Betriebsausgaben wie Trinkgelder und Ausgaben für auswärtige Telefongespräche (zB bei in Telefonzellen geführten Ferngesprächen). Ausgaben aus der Benutzung eines Mobiltelefons sind nicht vom Pauschale erfasst.

Das Betriebsausgabenpauschale ist als Nettogröße anzusehen. Bei Anwendung der Bruttomethode (siehe Rz 745) ist die auf die ertragsteuerlich abpauschalierten Betriebsausgaben entfallende tatsächliche Umsatzsteuer oder – bei Inanspruchnahme der Vorsteuerpauschalierung gemäß § 2 Abs. 3 der Verordnung – der darauf entfallende Vorsteuerpauschalbetrag zusätzlich als Betriebsausgabe absetzbar (siehe Rz 4131 zur gesetzlichen Basispauschalierung).

Die einkommensteuerrechtliche Pauschalierung ist von der umsatzsteuerrechtlichen Pauschalierung nach der Verordnung unabhängig.

(BMF-AV Nr. 2021/65)

11.10 Werbungskosten von Angehörigen bestimmter Berufsgruppen

Siehe LStR 1999, Rz 396 bis 428.

11.11 Künstler und Schriftsteller (Verordnung BGBl. II Nr. 417/2000)

11.11.1 Anwendungsbereich

Die Künstler/Schriftstellerpauschalierung ist erstmalig bei der Veranlagung für das Kalenderjahr 2000 anzuwenden. Die einkommensteuerrechtliche Pauschalierung ist von der umsatzsteuerrechtlichen unabhängig. **4361**

Anwendungsvoraussetzungen der Künstler/Schriftstellerpauschalierung sind: **4362**

1. Selbständige Ausübung einer künstlerischen und/oder schriftstellerischen Tätigkeit (siehe Rz 4363 und 4364).

2. Hinsichtlich dieser Tätigkeit(en) darf keine Buchführungspflicht bestehen und es dürfen auch nicht freiwillig Bücher geführt werden, die eine Gewinnermittlung nach § 4 Abs. 1 EStG 1988 ermöglichen.

3. Bis einschließlich Veranlagung 2002 die Verwendung einer Beilage, aus der hervorgeht, dass der Steuerpflichtige von der Pauschalierung Gebrauch macht. Die Beilage ist nach einem amtlichen Vordruck zu erstellen (Formular Komb 9). In der Beilage sind die Berechnungsgrundlagen darzustellen. Sie ist der Abgabenerklärung anzuschließen. Ab Veranlagung 2003 entfällt diese Verpflichtung (VO BGBl. II Nr. 636/2003).

4. Keine (weitere) Inanspruchnahme einer Pauschalierung für Einkünfte aus der künstlerischen bzw. schriftstellerischen Tätigkeit, dh. Berücksichtigung von weiteren Betriebsausgaben bei der künstlerischen bzw. schriftstellerischen Tätigkeit in vollem Umfang nach den tatsächlichen Verhältnissen.

5. Keine Geltendmachung von abpauschalierten Betriebsausgaben im Sinne des § 2 Abs. 2 der Verordnung in tatsächlicher Höhe oder über die Individualpauschalierung bei einer weiteren Tätigkeit, die mit der künstlerischen bzw. schriftstellerischen im Zusammenhang steht (§ 3 der Verordnung, siehe dazu unter Rz 4368 und 4369).

(AÖF 2004/167)

4363 Die pauschale Gewinnermittlung ist auf Einkünfte aus einer selbständigen künstlerischen und/oder schriftstellerischen Tätigkeit bezogen. Einkünfte, die aus einer anderen als einer der genannten Tätigkeiten stammen, sind – ungeachtet ihrer Größenordnung und ungeachtet der Frage, ob sie Teil einer einzigen Einkunftsquelle sind – von der Pauschalierung nicht erfasst. Sollte eine Einkunftsquelle eine unter die Verordnung fallende Tätigkeit sowie eine (mehrere) nicht erfasste Tätigkeit(en) umfassen, können nur die schriftstellerischen bzw. künstlerischen (Teil)Einkünfte pauschal erfasst werden.

4364 Zum Begriff „künstlerische Tätigkeit“ siehe Rz 5237 ff, zum Begriff „schriftstellerische Tätigkeit“ siehe Rz 5255. Eine Tätigkeit als Vortragender, Journalist (siehe Rz 5257 bis 5259), Bildberichterstatter (Rz 5256), Dolmetscher (Rz 5260), Übersetzer (Rz 5261) ist nicht schriftstellerisch im Sinne der Verordnung. Die Erstellung von Schriftwerken im Zusammenhang mit einer vortragenden Tätigkeit (zB Vortragsunterlagen) macht eine vortragende Tätigkeit nicht zu einer schriftstellerischen.

4365 Werden künstlerische und/oder schriftstellerische Einkünfte von einer (nicht buchführenden) Mitunternehmerschaft erzielt, kommt die Anwendung der Pauschalierung für die Gewinnermittlung der Mitunternehmerschaft in Betracht. Der Betriebsausgabenpauschbetrag steht unabhängig von der Anzahl der an der Mitunternehmerschaft beteiligten Künstler bzw. Schriftsteller nur einmal zu.

11.11.2 Pauschale Gewinnermittlung

4366 Mit dem Pauschalsatz von 12% der Umsätze (siehe Rz 4109ff) aus der künstlerischen bzw. schriftstellerischen Tätigkeit, höchstens jedoch 8.725 € jährlich sind folgende Betriebsausgabenkategorien erfasst:

1. Aufwendungen für übliche technische Hilfsmittel (insbesondere Computer, Ton- und Videokassetten inklusive der Aufnahme- und Abspielgeräte). Die Inanspruchnahme einer AfA (§§ 7, 8 EStG 1988) kommt für derartige Wirtschaftgüter nicht in Betracht; ein allfälliger Restbuchwert stellt keine Betriebsausgabe dar. Eine Übertragung stiller Reserven (§ 12 EStG 1988) auf derartige Wirtschaftsgüter kommt bei Inanspruchnahme der Pauschalierung nicht in Betracht.
2. Aufwendungen für Telefon und Büromaterial.
3. Aufwendungen für Fachliteratur und Eintrittsgelder.
4. Betrieblich veranlasste Aufwendungen für Kleidung, Kosmetika und sonstige Aufwendungen für das äußere Erscheinungsbild.
5. Mehraufwendungen für die Verpflegung (Tagesgelder im Sinne des § 4 Abs. 5 EStG 1988 in Verbindung mit § 26 Z 4 EStG 1988).
6. Ausgaben für im Wohnungsverband gelegene Räume (insbesondere Arbeitszimmer, Atelier, Tonstudio, Probenräume). Abpauschaliert sind sämtliche (anteiligen) Kosten im Zusammenhang mit derartigen Räumen einschließlich der Einrichtung.
7. Ausgaben anlässlich der Bewirtung von Geschäftsfreunden.
8. Üblicherweise nicht belegbare Betriebsausgaben (zB Trinkgelder).

(AÖF 2006/114)

4367 Nicht erfasst und zusätzlich zum Pauschale können zB geltend gemacht werden:

- Absetzbare Aus- und Fortbildungskosten,

- Aufwendungen für Musikinstrumente eines Musikers,
- Aufwendungen für nicht im Wohnungsverband gelegene Arbeitsräume (Ateliers),
- Nicht als durchlaufende Posten (Rz 4109a) zu behandelnde Fahrzeugkosten und andere Kosten im Zusammenhang mit Auftritten und sonstigen betrieblich veranlassten Fortbewegungen,
- Löhne und Honorare,
- Material- und sonstiger Herstellungsaufwand für Kunstwerke (Rohmaterial für Kunstwerke oder Druckkosten, nicht jedoch Büromaterial),
- Nicht als durchlaufende Posten (Rz 4109a) zu behandelnde Nächtigungskosten,
- Pflichtversicherungsbeiträge,
- Rechts- und Beratungskosten,
- Vermittlungsprovisionen,
- Werbeaufwand, soweit nicht Geschäftsfreundebewirtung.

(AÖF 2006/114)

11.11.3 Ausschluss gemäß § 3 der Verordnung

§ 3. Abs. 2 Die Inanspruchnahme der Pauschalierung nach § 1 Z 1 ist ausgeschlossen, wenn Betriebsausgaben oder Werbungskosten im Sinn des § 2 Abs. 2 **4368**

1) in tatsächlicher Höhe oder

2) unter Inanspruchnahme der Verordnung über die Individualpauschalierung von Betriebsausgaben, Werbungskosten und Vorsteuern, BGBl. II Nr. 230/1999 in der Fassung BGBl. II Nr. 500/1999 (Hinweis: mit dem 2. BRBG, BGBl. I Nr. 61/2018 außer Kraft getreten) bei einer weiteren Tätigkeit geltend gemacht werden, die mit der künstlerischen oder schriftstellerischen Tätigkeit im Zusammenhang steht.

Der Ausschluss gemäß § 3 der Verordnung kommt zur Anwendung wenn

- Einkünfte aus einer weiteren, nicht von der Künstler/Schriftstellerpauschalierung erfassten Tätigkeit, die mit der künstlerischen bzw. schriftstellerischen Tätigkeit im Zusammenhang steht (siehe Rz 4369), vorliegen und dabei
- Betriebsausgaben oder Werbungskosten, die vom Pauschale erfasst sind (siehe Rz 4366) bei Ermittlung dieser Einkünfte in tatsächlicher Höhe oder über die Inanspruchnahme der Individualpauschalierung geltend gemacht werden. Bereits die Geltendmachung von Betriebsausgaben oder Werbungskosten aus einer einzigen Aufwandskategorie im Sinne der Rz 4366 hat den gänzlichen Ausschluss der Pauschalierung zur Folge. Die Geltendmachung von nicht abpauschalierten Betriebsausgaben oder Werbungskosten (siehe Rz 4367) oder die Inanspruchnahme der gesetzlichen Basispauschalierung (§ 17 EStG 1988) ist hingegen unschädlich.

(BMF-AV Nr. 2019/75)

Ein Zusammenhang mit der künstlerischen/schriftstellerischen Tätigkeit liegt in jenen Fällen v **4369**

Vortragender im selben Fachgebiet; Schriftsteller – Journalist; Schriftsteller – Bildberichterstatter; Fachschriftsteller (Abgabenrecht) – Finanzbeamter, Wirtschaftstreuhänder; Fachschriftsteller (Recht) – Rechtsanwalt.

Kein Zusammenhang liegt etwa in folgenden Fällen vor: Kunstmaler – Galerist; Interpret (Musiker) – Musikkritiker.

Beispiel:

A ist Fachschriftsteller und Vortragender auf dem Gebiet des Steuerrechts. Die Schriftstellerpauschalierung kommt stets nur für die Einkünfte aus der schriftstellerischen Tätigkeit, nicht aber für jene aus der Tätigkeit als Vortragender in Betracht (siehe Rz 4363).

Die schriftstellerische Tätigkeit auf dem Gebiet des Steuerrechts steht mit der vortragenden Tätigkeit auf demselben Gebiet im Zusammenhang (§ 3 der Verordnung). Die Anwendung der Schriftstellerpauschalierung kommt daher nur in Betracht, wenn bei der vortragenden Tätigkeit keine Aufwendungen in tatsächlicher Höhe (oder individualpauschaliert) geltend gemacht werden, die durch die Schriftstellerpauschalierung abpauschaliert sind (siehe Rz 4366).

Werden daher zB Aufwendungen für Fachliteratur bei der Vortragstätigkeit geltend gemacht, kommt die Anwendung der Schriftstellerpauschalierung nicht in Betracht.

Es bestehen für A somit folgende Möglichkeiten:

1. Inanspruchnahme der Schriftstellerpauschalierung für die schriftstellerischen Einkünfte und Verzicht auf die Geltendmachung abpauschalierter Aufwendungen bei der Vortragstätigkeit; die Inanspruchnahme der gesetzlichen Basispauschalierung bei der Vortragstätigkeit (6%) bleibt möglich und schließt die Schriftstellerpauschalierung nicht aus.

2. *Geltendmachung abpauschalierter Aufwendungen bei der Vortragstätigkeit und Verzicht auf die Inanspruchnahme der Schriftstellerpauschalierung.*

11.11.4 Verhältnis zur Werbungskostenpauschalierung

4370 Die Werbungskostenpauschalierung (Verordnung BGBl. II Nr. 382/2001 in der Fassung BGBl. II Nr. 271/2018) ist ausgeschlossen, wenn Betriebsausgaben in tatsächlicher Höhe bei der selbständigen Tätigkeit geltend gemacht werden (siehe LStR 2002 Rz 420). Die Geltendmachung lediglich des Betriebsausgabenpauschales nach der Künstler/Schriftstellerpauschalierung ist für die Anwendung der Werbungskostenpauschalierung daher unschädlich (siehe LStR 2002 Rz 422).

(BMF-AV Nr. 2019/75)

11.12 Sportler (Verordnung BGBl. II Nr. 418/2000)

11.12.1 Anwendungsbereich

4371 Die Sportlerpauschalierungsverordnung ist erstmalig bei der Veranlagung für das Kalenderjahr 2000 anzuwenden, wenn folgende Voraussetzungen vorliegen:

- Unbeschränkte Steuerpflicht des Sportlers.
- Selbständige Ausübung einer Tätigkeit als Sportler (siehe Rz 4372).
- Im Kalenderjahr der Veranlagung überwiegen die Auftritte im Ausland im Rahmen von Sportveranstaltungen (Wettkämpfen, Turnieren) im Verhältnis zu den Auftritten im Inland im Rahmen von Sportveranstaltungen (siehe Rz 4372a bis 4375).

(BMF-AV Nr. 2019/75)

4372 Wer Sportler im Sinne der Verordnung ist, bestimmt sich nach der Verkehrsauffassung. Dabei ist nicht entscheidend, ob die Tätigkeit haupt- oder nebenberuflich (Profi- oder Amateursportler) ausgeübt wird. Keine Sportler sind Personen, bei denen nicht die Erbringung einer sportlichen Leistung den materiellen Schwerpunkt ihrer Tätigkeit darstellt. Sie sind vom Anwendungsbereich der Verordnung auch dann nicht erfasst, wenn ihre Tätigkeit eine sportliche Leistung mitumfasst oder voraussetzt (zB Artisten, Schausteller, Trainer).

(AÖF 2002/84)

4372a Sportveranstaltungen im Sinne der Verordnung sind organisierte sportliche Wettkämpfe, die in Beachtung bestimmter Regeln vor einem Publikum ausgetragen werden. Es treten mehrere Teilnehmer gegeneinander an und messen sich miteinander, wobei ein Ergebnis ermittelt wird. Eine Sportveranstaltung ist durch das Attribut eines (organisierten) Leistungsvergleichs, der öffentlich auf Grundlage eines genau definierten Regelwerkes erfolgt, gekennzeichnet. Keine Sportveranstaltung ist zB Extrembergsteigen, da kein Leistungsvergleich aufgrund klar definierter Regeln bzw. kein Reglement für die Teilnahme gegeben ist (VwGH 22.3.2018, Ro 2017/15/0045).

(BMF-AV Nr. 2019/75)

4373 Die Verordnung ist anwendbar, wenn die Auftritte im Ausland im Rahmen von Sportveranstaltungen (Wettkämpfen, Turnieren) im Verhältnis zu den Auftritten im Inland bezogen auf das Kalenderjahr der Veranlagung überwiegen. Maßgebend ist stets – auch bei Rumpfwirtschaftjahren – das Verhältnis der vom Sportler tatsächlich an in- bzw. ausländischen Sportveranstaltungen verbrachten Kalendertage. Angefangene Tage gelten dabei als ganze Tage. An- und Abreisetage, an denen weder Sportveranstaltungen noch wettkampfrelevante Trainingsaktivitäten stattgefunden haben, sind nicht mitzuzählen.

Die Verordnung bleibt auch dann anwendbar, wenn die Auftritte im Ausland im Rahmen von Sportveranstaltungen im Verhältnis zu den Auftritten im Inland bezogen auf das Kalenderjahr der Veranlagung verletzungsbedingt nicht überwiegen, aber ohne Verletzung nach der Planung überwogen hätten; dies gilt nur solange, als die aktive Karriere nicht beendet wurde.

(AÖF 2007/88)

4374 Vom Vergleich betroffen sind Sportveranstaltungen (Wettkämpfe, Turniere), nicht jedoch Aufenthalte, die nicht mit Sportveranstaltungen verbunden sind, wie zB Trainingslager. Trainingszeiten als Vorbereitung auf konkrete Wettkämpfe sind zu berücksichtigen. Schau-Wettkämpfe (Exhibitions) sind ebenfalls zu berücksichtigen, es sei denn, sie haben den Charakter als Sportveranstaltungen verloren.

Beispiel:

A nahm im Kalenderjahr 2000 an insgesamt 30 Sportveranstaltungen teil, davon 17 im Inland und 13 im Ausland. Die 13 ausländischen Veranstaltungen umfassten eine Dauer von insgesamt 120 Tagen, die 17 inländischen Veranstaltungen eine Dauer von 105 Tagen. Da die Aufenthaltsdauer bei den ausländischen Auftritten die Aufenthaltsdauer bei den inländischen Auftritten übersteigt, ist die Verordnung anwendbar.

Die Verordnung ist nicht anwendbar, wenn im Jahr des Zufließens von Einnahmen die im 3. Punkt der Rz 4371 beschriebene Voraussetzung nicht vorliegt. Dementsprechend sind zB Einkünfte aus Werbetätigkeit eines (ehemaligen) Sportlers nach Beendigung der aktiven Sportlaufbahn von der Pauschalierung nicht erfasst. **4375**

11.12.2 Pauschale Einkünfteermittlung

Die Einkünfteermittlung nach der Sportlerpauschalierungsverordnung betrifft die (gegebenenfalls auch nach § 17 Abs. 1 bis 3 EStG 1988 pauschal ermittelten) Einkünfte aus der Tätigkeit als Sportler einschließlich der gesamten Werbetätigkeit des Sportlers. Allenfalls bezogene Einkünfte aus anderen Einkunftsquellen sind von der pauschalen Einkünfteermittlung nicht erfasst. **4376**

Einnahmen aus Werbetätigkeit sind nur insoweit von der Pauschalierung erfasst, als sie sich auf eine Werbetätigkeit beziehen, die bis zur Beendigung der aktiven Karriere vom Sportler erbracht worden ist.

Beispiele:

1. *A beendet seine aktive Laufbahn am 31. März 01. Im Jänner 01 wird ein Werbespot gedreht, der von Jänner bis Juni 01 ausgestrahlt wird. Da die Leistung (Drehen des Werbespots) während der Aktivzeit erbracht worden ist, sind die Einkünfte aus der Verwertung des Spots von der Pauschalierung erfasst.*
2. *B hat seine aktive Laufbahn am 30. April 02 beendet. Am 15. Februar 02 schließt er einen Werbevertrag, der ihn verpflichtet, ab 1. März 02 bei öffentlichen Auftritten einen Werbeaufkleber auf seiner Kleidung anzubringen. Soweit die Leistung (Tragen des Werbeaufklebers) nach Beendigung der Aktivzeit erbracht worden ist (ab 1. Mai 02), sind die Einkünfte daraus nicht von der Pauschalierung erfasst, selbst wenn sie noch während der Aktivzeit vorausgezahlt worden sind.*

Versicherungsleistungen auf Grund von Sportverletzungen sind, sofern sie nicht Schmerzengeld darstellen, als Einnahmen aus der sportlichen Tätigkeit anzusetzen. Voraussetzung für die Anwendung der Sportlerpauschalierungsverordnung ist in einem derartigen Fall, dass die sportliche Tätigkeit auch nach der Sportverletzung weiterhin ausgeübt wird.

(AÖF 2007/88)

Bei Anwendung der Verordnung sind ausländische Einkünfte aus der Tätigkeit als Sportler einschließlich der Werbetätigkeit bei der Festsetzung der Steuer für das übrige Einkommen zu berücksichtigen. „Ausländische Einkünfte" im Sinne des § 3 der Verordnung sind – unabhängig davon, wo die Einkünfte erzielt wurden – stets die nicht nach § 2 der Verordnung in Österreich zu versteuernden Einkünfte, somit zwei Drittel des Gesamtbetrages der Einkünfte aus der Tätigkeit im Sinne der Rz 4376. Diese Größe ist in die Kennzahl 440 der Einkommensteuererklärung (Formular E 1) zu übernehmen. **4377**

Beispiel:

B erzielt im Jahr 2008 insgesamt 63.000 Euro an Einkünften aus der Tätigkeit als Sportler und Werbetätigkeit und war überwiegend im Rahmen von Sportveranstaltungen im Ausland tätig.

Bei Anwendung der Verordnung sind 21.000 Euro als inländische Einkünfte aus Gewerbebetrieb zu versteuern und 42.000 Euro bei Ermittlung des Steuersatzes (Kennzahl 440) zu berücksichtigen.

Da der in § 3 der Verordnung vorgesehene Progressionsvorbehalt in seiner Funktion einem abkommensrechtlichen Progressionsvorbehalt entspricht, bestehen keine Bedenken, die Steuerberechnung nach § 33 Abs. 11 EStG 1988 vorzunehmen (siehe dazu LStR 2002 Rz 813).

(AÖF 2008/238)

Wird von der pauschalen Einkünfteermittlung nach der Verordnung Gebrauch gemacht, ist eine Ansässigkeitsbescheinigung nicht auszustellen. **4378**

(AÖF 2001/139)

Randzahlen 4379 bis 4500: *derzeit frei*

12. Sonderausgaben (§ 18 EStG 1988)

12.1 Allgemeines

4501 Siehe dazu LStR 2002 Rz 429 ff. Zur Familienversicherung gemäß § 10 GSVG siehe Rz 1242.

(BMF-AV Nr. 2018/79)

12.2 Verlustabzug

12.2.1 Allgemeines

4502 Der Verlustabzug (Verlustvortrag) stellt im Unterschied zu den übrigen Sonderausgaben keine „Ausgaben", sondern eine periodenübergreifende Ergänzung der Gewinnermittlung dar.

4503 Der Verlustabzug ist keine an eine bestimmte Einkunftsquelle gebundene Größe; es ist zu seiner Geltendmachung nicht notwendig, dass der Steuerpflichtige noch Einkünfte gemäß § 2 Abs. 3 Z 1 bis 3 EStG 1988 erzielt oder der verlusterzeugende Betrieb noch vorhanden ist.

(BMF-AV Nr. 2021/65)

4504 Verlustabzüge gemäß § 18 Abs. 6 (und 7 in der Fassung vor dem AbgÄG 2016) EStG 1988 können nur im Wege einer Veranlagung vorgenommen werden. Der Verlustvortrag ist nach Berücksichtigung aller anderen Sonderausgaben von Amts wegen vorzunehmen. Ein Wahlrecht des Steuerpflichtigen, in welchem Jahr der Verlustvortrag berücksichtigt werden soll, besteht nicht. Der Verlustabzug ist somit zwingend, sobald als möglich und im größtmöglichen Umfang vorzunehmen.

(BMF-AV Nr. 2021/65)

4504a § 18 Abs. 6 EStG 1988 in der geltenden Fassung ist gemäß § 124b Z 314 lit. a EStG 1988 erstmalig bei der Veranlagung für das Kalenderjahr 2016 anzuwenden und gilt in Bezug auf die Einnahmen-Ausgaben-Rechnung für die Verluste, die ab dem Kalenderjahr 2013 entstanden sind.

(BMF-AV Nr. 2018/79)

4505 Unterblieb ein Verlustabzug, obwohl eine Verrechnungsmöglichkeit bestanden hatte, dann darf in den Folgejahren nur der Restbetrag berücksichtigt werden (fiktiver Verlustabzug, VwGH 02.10.1968, 0691/68; VwGH 20.09.1977, 0931/77). Gleiches gilt, wenn im Verlustjahr eine Veranlagung unterbleibt, weil kein Antrag nach § 41 Abs. 2 EStG 1988 gestellt wurde (fiktiver Verlustvortrag; VwGH 25.06.2008, 2008/15/0144).

(AÖF 2010/43)

4506 Der Abzug der Wartetastenverluste (§ 2 Abs. 2a EStG 1988 und § 10 Abs. 8 EStG 1988) ist eine Art nachgeholter Verlustausgleich und geht dem Abzug des Verlustvortrages vor.

Zum Verlustabzug bei beschränkter Steuerpflicht siehe Rz 8059.

12.2.2 Verlustausgleich, Verlustrücktrag - Verlustabzug

4507 Der Verlustausgleich (siehe Rz 151 ff) geht dem Verlustabzug (Verlustvortrag) vor. Der Verlust ist insoweit nicht ausgeglichen, als sich ein negativer Gesamtbetrag der Einkünfte ergibt.

Beispiel:

Verlust aus Land- und Forstwirtschaft	*– 25.000 Euro*
Einkünfte aus Kapitalvermögen	*15.000 Euro*
Verlust aus Vermietung und Verpachtung	*– 5.000 Euro*
Gesamtbetrag der Einkünfte	*– 15.000 Euro*

Der Verlust aus Land- und Forstwirtschaft von 25.000 Euro ist in Höhe von 15.000 Euro nicht ausgeglichen worden. Diese 15.000 Euro kommen für den Verlustabzug in Betracht.

(BMF-AV Nr. 2021/65)

4507a Der Verlustrücktrag (dazu Rz 3901 ff) geht dem Verlustabzug (Verlustvortrag) vor (siehe auch Rz 3902). Rückgetragene Verluste gehen nicht in den Verlustvortrag ein; soweit kein Verlustrücktrag erfolgt, bleibt der Verlustvortrag unverändert erhalten.

(BMF-AV Nr. 2021/65)

12.2.3 Voraussetzungen für den Verlustabzug

12.2.3.1 Allgemeines

4508 Der Verlustabzug ist auf Verluste aus betrieblichen Einkunftsarten (§ 2 Abs. 3 Z 1 bis 3 EStG 1988), die auf Grund ordnungsgemäßer Buchführung (siehe Abschnitt 12.2.3.2) oder ordnungsgemäßer Einnahmen-Ausgaben-Rechnung (Rechtslage ab 2016; siehe Abschnitt 12.2.4.2; zur Rechtslage davor siehe Abschnitt 12.2.4.1) ermittelt worden sind, beschränkt.

(BMF-AV Nr. 2021/65)

12.2.3.2 Ordnungsmäßige Buchführung im Jahr der Verlustentstehung

12.2.3.2.1 Allgemeines

Das Recht des Verlustabzuges ist gemäß § 18 EStG 1988 von einer ordnungsmäßigen Buchführung bzw. einer ordnungsgemäßen Einnahmen-Ausgaben-Rechnung (VwGH 29.01.2015, 2013/15/0166) abhängig. Es ist gleichgültig, ob eine Verpflichtung zur Buchführung besteht oder Bücher freiwillig geführt werden. Die Versagung des Verlustabzuges für Steuerpflichtige, die den Gewinn nicht auf Grund ordnungsmäßiger Buchführung oder Einnahmen-Ausgaben-Rechnung ermittelt haben, ist grundsätzlich verfassungsrechtlich unbedenklich (zur Buchführung: VfGH 3.3.1987, G 170/86; VfGH 10.12.1992, B 227/91). **4509**

(BMF-AV Nr. 2018/79)

Die ordnungsmäßige Buchführung muss in dem Jahr gegeben sein, in dem der Verlust entstanden ist (VwGH 2.6.1992, 88/14/0080). Ordnungsmäßig iSd § 18 Abs. 6 EStG 1988 bedeutet, dass eine materiell ordnungsmäßige Buchführung bzw. eine materiell ordnungsgemäße Einnahmen-Ausgaben-Rechnung gegeben sein muss (zur Buchführung: VfGH 3.3.1987, G 170-172/86). **4510**

(BMF-AV Nr. 2018/79)

Der Verlustvortrag ist immer dann zulässig, wenn der Verlust seiner Höhe nach errechnet werden kann und das Ergebnis auch überprüfbar ist, auch wenn eine Korrektur der Buchhaltung durch den Steuerpflichtigen oder auf Grund einer Betriebsprüfung erforderlich ist. Mängel einer ihrer Art nach tauglichen Buchhaltung können den Verlustvortrag nur dann hindern, wenn sie sich nach Art und Umfang auf das ganze Rechenwerk auswirken und auch nach einer Richtigstellung und Ergänzung (einschließlich allfälliger Sicherheitszuschläge) eine periodengerechte Erfassung der maßgeblichen Daten insgesamt nicht möglich erscheinen lassen (VfGH 28.9.1993, B 2006/92). **4511**

Das Erfordernis der Ordnungsmäßigkeit der Buchführung bezieht sich nur auf den „Verlustbetrieb"; unterhält ein Steuerpflichtiger mehrere Betriebe, muss die Buchführung nur im Verlustbetrieb ordnungsmäßig sein. **4512**

Randzahl 4513: *derzeit frei*

(BMF-AV Nr. 2021/65)

Übergangsverluste sind generell vortragsfähig. Die Voraussetzungen des § 18 EStG 1988 gelten für Übergangsverluste nicht. Die Vortragsfähigkeit von Übergangsverlusten folgt aus dem Grundsatz, dass kein Vorfall doppelt zu erfassen ist und keiner unberücksichtigt bleiben darf (VfGH 7.3.1990, B 232/89). **4514**

Verluste aus einer ehemaligen betrieblichen Tätigkeit im Sinne des § 32 Abs. 1 Z 2 EStG 1988 (zB Verluste aus dem Ausfall von Forderungen) sind auch ohne „ordnungsmäßige Buchführung" vortragsfähig. **4515**

(AÖF 2013/280)

12.2.3.2.2 Schätzung und Verlustvortrag

Zuschätzungen auf Grund formeller Buchführungsmängel sind unschädlich. Strahlen materielle Mängel der Buchhaltung nach Art und Umfang auf das gesamte Rechenwerk aus, geht das Recht auf Verlustabzug verloren (VwGH 25.6.1997, 94/15/0083). **4516**

Ist die Richtigstellung von Fehlbuchungen möglich oder kann die unterlassene Buchung nachgetragen oder der unterlaufene Mangel durch Schätzung behoben werden, so darf einer ihrer Art nach auf periodengerechte Erfassung der Geschäftsvorgänge angelegten Buchführung nicht die Eignung abgesprochen werden, einen vortragsfähigen Verlust auszuweisen. Auch ein Sicherheitszuschlag schließt den Verlustvortrag nicht aus (VfGH 26.2.1996, B 370/95). **4517**

Von einem seiner Höhe nach errechneten und auch nachprüfbaren Verlust kann dann keine Rede sein, wenn der Gewinn weitgehend durch griffweise und pauschale Schätzung ermittelt worden ist (VwGH 14.4.1994, 92/15/0169). Ist eine griffweise Zuschätzung in nicht unbedeutendem Ausmaß durch die Abgabenbehörde zur Ermittlung des Betriebsergebnisses notwendig, ist ein Verlustvortrag ausgeschlossen (VwGH 12.12.1995, 92/14/0031). **4518**

Im Falle von formellen und materiellen Buchführungsmängeln, die auf das gesamte Rechenwerk ausgestrahlt haben, und die zu Um- und Nachbuchungen in den Haupt- **4519** abschlussübersichten geführt haben, die nicht auf die Kontoblätter übertragen worden sind, ist die Buchhaltung als nicht abgeschlossen anzusehen. Solcherart ermittelte Verluste können weder der Höhe nach errechnet werden noch ist das Ergebnis überprüfbar (VwGH 12.9.1996, 92/15/0035).

4520 Der Verlustabzug ist – trotz erheblicher Mängel in der Buchhaltung – möglich, wenn nur bestimmte, abgegrenzte Teilbereiche der betrieblichen Tätigkeit betroffen sind, diese durch die behördlichen Hinzurechnungen als ausgeglichen angesehen werden können und die durch Schätzung ermittelten Erlöse den anhand des Rechenwerks ermittelten Verlust nur zu einem verhältnismäßig kleinen Teil schmälern (VfGH 10.12.1992, B 227/91, VwGH 12.12.1995, 92/14/0031.

4521 Für das Vorliegen der Schätzungsberechtigung und in der Folge für die Beurteilung, ob der Verlustabzug zusteht, kommt es nicht darauf an, warum die Bücher und Aufzeichnungen mangelhaft sind (Einwand eines Steuerpflichtigen, dass „Schlamperei" im Büro des Steuerberaters bestehe; VwGH 12.8.1994, 93/14/0214), bzw. wer die Bücher geführt hat (VwGH 12.9.1996, 92/15/0035).

12.2.3.2.3 Zeitpunkt der Entscheidung über die Ordnungsmäßigkeit der Buchführung

4522 Grundsätzlich ist über die Verlustvortragsfähigkeit nicht bei der Veranlagung des Ergebnisses des Verlustjahres zu entscheiden, sondern in dem Jahr, in dem der Verlustvortrag als Sonderausgabe berücksichtigt werden soll. Erst bei dieser Veranlagung sind daher die Mängel der Buchführung des Verlustjahres festzustellen und hinsichtlich ihrer Auswirkungen auf die Vortragsfähigkeit zu beurteilen (VwGH 5.5.1992, 92/14/0018).

4523 Die Einkommensteuerfestsetzung für das Verlustjahr präjudiziert die Entscheidung über die Vortragsfähigkeit des Verlustes im Vortragsjahr auch dann nicht, wenn sie erklärungsgemäß auf Grund der vom Abgabepflichtigen vorgelegten Ergebnisermittlung erfolgte und nach wie vor dem Rechtsbestand angehört (VwGH 19.4.1988, 88/14/0001).

4524 Ist die Behörde auf Grund einer abgabenbehördlichen Prüfung in der Lage, die Ordnungsmäßigkeit der Buchführung hinsichtlich bestimmter Jahre zu beurteilen, kann sie dies in einem auf § 92 Abs. 1 BAO gestützten Feststellungsbescheid tun. Damit wird vermieden, dass in großen zeitlichen Abständen zum Entstehungsjahr des Verlustes – und mit den dadurch bewirkten Beweisschwierigkeiten – über die Ordnungsmäßigkeit der Buchführung im Entstehungsjahr entschieden werden muss (VwGH vom 28.10.1998, 97/14/0086).

4525 Werden Verluste im Zusammenhang mit Feststellungsbescheiden gemäß § 188 BAO festgestellt, können solche Bescheide auch eine spruchmäßige Feststellung über die Abzugsfähigkeit der Verluste enthalten (VwGH vom 28.10.1998, 97/14/0086).

12.2.4 Verlustabzug bei Einnahmen-Ausgaben-Rechnern

(BMF-AV Nr. 2021/65)

12.2.4.1 Rechtslage ab 2007

(BMF-AV Nr. 2021/65)

4526 Durch das KMU-Förderungsgesetz 2006, BGBl. I Nr. 101/2006, können ab der Veranlagung 2007 von den im Rahmen einer Gewinnermittlung gemäß § 4 Abs. 3 EStG 1988 ermittelten Verlusten stets die Verluste der drei vorangegangenen Jahre abgezogen werden.

Beispiel:

Bei der Veranlagung 2007 können die Verluste der Jahre 2006, 2005 und 2004 berücksichtigt werden. Bei der Veranlagung 2008 können die Verluste der Jahre 2007, 2006 und 2005, nicht mehr aber die Verluste des Jahres 2004 (sofern kein Anlaufverlust) berücksichtigt werden.

Die Verluste der drei vorangegangenen Jahre können auch dann im Wege des Verlustabzuges berücksichtigt werden, wenn sie auf Grundlage einer Teilpauschalierung ermittelt worden sind.

Gemäß § 124b Z 135 EStG 1988 sind Anlaufverluste eines Einnahmen-Ausgaben-Rechners in der bis zur Veranlagung 2006 geltenden Fassung des § 18 Abs. 7 EStG 1988 abzugsfähig, soweit sie vor 2007 weder ausgeglichen noch abgezogen werden konnten. Diese Verluste sind vorrangig abzuziehen. Die Regelung stellt sicher, dass bisher unbegrenzt vortragsfähige Anlaufverluste auch ab 2007 vortragsfähig bleiben.

Beispiel:

Betriebseröffnung 2001, Gewinnermittlung durch Einnahmen-Ausgaben-Rechnung. Folgende Gewinne/Verluste wurden erzielt:

Jahr	*Gewinn/Verlust*	*Anlaufverlust?*
2001	*-500*	*ja*
2002	*-400*	*ja*
2003	*-200*	*ja*
2004	*-100*	*nein*
2005	*-50*	*nein*
2006	*-30*	*nein*
2007	*200*	*–*

2007 sind im Rahmen der Vortragsgrenze (§ 2 Abs. 2b EStG 1988) 150 des Verlustvortrages aus 2001 im Wege des Verlustabzuges zu berücksichtigen. Es verbleibt ein vortragsfähiger Verlust aus 2001 iHv 350.

Für 2008 und die Folgejahre bleiben abzugsfähig:

Verlust aus	*iHv*
2001	*350 (Anlaufverlust)*
2002	*400 (Anlaufverlust)*
2003	*200 (Anlaufverlust)*
2004	*0[1)]*
2005	*50*
2006	*30*

[1)] Verlust aus 2004 ist 2008 nicht mehr abzugsfähig.

(BMF-AV Nr. 2021/65)

Ist der Steuerpflichtige im Jahr der Verlustverwertung nicht (mehr) Einnahmen-Ausgaben-Rechner, können von den im Rahmen einer Gewinnermittlung nach § 4 Abs. 3 EStG 1988 ermittelten Verlusten, die keine Anlaufverluste bis 2006 sind, nur jene abgezogen werden, die in den drei vorangegangenen Jahren entstanden sind. **4527**

Beispiele:

1. *A erzielt bis 2008 Einkünfte aus Gewerbebetrieb aus einem Tischlereibetrieb (Gewinnermittlung gemäß § 4 Abs. 3 EStG 1988); daneben erzielt er Einkünfte aus Vermietung und Verpachtung. 2008 gibt er seinen Betrieb auf und geht in Pension; in der Folge erzielt er neben Vermietungseinkünften nur Pensionseinkünfte (§ 25 EStG 1988). Vor 2005 sind in der Tischlerei keine Verluste angefallen.*

Jahr	*§ 23*	*§ 28*	*§ 25*	*Verlustvortrag Zugang*	*Verlustvortrag Abgang durch Abzug*	*Verlustvortrag Abgang durch Zeitablauf*	*Gesamtstand Verlustvortrag*
2005	*- 120*	*+ 90*	*-*	*30*	*-*	*-*	*30*
2006	*- 170*	*+ 85*	*-*	*85*	*-*	*-*	*115*
2007	*-90*	*+ 80*	*-*	*10*	*-*	*-*	*125*
2008	*+ 25[1)]*	*- 20*	*-*	*-*	*- 5[1)] aus 2005*	*- 25 aus 2005*	*95*
2009	*-*	*- 50*	*+ 60*	*-*	*- 7,5 aus 2006*	*- 77,5 aus 2006*	*10*
2010	*-*	*+ 10*	*+ 60*	*-*	*- 10 aus 2007*	*-*	*0*

[1)] Aufgabegewinn iSd § 24, daher Abzug des Verlustes 2005 in voller Höhe des Gesamtbetrags der Einkünfte von 5.

2. *B bringt sein Einzelunternehmen (bisher § 4 Abs. 3 EStG 1988) gemäß Art. III UmgrStG zum 31.12.2007 in die BC-GmbH ein. In den Jahren 2004 bis 2007 sind im Einzelunternehmen nur Verluste angefallen, die auf die GmbH übergehen. Die GmbH erzielt 2008 einen Gewinn, der die Verluste des Einzelunternehmens der Jahre 2004 bis 2007 übersteigt. Die GmbH kann nur die Verluste der Jahre 2005, 2006 und 2007 im Weg des Verlustvortrages berücksichtigen, nicht aber den Verlust des Jahres 2004.*

(BMF-AV Nr. 2021/65)

12.2.4.2 Rechtslage ab 2016

(BMF-AV Nr. 2021/65)

4528 Seit dem AbgÄG 2016 können Steuerpflichtige, die ihren Gewinn nach § 4 Abs. 3 EStG 1988 durch ordnungsgemäße Einnahmen-Ausgaben-Rechnung ermitteln, gemäß § 18 Abs. 6 EStG 1988 Verlustvorträge unbegrenzt als Sonderausgaben abziehen.

(BMF-AV Nr. 2021/65)

4529 § 18 Abs. 6 EStG 1988 in der geltenden Fassung ist gemäß § 124b Z 314 lit. a EStG 1988 erstmalig bei der Veranlagung für das Kalenderjahr 2016 anzuwenden und gilt in Bezug auf die Einnahmen-Ausgaben-Rechnung für die Verluste, die ab dem Kalenderjahr 2013 entstanden sind.

Beispiel:

Ein Einnahmen-Ausgaben-Rechner erzielt in den Jahren 2010 bis 2015 Verluste und ab dem Jahr 2016 Gewinne. Ab der Veranlagung 2016 kann er die Verluste 2013, 2014, 2015 als Sonderausgaben gemäß § 18 Abs. 6 EStG 1988 abziehen; die Verluste aus 2010, 2011 und 2012 sind hingegen nicht vortragsfähig.

(BMF-AV Nr. 2021/65)

Randzahlen 4530 bis 4532: *derzeit frei*

(BMF-AV Nr. 2021/65)

Randzahlen 4532a bis 4532b: *derzeit frei*

(BMF-AV Nr. 2021/65)

Randzahlen 4532c und 4532d: *derzeit frei*

(BMF-AV Nr. 2021/65)

12.2.5 Höhe des vortragsfähigen Verlustes, Höhe des Verlustabzuges

4533 Die Höhe des vortragsfähigen Verlustes und die Zuordnung zu einer Einkunftsart ergeben sich – mit Bindung für die Folgejahre – grundsätzlich aus der Veranlagung des Verlustjahres (VwGH 20.02.2008, 2006/15/0026, VwGH 25.06.2008, 2006/15/0085, VwGH 20.09.1977, 0931/77; VwGH 24.11.1976, 0899/74). Eine Bindungswirkung hinsichtlich der Höhe des (noch) vortragsfähigen Verlustvortrages ergibt sich auch aus Abgabenbescheiden, die nach dem Verlustjahr, aber vor dem Jahr der Verlustverwertung ergangen sind. Das Finanzamt ist daher hinsichtlich der Höhe des weiterhin vortragsfähigen Verlustes an die Höhe der festgestellten Einkünfte, die sich aus einem im Rechtsbestand befindlichen Einkommensteuerbescheid für ein Vorjahr ergibt, gebunden; dies gilt auch dann, wenn dieser Bescheid die Höhe der Einkünfte unrichtig ausweist. Eine „fiktive" Verrechnung des Verlustvortrages (vgl. Rz 4505) mit Einkünften, deren Höhe sich nicht aus dem Einkommensteuerbescheid für das Vorjahr ergibt, hat zu unterbleiben.

Über den Umfang des Verlustverbrauches wird in jenem Einkommensteuerbescheid abgesprochen, in dem der Verlustvortrag als Sonderausgabe berücksichtigt wird (VwGH 20.11.1996, 94/13/0011).

Beispiel:

Verlustvorträge aus den Jahren 1 bis 3 sind in Höhe von insgesamt 350 vorhanden. Im ESt-Bescheid für das Jahr 4 werden auf Grund eines entsprechend positiven Gesamtbetrages der Einkünfte davon 200 verbraucht. Aufgrund einer Betriebsprüfung wird das ESt-Verfahren des Jahres 4 wiederaufgenommen; infolge einer Gewinnerhöhung beträgt der Verbrauch an Verlustvortrag danach 260. Aufgrund einer Berufung wird der im wiederaufgenommenen Verfahren ergangene Bescheid aus verfahrensrechtlichen Gründen (eingetretene Verjährung) ersatzlos aufgehoben.

Die Höhe des noch vorhandenen Verlustvortrages ist für die dem Jahr 4 folgenden Jahre nach dem rechtskräftigen (ursprünglichen) ESt-Bescheid zu bestimmen; daher verbleiben 150 (350 – 200) an vortragsfähigem Verlust. Es wäre unzulässig, den nach dem Jahr 4 verbleibenden Verlustvortrag nach dem aufgehobenen ESt-Bescheid zu bestimmen; danach verblieben nur 90 (350 – 260) an vortragsfähigem Verlust.

(AÖF 2010/43)

Randzahlen 4533a bis 4533g: *derzeit frei*

(BMF-AV Nr. 2021/65)

12.2.6 Vortragsberechtigte Personen

Fassung ab Veranlagung 2013

Persönlich vortragsberechtigt ist – von gesetzlichen Ausnahmebestimmungen (etwa nach dem UmgrStG) abgesehen – grundsätzlich die Person, die den Verlust erlitten hat (VwGH 4.6.1986, 84/13/0251). Nur im Rahmen einer unentgeltlichen Übertragung von Todes wegen kommt ein Übergang des Verlustvortrages bei jenem Rechtsnachfolger in Betracht, der den verlustverursachenden Betrieb zu Buchwerten übernommen hat. In allen anderen Fällen der Übertragung des verlusterzeugenden Betriebes (zB auch in Fällen der Anwachsung nach § 142 UGB hinsichtlich des auf die erworbenen Anteile entfallenden Verlustvortrages) geht der Verlustvortrag nicht über. **4534**

Im Falle einer Verschmelzung gemäß Art. I UmgrStG gilt: Wird eine Körperschaft, deren Betrieb früher eine Einkunftsquelle war, aber ab einem bestimmten Zeitpunkt zur Liebhaberei wurde, auf eine andere Körperschaft verschmolzen, kann die aufnehmende Gesellschaft die Verluste der übertragenden Gesellschaft aus der Zeit vor dem Wechsel zur Liebhaberei nicht geltend machen. Die Verschmelzung kann aufgrund der Liebhaberei keine Buchwertfortführung bewirken, was dem Übergang des Verlustvortrags nach § 4 UmgrStG entgegensteht. Dies gilt auch, wenn der Liebhabereibetrieb, dessen UGB-Bilanz Buchwerte aufweist, ab dem Zusammenschluss durch einen Kommanditanteil verkörpert wird (VwGH 3.4.2019, Ro 2017/15/0030; siehe auch UmgrStR 2002 Rz 194).

(BMF-AV Nr. 2021/65)

Im Erkenntnis VwGH 25.4.2013, 2010/15/0131 vertritt der VwGH die Ansicht, dass die bloße Stellung des Erben als Gesamtrechtsnachfolger des Erblassers ohne Übernahme des verlusterzeugenden Betriebes nicht dazu führt, dass noch offene Verlustvorträge des Erblassers auf den Erben übergehen. Daraus lässt sich ableiten, dass noch nicht aufgebrauchte Verlustvorträge des Erblassers allenfalls nur dann auf den Erben übergehen können, wenn dieser den verlustverursachenden Betrieb zu Buchwerten übernimmt. **4535**

(BMF-AV Nr. 2021/65)

Entsprechend der Rechtsprechung des VwGH sind noch nicht verbrauchte Verlustvorträge, die auf vom Erblasser erzielte Verluste zurückzuführen sind, nur mehr dann und insoweit zu berücksichtigen, als auch der verlustverursachende Betrieb durch den Steuerpflichtigen von Todes wegen unentgeltlich übernommen wurde. Dabei ist unerheblich, ob der Betrieb im Wege der Gesamtrechtsnachfolge (Erbschaft) oder Einzelrechtsnachfolge (Legat oder Schenkung auf den Todesfall) von Todes wegen übergeht. Bei Übertragung eines Teilbetriebes von Todes wegen gehen offene Verlustvorträge anteilig nach jenem Verhältnis über, das dem Verkehrswert des übernommenen Teilbetriebes bezogen auf den Verkehrswert des gesamten Betriebes entspricht, sofern keine eindeutige Zuordnung der Verlustvorträge zu dem übernommenen Teilbetrieb möglich ist. Bei Übertragung eines Mitunternehmeranteiles von Todes wegen gehen die durch diesen Mitunternehmeranteil verursachten Verlustvorträge über. Wird oder wurde der verlustverursachende Betrieb von dem Steuerpflichtigen, der ihn von Todes wegen erworben hat, aufgegeben oder veräußert, hat dies bei ihm keinen Einfluss auf die Zulässigkeit des Abzuges der vom Erblasser übernommenen Verluste. **4536**

Im Fall der Gesamtrechtsnachfolge ist eine nur eingeschränkte Verlusttragung, zB durch bedingte Erbserklärung unerheblich. Eine bedingte Erbserklärung kann lediglich zu einer Haftungsbeschränkung hinsichtlich der Verlassenschaftsverbindlichkeiten führen.

(BMF-AV Nr. 2021/65)

Verluste des Rechtsvorgängers gehen in jenem Zeitpunkt über, in dem die Übertragung von Todes wegen steuerlich wirksam wird (vgl. Rz 9 ff). Verluste des Rechtsvorgängers, die im Todesjahr angefallen sind, können beim Rechtsnachfolger erst ab dem der Übertragung folgenden Jahre abgezogen werden. Dies deshalb, weil derartige Verluste auch beim Rechtsvorgänger noch nicht die Eigenschaft von vortragsfähigen Verlusten gehabt hätten, somit auch ohne Übertragung von Todes wegen erst im darauffolgenden Jahr zu vortragsfähigen Verlusten geworden wären. **4537**

(BMF-AV Nr. 2021/65)

Wurde der Betrieb nicht von Todes wegen übernommen, gehen offene Verlustvorträge nicht auf den Erwerber des Betriebes über. Dementsprechend kommt es in folgenden Fällen zu keinem Übergang des Verlustvortrages auf den Erwerber des Betriebes: **4537a**

- Betriebsübertragung durch Schenkung unter Lebenden; auch wenn der Geschenknehmer eines Betriebes nach späterem Ableben des Geschenkgebers zum Erben eingesetzt wird, geht der Verlustvortrag des Erblassers nicht (nachträglich) auf den Geschenknehmer über.

- Veräußerung oder Aufgabe des verlusterzeugenden Betriebes noch zu Lebzeiten des Erblassers.
- Betriebsübertragung durch Erbschaftskauf (vgl. Rz 134e); in diesem Fall stehen offene Verlustvorträge des Erblassers den Erben zu, die den Betrieb im Wege des Erbschaftskaufs veräußern.
- Anteilige Betriebsübertragung durch Veräußerung im Rahmen einer Erbteilung (vgl. Rz 134b). In diesem Fall verbleiben dem Erben, der seine Betriebsquote entgeltlich überträgt, insoweit auch die Verluste des Erblassers aus dem Betrieb.

(BMF-AV Nr. 2021/65)

4537b Ab der Veranlagung 2013 noch offene Verlustvorträge des Erblassers sind in weiterer Folge ausschließlich beim betriebsübernehmenden Erben zu berücksichtigen. Das bedeutet ab der Veranlagung 2013:

- Dem Erben, der den Betrieb nicht übernommen hat, steht kein (anteiliger) Verlustabzug für Verluste zu, die vom Erblasser stammen.
- Dem Erben, der den Betrieb (ganz oder anteilig) von Todes wegen übernommen hat, steht der Verlustabzug (gegebenenfalls anteilig) für Verluste des Erblassers insoweit zu, als diese Verluste nicht schon in Vorjahren von anderen Erben verbraucht worden sind (BFG 5.11.2014, RV/6100478/2014).
- Anteilige Verlustvorträge anderer Miterben, die gemäß vorheriger Verwaltungspraxis bis einschließlich 2012 bereits bei diesen im Wege des Verlustabzuges berücksichtigt worden sind, dürfen daher nicht nochmals beim betriebsübernehmenden Erben geltend gemacht werden. Eine doppelte Verlustberücksichtigung ist nicht zulässig.

Beispiel:

2011 verstirbt der Inhaber eines rechnungslegungspflichtigen Betriebes. A, B und C sind zu je einem Drittel Erben. Im Zuge einer steuerneutralen Erbteilung bekommt A den Betrieb, B und C erhalten Grundstücke und Geld aus dem Nachlass. Die zum Zeitpunkt des Todes noch nicht berücksichtigten vortragsfähigen Verluste aus dem Betrieb des Erblassers betragen 30.000. Gemäß vorheriger Verwaltungspraxis entfallen auf A, B und C jeweils Verluste iHv 10.000. Dementsprechend wurden bei der Veranlagung 2011 und 2012 bei B Verluste von insgesamt 3.000 und bei C Verluste von insgesamt 2.000 im Rahmen des Verlustabzuges berücksichtigt. Die Veranlagung 2013 ist bei A, B und C noch nicht erfolgt. Nach der Judikatur des VwGH sind die Verluste des Erblassers zur Gänze bei A zu berücksichtigen; B und C steht kein anteiliger Verlustvortrag zu. Da bei B und C insgesamt bereits 5.000 des Verlustes des Erblassers berücksichtigt worden sind, sind bei A die anteilig auf B und C bisher entfallenen Verluste von insgesamt 20.000 um die schon berücksichtigten Verluste von 5.000 zu kürzen; bei A ist daher ab 2013 von den bisher B und C zugesprochenen Verlusten ein Betrag von 15.000 im Wege des Verlustabzuges zu berücksichtigen. Ab der Veranlagung 2013 sind Verluste des Erblassers bei B und C nicht mehr zu berücksichtigen.

(BMF-AV Nr. 2021/65)

Randzahlen 4537c bis 4537f: *entfallen*

(BMF-AV Nr. 2021/65)

12.2.7 Auslandsverluste unbeschränkt Steuerpflichtiger

(AÖF 2002/84)

4538 Zur Behandlung von Verlusten, die von unbeschränkt Steuerpflichtigen im Ausland erzielt worden sind, siehe Rz 198 ff.

(AÖF 2007/88)

Randzahlen 4539 bis 4600: *derzeit frei*

13. Zeitliche Zuordnung von Einnahmen und Ausgaben (§ 19 EStG 1988)

13.1 Vereinnahmung

13.1.1 Allgemeines

Einnahmen sind einem Steuerpflichtigen zugeflossen, sobald er die volle Verfügungsmacht über sie erhält (VwGH 17.10.1984, 82/13/0266; VwGH 22.2.1993, 92/15/0048). Bei geldwerten Vorteilen ist ein Zufluss auch dann gegeben, wenn der Empfänger den Vorteil auf Grund einer Verfügungsbeschränkung nicht weitergeben bzw. weiterveräußern kann (z. B. Aktien, die einem zeitlich befristeten Veräußerungsverbot unterliegen). 4601

Entscheidend ist die objektive Verfügungsmöglichkeit und nicht die Kenntnis des Steuerpflichtigen von einem Geldeingang. Somit ist ein auf das Bankkonto des Zahlungsempfängers eingezahlter Betrag mit dem Zeitpunkt der Gutschrift durch die Bank und nicht erst im Zeitpunkt der Verständigung von dieser Gutschrift zugeflossen (VwGH 7.2.1982, 82/14/0088).

(AÖF 2007/88)

Für den Zeitpunkt der Vereinnahmung von Geld (oder geldwerten Vorteilen) ist es ohne Bedeutung, wann der obligatorische Anspruch (Übergang des bürgerlich-rechtlichen Eigentums) darauf entstanden ist. Wird ein Geschäft zB am 22. Dezember eines Kalenderjahres abgeschlossen, erhält der Steuerpflichtige aber die ihm aus dem Geschäft zustehende Geldleistung erst am 15. Jänner des folgenden Kalenderjahres auf seinem Konto gutgeschrieben, so ist der Zufluss erst im folgenden Kalenderjahr erfolgt (VwGH 14.12.1979, 0377/79). 4602

Ist der Steuerpflichtige aber gleichzeitig Mehrheitsgesellschafter der Schuldner-Körperschaft, ist der Zufluss grundsätzlich mit der Fälligkeit der Forderung anzunehmen, außer die Gesellschaft ist zahlungsunfähig (VwGH 23.03.2010, 2007/13/0037). Entscheidend für die Annahme eines Zuflusses von Gesellschafter-Geschäftsführerbezügen bereits mit deren Fälligkeit ist das Vorliegen eines beherrschenden Einflusses des Gesellschafter-Geschäftsführers auf die Gesellschaft über die Gesellschafterversammlung (VwGH 30.11.1993, 93/14/0155) und damit ein besonderes Naheverhältnis zwischen Gläubiger und Schuldner. Aus welchen Umständen sich ein solcher beherrschender Einfluss auf die Gesellschaft ergibt, ist dabei nicht wesentlich, womit neben dem Fall des Mehrheitsgesellschafters auch andere Konstellationen beherrschenden Einflusses möglich sind, wie etwa aufgrund eines Naheverhältnisses zu anderen Anteilsinhabern (VwGH 30.10.2014, 2012/15/0143).

(BMF-AV Nr. 2015/133)

Daher bewirken auch Gutschriften in den Büchern des Schuldners oder die Zustellung einer Gutschriftsanzeige in der Regel kein Zufließen beim Gläubiger, weil damit noch keine Verfügungsmacht über den gutgeschriebenen Betrag erlangt wird; maßgeblich ist die reine Geldbewegung (VwGH 18.1.1983, 82/14/0076,0086,0087). Gibt der Schuldner jedoch zusätzlich zur Gutschrift in seinen Büchern zu erkennen, dass der Betrag von nun an dem Gläubiger zur tatsächlichen Verwendung zur Verfügung steht, ist damit der Zufluss verwirklicht. Dies wird etwa dann anzunehmen sein, wenn der Schuldner dem Gläubiger eine Auszahlungsverfügung in die Hand gibt, mit der dieser jederzeit bei ihm (zB bei der Betriebskasse) oder bei der kontoführenden Bank das Geld abholen kann (VwGH 20.9.1988, 88/14/0114; VwGH 19.5.1992, 92/14/0011) bzw. bei Benachrichtigung des Berechtigten über die jederzeit behebbare Gutbuchung auf einem Verrechnungskonto. 4603

Ist der Schuldner zahlungsunfähig, begründet die Gutschrift keinen Zufluss (VwGH 12.12.1978, 2090/78). Die Zahlungsunfähigkeit setzt ein dauerndes Nichtzahlenkönnen voraus. Eine bloße Zahlungsstockung, dh. ein lediglich vorübergehend und kurzzeitiger Mangel an Zahlungsmitteln, der durch alsbaldige Mittelbeschaffung – wie etwa durch kurzfristig mögliche Verwertung vorhandener Aktiva oder Aufnahme eines Überbrückungskredites – wieder behebbar ist, stellt keine Zahlungsunfähigkeit dar (vgl. VwGH 29.7.1997, 95/14/0014). Ist der Schuldner zahlungsunwillig oder unterbleibt die Auszahlung, weil der Schuldner in Täuschungs- bzw. Betrugsabsicht handelt, liegt ebenfalls kein Zufluss vor. 4604

Bei einer Gutschrift von Betriebssteuern wird der Zufluss mit der Gutschrift am Konto des Steuerpflichtigen beim Finanzamt bewirkt, und zwar auch dann, wenn es zu keiner Rückzahlung, sondern zu einer Guthabensverwendung gemäß § 215 BAO kommt (VwGH 27.9.1972, 117/71). Verfügungsbeschränkungen im Sinne des § 239 BAO hindern nicht die Annahme eines Zuflusses. 4605

Die Vereinnahmung eines Geldbetrages durch einen Bevollmächtigten bewirkt einen Einnahmenzufluss beim Vollmachtgeber (VwGH 12.11.1980, 1300/80; VwGH 7.2.1990, 86/13/0072). 4606

Ein steuerlich wirksamer Zufluss liegt weiters bei Anzahlungen auf noch nicht erbrachte Leistungen, Akontozahlungen oder Vorauszahlungen vor (VwGH 15.6.1979, 659/75; VwGH 31.7.1996, 92/13/0015, betreffend vorausgezahlte Provisionen; VwGH 5.10.1982, 82/14/0006, 4607 betreffend Handelsvertreter; VwGH 24.6.1986, 84/13/0214, betreffend Rechtsanwalt). Auf die Fälligkeit wirtschaftlich bereits zugegangener Einnahmen kommt es grundsätzlich nicht an (VwGH 10.11.1987, 86/14/0201; VwGH 26.6.1990, 89/14/0278); daher sind auch Vorauszahlungen vor Fälligkeit zugeflossen und – trotz Fälligkeit nicht gezahlte Beträge – nicht zugeflossen.

4608 Vorauszahlungen wie insbesondere Bezugsvorschüsse und Mietvorauszahlungen sind grundsätzlich nach den allgemeinen Zufluss-Grundsätzen – unabhängig von der Fälligkeit, nach Maßgabe der Erlangung der Verfügungsmacht – zu beurteilen. Zur Abgrenzung zum Darlehen siehe Rz 6411, zu Bezugsvorschüssen siehe LStR 1999, Rz 632, 633.

4609 Änderungen in den Folgejahren, insbesondere die Rückzahlung, können den einmal erfolgten Zufluss nicht mehr rückgängig machen (VwGH 29.1.1965, 300/63, betreffend verdeckte Ausschüttung). Auch die Rückgängigmachung des Rechtsgeschäftes ändert nichts am bereits erfolgten Zufluss (VwGH 15.9.1967, 618/67, betreffend Spekulationsgeschäft; VwGH 18.1.1983, 82/14/0076, betreffend Rückzahlung von Vorauszahlungen bei nicht zustande gekommenen Verträgen). Auch das weitere Schicksal zugeflossener Beträge beim Steuerpflichtigen ist unmaßgeblich (VwGH 2.2.1951, 345/48; VwGH 24.11.1970, 1573/68). S im Übrigen auch LStR 1999, Rz 631 bis 639.

13.1.2 Forderungsabtretung (Zession), Factoring

4610 Bei einer Forderungsabtretung fließen Zahlungen, die der Schuldner des Zedenten unmittelbar an den Zessionar leistet, dem Zedenten im Zeitpunkt der Zahlung zu (VwGH 12.2.1965, 1767/64). Eine andere Betrachtung ist dann geboten, wenn die in § 1397 ABGB vorgesehene Haftung des Zedenten für die Einbringlichkeit der Forderung vertraglich ausgeschlossen wird. In diesem Fall kommt es beim Zedenten in dem Zeitpunkt zu einer Vereinnahmung, in dem der Zedent vom Zessionar das Entgelt für die Forderungsabtretung erhält (oder ein geldwerter Vorteil – etwa in Form eines Schulderlasses – wirksam wird).

4611 Beim unechten Factoring kauft der Factor vom Steuerpflichtigen grundsätzlich alle während der Vertragsdauer im Geschäftsbetrieb des Steuerpflichtigen entstehenden Kundenforderungen im Wege der Forderungsabtretung; das Risiko für die Einbringlichkeit der Forderung bleibt beim Steuerpflichtigen. Die Einnahmen aus den abgetretenen Kundenforderungen gelten dann als zugeflossen, sobald und soweit die Kunden an den Factor zahlen. Die Zahlung des Factors stellt eine Einnahme, eine allfällige Ausfallszahlung des Zedenten eine Ausgabe dar.

4612 Demgegenüber übernimmt der Factor beim echten Factoring mit dem Forderungsankauf auch das Dubiosenrisiko. Diesfalls sind die Leistungen des Factors unabhängig davon zu erbringen, ob, wann und in welchem Ausmaß bei ihm Zahlungen der Kunden aus der abgetretenen Forderung eingehen. Damit tritt wirtschaftlich schon mit den Zahlungen des Factors eine (endgültige) Vermögensvermehrung beim Steuerpflichtigen ein und ist somit in diesem Zeitpunkt der Zufluss gegeben.

13.1.3 Zinsen

4613 Sparbuchzinsen fließen nach den allgemeinen Geschäftsbedingungen der Banken am Ende des jeweiligen Kalenderjahres bzw. im Zeitpunkt der Auflösung des Sparbuches zu (vgl. auch VwGH 28.4.1971, 874/70).

4614 Andere Zinsen, die vereinbarungsgemäß dem Kapital zugeschlagen werden, sind mit dem Ende der jeweiligen Zinsperiode zugeflossen (durch Auszahlung oder Gutschrift); Gleiches gilt für Wertsicherungsbeträge (VwGH 14.12.1988, 87/13/0030). Zugeflossen sind Zinsen und Wertsicherungsbeträge auch dann, wenn vereinbart wird, die Ansprüche in ein neues Darlehen umzuwandeln (VwGH 11.12.1990, 89/14/0040).

4615 Bei Sparbriefen, Kapitalsparbüchern, Termineinlagen und Festgeldern liegen die Früchte des hingegebenen Kapitals im Unterschiedsbetrag zwischen der geleisteten Einlage und dem am Ende der Laufzeit zurückerhaltenen (höheren) Betrag. Dieser Unterschiedsbetrag stellt Einkünfte aus Kapitalvermögen dar, es sei denn, die Kapitalanlage ist Gegenstand eines Betriebsvermögens (diesfalls betriebliche Einkünfte); im Bereich der Gewinnermittlung gemäß § 4 Abs. 3 EStG 1988 sowie der Einkünfte aus Kapitalvermögen fließt der Unterschiedsbetrag erst am Ende der Laufzeit bzw. im Zeitpunkt der vorzeitigen Rückzahlung der Einlage zu.

4616 Dies gilt grundsätzlich auch bei den so genannten Nullanleihen (Zufluss des Unterschiedsbetrages zwischen Ausgabewert und Einlösungswert im Zeitpunkt der Tilgung). Wird eine derartige Anleihe verkauft, fließen dem Verkäufer in diesem Zeitpunkt die auf den Zeitraum des Anleihebesitzes entfallenden kalkulatorischen Zinsen zu. Diese sind beim Erwerber nicht noch einmal als Einkünfte aus Kapitalvermögen zu erfassen.

13.1.4 Schecks, Wechsel, Kreditkarten, Gutscheine (Bons)

Die Entgegennahme eines ordnungsgemäß ausgestellten unbedenklichen Schecks führt im Zeitpunkt der Übernahme zu einem Zufluß. Gleiches gilt für Wechselzahlungen, sofern der Wechsel unbedenklich ist. Die Bezahlung mit Kreditkarte löst (noch) keine Bargeldbewegung und folglich noch keinen Zufluss aus. Kreditkartenzahlungen sind erst mit der Gutschrift auf dem Konto zugeflossen. Bei Verkauf von Gutscheinen (Bons) ist der Zeitpunkt des Verkaufes der Gutscheine und nicht deren Einlösung durch den Empfänger der Gutscheine (Bons) für die Erfassung der Bargeldbewegung und somit des Zuflusses maßgeblich. **4617**

13.1.5 Gewinnanteile aus Beteiligungen an Kapitalgesellschaften und echten stillen Beteiligungen

Gewinnanteile aus der Beteiligung an einer Kapitalgesellschaft fließen dem Anteilsinhaber mit der tatsächlichen Auszahlung zu. Der Anspruch auf den Gewinnanteil entsteht mit Genehmigung des Jahresabschlusses bzw. mit Fassung des Gewinnverteilungsbeschlusses. Der Auszahlungszeitpunkt kann daher nicht wesentlich später liegen, es sei denn, die Gesellschaft war im Zeitpunkt der Beschlussfassung nicht liquid. Beschließen die Gesellschafter, die Fälligkeit trotz Zahlungsfähigkeit hinauszuschieben, dann verfügen sie damit über ihren Gewinnanspruch; er ist daher als zugeflossen zu behandeln (anders etwa, wenn einem Minderheitengesellschafter die sofortige Auszahlung vorenthalten wird). Einem Alleingesellschafter bzw. einem beherrschenden Gesellschafter fließen die Gewinnanteile bereits mit Beschlussfassung über die Gewinnverteilung zu (VwGH 30.11.1993, 93/14/0155). Verdeckte Ausschüttungen sind zugeflossen, wenn der Gesellschafter darüber verfügen kann (VwGH 16.12.1986, 86/14/0064 zu Versicherungsprämien). **4618**

Beim echten stillen Gesellschafter ist der Gewinnanteil aus dem Jahresabschluss zu ermitteln. Mangels einer besonderen Vereinbarung ist der Gewinnanteil des Stillen mit Bilanzaufstellung fällig und auszuzahlen oder seinem Einlagenkonto gutzuschreiben. Damit erfolgt der Zufluss. **4619**

13.2 Verausgabung

13.2.1 Allgemeines

Der Zeitpunkt der Vereinnahmung und Verausgabung steht in einer zeitlichen Wechselbeziehung; somit gelten die Regeln über den Zufluss von Einnahmen – mit umgekehrten Vorzeichen – auch für den Abfluss von Ausgaben. Dies bedeutet, dass Ausgaben dann abgeflossen sind, wenn der geleistete Betrag aus der Verfügungsmacht des Leistenden ausgeschieden ist (VwGH 17.10.1984, 82/13/0266). Entscheidend für den Abfluss ist das tatsächliche Ausscheiden aus der wirtschaftlichen Verfügungsmacht: So führt zB eine rückwirkende Buchung auf einem Verrechnungskonto (im Jahr 03) für das Jahr 01 zu keiner Ausgabe des Jahres 01 und damit auch zu keinem Geldfluss in diesem Jahr (VwGH 19.9.1989, 86/14/0192). **4620**

Eine Zahlung auf ein Depot mit Verfügungsrecht des Zahlers begründet weder dem Grunde (VwGH 20.5.1987, 86/13/0180) noch dem Zeitpunkt nach (VwGH 19.10.1962, 2300/61) einen Abfluss; dies gilt allgemein bei Zahlungen, die zu einer Gutschrift beim Empfänger zu Gunsten des Zahlers führen. **4621**

Die Verausgabung eines Geldbetrages durch einen Bevollmächtigten des Dritten (Vollmachtgebers) begründet in der Regel unmittelbar einen Abfluss beim Dritten; wenn der Bevollmächtigte aber Ausgaben im eigenen Namen, jedoch auf Rechnung eines Dritten leistet, erfolgt der Abfluss beim Dritten erst mit dessen Ersatzleistung (VwGH 7.2.1990, 86/13/0072; VwGH 16.2.1994, 90/13/0071 und VwGH 18.10.1995, 92/13/0092 betreffend Abfluss bei Hausverwalterzahlungen). **4622**

Die Leistung von Vorauszahlungen (ausgenommen jene unter § 19 Abs. 3 EStG 1988 fallenden, siehe dazu Rz 4628 bzw. 1381 ff) und Akontozahlungen führt grundsätzlich zu einem Abfluss. Dabei muss im Zeitpunkt der Leistung ernstlich damit gerechnet werden, dass der die Betriebsausgabeneigenschaft begründende Zusammenhang gegeben ist (VwGH 26.06.1990, 89/14/0257). Die Vorauszahlung einer zu erwartenden Nachzahlung an GSVG-Pflichtbeiträgen ist unter der Voraussetzung im Abflusszeitpunkt als Betriebsausgabe absetzbar, dass sie sorgfältig geschätzt wird. Dies gilt ungeachtet der Entscheidung des UFS vom 29.06.2010, RV/3190-W/09. Durch willkürliche Zahlungen, für die nach Grund und Höhe keine vernünftigen wirtschaftlichen Gründe vorliegen, kann die Höhe der Einkünfte nicht beeinflusst werden (VwGH 22.01.1992, 91/13/0160, betreffend Zahlung einer mehrfachen Beitragsschuld an die Sozialversicherung). **4623**

Zum Abfluss von Ausgaben siehe auch LStR 2002 Rz 640 und 641.

(AÖF 2011/66)

13.2.2 Schecks, Wechsel, Kreditkarten

4624 Die Hingabe eines (gedeckten) Schecks führt bereits im Zeitpunkt der Hingabe zu einem Abfluss (VwGH 19.12.1990, 87/13/0147). Gleiches gilt für die Zahlung mit Wechsel im Hinblick auf dessen vergleichbare wirtschaftliche Stellung. Bei Zahlung mit Kreditkarte tritt der Abfluss erst mit der Abbuchung vom Konto des Zahlers ein.

13.2.3 Überweisungsauftrag, Abbuchungsauftrag, Einziehungsauftrag

4625 Im Rahmen eines Abbuchungsauftrages (Dauerauftrages) behält der Auftraggeber die Verfügungsmacht (zB Widerrufsmöglichkeit) bis zum eigentlichen Abbuchungsvorgang; es tritt somit erst in diesem Zeitpunkt der Abfluss ein. Dies gilt auch für Einziehungsaufträge und Überweisungsaufträge (VwGH 22.1.2004, 98/14/0025). Es bestehen keine Bedenken, auf den Valutatag abzustellen.

(AÖF 2005/110)

13.2.4 Kontokorrentkredit

4626 Bei einem Kontokorrentkonto bewirken die Belastungen mit Bankspesen und Zinsen einen Abfluss, und zwar unabhängig davon, ob ein Guthaben verringert oder der Schuldenstand vergrößert wird. Es kommt hinsichtlich aller Belastungen (und auch Gutschriften) zu einer Art Novation, dh. der Kontoinhaber schuldet die Bankspesen (Zinsen) nunmehr aus dem Titel Kontokorrentschuld. Wirtschaftlich betrachtet wird dem Kontoinhaber nämlich quasi ein Darlehen eingeräumt, mit dem er seine Belastungen begleicht.

13.2.5 Forderungsabtretung (Zession)

4627 Eine an Zahlungs statt abgetretene Forderung fließt im Zeitpunkt der Abtretung zu und ab; anders bei erfüllungshalber hingegebenen Forderungen: Der Zufluss und ebenso der Abfluss erfolgt erst dann, wenn die Forderung beim Zessionar eingeht (siehe auch Rz 4610 ff).

13.2.6 Schuldübernahme

(AÖF 2010/43)

4627a Zivilrechtlich tritt die Schuldbefreiung des Schuldners bei der befreienden Schuldübernahme erst mit der Zustimmung des Gläubigers ein (§ 1405 ABGB). Der Zufluss bei einer befreienden Schuldübernahme erfolgt daher ebenfalls erst mit Annahme des Anbots der Schuldübernahme durch den Gläubiger.

(AÖF 2010/43)

13.3 Verteilung von Vorauszahlungen (§ 19 Abs. 3 EStG 1988)

4628 Die nur Werbungskosten betreffende Verteilungspflicht nach § 19 Abs. 3 EStG 1988 stimmt nahezu wörtlich mit jener nach § 4 Abs. 6 EStG 1988 überein; es gelten somit die dazu in Rz 1381 ff getroffenen Aussagen sinngemäß. In Bezug auf Mietverhältnisse siehe auch Rz 6449.

13.4 Regelmäßig wiederkehrende Einnahmen und Ausgaben (§ 19 Abs. 1 zweiter Satz EStG 1988, § 19 Abs. 2 zweiter Satz EStG 1988)

4629 Für regelmäßig wiederkehrende Einnahmen und Ausgaben, die kurze Zeit vor oder nach Beginn des Kalenderjahres geleistet werden, ist im Rahmen der Ermittlung der Überschusseinkünfte und der Gewinnermittlung gemäß § 4 Abs. 3 EStG 1988 der tatsächliche Zeitpunkt der Einnahme bzw. Ausgabe unmaßgeblich; derartige Einnahmen und Ausgaben sind vielmehr dem Kalenderjahr zuzurechnen, zu dem sie wirtschaftlich gehören.

(AÖF 2002/84)

4630 Wiederkehrende Einnahmen (Ausgaben) sind dabei solche, die nicht nur einmal, sondern mehrmals hintereinander (mindestens dreimal) anfallen. Regelmäßig wiederkehrend bedeutet, dass zwischen den einzelnen Einnahmen bzw. Ausgaben gleiche bzw. zumindest annähernd gleiche Zeiträume liegen müssen (ein Jahr, ein Halb- oder Vierteljahr, ein Monat). Regelmäßig wiederkehrende Zahlungen müssen nicht gleich hoch sein, sie müssen lediglich Gleichartigkeit (zB Löhne, Mieten, Versicherungsprämien, Zinsen, Renten, dauernde Lasten) aufweisen. Ratenzahlungen sind keine wiederkehrenden Zahlungen. Regelmäßig wiederkehrende Einnahmen (Ausgaben) sind überdies nur solche, die nach dem zugrunde liegenden Rechtsverhältnis grundsätzlich mit Beginn oder Ende des Kalenderjahres fällig sind, zu dem sie wirtschaftlich gehören, tatsächlich aber wenige Tage vor Beginn oder wenige Tage nach Beendigung dieses Kalenderjahres vereinnahmt bzw. verausgabt werden.

4631 Unter dem vom Gesetzgeber verwendeten Begriff „kurze Zeit“ ist eine Zeitspanne von bis zu 15 Tagen zu verstehen.

Die „Kurze-Zeit-Regel“ verfolgt den Zweck, zufällig eintretende Abweichungen einer Zahlung vom wirtschaftlichen Bezugsjahr zu verhindern. Wird also eine Zahlung deshalb nicht im wirtschaftlichen Bezugsjahr geleistet, weil sie im nächsten (vorangegangenen) Jahr fällig ist (war), liegt bei einer Zahlung im Fälligkeitszeitpunkt keine zufällige, sondern eine durchaus gewollte und regelmäßig eintretende Abweichung vor. In konsequenter Weiterverfolgung des Normzweckes kommt die in Rede stehende Gesetzesbestimmung selbst dann zur Anwendung, wenn wirtschaftliches Bezugsjahr und Jahr der Fälligkeit voneinander abweichen und der Zahlungszeitpunkt ins wirtschaftliche Bezugsjahr fällt (Zurechnung zum Fälligkeitsjahr). **4632**

Beispiel 1:

Miete für 12/2001 wird am 15.12.2001 fällig und am 5.1.2002 bezahlt; Zurechnung zum Jahr 2002 (Fälligkeit tritt nicht zu Beginn/Ende eines Kalenderjahres ein, daher Zahlungszeitpunkt entscheidend).

Beispiel 2:

Miete für 12/2001 wird am 5.1.2002 fällig und am 5.1.2002 bezahlt; Zurechnung zum Jahr 2002 (Fälligkeit entscheidend).

Beispiel 3:

Miete für 12/2001 wird am 1.1.2002 fällig und am 30.12.2001 bezahlt; Zurechnung zum Jahr 2002, also dem Jahr der Fälligkeit.

Randzahlen 4633 bis 4700: *derzeit frei*

14. Nichtabzugsfähige Ausgaben (§ 20 EStG 1988)

14.1 Allgemeines

4701 § 20 EStG 1988 gilt für alle Einkünfte bzw. alle Einkunftsarten gleichermaßen und zielt jeweils darauf ab, die Einkommenserzielung von der steuerlich unbeachtlichen Einkommensverwendung abzugrenzen. Zwischen Betriebsausgaben und Lebenshaltungskosten darf die Grenze nicht anders gezogen werden, als zwischen Werbungskosten und Lebenshaltungskosten (VwGH 20.3.1964, 2141/62).

Sonderausgaben gemäß § 18 EStG 1988 und außergewöhnliche Belastungen gemäß § 34 EStG 1988 werden von § 20 EStG 1988 grundsätzlich nicht eingeschränkt. § 20 Abs. 3 sieht aber vor, dass

- Unterhaltsleistungen und freiwillige Zuwendungen keine Sonderausgaben sind bzw.
- Geld- oder Sachzuwendungen, deren Gewährung oder Annahme mit gerichtlicher Strafe bedroht ist, weder Sonderausgaben noch außergewöhnliche Belastungen darstellen.

14.2 Aufwendungen für Haushalt und Unterhalt, Lebensführungsaufwendungen

14.2.1 Aufwendungen für Haushalt und Unterhalt (§ 20 Abs. 1 Z 1 EStG 1988)

14.2.1.1 Allgemeines

4702 Bei den in § 20 Abs. 1 Z 1 EStG 1988 umschriebenen Aufwendungen handelt es sich um solche, die ihren Ursprung in der Privatsphäre des Steuerpflichtigen haben bzw. deren Zweck auf die private Sphäre gerichtet ist. § 20 Abs. 1 Z 1 EStG 1988 hat klarstellende Bedeutung. Nicht jeder Aufwand, der mit Einkünften in irgendeiner Form in Verbindung steht, kann abgezogen werden. Auch die für die Nahrung und Unterkunft nötigen Aufwendungen stellen eine Voraussetzung der beruflichen bzw. betrieblichen Tätigkeit dar, sind aber mangels Veranlassungszusammenhanges mit der Tätigkeit als Betriebsausgaben bzw. Werbungskosten nicht absetzbar (vgl. VwGH 20.7.1999, 99/13/0018).

Das Abzugsverbot besteht unabhängig vom Vorliegen außersteuerlicher Gründe für die gewählte Gestaltung und selbst dann, wenn die Vereinbarung einem Fremdvergleich standhält (VwGH 23.05.2007, 2003/13/0120).

(AÖF 2008/51)

4702a Werden Unterhaltsleistungen betr. eine entsprechende Wohnversorgung der Kinder in das äußere Erscheinungsbild von Einkünften gekleidet, ist dies steuerlich unbeachtlich (VwGH 16.12.1998, 93/13/0299; VwGH 30.3.2006, 2002/15/0141). Auch wenn die Kinder auf Grund ihrer Dispositionsfreiheit die Möglichkeit gehabt hätten, ihr von den Eltern entgegengenommenes Geld auch anderweitig für eine entsprechende Wohnversorgung auszugeben, ändert dies nichts an der gegebenen tatsächlichen Nutzung von Wohnflächen durch die Kinder des Steuerpflichtigen. Auf die fremdübliche Gestaltung der vom Steuerpflichtigen als Vermieter mit seinen Kindern abgeschlossenen Mietverträge kommt es dabei ebenso wenig an wie auf die Überlegungen zum seinerzeitigen Ankauf des Mietobjektes (VwGH 22.11.2001, 98/15/0057).

(AÖF 2007/88)

4703 Unter das Abzugsverbot fallen nicht nur der Haushalts- und Unterhaltsaufwand im engeren Sinn (Miete, Beleuchtung, Beheizung, Bekleidung, Ernährung und Ähnliches), sondern auch Aufwendungen für die Erholung (Urlaube, Wochenendausflüge und Ähnliches), für die Freizeitgestaltung (Sport, Hobbys, kulturelle Veranstaltungen und Ähnliches), für die ärztliche Versorgung, ebenso wie für Gegenstände des höchstpersönlichen Gebrauches (Brille, Uhr, Hörgeräte) usw.

4704 Vielfach überschneiden sich die Grenzen zwischen den beiden Abzugsverboten nach § 20 Abs. 1 Z 1 und Abs. 2 lit. a EStG 1988, doch ist die genaue Zuordnung eines Aufwandes zu einer der beiden Gesetzesstellen entbehrlich, da in beiden Fällen der Aufwand nicht abzugsfähig ist (vgl. VwGH 27.5.1999, 97/15/0028).

14.2.1.2 Beispiele für in der Regel nicht abzugsfähige Aufwendungen für Haushalt und Unterhalt

Siehe auch Rz 1464 ff

4705
- **Bifokalbrillen** (VwGH 28.2.1995, 94/14/0154),
- **Hochzeitsessen** (VwGH 17.3.1971, 2130/70),
- **Hörgerät** (VwGH 15.2.1983, 82/14/0135; 3.5.1983, 82/14/0297),
- **Hundehaltungskosten** (VwGH 24.4.1964, 0652/63),
- **Kinderbetreuungskosten** (VwGH 20.7.1999, 99/13/0018),

- **Kindermädchen** (VwGH 13.12.1995, 93/13/0272),
- **Lebensmittelkosten** (VwGH 15.11.1995, 92/13/0164),
- **Schulgeld** für den Schulbesuch von Kindern (VwGH 28.5.1998, 94/15/0074),
- **Urlaubskosten** (VwGH 6.10.1970, 0007/69),
- **Verpflegung** (VwGH 16.3.1988, 87/13/0200; weiters VwGH 15.11.1995, 92/13/0164; VwGH 29.5.1996, 93/13/0013),
- **(Zweit)Wohnung** sofern keine betrieblich veranlasste doppelte Haushaltsführung vorliegt (VwGH 17.6.1992, 91/13/0146; weiters VwGH 14.9.1993, 92/15/0054; VwGH 31.5.1994, 91/14/0170; VwGH 16.12.1998, 93/13/0299),
- Errichtung eines **Wohnhauses** (VwGH 6.11.1991, 89/13/0109).

14.2.2 Lebensführungsaufwendungen (§ 20 Abs. 1 Z 2 lit. a EStG 1988)

§ 20 Abs. 1 Z 2 lit. a EStG 1988 behandelt jene Aufwendungen, die der Privatsphäre zuzuordnen sind, gleichzeitig aber auch den Beruf fördern. Erfasst sind jene Aufwendungen, die primär zur Lebensführung gehören, aber in weiterer Folge auch dem Beruf dienen. **4706**

So führt das Veranstalten von Konzerten ohne eingehende Produkt- oder Leistungsinformation betreffend eine betriebliche Tätigkeit nicht dazu, die dadurch veranlassten Aufwendungen anteilig als Betriebsausgaben bei den betrieblichen Einkünften anzusetzen, auch wenn die Konzerte durch die Knüpfung von Kontakten mit „wichtigen Entscheidungsträgern" der betrieblichen Tätigkeit förderlich sein sollten (VwGH 28.11.2007, 2004/15/0128 zur Konzertveranstaltung eines Ziviltechnikers).

(AÖF 2008/238)

14.2.2.1 Aufteilungsverbot

Die wesentlichste Aussage des § 20 Abs. 1 Z 2 lit. a EStG 1988 ist die, dass gemischt veranlasste Aufwendungen, also Aufwendungen mit einer privaten und betrieblichen Veranlassung nicht abzugsfähig sind. Das Wesen dieses Aufteilungs- und Abzugsverbotes liegt darin, zu verhindern, dass Steuerpflichtige durch eine mehr oder weniger zufällige oder bewusst herbeigeführte Verbindung zwischen beruflichen und privaten Interessen Aufwendungen für die Lebensführung deshalb zum Teil in einen einkommensteuerrechtlich relevanten Bereich verlagern können, weil sie einen Beruf haben, der ihnen das ermöglicht, während andere Steuerpflichtige gleichartige Aufwendungen aus zu versteuernden Einkünften decken müssen. **4707**

Dem privaten Haushalt oder der Familiensphäre sind typischerweise Haushaltsmaschinen und -geräte und Geräte der Unterhaltungs- und Freizeitindustrie zuzuordnen. Grundsätzlich kommt daher das Aufteilungs- und Abzugsverbot bei Wirtschaftsgütern des privaten Lebensbereiches zum Tragen (Waschmaschine, Fernseher, Videorecorder, Sportgeräte usw.), gilt aber gleichermaßen auch für laufende Aufwendungen, wie sie im Rahmen der Lebensführung üblich sind. **4708**

Bei den Aufwendungen, die auch in den Kreis der privaten Lebensführung fallen können, muss ein strenger Maßstab angelegt und eine genaue Unterscheidung vorgenommen werden (VwGH 21.10.1986, 86/14/0031; VwGH 18.03.1992, 91/14/0171; VwGH 28.02.1995, 91/14/0231). IdR wird der tatsächliche Verwendungszweck im Einzelfall geprüft werden müssen, wobei eine typisierende Betrachtungsweise anzuwenden ist (vgl. VwGH 28.02.1995, 91/14/0231). Diese Betrachtung darf nicht dazu führen, dass Wirtschaftsgüter ohne Ermittlungsverfahren als Privatvermögen behandelt werden (VwGH 17.09.1990, 90/14/0087). Derjenige, der typische Aufwendungen der privaten Lebensführung als Betriebsausgaben oder Werbungskosten geltend machen will, hat im Hinblick auf seine Nähe zum Beweisthema von sich aus nachzuweisen, dass diese Aufwendungen entgegen der allgemeinen Lebenserfahrung (nahezu) ausschließlich die betriebliche bzw. berufliche Sphäre betreffen (VwGH 22.02.2007, 2006/14/0020). **4709**

(AÖF 2008/51)

14.2.2.2 ABC der nicht abzugsfähigen Kosten der Lebensführung

Armbanduhr **4710**

Sie ist als Gegenstand des täglichen Lebens der privaten Lebensführung zuzurechnen (VwGH 18.11.1960, 0291/60).

Ausbildungskosten **4711**

Siehe Rz 1350 f.

4712 **Autogenes Training**

Aufwendungen für autogenes Training stellen nichtabzugsfähige Aufwendungen der Lebensführung dar (VwGH 9.7.1997, 93/13/0296). Siehe weiters LStR 1999, Rz 359. Dies gilt auch für vergleichbare Kurse und Seminare, deren Verwertung in der konkreten beruflichen oder gewerblichen Tätigkeit nicht nachgewiesen oder glaubhaft gemacht werden kann (vgl. zB auch VwGH 17.9.1996, 92/14/0173, betreffend Neuro-Linguistik Programming einer Mathematiklehrerin sowie VwGH 15.4.1998, 98/14/0004, betreffend Lehrgang in Supervision, Personal- und Organisationsentwicklung einer Lehrerin einer höheren landwirtschaftlichen Lehranstalt).

4713 **Autoradio**

Aufwendungen in Zusammenhang mit der Anschaffung und dem Erwerb eines Autoradios sind nicht abzugsfähig, auch wenn das KFZ zu betrieblichen Zwecken verwendet wird; die betriebliche Mitveranlassung ist selbst bei Abhören des Verkehrsfunkes von untergeordneter Bedeutung (VwGH 2.7.1981, 81/14/0073; 11.11.1987, 85/13/0197; 18.12.1996, 94/15/0155; 25.2.1997, 96/14/0022; 24.6.1999, 97/15/0070; 22.9.1999, 97/15/0005). Aufwendungen für den Einbau eines Autoradios in ein Kfz, das ausschließlich oder überwiegend von Arbeitnehmern benutzt wird, sind betrieblich veranlasst (VwGH 11.11.1987, 85/13/0197).

4714 **Ballbesuch**

Aufwendungen in Zusammenhang mit Ballbesuchen (zB Ballkleidung, Zuwendungen an das Komitee, Bewirtungskosten) fallen unter das Abzugsverbot (VwGH 22.11.1985, 84/14/0035). Hinsichtlich politischer Funktionäre s LStR 2002, Rz 383a bis 383i.

(AÖF 2003/209)

4715 **Blumengeschenke**

Keine Betriebsausgaben, wobei den Gründen, die einen Steuerpflichtigen veranlassen, solche Aufwendungen zu tragen, keine Bedeutung zukommt (VwGH 19.9.1990, 89/13/0174).

4716 **Esoterikkurs**

Siehe LStR 1999, Rz 359.

4717 **Fahrrad**

Siehe Rz 1527.

4718 **Fernsehapparat**

Aufwendungen dafür sind in der Regel nicht abzugsfähig (VwGH 2.6.1967, 0174/67; weiters VwGH 14.10.1975, 0197/75).

4719 **Fitness-Studio**

Aufwendungen für ein Fitness-Studio sind grundsätzlich als Aufwendungen der privaten Lebensführung nicht abzugsfähig. Bestimmten Berufsgruppen (zB Leistungssportlern, Mitwirkende bei Unterhaltungsdarbietungen) erwächst jedoch durch das erforderliche Training ein Aufwand, der deutlich über jenem liegt, der für die private Lebensführung noch als üblich zu bezeichnen ist. Wird diese Tätigkeit als Beruf ausgeübt und werden damit Einkünfte im Sinne des EStG 1988 erzielt, stellen Aufwendungen für das Training abzugsfähige Aufwendungen dar (VwGH 17.9.1997, 94/13/001). Im Einzelfall wäre daher bei Geltendmachung derartiger Aufwendungen vom Steuerpflichtigen nachzuweisen, dass sich das von ihm absolvierte Trainingsprogramm deutlich von jenem unterscheidet, das auch einem allgemeinen Interessentenkreis angeboten wird.

4720 **Fotoapparat, Filmkamera**

Derartige Wirtschaftsgüter sind grundsätzlich nicht abzugsfähig. Betriebsausgaben liegen nur dann vor, wenn eine ausschließliche oder zumindest ganz überwiegend betriebliche Verwendung gegeben ist (VwGH 3.5.1983, 82/14/0297). Die prinzipielle Nichtabzugsfähigkeit erstreckt sich auch auf entsprechendes Zubehör uä. (VwGH 3.11.1981, 14/0022/81; und 28.4.1987, 86/14/0174, betreffend Dia-Magazine sowie 15.2.1983, 82/14/0135, betreffend Projektionslampe – jeweils zu einem Lehrer ergangen).

4721 **Führerschein**

Aufwendungen für den Erwerb des PKW- oder Motorradführerscheines sind grundsätzlich nicht abzugsfähig (VwGH 27.6.1958, 1569/57; VwGH 21.10.1960, 2509/59). Aufwendungen für den LKW- oder Autobusführerschein sind dann abzugsfähig, wenn mit der ausgeübten oder verwandten Tätigkeit ein Zusammenhang besteht.

4722 **Gasthausverpflegung**

die dadurch anfällt, dass Mittagsheimfahrten aus zeitlichen Gründen nicht möglich sind, gehört zu den nichtabzugsfähigen Kosten der privaten Lebensführung (VwGH 3.11.1992, 92/14/0135; VfGH 15.6.1992, B 673/91).

Geburtstagsfeier 4723

Aufwendungen für die eigene Geburtstagsfeier fallen unter das Abzugsverbot (VwGH 29.6.1995, 93/15/0113; VwGH 24.2.2000, 96/15/0071).

Hallenbad 4724

Auch bei einem Steuerpflichtigen, der den Zentralheizungsbau und das Wasserinstallationsgewerbe ausübt, stellt dieses notwendiges Privatvermögen dar (VwGH 17.11.1981, 81/14/0086, 0091, 0092). Bei einem Arzt ist es entscheidend, ob das Hallenbad ausschließlich oder zumindest überwiegend zu Zwecken des ärztlichen Berufes errichtet wurde (VwGH 19.1.1982, 81/14/0001, 0030). Hiebei ist das Ausmaß der tatsächlichen betrieblichen Nutzung entscheidungswesentlich (VwGH 12.11.1985, 85/14/0114, VwGH 16.12.1986, 84/14/0111, VwGH 23.2.1994, 92/15/0025).

Haushaltsgeräte 4725

Wirtschaftsgüter des privaten Lebensbereiches, wie zB Kühlschränke, Waschmaschinen usw. sind grundsätzlich nicht abzugsfähig, außer sie werden ausschließlich oder nahezu ausschließlich betrieblich oder beruflich verwendet (VwGH 27.11.1973, 0232/73; 17.1.1978, 2470/77).

Hörgerät 4726

Analog zu den Aufwendungen für Sehbehelfe gehören auch solche für die Anschaffung, Reparatur und den Betrieb eines Hörgerätes zu den nichtabzugsfähigen Aufwendungen der Lebenshaltung (VwGH 15.2.1983, 82/14/0135; 3.5.1983, 82/14/0297).

Internet 4727

Siehe Rz 1564.

Karriereberatung 4728

Erfolgt die Beratung nicht in Zusammenhang mit einer bestimmten in Aussicht genommenen Einkunftsquelle und ist die angestrebte Art der zukünftigen Tätigkeit noch ungewiss, liegen nichtabzugsfähige Aufwendungen vor (VwGH 16.12.1999, 97/15/0148).

Kinderbetreuung, Kindergarten, Kindermädchen 4729

Die diesbezüglichen Aufwendungen zählen zu den nichtabzugsfähigen Aufwendungen der Lebensführung (VwGH 2.8.1995, 94/13/0207; 13.12.1995, 93/13/0272; 20.7.1999, 99/13/0018; zur verfassungsmäßigen Unbedenklichkeit siehe VfGH 22.2.1985, B 566/80). Dies ist selbst dann der Fall, wenn eine entsprechende Kinderbetreuung eine Berufstätigkeit überhaupt erst ermöglicht. Analog zu den Aufwendungen für Nahrung und Unterkunft besteht nämlich kein Veranlassungszusammenhang zwischen Betreuungskosten und Berufsausübung. Die Tatsache, dass ein Steuerpflichtiger Kinder hat, hat nämlich nicht mit seinem Beruf, sondern nur mit der Privatsphäre des Steuerpflichtigen zu tun. Betr außergewöhnliche Belastung siehe LStR 1999, Rz 901.

Kirchenbeitrag 4730

Nichtabzugsfähiger Aufwand der Lebensführung (VwGH 23.11.1994, 94/13/0182; weiters betreffend einen Pfarrer und Religionslehrer VwGH 7.12.1994, 94/13/0154; VwGH 25.10.1995, 94/15/0199, 0201, 0202). Abzugsfähigkeit jedoch als Sonderausgaben gemäß § 18 Abs. 1 Z 5 EStG 1988 (siehe LStR 1999, Rz 558 bis 560).

Kleidung 4731

Kleidung gehört regelmäßig zu den nichtabzugsfähigen Aufwendungen der Lebensführung, was selbst dann gilt, wenn sie nahezu ausschließlich für die Berufsausübung benötigt wird (VwGH 17.9.1990, 89/14/0277; 10.9.1998, 96/15/0198).

Beispiele:

- *bürgerliche Kleidung (vgl. VwGH 20.2.1996, 92/13/0287; weiters VwGH 8.10.1998, 97/15/0079,0080, betreffend Hemden, Hosen, Krawatten eines Protokollbeamten im Bundeskanzleramt; VwGH 29.6.1995, 93/15/01049, betreffend weißes Hemd und schwarzen Anzug bei einem Richter; VwGH 11.4.1984, 83/13/0048, betreffend schwarzen Anzug bzw. Abendkleid eines Orchestermitgliedes;*
- *modebewusste, elegante, geschmackvolle bzw. dezente Bekleidung (VwGH 28.4.1999, 94/13/0196, betreffend eine Modejournalistin);*
- *Kleidung eines Sozialarbeiters zur Berücksichtigung eines „gewissen optischen Images" (VwGH 8.10.1998, 97/15/0079);*
- *Turnbekleidung eines Turnlehrers (VwGH 20.1.1999, 98/13/0132); Trainingsanzüge, Tennisbekleidung, Turnhose und Sportschuhe sind auf Grund der gesellschaftlichen Entwicklung und des Modetrends der vergangenen Jahre als Kleidungsstücke anzusehen, die nicht nur von Hobbysportlern, sondern auch allgemein als Freizeitklei-*

dung verwendet werden. Vom Aufteilungsverbot umfasste Aufwendungen sind also auch dann nicht steuerlich abzugsfähig, wenn sie – wie zB bei Turnlehrern – mit der beruflichen Tätigkeit in Zusammenhang stehen (VwGH 23.4.2002, 98/14/0219).

- *Kostüm eines Schauspielers mit privater Nutzbarkeit (VwGH 26.11.1997, 95/13/0061);*
- *typische Trachtenkleidung mit privater Nutzbarkeit (vgl. VwGH 19.10.1988, 86/13/0155, betr. Trachtenanzug oder Dirndlkleid des Bedienungspersonals in Gastronomiebetrieben).*

(AÖF 2003/209)

4732 **Kosmetika, Körperpflege**

grundsätzlich nichtabzugsfähige Aufwendungen der Lebensführung (VwGH 28.4.1999, 94/13/0196, betreffend Modejournalistin; VwGH 17.9.1997, 94/13/0001, betreffend Schminke, Kosmetika, Friseur, Reinigung der Kontaktlinsen; VwGH 26.11.1997, 95/13/0061, betreffend Kosmetika und Friseur einer Schauspielerin), jedoch abzugsfähig, insoweit Friseur- und Kosmetikaufwand in Zusammenhang mit der Anpassung des Äußeren an eine Bühnenrolle anfällt (VwGH 10.9.1998, 96/15/0198).

4733 **Körperbehinderung**

Aufwendungen zur Kompensation derartiger Beeinträchtigungen betreffen stets auch die allgemeine Lebensführung (VwGH 28.2.1995, 94/14/0154). Aufwendungen zur Beseitigung einer Sprechbehinderung sind auch dann nicht absetzbar, wenn die Operation für die Weiterausübung der Tätigkeit unumgänglich notwendig war (VwGH 21.12.1999, 96/14/0123).

Aufwendungen für die Begleitperson eines Behinderten stellen für Zeiträume der beruflichen oder gewerblichen Tätigkeit Betriebsausgaben dar (VwGH 10.11.1987, 87/14/0126, betreffend blinden Rechtsanwalt). Gegenstände des höchstpersönlichen Gebrauchs (zB Prothesen, Rollstuhl eines Behinderten) sind hingegen auch dann nicht abzugsfähig, wenn sie während der Berufsausübung benötigt werden (VwGH 10.11.1987, 87/14/0126).

4734 **Kulturveranstaltung, Kinobesuch**

Die in Zusammenhang mit dem Besuch derartiger Veranstaltungen stehenden Aufwendungen gehören auch bei Schauspielern, Kabarettisten, Musikern usw zu jenen der privaten Lebensführung und sind somit nicht abzugsfähig (VwGH 10.9.1998, 96/15/0198). Theaterkarten stellen bei gemischter Veranlassung einen unter das Aufteilungsverbot fallenden Mischaufwand dar und sind grundsätzlich nicht abzugsfähig; dies gilt nur in jenen Fällen nicht, in denen die private Veranlassung völlig in den Hintergrund tritt (VwGH 23.1.2002, 2001/13/0238).

(AÖF 2003/209)

4735 **Kunstwerke, Bilder**

Werden Bilder von einem (sowohl selbständig als auch nichtselbständig tätigen) Arzt im Krankenhaus, in dem er Dienst verrichtet, angebracht, so ist damit ein Zusammenhang zwischen Bildern und Einkünften nicht erkennbar (VwGH 22.2.2000, 99/14/0082). Siehe auch Rz 2264 ff.

4736 **Literatur**

Dem Abzugsverbot unterliegt Literatur, die für einen nicht abgegrenzten Teil der Allgemeinheit bestimmt ist (VwGH 10.9.1998, 96/15/0198, unabhängig ob klassische Literatur, Belletristik, Comics oder Zeitschriftenmagazine; weiters VwGH 27.5.1999, 97/15/0142).

Beispiele:

- *Atlas (VwGH 25.3.1981, 3438/80),*
- *Belletristik-Werke (VwGH 23.5.1984, 82/13/0184, betreffend AHS-Lehrer für Deutsch),*
- *Bildband (VwGH 9.10.1991, 88/13/0121, betreffend Architekten),*
- *Brockhaus ua. Lexika (VwGH 3.11.1981, 81/14/0022; VwGH 24.11.1999, 99/13/0202),*
- *Comics (VwGH 10.9.1998, 96/15/0198, betreffend Kabarettisten),*
- *Fernsehillustrierte bei einem Rechtsanwalt, selbst wenn sie auch dazu dient, wartenden Klienten die Zeit zu verkürzen (VwGH 16.12.1986, 84/14/0110),*
- *Geschichte des Christentums (VwGH 24.11.1999, 99/13/0202, betreffend Geografie- und Geschichtelehrerin),*
- *Heimatbücher eines Mittelschulprofessors (VwGH 25.10.1994, 94/14/0014),*
- *Klassische Literatur, zB Werke von Shakespeare oder Schiller (VwGH 10.9.1998, 96/15/0198, betreffend Kabarettisten),*
- *Koch- und Backjournal (VwGH 30.1.1991, 90/13/0030),*
- *Konversationslexikon (VwGH 15.3.1978, 2797/77; VwGH 15.9.1999, 93/13/0057),*

- *Lexikon der Malerei (VwGH 3.5.1983, 82/14/0279),*
- *Populär-wissenschaftliches Magazin („Kosmos") bei einem Rechtsanwalt, selbst wenn es „allenfalls" dazu dient, wartenden Klienten die Zeit zu verkürzen (VwGH 16.12.1986, 84/14/0110; analog auf vergleichbare Berufsgruppen anwendbar),*
- *Religiöse Zeitschriften („KJ Zeitschrift Kontakt", „Aufbruch Forum", „Offene Kirche", „Kirche intern", VwGH 26.4.2000, 96/14/0098, betreffend einen Religionslehrer)*
- *Reiseführer (VwGH 28.4.1987, 86/14/0174, betreffend Geografieprofessor, gleichermaßen wohl für Reiseschriftsteller und ähnliche Berufsgruppen anwendbar),*
- *Sprachmagazine zur Auffrischung allgemeiner Sprachkenntnisse,*
- *Tages- oder Wochenzeitungen (vgl. VwGH 28.04.1987, 86/14/0169; VwGH 16.04.1991, 90/14/0043; VwGH 29.11.1994, 93/14/0150; VwGH 24.06.1999, 97/15/0070; VwGH 26.04.2000, 96/14/0098); anders aber betreffend Bezug einer „Vielzahl" von Tageszeitungen bei einem Kabarettisten (VwGH 10.09.1998, 96/15/0198), einem Journalisten (VwGH 26.09.2000, 97/13/0238, VwGH 30.01.2001, 96/14/0154) sowie bei einem Politiker (siehe LStR 2002 Rz 383e), abzugsfähig ist auch ein „Assistenten-Abonnement" der Wiener Zeitung für einen Turnusarzt (das ist ein Abonnement, das zum monatlich zweimaligen Bezug jener Ausgabe berechtigt, in der sämtliche Assistentenposten an österreichischen Universitäten veröffentlicht werden, VwGH 28.11.2007, 2003/14/0104).*
- *Wanderkarten und -bücher (VwGH 28.4.1987, 86/14/0174, sowie VwGH 25.10.1994, 94/14/0014, betreffend Geografieprofessor bzw. AHSKlassenvorstand),*
- *„Who is Who" (VwGH 17.9.1997, 95/13/0245),*
- *Wirtschaftsmagazine (zB „Trend" – VwGH 22.12.1980, 2001/79; „Fortune", „Manager Magazin", „Capital" und ähnliche Zeitschriften),*
- *Wörterbuch (VwGH 24.11.1999, 99/13/0202, betreffend Geografie- und Geschichtelehrerin).*

(AÖF 2008/238)

Musikinstrumente **4737**

Musikinstrumente sind grundsätzlich als Aufwendungen der privaten Lebensführung nicht abzugsfähig, es sei denn sie stellen Arbeitsmittel dar. Aufwendungen eines Klavierlehrers für ein Klavier sind dann und insoweit abzugsfähig, als die Nutzung berufsbezogen ist (vgl. VwGH 27.5.1999, 97/15/0142).

Neuro-Linguistik Programming (NLP) **4738**

IdR kein abzugsfähiger Aufwand, da keine berufsspezifischen Fortbildungskosten (VwGH 17.9.1996, 92/14/0173, betr. Lehrerin für Mathematik und Physik; VwGH 27.6.2000, 2000/14/0096, 0097 betr. Lehrerin für „Deutsch und Kommunikation").

(AÖF 2002/84)

Personenwaage **4739**

Selbst dann nicht abzugsfähig, wenn mit der Berufsausübung ein überdurchschnittlicher Energie- und Flüssigkeitsverlust verbunden ist (VwGH 17.9.1997, 94/13/0001, betreffend eine Musicaldarstellerin).

Pferdehaltung **4740**

Bei Wirtschaftsgütern, die wie Sportgeräte (hier Pferde) typischerweise dem Bereich der privaten Lebensführung zuzuordnen sind, führt nicht schon jede betriebliche Verwendung zu Betriebsausgaben, sondern nur eine zumindest weitaus überwiegende betriebliche Nutzung (VwGH 16.9.1986, 86/14/0017).

Radio **4741**

Ist grundsätzlich der privaten Sphäre zuzurechnen, ausgenommen bei ausschließlicher betrieblicher Verwendung (Gastwirtschaft; gilt auch für Fernseher). Ein Radio im Arbeitszimmer eines Hochschulprofessors für Musik ist der Lebensführung zuzurechnen (VwGH 16.9.1992, 90/13/0291), ebenso die Rundfunkgebühr (und die Stereoanlage) bei einem Musiklehrer (VwGH 27.5.1999, 97/15/0142). Autoradios sind grundsätzlich nicht absetzbar (VwGH 2.7.1981, 81/14/0073), siehe auch „Autoradio".

Reinigungskosten für Berufskleidung **4742**

Siehe LStR 1999, Rz 323.

Rundfunkgebühr **4743**

Typische Aufwendungen der Lebensführung (VwGH 27.5.1999, 97/15/0142, betreffend Musiklehrer).

4743a **Sauna**

Eine im Wohn- und Bürohaus eines Architekten errichtete Sauna stellt auch dann keine Betriebsausgaben dar, wenn sie vom Personal und für Besprechungen benützt wird, da die Benützung nicht zumindest nahezu ausschließlich beruflich veranlasst ist (VwGH 30.1.2001, 95/14/0042).

(AÖF 2002/84)

4744 **Schuldübernahme**

Privatschulden, die im Zuge einer unentgeltlichen Betriebsübertragung vom Erwerber übernommen werden, sind nicht abzugsfähig.

4745 **Sprachkurse**

Siehe LStR 1999, Rz 363.

4746 **Sportgeräte**

Siehe LStR 2002 Rz 386. Nachgewiesene Aufwendungen eines Schi- oder Snowboardlehrers für Sportgeräte und –ausrüstung sind nach Maßgabe folgender Bestimmungen abzugsfähig:

- Abzugsfähig sind berufsbezogene Aufwendungen, die keine Lebensführungsaufwendungen sind. Dementsprechend sind Aufwendungen für Sportgeräte und -ausrüstung (Schi, Stöcke, Schischuhe, Snowboard, Snowboardschuhe, Helm, Schioberbekleidung, die nicht zur Verfügung gestellt werden) dem Grunde nach abzugsfähig. Aufwendungen für andere Kleidungsstücke als Schioberbekleidung sind dem Grunde nach nicht abzugsfähig.
- Nur der der Berufsausübung zuzuordnende Anteil der Aufwendungen ist abzugsfähig. Es bestehen keine Bedenken, eine schätzungsweise Zuordnung vorzunehmen, wenn eine eindeutige Zuordnung nicht möglich ist. Dementsprechend können für jeden vollen Monat (stichtagsbezogen; § 108 Abs. 2 BAO) der ausgeübten Tätigkeit 20% der angefallenen Aufwendungen abgezogen werden.

(AÖF 2013/280)

4747 **Stereoanlage, HIFI-Anlage**

Aufwendungen für eine Stereoanlage sind Kosten der privaten Lebensführung und als solche – auch zB bei einem Musiklehrer – nicht abzugsfähig (VwGH 28.2.1995, 91/14/0231; VwGH 27.5.1999, 97/15/0142).

4748 **Strafen**

Gemäß § 20 Abs. 1 Z 5 lit. b EStG 1988 idF des AbgÄG 2011, BGBl. I Nr. 76/2011, sind Strafen und Geldbußen, die von Gerichten, Verwaltungsbehörden oder Organen der Europäischen Union verhängt werden, nicht abzugsfähig (zum Inkrafttreten siehe Rz 4846a). Vor Inkrafttreten des AbgÄG 2011 waren Strafen grundsätzlich als Kosten der privaten Lebensführung nicht abzugsfähig (VwGH 11.07.1995, 91/13/0145); siehe auch „Strafverteidigungskosten“ (Rz 4749) sowie Rz 1649.

(AÖF 2012/63)

4749 **Strafverteidigungskosten**

Siehe Rz 1621.

4750 **Studienreisen**

Siehe Rz 1651.

4751 **Taucherausrüstung**

Die Tauchausrüstung eines bildenden Künstlers, hinsichtlich derer behauptet wird, sie sei ausschließlich für „Unterwasserstudien“ verwendet worden, gehört zu den nicht abzugsfähigen Aufwendungen der Lebensführung (VwGH 3.2.1993, 91/13/0001).

4752 **Todesanzeigen**

Führen zu Betriebsausgaben, wenn das Inserat betrieblich veranlasst ist (VwGH 5.7.1994, 93/14/0049).

4753 **Tonträger**

Schallplatten und Kassetten, auch wenn sie eine Inspiration für das Berufsleben erbringen, sind nicht abzugsfähig (VwGH 10.9.1998, 96/15/0198; VwGH 19.7.2000, 94/13/0145).

(AÖF 2002/84)

4754 **Videoanlage**

Videorecorder dienen in der Regel der privaten Lebensführung und unterliegen dem Aufteilungsverbot. Ein Betriebsausgabenabzug kommt nur dann in Betracht, wenn das Gerät ausschließlich oder nahezu ausschließlich den Zwecken der Berufsausübung dient (VwGH 20.12.1994, 90/14/0211; VwGH 17.1.1978, 2470/77).

Waffen 4755

Aufwendungen für Waffen zum Schutz der körperlichen Integrität sind typischerweise der Lebensführung zuzurechnen, und zwar auch dann, wenn die allenfalls drohende Gefahr mit der betrieblichen oder beruflichen Stellung verbunden ist (VwGH 17.9.1990, 89/14/0277). Abzugsfähige Aufwendungen liegen nur dann vor, wenn die Waffe unmittelbar zur Berufsausübung erforderlich ist (zB Berufsjäger).

Wecker 4756

Ist selbst dann der Privatsphäre zuzurechnen, wenn er aus dem Grund angeschafft wird, um zeitgerecht den Dienst antreten zu können (VwGH 20.4.1999, 94/14/0072).

Zahnreparaturkosten 4757

Kosten für Zahnsanierung und Zahnersatz sind grundsätzlich im Hinblick auf die private Mitveranlassung nicht abzugsfähig (vgl. VwGH 21.12.1994, 93/13/0047). Lediglich in Ausnahmefällen, wenn die Sprechstörungen ausschließlich im Bereich der beruflichen Tätigkeiten zum Tragen kommen (zB nur beim „Mikrofonsprechen“ erkennbar), kann allenfalls ein Zusammenhang mit der beruflichen Tätigkeit bejaht werden (VwGH 15.11.1995, 94/13/0142).

Zeitungen und Zeitschriften 4758

Siehe Rz 4736.

14.2.2.3 Ausnahmen vom Aufteilungsverbot

Auf Grund des Aufteilungsverbotes ist der gesamte Betrag dann nicht abzugsfähig, wenn 4759 sich die Aufwendungen für die Lebensführung und die Aufwendungen beruflicher Natur nicht einwandfrei trennen lassen. Regelmäßig ist dies bei einer Doppelveranlassung bzw. einer überlappenden Veranlassung (der Aufwand ist zugleich betrieblich und privat veranlasst, zB bei Reisen mit „Mischprogramm“, siehe dazu Rz 1651) der Fall.

(AÖF 2012/63)

Kein Aufteilungsverbot besteht für Wirtschaftsgüter, die ausschließlich oder nahezu aus- 4760 schließlich betrieblich oder beruflich verwendet werden (zB Fernsehapparat im Gästezimmer eines Gasthauses) sowie für Aufwendungen, bei denen eine klar abgrenzbare betriebliche Veranlassung neben einer privaten Veranlassung gegeben ist (zB bei Reisen mit abgrenzbaren betrieblichen und privaten Reiseteilen, siehe dazu Rz 1651). Dem Aufteilungsverbot unterliegt nicht der Aufwand für ein auch betrieblich genutztes Kraftfahrzeug, Computer, Telefaxgerät oder Telefon (VwGH 16.09.1992, 90/13/0291; VwGH 29.06.1995, 93/15/0104; VwGH 27.01.2011, 2010/15/0197). Die Aufteilung kann allenfalls im Schätzungsweg erfolgen.

(AÖF 2012/63)

14.3 Angemessenheitsprüfung (§ 20 Abs. 1 Z 2 lit. b EStG 1988)

14.3.1 Allgemeines

§ 20 Abs. 1 Z 2 lit. b EStG 1988 sieht für bestimmte Aufwendungen eine besondere An- 4761 gemessenheitsprüfung vor. Die Angemessenheitsgrenze ist nach der Verkehrsauffassung unabhängig vom geschäftlichen oder sozialen Status des Steuerpflichtigen zu ziehen (VwGH 26.7.1995, 92/15/0144).

14.3.2 Gegenstand der Angemessenheitsprüfung

Die Angemessenheitsprüfung beschränkt sich auf Aufwendungen in Zusammenhang mit: 4762

- Personen- und Kombinationskraftwagen,
- Personenluftfahrzeugen,
- Sport- und Luxusbooten,
- Jagden,
- geknüpften Teppichen,
- Tapisserien und
- Antiquitäten.

Bei anderen als den genannten Wirtschaftsgütern ist eine Angemessenheitsprüfung nicht 4763 vorzunehmen. Es handelt sich dabei um eine taxative Aufzählung. Die Angemessenheitsprüfung ist sowohl im Bereich der Betriebsausgaben als auch im Bereich der Werbungskosten vorzunehmen. Voraussetzung für die Angemessenheitsprüfung ist das Vorliegen einer Einkunftsquelle.

4764 Die Angemessenheitsprüfung bezieht sich dabei sowohl auf die Angemessenheit dem Grunde als auch der Höhe nach. Die Aufwendungen müssen auch die Lebensführung berühren. Ist von vornherein ein Bezug zur Lebensführung einer individuellen Person (des Steuerpflichtigen, seiner Organe bzw. Arbeitnehmer) auszuschließen, ist keine Angemessenheitsprüfung vorzunehmen. Der Lebensführung des Steuerpflichtigen ist die Lebensführung der Betriebsangehörigen gleichzuhalten. Ein Bezug zur Lebensführung muss demnach nach objektiven Gesichtspunkten eindeutig auszuschließen sein.

4765 Dienen die im § 20 Abs. 1 Z 2 lit. b EStG 1988 angeführten Gegenstände unmittelbar der Betriebsausübung, ist keine Angemessenheitsprüfung vorzunehmen. Unmittelbarkeit liegt dann vor, wenn die Wesensart der Leistung durch den Einsatz dieser Gegenstände bestimmt wird. Die Leistung „Wohnen im Schlosshotel" kommt beispielsweise erst durch den Einsatz entsprechender Einrichtungsgegenstände (Antiquitäten, handgeknüpfte Teppiche) zu Stande; eine Angemessenheitsprüfung hat zu unterbleiben. Liegt eine derartige Unmittelbarkeit nicht vor, ist eine Angemessenheitsprüfung vorzunehmen.

4766 Eine Angemessenheitsprüfung unterbleibt insbesondere in folgenden Fällen:

- Die Wirtschaftsgüter sind Gegenstand des Umlaufvermögens.
- Flugzeuge, Sport- oder Luxusboote, Kraftfahrzeuge werden zur gewerblichen Personenbeförderung verwendet oder gewerblich vermietet.
- Fahrzeuge, die zur gewerblichen Vermietung verwendet werden (Leihautos).
- Fahrschulfahrzeuge.
- Personen oder Kombinationskraftwagen, die weitaus überwiegend dem Abholen von Kunden dienen (Kundenservice eines Hotels oder Reisebüros).
- Sportboote, die in einer Wasserschischule oder in einer Segelschule eingesetzt werden, sowie als Sportgeräte eingesetzte Sportboote eines Berufssportlers.
- Eine Jagd, die auf Grund forstgesetzlicher Vorschriften in Verbindung mit einem land- und forstwirtschaftlichen Betrieb bewirtschaftet wird, weiters die Jagd eines Jagdhotels.
- Ein Schlosshotel, das Antiquitäten als Einrichtungsgegenstände verwendet (siehe Rz 4765).
- Bei als Arbeitsmittel genutzten Antiquitäten (zB Stradivari eines Berufsmusikers).

(AÖF 2013/280)

14.3.3 Betriebliche Veranlassung und Angemessenheit dem Grunde nach

4767 Vor einer Angemessenheitsprüfung der Höhe nach ist zu untersuchen, ob die Aufwendungen oder Ausgaben nicht schon gemäß § 20 Abs. 1 Z 1, Z 2 lit. a oder Z 3 EStG steuerlich unbeachtlich bzw dem Grunde nach unangemessen sind (VwGH 24.9.2002, 99/14/0006).

Sind die Aufwendungen dem Grunde nach unangemessen, ist die Anschaffung (Herstellung) letztlich wie eine insgesamt nicht betrieblich veranlasste zu werten; die betreffenden Wirtschaftsgüter gehen daher von vornherein nicht in das Betriebsvermögen ein, ebenso wenig stellt die Veräußerung einen betrieblichen Vorgang dar.

(AÖF 2003/209)

14.3.4 Angemessenheit der Höhe nach

4768 Bei der Beurteilung, inwieweit Aufwendungen oder Ausgaben in Zusammenhang mit den aufgezählten Wirtschaftsgütern der Höhe nach angemessen sind, ist von der allgemeinen Verkehrsauffassung auszugehen. Dabei ist insbesondere das Verhältnis der Aufwendungen oder Ausgaben für eine „Normalausstattung" zu einer Ausstattung mit den genannten Luxuswirtschaftsgütern zu berücksichtigen.

4769 Sind die Aufwendungen der Höhe nach nicht angemessen, ist nur der die Angemessenheit übersteigende Teil der außerbetrieblichen Sphäre zuzurechnen. Insoweit die Kosten angemessen sind, haben sie betrieblichen (beruflichen) Charakter, und zwar auch dann, wenn der unangemessene Teil überwiegt (also kein Überwiegensprinzip).

Somit sind insbesondere

- der unangemessene Teil der Anschaffungs- oder Herstellungskosten nicht zu aktivieren,
- ein Investitionsfreibetrag nur vom angemessenen Teil zulässig,
- eine Rücklagenübertragung gemäß § 12 EStG 1988 nur auf den angemessenen Teil möglich (siehe dazu das Beispiel 1),
- Leasingraten nur im Ausmaß dem Leasing zu Grunde gelegter angemessener Anschaffungs- oder Herstellungskosten abzugsfähig,

- Finanzierungskosten nur im Ausmaß der Finanzierung angemessener Anschaffungs- oder Herstellungskosten abzugsfähig,
- Verbindlichkeiten zur Finanzierung nur entsprechend dem angemessenen Ausmaß der Anschaffungs- oder Herstellungskosten Betriebsvermögen,
- wertabhängige (auf den gehobenen Standard zurückzuführende) laufende Aufwendungen ebenfalls nur anteilig (in Relation der Anschaffungs- oder Herstellungskosten) abzugsfähig.

Beispiel 1:

Auf einen um 48.000 € angeschafften PKW wird eine stille Reserve aus einer ausgeschiedenen Maschine von 10.000 Euro übertragen. Die AfA-Bemessungsgrundlage für den PKW beträgt 30.000 € (Kürzung des angemessenen Teils des Kaufpreises von 40.000 € um die stille Reserve von 10.000 €). Sollte der PKW um 60.000 € angeschafft worden sein, beträgt die AfA-Bemessungsgrundlage ebenfalls 30.000 €.

Die Kürzung der laufenden Kosten hat im Verhältnis der tatsächlichen Anschaffungskosten zu den maximal nach der PKW-Angemessenheitsverordnung anzuerkennenden steuerlichen Anschaffungskosten zu erfolgen. Eine allfällige Übertragung einer stillen Reserve gemäß § 12 EStG 1988 hat auf das Ausmaß der Kürzung keinen Einfluss.

Beispiel 2:

Auf einen um 48.000 € angeschafften PKW wird eine stille Reserve aus einer ausgeschiedenen Maschine von 10.000 Euro übertragen. Die jährlichen Finanzierungskosten und die Kosten für Kaskoversicherung für den PKW betragen 600 €.

Die wertabhängigen Aufwendungen sind in jenem Verhältnis zu kürzen, das dem Überschreiten der Anschaffungskosten gegenüber dem Grenzwert von 40.000 € entspricht. Im gegenständlichen Fall beträgt die Kürzung 16,66% (ein Sechstel), die wertabhängigen Aufwendungen sind daher in Höhe von 500 € abzugsfähig.

Wird ein PKW oder Kombi, dessen steuerlich angemessene Anschaffungskosten durch die Übertragung einer stillen Reserve gemäß § 12 EStG 1988 vermindert wurden, in der Folge veräußert, ist vom Veräußerungserlös der auf die Luxustangente entfallende nicht betriebliche Anteil auszuscheiden und nur der verbleibende Teil des Veräußerungserlöses zu erfassen. Ein Privatanteil führt hingegen nicht zur Kürzung des Veräußerungserlöses.

Beispiel 3:

Im Jahr 1 (erste Jahreshälfte) wird ein PKW um 60.000 € angeschafft. Auf die angemessenen Anschaffungskosten von 40.000 € (zwei Drittel) wird eine stille Reserve in Höhe von 10.000 € übertragen. Im Jahr 3 (zweite Jahreshälfte) wird der PKW um 30.000 € veräußert.

Vom Veräußerungserlös ist der auf die Luxustangente entfallende Anteil von einem Drittel auszuscheiden, sodass 20.000 € verbleiben. Steuerpflichtig ist die Differenz zwischen dem Buchwert in Höhe von 18.750 € (30.000 € minus drei AfA-Beträge von insgesamt 11.250 €) und dem Veräußerungserlös von 20.000 €, somit 1.250 €.

(AÖF 2007/88)

14.3.5 Angemessenheitskriterien bei den im Gesetz genannten Aufwendungen und Ausgaben

14.3.5.1 Personen- und Kombinationskraftwagen

Die Begriffe „Personenkraftwagen" und „Kombinationskraftwagen" sind entsprechend der Verordnung BGBl. II Nr. 193/2002 auszulegen. Die Verordnung ist in Bezug auf die Einkommensteuer auf Fahrzeuge anzuwenden, die ab 8. Jänner 2002 angeschafft (hergestellt) werden bzw. bei denen der Beginn der entgeltlichen Überlassung ab dem 8. Jänner 2002 erfolgt ist. **4769a**

(BMF-AV Nr. 2018/79)

14.3.5.1.1 Angemessenheit dem Grunde nach

Die Angemessenheit dem Grunde nach deckt sich bei Aufwendungen bzw. Ausgaben in Zusammenhang mit Personen- und Kombinationskraftwagen mit dem Ausmaß der tatsächlichen betrieblichen oder beruflichen Nutzung. **4770**

14.3.5.1.2 Angemessenheit der Höhe nach

14.3.5.1.2.1 Bemessungsgrundlage

Aufwendungen bzw. Ausgaben in Zusammenhang mit der Anschaffung eines Personen- oder Kombinationskraftwagens sind insoweit angemessen, als die Anschaffungskosten ab der Veranlagung 2002 34.000 Euro (inklusive Umsatzsteuer und NoVA, bis einschließlich **4771**

2001: 467.000 S) nicht übersteigen. Durch die PKW-Angemessenheitsverordnung, BGBl. II Nr. 466/2004, sind für Anschaffungen des Kalenderjahres 2004 Anschaffungskosten in Höhe von 34.000 Euro, für Anschaffungen der Kalenderjahre ab 2005 Anschaffungskosten in Höhe von 40.000 Euro als angemessen anzusehen. Ob überhaupt bzw. in welchem Ausmaß Aufwendungen unangemessen sind, ist – auch für Folgejahre – danach zu beurteilen, ob bzw. in welchem Umfang die Anschaffungskosten den jeweiligen Höchstwert im Kalenderjahr der Anschaffung (2004: 34.000 Euro, ab 2005: 40.000 Euro) übersteigen.

Der Höchstwert ist für alle Personen- und Kombinationskraftwagen als Bruttogrenze ausgestaltet.

Beim Erwerb von vorsteuerabzugsberechtigten Fahrzeugen ist – wie bei jedem anderen vorsteuerabzugsberechtigten Wirtschaftsgut – die Vorsteuer nicht Teil der Anschaffungskosten. Daher ist der als angemessen angesehene Höchstbetrag von 40.000 Euro auf einen Nettobetrag umzurechnen. Ertragsteuerlich abzugsfähig sind somit Anschaffungskosten iHv höchstens 33.333,33 Euro. Zur Ermittlung der Luxustangente sind die Nettowerte miteinander in Relation zu setzen (Netto-Anschaffungskosten in Relation zum Nettohöchstbetrag von 33.333,33 Euro).

Beispiel:

Die AK eines vorsteuerabzugsberechtigten Pkw betragen 62.000 Euro netto. Ertragsteuerlich abzugsfähig sind 33.333,33 Euro. Steuerlich kann der Pkw auf 8 Jahre abgeschrieben werden (§ 8 Abs. 6 EStG 1988), wodurch die jährliche AfA ohne Berücksichtigung der Luxustangente 7.750 Euro betragen würde. Bei Anschaffungskosten iHv 33.333,33 Euro würde die jährliche AfA 4.166,67 Euro betragen. Die Luxustangente aus der AfA-Differenz beträgt 3.583,33 Euro, dh. 46,24%.

Ein teurer PKW erweist sich gegenüber einem billigeren nicht nur als sicherer, sondern im Regelfall auch als repräsentativer. Auch der Umstand, dass Gewinne in Millionenhöhe erzielt werden, rechtfertigt keine höheren Anschaffungskosten (VwGH 26.7.1995, 92/15/0144). Ein repräsentativer PKW (Kombi) verliert diese Eigenschaft nicht durch einen nach Erwerb erfolgten Umbau in einen „Fiskal-LKW“ (VwGH 19.12.2002, 2002/15/0190).

(BMF-AV Nr. 2021/65)

4772 Der auf die Repräsentation entfallende Teil der Aufwendung kann nicht als Betriebsausgabe anerkannt werden (VwGH 18.12.1996, 94/15/0155). Höhere Anschaffungskosten als 34.000 € (40.000 €, siehe Rz 4771) sind nicht abzugsfähig. Dem entspricht, dass bei Überlassung des Fahrzeuges an den Arbeitnehmer kein höherer Sachbezugswert als 1,5% der Anschaffungskosten von 34.000 € (ab 2005: 40.000 €) pro Monat – also maximal 510 € (ab 2005: 600 €) – zugerechnet wird.

(AÖF 2005/110)

14.3.5.1.2.2 Sonderausstattung

4773 Die Anschaffungskosten umfassen auch alle Kosten für Sonderausstattungen (zB Klimaanlage, Alufelgen, Sonderlackierung, Antiblockiersystem, Airbag, Allradantrieb, Hochgeschwindigkeitsreifen, ein serienmäßig eingebautes Autoradio, ein serienmäßig eingebautes Navigationssystem usw.). Derartige Zusatzkosten erhöhen daher nicht die Obergrenze der Anschaffungskosten. Maßgeblich sind die tatsächlichen Kosten, daher sind handelsübliche Preisnachlässe vom Listenpreis zu berücksichtigen.

4774 Sondereinrichtungen, die selbstständig bewertbar sind, gehören nicht zu den Anschaffungskosten des PKW und fallen nicht unter die Angemessenheitsgrenze. Die Anschaffungskosten umfassen daher nicht die Kosten eines Autotelefons, ebenso wenig wie ein Taxameter, eine Funkeinrichtung, ein nachträglich eingebautes Navigationssystem oder ein Computer-Fahrtenbuch, die unabhängig abzuschreiben sind. Der nachträgliche Einbau eines Radios in das vom Unternehmer benutzte und zum Betriebsvermögen gehörende KFZ ist regelmäßig der privaten Sphäre zuzuordnen (siehe Rz 4713).

14.3.5.1.2.3 Gebrauchtfahrzeuge

4775 Ein Luxusfahrzeug verliert seine Luxustangente nicht dadurch, dass es gebraucht angeschafft wird (VwGH 22.01.2004, 98/14/0165). Bei Fahrzeugen, die in gebrauchtem Zustand angeschafft wurden, hat die Kürzung der Aufwendungen (Anschaffungskosten) auf Grund der Verhältnisse zum Zeitpunkt der Erstzulassung dieses Fahrzeuges zu erfolgen. Dies ist dahingehend zu verstehen, dass die tatsächlichen, nicht aber die rechtlichen Verhältnisse zu beachten sind. Im Ergebnis ist daher der Neupreis zum Zeitpunkt der Erstzulassung für die Ermittlung der Luxustangente heranzuziehen. Allerdings hat die Ermittlung der Luxustangente unter Heranziehung der im Jahr der Anschaffung des Gebrauchtfahrzeuges geltenden Angemessenheitsgrenze zu erfolgen. Die Kürzung ist daher vorzunehmen, wenn der Neupreis dieses Fahrzeuges über 40.000 Euro (siehe Rz 4771) liegt. Bei Fahrzeugen, die mehr als fünf Jahre (60 Monate) nach ihrer Erstzulassung angeschafft werden, sind hinsichtlich der Kürzung die tatsächlichen Anschaffungskosten des Gebrauchtfahrzeuges maßgeblich.

Beispiel:

Ein drei Jahre alter PKW wird im Jahr 2011 gebraucht um 21.000 Euro angeschafft. Der Neupreis zum Zeitpunkt der Erstzulassung im Jahr 2008 betrug 50.000 Euro. Die Anschaffungskosten sind daher um 20% zu kürzen. Die AfA-Basis beträgt 16.800 Euro.

(AÖF 2013/280)

Gebrauchte Fahrzeuge sind grundsätzlich auch nach Instandsetzung funktionstüchtig **4776** gemachte Fahrzeuge. Havarierte Fahrzeuge, denen nach Fahrtüchtigmachung bei wirtschaftlicher Betrachtung die Eigenschaft eines „neuen" Wirtschaftsgutes zukommt, sind keine gebrauchten Fahrzeuge. Dies ist der Fall, wenn ein Fahrzeug, das wirtschaftlich einen Totalschaden darstellt, wieder fahrtüchtig gemacht wird. Übersteigen die Aufwendungen nicht die Angemessenheitsgrenze, kommt es nicht zur Kürzung der Aufwendungen.

Als gebrauchte Fahrzeuge gelten für Zwecke der Bemessung der Luxustangente auch Vorführfahrzeuge.

(AÖF 2012/63)

14.3.5.1.2.4 Leasingfahrzeuge

Leasing von Pkws (Kombis) ist in Bezug auf die Angemessenheitsgrenze der Anschaffung **4777** von Pkws (Kombis) gleichgestellt. PKW-Leasing ist daher hinsichtlich der Angemessenheitsgrenze nach den für die PKW-Anschaffung geltenden Grundsätzen zu behandeln: Die Leasingrate ist insoweit nicht absetzbar, als im vergleichbaren Fall der Anschaffung eine Kürzung der Anschaffungskosten zu erfolgen hätte. Dies gilt sowohl in Fällen des Leasings von Neuwagen als auch in Fällen des Leasings von Gebrauchtwagen.

Betragen die Anschaffungskosten eines neuen Leasingfahrzeuges mehr als 34.000 Euro (ab 2005: 40.000 Euro, siehe Rz 4771), ist der auf den übersteigenden Betrag entfallende Teil der Leasingrate nicht absetzbar. Dabei ist von jenen Anschaffungskosten auszugehen, die der Berechnung der Leasingrate zu Grunde gelegt wurden. Ist dieser Wert nicht bekannt, so ist der Neupreis heranzuziehen.

Beispiel:

Die Preisbasis für die Berechnung der Leasingrate eines neuen PKW beträgt 60.000 Euro. Die Leasingrate für 2004 beträgt monatlich 1.200 Euro inklusive Umsatzsteuer. Die Leasingrate ist im selben Verhältnis wie die Anschaffungskosten zu kürzen. Im gegenständlichen Beispiel beträgt die Kürzung ein Drittel, die Leasingrate ist daher in Höhe von 800 Euro abzugsfähig.

Im Fall des Leasings eines gebrauchten PKW oder Kombi gilt Folgendes (§ 3 in Verbindung mit § 2 der PKW-Angemessenheitsverordnung):

- PKW-Leasing von Fahrzeugen, die nicht mehr als fünf Jahre (60 Monate) nach der Erstzulassung verleast werden: Es ist in Bezug auf die Angemessenheitsgrenze auf die Anschaffungskosten im Zeitpunkt der Erstzulassung des Fahrzeuges abzustellen.
- PKW-Leasing von Fahrzeugen, die mehr als fünf Jahre (60 Monate) nach der Erstzulassung verleast werden: Es ist in Bezug auf die Angemessenheitsgrenze auf die Anschaffungskosten des Gebrauchtwagens abzustellen.

Abgesehen von Fällen der kurzfristigen Anmietung (Rz 4779) sind nicht nur Leasingraten, sondern auch („schlichte") Mietentgelte von der Kürzung betroffen, wenn die Anschaffungskosten des Fahrzeuges, die der Berechnung des Mietentgeltes zu Grunde gelegt wurden, die Angemessenheitsgrenze übersteigen. Ob die Ausgaben auf Grund eines Operating-Leasing-Vertrages oder eines Finanzierungs-Leasing-Vertrages getätigt werden, ist für die Vornahme der Angemessenheitsprüfung nach § 20 Abs. 1 Z 2 lit. b EStG 1988 nicht von Bedeutung (VwGH 18.12.2008, 2006/15/0169).

(AÖF 2010/43)

Wird ein in Deutschland auf ein Unternehmen zugelassener PKW einem österreichischen **4778** Unternehmen gegen Leistung eines leasingähnlich ausgestatteten Benutzungsentgelts längerfristig zur Verfügung gestellt, ist bei der Berechnung der „Luxustangente" von den (Brutto-) Anschaffungskosten in Deutschland und nicht vom österreichischen Listenpreis auszugehen. Als Anschaffungskosten können nur die tatsächlichen Kosten herangezogen werden.

14.3.5.1.2.5 Kurzfristige Anmietung

4779 Bei kurzfristiger Anmietung (höchstens 21 Tage) eines Fahrzeuges für betriebliche Zwecke (zB Leihwagen zur Betreuung eines Kunden) ist keine Angemessenheitsprüfung vorzunehmen.

14.3.5.1.2.6 Betriebskosten

4780 Eine Kürzung der Betriebskosten ist nur dann vorzunehmen, wenn für ein Fahrzeug, bei dem die Anschaffungskosten bzw. Leasingraten zu kürzen sind, auf Grund seiner gehobenen Ausstattung tatsächlich höhere Kosten (zB höhere Servicekosten) anfallen.

4781 Treibstoffkosten sind idR in voller Höhe abzugsfähig, weil nicht davon ausgegangen werden kann, dass der Treibstoffverbrauch bei einem luxuriös ausgestatteten Kraftfahrzeug überproportional hoch ist (VwGH 27.7.1994, 92/13/0175).

Sinngemäß sind die Stromkosten bei Elektroautos als abzugsfähige Ausgaben zu sehen, zumal sie weitgehend wertunabhängig sind.

Zu kürzen sind folgende Kosten:

- AfA
- Zinsen
- Kosten einer Kaskoversicherung
- Haftpflichtversicherungsprämie einschließlich motorbezogene Versicherungssteuer (VwGH 18.12.2008, 2006/15/0169)

Die Kürzung hat mit dem Prozentsatz zu erfolgen, um den die Anschaffungskosten die Angemessenheitsgrenze übersteigen.

(BMF-AV Nr. 2018/79)

14.3.5.1.2.7 Nutzung durch Dienstnehmer

4782 Die Angemessenheitsprüfung erstreckt sich auch auf Personen- oder Kombinationskraftwagen, die ausschließlich von Angestellten des Unternehmens genutzt werden. Eine Kürzung der Anschaffungskosten entfällt insoweit, als der Arbeitnehmer hinsichtlich des unangemessenen Teiles der Aufwendungen Kostenbeiträge leistet.

Beispiel:

Ein Unternehmen stellt 2004 einem Arbeitnehmer einen PKW mit Anschaffungskosten von 51.000 Euro für dienstliche und private Fahrten zur Verfügung. Die Privatnutzung beträgt mehr als 500 km pro Monat. Die als unangemessen zu qualifizierenden Aufwendungen (AfA und sonstige Aufwendungen) betragen jährlich 4.500 Euro. Der Arbeitnehmer leistet einen Kostenbeitrag von 5.100 Euro. Beim Arbeitgeber unterbleibt eine Kürzung der Aufwendungen. Der Kostenbeitrag ist als Einnahme zu erfassen.

(BMF-AV Nr. 2015/133)

14.3.5.2 Personenluftfahrzeuge

14.3.5.2.1 Angemessenheit dem Grunde nach

4783 Die Anschaffung und der Betrieb eines unternehmenseigenen Luftfahrzeuges sind nur dann dem Grunde nach angemessen, wenn das Flugzeug ständig und auf Grund unternehmensspezifischer Umstände (Notwendigkeit der raschen Erreichbarkeit verschiedener Orte, Erfordernis hoher Flexibilität) verwendet wird. Dies kann insbesondere bei Industriekonzernen, Großbanken, Versicherungsunternehmen oder stark exportorientierten Betrieben der Fall sein.

4784 Andernfalls sind die Mehraufwendungen in Zusammenhang mit der Verwendung eines unternehmenseigenen Flugzeuges für Dienstreisen – insbesondere wenn dieses vom Unternehmer oder den leitenden Angestellten selbst gesteuert wird – grundsätzlich der außerbetrieblichen Sphäre zuzuordnen und daher zur Gänze nicht abzugsfähig. Als Betriebsausgaben für betrieblich veranlasste Flüge können diesfalls die fiktiven Kosten für Linienflüge bzw. für Flüge durch ein Bedarfsflugunternehmen geltend gemacht werden. Die tatsächlichen Aufwendungen für das unternehmenseigene Flugzeug dürfen dabei aber nicht überschritten werden.

4785 Die Kosten für Flugzeuge, die Geschäftsfreunden zur Anbahnung oder Verbesserung von Geschäftsbeziehungen zu Verfügung gestellt werden, sind generell nicht abzugsfähig (also auch keine „Ersatzkosten“).

14.3.5.2.2 Angemessenheit der Höhe nach

Als Richtschnur für die Beurteilung der Angemessenheit der Höhe nach ist ein Vergleich mit jenen Aufwendungen oder Ausgaben vorzunehmen, die bei Verwendung von Linienflügen oder – bei betrieblicher Notwendigkeit der kurzfristigen Verfügbarkeit – bei Anmietung von Bedarfsflugunternehmen unter Berücksichtigung allfälliger Zusatzaufwendungen (erhöhte Kosten der Nächtigung usw.) anfallen. Übersteigen die tatsächlichen Aufwendungen diese fiktiven Kosten um mehr als 25%, so ist der die fiktiven Kosten übersteigende Betrag als unangemessen auszuscheiden. **4786**

Bei der kurzfristigen Anmietung eines Flugzeuges für betriebliche Zwecke (Charterflug, Anmietung von einem Bedarfsflugunternehmen, das nicht in Beziehung zum Unternehmen steht) ist eine Angemessenheitsprüfung der Höhe nach nicht vorzunehmen. **4787**

14.3.5.3 Sport- und Luxusboote

14.3.5.3.1 Angemessenheit dem Grunde nach

Aufwendungen bzw. Ausgaben in Zusammenhang mit Sport- oder Luxusbooten sind dem Grunde nach nur dann angemessen, wenn diese wegen konkreter betrieblicher oder beruflicher Erfordernisse betrieblich oder beruflich genutzt werden. Dies wird etwa beim Einsatz im Rahmen eines Fremdenverkehrsbetriebes (Seehotel) der Fall sein. Andernfalls sind Aufwendungen bzw. Ausgaben in Zusammenhang mit der betrieblich oder beruflich veranlassten Verwendung von Sport- oder Luxusbooten dem Grunde nach nicht angemessen (zB bei Fischereibetrieben). Als Betriebsausgaben können aber fiktive Kosten für ein zweckentsprechendes Boot geltend gemacht werden. Aufwendungen in Zusammenhang mit der Überlassung von Sport- oder Luxusbooten an Geschäftsfreunde zur Anbahnung oder Verbesserung von Geschäftsbeziehungen sind nicht abzugsfähig. **4788**

14.3.5.3.2 Angemessenheit der Höhe nach

Maßgeblich für die Feststellung der Angemessenheit ist der Vergleich mit einem zweckentsprechenden Boot. Ergibt ein derartiger Vergleich, dass die Kosten des verwendeten Sport- oder Luxusbootes um 25% höher sind, ist der die (fiktiven) Kosten übersteigende Betrag als unangemessen auszuscheiden. **4789**

14.3.5.4 Jagd

14.3.5.4.1 Angemessenheit dem Grunde nach

Die Aufwendungen für eine Jagd sind nur dann dem Grunde nach angemessen, wenn ein unmittelbarer Zusammenhang mit der betrieblichen Tätigkeit vorliegt. Dies wird etwa beim Betrieb eines Jagdhotels oder dann der Fall sein, wenn eine Jagd auf Grund forstgesetzlicher Vorschriften in Verbindung mit einem land- oder forstwirtschaftlichen Betrieb bewirtschaftet wird. Andernfalls sind die Aufwendungen für eine Jagd nicht abzugsfähig, und zwar auch dann nicht, wenn der Steuerpflichtige den Abschuss des Wildes Gästen (vgl. VwGH 1.12.1992, 92/14/0149) oder seinen Arbeitnehmern überlässt und selbst kein Wild abschießt . Der Umstand, dass Jagdeinladungen zur Anbahnung und Unterhaltung von Geschäftsbeziehungen nützlich sein können, ist unbeachtlich. **4790**

14.3.5.4.2 Angemessenheit der Höhe nach

Eine Angemessenheitsprüfung der Höhe nach entfällt grundsätzlich. **4791**

14.3.5.5 Geknüpfte Teppiche und Tapisserien

Unter dem Begriff „geknüpfte Teppiche“ sind nur handgeknüpfte Teppiche zu verstehen. **4792**

14.3.5.5.1 Angemessenheit dem Grunde nach

Aufwendungen für ausschließlich betrieblich genutzte geknüpfte Teppiche oder Tapisserien (zB in einem Konferenzraum oder Büro) sind regelmäßig dem Grunde nach angemessen. Dient die Ausstattung ausschließlich der Lebensführung eines Kunden und nicht der Lebensführung des Unternehmers oder der Dienstnehmer, sind also die Aufwendungen Leistungsinhalt, unterbleibt die Angemessenheitsprüfung. Daher sind geknüpfte Teppiche zB im Hotel oder Restaurant nicht auf ihre Angemessenheit zu prüfen. Bei einem im Wohnungsverband gelegenen, wenn auch steuerlich anzuerkennenden Arbeitszimmer ist vom Überwiegen des privaten Interesses an einem wertvollen Einrichtungsgegenstand auszugehen; geknüpfte Teppiche oder Tapisserien sind in diesem Fall der außerbetrieblichen Sphäre zuzurechnen. **4793**

Der Dienstnehmer kann Aufwendungen für die Ausschmückung seines Arbeitszimmers oder für einen vom Arbeitgeber bereitgestellten Büroraum grundsätzlich nicht als Werbungskosten geltend machen. Es liegen nicht abzugsfähige Aufwendungen für die **4794**

Lebensführung vor. Dies gilt auch dann, wenn die gleichen Aufwendungen, würde sie der Unternehmer für sein eigenes Büro oder das Büro des Dienstnehmers aufwenden, bei diesem zu berücksichtigen wären.

14.3.5.5.2 Angemessenheit der Höhe nach

4795 Die Aufwendungen für geknüpfte Teppiche und Tapisserien sind jedenfalls insoweit angemessen, als die Anschaffungskosten pro Quadratmeter ab der Veranlagung 2002 730 € (bis einschließlich 2001: 10.000 S) nicht übersteigen. Höhere Anschaffungskosten pro Quadratmeter Fläche eines Teppichs sind ein Hinweis auf eine besonders aufwändige Herstellungsart bzw. eine kunstgewerbliche Ausführung oder künstlerische Gestaltung; sie sind daher im Regelfall als unangemessen auszuscheiden. Wertabhängige Kosten für Reparaturen, Versicherungsaufwendungen usw. sind hinsichtlich des unangemessenen Teiles der Anschaffungskosten nicht absetzbar.

(AÖF 2002/84)

14.3.5.5.3 Nutzungsdauer

4796 Handgeknüpfte Teppiche sind nur dann abnutzbare Wirtschaftsgüter, wenn sie einer technischen Abnutzung unterliegen (zB tatsächlich begangene handgeknüpfte Wollteppiche). Wandteppiche und Tapisserien sind keinesfalls abnutzbar. Bei handgeknüpften Wollteppichen, die einer technischen Abnutzung unterliegen (zB weil sie begangen werden), ist im Regelfall von einer Nutzungsdauer von mindestens 20 Jahren auszugehen. Diese Vermutung ist widerlegbar, sodass in begründeten Fällen (zB begehbarer Teppich im Empfangsbereich eines Hotels im Vergleich zu einem Teppich in einem Büro) auch eine kürzere bzw. wesentlich längere Nutzungsdauer denkbar ist.

14.3.5.6 Antiquitäten

4797 Als Antiquitäten gelten stets Gegenstände, die älter als 150 Jahre sind sowie Gegenstände, denen ein besonderer Wert auf Grund der Herkunft aus einer besonderen Stilepoche (zB Möbelstücke aus der Zeit des Jugendstils) zukommt.

14.3.5.6.1 Angemessenheit dem Grunde nach

4798 Aufwendungen für ausschließlich betrieblich genutzte Antiquitäten (zB für einen Schreibtisch oder einen als Büroschrank genutzten Barockschrank) sind regelmäßig dem Grunde nach angemessen. Nach der Verwaltungspraxis ist auf den Nutzungseinsatz abzustellen. Es muss eine konkrete funktionale Verbindung zum Betrieb bestehen, wie etwa die Verwendung eines Barockmöbelstücks als Schreibtisch oder als Büroschrank. Das bloße Zurschaustellen von Antiquitäten in betrieblich genutzten Räumen (zB Gemälde, Ziergegenstände) bewirkt nicht von vornherein ihre Eigenschaft als Betriebsvermögen. Angemessenheit dem Grunde nach ist dann zu bejahen, wenn die Antiquität in einem aufwändig gestalteten Raum (zB Festsaal) aus Gründen eines geschlossenen Einrichtungsstils erforderlich ist.

14.3.5.6.2 Angemessenheit der Höhe nach

4799 Maßgeblich für die Feststellung der Angemessenheit der Höhe nach ist der Vergleich mit einem zweckentsprechenden (qualitativ hochwertigen) neuen Möbelstück oder Einrichtungsgegenstand (Normalausstattung), das eine entsprechende Funktion erfüllt. Ergibt ein derartiger Vergleich, dass die Anschaffungskosten der Antiquitäten um mehr als 25% höher sind, ist der 100% übersteigende Betrag als unangemessen auszuscheiden. Ein derartiger Kostenvergleich erscheint nur bei Gegenständen mit einem „echten“ funktionalen Wert sinnvoll (Schreibtische, Schränke uÄ.). Ab der Veranlagung 2002 unterbleibt bei Anschaffungskosten der einzelnen Antiquität bis 7.300 € (bis einschließlich 2001: 100.000 S) idR die Angemessenheitsprüfung der Höhe nach.

Beispiel:

Ein Barockschrank wird um 26.000 € angeschafft und als Büroschrank verwendet. Ein vergleichbarer neuer Büroschrank (Massivholz bzw. Edelfurnier) kostet 6.500 €. Da die Anschaffungskosten mehr als 8.125 € (125% von 6.500 €) betragen, sind die 6.500 € übersteigenden Anschaffungskosten (19.500 €) als unangemessen auszuscheiden.

(AÖF 2002/84)

14.3.5.6.3 Nutzungsdauer

4800 Antiquitäten und andere Kunstgegenstände wie Gemälde, Skulpturen, wertvolle Gefäße uä. unterliegen im Regelfall keiner Abnutzung, da sie durch den Gebrauch nicht entwertet werden. Eine AfA kommt auch für die der Höhe nach angemessenen Aufwendungen nicht in Betracht (VwGH 24.9.1996, 94/13/0240: die technische Abnutzung von Antiquitäten vollzieht sich im Hinblick auf die werterhaltende Pflege in so großen Zeiträumen, dass sie vernachlässigbar ist).

14.3.6 Auswirkungen bei unangemessenen Aufwendungen

Die Aufwendungen bzw. Ausgaben in Zusammenhang mit den im § 20 Abs. 1 Z 2 lit. b EStG angeführten Wirtschaftsgütern umfassen die mit den Anschaffungs- oder Herstellungskosten verbundenen Aufwendungen (zB die Absetzung für Abnutzung, Teilwertabschreibung, Investitionsbegünstigungen), Leasingkosten, Finanzierungskosten, Betriebskosten, Reparaturen und sonstige in Verbindung mit dem Wirtschaftsgut anfallende Aufwendungen, wie zB Versicherungskosten. **4801**

14.3.6.1 Die Aufwendungen sind nicht betrieblich veranlasst bzw. dem Grunde nach unangemessen

14.3.6.1.1 Gewinnermittlung Einkommensteuer

Ist die Anschaffung (Herstellung) der angeführten Wirtschaftsgüter nicht betrieblich veranlasst oder dem Grunde nach unangemessen, so können diese nicht Gegenstand des Betriebsvermögens werden. Die Veräußerung derartiger Wirtschaftsgüter stellt keinen betrieblichen Vorgang dar. **4802**

14.3.6.1.2 Gewinnermittlung Körperschaftsteuer

Die unter Rz 4802 dargestellten Konsequenzen treten bei Körperschaften unabhängig davon ein, ob das betreffende Wirtschaftsgut im Interesse eines Anteilsinhabers oder im Interesse eines Arbeitnehmers angeschafft oder hergestellt wird. **4803**

14.3.6.2 Aufwendungen sind betrieblich veranlasst und dem Grunde nach angemessen, aber der Höhe nach unangemessen

14.3.6.2.1 Gewinnermittlung Einkommensteuer

Werden die Aufwendungen bzw. Ausgaben für ein bestimmtes Wirtschaftsgut als unangemessen hoch eingestuft, so ist der die Angemessenheit übersteigende Teil der außerbetrieblichen Sphäre zuzuordnen. Der unangemessene Teil der Anschaffungs-(Herstellungs-) Kosten ist steuerlich nicht zu aktivieren bzw. der unangemessene Teil der Aufwendungen außerbücherlich zuzurechnen. Es können also daraus weder im Zeitpunkt der Anschaffung noch in der Folge Aufwendungen oder Ausgaben entstehen. Ebenso liegen im Falle einer Veräußerung hinsichtlich des auf den unangemessenen Teil der Anschaffungs- oder Herstellungskosten entfallenden Veräußerungserlöses keine Betriebseinnahmen vor. **4804**

Wenn die Anschaffung eines unter die Angemessenheitsprüfung fallenden Wirtschaftsgutes betrieblich veranlasst und dem Grunde nach angemessen ist, dann kommt dem der Höhe nach als angemessen anzusehenden Teil der Anschaffungskosten betrieblicher Charakter zu. Dies gilt auch dann, wenn der unangemessene Anteil höher als der angemessene ist (kein Überwiegensprinzip). **4805**

Ist der Aufwand für die Anschaffung eines Wirtschaftsgutes unangemessen hoch, so sind auch Finanzierungskosten bzw. alle anderen wertabhängigen Kosten nur hinsichtlich des angemessenen Teiles absetzbar. Die anderen mit dem Wirtschaftsgut verbundenen laufenden Aufwendungen sind jeweils gesondert darauf zu untersuchen, ob und inwieweit sie ebenfalls auf den gehobenen Standard des Wirtschaftsgutes zurückzuführen sind. **4806**

Beispiel:

Angaben wie im Beispiel zu Rz 4799 (Barockschrank, 6.500 € angemessen, 19.500 € nicht angemessen). Der Barockschrank ist daher nur zu 25% der Anschaffungskosten als Betriebsvermögen anzusetzen. Auch bei Übertragung stiller Reserven ist von den angemessenen Anschaffungskosten in Höhe von 6.500 € auszugehen. Eine AfA ist nicht zulässig (s. Rz 4800). Allfällige werterhaltende Reparaturen sind hingegen in vollem Umfang abzugsfähig. Wird der Barockschrank in der Folge um 43.000 € verkauft, so sind auch für Ermittlung des steuerpflichtigen Veräußerungsgewinnes lediglich 25% des Gesamterlöses heranzuziehen.

(AÖF 2002/84)

14.3.6.2.2 Gewinnermittlung Körperschaftsteuer

Die in Rz 4804 ff dargestellten Grundsätze gelten unabhängig davon, ob das Wirtschaftsgut im Interesse eines Anteilsinhabers oder eines Arbeitnehmers angeschafft oder hergestellt werden. **4807**

14.4 Arbeitszimmer (§ 20 Abs. 1 Z 2 lit. d EStG 1988)

Siehe LStR 1999, Rz 324 bis 336.

14.5 Repräsentationsaufwendungen (§ 20 Abs. 1 Z 3 EStG 1988)

14.5.1 Begriff der Repräsentationsaufwendungen

14.5.1.1 Allgemeines

4808 Nicht abzugsfähig sind Aufwendungen oder Ausgaben, die

- durch den Beruf des Steuerpflichtigen bedingt sind bzw. in Zusammenhang mit der Erzielung von steuerpflichtigen Einkünften anfallen und
- geeignet sind, sein gesellschaftliches Ansehen zu fördern.

Unmaßgeblich für die Beurteilung als Repräsentationsaufwendungen sind

- die Motive für die Tragung des Aufwands,
- die Möglichkeit, sich dem Aufwand entziehen zu können,
- das Vorliegen eines ausschließlich betrieblichen Interesses.

(VwGH 13.9.1989, 88/13/0193 und 15.7.1998, 93/13/0205.)

4809 Grundsätzlich sind Aufwendungen, die dazu dienen,

- geschäftliche Kontakte aufzunehmen und zu pflegen,
- bei Geschäftsfreunden eingeführt zu werden, um als möglicher Ansprechpartner in Betracht gezogen zu werden,

nicht abzugsfähige Repräsentationsaufwendungen (VwGH 13.10.1999, 94/13/0035).

4810 Keine Repräsentationskosten sind die Kosten für Zuwendungen, bei denen primär die berufliche Tätigkeit und nicht die Person des Steuerpflichtigen im Vordergrund steht (zB Kranz- und Blumenspenden für verstorbene Arbeitnehmer und Klienten). Dies gilt auch für Gegenstände, die aus Gründen der Werbung überlassen werden, wenn sie geeignet sind, eine entsprechende Werbewirksamkeit zu entfalten (zB Kalender und Kugelschreiber mit Firmenaufschrift).

4811 Repräsentationsaufwendungen stellen auch Aufwendungen oder Ausgaben anlässlich der Bewirtung von Geschäftsfreunden dar. Die Ausnahme vom Abzugsverbot der Repräsentationsaufwendungen für den Fall eines damit verbundenen Werbezweckes (siehe Rz 4821 ff) erfasst nur Bewirtungsspesen, nicht jedoch andere Repräsentationsaufwendungen (VwGH 24.11.1999, 96/13/0115).

4812 Hinsichtlich Werbungskosten politischer Funktionäre s LStR 2002, Rz 383a bis 383i.
(AÖF 2003/209)

14.5.1.2 Einzelfälle aus der Judikatur zu nicht abzugsfähigen Geschenken

4813
- Übliche Geschenke an Kunden und Klienten anlässlich deren persönlicher Anlässe wie Einstand, Beförderung, Pensionierung, Geburtstag etc sowie anlässlich allgemeiner Ereignisse wie Weihnachten, Jahreswechsel etc – soweit nicht ein erheblicher Werbeaufwand vorliegt (vgl Abschn. 14.5.1.1). Als übliche Geschenke gelten zB: Blumen, Handelsmünzen, Schreibutensilien, Rauchwaren, Spirituosen, Bonbonnieren, Bücher, Zeitschriftenabonnements oder Einladungen zu geselligen, sportlichen bzw kulturellen Veranstaltungen (etwa Ball-, Theater-, Konzertkarten);
- Blumen- und Weihnachtsgeschenke eines gewerblich tätigen Versicherungsvertreters an seine Geschäftsfreunde (VwGH 19.9.1990, 89/13/0174);
- Einladung von Geschäftsfreunden zu einem (gemeinsamen) Urlaub (VwGH 25.11.2002, 98/14/0129);
- Einladung von Geschäftsfreunden zu sportlicher Betätigung (VwGH 17.12.2002, 2002/14/0081, Tennis);
- Geschenkkörbe, Geschenkkartons eines praktischen Arztes an die Abteilungen jenes Krankenhauses, in dem er die Ausbildung erhielt und von dem er sich eine bevorzugte Behandlung seiner Patienten erhofft (VwGH 9.4.1986, 84/13/0210);
- Geschenke eines Handelsvertreters an ausländische Geschäftspartner (VwGH 13.10.1993, 92/13/0162);
- Geschenke eines Kfz-Sachverständigen an Gerichtsbedienstete (VwGH 23.6.1993, 92/15/0098);
- Geschenke eines Notars auf Grund beruflicher Beziehungen zu Anlässen wie Weihnachten, Neujahr, Geburtstag, bei „persönlichen Besuchen", aber auch „ohne besondere Anlässe" (VwGH 29.6.1985, 84/13/0091);

- Geschenke eines Wirtschaftstreuhänders an Klienten zu persönlichen Anlässen, wie zB Geburt oder Hochzeit (VwGH 19.11.1979, 1378, 1431/79);
- Hochzeitsgeschenk für einen in keinem Dienstverhältnis zum Geschenkgeber stehenden Mitarbeiter (VwGH 29.1.1991, 89/14/0088);
- Kaffeespenden eines Gewerkschaftsfunktionärs (VwGH 19.11.1998, 97/15/0100 und 98/15/0104);
- Kristallgläser einer Betreiberin eines Erholungsheimes an Angestellte der Gebietskrankenkasse zur Erreichung einer hohen Anzahl von Zuweisungen in das Heim (VwGH 15.4.1997, 95/14/0147, wobei der Gerichtshof auch darauf verwies, dass die Gewährung oder Annahme solcher Sachzuwendungen mit gerichtlicher Strafe bedroht sein könne – s hiezu Abschn. 14.7.1);
- Sachgeschenke eines Geometers an Kunden, Klienten, Geschäftsfreunde und Beamte (VwGH 2.12.1987, 86/13/0002);
- Weihnachtsgeschenke eines Primararztes an das Krankenhauspersonal im Rahmen der freiberuflichen ärztlichen Praxis (VwGH 26.1.1981, 17/2157/79; 26.4.1994, 91/14/0036);
- Weihnachts- und Hochzeitsgeschenke eines technischen Büros (VwGH 29.1.1991, 89/14/0088)
- Weihnachtsgeschenke an einen Mitarbeiter (Einkaufsleiter) eines Kunden (VwGH 24.11.1999, 96/13/0115, betr behauptete Schenkung von Kleidungsstücken durch eine Textilgroßhandelsfirma);
- Weihnachtsgeschenke eines Rechtsanwaltes an Gerichtspersonal, Bankangestellte und „sonstige Kontaktpersonen bei Firmen" (VwGH 11.7.1995, 91/13/0145; 17.3.1999, 97/13/0211; im letztangeführten Fall wurden zudem vom Beschwerdeführer keine näheren Angaben gemacht);
- Weihnachtsgeschenke eines Versicherungsbüros (VwGH 13.4.1988, 87/13/0046).

(AÖF 2003/209)

14.5.2 Geschäftsfreundebewirtung

14.5.2.1 Allgemeines

Aufwendungen oder Ausgaben anlässlich der Bewirtung von Geschäftsfreunden sind nicht abzugsfähige Repräsentationsaufwendungen. Hinsichtlich der Abzugsfähigkeit von Bewirtungsspesen sind folgende Fälle zu unterscheiden: **4814**

1. Die Bewirtungsaufwendungen sind vom Abzugsverbot nicht betroffen und daher zur Gänze abzugsfähig (siehe Rz 4817 ff).
2. Die Bewirtungsaufwendungen sind zur Hälfte abzugsfähig (siehe Rz 4821 ff).
3. Die Bewirtungsaufwendungen sind zur Gänze nicht abzugsfähig (siehe Rz 4825 f).

Die Bewirtungsspesen beziehen sich auf **4815**

- Geschäftsessen sowohl im Betrieb als auch außerhalb (Restaurants usw.),
- Übernahme der Hotelkosten des Gastes,
- Kosten der Beherbergung des Gasts im (Gäste-)Haus (Wohnung, Wochenendhaus, Ferienhaus, Ferienwohnung) des Gastgebers bzw. im dafür vom Gastgeber angemieteten Haus (Wohnung, Ferienhaus uä.; VwGH 21.10.1986, 84/14/0054; 5.7.1994, 91/14/0110; 27.5.1998, 97/13/0031).

Zu Beherbergungskosten zählen generell Verpflegungs- und Unterbringungskosten sowie entsprechende Zusatzangebote wie Sauna, Solarium usw.

Geschäftsfreunde sind Personen, mit denen eine geschäftliche Verbindung besteht oder angestrebt wird. Als Geschäftsfreunde gelten auch Arbeitnehmer eines Geschäftsfreundes, nicht jedoch Arbeitnehmer des Steuerpflichtigen selbst (vgl. VwGH 31.5.1983, 83/14/0008, 0015, 0016). **4816**

14.5.2.2 Vom Abzugsverbot nicht betroffene Aufwendungen

14.5.2.2.1 Bewirtung ist Leistungsinhalt

Zur Gänze abzugsfähig sind Bewirtungskosten, die unmittelbar Bestandteil der Leistung sind oder in unmittelbarem Zusammenhang mit der Leistung stehen. **4817**

Beispiele:

- *Verpflegungskosten anlässlich einer Schulung, wenn die Verpflegungskosten im Schulungspreis enthalten sind.*

- *Bewirtung durch ein Unternehmen, dessen Unternehmenszweck die Präsentation anderer Unternehmen ist (ein Werbebüro stellt Reisebürovertretern eine Fremdenverkehrsregion, deren Freizeitbetriebe und Gastronomie vor und bietet dabei Produkte der Region zum Verkosten an).*

Zur Gänze abzugsfähig sind ferner Bewirtungskosten in Fällen, in denen die Repräsentation (Einladung und Bewirtung) zu den beruflichen Aufgaben eines Steuerpflichtigen gehört und die bewirteten Personen nicht „Geschäftsfreunde" des Steuerpflichtigen sind. In diesem Fall liegt kein Anwendungsfall des § 20 Abs. 1 Z 3 EStG 1988 vor. Die Ausgaben fallen – nach Kürzung um allfällige steuerfreie Einnahmen – zwar unter den allgemeinen Werbungskostenbegriff, nicht aber unter eine Kürzungsbestimmung (VwGH 27.11.2001, 2000/14/0202).

(AÖF 2003/209)

14.5.2.2.2 Bewirtung hat Entgeltcharakter

4818 Zur Gänze abzugsfähig sind Bewirtungskosten, die (überwiegend) Entgeltcharakter haben. Dies trifft insbesondere auf Incentive-Reisen zu. Der Wert des zugewendeten Incentives ist beim Empfänger steuerlich als Betriebseinnahme zu erfassen (s 5.1.4 unter „Geschenke").

Beispiel 1:

Freiberuflich tätige Geschäftsvermittler werden für erfolgreiches Tätigwerden durch die Finanzierung einer Reise belohnt (Incentive-Reise). Ein derartiger Aufwand ist vom Anwendungsbereich des § 20 Abs. 1 Z 3 EStG 1988 auch dann nicht erfasst, wenn er ganz oder zum Teil unter das Tatbestandsmerkmal „Bewirtung" iSd § 20 Abs. 1 Z 3 2. Satz EStG 1988 subsumiert werden könnte.

Beispiel 2:

Ein Journalist bewirtet einen Informanten als Gegenleistung für den Erhalt der Informationen (VwGH 26.9.2000, 97/13/0238; keine Abzugsfähigkeit besteht jedoch nach VwGH 26.9.2000, 97/13/0238 und VwGH 30.1.2001, 96/14/0154, wenn der Gegenleistungscharakter nicht vorliegt). Dass die Bewirtung der Informanten der beruflichen (betrieblichen) Tätigkeit des Journalisten förderlich sein mag, reicht jedoch (noch) nicht aus, um die Abzugsfähigkeit von Bewirtungsaufwendungen zu begründen (VwGH 28.11.2001, 2000/13/0145).

Beispiel 3:

Ein Kriminalbeamter (Suchtgiftfahnder) tätigt Ausgaben für Vertrauensleute. Da es sich dem Charakter nach um berufliche Ausgaben handelt (keine Repräsentationsausgaben oder Geschäftsfreundebewirtung iSd § 20 Abs. 1 Z 3 EStG 1988), sind diese Ausgaben (nicht hingegen die Ausgaben für die eigene Konsumation) abzugsfähige Werbungskosten (VwGH 16.2.2000, 95/15/0050).

(AÖF 2003/209)

14.5.2.2.3 Bewirtung ohne Repräsentationskomponente

4819 Zur Gänze abzugsfähig sind Bewirtungskosten, die (nahezu) keine Repräsentationskomponente aufweisen.

Beispiele:

- *Kostproben bei „Kundschaftstrinken" (zB Lokalrunden eines Brauereivertreters).*
- *Bewirtung iZm Betriebsbesichtigung, wobei fast ausschließlich betriebliche Gründe oder Werbung für den Betrieb ausschlaggebend sind (man will aus der Besuchergruppe künftige Arbeitnehmer werben; der Betrieb will vor der Besuchergruppe mit seinen Produkten, seinem Know-how werben und durch die Bewirtung eine angenehme Atmosphäre schaffen).*
- *Bewirtung anlässlich der Schulung von Arbeitnehmern eines in- oder ausländischen Geschäftsfreunds.*
- *Bewirtung anlässlich von Fortbildungsveranstaltungen, die für Geschäftsfreunde, mit denen laufende Geschäftsbeziehungen bestehen, gegeben werden (wie Produktvorstellung, Schulung etc für selbständige Handelsvertreter, Kaufleute etc, die die Erzeugnisse des Betriebs vertreten).*
- *Die Bewirtung selbst ist Werbung wie bei Produkt- und Warenverkostung, Kostproben, um für die im Unternehmen erzeugten oder/und vertriebenen Produkte zu werben (zB Anbieten von Kostproben der Backwaren eines Bäckereibetriebs), anlässlich von Betriebseröffnungen, Betriebsbesichtigungen, Betriebsjubiläen, Messen, Jahrmärkten, Vereinsfesten und ähnlichen geselligen Ereignissen sowie auf Verkaufsplätzen, wo diese Produkte angeboten werden (Supermärkte, Einzelhandel etc). Dabei können auch sonstige Aufmerksamkeiten geringen Umfangs gereicht*

werden (zB Mineralwasser, Kaffee, Tee, Säfte) sowie Getränke und Speisen, die als unmittelbare Ergänzung zur Produktwerbung angesehen werden können (zB Wein und Nüsse bei der Präsentation von Käsesorten).

- *Einladung auf ein einfaches Essen auf Verkaufsveranstaltungen aus Anlass der Produktpräsentation.*
- *Bewirtung im Rahmen von Events, wenn derartiges Event-Marketing im Rahmen eines professionellen Marketingkonzeptes eingesetzt wird. Ein derartiges „Event-Marketing"-Konzept liegt vor, wenn es als Marketingstrategie die Veranstaltung entsprechend gestalteter Events (oder die Teilnahme an und die Abhaltung von Groß-Events) mit der Zielsetzung vorsieht, die angesprochenen Marktteilnehmerinteressen auf das Unternehmen zu lenken. Liegt ein solches Werbekonzept vor und entspricht die durchgeführte Maßnahme diesem Konzept, sind Bewirtungskosten, die im Rahmen eines durchgeführten „Events" anfallen, zur Gänze als Betriebsausgaben abzugsfähig.*

(AÖF 2003/209)

Beim Bewirteten sind derartige Zuwendungen grundsätzlich keine Betriebseinnahme. Eine Kürzung seiner Reisediäten erfolgt erst, wenn die Bewirtung in einer kompletten Mahlzeit besteht (LStR 1999, Rz 314). Bloße Aufmerksamkeiten wie Brötchen, Kaffee, Gebäck, Getränke etc. führen nicht zur Reisediätenkürzung. **4820**

14.5.2.3 Aufwendungen, die unter die 50%ige Kürzung fallen

Zur Hälfte abzugsfähig sind werbewirksame Bewirtungsaufwendungen, bei denen die Repräsentationskomponente untergeordnet ist. Die repräsentative Mitveranlassung darf nur ein geringes Ausmaß erreichen. Die Gegebenheiten und Erfordernisse der jeweiligen Geschäftssparte sind zu berücksichtigen. **4821**

Weist der Steuerpflichtige nach, dass die Bewirtung der Geschäftsfreunde **4822**

- einen eindeutigen Werbezweck hat (ein werbeähnlicher Aufwand reicht nicht aus, VwGH 2.8.2000, 94/13/0259; VwGH 26.9.2000, 94/13/0260; VwGH 26.9.2000, 94/13/0262; VwGH 29.11.2000, 95/13/0026) und
- die betriebliche oder berufliche Veranlassung der so entstandenen Aufwendungen oder Ausgaben weitaus überwiegt, können die betreffenden Aufwendungen oder Ausgaben zur Hälfte abgesetzt werden.

Unter dem Begriff „Werbung" ist ganz allgemein im Wesentlichen eine Produkt- oder Leistungsinformation zu verstehen. Es ist ausreichend, wenn der Abgabepflichtige dartut, dass er anlässlich der Bewirtung jeweils eine auf seine berufliche Tätigkeit bezogene Leistungsinformation geboten hat. Es ist jedoch nicht erforderlich, dass mit der Bewirtung selbst ein Werbeobjekt in Form einer Werbebotschaft an eine Zielperson herangetragen wird (VwGH 26.9.2000, 98/13/0092).

Der Umstand, dass eine Produkt- oder Leistungsinformation bei einem bestimmten Abgabepflichtigen nach der Art seiner Tätigkeit allenfalls nicht möglich ist, rechtfertigt nicht die Ansicht, unter dem Begriff „Werbung" müsse deshalb etwas anderes verstanden werden, als im Allgemeinen unter diesem Begriff zu verstehen ist (VwGH 29.11.2000, 95/13/0026).

(AÖF 2002/84)

Erforderlich ist der Nachweis des Zutreffens der Voraussetzungen für jede einzelne Ausgabe – die Glaubhaftmachung gemäß § 138 Abs. 1 BAO reicht nicht (VwGH 3.5.2000, 98/13/0198; VwGH 26.9.2000, 94/13/0262; VwGH 29.11.2000, 95/13/0026). Die Beweislast liegt beim Steuerpflichtigen, der den Aufwand geltend macht. Erforderlich ist die Darlegung, welches konkrete Rechtsgeschäft im Rahmen der Bewirtung zu welchem Zeitpunkt tatsächlich abgeschlossen wurde bzw. welches konkrete Rechtsgeschäft im Einzelfall ernsthaft angestrebt wurde (VwGH 3.5.2000, 98/13/0198). **4823**

Beispiele:

- *Bewirtung iZm Bilanzpressekonferenzen, Klienteninformation oder sonstigen betrieblich veranlassten Informationsveranstaltungen,*
- *Bewirtungsspesen eines Zivilingenieurs anlässlich einer Projektvorstellung und Diskussion mit Ortsbewohnern,*
- *Bewirtung im Betriebsraum bei Geschäftsbesprechung,*
- *Bewirtung im Betriebsraum bei Betriebseröffnung (ohne Produkt- oder Warenverkostung),*
- *Bewirtung von Geschäftsfreunden in der Kantine des Betriebs bzw. durch den Gastwirt in seinem eigenen Gasthaus,*
- *„Arbeitsessen" im Vorfeld eines konkret angestrebten Geschäftsabschlusses,*

- *Bewirtungskosten von politischen Funktionären bei Wahlveranstaltungen (VwGH 17.9.1997, 95/13/0245) bzw. anlässlich von Informationsbeschaffung bzw. sonstige beruflich veranlasste Bewirtungen außerhalb seines Haushalts mit Werbecharakter,*
- *Bewirtung im Zusammenhang mit einem betrieblich veranlassten „Event", dem kein „Event-Marketing"-Werbekonzept (vgl Rz 4819) zu Grunde liegt. Voraussetzung ist, dass*
  - *der Anlass der Veranstaltung ausschließlich dem Betriebsgeschehen (vgl VwGH 19.12.2002, 99/15/0141 betr Leistungsinformation eines Privatsanatoriums bei einem Sommerfest; VwGH 3.7.2003, 2000/15/0159, Kanzleieröffnungsfest) und nicht der Privatsphäre (vgl. diesbezüglich VwGH 24.10.2002, 2002/15/0123 betr Nichtabzugsfähigkeit der Aufwendungen für ein Geburtstagsfest) zuzuordnen ist und*
  - *weitaus überwiegend Geschäftsfreunde und potentielle Kunden teilnehmen.*
  - *Liegt ein betrieblich veranlasster „Event" vor, beste hen keine Bedenken, von einer Aufteilung in abzugsfähige Aufwendungen für Geschäftsfreunde bzw. potentielle Kunden und nichtabzugsfähige Aufwendungen für andere Personen abzusehen.*

(AÖF 2004/167)

4824 Aufwendungen „anlässlich der Bewirtung von Geschäftsfreunden" sind solche für den Geschäftsfreund, den bewirtenden Unternehmer oder dessen Dienstnehmer. Sie fallen zur Gänze unter die 50 %-Regelung. Der Spesenersatz des Arbeitgebers an den im Auftrag oder Interesse des Arbeitgebers die Geschäftsfreunde bewirtenden Arbeitnehmer unterliegt beim Arbeitgeber der 50%-Regelung und ist beim Arbeitnehmer zur Gänze Auslagenersatz gemäß § 26 Z 2 EStG 1988 (LStR 1999, Rz 691 f).

14.5.2.4 Zur Gänze nicht abzugsfähige Bewirtungsaufwendungen

4825 Dient die Bewirtung hauptsächlich der Repräsentation oder weist sie Repräsentationsmerkmale in nicht untergeordneten Ausmaß auf, ist sie gemäß § 20 Abs. 1 Z 3 EStG 1988 zur Gänze nicht abzugsfähig. Etwaige werbeähnliche Elemente sind in diesen Fällen bedeutungslos (VwGH 3.6.1992, 91/13/0176). Gemischte Aufwendungen sind zur Gänze nicht abzugsfähig (VwGH 29.6.1995, 93/15/0113 – vgl Abschn. 14.2.2.1 „Aufteilungsverbot").

Beispiele:

- *Bewirtung im Haushalt des Steuerpflichtigen.*
- *Bewirtung in Zusammenhang mit dem nicht absetzbaren Besuch von Vergnügungsetablissements, Casinos etc.*
- *Bewirtung iZm dem nicht absetzbaren Besuch von gesellschaftlichen Veranstaltungen (Bälle, Essen nach Konzert, Theater etc),*
- *Bewirtung durch den Steuerpflichtigen anlässlich seiner Betriebseröffnung außerhalb des Betriebs,*
- *Bewirtung in Form von Arbeitsessen nach Geschäftsabschluss,*
- *Bewirtung aus persönlichem Anlass des Steuerpflichtigen wie sein Geburtstag, Dienstjubiläum etc ist nicht dem Betriebsgeschehen, sondern der privaten Lebensführung zuzurechnen (VwGH 24.10.2002, 2002/15/0123; VwGH 29.6.1995, 93/15/0113),*
- *Bewirtung durch den Arbeitnehmer anlässlich seines Dienstantritts oder seiner persönlichen Anlässe (Geburtstag, Beförderung, Pensionierung etc), und zwar egal, ob Vorgesetzte oder Arbeitnehmer von ihm bewirtet werden.*

(AÖF 2003/209)

4826 Aufwendungen des Steuerpflichtigen für seinen eigenen Ballbesuch und die damit in Zusammenhang stehenden Kosten (wie Ballkarte, Taxi, Ballkleidung, Ballspende, eigene und Gästebewirtung) fallen ebenfalls unter das generelle Abzugsverbot des § 20 Abs. 1 Z 3 EStG 1988 (VwGH 22.1.1985, 84/14/0035). Hinsichtlich politischer Funktionäre siehe Erlass AÖF 124/1997.

14.5.3 Arbeitnehmer – Arbeitgeber

4827 Für Bewirtungsaufwendungen des Arbeitnehmers gegen Ersatz durch den Arbeitgeber (der Arbeitnehmer bewirtet Geschäftsfreunde des Arbeitgebers) gilt Folgendes:

Sind die Aufwendungen nahezu ausschließlich im Interesse des Arbeitgebers, sind sie

- Auslagenersatz beim Arbeitnehmer (§ 26 Z 2 EStG 1988),
- abzugsfähig beim Arbeitgeber nach Maßgabe der angeführten Kriterien (50%-Regel, wenn die Bewirtung der Werbung dient und die betriebliche oder berufliche Veranlas-

sung weitaus überwiegt; eine Aufteilung der auf den Arbeitgeber, den Arbeitnehmer und den Geschäftsfreund entfallenden Kosten ist nicht vorzunehmen).

Sind die Aufwendungen auch im maßgeblichen Interesse des Arbeitnehmers, sind sie

- steuerpflichtiger Arbeitslohn beim Arbeitnehmer; als Werbungskosten abzugsfähig nach Maßgabe der angeführten Kriterien,
- abzugsfähig beim Arbeitgeber.

14.5.4 Ausfuhrumsätze

Eine Verordnung zur Festsetzung von Durchschnittssätzen für abzugsfähige Repräsentationsaufwendungen für Steuerpflichtige, die Ausfuhrumsätze tätigen, ist im Geltungsbereich des EStG 1988 nicht ergangen. Deshalb sind auch im Fall von Ausfuhrumsätzen nur nachgewiesene Bewirtungskosten mit Werbecharakter zur Hälfte absetzbar. **4828**

14.5.5 Freiberufler

Bei freiberuflicher Tätigkeit tritt ein allfälliger „Werbeeffekt" idR deutlich hinter den der Repräsentation, da bei dieser Tätigkeit das Vertrauen in die Fähigkeit und Seriosität des Anbieters vordergründig und nicht durch Werbung herzustellen ist (VwGH 15.7.1998, 93/13/0205). Aufwendungen zur Kontaktpflege im weitesten Sinn, somit zur Herstellung einer gewissen positiven Einstellung zum „Werbenden", stellen nur einen nichtabzugsfähigen werbeähnlichen Aufwand dar (VwGH 2.8.2000, 94/13/0259; VwGH 26.9.2000, 94/13/0092). **4829**

Bei Bewirtung von Klienten oder potenziellen Klienten durch einen Rechtsanwalt wird zwar wird nicht schon „auf Grund der allgemeinen Lebenserfahrung" regelmäßig, gleichsam zwangsläufig eine Leistungsinformation durch den Rechtsanwalt geboten, in gleicher Weise gilt aber auch nicht der gegenteilige Erfahrungssatz, dass von einer Leistungsinformation des Rechtsanwaltes gegenüber bewirteten Klienten oder potenziellen Klienten aus Anlass der Bewirtung nicht ausgegangen werden könne. Die Behörde hat im Einzelfall zu untersuchen, in welchem Umfang Bewirtungsspesen auf Leistungsinformationen zur Mandatserteilung oder nur zur Kontaktpflege dienten (VwGH 22.6.2001, 2001/13/0012). Zum Begriff „Werbung" siehe auch Rz 4822.

(AÖF 2002/84)

14.6 Freiwillige Zuwendungen und Zuwendungen an Unterhaltsberechtigte (§ 20 Abs. 1 Z 4 EStG 1988)

14.6.1 Allgemeines

Freiwillige Zuwendungen und Zuwendungen an gesetzlich unterhaltsberechtigte Personen sind – auch wenn sie auf einer verpflichtenden Vereinbarung beruhen – Fälle der Einkommensverwendung und können als solche weder bei den einzelnen Einkünften noch als Sonderausgaben abgezogen werden. **4830**

14.6.1.1 Freiwilliges Eingehen einer Vereinbarung

Die freiwillige Zuwendung (auch an gesetzlich unterhaltsberechtigte Personen) bleibt nicht abzugsfähig, wenn freiwillig eine verpflichtende Vereinbarung (zivilrechtlicher Vertrag oder ein gerichtlicher Vergleich) eingegangen und damit ein Rechtstitel für die Zuwendung geschaffen wird. Dies gilt auch dann, wenn eine solche Vereinbarung angefochten wird und zu einem Urteil führt, das den Steuerpflichtigen zur Zuwendung verpflichtet (vgl. VwGH 7.9.1990, 90/14/0093). **4831**

14.6.1.2 Freiwillige Zuwendungen an Personen ohne gesetzlichen Unterhaltsanspruch

Freiwillige Zuwendungen im Sinne des § 20 Abs. 1 Z 4 erster Teilstrich EStG 1988 sind Ausgaben, denen keine wirtschaftlichen Gegenleistungen gegenüberstehen und die ohne zwingende rechtliche Verpflichtung des Gebers getätigt werden; sie dürfen auch dann nicht abgezogen werden, wenn sie im Einzelfall durch betriebliche Erwägungen mitveranlaßt sind. **4832**

14.6.1.3 Zuwendungen an gesetzlich Unterhaltsberechtigte

Zuwendungen im Sinne des § 20 Abs. 1 Z 4 zweiter Teilstrich EStG 1988 sind – egal auf welchem Rechtstitel sie beruhen – vom Abzug ausgeschlossen, wenn sie ohne gleichwertige wirtschaftliche Gegenleistung des Empfängers erbracht werden bzw. eine eindeutig überwiegende oder ausschließlich betriebliche Veranlassung nicht vorliegt. **4833**

Gesetzlich unterhaltsberechtigt ist eine Person dann, wenn sie im Bedarfsfall gegenüber dem Zuwendenden einen Unterhaltsanspruch nach bürgerlichem Recht geltend machen könnte: Eine gesetzlich unterhaltsberechtigte Person im Sinne des § 20 Abs. 1 Z 4 EStG 1988 ist **4834** somit auch jemand, der vom Zuwendenden im Einzelfall noch keinen Unterhalt verlangen kann, weil andere Verwandte vorrangig unterhaltspflichtig sind (zB: das Enkelkind ist gesetzlich unterhaltsberechtigt gegenüber seinen Großeltern, obwohl seine Eltern vorrangig unterhaltspflichtig sind und ihrer Unterhaltspflicht ihm gegenüber auch nachkommen).

Beispiele:

- *Darlehensgewährung an die im Betrieb des Steuerpflichtigen angestellte Gattin zum Erwerb der ehelichen Wohnung (VwGH 25.9.1984, 84/14/0005).*
- *Lebensversicherungsprämien, die der Steuerpflichtige für die in seinem Betrieb angestellte Gattin leistet, wenn die für die Gattin bezahlte Versicherung im Gesamtentgelt unter Berücksichtigung des Fremdvergleiches keine Deckung findet (VwGH 12.1.1983, 81/13/0004).*
- *Zahlung einer Abfertigung an die im Betrieb angestellte Gattin (oder Tochter), der das Unternehmen zugleich mit der Kündigung im Schenkungsweg übertragen wird (VwGH 17.1.1989, 86/14/0008; VwGH 19.9.1989, 86/14/0157).*
- *Auszahlungsbeträge an den Ehegatten nach § 71 Abs. 4 BSVG = geteilte Bauernpension (VwGH 19.11.1998, 96/15/0182).*
- *Abgeltungsbeträge nach § 98 ABGB an den Gatten für die Mitarbeit im Erwerb des anderen Gatten (VwGH 21.7.1993, 91/13/0163).*
- *Versorgungsleistung an die frühere Lebensgefährtin nach Auflösung der Lebensgemeinschaft (VwGH 15.5.1968, 11/68).*
- *Kosten der Wohnungsfreimachung im eigenen Haus für ein Kind bzw. Aufstockung des Betriebsgebäudes zur Schaffung von Wohnraum für die Kinder (VwGH 1.2.1980, 1535, 1747, 1748/79).*
- *Taschengeld an die Kinder für gelegentliche Mithilfe im elterlichen Haus (VwGH 17.5.1989, 88/13/0038).*
- *Taschengeld an die volljährige, verheiratete Tochter für die Mithilfe im elterlichen Gewerbebetrieb auf rein familienhafter Basis (VwGH 27.2.1959, 1371/57, ähnlich auch VwGH 4.9.1992, 91/13/0196).*
- *Unterhaltsleistungen, die der Erbe des Unterhaltsverpflichteten auf Grund des Gesetzes (z.B. § 78 Ehegesetz) als Nachlassverbindlichkeit zu erfüllen hat (VwGH 17.2.1982, 1696/80).*

Hinsichtlich der abzugsfähigen Zuwendungen an gesetzlich unterhaltsberechtigte Personen siehe Rz 7015 ff (betreffend Renten), Rz 117 ff (betreffend Fruchtgenuss) und Rz 1147 ff (betreffend Leistungsbeziehungen zwischen nahen Angehörigen).

14.6.2 Beispiele für freiwillige Zuwendungen

4835
- Darlehensgewährung aus privaten (persönlichen, familiären) Gründen mit folgender Uneinbringlichkeit oder Erlassung (VwGH 4.4.1990, 86/13/0116).
- Lohnzahlungen an die (geschiedene) Gattin ohne Erbringung einer Gegenleistung (VwGH 24.3.1981, 14/2857, 2858, 2992).
- Überhöhte (fremdunübliche) Entlohnung für eine Verwandte aus familiären Gründen.
- Pachtzins zwischen nahe Stehenden, der weit unter dem ortsüblichen Ausmaß liegt.
- Spenden für gemeinnützige, mildtätige, kulturelle oder sportliche Zwecke außerhalb des § 4 Abs. 4 Z 5 und 6 EStG 1988 (VwGH 17.5.1989, 88/13/0038 und 30.1.1991, 90/13/0030) bzw. an Kirchen und kirchliche Einrichtungen (außer Kirchenbeitrag gem. § 18 EStG 1988, LStR 1999, Rz 558 bis 560).

14.6.2.1 Spenden mit Werbecharakter

4836 § 4a EStG 1988 (siehe dazu Rz 1330 ff) und § 18 Abs. 1 Z 7 EStG 1988 (siehe dazu LStR 2002 Rz 565 bis 573) sieht die Abzugsfähigkeit von bestimmten freiwilligen Zuwendungen als Betriebsausgaben bzw. Sonderausgaben vor. Ab der Veranlagung 2002 sind Geld- oder Sachaufwendungen im Zusammenhang mit der Hilfestellung in Katastrophenfällen (insbesondere Hochwasser-, Erdrutsch-, Vermurungs- und Lawinenschäden) Betriebsausgaben, wenn sie der Werbung dienen (§ 4 Abs. 4 Z 9 EStG 1988, siehe dazu Rz 4837).

Der Gesetzesbegriff „Katastrophenfall" im § 4 Abs. 4 Z 9 EStG 1988 umfasst dem Grunde nach außergewöhnliche Schadensereignisse, die nach objektiver Sicht aus dem regelmäßigen Ablauf der Dinge herausfallen und geeignet sind, in größerem Umfang Personen- oder Sachschäden zu bewirken, die mit örtlichen Einsatzkräften nicht bewältigt werden können. Ob ein solches Schadensereignis im In- oder Ausland stattfindet, ist ohne Bedeutung.

Als Katastrophenfall, zu deren Beseitigung abzugsfähige Geld- oder Sachaufwendungen geleistet werden können, kommen Naturkatastrophen (zB Hochwasser-, Erdrutsch-, Vermurungs-, Lawinen-, Schneekatastrophen- und Sturmschäden sowie Schäden durch Flächenbrand, Strahleneinwirkung, Erdbeben, Felssturz oder Steinschlag), technische Katastrophen (zB Brand- oder Explosionskatastrophen), kriegerische Ereignisse, Terroranschläge oder sonstige humanitäre Katastrophen (zB Seuchen, Hungersnöte, Flüchtlingskatastrophen) in Betracht.

(AÖF 2008/51, AÖF 2013/280)

Gemäß § 4 Abs. 4 Z 9 EStG 1988 sind ab der Veranlagung 2002 werbewirksame Geld- und Sachaufwendungen, die im Zusammenhang mit der Hilfestellung in Katastrophenfällen geleistet werden, als Betriebsausgaben abzugsfähig. Eine Angemessenheitsprüfung ist hinsichtlich werbewirksamer Katastrophenspenden nicht vorzunehmen. **4837**

Werbewirksamkeit der Zuwendungen (Spenden) ist ua. gegeben,

- bei medialer Berichterstattung über die Zuwendung (Tageszeitung, Wochenzeitung, Lokalpresse, Branchenzeitschrift, Fernsehen und Hörfunk),
- in Kunden- und Klientenschreiben (regelmäßige Schreiben dieser Art oder bei bestimmten Anlässen, zB Weihnachtsschreiben),
- bei Spendenhinweisen auf Werbeplakaten, in Auslagen (Schaufenstern), an der Kundenkasse eines Unternehmers,
- bei Anbringen eines für Kunden sichtbaren Aufklebers im Geschäftsraum (Kanzlei, Ordination) oder auf einem Firmen-PKW,
- im Rahmen der Eigenwerbung des Unternehmers, bspw. wenn dieser in einer (gegebenenfalls auch andere Werbeaussagen betreffenden) Werbeeinschaltung auf seine Spendenleistung hinweist,
- bei einem Spendenhinweis auf der Homepage eines Unternehmers.

Abzugsfähig sind auch werbewirksame Katastrophenspenden an Hilfsorganisationen oder Gemeinden, Direktspenden an Familien oder Einzelpersonen sowie Direktspenden an Arbeitnehmer des Unternehmers. Beim Empfänger der Spende (katastrophenbetroffene Privatperson, Unternehmer oder Arbeitnehmer eines Unternehmers) liegen keine steuerpflichtigen Einnahmen vor (§ 3 Abs. 1 Z 16 EStG 1988).

(AÖF 2008/238)

Randzahl 4837a: *entfällt*

(AÖF 2008/51)

Nicht katastrophenbedingte Geldzuwendungen, die an Stelle von Werbegeschenken zur Finanzierung von Rettungsautos zugewendet werden, sind abzugsfähig, wenn der Name des Spenders sichtbar am Fahrzeug angebracht wird. Ein kurzes Aufscheinen des Spendernamens im Fernsehen reicht nicht aus. **4838**

Zu Sponsorleistungen siehe ABC der Betriebsausgaben, Rz 1643.

(AÖF 2003/68)

14.6.2.2 Kulanzleistungen

Kulanzleistungen fallen dann nicht unter das Abzugsverbot des § 20 Abs. 1 Z 4 EStG 1988, wenn sie zwar freiwillig, aber aus ausschließlich oder überwiegend betrieblicher Veranlassung gewährt worden sind. **4839**

Beispiele:

- *Garantie- und Versicherungsfälle (außer es besteht kein betrieblicher Anlass für die Kulanzleistung, sondern es liegen überwiegend private Gründe für die freiwillige Aufwendung vor, vgl. VwGH 11.5.1979, 0237/77).*
- *Schadenersatzleistungen, die den guten Ruf des Unternehmens wahren sollen (VwGH 11.5.1979, 0237/77).*

14.7 Nichtabzugsfähigkeit von Schmier- und Bestechungsgeldern, Strafen, Verbandsgeldbußen und Abgabenerhöhungen (§ 20 Abs. 1 Z 5 EStG 1988)

(AÖF 2012/63)

14.7.1 Abzugsverbot für Schmier- und Bestechungsgelder

(AÖF 2012/63)

Unter gemäß § 20 Abs. 1 Z 5 lit. a EStG 1988 vom Abzugsverbot erfassten Geld- und Sachzuwendungen, deren Gewährung oder Annahme mit gerichtlicher Strafe bedroht ist, **4840** sind nur solche Zuwendungen zu verstehen, die im Inland gerichtlich strafbar sind. Verwaltungsstrafdrohungen hindern die Abzugsfähigkeit der Geld- oder Sachzuwendung nicht. Strafen und Verbandsgeldbußen nach dem Verbandsverantwortlichkeitsgesetz sind jedoch gemäß § 20 Abs. 1 Z 5 lit. b EStG 1988 nicht abzugsfähig.

(AÖF 2012/63)

4841 Geld- und Sachzuwendungen, deren Gewährung oder Annahme mit gerichtlicher Strafe bedroht ist, sind als Folge des Strafrechtsänderungsgesetzes 1998, BGBl. I Nr. 153/1998 vom 20. August 1998, auch dann nicht abzugsfähig, wenn sie unmittelbar mit Ausfuhrumsätzen zusammenhängen. Hinsichtlich der durch das Strafrechtsänderungsgesetz 1998 neu hinzugekommenen Tatbestände gilt die Nichtabzugsfähigkeit ab 13. Jänner 1999 (Inkrafttreten des Abgabenänderungsgesetzes 1998). Zahlungen, die ab diesem Zeitpunkt geleistet werden, sind auch dann nicht mehr abzugsfähig, wenn sie in Zusammenhang mit Ausfuhrumsätzen geleistet werden.

Hinsichtlich der durch das Strafrechtsänderungsgesetz 2008, BGBl. I Nr. 109/2007 vom 28. Dezember 2007, neu hinzugekommenen Tatbestände (§ 168c, § 168d und § 304a StGB) gilt das Abzugsverbot, soweit diese Tatbestände nicht nach anderen Gesetzen gerichtlich strafbar waren (zB § 10 UWG), ab 1. Jänner 2008 (Inkrafttreten der Änderungen im StGB).

(AÖF 2008/238)

14.7.1.1 Sachzuwendungen

(AÖF 2012/63)

4842 Unter „Sachzuwendung“ ist jeder geldwerte Vorteil zu verstehen. Neben körperlichen Wirtschaftsgütern also zB auch die unentgeltliche Überlassung einer Wohnung oder eines Autos, Bezahlung von Urlaubsreisen uä.

4842a Gemäß § 124b Z 354 EStG 1988 idF 19. COVID-19-Gesetz (BGBl. I Nr. 48/2020) können derartige Aufwendungen oder Ausgaben anlässlich der Bewirtung von Geschäftsfreunden gemäß § 20 Abs. 1 Z 3 dritter Satz EStG 1988, die nach dem 30. Juni 2020 und vor dem 1. Jänner 2021 anfallen, zu 75% statt 50% abgezogen werden.

(BMF-AV Nr. 2021/65)

14.7.1.2 Betroffene Tatbestände

(AÖF 2012/63)

4843 Die Nichtabzugsfähigkeit setzt voraus, dass die Gewährung oder Annahme von Geld- oder Sachzuwendungen an sich Tatbestandselement eines in Strafgesetzen umschriebenen Tatbildes ist. Dies ist bei folgenden Delikten der Fall:

- § 153a Geschenkannahme durch Machthaber
- § 302 StGB Missbrauch der Amtsgewalt,
- § 304 StGB Bestechlichkeit (siehe auch Rz 4843a)
- § 305 StGB Vorteilsannahme
- § 306 StGB Vorbereitung der Bestechlichkeit oder der Vorteilsannahme
- § 307 StGB Bestechung,
- § 307a StGB Vorteilszuwendung
- § 307b StGB Vorbereitung der Bestechung
- § 308 StGB Verbotene Intervention
- § 309 Abs. 1 StGB (vor 1.1.2013 § 168c StGB) Geschenkannahme durch Bedienstete oder Beauftragte (siehe auch Rz 4843a)
- § 309 Abs. 2 StGB (vor 1.1.2013 § 168d StGB) Bestechung von Bediensteten oder Beauftragten (siehe auch Rz 4843a).

Für Aufwendungen in Zusammenhang mit ab 1.1.2013 begangenen strafbaren Handlungen gilt Folgendes:

Aufgrund des Korruptionsstrafrechtsänderungsgesetzes 2012, BGBl. I Nr. 61/2012, sind Handlungen mit Auslandsbezug nach den §§ 302 bis 309 StGB auch dann strafbar, wenn der Täter zur Zeit der Tatbegehung Österreicher war oder die Tat zu Gunsten eines österreichischen Amtsträgers oder eines österreichischen Schiedsrichters begangen wurde (§ 64 Abs. 1 Z 2a lit. a und b StGB).

(BMF-AV Nr. 2015/133)

4843a
- Amtsträger ist jede Person, die
  a) für den Bund, ein Land, einen Gemeindeverband, eine Gemeinde, für eine andere Person des öffentlichen Rechts, ausgenommen eine Kirche oder Religionsgesell-

schaft, für einen anderen Staat oder für eine internationale Organisation Aufgaben der Gesetzgebung, Verwaltung oder Justiz als deren Organ oder Dienstnehmer wahrnimmt,

b) sonst im Namen der in lit. a genannten Körperschaften befugt ist, in Vollziehung der Gesetze Amtsgeschäfte vorzunehmen, oder

c) als Organ oder Bediensteter eines Unternehmens tätig ist, an dem eine oder mehrere inländische oder ausländische Gebietskörperschaften unmittelbar oder mittelbar mit mindestens 50 vH des Stamm-, Grund- oder Eigenkapitals beteiligt sind, das eine solche Gebietskörperschaft allein oder gemeinsam mit anderen solchen Gebietskörperschaften betreibt oder durch finanzielle oder sonstige wirtschaftliche oder organisatorische Maßnahmen tatsächlich beherrscht, jedenfalls aber jedes Unternehmens, dessen Gebarung der Überprüfung durch den Rechnungshof, dem Rechnungshof gleichartigen Einrichtungen der Länder oder einer vergleichbaren internationalen oder ausländischen Kontrolleinrichtung unterliegt (siehe dazu die Liste auf der Website des Rechnungshofes).

- Gemeinschaftsbeamter ist jeder, der Beamter oder Vertragsbediensteter im Sinne des Statuts der Beamten der Europäischen Gemeinschaften oder der Beschäftigungsbedingungen für die sonstigen Bediensteten der Europäischen Gemeinschaften ist oder der den Europäischen Gemeinschaften von den Mitgliedstaaten oder von öffentlichen oder privaten Einrichtungen zur Verfügung gestellt wird und dort mit Aufgaben betraut ist, die den Aufgaben der Beamten oder sonstigen Bediensteten der Europäischen Gemeinschaften entsprechen; Gemeinschaftsbeamte sind auch die Mitglieder von Einrichtungen, die nach den Verträgen zur Gründung der Europäischen Gemeinschaften errichtet wurden, und die Bediensteten dieser Einrichtungen, die Mitglieder der Kommission, des Europäischen Parlaments, des Gerichtshofs und des Rechnungshofs der Europäischen Gemeinschaften sowie die Organwalter und Bediensteten des Europäischen Polizeiamtes (Europol);
- Schiedsrichter ist jemand, der aufgrund einer Schiedsvereinbarung dazu berufen ist, eine rechtlich bindende Entscheidung, in einer von den Parteien der Schiedsvereinbarung vorgelegten Streitigkeit, zu fällen. „Schiedsrichter“ bei Sportwettkämpfen sind daher keine Schiedsrichter im Sinne des StGB.
- Bedienstete eines Unternehmens sind neben weisungsgebundenen Arbeitnehmern auch Organmitglieder juristischer Personen oder Beamte bei Geschäftsbetrieben öffentlich-rechtlicher Körperschaften.
- Beauftragte eines Unternehmens sind berechtigt, für ein Unternehmen geschäftlich zu handeln oder zumindest in der Lage, Einfluss auf betriebliche Entscheidungen zu nehmen.
- Ein Machthaber ist eine Person, der durch Gesetz, behördlichen Auftrag oder Rechtsgeschäft die Befugnis eingeräumt wurde, über fremdes Vermögen zu verfügen oder einen anderen zu verpflichten.

(BMF-AV Nr. 2015/133)

Bei der Beurteilung der Nichtabzugsfähigkeit von Ausgaben und Aufwendungen mit Auslandsbezug gilt Folgendes: **4844**

1. Unter die Regelung des § 20 Abs. 1 Z 5 lit. a EStG 1988 fallen nur Taten, die auf Grund der genannten Paragraphen des StGB strafbar sind.

2. Eine strafbare Tat kann dann angenommen werden, wenn es sich um die Geschenkannahme bzw. Bestechung ausländischer Amtsträger in hoheitlicher Funktion für pflichtwidriges Verhalten handelt. Dies sind auch Amtsträger, die im Rahmen der Privatwirtschaftsverwaltung oder außerhalb ihres unmittelbaren Zuständigkeitsbereichs im Rahmen ihrer Funktion als Amtsträger tätig sind. Ist der deliktische Charakter einer Zahlung nicht offenkundig, dann sind amtswegige Ermittlungen zwingend geboten, wenn begründeter Verdacht auf Erfüllung des Tatbestands der Geschenkannahme bzw. Bestechung ausländischer Amtsträger besteht.

3. Bei den anderen erwähnten Delikten mit Auslandsbezug sind amtswegige Ermittlungen dahingehend, ob durch die Zuwendung ein strafgesetzlicher Tatbestand verwirklicht worden ist, nur dann vorzunehmen, wenn in Österreich bereits strafgerichtliche Verfolgungshandlungen eingeleitet worden sind.

(AÖF 2008/238, AÖF 2012/63)

14.7.1.3 Nicht betroffene Tatbestände

(AÖF 2012/63)

4845 Das Abzugsverbot des § 20 Abs. 1 Z 5 EStG 1988 wird dort nicht wirksam, wo die Gewährung oder Annahme von Vorteilen nicht unmittelbares Tatbestandselement ist, wie etwa bei folgenden Delikten:

- §§ 123 und 124 StGB Auskundschaftung eines Geschäfts- oder Betriebsgeheimnisses, auch zu Gunsten des Auslands.
- § 310 StGB Verletzung des Amtsgeheimnisses.
- § 311 StGB Falsche Beurkundung und Beglaubigung im Amt.

14.7.1.4 Vorfrage

(AÖF 2012/63)

4846 Die tatsächliche Bestrafung des Täters ist nicht notwendig. Kann sich der Täter der Strafverfolgung entziehen bzw. bestehen Verfolgungshindernisse (zB Immunität von Abgeordneten oder Diplomaten) oder erfolgt ein Freispruch wegen Verjährung, ändert dies nichts an der grundsätzlichen Strafbarkeit der Tathandlung.

Die Beurteilung der gerichtlichen Strafbarkeit ist aber für die Abgabenbehörde eine Vorfrage iSd § 116 BAO. Wird die beurteilte Vorfrage in der Folge vom Gericht bzw. der Staatsanwaltschaft aus materiell-rechtlichen Gründen anders entschieden (zB Freispruch, Zurücklegung der Anzeige usw.), ist ein Wiederaufnahmegrund gemäß § 303 Abs. 1 lit. c bzw. Abs. 4 BAO gegeben.

(AÖF 2008/238)

14.7.2 Abzugsverbot für Strafen und Geldbußen

(AÖF 2012/63)

4846a Gemäß § 20 Abs. 1 Z 5 lit. b EStG 1988 idF des AbgÄG 2011, BGBl. I Nr. 76/2011, sind Strafen und Geldbußen, die von Gerichten, Verwaltungsbehörden oder Organen der Europäischen Union verhängt werden, nicht abzugsfähig. § 20 Abs. 1 Z 5 lit. b EStG 1988 ist mit dem der Kundmachung im BGBl. folgenden Tag, das war der 2.8.2011, in Kraft getreten. Dementsprechend sind Strafen und Geldbußen, die nach dem 1.8.2011 gezahlt oder aufwandswirksam werden, generell nicht abzugsfähig.

(AÖF 2012/63)

4846b Mit dem Abzugsverbot für Strafen soll verhindert werden, dass der Pönalcharakter einer Strafe, die die Rechtsordnung für ein unerwünschtes Verhalten vorsieht, unterlaufen wird. Ob eine Strafe vorliegt, ist in erster Linie nach dem Maßstab des Rechtsbereichs zu beurteilen, der die Sanktion vorsieht. Stellt danach die Sanktion keine Strafe dar, ist das Abzugsverbot darauf nicht anzuwenden. Dementsprechend sind Abschöpfungszinsen gemäß § 97 Abs. 1 Z 6 Bankwesengesetz keine Strafe; gleiches gilt für eine Gebührenerhöhung gemäß § 9 GebG.

(AÖF 2012/63)

14.7.3 Abzugsverbot für Verbandsgeldbußen

(AÖF 2012/63)

4846c Mit dem Verbandsverantwortlichkeitsgesetz, BGBl. I Nr. 151/2005, wurde ab 1.1.2006 eine strafrechtliche Verantwortlichkeit von „Verbänden" für Straftaten eingeführt. Verbände sind juristische Personen sowie bestimmte Personengesellschaften. Strafrechtliche Verantwortlichkeit des Verbandes besteht bei Begehung einer Straftat durch Entscheidungsträger oder bei Begehung durch Mitarbeiter bei mangelnder Überwachung oder Kontrolle. Über Verbände verhängte Geldbußen nach dem Verbandsverantwortlichkeitsgesetz sind nicht abzugsfähig.

Zur Behandlung von Verteidigungs- und Prozesskosten aus einem Verfahren nach dem Verbandsverantwortlichkeitsgesetz siehe Rz 1621.

(AÖF 2012/63)

14.7.4 Abzugsverbot für Abgabenerhöhungen nach dem Finanzstrafgesetz

(AÖF 2012/63)

4846d Gemäß § 20 Abs. 1 Z 5 lit. d EStG 1988 idF des AbgÄG 2011, BGBl. I Nr. 76/2011, sind Abgabenerhöhungen nach dem Finanzstrafgesetz nicht abzugsfähig. § 20 Abs. 1 Z 5 lit. d EStG 1988 ist mit dem der Kundmachung im BGBl. folgenden Tag, das war der 2.8.2011, in Kraft getreten. Dementsprechend sind Abgabenerhöhungen, die nach dem 1.8.2011 entrichtet oder aufwandswirksam werden, nicht abzugsfähig.

Das Finanzstrafgesetz sieht Abgabenerhöhungen in § 29 Abs. 6 (Abgabenerhöhung bei Selbstanzeige nach Anmeldung oder Bekanntgabe von Prüfungshandlungen) und § 30a (Verkürzungszuschlag) vor.

(BMF-AV Nr. 2015/133)

14.7.5 Abzugsverbot für Leistungen aus Anlass eines Rücktrittes von der Verfolgung

(AÖF 2012/63)

Gemäß § 20 Abs. 1 Z 5 lit. e EStG 1988 idF des AbgÄG 2011, BGBl. I Nr. 76/2011, sind Leistungen aus Anlass eines Rücktrittes von der Verfolgung nach der Strafprozessordnung oder dem Verbandsverantwortlichkeitsgesetz nicht abzugsfähig. Derartige Leistungen waren auch vor dem Inkrafttreten des AbgÄG 2011 nicht abzugsfähig (siehe Rz 1517a). **4846e**

Verfahrenskosten, die im Zusammenhang mit einem Rücktritt von der Verfolgung stehen, teilen das Schicksal der nicht abzugsfähigen Leistungen aus Anlass des Rücktrittes von der Verfolgung und sind daher ebenfalls nicht abzugsfähig.

(AÖF 2012/63)

14.8 Nichtabzugsfähige Steuern (§ 20 Abs. 1 Z 6 EStG 1988)

14.8.1 Steuern vom Einkommen

Veranlagte bzw. im Abzugsweg erhobene Einkommensteuer (wie die Lohnsteuer und Kapitalertragsteuer) und entsprechende ausländische Steuern sind gemäß § 20 Abs. 1 Z 6 EStG 1988 nicht abzugsfähig. **4847**

14.8.2 Sonstige Personensteuern – unentgeltliche Grundstücksübertragungen

(AÖF 2010/43)

Das Abzugsverbot umfasst auch die Erbschafts- und Schenkungssteuer einschließlich Grunderwerbsteueräquivalent und entsprechende ausländische Steuern (sowie entsprechende ausländische Vermögenssteuern). Die Erbschafts- oder Schenkungssteuer ist auch iZm dem Erwerb eines Betriebs oder einer anderen Einkunftsquelle nicht abzugsfähig. Eine Ausnahme besteht nur dann, wenn die Erbschaftssteuer eine dauernde Last gemäß § 18 Abs. 1 EStG 1988 ist (VwGH 26.4.1978, 0821/76; VwGH 15.6.1977, 2481/76) oder die Schenkungssteuer im Zusammenhang mit betrieblich veranlasster Werbung (zB zu Werbezwecken veranstaltete Preisausschreiben) angefallen ist. **4848**

(AÖF 2006/114)

Das Abzugsverbot umfasst für unentgeltliche Übertragungsvorgänge nach dem 31. Juli 2008 (Auslaufen der Erbschafts- und Schenkungssteuer) auch die Grunderwerbsteuer, die Eintragungsgebühr und andere damit zusammenhängende Nebenkosten (siehe dazu auch Rz 1666 und Rz 2534). **4848a**

Derartige Kosten dürfen im Fall eines unentgeltlichen Erwerbs auch nicht aktiviert werden.

(AÖF 2010/43)

14.8.3 Umsatzsteuer – Normverbrauchsabgabe (NoVA) – Letztverbrauch

Die auf den Eigenverbrauch entfallende Umsatzsteuer ist nicht abzugsfähig, soweit der Eigenverbrauch eine nicht abzugsfähige Aufwendung oder Ausgabe gemäß § 20 Abs. 1 Z 1 bis 5 EStG 1988 ist. Dasselbe gilt für jene Sachverhalte, die nach dem UStG einer Lieferung oder sonstigen Leistung gleichgestellt sind, soweit eine Entnahme iSd § 4 Abs. 1 EStG 1988 vorliegt. Die Entnahme ist jeweils mit dem Nettobetrag anzusetzen. Dies gilt auch, wenn die Umsatzsteuer nach der Bruttomethode ermittelt wird. Die Nichtabzugsfähigkeit der Umsatzsteuer wird bei Bezahlung an das Finanzamt wirksam. **4849**

(AÖF 2008/51)

Auch die im Rahmen eines Eigenverbrauchs durch Entnahme eines gemäß § 3 Z 3 NoVAG befreiten Kraftfahrzeugs oder Vorführkraftfahrzeugs anfallende NoVA ist nicht abzugsfähig, weil sie durch die Entnahme veranlasst ist. **4850**

Beispiele:

- *Ein Autohändler entnimmt ein Vorführkraftfahrzeug für den Eigenverbrauch.*
- *Ein Taxiunternehmer entnimmt ein Taxi für den Eigenverbrauch (siehe auch Durchführungserlass zum NoVAG 1991 vom 6.3.1992, AÖF Nr. 156/1992).*

(AÖF 2005/110)

Eigenverbrauch, der nicht zugleich Entnahme ist, stellt zwar einen umsatzsteuerlichen Eigenverbrauch dar, ist aber eine Betriebsausgabe gemäß § 4 Abs. 4 Z 5 EStG 1988 und von § 20 Abs. 1 Z 6 EStG 1988 nicht betroffen. **4851**

Beispiel:

Ein Unternehmen, das optische Geräte erzeugt, spendet ein Mikroskop an eine Universität (siehe Abschnitt 5.5.4).

4851a Abzugsfähig ist die USt auf den Eigenverbrauch von gemischt genutzten Grundstücken, soweit für den nicht unternehmerisch genutzten Teil eine Vorsteuer geltend gemacht werden konnte und diese als Einnahme angesetzt worden ist. Dies gilt nur für gemischt genutzte Grundstücke, die umsatzsteuerrechtlich zur Gänze dem Unternehmensbereich zugeordnet worden sind und bei denen hinsichtlich des nicht unternehmerisch genutzten Teiles ein Vorsteuerabzug in Anspruch genommen werden konnte. Die bloß auf die unternehmerische Widmung entfallende Vorsteuer von derartigen gemischt genutzten Grundstücken stellt im Zeitpunkt der Vereinnahmung eine Einnahme dar. Die auf den diesbezüglichen Eigenverbrauch entfallende USt stelltim Zeitpunkt der Verausgabung eine Ausgabe dar.

(AÖF 2005/110)

14.8.4 Nebenansprüche

4852 Nebenansprüche (§ 3 Abs. 2 BAO) zu Steuern vom Einkommen und zu sonstigen Personensteuern sowie zur auf den Eigenverbrauch entfallenden USt bzw zur NoVA wie der Verspätungszuschlag, die im Abgabenverfahren anfallenden Kosten, die dabei festgesetzten Zwangs- und Ordnungsstrafen, sind nicht abzugsfähig. Nachforderungszinsen (§ 205 BAO) sind somit nicht abzugsfähig; Gutschriftszinsen (§ 205 BAO) sind daher nicht steuerpflichtig.

Nebengebühren (§ 3 Abs. 2 lit. d BAO) solcher Abgaben, wie Säumniszuschlag (VwGH 26.11.1996, 92/14/0078), Stundungszinsen, Aussetzungszinsen, Kosten des Vollstreckungs- und Sicherungsverfahrens (VwGH 24.1.1990, 89/14/0162), sind daher ebenfalls nicht abzugsfähig.

(AÖF 2002/84)

14.8a Nichtabzugsfähige Aufwendungen für „Gehälter“ über 500.000 Euro

(BMF-AV Nr. 2015/133)

4852a Die Bestimmung des § 20 Abs. 1 Z 7 EStG 1988 sieht ein Abzugsverbot für Aufwendungen für „Gehälter“ vor, soweit diese den Betrag von 500.000 Euro jährlich übersteigen. Das Abzugsverbot kommt somit auf der Ebene des „Arbeitgebers“ zum Tragen und tangiert die Besteuerung dieser „Gehälter“ beim Empfänger nicht. Insoweit die Aufwendungen dem Abzugsverbot unterliegen, stellen sie somit keine Betriebsausgaben bzw. Werbungskosten dar. Das Abzugsverbot ist verfassungskonform (VfGH 9.12.2014, G 136/2014, G 166/2014, G 186/2014).

(BMF-AV Nr. 2015/133)

14.8a.1 Erfasste Aufwendungen und Ausgaben

(BMF-AV Nr. 2015/133)

4852b Umfasst sind dabei sämtliche Aufwendungen und Ausgaben für das Entgelt für Arbeits- oder Werkleistungen. Als Entgelt wird die Summe aller Geld- und Sachleistungen (Sachbezüge) definiert, die an eine aktuell oder in der Vergangenheit beschäftigte Person geleistet werden. Umfasst sind somit sowohl Entgelte, die während des aktiven Beschäftigungsverhältnisses als auch solche, die nach Beendigung des Beschäftigungsverhältnisses geleistet werden (wie zB Firmenpensionen). Rückstellungen für Entgeltbestandteile, die in späteren Perioden geleistet werden, stellen im Jahr der Bildung ebenfalls einen Aufwand dar und können dem Grunde nach dem Abzugsverbot unterliegen (siehe auch Rz 4852h). Für die Ermittlung des nicht abzugsfähigen Betrages (Betrag über der 500.000 Euro-Grenze) sind Rückstellungsdotierungen als letzte Position zu berücksichtigen. Werden Rückstellungen aufgelöst, ist zu unterscheiden:

- Erfolgt die Auflösung, weil der erwartete Anspruch gar nicht entstanden ist, wird nur jener Rückstellungsbetrag, der vom Abzugsverbot nicht betroffen war (somit in Höhe der steuerlich zulässigen Rückstellungsbildung), gewinnwirksam.
- Erfolgt hingegen die Auflösung (Verwendung), weil der erwartete Anspruch entstanden ist, und übersteigt das zu leistende Entgelt die Höhe der gebildeten Rückstellung (ohne Berücksichtigung des Abzugsverbotes), stellt der übersteigende Betrag im Jahr der Entrichtung einen zusätzlichen Aufwand dar, der gegebenenfalls in diesem Jahr der Abzugsbegrenzung unterliegt.

Nicht zum Entgeltbegriff zählen allerdings

- Abfertigungen im Sinne des § 67 Abs. 3 EStG 1988,

- Entgelte, die sonstige Bezüge nach § 67 Abs. 6 EStG 1988 darstellen (diese unterliegen allerdings einem gesonderten Abzugsverbot nach § 20 Abs. 1 Z 8 EStG 1988; siehe dazu unten Rz 4852m f) und
- reine Aufwandsersätze (zB Ersatz von Reiseaufwendungen).

Aufwendungen oder Ausgaben für das Entgelt (für Arbeits- oder Werkleistungen) sind nur solche, die mittelbar oder unmittelbar der beschäftigten Person zukommen. Nicht darunter fallen somit Aufwendungen, für die die Arbeits- oder Werkleistung kausal ist, die aber nicht mittelbar oder unmittelbar an den Erbringer dieser Leistung, sondern an einen Dritten geleistet werden (ausgenommen Vergütungen für die Überlassung einer Person). Dies betrifft insbesondere Aufwendungen, die der Steuerpflichtige selbst im Zusammenhang mit der Beschäftigung der Person zu tragen verpflichtet ist (Lohnnebenkosten). Dazu zählen etwa:

- Dienstgeberbeitrag zur Sozialversicherung
- Dienstgeberbeitrag zum Familienlastenausgleichsfonds
- Zuschlag zum Dienstgeberbeitrag zum Familienlastenausgleichsfonds
- Zuschlag nach dem Insolvenz-Entgeltsicherungsgesetz
- Kommunalsteuerbeträge
- Beitrag zur Mitarbeitervorsorgekasse
- Wohnbau-Förderungsbeitrag
- „U-Bahnsteuer“

Ausgaben, die der Steuerpflichtige auf Rechnung der beschäftigten Person an Dritte leistet (wie etwa Arbeitnehmerbeitrag zur Sozialversicherung, Lohnsteuer usw.), sind hingegen Teil des an die beschäftigte Person erbrachten Bruttoentgelts und unterliegen damit dem Abzugsverbot. Ebenso Teil des Entgeltes sind Leistungen und Vorteile, die bei der beschäftigten Person aufgrund der Bestimmungen des § 3 oder § 26 EStG 1988 (Arbeitgeberbeiträge zu Pensionskassen) steuerfrei oder nicht steuerbar sind, soweit nicht reine Vorteile außer Betracht zu lassen, wenn sie allen Arbeitsnehmern oder bestimmten Gruppen von Arbeitnehmern gewährt werden und der Vorteil nicht individuell bewertet wird (zB Kantine, Betriebskindergarten, Betriebsarzt).

Beispiel:

Ein Dienstnehmer eines Unternehmens bezieht für seine Tätigkeit als leitender Angestellter ein Gehalt von 490.000 Euro (brutto inklusive Sachbezüge) pro Jahr. Dem Dienstgeber erwachsen dafür zusätzlich Lohnnebenkosten in Höhe von ca. 60.000 Euro pro Jahr. Da die Lohnnebenkosten nicht zum Entgelt zählen und dieses somit weniger als 500.000 Euro pro Jahr beträgt, ist der Gesamtaufwand für das Entgelt zur Gänze abzugsfähig, auch wenn dieser 550.000 Euro beträgt.

(BMF-AV Nr. 2015/133)

14.8a.2 Erfasste Personen und Tätigkeiten

(BMF-AV Nr. 2015/133)

Das Entgelt kann für Arbeits- oder Werkleistungen geleistet werden und als Empfänger **4852c** kommen sowohl Dienstnehmer als auch vergleichbar organisatorisch eingegliederte Personen in Betracht. Damit wird zum Ausdruck gebracht, dass die rechtliche Einstufung des Leistungsverhältnisses (aus arbeits-, sozialversicherungs- und steuerrechtlicher Sicht) für die Anwendbarkeit des Abzugsverbotes irrelevant ist. Nicht von Belang ist somit,

- ob der Empfänger des Entgeltes betriebliche Einkünfte (§ 22 oder § 23 EStG 1988) oder Einkünfte aus nichtselbständiger Arbeit (§ 25 EStG 1988) erzielt, und
- ob das Rechtsverhältnis aus arbeits- oder sozialversicherungsrechtlicher Sicht als (echter) Dienstvertrag oder als Werkvertrag eingestuft wird.

Umfasst sind damit Entgelte an folgende Empfänger:

- Echte Dienstnehmer
- Freie Dienstnehmer
- Werkvertragsnehmer
- Arbeitskräfteüberlasser (bezogen auf die empfangene Vergütung; siehe unten Rz 4852e ff)

Soweit allerdings der Empfänger des Entgeltes nicht Dienstnehmer im Sinne des § 47 EStG 1988 ist, muss dieser einem Dienstnehmer vergleichbar im geschäftlichen Organismus des Entgeltzahlers organisatorisch eingegliedert sein. Dies ist jedenfalls beim Vorstand bzw. Geschäftsführer einer Kapitalgesellschaft gegeben, der nicht im Rahmen eines Dienstverhältnisses tätig ist, unabhängig davon, ob die Tätigkeit am Sitz der Gesellschaft ausgeübt wird. Gleiches gilt für sämtliche Personen, die mit Aufgaben der Geschäftsführung betraut sind, unabhängig davon, ob sie gesellschaftsrechtlich vorgesehene Organstellungen bekleiden oder nicht (zB Prokurist). Personen, die gesellschaftsrechtlich vorgesehene Aufsichtsfunktionen weisungsfrei wahrnehmen (etwa Aufsichtsratsmitglieder bei Kapitalgesellschaften) sind nicht einem Dienstnehmer vergleichbar im geschäftlichen Organismus des Entgeltzahlers organisatorisch eingegliedert.

Bei Personen, die gesellschaftsrechtlich vorgesehene Aufsichtsfunktionen bei Gesellschaften wahrnehmen, die nach ihrer inneren Verfassung dem monistischen System folgen (etwa bei der SE) muss unterschieden werden:

- Haben die betreffenden Personen eine „Doppelfunktion" und nehmen sowohl Aufgaben der Geschäftsleitung als auch der Überwachung wahr, ist davon auszugehen, dass der gewährte Bezug gleichmäßig auf die beiden Funktionen aufzuteilen ist. Hinsichtlich der Geschäftsführungsaufgaben liegt eine organisatorische Eingliederung vor und insoweit kommt das Abzugsverbot zur Anwendung.
- Sind die betreffenden Personen ausschließlich mit Aufsichtsfunktionen betraut, gilt das Abzugsverbot nicht.

Beispiele:

1. Ein Dienstnehmer eines Unternehmens bezieht für seine Tätigkeit als leitender Angestellter ein Gehalt von 600.000 Euro (brutto inklusive Sachbezüge) pro Jahr. Dieses Entgelt unterliegt der Kürzung des Betriebsausgabenabzuges, sodass der Lohnaufwand als Betriebsausgabe lediglich in Höhe von 500.000 Euro abgezogen werden kann. Von der Kürzung unberührt bleiben allerdings die in Zusammenhang mit diesem Dienstverhältnis vom Arbeitgeber abzuführenden Lohnnebenkosten.

2. Ein Geschäftsführer einer GmbH bezieht aufgrund eines Dienstvertrages mit der GmbH ein Jahresgehalt von 700.000 Euro. Dieses Entgelt unterliegt der Kürzung des Betriebsausgabenabzuges, sodass der Lohnaufwand als Betriebsausgabe lediglich in Höhe von 500.000 Euro abgezogen werden kann. Dies gilt auch für Gesellschafter-Geschäftsführer mit einer wesentlichen Beteiligung, die selbständige Einkünfte erzielen.

3. Ein Rechtsanwalt wird für zwei Jahre als Vorstand einer Aktiengesellschaft bestellt und hat die Aufgabe, die Gesellschaft zu sanieren. Er ist zwar im Rahmen eines Werkvertrages tätig, aber durch seine Tätigkeit (Werkleistung) einem echten Dienstnehmer vergleichbar in die Organisation des Unternehmens eingegliedert. Das Abzugsverbot kommt zur Anwendung.

4. Ein Einzelunternehmer erbringt eine Vermittlungstätigkeit für ein Unternehmen. Der Einzelunternehmer ist damit nicht in die Organisation des Auftraggebers eingegliedert und es kommt somit zu keiner Kürzung der Gegenleistung für die erbrachte Dienstleistung.

5. Ein Berater erbringt laufende Beratungsleistungen für ein Unternehmen. Für die erbrachten Beratungsleistungen fallen Honorare in Höhe von mehr als 500.000 Euro jährlich an. Da der Berater selbständig tätig und nicht in die Organisation des Unternehmens eingegliedert ist, kommt es zu keiner Kürzung des Betriebsausgabenabzuges.

(BMF-AV Nr. 2015/133)

14.8a.3 Entgelte für in der Vergangenheit erbrachte Arbeits- oder Werkleistungen

(BMF-AV Nr. 2015/133)

4852d Dem Abzugsverbot unterliegen auch Entgelte, die nach der Beendigung des Beschäftigungsverhältnisses ausbezahlt werden (zB Firmenpensionen). Für Pensionsabfindungen und Pensionsrückstellungen gilt dabei Folgendes:

- Abfindungen von Pensionsansprüchen unterliegen der Kürzung, wenn der abgefundene jährliche Pensionsanspruch den Betrag von 500.000 Euro übersteigt. Da die Abfindung auf Basis der Summe der jährlichen Pensionsansprüche zu ermitteln ist, ergibt sich der Kürzungsbetrag aus dem Verhältnis des nicht abzugsfähigen Pensionsbestandteiles zum gesamten jährlichen Pensionsanspruch. Diese Kürzungsregelung ist losgelöst von jener für laufende Entgeltzahlungen anzuwenden.

Beispiel:

Ein ehemaliger Vorstand einer AG bezieht eine Firmenpension von 600.000 Euro. Er einigt sich nunmehr mit seinem früheren Dienstgeber, dass die Pensionsansprüche durch eine Einmalzahlung von 3,9 Mio. Euro abgefunden werden. Da die laufende Pensionszahlung nur in Höhe von 500.000 Euro als Betriebsausgabe abzugsfähig ist, somit der Aufwand im Ausmaß von 1/6 zu kürzen ist, ist daher auch die Abfindung der Pensionsansprüche im Ausmaß von 1/6 nicht abzugsfähig. Der Aufwand für die Abfindung ist daher um 650.000 Euro zu kürzen; abzugsfähig sind somit nur 3,25 Mio. Euro.

- Wird für zukünftige Pensionsansprüche anlässlich oder nach Beendigung des Beschäftigungsverhältnisses eine Rückstellung gebildet, ist zu berücksichtigen, dass eine Rückstellung mit steuerlicher Wirkung nur insoweit gebildet werden kann, als die zukünftigen Pensionsansprüche steuerlich abzugsfähig sind. Die Bildung der Rückstellung ist somit insoweit nicht zulässig, als der Rückstellungsbildung Pensionsansprüche von mehr als 500.000 Euro zu Grunde gelegt werden. Da die Bildung der Rückstellung Passivbezüge betrifft (Bezüge, die nach Beendigung der aktiven Tätigkeit anfallen), ist in den jeweiligen Jahren der Rückstellungsdotierung eine gesonderte Grenze von 500.000 Euro zu beachten.

Beispiel:

Ein Geschäftsführer einer GmbH bezieht aufgrund eines Dienstvertrages mit der GmbH ein Jahresgehalt von 900.000 Euro; zusätzlich wird ihm eine Firmenpension in Höhe von 600.000 Euro pro Jahr zugesagt.

Das laufende Entgelt unterliegt der Kürzung des Betriebsausgabenabzuges, sodass der Lohnaufwand als Betriebsausgabe lediglich in Höhe von 500.000 Euro abgezogen werden kann. Daneben kann die Rückstellung nur für eine angemessene jährliche Firmenpension in Höhe von 500.000 Euro gebildet werden, weil auch nur eine künftige jährliche Pension in Höhe von 500.000 Euro als Betriebsausgabe abgezogen werden kann.

- Für bestehende Pensionsrückstellungen, die für Wirtschaftsjahre gebildet wurden, die vor dem 1. März 2014 enden, gilt:
  - Ergibt sich aus der Anwendung des § 20 Abs. 1 Z 7 EStG 1988 ein geringerer als der bisher rückgestellte Betrag, ist der Unterschiedsbetrag nicht gewinnerhöhend aufzulösen.
  - Eine steuerwirksame Zuführung zu diesen Rückstellungen kann aber erst dann vorgenommen werden, wenn die Höhe der Pensionsansprüche unter Berücksichtigung des § 20 Abs. 1 Z 7 EStG 1988 eine Rückstellungsbildung über den bisher rückgestellten Betrag hinaus zulässt.

(BMF-AV Nr. 2015/133)

14.8a.4 Überlassene Personen (Arbeitskräftegestellung)

(BMF-AV Nr. 2015/133)

Wird eine Person durch einen Dritten (Überlasser) zur Erbringung von Arbeits- oder Werkleistungen überlassen, gilt die Vergütung für die Überlassung gemäß § 20 Abs. 1 Z 7 lit. a EStG 1988 ebenfalls als Entgelt. Da die überlassene Person allerdings nicht Dienstnehmer des Steuerpflichtigen (Beschäftiger) ist, greift das Abzugsverbot auch hier allerdings nur, wenn die überlassene Person im geschäftlichen Organismus des Beschäftigers einem Dienstnehmer vergleichbar organisatorisch eingegliedert ist. Dies gilt grundsätzlich für jede Form der Überlassung von Arbeitskräften unabhängig davon, ob die Überlassung in den Anwendungsbereich des Arbeitskräfteüberlassungsgesetzes fällt. Das Abzugsverbot kommt dabei auch zur Anwendung, wenn die Vergütung für die Überlassung an einen ausländischen Überlasser entrichtet wird. **4852e**

(BMF-AV Nr. 2015/133)

Das vom Überlasser an die überlassene Person geleistete Entgelt unterliegt hingegen nicht mehr dem Abzugsverbot, womit eine Kaskadenwirkung des Abzugsverbotes nicht eintreten kann. **4852f**

Beispiel:

Ein Arbeitskräftegesteller überlässt Arbeitskräfte an ein Unternehmen, das dafür eine Vergütung leistet. Die gestellten Arbeitskräfte sind zwar in das Unternehmen organisatorisch eingegliedert, nicht aber der Arbeitskräftegesteller selbst. Es kommt zu einer Kürzung des Betriebsausgabenabzuges hinsichtlich der an den Arbeitskräftegesteller zu entrichtenden Vergütung, weil auch derartige Vergütungen vom Anwendungsbereich erfasst sind. Das Gehalt, das der Arbeitskräftegesteller an die überlassene Arbeitskraft bezahlt, unterliegt nicht der Betriebsausgabenkürzung.

(BMF-AV Nr. 2015/133)

14.8a.5 Berechnung des nicht abzugsfähigen Aufwandes

(BMF-AV Nr. 2015/133)

Das Abzugsverbot des § 20 Abs. 1 Z 7 EStG 1988 kommt erst zur Anwendung, wenn die Aufwendungen oder Ausgaben zu einem den Betrag von 500.000 Euro übersteigenden Entgelt führen (zu den erfassten Aufwendungen siehe oben Rz 4852b). Die Betragsgrenze von 500.000 Euro ist somit auf den steuerlichen Wert des Entgeltes im Sinne des § 20 Abs. 1 **4852g**

Z 7 EStG 1988 anzuwenden. Werden neben dem Barentgelt auch Sachbezüge gewährt, sind diese nach der Sachbezugswerteverordnung zu bewerten. In diesen Fällen können die Aufwendungen oder Ausgaben für das Entgelt für den Beschäftiger höher sein als das Entgelt auf Seiten des Empfängers.

Beispiel 1:

Ein Geschäftsführer einer GmbH bezieht aufgrund eines Dienstvertrages mit der GmbH ein Jahresgehalt von 480.000 Euro; zusätzlich werden ihm ein Dienstauto und eine Dienstwohnung zur Verfügung gestellt. Für die Nutzung des Dienstautos ist ein Sachbezug im Wert von 8.640 Euro im Jahr und für die Nutzung der Dienstwohnung ein Sachbezug im Wert von 21.600 Euro anzusetzen. Sein Jahresentgelt beträgt somit 510.240 Euro, dementsprechend kommt das Abzugsverbot zur Anwendung.

Das Ausmaß der Kürzung des tatsächlichen Lohnaufwandes ergibt sich aus dem Verhältnis des nicht abzugsfähigen Teils des Entgelts zum Gesamtentgelt.

Beispiel 2:

Ein Geschäftsführer einer GmbH bezieht aufgrund eines Dienstvertrages mit der GmbH ein Jahresgehalt von 520.834 Euro inklusive der Sachbezüge. Dem Dienstgeber erwachsen für die Entrichtung des Gesamtentgelts inklusive der Sachbezüge tatsächliche Aufwendungen in Höhe von 560.000 Euro. Da das laufende Entgelt nur in Höhe von 500.000 Euro abzugsfähig ist, ist ein Betrag von 20.834 Euro, das sind 4% des gesamten Entgeltes nicht abzugsfähig; 96% des Gesamtentgelts sind abzugsfähig. Die Aufwendungen von 560.000 Euro sind daher ebenfalls nur im Ausmaß von 96%, somit in Höhe von 537.600 Euro abzugsfähig; ein Betrag von 22.400 Euro ist nicht abzugsfähig.

Überschreitet das Entgelt die Betragsgrenze von 500.000 Euro, kommt die Kürzung in Bezug auf die dafür anfallenden tatsächlichen Aufwendungen auch dann zum Tragen, wenn diese die Betragsgrenze von 500.000 Euro unterschreiten.

(BMF-AV Nr. 2015/133)

4852h Die Betragsgrenze von 500.000 Euro ist pro beschäftigter Person und pro Wirtschaftsjahr des Steuerpflichtigen anzuwenden. Dabei sind sämtliche Aufwendungen für das Entgelt (inklusive für später zufließende Entgeltbestandteile gebildete Rückstellungen ausgenommen Pensionsrückstellungen, siehe Rz 4852d), die im selben Wirtschaftsjahr anfallen, zusammenzurechnen. Zu den Aufwendungen zur Abfindung von Pensionsansprüchen siehe allerdings Rz 4852d. Wird die Arbeits- oder Werkleistung nicht für ein volles Kalenderjahr erbracht, ist der Höchstbetrag für die abzugsfähigen Entgelte monatsweise zu aliquotieren.

(BMF-AV Nr. 2015/133)

4852i Eine Aliquotierung muss weiters dann vorgenommen werden, wenn die Arbeits- oder Werkleistung von derselben Person für mehrere verbundene Betriebe oder Personengesellschaften erbracht werden. Dabei muss die Betragsgrenze von 500.000 Euro entsprechend der tatsächlichen Aufwandstragung aufgeteilt werden.

(BMF-AV Nr. 2015/133)

4852j Verbundene Betriebe liegen jedenfalls dann vor, wenn es sich um Betriebe desselben Steuerpflichtigen handelt.

Beispiel:

Ein Einzelunternehmer betreibt eine Unternehmensberatung (Betrieb A) und eine davon unabhängige Geschäftsvermittlung (Betrieb B). Als Geschäftsführer beschäftigt er in beiden Betrieben dieselbe Person als Dienstnehmer. Das an den Geschäftsführer im Betrieb A geleistete Entgelt beträgt 360.000 Euro, das an dieselbe Person im Betrieb B geleistete Entgelt beträgt 240.000 Euro.

Da durch die Person des Betriebsinhabers verbundene Betriebe vorliegen und das an dieselbe Person geleistete Entgelt insgesamt 600.000 Euro beträgt, ist die Betriebsausgabenkürzung anzuwenden. Das Gesamtentgelt entfällt zu 60% auf den Betrieb A und zu 40% auf den Betrieb B. In diesem Verhältnis ist der Betrag von 500.000 aufzuteilen. Im Betrieb A sind daher 60% von 500.000 Euro, das sind 300.000 Euro, abzugsfähig; im Betrieb B sind 40% von 500.000 Euro, das sind 200.000 Euro, abzugsfähig.

(BMF-AV Nr. 2015/133)

4852k Das Vorliegen verbundener Personengesellschaften (unabhängig davon, ob vermögensverwaltend oder betriebsführend) ist jedenfalls dann anzunehmen, wenn

- derselbe Steuerpflichtige in einem Ausmaß von mindestens 25% an der Vermögenssubstanz beteiligt ist, oder
- hinsichtlich des Gesellschafterkreises eine Deckung in einem Ausmaß von mindestens 75% besteht.

In diesem Fall ist die Gesamtsumme aller für das Entgelt geleisteten Aufwendungen der Kürzung zu unterwerfen, wenn mit dem Entgelt die Grenze von 500.000 Euro insgesamt überschritten wird. Der Höchstbetrag ist aliquot auf alle Personengesellschaften nach Maßgabe des von den einzelnen Gesellschaften tatsächlich getragenen Aufwandes aufzuteilen.

(BMF-AV Nr. 2015/133)

14.8a.6 Inkrafttreten des Abzugsverbotes

(BMF-AV Nr. 2015/133)

Das Abzugsverbot betrifft alle Aufwendungen, die nach dem 28. Februar 2014 anfallen. **4852l** Aufwendungen für Entgelte, die vor diesem Zeitpunkt angefallen sind, unterliegen daher nicht dem Abzugsverbot. Fallen im selben Wirtschaftsjahr sowohl vor dem 1. März 2014 als auch nach dem 28. Februar 2014 Aufwendungen für Entgelte an, ist das Ausmaß des abzugsfähigen Betrages in sinngemäßer Anwendung des § 20 Abs. 1 Z 7 lit. b EStG 1988 zu ermitteln (monatsweise Aliquotierung).

(BMF-AV Nr. 2015/133)

14.8b Nichtabzugsfähige Aufwendungen für sonstige Bezüge

(BMF-AV Nr. 2015/133)

Die Bestimmung des § 20 Abs. 1 Z 8 EStG 1988 sieht ergänzend zu § 20 Abs. 1 Z 7 **4852m** EStG 1988 ein Abzugsverbot für Aufwendungen oder Ausgaben für Entgelte vor, die beim Empfänger sonstige Bezüge nach § 67 Abs. 6 EStG 1988 darstellen. Die Bestimmung geht als speziellere Norm dem § 20 Abs. 1 Z 7 EStG 1988 vor. Maßgebend ist, dass es sich um Bezüge handelt, die dem Grunde nach unter § 67 Abs. 6 EStG 1988 fallen; es ist dabei nicht von Bedeutung, ob sie auch lohnsteuerlich begünstigt sind. Dementsprechend unterliegen auch freiwillige Abfertigungszahlungen an Personen, die sich im System „Abfertigung neu" befinden, dem Abzugsverbot.

Das Abzugsverbot kommt im Rahmen des § 20 Abs. 1 Z 8 EStG 1988 nur insoweit zur Anwendung, als diese sonstigen Bezüge die nach § 67 Abs. 6 Z 1 bis 6 EStG 1988 ermittelten Beträge überschreiten (vgl. LStR 2002 Rz 1089). Dies gilt unabhängig davon, ob es sich um Dienstverhältnisse im System „Abfertigung alt" oder im System „Abfertigung neu" handelt und mit welchem Steuersatz die Besteuerung beim Empfänger erfolgt (VwGH 07.12.2020, Ro 2020/13/0013).

(BMF-AV Nr. 2021/65)

Dabei handelt es sich um sonstige Bezüge, die bei oder nach Beendigung des Dienst- **4852n** verhältnisses anfallen, wie insbesondere freiwillige Abfertigungen und Abfindungen.

(BMF-AV Nr. 2015/133)

14.8c Abzugsverbot für Barumsätze bei Bauleistungen

(BMF-AV Nr. 2018/79)

Das Abzugsverbot des § 20 Abs. 1 Z 9 EStG 1988 betrifft Aufwendungen oder Ausgaben **4852o** für Entgelte, die für die Erbringung von beauftragten Bauleistungen im Sinne des § 82a EStG 1988 bar gezahlt werden, sofern die Entgelte für die jeweilige Leistung den Betrag von 500 Euro übersteigen (§ 20 Abs. 1 Z 9 EStG 1988). Das Abzugsverbot ist erstmalig anzuwenden für Aufwendungen, die ab dem 1. Jänner 2016 anfallen.

(BMF-AV Nr. 2018/79)

Das Abzugsverbot betrifft nur Entgelte, welche das auftraggebende Unternehmen dem **4852p** beauftragten Unternehmen (Subunternehmen) als Gegenleistung bei Weitergabe der Erbringung einer Bauleistung in bar leistet. Es kommt daher nur im B2B-Bereich zur Anwendung und nur dann, wenn die Erbringung von Bauleistungen von einem Unternehmen an ein anderes Unternehmen weitergegeben wird.

(BMF-AV Nr. 2018/79)

§ 82a EStG 1988 verweist hinsichtlich der Bauleistungen auf § 19 Abs. 1a UStG 1994. **4852q** Bauleistungen sind alle Leistungen, die der Herstellung, Instandsetzung, Instandhaltung, Reinigung, Änderung und Beseitigung von Bauwerken dienen (EuGH 13.12.2012, Rs C-395/11, BLV Wohn- und Gewerbebau GmbH). Zur Definition des Bauwerks und der Bauleistung siehe UStR 2000 Rz 2602c.

(BMF-AV Nr. 2018/79)

Das Entgelt bezieht sich auf das Entgelt für eine einheitliche Leistung, weshalb das Ab- **4852r** zugsverbot auch bei einer willkürlichen und sachfremden Aufteilung der einheitlichen Leistung (§ 22 BAO) zur Anwendung kommt. Bei der Grenze für die Abzugsfähigkeit handelt es sich um eine Freigrenze, sodass bei Übersteigen der Grenze von 500 Euro und Vorliegen der anderen Voraussetzungen das gesamte Entgelt nicht abzugsfähig ist. Gegenleistungen in Form einer Barzahlung, die im Einzelfall den Betrag von 500 Euro nicht übersteigen, sind vom Abzugsverbot nicht erfasst.

(BMF-AV Nr. 2018/79)

4852s Wird ein Aufwand in einem Wirtschaftsjahr verbucht und erfolgt die Barzahlung erst in einem späteren Wirtschaftsjahr, stellt dies für eine allfällige Anwendung der Bestimmung ein rückwirkendes Ereignis im Sinne des § 295a BAO dar.

(BMF-AV Nr. 2018/79)

14.9 Aufwendungen iZm steuerfreien oder dem besonderen Steuersatz gemäß § 27a Abs. 1 oder § 30a Abs. 1 EStG 1988 unterliegenden Einkünften (§ 20 Abs. 2 EStG 1988)

(AÖF 2013/280)

14.9.1 Allgemeines

4853 **Rechtslage für Veräußerungen vor dem 1.1.2016**

§ 20 Abs. 2 EStG 1988 hat zur Vermeidung von Doppelbegünstigungen bzw. von ungerechtfertigten Vorteilen klarstellenden Charakter. Einer fehlenden Steuerpflicht bei Einnahmen bzw. dem Vorteil des besonderen Steuersatzes in Höhe von 25% steht bei Ausgaben das Abzugsverbot gegenüber. Dabei ist es unerheblich, ob die Einnahmen gemäß §§ 27a Abs. 1 bzw. 30a Abs. 1 EStG 1988 dem besonderen Steuersatz unterliegen, die Regelbesteuerungsoption ausgeübt wird, nach § 3 EStG 1988 steuerfrei, oder nicht steuerpflichtig bzw. nicht steuerbar sind.

Rechtslage für Veräußerungen nach dem 31.12.2015

Für Grundstücksveräußerungen nach dem 31.12.2015 ist der Abzug von Werbungskosten oder Betriebsausgaben bei Ausübung der Regelbesteuerungsoption nach § 30a Abs. 2 EStG 1988 zulässig. Das Abzugsverbot wirkt daher nur dann, wenn der besondere Steuersatz von 30% auch tatsächlich angewendet wird.

(BMF-AV Nr. 2018/79)

4854 Voraussetzung ist ein unmittelbarer wirtschaftlicher Zusammenhang zwischen den Aufwendungen und den nicht der Einkommensteuer unterliegenden Einnahmen. Dies kann bei steuerfreien Beihilfen iSd § 3 EStG 1988 zur Förderung von Wissenschaft und Kunst oder zur Beseitigung von Katastrophenschäden der Fall sein. Derartige steuerfreie Beihilfen kürzen die damit unmittelbar zusammenhängenden Aufwendungen.

Kein unmittelbarer wirtschaftlicher Zusammenhang liegt bei arbeitsmarktpolitischen Zuschüssen und Beihilfen vor, wenn damit ein über den Empfänger hinausgehender Förderungszweck (Beschäftigung einer zusätzlichen Arbeitskraft) verwirklicht wird.

Voraussetzung ist, dass der Zuschuss oder die Beihilfe nur gewährt wird, wenn eine Person beschäftigt wird oder in ein Lehrverhältnis übernommen wird.

In folgenden Fällen kommt es zB bei steuerfreien Zuwendungen seitens des AMS zu keiner Aufwandskürzung:

- „Blum-Prämie“ (Rz 4857a)
- Zuschüsse zu einer integrativen Berufsausbildung nach § 8b Berufsausbildungsgesetz
- Beihilfen nach dem Solidaritätsprämienmodell (§ 37a AMSG)
- Kombilohnbeihilfe für ArbeitgeberInnen (§ 34a AMSG)
- Eingliederungsbeihilfe („Come Back“, § 34 AMSG)
- Zuschuss zur Förderung von Ersatzkräften während Elternteilzeitkarenz (§ 26 AMFG)

Unter dem gleichen Gesichtspunkt führen die Lehrlingsausbildungsprämie oder Beihilfen für die betriebliche Ausbildung von Lehrlingen nach § 19c Berufsausbildungsgesetz zu keiner Aufwandskürzung. Zu Prämien nach dem Behinderteneinstellungsgesetz siehe Rz 4856. Zum Altersteilzeitgeld (§ 27 AlVG) siehe Rz 4854a.

Zu einer Aufwandskürzung kommt es zB bei Zuschüssen zu Schulungs- und Ausbildungskosten, weil kein zusätzlicher Arbeitsplatz geschaffen wird.

Zu einer Aufwandskürzung kommt es auch bei Beihilfen bei Kurzarbeit (§ 37b AMSG) und bei Beihilfen bei Kurzarbeit mit Qualifizierung (§ 37c AMSG).

(AÖF 2010/43)

Altersteilzeitgeld (§ 27 AlVG) führt zu einer Kürzung des damit in Zusammenhang stehenden Lohnaufwandes (VwGH 30.03.2011, 2008/13/0008). Zu keiner Aufwandskürzung führt das Altersteilzeitgeld, wenn der Zuschuss an die Beschäftigung einer Ersatzkraft geknüpft ist. Dabei ist die zum Beginn der Laufzeit der Altersteilzeitvereinbarung geltende Rechtslage für die gesamte Dauer der Vereinbarung maßgeblich. Für Dienstnehmer, die ab 1. September 2009 und vor 1. Jänner 2013 in Altersteilzeit gegangen sind, hat eine Aufwandskürzung zu erfolgen, weil der Zuschuss unabhängig von der Beschäftigung einer Ersatzarbeitskraft gewährt wurde. § 27 AlVG sieht für Dienstnehmer, die ab 1. Jänner 2013 unter Inanspruchnahme des Blockzeitmodells in Altersteilzeit gehen, die Beschäftigung einer Ersatzarbeitskraft vor. Für diese Dienstnehmer hat keine Aufwandskürzung zu erfolgen. Beim kontinuierlichen Arbeitszeit-Modell ist weiterhin keine Verpflichtung zur Beschäftigung einer Ersatzarbeitskraft gegeben; somit verbleibt es bei diesen Vereinbarungen bei der Aufwandskürzung. **4854a**

(BMF-AV Nr. 2021/65)

Die Grenze der Anwendbarkeit des § 20 Abs. 2 EStG 1988 liegt dort, wo kein unmittelbarer Zusammenhang zwischen Einnahmen und Ausgaben feststellbar ist. Ein bloß allgemeiner Zusammenhang genügt daher nicht, etwa bei der Gewährung von Beihilfen, die allgemein „zur Verlustabdeckung" gewährt werden (VwGH 30.06.1987, 87/14/0041). Steuerfreie Zuwendungen zur Beseitigung von Katastrophenschäden (§ 3 Abs. 1 Z 16 EStG 1988), kürzen die Anschaffungs- oder Herstellungskosten ersatzbeschaffter Wirtschaftsgüter (§ 6 Z 10 EStG 1988) oder die Aufwendungen zur Schadensbeseitigung; dies gilt auch in Fällen, in denen im Zuerkennungsschreiben keine ausdrückliche Zweckwidmung hinsichtlich des gewährten Betrages erfolgt. **4855**

Beispiel:

Im Zuge eines Hochwasserschadens wurde eine abgeschriebene Hobelmaschine eines Tischlers (Teilwert 15) völlig zerstört. Außerdem sind Ausbesserungen am Betriebsgebäude (Instandsetzungskosten von 20) erforderlich. Im Zug der Schadenserhebung wird der Schaden aus der notwendigen Neuinvestition hinsichtlich der Hobelmaschine sowie aus der Instandsetzung des Gebäudes bewertet. Der Schadenersatz wird mit 40% der Neuinvestitionskosten bzw. 40% der Gebäudeinstandsetzungskosten bemessen. Die Kosten aus der Neuanschaffung für die Maschine betragen 100, die Instandsetzungskosten des Gebäudes 20. Der Tischler erhält somit 48 als Katastrophenersatz zuerkannt, wobei im Zuerkennungsschreiben keine Zweckwidmung dieses Betrages erfolgt.

Der Katastrophenersatz hinsichtlich der Maschine (40) ist im Ausmaß von 15 steuerfrei und im Ausmaß von 25 steuerpflichtig. Es sind daher die Anschaffungskosten für die Hobelmaschine von 100 um 15 zu kürzen (steuerliche Anschaffungskosten gemäß § 6 Z 10 EStG 1988 daher 85). Die Instandsetzungskosten von 20 sind um den steuerfreien Ersatz von 8 zu kürzen, sodass davon 12 steuerwirksam sind.

Siehe dazu auch Rz 679a.

(AÖF 2009/74)

14.9.2 ABC diverser Anwendungsfälle

Siehe dazu auch Rz 301 ff.

Behinderteneinstellungsgesetz (Zuschüsse und Prämien) **4856**

Leistungen nach diesem Gesetz sind gemäß § 3 Abs. 1 Z 5 lit. e EStG 1988 von der Einkommensteuer befreit. Dazu zählen Zuschüsse und Darlehen gemäß § 6 des Behinderteneinstellungsgesetzes (zB Arbeitsplatzsicherungsbeihilfe, Entgeltbeihilfe) sowie Prämien für beschäftigte, in Ausbildung stehende Behinderte (§ 9a Behinderteneinstellungsgesetz). Zuschüsse kürzen die entsprechenden Aufwendungen (§ 20 Abs. 2 EStG 1988). Dies gilt nicht für Einstellungsbeihilfen nach § 6 Abs. 2 lit. c Behinderteneinstellungsgesetz sowie für Zuschüsse nach dem Behinderteneinstellungsgesetz zu einer integrativen Berufsausbildung gemäß § 8b Berufsausbildungsgesetz.

Die Prämien sind auf Ausgleichstaxen, die der Unternehmer zu entrichten hat, wenn er der Beschäftigungspflicht iSd Behinderteneinstellungsgesetzes nicht nachkommt, anzurechnen. Insoweit die Ausgleichstaxen mit steuerfreien Prämien verrechnet werden, sind sie nicht abzugsfähig. Auf Grund des allgemeinen Förderungszweckes besteht kein unmittelbarer wirtschaftlicher Zusammenhang iSd § 20 Abs. 2 EStG 1988 zwischen der Prämie und den aus der Ausbildung erwachsenden Aufwendungen, sodass es – abgesehen von verrechneten Ausgleichstaxen – zu keiner Aufwandskürzung kommt.

Übersicht zur steuerlichen Behandlung von Förderungen iZm behinderten Arbeitnehmern

Förderung	steuerfrei	Aufwands-kürzung	Gesetzliche Grundlage der Förderung
Behindergerechte Adaptierung von Arbeitsplätzen/technische Arbeitshilfen	Ja	Ja	§ 6 Abs. 2 lit. a BEinstG
Schaffung von geeigneten Arbeits- und Ausbildungsplätzen	Ja	Ja	§ 6 Abs. 2 lit. b BEinstG
Einstellungsbeihilfe	Ja	Nein	§ 6 Abs. 2 lit. c BEinstG
Entgeltbeihilfe	Ja	Ja	§ 6 Abs. 2 lit. c BEinstG
Arbeitsplatzsicherungsbeihilfe	Ja	Ja	§ 6 Abs. 2 lit. c BEinstG
Kosten für Ein-, Um- oder Nachschulung, für berufliche Weiterbildung, Abeitserprobung	Ja	Ja	§ 6 Abs. 2 lit. e BEinstG
Sonstige Kosten iVm Antritt oder Ausübung eines Beschäftigungsverhältnisses	Ja	Ja	§ 6 Abs. 2 lit. f BEinstG
Hilfen zur wirtschaftlich selbständigen Erwerbstätigkeit	Ja	Ja	§ 6 Abs. 2 lit. g BEinstG
Investive Maßnahmen für den behindertengerechten Umbau des Unternehmens	Ja	Ja	§ 10a Abs. 1 lit. j BEinstG
Eingliederungsbeihilfe (AMS)	Ja	Nein	§ 34 AMSG
Zuschüsse zu einer integrativen Berufsausbildung	Ja	Nein	§ 8b BAG

(AÖF 2011/66)

4857 **Beihilfen, steuerfreie**

Ausgaben im Zusammenhang mit steuerfreie Beihilfen fallen unter § 20 Abs. 2 EStG 1988, wenn sie in unmittelbarem wirtschaftlichem Zusammenhang mit diesen Beihilfen stehen.

Ein unmittelbarer wirtschaftlicher Zusammenhang liegt nicht vor, bei

- Beihilfen, die allgemein zur Verlustabdeckung gewährt werden (siehe Rz 4855 und Rz 4865) gewährt werden und bei
- Beihilfen, die aus arbeitsmarktpolitischen Gründen gegeben werden, wenn eine zusätzliche Arbeitskraft beschäftigt wird (siehe Rz 4854).

(AÖF 2007/88)

4857a **Steuerliche Behandlung von Beihilfen nach § 19c BAG**

Auf Grundlage des § 19c Berufsausbildungsgesetz gewährte Beihilfen sind gemäß § 3 Abs. 1 Z 5 lit. d EStG 1988 steuerfrei. Bezüglich einer Kürzung damit in unmittelbarem Zusammenhang stehender Aufwendungen gilt auf Grundlage der Richtlinien zur Förderung der betrieblichen Ausbildung von Lehrlingen gemäß § 19c Abs. 1 Z 1 bis 7 BAG (Stand 1.12.2016) Folgendes:

Art der Förderung	Bemessung der Förderung	Aufwandskürzung
Basisförderung (Blum-Bonus)	1. Lehrjahr – 3 Lehrlingsentschädigungen 2. Lehrjahr – 2 Lehrlingsentschädigungen 3. und 4. Lehrjahr – jeweils 1 Lehrlingsentschädigung	nein (Begründung eines Lehrverhältnisses, Rz 4854)
Zwischen- und überbetriebliche Ausbildungsmaßnahmen	vom Arbeitgeber getragene Kurskosten bzw. Bruttolehrlingsentschädigung im Ausmaß der Kurszeit	ja

Weiterbildung der Ausbildner	vom Arbeitgeber getragene Kurskosten für Ausbildner	ja
Ausgezeichnete und gute Lehrabschlussprüfung	250 € bzw. 200 €	nein (Prämie für qualitätsvolle Ausbildung, mit der keine Aufwendungen des Arbeitgebers in unmittelbarem Zusammenhang stehen)[1]
Maßnahmen für Lehrlinge mit Lernschwierigkeiten	vom Arbeitgeber getragenen Kurskosten bzw. Bruttolehrlingsentschädigung im Ausmaß der Kurszeit	ja
Zusätzlicher Besuch von Berufsschulen	Bruttolehrentschädigung während der Zeit des zusätzlichen Berufsschulunterrichts und Aufwendungen der Betriebe für Internatskosten	ja
Gleichmäßiger Zugang von jungen Frauen und jungen Männern zu den verschiedenen Lehrberufen	Kriterien und Abwicklungsmodalitäten werden vom Förderausschuss festgelegt	Einzelfallprüfung erforderlich: ja, soweit konkrete Kosten des Arbeitgebers abgedeckt werden, sonst nein
Lehrlingsausbildung für Erwachsene	1. Lehrjahr – 3 Monatslöhne/Monatsgehälter 2. Lehrjahr – 2 Monatslöhne/Monatsgehälter 3. und 4. Lehrjahr – jeweils 1 Monatslohn/Monatsgehalt	nein (Begründung eines Lehrverhältnisses, Rz 4854)
Ausbildung von Lehrlingen aus überbetrieblichen Ausbildungseinrichtungen	1.000 € pro Lehrling	nein (Prämie für die Übernahme von Lehrlingen aus einer überbetrieblichen Ausbildungseinrichtung)

[1] Gibt der Arbeitgeber die Prämie an den Lehrling weiter, ist die Weitergabe nicht abzugsfähig (§ 20 Abs. 2 EStG 1988)

Zur Unterstützung der Unternehmen bei der Fachkräfteausbildung in der COVID-19-Krise wird mit der „Richtlinie gem. § 19c Abs. 1 Z 8 BAG Beihilfe für Lehrbetriebe ‚Lehrlingsbonus 2020'" die Aufnahme eines Lehranfängers oder einer Lehranfängerin im Zeitraum von 16.3.2020 bis 31.10.2020 sowie die Übernahme eines Lehrlings aus der überbetrieblichen Lehrausbildung bis 31.03.2021 mit dem Lehrlingsbonus von 2.000 Euro pro neuem Lehrverhältnis gefördert. Die Beihilfe ist gemäß § 3 Abs. 1 Z 5 lit. d EStG 1988 steuerfrei. Förderzweck ist die Begründung eines neuen Lehrverhältnisses, daher ist keine Aufwandskürzung vorzunehmen.

Gemäß § 9 Abs. 5 BAG hat der Lehrberechtigte ab 1.1.2018 die Kosten der Unterbringung und Verpflegung, die durch den Aufenthalt der Lehrlinge in einem für die Schüler der Berufsschule bestimmten Schülerheim zur Erfüllung der Berufsschulpflicht entstehen (Internatskosten), zu tragen. Der Lehrberechtigte kann bei der für ihn zuständigen Lehrlingsstelle einen Ersatz der Kosten beantragen. Die Abwicklung dieser Förderung erfolgt im Rahmen des § 19c Abs. 1 BAG und unterliegt der Befreiungsbestimmung des § 3 Abs. 1 Z 5 lit. d EStG 1988. Zwischen der Förderung und den vom Arbeitgeber getragenen Kosten besteht ein unmittelbarer wirtschaftlicher Zusammenhang, daher hat eine Aufwandskürzung zu erfolgen.

(BMF-AV Nr. 2021/65)

Doppelbesteuerungsabkommen (im Inland von der Besteuerung ausgenommene Einnahmen) 4858

Einnahmen, die im Inland auf Grund eines Doppelbesteuerungsabkommens gemäß § 103 EStG 1988 oder gemäß § 48 BAO nicht steuerpflichtig sind, führen zu einem Abzugsverbot der damit im Zusammenhang stehenden Aufwendungen.

4859 Einnahmen aus Liebhaberei

Nicht steuerbar sind Einnahmen aus Liebhaberei. Die mit solchen Einnahmen zusammenhängenden Ausgaben oder Aufwendungen sind nach § 20 Abs. 2 EStG 1988 nicht abzugsfähig.

4860 Endbesteuerte Kapitalerträge

Aufwendungen, die in unmittelbarem wirtschaftlichem Zusammenhang mit Kapitalerträgen stehen, auf die der besondere Steuersatz gemäß § 27a Abs. 1 EStG 1988 anwendbar ist, sind nicht abzugsfähig. Zu rückgezahlten Einnahmen bei Einkünften im Sinne des § 27 EStG 1988 siehe Rz 6105. Zu „negativen Zinsen" siehe Rz 6121h.

(BMF-AV Nr. 2015/133)

4861 Erbanfall

Nicht abzugsfähig sind Aufwendungen, die mit einem nicht einkommensteuerbaren Erbanfall in Zusammenhang stehen, zB Pflichtteilszahlungen, Schuldzinsen (VwGH 19.9.1990, 89/13/0021). Auch einmalige Leistungen des Erben an den Vermächtnisnehmer in Erfüllung des Vermächtnisses sind als Ausgaben, die mit nicht steuerbaren Einnahmen (dem Erbanfall) in unmittelbaren wirtschaftlichen Zusammenhang stehen, nach § 20 Abs. 2 EStG 1988 nicht abzugsfähig, selbst wenn diese Zuwendungen aus dem Betriebsvermögen geleistet werden.

4862 Prozesskosten in Zusammenhang mit nicht steuerbaren Einnahmen

Prozesskosten aus Anlass eines Rechtsstreits, der auf die nicht steuerbare Wertminderung einer der Erzielung von Einkünften aus Vermietung und Verpachtung dienenden Liegenschaft zurückzuführen ist, dürfen nicht abgezogen werden (VwGH 14.6.1988, 87/14/0014).

4863 Schuldzinsen in Zusammenhang mit endbesteuerten oder unter § 37 Abs. 8 EStG 1988 fallenden Kapitalerträgen

§ 20 Abs. 2 EStG 1988 schließt den Abzug von Finanzierungszinsen aus, die mit endbesteuerungsfähigen bzw. dem besonderen Steuersatz unterliegenden Kapitalerträgen im Zusammenhang stehen (gemäß VfGH 17.06.2009, B 53/08 verfassungskonform). Werden aus der Veräußerung der Kapitalanlage vor dem 1.4.2012 steuerpflichtige Einkünfte erzielt (betriebliche Einkünfte oder solche nach § 30 oder § 31 EStG 1988), ist der angefallene, der veräußerten Kapitalanlage zuzuordnende Finanzierungsaufwand insoweit abzugsfähig, als er die angefallenen endbesteuerten Kapitalerträge übersteigt.

(AÖF 2013/280)

4864 Spielgewinne und Schenkungen

Ausgaben in Zusammenhang mit Spielgewinnen und Schenkungen, die zu keinen Einkünften im Sinne des EStG führen, sind nicht abzugsfähig.

4865 Subventionen, steuerfreie

Bei Erhalt von steuerfreien Subventionen sind Aufwendungen dann abzugsfähig, wenn den Subventionen keine konkreten Aufwendungen gegenüberstehen. Es kommt also darauf an, ob ein unmittelbarer wirtschaftlicher Zusammenhang zwischen Subvention und konkreten Aufwendungen objektiv feststellbar ist. Erhält etwa ein Not leidender Betrieb eine steuerfreie Subvention allgemein zur Verlustabdeckung, kommt es nicht zur Kürzung von Aufwendungen.

Werden Wirtschaftsgüter unter Verwendung einer steuerfreien Subvention angeschafft oder hergestellt, so kürzen diese die Anschaffungs- oder Herstellungskosten (siehe Rz 2568 ff). Entwicklungskosten einer Maschine sind bei Erhalt von Beiträgen aus öffentlichen Mitteln nicht abzugsfähig (vgl. VwGH 14.9.1988, 86/13/0159). Zu Beihilfen und Zuschüssen aus arbeitsmarktpolitischen Gründen bei Beschäftigung einer zusätzlichen Arbeitskraft siehe Rz 4854.

(AÖF 2007/88)

4866 Teilwertabschreibung

Hinsichtlich einer im Betriebsvermögen eines bilanzierenden Einzelunternehmers gehaltenen Beteiligung an einer Kapitalgesellschaft steht § 20 Abs. 2 EStG 1988 einer Abschreibung auf den niedrigeren Teilwert gemäß § 6 Z 2 lit. a EStG 1988 nicht im Weg. Die Regelung des § 12 Abs. 3 Z 2 KStG 1988 (Siebentelung des Abschreibungsbetrages) findet im Bereich der Einkünfteermittlung nach dem EStG 1988 keine Anwendung. Bei Vornahme einer Teilwertabschreibung nach dem 31.3.2012 ist diese vorrangig mit positiven Einkünften aus realisierten Wertsteigerungen von Kapitalanlagen und Derivaten im Sinne des § 27 Abs. 3 und 4 EStG 1988 desselben Betriebes zu verrechnen. Nur ein verbleibender negativer Überhang darf zur Hälfte mit anderen Einkünften ausgeglichen werden.

(AÖF 2013/280)

Umwandlung (fremdfinanzierte Beteiligungen an einer umgewandelten Kapitalgesellschaft) 4867

Für die Behandlung von fremdfinanzierten Beteiligungen an der umgewandelten Kapitalgesellschaft nach der Umwandlung ist die Vermögenszurechnung vor der Umwandlung maßgebend. Unabhängig davon, ob die Beteiligung und der Anschaffungskredit am Umwandlungsstichtag zu einem Betriebsvermögen gehörten oder nicht, tritt an die Stelle der Beteiligung bei der errichtenden Umwandlung ein Mitunternehmeranteil und bei der verschmelzenden Umwandlung der Betrieb. In beiden Fällen geht der unmittelbare wirtschaftliche Zusammenhang zur Beteiligung mit der Umwandlung unter. Für Zeiträume ab dem dem Umwandlungsstichtag folgenden Tag stellen die Zinsen Betriebsausgaben dar, unabhängig davon, ob sie vor der Umwandlung abzugsfähig waren oder nicht.

(AÖF 2006/114)

Veräußerung einer Einkunftsquelle 4868

Aufwendungen im Zusammenhang mit der Veräußerung von Grundstücken, die als Einkunftsquelle im Rahmen der Einkunftsart Vermietung und Verpachtung gedient haben, stellen nach § 20 Abs. 2 EStG 1988 keine Werbungskosten dar, wenn der besondere Steuersatz gemäß § 30a EStG 1988 anwendbar ist. Aufwendungen in Zusammenhang mit der Veräußerung anderer Wirtschaftsgüter, die als Einkunftsquelle im Rahmen der Einkunftsart Vermietung und Verpachtung dienten, stellen keine Werbungskosten dar, weil auch die Veräußerung der Einkunftsquelle nicht steuerpflichtig ist, es sei denn, die Veräußerung erfolgt gegen Rente.

(BMF-AV Nr. 2015/133)

Versicherungsentschädigungen 4869

Im Schadensfall vereinnahmte Versicherungsleistungen sind im außerbetrieblichen Bereich nicht steuerbar, so weit sie als Entgelt für die Minderung der Vermögenssubstanz anzusehen sind (VwGH 14.6.1988, 87/14/0014; VwGH 19.9.1989, 89/14/0107). Dies gilt für den Fall eines Totalschadens gleichermaßen wie für den Fall eines durch Reparatur zu behebenden Schadens. Gemäß § 20 Abs. 2 EStG 1988 sind allfällige aus dem Eintritt oder der Beseitigung des Schadens anfallende Aufwendungen steuerlich nicht abzugsfähig, so weit sie durch die Versicherungsentschädigung abgegolten sind.

Versicherungsleistungen, die (auch) einen Ersatz für entgangene Einnahmen im Sinne des § 32 Abs. 1 Z 1 EStG 1988 darstellen, sind nach dieser Gesetzesstelle steuerpflichtig. So wären etwa Versicherungsleistungen, die dem Vermieter eines zur Erzielung von Einkünften aus Vermietung und Verpachtung (§ 28 EStG) dienenden Hauses im Schadensfall zufließen und die nicht nur die Einbuße der Vermögenssubstanz, sondern auch Ertragsausfälle abgelten, hinsichtlich des über die Abgeltung der Vermögenseinbuße hinausgehenden Teiles steuerpflichtig.

(AÖF 2013/280)

Wird mit einer Versicherungsentschädigung ein neues Wirtschaftsgut angeschafft oder hergestellt, sind die Anschaffungs- oder Herstellungskosten im Wege der AfA in vollem Umfang absetzbar. Eine Kürzung der steuerlich zu berücksichtigenden Anschaffungs- oder Herstellungskosten kommt mangels des im § 20 Abs. 2 EStG 1988 geforderten unmittelbaren Zusammenhanges der Aufwendungen mit den nicht steuerbaren Einnahmen nicht in Betracht.

(AÖF 2013/280)

Zinszuschüsse aus öffentlichen Mitteln 4870

Zinszahlungen dürfen, soweit sie durch steuerfreie Zuschüsse nach § 3 Abs. 1 Z 6 EStG 1988 gedeckt sind, nicht abgezogen werden (VwGH 10.2.1987, 86/14/0028).

Zuwendungen aus öffentlichen Mitteln zur Förderung der Kunst 4871

Stipendien im Sinne des § 3 Abs. 1 Z 5 Kunstförderungsgesetz, BGBl 146/1988, und Preise im Sinne des § 3 Abs. 1 Z 7 Kunstförderungsgesetz sind von der Einkommensteuer befreit. Dies gilt auch für im Grunde und der Höhe nach vergleichbare Leistungen auf Grund von landesgesetzlichen Vorschriften sowie für Stipendien und Preise, die unter vergleichbaren Voraussetzungen von nationalen und internationalen Förderungsinstitutionen vergeben werden. Aufwendungen und Ausgaben, die in unmittelbarem Zusammenhang mit diesen Stipendien und Preisen stehen, sind steuerlich nicht absetzbar.

Aufwendungen im Zusammenhang mit Grundstücksveräußerungen 4872

Unterliegen die Einkünfte aus einer Veräußerung von Grundstücken dem besonderen Steuersatz nach § 30a Abs. 1 EStG 1988, sind Aufwendungen im Zusammenhang mit der Grundstücksveräußerung nicht abzugsfähig. Abzugsfähig bleiben derartige Kosten nur, soweit der Normalsteuersatz nach § 33 Abs. 1 EStG 1988 anzuwenden ist, wie zB bei Veräußerungen gegen Rente (§ 30a Abs. 4 EStG 1988). Derartige Kosten sind auch abzugsfähig, wenn bei Veräußerung nach dem 31.12.2015 die Regelbesteuerungsoption gemäß § 30a Abs. 2 EStG 1988 in Anspruch genommen wird. Das betrifft insbesondere

- Vertragserrichtungskosten
- Beratungskosten
- Maklerkosten
- Kosten für Inserate (Werbekosten)
- Kosten von Bewertungsgutachten.

(BMF-AV Nr. 2019/75)

4873 **Schuldzinsen im Zusammenhang mit Grundstücken**

Bei Schuldzinsen im Zusammenhang mit der Anschaffung oder Herstellung von Grundstücken ist zu unterscheiden, ob das Grundstück zur laufenden Erzielung von Einnahmen genutzt wird oder nicht.

Wird das Grundstück zur laufenden Erzielung von betrieblichen oder außerbetrieblichen Einkünften genutzt, stehen die Schuldzinsen für die Zeiträume der Nutzung zur Einkünfteerzielung mit dieser in unmittelbarem Zusammenhang. Sie sind daher im Rahmen der Ermittlung dieser Einkünfte als Betriebsausgaben oder Werbungskosten abzugsfähig.

Schuldzinsen für Zeiträume, in denen das Grundstück für private Zwecke genutzt wird, sind auf Grund des Zusammenhanges mit der privaten Nutzung nicht abzugsfähig.

Schuldzinsen für Zeiträume, in denen das Grundstück nach Wegfall der Einnahmenerzielungsabsicht ungenutzt bleibt, stehen letztlich im Zusammenhang mit der abschließenden Nutzung des Grundstücks, also der Veräußerung. Ist auf den Veräußerungsgewinn § 30a Abs. 1 EStG 1988 anwendbar, sind diese Schuldzinsen gemäß § 20 Abs. 2 EStG 1988 nicht abzugsfähig.

Randzahlen 4874 bis 5000: *derzeit frei*

(AÖF 2013/280)

15. Einkünfte aus Land- und Forstwirtschaft

15.1 Land- und forstwirtschaftlicher Betrieb

15.1.1 Allgemeines

In der Einkunftsart „Land- und Forstwirtschaft" werden Erträge aus der Erzeugung von pflanzlichen und tierischen Produkten mit Hilfe der Naturkräfte erfasst. Es muss ein Mindestmaß an Beziehung zu Grund und Boden gegeben sein (VwGH 19.3.1985, 84/14/0139). **5001**

Die Vermarktung (der Verkauf) eigener land- und forstwirtschaftlicher Urprodukte, selbst wenn sich dies in kaufmännischer Form durch Verkauf in eigenen Ladengeschäften oder Marktständen vollzieht, gehört zur Land- und Forstwirtschaft (VwGH 27.5.2003, 98/14/0072). **5002**

(AÖF 2007/88)

Die Vermarktung fremder land- und forstwirtschaftlicher Erzeugnisse (Ein- und Verkauf von Urprodukten, be- und/oder verarbeiteten Produkten) ohne eigene Produktionsmöglichkeit ist keine land- und forstwirtschaftliche Tätigkeit (VwGH 19.3.1985, 84/14/0139), sondern eine gewerbliche. **5003**

Auch Einkünfte, die der Pächter oder Fruchtnießer – einerlei ob mit Familienangehörigen oder fremden Arbeitskräften – aus dem land- und forstwirtschaftlichen Pachtbetrieb erzielt, sind Einkünfte aus Land- und Forstwirtschaft. **5004**

Voraussetzung für das Erzielen von Einkünften aus Land- und Forstwirtschaft für Gesellschafter einer Personengesellschaft (Mitunternehmerschaft) ist, dass die Gesellschaft ausschließlich land- und forstwirtschaftlich tätig ist (§ 21 Abs. 2 Z 2 EStG 1988). **5005**

Geht eine an sich gewerbliche Tätigkeit über den Bereich des land- und forstwirtschaftlichen Nebenbetriebes bzw. Nebenerwerbes nicht hinaus, dann bleibt die Mitunternehmerschaft weiter Land- und Forstwirtschaft (VwGH 16.3.1979, 2979/76, 960, 961/77, betreffend Baumschulbetrieb mit Abverkauf zugekaufter Pflanzen ohne Bearbeitung). **5006**

15.1.2 Besondere Betriebseinnahmen land- und forstwirtschaftlicher Betriebe

Abfindung eines weichenden Erben **5007**

Wird der Erlös aus der Veräußerung eines Wirtschaftsgutes des land- und forstwirtschaftlichen Betriebsvermögens für die Abfindung eines weichenden Erben verwendet, so ist der Erlös eine steuerpflichtige Betriebseinnahme. Die Verwendung eines Wirtschaftsgutes für Zwecke der Abfindung ist eine Entnahme (bewertet mit dem Teilwert). Repräsentieren die unentgeltlich hingegebenen Wirtschaftsgüter einen (Teil-)Betrieb, ist von einem unentgeltlichen (Teil-)Betriebsübergang auszugehen. Beim Erben tritt keine Gewinnrealisierung ein, die Erwerber haben die Buchwerte weiterzuführen (§ 6 Z 9 lit. a EStG 1988; VwGH 20.11.1990, 89/14/0156; VwGH 12.02.1986, 84/13/0034; VwGH 06.06.1978, 2913/76). Der Anerbe, der im Zuge einer Erbauseinandersetzung den weichenden Geschwistern Holzschlägerungsrechte einräumt, muss, wenn diese Geschwister in späteren Jahren von dem Schlägerungsrecht Gebrauch machen und selbst schlägern oder schlägern lassen, den Wert des geschlägerten Holzes als Privatentnahme versteuern (VwGH 18.04.1958, 0485/56).

(AÖF 2008/51)

Ablösen **5008**

Ablösen für Wirtschaftsgüter (zB Wirtschaftsgebäude, nach dem 31.3.2012 auch Grund und Boden) und Rechte des land- und forstwirtschaftlichen Betriebsvermögens sind steuerpflichtige Betriebseinnahmen.

(AÖF 2013/280)

Dingliche Rechte **5009**

Ein dingliches Recht, auf Grund dessen der Berechtigte Anspruch auf bestimmte Leistungen, ein Dulden oder Unterlassen hat, bildet einen Bestandteil des Vermögens des Berechtigten. Die Aufgabe des Rechts ist daher wirtschaftlich als Veräußerung eines Vermögensteils anzusehen und zählt das Entgelt, welches als Gegenleistung für die Aufgabe gewährt wird, dann zu den Betriebseinnahmen aus Land- und Forstwirtschaft, wenn das (aufgegebene) Recht zum Betriebsvermögen des land- und forstwirtschaftlichen Betriebes gehört hat. Dazu zählen insbesondere Bestandsrechte, Eigenstromrechte, Fischereirechte, Jagdrechte, Kontingente (Milch- und Rübenkontingente), Nachbarrechte, Teilwaldrechte, Wassernutzungsrechte.

Fischereirechte an fremden Gewässern stellen bis zur Veranlagung 2020 ein grundstücksgleiches Recht im Sinne des § 30 Abs. 1 EStG 1988 dar. Die Besteuerung eines Gewinnes aus der Veräußerung eines solchen Rechtes unterliegt daher den Regeln der Grundstücksbesteuerung, wobei die pauschale Gewinnermittlung nach § 30 Abs. 4 EStG 1988 nicht anwendbar ist, weil es sich hier nicht um Grund und Boden handelt (siehe Rz 6622). Ab der

Veranlagung 2021 sind Fischereirechte an fremden Gewässern nicht mehr als grundstücksgleiches Recht iSd § 30 Abs. 1 EStG 1988 anzusehen. Werden solche Rechte veräußert, unterliegen sie nicht dem besonderen Steuersatz gemäß § 30a EStG 1988, sondern dem Tarif (VwGH 10.9.2020, Ra 2019/15/0066). Stellen solche Fischereirechte eine Grunddienstbarkeit dar, sind sie unselbständiger Bestandteil des Grund und Bodens (VwGH 10.9.2020, Ra 2019/15/0066). Der (allenfalls) auf solche Rechte entfallende Teil des Veräußerungserlöses ist für Zwecke der Besteuerung der Grundstücksveräußerung nicht aus der Bemessungsgrundlage auszuscheiden, sondern teilt das Schicksal des auf den Grund und Boden entfallenden Kaufpreises.

(BMF-AV Nr. 2021/65)

5010 **Enteignungen, Entschädigungen**

Aus Anlass von Enteignungen von Wirtschaftsgütern des land- und forstwirtschaftlichen Betriebsvermögens zugesprochene Ersätze (wie sie auch immer bezeichnet sein mögen) sind steuerpflichtige Betriebseinnahmen. Dies gilt auch für Entschädigungen für die Aufgabe von Rechten, für die Einräumung von Dienstbarkeiten, für Ertragsausfälle, für Nutzungsbeschränkungen und für Wirtschaftserschwernisse.

Es bestehen jedoch keine Bedenken, wenn Entschädigungen für einen längeren Zeitraum bei buchführenden Land- und Forstwirten periodengerecht abgegrenzt werden.

Die Entschädigung für die Betriebsverlegung eines land- und forstwirtschaftlichen Betriebes kann eine solche für entgangene bzw. entgehende Einnahmen oder für die Aufgabe oder Nichtausübung einer Tätigkeit sein (§ 32 Abs. 1 Z 1 EStG 1988). Sie ist auch Betriebseinnahme, wenn sie den Abbruch und den Wiederaufbau des Betriebsgebäudes betrifft.

Entschädigungen für die (drohende) Enteignung von Grund und Boden, Gebäuden und grundstücksgleichen Rechten sind gemäß § 4 Abs. 3a Z 1 EStG 1988 steuerfrei (siehe dazu Rz 6651). Zu Entschädigungen für Bodenwertminderungen siehe Rz 4174 und Rz 4179.

(AÖF 2013/280)

5011 **Prämien**

Prämien (zB auf Grund des Beitrittes Österreichs zur EU) sowie Förderungen, Beihilfen, Ausgleichszahlungen und Subventionen, soweit sie nicht nach § 3 Abs. 1 Z 6 EStG 1988 zu beurteilen sind, stellen steuerpflichtige Betriebseinnahmen dar.

15.1.3 Buchführungs-, Aufzeichnungs- und Aufbewahrungsverpflichtungen, Registerführung

5012 Neben der Einhaltung der Vorschriften der §§ 126, 131 und 132 BAO sowie § 18 UStG 1994, der Führung notwendiger Aufzeichnungen für Buchführungspflichtige, freiwillig Buchführende und Einnahmen-Ausgaben-Rechner, haben buchführende Land- und Forstwirte gemäß § 125 Abs. 5 BAO in Verbindung mit der Verordnung vom 2.2.1962, BGBl. Nr. 51/1962, folgende Verzeichnisse zu führen: Grundstücks-, Anbau- und Ernteverzeichnis, Vieh- und Naturalienregister.

Aufzeichnungs- und Aufbewahrungspflichten ergeben sich auch nach anderen Vorschriften, zB nach dem Marktordnungsgesetz 2007, dem Weingesetz 2009 oder der Direktzahlungs-Verordnung, BGBl. II Nr. 491/2009.

(AÖF 2011/66)

Randzahlen 5013 bis 5017: *derzeit frei*

(AÖF 2011/66)

15.1.3.1 Gewinnermittlungsarten

15.1.3.1.1 Bilanzierung

5018 Beträgt der Umsatz eines land- und forstwirtschaftlichen Betriebes (nicht Teilbetriebes) in zwei aufeinander folgenden Kalenderjahren mehr als 700.000 Euro (für vor dem Jahr 2018 ausgeführte Umsätze beträgt die Umsatzgrenze 550.000 Euro; § 323 Abs. 68 BAO), ist der Gewinn verpflichtend (§ 125 BAO) durch Betriebsvermögensvergleich gemäß § 4 Abs. 1 EStG 1988 zu ermitteln; Umsätze iSd § 125 BAO sind nur solche Umsätze, für die die Steuerschuld gemäß § 19 Abs. 2 UStG 1994 entstanden ist. Dies bedeutet, dass für den Eintritt in die Buchführungspflicht die vereinnahmten Entgelte (Istbesteuerung) und für den Wegfall der Buchführungspflicht die vereinbarten Entgelte (Sollbesteuerung) heranzuziehen sind.

Zum rückwirkenden unterjährigen Entfall der Buchführungspflicht und zur freiwilligen Buchführung siehe Rz 660.

Eine Buchführungspflicht nach § 124 BAO kommt für den Land- und Forstwirt nicht in Frage. § 189 Abs. 4 UGB bestimmt nämlich, dass Land- und Forstwirte von der An-

wendung des Dritten Buches des UGB (Rechnungslegung) ausgenommen sind, auch wenn ihre Tätigkeit im Rahmen einer eingetragenen Personengesellschaft ausgeübt wird, es sei denn, es handelt sich um eine Personengesellschaft im Sinne des § 189 Abs. 1 Z 2 UGB.
(BMF-AV Nr. 2021/65)

Überschreitet die körperschaftlich organisierte Agrargemeinschaft in einem Betrieb gewerblicher Art (nicht im körperschaftsteuerfreien Bereich des land- und forstwirtschaftlichen Betriebes) die Grenzen der BAO oder nach UGB, wird sie insoweit buchführungspflichtig (Gewinnermittlung nach § 4 Abs. 1 oder § 5 EStG 1988). Führt die Agrargemeinschaft freiwillig Bücher iS einer doppelten Buchführung, wird sie auf Grund des Betriebes einer Land- und Forstwirtschaft gemäß § 7 Abs. 5 KStG 1988 ein vom Kalenderjahr abweichendes Wirtschaftsjahr und damit im Bereich der unbeschränkten Steuerpflicht bei betrieblichen Einkünften (also aus Gewerbebetrieb) die Möglichkeit des Verlustvortrages haben. Bei einer Agrargemeinschaft, deren Vermögen im Miteigentum der Anteilsinhaber steht (Gesellschaft bürgerlichen Rechts), hat die Gewinnermittlung des land- und forstwirtschaftlichen Betriebes ebenfalls nach § 4 Abs. 1 EStG 1988 zu erfolgen, wenn (in diesem Betrieb) die Grenzen des § 125 BAO überschritten werden. Die im Bereich der Vermietung und Verpachtung erzielten Umsätze zählen dabei nicht. 5019
(AÖF 2008/238)

Zur Buchführung verpflichtete oder freiwillig buchführende Land- und Forstwirte dürfen gemäß § 2 Abs. 5 EStG 1988 ein vom Kalenderjahr abweichendes Wirtschaftsjahr haben. 5020

Zu den verkehrsfähigen, gesondert zu bewertenden Wirtschaftsgütern des Betriebsvermögens zählen, entgegen ihrer Beurteilung nach dem ABGB als Zubehör des Grund und Bodens, Bodenschätze, Feldinventar und stehende Ernte, stehendes Holz, Viehbestände, Wild, Fische, Jagd- und Fischereirecht. 5021

Gemäß § 6 Z 2 lit. b EStG 1988 können Wirtschaftsgüter mit biologischem Wachstum auch mit dem höheren Teilwert bewertet werden (Feldinventar und stehende Ernte, stehendes Holz, Vieh, Wild und Fische); Wiederaufforstungs- und Pflegekosten sind beim stehenden Holz im höheren Teilwert enthalten; siehe auch Rz 2301 ff. 5022

Wiederaufforstungskosten und die Kosten der Pflege des stehenden Holzes sind für den Fall, dass für das stehende Holz nicht die höheren Teilwerte angesetzt werden, sofort als Betriebsausgaben abzuziehen (§ 4 Abs. 8 EStG 1988), obwohl sie dem Grunde nach Herstellungskosten sind. 5023

Erstaufforstungskosten sind grundsätzlich zu aktivieren, es sei denn, sie führen in einem bereits bestehenden Forstbetrieb zu keiner erheblichen Vermehrung des Waldbestandes (anzunehmen bis zu einer jährlichen Vergrößerung der Forstfläche um 10%); siehe auch Rz 1407 ff. 5024

15.1.3.1.2 Einnahmen-Ausgaben-Rechnung, Teilpauschalierung

Rechtslage bis 2014 5025

Beträgt der Einheitswert des land- und forstwirtschaftlichen Betriebes mehr als 100.000 Euro, ist nach der LuF-PauschVO 2011 der Gewinn mittels Einnahmen-Ausgaben-Rechnung unter Berücksichtigung eines Betriebsausgabenpauschales zu ermitteln (Teilpauschalierung). Siehe dazu auch Rz 4166 ff.

Rechtslage 2015 bis 2019

Beträgt der Einheitswert des land- und forstwirtschaftlichen Betriebes mehr als 75.000 Euro oder übersteigt die selbst bewirtschaftete reduzierte landwirtschaftliche Nutzfläche 60 ha oder übersteigt die Zahl der tatsächlich erzeugten oder gehaltenen Vieheinheiten 120, ist nach der LuF-PauschVO 2015 der Gewinn mittels Einnahmen-Ausgaben-Rechnung unter Berücksichtigung eines Betriebsausgabenpauschales zu ermitteln (Teilpauschalierung). Siehe dazu auch Rz 4166 ff.

Rechtslage ab 2020

Beträgt der Einheitswert des land- und forstwirtschaftlichen Betriebes mehr als 75.000 Euro, ist nach der LuF-PauschVO 2015 der Gewinn mittels Einnahmen-Ausgaben-Rechnung unter Berücksichtigung eines Betriebsausgabenpauschales zu ermitteln (Teilpauschalierung). Siehe dazu auch Rz 4166 ff.
(BMF-AV Nr. 2021/65)

Dabei sind die Betriebsausgaben 5026

- im forstwirtschaftlichen Betrieb (gleichgültig, ob der Einheitswert Forst mehr als 15.000 Euro beträgt oder darunter liegt) nach § 3 Abs. 2 und 3 der VO zu ermitteln (20%, 30%, 50%, 60% oder 70% der Einnahmen aus Holzverkäufen, je nachdem, ob Holzverkäufe am Stock oder Selbstschlägerungen und je nach der durchschnittlichen Minderungszahl oder Bringungslage; bei Kalamitätsnutzungen jeweils um 20 Prozentpunkte erhöht),

- im weinbaulichen Betrieb (unabhängig davon, ob die weinbaulich genutzte Grundfläche 60 Ar übersteigt oder nicht) mit 70% der Betriebseinnahmen (einschließlich Umsatzsteuer), mindestens aber mit 5.000 Euro je Hektar,
- im gärtnerischen Betrieb mit 70% der Betriebseinnahmen (einschließlich Umsatzsteuer) zuzüglich Ausgaben für Löhne (einschließlich Lohnnebenkosten),
- im obstbaulichen Betrieb mit 70% der Betriebseinnahmen (einschließlich Umsatzsteuer) bzw. bei der Ermittlung des Gewinnes aus Obstbau im Rahmen von Intensivobstanlagen zur Produktion von Tafelobst zusätzlich auch die Ausgaben für Löhne (einschließlich Lohnnebenkosten; siehe auch Rz 4170) und
- im Veredelungsbetrieb (Haltung von Schweinen, Rindern, Schafen, Ziegen und Geflügel) mit 80% der Betriebseinnahmen (einschließlich Umsatzsteuer) anzusetzen.

Die Betriebsausgaben aus Landwirtschaft, Be- und/oder Verarbeitung und aus dem Buschenschank im Rahmen des Obstbaues sind mit 70% der Betriebseinnahmen (einschließlich Umsatzsteuer) anzusetzen.

(BMF-AV Nr. 2015/133)

5027 Dem nicht buchführungspflichtigen Land- und Forstwirt bleibt es unbenommen, den Gewinn für den gesamten Betrieb gemäß § 4 Abs. 3 EStG 1988 zu ermitteln. Eine Mischung zwischen Pauschalierung (Voll- oder Teilpauschalierung) und vollständiger Einnahmen-Ausgaben-Rechnung hinsichtlich der einzelnen land- und forstwirtschaftlichen Betriebszweige ist allerdings nicht zulässig. Ausgenommen davon ist die Ermittlung von Gewinnen aus Grundstücksveräußerungen. Diese sind immer gesondert nach den Regeln der Gewinnermittlung nach § 4 Abs. 3 EStG 1988 zu ermitteln (siehe dazu Rz 4157a).

Geht ein voll- oder teilpauschalierter Land- und Forstwirt freiwillig zur vollständigen Einnahmen-Ausgaben-Rechnung oder Bilanzierung über, ist eine erneute Anwendung der Pauschalierung frühestens nach Ablauf von fünf Wirtschaftsjahren (Sperrfrist) zulässig (siehe Rz 4250).

(AÖF 2013/280)

5028 Werden Aufwendungen für Wirtschaftsgüter getätigt, sind auch bei der Gewinnermittlung nach § 4 Abs. 3 EStG 1988 die Anschaffungs- oder Herstellungskosten anzusetzen und ist ggf. eine Abschreibung (Absetzung für Abnutzung) vorzunehmen.

Geht ein einkommensteuerlich und umsatzsteuerlich (§ 22 UStG 1994) pauschalierter Landwirt zur Einnahmen-Ausgaben-Rechnung oder Buchführung über, ist das Anlagevermögen mit dem Nettobetrag zu aktivieren, weil der Vorsteuerabzug durch § 22 UStG 1994 nicht ausgeschlossen, sondern mit umfasst ist.

(AÖF 2007/88)

5028a Einnahmen-Ausgaben-Rechner und nicht buchführungspflichtige Land- und Forstwirte, die umsatzsteuerlich von der Durchschnittssatzbesteuerung gemäß § 22 UStG 1994 Gebrauch machen, müssen sowohl die Betriebseinnahmen als auch die Betriebsausgaben brutto (incl. Umsatzsteuer) erfassen. Dies gilt auch für das Umlaufvermögen.

Das Anlagevermögen ist mit dem Nettobetrag zu aktivieren (siehe Rz 5028), wobei die an den Lieferanten entrichtete Umsatzsteuer im Zeitpunkt der Anschaffung (bei Bilanzierern) bzw. Bezahlung (bei Einnahmen-Ausgaben-Rechnern) als Betriebsausgabe zu erfassen ist.

(AÖF 2007/88)

15.1.3.1.3 Pauschalierung

5029 Zur Teilpauschalierung, die als Einnahmen-Ausgaben-Rechnung fingiert ist, wobei die Betriebsausgaben in einem Prozentsatz des Umsatzes pauschaliert sind (Ausgabenpauschalierung), sowie zur Vollpauschalierung siehe Rz 4140 ff.

15.1.4 Agrargemeinschaften

15.1.4.1 Rechtsnatur der Agrargemeinschaft

5030 Agrargemeinschaften (Personengemeinschaften in Angelegenheiten der Bodenreform im Sinne des Art. 12 Abs. 1 Z 3 B-VG und nach § 6 Abs. 2 des Landwirtschaftlichen Siedlungs-Grundsatzgesetzes anerkannte Siedlungsträger) können nach den jeweiligen Landesgesetzen entweder als Körperschaft öffentlichen Rechts oder als juristische Person privaten Rechts errichtet sein. Ist nach einem Landesrecht keine körperschaftliche Einrichtung vorgesehen, liegt eine Gesellschaft bürgerlichen Rechts vor. Den Mitgliedern einer Agrargemeinschaft stehen Nutzungsrechte zu. Die Mitgliedschaft ist in der Regel mit dem Eigentum an einer sogenannten Stammsitzliegenschaft verbunden, die außerhalb der im Eigentum der Agrargemeinschaft stehenden bzw. im Miteigentum der Anteilsinhaber bei einer Gesellschaft bürgerlichen Rechts befindlichen Grundstücke liegt.

Die an der Agrargemeinschaft Beteiligten sind berechtigt, aus den von der Agrargemeinschaft zu verwaltenden (agrargemeinschaftlichen) Grundstücken in der von der jeweiligen Rechtsgrundlage der Agrargemeinschaft vorgesehenen Form Nutzen zu ziehen. Dies kann sowohl durch eigene Tätigkeit des einzelnen Beteiligten (zB Holzschlägerungsrecht, Recht auf Almauftrieb usw.) als auch durch gemeinschaftliche Bewirtschaftung mit Ausschüttung der Erträge an die Beteiligten erfolgen. **5031**

Bezüge aus Anteilen an körperschaftlich organisierten Agrargemeinschaften, die einen Betrag in Höhe von 4.000 Euro im Kalenderjahr übersteigen, unterliegen gemäß § 27 Abs. 2 Z 1 lit. d iVm § 27a Abs. 1 EStG 1988 dem besonderen Steuersatz und somit gemäß § 93 Abs. 1 EStG 1988 dem Kapitalertragsteuerabzug.

(BMF-AV Nr. 2021/65)

Zum Kapitalertragsteuerabzug bei Ausschüttungen von Agrargemeinschaften siehe Rz 6218 ff. **5032**

(AÖF 2013/280)

Die Agrargemeinschaften selbst sind, wenn sie körperschaftlich organisiert sind, nach Maßgabe des § 5 Z 5 KStG 1988 von der unbeschränkten Steuerpflicht befreit. Eine Teilsteuerpflicht besteht hinsichtlich der Einkünfte aus einem selbst unterhaltenen oder verpachteten Gewerbebetrieb, weiters für Einkünfte aus der entgeltlichen Nutzungsüberlassung von Grundstücken zu anderen als land- und forstwirtschaftlichen Zwecken (zB Schiabfahrt, Schotterabbau, Golfplatz, Hochspannungsleitung, Baulichkeiten der Gastronomie). Bei einer öffentlich-rechtlich organisierten Agrargemeinschaft liegt hinsichtlich der Nutzungsüberlassung ein Betrieb gewerblicher Art vor (Einkünfte aus Gewerbebetrieb). **5033**

Da Einrichtungen, die der Land- und Forstwirtschaft dienen, keinen Betrieb gewerblicher Art gemäß § 2 Abs. 1 KStG 1988 darstellen, unterliegen sie nicht der Körperschaftsteuer. **5034**

Unabhängig davon unterliegt die Veräußerung von Grundstücken im Sinne des § 30 Abs. 1 EStG 1988 der beschränkten KSt-Pflicht der 2. Art (§ 21 Abs. 3 Z 4 KStG 1988); dies gilt auch für land- und forstwirtschaftlich genutzte Flächen.

(AÖF 2013/280)

15.1.4.2 Ausschüttungen

Ausschüttungen von körperschaftlich organisierten Agrargemeinschaften sind bei Vorliegen der Voraussetzungen des § 97 Abs. 2 EStG 1988 mit dem besonderen Steuersatz zu veranlagen (zB zum Zwecke der Verrechnung mit anderen positiven Einkünften im Sinne des § 27 EStG 1988), oder sie sind bei Ausübung der Regelbesteuerungsoption gemäß § 27a Abs. 5 EStG 1988 zum Normaltarif zu veranlagen. In beiden Fällen stellen sie als Ausfluss des Anteilsrechtes an einer Körperschaft beim Beteiligten Einkünfte aus Kapitalvermögen dar (siehe auch Rz 6218 ff). **5035**

Dies gilt auch für besondere Entgelte oder Vorteile zufolge dieser Beteiligung (zB Sachleistungen auf Grund eines Holzbezugsrechtes und dgl.). Ist jedoch die Beteiligung dem Betriebsvermögen eines Land- und Forstwirtes zuzurechnen, liegen auf Grund der Subsidiarität Einkünfte aus Land- und Forstwirtschaft vor (VwGH 24.11.1987, 87/14/0005; VwGH 15.12.1987, 86/14/0171). Diese Einkünfte sind im Falle der Veranlagungsoption gemäß § 97 Abs. 2 EStG 1988 bzw. im Falle der Regelbesteuerungsoption gemäß § 27a Abs. 5 EStG 1988 bei pauschalierten Betrieben gesondert anzusetzen. Auf welche Geschäfte diese Ausschüttungen zurückzuführen sind (Veräußerung von Grund und Boden im nicht befreiten Bereich, Verkauf des stehenden Holzes im befreiten Bereich, Kalamitätsnutzungen) spielt für die Steuerpflicht der Ausschüttungen keine Rolle. Zum Kapitalertragsteuer-Abzug siehe Rz 6218 ff.

(AÖF 2013/280)

Bei einer personengesellschaftlich organisierten Agrargemeinschaft werden die anteiligen Einkünfte im Rahmen der Feststellung den einzelnen Mitgliedern als Einkünfte aus Land- und Forstwirtschaft oder aus Vermietung und Verpachtung (aus nicht landwirtschaftlicher Nutzungsüberlassung durch die Agrargemeinschaft) zugewiesen. Für besondere Waldnutzungen kann das Mitglied den ermäßigten Steuersatz gemäß § 37 Abs. 6 EStG 1988 beanspruchen. Hinsichtlich der Übertragung stiller Reserven siehe Rz 3889 f. **5036**

(AÖF 2010/43)

15.1.4.3 Veräußerung von Anteilen

5037 Der Anteil an einer Agrargemeinschaft gehört ertragsteuerlich bei einem Land- und Forstwirt schon allein wegen des inneren Zusammenhanges (Gebundenheit) der Beteiligung mit der Stammsitzliegenschaft zu dessen land- und forstwirtschaftlichem Betriebsvermögen (wie zB ein Genossenschaftsanteil, ungeachtet der nur für die Ermittlung des Einheitswertes des landwirtschaftlichen Betriebes geltenden Bestimmung des § 30 Abs. 2 Z 6 BewG 1955). Die Veräußerung eines Anteiles an einer Agrargemeinschaft führt daher diesfalls zu Betriebseinnahmen im Rahmen der Land- und Forstwirtschaft. Der Veräußerungserlös ist bei pauschalierten Betrieben als außerordentlicher Geschäftsvorfall gesondert anzusetzen (siehe auch Rz 4189) und unterliegt dem besonderen Steuersatz (§ 27a Abs. 1 EStG 1988).

Wird der Anteil an einer Agrargemeinschaft im Privatvermögen gehalten, unterliegt die Veräußerung des Anteiles dem besonderen Steuersatz gemäß § 27 Abs. 3 iVm § 27a Abs. 1 EStG 1988.

(AÖF 2013/280)

15.1.5 Grundstücke

(AÖF 2013/280)

5038 Die Veräußerung von Grundstücken im Sinne des § 30 Abs. 1 EStG 1988 (Grund und Boden, Gebäude und grundstücksgleiche Rechte; siehe dazu Rz 6621 f) nach dem 31.3.2012 unterliegt der neuen Grundstücksbesteuerung (siehe dazu Rz 763 ff).

(AÖF 2013/280)

5039 Abweichend vom ABGB stellt ein mit dem Grund und Boden verbundenes Wirtschaftsgut ein selbständiges Wirtschaftsgut des Betriebsvermögens dar, wenn ihm eine selbständige Bewertungsfähigkeit zukommt. Besteht allerdings ein derart enger Nutzungs- und Funktionszusammenhang mit einem Grundstück, sodass die Nutzung des Grundstückes durch dieses Wirtschaftsgut erst ermöglicht oder zumindest verbessert wird und das Wirtschaftsgut auch nicht selbständig übertragbar ist (siehe dazu Rz 6621), ist dieses Wirtschaftsgut – unabhängig von seiner selbständigen Bewertungsfähigkeit insbesondere für Zwecke der AfA – für Zwecke der Grundstücksbesteuerung als Teil des veräußerten Grundstückes anzusehen. Dies betrifft insbesondere:

- Brücken, (Forst-)Wege, Zäune,
- Bewässerungseinrichtungen,
- Uferschutzanlagen,
- Teiche.

(AÖF 2013/280)

5039a Wird ein selbständig bewertbares Wirtschaftsgut vom Begriff des Grundstückes nicht erfasst, weil es aus der Nutzung des Grundstücks entsteht und land- und forstwirtschaftlichen Zwecken dient, unterliegt dessen Veräußerung nicht dem besonderen Steuersatz gemäß § 30a Abs. 1 EStG 1988. Insbesondere folgende bewertungsfähige Wirtschaftsgüter stellen ein von Grundstücken verschiedenes Wirtschaftsgut dar:

- Rebstöcke,
- Auspflanzungsrechte (zB Wein),
- Baumschulquartiere- und Forstgärten,
- Blumen, Pflanzen, Sträucher und Bäume in Gärtnereien,
- Bodenschatz,
- Eigenjagdrecht (VwGH 16.11.1993, 90/14/0077),
- Feldinventar und stehende Ernte,
- Sonderkulturen (Beeren-, Hopfen-, Obst-, Reben- und Spargelanlagen),
- Stehendes Holz,
- Teilwaldrechte (VwGH 19.9.1995, 92/14/0005),
- Wasser auf Grund eines Wassernutzungsrechtes,
- Gatterwild.

(AÖF 2013/280)

5040 Feldinventar und stehende Ernte (siehe dazu auch Rz 2302) sind steuerlich vom nackten Grund und Boden losgelöste, gesondert bewertbare Wirtschaftsgüter mit biologischem Wachstum. Sie sind zumindest mit den Feldbestellungskosten (im Boden befindliche Saat, Dünger, Aufwand für Feldbestellungsarbeiten) zu bewerten; der Ansatz des höheren Teilwertes iSd § 6 Z 2 lit. b EStG 1988 ist möglich. Wird von diesem Aktivierungswahlrecht

nicht Gebrauch gemacht, können die Feldbestellungs- und Pflegekosten sofort als Aufwand geltend gemacht werden.
(AÖF 2013/280)

Ein Ansatz von Bodenschätzen in der Bilanz von Land- und Forstwirten (eines § 4 Abs. 1 Gewinnermittlers) setzt nicht nur die Kenntnis um die Existenz des Vorkommens, sondern auch die wirtschaftliche Nutzung im Rahmen des land- und forstwirtschaftlichen (Neben-) Betriebes voraus. **5041**

Bei Verkauf eines Grundstücks (Grund und Boden) und eines damit verbundenen Bodenschatzes (zB Schotter) werden dann zwei Wirtschaftsgüter veräußert, wenn für den nackten Grund und Boden einerseits und für den Bodenschatz andererseits Kaufpreisregelungen getroffen werden. Ein gesondertes Wirtschaftsgut „Bodenschatz" liegt aber auch ohne getrennte Kaufpreisregelungen vor, wenn aus dem Kaufpreis für das Grundstück und den allgemeinen Rahmenbedingungen (zB vorgesehener Abbau des Bodenschatzes und daraus resultierender höherer Grundstückspreis) hervorgeht, dass zusätzlich zum nackten Grund und Boden auch ein Bodenschatz veräußert wird. Einkünfte aus Land- und Forstwirtschaft aus der Veräußerung eines Grundstückes mit Bodenschatz liegen hinsichtlich des Bodenschatzes aber nur bei entsprechend vorhergehender eigenbetrieblicher Nutzung (Betriebsvermögen) vor. Solange eine eigenbetriebliche Nutzung nicht erfolgt ist, liegt in Bezug auf den Veräußerungserlös des Bodenschatzes kein Gewinn aus Land- und Forstwirtschaft vor, weil das selbständige Wirtschaftsgut Bodenschatz bereits vor (bei) der Veräußerung des Grundstücks im Privatvermögen entstanden ist. **5042**

Wird ein Grundstück mit Bodenschatz verkauft, ist somit zu unterscheiden:

- Wurde der Bodenschatz bisher im Rahmen der Land- und Forstwirtschaft genutzt (zB der im Rahmen eines land- und forstwirtschaftlichen Nebenbetriebes gewonnene Schotter wurde für Zwecke der Landwirtschaft verwendet, siehe Rz 4226), ist der Gewinn aus dem Verkauf des Bodenschatzes im Rahmen der Einkünfte aus Land- und Forstwirtschaft zu erfassen.
- Wurde der Bodenschatz bisher im Rahmen eines Gewerbebetriebes genutzt (zB gewerblicher Schotterabbaubetrieb), ist der Gewinn aus dem Verkauf des Bodenschatzes im Rahmen der Einkünfte aus Gewerbebetrieb zu erfassen.
- Wurde der Bodenschatz bisher nur von einem Dritten auf Grund eines beim Eigentümer zu Einkünften aus Vermietung und Verpachtung führenden Abbauvertrages abgebaut (siehe Rz 4227, Rz 3204 und Rz 6410b) oder wurde der Bodenschatz vom Eigentümer überhaupt nicht genutzt, ist der Verkauf des Bodenschatzes nur im Rahmen des § 31 EStG 1988 (Spekulationsgeschäfte) zu erfassen.

Der Gewinn aus der Veräußerung des Grund und Bodens ist in all diesen Fällen entweder als Einkünfte aus Land- und Forstwirtschaft, als Einkünfte aus Gewerbebetrieb oder als Einkünfte aus privaten Grundstücksveräußerungen nach den Regeln der neuen Grundstücksbesteuerung zu erfassen.
(AÖF 2013/280)

Liegt bei Veräußerungen von Grund und Boden vor dem 1.4.2012 kein Spekulationsgeschäft iSd § 30 Abs. 1 Z 1 EStG 1988 idF vor dem 1. StabG 2012 vor, kommt es bei der Realisierung von stillen Reserven zu keiner Besteuerung. **5043**

Werden das Grundstück sowie der Bodenschatz zum Abbau (an ein Schotterabbauunternehmen) verpachtet, liegen beim Verpächter keine Einkünfte aus Land- und Forstwirtschaft, sondern Einkünfte aus Vermietung und Verpachtung vor.

Zur Veräußerung von Teilwaldrechten siehe Rz 5078 f. **5044**
(BMF-AV Nr. 2015/133)

15.1.6 Zukauf im Rahmen eines land- und forstwirtschaftlichen Betriebes

15.1.6.1 Allgemeines

Werden im Rahmen eines land- und forstwirtschaftlichen Hauptbetriebes neben selbst erzeugten Produkten auch zugekaufte Erzeugnisse (Urprodukte oder be- und/oder verarbeitete Produkte) vermarktet, dann gelten für die Abgrenzung zum Gewerbebetrieb die Bestimmungen in § 30 Abs. 9 bis 11 BewG 1955 (§ 21 Abs. 1 Z 1 letzter Satz EStG 1988). **5045**

Ein landwirtschaftlicher Betrieb ist auf Grund der Bestimmung des § 30 Abs. 9 erster Satz BewG 1955 noch anzunehmen, wenn der Einkaufswert zugekaufter Erzeugnisse nachhaltig nicht mehr als 25% des Umsatzes (jeweils netto ohne USt) dieses Betriebes beträgt. Abweichend davon ist für den Weinbau eine Sonderregelung in § 30 Abs. 9 zweiter Satz BewG 1955 vorgesehen (siehe Rz 5052). **5046**

5047 Nicht als zugekaufte Erzeugnisse zählen Produktionsmittel für die eigene Erzeugung wie zB Saatgut, Jungpflanzen, Düngemittel, Treibstoff, Heizöl, Verpackungsmaterial, Blumentöpfe für die eigene Produktion bzw. als handelsübliche Beigabe, weiters zB Besatzfische, Zukauf von Kälbern, Ferkeln usw. Werden Produktionsmittel unmittelbar weiterveräußert (zB Verkauf von Blumenerde), sind sie in die Zukaufsgrenzen einzurechnen. Wird die 25%-Grenze nachhaltig überschritten, liegt ein einheitlicher Gewerbebetrieb vor.

(BMF-AV Nr. 2015/133)

5048 Für die Beurteilung einer nachhaltigen Überschreitung der Grenzen ist auch das laufende Jahr miteinzubeziehen und eine Vorschau zu machen. Ein einmaliges Überschreiten bewirkt daher noch keine Einkunftsartänderung; erst wenn in den zwei folgenden Jahren neuerlich die Zukaufsgrenze überschritten wird, ist ab dem dritten Jahr von einer gewerblichen Tätigkeit auszugehen, es sei denn, die Überschreitung der Zukaufsgrenze wurde durch nicht einkalkulierbare Ernteausfälle (Frostschäden, Hagel usw.) veranlasst oder es wird glaubhaft gemacht, die Überschreitungen waren nur vorübergehend (vgl. § 125 Abs. 4 BAO).

5049 Die tatsächliche Höhe des Rohaufschlages beim Verkauf zugekaufter Handelsware ist bei der Ermittlung der 25%-Grenze unmaßgeblich. Eine Überschreitung der Zukaufsgrenze auf Grund von nicht einkalkulierbaren Ernteausfällen (Frostschäden, Hagel usw.) ist nicht schädlich. Die 25%-Grenze ist auch für land- und forstwirtschaftliche Nebenbetriebe anzuwenden.

Beispiel:

Der Gesamtumsatz eines Gärtnereibetriebes (netto ohne Umsatzsteuer) aus selbst erzeugten und zugekauften Produkten beträgt 1.600.000. Der Einkaufswert von zugekauften Waren für den Verkauf beträgt 350.000, der Einkaufswert von Produktionsmittel (Samen, Dünger usw.) beträgt 250.000. Es liegt ein land- und forstwirtschaftlicher Betrieb vor. Übersteigt der Einkaufswert der Zukäufe für Handelswaren den Betrag von 400.000 (25% des Gesamtumsatzes) liegt ein einheitlicher Gewerbebetrieb vor.

(BMF-AV Nr. 2021/65)

5050 Gehören zu einem landwirtschaftlichen Betrieb auch Betriebsteile, die gemäß § 39 Abs. 2 Z 2 bis 5 BewG 1955 gesondert zu bewerten sind, sind die Bestimmungen des § 30 Abs. 9 erster und zweiter Satz BewG 1955 auf jeden Betriebsteil gesondert anzuwenden. Übersteigt der Zukauf fremder Erzeugnisse nachhaltig diesen Wert, ist hinsichtlich des Betriebes (Betriebsteiles) ein einheitlicher Gewerbebetrieb anzunehmen (§ 30 Abs. 10 und 11 BewG 1955).

Beispiel:

Ein Landwirt führt einen landwirtschaftlichen Betrieb und einen Weinbaubetrieb. Der Zukauf im Weinbaubetrieb übersteigt die im § 30 Abs. 9 BewG angeführte Grenze. Der Weinbaubetrieb wird zu einem einheitlichen Gewerbebetrieb, während der landwirtschaftliche Teilbetrieb weiterhin zu Einkünften aus Land- und Forstwirtschaft führt.

5051 Hinsichtlich der Abgrenzung zum Gewerbebetrieb bei den Betriebsarten in § 21 Abs. 1 Z 2 bis 4 EStG 1988 (Tierhaltung, Bienenzucht, Fischzucht und Teichwirtschaft, Binnenfischerei, Jagd) fehlt ein Verweis auf die Zukaufsregelung des § 30 Abs. 9 bis 11 BewG 1955. Aus Gründen der steuerlichen Gleichbehandlung sind die Regelungen des § 30 Abs. 9 bis 11 BewG 1955 über den landwirtschaftlichen Zukauf analog auch auf diese Betriebsarten anzuwenden.

15.1.6.2 Zukauf beim Weinbau

5052 Für die Zukäufe an Wein, Most und Trauben sind bei Weinbaubetrieben ausschließlich die im § 30 Abs. 9 BewG 1955 genannten Mengen (2.000 kg frische Weintrauben oder insgesamt 1.500 Liter Wein aus frischen Weintrauben oder Traubenmost pro ha weinbaulich genutzter Fläche) maßgeblich und nicht der Wert des Zukaufes. Als weinbaulich genutzte Fläche gilt jene, die als Weinbauvermögen im Sinne des § 29 Z 3 BewG 1955 bewertet ist. Eine Überschreitung der Zukaufsgrenze auf Grund von nicht einkalkulierbaren Ernteausfällen (Frostschäden, Hagel usw.) ist nicht schädlich. Bei einer nachhaltigen Überschreitung liegen hinsichtlich des Weinbaus Einkünfte aus Gewerbebetrieb vor.

5053 Werden sowohl Trauben als auch Wein oder Most zugekauft, so sind die zugekauften Mengen in Relation zur bewirtschafteten (Weinbau-)Fläche zu setzen. Die Summe der zugekauften Trauben in Kilogramm dividiert durch 2000 und der zugekauften Menge an Wein und Most in Liter dividiert durch 1.500 darf nicht größer als die Hektarzahl der weinbaumäßig genutzten Fläche sein.

Beispiel 1:

Ein Landwirt bewirtschaftet insgesamt 30 ha, davon 5 ha Weingarten. Er kauft 4.300 kg Trauben sowie 2.500 l Most und 1.600 l Wein zu.

Traubenzukauf = 4.300 kg

Wein- und Mostzukauf = 1.600 l + 2.500 l = 4.100 l
weinbaumäßig bewirtschaftete Fläche = 5 ha

$$\frac{4.300}{2.000} + \frac{4.100}{1.500} = \frac{12.900}{6.000} + \frac{16.400}{6.000} = \frac{29.300}{6.000} = \mathbf{4{,}9}$$

Da 4,9 kleiner als 5 ist, liegt der Zukauf innerhalb der erlaubten Menge.
(AÖF 2002/84)

Für andere Zukäufe als Wein, Most und Trauben (zB nichtalkoholische Getränke, Lebensmittel) sind auch bei Weinbaubetrieben die Einkaufswerte maßgebend, wobei hier die Einkaufswerte von Wein, Most und Trauben bei der Ermittlung der Grenze einzubeziehen sind. Erreicht die Summe der Einkaufswerte von zugekauftem Wein, Most und Trauben im Rahmen der gesetzlich zulässigen Mengen nicht 25% des Gesamtumsatzes des Weinbaubetriebes, dann besteht die Möglichkeit, innerhalb der 25%-Grenze noch weitere Waren zusätzlich zum Wein zuzukaufen. **5054**

Beispiel 2:

Angaben wie im Beispiel 1

Der Einkaufswert der zugekauften Mengen an Trauben, Most und Wein beträgt insgesamt 50.000

Der Gesamtumsatz beträgt 320.000

Durch den angeführten Zukauf an Trauben, Most und Wein ist die zulässige Grenze von 25% des Gesamtumsatzes (80.000) nicht erreicht, sodass in diesem Fall noch Speisen um 30.000 eingekauft werden könnten.

(BMF-AV Nr. 2021/65)

Wird die Zukaufsgrenze nachhaltig überschritten, so ist ab dem darauf folgenden Kalenderjahr ein einheitlicher Gewerbebetrieb anzunehmen, wenn sich die Nachhaltigkeit aus der Art der Betriebsführung ergibt. Dies wird zB der Fall sein, wenn ein Weinbauer aus Gründen der Rentabilität vermehrt ausgesuchten Wein zukauft, um die Attraktivität seines Weinsortiments zu steigern oder wenn er beginnt, einen größeren Kundenkreis zu bewerben, sein Betrieb den Bedarf aber nicht mehr decken kann. **5055**

Ansonsten ist für die Beurteilung einer nachhaltigen Überschreitung der Grenzen auch das laufende Jahr miteinzubeziehen und eine Vorschau zu machen; siehe Rz 5045 ff.

15.1.7 Landwirtschaft

Unter Landwirtschaft wird die planmäßige Nutzung der natürlichen Kräfte des Bodens zur Erzeugung und Verwertung von lebenden Pflanzen und Tieren verstanden. **5056**

Zu den Begriffsmerkmalen einer Landwirtschaft gehört das Streben nach Gewinn und die objektive Ertragsmöglichkeit.

Von einem Betrieb ist schon dann zu sprechen, wenn erst Vorbereitungshandlungen zur Gewinnerzielung vorgenommen werden (VwGH 2.11.1951, 2717/49). **5057**

Bei der Entscheidung, ob eine Landwirtschaft objektiv gesehen einen Ertrag verspricht, kommt es insbesondere auf die Lage und Größe des Besitzes, die Bodenbeschaffenheit, die Kulturgattung und die tatsächliche Bewirtschaftungsweise an. Neben objektiven Merkmalen sind aber auch subjektive Momente wie die Beweggründe des Ankaufs, Aufenthalt auf dem Besitz, Vorhandensein anderer Einkommensquellen ua. in Erwägung zu ziehen (VwGH 28.6.1972, 2230/70). **5058**

Zur Landwirtschaft zählen ua. auch Obstbau (einschließlich Beerenkulturen und Edelkastanie), Saatgutvermehrung, Hopfenanbau und (Heil-)Kräuteranbau. **5059**

Ein Betrieb verliert nicht die Eigenschaft einer Landwirtschaft, wenn der Unternehmer selbstgewonnenes Saatgut auf Grund von Anbauverträgen durch fremde Landwirte vermehren lässt (sogenannter Vermehrungsanbau). **5060**

§ 21 Abs. 1 Z 1 EStG 1988 enthält eine taxative Aufzählung der Einkünfte aus Land- und Forstwirtschaft. Neben den namentlich aufgezählten Betriebszweigen sind als Auffangtatbestand Betriebe genannt, die „Pflanzen und Pflanzenteile mit Hilfe der Naturkräfte“ gewinnen. **5060a**

Bei Produktionsformen, bei denen die Wirkungen der „Naturkräfte“ künstlich erzeugt werden (künstliches statt natürliches Licht, Nährlösung statt Verwurzelung im Boden) gilt in Bezug auf die Abgrenzung zu einer dem § 23 EStG 1988 zuzuordnenden Betätigung:

- Werden im Erzeugungsprozess Naturkräfte unter labormäßigen Bedingungen wirksam, stellt die Erzeugung keine dem § 21 EStG 1988 zuzuordnende Produktionsform dar. Der Einsatz des Bodens als Produktionsfaktor ist für die Zuordnung zu § 21 EStG

1988 zwar kein unbedingtes Erfordernis (siehe Rz 5063), jedoch ist die Grenze zum Erzeugungsprozess „mit Hilfe der Naturkräfte" dort zu ziehen, wo eine Produktion unter labormäßigen Bedingungen erfolgt. Sie entspricht einem technisch standardisierten Prozess, der sich von einer gewerblichen Produktion (zB im Rahmen der Biotechnologie) nicht mehr unterscheidet. Derartige Produktionsformen entsprechen nach der Verkehrsauffassung nicht mehr dem Bild von Land- und Forstwirtschaft und sind einem gewerblichen Produktionsprozess vergleichbar. Sie stellen daher eine gewerbliche Tätigkeit (§ 23 EStG 1988) dar. Siehe dazu auch Rz 5060c (Produktion von Algen in abgeschlossenen Systemen) sowie 5060d (Produktion von Plankton in geschlossenen Systemen).

- Werden im Erzeugungsprozess Naturkräfte nicht unter labormäßigen Bedingungen wirksam, ist die Produktion dem § 21 EStG 1988 zuzuordnen. Dabei kommt es nicht darauf an, ob und in welchem Ausmaß die Bedingungen, die dazu führen, dass die Naturkräfte wirken, künstlich hergestellt werden. Siehe dazu auch Rz 5060b (Indoorproduktion von Hanf), Rz 5060c (Produktion von Algen in offenen Systemen), Rz 5060e (Sprossen- bzw. Microgreens-Produktion), Rz 5060f (Aquaponik-Anlagen), Rz 5060g (Pilzzucht).

(BMF-AV Nr. 2019/75)

5060b Indoorproduktion von Hanf

Die Erzeugung von Hanf in geschlossenen Indoor-Produktionsanlagen stellt eine dem Gartenbau zuzuordnende Produktionsform dar (§ 21 Abs. 1 Z 1 EStG 1988). Im Rahmen der LuF-Pauschalierung ist sie nach § 5 LuF-PauschVO 2015 zu erfassen.

Geschlossene Indoor-Produktionsanlagen fallen nicht unter den Begriff „Gewächshaus" iSd § 5 Abs. 3 LuF-PauschVO 2015. Dementsprechend kommt die Anwendung eines Durchschnittssatzes gemäß § 5 Abs. 3 LuF-PauschVO 2015 nicht in Betracht. Die Gewinnermittlung hat daher nach § 5 Abs. 2 LuF-PauschVO 2015 zu erfolgen (Teilpauschalierung).

(BMF-AV Nr. 2019/75)

5060c Produktion von Algen

Algen werden für den Verkauf als Lebensmittel und/oder Futtermittel sowie für den Einsatz in der Kosmetikindustrie kultiviert. Je nach Produktionsform ist zu unterscheiden:

- Die Produktion in Open Pond Systemen, das sind offene Wasserbecken, die etwa in Gewächshäusern oder Folientunnel aufgestellt werden, ist dem § 21 Abs. 1 Z 1 EStG 1988 zuzuordnen.
- Abgeschlossene Systeme (Photobioreaktoren) sind eine Produktionsform, die nicht mehr dem § 21 Abs. 1 Z 1 EStG 1988 zuzuordnen ist. Sie stellt auch keinen Nebenbetrieb iSd § 6 LuF-PauschVO 2015 dar, weil der Betrieb eine Organisation erfordert, die erheblich über das zum Betrieb der Land- und Forstwirtschaft erforderliche Betriebsvermögen hinausgeht (siehe Rz 4202). Sie führt daher stets zu Einkünften aus Gewerbebetrieb (§ 23 EStG 1988).

(BMF-AV Nr. 2019/75)

5060d Produktion von Plankton

Phytoplankton ist eine pflanzliche Mikroalge, die aus einzelnen, im Wasser freischwebenden Zellen besteht; es dient als Futtermittel. Zooplankton (tierisches Plankton) findet in der Fischzucht als Futterquelle Verwendung.

Die Zucht von Plankton erfolgt regelmäßig in geschlossenen Rohrsystemen oder in geschlossenen lichtdurchlässigen Gefäßen oder Becken, die in Hallen oder lichtdurchfluteten Räumen aufgestellt werden. Derartige abgeschlossene Systeme sind eine Produktionsform, die nicht mehr dem § 21 Abs. 1 Z 1 EStG 1988 zuzuordnen ist. Sie stellt auch keinen Nebenbetrieb iSd § 6 LuF- PauschVO 2015 dar, weil der Betrieb eine Organisation erfordert, die erheblich über das zum Betrieb der Land- und Forstwirtschaft erforderliche Betriebsvermögen hinausgeht (siehe Rz 4202). Sie führt daher stets zu Einkünften aus Gewerbebetrieb (§ 23 EStG 1988).

(BMF-AV Nr. 2019/75)

5060e Sprossen- bzw. Microgreens-Produktion

Microgreens sind kleine essbare Pflanzen, meist Gemüsepflanzen, die dicht angebaut und geerntet werden, während sie noch kleine Pflänzchen sind. Es liegt eine dem Gartenbau zuzuordnende Produktionsform (§ 21 Abs. 1 Z 1 EStG 1988) vor. Erfolgt die Produktion „indoor" und nicht in einem „Gewächshaus" iSd § 5 Abs. 3 LuF-PauschVO 2015, kommt die Anwendung eines Durchschnittssatzes gemäß § 5 Abs. 3 LuF-PauschVO 2015 nicht in Betracht. Die Gewinnermittlung hat nach § 5 Abs. 2 LuF-PauschVO 2015 zu erfolgen (Teilpauschalierung). Bei Produktion in Gewächshäusern ist im Rahmen der Pauschalierung § 5 Abs. 3 LuF-PauschVO 2015 anzuwenden.

(BMF-AV Nr. 2019/75)

Aquaponik-Anlagen 5060f

Aquaponik ist ein Verfahren, das Techniken der Fischzucht in Indoor- Fischzuchtanlagen mit der Kultivierung von Pflanzen in Hydrokultur verbindet. Es handelt sich dabei um einen geschlossenen Wasser- und Nährstoffkreislauf, welcher in automatisierten Abläufen bewirtschaftet wird. Das Fischwasser wird als Dünger für die Pflanzenzucht verwendet. Neben Fischen können in Indooranlagen auch Krebse, Garnelen usw. gezüchtet werden. Die Pflanzen werden meist in Gewächshäusern gezogen.

- Werden die mittels Aquaponik erzeugten Pflanzen bzw. deren Erzeugnisse verkauft, liegt eine dem § 21 Abs. 1 Z 1 EStG 1988 zuzuordnende Produktionsform vor (idR Gartenbau).
- Werden die mittels Aquaponik erzeugten Pflanzen ausschließlich im Rahmen der Fischzucht als Futter verwendet, ist sie als Teil der Fischzucht (§ 21 Abs. 1 Z 3 EStG 1988) anzusehen.

(BMF-AV Nr. 2019/75)

Pilzzucht 5060g

Wird die Pilzzucht nicht unter labormäßigen Bedingungen betrieben, ist sie dem § 21 EStG 1988 zuzuordnen (vgl. UFS 17.6.2008, RV/0202-S/06 zur Zucht von Champignons, die unter Anbau von Gemüse zu subsumieren ist). Andernfalls liegt ertragsteuerlich eine gewerbliche Tätigkeit vor (vgl. VwGH 8.3.1963, 0495/61, betr. Entwicklung von Champignons in Glasbehältern).

Erfolgt die Pilzzucht „indoor“ und nicht in einem „Gewächshaus“ iSd § 5 Abs. 3 LuF-PauschVO 2015, kommt die Anwendung eines Durchschnittssatzes gemäß

§ 5 Abs. 3 LuF-PauschVO 2015 nicht in Betracht. Die Gewinnermittlung hat nach § 5 Abs. 2 LuF-PauschVO 2015 zu erfolgen (Teilpauschalierung). Auf eine Pilzzucht, die in einem „Gewächshaus“ erfolgt, ist im Rahmen der Pauschalierung § 5 Abs. 3 LuF-PauschVO 2015 anzuwenden.

(BMF-AV Nr. 2019/75)

15.1.7.1 Abgrenzung zum Gewerbebetrieb

Werden nachhaltig zugekaufte Urprodukte (zB im Ab-Hof-Verkauf, in Ladengeschäften oder Marktständen) veräußert, ist ein einheitlicher Gewerbebetrieb anzunehmen, wenn die Grenzen des § 30 Abs. 9 bis 11 BewG 1955 überschritten werden. 5061

Hinsichtlich der Zukaufs- und Umsatzgrenzen bei Nebenbetrieben (insbesondere bei der Be- und/oder Verarbeitung) siehe Rz 5045 ff.

Wenn der Landwirt hauptsächlich fremdes Saatgut einem Dritten zur Pflanzenzucht übergibt (im sogenanntem Vermehrungsanbau), so ändert dies den land- und forstwirtschaftlichen Charakter des Betriebes und er wird zum Gewerbebetrieb (VwGH 10.1.1964, 1297/63). 5062

Die Gewinnung von Pflanzen und Pflanzenteilen unter labormäßigen Bedingungen stellt eine gewerbliche Tätigkeit dar (siehe Rz 5060a). Bei Hydro- und Substratkulturen liegt eine dem § 21 EStG 1988 zuzuordnende Betätigung vor (siehe Rz 5114). 5063

(BMF-AV Nr. 2019/75)

Eine Mitunternehmerschaft erzielt bei ausschließlich land- und forstwirtschaftlicher Tätigkeit Einkünfte aus Land- und Forstwirtschaft. Entfaltet die Mitunternehmerschaft eine wenngleich nur geringfügige gewerbliche Tätigkeit (wobei die dem Grunde nach gewerbliche Tätigkeit in den land- und forstwirtschaftlichen Nebenbetrieben nicht zählt), führt dies grundsätzlich zu einem einheitlichen Gewerbebetrieb. Entfaltet eine Mitunternehmerschaft neben einer land- und forstwirtschaftlichen Tätigkeit eine vermögensverwaltende Tätigkeit, hat das auf die Einkünftequalifikation der land- und forstwirtschaftlichen Tätigkeit keine Auswirkung. 5064

(AÖF 2011/66)

Werden Wirtschaftsgüter des Anlagevermögens sowohl in der landwirtschaftlichen Urproduktion als auch in der steuerlich gewerblichen Vermarktung verwendet, so ist eine aliquote Aufteilung der Abschreibung vorzunehmen. 5065

15.1.7.1.1 Gewerblicher Grundstückshandel

Siehe Rz 5449 f.

15.1.7.1.2 Reiterpension, Reitschule

5066 Das Unterstellen und Füttern fremder Tiere gegen Entgelt (Pensionstierhaltung, Leihvieh, Lohnmast) ist bei ausreichender Futtergrundlage iSd § 30 Abs. 5 BewG 1955 regelmäßig als Tierhaltung iSd § 21 EStG 1988 anzusehen. In diesem Sinn rechnet die Pensions(reit)pferdehaltung auch dann noch zur landwirtschaftlichen Tierhaltung, wenn den Pferdeeinstellern Reitanlagen (einschließlich Reithalle) zur Verfügung gestellt und keine weiteren ins Gewicht fallenden Leistungen außer Betreuung der Pferde (Fütterung, Pflege, Reinigung der Stallungen und dgl.) erbracht werden.

(BMF-AV Nr. 2015/133)

5067 Von einem einheitlichen Gewerbebetrieb wird auszugehen sein, wenn die Betätigung dem landwirtschaftlichen Betrieb nicht untergeordnet ist. Dies ist etwa dann der Fall, wenn

- nicht der Landwirtschaft zuzurechnende Dienstleistungen und Tätigkeiten, wie zB Erteilen von Reitunterricht (VwGH 28.11.2007, 2005/15/0034) und Beaufsichtigen von Ausritten, hinzukommen,
- die Vermietung der Reitpferde an Umfang und wirtschaftlicher Bedeutung die eigentliche landwirtschaftliche Produktion überwiegt (OGH 22.10.1991, 10 Ob S 265/91).

Die Bereitstellung von Reitanlagen überwiegend an Reiter, deren Pferde nicht im landwirtschaftlichen Betrieb verköstigt werden, bildet eine vom land- und forstwirtschaftlichen Betrieb verschiedene Tätigkeit.

(AÖF 2008/238)

15.1.7.1.3 Überführung von Wirtschaftsgütern aus der Landwirtschaft in einen Gewerbebetrieb desselben Eigentümers

5068 Werden abnutzbare Wirtschaftsgüter (inklusive Gebäude) aus der Landwirtschaft (aus dem landwirtschaftlichen Hauptbetrieb oder Nebenbetrieb) in den eigenen Gewerbebetrieb (zB Fleischereibetrieb, Gasthaus) überführt, liegt eine Entnahme aus dem landwirtschaftlichen Betrieb und eine Einlage in den Gewerbebetrieb vor (Gewinnverwirklichung). Der Teilwert bei der Entnahme aus der Landwirtschaft entspricht dem Teilwert bei der Einlage in den Gewerbebetrieb. Als Teilwert ist jener Betrag anzusetzen, den ein Gewerbebetreibender (ohne eigene Landwirtschaft) für die Beschaffung des überführten Wirtschaftsgutes am selben Ort aufwenden müsste (in der Regel der Wiederbeschaffungspreis im Großhandel). Bei abnutzbarem Anlagevermögen ist allerdings die Teilwertfiktion (Teilwert = seinerzeitige Anschaffungs- oder Herstellungskosten vermindert um die laufende AfA) zu beachten (vgl. dazu Rz 2232).

(AÖF 2013/280)

5069 Bei der Entnahme von Grund und Boden aus dem landwirtschaftlichen Betrieb und dessen Einlage in den gewerblichen Grundstückshandel entspricht der Teilwert dem Verkehrswert des Grund und Bodens vor der Entnahme (VwGH 25.02.1997, 95/14/0115). Ein tauglicher Wertmaßstab zur Ermittlung des Einlagewertes (Teilwertes) ist der Baulandpreis des gesamten Grund und Bodens vor Parzellierung und Aufschließung (vgl. Rz 5452).

(AÖF 2013/280)

15.1.7.2 Abgrenzung zur Vermietung und Verpachtung

5070 Handelt es sich bei der Vermietung um Hilfs- und Nebengeschäfte, die mit dem Betrieb in engem Zusammenhang stehen und diesem dienen bzw. ihn ergänzen, liegen noch Vorgänge im Rahmen des land- und forstwirtschaftlichen Betriebes vor.

5071 Steht bei der Vermietung landwirtschaftlicher Nutzflächen hingegen wirtschaftlich eine Vermögensverwaltung wie bei der Vermietung anderer (üblicherweise nicht dem Betriebsvermögen einer Land- und Forstwirtschaft zugehörender) Objekte im Vordergrund, so wird der land- und forstwirtschaftliche Bereich verlassen. Solche nicht landwirtschaftliche Nutzungen von Grund und Boden (einschließlich Baulichkeiten) sind insbesondere Vermietung von Grundflächen für Campingplätze, (Mini-)Golfplätze (VwGH 14.4.1994, 93/15/0186), Fußballplätze (VwGH 14.4.1994, 91/15/0158), Parkplätze, Lagerplätze und -räume, Deponien, Liftanlagen.

5072 Die Vermietung von bis dahin landwirtschaftlich genutztem Grund und Boden zur (sportlichen) Nutzung als Schipiste oder Langlaufloipe oder kurzfristig als Parkplatz ist dem land- und forstwirtschaftlichen Betrieb dann noch zuzurechnen, wenn die landwirtschaftliche Nutzung nicht bzw. nur unwesentlich beeinträchtigt wird. Die Vermietung von landwirtschaftlichen Gebäuden oder Gebäudeteilen für nicht landwirtschaftliche Nutzungen stellt auch dann noch Einkünfte aus Land- und Forstwirtschaft dar, wenn sie nur vorübergehend erfolgt (die landwirtschaftliche Nutzung bleibt mittelfristig weiterhin aufrecht) und von untergeordneter Bedeutung ist (zB Einstellung eines einzelnen Wohnwagens für die Wintermonate in der Maschinenhalle).

In der Regel wird eine Vermietung, die über einen Zeitraum von fünf Jahren nicht hinausgeht, noch zu Einkünften aus Land- und Forstwirtschaft führen (VwGH 17.10.2017, Ra 2016/15/0027). In der Regel kann daher erst bei einer Mietdauer, die länger als fünf Jahre dauert, von einer Entnahme des Grundstückes aus dem land- und forstwirtschaftlichen Betrieb ausgegangen werden und die Vermietung führt zu Einkünften aus Vermietung und Verpachtung. Beträgt die Mietdauer hingegen nicht mehr als fünf Jahre, liegt grundsätzlich keine Entnahme aus dem landwirtschaftlichen Betriebsvermögen vor; die Einkünfte aus der Vermietung sind im Fall einer Pauschalierung gesondert als Einkünfte aus Land- und Forstwirtschaft zu erfassen. Allerdings steht der Abschluss eines auf einen kürzeren Zeitraum als fünf Jahre befristeten Mietvertrages der Entnahme aus dem land- und forstwirtschaftlichen Betriebsvermögen dann nicht entgegen, wenn davon auszugehen ist, dass das bisher land- und forstwirtschaftlich genutzte Gebäude (bzw. der Gebäudeteil) nicht nur kurzfristig für andere als land- und forstwirtschaftliche Zwecke vermietet werden wird. Dabei ist auf die längerfristige Vermietungsabsicht des Steuerpflichtigen unabhängig vom konkreten Mietverhältnis abzustellen. Umgekehrt kommt es aber auch bei einer Gesamtmietdauer von mehr als fünf Jahren zu keiner Entnahme aus dem land- und forstwirtschaftlichen Betriebsvermögen, wenn zum Zeitpunkt des Abschlusses des Bestandsvertrages beim Steuerpflichtigen keine längerfristige Vermietungsabsicht bestanden hat und eine Verlängerung der Mietdauer durch unvorhergesehene Umstände eingetreten ist (vgl. VwGH 17.10.2017, Ra 2016/15/0027).

Wird eine zu einem land- und forstwirtschaftlichen Betrieb gehörende Grundstücksfläche oder ein Teil derselben hingegen auf Dauer nicht mehr landwirtschaftlich genutzt, gehört sie nicht mehr zum land- und forstwirtschaftlichen Betriebsvermögen (VwGH 30.3.2006, 2003/15/0062).

Dementsprechend liegen Einkünfte aus Vermietung und Verpachtung vor. Dies gilt jedenfalls zB in folgenden Fällen:

- Vermietung eines nicht (mehr) der Landwirtschaft dienenden Gebäudes an Urlauber.
- Ausschließliche oder überwiegende Nutzung eines abgrenzbaren Gebäudeteiles zur Einstellung von Wohnwagen oder Motorbooten.
- Vermietung einer Wiese für nichtlandwirtschaftliche Zwecke auf 25 Jahre. Zu Handymasten und Windrädern siehe Rz 4245a.

(BMF-AV Nr. 2018/79)

15.1.7.2.1 Privatzimmervermietung

Rechtslage bis zur Veranlagung 2020: 5073

Einnahmen aus der Vermietung von im Bereich des land- und forstwirtschaftlichen Betriebes gelegenen Privatzimmern sind als Einkünfte aus Land- und Forstwirtschaft anzusetzen. Die Vermietung von mehr als zehn Fremdenbetten ist als gewerbliche Tätigkeit anzusehen, weil sie dann in erheblichem Umfang nicht nur laufende Arbeit, sondern jene intensivere Beteiligung am wirtschaftlichen Verkehr erfordert, die ihr betrieblichen Charakter verleiht.

Das kurzfristige Vermieten von fünf mit Kochgelegenheiten ausgestatteten Appartements an Saisongäste ist im Regelfall noch keine gewerbliche Betätigung (VwGH 3.5.1983, 82/14/0248).

Ab der Veranlagung 2021 gilt Folgendes:

1. Vermietung mit Zusatzleistungen (Frühstück, „Urlaub am Bauernhof")

Als Zusatzleistungen kommen in Betracht:

- Angebot von Frühstück und tägliche Reinigung.
- Angebot von „Urlaub am Bauernhof": Darunter sind aktive Leistungen zu verstehen, die dem Aufenthalt zusätzliche Attraktivität verleihen, wie zB Produktverkostung, „Mitarbeit" der Gäste, organisierte Besichtigung des Betriebes, Demonstration der Wirtschaftsabläufe durch Vorführungen, Melkkurse, Traktorfahren, gemeinsames Brotbacken, usw. "Urlaub am Bauernhof" kann noch nicht angenommen werden, wenn die Gäste die Arbeit am Hof nur passiv miterleben.

Für die Anwendung der Zehn-Betten-Grenze gemäß § 7 Abs. 2 LuF-PauschVO 2015 sind die in den beiden Punkten genannten Arten von Zusatzleistungen gleichwertig (vgl. VwGH 28.5.2019, Ra 2019/15/0014).

Werden derartige Zusatzleistungen angeboten, gilt:

a) Die Beherbergung von Feriengästen durch Vermietung von Zimmern und/oder Appartements (Ferienwohnungen) führt zu Einkünften aus Land- und Forstwirtschaft, wenn von der Vermietung insgesamt nicht mehr als zehn Betten erfasst werden. Für die Zehn-Betten-Grenze sind Zimmer und Appartements einheitlich zu betrachten.

Beispiel:

Im Rahmen von „Urlaub am Bauernhof" werden 3 Doppelzimmer und 1 Appartement mit 4 Betten (insgesamt 10 Betten) mit Frühstück vermietet.

Die Beherbergung führt zu Einkünften aus Land- und Forstwirtschaft.

b) Werden mehr als zehn Betten in Zimmern mit Frühstück vermietet, liegt keine land- und forstwirtschaftliche Nebentätigkeit mehr vor (Umkehrschluss aus § 7 Abs. 2 LuF-PauschVO 2015); die Tätigkeit führt zu Einkünften aus Gewerbebetrieb (vgl. Rz 5435). Das Gleiche gilt für Zimmer im Rahmen von „Urlaub am Bauernhof".

c) Werden mehr als zehn Betten in Appartements mit Zusatzleistungen vermietet, ist entsprechend der Rechtsprechung (vgl. VwGH 21.7.1998, 93/14/0134 und VwGH 28.5.2019, Ra 2019/15/0014) im Einzelfall zu prüfen, ob eine wirtschaftliche Unterordnung vorliegt, die dazu führt, dass die Tätigkeit noch als land- und forstwirtschaftliche Nebentätigkeit anzusehen ist. Dabei ist auf das Verhältnis der Einnahmen abzustellen (siehe auch Rz 4203), der Arbeitseinsatz ist nicht relevant. Eine fehlende wirtschaftliche Unterordnung führt zu Einkünften aus Gewerbebetrieb. Gleiches gilt, wenn neben Appartements auch Zimmer mit Zusatzleistungen angeboten werden. Werden auch bei der Zimmervermietung Zusatzleistungen angeboten, sind für die Zehn-Betten-Grenze Zimmer und Appartements einheitlich zu betrachten.

Beispiel:

Es werden 4 Doppelzimmer und 2 Appartements mit jeweils 4 Betten (insgesamt 16 Betten) vermietet. Sowohl bei den Appartements als auch bei den Zimmern wird ein Frühstück verabreicht. Die Einnahmen aus den Vermietungen betragen insgesamt ein Drittel der Gesamteinnahmen des Land- und Forstwirtes.

Aufgrund der fehlenden wirtschaftlichen Unterordnung der Vermietung gegenüber dem land- und forstwirtschaftlichen Betrieb liegen Einkünfte aus Gewerbebetrieb vor.

2. Vermietung ohne Zusatzleistungen

Die Beherbergung von Feriengästen durch Vermietung von Zimmern und/oder Appartements ohne Zusatzleistungen führt zu Einkünften aus Vermietung und Verpachtung, wobei bei mehr als zehn Betten im Einzelfall auch eine gewerbliche Tätigkeit vorliegen kann (vgl. weiterführend Rz 5433 ff und VwGH 3.5.1983, 82/14/0248).

3. Kombination

Im Fall des Zusammentreffens einer Vermietung ohne Zusatzleistungen mit einer Vermietung mit Zusatzleistungen liegt hinsichtlich der Beherbergung keine einheitliche Bewirtschaftung vor; die Tätigkeiten sind daher unterschiedlich zu betrachten: Werden zB die Zimmer mit Frühstück, die Appartements aber ohne Zusatzleistungen vermietet, ist für die Zimmervermietung die Zehn-Betten-Grenze maßgeblich, während die Appartementvermietung zu Einkünften aus Vermietung und Verpachtung führt.

Beispiel:

Es werden 4 Doppelzimmer (8 Betten) und 3 Appartements mit jeweils 4 Betten (12 Betten) vermietet. Während bei der Appartementvermietung keine Zusatzleistungen erbracht werden, wird bei den Zimmern ein Frühstück verabreicht.

Bei der Zimmervermietung liegen aufgrund der Nichtüberschreitung der Zehn-Betten-Grenze Einkünfte aus Land- und Forstwirtschaft vor, die Appartementvermietung führt zu Einkünften aus Vermietung und Verpachtung.

(BMF-AV Nr. 2021/65)

Randzahl 5074: *derzeit frei*

(BMF-AV Nr. 2021/65)

15.1.8 Forstwirtschaft

5075 Unter Forstwirtschaft wird die Nutzung der natürlichen Kräfte des Bodens zur Gewinnung und Verwertung von Walderzeugnissen verstanden.

Das stehende Holz (der „lebende Baum") ist Anlagevermögen, das geschlägerte Holz ist Umlaufvermögen (VwGH 27.3.1985, 83/13/0079).

5076 Der Forst stellt keine betriebswirtschaftliche Ergänzung der bäuerlichen Betätigung dar, sondern ist vom landwirtschaftlichen Besitz getrennt zu beurteilen (VwGH 28.6.1972, 2230/70).

Schenkt die Forstwirtin ihrem Sohn ein Waldgrundstück, so ist diese Sachentnahme nach § 6 Z 4 EStG 1988 mit dem Teilwert anzusetzen (VwGH 18.1.1963, 1520/62). Erfolgt die Entnahme nach dem 31.3.2012, ist der Grund und Boden mit dem Buchwert anzusetzen (siehe dazu auch Rz 2635 ff).

(AÖF 2013/280)

15.1.8.1 Realteilung von Forstbetrieben

Art. V und Art. VI. UmgrStG enthalten eine auf Forstbetriebe bezogene Teilbetriebs- 5077
fiktion (§ 27 Abs. 3 Z 1, § 32 Abs. 3 UmgrStG, siehe UmgrStR 2002 Rz 1550 ff, Rz 1663a). Die Teilbetriebsfiktion ist nur für diese Umgründungen maßgeblich, nicht jedoch für die Beurteilung, ob ein Teilbetrieb iSd EStG 1988 vorliegt.

(AÖF 2004/167)

15.1.8.2 Veräußerung von Teilwaldrechten

Teilwaldrechte iSd des Tiroler Flurverfassungslandesgesetzes 1996 vermitteln ein Holz- 5078
bezugs- und Streunutzungsrecht; gemäß § 33 Abs. 3 Tiroler Flurverfassungslandesgesetz 1996 gelten Teilwaldrechte jedoch als Anteilsrechte an einer Agrargemeinschaft (VwGH 30.1.1990, 89/14/0143). Gemäß § 40 Abs. 4 Tiroler Flurverfassungslandesgesetz 1996 geht der Status als Anteilsrecht aber verloren, wenn das Teilwaldgrundstück ohne Genehmigung der Agrarbehörde verkauft wird. In diesem Fall gilt das Teilwaldrecht „künftighin" als Nutzungsrecht im Sinne des Tiroler Wald- und Weideservitutengesetzes.

Teilwaldrechte stellen somit kein Grundstück im Sinne des § 30 Abs. 1 EStG 1988 dar.

(BMF-AV Nr. 2015/133)

Bei der Veräußerung eines Teilwaldrechtes ist zu differenzieren: 5079

- Soweit das veräußerte Teilwaldrecht gemäß § 33 Abs. 3 Tiroler Flurverfassungslandesgesetz 1996 ein Anteilsrecht an einer Agrargemeinschaft darstellt, führen Holzbezüge auf Grund eines solchen Teilwaldrechtes zu Einkünften aus Kapitalvermögen nach § 27 Abs. 2 Z 1 lit. d EStG 1988 und die Veräußerung eines Teilwaldrechtes ist somit nach § 27 Abs. 3 EStG 1988 steuerpflichtig. Befindet sich das Teilwaldrecht im Betriebsvermögen eines land- und forstwirtschaftlichen Betriebes, sind die Einkünfte den Einkünften aus Land- und Forstwirtschaft zuzuordnen, sie sind aber mit dem besonderen Steuersatz nach § 27a EStG 1988 zu erfassen.
- Stellt das Teilwaldrecht jedoch gemäß § 40 Abs. 4 Tiroler Flurverfassungslandesgesetz 1996 ein Nutzungsrecht im Sinne des Tiroler Wald- und Weideservitutengesetzes dar, ist der Erlös aus dem Verkauf eines Teilwaldrechtes, das zum Anlagevermögen einer Landwirtschaft gehört, zur Gänze (abzüglich eines allfälligen Buchwertes) als Einkünfte aus Land- und Forstwirtschaft zum Normaltarif zu erfassen. Eine Ausscheidung eines anteiligen Wertes für Grund und Boden aus dem Veräußerungserlös ist nicht zulässig (VwGH 23.10.1990, 90/14/0169). Zur Veräußerung von solchen Teilwaldrechten im Privatvermögen siehe Rz 115a.

(BMF-AV Nr. 2015/133)

15.1.8.3 Veräußerung von Waldgrundstücken

Die Veräußerung einzelner Waldparzellen kann niemals als außerordentliche Waldnut- 5080
zung gewertet werden. Dies ergibt sich daraus, dass die Veräußerung einer Parzelle nicht als deren Nutzung anzusehen ist, eine Waldnutzung – wenn auch eine in ihrem Ausmaß erhöhte – aber Grundvoraussetzung ist (VwGH 16.6.1987, 85/14/0110); siehe auch Rz 4194 ff.

15.1.8.3.1 Veräußerungserlös

Der Veräußerungserlös ist grundsätzlich den Vereinbarungen zwischen Käufer und 5081
Verkäufer (zB Kaufvertrag) zu entnehmen. Nebenleistungen und Schuldübernahmen des Käufers zählen zum Veräußerungserlös.

15.1.8.3.2 Aufteilung des Veräußerungserlöses auf die einzelnen Wirtschaftsgüter

Zur Ermittlung des Veräußerungsgewinnes werden die einzelnen Wirtschaftsgüter zu- 5082
nächst mit dem Verkehrswert bewertet. Sodann ist der Wertanteil der steuerpflichtigen Verkehrswerte am Gesamtschätzwert festzustellen und die so gewonnene Wertrelation auf den tatsächlichen Verkaufserlös zu übertragen (Verhältnismethode).

Grundsätzlich ist der Bewertung ein objektiver Maßstab zugrunde zu legen. Subjektive Be- 5083
weggründe des Erwerbers werden dabei nicht berücksichtigt (VwGH 6.7.2006, 2002/15/0175).

(AÖF 2007/88)

5084 Der auf (den nackten) Grund und Boden entfallende Teil des Veräußerungserlöses bleibt bei vor dem 1.4.2012 abgeschlossenen Veräußerungsverträgen – abgesehen von der Ermittlung eines allfälligen Spekulationsgewinnes – steuerfrei.

Bei nach dem 31.3.2012, aber vor dem 1.1.2016 abgeschlossenen Veräußerungsverträgen ist der auf den (nackten) Grund und Boden entfallende Veräußerungsgewinn zum besonderen Steuersatz in Höhe von 25% zu versteuern (zu den Ausnahmen vom besonderen Steuersatz siehe Rz 6682 ff). Bei Verträgen, die nach dem 31.12.2015 abgeschlossen werden, ist der erhöhte besondere Steuersatz von 30% anzuwenden; dies gilt unabhängig von der Gewinnermittlungsart (§ 124b Z 276 EStG 1988). Für Grund und Boden, der zum 31.3.2012 nicht steuerverfangen war, kann gemäß § 4 Abs. 3a Z 3 lit. a EStG 1988 der Gewinn nach den Regeln des § 30 Abs. 4 EStG 1988 pauschal ermittelt werden (siehe dazu Rz 779 ff). Maßgebliche Kriterien für die Bewertung des Waldbodens sind die natürlichen Ertragsbedingungen, die Geländemerkmale, die Erschließung des Waldes und die Verkehrslage. Für die unproduktiven Flächen ist ein „Verriegelungswert" anzusetzen.

(BMF-AV Nr. 2018/79)

5085 Die Wertermittlung für die hiebsreifen Bestände (stehendes Holz) erfolgt durch Berechnung der Abtriebswerte (Durchschnittserlös in S/fm je Baumart, Alter und Ertragsklasse sowie Sortiment abzüglich Erntekosten pro fm ergibt den erntekostenfreien Erlös pro fm), für mittelalte Bestände durch Ermittlung des Bestandeserwartungswertes und für Kulturen und Jungbestände durch Ableitung der Bestandeskostenwerte. Die Summe dieser Bestandeswerte ergibt den Verkehrswert des stehenden Holzes. Lediglich unbestockte Flächen bleiben ohne Ansatz eines Bestandeswertes.

5085a Zur Rebflächen siehe Rz 4200c.

(BMF-AV Nr. 2015/133)

5086 Zu beachten ist, dass gemäß § 38 Abs. 2 Schillingeröffnungsbilanzgesetz eine Aufwertung von Buchwerten des stehenden Holzes nur bei tatsächlicher Aktivierung in der Schlussbilanz 1952 zulässig war. In allen anderen Fällen, insbesondere bei unentgeltlichem Erwerb (Erbschaft, Schenkung) sind die historischen Anschaffungskosten anzusetzen. Kronenbeträge sind nach dem Schillinggesetz in Schilling und diese mit dem amtlich festgestellten Umrechnungskurs (1 Euro = 13,7603 ATS) in Euro umzurechnen. Sind keine Anschaffungskosten gegeben, weil der Forst unentgeltlich vom Vorgänger (zumeist Generationen hindurch) erworben wurde, sind die historischen Anschaffungskosten zu schätzen. Es bestehen keine Bedenken, wenn – wie bei pauschalierter Gewinnermittlung – die historischen Anschaffungskosten in Höhe des (auf die entsprechenden Flächen anteilig entfallenden) Einheitswertes zum 1. Jänner 2014 geschätzt werden.

(BMF-AV Nr. 2015/133)

5087 Das Jagdrecht gilt als selbständig bewertbares Wirtschaftsgut (VwGH 16.11.1993, 90/14/0077). Alle wertrelevanten Faktoren – wie Wildarten, Abschussquoten, erzielbare Abschussgelder, Qualität der Trophäen, Arrondierung – sind zu berücksichtigen. Es entspricht nicht einer objektiven Wertermittlung, den Jahresertragswert einer Eigenjagd ausschließlich auf Basis des Ertrages aus dem Wildbretverkauf zu ermitteln. Eine geeignete Wertermittlung stellt die Kapitalisierung eines objektiv erzielbaren Pachtzinses dar.

5088 Der Gebäudewert wird nach den Grundsätzen für die Ermittlung des gemeinen Wertes von Baulichkeiten des Grundvermögens errechnet.

5089 Forststraßen und Forstwege mit befestigtem Unterbau stellen grundsätzlich selbständige Wirtschaftsgüter dar und sind daher gesondert zu bewerten. Gleiches gilt für ein Wegerecht (siehe Rz 553). Ungeachtet dessen sind für Zwecke der Besteuerung von Gewinnen aus der Veräußerung von Grundstücken Wirtschaftsgüter, die nach der Verkehrsauffassung derart in einem engen Nutzungs- und Funktionszusammenhang mit einem Grundstück stehen, dass sie die Nutzung dieses Grundstücks ermöglichen oder verbessern (zB Forststraßen und Forstwege, Zäune und Drainagen), vom Grundstücksbegriff umfasst (Rz 577 und Rz 6621).

Unabhängig von der steuerlichen Behandlung im Zusammenhang mit der Veräußerung, stellen aus der Sicht des Erwerbers befestigte forstwirtschaftliche Bringungsanlagen selbständig bewertbare Wirtschaftsgüter dar. Nicht befestigte Wege sind hingegen Bestandteil des Grund und Bodens und damit nicht gesondert zu bewerten. Siehe auch Rz 7339.

(AÖF 2013/280)

15.1.8.3.3 Veräußerungskosten

5090 Die auf Grund und Boden anteilig entfallenden Veräußerungskosten sind nicht abzugsfähig. Anteilige Veräußerungskosten iZm mit der Veräußerung von Gebäuden und grundstücksgleichen Rechten sind ebenfalls nicht abzugsfähig, wenn das Veräußerungsgeschäft nach dem 31.3.2012 abgeschlossen wurde, weil es sich bei diesen Wirtschaftsgütern – wie auch bei Grund und Boden – um Grundstücke im Sinne des § 30 Abs. 1 EStG 1988 handelt und daher der besondere Steuersatz von 25% bzw. bei Veräußerungen nach dem 31.12.2015 von 30% anwendbar ist.

(BMF-AV Nr. 2018/79)

15.1.8.3.4 Buchwerte

Wurden die veräußerten Waldflächen entgeltlich erworben, so sind die Buchwerte für das stehende Holz, die Eigenjagd, die Gebäude und sonstigen Wirtschaftsgüter von den Anschaffungskosten abzuleiten, soweit der Veräußerer die veräußerten Wirtschaftsgüter nicht selbst hergestellt hat. **5091**

Fehlen konkrete Hinweise auf eine wertrelevante Änderung des angekauften Holzbestandes (keine Kahlschlagflächen oder frisch aufgeforstete Kulturen in größerem Ausmaß), ist es gerechtfertigt, die bei der Veräußerung anzuwendende Wertrelation auf die Anschaffungskosten zu übertragen. (siehe Rz 4194 ff) **5092**

Die Wertrelation der im Zeitpunkt der Veräußerung ermittelten Schätzwerte kann dann nicht auf die Anschaffungskosten übertragen werden, wenn die für die Aufteilung auf die einzelnen Wirtschaftsgüter maßgeblichen Kriterien im Zeitpunkt der Veräußerung und im Zeitpunkt der Anschaffung der Wirtschaftsgüter unterschiedlich waren (unterschiedliches Grundstückspreisniveau im Zeitpunkt der Anschaffung und Veräußerung, nicht erschlossene Forstflächen). **5093**

Die Anschaffungskosten eines unbefristeten Wegerechtes können mangels Abnutzung nicht im Wege der AfA abgesetzt werden (VwGH 27.10.1976, 1418/74, 2356/75). Ebenso nicht das mit Dienstbarkeitsvertrag einer Weginteressentenschaft (Körperschaft öffentlichen Rechts), die eine Mautstraße betreibt, eingeräumte Recht zur Benutzung von Grundflächen zum Zwecke der Errichtung eines Weges (VwGH 5.10.1993, 93/14/0122). Als Buchwerte im Falle der Ablöse dieser Rechte bei Veräußerung von Waldgrundstücken kommen daher die vollen Anschaffungskosten zum Zuge. **5094**

Hat der Veräußerer die veräußerten Wirtschaftsgüter selbst hergestellt, so sind deren Buchwerte von den Herstellungskosten abzuleiten. Dazu zählen allfällig auch aktivierungspflichtige Erstaufforstungskosten und für das stehende Holz angesetzte höhere Teilwerte (VwGH 21.10.1986, 86/14/0021). **5095**

15.1.9 Weinbau

Unter Weinbau versteht man die Erzeugung von Weintrauben durch planmäßige Bewirtschaftung von mit Weinreben bepflanzten Grundstücken (Weingärten) und die Verarbeitung von Wein einschließlich der Vermarktung. Als Weingärten gelten auch stillgelegte Flächen. **5096**

(AÖF 2002/84)

15.1.9.1 Abgrenzung zum Nebenbetrieb

Erzeugt ein Winzer auch Schaumwein, Sekt oder Edelbrände, so kann ein Nebenbetrieb vorliegen. **5097**

15.1.9.2 Wirtschaftsgüter des Anlagevermögens

Marken-, Liefer- und Nutzungsrechte sowie Auspflanzrechte sind selbständig bewertbare Wirtschaftsgüter. Das Auspflanzrecht ist nicht abnutzbares Anlagevermögen. **5098**

Das System der Auspflanzrechte wurde mit 1.1.2016 durch ein neues Genehmigungssystem für Rebpflanzungen ersetzt. Bestehende (nicht in Anspruch genommene) Pflanzungsrechte, die vor dem 31.12.2015 gewährt wurden, werden per Antrag in Genehmigungen umgewandelt. Solche Anträge können bis 31.12.2020 eingebracht werden. Werden diese Genehmigungen nicht in Anspruch genommen, laufen sie spätestens zum 31. Dezember 2023 aus (siehe § 26 Abs. 4 Weingesetz 2009 iVm § 2 Abs. 2 Verordnung des Bundesministers für Land- und Forstwirtschaft, Umwelt und Wasserwirtschaft zur Durchführung des gemeinschaftlichen Genehmigungssystems für Rebpflanzungen). Ein Auspflanzungsrecht, das nach dem Jahr 2020 noch vorhanden ist, erlischt spätestens mit 2023. Mit diesem Zeitpunkt wird es wertlos, allfällige Anschaffungskosten sind daher im Jahr des Erlöschens abzuschreiben. Vor dem Erlöschen unterliegt das Auspflanzungsrecht keiner AfA.

Die endgültige Aufgabe des Weinbaus gemäß Art. 1 der VO EWG Nr. 1442/88 ist auch die endgültige Aufgabe des Auspflanzrechtes (§ 3 Abs. 1 der Verordnung BGBl. Nr. 493/1996).

(BMF-AV Nr. 2021/65)

15.1.9.2.1 Weingartenanlagen, Weingärten

5099 Terrassierungen in Zusammenhang mit der Errichtung von Neuanlagen (Vorbereitung des Bodens) sind Bestandteil von Grund und Boden. Stützmauern, Bewässerungsanlagen und Drainagen sind selbständige abnutzbare Wirtschaftsgüter des Anlagevermögens.

Bei der Veräußerung bzw. beim Kauf von Weingärten sind bei der Bewertung von Grund und Boden die Qualität der Lage bzw. die Besonderheit der Riede zu beachten.

15.1.9.2.2 Rebanlagen

5100 Die Rebanlage besteht aus Reben und dem Stützmaterial (Steher, Stöcke, Draht) und ist als selbständiges Wirtschaftsgut mit den Anschaffungs- bzw. Herstellungskosten (abzüglich AfA) zu bewerten. Für Rebanlagen ist eine Nutzungsdauer von mindestens 25 Jahren anzunehmen (für Rebanlagen, die vor dem Wirtschaftsjahr 2019 ausgesetzt wurden, ist eine Nutzungsdauer von mindestens 20 Jahren anzunehmen). Besondere Umstände, die einen echten Wertverlust der Rebanlage bedingen, wie etwa in Folge einer Schädigung durch Hagel, Frost oder Dürre aber auch Geschmackswandel, können im Wege einer Abschreibung für außergewöhnliche Abnutzung Berücksichtigung finden. Rebanlagen sind grundsätzlich als Sachgesamtheit (Einheit) zu behandeln.

Nachträgliche Anschaffungs- oder Herstellungskosten sind idR auf die Restnutzungsdauer zu verteilen. Verlängert sich dadurch die Restnutzungsdauer, so ist diese neu festzusetzen.

(BMF-AV Nr. 2018/79)

15.1.9.3 Wirtschaftsgüter des Umlaufvermögens

5101 Zu den Wirtschaftsgütern des Umlaufvermögens zählt insbesondere der Weinvorrat. Dieser ist mit den Anschaffungs- oder Herstellungskosten anzusetzen. Ein niedrigerer Teilwert kann (bzw. muss bei Gewinnermittlung gemäß § 5 EStG 1988) angesetzt werden. Der Teilwert ist durch retrograde (verlustfreie) Bewertung zu ermitteln.

5102 Zur Durchführung der Verordnung (EG) Nr. 884/2001 mit Durchführungsbestimmungen zu den Begleitdokumenten für die Beförderung von Weinbauerzeugnissen und zu den Ein- und Ausgangsbüchern im Weinsektor, ABl. Nr. L 128 vom 10.05.2001, S. 32, ist die Kellerbuchverordnung (BGBl II Nr. 149/2005) ergangen. Erzeuger und Inverkehrbringer von Weinbauerzeugnissen haben vollständige und systematisch geordnete Aufzeichnungen über hergestellte sowie ein- und ausgegangene Erzeugnisse und deren Art der Behandlung, einschließlich der verwendeten Behandlungsstoffe, zu führen.

Für Winzer, die pro Jahr maximal 100.000 l Wein herstellen (Kleinerzeuger), entfällt ab 2006 die Verpflichtung zur fortlaufenden Bestandsverrechnung. Das Kellerbuch (Sammelmappe) umfasst bei Kleinerzeugern daher im Wesentlichen nur mehr eine Belegsammlung, ein Maßnahmenblatt (Weinbehandlung) und ein Behälterverzeichnis.

Der Schwund ist auf Grund der tatsächlichen Verhältnisse zu berücksichtigen, ein pauschaler Ansatz des Schwundes ist nicht zulässig.

Bei Weinen besonderer Qualität oder Raritäten (Prädikatsweine, Vinothekweine) müssen die höheren Herstellungskosten bei der Bewertung berücksichtigt werden.

(AÖF 2007/88)

15.1.9.4 Aufzeichnungspflichten im Weinbau

5103 Soweit die pauschalierte Gewinnermittlung im Weinbau auf die Einnahmen abstellt, sind diese nach Maßgabe des Zuflussprinzips laufend aufzuzeichnen und die entsprechenden Belege aufzubewahren. Aufzeichnungs- und Aufbewahrungspflichten ergeben sich auch nach anderen Vorschriften, zB nach dem Weingesetz 2009.

(AÖF 2011/66)

Randzahl 5104: *derzeit frei*

(AÖF 2011/66)

5105 Die Bestimmungen des § 124 BAO sind auch auf EU-Rechtsgrundlagen anzuwenden. Neben der Verordnung Nr. 1493/1999 über die gemeinsame Marktorganisation für Wein kommt den Bestimmungen der Verordnung Nr. 884/2001 (Titel I Begleitdokumente, Titel II Ein- und Ausgangsbücher) sowie der Verordnung Nr. 1282/2001 (Kapitel I Erntemeldung, Kapitel II Erzeugungs-, Verarbeitungs- und Absatzmeldung, Kapitel III Bestandsmeldung) besondere Bedeutung zu.

(AÖF 2007/88)

15.1.10 Gartenbau

Gartenbau ist die Erzeugung und Verwertung hochwertiger Pflanzen (wie Blumen, Gemüse, Beerenkulturen, Ziergehölze) mit Hilfe der Naturkräfte durch Bodenbewirtschaftung, wobei ein Mindestbezug zum Grund und Boden gegeben sein muss (VwGH 8.3.1963, 495/61). Typisch für einen Gartenbaubetrieb ist die arbeitsintensive, technisierte Nutzung einer relativ kleinen Fläche, wobei der Grund und Boden als hauptsächlicher Produktionsfaktor (Substratkultur) nach und nach zurücktritt. **5106**

Zum Gartenbau zählen ua. (Forst)Baumschulen, Blumenzucht, Gemüsebau, Pilzzuchtbetriebe (nicht laboratoriumsmäßig) und Rebschulen. Ob die für die Pflanzenzucht notwendigen Samen oder Setzlinge aus dem eigenen oder aus einem fremden Betrieb stammen, ist unerheblich (VwGH 10.1.1964, 1297/63). Unternehmen zur Gestaltung von Gärten, Friedhofsgärtner ohne Pflanzenzucht oder Landschaftsgärtnereien zählen nicht zum Gartenbau. Diese Tätigkeiten sind auf lohnintensive Gestaltung von Gärten gerichtet; die Urproduktion (Pflanzenzucht und deren Verwertung) ist von untergeordneter Bedeutung. **5107**

Vermarktet der Gärtner oder ein Landwirt, der Obstbau oder intensiv Feldgemüsebau betreibt, seine Urprodukte selbst (Ab-Hof-Verkauf, Ladengeschäft, auf dem Bauernmarkt) liegen Einkünfte aus Land- und Forstwirtschaft vor. **5108**

15.1.10.1 Blumengeschäft

Ob bei einem Blumengeschäft noch Gartenbau oder schon Gewerbebetrieb vorliegt, entscheidet sich nach dem Anteil (für die Abgrenzung gilt § 30 Abs. 9 BewG) und nach der Art der zugekauften Ware (siehe Rz 5110). **5109**

15.1.10.2 Gärtnereien

Ein gärtnerischer Betrieb beginnt dort, wo landesüblich erheblich, zB durch Bewässerung, Glas- und Gewächshäuser, Folientunnels mit intensiver Bebauung ortsfest auf fixen Flächen in die Natur eingegriffen wird. Das Auflegen von Folien allein bedeutet noch keinen erheblichen Eingriff. **5110**

Investitionen auf gepachteten Flächen eines gärtnerischen Betriebes sind dem Pächter zuzurechnen.

Fallen eine Landwirtschaft und eine Gärtnerei zusammen, so ist eine Trennung der beiden Betriebszweige vorzunehmen. **5111**

Bei Feldgemüsebau ist die Produktion von Gemüse in den Ackerbau integriert. Dadurch wird die bei gärtnerischem Gemüseanbau vorzufindende Intensität der Bewirtschaftung im Normalfall nicht erreicht. **5112**

Der gärtnerische Betrieb wird Gewerbebetrieb, wenn der Einkaufswert des Zukaufes im Sinne des § 30 Abs. 9 und 10 BewG 1955 mehr als 25% des Umsatzes beträgt. Nicht dazu gehört Materialzukauf für eigene Produkte. Zugekaufte kleingewachsene Topfpflanzen, die erst im Betrieb weiter- und auswachsen, sind nicht als Zukauf anzusehen. Dies trifft auf alle Jungpflanzen und Setzlinge (bei Pflanzen, Stauden, Sträuchern, Bäumen) zu. Eine Trennung der zugekauften Handelsware und der zugekauften, im Betrieb verwendeten Ware ist erforderlich. **5113**

Bei Hydrokulturen (Züchtung von Blumen und Pflanzen in Nährlösungskultur) oder Substratkulturen (erdelose Kulturen) liegt eine gärtnerische Betätigung vor. **5114**

(BMF-AV Nr. 2019/75)

Die Tätigkeit eines Friedhofgärtners richtet sich danach, ob seine landwirtschaftliche Tätigkeit (Pflanzenzucht) oder seine gewerbliche Tätigkeit (Gräberschmückung und -betreuung) als Haupttätigkeit anzusehen ist (VwGH 30.4.1953, 98/51). **5115**

15.1.10.3 Forstbaumschule

Der Verkauf zugekaufter Forstpflanzen ohne Bearbeitung (Auspflanzung) wird dem Tatbestand einer Urproduktion nicht gerecht. Dies schließt aber nicht aus, die Einkünfte aus der Forstbaumschule einer Personengesellschaft (mit einer Gewerbeberechtigung, die sie zum Handel mit Samen, Pflanzen, Keimapparaten und Wildschutzmittel befähigt) insgesamt den Einkünften aus Land- und Forstwirtschaft zuzuordnen (VwGH 16.3.1979, 2979/76, 960, 961/77). **5116**

15.1.11 Obstbau

Unter Obstbau versteht man die planmäßige Nutzung der natürlichen Kräfte des Bodens zur Gewinnung und Verwertung von Obst (Beeren, Kern- und Steinobst). Wie der Wein ist auch der Most (Obstwein) ein Urprodukt. Obstanlagen (Sonderkulturen) sind geschlossene **5117**

Pflanzungen von Obstbäumen oder -sträuchern, zumeist eingezäunt und in regelmäßigen Pflanzabständen (Obstplantagen).

15.1.12 Fischzucht, Teichwirtschaft und Binnenfischerei

5118 Unter Fischzucht versteht man die kommerziell betriebene Nach- und Aufzucht von Fischen, die Produktion vom Ei bis zum Laichfisch. Bei den Einkünften aus Binnenfischerei, Fischzucht und Teichwirtschaft ist ein Zusammenhang mit einer Land- und Forstwirtschaft nicht erforderlich. Unmaßgeblich ist auch, ob diese Tätigkeit in eigenen oder gepachteten Gewässern erfolgt (VwGH 27.10.1987, 87/14/0129), ob der Land- und Forstwirt die Fische selbst fängt oder Dritten gegen Entgelt das Recht zum Fischfang einräumt und ob eigene oder zugekaufte Futtermittel verwendet werden. Einnahmen aus der Verpachtung eines dem land- und forstwirtschaftlichen Betriebsvermögen zuzurechnenden Fischereirechts sind den Einkünften aus Land- und Forstwirtschaft zuzurechnen; dies gilt auch im Fall einer Dauerverpachtung, solange keine Betriebsaufgabe vorliegt (VwGH 20.3.2014, 2010/15/0123). Im Ergebnis ist es daher idR unbeachtlich, wie die Bewirtschaftung des Fischereirechtes erfolgt. Diese kann durch eine Eigenbewirtschaftung oder durch eine Fremdbewirtschaftung (Verpachtung) erfolgen. Eine Betriebsaufgabe kann durch die Verpachtung eines Fischereirechtes nur dann angenommen werden, wenn die Bewirtschaftung des Fischereirechtes Liebhaberei darstellt.

(BMF-AV Nr. 2018/79)

5119 Fischhandel fällt nicht unter § 21 Abs. 1 Z 3 EStG 1988. Verkauft der Land- und Forstwirt (der Fischer) auch zugekaufte Fische, so liegen Einkünfte aus Land- und Forstwirtschaft noch vor, wenn der Einkaufswert des Zukaufes nicht mehr als 25% des Umsatzes aus dem Fischereibetrieb (= ein landwirtschaftlicher Hauptbetrieb) beträgt. Werden die Fische geräuchert, getrocknet oder gebeizt, liegt in dieser Bearbeitung ein Nebenbetrieb (des Hauptbetriebes Fischerei) vor. Wird die Grenze des Zukaufes oder die Umsatzgrenze von 40.000 Euro (bis 2019: 33.000 Euro) überschritten, wird die Fischerei zum Gewerbebetrieb (siehe Rz 5045 ff).

(BMF-AV Nr. 2021/65)

5120 Zur wirtschaftlichen Einheit einer Binnenfischerei gehört nicht nur das bewegliche Betriebsvermögen des Fischers, wie Kähne, Reusen, Netze, Angeln, Waagen und sonstiges Gerät, sondern auch und vor allem das Fischereirecht.

5121 Dient das Gewässer verschiedenen Zwecken, dann ist nach der überwiegenden Zweckbestimmung zu beurteilen, ob ein landwirtschaftlicher Hauptzweck vorliegt, wobei sich das Überwiegen nach der Verkehrsauffassung richtet.

15.1.12.1 Fischereirecht

5122 Das Fischereirecht ist die ausschließliche Befugnis, in jenem Gewässer, auf das sich das Recht räumlich erstreckt, Fische, Krustentiere und Muscheln zu hegen, zu fangen und sich anzueignen. Es ist ein Privatrecht und dort, wo es vom Eigentum abgesondert in Erscheinung tritt, ein selbständiges dingliches Recht (OGH 26.4.1978, 1 Ob 7/78, EvBl. 1979/23).

Während das Fischereirecht an im Eigentum des Fischereiberechtigten stehenden Gewässern (gutseigene Fischwässer) als ein selbständiges, mit dem Eigentum am Grund und Boden untrennbar verbundenes Recht und als Ausfluss und Teil des Eigentumsrechtes am gutseigenen Gewässer betrachtet wird, werden Fischereirechte an Gewässern, die nicht im Eigentum des Fischereiberechtigten stehen, als Dienstbarkeiten angesehen. Das Fischereirecht ist somit ein rechtlich selbständiges, vom Eigentum am Grund und Boden losgelöstes und daneben in Erscheinung tretendes, frei verfügbares und damit gesondert bewertbares und übertragbares Wirtschaftsgut im Rahmen eines land- und forstwirtschaftlichen Betriebes.

Rechtslage bis zur Veranlagung 2020

Ein solches Fischereirecht stellt ein grundstücksgleiches Recht im Sinne des § 30 Abs. 1 EStG 1988 dar (siehe auch die Landesfischereigesetze). Die Veräußerung eines solchen Fischereirechtes stellt daher eine Grundstücksveräußerung dar und unterliegt dem besonderen Steuersatz gemäß § 30a Abs. 1 EStG 1988. Zu Fischereirechten an einem fremden Gewässer siehe Rz 6622.

Rechtslage ab der Veranlagung 2021

Fischereirechte an fremden Gewässern stellen keine grundstücksgleichen Rechte iSd § 30 Abs. 1 EStG 1988 dar. Sind sie als Grunddienstbarkeit gestaltet, sind sie unselbständiger Bestandteil des Grund und Bodens (VwGH 10.9.2020, Ra 2019/15/0066). Der (allenfalls) auf solche Rechte entfallende Teil des Veräußerungserlöses ist daher für Zwecke der Besteuerung der Grundstücksveräußerung nicht aus der Bemessungsgrundlage auszuscheiden, sondern teilt das Schicksal des auf den Grund und Boden entfallenden Kaufpreises (siehe Rz 5009).

(BMF-AV Nr. 2021/65)

15.1.12.1.1 Veräußerungserlöse

Rechtslage vor dem 1.4.2012 **5122a**

Die Veräußerung eines betrieblichen Fischereirechtes kann insb. betreffen:

a) Erlöse aus der Veräußerung eines betrieblichen Fischteiches auf eigenem Grund und Boden
b) Erlöse aus der Veräußerung eines betrieblichen Fischereirechtes auf eigenem Grund und Boden
c) Erlöse aus der Veräußerung eines betrieblichen Fischereirechtes auf fremdem Grund und Boden
d) Erlöse aus der Veräußerung eines im Miteigentum stehenden Fischereirechtes auf fremdem Grund und Boden (Fischereigemeinschaft).

Zu a) Der gesamte Erlös abzüglich Buchwert und Anteil Grund und Boden ist steuerpflichtig. Der Grundanteil ist im Wege einer Verhältnisrechnung zu ermitteln (siehe Rz 5082 ff, Rz 5659).

Zu b) und c) Der Erlös ist zur Gänze steuerpflichtig. Der Nachweis für einen abzugsfähigen Buchwert obliegt dem Steuerpflichtigen.

Zu d) Wird das Fischereirecht von den Miteigentümern genutzt, liegt eine Mitunternehmerschaft vor. Die Veräußerung des Fischerrechtes ist steuerpflichtig. Der Nachweis für einen abzugsfähigen Buchwert obliegt den Steuerpflichtigen.

Stellt die Veräußerung des Fischereirechtes eine (Teil)Betriebsveräußerung dar, erfolgt die Versteuerung nach Maßgabe der §§ 24, 37 EStG 1988.

Rechtslage nach dem 31.3.2012

Die Veräußerung eines betrieblichen Fischereirechtes kann insb. betreffen:

a) Erlöse aus der Veräußerung eines betrieblichen Fischteiches auf eigenem Grund und Boden
b) Erlöse aus der Veräußerung eines betrieblichen Fischereirechtes auf eigenem Grund und Boden
c) Erlöse aus der Veräußerung eines betrieblichen Fischereirechtes auf fremdem Grund und Boden
d) Erlöse aus der Veräußerung eines im Miteigentum stehenden Fischereirechtes auf fremdem Grund und Boden (Fischereigemeinschaft).

Zu a) Der gesamte Erlös ist steuerpflichtig. Der Fischteich stellt ein eigenständiges, von Grund und Boden verschiedenes Wirtschaftsgut dar. Die Grundsätze der Grundstücksbesteuerung (siehe dazu Rz 763 ff) sind daher auf den Fischteich nicht anzuwenden; insbesondere der besondere Steuersatz ist auf den auf den Fischteich entfallenden Veräußerungserlös nicht anzuwenden.

Zu b) Der Erlös ist zur Gänze steuerpflichtig. Da es sich hier um kein grundstücksgleiches Recht handelt, sind die Grundsätze der allgemeinen Gewinnermittlung anzuwenden. Der Nachweis für einen abzugsfähigen Buchwert obliegt dem Steuerpflichtigen.

Zu c) Der Erlös ist bis zur Veranlagung 2020 nach den Grundsätzen der Grundstücksbesteuerung zur Gänze steuerpflichtig (siehe dazu auch Rz 763 ff). Der Nachweis für einen abzugsfähigen Buchwert obliegt den Steuerpflichtigen. Ab der Veranlagung 2021 unterliegt der Erlös dem Tarif (Veräußerung von Betriebsvermögen), sofern das Fischereirecht keine Grunddienstbarkeit darstellt (Voraussetzung für eine abgesonderte Veräußerbarkeit des Rechtes).

Zu d) Wird das Fischereirecht von den Miteigentümern genutzt, liegt eine Mitunternehmerschaft vor. Die Veräußerung des Fischereirechtes ist bis zur Veranlagung 2020 nach den Grundsätzen der Grundstücksbesteuerung steuerpflichtig. Der Nachweis für einen abzugsfähigen Buchwert obliegt den Steuerpflichtigen. Ab der Veranlagung 2021 ist die Veräußerung des Fischereirechtes als (Teil)Betriebsveräußerung gemäß § 24 EStG 1988 anzusehen, sofern das Fischereirecht keine Grunddienstbarkeit darstellt (Voraussetzung für eine abgesonderte Veräußerbarkeit des Rechtes).

(BMF-AV Nr. 2021/65)

15.1.13 Bienenzucht

Die Bienenzucht zählt gemäß § 50 BewG 1955 zum übrigen land- und forstwirtschaftlichen Vermögen und ist daher der Land- und Forstwirtschaft zuzuordnen, auch wenn kein Zusammenhang mit einem land- und forstwirtschaftlichen Betrieb besteht. Unmaßgeblich ist auch, woher die zusätzlich verabreichten Futtermittel (Zucker) stammen. **5123**

Zu den Urprodukten zählen Honig, Cremehonig, Blütenpollen, Propolis, Gelee royal, Bienenwachs und Bienengift. Met gilt bis 2008 als be- und/oder verarbeitetes Produkt, ab 2009 als Urprodukt (vgl. Rz 4220). Als be- und/oder verarbeitete Produkte gelten ua. Propolistinktur (Propolistropfen), Propoliscreme, Bienenwachskerzen, Bienenwachsfiguren, Honigzuckerl, Honig gemischt mit anderen Produkten (zB Früchte, Nüsse), Honiglikör, Honigbier, Verarbeitung von Rohwachs zu Mittelwänden.

Einheitsbewertung: Grundsätzlich wird für Imkereien ab mindestens 50 Bienenvölkern (bis 2014: 40 Ertragsvölkern oder Einheitswert auf Basis einer Einzelertragsbewertung) ein Einheitswert auf Basis von pauschalen Ertragswerten festgestellt.

Rechtslage ab 2015:

Mit dem pauschalen Ertragswert (pro Bienenvolk) gelten die Honiggewinnung sowie anfallendes Bienenwachs sowie Rohpropolis als miterfasst. Die Erzeugung von Bienenköniginnen, Weiselzellen, Met, Gelee Royale, Bienengift und anderen marktgängigen Urprodukten der Imkerei (zB Ablegervölker), soweit sie nicht im pauschalen Ertragswert bereits berücksichtigt sind, ist ab einem Umsatz von 1.500 Euro (Freibetrag) aus diesen Produkten zusätzlich bei der Ermittlung des Einheitswertes zu berücksichtigen. Ein gesonderter Ansatz der Einnahmen im Rahmen der Vollpauschalierung erfolgt nicht.

(BMF-AV Nr. 2018/79)

15.1.14 Jagd

5124 Einkünfte aus Jagd sind Einkünfte aus Land- und Forstwirtschaft, wenn diese mit einem Betrieb einer Landwirtschaft oder einer Forstwirtschaft im Zusammenhang stehen. Eine isolierte Betrachtung der Jagd in Bezug auf Liebhaberei kommt nicht in Frage (siehe LRL 2012 Rz 7). Eigenjagden berechtigen den Eigentümer zur Jagdausübung. Eine bloße Jagdpacht ohne zugehörige (eigene oder gepachtete) Land- und Forstwirtschaft kann nicht zu diesen Einkünften führen (VwGH 2.6.1967, 0132/67).

(AÖF 2013/280)

15.1.14.1 Eigenjagdrecht

5125 Nach der Verkehrsauffassung ist das Eigenjagdrecht im wirtschaftlichen Verkehr selbständig bewertbar (VwGH 16.11.1993, 90/14/0077). Die selbständige Bewertbarkeit ist etwa durch Kapitalisierung erzielbarer Pachtzinse möglich. Das Recht bildet einen Vorteil auch für den nur an forstwirtschaftlicher Nutzung seines Waldes interessierten Grundeigentümer.

15.1.14.2 Jagdpachtung

5126 Einkünfte aus einer gepachteten Jagd sind nicht Einkünfte aus Land- und Forstwirtschaft, sondern Einkünfte aus Gewerbebetrieb oder Liebhaberei (VwGH 19.2.1985, 84/14/0104).

15.1.14.3 Jagd-(Wild-)Gatter

5127 Die Errichtung einer Umzäunung, der Zukauf von Futter und die Begleiterscheinungen einer Intensivierung der Jagd sind dem Begriff der Jagd im Sinne des § 21 Abs. 1 Z 4 EStG 1988 als Erscheinungsform der unter der Einkunftsart des § 2 Abs. 3 Z 1 EStG 1988 einzureihenden Urproduktion solange nicht hinderlich, als die wesentliche Futterbasis dem Grund und Boden der betreffenden Land- und Forstwirtschaft entstammt.

5128 Die Haltung von Wild in Gattern ist Tierhaltung und damit Urproduktion. Dabei sind sowohl die Bestimmungen hinsichtlich der Futtermittelbasis (Vieheinheiten) als auch die Abgrenzungskriterien zum Gewerbebetrieb zu beachten.

5129 Wildparks stellen Gewerbebetriebe dar, weil es an der planmäßigen Nutzung der natürlichen Bodenkräfte fehlt und der Ertrag (überwiegend) nicht aus der Verwertung oder Verwendung der Tiere im landwirtschaftlichen Betrieb oder zum Verkauf, sondern aus Eintrittsgeldern erzielt wird.

15.1.14.4 Bewertung von Wild und Wildabschüssen

5130 Das vom Eigenjagdberechtigten oder von seinen Angehörigen erlegte Wild, das dem eigenen Verzehr zugeführt wird, wie auch das betriebsfremden Personen überlassene Wildbret bei unentgeltlichen Abschüssen stellen Entnahmen dar.

5131 Wild zählt zu den gesondert bewertbaren Wirtschaftsgütern mit biologischem Wachstum (siehe Rz 2301). Es zählt solange zu den nichtabnutzbaren Anlagegütern, als es nicht erlegt, entnommen oder veräußert wird. Daher könnte für Wild auch der höhere Teilwert gemäß § 6 Z 2 lit. b EStG 1988 angesetzt werden. Es bestehen jedoch keine Bedenken, wenn die Herstellungskosten wie bisher sofort als Betriebsausgaben abgesetzt werden.

Der Abschuss von Wild zur Erfüllung des Abschussplanes gehört zu den berufsrechtlichen Pflichten (Wild- und Forstpflege) und kann daher nicht als Entnahme für betriebsfremde Zwekke gewertet werden. Sind für einen Wildabschuss außerbetriebliche Gründe maßgeblich, liegt eine mit dem Teilwert zu bewertende Entnahme vor (VwGH 30.10.1974, 328, 329/1974). 5132

Die Ermittlung des Teilwertes des Abschusses von trophäentragendem Wild hat sich an den ortsüblichen Abschusspreisen zu orientieren. Es bestehen keine Bedenken, wenn der Teilwert durch Abzug eines angenommenen Gewinnabschlages in Höhe von 20% vom ortsüblichen Abschusspreis ermittelt wird. Verlassen Trophäen erlegten Wildes die betriebliche Sphäre des Eigenjagdberechtigten, liegt Entnahme vor. 5133

15.1.15 Teilbetrieb

15.1.15.1 Landwirtschaftlicher Teilbetrieb

Ein landwirtschaftlicher Teilbetrieb muss als selbständiger Organismus nach außen in Erscheinung treten. Weiters setzt ein landwirtschaftlicher Teilbetrieb zumeist eine besondere Viehhaltung und gesonderte Rechnungsführung voraus. 5134

Das Vorliegen dieser Voraussetzungen ist zu verneinen, wenn die verkauften landwirtschaftlichen Flächen (11 von 21 Hektar) einheitlich der Pferdezucht gedient haben und die landwirtschaftlichen Flächen des Gesamtbesitzes gemeinschaftlich verwaltet und geführt worden sind. Der Umstand, dass die verkauften Flächen über eine eigene Hofstelle verfügt haben, vermag für sich allein einen Teilbetrieb nicht zu begründen (VwGH 11.12.1990, 90/14/0199).

Ein landwirtschaftlicher Nebenbetrieb kann auch einen Teilbetrieb darstellen.

Wie die Landwirtschaft und die Forstwirtschaft (s Rz 5135 ff) in der Regel Teilbetriebe eines land- und forstwirtschaftlichen Betriebes sind, so stellen auch die gemäß § 50 Abs. 1 Z 1 bis 3 BewG zum übrigen land- und forstwirtschaftlichen Vermögen gehörenden wirtschaftlichen Einheiten, wie Fischzucht, Teichwirtschaft, Fischereirecht, Fischerei und Bienenzucht, in der Regel jeweils Teilbetriebe dar.

(AÖF 2002/84)

15.1.15.2 Forstwirtschaftlicher Teilbetrieb

Trotz der Besonderheiten der Forstwirtschaft für Nachhaltsbetriebe ist auf eine Beurteilung aus der Sicht des Veräußerers und damit auf Merkmale abzustellen, die auf eine selbständige Bewirtschaftung eines forstwirtschaftlichen Teilbetriebes schließen lassen. Als solche Merkmale werden eine gesonderte Betriebsrechnung oder getrennte Wirtschaftsführung, ein eigener Forstwirtschaftsplan für die abverkauften Flächen bzw. ihre räumliche Trennung vom übrigen Besitz und das Größenverhältnis zu diesem angesehen (VwGH 16.7.1987, 85/14/0110). 5135

Das Vorliegen eines Teilbetriebes setzt einen organisch in sich geschlossenen, mit einer gewissen Selbständigkeit ausgestatteten Teil eines Betriebes voraus, der es vermöge seiner Geschlossenheit dem Erwerber ermöglicht, die gleiche Erwerbstätigkeit ohne weiteres fortzusetzen. Der Teilbetrieb muss aus der Sicht des Übertragenden schon vor seiner Übertragung selbständig geführt worden sein. Eine nur betriebsinterne Selbständigkeit genügt nicht, vielmehr muss die Selbständigkeit nach außen in Erscheinung treten. 5136

Die Kriterien für das Vorliegen eines Teilbetriebes gelten gleichermaßen für Nachhaltswie für aussetzende Forstbetriebe.

(AÖF 2004/167)

Nach unentgeltlicher Übernahme eines forstwirtschaftlichen Teilbetriebes hat der Rechtsnachfolger die Buchwerte des Rechtsvorgängers fortzuführen (§ 6 Z 9 lit. a EStG 1988). Wird dem Rechtsnachfolger kein Teilbetrieb übertragen, liegt eine Entnahme vor, die gemäß § 6 Z 4 EStG 1988 mit dem Teilwert im Zeitpunkt der Entnahme zu bewerten ist. Diesfalls kommt es beim Rechtsvorgänger zur Aufdeckung der im stehenden Holz befindlichen stillen Reserven. 5137

Ein forstwirtschaftlicher Nebenbetrieb kann auch einen Teilbetrieb darstellen. 5138

Die Beurteilung, ob ein Teilbetrieb vorliegt oder nicht, erübrigt sich, wenn Anteile eines Gesellschafters, der als Mitunternehmer des (land- und) forstwirtschaftlichen Betriebes im Sinne des § 24 Abs. 1 Z 1 EStG 1988 anzusehen ist, verkauft werden.

15.2 Tierzucht- und Tierhaltungsbetriebe

Landwirtschaftliche Tierhaltung bedeutet das Halten von Tieren unter Nutzung der Bodenbewirtschaftung (Verwertung von pflanzlichen Erzeugnissen als Futtermittel) zur 5139

Verwertung der von ihnen und/oder aus ihnen erzeugten Produkte (Milch, Samen, Fleisch), aber auch zu ihrer Verwendung zB als Zugtiere oder als Tiere für den Reitsport.

5140 Tierzucht bedeutet die Vermehrung und Züchtung von Tieren unter Nutzung der Bodenbewirtschaftung zur Verwendung für die eigene Zucht und Tierhaltung oder für den Verkauf. Daher ist auch das Halten und die Zucht von zB Fasanen, Straußen, Wachteln oder Lamas eine Tätigkeit innerhalb der Land- und Forstwirtschaft.

(AÖF 2008/238)

5141 Ein landwirtschaftlicher Hauptbetrieb liegt vor, wenn zur Tierzucht oder Tierhaltung überwiegend Erzeugnisse verwendet werden, die im eigenen land- und forstwirtschaftlichen Betrieb gewonnen wurden (§ 21 Abs. 1 Z 2 EStG 1988 in Verbindung mit § 30 Abs. 3 BewG 1955). Die Erzeugnisse (insbesondere Futtermittel) müssen daher wertmäßig zu mehr als 50% aus der eigenen Bodenbewirtschaftung gewonnen werden.

(BMF-AV Nr. 2015/133)

5142 Tierzucht- und Tierhaltungsbetriebe, in denen zur Zucht oder Haltung der Tiere überwiegend zugekaufte Futtermittel verwendet werden, gelten aber noch als landwirtschaftliche Betriebe, wenn die im § 30 Abs. 5 bis 7 BewG 1955 angeführten Voraussetzungen (Vieheinheiten bezogen auf die reduzierte landwirtschaftliche Nutzfläche, wobei Flächen im Ausland unbeachtlich sind) vorliegen.

Einzeljahre, die auf Grund von Katastrophenereignissen (zB Hagel, Überschwemmung, Dürre usw.) einen überdurchschnittlichen Zukauf von Futtermitteln erfordern, können außer Betracht bleiben. Die genannten Gründe für den überdurchschnittlichen Zukauf sind glaubhaft zu machen.

(BMF-AV Nr. 2015/133)

5142a Die Schneckenzucht ist unter den in § 21 Abs. 1 Z 2 EStG 1988 erfassten Tatbestand „Tierzucht- und Tierhaltung im Sinne des § 30 Abs. 3 bis 7 des Bewertungsgesetzes 1955“ zu subsumieren. Da für Schnecken keine Vieheinheiten existieren, ist die Schneckenzucht dem § 21 EStG 1988 zuzuordnen, wenn dazu überwiegend Erzeugnisse verwendet werden, die im eigenen Betrieb gewonnen werden. Entsprechendes gilt für die Zucht von Insekten als Nahrungsmittel (zB Heuschrecken; Mehlwürmer) oder Futtermittel (Soldatenfliegenlarven als Fischfutter).

(BMF-AV Nr. 2019/75)

5143 Die Vieheinheiten sind an Hand des Gesamttierbestandes zu beurteilen und nicht nach einzelnen Tierarten. Werden die Vieheinheiten überschritten, liegt ein landwirtschaftlicher Betrieb dennoch vor, wenn überwiegend Futtermittel aus der eigenen Landwirtschaft beigestellt werden.

5144 Wenn der für die Viehzucht notwendige Futtermittelbedarf nicht aus der eigenen Land- und Forstwirtschaft stammt (und den Voraussetzungen im § 30 Abs. 5 bis 7 BewG nicht entsprochen wird), ist die Viehzucht grundsätzlich ein von der Landwirtschaft abgesonderter selbständiger Gewerbebetrieb (VwGH 15.5.1959, 1424/58); dies ist nach dem gesamten Viehbestand und nicht nach einzelnen Tierarten zu beurteilen.

5145 Werden in der Landwirtschaft Pferde auch zu Fuhrleistungen sowie Kutschen- und Schlittenfahrten verwendet, wird die Pferdehaltung noch nicht zum Gewerbebetrieb (VwGH 18.05.1960, 2714/59), wenn es sich um Nebenleistungen handelt. Die Einkünfte aus diesen Tätigkeiten sind solche aus Nebenerwerb. Stellen die Kutschen- und Schlittenfahrten jedoch den Hauptzweck des Betriebes dar, liegen Einkünfte aus Gewerbebetrieb vor.

(AÖF 2008/51)

5146 Auch Viehmästereien, Abmelkställe und Geflügelfarmen fallen unter Tierzucht und Tierhaltung, nicht hingegen Tierhandelsbetriebe (VwGH 16.3.1989, 88/14/0226). Eine Ausnahme besteht für die von einer Landwirtschaftskammer anerkannten Geflügelvermehrungszuchtbetriebe (gilt für Haushühner, Hausenten, Hausgänse und Puten), die auch dann als landwirtschaftlicher Hauptbetrieb oder Nebenbetrieb gelten, wenn zur Tierzucht überwiegend fremde Erzeugnisse verwendet werden. Durch die Anerkennung einer Geflügelzucht als Vermehrungszuchtbetrieb (Abgabe einwandfreier Bruteier, Eintagskücken und Junghühner zur Verbesserung der ländlichen Hühnerhaltung) ist das einzige erforderliche Tatbestandsmerkmal erfüllt, um die Einkünfte aus diesem Betrieb als solche aus Land- und Forstwirtschaft werten zu können; für diese Qualifikation schadet nicht, wenn daneben auch eine Geflügelmast betrieben wird (VwGH 18.6.1969, 1268/68).

5147 Gewerbliche Einkünfte liegen vor, wenn die Urproduktion (Zucht von Tieren) im Vergleich zum Tierhandel von untergeordneter Bedeutung ist (VwGH 16.3.1989, 88/14/0226; VwGH 12.9.1996, 94/15/0071). Ebenso bleibt ein Viehhändler Gewerbetreibender, wenn er Vieh einstellt.

Bei überwiegend eigenem Futtermitteleinsatz ist auch das Halten von Tieren im Wildgatter zum land- und forstwirtschaftlichen Betriebsbereich zu zählen. Tiergärten sind Gewerbebetriebe, weil die Tiere ohne natürliche Äsungsfläche gehalten werden und der Ertrag (überwiegend) aus Eintrittsgeldern erzielt wird. 5148

15.3 Land- und forstwirtschaftliche Nebenbetriebe

Als land- und forstwirtschaftlicher Nebenbetrieb gilt gemäß § 21 Abs. 2 Z 1 EStG 1988 (und § 30 Abs. 8 BewG 1955) ein Betrieb, der einem land- und forstwirtschaftlichen Hauptbetrieb seiner Funktion nach zu dienen bestimmt ist. Näheres siehe Rz 4209 ff. 5149

15.4 Land- und forstwirtschaftliche Nebenerwerbe und Nebentätigkeiten

Eine land- und forstwirtschaftliche Nebentätigkeit ist eine an sich nicht land- und forstwirtschafltiche Tätigkeit, die wegen ihres engen Zusammenhanges mit der Haupttätigkeit und wegen ihrer untergeordneten Bedeutung gegenüber dieser Haupttätigkeit nach der Verkehrsauffassung in dieser gleichsam aufgeht, sodass die gesamte Tätigkeit des Land- und Forstwirts als land- und forstwirtschaftlich anzusehen ist (VwGH 21.7.1998, 93/14/0134). Näheres siehe Rz 4201 ff. 5150

15.5 Verpachtung von land- und forstwirtschaftlichen Betrieben und Betriebsteilen

Entschädigungen, die im Falle der Verpachtung von land- und forstwirtschaftlichen Betrieben oder Betriebsteilen für das Feldinventar und die stehende Ernte gezahlt werden, sind bei der Ermittlung des Gewinnes des Verpächters bzw. des Pächters zu berücksichtigen. Gleiches gilt auch bei Wechsel des Pächters oder einer Zurücknahme des land- und forstwirtschaftlichen (Teil-)Betriebes in Eigenbewirtschaftung. 5151

15.5.1 Betriebsverpachtung oder Betriebsaufgabe

Auch bei einer Dauerverpachtung ist das Pachtentgelt den Einkünften aus Land- und Forstwirtschaft zuzuordnen, solange eine Bewertung als land- und forstwirtschaftliches Vermögen iSd § 29 BewG 1955 erfolgt. Dies gilt auch dann, wenn ein Erbe den Betrieb niemals selbst geführt hat, sondern dauernd verpachtet. Liegt Dauerverpachtung für nicht land- und forstwirtschaftliche Zwecke vor, sind die Pachtzinse Einkünfte aus Vermietung und Verpachtung. Ein Landwirt gibt seinen Betrieb auf, wenn er sämtliche Flächen des Betriebes auf Dauer nicht mehr land- und forstwirtschaftlich nutzt, sondern zu betriebsfremden (nicht land- und forstwirtschaftlichen) Zwecken langfristig verpachtet. 5152

(BMF-AV Nr. 2015/133)

Für den Fall, dass eine Dauerverpachtung und somit eine Betriebsaufgabe anzunehmen ist, ist ein Betriebsvermögensvergleich nach § 4 Abs. 1 EStG 1988 vorzunehmen (falls der Gewinn bisher nach § 4 Abs. 3 EStG 1988 ermittelt wurde, ist ein Übergangsgewinn/verlust zu berechnen), wobei im Wesentlichen Betriebsgebäude, Vieh, Vorräte, stehende Ernte und stehendes Holz als Bewertungsposten in Frage kommen. 5153

Zur bäuerlichen Hofübergabe siehe Rz 5572a.

(AÖF 2013/280)

15.5.2 Verträge zwischen nahen Angehörigen

Wird der land- und forstwirtschaftliche (Teil)Betrieb unentgeltlich übergeben, liegt keine Betriebsaufgabe vor. Dazu zählen Schenkung, gemischte Schenkung (VwGH 23.10.1990, 90/14/0102), Betriebsübergabe gegen Versorgungsrente (VwGH 11.9.1989, 88/15/0129) oder Ausgedingsverpflichtungen (VwGH 19.10.1987, 86/15/0129). In Fällen der Voll- und Teilpauschalierung kann bei unterjähriger Übertragung des (Teil)Betriebes der Grundbetrag gemäß § 2 der LuF PauschVO zwischen Übergeber und Übernehmer monatsweise aliquotiert werden, während die in ihrer tatsächlichen Höhe zu erfassenden Betriebseinnahmen entsprechend dem Zuflussprinzip zuzuordnen sind. Die (pauschalen) Betriebsausgaben sind von den entsprechenden Betriebseinnahmen in Abzug zu bringen, wobei die pauschalen Betriebsausgaben von 5.000 Euro je ha Weinbaufläche und die Ausgedingslasten (700 Euro jährlich) monatsweise zu aliquotieren sind. 5154

(BMF-AV Nr. 2018/79)

Es widerspricht den steuerlich für die Anerkennung von Verträgen zwischen nahen Angehörigen geltenden Voraussetzungen (insbesondere der Fremdüblichkeit), wenn Minderjährige als Pächter eingesetzt werden oder wenn die Pächter keine einschlägigen Kenntnisse der Land- und/oder Forstwirtschaft aufweisen oder wegen anderer Betätigungen zeitlich kaum die Möglichkeit zur Bewirtschaftung der land- und/oder forstwirtschaftlichen Flächen haben. 5155

(AÖF 2002/84)

5156 Bei der Verpachtung der Land- und/oder Forstwirtschaft an nahe Angehörige sind die Einkünfte daraus dem Pächter zuzurechnen, wenn dieser die Land- und/oder Forstwirtschaft im eigenen Namen und auf eigene Rechnung betreibt. Der Pachtzins stellt beim Verpächter eine Einnahme und beim Pächter eine Betriebsausgabe dar. Wird ein unangemessen niedriger Pachtzins vereinbart bzw. bezahlt, so wird darin eine steuerlich unbeachtliche Unterhaltsleistung oder Ausgedingsleistung zu erblicken sein und entweder eine unentgeltliche Nutzungsüberlassung oder unentgeltliche Betriebsübergabe, nicht aber eine Betriebsaufgabe anzunehmen sein.
(AÖF 2002/84)

15.5.3 Ermittlung der gemeinen Werte und der Buchwerte bei Betriebsveräußerungen

5157 Bei der Ermittlung des Veräußerungsgewinnes ist jener Teil des Veräußerungsgewinnes gesondert zu ermitteln, der auf die Veräußerung bzw. Entnahme von Grundstücken im Sinne des § 30 Abs. 1 EStG 1988 entfällt; dabei sind jene Veräußerungskosten, die mit der Veräußerung von Grund und Boden im Zusammenhang stehen, außer Ansatz zu lassen. Bei der Veräußerungsgewinnermittlung ist auch zu beachten, dass die Entnahme von nackten Grund und Boden gemäß § 6 Z 4 EStG 1988 mit dem Buchwert zu erfolgen hat. Der auf die Veräußerung oder Entnahme von Grundstücken entfallende Veräußerungsgewinn ist mit dem besonderen Steuersatz gemäß § 30a Abs. 1 EStG 1988 zu versteuern. Andere Begünstigungen im Zusammenhang mit Betriebsveräußerungen sind auf diesen Teil des Veräußerungsgewinnes nicht anzuwenden. Auf die Bezeichnung der einzelnen Teile des Kaufpreises kommt es für ihre steuerliche Beurteilung nicht an.
(AÖF 2013/280)

5158 Der Tatbestand der Veräußerung ist nicht schon mit dem Abschluss des Rechtsgeschäftes (Verpflichtungsgeschäft), sondern erst mit dessen Erfüllung durch den Veräußerer verwirklicht. Die bewertungsrechtliche Zurechnung des gegenständlichen Grundbesitzes ist für die Einkommensbesteuerung belanglos (VwGH 21.10.1986, 86/14/0021).

5159 Die Höhe der einzelnen gemeinen Werte für Grund und Boden, Holzbestand, stehende Ernte, Viehbestand, Jagd, Fischerei, Gebäude, Bodenschatz usw. sind nach anerkannten Bewertungsmethoden zu ermitteln. Die Wahl des Bewertungsverfahrens ist entsprechend zu begründen. Ein vorgelegtes Gutachten des Steuerpflichtigen unterliegt der freien Beweiswürdigung durch die Behörde.

15.5.3.1 Landwirtschaftliche Flächen

5160 Die Bewertung erfolgt vorwiegend nach dem Vergleichswertverfahren. Herangezogen werden Vergleichspreise bei landwirtschaftlichen Grundstücken. Aus vorhandenen glaubwürdigen Vergleichspreisen wird in Anpassung an die Widmung, Lage, Aufschließung, Bonitäten, Größe, Form und sonstigen Verhältnisse des Bewertungsgegenstandes der Verkehrswert des Grundstückes angesetzt.

15.5.3.2 Forstwirtschaftliche Flächen

5161 Grund und Boden, Holzbestand, Jagd, Fischerei, Gebäude, Bodenschatz usw. sind jeweils mit dem Verkehrswert zu bewerten. Diese Wertrelation bildet die Grundlage für die Aufteilung des Verkaufserlöses auf die einzelnen Wirtschaftsgüter. Der den einzelnen Wirtschaftsgütern beizumessende Wertansatz kann sich nur aus der Sicht einer objektiven Betrachtungsweise unter Berücksichtigung der tatsächlichen Verhältnisse im Zeitpunkt der Veräußerung ergeben.

Als maßgebliche Umstände zur Bewertung des Waldbodens sind die Verkehrs- und Bringungslage, die natürlichen Ertragsbedingungen, die Geländeverhältnisse sowie die Einteilung der Betriebsklassen (Wirtschaftswald, Schutzwald in Ertrag, Schutzwald außer Ertrag) zu berücksichtigen.
(AÖF 2013/280)

15.5.3.3 Stehendes Holz

5162 Bei der Bestandesbewertung sind Baumarten, Altersklassenverteilung, Umtriebszeit, Kulturkostenstufe, Ertragsklassen, Hektarausmaß, Bestockungsgrad, Vorratsfestmeter/Hektar zur Umtriebszeit bzw. tatsächlicher Vorrat für über die Umtriebszeit liegende Bestände, Ernteverluste, erntekostenfreier Erlös pro fm (= Qualitätsziffer) und der Alterswertfaktor festzustellen.

Unter dem Wert des stehenden Holzes ist die Summe aller Bestandeswerte – nicht nur der Wert des hiebsreifen Holzes – zu verstehen. Je nach Bestandesalter errechnet er sich 5163

- für Kulturen und Jungbestände als Bestandeskostenwert (auf das jeweilige Alter prolongierte Kulturkosten),
- für mittelalte Bestände als Bestandeserwartungswert („Jetztwert der in Zukunft vom Bestand zu erwartenden Erlöse", welcher näherungsweise durch Diskontierung des Abtriebsertrages auf das jeweilige Bestandesalter zu ermitteln ist) und
- für hiebsreife Bestände als Abtriebswert.

Bei der Ermittlung des Abtriebswertes eines Holzbestandes sind die Kosten zu berücksichtigen, die unmittelbar mit der Holzernte im Zusammenhang stehen und sich auf Grund der Gelände- und Bringungsmerkmale für Schlägerung, Aufarbeitung und Rückung (Erdlieferung bzw. Schlepperrückung mit Seilzuzug) ergeben. 5164

Die Bewertung des Holzbestandes kann hilfsweise unter Zugrundelegung der im (Forst-) Operat ausgewiesenen und auf den Bewertungsstichtag fortgeschriebenen Waldgrunddaten erfolgen. 5165

15.5.3.4 (Eigen-)Jagdrecht

Wertrelevante Faktoren für die Bildung des Verkaufserlöses für die Eigenjagd sind insbesondere Wildarten, Abschussquoten lt Abschussplan, Qualität der Trophäen, Arrondierung des Jagdgebietes, Erschlossenheit (Wege), Jagdeinrichtungen sowie der erzielbare Jagdpachtzins. 5166

Ob die Vertragspartner im Kaufvertrag einen Wertansatz für das Eigenjagdrecht gemacht haben, ist für die Notwendigkeit der Aufteilung des einheitlichen Kaufpreises auf die steuerrechtlich relevanten Komponenten ohne Bedeutung. Da das Eigenjagdrecht als selbständig bewertbares Wirtschaftsgut bei der Gewinnermittlung in Ansatz gebracht werden muss, ist die betreffende Komponente zu schätzen und der auf sie entfallende Teil des Kaufpreises durch Verhältnisrechnung zu ermitteln (VwGH 11.12.1990, 90/14/0199). 5167

Wird im Falle der Enteignung eines Grundstückes das Jagdrecht nicht gesondert entschädigt, sondern als den Wert von Grund und Boden erhöhend angesehen, so ist dies Ausfluss dessen, dass es im Fall des Eigentumsüberganges des Grundstückes kein selbständiges Schicksal haben kann. Dieser Umstand spricht aber nicht gegen die selbständige Bewertbarkeit des Jagdrechtes (VwGH 16.11.1993, 90/14/0077). 5168

Ist das Jagdgebiet (keine Eigenjagd) nicht unerheblich, kann der Jagdwert vom Jagdpachterlös aus dem Gemeindejagdrevier hergeleitet werden (Abzinsung und Gewinnabschlag). Stellt der Jagdwert wegen des geringen, in die Gemeindejagd eingegliederten Jagdgebietes keinen wertrelevanten Faktor der Kaufpreisbildung dar, kann auf die Bewertung als eigenes Wirtschaftsgut verzichtet werden. 5169

15.6 Entschädigungen für Wirtschaftserschwernisse

Entschädigungen für Wirtschaftserschwernisse stellen wirtschaftlich einen Ersatz der Mehraufwendungen dar, die dem Land- und Forstwirt infolge der erschwerten Bewirtschaftung in den folgenden Jahren erwachsen. Diese Entschädigungen stellen Betriebseinnahmen dar (VwGH 24.2.1961, 3045/58). Wirtschaftserschwernisse können sich dadurch ergeben, dass durch die Abgabe von Betriebsteilen der vorhandene Gebäude- und Inventarbestand über die Erfordernisse des Restbetriebes hinausgeht und der Überbestand sich als eine Belastung für den Betrieb darstellt oder dass sich durch die Abtrennung von Betriebsteilen die Bewirtschaftung des Betriebes verteuert. 5170

Beispiel:

Eine Autobahn wird quer durch den Betrieb geführt. Da sie nur an wenigen Stellen einen Übergang zulässt, sind Umwege erforderlich, die höhere Kosten verursachen.

Den Betriebseinnahmen steht die Wirtschaftserschwernis als Belastung gegenüber. Deshalb kann zum Ausgleich in die Vermögensübersicht am Schluss des betreffenden Wirtschaftsjahres ein Passivposten bis zur Höhe der erhaltenen Entschädigung eingesetzt werden, der gleichmäßig verteilt innerhalb eines Zeitraumes bis zu 20 Jahren zu Gunsten des Gewinnes aufzulösen ist. Bei der Gewinnermittlung nach § 4 Abs. 3 EStG 1988 bestehen keine Bedenken, die Entschädigungen für künftige Wirtschaftserschwernisse dem § 32 Abs. 1 Z 1 lit. a EStG 1988 zuzuordnen. Zur Vollpauschalierung siehe Rz 4182. 5171

(AÖF 2013/280)

15.7 Einkünfte aus Anlass der Einräumung von Leitungsrechten

15.7.1 Steuerabzug bei Einkünften aus Anlass der Einräumung von Leitungsrechten (§ 107 EStG 1988)

(BMF-AV Nr. 2019/75)

5172 § 107 EStG 1988 sieht vor, dass Einkünfte in Zusammenhang mit dem einem Infrastrukturbetreiber eingeräumten Recht, Grund und Boden zur Errichtung und zum Betrieb von ober- oder unterirdischen Leitungen im öffentlichen Interesse zu nutzen, bei Auszahlungen ab 2019 einer Abzugsteuer unterliegen. Mit dem Steuerabzug sind die erfassten Einkünfte endbesteuert, es sei denn, es wird die Regelbesteuerung beantragt. Zu § 107 EStG 1988 siehe die Rz 8207a ff.

(BMF-AV Nr. 2019/75)

15.7.2 Einkünfte aus Anlass der Einräumung von Leitungsrechten in der Veranlagung

(BMF-AV Nr. 2019/75)

5173 Einkünfte aus Anlass der Einräumung von Leitungsrechten sind in folgenden Fällen in der Veranlagung zu erfassen:

1. Veranlagungen bis 2017:

   Die Einkünfte sind entsprechend den Rz 5174 bis Rz 5175c zu erfassen. Für Fälle, die von § 107 EStG 1988 erfasst sind (Einkünfte von Infrastrukturbetreibern, siehe dazu Rz 8207c), besteht eine Ausnahme in Fällen, in denen § 124b Z 234 EStG 1988 anzuwenden ist. Das sind zum 14.8.2018 nicht rechtskräftig veranlagte Fälle, in denen – wie bei der Veranlagung 2018 – bereits § 107 Abs. 11 EStG 1988 anzuwenden ist (siehe dazu Rz 8207s).

2. Veranlagung 2018:

   a) Einkünfte, die von § 107 EStG 1988 erfasst sind (Einkünfte von Infrastrukturbetreibern, siehe dazu Rz 8207c): Die Bemessungsgrundlage ist (§ 124b Z 234 EStG 1988 iVm § 107 Abs. 11 EStG 1988):

   - 33% des (Netto)Auszahlungsbetrages als pauschale Bemessungsgrundlage (siehe dazu Punkt 3 lit. a). Die Rz 5174 bis Rz 5175c sind nicht anzuwenden.
   - Die vom Steuerpflichtigen durch ein Gutachten nachzuweisende Bemessungsgrundlage. Rz 5174, Rz 5175b und Rz 5175c sind anzuwenden. Die Pauschalsätze der Rz 5175a sind nicht anzuwenden. Anhang VI ist zu beachten.

   b) Einkünfte, die von § 107 EStG 1988 nicht erfasst sind (zB Einkünfte von Auszahlern, die keine Infrastrukturbetreiber sind, siehe dazu Rz 8207d): Die Einkünfte sind entsprechend den Rz 5174 bis Rz 5175c zu erfassen.

3. Veranlagungen ab 2019:

   a) Einkünfte, die von § 107 EStG 1988 erfasst sind (Einkünfte von Infrastrukturbetreibern, siehe dazu Rz 8207c): Die Einkommensteuer ist mit der Abzugsteuer gemäß § 107 EStG 1988 abgegolten. In die Veranlagung sind derartige Einkünfte nur mehr aufzunehmen, wenn die Regelbesteuerung beantragt wird (siehe Rz 8207p). In diesem Fall ist Bemessungsgrundlage:

   - 33% des (Netto)Auszahlungsbetrages als pauschale Bemessungsgrundlage. Rz 5174 bis Rz 5175c sind nicht anzuwenden.
   - Die vom Steuerpflichtigen durch ein Gutachten nachzuweisende Bemessungsgrundlage. Rz 5174, Rz 5175b und Rz 5175c sind anzuwenden. Die Pauschalsätze der Rz 5175a sind nicht anzuwenden. Anhang VI ist zu beachten.

   b) Einkünfte, die von § 107 EStG 1988 nicht erfasst sind (zB Einkünfte von Auszahlern, die keine Infrastrukturbetreiber sind, siehe dazu Rz 8207d): Die Einkünfte sind entsprechend den Rz 5174 bis Rz 5175c zu erfassen.

(BMF-AV Nr. 2019/75)

15.7.3 Komponenten des Entgelts für die Einräumung eines Leitungsrechtes

(BMF-AV Nr. 2019/75)

5174 Im Entgelt für die Einräumung des Servituts sind meist mehrere Komponenten enthalten, insbesondere

- Entgelt für die Benützung des Grund und Bodens
- Entschädigung für die durch die Beeinträchtigung der Verfügungsmacht des Grundeigentümers entstandene Wertminderung der Vermögenssubstanz

- Entgelt für Ertragsausfall im land- und forstwirtschaftlichen Bereich.
  - a) Das Benützungsentgelt zählt
    - zu den betrieblichen Einkünften, wenn die Leitungen auf oder im zum Betriebsvermögen gehörenden Grund und Boden verlegt werden,
    - zu den Einkünften aus Vermietung und Verpachtung, wenn die Leitungen auf oder in Privatliegenschaften verlegt werden.
  - b) Zur Entschädigung für Bodenwertmindern siehe Rz 6409. Die Einräumung einer weiteren Servitut an einer bereits mit gleichartigen Servituten belasteten Liegenschaft führt nur in einem eingeschränkten Ausmaß zu einer weiteren Bodenwertminderung (VwGH 7.7.2011, 2008/15/0142, VwGH 29.7.2010, 2006/15/0317). Die Obergrenze der

    Wertminderung ist aber jedenfalls der gemeine Wert des Grund und Bodens vor Bekanntwerden der Absicht der Leitungsverlegung (vgl. dazu OGH 26.5.1983, 6 Ob 802/81). Diese Obergrenze wird in aller Regel nicht erreicht. Die Entschädigung für Bodenwertminderung ist gemäß § 3 Abs. 1 Z 33 EStG 1988 steuerfrei, wenn die Bodenwertminderung auf Grund einer Maßnahme im öffentlichen Interesse eintritt (siehe dazu Rz 1038, Rz 6653 und Rz 8207b).
  - c) Das Entgelt für Gewinnminderung (Ertragsausfall oder Wirtschaftserschwernis) ist grundsätzlich steuerpflichtig. Bei buchführenden Land- und Forstwirten kann eine Einmalentschädigung auf 20 Jahre verteilt werden (Rz 5171). Bei vollpauschalierten Land- und Forstwirten erhöht das Entgelt nur dann den pauschalierten Gewinn, wenn es aufgrund der Leitungsverlegung zu einer Verminderung des Einheitswertes gekommen ist (Rz 4182). Bei Teilpauschalierung sind 70% der Betriebseinnahmen vom Betriebsausgabenpauschale erfasst, sodass 30% als steuerpflichtiger Anteil verbleiben. Bei Voll- und Teilpauschalierung oder Einnahmen- Ausgaben-Rechnung kann ein steuerpflichtiges Einmalentgelt auf drei Jahre verteilt zum Normaltarif versteuert werden (Rz 7369).

Übersicht:

	Von Voll- oder Teilpauschalierung erfasst	Einnahmen- Ausgabenrechnung oder Bilanzierung (§ 4/1)
Servitutsentgelt	stpfl	stpfl
Optionsentgelt	stpfl	stpfl
Bodenwertminderung im öffentlichen Interesse	steuerfrei	steuerfrei
Ertragsausfälle und Wirtschaftserschwernisse (Rz 4182)		
Flurschäden	Ja	stpfl
Randschäden	Ja	stpfl
Hiebsunreife	Ja	stpfl
Schlägerung zur Unzeit	Ja	stpfl
Jagdbeeinträchtigung	Nein, gesondert anzusetzen	stpfl
Bewirtschaftungserschwernisse	Ja	stpfl
Schlägerungs- und Räumungskosten	Ja	stpfl
Entschädigung Notzaun	Ja	stpfl
luf Nutzungsentgang	Ja	stpfl
Verlust von Arbeitseinkommen	Nein, gesondert anzusetzen	stpfl
Abgeltung des Überhanges von Gebäuden und Maschinen	Nein, gesondert anzusetzen	stpfl

Zur vereinfachten Ermittlung des steuerfreien Anteils siehe Rz 5175a.

(BMF-AV Nr. 2019/75)

15.7.4 Optionsentgelt

(BMF-AV Nr. 2019/75)

5175 Wird ein Optionsvertrag abgeschlossen, der den Abschluss des Servitutsvertrages gewährleistet, und wird für die Einräumung der Option ein Entgelt bezahlt, ist das Optionsentgelt jedenfalls steuerpflichtig. Steht der Optionsvertrag im Zusammenhang mit Betriebsvermögen, führen die Einkünfte aus diesem Vertrag zu betrieblichen Einkünften; im Falle der Pauschalierung sind diese Einkünfte zusätzlich zum pauschalierten Gewinn zu erfassen. Steht der Optionsvertrag im Zusammenhang mit Privatvermögen, führen die Einkünfte aus diesem Vertrag zu Einkünften aus Kapitalvermögen nach § 27 Abs. 4 EStG 1988. In beiden Fällen sind die Einkünfte zum Tarif gemäß § 33 EStG 1988 zu erfassen.

(BMF-AV Nr. 2019/75)

15.7.5 Zuordnung der Entschädigungssumme

(BMF-AV Nr. 2019/75)

5175a Aus Gründen der Verwaltungsökonomie kann bei Entgelten aus Anlass der Einräumung von Leitungsrechten (insbesondere Strom- und Gasleitungen) bis zu einer jährlichen Gesamthöhe von 30.000 Euro sowie bei Einmalentgelten bis 50.000 Euro wie folgt vorgegangen werden:

1. Betrifft die gesamte Entschädigungszahlung nur landwirtschaftlich genutzte Flächen oder landwirtschaftlich und forstwirtschaftlich genutzte Flächen, wobei der Waldanteil 10% nicht übersteigt, gilt:
   a. Befindet sich auf der Fläche kein Maststandort (zB Gasleitung, Stromleitung mit reiner Überspannung), kann der steuerpflichtige Anteil der Entschädigungszahlung mit 70% des jeweiligen Gesamtentgeltes angenommen werden (30% des Gesamtentgelts sind steuerfrei).
   b. Befindet sich auf der Fläche ein Maststandort, kann der steuerpflichtige Anteil der Entschädigungszahlung mit 55% des jeweiligen Gesamtentgeltes angenommen werden (45% des Gesamtentgelts sind steuerfrei).
2. Betrifft die gesamte Entschädigungszahlung landwirtschaftlich und forstwirtschaftlich genutzte Flächen, wobei der Waldanteil 10%, nicht aber 70% übersteigt, kann der steuerpflichtige Anteil der Entschädigungszahlung mit 55% des jeweiligen Gesamtentgeltes angenommen werden (45% des Gesamtentgelts sind steuerfrei).
3. Betrifft die gesamte Entschädigungszahlung nur forstwirtschaftlich genutzte Flächen oder landwirtschaftlich und forstwirtschaftlich genutzte Flächen, wobei der Waldanteil 70% übersteigt, kann der steuerpflichtige Anteil der Entschädigungszahlung mit 40% des jeweiligen Gesamtentgeltes angenommen werden (60% des Gesamtentgelts sind steuerfrei).

Die in Punkt 1 bis 3 angesprochenen Flächenverhältnisse betreffen sämtliche durch den Servitutsvertrag erfassten Grundstücke (im Sinne eines Teiles einer Einlagezahl) eines Steuerpflichtigen.

Beispiel:

Erfasst der Vertrag zwei Grundstücke und befindet sich nur auf einem ein Mast, muss die Entschädigung nicht auf die Grundstücke aufgeteilt und unterschiedlich in Bodenwertminderung und Nutzungsentgelt aufgeteilt werden. Vielmehr ist das Entgelt einheitlich zu 45% steuerfrei (siehe oben Punkt 1b).

Die vom Servitutsvertrag nicht erfassten Grundstücke einer Einlagezahl sind nicht zu berücksichtigen.

Beispiel:

Eine EZ umfasst drei Grundstücke; vom Servitutsvertrag erfasst sind die Nr. 1 und 2, nicht jedoch die Nr. 3. Das Ausmaß des Waldes auf den Grundstücken 1 und 2 liegt unter 10% und es befindet sich kein Mast darauf. Der Anteil des Waldes an der gesamten Einlagezahl beträgt 15%. Die Entschädigung ist gemäß Punkt 1a zu 30% steuerfrei.

Selbiges gilt auch, wenn der Vertrag mehrere Einlagezahlen betrifft.

Bei laufend ausbezahlten Entgelten ist die Aufteilung in einen steuerfreien und steuerpflichtigen Teil für das jährlich zufließende Entgelt vorzunehmen.

Bei umsatzsteuerlich pauschalierten Landwirten (§ 22 UStG 1994) sind die pauschalen Prozentsätze von den Bruttoeinnahmen (einschl. USt) in Abzug zu bringen.

Die dargestellte Vorgangsweise kann auch bei einem Grundstück angewendet werden, das keinem land- und forstwirtschaftlichen Betriebsvermögen zuzurechnen ist. Voraussetzung ist aber, dass das Grundstück für land- und forstwirtschaftliche Zwecke genutzt wird (zB durch Verpachtung an einen Land- und Forstwirt).

Bei höheren Beträgen ist hinsichtlich der Ermittlung des steuerfreien Anteils grundsätzlich eine Feststellung im Einzelfall zu treffen. Es bestehen keine Bedenken, auch bei höheren Beträgen von einer Feststellung im Einzelfall abzusehen und jedenfalls einen Betrag steuerfrei zu belassen, der den oben angeführten steuerfreien Anteilen bezogen auf 30.000 Euro bzw. 50.000 Euro entspricht.

(BMF-AV Nr. 2021/65)

Soll von den in Rz 5175a angeführten Sätzen nach Ansicht des Steuerpflichtigen abgewichen werden, ist hinsichtlich der Ermittlung des steuerfreien Anteils eine Feststellung im Einzelfall zu treffen. Wird durch den Steuerpflichtigen ein Gutachten vorgelegt, ist dieses auf fachlicher Ebene zu überprüfen. Zu den Grundsätzen für die Ermittlung des steuerfreien Anteils aus einer Entschädigungssumme im Fall der Einräumung eines Leitungsrechtes siehe den Anhang VI. **5175b**

Eine in Verträgen getroffene Zuordnung der Entschädigungssumme zu den einzelnen Komponenten ist für das Finanzamt nicht bindend (VwGH 1.6.2006, 2003/15/0093). Die Zuordnung selbst ist keine Rechtsfrage, sondern ein Teil der Sachverhaltsermittlung. Das Ergebnis sowie die Überlegungen, welche zu diesem Ergebnis führen, sind vom Abgabepflichtigen schlüssig zu begründen.

Die Behauptungs- und Beweislast für das Ausmaß der Entschädigung für die Bodenwertminderung trifft den Steuerpflichtigen (VwGH 1.6.2006, 2003/15/0093; BFG 17.6.2015, RV/7101511/2012). Das Ergebnis sowie die Überlegungen, welche zu dem Ergebnis führen, sind vom Abgabepflichtigen schlüssig zu begründen. Wird durch den Steuerpflichtigen hierfür ein Gutachten vorgelegt, ist dieses auf fachlicher Ebene zu überprüfen. Ein „Gutachten“, das die zu begutachtenden Tatsachen nicht ausreichend bezeichnet, keine klaren Aussagen zum maßgeblichen Sachverhalt trifft und überdies keinerlei ziffernmäßig nachvollziehbare Berechnung in Bezug auf die angeblich eingetretene Wertminderung enthält, ist als Beweismittel untauglich (BFG 17.6.2015, RV/7101511/2012).

Auch die bloße Aufzählung möglicher Wertminderungsgründe und Wertdifferenzen zu vergleichbaren Grundstücken alleine stellen keinen Nachweis für die Wertminderung dar. Es muss objektiv nachgewiesen werden, dass die Wertdifferenz alleine auf die Beeinträchtigung des Gesamtgrundstückes durch einen Servitutsstreifen zurückzuführen ist (BFG 22.12.2016, RV/7100119/2016).

Das BFG hat zum Ausdruck gebracht, dass dem Ansatz schätzungsweise ermittelter Sätze nach den EStR 2000 zuzustimmen ist, wenn ein Nachweis über ein abweichendes Aufteilungsverhältnis vom Steuerpflichtigen nicht erbracht wird (vgl. BFG 15.10.2015, RV/4100532/2013, betreffend Ansatz eines Betrages von 4.500 Euro als Bodenwertminderung sowie BFG 17.6.2015, RV/7101511/2012, betreffend Ansatz von 45% gemäß obiger Z 1 lit. b). Für die Bewertung sind stets die Verhältnisse am Tag des Vertragsabschlusses maßgebend. Künftige Verwendungsänderungen (zB Nutzung für Schotterabbau) sind nur zu berücksichtigen, wenn sie sich zum maßgeblichen Zeitpunkt bereits auf den Marktpreis auswirken und daher tatsächlich preisbestimmend sind (VwGH 31.1.2018, Ra 2017/15/0038). Eine durch einen Dienstbarkeitsvertrag wesentlich gestiegene Ertragsfähigkeit des Grundstückes ist zu berücksichtigen (VwGH 31.1.2018, Ro 2016/15/0034).

(BMF-AV Nr. 2021/65)

Die Landwirtschaftskammern der Bundesländer erstellen Richtsätze für die Entschädigungen in der Land- und Forstwirtschaft. Weiters werden zwischen Kammer und Leitungsbetreiber Rahmenverträge erstellt, in denen die Entschädigungszahlungen nach den einzelnen Komponenten aufgegliedert werden. Richtsätze und Aufgliederung sind Empfehlungen an die Kammermitglieder und entfalten keine Bindungswirkung für die Finanzverwaltung (VwGH 07.07.2011, 2008/15/0142). Bestehen im Einzelfall Zweifel an der Richtigkeit der gewählten Ansätze für Bodenwertminderung, Rechtseinräumung, Wirtschaftserschwernis, Ertragsentgang und dgl., so ist deren Richtigkeit zu überprüfen. **5175c**

(BMF-AV Nr. 2021/65)

15.8 Ertragsteuerliche Behandlung von Entschädigungen für die Inanspruchnahme von land- und forstwirtschaftlichen Nutzflächen in Naturschutzgebieten und Nationalparks

15.8.1 Allgemeines

Im Zusammenhang mit der Errichtung von Naturschutzgebieten und Nationalparks werden bisher land- und forstwirtschaftlich genutzte Grundflächen nach Landesnaturschutz- und Landesnationalparkgesetzen durch Verordnung oder Bescheid in den Nationalpark einbe- **5176** zogen und mit absoluten Nutzungsverboten oder wesentlichen Nutzungsbeschränkungen belegt bzw. zur Nutzung für Zwecke des Nationalparks überlassen. Zur Abgeltung der entstehenden Vermögensnachteile wird idR aufgrund eines zwischen Grundeigentümer und Land (Nationalparkgesellschaft) abgeschlossenen Vergleiches eine einmalige oder jährliche Entschädigung geleistet.

(AÖF 2004/167)

15.8.2 Einheitswert

15.8.2.1 Naturschutz

5177 Bei der Ermittlung des Einheitswertes sind im Eigentum des Grundeigentümers verbleibende Grundflächen auch dann zu berücksichtigen, wenn deren Bewirtschaftung auf Grund naturschutzbehördlicher Auflagen eingeschränkt ist (§ 30 Abs. 1 Z 2, § 46 Abs. 2, § 50 Abs. 3 BewG). Bei der Bewertung bleiben somit alle Komponenten, die mit der Einbringung in einen Nationalpark im Zusammenhang stehen, außer Betracht. Daher sind wesentliche Nutzungseinschränkungen oder absolute Nutzungsverbote, erhöhte Aufwendungen, Wirtschaftserschwernisse und allfällige Entschädigungen bei der Feststellung des Einheitswertes nicht zu berücksichtigen.

(AÖF 2004/167)

15.8.2.2 Betriebsaufgabe

5178 Im Hinblick auf die gesetzliche Regelung der Einheitsbewertung könnte eine Betriebsveräußerung bzw. -aufgabe wohl nur dann angenommen werden, wenn die unter Naturschutz gestellten land- und forstwirtschaftlichen Flächen die Merkmale eines (Teil)Betriebes aufweisen und im Zusammenhang mit der Entschädigung auch der Grund und Boden durch Einlösung in das Eigentum des Landes übernommen wird.

(AÖF 2004/167)

15.8.3 Entschädigungen

5179 Zu den Entschädigungen für eintretende wirtschaftliche Nachteile zählen insbes. Entgelte für

- Servituts-(Dienstbarkeits-)einräumung
- Bodenwertminderung
- Wirtschaftserschwernisse
- Ertragsausfall, Ertragsminderung, Nutzungsentgang
- Jagdausübungsverbot, -beschränkung
- Fischereiausübungsverbot, -beschränkung

(AÖF 2004/167)

15.8.4 Einkommensteuerliche Beurteilung

15.8.4.1 Gutachten

5180 Die Beurteilung vorgelegter Gutachten und die Ermittlung der steuerpflichtigen und steuerfreien Teile der Entgelte obliegt den Finanzämtern im Rahmen der freien Beweiswürdigung. Wird durch den Steuerpflichtigen betreffend die Zuordnung ein Gutachten vorgelegt, ist dieses auf fachlicher Ebene zu überprüfen. Dabei sind sachkundige Mitarbeiter der Finanzverwaltung beizuziehen.

(AÖF 2004/167)

15.8.4.2 Entschädigungen für absolutes Nutzungsverbot auf Dauer des Bestehens des Nationalparks

5181 Der Land- und Forstwirt hat sich jeder Bewirtschaftungsmaßnahme zu enthalten.

(AÖF 2004/167)

15.8.4.2.1 Buchführende Land- und Forstwirte

15.8.4.2.1.1 Nutzungsüberlassung

5182 Die für die Überlassung von Grundflächen an den Nationalpark erhaltenen Zahlungen sind – mit Ausnahme des auf die Wertminderung des Grund und Bodens entfallenden Teiles – steuerpflichtige Betriebseinnahmen. Es bestehen keine Bedenken, für Einmalentschädigungen für die Überlassung an den Nationalpark, für Nutzungsentgang und Wirtschaftserschwernisse einen Passivposten anzusetzen und diesen auf 20 Jahre verteilt zu Gunsten des Gewinnes aufzulösen (Rz 5010, 5171 EStR 2000).

(AÖF 2004/167)

15.8.4.2.1.2 Grund und Boden

Die Entschädigung für eine Bodenwertminderung darf nicht höher sein als der gemeine Wert des Grund und Bodens vor Unterschutzstellung (vgl. OGH 26.5.1983, 6 Ob 802/81). Wird die durch die Unterschutzstellung eingetretene Wertminderung (Differenz zwischen dem gemeinen Wert vor und nach Bekanntwerden der Unterschutzstellung) abgegolten, bleibt diese Entschädigung gemäß § 3 Abs. 1 Z 33 EStG 1988 steuerfrei. **5183**

Beispiel:

Laut Vergleich wird für Flächen von 100 ha (= 1 Mio. m²) eine Entschädigung von 1,5 Mio. Euro gezahlt (1,5 Euro/m²), davon 1,05 Mio. Euro für Bodenwertminderung (1,05 Euro/m²) und 0,45 Mio. Euro (0,45 Euro/m²) für die Nutzungsüberlassung.

Der gemeine Wert des nackten Grund und Bodens vor Bekanntwerden der Unterschutzstellung beträgt 0,50 Euro/m² und nach Unterschutzstellung 0,20 Euro/m² (Wertminderung 0,30 Euro/m²). Der für die Bodenwertminderung gezahlte Betrag von 1,05 Mio. Euro (1,05 Euro/m²) ist in Höhe von 0,30 Euro/m² (gesamt 0,30 Mio. Euro) steuerfrei, der Rest ist wirtschaftlich betrachtet keine Entschädigung für Bodenwertminderung und daher steuerpflichtig (0,75 Euro/m², insgesamt 0,75 Mio. Euro).

Wird der Grund und Boden später in einem zweiten Verfahren durch Einlösung in das Eigentum des Landes übernommen (zB § 15 nöNationalparkG), lässt der Einlösungsbetrag unter Umständen Rückschlüsse auf den gemeinen Wert des Grund und Bodens nach Unterschutzstellung zu. Auch Veräußerungen von lagemäßig vergleichbaren Grundstücken vor und nach Unterschutzstellung lassen unter Umständen Rückschlüsse auf den gemeinen Wert nach Unterschutzstellung zu.

(AÖF 2013/280)

15.8.4.2.1.3 Jagd- und Fischereirecht

Entschädigungen für Jagdausübungs- und Fischereiausübungsverbote sind steuerpflichtig. **5184** Wird im Vertrag oder Vergleich nicht auf eine Jagd- bzw. Fischereiausübung Bezug genommen, gilt Folgendes: Ist die Entschädigung für ein Jagdausübungs- bzw. Fischereiausübungsverbot in der Entschädigung für Wertminderung des Grund und Bodens enthalten, dann ist der auf die Jagd bzw. Fischerei entfallende Betrag herauszulösen und zu versteuern: als steuerpflichtiger Betrag kann ein Betrag in Höhe des durchschnittlichen Ertragswertes der Jagd bzw. Fischerei der letzten drei Jahre (durchschnittlicher Verpachtungszins; Reinerlös, wenn selbst betrieben) angesetzt werden. § 3 Abs. 1 Z 33 EStG 1988 ist nicht anzuwenden, weil es sich hier um von Grund und Boden verschiedene Wirtschaftsgüter handelt.

(AÖF 2013/280)

15.8.4.2.2 Vollpauschalierte Land- und Forstwirte

Der Einheitswert ist gemäß PauschVO um den auf die Nutzungsüberlassung entfallenden **5185** Einheitswertanteil zu vermindern. Die Entschädigungen (Einmalbeträge, laufende Zahlungen) sind als Betriebseinnahmen zu erfassen. Steuerfrei bleibt nur der auf die Wertminderung des Grund und Bodens entfallende Teil (Rz 5183). Steuerpflichtige Einmalentschädigungen für die Überlassung an den Nationalpark, Einmalentschädigungen für Nutzungsentgang, für Wirtschaftserschwernisse sind über Antrag gleichmäßig auf drei Jahre verteilt zum Normaltarif zu versteuern (Rz 7369).

(AÖF 2013/280)

15.8.4.2.3 Teilpauschalierte Land- und Forstwirte

Die für die Nutzungsüberlassung vereinnahmten Zahlungen erhöhen ohne Kürzung um **5186** pauschale Betriebsausgaben die Zwischensumme gemäß § 15 LuF-PauschVO 2015. Steuerfrei bleibt nur der auf die Wertminderung des Grund und Bodens entfallende Teil. Einmalentschädigungen für die Überlassung an den Nationalpark und für Nutzungsentgang sind über Antrag gleichmäßig auf drei Jahre verteilt zum Normaltarif zu versteuern (Rz 7369).

(BMF-AV Nr. 2018/79)

15.8.4.3 Wesentliche Nutzungseinschränkungen auf die Dauer des Bestehens des Nationalparks

Grundstücke werden gegen Entgelt für Zwecke des Nationalparks überlassen, sodass eine **5187** landwirtschaftliche Hauptnutzung nahezu nicht mehr möglich ist. Dem Eigentümer bleiben

lediglich einzelne Nebennutzungen, bspw. für Jagd- oder Fischereizwecke vorbehalten. Die einkommensteuerliche Beurteilung erfolgt wie beim absoluten Nutzungsverbot (Rz 5181 ff).
(AÖF 2004/167)

15.8.4.4 Agrargemeinschaften

5188 Entschädigungen für land- und forstwirtschaftliche Zwecke sind steuerfrei (Rz 5034). Entschädigungen für andere als land- und forstwirtschaftliche Zwecke sind steuerpflichtig (Rz 5033).
(AÖF 2005/110)

15.9 Photovoltaikanlagen in der Land- und Forstwirtschaft

(BMF-AV Nr. 2021/65)

15.9.1 Betrieb einer eigenen Photovoltaikanlage

(BMF-AV Nr. 2021/65)

5189 Durch Solarkraft gewonnene Energie ist kein Urprodukt im Sinne des § 21 EStG 1988; dementsprechend stellt die Energieerzeugung grundsätzlich keine land- und forstwirtschaftliche Tätigkeit dar.

Beim Betrieb einer eigenen Photovoltaikanlage findet der Erlass BMF-010219/0488-VI/4/2013 (Photovoltaikerlass) Anwendung.
(BMF-AV Nr. 2021/65)

15.9.2 Grundstücksüberlassung an Dritte für den Betrieb einer Photovoltaikanlage

(BMF-AV Nr. 2021/65)

5190 Werden (Teil-)Grundstücke Dritten gegen Entgelt für den Betrieb einer Photovoltaikanlage überlassen, ist zu prüfen, ob die betroffenen Grundflächen weiterhin Teil des land- und forstwirtschaftlichen Betriebsvermögens sind.

Bejahendenfalls zählt das Entgelt für die Überlassung der Flächen zu den Einkünften aus Land- und Forstwirtschaft und es kann von einer landwirtschaftlichen Nutzung iSd § 30 BewG 1955 ausgegangen werden. Im Rahmen der Anwendung der LuF-PauschVO 2015 sind diese Einkünfte gesondert anzusetzen.

Die Überlassung von Dächern von land- und forstwirtschaftlichen Betriebsgebäuden zur Anbringung von Modulen führt stets zu Einkünften aus Land- und Forstwirtschaft.
(BMF-AV Nr. 2021/65)

5191 Die Grundstücke stellen land- und forstwirtschaftliches Betriebsvermögen dar, wenn Flächen einem landwirtschaftlichen (Haupt-)Zweck dienen. Dazu gehören insbesondere:

1. Tierhaltungsbetriebe, welche die mit Modulen versehene Fläche nachhaltig und erwerbsorientiert (keine Hobbynutzung, zB als Geflügelweide) zur Urproduktion beweiden:
   - Eine nachhaltige und erwerbsorientierte Beweidung liegt bei Geflügel jedenfalls vor, wenn mindestens 1.650 Stk. Junghennen bzw. Jungmasthühner, mindestens 660 Stk. Legehennen bzw. Mastputen, mindestens 1.460 Stk. Mastenten oder mindestens 100 Weidegänse je Hektar Photovoltaikfläche (umzäunte Fläche) auf dieser gehalten werden.
   - Bei Haltung anderer Tiere wird man in der Regel (insbesondere bei Schafhaltung) nicht von jenen Reinerträgen aus der Urproduktion und Be- und/oder Verarbeitung ausgehen können, um den landwirtschaftlichen (Haupt-)Zweck zu begründen.
2. Flächen mit Sonderkulturen (zB Weinbau, Obstbau, Beerensträucher), bei denen die Module zB als Überdachung oder als Ersatz für Hagelnetze dienen.
3. Flächen mit unterfahrbaren Modulen, die so hoch (mind. 4,5 m Höhe) montiert sind, dass die gesamte darunterliegende Fläche weiterhin für in der Landwirtschaft verwendete Fahrzeuge gefahrlos benützbar und auf diese Weise für land- und forstwirtschaftliche Zwecke nutzbar ist.
4. Flächen, wo die Module in einer Höhe von mehr als 2 m (Unterkante) montiert oder vertikal (wie ein Zaun) angebracht sind und der Bereich zwischen den Modulreihen traktorbefahrbar ist (normale landwirtschaftliche Standardtechnik, Mindestbreite 6 m lichte Weite [dh. Weite zwischen den Modulflächen, nicht zwischen den Aufständerungen]).

(BMF-AV Nr. 2021/65)

5192 Sind die Module – abgesehen von den in Rz 5191 erfassten Fällen – in einer Höhe von höchstens 2 m montiert oder beträgt der Abstand weniger als 6 m lichte Weite, sind die Grundstücke nur dann land- und forstwirtschaftliches Betriebsvermögen, wenn die Modulfläche 25% der Fläche der Gesamtanlage (das ist die Modulfläche zuzüglich der Zwischenräume und einer geringfügigen „Umrandung") nicht übersteigt. Bei nachgeführten (dem Sonnenstand folgenden) Anlagen ist auf die horizontale Stellung abzustellen.

(BMF-AV Nr. 2021/65)

In den Fällen, die von Rz 5190 bis 5192 nicht erfasst sind, kommt es zu einer Entnahme der betroffenen Grundflächen aus dem land- und forstwirtschaftlichen Betriebsvermögen. § 6 Z 4 EStG 1988 ist anzuwenden. Das Entgelt für die Überlassung der Flächen führt zu Einkünften aus Vermietung und Verpachtung. Bewertungsrechtlich sind die Flächen als Grundvermögen zu bewerten. **5193**

(BMF-AV Nr. 2021/65)

Randzahlen 5194 bis 5200: *derzeit frei*

(BMF-AV Nr. 2021/65)

16. Einkünfte aus selbständiger Arbeit (§ 22 EStG 1988)

16.1 Wesen der selbständigen Arbeit

5201 Die selbständige Arbeit erfasst Tätigkeiten, die eine bestimmte Berufsausbildung oder besondere persönliche Fähigkeiten oder Fachkenntnisse erfordern (VwGH 7.11.1952, 1486/50). Dabei kommt dem eigenen geistigen Vermögen und der persönlichen Arbeitsleistung des Steuerpflichtigen entscheidendes Gewicht zu (VwGH 30.9.1975, 267/74; VwGH 23.5.1997, 94/13/0107). Abgrenzungserfordernis ergibt sich hinsichtlich der Einkünfte aus nichtselbständiger Arbeit sowie der Einkünfte aus Gewerbebetrieb (siehe Rz 5401 ff sowie LStR 1999, Rz 930 – 1019).

Die eigentliche Bedeutung der Einkünfte aus selbständiger Arbeit lag bis 1993 in der Abgrenzung zu den Einkünften aus Gewerbebetrieb. Seit der Abschaffung der Gewerbesteuer ist diese Unterscheidung steuerlich nur mehr von eingeschränkter Bedeutung.

16.1.1 Allgemeines

5202

Einkünfte aus selbständiger Arbeit	Einkünfte aus Gewerbebetrieb
Keine Buchführungspflicht	Buchführungspflicht nach Maßgabe der §§ 124, 125 BAO
Gewinnermittlung gemäß § 5 EStG 1988 nicht möglich	Gewinnermittlung gemäß § 5 EStG 1988 möglich
Keine gesetzliche Nutzungsdauer für erworbenen Firmenwert (Praxiswert), siehe Rz 3188 ff	Gesetzliche Nutzungsdauer von 15 Jahren für erworbenen Firmenwert (§ 8 Abs. 3 EStG 1988)
AfA für Betriebsgebäude ohne Nachweis einer kürzeren Nutzungsdauer 2%	AfA für Betriebsgebäude ohne Nachweis einer kürzeren Nutzungsdauer 3% ab Wirtschaftsjahr 2000 (für unmittelbar betrieblich genutzte Gebäude oder Gebäudeteile) oder 2%
Basispauschalierung 12%; 6% für Einkünfte aus • sonstiger selbständiger Arbeit • schriftstellerischer, vortragender, wissenschaftlicher, unterrichtender oder erzieherischer Tätigkeit	Basispauschalierung 12%; 6% für Einkünfte aus kaufmännischer oder technischer Beratung
Besondere Bestimmungen für • Künstler und Schriftsteller (§ 37 EStG 1988), • Wissenschaftler und Künstler (§ 103 EStG 1988)	
Umsatzsteuerlichen Regelungen liegen einkommensteuerliche Definitionen der Einkunftsart zu Grunde (zB Abgrenzung Ärzte und Krankenanstalten, Künstler)	

(AÖF 2001/178)

16.1.2 Übersicht über die Gewinnermittlungsarten

5203 Während für gewerblich Tätige Buchführungspflicht nach Maßgabe des § 124 BAO besteht, ist für selbständig Tätige iSd § 22 EStG 1988 grundsätzlich keine Buchführungspflicht vorgesehen. Dies gilt sowohl für Einzelunternehmungen als auch Mitunternehmerschaften (zB Gesellschaft nach bürgerlichem Recht, offene Gesellschaft, auch Partnerschaft bei Freien Berufen).

(AÖF 2009/74)

5204 Im Falle des Zusammenschlusses von freiberuflich Tätigen mit Berufsfremden liegt ein Gewerbebetrieb vor (zB VwGH 19.1.1968, 1825/66, betreffend Fahrschule; VwGH 3.3.1982, 13/1659/79, betreffend Röntgeninstitut; VwGH 7.6.1983, 82/14/213, 230, 231, betreffend medizinisch-diagnostisches Labor). Eine Ausnahme von diesem Grundsatz trifft § 22 Z 3 EStG 1988 für jene Fälle, in denen berufsrechtliche Vorschriften Gesellschaften mit berufsfremden Personen ausdrücklich zulassen. Solche berufsrechtlichen Vorschriften finden sich zB in § 68 WTBG sowie § 21c RAO. Diese berufsrechtlichen Vorschriften lassen insbesondere nur die Beteiligung bestimmter Angehöriger zu. Die Beteiligung einer Kapitalgesellschaft macht eine an sich freiberufliche Tätigkeit zu einer gewerblichen, wenn die Kapitalgesellschaft berufsfremd ist (vgl. VwGH 24.5.1984, 83/15/0118); siehe Rz 5844.

Unabhängig von der Betriebsgröße kann im Rahmen der Einkünfte aus selbständiger Arbeit der Gewinn stets nach § 4 Abs. 3 EStG 1988 durch Gegenüberstellung der Betriebseinnahmen und Betriebsausgaben ermittelt werden. **5205**

Freiwillig können Bücher gemäß § 4 Abs. 1 EStG 1988 geführt werden. **5206**

Selbständig Tätige können bei Vorliegen der übrigen Voraussetzungen von der Basispauschalierung gemäß § 17 Abs. 1 EStG 1988 Gebrauch machen. **5207**

(AÖF 2009/74)

Personengesellschaften (OG, KG), die eine freiberufliche Tätigkeit ausüben (zB Wirtschaftstreuhänder) sind gemäß § 124 BAO iVm § 189 Abs. 4 UGB grundsätzlich nicht buchführungspflichtig; Buchführungspflicht besteht für Personengesellschaften iSd § 189 Abs. 1 Z 1 UGB, wobei derartige Gesellschaften für steuerliche Zwecke ihren Gewinn gemäß § 4 Abs. 1 EStG 1988 ermitteln. **5208**

(AÖF 2009/74)

Wird eine an und für sich freiberufliche Tätigkeit im Rahmen einer Kapitalgesellschaft ausgeübt, liegen gemäß § 7 Abs. 3 KStG 1988 Einkünfte aus Gewerbebetrieb vor. **5209**

Zulässige Gewinnermittlungsarten bei Einkünften aus selbständiger Arbeit: **5210**

- Freiwillige Buchführung gemäß § 4 Abs. 1 EStG 1988,
- Einnahmen-Ausgaben-Rechung gemäß § 4 Abs. 3 EStG 1988,
- Durchschnittsätze für Betriebsausgaben nach § 17 EStG 1988.

16.2 Definition und Abgrenzung der einzelnen Einkünfte aus selbständiger Arbeit

16.2.1 Freiberufliche Tätigkeit

Die Einstufung der Abgabenpflichtigen, die Einkünfte aus freiberuflicher Tätigkeit erzielen, bestimmt sich nach den einschlägigen berufsrechtlichen Vorschriften. Die wesentlichen Bestimmungen sind in folgenden Vorschriften enthalten: **5211**

- Ärztegesetz: BGBl. Nr. 169/1998 in der geltenden Fassung.
- Dentistengesetz: BGBl. Nr. 90/1949 in der geltenden Fassung.
- Hebammengesetz: BGBl. Nr. 310/1994 in der geltenden Fassung.
- Notariatsordnung: RGBl. Nr. 75/1871 in der geltenden Fassung.
- Patentanwaltsgesetz: BGBl. Nr. 214/1967 in der geltenden Fassung.

  Der Patentberichterstatter ist gewerblich tätig (VwGH 14.6.1978, 0735/75).
- Rechtsanwaltsordnung: RGBl. Nr. 96/1868 in der geltenden Fassung, Bundesgesetz über den freien Dienstleistungsverkehr und die Niederlassung von europäischen Rechtsanwälten in Österreich (EuRAG), BGBl. I Nr.27/2000.

  Der Verteidiger in Strafsachen (§ 39 StPO) außerhalb des Rechtsanwaltsberufes ist gewerblich tätig.
- Tierärztegesetz: BGBl. Nr. 16/1975 in der geltenden Fassung.
- Wirtschaftstreuhand-Berufsgesetz (WTBG): BGBl. I Nr. 58/1999 in der geltenden Fassung
- Ziviltechnikergesetz: BGBl. Nr. 156/1994 in der geltenden Fassung.

Bilanzbuchhalter, Buchhalter, Personalverrechner (Bilanzbuchhaltungsberufe iSd § 1 Bilanzbuchhaltungsgesetz – BibuG, BGBl. I Nr. 161/2006, in Kraft getreten mit 1. Jänner 2007) stellen nach dem WTBG in der Fassung nach Inkrafttreten des BibuG keine Wirtschaftstreuhandberufe dar. Dementsprechend stellen (ab 2007 erzielte) Einkünfte aus der selbständigen Ausübung eines Bilanzbuchhaltungsberufes Einkünfte aus Gewerbebetrieb dar.

Einkünfte selbständiger Buchhalter (§ 1 Abs. 1 Z 4 WTBG in der Fassung vor Inkrafttreten des BibuG) sind für Veranlagungszeiträume bis einschließlich 2006 als Einkünfte aus selbständiger Arbeit zu qualifizieren. Ab 2007 bezogene Einkünfte selbständiger Buchhalter sind mangels berufsrechtlicher Einstufung durch das WTBG als Einkünfte aus Gewerbebetrieb zu qualifizieren. Ein dadurch allenfalls bedingter Wechsel zur Gewinnermittlung nach § 5 EStG 1988 kann für Wirtschaftsjahre, die vor 2010 beginnen, durch eine Aufschub-Option verhindert werden (siehe Rz 430p).

(AÖF 2008/51)

16.2.2 Ziviltechniker und ähnliche freiberufliche Tätigkeit

5212 Die Berufsgruppe der Ziviltechniker ist die einzige, für die das EStG 1988 noch eine unmittelbar ähnliche Tätigkeit als freien Beruf anerkennt.

5213 Für die Feststellung der Ähnlichkeit einer Tätigkeit mit der eines Ziviltechnikers ist es nicht erforderlich, dass die Tätigkeit dem gesamten Tätigkeitsbereich des Ziviltechnikers entspricht; wohl aber muss die tatsächlich ausgeübte Tätigkeit, abgesehen von einer durch gehobene Fortbildung gekennzeichneten fachlichen Qualifikation, den wesentlichen und typischen Teil der Tätigkeit umfassen, zu dem die einschlägigen Vorschriften über den Beruf eines Ziviltechnikers berechtigen. Entscheidend ist, ob das Tätigkeitsbild in seiner Gesamtheit mit jenem Tätigkeitsbild vergleichbar ist, das üblicherweise die Tätigkeit entsprechend spezialisierter Ziviltechniker kennzeichnet (VwGH 27.5.1999, 97/15/0053; VwGH 12.9.1996, 94/15/0079). Umfasst die Tätigkeit nur eine Teilbereich eines umfassenden Berufsbildes, so ist für das Vorliegen des Ähnlichkeitstatbestandes entscheidend, ob das Tätigkeitsbild in seiner Gesamtheit mit jenem Tätigkeitsbild vergleichbar ist, das üblicherweise die Tätigkeit entsprechend spezialisierter Ziviltechniker kennzeichnet (VwGH 27.4.2000, 96/15/0172, betreffend einen Gutachter im Bauwesen).

Ob die Tätigkeit befugt oder unbefugt, erlaubt oder unerlaubt ausgeübt wird, ist für die Frage der Ähnlichkeit nicht entscheidend (VwGH 19.10.1979, 1442/76, 2796/79; VwGH 26.4.82, 3602, 3887/80).

(AÖF 2002/84)

5214 Ziviltechnikerähnliche Tätigkeiten sind zB:

- Baumeister, nur planender (VwGH 28.2.1978, 1103, 1769/76),
- Planung von Bauvorhaben unter gleichzeitiger Übernahme der Bauaufsicht (VwGH 17.10.1991, 90/13/0061),
- Statische Berechnungen und Erstellung dazugehöriger Konstruktionspläne (VwGH 1.7.1981, 13/1995/77; VwGH 13/2018/77),
- Technisches Büro (VwGH 28.11.1973, 500, 585/73); siehe jedoch VfGH 26.2.1982, B 527/80.

5215 Nicht ziviltechnikerähnliche Tätigkeiten sind zB:

- Auf Bauaufsicht beschränkte Tätigkeit, weil eine derartige Spezialisierung nicht üblich ist (VwGH 13.5.1992, 87/13/0205),
- Büro für technisches Zeichnen (VwGH 8.5.1984, 84/14/0025; VwGH 5.4.1989, 88/13/0064),
- Havarieexperte (VwGH 2.2.1979, 766, 948/78; VwGH 22.3.1983, 82/14/0208; VwGH 6.3.1985, 84/13/0234),
- Innenarchitekt (VfGH 14.6.1979, B 272/78; VwGH 4.3.1980, 1368, 1465, 1466/77; VwGH 25.11.1980, 3237, 3238, 3315/80; VwGH 8.6.1982, 82/14/0048, 0063). Die planende Tätigkeit von Innenarchitekten und Raumgestaltern unterscheidet sich von der eines Architekten als Ziviltechniker dem Inhalt nach ganz erheblich und stellt keine einem Ziviltechniker ähnliche Tätigkeit dar. Weiters hat die planende Tätigkeit als Innenarchitekt und Raumgestalter nicht künstlerischen Charakter (VwGH 12.9.1996, 94/15/0079). Gleiches gilt für einen Landschaftsarchitekten,
- Installateur, nur planender (VwGH 16.10.1974, 832/73),
- Konsulent für Vorarbeiten für den Bau von Tankstellen (VwGH 10.12.1979, 3184/79), für Planung, Steuerung und Überwachung des Produktionsprozesses (VwGH 14.10.1981, 13/2814/79), für die Abwicklung von Verkäufen von Liegenschaften (Hotels) samt Umschuldung von Hypotheken (VwGH 15.2.1983, 82/14/0170, 0176),
- Kundenberater für Hartmetallwerkzeuge (VwGH 24.6.1975, 55/75),
- Schätzmeister für Wert von Gebäuden, Maschinen und Installationen (VwGH 24.11.1982, 81/13/0116, 82/13/0043).

16.2.3 Ärzte, Tierärzte, Dentisten, Psychologen, Hebammen usw.

5216 In § 22 Z 1 lit. b EStG 1988 sind als freiberufliche Tätigkeiten die Berufe der Ärzte, Tierärzte und Dentisten genannt.

5217 Weiters sind in lit. c der genannten Gesetzesbestimmung noch folgende Tätigkeiten der Gesundheitsberufe unter den freiberuflichen Einkünften angeführt:

- Therapeutische psychologische Tätigkeit von Personen, die die geistes- oder naturwissenschaftlichen Universitätsstudien mit dem Hauptfach Psychologie abgeschlossen haben,

- Hebammen,
- Tätigkeit im medizinischen Dienst im Sinne des § 52 Abs. 4 des Bundesgesetzes BGBl. Nr. 102/1961.

Ärzte im Sinne des § 22 Z 1 lit. b EStG 1988 sind Ärzte im Sinne des Ärztegesetzes BGBl. Nr. 169/1998 in der geltenden Fassung sowie Zahnärzte im Sinne des Zahnärztegesetzes, BGBl. I Nr. 126/2005. **5218**

(AÖF 2008/51)

Als Tierärzte können alle auf Grund eines abgeschlossenen tierärztlichen Hochschulstudiums selbständig in diesem Fach tätige Personen angesehen werden. Fleischuntersuchungsorgane gelten als Funktionäre von öffentlich-rechtlichen Körperschaften und beziehen sonstige Einkünfte im Sinne des § 29 Z 4 EStG 1988. **5219**

Im Zusammenhang mit § 29 Z 4 EStG 1988 gelten ab 2021 Fleischuntersuchungsorgane nur dann als Funktionäre von öffentlich-rechtlichen Körperschaften, sofern ihnen im Rahmen dieser Tätigkeit Macht- und Entscheidungsbefugnis zukommt (zB Möglichkeit der Feststellung, dass gegen Tierschutzvorschriften verstoßen wurde oder das Tier die Gesundheit von Mensch und Tier beeinträchtigen kann, Möglichkeit der Genussuntauglichkeitserklärung hinsichtlich des Fleisches).

Dem (Tier-)Arzt ähnliche Tätigkeiten sind nicht freiberuflich. Gewerblich ist daher tätig, wer die Heilkunde ohne (abgeschlossenes) Studium ausübt, selbst wenn er sich auf andere Art die hiefür notwendigen Kenntnisse angeeignet hat.

(BMF-AV Nr. 2021/65)

Nicht unter die (tier)ärztliche Tätigkeit fallen etwa **5220**

- Ärztepropagandist = Arzt, der als Konsulent der Pharmazeutischen Industrie für Medikamente wirbt (VwGH 2.2.1968, 1124/67; VwGH 24.9.1980, 1428, 1501, 1502/79),
- Besamungstechniker (VwGH 26.2.1975, 1343/73),
- Homöopath ohne abgeschlossenes Medizinstudium (VwGH 26.4.1982, 17/3602, 3887/80)
- Masseur bzw. Heilmasseur (VwGH 27.10.1982, 17/3006/80, 82/17/0133, 0134),
- Betriebspsychologe (VwGH 12.4.1983, 82/14/0215, 0250).

Zur Abgrenzung zwischen selbständiger und nichtselbständiger Tätigkeit bei Gastärzten, Gemeindeärzten, Distriktärzten, Turnusärzten, Amts-, Polizei- und Militärärzten (LStR 1999, Rz 968 bis 971). **5221**

Auch wenn ein in Ausbildung befindlicher Arzt nach dem Ärztegesetz nur zur unselbständigen Ausübung des Ärzteberufes in Krankenanstalten berechtigt ist, erzielt er doch Einkünfte aus selbständiger Arbeit, wenn er einen praktischen Arzt vertritt (er ist nicht dessen Arbeitnehmer; VwGH 6.7.1956, 954/54). **5222**

Die so genannten Klassegebühren gehören sowohl beim Assistenzarzt als auch beim Primararzt grundsätzlich zu den Einkünften aus nichtselbständiger Arbeit (neben den Dienstbezügen erhaltener Arbeitslohn von dritter Seite; VwGH 19.1.1984, 83/15/0113; VwGH 19.1.1984, 82/15/0114). Entgelte der Ärzte für die Behandlung von Pfleglingen der Sonderklasse (einschließlich ambulatorischer Behandlung; darunter fällt auch eine solche von Nicht-Klassepatienten) zählen auf Grund ausdrücklicher Gesetzesordnung zu den Einkünften aus selbständiger Arbeit, soweit diese Entgelte nicht von einer Krankenanstalt im eigenen Namen verrechnet werden. Von dieser Regelung ist nur das ärztliche Personal betroffen (Primare, Sekundarärzte, Assistenzärzte, uÄ), nicht hingegen das nichtärztliche Personal. Dieses bezieht – unabhängig von der Art der Verrechnung – Einkünfte aus nichtselbständiger Arbeit in Form eines Arbeitslohnes von dritter Seite (VwGH 27.1.1983, 3831/80), und zwar auch dann, wenn es sich um Personal aus dem Kreis des § 22 Z 1lit. c EStG 1988 handelt. **5223**

Sonderklassegebühren stellen nichtselbständige Einkünfte dar, wenn nach dem zur Anwendung gelangenden Krankenanstaltengesetz der Träger des Krankenhauses verpflichtet ist, die Sonderklassegebühren im eigenen Namen einzuheben (VwGH 18.03.2004, 2001/15/0034). Zur gesetzlichen Basispauschalierung siehe Rz 4116b, zu Fahrtkosten siehe Rz 1614. Sonderklassegebühren stellen mit einer vom selben Arzt geführten Ordination keinen einheitlichen Betrieb dar (siehe auch Rz 413).

(AÖF 2008/51)

Psychologen zählen nur dann zu den freiberuflich Tätigen, wenn sie die philosophischen oder geisteswissenschaftlichen Universitätsstudien mit dem Hauptfach Psychologie abgeschlossen haben. Eine andere – wenn auch akademische – Ausbildung reicht nicht aus. Unter therapeutisch psychologischer Tätigkeit ist die Behandlung psychisch kranker Personen mit den Mitteln der Psychologie zu verstehen. Die der Therapie vorangehende Diagnose zählt **5224** ebenfalls zur freiberuflichen Tätigkeit, sofern die Diagnose in unmittelbarem Zusammenhang mit der Therapie steht und von ein und derselben Person vorgenommen wird. Die Therapie selbst ist jedenfalls freiberuflich, auch wenn die Diagnose von einer anderen Person erstellt worden ist. Tätigkeiten, die beratender Natur sind bzw. die Gewinnung anderer Erkenntnisse mit den Mitteln der Psychologie zum Ziel haben, wie zB die Durchführung von Eignungs- und Persönlichkeitstests, Verkehrs- oder Waffentauglichkeitstests, Intelligenztests uä., die Erstellung psychologischer Gutachten (sofern die Tätigkeit nicht wissenschaftlicher Art ist), sind als gewerblich einzustufen. Ein Betriebspsychologe ist gewerblich tätig (VwGH 12.4.1983, 82/14/0215, 0250), sofern Selbständigkeit gegeben ist.

5225 Freiberuflich ist gemäß § 22 Z 1 lit. c EStG 1988 auch die Tätigkeit als Hebamme. Es muss sich um eine Hebamme iSd Hebammengesetzes, BGBl. Nr. 310/1994 handeln, also eine behördlich geprüfte und zugelassene Geburtshelferin.

(BMF-AV Nr. 2018/79)

5226 Freiberuflich ist weiters gemäß § 22 Z 1 lit. c EStG 1988 freiberufliche Ausübung des gehobenen Dienstes für Gesundheits- und Krankenpflege iSd Gesundheits- und Krankenpflegegesetzes, BGBl. I Nr. 108/1997. Hinsichtlich der freiberuflichen Ausübung des gehobenen medizinisch-technischen Dienstes sind die Bestimmungen über den physiotherapeutischen Dienst, den Diätdienst und ernährungsmedizinischen Beratungsdienst, den ergotherapeutischen Dienst und den logopädisch-phoniatrisch-audiologische Dienst im Bundesgesetz über die Regelung der gehobenen medizinisch-technischen Dienste (MTD-Gesetz), BGBl. Nr. 460/1992 in der geltenden Fassung, maßgebend. Die Anknüpfung ist eine formalrechtliche, für eine wirtschaftliche Betrachtungsweise bleibt kein Raum (VwGH 23.10.1990, 89/14/0153). Fehlt die erforderliche berufsrechtliche Bewilligung, so ist die Tätigkeit als gewerblich einzustufen (vgl. VwGH 27.10.1982, 3006/80). Heilmasseure können nach dem Medizinischer Masseur- und Heilmasseurgesetz, BGBl. I Nr. 169/2002 eine freiberufliche Tätigkeit ausüben. „Heilbademeister und Heilmasseur" gemäß dem MTF-SHD-G, BGBl. Nr. 102/1961 sind nach dem Medizinischen Masseur- und Heilmasseurgesetz, BGBl. I Nr. 169/2002 zur Ausübung des Berufs des medizinischen Masseurs berechtigt. Medizinische Masseure dürfen nicht freiberuflich tätig sein (§ 14 Medizinischer Masseur- und Heilmasseurgesetz, BGBl. I Nr. 169/2002).

(BMF-AV Nr. 2018/79)

16.2.4 Krankenanstalten

5227 Der Betrieb von Krankenanstalten oder Kliniken durch einen Arzt ist dann als freiberufliche Tätigkeit anzusehen, wenn es sich hiebei um ein notwendiges Hilfsmittel für die ärztliche Tätigkeit handelt. Dies ist anzunehmen, wenn der vom Arzt erstrebte Heil- oder Forschungszweck die Unterbringung in einer derartigen Anstalt erforderlich macht.

5228 Krankenanstalten bedürfen zur Ausübung ihrer Tätigkeit einer Bewilligung der zuständigen Landesregierung. Die Abgrenzung zwischen freiberuflich ärztlicher Tätigkeit und gewerblicher Krankenanstalt richtet sich nach dem Auftreten im Außenverhältnis, der Einrichtung der Praxis und insbesonders danach, ob der Arzt bzw. die Ärzte eigenverantwortlich, leitend und persönlich tätig werden (eingeschränkte Vervielfältigungstheorie).

5229 Gewerbliche Einkünfte liegen vor, wenn neben dem Heil- bzw. Forschungszweck aus der Beherbergung und Verpflegung der Kranken ein besonderer Gewinn angestrebt wird, der Betrieb der Klinik also eine besondere Einnahmsquelle neben dem ärztlichen Beruf bildet. Dies ist im allgemeinen dann nicht anzunehmen, wenn die Einnahmen aus dem Anstaltsbetrieb nur die Kosten der Anstalt (einschließlich Absetzung für Abnutzung) decken oder, falls die ärztliche Behandlung im Verpflegssatz inbegriffen ist, wenn die erzielten Überschüsse das Maß der üblichen Vergütung für geleistete ärztliche Dienste nicht übersteigen.

5230 Kurheime, Erholungsheime und dgl. gelten im allgemeinen als Gewerbebetrieb. Tritt ein Sanatorium bzw. Kurheim mit gewerblichen Fremdenverkehrsunternehmen in Wettbewerb, sind die Einkünfte daraus gewerblich; dies ist der Fall, wenn die Anstalt nicht bloß eine Ergänzung zur ärztlichen Tätigkeit darstellt, sondern neben Patienten auch andere Gäste gegen Entgelt beherbergt werden (VwGH 6.5.1980, 442/79).

5231 Kliniken, die als Belegspitäler im Wesentlichen nur die Infrastruktur und Pflegeleistungen zur Verfügung stellen, sind gewerblich, da der Schwerpunkt der ärztlichen Leistungen von einem nicht betriebszugehörigen Arzt erbracht wird.

16.2.5 Wissenschaft

5232 Eine Tätigkeit ist nicht schon dann wissenschaftlich, wenn sie auf Erkenntnissen der Wissenschaft aufbaut, diese verwertet und sich wissenschaftlicher Methoden bedient, sondern erst, wenn sie ausschließlich oder nahezu ausschließlich der Forschung, somit dem Erringen neuer wissenschaftlicher Erkenntnisse, oder/und der Lehre, somit der Vermittlung einer Wissenschaft an andere (Lernende) zum Zwecke der Erweiterung ihres Wissensstandes dient. Bei Auswertung einer wissenschaftlichen Tätigkeit zu wirtschaftlichen Zwecken ist Voraussetzung, dass die Gewinnung neuer wissenschaftlicher Erkenntnisse und nicht deren wirtschaftliche Verwertung den Schwerpunkt der betreffenden Tätigkeit darstellt. Die aus der Tätigkeit erzielten Einnahmen müssen vorrangig als Entgelt für den wissenschaftlichen Gehalt anzusehen sein (zB VwGH 28.10.97, 93/14/0146).

Angewandte Wissenschaft wird erst dann zu einer wissenschaftlichen Tätigkeit, wenn **5233** grundsätzlich Fragen oder konkrete Vorgänge methodisch nach streng objektiven und sachlichen Gesichtspunkten in ihren Ursachen erforscht, begründet und in einen Verständniszusammenhang gebracht werden, wozu auch gehört, dass die Tätigkeit von der Methodik her nachprüfbar und nachvollziehbar ist (VwGH 4.10.1983, 82/14/304).

Es ist für die Wissenschaft charakteristisch, dass sie sich die Vermehrung des menschlichen **5234** Wissens im Interesse der Allgemeinheit zum Ziel setzt; daher sind nicht wissenschaftlich tätig Personalberater, Betriebspsychologen oder Grafologen (VwGH 6.4.1988, 87/13/0210; VwGH 4.10.1983, 82/14/0304; VwGH 12.4.1983, 82/14/0215, 0250).

Planmäßige mit wissenschaftlicher Methode ausgeübte Erfindertätigkeit, insbesondere **5235** von technischen Neuerungen, ist idR eine wissenschaftliche Tätigkeit. Erfindungen, die nicht im Rahmen einer Erfindertätigkeit anfallen, wie insbesondere Zufallserfindungen oder Erfindungen, die als Nebenprodukt aus einer anderen Tätigkeit anfallen, können für sich nicht Einkünfte aus selbständiger Arbeit begründen (VwGH 25.11.1980, 2737/79). Erfindungen aus einer gelegentlichen Tätigkeit sind Leistungen gemäß § 29 Z 3 EStG 1988; die Verwertung patentrechtlich geschützter Zufallserfindungen durch Dritte gegen laufende Vergütung (Lizenzen) stellen Einkünfte aus der Überlassung von Schutzrechten gemäß § 28 Abs. 1 Z 3 EStG 1988 dar. Zur Veräußerung einer privaten Zufallserfindung siehe Rz 6416. Die Zufallserfindung wird dann dem betrieblichen Bereich zuzuordnen sein, wenn der Erfinder noch weitere umfangreiche und planmäßige Maßnahmen zur Auswertung seiner Erfindung treffen muss, sodass nicht mehr von einer gelegentlichen Tätigkeit gesprochen werden kann (VwGH 28.10.2010, 2007/15/0191).

(AÖF 2012/63)

Bei der eigenbetrieblichen Verwertung bzw. der Verwertung durch Vergabe von Lizenzen **5236** ist wie in den folgenden Beispielen dargestellt zu unterscheiden:

Beispiel 1:

Zahnärztin benützt von ihr erfundenen Bohrer selbst: Schlägt sich in den Einkünften nicht gesondert nieder.

Beispiel 2:

Zahnärztin vergibt Lizenz, zufolge der auch Dritte den erfundenen Bohrer benützen dürfen: Einkünfte aus selbständiger Arbeit.

Beispiel 3:

Zahnärztin produziert selbst Bohrer und vertreibt ihn: Einkünfte aus Gewerbebetrieb.

Beispiel 4:

Zahnärztin erfindet Rasenmäher (kein Zusammenhang mit den betrieblichen Einkünften) und vergibt Lizenz: Einkünfte aus Vermietung und Verpachtung (§ 28 Abs. 1 Z 3 EStG 1988).

Beispiel 5:

Assistent der Zahnärztin erfindet Bohrer, der von der Zahnärztin vermarktet wird: Beim Assistenten Einkünfte aus nichtselbständiger Arbeit (Diensterfindung, LStR 1999, RZ 1094ff).

16.2.6 Künstler

Als Künstler kann nur derjenige angesehen werden, der eine persönliche eigenschöpfe- **5237** rische Tätigkeit in einem umfassenden (anerkannten) Kunstfach auf Grund künstlerischer Begabung entfaltet (vgl. VwGH 20.11.1989, 88/14/0211; VwGH 30.6.1994, 94/15/0090). Seine Tätigkeit darf sich nicht darauf beschränken, Erlernbares oder Erlerntes wiederzugeben (VwGH 25.3.1960, 1313/57). Das Vorliegen einer künstlerischen Begabung ist in der Regel bei einer abgeschlossenen künstlerischen Hochschulbildung anzunehmen (zB Akademie der bildenden Künste, Hochschule für Musik und darstellende Kunst), daraus folgt aber nicht, dass der künstlerische Wert einer Tätigkeit nicht nachgeprüft werden muss (VwGH 20.2.1996, 92/14/0084). Fehlt eine Hochschulbildung oder sonstige vollwertige künstlerische Ausbildung, muss die Finanzbehörde die Künstlereigenschaft auf Grund der von ihm entfalteten Tätigkeit prüfen. Die Merkmale sind von der Behörde unter Berücksichtigung eines repräsentativen Querschnittes der Arbeiten, die die steuerlich relevante Tätigkeit bilden, zu beurteilen (VwGH 25.1.1994, 90/14/0092; VwGH 15.1.1997, 94/13/0002).

5238 Neben der Künstlereigenschaft ist die Art der Tätigkeit für die Zuordnung zu den Einkünften aus selbständiger Arbeit maßgebend (VwGH 24.2.1970, 528/69). Denn nicht jede beruflich entfaltete Tätigkeit einer Person, deren Künstlereigenschaft außer Zweifel steht, ist künstlerisch (VwGH 4.10.1983, 83/14/0043, 0052, 0053; VwGH 20.2.1996, 92/13/0084). Maßgebend für die Beurteilung einer in der Herstellung eines Gegenstandes bestehenden Tätigkeit ist ausschließlich die Art und Weise seiner Gestaltung. Erfolgt sie nach für ein umfassendes Kunstfach (zB Malerei, Bildhauerei, Architektur) charakteristischen Gestaltungsprinzipien oder ist sie auf dieselbe Stufe zu stellen wie diese, weil die Tätigkeit eine vergleichbar weit reichende künstlerische Ausbildung und Begabung erfordert, dann ist diese Tätigkeit als künstlerisch anzusehen (VwGH 21.1.1986, 84/14/0017; VwGH 5.7.1994, 94/14/0032).

5239 Tätigkeiten sind nur dann als künstlerisch im Sinne der abgabenrechtlichen Vorschriften anzunehmen, wenn sie einen gewissen Qualitätsstandard nicht unterschreiten (VwGH 23.10.1984, 84/14/0083). Darbietungen primitivster Art sind ungeachtet ihres kommerziellen Erfolges nicht künstlerisch (VwGH 23.10.1984, 84/14/0083, betreffend Kinderstimmenimitator).

Großes Können und eine persönliche Note machen aus einer handwerklichen noch keine künstlerische Täigkeit (VwGH 25.1.1993, 91/13/0231).

5240 Der Umstand, dass der in einem Werk dargestellte Gegenstand ein althergebrachtes Volksmotiv ist, ist für die Frage des Vorliegens eines Kunstwerkes ohne Bedeutung, weil es keine Motive gibt, die von vornherein ungeeignet wären, als Vorlage oder Ausgangspunkt für ein Kunstwerk zu dienen: Dies gilt auch für die Anzahl von Repliken, die ein Künstler von einem seiner selbstgeschaffenen Kunstwerke anfertigt, weil dadurch nichts an der für das Kunstwerk aufgewendeten eigenschöpferischen Leistung geändert wird (VwGH 4.10.1983, 83/14/0043, 0052, 0053).

5241 Die Eignung eines Gegenstandes zum praktischen Gebrauch oder zu wirtschaftlichen Zwecken schließt nicht aus, dass die in der Herstellung dieses Gegenstandes bestehende Tätigkeit künstlerisch ist (VwGH 4.10.1983, 83/14/0043, 0052, 0053; VwGH 7.9.1990, 90/14/0075; VwGH 15.9.1993, 91/13/0237; VwGH 27.9.1995, 92/15/0086).

5242 Die Abgrenzung zwischen künstlerischer und gewerblicher Tätigkeit ist in erster Linie anhand jener Kriterien zu treffen, die Schrifttum und Rechtsprechung zum Steuerrecht entwickelt haben. Lexika und ähnlichen Nachschlagewerken ist zwar die Eignung, zum Verständnis des Kunstbegriffes beizutragen, nicht abzusprechen, sie haben aber nicht die durch das Steuerrecht vorgegebene Abgrenzung zwischen künstlerischer und gewerblicher Tätigkeit zum Ziel (VwGH 18.9.1991, 91/13/0054).

5243 Auch die Bestimmungen des Urheberrechtsgesetzes können nicht zur Auslegung des Begriffs der künstlerischen Tätigkeit herangezogen werden (VwGH 21.7.1993, 91/13/0231). Ebenso kann das Führen eines Künstlernamens nicht als Beweis künstlerischer Tätigkeit angesehen werden, weil das Urheberrechtsgesetz, das Decknamen und Künstlerzeichen kennt (§ 12 Urheberrechtsgesetz) auch Werke des Kunstgewerbes und deren Urheber schützt (VwGH 2.12.1966, 1516/65). Der künstlerische Ruf und die erfolgreiche Teilnahme an Wettbewerben sind für die Frage der Einkunftsart ohne Bedeutung (VwGH 27.9.1995, 92/15/0086). Die Anwendbarkeit der Gewerbeordnung ist ebenfalls nicht maßgeblich (VwGH 29.11.1988, 88/14/0201), sie hat allenfalls Indizwirkung.

5244 Die Zugehörigkeit zum Bund der österreichischen Gebrauchsgrafiker oder zur Berufsvereinigung bildender Künstler Österreichs sagt über die Künstlereigenschaft des Mitglieds dieser Vereinigungen nichts aus, weil diesen Vereinigungen nicht nur Künstler, sondern auch Kunsthandwerker angehören (VwGH 4.10.1983, 83/14/0043, 0052, 0053; VwGH 21.1.1986, 84/14/0017; VwGH 18.9.1991, 91/13/0054). Die Ergänzung eines durch den Künstler unvollendet gebliebenen Werkes durch einen anderen Künstler kann ebenso ein eigenschöpferisches Kunstwerk sein wie die Wiederherstellung eines weitgehend zerstörten Kunstwerkes durch einen Restaurator, dessen Arbeit eine Neuschöpfung (wenn auch im Geiste der verloren gegangenen Werke) darstellt. Dabei ist es gleich, ob es sich um ein Werk der Musik oder der Architektur handelt (VwGH 14.1.1992, 91/14/0204; VwGH 22.3.1995, 92/13/0005).

5245 Bei der Tätigkeit eines Grafikers muss stets zwischen künstlerischer Grafik und gewerblicher Grafik unterschieden werden. Arbeiten, die sich als Fotomontagen, einfache Ornamentik, Schriftenmalerei oder ähnliches darstellen, und somit das Niveau einer erlernbaren Technik nicht überschreiten, sind dem Kunstgewerbe zuzurechnen (VwGH 31.5.1963, 1967/62, VwGH 5.6.1964, 756/63; VwGH 23.9.1982, 82/15/0041; VwGH 27.9.1995, 92/15/0086).

5246 Der Umstand, dass es sich bei Gebrauchsgrafiken um eigentümliche geistige Schöpfungen des Grafikers handelt, genügt allein nicht, um eine Tätigkeit zur künstlerischen zu machen, da auch der Kunsthandwerker, ja jeder qualifizierte Handwerker, der in seinem Gewerbe neue Wege geht, eigentümliche geistige Schöpfungen hervorbringt, ohne dass man ihn deshalb als Künstler bezeichnen kann (VwGH 26.11.1985, 83/14/0249, 0260, 0261; VwGH 23.10.1990, 90/14/0035; VwGH 25.1.1994, 90/14/0092). Sie kann aber bei entsprechender künstlerischer Qualität künstlerisch sein. Das gleiche gilt für die Schauraumgestaltung (VwGH 24.1.1964, 460/63).

Voraussetzung für das Vorliegen einer künstlerischen Tätigkeit im Falle der Musik ist auch hier einerseits die Befähigung des Ausübenden und anderseits die Art der Tätigkeit. Hinsichtlich der Befähigung gilt auch hier die abgeschlossene künstlerische Hochschulausbildung als Nachweis der Künstlereigenschaft, sie ist jedoch nicht unbedingte Voraussetzung, wenn eine entsprechende Begabung vorliegt. Musikalische Tätigkeit ist nur dann als künstlerisch anzusehen, wenn sie einen bestimmten, durch das jeweilige Kunstverständnis vorgegebenen Qualitätsstandard nicht unterschreitet. Maßgeblich dafür ist die Qualität des musikalischen Vortrages und nicht die Art des Musikstückes (siehe VwGH 7.6.1983, 82/14/0323, 0339; VwGH 7.6.1983, 83/14/0018, 0041; VwGH 29.5.1990, 89/14/0022; VwGH 12.12.1995, 94/14/0060). **5247**

Der kunstvolle Vortrag eines Musikstückes verliert auch dann nicht den Charakter einer künstlerischen Tätigkeit, wenn er um der Stimmung willen geboten wird (VwGH 29.5.1990, 89/14/0022, verstärkter Senat). Das Spielen von Volksmusikinstrumenten, wie zB Gitarre, Akkordeon (VwGH 7.4.1961, 616/60), Zither, Knopfgriffharmonika, Mandoline und Blockflöte (VwGH 23.9.1964, 1319/63), wird in der Regel nicht zur Ausübung der Kunst gerechnet. Das Gleiche gilt für das Singen von volkstümlichen Liedern und Jodlern und die Zusammenstellung und Vorführung von Volkstänzen. Aber auch der Vortrag von Volksmusik ist Kunst, wenn er einen bestimmten Qualitätsstandard nicht unterschreitet (VwGH 29.5.1990, 89/14/0022, verstärkter Senat). **5248**

Wenn das dargebotene Musikstück nicht als Kunst anzusehen ist, spricht der Anschein für das Fehlen künstlerischen Charakters der Darbietung. In einem solchen Fall müssten besondere Umstände für den künstlerischen Charakter des Vortrages sprechen (VwGH 12.12.1995, 94/14/0060; VwGH 23.1.1996, 93/14/0083; VwGH 26.5.1998, 97/14/0038). Volksmusik wird demnach in vielen Fällen zu Einkünften aus Gewerbebetrieb führen. Ein Gewerbebetrieb liegt jedenfalls aber dann vor, wenn Volksmusik durch publikumswirksame Effekte verfälscht wird (VwGH 23.1.1996, 93/14/0083, betreffend Volksmusik auf Tiroler Abenden). **5249**

Dem konkreten Zweck einer künstlerischen Tätigkeit kommt keine entscheidende Bedeutung zu. Liegt eine künstlerische Tätigkeit vor, so behält sie diese Eigenschaft auch dann, wenn sie nicht des Kunstgenusses wegen ausgeübt wird. Der Einsatz künstlerischen Tätigwerdens für Zwecke der Werbung ist daher kein Grund, der Tätigkeit ihren künstlerischen Wert abzusprechen (VwGH 20.4.1995, 92/13/0082). **5250**

Eine freiberufliche Tätigkeit liegt auch dann vor, wenn ein Künstler im Rahmen von Veranstaltungen tätig wird, denen die für das Vorliegen einer freiberuflichen Tätigkeit erforderlichen Eigenschaften fehlen, beispielsweise Gesangseinlagen bei Modeschauen, politischen und anderen Werbeveranstaltungen. Ein Friedhofsänger, der auch als Sänger im Zusatzchor der Wiener Staatsoper tätig ist, übt eine künstlerische Tätigkeit aus. (VwGH 18.3.1987, 86/13/0009; VwGH 18.3.1987, 86/13/0135; VwGH 14.9.1988, 86/13/0101 verstärkter Senat). Der Komponist wird in der Regel künstlerisch tätig. Aber auch der Arrangeur, dessen Aufgabe darin besteht, ein Tonstück für eine andere Besetzung, als sie der Komponist vorgeschrieben hat, zu bearbeiten, ist in der Regel künstlerisch tätig. Das gilt auch für die Instrumentierung eines Musikwerkes, namentlich dann, wenn die Partitur nur in großen Umrissen skizziert ist, sodass die qualifizierte künstlerische Tätigkeit die rein mechanische Abschreibarbeit überwiegt (VwGH 15.2.1963, 922/62). **5251**

Die Tätigkeit eines Musikproduzenten („Musikproducer“, „Musikregisseur“) – nämlich Erarbeiten der endgültigen Form einer Komposition gemeinsam mit dem Komponisten, Eingreifen in die Gestaltung der Texte, Besorgung des Musikarrangements und Übernahme jener Aufgaben im Rahmen der Tonaufnahme, welche beim klassischen Orchester dem Dirigenten obliegen – kann künstlerischen Charakter haben, wenn es sich bei den produzierten Musikwerken um Werke handelt, deren Schaffung als künstlerische Arbeit zu werten ist. Wird neben der künstlerischen Tätigkeit auch eine gewerbliche ausgeübt, ohne dass eine Trennung möglich ist, sind die Einkünfte aus einer solchen in sich geschlossenen einheitlichen Tätigkeit, je nach dem, ob die Merkmale des § 22 EStG 1988 oder jene des § 23 EStG 1988 überwiegen, entweder dem § 22 oder § 23 EStG 1988 zuzuordnen. **5252**

Die Provisionen aus dem Verkauf von auf Tonträgern aufgenommenen Darbietungen sind ebenso zu behandeln wie die Einkünfte aus den Darbietungen selbst (VwGH 29.5.1990, 89/14/0022; VwGH 7.6.1983, 83/14/0018, 0041; VwGH 7.6.1983, 82/14/323, 339). **5253**

Ein Kabarettist oder Schauspieler ist in der Regel künstlerisch tätig.

5254 Keine künstlerischen Tätigkeiten üben zB aus bzw. stellen dar:

- Artist (VwGH 20.11.1989, 88/14/0211),
- Ausstellungsgestalter (VwGH 5.5.1970, 1894/68),
- Bauchredner (VwGH 20.11.1989, 88/14/0211),
- Dekorieren von Schaufenstern und Verkaufskojen (VwGH 26.3.1969, 1320/68),
- Drehbuchautor in der Werbung, sofern nicht insgesamt künstlerische Tätigkeit (VwGH 24.9.1986, 85/13/0132),
- Entwerfen von Geschenkpapier und Papierservietten (VwGH 31.10.1972, 863/72); von Industrieerzeugnissen (industrial designing, VwGH 5.7.1994, 94/14/0032; 2.12.1966, 1516/65, Brillendesigner); von Textilmustern (VwGH 18.3.1975, 119/73),
- Filmproduzent,
- Fotograf, in Ausnahmefällen künstlerisch,
- Garten-, Landschaftsarchitekt,
- Grafiker (Werbe-), der sich nicht überwiegend mit rein künstlerischen Arbeiten befasst (VwGH 13.7.1962, 438/62; VwGH 27.9.1995, 92/15/0086); ebenso ein Grafiker, der Trickfilme herstellt (VwGH 3.3.1967, 1772/66),
- Entwurf und Herstellung von Geschenkpapier und Papierservietten (VwGH 31.10.1972, 863/72),
- Herstellung von Goldschmuck (VwGH 7.10.1964, 2378/63), von Stofftieren als Spielzeug und Zimmerschmuck (VwGH 26.3.1965, 2127/64), von Teppichen (VwGH 5.4.1963, 739/61), von Textildrucken, Textilmustern nach eigenen Entwürfen (VwGH 19.6.1964, 1155/62, VwGH 18.3.1975, 119/73),
- Holzbildhauer, wenn der Anteil der nichtkünstlerischen Tätigkeit bei einheitlicher Betrachtung überwiegt (VwGH 20.11.1989, 89/14/0142),
- Humorist (VwGH 23.10.1984, 84/14/0083),
- Illusionist,
- Klavierstimmer,
- Konzertmanager (Impresario) Conferencier, Moderator (VwGH 30.6.1961, 2004/59),
- Kostümberater (VwGH 18.6.1962, 2407/59),
- Kunsthandwerker (VwGH 18.9.1991, 91/13/0054; VwGH 9.6.1961, 162/61),
- künstlerischer Berater, Kunstkritiker (VwGH 7.3.1984, 82/13/180),
- Leiter eines Theaterbetriebes (VwGH 13.5.1960, 1009/57),
- Magier (VwGH 12.12.1988, 87/15/0002),
- Möbeldesigner,
- Musikinstrumentenbau, weil handwerkliche Tätigkeit im Vordergrund steht,
- Notenkopist. Die Richtigstellung falsch gesetzter Vorzeichen oder dynamischer Zeichen bei Notenabschreibarbeiten, die Transponierung von Arrangements in andere Tonarten und die Erstellung von Stimmen für einzelne Instrumente erfordern zwar große Aufmerksamkeit und Genauigkeit sowie musikalisches Einfühlungsvermögen, sie setzen aber keine persönliche eigenschöpferische Befähigung voraus (VwGH 14.1.1964, 1241/62).
- Reliefkartenentwurfherstellung (VwGH 28.1.1976, 1318/74),
- Restauratoren, soweit sie nur Reinigungs- und Konservierungsarbeiten durchführen, es sei denn, das Kunstwerk ist so stark beschädigt, dass es wiederhergestellt bzw. ergänzt werden muss(VwGH 22.3.1995, 92/13/0005),
- Technische Zeichner, die Dokumentationszeichnungen und Schaubilder herstellen (VwGH 15.9.1993, 91/13/0237),
- Tonstudio, Tontechniker (VwGH 18.1.1989, 88/13/0169),
- Unterhaltungsdarbietungen, die keinem Kunstfach zugeordnet werden können, sind gewerblich (VwGH 13.11.1985, 84/13/0077; VwGH 30.6.1994, 94/15/0090),
- Varieté-, Zauberkünstler (VwGH 20.11.1989, 88/14/0211; VwGH 30.6.1994, 94/15/0090).

16.2.6a Stipendien für freiberufliche Tätigkeiten (§ 22 Z 1 lit. a EStG 1988)

(BMF-AV Nr. 2018/79)

5254a Einkünfte aus selbständiger Tätigkeit liegen auch dann vor, wenn Einkünfte aus einem Stipendium für eine wissenschaftliche, künstlerische, schriftstellerische, unterrichtende oder erzieherische Tätigkeit vereinnahmt werden und der Bezug des Stipendiums nicht im Rahmen einer nichtselbständigen Betätigung erfolgt (dazu zählen auch Stipendien, die

§§ 21–32

während eines aufrechten (karenzierten) Dienstverhältnisses zu einer Universität gewährt werden; siehe VwGH 20.2.2008, 2006/15/0171; VwGH 29.7.2014, 2011/13/0060). Zusätzlich muss das Stipendium wirtschaftlich einen Einkommensersatz darstellen (siehe Rz 5254c).

(BMF-AV Nr. 2018/79)

Ein „Stipendium“ ist eine finanzielle Unterstützung, die an eine Person deshalb gegeben wird, damit sie sich einer der in Rz 5254a genannten freiberuflichen Tätigkeiten widmen kann. Stipendien stellen daher auf Grund dieser Zielsetzung wirtschaftlich einen Einkommensersatz dar (zB Dissertationsstipendien, Habilitationsstipendien, Forschungsstipendien für Wissenschaftler). **5254b**

Preise für insbesondere wissenschaftliche Arbeiten sind nicht vom Begriff „Stipendien“ erfasst, weil sie in Würdigung des Empfängers oder seiner Leistung(en) zuerkannt werden, zudem stellen sie wirtschaftlich keinen Einkommensersatz dar; dasselbe gilt für Leistungsstipendien.

Ebenfalls nicht erfasst sind einmalige Zuwendungen in Form von „Stipendien“, die außerhalb einer bestehenden Einkunftsquelle geleistet werden und lediglich Kosten abgelten, aber keinen Einkommensersatz darstellen (zB die Abgeltung von Aufwendungen für Fachliteratur, Materialien, Reisen usw.).

(BMF-AV Nr. 2018/79)

Ein Stipendium stellt wirtschaftlich jedenfalls keinen Einkommensersatz dar, wenn dieses jährlich insgesamt nicht höher ist, als die Höchststudienbeihilfe für Selbsterhalter nach § 27 Studienförderungsgesetz 1992. Diese beträgt derzeit jährlich 8.580 Euro; das sind 715 Euro monatlich. Stipendien, die diesen Betrag nicht überschreiten und nicht unter § 25 EStG 1988 zu subsumieren sind, sind somit nicht steuerbar. **5254c**

(BMF-AV Nr. 2018/79)

Stipendien, die in den Anwendungsbereich des § 22 Z 1 lit. a EStG 1988 fallen, sind gemäß § 3 Abs. 1 Z 3 lit. f EStG 1988 steuerfrei, wenn für den Stipendienbezieher keine Erklärungspflicht gemäß § 42 Abs. 1 Z 3 EStG 1988 besteht. Diese Befreiung ist nicht anwendbar, wenn das Stipendium im Rahmen eines Dienstverhältnisses ausbezahlt wird. Das Vorliegen eines Dienstverhältnisses ist nach § 47 Abs. 2 EStG 1988 zu beurteilen. **5254d**

(BMF-AV Nr. 2018/79)

16.2.7 Schriftsteller, Bildberichterstatter, Journalist, Dolmetscher, Übersetzer

Schriftstellerische Tätigkeit besteht darin, dass auf irgendeinem Gebiet selbständige Gedanken in Schriftform der Öffentlichkeit übermittelt werden (VwGH 15.1.1965, 583/64). Ein Schriftsteller schreibt nicht nur dann für die Öffentlichkeit, wenn die von ihm verfassten Texte in Büchern, Zeitungen oder Zeitschriften veröffentlicht, sondern auch dann, wenn sie unter seinem Namen in anderen publizistischen Medien (zB in Rundfunk, Fernsehen, Film) an die Öffentlichkeit herangetragen werden. Das Verfassen von Manuskripten für Inserate, Prospekte oder sonstige Werbemittel stellt keine schriftstellerische Tätigkeit dar, wenn sie in die typisch kaufmännischen Aufgaben des Vertriebes und Umsatzes einbezogen ist (VwGH 13.10.1982, 81/13/192; 30.5.1984, 83/13/82, Werbetexter). Herstellung und Entwicklung von Computer-Software ist weder schriftstellerisch noch wissenschaftlich (VwGH 24.4.1996, 92/13/0026; VwGH 2.5.1991, 90/13/0274). Wer hingegen selbständig eigene Gedanken in der Form eines Softwarelernprogrammes für PC verfasst, ist schriftstellerisch tätig, wenn das Lernprogramm für die Öffentlichkeit bestimmt ist. Zum Selbstverlag siehe Rz 5288. **5255**

Der Bildberichterstatter ist nach Aufgabe und Tätigkeit Journalist, der an der Gestaltung des geistigen Inhalts von publizistischen Medien (Zeitungen, Zeitschriften, Film, Fernsehen) mitwirkt. Seine Tätigkeit erhält ihren journalistischen Charakter durch die auf individueller Beobachtung beruhende Erfassung des Bildmotivs und seines Nachrichtenwertes. Die Bilder müssen als aktuelle Nachrichten über Zustände oder Ereignisse politischer, wirtschaftlicher, gesellschaftlicher und kultureller Natur für sich selbst sprechen; sie brauchen jedoch nicht mit erklärenden Texten versehen sein. Sinn und Zweck der Bilder muss darin bestehen, der Allgemeinheit über ein allgemein oder doch weite Kreise interessierendes Thema zu berichten. Der in der aktuellen Berichterstattung für das Fernsehen selbständig tätige Kameramann übt in der Regel eine journalistische Tätigkeit aus. Kein Bildberichterstatter ist, wer als Fotograf zB wirklichkeitsgetreue Luftbildaufnahmen herstellt, die von seinen Abnehmern in vielfältiger Weise (zB für Werbung, Planung, verschiedenartige Illustrationen und Archivzwecke) benutzt oder ausgewertet werden, weil die Herstellung der Lichtbilder dem individuellen Interesse des Abnehmers dient und damit nicht auf dem Gebiet der aktuellen Berichterstattung liegt. **5256**

Die Tätigkeit des Journalisten ist dadurch gekennzeichnet, dass eine Person an der Berichterstattung und/oder Kommentierung von aktuellem Geschehen (Neuigkeiten, Tagesereig- **5257** nissen) in Medien mitwirkt. Unter Tagesgeschehen ist alles zu verstehen, was Aktualität hat, also nicht nur die jedermann interessierenden täglichen Ereignisse, sondern auch aktuelle Erscheinungen, die lediglich auf Fachinteresse stoßen und nur von Zeit zu Zeit auftreten. Die Vermittlung kann sowohl in der Verfassung von Berichten und/oder Kommentaren bestehen, als etwa auch in der Sammlung, Sichtung, Auswahl, Verbesserung derartigen Materials. Journalistisch ist deshalb nicht nur die Tätigkeit des Reporters, der an Ort und Stelle oder an der Quelle die Neuigkeiten erhebt und weiterleitet, sondern auch die Tätigkeit in der Redaktion durch den Schriftleiter (Redakteur), der ua. Beiträge auswählt, bearbeitet oder auch selbst schreibt. Journalist ist der Überbegriff, der jedenfalls Reporter und Redakteur (Schriftleiter) umfasst (VwGH 9.7.1997, 96/13/0185; VwGH 22.4.1992, 92/14/0002).

5258 Nicht in den journalistischen Tätigkeitsbereich gehören reine Unterhaltungsprogramme. Unmaßgeblich ist hingegen, in welcher Form journalistisch gestaltete Programme an das Publikum herangetragen werden. Auch aktuelle Informationen, die im Zusammenhang mit reiner Unterhaltung gebracht werden, verlieren dadurch – entsprechende Gestaltung vorausgesetzt – nicht ihren journalistischen Charakter; es wird vielfach sogar notwendig sein, gerade belehrende Informationen, Berichte über die Verkehrslage, aktuelle Lebenshilfe usw. mit einer Unterhaltung zu kombinieren, um das Zielpublikum in ausreichender Zahl zu erreichen (VwGH 26.9.1985, 85/14/0057, Radiosendung „Mit Musik ins Wochenende“, „Nach Hause mit Musik“).

5259 Das Moderieren, das ist Leiten und Führen einer Diskussion oder Gesprächsrunde im Rundfunk oder Fernsehen, ist journalistisch. Ein PR-Berater ist gewerblich tätig, auch wenn untergeordnete journalistische Leistungen erbracht werden (VwGH 9.7.1997, 96/13/0185).

5260 Dolmetscher ist derjenige, der gesprochene fremdsprachliche Äußerungen mündlich übersetzt bzw. die sprachliche Verständigung von Menschen, die verschiedene Sprachen sprechen, vermittelt.

5261 Übersetzer ist derjenige, der ein Schriftwerk von einer menschlichen Sprache in eine andere menschliche Sprache überträgt. Die Übertragung eines schriftlichen Datenflussplanes in für einen Computer verständliche Zeichen und Angaben ist keine Übersetzertätigkeit (VwGH 6.4.1988, 87/13/0202). Der Übersetzer kann nicht als Schriftsteller angesehen werden (VwGH 14.4.1986, 85/15/0327).

16.2.8 Unterricht, Erziehung

5262 Unterrichtende Tätigkeit ist jede Art persönlicher Lehrtätigkeit und beinhaltet die Vermittlung von Fähigkeiten und meist komplexerem Wissen. Fernunterricht ist unterrichtend, wenn individuell auf die einzelnen Schüler eingegangen wird.

5263 Erzieherische Tätigkeit ist eine Betätigung zur planmäßigen körperlichen, geistigen und sittlichen Formung heranwachsender Menschen.

(AÖF 2010/43)

5264 Ein Kinderheim ist ein Gewerbebetrieb, wenn die erzieherische Tätigkeit nur eine Nebenleistung darstellt.

5265 Weder als unterrichtende noch als erzieherische Tätigkeit können angesehen werden:

- Beratende Tätigkeit, die sich auf das Erteilen von Ratschlägen an Personen beschränkt und nicht einer der im § 22 Z 1 namentlich angeführten Tätigkeiten und Berufe zugeordnet werden kann,
- Fitness-Studio, wenn die Überlassung der Sportgeräte im Vordergrund steht und die unterrichtende Tätigkeit auf die Einweisungsphase beschränkt ist,
- Fremdenführung (VwGH 14.10.1960, 1231/58),
- Tierdressur (VwGH 4.10.1957, 3067/54),
- Trabertrainer.

16.2.9 Unternehmensberater

5266 Unter die Gruppe der Unternehmensberater (§ 22 Z 1 lit. b EStG 1988) fallen Personen, die ihre Befähigung zur Unternehmensberatung durch ein abgeschlossenes Hochschulstudium oder durch Ablegung einer Prüfung gemäß der Verordnung BGBl. II Nr. 34/1998 bzw. BGBl. Nr. 254/1978 erworben haben. Die Befähigung zur Unternehmensberatung kann aber auch aus einer vor 1978 erworbenen Berechtigung zur Ausübung des Berufes eines Betriebsberaters oder Betriebsorganisators abgeleitet werden. Näheres siehe Berufsbild Unternehmensberatung des Fachverbandes Unternehmensberatung, Buchhaltung und Informationstechnologie der WKO.

(BMF-AV Nr. 2018/79)

16.2.9a Vermögensverwaltende Tätigkeiten

(AÖF 2007/88)

Zu den Einkünften aus einer vermögensverwaltenden Tätigkeit zählen nur Einkünfte aus der Verwaltung fremden Vermögens. Die Verwaltung des eigenen Vermögens (§ 32 BAO) führt zu Einkünften aus Kapitalvermögen oder Einkünften aus Vermietung und Verpachtung. Für die Einkünfte aus einer vermögensverwaltenden Tätigkeit gilt die uneingeschränkte Vervielfältigungstheorie (vgl. Rz 5293). **5266a**

(AÖF 2007/88)

Die Verwaltung fremden Vermögens muss Hauptzweck der Tätigkeit sein, Vermögensverwaltung, die bloß Nebenzweck ist, fällt nicht unter § 22 Z 2 EStG 1988 (VwGH 7.3.1984, 82/13/0180). Keine selbständige Vermögensverwaltung liegt daher beispielsweise vor bei **5266b**

- einem Reiseleiter, auch wenn er die Reisekassa führt,
- einem Börsensensal,
- einem Sensal des Dorotheums,
- einer Stundenbuchhalterin.

Zum Zusammentreffen einer freiberuflicher mit einer vermögensverwaltenden Tätigkeit siehe Rz 5288a.

(AÖF 2007/88)

Im Gesetz werden nur die Tätigkeiten als Hausverwalter und als Aufsichtsratsmitglied demonstrativ aufgezählt. **5266c**

Weitere Beispiele für die Einkünfte aus vermögensverwaltender Tätigkeit sind

- Masseverwalter (VwGH 19.12.1990, 87/13/0072)
- Testamentvollstrecker (VwGH 30.1.2001, 95/14/0043)
- gerichtliche Erwachsenenvertreterin/gerichtlicher Erwachsenenvertreter (bis 1.7.2018: Sachwalter), soweit sie nicht Angehörige betreuen, siehe Rz 6611
- Liquidator eines fremden Vermögens im Auftrag des Eigentümers.

Ferner fallen Bezüge der Organe juristischer Personen privaten Rechts (zB Mitglieder des Vorstandes bei Genossenschaften [VwGH 29.07.2010, 2006/15/0217] oder Sparkassen) unter § 22 Z 2 erster Teilstrich EStG 1988, soweit nicht Einkünfte nach Z 2 zweiter Teilstrich (Kapitalgesellschaften) oder nach § 25 EStG 1988 vorliegen (VwGH 30.1.2001, 95/14/0043, siehe auch Rz 6604).

Stiftungsvorstände, die außerhalb eines Dienstverhältnisses tätig werden, erzielen mit ihren Vergütungen Einkünfte gemäß § 22 Z 2 erster Teilstrich.

Zur Beurteilung der Einkünfte von Personen, die bei Vereinen tätig sind, siehe VereinsR 2001 Rz 762 ff.

(BMF-AV Nr. 2021/65)

16.2.9b Hausverwalter

(AÖF 2007/88)

Die Tätigkeit eines Hausverwalters besteht in der eigenverantwortlichen Verwaltung fremden Vermögens. Werden selbst keine Liegenschaften verwaltet, sondern besteht der Aufgabenbereich überwiegend in der Kontrolle von Objekten hinsichtlich Sauberkeit, Funktionieren der technischen Einrichtungen etc, liegt darin keine Tätigkeit, deren Hauptzweck in der Verwaltung fremden Vermögens besteht. **5266d**

(AÖF 2007/88)

Zu den Einkünften aus der Tätigkeit eines Hausverwalters gehören unter anderem **5266e**

- die Entgelte aus der unmittelbaren Verwaltertätigkeit,
- Provisionszahlungen für die Vergabe und Beaufsichtigung von Reparaturarbeiten,
- Provisionszahlungen für die Vergabe von Wohnungen im verwalteten Gebäude (Ablösezahlungen) oder
- Provisionszahlungen für die Vermittlung von Versicherungen für die verwalteten Gebäude.

Provisionen aus der Vermittlung anderer als der verwalteten Realitäten gehören nur so lange zu den Einkünften aus sonstiger selbständiger Tätigkeit, als die Realitätenvermittlung nur in untergeordnetem Ausmaß erfolgt (VfGH 18.6.1964, B 317/63). Bei Überwiegen der Realitätenvermittlung ist ein einheitlicher Gewerbetrieb anzunehmen, bei Überwiegen der Verwaltertätigkeit sind einheitliche Einkünfte aus sonstiger selbständiger Tätigkeit anzunehmen.

Die Vergabe von Bauaufträgen in der Art eines Generalunternehmers im eigenen Namen und Weiterfakturierung an die Auftraggeber überschreitet die Vermögensverwaltung und führt zu gewerblichen Einkünften.

Verwaltet ein Miteigentümer (Wohnungseigentümer) das im Miteigentum (Wohnungseigentum) stehende Gebäude, gehört sein Hausverwalterentgelt zu den Einkünften nach § 22 Z 2 EStG 1988 (vgl. VwGH 21.9.1993, 90/14/0057), siehe Rz 6017.

(AÖF 2007/88)

16.2.9c Aufsichtsrat

(AÖF 2007/88)

5266f Aufsichtsratsmitglied iSd § 22 Z 2 erster Teilstrich EStG 1988 ist, wer mit der Überwachung der Geschäftsführung einer Gesellschaft beauftragt ist. Dazu zählen in erster Linie die nach dem Aktiengesetz, dem GmbHG oder GenossenschaftsG bestellten Aufsichtsräte. Darüber hinaus werden aber auch alle Personen von diesem Begriff erfasst, die auf Grund von gesellschaftsrechtlichen Vorschriften oder von Bestimmungen der Satzung (des Gesellschaftsvertrages) durch einen Beschluss der zuständigen Organe mit der Überwachung der Geschäftsführung einer juristischen Person beauftragt sind.

Aufsichtsratsmitglieder sind auch die nach § 110 ArbVG vom Betriebsrat in den Aufsichtsrat entsendeten Arbeitnehmervertreter.

Die Tätigkeit anderer, primär im Eigentümerinteresse mit der Überwachung der Geschäftsführung beauftragter Personen, wie von Beiräten als Hilfsorgane der Aufsichtsräte, ist ebenfalls vermögensverwaltend.

Ein Beamter, der von seiner Dienstbehörde (zB Landesregierung) als Aufsichtskommissär (zB bei der Landeshypothekenbank) bestellt wird, bezieht dafür Einkünfte nach § 25 Abs. 1 Z 4 lit. c EStG 1988. Übt eine solche Funktion ein Mitglied der Landesregierung aus, sind seine Bezüge als Funktionsgebühren iSd § 29 Z 4 EStG 1988 anzusehen.

Wird der Aufsichtsrat von seinem Dienstgeber entsendet, ist der Dienstgeber bezüglich der Aufsichtsratsfunktion jedoch nicht weisungsbefugt, erzielt der entsendete Aufsichtsrat Einkünfte gemäß § 22 Z 2 EStG 1988.

(AÖF 2007/88)

5266g Für die Qualifikation von Einkünften aus vermögensverwaltender Tätigkeit ist es unbeachtlich, von wem der Steuerpflichtige entsendet worden ist und wessen Interessen er im Aufsichtsrat vertritt. Zur Abzugsfähigkeit der Aufsichtratsvergütungen bei der Gesellschaft siehe KStR 2013 Rz 1265 f.

Der Auslagenersatz, den in den Aufsichtsrat entsendete Arbeitnehmervertreter nach § 110 ArbVG erhalten, zählt zu den Einkünften aus selbständiger Arbeit, unabhängig von wem der Auslagenersatz bezahlt wird.

Ist eine als Aufsichtrat tätige natürliche Person gleichzeitig Arbeitnehmer einer (Kapital-) Gesellschaft und bestehen zwischen der (Kapital-)Gesellschaft und der Gesellschaft, in der der Aufsichtrat tätig ist, keine Rechtsbeziehungen, sind Aufsichtsratvergütungen der natürlichen Person auch dann zuzurechnen, wenn der Aufsichtrat auf Grund einer Vereinbarung die Vergütung seinem Arbeitgeber überlässt; die Überlassung stellt eine Einkommensverwendung im Wege einer Vorwegverfügung dar, die an der Einkünftezurechnung beim Aufsichtsrat nichts ändert (VwGH 28.05.2009, 2006/15/0360).

(AÖF 2010/43, AÖF 2013/280)

5266h Zu den Einkünften als Aufsichtsrat zählen sämtliche geldwerten Vorteile, die der Aufsichtsrat im Rahmen seiner Tätigkeit erzielt. Werden etwa Gratisstudienreisen ermöglicht, führt dies zu geldwerten Vorteilen aus der Tätigkeit als Aufsichtsrat (VwGH 21.10.1993, 92/15/0150), denen bei Vorliegen eines Mischprogrammes (vgl. Rz 1651) keine Betriebsausgaben gegenüberstehen.

(AÖF 2007/88)

16.2.10 Beschäftigte Gesellschafter

(AÖF 2005/110)

5267 Vergütungen, die von einer Kapitalgesellschaft an wesentlich Beteiligte für ihre sonst alle Merkmale eines Dienstverhältnisses (§ 47 Abs. 2 EStG 1988) aufweisende Beschäftigung gewährt werden, sind stets den Einkünften aus sonstiger selbständiger Arbeit gemäß § 22 Z 2 Teilstrich 2 EStG 1988 zuzurechnen. Dabei müssen die Merkmale eines Dienstverhältnisses – ausgenommen die persönliche Weisungsgebundenheit – gegeben sein. Es kommt nicht auf die Erfüllung einer Funktion als Organ der Gesellschaft an (VwGH 28.11.2002, 98/13/0041) bzw. ist auf die Art der Tätigkeit nicht abzustellen. Unter diese Bestimmung fällt sohin nicht nur die Tätigkeit als unternehmensrechtlicher Geschäftsführer, sondern jede Art der dienstnehmerähnlichen Beschäftigung des an der Kapitalgesellschaft wesentlich Beteiligten, bspw. ein mehr als 25% beteiligter Gesellschafter, der als Kraftfahrer beschäftigt ist (VwGH 30.4.2003, 2001/13/0320), oder ein an einer Wirtschaftsprüfungs- und Steuerberatungs-GmbH mehr als 25% beteiligter Gesellschafter mit der Befugnis zur Ausübung der Tätigkeit eines Wirtschaftsprüfers, wenn er im operativen Bereich dieser Wirtschaftsprüfungs- und Steuerberatungs-GmbH eine einem Wirtschaftsprüfer entsprechende Tätigkeit ausübt und dabei dienstnehmerähnlich tätig wird (VwGH 26.11.2003, 2001/13/0219).

(AÖF 2008/238)

Eine wesentlich beteiligte Person (Beteiligung mehr als 25%) erzielt aus der Beschäftigung Einkünfte nach § 22 Z 2 Teilstrich 2 EStG 1988, wenn sie in den Organismus des Betriebes eingegliedert ist. Die Eingliederung in den geschäftlichen Organismus wird insbesondere durch eine auf Dauer angelegte Geschäftsführungstätigkeit bewirkt (VwGH 26.07.2007, 2007/15/0095). **5268**

(AÖF 2008/238)

Randzahl 5268a: *entfällt*

(AÖF 2008/238)

Eine Person ist dann wesentlich beteiligt, wenn ihr Anteil am Grund- oder Stammkapital der Gesellschaft mehr als 25% beträgt. **5269**

Maßgeblich ist nur das Ausmaß der Beteiligung am Grund- bzw. Stammkapital der Kapitalgesellschaft. Daher sind Gesellschafterdarlehen auch dann nicht zu berücksichtigen, wenn sie verdecktes Grund bzw. Stammkapital darstellen, ebenso sind stille Beteiligungen (vgl. VwGH 16.12.1986, 86/14/0082, 0086) und anteilsähnliche Beteiligungen bei der Ermittlung des Beteiligungsausmaßes nicht zu berücksichtigen.

Die im Besitz einer Kapitalgesellschaft befindlichen eigenen Anteile (§ 65 AktG, § 81 GmbG) bleiben bei Prüfung der Frage, ob ein Gesellschafter zu mehr als 25% am Grund- oder Stammkapital wesentlich beteiligt ist, unberücksichtigt. Für die Ermittlung des Beteiligungsausmaßes des Gesellschafters ist der Nennwert des Grund- oder Stammkapitals um den Nennwert der eigenen Anteile der Gesellschaft zu kürzen. **5270**

Beispiel:

Der Nennwert des Grundkapitals der Aktiengesellschaft beträgt 1,000.000 S. A ist mit 250.000 S Aktiennominale beteiligt, 80.000 S Aktiennominale befinden sich im Besitz der Kapitalgesellschaft, der Rest in Streubesitz. Für die Ermittlung des Beteiligungsausmaßes von A ist das Grundkapital um die eigenen Anteile zu kürzen. A ist im Verhältnis zum reduzierten Grundkapital mit mehr als 25% und damit wesentlich beteiligt (250.000 = 27,7% von 920.000).

Die Beteiligung durch Vermittlung eines Treuhänders oder einer Gesellschaft steht einer unmittelbaren Beteiligung gleich. Bei der Ermittlung des Beteiligungsausmasses sind nicht nur mittelbare Beteiligungen über Kapitalgesellschaften, sondern auch solche über Personengesellschaften zu berücksichtigen. Ob sich aus der mittelbaren Beteiligung auch tatsächlich eine Einflussmöglichkeit auf die Gesellschaft ergibt, ist nicht maßgeblich (vgl. VwGH 25.5.1988, 86/13/0077). **5271**

Ändert sich das Ausmaß der Beteiligung während des Kalenderjahres, so dass sie die Grenze von 25% überschreitet oder nicht mehr als 25% beträgt, so liegen für den Zeitraum, während dessen die Beteiligung 25% nicht überschreitet, Einkünfte aus nichtselbständiger Arbeit vor. **5272**

Der Wechsel der Einkunftsart durch Wechsel der Beteiligungshöhe ist einer Betriebseröffnung bzw. Betriebsaufgabe gleichzuhalten (VwGH 18.3.1991, 90/14/0009). **5273**

Ein gegen die Eingliederung und damit gegen Einkünfte nach § 22 Abs. 1 Z 2 Teilstrich 2 EStG 1988 sprechender Werkvertrag kann nur angenommen werden, wenn die Verpflichtung zur Herbeiführung eines bestimmten Erfolges, etwa in Form eines durch die Geschäftsführung abzuwickelnden konkreten Projektes, vereinbart ist (VwGH 30.11.1999, 99/14/0270). Hingegen ist Eingliederung gegeben, wenn die Tätigkeit des Gesellschafters in der Geschäftsführung oder im operativen Bereich auf Dauer angelegt ist und damit die zeitraumbezogene Erbringung von Leistungen betrifft (zB VwGH 18.12.2002, 2001/13/0208). **5274**

(AÖF 2005/110)

Der gewerberechtliche Geschäftsführer einer juristischen Person erzielt idR Einkünfte aus Gewerbebetrieb (VwGH 5.10.1994, 92/15/0003; VwGH 13.10.1993, 91/13/0058; VwGH 21.7.1993, 92/13/0056). **5274a**

(AÖF 2005/110)

5275 Tätigkeiten im Rahmen von Werkverträgen oder anderen nicht dem Charakter eines Dienstverhältnisses entsprechenden Rechtsbeziehungen stellen nicht Einkünfte aus sonstiger selbständiger Arbeit gemäß § 22 Z 2 Teilstrich 2 EStG 1988 dar. Bspw fällt die Rechtsvertretung durch einen an der Kapitalgesellschaft wesentlich beteiligten Rechtsanwalt oder die eigenständige wirtschaftstreuhänderische Leistung eines beteiligten Steuerberaters unter die Einkünfte aus selbständiger Arbeit gemäß § 22 Z 1 EStG 1988.

(AÖF 2005/110)

5276 Einkünfte aus sonstiger selbständiger Arbeit sind auch die Gehälter und sonstigen Vergütungen jeder Art, die für eine ehemalige Tätigkeit einer Person gewährt werden, die in einem Zeitraum von zehn Jahren vor Beendigung ihrer Tätigkeit durch mehr als die Hälfte des Zeitraumes ihrer Tätigkeit wesentlich beteiligt war.

5277 Hingegen sind von der Gesellschaft gewährte Bezüge und Vorteile, die ihre Ursache in einer in der Vergangenheit ausgeübten Beschäftigung haben, aus der Einkünfte aus nichtselbständiger Arbeit erzielt wurden, diesen Einkünften ungeachtet einer im Zeitpunkt des Zufließens bestehenden wesentlichen Beteiligung zuzurechnen.

5278 Im Falle der Verschmelzung und Umwandlung von Körperschaften bleibt die übertragende Körperschaft bis zu ihrem Erlöschen Arbeitgeber im Sinne des § 47 EStG 1988 (§ 6 Abs. 1, § 11 Abs. 1 UmgrStG). Dies gilt auch für die Beurteilung von Tätigkeitsvergütungen als solche im Sinne des § 22 Z 2 EStG 1988.

5279 Einkünfte aus sonstiger selbständiger Arbeit sind weiters Zuwendungen aus Privatstiftungen im Sinne des § 4 Abs. 11 EStG 1988, soweit sie als Bezüge und Vorteile aus einer bestehenden oder früheren Beschäftigung (Tätigkeit) anzusehen sind.

5280 Die Entgelte, die kein echtes Leistungsentgelt darstellen, sondern auf Grund der gesellschaftsrechtlichen Stellung als Früchte des eingesetzten Kapitals nach Art der verdeckten Gewinnausschüttung abreifen, stellen Einkünfte aus Kapitalvermögen dar.

5281 Die wesentliche Beteiligung des Gesellschafter-Geschäftsführers gehört in der Regel nicht zu seinem notwendigen Betriebsvermögen (VwGH 25.10.1994, 94/14/0071).

5282 Bei schwankender Beteiligung (zB mehrmaliger Wechsel: Dienstverhältnis – kein Dienstverhältnis) ist hinsichtlich der (gesetzlichen und der freiwilligen) Abfertigung zu beachten, dass eine steuerlich begünstigte Behandlung von Abfertigungszahlungen im Zuge eines Anteilserwerbs nur dann möglich ist, wenn hiedurch eine mindestens 50%ige Beteiligung (oder Sperrminorität) entsteht und innerhalb eines Zeitraumes von 10 Jahren vor dem Anteilserwerb (= arbeitsrechtliche Beendigung des Dienstverhältnisses) überwiegend eine wesentliche Beteiligung nicht bestand. Dann sind bei der gesetzlichen Abfertigung die Zeiten als Dienstzeiten zu berücksichtigen, die der Arbeitnehmer in einem Dienstverhältnis zu dem die Abfertigung zahlenden Arbeitgeber verbracht hat.

5283 Für den Fall einer freiwilligen Abfertigung können bei entsprechendem Nachweis auch tatsächlich erbrachte Zeiten in einem Dienstverhältnis zu anderen Arbeitgebern als Dienstzeit Berücksichtigung finden.

Beispiel:

Anteile am Stammkapital eines Gesellschafters/Geschäftsführers einer GmbH:

vom 1.4.1990 bis 31.7.1998: 25 %

vom 1.8.1998 bis 30.9.2000: 40 %

ab 1.10.2000: 50 % (= arbeitsrechtliche Beendigung des Dienstverhältnisses). Mit dem Erwerb der 50%igen Beteiligung wird dem Gesellschafter /Geschäftsführer eine Abfertigung zuerkannt und in der Folge ausbezahlt.

10-jähriger Beobachtungszeitraum vom September 1990 bis 30.9.2000.

Innerhalb dieses Zeitraums überwiegt die Zeit der nicht wesentlichen Beteiligung (vom 1.4.1990 bis 31.7.1998), weshalb die im Oktober 2000 ausbezahlte (gesetzliche) Abfertigung gemäß § 67 Abs. 3 EStG 1988 begünstigt zu versteuern ist. Als Dienstzeit hat die Zeit vom 1.4.1990 bis 30.9.2000 Berücksichtigung zu finden.

Für den Fall einer freiwilligen Abfertigung können auch tatsächlich geleistete Zeiten, die Dienstverhältnisse zu anderen Arbeitgebern vor dem 1.4.1990 betreffen, als Dienstzeit Berücksichtigung finden.

Würde der Anteil des Gesellschafters/Geschäftsführers in der Zeit von 1.4.1990 bis 31.7.1998 26 % betragen haben, hätte im Beobachtungszeitraum nicht nur überwiegend, sondern zur Gänze eine wesentliche Beteiligung bestanden, die Abfertigungszahlung wäre demnach den Einkünften aus sonstiger selbständiger Tätigkeit zuzuordnen und nicht nach § 67 EStG 1988 begünstigt zu versteuern.

16.2.11 Zusammentreffen verschiedener Tätigkeiten

Tätigkeiten, die teils gewerbliche, teils selbständige Arbeit betreffen und zwischen denen kein enger sachlicher und wirtschaftlicher Zusammenhang besteht, sind getrennt zu beurteilen (VwGH 5.5.1970, 1894/68; VwGH 15.9.1993, 91/13/0237). **5284**

Beispiel 1:

Mangels eines Zusammenhanges mit der freiberuflichen Tätigkeit ist die nicht nur gelegentliche Kreditvermittlung durch einen Rechtsanwalt eine gewerbliche und von der freiberuflichen Betätigung gesondert zu beurteilende Tätigkeit, wenn sie ausschließlich im Zusammenbringen der Geschäftspartner besteht und mit einer von der Kreditsumme abhängigen Provision entlohnt wird (VwGH 21.10.1966, 489/66).

Beispiel 2:

Die Tätigkeiten eines akademischen Malers und Ausstellungsgestalters sind in eine freiberufliche und eine gewerbliche Tätigkeit zu trennen (VwGH 5.5.1970, 1894/68).

Beispiel 3:

Die Beteiligung eines Rechtsanwaltes an einem Hotel- und Kurbetrieb über eine Personengesellschaft gehört nicht zu dessen freiberuflicher Tätigkeit (VwGH 17.9.1990, 89/14/0130).

Beispiel 4:

Nutzt ein Gewerbetreibender seine beruflichen Erfahrungen auch als Fachschriftsteller, dann ist die schriftstellerische Tätigkeit von der gewerblichen zu trennen.

Besteht ein enger sachlicher und wirtschaftlicher Zusammenhang zwischen gewerblicher und freiberuflicher Tätigkeit, dann ist grundsätzlich eine einheitliche Tätigkeit anzunehmen. Die Einkunftsart bestimmt sich danach, welche Elemente im Einzelfall überwiegen. Steht die gewerbliche Tätigkeit im Vordergrund, dann ist die gesamte Täigkeit als gewerbliche Tätigkeit einzustufen (vgl. VwGH 11.11.70, 521/69; VwGH 25.11.1980, 2737, 2960, 2961/79, 3000/80; VwGH 23.10.1990, 89/14/0020; VwGH 11.8.1993, 91/13/0201), steht dagegen die gewerbliche Tätigkeit untergeordnet im Hintergrund (Nebentätigkeit), so liegt insgesamt eine freiberufliche Tätigkeit vor (vgl. VwGH 29.6.1982, 14/1424/78; VwGH 13.3.1997, 95/15/0124). **5285**

Bei der Entscheidung der Frage, ob ein Unternehmer verschiedene Tätigkeiten in mehreren Betrieben oder im Rahmen eines einheitlichen Betriebes entfaltet, sind objektive Grundsätze heranzuziehen. Danach liegt bloß ein Betrieb vor, wenn die mehreren Betriebszweige nach der Verkehrsauffassung und nach den Betriebsverhältnissen als Teil des Gewerbebetriebs anzusehen sind; das trifft bei engem wirtschaftlichen, technischen oder organisatorischen Zusammenhang zu (VwGH 22.11.1995, 94/15/0154). Es kommt dabei auf das Ausmaß der objektiven organisatorischen, wirtschaftlichen und finanziellen Verflechtung zwischen den einzelnen Betrieben im Einzelfall an (VwGH 22.11.1995, 94/15/0154); das Vorliegen eines bloß persönlichen Zusammenhanges genügt dagegen nicht (VwGH 20.4.1982, 81/14/180, 192). **5286**

Als Merkmal für den einheitlichen Betrieb sind etwa anzusehen: Ein Verhältnis zwischen wirtschaftlicher Über- und Unterordnung zwischen den Betrieben, Hilfsfunktionen eines Betriebes gegenüber dem anderen, Verwendung gleicher Rohstoffe, gleicher Anlagen und desselben Personals (VwGH 22.11.1995, 94/15/0154). **5287**

Nicht gleichartige Tätigkeiten bilden einen einheitlichen Betrieb, wenn sie geeignet sind, einander zu ergänzen (VwGH 22.11.1995, 94/15/0154). **5288**

Beispiel 1:

Eine Kuranstalt bildet mit den ärztlichen und nichtärztlichen Leistungen einen einheitlichen Betrieb [siehe VwGH 6.5.1980, 442/79, betreffend Sanatorium (Kurheim) als notwendige Ergänzung der ärztlichen Tätigkeit].

Beispiel 2:

Die (tier)ärztliche Hausapotheke wird unabhängig von der Höhe des Gewinnes oder Umsatzes als sachlich unselbständiger Teil der ärztlichen Tätigkeit angesehen (VwGH 22.5.1953, 3026/52).

Beispiel 3:

Die Veräußerung von Kontaktlinsen durch den Augenarzt ausschließlich an seine Patienten gehört zur freiberuflichen Tätigkeit (VwGH 13.3.1997, 95/15/0124).

Beispiel 4:

Das zahntechnische Labor eines Zahnarztes ist unselbständiger Teil der zahnärztlichen Tätigkeit, wenn die zahntechnischen Arbeiten für die eigenen Patienten erfolgen. Arbeiten für andere Zahnärzte sind noch freiberuflich, wenn sie ein geringfügiges Ausmaß nicht übersteigen. Bei Übersteigen dieser Grenze ist das Labor eine vom zahnärztlichen Betrieb gesondert zu beurteilender Gewerbebetrieb. Die Grenze zum Gewerbebetrieb wird überschritten, wenn die zahntechnischen Arbeiten für andere Ärzte 5% der Einnahmen aus der Tätigkeit als Zahnarzt einschließlich der zahntechnischen Arbeiten für eigene Patienten übersteigen.

Beispiel 5:

Die Vermittlung rezeptpflichtiger Futtermittelzusätze durch einen Tierarzt, der die betreffenden Tiere auch behandelt, gehört zu der freiberuflichen Tätigkeit. Die Provisionseinnahmen zählen zu den Einkünfte aus selbständiger Arbeit (VwGH 13.5.1975, 2213/74).

Beispiel 6:

Steht eine Tätigkeit, die an sich als Ausübung eines freien Berufes (Erfindertätigkeit) anzusehen wäre, mit einem Gewerbebetrieb in einem solchen sachlichen und wirtschaftlichen Zusammenhang, dass sie ihre Selbständigkeit verliert und gewerblichen Zwecken dienstbar gemacht wird, so ist sie dem Gewerbebetrieb zuzurechnen. Gehören Patente somit zu einem Betriebsvermögen, dann zählen die daraus fließenden Lizenzgebühren zu den gewerblichen Einkünften (VwGH 8.6.1994, 91/13/0244; VwGH 10.1.1958, 2114/56).

Beispiel 7:

Erhält ein Künstler Vermittlungsentgelte dafür, dass er die Vervielfältigung des Kunstwerkes seitens seines Auftraggebers durch einen bestimmten Gewerbebetrieb vermittelt, dann sind diese Entgelte (Provisionen) noch der künstlerischen Tätigkeit zuzurechnen und nicht Ausfluss einer selbständigen gewerblichen Tätigkeit, wenn sie mit der Vermittlung der Vervielfältigung der eigenen Kunstwerke zusammenhängen (VwGH 27.9.1972, 1905/70).

Beispiel 8:

Ein Künstler, der seine Werke im Selbstverlag vervielfältigt und den Verkauf seiner Verlagserzeugnisse selbst durchführt, ist insgesamt gewerblich tätig (VwGH 30.10.1968, 609/68). Die Vervielfältigung auf Grund des Urheberrechtes bedeutet nicht, dass die Herstellung der Vervielfältigung selbst eine künstlerische Tätigkeit bildet (VwGH 20.11.1989, 89/14/0142).

Beispiel 9:

Aus der Durchführung kaufmännischer und organisatorischer Arbeiten für Veranstaltungen medizinischer Kongresse erzielte Einkünfte sind solche aus Gewerbebetrieb. Die im Rahmen dieser Haupttätigkeit geleisteten Arbeiten als Grafiker(in) sind als Nebentätigkeit und damit als Teil des Gewerbebetriebes zu beurteilen (VwGH 24.1.1996, 93/13/0115).

Beispiel 10:

Der Selbstverlag eines Schriftstellers stellt mit der schriftstellerischen Tätigkeit eine Einheit dar. Überschreitet die Tätigkeit des Selbstverlages ein ganz untergeordnetes Ausmaß, liegt eine einheitliche gewerbliche Tätigkeit vor (VwGH 2.10.1959, 1573/56; VwGH 30.10.1968, 609/68; VwGH 5.11.1986, 85/13/0082). Ein untergeordnetes Ausmaß der Selbstverlagstätigkeit ist regelmäßig dann anzunehmen, wenn das Werk des Schriftstellers in Form eines Skriptums veröffentlicht wird, zumal ein Skriptum die unterste Stufe eines schriftlichen Mediums darstellt.

Beispiel 11:

Eine Werbeagentur und eine Unternehmensberatung sind nicht als zwei selbständige Betriebe, sondern als ein Gewerbebetrieb anzusehen, wenn sie in engstem Zusammenhang betrieben werden (VwGH 22.11.1995, 94/15/0154).

Beispiel 12:

Die an sich freiberufliche Tätigkeit eines Ziviltechnikers wird zur gewerblichen Tätigkeit, wenn er sich nicht mehr bloß auf Planungsarbeiten beschränkt, sondern auch die Ausführung auf eigenes Risiko übernimmt (VwGH 26.11.1975, 1401/74; VwGH 11.11.1970, 521/69; VwGH 21.5.1969, 538/68).

Beispiel 13:

Für die einkommensteuerliche Qualifikation eines Ziviltechnikers ist es nicht schädlich, wenn am selben Standort und ohne organisatorische Trennung auch gewerbliche Tätigkeiten (Warenverkauf und Vermittlungen) in nur geringfügigem Ausmaß ausgeübt werden (VwGH 29.6.1982, 1424/78).

5288a Bei Zusammentreffen einer freiberuflichen (§ 22 Z 1 EStG 1988) und einer vermögensverwaltenden Tätigkeit (§ 22 Z 2 erster Teilstrich EStG 1988) liegen grundsätzlich zwei Betriebe vor; dies gilt dann nicht, wenn zwischen den Tätigkeiten ein enger Zusammenhang besteht.

Beispiele für das Vorliegen eines engen Zusammenhanges:

1. *Ein Rechtsanwalt übernimmt für einen langjährigen Klienten auch die Tätigkeit als Vorstand in dessen Privatstiftung. Die Einkünfte als Stiftungsvorstand sind als Einkünfte aus der Tätigkeit als Rechtsanwalt zu erfassen.*

2. *Ein Notar verwaltet treuhändig Klientengelder; es liegt insgesamt eine freiberufliche Tätigkeit vor.*

(AÖF 2010/43)

16.2.12 Vervielfältigungstheorie

Ein Angehöriger eines freien Berufes ist auch dann freiberuflich tätig, wenn er sich der **5289** Mithilfe fachlich vorgebildeter Arbeitskräfte bedient. Voraussetzung ist, dass er selbst auf Grund eigener Fachkenntnisse leitend und eigenverantwortlich tätig wird (eingeschränkte Vervielfältigungstheorie).

Ein Fahrschulbesitzer, für dessen Fahrschule mangels persönlicher Eignung gemäß § 113 **5290** KFG ein Fahrschulleiter bestellt werden muss, ist gewerblich tätig, wenn er nicht selbst Fahrschulunterricht erteilt (VwGH 10.3.1981, 14/1727/80), sondern sich auf die kaufmännischen und organisatorischen Belange beschränkt (VwGH 30.9.1975, 267/74).

Eine eigenverantwortliche unterrichtende Tätigkeit setzt eine eigene Lehrtätigkeit vor- **5291** aus. Dieser Voraussetzung wird nicht entsprochen, wenn die eigene Lehrtätigkeit nur einen kleinen Bruchteil der insgesamt an der Schule entfalteten Tätigkeit umfasst, wenn also nicht mehr die eigene Leistung des Freiberuflers, sondern die Bereitstellung von anderen Kräften im Vordergrund steht (VwGH 21.6.1994, 94/14/0026, 0027; VwGH 6.7.1982, 81/14/0129).

Die Tätigkeit eines medizinisch-diagnostischen Laboratoriums kann eine ärztliche Tätig- **5292** keit sein (VwGH 28.6.1963, 324/62; VfGH 11.12.1961, B 192/61; VfGH 11.12.1961, B 194/61). Der durch die Zahl der Aufträge und der angestellten Mitarbeiter gekennzeichnete Umfang der Praxis eines einzelnen Arztes für Laboratoriumsmedizin lässt sich aber nicht beliebig vergrößern, ohne dass seine Freiberuflichkeit in Frage gestellt ist. Diese geht dann verloren, wenn die Zahl der Mitarbeiter und der Aufträge besonders groß ist und deshalb die Aufträge nicht mehr von den freiberuflich vorgebildeten Berufsangehörigen eigenverantwortlich bearbeitet werden können.

Bei den Einkünften aus sonstiger selbständiger Arbeit gilt die uneingeschränkte Ver- **5293** vielfältigungstheorie. Demnach macht die Beschäftigung von Arbeitskräften, die für das betreffende Arbeitsgebiet die entsprechende berufliche Ausbildung besitzen, die sonstige selbständige Arbeit zur gewerblichen Tätigkeit (VwGH 23.5.1997, 94/13/0107, betreffend Hausverwaltung).

16.3 Gesellschaftliche Zusammenschlüsse von freiberuflich tätigen Personen

Siehe Rz 5839.

16.4 Witwenfortbetrieb

Die aus einem Witwen- und Deszendentenfortbetrieb erzielten Einkünfte sind als Einkünfte **5294** aus selbständiger Arbeit anzusehen, wenn es sich dabei um einen freien Beruf handelt und die betreffenden Berufsvorschriften die Betriebsfortführung zulassen (VwGH 18.10.1963, 1655/62; VwGH 21.11.1972, 377/72). Bei Vorliegen eines Witwenfortbetriebes ist die Voraussetzung, dass der freiberuflich Tätige in Fällen einer Mithilfe fachlich vorgebildeter Arbeitskräfte selbst auf Grund eigener Fachkenntnisse eigenverantwortlich und leitend tätig wird, nicht hinsichtlich der Witwe selbst, sondern hinsichtlich ihres Stellvertreters zu prüfen.

Der Betrieb muss von einem Vertreter geführt werden, der die persönlichen Voraus- **5295** setzungen für die Ausübung des freien Berufes erfüllt. Ist der Vertreter auf Grund eigener Fachkenntnisse leitend und eigenverantwortlich tätig, dann ist auch die Mithilfe fachlich vorgebildeter Arbeitskräfte unschädlich (VwGH 16.6.1967, 1861/66).

Ein Witwen- und Deszendentenfortbetrieb führt dann nicht mehr zu Einkünften aus selb- **5296** ständiger Arbeit, wenn neben der Witwe bzw. den Kindern andere berufsfremde Personen an der Mitunternehmerschaft beteiligt sind (VwGH 3.3.1982, 1659/79, 82/13/0032). Die Dauer eines Witwen- und Deszendentenfortbetriebes ergibt sich aus im Berufsrecht verankerten Befristungen. Das Schutzbedürfnis der Deszendenten, das durch die Deszendentenfortbetriebsregelung des jeweiligen Berufsrechts abgesichert ist, fällt in dem Zeitpunkt weg, in dem durch Erlangung der berufsrechtlichen Befugnis die Selbsterhaltungsfähigkeit beginnt (VwGH 3.3.1982, 1659/79, 82/13/0032, Röntgeninstitut). Hat die Ehefrau den Fahrschulbetrieb vom Ehemann zu Lebzeiten entgeltlich oder unentgeltlich erworben, kann ihre Tätigkeit nicht der eines Witwenfortbetriebes gleichgestellt werden (VwGH 30.9.1975, 267/74; VwGH 11.11.1980, 2759/77, 3448/80).

16.5 Bezüge aus Versorgungs- und Unterstützungseinrichtungen

Auch Bezüge und Vorteile aus Versorgungs- und Unterstützungseinrichtungen der **5297** Kammern der selbständig Erwerbstätigen sind gemäß § 22 Z 4 EStG 1988 Einkünfte aus selbständiger Arbeit, soweit sie nicht unter § 25 EStG 1988 fallen. Unter den Kammern der selbständig Erwerbstätigen sind die nach der Selbstverwaltung eingerichteten Berufsvertretungen zu verstehen, die nach dem Prinzip der Zwangsmitgliedschaft eingerichtet sind und ihre Organe durch Wahl aus der Mitte der Verbandsangehörigen bestellen. Die Bestimmung in § 22 Z 4 EStG 1988 korrespondiert mit der Abzugsfähigkeit der Beiträge zu Versorgungs- und Unterstützungseinrichtungen als Betriebsausgaben in § 4 Abs. 4 EStG 1988. Daher erfasst auch § 22 Z 4 EStG 1988 nur Leistungen der Versorgungs- und Unterstützungseinrichtungen, die auf Pflichtbeiträgen beruhen.

5298 Bezüge aus Versorgungs- und Unterstützungseinrichtungen der Kammern der selbständig Erwerbstätigen sind gemäß § 25 Abs. 1 Z 3 lit. b EStG 1988 nur dann Einkünfte aus nichtselbständiger Arbeit (und damit einer allfälligen Begünstigung solcher Einkünfte nach § 67 EStG 1988 zugänglich), wenn sie Pensionen aus der gesetzlichen Sozialversicherung gleichartig sind. Dies ist dann der Fall, wenn sie laufend und regelmäßig gezahlt werden und auf laufenden Pflichtbeiträgen beruhen. Außergewöhnliche bzw. einmalige Leistungen sind, soweit die entsprechenden Beiträge als Betriebsausgaben abzugsfähig waren, gemäß § 22 Z 4 EStG 1988 zu erfassen.

5299 Sterbegelder aus der von einer Rechtsanwaltskammer eingerichteten Sterbekasse sind im Rahmen der Einkünfte aus selbständiger Arbeit zu erfassen, auch wenn der Empfänger selbst nie eine Tätigkeit ausgeübt hat, aus der solche Einkünfte geflossen sind (VwGH 29.7.1997, 93/14/0117).

5300 Beruht eine einmalige Abfertigung einer Kammer der selbständig Erwerbstätigen auf Pflichtbeiträgen, dann ist diese Abfertigung gemäß § 22 Z 4 EStG 1988 als Einkünfte aus selbständiger Arbeit zu erfassen. Dies gilt auch für andere einmalige Leistungen aus Kammereinrichtungen (vgl. VwGH 26.1.1977, 1311/76, betreffend Zahlung eines Einmalbetrages durch die Notariatskammer anlässlich der Pensionierung ihrer Mitglieder).

5301 Auch Treueprämien des Wohlfahrtsfonds der Ärztekammer an Arztwitwen fallen mangels Gleichartigkeit mit Sozialversicherungspensionen nicht unter § 25 Abs. 1 Z 3 EStG 1988 (VwGH 5.11.1991, 91/14/0055), womit entweder Einkünfte gemäß § 22 Z 4 EStG 1988 oder bei wiederkehrenden Bezügen Einkünfte gemäß § 29 Z 1 EStG 1988 vorliegen.

5302 Bezüge aus einer Unfallversorgung der Versorgungs- und Unterstützungseinrichtungen der Kammern der selbständig Erwerbstätigen fallen nicht unter § 22 Z 4 EStG 1988, sondern sind gemäß § 25 Abs. 1 Z 1 lit. e EStG 1988 steuerbar, aber gemäß § 3 Abs. 1 Z 4 lit. c EStG 1988 steuerfrei (siehe auch LStR 2002 Rz 678).

(BMF-AV Nr. 2018/79)

5303 Rückgezahlte Beiträge sind, soweit sie als Betriebsausgaben abgesetzt wurden, den Einkünften aus selbständiger Arbeit, und soweit sie als Werbungskosten abgesetzt wurden, den Einkünften aus nichtselbständiger Arbeit zuzurechnen (VwGH 23.10.1990, 89/14/0178).

Randzahlen 5304 bis 5400: *derzeit frei*

17. Einkünfte aus Gewerbebetrieb (§ 23 EStG 1988)

17.1 Begriffsbestimmung

Der Begriff des Gewerbebetriebes in § 23 Z 1 entspricht jenem in § 28 BAO. Da die Merkmale der Selbständigkeit, Nachhaltigkeit, Gewinnerzielungsabsicht und der Beteiligung am allgemeinen wirtschaftlichen Verkehr allen betrieblichen Einkunftsarten gemeinsam sind, stellen nur jene Tätigkeiten, die keine Ausübung der Land- und Forstwirtschaft (siehe Rz 5001 ff) oder selbständigen Arbeit (siehe Rz 5201 ff) sind und den Rahmen der reinen Vermögensverwaltung überschreiten, gewerbliche Einkünfte dar. Unter den gleichen Voraussetzungen zählen auch Gewinnanteile der Gesellschafter von Mitunternehmerschaften zu den gewerblichen Einkünften; siehe Rz 5831. **5401**

17.1.1 Selbständigkeit

Selbständige Betätigung liegt vor, wenn sie ohne persönliche Weisungsgebundenheit und ohne organisatorische Eingliederung in einen anderen Betrieb auf eigene Rechnung und Gefahr und unter eigener Verantwortung betrieben wird, der Steuerpflichtige das Unternehmerwagnis trägt (VwGH 3.5.1983, 82/14/0281, 0288f) und sich vertreten lassen kann. **5402**

17.1.2 Unternehmerwagnis

Maßgebend ist nicht die äußere Form, sondern der wirtschaftliche Gehalt (siehe auch LStR 1999, Rz 932). Das Unternehmerwagnis besteht darin, dass die Höhe der Einkünfte eines Steuerpflichtigen weitgehend vom Erfolg seines Tätigwerdens abhängt (VwGH 13.12.1989, 88/13/0209; VwGH 22.2.1989, 84/13/0001). **5403**

Für das Unternehmerwagnis sprechende Indizien sind beispielsweise, wenn der Steuerpflichtige **5404**

- die Höhe der Einnahmen beeinflussen kann (VwGH 6.4.1988, 87/13/0202),
- bei (unverschuldetem) Entfall der Leistung auch den Entgeltanspruch verliert (VwGH 23.10.1990, 89/14/0102), also auch das Krankheitsrisiko trägt (VwGH 15.7.1998, 97/13/0169),
- kein festes Gehalt, sondern nur eine Beteiligung am Umsatz oder am Gewinn erhält,
- die durch den Geschäftsbetrieb entstandenen Kosten ohne allgemeinen Ersatzanspruch gegenüber Dritten selbst trägt (VwGH 6.4.1988, 87/13/0202),
- ohne persönliche und wirtschaftliche Abhängigkeit den Betrieb selbst bestimmen kann
- keiner festen Dienstzeit (VwGH 3.5.1983, 82/14/0281) und keiner arbeitsrechtlich begründeten Urlaubsregelung (VwGH 29.9.1987, 87/14/0110) unterliegt,
- keinen Bindungen bei der Auftragsübernahme unterliegt (VwGH 16.1.1991, 89/13/0194)
- die Möglichkeit der Beschäftigung eigener Arbeitskräfte sowie der Delegierung von Arbeiten hat, sich also vertreten lassen kann (VwGH 25.1.1983, 82/14/0081; VwGH 16.1.1991, 89/13/0194),
- Gewährleistungsarbeiten gegenüber Dritten auf eigene Kosten durchzuführen hat (VwGH 16.1.1991, 89/13/0194).

Das Unternehmerwagnis wird nicht ausgeschlossen durch **5405**

- Tätigkeit nur für einen Auftraggeber (VwGH 11.1.1963, 1263/62),
- gewisse sachliche Bindungen (VwGH 9.7.1997, 95/13/0289) wie zB die Zuweisung eines bestimmten Tätigkeitsgebietes oder die Bindung an vom Lieferanten festgesetzte Endverkaufspreise für bestimmte Waren (wie dies für Markenartikel weiterhin üblich ist),
- Beschränkung der gewerblichen Betätigung durch bestimmte vertragliche Bindungen oder behördliche Anordnungen,
- Honorierung nach einem bestimmten Stundensatz (VwGH 9.7.1997, 95/13/0289),
- Kontrolle der Finanzgebarung,
- Übernahme der Kosten der Werbung durch Dritte,
- Dispositionsmöglichkeit über ein Ausgabenpauschale (VwGH 21.5.1985, 84/14/0196),
- vorübergehende Dauer der Tätigkeit (VwGH 4.3.1986, 84/14/0063).

Bei der steuerlichen Beurteilung von Einkünften ist nicht entscheidend, ob diese sozialversicherungspflichtig sind bzw. von welchen Sozialversicherungsträgern diese als versicherungspflichtig behandelt werden. Auch der Umstand, dass der Steuerpflichtige eine aufrechte Gewerbeberechtigung besitzt und von seinen Einkünften keine Lohnsteuer einbehalten wird, kann nur als Anzeichen für eine selbständige Tätigkeit gewertet werden, reicht für sich allein aber nicht aus, ein Dienstverhältnis auszuschließen (VwGH 16.12.1997, 96/14/0099). **5406**

5407 Beim Vorliegen von Merkmalen, die für die Selbständigkeit sprechen und Merkmalen, die der Annahme der Selbständigkeit entgegenstehen, ist auf das Überwiegen abzustellen (VwGH 31.3.1987, 86/14/0163). Unternehmerwagnis alleine begründet keine Selbständigkeit, wenn die Merkmale einer nichtselbständigen Tätigkeit überwiegen (VwGH 17.9.1996, 92/14/0161). S auch LStR 1999, Rz 930.

17.1.3 Nachhaltigkeit

5408 Nachhaltig ist eine Tätigkeit, wenn mehrere aufeinander folgende gleichartige Handlungen unter Ausnutzung derselben Gelegenheit und derselben dauernden Verhältnisse ausgeführt werden (tatsächliche Wiederholung, VwGH 14.09.1988, 87/13/0248; VwGH 21.09.2006, 2006/15/0118). Auch eine einmalige Tätigkeit kann schon dann als nachhaltig angesehen werden, wenn sie auf Wiederholung angelegt ist oder wenn aus den Umständen auf die Wiederholung oder Fortsetzung dieser Tätigkeit geschlossen werden kann (Wiederholungsabsicht, VwGH 14.10.1981, 81/13/0050).

(AÖF 2008/51)

5409 Umgekehrt muss eine Tätigkeit nicht nachhaltig sein, wenn der Abverkauf einer privaten Sammlung in drei Etappen erfolgt ist. Ein derartiges Vorgehen ist vielmehr eine in mehreren Tätigkeiten vorgenommene einheitliche Handlung und nähert sich zwar der Grenze der Nachhaltigkeit, hat diese aber noch nicht überschritten (VwGH 22.3.1993, 91/13/0190).

5410 Bleibt es bei einer einmaligen Handlung, so ist sie eine gewerbliche, wenn sie in der Absicht der Wiederholung vorgenommen wurde.

5411 Wird andererseits eine ohne Wiederholungsabsicht vorgenommene Handlung auf Grund eines später gefassten Entschlusses wiederholt, so genügt diese Tatsache nicht, um rückwirkend auch die erste Handlung zu einer gewerblichen zu machen.

5412 Eine einmalige Betätigung größeren Umfangs und längerer Zeitdauer wird bereits für sich nachhaltig sein. Eine Wiederholungsabsicht für die abermalige Vornahme einer derartigen Tätigkeit muss dabei nicht vorliegen. Dies gilt insbesondere für Tätigkeiten gegenüber nur einem Auftraggeber (VwGH 14.9.1988, 87/13/0248).

5413 Der Abverkauf von Privatvermögen (Grundstücke, Sammlungen) kann Nachhaltigkeit und damit einen Gewerbebetrieb begründen. Erfolgt die Einlage nicht mit den historischen Anschaffungskosten, sondern mit dem Teilwert (siehe Rz 2485), so führen nur Wertsteigerungen zwischen Einlage- und Veräußerungszeitpunkt zu steuerlichen Auswirkungen. Gelegentliche Veräußerungen von Privatvermögen werden mit Ausnahme der Veräußerung von Kapitalvermögen gemäß § 27 Abs. 3 und 4 EStG 1988 und von Grundstücken gemäß § 30 EStG 1988 sowie der Spekulationsgeschäfte gemäß § 31 EStG 1988 steuerlich nicht erfasst.

Beispiel 1:

Die Veräußerung einer archäologischen Sammlung in drei Etappen durch einen Hobbyarchäologen an ein Museum ist als eine in mehreren Tätigkeiten vorgenommene einheitliche Handlung anzusehen und nähert sich zwar der Grenze der Nachhaltigkeit, hat diese aber noch nicht überschritten (VwGH 22.3.1993, 91/13/0190). Für die Nachhaltigkeit ist nicht das Suchen nach Sammlungsstücken, sondern die wiederholte Veräußerung entscheidend (VwGH 10.3.1993, 91/13/0189).

Beispiel 2:

Die Veräußerung einer privaten Briefmarkensammlung durch eine Vielzahl von Verkaufsgeschäften kann einen Gewerbebetrieb darstellen; bloß gelegentliche Verkäufe ohne inneren Zusammenhang erfüllen jedoch das Tatbestandsmerkmal der Nachhaltigkeit nicht (VwGH 20.3.1980, 2598/77).

Beispiel 3:

Der Abverkauf von en bloc, in spekulativer Absicht erworbenen Goldstücken in mehreren Teilen an verschiedene Personen ist nachhaltig (VwGH 12.12.1988, 87/15/0107), nicht aber der Abverkauf von Goldmünzen nach Maßgabe eines auftretenden Geldbedarfes (VwGH 28.1.1980, 3431/78).

(BMF-AV Nr. 2019/75)

17.1.4 Gewinnabsicht

5414 Gewinnabsicht liegt vor, wenn nicht nur Kostendeckung, sondern ein Gesamtüberschuss der Einnahmen über die Ausgaben angestrebt wird. Die Gewinnabsicht muss im Allgemeinen, nicht aber bei jeder einzelnen Erwerbshandlung vorliegen. Das Streben nach Gewinn muss nicht der Hauptzweck der Tätigkeit sein; die Annahme eines Gewerbebetriebes ist auch nicht ausgeschlossen, wenn die Absicht der Gewinnerzielung nur Nebenzweck ist. Tätigkeiten, die auf Dauer gesehen nicht geeignet sind, einen Gesamtgewinn zu erzielen,

stellen Liebhaberei dar (siehe dazu die LRL 2012). Bei einer Liebhabereitätigkeit führen auch zufällig erzielte Gewinne noch nicht zu einem Gewerbebetrieb.
(AÖF 2013/280)

17.1.5 Beteiligung am allgemeinen wirtschaftlichen Verkehr

Eine Beteiligung am allgemeinen wirtschaftlichen Verkehr liegt vor, wenn jemand nach **5415**
außen hin erkennbar am Wirtschaftsleben in Form des Güter- und Leistungsaustausches teilnimmt und eine im wirtschaftlichen Verkehr begehrte und als solche geltende Leistung anbietet. Bei Erbringung von Leistungen, die ihrer Art nach geeignet sind, eine Auftragserteilung nicht nur durch einen einzigen Auftraggeber zu ermöglichen, ist eine Beteiligung am allgemeinen wirtschaftlichen Verkehr zu bejahen, auch wenn der Steuerpflichtige nur gegenüber wenigen oder nur einem einzigen Auftraggeber tätig wird (VwGH 6.3.1973, 1032/72).

Eine Beteiligung am allgemeinen wirtschaftlichen Verkehr liegt auch dann vor, wenn **5416**
die Tätigkeit an sich verboten ist (Hehlerei, Rauschgifthandel, Schwarzhandel, Schlepperei). Eine Beteiligung am allgemeinen wirtschaftlichen Verkehr ist bei Schlepperei bereits anzunehmen, wenn sich die Schleppertätigkeit grundsätzlich auf eine unbestimmte Zahl von Personen erstreckt. Ob sich dieser Personenkreis auf alle Staatsangehörigen eines bestimmten Landes oder nur aber auf jene Staatsangehörigen erstreckt, welche der gleichen politischen Überzeugung sind und aus diesem Grund verfolgt werden, ist dabei unerheblich (VwGH 12.9.2001, 96/13/0184).

Delikte wie Diebstahl, Raub, Veruntreuung begründen dagegen keine Teilnahme am Güter- und Leistungsaustausch, und stellen daher für sich alleine, ohne dass die betreffende Beute weiterverkauft wird, keine gewerbliche Tätigkeit dar.
(AÖF 2002/84)

17.1.6 ABC – Abgrenzung Gewerbebetrieb von anderen Einkunftsarten

- Abschlussagent, Gewerbebetrieb, sofern Selbständigkeit gegeben ist, aber auch Ge- **5417**
schäftsvermittler (Provisionsvertreter) ohne Abschlussvollmacht (VwGH 10.3.1961, 1414/58; VwGH 11.1.1963, 1263/62).
- AKM-Untervertreter, Gewerbebetrieb (VwGH 22.4.1964, 2066/62).
- Altenheime, privater Unternehmer, Gewerbebetrieb.
- Anlageberater, gewerblich, sofern Selbständigkeit gegeben ist.
- Amateursportler, allenfalls Einkünfte aus sonstigen Leistungen gemäß § 29 EStG 1988, siehe auch LStR 2002 Rz 1005.
- Archivar, gewerblich, sofern Selbständigkeit gegeben ist.
- Astrologe, Gewerbebetrieb (VwGH 26.4.1982, 3602/80), sofern Selbständigkeit gegeben ist.
- Aufräumepersonal, siehe LStR 2002 Rz 972.
- Bakterienkulturen, Handel damit, Gewerbebetrieb.
- Bedienungspersonal, siehe Aufräumepersonal.
- Beherbergungsbetrieb, Gewerbebetrieb (VwGH 16.2.1988, 87/14/0044), siehe Rz 5073 f und 5433 ff.
- Berufssportler, Gewerbebetrieb (VwGH 24.2.1982, 81/13/0159), sofern Selbständigkeit gegeben ist, siehe auch LStR 2002 Rz 1005.
- Bordelle, Gewerbebetrieb (VwGH 13.9.1988, 87/14/0027).
- Börsensensale, gewerblich (VwGH 3.2.1993, 92/13/0296).
- Buchhalter, siehe Rz 5211.
- Buchmacher, Gewerbebetrieb, siehe auch Wettvermittler.
- Buffetbetrieb, idR Gewerbebetrieb (VwGH 6.11.1990, 90/14/0141), zu Land- und Fortstwirtschaft siehe dort.
- Büroaushilfskräfte, gewerblich, sofern Selbständigkeit gegeben ist (VwGH 2.3.1983, 82/13/0085).
- Buschenschankbetrieb, siehe Rz 4231 ff.
- Callboy, Callgirl, siehe Prostitution.
- Campingplatz, idR Gewerbebetrieb, außer Vermögensverwaltung, siehe Rz 5433 ff.
- Computerprogramme, Herstellung und Entwicklung, gewerblich (VwGH 2.5.1991, 90/13/0274; VwGH 24.4.1996, 92/13/0026); siehe auch Rz 5255.
- Datenerfasser, gewerblich, sofern Selbständigkeit gegeben ist.

- Detektivbüro, Gewerbebetrieb.
- Devisenhandel, Devisenvermittlung, Gewerbebetrieb (VwGH 24.6.1960, 0193/58).
- Diebstahl, kein Gewerbebetrieb, da dieser für sich alleine, ohne dass die betreffende Beute weiterverkauft wird, keine Teilnahme am Güter- und Leistungsaustausch begründet.
- Dorotheumssensale, Gewerbebetrieb (VwGH 23.11.1956, 3152/54).
- Druckberater und Vermittler von Druckaufträgen, Gewerbebetrieb (VwGH 9.11.1962, 0977/62), sofern nicht Einkünfte aus nichtselbständiger Arbeit.
- EDV-Berater, gewerblich (VwGH 16.11.1993, 89/14/0182), sofern nicht Einkünfte aus nichtselbständiger Arbeit.
- Ehevermittlungsbüro, Gewerbebetrieb.
- Eigenheime, Handel damit: siehe Grundstückshandel.
- Eigentumswohnungen, Handel damit: siehe Grundstückshandel.
- Familienberater, gewerblich.
- Filmproduzent, gewerblich.
- Fleischbeschauer, seit 1994 Funktionseinkünfte gemäß § 29 Z 4 EStG 1988.
- Flohmarkt, wenn nachhaltig Gewerbebetrieb (siehe oben Veräußerung von Privatvermögen).
- Fotograf, idR Gewerbebetrieb, in Ausnahmefällen künstlerische Tätigkeit.
- Fotomodell, Gewerbebetrieb, sofern kein Dienstverhältnis (VwGH 19.10.2006, 2006/14/0109).
- Friedhofsgärtner, siehe Rz 5115.
- Funktionäre, siehe Rz 6613 ff.
- Fußballschiedsrichter, Gewerbebetrieb (VwGH 24.2.1982, 81/13/0159).
- Garagenbetrieb, wenn lediglich Kurz- und Dauervermietung, Einkünfte aus Vermietung und Verpachtung, wenn zusätzliche Leistungserbringung wie zB Fahrzeugreinigungsdienste (VwGH 28.11.1984, 83/13/0063), gewerblich, siehe Rz 5433 f.
- Geldverleiher, unter Umständen Gewerbebetrieb (VwGH 2.10.1985, 84/13/0058).
- Gesundbeter, gewerblich, siehe auch Handaufleger.
- Gewerbliche Vermietung, sofern die Betätigung über die reine Vermögensverwaltung hinausgeht, gewerblich, andernfalls liegen Einkünfte aus Vermietung und Verpachtung gemäß § 28 EStG 1988 vor, siehe auch Rz 5433 ff.
- Gewerberechtlicher Geschäftsführer, Gewerbebetrieb (VwGH 21.7.1993, 92/13/0056).
- Grafologe, Gewerbebetrieb (VwGH 4.10.1983, 82/14/0304; VwGH 6.4.1988, 87/13/0210).
- Grundstückshandel, siehe Rz 5440 ff.
- Gutachter, gewerblich ist Erstellung betrieblicher Gutachten zur Krediterlangung bei Banken und Bürgschaftseinrichtungen (VwGH 5.10.1982, 82/14/0253), außer das Gutachten wird von einem Freiberufler (Wirtschaftstreuhänder) im Rahmen seiner selbständigen Arbeit erstellt.
- Handaufleger, gewerblich (VwGH 18.9.1991, 91/13/0072).
- Handel mit Diebesgut (Hehlerei), Gewerbebetrieb (VwGH 7.4.1981, 1289/79).
- Handelsbetrieb, Gewerbebetrieb (VwGH 19.9.1984, 83/13/0214; VwGH 25.3.1960, 2281/57; VwGH 19.2.1985, 84/14/0112; VwGH 16.3.1989, 88/14/0226; VwGH 12.9.1996, 94/15/0071).
- Handelsdelegierte, nichtselbständige Einkünfte. Siehe LStR 2002 Rz 985.
- Handelsvertreter, Gewerbebetrieb, wenn die Selbständigkeit gegeben ist (VwGH 20.3.1985, 83/13/0070; VwGH 10.4.1985, 83/13/0154; VwGH 15.9.1971, 0511/71; VwGH 3.4.1950, 1654/48).
- Hausbesorger, die dem Hausbesorgergesetz unterliegen, nichtselbständig. Siehe auch LStR 2002 Rz 404 und 986.
- Hausbetreuung, die nicht durch Hausbesorger erfolgt, gewerblich.
- Havarieexperte, Gewerbebetrieb (VwGH 2.2.1979, 0766/78; VwGH 6.3.1985, 84/13/0234).
- Heimarbeiter, die dem Heimarbeitergesetz unterliegen, nichtselbständig, siehe LStR 2002 Rz 405 und 987; ansonsten idR gewerblich.
- Hehlerei, Gewerbebetrieb, siehe Handel mit Diebesgut.
- Heilpraktiker, gewerblich.

- Hellseher, gewerblich.
- Homöopath, der kein Arzt ist, gewerblich (VwGH 26.4.1982, 3602/80).
- Humorist, Gewerbebetrieb (VwGH 23.10.1984, 84/14/0083).
- Illusionist, gewerblich.
- Kfz-Sachverständiger, gewerblich (VwGH 6.3.1985, 84/13/0234; VwGH 23.6.1993, 92/15/0098).
- Klavierstimmer, gewerblich.
- Kommissionär, Verkauf von Waren für andere, Gewerbebetrieb (VwGH 15.3.1961, 3039/58).
- Konsulenten, gewerblich, solange kein Katalogberuf vorliegt, zB Konsulent für den Bau von Tankstellen (VwGH 10.12.1979, 0032/79), Holzkonsulent, der Exporte und ihre Finanzierung vermittelt (VwGH 23.6.1961, 2601/59), technisch-kaufmännischer Konsulent (VwGH 22.6.1983, 82/13/0078), Wirtschaftskonsulent (VwGH 22.3.1972, 2065/71).
- Kreditberater, gewerblich.
- Kundenberater, idR gewerblich, zB auf dem Gebiet Hartmetallwerkzeuge (nicht dem Ziviltechniker ähnlich, VwGH 24.6.1975, 0055/75).
- Kunsthandwerker, gewerblich (VwGH 21.1.1986, 84/14/0017).
- Kuppelei, Gewerbebetrieb.
- Kurpfuscher, Gewerbebetrieb.
- Kuvertierungsarbeiten, gewerblich, sofern Selbständigkeit gegeben ist (VwGH 17.9.1986, 85/13/0099).
- Lohndruschunternehmen, wenn kein land- und forstwirtschaftlicher Nebenbetrieb vorliegt, gewerblich (VwGH 18.3.1992, 92/14/0019).
- Magier, Gewerbebetrieb (VwGH 12.12.1988, 87/15/0002).
- Mannequins, Gewerbebetrieb (VwGH 21.11.1972, 1179/72).
- Markthelfer, Gewerbebetrieb (VwGH 7.11.1952, 1486/50, VwGH 25.9.1961, 2693/59), bei nur gelegentlicher Tätigkeit liegen sonstige Einkünfte gemäß § 29 EStG 1988 vor; allenfalls können auch nichtselbständige Einkünfte gegeben sein.
- Masseur, Gewerbebetrieb (VwGH 12.5.1976, 2326/75; VwGH 17.10.1982, 3006/80), siehe Rz 5220.
- Mediator, gewerblich, sofern Mediation nicht im Rahmen einer freiberuflichen Tätigkeit betrieben wird.
- Möbeldesigner, gewerblich.
- Musikinstrumentenbau, gewerblich, weil handwerkliche Tätigkeit im Vordergrund steht.
- Personalberater, Gewerbebetrieb (VwGH 12.4.1983, 82/14/0215).
- Pflegetätigkeiten gegen Entgelt, gewerblich, sofern weder ein Dienstverhältnis vorliegt noch bloß sonstige Leistungen (§ 29 EStG 1988) erbracht werden. Pflegetätigkeiten im Familienverband sind jedoch steuerlich nicht durch eine Einkünfteerzielungsabsicht gekennzeichnet und daher nicht zu erfassen (siehe Rz 1616 unter „Pflegetätigkeit“).
- Pfuscher, Personen, die neben oder anstatt ihrer nichtselbständigen Tätigkeit Arbeiten ohne gewerberechtliche Befugnis verrichten und dabei für wechselnde (meist private) Auftraggeber tätig werden, sind regelmäßig gewerblich tätig (VwGH 21.1.1983, 81/13/0095), zB Bauhandwerker (VwGH 21.1.1983, 81/13/0095), siehe auch LStR 2002 Rz 998.
- Pilzesammler, bei Nachhaltigkeit der Veräußerung der gesammelten Pilze („professionelle Sammeltrupps“) gewerblich.
- Privatgeschäftsvermittler mit jährlichen Umsätzen von 900 Euro (bis 2001: 12.000 S) oder mehr, siehe Rz 178 und 6611.
- Programmierer, Gewerbebetrieb, soweit nicht Dienstnehmer bzw. Wissenschaftler (VwGH 6.4.1988, 87/13/0202). Siehe LStR 2002 Rz 1000.
- Prostitution, Gewerbebetrieb (VwGH 16.2.1983, 82/13/0208; VwGH 10.11.1987, 87/14/0165; VwGH 11.9.1997, 97/15/0096), allenfalls nichtselbständige Einkünfte, siehe auch Erlass des BMF vom 18.6.2014, BMF-010203/0243-VI/B/2014.
- Provisionsvertreter, siehe Abschlussagent, Handelsvertreter.

- Psychotherapeuten, die kein Universitätsstudium mit dem Hauptfach Psychologie abgeschlossen haben, sind gewerblich.
- Rauschgifthandel, Gewerbebetrieb.
- Reiseleiter, bei Nachhaltigkeit, Gewerbebetrieb, sofern kein Dienstverhältnis vorliegt (VwGH 3.3.1961, 0478/58).
- Reiterhof, Gewerbebetrieb, sofern nicht Land- und Forstwirtschaft, siehe Rz 5066 f.
- Restaurator, siehe Rz 5254.
- Rezepttaxator, Gewerbebetrieb (VwGH 27.5.1975, 0317/75).
- Sachverständiger, siehe Kfz-Sachverständiger, Schätzmeister, Einkünfte aus der Tätigkeit als gerichtlich beeideter Sachverständiger sind gewerblich, soweit nicht Einkünfte nach § 22 EStG 1988 vorliegen (VwGH 14.9.1994, 92/13/0117; VwGH 23.11.1994, 93/13/0214; VwGH 21.3.1995, 90/14/0233, VwGH 5.8.1992, 91/13/0120).
- Sammler, das Sammeln von Antiquitäten, Bildern, Briefmarken, Comics, Kunstgegenständen, Münzen usw. sowie das bloße Tauschen begründen für sich alleine keine steuerbaren Einkünfte. Wird jedoch der Rahmen üblicher Sammleraktivitäten überschritten und kommt es zu Verkäufen, kann bei Nachhaltigkeit auch ein Gewerbebetrieb vorliegen (siehe oben Veräußerung von Privatvermögen).
- Schatzsucher, nicht gewerblich tätig, wenn keine Wiederholungsabsicht hinsichtlich der Veräußerung der gefundenen Schätze besteht (VwGH 22.3.1993, 91/13/0190).
- Schätzmeister, gewerblich (VwGH 24.11.1982, 81/13/0116, 82/13/0043 Schätzmeister für Gebäude, Maschinen und Installationen).
- Schiedsrichter
- Sportschiedsrichter: gewerblich, siehe auch VereinsR 2001, Abschnitt 7 und LStR 2002 Rz 1004, Schiedsrichter im Schiedsgerichtsverfahren sind freiberuflich tätig.
- Schwarzhörerfahnder (Rundfunkermittler, der im Auftrage einer Rundfunkanstalt Schwarzhörer aufspürt), gewerblich, außer er ist nichtselbständig tätig.
- Sensale, siehe Börsensensale und Dorotheumssensale.
- Spielhöllen, Gewerbebetrieb.
- Sportler, siehe Amateur- und Berufssportler und LStR 2002 Rz 1005.
- Sporttrainer, siehe LStR 2002 Rz 1011.
- Statisten, idR nichtselbständig, siehe LStR 2002 Rz 1006.
- Supervision, gewerblich, sofern Supervision nicht im Rahmen einer freiberuflichen Tätigkeit betrieben wird.
- Tonstudios, Tontechniker, bedienen primär – wenn auch in perfektionistischem Grad – technische Anlagen und sind daher gewerblich tätig (VwGH 18.1.1989, 88/13/0169).
- Trainer, Gewerbebetrieb, siehe VereinsR 2001 Abschnitt 7.
- Erteilung von Unterricht (zB Softwaretrainer): selbständige Arbeit (unterrichtende Tätigkeit),
- Sporttrainer: Vorbereitung auf Wettkämpfe, gewerblich.
- Trauerredner, gewerblich.
- Trichinenuntersucher, siehe Fleischbeschauer.
- Unternehmensberater, selbständige Arbeit, siehe Rz 5266.
- Vermietung, gewerblich, sofern die Betätigung über die reine Vermögensverwaltung hinausgeht, andernfalls fällt die Vermietung und Verpachtung unter § 28 EStG 1988, siehe Rz 5433 ff.
- Vermittlungstätigkeit, gewerblich (VwGH 19.6.1964, 1184/62; VwGH 20.1.1993, 91/13/0187), bei gelegentlichen Vermittlungen liegen Einkünfte aus Leistungen (§ 29 Z 3 EStG 1988) vor.
- Vermögensberater, gewerblich.
- Versicherungsberater, Gewerbebetrieb (VwGH 18.1.1983, 82/14/0096; VwGH 28.4.1987, 85/14/0094).
- Verteidiger in Strafsachen (§ 39 StPO), außerhalb des Rechtsanwaltsberufes gewerblich.
- Vertreter, siehe Abschlussagent, Handelsvertreter.
- Vertriebsleiter, gewerblich, sofern Selbständigkeit gegeben ist (VwGH 24.9.1980, 1428/79, 1501/79).
- Verwertung von Schmuggelgut, gewerblich (VwGH 29.4.1992, 90/13/0036).
- Viehhandel, Gewerbebetrieb (VwGH 16.3.1989, 88/14/0226).

- Vieheinkäufer, Gewerbebetrieb, sofern kein Dienstverhältnis vorliegt (VwGH 20.3.1964, 1636/63).
- Viehtransportbetreuung, Gewerbebetrieb (VwGH 19.2.1965, 2233/63).
- Wahrsagerei, Gewerbebetrieb, siehe auch Astrologe.
- Weinlabor, Gewerbebetrieb.
- Wender, gewerblich (VwGH 18.9.1991, 91/13/0072).
- Werbeberater, Gewerbebetrieb, sofern kein Dienstverhältnis vorliegt.
- Wettvermittler auf Rennplätzen, Gewerbebetrieb (VwGH 5.12.1952, 2476/50; VwGH 19.2.1960, 0024/56), siehe auch Buchmacher.
- Wilderei, gewerblich.
- Winkelschreiberei, gewerblich (VwGH 13.3.1990, 87/14/0032).
- Wirtschaftskonsulent, siehe Konsulent.
- Zauberkünstler, Gewerbebetrieb (VwGH 20.11.1989, 88/14/0211).
- Zahntechnisches Labor, siehe Rz 5284 ff.
- Zeitschriftenwerber, gewerblich oder nichtselbständig. Siehe LStR 2002 Rz 1018.
- Zeitungskolporteure, gewerblich oder nichtselbständig. Siehe LStR 2002 Rz 1019.
- Zuhälterei, Gewerbebetrieb (VwGH 17.05.2006, 2002/14/0037).

(AÖF 2008/51)

- Zusammenführen von Geschäftspartnern, Gewerbebetrieb (VwGH 21.10.1966, 0489/66).

(BMF-AV Nr. 2015/133)

17.2 Abgrenzung Gewerbebetrieb – Vermögensverwaltung

17.2.1 Allgemeines

Vermögensverwaltung im Sinne der Abgabenvorschriften liegt insbesondere vor, wenn Vermögen genutzt (Kapitalvermögen verzinslich angelegt oder unbewegliches Vermögen vermietet oder verpachtet) wird. Die Nutzung des Vermögens kann sich aber auch als Gewerbebetrieb oder als land- und forstwirtschaftlicher Betrieb darstellen, wenn die gesetzlichen Merkmale solcher Betriebe gegeben sind. Nahezu jede (private) vermögensverwaltende und vermögensnutzende (selbständige) Tätigkeit erfüllt die Voraussetzung der Nachhaltigkeit, Gewinnabsicht und Beteiligung am wirtschaftlichen Verkehr. **5418**

Das Kriterium der Vermögensverwaltung dient der Abgrenzung des Gewerbebetriebes zu den außerbetrieblichen Einkunftsarten. Vermögensverwaltung im steuerlichen Sinne liegt insbesondere vor, wenn Vermögen genutzt wird. Vermögensverwaltung im Sinne der steuerlichen Vorschriften ist eine auf Fruchtziehung aus zu erhaltendem Substanzwert gerichtete Tätigkeit. Im Gegensatz dazu ist eine im Vermögen begründete betriebliche Tätigkeit durch Ausnutzung substanzieller Vermögenswerte mittels Umschichtung oder durch zusätzliche über die Aufgaben einer Verwaltung hinausgehende Tätigkeit und Leistungen (VwGH 22.6.1983, 81/13/0157) gekennzeichnet. **5419**

Die Abgrenzung der Vermögensverwaltung zum Gewerbebetrieb geht von Art und Umfang der zusätzlichen Leistungen aus. Die Entscheidung richtet sich danach, ob die zusätzlichen Aufwendungen einen über die bloße Vermögensverwaltung hinausgehenden Ertrag und/oder Nutzen erwarten lassen. Die Grenze der Vermögensverwaltung wird überschritten, wenn Maßnahmen gesetzt werden, um „ein Mehr“ an Einkünften zu erzielen, als sich alleine aufgrund des bloßen Kapitaleinsatzes erzielen ließe (VwGH 31.5.1983, 82/14/0188). **5420**

Der Austausch einzelner Vermögenswerte durch neue, um das vorhandene Vermögen besser nutzen zu können, sprengt noch nicht den Rahmen der Vermögensverwaltung. Tritt aber die Vermögensnutzung in den Hintergrund und die Verwertung der Vermögenssubstanz entscheidend in den Vordergrund, so kann von einer bloßen Vermögensnutzung nicht mehr die Rede sein. So kann zB eine mehrfache Umschichtung von Grundstücken innerhalb kurzer Zeit einen gewerblichen Grundstückshandel darstellen (VwGH 7.11.1978, 0727/76, 0815/76). **5421**

Vermögensverwaltung liegt typischerweise immer dann vor, wenn die Tätigkeit in der Hauptsache darin besteht, Erträge durch den Gebrauch, die Nutzung oder die Nutzungsüberlassung eigener Vermögenswerte zu erzielen. Unter dieser Voraussetzung wird die Annahme der vermögensverwaltenden Tätigkeit auch bei einzelnen Zu- und Verkäufen nicht ausgeschlossen (VwGH 13.5.1986, 84/14/0077). **5422**

(BMF-AV Nr. 2021/65)

Eine betriebliche Tätigkeit liegt immer dann vor, wenn die Gesamtheit der Aktivitäten objektiv erkennbar auf Wiederholung gerichtet ist, die planmäßige Ausnutzung des Ver- **5423** mögens durch Umschichtung, Veräußerung, Wiederbeschaffung und Wiederveräußerung hauptsächlich im Vordergrund steht und daher im Vermögen Umlaufwerte sieht.

5424 Ob Vermögensnutzung von Privatvermögen (bloße Vermögensverwaltung) oder gewerbliche Vermögensverwertung vorliegt, ist immer eine Sachverhaltsfrage, die nach dem jeweiligen Gesamtbild des Einzelfalles zu prüfen ist (VwGH 13.5.1988, 84/14/0077; VwGH 26.7.2000, 95/14/0161) und lässt sich nicht für alle Wirtschaftsgüter nach einheitlichen Maßstäben beurteilen. In Zweifelsfällen wird jedoch darauf abzustellen sein, ob die Tätigkeit, wenn sie in den gewerblichen Bereich fallen soll, dem Bild entspricht, das nach der Verkehrsauffassung einen Gewerbebetrieb ausmacht (VwGH 29.7.1997, 96/14/0115).

5425 Die Beteiligung am allgemeinen wirtschaftlichen Verkehr ist kein geeignetes Abgrenzungskriterium zwischen bloßer Vermögensverwaltung einerseits und gewerblicher Tätigkeit andererseits. Entscheidendes Auslegungskriterium ist somit allein die Art (die Qualität) des Tuns, Tätigwerdens (VwGH 22.6.1983, 81/13/0158). Wer wie ein gewerblicher Händler oder sonst gewerblich Tätiger agiert, erzielt Einkünfte aus Gewerbebetrieb.

17.2.2 Wertpapiergeschäfte, Darlehensgeschäfte

5426 Der wiederholte, auf die Schaffung einer dauernden Erwerbsquelle durch Ausnutzung von Kursschwankungen gerichtete An- und Verkauf von Wertpapieren stellt dann, wenn er sich nicht auf die nutzbringende Verwertung eigenen Vermögens beschränkt, sondern in erheblichem Umfang mit Hilfe von Bankkrediten durchgeführt wird, einen Gewerbebetrieb dar (VwGH 26.6.53, 1862/52).

5427 Bei der Verwaltung von Wertpapierbesitz gehören die Umschichtungen von Wertpapieren, somit Kauf und Verkauf durch Einschaltung von Banken, (grundsätzlich) noch zur privaten Vermögensverwaltung; bei Wertpapieren liegt es in der Natur der Sache, den Bestand zu verändern, schlechte Papiere abzustoßen, gute zu erwerben und Kursgewinne zu realisieren (VwGH 29.7.1997, 96/14/0115). Der An- und Verkauf von Wertpapieren überschreitet daher die Grenze zur gewerblichen Betätigung nur in besonderen Fällen. Dies setzt jedenfalls voraus, dass die Tätigkeit dem Bild entspricht, das nach der Verkehrsauffassung („bankentypische Tätigkeit") einen Gewerbebetrieb ausmacht.

5428 Folgende demonstrativ angeführten Indizien lassen der Verkehrsauffassung nach – ausgehend vom Kriterium des „Umfanges der Tätigkeit bzw. des Ausmaßes" – auf einen Gewerbebetrieb schließen:

- Ausüben der Tätigkeit als Hauptberuf,
- Unterhalten eines Büros oder einer Organisation zur Durchführung von Geschäften,
- Ausnutzung eines Marktes unter Einsatz beruflicher Erfahrungen,
- Anbieten von Wertpapiergeschäften einer breiteren Öffentlichkeit,
- Abschluss von Geschäften auf fremde Rechnung (VwGH 29.7.1997, 96/14/0115; VwGH 25.2.1998, 98/14/0005),
- Einsatz einschlägiger beruflicher Erfahrungen und Mittel (Branchenkenntnisse, Knowhow),
- Geschäftsverbindungen,
- Einflussnahmemöglichkeiten auf Preishöhe und Konditionen,
- Anzahl der getätigten An- und Verkäufe,
- planmäßige und nachhaltige Fremdfinanzierung der Wertpapiergeschäfte.

(BMF-AV Nr. 2021/65)

5429 Der Umfang des verwalteten Vermögens ist für sich alleine kein Kriterium für Gewerblichkeit. Bleibt der „Verwaltungsaufwand" in jenem Rahmen, wie er üblicherweise bei einer Vermögensverwaltung erforderlich ist, spricht dies gegen Gewerblichkeit. Dabei ist es zulässig, eine Verhältnisbetrachtung anzustellen. Der Umstand, dass der Verwaltungsaufwand mit zunehmendem Vermögensumfang proportional zunimmt, führt ebenfalls nicht zur Annahme der Gewerblichkeit.

5430 Als Abgrenzungshilfe kann bei großen Vermögen eine Vergleichsbetrachtung mit der Vermögensverwaltung im Rahmen eines Investmentfonds herangezogen werden. Erfolgt die Vermögensverwaltung nach dem Grundsatz der Risikostreuung und ist das damit verbundene Vermögensmanagement umfänglich mit jenem vergleichbar, wie es auch bei Investmentfonds üblich ist, so kann von einer Vermögensverwaltung ausgegangen werden. Denn die Steuerbestimmungen des Investmentfondsgesetzes 1993 gehen ungeachtet des Umfangs des Fondsvermögens bzw. der am Fondseigentum erworbenen Anteile von bloßer Vermögensverwaltung aus.

Vermögensverwaltende Tätigkeit liegt beispielsweise vor: 5431

- Bloße Umschichtung von Wertpapieren (VwGH 29.7.1997, 96/14/0115), auch wenn die Tätigkeit von einer KEG ausgeübt wird (VwGH 26.5.1998, 98/14/0044),
- Abwicklung der Wertpapiergeschäfte über Banken als Kommissionäre,
- ausschließliche Eigenfinanzierung (keine Verwendung von Fremdkapital),
- gelegentliche oder geringfügige Fremdfinanzierung,
- keine für die breitere Öffentlichkeit nach außen gerichtete und erkennbare Tätigkeit.

Gewerbliche Tätigkeit und nicht mehr Vermögensnutzung ist anzunehmen, wenn in der Art von Bankgeschäften Fremdkapital zwecks Weitergabe an Kreditbedürftige aufgenommen wird (VwGH 22.6.1983, 81/13/0157, 183; VwGH 22.6.1983, 81/13/0158, 184; VwGH 10.6.1981, 2509/80; VwGH 21.11.1972, 2096/71). Ein gewerblicher Geldverleih muß sowohl in seinem äußeren Erscheinungsbild als auch nach seinem inneren Gehalt mit Geldgeschäften vergleichbar sein, wie sie am gewerblich orientierten Kapitalmarkt üblich sind (VwGH 17.9.1997, 93/13/0036). 5432

17.2.3 Vermietung und Verpachtung von unbeweglichem Vermögen

Für die Unterscheidung zwischen Einkünften aus Vermietung und Verpachtung und Einkünften aus Gewerbebetrieb kommt es darauf an, ob sich die Tätigkeit des Vermieters auf die bloße Überlassung des Bestandgegenstandes beschränkt oder ob, in welcher Art und in welchem Ausmaß sie darüber hinausgeht. Die durch jede Form von Vermietung bedingte laufende Verwaltungsarbeit und die durch sie gleichfalls oft erforderliche Werbetätigkeit allein machen die Betätigung nicht zu einer gewerblichen, es sei denn, die laufende Verwaltungsarbeit erreicht ein solches Ausmaß, dass sie nach außen als gewerbliche Tätigkeit erscheint (VwGH 30.9.1999, 97/15/0027). Insgesamt müssen zur bloßen Vermietung besondere, damit im Regelfall nicht gegebene Umstände hinzutreten, durch die eine über die Nutzungsüberlassung hinausgehende weitere Tätigkeit des Vermieters bedingt wird (VwGH 5.10.1994, 94/15/0059, 92/15/0107). Gleichfalls entscheidend ist auch, ob die Verwaltungsarbeit im konkreten Fall in erheblichem Umfang jenes Maß überschreitet, das mit der Vermögensverwaltung üblicherweise verbunden ist. 5433

Für die Annahme eines Gewerbebetriebes sind zur Überlassung des Bestandobjektes zusätzliche Leistungen, die für einen Gewerbebetrieb typisch sind, erforderlich (VwGH 21.11.1972, 0776/72; VwGH 20.4.1979, 1312/78). Die Vermietung von Garagenboxen oder Abstellplätzen ist eine gewerbliche Tätigkeit, wenn zur bloßen Überlassung der Räume weitere Leistungen, wie zB Beaufsichtigung, Serviceleistungen, hinzutreten (VwGH 21.11.1972, 0776/72; VwGH 28.11.1984, 83/13/0063). Die ständig wechselnde kurzfristige Vermietung von Ausstellungsräumen, Tennis-, Campingplätzen oder von Sälen (zB für Veranstaltungen) ist daher als gewerbliche Tätigkeit zu beurteilen. Die Vermietung von Wohnungen oder Schlafstellen nach Art eines Beherbergungsbetriebes ist gleichfalls eine gewerbliche Tätigkeit (VwGH 13.10.1982, 82/13/0125; VwGH 01.06.1976, 0363/75, 2342/75; VwGH 14.12.1971, 0144/71). Ebenso ist die kurzfristige Vermietung einer größeren Anzahl eingerichteter Ferienwohnungen als gewerblich einzustufen (VwGH 20.05.2010, 2007/15/0098; VwGH 24.06.2009, 2008/15/0060 zur Vermietung von zehn Ferienwohnungen mit insgesamt 31 Betten, die durchschnittlich neunmal im Jahr vergeben wurden). 5434

(AÖF 2011/66)

Als Einkünfte aus Vermietung und Verpachtung sind idR auch Einkünfte aus dem landläufigen Zimmervermieten zu behandeln, wenn die Zimmervermietung nur von geringem Ausmaß ist und nicht als land- und forstwirtschaftliche Nebentätigkeit (siehe Rz 5073) zu erfassen ist (VwGH 5.10.1994, 94/15/0059, 92/15/0107; VwGH 7.10.2003, 2000/15/0024). Eine saisonale Zimmervermietung, die sich auf mehr als zehn Fremdenbetten erstreckt, ist nicht mehr als Zimmervermietung geringen Ausmaßes, sondern als gewerbliche Tätigkeit anzusehen, weil sie dann in erheblichem Umfang nicht nur laufende Arbeit, sondern jene intensivere Beteiligung am wirtschaftlichen Verkehr erfordert, die ihr betrieblichen Charakter verleiht. Für die Frage, ob bei einer gleichzeitigen Vermietung von Appartements für die Zehn-Betten-Grenze auch die Appartementbetten mitzuberücksichtigen sind, gilt Rz 5073 entsprechend. 5435

Es bestehen keine Bedenken, wenn im Rahmen der Einkünfte aus Vermietung und Verpachtung bei einer Vermietung von Zimmern oder Appartements mit Frühstück, bei der die Bettenzahl insgesamt nicht mehr als zehn Fremdenbetten umfasst, die Werbungskosten mit 50% der Einnahmen (ohne USt und Kurtaxe) geschätzt werden.

Ab der Veranlagung 2011 bestehen keine Bedenken, wenn im Rahmen der Einkünfte aus Vermietung und Verpachtung bei einer solchen Vermietung in einem Gebäude, das nicht im Eigentum des Vermieters (der Vermieter) steht, die Werbungskosten mit 30% der

Einnahmen (ohne USt und Kurtaxe) geschätzt werden. Erfolgt die Zimmervermietung auf Grundlage eines fremdüblichen Mietvertrages, den der Zimmervermieter mit dem Eigentümer abgeschlossen hat, bestehen zur Berücksichtigung dieser zusätzlichen Ausgaben keine Bedenken, die Werbungskosten mit 50% anzusetzen.

Bei Anwendung der Bruttomethode sind die bezahlte USt und die Vorsteuer aus Anlageninvestitionen gesondert absetzbar. Die Kurtaxe kann als Durchläufer sowohl bei den Einnahmen als auch bei den Werbungskosten außer Ansatz bleiben.

(BMF-AV Nr. 2021/65)

5436 Das kurzfristige Vermieten von fünf mit Kochgelegenheiten ausgestatteten Appartements an Saisongäste ist im Regelfall noch keine gewerbliche Betätigung (VwGH 3.5.1983, 82/14/0248). Die Vermietung von achtzehn Wohnungseinheiten inklusive Inventar, bei durchschnittlich einem Mieterwechsel pro Jahr und gleichzeitiger Weiterverrechnung der für die Wohnungen angefallenen Stromkosten an die Mieter, stellt eine vermögensverwaltende Tätigkeit dar (VwGH 30.9.1999, 97/15/0027).

Ab der Veranlagung 2006 bestehen keine Bedenken, wenn bei einer Vermietung von nicht mehr als fünf Appartements ohne Erbringung von Nebenleistungen im Rahmen der Einkünfte aus Vermietung und Verpachtung die Werbungskosten mit 30% der Einnahmen (ohne USt und Kurtaxe) geschätzt werden.

Ab der Veranlagung 2011 bestehen keine Bedenken, wenn im Rahmen der Einkünfte aus Vermietung und Verpachtung bei einer Vermietung von nicht mehr als fünf Appartements ohne Erbringung von Nebenleistungen in einem Gebäude, das nicht im Eigentum des Vermieters (der Vermieter) steht, die Werbungskosten mit 10% der Einnahmen (ohne USt und Kurtaxe) geschätzt werden. Erfolgt die Appartementvermietung auf Grundlage eines fremdüblichen Mietvertrages, den der Appartementvermieter mit dem Eigentümer abgeschlossen hat, bestehen zur Berücksichtigung dieser zusätzlichen Ausgaben keine Bedenken, die Werbungskosten mit 30% anzusetzen.

Bei Anwendung der Bruttomethode sind die bezahlte USt und die Vorsteuer aus Anlageninvestitionen gesondert absetzbar. Die Kurtaxe kann als Durchläufer sowohl bei den Einnahmen als auch bei den Werbungskosten außer Ansatz bleiben.

Bei Dauervermietung von Wohnungen ist ab der Veranlagung 2006 ein Abzug von pauschalen Werbungskosten unzulässig. Sollten Werbungskosten bis 2005 pauschal berücksichtigt worden sein, ist für die Ermittlung der AfA – ausgehend von der konkret maßgeblichen AfA-Bemessungsgrundlage – eine rechnerische AfA für Jahre auszuscheiden, für die die AfA durch Ansatz eines Pauschalsatzes ermittelt worden ist. Ab 2006 und den Folgejahren ist die AfA im tatsächlichen Ausmaß zu berücksichtigen.

(AÖF 2011/66, AÖF 2012/63)

5437 Bspw gehen folgende Nebenleistungen nicht über die Vermögensverwaltung hinaus:

- Beistellung eines Hausbesorgers, Schneeräumung, Müllabfuhr,
- üblicherweise vom Hausbesorger zu verrichtende Tätigkeiten (VwGH 20.11.1989, 88/14/0230),
- Zurverfügungstellen von Gemeinschaftsräumen, Waschküche, Sauna, Bad,
- gelegentliche und freiwillige Übernahme von Poststücken (VwGH 20.11.1989, 88/14/0230),
- Bereitstellung von Heizwärme und Warmwasser, Überprüfung der Heizfunktionen,
- Adaptierungs- und Ausbauarbeiten (VwGH 16.2.1988, 87/14/0044),
- Lüften des Hauses, gelegentliche Überwachungstätigkeiten.

5438 Folgende, demonstrativ aufgezählte Nebenleistungen sind „gewerblich“:

- Verpflegung der Mieter bei Vermietung von mehr als 10 Betten,
- tägliche Reinigung bei Vermietung von mehr als 10 Betten,
- Überwachungs- und Fahrzeugpflegedienstleistungen bei (Kurz-)Parkplätzen,
- Reinigung sanitärer Anlagen, Platzpflege, Strom- und Wasserversorgung beim Betrieb von Campingplätzen,
- bei Vermietung von Sportstätten die Wartung und Instandhaltung, oder deren Verbindung mit einer Freizeiteinrichtung oder Restaurationsbetrieb.

(AÖF 2009/74)

17.2.4 Vermietung von beweglichen Wirtschaftsgütern

5439 Die (langfristige) Vermietung bloß eines einzelnen beweglichen Wirtschaftsgutes durch eine Privatperson geht über Vermögensverwaltung auch dann nicht hinaus, wenn die Vermietung durch einen versierten Dritten abgewickelt wird. Die Vermietung ist damit den Leistungen im Sinne des § 29 Z 3 EStG 1988 zuzuordnen. Sollte aufgrund der Umstände eine gewerbliche Vermietung durch den einzelnen Vermieter oder infolge gesellschaftlichen Zusammenwirkens durch die Gesamtheit der Vermieter (Mitunternehmerschaft) anzunehmen sein, fallen Verluste unter das Ausgleichsverbot des § 2 Abs. 2a EStG 1988.

17.2.5 Grundstücksveräußerungen, gewerblicher Grundstückshandel

17.2.5.1 Allgemeines

Grundstücksverkäufe stellen dann einen Gewerbebetrieb dar, wenn es sich um eine nachhaltige, mit Gewinnabsicht unternommene und sich als eine Beteiligung am allgemeinen wirtschaftlichen Verkehr darstellende Betätigung handelt, welche nicht als eine landwirtschaftliche Betätigung anzusehen ist. Die Veräußerung von Grundstücken aus dem Privatvermögen stellt daher keine Vermögensverwaltung, sondern einen gewerblichen Grundstückshandel dar, wenn die Vermögensnutzung durch Fruchtziehung in den Hintergrund tritt und die Vermögensverwertung entscheidend im Vordergrund steht (VwGH 13.09.2006, 2002/13/0059, 0061). Ein gewerblicher Grundstückshandel wird somit dann vorliegen, wenn die Veräußerungen auf planmäßige Art und Weise erfolgen (VwGH 07.11.1978, 2085/78). Erfolgt eine Veräußerung eines privaten Grundstücks unter bloßer Ausnützung einer sich zufällig ergebenden Möglichkeit, ist von Vermögensverwaltung im Sinne der Abgabenvorschriften auszugehen. Außerhalb der betrieblichen Einkünfte werden Grundstücksveräußerungen vor dem 1.4.2012 nur im Rahmen der zehn- bzw. fünfzehnjährigen Spekulationsfrist des § 30 EStG 1988 erfasst. Erfolgen solche Grundstücksveräußerungen nach dem 31.3.2012, liegen Einkünfte aus privaten Grundstücksveräußerungen vor (siehe dazu Rz 6620 ff). **5440**

(AÖF 2013/280)

Sind die Voraussetzungen des gewerblichen Grundstückshandels erfüllt, sind jene Grundstücke, auf die sich die Handelstätigkeit bezieht, dem Umlaufvermögen zuzurechnen. In diesem Fall ist auf Einkünfte aus der Veräußerung solcher Grundstücke der besondere Steuersatz gemäß § 30a Abs. 3 Z 1 EStG 1988 nicht anzuwenden (siehe auch Rz 6682 ff). **5440a**

(AÖF 2013/280)

Der Handel mit Optionsrechten auf den Erwerb von Grundstücken ist wie der Handel mit Grundstücken zu beurteilen (VwGH 26.7.2000, 95/15/0161). **5441**

Art und Umfang des tatsächlichen Tätigwerdens sind geeignete und entscheidende Abgrenzungskriterien zwischen Vermögensverwaltung und gewerblichem Grundstückshandel. Maßgeblich für die Beurteilung dieser Frage sind die Umstände und das Gesamtbild des Einzelfalles, wobei die besonderen Verhältnisse des Grundstücksmarktes zu berücksichtigen sind. Das Beurteilungskriterium einer „Objekt-Grenze", wonach die Anschaffung (Bebauung) und Veräußerung in einem bestimmten Umfang (mehr als 3 Objekte) eine gewerbliche Tätigkeit begründet, hat für sich allein keine Bedeutung. **5442**

Gewerblicher Grundstückshandel liegt vor, wenn er planmäßig auf die Wiederveräußerung der angeschafften Grundstücke gerichtet ist, bzw. wenn die Anschaffung zum Zwecke der Weiterveräußerung in gleichem Zustand oder nach weiterer Be- oder Verarbeitung erfolgt. Die für den Grundstücks- bzw. Wohnungshandel typische planmäßige wiederholte Anschaffung von Objekten und deren Umsatz (VwGH 31.5.1983, 82/14/0188) oder der auf die Ausnützung der Marktverhältnisse gezielte Erwerb von Baugrund, seine Parzellierung, die Errichtung von Wohnungen und deren Veräußerung heben die entsprechenden Geschäfte aus der der Privatsphäre zuzuweisenden Betätigung oder aus dem Bereich der betrieblichen Hilfsgeschäfte heraus und machen sie zu einem gewerblichen Grundstückshandel (VwGH 31.5.1983, 82/14/0188; VwGH 30.9.1980, 317/80, 520/80; VwGH 7.11.1978, 2085/78, 2139/78; VwGH 17.9.1974, 359/74). Die in diesen Merkmalen zum Ausdruck kommende Veräußerungsabsicht muss im Zeitpunkt der Anschaffung bzw. im Zeitpunkt der Bebauung des Grundstücks vorhanden sein (VwGH 31.5.1983, 82/14/0188). **5443**

Grundstückshandel ist zB anzunehmen, wenn eine Liegenschaft aufgeschlossen, parzelliert und parzellenweise verkauft wird, der Grund und Boden also als Ware behandelt wird (VwGH 14.11.1984, 82/13/0242; VwGH 26.4.1989, 89/14/0004). Daraus folgt die Notwendigkeit einer mehrjährigen, über den einzelnen Veranlagungszeitraum hinausgehenden Betrachtung (VwGH 31.5.1983, 82/14/0188). **5444**

Liegt ein gewerblicher Grundstückshandel vor, muss die Absicht des Grundstückshändlers, einzelne Liegenschaften auf Dauer nicht im Umlaufvermögen, sondern im Privat- oder Anlagevermögen zu behalten, um daraus zB Vermietungseinkünfte zu erzielen, an Hand objektiver Umstände nachvollziehbar sein. Wird die Vermietung durch Veräußerung vorzeitig beendet, ist es am Abgabepflichtigen gelegen, den Nachweis dafür zu erbringen, **5444a** dass die Vermietung nicht latent von vornherein nur so lange beabsichtigt war, bis sich eine entsprechend lukrative Gelegenheit zur Veräußerung der Liegenschaft bieten würde.

Auch Wirtschaftsgüter, die vorübergehend im Betrieb wie ein Anlagegut fungieren, aber gemessen an der betriebsgewöhnlichen Nutzungsdauer des Wirtschaftsgutes nicht dazu bestimmt sind, dem Betrieb dauernd zu dienen, können Umlaufvermögen darstellen. Liegt ein Grundstückshandel vor, können zB Mietwohnhäuser auch dann als Umlaufvermögen des Grundstückshandels angesehen werden, wenn der Abgabepflichtige an einer (zwischenzeitigen) Vermögensnutzung durch Fruchtziehung interessiert ist (VwGH 13.4.2005, 2001/13/0028).

(AÖF 2006/114)

17.2.5.2 Indizien für Grundstückshandel

5445 Kriterien (Indizien) zur Beurteilung des Vorliegens gewerblichen Grundstückshandels:

- Planmäßige Parzellierung, Aufschließung (Baureifmachung) und anschließende Verwertung; die Parzellierung einer Liegenschaft mit nachfolgendem Verkauf der Parzellen begründet für sich allein keinen Gewerbebetrieb (VwGH 22.9.1992, 92/14/0064).
- Betreiben eines Bebauungsplanes durch Anregung, Aufstellung von Entwürfen, aktive Verfolgung der erstellten Pläne und anschließende Parzellierung entsprechend diesem Bebauungsplane.
- Schaffung wesentlicher Voraussetzungen für die Erschließung und künftige Bebauung, wie zB die vertragliche Verpflichtung der Käufer, sämtliche Aufschließungskosten zu tragen.
- Umfangreiche Werbemaßnahmen zur Käufersuche (Schaltung von Inseraten; VwGH 24.06.2010, 2007/15/0033).
- Verkaufsaktivitäten usw. sind dem Verkäufer als eigene Tätigkeit zuzuordnen, auch wenn er sich dazu eines Dritten bedient, der derartige Geschäfte eigengewerblich betreibt.
- Wiederholte Veräußerung von Grundstücken, die bereits in der Absicht der alsbaldigen Veräußerung erworben wurden, innerhalb eines bestimmten Zeitraumes.
- Hohe Fremdkapitalsquote lässt spätere Veräußerung der Grundstücke naheliegend erscheinen (VwGH 24.06.2010, 2007/15/0033).
- Große Dichte von Grundstücksverkäufen bzw. kontinuierlich betriebene Abverkäufe.
- Verwendung des Erlöses aus dem Verkauf zum Erwerb eines weiteren Grundstückes (VwGH 25.3.1999, 94/15/0171).
- Keine eindeutige Trennung beruflicher und persönlicher Verflechtungen bei Personen, die sich mit Grundstücksgeschäften befassen (zB Immobilienmakler, Immobilienverwalter); grundsätzlich sind berufliche Berührungspunkte zum Immobiliengeschäft auf Grund des damit verbundenen Fachwissens geeignet, das Bild des planmäßigen Vorgehens zu verstärken (VwGH 24.06.2010, 2007/15/0033).

(AÖF 2011/66)

5446 Gewerblicher Grundstückshandel liegt demnach vor, wenn der Grundstückseigentümer ähnlich einem Grundstücksmakler oder Bauaufschließungsunternehmer seinen Besitz ganz oder teilweise durch Baureifmachung in Baugelände umgestaltet, zu diesem Zweck das Grundstück nach einem bestimmten Bebauungsplan aufteilt und es sodann an verschiedene Interessenten veräußert.

17.2.5.3 Indizien gegen Grundstückshandel

5447 Vermögensverwaltung liegt demgegenüber vor, wenn es sich bei der Grundstücksveräußerung um den Abschluss der privaten Nutzung handelt und die Veräußerung zur Realisierung der während der Besitzzeit eingetretenen Substanzwertsteigerungen erfolgt. Kennzeichen der (privaten) Vermögensverwaltung ist somit die Nutzung des Vermögens in Form der Fruchtziehung, an deren Ende zwar auch die Veräußerung des Vermögensgegenstandes steht, dies jedoch nicht als eigentlicher Zweck der Gewinnerzielung, sondern als hinter die laufende Fruchtziehung zurücktretender Effekt. Dementsprechend kann auch dann Vermögensverwaltung vorliegen, wenn langjährig durch Vermietung und Verpachtung genutzter Grundbesitz in relativ kurzer Zeit verkauft wird.

5448 Aufgrund dieser Betrachtungsweise kann noch nicht von gewerblicher Verkaufstätigkeit gesprochen werden bzw. liegt diese nicht schon bei folgenden Merkmalen allein vor:

- Die Verkäufe nehmen zwar einen erheblichen Umfang an, andere Maßnahmen treten jedoch nicht hinzu,

- es erfolgen planmäßige Teilverkäufe, wobei auch erhebliche Gewinne erzielt werden können,
- Einzelveräußerungen erscheinen gegenüber Großverkäufen günstiger,
- allmählicher Verkauf bzw. Ringtausch,
- Vorliegen besonderer Umstände, die zu einer Parzellierung und Baureifmachung führen, wobei ursprünglich nur eine Gesamtverkaufstransaktion geplant war,
- Einschränkung der freien Verfügung über die veräußerte Grundstücksfläche durch entsprechende Auflagen der Gemeinde, wie zB das Verlangen, dass bestimmte Flächen für sozialen Wohnbau zur Verfügung gestellt werden müssen, das Bestimmen der Größe der Baugrundstücke, die ausschließliche Festlegung der Baumaßnahmen für die Aufschließung (VwGH 26.4.1989, 89/14/0004).
- Arrondierung bzw. Verbesserung des landwirtschaftlichen Betriebes durch den Veräußerungserlös.
- Gegen die Gewerblichkeit spricht auch der fehlende Einsatz von Fremdkapital, ein mangelnder zeitlicher Zusammenhang der Parifizierungen und der Verkäufe sowie eine lange Behaltedauer der Grundstücke (über einen Zeitraum von 10 Jahren hinausgehend) und ein passives Verhalten des Verkäufers, wodurch er keine werbende Tätigkeit gegenüber der Allgemeinheit entfaltet (VwGH 13.09.2006, 2002/13/0059, 0061).

(AÖF 2013/280)

17.2.5.4 Notverkäufe

Notverkäufe landwirtschaftlicher Grundstücke sind nur in jenen Grenzfällen ein Indiz gegen die Annahme eines gewerblichen Grundstückshandels, in denen sie sich als sinnvolle Maßnahme zur Erhaltung des landwirtschaftlichen Betriebes darstellen (VwGH 31.05.1983, 82/14/0188; VwGH 26.04.1989, 98/14/0004). Entscheidend ist, ob der hohe Schuldenstand den Verkauf von Betriebsgrundstücken notwendig macht, um den land- und forstwirtschaftlichen Betrieb erhalten zu können, und ob ohne die gesetzten Maßnahmen (Parzellierung, Baureifmachung, Umwidmung) dieses Ziel nicht hätte erreicht werden können (zB weil für unaufgeschlossene Grundstücke der zur Rettung erforderliche Preis nicht hätte erzielt werden können). Notverkäufe in Zusammenhang mit einer nicht landwirtschaftlichen Tätigkeit stehen der Annahme eines gewerblichen Grundstückshandels nicht entgegen (VwGH 21.09.2006, 2006/15/0118). **5449**

(AÖF 2008/51)

Grundstücksverkäufe eines Landwirts können nicht ausschließlich deshalb der Landwirtschaft zugeordnet werden, weil sie der Abdeckung von mit der Landwirtschaft zusammenhängenden Verbindlichkeiten dienen. Bspw ist in Anbetracht einer Initiative zur Baureifmachung der grundstücksweise Abverkauf einer Landwirtschaft über einen Zeitraum von elf Jahren selbst dann als gewerblicher Grundstückshandel und nicht als landwirtschaftliches Hilfsgeschäft anzusehen, wenn Fehlinvestitionen im Bereich der Landwirtschaft die Ursache für Kreditaufnahmen gewesen sein sollten. Notverkäufe liegen dann nicht vor, wenn ein beträchtlicher Teil der land- und forstwirtschaftlichen Fläche oder die gesamte Landwirtschaft nach Aufschließung (Baureifmachung) parzellenweise abverkauft wird (VwGH 25.2.1997, 95/14/0115; VwGH 22.9.1992, 92/14/0064). **5450**

17.2.5.5 Bewertung des „Umlaufvermögens“

Zur Bewertung siehe Rz 2252. **5451**

Zeitpunkt der Einlage in den Grundstückshandel ist die erstmalige Manifestierung des Verkaufswillens. Für die Bewertung macht es einen nicht unerheblichen Unterschied, ob bei Annahme eines einheitlichen Verkaufswillens für alle Verkäufe eine Einlage aller Grundstücke bereits vor dem Verkauf des ersten Grundstückes zu unterstellen ist, oder ob eine Einlage erst unmittelbar vor einem geplanten, oft erst Jahre später durchgeführten Verkauf bzw. den damit zusammenhängenden Maßnahmen (Parzellierung, Aufschließung, usw.) einzelner Grundstücke, die zu diesem Zeitpunkt entweder schon in Bauland umgewidmet sind oder Bauerwartungsland darstellen, anzunehmen ist.

Maßgebend für die Wertermittlung kann eine Orientierung an bekannten Verkaufspreisen (Kaufpreissammlungen) für vergleichbare Grundstücke sein, wobei eine allfällige Qualifikation als Bauerwartungsland zum Zeitpunkt der Entnahme einen höheren Wareneinsatz bewirkt (VwGH 25.2.1997, 95/14/0115). Die Wertermittlung kann auch durch Gutachten erfolgen. Ein tauglicher Wertmaßstab zur Ermittlung des Einlagewertes (Teilwertes) ist der Baulandpreis des gesamten Grundstückes vor Parzellierung und Aufschließung. **5452**

(AÖF 2006/114)

5452a Nach § 4 Abs. 3 EStG 1988 sind bei Zugehörigkeit zum Umlaufvermögen die Anschaffungs- und Herstellungskosten oder der Einlagewert von Gebäuden und Wirtschaftsgütern, die keinem regelmäßigen Wertverzehr unterliegen, erst bei Ausscheiden aus dem Betriebsvermögen abzusetzen (siehe dazu auch Rz 664b ff). Abweichend zum Zufluss-Abfluss-Prinzip sind daher die Anschaffungs- bzw. Herstellungskosten von Gebäuden nicht im Zeitpunkt des Abflusses als Betriebsausgaben zu berücksichtigen. Diese Kosten sind erst im Zeitpunkt des Ausscheidens des Gebäudes aus dem Betriebsvermögen als Betriebsausgaben abzugsfähig. Der Grund des Ausscheidens ist dabei nicht relevant. Im Falle des zeitlichen Auseinanderfallens des Ausscheidens und des Zuflusses der damit verbundenen Einnahme (zB im Falle einer Versicherungsleistung auf Grund der Zerstörung des Gebäudes) sind die Anschaffungs- oder Herstellungskosten in voller Höhe im Wirtschaftsjahr des Ausscheidens als Betriebsausgabe zu berücksichtigen.

Randzahlen 5453 bis 5500: *derzeit frei*

(AÖF 2013/280)

18. Veräußerungsgewinne (§ 24 EStG 1988)

18.1 Veräußerungsgeschäfte (§ 24 Abs. 1 EStG 1988)

18.1.1 Allgemeine Grundsätze

Mit der Besteuerung des Veräußerungsgewinnes werden alle bis zur Veräußerung bzw. Aufgabe unversteuert gebliebenen Vermögensvermehrungen erfasst und der Besteuerung unterzogen (VwGH 14.4.1993, 91/13/0239). **5501**

Ein Veräußerungsgewinn bzw. -verlust gehört zu den betrieblichen Einkünften der jeweiligen Einkunftsart (siehe den jeweiligen Hinweis für Einkünfte aus Land- und Forstwirtschaft in § 21 Abs. 2 Z 3 EStG 1988, für Einkünfte aus selbständiger Arbeit in § 22 Z 5 EStG 1988 und für Einkünfte aus Gewerbebetrieb in § 23 Z 3 EStG 1988). § 24 EStG 1988 grenzt laufende, nicht begünstigte Gewinne aus betrieblichen Tätigkeiten von den unter bestimmten Voraussetzungen begünstigt besteuerten Veräußerungsgewinnen ab (zu den Steuerbegünstigungen des Veräußerungsgewinnes siehe Rz 5691 ff, Rz 7364 ff und Rz 7369). **5502**

Ein Verlust aus einem Veräußerungsgeschäft ist bei der Gewinnermittlung und, falls sich danach ein Verlust bei den Einkünften im Sinne des § 2 Abs. 3 Z 1 bis 3 EStG 1988 ergibt, bei der Ermittlung des Gesamtbetrages der Einkünfte auszugleichen (vgl. VwGH 21.3.1995, 95/14/0011). Verbleibt auch dann noch ein Verlust im Sinne des § 2 Abs. 3 Z 1 bis 3 EStG 1988, so ist er gemäß § 18 Abs. 6 EStG 1988 abzugsfähig (siehe Rz 4502 ff). Dies gilt auch dann, wenn der laufende Gewinn nach § 4 Abs. 3 EStG 1988 ermittelt wurde, weil vor Ermittlung des Verlustes aus dem Veräußerungsgeschäft ein Übergang zur Gewinnermittlung nach § 4 Abs. 1 EStG 1988 vorzunehmen war. **5503**

Werden Veräußerungs- oder Aufgabegewinne in den Jahren 1996 und 1997 realisiert und stehen an und für sich Verlustvorträge zur Verrechnung zur Verfügung, die aber auf Grund § 117 Abs. 7 Z 1 EStG 1988 in diesen beiden Jahren nicht geltend gemacht werden dürfen, können auf Antrag diese Gewinne insoweit in das Jahr 1998 verlagert werden (§ 117 Abs. 7 Z 2 EStG 1988); die Höhe des verschiebbaren Gewinnes deckt sich mit der Höhe des im Jahr 1998 geltend zu machenden Verlustvortrages. **5504**

18.1.2 Gliederung der Veräußerungsgeschäfte

Veräußerungsgeschäfte im Sinne des § 24 EStG 1988 sind **5505**

- die Veräußerung
- des ganzen Betriebes,
- eines Teilbetriebes oder
- eines Mitunternehmeranteiles;
- die Aufgabe
- des Betriebes,
- eines Teilbetriebes oder
- eines Mitunternehmeranteiles.

§ 24 EStG 1988 erfasst jeweils den einzelnen Betrieb, Teilbetrieb und Mitunternehmeranteil. Auch wenn mehrere Einheiten eines Steuerpflichtigen zugleich veräußert werden, ist § 24 EStG 1988 jeweils isoliert und gesondert anzuwenden. Bei Körperschaften, auf die § 7 Abs. 3 KStG 1988 anzuwenden ist, beschränkt sich die Bedeutung des § 24 EStG 1988 auf die Beurteilung, ob ein (Teil-)Betrieb übertragen oder erworben wurde. Bei anderen Körperschaften (zB Vereine, Stiftungen, Fonds, Betriebe gewerblicher Art von Körperschaften des öffentlichen Rechts) kommt § 24 EStG 1988 zur Anwendung. Bei beschränkter Steuerpflicht gilt § 24 EStG 1988 für den Bereich der inländischen Betriebsstätte. Zur Verlegung eines Betriebes oder Teilbetriebes über die Grenze siehe Rz 5639. **5506**

(AÖF 2011/66)

18.1.3 Wesentliche Betriebsgrundlagen

18.1.3.1 Allgemeines

Eine Übertragung des (Teil-)Betriebes setzt voraus, dass die übertragenen Wirtschaftsgüter die wesentlichen Betriebsgrundlagen gebildet haben und objektiv geeignet sind, dem Erwerber die Fortführung des (Teil-)Betriebes zu ermöglichen. Es muss ein lebender (Teil-) Betrieb, das ist ein in seinen wesentlichen Betriebsgrundlagen vollständiger Organismus des Wirtschaftslebens, übertragen werden (zB VwGH 21.12.1993, 89/14/0268, Erwerb eines Erzeugungsbetriebes von einer in Konkurs befindlichen GmbH; VwGH 03.12.1986, 86/13/0079, Parfumeriefiliale). Die Art, der Umfang und die geschäftliche Wirkungsweise des übertragenen Betriebes müssen aufrecht erhalten werden können (VwGH 24.06.2010, 2006/15/0270). Eine (Teil-)Betriebsaufgabe setzt voraus, dass die wesentlichen Betriebs- **5507** grundlagen in einem einheitlichen Vorgang an verschiedene Erwerber veräußert und/oder in das Privatvermögen des bisherigen Betriebsinhabers überführt werden.

(AÖF 2011/66)

5508 Welche Betriebsmittel zu den wesentlichen Grundlagen des Betriebes gehören, richtet sich nach den Umständen des Einzelfalls und entscheidet sich nach dem Gesamtbild der Verhältnisse des veräußerten Betriebes (VwGH 21.11.1990, 90/13/0145). Die Zuordnung der Wirtschaftsgüter zu den wesentlichen Betriebsgrundlagen ergibt sich einerseits aus der Art des Betriebes und andererseits nach ihrer Funktion innerhalb des konkreten Betriebes (VwGH 20.11.1990, 90/14/0122). Abzustellen ist somit auf die Besonderheiten des jeweiligen Betriebstypus (VwGH 4.4.1989, 88/14/0083; VwGH 11.11.1992, 91/13/0152; VwGH 25.1.1995, 93/15/0100; VwGH 24.4.1996, 94/15/0025).

18.1.3.2 Zuordnungsgrundsätze

5509 **Arbeitskräfte**

Arbeitskräfte gehören nicht zu den wesentlichen Grundlagen (VwGH 17.10.1978, 2446/77; VwGH 20.11.1990, 90/14/0122), außer es handelt sich um hochspezialisierte Fachleute, die am Arbeitsmarkt nicht oder nur mehr schwer zu beschaffen sind und für das Funktionieren des Unternehmens unentbehrlich sind, oder es handelt sich um Leitpersonal (VwGH 24.4.1996, 94/15/0025).

5510 **Berechtigungen, Konzessionen, ähnliche Rechte.**

Berechtigungen, Konzessionen und ähnliche Rechte können zu den wesentlichen Grundlagen zählen.

5511 **Feste Geschäftsverbindungen, Vertretungsbefugnisse, Firmenname**

Feste Geschäftsverbindungen, Vertretungsbefugnisse und der Firmenname zählen bei kundengebundenen Tätigkeiten (Generalvertretungen, Großhandel, Handelsvertretungen) zu den wesentlichen Grundlagen (VwGH 3.7.1968, 1516/66; VwGH 23.4.1974, 1983/73; VwGH 20.11.1990, 90/14/0122).

5512 **Gewillkürtes Betriebsvermögen**

Gewillkürtes Betriebsvermögen gehört nicht zu den wesentlichen Betriebsgrundlagen.

5513 **Grundstücke, Gebäude, Mieträume**

Grundstücke, Gebäude und Mieträume zählen bei ortsgebundenen Tätigkeiten (Hotels, Pensionen, Gasthäuser, Restaurants, Kaffeehäuser, Konditoreien, Lebensmittelgeschäfte, Einzelhandelsgeschäfte, Produktionsunternehmungen, Schilifte, Campingplätze) zu den wesentlichen Betriebsgrundlagen (vgl. VwGH 20.11.1990, 90/14/0122). Ortsungebunden sind Rauchfangkehrer, Generalvertretungen, Großhandel sowie Warenversand (VwGH 23.4.1974, 1982/73).

5514 **Kundenstock, Klientenstock, Patientenstock**

Der Kunden-, Klienten- bzw. Patientenstock zählt – abgesehen von bloßer Laufkundschaft (VwGH 19.5.1993, 91/13/0022) – regelmäßig zu den wesentlichen Betriebsgrundlagen, insbesondere bei freien Berufen (Rechtsanwälte, Wirtschaftstreuhänder, Ärzte; vgl. VwGH 11.11.1992, 91/13/0152; VwGH 19.5.1993, 91/13/0022; VwGH 25.1.1995, 93/15/0100; VwGH 25.6.1998, 94/15/0129). Es ist nicht erforderlich, dass nach erfolgter Übertragung auf eine weitere Betreuung der Kunden, Klienten oder Patienten gänzlich verzichtet wird. Die Weiterbearbeitung des veräußerten Klientenstocks eines Wirtschaftstreuhänders im Werkvertrag steht der Annahme einer Betriebsveräußerung nicht entgegen (VwGH 16.6.1987, 86/14/0181). Eine Betriebsveräußerung liegt auch dann vor, wenn mit der Veräußerung eines Kundenstocks die Tätigkeit eines Freiberuflers nicht endet, sondern – sogar am selben Ort – mit einem neuen Kundenstock weiter betrieben wird. In Einzelfällen, zB bei bestimmten Fachärzten mit ständig wechselndem Patientenkreis (zB Röntgenologen, Labors) sind nicht die Patienten der Kundenstock, sondern die zuweisenden Ärzte (VwGH 4.4.1989, 88/14/0083; VwGH 17.8.1994, 94/15/0022). Bei einem Notar stellt der Kundenstock nur bei gefestigten Kundenbeziehungen eine wesentliche Betriebsgrundlage dar.

(BMF-AV Nr. 2015/133)

5515 **Maschinen, Anlagen, Einrichtungen**

Maschinen, Anlagen und Einrichtungen zählen bei ausstattungsgebundenen Betrieben (Produktionsunternehmen) zu den wesentlichen Grundlagen (VwGH 20.11.1990, 90/14/0122; VwGH 29.1.1998, 95/15/0037); nicht dazu zählen aber das Warenlager und das Personal (VwGH 25.5.1988, 87/13/0066; VwGH 20.11.1990, 90/14/0122; VwGH 29.1.1998, 95/15/0037).

Warenlager 5516

Das Warenlager zählt bei Einzelhandelsunternehmen in der Regel zu den wesentlichen Betriebsgrundlagen. Dies gilt auch bei einem ohne Probleme kurzfristig wiederbeschaffbaren Warenbestand oder wenn nur geringe stille Reserven im Warenlager enthalten sind, insbesondere aber bei jahrelang erprobtem und in der jeweiligen Branche besonders wichtigem Sortiment (VwGH 3.12.1986, 86/13/0079; VwGH 13.3.1991, 87/13/0190; VwGH 3.11.1992, 89/14/0098; VwGH 19.5.1993, 91/13/0022). Nicht zu den wesentlichen Grundlagen zählen ein leicht verderblicher oder allgemein ein kurzfristig zu erneuernder (rasch umgesetzter) Warenbestand, wie zB bei Obst- und Gemüsegeschäften, Fleischhauereien (VwGH 19.5.1993, 91/13/0022; VwGH 24.4.1996, 94/15/0025), Ladenhüter und beschädigte oder sonst schwer verkäufliche Ware (VwGH 23.5.1990, 88/13/0193; VwGH 21.11.1990, 90/13/0145).

18.1.3.3 Branchenbezogene Einzelfälle

Ärzte 5517

Bei Ärzten mit ständig wechselndem Patientenkreis (zB Röntgenologen) zählt der Kundenstock nicht zu den wesentlichen Praxisgrundlagen, bei bestimmten Fachärzten (zB Zahnarzt, Psychiater) hingegen schon (VwGH 31.1.2001, 95/13/0284).

Bei Ärzten, die mit aufwändigen Geräten untersuchen (zB Röntgenologen, Labors), sind die Geräteausstattung bzw. die Geschäftsbeziehungen zu den zuweisenden Ärzten maßgebend (VwGH 27.4.1983, 82/13/0091; VwGH 4.4.1989, 88/14/0083; VwGH 17.8.1994, 94/15/0022).

Bei einem Zahnarzt bilden nicht nur sämtliche Geräte, Einrichtungsgegenstände und Werkzeuge, sondern auch der Patientenstock die wesentlichen Grundlagen der Praxis (VwGH 22.12.1993, 93/13/0177; vgl. auch VwGH 17.8.1994, 94/15/0022). Siehe auch unter „Wirtschaftstreuhänder".

(BMF-AV Nr. 2015/133)

Autobusunternehmen, Gewerbeberechtigung zur „Veranstaltung von Gesellschaftsfahrten" 5518

Zu den wesentlichen Betriebsgrundlagen zählen die Betriebsliegenschaft, die Geschäftsräumlichkeiten sowie der Fuhrpark (VwGH 27.11.1978, 59, 171/78).

Bäckerei 5519

Für produktionsgebundene Unternehmungen sind das Betriebsgebäude, die Maschinen, die Anlagen und die Einrichtungen wesentlich, nicht hingegen das Personal, das Warenlager und der Kundenstock (VwGH 20.11.1990, 90/14/0122).

Buschenschank 5520

Das Grundstück, das Gebäude und die dazugehörigen Wein- und Obstgärten stellen die wesentlichen Betriebsgrundlagen dar.

Café-Espresso 5521

Das zur Verfügung gestellte Lokal (das Mietrecht daran), die Geschäftseinrichtung und die Gewerbeberechtigung bilden die tragenden Unternehmensgrundlagen, während dem Warenlager, dem Personal, den Forderungen und den Schulden keine wesentliche Bedeutung zukommt (VwGH 12.12.1972, 1744/71; VwGH 22.4.1986, 85/14/0165).

Café-Konditorei 5522

Zu den wesentlichen Grundlagen des Unternehmens zählen die Geschäftsräumlichkeiten, das Inventar und der Kundenstock (VwGH 14.10.1981, 81/13/0081).

Einzelhandelsunternehmen 5523

Das Mietrecht am Geschäftslokal, das gesamte Warenlager und das Personal stellen die wesentlichen Kriterien dar (VwGH 10.2.1987, 84/14/0088; VwGH 13.3.1991, 87/13/0190; VwGH 15.9.1993, 91/13/0022).

Elektrounternehmen (Einzelhandel und Elektroinstallationen) 5524

Ausschlaggebend sind das Verkaufslokal, die Geschäftsausstattung und das Warenlager (VwGH 3.11.1992, 89/14/0098).

Faserplattenherstellung 5525

Das Grundstück, die Fertigungshallen und die der Erzeugung dienenden Spanplattenproduktionsanlagen bilden die wesentlichen Betriebsgrundlagen (VwGH 17.10.1978, 2446/77, 2336/78). Nicht wesentlich sind jedoch die Kraftfahrzeuge, die Fertigungsprodukte, Forderungen und Verbindlichkeiten.

Fleischhauereibetrieb 5526

Siehe unter „Obst- und Gemüsegeschäft" Rz 5545.

5527 **Forstwirtschaftliches Unternehmen**

Wesentliche Betriebsgrundlage ist der (bloße) Waldbesitz (VwGH 21.11.1961, 1109/61; VwGH 3.2.1967, 1736/65). Siehe auch unter Rz 5075.

5528 **Gast- und Schankgewerbe**

Wesentlich sind die Betriebsräumlichkeiten, das Betriebsgrundstück und die Einrichtung (VwGH 19.9.1995, 95/14/0038); nicht wesentlich sind das Warenlager, das Personal, Forderungen und Verbindlichkeiten (VwGH 22.4.1986, 85/14/0165; VwGH 17.8.1994, 91/15/0092).

5529 **Geflügelmastbetrieb**

Die Übertragung der Betriebsliegenschaft allein begründet kein Veräußerungsgeschäft (VwGH 20.11.1990, 89/14/0156, 0157).

5529a **Gerüstbauunternehmen**

Wesentliche Betriebsgrundlage ist insbesondere das Gerüstmaterial, wenn der übertragene Betrieb nicht mit gemietetem, sondern mit eigenem Gerüstmaterial geführt wurde (VwGH 24.06.2010, 2006/15/0270).

(AÖF 2011/66)

5530 **Großhandel bzw. Generalvertretung mit chemisch-pharmazeutischen Präparaten**

Fundierte Geschäftsverbindungen mit Kunden (Kundenstock), Vertretungsbefugnisse seitens der Erzeugerfirma und der Firmenname bilden die wesentlichen Grundlagen; nicht wesentlich ist hingegen der Betriebsstandort (VwGH 3.7.1968, 1516/66; VwGH 23.4.1974, 1982/73; VwGH 20.11.1990, 90/14/0122).

5531 **Heizungsanlagenproduktion**

Wesentlich sind die Grundstücke, die Gebäude, der Großteil des Warenlagers und das Anmieten der Einrichtung sowie der Maschinen (VwGH 12.1.1979, 2600/78).

5532 **Herdplattenproduktion**

Dem Betriebsgrundstück mit allen gewerblich genutzten Teilen, wie zB Werkstatt, Lagerräume, kommt ausschlaggebende Bedeutung zu (VwGH 21.5.1975, 1461/74).

5533 **Hotelgewerbe**

Das Grundstück, das Gebäude und die Einrichtung stellen – auch im Falle hoher Standardverbesserungsmaßnahmen durch den Erwerber – die tragenden Betriebsgrundlagen des Hotelbetriebes dar (VwGH 15.2.1994, 91/14/0248, betreffend Erwerb eines Hotelbetriebes aus Konkursmasse).

5534 **Hutappreturen**

Wesentliche Grundlagen sind die Betriebsräumlichkeiten und das Inventar (VwGH 15.4.1964, 1509/63).

5535 **Huthandelsgeschäft**

Als wesentliche Betriebsgrundlagen sind der Betriebsstandort und das Warenlager anzusehen (VwGH 10.7.1964, 2131/63).

5536 **Installationsunternehmen**

Die wesentlichen Betriebsgrundlagen sind der Standort, das Warenlager, der Fuhrpark, die sonstigen Anlagegüter und der Kundenstock (VwGH 21.9.1983, 83/13/0006).

5537 **Juwelier**

Zu den maßgeblichen Betriebsgrundlagen zählen die Geschäftsräumlichkeiten, die Betriebsausstattung sowie das Warenlager (VwGH 21.11.1990, 90/13/0145).

5538 **Kraftfahrzeugwerkstätte**

Wesentliche Grundlagen sind die unbeweglichen und beweglichen Anlagegüter, die zur Reparatur von Kraftfahrzeugen benötigt werden (VwGH 3.11.1992, 89/14/0271).

5539 **Landwirtschaft**

Wesentlich sind das Betriebsgebäude, die Maschinen und eine ausreichende landwirtschaftlich nutzbare Fläche; unwesentlich ist hingegen das Wohn- und Wirtschaftsgebäude auf einer Fläche von nur 1.222 m² (VwGH 21.11.1961, 1109/61). Siehe auch Rz 5001 ff.

5540 **Lieferbetonproduktion**

Der Grund und Boden, die dazugehörenden Gebäude (Bürogebäude, Garagen, Mischanlagen, Kiesboxen, Waschgruben) und die Maschinen samt Zubehör (Büro-, Laboreinrichtung, Mischer, Warmwasseraufbereitung) bilden die wesentlichen Betriebsgrundlagen. Unwesentlich sind die Transportfahrzeuge (VwGH 25.5.1988, 87/13/0066).

Maler 5541

Künstlerisch tätige Maler, die ohne weitere betriebliche Organisation auf sich allein gestellt tätig sind und deren Tätigkeit im Wesentlichen in der Schaffung von Urheberrechten besteht, haben in der Regel keinen veräußerbaren Betrieb; die wesentlichen Grundlagen sind insbesondere in den persönlichen und daher unveräußerbaren Eigenschaften begründet (vgl. VwGH 23.4.1998, 96/15/0211).

Zu den wesentlichen Betriebsgrundlagen zählen auch die von ihm geschaffenen und in seinem Besitz befindlichen Bilder. Eine Betriebsveräußerung bzw. -aufgabe ist nur dann möglich, wenn er seine Tätigkeit einstellt und gleichzeitig die Bilder verkauft oder ins Privatvermögen überführt.

Marktstand für Fleisch- und Wurstwaren 5542

Der Marktstand selbst samt dem zur Betriebsfortführung benötigten Zubehör bzw. Geschäftseinrichtung ist als wesentliche Betriebsgrundlage anzusehen. Wegen der raschen Verderblichkeit der Produkte ist das Warenlager unmaßgeblich (VwGH 19.5.1993, 91/13/0022). Siehe auch unter „Obst- und Gemüsegeschäft" Rz 5545.

Möbelerzeugungs- und Möbelhandelsunternehmen 5543

Zu den wesentlichen Grundlagen zählen die Betriebsräumlichkeiten, das Warenlager und der Kundenstock (VwGH 8.4.1970, 463/68). Bei einem reinen Möbelerzeugungsbetrieb kommt den Maschinen, den Werkzeugen und den Betriebsräumlichkeiten ausschlaggebende Bedeutung zu (VwGH 18.3.1971, 349/70).

Notar 5544

Auf Grund eines in der Regel fehlenden festen Kundenstockes sowie der Funktion als Gerichtskommissär kommt dem Betriebsstandort aussschlaggebende Bedeutung zu. Bei ausnahmsweise gefestigten Kundenbeziehungen ist der Kundenstock maßgebend. Siehe auch unter „Wirtschaftstreuhänder" Rz 5562.

Obst- und Gemüsegeschäft 5545

Wesentlich sind die Betriebsräumlichkeiten und die Einrichtung. Auf Grund der raschen Verderblichkeit der Waren ist das Warenlager ausnahmsweise unmaßgeblich (VwGH 19.5.1993, 91/13/0022).

Parfümerie 5546

Das Geschäftslokal, die Ausstattung und das gesamte Warenlager bilden die wesentlichen Betriebsgrundlagen (VwGH 3.12.1986, 86/13/0079).

Parketten- und Leistenfabrik 5547

Das Fabriksgebäude und die dazugehörigen Maschinen sind als tragende Grundlagen anzusehen (VwGH 15.4.1970, 1526/68).

Pensionsbetrieb 5548

Wesentlich sind die Grundstücke, die Gebäude und die Einrichtung; nicht wesentlich ist das Personal, das Warenlager und der Kundenstock (VwGH 20.11.1990, 90/14/0122; VwGH 17.8.1994, 91/15/0092).

Produktion und Abfüllen chemisch-technischer Produkte 5549

Die Maschinen, die Anlagen und Einrichtungen bilden die wesentlichen Betriebsgrundlagen, nicht hingegen der Kundenstock (vgl. VwGH 29.1.1998, 95/15/0037).

Programmierer 5550

Der Erwerb der Rechte an einem Computerprogramm begründet keinen Unternehmenserwerb (VwGH 23.4.1998, 96/15/0211).

Sägewerk 5551

Zu den wesentlichen Grundlagen zählen das Sägegatter und die Kraftanlagen (VwGH 9.9.1971, 268/70).

Sandwerk 5552

Die maßgeblichen Grundlagen sind das Grundstück, die Maschinen, die maschinelle Anlagen, die Werkzeuge sowie die Betriebs- und Geschäftsausstattung; nicht dazu zählen aber die Dienstnehmer, weil es sich dabei um keine hochspezialisierten Arbeitskräfte oder Leitpersonal handelt.

Schleppliftanlagen 5553

Zu den wesentlichen Grundlagen zählen auch die Grundstücke bzw. deren Nutzungsrechte (VwGH 5.11.1991, 91/14/0135).

Schriftsteller 5554

Sie haben – wie künstlerisch tätige Maler – in der Regel keinen veräußerbaren Betrieb.

5555 **Schuhhandel**

Wesentliche Betriebsgrundlagen sind die Verkaufsräumlichkeiten, das Inventar und das Warenlager (VwGH 23.11.1962, 1260/61).

5556 **Süßwarengeschäft**

Das Warenlager, die Ausstattung und der günstige Standort bilden die wesentlichen Betriebsgrundlagen (VwGH 19.4.1968, 1832/66).

5557 **Taxiunternehmen**

Die ausschlaggebende Betriebsgrundlage ist die gewerberechtliche Konzession (VwGH 12.3.1969, 1435/68; VwGH 19.1.1971, 144/69).

5558 **Textileinzelhandel**

Wesentlich sind die Geschäftsräumlichkeiten, die Einrichtung, das Warenlager bzw. das Mietrecht daran, der Kundenstock und das Firmenzeichen (VwGH 26.5.1964, 1731/62; VwGH 6.12.1967, 1004/67; VwGH 18.5.1971, 1582/69).

5559 **Tischler- und Baubedarfsgroßhandel**

Zu den wesentlichen Grundlagen zählen das Geschäftslokal samt Einrichtung und das Warenlager (VwGH 30.5.1978, 1385/75).

5560 **Transportunternehmen**

Die Konzession, die Fahrzeuge und die wesentlichen Einrichtungen sind die maßgeblichen Betriebsgrundlagen (VwGH 31.5.1983, 81/14/0058; VwGH 7.8.1992, 88/14/0063; VwGH 30.9.1999, 97/15/0016). Unwesentliche Bedeutung kommt dem Betriebsstandort zu (VwGH 16.11.1962, 1273/62).

5561 **Wäscheerzeugungsbetrieb**

Die Betriebsräumlichkeiten, die Maschinen, die gesamte Betriebsausstattung und die wesentlichen Schulden bilden die tragenden Grundlagen; nicht ausschlaggebend sind hingegen das Warenlager und der Kundenstock (VwGH 10.2.1967, 1158/66).

5562 **Wirtschaftstreuhänder**

Bei freien Berufen ist in der Regel der gesamte Kundenstock als wesentliche Betriebsgrundlage anzunehmen (VwGH 16.6.1987, 86/14/0181; VwGH 17.8.1994, 94/15/0022; VwGH 25.1.1995, 93/15/0100; VwGH 19.2.1997, 94/13/0206; VwGH 25.6.1998, 94/15/0129); nicht wesentlich sind jedoch das Personal, die Ausstattung, Wertpapiere, Geldbestände, Forderungen, Verbindlichkeiten sowie Abfertigungsansprüche (VwGH 30.9.1980, 1618/80; VwGH 11.11.1992, 91/13/0152).

5563 **Zahntechnisches Labor**

Wesentlich sind entsprechend adaptierte Betriebsräumlichkeiten, installierte Geräte, Werkzeuge und der Kundenstock (VwGH 27.8.1991, 91/14/0083).

18.1.4 Betriebsveräußerung

18.1.4.1 Veräußerung des ganzen Gewerbebetriebes

18.1.4.1.1 Allgemeines

5564 Unter Veräußerung wird jede entgeltliche Übertragung (zB Verkauf, Tausch, Zwangsversteigerung, Enteignung) des Eigentums am Betriebsvermögen (Maßgeblichkeit des wirtschaftlichen Eigentums) auf eine andere Person (natürliche, juristische Person, Gesamthandvermögen) verstanden (VwGH 24.9.1996, 95/13/0290). Dies gilt auch für die Übernahme des Betriebsvermögens eines real überschuldeten Betriebes gegen Übernahme der Betriebsschulden; siehe dazu Rz 5679.

Liegt eine Veräußerung vor, siehe zum Umfang des Veräußerungserlöses Rz 5657 ff.

(AÖF 2013/280)

5565 Wird der (Teil-)Betrieb durch einen Gesellschafter an seine Kapitalgesellschaft zu einem fremdunüblich niedrigen Preis verkauft, liegt ein Tausch und damit eine Betriebsveräußerung vor (§ 6 Z 14 lit b EStG 1988; verdeckte Einlage bei Körperschaft, siehe Rz 2588 ff).

5566 Keine Veräußerungen sind Übertragungen im Wege der Erbschaft (dies auch dann, wenn die Erbschaft mit Legaten, Pflichtteilsansprüchen oder Auflagen belastet ist oder Verbindlichkeiten mitübernommen werden) oder Übertragungen eines (Teil)Betriebes durch den Erben in Erfüllung eines Legates oder eines Pflichtteilsanspruches. Diese Übertragungen sind weder Betriebsveräußerung noch Betriebsaufgabe, sondern unentgeltlicher Erwerb, der zur Buchwertfortführung gemäß § 6 Z 9 lit. a EStG 1988 führt (vgl. VwGH 12.11.1985, 85/14/0074; VwGH 20.11.1990, 89/14/0156, 0157; VwGH 29.6.1995, 93/15/0134; siehe auch Rz 2529 ff und Rz 5643).

Der Erbe tritt einkommensteuerrechtlich bereits mit dem Tod in die Rechtsstellung des Erblassers ein. **5567**

Voraussetzung für die Zurechnung der Einkünfte beim Erben ist ein Betriebsübergang auf den Erben; dabei ist entscheidend, ob dem Erben vom Erblasser betrieblich verwendete Wirtschaftsgüter von solchem Umfang und Gewicht zufallen, dass von einem Übergang des Betriebes gesprochen werden kann (vgl VwGH 4.6.1985, 85/14/0015; VwGH 28.5.1997, 94/13/0032, wonach bei Tod eines 72-jährigen Arztes und Wertlosigkeit seiner Praxiseinrichtung eine Aufgabe noch beim Erblasser anzunehmen ist).

Im Fall eines Betriebübenganges auf den (die) Erben hat dieser (haben diese) die Buchwerte des Erblasser zu übernehmen und fortzuführen. Dies auch dann, wenn der Erbe den Betrieb nicht weiterführt, sondern ihn – ohne irgendeine betriebliche Tätigkeit zu entfalten – lediglich veräußert (VwGH 4.6.2003, 98/13/0238).

(AÖF 2003/209)

Veräußert ein Erbe einen (Teil-)Betrieb, so ist ihm der Veräußerungsvorgang zuzurechnen, und zwar auch dann, wenn der Erbe außer der Veräußerung keine sonstige betriebliche Tätigkeit entfaltet hat. Gleiches gilt auch im Falle der Aufgabe eines ererbten (Teil-)Betriebes (vgl. VwGH 22.12.1976, 1688/74; VwGH 20.11.1990, 89/14/0156, 0157; VwGH 14.4.1993, 91/13/0239; siehe auch Rz 5643). Zur Erbauseinandersetzung siehe Rz 9 ff und Rz 5980 ff. **5568**

Keine entgeltliche Übertragung und damit keine Veräußerung ist auch die Schenkung. Diese setzt eine tatsächliche Bereicherung des Rechtsnachfolgers voraus (VwGH 25.2.1998, 97/14/0141). Wird daher ein real überschuldeter Betrieb gegen Übernahme der Betriebsschulden übertragen, liegt mangels Bereicherung des Übernehmers keine Schenkung vor (siehe dazu Rz 5679 ff). **5569**

Wie im Bereich der Erbschaft sind bei der Betriebsschenkung zwingend die Buchwerte gemäß § 6 Z 9 lit. a EStG 1988 fortzuführen. Die Schenkung der wesentlichen Betriebsgrundlagen an verschiedene Geschenknehmer stellt eine Betriebsaufgabe dar. Werden anlässlich einer unentgeltlichen Betriebsübertragung Wirtschaftsgüter zurückbehalten, liegt dennoch ein Anwendungsfall von § 6 Z 9 lit. a EStG 1988 vor; die zurückbehaltenen Wirtschaftsgüter sind als Entnahme zum Teilwert zu bewerten (VwGH 29.6.1995, 93/15/0134; VwGH 25.2.1998, 97/14/0141).

(AÖF 2013/280)

Abhängig von der Beurteilung der Betriebsübertragung als entgeltlich oder unentgeltlich, ist auch die Übertragung von im Betriebsvermögen befindlichen Grundstücken als entgeltlich oder unentgeltlich zu beurteilen. Eine gesonderte Beurteilung der Grundstücksübertragung ist nicht vorzunehmen. **5569a**

(BMF-AV Nr. 2015/133)

Trotz Zurückbehaltung des zivilrechtlichen Eigentums kann das Betriebsgebäude, nicht auch der Grund und Boden (siehe Rz 124), zu Buchwerten ins wirtschaftliche Eigentum des Übernehmers übergehen. Dies setzt voraus: **5570**

1. Zugunsten des Übernehmers ist ein Veräußerungs- und Belastungsverbot festgelegt und
2. die Nutzenziehung und Lastentragung erfolgt durch den Übernehmer im Rahmen des übernommenen Betriebes und
3. es wird vereinbart, dass das zivilrechtliche Eigentum spätestens mit dem Tod des Übergebers auf den Betriebsübernehmer übertragen wird oder der Eigentümer muss sich verpflichten, einer grundbücherlichen Belastung mit Verbindlichkeiten des Betriebsübernehmers jederzeit zuzustimmen.

Hingegen schließt eine entgeltliche Nutzungsüberlassung durch den Übergeber wirtschaftliches Eigentum des Übernehmers aus.

(AÖF 2008/238)

Als unentgeltlich ist auch die gemischte Schenkung anzusehen, wenn der Kaufpreis aus privaten Gründen unter oder über dem tatsächlichen Wert liegt. Es ist zu untersuchen, ob der Schenkungscharakter (Vorliegen einer einheitlichen Schenkung) oder der Entgeltlichkeitscharakter (Vorliegen eines Leistungsaustausches) überwiegt. Der Schenkungscharakter überwiegt dann, wenn **5571**

- zwischen Leistung und Gegenleistung ein offenbares Missverhältnis besteht (vgl. VwGH 14.10.1991, 90/15/0084) und
- sich beide Vertragspartner des doppelten Charakters der Leistung als teilweise unentgeltlich und als teilweise entgeltlich bewusst gewesen sind, beide die teilweise Entgeltlichkeit des Rechtsgeschäftes gewollt und ausdrücklich oder schlüssig zum Ausdruck

gebracht haben (Prinzip der subjektiven Äquivalenz). Ein bloßer Freundschaftspreis bzw. preisliches Entgegenkommen gegenüber nahen Verwandten genügt nicht (vgl. VwGH 23.10.1990, 90/14/0102; VwGH 25.2.1998, 97/14/0141; VwGH 18.2.1999, 97/15/0021).

5572 Für die Frage, ob ein Missverhältnis vorliegt, ist der Unternehmenswert dem gemeinen Wert der Gegenleistung gegenüberzustellen. Ein Missverhältnis liegt dann vor, wenn die Gegenleistung nicht mehr als 50% des Unternehmenswertes beträgt. Es kommt nicht auf die formale Vertragsbezeichnung, sondern darauf an, ob Unentgeltlichkeit das Handeln des Übergebers bestimmt hat (VwGH 19.10.1987, 86/15/0097; VwGH 23.10.1990, 90/14/0102; VwGH 14.10.1991, 90/15/0084; VwGH 29.6.1995, 93/15/0134). Zum überschuldeten Betrieb siehe Rz 5679 ff, zur Betriebsübergabe gegen Rente siehe Rz 7031 ff.

5572a Hinsichtlich bäuerlicher Hofübergaben ist zu unterscheiden, ob die im Zusammenhang mit der Übergabe getroffenen Nebenabreden eine Belastung des übertragenen Eigentums oder eine Gegenleistung für die Übertragung darstellen. Im Unterschied zur Grunderwerbsteuer stellt die Einräumung eines Wohnrechtes ertragsteuerlich keine Gegenleistung dar (siehe auch Rz 774). In diesem Fall wird belastetes Eigentum übertragen. Entsprechend den dargestellten Grundsätzen ist daher zu beurteilen, ob der Wert der Gegenleistung den halben gemeinen Wert des übertragenen (belasteten) Betriebes (Aktiva abzüglich Passiva) übersteigt, wodurch ein entgeltlicher Vorgang gegeben wäre.

Es bestehen allerdings keine Bedenken, ein vereinbartes Ausgedinge, das als typisches Ausgedinge ausgestaltet ist und nicht über die Gewährung eines üblichen angemessenen Lebensunterhaltes hinausgeht, einheitlich als Belastung des übertragenen Eigentums zu behandeln.

(AÖF 2013/280)

18.1.4.1.2 Voraussetzungen

5573 Eine Veräußerung des ganzen Betriebes liegt vor, wenn alle für eine im Wesentlichen unveränderte Fortführung des Betriebs notwendigen Wirtschaftsgüter in einem einzigen einheitlichen Vorgang an einen einzigen Erwerber (Gemeinschaft) entgeltlich übertragen werden (VwGH 16.01.1991, 89/13/0169; VwGH 17.08.1994, 94/15/0022; VwGH 24.04.1996, 94/15/0025). Dabei ist nicht entscheidend, ob der Erwerber den Betrieb tatsächlich fortführt, sondern vielmehr, ob ihm die erworbenen Wirtschaftsgüter objektiv (bloß abstrakt) die Fortführung des Betriebes ermöglichen (vgl. VwGH 27.08.1991, 91/14/0083; VwGH 15.02.1994, 91/14/0248; VwGH 19.09.1995, 95/14/0038; VwGH 19.02.1997, 94/13/0206; VwGH 29.01.1998, 95/15/0037; VwGH 23.04.1998, 96/15/0211).

Ein Betriebserwerb – und somit auf der anderen Seite auch eine Betriebsveräußerung – liegt aber auch dann vor, wenn einzelne Wirtschaftsgüter des Betriebes durch zwei verschiedene gesellschaftsrechtlich verbundene Gesellschaften erworben werden und eine Trennung in eine Besitz- und eine Betriebsgesellschaft erfolgt. Entscheidend ist, dass auf Grund der gesellschaftsrechtlichen Verbindung der am Erwerb des Betriebs beteiligten Gesellschaften sichergestellt ist, dass der Betrieb in der selben Weise fortgeführt werden kann, wie er vom früheren Betriebsinhaber geführt worden war (VwGH 24.06.2010, 2006/15/0270).

(AÖF 2011/66)

5574 Werden vom Veräußerer – wenn auch nur geringe – Teile der wesentlichen Betriebsgrundlagen zurückbehalten und wird mit diesen der Betrieb weitergeführt, so liegt nur eine Einschränkung des Betriebsumfanges und keine Betriebsveräußerung vor (VwGH 4.4.1989, 88/14/0083; VwGH 9.9.2004, 2001/15/0215).

(AÖF 2005/110)

5575 Werden vom Veräußerer Teile der wesentlichen Betriebsgrundlagen zurückbehalten und dem Erwerber zur Nutzung überlassen, liegt eine Betriebsveräußerung vor (vgl. VwGH 12.1.1979, 2600/78, betr. ein an den Erwerber auf längere Zeit mitvermietetes Betriebsgebäude), wenn andere Teile der wesentlichen Betriebsgrundlagen dem Erwerber übertragen werden. Eine Betriebsveräußerung liegt auch dann vor, wenn der Betrieb vom Veräußerer rückgepachtet oder an eine GmbH verkauft wird, deren Gesellschafter-Geschäftsführer der bisherige Betriebsinhaber ist. Das Zurückbehalten einzelner unwesentlicher Wirtschaftsgüter stellt eine Entnahme dar, hindert aber nicht die Annahme einer Betriebsveräußerung (VwGH 29.6.1995, 93/15/0134).

(BMF-AV Nr. 2015/133)

5576 Die Veräußerung der Betriebsgrundlagen an verschiedene Erwerber ist mangels Übertragung eines lebenden Betriebs keine Betriebsveräußerung, sondern eine Betriebsaufgabe. Gewinne aus der Veräußerung einzelner Wirtschaftsgüter vor der Betriebsveräußerung sind kein Teil des Veräußerungsgewinnes, selbst wenn die Betriebsveräußerung den Einzelveräußerungen in kurzer Zeit folgt (vgl. VwGH 15.12.1971, 545/69).

§§ 21–32

5577 Bei einem Standortwechsel liegt eine Betriebsveräußerung mit nachfolgender Eröffnung eines Betriebes dann vor, wenn die wesentlichen Betriebsgrundlagen veräußert worden sind und insbesondere der Firmenwert nicht mitgenommen werden kann.

18.1.4.2 Veräußerung eines Teilbetriebes

18.1.4.2.1 Allgemeines

5578 Die Veräußerung eines Teilbetriebes liegt nur vor, wenn sämtliche wesentlichen Grundlagen in einem einzigen einheitlichen Vorgang an einen einzigen Erwerber entgeltlich übertragen werden. Die wesentlichen Grundlagen des Teilbetriebes müssen dem Erwerber nicht nur zugeordnet werden können, sondern ihm ausschließlich dienen (VwGH 19.12.1973, 2331/71). Maßgeblich für das Vorliegen eines Teilbetriebes ist die objektive Beschaffenheit des veräußerten Betriebsteiles. Gleichgültig ist, ob der Erwerber von der objektiven Möglichkeit der Betriebsfortführung tatsächlich Gebrauch macht (VwGH 25.5.1988, 87/13/0066) bzw. ob der Übergeber zahlungsunfähig oder überschuldet war (VwGH 13.12.1991, 90/13/0070). Die im Art. V und VI UmgrStG enthaltene Teilbetriebsfiktion (siehe UmgrStR 2002 Rz 1550, Rz 1663a) ist nur für diese Umgründungen maßgeblich, nicht jedoch für die Beurteilung, ob ein Teilbetrieb iSd EStG 1988 vorliegt.

(AÖF 2004/167)

18.1.4.2.2 Voraussetzungen eines Teilbetriebes

5579 Für die Annahme eines Teilbetriebes müssen folgende Voraussetzungen vorliegen (vgl. VwGH 11.4.1991, 90/13/0258; VwGH 3.11.1992, 89/14/0098; VwGH 18.12.1997, 96/15/0140; VwGH 17.2.1999, 97/14/0165; VwGH 16.12.1999, 96/15/0109):

- Betriebsteil eines Gesamtbetriebes,
- Organische Geschlossenheit des Betriebsteils innerhalb des Gesamtbetriebes,
- Gewisse Selbständigkeit des Betriebsteiles gegenüber dem Gesamtbetrieb,
- Eigenständige Lebensfähigkeit des Betriebsteiles.

Diese notwendigen Voraussetzungen sind in erster Linie aus der Sicht des Veräußerers zu beurteilen (vgl. VwGH 20.11.1990, 89/14/0156, 0157; VwGH 7.8.1992, 88/14/0063; VwGH 14.9.1993, 93/15/0012).

5580 Betriebsteil eines Gesamtbetriebes bedeutet, dass es sich weder um einzelne betriebliche Wirtschaftsgüter noch um einen eigenständigen Gesamtbetrieb handeln darf. Die Annahme eines Betriebsteiles erfordert also eine Mehrheit zusammenhängender Wirtschaftsgüter. Der betriebliche Einkünfte erzielende Teilbetrieb muss sich aus der Gesamtbetätigung ohne organisatorische Schwierigkeiten herauslösen lassen und setzt mindestens einen weiteren Teilbetrieb (Restbetrieb) voraus. Eine Zweigniederlassung (Filiale) ist nicht automatisch Teilbetrieb, hat jedoch Indizwirkung für das Vorliegen eines solchen. Es gelten im Übrigen die allgemeinen Grundsätze (vgl. VwGH 10.2.1987, 84/14/0088; siehe auch Rz 5585 ff).

5581 Die organische Geschlossenheit eines Betriebsteils zeigt sich daran, dass mehrere Wirtschaftsgüter innerhalb eines Betriebes eine Einheit bilden (eigenständiger betrieblicher Funktionszusammenhang) und diese dem Erwerber im Falle der Veräußerung die Fortführung der Tätigkeit ermöglichen. Andernfalls handelt es sich um Einzelwirtschaftsgüter.

5582 Bei der gewissen Selbständigkeit des Betriebsteiles wird gefordert, dass sich der Betriebsteil bereits vor der Veräußerung von der übrigen betrieblichen Tätigkeit hinreichend nach außen erkennbar abhebt bzw. abgrenzen lässt (VwGH 3.12.1986, 86/13/0079), allerdings ist der Teilbetrieb kein vollständig selbständiger Betrieb. Eine nur betriebsinterne Selbständigkeit genügt nicht. Dementsprechend stellen selbständig organisierte Abteilungen eines Unternehmens, die funktionell dem Gesamtunternehmen dienen (zB EDV-Abteilung, Buchhaltungsabteilung, Vertriebs- und Verkaufsabteilung), keine Teilbetriebe dar (vgl. VwGH 20.11.1990, 89/14/0156, 0157; VwGH 7.8.1992, 88/14/0063; VwGH 3.11.1992, 89/14/0098).

5583 Die eigenständige Lebensfähigkeit eines Betriebsteiles setzt voraus, dass dem Erwerber alle wesentlichen Betriebsgrundlagen übertragen werden, die ihm – objektiv gesehen – eine Fortführung des Betriebes ermöglichen, unabhängig davon, was der Erwerber schon zuvor besessen hat (vgl. VwGH 25.5.1988, 87/13/0066; VwGH 5.11.1991, 91/14/0135; VwGH 3.11.1992, 89/14/0098).

18.1.4.2.3 Merkmale eines Teilbetriebes

5584 Für einen Teilbetrieb sprechen allgemein folgende Merkmale:

- Eigenes Anlagevermögen, insbesondere bei mehreren Produktionszweigen.
- Eigenes Warenlager.

- Unterschiedliches Warenangebot.
- Branchenungleichheit.
- Örtliche Distanz zwischen den Tätigkeitsbereichen. Die räumliche Trennung zweier Standorte eines Hafner- und Fliesenlegerbetriebes und die Kompetenz der Verkaufsmitarbeiter, Preisnachlässe zu gewähren, reichen allein zur Begründung eines Teilbetriebes nicht aus (vgl. VwGH 25.5.2004, 2000/15/0120).
- Selbständige Organisation.
- Eigene Verwaltung.
- Eigenes (im jeweiligen Betriebszweig unmittelbar tätiges) Personal.
- Eigene Buchführung und Kostenrechnung.
- Eigene Rechnungen, eigenes Geschäftspapier.
- Eigenständige Gestaltung des Einkaufes.
- Eigene Preisgestaltung.
- Eigener Kundenkreis.
- Eigene Werbetätigkeit.
- Eigene Gewerbeberechtigungen.

Das Vorliegen eines Merkmals genügt idR nicht; es ist auf das Gesamtbild abzustellen (vgl. VwGH 3.11.1992, 89/14/0098; VwGH 7.8.1992, 88/14/0063).

(AÖF 2007/88)

18.1.4.2.4 ABC des Teilbetriebes

5585 **Arbeitnehmerwohngebäude**

Stellt keinen Teilbetrieb dar (VwGH 2.2.1968, 1299/67).

5586 **Appartementhaus**

Einzelne Wohnungen bzw. einzelne Appartements sind keine Teilbetriebe, wohl aber ein Appartementhaus als solches neben einem Hotel (VwGH 18.1.1983, 81/14/0330).

5587 **Anschüttungsbetrieb (Müllhalde)**

Ein derartiger Betrieb kann ein Teilbetrieb eines Grundstückhandels sein, sofern eigenes Personal und Anlagevermögen eingesetzt wird (VwGH 5.2.1974, 1511/73).

5588 **Automaten**

Ein Automat stellt keinen Teilbetrieb dar, sondern sowohl im Verhältnis unter Automaten als auch im Verhältnis zu einem Verkaufsgeschäft eine unselbständige Verkaufseinrichtung.

Veräußert ein Automatenhändler den Großteil der Automaten samt Aufstellplätzen, bleibt er aber in einer bestimmten Region weiterhin tätig, liegt keine Teilbetriebsveräußerung vor.

Der Automatenvertrieb stellt dann einen Teilbetrieb dar, wenn dieser von anderen Betriebszweigen personell und organisatorisch getrennt ist.

5589 **Bauunternehmen**

Zwei der Erzeugung von Beton dienende Mischanlagen, die an 45 km entfernten Standorten betrieben werden, stellen Teilbetriebe dar (VwGH 25.5.1988, 87/13/0066). Ein Sandwerk und ein Transportunternehmen können Teilbetriebe begründen.

5590 **Beförderungsunternehmen**

Keinen Teilbetrieb begründet die getrennte Erfassung der Erlöse sowie die Gewerbeberechtigung zur Veranstaltung von Gesellschaftsfahrten bei einem Ausflugswagengewerbe und einem Mietwagen- und Lastfuhrwerksgewerbe; die wahlweise Verwendung der Kraftfahrzeuge in beiden Unternehmensbereichen schließt selbständige Teilbetriebe aus (VwGH 19.12.1973, 2331/71). Keine Teilbetriebsveräußerung liegt auch vor beim Abverkauf einzelner Autobusse samt Fahrer, Konzession und Kunden; weiters bei Veräußerung eines neun Autobusse sowie weitere Betriebsanlagen (insbesondere Liegenschaften) umfassenden Betriebes (VwGH 27.11.1978, 59, 171/78) sowie bei Verkauf einer Konzession eines Transportunternehmens (VwGH 7.8.1992, 88/14/0063).

Güterfern- und Güternahverkehr können bei entsprechender organisatorischer Trennung Teilbetriebe darstellen; nicht hingegen in der Regel Frachtgeschäft (eigene Güterbeförderung) einerseits und Spedition (Güterbeförderung durch andere) andererseits. Ein Reisebüro kann bei gewisser Selbständigkeit im Verhältnis zu einem Beförderungsunternehmen Teilbetriebseigenschaft aufweisen und umgekehrt. Siehe auch unter „Taxiunternehmen" Rz 5657 und „Bauunternehmen" Rz 5589.

Druckerei 5591

Eine Druckerei und ein (Zeitungs-)Verlag können Teilbetriebe sein, wenn die Druckerei einen eigenen Kunden- und Wirkungskreis hat.

Fahrschulfiliale 5592

Ein Teilbetrieb ist gegeben, wenn Filialen an verschiedenen Orten betrieben werden. Die Schulungseinrichtung ohne Fahrschulwagen stellt keinen Teilbetrieb dar. Siehe auch unter „Filialen“ Rz 5593.

Filialen 5593

Bei einem Handelsunternehmen liegt kein Teilbetrieb vor, wenn die Filiale lediglich den Charakter einer unselbständigen Verkaufseinrichtung aufweist. Siehe auch die Ausführungen in Rz 5582 unter „gewisse Selbständigkeit“.

Die Teilbetriebseigenschaft einer Filiale eines Elektrohändlers ist bei örtlicher Trennung, eigenständiger Werbung, eigenem Personal, eigener Kostenstellenrechnung, eigener Gewerbeberechtigung, teilweise getrennter Erfassung der Aufwände und Erträge trotz zentralem Wareneinkauf und zentralem Büro gegeben (VwGH 3.11.1992, 89/14/0098).

Eine zentral geführte Buchhaltung mehrerer Filialen ist einer ansonsten bestehenden Selbständigkeit der Teilbetriebe nicht abträglich (VwGH 10.2.1987, 84/14/0088).

Der Filialbetrieb einer größeren Gebäudeverwaltung kann ein Teilbetrieb sein (VwGH 11.4.1991, 90/13/0258), nicht jedoch die Veräußerung von Rechten auf Verwaltung einzelner Liegenschaften oder eine einzelne Gebäudeverwaltung eines Vermögensverwaltungsunternehmens, dem der Erwerb von Grundstücken zur Bebauung oder Weiterveräußerung, die Betrauung von Bauvorhaben und die Verwaltung von Bauobjekten obliegt.

Freiberufler 5594

Ein Teilbetrieb liegt nur bei nach außen hin erkennbarer Selbständigkeit und Lebensfähigkeit vor, wie zB bei einer neben der Anwaltskanzlei getrennt geführten Hausverwaltung eines Rechtsanwaltes, bei Filialbetrieben größerer Gebäudeverwaltungen, bei Außenstellen von Wirtschaftstreuhandkanzleien, bei einer neben der Allgemeinpraxis betriebenen Zahnarztpraxis, beim zahntechnischen Labor neben der Ordination eines Zahnarztes (vgl. VwGH 30.5.1952, 2972/51; VwGH 11.4.1991, 90/13/0258; VwGH 27.8.1991, 91/14/0083).

Indizien für das Vorliegen eines Teilbetriebes sind zB eine örtliche Trennung von Organisationseinheiten, ein unterschiedlicher Mandanten- bzw. Kundenkreis (Steuerberatung gegenüber Wirtschaftsprüfung), eigenes Personal, gesonderte Werbung, eigene Buchführung, selbständige und nachhaltige Leistungsangebote (vgl. VwGH 7.3.1986, 85/15/0124; VwGH 3.11.1992, 89/14/0098; VwGH 3.11.1992, 89/14/0271).

Keinen Teilbetrieb begründen zB das Auftragsverhältnis eines Steuerberaters gegenüber einem bestimmten Klienten (VwGH 28.5.1998, 98/15/0021), die Klientenbuchhaltung eines Steuerberaters, die Kassenpatienten im Rahmen ein und derselben ärztlichen Praxis im Verhältnis zu den Privatpatienten, das Dentallabor eines Zahnarztes, die ausstehenden Sonderklassegebühren eines in Pension gegangenen Primararztes.

Kein Teilbetrieb liegt auch bei der Veräußerung eines Großteiles des Klientenstammes bei Weiterführung der Tätigkeit mit dem zurückbehaltenen Teil vor (VwGH 22.4.1980, 0718/80; VwGH 17.11.1983, 83/15/0053; VwGH 11.4.1991, 90/13/0258; VwGH 27.8.1991, 91/14/0083).

(BMF-AV Nr. 2015/133)

Friseur 5595

Zwei an verschiedenen Standorten, jedoch im selben Ort betriebene Friseurläden sind Teilbetriebe.

Gärtnerei 5596

Eine Gärtnerei und ein Blumenladen können Teilbetriebe sein.

Gaststätte 5597

Eine Brauereigaststätte kann ein Teilbetrieb sein. Ein Hotel und ein Restaurant, die im selben Gebäude betrieben werden, stellen keine Teilbetriebe dar.

Geschäftsräumlichkeiten 5598

Für sich gesehen stellen sie keinen Teilbetrieb dar (vgl. VwGH 20.11.1990, 89/14/0156, 0157, betreffend Wohn- und Wirtschaftsgebäude einer Geflügelmast).

Gipser- und Malerbetrieb 5599

Es liegen keine Teilbetriebe vor, wenn sie weder personell noch räumlich oder organisatorisch getrennt sind und einen überwiegend einheitlichen Kundenkreis betreuen. Anders verhält es sich für die Tätigkeit einer Mastenstreicherei eines Gipser- und Malerbetriebes (zB

Rostschutzanstrich von Hochspannungsmasten), die sich von der des restlichen Unternehmens deutlich unterscheidet und bei dem eigenes Personal und Anlagevermögen eingesetzt wird.

5600 **Grundstück**

Für sich allein liegt in der Regel kein Teilbetrieb vor, selbst dann nicht, wenn damit eine Gewerbeberechtigung verbunden ist (VwGH 26.1.1971, 1489/69; VwGH 30.1.1973, 2007/71).

5601 **Grundstücksverwaltung**

Kann nur dann ein Teilbetrieb sein, wenn es sich um eine wesensmäßig gewerbliche Grundstücksverwaltung handelt. S auch unter „Filiale“ Rz 5593.

5602 **Halbfertiger Teilbetrieb**

Ein erst im Aufbau befindlicher Teilbetrieb ist noch kein Teilbetrieb; es fehlt die gewisse Selbständigkeit (VwGH 25.1.1980, 2020/76). Ist die (künftige) Selbständigkeit eines Betriebsteils gegenüber dem Gesamtunternehmen insbesondere nach Lage und/oder Funktion zweifelsfrei zu erkennen, kann ein Teilbetrieb bereits dann angenommen werden, wenn er noch nicht in Betrieb genommen wurde (betriebsbereiter Teilbetrieb).

5603 **Handelsbetrieb**

Handelsbetriebe an zwei verschiedenen Standorten begründen zwei Teilbetriebe (VwGH 23.5.1990, 89/13/0193). Eine Teilbetriebsveräußerung liegt aber nur bei Veräußerung des gesamten Warenlagers vor (VwGH 13.3.1991, 87/13/0190; VwGH 3.11.1992, 89/14/0098).

Großhandel und Einzelhandel mit Waren aller Art, Lebensmitteln, Genussmitteln und verwandten Artikeln sind Teilbetriebe, sofern sich das Warensortiment unterscheidet und es – organisatorisch getrennt – überwiegend von unterschiedlichen Lieferanten bezogen wird und sie sich durch ein eigenes Verkaufsprogramm sowie eigene Werbung unterscheiden.

5604 **Handelsvertreter**

Einzelne Vertretungen eines Handelsvertreters, der für mehrere Geschäftsherren tätig ist, stellen keinen Teilbetrieb dar, ebenso wenig einzelne Vertretungsbezirke; eine Entschädigung gemäß § 24 Handelsvertretergesetz wird nicht für die Übertragung des Kundenstockes, sondern vielmehr für künftig entgehende Provisionen bezahlt (vgl. VwGH 30.6.1970, 974/70; VwGH 18.12.1997, 96/15/0140).

Die entgeltliche Aufgabe einer Generalvertretung für ein bestimmtes Produkt durch ein Großhandelsunternehmen stellt nur dann eine Teilbetriebsveräußerung dar, wenn die Vertretungsbefugnis nach außen hinreichend in Erscheinung tritt (VwGH 25.5.1971, 1705/69; VwGH 23.4.1974, 1982/73).

5605 **Hausapotheke**

Die Hausapotheke eines Arztes stellt in der Regel keinen Teilbetrieb dar (VwGH 22.5.1953, 3026/52).

5606 **Hotel**

Einer von mehreren örtlich, wirtschaftlich und organisatorisch getrennt geführten Hotelbetrieben ist in der Regel ein Teilbetrieb (VwGH 11.3.1966, 2038/65); siehe auch unter „Gaststätte“ Rz 5597.

5607 **Kassepatienten**

Siehe unter „Freiberufler“ Rz 5594.

5608 **Kino**

Örtlich voneinander getrennte Kinobetriebe sind Teilbetriebe.

5609 **Kraftfahrzeugbetrieb**

Kraftfahrzeughandel und Reparaturwerkstätte stellen dann keine Teilbetriebe dar, wenn sie nur zwei Kilometer auseinander liegen, die Rechnungslegung einheitlich erfolgt, für den Kunden nicht ersichtlich ist, von welcher Betriebsstätte die Leistungen erbracht werden, nur eine Gewerbeberechtigung vorliegt, Erlöse und Aufwendungen einheitlich erfasst und die Buchhaltung, die Lohnverrechnung und das Anlagenverzeichnis gemeinsam und zentral geführt werden (VwGH 3.11.1992, 89/14/0271).

5610 **Lagergebäude**

Die Veräußerung eines Lagergebäudes mit geringfügigem Warenbestand begründet bei einem Baustoffgroßhändler keinen Teilbetrieb; dies auch dann nicht, wenn für den Standort eine eigene Gewerbeberechtigung vorliegt (VwGH 26.11.1974, 1547/73).

Ein Lagerhaus eines Speditionsbetriebes wird nicht deshalb zu einem Teilbetrieb, weil die Einnahmen getrennt erfasst werden (VwGH 21.4.1967, 461/67).

Lagerplätze 5611

Lagerplätze stellen bei bloß geringfügiger räumlicher Trennung eines einheitlich organisierten Unternehmens keine Teilbetriebe dar, und zwar auch dann nicht, wenn jeder Lagerplatz ein eigenes Kassabuch führt, eigene Rechnungen ausstellt und über einen eigenen Gewerbeschein verfügt (VwGH 17.11.1967, 461/67).

Land- und Forstwirtschaft 5612

Siehe Rz 5134 ff und 5682 ff.

Möbelerzeugungs- und Möbelhandelsunternehmen 5613

Es handelt sich um keine Teilbetriebe, wenn sie buchmäßig und organisatorisch zusammengefasst sind, ein einheitlicher Kundenkreis und eine starke interne Verflechtung besteht (VwGH 8.4.1970, 463/68).

Produktionszweige 5614

Örtlich getrennte Produktionszweige mit jeweils eigenen Betriebsanlagen (zB Radioproduktionsstätte und Videoproduktionsstätte eines elektrische Geräte produzierenden Unternehmens, die Produktion von Hutappreturen und die Erzeugung von Klebstoffen) sind Teilbetriebe (VwGH 15.4.1964, 1509/63).

Reisebüro 5615

Siehe unter „Beförderungsunternehmen" Rz 5590.

Restaurant 5616

Siehe unter „Gaststätte" Rz 5597.

Schlepplift 5617

Eine nicht transportable Liftanlage ist ohne Grundstück bzw. Nutzungsrecht am Grundstück, auf dem sie errichtet ist, kein Teilbetrieb (VwGH 5.11.1991, 91/14/0135).

Schuhhandel und Damenmoden 5618

Sie stellen keine Teilbetriebe dar, wenn sie im selben Gebäude einheitlich betrieben werden (VwGH 23.11.1962, 1260/61).

Steuerberater 5619

Siehe unter „Freiberufler" Rz 5594.

Tankstellen 5620

Die Veräußerung einer von zwei in verschiedenen Orten geführten Tankstellen stellt eine Teilbetriebsveräußerung dar.

Transportunternehmen 5621

Siehe unter „Beförderungsunternehmen" Rz 5590.

Verlag 5622

Ein Zeitungsverlag und eine Druckerei können Teilbetriebe sein. Auch einzelne Fachgebiete eines Verlags können Teilbetriebseigenschaft aufweisen, sofern sie mit eigenem Personal, getrennter redaktioneller Leitung und separater Druckerei ausgestattet sind.

Vermietung eines Einkaufszentrums 5623

Es handelt sich um einen Teilbetrieb, wenn diese gewerbliche Vermietung gegenüber der Vermietung anderer Wirtschaftsgüter wirtschaftlich (nach dem Verhältnis der Anschaffungskosten) weitaus im Vordergrund steht.

Vermietung von Schaufenstern und Vitrinen 5624

Eine derartige Vermietung in einem Betriebsgebäude begründet keinen Teilbetrieb (VwGH 8.4.1970, 463/68).

Vertriebsabteilung 5625

Der Vertriebsteil eines Erzeugungsbetriebes, der seine eigenen Produkte vertreibt, ist mangels ausreichender Selbständigkeit kein Teilbetrieb (VwGH 6.6.1973, 2004/71). Ist der Vertriebsteil hingegen wie ein Handelsbetrieb mit einem erheblichen Handel auch mit zugekauften Erzeugnissen ausgestaltet, liegt ein Teilbetrieb vor.

Weinhandelsbetrieb 5626

Die Veräußerung der Fässer stellt keine Teilbetriebsveräußerung dar (VwGH 10.7.1959, 1273/56).

Wirtschaftsprüferklientel 5627

S unter „Freiberufler" Rz 5594.

5628 **Zahntechniker**

Die Veräußerung des Anlagevermögens unter Aufrechterhaltung der allgemeinen Zahnarztordination stellt keine Teilbetriebsveräußerung dar (VwGH 27.8.1991, 91/14/0083). Siehe auch unter „Freiberufler“ Rz 5594.

18.1.4.3 Veräußerung von Mitunternehmeranteilen

Siehe Rz 5964 ff.

18.1.5 Betriebsaufgabe

18.1.5.1 Aufgabe des ganzen Betriebes

18.1.5.1.1 Allgemeines

5629 Bei der Betriebsaufgabe hört für den Betriebsinhaber der einheitliche Organismus des Betriebes zu bestehen auf. Eine Betriebsaufgabe liegt vor, wenn die wesentlichen Betriebsgrundlagen in einem einheitlichen Vorgang an verschiedene Erwerber veräußert und/oder in das Privatvermögen des bisherigen Betriebsinhabers überführt werden.

Für die Annahme einer Betriebsaufgabe ist wie bei der Betriebsveräußerung unmaßgeblich, was mit den Wirtschaftsgütern des beendeten Betriebes weiter geschieht.

5630 Auch der Pächter eines Betriebes kann diesen begünstigt aufgeben, wenn er das gesamte ihm gehörende Betriebsvermögen entweder veräußert oder in sein Privatvermögen überführt und sich damit in einem Zuge seiner sonstigen betrieblichen Rechte (Miet-, Pacht-, Fruchtgenuss- und ähnliche Rechte) begibt. Dass für die Aufgabe derartiger Rechte Erlöse nicht erzielt werden, ändert nichts am Vorliegen einer Betriebsaufgabe (VwGH 28.2.1978, 2666, 2751/77). Die gleiche Beurteilung gilt für die Beendigung des Fruchtgenussrechtes an einem Betrieb (VwGH 21.7.1998, 98/14/0029).

18.1.5.1.2 Voraussetzungen

5631 Der Tatbestand der Betriebsaufgabe erfordert, dass

- alle wesentlichen Betriebsgrundlagen,
- in einem einheitlichen wirtschaftlichen Vorgang,
- in einem Zuge mit der Aufgabe der betrieblichen Tätigkeit,
- an verschiedene Erwerber entgeltlich oder unentgeltlich übertragen oder in das Privatvermögen übernommen oder in einem teilweise übertragen und teilweise in das Privatvermögen übernommen werden (VwGH 28.2.1978, 2666/77; VwGH 19.9.1995, 91/14/0222).

Ist mit einer betrieblichen Tätigkeit kein oder kein nennenswertes Betriebsvermögen verbunden, stellt bereits die Beendigung der Tätigkeit eine Betriebsaufgabe dar (VwGH 27.11.2014, 2011/15/0101 zu einem GmbH-Geschäftsführer).

(BMF-AV Nr. 2015/133)

5632 Zur Annahme der Aufgabe eines Betriebes bedarf es keiner ausdrücklichen Handlung des Betriebsinhabers. Werden allerdings ausdrückliche Aufgabehandlungen gesetzt, liegt ein einheitlicher wirtschaftlicher Vorgang nur dann vor, wenn diese Aufgabehandlungen während eines angemessen kurzen Zeitraumes gesetzt werden (vgl. VwGH 17.1.1989, 88/14/0190; VwGH 27.8.1991, 90/14/0230). Für die Annahme eines einheitlichen Vorgangs muss jedenfalls ein durchgängiges planmäßiges und zügiges Betreiben der Betriebsaufgabe vorliegen (Einzelfallbetrachtung). Bei Umlaufvermögen ist bei einem Zeitraum von etwa drei Monaten idR noch ein einheitlicher Vorgang zu unterstellen. Bei Anlagevermögen kann aber auch noch bei längeren Zeiträumen ein einheitlicher Vorgang anzunehmen sein, zB Veräußerung des Betriebsgrundstückes acht Monate nach Betriebsveräußerung (VwGH 30.1.1973, 2007/71; VwGH 23.3.1988, 87/13/0065), Veräußerung des Anlagevermögens fünf Monate nach Veräußerung des Warenlagers (VwGH 19.9.1995, 91/14/0222). Bei einer Veräußerung des Umlauf- und Anlagevermögens innerhalb von elf Monaten handelt es sich idR um eine – nicht begünstigte – Liquidation (VwGH 27.8.1991, 90/14/0230).

(BMF-AV Nr. 2015/133)

5633 Die Betriebsaufgabe beginnt mit dem Setzen objektiv erkennbarer, unmittelbar der Betriebsaufgabe dienender Handlungen, wie zB dem Beginn des Warenabverkaufes zu reduzierten Preisen, dem Einstellen des Warenverkaufes, der entgeltlichen Aufgabe der Mietrechte, der Veräußerung oder Überführung von wesentlichen Anlagegütern ins Privatvermögen und der Einstellung der werbenden Tätigkeit. Das Fassen des Aufgabeentschlusses, ein Auflösungsbeschluss, Verkaufsverhandlungen über die Betriebsliegenschaft, die Veräußerung von überaltetem, unbrauchbarem Anlagevermögen, die Auftragserteilung sowie die Erstattung eines Bewertungsgutachtens und das Unterlassen von Ersatzbeschaffungen bzw. von Warenbestellungen mit längerer Lieferzeit lösen hingegen als bloße Vorbereitungshandlungen noch nicht den Aufgabezeitraum aus (VwGH 23.3.1988, 87/13/0065; VwGH 17.1.1989, 88/14/0190; VwGH 23.5.1990, 89/13/0193).

Die Betriebsaufgabe endet mit dem Abschluss der Veräußerung bzw. Überführung der wesentlichen Betriebsgrundlagen ins Privatvermögen, dh. also mit der Veräußerung bzw. Überführung der letzten wesentlichen Betriebsgrundlagen. In das Privatvermögen können wesentliche Grundlagen idR nur dann überführt werden, wenn sie zur privaten Nutzung geeignet sind (zB Personenkraftwagen; nicht hingegen Umlaufvermögen) oder wegen Wertlosigkeit eine anderweitige (betriebliche) Weiterverwendung auszuschließen ist. Keine Beendigung des Aufgabezeitraumes liegt daher vor, wenn wesentliche Betriebsgrundlagen bloß formell ins Privatvermögen überführt werden, um den Aufgabezeitraum nicht zu lange werden zu lassen, aber weiterhin das Bestehen der Absicht einer Weiterveräußerung bei nächster Gelegenheit besteht. Der Aufgabezeitraum endet in einem solchen Fall erst mit der tatsächlichen Veräußerung dieser formell in das Privatvermögen überführten Wirtschaftsgüter (VwGH 19.12.2006, 2006/15/0353). **5634**

(AÖF 2007/88)

Das Zurückbehalten unwesentlicher Wirtschaftsgüter steht dem Aufgabevorgang weder dem Grunde nach entgegen noch wird dadurch die Beendigung der Betriebsaufgabe verzögert. Dies gilt auch für die spätere Abwicklung noch schwebender Geschäfte sowie die Bereinigung strittiger Verhältnisse. Werden hingegen derartige Maßnahmen im zeitlichen Zusammenhang mit der Betriebsaufgabe getroffen, so sind sie – auch bei „Unwesentlichkeit" – regelmäßig Bestandteil des Aufgabevorganges. **5635**

Keine Aufgabe ist die bloße Einschränkung der bisherigen Tätigkeit (VwGH 4.4.1989, 88/14/0083; VwGH 11.4.1991, 90/13/0258, betreffend Zurückbehalten eines Teiles des Patientenstocks), es sei denn, eine weitergeführte Tätigkeit ist mit der bisherigen in keiner Weise mehr vergleichbar (VwGH 30.4.1985, 82/14/0312, betreffend Einstellung einer Arztpraxis und bloßer weiterer Tätigkeit als Urlaubsvertreter bzw. unentgeltlicher Altenheimbetreuer). **5636**

18.1.5.1.3 Einzelfälle

Betriebsaufspaltung **5637**

Verpachtet ein Unternehmer seinen Betrieb an eine Kapitalgesellschaft und wird dadurch die bisherige unternehmerische Tätigkeit in ein Besitzunternehmen und eine Betriebskapitalgesellschaft aufgespaltet, so übt das Besitzunternehmen allein zufolge der Betriebsaufspaltung keine gewerbliche Tätigkeit aus (VwGH 18.6.1979, 3345/78, 1207/79; VwGH 12.3.1980, 73/78; VwGH 9.3.1982, 81/14/0131). Bei einer Betriebsaufspaltung ist daher in der Regel eine Betriebsaufgabe zu unterstellen.

Betriebsunterbrechung **5638**

Keine Betriebsaufgabe liegt vor bei einer Betriebsunterbrechung (Ruhen des Betriebes). Von einem ruhenden Betrieb ist zu sprechen, wenn ein Betrieb bzw die werbende Tätigkeit vorübergehend in der objektiv erkennbaren Absicht eingestellt wird, ihn wieder aufzunehmen (zB bei Saisonbetrieben). Es muss nach den nach außen erkennbaren Umständen wahrscheinlich sein, dass der Betrieb in ähnlicher Weise und in einem relativ kurzen Zeitraum (etwa 3 Jahre) wieder aufgenommen wird, sodass der stillgelegte mit dem wieder aufgenommenen Betrieb ident ist (VwGH 18.12.1997, 96/15/0140). Das Ruhen des Betriebes endet, wenn die betriebliche Tätigkeit wieder aufgenommen wird oder (durch Aufgabe) wenn die wesentlichen Grundlagen veräußert oder in das Privatvermögen überführt werden.

Bei einer Betriebsverpachtung oder Einstellung der Bewirtschaftung liegt im Zweifel (insbesondere wenn der Steuerpflichtige nicht selbst von einer Betriebsaufgabe ausgeht) eine Betriebsunterbrechung vor, wenn die Umstände dafür sprechen, dass der Steuerpflichtige selbst oder ein unentgeltlicher Rechtsnachfolger den Betrieb wieder aufnehmen oder übernehmen wird. Im Fall der geplanten Übergabe an einen unentgeltlichen Rechtsnachfolger muss dieser ernsthaft bemüht sein, die für die Betriebsführung notwendigen Befugnisse in absehbarer Zeit zu erlangen.

(AÖF 2006/114)

Betriebsverlegung ins Ausland **5639**

Eine Betriebsverlegung ins Ausland stellt keine Betriebsaufgabe dar. Gemäß § 6 Z 6 EStG 1988 sind dabei fremdübliche Verrechnungspreise anzusetzen; die daraus entstehende Gewinnrealisierung kann bei Wegzug in den EU-Raum/EWR-Raum aufgeschoben werden (siehe § 6 Z 6 EStG 1988, Rz 2505 ff).

(AÖF 2006/210)

5640 Konkurs

Die Einstellung der betrieblichen Tätigkeit durch Konkurs führt zu einer Betriebsaufgabe (VwGH 21.2.1996, 94/14/0160).

5641 Liebhaberei

Zu den Folgen des Weiterführens eines Betriebes unter Außerachtlassung von wirtschaftlichen Grundsätzen siehe LRL 2012 Rz 34.

(AÖF 2013/280)

5642 Liquidation

Die Liquidation (Abwicklung) ist keine begünstigte Betriebsaufgabe. Sie erstreckt sich über einen längeren Zeitraum. Die Veräußerung des Betriebsvermögens erfolgt nach und nach. Der Gewerbebetrieb bleibt während der Liquidation als laufender Betrieb weiter bestehen (VwGH 17.1.1989, 88/14/0190; VwGH 27.8.1991, 90/14/0230; VwGH 22.12.1993, 92/13/0185).

5643 Unentgeltliche Übertragung

Die unentgeltliche Übertragung einer betrieblichen Einheit ist keine Betriebsaufgabe. Es liegt vielmehr ein Fall der Buchwertfortführung gemäß § 6 Z 9 lit. a EStG 1988 vor (VwGH 27.11.1978, 0059/78; siehe auch Rz 2529 ff und Rz 5564 ff). Eine Betriebsaufgabe ist hingegen dann gegeben, wenn die wesentlichen Grundlagen der betrieblichen Einheit in einem einheitlichen Vorgang an verschiedene Personen verschenkt oder in Form von Legaten vermacht werden (VwGH 04.06.1985, 85/14/0015), sofern diese keine Mitunternehmerschaft begründen. Die Überführung eines ererbten Betriebes ins Privatvermögen ist als Betriebsaufgabe zu werten (VwGH 22.02.1993, 92/15/0048). Der Tod eines Erfinders führt zu keiner Betriebsaufgabe; befindet sich im Nachlass Betriebsvermögen, hat der Erbe die Buchwerte fortzuführen (VwGH 01.10.2008, 2006/13/0123).

(AÖF 2010/43)

5644 Verlegung eines Betriebes

Eine Verlegung eines Betriebes stellt nur dann eine Betriebsaufgabe dar, wenn dem bisherigen Standort des Betriebes eine wesentliche wirtschaftliche Rolle zukommt (zB bei ortsgebundenem Kundenstock) bzw. wenn der am neuen Standort weitergeführte Betrieb einer Neueröffnung gleichkommt; somit wenn nach dem Gesamtbild der Verhältnisse der alte und der neue Betrieb nach der Verkehrsauffassung wirtschaftlich nicht ident sind (VwGH 4.4.1989, 88/14/0083).

5645 Vorübergehende Stilllegung

Die vorübergehende Stilllegung eines Betriebes (Einstellen einer Tätigkeit) ohne Veräußerung der Wirtschaftsgüter des Betriebes oder ohne deren Überführung ins Privatvermögen ist keine Betriebsaufgabe (VwGH 10.7.1959, 1273/56).

5646 Wechsel der Einkunftsart

Beim Wechsel der Einkunftsart innerhalb der betrieblichen Einkunftsarten liegt keine Betriebsaufgabe vor. Wird hingegen aus einer betrieblichen Tätigkeit eine außerbetriebliche, endet der Bestand des betrieblichen Organismus (Betriebsaufgabe, VwGH 18.3.1991, 90/14/0009).

18.1.5.1.4 Betriebsaufgabe durch Verpachtung

5647 Die Verpachtung eines Betriebes stellt in der Regel für sich allein keine Betriebsaufgabe, sondern eine Art des Ruhens des Betriebes dar. Die Pachteinnahmen sind der entsprechenden betrieblichen Einkunftsart zuzuordnen, weil mangels Betriebsbeendigung die betriebliche Tätigkeit – wenn auch in geänderter Form – weiter andauert. Zur Verpachtung von land- und forstwirtschaftlichen Betrieben siehe Rz 5152 f.

5648 Eine Betriebsaufgabe iVm der Verpachtung eines Betriebes ist dann zu unterstellen, wenn die konkreten Umstände des Einzelfalles objektiv darauf schließen lassen,

- dass der Verpächter nach einer allfälligen Beendigung des Pachtverhältnisses mit dem vorhandenen Betriebsvermögen nicht mehr in der Lage ist, seinen Betrieb fortzuführen oder
- sonst das Gesamtbild der Verhältnisse mit hoher Wahrscheinlichkeit für die Absicht des Verpächters spricht, den Betrieb nach Auflösung des Pachtvertrages nicht mehr auf eigene Rechnung und Gefahr weiterzuführen und
- keine bloße Betriebsunterbrechung (vgl. Rz 5638) vorliegt.

(AÖF 2006/114)

5649 Die hohe Wahrscheinlichkeit ist an objektiven Kriterien zu messen. Den Bestimmungen des Pachtvertrages kommt dabei eine wesentliche Bedeutung zu. Die Mitteilung des Steuerpflichtigen an das Finanzamt, dass er den Betrieb aufgegeben hat, bewirkt zwar für sich keine Betriebsaufgabe, ihr kommt aber Bedeutung für die Frage zu, ob die diesbezügliche Absicht des Steuerpflichtigen nach außen zu erkennen gegeben worden ist. Einer nachträglichen Erklärung kommt keine Bedeutung zu, wenn die Umstände bei der Verpachtung nicht für eine Betriebsaufgabe sprechen (VwGH 18.11.2008, 2006/15/0253). Es ist nicht nötig, dass die Wiederaufnahme der Tätigkeit wegen rechtlicher oder sachlicher Unmöglichkeit für immer ausgeschlossen ist (vgl. VwGH 22.05.1996, 92/14/0142; VwGH 19.02.1997, 94/13/0206; VwGH 26.01.1999, 97/14/0089; VwGH 16.12.1999, 97/15/0134).

Die Verpachtung eines Klienten-/Kunden-/Patientenstockes führt zu keiner Betriebsaufgabe, weil sich dieser zur Privatnutzung nicht eignet und daher nicht in das Privatvermögen überführt werden kann (VwGH 14.9.2017, Ro 2015/15/0027).

(BMF-AV Nr. 2018/79)

Ist mit der Verpachtung eines Betriebes eine Betriebsaufgabe verbunden, zählen die Pachteinnahmen zu den Einkünften aus Vermietung und Verpachtung (VwGH 15.4.1970, 1526/68; VwGH 12.3.1980, 73/78; VwGH 11.11.1987, 86/13/0131; VwGH 23.3.1988, 87/13/0065; VwGH 14.9.1988, 87/13/0100; VwGH 26.4.1989, 88/14/0096). **5650**

Die Indizien für bzw. gegen eine Betriebsaufgabe sind in ihrer Gesamtheit gegeneinander abzuwägen (Gesamtbildbetrachtung, VwGH 22.5.1996, 92/14/0142; VwGH 19.2.1997, 94/13/0206). Sprechen die Indizien für eine Betriebsaufgabe, so ist eine solche auch dann gegeben, wenn der Steuerpflichtige zwar weiterhin in seinem Beruf tätig ist, aber in einer derart eingeschränkten Form, dass der Tätigkeit im Vergleich zur bisher ausgeübten praktisch keine Bedeutung mehr zukommt (VwGH 30.4.1985, 82/14/0312, betreffend Einstellung einer Arztpraxis bei weiter ausgeübter Tätigkeit als bloße Urlaubsvertretung für den Sohn sowie als unentgeltlicher Betreuer zweier Altersheime). **5651**

Indizien für eine Betriebsaufgabe aus Anlass der Betriebsverpachtung sind **5652**

- der Abschluss des Pachtvertrages auf lange oder unbestimmte Zeit bei beiderseitigem Ausschluss der Kündigung (VwGH 14.09.1988, 87/13/0100; VwGH 22.05.1996, 92/14/0142),
- das Zurücklegen der Gewerbeberechtigung bzw. das Löschen der Firma im Firmenbuch (VwGH 23.03.1988, 87/13/0065; VwGH 22.05.1996, 92/14/0142),
- ein hohes Alter und ein schlechter Gesundheitszustand des Verpächters (VwGH 23.03.1988, 87/13/0065; VwGH 26.04.1989, 88/14/0096; VwGH 22.05.1996, 92/14/0142),
- (das Ansuchen um) die Zuerkennung einer Pension durch den Verpächter (VwGH 30.04.1985, 82/14/0312; VwGH 26.04.1989, 88/14/0096),
- die vertragliche Absicherung der Möglichkeit der Beendigung des Pachtverhältnisses zwecks Veräußerung des Bestandobjektes,
- das Einlagern abmontierter Maschinen (VwGH 12.03.1965, 0205/64),
- das Einstellen der Produktion,
- die Kündigung bzw. der Abbau der Arbeitnehmer (VwGH 12.03.1965, 0205/64; VwGH 18.05.1971, 1582/69),
- die Übergabe des Kundenstocks und des Firmenzeichens (VwGH 18.05.1971, 1582/69),
- das Vermieten der Betriebsräume in leerem Zustand (VwGH 12.03.1965, 0205/64),
- das Einräumen des wirtschaftlichen Eigentums an den Pächter durch den Verpächter,
- das Einräumen eines Vorkaufsrechtes an den Pächter und eines Vorpachtrechtes an dessen Gattin im Falle seines Ablebens (VwGH 03.10.1984, 83/13/0004).

(AÖF 2008/238)

Indizien gegen eine Betriebsaufgabe aus Anlass der Betriebsverpachtung sind **5653**

- ein kurzfristiger (bestimmte Zeit) oder kurz aufkündbarer Pachtvertrag (VwGH 26.11.1975, 1307/75; VwGH 23.3.1988, 87/13/0065; VwGH 26.4.1989, 88/14/0096),
- eine Vereinbarung über die Rückübertragung des Betriebes (VwGH 23.3.1988, 87/13/0065),
- eine vertraglich vereinbarte Modernisierung des Betriebes durch den Verpächter (VwGH 23.3.1988, 87/13/0065),
- die Nichtübernahme der Verbindlichkeiten aus der Zeit vor Beginn des Pachtverhältnisses durch den Pächter (VwGH 4.5.1982, 82/14/0041),
- eine Vereinbarung über vorzeitige Auflösungsgründe (VwGH 4.5.1982, 82/14/0041),
- die Verkürzung der Pachtdauer bei Tod des Pächters (VwGH 4.5.1982, 82/14/00419),

- das Zurückbehalten von Lagerbeständen durch den Verpächter (VwGH 22.10.1980, 2003/79),
- ein relativ hoher Pachtzins (12% Umsatzbeteiligung) und umfangreiche Kontrollrechte bzw die Möglichkeit der Einflussnahme des Verpächters (VwGH 5.6.1974, 1964/73; VwGH 4.5.1982, 82/14/0041),
- die Beratertätigkeit des Verpächters gegenüber dem Pächter (VwGH 2.2.1968, 732/67),
- die Tätigkeit des Verpächters als Geschäftsführer des Pächters (VwGH 19.2.1997, 94/13/0206),
- das Beibehalten der Konzession oder der Protokollierung im Firmenbuch (VwGH 22.5.1996, 92/14/0142),
- das Aufrechterhalten der Verbindung zu den bisherigen Auftraggebern durch den Verpächter (VwGH 22.10.1980, 2003, 2639/79; VwGH 26.4.1989, 88/14/0096),
- die Betriebspflicht durch den Pächter (VwGH 23.3.1988, 87/13/0065; VwGH 26.4.1989, 88/14/0096),
- das Weiterführen des Betriebes auf Grund des dem Verpächter zustehenden Gewerberechtes in dessen Geschäftsräumen und mit dessen Einrichtung (VwGH 18.1.1963, 2233/61),
- das – wenn auch in eingeschränktem Maße – Weiterführen des Betriebes mit zurückbehaltenen Maschinen durch den Verpächter (VwGH 15.4.1970, 1526/68),
- die Vermietung eines Geschäftslokales an einen branchengleichen Unternehmer, der die noch vorhandenen Waren des Vermieters für dessen Rechnung laufend veräußert (VwGH 22.12.1993, 92/13/0185),
- das Fortführen des Betriebs durch den Verpächter in vergleichbarem, wenn auch eingeschränktem Umfang trotz Verpachtung des Betriebsgebäudes (VwGH 15.4.1970, 1526/68),
- die Möglichkeit des Rückkaufes des Inventars bzw der vorhandenen Waren (VwGH 4.5.1982, 82/14/0041; VwGH 26.4.1989, 88/14/0096),
- die Verpflichtung des Pächters zum Ersatz verloren gegangener oder beschädigter Einrichtungsgegenstände bzw Übergabe einer gleichwertigen Geschäftseinrichtung bei Ablauf des Pachtvertrages (VwGH 4.5.1982, 82/14/0041; VwGH 26.4.1989, 88/14/0096),
- ein an den Pächter gerichtetes Verbot, Einrichtungsgegenstände zu entfernen (VwGH 23.3.1988, 87/13/0065),
- die Überschuldung des Betriebes, unmoderne Ausstattung sowie eine andere unternehmerische Tätigkeit des Verpächters während der Pachtdauer stehen einer Weiterführung des Betriebes nach Ablauf der Pachtdauer nicht entgegen (VwGH 23.3.1988, 87/13/0065; VwGH 22.5.1996, 92/14/0142).
- Erwirbt ein Steuerpflichtiger einen Betrieb und verpachtet er diesen sogleich – auf ein Jahr befristet – an eine GmbH, bei der er selbst den Posten eines Geschäftsführers bekleidet, und wird der Betrieb schließlich nach dem einen Jahr an die GmbH veräußert, so gehören die Pachteinnahmen zu den Einkünften aus Gewerbebetrieb und der Veräußerungsgewinn aus dem Verkauf des Betriebes ist als Veräußerungsgewinn im Sinne des § 24 EStG 1988 zu beurteilen (VwGH 25.06.2008, 2008/15/0088).

(AÖF 2009/74)

18.1.5.2 Aufgabe des Teilbetriebes

5654 Die Aufgabe eines Teilbetriebes ist der Aufgabe des Betriebes gleichgestellt. Sie liegt dann vor, wenn alle wesentlichen Grundlagen eines Teilbetriebes in einem einheitlichen wirtschaftlichen Vorgang in einem Zuge an mehrere Dritte veräußert oder ins Privatvermögen des Betriebsinhabers übernommen oder zum Teil an Dritte veräußert und zum Teil ins Privatvermögen des Betriebsinhabers überführt werden (VwGH 22.4.1980, 733/80). Das Vorliegen der Aufgabe eines Teilbetriebes ist aus der Sicht des Aufgebenden zu beurteilen (VwGH 3.11.1992, 89/14/0271).

5655 Keine begünstigte Teilbetriebsaufgabe liegt vor, wenn Teile der wesentlichen Grundlagen des Betriebsvermögens veräußert und andere in den verbleibenden (Teil-)Betrieb übernommen werden (VwGH 13.3.1991, 87/13/0190; VwGH 3.11.1992, 89/14/0098) bzw. wenn die werbende Tätigkeit – wenn auch in geringem Maße – aufrecht erhalten wird (VwGH 18.12.1997, 96/15/0140).

5656 Für die Einordnung einer Teilbetriebsverpachtung (bloßes Ruhen des Teilbetriebes oder Teilbetriebsaufgabe) gelten die in Rz 5647 ff dargestellten Grundsätze.

Besteht der einheitliche Gewerbebetrieb einer Mitunternehmerschaft aus zwei Teilbetrieben und wird einer dieser Teilbetriebe im Sinne einer Betriebsaufgabe langfristig verpachtet, führt dies für den verpachteten Teilbetrieb zu einer (Teil)Betriebsaufgabe (siehe Rz 5647 ff). § 2 Abs. 4 EStG 1988 steht dem nicht entgegen, weil dadurch lediglich die Einkunftsart als gewerblich normiert wird, aber dies nichts über eine Teilbetriebseigenschaft aussagt. Nach dieser Teilbetriebsaufgabe liegt weiterhin gesamthaft eine gewerbliche Betätigung vor, wobei die (nunmehr eigentlich vermögensverwaltende) Tätigkeit des aufgegebenen Teilbetriebes einen unselbständigen Teil des verbleibenden Gewerbebetriebes darstellt. **5656a**

(BMF-AV Nr. 2018/79)

18.1.5.3 Aufgabe von Mitunternehmeranteilen

Siehe Rz 6006 ff.

18.2 Ermittlung des Veräußerungsgewinnes (§ 24 Abs. 2 und 3 EStG 1988)

18.2.1 Komponenten des Veräußerungsgewinnes

18.2.1.1 Veräußerungserlös

18.2.1.1.1 Betriebsveräußerung

Der Veräußerungserlös umfasst alle wirtschaftlichen Vorteile, die dem Veräußerer aus der Veräußerung erwachsen (VwGH 6.4.1995, 94/15/0194). Dazu gehören bspw. Barbeträge, Ratenzahlungen, Sachwerte, Rentenzahlungen sowie die Übernahme von Einkommensteuerschulden (VwGH 15.3.1957, 1938/55) und Betriebsschulden (VwGH 25.2.1975, 0840/73), weiters Enteignungsentschädigungen (VwGH 21.9.1988, 87/13/0033), Erlöse aus der Aufgabe eines Mietrechtes (VwGH 23.5.1990, 89/13/0193), Erlöse für die Übertragung des stehenden Holzes und des Eigenjagdrechtes (VwGH 16.11.1993, 90/13/0077), das Entgelt für ein vertraglich vereinbartes Wettbewerbsverbot, das Entgelt für die Überlassung des Rechtes auf die Benützung von Geschäftsräumen (VwGH 7.10.1955, 1471/53), Entschädigungen für die Nichtübertragung von Wirtschaftsgütern im Zuge der Betriebsveräußerung (zB „Schließungsprämie“ für die Kündigung eines Kassenvertrages im Zuge der Veräußerung einer Ordination), die Forderungen auf Auszahlung einer Kapitalabfindung einer Pensionszusage (VwGH 27.11.2014, 2011/15/0101). **5657**

(BMF-AV Nr. 2015/133)

Nicht zum Veräußerungserlös, sondern zum laufenden Gewinn gehört das Entgelt für die Einräumung der Option auf einen späteren Betriebserwerb (VwGH 02.02.1968, 0974/67). Werden im Rahmen einer Betriebsveräußerung Waren – als für den Betrieb unwesentliche Wirtschaftsgüter – an Dritte veräußert, sind die Einnahmen im Rahmen des laufenden Gewinnes zu erfassen; lediglich atypische Veräußerungsvorgänge, wie die Veräußerung an einen anderen Unternehmer oder an frühere Lieferanten, sind im Rahmen der Ermittlung des Veräußerungsgewinnes zu erfassen. **5658**

Zur Abgrenzung von den Entschädigungen nach § 32 Abs. 1 Z 1 EStG 1988 siehe Rz 6804 ff.

(AÖF 2011/66, AÖF 2013/280)

Rechtslage vor dem 1.4.2012 **5659**

Wird der Gewinn nicht nach § 5 Abs. 1 EStG 1988 ermittelt, bleibt der Wert des zum Anlagevermögen gehörenden Grund und Bodens außer Ansatz.

Rechtslage nach dem 31.3.2012

Die zum Anlagevermögen gehörenden Grundstücke (Grund und Boden sowie Gebäude und grundstücksgleiche Rechte) sind bei der Ermittlung des Veräußerungsgewinnes im Sinne des § 24 EStG 1988 nicht zu erfassen, wenn der auf die Grundstücke entfallende anteilige Veräußerungsgewinn mit dem besonderen Steuersatz besteuert wird. Bei Anwendung des besonderen Steuersatzes gemäß § 30a Abs. 1 EStG 1988 sind diese Veräußerungsgewinne weder beim Gesamtbetrag der Einkünfte noch beim Einkommen zu berücksichtigen, sondern gesondert anzusetzen.

Sind die in den Grundstücken enthaltenen stillen Reserven nicht bekannt, ist der Wert der Grundstücke idR im Wege einer Verhältnisrechnung zu ermitteln, und zwar in der Weise, dass zunächst die Verkehrswerte aller veräußerten Wirtschaftsgüter des Betriebsvermögens (einschließlich des Wertes aller Grundstücke und eines nach betriebswirtschaftlichen Grundsätzen ermittelten Firmenwertes) festzustellen sind. In dem Ausmaß, das dem Anteil des Wertes aller Grundstücke am Gesamtbetrag der Verkehrswerte (inklusive Firmenwert) entspricht, ist der Veräußerungserlös für den ganzen Betrieb um den auf die Grundstücke entfallenden Teil zu kürzen; als Teil des Veräußerungserlöses sind auch die übernommenen

Betriebsschulden (siehe Rz 5657) in diesem Verhältnis aufzuteilen, es sei denn, die übernommenen Schulden stehen in einem Zusammenhang mit den übertragenen Grundstücken. Diese Verhältnisrechnung kommt unabhängig davon zur Anwendung, ob der Gesamtbetrag der Verkehrswerte über oder unter dem im konkreten Fall vereinbarten Gesamtkaufpreis liegt (VwGH 30.6.1987, 86/14/0195; VwGH 16.3.1989, 88/14/0073); siehe auch Rz 588 letzter Absatz. Die sachverständig erfolgte Bewertung der Grundstücke beim Veräußerer gilt gleichermaßen für den Erwerber (VwGH 15.2.1994, 93/14/0175).

Vom nun auf die Grundstücke entfallenden Veräußerungserlös ist der Buchwert der Grundstücke abzuziehen. Bezüglich eines nach der Verhältnismethode gesondert ermittelten, auf Grund und Boden entfallenden Veräußerungsgewinnes sind nur die Kosten der Mitteilung und Selbstberechnung der ImmoESt gemäß § 30c EStG 1988 sowie allfällige anlässlich der Veräußerung entstandene Minderbeträge aus Vorsteuerberichtungen als Betriebsausgaben zu berücksichtigen. Andere Aufwendungen im Zusammenhang mit der Veräußerung der Grundstücke sind nicht abzugsfähig (siehe Rz 776). Zuletzt ist von dem derart ermittelten Betrag ein Inflationsabschlag gemäß § 30 Abs. 3 EStG 1988 bei Veräußerungen vor dem 1.1.2016 abzuziehen (siehe dazu Rz 777 ff).

Der auf diese Art gesondert ermittelte auf Grundstücke entfallende Veräußerungsgewinn ist grundsätzlich mit dem besonderen Steuersatz in Höhe von 25% bzw. bei Veräußerungen nach dem 31.12.2015 mit 30% zu versteuern.

Zum negativen Betriebsvermögen siehe Rz 5679 ff.

(BMF-AV Nr. 2018/79)

5659a Wird im Zuge einer Betriebsveräußerung Grund und Boden entnommen (zB der Veräußerer behält sich den Grund und Boden zurück), ist nach § 6 Z 4 EStG 1988 der Buchwert als Entnahmewert heranzuziehen, wenn der entnommene Grund und Boden im Falle einer gedachten Veräußerung dem besonderen Steuersatz gemäß § 30a Abs. 1 EStG 1988 unterläge (siehe dazu auch Rz 2635).

(AÖF 2013/280)

5659b Wird im Zuge einer Betriebsveräußerung Grund und Boden, der zum 31.3.2012 nicht steuerverfangen war, veräußert, kann nach § 4 Abs. 3a Z 3 lit. a EStG 1988 der Gewinn pauschal ermittelt werden. Aufwendungen im Zusammenhang mit der Veräußerung dieses Grund und Bodens sind nicht gesondert abzugsfähig; nicht direkt zuordenbare Aufwendungen sind nach der Verhältnismethode aufzuteilen (siehe dazu Rz 5659). Es ist daher der auf Grund und Boden entfallende Veräußerungserlös (zur Aufteilung siehe Rz 5659) um die pauschalen Anschaffungskosten nach § 30 Abs. 4 EStG 1988 zu vermindern und der Differenzbetrag zum besonderen Steuersatz zu versteuern.

Dies gilt auch für die Erfassung eines Auf- oder Abwertungsbetrages gemäß § 4 Abs. 10 Z 3 lit. a EStG 1988 idF vor dem 1. StabG 2012 im Rahmen des Veräußerungsgewinnes (siehe auch Rz 782).

(AÖF 2013/280)

5659c Wird die Regelbesteuerungsoption gemäß § 30a Abs. 2 EStG 1988 in Anspruch genommen (siehe dazu Rz 6683), wird auch der auf die Grundstücke des Betriebsvermögens entfallende Veräußerungsgewinn als Teil des Veräußerungsgewinnes im Sinne des § 24 EStG 1988 zum Tarif gemäß § 33 EStG 1988 erfasst. Das Abzugsverbot für Aufwendungen im Zusammenhang mit der Veräußerung von Grundstücken (§ 20 Abs. 2 EStG 1988) ist in diesem Fall bei Veräußerungen nach dem 31.12.2015 nicht anwendbar.

Für die Ermittlung des Veräußerungsgewinnes ist aber der auf Grund und Boden entfallende Veräußerungsgewinn entsprechend der Rz 5659 zu ermitteln und um den Inflationsabschlag und um die Kosten der Mitteilung oder Selbstberechnung gemäß § 30c EStG 1988 zu vermindern (§ 30 Abs. 3 EStG 1988). Bei Veräußerungen nach dem 31.12.2015 ist ein Inflationsabschlag nicht mehr zu berücksichtigen.

Wird im Zuge einer Betriebsveräußerung Grund und Boden entnommen, so ist auch bei Ausübung der Regelbesteuerungsoption der Entnahmewert mit dem Buchwert anzusetzen (siehe dazu auch Rz 2635).

(BMF-AV Nr. 2018/79)

5659d Die Ausübung der Regelbesteuerungsoption hindert nicht die Anwendbarkeit der pauschalen Gewinnermittlung im Sinne des § 30 Abs. 4 EStG 1988 für Grund und Boden, der zum 31.3.2012 nicht steuerverfangen war. In diesem Fall sind für die Ermittlung des Veräußerungsgewinnes an Stelle der Buchwerte der Betriebsgrundstücke die pauschalen Anschaffungskosten nach § 30 Abs. 4 EStG 1988 anzusetzen.

(AÖF 2013/280)

Wertsteigerungen des zum Betriebsvermögen gehörenden Kapitalvermögens sind nach § 27 Abs. 3 und 4 EStG 1988 iVm mit § 27a Abs. 1 EStG 1988 weder beim Gesamtbetrag der Einkünfte noch beim Einkommen zu berücksichtigen. Sie sind daher bei der Ermittlung des Veräußerungsgewinnes im Sinne des § 24 EStG 1988 nicht zu erfassen. Der Teil des Veräußerungsgewinnes, der auf solche Wertsteigerungen entfällt, ist aber gesondert zum besonderen Steuersatz gemäß § 27a Abs. 1 EStG 1988 zu erfassen. **5659e**

Dafür ist der Wert des Kapitalvermögens, soweit kein Kurswert vorhanden ist, idR im Wege einer Verhältnisrechnung zu ermitteln, und zwar in der Weise, dass zunächst die Verkehrswerte aller veräußerten Wirtschaftsgüter des Betriebsvermögens (einschließlich des Wertes des gesamten Kapitalvermögens und eines nach betriebswirtschaftlichen Grundsätzen ermittelten Firmenwertes) festzustellen sind. In dem Verhältnis, das dem Anteil des Wertes des gesamten Kapitalvermögens am Gesamtbetrag der Verkehrswerte entspricht, ist der Veräußerungserlös für den ganzen Betrieb als auf das Kapitalvermögen entfallend zu kürzen. Der auf das Kapitalvermögen entfallende Veräußerungserlös (inklusive der anteilig auf das Kapitalvermögen entfallenden übernommenen Betriebsschulden) ist um die Buchwerte des Kapitalvermögens zu vermindern und der Saldo mit dem besonderen Steuersatz zu versteuern.

(AÖF 2013/280)

Anzahlungen oder Vorauszahlungen, die auf den Kaufpreis geleistet werden, gehören ebenfalls zum Veräußerungserlös. Dies gilt auch dann, wenn der laufende Gewinn nach § 4 Abs. 3 EStG 1988 ermittelt wird. **5660**

Änderungen des Veräußerungserlöses, die erst durch nach Ablauf des Jahres einer Betriebsveräußerung eingetretene Umstände bewirkt werden, sind als Einkünfte aus einer ehemaligen betrieblichen Tätigkeit gemäß § 32 Abs. 1 Z 2 EStG 1988 zu berücksichtigen (VwGH 04.02.2009, 2006/15/0151, zu einem nach der Betriebsveräußerung eingetretenen Forderungsausfall). **5661**

Entfallen solche Änderungen des Veräußerungserlöses (zum Teil) auf Grundstücke, sind die Regeln der Grundstücksbesteuerung zu beachten.

(AÖF 2013/280)

18.2.1.1.2 Betriebsaufgabe

Als Veräußerungsgewinn gilt auch der Gewinn aus der Aufgabe des Betriebes (Teilbetriebes). Werden einzelne Wirtschaftsgüter des Betriebsvermögens im Rahmen der Aufgabe des Betriebes veräußert, ist als Veräußerungserlös die Summe der erzielten Veräußerungspreise anzusetzen. Soweit die Wirtschaftsgüter nicht veräußert werden, ist der gemeine Wert dieser Wirtschaftsgüter im Zeitpunkt der Überführung ins Privatvermögen als Veräußerungspreis anzusetzen. **5662**

Bei Ermittlung des Aufgabegewinnes bleibt ein originärer bzw. derivativer Firmenwert außer Ansatz, weil dieser nicht in das Privatvermögen übernommen werden kann. Wird ein aufgegebener Betrieb später veräußert, ist ein auf den Firmenwert entfallender Erlös als nachträgliche nicht begünstigte betriebliche Einnahme (§ 32 Abs. 1 Z 2 EStG 1988) zu erfassen. Dies kann bspw. bei einer Verpachtungsaufgabe und nachfolgender Veräußerung der Fall sein.

(AÖF 2006/114, AÖF 2013/280)

Werden Grundstücke im Rahmen einer Betriebsaufgabe veräußert oder entnommen, sind die in diesen Grundstücken enthaltenen stillen Reserven im Rahmen des Aufgabegewinnes nicht zu berücksichtigen (siehe dazu Rz 5659). Die Besteuerung der auf die Grundstücke entfallenden stillen Reserven erfolgt aber gesondert mit dem besonderen Steuersatz gemäß § 30a Abs. 1 EStG 1988. **5662a**

Werden Grundstücke im Zuge der Betriebsaufgabe in das Privatvermögen überführt, sind sie – mit Ausnahme des Grund und Bodens – gemäß § 24 Abs. 3 EStG 1988 mit dem gemeinen Wert zu bewerten. Der Grund und Boden ist mit dem Buchwert zu bewerten. Die Ermittlung des gemeinen Wertes kann dabei nicht nach der Grundstückswertverordnung (GrWV) erfolgen, weil nach § 10 BewG 1955 der gemeine Wert durch den Preis bestimmt wird, der im gewöhnlichen Geschäftsverkehr nach der Beschaffenheit des Wirtschaftsgutes bei einer Veräußerung zu erzielen wäre. Zur Ermittlung des Aufgabegewinnes und des gesonderten Veräußerungsgewinnes aus der Grundstücksveräußerung siehe auch Rz 5659 ff.

(BMF-AV Nr. 2018/79)

Nicht zum (begünstigten) Aufgabegewinn, sondern zum laufenden Gewinn zählen Geschäftsfälle, die zur normalen Geschäftstätigkeit gehören, wie zB Warenabverkauf an den bisherigen Abnehmerkreis, auch wenn sie im engsten zeitlichen Zusammenhang mit der Betriebsaufgabe stehen (VwGH 13.04.2005, 2001/13/0028; VwGH 27.06.1989, 88/14/0133); **5663** lediglich atypische Veräußerungsvorgänge, wie die Veräußerung an einen anderen Unternehmer oder an frühere Lieferanten, sind im Rahmen der Ermittlung des Aufgabegewinnes zu erfassen; Zahlungen, die ein Steuerberater in Zusammenhang mit der Beendigung des Auftragsverhältnisses von einem Klienten erhält, zählen ebenfalls nicht zum (begünstigten) Aufgabegewinn (VwGH 28.05.1998, 98/15/0021). Nach Beendigung des Vertragsverhältnisses gemäß § 24 HVertrG 1993 gebührende Entschädigungen des Handelsvertreters (Ausgleichsansprüche, Ablöse von Folgeprovisionen) sind der laufenden Tätigkeit zuzurechnen (VwGH 13.09.1989, 88/13/0042; VwGH 30.06.1970, 0974/70); sie zählen auch dann nicht zum begünstigten Aufgabegewinn, wenn sie mit der gleichzeitigen gänzlichen Einstellung der Tätigkeit zusammenfallen (VwGH 04.06.2003, 97/13/0195; VwGH 29.03.2007, 2006/15/0297). Der Wegfall einer Verbindlichkeit kann zum (begünstigten) Aufgabegewinn gehören, wenn zwischen Wegfall und Betriebsaufgabe ein enger zeitlicher und wirtschaftlicher Zusammenhang besteht.

(AÖF 2011/66)

18.2.1.2 Wert des Betriebsvermögens

5664 Der Veräußerungsgewinn ist für den Zeitpunkt der Veräußerung oder Aufgabe durch einen Betriebsvermögensvergleich nach § 4 Abs. 1 EStG 1988 oder nach § 5 EStG 1988 zu ermitteln, bei dem dem Veräußerungserlös nach Abzug der Veräußerungskosten das nach § 6 EStG 1988 zu Buchwerten bewertete Betriebsvermögen gegenüberzustellen ist (VwGH 15.11.1994, 94/14/0143; VwGH 6.4.1995, 94/15/0194).

5665 Bei Gewinnermittlung durch Einnahmen-Ausgaben-Rechnung ist im Falle der Betriebsveräußerung (Betriebsaufgabe) noch vor Ermittlung des Veräußerungsgewinnes zum Veräußerungsstichtag ein Übergang zum Betriebsvermögensvergleich zu unterstellen und ein Übergangsgewinn (Übergangsverlust) zu ermitteln. Damit wird sichergestellt, dass auf Grund der Gewinnermittlung nach § 4 Abs. 3 EStG 1988 bisher nicht versteuerte Gewinne (nicht berücksichtigte Verluste), die im System des Betriebsvermögensvergleiches weiterhin unberücksichtigt bleiben würden, steuerlich erfasst werden (VwGH 16.12.1998, 93/13/0307). Veräußert ein Einnahmen-Ausgaben-Rechner einen Teilbetrieb, muss er hinsichtlich des Teilbetriebes zum Betriebsvermögensvergleich übergehen (VwGH 11.4.1991, 90/13/0258).

5665a Zahlungen, die im Zeitpunkt der Betriebsveräußerung (Betriebsaufgabe) noch nicht als Forderung bestehen, zählen nicht zum Übergangsgewinn (VwGH 27.7.1999, 94/14/0053). Ist der Tatbestand, der das Entstehen einer Forderung auslöst, erst verwirklicht, nachdem der Betrieb veräußert bzw. aufgegeben wird, hat die Forderung zum Stichtag der Übergangsgewinnermittlung noch nicht bestanden (VwGH 29.3.2007, 2006/15/0297; BFG 18.1.2019, RV/3100533/2017).

Stellt der wesentlich beteiligte Gesellschafter-Geschäftsführer seine Geschäftsführertätigkeit ein und entsteht durch gleichzeitige Ausübung des Wahlrechts mit der Aufgabe des (Geschäftsführungs-)Betriebes der Anspruch auf Kapitalabfindung der Pensionszusage, ohne dass es weiterer – nachgelagerter – Voraussetzungen wie etwa eines Gesellschafterbeschlusses bedarf, entsteht die Forderung auf Kapitalabfindung im Zeitpunkt des Ausscheidens aus der Geschäftsführung und ist im Übergangsgewinn zu erfassen (VwGH 27.11.2014, 2011/15/0101; VwGH 19.4.2018, Ro 2016/15/0017).

(BMF-AV Nr. 2019/75)

5666 Als Wert des Betriebsvermögens im Sinne des § 24 Abs. 2 EStG 1988 ist bei nichtbuchführenden Steuerpflichtigen, die den Gewinn gemäß § 4 Abs. 3 EStG 1988 ermitteln, das Vermögen anzusehen, das sich bei Anwendung eines ständigen Vermögensvergleiches nach § 4 Abs. 1 EStG 1988 als Abschlussvermögen ergeben würde (VwGH 15.11.1963, 1036/62; VwGH 21.10.1986, 86/14/0021); dabei dürfen nur die Anschaffungs- oder Herstellungskosten unter Berücksichtigung der Abschreibungen – nicht aber die Tageswerte – zu Grunde gelegt werden (VwGH 27.11.1964, 8/63; VwGH 30.4.1969, 225/68).

18.2.1.3 Veräußerungskosten

5667 Veräußerungskosten sind bei der Ermittlung des Veräußerungsgewinnes vom Veräußerungserlös in Abzug zu bringen. Darunter sind nur jene dem Verkäufer entstandenen Kosten zu verstehen, die unmittelbar durch die Veräußerung (Aufgabe) verursacht wurden (VwGH 29.11.1963, 1059/62).

Beispiele:

Maklerprovisionen und Vermittlungsgebühren, Gerichts- und Notariatskosten, Vertragserrichtungskosten, Inseratskosten, Reisekosten, Beratungs- und Gutachterkosten, auf die Veräußerung entfallende Abgaben wie bspw. eine gemäß § 12 Abs. 10 ff UStG 1994 zu berichtigende Vorsteuer.

Nachträgliche Veräußerungskosten sind als nachträgliche Betriebsausgaben zu berücksichtigen.

(AÖF 2010/43)

Soweit die Veräußerungskosten auf Grundstücke entfallen und für die aus der Grundstücksveräußerung resultierenden Einkünfte der besondere Steuersatz anwendbar ist, sind sie anteilig unberücksichtigt zu lassen. Zu nicht direkt zuordenbaren Aufwendungen siehe Rz 5659b. Bei der Ermittlung der Einkünfte aus der Grundstücksveräußerung sind die auf die Mitteilung oder Selbstberechnung gemäß § 30c EStG 1988 entfallenden Kosten und anlässlich der Veräußerung entstehende Minderbeträge aus Vorsteuerberichtungen gemäß § 6 Z 12 EStG 1988 zu berücksichtigen. **5668**

(AÖF 2013/280)

18.2.2 Realisierung des Veräußerungsgewinnes

Der Veräußerungsgewinn entsteht im Zeitpunkt der Veräußerung des Betriebes (Mitunternehmeranteiles); das ist der Tag, an dem Besitz, Nutzen und Lasten auf den Erwerber übergehen bzw. ab dem dieser den Betrieb auf seine Rechnung und Gefahr führt (Übergang des wirtschaftlichen Eigentums bzw. Übertragung der Verfügungsgewalt auf den Erwerber). IdR wird der Zeitpunkt der Realisierung von der getroffenen Vereinbarung abhängen, er kann mit dem Vertragstag zusammenfallen oder auf einen späteren Zeitpunkt bezogen werden. Der Zeitpunkt, in dem das Rechtsgeschäft abgeschlossen wird, ist unmaßgeblich (VwGH 21.10.1986, 86/14/0021; siehe auch Rz 5564); ebenso – außer im Falle einer Veräußerung gegen Rente (siehe Rz 5672 ff) – der Zeitpunkt, in dem der Veräußerungspreis dem Veräußerer zufließt (VwGH 20.10.1992, 89/14/0089). **5669**

Auch ein Mitunternehmer scheidet daher zu dem Zeitpunkt aus der Mitunternehmerschaft aus, zu dem der Vertrag auf Abtretung des Mitunternehmeranteils wirksam wird. Der Zeitpunkt der Firmenbucheintragung des neuen Mitunternehmers ist unbeachtlich.

Bezüglich des Zeitpunktes der Gewinnrealisierung treten durch die Neuregelung der Grundstücksbesteuerung keine Änderungen ein (siehe dazu Rz 768).

(AÖF 2013/280)

Der Aufgabegewinn ist auf den Aufgabestichtag bezogen zu ermitteln. Dieser Zeitpunkt ist nicht jener, in dem mit den Aufgabehandlungen begonnen wird, sondern fällt in jenes Jahr, zu dem die Aufgabehandlungen so weit fortgeschritten sind, dass dem Betrieb die wesentlichen Grundlagen entzogen sind (VwGH 16.12.1999, 97/15/0134). Diesem Tag ist das Ergebnis der Aufgabevorgänge zuzurechnen. Dieser Aufgabegewinn kann nur einem einzigen Veranlagungszeitraum zugeordnet werden. **5670**

Beispiel 1:

Einem Bäckereibetrieb werden durch die Veräußerung der Warenvorräte die wesentlichen Grundlagen entzogen (Veräußerungsstichtag = Aufgabezeitpunkt). Diesem Tag ist das Ergebnis der Aufgabevorgänge zuzurechnen, zB der im Folgejahr aber noch im Aufgabezeitraum erzielte Gewinn (Verlust) aus dem Verkauf der noch brauchbaren Anlagegüter (VwGH 19.9.1995, 91/14/0222).

Beispiel 2:

Zu den wesentlichen Grundlagen eines Einzelhandelsbetriebes zählt jedenfalls die Handelsware. Solange noch (von einzelnen nicht oder nur schwer verkäuflichen Restposten bzw. Ladenhütern abgesehen) Handelsware vorhanden ist und laufend veräußert wird, kann nicht davon gesprochen werden, dass dem Betrieb bereits die wesentlichen Grundlagen entzogen sind und der Betrieb somit endgültig und abschließend aufgegeben ist. An der Beurteilung der Handelsware als wesentliche Grundlage eines Einzelhandelsbetriebes ändert es nichts, dass die aus ihrem laufenden Verkauf erzielten Erträge laufenden Gewinn (und nicht Veräußerungsgewinn) bilden (VwGH 23.5.1990, 89/13/0193).

Beispiel 3:

Bei einer in einem gemieteten Lokal betriebenen Gastwirtschaft wird die Betriebsaufgabe nicht schon im Zeitpunkt der vertraglichen Einigung über die Beendigung des Bestandverhältnisses und die Rückgabe des Bestandobjekts, sondern erst im Zeitpunkt der tatsächlichen Übergabe des Lokals an den Bestandgeber dadurch verwirklicht, dass dem Betrieb die essentielle Grundlage entzogen wird (VwGH 20.10.1993, 91/13/0168).

Gleiches gilt für Steuerpflichtige, die ihren laufenden Gewinn gemäß § 4 Abs. 3 EStG 1988 ermittelt haben. **5671**

18.2.3 Veräußerung gegen Renten

5672 Eine Ausnahme von der zeitpunktbezogenen Erfassung des Veräußerungsgewinnes bildet die Veräußerung gegen Leibrente. Die Rentenzahlungen sind, soweit sie den Buchwert des Betriebsvermögens übersteigen, nach Maßgabe ihres Zufließens zu besteuern. Ein Veräußerungsgewinn entsteht erst dann, wenn die Summe der geleisteten Rentenzahlungen den Buchwert des Betriebsvermögens übersteigt (VwGH 28.4.1987, 86/14/0175; VwGH 16.12.1998, 93/13/0307). Erreichen die Rentenzahlungen den Buchwert des Betriebsvermögens nicht, liegt ein Veräußerungsverlust vor.

5673 Wird neben Rentenzahlungen eine Einmalzahlung geleistet, gehört sie zum Veräußerungsgewinn, soweit sie gemeinsam mit den bisher gezahlten Renten die Buchwerte überschreitet. Verteilt sich die steuerliche Erfassung des Veräußerungsgewinnes dadurch auf mehr als eine Besteuerungsperiode, liegen außerordentliche Einkünfte nicht vor.

5674 Stellt eine vereinbarte Leibrente zusammen mit den sonstigen vereinbarten Leistungen keine echte Gegenleistung für den übertragenen Betrieb dar, ist von einer unentgeltlichen Übertragung auszugehen und liegt kein Anwendungsfall des § 24 EStG 1988 vor (zur Abgrenzung der einzelnen Rententypen siehe Rz 7011 ff).

5675 **Rechtslage vor dem 1.4.2012:**

Entfällt ein Teil der Rentenzahlungen bei einem § 4 Abs. 1 EStG – Gewinnermittler auf Grund und Boden, ist der hierauf entfallende Anteil bei der Ermittlung des Veräußerungsgewinnes außer Ansatz zu lassen und nach Maßgabe des § 29 Z 1 EStG 1988 zu erfassen.

Rechtslage nach dem 31.3.2012:

Entfällt ein Teil der Rentenzahlungen auf Grundstücke, ist der hierauf entfallende Anteil (siehe Rz 5659) bei der Ermittlung des Veräußerungsgewinnes im Sinne des § 24 EStG 1988 nicht gesondert anzusetzen, weil auf Grund der steuerlichen Erfassung der Rentenzahlungen nach Maßgabe des Zufließens (siehe Rz 5672), der besondere Steuersatz nach § 30a Abs. 1 EStG 1988 im Falle der Veräußerung gegen Rente nicht zur Anwendung kommt. Mangels Anwendbarkeit des besonderen Steuersatzes kann auch von dem auf Grund und Boden entfallenden Veräußerungsgewinn kein Inflationsabschlag bei Veräußerungen vor dem 1.1.2016 abgezogen werden, sodass sich auch daraus kein Grund für eine gesonderte Ermittlung des anteiligen Veräußerungsgewinnes ergibt.

(BMF-AV Nr. 2018/79)

5675a Entfällt ein Teil der Rentenzahlungen auf Grund und Boden, der zum 31.3.2012 nicht steuerverfangen war, und soll der auf den Grund und Boden entfallende Veräußerungsgewinn unter Ansatz der pauschalen Anschaffungskosten nach § 30 Abs. 4 EStG 1988 ermittelt werden, ist der Buchwert des Grund und Bodens aus dem Gesamtbuchwert des Betriebsvermögens auszuscheiden.

Unter Anwendung der Verhältnismethode sind die auf den Grund und Boden entfallenden Rentenzahlungen zu ermitteln. Für diese anteilige Rentenzahlung ist der Rentenbarwert gemäß § 16 BewG 1955 zu ermitteln.

Der Gesamtbuchwert des Betriebsvermögens (ohne Grund und Boden) ist um 86% bzw. im Falle der Umwidmung gemäß § 30 Abs. 4 Z 1 EStG 1988 um 40% des Rentenbarwertes der auf den Grund und Boden entfallenden Rentenzahlungen zu erhöhen. Ein Veräußerungsgewinn entsteht erst in dem Zeitpunkt, in dem die Summe der geleisteten Rentenzahlungen diesen adaptierten Buchwert überschreitet. Auch in diesem Fall ist der gesamte Veräußerungsgewinn zum Tarif gemäß § 33 EStG 1988 zu versteuern.

Beispiel:

Ein Betrieb (Buchwert 300.000 Euro/Verkehrswert 420.000 Euro) wird gegen Rente (42.000 Euro/Jahr) veräußert. Im Betriebsvermögen befindet sich Grund und Boden (Buchwert 50.000 Euro/Verkehrswert 60.000 Euro), der zum 31.3.2012 nicht steuerhängig war; die Ermittlung des auf Grund und Boden entfallenden Veräußerungsgewinnes soll gemäß § 30 Abs. 4 EStG 1988 erfolgen (keine Umwidmung).

Der auf Grund und Boden entfallende Buchwert in Höhe von 50.000 Euro ist daher vom Gesamtbuchwert abzuziehen. Wird das Verhältnis des Verkehrswertes des Grund und Bodens zum Gesamtverkehrswert der anderen Wirtschaftsgüter (1:6) auf die Rentenzahlung umgelegt, entfällt auf den Grund und Boden eine Rentenzahlung in Höhe von 6.000 Euro jährlich. Für diese Rentenzahlung muss der Rentenbarwert ermittelt werden. In diesem Fall wird der Rentenbarwert mit 60.000 Euro angenommen.

*Der Buchwert des Betriebsvermögens ohne Grund und Boden (250.000 Euro) ist um 51.600 Euro (60.000*0,86) zu erhöhen. Der adaptierte Gesamtbuchwert beträgt daher 301.600 Euro.*

Überschreiten die Rentenzahlungen diesen adaptierten Gesamtbuchwert, entsteht ein Veräußerungsgewinn und die laufenden Rentenzahlungen sind zum Normaltarif zu versteuern.
(AÖF 2013/280)

18.2.4 Kaufpreisstundung und Ratenzahlung

Wird der Preis für einen veräußerten Betrieb laut Kaufvertrag in mehreren Teilbeträgen (Raten) entrichtet, deren Anzahl bereits bei Vertragsabschluss feststeht, handelt es sich nicht um eine Betriebsveräußerung gegen Rente. **5676**

Soll die Bezahlung des vereinbarten Preises für einen veräußerten Betrieb laut Kaufvertrag innerhalb kürzerer Zeit (weniger als ein Jahr) erfolgen, ist nicht davon auszugehen, dass der zu zahlende Betrag bzw. die zu zahlenden Teilbeträge einen Zinsanteil enthalten. Die Bezahlung stellt dann eine steuerneutrale Umschichtung dar. Zum Forderungsausfall siehe Rz 5661. **5677**

(AÖF 2010/43)

Bei der Stundung des vereinbarten Preises auf längere Zeit (ab einem Jahr) oder bei Bezahlung des Preises in Raten über einen längeren Zeitraum ist hingegen davon auszugehen, dass die Raten einen Zinsanteil enthalten. Ist die Verzinsung des gestundeten (in Raten zu entrichtenden) Kaufpreises im Kaufvertrag angemessen geregelt, kann der Barwert des Kaufpreises dem Kaufvertrag entnommen werden. Ansonsten – auch im Fall einer ausdrücklich vereinbarten Zinslosigkeit – ist der banküblichen Sollzinssatz zur Ermittlung des Barwertes – bezogen auf den Zeitpunkt der Betriebsveräußerung – heranzuziehen. Im Fall der Vereinbarung einer Wertsicherung ist der Abzinsungszinssatz entsprechend zu reduzieren. Die Bezahlung einer Rate abzüglich Zinsanteil und Wertsicherung stellt eine steuerneutrale Umschichtung dar; der Zinsanteil und ein als Wertsicherung geleisteter Betrag stellen nachträgliche nicht (begünstigte) betriebliche Einkünfte dar (vgl. VwGH 28.11.2007, 2007/15/0145, zur Abtretung von GmbH-Anteilen gegen Ratenzahlung; VwGH 20.09.2007, 2007/14/0015, zur Wertsicherung einer gemischten Schenkung). Gemäß § 27 Abs. 2 Z 2 EStG 1988 stellt dieser Zinsanteil nachträgliche betriebliche Kapitaleinkünfte dar, die aber gemäß § 27a Abs. 2 Z 1 EStG 1988 nicht dem besonderen Steuersatz unterliegen. **5678**

Dies gilt auch für Zinsen- und Wertsicherungsbeträge, die auf Veräußerungsgewinne iZm Grundstücken des Anlagevermögens entfallen. Zum auf Grundstücke entfallenden Veräußerungsgewinn siehe Rz 5659 ff. Zum Forderungsausfall einer Rate (hinsichtlich des abgezinsten Kapitalanteiles) siehe Rz 5661.

Beispiel:

Ein Betrieb wird per 30. Juni des Jahres 1 um 300.000 Euro verkauft. Der Preis ist in drei gleich hohen Raten zu bezahlen, die erste Rate sofort, die Zweite am 30. Juni des Jahres 2 und die Dritte am 30. Juni des Jahres 3. Das buchmäßige Reinvermögen (Eigenkapital) des Betriebes beträgt unmittelbar vor dem Veräußerungszeitpunkt 200.000 Euro. Als banküblicher Sollzinssatz wird 6% p.a. angenommen.

Unter Barwert ist der auf einen Stichtag bezogene Wert eines erst später fälligen Geldbetrages zu verstehen. Finanzmathematisch wird der Barwert unter Anwendung der Grundsätze der Zinseszinsrechnung ermittelt. Die Grundformel der Zinseszinsrechnung lautet:

*kn = k0 * qn*

k0 = Anfangskapital

kn = Endkapital (inklusive Zinseszinsen) nach n Jahren

q = Verzinsungsfaktor = 1 + p/100 p = Zinssatz in Prozent p.a.

Bei der Ermittlung des Barwertes nach den Grundsätzen der Zinseszinsrechnung entspricht der Barwert dem Anfangskapital und der später fällige Geldbetrag dem Endkapital in obiger Formel. Um den Barwert ablesen zu können, ist die Formel folgendermaßen umzuformen:

k0 (Barwert) = kn (nach n Jahren fälliger Geldbetrag) dividiert durch qn Im vorliegenden Beispiel sind somit:

der Barwert der ersten, nach 0 Jahren fälligen Rate: 100.000/1,060 = 100.000,

der Barwert der zweiten, nach einem Jahr fälligen Rate: 100.000/1,061 =94.339; der Barwert der dritten, nach 2 Jahren fälligen Rate: 100.000/1,062 = 88.999.

Zum Zeitpunkt der Betriebsveräußerung beträgt die Summe dieser Barwerte 283.338 Euro, sodass sich (ohne Freibetrag) ein Veräußerungsgewinn von 83.338 Euro ergibt. Die bald danach erfolgende Zahlung der ersten Rate ist eine erfolgsneutrale Vermögensumschichtung. Die Bezahlung der zweiten Rate nach einem Jahr stellt im Ausmaß von 94.339 Euro eine Vermögensumschichtung und im Ausmaß von 5.661 Euro das Zufließen eines Zinsertrages (nachträgliche betriebliche Kapitaleinkünfte des Jahres 2) dar. Die Bezahlung der dritten Rate im Jahr 3 stellt im Ausmaß von 88.999 Euro eine Vermögensumschichtung und im Ausmaß von 11.001 Euro das Zufließen eines Zinsertrages (nachträgliche betriebliche Kapitaleinkünfte des Jahres 3) dar.

Variante:

Im Betriebsvermögen sind auch Grundstücke enthalten. Der Anteil des Verkehrswertes der Grundstücke am Gesamtverkehrswert des Betriebes beträgt 75.000 Euro, der Buchwert 50.000 Euro. Das Verhältnis der Verkehrswerte der Grundstücke zum übrigen Betriebsvermögen beträgt 1:3. In diesem Verhältnis ist auch der abgezinste Veräußerungserlös aufzuteilen. Auf die Grundstücke entfällt daher ein Veräußerungserlös in Höhe von 70.834,50 Euro (283.338/4). Der auf die Grundstücke entfallende Veräußerungsgewinn von 20.834,50 Euro ist mit dem besonderen Steuersatz von 25% bzw. 30% zu besteuern, der Veräußerungsgewinn aus der Betriebsveräußerung in Höhe von 62.503,50 (= 83.338 – 20.834,50) Euro zum Tarif.

(BMF-AV Nr. 2018/79)

18.2.5 Überschuldeter Betrieb

5679 Bei negativem Betriebsvermögen ist der Veräußerungserlös um das Minuskapital zu erhöhen (VwGH 21.2.1990, 89/13/0050). Wird ein überschuldeter Betrieb lediglich gegen Schuldübernahme übertragen, stellen nur die übernommenen Schulden den Veräußerungserlös dar (VwGH 29.6.1995, 93/15/0134). Das ohne weitere Gegenleistung übernommene negative Betriebsvermögen stellt in diesem Fall nach Abzug der Veräußerungskosten den Veräußerungsgewinn dar. Dies gilt jedoch nur im Falle einer entgeltlichen Übertragung.

5680 Wird ein bloß buchmäßig überschuldeter Betrieb (die stillen Reserven einschließlich Firmenwert sind höher als die buchmäßige Überschuldung) zwischen nahen Angehörigen ohne Zahlung übertragen, liegt in der Regel ein unentgeltlicher Erwerb vor (VwGH 23.10.1990, 90/14/0102; VwGH 29.6.1995, 93/15/0134).

5681 Ist der von einem nahen Angehörigen übernommene Betrieb nicht bloß buchmäßig, sondern wirtschaftlich (real) dergestalt überschuldet, dass stille Reserven und Firmenwert zur Deckung des Negativkapitals nicht ausreichen, dann ist davon auszugehen, dass die Übernahme der nicht im wahren Wert der Aktiven gedeckten Verbindlichkeiten aus außerbetrieblichen Gründen erfolgt; ein Veräußerungsgewinn entsteht in einem solchen Fall nur insoweit, als im übertragenen Betriebsvermögen stille Reserven einschließlich Firmenwert enthalten sind.

5681a Wird ein überschuldeter Betrieb von einem fremden Dritten übernommen, ist regelmäßig davon auszugehen, dass der Wert des übertragenen Betriebes jedenfalls dem Stand der Betriebsschulden entspricht, da Fremde einander in der Regel nichts zu schenken pflegen. Es liegt ein entgeltlicher Vorgang vor, der beim Überträger des Betriebes zu einem Veräußerungsgewinn in Höhe der Differenz zwischen dem Buchwert des Aktivvermögens und den übernommenen Betriebsschulden abzüglich allfälliger damit zusammenhängender Kosten führt. Dies gilt auch für negative Kapitalkonten übertragener Mitunternehmeranteile.

(AÖF 2011/66)

18.2.6 Veräußerung eines land- und forstwirtschaftlichen (Teil-)Betriebes

5682 Zur Ermittlung des Veräußerungsgewinnes siehe Rz 5659 ff.

Zur Aufteilung des Veräußerungserlöses auf die einzelnen Wirtschaftsgüter siehe Rz 5082 ff und 5157 ff.

(AÖF 2013/280)

5683 Bei land- und forstwirtschaftlichen Betrieben ist für Wirtschaftsgüter mit biologischem Wachstum der Ansatz eines über den Anschaffungs- oder Herstellungskosten liegenden Teilwertes zulässig (§ 6 Z 2 lit. b EStG 1988). Wurde von dieser Möglichkeit nicht Gebrauch gemacht, kommt eine Nachholung des Ansatzes der höheren Teilwerte anlässlich der Betriebsveräußerung nicht in Betracht. Dies gilt auch für Einnahmen-Ausgaben-Rechner (VwGH 6.11.1990, 89/14/0244).

5684 Bei einem land- und forstwirtschaftlichen Betrieb braucht sich die jährliche Bestandsaufnahme nicht auf das stehende Holz zu erstrecken. Dies gilt sowohl im Fall einer verpflichtenden als auch im Fall einer freiwilligen Buchführung (§ 125 Abs. 5 BAO).

Dem Veräußerungserlös für das stehende Holz sind die seinerzeitigen Anschaffungs- bzw. Herstellungskosten für das stehende Holz gegenüberzustellen. Wurden zwischen Anschaffung und Verkauf der Forstflächen Holzverkäufe getätigt, sind die seinerzeitigen Anschaffungs- bzw. Herstellungskosten für das stehende Holz um den auf das veräußerte oder entnommene Holz entfallenden Anteil der seinerzeitigen Anschaffungs- bzw. Herstellungskosten zu reduzieren (VwGH 21.10.1986, 86/14/0021). Der Bilanzierer hat den Holzabgang im Materialbuch zu erfassen, in allen anderen Fällen kommt § 125 Abs. 5 BAO nicht zur Anwendung.

Zur pauschalen Ermittlung des Gewinnes aus der Veräußerung von Forstflächen siehe Rz 4194 ff.

(AÖF 2009/74)

Erfolgt die Gewinnermittlung land- und forstwirtschaftlicher Betriebe nach der Durchschnittssatzverordnung (Vollpauschalierung), werden nur die laufenden Geschäftsvorfälle (Erträge) erfasst. Gewinne aus der Veräußerung oder Aufgabe des Betriebes (Teilbetriebes) sind in der Pauschalierung nicht erfasst und daher gesondert zu besteuern (VwGH 30.1.1990, 89/14/0143; VwGH 8.10.1991, 91/14/0013). Zur Feststellung des Veräußerungsgewinnes ist ein fiktiver Buchwert (Anschaffungs- oder Herstellungskosten vermindert um eine rechnerische AfA) zu ermitteln und dem Veräußerungserlös nach Abzug der Veräußerungskosten gegenüberzustellen. Die Anschaffungs- oder Herstellungskosten von Anlagegütern eines Land- und Forstwirtes, der zum Anschaffungszeitpunkt bzw. im Herstellungszeitraum die USt-Pauschalierung gemäß § 22 UStG 1994 in Anspruch genommen hat, sind mit den Nettowerten (also exklusive Vorsteuer) anzunehmen. **5685**

(AÖF 2004/167)

18.2.7 Auflösung von Rücklagen und Investitionsbegünstigungen

Vor der Ermittlung des Veräußerungsgewinnes sind steuerfreie Rücklagen bzw. steuerfreie Beträge aufzulösen. **5686**

Scheiden Wirtschaftsgüter, für die ein Investitionsfreibetrag geltend gemacht wurde, infolge Veräußerung oder Aufgabe des Betriebes innerhalb der Behaltefrist des § 10 Abs. 9 EStG 1988 aus dem Betriebsvermögen aus, ist der volle Investitionsfreibetrag zu Gunsten des Veräußerungsgewinnes aufzulösen (VwGH 8.3.1994, 91/14/0173, betreffend die Veräußerung eines Mitunternehmeranteils). Wird der Betrieb mit Ende der Behaltefrist veräußert oder aufgegeben, unterbleibt eine Nachversteuerung. **5687**

Übertragungsrücklagen nach § 12 EStG 1988 sind ohne Zuschlag zu Gunsten des laufenden Gewinnes aufzulösen (VwGH 30.10.2001, 2001/14/0111). Bei der Veräußerung oder Aufgabe eines Teilbetriebes ist die Rücklage im Restbetrieb weiter zu führen. Da im verbleibenden Betrieb die Möglichkeit der bestimmungsgemäßen Verwendung weiterhin besteht, führt die Teilbetriebsveräußerung nicht zur Nachversteuerung der Übertragungsrücklage (VwGH 26.11.1991, 91/14/0188). **5688**

(AÖF 2002/84)

Die gemäß § 4 Abs. 10 Z 3 lit. b EStG 1988 idF vor dem 1. StabG 2012 gebildete steuerfreie Rücklage (steuerfreier Betrag) ist zu Gunsten des Veräußerungsgewinnes aufzulösen und insoweit die stillen Reserven zum Zeitpunkt der Betriebsveräußerung noch vorhanden sind, mit dem besonderen Steuersatz gemäß § 30a Abs. 1 EStG 1988 zu versteuern; siehe Rz 709 ff. **5689**

(AÖF 2013/280)

18.2.8 Methoden der Ermittlung

Der Veräußerungsgewinn kann auf Grund der sogenannte Brutto- oder Nettomethode ermittelt werden. Die Nettomethode, bei der der Veräußerungsgewinn über das Buchkapitalkonto ermittelt wird, entspricht der gesetzlichen Bestimmung im § 24 Abs. 2 EStG 1988. Bei der Bruttomethode erfolgt die Ermittlung analog zur umsatzsteuerlichen Vorgangsweise. Der gesamte Veräußerungserlös entspricht dem Entgelt im Sinne des UStG 1994. **5690**

18.3 Begünstigungen

18.3.1 Freibetrag (§ 24 Abs. 4 EStG 1988)

Der Freibetrag iSd § 24 Abs. 4 EStG 1988 steht ggf. sowohl für den Fall der Veräußerung als auch für den Fall der Aufgabe von Betrieben, Teilbetrieben oder Mitunternehmeranteilen zu. Bei der Veräußerung sowie Aufgabe eines ganzen Betriebes beträgt der Freibetrag 7.300 €. Bei der Veräußerung und Aufgabe eines Teilbetriebes steht jener Anteil von 7.300 € zu, der dem (tatsächlichen) Anteil des Teilbetriebes am gesamten Betriebsvermögen (nach dem Verhältnis der Teilwerte, hilfsweise dem der Buchwerte) entspricht. Bei der Veräußerung und Aufgabe eines Mitunternehmeranteiles ergibt sich der entsprechende Anteil aus dem Verhältnis der vertraglichen Kapitalbeteiligung (Verhältnis des Kapitalkontos des **5691** ausscheidenden Gesellschafters zur Summe der Kapitalkonten). Für Körperschaften, die unter § 7 Abs. 3 KStG 1988 fallen, ist der Freibetrag nicht anwendbar.

(AÖF 2002/84)

5691a Der im Zuge einer Betriebsveräußerung oder –aufgabe auf Grundstücke entfallende Veräußerungsgewinn ist bei Anwendung des besonderen Steuersatzes gemäß § 30a Abs. 1 EStG 1988 nicht Teil des Veräußerungsgewinnes im Sinne des § 24 EStG 1988. Daher ist der Freibetrag bei den Gewinnen aus Grundstücksveräußerungen iZm mit einer Betriebsveräußerung nicht zu berücksichtigen. Es kommt auch zu keiner anteiligen Kürzung des Freibetrages hinsichtlich der Berücksichtigung beim Veräußerungsgewinn im Sinne des § 24 EStG 1988.

(AÖF 2013/280)

5692 Der Freibetrag steht für einen Veräußerungsvorgang und Abschluss des Kaufvertrages nach dem 14. Februar 1996 sowie für einen Aufgabevorgang nach diesem Stichtag nicht mehr zu,

- wenn von der Progressionsermäßigung nach § 37 Abs. 2 oder 3 EStG 1988 Gebrauch gemacht wird,
- wenn die Veräußerung unter § 37 Abs. 5 EStG 1988 fällt, dh. wenn dem Antrag auf Anwendung des Hälftesteuersatzes entsprochen wird, oder
- wenn die Progressionsermäßigung nach § 37 Abs. 7 EStG 1988 ausgeschlossen ist (siehe Rz 7366).

Soll der Freibetrag für die Veräußerung eines Mitunternehmeranteiles geltend gemacht werden, muss dies bereits in der Feststellungserklärung erfolgen. Mit der Geltendmachung des Freibetrages sind jedoch tarifliche Vergünstigungen nach § 37 EStG 1988 im Einkommensteuerverfahren ausgeschlossen (VwGH 25.6.2020, Ra 2019/15/0016).

(BMF-AV Nr. 2021/65)

5693 Der Freibetrag ist eine sachliche Befreiung und keine Tarifbegünstigung (VwGH 26.9.1985, 85/14/0090). Er steht grundsätzlich nur im Jahr der Betriebsveräußerung bzw. -aufgabe zu. Treffen ein laufender Verlust und ein Veräußerungs-(Aufgabe-)Gewinn aus einem Betrieb (Teilbetrieb, Mitunternehmeranteil) in einem Besteuerungszeitraum zusammen, ist vorrangig der Freibetrag vom Veräußerungs(Aufgabe-)Gewinn in Abzug zu bringen und erst danach der laufende Verlust abzuziehen (VwGH 22.6.1983, 83/13/0024).

5694 Es handelt sich um einen betriebsbezogenen Freibetrag. Veräußert ein Steuerpflichtiger in einem Jahr mehrere selbständige betriebliche Einheiten, so kommt für jede dieser betrieblichen Einheiten jeweils der sich aus § 24 Abs. 4 EStG 1988 ergebende Freibetrag in Betracht. Veräußert zB ein Einzelunternehmer seinen Betrieb und einen (im Betriebsvermögen befindlichen) Mitunternehmeranteil, so kann gegebenenfalls für die Betriebsveräußerung ein Freibetrag zustehen und für den damit veräußerten Mitunternehmeranteil zusätzlich ein weiterer Freibetrag. Werden mehrere Teilbetriebe zeitlich getrennt veräußert, steht der Freibetrag gegebenenfalls für jeden veräußerten Teilbetrieb zu. Werden Teilbetriebe in einem erkennbaren Zusammenhang schrittweise veräußert, ist der Freibetrag jedoch für jeden veräußerten Teilbetrieb zu aliquotiern und steht insgesamt nur einmal zu.

18.3.2 Anrechnung von Erbschafts- und Schenkungssteuer, Grunderwerbsteuer und Stiftungseingangssteuer (§ 24 Abs. 5 EStG 1988)

(AÖF 2009/74)

5695 Wurde eine betriebliche Einheit iSd § 24 Abs. 1 EStG 1988 innerhalb der letzten drei Jahre vor der Veräußerung oder Aufgabe der betrieblichen Einheit erworben und infolge des Erwerbes Erbschafts- oder Schenkungssteuer entrichtet, ist (Rechtsanspruch) die Einkommensteuer vom Veräußerungsgewinn im Ausmaß der sonst entstehenden Doppelbelastung der stillen Reserven (bei demselben Steuerpflichtigen) zu ermäßigen oder zu erlassen (vgl. VwGH 8.4.1987, 84/13/0282; VwGH 3.6.1987, 86/13/0020). Die Anrechnung setzt einen Antrag im Veranlagungsverfahren voraus, der bis zur Rechtskraft des Einkommensteuerbescheides gestellt werden kann.

Für nach dem 31. Juli 2008 erfolgte unentgeltliche Übertragungsvorgänge fällt an Stelle der Erbschafts- oder Schenkungssteuer für Grundstücke Grunderwerbsteuer bzw. bei Übertragungen an Privatstiftungen Stiftungseingangssteuer an. Wird eine betriebliche Einheit innerhalb von drei Jahren nach einem mit Grunderwerbsteuer bzw. Stiftungseingangssteuer belasteten unentgeltlichen Erwerb veräußert, ist die Einkommensteuer (Körperschaftsteuer) vom Veräußerungsgewinn im Ausmaß der Doppelbelastung der stillen Reserven zu ermäßigen oder zu erlassen.

(AÖF 2011/66)

Sind bei Betriebsveräußerungen oder –aufgaben nach dem 31.3.2012 im Veräußerungsgewinn auch Gewinne aus der Veräußerung oder Entnahme von Grundstücken des Anlagevermögens enthalten, sind diese Gewinne kein Teil des Veräußerungsgewinnes im Sinne des § 24 EStG 1988, wenn sie dem besonderen Steuersatz unterliegen. Soweit die nach § 24 Abs. 5 EStG 1988 anrechenbare Steuer daher im Zusammenhang mit Grundstücken steht, ist § 24 Abs. 5 EStG 1988 nicht anwendbar, weil die Grundvoraussetzung des Vorliegens eines Veräußerungsgewinnes im Sinne des § 24 EStG 1988 nicht gegeben ist. **5695a**

Nach Rz 767 ist allerdings § 30 Abs. 8 EStG 1988 im betrieblichen Bereich analog anzuwenden. Daher ist auch im Falle der Betriebsveräußerung oder -aufgabe die Erbschafts- und Schenkungssteuer, Grunderwerbsteuer und Stiftungseingangssteuer im Ausmaß der sonst entstehenden Doppelbelastung der stillen Reserven auf die Steuer, die auf die Grundstücksveräußerung entfällt, anzurechnen. Die Rz 5696 und 5697 sind daher auch in diesen Fällen sinngemäß zu beachten.

(AÖF 2013/280)

Im Falle der Ausübung der Regelbesteuerungsoption ist § 24 Abs. 5 EStG 1988 auch hinsichtlich der Grundstücke des Anlagevermögens anzuwenden. Die Anwendung der pauschalen Gewinnermittlung im Sinne des § 30 Abs. 4 EStG 1988 für Grund und Boden des Altvermögens hindert die Anwendbarkeit des § 24 Abs. 5 EStG 1988 nicht. **5695b**

(AÖF 2013/280)

„Der Dreijahreszeitraum beginnt für alle Erwerbe von Todes wegen mit der gerichtlichen Einantwortung und nicht mit dem Erbfall (VwGH 10.12.1974, 0860/74; VwGH 13.09.1988, 88/14/0022); bei der Schenkung mit dem tatsächlichen Vollzug (Verfügungsgeschäft) des Schenkungsvertrages. Der Dreijahreszeitraum beginnt bei Erwerb als Legatar mit der Erlangung der Verfügungsgewalt über das Legat. Die Anrechnung der Erbschafts- oder Schenkungssteuer ist an die bescheidmäßige Festsetzung, nicht jedoch an die Entrichtung innerhalb des Dreijahreszeitraumes gebunden (VwGH 13.09.1988, 88/14/0022). Ebenso ist auch die Anrechnung der Grunderwerbsteuer bzw. der Stiftungseingangssteuer an die Selbstberechnung bzw. die bescheidmäßige Festsetzung gebunden. Der Zeitpunkt der Bezahlung der Erbschafts- oder Schenkungssteuer, der Grunderwerbsteuer und der Stiftungseingangssteuer ist für den Fristenlauf unmaßgeblich (VwGH 08.04.1987, 84/13/0282 zur Erbschafts- oder Schenkungssteuer). Die (nachträgliche) Entrichtung der Erbschafts- und Schenkungssteuer, der Grunderwerbsteuer bzw. der Stiftungsseingangssteuer ist für die Anrechnung ein rückwirkendes Ereignis im Sinne des § 295a BAO. **5696**

(AÖF 2009/74)

Zur Ermittlung des Anrechnungsbetrages ist die gesamte entrichtete Erbschaftssteuer bzw. Stiftungseingangssteuer zu den gesamten (nicht mit Passiva saldierten) Aktiva ins Verhältnis zu setzen (VwGH 8.4.1987, 84/13/0282). Mit dem Steuersatz, der sich aus diesem Verhältnis ergibt, sind letztlich sämtliche Aktiva des Erwerbes belastet; da die Schulden die betrieblichen und außerbetrieblichen Aktiva gleichermaßen kürzen, unterbleibt eine wirtschaftliche Zurechnung (VwGH 25.3.1992, 90/13/0191; VwGH 20.02.2008, 2006/15/0351); sie finden jedoch in der Höhe der entrichteten Erbschaftssteuer bereits ihren Niederschlag. Das Ausmaß der anzurechnenden Erbschaftssteuer ist mit der auf den Veräußerungsgewinn entfallenden Einkommensteuer begrenzt. Zur Anrechnung der Grunderwerbsteuer siehe Rz 6680. **5697**

Zur Ermittlung des Anrechnungsbetrages siehe die nachfolgenden Berechnungsbeispiele (VwGH 8.4.1987, 84/13/0282):

Beispiel (gilt für die Stiftungseingangssteuer sinngemäß):

Betriebsvermögen		*Privatvermögen*	
Aktiva: Buchwerte	*200.000 Euro*	*Aktiva (Verkehrswerte)*	*500.000 Euro*
Stille Reserven	*400.000 Euro*	*Passiva*	*100.000 Euro*
Passiva	*500.000 Euro*		
ErbSt (angenommen mit)	*44.000 Euro*		

Berechnung der auf die stillen Reserven entfallenden ErbSt:

Summe der Aktiva	*1,100.000 Euro*	
Belastungsprozentsatz	*4%*	
anrechenbare ErbSt	*16.000 Euro*	*(= 4% von 400.000 Euro)*

(AÖF 2009/74, AÖF 2013/280)

18.3.3 Gebäudebegünstigung (§ 24 Abs. 6 EStG 1988)

18.3.3.1 Allgemeines

5698 Nach § 24 Abs. 6 EStG 1988 unterbleibt in bestimmten Fällen der Betriebsaufgabe auf Antrag die Erfassung der stillen Reserven des zum Betriebsvermögen gehörenden Teiles des dem Betriebsinhaber bis zur Betriebsaufgabe als Hauptwohnsitz dienenden Gebäudes. Dadurch soll verhindert werden, dass stille Reserven des Gebäudes versteuert werden müssen, die nicht realisiert werden können, ohne dass gleichzeitig der bisherige Hauptwohnsitz aufgegeben werden müsste.

(AÖF 2007/88)

5699 Ausgenommen von der Besteuerung sind die auf das gesamte Gebäude entfallenden stillen Reserven, unabhängig davon, ob die als Wohnung des Betriebsinhabers dienenden Gebäudeteile auf Grund ihres Anteils an der gesamten Nutzfläche zum Betriebsvermögen oder zum Privatvermögen gehört haben. Von der Begünstigung sind auch stille Reserven erfasst, die auf den dem Gebäude zugehörigen Grund und Boden entfallen (vgl. VwGH 14.12.2006, 2005/14/0038; VwGH 28.10.2009, 2009/15/0168). Bei Betriebsaufgaben nach dem 31.3.2012 sind von der Begünstigung nur die stillen Reserven des Gebäudes erfasst. Grund und Boden ist bei Ausscheiden aus dem Betriebsvermögen mit dem Buchwert zu bewerten (§ 24 Abs. 3 EStG 1988), wodurch es zu keiner Aufdeckung stiller Reserven kommt.

(AÖF 2013/280)

5699a „Gebäude" im Sinn des § 24 Abs. 6 EStG 1988 ist eine bautechnische Einheit. Mehrere bautechnische Einheiten sind daher als mehrere Gebäude anzusehen. Sollte sich der Hauptwohnsitz auf mehr als ein Gebäude (bautechnische Einheit) erstrecken, ist nur jenes von der Begünstigung umfasst, das im Verhältnis zum anderen überwiegend für die Wohnbedürfnisse des Steuerpflichtigen Verwendung findet. Befinden sich in einem Gebäude jene Räume, die sich nach der Verkehrsauffassung als für das Wohnen erforderlich erweisen, ist nur dieses und nicht auch ein weiteres Gebäude von der Begünstigung erfasst (VwGH 14.12.2006, 2005/14/0038).

(AÖF 2007/88)

5700 Die Begünstigung des § 24 Abs. 6 EStG 1988 ist steuersubjektbezogen auszulegen. Sie ist anzuwenden auf

- Alleineigentum,
- Miteigentum,
- gemeinschaftliches Eigentum von Mitunternehmern,
- Wohnungseigentum.

5701 Erforderlich ist, dass jeweils derselbe Steuerpflichtige an Teilen desselben Gebäudes Eigentum inne hat. Eine Eigentumswohnung ist ertragsteuerlich ein selbständiges Wirtschaftsgut, das einem Grundstück gleichgehalten wird (siehe Rz 567). Die Begünstigung des § 24 Abs 6 EStG 1988 kommt nur dann zum Tragen, wenn dieselbe Eigentumswohnung teilweise im Betriebsvermögen und teilweise im Privatvermögen mit Hauptwohnsitzcharakter steht. Befindet sich bspw ein Geschäftslokal im Erdgeschoss eines Gebäudes im alleinigen Eigentum des Betriebsinhabers und die eheliche Wohnung im Obergeschoss in seinem Alleineigentum oder in jenem seiner Ehegattin, kommt § 24 Abs. 6 EStG 1988 nicht zur Anwendung.

(AÖF 2002/84)

5702 Stellt eine Mitunternehmerschaft ihre Tätigkeit im Sinne des § 24 Abs. 3 EStG 1988 ein, so kommt § 24 Abs. 6 EStG 1988 sowohl für Gebäude(teile) im gemeinschaftlichen Eigentum der Mitunternehmer wie auch für Gebäude(teile), die im Alleineigentum des Mitunternehmers (Sonderbetriebsvermögen) stehen, in Betracht. Die Begünstigung ist gesellschafterbezogen auszulegen und kommt somit zur Anwendung, wenn die gesetzlichen Erfordernisse beim einzelnen Gesellschafter vorliegen.

5703 Keine Anwendung findet § 24 Abs. 6 EStG 1988 für Arbeitnehmerwohngebäude, die gemäß § 8 Abs. 2 Z 1 lit. a EStG 1972 vorzeitig abgeschrieben wurden (§ 118 Abs. 1 EStG 1988).

18.3.3.2 Anwendungsfälle

5704 Die Besteuerung der stillen Reserven unterbleibt nur dann, wenn eine Betriebsaufgabe erfolgt und einer der folgenden Fälle vorliegt:

- Der Steuerpflichtige ist gestorben und es wird dadurch eine Betriebsaufgabe veranlasst (zum Zeitraum, innerhalb dessen eine begünstigte Betriebsaufgabe erfolgen kann, siehe Rz 7313).
- Der Steuerpflichtige ist wegen körperlicher und geistiger Behinderung in einem Ausmaß erwerbsunfähig, dass er nicht in der Lage ist, seinen Betrieb fortzuführen oder die

mit seiner Stellung als Mitunternehmer verbundenen Aufgaben oder Verpflichtungen zu erfüllen (siehe Rz 7314 ff).

- Der Steuerpflichtige hat das 60. Lebensjahr vollendet und stellt seine Erwerbstätigkeit ein. Eine Erwerbstätigkeit liegt nicht vor, wenn der Gesamtumsatz aus den ausgeübten Tätigkeiten 22.000 Euro und die gesamten Einkünfte aus den ausgeübten Tätigkeiten 730 Euro im Kalenderjahr nicht übersteigen (siehe Rz 7316 ff).

(AÖF 2012/63)

Begünstigt ist nur die Aufgabe des gesamten Betriebes. Bei einer Teilbetriebsaufgabe oder einer Betriebsveräußerung kommt die Begünstigung des § 24 Abs. 6 EStG 1988 nicht zur Anwendung (vgl. VwGH 24.06.2003, 2000/14/0178). Ebenso ist die Begünstigung bei einer Einbringung nach Art. III UmgrStG auf die Entnahme des Gebäudes aus dem Sonderbetriebsvermögen in das Privatvermögen nicht anzuwenden. **5705**

(AÖF 2011/66)

Wird das Gebäude anlässlich eines unentgeltlichen Betriebsüberganges ins Privatvermögen übernommen, liegt eine Entnahme zum Teilwert vor, die nicht nach § 24 Abs. 6 EStG 1988 begünstigt ist (VwGH 29.6.1995, 93/15/0134). **5706**

18.3.3.3 Voraussetzungen

18.3.3.3.1 Gebäude, Hauptwohnsitz

Die Begünstigung des § 24 Abs. 6 EStG 1988 erstreckt sich nur auf Gebäude, die bis zur Aufgabe des Betriebes Hauptwohnsitz des Steuerpflichtigen gewesen sind. **5707**

Der Begriff des Gebäudes (siehe auch Rz 3139 ff) im Sinne des § 24 Abs. 6 EStG 1988 wird nicht durch Gesichtspunkte wirtschaftlicher Zusammengehörigkeit bestimmt, sondern durch bautechnische Kriterien. Die Steuerfreiheit der stillen Reserven für das Wohngebäude kann bei Aufgabe eines Betriebes daher nicht für ein Betriebsgebäude beansprucht werden, das bautechnisch (wenn auch nur wenige Meter) vom Wohngebäude getrennt ist (VwGH 19.2.1991, 91/14/0031).

Der Begriff des Wohnsitzes richtet sich nach § 26 Abs. 1 BAO. Liegt nur ein Wohnsitz vor, ist dieser in der Regel der Hauptwohnsitz. Bei mehreren Wohnsitzen gilt als Hauptwohnsitz derjenige, zu dem die engeren persönlichen und wirtschaftlichen Beziehungen bestehen (Mittelpunkt der Lebensinteressen; siehe auch Rz 6630 ff). **5708**

(BMF-AV Nr. 2019/75)

Die nur kurzfristige Begründung des Hauptwohnsitzes in einem zum Betriebsvermögen gehörenden Gebäudeteil ist bei Vorliegen mehrerer Wohnsitze nicht ausreichend. Von einer kurzfristigen Begründung ist jedenfalls auszugehen, wenn die Wohnung nur wenige Monate als Hauptwohnsitz gedient hat. Für Betriebsaufgaben ab der Veranlagung 2005 muss das Gebäude in Anlehnung an § 30 Abs. 2 Z 1 EStG 1988 in den beiden vor der Erfassung des Aufgabegewinnes liegenden Kalenderjahren durchgehend der Hauptwohnsitz des Steuerpflichtigen gewesen sein. **5709**

(AÖF 2005/110)

18.3.3.3.2 Verfügungsbeschränkungen

Das Gebäude (der Gebäudeteil) darf innerhalb von fünf Jahren (60 Monaten) nach Aufgabe des Betriebes weder vom Steuerpflichtigen selbst noch von einem unentgeltlichen Rechtsnachfolger veräußert werden. **5710**

(AÖF 2009/74)

Für Betriebsaufgaben ab der Veranlagung 2005 ist die Vermietung des Gebäudes oder von Gebäudeteilen zu Betriebszwecken ebenso unschädlich wie die (gänzliche) Vermietung zu Wohnzwecken oder die unentgeltliche Übertragung. Auch eine mit der Betriebsaufgabe verbundene endgültige Betriebsverpachtung (siehe dazu Rz 5647 ff) berührt die Begünstigung nicht. **5710a**

(AÖF 2009/74)

Für Betriebsaufgaben ab der Veranlagung 2005 ist sowohl die entgeltliche als auch die unentgeltliche Überlassung des Gebäudes für betriebliche Zwecke unschädlich. **5711**

(AÖF 2009/74)

Für Betriebsaufgaben ab der Veranlagung 2005 ist auch die komplette Vermietung des Gebäudes für Wohnzwecke unschädlich. **5712**

(AÖF 2009/74)

18.3.3.3.3 Übertragung stiller Reserven

5713 Die Begünstigung des § 24 Abs. 6 EStG 1988 kommt nicht zur Anwendung, wenn auf das Gebäude stille Reserven übertragen worden sind (siehe auch Rz 5698 ff). Eine zeitliche Befristung für eine solche Übertragung sieht das Gesetz nicht vor.

18.3.4 Nachversteuerung

5714 Wird das Gebäude (der Gebäudeteil) innerhalb von fünf Jahren (60 Monaten) nach Aufgabe des Betriebes durch den Steuerpflichtigen oder einen unentgeltlichen Rechtsnachfolger (Erbe, Geschenknehmer) veräußert, kommt es zur Nacherfassung der bisher unversteuerten stillen Reserven beim Steuerpflichtigen oder seinem/n Erben. Die Veräußerung gilt als rückwirkendes Ereignis im Sinne des § 295a BAO, das die Steuerfestsetzung im Wege der Abänderung des Bescheides des Aufgabejahres nach sich zieht, wobei die nacherfasste stille Reserve zum (begünstigten) Aufgabegewinn gehört.

Der Eintritt des rückwirkenden Ereignisses ist dem zuständigen Finanzamt vom Steuerpflichtigen anzuzeigen, wenn das rückwirkende Ereignis in der Begründung des Bescheides angeführt ist (§ 120 Abs. 3 BAO). Nachversteuert wird maximal jene steuerfrei belassene stille Reserve, die durch die nachfolgende Veräußerung tatsächlich realisiert worden ist. Sollte es daher zwischen der Betriebsaufgabe und der tatsächlichen Veräußerung des Gebäudes zu einer Wertminderung des Gebäudes kommen, reduziert diese die Bemessungsgrundlage bis maximal null (= bei Verkauf zum seinerzeitigen Restbuchwert, aber auch darunter).

Bei Betriebsaufgaben ist zu unterscheiden:

Betriebsaufgabe vor dem 1.4.2012:

Die Nachversteuerung der steuerfrei gebliebenen stillen Reserven erfolgt zum Tarif des Jahres der Betriebsaufgabe.

Sind nachträgliche Wertsteigerungen eingetreten, sind diese bei Veräußerungen vor dem 1.4.2012 nur bei Vorliegen der Voraussetzungen des § 30 EStG 1988 idF vor dem 1. StabG 2012 als Spekulationseinkünfte zu erfassen. Bei Veräußerung nach dem 31.3.2012 liegen Einkünfte aus privaten Grundstücksveräußerungen vor. Als Anschaffungskosten gilt in diesem Fall der (bereits nach § 24 Abs. 6 EStG 1988 nacherfasste) gemeine Wert im Zeitpunkt der Betriebsaufgabe.

Betriebsaufgabe nach dem 31.3.2012:

Die Nachversteuerung der steuerfrei gebliebenen stillen Reserven erfolgt zum besonderen Steuersatz.

Sind nachträgliche Wertsteigerungen eingetreten, sind diese als Einkünfte aus privaten Grundstücksveräußerungen zu erfassen.

Als Anschaffungskosten gilt in diesem Fall der (bereits nach § 24 Abs. 6 EStG 1988 nacherfasste) gemeine Wert im Zeitpunkt der Betriebsaufgabe.

Wird im Veräußerungsfall ein unter dem Buchwert im Zeitpunkt der Betriebsaufgabe liegender Veräußerungserlös erzielt, gilt als Anschaffungskosten der Buchwert im Zeitpunkt der Betriebsaufgabe. Im Zeitpunkt der Veräußerung kommt es somit zu einem Verlust aus privaten Grundstücksveräußerungen.

Beispiel:

Buchwert	*100*	*100*	*100*
gemeiner Wert bei Betriebsaufgabe	*180*	*180*	*180*
Stille Reserve	*80*	*80*	*80*
Späterer Veräußerungserlös	*150*	*200*	*90*
Nachzuversteuern sind	*50*	*80*	*0*
Einkünfte gemäß § 30 EStG 1988	*0*	*20*	*-10*

(AÖF 2013/280)

5714a Wird das Gebäude nach Ablauf der fünfjährigen Nachversteuerungsfrist veräußert, gilt als Anschaffungskosten ebenfalls der gemeine Wert inklusive der nunmehr unversteuerten stillen Reserven zum Zeitpunkt der Betriebsaufgabe. Es kommt somit nur zur Erfassung der über diese unversteuerten stillen Reserven hinausgehenden Wertsteigerung.

Beispiel:

Buchwert	*100*	*100*	*100*
gemeiner Wert bei Betriebsaufgabe	*180*	*180*	*180*

Stille Reserve	*80*	*80*	*80*
Späterer Veräußerungserlös nach mehr als 5 Jahren	*150*	*200*	*90*
Nachzuversteuern sind	*0*	*0*	*0*
Einkünfte gemäß § 30 EStG 1988	*0*	*20*	*-10*

(AÖF 2013/280)

Im Falle der Betriebsaufgabe vor dem 31.3.2012 kann es dazu kommen, dass das nunmehr im Privatvermögen befindliche Gebäude zum 31.3.2012 nicht steuerverfangen war. Daher ist im Falle der späteren Veräußerung die pauschale Einkünfteermittlung nach § 30 Abs. 4 EStG 1988 anzuwenden. Unabhängig davon, ob die Veräußerung innerhalb oder außerhalb der fünfjährigen Nachversteuerungsfrist nach § 24 Abs. 6 EStG 1988 erfolgt, können die Einkünfte pauschal nach § 30 Abs. 4 EStG 1988 ermittelt werden. Ein allfälliger Verlust kann sich allerdings nur bei Anwendung des § 30 Abs. 3 EStG 1988 ergeben. **5714b**

Daneben ist im Falle der Nachversteuerung nach § 24 Abs. 6 EStG 1988 auch der Nachversteuerungsbetrag (die stillen Reserven zum Zeitpunkt der Betriebsaufgabe) zu berücksichtigen. Übersteigt der Aufgabewert des Gebäudes die pauschalen Anschaffungskosten nach § 30 Abs. 4 EStG 1988, können die pauschal ermittelten Einkünfte nicht um diesen Differenzbetrag gekürzt werden; eine Doppelerfassung von stillen Reserven kann allerdings durch eine Einkünfteermittlung nach den allgemeinen Grundsätzen vermieden werden.

Dieselben Grundsätze gelten auch für den Fall, dass die Veräußerung außerhalb der fünfjährigen Nachversteuerungsfrist erfolgt.

Beispiel 1:

Ein im Jahr 1990 angeschafftes Betriebsgebäude dient dem Stpfl auch als Hauptwohnsitz. Der Betrieb wird zum 31.12.2011 aufgegeben. Die auf den betrieblich genutzten Gebäudeteil entfallenden stillen Reserven von 80.000 Euro (Buchwert 70.000 Euro/Aufgabewert 150.000 Euro) werden gemäß § 24 Abs. 6 EStG 1988 nicht erfasst.

Im Jahr 2015 wird das Gebäude um 180.000 Euro veräußert.

Die stillen Reserven in Höhe von 80.000 Euro sind gemäß § 24 Abs. 6 EStG 1988 über § 295a BAO im Aufgabejahr nachzuerfassen.

*Im Jahr der Veräußerung sind hinsichtlich des den Aufgabegewinn übersteigenden Veräußerungserlöses Einkünfte gemäß § 30 EStG 1988 zu erfassen. Da es sich hier um ein Altgebäude handelt, sind die Einkünfte nach § 30 Abs. 4 EStG 1988 pauschal zu ermitteln. Wird von keiner Umwidmung ausgegangen, betragen die pauschalen Anschaffungskosten 154.800 Euro (180.000*0,86). Diese übersteigen den Aufgabewert, es kommt daher zu keiner Doppelerfassung.*

Beispiel 2:

*Bei identem Sachverhalt wird das Gebäude um 170.000 Euro veräußert. In diesem Fall betragen die gemäß § 30 Abs. 4 EStG 1988 ermittelten pauschalen Anschaffungskosten 146.200 Euro (170.000*0,86). Eine Doppelerfassung von stillen Reserven in Höhe von 3.800 Euro kann nur durch die Ermittlung der Einkünfte nach § 30 EStG 1988 an Hand der tatsächlichen Verhältnisse (§ 30 Abs. 3 EStG 1988) verhindert werden. Bei der Ermittlung der Einkünfte nach § 30 Abs. 3 EStG 1988 ist der Aufgabewert vom Veräußerungserlös in Abzug zu bringen. Der Saldo in Höhe von 20.000 Euro ist sodann nach § 30 EStG 1988 zu erfassen.*

Beispiel 3:

Bei identem Sachverhalt wird das Gebäude um 170.000 Euro im Jahr 2018 veräußert. Es kommt zu keiner Nachversteuerung nach § 24 Abs. 6 EStG 1988. Im Falle der pauschalen Einkünfteermittlung nach § 30 Abs. 4 EStG 1988 käme es aber zu einer teilweisen Nacherfassung der gemäß § 24 Abs. 6 EStG 1988 endgültig steuerfreien stillen Reserven in Höhe von 3.800 Euro. Dies kann nur verhindert werden, in dem die Einkünfte gemäß § 30 EStG 1988 an Hand der tatsächlichen Verhältnisse ermittelt werden. Auch in diesem Fall ist der Aufgabewert vom Veräußerungserlös in Abzug zu bringen und nur die nach der Betriebsaufgabe eingetretene Wertsteigerung von 20.000 Euro zu versteuern.

(AÖF 2013/280)

Die Nachversteuerung von nach § 24 Abs. 6 EStG 1988 steuerfrei gebliebenen stillen Reserven ist auch dann vorzunehmen, wenn die Voraussetzungen der Hauptwohnsitzbefreiung nach § 30 Abs. 2 Z 1 EStG 1988 im Zeitpunkt der Veräußerung des Gebäudes erfüllt sind. **5714c**

Beispiel:

Ein Gebäude wird von einem Steuerpflichtigen seit der Anschaffung als Hauptwohnsitz genutzt. Das Gebäude besteht aus zwei „Wohnungen", wobei die zweite „Wohnung" für betriebliche Zwecke genutzt wird und 30% der Gesamtfläche ausmacht. Es liegt daher ein Eigenheim im Sinne des § 18 Abs. 1 Z 3 lit. b EStG 1988 vor.

Im Zuge der Betriebsaufgabe bleiben die auf den betrieblich genutzten Teil des Gebäudes entfallenden stillen Reserven in Höhe gemäß § 24 Abs. 6 EStG 1988 steuerfrei.

Zwei Jahre nach der Betriebsaufgabe wird das Gebäude veräußert. Grundsätzlich liegen Einkünfte nach § 30 EStG 1988 vor, doch weil es sich um ein Eigenheim handelt und auch die übrigen Voraussetzungen des § 30 Abs. 1 Z 2 EStG 1988 erfüllt sind, kommt die Hauptwohnsitzbefreiung zur Anwendung. Ungeachtet der Hauptwohnsitzbefreiung sind allerdings die zum Zeitpunkt der Betriebsaufgabe auf den betrieblich genutzten Teil des Gebäudes entfallenden stillen Reserven nach § 24 Abs. 6 EStG 1988 nachzuversteuern.

(AÖF 2013/280)

5715 **Rechtslage für Betriebsaufgaben vor dem 1.4.2012:**

Die Einkünfte aufgrund der Nachversteuerung sind – gemäß § 295a BAO als rückwirkendes Ereignis – im Aufgabejahr anzusetzen. Der Hälftesteuersatz des § 37 Abs. 5 EStG 1988 kommt nur dann zur Anwendung, wenn auch für den restlichen Aufgabegewinn die Voraussetzungen nach § 37 Abs. 5 EStG 1988 vorgelegen sind (Antragstellung, Ablauf der Siebenjahresfrist seit der Betriebseröffnung oder dem letzten entgeltlichen Erwerbsvorgang). Hat der Steuerpflichtige für den (restlichen) Aufgabegewinn die Dreijahresverteilung nach § 37 Abs. 2 Z 1 EStG 1988 beansprucht, kann der nachzuversteuernde Betrag in die Dreijahresverteilung eingebunden oder das Wahlrecht für den gesamten Aufgabegewinn neu ausgeübt werden. Die ex-nunc-Nachversteuerung in Zehntelbeträgen bei gleichzeitiger Anwendung des Hälftesteuersatzes (siehe Fassung bis zur Veranlagung 2004) ist nur in Übergangsfällen ohne Option auf die neue Rechtslage möglich.

Rechtslage für Betriebsaufgaben nach dem 31.3.2012:

Die Einkünfte aufgrund der Nachversteuerung sind – gemäß § 295a BAO als rückwirkendes Ereignis – im Aufgabejahr anzusetzen. Wurde im Rahmen der Veranlagung des Aufgabejahres nicht von der Regelbesteuerungsoption Gebrauch gemacht, kommt der besondere Steuersatz gemäß § 30a Abs. 1 EStG 1988 zur Anwendung. Die Regelbesteuerungsoption kann aber auch im Rahmen des § 295a BAO für das Aufgabejahr erstmals ausgeübt oder widerrufen werden.

(AÖF 2013/280)

5716 Wird das Gebäude nach der Betriebsaufgabe vom Steuerpflichtigen unter Lebenden unentgeltlich übertragen und vom Geschenknehmer innerhalb von fünf Jahren nach der Betriebsaufgabe des Geschenkgebers veräußert, kommt es zur Nacherfassung der bisher unversteuerten stillen Reserven im Jahr der Betriebsaufgabe beim Geschenkgeber bzw. dessen Erben als Gesamtrechtsnachfolger des Geschenkgebers.

(AÖF 2010/43)

5717 Wurde ein Nachversteuerungstatbestand verwirklicht, kann dieser nicht durch rückwirkende Vereinbarungen beseitigt werden (VwGH 22.9.1999, 99/15/0109).

18.3.5 Kürzung der AfA-Bemessungsgrundlage bei nachträglicher Gebäudenutzung (gilt für Betriebsaufgaben im Geltungsbereich § 24 Abs. 6 EStG 1988 idF AbgÄG 2004)

(AÖF 2006/114)

5717a Wird das Gebäude nach der Betriebsaufgabe (auch außerhalb des Fünfjahreszeitraumes) vom Steuerpflichtigen oder seinem unentgeltlichen Rechtsnachfolger zur Einkünfteerzielung genutzt, ist der jeweils maßgebende steuerliche Wertansatz (zB Teilwert bei Einlage in einen Betrieb; gemeiner Wert zum Zeitpunkt der Betriebsaufgabe bei Nutzung zur Vermietung durch den Steuerpflichtigen selbst, siehe Rz 6433e; fiktive Anschaffungskosten im Zeitpunkt der Vermietung nach Rz 6432 bei Nutzung durch den Rechtsnachfolger) um die nicht versteuerte stille Reserve (maximal auf Null) zu kürzen.

Der gekürzte Wert bildet sodann die Grundlage für die Absetzung für Abnutzung. Wird das Gebäude innerhalb der Fünfjahresfrist veräußert und kommt es damit zur Versteuerung der stillen Reserven, ist die Kürzung des Wertansatzes gemäß § 295a BAO rückwirkend zu korrigieren und damit die AfA rückwirkend für jedes Jahr bis zur Veräußerung zu erhöhen. Kommt es mangels Veräußerung zu keiner Nachversteuerung, bleibt der gekürzte Wertansatz für die AfA bzw. spätere Einlage weiterhin (auch nach Ablauf der Fünfjahresfrist) maßgeblich.

Beispiel:

Bei einem gemischt genutzten Gebäude mit einem Buchwert von 20.000 €, auf das die Voraussetzungen des § 24 Abs. 6 EStG 1988 zutreffen, wird die anlässlich der Betriebs-

aufgabe im Jahr 1 aufgedeckte stille Reserve von 100.000 Euro (gemeiner Wert 120.000 €) nicht erfasst. Der nicht privat genutzte Gebäudeteil (ehemaliges Betriebsvermögen) wird im Jahr 3 vom Steuerpflichtigen vermietet. Als Wertansatz im Rahmen der Bemessung der Absetzung für Abnutzung käme der gemeine Wert (120.000 €) zum Zeitpunkt der Betriebsaufgabe in Betracht (vgl. Rz 6433e). Dieser Wertansatz ist um die unversteuerte stille Reserve (100.000 €) zu kürzen, sodass die AfA-Bemessungsgrundlage 20.000 Euro (Buchwert bei Betriebsaufgabe) beträgt. Die AfA beträgt daher auf Basis von 1,5% 300 Euro pro Jahr).

Wird das Gebäude im Jahr 5 um 120.000 Euro veräußert, ist die bisher unversteuerte stille Reserve (100.000 Euro) im Rahmen der gemäß § 295a BAO geänderten Veranlagung des Jahres 1 zu versteuern. Überdies ist die AfA der Jahre 3 und 4 durch Änderung der Veranlagungen dieser Jahre gemäß § 295a BAO zu korrigieren: Auf Basis des gemeinen Wertes von 120.000 Euro würde die AfA pro Jahr 1.800 Euro betragen, sodass die AfA der Jahre 3 und 4 um jeweils 1.500 Euro zu erhöhen ist.

(AÖF 2010/43, AÖF 2013/280, BMF-AV Nr. 2019/75)

Wird das Gebäude nach der begünstigten Betriebsaufgabe wieder in ein Betriebsvermögen eingelegt, hat die Einlage des Gebäudes mit dem um die unversteuerten stillen Reserven verminderten Teilwert zu erfolgen. Wird das Gebäude sodann vor Ablauf der fünfjährigen Sperrfrist veräußert, führt dies zur Nachversteuerung der bei der Betriebsaufgabe aufgedeckten stillen Reserven im Aufgabejahr (§ 295a BAO) und zur Versteuerung der (restlichen) stillen Reserve im Veräußerungsjahr. Wird das Gebäude hingegen erst nach Ablauf der fünfjährigen Sperrfrist veräußert, ist die gesamte stille Reserve im Veräußerungsjahr zu erfassen. **5717b**

Beispiel (vereinfachend bleibt die AfA unberücksichtigt):

A gibt im Jahr 1 seinen Betrieb auf. § 24 Abs. 6 ist anwendbar, hinsichtlich des Betriebsgebäudes mit einem Buchwert von 20 und einem gemeinen Wert von 120 unterbleibt die steuerliche Erfassung der stillen Reserve in Höhe von 100. Im Jahr 2 schenkt A das Gebäude seinem Sohn B, der es in seinen Betrieb einlegt (Teilwert 150). B verkauft das Gebäude

a) im Jahr 3,

b) im Jahr 7

um 300.

Im Fall a) hat A im Wege der Änderung (§ 295a BAO) des Bescheides des Jahres 1 100 nachzuversteuern. B hat die Differenz zwischen dem Buchwert (=vereinfacht – ohne AfA – der ungekürzte Einlagewert von 150) und dem Veräußerungserlös (300), somit 150 im Jahr 3 zu versteuern.

Im Fall b) hat A nichts nachzuversteuern, da die Fünfjahresfrist bereits abgelaufen ist. B hat die Differenz zwischen dem Buchwert (= vereinfacht – ohne AfA – der um die unversteuerte stille Reserve gekürzte Teilwert von 50) und dem Veräußerungserlös (300), somit 250 im Jahr 7 zu versteuern.

(AÖF 2006/114)

18.3.6 Inkrafttreten des § 24 Abs. 6 EStG 1988 idF AbgÄG 2004

(AÖF 2006/114)

Gemäß § 124b Z 110 EStG 1988 tritt § 24 Abs. 6 EStG 1988 idF AbgÄG 2004 grundsätzlich ab der Veranlagung 2005 in Kraft. Ist die Gebäudebegünstigung bereits in einem früheren Veranlagungzeitraum wirksam geworden, gelten grundsätzlich die bis zur Veranlagung 2004 maßgebenden Bestimmungen (Nachversteuerungstatbestände, ex-nunc-Nachversteuerung, etc) innerhalb des nachversteuerungshängigen Fünfjahreszeitraums auch ab 2005 weiter. Wird vom Steuerpflichtigen (oder seinem/n Erben) ein Nachversteuerungstatbestand gesetzt, kann allerdings (unwiderruflich) in die Rechtslage idF AbgÄG 2004 optiert werden. Die Option muss schriftlich gegenüber dem zuständigen Finanzamt bis 31.12. jenes Jahres ausgeübt werden, in dem ein (nach bisheriger Rechtslage schädlicher) Nachversteuerungstatbestand gesetzt worden ist. **5717c**

(AÖF 2006/114)

18.4 Umgründungen (§ 24 Abs. 7 EStG 1988)

Ein Veräußerungsgewinn ist nicht zu ermitteln, soweit das UmgrStG eine Buchwertfortführung vorsieht. Zu einem Veräußerungsgewinn kommt es anlässlich einer Umgründung nur dann, wenn die Buchwertfortführung entweder auf Grund der Bestimmungen des UmgrStG nicht möglich ist oder das UmgrStG ein Wahlrecht einräumt und im Rahmen dessen auf die Buchwertfortführung verzichtet wird (VwGH 29.1.1998, 97/15/0197). **5718**

Wird im Rahmen eines unter Buchwertfortführung erfolgenden Umgründungsvorganges ein Wirtschaftsgut ins Privatvermögen übernommen, liegt eine Entnahme vor, auf die eine steuerliche Begünstigung aus dem Titel der Betriebsveräußerung nicht angewendet werden kann (vgl VwGH 29.1.1998, 97/15/0197).

(AÖF 2003/209)

5719 Fällt die gesellschaftsvertragliche Übertragung von (Teil-)Betrieben oder Mitunternehmeranteilen nicht unter Art. IV oder V UmgrStG (zB bei realer Überschuldung), ist der Veräußerungsgewinn auf den nach dem UmgrStG maßgeblichen Stichtag zu beziehen. Analog zur Regelung in § 6 Z 14 EStG 1988 bleiben im Falle eines misslungenen Zusammenschlusses oder einer misslungenen Realteilung die in den Art. IV und V UmgrStG für diese Tatbestände vorgesehenen Rückwirkungen erhalten; der Veräußerungsgewinn ist in diesen Fällen auf den rückwirkenden Stichtag zu beziehen. Die Rückwirkung bezieht sich in diesem Fall nicht auf mit einer Geldeinlage oder sonstigen Wirtschaftsgütern Beitretende; diese nehmen demnach am Betriebsergebnis frühestens ab dem Abschlusstag des Zusammenschlussvertrages teil. Auch sind die übrigen Wirkungen des UmgrStG nicht anwendbar (zB Umsatzsteuer, Verkehrsteuern), siehe UmgrStR 2002 Rz 1506 ff, Rz 1640 ff.

(AÖF 2004/167)

Randzahlen 5720 bis 5800: *derzeit frei*

19. Mitunternehmerschaften. Vermögensverwaltende Personengesellschaften

19.1 Allgemeines, Begriffsbestimmung, Zuordnung zu den Einkunftsarten

19.1.1 Allgemeines

Personengesellschaften und Personenvereinigungen ohne eigene Rechtspersönlichkeit sind kein Steuersubjekt und damit als solche nicht einkommensteuerpflichtig. Die Gewinne der Personengesellschaft werden im Wege der Gewinnfeststellung anteilig bei ihren Gesellschaftern erfasst. Gesellschafter von Personengesellschaften können natürliche und juristische Personen sein. **5801**

(AÖF 2010/43)

19.1.2 Begriff

„Mitunternehmerschaft" ist kein unternehmensrechtlicher, sondern ein rein steuerlicher Begriff. Als Mitunternehmerschaften gelten nur solche Personengesellschaften, die im Rahmen eines Betriebes unternehmerisch tätig sind. Ihre Gesellschafter als Mitunternehmer erzielen daher betriebliche Einkünfte (Einkünfte aus Land- und Forstwirtschaft, selbständiger Arbeit oder Gewerbebetrieb). **5802**

(AÖF 2008/238)

Der Gewinn/Verlust der Mitunternehmerschaft wird nach den allgemeinen Gewinnermittlungsvorschriften (§§ 4 bis 14 EStG 1988, § 17 EStG 1988) ermittelt und unter Beachtung der besonderen Leistungsbeziehungen (§ 21 Abs. 2 Z 2 EStG 1988, § 22 Z 3 EStG 1988, § 23 Z 2 EStG 1988) auf die einzelnen Mitunternehmer verteilt und zur Einkommensbesteuerung erfasst. Ist an einer Mitunternehmerschaft eine andere Mitunternehmerschaft beteiligt, dann vermittelt diese den an ihr beteiligten natürlichen oder juristischen Personen Mitunternehmerstellung, die Anteile an den Einkünften der Mutter-Personengesellschaft werden festgestellt und bei den Gesellschaftern der Tochter-Personengesellschaft gemäß ihrem Beteiligungsverhältnis erfasst. **5803**

(AÖF 2010/43)

Mitunternehmer ist nur, wer Unternehmerwagnis eingeht (Entfalten von Unternehmerinitiative und Übernahme von Unternehmerrisiko). Das Zutreffen dieser Voraussetzungen ist grundsätzlich für jeden Gesellschafter einer Personengesellschaft zu prüfen. Ist ein Gesellschafter nach Prüfung dieser Kriterien nicht Mitunternehmer, dann erzielt er keine betrieblichen Einkünfte. Ist ein Gesellschafter nicht Mitunternehmer, kann er echter stiller Gesellschafter mit Einkünften aus Kapitalvermögen sein; sein Gewinnanteil ist bei der Personengesellschaft Betriebsausgabe. Er könnte auch bloßer Darlehensgeber oder weisungsgebundener Dienstnehmer sein. Dies ist anhand der tatsächlichen Verhältnisse und der Rechts- und Vertragsgestaltung zu beurteilen. **5804**

19.1.2.1 Unternehmerinitiative und Unternehmerrisiko

Unternehmerinitiative entfaltet, wer betriebliche Abläufe mitgestaltet, indem er entweder die Geschäfte führt oder Stimmrechte ausübt oder Kontroll- und Widerspruchsrechte wahrnimmt (VwGH 29.6.1995, 94/15/0103). Es ist nicht notwendig, dass er die ihm zustehenden Rechte auch tatsächlich wahrnimmt, es reicht die Möglichkeit dazu. **5805**

Keine mitunternehmerische Betätigung wird durch eine bloße Gebrauchsregelung gemeinschaftlicher Wirtschaftsgüter begründet. Die im Zuge einer solchen Gebrauchsregelung zu leistenden Zahlungen auf ein Gemeinschaftskonto zur Deckung der Betriebskosten stellen daher keine Einkünfte dar (VwGH 27.2.2014, 2011/15/0082, zu einem gemeinschaftlichen Erwerb und Nutzung landwirtschaftlicher Maschinen). **5805a**

(BMF-AV Nr. 2015/133)

Unternehmerrisiko übernimmt, wer an den wirtschaftlichen Risken des Unternehmens teilnimmt. Der Mitunternehmer hat Erfolg oder Misserfolg des Unternehmens mitzutragen. IdR zeigt sich dies in der Beteiligung am Gewinn/Verlust, den stillen Reserven und dem Firmenwert der Gesellschaft, aber auch in der Haftung für Gesellschaftsschulden. Trotz fehlender Mitunternehmerinitiative ist die Mitunternehmerstellung des atypisch stillen Gesellschafters wegen seiner Teilnahme an den stillen Reserven und am Firmenwert zu bejahen (VwGH 23.2.1994, 93/15/0163). Grundsätzlich wird die Mitunternehmerstellung nach dem Vorliegen von Unternehmerwagnis insgesamt zu beurteilen sein, dh, dass zu geringe Unternehmerinitiative durch höheres Unternehmerrisiko kompensiert wird. **5806**

Mitunternehmerstellung liegt nicht vor, wenn **5807**

- der Gesellschafter bei Auflösung der Gesellschaft oder bei seinem unfreiwilligen Ausscheiden aus dieser auf den Buchwert seines Anteils beschränkt wird. Dies gilt nicht für den Fall des Ausscheidens zur Unzeit oder der Kündigung des Gesellschaftsverhältnisses zur Unzeit (VwGH 17.5.1989, 85/13/0176; VwGH 29.4.1981, 3122/79);

- dem Gesellschafter für den Fall des Ausscheidens aus der Gesellschaft nur eine Pauschalabfindung für seinen Anteil zusteht, da er nicht nach dem inneren Wert seines Anteils abgeschichtet wird. Wird jedoch im Gesellschaftsvertrag eine Abschichtung zwischen 90 und 150% seiner Kapitaleinlage vereinbart, kann Mitunternehmerstellung vorliegen (VwGH 23.2.1994, 93/15/0163);
- der Gesellschafter bloß am Gewinn der Gesellschaft beteiligt ist, ohne einen Anspruch auf Abgeltung von Vermögenswertsteigerungen zu haben; ein solcher Gesellschafter hat gegenüber der Gesellschaft bloße Gläubigerstellung;
- ein befristetes Gesellschaftsverhältnis mit Buchwertabfindung bei Fristablauf vorliegt;
- der Gesellschafter nur an den stillen Reserven des Umlaufvermögens und des beweglichen Anlagevermögens beteiligt ist.

5808 Nicht schädlich für die Annahme der Mitunternehmerstellung ist es, wenn der Gesellschafter keine Vermögenseinlage leistet, sondern als reiner Arbeitsgesellschafter seine Arbeitskraft einbringt.

Zur Anerkennung einer Mitunternehmerschaft zwischen nahen Angehörigen siehe Rz 1181 ff.

Zur Liebhaberei siehe LRL 2012 Rz 112 ff.

(AÖF 2013/280)

19.1.2.2 Typische Erscheinungsformen der Mitunternehmerschaft

5809 Das Vorliegen der für eine Mitunternehmerschaft erforderlichen Voraussetzungen ist bei jeder Personengesellschaft zu prüfen, doch besteht bei den im § 23 Z 2 EStG 1988 beispielhaft aufgezählten Gesellschaften schon auf Grund ihrer unternehmensrechtlichen Ausgestaltung eine (widerlegliche) Vermutung dafür (VwGH 23.2.1994, 90/13/0042).

(AÖF 2008/238)

19.1.2.2.1 Offenen Gesellschaft (OG), offene Handelsgesellschaft (OHG)

5810 Die Gesellschafter einer OG (OHG) (§§ 105 ff UGB) haften gegenüber den Gläubigern der Gesellschaft unbeschränkt. Sie sind idR Mitunternehmer (VwGH 11.6.1974, 0769/72; VwGH 23.2.1994, 90/13/0042). Siehe auch Rz 430m.

(AÖF 2007/88)

19.1.2.2.2 Die Kommanditgesellschaft

5811 Der Kommanditist ist idR Mitunternehmer, wenn die Beteiligung in einer Form erfolgt, die zumindest den zwingenden gesetzlichen Bestimmungen des UGB über die KG entspricht (Leistung einer Einlage, Stimm-, Widerspruchs-, Kontrollrecht, Beteiligung am Gewinn und Verlust sowie bei Ausscheiden bzw. Liquidation an den stillen Reserven und Firmenwert). Die Komplementär-GmbH ist als Mitunternehmer anzusehen, auch wenn sie reiner Arbeitsgesellschafter ohne Vermögenseinlage und ohne Teilnahme am Vermögen ist. Die Übernahme der Geschäftsführung und das Risiko der unbeschränkten Haftung reichen für die Annahme der Mitunternehmerstellung aus (VwGH 7.2.1989, 86/14/0121, 86/14/0122).

(AÖF 2007/88)

Randzahlen 5812 bis 5814: *derzeit frei*

(BMF-AV Nr. 2018/79)

19.1.2.2.3 Die atypisch stille Gesellschaft

5815 Die (typische oder echte bzw. atypische oder unechte) stille Gesellschaft tritt nach außen nicht in Erscheinung, sondern entwickelt Rechtsverbindlichkeit bloß im Innenverhältnis. Bei einer stillen Gesellschaft beteiligt sich der Gesellschafter an einem Unternehmen, das ein anderer betreibt, mit einer Vermögenseinlage. Im Unterschied zum echten stillen Gesellschafter ist der atypisch Stille nicht nur am Erfolg, sondern auch an den stillen Reserven und dem Firmenwert des Geschäftsherrn beteiligt. IdR stellen mehrere atypisch stille Gesellschaften mit demselben Geschäftsherrn nur eine Mitunternehmerschaft dar.

(AÖF 2008/238)

5816 Das Vorliegen der Mitunternehmerstellung für atypisch Stille wird bejaht, wenn

- der Gesellschafter trotz fehlender Unternehmerinitiative ausreichendes Unternehmerrisiko eingegangen ist. Dies ist dann der Fall, wenn er bei Auflösung der Gesellschaft oder Beendigung des Gesellschaftsverhältnisses an den stillen Reserven und am Firmenwert beteiligt ist (Ausnahme: Ausscheiden zur Unzeit, VwGH 29.4.1981, 13/3122/79; VwGH 17.5.1989, 85/13/0176);

- keine Pauschalabfindung für den Fall der Abschichtung vereinbart wurde; eine Abschichtung zwischen 90 und 150% der Kapitaleinlage gilt nicht als Pauschalabfindung (VwGH 23.2.1994, 93/15/0163).

Keine Mitunternehmerstellung liegt vor, wenn 5817

- eine bloße Gewinnbeteiligung ohne Teilnahme an den Vermögenswertsteigerungen vereinbart wurde;
- ein befristetes Gesellschaftsverhältnis mit Buchwertabschichtung bei Fristablauf, aber Vermögensmehrwertteilnahme bei Beendigung vor Fristablauf vereinbart wurde.

Bei der GmbH & Still beteiligt sich eine Person am Unternehmen einer GmbH mit einer 5818
Vermögenseinlage und ist dafür am laufenden Erfolg und an den während des Bestehens des Gesellschaftsverhältnisses geschaffenen Vermögenswertsteigerungen des Geschäftsherrn beteiligt.

(AÖF 2007/88)

Ist der Stille gleichzeitig Gesellschafter der GmbH, ist die steuerliche Anerkennung einer 5819
Mitunternehmerschaft an strenge Voraussetzungen geknüpft. Ein mitunternehmerisches Gesellschaftsverhältnis ist dann nicht anzuerkennen, wenn

- die gesellschaftsrechtlichen Vereinbarungen nicht den Anforderungen entsprechen, die an Verträge unter nahen Angehörigen gestellt werden. Dies sind insbesondere ausreichendes und nicht erst nachträgliches Bekanntmachen nach außen (zumindest der Abgabenbehörde gegenüber), ein eindeutiger, klarer, keinen Zweifel lassender Inhalt und Fremdvergleichbarkeit;
- sich der Alleingesellschafter der GmbH deshalb als atypisch Stiller beteiligt, um die Verluste der GmbH zu lukrieren (VwGH 2.2.2000, 97/13/0199);
- das vom stillen Gesellschafter zugeführte Kapital in wirtschaftlicher Betrachtungsweise Eigenkapital der GmbH ersetzt, welches für die Erfüllung ihres Unternehmenszweckes unbedingt erforderlich ist. Ob Eigenkapitalersatz vorliegt, ist auch daran zu messen, wie das Verhältnis zwischen Eigenkapital und Mittelbedarf ist, ob eine wesentlich unter dem Branchendurchschnitt liegende Eigenkapitalausstattung gegeben ist und Fremdfinanzierung von außen noch erlangbar wäre (VwGH 18.10.1989, 88/13/0180);
- der Gesellschafter einer GmbH dieser in Form der atypisch stillen Beteiligung Mittel zuführt zum Zweck der Verlustübernahme und Sanierung der GmbH (VwGH 11.12.1990, 89/14/0140);
- eine atypisch stille Gesellschaft nur auf Verlustzuweisungen ausgerichtet ist (Liebhaberei).

Für den Fall einer Nichtanerkennung der Mitunternehmerschaft ist die Vermögenseinlage 5820
des GmbH-Gesellschafters als steuerneutrale Einlage zu behandeln.

19.1.2.2.4 Die Gesellschaft nach bürgerlichem Recht (GesBR)

Eine GesBR ist eine Gesellschaft, die nicht ins Firmenbuch eingetragen wird und deren 5821
Gründung an keinen bestimmten Formalakt gebunden ist. Sie wird im allgemeinen nur anerkannt, wenn sie nach außen ausreichend in Erscheinung tritt. Die Gesellschafter sind dann als Mitunternehmer anzusehen, wenn sie Unternehmerinitiative entfalten und Unternehmerrisiko eingehen. Handelt es sich um eine reine Innengesellschaft, dann ist der nach außen nicht in Erscheinung tretende Gesellschafter in der Regel nur dann Mitunternehmer, wenn er am Betriebserfolg und am Betriebsvermögen beteiligt ist (VwGH 29.11.1994, 93/14/0150). Eine bloße Umsatzbeteiligung reicht zur Begründung einer Mitunternehmerschaft nicht aus.

Ein Anwendungsfall der GesBR ist die Arbeitsgemeinschaft. Sie ist Mitunternehmerschaft 5822
nach den allgemeinen Voraussetzungen. Wird die ARGE nur zur Erfüllung eines einzigen Werkvertrages gegründet, gelten die Betriebsstätten der ARGE als anteilige Betriebstätten der ARGE-Partner.

Für Wirtschaftsjahre, die nach dem 31.12.2014 beginnen, gelten die Betriebsstätten der ARGE nur dann als anteilige Betriebstätten der ARGE-Partner, wenn die ARGE zur Erfüllung nur eines einzigen Werkvertrages gegründet wird und der mit dem Auftraggeber bei Auftragsvergabe nach dem 31.12.2014 vereinbarte Auftragswert 700.000 Euro (ohne Umsatzsteuer) nicht übersteigt (§ 2 Abs. 4 letzter Satz EStG 1988, § 188 Abs. 4 lit. d BAO). Maßgebend ist dabei der bei der Vertragsvergabe vereinbarte Auftragswert (keine periodische Betrachtung). Übersteigt der zur Erfüllung eines einzigen Werkvertrages vereinbarte Auftragswert diesen Betrag, hat nach den allgemeinen Grundsätzen des § 188 Abs. 1 BAO ein Feststellungsverfahren zu erfolgen. Dabei hat das Feststellungsverfahren keinen Einfluss auf zwischenbetriebliche Leistungsverrechnungen zwischen den ARGE-Partnern. Leistungen des Gesellschafters mit eigenem Gewerbebetrieb, die zu fremdüblichen Bedingungen an die Gesellschaft, an der er beteiligt ist, erbracht werden, sind wie Leistungen zwischen fremden Unternehmen anzuerkennen. Wirtschaftsgüter, die ein Gesellschafter der ARGE überlässt, stellen kein Sonderbetriebsvermögen der ARGE dar, da die Überlassung nicht auf Dauer erfolgt.

(BMF-AV Nr. 2018/79)

19.1.2.2.5 Die Erbengemeinschaft

5823 Führen die Erben eines Einzelunternehmers dessen Betrieb fort, dann werden sie grundsätzlich zu Mitunternehmern (VwGH 26.5.1998, 93/14/0191). Es liegt eine GesBR vor, die Mitunternehmerstellung der einzelnen Erben ist nach den allgemeinen Regeln zu beurteilen. Zur Erbauseinandersetzung siehe Rz 134a ff.

(BMF-AV Nr. 2018/79)

19.1.2.2.6 Die mitunternehmerische Unterbeteiligung

5824 Bei einer Unterbeteiligung beteiligt sich eine natürliche oder juristische Person am Mitunternehmeranteil eines Personengesellschafters (Hauptgesellschafters). Hat der Unterbeteiligte nicht nur Anteil am Gewinn/Verlust des Hauptgesellschafters, sondern auch an den stillen Reserven und dem Firmenwert, dann ist er Mitunternehmer und erzielt betriebliche Einkünfte, wenn die Hauptgesellschaft betriebliche Einkünfte erzielt. Ist der Unterbeteiligte nur am Gewinn des Hauptgesellschafters beteiligt, dann ist er nicht Mitunternehmer, sondern bloß Gläubiger des Hauptgesellschafters. Die ihm in diesem Fall zustehenden Einkünfte aus Kapitalvermögen sind nicht in der Einkünftefeststellung, sondern erst in der Einkommensteuerveranlagung des Hauptgesellschafters zu berücksichtigen (VwGH 5.3.1979, 2217/78).

(AÖF 2010/43)

5825 Der mitunternehmerisch Unterbeteiligte erzielt ausschließlich betriebliche Einkünfte. Zwischen der Hauptgesellschaft und dem mitunternehmerisch Unterbeteiligten ist zB ein allenfalls zivilrechtlich beachtliches Dienstverhältnis nicht möglich.

5826 Ist die Unterbeteiligung den Gesellschaftern der Hauptgesellschaft bekannt, besteht die Mitunternehmerschaft des Unterbeteiligten bereits im Verhältnis zur Hauptgesellschaft. Sie ist dann bereits bei der Gewinnfeststellung der Hauptgesellschaft zu berücksichtigen (VwGH 15.1.1991, 87/14/0053). Ist die Unterbeteiligung den Gesellschaftern der Hauptgesellschaft nicht bekannt, besteht die Mitunternehmerschaft nur im Verhältnis zum Hauptgesellschafter und muss in einem zweiten Feststellungsverfahren, in welchem der Gewinnanteil des Hauptgesellschafters aus der Hauptgesellschaft verteilt wird, berücksichtigt werden.

(AÖF 2010/43)

5827 Erbringt ein mitunternehmerisch Unterbeteiligter gegenüber der Hauptgesellschaft Leistungen (Dienstleistungen, Hingabe von Darlehen, Überlassung von Wirtschaftsgütern), dann sind die Leistungsvergütungen als Gewinnanteile gemäß § 23 Z 2 EStG 1988 zu behandeln. Ist die Unterbeteiligung den Gesellschaftern der Hauptgesellschaft nicht bekannt, sind die Leistungsvergütungen im zweiten Feststellungsverfahren dem Gewinnanteil des Unterbeteiligten zuzurechnen.

19.1.2.2.7 Fruchtgenuss

5828 Ein Fruchtgenussberechtigter an einem Gesellschaftsanteil ist nur dann Mitunternehmer, wenn er die dem Fruchtgenussbesteller zustehenden Einflussmöglichkeiten an der Geschäftsführung ausüben kann und am Betriebserfolg, den stillen Reserven und dem Firmenwert beteiligt ist. Beteiligung nur am Gewinn des Fruchtgenussbestellers reicht nicht aus zur Begründung der Mitunternehmerstellung des Fruchtnießers. Ohne Einflussmöglichkeit des Fruchtnießers verbleibt der Gewinnanteil beim Fruchtgenussbesteller; gleiches gilt, wenn der Fruchtnießer daneben bereits Mitunternehmer der Gesellschaft ist.

19.1.2.2.8 Treuhandverhältnisse

5829 Wird die Beteiligung an einer Personengesellschaft treuhändisch gehalten wird, dann ist für die Beurteilung der Mitunternehmerstellung des Treugebers bzw. gegebenenfalls des Treuhänders die rechtliche Gestaltung des Treuhandvertrages ausschlaggebend. Mitunternehmer ist in der Regel der Treugeber (vgl. VwGH 15.3.1977, 2653/76). Hingegen ist der Treuhänder Mitunternehmer, wenn ihm gegenüber der Treugeber bloß eine Geldforderung und keinen Anspruch auf Herausgabe des Treuhandvermögens hat und der Treuhänder persönliches Unternehmerrisiko trägt und Unternehmerinitiative entfaltet (vgl. VwGH 25.11.1999, 97/15/0118; 19.12.1990, 86/13/0136).

Ist bei einer aus zwei Personen bestehenden Gesellschaft ein Gesellschafter bloß Treuhänder des anderen, dann handelt es sich um ein Einzelunternehmen. 5830

19.1.3 Zuordnung zu den Einkunftsarten

19.1.3.1 Allgemeines

Eine Mitunternehmerschaft liegt nur vor, wenn betriebliche Einkünfte erzielt werden (Einkünfte aus Land- und Forstwirtschaft, Einkünfte aus selbständiger Arbeit, Einkünfte aus Gewerbebetrieb). 5831

Gewerbliche Einkünfte – und daher eine Mitunternehmerschaft – liegen aber auch dann vor, wenn eine bloß vermögensverwaltende Personengesellschaft an einer gewerblichen Personengesellschaft beteiligt ist. Die gewerbliche Tätigkeit der Untergesellschaft färbt gemäß § 2 Abs. 4 EStG 1988 auf die bloß vermögensverwaltende beteiligte Gesellschaft ab (Abfärbetheorie). Der umgekehrte Fall, dass eine gewerbliche Personengesellschaft oder eine Kapitalgesellschaft an einer bloß vermögensverwaltenden Personengesellschaft beteiligt ist, macht aus dieser aber keine gewerbliche Personengesellschaft. Bei der gewerblichen Ober-Personengesellschaft oder Kapitalgesellschaft gehört die Beteiligung an der vermögensverwaltenden Personengesellschaft zum Betriebsvermögen, sodass diesen Beteiligten anteilig betriebliche Einkünfte zuzurechnen sind (vgl. Rz 6024). 5831a

(AÖF 2008/238)

Eine Mitunternehmerschaft kann nur einen einzigen Betrieb und damit Einkünfte aus nur einer einzigen betrieblichen Einkunftsart haben. Anders als die Tätigkeiten einer natürlichen Person können die Tätigkeiten einer Mitunternehmerschaft stets nur einheitlich beurteilt werden. Verschiedene voneinander abgrenzbare Tätigkeiten, die bei einer natürlichen Person steuerlich jeweils getrennt beurteilt werden, stellen bei der Mitunternehmerschaft auf Grund des § 2 Abs. 4 EStG 1988 dann, wenn eine dieser abgrenzbaren Tätigkeiten gewerblich ist, eine einheitliche gewerbliche Betätigung dar. Eine an sich gewerbliche Tätigkeit verliert aber den gewerblichen Charakter, wenn sie in einem untrennbaren Zusammenhang mit einer im Vordergrund stehenden land- und forstwirtschaftlichen oder freiberuflichen Tätigkeit steht; die Tätigkeit ist dann einheitlich als land- und forstwirtschaftlich oder freiberuflich zu qualifizieren. 5832

(AÖF 2011/66)

Bestehen zivilrechtlich mehrere Personengesellschaften, an denen dieselben Gesellschafter beteiligt sind, so sind die Gesellschaften grundsätzlich getrennt zu beurteilen; diese Personengesellschaften können daher auch unterschiedliche Einkunftsarten haben. Bei mehreren organisatorisch und funktionell verschiedenen Einkunftsquellen können ebensoviele GesBR angenommen werden, wenn die Betriebe keine oder nur lose Berührungspunkte aufweisen und sich deren Betriebsergebnisse ohne weiteres getrennt ermitteln lassen. Dies gilt auch für Gütergemeinschaften (Rz 1224). 5833

(AÖF 2003/209)

Fassung bis zur Einkünftefeststellung 2010: 5834

Mehrere Personengesellschaften mit denselben Beteiligungsverhältnissen und demselben Betriebsgegenstand können eine einzige betriebliche Tätigkeit, wenn auch im Rahmen zweier oder mehrerer Betriebsstätten, entfalten (so genannte „Unternehmenseinheit“, VwGH 29.11.1994, 89/14/0230); dann gibt es nur ein Feststellungsverfahren. Eine einheitliche Bilanzierung für zwei oder mehrere nebeneinander personen- und beteiligungsgleich bestehende Personengesellschaften im Rahmen einer solchen Unternehmenseinheit begründet außerhalb einer gesellschaftsrechtlichen Verbindung keine zusätzliche Mitunternehmerschaft. Die Zerlegung des Rechenwerkes der Unternehmenseinheit in eine getrennte Bilanzierung der Gesellschaften ist nicht als Auflösung oder Realteilung einer Mitunternehmerschaft zu werten.

Fassung ab Einkünftefeststellung 2011:

Im Anwendungsbereich der Einkommensteuer kommt einer „Unternehmenseinheit“ keine Bedeutung zu (vgl. VwGH 25.10.2001, 98/15/0190). Es sind für verschiedene Mitunternehmerschaften getrennte Feststellungsverfahren nach § 188 BAO durchzuführen. Die Zerlegung eines einheitlichen Rechenwerkes in eine getrennte Bilanzierung der Gesellschaften ist nicht als Auflösung oder Realteilung einer Mitunternehmerschaft zu werten.

(AÖF 2012/63)

19.1.3.2 Einkünfte aus Land- und Forstwirtschaft

Die Gesellschafter einer Personengesellschaft erzielen Einkünfte aus Land- und Forstwirtschaft, wenn die Tätigkeit der Gesellschaft ausschließlich als land- und forstwirtschaftliche Tätigkeit anzusehen ist. Übt sie neben der land- und forstwirtschaftlichen sachlich getrennt 5835 eine, wenn auch noch so geringe gewerbliche Tätigkeit aus, so ist sie kraft ihrer Gesellschaftsform grundsätzlich mit ihrer Gesamttätigkeit gewerblich tätig (VwGH 13.09.1988, 88/14/0072, betreffend OHG mit Landwirtschaft und gewerblichem Holzhandel; vgl. Rz 5064). Eine neben der land- und forstwirtschaftlichen Tätigkeit ausgeübte vermögensverwaltende Tätigkeit bewirkt jedoch nicht, dass die Tätigkeit der Mitunternehmerschaft einheitlich als gewerblich zu beurteilen ist. In diesem Fall sind für die betriebliche und für die vermögensverwaltende Tätigkeit zwei getrennte Feststellungsverfahren durchzuführen.

(AÖF 2011/66)

5836 Eine an sich gewerbl Betätigung verliert – wie bei der natürlichen Person – auch bei einer Personengesellschaft den gewerblichen Charakter, wenn sie in einem untrennbaren sachlichen Zusammenhang mit einer im Vordergrund stehenden Land- und Forstwirtschaft steht; die Tätigkeit ist dann einheitlich als land- und forstwirtschaftlich zu qualifizieren. Ob nur Land – und Forstwirtschaft vorliegt, ist nach dem EStG 1988 zu beantworten (VwGH 16.3.1979, 2979/76, betreffend Baumschule). Auch die Betreibung eines gewerblichen Nebenbetriebes macht die Betätigung insgesamt dann nicht zur gewerblichen, wenn er ausschließlich der land- und forstwirtschaftlichen Tätigkeit dient. Das gilt auch dann, wenn der Nebenbetrieb im Firmenbuch eingetragen ist. Es muss aber bei Haupt- und Nebenbetrieb Gesellschafteridentität bestehen.

5837 Für die einzelnen Gesellschafter einer land- und forstwirtschaftlichen Mitunternehmerschaft sind keine besonderen Qualifikationen erforderlich. Es können sich daher beispielsweise auch Freiberufler zu einer land- und forstwirtschaftlichen Mitunternehmerschaft zusammenschließen. Ist eine Kapitalgesellschaft beteiligt, bleiben die Einkünfte der Personengesellschaft dann land- und forstwirtschaftliche, wenn die Tätigkeit der Mitunternehmerschaft eine ausschließlich land- und forstwirtschaftliche ist. Die Kapitalgesellschaft erzielt nur auf Grund des § 7 Abs. 3 KStG 1988 Einkünfte aus Gewerbebetrieb.

5838 Der Eigentümer einer mit einem vollen Fruchtgenussrecht belasteten Forstwirtschaft ist dann Mitunternehmer, wenn ihm die über den durchschnittlichen Holzertrag hinausgehenden Teile der Kalamitätsnutzung zustehen und die stillen Reserven zuwachsen, und er auch Verluste erleidet, worin sich sein Unternehmerrisiko zeigt (VwGH 17.4.1959, 646/58).

19.1.3.3 Einkünfte aus selbständiger Arbeit

5839 Für Gesellschaften, die ausschließlich der Ausübung einer selbständigen Arbeit iSd § 22 EStG 1988 dienen und bei denen sämtliche Gesellschafter freiberuflich tätig sind, kommt es nicht darauf an, ob der Zusammenschluss in Form einer GesBR oder einer unternehmensrechtlichen Gesellschaft (OG, KG), erfolgt. Die Zusammenarbeit von Ärzten in einer Gruppenpraxis gemäß § 52a Ärztegesetz 1998 idF BGBl. I Nr. 110/2001 erfolgt uA in der Rechtsform einer OG.

(BMF-AV Nr. 2018/79)

5840 Eine Mitunternehmerschaft erzielt nur dann Einkünfte aus selbständiger Arbeit, wenn

- die Tätigkeit der Gesellschaft ausschließlich als selbständige Arbeit anzusehen ist und
- jeder einzelne Gesellschafter im Rahmen der Gesellschaft eine freiberufliche Tätigkeit oder eine sonstige selbständige Arbeit ausübt (VwGH 17.8.1998, 93/17/0245).

5841 Auch ein freiberuflicher Mitunternehmer muss persönlich tätig sein, eine reine Vermögensbeteiligung führt zu Einkünften aus Gewerbebetrieb. Übt auch nur einer der Gesellschafter (Mitunternehmer) im Rahmen seiner Tätigkeit für die Gesellschaft eine gewerbliche Tätigkeit aus, dann sind die Einkünfte der Mitunternehmerschaft gewerblich; die Rechtsform der Mitunternehmerschaft ist dabei ohne Bedeutung (VwGH 23.6.1970, 1779/68). Eine an sich gewerbliche Tätigkeit verliert aber auch bei einer Personengesellschaft den gewerblichen Charakter, wenn sie in einem untrennbaren sachlichen Zusammenhang mit der im Vordergrund stehenden selbständigen Arbeit steht.

5842 Der Zusammenschluss von freiberuflich Tätigen mit berufsfremden Personen bewirkt grundsätzlich die Annahme eines Gewerbebetriebes (VfGH 1.3.1968, B 407/67; VwGH 19.1.1968, 1825/66; VwGH 3.3.1982, 13/1659/79; VwGH 7.6.1983, 82/14/213, 230, 231). Soweit jedoch berufsfremde Gesellschafter auf Grund berufsrechtlicher Vorschriften ausdrücklich zulässig sind, gilt dies auch für die Einkunftsart der Mitunternehmerschaft; auch die berufsfremden Gesellschafter haben dann freiberufliche Einkünfte. Die Ausnahmeregelung für berufsfremde Personen hat nur bei den ausdrücklich aufgezählten Berufsgruppen, nicht aber bei den Tätigkeiten im Sinne des § 22 Z 1 lit. a EStG 1988 einen Anwendungsbereich.

5843 Unter berufsrechtlichen Vorschriften sind alle einschlägigen Vorschriften zu verstehen; dazu zählen neben den Gesetzen auch Verordnungen. Für die Einstufung als berufsfremd ist die Tätigkeit der Gesellschaft maßgeblich. Ein Zusammenschluss von Ärzten mit Angehörigen eines Berufes der medizinischen Dienste zu einer Personengesellschaft zu medizinischen Zwecken führt daher nicht zu gewerblichen Einkünften. Als berufsfremd gilt auch eine Person, die zwar freiberuflich qualifiziert ist, aber nicht in dem Bereich, in welchem die Mitunternehmerschaft tätig ist. Die Tätigkeit eines Steuerberaters zählt nicht zum Tätigkeitsfeld einer Fahrschule; eine derartige Mitunternehmerschaft hat daher gewerbliche Einkünfte (VwGH 26.5.1982, 3361/78).

Die Beteiligung einer Kapitalgesellschaft macht die an sich freiberufliche Tätigkeit der **5844** Mitunternehmerschaft dann nicht zum Gewerbebetrieb, wenn berufsrechtliche Vorschriften die Beteiligung einer Kapitalgesellschaft zulassen. Sind an der Mitunternehmerschaft ausschließlich berufsrechtlich zulässige Kapitalgesellschaften beteiligt, sind die erzielten Einkünfte zufolge § 7 Abs. 3 KStG 1988 solche aus Gewerbebetrieb (VwGH 25.6.1997, 95/15/0192). Siehe auch Rz 662, 6024.

(AÖF 2006/114)

Eine Personengesellschaft, die ausschließlich fremdes Vermögen im Sinne des § 22 Z 2 **5845** EStG 1988 verwaltet, ist gewerblich tätig, wenn ein Gesellschafter eine Kapitalgesellschaft ist.

Für freiberufliche Mitunternehmerschaften gilt die eingeschränkte Vervielfältigungs- **5846** theorie. Danach darf sich die Mitunternehmerschaft fachlich vorgebildeter Arbeitskräfte bedienen, solange die Gesellschafter leitend und eigenverantwortlich tätig bleiben. Die Gesellschafter einer freiberuflichen Mitunternehmerschaft können sich die Leitung und die Aufgabenbereiche untereinander aufteilen. Hingegen dürfen Mitunternehmerschaften mit sonstigen selbständigen Einkünften sich nur der Mitarbeit fachlich nicht vorgebildeter Arbeitskräfte bedienen, da für sie die strenge Vervielfältigungstheorie gilt (siehe Rz 5286 ff).

Beteiligt sich eine (freiberufliche) GesBR an einer gewerblichen OHG oder KG, dann ist **5847** diese Beteiligung zivilrechtlich und steuerlich unmittelbar den Gesellschaftern der GesBR zuzurechnen und so zu beurteilen, wie jene eines Freiberuflers an einer gewerblichen Personengesellschaft, deren Betriebsgegenstand seine freiberufliche Tätigkeit fördert. Die Gewinnanteile aus der gewerblichen OHG (KG) machen die GesBR ebenso wenig zum Gewerbebetrieb wie einen Freiberufler, der an einer gewerblichen OHG (KG) beteiligt ist. Die Anteile der GesBR-Gesellschafter gehören nicht zum Betriebsvermögen bzw. Sonderbetriebsvermögen der GesBR, die gewerblichen Gewinnanteile sind eigenständige gewerbliche Einkünfte der beteiligten Personen.

19.2 Gewinnermittlung, (Sonder-)Betriebsvermögen

19.2.1 Gewinnermittlung:

19.2.1.1 Art der Gewinnermittlung:

Die Gewinnermittlungsart der Mitunternehmerschaften richtet sich nach den allgemei- **5848** nen Grundsätzen; in Ergänzung zu den Ausführungen in Rz 401 bis Rz 434 ergeben sich folgende Besonderheiten:

19.2.1.1.1 Gewinnermittlung bei Personengesellschaften

Liegt eine Buchführungspflicht nicht vor und werden Bücher auch freiwillig nicht geführt, **5849** ist das Betriebsergebnis durch Einnahmen-Ausgaben-Rechnung zu ermitteln.

Randzahl 5850: *derzeit frei*

(BMF-AV Nr. 2018/79)

19.2.1.1.2 Gewinnermittlung bei den übrigen Mitunternehmerschaften

Siehe Rz 426 ff.

19.2.1.1.3 Zur Pauschalierung von Mitunternehmerschaften siehe Rz 4285 f

19.2.1.1.4 Zurechnung

Die Einkünfte werden gemäß § 188 BAO festgestellt und den einzelnen Mitunternehmern **5851** direkt zugerechnet. Sind an einer Mitunternehmerschaft wiederum Mitunternehmerschaften beteiligt, kommt es zu einem Durchgriff auf die dahinter stehenden natürlichen bzw. juristischen Personen (VwGH 17.6.1992, 87/13/0157). Bei mehrstöckigen Personengesellschaften sind mehrere hintereinander geschaltete Feststellungsverfahren durchzuführen. Es muss jedenfalls sichergestellt werden, dass die Einkünfte aus der Personengesellschaft letztendlich einer (natürlichen oder juristischen) Person zum Zwecke der Ertragsbesteuerung zugerechnet werden. Im Rahmen der einzelnen Feststellungsverfahren können die unterschiedlichen Vertragsgestaltungen und die damit verbundenen Gewinnauswirkungen berücksichtigt werden.

(AÖF 2010/43)

5852 Die Gewinnermittlung erfolgt in zwei Stufen. Der Gewinn wird zuerst auf der Ebene der Gesellschaft ermittelt und dann auf der zweiten Ebene die persönlichen Verhältnisse der einzelnen Gesellschafter (Sonderbilanzen-Ergänzungsbilanzen) berücksichtigt.

19.2.1.2 Ebene der Gesellschaft

5853 Ausgangspunkt für die Gewinnermittlung ist der (unternehmensrechtliche) Gesamtgewinn der Gesellschaft, der um die als Betriebsausgaben abgesetzten Vergütungen für Leistungen des Gesellschafters an die Gesellschaft im Sinne des § 23 Z 2 EStG 1988, die unternehmensrechtlich Aufwand darstellen, vermindert wurde. Der unternehmensrechtliche Gewinn ist um steuerlich nicht anzuerkennende Betriebseinnahmen und Betriebsausgaben, die die Mitunternehmerschaft selbst betreffen (zB Provisionen, deren Empfänger nicht namhaft gemacht werden und gemäß § 162 BAO dem Gewinn zuzurechnen sind), zu bereinigen. Der sodann adaptierte steuerliche Gewinn ist den Gesellschaftern nach dem entsprechenden Gewinnverteilungsschlüssel zuzurechnen.

(AÖF 2008/238)

5854 Das Gesellschaftsvermögen wird in der Gesellschaftsbilanz erfasst. Bei Zuordnung von Wirtschaftsgütern zum Betriebsvermögen oder zum Privatvermögen ist analog der Betrachtung bei einem Einzelunternehmen vorzugehen (VwGH 10.3.1983, 82/13/0017, 0074). Der Gewinn ist auf der Ebene der Gesellschaft, somit das Gesellschaftsvermögen betreffend, nach einheitlichen Grundsätzen und für einen einheitlichen Gewinnermittlungszeitraum zu ermitteln. Hinsichtlich des Gesellschaftsvermögens ist bei der Ausübung von Rückstellungs- und Bewertungswahlrechten sowie bei Inanspruchnahme von Investitionsbegünstigungen und der Bildung und Übertragung von Rücklagen einheitlich vorzugehen.

5855 Eine gesellschafterbezogene Betrachtungsweise ist ua. für die Erfüllung der Behaltefrist des § 12 Abs. 1 EStG 1988 (VwGH 6.3.1973, 200/73; VwGH 27.6.1973, 611/72; VfGH 20.6.1983, B 33/80) sowie für die Inanspruchnahme von Progressionsermäßigungen (§ 37 EStG 1988) anzustellen.

5855a Der Veräußerungsgewinn von Grundstücken des Betriebsvermögens ist auf Ebene der Gesellschaft zu ermitteln. Dabei ist aber zu beachten, dass wegen des besonderen Steuersatzes für Grundstücksgewinne der Veräußerungsgewinn gesondert zu ermitteln ist.

Der Veräußerungserlös muss auf die Mitunternehmer im Ausmaß ihrer Beteiligung aufgeteilt werden. Für jeden Mitunternehmer ist – abhängig vom Anschaffungszeitpunkt der Mitunternehmerbeteiligung – gesondert zu beurteilen, ob der veräußerte Anteil Alt- oder Neuvermögen darstellt. Dies ist insbesondere dann von Bedeutung, wenn die Anteile zu unterschiedlichen Zeitpunkten erworben wurden. Im Fall von Neuvermögen sind stets die individuellen Anschaffungskosten zu ermitteln, im Fall von Altvermögen kommt auch die pauschale Ermittlung der Anschaffungskosten in Betracht. Die ImmoESt ist in diesen Fällen nach den individuellen Verhältnissen der einzelnen Miteigentümer zu ermitteln. Die für die Gemeinschaft abzuführende ImmoESt ist die Summe der auf die jeweiligen Miteigentümer entfallenden ImmoESt-Beträge.

(AÖF 2013/280)

5855b Die Einkünfte sind mangels Abgeltungswirkung für den betrieblichen Bereich im Feststellungsverfahren gemäß § 188 BAO als Teil des betrieblichen Gewinnes/Verlustes zu erfassen. Im Fall der Veräußerung durch eine OG oder KG ist die entrichtete ImmoESt im Feststellungsverfahren auszuweisen. In der Einkommensteuererklärung des Beteiligten sind die Einkünfte aus der Beteiligung zu erfassen und die steuerliche Erfassung des anteiligen Gewinnes aus der Grundstücksveräußerung hat entweder mit 25% bzw. bei Veräußerungen nach dem 31.12.2015 mit 30% oder zum Tarif (Regelbesteuerungsoption) jeweils unter Anrechnung der ImmoESt zu erfolgen.

Auch aus der Veräußerung von Grundstücken, die zum Sonderbetriebsvermögen eines Gesellschafters einer Mitunternehmerschaft gehören, kann sich ein im Rahmen eines Feststellungsverfahrens gemäß § 188 BAO zu erfassender Grundstücksveräußerungsgewinn/-verlust ergeben, der allerdings nur den betreffenden Gesellschafter betrifft. Gleiches gilt, wenn mit einem Mitunternehmeranteil anteilig auch (im Betriebsvermögen oder Sonderbetriebsvermögen befindliche) Grundstücke veräußert werden.

Zur Abfuhr der ImmoESt in diesen Fällen siehe Rz 6709.

Zu Körperschaften als Mitunternehmer siehe Rz 6709a.

(BMF-AV Nr. 2018/79)

5855c Verluste aus Grundstücksveräußerungen oder Teilwertabschreibungen von Grundstücken, die dem besonderen Steuersatz gemäß § 30a EStG 1988 unterliegen, sind gemäß § 6 Z 2 lit. d EStG 1988 vorrangig mit Gewinnen aus Grundstücksveräußerungen oder Zuschreibungen von Grundstücken desselben Betriebes zu verrechnen (siehe Rz 583). Anteilige Verluste

des Mitunternehmers aus der Veräußerung von Grundstücken des Gesellschaftsvermögens sind daher mit Gewinnen aus der Veräußerung eines Grundstückes des Sonderbetriebsvermögens im Zusammenhang mit dieser Gesellschaft verrechenbar.
(AÖF 2013/280)

19.2.1.3 Ebene der Gesellschafter

Auf der Ebene der Gesellschafter werden jene Positionen zugerechnet, die den einzelnen Gesellschafter betreffen; etwaige Ergänzungs- und Sonderbilanzen sind zu berücksichtigen. **5856**

Der Gewinnermittlungszeitraum der Gesellschafter hat jenem der Gesellschaft zu entsprechen. Auch die Gewinnermittlungsart der Gesellschaft schlägt auf den Gesellschafter durch (VwGH 16.11.1979, 665/78).

19.2.1.3.1 Ergänzungsbilanz-Sonderbilanz

Ergänzungsbilanzen beinhalten den einzelnen Gesellschafter betreffende Wertkorrekturen zu den Ansätzen in der Gesellschaftsbilanz. Sie sind insbesondere erforderlich bei von der Gesellschaftsbilanz abweichenden Anschaffungskosten wegen späterem Erwerb eines Gesellschaftsanteiles, bei Übertragung stiller Rücklagen (siehe Rz 5955 ff) bzw. Inanspruchnahme von Investitionsbegünstigungen. **5857**
(BMF-AV Nr. 2018/79)

In Sonderbilanzen werden jene Umstände dargestellt, die den Gesellschafter nicht in Bezug auf die Gesellschaftsbilanz betreffen. Demnach sind in Sonderbilanzen insbesondere vom einzelnen Gesellschafter der Gesellschaft zur Verfügung gestellte private Wirtschaftsgüter, die als Sonderbetriebsvermögen auszuweisen und die daraus resultierenden Sonderbetriebseinnahmen und Sonderbetriebsausgaben, die in die Gewinnermittlung miteinzubeziehen sind, sowie besondere Vergütungen, die aus Leistungsbeziehungen zwischen der Gesellschaft und den Gesellschafter resultieren, aufzunehmen. **5858**

19.2.1.3.2 Einkünfte des Mitunternehmers

Die Einkünfte des Mitunternehmers setzen sich zusammen aus **5859**

- dem Gewinnanteil auf Grund seiner Beteiligung zuzüglich
- den aus der Sonderbilanz (Ergänzungsbilanz) abgeleiteten Sonderbetriebseinnahmen, das sind Vergütungen, die er von der Gesellschaft für seine Tätigkeit im Dienste der Gesellschaft, für die Hingabe von Darlehen oder für die Überlassung von Wirtschaftsgütern bezogen hat (§§ 21 Abs. 2 Z 2, 22 Z 3, 23 Z 2 EStG 1988), abzüglich der damit in Zusammenhang stehenden Sonderbetriebsausgaben.

Beispiel:

Am Gewinn/Verlust sowie an den stillen Reserven der X-KG sind der Komplementär A zu 75% und der Kommanditist B zu 25% beteiligt.

A vermietet der KG ein in seinem Sonderbetriebsvermögen befindliches Betriebsgebäude und erzielt dafür 2010 eine monatliche Miete von 600

An Ausgaben sind für A angefallen: Gebäude-AfA 2010 2.000

Betriebskosten des Gebäudes 4.000

Von den Betriebskosten 2010 wurden im März 2011 1.000 bezahlt.

B ist auf Grund eines zivil- und sozialversicherungsrechtlich gültigen Dienstvertrages zugleich im Rahmen der X-KG nichtselbständig tätig; das Gehalt wird per 15. eines jeden Monates ausbezahlt, für 12/2010 erst am 12.1.2011

Gehaltsaufwand lt. VuG-Rechnung 52.800

Arbeitgeberanteile zur Sozialversicherung 2.000

Vom in der UGB-Bilanz abgesetzten Bruttobezug des Kommanditisten B von 52.800 wurden Arbeitnehmeranteile zur Sozialversicherung von 2.000 einbehalten und abgeführt

In den Betriebsausgaben der KG findet sich eine Provisionszahlung von 10.000, deren Empfänger trotz Aufforderung durch das Finanzamt nicht genannt wird.

VuG-Rechnung der KG:

Aufwand		*Ertrag*	
laufender Aufwand	*510.000*	*Ertrag*	*800.000*
Miete an A	*7.200*		
Gehalt an B	*52.800*		

UGB-Gewinn 2010	*230.000*	
	800.000	*800.000*

Der Gewinn der Mitunternehmerschaft bzw. die Einkünfte der Mitunternehmer berechnen sich wie folgt:

Der unternehmensrechtlich ermittelte Gewinn von 230.000 ist zunächst um die gemäß § 162 BAO steuerlich nicht anzuerkennende Provisionszahlung von 10.000 zu erhöhen und auf die beiden Mitunternehmer entsprechend dem Gewinnverteilungsschlüssel zu verteilen.

Die an A gezahlten Mieten von 7.200 sowie die Gehaltszahlungen an B von 52.800 stellen Vergütungen gemäß § 23 Z 2 EStG 1988 dar (Sonderbetriebseinnahmen der Gesellschafter), und sind deren Gewinnanteilen zuzurechnen.

Als Sonderbetriebsausgaben sind bei A die geschuldeten (nicht Abflussprinzip) Betriebskosten und die AfA von 6.000 bei B, die Arbeitnehmeranteile zur Sozialversicherung (die Arbeitgeberanteile zur Sozialversicherung bleiben Betriebsausgaben der Mitunternehmerschaft) von 2.000 in Abzug zu bringen:

Steuerlicher Gewinn der Mitunternehmerschaft:

Gewinn laut Unternehmensrecht	*230.000*
Provision (§ 162 BAO)	*+10.000*
Sonderbetriebseinnahmen von A. u. B	*+60.000*
Sonderbetriebsausgaben A	*-6.000*
Sonderbetriebsausgaben B	*-2.000*
steuerlicher Gewinn der Mitunternehmerschaft	*292.000*
Einkünfte der Mitunternehmer A und B:	
Gewinnanteil A (75% von 2.400.000)	*180.000*
+Sonderbetriebseinnahmen	*+7.200*
-Sonderbetriebsausgaben	*-6.000*
steuerlicher Gewinn A	*181.200*
Gewinnanteil B (25% v. 240.000)	*60.000*
+Sonderbetriebseinnahmen	*+52.800*
-Sonderbetriebsausgaben	*-2.000*
steuerlicher Gewinn B	*110.800*

(BMF-AV Nr. 2018/79)

19.2.1.4 Leistungsvergütungen

5860 Die Vergütungen der Gesellschaft für Leistungen des Gesellschafters als Privatperson (Arbeits- bzw. Werkverträge, Darlehensgewährungen, Mietverträge; so genannte Tätigkeitsvergütungen, siehe Rz 5860a) sind gemäß §§ 21 Abs. 2 Z 2, 22 Z 3 und 23 Z 2 EStG 1988 dem einzelnen Gesellschafter auf der zweiten Ebene der Gewinnermittlung zuzurechnen. Gleiches gilt für nicht fremdüblich gestaltete Leistungen eines Gesellschafter-Betriebes an die Gesellschaft.

Das bloße „Einbuchen" von Tätigkeitsvergütungen ohne zugrunde liegende effektive Zahlungen kann insbesondere im Angehörigenkreis mangels Fremdüblichkeit zur Nichtanerkennung der Tätigkeitsvergütungen als Betriebsausgaben bzw. Sonderbetriebseinnahmen führen; diesfalls sind die vor Berücksichtigung der Tätigkeitsvergütungen erzielten Ergebnisse der Einkünfteermittlung zugrunde zu legen.

(AÖF 2011/66)

5860a Tätigkeitsvergütungen stellen entsprechend der Vereinbarung der Gesellschafter Aufwand der Gesellschaft dar und sind auch dann zu bezahlen, wenn die Gesellschaft keinen Gewinn erzielt. Demgegenüber liegt ein Vorweggewinn (Gewinnvorab) und keine Tätigkeitsvergütung vor, wenn einem Gesellschafter Vergütungen zB für Dienstleistungen vorweg aus dem Gewinn gewährt und diese nicht als Aufwand behandelt werden. Aus der Vereinbarung eines Vorweggewinnes kann keine Einkünfteverteilung resultieren, die einem Beteiligten einen Gewinn, dem anderen einen Verlust zuweist. Vielmehr ist bei vereinbartem Vorweggewinn der erzielte Gewinn alinear zu verteilen; dabei ist darauf zu achten, dass die Einkünfteverteilung die unterschiedlichen Gesellschafterbeiträge angemessen widerspiegelt (VwGH 16.09.2003, 2000/14/ 0069).

(AÖF 2011/66)

Für die Zurechnung des § 23 Z 2 EStG 1988 ist das Ausmaß der Beteiligung ohne Belang (VwGH 25.5.1988, 86/13/0154). Gehen Vergütungen auf Vereinbarungen vor Gesellschafterbeitritt zurück, kommt eine Zurechnung erst mit Erlangung der Gesellschafterstellung zum Tragen. Ab Wegfall der Gesellschafterstellung hat eine Zurechnung im Sinne des § 23 Z 2 EStG 1988 zu unterbleiben. **5861**

Demgegenüber sind Leistungsbeziehungen zwischen dem Betrieb des Gesellschafters und der Gesellschaft, sofern sie beiderseits betrieblich veranlasst sind und fremdüblich erfolgen, mit steuerlicher Wirkung anzuerkennen (siehe Rz 5879 ff). **5862**

Zur Frage, ob auf Gesellschafter- bzw. Mitgliederebene von einer Einkunftsquelle auszugehen ist, siehe LRL 2012 Rz 114 ff. **5862a**

(AÖF 2013/280)

Verzichtet der Gesellschafter-Betrieb auf eine betriebliche Forderung gegen die Gesellschaft aus gesellschaftlichem Anlass, liegt in Höhe des werthaltigen (= einbringlichen) Teils beim Verzichtenden eine Entnahme (§ 6 Z 4 EStG 1988) vor und bei der Gesellschaft eine Einlage (§ 6 Z 5 EStG 1988). In Höhe des nicht werthaltigen Teils liegt beim Verzichtenden eine Betriebsausgabe vor (gegebenenfalls im Wirtschaftsjahr der Wertminderung bereits auf den niedrigeren Teilwert abgeschrieben) und bei der Gesellschaft eine steuerwirksame Vermögensvermehrung. **5863**

19.2.1.4.1 Vergütungen für die Tätigkeit im Dienste der Gesellschaft

Erbringt der Gesellschafter als Privatperson Leistungen an die Gesellschaft, sind die Vergütungen Bestandteil des Gewinns der Mitunternehmerschaft und ihm auf der zweiten Ebene der Gewinnermittlung als Sonderbetriebseinnahmen zuzurechnen. **5864**

Als derartige Vergütungen für Leistungen im Dienste der Gesellschaft sind nicht nur Dienstnehmerleistungen im engeren Sinn sondern all jene, die im wirtschaftlichen Interesse der Gesellschaft vom Gesellschafter erbracht werden, anzusehen. Darunter fallen Vergütungen für die gesellschaftsrechtliche Dienstleistung der Geschäftsführung (VwGH 20.1.1987, 86/14/0093) auch dann, wenn der Geschäftsführer nur aus gewerberechtlichen Gründen Gesellschafter ist (VfGH 8.6.1985, B 488/80), für arbeitsrechtliche Dienstleistungen, zB der Gehalt für den an der KG angestellten Kommanditisten (VwGH 21.2.1990, 89/13/0060), Entlohnung für Werkverträge (freiberufliche und gewerbliche Dienstleistungen) sowie damit in Zusammenhang stehende Pensionszahlungen. **5865**

Im Fall einer GmbH & Co KG und vergleichbarer Rechtsformen liegen Sonderbetriebseinnahmen (Vergütungen im Sinne des § 23 Z 2 EStG 1988) bzw. Sonderbetriebsausgaben der GmbH dann vor, wenn der GmbH für ihre Geschäftsführungstätigkeit bei der Mitunternehmerschaft die Bezüge ihres unternehmensrechtlichen Geschäftsführers vergütet werden. Auch wenn der Geschäftsführer zugleich Gesellschafter der Mitunternehmerschaft ist, kommt § 23 Z 2 EStG 1988 nur hinsichtlich der Vergütungen an die GmbH und nicht hinsichtlich der Bezüge des Geschäftsführers zur Anwendung. Der Geschäftsführer bezieht je nach dem Beteiligungsausmaß bei der GmbH Einkünfte aus (nicht)selbständiger Arbeit (VwGH 28.9.1983, 82/13/0136, 0167; VwGH 7.11.1989, 86/14/0203; VwGH 19.10.1993, 93/14/0129). **5866**

(AÖF 2008/238)

Sind die Kommanditisten der KG nicht auch unternehmensrechtliche Geschäftsführer der GmbH, dann besteht in der Regel kein wirtschaftlicher Grund dafür, ihre Leistungen nicht unmittelbar der KG zu erbringen, sondern die GmbH zwischenzuschalten. Diese Zwischenschaltung ist ungewöhnlich und, wenn nicht außersteuerliche Gründe vorgebracht werden können, nicht anzuerkennen. Die Gehaltsaufwendungen für diese Kommanditisten sind dann im Rahmen der Gewinnfeststellung der KG als Gewinnanteile des Kommanditisten gemäß § 23 Z 2 EStG 1988 zu erfassen (VwGH 15.2.1994, 93/14/0210; VwGH 19.11.1998, 98/15/0150. **5867**

(AÖF 2010/43)

Die Nutzung eines Kraftfahrzeuges der GmbH & Co KG durch einen Kommanditisten für private Zwecke kann eine Entnahme des Kommanditisten sein oder ein (lohn)steuerpflichtiger Vorteil aus dem mit der Komplementär-GmbH bestehenden Anstellungsverhältnis. Zur Abgrenzung beider Bereiche (Kommanditist in seiner Eigenschaft als Gesellschafter der KG einerseits und als Organ der geschäftsführenden Komplementär-GmbH andererseits) müssen – wie für die Anerkennung von Rechtsbeziehungen zwischen nahen Angehörigen – klare und eindeutige vertragliche Vereinbarungen bestehen. Im Zweifel ist auf die im Wirtschaftsleben üblichen Usancen abzustellen. Keine Entnahme, sondern ein Vorteil aus dem Anstellungsverhältnis liegt vor, wenn eindeutige Abmachungen fehlen und die Überlassung **5868** des Kraftfahrzeuges auch für private Fahrten des Geschäftsführers wirtschaftsüblich ist (VwGH 25.11.1999, 99/15/0095; VwGH 6.10.1992, 88/14/0045; VwGH 10.3.94, 93/15/0146).

5869 Pensionszusagen an Gesellschafter-Geschäftsführer einer Personengesellschaft sind als Gewinnverteilungsabreden zwischen den Gesellschaftern anzusehen, die den Gewinn der Gesellschaft nicht beeinflussen dürfen und dementsprechend auch nicht zur Rückstellungsbildung für die künftigen Pensionsleistungen berechtigen (VwGH 10.11.1971, 959/70). Hingegen ist die Bildung einer Pensionsrückstellung durch die Komplementär-GmbH für ihren Geschäftsführer zulässig, auch wenn dieser gleichzeitig Kommanditist ist. Der hiefür angesetzte unternehmensrechtliche Aufwand der KG ist der Komplementär-GmbH als Sonderbetriebseinnahme zuzurechnen; die Dotierung der Pensionsrückstellung stellt eine Sonderbetriebsausgabe der Komplementär-GmbH dar.

(AÖF 2008/238)

5870 Wird ein Arbeitnehmer, für den bereits Rückstellungen für Pensionszahlungen gebildet wurden, Gesellschafter, so sind die gebildeten Rückstellungen aufzulösen. Zahlungen an ehemalige Gesellschafter (zB Pensionszahlungen an Gesellschafter nach deren Ausscheiden aus der Gesellschaft oder an den Rechtsnachfolger eines Gesellschafters ohne eigene Gesellschafterstellung) sind als betriebliche Versorgungsrenten Betriebsausgaben der Gesellschaft (VwGH 15.1.1960, 2464/56), siehe Rz 7026.

(AÖF 2005/110)

19.2.1.4.2 Vergütungen für die Hingabe von Darlehen

5871 Gewährt der Gesellschafter (auch bei nur mittelbarer Beteiligung (VwGH 17.6.1992, 87/13/0157) der Mitunternehmerschaft ein Darlehen (ein solches ist auch die Anleihezeichnung durch einen Mitunternehmer der emittierenden Gesellschaft), so stellt dieses Darlehen Eigenkapital des Gesellschafters und die empfangenen Zinsen Sonderbetriebseinnahmen des Gesellschafters dar (VwGH 16.11.1979, 665/78). Gleiches gilt, wenn der Gesellschafter das Darlehen aus seinem Einzelunternehmen gewährt und die Darlehensgewährung auf seine Gesellschafterfunktion zurückzuführen ist. Eine Ausnahme stellt die Darlehensgewährung durch ein Kreditinstitut zu fremdüblichen Bedingungen dar (VwGH 17.2.1988, 87/13/0028). Die Darlehensgewährung durch eine Trägerkörperschaft (Körperschaft öffentlichen Rechts) an eine Mitunternehmerschaft führt nicht zur Hinzurechnung der Zinsen gemäß § 23 Z 2 EStG 1988, weil Gesellschafter der Betrieb gewerblicher Art und nicht die KÖR ist, somit die Zinsen nicht dem Gesellschafter sondern einem Dritten bezahlt werden (VwGH 27.3.1996, 93/15/0209).

5872 Im umgekehrten Sinn ist die Darlehensgewährung einer Mitunternehmerschaft an ihren Gesellschafter anzuerkennen, wenn sie aus betrieblichen Gründen fremdüblich erfolgt (VwGH 23.2.1979, 678, 868/78).

5873 Die Leistung aus einer Bürgschaft eines Mitunternehmers für Schulden der Gesellschaft stellt einen Einlagevorgang dar und führt zu keiner Betriebsausgabe, sondern erhöht den Stand seines Kapitalkontos (VwGH 20.11.1996, 96/15/0004). Eine Rückstellung im Sonderbetriebsvermögen des Gesellschafters ist nicht zulässig, weil die bevorstehende Verpflichtung zur Leistung einer Einlage nicht rückstellungsfähig ist (VwGH 17.12.1998, 97/15/0122; VwGH 3.2.1993, 92/13/0069).

19.2.1.4.3 Vergütungen für die Überlassung von Wirtschaftsgütern

5874 Darunter fallen beispielsweise Mietzinse (VwGH 30.5.1995, 92/13/0018), Lizenzzahlungen für körperliche und unkörperliche Wirtschaftsgüter, Pachtzahlungen (VwGH 28.2.1989, 89/14/0019), Zahlungen für die Einräumung eines Miet- bzw. Baurechtes oder Vergütungen für die Überlassung von Urheberrechten.

5875 Vergütungen des Mitunternehmers für von ihm der Mitunternehmerschaft zur Verfügung gestellte patentrechtlich geschützte Erfindungen können dem halben Steuersatz gemäß § 38 EStG 1988 unterliegen: Vergütungen, die eine Personengesellschaft an einen ihrer Gesellschafter für eine von ihm der Gesellschaft überlassene Erfindung bezahlt, sind, soweit die Vergütungen seinem Gesellschaftsanteil entsprechen, nicht Einkünfte aus der Verwertung der Erfindung durch andere Personen und daher auch nicht nach § 38 EStG 1988 begünstigt (VwGH 8. 5. 1984, 83/14/0115, 119). Dies gilt nur in jenen Fällen, in denen der Erfinder-Gesellschafter seine Erfindung der Personengesellschaft gegen eine Vergütung zur Verwertung überlässt und die Personengesellschaft die Erfindung im eigenen Betrieb verwertet.

Beispiel:

Der steuerpflichtige Gewinn einer OHG beträgt 12 000 €. Darin ist auch eine Vergütung (Lizenzgebühr) von 2 000 € an den Gesellschafter A enthalten, die dieser als Erfinder für die Überlassung einer patentrechtlich geschützten Erfindung von der Gesellschaft erhält.

Die Gesellschaft nutzt die Erfindung im Rahmen des eigenen Betriebes; eine Lizenz an dritte Personen wird daneben nicht eingeräumt. Der Gesellschafter A ist mit 40% am Gewinn der OHG beteiligt. Seine Einkünfte aus Gewerbebetrieb betragen somit 4 000 € (= 40% des verteilungsfähigen Gewinnes) zuzüglich 2 000 € an Lizenzgebühren. Von den Lizenzgebühren sind nur 1 200 € (= 60%) begünstigungsfähig.

(AÖF 2006/210)

Nutzt die Personengesellschaft die Erfindung ausschließlich durch Lizenzüberlassung an Dritte oder überlässt sie die Erfindung neben einer Verwertung im eigenen Betrieb zusätzlich Dritten zur Verwertung, steht die Begünstigung des § 38 EStG 1988 für die Vergütungen an den Erfinder-Gesellschafter und seinen Gewinnanteil an der Personengesellschaft insoweit zu, als die Vergütungen bzw. der Gewinnanteil auf die Lizenzeinkünfte der Personengesellschaft entfallen. Hinsichtlich der Vergütungen an den Erfinder-Gesellschafter sind zusätzlich die Ausführungen des vorstehenden Unterabsatzes zu beachten. **5876**

Beispiel:

Der steuerpflichtige Gewinn einer OHG beträgt 20 000 €. Darin ist eine Vergütung (Lizenzgebühr) von 4 000 € an den Gesellschafter A enthalten, die dieser als Erfinder für die Überlassung einer patentrechtlich geschützten Erfindung von der Gesellschaft erhält. Die Gesellschaft nutzt die Erfindung zum Teil im eigenen Betrieb, zum Teil durch Lizenzüberlassung an Dritte. Der auf die Lizenzüberlassung an Dritte entfallende Gesellschaftsgewinn beträgt 2 400 €. Der Gesellschafter A ist mit 50% am Gewinn der OHG beteiligt. Die Einkünfte des Gesellschafters A setzen sich aus 50% des verteilungsfähigen Gewinnes (= 8 000 €) sowie aus der Vergütung von 4 000 € zusammen. Der Gewinnanteil von 8 000 € unterliegt zu 15% (= prozentueller Anteil des Lizenzgewinnes der OHG von 2 400 € am verteilungsfähigen Gewinn von 16 000 €), sohin mit 1 200 € dem § 38 EStG 1988; die Vergütung von 4 000 € ist ebenfalls zu 15%, sohin mit 600 € begünstigt; hinsichtlich der verbleibenden 85% der Vergütung besteht eine Begünstigung insoweit, als die Vergütung nicht dem Gesellschaftsanteil des Gesellschafters A entspricht (das sind 85% von 4 000 € = 3 400 €; hievon 50% = 1 700 €). Der Tarifbegünstigung des § 38 EStG 1988 unterliegen daher insgesamt 3 500 € (1 200 € + 600 € + 1 700 €).

(AÖF 2006/210)

Die Verwertung einer Erfindung durch andere Personen ist auch dann zu unterstellen, wenn ein Gesellschafter einer Mitunternehmerschaft im Rahmen dieser Gesellschaft als Erfinder tätig wird und die betreffende Erfindung von der Personengesellschaft ohne Vergütung für den Erfinder-Gesellschafter durch Lizenzüberlassung an Dritte genutzt wird. In einem solchen Fall kann vom Erfinder für jenen Teil der Lizenzeinkünfte, die auf ihn als Mitunternehmer auf Grund der quotenmäßigen Gewinnaufteilung entfallen, die Tarifbegünstigung des § 38 EStG bei Vorliegen der übrigen gesetzlichen Voraussetzungen in Anspruch genommen werden. Wird hingegen in einem solchen Fall die vom Gesellschafter im Rahmen der Personengesellschaft entwickelte Erfindung in dieser Gesellschaft selbst verwertet, kann nicht von einer Verwertung der Erfindung durch andere Personen gesprochen werden. Wird die Erfindung neben einer Verwertung im Betrieb der Mitunternehmerschaft noch Dritten zur Verwertung überlassen, kann insoweit die Tarifbegünstigung des § 38 EStG 1988 bei Zutreffen der übrigen gesetzlichen Voraussetzungen in Anspruch genommen werden. **5877**

In allen vorstehend genannten Fällen ist es gleichgültig, ob die Lizenzeinkünfte als Vergütungen iSd § 22 Z 3 bzw. § 23 Z 2 EStG 1988 oder in einem eigenen Betrieb des Erfinder-Gesellschafters zu erfassen sind oder dem Erfinder als Gesellschafter einer vermögensverwaltenden Verwertungspersonengesellschaft zufließen. **5878**

(AÖF 2010/43)

19.2.1.4.4 Leistungsbeziehungen zwischen der Gesellschaft und dem Betrieb des Gesellschafters

Die Zurechnungsvorschrift des § 23 Z 2 zweiter Teil EStG 1988 ist auf solche Leistungsbeziehungen nicht anzuwenden, deren Ursache sowohl im Gewerbebetrieb der Personengesellschaft als auch im land- und forstwirtschaftlichen oder freiberuflichen oder gewerblichen Betrieb des Gesellschafters liegt und die ebenso geschlossen und abgewickelt werden wie zwischen fremden Unternehmen (VwGH 16.3.1979, 2979/76, 960, 961/77; 28.2.1989, 89/14/0019; 30.5.1995, 92/13/0018). **5879**

Solche beiderseits betrieblich veranlasste und fremdüblich durchgeführte Leistungsbeziehungen können beispielsweise sein: **5880**

- Vermittlungsleistungen durch den Gesellschafterbetrieb der Mitunternehmerschaft gegenüber (VwGH 15.10.1979, 565/78, 2673; 2674/79),

- Darlehensgewährung durch den Gesellschafterbetrieb, zB Kreditinstitut (VwGH 17.2.1988, 87/13/0028),
- Rechtsfreundliche Vertretung durch einen Rechtsanwalt für seine gewerbliche Mitunternehmerschaft.

5881 Besteht aber ein enger sachlicher und wirtschaftlicher Zusammenhang zwischen dem Betriebsgegenstand der Personengesellschaft und der freiberuflichen Tätigkeit des Gesellschafters, so werden die Vergütungen von der Zurechnungsvorschrift erfasst (VwGH 19.10.1982, 82/14/56, gleichmäßige Behandlung von Einzel- und Mitunternehmern). Dazu gehören zB:

- Gesellschafter überlässt seine (patentierte) Erfindung der KG gegen fremdübliche Lizenzgebühren zur Auswertung (VwGH 8.5.1984, 83/14/0115; VwGH 4.7.1995, 91/14/0199, 0200); siehe Rz 5874 ff;
- Selbständiger Ziviltechniker und Gesellschafter einer Bau-KG macht gegen fremdübliches Honorar laufend Planungsarbeiten für die KG;
- Schriftsteller publiziert seine Schriften in einer Verlags-KG, an der er als Mitunternehmer beteiligt ist.

5882 Fremdübliche Leistungsbeziehungen sind auch zwischen mehreren Mitunternehmerschaften, an denen dieselben Gesellschafter beteiligt sind, anzuerkennen; andernfalls liegen wechselseitig Entnahmen und Einlagen vor (VwGH 3.11.1981, 14/2919/80, 14/3154/80).

19.2.2 Gewinnverteilung

19.2.2.1 Nach Maßgabe gesellschaftsvertraglicher Vereinbarungen (Regelfall)

5883 Für die Gewinnverteilung sind grundsätzlich die Vereinbarungen der Gesellschafter, insbesonders jene des Gesellschaftsvertrages maßgebend (VwGH 29.05.1990, 90/14/0002; VwGH 07.02.1989, 86/14/0121; VwGH 20.01.1987, 86/14/0093; VwGH 09.11.1982, 82/14/0083; VwGH 06.05.1980, 1345/79). Dabei ist eine getroffene unternehmensrechtliche Gewinnverteilung grundsätzlich für steuerliche Belange anzuerkennen, wenn sie dem unterschiedlichen Kapital-, Arbeits- und dem etwaigen Haftungsrisiko der Gesellschafter Rechnung trägt oder Gegenstand der Vorsorge gegen eine Steuerlastverschiebung bei einem Zusammenschluss gemäß Art. IV UmgrStG ist. Steht die Gewinnverteilungsvereinbarung in einem offenbaren Missverhältnis zu der Beteiligung und der Mitarbeit der einzelnen Gesellschafter, ist sie steuerlich zu korrigieren.

Zum Vorweggewinn (Gewinnvorab) siehe Rz 5860.

(AÖF 2011/66)

5884 Fehlen vertragliche Vereinbarungen zwischen den Gesellschaftern, ist die gesetzlich vorgesehene Gewinnverteilung maßgeblich (VwGH 29.5.1990, 90/14/0002). Einen Anhaltspunkt für die Gewinnverteilung bieten auch zivilgerichtliche Entscheidungen über die Rechtmässigkeit der Gewinnverteilung. Sie binden die Abgabenbehörde zwar nicht gemäß § 116 Abs. 2 BAO, die Behörde darf sich aber nicht willkürlich über sie hinwegsetzen (VwGH 7.2.1989, 86/14/0162).

5885 Mehrgewinne gegenüber der UGB-Bilanz, zB Nichtanerkennung von Betriebsausgaben gemäß § 162 BAO, sowie Mehrgewinne aus Zuaktivierungen sind nach dem allgemeinen Gewinnverteilungsschlüssel zu verteilen.

(AÖF 2007/88)

5886 Mehrgewinne aus Schwarzgeschäften sind den Mitunternehmern entsprechend der allgemeinen Gewinnverteilung zuzurechnen, wenn der tatsächliche Nutznießer nicht feststeht. Ist jedoch erwiesen, dass der Mehrgewinn nur einem Gesellschafter zugeflossen ist, so ist er nur diesem zuzurechnen (VwGH 21.12.1962, 1038/62; VwGH 30.11.1982, 82/14/0058).

5887 Unterschlagungen eines Mitunternehmers berühren als unberechtigte Entnahmen die Gewinnverteilung ebenso wenig wie rechtmäßige Entnahmen. Sie führen lediglich zu zivilrechtlichen Ansprüchen der geschädigten Mitunternehmer gegenüber dem schädigenden Mitunternehmer. Ist die aus einer Unterschlagung resultierende Forderung eines Mitunternehmers gegenüber einem anderen Mitunternehmer als betriebliche Forderung anzusehen, ist deren Uneinbringlichkeit als betrieblicher Aufwand zu berücksichtigen. Handelt es sich um eine der Privatsphäre zuzurechnende Forderung, hat deren Uneinbringlichkeit auf die Gewinnermittlung keine Auswirkung (VwGH 14.12.1983, 81/13/0204; VwGH 25.9.1985, 83/13/0186; VwGH 14.6.1988, 88/14/0024; VwGH 5.8.1992, 88/13/0150).

19.2.2.2 Angemessenheitsprüfung

5888 Rechtsverhältnisse zwischen nahen Angehörigen sind daran zu messen, ob sie

- nach außen ausreichend zum Ausdruck kommen,

- einen eindeutigen, klaren und jeden Zweifel ausschließlichen Inhalt haben und
- auch zwischen Familienfremden unter den gleichen Bedingungen abgeschlossen worden wären (VwGH 13.10.1987, 87/14/0114).

Unter diesen Umständen ist auch eine bloß schlüssige wie auch mündliche Gesellschaftsgründung einer Mitunternehmerschaft in Form einer GesBR und die entsprechende Gewinnverteilung anzuerkennen (VwGH 21.10.1980, 2385/79). Bei nicht durch Nahebeziehung verbundenen Vertragspartnern kann üblicherweise davon ausgegangen werden, dass eine Vereinbarung über die Gewinnverteilung einer Mitunternehmerschaft dem Beitrag der Gesellschafter zur Erreichung des Gesellschaftszweckes entspricht. Sobald aber Nahebeziehungen bestehen, kann ein mangelnder Interessengegensatz bewirken, dass Gewinnanteile aus privaten Gründen einer Person zugewiesen werden. Ein im Verhältnis zur Tätigkeit des anderen Gesellschafters geringerer laufender Arbeitsanteil eines Gesellschafters berechtigt die Abgabenbehörde zu einer von der Parteienvereinbarung abweichenden Gewinnverteilung, nicht aber dazu, ein Gesellschaftsverhältnis überhaupt in Abrede zu stellen. Die Angemessenheit der Gewinnverteilung einer Mitunternehmerschaft richtet sich nach den Gesellschafterbeiträgen. Entscheidend ist, ob sich die Gewinnverteilung nach dem Gesamtbild der Verhältnisse als angemessen erweist (VwGH 16.9.2003, 2000/14/0069). Siehe ferner Rz 1181 ff.

(AÖF 2005/110)

Eine Angemessenheitsprüfung ist auch bei einer GmbH & Co KG (GmbH & Still), deren Kommanditisten Gesellschafter der GmbH sind (deren GmbH-Gesellschafter atypisch still beteiligt ist), vorzunehmen. **5889**

Der Komplementär-GmbH ist neben dem Ersatz der Geschäftsführervergütung grundsätzlich das Haftungsrisiko abzudecken. Die Fremdüblichkeit des Haftungsentgeltes ist jeweils nach den konkreten Umständen des Einzelfalles zu beurteilen. Dabei ist unbeachtlich, ob die Komplementär-GmbH Vermögen in die KG eingelegt hat oder nicht. Als Basis für die Bemessung des Haftungsentgeltes dient jenes Vermögen, dessen Verlust von der Komplementär-GmbH riskiert wird (Haftungspotential). Dies ist das Gesamtvermögen (einschließlich stiller Reserven) abzüglich des Fremdkapitals, sohin das betriebswirtschaftliche Eigenkapital der Komplementär-GmbH. Sind allerdings die Verbindlichkeiten der KG im zu beurteilenden Zeitraum geringer als das betriebswirtschaftliche Eigenkapital der Komplementär-GmbH, ist das Haftungspotential mit der Höhe der Verbindlichkeiten beschränkt (VwGH 17.12.2014, 2010/13/0115). **5890**

(BMF-AV Nr. 2015/133)

Auch die Höhe des Haftungsentgeltes ist nach den Umständen des konkreten Einzelfalles zu bemessen. Entscheidend ist dabei die Größe der Gefahr der Inanspruchnahme der Komplementär-GmbH. Dazu ist insbesondere folgendes zu berücksichtigen: **5891**

- Art und Umfang des Geschäftsbetriebes der KG,
- das mit dem Geschäftsbetrieb der KG verbundene Risiko,
- das Vorliegen von Haftungsverpflichtungen Dritter (zB Konzernmütter)
- die Wahrscheinlichkeit von Regressmöglichkeiten der Komplementär-GmbH gegenüber der KG.

Als Anhaltspunkt für die Angemessenheit des Haftungsentgeltes können die Höhe der banküblichen Avalprovision oder hypothetische Versicherungsprämien für den durchschnittlichen Stand der KG-Schulden herangezogen werden (VwGH 17.12.2014, 2010/13/0115).

(BMF-AV Nr. 2018/79)

Wird die von den Kommanditisten der KG beherrschte substanzbeteiligte Komplementär-GmbH gesellschaftsvertraglich von der Gewinn- bzw. Verlustbeteiligung ausgeschlossen, ist dies als eine dem Fremdvergleich widersprechende Maßnahme steuerlich unbeachtlich und rechtfertigt eine den Einlagen entsprechende Zurechnung der Gewinnanteile (VwGH 24.10.1995, 92/14/0020). **5892**

Bei der GmbH & Co KG (GmbH & Still) kann eine unangemessene Gewinnverteilung (verdeckte Ausschüttung der GmbH) ua. dann vorliegen, wenn **5893**

- die Komplementär-GmbH unangemessen hohe Gehälter an ihre Gesellschafter-Geschäftsführer zahlt, die zugleich auch Kommanditisten der KG (stille Gesellschafter) sind (VwGH 7.2.1989, 86/14/0121, 0122),
- die KG (stille Gesellschaft) der GmbH deren Aufwendungen für die Geschäftsführung unangemessen niedrig vergütet,
- die Komplementär-GmbH aus anderen Gründen einen unangemessen niedrigen Gewinnanteil oder zu wenig Haftungsvergütung erhält.

19.2.2.3 Rückwirkende Maßnahmen

19.2.2.3.1 Rückwirkende Änderung der Gewinnverteilung

5894 Änderungen der Gewinnverteilung für das laufende Jahr sind nur dann anzuerkennen, wenn sie auf einer Änderung der Sach- und Rechtslage bei der Gesellschaft zurückzuführen sind (VwGH 5.2.1960, 640/59). Eine Änderung der Gewinnverteilung während des Wirtschaftsjahres findet zB dort ihre Grenze, wo vereinbarte Geschäftsführerbezüge bereits ausbezahlt und zu Lasten des schlüsselmäßig zu verteilenden Gewinnes verbucht worden sind (VwGH 18.2.1954, 1446/51).

5895 Keine rückwirkende Änderung der Gewinnverteilung liegt dann vor, wenn eine vertragliche Gewinnverteilung (Gesellschaftsvertrag) nicht besteht und die gesetzliche Gewinnverteilung zur Anwendung kommt (VwGH 19.2.1979, 214/77). Eine Regelung, die für den Fall des Todes eines Gesellschafters und des Eintrittes seiner Erben im Laufe eines Geschäftsjahres eine Änderung der Gewinnverteilung zu Gunsten der anderen Gesellschafter rückwirkend vorsieht, ist, zumal es sich dabei um eine ursprüngliche und nicht um eine rückwirkende Änderung handelt, anzuerkennen. Steuerlich unbeachtlich ist dagegen, wenn der Erblasser in seinem Testament einseitig eine rückwirkende Änderung der Gewinnverteilung bestimmt hat.

19.2.2.3.2 Rückwirkende Gründung einer Gesellschaft – Rückwirkender Gesellschaftereintritt

5896 Außerhalb des Art. IV UmgrStG ist ein rückwirkender Zusammenschluss zu einer Personengesellschaft nicht zulässig. Aber auch bei Anwendung des Art. IV UmgrStG können einer Person, die zu einem bestimmten Zeitpunkt die Stellung eines Mitunternehmers erhält, erst die ab diesem Zeitpunkt verwirklichten Geschäftsfälle als Einzelbestandteile des Gewinnes anteilig zugerechnet werden (VwGH 1.6.2017, Ro 2015/15/0017; VwGH 18.2.1999, 97/15/0023). Begründet die Gründung der atypisch stillen Gesellschaft den Beginn eines Rumpfwirtschaftsjahres für die Mitunternehmerschaft, kann nur der in diesem Rumpfwirtschaftsjahr entstandene Gewinn (Verlust) auf die Gesellschafter verteilt werden (VwGH 23.3.1994, 93/13/0280).

(BMF-AV Nr. 2018/79)

5897 Erfolgt jedoch der Beitritt in der Phase der Anwerbung einer neugegründeten Personengesellschaft (zB Gründung der GmbH, Geldeinlagen der atypisch Stillen oder Kommanditisten), kann der Beteiligte – entsprechend der unternehmensrechtlichen Rückwirkung – auch steuerlich rückwirkend am ganzen Jahresergebnis teilhaben, wenn beachtliche außersteuerliche Gründe für eine solche Vereinbarung maßgeblich sind.

Ansonsten dürfen Verluste, die bereits vor dem Abschluss des Gesellschaftsvertrages ganz oder teilweise entstanden sind, nicht zugewiesen werden, weil es sich dabei nicht um einen Anteil an dem während der Beteiligung erlittenen Verlust, sondern um einen fixen, in einem frei gewählten Verhältnis zur Einlage stehenden Betrag handelt (VwGH 29.05.1996, 94/13/0046).

Überproportionale Verlustzuweisungen an neu eintretende Gesellschafter stellen eine rückwirkende Ergebnisverteilung im Wege zivilrechtlicher Vereinbarungen dar, die im Ertragsteuerrecht unzulässig sind (VwGH 1.6.2017, Ro 2015/15/0017).

(BMF-AV Nr. 2018/79)

19.2.3 Verfahren

5898 Die Einkünfte einer Mitunternehmerschaft sind – vorbehaltlich der Sonderregelung für ARGEN – gemäß § 188 BAO festzustellen (VwGH 19.12.1990, 86/13/0136). Demnach können Sonderbetriebsausgaben der Gesellschafter einer Mitunternehmerschaft nur bei der Feststellung der Einkünfte der Mitunternehmerschaft und nicht bei der Einkommensteuerveranlagung des Mitunternehmers geltend gemacht werden (VwGH 20.09.1988, 86/14/0044; VwGH 10.11.1993, 93/13/0108; 93/13/0107); dies gilt auch, wenn für einen Mitunternehmer im Rahmen der Gewinnfeststellung gemäß § 188 BAO kein Verlustanteil festgestellt wird (VwGH 21.10.1986, 86/14/0133). Zur Unterbeteiligung siehe Rz 5824 ff.

(AÖF 2010/43)

5899 Im Spruch des Feststellungsbescheides ist über die Art der gemeinschaftlichen Einkünfte und ihre Höhe, den Feststellungszeitraum, über die Namen der Beteiligten und die Höhe ihrer Anteile abzusprechen. Der Systematik des Feststellungsverfahrens nach § 188 BAO entspricht es, darin alle Feststellungen zu treffen, die die gemeinschaftlich erzielten Einkünfte betreffen. Gegebenenfalls ist daher über alle die Gewinnermittlung betreffenden Fragen abzusprechen, zB ob der Freibetrag nach § 24 Abs. 4 EStG 1988 zur Anwendung kommt; mit der Geltendmachung des Freibetrages sind jedoch tarifliche Vergünstigungen nach § 37 EStG 1988 im Einkommensteuerverfahren ausgeschlossen (VwGH 25.6.2020, Ra 2019/15/0016), ob Verlustanteile gemäß § 18 Abs. 6 EStG 1988 vortragsfähig sind (vgl. VwGH 15.12.1994, 92/15/0030), ob Einkunftsteile gemäß § 2 Abs. 2a oder § 10 Abs. 8 EStG 1988 (Wartetasteverluste) nicht ausgleichsfähig bzw. vortragsfähig sind (VwGH 20.11.1996, 94/15/0091), ob eine Komplementär-GmbH Gewinne verdeckt ausgeschüttet hat, über die Veräußerung eines Mitunternehmeranteiles (VwGH 22.3.1991, 87/13/0201) oder ob in den Einkünften der Mitunternehmer nach § 11a EStG 1988 begünstigungsfähige Gewinne enthalten sind. Unterbleibt eine derartige Feststellung im Spruch des Feststellungsbescheides, kann der Bescheid hinsichtlich der unterbliebenen Feststellung keine Bindung (§ 192 BAO) entfalten, sodass darüber im abgeleiteten Verfahren abzusprechen ist (VwGH 18.10.2005, 2004/14/0154).

Über die Anwendung von begünstigten Steuersätzen auf bestimmte Einkunftsteile ist im Feststellungsverfahren nur dann abzusprechen, wenn deren Anwendbarkeit ausschließlich von Umständen abhängt, die nur die gemeinschaftlichen Einkünfte betreffen. Hängt deren Anwendbarkeit auch von Umständen ab, die andere Einkünfte des Steuerpflichtigen betreffen, ist darüber im Rahmen der Einkommensteuerfestsetzung zu entscheiden. Im Feststellungsverfahren ist daher lediglich festzustellen, dass prinzipiell begünstigungsfähige Veräußerungs- und Übergangsgewinne vorliegen. Über die Tarifbegünstigungen des § 37 EStG 1988 ist jedoch erst im Einkommensteuerverfahren des jeweiligen Mitunternehmers zu entscheiden (VwGH 25.6.2020, Ra 2019/15/0016).

(BMF-AV Nr. 2021/65)

Beim Austritt eines Mitunternehmers aus einer weiterbestehenden Mitunternehmerschaft **5900** geht die Identität der Mitunternehmerschaft selbst nicht verloren und ist daher nur ein einziger Gewinnfeststellungsbescheid für das gesamte Wirtschaftsjahr zu erlassen. Für steuerliche Zwecke ist es nicht erforderlich, eine Zwischenbilanz aufzustellen. Der Gewinnanteil des ausscheidenden Gesellschafters ist nach der Gewinnermittlungsart der Mitunternehmerschaft und nach der Regelung im Gesellschaftsvertrages zu berechnen, ggf. zu schätzen. Für den ausscheidenden Gesellschafter ist gedanklich ein Rumpfwirtschaftsjahr zu bilden (VwGH 11.6.1991, 90/14/0048). Zum Übergang von Todes wegen siehe Rz 690.

(AÖF 2002/84)

Entsteht bei einem unterjährigen Austritt eines Gesellschafters ein Einzelunternehmen, **5901** ist von zwei Rumpfwirtschaftsjahren auszugehen und hat eine Feststellung gemäß § 188 BAO nur für jenes Rumpfwirtschaftsjahr des Bestehens der Gesellschaft stattzufinden. Auf die besonderen Bestimmungen des Zusammenschlusses im Sinne des Art. IV UmgrStG und der Realteilung im Sinne des Art. V UmgrStG wird hingewiesen.

Eine Feststellung gemäß § 188 BAO erfolgt nur für jene Einkünfte, die aus einer gemein- **5902** samen Einkunftsquelle stammen. Zur Unternehmenseinheit siehe Rz 5831 ff.

Zu den verfahrensrechtlichen Folgen der Prüfung, ob auf Gemeinschaftsebene bzw. auf **5903** Ebene der Gesellschafter eine Einkunftsquelle vorliegt, siehe LRL 2012 Rz 204 ff.

(AÖF 2013/280)

Nach Beendigung der Personenvereinigung ohne eigene Rechtspersönlichkeit ergehende **5904** Einkünftefeststellungsbescheide sind gemäß § 191 Abs. 2 BAO an diejenigen zu richten, denen gemeinschaftliche Einkünfte zugeflossen sind. Unter Personenvereinigung ohne eigene Rechtspersönlichkeit sind vor allem OG, KG, GesBR und auch atypische stille Gesellschaften zu verstehen. Unzulässig ist es in Hinblick auf § 191 Abs. 2 BAO, den Bescheid an eine Gemeinschaft zu richten, die nicht mehr besteht. Ein Feststellungsbescheid gemäß § 188 BAO, der nach Beendigung der Personengesellschaft an diese ergeht, entfaltet keine Rechtswirkungen (VwGH 29.11.2000, 94/13/0267; VwGH 18.7.2001, 95/13/0192; VwGH 20.9.2001, 98/15/0103).

(BMF-AV Nr. 2018/79)

Wenn auch OG und KG keine Rechtspersönlichkeit wie etwa juristische Personen haben, **5905** so sind sie dennoch (allgemein) rechtsfähig. Eine solche Personenvereinigung könnte sich daher auch dann als Bescheidadressat für einen Einkünftenichtfeststellungsbescheid eignen, wenn sie mangels Unternehmereigenschaft und mangels Eigenschaft als Mitunternehmerschaft nicht Trägerin von abgabenrechtlichen Rechten und Pflichten ist. Zur Erreichung der Bindungswirkung in den abgeleiteten Einkommensteuerverfahren sind auch hier alle behaupteten Beteiligten des betreffenden Jahres namentlich im Bescheid anzuführen und zur Wirksamwerdung der Zustellfiktion des § 101 Abs. 3 in Verbindung mit § 190 Abs. 1 zweiter Satz BAO auf diese Rechtswirkung in der Ausfertigung hinzuweisen. Da die Behörde aber nicht verpflichtet ist, die Zustellfiktion des § 101 Abs. 3 BAO anzuwenden, wird es zumindest in Zweifelsfällen aus Gründen der Rechtssicherheit und des Rechtsschutzes auch hier geboten sein, an jeden behaupteten Beteiligten (für jedes Jahr jeweils einen) Einkünftenichtfeststellungsbescheid zu erlassen.

(BMF-AV Nr. 2018/79)

5906 Ist eine zivilrechtlich nicht rechtsfähige Personenvereinigung (GesbR, unechte stille Gesellschaft) Trägerin von Rechten und Pflichten im abgabenrechtlichen Sinn (bei GesbR im Falle der Unternehmereigenschaft und/oder Eigenschaft als Mitunternehmerschaft, bei atypischer stiller Gesellschaft im Falle der Eigenschaft als Mitunternehmerschaft denkbar), so liegt ein iSd Abgabenrechtes rechtsfähiges (parteifähiges) Gebilde vor. Im umgekehrten Fall – die GesbR oder stille Gesellschaft ist nicht Trägerin von abgabenrechtlichen Rechten und Pflichten, etwa bei Verneinung der Einkunftsquelleneigenschaft durch das Finanzamt ab Beginn der stillen Gesellschaft (vgl. VwGH 21.10.1999, 99/15/0121) – geht ein an Geschäftsherr und Mitgesellschafter gerichteter (vermeintlicher) Bescheid mangels eines rechtsfähigen Gebildes als Bescheidadressat ins Leere und kann daher nicht rechtswirksam erlassen werden (VwGH 2.8.2000, 99/13/0014). In diesem Fall müssen im Nichtfeststellungsbescheid sämtliche Beteiligte namentlich angeführt werden und muss an jede dieser Personen eine Ausfertigung des (einheitlich erlassenen) Bescheides zugestellt werden.

(AÖF 2007/88)

19.2.4 Gesellschaftsvermögen

5907 Steuerrechtlich ist das Betriebsvermögen nicht der Mitunternehmerschaft als solcher, sondern den einzelnen Gesellschaftern, und zwar nach Maßgabe ihrer Beteiligungen am Gesellschaftsvermögen bzw. nach Maßgabe etwaiger abweichender Eigentumsverhältnisse, zuzurechnen (VwGH 22.11.1995, 94/15/0147; VwGH 10.3.1982, 82/13/0008). Somit stellt das Betriebsvermögen der Gesellschaft quotenmäßig das Betriebsvermögen der Gesellschafter dar (§ 24 Abs. 1 lit. e BAO).

5908 Zum Gesellschaftsvermögen gehören alle Wirtschaftsgüter, die im zivilrechtlichen Gesamthand- bzw. Miteigentum oder im wirtschaftlichen Eigentum einer Personengesellschaft stehen. In die Gesellschaftsbilanz sind nur Wirtschaftsgüter des notwendigen und – bei Gewinnermittlung nach § 5 EStG 1988 – des gewillkürten Betriebsvermögens aufzunehmen (VwGH 17.1.1995, 94/14/0077).

5908a Passiva einer atypisch stillen Gesellschaft sind nicht Schulden der atypisch stillen Gesellschafter; dennoch können sie Gewinnauswirkungen für den atypisch stillen Gesellschafter nach sich ziehen. Daher erhöht die Betriebsvermögensmehrung aus dem Wegfall von Verbindlichkeiten des Betriebsvermögens der atypisch stillen Gesellschaft auch den Gewinnanteil des atypisch stillen Gesellschafters (VwGH 24.06.2010, 2007/15/0063 zum Schuldnachlass im Rahmen eines Ausgleichsverfahrens über das Vermögen des Geschäftsherrn der atypisch stillen Gesellschaft).

Dies gilt auch für Schuldnachlässe im Rahmen der Erfüllung eines Sanierungsplanes nach der Insolvenzordnung.

(AÖF 2011/66)

5909 Die Zuordnung von Wirtschaftsgütern zum Betriebsvermögen oder zum notwendigen Privatvermögen erfolgt bei Mitunternehmerschaften nach den allgemeinen, auch für den Einzelkaufmann geltenden Grundsätzen (VwGH 4.10.1983, 83/14/0017, 0074). Grundstücke bzw. Grundstücksteile sind insoweit dem Betriebsvermögen zuzurechnen, als sie eine wesentliche Grundlage für den Betrieb der Personengesellschaft bilden. Davon abgesehen können auch an betriebsfremde Personen vermietete Wohngebäude zum notwendigen oder gewillkürten Betriebsvermögen zählen.

5910 Nutzt ein Gesellschafter eine der Personengesellschaft gehörende Liegenschaft für private Wohnzwecke, liegt eine Entnahme aus dem Betriebsvermögen vor. Die den Beteiligungsverhältnissen entsprechenden Quoten an der Liegenschaft, die den übrigen Gesellschaftern zuzurechnen sind, können bei diesen kein gewillkürtes Betriebsvermögen sein (VwGH 13.5.1992, 90/13/0057).

5911 Eine Wohnung (oder Gebäudeteile), die einem Gesellschafter oder seiner Ehefrau zur gemeinsamen Haushaltsführung dient, bleibt bei untergeordneter privater Nutzung im Betriebsvermögen (Nutzungsentnahme, siehe Rz 566 ff); andernfalls bildet sie regelmäßig Privatvermögen, und zwar selbst dann, wenn die Räumlichkeit als Dienstwohnung zur Verfügung gestellt wird (VwGH 19.10.1982, 82/14/0056). Hingegen bleibt die Wohnung im Betriebsvermögen der KG, wenn diese die Wohnung der geschäftsführenden Komplementär-GmbH für den als deren Geschäftsführer fungierenden Kommanditisten zur Verfügung stellt (VwGH 19.10.1993, 93/14/0129).

19.2.5 Mitunternehmeranteil

Der steuerliche Mitunternehmeranteil eines Gesellschafters besteht aus seinem Anteil (Quote) am Gesellschaftsvermögen der Personengesellschaft (starres und variables Kapitalkonto; unternehmensrechtlich „Gesellschaftsanteil") einschließlich allfälliger Mehr- oder Minderwerte einer Ergänzungsbilanz und seinem „Sonderbetriebsvermögen". **5912**

(AÖF 2008/238)

Die Anschaffung oder Veräußerung einer Beteiligung an einer Personengesellschaft stellt eine Anschaffung oder Veräußerung der anteiligen Wirtschaftsgüter dar (§ 32 Abs. 2 EStG 1988). Führt eine Beteiligung an einer Personengesellschaft zu keinen betrieblichen Einkünften (siehe dazu Rz 5964 ff), sind die Rechtsvorschriften zu den entsprechenden außerbetrieblichen Einkünften zu beachten. Hinsichtlich des im Vermögen der Personengesellschaft befindlichen Kapitalvermögens liegen daher Einkünfte im Sinne des § 27 EStG 1988, hinsichtlich der Grundstücke Einkünfte im Sinne des § 30 EStG 1988 vor. Hinsichtlich der anderen Wirtschaftsgüter liegen Einkünfte nur unter den Voraussetzungen des § 31 EStG 1988 (Spekulationsgeschäfte) vor. **5912a**

(AÖF 2013/280)

19.2.5.1 Notwendiges und gewillkürtes Sonderbetriebsvermögen

Unter Sonderbetriebsvermögen sind jene Wirtschaftsgüter zu verstehen, die nicht zum Gesellschaftsvermögen gehören, sondern im (wirtschaftlichen) Allein- bzw. Miteigentum eines bzw. mehrerer Gesellschafter stehen, und die der Gesellschaft entgeltlich oder unentgeltlich zur Nutzung überlassen werden. Auch diese Wirtschaftsgüter zählen unter der Voraussetzung, dass sie der Gesellschaft auf Dauer zur Verfügung gestellt werden, zum (notwendigen) Betriebsvermögen der Gesellschaft (VwGH 10.3.1982, 82/13/0008; VwGH 6.5.1975, 1703/74; 18.3.1975, 1301/74). Ein von der Mitunternehmerschaft zu bilanzierendes Nutzungsrecht wird in solchen Fällen nicht begründet (VwGH 29.10.1985, 85/14/0093). **5913**

Wirtschaftsgüter des Sonderbetriebsvermögens sind daher solche, die einem Mitunternehmer zur Erzielung seines Gewinnanteiles dienen und die ihm wirtschaftlich alleine oder anteilig zuzurechnen sind. Maßgeblich für die Beurteilung, ob ein Wirtschaftsgut dem Sonderbetriebsvermögen zuzurechnen ist, ist daher, ob der Gesellschafter als wirtschaftlicher Eigentümer des Wirtschaftsgutes dieses auch selbst zur Erzielung seines Gewinnanteiles nutzt. Räumt der wirtschaftliche Eigentümer einem Dritten ein Fruchtgenussrecht am Wirtschaftsgut (zB Liegenschaft) ein und überlässt dieser das Wirtschaftsgut der Mitunternehmerschaft, an der der wirtschaftliche Eigentümer beteiligt ist, liegt grundsätzlich kein Sonderbetriebsvermögen vor. Sollte die Zwischenschaltung des Dritten missbräuchlich erfolgen (zB bei nahen Angehörigen) kann Sonderbetriebsvermögen vorliegen.

(BMF-AV Nr. 2018/79)

Das Sonderbetriebsvermögen ist in der Sonderbilanz des Gesellschafters auszuweisen. Ermittelt die Gesellschaft ihren Gewinn nach § 5 EStG 1988, ist diese Gewinnermittlungsart auch auf das (gewillkürte) Sonderbetriebsvermögen anzuwenden (VwGH 21.12.1993, 89/14/0186). Wird ein Wirtschaftsgut im Zuge seiner Anschaffung oder Herstellung der Gesellschaft zur Verfügung gestellt, können auch entsprechende Investitionsbegünstigungen geltend gemacht werden. Die mit diesen Wirtschaftsgütern zusammenhängenden Aufwendungen und Erträge sind im Rahmen der Gewinnfeststellung zu erfassen (VwGH 06.05.1975, 1703/74; VwGH 20.09.1988, 86/14/0044; VwGH 10.11.1993, 93/13/0108). **5914**

Werden Grundstücke aus dem Sonderbetriebsvermögen einer Mitunternehmerschaft veräußert, die ihren Gewinn nach § 5 EStG 1988 ermittelt, ist der Grund und Boden zum 31.3.2012 jedenfalls steuerverfangen. Die Regelungen über die pauschale Gewinnermittlung nach § 30 Abs. 4 EStG 1988 sind daher nicht anwendbar.

(BMF-AV Nr. 2018/79)

Für die Zurechnung zum Sonderbetriebsvermögen muss das Wirtschaftsgut der Gesellschaft auf Dauer zur Verfügung gestellt sein; vorübergehend der Gesellschaft überlassene Wirtschaftsgüter gehören nicht zum Sonderbetriebsvermögen (VwGH 27.4.1977, 0936/76). Bei einer Arbeitsgemeinschaft (ARGE) im Bauwesen stellen die von einem ARGE-Partner der ARGE zur Verfügung gestellten Wirtschaftsgüter kein Sonderbetriebsvermögen der ARGE dar. **5915**

(BMF-AV Nr. 2015/133)

Ein von einem Gesellschafter aufgenommenes und der Gesellschaft für betriebliche Zwecke zur Verfügung gestelltes Darlehen gehört zum Sonderbetriebsvermögen des Gesellschafters (VwGH 29.9.1980, 679/78; VwGH 4.10.1983, 83/14/0017). Sonderbetriebsvermögen sind auch Verbindlichkeiten, mit denen aktives Sonderbetriebsvermögen finanziert wird (VwGH 12.9.1989, 88/14/0188). **5916**

5917 Die zum Zwecke der Nutzungsüberlassung an die KG von der Komplementär-GmbH erworbenen Lizenzrechte sind grundsätzlich dem Sonderbetriebsvermögen zuzurechnen. Die Lizenzrechte wären nur dann nicht Sonderbetriebsvermögen, sondern dem Gesellschafterbetrieb zuzurechnen, wenn derartige Nutzungsüberlassungen zum Betriebsgegenstand dieses Betriebes gehören und die Nutzungsüberlassung fremdüblich durchgeführt wird (VwGH 28.2.1989, 89/14/0019).

5918 Der Geschäftsanteil des Kommanditisten an der Komplementär-GmbH gehört in der Regel nicht zum notwendigen Sonderbetriebsvermögen des Kommanditisten.

5919 Im Bereich der Gewinnermittlung gemäß § 5 EStG 1988 ist auch gewillkürtes Sonderbetriebsvermögen möglich, zB Wertpapiere eines Gesellschafters, die zu Gunsten von Verbindlichkeiten der Gesellschaft verpfändet sind. Beim Zuführen von gewillkürtem Betriebsvermögen ist die wirtschaftliche Beziehung zum Betrieb weit zu sehen. Als gewillkürtes Sonderbetriebsvermögen kommen sowohl Wirtschaftsgüter in Betracht, die sich als Wertanlage eignen, wenn ein betriebliches Interesse an einer fundierten Kapitalausstattung besteht, als auch Wirtschaftsgüter, die künftighin eine dem Betrieb dienende Funktion erwarten lassen. Lässt sich die Zweckwidmung den Sachverhaltsumständen nach erkennen, ist es unmaßgeblich, ob bereits in naher Zeit mit einer unmittelbaren betrieblichen Nutzung zu rechnen ist (VwGH 21.12.1993, 89/14/0186). Hat eine Wohnung zum notwendigen Sonderbetriebsvermögen gehört (Überlassung an Arbeitnehmer der Gesellschaft als Dienstwohnung) und wird diese nunmehr an Dritte (Nicht-Arbeitnehmer) vermietet, kann es dem Eigentümer nicht verwehrt sein, die Wohnung weiterhin im Betriebsvermögen, und zwar als gewillkürtes Sonderbetriebsvermögen weiterzuführen.

(AÖF 2002/84)

19.2.5.2 Beispiele für Sonderbetriebsvermögen

5920 **Anteile an einer Genossenschaft**

Bestehen zwischen einer Mitunternehmerschaft und einer Kapitalgesellschaft oder Genossenschaft enge organisatorische, finanzielle und wirtschaftliche Beziehungen, zählen die den Mitunternehmern gehörenden Anteile zum notwendigen Sonderbetriebsvermögen (VwGH 22.11.1995, 94/15/0147, Handel mit Autozubehör ist dem Autohandel dienlich; VwGH 18.3.1975, 1301/74, Beteiligung eines Mitunternehmers an einer den Mitgliedern beim Wareneinkauf günstige Konditionen bietenden Einkaufsgenossenschaft).

5921 **Betriebe**

Betriebe bzw. Teilbetriebe (VwGH 28.2.1989, 89/14/0019).

5922 **Darlehen**

Darlehen, das der Gesellschafter für Zwecke der Gesellschaft aufnimmt und dieser die Darlehensmittel zur Verfügung stellt (VwGH 4.10.1983, 83/14/0017; VwGH 29.9.1980, 679/78).

5923 **Grundstücksanteile**

Betrieblich genutzte Grundstücksanteile sind insoweit Sonderbetriebsvermögen, als die Miteigentümer der Liegenschaft gleichzeitig auch Gesellschafter der Personengesellschaft sind (VwGH 14.12.2000, 95/15/0100). Daran ändert der Umstand nichts, dass ein Liegenschaftsanteil im Anteilseigentum einer betriebsfremden Person steht (VwGH 29.10.1985, 85/14/0093; VwGH 10.3.1982, 82/13/0008). Die Anteile der Miteigentümer, die nicht Gesellschafter sind, können nur dann dem Sonderbetriebsvermögen zugerechnet werden, wenn den Gesellschaftern an diesen Anteilen wirtschaftliches Eigentum zukommt. Die Übertragung des zivilrechtlichen bzw. wirtschaftlichen Eigentums an einem im Sonderbetriebsvermögen befindlichen Grundstück(santeil) an einen betriebsfremden Dritten führt zur Gewinnverwirklichung durch Entnahme.

(AÖF 2006/114)

5924 **Patente**

Patente (VwGH 1.12.1961, 1613/59); Erfindungen.

5925 **Verbindlichkeiten**

Verbindlichkeiten, mit denen Sonderbetriebsvermögen finanziert wird (VwGH 12.9.1989, 88/14/0188).

Hingegen begründet eine gesellschaftsvertragliche Nutzungseinlage keine Forderung der Mitunternehmerschaft gegenüber dem Mitunternehmer auf Duldung der Nutzung des Wirtschaftgutes, also ein Nutzungsrecht. Vielmehr gehört das im Eigentum des Mitunternehmers bleibende Wirtschaftsgut zum Sonderbetriebsvermögen des Mitunternehmers (VwGH 23.10.1985, 85/14/0093).

19.2.6 Vermögensübertragungen und ihre Folgen

Zwischen Anschaffungs- und Veräußerungsvorgängen bzw. Einlage- und Entnahmevorgängen ist zu unterscheiden. Werden Wirtschaftsgüter eines inländischen Betriebes in einen anderen inländischen Betrieb desselben Steuerpflichtigen überführt, liegt eine Entnahme mit einer darauf folgenden Einlage vor (VwGH 17.12.1980, 2429/77). Der Einlagewert entspricht dabei dem Entnahmewert. Bei abnutzbaren Wirtschaftsgütern des Anlagevermögens ist grundsätzlich davon auszugehen, dass sich der Teilwert im Zeitpunkt der Entnahme mit den seinerzeitigen Anschaffungs- oder Herstellungskosten vermindert um die laufende AfA deckt. Die stillen Reserven des Grund und Bodens sind bei Gewinnermittlung gemäß § 5 EStG 1988 bei Entnahme- und Einlagevorgängen vor dem 1.4.2012 steuerwirksam aufzudecken. Wird Grund und Boden nach dem 31.3.2012 entnommen, erfolgt die Entnahme gemäß § 6 Z 4 EStG 1988 zum Buchwert (siehe dazu Rz 2635). **5926**

(AÖF 2013/280)

19.2.6.1 Entgeltliche Übertragung einzelner Wirtschaftsgüter

19.2.6.1.1 Aus dem Privatvermögen des Gesellschafters in das Gesellschaftsvermögen und umgekehrt

Veräußert der Gesellschafter ein zu seinem Privatvermögen gehöriges Wirtschaftsgut fremdüblich an die Mitunternehmerschaft, so ist dieser Vorgang in einen Einlage- und einen Anschaffungsvorgang aufzuspalten. Hinsichtlich des nach dem Beteiligungsverhältnis auf ihn selbst entfallenden Teils dieses Wirtschaftsgutes liegt keine Anschaffung, sondern eine Einlage vor. Dementsprechend liegt bei fremdüblicher Veräußerung von Gesellschaftsvermögen in das Privatvermögen des Gesellschafters hinsichtlich des nach dem Beteiligungsverhältnis auf ihn selbst entfallenden Teils dieses Wirtschaftsgutes eine Entnahme vor, und im übrigen eine Veräußerung bzw. Anschaffung. **5927**

Für Übertragungsvorgänge nach dem 30. September 2014 gilt Folgendes: **5927a**

In einen Veräußerungs- und Einlagevorgang aufzuspalten ist auch die Übertragung eines Wirtschaftsgutes (zB Grundstück) in das Gesellschaftsvermögen gegen Gewährung von Gesellschafterrechten. Die Übertragung eines Wirtschaftsgutes stellt insoweit eine Einlage dar, als das Wirtschaftsgut gemäß § 32 Abs. 2 EStG 1988 dem übertragenden (neuen oder bereits bestehenden) Gesellschafter weiterhin steuerlich zuzurechnen ist. Soweit das Wirtschaftsgut den übrigen Gesellschaftern steuerlich zuzurechnen ist, stellt die Übertragung des Wirtschaftsgutes auf Grund der dafür gewährten (weiteren) Gesellschafterrechte (Gesellschaftsanteile) einen Tausch iSd § 6 Z 14 lit. a EStG 1988 dar.

Kein Tausch ist dann gegeben, wenn trotz der Übertragung des Wirtschaftsgutes, dieses dem übertragenden Gesellschafter weiterhin zur Gänze steuerlich zuzurechnen ist (nur bei 100-prozentiger Substanzbeteiligung) (siehe dazu auch Rz 6020).

(BMF-AV Nr. 2015/133)

Für Übertragungsvorgänge nach dem 30. September 2014 gilt Folgendes: **5927b**

In einen Veräußerungs- und Einlagevorgang aufzuspalten ist die Übertragung eines Wirtschaftsgutes (zB Grundstück) in das Gesellschaftsvermögen auch dann, wenn bei einer Einlage lediglich das variable Kapitalkonto berührt wird und somit keine Gewährung von Gesellschaftsrechten erfolgt. Auch in diesem Fall liegt im Ausmaß der Quote der anderen Gesellschafter eine Veräußerung, im Ausmaß der Quote des Übertragenden eine Einlage vor (siehe dazu Rz 5927).

Bei nahen Angehörigen kann jedoch im Ausmaß der Fremdquote von einer Schenkung ausgegangen werden, wenn auch das variable Kapitalkonto der anderen (beschenkten) Gesellschafter entsprechend der jeweiligen Substanzbeteiligung anteilig erhöht wird. Handelt es sich beim nahen Angehörigen um eine Kapitalgesellschaft, dann stellt die anteilige Schenkung eine Einlage dar, die nach § 6 Z 14 EStG 1988 zu beurteilen ist.

Nicht von dieser Regelung umfasst ist bei nahen Angehörigen allerdings die unentgeltliche Übertragung von Wirtschaftsgütern des Sonderbetriebsvermögens in das Gesellschaftsvermögen. Im Falle einer „Schenkung" aus dem Sonderbetriebsvermögen des Gesellschafters in das Gesellschaftsvermögen liegt eine Entnahme mit nachfolgender Einlage vor, soweit die quotenmäßige Beteiligung der Gesellschafter verändert wird (vgl. Rz 5931). Da die Einlage in den Betrieb eines anderen Mitunternehmers erfolgt, kann die Teilwertvermutung gemäß Rz 5926 in einem solchen Fall nicht zur Anwendung gelangen. Ebenso wenig kann außerhalb des Anwendungsbereiches des Umgründungssteuergesetzes die Aufdeckung der stillen Reserven durch das Einstellen einer Vorsorge gegen die endgültige Verschiebung stiller Reserven im Rahmen von Ergänzungsbilanzen vermieden werden.

Werden trotz fehlender Gewährung von Gesellschafterrechten seitens der anderen Gesellschafter zusätzlich Sach- oder Bareinlagen geleistet, stellen diese insoweit eine zusätzliche Gegenleistung für die Grundstücksübertragung dar, als sie entsprechend der Substanzbeteiligung des das Grundstück übertragenden Gesellschafters diesem zuzurechnen sind. Bei Sacheinlagen liegt insoweit wiederum ein Tausch vor, bei Bareinlagen eine Veräußerung.

(BMF-AV Nr. 2019/75)

19.2.6.1.2 Aus dem eigenen Betrieb des Gesellschafters in das Gesellschaftsvermögen und umgekehrt

5928 Soweit ein Gesellschafter mit der Personengesellschaft, an der er beteiligt ist, in betriebliche Beziehung tritt, sind die dem allgemeinen Geschäftsverkehr entsprechenden (fremdüblichen) Geschäfte zur Gänze als Veräußerung und Anschaffung zu behandeln (VwGH 16.6.1970, 405/68; VwGH 16.3.1979, 2979/76, 960, 961/77).

19.2.6.1.3 Aus dem Sonderbetriebsvermögen des Gesellschafters in das Gesellschaftsvermögen und umgekehrt

5929 Bei fremdüblicher entgeltlicher Übertragung ist hinsichtlich des gesamten Vorganges (also auch für den auf den veräußernden und/oder erwerbenden Mitunternehmer entfallenden Teil) von einer Veräußerung und Anschaffung auszugehen. Lässt die Übertragung die steuerliche Zurechnung unverändert, erfolgt die Überführung zu Buchwerten (siehe Rz 5931).

(BMF-AV Nr. 2018/79)

19.2.6.1.4 Aus dem Sonderbetriebsvermögen des Gesellschafters in ein anderes Sonderbetriebsvermögen

5930 Bei entgeltlicher Übertragung von Sonderbetriebsvermögen in das Sonderbetriebsvermögen eines anderen Gesellschafters liegt eine Veräußerung und eine Anschaffung vor.

19.2.6.1.5 Veräußerung des Gesellschaftsanteils unter Mitveräußerung oder Zurückbehaltung des Sonderbetriebsvermögens

Siehe Rz 5984.

19.2.6.2 Unentgeltliche Übertragung (Überführung) einzelner Wirtschaftsgüter

19.2.6.2.1 Aus dem eigenen Betrieb oder Sonderbetriebsvermögen des Gesellschafters in das Gesellschaftsvermögen und umgekehrt

(BMF-AV Nr. 2015/133)

5931 Es liegt eine Entnahme mit nachfolgender Einlage vor, wenn die quotenmäßige Beteiligung der Gesellschafter verändert wird (VwGH 17.1.1995, 94/14/0077). Bleibt die quotenmäßige Beteiligung unverändert, erfolgt die Überführung zu Buchwerten (VwGH 19.5.2005, 2000/15/0179).

(AÖF 2006/114)

19.2.6.2.2 Aus dem Sonderbetriebsvermögen des Gesellschafters in ein anderes Sonderbetriebsvermögen

5932 Die Übertragung von Wirtschaftsgütern aus dem Sonderbetriebsvermögen eines Mitunternehmers in das Sonderbetriebsvermögen eines anderen Mitunternehmers ist nur im Wege der Entnahme und Einlage steuerlich durchführbar (VwGH 21.1.1987, 86/13/0060). Gleiches gilt für die Überführung des Sonderbetriebsvermögens in sonstige Vermögenssphären eines anderen Gesellschafters, aber auch für die Überführung von einem Sonderbetriebsvermögen in ein anderes Sonderbetriebsvermögen ein- und desselben Gesellschafters (bei mehreren Beteiligungen). Für Überführungen innerhalb der verschiedenen Sonderbetriebsvermögen desselben Gesellschafters kann von der vereinfachten Bewertung Gebrauch gemacht werden (Rz 5926).

19.2.6.2.3 Aus dem eigenen Betrieb des Gesellschafters in dessen Sonderbetriebsvermögen und umgekehrt

(BMF-AV Nr. 2015/133)

5933 Die Übertragung eines Wirtschaftsgutes aus einem Betriebsvermögen in das Sonderbetriebsvermögen desselben Steuerpflichtigen und umgekehrt ist steuerneutral, wenn der Mitunternehmeranteil zu demselben Betriebsvermögen gehört (siehe auch KStR 2013 Rz 406); andernfalls liegt eine Entnahme mit nachfolgender Einlage vor.

Gleiches gilt bei Übertragungen zwischen durch dieselben Gesellschafter verbundenen inländischen Schwester-Mitunternehmerschaften sowie auch für die Nutzungsüberlassung von Wirtschaftsgütern des Gesellschafter-Betriebs an die Gesellschaft; zur Bewertung siehe Rz 5926.

Beispiel:

Wird eine KG zum Zwecke der Versorgung der Komplementärgesellschaft (eine GmbH & Co KG, Metallwarenfabrik) mit Strom gegründet und hat diese das für die Errichtung der Kraftwerksanlage notwendige Kapital im Zuge der Bauführung beizustellen, so ersetzt die Zurverfügungstellung dieser Mittel bei wirtschaftlicher Betrachtung die wirtschaftlich gebotene Kapitalzuführung. Es handelt sich bei diesen Mitteln daher nicht um einen aktivierungspflichtigen „Baukostenzuschuss", der als Entgelt für den Erwerb eines Strombezugsrechtes geleistet wird. Ist die Leistung eines „Baukostenzuschusses" für Stromlieferungen als im Gesellschaftsverhältnis begründet anzusehen, ist von einer Einlage in die KG auszugehen (VwGH 18.12.1996, 94/15/0168).

Zur Überführung ins Sonderbetriebsvermögen iZm Art. IV UmgrStG (siehe UmgrStR 2002 Rz 1444 f).

(AÖF 2006/114, AÖF 2013/280)

19.2.6.2.4 Unentgeltliche Übertragung des Gesellschaftsanteils samt Sonderbetriebsvermögen oder unter Zurückbehaltung desselben

Eine unentgeltliche Übertragung bloß von Teilen des Gesellschaftsanteiles löst keine **5934** Entnahme beim Sonderbetriebsvermögen oder beim Gesellschaftsvermögen aus.

Eine unentgeltliche Übertragung des gesamten Mitunternehmeranteiles samt Sonder- **5935** betriebsvermögen (unter Lebenden oder von Todes wegen) auf mehrere Personen setzt voraus, dass eine Person entweder einen Teil des Gesellschaftsanteiles oder daneben auch einen Teil des Sonderbetriebsvermögens erhält. In einem einheitlichen Übertragungsakt kann zB auf eine Person 80% des Gesesellschaftsanteiles und kein Sonderbetriebsvermögen und auf eine andere Person 20% des Gesellschaftsanteiles und das gesamte Sonderbetriebsvermögen unentgeltlich (ohne Gewinnrealisierung) übertragen werden. Geht hingegen auf eine Person der gesamte Gesellschaftsanteil und ein Teil des Sonderbetriebsvermögens über, dann führt die Übertragung des restlichen Sonderbetriebsvermögens auf eine andere Person oder auf den übertragenden Gesellschafter zur Gewinnrealisierung (Entnahme); ob die andere Person bereits Mitunternehmer der Personengesellschaft ist oder im Rahmen der Übertragung zum Mitunternehmer wird (zB durch Beitritt als reiner Arbeitsgesellschafter), ist dabei ohne Belang.

Wird ein Teil des Gesellschaftsanteiles unentgeltlich übertragen, kann Sonderbetriebs- **5936** vermögen ohne Gewinnrealisierung nur insoweit mitübertragen werden, als die übertragene Quote am Gesellschaftsanteil und am Sonderbetriebsvermögen übereinstimmt bzw. die Quote des Sonderbetriebsvermögens in der Quote des Gesellschaftsanteiles Deckung findet. Daher führt zB die unentgeltliche Übertragung von 40% des Gesellschaftsanteils und 100% des Sonderbetriebsvermögens zu 60% zu einer Entnahme des Sonderbetriebsvermögens mit nachfolgender Einlage. Es können auch einzelne Wirtschaftsgüter des Sonderbetriebsvermögens ohne Gewinnrealisierung zur Gänze übertragen werden, soweit der Teilwert der einzelnen übertragenen Wirtschaftsgüter zum Teilwert des gesamten Sonderbetriebsvermögens eine Quote ergibt, die in der Quote des unentgeltlich übertragenen Gesellschaftsanteiles Deckung findet.

(AÖF 2007/88)

Wird in der Ergänzungsbilanz zu einem Mitunternehmeranteil aufgrund einer oder meh- **5937** rerer Anschaffungen ein derivativer Firmenwert ausgewiesen und dieser Mitunternehmeranteil in der Folge ganz oder teilweise unentgeltlich übertragen, so geht dieser Firmenwert stets im Verhältnis der unentgeltlich übertragenen Quote zur gesamten Beteiligungsquote des Mitunternehmers auf den Rechtsnachfolger über, da es sich beim Firmenwert nicht um Sonderbetriebsvermögen handelt. Eine von dieser quotalen Betrachtung abweichende Disposition ist daher steuerlich nicht beachtlich.

19.2.6.3 Das Sonderbetriebsvermögen als Teilbetrieb

Repräsentiert das Sonderbetriebsvermögen einen Teilbetrieb und wird es unentgeltlich **5938** auf eine dritte Person übertragen, liegt eine Übertragung zu Buchwerten (§ 6 Z 9 lit. a) vor; eine Gewinnrealisierung wird nicht ausgelöst.

19.2.6.4 Sonderfälle

5939 Verpachtet der Gesellschafter seinen Betrieb an eine Personengesellschaft, an der er beteiligt ist, erfolgt eine Überführung des Betriebes in sein Sonderbetriebsvermögen; eine Gewinnrealisierung ist damit nicht verbunden (VwGH 28.2.1989, 89/14/0019).

5940 Bei Übertragung des Betriebes durch einen Einzelunternehmer im Zuge eines Zusammenschlusses nach Art. IV UmgrStG ist die steuerneutrale Überführung eines Wirtschaftsgutes in das Sonderbetriebsvermögen möglich. Gleiches gilt, wenn der Mitunternehmeranteil zu einem Betriebsvermögen gehört (siehe auch KStR 2013 Rz 406).

(BMF-AV Nr. 2018/79)

5941 Zur Überführung von Wirtschaftsgütern aus dem Gesellschafts- bzw. Gemeinschaftsvermögen einer Mitunternehmerschaft iZm Art. IV UmgrStG siehe Rz 1445 UmgrStR 2002.

(AÖF 2007/88)

5942 Wird eine Personengesellschaft durch Ausscheiden des vorletzten, am Gesellschaftsvermögen nicht beteiligten Gesellschafters (zB Arbeitsgesellschafters) zu einem Einzelunternehmen, findet eine Entnahme des Sonderbetriebsvermögens des zu 100% am Gesellschaftsvermögen beteiligten letzten Gesellschafters nicht statt. Eine Gewinnrealisierung könnte sich lediglich durch einen allfälligen Wechsel der Gewinnermittlungsart ergeben, wenn die Personengesellschaft den Gewinn nach § 5 EStG 1988 ermittelt hat, das nachfolgende Einzelunternehmen jedoch nicht rechnungslegungspflichtig gemäß § 189 UGB ist; ein Übergangsgewinn ist beim Einzelunternehmer zu erfassen.

(BMF-AV Nr. 2015/133)

19.3 Miteigentum

Zur betrieblichen Nutzung von im Miteigentum stehenden Liegenschaften siehe Rz 574 ff.

5943 Der ideelle Anteil an einer im Miteigentum des Gesellschafters einer Personengesellschaft stehenden Liegenschaft gehört bei entsprechender betrieblicher Nutzung durch die Gesellschaft zum Sonderbetriebsvermögen des betreffenden Gesellschafters. Daran ändert auch der Umstand nichts, dass ein untergeordneter Liegenschaftsanteil im Anteilseigentum einer betriebsfremden Person steht (VwGH 10.3.1982, 82/13/0008 ff).

5944 Nutzt eine Personengesellschaft zur Gänze ein im Miteigentum stehendes Grundstück, ist dieses insoweit Sonderbetriebsvermögen, als die Gesellschafter gleichzeitig Miteigentümer des Grundstücks sind. Die Anteile der Miteigentümer, die nicht Gesellschafter sind, könnten nur dann dem Sonderbetriebsvermögen zugerechnet werden, wenn den Gesellschaftern an diesen Anteilen wirtschaftliches Eigentum zukommt. Die Befugnis der Gesellschafter zur Verwaltung der Anteile vermag für sich allein wirtschaftliches Eigentum nicht zu begründen.

5945 Der Gewinn aus der Veräußerung einer Liegenschaft, die zur Gänze im zivilrechtlichen Eigentum eines Gesellschafters steht, ist auf alle beteiligten Gesellschafter aufzuteilen, wenn die Liegenschaft wie Gesellschaftsvermögen behandelt worden und die Verfügung nur den Gesellschaftern zur gesamten Hand zugestanden ist (VwGH 29.5.1990, 90/14/0002).

19.4 Auswirkungen der besonderen Gewinnermittlungsvorschriften auf Mitunternehmerschaften

Abschnitte 19.4.1 und 19.4.2: *entfallen*

Randzahlen 5946 bis 5954: *derzeit frei*

(BMF-AV Nr. 2018/79)

19.4.3 Übertragung stiller Rücklagen

5955 Bei der Übertragung, Verwendung und Auflösung stiller Rücklagen im Gesellschaftsvermögen ist grundsätzlich hinsichtlich aller Gesellschafter einheitlich vorzugehen. Sind für eine im Gesellschaftsvermögen aufgedeckte stille Rücklage die Voraussetzungen des § 12 EStG 1988 gegeben, so kann eine Übertragung auf einzelne Mitunternehmer beschränkt nicht vorgenommen werden. Zur Beteiligung einer Körperschaft siehe Rz 3892a ff.

(AÖF 2005/110)

19.4.3.1 Rechtsbeziehungen Gesellschaft – Gesellschafter bzw. Betrieb des Gesellschafters

5956 Siehe Rz 5927 ff. Fremdübliche Leistungsbeziehungen zwischen der Gesellschaft und dem Betrieb eines Gesellschafters führen zu Anschaffungen und Veräußerungen. Bei Erfüllung der übrigen Voraussetzungen des § 12 EStG 1988 ist eine Übertragung stiller Rücklagen zulässig.

19.4.3.2 Aufdeckung im Gesellschaftsvermögen – Sonderbetriebsvermögen

Kommt es zur Aufdeckung von stillen Reserven im Gesellschaftsvermögen, so sind diese primär auf Investitionen im Gesellschaftsvermögen zu übertragen. Wird eine stille Rücklage im Sonderbetriebsvermögen aufgedeckt, so ist diese primär auf Investitionen im Sonderbetriebsvermögen zu übertragen. Im Gesellschaftsvermögen aufgedeckte, nach § 12 EStG 1988 übertragbare Rücklagen können nur insoweit auf Investitionen im Sonderbetriebsvermögen übertragen werden, als einerseits keine Investitionen im Gesellschaftsvermögen vorgenommen werden und andererseits die stille Rücklage auf den entsprechenden Gesellschafter entfällt. Umgekehrt können die im Sonderbetriebsvermögen aufgedeckten und nach § 12 EStG 1988 übertragbaren Rücklagen, soweit keine entsprechenden Investitionen im Sonderbetriebsvermögen getätigt werden, insoweit auf Investitionen im Gesellschaftsvermögen übertragen werden, als die Investition dem entsprechenden Gesellschafter zuzurechnen ist. **5957**

Wird eine, in einem Vermögensbereich aufgedeckte stille Rücklage im Jahr der Aufdeckung nicht bzw. nicht zur Gänze übertragen, kann sie im nicht übertragenen Ausmaß einer offenen steuerfreien Rücklage (Übertragungsrücklage) zugeführt werden. Diese Rücklage kann innerhalb von 12 Monaten (Stichtagsprinzip) ab dem Ausscheiden des Wirtschaftsgutes auf die Anschaffungs- oder Herstellungskosten von Anlagevermögen (bei höherer Gewalt und behördlichem Eingriff sowie bei Übertragung auf Herstellungskosten von Gebäuden, wenn mit der tatsächlichen Bauausführung innerhalb von 12 Monaten ab Ausscheiden des Wirtschaftsgutes begonnen wird, verlängert sich die Frist auf 24 Monate) übertragen werden. Im übrigen gelten die Bestimmungen in Abschnitt 9.3 sinngemäß. **5958**

19.4.3.3 Behaltefrist

19.4.3.3.1 Entgeltlicher Erwerb

Werden im Gesellschaftsvermögen stille Reserven, die direkt übertragen bzw. einer offenen steuerfreien Rücklage (Übertragungsrücklage) zugeführt werden sollen, aufgedeckt, so ist für jeden Mitunternehmer gesondert zu prüfen, ob für seine Person die Behaltefrist erfüllt ist. **5959**

Hat ein Mitunternehmer innerhalb der Behaltefrist den Gesellschaftsanteil erworben, beginnt die Behaltefrist für die im Gesellschaftsvermögen befindlichen Anlagegüter, seine Person betreffend, neu zu laufen. Für die Berechnung der Behaltefrist des § 12 EStG 1988 kommt es nicht auf die Zugehörigkeit zum Gesellschaftsvermögen, sondern insbesondere darauf an, ob das Wirtschaftsgut die erforderliche Zeit über demselben Steuerpflichtigen (Mitunternehmer) gehört hat (VwGH 6.3.1973, 0200/73; VwGH 27.6.1973, 0611/72; VfGH 20.6.1983, B 33/80).

Beispiel 1:

An einer OG sind A und C zu je 50% beteiligt; Im Gesellschaftsvermögen befindet sich ein Gebäude, das im Jahr 2001 angeschafft wurde. C hat seinen Anteil 2006 von B erworben und wurde im Zuge des Erwerbes in der Ergänzungsbilanz des C der anteilige Mehrwert von 10.000 realisiert. Im Jahr 2009 wird das Gebäude verkauft und soll die dabei aufgedeckte stille Reserve von 100.000 übertragen werden.

Eine Übertragung der stillen Reserven ist nur hinsichtlich des auf A entfallenden Anteils von 50.000 möglich, hinsichtlich des auf C entfallenden Anteils ist hingegen die Behaltefrist noch nicht abgelaufen.

Der in der Ergänzungsbilanz ausgewiesene Mehrwert des Gebäudes ist für C aufwandswirksam auszubuchen und zugleich für jenes Wirtschaftsgut, auf das die stille Rücklage übertragen wird, in der Ergänzungsbilanz ein Mehrwert von 50.000 erfolgswirksam, der künftig analog der Gesellschaftsbilanz abzuschreiben ist, einzubuchen. Beim Ausscheiden des Gebäudes aus dem Betriebsvermögen stellt der noch nicht abgeschriebene Mehrwert eine Sonderbetriebsausgabe des C dar.

(BMF-AV Nr. 2018/79)

Gemäß § 12 Abs. 2 letzter Absatz EStG 1988 verlängert sich ua. die Behaltefrist (15 Jahre) für Grundstücke und Gebäude auf die stille Reserven übertragen wurden. **5960**

Diese verlängerte Behaltefrist kommt für einen Gesellschafter, der seinen Gesellschaftsanteil erst nach Eintritt des Tatbestandes, der zu einer Verlängerung der Behaltefrist führt, erwirbt, nicht zum Tragen.

Beispiel 2:

Angaben wie Beispiel 1, C hat jedoch seinen Anteil 2002 erworben und wurde auf das im Jahr 2009 verkaufte Gebäude bei der Anschaffung im Jahr 2001 stille Reserven übertragen. Bei der Veräußerung im Jahr 2009 ist für C die Behaltefrist erfüllt, für A hingegen nicht.

(BMF-AV Nr. 2018/79)

19.4.3.3.2 Unentgeltlicher Erwerb

5961 Wird ein Gesellschaftsanteil unentgeltlich erworben (zB Erwerb von Todes wegen oder im Wege der Schenkung), ist jene Zeit, während der das Wirtschaftsgut zum Anlagevermögen des Vorgängers gezählt hat, in die Berechnung für die nach § 12 EStG 1988 erforderliche Behaltefrist miteinzubeziehen.

Beispiel:

Bei einer OG, an der die Gesellschafter A und C zu 50% beteiligt sind, scheidet eine seit acht Jahren zum Anlagevermögen gehörende Maschine durch Veräußerung aus dem Betriebsvermögen aus. Die dabei realisierte stille Reserve von 100.000 soll gemäß § 12 EStG 1988 auf eine im gleichen Jahr für das Gesellschaftsvermögen angeschaffte andere Maschine mit Anschaffungskosten von 120.000 übertragen werden.

Auf C ist der Mitunternehmeranteil vor fünf Jahren im Erbwege übergegangen. Die Übertragbarkeit der gesamten stillen Reserve ist gegeben.

(BMF-AV Nr. 2018/79)

19.4.3.4 Rücklagenauflösung

19.4.3.4.1 Veräußerung eines Mitunternehmeranteiles

5962 Wird ein Mitunternehmeranteil veräußert, sind offene stille Rücklagen (Übertragungsrücklagen), soweit sie auf den ausscheidenden Gesellschafter entfallen, anteilig aufzulösen. Die Auflösung hat zu Gunsten des laufenden Gewinns zu erfolgen.

Im Sonderbetriebsvermögen gebildete offene stille Rücklagen (Übertragungsrücklagen) sind zur Gänze aufzulösen.

19.4.3.4.2 Unentgeltliche Übertragung

5963 Im Fall der unentgeltlichen Übertragung (zB Erwerb eines Mitunternehmeranteiles im Erbwege oder durch Schenkung) kommt es zu keiner Rücklagenauflösung, vielmehr ist die Rücklage vom Rechtsnachfolger fortzuführen (§ 6 Z 9 lit. a EStG 1988).

19.5 Veräußerung und Aufgabe eines Mitunternehmeranteiles

19.5.1 Veräußerungstatbestände

19.5.1.1 Ausscheiden eines Gesellschafters

5964 Das Ausscheiden eines Gesellschafters aus einer Mitunternehmerschaft stellt bei Entgeltlichkeit einen Veräußerungstatbestand dar. Dabei ist unerheblich, ob der Anteil an einen Neu- oder Altgesellschafter veräußert wird.

5964a Scheidet ein Gesellschafter gegen Übertragung eines Grundstückes aus dem Gesellschaftsvermögen aus der Mitunternehmerschaft aus, ist der Vorgang in zwei Schritte aufzuspalten: Die Abschichtung des Gesellschafters stellt bei diesem eine Mitunternehmeranteilsveräußerung dar (siehe dazu auch Rz 5975). Veräußerungserlös ist dabei der Wert der Abfindung. Im Rahmen der Betriebsveräußerung liegt hinsichtlich des im Gesellschaftsvermögen befindlichen Grundstücksanteiles eine Grundstücksveräußerung vor (siehe dazu Rz 5659 ff). In einem zweiten Schritt überträgt die Gesellschaft (steuerlich die Gesellschafter) das Grundstück als Leistung an Zahlungs statt an den ausscheidenden Gesellschafter und tilgt damit die gegenüber diesem bestehende Verbindlichkeit. Eine Leistung an Zahlungs statt stellt einen Veräußerungsvorgang dar (siehe auch Rz 6176a). Veräußerungserlös ist die getilgte Verbindlichkeit.

Beispiel:

A, B und C sind zu je einem Drittel an der ABC-OG beteiligt. In dieser MU befinden sich seit der Gründung der OG durch A, B und C im Jahr 2000 zwei von fremden Dritten erworbene Grundstücke (Grundstück 1 AK gesamt: 90.000 Euro, gemeiner Wert: 300.000 Euro; Grundstück 2 AK gesamt: 180.000 Euro, gemeiner Wert: 420.000 Euro).

A scheidet aus der OG aus und wird von B und C abgeschichtet. Das Abschichtungsguthaben des A beträgt 420.000 (Unternehmenswert 1.260.000 Euro). Die Gesellschafter kommen überein, dass A das Abschichtungsguthaben durch Überlassung des Betriebsgrundstückes 2 „ausbezahlt" werden soll.

Das Kapitalkonto des A beträgt 150.000 Euro; in der Differenz zum Abschichtungsbetrag in Höhe von 420.000 Euro liegt bei A ein Gewinn aus einer Mitunternehmeranteilsveräußerung vor (270.000 Euro). Der Veräußerungserlös des A entfällt dabei im Verhältnis 10:14:18 auf Grundstück 1, Grundstück 2 und den übrigen MU-Anteil. Somit ergibt sich für

- *Grundstück 1 ein Veräußerungsgewinn von 70.000 Euro (100.000 – 30.000),*

- *für Grundstück 2 ein Veräußerungsgewinn von 80.000 Euro (140.000 – 60.000) und für den*
- *übrigen MU-Anteil ein Veräußerungsgewinn von 120.000 Euro (180.000 – 60.000).*

Der auf die Grundstücke entfallende Veräußerungsgewinn ist bei A mit dem besonderen Steuersatz zu erfassen.

In weiterer Folge wird der Anspruch des A auf Auszahlung des Abschichtungsguthabens durch die Übertragung des Grundstückes 2 entrichtet. Damit kommt es bei B und C zu einer Veräußerung dieses Grundstücks an A durch Überlassung an Zahlungs statt. Hinsichtlich des von A durch den Erwerb von dessen MU-Anteil erworbenen Drittels am Grundstück 2 liegt Neuvermögen vor; Anschaffungskosten und Veräußerungserlös decken sich aber, somit liegt der Veräußerungsgewinn für B und C hinsichtlich dieses Drittels bei 0.

Hinsichtlich der bei B und C zuzurechnenden Drittelanteile am Grundstück 2 werden durch die Überlassung an Zahlungs statt die stillen Reserven in Höhe von jeweils 80.000 Euro aufgedeckt. Im Ergebnis kommt es somit zur vollständigen Aufdeckung und steuerlichen Erfassung der in Grundstück 2 befindlichen stillen Reserven in Höhe von 240.000 Euro.

(BMF-AV Nr. 2021/65)

19.5.1.2 Veräußerung eines Teilanteiles

Die Veräußerung eines Mitunternehmeranteils liegt auch dann vor, wenn bloß ein Teil **5965** der Beteiligung an einen Alt- oder Neugesellschafter veräußert wird (VwGH 8.3.1994, 91/14/0173) oder wenn die Beteiligungsverhältnisse zwischen den Gesellschaftern auf entgeltlicher Grundlage geändert werden.

19.5.1.3 Entgeltliche Übertragung einer Quote eines Einzelunternehmers

So wie die Schenkung der Quote eines Einzelunternehmens der unentgeltlichen Über- **5966** tragung eines Mitunternehmeranteils im Sinne des § 6 Z 9 lit. a EStG 1988 gleichgehalten wird, kann die Veräußerung der Quote eines Einzelunternehmens wie die Veräußerung eines Mitunternehmeranteils gewertet werden.

19.5.2 Umfang des Mitunternehmeranteiles

Der Mitunternehmeranteil umfasst neben dem quotenmäßigen Anteil am gemeinschaft- **5967** lichen Vermögen auch das Sonderbetriebsvermögen des Mitunternehmers. Daher sind die ertragsteuerlichen Konsequenzen bei Anteilsveräußerungen und Aufgabe von Mitunternehmeranteilen auch hinsichtlich des Sonderbetriebsvermögens zu ziehen.

19.5.3 Abgrenzungsfragen

19.5.3.1 Formwechselnde Umwandlung

Eine bloß formwechselnde Umwandlung einer Mitunternehmerschaft (zB aus einer OG **5968** wird eine KG) löst keine der in § 24 EStG 1988 genannten Konsequenzen aus. Es sind die Buchwerte fortzuführen und sämtliche Fristen (zB Fristenlauf für die Übertragung stiller Reserven gemäß § 12 EStG 1988) laufen weiter.

(BMF-AV Nr. 2018/79)

19.5.3.2 Ausscheiden eines reinen Arbeitsgesellschafters

Der bloße Arbeitsgesellschafter erzielt anlässlich seines Ausscheidens keinen Veräu- **5969** ßerungsgewinn, weil er am Gesellschaftsvermögen nicht beteiligt ist. Er hat keinen Kapitalanteil, sondern nur Gewinnansprüche (VwGH 19.10.1988, 86/13/169). Eine gezahlte Abfindung ist als nachträgliches Arbeitsentgelt und somit als Bestandteil des laufenden Gewinnes anzusehen.

19.5.3.3 Erwerb durch eine Personengesellschaft, an der der Veräußerer beteiligt ist

Tritt als Gesellschafter einer Personengesellschaft (= Basisgesellschaft) eine weitere **5970** Personengesellschaft auf, sind die hinter ihr stehenden Gesellschafter als „Gesellschafter" der Basisgesellschaft anzusehen (VwGH 17.6.1992, 87/13/0157). Verkauft ein Gesellschafter der Basisgesellschaft seinen Mitunternehmeranteil an eine andere Personengesellschaft, an der er bereits beteiligt ist, dann findet – steuersubjektbezogen – eine Veräußerung ertragsteuerlich nur insoweit statt, als am Mitunternehmeranteil die anderen Gesellschafter der erwerbenden Personengesellschaft beteiligt sind.

Beispiel:

An der ABC-OHG sind A, B und C zu je einem Drittel beteiligt. A verkauft seinen Anteil an die AD-OHG, an der A und D je zur Hälfte beteiligt sind. Der Gewinn aus der Veräu-

ßerung des Drittelanteils an der ABC-OHG ist nur zur Hälfte als Veräußerungsgewinn im Sinne des § 24 EStG 1988 zu behandeln. Hinsichtlich der zweiten Hälfte des Anteiles ist eine Buchwertfortführung anzunehmen und liegt hinsichtlich des Erlösanteiles eine Entnahme vor.

19.5.3.4 Umgründungen

5971 Soweit das UmgrStG Buchwertfortführung vorsieht, ist diese – abgesehen von den dort normierten Ausnahmen – zwingend vorzunehmen und kein Veräußerungsgewinn zu ermitteln. Werden die Tatbestandsvoraussetzungen des UmgrStG nicht erfüllt, ist idR eine Veräußerungsgewinnermittlung die Folge (UmgrStR 2002 Rz 1275 ff, Rz 1427 ff, Rz 1506 ff, Rz 1603 f, Rz 1640 ff).

(AÖF 2004/167)

19.5.3.5 Unentgeltliche Mitunternehmeranteilsübertragung

5972 Die unentgeltliche Übertragung führt zu keiner Veräußerungsgewinnermittlung sondern zur Fortführung der bisherigen Buchwerte.

Das Vorliegen einer Schenkung (unentgeltlichen Übertragung) setzt voraus, dass der Rechtsnachfolger durch die Übertragung des Gesellschaftsanteils tatsächlich bereichert wird. Das ist der Fall, wenn der reale Wert des Gesellschaftsanteils positiv ist, dh. die (anteiligen) stillen Reserven und der Firmenwert höher sind als der Negativstand des Kontos. Die Übernahme der dem „negativen Kapitalkonto" des Geschenkgebers anhaftenden Einkommensteuerlatenz durch den Geschenknehmer stellt dabei keine Gegenleistung für die Übertragung eines Kommanditanteils dar. Es handelt es sich dabei bloß um die gesetzliche Folge der Schenkung und wäre § 6 Z 9 lit. a EStG 1988 seines Regelungsinhalts beraubt, wenn die Übernahme der mit stillen Reserven verbundenen latenten Ertragsteuerlast der Unentgeltlichkeit der Übernahme eines Betriebs, Teilbetriebs oder Mitunternehmeranteils entgegenstünde (VwGH 21.9.2016, 2013/13/0018).

(BMF-AV Nr. 2018/79)

19.5.4 Ermittlung des Veräußerungsgewinnes

5973 Veräußerungsgewinn ist der Betrag, um den der Veräußerungserlös nach Abzug der Veräußerungskosten den Wert des Anteiles am Betriebsvermögen übersteigt. Zur Ermittlung des Veräußerungsgewinnes iZm Grundstücken im Gesellschaftsvermögen siehe Rz 5659 ff.

Auch wenn alle Mitunternehmer ihre Anteile veräußern, ist der Veräußerungsgewinn getrennt für jeden Gesellschafter zu ermitteln; der Veräußerungsgewinn ist zwar zusammen mit den gemeinschaftlich erzielten Einkünften gemäß § 188 BAO steuerlich zu erfassen, unterliegt aber selbst keiner Verteilung auf die Teilhaber (VwGH 22.3.1991, 87/13/0201). Die Ermittlung des Veräußerungsgewinnes erfolgt durchwegs über das Kapitalkonto (Nettomethode).

Beispiel:

A veräußert seinen Hälfteanteil an der AB-GesBR um 1 Mio. Euro an den neu eintretenden C. Der Anteil weist einen Buchwert von 400.000 Euro auf. An Veräußerungskosten (Vertragserrichtung usw.) sind 100.000 Euro angefallen. Der Veräußerungsgewinn beträgt 500.000 Euro (1 Mio. Euro Veräußerungserlös minus 400.000 Euro Buchwert des Anteiles minus 100.000 Euro Veräußerungskosten).

(BMF-AV Nr. 2015/133)

19.5.4.1 Barabfindung

5974 Im Falle der Barabfindung stellt der Barbetrag den Veräußerungserlös für den Gesellschaftsanteil dar.

19.5.4.2 Sachabfindung

5975 Der veräußernde Mitunternehmer erhält ganz oder teilweise andere Wirtschaftsgüter als Bargeld. Es tritt für ihn insoweit ein Veräußerungsgewinn ein, als die Summe der Teilwerte dieser Wirtschaftsgüter unter Hinzurechnung eines eventuellen Barbetrages sein unter Ansatz steuerlicher Buchwerte ermitteltes Kapitalkonto übersteigt. Hinsichtlich des Wirtschaftsgutes, welches als Sachwert hingegeben wird, haben die verbleibenden Gesellschafter anteilig die stillen Reserven (Differenz zwischen Teilwert und Buchwert) aufzudecken und als laufenden Gewinn zu erfassen. Zur Hingabe eines Grundstückes als Sachabfindung siehe Rz 5964a.

(BMF-AV Nr. 2015/133)

19.5.4.3 Abfindung zum Buchwert des Kapitalanteiles

Es ergibt sich rechnerisch ein Veräußerungsgewinn von Null Euro bzw. in Höhe der zu Gunsten des Veräußerungsgewinnes aufzulösenden Rücklagenbeträge. 5976

Es ist jedoch zu untersuchen, ob es sich um einen entgeltlichen oder unentgeltlichen Vorgang handelt. Ein entgeltlicher Vorgang wird vorliegen, wenn der tatsächliche Wert des Gesellschaftsanteiles dem Buchwert entspricht (dh es sind weder stille Reserven noch ein Firmenwert vorhanden) oder wenn die Veräußerung zum Buchwert aus betrieblichen Gründen erfolgt. Betriebliche Gründe können etwa in anderweitigen, nicht bewertbaren Gegenleistungen liegen (zB Verzicht auf die Geltendmachung einer Konkurrenzklausel). In Gesellschaftsverträgen finden sich häufig so genannte Buchwertklauseln, welche bei einseitiger Kündigung durch den Gesellschafter gegen den Willen der übrigen Gesellschafter lediglich die Abfindung zum Buchwert des Gesellschaftsanteiles vorsehen. Derartige Buchwertklauseln werden idR (auch unter nahen Angehörigen bei Fremdüblichkeit) anzuerkennen sein; dh es liegt ein entgeltlicher Vorgang vor.

(AÖF 2002/84)

19.5.4.4 Abfindung unter dem Buchwert des Kapitalkontos

Entspricht der reale Wert (Teilwert) des Gesellschaftsanteiles dem Abfindungsbetrag, ist ein entgeltlicher Vorgang anzunehmen. Ist der reale Wert höher als der Abfindungsbetrag oder ist der Ermittlung des Auseinandersetzungsguthabens (dh. des vom Gesellschafter zu zahlenden Entgeltes für den Mitunternehmeranteil) gemäß dem Gesellschaftsvertrag kein „Gutachten über die Ermittlung eines objektiven Unternehmenswertes“ zu Grunde gelegen oder liegt der vom Gesellschafter bezahlte Betrag unter dem „steuerlichen Eigenkapital“ des Veräußerers, ist bei Vorliegen von betrieblichen Gründen ebenfalls von Entgeltlichkeit auszugehen. Eine unentgeltliche Übertragung unter Lebenden wäre nur im Rahmen einer (reinen) Schenkung oder einer gemischten Schenkung aus privaten Motiven möglich gewesen (VwGH 28.04.2010, 2007/13/0013). 5977

(AÖF 2011/66)

Im Falle eines entgeltlichen Vorganges erzielt der Veräußerer einen Veräußerungsverlust. Der betrieblich veranlasste Vorteil der Wenigerzahlung bewirkt beim Erwerber nicht bereits bei Übernahme des Gesellschaftsanteiles eine Gewinnrealisierung. Der Erwerber hat, da eine Bilanzierung über die tatsächlichen Anschaffungskosten hinaus nach § 6 Z 8 lit. b EStG 1988 nicht zulässig ist, die anteiligen Buchwerte der Wirtschaftsgüter um den Minderbetrag (Differenz zwischen Kapitalkonto und Kaufpreis) abzustocken (herabzusetzen), und zwar idR im Wege von Korrekturposten (passiven Ausgleichsposten) in einer Ergänzungsbilanz (VwGH 07.10.1953, 0030/51; VwGH 24.11.1999, 97/13/0022). In der Folge sind diese Posten entsprechend dem Verbrauch, der Abnutzung oder Veräußerung der Wirtschaftsgüter in der Gesellschaftsbilanz gewinnerhöhend aufzulösen. Es bestehen jedoch keine Bedenken, diese Posten zusammenzufassen und folgendermaßen zu behandeln: 5978

- In den folgenden fünf Wirtschaftsjahren ist jeweils ein Fünftel gewinnerhöhend aufzulösen.
- Tritt innerhalb des Fünfjahreszeitraumes ein den jeweiligen Fünftelbetrag übersteigender Verlust ein, ist ein Betrag in Höhe dieses Verlustes aufzulösen.
- Wird innerhalb des Fünfjahreszeitraumes die Beteiligung beendet, sind sämtliche Fünftelbeträge gewinnerhöhend aufzulösen.

Durch die gewinnerhöhende Auflösung wird der Anteil am Gewinn der Gesellschaft korrigiert. Der Ansatz eines negativen Firmenwertes ist unzulässig; daher kann die Abstockung der Buchwerte durch Passivierung eines Firmenwertes nicht vermieden werden (VwGH 29.01.1974, 1945/73; VwGH 24.11.1999, 97/13/0022).

(AÖF 2010/43)

19.5.4.5 Realteilung

Sind die Voraussetzungen des Art V UmgrStG nicht gegeben, kommt es für alle Gesellschafter zur Vollaufdeckung der stillen Reserven (§ 24 Abs. 7 EStG 1988). 5979

19.5.4.6 Erbauseinandersetzung

Die zur Erbmasse gehörenden Wirtschaftsgüter sowie Betriebe gehen entsprechend der Erbquote (Testament oder gesetzliche Erbfolge) auf die Erben über. Bis zur Einantwortung ist zwischen den Miterben eine Nachlassteilung ohne Veräußerungscharakter (Tauschcharakter) mit steuerlicher Wirkung ab Todestag möglich. Übernimmt im Rahmen eines Erbübereinkommens vor Einantwortung zB ein Erbe den Betrieb und ein anderer das Privatvermögen, ohne dass Ausgleichszahlungen mit nachlassfremden Mitteln erfolgen, die den Charakter 5980 einer bloßen realen Aufteilung verändern, liegt eine steuerneutrale Erbauseinandersetzung vor (siehe dazu Rz 134a ff).

Randzahlen 5981 und 5982: *derzeit frei*

(AÖF 2013/280)

5983 Hat der Erbe kein Eintrittsrecht in den Mitunternehmeranteil des Erblassers, sondern wird die Personengesellschaft von den verbleibenden Gesellschaftern fortgesetzt, ist der im Zeitpunkt des Ablebens des Erblassers entstandene Abfindungsanspruch und somit der Veräußerungsgewinn noch dem Erblasser zuzurechnen.

19.5.4.7 Behandlung des Sonderbetriebsvermögens

5984 Die Veräußerungsgewinnermittlung erstreckt sich auch auf das Sonderbetriebsvermögen. Wird im Zuge einer Anteilsveräußerung Sonderbetriebsvermögen in das Privatvermögen überführt, ist dieser Vorgang als Entnahme mit Ansatz des gemeinen Wertes zu beurteilen. Wird ein Teil des Gesellschaftsanteiles, nicht aber auch anteilig das Sonderbetriebsvermögen veräußert, liegt kein begünstigungsfähiger Veräußerungsgewinn vor, weil nicht alle mit dem Gesellschaftsanteil verbundenen stillen Reserven aufgedeckt werden. Wird ein Teil des Gesellschaftsanteiles veräußert, vom Sonderbetriebsvermögen jedoch eine höhere Quote, liegt hinsichtlich des übersteigenden Anteiles am Sonderbetriebsvermögen kein begünstigungsfähiger Veräußerungsgewinn vor.

19.5.4.8 Auflösung einer zweigliedrigen Personengesellschaft

5985 Scheidet der vorletzte Gesellschafter aus einer Personengesellschaft gegen Abfindung aus und führt der verbleibende Gesellschafter den Betrieb in Form eines Einzelunternehmens fort, so liegt nur hinsichtlich des Anteiles des aussscheidenden Gesellschafters eine Mitunternehmeranteilsveräußerung vor. Hinsichtlich seines bisherigen Anteiles hat der nunmehrige Einzelunternehmer die Buchwerte fortzuführen. Diese Rechtsfolge tritt unabhängig davon ein, ob es zivilrechtlich zu einem Anwachsen kommt.

19.5.4.9 Rücklagen, Rückstellungen

5986 Hinsichtlich der Rücklagen und Rückstellungen gilt die in Rz 5657 ff geschilderte Vorgangsweise sinngemäß. Bei Veräußerung eines Mitunternehmeranteiles sind die entsprechenden Rücklagen nur anteilig aufzulösen. Im Sonderbetriebsvermögen gebildete Rücklagen sind je nach Anteil des veräußerten Sonderbetriebsvermögens aufzulösen. Das Sonderbetriebsvermögen wird wie ein eigener Betrieb behandelt.

(BMF-AV Nr. 2018/79)

19.5.4.10 Negatives Kapitalkonto

5987 Gemäß § 24 Abs. 2 letzter Satz EStG 1988 ist der Betrag des negativen Kapitalkontos, soweit er nicht aufgefüllt werden muss, jedenfalls als Veräußerungsgewinn bei Ausscheiden des Gesellschafters anzusetzen, und zwar unabhängig von eventuellen Haftungsbeschränkungen des Zivilrechts. Eine spätere Entlassung aus der Auffüllungsverpflichtung führt erst zu diesem Zeitpunkt zu nachträglichen Einkünften gemäß § 32 Abs. 1 Z 2 EStG 1988 (VwGH 03.09.2008, 2006/13/0167).

(AÖF 2010/43, AÖF 2013/280)

5988 Scheidet der Gesellschafter ohne Zahlungen aus und übersteigen die auf seinen Mitunternehmeranteil entfallenden stillen Reserven samt Firmenwert das negative Kapitalkonto, liegt grundsätzlich eine unentgeltliche Übertragung vor (VwGH 2.12.1987, 87/13/0061; VwGH 27.5.1998, 94/13/0084).

19.5.4.10.1 Persönlich unbeschränkt haftender Gesellschafter

5989 Der persönlich unbeschränkt haftende Gesellschafter (das sind Gesellschafter einer OG, oder GesBR, Komplementäre einer KG) hat grundsätzlich sein negatives Kapitalkonto bei Ausscheiden aus der Gesellschaft auszugleichen. Dieser Ausgleich kann erfolgen durch

- Ausgleichszahlungen an die Mitgesellschafter,
- Verrechnung mit den auf seinem Gesellschaftsanteil ruhenden stillen Reserven und Firmenwert,
- Beteiligung an der Tilgung von Gesellschaftsschulden.

(BMF-AV Nr. 2018/79)

5990 Übersteigen die stillen Reserven und der Firmenwert insgesamt den Betrag des negativen Kapitalkontos, ergibt sich ein positiver Verkaufspreis. Der Veräußerungsgewinn besteht aus der Summe des negativen Kapitals und des Kaufpreises für den Gesellschaftsanteil abzüglich den Veräußerungskosten.

Beispiel:

Die Bilanz der AB-OHG hat folgendes Aussehen:

	Aktiva			*Passiva*	
	Buchwert	*Teilwert*		*Buchwert*	*Teilwert*
Anlagevermögen	*800.000*	*1.600.000*	*Verbindlichkeiten*	*1.500.000*	*1.500.000*
Umlaufvermögen	*500.000*	*500.000*	*Kapital A*	*100.000*	*500.000*
Kapital B	*300.000*		*Kapital B*		*100.000*
Summe	*1.600.000*	*2.100.000*	*Summe*	*1.600.000*	*2.100.000*

B scheidet aus und verkauft seinen Anteil um 100.000 S an den neu eintretenden C (keine Veräußerungskosten).

Veräußerungsgewinn des B:	*Kaufpreis*	*100.000*
	negatives Kapital	*300.000*
	Veräußerungsgewinn	*400.000*

Übersteigen die stillen Reserven und der Firmenwert den Betrag des negativen Kapitalkontos nicht, besteht insoweit eine Auffüllungsverpflichtung des ausscheidenden Gesellschafters. Ein Veräußerungsgewinn entsteht in Höhe der stillen Reserven zuzüglich des Firmenwertes. Wird auf die Auffüllung aus betrieblichen Gründen verzichtet, entsteht ein Veräußerungsgewinn in Höhe des negativen Kapitalkontos (außer der ausscheidende Gesellschafter muss mit der Inanspruchnahme durch Gesellschaftsgläubiger rechnen). Einkünfte aus einem späteren Verzicht sind gemäß § 32 Abs. 1 Z 2 EStG 1988 als nachträgliche betriebliche Einkünfte zu berücksichtigen. Tritt beim ausscheidenden Gesellschafter Gewinnverwirklichung ein, wird er aber später wider Erwarten von Gesellschaftsgläubigern in Anspruch genommen, kann für ihn ein Verlust insoweit entstehen, als keine durchsetzbaren Ausgleichsforderungen gegenüber den anderen Gesellschaftern bestehen. Dieser Verlust ist im Rahmen des § 32 Abs. 1 Z 2 EStG 1988 im Jahr der Inanspruchnahme zu berücksichtigen (vgl. VwGH 04.02.2009, 2006/15/0151). **5991**

(AÖF 2010/43, AÖF 2013/280)

Das negative Kapitalkonto ist im steuerrechtlichen Sinne zu verstehen. Auszugehen ist vom gesamten steuerlichen Eigenkapital (Kapitalanteil in der Gesellschaftsbilanz zuzüglich Kapital in Sonder- und Ergänzungsbilanzen nach eventueller Auflösung von Rücklagen und Rückstellungen zu Gunsten des laufenden Gewinnes). **5992**

19.5.4.10.2 Beschränkt haftender Gesellschafter

Der beschränkt haftende Gesellschafter (in der Regel Kommanditist oder unecht stiller Gesellschafter) hat das negative Kapitalkonto grundsätzlich nicht aufzufüllen. Übersteigen die stillen Reserven und der Firmenwert das negative Kapitalkonto, ist der Veräußerungsgewinn wie unter Rz 5989 ff dargestellt zu ermitteln. **5993**

Ist dies nicht der Fall, ist grundsätzlich ein Veräußerungsgewinn in Höhe des negativen Kapitalkontos anzusetzen. Der Erwerber (Alt- oder Neugesellschafter) hat die anteiligen stillen Reserven samt Firmenwert zu aktivieren; die Differenz zum übernommenen und fortzuführenden negativen Kapitalkonto ist kein Erwerbsverlust, sondern in Form eines Ausgleichs-(Korrektur-) Postens zu aktivieren, der gegen künftige Gewinnanteile des Erwerbers erfolgsmindernd aufzulösen ist. **5994**

Bei Betriebsaufgabe einer KG oder unechten stillen Gesellschaft hat der beschränkt haftende Mitunternehmer mit negativem Kapitalkonto in Höhe der Nichtauffüllungsverpflichtung einen Aufgabegewinn zu versteuern. Weil aber in diesem Fall endgültig feststeht, dass der Komplementär den Verlust zu tragen hat, ist ihm der Verlust in gleicher Höhe mit steuerrechtlicher Wirkung zuzurechnen (Verminderung seines Aufgabegewinnes oder Erhöhung seines Aufgabeverlustes).

Zum Kapitalkonto im steuerlichen Sinn zählt auch das Kapital in Sonderbilanzen (siehe Rz 5992). Ist dieses negativ, ist dieser Teil eines negativen Kapitalkontos von der Nachversteuerung gemäß § 24 Abs. 2 EStG 1988 aber nicht erfasst, weil diese Verluste vom Gesellschafter auch im Falle des Ausscheidens aus der Gesellschaft persönlich zu tragen sind.

(BMF-AV Nr. 2021/65)

5994a Bei einer KG führt die Eröffnung des Konkurses sowie die rechtskräftige Nichteröffnung oder Aufhebung eines Insolvenzverfahrens mangels kostendeckenden Vermögens zur Auflösung der Gesellschaft (§ 131 Z 3 iVm § 161 Abs. 2 UGB). Die Auflösung der Gesellschaft bewirkt allerdings noch nicht das Ende der Gesellschaft, sie ist vielmehr abzuwickeln bzw. zu liquidieren. Solange die KG nicht abgewickelt ist, besteht sie unternehmensrechtlich fort. Im Unterschied zur stillen Gesellschaft (siehe Rz 5994b) lässt die Konkurseröffnung bzw. die Nichteröffnung mangels kostendeckenden Vermögens eine KG als Mitunternehmerschaft nicht untergehen (VwGH 22.11.2012, 2010/15/0026). Eine nach Konkurseröffnung bzw. Nichteröffnung mangels kostendeckenden Vermögens abzuwickelnde Personengesellschaft ist ertragsteuerlich grundsätzlich wie eine werbende Gesellschaft zu behandeln. Dementsprechend hat bei den Gesellschaftern die Erfassung eines Veräußerungsgewinnes nach Maßgabe der allgemeinen Grundsätze des Einkommensteuergesetzes zu erfolgen. Die Erfassung des negativen Kapitalkontos des Kommanditisten gemäß § 24 Abs. 2 letzter Satz EStG 1988 hat daher zu erfolgen:

Variante 1:

Wird im Rahmen des Konkurses bzw. nach einer rechtskräftigen Nichteröffnung des Insolvenzverfahrens mangels Masse die KG abgewickelt und stellt die Abwicklung eine Betriebsaufgabe gemäß § 24 Abs. 1 Z 2 EStG 1988 dar, hat die Erfassung des Veräußerungsgewinnes in dem Zeitpunkt zu erfolgen, zu dem die Aufgabehandlungen so weit fortgeschritten sind, dass dem Betrieb der KG die wesentlichen Grundlagen entzogen sind (vgl. VwGH 16.12.2009, 2007/15/0121). Sollte die Abwicklung keine Betriebsaufgabe iSd § 24 Abs. 1 Z 2 EStG 1988 darstellen, ist für die Erfassung des Veräußerungsgewinnes iSd § 24 Abs. 2 EStG 1988 der Zeitpunkt der Verteilung des Massevermögens maßgebend, da es jedenfalls damit zur Beendigung der Mitunternehmerschaft kommt (vgl. VwGH 21.02.1996, 94/14/0160).

Variante 2:

Im Konkursverfahren wird ein Sanierungsplan nach der Insolvenzordnung erfüllt. Da die Konkurseröffnung den Bestand der Mitunternehmerschaft nicht berührt, ist der Gewinn aus der Erfüllung des Sanierungsplanes anteilig den Gesellschaftern, somit auch dem Kommanditisten zuzurechnen.

(BMF-AV Nr. 2015/133)

5994b Nach § 185 Abs. 2 UGB wird eine stille Gesellschaft durch die Eröffnung des Konkursverfahrens über das Vermögen eines Gesellschafters aufgelöst. Dieser Auflösungsgrund kann nicht abbedungen werden. Mangels gesellschaftsrechtlicher Grundlage erlischt die stille Gesellschaft als Mitunternehmerschaft mit der Konkurseröffnung über das Vermögen des Unternehmers, der Zeitpunkt der Leistung der Abschichtungszahlung ist unbeachtlich (VwGH 22.11.2012, 2010/15/0026). Dies gilt auch bei Vorliegen eines anderen Auflösungsgrundes nach § 185 Abs. 1 UGB (VwGH 22.11.2012, 2010/15/0026). Demnach endet die stille Gesellschaft dann, wenn die Erreichung des vereinbarten Zweckes unmöglich ist. Die stille Gesellschaft endet auch, wenn ein Insolvenzverfahren über den Unternehmensinhaber rechtskräftig mangels kostendeckenden Vermögens nicht eröffnet wird.

Da die Mitunternehmerschaft somit mit Konkurseröffnung bzw. mit der rechtskräftigen Nichteröffnung eines Insolvenzverfahrens mangels Masse erlischt, hat zu diesem Zeitpunkt die Versteuerung der negativen Kapitalkonten der atypisch stillen Gesellschafter zu erfolgen (UFS 03.02.2011, RV/3852-W/10). Nach Konkurseröffnung eintretende Änderungen im Vermögensstand des Geschäftsinhabers haben keine Auswirkungen mehr auf den stillen Gesellschafter. Maßgebender Stichtag für die Auseinandersetzung ist der Auflösungsstichtag, das ist der Tag der Konkurseröffnung über den Unternehmer. Ein Gewinn aus dem Schuldnachlass ist daher nur dem Unternehmer zuzurechnen, nur er kann die Begünstigung des § 36 EStG 1988 in Anspruch nehmen (anders im Falle eines Schuldnachlasses im Rahmen der Erfüllung eines Sanierungsplanes nach der Insolvenzordnung, siehe Rz 5908a).

(BMF-AV Nr. 2015/133)

5994c Eine Fortsetzung einer bereits (durch Konkurs) aufgelösten stillen Gesellschaft ist nicht möglich; es ist vielmehr ein neuer Gesellschaftsvertrag zu schließen, der mit dem ursprünglichen Vertrag ident sein kann bzw. die ursprünglichen Gesellschafter so stellen kann, als hätte die stille Gesellschaft fortdauernd bestanden.

Der Vereinbarung, die stille Gesellschaft „fortsetzen" zu wollen, kann angesichts der rechtlichen Tatsache, dass eine stille Gesellschaft während des Bestandes eines Konkursverfahrens nicht existieren kann, nur die Wirkung beigemessen werden, dass nach Konkursaufhebung eine neue stille Gesellschaft errichtet werden soll. Da die Gesellschaftsgründung keine rückwirkende Kraft entfalten kann, ist auch in diesem Fall der Gewinn aus dem Schuldnachlass nur dem Unternehmer zuzurechnen.

(AÖF 2011/66)

19.5.4.11 Behandlung von Wartetasten- und Sonderverlusten

19.5.4.11.1 Verluste gemäß § 2 Abs. 2a EStG 1988

Rz 151 ff ist sinngemäß anzuwenden.

Randzahl 5995: *derzeit frei*

(BMF-AV Nr. 2018/79)

19.5.4.11.2 Verluste gemäß § 23a EStG 1988

(BMF-AV Nr. 2018/79)

Zu Verlusten aus kapitalistischen Mitunternehmerbeteiligungen siehe Rz 6025 ff. **5996**

(BMF-AV Nr. 2018/79)

Randzahl 5997: *derzeit frei*

(BMF-AV Nr. 2018/79)

19.5.4.12 Ausscheiden eines lästigen Gesellschafters

Als lästiger Gesellschafter wird ein Mitunternehmer bezeichnet, der durch sein Verhalten den Betrieb wesentlich schädigt, sodass es im betrieblichen Interesse liegt, ihn zu entfernen. Entscheidend ist, dass nicht persönliche Motive ausschlaggebend sind, sondern dass ein objektiver Dritter das Verhalten als das eines lästigen Gesellschafters empfinden würde (VwGH 18.11.1987, 84/13/0083). **5998**

Beispiel

Ein Gesellschafter passt seine Privatentnahmen nicht den betrieblichen Verhältnissen an, verwendet Gelder vereinbarungswidrig, ist gegenüber Kunden unfreundlich, ist und arbeitet nur in unzulänglicher Weise mit. Zur Abwehr weiterer betrieblicher Störungen wird beschlossen, den Gesellschafter mit einer höheren Summe, als es dem Wert seines Anteiles entsprechen würde, abzufinden.

Der lästige Gesellschafter erzielt auch mit dem Mehrbetrag einen Veräußerungsgewinn. **5999** Die ihn auszahlenden verbleibenden Gesellschafter haben im Ausmaß des Mehrbetrages (gegenüber den anteiligen Teilwerten und Firmenwertanteil) eine sofort abzugsfähige Betriebsausgabe (VwGH 15.3.1961, 1590/58).

19.5.4.13 Zeitpunkt des Wirksamwerdens des Veräußerungsgewinnes

Die Veräußerung eines Mitunternehmeranteiles ist einkommensteuerrechtlich dann realisiert, wenn die Verfügungsgewalt übertragen wird (Verfügungsgeschäft). Einem im Vorjahr erfolgten Vertragsabschluss (Verpflichtungsgeschäft) kommt keine Bedeutung zu. IdR wird der Zeitpunkt der Realisierung von der getroffenen Vereinbarung abhängen, er kann mit dem Vertragstag zusammenfallen oder auf einen späteren Zeitpunkt bezogen werden. Die Eintragung des Gesellschafterwechsels im Firmenbuch ist für den Zeitpunkt des Wirksamwerdens der Veräußerung des Mitunternehmeranteils nicht maßgeblich. **6000**

(BMF-AV Nr. 2021/65)

Bei Veräußerung eines Anteiles an einer Mitunternehmerschaft mit abweichendem Wirtschaftsjahr sind folgende Fälle zu unterscheiden: a) Anteil wird in dem Kalenderjahr veräußert, in dem das Wirtschaftsjahr endet bzw. b) Anteil wird im Kalenderjahr vor dem Bilanzstichtag veräußert. **6001**

In beiden Fällen ist der Veräußerungsgewinn im für das Wirtschaftsjahr ergehenden Feststellungsbescheid gemäß § 188 BAO zu erfassen.

Im Fall a sind laufender Gewinn und Veräußerungsgewinn in dem Jahr, in das der Bilanzstichtag fällt, zu versteuern. Im Fall b sind der laufende Gewinnanteil und der Veräußerungsgewinn des ausscheidenden Gesellschafters bereits im Jahr der Veräußerung zu versteuern (vgl. VwGH 20.1.1988, 87/13/0026).

Beispiel 1:

Der Gesellschafter der ABC-OG veräußert seinen Anteil an dieser Gesellschaft am 30. November 2000. Bilanzstichtag der OG ist der 31. März jeden Jahres.

Der laufende Gewinnanteil und der Veräußerungsgewinn des C sind in den Feststellungsbescheid für 2001 (Wirtschaftsjahr 2000/2001) aufzunehmen. Die Erfassung bei C hat jedoch bereits bei der Einkommensteuerveranlagung 2000 zu erfolgen.

Eine Ausnahme kann sich ergeben, wenn der Anteil zum Betriebsvermögen eines mit abweichendem Wirtschaftsjahr bilanzierenden Steuerpflichtigen gehört.

Beispiel 2:

Angaben wie Beispiel 1 – C hält den Anteil in seinem protokollierten Einzelunternehmen (Bilanzstichtag: 31. Mai jeden Jahres).

Die Einkommensversteuerung erfolgt im Kalenderjahr 2001, da der Veräußerungszeitpunkt ins Wirtschaftsjahr 2000/2001 fällt.

(BMF-AV Nr. 2018/79)

19.5.4.14 Veräußerung bei Einnahmen-Ausgaben-Rechnung der Mitunternehmerschaft

6002 Hinsichtlich der Beteiligungsquote des veräußernden Mitunternehmers ist ein Übergangsgewinn bzw. -verlust zu ermitteln (VwGH 21.12.1989, 89/14/0101).

Der Erwerber, der den Mitunternehmeranteil entgeltlich erworben hat, hat bei fortgesetzter Einnahmen-Ausgaben-Rechnung den Kaufpreis für den Mitunternehmeranteil aufzuteilen in einen Anteil, der auf das Umlaufvermögen entfällt, und einen Anteil, der auf das Anlagevermögen inklusive Firmenwert entfällt. Der Anteil, der auf das Umlaufvermögen entfällt, ist sofort als Betriebsausgabe abzugsfähig, der auf das Anlagevermögen und den Firmenwert entfallende Anteil ist zu aktivieren. Da der Kaufpreisanteil für das Umlaufvermögen als Betriebsausgabe abgesetzt wird, bleibt kein Raum für den Ansatz eines Übergangsverlustes (vgl. Rz 690a).

(AÖF 2008/51)

19.5.4.15 Veräußerung bei pauschalierter Gewinnermittlung der Mitunternehmerschaft

Die in Rz 5501 ff dargestellten Grundsätze gelten sinngemäß.

19.5.4.16 Besonderheiten bei nahen Angehörigen

19.5.4.16.1 Liegenschaften

6003 Der Gewinn aus der Veräußerung einer Liegenschaft, die zur Gänze im zivilrechtlichen Eigentum eines Gesellschafters steht, ist auf alle beteiligten Gesellschafter aufzuteilen, wenn die Liegenschaft wie Gesellschaftsvermögen behandelt worden und die Verfügung nur den Gesellschaftern zur gesamten Hand zugestanden ist (VwGH 29.5.1990, 90/14/0002).

6004 Befindet sich eine zur Gänze durch die Mitunternehmerschaft genutzte Liegenschaft in zivilrechtlichem Miteigentum von Ehepartnern, von denen nur einer an der Gesellschaft beteiligt ist, so ist die gesamte Liegenschaft dem mitunternehmerisch tätigen Ehepartner zuzurechnen, wenn dieser auf eigene Kosten umfangreiche Investitionen durchführt und fremdübliche Nutzungsvereinbarungen fehlen. Diese Zurechnung erstreckt sich nicht auf den Grund und Boden. Ein Veräußerungsgewinn ist für die gesamte Liegenschaft ausgenommen Grund und Boden zu ermitteln. Der Grund und Boden ist im Falle der Veräußerung des Grundstückes bzw. bei Ausscheiden eines Mitunternehmers bei der Ermittlung des auf die Grundstücksveräußerung entfallenden Gewinnes im Ausmaß der zivilrechtlichen Anteile der Mitunternehmer zu berücksichtigen.

(AÖF 2013/280)

19.5.4.16.2 Kaufpreisfindung aus außerbetrieblichen Gründen

6005 Wird der Übernahmspreis bei nahen Angehörigen besonders niedrig oder hoch angesetzt, ist eine Untersuchung vorzunehmen, ob für die Kaufpreisfindung außerbetriebliche Gründe (Versorgungsgedanken, Zuwendungsabsicht aus verwandtschaftlich bedingten Motiven usw.) ausschlaggebend waren. Ist dies der Fall, so wird von einem unentgeltlichen Vorgang und somit Buchwertfortführung auszugehen sein. Dieselbe Betrachtungsweise kann insbesonders bei aus Gründen der Angehörigeneigenschaft gegebenem Verzicht auf die Auffüllung eines negativen Kapitalkontos geboten sein.

19.5.5 Betriebs-(Teilbetriebs-)aufgabe bei Mitunternehmeranteilen

6006 Im Bereich von Mitunternehmeranteilen sind Aufgabetatbestände in der Form denkbar, dass Betriebe oder Teilbetriebe einer Mitunternehmerschaft aufgegeben werden.

Auch die Zerschlagung oder das sonstige Enden einer Mitunternehmerschaft ohne ausdrückliche Handlungen der Mitunternehmer kann den Aufgabetatbestand erfüllen, bspw. im Zuge einer Pfändung oder eines Konkurses (VwGH 21.02.1996, 94/14/0160), weiters die Beendigung einer stillen Gesellschaft (zu den Folgen einer Insolvenz einer KG oder stillen Gesellschaft siehe Rz 5994a ff). Veräußerungsgewinne gemäß § 24 Abs. 1 Z 2 EStG 1988 sind auch Gewinne, die bei der Aufgabe des Betriebes erzielt werden. Demnach ist im Falle der

Betriebsaufgabe ein negatives Kapitalkonto des beschränkt haftenden Gesellschafters nach Maßgabe des § 24 Abs. 2 EStG 1988 zu versteuern (VwGH 21.02.1996, 94/14/0160, Konkurs einer KG; VwGH 12.06.1991, 90/13/0028, Liquidation einer atypischen stillen Gesellschaft).

Die Aufteilung des Gesellschaftsvermögens im Zusammenhang mit der Beendigung der Mitunternehmerschaft stellt stets einen gesellschaftsrechtlichen Vorgang dar. Daher ist bspw. die Veräußerung eines Wirtschaftsgutes an einen Gesellschafter im Zuge der Aufgabe als Entnahme mit dem gemeinen Wert und nicht als Veräußerungsvorgang bzw. Anschaffungsgeschäft zu werten (VwGH 19.6.2002, 99/15/0115).

(AÖF 2011/66)

Die Abgrenzung zum laufenden Gewinn ist nach den in Abschnitt 18 dargestellten Grundsätzen vorzunehmen. **6007**

Überführt ein Gesellschafter anlässlich der Veräußerung des gesamten Betriebes der Mitunternehmerschaft Sonderbetriebsvermögen in sein Privatvermögen, ist das Sonderbetriebsvermögen mit dem gemeinen Wert anzusetzen. **6008**

Die Entnahme des Sonderbetriebsvermögens in das Privatvermögen ohne gleichzeitige Veräußerung des Mitunternehmeranteiles kann eine Betriebsaufgabe darstellen, wenn dem Sonderbetriebsvermögen Teilbetriebseigenschaft zukommt. **6009**

Der Aufgabegewinn ist nach den unter Abschnitt 18 dargestellten Grundsätzen zu ermitteln. Er ist im Rahmen der Gewinnfeststellung gemäß § 188 BAO zu erfassen. Solche Bescheide, die nach Beendigung einer Personenvereinigung ohne eigene Rechtspersönlichkeit ergehen, sind gemäß § 191 Abs. 2 BAO an diejenigen zu richten, denen gemeinschaftliche Einkünfte zugeflossen sind (vgl. Rz 5898 ff). **6010**

(AÖF 2010/43)

19.5.6 Steuerliche Behandlung von Aufgabegewinnen

19.5.6.1 Freibetrag

Der Freibetrag gemäß § 24 Abs. 4 EStG 1988 steht nur anteilig zu (zu den allgemeinen Voraussetzungen siehe Rz 5691 ff). **6011**

Maßgeblich für die Höhe des Freibetrages ist das Verhältnis der gesellschaftsrechtlichen Beteiligung.

Beispiel:

An einer OG sind A und B zu je 40% und C zu 20% beteiligt. Die OG veräußert einen Teilbetrieb, welcher der Hälfte des Wertes der gesamten Gesellschaft entspricht. Für A und B kommt ein Freibetrag von je 1.460 € (50% von 40% von 7.300 €) und für C in Höhe von 730 € (50% von 20% von 7.300 €) in Betracht.

(BMF-AV Nr. 2018/79)

19.5.6.2 Progressionsermäßigung

Maßgeblich sind die Verhältnisse bei jedem einzelnen Gesellschafter; siehe Rz 7301 ff. **6012**

19.5.7 Behandlung beim Erwerber

Im Falle der unentgeltlichen Übertragung des Mitunternehmeranteils ist das Buchkapital samt Rücklagen fortzuführen. **6013**

Im Falle von entgeltlichen Mitunternehmeranteilsübertragungen ist der das Kapitalkonto des Veräußerers übersteigende Kaufpreis den Buchwerten jener Wirtschaftsgüter anteilig zuzuschlagen, in denen stille Reserven vorhanden sind; weiters ist gegebenenfalls ein Firmenwert anzusetzen. Die Ermittlung der anteiligen stillen Reserven und eines Firmenwertes hat grundsätzlich im Wege einer Unternehmensbewertung nach der Verhältnismethode zu erfolgen (vgl. Rz 5657 ff). Zur Abfertigungs- und Pensionsrückstellung siehe Rz 3345 ff und Rz 3398 ff. **6014**

Beispiel (Fortsetzung des Beispiels aus RZ 5990):

Die Gesellschaftsbilanz wird zu Buchwerten fortgesetzt; dh C übernimmt das negative Kapitalkonto des B. Die Ergänzungsbilanz des C hat folgendes Aussehen:

	Aktiva		*Passiva*
Anlagevermögen	*400.000*	*Ergänzungskapital*	*300.000*
		Kaufpreisschuld	*100.000*

(AÖF 2002/84)

19.6 Vermögensverwaltende Personengesellschaften

19.6.1 Vermögensverwaltung

6015 Eine Personengesellschaft, die ausschließlich eigenes Kapitalvermögen oder eigenes unbewegliches Vermögen nutzt, ist vermögensverwaltend tätig und hat daher keine betrieblichen Einkünfte; sie ist keine Mitunternehmerschaft. Auch eine bloß eigenes Vermögen verwaltende GmbH & Co KG oder GmbH & Still ist keine Mitunternehmerschaft; eine GmbH verleiht der Personengesellschaft nicht gewerblichen Charakter. Zur Abgrenzung der reinen Vermögensverwaltung von der gewerblichen Tätigkeit siehe Rz 5418 ff.

(BMF-AV Nr. 2018/79)

19.6.2 Gemeinschaftliche Einkünfte

6016 Für die Zurechnung von Einkünften aus einer vermögensverwaltenden Personengesellschaft muss die Beteiligung von der Art sein, dass – wäre die Gesellschaft steuerlich im Bereich betrieblicher Einkünfte tätig – die Voraussetzungen einer Mitunternehmerstellung gegeben wären (VwGH 25.6.1997, 95/15/0192). Gemeinschaftliche außerbetriebliche Einkünfte liegen vor, wenn natürliche Personen mit einer vermögensverwaltenden GmbH eine stille Gesellschaft unter Beteiligung am Gewinn und Verlust sowie an den Wertsteigerungen eingehen; die GmbH erzielt nur auf Grund des § 7 Abs. 3 KStG 1988 Einkünfte aus Gewerbebetrieb (VwGH 24.2.2000, 96/15/0062).

19.6.3 Vergütungen

6017 Die Zurechnung der Einkünfte an die Beteiligten hat in analoger Anwendung des § 23 Z 2 erster Teil EStG 1988 zu erfolgen. § 28 EStG 1988 sieht jedoch keine Zuordnung der Vergütungen für Leistungen der Gesellschafter zu den Einkünften aus Vermietung und Verpachtung vor, die mit jener des § 23 Z 2 zweiter Teil EStG 1988 vergleichbar wäre. Die Vergütungen an die Gesellschafter einer Einkünfte aus Vermietung und Verpachtung erzielenden Personengesellschaft sind daher bei der Personenvereinigung als Werbungskosten abzugsfähig und als Einkünfte der Gesellschafter zu erfassen, beispielsweise nach § 22 Z 2 EStG 1988 für Geschäftsführung (VwGH 25.6.1997, 95/15/0192; VwGH 12.9.1989, 88/14/0137).

19.6.4 Verluste

6018 Aus einem Werbungskostenüberschuss resultierende Verluste sind, soweit sie über die Hafteinlage des Kommanditisten oder Stillen hinausgehen, grundsätzlich nicht diesen, sondern dem Komplementär zuzurechnen, es sei denn, es handelt es sich bei dem Kommanditisten oder Stillen um eine Körperschaft, die ihren Gewinn gemäß § 7 Abs. 3 KStG 1988 ermittelt. In gleicher Höhe sind spätere auf Kommanditisten oder Stillen entfallende Einnahmenüberschüsse dem Komplementär zuzurechnen (VwGH 20.05.1987, 86/13/0068). Verluste im außerbetrieblichen Bereich werden von der Regelung des § 23a EStG 1988 nicht erfasst. Soweit unternehmensrechtliche Erträge (bei Fehlen steuerlicher Einnahmen, bspw. Veräußerung der Liegenschaft) vorliegen, kommt es zu einem Anstieg des Kapitalkontos des Kommanditisten (Stillen), was eine weitere Verlustzuweisung ermöglicht. Ansonsten kommt eine Verlustzuweisung an den Kommanditisten (Stillen) über die Hafteinlage nur dann in Betracht, wenn sich dieser im Innenverhältnis verpflichtet, über seine Einlage hinaus haftungsmäßig am Verlust der KG teilzunehmen (Nachschusspflicht, ernst gemeinte Haftungserweiterungs- bzw. Garantieerklärung, VwGH 21.02.2001, 2000/14/0127). Die Zurechnung des Jahresverlustes hängt nicht davon ab, dass im Verlustentstehungsjahr aktuell mit einem Zugriff der Gläubiger auf das Vermögen des Gesellschafters zu rechnen ist.

Entscheidend ist lediglich, dass der Kommanditist oder Stille im Ernstfall für den Verlust einzustehen hat. Der Verlustzurechnung steht es nicht entgegen, dass im Falle eines günstigen wirtschaftlichen Verlaufes die Inanspruchnahme unterbleibt, weil es der Gesellschaft aus eigener Kraft gelingt, ihre Außenstände abzudecken (VwGH 09.09.2004, 2002/15/0196), betreffend die Verpflichtung eines Kommanditisten gegenüber Hauptgläubigern zur Nachschusspflicht auf deren Verlangen).

Hängt eine Nachschusspflicht von einem Gesellschafterbeschluss der Kommanditisten ab, dürfen Verluste über die Kommanditeinlage hinaus erst bei einem entsprechenden Gesellschafterbeschluss zugewiesen werden (VwGH 24.2.2005, 2003/15/0070).

Besteht eine gesellschaftsvertragliche, aber nicht im Firmenbuch eingetragene Verpflichtung zur Erhöhung der Hafteinlage, setzt eine weitere Verlustzuweisung voraus, dass die Erhöhung gemäß § 172 Abs. 1 UGB in handelsüblicher Weise kundgemacht oder den Gläubigern in anderer Weise von der Gesellschaft mitgeteilt worden ist (VwGH 30.06.2005 2004/15/0097).

(BMF-AV Nr. 2018/79)

19.6.5 Wechsel der Rechtsform

In der „Umwandlung" einer Hausgemeinschaft in eine vermögensverwaltende KG bei gleich bleibenden Anteilsverhältnissen ist ein bloßer Wechsel der Rechtsform zu erblicken. Eine Änderung der Abschreibungsgrundlage und der Nutzungsdauer des Gebäudes ist damit nicht verbunden. **6019**

(AÖF 2012/63)

Überträgt der Alleineigentümer sein privates Mietobjekt auf eine vermögensverwaltende KG, an der dieser und eine andere natürliche Person zB je 50% beteiligt sind, ist der Übertragungsvorgang in einen Veräußerungs- und Einlagevorgang aufzuspalten (siehe Rz 5927a f). AfA-Bemessungsgrundlage des übertragenden Gesellschafters ist die bisherige AfA-Bemessungsgrundlage dieses Mietobjektes im Ausmaß seiner Substanzbeteiligung an der Personengesellschaft. **6020**

Für den (die) anderen Gesellschafter ist zu unterscheiden:

- War in der Personengesellschaft bereits Vermögen vorhanden, liegt hinsichtlich der Verminderung der Substanzbeteiligung am vorhandenen Vermögen und dem Erwerb der Substanzbeteiligung am an die Personengesellschaft übertragenen Vermögen ein Tausch vor. AfA-Bemessungsgrundlage für das übertragene Vermögen ist daher der gemeine Wert der Reduktion der Substanzbeteiligung am vorhandenen Vermögen der Personengesellschaft;
- wurde vom anderen Gesellschafter ebenfalls Vermögen (zB eine Beteiligung) an die Personengesellschaft übertragen, ist dessen gemeiner Wert als AfA-Bemessungsgrundlage seines Anteiles am übertragenen Grundstück anzusetzen;
- war die Personengesellschaft bis dahin vermögenslos, ist die bisherige AfA-Bemessungsgrundlage des übertragenden Gesellschafters im Ausmaß der Substanzbeteiligung des anderen Gesellschafters auch für diesen als AfA-Bemessungsgrundlage anzusetzen; in diesem Fall kommt es daher zu einer Aufteilung der bisherigen AfA-Bemessungsgrundlage des übertragenden Gesellschafters auf beide (alle) Gesellschafter.

(BMF-AV Nr. 2015/133)

Überträgt der Alleineigentümer das private Mietobjekt entgeltlich auf die KG, tritt hinsichtlich seiner Grundstücksquote keine Änderung in der AfA-Bemessungsgrundlage ein. Der andere Gesellschafter hat für seine Quote die AfA-Bemessungsgrundlage in Höhe der anteiligen tatsächlichen Anschaffungskosten anzusetzen; die anteilige Veräußerung fällt unter § 30 EStG 1988 (bzw. kann unter den Spekulationstatbestand des § 30 Abs. 1 Z 1 lit. a EStG 1988 idF vor dem 1. StabG 2012 fallen). **6021**

Diese Beurteilung ist sinngemäß auf die Übertragung anderer Wirtschaftsgüter anzuwenden, bspw. Wertpapiere oder eine Beteiligung an Kapitalgesellschaften. Bündeln etwa mehrere Anteilsinhaber ihre Anteile an ein und derselben Körperschaft in einer vermögensverwaltenden Personengesellschaft (Miteigentumsgemeinschaft) und entsprechen die Beteiligungen an dieser dem jeweiligen Wert der übertragenen Anteile, ändert sich an der steuerlichen Behandlung der bisherigen Anteilsinhaber nichts, sofern Vorsorge getroffen wurde, um eine Verschiebung stiller Reserven zu verhindern.

Werden hingegen Anteile an verschiedenen Körperschaften gebündelt, wird Miteigentum an allen auf die Personengesellschaft übertragenen Anteilen erworben. Bei einem äquivalenten Beteiligungsverhältnis hat der Anteilsinhaber sein Alleineigentum an den übertragenen Anteilen gegen das Miteigentum an allen gebündelten Anteilen getauscht. Dieser Tauschvorgang ist nach Maßgabe des § 27 EStG 1988 (§§ 30 Abs. 1 Z 1 lit. b oder 31 EStG 1988 idF vor dem 1. StabG 2012) steuerwirksam.

Beispiel (zur Rechtslage vor dem 1. StabG 2012):

A und B vereinigen sich zu einer vermögensverwaltenden Gesellschaft bürgerlichen Rechts dahingehend, dass A seine ihm fünf Jahre privat gehörende Aktien der X-AG (5%, Anschaffungskosten 70.000) im Wert von 100.000 und B seine ihm a) seit drei Jahren, b) seit einem halben Jahr gehörenden Aktien an der Y-AG (0,5%, Anschaffungskosten 90.000) im Wert von ebenfalls 100.000 bündeln und in der Folge je zur Hälfte am Vermögen beteiligt sind.

Beide Partner haben einen Tausch insoweit zu vertreten, als jeder von ihnen 50% seines Pakets dem Partner gegen Erwerb von 50% des anderen Pakets abgibt und damit für beide ein Veräußerungs- bzw. Anschaffungsvorgang verwirklicht wird (unterstellt wird, dass keine Werbungskosten vorliegen).

A unterliegt daher nach § 31 EStG 1988 der Steuerpflicht, sein Überschuss beträgt 15.000 (VP 100.000 – AK 70.000) 2), die Anschaffungskosten des Anteils an der GesBR betragen nunmehr 85.000 (50% der ursprünglichen Anschaffungskosten von insgesamt 70.000 + 50.000).

B unterliegt im Falle a) nicht der Steuerpflicht, im Falle b) nach § 30 EStG 1988 der Steuerpflicht, sein Überschuss diesfalls beträgt 5.000 (VP 100.000 – AK 90.000) 2), die Anschaffungskosten seiner Beteiligung an der GesBR betragen sowohl im Falle a) wie im Falle b) 95.000 (50% der ursprünglichen Anschaffungskosten von insgesamt 90.000 + 50.000).

(BMF-AV Nr. 2018/79)

19.6.6 Spekulationsgeschäft

6022 Im Hinblick auf die unmittelbare Beteiligung des Gesellschafters am Vermögen ist auf die Beteiligung zB hinsichtlich der Grundstücksquote bei Anteilsveräußerungen vor dem 1.4.2012 die Spekulationsfrist für Grundstücke anzuwenden (§ 30 Abs. 1 Z 1 lit. a EStG 1988 idF vor dem 1. StabG 2012). Bei sonstigen Wirtschaftsgütern ist die Spekulationsfrist von einem Jahr anzuwenden (§ 30 Abs. 1 Z 1 lit. b EStG 1988 idF vor dem 1. StabG 2012 bzw. § 31 Abs. 1 EStG 1988 idF des 1. StabG 2012). Wird die Beteiligung unentgeltlich erworben, ist auf den Anschaffungszeitpunkt des Rechtsvorgängers abzustellen.

Beispiel 1:

Mit der Anschaffung der Beteiligung beginnt die Spekulationsfrist zu laufen. Die Veräußerung (eines Teiles) der Beteiligung innerhalb der Spekulationsfrist fällt unter § 30 EStG 1988 idF vor dem 1. StabG 2012 bzw. § 31 EStG 1988 idF des 1. StabG 2012. Wird eine Beteiligung, die sich aus innerhalb und außerhalb der Spekulationsfrist erworbenen Teilen zusammensetzt, veräußert, ist zur Ermittlung des spekulationsfreien und spekulationspflichtigen Teiles eine Verhältnisrechnung anzustellen.

Beispiel 2:

Wird ein Grundstück durch die KG vor dem 1.4.2012 veräußert, liegt für den Gesellschafter hinsichtlich der Grundstücksquote ein Spekulationsgeschäft vor, wenn die Anschaffung und Veräußerung der Liegenschaft für den Gesellschafter innerhalb der Spekulationsfrist liegt, oder bei einem Beteiligungserwerb nach der Liegenschaftsanschaffung durch die KG, wenn zwischen entgeltlichem Beteiligungserwerb (Beginn der Spekulationsfrist) und Liegenschaftsveräußerung die Spekulationsfrist noch nicht verstrichen ist; dabei ist unerheblich, ob bezogen auf die KG die Liegenschaft unentgeltlich erworben oder außerhalb der Spekulationsfrist angeschafft wurde.

(AÖF 2013/280)

19.6.6a Private Grundstücksveräußerungen

(AÖF 2013/280)

6022a Im Hinblick auf die unmittelbare Beteiligung des Gesellschafters am Vermögen führt die Veräußerung eines Anteils an der Personengesellschaft zu Einkünften aus privaten Grundstücksveräußerungen (§ 32 Abs. 2 iVm § 30 EStG 1988). Im Falle der Schenkung eines Anteils an einer vermögensverwaltenden Personengesellschaft ist der darin enthaltene Anteil der Gesellschaftsverbindlichkeiten als Gegenleistung anzusehen (hinsichtlich der Zuordnung der Verbindlichkeiten siehe Rz 5659); Betragen die übernommenen Verbindlichkeiten und andere vereinbarte Gegenleistungen mindestens 50% des gemeinen Wertes der übertragenen Grundstücke, liegt eine Veräußerung vor.

Der Veräußerungserlös muss auf die Gesellschafter im Ausmaß ihrer Beteiligung aufgeteilt werden. Für jeden Gesellschafter ist gesondert zu beurteilen, ob der veräußerte Anteil Alt- oder Neuvermögen darstellt. Dies ist insbesondere dann von Bedeutung, wenn die Anteile zu unterschiedlichen Zeitpunkten erworben wurden. Im Fall von Neuvermögen sind stets die individuellen Anschaffungskosten zu ermitteln, im Fall von Altvermögen kommt auch die pauschale Ermittlung der Anschaffungskosten in Betracht. Die ImmoESt ist in diesen Fällen nach den individuellen Verhältnissen der einzelnen Gesellschafter zu ermitteln. Die für die Gemeinschaft abzuführende ImmoESt ist die Summe der auf die jeweiligen Gesellschafter entfallenden ImmoESt-Beträge.

Im Fall einer vermögensverwaltenden Personengesellschaft mit Vermietungseinkünften ist die ImmoESt nicht im Feststellungsverfahren gemäß § 188 BAO auszuweisen, weil Einkünfte aus Grundstücksveräußerungen davon nicht erfasst sind.

Beispiel:

A und B sind je zur Hälfte Gesellschafter einer OG. Im Gesellschaftsvermögen der OG befindet sich ein vermietetes Gebäude. Dieses wird durch die OG am 1.5.2012 verkauft.

A hat seinen Hälfteanteil von seinem Vater geerbt, der diesen im Jahr 1960 gekauft hat. B hat den Hälfteanteil im Jahr 2010 gekauft.

Für A kommt eine pauschale Einkünfteermittlung nach § 30 Abs. 4 EStG 1988 in Betracht (Altvermögen), für B (Neuvermögen) sind die Einkünfte nach § 30 Abs. 3 EStG 1988 zu ermitteln. Die vom Notar abzuführende ImmoESt ergibt sich aus der Summe der für A und B ermittelten ImmoESt-Beträge. Im Feststellungsverfahren für 2012 betreffend die Einkünfte aus Vermietung und Verpachtung ist keine ImmoESt auszuweisen. Sollten A oder B die Regelbesteuerung oder Veranlagung beanspruchen, hat dies in der Einkommensteuererklärung zu erfolgen, wo die entrichtete ImmoESt anzuführen ist.

(AÖF 2013/280)

Die Übertragung eines Grundstückes samt den damit in Zusammenhang stehenden Verbindlichkeiten an eine vermögensverwaltende Personengesellschaft bewirkt, dass sämtliche Verbindlichkeiten des bisherigen Grundstückseigentümers auf die Personengesellschaft übertragen werden und der Übertragende somit von einer Schuld befreit wird. Daher liegt grundsätzlich eine Gegenleistung für die Grundstücksübertragung vor. **6022b**

Allerdings ist die übertragene Verbindlichkeit gemäß § 32 Abs. 2 EStG 1988 dem Übertragenden im Ausmaß von dessen Substanzbeteiligung weiterhin zuzurechnen. Eine Schuldbefreiung tritt somit nur in jenem Umfang ein, als die Verbindlichkeiten den anderen Gesellschaftern zuzurechnen sind. Somit liegt nur in diesem Umfang eine Gegenleistung für die Übertragung des Grundstückes vor.

Erreicht der Betrag der auf die KG übertragenen Verbindlichkeiten (gekürzt um die dem Überträger anteilig weiterhin zuzurechnende Verbindlichkeit) die 50%-Grenze gemäß § 20 Abs. 1 Z 4 EStG 1988, liegt eine Veräußerung vor (vgl. Rz 6625). Diese Beurteilung ist für jedes übertragene Grundstück gesondert anzustellen.

(BMF-AV Nr. 2015/133)

19.6.7 Einkünftefeststellung

Werden nur Einkünfte aus Kapitalvermögen erzielt, unterbleibt die Einkünftefeststellung. **6023**

(AÖF 2010/43)

Ansonsten setzt die Feststellung der Einkünfte voraus, dass die Beteiligten dieselbe Einkunftsart erzielen. An Personengesellschaften, deren Gesellschaftern gemeinschaftliche Einkünfte zufließen, darf nur ein Bescheid pro Einkünfteermittlungszeitraum ergehen und nicht Feststellungsbescheide für jede einzelne vermietete Liegenschaft (VwGH 21.02.2001, 2000/14/0127, 2000/14/0128, 2000/14/0129, 2000/14/0130). **6024**

Sind Gesellschafter eine natürliche Person und eine Person, deren Anteil zum Betriebsvermögen gehört, findet kein Feststellungsverfahren statt; siehe auch Rz 574 ff.

Sind als Gesellschafter mehrere natürliche Personen und eine Kapitalgesellschaft beteiligt, ist eine Feststellung nur hinsichtlich der natürlichen Personen möglich (VwGH 11.09.1997, 93/15/0127).

Sind Gesellschafter mehrere natürliche Personen und mehrere Kapitalgesellschaften, ist eine Feststellung jeweils hinsichtlich der Kapitalgesellschaften und hinsichtlich der natürlichen Personen erforderlich. Die von den Kapitalgesellschaften gemeinschaftlich erzielten Einkünfte sind zufolge § 7 Abs. 3 KStG 1988 solche aus Gewerbebetrieb (VwGH 25.06.1997, 95/15/0192). Siehe auch KStR 2013 Rz 406. Da die Einkünftetransformation des § 7 Abs. 3 KStG 1988 dem Feststellungsverfahren vorgelagert ist, sind im Feststellungsverfahren für Kapitalgesellschaften auch Einkünfte im Sinne des § 27 und § 30 EStG 1988 aufzunehmen, weil es sich dabei um Einkünfte aus Gewerbebetrieb handelt.

In allen diesen Fällen wird aber eine Mitunternehmerschaft nicht begründet; weiters ändert sich nichts an der grundsätzlich in Höhe der Hafteinlage begrenzten Verlustteilnahme des Kommanditisten bzw. Stillen. Dabei ist unbeachtlich, ob es sich bei dem Kommanditisten um eine natürlich Person, eine Mitunternehmerschaft oder eine Kapitalgesellschaft (ausgenommen Körperschaften, die den Gewinn nach § 7 Abs. 3 KStG 1988 ermitteln) handelt.

(BMF-AV Nr. 2019/75)

Randzahlen 6025 bis 6100: *derzeit frei*

(AÖF 2010/43)

19a. Verluste bei kapitalistischen Mitunternehmern mit beschränkter Haftung

19a.1 Allgemeines

19a.1.1 Eckpunkte der Regelung

(BMF-AV Nr. 2018/79)

6025 § 23a EStG 1988 sieht eine – zu § 2 Abs. 2a EStG 1988 hinzutretende – weitere Wartetastenregelung für Verluste von sogenannten „kapitalistischen Mitunternehmern" vor.

Die Eckpunkte dieser Bestimmung sind:

- Betroffen sind nur natürliche Personen als Mitunternehmer (§ 23a Abs. 1 EStG 1988).
- Eine ausgeprägte Mitunternehmerinitiative kann die Wartetastenregelung trotz Haftungsbeschränkung ausschließen (§ 23a Abs. 2 EStG 1988).
- Maßgeblich sind nur Haftungsbeschränkungen gegenüber Dritten (§ 23a Abs. 2 EStG 1988). Interne Haftungsbeschränkungen oder Regressvereinbarungen sind unschädlich.
- Wirtschaftsgüter des Sonderbetriebsvermögens sind nicht zu berücksichtigen (§ 23a Abs. 3 EStG 1988).
- Verluste aus Sonderbetriebsausgaben sind jedenfalls ausgleichs- und vortragsfähig (§ 23a Abs. 1 EStG 1988).
- Das Ergebnis aus Sonderbetriebseinnahmen und Sonderbetriebsausgaben wirkt sich auf das steuerliche Kapitalkonto nicht aus (§ 23a Abs. 3 EStG 1988).

(BMF-AV Nr. 2018/79)

19a.1.2 Zweck der Regelung, grundsätzliche Vorgangsweise und Inkrafttreten

(BMF-AV Nr. 2018/79)

6026 Zugewiesene Verluste aus Mitunternehmerschaften konnten bisher grundsätzlich unbeschränkt mit positiven anderen Einkünften ausgeglichen werden und, soweit dies nicht möglich ist, auch vorgetragen werden. Steht diesen Verlusten aber keine unbeschränkte Haftung des Mitunternehmers gegenüber Gläubigern gegenüber, werden sie wirtschaftlich nicht getragen.

(BMF-AV Nr. 2018/79)

6027 Mit Wirksamkeit ab dem ersten im Jahr 2016 beginnenden Wirtschaftsjahr können Verluste von kapitalistischen Mitunternehmern, wenn sie natürliche Personen sind, nur bis zur Höhe des steuerlichen Kapitalkontos mit anderen Einkünften ausgeglichen oder vorgetragen werden. Übersteigende Verluste sind aber nicht verloren, sie werden auf eine sogenannte „Wartetaste" gelegt und

- sind entweder analog zur Regelung des § 2 Abs. 2a EStG 1988 mit künftigen Gewinnen zu verrechnen oder
- werden durch weitere Einlagen des Gesellschafters ins Gesellschaftsvermögen zu ausgleichs- und vortragsfähigen Verlusten.

(BMF-AV Nr. 2018/79)

6028 Ungeachtet des Begriffes „Kapitalkonto" ist die Regelung nicht auf bilanzierende Mitunternehmerschaften beschränkt, sondern auch bei Einnahmen-Ausgaben- Rechnungen anzuwenden. Sofern nicht alle Mitunternehmer unbeschränkt haften oder Mitunternehmerinitiative entfalten, ist das für § 23a EStG 1988 maßgebende Kapitalkonto (siehe Rz 6033 ff) dabei unter Berücksichtigung von Einlagen und Entnahmen wie bei bilanzierenden Mitunternehmerschaften erstmals für in 2016 beginnende Wirtschaftsjahre zu erstellen und fortzuentwickeln (siehe dazu die Rz 6040 f und das Beispiel in Rz 6039).

(BMF-AV Nr. 2018/79)

19a.1.3 Verhältnis zu § 2 Abs. 2a EStG 1988

(BMF-AV Nr. 2018/79)

6029 Bereits bisher waren in § 2 Abs. 2a EStG 1988 insbesondere für Mitunternehmer geltende Wartetastenregelungen verankert. Diese bleiben über 2015 hinaus bestehen und sind gegenüber § 23a EStG 1988 vorrangig anzuwenden.

(BMF-AV Nr. 2018/79)

19a.2 Begriff des kapitalistischen Mitunternehmers

19a.2.1 Begriffsbestimmung

(BMF-AV Nr. 2018/79)

6030 Betroffen sind nur kapitalistische Mitunternehmer, das sind solche,

- deren Haftung eingeschränkt ist, wie insbesondere bei Kommanditisten (siehe Rz 6031), und
- die keine „ausgeprägte Unternehmerinitiative" entfalten (siehe Rz 6032).

(BMF-AV Nr. 2018/79)

19a.2.2 Haftungseinschränkung

(BMF-AV Nr. 2018/79)

Nach § 171 UGB haftet ein Kommanditist mit der im Firmenbuch eingetragenen Haftsumme, wobei seine Haftung ausgeschlossen ist, soweit die Einlage geleistet ist. Neben dem Kommanditisten betroffen ist der atypisch stille Gesellschafter, der gegenüber Dritten überhaupt nicht in Erscheinung tritt und daher auch diesen gegenüber nicht haftet. Er riskiert auch im Innenverhältnis idR nur seine Einlage. Die Anwendung des § 23a EStG 1988 auf Gesellschafter einer GesbR hängt davon ab, ob es sich um eine Innengesellschaft (dann wie atypisch Stille) oder um eine Außengesellschaft handelt, bei der die Haftung gegenüber Dritten maßgeblich ist. **6031**

(BMF-AV Nr. 2018/79)

19a.2.3 Ausgeprägte Mitunternehmerinitiative

(BMF-AV Nr. 2018/79)

Das Entfalten einer ausgeprägten Mitunternehmerinitiative schaltet gemäß § 23a Abs. 2 EStG 1988 die Wartetastenregelung aus, weil eine solche ein nur schwächer ausgeprägtes Unternehmerrisiko aufwiegt. **6032**

Es muss dabei eine aktive unternehmerische Mitarbeit für das Unternehmen erfolgen, die deutlich über die bloße Wahrnehmung von Kontrollrechten hinausgeht. Dies wird jedenfalls dann erfüllt sein, wenn der nicht oder beschränkt haftende Mitunternehmer die laufende Geschäftsführung der Mitunternehmerschaft besorgt. Zwar ist der Kommanditist von der Geschäftsführung nach § 164 UGB ausgeschlossen, die Wahrnehmung einer Prokura oder eine regelmäßige Tätigkeit in anderen Bereichen sind aber möglich. Hingegen reicht zB eine bloße sporadische Teilnahme an strategischen Besprechungen und unternehmensinternen Sitzungen oder eine Mitwirkung an der Geschäftsführung in bloßen Ausnahmefällen oder bei außerordentlichen Geschäften nicht aus. Eine ausgeprägte Mitunternehmerinitiative verlangt somit eine auf Dauer angelegte kontinuierliche Partizipation in einer nicht bloß Kontrollbefugnisse wahrnehmenden Funktion. Eine nachweisliche durchschnittliche Mitarbeit im Ausmaß von mindestens 10 Wochenstunden begründet in der Regel eine ausgeprägte Mitunternehmerinitiative. Die arbeitsrechtliche Einstufung der Tätigkeit spielt keine Rolle, das Vorliegen einer Pflichtversicherung nach ASVG (zB Kommanditist bis 25%) oder GSVG aus dieser Beteiligung ist allerdings ein Indiz für das Vorliegen einer ausgeprägten Mitunternehmerinitiative. Arbeitet der Mitunternehmer nicht aktiv mit, ist das Vorliegen einer Pflichtversicherung nach GSVG nicht ausreichend. Eine Tätigkeit, die dem eigenen Betrieb des beschränkt haftenden Mitunternehmers zuzurechnen ist, stellt keine ausgeprägte Mitunternehmerinitiative dar, selbst wenn es sich zB um umfangreiche Beratungsleistungen eines Unternehmensberaters oder Rechtsanwalts handelt.

Wird der Kommanditist (oder ein atypisch stiller Gesellschafter) gleichzeitig als Geschäftsführer der Komplementär-GmbH einer GmbH & Co KG tätig und führt in dieser Funktion auch die Geschäfte der KG, reicht dies als indirekte Mitunternehmerinitiative aus.

(BMF-AV Nr. 2018/79)

19a.3 Das maßgebliche Kapitalkonto – KapK I

19a.3.1 Zusammensetzung

(BMF-AV Nr. 2018/79)

Das Verlustausgleichspotenzial ist begrenzt durch das steuerliche Kapitalkonto des kapitalistischen Mitunternehmers (kap. MU) vor Verlustzuweisung, das sich aus folgenden Werten zusammensetzt: **6033**

1. Gesellschaftseinlage, soweit diese einbezahlt ist,
2. allfälliges Ergänzungskapital bei nachträglichem Gesellschafterbeitritt,
3. stehengelassene laufende steuerliche Gewinne abzüglich Verluste,
4. weitere Einlagen (siehe Rz 6044 ff) in das Gesellschaftsvermögen abzüglich Entnahmen aus dem Gesellschaftsvermögen.

Im Folgenden wird das für § 23a EStG 1988 relevante Kapitalkonto als KapK I bezeichnet.

(BMF-AV Nr. 2018/79)

6034 Nicht zu berücksichtigen ist hingegen aktives oder passives Sonderbetriebsvermögen.

Als aktives Sonderbetriebsvermögen kommen zB Grundstücke des kap. MU in Betracht, die von der Mitunternehmerschaft betrieblich genutzt werden, Darlehensforderungen an die Mitunternehmerschaft, weiters vom kap. MU angeschaffte begünstigte Wertpapiere iSd § 10 EStG 1988 zur Deckung eines investitionsbedingten Gewinnfreibetrages. Unter passives Sonderbetriebsvermögen fallen insbesondere Verbindlichkeiten zur Einlagenfinanzierung oder zur Finanzierung von aktivem Sonderbetriebsvermögen.

Jene Teile des steuerlichen Kapitalkontos, die für § 23a EStG 1988 nicht relevant sind, werden im Folgenden als KapK II bezeichnet.

Die Summe aus KapK I und KapK II ergibt das steuerliche Eigenkapital.

(BMF-AV Nr. 2018/79)

19a.3.2 Gewinn- und Verlustanteile ohne Auswirkung auf das KapK I

(BMF-AV Nr. 2018/79)

6035 Ergebnisse aus dem Sonderbetriebsvermögen verändern das KapK I nicht:

- Sonderbetriebsausgaben wegen Vorliegens von Sonderbetriebsvermögen (zB AfA, Teilwertabschreibung und Zuschreibung, Finanzierungskosten der Einlage oder der Anschaffungskosten des MU-Anteils).
- Sonderbetriebseinnahmen, insbesondere Vergütungen iSd § 23 Z 2 EStG 1988 (zB Mietentgelte für an die MU vermietetes Sonderbetriebsvermögen, Darlehenszinsen für an die MU gewährte Darlehen des Mitunternehmers), sowie Aufwendungen im Zusammenhang mit derartigen Vergütungen wie zB Beiträge des kap. MU zur gesetzlichen Sozialversicherung. Dies gilt unabhängig davon, ob die entsprechenden Beträge „stehengelassen" oder tatsächlich entnommen werden (zum Verzicht siehe aber Rz 6044).
- Substanzgewinne aus der Veräußerung oder der Entnahme von Sonderbetriebsvermögen.

(BMF-AV Nr. 2018/79)

19a.3.3 Sondersteuersatzbegünstigte Gewinne

(BMF-AV Nr. 2018/79)

6036 Sondersteuersatzbegünstigte Gewinne und Verluste erhöhen bzw. vermindern das für § 23a EStG 1988 maßgebende KapK I.

Gemäß § 23a Abs. 4 Z 1 EStG 1988 sind Wartetastenverluste mit Gewinnen späterer Wirtschaftsjahre zu verrechnen. Einen Bestandteil dieser Gewinne stellen auch sondersteuersatzbegünstigte Gewinne dar. Solche Gewinne werden daher auch ohne Ausübung der Regelbesteuerungsoption mit den Wartetastenverlusten ehestmöglich verrechnet. § 23a Abs. 4 Z 1 EStG 1988 stellt dahingehend eine lex specialis dar. Verluste aus sondersteuersatzbegünstigten Wirtschaftsgütern werden nach den allgemeinen Vorschriften zunächst gekürzt (55% oder 60%); dieser gekürzte Betrag mindert dann das KapK I.

Beispiel 1:

Funktionsweise § 23a EStG 1988 ohne sondersteuersatzbegünstigte Gewinne:

AB-KG Schlussbilanz 31.12.2015 (Kapitalkonto= KapK I)

= Eröffnungsbilanz 1.1.2016

Aktiva	*200*	*Kapital A*	*100*
		Kapital B	*100*

B ist kapitalistischer Mitunternehmer zu 50% und hat seine Einlage (Pflicht = Hafteinlage) von 100 im Jahr 2015 einbezahlt. Sein steuerliches Kapitalkonto iSd § 23a EStG 1988 beträgt daher 100.

Varianten:

a) 2016 erleidet die AB-KG einen steuerlichen Verlust von -240. Bei B ist sein anteiliger Verlust von -120 nur zu -100 ausgleichs- und vortragsfähig, -20 werden auf Wartetaste gelegt. KapK I von B beträgt -20.

b) 2016 erzielt die AB-KG einen steuerlichen Gewinn von 240. Bei B erhöht sein anteiliger Gewinn von 120 automatisch sein KapK I (für einen allfälligen Verlustanteil 2017).

Beispiel 2:

Funktionsweise § 23a EStG 1988 mit sondersteuersatzbesteuerten Gewinnen/Verlusten:

Varianten:

a) Die AB-KG hat ein KapK I in Höhe von Null. Im Jahr 2017 erleidet die AB- KG einen Verlust in Höhe von 160. Da das KapK I Null ist, kann der Verlust vom kap. MU nicht mit anderen Einkünften verrechnet werden, sondern wird auf die Wartetaste gelegt.

Im Jahr 2018 ist der laufende Gewinn/Verlust der AB-KG Null, sie erzielt aber Einkünfte zum besonderen Steuersatz von insgesamt 60.

Unabhängig von der Ausübung einer Regelbesteuerungsoption kommt es zu einer Verrechnung mit den Wartetastenverlusten; damit stehen in der Folge nur noch 100 für eine Verrechnung zur Verfügung.

b) Der laufende Gewinn/Verlust 2016 der XY-KG ist Null, sie erhielt aber Einkünfte zum besonderen Steuersatz von insgesamt 100. Das steuerliche Kapitalkonto (KapK I) steigt um diese 100.

(BMF-AV Nr. 2018/79)

19a.3.4 Berücksichtigung von steuerfreien Einnahmen/nicht abzugsfähigen Ausgaben

(BMF-AV Nr. 2018/79)

Grundsätzlich ist der steuerliche und nicht der unternehmensrechtliche Gewinn für das **6037** KapK I maßgeblich. Allerdings stellt § 23a EStG 1988 auf sämtliche Änderungen des steuerlichen Eigenkapitales ab; deshalb sind auch steuerneutrale Minderungen und Erhöhungen des steuerlichen Eigenkapitalstandes zu berücksichtigen. Dies betrifft in erster Linie sogenannte permanente Differenzen zwischen Unternehmens- und Steuerrecht. Insbesondere gilt:

- Nicht abzugsfähige Ausgaben (zB Repräsentationsaufwendungen) stellen Entnahmen dar, die das KapK I mindern.
- Steuerfreie Gewinnanteile (zB steuerfreie Prämien) stellen Einlagen dar, die zum Bilanzstichtag das KapK I erhöhen. Zur Entnahme von Einlagen nach dem Bilanzstichtag siehe Rz 6045.

(BMF-AV Nr. 2018/79)

19a.3.5 Praktische Vorgangsweise

(BMF-AV Nr. 2018/79)

Aus praktischer Sicht bestehen keine Bedenken, wenn das KapK I nicht im Wege einer **6038** laufenden, dynamischen Betrachtung entwickelt wird, sondern durch Gegenüberstellung der Eigenkapitalbestände zum Bilanzstichtag.

Dabei kann auf die unternehmensrechtlichen Bilanzen zurückgegriffen werden, wobei temporäre Differenzen zum Steuerrecht (zB unterschiedliche Abschreibungsdauern und -methoden, Unterschiede im Sozialkapital) entsprechend zu korrigieren sind. Permanente Differenzen sind nicht zu korrigieren, da sich diese ohnedies über Einlagen oder Entnahmen auf dem KapK I auswirken (siehe dazu Rz 6037).

Beispiel:

UGB-Schlussbilanz AB-KG 31.12.2015

= Eröffnungsbilanz 1.1.2016

Aktiva	*200*	*Kapital A*	*100*
		Kapital B	*100*

B ist kapitalistischer Mitunternehmer zu 50% und hat seine Einlage (Pflicht = Hafteinlage) von 100 im Jahr 2015 einbezahlt. Sein steuerliches Kapitalkonto iSd § 23a EStG 1988 beträgt daher 100. Bis zum 31.12.2015 bestanden bei der AB-KG keine Unterschiede zwischen UGB und Steuerrecht.

Anfang des Jahres 2016 erwirbt die AB-KG einen PKW, mit AK von 60 und schätzt die ND auf 5 Jahre.

Steuerlich können lediglich AK von 40 berücksichtigt werden, und es ist eine ND von 8 Jahren maßgeblich. Die Abschreibung des PKW lt. UGB ist daher 12, lt. EStG 1988 sind lediglich 5 abzugsfähig.

Der Gewinn lt. UGB beträgt 50, lt. EStG 1988 57.

Bei der Ermittlung des KapK I zum 31.12.2016 kann wie folgt vorgegangen werden:

a) dynamisch:	*KapK I (B) 31.12.2015*	*= 100,0*
	+ anteiliger steuerlicher Gewinn	*+ 28,5*
	- anteilige permanente Differenz	*- 2,0*
	KapK I (B) 31.12.2016	*= 126,5*
b) statisch:	*anteiliges UGB-EK (B) 31.12.2016*	*= 125,0*
	+ anteilige temporäre Differenz	*+ 1,5*
	KapK I (B) 31.12.2016	*= 126,5*

(BMF-AV Nr. 2018/79)

19a.3.6 Beispiel für die Kapitalkonten KapK I und KapK II bei Ergänzungskapital und Sonderbetriebsvermögen

(BMF-AV Nr. 2018/79)

6039 **Beispiel:**

UGB-Schlussbilanz AB-KG 31.12.2015

AB-KG Schlussbilanz 31.12.2015 (Kapitalkonto = KapK I) = Eröffnungsbilanz 1.1.2016

Aktiva	*200*	*Kapital A*	*100*
		Kapital B (später C)	*100*

Der laufende Verlust der MU beträgt -120 (vor Berücksichtigung von Sonderbetriebseinnahmen und –ausgaben sowie Ergebnissen aus der Ergänzungsbilanz).

C ist kapitalistischer Mitunternehmer und hat seinen Anteil im Jahr 2016 um 140 von B (Schlusskapital KapK I für B 100, Haftkapital C ebenso 100) angeschafft und zur Gänze fremdfinanziert; dafür sind Zinsen iHv 7 angefallen, die 2016 noch nicht entrichtet wurden.

Ergänzungskapital C (KapK I) vor Ergebnisverrechnung

Mehrwert Aktiva C	*40*	*Kapital C*	*40*

Der Mehrwert Aktiva wird von C mit jährlich 5 abgeschrieben.

Daraus ergibt sich folgendes KapK I für C vor der Ergebnisverrechnung des Jahres 2016:

KapK I C konsolidiert vor Ergebnisverrechnung

Anteilige Aktiva C	*100*		
Mehrwert Aktiva C	*40*	*Kapital KapK I C*	*140*

Das für § 23a EStG 1988 maßgebliche KapK I für den Verlustausgleich für C beträgt somit 140.

Der steuerliche Verlustanteil beträgt für A -60 und für C -65; der Verlust des C findet im KapK I von 140 Deckung und ist daher ausgleichs- und vortragsfähig.

Das KapK I entwickelt sich wie folgt:

Stand 1.1.2016	*140*
Verlusttangente 2016 (inkl. Ergänzungsbilanz, ohne SBV)	*-65*
Stand 31.12.2016	*75*

C hat der KG 2016 ein Gebäude vermietet, Einlagewert 400, Miete 20 (Forderung offen), AfA 10.

Sonderbilanz C (KapK II) 31.12.2016 = 1.1.2017 konsolidiert

Grundstück	*390**	*Kapital KapK II C*	*263*
Mietforderung	*20*	*Verbindlichkeiten C Darlehen*	*140*
		Verbindlichkeit C Zinsen	*7*
Summe	*410*	*Summe*	*410*

** (= 400 – AfA 10)*

Unter Berücksichtigung von § 23 Z 2 EStG 1988, dem Ergebnis aus der Ergänzungsbilanz und von Sonderbetriebsausgaben beträgt der steuerliche Verlustanteil von C insgesamt -62:

		KapK I	*KapK II*
Verlustanteil	*-60*	*-60*	
AfA aus Ergänzungsbilanz	*-5*	*-5*	
Miete	*20*		*20*
AfA Gebäude	*-10*		*-10*
Zinsen	*-7*		*-7*
Summe (steuerlicher Verlustanteil C)	*-62*	*-65*	*3*

Fortsetzung des Beispiels für 2017:

Der steuerliche Gewinn der MU (ohne Berücksichtigung des SBV) 2017 beträgt 100, auf A und C entfallen daher je 50; C hat zusätzlich aus der Ergänzungsbilanz -5 anzusetzen. Um den Einlagestand zu erhöhen, verzichtet C auf die noch offene Mietforderung von 20. Das KapK I entwickelt sich wie folgt:

Stand 1.1.2017	*75*
Gewinntangente 2017 (inkl. Ergänzungsbilanz, ohne SBV)	*+45*
Einlage der Mietforderung	*+20*
Stand 31.12.2017	*140*

		KapK I	*KapK II*
Gewinnanteil	*50*	*50*	
AfA aus Ergänzungsbilanz	*-5*	*-5*	
Miete	*20*	*20*	
AfA Gebäude	*-10*		*-10*
Zinsen	*-7*		*-7*
Summe (steuerlicher Gewinnanteil C)	*48*	*65*	*17*

(BMF-AV Nr. 2018/79)

19a.3.7 Ermittlung des Anfangsstands des für § 23a EStG 1988 relevanten Kapitalkontos KapK I

(BMF-AV Nr. 2018/79)

Zum Bilanzstichtag 2016 ist für § 23a EStG 1988 der Anfangsstand als steuerlicher Kapitalkontenstand KapK I darzustellen. Ist der Stand des KapK I nicht unmittelbar bekannt, kann dieser vom unternehmensrechtlichen Kapitalkontenstand zum Eröffnungsbilanzstichtag 2016 abgeleitet werden, indem dieser um die temporären Differenzen zwischen UGB- und Steuerbilanz adaptiert wird (insbesondere unterschiedliche Abschreibungsdauern, Unterschiede bei der Bewertung von Personalrückstellung). Darüber hinaus ist allfälliges Ergänzungskapital zu berücksichtigen. **6040**

(BMF-AV Nr. 2018/79)

19a.3.8 Weiterführung des für § 23a EStG 1988 relevanten Kapitalkontos KapK I

(BMF-AV Nr. 2018/79)

Gemäß § 23a Abs. 6 EStG 1988 ist für jeden kapitalistischen Mitunternehmer die Entwicklung des steuerlichen Kapitalkontos und der Wartetastenverluste in der Einkünftefeststellungserklärung jeden Wirtschaftsjahres darzustellen. Dafür ist grundsätzlich der Anfangsstand um Gewinne und Einlagen zu erhöhen sowie um Verluste und Entnahmen zu vermindern. **6041**

Es bestehen jedoch keine Bedenken, wenn das Kapitalkonto jährlich durch eine Ableitung vom unternehmensrechtlichen Kapitalkontenstand zum Bilanzstichtag erfolgt, indem dieser um die temporären Differenzen zwischen UGB- und Steuerbilanz adaptiert wird (insbesondere unterschiedliche Abschreibungsdauern, Unterschiede bei der Bewertung von Personalrückstellung). Darüber hinaus ist allfälliges Ergänzungskapital zu berücksichtigen.

Eine Darstellung der Entwicklung des Kapitalkontos hat auch in diesen Fällen zu erfolgen.

(BMF-AV Nr. 2018/79)

19a.4 Verrechnung (Aktivierung) von Wartetastenverlusten

19a.4.1 Allgemeines

(BMF-AV Nr. 2018/79)

6042 Wartetastenverluste können auf zwei Arten genutzt werden, nämlich durch Verrechnung

- mit Gewinnanteilen und
- Einlagen (Einlageüberhängen) ins Gesellschaftsvermögen.

Die Verrechnung mit späteren Gewinnen bewirkt, dass diese im Umfang der Wartetastenverluste nicht steuerpflichtig sind. Da der Saldo aus Sonderbetriebseinnahmen und Sonderbetriebsausgaben schon bei der Entstehung des Wartetastenverlustes ausgeblendet wird, ist er auch hier nicht zu berücksichtigen.

Durch Einlagen(überhänge) ins Gesellschaftsvermögen werden Wartetastenverluste im Einlagenjahr „aktiviert", das heißt, sie werden mit anderen Einkünften ausgleichs- und – soweit dies nicht möglich ist – vortragsfähig und zwar auch dann, wenn in diesem Jahr weitere Verlustanteile auf Wartetaste zu legen sind. Zum Begriff der Einlagen siehe unten Rz 6044 ff.

(BMF-AV Nr. 2018/79)

6043 Die Verrechnung erfolgt ehestmöglich. Liegen in einem Jahr sowohl ein Gewinnanteil als auch ein Einlagenüberhang vor, ist der Gewinnanteil vorrangig mit Wartetastenverlusten zu verrechnen.

Beispiel:

Es besteht ein Wartetastenverlust aus 2016 von -5.000. Der Ergebnisanteil aus der Mitunternehmerschaft (Sonderbetriebseinnahmen oder -ausgaben liegen nicht vor) für 2017 beträgt +3.000.

Dieser Gewinnanteil ist (unabhängig vom Kapitalkontenstand) mit dem Wartetastenverlust zu verrechnen und ist daher nicht steuerpflichtig. Es verbleibt ein Verlust von -2.000 auf Wartetaste.

Leistet der Mitunternehmer im Jahr 2018 Einlagen (Nachschüsse) von 3.000 (=Einlagenüberhang), werden 2018 auch die restlichen -2.000 ausgleichs- und vortragsfähig. Die zur Wartetastenaktivierung nicht mehr benötigten 1.000 füllen das Kapitalkonto auf, bei positivem Kapitalstand erhöhen sie das Verlustausgleichspotenzial für 2018.

(BMF-AV Nr. 2018/79)

19a.4.2 Relevante Einlagen iSd § 23a EStG 1988

(BMF-AV Nr. 2018/79)

6044 Einlagen sind nur insoweit relevant, als sie ins Gesellschaftsvermögen (Gesamthandvermögen der KG) erfolgen und tatsächlich geleistet werden. Ausstehende Einlagen erweitern den Stand des KapK I und damit des Verlustausgleichspotenzials von kapitalistischen Mitunternehmern nicht.

Gleichgültig ist, ob und wann Gewinnanteile oder Vergütungen iSd § 23 Z 2 EStG 1988 vom Gesellschafter entnommen werden. Entnahmen sind vielmehr nur dann iSd § 23a Abs. 3 EStG 1988 kapitalkontenrelevant, wenn sie außerhalb solcher Vergütungen Gesellschaftsvermögen (also KapK I) betreffen. Gleiches gilt – wie im vorstehenden Absatz gesagt – für Einlagen.

Für Zwecke des § 23a EStG 1988 ist vom unternehmensrechtlichen Einlagetatbestand auszugehen; das bedeutet, dass Forderungen aus Leistungsbeziehungen zwischen Gesellschafter und Gesellschaft nur dann das KapK I erhöhen, wenn auf diese ausdrücklich verzichtet wird (und damit auch gesellschaftsrechtlich eine Einlage vorliegt).

Beispiel:

Der kap. MU C überlässt der AC KG einen im SBV befindlichen G+B für jährlich 10. In der Regel werden die 10 tatsächlich geleistet, im Jahr 2016 wird jedoch bloß eine Forderung eingestellt.

Im Jahr 2017 verzichtet C auf diese Forderung.

Im Jahr 2016 liegt unternehmensrechtlich eine Forderung vor; steuerlich wird aufgrund § 23 Z 2 EStG 1988 die Leistungsbeziehung negiert und dementsprechend ist die Forderung von 10 Teil des steuerlichen Eigenkapitals. Da Sonderbetriebseinnahmen gemäß § 23a Abs. 3 Z 2 EStG 1988 nicht zu berücksichtigen sind, sind die 10 im KapK II zu erfassen.

Der Verzicht bewirkt im Jahr 2017 unternehmensrechtlich eine Einlage; es erhöht sich damit auch der Haftungsfonds. Dementsprechend sind sie aus dem KapK II auszuscheiden und erhöhen die 10 das KapK I.

(BMF-AV Nr. 2018/79)

Wird eine Einlage lediglich vor dem Bilanzstichtag offenkundig deshalb geleistet, um die Ausgleichsfähigkeit von Verlusten zu erreichen, und bald darauf wieder entnommen, gilt sie nicht als dem Betriebsvermögen zugeführt, zumal sie auch nur kurzfristig die Haftung des kapitalistischen Mitunternehmers ganz oder teilweise ausschließt. Die Rechtsprechung des VwGH zu § 11 EStG 1972 und zu § 11a EStG 1988 (VwGH 11.05.1983, 82/13/0239; VwGH 09.11.1994, 92/13/0305; VwGH 24.06.2010, 2007/15/0261) ist sinngemäß anzuwenden. **6045**

(BMF-AV Nr. 2018/79)

Als Einlage gilt auch eine tatsächliche Haftungsinanspruchnahme des Gesellschafters. Bloße Haftungszusagen oder ähnliche interne und auch externe Haftungsverpflichtungen reichen für eine Erweiterung des KapK I (oder für eine Aktivierung von bestehenden Wartetastenverlusten) nicht aus. **6046**

(BMF-AV Nr. 2018/79)

19a.5 Änderung der Rechtsstellung des Mitunternehmers

Wird der kapitalistische Mitunternehmer zu einem unbeschränkt haftenden Mitunternehmer nach § 128 UGB (Komplementär, Offener Gesellschafter), löst dies eine Verrechenbarkeit der Wartetastenverluste aus, weil nunmehr eine unbeschränkte Haftung auch für Altschulden eintritt. Maßgebend ist die Stellung zum Schluss des Wirtschaftsjahres. **6047**

Wandelt sich die Stellung bloß auf Grund einer erhöhten Mitunternehmerinitiative, löst dies hingegen keine Verrechenbarkeit von bisherigen Wartetastenverlusten aus. Lediglich die ab diesem Zeitpunkt neu entstehenden Verluste unterliegen nicht mehr dem § 23a EStG 1988. Maßgeblich ist das Überwiegen im Wirtschaftsjahr.

(BMF-AV Nr. 2018/79)

19a.6 Ausscheiden des Mitunternehmers

(BMF-AV Nr. 2018/79)

Bei der entgeltlichen Übertragung des Mitunternehmeranteils kommt es zu einer Verrechnung des restlichen Wartetastenverlustes mit dem Veräußerungsgewinn, der jedenfalls in Höhe des negativen Kapitalkontos, das nicht aufgefüllt werden muss (§ 24 Abs. 2 letzter Satz EStG 1988), anzusetzen ist. In der Regel werden damit die Wartetastenverluste aufgebraucht sein. **6048**

Sollten noch Wartetastenverluste verbleiben, wandeln sich diese – anders als bei § 2 Abs. 2a EStG 1988 – nicht in ausgleichs- oder vortragsfähige Verluste. Eine Aktivierung durch bspw. eine spätere Haftungsinanspruchnahme ist möglich.

Wird der Mitunternehmeranteil unentgeltlich übertragen, gehen die Wartetastenverluste auf den Übernehmer über und können vom Rechtsnachfolger weiterhin im Regime des § 23a EStG 1988 verrechnet werden.

(BMF-AV Nr. 2018/79)

19a.7 Sonderthemen zu § 23a EStG 1988

(BMF-AV Nr. 2018/79)

Mehrstöckige Mitunternehmerschaften: **6049**

Bei mehrstöckigen Mitunternehmerschaften, bei denen die Gesellschafter der beteiligten (Ober-)Mitunternehmerschaft gleichzeitig Mitunternehmer der Mitunternehmerschaft sind, an der die Beteiligung gehalten wird, hat die Beurteilung, ob eine kapitalistische Mitunternehmerbeteiligung vorliegt, auf jeder Ebene der einzelnen Mitunternehmerschaft gesondert zu erfolgen.

Ist die Beteiligung an der Unterpersonengesellschaft als kapitalistische Mitunternehmerbeteiligung zu qualifizieren, kann ein „Hochschleusen" der Verlusttangente nachträglich nichts mehr an der Einstufung als § 23a EStG 1988-Verlust ändern.

Es kann daher nicht dazu kommen, dass ein § 23a-Verlust regulär verrechnet werden kann, wenn bei der darüber liegenden Mitunternehmerschaft keine kapitalistische Beteiligung vorliegt. Die Tangente der Obergesellschaft ist somit „aufzuspalten".

Ebenso ist die Tangente für den Fall einer als kapitalistische Mitunternehmerbeteiligung zu qualifizierenden Obergesellschaft aufzuteilen, wenn an der Untergesellschaft eine Beteiligung mit unbeschränkter Haftung oder mit ausgeprägter Mitunternehmerinitiative besteht. In diesem Fall unterliegt die Verlustzuweisung aus der Untergesellschaft nicht den Beschränkungen des § 23a EStG 1988.

(BMF-AV Nr. 2018/79)

6050 **Mitunternehmerschaften mit Auslandsbezug:**

Auch Mitunternehmerschaften mit Auslandsbezug fallen unter § 23a EStG 1988. Betroffen können sein

- Inländische Beteiligte an ausländischen Mitunternehmerschaften
- Ausländische Beteiligte an inländischen Mitunternehmerschaften
- Ausländische Mitunternehmerschaften mit inländischer Betriebsstätte

Ob eine ausländische Mitunternehmerbeteiligung als kapitalistische Beteiligung iSd § 23a EStG 1988 einzustufen ist, richtet sich dabei danach, ob eine ausgeprägte Mitunternehmerinitiative und nach ausländischem Recht eine unbeschränkte Haftung vorliegt. Bei Einkünften aus ausländischen Mitunternehmerschaften hat eine entsprechende Darstellung in einer Beilage zur Einkommensteuererklärung des Beteiligten zu erfolgen.

(BMF-AV Nr. 2018/79)

6051 **Umgründungen:**

Wird eine kapitalistische Mitunternehmerbeteiligung gemäß Art. III UmgrStG eingebracht, geht ein verbleibender Wartetastenverlust nach Maßgabe der Bestimmungen des § 21 UmgrStG iVm § 4 UmgrStG auf die übernehmende Körperschaft über. Kraft ausdrücklicher Regelung des § 21 letzter Satz UmgrStG idF AbgÄG 2015 kommen bei der übernehmenden Körperschaft weiterhin die Beschränkungen des § 23a EStG 1988 sinngemäß zur Anwendung, obwohl § 23a EStG 1988 grundsätzlich nur für natürliche Personen gilt (siehe auch UmgrStR 2002 Rz 1177 und 1190).

(BMF-AV Nr. 2018/79)

Randzahlen 6052 bis 6100: *derzeit frei*

20. Einkünfte aus Kapitalvermögen (§ 27 EStG 1988)

(AÖF 2013/280)

20.1 Allgemeines

(AÖF 2013/280)

20.1.1 Wesen der Kapitaleinkünfte

(AÖF 2013/280)

20.1.1.1 Rechtslage bis zum Budgetbegleitgesetz 2011

(AÖF 2013/280)

Bis zum Budgetbegleitgesetz 2011 (BBG 2011) wurden unter den Einkünften aus Kapitalvermögen nur die Früchte aus der entgeltlichen Überlassung von Kapital und die damit zusammenhängenden Aufwendungen erfasst. Werterhöhungen, Wertminderungen und der gänzliche Verlust des Kapitalstammes waren dementsprechend im Rahmen der Einkünfte aus Kapitalvermögen grundsätzlich unerheblich und allenfalls im Rahmen der sonstigen Einkünfte (§ 30 und § 31 EStG 1988) steuerrelevant. **6101**

(AÖF 2013/280)

20.1.1.2 Neuordnung durch das BBG 2011

(AÖF 2013/280)

Die Besteuerung von Kapitalvermögen wurde mit dem BBG 2011 neu geordnet, systematisiert und ausgedehnt: **6102**

- § 27 EStG 1988 umfasst neben den Früchten aus der Überlassung von Kapital auch Wertänderungen des Kapitalstammes („Substanzgewinne" bzw. „Substanzverluste") sowie Einkünfte aus Derivaten. Wertänderungen des Kapitalstammes sind unabhängig von der Behaltedauer und der Beteiligungshöhe stets steuerpflichtig.
- Einkünfte aus Kapitalvermögen unterliegen – unabhängig von der Erhebungsart – grundsätzlich einem besonderen Steuersatz von 25% bzw. seit Inkrafttreten des StRefG 2015/2016 einem besonderen Steuersatz von 25% oder 27,5% (siehe dazu Abschnitt 20.1.1.4 bzw. Abschnitt 20.3)
- Auch Substanzgewinne sowie Einkünfte aus Derivaten unterliegen der Kapitalertragsteuer (siehe dazu Abschnitt 29.2.2). Dazu wurden die §§ 27 sowie 93 bis 97 EStG 1988 neu konzipiert.
- Im Ergebnis werden somit Früchte und Substanz gleich behandelt.

(BMF-AV Nr. 2018/79)

Fließen anlässlich der Veräußerung von Kapitalvermögen anteilig Einkünfte aus der Überlassung von Kapital („Stückzinsen") zu, werden diese nicht als Einkünfte aus der Überlassung von Kapital erfasst, sondern wie der veräußerte Kapitalstamm behandelt: Gemäß § 27a Abs. 3 Z 2 lit. a EStG 1988 sind sie beim Veräußerer Teil des Veräußerungserlöses, beim Erwerber Teil der Anschaffungskosten. Der Einkauf von Stückzinsen führt daher nicht mehr zur Gewährung einer KESt-Gutschrift, sondern zu erhöhten Anschaffungskosten. Entsprechendes gilt, wenn die Veräußerung lediglich fingiert wird; somit sind Stückzinsen bei einer Depotübertragung oder einer Entstrickung im Sinne des § 27 Abs. 6 EStG 1988 Bestandteil des gemeinen Werts im Sinne des § 27a Abs. 3 Z 2 lit. b EStG 1988. **6102a**

Beispiele:

1. A erwirbt eine Nullkuponanleihe (Ausgabewert 100, Einlösungswert 110) um 106 (darin sind Stückzinsen in Höhe von 4 enthalten) und veräußert sie zwei Monate später um 108 weiter (darin sind Stückzinsen in Höhe von 5 enthalten).

Nach der Rechtslage vor dem BBG 2011 bekäme A beim Erwerb eine KESt-Gutschrift iHv 1 (= 25% von 4); seine Anschaffungskosten würden 102 betragen. Bei der Veräußerung würde ein Veräußerungsgewinn in Höhe von 1 anfallen (= 103-102), gleichzeitig würde Kapitalertragsteuer in Höhe von 1,25 anfallen (= 25% von 5). Im Ergebnis hätte A daher Kapitalertragsteuer von 0,25 geleistet und einen Veräußerungsgewinn von 1 versteuert.

Nach dem BBG 2011 hat A Anschaffungskosten in Höhe von 106. Im Zuge der Veräußerung sind diese einem Veräußerungserlös von 108 gegenüberzustellen; die Differenz in Höhe von 2 unterliegt der 27,5-prozentigen Besteuerung (bzw. 25- prozentigen Besteuerung bis zum 1.1.2016).

2. A erwirbt eine Nullkuponanleihe (Ausgabewert 100, Einlösungswert 110) um 106 (darin sind Stückzinsen in Höhe von 4 enthalten) und hält sie bis zur Einlösung.

Nach der Rechtslage vor dem BBG 2011 bekäme A beim Erwerb eine KESt-Gutschrift iHv 1 (= 25% von 4); seine Anschaffungskosten würden 102 betragen. Bei der Einlösung würde Kapitalertragsteuer in Höhe von 2,5 anfallen. Im Ergebnis hätte A daher Kapitalertragsteuer von 1,5 geleistet. Der Untergang der Anschaffungskosten wäre steuerneutral.

Nach dem BBG 2011 hat A Anschaffungskosten in Höhe von 106. Im Zuge der Einlösung sind diese einem Einlösungsbetrag von 110 gegenüberzustellen; die Differenz in Höhe von 4 unterliegt der 27,5-prozentigen Besteuerung (bzw. 25-prozentigen Besteuerung bis zum 1.1.2016).

3. A erwirbt eine Nullkuponanleihe (Ausgabewert 100, Einlösungswert 110) um 104 (darin sind Stückzinsen in Höhe von 4 enthalten) und veräußert sie zwei Monate später um 104 weiter (darin sind Stückzinsen in Höhe von 5 enthalten).

Nach der Rechtslage vor dem BBG 2011 bekäme A beim Erwerb eine KESt-Gutschrift iHv 1 (= 25% von 4); seine Anschaffungskosten würden 100 betragen. Bei der Veräußerung würde ein Veräußerungsverlust in Höhe von 1 anfallen (= 99-100), gleichzeitig würde Kapitalertragsteuer in Höhe von 1,25 anfallen (= 25% von 5). Im Ergebnis hätte A daher Kapitalertragsteuer von 0,25 geleistet und einen Veräußerungsverlust in Höhe von 1, der nur gegen andere Spekulationseinkünfte ausgleichsfähig ist.

Nach dem BBG 2011 hat A Anschaffungskosten in Höhe von 104. Im Zuge der Veräußerung sind diese einem Veräußerungserlös von 104 gegenüberzustellen; es fällt keine Steuer an.

(BMF-AV Nr. 2018/79)

20.1.1.3 Abgrenzung Alt- und Neuvermögen

(AÖF 2013/280)

6103 § 27 EStG 1988 sowie die darauf aufbauenden §§ 27a und 93 bis 97 EStG 1988 in der Fassung des Budgetbegleitgesetzes 2011 bzw. des Abgabenänderungsgesetzes 2011 treten grundsätzlich mit 1. April 2012 in Kraft. Zu beachten ist jedoch, dass die generelle Besteuerung von Substanzgewinnen und Derivaten nur nach einem bestimmten Stichtag entgeltlich erworbenes „Neuvermögen" betrifft.

Für die Abgrenzung von Alt- und Neuvermögen ist nach der Vermögensart zu unterscheiden:

Vermögensart	Altvermögen Entgeltlicher Erwerb bis	Neuvermögen Entgeltlicher Erwerb ab
Anteile an Körperschaften	31.12.2010 Nach Maßgabe des § 30 EStG 1988 steuerpflichtig.	1.1.2011 Bei Veräußerung vor dem 1.4.2012 stets[2] nach § 30 EStG 1988 steuerpflichtig, ab 1.4.2012 nach § 27 Abs. 3 EStG 1988 steuerpflichtig.
Sonderregelung für Beteiligungen gemäß § 31 EStG 1988[1]	Bei Veräußerung ab 1.4.2012 generell nach § 27 Abs. 3 EStG 1988 steuerpflichtig. Beträgt die Beteiligung am 31.3.2012 weniger als 1%, ist sie nur bei Veräußerung innerhalb der Frist des § 31 Abs. 1 EStG 1988 (Fünfjahresfrist) oder einer durch das UmgrStG verlängerten Frist steuerhängig.	
Anteilscheine an Investmentfonds und Immobilieninvestmentfonds	31.12.2010 Nach Maßgabe des § 30 EStG 1988 steuerpflichtig.	1.1.2011 Bei Veräußerung vor dem 1.4.2012 stets[2] nach § 30 EStG 1988 steuerpflichtig, ab 1.4.2012 nach § 27 Abs. 3 EStG 1988 steuerpflichtig.
Sonstiges Kapitalvermögen (Anleihen, Derivate,)	31.3.2012 Nach Maßgabe des § 30 EStG 1988 steuerpflichtig. Bei entgeltlichem Erwerb ab 1.10.2011 stets[3] nach § 30 EStG 1988 steuerpflichtig.	1.4.2012 Nach § 27 Abs. 3 bzw. Abs. 4 EStG 1988 steuerpflichtig."

[1] Beteiligungen, die am 31.3.2012 die Voraussetzungen des § 31 EStG 1988 erfüllen; dies umfasst auch Beteiligungen, deren Veräußerung zum 31.3.2011 aufgrund der Behaltedauer noch nach § 30 EStG 1988 zu erfassen wäre, sowie Beteiligungen, die nach dem UmgrStG als Beteiligungen nach § 31 EStG 1988 gelten.

[2)] Die Spekulationsfrist läuft gemäß § 124b Z 184 erster TS EStG 1988 bei diesen Anteilen stets bis zum 31.3.2012.

[3)] Die Veräußerung oder sonstige Abwicklung gilt gemäß § 124b Z 184 zweiter TS EStG 1988 bei diesen Anteilen ewig als Spekulationsgeschäft.

(AÖF 2013/280)

Auf in einem Betriebsvermögen gehaltenes Altvermögen ist ab 1.4.2012 grundsätzlich bereits die neue Rechtslage (nach dem BBG 2011) anzuwenden, da dieses auch schon vor dem BBG 2011 generell steuerhängig war. Wird in einem Betriebsvermögen gehaltenes Altvermögen ab dem 1.4.2012 veräußert, kommt unter den Voraussetzungen des § 27a Abs. 1 und 2 EStG 1988 bereits der besondere Steuersatz von 25% zur Anwendung (§ 124b Z 192 EStG 1988). Bei Veräußerungen ab dem 1.1.2016 kommt der besondere Steuersatz von 27,5% gemäß § 27a Abs. 1 Z 2 EStG 1988 idF StRefG 2015/2016 zur Anwendung (Inkrafttreten: § 124b Z 281 EStG 1988). Eine KESt-Abzugsverpflichtung besteht diesfalls allerdings nicht. **6103a**

Für die Unterscheidung von Alt- und Neuvermögen nach den dargestellten Stichtagen ist im Depotgeschäft für diesen Zweck grundsätzlich auf den Schlusstag abzustellen.

(BMF-AV Nr. 2019/75)

Die im Zuge einer Umgründung neu erworbenen Anteile gelten zwar mit Beginn des dem Umgründungsstichtag folgenden Tages als erworben (§ 5 Abs. 1 Z 1 UmgrStG), jedoch sind die Anschaffungszeitpunkte der alten Anteile maßgeblich (§ 5 Abs. 2 UmgrStG). Dies ist Ausdruck des Gedankens, dass für die Steuerhängigkeit der im Zuge der Umgründung erworbenen Anteile auf die übertragenen bzw. untergegangenen Anteile abzustellen ist. Somit ist dies auch für die Frage maßgeblich, ob im Zuge einer Umgründung erworbene Anteile generell Neuvermögen darstellen oder ob sie den Status der übertragenen bzw. untergegangenen Anteile fortführen. Das bedeutet: **6103b**

- Alle steuerlich maßgeblichen Fristen laufen beim Anteilsinhaber unverändert weiter (vgl. UmgrStR 2002 Rz 265). Ordnet das Umgründungssteuergesetz an, dass für im Zuge von Umgründungen neu erworbene Anteile die Anschaffungszeitpunkte der alten Anteile maßgeblich sind, ist dies auch für die Abgrenzung von Alt- und Neuvermögen bei § 27 EStG 1988 maßgeblich:

  Werden die neuen Anteile als Gegenleistung für nicht steuerhängigen Altbestand gewährt, stellen folglich auch die Gegenleistungsanteile nicht steuerhängigen Altbestand dar. Waren die untergegangenen Anteile nach § 31 EStG 1988 idF vor dem BBG 2011 bzw. § 124b Z 185 lit. a Teilstrich 1 EStG 1988 (befristet) steuerhängig, setzt sich diese (befristete) Steuerhängigkeit auch in den neu gewährten Gegenleistungsanteilen fort; dies unabhängig von deren Höhe.

Beispiel 1:

A erwirbt am 15.06.2009 einen 3-prozentigen Anteil an der X-AG. Zum Stichtag 31.12.2012 wird die X-AG auf die Y-AG verschmolzen, Art. I UmgrStG ist anwendbar. A erhält im Zuge der Verschmelzung Anteile an der Y-AG im Ausmaß von 0,5%.

Diese verschmelzungsbedingt erworbenen Anteile gelten zwar aufgrund von § 5 Abs. 1 Z 1 UmgrStG als zum 01.01.2013 erworben; § 5 Abs. 2 UmgrStG sieht aber vor, dass für die neuen Anteile die Anschaffungszeitpunkte der alten Anteile maßgeblich sind.

§ 27 Abs. 3 EStG 1988 ist auf die neuen Anteile anwendbar, weil es sich bei den untergegangenen Anteilen, für die die Gegenleistung gewährt wurde, um Neubestand iSd § 124b Z 185 lit. a Teilstrich 1 EStG 1988 gehandelt hat (Beteiligungen, die am 31. März 2012 die Voraussetzungen des § 31 EStG 1988 idF vor dem BBG 2011 erfüllen).

Beispiel 2:

A erwirbt am 15.6.2008 einen 4-prozentigen Anteil an der X-AG um 10.000. Am 31.12.2010 findet eine Kapitalerhöhung statt, an der A nicht teilnimmt; seine Beteiligung sinkt daher auf 0,8%. Zum Stichtag 31.12.2012 wird die X-AG auf die Y-AG verschmolzen. A erhält von den bisherigen Anteilsinhabern der Y-AG als Gegenleistung Anteile. Die fünfjährige Frist des § 31 EStG 1988 idF vor dem BBG 2011 läuft für die verschmelzungsbedingt erworbenen Anteile des A an der Y-AG am 31.12.2015 ab.

Beispiel 3:

A hat am 1.4.2009 100 Aktien (im Ausmaß von weniger als 1%) an der börsennotierten X-AG erworben. Die X-AG wird zum 31.12.2012 auf die Y-AG verschmolzen; Art. I UmgrStG ist anwendbar. A erhält für seine im Zuge der Verschmelzung untergegangenen Aktien an der X-AG neue Aktien der Y-AG. Die verschmelzungsbedingt erhaltenen Aktien an der Y-AG gelten nach § 5 Abs. 1 Z 1 Satz 2 UmgrStG grundsätzlich als am 1.1.2013 erworben; § 5 Abs. 2 UmgrStG sieht jedoch vor, dass für die neuen Anteile die Anschaffungszeitpunkte der alten Anteile maßgeblich sind. Da es sich bei den untergegangenen Anteilen auch nicht um Neubestand iSd § 124b Z 185 lit. a EStG 1988 handelt, liegt hinsichtlich der verschmelzungsbedingt erworbenen Aktien an der Y-AG kein unter das neue Kapitalbesteuerungssystem fallendes Neuvermögen vor.

Beispiel 4:

A bringt seinen seit Jahren im Privatvermögen gehaltenen 0,5-prozentigen Kapitalanteil an der X-AG zum Stichtag 31.12.2012 in die Y-AG ein und erhält dafür Aktien an der Y-AG; Art. III ist anwendbar. In diesem Fall ist § 20 Abs. 6 UmgrStG anwendbar, weil hinsichtlich des eingebrachten Kapitalanteils am Einbringungsstichtag keine Besteuerungsmöglichkeit nach den Regelungen des EStG bestehen würde (siehe § 124b Z 185 lit. a EStG 1988). Es kommt daher zu einer sinngemäßen Anwendung von § 5 Abs. 2 UmgrStG, wonach für die neuen Anteile die Anschaffungszeitpunkte der alten Anteile maßgeblich sind. Hinsichtlich der neuen Anteile liegt daher kein Neuvermögen iSd § 124b Z 185 lit. a EStG 1988 vor.

- Die Steuerhängigkeit der übertragenen bzw. untergegangenen Anteile wird den verschmelzungsbedingt erworbenen Anteilen im entsprechenden Ausmaß zugeordnet: Von den neu erworbenen Anteilen sind daher ebenso viele – im selben prozentuellen Ausmaß – (zeitlich begrenzt oder zeitlich unbegrenzt) steuerhängig bzw. nicht steuerhängig wie jene Anteile an der übertragenen Gesellschaft. Handelt es sich bei den erworbenen Anteilen um Aktien, muss allerdings immer eine Aktie zur Gänze (zeitlich begrenzt oder zeitlich unbegrenzt) steuerhängig oder nicht steuerhängig sein. Es bestehen in solchen Fällen keine Bedenken, kaufmännisch zu runden.

Beispiel 5:

Bei einer Verschmelzung zweier Aktiengesellschaften, die unter Artikel I des UmgrStG fällt, ergibt sich ein Umtauschverhältnis von 40:26. Für 40 Aktien der (untergehenden) X-AG erhalten daher deren Gesellschafter 26 Aktien an der übernehmenden Y-AG.

Z hält 39 Aktien an der (untergehenden) X-AG; diese Aktien stellen bei ihm Altbestand dar. Um Spitzenausgleichszahlungen zu vermeiden, erwirbt Z vor der Verschmelzung eine zusätzliche Aktie an der X-AG; die zusätzlich erworbene Aktie stellt bei ihm Neubestand dar. Z hält somit insgesamt 40 Aktien, von denen 39 (97,5%) Altbestand und 1 (2,5%) Neubestand darstellen.

Die im Zuge der Verschmelzung erworbenen 26 Aktien der übernehmenden Y-AG stellen daher ebenso zu 97,5% (25,35 Aktien) Altbestand und zu 2,5% (0,65 Aktie) Neubestand dar. Da immer eine ganze Aktie entweder Alt- oder Neubestand sein muss, muss in diesem Fall kaufmännisch gerundet werden, womit 25 Aktien der Y-AG Altbestand und eine Aktie für Z Neubestand darstellt.

- Werden im Zuge einer Umgründung unterschiedliche Anteilstypen – wie etwa Stammaktien oder Vorzugsaktien – übertragen (bzw. gehen sie unter), die zum Teil Alt- und zum Teil Neubestand darstellen, stellen entsprechend dem Verhältnis des Alt- zum Neubestand auch die neu erhaltenen Anteile – und zwar jeweils jeder Aktientyp – Alt- und Neubestand dar.

Beispiel 6:

Bei einer Verschmelzung zweier Aktiengesellschaften, die unter Artikel I des UmgrStG fällt, ergibt sich für Stammaktien ein Umtauschverhältnis von 1:2 und für Vorzugsaktien ein Umtauschverhältnis von 5:7. Das heißt für 1 Stammaktie der (untergehenden) X-AG erhalten deren Gesellschafter 2 Aktien an der übernehmenden Y-AG und für 5 Vorzugsaktien der (untergehenden) X-AG erhalten deren Gesellschafter 7 Aktien an der übernehmenden Y-AG.

Z hält an der (untergehenden) X-AG 30 Stammaktien, von denen 20 Altbestand darstellen (2/3) und 50 Vorzugsaktien, von denen 25 Altbestand darstellen (1/2). Z erhält im Zuge der Verschmelzung 60 Stammaktien und 70 Vorzugsaktien an der übernehmenden Y-AG; von diesen stellen 40 Stammaktien (2/3) und 35 Vorzugsaktien (1/2) ebenfalls Altbestand dar.

- In allen anderen Fällen stellen die im Zuge der Umgründung erworbenen Anteile an Körperschaften bereits Neuvermögen dar, wenn sie nach dem 31.12.2010 entgeltlich erworben werden (siehe § 124b Z 185 lit. a EStG 1988).

Beispiel 7:

A bringt zum 31.12.2012 seinen seit Jahren bestehenden 30-prozentigen Kapitalanteil an der X-AG in die Y-AG ein und erhält dafür 5% der Aktien an der Y-AG. Der Vorgang fällt unter Art. III UmgrStG.

Die Aktien an der Y-AG gelten gemäß § 20 Abs. 1 UmgrStG als am 1.1.2013 erworben. § 20 Abs. 6 UmgrStG ist nicht anwendbar, weil für die Beteiligung eine Besteuerungsmöglichkeit nach den Regelungen des EStG bestehen würde (siehe § 124b Z 185 lit. a

EStG 1988). Folglich ist § 5 Abs. 2 UmgrStG nicht sinngemäß anzuwenden; es liegt daher hinsichtlich der neuen Anteile an der Y-AG Neuvermögen vor.

Beispiel 8:

A bringt zum 31.12.2012 den Betrieb seines Einzelunternehmens in die Y-AG ein; Art. III UmgrStG ist anwendbar; A erhält einbringungsbedingt 5% der Aktien an der Y-AG. Die erhaltenen Aktien an der Y-AG gelten gemäß § 20 Abs. 1 UmgrStG als am 1.1.2013 erworben. § 20 Abs. 6 UmgrStG ist nicht anwendbar, es liegt daher Neuvermögen vor.

(BMF-AV Nr. 2015/133)

Bei Kapitalmaßnahmen ist zu unterscheiden: **6103c**

- Fällt eine Kapitalmaßnahme in den Anwendungsbereich des UmgrStG, gelten die oben dargestellten Grundsätze. Für Zwecke des KESt-Abzugs ist stets davon auszugehen, dass
  - bei Vorgängen, die vom Typus her im UmgrStG geregelt sind (Verschmelzung, Einbringung, Spaltung), auch die Anwendungsvoraussetzungen des UmgrStG erfüllt sind und somit kein Tausch vorliegt (vgl. § 2 Abs. 2 Z 2 und § 3 Kapitalmaßnahmen- VO); ist dies tatsächlich nicht der Fall, besteht für den Steuerpflichtigen Veranlagungspflicht (zB nicht vergleichbare Verschmelzung ausländischer Körperschaften);
  - die im Zuge der Umgründung erworbenen Anteile den Status der übertragenen bzw. untergegangenen Anteile fortführen (vgl. zB § 2 Abs. 2 Z 2 Kapitalmaßnahmen-VO); dabei sind im Rahmen von Spaltungen die Anschaffungskosten im Verkehrswertverhältnis aufzuteilen. Sind die Anwendungsvoraussetzungen des UmgrStG nicht erfüllt, besteht für den Steuerpflichtigen Veranlagungspflicht (zB Einbringung eines nicht unter § 31 EStG 1988 fallenden Anteils).
- Stellt eine Kapitalmaßnahme außerhalb des UmgrStG eine rein gesellschaftsrechtliche Maßnahme dar, die aus steuerlicher Sicht zu keinem Tausch und zu keinem entgeltlichen Erwerb führt, bleibt ein allfälliger Status als Altvermögen erhalten (zB Aktiensplit, Aktienzusammenlegung; vgl. § 2 Abs. 2 Z 2 und § 6 Kapitalmaßnahmen-VO). Dasselbe gilt für die Kapitalerhöhung aus Gesellschaftsmitteln (vgl. auch § 30 Abs. 6 EStG 1988 idF vor dem Budgetbegleitgesetz 2011, BGBl. I Nr. 111/2010 iVm § 6 Z 15 EStG 1988; § 4 Kapitalmaßnahmen-VO). Stammen die Freianteile aus Altvermögen, stellen daher auch die im Zuge der Kapitalerhöhung aus Gesellschaftsmitteln erworbenen Anteile Altvermögen dar.
- Bei einer effektiven Kapitalerhöhung stellen die erworbenen Anteile bei Erwerb nach 31.12.2010 Neuvermögen dar. Hinsichtlich des Bezugsrechts ist zu differenzieren:
  - Stammt das Bezugsrecht aus Altvermögen, stellt auch das Bezugsrecht selbst Altvermögen dar. Unabhängig davon stellt die Ausübung eines solchen Bezugsrechts eine Anschaffung dar, weshalb die dabei erhaltenen neuen Anteile jedenfalls Neubestand sind.
  - Stammt das Bezugsrecht aus Neuvermögen, stellt auch das Bezugsrecht selbst Neuvermögen dar. Wird das Bezugsrecht veräußert, sind die Anschaffungskosten mit Null anzusetzen und der volle Veräußerungserlös ist steuerpflichtig.
- Stellt eine Kapitalmaßnahme außerhalb des UmgrStG aus steuerlicher Sicht einen Tausch dar, sind die im Zuge der Kapitalmaßnahme erworbenen Anteile bei entgeltlichem Erwerb nach 31. Dezember 2010 bereits Neuvermögen. Für Zwecke des KESt-Abzuges ist allerdings § 2 Abs. 2 Z 2 Kapitalmaßnahmen-VO zu beachten.
- Bei Wandel- und Aktienanleihen kommt die Kapitalmaßnahmen-VO nur bei Neuvermögen zur Anwendung. Bei Altvermögen stellt die Wandlung bzw. Andienung der Aktien nach bisheriger Sichtweise einen Tauschvorgang dar, es liegt damit ein Anschaffungsvorgang hinsichtlich der für die Anleihe erhaltenen Aktien vor. Die erhaltenen Aktien stellen somit bei Anschaffung nach dem 31.12.2010 Neuvermögen dar (siehe Abschnitt 20.2.4.2 und 20.2.4.3). Bei Optionsanleihen führt die Ausübung der Option nach dem 31.12.2010 stets zu Neuvermögen hinsichtlich der erworbenen Aktien (siehe Abschnitt 20.2.4.1). Da die Kapitalmaßnahmen-VO ausschließlich auf Wertpapiere abstellt, kommt § 7 Kapitalmaßnahmen-VO für nicht verbriefte sonstige Forderungen (ua. Wandeldarlehen) nicht zur Anwendung, weshalb die Wandlung einer solchen Forderung unabhängig von Alt- oder Neuvermögen einen Tauschvorgang darstellt.
- Geht im Zuge einer Kapitalmaßnahme das Besteuerungsrecht der Republik Österreich an den übertragenen Anteilen verloren, kommt der Entstrickungstatbestand des § 27

Abs. 6 Z 1 EStG 1988 bei Anwendbarkeit der speziellen Bestimmungen des UmgrStG nicht zur Anwendung.

(BMF-AV Nr. 2021/65)

6103d Werden Investmentfonds gemäß §§ 114 bis 127 InvFG 2011 verschmolzen, gilt gemäß § 186 Abs. 4 InvFG 2011 der Umtausch von Anteilen nicht als Realisierung und die erhöhten Anschaffungskosten der Anteile des übertragenden Fonds sind als Anschaffungskosten der Anteile des übernehmenden Fonds fortzuführen. Stellten die Anteile am übertragenden Investmentfonds daher beim Steuerpflichtigen Altvermögen dar, bleibt dieser Status für die im Zuge der Fondsverschmelzung erworbenen Anteile am übernehmenden Investmentfonds erhalten.

(AÖF 2013/280)

6103e Werden einzelne, sukzessiv erworbene Wertpapiere verkauft, ist für Zwecke der Abgrenzung von Alt- und Neuvermögen grundsätzlich davon auszugehen, dass die früher erworbenen Wertpapiere zuerst veräußert werden (FIFO-Verfahren). Kann der Steuerpflichtige dagegen den Bestand an Wertpapieren

- am 31.12.2010 bei Aktien und Anteilen an Investmentfonds
- am 31.3.2012 bei sonstigen Wirtschaftsgütern und Derivaten iSd § 27 Abs. 3 und 4 EStG 1988

anhand geeigneter Dokumente (insbesondere Depotauszug) dokumentieren, kann eine Zuordnung durch den Steuerpflichtigen erfolgen. Auch die Abgrenzung der ab dem 1.10.2011 entgeltlich erworbenen sonstigen Wirtschaftsgüter und Derivate, die gemäß § 124b Z 184 zweiter TS EStG 1988 ewig spekulationsverfangen sind, vom zuvor erworbenen Kapitalvermögen kann anhand der Dokumentation des Bestandes am 30.9.2011 erfolgen.

(AÖF 2013/280)

6103f Werden Anteile an einer GmbH zu verschiedenen Zeitpunkten und zu unterschiedlichen Preisen sukzessiv erworben, stellen alle erworbenen Anteile ein einheitliches Wirtschaftsgut dar (§ 75 Abs. 2 GmbHG). Ein Steuerpflichtiger kann daher nicht selbst bestimmen, welcher der zu verschiedenen Zeitpunkten erworbenen Anteile veräußert wird. Dementsprechend ist bei der Veräußerung von GmbH-Anteilen stets davon auszugehen, dass eine anteilige Veräußerung von Alt- und Neuvermögen erfolgt (vgl. VwGH 2.10.2014, 2012/15/0083).

(BMF-AV Nr. 2015/133)

20.1.1.4. Änderungen durch das StRefG 2015/2016

20.1.1.4.1. Allgemeines

(BMF-AV Nr. 2018/79)

6103g Mit dem StRefG 2015/2016 wurde die Höhe des besonderen Steuersatzes für Kapitalerträge von 25% auf 27,5% angehoben. Mit einem besonderen Steuersatz in Höhe von 25% werden weiterhin Einkünfte aus Geldeinlagen und nicht verbrieften sonstigen Forderungen bei Kreditinstituten besteuert, wenn es sich nicht um Ausgleichszahlungen und Leihgebühren gemäß § 27 Abs. 5 Z 4 EStG 1988 handelt (siehe auch Abschnitt 20.3).

(BMF-AV Nr. 2018/79)

20.1.1.4.2. Inkrafttreten

(BMF-AV Nr. 2018/79)

6103h Hinsichtlich des Inkrafttretens der Änderungen durch das StRefG 2015/2016 (§ 124b Z 281 EStG 1988) ist nach Art der Gewinn- bzw. Einkünfteermittlung zu differenzieren:

- Zufluss-/Abflussprinzip

  Der neue besondere Steuersatz kommt erstmals für Zuflüsse ab dem 1. Jänner 2016 zum Tragen. Eine Abgrenzung der Einkünfte hinsichtlich ihres wirtschaftlichen Entstehungszeitpunktes ist nicht vorzunehmen.

  Bei Veräußerungen und sonstigen Realisierungen von Wirtschaftsgütern und Derivaten iSd § 27 Abs. 3 und 4 EStG 1988 vor dem 1. Jänner 2016 bestehen keine Bedenken, ungeachtet des tatsächlichen Zuflusses der Einkünfte nach dem 31. Dezember 2015 noch den besonderen Steuersatz in Höhe von 25% anzuwenden.
- Betriebsvermögensvergleich bei Regelwirtschaftsjahr

  Erstmalig ist der neue besondere Steuersatz für die Veranlagung 2016 anzuwenden. Aus den Grundsätzen der Bilanzierung entstehende Abgrenzungen der Einkünfte nach deren wirtschaftlichem Entstehungszeitpunkt sind – trotz fehlendem Zufluss – im Rahmen des Betriebsvermögensvergleichs beachtlich.

- Betriebsvermögensvergleich bei abweichendem Wirtschaftsjahr

  Grundsätzlich entsteht der Abgabenanspruch für das Wirtschaftsjahr 2015/2016 mit Ablauf des Kalenderjahres 2016, weshalb der neue besondere Steuersatz iHv 27,5% zur Anwendung gelangt. Ausgenommen davon sind jedoch Einkünfte aus der Veräußerung oder sonstigen Realisierung von Wirtschaftsgütern und Derivaten vor dem 1. Jänner 2016 (§ 124b Z 281 letzter Satz EStG 1988). Unter sonstiger Realisierung sind die in den Grundtatbeständen genannten Realisierungsarten zu verstehen. Sofern die Steuererhebung mittels Kapitalertragsteuerabzug erfolgt, entsteht der Abgabenanspruch zu diesem Zeitpunkt, weshalb vor dem 1. Jänner 2016 ebenfalls der Sondersteuersatz in Höhe von 25% zur Anwendung gelangt.

(BMF-AV Nr. 2018/79)

Mit dem AbgÄG 2015 werden auch Kapitalerträge aus vor dem 1. April 2012 erworbenen **6103i**
Forderungswertpapieren im Sinne des § 93 Abs. 3 Z 1 bis 3 EStG 1988 idF vor dem BudBG 2011 mit einem Kapitalertragsteuerabzug bzw. einem besonderen Steuersatz iSd § 37 Abs. 8 EStG 1988 in Höhe von 27,5% besteuert. Diese Änderung tritt ebenso wie die Änderungen des StRefG 2015/2016 am 1. Jänner 2016 in Kraft, weshalb die unter Rz 6103h getroffenen Aussagen zum Inkrafttreten ebenfalls zur Anwendung gelangen.

(BMF-AV Nr. 2018/79)

20.1.2 Verhältnis zu anderen Einkunftsarten

(AÖF 2013/280)

Einkünfte aus Kapitalvermögen liegen vor, wenn sie weder zu den betrieblichen Ein- **6104**
künften noch zu den Einkünften aus nichtselbständiger Arbeit gehören. Zu beachten ist, dass auch bei Erfassung unter diesen Einkunftsarten die Besteuerung zu den besonderen Steuersätzen gemäß § 27a Abs. 6 EStG 1988 erhalten bleibt. Die Einkünfte aus Vermietung und Verpachtung und die sonstigen Einkünfte gemäß § 29 Z 1 und § 30 EStG 1988 sind subsidiär gegenüber den Einkünften aus Kapitalvermögen. Einkünfte aus Derivaten, die unmittelbar zur Zinssicherung im Zusammenhang mit einem Anschaffungskredit im Rahmen der Vermietung und Verpachtung verwendet werden, sind jedoch im Rahmen der Einkünfte aus Vermietung und Verpachtung zu erfassen (siehe Pkt. 5 der Ergebnisunterlage ESt, Salzburger Steuerdialog 2011, Erlass des BMF vom 06.10.2011, BMF-010203/0464-VI/6/2011). Die sonstigen Einkünfte gemäß § 29 Z 3 EStG 1988 sind gegenüber den Einkünften aus Kapitalvermögen subsidiär.

(BMF-AV Nr. 2018/79)

Einkünfte aus Kapitalvermögen, das sich im Betriebsvermögen befindet, sind der jewei- **6104a**
ligen betrieblichen Einkunftsart zuzurechnen. Die bloße Nutzung eigenen Kapitalvermögens, zB durch Darlehensvergabe, stellt grundsätzlich keinen Gewerbebetrieb dar (VwGH 21.11.1972, 2096/71). Auch das bloße Optimieren eines Wertpapierportefeuilles (ohne Fremdfinanzierung oder ohne konkretes planmäßiges Handeln) führt für sich allein nicht zur Gewerblichkeit. Ein Gewerbebetrieb liegt jedoch vor, wenn durch die Entfaltung einer berufsmäßigen, nach außen hin hervortretenden und den Beteiligten erkennbaren Tätigkeit die Erzielung eines besonderen Gewinnes beabsichtigt wird (zB Ausleihen eigener Gelder gegen Zinsen im Rahmen eines bankmäßigen oder ähnlichen Betriebes, Aufnahme beträchtlicher Fremdgelder und Weitergabe an Darlehensnehmer, VwGH 21.11.1972, 2096/71, VwGH 10.06.1981, 2509/80).

(AÖF 2013/280)

20.1.3 Werbungskosten und Anschaffungsnebenkosten

(AÖF 2013/280)

20.1.3.1 Allgemeines

(AÖF 2013/280)

Gemäß § 20 Abs. 2 zweiter TS EStG 1988 dürfen Aufwendungen und Ausgaben nicht **6105**
abgezogen werden, die mit Einkünften in unmittelbarem wirtschaftlichem Zusammenhang stehen, auf die die besonderen Steuersätze gemäß § 27a EStG 1988 anwendbar sind. Das Abzugsverbot umfasst somit Aufwendungen und Ausgaben im Zusammenhang sowohl mit den Früchten aus der Überlassung von Kapital als auch im Zusammenhang mit Substanzgewinnen und Einkünften aus verbrieften Derivaten. Das Abzugsverbot gilt auch

- bei in einem Betriebsvermögen gehaltenem Kapitalvermögen;
- im Rahmen der Veranlagung;
- bei Aufwendungen für unverbriefte Derivate, bei denen gemäß § 27a Abs. 2 Z 7 EStG 1988 eine der Kapitalertragsteuer entsprechende Steuer einbehalten wird (Rz 7752a);

- wenn die Regelbesteuerungsoption (§ 27a Abs. 5 EStG 1988) ausgeübt wird.

Kapitalvermögen, dessen Erträge stets dem progressiven Tarif unterliegen, sind nicht vom Abzugsverbot betroffen (zB Einkünfte aus echter stiller Gesellschaft). Zu „negativen Zinsen" siehe Rz 6121h.

Rückerstattete (zurückgezahlte) Einnahmen stellen gemäß § 16 Abs. 2 EStG 1988 grundsätzlich Werbungskosten dar, womit bei Einkünften im Sinne des § 27 EStG 1988, sofern ein Sondersteuersatz gemäß § 27a Abs. 1 EStG 1988 anwendbar ist, das Abzugsverbot gemäß § 20 Abs. 2 EStG 1988 zur Anwendung käme. Die Bestimmung des § 20 Abs. 2 EStG 1988 muss allerdings bei zurückgezahlten Kapitaleinkünften aus verfassungsrechtlichen Gründen teleologisch reduziert werden, weshalb die als Werbungskosten geltenden Rückzahlungen bei der Ermittlung dieser Einkünfte abgezogen werden können. Zur Abzugsfähigkeit zurückgezahlter Kapitaleinkünfte im Rahmen der Einkünfteermittlung bei anderen Einkunftsarten siehe Rz 6231.

(BMF-AV Nr. 2019/75)

6105a Um eine Umgehung des Abzugsverbotes für Aufwendungen und Ausgaben im Zusammenhang mit Einkünften, die einem der beiden besonderen Steuersätze (25% bzw. 27,5%) unterliegen, zu verhindern (zB Verlagerung von Betriebsausgaben bzw. Werbungskosten auf Anschaffungsnebenkosten, etwa durch höhere Gebühren bei Kauf und Verkauf anstatt einer fixen Depotgebühr), sieht § 27a Abs. 4 Z 2 EStG 1988 vor, dass außerbetrieblich gehaltenes Vermögen stets ohne Anschaffungsnebenkosten anzusetzen ist. Aufwendungen im Zusammenhang mit der Anschaffung von Kapitalvermögen dürfen daher im außerbetrieblichen Bereich weder unmittelbar als Werbungskosten noch im Zuge der Realisierung als Anschaffungsnebenkosten steuerlich berücksichtigt werden.

(BMF-AV Nr. 2018/79)

20.1.3.2 Einzelfälle

(AÖF 2013/280)

6106 **Agrargemeinschaftskosten**

Wegaufschließungskosten, Wegerhaltungskosten, Reparaturkosten sowie die Kosten für die Errichtung einer Almhütte und der Zäune stellen keine Anschaffungs(neben)kosten für den Erwerb der Agrargemeinschaftsanteile dar und können daher bei der Veräußerung der Anteile nicht vom Veräußerungserlös abgezogen werden. Sie stellen auch keinen Herstellungsaufwand bezüglich der Anteile dar, weil sich durch diese Aufwendungen die Anteile nicht wesentlich ändern oder erweitern. Vielmehr stellen diese Aufwendungen laufenden Aufwand des Anteilsinhabers iZm mit den Agrargemeinschaftsanteilen dar. Da die Ausschüttungen der Agrargemeinschaft der KESt unterliegen und damit endbesteuert sind, unterliegt der damit im Zusammenhang stehende Aufwand dem Abzugsverbot nach § 20 Abs. 2 EStG 1988.

Anschaffungskosten

Anschaffungskosten für die Kapitalanlage selbst können im Zuge der Realisierung steuerlich geltend gemacht werden (§ 27a Abs. 3 Z 2 EStG 1988). Die Anschaffungskosten umfassen auch die anlässlich der Anschaffung bezahlten Stückzinsen. Anschaffungsnebenkosten sind dagegen im außerbetrieblichen Bereich nicht umfasst und daher bei der Veräußerung nicht zu berücksichtigen.

Anwaltskosten

Anwalts- und Prozesskosten zur Hereinbringung der Kapitalerträge sind nicht abzugsfähige Werbungskosten (VwGH 10.09.1998, 93/15/0051), solche im Zusammenhang mit der Anschaffung oder Veräußerung der Kapitalanlage sind Anschaffungsnebenkosten. Im außerbetrieblichen Bereich können Anwaltskosten daher in beiden Fällen nicht abgezogen werden. Siehe auch „Prozesskosten".

Ausgabeaufschlag

Der Ausgabeaufschlag, insbesondere bei Investmentfonds, stellt Anschaffungsnebenkosten dar und ist daher im außerbetrieblichen Bereich bei der Veräußerung nicht zu berücksichtigen.

Bankspesen

Bankspesen im Zusammenhang mit der Verwahrung und Verwaltung der Kapitalschulden (zB Depotgebühren) stellen nicht abzugsfähige Werbungskosten dar. Bankmäßige Transaktionskosten sind hingegen beim Veräußerer nicht abzugsfähige Werbungskosten, beim Erwerber Anschaffungsnebenkosten. Im außerbetrieblichen Bereich können Bankspesen daher generell nicht abgezogen werden.

Siehe auch „Festpreis".

Beurkundungskosten

Beurkundungskosten sind als Teil der Anschaffungsnebenkosten für die Gesellschaftsanteile bei der Veräußerung nicht zu berücksichtigen.

Bonitätsprüfung des Schuldners

Ausgaben im Zusammenhang mit einer Bonitätsprüfung sind nicht abzugsfähige Werbungskosten.

Broker-Gebühren

Zählen zu den Anschaffungsnebenkosten und sind daher im außerbetrieblichen Bereich bei der Veräußerung nicht zu berücksichtigen.

Bürgschaft

Kosten aus der Übernahme einer Bürgschaft bzw. Inanspruchnahme hieraus sind keine Werbungskosten (VwGH 20.06.1990, 90/13/0064).

Depotgebühren

Siehe „Bankspesen".

Emissionsphase

Es bestehen keine Bedenken, wenn die depotführenden Stellen für Zwecke der Abgrenzung von Anschaffungsnebenkosten während der Emissionsphase eines Wertpapieres wie folgt vorgehen:

- Kauf in der offiziellen Zeichnungsfrist:

  Eine Vertriebsprovision, die der Kunde trägt, ist dem Emissionsprospekt zu entnehmen und steuerlich als nicht zu berücksichtigende Anschaffungsnebenkosten zu qualifizieren. Der Re-Offer-Preis (Emissionskurs-Vertriebsprovision) wird als steuerlicher Anschaffungskurs während der gesamten offiziellen Zeichnungsfrist je Emission zentral vom Datenprovider eingespielt. Sofern eine tägliche Anpassung des Emissionskurses erfolgt, ist eine entsprechende tägliche Anpassung des Re-Offer-Preises erforderlich. Erfolgt während dieser Frist ein Verkauf unter dem Re-Offer-Preis ist der tatsächliche Kaufkurs als steuerlicher Anschaffungswert anzusetzen (damit ist klargestellt, dass die Anschaffungsnebenkosten bereits abgezogen worden sind). Erfolgt während dieser Frist ein Verkauf über dem offiziellen Emissionskurs, ist immer der Re-Offer-Preis als steuerlicher Anschaffungswert anzusetzen.

  Es bestehen keine Bedenken, bei der Ermittlung der Anschaffungsnebenkosten für Zwecke des KESt-Abzuges bei Daueremissionen von einer 5-tägigen Zeichnungsfrist auszugehen, sofern es der depotführenden Stelle aus organisatorischen Gründen nicht möglich ist, zwischen Primärerwerben und Käufen vom Sekundärmarkt zu unterscheiden.

- Kauf am Sekundärmarkt:

  Von der depotführenden Bank ausgewiesene Konditionen und Spesen (Transaktionsspesen) sind als Anschaffungsnebenkosten zu qualifizieren.

Festpreis

Werden Wertpapiere zu einem „Festpreis" erworben, so stellt dieser Festpreis die Anschaffungskosten des Wertpapieres dar, sofern sich eine allfällige Spanne überwiegend aus Änderungen des Zinsniveaus oder der Bonität des Schuldners ergibt (und nicht überwiegend Transaktionskosten abgegolten werden).

Fremdwährungsdarlehen

Fremdwährungsdarlehen stellen keine Wirtschaftsgüter nach § 27 Abs. 3 EStG 1988 dar (VwGH 18.12.2017, Ro 2016/15/0026). Damit liegt im Falle einer Realisierung (Wechsel in Euro oder in zum Euro wechselkursstabile Währung) kein steuerwirksamer Verlust oder Überschuss iSd § 27 EStG 1988 vor. Ein Abwertungsverlust infolge einer Änderung des Wechselkurses zählt somit auch nicht zu den Werbungskosten.

Kapitalverlust

Ein Kapitalverlust stellt bei Realisation negative Einkünfte aus § 27 Abs. 3 EStG 1988 dar und ist als solcher im Rahmen des § 27 Abs. 8 EStG 1988 ausgleichsfähig.

Maklerprovision

Zählt zu den Anschaffungsnebenkosten und ist daher im außerbetrieblichen Bereich bei der Veräußerung nicht zu berücksichtigen.

Prozesskosten

Prozesskosten, die zur Abwendung der Auflösung einer Kapitalgesellschaft von einem Gesellschafter aufgewendet werden, stehen mit dem Bestand und Wert der Kapitalanlage

(Gesellschaftsanteil) im Zusammenhang und stellen nicht abzugsfähige Werbungskosten dar. Im Übrigen siehe „Anwaltskosten".

Reisekosten

Reisekosten zur Haupt- oder Generalversammlung sind nicht abzugsfähige Werbungskosten.

Rücknahmeabschlag

Ein Rücknahmeabschlag stellt nicht abzugsfähige Werbungskosten dar.

Rückzahlungen von Einnahmen

Siehe Rz 6105.

Steuerberatungskosten

Können ungeachtet § 20 Abs. 2 EStG 1988 als Sonderausgaben abgezogen werden (vgl. VwGH 24.10.2002, 98/15/0145).

Veräußerungskosten

Stellen nicht abzugsfähige Werbungskosten dar.

Verwahrungs- und Verwaltungskosten

Siehe „Bankspesen".

Vermittlungsprovision

Eine vom Erwerber zu leistende Vermittlungsprovision zählt zu den Anschaffungsnebenkosten und ist daher im außerbetrieblichen Bereich bei der späteren Veräußerung nicht zu berücksichtigen. Eine vom Veräußerer zu leistende Vermittlungsprovision stellt nicht abzugsfähige Werbungskosten dar.

Versicherungssteuer

Bei steuerpflichtigen Unterschiedsbeträgen zwischen der eingezahlten Versicherungsprämie und der Versicherungsleistung im Sinne des § 27 Abs. 5 Z 3 EStG 1988 zählt die Versicherungssteuer zu den Anschaffungsnebenkosten und mindert als solche die steuerliche Bemessungsgrundlage, weil der besondere Steuersatz nicht anzuwenden ist (§ 27a Abs. 2 Z 6 EStG 1988).

Zinsen

Zinsen für Fremdmittel zur Anschaffung der Kapitalanlagen sind nicht abzugsfähige Werbungskosten.

(BMF-AV Nr. 2021/65)

20.1.4 Zeitpunkt der Anschaffung von Kapitalanlagen/Derivaten

(BMF-AV Nr. 2021/65)

6106a Anschaffungszeitpunkt bei Kapitalanlagen und Derivaten ist im Allgemeinen der Zeitpunkt des Erwerbs des wirtschaftlichen Eigentums.

Im Bereich des Depotgeschäfts ist dies der Zeitpunkt, zu dem das Wertpapier für den Steuerpflichtigen verfügbar ist; dabei ist zu vermuten, dass dies grundsätzlich jenem Zeitpunkt entspricht, zu dem das Wertpapier auf dem Depot als zugegangen ausgewiesen ist (Einbuchung). Siehe dazu auch die Info des BMF vom 18.9.2014, BMF-010203/0314-VI/1/2014.

Für Zwecke der Bestimmung der Anschaffungskosten und für Zwecke des KESt-Abzugs ist jedoch auf den Kurs abzustellen, zu dem ein Kaufauftrag zustande kommt (Schlusskurs).

(BMF-AV Nr. 2021/65)

6106b Sollte in Ausnahmefällen aufgrund der technischen Abwicklung der Depoteinlieferung eine Situation entstehen, bei der ein Wertpapier weder beim Veräußerer bzw. Übertragenden, noch beim Empfänger eingebucht ist, so ist der Nachweis des Vorliegens des wirtschaftlichen Eigentums im Einzelfall möglich.

(BMF-AV Nr. 2021/65)

20.2 Steuerpflichtige Kapitaleinkünfte

(AÖF 2013/280)

6107 Zu den Einkünften aus Kapitalvermögen gehören nach dem BBG 2011:

- Einkünfte aus der Überlassung von Kapital (§ 27 Abs. 2 und 5 EStG 1988; siehe Abschnitt 20.2.1)
- Einkünfte aus realisierten Wertsteigerungen von Kapitalvermögen (§ 27 Abs. 3 und 6 EStG 1988; siehe Abschnitt 20.2.2)

- Einkünfte aus Derivaten (§ 27 Abs. 4 EStG 1988; siehe Abschnitt 20.2.3)

(AÖF 2013/280)

20.2.1 Einkünfte aus der Überlassung von Kapital

(AÖF 2013/280)

20.2.1.1 Allgemeines und Aufbau

(AÖF 2013/280)

Unter dem Oberbegriff „Einkünfte aus der Überlassung von Kapital" werden grundsätzlich die schon vor dem BBG 2011 als Einkünfte aus Kapitalvermögen besteuerten Früchte aus Finanzvermögen erfasst. § 27 Abs. 2 EStG 1988 ist wie folgt aufgebaut: **6108**

- § 27 Abs. 2 Z 1 EStG 1988 enthält Dividenden und vergleichbare Bezüge; er entspricht weitestgehend § 27 Abs. 1 Z 1 EStG 1988 in der Fassung vor dem BBG 2011, wobei einerseits in lit. a die – im österreichischen Gesellschaftsrecht nicht mehr zulässigen – Zinsen aus Aktien entfallen sind, andererseits in lit. c klargestellt wurde, dass Bezüge aus Partizipationskapital im Sinne des Bankwesen- oder Versicherungsaufsichtsgesetzes stets unter diesen Tatbestand fallen.
- § 27 Abs. 2 Z 2 EStG 1988 enthält Zinsen und vergleichbare Erträgnisse; hier wurden die Abs. 1 Z 3 und 4 des § 27 EStG 1988 in der Fassung vor dem BBG 2011 zusammengefasst.
- § 27 Abs. 2 Z 3 EStG 1988 enthält Diskontbeträge von Wechseln und Anweisungen und entspricht § 27 Abs. 1 Z 5 EStG 1988 in der Fassung vor dem BBG 2011.
- § 27 Abs. 2 Z 4 EStG 1988 enthält Gewinnanteile aus der Beteiligung als bzw. nach der Art eines stillen Gesellschafters, soweit sie nicht zur Auffüllung einer durch Verluste herabgeminderten Einlage zu verwenden sind, und entspricht somit § 27 Abs. 1 Z 2 EStG 1988 in der Fassung vor dem BBG 2011. Allerdings sind Abschichtungsüberschüsse nicht unter den Einkünften aus der Überlassung von Kapital zu erfassen, sondern als Einkünfte aus realisierten Wertsteigerungen.

(AÖF 2013/280)

Abs. 5 enthält Ergänzungstatbestände, die ebenfalls zu Einkünften aus der Überlassung von Kapital führen: **6108a**

- In § 27 Abs. 5 Z 1 EStG 1988 wurden die bis zum BBG 2011 in § 27 Abs. 2 EStG 1988 enthaltenen besonderen Entgelte und Vorteile übernommen.
- Überdies werden einige bis zum BBG 2011 lediglich in § 93 EStG 1988 explizit angesprochenen Kapitalerträge nun bereits in § 27 Abs. 5 EStG 1988 genannt: Die bis zum BBG 2011 in § 93 Abs. 4 Z 3 EStG 1988 enthaltenen übernommenen Kapitalertragsteuerbeträge finden sich in § 27 Abs. 5 Z 2 EStG 1988, Ausgleichszahlungen (bis zum BBG 2011 § 93 Abs. 4 Z 4 EStG 1988) wurden in § 27 Abs. 5 Z 4 EStG 1988 übernommen und auch auf Leihgebühren, Leihegeschäfte ohne Kreditinstitut und Pensionsgeschäfte ausgeweitet.
- Die bis zum BBG 2011 in § 27 Abs. 1 Z 6 EStG 1988 (Versicherungen) und Z 7 bis 9 (Stiftungen) enthaltenen Regelungen wurden in § 27 Abs. 5 Z 3 EStG 1988 (Versicherungen) bzw. § 27 Abs. 5 Z 7 bis 9 EStG 1988 (Stiftungen) verschoben. Im Bereich der Versicherungen wurde die Mindestlaufzeit für die Ertragsteuerfreiheit auf 15 Jahre erhöht. Bei den Privatstiftungen erfolgte eine Klarstellung dahingehend, dass Z 8 lit. g – ebenso wie lit. f, auf die Bezug genommen wird – nur auf Zuwendungen an Substiftungen angewendet werden kann.
- § 27 Abs. 5 Z 5 und 6 EStG 1988 sind im Zuge des AbgÄG 2011 entfallen, weil künftig Stückzinsen und anteilige Kapitalerträge bzw. Zinserträge, die auf den Zeitraum vom letzten Zufließen gemäß § 19 EStG 1988 bis zur Meldung gemäß § 95 Abs. 3 Z 2 EStG 1988 entfallen, auch im Entstrickungsfall als Teil der Einkünfte aus realisierten Wertsteigerungen erfasst werden (dazu näher Abschnitt 20.2.2.4.4).

(BMF-AV Nr. 2018/79)

20.2.1.2 Anteilsrechte

(AÖF 2013/280)

Unter den Einkünften aus Anteilsrechten sind solche zu verstehen, die eine Beteiligung am Gewinn des Beteiligungsunternehmens vorsehen. **6109**

(AÖF 2013/280)

20.2.1.2.1 Gewinnanteile (Dividenden) und sonstige Bezüge aus Aktien und aus Anteilen an Gesellschaften mit beschränkter Haftung

(AÖF 2013/280)

6110 Unter Gewinnanteile fallen alle Anteile am Gewinn von inländischen Aktiengesellschaften und Gesellschaften mit beschränkter Haftung und von ausländischen Kapitalgesellschaften, die den inländischen vergleichbar sind. Zu den Gewinnanteilen zählen daher offene Ausschüttungen auf Grund eines Gewinnverteilungsbeschlusses (Dividenden und Gewinne der GmbH), Gratisaktien und Freianteile (befreit nach § 3 Abs. 1 Z 29 EStG 1988) und garantierte Dividenden. Gewinnanteile von ausländischen Kapitalgesellschaften, die weder Aktiengesellschaften noch GmbHs vergleichbar sind, zählen zu den anderen Erträgnissen aus sonstigen Kapitalforderungen gemäß § 27 Abs. 2 Z 2 EStG 1988 (siehe Abschnitt 20.2.1.6).

Die Prämienrückgewähr (das ist die Rückgewährung von Prämien durch ein Versicherungsunternehmen an den Versicherungsnehmer) stellt grundsätzlich keinen Gewinnanteil dar, auch wenn das Versicherungsunternehmen die Rückgewähr so bezeichnet (zu einer möglichen Steuerpflicht siehe Abschnitt 20.2.1.10.1).

Werden Gewinne nicht ausgeschüttet, sondern thesauriert und erst im Wege der Veräußerung der Anteilsrechte realisiert, dann liegen keine Einkünfte aus der Überlassung von Kapital, sondern aus realisierten Wertsteigerungen vor.

Zu Ausschüttungen aus Investmentfonds siehe InvFR 2018.

Sonstige Bezüge sind andere geldwerte Vorteile, die sich aus der Gesellschafterstellung ergeben; dazu zählen vor allem die verdeckten Ausschüttungen (siehe Abschnitt 20.2.1.5).

(BMF-AV Nr. 2019/75)

20.2.1.2.2 Anteile an Erwerbs- und Wirtschaftsgenossenschaften

(AÖF 2013/280)

6111 Zu den Einkünften aus der Überlassung von Kapital gehören auch Bezüge und Rückvergütungen aus Anteilen an Erwerbs- und Wirtschaftsgenossenschaften, die den Gewinnanteilen, Zinsen und sonstigen Bezügen aus Anteilen an Aktiengesellschaften und GmbHs entsprechen:

- Gewinnausschüttungen;
- Verzinsungen der Geschäftsanteile;
- Nicht ausgeschüttete Gewinne, die zur Abdeckung der Geschäftseinlagen der Genossenschafter verwendet werden, wenn der Genossenschaftsanteil rückgezahlt wird;
- Kaufpreisrückvergütungen, die den Genossenschaftsmitgliedern als Teil des Kaufpreises der von ihnen erworbenen Waren oder Leistungen rückerstattet werden,
- Kaufpreisnachzahlungen, wenn den Genossenschaftsmitgliedern für die von ihnen an die Genossenschaft gelieferten Waren oder Leistungen nachträglich ein höherer Kaufpreis bezahlt wird;
- Nachzahlungen und Unkostenvergütungen, wenn die Genossenschaftsmitglieder zu wenig Leistungsentgelt bekommen oder der Genossenschaft zu hohe Unkostenbeiträge bezahlt haben.

(AÖF 2013/280)

20.2.1.3 Genussrechte und Partizipationskapital

(AÖF 2013/280)

20.2.1.3.1 Allgemeines

(AÖF 2013/280)

6112 Unter Genuss- oder Partizipationskapital fallen

- Partizipationsscheine im Sinne des § 23 Abs. 4 BWG idF vor BGBl. I Nr. 184/2013 oder § 73c VAG idF vor BGBl. I Nr. 34/2015,
- Genussscheine im Sinne des § 174 Abs. 3 AktG sowie
- sonstige Genussrechte.

(BMF-AV Nr. 2021/65)

6112a Genussrechte im Sinne des § 174 AktG sind zivilrechtlich ein Darlehen an die Kapitalgesellschaft, welches durch Begebung eines Wertpapiers (Genussschein) verbrieft werden kann. Dieses Wertpapier ist ohne Vorliegen besonderer Umstände (Beteiligung am gesamten Gewinn und Verlust, Vermögen und Liquidationsgewinn – Substanzgenussrecht siehe weiter unten) stets ein Forderungswertpapier (obligationenähnliche Genussrechte). Derartige

Genussrechte sind Kapitalforderungen iSd § 27 Abs. 2 Z 2 EStG 1988. Die Ausgestaltung des Darlehens bleibt der freien Vertragsdisposition überlassen.

(AÖF 2013/280)

Kapitalerträge sind sämtliche Ansprüche des Genussrechtsinhabers, die er neben dem Anspruch auf die Rückzahlung des ursprünglich einbezahlten Kapitals auf Rechtsgrundlage der Genussscheinbedingungen gegen den Emittenten hat. So kann etwa vorgesehen werden, dass eine Verzinsung vom Gewinn der Gesellschaft abhängt. Das Darlehen hat dann lediglich eine variable Verzinsung. Es kann umgekehrt auch vorgesehen werden, von einer laufenden Verzinsung abzusehen und die Höhe des Rückzahlungspreises von der Wertentwicklung bestimmter Wirtschaftsgüter der Kapitalgesellschaft abhängig zu machen. In einem solchen Fall liegt ein Wertpapier mit variablen Zinsen vor. **6112b**

Beispiel:

Für einen eigens eingerichteten Rechnungskreis einer Aktiengesellschaft werden bestimmte Immobilien im Gesamtwert von 100 Mio. erworben. Die Finanzierung erfolgt durch die Ausgabe von Genussscheinen im Wert von je 1.000 Euro. Der Rückzahlungspreis erhöht sich jedoch im Verhältnis der Wertsteigerung der Wirtschaftsgüter. Der Genussscheininhaber hat Anspruch auf die Mieterträge. Gleichzeitig hat er Anspruch auf die anteilige Wertsteigerung der Immobilien.

Da wirtschaftlich keine Beteiligung am gesamten Betriebsvermögen vorliegt, handelt es sich um obligationenähnliche Genussrechte. Die laufend ausbezahlten anteiligen Mieterträge haben die Genussscheininhaber, welche die Papiere im Privatvermögen halten, oder betriebliche Anleger mit Einnahmen-Ausgaben-Rechnung im Zeitpunkt der Auszahlung zu versteuern. Im Zeitpunkt der Einlösung versteuern sie die anteilige Differenz zwischen Einlöse- und Ausgabepreis bzw. den Anschaffungskosten. Wird der Genussschein vorzeitig veräußert, bildet die Differenz zwischen den Anschaffungskosten (Ausgabepreis) und dem Verkaufserlös Einkünfte aus realisierten Wertsteigerungen.

(AÖF 2013/280)

Es ist im Einzelfall zu prüfen, ob in wirtschaftlicher Betrachtungsweise steuerlich eine Beteiligung vorliegt, die einer Aktie vergleichbar ist. Von einer solchen Beteiligung (Substanzgenussrecht) ist insbesondere dann auszugehen, wenn wirtschaftlich in Bezug auf das gesamte Gesellschaftsvermögen eine Beteiligung **6112c**

- am Gewinn und Verlust,
- am Vermögen und
- am Liquidationsgewinn

einer Körperschaft vorliegt. Ausschüttungen solcher Substanzgenussrechte sind gemäß § 27 Abs. 2 Z 1 lit. c EStG 1988 steuerpflichtig.

Die Qualifikation als Substanzgenussrecht hat weiters folgende Konsequenzen:

- Die Ausschüttungen auf Genussrechte sind bei der Körperschaft Einkommensverwendung und keine Betriebsausgaben (§ 8 Abs. 3 Z 1 KStG 1988).
- Von der emittierenden Körperschaft ist für die Ausschüttungen Kapitalertragsteuer einzubehalten (§ 93 Abs. 2 Z 1 iVm § 95 Abs. 2 Z 1 lit. a EStG 1988).

(AÖF 2013/280)

20.2.1.3.2 Besondere Formen von Genussrechten

(AÖF 2013/280)

Partizipationsscheine **6113**

Partizipationsscheine im Sinne des Bankwesengesetzes in der Fassung vor dem Bundesgesetz BGBl. I Nr. 184/2013 und des Versicherungsaufsichtsgesetzes in der Fassung vor dem Bundesgesetz BGBl. I Nr. 34/2015 sind Genussrechte, die von Banken oder Versicherungsunternehmen als Mittel zur Aufbringung von Eigenkapital ausgegeben werden konnten. Diese Partizipationsscheine stellen – soweit noch im Umlauf – jedenfalls Substanzgenussrechte dar.

Vielfach werden auch von anderen Kapitalgesellschaften Genussrechte unter der Bezeichnung „Partizipationsscheine" ausgegeben. Dabei handelt es sich jedoch um bloße Genussscheine, und es ist im Einzelfall zu prüfen, ob ein Substanzgenussrecht oder obligationenähnliches Genussrecht vorliegt.

(BMF-AV Nr. 2021/65)

6114 **Besserungsscheine**

Besserungsscheine, die einen Anspruch auf Gewinn und Liquidationserlös verbriefen, zählen je nach Ausgestaltung zu den obligationenähnlichen Genussrechten oder zu den Substanzgenussrechten.

(AÖF 2013/280)

20.2.1.4 Agrargemeinschaften

(AÖF 2013/280)

6115 Zur Rechtsnatur von Agrargemeinschaften siehe Rz 5030 ff und KStR 2013 Rz 52.

Bezüge aus Anteilen an körperschaftlich organisierten Agrargemeinschaften stellen gemäß § 27 Abs. 2 Z 1 lit. d EStG 1988 Einkünfte aus Kapitalvermögen dar, wenn sie nicht zum Betriebsvermögen eines land- und forstwirtschaftlichen Betriebes gehören. Näheres siehe Rz 5030 ff. Hinsichtlich der Kapitalertragsteuer siehe Abschnitt 20.2.4.17.2.

(AÖF 2013/280)

20.2.1.5 Verdeckte Ausschüttungen

(AÖF 2013/280)

6116 Zu den sonstigen Bezügen iSd § 27 Abs. 2 Z 1 EStG 1988 zählen auch die verdeckten Ausschüttungen. Verdeckte Ausschüttungen sind alle im Gesellschafts- bzw. Genossenschaftsverhältnis wurzelnden unmittelbaren oder mittelbaren, nicht ohne weiteres als Ausschüttungen von Gewinnanteilen erkennbaren Zuwendungen aus dem Vermögen einer Körperschaft an die an ihr beteiligten Personen, die sich als Zuwendungen von Teilen des Einkommens der Körperschaft darstellen und die die Körperschaft dritten, ihr fremd gegenüberstehenden Personen nicht zuwenden würde (zB VwGH 24.04.1996, 94/13/0124). Unter die verdeckte Ausschüttung fällt somit jeder Vorteil, den eine Körperschaft außerhalb der offenen Gewinnverteilung und der Einlagenrückzahlung (§ 4 Abs. 12 EStG 1988) ihren Gesellschaftern mit Rücksicht auf deren Eigenschaft als Gesellschafter zuwendet. Siehe auch Rz 1202 ff.

Die für die Annahme einer verdeckten Ausschüttung erforderliche Absicht der Vorteilsgewährung an den Gesellschafter kann auch aus (objektiven) Sachverhaltselementen erschlossen werden (VwGH 24.09.1996, 94/13/0129; VwGH 03.07.1991, 90/14/0221). Werden verdeckte Ausschüttungen aufgrund einer Entscheidung des Gesellschafters einem Dritten ausgezahlt, erfolgt die einkommensteuerliche Zurechnung an den Gesellschafter (VwGH 28.05.1998, 96/15/0114).

(AÖF 2013/280)

6116a **Formen der verdeckten Ausschüttung:**

- Die Körperschaft entrichtet zu hohes Entgelt für Leistungen des Gesellschafters (überhöhte Aufwendungen, Vermögensminderung).

Beispiel:

GmbH erwirbt oder nutzt ein Wirtschaftsgut überpreisig vom Gesellschafter (zu hoher Kaufpreis, zu hohe Miete oder Zinsen).

- Erhält ein Gesellschafter von der Kapitalgesellschaft Bezüge oder Vorteile auf Grund eines Dienstvertrages, stellen diese Zuwendungen (laufende und sonstige Bezüge) verdeckte Ausschüttungen und damit Einkünfte aus Kapitalvermögen dar, soweit sie unangemessen hoch sind. Der der Tätigkeit angemessene Teil der Entlohnung bildet je nach der Höhe der Beteiligung des Gesellschafters Einkünfte aus sonstiger selbständiger Arbeit (§ 22 Z 2 EStG 1988) oder Einkünfte aus nichtselbständiger Arbeit. Zur Pensionszusage siehe Rz 3391 ff.
- Die Körperschaft erhält für ihre Leistungen kein oder ein ungenügendes Entgelt vom Gesellschafter (vorenthaltene Erträge, verhinderte Vermögensvermehrung).

Beispiel:

GmbH veräußert oder vermietet unterpreisig an Gesellschafter, gewährt ein unverzinsliches/zu niedrig verzinstes Darlehen, erhält für Dienstleistungen kein oder ein zu geringes Entgelt.

- Die Körperschaft übernimmt Belastungen.

Beispiele:

GmbH gewährt ein Darlehen an Gesellschafter, obwohl mit der Uneinbringlichkeit gerechnet werden muss (VwGH 05.10.1993, 93/14/0115).

GmbH übernimmt Aufwendungen des Gesellschafters (VwGH 26.05.1993, 90/13/0155; VwGH 26.03.1985, 82/14/0166).

- Verletzung von Wettbewerbsverboten durch Gesellschafter.

Beispiel:

Entfaltet der Gesellschafter-Geschäftsführer eine eigenbetriebliche Tätigkeit in der Branche der GmbH, kann sie ihm nur dann persönlich zugerechnet werden, wenn die Funktionsteilung eindeutig und zweifelsfrei festgelegt ist. Im Zweifel wird angenommen, dass die Tätigkeit für die GmbH besorgt wird (VwGH 17.12.1996, 95/14/0074).

(AÖF 2013/280)

Mehrgewinne einer Körperschaft aus berechtigten Gewinnzuschätzungen sind idR nach Maßgabe der Beteiligungsverhältnisse als den Gesellschaftern zugeflossen zu werten (VwGH 24.03.1998, 97/14/0118; VwGH 06.04.1995, 93/15/0060), es sei denn, **6117**

- sie sind abweichend vom allgemeinen Gewinnverteilungsschlüssel nur einem (oder einigen der) Gesellschafter zugeflossen oder
- die Körperschaft kann die Nichtausschüttung beweisen (VwGH 10.12.1985, 85/14/0080, GmbH verwendet Schwarzeinnahmen zu Schwarzeinkäufen; Veranlagung der Schwarzeinnahmen auf nicht bekannten Bankkonten der GmbH) oder
- sie sind einem Dritten, bspw. einem untreuen oder diebischen Arbeitnehmer zugeflossen (VwGH 10.03.1982, 81/13/0072).

(AÖF 2013/280)

Gewinne aus Schwarzgeschäften einer Körperschaft können, soweit sie nicht in deren Betriebsvermögen verblieben sind, nur dann als verdeckte Ausschüttung den Gesellschaftern anteilsmäßig zugerechnet werden, wenn die durchgeführten Ermittlungen geeignet sind, eine solche Annahme als der Wahrscheinlichkeit entsprechend oder ihr am nächsten kommend zu rechtfertigen (VwGH 15.03.1988, 86/14/0161). **6118**

(AÖF 2013/280)

Zur GmbH & Co KG siehe Rz 5888 ff. **6119**

(AÖF 2013/280)

Zum Erwerb von Anteilsrechten auf Grund einer Kapitalerhöhung aus Gesellschaftsmitteln gemäß § 3 Abs. 1 Z 29 EStG 1988 siehe Rz 306 ff und zur allfälligen Nachversteuerung siehe Rz 6907. **6120**

(AÖF 2013/280)

20.2.1.6 Zinsen und andere Erträgnisse aus Kapitalforderungen jeder Art

(AÖF 2013/280)

20.2.1.6.1 Definition der Zinsen und anderen Erträgnisse

(AÖF 2013/280)

Zinsen sind von der Laufzeit abhängige Vergütungen für den Gebrauch eines auf Zeit überlassenen Geld- und Sachkapitals (Wirtschaftsgüter iSd § 27 EStG 1988). Unbeachtlich ist die Häufigkeit des Zuflusses (laufende oder nicht laufende Entrichtung). Da unter Fremden von der Verzinslichkeit von Forderungen auszugehen ist, stellen Einkünfte aus der Einlösung bzw. Realisierung von Forderungen stets Einkünfte aus realisierten Wertsteigerungen dar. Dies gilt unabhängig davon, worauf die Wertsteigerung zurückzuführen ist (zB Werterholung bei notleidenden Forderungen, Erwerb zu einem abgezinsten Betrag vor Fälligkeit). **6121**

Zu den Zinsen zählen sowohl vertragliche als auch gesetzliche Zinsen (wie zB Verzugszinsen). Verzugszinsen stellen – auch wenn sie zivilrechtlich Schadenersatz darstellen – Einkünfte aus Kapitalvermögen dar (zu Schadenersatz bei Substanzschaden siehe Rz 6143). Zu den Einkünften aus der Überlassung von Kapital gehören alle Vermögensmehrungen, die bei wirtschaftlicher Betrachtung Entgelt für eine Kapitalnutzung darstellen. Unerheblich ist es, ob der Überlassung von Kapital ein Darlehensvertrag oder ein anderer Titel zu Grunde liegt (VwGH 20.09.2007, 2007/14/0015 zur Wertsicherung einer gemischten Schenkung). Selbst eine vom Schuldner erzwungene Kapitalüberlassung führt zu Einkünften aus der Überlassung von Kapital. Verzugszinsen werden wie „normale" Zinsen dafür bezahlt, dass dem Gläubiger die Möglichkeit der Kapitalnutzung entzogen ist, weswegen die Abgeltung der Kapitalnutzung im Vordergrund steht (VwGH 19.03.2002, 96/14/0087).

(BMF-AV Nr. 2018/79)

Bei einem Zinsswapgeschäft (Tausch von Zinsansprüchen) ist in wirtschaftlicher Betrachtungsweise lediglich von einem Wechsel in der Art der Verzinsung auszugehen. Es liegen daher in Höhe der letztlich erhaltenen Zinsen Einkünfte aus der Überlassung von Kapital vor; eine Aufspaltung in Einkünfte aus der Überlassung von Kapital (in Höhe der **6121a** ursprünglich vereinbarten Zinsen) und Einkünfte aus Derivaten (in Höhe der Zahlung aus dem Zinsswap) hat nicht zu erfolgen.

Beispiel:

A tauscht die variable Verzinsung seines Kapitalprodukts mittels Zins-Swap gegen eine fixe Verzinsung von 4%.

Wenn A tatsächlich Zinsen in Höhe von 4% erhält (also tatsächlich die Zinszahlungsströme getauscht werden), liegen Einkünfte aus der Überlassung von Kapital in Höhe der 4-prozentigen Zinszahlung vor.

(AÖF 2013/280)

6121b Bei der Abgrenzung Kapitaltilgung und Zinseneinkünfte ist Folgendes zu beachten:

Hinsichtlich der Abgrenzung von Zinseinkünften und anderen Zahlungen (etwa Kapitaltilgung) ist primär auf das jeweilige Vertragsverhältnis abzustellen (etwa im Fall eines vorzeitigen Rückkaufs durch den Emittenten). Im Zweifel ist zu unterstellen, dass Zahlungen zuerst auf Zinsen entfallen.

(AÖF 2013/280)

6121c Ebenso gehören bei der Veräußerung privater Wirtschaftsgüter gegen Ratenzahlungen die in den Raten enthaltenen Zinsenanteile zu den Einkünften aus Kapitalvermögen (VwGH 28.11.2007, 2007/15/0145, zur Abtretung von GmbH-Anteilen gegen Ratenzahlung). Eine solche Zinskomponente kann in einer fremdüblichen Wertsicherungsvereinbarung (VwGH 20.09.2007, 2007/14/0015) oder einer explizit vereinbarten fremdüblichen Verzinsung liegen. Wurde keine Vereinbarung getroffen oder explizit Zinslosigkeit vereinbart, ist unter fremden Dritten in wirtschaftlicher Betrachtung dennoch vom Vorhandensein einer Zinskomponente in den Raten auszugehen (siehe auch Rz 5678).

Zur Nichtanwendbarkeit des besonderen Steuersatzes siehe Rz 6225a.

(BMF-AV Nr. 2019/75)

6121d Guthabenszinsen und Kreditzinsen dürfen selbst bei einem engen wirtschaftlichen Zusammenhang nicht aufgerechnet werden (§ 20 Abs. 2 EStG 1988).

(AÖF 2013/280)

6121e Steuerpflichtig sind auch Erträgnisse in Geld, die nicht als Zinsen angesehen werden können, aber ebenfalls für die Überlassung des Kapitals geleistet werden („andere Erträgnisse"). Beispiele dafür stellen die Erträgnisse aus partiarischen Darlehen sowie aus ausländischen Körperschaften dar, die weder Aktiengesellschaften noch GmbHs vergleichbar sind. Entgelt für die Überlassung von Kapital sind auch Wertsicherungsbeträge (VwGH 20.09.2007, 2007/14/0015). Ebenso zählen als „Renten" bezeichnete Zahlungen, die gegen Einmalerlag eines Geldbetrages geleistet werden, ohne die Substanz aufzuzehren, zu den Einkünften aus Kapitalvermögen (keine wiederkehrenden Bezüge iSd § 29 Z 1 EStG 1988).

(AÖF 2013/280)

6121f Gutschriftszinsen (§ 205 BAO) sind wie die gutgeschriebene Einkommensteuer (Körperschaftsteuer) zu beurteilen und sind nicht steuerpflichtig (siehe Rz 4852).

(AÖF 2013/280)

6121g Zu beachten ist, dass Stückzinsen nicht als Einkünfte aus der Überlassung von Kapital erfasst, sondern wie der veräußerte Kapitalstamm behandelt und somit als Einkünfte aus realisierten Wertsteigerungen besteuert werden (§ 27 Abs. 6 Z 4 EStG 1988 vgl. Abschnitt 20.2.2.4.4). Entsprechendes gilt auch für anteilige Kapitalerträge bzw. Zinserträge, die auf den Zeitraum vom letzten Zufließen gemäß § 19 EStG 1988 bis zur Meldung gemäß § 95 Abs. 3 Z 2 EStG 1988 entfallen, wenn die Abgrenzung aufgrund einer Entstrickung bzw. einer Depotentnahme (siehe Abschnitt 20.2.2.5 und 29.4) erfolgt.

(BMF-AV Nr. 2018/79)

6121h Werden im Zusammenhang mit (Bank-)Guthaben sogenannte „negative Zinsen" verrechnet, handelt es sich dabei um Aufwendungen, die nur dann den Charakter von Werbungskosten (bzw. Betriebsausgaben) haben, wenn sie zur Erwerbung, Sicherung oder Erhaltung von Einnahmen getätigt werden.

Werden über die gesamte Besteuerungsperiode (Kalenderjahr) aus dem betreffenden Guthaben keine Einnahmen erzielt, liegt keine Einkunftsquelle vor, weshalb die getätigten Aufwendungen keine Werbungskosten im Zusammenhang mit dem Guthaben darstellen. Stehen diese Aufwendungen hingegen im Zusammenhang mit einer anderen Einkunftsquelle (beispielsweise bei betrieblichen Einkünften), können diese dennoch allgemeine Werbungskosten (bzw. Betriebsausgaben) darstellen.

(BMF-AV Nr. 2015/133)

20.2.1.6.2 Zinsen aus Darlehen

(AÖF 2013/280)

Ein Darlehen ist gemäß § 984 ABGB die Übertragung einer vertretbaren Sache ins Eigentum des Darlehensnehmers durch den Darlehensgeber. § 27 EStG 1988 erfasst Zinsen für die Überlassung von Geld- oder Sachkapital (Wirtschaftsgüter iSd § 27 EStG 1988), zB Zinsen aus Kreditverträgen im Sinne des § 988 ABGB. Auch die Vereinbarung einer bedingten Verzinsung für die Überlassung von Kapital führt zu Zinsen aus Darlehen. **6122**

Wird ein Darlehen durch ein Wertpapier verbrieft, ändert dies nichts am Darlehenscharakter an sich. Im Übrigen siehe Abschnitt 20.2.1.6.4 (zu Wertpapieren).

(BMF-AV Nr. 2015/133)

20.2.1.6.3 Zinsen aus Hypotheken

(AÖF 2013/280)

Zinsen aus Hypotheken sind Zinsen aus Forderungen, die durch ein Pfandrecht an einer Liegenschaft sichergestellt sind (§ 448 ABGB). Bei den sogenannten Tilgungshypotheken handelt es sich um Hypotheken mit Rückzahlung in Annuitätenform; dabei unterliegt der Zinsenanteil der Steuerpflicht, der Tilgungsanteil jedoch nur, soweit eine realisierte Wertsteigerung vorliegt. **6123**

(AÖF 2013/280)

20.2.1.6.4 Zinsen aus Anleihen und aus Wertpapieren, die ein Forderungsrecht verbriefen

(AÖF 2013/280)

20.2.1.6.4.1 Wertpapiere, die ein Forderungsrecht verbriefen

(AÖF 2013/280)

Unter einem Wertpapier, das ein Forderungsrecht verbrieft, ist iSd „weiten" Wertpapierbegriffs grundsätzlich jede Urkunde zu verstehen, in der ein Forderungsrecht in der Weise verbrieft ist, dass zur Geltendmachung des Rechts die Innehabung der Urkunde erforderlich ist („das Recht aus dem Papier folgt dem Recht am Papier"). **6124**

Eine Verbriefung liegt auch dann vor, wenn Wertpapiere hinterlegt werden und über diese im Wege des Effektengiros durch bloße Anweisungen und Buchungen verfügt werden kann (Girosammelverwahrung) bzw. wenn einzelne Wertpapiere nur in einer Sammelurkunde verbrieft sind (§ 24 Depotgesetz). Dies gilt auch, wenn nur eine „digitale Sammelurkunde" vorliegt (§ 24 lit. e Depotgesetz idF BGBl. I Nr. 51/2021). Eine Verbriefung liegt auch bei Bundesschuldbuchforderungen vor (§ 24 lit. c Depotgesetz).

Umfasst sind alle Wertpapiere im Sinne des Depotgesetzes. Die Einstufung als Wertpapier, das ein Forderungsrecht verbrieft, bedeutet jedoch nicht zwingend, dass damit eine „Anleihe" im Sinne von Doppelbesteuerungsabkommen vorliegt. Der Begriff Anleihe ist vielmehr eigenständig zu interpretieren. Es handelt sich dabei um ein Instrument der mittel- und langfristigen Kapitalaufbringung. Diesem Erfordernis wird idR eine Laufzeit von mindestens fünf Jahren entsprechen. Andere Wertpapiere, die ein Forderungsrecht verbriefen, sind insbesondere auf Namen sowie auf Inhaber lautende (Teil-)Schuldverschreibungen, Pfandbriefe, Kommunalschuldverschreibungen, Schatzscheine, Kassenobligationen sowie Wertpapiere über Schuldscheindarlehen, weiters sogenannte „Certificates of Deposit", die ihrer Rechtsnatur nach als (Inhaber-)Schuldverschreibungen ausgestattet sind. Wandel- und Gewinnschuldverschreibungen werden ebenfalls den Wertpapieren, die ein Forderungsrecht verbriefen, zugeordnet.

(BMF-AV Nr. 2021/65)

20.2.1.6.4.2 Unterschiedsbeträge zwischen Ausgabe- und Einlösungswert

(AÖF 2013/280)

Zu den Kapitalerträgen aus Wertpapieren zählen nicht nur die periodischen Zinsen, sondern auch der jeweilige Unterschiedsbetrag zwischen dem Ausgabewert bzw. den Anschaffungskosten und dem im Wertpapier festgelegten Einlösungswert bzw. dem Veräußerungserlös. Ausgabewert ist der prospektmäßige Emissionskurs, Einlösungswert ist der in den Anleihebedingungen festgelegte Tilgungsbetrag. **6125**

Solche Unterschiedsbeträge sind sowohl im Falle der Einlösung als auch im Falle des vorzeitigen Rückkaufes oder Verkaufes als Einkünfte aus realisierten Wertsteigerungen zu erfassen (siehe Abschnitt 20.2.2.2).

(AÖF 2013/280)

20.2.1.7 Diskontbeträge von Wechseln und Anweisungen

(AÖF 2013/280)

6126 Im Falle der Einlösung eines Wechsels oder einer Anweisung vor dem Fälligkeitszeitpunkt wird das Forderungsnominale um den Diskontbetrag gekürzt. Dieser Betrag ist das Äquivalent für die Zinsen, die zwischen Anschaffung und Fälligkeit der Forderung anfallen.

Der Diskontbetrag fließt dem Erwerber im Zeitpunkt des Ankaufes des Wechsels oder der Anweisung zu und ist von diesem zu versteuern.

(AÖF 2013/280)

20.2.1.8 Stille Beteiligung

(AÖF 2013/280)

20.2.1.8.1 Wesen der stillen Beteiligung

(AÖF 2013/280)

6127 Die Eigenheit einer stillen Gesellschaft liegt in der entgeltlichen Nutzungsüberlassung von Kapital als Dauerleistung (VwGH 20.12.1994, 89/14/0214). Ein „stiller Gesellschafter" beteiligt sich an einem Unternehmen eines anderen mit einer Vermögenseinlage, wobei die Vermögenseinlage in das Eigentum des Inhabers des Unternehmens übergeht. Die Beteiligung muss am (Teil-)Betrieb und nicht nur am Ertrag einzelner Geschäfte bestehen (VwGH 20.06.1960, 0212/60).

Zur unechten stillen Gesellschaft (Mitunternehmerschaft) siehe Rz 5815 ff.

Eine „Beteiligung nach Art eines stillen Gesellschafters" liegt nach Inkrafttreten des UGB noch in jenen Fällen vor, in denen sich ein stiller Gesellschafter an einem „Nichtunternehmen" iSd UGB beteiligt. Ab 1. April 2012 besteht nach dem BBG 2011 weder für die Beteiligung als echter stiller Gesellschafter noch für die Beteiligung nach Art eines stillen Gesellschafters eine KESt-Abzugspflicht (§ 93 Abs. 1 letzter Satz iVm § 27a Abs. 2 Z 3 EStG 1988).

Die stille Gesellschaft muss gegenüber der Abgabenbehörde klar und eindeutig zum Ausdruck kommen. Im Falle der Vermögenseinlage ist diese jederzeit buch- und belegmäßig nachvollziehbar (VwGH 11.11.1980, 1175/80). Findet die stille Gesellschaft keinen Niederschlag in den Büchern oder Aufzeichnungen (zB Mitarbeit als Einlage), muss das Gesellschaftsverhältnis dem Finanzamt vorher bekannt gegeben werden; es ist nicht ausreichend, wenn das Gesellschaftsverhältnis erst anhand der Abgabenerklärung zur Kenntnis gebracht wird.

Die Einlage des stillen Gesellschafters kann bestehen aus

- Geldleistungen,
- Sachleistungen (zB Lizenzen) oder
- Dienstleistungen („Arbeitsgesellschafter").

Bei einer auf dem Familienband beruhenden Gründung einer stillen Gesellschaft, die durch Umwandlung eines Darlehensverhältnisses zustande kommt oder bei der eine Verstärkung des Betriebskapitals unterblieben ist, weil die Einlagen dem Kapitalkonto des Unternehmers entnommen wurden, ist zu prüfen, ob die den stillen Gesellschaftern zugesicherte Gewinnbeteiligung wirtschaftlich gerechtfertigt ist. Dabei muss aus Gründen der Steuergerechtigkeit und der Gleichmäßigkeit der Besteuerung grundsätzlich derselbe Maßstab angewendet werden wie bei einer stillen Gesellschaft, die aus familienfremden Personen besteht (VwGH 07.05.1965, 1999/64, 2003/64, 2004/64; VwGH 04.03.1980, 1630/79; VwGH 21.09.1982, 82/14/0049).

(AÖF 2013/280)

20.2.1.8.2 Abgrenzung Beteiligung als stiller Gesellschafter und Gewährung eines Darlehens

(AÖF 2013/280)

6128 Eine stille Gesellschaft erfordert jedenfalls die Vereinbarung eines gewinnabhängigen Ertrages; dabei ist ein gewinnabhängiges Schwanken des Ertrages zwischen festgelegten Bandbreiten zulässig. Weitere Merkmale für die stille Gesellschaft sind die Verlustbeteiligung, die Teilnahme an Wertsteigerungen des Unternehmens, Auskunfts-, Einsichts-, Kontroll- und Mitwirkungsrechte, Mitwirkung an der Geschäftsführung sowie Betriebspflicht des Unternehmers.

Beim partiarischen Darlehen wird die Darlehensverzinsung ebenfalls gewinnabhängig vereinbart, es fehlen aber vor allem der gemeinsame Geschäftszweck, die Verlustbeteiligung, der Einfluss auf die Geschäftsführung und die Mitwirkungs- und Kontrollrechte.

(AÖF 2013/280)

20.2.1.8.3 Abgrenzung Arbeitsgesellschafter und Dienstnehmer

(AÖF 2013/280)

Der Dienstnehmer hat den Zwecken des Dienstgebers, also fremden Zwecken zu dienen, der Gesellschafter hingegen den gemeinsamen Zwecken, somit seinen eigenen Zwecken. Für einen Arbeitsgesellschafter und gegen einen Dienstnehmer sprechen folgende Kriterien: **6129**

- Verlustbeteiligung und hohe Gewinnbeteiligung (VwGH 05.06.1964, 1828/62; VwGH 27.01.1971, 0104/69),
- Hohe Gewinnbeteiligung, auch wenn darauf kein Rechtsanspruch besteht, aber tatsächlich durch Jahre hindurch ausbezahlt wird (VwGH 05.06.1964, 1828/62),
- Arbeitsgesellschafter dient gemeinsamen Zwecken der Gesellschaft und damit eigenen Zwecken (VwGH 05.06.1964, 1828/62),
- Wesentlicher Einfluss auf die organisatorische und kommerzielle Gestaltung des Unternehmens (VwGH 05.06.1964, 1828/62),
- Relativ geringer Lohn bei mehr als ausgleichender Gewinnbeteiligung.

Für einen Dienstnehmer und gegen einen Arbeitsgesellschafter sprechen folgende Kriterien:

- Nicht wesentliche Umsatzbeteiligung.
- Geringfügige Gewinnbeteiligung, geringer Einfluss auf die Geschäftsführung.
- Die gesamte Entlohnung entspricht – auch bei höherer Gewinnbeteiligung – wirtschaftlich der erbrachten Arbeitsleistung.
- Konstante Gewinnbeteiligung, die von der Höhe des Einlagenstandes unabhängig ist.

Erhält ein leitender Angestellter im Falle einer Umsatzbeteiligung eine über seine Stellung hinausgehende Gesamtvergütung, die eine Gewinn- und Risikobeteiligung ersetzt, liegt insoweit eine stille Gesellschaft vor (VwGH 29.10.1969, 0056/69). Eine Kombination zwischen Gewinn- und Umsatzbeteiligung, bei der die Gewinnbeteiligung auf die Umsatzbeteiligung angerechnet wird, ist nicht schädlich.

(AÖF 2013/280)

20.2.1.8.4 Gewinn- und Verlustanteile

(AÖF 2013/280)

Die Gegenleistung für die Einlage des stillen Gesellschafters muss in einer Gewinnbeteiligung bestehen. Dazu gehören alle gewinnabhängigen Bezüge, die den Charakter einer Gegenleistung für die Leistungen des stillen Gesellschafters haben, die dieser in Erfüllung seiner Gesellschafterstellung erbringt. Der Gewinnanteil des stillen Gesellschafters mindert den Gewinn des Betriebsinhabers. **6130**

Eine Beteiligung am Verlust ist für die Anerkennung als stille Gesellschaft nicht erforderlich. Im Falle einer Verlustbeteiligung sind die Verlustanteile (nicht auch sonstige Verluste, zB aus einer Fremdfinanzierung) weder ausgleichs- noch vortragsfähig; sie sind jedoch mit späteren Gewinnanteilen aus der stillen Beteiligung, die zur Auffüllung der Einlage zu verwenden sind, zu verrechnen. Nimmt der stille Gesellschafter an Verlusten auch insoweit teil, als sie seine geleistete Einlage übersteigen, sind auch derartige Verlustanteile steuerlich unbeachtlich und mit späteren Gewinnanteilen zu verrechnen.

Beispiel:

A beteiligt sich am Unternehmen des B mit einer fremdfinanzierten Einlage von 100 als (echter) stiller Gesellschafter. A bekommt im Jahr 1 einen Verlustanteil von 8 zugewiesen, die Fremdfinanzierungskosten betragen 3. Der Verlustanteil von 8 ist nicht ausgleichsfähig, der Verlust aus der Fremdfinanzierung (3) kann mit anderen Einkünften aus Kapitalvermögen, die dem progressiven Steuersatz unterliegen, ausgeglichen werden.

(AÖF 2013/280)

20.2.1.8.5 Abschichtungs- und Veräußerungsüberschüsse

(AÖF 2013/280)

Ein über den Stand der Einlage des stillen Gesellschafters hinausgehender Abschichtungsbetrag, den der Inhaber des Unternehmens anlässlich des Ausscheidens des stillen Gesellschafters diesem bezahlt, gehört nicht zu den Einkünften aus der Überlassung von Kapital, sondern zu den Einkünften aus realisierten Wertsteigerungen (siehe Abschnitt 20.2.2.3). Dasselbe gilt, wenn die der stillen Beteiligung zu Grunde liegende Forderung an Dritte veräußert wird. In beiden Fällen können Wartetastenverluste verrechnet werden. **6131**

(AÖF 2013/280)

20.2.1.9 Besondere Entgelte und Vorteile

(AÖF 2013/280)

6132 Besondere Entgelte und Vorteile sind Geldleistungen, die neben den in § 27 Abs. 2 EStG 1988 bezeichneten Einkünften oder an deren Stelle gewährt werden. Dazu zählen beispielsweise:

- Zahlung verjährter Zinsen.
- Darlehensabgeld (Damnum); das ist der Unterschiedsbetrag zwischen dem niedrigeren Ausgabe-(Zuzählungs-)Betrag und dem höheren Rückzahlungs-(Tilgungs-)Betrag. Das Damnum ist ungeachtet der vertraglichen Vereinbarung beim Darlehensgeber und Darlehensnehmer gleichmäßig verteilt auf die Laufzeit des Darlehens zu berücksichtigen.
- Kapitalerträge, die an Stelle von laufenden Zinsen erzielt werden und von einem spekulativen Moment abhängen.
- Dividendengarantien (siehe Abschnitt 20.2.1.9.1).
- Sachleistungen und Boni (siehe Abschnitt 20.2.1.9.2).
- Nominelle Mehrbeträge auf Grund einer Wertsicherung (siehe Abschnitt 20.2.1.9.3).
- Geldleistungen oder geldwerte Vorteile, die anlässlich der Eröffnung eines (Haben-)Kontos oder aus besonderen Anlässen gewährt werden, sofern sie nicht bloß geringfügige Aufmerksamkeiten darstellen (zB Regenschirme, Handtücher oder sonstige Zuwendungen im Ausmaß üblicher Weltspartagsgeschenke). Wurden solche Vorteile vor dem 1. Jänner 2007 gewährt und dafür keine KESt einbehalten, ist von einem Haftungsbescheid abzusehen.
- Übernahme der ersten Rate beim Bausparen durch das Kreditinstitut (VwGH 25.05.2011, 2006/13/0023-8).

(AÖF 2013/280)

20.2.1.9.1 Dividendengarantien

(AÖF 2013/280)

6133 Dividendengarantien sind Zuwendungen, die auf Grund eines Ergebnisabführungsvertrages an Minderheitsgesellschafter als Ausgleich für entgehende Ausschüttungen bezahlt werden. Sie sind bei der zuwendenden Körperschaft gemäß § 8 Abs. 3 Z 3 KStG 1988 nicht abzugsfähig. Keine besonderen Entgelte fallen an, wenn die Minderheitsgesellschafter den Ergebnisabführungsvertrag angefochten und die Dividendengarantie nicht in Anspruch genommen haben.

(AÖF 2013/280)

20.2.1.9.2 Sachleistungen und Boni

(AÖF 2013/280)

6134 § 27 Abs. 5 Z 1 iVm Abs. 2 EStG 1988 umfasst grundsätzlich nur Geldleistungen. Sachleistungen sind geldwerte Vorteile, die an Stelle von in Geld ausbezahlten Zinsen gewährt werden.

Zu den steuerpflichtigen Sachleistungen zählen beispielsweise Wohnungsüberlassungen im time-sharing, soweit sie auf Darlehen entfallen.

Boni sind Vorteile, die neben Dividenden oder Zinsen für die Überlassung des Kapitals erzielt werden. Diese sind als Erträge aus Kapitalvermögen zu qualifizieren, wenn sie Entgeltscharakter für die Nutzungsüberlassung des Kapitals haben, wie zB besondere Gewinnbeteiligungen oder Vergütungen in besonders günstigen Geschäftsjahren (vgl. auch Rz 6110). Werden hingegen Entgelte für bestimmte Leistungen erbracht, wie zB Treueboni, die dafür gewährt werden, dass gekaufte Aktien innerhalb einer bestimmten Frist nicht veräußert (bzw. in einem bestimmten Depot belassen) werden oder, dass ein bestimmtes Abstimmungsverhalten ausgeübt wird, gehören diese nicht zu den Einkünften aus Kapitalvermögen, sondern zu den Einkünften aus Leistungen im Sinne des § 29 Z 3 EStG 1988.

(BMF-AV Nr. 2015/133)

20.2.1.9.2a Zinskompensation bei Guthaben und Krediten

(BMF-AV Nr. 2015/133)

6134a Besondere Entgelte oder Vorteile liegen auch in jenen Fällen vor, in denen die vertraglichen Grundlagen zwischen Kreditinstitut und Kunden regeln, dass das Kreditinstitut für ein bei ihm bestehendes Guthaben anstelle von Zinsen günstigere Kreditbedingungen gewährt. In diesen Fällen ist der ersparte Zinsaufwand als Kapitalertrag einzustufen.

Beispiel 1:

Bei einer Bank besteht ein Guthaben aus einer Geldeinlage von 700.000. Der Anleger nimmt bei derselben Bank einen Kredit von 1.000.000 auf. Die Bank schreibt für das Guthaben keine Zinsen gut, dafür muss der Anleger nur für 300.000 Kreditzinsen zahlen (Zinssatz 10%). Der Zinsertrag beträgt 10% von 700.000, das sind 70.000. Wird das Guthaben allerdings durch Umbuchung zur Abdeckung des Kredites verwendet, liegt ab dem Zeitpunkt der Umbuchung kein Kapitalertrag mehr vor.

Zuwendungen von dritter Seite sind als Kapitalertrag anzusehen, wenn sie im wirtschaftlichen Zusammenhang mit anderen Kapitalerträgen stehen.

Beispiel 2:

Angaben wie Beispiel 1, das Guthaben besteht jedoch bei einer anderen Bank als derjenigen, die den Kredit einräumt. Auf Grund einer Vereinbarung zwischen den beteiligten Banken und dem Anleger werden für das Guthaben keine Zinsen gutgeschrieben, es müssen aber der den Kredit gewährenden Banken nur für 300.000 Kreditzinsen bezahlt werden (Ermittlung des Kapitalertrages wie Beispiel 1).

Auch mittelbar gewährte Kapitalerträge sind abzugspflichtig. Solche liegen vor, wenn die Bank nicht dem Anleger, sondern einer anderen Person Vorteile gewährt.

Beispiel 3:

Angaben wie Beispiel 1, die Einlage wurde von einem Anleger geleistet, dessen Ehegattin im Hinblick auf den Verzicht einer Einlagenverzinsung einen zinsverbilligten Kredit bekommt. Ein steuerpflichtiger Kapitalertrag des Anlegers wäre auch dann gegeben, wenn die Ehegattin auf Grund entsprechender Vereinbarungen von einer anderen Bank einen zinsverbilligten Kredit bekäme (Ermittlung des Kapitalertrages wie Beispiel 1).

(BMF-AV Nr. 2015/133)

20.2.1.9.2b Zinskompensation bei Girokonten

(BMF-AV Nr. 2015/133)

Eine rechnerische Kompensation (ohne Umbuchung) von valutagleichen Salden auf Girokonten, die ein und derselbe Kontoinhaber bei einer Bank unterhält, führt nicht dazu, dass die dadurch erzielte Zinsenersparnis als Kapitalertrag des zur Abdeckung eines negativen Kontenstandes verwendeten Guthabens eingestuft wird. **6134b**

(BMF-AV Nr. 2015/133)

20.2.1.9.3 Wertsicherungsmehrbeträge

(AÖF 2013/280)

Darunter fallen insbesondere Mehrbeträge aus der Wertsicherung von Darlehen, stillen Beteiligungen oder Renten (Rz 7001 ff). Minderbeträge bleiben steuerlich unwirksam. **6135**

Woran die Wertsicherung geknüpft ist und wie sie berechnet wird, ist für das Vorliegen der Steuerpflicht unmaßgeblich (VwGH 20.12.1994, 89/14/0214, betreffend wertgesicherte stille Beteiligung). Der Umstand, dass zB eine Pflichtteilsforderung einschließlich Wertsicherung durch Hingabe von (wertmäßig diesen Betrag übersteigenden) Liegenschaften bzw. Liegenschaftsanteilen abgegolten wird, hat auf die Steuerpflicht nach § 27 Abs. 2 Z 1 EStG 1988 keinen Einfluss.

(AÖF 2013/280)

20.2.1.10 Lebensversicherungen

(AÖF 2013/280)

20.2.1.10.1 Steuerpflichtige Einkünfte

(AÖF 2013/280)

Zu den Einkünften aus Kapitalvermögen zählen auch bestimmte Vorteile im Zusammenhang mit Versicherungsleistungen, sofern folgende Voraussetzungen erfüllt sind: **6136**

- Es handelt sich um sogenannte „Einmalerlagsversicherungen", dh. im Versicherungsvertrag sind nicht laufende, im Wesentlichen gleichbleibende Prämienzahlungen vereinbart.
- Die Höchstlaufzeit des Versicherungsvertrages beträgt weniger als fünfzehn Jahre (für Abschlüsse nach 31. Dezember 2010 gemäß § 124b Z 179 EStG 1988; davor: zehn Jahre). Für nach dem 28. Februar 2014 abgeschlossene Verträge ist eine Höchstlaufzeit von weniger als zehn Jahren maßgeblich, wenn sowohl der Versicherungsnehmer als auch die versicherten Personen natürliche Personen sind und im Zeitpunkt des Abschlusses des Versicherungsvertrages jeweils das 50. Lebensjahr vollendet haben.

- Es handelt sich um Versicherungsleistungen aus einer Erlebensversicherung oder aus dem Rückkauf einer auf den Erlebensfall oder Er- und Ablebensfall abgeschlossenen Kapitalversicherung oder im Falle einer Kapitalabfindung oder eines Rückkaufs einer Rentenversicherung, bei der der Beginn der Rentenzahlungen vor Ablauf von zehn bzw. fünfzehn Jahren ab Vertragsabschluss vereinbart ist.

Fehlt eine der drei Voraussetzungen, so ergibt sich aus § 27 Abs. 5 Z 3 EStG 1988 keine Steuerpflicht. Eine Kapital-Er- und Ablebensversicherung mit Einmalerlag und Einmalauszahlung löst keine Steuerpflicht aus, wenn die Laufzeit des Versicherungsvertrages mindestens zehn bzw. fünfzehn Jahre beträgt. Bei einer Rentenversicherung kann sich eine Steuerpflicht aus dem Titel des wiederkehrenden Bezuges gemäß § 29 Z 1 EStG 1988 ergeben, sofern die Auszahlung der Versicherungssumme in Rentenform erfolgt und die Rentenzahlungen jenen Betrag überschreiten, der zu Beginn der Rentenleistung als Einmalzahlung zum Erwerb des Rentenstammrechtes zu leisten wäre (idR der Endwert der Ansparphase, siehe Rz 7018).

Übersteigen Gewinnausschüttungen aus einer steuerpflichtigen Einmalerlagsversicherung insgesamt noch nicht den Einmalerlag, tritt die Steuerpflicht erst mit der Auszahlung der Versicherungssumme nach Ablauf des Vertrages ein.

(BMF-AV Nr. 2015/133)

6136a Werden bei einem Versicherungsvertrag, bei dem die Laufzeit des Vertrages mindestens 10 bzw. 15 Jahre beträgt, vor Ablauf der zehn- bzw. fünfzehnjährigen Laufzeit Teilauszahlungen vorgenommen, führen derartige Teilauszahlungen dann zur Steuerpflicht nach § 27 Abs. 5 Z 3 EStG 1988 in Bezug auf sämtliche aus dem Vertrag erfolgende Auszahlungen, wenn die vor Ablauf der Zehn- bzw. Fünfzehnjahresfrist erfolgenden Teilauszahlungen nicht bloß geringfügig sind. Bloß geringfügige Teilauszahlungen liegen vor, wenn die vor Ablauf der Zehn- bzw. Fünfzehnjahresfrist erfolgenden Teilauszahlungen insgesamt 25% der ursprünglichen Versicherungssumme nicht übersteigen. Somit gilt: Vorzeitige (vor Ablauf der Zehn- bzw. Fünfzehnjahresfrist erfolgende) Teilauszahlungen sind einkommensteuerlich unschädlich, wenn sie insgesamt 25% der ursprünglichen Versicherungssumme nicht übersteigen. Vorzeitige (vor Ablauf der Zehn- bzw. Fünfzehnjahresfrist erfolgende) Teilauszahlungen, die hingegen in Summe 25% der ursprünglichen Versicherungssumme übersteigen, führen zur Steuerpflicht nach § 27 Abs. 5 Z 3 EStG 1988 in Bezug auf sämtliche Auszahlungen aus dem Vertrag.

(BMF-AV Nr. 2015/133)

6136b Ebenso sind Vorauszahlungen bei einem steuerpflichtigen Versicherungsvertrag nach Maßgabe ihres Zuflusses steuerpflichtig, sobald sie die eingezahlte Versicherungsprämie überstiegen haben. Solange die Vorauszahlungen die eingezahlte Versicherungsprämie nicht übersteigen, sind sie steuerlich nicht zu erfassen. Allfällige Rückzahlungen einer Vorauszahlung stellen im Hinblick auf ihre private Veranlassung keine Werbungskosten gemäß § 16 Abs. 2 EStG 1988 dar.

Beispiele:

1. Einmalerlag (Jahr 01)	*100*
Versicherungsleistung (fällig im Jahr 09)	*200*
Vorauszahlung (Jahr 06)	*150*
Auszahlung (Jahr 09)	*50*
2. Einmalerlag (Jahr 01)	*100*
Versicherungsleistung (fällig im Jahr 09)	*200*
Vorauszahlung (Jahr 06)	*50*
Auszahlung (Jahr 09)	*150*
3. Einmalerlag (Jahr 01)	*100*
Versicherungsleistung (fällig im Jahr 09)	*200*
Vorauszahlung (Jahr 06)	*150*
Rückzahlung der Vorauszahlung (Jahr 07)	*120*
Auszahlung (Jahr 09)	*170*

Gemäß § 27 Abs. 5 Z 3 EStG 1988 sind steuerpflichtig:

Fall 1:	*Im Jahr 06:*	*50*
	Im Jahr 09:	*50*

Fall 2:	*Im Jahr 06:*	*0*
	Im Jahr 09:	*100*
Fall 3:	*Im Jahr 06:*	*50*
	Im Jahr 09:	*50*

(AÖF 2013/280)

20.2.1.10.2 Laufende Prämienzahlungen

(AÖF 2013/280)

Die Abgrenzung zwischen einer laufenden Prämienzahlung und einer bloß ratenweisen Entrichtung einer Einmalprämie hat nach wirtschaftlichen Gesichtspunkten zu erfolgen. Laufende Prämienzahlungen liegen dann vor, wenn während der gesamten Versicherungsdauer die Prämien mindestens einmal jährlich zu zahlen sind. Der Anspruch auf die Versicherungsleistung darf somit nicht später als ein Jahr nach der letzten Prämienfälligkeit entstehen. Nach dem 31. Dezember 2007 erfolgte Prämienfreistellungen, die nicht von vornherein vertraglich fixiert sind, sind unschädlich. **6137**

(AÖF 2013/280)

20.2.1.10.3 Höhe der Einkünfte und Zurechnung

(AÖF 2013/280)

Die gemäß § 27 Abs. 5 Z 3 EStG 1988 steuerpflichtigen Kapitaleinkünfte bestehen in der rechnerischen Differenz zwischen eingezahlter Versicherungsprämie und Versicherungsleistung. Besteht die Versicherungsleistung nicht in Geld, ist ihr Geldwert mit dem „üblichen Endpreis des Abgabeortes“ anzusetzen. Werden dem Versicherungsnehmer im Leistungsfall Fondsanteile übertragen, ist deren Geldwert als für die Ermittlung der Einkünfte maßgebender Wert anzusetzen. **6138**

(BMF-AV Nr. 2018/79)

Der Kapitalertrag ist aus jenem Versicherungsvertrag steuerpflichtig, der dem Steuerpflichtigen zum Zeitpunkt der Tatbestandsverwirklichung zuzurechnen ist. Eine Vertragsübernahme gegen Ablösezahlung stellt zivilrechtlich und wirtschaftlich den Abschluss eines neuen Vertrages dar. Soweit die Ablösesumme die bis zum Zeitpunkt der Abtretung angewachsenen Ansprüche auf die Versicherungsleistung abgilt, stellt die Ablösesumme wirtschaftlich eine (zeitanteilige) Versicherungsleistung dar: Der aus diesem Vertrag dem Steuerpflichtigen zufließende Ertrag ist daher in Höhe der Differenz zwischen Ablösesumme und eigener Prämienleistung beim Übernehmer des Vertrages steuerpflichtig. Die Abtretung von Ansprüchen aus dem Versicherungsvertrag gegen Ablöse stellt beim Abtretenden in Höhe der Differenz zwischen Ablösesumme und eigener Prämienleistung dem Grunde nach Einkünfte aus realisierten Wertsteigerungen gemäß § 27 Abs. 3 EStG 1988 dar. **6138a**

(AÖF 2013/280)

Werden die Rechte aus einem Ablebensversicherungsvertrag bezüglich eines todkranken Versicherten erworben, dann ist dieser Wechsel der begünstigten Person als Novation zu werten, und es beginnt eine neue Versicherungslaufzeit. Infolge der nur mehr einige Jahre betragenden Lebenserwartung des Versicherten ist dabei von einer Versicherungsdauer von weniger als zehn- bzw. fünfzehn Jahren auszugehen. Allfällig weiterbezahlte Prämien können die Steuerpflicht nach § 27 Abs. 5 Z 3 EStG 1988 nicht vermeiden, weil durch den idR höheren Einmalbetrag in wirtschaftlicher Betrachtung keine „laufende Prämienzahlung“ (siehe Abschnitt 20.2.1.10.2) gegeben ist. **6138b**

(BMF-AV Nr. 2015/133)

20.2.1.10.4 Erhöhung der Versicherungssumme und Verlängerung der Laufzeit

(BMF-AV Nr. 2015/133)

Jede Erhöhung der Versicherungssumme im Rahmen eines bestehenden Vertrages auf insgesamt mehr als das Zweifache der ursprünglichen Versicherungssumme gegen eine nicht laufende, im Wesentlichen gleichbleibende Prämienzahlung wird wie ein neuer Versicherungsvertragsabschluss gewertet. **6139**

Hingegen stellt eine ausschließliche Verlängerung der Laufzeit eines Versicherungsvertrages vor Ablauf der ursprünglich vereinbarten Dauer keine Änderung des Vertrages dar, weshalb keine neue Versicherungslaufzeit beginnt.

(BMF-AV Nr. 2015/133)

20.2.1.11 Wertpapierleihe und Pensionsgeschäft

(AÖF 2013/280)

6140 Ausgleichszahlungen und Leihgebühren stellen gemäß § 27 Abs. 5 Z 4 EStG 1988 beim Pensionsgeschäft als auch im Rahmen der Wertpapierleihe Einkünfte aus der Überlassung von Kapital gemäß § 27 Abs. 2 EStG 1988 dar. Pensionsgeschäft und Wertpapierleihe werden somit nach dem BBG 2011 steuerlich gleich behandelt; Leihgebühren stellen stets Einkünfte aus Kapitalvermögen dar, unabhängig davon, ob der Pensionsnehmer bzw. Entleiher ein Kreditinstitut (oder Zweigstelle eines ausländischen Kreditinstitutes iSd § 95 Abs. 2 Z 1 lit. b EStG 1988 ist) ist. Dieser Umstand ist lediglich für die Anwendbarkeit des besonderen Steuersatzes von 27,5% gemäß § 27a Abs. 1 Z 2 EStG 1988 von Bedeutung (siehe Abschnitt 20.3.3).

(BMF-AV Nr. 2018/79)

6140a Zu den Begriffen:

- Beim Pensionsgeschäft gemäß § 50 BWG werden Vermögensgegenstände (in der Regel Wertpapiere) eines Kreditinstitutes oder Kunden (Pensionsgeber) an ein anderes Kreditinstitut oder einen Kunden (Pensionsnehmer) entgeltlich übertragen und gleichzeitig vereinbart, die Vermögensgegenstände später gegen Entrichtung eines empfangenen oder im Voraus vereinbarten anderen Betrages zurück zu übertragen. Während der Pensionszeit ist der Pensionsnehmer berechtigt, die Pensionsgüter weiter zu veräußern und zu verpfänden.
- Verpflichtet sich der Pensionsnehmer zur Rückübertragung, spricht man von einem echten Pensionsgeschäft (§ 50 Abs. 2 BWG). Ist hingegen der Pensionsnehmer zur späteren Rückübertragung nur berechtigt, liegt ein unechtes Pensionsgeschäft vor (§ 50 Abs. 3 BWG).
- Sowohl beim echten als auch beim unechten Pensionsgeschäft gehen die verpensionierten Wertpapiere ins zivilrechtliche Eigentum des Pensionsnehmers über.
- Bei der Wertpapierleihe handelt es sich um ein (Sach-)Darlehen iSd § 984 Abs. 1 ABGB. Dabei gehen Kapitalanlagen (zB Aktien, Wertpapiere, usw.) des Verleihers in das zivilrechtliche Eigentum des Entleihers über, wobei letzterer nach Ablauf der Leihefrist oder bei Kündigung Kapitalanlagen derselben Art und Güte zurück zu übertragen hat. Anders als beim Pensionsgeschäft kommt es zu keinem Veräußerungsvorgang.

(AÖF 2013/280)

6140b Zum Übergang des wirtschaftlichen Eigentums und zur Realisierung stiller Reserven:

- Grundsätzlich geht sowohl beim Pensionsgeschäft als auch bei der Wertpapierleihe das wirtschaftliche Eigentum an den verpensionierten/verliehenen Kapitalanlagen an den Pensionsnehmer/Entleiher über.
- Dient aber ein echtes Pensions- oder Leihegeschäft zu (kurzfristigen) Sicherungszwecken, verbleibt das wirtschaftliche Eigentum an den Vermögensgegenständen (Wertpapieren) beim Pensionsgeber/Verleiher. Indizien für ein echtes Pensionsgeschäft zu Sicherungszwecken sind insbesondere eine Laufzeit von höchstens sechs Monaten und ein Transaktionswert, der unter dem aktuellen Verkehrswert liegt.
- Zu einer Realisierung allfälliger stiller Reserven in Folge der Übertragung des wirtschaftlichen Eigentums kommt es nur beim unechten Pensionsgeschäft. Ein echtes Pensions- oder Leihegeschäft führt zu keiner Realisierung stiller Reserven und ist daher auch nicht als entgeltlicher Vorgang iSd § 124b Z 185 EStG 1988 anzusehen.

(AÖF 2013/280)

6140c Zur steuerlichen Behandlung der Kapitalerträge sowie der Ausgleichszahlungen:

- Gehen während der Pensionszeit bzw. während der Leihe Dividenden bzw. Zinsen dem Pensionsnehmer/Entleiher zu, sind diese idR ihm als wirtschaftlicher Eigentümer zuzurechnen und von ihm zu versteuern.
- Üblicherweise wird der Pensionsnehmer/Entleiher verpflichtet sein, dem Pensionsgeber/Verleiher einen Betrag, der üblicherweise den Dividenden bzw. Zinsen entspricht, zu leisten (Ausgleichszahlung). Dies geschieht neben dem Fall, bei welchem vom Pensionsnehmer/Entleiher eine Weiterleitung erfolgt, beim Pensionsgeschäft auch wirtschaftlich im Zuge des Rückkaufes, wenn nämlich in den Rückkaufspreis die Dividenden bzw. Zinsen eingerechnet werden.
- Die Weiterleitung (= Ausgleichszahlung) der jeweiligen Kapitalerträge (zB Wertpapierzinsen, Dividenden) führt beim Pensionsgeber/Verleiher wirtschaftlich betrachtet weiterhin zu Erträgen aus der jeweiligen Kapitalanlage (zB Zinsen aus dem Wertpapier bzw. Dividenden aus Aktien). Daraus folgt, dass die Ausgleichszahlung beim Empfänger nur

dann dem besonderen Steuersatz von 27,5% gemäß § 27a Abs. 1 Z 2 EStG 1988 unterliegt, wenn dies auch für die weitergeleiteten Kapitalerträge bei direktem Bezug durch den Pensionsgeber/Verleiher gelten würde. Der Zeitpunkt des Zuflusses (§ 19 EStG 1988) ist jedoch nicht der Zeitpunkt der Dividenden- oder Kuponauszahlung, sondern jener Zeitpunkt, in dem der Pensionsnehmer/Entleiher dem Pensionsgeber/Verleiher die Verfügungsmacht einräumt (idR der Zuflusszeitpunkt der Ausgleichszahlungen beim Pensionsgeber/Verleiher).

- Zusätzlich sieht § 27a Abs. 2 Z 5 EStG 1988 vor, dass Pensionsnehmer/Entleiher ein Kreditinstitut oder eine Zweigstelle eines ausländischen Kreditinstituts iSd § 95 Abs. 2 Z 1 lit. b EStG 1988 sein muss (siehe Abschnitt 20.3.3).
- Sowohl bei Weiterleitung der Kapitalerträge als auch bei Einrechnung in den Kaufpreis entstehen beim Pensionsnehmer/Entleiher Werbungskosten. Ist auf die weitergeleiteten Kapitalerträge der besondere Steuersatz von 27,5% gemäß § 27a Abs. 1 Z 2 EStG 1988 anwendbar, unterliegt die Leihgebühr dem Abzugsverbot gemäß § 20 Abs. 2 EStG 1988. Die geleistete Ausgleichszahlung ist bis zur Höhe der (brutto) erhaltenen Kapitalerträge abzuziehen.

(BMF-AV Nr. 2018/79)

20.2.1.12 Zuwendungen von Privatstiftungen

(AÖF 2013/280)

Zur Besteuerung von Zuwendungen siehe StiftR 2009 Abschnitt 8. bis Abschnitt 10. **6141**

(AÖF 2013/280)

20.2.1.13 Übergangsbestimmungen

(AÖF 2013/280)

Die Regelungen über Einkünfte aus der Überlassung von Kapital (§ 27 Abs. 2 und 5 EStG **6142**
1988 sowie die §§ 93 bis 97 EStG 1988 idF BBG 2011 bzw. AbgÄG 2011 und BBG 2012) treten grundsätzlich mit 1. April 2012 in Kraft und sind – im Gegensatz zur Besteuerung von Substanzgewinnen und Derivaten – unterschiedslos auf Alt- und Neuvermögen anzuwenden. Davon besteht folgende Ausnahme: Gemäß § 124b Z 185 lit. c EStG 1988 sind auf vor dem 1. April 2012 erworbene Forderungswertpapiere im Sinne des § 93 Abs. 1 bis 3 EStG 1988 idF vor dem BBG 2011 §§ 27, 37 Abs. 8, 93, und 95 bis 97 EStG 1988 in der Fassung vor dem BBG 2011 weiter anzuwenden. Dies stellt sicher, dass bei Forderungswertpapieren, bei deren Erwerb eine KESt-Gutschrift erfolgt ist, auch bei deren Einlösung/Verkauf nach dem 31. März 2012 eine KESt-Belastung für die Stückzinsen erfolgt.

Ab dem 1.1.2016 beträgt abweichend von § 37 Abs. 8 EStG 1988 und § 95 Abs. 1 EStG 1988 der besondere Steuersatz bzw. die Kapitalertragsteuer 27,5%. Da gemäß § 27 Abs. 2 Z 1 EStG 1988 idF vor BudBG 2011 bei Wertpapieren, bei denen es einen Unterschiedsbetrag zwischen dem Ausgabewert und dem festgelegten Einlösungswert gibt (zB nicht bei Investmentfondsanteilen), der gesamte Unterschiedsbetrag zwischen dem Ausgabe- und dem Einlösungswert mit dem besonderen Steuersatz von 27,5% zu versteuern ist, hat im Rahmen der Veranlagung eine KESt-Erstattung iHv 2,5% der Bemessungsgrundlage der ursprünglichen KESt-Gutschrift (= 2,5% * 4 * KESt-Gutschrift) zu erfolgen. Damit wird im Ergebnis sichergesellt, dass der Gewinn (Stückzinsen, die seit der Anschaffung des Wertpapiers angefallen sind) mit dem neuen besonderen Steuersatz iHv 27,5% erfasst wird.

(BMF-AV Nr. 2018/79)

20.2.2 Einkünfte aus realisierten Wertsteigerungen

(AÖF 2013/280)

20.2.2.1 Allgemeines und Aufbau

(AÖF 2013/280)

Unter dem Oberbegriff „Einkünfte aus realisierten Wertsteigerungen von Kapitalver- **6143**
mögen" werden grundsätzlich sämtliche positive wie negative Einkünfte aus der tatsächlichen und fiktiven Veräußerung, der Einlösung und der sonstigen Abschichtung erfasst („Substanzgewinne", „Substanzverluste").

Betroffen sind abstrakt sämtliche Wirtschaftsgüter, deren Erträge Einkünfte aus der Überlassung von Kapital im Sinne des § 27 Abs. 2 EStG 1988 sind. Damit unterliegen insbesondere Aktien, GmbH-Anteile, Wertpapiere, die ein Forderungsrecht verbriefen, sowie nicht verbriefte Forderungen und auch Abschichtungsgewinne bei der echten stillen Gesellschaft § 27 Abs. 3 und 6 EStG 1988. Entscheidend ist, ob ein Wirtschaftsgut beim konkreten Steuerpflichtigen Einkünfte aus der Überlassung von Kapital erwirtschaften kann, weshalb Verbindlichkeiten nicht von § 27 Abs. 3 EStG 1988 umfasst sind. Daher fallen zB Konvertierungsgewinne von Darlehen nicht unter § 27 Abs. 3 EStG 1988 (VwGH 18.12.2017, Ro 2016/15/0026). Daher fallen zB auch realisierte Wertsteigerungen von Kryptoassets (zB Bitcoin), sofern diese zinstragend veranlagt sind, unter § 27 Abs. 3 EStG 1988.

Ein (Teil-)Nachlass einer Darlehensforderung führt nicht zu positiven Einkünften aus realisierten Wertsteigerungen beim Darlehensnehmer und umgekehrt nicht zu negativen Einkünften beim Darlehensgeber.

Wird ein eingetretener Substanzschaden ersetzt (etwa weil keine rechtzeitige Veräußerung stattfinden konnte und danach ein Kursverlust eingetreten ist), ist dieser auch im Rahmen der Einkünfte aus realisierten Wertsteigerungen von Kapitalvermögen zu erfassen (sofern es sich um Wirtschaftsgüter des Neubestands handelt). Als Einkünfte ist nur jener Betrag zu erfassen, der die Anschaffungskosten übersteigt. Dabei stellt ein nach einer allfälligen Veräußerung geleisteter Schadenersatz – unabhängig von der Höhe der ursprünglichen Anschaffungskosten – einen zusätzlichen steuerpflichtigen Veräußerungserlös dar. Dieser ist jedoch grundsätzlich – nach den Bestimmungen des § 27 Abs. 8 EStG 1988 – mit einem allfälligen realisierten Veräußerungsverlust verrechenbar. Wird hingegen der Schadenersatz vor einer allfälligen Veräußerung geleistet, führt dies zu einer Kürzung der Anschaffungskosten.

Beispiel:

A hat am 4.5.01 Forderungswertpapiere um 1.000 angeschafft und

a) am 10.7.05

b) am 20.6.06

um 900 veräußert. Aufgrund eines Beratungsfehlers erhält A am 23.12.05 einen Schadenersatz in Höhe von 100. Diese Zahlung

a) ist in voller Höhe als realisierte Wertsteigerung steuerpflichtig, wobei einer Verrechnung mit dem aus der Veräußerung eingetretenen Veräußerungsverlust in diesem Fall möglich ist.

b) kürzt die Anschaffungskosten der Forderungswertpapiere. Diese betragen nunmehr 900, weshalb bei der späteren Veräußerung kein steuerpflichtiger Veräußerungsgewinn entsteht.

Zur Behandlung einer Ausbuchung bzw. Übertragung von Wertpapieren, deren Wert etwa aufgrund einer Insolvenz des Emittenten nahezu null beträgt, siehe Rz 6231a.

(BMF-AV Nr. 2021/65)

6143a Während § 27 Abs. 3 EStG 1988 den Grundtatbestand regelt, enthält § 27 Abs. 6 EStG 1988 Ergänzungstatbestände:

- § 27 Abs. 6 Z 1 EStG 1988 enthält den Tatbestand der „Entstrickungsbesteuerung“; die entsprechenden Regelungen wurden aus § 31 EStG 1988 in der Fassung vor dem BBG 2011 übernommen und durch das AbgÄG 2015 umgestaltet. Zu beachten ist, dass nach dem AbgÄG 2011 auch Stückzinsen, anteilige Kapitalerträge bzw. Zinserträge, die auf den Zeitraum vom letzten Zufließen gemäß § 19 EStG 1988 bis zur Meldung gemäß § 95 Abs. 3 Z 2 EStG 1988 entfallen, im Wege der Entstrickungsbesteuerung zu erfassen sind und diese durch die Bank erfolgt, wenn die Voraussetzungen für den Kapitalertragsteuerabzug vorliegen (näher dazu Abschnitt 20.2.2.4).
- Gemäß § 27 Abs. 6 Z 2 EStG 1988 werden die Entnahme oder das sonstige Ausscheiden aus dem Depot grundsätzlich als Realisierung behandelt. Eine Depotübertragung soll hingegen immer dann von diesem Grundsatz ausgenommen sein, wenn die Besteuerungsmöglichkeit hinsichtlich der sich in dem Depot befindlichen Wertpapiere weiterhin gesichert ist (näher dazu Abschnitt 20.2.2.5). Für den Fall des Verlusts des Besteuerungsrechts hinsichtlich der übertragenen Wirtschaftsgüter sind in der Z 1 vorrangig anzuwendende Sonderbestimmungen vorgesehen.
- Die Veräußerung von Dividendenscheinen, Zinsscheinen und sonstigen Ansprüchen, wenn die dazugehörigen Aktien, Schuldverschreibungen und sonstigen Anteile nicht mitveräußert werden, wurde aus § 27 Abs. 2 Z 2 EStG 1988 idF vor dem BBG 2011 in § 27 Abs. 6 Z 3 EStG 1988 übernommen und wird daher als Einkünfte aus realisierten Wertsteigerungen erfasst.
- § 27 Abs. 6 Z 4 EStG 1988 enthält die ausdrückliche Anordnung, dass anlässlich der Veräußerung zugeflossene Stückzinsen im Rahmen der realisierten Wertsteigerung von Kapitalvermögen besteuert werden (vgl. Abschnitt 20.2.2.4.4).

(BMF-AV Nr. 2018/79)

6143b Die Einräumung eines Fruchtgenussrechts an einer Beteiligung an einer Kapitalgesellschaft stellt wirtschaftlich die Übertragung künftiger Ausschüttungen dar. Ein Entgelt für die Einräumung eines Fruchtgenussrechts an einer Beteiligung an einer Kapitalgesellschaft ist daher als Äquivalent für die übertragenen zukünftigen Ausschüttungen anzusehen und stellt beim Fruchtgenussbesteller Einkünfte iSd § 27 Abs. 6 Z 3 EStG 1988 idF BBG 2012 dar. Zu den Voraussetzungen unter denen die Einkünfte dem Fruchtgenussberechtigten zugerechnet werden siehe Rz 118.

Ebenso stellen Einkünfte aus der entgeltlichen Einräumung eines Fruchtgenussrechts an Zinsansprüchen einer Forderung/eines Forderungswertpapieres beim Empfänger Einkünfte gemäß § 27 Abs. 6 Z 3 EStG 1988 idF BBG 2012 dar.

Die unentgeltliche Einräumung eines Fruchtgenussrechts an Zinsansprüchen aus einer Kapitalforderung bewirkt hingegen in der Regel keine Übertragung der Einkünfte (der Einkunftsquelle „Kapitalforderung") auf den Fruchtgenussberechtigten, da eine Einflussnahme auf die Einkünfteerzielung nicht möglich ist. Die Zinsen sind weiterhin als originäre Einkünfte des Fruchtgenussbestellers anzusehen, deren Weiterleitung an den Fruchtgenussberechtigten eine Einkommensverwendung darstellt.

Wird nach dem 31.3.2012 an Kapitalanlagen iSd § 27 Abs. 3 EStG 1988 idF BBG 2012 (Wirtschaftsgüter, deren Erträge Einkünfte aus der Überlassung von Kapital sind) entgeltlich ein Fruchtgenussrecht eingeräumt oder ein solches bestehendes Fruchtgenussrecht entgeltlich übertragen, sind die Einkünfte aus einer allfälligen (Weiter-)Veräußerung des Fruchtgenussrechtes beim Fruchtgenussberechtigten gemäß § 27 Abs. 3 EStG 1988 zu erfassen.

Voraussetzung dafür ist, dass die Dividenden dem Fruchtgenussberechtigten originär zuzurechnen sind. Dazu ist es erforderlich, dass zumindest im Innenverhältnis die Befugnis zur Ausübung des Stimmrechts am Kapitalanteil auf den Fruchtgenussberechtigten übertragen wird und er damit über die Einkunftsquelle disponieren kann.

Erfolgt die Veräußerung bzw. Ablöse eines vor dem 1.4.2012 entgeltlich eingeräumten Fruchtgenussrechts an Kapitalanteilen ist zu unterscheiden:

- Wurde das Fruchtgenussrecht vor dem 1.10.2011 entgeltlich eingeräumt, ist die Veräußerung nach Ablauf der einjährigen Spekulationsfrist gemäß § 30 EStG 1988 idF vor dem 1. StabG 2012 steuerfrei.
- Wurde das Fruchtgenussrecht nach dem 30.9.2011 entgeltlich eingeräumt, ist die Veräußerung gemäß § 124b Z 184 zweiter Teilstrich EStG 1988 als Einkünfte aus Spekulationsgeschäft steuerpflichtig, wobei ein besonderer Steuersatz dennoch anzuwenden ist.

Bei unentgeltlicher Übertragung einer mit einem Fruchtgenussrecht belasteten Kapitalanlage ergeben sich keine ertragsteuerlichen Auswirkungen, der unentgeltliche Erwerber hat die Anschaffungskosten des Vorgängers fortzuführen.

(BMF-AV Nr. 2018/79)

20.2.2.2 Veräußerung und Einlösung

(AÖF 2013/280)

Nach dem BBG 2011 ist die Veräußerung von Wirtschaftsgütern, deren Erträge Einkünfte aus der Überlassung von Kapital sind, generell – dh. unabhängig von der Behaltedauer und Beteiligungshöhe – steuerpflichtig. Betroffen ist allerdings nur Neuvermögen (siehe Abschnitt 20.1.1.3). **6144**

Zum Begriff der „Veräußerung" siehe Rz 6623. Bemessungsgrundlage im Falle der Veräußerung ist gemäß § 27a Abs. 3 Z 2 lit. a EStG 1988 der Unterschiedsbetrag zwischen dem Veräußerungserlös und den Anschaffungskosten. Werden Stückzinsen mitveräußert bzw. erworben, erhöhen diese jeweils den Veräußerungserlös bzw. die Anschaffungskosten. Zu beachten ist, dass für nicht in einem Betriebsvermögen gehaltene Wirtschaftsgüter und Derivate die Anschaffungskosten ohne Anschaffungsnebenkosten anzusetzen sind und auch nicht als Werbungskosten abgezogen werden dürfen (siehe Abschnitt 20.1.3).

Unter „Einlösung" wird üblicherweise die Einlösung samt Auszahlung eines Wertpapieres durch den Emittenten, insbesondere von Nullkuponanleihen, verstanden. Dabei liegen stets Einkünfte aus realisierten Wertsteigerungen vor (siehe Abschnitt 20.2.1.6.4.2).

(AÖF 2013/280)

Werden Wirtschaftsgüter und Derivate iSd § 27 Abs. 3 und 4 EStG 1988 mit derselben Wertpapierkennnummer bzw. ISIN in zeitlicher Aufeinanderfolge erworben und im selben Depot verwahrt, sind diese gemäß § 27a Abs. 4 Z 3 EStG 1988 mit dem gleitenden Durchschnittspreis (und – den allgemeinen steuerlichen Grundsätzen entsprechend – stets in Euro) zu bewerten: **6145**

$$pGLD_{neu} = \frac{pGLD_{alt} \times x_{alt} + p_{neu} \times x_{neu}}{x_{alt} + x_{neu}}$$

$pGLD_{neu}$:	neuer Durchschnittspreis
$pGLD_{alt}$:	alter Durchschnittspreis
x_{alt}:	bisherige Bestandsmenge
x_{neu}:	Einstandsmenge der neuen Ware
p_{neu}:	Einstandspreis der neuen Ware

Liegen diese Voraussetzungen nicht vor (etwa bei inhaltlich ident ausgestalteten Optionen ohne ISIN, kann im Fall eines entsprechenden Realisationstatbestandes der Steuerpflichtige bestimmen, welches Wirtschaftsgut verkauft wurde.

(AÖF 2013/280)

6145a Nicht in den gleitenden Durchschnittspreis gehen ein:

- Altvermögen; liegt Alt- und Neuvermögen vor, kann der Steuerpflichtige im Veräußerungsfall eine Zuordnung treffen (siehe Abschnitt 20.1.1.3).
- Wirtschaftsgüter und Derivate iSd § 27 Abs. 3 und 4 EStG 1988, deren Anschaffungskosten gemäß § 93 Abs. 4 EStG 1988 pauschal angesetzt wurden (siehe Abschnitt 29.5.1.1; diese sind auch von der Abgeltungswirkung gemäß § 97 EStG 1988 ausgeschlossen).

(AÖF 2013/280)

6145b Wurden dagegen die Anschaffungskosten von im Übergangszeitraum angeschafften Wirtschaftsgütern und Derivaten aufgrund § 124b Z 185 lit. a EStG 1988 iVm der dazu ergangenen Wertpapier-Anschaffungskosten-VO vom gemeinen Wert am 1. April 2012 abgeleitet, gehen diese in den gleitenden Durchschnittspreis ein (vgl. § 3 zweiter TS Wertpapier-Anschaffungskosten-VO). War eine Ableitung am 1. April 2012 mangels eines Kurswertes nicht möglich, kann auch kein Einbezug in die Durchschnittspreise erfolgen. Aufgrund des Verweises im § 27a Abs. 6 EStG 1988 gilt die Bewertungsbestimmung des § 27a Abs. 4 Z 3 EStG 1988 auch für den gesamten betrieblichen Bereich.

(AÖF 2013/280)

20.2.2.3 Sonstige Abschichtung

(AÖF 2013/280)

6146 Unter „sonstige Abschichtung“ wird die Abschichtung eines stillen Gesellschafters verstanden. Ist die stille Einlage wertgesichert, so erhöht dies den Abschichtungserlös. Erfolgt die Abschichtung zu einem geringeren Betrag als dem Einlagenstand, dann liegt ein Verlust am Vermögensstamm vor, der aufgrund § 27 Abs. 8 Z 2 EStG 1988 nicht mehr ausgeglichen werden kann.

Beispiel:

Einlage Jahr 01	*50.000*
Verlustanteil Jahr 01	*30.000*
Nachschuss Jahr 02	*10.000*
Gewinnanteile Jahre 02 bis 04	*40.000*
Abschichtungserlös	*70.000*

Der Einlagenstand beträgt im Jahr 04 60.000, der steuerpflichtige Abschichtungsüberschuss daher 10.000.

(AÖF 2013/280)

6146a Ist die Einlage durch Verluste unter den ursprünglichen Stand der Einlage gesunken, so ist der Abschichtungsüberschuss zunächst um diese Wartetastenverluste zu kürzen; nur die verbleibende Differenz ist steuerpflichtig.

Beispiel:

Einlage Jahr 01	*500.000*
Verlustanteil Jahr 01	*300.000*
Gewinnanteile Jahre 02 bis 04	*200.000*
Abschichtungserlös	*550.000*

Der Einlagestand beträgt vor der Abschichtung 400.000, der Wartetastenverlust 100.000. Der Abschichtungsüberschuss von 150.000 wird zunächst mit dem Wartetastenverlust von 100.000 verrechnet. Die Differenz in Höhe 50.000 ist gemäß § 27 Abs. 3 EStG 1988 steuerpflichtig.

Übersteigen die Wartetastenverluste den Abschichtungsüberschuss, können diese im Ergebnis weder ausgeglichen noch vorgetragen werden.

(AÖF 2013/280)

20.2.2.4 Entstrickung

(BMF-AV Nr. 2018/79)

20.2.2.4.1 Allgemeines

(AÖF 2013/280)

Der Entstrickungstatbestand hat Vorrang gegenüber dem Tatbestand der Depotentnahme. **6147**

Als Veräußerung im Sinne des § 27 Abs. 3 und 4 EStG 1988 gelten auch Umstände, die zur Einschränkung des Besteuerungsrechtes der Republik Österreich im Verhältnis zu anderen Staaten hinsichtlich eines Wirtschaftsgutes im Sinne des Abs. 3 oder eines Derivates im Sinne des Abs. 4 führen (§ 27 Abs. 6 Z 1 EStG 1988). Anders als bei der Vorgängerbestimmung des § 31 EStG 1988 idF vor dem BBG 2011 sind nicht nur wesentliche Beteiligungen (mindestens 1%) an Körperschaften erfasst, sondern sämtliche Wirtschaftsgüter und Rechtspositionen, die zur Erzielung von Einkünften aus Kapitalvermögen iSd § 27 EStG 1988 geeignet sind. Dem Grunde nach gehören dazu insbesondere Aktien, GmbH-Anteile, Anteile an Kapitalanlagefonds, § 40 oder § 42 des Immobilien-Investmentfondsgesetzes unterliegende Gebilde, Optionen, Termingeschäfte, stille Beteiligungen, Darlehen und Schuldverschreibungen.

(BMF-AV Nr. 2018/79)

Die Veräußerungsfiktion greift daher immer dann, wenn durch Umstände, welcher Art **6148** auch immer, irgendeine Besteuerungsmöglichkeit hinsichtlich eines Wirtschaftsgutes oder Derivates iSd § 27 Abs. 3 oder 4 EStG 1988 eingeschränkt wird. Maßgeblich sind somit nicht nur die Veräußerung selbst, sondern jegliche von den Grundtatbeständen erfassten Realisierungsvorgänge, wie etwa die Liquidation, der Differenzausgleich oder die sonstige Abschichtung. Geht somit hinsichtlich eines der steuerpflichtigen Realisierungsvorgänge das Besteuerungsrecht der Republik Österreich verloren, gelten die Umstände, die zur Einschränkung geführt haben, als Veräußerung und lösen somit die Steuerpflicht aus. Dies kann etwa dann der Fall sein, wenn hinsichtlich eines einzelnen Wirtschaftsgutes oder Derivates iSd § 27 Abs. 3 oder 4 EStG 1988 für bestimmte Realisierungsvorgänge das Besteuerungsrecht nicht eingeschränkt wird, für andere Realisierungsvorgänge hingegen schon.

Eine Einschränkung des Besteuerungsrechtes tritt auch dann ein, wenn das Besteuerungsrecht zwar dem Grunde nach aufrecht vorhanden ist, allerdings der Höhe nach eingeschränkt wird.

Umstände, die zur Einschränkung des Besteuerungsrechtes führen können, sind ua. die Wohnsitzverlegung in das Ausland, die unentgeltliche Übertragung von Wirtschaftsgütern und Derivaten an einen Steuerausländer oder die Übertragung auf eine ausländische Stiftung, wenn in allen diesen Fällen das Besteuerungsrecht Österreichs auf Grund des EStG 1988 oder durch ein DBA an zukünftigen Realisierungsüberschüssen eingeschränkt wird.

(BMF-AV Nr. 2018/79)

Im Folgenden wird der Ausdruck „Entstrickung“ stellvertretend für alle möglichen Um- **6148a** stände, in denen das Besteuerungsrecht der Republik Österreich eingeschränkt wird, verwendet. Eine aktive Handlung des Steuerpflichtigen ist nicht erforderlich. Auch der Tod des Steuerpflichtigen oder der Abschluss bzw. die Änderung eines DBA kann einen Umstand iSd § 27 Abs. 6 Z 1 EStG 1988 darstellen (siehe dazu auch Rz 2518).

Die Steuerpflicht tritt auch dann ein, wenn zwar der inländische Wohnsitz und demzufolge auch die unbeschränkte Steuerpflicht beibehalten wird, aber wegen der Verlegung des Mittelpunktes der Lebensinteressen in einen anderen Staat der ausschließliche Besteuerungsanspruch an späteren Wertsteigerungen durch das Abkommen dem anderen Staat übertragen wird.

Bei Wegzug einer natürlichen Person in einen Staat der Europäischen Union oder des Europäischen Wirtschaftsraumes ist vorgesehen, dass die anlässlich des Wegzugs entstandene Steuerschuld auf Antrag nicht festzusetzen ist. Dies gilt ebenso bei der unentgeltlichen Übertragung eines Wirtschaftsgutes oder Derivates an eine andere natürliche Person, die in einem Staat der Europäischen Union oder des Europäischen Wirtschaftsraumes ansässig ist.

(BMF-AV Nr. 2019/75)

6148b Art. 13 Abs. 4 des DBA-Schweiz (Revisionsprotokoll) sieht hinsichtlich in- und ausländischer Gesellschaftsbeteiligungen im Fall des tatsächlichen Wegzugs (Wohnsitzverlegung) in den anderen Vertragsstaat zeitlich unbeschränkt die Beibehaltung des Besteuerungsrechtes des bisherigen Ansässigkeitsstaates im Fall der Veräußerung vor, wobei sichergestellt wird, dass die bis zum Wegzug angewachsenen stillen Reserven im Wegzugsstaat steuerhängig bleiben. Art. 13 Abs. 4 des revidierten Abkommens enthält das abkommensrechtliche Verbot einer Besteuerung lediglich aus Anlass des Wegzuges; dieses Verbot steht einer bloßen Ermittlung der Steuerschuld aus Anlass des Wegzugs nicht entgegen. Das bedeutet für die Anwendbarkeit von § 27 Abs. 6 Z 1 EStG 1988:

Bei einer Beteiligung von mindestens 1% an einer österreichischen Körperschaft kommt § 27 Abs. 6 Z 1 EStG 1988 nicht zur Anwendung, weil gemäß § 98 Abs. 1 Z 5 lit. e EStG 1988 nach dem Wegzug beschränkte Steuerpflicht besteht und diese durch das DBA-Schweiz nicht eingeschränkt wird.

Bei einer Beteiligung an einer ausländischen Körperschaft kommt § 27 Abs. 6 Z 1 EStG 1988 zur Anwendung, weil bereits nach innerstaatlichem Recht nach dem Wegzug keine Steuerpflicht mehr besteht. Das im DBA-Schweiz enthaltene Verbot einer Besteuerung lediglich aus Anlass des Wegzugs hindert Österreich aber daran, die Steuerschuld im Jahr des Wegzugs festzusetzen; es kommt damit faktisch zu einem Besteuerungsaufschub, der § 27 Abs. 6 Z 1 lit. a EStG 1988 entspricht. Es bestehen daher keine Bedenken, die in Abschnitt 20.2.2.4.9 vorgesehenen Regelungen auf diesen Fall entsprechend anzuwenden.

Art. 13 Abs. 4 DBA-Schweiz kommt allerdings nur in Fällen des unmittelbaren Ansässigkeitswechsels zur Anwendung, sodass im Falle von zwei Ansässigkeitswechseln (zB Wegzug von Österreich nach Großbritannien und dann weiterer Wegzug in die Schweiz) davon auszugehen ist, dass die Bestimmung keine Anwendung findet (vgl. EAS 3378).

Auf sonstige Wirtschaftsgüter und Derivate iSd § 27 Abs. 3 und 4 EStG 1988 (zB Investmentfondsanteile) und auf andere Umstände (andere als der Ansässigkeitswechsel), die zur Einschränkung des Besteuerungsrechtes der Republik Österreich im Verhältnis zur Schweiz führen können (zB eine unentgeltliche Übertragung an eine in der Schweiz ansässige Person), kommen die speziellen abkommensrechtlichen Bestimmungen hingegen nicht zur Anwendung.

(BMF-AV Nr. 2018/79)

20.2.2.4.2 Inländische und ausländische Beteiligungen

(AÖF 2013/280)

6149 Im Falle des Wegzugs werden Beteiligungen an inländischen Kapitalgesellschaften erfasst, wenn das Besteuerungsrecht Österreichs (§ 98 Abs. 1 Z 5 lit. e bzw. § 98 Abs. 1 Z 3 EStG 1988) eingeschränkt wird.

Beteiligungen an ausländischen Kapitalgesellschaften werden hingegen stets erfasst. In den letztgenannten Fällen kommt es immer zum Entstehen einer Steuerschuld nach § 27 Abs. 6 EStG 1988, denn in diesen Fällen geht mit dem Eintritt der beschränkten Steuerpflicht bereits nach inländischem Recht das Besteuerungsrecht an den Wertsteigerungen verloren, weil solche Beteiligungen nicht von § 98 Abs. 1 Z 5 lit. e EStG 1988 erfasst sind.

Zum Antrag auf Nichtfestsetzung der Steuerschuld bei Wegzug einer natürlichen Person in einen Staat der Europäischen Union oder in einen Staat des Europäischen Wirtschaftsraumes sowie bei unentgeltlichen Übertragungen an eine andere natürliche Person in einen solchen Staat siehe Abschnitt 20.2.2.4.9.

(BMF-AV Nr. 2019/75)

20.2.2.4.3 Sonstige Wirtschaftsgüter und Derivate

(AÖF 2013/280)

6150 Ebenso wie bei Beteiligungen an ausländischen Kapitalgesellschaften, führt ein Wegzug in Bezug auf sonstige Wirtschaftsgüter und Derivate im Sinne des § 27 Abs. 3 und 4 EStG 1988 stets zum Entstehen der Steuerpflicht gemäß § 27 Abs. 6 Z 1 EStG 1988. Mit Eintritt der beschränkten Steuerpflicht geht nämlich auch bezüglich sonstiger Wirtschaftsgüter und Derivate nach inländischem Recht das Besteuerungsrecht an den Wertsteigerungen verloren, weil § 98 Abs. 1 EStG 1988 abgesehen von Beteiligungen an inländischen Kapitalgesellschaften keine sonstigen Wirtschaftsgüter und Derivate erfasst. Als sonstige Wirtschaftsgüter und Derivate kommen insbesondere Anteilscheine an Investmentfonds, Anleihen, stille Beteiligungen, Index- und sonstige Zertifikate sowie Optionen in Betracht.

(BMF-AV Nr. 2018/79)

20.2.2.4.4 Stückzinsen

(AÖF 2013/280)

Durch die Neuordnung der Besteuerung von Kapitalvermögen werden anteilige Einkünfte aus der Überlassung von Kapital („Stückzinsen") nicht mehr als Einkünfte aus der Überlassung von Kapital, sondern als Teil des Kapitalstamms behandelt: Gemäß § 27a Abs. 3 Z 2 lit. a EStG 1988 sind sie beim Veräußerer Teil des Veräußerungserlöses, beim Erwerber Teil der Anschaffungskosten. Entsprechendes gilt, wenn die Veräußerung lediglich fingiert wird, wie es auch bei der Entstrickung im Sinne des § 27 Abs. 6 Z 1 EStG 1988 der Fall ist. Hier sind die Stückzinsen ein Bestandteil des gemeinen Werts im Sinne des § 27a Abs. 3 Z 2 lit. b EStG 1988 (siehe dazu Abschnitt 20.1.1.2). Dies gilt auch im Falle des Zuzugs sowie bei einer steuerpflichtigen Depotentnahme bzw. -übertragung. **6151**

(BMF-AV Nr. 2018/79)

20.2.2.4.5 Privatvermögen

(AÖF 2013/280)

Unter die in § 27 Abs. 6 Z 1 EStG 1988 normierte Entstrickungsbesteuerung fallen nur im Privatvermögen gehaltene Wirtschaftsgüter und Derivate. **6152**

(BMF-AV Nr. 2018/79)

20.2.2.4.6 Wertzuwachs als Bemessungsgrundlage

(AÖF 2013/280)

Der Steuerpflicht unterliegt der Wertzuwachs der Wirtschaftsgüter und Derivate während der Dauer der inländischen Ansässigkeit (inklusive allfälliger Stückzinsen). Es ist dies der Unterschiedsbetrag zwischen dem gemeinen Wert zum Zeitpunkt der Einschränkung des Besteuerungsrechts (inklusive allfälliger Stückzinsen) und den Anschaffungskosten (§ 27a Abs. 3 Z 2 lit. b EStG 1988). **6153**

Im Fall eines vorhergehenden Zuzuges nach Österreich oder eines sonstigen vorhergehenden Eintrittes in die unbeschränkte Steuerpflicht hinsichtlich eines Wirtschaftsgutes oder Derivates im Sinne des § 27 Abs. 3 und 4 EStG 1988 (zB Erwerb einer Beteiligung an einer ausländischen Gesellschaft im Erbweg) soll der vor der Verstrickung angefallene Wertzuwachs nicht in die Steuerpflicht einbezogen werden. Dies wird gemäß § 27 Abs. 6 Z 1 lit. e EStG 1988 durch Ansatz des gemeinen Wertes anlässlich des Zuzuges als Anschaffungskosten erreicht (siehe aber Abschnitt 20.2.2.4.9 bei vorhergehendem Wegzug mit Unterbleiben der Steuerfestsetzung).

Findet vor dem Eintritt in die inländische unbeschränkte Steuerpflicht im Ausland eine Entstrickungsbesteuerung statt, besteht – sofern sich nicht aus einem Doppelbesteuerungsabkommen anderes ergibt – keine Bindung an den im Ausland als fiktiven Entstrickungsgewinn angesetzten Wert.

(BMF-AV Nr. 2018/79)

20.2.2.4.7 Verlustausgleich

(AÖF 2013/280)

Die Bestimmungen über den Verlustausgleich bei Einkünften aus Kapitalvermögen (§ 27 Abs. 8 EStG 1988) kommen grundsätzlich auch im Rahmen der Entstrickungsbesteuerung zur Anwendung. **6154**

Wird anlässlich einer Entstrickung die Besteuerung sofort vorgenommen oder in Raten entrichtet (es findet keine Nichtfestsetzung der Steuerschuld statt), können die entstrickungsbedingten Verluste oder Gewinne im Rahmen des Verlustausgleichs entsprechend behandelt werden. Das bedeutet, wenn anlässlich einer Entstrickung eines Wirtschaftsguts iSd § 27 Abs. 3 EStG 1988 oder Derivats iSd § 27 Abs. 4 EStG 1988 das Ratenzahlungskonzept zur Anwendung kommt, werden – wie bei einer Sofortbesteuerung der Entstrickungsbeträge – die entstrickungsbedingten Verluste oder Gewinne im Rahmen des Verlustausgleichs entsprechend § 27 Abs. 8 EStG 1988 behandelt.

Beispiel 1:

Der in Österreich unbeschränkt steuerpflichtige A schenkt ein Aktienpaket seinem in China ansässigen Neffen. Im Jahr der Schenkung ist der Wert des Aktienpakets um 100 höher als bei der Anschaffung, zusätzlich hat A Verluste von 30 aus dem Verkauf einer Anleihe. Die Übertragung des Aktienpakets unterliegt der Entstrickungsbesteuerung; A kann den Entstrickungsgewinn von 100 um die erlittenen Verluste von 30 reduzieren, womit insgesamt 70 steuerpflichtig sind (keine Ratenzahlung).

Beispiel 2:

Der in Österreich unbeschränkt steuerpflichtige B legt seine im Privatvermögen gehaltenen Anteilscheine an einem Kapitalanlagefonds in eine in Deutschland gelegene Betriebsstätte seines Betriebes ein. Im Jahr der Einlage ist der Wert der Anteilscheine um 50 niedriger als bei der Anschaffung, zusätzlich hat B Gewinne von 120 aus dem Verkauf eines Aktienpakets. Die Einlage der Anteilscheine unterliegt der Entstrickungsbesteuerung; B kann den Entstrickungsverlust von 50 mit dem Veräußerungsgewinn von 120 ausgleichen, womit insgesamt 70 steuerpflichtig sind (keine Ratenzahlung).

Beispiel 3:

*Der in Österreich unbeschränkt steuerpflichtige C überträgt seine im Privatvermögen gehaltenen Aktien an eine intransparente liechtensteinische Privatstiftung. Im Jahr der Übertragung ist der Wert der Aktien um 140 höher als bei der Anschaffung, zusätzlich hat C Verluste in Höhe von 12,73 aus dem Verkauf von Investmentfondsanteilen. Die Übertragung der Aktien unterliegt der Entstrickungsbesteuerung, wobei C in der Steuererklärung einen Antrag auf Ratenzahlung stellen kann, wonach die Abgabenschuld gleichmäßig über einen Zeitraum von fünf Jahren zu entrichten ist. Da die Abgabenschuld jedoch bereits im Jahr der Übertragung entsteht, kann C den Verlust aus der Veräußerung der Investmentfondsanteile von 12,73 mit dem Veräußerungsgewinn von 140 ausgleichen, womit insgesamt 127,27 steuerpflichtig sind. Die darauf entfallende Steuerschuld (35 = 127,27 * 27,5%) kann daher auf Antrag auf fünf Jahre gleichmäßig verteilt (7) entrichtet werden. Eine spätere vorzeitige Fälligstellung der Raten hat keine Auswirkungen auf die Verlustverwertung.*

Wird auf Antrag des Steuerpflichtigen die Steuerschuld nicht festgesetzt, ist hingegen ein sofortiger Ausgleich des Entstrickungsgewinns mit sonstigen realisierten Verlusten nicht möglich. Dies gilt auch für einen Ausgleich von im Zuge des Wegzugs entstandenen Entstrickungsverlusten mit Entstrickungsgewinnen.

Beispiel 4:

Der in Österreich unbeschränkt steuerpflichtige A zieht nach Deutschland. Im Jahr des Wegzugs ist der Wert seines Aktienpakets um 100 höher als bei der Anschaffung, zusätzlich hat A Verluste von 30 aus dem Verkauf einer Anleihe. Die Wohnsitzverlegung unterliegt der Entstrickungsbesteuerung. A kann dabei entweder:

1. *die Nichtfestsetzung der durch den Wegzug entstandenen Steuerschuld beantragen; diesfalls wird die ESt iHv 27,5 (27,5% von 100; bis 31.12.2015 25: 25% von 100) nicht festgesetzt, wohingegen die Verluste von 30 mangels Ausgleichsmöglichkeit (zunächst) nicht verwertet werden können;*
2. *oder auf die Beantragung der Nichtfestsetzung der durch den Wegzug entstandenen Steuerschuld verzichten; diesfalls wird der Entstrickungsgewinn von 100 um die erlittenen Verluste von 30 reduziert, womit die ESt 19,25 (27,5% von 70; bis 31.12.2015 17,5: 25% von 70) beträgt.*

Beispiel 5:

Der in Österreich unbeschränkt steuerpflichtige C zieht nach Deutschland, wodurch an seinen im Privatvermögen gehaltenen Aktien A ein Entstrickungsgewinn iHv 100 entsteht und an seinen im Privatvermögen gehaltenen Aktien B ein Entstrickungsverlust iHv 50. Die Wohnsitzverlegung unterliegt der Entstrickungsbesteuerung.

C kann dabei entweder:

1. *die Nichtfestsetzung der durch den Wegzug entstandenen Steuerschuld beantragen; diesfalls wird die ESt iHv 27,5 (27,5% von 100; bis 31.12.2015 25: 25% von 100) nicht festgesetzt, wohingegen die Verluste von 50 mangels Ausgleichsmöglichkeit (zunächst) nicht verwertet werden können;*
2. *oder auf die Beantragung der Nichtfestsetzung der durch den Wegzug entstandenen Steuerschuld verzichten; diesfalls wird der Entstrickungsgewinn von 100 um die erlittenen Verluste von 50 reduziert, womit die ESt 13,75 (27,5% von 50; bis 31.12.2015 12,5: 25% von 50) beträgt.*

Kommt es aufgrund eines dem Wegzug zeitlich nachgelagerten Realisierungsvorgangs (zB Veräußerung oder Weiterzug in einen Drittstaat) zu einer Festsetzung der Steuer, sind im Rahmen der Abänderung des Bescheides des Wegzugsjahres die zunächst nicht verwertbaren Verluste nachträglich zu berücksichtigen (siehe Beispiel 5). Ein Ausgleich mit späteren (zB im Jahr des Realisierungsvorganges eingetretenen) Verlusten ist dagegen nicht möglich.

(BMF-AV Nr. 2018/79, BMF-AV Nr. 2019/75)

20.2.2.4.8 KESt-Abzug oder Sondersteuersatz in der Veranlagung

(AÖF 2013/280)

Die Besteuerung anlässlich der Entstrickung findet – sofern § 27a Abs. 1 EStG 1988 zur Anwendung kommt – bei auf einem inländischen Depot verwahrten Wirtschaftsgütern und Derivaten grundsätzlich durch Kapitalertragsteuerabzug statt (siehe dazu Abschnitt 29.3), wobei das Ratenzahlungskonzept ausschließlich im Rahmen der Veranlagung in Anspruch genommen werden kann (siehe dazu Rz 2518d). **6155**

Sonstige Wirtschaftsgüter und Derivate werden im Rahmen der Veranlagung erfasst, wobei grundsätzlich der reguläre 27,5-prozentige Sondersteuersatz des § 27a Abs. 1 Z 2 EStG 1988 zur Anwendung kommt (bis 31.12.2015 sowie bei Geldeinlagen und nicht verbrieften sonstigen Forderungen bei Kreditinstituten gemäß § 27a Abs. 1 Z 1 EStG 1988: 25%). Handelt es sich bei den Wirtschaftsgütern und Derivaten hingegen um solche im Sinne des § 27a Abs. 2 EStG 1988, ist der Tarifsteuersatz anzuwenden (zB bei Anteilscheinen an einem § 40 oder § 42 des Immobilien-Investmentfondsgesetzes unterliegenden Gebilde, die bei ihrer Begebung entweder in rechtlicher oder in tatsächlicher Hinsicht nicht einem unbestimmten Personenkreis angeboten worden sind). Auch das Optieren auf die Regelbesteuerung gemäß § 27a Abs. 5 EStG 1988 ist möglich, wobei hier auch im Fall der nachträglichen Festsetzung nach § 295a BAO stets der Steuertarif des Wegzugsjahres zur Anwendung kommt. Der Antrag auf Anwendung des allgemeinen Steuertarifs kann nur im Wegzugsjahr gestellt werden.

(BMF-AV Nr. 2018/79)

20.2.2.4.9 Nichtfestsetzung der entstandenen Steuerschuld

(AÖF 2013/280)

Bei Wegzug einer natürlichen Person in einen Staat der Europäischen Union oder des Europäischen Wirtschaftsraumes ist auf Grund eines in der Steuererklärung gestellten Antrages über die durch den Wegzug entstandene Steuerschuld im Abgabenbescheid nur abzusprechen, die Steuerschuld jedoch bis zur tatsächlichen Veräußerung der Beteiligung nicht festzusetzen (§ 27 Abs. 6 Z 1 lit. a EStG 1988). Das Antragsrecht steht dabei für jedes im Zeitpunkt des Wegzugs vorhandene Wirtschaftsgut oder Derivat gesondert zu. **6156**

Ein Antrag auf Nichtfestsetzung kann außerdem bei unentgeltlicher Übertragung von Wirtschaftsgütern iSd § 27 Abs. 3 EStG 1988 und Derivaten iSd § 27 Abs. 4 EStG 1988 an eine andere natürliche Person gestellt werden, die in einem Staat der Europäischen Union oder des Europäischen Wirtschaftsraumes ansässig ist (zB Schenkung oder Übergang der Wirtschaftsgüter oder Derivate von Todes wegen auf eine natürliche Person). Es steht der Anwendung des Nichtfestsetzungskonzepts in Bezug auf diese Wirtschaftsgüter oder Derivate nicht entgegen, wenn es für diese zu einer Einschränkung des Besteuerungsrechts aufgrund einer unentgeltlichen Übertragung von anderen Wirtschaftsgütern oder Derivaten zwischen natürlichen Personen kommt.

Beispiel:

Eine in Bulgarien ansässige natürliche Person hält 90% der Anteile an einer inländischen GmbH. Ihr ebenfalls in Bulgarien ansässiger Sohn hält die restlichen 10% der Anteile an dieser GmbH. Österreich hat aufgrund von § 98 Abs. 1 Z 5 lit. e EStG 1988 iVm Art. 13 Abs. 4 lit. a DBA Österreich-Bulgarien an den Anteilen des Sohnes ein Besteuerungsrecht. Eine unentgeltliche Übertragung der Anteile durch den Vater bewirkt, dass es hinsichtlich dieser vom Sohn bereits vor der Übertragung gehaltenen Anteile zu einer Einschränkung des Besteuerungsrechts der Republik Österreich im Verhältnis zu Bulgarien aufgrund von Art. 13 Abs. 4 lit. b DBA Österreich-Bulgarien kommt. Der Sohn kann einen Antrag auf Nichtfestsetzung hinsichtlich der stillen Reserven in den bereits bestehenden Anteilen stellen.

Die Nichtfestsetzung der Steuerschuld gilt im Verhältnis zu einem Staat

- der Europäischen Union oder
- des Europäischen Wirtschaftsraumes (Norwegen, Liechtenstein und Island). Zur Schweiz siehe oben Abschnitt 20.2.2.4.1.

Da mit dem Wegzug bzw. der unentgeltlichen Übertragung die Steuerschuld zwar entsteht, aber nicht festgesetzt wird, steht der späteren Erhebung der Steuer kein DBA entgegen.

(BMF-AV Nr. 2021/65)

Der Antrag auf Nichtfestsetzung der Steuerschuld kann nur in der das Wegzugsjahr bzw. das Jahr der unentgeltlichen Übertragung betreffenden Steuererklärung gestellt werden, die vor Ergehen des Einkommensteuerbescheides eingebracht wurde. Wurde in dieser Steuererklärung kein Antrag gestellt, kann ein solcher in einer nach Ergehen des Einkommen- **6156a** steuerbescheides (zB in einem Berufungsverfahren oder einem wieder aufgenommenen Verfahren) eingereichten Steuererklärung nicht nachgeholt werden. Dies gilt auch in Fällen, in denen der Einkommensteuerbescheid nicht auf Grundlage einer vom Steuerpflichtigen eingereichten Steuererklärung erging; denn wird im Zuge einer Berufung gegen einen derartigen Einkommensteuerbescheid erstmalig eine Steuererklärung mit Antrag auf Nichtfestsetzung der Steuerschuld eingebracht, wurde der Antrag im Berufungsverfahren und nicht in der Steuererklärung gestellt.

Der Antrag auf Nichtfestsetzung wirkt der Höhe nach immer für sämtliche im betroffenen Wirtschaftsgut entstrickten stillen Reserven, auch wenn der in der betreffenden Steuererklärung erklärte gemeine Wert sich nachträglich als objektiv zu niedrig herausstellt.

Das Vorliegen der Voraussetzungen für die Nichtfestsetzung der Steuerschuld (Wegzug einer natürlichen Person in einen Staat der Europäischen Union oder des EWR oder unentgeltliche Übertragung von Wirtschaftsgütern und Derivaten an eine andere natürliche Person, die in einem Staat der Europäischen Union oder des Europäischen Wirtschaftsraumes ansässig ist) ist durch eine Ansässigkeitsbescheinigung nachzuweisen.

(BMF-AV Nr. 2019/75)

6156b Eine nach dem Wegzug erfolgte tatsächliche Realisierung im Sinne des § 27 Abs. 3 und 4 EStG 1988 oder der nachfolgende Wegzug bzw. die spätere Überführung des Wirtschaftsgutes oder Derivates in einen Drittstaat gilt als rückwirkendes Ereignis im Sinne des § 295a BAO, das die Festsetzung der Steuer im Wege der Abänderung des Bescheides des Wegzugsjahres nach sich zieht. Der Eintritt des rückwirkenden Ereignisses ist dem zuständigen Finanzamt vom Steuerpflichtigen anzuzeigen, wenn das rückwirkende Ereignis in der Begründung des Bescheides angeführt ist (§ 120 Abs. 3 BAO).

Die Neufestsetzung der Steuer im Bescheid des Wegzugsjahres wird daher ausgelöst durch:

- Eine tatsächliche Veräußerung oder eines sonstigen Realisierungsvorgangs der Wirtschaftsgüter und Derivate durch den Steuerpflichtigen selbst oder seinen unentgeltlich erwerbenden Rechtsnachfolger.

Beispiel 6:

A schenkt 2013 seine Anteile an der XY-AG seinem Sohn B mit Wohnsitz in München. Dieser Vorgang unterliegt der Entstrickungsbesteuerung; A macht von der Möglichkeit Gebrauch, die Steuerschuld hinsichtlich der in der Beteiligung enthaltenen stillen Reserven nicht festsetzen zu lassen. 2014 verkauft B die Beteiligung. Der Verkauf durch B gilt als rückwirkendes Ereignis, das die Abänderung des an A gerichteten Bescheides des Entstrickungsjahres nach sich zieht.

Beispiel 7:

B mit Wohnsitz in Wien ist an der deutschen X-AG beteiligt. 2016 übersiedelt B nach Budapest unter Aufgabe seines Wohnsitzes in Wien. Die durch den Wegzug entstehende Steuerschuld wird bei der Veranlagung 2016 antragsgemäß nicht festgesetzt. 2018 veräußert B seine Beteiligung. Der Verkauf durch B gilt als rückwirkendes Ereignis, das die Abänderung des an B gerichteten Bescheides des Wegzugsjahres nach sich zieht.

- Einen späteren Wegzug in einen Staat, der nicht der Europäischen Union angehört oder einen Staat des Europäischen Wirtschaftsraumes bzw. eine spätere Überführung des Wirtschaftsgutes oder Derivates in einen solchen Staat (fiktive Veräußerung).

  Um zu verhindern, dass durch einen Wegzug/Überführung in einen EU-Staat/EWR-Staat mit anschließendem Wegzug/Überführung in einen Drittstaat die Entstrickungsbesteuerung umgangen wird, gilt ein weiterer Wegzug in einen Drittstaat als Veräußerung, die die Festsetzung der Steuer im Wege der Abänderung des Bescheides des Wegzugsjahres nach sich zieht.

Beispiel 8:

A mit Wohnsitz in Wien ist an der deutschen X-AG beteiligt. 2012 übersiedelt A nach München unter Aufgabe seines Wohnsitzes in Wien. Die durch den Wegzug entstehende Steuerschuld wird bei der Veranlagung 2012 antragsgemäß nicht festgesetzt. 2014 übersiedelt A unter Aufgabe seines Wohnsitzes in München nach

a) Oslo,

b) Istanbul.

Im Fall a) gilt der Wegzug nicht als Veräußerung, da es sich bei Norwegen um einen EWR-Staat handelt.

Im Fall b) gilt der Wegzug als Veräußerung, da die Türkei ein Drittstaat iSd § 27 Abs. 6 Z 1 lit. b EStG 1988 ist.

(BMF-AV Nr. 2019/75)

Für rückwirkende Ereignisse iSd § 295a BAO richtet sich der Verjährungsbeginn nach § 208 Abs. 1 lit. e BAO. Nach § 208 Abs. 1 lit. e BAO beginnt die Verjährung in den Fällen des § 295a BAO mit Ablauf des Jahres, in dem das Ereignis eingetreten ist. Abänderungen gemäß § 295a BAO sind daher auch dann zulässig, wenn die vom Jahr des Entstehens des Abgabenanspruches abgeleitete (fünfjährige) Bemessungsverjährungsfrist (§ 208 Abs. 1 lit. a BAO) bereits abgelaufen ist. Die absolute Verjährungsfrist des § 209 Abs. 5 BAO für die nachträgliche Abgabenfestsetzung aufgrund eines Nichtfestsetzungsantrages beginnt mit Eintritt des rückwirkenden Ereignisses zu laufen. Das Recht auf Festsetzung verjährt daher erst 10 Jahre nach Ablauf des Jahres, in dem das rückwirkende Ereignis (zB Veräußerung) eingetreten ist. Dies gilt für alle Nichtfestsetzungsfälle, für die die absolute Verjährungsfrist mit 1.1.2016 (= Inkrafttreten des § 209 Abs. 5 BAO idF AbgÄG 2015) noch nicht angelaufen ist. Es kann daher im Falle einer nach dem 31.12.2005 entstandenen, aber nichtfestgesetzten Steuerschuld künftig noch zu einer Festsetzung kommen, auch wenn das rückwirkende Ereignis erst nach Ablauf der bisherigen absoluten Verjährungsfrist (10 Jahre ausgehend vom damaligen Entstrickungszeitpunkt) eintritt. Siehe auch Rz 2517g. **6156c**

(BMF-AV Nr. 2018/79)

Sollte es zwischen dem Wegzug/der Überführung und der tatsächlichen Veräußerung zu einer Wertminderung der Beteiligung gekommen sein, reduziert diese die Bemessungsgrundlage bis auf Null, soweit die Wertminderung nicht im Zuzugstaat berücksichtigt wird (§ 27a Abs. 3 Z 2 lit. b EStG 1988). Zwischen Wegzug und Veräußerung eingetretene Wertminderungen sind dabei höchstens im Umfang des bei Wegzug/Überführung nicht festgesetzten Veräußerungsgewinns zu berücksichtigen. Damit wird sichergestellt, dass nur tatsächlich realisierte Wertsteigerungen der Besteuerung unterliegen. Für den KESt-Abzug ist dagegen der Veräußerungserlös maßgeblich (siehe Abschnitt 29.3.2.3). **6156d**

Beispiel 9:

	Fall 1	*Fall 2*	*Fall 3*
Anschaffungskosten im Jahr 2015	*500*	*500*	*500*
Gemeiner Wert bei Wegzug im Jahr 2016	*800*	*800*	*800*
Erlös aus Veräußerung nach Wegzug im Jahr 2017	*700*	*900*	*400*
Einkünfte (§ 27 Abs. 6 Z 1 EStG 1988) des Jahres 2016 (§ 295a BAO) bei Inanspruchnahme der Steuernichtfestsetzung im Jahr 2016	*200*	*300*	*0*
Einkünfte (§ 27 Abs. 6 Z 1 EStG 1988) des Jahres 2016 bei Versteuerung im Jahr 2016 (kein Antrag auf Steuernichtfestsetzung gestellt)	*300*	*300*	*300*

Beispiel 10:

A besitzt Aktien der finnischen X-AG (Anschaffungskosten 10.000 Euro). Im Jahr 2016 verlegt A seinen Wohnsitz von Österreich nach Deutschland. Der gemeine Wert der X-Aktien beträgt zum Wegzugszeitpunkt 27.000 Euro. A erzielt im Jahr 2016 folgende Einkünfte:

Einkünfte aus Gewerbebetrieb	*-1.000 Euro*
Einkünfte aus Vermietung und Verpachtung	*15.000 Euro*
Gesamtbetrag der Einkünfte	*14.000 Euro*
Einkünfte gemäß § 27 Abs. 6 Z 1 EStG 1988	*17.000 Euro*

1. *A beantragt die Nichtfestsetzung der auf die Einkünfte gemäß § 27 Abs. 6 Z 1 EStG 1988 entfallenden Einkommensteuer.*

   Vereinfachte ESt Berechnung (Durchschnittssteuersatz bei 14.000 Euro = 5,36%):

14.000 Euro mit 5,36%	*750 Euro*
17.000 Euro mit 27,5%	*4.675 Euro*
ESt-Gesamt	*5.425 Euro*

   Der Nichtfestsetzungsbetrag beträgt 27,5% von 17.000 Euro somit 4.675 Euro.

2. *Im Jahr 2018 verkauft A seine Beteiligung um 26.000 Euro (Anschaffungskosten 10.000 Euro). Die Veräußerung löst die Neufestsetzung der Einkommensteuer 2016 aus:*

Einkünfte aus Gewerbebetrieb	*-1.000 Euro*
Einkünfte aus Vermietung und Verpachtung	*15.000 Euro*
Gesamtbetrag der Einkünfte	*14.000 Euro*
Einkünfte gemäß § 27 Abs. 6 Z 1 EStG 1988	*16.000 Euro*

Vereinfachte ESt Berechnung (Durchschnittssteuersatz bei 14.000 Euro = 5,36%):

14.000 Euro mit 5,36%	*750 Euro*
16.000 Euro mit 27,5%	*4.400 Euro*
ESt-Gesamt	*5.150 Euro*
ESt vor § 295a BAO	*750 Euro*
ESt nach § 295a BAO	*5.150 Euro*
Nachforderung	*4.400 Euro*

Beispiel 11:

B besitzt eine Nullkuponanleihe (Anschaffungskosten 10.000 Euro). Im Jahr 2016 verlegt B seinen Wohnsitz von Österreich nach Deutschland. Der gemeine Wert der Anleihe beträgt zum Wegzugszeitpunkt 19.000 Euro. B erzielt im Jahr 2016 folgende Einkünfte:

Einkünfte aus selbständiger Arbeit	*-3.000 Euro*
Einkünfte aus Vermietung und Verpachtung	*18.000 Euro*
Gesamtbetrag der Einkünfte	*15.000 Euro*
Einkünfte gemäß § 27 Abs. 6 Z 1 EStG 1988	*9.000 Euro*

1. *B beantragt unter Geltendmachung der Regelbesteuerungsoption (§ 27a Abs. 5 EStG 1988) die Nichtfestsetzung der auf die Einkünfte gemäß § 27 Abs. 6 Z 1 EStG 1988 entfallenden Einkommensteuer.*

   Vereinfachte ESt Berechnung:

   Durchschnittssteuersatz bei 24.000 Euro = 16,04%

   Durchschnittssteuersatz bei 15.000 Euro = 6,67%

24.000 Euro mit 16,04%	*3.850 Euro*
ESt-Gesamt	*3.850 Euro*
ESt ohne § 27 Abs. 6 Z 1 EStG 1988 (15.000 Euro mit 6,67%)	*1.000 Euro*
Nichtfestsetzungsbetrag	*2.850 Euro*

2. *Im Jahr 2018 verkauft B seine Nullkuponanleihe um 17.000 Euro. Die Veräußerung löst die Neufestsetzung der Einkommensteuer 2016 aus:*

Einkünfte aus selbständiger Arbeit	*-3.000 Euro*
Einkünfte aus Vermietung und Verpachtung	*18.000 Euro*
Einkünfte gemäß § 27 Abs. 6 Z 1 lit. b EStG 1988	*7.000 Euro*
Gesamtbetrag der Einkünfte	*22.000 Euro*

Vereinfachte ESt Berechnung (Durchschnittssteuersatz bei 22.000 Euro = 14,32%):

22.000 Euro mit 14,32%	*3.150 Euro*
ESt-Gesamt	*3.150 Euro*
ESt vor § 295a BAO	*1.000 Euro*
ESt nach § 295a BAO	*3.150 Euro*
Nachforderung	*2.150 Euro*

Eine Doppelberücksichtigung von Wertminderungen ist aber nicht zulässig. Wird die nach dem Wegzug eingetretene Wertminderung im Zuzugstaat berücksichtigt, kann diese Wertminderung in Österreich nicht berücksichtigt werden (§ 27a Abs. 3 Z 2 lit. b EStG 1988). Eine „Berücksichtigung" im Zuzugsstaat liegt jedenfalls dann vor, wenn die Verluste tatsächlich – aktuell oder zu einem späteren Zeitpunkt – mit anderen Einkünften ausgeglichen werden können. Die Steuer ist daher in Höhe des seinerzeitigen Nichtfestsetzungsbetrages festzusetzen. Ist hingegen eine Verrechnung im Ausland nicht möglich, weil

- aufgrund von rechtlichen Beschränkungen kein Ausgleich möglich ist,
- keine positiven Einkünfte vorliegen und kein Verlustvortrag gewährt wird oder
- aufgrund von Bewertungsunterschieden kein Verlust entsteht,

kann die inländische Bemessungsgrundlage gemindert werden.

Auf die mit Wegzug entstandene, aber zunächst nicht festgesetzte Steuerschuld sind im Fall der nachträglichen Festsetzung keine Anspruchszinsen (§ 205 BAO) zu entrichten.

(BMF-AV Nr. 2018/79)

Erfolgt in den Fällen nicht festgesetzter Steuerschuld ein Wiedereintritt in das Besteuerungsrecht der Republik Österreich, sind die ursprünglichen Anschaffungskosten vor der Entstrickung maßgeblich, höchstens aber der gemeine Wert im Zeitpunkt des Wiedereintritts. Dadurch soll eine doppelte Berücksichtigung von im Ausland eingetretenen Wertminderungen vermieden werden. Es bestehen keine Bedenken, wenn für Zwecke des KESt-Abzuges vom gemeinen Wert zum Zuzugszeitpunkt unter Fortführung des Merkpostens (für den Unterschiedsbetrag zwischen dem gemeinen Wert im Zeitpunkt des Wegzugs und den Anschaffungskosten siehe Abschnitt 29.3.2.3) ausgegangen wird. Die spätere Veräußerung gilt nicht als rückwirkendes Ereignis im Sinne des § 295a der Bundesabgabenordnung. Weist der Steuerpflichtige nach, dass Wertsteigerungen im EU/EWR-Raum außerhalb der Republik Österreich eingetreten sind, sind diese vom Veräußerungserlös abzuziehen (§ 27 Abs. 6 Z 1 lit. e letzter Satz EStG 1988). **6156e**

Beispiel 12:

Nach (unter Einschränkung des Besteuerungsrechtes Österreichs) erfolgtem Wegzug einer natürlichen Person in einen Staat der Europäischen Union oder in einen Staat des Europäischen Wirtschaftsraumes erfolgt:

a) Ein Zuzug nach Österreich oder

b) ein Weiterzug in einen Staat, mit dem Österreich ein DBA abgeschlossen hat, das die Besteuerung von Einkünften aus der Veräußerung von Wirtschaftsgütern und Derivaten iSd § 27 Abs. 3 und 4 EStG 1988 dem Ansässigkeitsstaat zuteilt, oder

c) ein Weiterzug in einen Staat, mit dem Österreich kein DBA abgeschlossen hat.

d) ein Weiterzug in einen Staat, mit dem Österreich ein DBA geschlossen hat, das Österreich die Besteuerung der stillen Reserven in den betreffenden Wirtschaftsgütern und Derivaten iSd § 27 Abs. 3 und 4 EStG 1988 erlaubt.

In Bezug auf Beteiligungen iSd § 98 Abs. 1 Z 5 lit. e EStG 1988 (Beteiligungen an Kapitalgesellschaften mit Sitz oder Geschäftsleitung im Inland, an denen der Steuerpflichtige bzw. sein Rechtsvorgänger innerhalb der letzten fünf Kalenderjahre zu mindestens 1% beteiligt war) erfolgt in den Fällen a, c und d ein Wiedereintritt in das Besteuerungsrecht der Republik Österreich. In diesen Fällen kommen die letzten drei Sätze des § 27 Abs. 6 Z 1 lit. e EStG 1988 zur Anwendung.

In Bezug auf sonstige Wirtschaftsgüter und Derivate iSd § 27 Abs. 3 und 4 EStG 1988 liegt nur im Fall a) ein Wiedereintritt in das Besteuerungsrecht der Republik Österreich vor, weil in diesen Fällen keine beschränkte Steuerpflicht gemäß § 98 Abs. 1 Z 5 EStG 1988 besteht. In allen anderen Fällen zieht der Weiterzug die Nachfestsetzung der Steuer nach sich, wenn es sich um Drittstaaten iSd § 27 Abs. 6 Z 1 lit. b EStG 1988 handelt.

Beispiel 13:

E mit Wohnsitz in Wien legte 2013 privat gehaltene Anteile an einem Indexzertifikat in die in München gelegene Betriebsstätte seines Gewerbebetriebes ein. Dieser Vorgang unterlag der Wegzugsbesteuerung gemäß § 27 Abs. 6 Z 1 lit. b EStG 1988 idF vor AbgÄG 2015; E machte von der Möglichkeit Gebrauch, die Steuerschuld hinsichtlich der in den Zertifikatanteilen enthaltenen stillen Reserven nicht festsetzen zu lassen. 2016 entnimmt E die Zertifikatanteile wieder aus dem Betriebsvermögen der Betriebsstätte in München in sein Privatvermögen. Da durch diesen Vorgang der Besteuerungsanspruch Österreichs hinsichtlich der Zertifikatanteile wieder auflebt, hat eine Steuerfestsetzung zu unterbleiben und es ist der Wertansatz vor Wegzug maßgeblich, wobei im Realisierungsfall in Deutschland eingetretene nachgewiesene Wertsteigerungen abzugsfähig sind.

Beispiel 14:

F mit Wohnsitz in Graz legte 2013 privat gehaltene Anteilscheine an einem Kapitalanlagefonds in die in Berlin gelegene Betriebsstätte seines Gewerbebetriebes ein. Dieser Vorgang unterlag der Wegzugsbesteuerung gemäß § 27 Abs. 6 Z 1 lit. b EStG 1988 idF vor AbgÄG 2015; F machte von der Möglichkeit Gebrauch, die Steuerschuld hinsichtlich der in den Anteilscheinen enthaltenen stillen Reserven nicht festsetzen zu lassen. 2016 schenkt F die Anteilscheine seinem in Heidelberg wohnhaften Sohn. Der Schenkung ist gedanklich eine Entnahme ins Privatvermögen vorgelagert, durch die der Besteuerungsanspruch Österreichs hinsichtlich der Anteilscheine wieder auflebt, sodass die (wegzugsbedingte) Steuerfestsetzung zu unterbleiben hat. Die Schenkung an den in Deutschland wohnhaften Sohn stellt einen neuerlichen Wegzugsfall dar, für den gemäß § 27 Abs. 6 Z 1 lit. a EStG 1988 idF AbgÄG 2015 erneut die Möglichkeit eines Antrags auf Nichtfestsetzung besteht.

Beispiel 15:

G mit Wohnsitz in Linz legte 2013 privat gehaltene Aktien in die in Köln gelegene Betriebsstätte seines Gewerbebetriebes ein. Dieser Vorgang unterlag der Wegzugsbesteuerung gemäß § 27 Abs. 6 Z 1 lit. b EStG 1988 idF vor AbgÄG 2015; G machte von der Möglichkeit Gebrauch, die Steuerschuld hinsichtlich der in den Aktien enthaltenen stillen Reserven nicht festsetzen zu lassen. 2016 verlegt G seinen Wohnsitz nach München. 2017 entnimmt G die Aktien aus dem Betriebsvermögen. Die Entnahme aus dem Betriebsvermögen lässt die Steuer- Nichtfestsetzung unberührt. Erst wenn G (oder dessen Rechtsnachfolger, der die Beteiligung unentgeltlich erworben hat) die Aktien verkauft, seinen Wohnsitz in einen Drittstaat verlegt oder die Aktien ins Drittland überführt, hat die Steuerfestsetzung zu erfolgen.

(BMF-AV Nr. 2018/79, BMF-AV Nr. 2019/75)

20.2.2.4.10 Ratenzahlung der Steuerschuld

(BMF-AV Nr. 2018/79)

6157 Erfolgt die Einschränkung des Besteuerungsrechts der Republik Österreich gegenüber einem EU/EWR-Staat nicht durch einen Wegzug einer natürlichen Person bzw. durch eine Übertragung eines Wirtschaftsgutes an eine andere natürliche Person, ist auf Grund eines in der Steuererklärung gestellten Antrages die Abgabenschuld in Raten zu entrichten (zB Übertragung auf eine Stiftung im EU/EWR-Raum, Einlage in einen Betrieb bzw. Betriebsstätte im EU/EWR-Raum). Die Raten sind gleichmäßig über einen Zeitraum von fünf (bzw. sieben) Jahren zu entrichten, wobei die erste Rate mit Ablauf eines Monats nach Bekanntgabe des Abgabenbescheids und die weiteren Raten jeweils am 30.6. der Folgejahre fällig werden (vgl. generell zum Ratenzahlungskonzept Rz 2518a bis 2519). Das Antragsrecht steht dabei für jedes im Zeitpunkt der Entstrickung vorhandene Wirtschaftsgut oder Derivat gesondert zu.

(BMF-AV Nr. 2019/75)

6157a Der Antrag auf Ratenzahlung kann nur in der das Entstrickungsjahr betreffenden Steuererklärung gestellt werden, die vor Ergehen des Einkommensteuerbescheides eingebracht wurde. Wurde in dieser Steuererklärung kein Antrag gestellt, kann ein solcher in einer nach Ergehen des Einkommensteuerbescheides (zB in einem Beschwerdeverfahren oder einem wieder aufgenommenen Verfahren) eingereichten Steuererklärung nicht nachgeholt werden. Dies gilt auch in Fällen, in denen der Einkommensteuerbescheid nicht auf Grundlage einer vom Steuerpflichtigen eingereichten Steuererklärung erging; denn wird im Zuge einer Beschwerde gegen einen derartigen Einkommensteuerbescheid erstmalig eine Steuererklärung mit Antrag auf Nichtfestsetzung der Steuerschuld eingebracht, wurde der Antrag im Beschwerdeverfahren und nicht in der Steuererklärung gestellt.

Das Vorliegen der Voraussetzungen für die Ratenzahlung ist durch eine Ansässigkeitsbescheinigung nachzuweisen.

(BMF-AV Nr. 2018/79)

6157b Zu einer vorzeitigen Fälligstellung von offenen Raten kommt es, wenn das Wirtschaftsgut oder Derivat, für das ein Antrag auf Ratenzahlung gestellt wurde, veräußert wird oder in einen Drittstaat im Sinne des § 6 Z 6 lit. d EStG 1988 überführt wird. Entrichtet der Steuerpflichtige eine Rate nicht binnen zwölf Monaten ab Eintritt der Fälligkeit oder in zu geringer Höhe, führt dies zur Fälligstellung der offenen Raten. Ebenso führt die Insolvenz des Steuerpflichtigen oder dessen Abwicklung zu einer vorzeitigen Festsetzung noch offener Raten. Gleiches gilt, sofern das Wirtschaftsgut oder Derivat auf eine Körperschaft übertragen worden ist, und der Ort der Geschäftsleitung dieser Körperschaft in einen Staat außerhalb des EU/EWR-Raumes verlegt wird.

Der Eintritt dieser Umstände ist der zuständigen Abgabenbehörde binnen drei Monaten ab Eintritt anzuzeigen (§ 6 Z 6 lit. d letzter Satz EStG 1988).

Beispiel 16:

A überträgt 2016 seine Anteilscheine an einem Kapitalanlagefonds an die D-Stiftung in Budapest. Dieser Vorgang unterliegt der Entstrickungsbesteuerung; A macht von der Möglichkeit Gebrauch, die Steuerschuld hinsichtlich der in den Anteilscheinen enthaltenen stillen Reserven in Raten zu entrichten; die erste Rate ist am 1.10.2017 fällig. Im

Dezember 2018 verkauft die D-Stiftung die Anteilscheine. Der Verkauf durch die D-Stiftung führt zu einer Fälligstellung der noch offenen fünf Raten bei B.

(BMF-AV Nr. 2019/75)

Im Ratenzahlungskonzept sind nach der Entstrickung im Ausland eintretende Wertveränderungen – anders als beim Nichtfestsetzungskonzept (dazu Rz 6156d) – unbeachtlich, weil bereits anlässlich der Einschränkung des Besteuerungsrechts eine Realisierung der in der österreichischen Besteuerungshoheit entstandenen stillen Reserven erfolgt. Aus diesem Grund erfolgt auch die Bewertung bei einem späteren Wiedereintritt in das Besteuerungsrecht der Republik Österreich mit dem gemeinen Wert (§ 27 Abs. 6 Z 1 lit. e EStG 1988). Treten die betroffenen Wirtschaftsgüter und Derivate vor Ablauf der fünf (bzw. sieben) Jahre wieder in die österreichische Besteuerungshoheit ein, laufen noch offene Raten solange weiter, als keine Gründe für eine vorzeitige Fälligstellung (dazu Rz 6157b) eintreten. **6157c**

Beispiel 17:

Eine im Privatvermögen gehaltene Beteiligung iSd § 98 Abs. 1 Z 5 lit. e EStG 1988 wird im Jahr 2016 in eine in Deutschland gelegene Betriebsstätte eines Betriebes desselben Steuerpflichtigen eingelegt. Da dadurch das Besteuerungsrecht Österreichs nach § 27 Abs. 3 EStG 1988 hinsichtlich der Beteiligung, die durch die Einlage zum ausländischen, dem Besteuerungszugriff Österreichs entzogenen Betriebsvermögen wird, gegenüber einem EU-Staat eingeschränkt wird, kann die Steuerschuld auf Antrag gemäß § 27 Abs. 6 Z 1 lit. d EStG 1988 in Raten entrichtet werden.

In der Folge wird die Beteiligung wieder aus dem Betriebsvermögen entnommen und damit ins Privatvermögen überführt. Da durch diesen Vorgang der Besteuerungsanspruch Österreichs hinsichtlich der Beteiligung wieder auflebt, ist die Beteiligung mit dem gemeinen Wert anzusetzen. Auf die noch offenen Raten hat dies keine Auswirkungen.

(BMF-AV Nr. 2019/75)

20.2.2.4.11 Übergangsbestimmungen

(AÖF 2013/280)

Nach den Inkrafttretensbestimmungen des BBG 2011 werden Beteiligungen iSd § 31 EStG 1988 idF vor dem BBG 2011 grundsätzlich in das neue Kapitalvermögensbesteuerungsregime überführt (§ 124b Z 185 lit. a und b EStG 1988; siehe Abschnitt 20.1.1.3). Werden solche Beteiligungen: **6158**

- vor dem 1.4.2011 veräußert, kommt § 31 EStG 1988 (und allenfalls § 37 Abs. 4 Z 2 lit. b EStG 1988) noch zur Anwendung;
- nach dem 31.3.2011 veräußert, kommt bereits der 25-prozentige Sondersteuersatz (ab 1.1.2016: 27,5%) zur Anwendung, wobei zu unterscheiden ist:
  - Steuerverstrickte Beteiligungen unter 1% (aktuell unter 1%, aber innerhalb der letzten 5 Jahre mindestens 1%) iSd § 31 EStG 1988 idF vor dem BBG 2011, die vor dem 1.1.2011 erworben worden sind, werden nur innerhalb der fünfjährigen „Wartefrist“ besteuert;
  - Steuerverstrickte Beteiligungen über 1% (aktuell mindestens 1%) iSd § 31 EStG 1988 idF vor dem BBG 2011 sind zukünftig stets steuerpflichtig.

Da das Wegzugsbesteuerungskonzept des § 31 EStG 1988 idF vor dem BBG 2011 in § 27 Abs. 6 Z 1 lit. b EStG 1988 dem Grunde nach übernommen worden ist, findet in Bezug auf Beteiligungen iSd § 31 EStG 1988 idF vor dem BBG 2011 ein nahtloser Übergang statt.

(BMF-AV Nr. 2018/79)

Folgende Fälle sind zu unterscheiden: **6158a**

- Wird eine Beteiligung iSd § 31 EStG 1988 idF vor dem BBG 2011, bei der anlässlich eines Wegzugsfalls die Steuerschuld nicht festgesetzt worden ist, in Zukunft veräußert (bzw. findet ein die Steuerpflicht auslösender Weiterzug gemäß § 27 Abs. 6 Z 1 lit. b EStG 1988 statt), ist sowohl nach der bisherigen als auch nach der neuen Rechtslage die Steuer nachträglich festzusetzen; zur Verjährung siehe Rz 6156c. Hat der Wegzug vor dem 1.4.2012 stattgefunden, steht für Anteile an inländischen oder ausländischen Kapitalgesellschaften noch der ermäßigte Steuersatz gemäß § 37 Abs. 4 Z 2 lit. b EStG 1988 idF vor dem BBG 2011 zu.
- Findet in Bezug auf eine Beteiligung iSd § 31 EStG 1988 idF vor dem BBG 2011, bei der anlässlich eines Wegzugsfalls die Steuerschuld nicht festgesetzt worden ist, ein Wiedereintritt in das Besteuerungsrecht der Republik Österreich statt, ist für die weitere steuerliche Behandlung zu differenzieren:

- Findet der Wiedereintritt vor dem 1.4.2012 statt, kommt es auf die Beteiligungshöhe zum 1.4.2012 an (siehe oben Abschnitt 20.1.1.3).
- Findet der Wiedereintritt nach dem 31.3.2012 statt, ist weiter zu differenzieren:
- Kann der Steuerpflichtige nachweisen, dass es sich um Altvermögen handelt, kommt es wiederum auf die Beteiligungshöhe zum 1.4.2012 an (siehe oben Abschnitt 20.1.1.3):
- Kann der Steuerpflichtige nicht nachweisen, dass es sich um Altvermögen handelt, ist die Beteiligung zukünftig stets steuerhängig.

Wertsteigerungen, die im EU/EWR-Raum eingetreten sind, sind im Realisierungsfall erlösmindernd zu berücksichtigen (§ 27 Abs. 6 Z 1 lit. b letzter Satz EStG 1988). Sonstige, auch in der Vergangenheit eingetretene, Wertsteigerungen werden bereits mit dem 27,5-prozentigen Sondersteuersatz (bis 31.12.2015: 25%) erfasst.

(BMF-AV Nr. 2018/79)

6158b Für sonstige Anteile an Körperschaften (die keine Beteiligung iSd § 31 EStG 1988 darstellen) und Anteilscheine an Kapitalanlagefonds und § 40 oder § 42 des Immobilien- Investmentfondsgesetzes unterliegende Gebilde kommen die Bestimmungen über die Wegzugsbesteuerung des § 27 Abs. 6 Z 1 EStG 1988 hinsichtlich des Neubestands (entgeltlicher Erwerb nach dem 31.12.2010) für Wegzugsfälle nach dem 31.3.2012 zur Anwendung.

Für alle anderen Wirtschaftsgüter und Derivate iSd § 27 Abs. 3 und 4 EStG 1988 kommen die Bestimmungen über die Wegzugsbesteuerung des § 27 Abs. 6 Z 1 EStG 1988 hinsichtlich des Neuvermögens (entgeltlicher Erwerb nach dem 31.3.2012) für Wegzugsfälle nach dem 31.3.2012 zur Anwendung.

(BMF-AV Nr. 2018/79)

6158c Beim Entstehen des Besteuerungsanspruchs der Republik Österreich (Zuzug) ist hinsichtlich der erfassten Wirtschaftsgüter und Derivate ebenfalls auf die oben genannten Fristen abzustellen: Vor dem 1.1.2011 entgeltlich erworbene Anteile an Körperschaften und Anteilscheine an Kapitalanlagefonds und § 40 oder § 42 des Immobilien- Investmentfondsgesetzes unterliegende Gebilde und vor dem 1.10.2011 entgeltlich erworbene sonstige Wirtschaftsgüter und Derivate sind im Zuzugsfall bei späteren Realisierungsvorgängen stets steuerfrei (soweit sie nicht unter § 31 EStG 1988 fallen). Findet der entgeltliche Erwerb nach dem jeweiligen Stichtag statt, kommt im Zuzugsfall die Aufwertungsbestimmung des § 27 Abs. 6 Z 1 EStG 1988 (Aufwertung auf den gemeinen Wert) zur Anwendung. Es bestehen keine Bedenken, wenn im Zuge der Veranlagung auch bei Zuzügen zwischen 1.1.2011 und 31.3.2012 von einer Aufwertung auf den gemeinen Wert ausgegangen wird.

(BMF-AV Nr. 2018/79)

20.2.2.5 Depotübertragung

(AÖF 2013/280, BMF-AV Nr. 2018/79)

20.2.2.5.1 Allgemeines

(AÖF 2013/280)

6159 Während die die Substanz erfassenden Haupttatbestände des § 27 Abs. 3 und 4 EStG 1988 die Steuerpflicht stets an einen tatsächlichen Realisierungsvorgang (etwa einem Verkauf) anknüpfen, stellt der Nebentatbestand des § 27 Abs. 6 Z 2 EStG 1988 eine Realisierungsfiktion dar. Dabei werden die Entnahme und das sonstige Ausscheiden aus dem Depot als der Veräußerung im Sinne des § 27 Abs. 3 und 4 EStG 1988 gleichgestellte steuerpflichtige Vorgänge normiert. Im Folgenden wird der Ausdruck „Entnahme" auch stellvertretend für „das sonstige Ausscheiden" verwendet.

Zweck des Depotentnahmetatbestandes ist die Sicherstellung einer möglichst lückenlosen Erfassung der Einkünfte aus Kapitalvermögen und die Verhinderung von Umgehungskonstruktionen, die zu einer Unterbrechung der Besteuerungskette führen.

Die Veräußerungsfiktion führt – so keine Ausnahme zum Tragen kommt – zur Steuerpflicht des Entnahmevorgangs, was unter anderem zur Folge hat, dass die einmal eingetretene Steuerpflicht sowie eine daraus folgende vorgenommene Besteuerung durch Kapitalertragsteuerabzug nicht wieder beseitigt bzw. rückgängig – auch nicht im Rahmen der Veranlagung – gemacht werden kann.

Durch die Inkrafttretensbestimmungen und die Anknüpfung an die Haupttatbestände des § 27 Abs. 3 und 4 EStG 1988 kommen die Regeln über die Depotentnahme nur auf Neuvermögen im Sinne des § 124b Z 185 EStG 1988 und nur auf Vorgänge nach dem 31.3.2012 zur Anwendung.

(BMF-AV Nr. 2018/79)

20.2.2.5.2 Verhältnis zu anderen Realisierungsvorgängen

(AÖF 2013/280)

Grundsätzlich kommt der Nebentatbestand der Depotentnahme unabhängig von anderen Realisierungstatbeständen zur Anwendung, sofern keine der Ausnahmebestimmungen des § 27 Abs. 6 Z 2 EStG 1988 greift. Erfolgt die Depotübertragung im Zuge einer Veräußerung, für die der Abzugsverpflichtete Kapitalertragsteuer einzubehalten hat, führt sie zu keiner weiteren Besteuerung. Erfolgt jedoch ein der Depotentnahme vor- oder nachgelagerter „privater" Verkauf – außerhalb des Depots –, entsteht aufgrund der Depotentnahme bzw. -übertragung Steuerpflicht. **6160**

Beispiel 1:

A verkauft seine auf einem Depot verwahrten Aktien privat an B weiter. Zur Erfüllung seiner Verpflichtungen aus dem Kaufvertrag veranlasst A die Übertragung der Wertpapiere auf das Depot von B.

Der private Verkauf stellt einen steuerpflichtigen Vorgang dar, der mangels Abwicklung durch eine depotführende Stelle nicht dem KESt-Abzug unterliegt. Die Entnahme aus dem Depot zwecks Übertragung auf das Depot des Käufers fällt allerdings unter § 27 Abs. 6 Z 2 EStG 1988, weil diese Bestimmung nicht subsidiär zur Anwendung kommt und eine Ausnahme für entgeltliche Übertragungen nicht vorgesehen ist, und es ist KESt abzuziehen (zu einer allfälligen Berücksichtigung im Rahmen der Veranlagung sogleich unten).

(BMF-AV Nr. 2018/79)

Eine doppelte Erfassung der eingetretenen Wertsteigerung findet allerdings auch bei „privaten" Veräußerungen letztlich nicht statt: Treten mehrere steuerpflichtige Realisierungsvorgänge in zeitlicher Folge ein, werden die Anschaffungskosten immer dann nach oben angepasst, wenn eine eingetretene Wertsteigerung bereits im Rahmen eines steuerpflichtigen Realisierungsvorganges steuerlich erfasst worden ist. Bei mehreren nacheinander gelegenen steuerpflichtigen Vorgängen würde somit immer nur die zwischenzeitlich eingetretene Wertsteigerung besteuert werden. **6160a**

Im Fall eines privaten, einer Depotentnahme nachgelagerten Verkaufs würde sich eine solche Anpassung wie folgt darstellen:

Beispiel 2:

A entnimmt seine um 100 angeschafften, auf einem Depot verwahrten Aktien (Ausfolgung). Der gemeine Wert im Zeitpunkt der Entnahme beträgt 120, womit die eingetretene Wertsteigerung von 20 mit 25% KESt besteuert wird.

A verkauft die Aktien privat an B um 130. Die steuerlich relevanten Anschaffungskosten betragen aufgrund der vorangegangenen Depotentnahme 120, womit nur die zwischenzeitlich eingetretene Wertsteigerung von 10 – in der Veranlagung – steuerpflichtig ist.

Im Falle eines der Depotentnahme vorgelagerten privaten Verkaufs wird keine Anpassung der Anschaffungskosten durch die depotführende Stelle erfolgen; die Einfachbesteuerung wird diesfalls im Wege der Veranlagung sichergestellt.

Beispiel 3:

A verkauft seine um 100 angeschafften, auf einem Depot verwahrten Aktien privat an B um 120. Der private Verkauf stellt einen steuerpflichtigen Vorgang dar, der mangels Abwicklung durch eine depotführende Stelle nicht dem KESt-Abzug unterliegt. Besteuert wird – in der Veranlagung – der Unterschiedsbetrag zwischen Veräußerungserlös und Anschaffungskosten, somit 20.

Zur Erfüllung seiner Verpflichtungen aus dem Kaufvertrag veranlasst A die Übertragung der Wertpapiere auf das Depot von B, was ebenfalls einen steuerpflichtigen Vorgang nach § 27 Abs. 6 Z 2 EStG 1988 darstellt. Der gemeine Wert der Wertpapiere beträgt inzwischen 140.

Die depotführende Stelle nimmt den KESt-Abzug ausgehend von einer Bemessungsgrundlage von 40 (GW 140 – AK 100) vor. Aufgrund des vorangegangenen steuerpflichtigen Verkaufs ist nur die zwischenzeitlich eingetretene Wertsteigerung von 20 steuerlich relevant. In der Veranlagung wird sodann der überhöhte KESt-Betrag auf die aus dem privaten Verkauf entstehende Steuerschuld angerechnet, womit es zu keiner Nachzahlung kommt.

(BMF-AV Nr. 2018/79)

20.2.2.5.3 Befreiungen

(AÖF 2013/280)

6161 Die aufgrund der Veräußerungsfiktion entstehende Steuerpflicht bei Depotentnahmen wird von zahlreichen Ausnahmen durchbrochen. Die von den Ausnahmetatbeständen erfassten nicht steuerbaren Vorgänge lassen sich in zwei Grundfälle unterteilen:

- Übertragungen auf ein Depot desselben Steuerpflichtigen, und
- unentgeltliche Übertragungen auf das Depot eines anderen Steuerpflichtigen.

Außerhalb dieser beider Fallgruppen sieht § 27 Abs. 6 Z 2 EStG 1988 keine Befreiung vor und es erfolgt somit aus Sicht der depotführenden Stelle zwingend eine – gegebenenfalls im Rahmen der Veranlagung zu korrigierende – Realisierung; so liegt zB bei einem Zusammenschluss gemäß Art. IV UmgrStG weder eine Übertragung auf das Depot „desselben" Steuerpflichtigen, noch eine unentgeltliche Übertragung auf das Depot eines anderen Steuerpflichtigen vor.

(BMF-AV Nr. 2018/79)

20.2.2.5.3.1 Übertragungen auf ein Depot desselben Steuerpflichtigen

(AÖF 2013/280)

6162 Übertragungen auf ein Depot desselben Steuerpflichtigen sollen systematisch dann ausgenommen sein, wenn auch zukünftig eine durchgehende Besteuerung im Abzugsweg gewährleistet ist (vgl. auch VwGH 10.9.2020, Ro 2020/15/0016). Die Ausnahmetatbestände sind daher auch so konzipiert, dass bei grundsätzlicher Verfügbarkeit der Daten für eine zukünftige Besteuerung die Steuerbarkeit nicht gegeben ist.

Erfasst sind alle Übertragungen auf ein Depot desselben Steuerpflichtigen:

- Auf ein anderes Depot bei derselben depotführenden Stelle (1. TS);
- Von einer ausländischen depotführenden Stelle auf ein Depot bei einer inländischen depotführenden Stelle (2. TS 1. Fall);
- Von einer inländischen depotführenden Stelle auf ein Depot bei einer inländischen depotführenden Stelle (2. TS 2. Fall);
- Von einer inländischen depotführenden Stelle auf ein Depot bei einer ausländischen depotführenden Stelle (3. TS);
- Von einer ausländischen depotführenden Stelle auf ein Depot bei einer anderen ausländischen depotführenden Stelle (4. TS).

Eine Ausnahme von der fingierten Realisierung liegt nur dann vor, wenn die Besteuerungsmöglichkeit hinsichtlich der sich in dem Depot befindlichen Wertpapiere nach der Depotübertragung weiterhin gesichert ist. Bei der Übertragung von Wertpapieren von einem steuerpflichtigen Depot auf ein steuerbefreites Depot ist allerdings die weitere Besteuerungsmöglichkeit nicht mehr gesichert. Das Gesetz enthält für diesen Fall keinen ausdrücklichen Besteuerungstatbestand für die nachfolgende Veräußerung von Wertpapieren. Die Übertragung von einem Depot, für das Steuerpflicht besteht, auf ein befreites Depot (bspw. iSd § 21 Abs. 2 Z 3 vierter Teilstrich KStG 1988) ist daher unter keine der Ausnahmen des § 27 Abs. 6 Z 2 EStG 1988 zu subsumieren und somit wie eine Veräußerung nach § 27 Abs. 3 EStG 1988 zu behandeln (VwGH 10.9.2020, Ro 2020/15/0016).

(BMF-AV Nr. 2021/65)

20.2.2.5.3.1.1 Depotübertrag (erster Teilstrich)

(AÖF 2013/280)

6163 Der erste Ausnahmetatbestand erfasst die Übertragung auf ein anderes Depot „bei derselben depotführenden Stelle" (§ 27 Abs. 6 Z 2 erster Teilstrich EStG 1988). Darunter fallen jene Fälle, in denen es weder zu einer Änderung der depotführenden Stelle noch zu einer Änderung des Depotinhabers kommt und somit lediglich eine Übertragung von einem bestehenden auf ein zweites – ebenfalls bestehendes oder neu eröffnetes – Depot vorliegt (Depotübertrag).

Die Beibehaltung der depotführenden Stelle beim Depotübertrag ändert daher nichts an der Verfügbarkeit der für den Kapitalertragsteuerabzug relevanten Daten und der haftungsbewährten Verpflichtung, den Abzug und die Abfuhr der Kapitalertragsteuer korrekt durchzuführen.

(BMF-AV Nr. 2018/79)

6163a Diese Ausnahme bei Depotüberträgen gilt grundsätzlich sowohl für in- als auch für ausländische Sachverhalte. Eine Übertragung von einem Depot bei einer ausländischen depotführenden Stelle auf ein anderes Depot bei derselben ausländischen depotführenden

Stelle desselben Steuerpflichtigen ist damit ebenfalls vom Ausnahmetatbestand erfasst. Dies gilt jedoch nur dann, wenn sichergestellt wird, dass die ausländische depotführende Stelle die Anschaffungskosten anlässlich der Übertragung beibehält und fortführt oder der Steuerpflichtige eine Meldung an das zuständige Finanzamt vornimmt (siehe Abschnitt 20.2.2.5.3.1.4). Bei einer Übertragung auf ein Depot desselben Steuerpflichtigen bei einer ausländischen Zweigstelle der übertragenden inländischen depotführenden Stelle ist nicht § 27 Abs. 6 Z 2 erster TS EStG 1988, sondern § 27 Abs. 6 Z 2 dritter TS EStG 1988 anzuwenden.

(BMF-AV Nr. 2018/79)

20.2.2.5.3.1.2 Depotübertragung im bzw. ins Inland (zweiter Teilstrich)

(AÖF 2013/280)

Der zweite angeführte Ausnahmetatbestand erfasst die Übertragung auf ein Depot „bei einer inländischen depotführenden Stelle" (§ 27 Abs. 6 Z 2 zweiter Teilstrich EStG 1988). Dies gilt gemäß Art. 29 des Steuerabkommens mit der Schweiz (Abkommen mit der Schweiz über die Zusammenarbeit in den Bereichen Steuern und Finanzmarkt) sowie gemäß Art. 31 des Steuerabkommens mit Liechtenstein (Abkommen mit dem Fürstentum Liechtenstein über die Zusammenarbeit im Bereich der Steuern) auch für Übertragungen auf ein Depot bei einer schweizerischen oder liechtensteinischen depotführenden Stelle, wenn diese Übertragungen vor dem 1.1.2017 stattgefunden haben. Darunter fallen jene Fälle, in denen der Steuerpflichtige seine Depotpositionen auf eine andere depotführende Stelle überträgt. **6164**

Da – anders als beim Depotübertrag – bei einem Wechsel der depotführenden Stelle die Besteuerungskontinuität nicht automatisch gewährleistet ist, kommt die Ausnahme nur dann zum Tragen, wenn der Steuerpflichtige die übertragende depotführende Stelle beauftragt, der übernehmenden depotführenden Stelle die Anschaffungskosten mitzuteilen. Die Weitergabe der für den Kapitalertragsteuerabzug relevanten Daten ermöglicht der übernehmenden depotführenden Stelle, zukünftig den Kapitalertragsteuerabzug korrekt durchzuführen.

Die Beauftragung der übertragenden depotführenden Stelle stellt zugleich eine Entbindung vom Bankgeheimnis im Sinne des § 38 Abs. 2 Z 5 BWG dar und muss schriftlich erfolgen.

(BMF-AV Nr. 2018/79)

Darüber hinaus ist es auch notwendig, dass die übertragende depotführende Stelle auftragsgemäß die Daten auch tatsächlich mitteilt und dass die mitgeteilten Daten inhaltlich richtig sind. Bei auftragswidriger Unterlassung der Datenweitergabe oder bei Mitteilung falscher Daten sind die Voraussetzungen der Ausnahmebestimmung des § 27 Abs. 6 Z 2 zweiter TS EStG 1988 nicht erfüllt, womit die Depotübertragung einen steuerpflichtigen Vorgang darstellt. Die übertragende depotführende Stelle ist gemäß § 95 Abs. 1 EStG 1988 zur Haftung heranzuziehen. **6164a**

(BMF-AV Nr. 2018/79)

Hat die übertragende depotführende Stelle die für den Kapitalertragsteuerabzug relevanten Daten nach § 93 Abs. 4 EStG 1988 oder nach § 124b Z 185 lit. a letzter Absatz EStG 1988 pauschal angesetzt, erfüllt die Weitergabe dieser Daten die Voraussetzungen der Ausnahmebestimmung. Wurden die Daten nach § 93 Abs. 4 EStG 1988 pauschal angesetzt, ist dies der übernehmenden depotführenden Stelle mitzuteilen. **6164b**

Die Ausnahmebestimmung kommt auch zur Anwendung, wenn keine pauschalen Anschaffungskosten vorhanden sind, weil der gemeine Wert im Zeitpunkt der Depoteinlage oder zum 1.4.2012 nicht bekannt war und daher die Anschaffungskosten erst im Zeitpunkt einer späteren Realisierung rückwirkend pauschal angesetzt werden (§ 93 Abs. 4 dritter Satz EStG 1988). Die übernehmende depotführende Stelle hat in diesem Fall Null als Anschaffungskosten anzusetzen und zu vermerken, dass es sich um nach § 93 Abs. 4 EStG 1988 pauschal ermittelte Anschaffungskosten handelt.

(AÖF 2013/280)

Eine Mitteilung der Daten durch den Depotinhaber selbst erfüllt nicht die Voraussetzungen der Ausnahmebestimmung, da eine korrekte Abwicklung nur aufgrund der haftungsbewehrten Einbindung des Abzugsverpflichteten in den Vorgang der Datenweitergabe sichergestellt wird. **6164c**

(AÖF 2013/280)

Von der Ausnahmebestimmung werden sowohl Übertragungen im Inland als auch Übertragungen von ausländischen auf inländische depotführende Stellen erfasst. Wie bei rein inländischen Übertragungen, greift die Ausnahme allerdings nur dann, wenn die ausländische Bank vom Steuerpflichtigen mit der Datenweitergabe an die inländische depotführende Stelle beauftragt wird und diese Weitergabe auch tatsächlich erfolgt. **6164d**

Die tatsächliche Übernahme und Verwendung der mitgeteilten Daten durch die übernehmende depotführende Stelle ist keine Voraussetzung für die Anwendbarkeit der Ausnahmebestimmung. Die Ablehnung der Übernahme der durch die übertragende depotführende Stelle mitgeteilten steuerlich relevanten Daten durch die übernehmende depotführende Stelle führt nicht zum Entfall der Ausnahmebestimmung. Eine solche Ablehnung ist allerdings bei der Übertragung von einer inländischen depotführenden Stelle nur dann zulässig, wenn begründete Zweifel an der Richtigkeit der mitgeteilten Daten bestehen. Wird von einer ausländischen depotführenden Stelle übertragen und werden von dieser Daten mitgeteilt, darf sich die übernehmende depotführende Stelle auf die Richtigkeit dieser mitgeteilten Daten verlassen, wenn diese hinsichtlich Umfang und Qualität den österreichischen Standards entsprechen und der übernehmenden depotführenden Stelle im Vorhinein keine Informationen vorliegen, die zu begründeten Zweifeln an den mitgeteilten Daten führen. Werden die Daten nicht übernommen, führt dies zwingend zum pauschalen Ansatz der Anschaffungskosten gemäß § 93 Abs. 4 EStG 1988, sofern der Depotinhaber die Anschaffungskosten nicht nachweisen kann. Dies gilt auch bei Depotübertragungen ins Inland von schweizerischen depotführenden Stellen.

(BMF-AV Nr. 2015/133)

20.2.2.5.3.1.3 Depotübertragung ins Ausland (dritter Teilstrich)

(AÖF 2013/280)

6165 Der dritte angeführte Ausnahmetatbestand erfasst die Übertragung „von einer inländischen depotführenden Stelle“ auf ein Depot „bei einer ausländischen depotführenden Stelle“ (§ 27 Abs. 6 Z 2 dritter Teilstrich EStG 1988). Darunter fallen jene Fälle, in denen der Steuerpflichtige Wertpapiere von einem inländischen auf ein ausländisches Depot überträgt.

Ist der Depotinhaber weiterhin unbeschränkt steuerpflichtig, wird in diesen Fällen das Besteuerungsrecht hinsichtlich der übertragenen Wertpapiere grundsätzlich nicht eingeschränkt. Im Fall des Verlusts des Besteuerungsrechts kommen allerdings die Ausnahmebestimmungen des § 27 Abs. 6 Z 2 EStG 1988 aufgrund ihres subsidiären Charakters gegenüber den in § 27 Abs. 6 Z 1 EStG 1988 geregelten Entstrickungsfällen nicht zur Anwendung.

(BMF-AV Nr. 2018/79)

6165a Die Ausnahmebestimmung kommt bei einer Übertragung ins Ausland nur dann zur Anwendung, wenn der Depotinhaber die übertragende depotführende Stelle beauftragt, dem zuständigen Finanzamt den Übertragungsvorgang anzuzeigen. Die Mitteilung hat an das Finanzamt für Großbetriebe (bis 31.12.2020: Betriebsstättenfinanzamt der übertragenden depotführenden Stelle) innerhalb einer einmonatigen Frist ab dem Zeitpunkt der Übertragung und grundsätzlich in elektronischer Form vorgenommen zu werden. Die Mitteilung hat folgende Daten zu enthalten:

- den vollständigen Namen des Steuerpflichtigen (bzw. Firmenwortlaut oder Bezeichnung),
- soweit vorhanden seine Steuer- oder seine Sozialversicherungsnummer,
- soweit bekannt seine Adresse und sein Geburtsdatum,
- die eindeutig identifizierbare Bezeichnung der übertragenen Wirtschaftsgüter (inklusive deren ISIN, Anzahl und/oder Nominale),
- die Anschaffungskosten der übertragenen Wirtschaftsgüter und
- jene depotführende Stelle, auf die die Übertragung erfolgt.

Der KESt-Abzug kann nur dann unterbleiben, wenn alle diese Daten richtig mitgeteilt werden. Korrekturen der mitgeteilten Daten sind bis zum Verstreichen der einmonatigen Meldefrist zulässig. Die gänzliche Rücknahme einer Meldung ist jederzeit möglich, wenn die Depotübertragung tatsächlich nicht stattgefunden hat. Die Vornahme der Mitteilung durch den Depotinhaber selbst erfüllt nicht die Voraussetzungen der Ausnahmebestimmung. Eine Haftung für die KESt ist jedoch nur dann anzunehmen, wenn unrichtige Daten übertragen wurden, die nicht nachweislich mit der für Banken zumutbaren Sorgfalt ermittelt wurden (Identitätsfeststellung gemäß § 40 BWG).

(BMF-AV Nr. 2021/65)

6165b Wird keine Zustimmung zur Datenmitteilung an das Finanzamt erteilt, hat die übertragende inländische depotführende Stelle somit im Zeitpunkt der Depotübertragung den Kapitalertragsteuerabzug zwingend vorzunehmen. Wird die Mitteilung trotz Beauftragung entweder gar nicht oder verspätet vorgenommen, ist sie unvollständig oder enthält sie falsche Daten, kommt die Ausnahmebestimmung nicht zur Anwendung, womit der Übertragungsvorgang steuerpflichtig ist.

(AÖF 2013/280)

20.2.2.5.3.1.4 Depotübertragung im Ausland (vierter Teilstrich)

(AÖF 2013/280)

Der vierte angeführte Ausnahmetatbestand erfasst die Übertragung „von einer ausländischen depotführenden Stelle" auf ein Depot „bei einer anderen ausländischen depotführenden Stelle" (§ 27 Abs. 6 Z 2 vierter Teilstrich EStG 1988). Darunter fallen ausschließlich jene Fälle, in denen der Steuerpflichtige im Ausland verwahrte Wertpapiere auf andere ausländische Depots überträgt. Erfasst sind dabei sowohl Übertragungen innerhalb desselben Staates als auch solche in andere Staaten. **6166**

Die Ausnahmebestimmung kommt in diesen Fällen nur dann zur Anwendung, wenn der Depotinhaber den Übertragungsvorgang dem für die Erhebung seiner Einkommensteuer zuständigen Finanzamt (FAÖ oder FAG; bis 31.12.2020: seinem Wohnsitzfinanzamt) meldet. Die Mitteilung an das Finanzamt muss innerhalb einer einmonatigen Frist ab dem Zeitpunkt der Übertragung vorgenommen werden. Die Mitteilung hat folgende Daten zu enthalten:

- den vollständigen Namen des Steuerpflichtigen (bzw. Firmenwortlaut oder Bezeichnung),
- soweit vorhanden seine Steuer- oder seine Sozialversicherungsnummer,
- seine Adresse,
- die eindeutig identifizierbare Bezeichnung der übertragenen Wirtschaftsgüter (inklusive deren ISIN, Anzahl und/oder Nominale),
- die Anschaffungskosten der übertragenen Wirtschaftsgüter und
- jene depotführende Stelle, auf die die Übertragung erfolgt.

(BMF-AV Nr. 2021/65)

Korrekturen der mitgeteilten Daten sind bis zum Verstreichen der einmonatigen Meldefrist zulässig. Wird die Mitteilung entweder gar nicht oder verspätet vorgenommen, ist sie unvollständig oder enthält sie falsche Daten, kommt die Ausnahmebestimmung nicht zur Anwendung, womit der Übertragungsvorgang steuerpflichtig ist. Da ein KESt-Abzug in diesen Fällen ausscheidet, hat der Steuerpflichtige die Übertragung in der Veranlagung zu erklären. **6166a**

(AÖF 2013/280)

20.2.2.5.3.2 Unentgeltliche Übertragungen auf ein Depot eines anderen Steuerpflichtigen

(AÖF 2013/280)

20.2.2.5.3.2.1 Allgemeines

(AÖF 2013/280)

Unentgeltliche Übertragungen auf ein Depot eines anderen Steuerpflichtigen sollen systematisch den Übertragungen auf ein Depot desselben Steuerpflichtigen gleichgestellt werden. Da das der Depotübertragung zugrundeliegende unentgeltliche Rechtsgeschäft seit dem Auslaufen des Erbschafts- und Schenkungssteuergesetzes keine (ertrag)steuerlichen Folgen auslöst, ist eine Ausnahme immer dann vorgesehen, wenn auch zukünftig eine durchgehende Besteuerung gewährleistet ist. Die Ausnahmetatbestände sind daher ebenso wie in jenen Fällen, in denen kein Wechsel des Steuerpflichtigen stattfindet, so konzipiert, dass bei grundsätzlicher Verfügbarkeit der Daten für eine zukünftige Besteuerung die Steuerpflicht nicht entsteht. Zu Sachzuwendungen von Wertpapieren durch eine Privatstiftung siehe Rz 7776a. **6167**

Erfasst sind alle unentgeltlichen Übertragungen auf ein Depot eines anderen Steuerpflichtigen:

- Von einer ausländischen depotführenden Stelle auf ein Depot bei einer ausländischen depotführenden Stelle (4. TS 1. Fall);
- Von einer ausländischen depotführenden Stelle auf ein Depot bei einer inländischen depotführenden Stelle (4. TS 2. Fall);
- Von einer inländischen depotführenden Stelle auf ein Depot bei einer inländischen depotführenden Stelle (5. TS 1. Fall);
- Von einer inländischen depotführenden Stelle auf ein Depot bei einer ausländischen depotführenden Stelle (5. TS 2. Fall).

(BMF-AV Nr. 2015/133)

Werden im Zuge eines Todesfalles die Begräbniskosten übernommen, entstehen bevorrechtete Forderungen gegenüber dem Nachlass. Wird im Zuge des Verlassenschaftsverfahrens ein Wertpapierdepot ganz oder teilweise an Zahlungs statt überlassen, handelt es sich dabei um keinen unentgeltlichen Vorgang, sondern es liegt eine entgeltliche Übertragung **6167a** zum Gegenwert der abzudeckenden Forderungen vor. Aus Sicht der depotführenden Stelle handelt es sich um eine steuerpflichtige Depotübertragung.

(AÖF 2013/280)

6167b Zu Gemeinschaftsdepots siehe Abschnitt 20.2.2.5.3.3.

(BMF-AV Nr. 2018/79)

20.2.2.5.3.2.2 Unentgeltliche Depotübertragung im Ausland bzw. ins Inland (vierter Teilstrich)

(AÖF 2013/280)

6168 Der erste auf unentgeltliche Übertragungen anwendbare Ausnahmetatbestand erfasst unentgeltliche Übertragungen „von einer ausländischen depotführenden Stelle auf ein Depot eines anderen Steuerpflichtigen" (§ 27 Abs. 6 Z 2 vierter Teilstrich EStG 1988). Darunter fallen alle unentgeltlichen Übertragungen von einem ausländischen Depot, daher sowohl Übertragungen von einem ausländischen Depot auf ein anderes ausländisches Depot (inklusive reiner Depotüberschreibungen) als auch Übertragungen von einem ausländischen Depot auf ein inländisches Depot.

Die Ausnahmebestimmung kommt in allen diesen Fällen nur dann zur Anwendung, wenn der Inhaber des Depots, von dem aus übertragen wird, den Übertragungsvorgang dem für die Erhebung seiner Einkommensteuer zuständigen Finanzamt (FAÖ oder FAG; bis 31.12.2020: seinem Wohnsitzfinanzamt) meldet. Die Mitteilung an das Finanzamt muss innerhalb einer einmonatigen Frist ab dem Zeitpunkt der Übertragung vorgenommen werden. Die Mitteilung hat folgende Daten zu enthalten:

- den vollständigen Namen des Steuerpflichtigen (bzw. Firmenwortlaut oder Bezeichnung),
- soweit vorhanden seine Steuer- oder seine Sozialversicherungsnummer,
- seine Adresse,
- die eindeutig identifizierbare Bezeichnung der übertragenen Wirtschaftsgüter (inklusive deren ISIN, Anzahl und/oder Nominale),
- die Anschaffungskosten der übertragenen Wirtschaftsgüter,
- jene depotführende Stelle, auf die die Übertragung erfolgt und
- den eindeutig identifizierbaren Steuerpflichtigen, auf den die Übertragung erfolgt.

(BMF-AV Nr. 2021/65)

6168a Liegt eine unentgeltliche Zuwendung von Todes wegen vor (Erbschaft), ist die Vornahme der Meldung durch den Zuwendungsempfänger (Erben) zulässig. Die Monatsfrist beginnt dabei erst mit der tatsächlichen Depotübertragung durch die Bank auf den Zuwendungsempfänger (Erben) zu laufen. Korrekturen der mitgeteilten Daten sind bis zum Verstreichen der einmonatigen Meldefrist zulässig.

(BMF-AV Nr. 2019/75)

6168b Wird die Mitteilung entweder gar nicht oder verspätet vorgenommen, ist sie unvollständig oder enthält sie falsche Daten, kommt die Ausnahmebestimmung nicht zur Anwendung, womit der Übertragungsvorgang steuerpflichtig ist. Da ein KESt-Abzug in diesen Fällen ausscheidet, hat der Steuerpflichtige die Übertragung in der Veranlagung zu erklären, damit die Besteuerung stattfinden kann.

(AÖF 2013/280)

20.2.2.5.3.2.3 Unentgeltliche Depotübertragung im Inland bzw. ins Ausland (fünfter Teilstrich)

(AÖF 2013/280)

6169 Der zweite auf unentgeltliche Übertragungen anwendbare Ausnahmetatbestand erfasst unentgeltliche Übertragungen „von einer inländischen depotführenden Stelle auf das Depot eines anderen Steuerpflichtigen" (§ 27 Abs. 6 Z 2 fünfter Teilstrich EStG 1988). Darunter fallen grundsätzlich alle – spiegelbildlich zu den in § 27 Abs. 6 Z 2 vierter Teilstrich EStG 1988 erfassten Fällen – unentgeltlichen Übertragungen von einem inländischen Depot. Bei der Übertragung auf ein ausländisches Depot eines anderen Steuerpflichtigen ist allerdings zu überprüfen, ob durch die Übertragung ein Entstrickungstatbestand verwirklicht wird. Im Zweifel ist dabei von einer Übertragung an einen beschränkt Steuerpflichtigen auszugehen (siehe Abschnitt 29.3.2.1).

Die Ausnahmebestimmung kommt in allen diesen Fällen nur dann zur Anwendung, wenn:

- der übertragenden depotführenden Stelle anhand geeigneter Unterlagen der unentgeltliche, der Übertragung zugrunde liegende zivilrechtliche Vorgang nachgewiesen wird, oder
- der Depotinhaber die übertragende depotführende Stelle beauftragt, dem zuständigen Finanzamt den Übertragungsvorgang anzuzeigen.

(BMF-AV Nr. 2018/79)

Der Nachweis der unentgeltlichen Übertragung kann insbesondere durch Vorlage eines Notariatsaktes über den Schenkungsvertrag, eines Einantwortungsbeschlusses oder einer Schenkungsmeldung gemäß § 121a BAO erbracht werden. Der übertragenden depotführenden Stelle steht es grundsätzlich frei, andere geeignete Nachweise zu akzeptieren. Eine schriftliche Bestätigung durch den Depotinhaber und der Person, auf dessen Depot übertragen werden soll, dass eine unentgeltliche Übertragung vorliegt bzw. ein „Privatvertrag", ist kein geeigneter Nachweis im Sinne der Ausnahmebestimmung. **6169a**

(AÖF 2013/280)

Wird gegenüber der übertragenden depotführenden Stelle nicht nachgewiesen, dass eine unentgeltliche Übertragung vorliegt, kommt die Ausnahmebestimmung auch dann zur Anwendung, wenn der Inhaber des Depots, von dem aus übertragen wird, die übertragende depotführende Stelle beauftragt, dem zuständigen Finanzamt den Übertragungsvorgang anzuzeigen. Die Mitteilung hat an das Finanzamt für Großbetriebe (bis 31.12.2020: Betriebsstättenfinanzamt der übertragenden depotführenden Stelle) innerhalb einer einmonatigen Frist ab dem Zeitpunkt der Übertragung und grundsätzlich in elektronischer Form vorgenommen zu werden. Die Mitteilung hat folgende Daten zu enthalten: **6169b**

- den vollständigen Namen des Steuerpflichtigen (bzw. Firmenwortlaut oder Bezeichnung),
- soweit vorhanden seine Steuer- oder seine Sozialversicherungsnummer,
- soweit bekannt seine Adresse,
- die eindeutig identifizierbare Bezeichnung der übertragenen Wirtschaftsgüter (inklusive deren ISIN, Anzahl und/oder Nominale),
- die Anschaffungskosten der übertragenen Wirtschaftsgüter,
- jene depotführende Stelle, auf die die Übertragung erfolgt.

Die Vornahme der Mitteilung durch den Depotinhaber selbst erfüllt nicht die Voraussetzungen der Ausnahmebestimmung. Liegt eine unentgeltliche Zuwendung von Todes wegen vor (Erbschaft), ist die Beauftragung der übertragenden depotführenden Stelle auch durch den Zuwendungsempfänger (Erben) zulässig. Korrekturen der mitgeteilten Daten sind bis zum Verstreichen der einmonatigen Meldefrist zulässig.

(BMF-AV Nr. 2021/65)

Wird weder ein Nachweis der unentgeltlichen Übertragung erbracht noch die Zustimmung zur Datenmitteilung an das Finanzamt erteilt, hat die übertragende inländische depotführende Stelle somit im Zeitpunkt der Depotübertragung den Kapitalertragsteuerabzug zwingend vorzunehmen. Wird die Mitteilung trotz Beauftragung entweder gar nicht oder verspätet vorgenommen, ist sie unvollständig oder enthält sie falsche Daten, kommt die Ausnahmebestimmung nicht zur Anwendung, womit der Übertragungsvorgang steuerpflichtig ist. **6169c**

(AÖF 2013/280)

Wird die Mitteilung vorgenommen, wird in der Regel zu überprüfen sein, ob durch die unentgeltliche Übertragung Umstände eingetreten sind, durch die das Besteuerungsrecht der Republik Österreich eingeschränkt wird („Entstrickungsbesteuerung"). **6169d**

(BMF-AV Nr. 2018/79)

20.2.2.5.3.3 Depots mit Sonderstatus

(AÖF 2013/280)

Werden zu einem bestehenden, in Alleininhaberschaft stehenden Depot weitere Depotinhaber zugelassen, die dann entweder alleine (Oder-Depot) oder nur gemeinsam mit anderen Depotinhabern (Und-Depot) über die hinterlegten Wertpapiere zu verfügen berechtigt sind, liegt ein Übertragungsvorgang vor, der eine Entnahme im Sinne des § 27 Abs. 6 Z 2 EStG 1988 darstellt. Ob dieser Vorgang steuerpflichtig ist, ist davon abhängig, ob es sich um eine entgeltliche oder unentgeltliche Übertragung handelt. **6170**

Für Zwecke des KESt-Abzuges kann grundsätzlich davon ausgegangen werden, dass eine Änderung der Depotinhaberschaft steuerlich unbeachtlich ist. Zur Vermeidung von Missbräuchen gilt dies nicht, wenn nach einem Hinzutritt eines weiteren Depotinhabers innerhalb von sechs Monaten

- bei Einzeldepots der ursprüngliche Depotinhaber ausscheidet;
- bei Gemeinschaftsdepots alle zum Zutrittszeitpunkt bereits vorhandenen Depotinhaber ausscheiden.

In einem solchen Fall ist, sofern der Steuerpflichtige eine unentgeltliche Übertragung nicht nachweist (§ 27 Abs. 6 Z 2 fünfter TS erster Sub-TS EStG 1988) oder die depotführende Stelle zur Datenweitergabe ermächtigt (§ 27 Abs. 6 Z 2 fünfter TS zweiter Sub-TS EStG 1988), von einer KESt-pflichtigen Depotübertragung auszugehen. Die steuerpflichtige Realisierung findet dabei zum Zeitpunkt des Ausscheidens des (letzten) ursprünglichen Depotinhabers im Ausmaß des gesamten Wertpapierbestandes statt. Dem neuen Depotinhaber sind somit die übertragenen Wertpapiere mit den entsprechend erhöhten Anschaffungskosten zuzurechnen.

(BMF-AV Nr. 2018/79)

6170a Entsteht ein Oder-Depot im Ausland, kommt die Ausnahmebestimmung des § 27 Abs. 6 Z 2 vierter Teilstrich EStG 1988 nur dann zur Anwendung, wenn der ursprüngliche Alleininhaber den Übertragungsvorgang dem für die Erhebung seiner Einkommensteuer zuständigen Finanzamt (FAÖ oder FAG; bis 31.12.2020: seinem Wohnsitzfinanzamt) meldet. Zur Meldung siehe Abschnitt 20.2.2.5.3.2.2.

(BMF-AV Nr. 2021/65)

20.2.2.5.3.4 Übersichtstabelle

(AÖF 2013/280)

6171

Von \ An		**inländische depotführende Stelle**	**ausländische depotführende Stelle**
inländischer depotführender Stelle	Bei selber Stelle	Keine Meldung erforderlich	
	Auf Depot desselben Steuerpflichtigen	Mitteilung der AK durch inl. Stelle	Meldung ans FA durch inl. Stelle
	Unentgeltlich auf Depot eines anderen Steuerpflichtigen	1. Nachweis der unentgeltl. Übertragung 2. Meldung ans FA durch inl. Stelle	1. Nachweis der unentgeltl. Übertragung 2. Meldung ans FA durch inl. Stelle
ausländischer depotführender Stelle	Bei selber Stelle		Keine Meldung erforderlich
	Auf Depot desselben Steuerpflichtigen	Mitteilung der AK durch ausl. Stelle	Meldung ans FA
	Unentgeltlich auf Depot eines anderen Steuerpflichtigen	Meldung ans FA	Meldung ans FA

(AÖF 2013/280)

20.2.2.6 Liquidation

(AÖF 2013/280)

6172 Als Veräußerung im Sinne des § 27 Abs. 3 und 4 EStG 1988 gilt auch der Untergang von Anteilen auf Grund der Auflösung (Liquidation) oder Beendigung einer Körperschaft für sämtliche Beteiligte unabhängig vom Ausmaß ihrer Beteiligung (§ 27 Abs. 6 Z 2 EStG

1988). Erfasst wird der Unterschiedsbetrag zwischen dem Abwicklungsguthaben und den Anschaffungskosten der Anteile (§ 27a Abs. 3 Z 2 lit. c EStG 1988).

Anteile an einer Körperschaft sind sämtliche Gesellschaftsrechte und anteilsartigen Substanzrechte. Neben Aktien und GmbH-Anteilen gehören dazu Geschäftsanteile an Erwerbs- und Wirtschaftsgenossenschaften, Substanzgenussrechte im Sinne des § 8 Abs. 3 Z 1 KStG 1988, Berechtigungen aus Partizipationskapital im Sinne des Bankwesengesetzes und des Versicherungsaufsichtsgesetzes, nicht jedoch echte stille Beteiligungen sowie echte stille Beteiligungen im Sinne des Beteiligungsfondsgesetzes.

Kommt dem Anteilsinhaber auf Grund der Liquidation der Körperschaft tatsächlich nichts zu, liegt insofern ein Ergebnis im Rahmen der Einkunftsart des § 27 EStG 1988 vor, als jedenfalls die positiven Anschaffungskosten der untergehenden Anteile als Verlust abgezogen werden können. Dementsprechend muss ein Ergebnis im Rahmen der Einkunftsart des § 27 EStG 1988 vorliegen, wenn die Anschaffungskosten durch vorangegangene Umgründungsvorgänge im Sinne des UmgrStG negativ sind. In diesem Fall ergeben sich in Höhe der negativen Anschaffungskosten positive Einkünfte. Der Überschuss oder Verlust wird zu dem Zeitpunkt realisiert, in dem die unbeschränkte Steuerpflicht der betroffenen Körperschaft erlischt (siehe KStR 2013 Rz 153 f). Aus Vereinfachungsgründen kann davon ausgegangen werden, dass dieser Zeitpunkt dem Tag der Löschung der Firma im Firmenbuch entspricht. Findet bei der Liquidation ausländischer Körperschaften kein vergleichbarer Vorgang statt, ist auf den Zeitpunkt des tatsächlichen Untergangs der Körperschaft abzustellen.

(AÖF 2013/280)

20.2.3 Einkünfte aus Derivaten

(AÖF 2013/280)

20.2.3.1 Allgemeines

(AÖF 2013/280)

Der Ausdruck Derivate umfasst **6173**

- sämtliche Termingeschäfte (zB Optionen, Futures, Forwards, Swaps usw.) sowie
- andere derivative Finanzinstrumente

unabhängig davon, ob deren Underlying Finanzvermögen, Rohstoffe oder zB sonstige Wirtschaftsgüter darstellt.

Damit werden auch sämtliche Arten von Zertifikaten (zB Index, Alpha, Hebel, Sport) als sonstige derivative Finanzinstrumente erfasst.

(AÖF 2013/280)

20.2.3.2 Steuerpflichtige Vorgänge

(AÖF 2013/280)

Einkünfte gemäß § 27 Abs. 4 EStG 1988 liegen nur vor, wenn **6174**

- ein Differenzausgleich erfolgt,
- eine Stillhalterprämie geleistet wird,
- das Derivat selbst veräußert wird oder
- eine sonstige Abwicklung (Glattstellen) erfolgt.

Zur Behandlung von Schadenersatz bei Substanzschaden, siehe Rz 6143.

(BMF-AV Nr. 2018/79)

Die reine Ausübung einer Option bzw. die tatsächliche Lieferung des Underlying als solche **6174a** führen – der Rechtslage vor dem BBG 2011 entsprechend – (noch) zu keiner Besteuerung nach § 27 Abs. 4 EStG 1988, sondern wirken sich allenfalls in Form höherer Anschaffungskosten, niedrigerer Veräußerungserlöse bzw. eines niedrigeren Zinses aus. Zahlungen aus einem Zinsswap im Zusammenhang mit einem steuerpflichtigen Grundgeschäft führen daher nicht zu Einkünften aus Derivaten, sondern allenfalls zu höheren bzw. niedrigeren Einkünften aus der Überlassung von Kapital. Entsprechendes gilt auch für Währungsswaps.

Beispiele:

1. A zahlt B 10 für eine Option, eine Aktie um 100 zu erwerben. Der Wert der Aktie beträgt 130, A übt die Option aus.

Die Ausübung der Option bei A führt nicht zu Einkünften; die Anschaffungskosten der Aktie betragen 100+10 = 110. Erst bei einem allfälligen Verkauf der Aktie kommt es zur Realisierung der Wertsteigerung; zu versteuern wären diesfalls 20 (= 130-110).

B erzielt zunächst durch die Einräumung der Option Einkünfte iHv 10. Inwieweit sich darüber hinaus die Lieferung der Aktie an A bei B steuerlich auswirkt, hängt von seinen Anschaffungskosten dieser Aktie ab.

2. A zahlt B 10 für eine Option, ihm eine Aktie um 100 zu verkaufen. Der Wert der Aktie sinkt, A übt die Option aus.

Bei der Ermittlung des Veräußerungsgewinnes des A ist die geleistete Stillhalterprämie als Minderung des Veräußerungserlöses zu berücksichtigen. Sind die Anschaffungskosten des A nicht bekannt, ist bei der Ermittlung der Anschaffungskosten gemäß § 93 Abs. 4 EStG 1988 zunächst die Stillhalterprämie vom Veräußerungserlös abzuziehen und sodann der Saldo zu halbieren, dh. (100-10)/2 = 45.

B hat die empfangene Stillhalterprämie als Minderung seiner Anschaffungskosten zu berücksichtigen.

3. A tauscht die variable Verzinsung einer Anleihe mittels Zins-Swap gegen eine fixe Verzinsung von 4%.

Wenn A tatsächlich Zinsen in Höhe von 4% erhält (also tatsächlich die Zinszahlungsströme getauscht werden), liegen Einkünfte aus der Überlassung von Kapital in Höhe der 4-prozentigen Zinszahlung vor.

Auch die Veräußerung von Wirtschaftsgütern (zB Edelmetalle), an denen zivilrechtliches Miteigentum entsteht, die weder verbrieft noch laufend verzinst sind, führt nicht zu Einkünften aus Derivaten sondern innerhalb der Spekulationsfrist zu Einkünften gemäß § 31 EStG 1988.

Werden beim Forex(Foreign Exchange)-Handel Währungen in Paaren gehandelt, indem gleichzeitig zum Kauf einer Währung ein Leerverkauf einer zweiten Währung stattfindet, liegt ein als Derivat im Sinne des § 27 Abs. 4 EStG 1988 eingestuftes einheitliches Produkt vor.

(BMF-AV Nr. 2015/133)

6174b Derivate unterliegen dem besonderen Steuersatz von 27,5% gemäß § 27a Abs. 1 Z 2 EStG 1988 und somit auch dem Kapitalertragsteuerabzug nur, wenn sie verbrieft sind (siehe Abschnitt 20.3.3).

(BMF-AV Nr. 2018/79)

20.2.3.2.1 Differenzausgleich

(AÖF 2013/280)

6175 Beim Differenzausgleich wird das Underlying nicht tatsächlich geliefert, sondern die Wertdifferenz zwischen aktuellem Preis und Ausübungspreis bezahlt. Der Differenzausgleich entspricht somit wirtschaftlich der Ausübung einer Option samt nachfolgender Veräußerung des Underlyings und soll daher zu Einkünften aus Derivaten führen. Als praktisch besonders bedeutsamer Fall wird der Differenzausgleich auch als erster Tatbestand in § 27 Abs. 4 EStG 1988 genannt.

§ 27a Abs. 3 Z 3 lit. a EStG 1988 regelt die Bemessungsgrundlage beim Differenzausgleich:

- Der erste Teilstrich richtet sich an denjenigen, der den Differenzausgleich erhält, also zB bei einem bedingten Termingeschäft (Option) den Anleger, der das Gestaltungsrecht ausüben kann (long position). Dieser hat den empfangenen Differenzausgleich abzüglich der Anschaffungskosten des Derivats zu versteuern.
- Der zweite Teilstrich stellt dagegen auf denjenigen ab, der den Differenzausgleich leistet. Im Falle eines bedingten Termingeschäfts (Option) hat dieser eine „Stillhalterprämie" erhalten (er befindet sich in der „short position"), im Falle eines unbedingten Termingeschäfts (Future, Forward) erhält dieser Anleger „Einschüsse" bzw. „Margins". Für diesen Steuerpflichtigen ergibt sich nun ein Verlust in Höhe der Differenz der erhaltenen Stillhalterprämie oder Einschüsse und des geleisteten Differenzausgleichs.

Beispiel:

A zahlt B 10 für eine Option, eine Aktie um 100 zu erwerben. Der Wert der Aktie beträgt 130, A und B vereinbaren einen Differenzausgleich, dh. B zahlt A 30 (= Differenz zwischen aktuellem Preis und Ausübungspreis).

Bei A liegen Einkünfte aus Derivaten in Höhe von 20 (= 30-10) vor (gemäß § 27a Abs. 3 Z 3 lit. a erster TS EStG 1988).

B erleidet einen Verlust von 20 (siehe unten Abschnitt 20.2.3.2.2).

(AÖF 2013/280)

20.2.3.2.2 Stillhalterprämie

(AÖF 2013/280)

Empfangene Stillhalterprämien sind aufgrund § 27a Abs. 3 Z 3 lit. a zweiter TS EStG 1988 bzw. § 27a Abs. 3 Z 3 lit. b EStG 1988 erst in jenem Zeitpunkt zu versteuern, in dem der wirtschaftliche Erfolg aus dem Geschäft feststeht, dh. sobald die Option ausgeübt wird, ein Differenzausgleich geleistet wird oder die Option verfällt. 6176

Wird eine Call-Option ausgeübt, stellt die empfangene Stillhalterprämie eine Erhöhung des Veräußerungserlöses dar. Wird eine Put-Option ausgeübt, senkt die empfangene Stillhalterprämie die Anschaffungskosten des Underlying.

Wird ein Differenzausgleich geleistet, ist die Differenz zwischen empfangener Stillhalterprämie und geleistetem Differenzausgleich als Einkünfte aus Derivaten anzusetzen (siehe Beispiel in Abschnitt 20.2.3.2.1).

Kommt es bei einem bedingten Termingeschäft (Option) weder zur Lieferung des Underlying (durch Ausübung der Option), noch zu einem Differenzausgleich, verfällt die Option und der Stillhalter hat die empfangene Stillhalterprämie in voller Höhe zu versteuern (§ 27a Abs. 3 Z 3 lit. b EStG 1988).

Beispiel:

A zahlt B 10 für eine Option, eine Aktie um 100 zu erwerben. Der Wert der Aktie beträgt 80, A lässt die Option verfallen.

Bei B liegen Einkünfte aus Derivaten in Höhe von 10 vor (gemäß § 27a Abs. 3 Z 3 lit. a erster TS EStG 1988).

B hat positive Einkünfte aus Derivaten aus der erhaltenen Stillhalterprämie in Höhe von 10, A negative Einkünfte in selber Höhe.

(AÖF 2013/280)

20.2.3.2.3 Veräußerung und sonstige Abwicklung

(AÖF 2013/280)

Der Veräußerung des Derivats selbst ist die sonstige Abwicklung gleichzuhalten: Dafür kommt insbesondere die Glattstellung in Frage, bei der durch Abschließen eines gegenläufigen Geschäfts wirtschaftlich die bisherigen Wertsteigerungen realisiert und künftige Wertschwankungen abgesichert werden. 6177

Beispiel:

A zahlt B 10 für eine Option, eine Aktie um 100 zu erwerben. Der Wert der Aktie beträgt 130.

a) A verkauft die Option um 29.

b) A räumt eine Option ein, in der er sich zur Lieferung der Aktie um 100 verpflichtet und erhält dafür 29.

In beiden Fällen hat A den inneren Wert der Option realisiert und sich in eine risikolose Position begeben (weil er im Fall b, sollte er tatsächlich um 100 liefern müssen, seinerseits die Call-Option gegenüber B ausüben und um 100 erwerben kann).

Im Fall der Veräußerung des Derivats ist – der Bemessungsgrundlage bei realisierten Wertsteigerungen entsprechend – gemäß § 27a Abs. 3 Z 3 lit. c EStG 1988 beim Veräußerer der Unterschiedsbetrag zwischen Veräußerungserlös und Anschaffungskosten steuerpflichtig. Im Fall der sonstigen Abwicklung gilt die erhaltene Stillhalterprämie als Veräußerungserlös.

Beispiel:

A zahlt B 10 für eine Option mit einjähriger Laufzeit, ein Wirtschaftsgut um 100 zu erwerben. Nach 6 Monaten hat das Wirtschaftsgut einen Wert von a) 150 b) 50. Nach 6 Monaten wollen A bzw. B ihren Gewinn aus dem Geschäft mittels Glattstellung der Option sichern.

Lösung a)

A schließt eine gegenläufige Option ab, bei der er als Stillhalter das Wirtschaftsgut um 100 liefern muss. Dafür erhält er eine – angesichts des aktuellen Marktwerts iHv 150 hohe – Stillhalterprämie von 48.

Diese Stillhalterprämie gilt als Veräußerungserlös, dem A nun die Anschaffungskosten der ursprünglichen Option gegenüberzustellen hat. Seine Einkünfte aus diesem Derivatgeschäft betragen somit 38.

Lösung b)

B schließt eine gegenläufige Option ab, bei der er das Recht erhält, das Wirtschaftsgut um 100 zu kaufen. Dafür leistet er eine – angesichts des aktuellen Marktwerts von 50 niedrige – Stillhalterprämie von 1. Die ursprünglich empfangene Stillhalterprämie von 10 gilt als Veräußerungserlös, dem B nun die Anschaffungskosten der von ihm zur Glattstellung erworbenen Option gegenüberzustellen hat. Seine Einkünfte aus diesem Derivatgeschäft betragen somit 9.

(AÖF 2013/280)

20.2.3.3 Private Zinssicherungsgeschäfte

(AÖF 2013/280)

6178 Die tatsächliche Lieferung des Underlyings führt isoliert zu keiner Steuerpflicht, ein Zins-Swap auf den Zins einer Anleihe wirkt sich jedoch im Rahmen der Einkünfte aus der Überlassung von Kapital steuerlich aus (vgl. Abschnitt 20.2.3.2). Daraus folgt, dass grundsätzlich Zins-Swap-Vereinbarungen, solange tatsächlich nur ein Austausch der Zinszahlungen stattfindet, nur zu – positiven oder negativen – Einkünften führen, wenn sie im Zusammenhang mit Einkünften stehen, wie mit dem (steuerpflichtigen) Zins einer Anleihe. Steht dagegen ein Zins-Swap im Zusammenhang mit einem nicht steuerrelevanten Darlehen (zB privates Wohnbaudarlehen), ist der bloße Austausch der Zinszahlungen nicht von § 27 Abs. 4 EStG 1988 erfasst.

Dagegen führt die Veräußerung oder Glattstellung des Derivats selbst zu Einkünften aus Derivaten. Diese Grundsätze gelten für sämtliche Derivate, die im Zusammenhang mit nicht steuerrelevanten Grundgeschäften stehen und lediglich zur Zinssicherung verwendet werden (zB Zins-Cap). Stehen sie im Zusammenhang mit steuerrelevanten Grundgeschäften (zB im Rahmen eines Gewerbebetriebes, bei Vermietung und Verpachtung) oder wird das Derivat selbst verkauft bzw. geschlossen, liegen steuerpflichtige Einkünfte vor. Ändert sich der Verwendungszweck, sind die steuerneutralen von den steuerrelevanten Zeiträumen entsprechend abzugrenzen.

Beispiele:

1. A tauscht die variable Verzinsung einer Anleihe mittels Zins-Swap gegen eine fixe Verzinsung von 4%. Da sich die variable Verzinsung sehr schlecht entwickelt, steigt der Wert der Zins-Swap-Vereinbarung.

Realisiert A diesen Wertzuwachs, liegen Einkünfte aus Derivaten vor. Behält A den Zins-Swap, sind die Zahlungen aus dem Zinsswap als Einkünfte aus der Überlassung von Kapital zu erfassen.

2. B erwirbt ein Einfamilienhaus und nimmt dazu ein Darlehen in Höhe von 100.000 Euro auf, das variabel verzinst wird. Um sich gegen steigende Zinsen abzusichern, erwirbt B zusätzlich einen Zins-Cap.

Reduziert der Zins-Cap die von B zu zahlenden Zinsen, liegen keine Einkünfte aus Derivaten vor.

3. C hält einen Zins-Cap ohne dazugehöriges Darlehen. Zahlungen aus dem Zins-Cap stellen Einkünfte aus Derivaten dar.

(AÖF 2013/280)

20.2.4 Beurteilung verschiedener Produktgruppen

(AÖF 2013/280)

20.2.4.1 Optionsanleihen

(AÖF 2013/280)

20.2.4.1.1 Allgemeines

(AÖF 2013/280)

6179 Bei einer Optionsanleihe besitzt der Inhaber neben dem Recht auf Rückzahlung des Nominalbetrags ein in einem Optionsschein verbrieftes Recht, innerhalb der Optionsfrist eine bestimmte Anzahl von Aktien des Emittenten oder einer anderen Gesellschaft, Anleihen, Fremdwährungen, physische Werte wie Edelmetalle oder sonstige Basiswerte zu einem festgelegten Kaufpreis zu erwerben. Mit der Ausübung der Option erlischt der Anspruch auf Rückzahlung des Nominalbetrags der Anleihe nicht. Anleihe und Optionsschein können voneinander getrennt werden und sind sodann gesondert handelbar.

Anleihe und Optionsschein stellen daher jeweils selbständige Wirtschaftsgüter dar. Die Ausübung der Option nach dem 31.12.2010 führt daher stets zu Neuvermögen hinsichtlich der erworbenen Aktien.

Zinserträge aus der Anleihe sind als Einkünfte aus der Überlassung von Kapital gemäß § 27 Abs. 2 Z 2 EStG 1988 zu erfassen. Realisierte Wertsteigerungen und -minderungen bei Veräußerung bzw. Einlösung der Anleihe stellen Einkünfte aus realisierten Wertsteigerungen von Kapitalvermögen gemäß § 27 Abs. 3 EStG 1988 dar. Unabhängig davon, ob der Optionsschein noch mit der Anleihe verbunden ist oder bereits von ihr getrennt wurde, gelten für dessen Veräußerung die Bestimmungen des § 27 Abs. 4 EStG 1988 (siehe Abschnitt 20.2.3.2.3).

Wird der Optionsschein zusammen mit der Anleihe erworben, sind die gesamten Anschaffungskosten nur der Anleihe zuzurechnen.

Werden daher Optionsanleihen während der Laufzeit (zB am Sekundärmarkt) erworben, sind stets die gesamten Anschaffungskosten der Anleihe zuzurechnen.

Bei einer Veräußerung einer Optionsanleihe während der Laufzeit wird

- der Gewinn aus der Anleihe als Einkünfte aus realisierten Wertsteigerungen von Kapitalvermögen gemäß § 27 Abs. 3 EStG 1988 und der Gewinn aus dem Optionsrecht als Einkünfte aus Derivaten gemäß § 27 Abs. 4 EStG 1988 erfasst, wenn der Veräußerer unterschiedliche Anschaffungskosten ausgewiesen hat (was nur beim Ersterwerber von Optionsanleihen, die in den Emissionsbedingungen eine Aufteilung vorsehen, zutrifft) und in allen anderen Fällen
- der gesamte Gewinn aus der Veräußerung (Anleihe und Optionsrecht) unter den Einkünften aus realisierten Wertsteigerungen von Kapitalvermögen gemäß § 27 Abs. 3 EStG 1988 erfasst.

(AÖF 2013/280)

Wird während der Laufzeit das Optionsrecht getrennt von der Anleihe veräußert, sind die Einkünfte daraus unter § 27 Abs. 4 EStG 1988 zu erfassen. Wenn der Veräußerer keine gesonderten Anschaffungskosten für das Optionsrecht ausgewiesen hat, sind dem Veräußerungspreis Anschaffungskosten in Höhe von Null gegenüberzustellen. **6179a**

Wird das Optionsrecht ausgeübt, hat dies keine unmittelbaren steuerrechtlichen Auswirkungen. Die Anschaffungskosten des Optionsrechts – falls vorhanden – erhöhen lediglich die Anschaffungskosten des gelieferten Basiswertes. Wird statt der Lieferung des Basiswertes ein Differenzausgleich geleistet, wird der Unterschiedsbetrag zwischen dem Differenzausgleich und den Anschaffungskosten des Optionsrechts – falls vorhanden – unter den Einkünften aus Derivaten gemäß § 27 Abs. 4 EStG 1988 erfasst.

Beispiel:

Eine Optionsanleihe wird bei Emission im Jahr 01 zum Ausgabepreis von 100 erworben. Die Emissionsbedingungen sehen eine jährliche Verzinsung der Anleihe mit 2,5 Prozent und eine Einlösung nach 5 Jahren zum Nominalwert von 100 vor; das Optionsrecht wird durch einen untermarktmäßigen Zinskupon abgegolten.

Im Jahr 03 wird das Optionsrecht ohne zugehörige Anleihe um 6 veräußert.

Die Anschaffungskosten der Optionsanleihe sind zur Gänze der Anleihe zuzurechnen, womit die Anschaffungskosten für das Optionsrecht Null betragen. Aus der Veräußerung des Optionsrechts werden Einkünfte aus Kapitalvermögen gemäß § 27 Abs. 4 EStG 1988 in Höhe von 6 erzielt.

Variante 1:

Im Jahr 03 wird das Optionsrecht ausgeübt.

Es kommt zu keinen steuerlichen Auswirkungen, die Anschaffungskosten des Basiswertes entsprechen dem im Optionsschein festgelegten Ausübungspreis.

Variante 2:

Im Jahr 03 wird die Optionsanleihe (inkl. Optionsrecht) um 115 veräußert.

Die gesamte realisierte Wertsteigerung von 15 (115 – 100) ist unter den Einkünften gemäß § 27 Abs. 3 EStG 1988 zu erfassen.

(AÖF 2013/280)

20.2.4.1.2 KESt-Abzug

(AÖF 2013/280)

Zinserträge aus der Optionsanleihe sind als Einkünfte aus der Überlassung von Kapital gemäß § 27 Abs. 2 Z 2 EStG 1988 gemäß § 93 EStG 1988 durch Kapitalertragsteuerabzug zu erfassen. Abzugsverpflichteter ist gemäß § 95 Abs. 2 Z 1 lit. b EStG 1988 die auszahlende Stelle. **6180**

Bei Kapitalerträgen aus der Veräußerung bzw. Einlösung der Optionsanleihe (Anleihe und Optionsrecht) bestehen keine Bedenken, stets Einkünfte aus realisierten Wertsteigerungen von Kapitalvermögen gemäß § 27 Abs. 3 EStG 1988 anzunehmen und gemäß § 93 EStG 1988 durch Kapitalertragsteuerabzug zu erfassen. Abzugsverpflichteter ist somit gemäß § 95 Abs. 2 Z 2 EStG 1988 die inländische depotführende bzw. die inländische auszahlende Stelle.

Werden Anleihe und Optionsrecht getrennt verwertet, liegen Einkünfte aus realisierten Wertsteigerungen von Kapitalvermögen gemäß § 27 Abs. 3 EStG 1988 (Anleihe) und Einkünfte aus Derivaten gemäß § 27 Abs. 4 EStG 1988 (Option) vor. Da sowohl die Anleihe als auch das Optionsrecht verbrieft sind, ist gemäß § 95 Abs. 2 Z 2 EStG 1988 die inländische depotführende bzw. die inländische auszahlende Stelle zum Kapitalertragsteuerabzug verpflichtet. Wickelt die inländische depotführende Stelle die Realisierung des Optionsrechtes (zB Auszahlung des Differenzausgleichs) nicht ab, besteht für sie keine Verpflichtung zum Kapitalertragsteuerabzug.

(AÖF 2013/280)

20.2.4.2 Wandelanleihen (convertible bonds)

(AÖF 2013/280)

20.2.4.2.1 Allgemeines

(AÖF 2013/280)

6181 Wandelanleihen sind Obligationen, die wie „normale" Kuponanleihen einen Zins- und Tilgungsanspruch gegenüber dem Emittenten der Anleihe verbriefen, die aber zusätzlich ein Umtauschrecht des Forderungstitels in einen Beteiligungstitel beinhalten. Das Umtauschrecht ermöglicht es dem Gläubiger, innerhalb einer bestimmten Frist die Forderung zu einem bestimmten festgelegten Umtauschverhältnis in Aktien des Emittenten der Wandelanleihe zu wandeln oder eine Barauszahlung bzw. eine Kombination aus Barauszahlung und Aktienausgabe zu verlangen. Wird vom Wandlungsrecht Gebrauch gemacht, erlischt die Wandelanleihe. Wird hingegen das Wandlungsrecht nicht in Anspruch genommen, vermittelt die Wandelanleihe weiterhin Anspruch auf die verbriefte Zinsen- und Tilgungsleistung. Ergänzend zum Wandlungsrecht des Anleihegläubigers während der Laufzeit, besteht für den Emittenten auch die Möglichkeit, eine Wandlungspflicht am Ende der Laufzeit der Anleihe vorzusehen (Pflichtwandelanleihe).

Eine spezielle Form der Wandelanleihe stellt die Umtauschanleihe dar. Während bei einer „klassischen" Wandelanleihe dem Anleihegläubiger das Recht eingeräumt wird, in Aktien des emittierenden Unternehmens zu wandeln, verpflichtet sich der Emittent einer Umtauschanleihe, bei Ausübung des Wandlungsrechts durch den Anleihegläubiger, eine Wandlung in Aktien eines anderen im Voraus festgelegten Unternehmens vorzunehmen. Im Gegensatz zu Optionsanleihen, bei denen das Optionsrecht (Optionsschein) getrennt von der Anleihe gehandelt werden kann, ist bei Wandelanleihen das Wandlungsrecht untrennbar mit der Schuldverschreibung verbunden.

(AÖF 2013/280)

6181a Eine Wandelanleihe ist steuerlich als einheitliches Forderungswertpapier anzusehen. Die Ausübung des Wandlungsrechts durch den Anleihegläubiger stellt daher keinen steuerpflichtigen Tausch seines Forderungsrechts gegen Aktien dar, womit keine Veräußerung der Anleihe mit nachfolgender Anschaffung von Aktien vorliegt (siehe § 7 Kapitalmaßnahmen-VO). Die Anschaffungskosten der Wandelanleihe sind weiter zu führen und stellen für den Anleger die Anschaffungskosten der im Zuge der Wandlung erhaltenen Aktien dar (siehe § 7 Kapitalmaßnahmen-VO). Diese Sichtweise gilt für alle nach dem 31.3.2012 vorgenommenen Wandlungen von nach dem 31.3.2012 entgeltlich erworbenen Wandelanleihen. Werden zum Zwecke des Spitzenausgleichs, somit zum Zwecke der Rundung auf ganze Stücke, vom Emittenten bare Zuzahlungen geleistet, sind diese nicht steuerpflichtig und senken lediglich die Anschaffungskosten der erhaltenen Aktien, wenn die Zuzahlung 10% des Gesamtnennbetrags der erhaltenen Aktien nicht überschreitet (§ 7 Kapitalmaßnahmen-VO). Höhere Zuzahlungen stellen Einkünfte aus realisierten Wertsteigerungen von Kapitalvermögen gemäß § 27 Abs. 3 EStG 1988 dar. Bei Wertpapieren ohne Nennwert (zB Stückaktien) sind Zuzahlungen generell steuerpflichtig.

Beispiel 1:

Eine Wandelanleihe wird am 1.6.2009 zum Kurs von 100 erworben. Das Wandlungsrecht wird am 1.3.2011 ausgeübt, was zum Erwerb von Aktien des Emittenten führt. Die Aktien werden am 1.5.2012 veräußert.

Der Wandlungsvorgang stellt nach bisheriger Sichtweise einen Tauschvorgang dar, es liegt damit im Wandlungszeitpunkt ein Anschaffungsvorgang hinsichtlich der für die Anleihe erhaltenen Aktien vor. Bei nachfolgender Veräußerung der Aktien werden Einkünfte aus Kapitalvermögen gemäß § 27 Abs. 3 EStG 1988 erzielt, da der entgeltliche Erwerb der Aktien nach dem 31.12.2010 erfolgte. Würde die Veräußerung der Aktien vor dem 1.4.2012 erfolgen, wären die Einkünfte daraus unter den Einkünften gemäß § 30 EStG 1988 idF vor dem BBG 2011 zu erfassen.

Beispiel 2:

Eine Wandelanleihe wird am 1.6.2009 zum Kurs von 100 erworben. Das Wandlungsrecht wird am 1.7.2012 ausgeübt, was zum Erwerb von Aktien des Emittenten führt. Die Aktien werden am 1.5.2013 veräußert.

Der Wandlungsvorgang stellt nach bisheriger Sichtweise einen Tauschvorgang dar, es liegt damit im Wandlungszeitpunkt ein Anschaffungsvorgang hinsichtlich der für die Anleihe erhaltenen Aktien vor. Bei nachfolgender Veräußerung der Aktien werden Einkünfte aus Kapitalvermögen gemäß § 27 Abs. 3 EStG 1988 erzielt, da der entgeltliche Erwerb der Aktien nach dem 31.12.2010 erfolgte.

Beispiel 3:

Eine Wandelanleihe wird am 1.6.2012 zum Kurs von 1.000 (10 Stück à 100) erworben. Die Emissionsbedingungen sehen eine Wandlungsmöglichkeit zum fixen Umtauschverhältnis 3:2 (3 Stück der Anleihe in 2 Aktien) in Aktien mit einem Nennwert von je 30 vor oder eine Kombination aus Barzahlung und Wandlung vor.

Das Wandlungsrecht wird am 1.3.2013 ausgeübt. Dabei werden 6 Stück der Anleihe in 4 Aktien umgewandelt und die restlichen 4 Stück durch eine Barzahlung in Höhe von 400 abgegolten.

Der Umtausch der Anleihe gegen Aktien ist steuerneutral; die anteiligen Anschaffungskosten der Anleihe in Höhe von 600 werden als Anschaffungskosten der 4 Aktien fortgeführt. Die Barzahlung wird nicht zum Zwecke der Rundung auf ganze Stücke geleistet, womit sie nicht die Anschaffungskosten der erhaltenen Aktien mindert, sondern steuerpflichtig ist. Der Barzahlung sind die anteiligen Anschaffungskosten von 400 gegenüberzustellen.

Beispiel 4:

Eine Wandelanleihe wird am 1.7.2012 zum Kurs von 1870 (187 Stück à 10) erworben. Die Emissionsbedingungen sehen eine Wandlungsmöglichkeit zum fixen Umtauschverhältnis 3:2 (3 Stück der Anleihe in 2 Aktien) in Aktien mit einem Nennwert von je 30 vor oder eine Kombination aus Barzahlung und Wandlung vor.

Das Wandlungsrecht wird am 1.4.2013 ausgeübt. Dabei werden 100 Stück der Anleihe in 124 Aktien umgewandelt und eine Barzahlung in Höhe von 10 geleistet.

Der Umtausch der Anleihe gegen Aktien ist steuerneutral; die anteiligen Anschaffungskosten der Anleihe in Höhe von 1870 werden als Anschaffungskosten der 124 Aktien fortgeführt. Die Barzahlung wird zum Zwecke der Rundung auf ganze Stücke geleistet, womit sie die Anschaffungskosten der erhaltenen Aktien auf 1870 mindert und nicht als Einkünfte aus realisierten Wertsteigerungen von Kapitalvermögen gemäß § 27 Abs. 3 EStG 1988 steuerpflichtig ist.

Beispiel 5:

Sachverhalt wie in Beispiel 3.

Das Wandlungsrecht wird am 1.3.2013 ausgeübt. Dabei werden 10 Stück der Anleihe in 6 Aktien umgewandelt und eine Barzahlung in Höhe von 100 geleistet.

Der Umtausch der Anleihe gegen Aktien ist steuerneutral; die anteiligen Anschaffungskosten der Anleihe in Höhe von 1.000 werden als Anschaffungskosten der 6 Aktien fortgeführt. Die Barzahlung wird zwar zum Zwecke der Rundung auf ganze Stücke geleistet, allerdings überschreitet sie 10% des Gesamtnennbetrages (10% von 180) der erhaltenen Aktien, womit sie nicht die Anschaffungskosten der erhaltenen Aktien mindert, sondern als Einkünfte aus realisierten Wertsteigerungen von Kapitalvermögen gemäß § 27 Abs. 3 EStG 1988 zur Gänze steuerpflichtig ist.

(AÖF 2013/280)

20.2.4.2.2 KESt-Abzug

(AÖF 2013/280)

Zinserträge aus Wandelanleihen sind als Einkünfte aus der Überlassung von Kapital gemäß § 27 Abs. 2 Z 2 EStG 1988 gemäß § 93 EStG 1988 durch Kapitalertragsteuerabzug zu erfassen. Abzugsverpflichteter ist gemäß § 95 Abs. 2 Z 1 lit. b EStG 1988 die auszahlende Stelle. **6182**

Kapitalerträge aus der Veräußerung bzw. Einlösung von Wandelanleihen sind Einkünfte aus realisierten Wertsteigerungen von Kapitalvermögen gemäß § 27 Abs. 3 EStG 1988 und gemäß § 93 EStG 1988 durch Kapitalertragsteuerabzug zu erfassen. Abzugsverpflichteter ist somit gemäß § 95 Abs. 2 Z 2 EStG 1988 die inländische depotführende bzw. die inländische auszahlende Stelle.

Barzahlungen anlässlich der Ausübung des Wandlungsrechtes, die nicht die Voraussetzungen des § 7 der Kapitalmaßnahmen-VO erfüllen, sind Einkünfte aus realisierten Wertsteigerungen von Kapitalvermögen gemäß § 27 Abs. 3 EStG 1988 und gemäß § 93 EStG 1988 durch Kapitalertragsteuerabzug zu erfassen.

(AÖF 2013/280)

20.2.4.3 Aktienanleihe (cash or share-Anleihe)

(AÖF 2013/280)

20.2.4.3.1 Allgemeines

(AÖF 2013/280)

6183 Als Aktienanleihen werden Schuldverschreibungen bezeichnet, bei denen dem Emittenten die Option eingeräumt ist, die Anleihe am Fälligkeitstag nicht in Geld zu begleichen, sondern durch Hingabe in (eigenen oder fremden) Aktien. Im Gegensatz zu Wandel- oder Optionsanleihen steht bei einer Aktienanleihe nicht dem Anleger, sondern dem Emittenten das Wandlungs- bzw. Optionsrecht zu. Wirtschaftlich entspricht die Aktienanleihe einer Kombination aus einer marktüblich verzinsten Anleihe mit der Stillhalterposition aus einer Option, wobei dem Anleger die Stillhalterprämie in der Weise abgegolten wird, dass die Anleihe mit einem übermarktmäßig hohen Zinskupon ausgestattet ist.

(AÖF 2013/280)

6183a Ebenso wie bei der Wandelanleihe ist die Aktienanleihe steuerlich als einheitliches Forderungswertpapier anzusehen, womit keine Trennung der Anleihe- und Optionskomponente erfolgen kann. Die Ausübung des Optionsrechts durch den Emittenten bei Einlösung stellt bei nach dem 31.3.2012 entgeltlich erworbenen Aktienanleihen keinen Tausch des Forderungsrechts des Anlegers gegen Aktien dar, womit keine Veräußerung der Anleihe mit nachfolgender Anschaffung von Aktien vorliegt.

Die Anschaffungskosten der Aktienanleihe sind weiter zu führen und stellen für den Anleger die Anschaffungskosten der im Zuge der Einlösung der Anleihe erhaltenen Aktien dar (siehe § 7 Kapitalmaßnahmen-VO; gilt für nach dem 31.3.2012 entgeltlich erworbene Aktienanleihen).

Werden zum Zwecke des Spitzenausgleichs, somit zum Zwecke der Rundung auf ganze Stücke, vom Emittenten bare Zuzahlungen geleistet, sind diese nicht steuerpflichtig und senken lediglich die Anschaffungskosten der erhaltenen Aktien, wenn die Zuzahlung 10% des Gesamtnennbetrags der erhaltenen Aktien nicht überschreitet. Höhere Zuzahlungen stellen Einkünfte aus realisierten Wertsteigerungen von Kapitalvermögen gemäß § 27 Abs. 3 EStG 1988 dar. Bei Wertpapieren ohne Nennwert (zB Stückaktien) sind Zuzahlungen generell steuerpflichtig.

Beispiel:

Eine Aktienanleihe wird nach 31.3.2012 bei Emission zum Ausgabepreis von 100 erworben. Die Emissionsbedingungen sehen eine jährliche Verzinsung der Anleihe mit 9 Prozent (Kuponfälligkeit halbjährlich) und eine Einlösung nach 2 Jahren zum Nominalwert oder durch Lieferung von Aktien vor.

Bei Einlösung übt der Emittent sein Optionsrecht aus und liefert Aktien mit einem Kurswert von 85.

Die laufenden Zinsen stellen Einkünfte aus der Überlassung von Kapital gemäß § 27 Abs. 2 Z 2 EStG 1988 dar.

Die Anschaffungskosten der Anleihe werden als Anschaffungskosten der bei der Einlösung der Anleihe angedienten Aktien fortgeführt. Bei einer nachfolgenden Veräußerung der Aktien ist der Unterschiedsbetrag zwischen dem Veräußerungserlös und den Anschaffungskosten (entspricht dem Emissionskurs der Anleihe) als Einkünfte aus realisierten Wertsteigerungen von Kapitalvermögen gemäß § 27 Abs. 3 EStG 1988 zu erfassen.

Variante:

Der Anleger erwirbt die Aktienanleihe während der Laufzeit zum Preis von 65 (inkl. Stückzinsen) und hält sie bis zu deren Einlösung. Die Einlösung erfolgt durch Andienung von Aktien mit einem Kurs von 85.

Die Wertsteigerung von 20 (65 auf 85) bei Einlösung der Anleihe bleibt vorerst unbesteuert, da bei der Andienung der Aktien kein Tausch vorliegt und die Anschaffungskosten der Anleihe als Anschaffungskosten der angedienten Aktien fortgeführt werden.

Werden die Aktien in weiterer Folge veräußert, liegen im Unterschiedsbetrag zwischen dem Veräußerungspreis und deren Anschaffungskosten (entsprechen den Anschaffungskosten der Anleihe von 65) Einkünfte aus realisierten Wertsteigerungen von Kapitalvermögen gemäß § 27 Abs. 3 EStG 1988 vor. Soweit dem Anleger während der Laufzeit der

Aktienanleihe Zinsen zufließen, sind sie als Einkünfte aus Kapitalvermögen gemäß § 27 Abs. 2 Z 2 EStG 1988 zu erfassen.

Bei vor dem 1.4.2012 erworbenen Aktienanleihen ist über § 95 Abs. 6 EStG 1988 idF vor dem BBG 2011 ein Ausgleich der im Zuge der Andienung der Aktien erlittenen Verluste mit zuvor gutgeschriebenen Zinsen dann nicht möglich, wenn der Verlustausgleich im Rahmen der KESt zu einem unsachgemäßen Ergebnis führt. Dies ist insbesondere der Fall, wenn die Aktienanleihe kurz vor deren Tilgung bzw. vor dem letzten Kupon gekauft wird und der Anleger wirtschaftlich gesehen keinen Tilgungsverlust erleidet (insbesondere, wenn die Lukrierung von KESt-Gutschriften erkennbar im Vordergrund steht). Im Hinblick auf die Neuordnung der Besteuerung von Kapitalvermögen ist ab 1.4.2012 generell keine Verlustverrechnung durch die depotführenden Stellen bei vor dem 1.4.2012 erworbenen Aktienanleihen mehr vorzunehmen. **6183b**

(AÖF 2013/280)

20.2.4.3.2 KESt-Abzug

(AÖF 2013/280)

Zinserträge aus Aktienanleihen sind als Einkünfte aus der Überlassung von Kapital gemäß § 27 Abs. 2 Z 2 EStG 1988 gemäß § 93 EStG 1988 durch Kapitalertragsteuerabzug zu erfassen. Abzugsverpflichteter ist gemäß § 95 Abs. 2 Z 1 lit. b EStG 1988 die auszahlende Stelle. **6184**

Kapitalerträge aus der Veräußerung bzw. Einlösung von Aktienanleihen sind Einkünfte aus realisierten Wertsteigerungen von Kapitalvermögen gemäß § 27 Abs. 3 EStG 1988 und gemäß § 93 EStG 1988 durch Kapitalertragsteuerabzug zu erfassen. Abzugsverpflichteter ist somit gemäß § 95 Abs. 2 Z 2 EStG 1988 die inländische depotführende bzw. die inländische auszahlende Stelle.

Barzahlungen anlässlich der Ausübung des Optionsrechtes durch den Emittenten, die nicht die Voraussetzungen des § 7 der Kapitalmaßnahmen-VO erfüllen, sind Einkünfte aus realisierten Wertsteigerungen von Kapitalvermögen gemäß § 27 Abs. 3 EStG 1988 und gemäß § 93 EStG 1988 durch Kapitalertragsteuerabzug zu erfassen.

(AÖF 2013/280)

20.2.4.4 Callable yield notes

(AÖF 2013/280)

20.2.4.4.1 Allgemeines

(AÖF 2013/280)

Callable yield notes sind strukturierte Wertpapiere. Es handelt sich dabei um Schuldverschreibungen, die mit einem Zinskupon ausgestattet sind, der über den üblichen Marktzinsen liegt und bei denen Höhe und Zeitpunkt der Rückzahlung durch den Emittenten vom Eintritt bestimmter Bedingungen abhängt. Falls die Bedingungen nicht eintreten, erhält der Anleger sein eingesetztes Kapital in voller Höhe zurück. Bei Eintritt der Bedingungen (zB Unterschreiten des „barrier levels") verliert der Anleger seinen Kapitalschutz und die Rückzahlung erfolgt entsprechend der Entwicklung eines Basiswertes. So kann etwa die Höhe der Rückzahlung einer solchen Schuldverschreibung von der Entwicklung bestimmter Börsenindizes abhängig gemacht werden. Daneben ist für den Emittenten auch die vorzeitige Rückzahlung der Schuldverschreibung zum Nominalbetrag möglich. **6185**

(AÖF 2013/280)

Die laufenden Kuponzinsen aus dem Wertpapier stellen Einkünfte aus der Überlassung von Kapitalvermögen gemäß § 27 Abs. 2 Z 2 EStG 1988 dar, der Unterschiedsbetrag zwischen den Anschaffungskosten und dem Einlösungs- bzw. Veräußerungspreis des Wertpapieres ist unter den Einkünften aus realisierten Wertsteigerungen von Kapitalvermögen gemäß § 27 Abs. 3 EStG 1988 zu erfassen. **6185a**

(AÖF 2013/280)

20.2.4.4.2 KESt-Abzug

(AÖF 2013/280)

Zinserträge aus callable yield notes sind als Einkünfte aus der Überlassung von Kapital gemäß § 27 Abs. 2 Z 2 EStG 1988 gemäß § 93 EStG 1988 durch Kapitalertragsteuerabzug zu erfassen. Abzugsverpflichteter ist gemäß § 95 Abs. 2 Z 1 lit. b EStG 1988 die auszahlende Stelle. **6186**

Kapitalerträge aus der Veräußerung bzw. Einlösung von callable yield notes sind Einkünfte aus realisierten Wertsteigerungen von Kapitalvermögen gemäß § 27 Abs. 3 EStG

1988 und gemäß § 93 EStG 1988 durch Kapitalertragsteuerabzug zu erfassen. Abzugsverpflichteter ist somit gemäß § 95 Abs. 2 Z 2 EStG 1988 die inländische depotführende bzw. die inländische auszahlende Stelle.

(AÖF 2013/280)

20.2.4.5 Nullkuponanleihen (zero-bonds)

(AÖF 2013/280)

20.2.4.5.1 Allgemeines

(AÖF 2013/280)

6187 Nullkuponanleihen sind Anleihen (Obligationen) ohne laufende Verzinsung, die abgezinst begeben und aufgezinst zurückgezahlt werden. Im Gegensatz zu anderen Anleihen erfolgt während der Laufzeit keine gesonderte Zinszahlung. Die Zinsen werden vielmehr einbehalten und bei Fälligkeit des Wertpapiers am Laufzeitende zusammen mit der Tilgung in einer Summe bezahlt. Sie werden entweder als Abzinsungs- oder als Aufzinsungsanleihen begeben. Während Abzinsungsanleihen bei einem Rückzahlungskurs zu 100% unter Pari emittiert werden, sind Aufzinsungsanleihen durch eine Über-Pari-Tilgung bei einem Ausgabekurs zu 100% gekennzeichnet. Anstatt der laufenden Zinszahlungen werden bei beiden Varianten den Anlegern höhere Rückzahlungsbeträge gewährt. Die Kapitalerträge fließen sowohl bei Fälligkeit (Tilgung) als auch beim Verkauf der Anleihe zu und führen zu Einkünften gemäß § 27 Abs. 3 EStG 1988.

(AÖF 2013/280)

20.2.4.5.2 KESt-Abzug

(AÖF 2013/280)

6188 Der Unterschiedsbetrag zwischen den Anschaffungskosten und dem Einlösungswert bzw. dem Veräußerungspreis der Anleihe stellt Einkünfte aus realisierten Wertsteigerungen von Kapitalvermögen gemäß § 27 Abs. 3 EStG 1988 dar, die gemäß § 93 EStG 1988 durch Kapitalertragsteuerabzug zu erfassen sind. Abzugsverpflichteter ist somit gemäß § 95 Abs. 2 Z 2 EStG 1988 die inländische depotführende bzw. die inländische auszahlende Stelle.

(AÖF 2013/280)

20.2.4.6 Stripped bonds

(AÖF 2013/280)

20.2.4.6.1 Allgemeines

(AÖF 2013/280)

6189 Als „stripped bonds“ werden Anleihen bezeichnet, die von den Zinsscheinen (Kupons) getrennt wurden. In diesem Fall entsteht eine künstliche Nullkuponanleihe, da nach Abtrennung der Zinskupons nur mehr der Anspruch auf Kapitalrückzahlung übrig bleibt.

Wird durch die separate Veräußerung von Zinsscheinen bzw. der zu Grunde liegenden Anleihe eine solche Nullkuponanleihe künstlich geschaffen, sind sowohl die Veräußerung der Zinsscheine als auch die Veräußerung der zu Grunde liegenden Anleihen selbst als Einkünfte aus realisierten Wertsteigerungen von Kapitalvermögen gemäß § 27 Abs. 3 iVm Abs. 6 Z 3 EStG 1988 zu erfassen.

Bei der Trennung der Zinsscheine und der zu Grunde liegenden Anleihe sind die ursprünglichen Anschaffungskosten auf die beiden durch die Trennung entstandenen Wirtschaftsgüter nach finanzmathematischen Grundsätzen aufzuspalten. Bei der Ermittlung der Einkünfte aus der Veräußerung der Zinsscheine sind dem Veräußerungserlös die solcher Art ermittelten Anschaffungskosten gegenüberzustellen.

Beim Erwerber der Zinsscheine stellen die Kuponzinsen Einkünfte gemäß § 27 Abs. 2 Z 2 EStG 1988 dar. Gleichzeitig sind die Anschaffungskosten der Zinsscheine finanzmathematisch auf die Restlaufzeit zu verteilen und stellen somit negative Einkünfte gemäß § 27 Abs. 3 EStG 1988 vor.

Werden die Zinsscheine vom Erwerber weiter veräußert, liegen im Unterschiedsbetrag zwischen den (allfällig bereits reduzierten) Anschaffungskosten und dem Veräußerungspreis Einkünfte gemäß § 27 Abs. 3 EStG 1988 vor.

Beispiel:

A erwirbt bei Emission (30.9.) im Jahr 01 eine Anleihe zum Kurs von 100, mit einer Laufzeit von 10 Jahren und einer jährlichen Verzinsung von 5% (Zinskupon jährlich am 30.9.; Marktzins ebenfalls 5%). Die Anleihe wird im Jahr 11 zum Kurs von 100 getilgt.

Im Jahr 06 veräußert A die Zinsscheine für die Zinsperioden der Jahre 7 bis 10 um den Preis von 17,73 an B. Von den ursprünglichen Anschaffungskosten entfallen 13,23 auf die Zinsscheine.

Die Veräußerung der Zinsscheine führt bei A zu Einkünften gemäß § 27 Abs. 3 iVm Abs. 6 Z 3 EStG 1988 in Höhe von 4,5. Bei Einlösung der Anleihe im Jahr 11 zum Kurs von 100 hat A Einkünfte gemäß § 27 Abs. 3 EStG 1988 in Höhe von 13,23.

Die Kuponzinsen stellen bei B Einkünfte aus Kapitalvermögen gemäß § 27 Abs. 2 Z 2 EStG 1988 dar. Diesen stehen negative Einkünfte aus der Verteilung der Anschaffungskosten über die Laufzeit der Zinsscheine gegenüber.

(AÖF 2013/280)

20.2.4.6.2 KESt-Abzug

(AÖF 2013/280)

Liegen bei der Veräußerung von Zinsscheinen inländische Einkünfte aus realisierten Wertsteigerungen von Kapitalvermögen gemäß § 93 iVm § 27 Abs. 3 EStG 1988 vor, sind sie im Wege des Kapitalertragsteuerabzugs zu erfassen. Dies ist gemäß § 93 Abs. 2 lit. b EStG 1988 nur dann der Fall, wenn eine inländische depotführende oder auszahlende Stelle vorliegt und diese die Veräußerung der Zinsscheine abwickelt. In einem solchen Fall ist die inländische depotführende oder auszahlende Stelle gemäß § 95 Abs. 2 Z 2 EStG 1988 Abzugsverpflichtete. **6190**

Der Erwerber der Zinsscheine erzielt in weiterer Folge Einkünfte aus der Überlassung von Kapital gemäß § 27 Abs. 2 Z 2 EStG 1988, die gemäß § 93 EStG 1988 durch Kapitalertragsteuerabzug zu erfassen sind. Abzugsverpflichteter ist gemäß § 95 Abs. 2 Z 1 lit. b EStG 1988 die auszahlende Stelle. Die negativen Einkünfte aus der Verteilung der Anschaffungskosten über die Restlaufzeit der Zinsscheine sind nicht im Wege des Kapitalertragsteuerabzugs zu berücksichtigen (kein Verlustausgleich durch die Bank).

Werden die Zinsscheine weiter veräußert, sind daraus erzielte positive Einkünfte aus realisierten Wertsteigerungen von Kapitalvermögen gemäß § 27 Abs. 3 EStG 1988, bei Vorliegen inländischer Einkünfte gemäß § 93 EStG 1988 durch Kapitalertragsteuerabzug zu erfassen.

(AÖF 2013/280)

20.2.4.7 Veräußerung von Dividendenscheinen

(AÖF 2013/280)

20.2.4.7.1 Allgemeines

(AÖF 2013/280)

Dividendenscheine sind rechtlich selbstständige Nebenurkunden zu Aktien, die zum Bezug der Dividende gegen Einlösung berechtigen. Sie können allein oder zusammen mit dem Anteilsrecht, zu dem sie gehören, Gegenstand des Rechtsverkehrs sein und sind daher auch ohne zugehörige Aktie veräußerbar. **6191**

Einkünfte aus der separaten Veräußerung von Dividendenscheinen ohne zugehörige Aktien sind als Einkünfte aus realisierten Wertsteigerungen von Kapitalvermögen gemäß § 27 Abs. 3 iVm Abs. 6 Z 3 EStG 1988 zu erfassen.

Bei Ermittlung der Einkünfte aus der Veräußerung der Dividendenscheine sind dem Veräußerungserlös Anschaffungskosten von Null gegenüberzustellen, womit der gesamte Veräußerungserlös als Einkünfte aus realisierten Wertsteigerungen von Kapitalvermögen gemäß § 27 Abs. 3 iVm Abs. 6 Z 3 EStG 1988 zu erfassen ist.

Die Veräußerung der Aktien ohne Dividendenanspruch führt ebenso zu Einkünften aus realisierten Wertsteigerungen von Kapitalvermögen gemäß § 27 Abs. 3 EStG 1988. Dem Veräußerungserlös sind dabei die ursprünglichen Anschaffungskosten der Aktien gegenüberzustellen, die aufgrund der gesonderten Verwertung der Dividendenscheine keine Änderung erfahren.

Beim Erwerber der Dividendenscheine stellen die ausgeschütteten Dividenden Einkünfte aus der Überlassung von Kapital gemäß § 27 Abs. 2 Z 1 EStG 1988 dar.

Werden die Dividendenscheine vom Erwerber weiter veräußert, liegen im Unterschiedsbetrag zwischen den Anschaffungskosten und dem Veräußerungspreis Einkünfte aus realisierten Wertsteigerungen von Kapitalvermögen gemäß § 27 Abs. 3 EStG 1988 vor.

Gleichzeitig liegen negative Einkünfte aus der linearen Verteilung der Anschaffungskosten an den Dividendenscheinen über Restlaufzeit vor.

(AÖF 2013/280)

20.2.4.7.2 KESt-Abzug
(AÖF 2013/280)

6192 Liegen bei der Veräußerung von Dividendenscheinen inländische Einkünfte aus realisierten Wertsteigerungen von Kapitalvermögen gemäß § 93 iVm § 27 Abs. 3 EStG 1988 vor, sind sie im Wege des Kapitalertragsteuerabzugs zu erfassen. Dies ist gemäß § 93 Abs. 2 lit. b EStG 1988 nur dann der Fall, wenn eine inländische depotführende oder auszahlende Stelle vorliegt und diese die Veräußerung der Dividendenscheine abwickelt. In einem solchen Fall ist die inländische depotführende oder auszahlende Stelle gemäß § 95 Abs. 2 Z 2 EStG 1988 Abzugsverpflichtete.

Die Veräußerung der Aktien ohne Dividendenanspruch wird wie die Veräußerung einer gewöhnlichen Aktie behandelt (siehe dazu Abschnitt 20.2.2.2).

Der Erwerber der Dividendenscheine erzielt in weiterer Folge Einkünfte aus der Überlassung von Kapital gemäß § 27 Abs. 2 Z 1 EStG 1988, die gemäß § 93 EStG 1988 durch Kapitalertragsteuerabzug zu erfassen sind. Abzugsverpflichteter ist gemäß § 95 Abs. 2 Z 1 lit. b EStG 1988 die auszahlende Stelle. Die negativen Einkünfte aus der Verteilung der Anschaffungskosten über die Restlaufzeit der Dividendenscheine sind nicht im Wege des Kapitalertragsteuerabzugs zu berücksichtigen (kein Verlustausgleich durch die Bank).

Werden die Dividendenscheine weiter veräußert, sind daraus erzielte positive Einkünfte aus realisierten Wertsteigerungen von Kapitalvermögen gemäß § 27 Abs. 3 EStG 1988, bei Vorliegen inländischer Einkünfte gemäß § 93 EStG 1988 durch Kapitalertragsteuerabzug zu erfassen. Inländische Einkünfte liegen dabei beispielsweise dann nicht vor, wenn die Dividendenscheine trotz ihrer Wertpapiereigenschaft nicht auf einem Depot verwahrt werden, oder wenn trotz Depotverwahrung die Veräußerung nicht durch die depotführende Stelle abgewickelt wird.

(AÖF 2013/280)

20.2.4.8 Kombizinsanleihen – Gleitzinsanleihen
(AÖF 2013/280)

20.2.4.8.1 Allgemeines
(AÖF 2013/280)

6193 Bei Kombizinsanleihen handelt es sich um festverzinsliche Wertpapiere, bei denen die Zinsen zu Laufzeitbeginn niedrig (unter Umständen sogar Null) sind und mit fortschreitender Laufzeit ansteigen. Diese spätere Kuponauszahlung bewirkt zunächst einen Anstieg des inneren Wertes der Anleihe. Dieser innere Wert errechnet sich durch Aufzinsung unter Zugrundelegung des Renditezinssatzes. Dabei handelt es sich um jenen Zinssatz, der bei gleich bleibenden Kuponzinsen und identem Ausgabe- und Rückkaufswert laufend bezahlt werden müsste.

Bei Gleitzinsanleihen handelt es sich um Wertpapiere, die zu Beginn hohe und mit Fortdauer der Laufzeit fallende Zinsen aufweisen. Gleichzeitig sinkt der innere Wert mit fortlaufenden Zinszahlungen.

Die Zinsen aus einer Kombi- oder Gleitzinsanleihe sind als Einkünfte aus der Überlassung von Kapital gemäß § 27 Abs. 2 Z 2 EStG 1988 zu erfassen.

Die Veräußerung während der Laufzeit oder Einlösung einer Kombi- oder Gleitzinsanleihe führt im Unterschiedsbetrag zwischen den Anschaffungskosten und dem Veräußerungspreis oder Einlösungswert zu Einkünften aus realisierten Wertsteigerungen von Kapitalvermögen gemäß § 27 Abs. 3 EStG 1988 dar.

Beispiel:

Eine Kombizinsanleihe mit fünfjähriger Laufzeit hat einen Ausgabe- und Einlösungspreis von je 100. In den ersten drei Jahren werden keine Zinsen gezahlt. Erst am Ende des vierten und fünften Jahres fallen Kuponzinsen in Höhe von je 16 an, was einem Renditezinssatz von ca. 6% entspricht.

Die Anleihe wird Ende des dritten Jahres von Anleger A um 120 an Anleger B veräußert, der sie bis zur Einlösung hält.

Der Unterschiedsbetrag zwischen Ausgabekurs von 100 (entspricht den AK) und dem Veräußerungspreis von 120 stellt bei A Einkünfte aus realisierten Wertsteigerungen von Kapitalvermögen gemäß § 27 Abs. 3 EStG 1988 dar.

Die im Jahr 04 und 05 zugeflossenen Kuponzinsen von 32 sind bei B als Einkünfte aus der Überlassung von Kapital gemäß § 27 Abs. 2 Z 2 EStG 1988 zu erfassen. Der Unterschieds-

betrag zwischen den Anschaffungskosten von 120 und dem niedrigeren Einlösungswert von 100 stellt negative Einkünfte aus Kapitalvermögen gemäß § 27 Abs. 3 EStG 1988 dar.

(AÖF 2013/280)

20.2.4.8.2 KESt-Abzug

(AÖF 2013/280)

Zinserträge aus Kombi- oder Gleitzinsanleihen sind stets Einkünfte aus der Überlassung **6194** von Kapital gemäß § 27 Abs. 2 Z 2 EStG 1988 und sind gemäß § 93 EStG 1988 durch Kapitalertragsteuerabzug zu erfassen. Abzugsverpflichteter ist gemäß § 95 Abs. 2 Z 1 lit. b EStG 1988 die auszahlende Stelle.

Kapitalerträge aus der Veräußerung bzw. Einlösung von Kombi- oder Gleitzinsanleihen sind Einkünfte aus realisierten Wertsteigerungen von Kapitalvermögen gemäß § 27 Abs. 3 EStG 1988 und gemäß § 93 EStG 1988 durch Kapitalertragsteuerabzug zu erfassen. Abzugsverpflichteter ist somit gemäß § 95 Abs. 2 Z 2 EStG 1988 die inländische depotführende bzw. die inländische auszahlende Stelle.

20.2.4.9 Indexierte Anleihen

(AÖF 2013/280)

20.2.4.9.1 Allgemeines

(AÖF 2013/280)

Unter indexierten Anleihen werden Schuldverschreibungen verstanden, die mit variablen **6195** oder fixen Zinskupons ausgestattet sind und deren Kapitalrückzahlung von der Wertentwicklung eines bestimmten Index (zB Konsumentenpreisindex) abhängig gemacht wird. Derartige Schuldverschreibungen sehen also neben der Zahlung von Kuponzinsen zusätzlich eine von einem Index abhängige Abgeltung (zB Inflationsabgeltung) vor.

Die laufend gezahlten Kuponzinsen führen zu Einkünften aus der Überlassung von Kapital gemäß § 27 Abs. 2 Z 2 EStG 1988, der Differenzbetrag zwischen den Anschaffungskosten und dem Wert der Schuldverschreibung im Zeitpunkt der Einlösung bzw. den Anschaffungskosten und dem Veräußerungserlös stellt Einkünfte aus realisierte Wertsteigerungen gemäß § 27 Abs. 3 EStG 1988 dar.

(AÖF 2013/280)

20.2.4.9.2 KESt-Abzug

(AÖF 2013/280)

Zinserträge aus indexierten Anleihen sind stets Einkünfte aus der Überlassung von **6196** Kapital gemäß § 27 Abs. 2 Z 2 EStG 1988 und sind gemäß § 93 EStG 1988 durch Kapitalertragsteuerabzug zu erfassen. Abzugsverpflichteter ist gemäß § 95 Abs. 2 Z 1 lit. b EStG 1988 die auszahlende Stelle.

Werden indexierte Anleihen bis zur Tilgung gehalten oder während der Laufzeit veräußert, stellt der Unterschiedsbetrag zwischen den Anschaffungskosten und dem Veräußerungspreis bzw. dem Einlösungswert Einkünfte gemäß § 27 Abs. 3 EStG 1988 dar, die gemäß § 93 EStG 1988 durch Kapitalertragsteuerabzug zu erfassen sind. Abzugsverpflichteter ist somit gemäß § 95 Abs. 2 Z 2 EStG 1988 die inländische depotführende bzw. die inländische auszahlende Stelle.

(AÖF 2013/280)

20.2.4.10 Anleihen mit indexorientierter Verzinsung

(AÖF 2013/280)

20.2.4.10.1 Allgemeines

(AÖF 2013/280)

Anleihen mit indexorientierter Verzinsung sind Wertpapiere mit einer festen Laufzeit, **6197** deren Wertentwicklung von einem bestimmten Index abhängt. Die Rückzahlungsbedingungen sehen zum Ende der Laufzeit die Zahlung einer bestimmten Quote vor, die auch unter dem Nominalbetrag der Anleihe liegen kann. Die Anleihen verfügen in der Regel über einen festen Kupon, dessen Höhe üblicherweise unter dem Marktzinsniveau liegt. Möglich sind auch Anleihen ohne festen Kupon. Die Anleihen weisen stets eine variable Zinskomponente auf, deren Ausgestaltung variiert. Diese Zinskomponente spiegelt die Entwicklung des festgelegten Index wider. Dabei kann eine prozentuale Partizipation an der Indexentwicklung ebenso vorgesehen sein wie ein Höchstwert (cap).

Zinsen aus solchen Anleihen stellen Einkünfte aus der Überlassung von Kapital gemäß § 27 Abs. 2 Z 2 EStG 1988 dar.

Die Veräußerung während der Laufzeit oder Einlösung einer Anleihe mit indexorientierter Verzinsung führt im Unterschiedsbetrag zwischen den Anschaffungskosten und dem Veräußerungspreis oder Einlösungswert zu Einkünften aus realisierten Wertsteigerungen gemäß § 27 Abs. 3 EStG 1988.

(AÖF 2013/280)

20.2.4.10.2 KESt-Abzug

(AÖF 2013/280)

6198 Zinserträge aus Anleihen mit indexorientierter Verzinsung sind stets Einkünfte aus der Überlassung von Kapital gemäß § 27 Abs. 2 Z 2 EStG 1988 und sind gemäß § 93 EStG 1988 durch Kapitalertragsteuerabzug zu erfassen. Abzugsverpflichteter ist gemäß § 95 Abs. 2 Z 1 lit. b EStG 1988 die auszahlende Stelle.

Kapitalerträge aus der Veräußerung bzw. Einlösung von Anleihen mit indexorientierter Verzinsung sind Einkünfte gemäß § 27 Abs. 3 EStG 1988 und gemäß § 93 EStG 1988 durch Kapitalertragsteuerabzug zu erfassen. Abzugsverpflichteter ist somit gemäß § 95 Abs. 2 Z 2 EStG 1988 die inländische depotführende bzw. die inländische auszahlende Stelle.

(AÖF 2013/280)

20.2.4.11 Wohnbauwandelanleihen

(AÖF 2013/280)

20.2.4.11.1 Allgemeines

(AÖF 2013/280)

6199 § 2 Abs. 1 des Bundesgesetzes über steuerliche Sondermaßnahmen zur Förderung des Wohnbaus (BGBl. Nr. 253/1993) sieht eine KESt-Befreiung für Kapitalerträge von bis zu vier Prozent des Nennwertes der von Wohnbaubanken begebenen Wandelschuldverschreibungen vor. Die Befreiung gilt auch für beschränkt steuerpflichtige Körperschaften iSd § 1 Abs. 3 Z 2 und 3 KStG 1988.

Die Befreiung erstreckt sich auch auf die in Veräußerungserlösen enthaltenen Stückzinsen.

(AÖF 2013/280)

20.2.4.11.2 KESt-Abzug

(AÖF 2013/280)

6200 Die Befreiung ist beim Kapitalertragsteuerabzug zu berücksichtigen.

(AÖF 2013/280)

20.2.4.12 Fremdwährungsgewinne

(AÖF 2013/280)

20.2.4.12.1 Allgemeines

(AÖF 2013/280)

6201 Nach der Rechtsprechung des VwGH führt die Konvertierung eines Fremdwährungsdarlehens in eine andere, zum Euro wechselkurslabile Fremdwährung im außerbetrieblichen Bereich nicht zu Einkünften gemäß § 31 EStG 1988, weil der sich durch die Konvertierung ergebende Vermögenszugang endgültig sein muss und durch die Konvertierung von einer Fremdwährung in eine andere dasselbe Wirtschaftsgut „Fremdwährung" bestehen bleibt (VwGH 24.09.2008, 2006/15/0255; VwGH 04.06.2009, 2004/13/0083).

Die Konvertierung eines Fremdwährungsdarlehens in den Euro oder eine zum Euro wechselkursstabile Währung führt zu einer im außerbetrieblichen Bereich nicht steuerpflichtigen Gewinnrealisierung. Da der Schuldner keine Einkünfte gemäß § 27 Abs. 2 EStG 1988 aus der Verbindlichkeit erzielt, liegen keine Einkünfte gemäß § 27 Abs. 3 EStG 1988 vor (VwGH 18.12.2017, Ro 2016/15/0026).

Überträgt man diese Grundsätze auf Fremdwährungsforderungen, führt die Konvertierung einer solchen Forderung in Euro oder in eine zum Euro wechselkursstabile Währung zu einem steuerpflichtigen Tausch. Führt die Fremdwährungsforderung zu Einkünften aus der Überlassung von Kapital iSd § 27 Abs. 2 EStG 1988 (wie insbesondere bei Fremdwährungsguthaben bei Banken), ist der Tausch nach § 27 Abs. 3 EStG 1988 steuerpflichtig (zum Nachlass einer Forderung siehe aber Rz 6143). Dies gilt auch für die Konvertierung von Kryptoassets (zB Bitcoin), sofern diese zinstragend veranlagt sind.

§§ 21–32

Beispiel 1:

A hat um 5.000 Euro 7.000 Dollar angeschafft, die er auf einem Dollar-Konto hält. Diese 7.000 Dollar konvertiert A zwei Jahre später in Euro und erhält dafür 5.500 Euro. Der Vorgang stellt einen Tausch dar. Als Veräußerungserlös ist der gemeine Wert der Dollar zum Zeitpunkt der Konvertierung anzusetzen, das sind 5.500 Euro. Der Veräußerungsgewinn in Höhe von 500 Euro ist nach § 27 Abs. 3 EStG 1988 steuerpflichtig.

Zum Forex-Handel siehe aber Rz 6174a.

(BMF-AV Nr. 2021/65)

Wird ein auf einem Bankkonto befindliches Fremdwährungsguthaben behoben und kommt es zur Auszahlung physischen Geldes, liegt ebenfalls ein nach § 27 Abs. 3 EStG 1988 steuerpflichtiger Tausch vor. Physisches Geld führt im Gegensatz zu einem Fremdwährungsguthaben nicht zu Einkünften aus der Überlassung von Kapital. Wird daher bloß physisches Geld getauscht (zB Dollar-Banknoten gegen Euro-Banknoten), unterliegt der Tausch nach Maßgabe des § 31 EStG 1988 der Besteuerung. **6201a**

Beispiel 2:

A hat um 5.000 Euro 7.000 Dollar angeschafft, die er auf einem Dollar-Konto hält. Diese 7.000 Dollar lässt sich A zwei Jahre später auszahlen. Zu diesem Zeitpunkt sind die physischen Dollar 5.500 Euro wert.

Der Vorgang stellt einen Tausch dar. Als Veräußerungserlös ist der gemeine Wert der Dollar zum Zeitpunkt der Auszahlung des Guthabens anzusetzen, das sind 5.500 Euro. Der Veräußerungsgewinn in Höhe von 500 Euro ist nach § 27 Abs. 3 EStG 1988 steuerpflichtig. Als Anschaffungskosten der 7.000 „physischen" Dollar sind 5.500 Euro anzusetzen.

Beispiel (Fortsetzung):

A wechselt zwei Jahre später die 7.000 „physischen" Dollar in Euro um. Zu diesem Zeitpunkt haben die Dollar einen Gegenwert von 6.000 Euro. Der Vorgang stellt einen Tausch dar, der gemeine Wert der Dollar zum Zeitpunkt des Umtausches (6.000) ist den steuerlichen Anschaffungskosten (5.500) gegenüberzustellen. Da der Tausch außerhalb der Spekulationsfrist des § 31 EStG 1988 vorgenommen wird, ist er nicht steuerpflichtig.

(BMF-AV Nr. 2021/65)

Werden von einem bestehenden Fremdwährungsguthaben Wertpapiere angeschafft, findet ebenfalls ein Tausch (Wertpapier gegen Guthaben) statt, und zwar auch, wenn die Wertpapiere auf dieselbe Währung lauten wie das Fremdwährungsguthaben. Der Tausch ist gemäß § 27 Abs. 3 EStG 1988 steuerpflichtig. Als Veräußerungserlös des hingegebenen Wirtschaftsgutes „Fremdwährungsguthaben" ist sein gemeiner Wert, dh. sein aktueller Kurswert, anzusetzen. Dieser bildet die Basis für die Bewertung des angeschafften Wertpapieres. **6201b**

Beispiel 3:

A schafft eine Dollar-Anleihe um 7.000 Dollar an. Der Kaufpreis wird von seinem Dollar-Konto beglichen. Die 7.000 Dollar hat A um 5.000 Euro erworben. Zum Zeitpunkt der Anschaffung der Anleihe sind die 7.000 Dollar 5.500 Euro wert.

Die Anschaffung der Dollar-Anleihe stellt einen Tausch dar, der gemeine Wert der Dollar zum Zeitpunkt der Anschaffung der Anleihe (5.500) ist den steuerlichen Anschaffungskosten (5.000) gegenüberzustellen. Der Veräußerungsgewinn in Höhe von 500 Euro ist gemäß § 27 Abs. 3 EStG 1988 steuerpflichtig. Als Anschaffungskosten der Dollar-Anleihe sind 5.500 Euro anzusetzen.

Wird ein auf eine Fremdwährung lautendes Wertpapier gegen Fremdwährung veräußert, liegt eine realisierte Wertsteigerung im Sinne des § 27 Abs. 3 EStG 1988 vor, auch wenn gegen jene Währung veräußert wird, auf die die Wertpapiere lauten.

Beispiel 3 (Fortsetzung):

A verkauft seine um 5.500 Euro angeschaffte Dollar-Anleihe um 7.500 Dollar. Der Veräußerungserlös entspricht zum Verkaufszeitpunkt 6.500 Euro. A hat gemäß § 27 Abs. 3 EStG 1988 einen Veräußerungsgewinn iHv 1.000 Euro zu versteuern.

(AÖF 2013/280, BMF-AV Nr. 2018/79)

Für die Bewertung von Fremdwährungsgewinnen/-verlusten gilt Folgendes: **6201c**

- Wenn Einkünfte in Fremdwährungen erzielt werden (zB Zinsen, Dividenden, ausschüttungsgleiche Erträge), ist der EZB-Referenzkurs für die Bewertung heranzuziehen. Dies gilt auch, wenn eine Gewinnrealisierung ohne tatsächliche Umrechnung in Euro erfolgt (zB Veräußerung/Anschaffung eines Wertpapiers in Fremdwährung).
- Kommt es tatsächlich zu einer Konvertierung von Fremdwährungen in Euro, ist der tatsächlich im Rahmen der Konvertierung herangezogene Wechselkurs für die Bewertung

der Kursgewinne/-verluste relevant, weil die Realisierung tatsächlich zu diesen Werten erfolgt.

(BMF-AV Nr. 2021/65)

20.2.4.12.2 KESt-Abzug

(AÖF 2013/280)

6202 Da Fremdwährungsgewinne ausgenommen beim physischen Tausch von Banknoten oder Münzen stets Einkünfte aus realisierten Wertsteigerungen von Kapitalvermögen im Sinne des § 27 Abs. 3 EStG 1988 darstellen, ist die Steuererhebung im Wege des Kapitalertragsteuerabzugs nur unter den Voraussetzungen des § 93 Abs. 1 iVm § 95 Abs. 2 EStG 1988 möglich. Insbesondere bedarf es dabei einer Verbindung des Fremdwährungsgewinns mit depotverwahrten Wertpapieren, da ansonsten keine abzugsverpflichtete depotführende Stelle (bzw. auszahlende Stelle) im Sinne des § 95 Abs. 2 Z 2 EStG 1988 vorliegt.

Der Kapitalertragsteuerabzug ist daher beispielsweise dann vorzunehmen, wenn es zu einem Realisierungsvorgang im Zusammenhang mit auf Fremdwährung lautenden Wertpapieren kommt, wenn dieser Realisierungsvorgang selbst zum Kapitalertragsteuerabzug führt (siehe Abschnitt 20.2.4.12.1, Beispiel 4 Fortsetzung).

Mangels einer depotführenden Stelle kommt es daher etwa bei Fremdwährungsgewinnen, die im Zusammenhang mit Bankeinlagen oder -verbindlichkeiten (zB Ein- und Auszahlungen oder Konvertierungen) entstehen, und bei Anschaffungen von Wertpapieren (siehe Abschnitt 20.2.4.12.1, Beispiel 4) zu keinem Kapitalertragsteuerabzug.

(AÖF 2013/280)

20.2.4.13 Zertifikate – Grundsätzliche Behandlung

(AÖF 2013/280)

20.2.4.13.1 Allgemeines

(AÖF 2013/280)

6203 Ein Zertifikat ist eine verbriefte Kapitalforderung (Schuldverschreibung), mit der die Wertentwicklung eines zugrunde liegenden Basiswertes abgebildet wird. Basiswerte können Aktien, Indizes, Rohstoffe, Währungen, Anleihen, Edelmetalle (wie zB bei ETCs) usw. sein.

Zertifikate verbriefen dem Käufer ein Recht auf Zahlung eines Geld- oder Abrechnungsbetrages, dessen Höhe vom Wert des zugrunde liegenden Index (Basiswertes) am Fälligkeitstag abhängt. Auch bei einem obligatorischen Anspruch auf die Lieferung des Basiswerts (zB des Edelmetalls) kann ein Zertifikat vorliegen, weil die Partizipation an der Wertentwicklung des Basiswerts im Vordergrund steht. Dies ist insbesondere dann der Fall, wenn die Möglichkeit physischer Ausfolgung nur theoretischer Natur ist und weder vom Emittenten noch vom Anleger ernsthaft beabsichtigt. Indizien, dass die Ausfolgung nicht ernsthaft beabsichtigt ist, können sich aus den Emissionsbedingungen ergeben, etwa wenn eine hohe Mindestausfolgungsmenge sowie im Verhältnis zum Ertrag hohe Auslieferungskosten vorgesehen sind, oder wenn die Einzelheiten der Ausfolgung nicht geregelt sind (zB Art und Umstände der Lieferung, Kosten- und Risikotragung). Während der Laufzeit finden meist keine periodischen Zinszahlungen oder sonstige Ausschüttungen statt.

Der Preis eines Zertifikates verläuft im Allgemeinen parallel mit den Bewegungen des Basiswertes, positiv wie negativ. Ein steigender Basiswert führt demnach zu höheren Preisen des Zertifikates und ein rückläufiger Basiswert zu sinkenden Zertifikatspreisen. Die einzige Ertragschance besteht in der Steigerung des Kurswertes der Zertifikate.

Realisierte Wertsteigerungen bzw. Wertverluste aus Zertifikaten bei deren Veräußerung oder sonstiger Einlösung stellen Einkünfte aus Kapitalvermögen gemäß § 27 Abs. 4 EStG 1988 dar.

(BMF-AV Nr. 2021/65)

6203a Erwirbt ein Anleger mit der Anschaffung eines Zertifikats – neben der Möglichkeit, das Zertifikat am Sekundärmarkt zu veräußern – zudem das Recht, durch Hingabe seiner Schuldverschreibung an den Emittenten den Basiswert physisch zu erhalten (zB „XETRA-Gold“), sind im Hinblick auf die steuerliche Behandlung zwei Fälle zu unterscheiden:

- Sofern der Anleger sich tatsächlich den Basiswert (zB Edelmetalle) durch Rückgabe der Schuldverschreibung physisch liefern lässt, wird dadurch kein steuerlich relevanter Tatbestand verwirklicht (vgl. auch BFH 6.2.2018, IX R 33/17). Zwar liegt ein Derivat vor, allerdings ist diese Form der Abwicklung im Rahmen des § 27 Abs. 4 EStG 1988 nicht steuerpflichtig. Vielmehr ist in der Anschaffung der Schuldverschreibung das Verpflichtungsgeschäft und in der Lieferung des Basiswertes lediglich das Verfügungsgeschäft zu sehen (vergleichbar mit der tatsächlichen Ausübung einer Option iSd

Rz 6174a; vgl. auch Rz 6181a zur Wandelanleihe). Veräußert der Anleger den Basiswert in der Folge weiter, so liegen Spekulationseinkünfte iSd § 31 EStG 1988 vor, sofern die Jahresfrist noch nicht abgelaufen ist. Hierbei ist zu beachten, dass für den Fristenlauf auf das Verpflichtungsgeschäft abzustellen ist (Erwerb der Inhaberschuldverschreibung). Als Anschaffungskosten sind die ursprünglichen Anschaffungskosten der Schuldverschreibung fortzuführen. Etwaige Ausfolgungskosten (zB für Verpackung, Transport etc.) stellen ebenso (nachträgliche) Anschaffungskosten dar; etwaige (Folge-)Kosten für die Verwahrung stellen Werbungskosten dar.

- Sofern die Inhaberschuldverschreibung auf dem Sekundärmarkt weiterveräußert wird, liegen Einkünfte aus Derivaten gemäß § 27 Abs. 4 Z 3 EStG 1988 (Einkünfte aus der Veräußerung eines Derivates) vor.

(BMF-AV Nr. 2021/65)

20.2.4.13.2 KESt-Abzug

(AÖF 2013/280)

Kapitalerträge aus der Veräußerung bzw. Einlösung von Zertifikaten sind Einkünfte aus realisierten Wertsteigerungen von Kapitalvermögen gemäß § 27 Abs. 4 EStG 1988 und gemäß § 93 EStG 1988 durch Kapitalertragsteuerabzug zu erfassen. Abzugsverpflichteter ist somit gemäß § 95 Abs. 2 Z 2 EStG 1988 die inländische depotführende bzw. die inländische auszahlende Stelle. **6204**

(AÖF 2013/280)

20.2.4.14 Discount-Zertifikate

(AÖF 2013/280)

20.2.4.14.1 Allgemeines

(AÖF 2013/280)

Discount-Zertifikate sind Schuldverschreibungen (siehe oben Abschnitt 20.2.4.13), bei denen der Gläubiger (Anleger) dem Schuldner (Emittenten) einen Kapitalbetrag überlässt, und die Höhe des Entgelts für die Überlassung des Kapitals von der Wertentwicklung einer zu Laufzeitbeginn festgelegten Bezugsgröße, des sogenannten Basiswerts, abhängt. Als Basiswert dient oft der Kurswert einer Aktie. Am Ende der Laufzeit wird der aktuelle (Kurs-) Wert des zugrunde gelegten Basiswerts ausbezahlt, maximal jedoch ein für die gesamte Laufzeit festgelegter Höchstbetrag, ein sogenannter „Cap". Als Ausgleich für den Verzicht auf unbegrenzte Gewinne wird dem Anleger beim Ausgabepreis des discount-Zertifikates ein Abschlag, ein „Discount", auf den aktuellen (Kurs-)Wert des Basiswerts gewährt. **6205**

Die allgemeine steuerliche Behandlung von discount-Zertifikaten entspricht jener von „Standard"-Zertifikaten (siehe Abschnitt 20.2.4.13).

(AÖF 2013/280)

20.2.4.14.2 KESt-Abzug

(AÖF 2013/280)

Kapitalerträge aus der Veräußerung bzw. Einlösung von discount-Zertifikaten sind Einkünfte aus realisierten Wertsteigerungen von Kapitalvermögen gemäß § 27 Abs. 4 EStG 1988 und gemäß § 93 EStG 1988 durch Kapitalertragsteuerabzug zu erfassen. Abzugsverpflichteter ist somit gemäß § 95 Abs. 2 Z 2 EStG 1988 die inländische depotführende bzw. die inländische auszahlende Stelle. **6206**

(AÖF 2013/280)

20.2.4.15 Hebelzertifikate

(AÖF 2013/280)

20.2.4.15.1 Allgemeines

(AÖF 2013/280)

Hebelzertifikate sind Schuldverschreibungen, bei denen der Gläubiger (Anleger) dem Schuldner (Emittenten) einen Kapitalbetrag überlässt, und die Höhe des Entgelts für die Überlassung des Kapitals von der Wertentwicklung einer zu Laufzeitbeginn festgelegten Bezugsgröße, des sogenannten Basiswerts, unter Einbeziehung eines Wertpapierkredits abhängt. Mit Hebelzertifikaten kann somit die Beteiligung an einem Basiswert zu einem niedrigen Einsatz gekauft werden. Durch den Hebel partizipiert ein Hebelzertifikat hierbei stärker von Kursschwankungen als der darunterliegende Basiswert. **6207**

Der Wert eines Hebel-Zertifikats berechnet sich aus dem Kurs eines Basiswerts und einem für das Zertifikat festgelegten Strike-Kurs: Wert = Kurs – Strike. Es existiert hierbei eine Knock-out-Grenze (Kurs = Strike), bei dem das Hebelzertifikat wertlos wird. Es existieren generell zwei Typen von Hebel-Zertifikaten:

- Partizipation an steigenden Kursen, diese werden auch als Bull- oder Long-Zertifikate bezeichnet.
- Partizipation an fallenden Kursen, diese werden auch als Bear- oder Short-Zertifikate bezeichnet.

Die allgemeine steuerliche Behandlung von Hebel-Zertifikaten entspricht jener von „Standard"-Zertifikaten (siehe Abschnitt 20.2.4.13). Hat der Gläubiger aufgrund der Überschreitung der Knock-out-Grenze keinen Anspruch mehr auf Zahlung eines Geldbetrages und wird das Zertifikat dadurch wertlos, liegen in Höhe der Anschaffungskosten negative Einkünfte aus Derivaten gemäß § 27 Abs. 4 EStG 1988 vor.

(AÖF 2013/280)

20.2.4.15.2 KESt-Abzug

(AÖF 2013/280)

6208 Kapitalerträge aus der Veräußerung bzw. Einlösung von Hebel-Zertifikaten sind Einkünfte aus realisierten Wertsteigerungen von Kapitalvermögen gemäß § 27 Abs. 4 EStG 1988 und gemäß § 93 EStG 1988 durch Kapitalertragsteuerabzug zu erfassen. Abzugsverpflichteter ist somit gemäß § 95 Abs. 2 Z 2 EStG 1988 die inländische depotführende bzw. die inländische auszahlende Stelle.

(AÖF 2013/280)

20.2.4.16 Ausländische Versicherungsprodukte

(AÖF 2013/280)

20.2.4.16.1 Allgemeines

(AÖF 2013/280)

6209 Für die ertragsteuerliche Beurteilung von ausländischen Versicherungsprodukten, bei denen der Versicherungsnehmer einen gewissen Einfluss auf die Vermögenswerte des Deckungsstocks behält, stellt sich die Frage, ob dem Versicherungsnehmer angesichts seiner Dispositionsmöglichkeiten die (Kapital)Erträge aus den dem Deckungsstock zugehörigen Wertpapieren unmittelbar zuzurechnen sind.

(AÖF 2013/280)

20.2.4.16.2 Vergleichbarkeit mit inländischen Versicherungsprodukten

(AÖF 2013/280)

6210 Bei ausländischen Versicherungsprodukten, die jenen Produkten vergleichbar sind, die auch inländische Versicherungsunternehmen unter der Bezeichnung als Versicherungen anbieten dürfen, kann davon ausgegangen werden, dass das Versicherungsunternehmen wirtschaftlicher Eigentümer der dem Deckungsstock zugehörigen Wertpapiere ist.

Welche Produkte im Inland konzessionierte Versicherungsunternehmen unter der Bezeichnung als Versicherungen anbieten dürfen, wird durch das Versicherungsaufsichtsgesetz und die dazu ergangenen Rundschreiben der FMA geregelt. Danach dürfen folgende Vertragstypen angeboten werden:

- Die klassische Lebensversicherung (Erlebensversicherung, Ablebensversicherung, Er- und Ablebensversicherung) zeichnet sich dadurch aus, dass das Versicherungsunternehmen dem Versicherungsnehmer bestimmte Leistungen garantiert, selbst das Kapitalanlagerisiko trägt und bei der Kapitalanlage an die Kapitalanlageverordnung der FMA gebunden ist. Innerhalb der Deckungsstockabteilung (§ 20 Abs. 2 Z 1 VAG) erfolgt keine Zuordnung einzelner Vermögenswerte zu bestimmten Versicherungsverträgen. Für die Berechnung der versicherungstechnischen Rückstellungen kommt der gemäß Höchstzinssatzverordnung der FMA festgelegte Höchstzinssatz („Garantiezins") zur Anwendung.
- Mit BGBl. I Nr. 22/2009 wurde die klassische Lebensversicherung um den Typus der kapitalanlageorientierten Lebensversicherung ergänzt. Dabei handelt es sich um eine spezifische Form der klassischen Lebensversicherung, für die es eine eigene Deckungsstockabteilung (§ 20 Abs. 2 Z 4a VAG) gibt, innerhalb der eine Zuordnung von Vermögenswerten zu Gruppen von Versicherungsverträgen (nicht aber für einzelne Versicherungsverträge) möglich ist. Hinsichtlich Garantiezins und Veranlagung nach

der Kapitalanlageverordnung gelten allerdings dieselben Regelungen wie bei der klassischen Lebensversicherung.

- Bei der indexgebundenen Lebensversicherung (Deckungsstockabteilung § 20 Abs. 2 Z 4 VAG) wird die Höhe der Versicherungsleistung an die Entwicklung eines – für den Kunden jederzeit ohne außergewöhnlichen Aufwand ermittelbaren bzw. extern zugänglichen – Index bzw. Bezugswertes geknüpft. Das Versicherungsunternehmen trägt daher nicht das Kapitalanlagerisiko.
- Bei der fondsgebundenen Lebensversicherung (Deckungsstockabteilung § 20 Abs. 2 Z 3 VAG) steht die Veranlagung in bestimmte Fonds im Vordergrund. Die Angabe der Kapitalanlagefonds, in die investiert wird, ist (notwendiger) Vertragsinhalt dieser Lebensversicherung. Den einzelnen Versicherungsverträgen werden konkrete und eindeutig identifizierbare Anteilsrechte zugeordnet, das Versicherungsunternehmen trägt nicht das Kapitalanlagerisiko. Zugelassen sind nur externe Fonds, dh. die Veranlagung in die verschiedenen Vermögenswerte darf nicht durch das Versicherungsunternehmen selbst erfolgen. Der Versicherungsnehmer kann typischerweise nach Vertragsabschluss zwischen den vom Versicherer angebotenen Investmentfonds wechseln und seine Fondsanteile ganz oder teilweise umschichten (Switch-Aufträge). Die Kapitalauszahlung kann auch durch Übertragung von Fondsanteilen erfolgen.

In der Praxis werden fonds- und indexgebundene Lebensversicherungen oft mit „Garantien“ verkauft. Solche „Garantien“ dürfen nicht vom Versicherungsunternehmen, sondern nur von Dritten abgegeben werden (das Versicherungsunternehmen darf höchstens das Ausfallsrisiko des Garantiegebers übernehmen).

(AÖF 2013/280)

Bei der index- und fondsgebundenen Lebensversicherung müssen folgende Voraussetzungen gemeinsam erfüllt sein: **6210a**

- Risikoübernahme: Das Versicherungsunternehmen muss ein maßgebliches Risiko übernehmen. Davon ist jedenfalls dann auszugehen, wenn im Ablebensfall ein Risikokapital von mindestens 5% der Deckungsrückstellung enthalten ist; diesfalls ist dies zB erfüllt, wenn 105% des aktuellen Werts des Deckungsstocks zur Auszahlung kommen. Bei erhöhten biometrischen Risiken (erhöhte Sterblichkeit) kann das Risikokapital grundsätzlich ein geringeres Ausmaß aufweisen, wobei die Höhe des Ausmaßes im konkreten Einzelfall zu ermitteln ist (VwGH 28.05.2013, 2008/17/0081).
- Tarif: Es muss ein Tarif gemäß § 18 Abs. 1 VAG im Sinne eines für einen größeren Personenkreis konzipierten Produkts gegeben sein und der FMA vorgelegt werden. Der Begriff „Tarif“ bringt zum Ausdruck, dass es beim Versicherungsgeschäft immer um eine Vielzahl gleich(artig)er Verträge geht, das Geschäft wird nach dem Gesetz der großen Zahl betrieben. Dies gilt für alle Lebensversicherungen, sodass „private insuring“ im Sinne einer für jeden Versicherungsvertrag völlig individuellen Veranlagungsstrategie (etwa bei einem Einmalerlag in Form einer Depotübertragung) daher nicht zulässig ist.

(BMF-AV Nr. 2015/133)

Die Vergleichbarkeitsprüfung für ausländische Versicherungsprodukte, bei denen der Versicherungsnehmer einen gewissen Einfluss auf die Vermögenswerte des Deckungsstocks behält, wird sich in der Regel an der fondsgebundenen Lebensversicherung orientieren. Aus den dargestellten Regelungen für diesen Vertragstyp ergibt sich, dass insbesondere folgende ausländische Produkte nicht mit inländischen Versicherungsprodukten vergleichbar sind: **6210b**

- Produkte, bei denen tatsächlich kein Versicherungsrisiko übernommen wird, insbesondere Produkte, bei denen im Ablebensfall kein Risikokapital von mindestens 5% der Deckungsrückstellung enthalten ist (sofern dieser Wert nicht aufgrund eines im konkreten Fall vorhandenen biometrischen Risikos geringer ausfallen kann; siehe dazu Rz 6210a), sowie Produkte, bei denen der Versicherungsfall erst bei Ableben mehrerer Personen eintritt (sodass kein maßgebliches versicherungstechnisches Risiko besteht). Bei Rentenversicherungsverträgen kann das maßgebliche Risiko in der zugesagten, der Höhe nach bezifferten Rente liegen.
- Produkte, bei denen ein Einmalerlag in Form einer Depotübertragung möglich ist (im Sinne von „private insuring“).
- Produkte, bei denen für jeden Versicherungsvertrag eine völlig individuelle Veranlagungsstrategie besteht („private insuring“).

(BMF-AV Nr. 2015/133)

20.2.4.16.3 Wirtschaftliches Eigentum bei nicht vergleichbaren ausländischen Versicherungsprodukten

(AÖF 2013/280)

6211 Bei ausländischen Versicherungsprodukten, die jenen Produkten nicht vergleichbar sind, die auch inländische Versicherungsunternehmen als Versicherungen anbieten dürfen, ist im Einzelfall zu prüfen, ob der Kunde („Versicherungsnehmer") über die dem Deckungsstock zugehörigen Wertpapiere (weiterhin) so weit reichend verfügen kann, dass ihm diese als Einkunftsquelle zuzurechnen sind. Dies ist jedenfalls gegeben, wenn der Kunde laufend Einfluss auf die Zusammensetzung der ihm zuzuordnenden Wertpapiere im Deckungsstock hat, indem er ohne Einschränkungen bestimmen kann, wann welche Wertpapiere ge- und verkauft werden. Ist die Einflussmöglichkeit des Kunden nicht derart eindeutig gegeben, sprechen folgende Indizien für eine Zurechnung zum Kunden:

- Der Kunde kann die Depotbank wählen.
- Der Kunde kann den für die Verwaltung von dem Deckungsstock zugehörigen Wertpapieren zuständigen Berater/Manager wählen.
- Die Wertpapiere des Deckungsstocks, die dem Kunden zugeordnet sind, werden einzeln verwahrt und verwaltet.
- Der Kunde kann die Veranlagungsstrategie nicht nur im Rahmen von bei Vertragsabschluss vordefinierten Investments (wie bei der fondsgebundenen Lebensversicherung) wählen, sondern sich während der Laufzeit auch für andere (bei Vertragsabschluss noch nicht spezifizierte) Investments entscheiden.
- inmalerläge in Form von Depotübertragungen sind möglich.
- Die Kapitalauszahlung kann auch in Form einer Depot(rück)übertragung erfolgen.

Diese Indizien sind als ein bewegliches System zu verstehen, dh. für die wirtschaftliche Zurechnung zum Kunden ist das Gesamtbild der Verhältnisse maßgeblich. Es müssen daher nicht sämtliche der genannten Voraussetzungen erfüllt sein, sondern es genügt, dass das Gesamtbild dafür spricht, dass der Kunde über die im Deckungsstock befindlichen Wertpapiere verfügen kann. Dabei ist in wirtschaftlicher Betrachtungsweise nicht bloß auf die rechtliche Gestaltung, sondern auf die tatsächlichen Verhältnisse abzustellen.

(AÖF 2013/280)

20.2.4.16.4 Rechtsfolgen der Zurechnung des Deckungsstocks zum Kunden

(AÖF 2013/280)

6212 Ergibt die unter Abschnitt 20.2.4.16.3 dargestellte Prüfung der wirtschaftlichen Dispositionsbefugnis, dass die im Deckungsstock befindlichen Wertpapiere aus ertragsteuerlicher Sicht dem Kunden („Versicherungsnehmer") zuzurechnen sind, sind auch die auf den Kunden entfallenden Einkünfte aus den ihm zugeordneten Wertpapieren des Deckungsstocks unmittelbar dem Kunden zuzurechnen und bei diesem zu besteuern. Im Falle eines unbeschränkt steuerpflichtigen Kunden, dem Wertpapiere des Deckungsstocks zugeordnet sind, die im Depot einer österreichischen Bank verwahrt werden, besteht daher nach Maßgabe der §§ 93 ff EStG 1988 Kapitalertragsteuerpflicht. Wird gemäß § 3 EU-QuStG festgestellt, dass der Kunde als wirtschaftlicher Eigentümer der Zinszahlungen seinen Wohnsitz in einem anderen Mitgliedstaat der EU hat, ist EU-Quellensteuer einzubehalten.

(AÖF 2013/280)

20.2.4.16.5 Haftung der depotführenden Bank

(AÖF 2013/280)

6213 Ist der Kapitalertragsteuerabzug zu Unrecht unterblieben, kann die Kapitalertragsteuer gemäß § 95 Abs. 4 Z 1 EStG 1988 ausnahmsweise auch dem Empfänger der Kapitalerträge vorgeschrieben werden. Es liegt daher grundsätzlich im Ermessen der Abgabenbehörde, die Kapitalertragsteuer dem Empfänger oder der zum Abzug verpflichteten depotführenden Bank vorzuschreiben.

Von der Vorschreibung der Kapitalertragsteuer an die depotführende Bank ist jedenfalls abzusehen, wenn das Versicherungsunternehmen gegenüber der depotführenden Bank eine schriftliche (Anleger-)Erklärung abgegeben hat, wonach

- das ausländische Versicherungsprodukt nach Abschnitt 20.2.4.16.2 österreichischen Versicherungsprodukten vergleichbar ist oder
- das Versicherungsunternehmen nach Abschnitt 20.2.4.16.3 die ausschließliche Dispositionsbefugnis über die am Depot befindlichen Investments hat und der Versicherungs-

nehmer weder rechtlich noch tatsächlich wie ein Eigentümer über die Veranlagung entscheiden kann.

Dies gilt nicht, wenn die depotführende Bank oder ein Unternehmen desselben Konzerns (§ 15 AktG) das ausländische Versicherungsprodukt vermittelt hat und die depotführende Bank wusste oder wissen musste, dass der Kunde („Versicherungsnehmer") und nicht das Versicherungsunternehmen über die im Deckungsstock befindlichen Vermögenswerte verfügen kann (siehe Abschnitt 20.2.4.16.3). Ist dies der Fall, ist die Kapitalertragsteuer grundsätzlich der depotführenden Bank vorzuschreiben. Dies gilt sinngemäß auch für die EU- Quellensteuer.

Wenn Umstände nach dem Gesamtbild der Verhältnisse (zB Vorliegen vieler Einzeldepots, Einmalerläge) darauf schließen lassen, dass die Wertpapiere nicht der ausländischen Versicherung zuzurechnen sind (vgl. VwGH 23.11.2016, Ro 2015/15/0012), ist eine schriftliche (Anleger-)Erklärung nicht ausreichend. Es ist dann im Einzelfall durch Vorlage der Versicherungsverträge nachzuweisen, dass die Zurechnung der Depots an die Versicherung erfolgt.

(BMF-AV Nr. 2019/75)

20.2.4.16.6 Eigenständige Beurteilung für Zwecke der Versicherungssteuer

(AÖF 2013/280)

Während im Bereich der Ertragsteuern die wirtschaftliche Betrachtungsweise maßgeblich **6214**
ist, ist für das Versicherungssteuergesetz 1953 die zivilrechtliche Beurteilung maßgeblich. Liegt daher aus zivilrechtlicher Sicht eine Versicherung vor, dh. unterliegt der Vertrag dem Versicherungsvertragsgesetz 1958, kann – ungeachtet der ertragsteuerlichen Beurteilung – auch Versicherungssteuer nach dem Versicherungssteuergesetz 1953 anfallen. Davon betroffen können ausländische Versicherungsprodukte sein, bei denen

- es sich um „private insuring" handelt (und die somit von inländischen Versicherungsunternehmen nicht als Versicherung angeboten werden dürfen),
- die nach Abschnitt 20.2.4.16.3 vorzunehmende Prüfung für eine Zurechnung des Deckungsstocks zum Kunden spricht,
- aber trotzdem ein Versicherungsrisiko übernommen wird (und es sich somit zivilrechtlich um eine Versicherung handelt).

(AÖF 2013/280)

20.2.4.16.7 Anwendungszeitraum

(AÖF 2013/280)

Die hier dargestellten Grundsätze sind in allen offenen Verfahren anzuwenden. Von einer **6215**
Vorschreibung der Kapitalertragsteuer an die depotführende Bank ist bei Depots, die von ausländischen Versicherungsunternehmen vor dem 1.7.2010 begründet wurden bzw. die vor dem 1.7.2010 auf ausländische Versicherungsunternehmen übertragen wurden, abzusehen. Dies gilt nicht, wenn die depotführende Bank oder ein Unternehmen desselben Konzerns (§ 15 AktG) das ausländische Versicherungsprodukt vermittelt hat und die depotführende Bank wusste oder wissen musste, dass der Kunde („Versicherungsnehmer") und nicht das Versicherungsunternehmen über die im Deckungsstock befindlichen Vermögenswerte verfügen kann (siehe Abschnitt 20.2.4.16.3).

(AÖF 2013/280)

20.2.4.16.8 KESt-Abzug

(AÖF 2013/280)

Werden die im Deckungsstock befindlichen Wertpapiere aus ertragsteuerlicher Sicht dem **6216**
Versicherungsnehmer zugerechnet, sind auch die auf ihn entfallenden Einkünfte aus diesen Wertpapieren des Deckungsstocks unmittelbar ihm zuzurechnen und bei ihm zu besteuern.

Handelt es sich dabei um Einkünfte aus der Überlassung von Kapital im Sinne des § 27 Abs. 2 EStG 1988, ist bei Vorliegen inländischer Einkünfte gemäß § 93 Abs. 2 Z 1 EStG 1988 der Kapitalertragsteuerabzug vorzunehmen. Abzugsverpflichteter ist dabei – neben dem Schuldner der Kapitalerträge bei inländischen Dividenden (§ 95 Abs. 2 Z 1 lit. a EStG 1988) – die auszahlende Stelle gemäß § 95 Abs. 2 Z 1 lit. b EStG 1988.

Werden Einkünfte aus realisierten Wertsteigerungen von Kapitalvermögen und aus Derivaten gemäß § 27 Abs. 3 und 4 EStG 1988 erzielt, ist bei Vorliegen inländischer Einkünfte gemäß § 93 Abs. 2 Z 2 EStG 1988 der Kapitalertragsteuerabzug vorzunehmen. Abzugsverpflichteter ist dabei die inländische depotführende Stelle oder bei Vorliegen der Voraussetzungen des § 95 Abs. 2 Z 2 lit. b EStG 1988 die inländische auszahlende Stelle.

(AÖF 2013/280)

20.2.4.17 Agrargemeinschaften

(AÖF 2013/280)

20.2.4.17.1 Allgemeines

(AÖF 2013/280)

6217 Agrargemeinschaften können als Körperschaft öffentlichen Rechts oder als juristische Person privaten Rechts errichtet sein. Zur allgemeinen Rechtsnatur der Agrargemeinschaften siehe Rz 5030 ff.

Geld- und Sachausschüttungen von körperschaftlich organisierten Agrargemeinschaften (siehe Rz 5030) stellen Einkünfte aus der Überlassung von Kapital gemäß § 27 Abs. 2 EStG 1988 dar. Das Ausüben des Rechts auf bloße Nutzung der Liegenschaften der Agrargemeinschaft (zB die Nutzung des Weide- oder Wegerechtes) stellt keine Sachausschüttungen dar.

Werden im Privatvermögen gehaltene Anteile an der Agrargemeinschaft veräußert oder auf sonstige Weise abgeschichtet, führt dies zu Einkünften aus realisierten Wertsteigerungen von Kapitalvermögen gemäß § 27 Abs. 3 EStG 1988.

(AÖF 2013/280)

20.2.4.17.2 KESt-Abzug

(AÖF 2013/280)

6218 Geld- und Sachausschüttungen von körperschaftlich organisierten Agrargemeinschaften, die einen Betrag in Höhe von 4.000 Euro im Kalenderjahr übersteigen, sind als Einkünfte aus der Überlassung von Kapital gemäß § 27 Abs. 2 Z 1 lit. d EStG 1988 im Wege des Kapitalertragsteuerabzugs zu erfassen. Abzugsverpflichteter ist gemäß § 95 Abs. 2 Z 1 lit. a EStG 1988 die Agrargemeinschaft als Schuldner der Kapitalerträge.

Für den Kapitalertragsteuerabzug ist es dabei unerheblich, ob die Erträge auf Ebene der Agrargemeinschaft landwirtschaftliche oder nichtlandwirtschaftliche Einkünfte darstellen, ob sie steuerbar, steuerfrei oder steuerpflichtig sind. Ausschüttungen auf Grund von Grundverkäufen der Agrargemeinschaft unterliegen daher dem Kapitalertragsteuerabzug. Der Kapitalertragsteuerabzug ist weiters grundsätzlich unabhängig davon vorzunehmen, ob die dahinterstehenden Erträge beim Anteilsinhaber steuerpflichtig oder steuerfrei sind.

Für Ausschüttungen bis einschließlich 2019 bestanden im Hinblick darauf, dass Sachausschüttungen vielfach (wegen des Einsatzes der Sachausschüttung im land- und forstwirtschaftlichen Betrieb) in gleicher Höhe Betriebsausgaben gegenüberstehen und damit die auf Sachausschüttungen entfallende Kapitalertragsteuer nicht auf einen verbleibenden Gewinn entfällt, keine Bedenken, gemäß § 206 Abs. 1 lit. c BAO von Kapitalertragsteuerfestsetzungen Abstand zu nehmen, wenn die Ausschüttung (Geld- und/oder Sachausschüttung) je Anteilsinhaber bei der jeweiligen Agrargemeinschaft 2.000 Euro im Kalenderjahr nicht überstieg (Freigrenze ohne Berücksichtigung von Elementarholz und ohne vom Anteilsinhaber für den Eigenbedarf genutztes Holz, Einrechnung von Kalamitätsausschüttungen zu einem Zehntel). Die Agrargemeinschaft konnte somit Ausschüttungen (Geld- und/oder Sachausschüttungen) von pro Kalenderjahr höchstens 2.000 Euro je Anteilsinhaber (unabhängig von der Anzahl der dem Anteilsinhaber zuzurechnenden Anteile) ohne Vornahme eines Kapitalertragsteuerabzugs vornehmen. Wenn die Ausschüttungen diesen Betrag übersteigen, unterliegen sie insgesamt dem Kapitalertragsteuerabzug. Wenn die Ausschüttungen diesen Betrag nicht übersteigen, sind sie auch nicht in die Einkommensteuerbemessungsgrundlage einzubeziehen.

(BMF-AV Nr. 2021/65)

6218a Zur Ausschüttung gehören nur Beträge, die auf Grund des Anteilsrechtes ausgeschüttet werden. Beträge, die auf Grund eines anderen Rechtsgrundes an die Anteilsinhaber ausgeschüttet werden, sind nicht als Ausschüttung anzusehen. Dies ist etwa bei der Alpungsprämie der Fall, wenn diese nach Maßgabe des aufgetriebenen Viehs an dessen Besitzer unabhängig von seiner Mitgliedschaft bei der Gemeinschaft ausbezahlt wird. Gleiches gilt für Erlöse aus Milch- (oder Käse-)verkäufen, wenn eine Abrechnung nach der tatsächlichen Milchmenge der Kühe des jeweiligen Bauern erfolgt.

(AÖF 2013/280)

6218b Die Kapitalertragsteuer für Sachausschüttungen ist vom gemeinen Wert derselben zu berechnen. Dabei bestehen keine Bedenken, die Verordnung des Bundesministers für Finanzen zur Bewertung bestimmter Sachbezüge, BGBl. II Nr. 416/2001, analog anzuwenden.

Es bestehen keine Bedenken, die auf zu verschiedenen Zeitpunkten vorgenommenen Ausschüttungen entfallende Kapitalertragsteuer einmal jährlich im Nachhinein bis 7. Jänner des Folgejahres an das zuständige Finanzamt abzuführen.

Wenn Ausschüttungen im Laufe des Jahres ohne Steuerabzug erfolgt sind, muss dem jeweiligen Mitglied die auf das Mitglied entfallende Kapitalertragsteuer in Höhe von 27,5% (bis 1.1.2016: 25%) der Bemessungsgrundlage in Rechnung gestellt werden. Wird auf die Nachforderung gegenüber dem Mitglied verzichtet, ist die Jahresbemessungsgrundlage mit 37,93% (bis 1.1.2016: 33,33%) der Kapitalertragsteuer zu unterziehen und die Kapitalertragsteuer bis 7. Jänner des Folgejahres abzuführen.

Die Agrargemeinschaft hat den Empfängern für jede Ausschüttung eine Bescheinigung über die Steuerabrechnung zu erteilen. Diese Verpflichtung entfällt, wenn die Kapitalerträge über ein Kreditinstitut gezahlt werden und über die Zahlung eine Abrechnung durch das Kreditinstitut erfolgt (siehe § 96 Abs. 4 EStG 1988).

Beispiel:

Eine körperschaftlich organisierte Agrargemeinschaft hat 18 Anteile. In der Sitzung vom 15. Jänner X3 wird beschlossen, dass für X2 ein Betrag von 90.000 Euro mit Wirkung ab 20. Jänner X3 zur Ausschüttung gelangen soll. Daraus ergeben sich 5.000 Euro pro Anteil.

- *Von diesem Betrag sind 27,5% (bis 1.1.2016: 25%), das sind 24.750 (bis 1.1.2016: 22.500) Euro oder 1.375 (bis 1.1.2016: 1.250) Euro pro Anteil, als Kapitalertragsteuer bis spätestens 7. Jänner X4 an das Finanzamt abzuführen, sodass letztendlich 3.625 (bis 1.1.2016: 3.750) Euro pro Anteil ausbezahlt werden können.*
- *Im Erklärungsformular „Ka1" ist unter Punkt 1 der Betrag von 90.000 Euro und in das Feld „Summe KA" der Betrag von 24.750 (bis 1.1.2016: 22.500) Euro einzutragen. Bei den vier Feldern „Der Kapitalertrag ist zugeflossen (§ 95 EStG 1988)" ist das erste Feld „Bezeichnung der Körperschaft, Datum des Beschlusses" anzukreuzen und mit den Worten „Agrargemeinschaft, 15. Jänner X3" auszufüllen.*
- *Den Mitgliedern ist eine Abrechnung zur Verfügung zu stellen, die lautet:*

Bruttoausschüttung vom 20. Jänner X3 für X2	*5.000 Euro*
davon Kapitalertragsteuer, abgeführt an das Finanzamt Österreich	*1.375 (bis 1.1.2016: 1.250 Euro)*
Nettoausschüttung	*3.625 (bis 1.1.2016: 3.750 Euro)*

(BMF-AV Nr. 2021/65)

Werden bei forstlichen Agrargemeinschaften zustehende Holznutzungsrechte dem Anteilsinhaber zur Schlägerung zugewiesen, ist das zur Entnahme zur Verfügung stehende Holz dem Anteilsinhaber als zugeflossen anzusehen; bei Überschreiten der Freigrenze von 4.000 Euro (bis 2018: 2.000 Euro) ist daher ein entsprechender Kapitalertragsteuerabzug vorzunehmen, auch wenn die tatsächliche Entnahme des Holzes erst zu einem späteren Zeitpunkt erfolgt. **6218c**

Die Bewertung von Brennholz kann nach den in der Sachbezugswerteverordnung, BGBl. II Nr. 416/2001, vorgesehenen Werten erfolgen.

Es bestehen keine Bedenken, für geschlägertes Nutzholz einen Wert von 60 Euro pro Festmeter und für Nutzholz am Stock einen Wert von 30 Euro pro Festmeter anzusetzen.

Es bestehen weiters keine Bedenken, den Bezug von Elementarholz (Holz zur Wiedererrichtung von durch Katastrophenschäden beschädigten oder vernichteten, betrieblich oder privat genutzten Gebäuden eines Mitgliedes der Agrargemeinschaft) sowie das vom Anteilsinhaber für den Eigenbedarf genutzte Holz weder auf die Freigrenze anzurechnen noch einem Kapitalertragsteuerabzug zu unterwerfen.

Ferner bestehen keine Bedenken, wenn Ausschüttungen, die wegen Waldnutzungen infolge Windbruchs durch die Agrargemeinschaft getätigt werden, gemäß § 206 Abs. 1 lit. a BAO auf 10 Jahre verteilt werden.

(BMF-AV Nr. 2021/65)

20.2.5 Befreiungen

(AÖF 2013/280)

20.2.5.1 Genussscheine und junge Aktien

(AÖF 2013/280)

Mit dem Budgetbegleitgesetz 2011 ist die Möglichkeit des Sonderausgabenabzugs für Ausgaben natürlicher Personen für die Anschaffung von Genussscheinen im Sinne des § 6 des Beteiligungsfondsgesetzes und für die Erstanschaffung junger Aktien bestimmter **6219**

Aktiengesellschaften abgeschafft worden. Der Sonderausgabenabzug ist gemäß § 18 Abs. 1 Z 4 EStG 1988 nur mehr für Anschaffungen vor dem 1.1.2011 möglich.

In Ergänzung dazu sieht das neue Besteuerungsregime für Kapitaleinkünfte auch keine Steuerbefreiung von Ausschüttungen aus den genannten Genussscheinen und von Gewinnanteilen aus jungen Aktien mehr vor, soweit es sich um Neuvermögen handelt (vgl. bisher § 27 Abs. 3 Z 1 und 2 EStG 1988 idF vor dem BBG 2011). Für Altvermögen, dessen Anschaffung gemäß § 18 Abs. 1 Z 4 EStG 1988 idF vor dem BBG 2011 sonderausgabenbegünstigt war, gilt die Befreiung weiter (§ 124b Z 183 EStG 1988).

(AÖF 2013/280)

20.2.5.2 Ausschüttungen aus Aktien und aus Genussrechten von Mittelstandsfinanzierungsgesellschaften

(AÖF 2013/280)

6220 Mit dem Mittelstandsfinanzierungsgesellschaftengesetz 2017 (MiFiG-Gesetz 2017), BGBl. I Nr. 106/2017, wurde ein neues Regime für Mittelstandsfinanzierungsgesellschaften geschaffen, das sich im Grundsatz am ausgelaufenen Regime für Mittelstandsfinanzierungsgesellschaften orientieren soll. Da das MiFiG-Gesetz 2017 als Rechtsgrundlage für Risikokapitalbeihilfen der EU-beihilferechtlichen Mitteilungspflicht an die Europäische Kommission unterliegt (Notifizierungspflicht), trat es – sowie auch § 27 Abs. 7 EStG 1988 – nach EU-beihilferechtlicher Nichtuntersagung der mitteilungspflichtigen Regelungen durch die Europäische Kommission am 1. Oktober 2019 in Kraft.

75% der Ausschüttungen aus Aktien und aus Genussrechten an natürliche Personen, die von Mittelstandsfinanzierungsgesellschaften im Sinne des § 6b Abs. 1 KStG 1988 ausgegeben wurden, sind gemäß § 27 Abs. 7 EStG 1988 bis zu einer Höhe von 15.000 Euro pro Kalenderjahr steuerfrei. Die Beschränkung auf 75% des Ausschüttungsbetrages erfolgte aus EU-beihilfenrechtlichen Gründen deshalb, weil auch die Mittelstandsfinanzierungsgesellschaft selbst lediglich im – mindestens 75% des Eigenkapitals betragenden – Finanzierungsbereich gemäß § 6b KStG 1988 idF MIFIGG 2017 steuerlich begünstigt ist.

Beispiel 1:

A bezieht im Jahr X1 eine Ausschüttung einer Mittelstandsfinanzierungsgesellschaft in Höhe von 15.000 Euro; folglich sind 75% des Ausschüttungsbetrages – somit 11.250 Euro – steuerfrei.

Beispiel 2:

B bezieht im Jahr X1 eine Ausschüttung einer Mittelstandsfinanzierungsgesellschaft in Höhe von 18.000 Euro; folglich sind 75% des Ausschüttungsbetrages – somit 13.500 Euro – steuerfrei.

Beispiel 3:

C bezieht im Jahr X1 eine Ausschüttung einer Mittelstandsfinanzierungsgesellschaft in Höhe von 25.000 Euro; 75% des Ausschüttungsbetrages betragen 18.750 Euro, daher sind lediglich 15.000 Euro steuerfrei.

Die Steuerbefreiung gilt nicht für im Betriebsvermögen gehaltene Anteile. Die Steuerbefreiung erfolgt im Rahmen der Veranlagung durch Anrechnung beziehungsweise Erstattung der Kapitalertragsteuer.

Die Befreiung ist nur zu gewähren, wenn die Mittelstandsfinanzierungsgesellschaft im Zeitpunkt des Ausschüttungsbeschlusses auf der zuletzt veröffentlichten Liste der Mittelstandsfinanzierungsgesellschaften genannt ist. Wird der Beschluss über eine Ausschüttung beispielsweise am 1.5.X1 gefasst, ist für die Gewährung der Befreiung des Investors im Rahmen seiner Veranlagung für das Kalenderjahr X1 entscheidend, ob die Gesellschaft zum 1.5.X1 auf der zuletzt veröffentlichten Liste geführt wird; je nach Zeitpunkt der Veröffentlichung der Jahresliste wird das die Liste für das Jahr X0 oder X1 sein. Das exakte Datum der Veröffentlichung ist gemäß § 6b Abs. 5 KStG 1988 auf der Liste anzugeben.

(BMF-AV Nr. 2021/65)

20.2.5.3 Tilgungsträger für fremdfinanzierte Wohnraumschaffung

(AÖF 2013/280)

6221 Als Tilgungsträger werden verschiedenste Formen von Kapitalanlagen bezeichnet, die zur Tilgung eines endfälligen Kredites angespart werden. Dabei werden nur die anfallenden Zinsen laufend beglichen, während zur Tilgung des endfälligen Kredites langfristige Veranlagungsprodukte – als Tilgungsträger oder Tilgungsersatzmittel bezeichnet – angespart werden.

Um die aufgrund der Steuerpflicht der Tilgungsträgergewinne entstehende Finanzierungslücke zu verhindern, ist eine antragsgebundene Ausnahme von der Besteuerung von realisierten Wertsteigerungen aus Kapitalvermögen und Derivaten (inklusive einer allfälligen Fremdwährungskomponente) vorgesehen. Unter den angeführten Voraussetzungen steht die Befreiung auch für Teilrealisierungen zu. Die Befreiung kommt bei nach § 30 EStG 1988 zu erfassenden Veräußerungsgewinnen aus Neuvermögen nicht zur Anwendung.

Erfasst werden ausschließlich Kapitalprodukte im Sinne des § 27 Abs. 3 und 4 EStG 1988, die im Rahmen eines vor dem 1.11.2010 abgeschlossenen Tilgungsplanes angeschafft worden sind. Unter Tilgungsplan ist der mit dem Kreditinstitut abgestimmte Ansparplan für den Tilgungsträgeraufbau, in dem nicht die laufenden Rückzahlungen an den Kreditgeber, sondern die laufenden Sparbeträge und die Art der anzuschaffenden Wertpapiere angeführt werden, zu verstehen. Erfolgt der Aufbau des Tilgungsträgers nicht durch laufende Ansparvorgänge, sondern durch eine Einmalzahlung, ändert dies nichts an der Anschaffung im Rahmen eines Tilgungsplanes.

(AÖF 2013/280)

Der Tilgungsplan muss nachweislich im Zusammenhang mit einem Darlehen stehen, womit ausschließlich endfällige Tilgungsträgerkredite erfasst werden. Der freiwillige und ohne vertragliche Vereinbarung mit dem Kreditinstitut vorgenommene Aufbau von Tilgungsträgern zur Tilgung endfälliger Kredite ist von der Befreiungsbestimmung nicht erfasst. Dabei handelt es sich um Maßnahmen der privaten Vermögensbildung, die jedenfalls nicht im Rahmen eines abgeschlossenen Tilgungsplanes vorgenommen werden. **6221a**

Künftige inhaltliche Abänderungen des vor dem 1.11.2010 abgeschlossenen Tilgungsplanes müssen vom damals abgeschlossenen Kreditvertrag sowie den Tilgungs- oder Ansparbedingungen als Bestandteil des Kreditvertrags gedeckt sein. Sehen somit die Kreditbedingungen die Möglichkeit einer Umschichtung des Tilgungsträgers vor – etwa weil die Wertentwicklung nicht den Prognosen entspricht oder weil der bereits erzielte Gewinn abgesichert werden soll –, ist eine solche Änderung für die Befreiung nicht schädlich. Sind hingegen im ursprünglichen Kreditvertrag solche Umschichtungen nicht vorgesehen, führen später im Einvernehmen zwischen Kreditinstitut und Kreditnehmer vorgenommene Änderungen zur Versagung der Befreiung. Findet eine Umschuldung unter Wechsel des Kreditinstitutes statt, steht die Befreiung nur dann weiterhin zu, wenn der Tilgungsträger sowie die Tilgungsplankonditionen unverändert übernommen werden.

(AÖF 2013/280)

Der Tilgungsplan muss im Zusammenhang mit einem Kredit stehen, das dem Erwerb eines Eigenheimes, der Wohnraumschaffung oder Wohnraumsanierung im Sinne des § 18 Abs. 1 Z 3 EStG 1988 dient. Der Verweis auf die Bestimmung über den Sonderausgabenabzug dient lediglich dazu, die Begriffe des Eigenheimes, der Wohnraumschaffung und der Wohnraumsanierung abzugrenzen und ist nur als programmatische Ausrichtung zu verstehen. Aufgrund des unterschiedlichen Anwendungsbereiches soll die Befreiung daher nicht nur ausschließlich dann zustehen, wenn auch der entsprechende Sonderausgabenabzug möglich wäre. **6221b**

Der Erwerb eines Eigenheimes umfasst jene Fälle, in denen Wohnraum samt Grund und Boden erworben wird. Aufgrund des Verweises auf § 18 Abs. 1 Z 3 EStG 1988 ist ein weiter Eigenheimbegriff der Befreiungsbestimmung anzunehmen, womit etwa auch Eigentumswohnungen darunter fallen. Die Definition des Eigenheimes und der Eigentumswohnung ist dabei durch § 18 Abs. 1 Z 3 lit. b EStG 1988 vorgegeben, womit die Einschränkung bezüglich der Größe und Nutzungsart zum Tragen kommen. Wird hingegen nur Grund und Boden erworben (= ein Vorgang, der grundsätzlich von § 18 Abs. 1 Z 3 lit. b EStG 1988 erfasst ist), fällt dies nicht unter den Eigenheimbegriff der Befreiungsbestimmung. Zulässig ist allerdings die Anschaffung mehrerer Objekte.

Die Wohnraumschaffung umfasst jene Fälle, in denen Wohnraum neu errichtet wird. Unter Wohnraum sind ebenso wie beim Erwerb sowohl Eigenheime als auch Eigentumswohnungen zu verstehen, womit die zuvor genannten Einschränkungen ebenso zur Anwendung kommen. Auch hier können mehrere Objekte errichtet werden. Anders als beim Erwerb eines Eigenheimes ist zudem im Zuge einer geplanten Wohnraumschaffung auch der vorbereitende Erwerb von Grund und Boden von der Befreiung erfasst.

Die Wohnraumsanierung entspricht weitgehend der Bestimmung des § 18 Abs. 1 Z 3 lit. c EStG 1988 (siehe dazu LStR 2002 Rz 522 ff).

Der Kredit muss zudem den genannten Zwecken dienen, wobei es allerdings unschädlich ist, wenn nicht die gesamte Kreditsumme ausschließlich dafür aufgewendet wird. Werden beispielweise neben einer Eigentumswohnung auch Einrichtungsgegenstände wie etwa Möbel mit dem gleichen Kredit angeschafft, kann solange weiterhin von einer den begünstigten

Zwecken dienenden Kreditaufnahme ausgegangen werden, als der weit überwiegende Teil (mindestens 80%) der Kreditsumme dazu verwendet wird.

Wird ein ursprünglich erworbenes Eigenheim, zB durch Vermietung, später nicht mehr als Eigenheim genutzt, so ist die für die Inanspruchnahme der Befreiung schädlich. Es muss über die gesamte Laufzeit ein Eigenheim vorliegen.

(BMF-AV Nr. 2015/133)

6221c Die Befreiung steht nur zu, soweit die Darlehensvaluta den Betrag von 200.000 Euro nicht übersteigt. Unter Darlehensvaluta ist der Gesamtkreditbetrag im Sinne des § 2 Abs. 10 Verbraucherkreditgesetz zu verstehen, somit die Summe aller Beträge, die vom Kreditgeber aus einem bestimmten Kreditvertrag zur Verfügung gestellt werden. Bei einem Fremdwährungskredit ist für die Umrechnung in Euro der Währungskurs im Zeitpunkt des Kreditvertragsabschlusses heranzuziehen.

Die angegebene Höhe des Gesamtkreditbetrages ist allerdings nicht als Ausschlussgrenze – somit nicht im Sinne einer Freigrenze – zu verstehen. Kredite mit einem Gesamtkreditbetrag von über 200.000 Euro schließen damit nicht die gesamte Befreiung aus. Diese steht dann nur noch anteilig, im Verhältnis der 200.000 Euro zur Gesamtkreditbetragssumme zu.

Diese Grenze ist auch nicht als personen-, sondern als kredit- und zusätzlich als objektbezogene Einschränkung zu verstehen. Hat ein Steuerpflichtiger somit mehrere, alle sonstigen notwendigen Voraussetzungen erfüllende Tilgungsträgerkredite für ein Objekt abgeschlossen, kann er die Befreiung für dieses Objekt bis zur 200.000 Euro-Grenze in Anspruch nehmen. Werden mehrere Objekte angeschafft, errichtet oder saniert, steht die Befreiung für jedes Objekt bis zur 200.000 Euro-Grenze zu. Errichten mehrere Personen gemeinsam ein Objekt und nehmen sie daher gesondert oder gemeinsam einen Tilgungsträgerkredit für dieses Objekt auf, steht die 200.000 Euro-Grenze für jede Person zu.

Die steuerpflichtigen Wertsteigerungen des Tilgungsträgers bleiben auf Antrag des Steuerpflichtigen steuerfrei. Es handelt sich somit nicht um eine automatische Befreiung, sondern um eine antragsgebundene, wobei der Antrag in der Veranlagung geltend zu machen ist.

(AÖF 2013/280)

20.2.5.4 Steuerliche Behandlung von Wohnbaubanken und Wohnbauwertpapieren

(BMF-AV Nr. 2015/133)

20.2.5.4.1 Wohnbaubanken

(BMF-AV Nr. 2015/133)

6222 Als Wohnbaubanken im Sinne des Bundesgesetzes über steuerliche Sondermaßnahmen zur Förderung des Wohnbaus, BGBl. Nr. 253/1993 idF BGBl. Nr. 680/1994 (StWbFG), zuletzt novelliert durch BGBl. I Nr. 162/2001 (WRN 2002), gelten gemäß § 1 Abs. 2 Z 1 lit. a Kreditinstitute im Sinne des § 1 Bankwesengesetz (BWG), deren überwiegender satzungsmäßiger und tatsächlicher Unternehmensschwerpunkt die Finanzierung von Wohnbauten ist.

Der Unternehmensschwerpunkt einer Wohnbaubank ist die Finanzierung von Wohnbauten im weiteren Sinne, wenn sie die ihr zur Verfügung stehenden Mittel zu mindestens 65% in diesem Bereich einsetzt. Dieses Mindesterfordernis ist bei Neugründung oder Umwandlung eines bestehenden Unternehmens in eine Wohnbaubank bis zum Ablauf des dritten auf das Jahr der Gründung oder Umwandlung folgenden Wirtschaftsjahres zu erfüllen.

Was als Wohnbau im engeren Sinn anzusehen ist, ist nach den Grundsätzen des § 7 des Wohnungsgemeinnützigkeitsgesetzes (WGG) zu beurteilen. Darunter fallen neben der Errichtung von Wohnungen, Eigenheimen und Heimen auch die Errichtung von damit verbundenen Geschäftsräumen, Garagen und Gemeinschaftseinrichtungen, die Übernahme von aus öffentlichen Mitteln geförderten Aufgaben der Wohnhaussanierung, von Maßnahmen der Stadt- und Dorferneuerung, von Assanierungen und Aufgaben nach dem Stadterneuerungsgesetz sowie der Erwerb von Grundstücken zur Errichtung von Wohnbauten (§ 7 Abs. 3 Z 1 bis 6a WGG). Daneben können auch der erste Erwerb einer Eigentumswohnung vom Bauträger, der aus Eigenmitteln des Wohnungswerbers zu leistende Baukostenzuschuss bei Erwerb einer Genossenschaftswohnung, aber auch nicht durch öffentliche Mittel geförderte Erhaltungs- und Verbesserungsmaßnahmen in Wohnungen und überwiegend zu Wohnzwecken genutzten Gebäuden finanziert werden.

(BMF-AV Nr. 2015/133)

20.2.5.4.2 Wohnbauaktien und Wohnbau-Wandelschuldverschreibungen

(BMF-AV Nr. 2015/133)

6222a Das StWbFG begünstigt Kapitalerträge aus Aktien und auch von Wandelschuldverschreibungen, die von Wohnbaubanken emittiert werden und die ein Wandelungsrecht in Aktien der Wohnbaubank selbst oder – nach den handelsrechtlichen Möglichkeiten – in Aktien von Bauträgern im Sinne des § 1 Abs. 2 Z 1 StWbFG vorsehen.

Gehören Kapitalerträge aus solchen Wohnbauaktien und Wohnbau-Wandelschuldverschreibungen, die von Wohnbaubanken im Sinne des § 1 Abs. 2 StWbFG ausgegeben worden sind, zu den Einkünften aus Kapitalvermögen, gilt für die Zeit der Hinterlegung dieser Wertpapiere bei einem inländischen Kreditinstitut Folgendes:

- Die Kapitalerträge sind im Ausmaß bis zu 4% des Nennbetrages der Aktien, Wandelschuldverschreibungen und Partizipationsrechte steuerfrei; dabei hat auch kein Kapitalertragsteuerabzug stattzufinden.
- Für darüber hinausgehende Kapitalerträge gilt die in § 97 EStG 1988 vorgesehene Abgeltungswirkung bei Vornahme des Kapitalertragsteuerabzugs.

Da anders als bei der bis zum Budgetbegleitgesetz 2011 vorgesehenen Steuerbefreiung für Genussscheine und junge Aktien keine Verknüpfung zwischen der Steuerbefreiung und dem Sonderausgabenabzug gemäß § 18 Abs. 1 Z 4 EStG 1988 idF vor BBG 2011 besteht, ändert sich nichts durch den Wegfall der Möglichkeit des Sonderausgabenabzugs. Die Dividende ist daher auch dann weiterhin im erwähnten Ausmaß steuerfrei, wenn keine Möglichkeit des Sonderausgabenabzugs besteht, somit auch dann, wenn die Wohnbauaktie von einem Vorbesitzer erworben wurde oder in früheren Veranlagungszeiträumen im Sonderausgabenhöchstbetrag nicht mehr Deckung gefunden hat. Voraussetzung für die teilweise Steuerfreiheit der Dividendenausschüttungen ist lediglich die Hinterlegung der Aktie auf einem Depot.

Die Befreiung gilt auch für beschränkt steuerpflichtige Körperschaften iSd § 1 Abs. 3 Z 2 und 3 KStG 1988.

Die Befreiung erstreckt sich auch auf die in Veräußerungserlösen enthaltenen Stückzinsen.

Einkünfte aus Nullkupon-Wohnbauanleihen gehören jedoch aufgrund der gesetzlichen Definition gemäß § 27 Abs. 3 EStG 1988 zu den steuerpflichtigen Kapitalerträgen.

(BMF-AV Nr. 2015/133)

Nach dem Wortlaut des StWbFG sind neben Aktien und Wandelschuldverschreibungen von Wohnbaubanken auch Partizipationsrechte im Sinne des Bankwesengesetzes begünstigt. § 23 BWG idF BGBl. I Nr. 160/2013, welcher die Partizipationsrechte regelt, trat jedoch in Umsetzung der Richtlinie 2013/36/EU über den Zugang zur Tätigkeit von Kreditinstituten und die Beaufsichtigung von Kreditinstituten und Wertpapierfirmen („CRD IV“) mit 1.1.2014 außer Kraft. **6222b**

Für Partizipationsrechte und Wandelschuldverschreibungen, welche ein Wandlungsrecht auf Partizipationsrechte verbriefen, die bis zum 31.12.2013 ausgegeben wurden, gilt auch noch nach dem 1.1.2014 unverändert die Steuerbegünstigung im Sinne des § 2 Z 1 StWbFG, sofern die Kapitalerträge zu den Einkünften aus Kapitalvermögen gehören.

Darüber hinaus spricht auch nach Außerkrafttreten des § 23 BWG idF BGBl. I Nr. 160/2013 jedenfalls nichts dagegen, die Steuerbegünstigung des § 2 Z 1 StWbFG (in sinngemäßer Anwendung der bisher vom BMF vertretenen Rechtsansicht im Erlass des BMF vom 6.6.2002, 06 0950/1-IV/6/02) auch für Erträge von Wandelschuldverschreibungen, die eine mindestens zehnjährige Laufzeit aufweisen, ab dem zweiten Jahr der Laufzeit zumindest einmal jährlich die Ausübung des Wandlungsrechts zulassen und deren Umtauschverhältnis von zumindest 10:1 zur Wandlung in eines der folgenden Instrumente berechtigten:

- Aktien
- Kapitalanteile ohne Stimmrecht iSd § 26a BWG idF BGBl. I Nr. 184/2013
- Genussrechte, die keine Kapitalanteile ohne Stimmrecht iSd § 26a BWG idF BGBl. I Nr. 184/2013 sind, die den gemäß StWbFG steuerbegünstigten Produkten wirtschaftlich nahekommen; Jedenfalls muss es sich aus steuerlicher Sicht um Substanzgenussrechte handeln.

Die Verzinsung der Wandelschuldverschreibungen kann auch weiterhin frei vereinbart werden. Das Recht der Kündigung muss jedoch sowohl für die Wohnbaubank als auch für den Zeichner für die Dauer der Mindestlaufzeit ausgeschlossen sein.

(BMF-AV Nr. 2015/133)

20.2.5.4.3 Verwendung des Emissionserlöses durch die Wohnbaubank

(BMF-AV Nr. 2015/133)

Der Erlös aus jeder einzelnen Emission muss von der Bank bis zum Ablauf des dritten auf das Jahr der Emission folgenden Wirtschaftsjahres zur Finanzierung des Wohnbaus im Sinne des § 7 WGG bzw. § 1 Abs. 2 des StWbFG (Wohnbau im engeren Sinn) tatsächlich **6222c** eingesetzt werden. Dieses Erfordernis ist erreicht, wenn der Emissionserlös bis zu diesem Zeitpunkt den Kreditnehmern zu mindestens 80% zugezählt ist.

Rücklaufende Gelder sind revolvierend wieder zur Wohnbaufinanzierung einzusetzen, sodass zumindest 80% des durchschnittlichen Emissionserlöses widmungsgemäß verwendet sind. Die Einhaltung dieses Erfordernisses ist an Hand der Stände zum jeweiligen Bilanzstichtag zu beurteilen. Dabei sind Kreditausfälle zu berücksichtigen. Diese gelten als bestimmungsgemäß verwendet.

(BMF-AV Nr. 2015/133)

20.2.5.4.4 Geschäftsabwicklung

(BMF-AV Nr. 2015/133)

6222d Die im Wohnbaufinanzierungsgeschäft im engeren Sinn abgeschlossenen zivilrechtlichen Darlehens- und Kreditverträge müssen so gestaltet werden, dass der Vertragspartner der Wohnbaubank verpflichtet wird, die ihm zur Verfügung gestellten Mittel den Bestimmungen des StWbFG entsprechend zu verwenden. Dies betrifft vor allem die Art der zu errichtenden Bauten und die Preisbildung im Vermietungsfall. Wird der Ankauf von Grundstücken finanziert, ist sicherzustellen, dass auf dem Grundstück innerhalb von drei Jahren nach dem Ankauf ein Wohnbau im engeren Sinn errichtet wird. Für den Fall der Verletzung dieser Auflagen ist die sofortige Fälligstellung der Kreditmittel vorzusehen.

Wohnbaubanken können sich bei der Durchführung ihrer Finanzierungsaufgaben anderer Banken als Erfüllungsgehilfen bedienen. Das bedeutet, dass sie das Finanzierungsgeschäft nicht direkt mit dem Bauträger bzw. Kreditwerber abschließen müssen, sondern die ihnen zur Verfügung stehenden Mittel auch anderen Banken mit der Auflage zur Verfügung stellen können, dass diese sie zur Finanzierung von Wohnbauten im engeren Sinn verwenden. Dieses indirekte Finanzierungsgeschäft kann in der Form abgewickelt werden, dass die Partnerbank lediglich als Vermittler oder Erfüllungsgehilfe (Treuhänder) der Wohnbaubank auftritt. Es kann aber auch durch Widmungseinlagen, Refinanzierungskredite und ähnliche Instrumente erfolgen, bei denen der Partnerbank ein bestimmtes Geldvolumen auf eine bestimmte Zeit zur Verfügung gestellt wird, das diese durch Vergabe von Krediten und Darlehen auf eigene Rechnung und Gefahr verwenden kann. Die Partnerbank hat für solche durch Widmungseinlagen finanzierte Kredite und Darlehen eine eigene gesonderte Kennzeichnung vorzusehen. Jedenfalls muss durch zivilrechtliche Vereinbarungen sichergestellt werden, dass die Mittel den Bestimmungen des StWbFG entsprechend eingesetzt werden. Im Falle von Widmungseinlagen, Refinanzierungskrediten usw. müssen damit die die Wohnbaubank treffenden Auflagen hinsichtlich des von ihr zur Verfügung gestellten Geldvolumens auf die Partnerbank übergehen.

Bei Wohnbaubanken und jenen Kreditinstituten, die von Wohnbaubanken Widmungseinlagen, Refinanzierungskredite usw. erhalten haben, gilt für den aushaftenden Stand an begünstigten Finanzierungen der jeweilige Plansaldo der Hypothekardarlehen – das ist der dem aktuell gültigen Tilgungsplan zugrunde liegende Stand.

Die Tätigkeit der Wohnbaubanken ist auf die Förderung der Errichtung, Erhaltung und nützlichen Verbesserung von Wohnungen und überwiegend zu Wohnzwecken bestimmten Gebäuden auszurichten. Die Finanzierung von bereits laufenden Bauvorhaben oder die Umschuldung bei bereits errichteten aber noch nicht ausfinanzierten Projekten ist daher nicht als Finanzierung des Wohnbaus im Sinne des StWbFG anzusehen. Nicht von dieser Einschränkung betroffen sind die Umschuldung vor Zuzählung von sonstigen Finanzierungsmitteln, die Umschuldung von Zwischenfinanzierungen oder der Ersatz von Eigenmitteln in der Bauphase und der Eintritt der Wohnungseigentümer in ein ursprünglich dem Bauträger oder Wohnungserwerber gewährtes Globaldarlehen, soweit objektbezogen Identität des Wohnbaudarlehens gegeben ist. Nach Tilgung einer Emission kann der bestehende Darlehensblock bzw. die Widmungseinlage usw. durch eine begünstigte Neuemission refinanziert werden.

(BMF-AV Nr. 2015/133)

20.3 Besondere Steuersätze

20.3.1 Allgemeines

(BMF-AV Nr. 2018/79)

6223 Mit dem BBG 2011 wurde die Anwendung des besonderen Steuersatzes von 25% auf Kapitaleinkünfte, unabhängig davon, ob im Abzugsweg oder im Zuge der Veranlagung erhoben, vorgesehen. Dies machte die bis dahin geltenden entsprechenden Regelungen des § 37 Abs. 8 und des § 93 EStG 1988 in der Fassung vor dem BBG 2011 obsolet. Ausnahmen vom besonderen Steuersatz enthält § 27a Abs. 2 EStG 1988 (siehe Abschnitt 20.3.3).

Der zweite Halbsatz des § 27a Abs. 1 EStG 1988 übernahm den Inhalt des bis zum BBG 2011 geltenden § 97 Abs. 3 EStG 1988: Mit dem besonderen Steuersatz besteuerte Einkünfte sind weder beim Gesamtbetrag der Einkünfte, noch beim Einkommen zu berücksichtigen, das bedeutet, dass es – unabhängig von der Erhebungsform – bei der Besteuerung mit 25% bleibt. Diese „Abgeltungswirkung“ der 25%-Besteuerung ergibt sich daher schon direkt aus § 27a EStG 1988; die in § 97 EStG 1988 vorgesehene „Steuerabgeltung“ hat daher gegenüber der Rechtslage vor dem BBG 2011 nur mehr für die Frage Bedeutung, ob Kapitaleinkünfte, bei denen Kapitalertragsteuer abgezogen wurde, in die Veranlagung (zum besonderen Steuersatz) aufzunehmen sind (siehe Abschnitt 20.5.1). Die Formulierung wurde insoweit präzisiert, als nun im Falle der Regelbesteuerung ausdrücklich auch die an sich endbesteuerungsfähigen Kapitalerträge zum Gesamtbetrag der Einkünfte und zum Einkommen zählen. Dies entspricht einerseits der tatsächlichen Steuerberechnung unter Einbeziehung dieser Einkünfte und stellt andererseits ein klares Bescheidbild sicher.

§§ 21–32

Mit dem StRefG 2015/2016 wurde die Höhe des besonderen Steuersatzes für Kapitalerträge von 25% auf 27,5% angehoben. Mit einem besonderen Steuersatz in Höhe von 25% werden weiterhin Einkünfte aus Geldeinlagen und nicht verbrieften sonstigen Forderungen bei Kreditinstituten besteuert, wenn es sich nicht um Ausgleichszahlungen und Leihgebühren gemäß § 27 Abs. 5 Z 4 EStG 1988 handelt (§ 27a Abs. 1 Z 1 EStG 1988). Insbesondere Zinsen aus Sparbüchern und Girokonten sind daher nicht von der Anhebung des Steuersatzes erfasst.

Sämtliche sonstige Einkünfte aus der Überlassung von Kapital, aus realisierten Wertsteigerungen und aus Derivaten unterliegen hingegen einem besonderen Steuersatz von 27,5%, sofern keine Ausnahme des § 27a Abs. 2 EStG 1988 die Tarifbesteuerung anordnet.

(BMF-AV Nr. 2018/79)

20.3.2 Verhältnis von § 27a EStG 1988 zu anderen Bestimmungen

(AÖF 2013/280)

Den besonderen Steuersätzen unterliegende Kapitaleinkünfte sind, außer bei Ausübung der Regelbesteuerungsoption, insbesondere auszuscheiden **6224**

- bei der Ermittlung des Höchstbetrages für den Spendenabzug im Rahmen der Sonderausgaben (§ 18 Abs. 1 Z 7 EStG 1988),
- bei der Bemessungsgrundlage für die Tarifierung (§ 33 Abs. 1 EStG 1988),
- bei der Ermittlung des ermäßigten Durchschnittssteuersatzes (§ 37 Abs. 1 und 5, § 38 Abs. 1 EStG 1988), des Progressionsvorbehaltes und des besonderen Progressionsvorbehaltes (§ 3 Abs. 2 und 3 EStG 1988)
- bei der Berechnung des Erstattungsbetrages für Alleinverdiener sowie für Alleinerzieher (§ 33 Abs. 8 bzw. § 40 EStG 1988),
- bei der Ermittlung des Selbstbehalts für außergewöhnliche Belastungen (§ 34 Abs. 4 EStG 1988).

(BMF-AV Nr. 2018/79)

Beim Gewinnfreibetrag ist dagegen nach § 10 Abs. 1 Z 1 EStG 1988 zu unterscheiden: **6224a**

- Betriebliche Einkünfte aus der Überlassung von Kapital, die den besonderen Steuersätzen unterliegen, zählen nicht zur Bemessungsgrundlage, außer es wird die Regelbesteuerungsoption ausgeübt.
- Betriebliche Einkünfte aus realisierten Wertsteigerungen und Derivaten, die dem besonderen Steuersatz unterliegen, zählen zur Bemessungsgrundlage.

(BMF-AV Nr. 2018/79)

Bei folgenden Regelungen sind den besonderen Steuersätzen unterliegende Kapitaleinkünfte nur dann auszuscheiden, wenn Kapitalertragsteuer abgezogen wurde und die Steuerpflicht mit dem Kapitalertragsteuerabzug gemäß § 97 Abs. 1 EStG 1988 abgegolten ist (siehe dazu Abschnitt 29.7): **6224b**

- für die Anwendung und das Ausmaß eines Veranlagungsfreibetrages (§ 41 Abs. 3 EStG 1988),
- für den Eintritt der Steuererklärungspflicht (§ 42 Abs. 1 Z 3 EStG 1988).

(BMF-AV Nr. 2018/79)

Die Beurteilung des Vorliegens einer steuerlich beachtlichen Einkunftsquelle bzw. steuerlich unbeachtlichen Liebhaberei ist von § 27a und § 97 EStG 1988 unberührt. Kapitalerträge, die im Rahmen einer bestimmten Betätigung anfallen, sind daher für die Beurteilung dieser Frage – ungeachtet der im Übrigen eintretenden Abgeltungswirkungen – anzusetzen. **6224c**

(AÖF 2013/280)

6224d Zu den besonderen Steuersätzen besteuerte Kapitaleinkünfte zählen nur beim Steuerpflichtigen selbst und bei der Berechnung seiner Einkommensteuer nicht zum Gesamtbetrag der Einkünfte und zum Einkommen. Dies bedeutet Folgendes:

- Zu den besonderen Steuersätzen besteuerte Kapitaleinkünfte des (Ehe-)Partners dürfen bei Beurteilung des Anspruchs auf den Alleinverdienerabsetzbetrag (§ 33 Abs. 4 Z 1 EStG 1988) bzw. des erhöhten Pensionistenabsetzbetrages (§ 33 Abs. 6 Z 1 EStG 1988) beim anderen (Ehe-)Partner nicht außer Ansatz bleiben. Auch zu den besonderen Steuersätzen besteuerte Kapitaleinkünfte fallen dabei wie die übrigen Einkünfte unter die allgemeine Einkunftsgrenze von 6.000 bzw. 2.200 Euro.
- In jenen Fällen, in denen die abgegoltenen Kapitalerträge nicht für die Berechnung der Einkommensteuer, sondern für andere Zwecke von Bedeutung sind (Ermittlung des wirtschaftlichen Einkommens im Bereich der Mietzinsbeihilfe, Einkommensermittlung für außersteuerliche Förderungsgesetze), bleiben die zu den besonderen Steuersätzen besteuerten Kapitaleinkünfte ebenfalls beachtlich.

(BMF-AV Nr. 2018/79)

6224e § 27a Abs. 6 EStG 1988 sieht vor, dass die Bestimmungen des § 27a Abs. 1 bis 5 EStG 1988 auch für die von natürlichen Personen im betrieblichen Bereich (oder im Rahmen der Einkünfte aus nichtselbständiger Arbeit) erzielten Einkünfte aus der Überlassung von Kapital, aus realisierten Wertsteigerungen aus Kapitalvermögen und aus Derivaten Anwendung finden. Damit kommen die besonderen Steuersätze (25% bzw. 27,5%) für die genannten Einkünfte auch im betrieblichen Bereich zur Anwendung. (Der in § 27a Abs. 4 Z 2 EStG 1988 enthaltene Ausschluss von Anschaffungsnebenkosten kommt dessen ungeachtet gemäß dem zweiten Satz dieser Vorschrift im betrieblichen Bereich nicht zur Anwendung; die Bewertungsbestimmungen des § 6 EStG 1988 gehen somit vor; siehe Abschnitt 4.8) Auch im betrieblichen Bereich bleibt es (ausgenommen bei Ausübung der Regelbesteuerungsoption) bei der Besteuerung mit einem der besonderen Steuersätze; ob aber bereits der Kapitalertragsteuerabzug Abgeltungswirkung entfaltet, oder die Einkünfte in die Einkommensteuererklärung aufzunehmen und zum besonderen Steuersatz zu veranlagen sind, ergibt sich aus § 97 EStG 1988 (siehe Abschnitt 29.7).

(BMF-AV Nr. 2018/79)

20.3.3 Ausnahmen von den besonderen Steuersätzen

(BMF-AV Nr. 2018/79)

6225 Der Rechtslage vor dem BBG 2011 entsprechend soll nur für bestimmte Einkünfte keine 25-bzw. 27,5-prozentige Endbesteuerung greifen. Aufgrund der Anknüpfung von § 93 EStG 1988 an die Anwendung der besonderen Steuersätze kommt es im Gegensatz zur früheren Rechtslage aber nur dann zum Abzug von Kapitalertragsteuer, wenn damit auch die Abgeltungswirkung verbunden ist (eine Ausnahme bilden Fälle, in denen zu Unrecht bzw. aufgrund einer nicht den tatsächlichen Umständen entsprechenden Fiktion gemäß § 93 Abs. 5 EStG 1988 Kapitalertragsteuer abgezogen wurde; siehe Abschnitt 29.5.2). Die von den besonderen Steuersätzen ausgenommenen Einkünfte aus Kapitalvermögen unterliegen somit grundsätzlich keinem Kapitalertragsteuerabzug.

(BMF-AV Nr. 2018/79)

6225a Die Einkünfte aus Kapitalvermögen, die nicht einem der besonderen Steuersätze von 25% bzw. 27,5%, sondern dem normalen Einkommen- bzw. Körperschaftsteuertarif unterliegen, sind in § 27a Abs. 2 EStG 1988 abschließend aufgezählt:

- Einkünfte aus Darlehen und nicht verbrieften sonstigen Forderungen, denen kein Bankgeschäft zu Grunde liegt (Z 1):

  Darunter fallen insbesondere Privatdarlehen und sonstige nicht verbriefte private Forderungen, wie zB nicht verbriefte obligationenähnliche Genussrechte; Einkünfte aus Darlehen von Privatdarlehensvermittlern (zB Onlineplattformen für Privatkredite) sind ebenso erfasst. Uneinbringliche private Darlehensforderungen stellen negative Einkünfte im Sinne des § 27 Abs. 3 EStG 1988 dar, deren Substanzanteil jedoch ebenfalls nicht unter den besonderen Steuersatz von 27,5% (vor 1.1.2016 von 25%) fällt (zum Nachlass einer Forderung siehe aber Rz 6143). Zum Verlustausgleich siehe Rz 6234.
- Einkünfte aus nicht öffentlich begebenen Forderungswertpapieren und Anteilen an einem

  § 40 oder § 42 des Immobilien-Investmentfondsgesetzes unterliegenden Gebilde (Z 2)

  Wertpapiere, die ein Forderungsrecht verbriefen, einschließlich verbriefte Derivate (insbesondere Indexzertifikate), sowie Anteile an einem § 40 oder § 42 des Immobilien-Investmentfondsgesetzes unterliegenden Gebilde, einschließlich der als ausgeschüttet geltenden Erträge, unterliegen nicht dem besonderen Steuersatz, wenn diese bei ihrer Begebung in rechtlicher oder tatsächlicher Hinsicht keinem unbestimmten Personenkreis angeboten werden (= öffentliches Angebot). Bei nicht öffentlich begebenen Forderungswertpapieren bzw. Anteilen an einem § 40 oder § 42 des Immobilien- Investmentfondsgesetzes unterliegenden Gebilde kommt es somit im Anwendungsbereich des BBG 2011 zum Entfall des Kapitalertragsteuerabzugs; allerdings ist bei ausländischen Wertpapieren im Zweifel davon auszugehen, dass ein solches öffentliches Angebot gegeben ist und KESt einzubehalten ist (siehe Abschnitt 29.5.2.2). Ein öffentliches Angebot ist eine Mitteilung an das Publikum in jeglicher Form und auf jegliche Art und Weise, die ausreichende Informationen über die Bedingungen eines Angebots (oder einer Einladung zur Zeichnung) von Wertpapieren oder Veranlagungen und über die anzubietenden Wertpapiere oder Veranlagungen enthält, um einen Anleger in die Lage zu versetzen, sich für den Kauf oder die Zeichnung dieser Wertpapiere oder Veranlagungen zu entscheiden. Es handelt sich dabei um ein Angebot im Sinne des § 861 ABGB, das an einen unbestimmten Personenkreis gerichtet wird. Vom Publikum bzw. einer sich nicht an bestimmte Personen wendenden Willenserklärung kann jedenfalls dann ausgegangen werden, wenn der Anbieter die namentliche Identität jener Personen, an die sich ein Angebot richtet, nicht vor der Abgabe seiner Willenserklärung festgelegt hat. Richtet sich die Willenserklärung an einen Personenkreis von mehr als 100 Personen, so gilt das Angebot als öffentlich. Der Anbieter kann diese Annahme widerlegen.

Einem solchen Angebot ist eine sich nicht an bestimmte Personen wendende Aufforderung, auf den Erwerb von Wertpapieren oder Veranlagungen gerichtete Angebote zu stellen, gleichzuhalten.

Von einem öffentlichen Angebot ist auszugehen,

- wenn die betroffenen Wertpapiere der Prospektpflicht gemäß § 2 KMG unterliegen oder
- bereits an geregelten Märkten gehandelt werden (siehe dazu die Übersicht über die geregelten Märkte und einzelstaatlichen Rechtsvorschriften zur Umsetzung der entsprechenden Anforderungen der Richtlinie 2004/39/EG des Europäischen Parlaments und des Rates über Märkte für Finanzinstrumente, ABl. Nr. C 348 vom 21.12.2010 S. 9; zudem sind auch vergleichbare Börsen aus Drittstaaten als geregelte Märkte anzusehen), oder
- es sich um allgemein angebotene Kassenobligationen handelt.

Eine bei der Ausgabe des Forderungswertpapiers vereinbarte Nachrangigkeit in der Bedeckung des Forderungskapitals hat für sich auf das Vorliegen eines öffentlichen Angebots keinen Einfluss.

Für die Vermutung eines öffentlichen Angebotes spricht, wenn die Forderungswertpapiere

- von einem oder mehreren in- oder ausländischen Kreditinstituten übernommen und vertrieben werden oder
- über Medien allgemein zur Zeichnung angeboten werden (APA, Fachpresse) oder
- über ein anerkanntes Handelssystem (zB Reuters, Bloomberg usw.) zur Zeichnung angeboten werden.

Als Beweismittel für das Vorliegen eines öffentlichen Angebotes eignen sich insbesondere

- Übernahme- oder Syndikatsverträge,
- Informationsschreiben der Kreditinstitute an ihre Vertriebsorganisationen oder allgemeine Kundeninformationen (zB Zusendung von Zeichnungsprospekten an den präsumtiven Kundenkreis),
- Mitteilungen an Presseagenturen, Belegexemplare der Veröffentlichung,

  Eingabeprotokolle und -journale oder Ausdrucke anerkannter Handelssysteme. Eine Überprüfung des Vorliegens eines öffentlichen Angebots entfällt, wenn

nachgewiesen werden kann, dass ein Forderungswertpapier innerhalb von sechs Monaten nach seiner Emission von mehr als 100 verschiedenen Käufern erworben wurde.

Der Nachweis des Erwerbes der erforderlichen Anzahl der Käufer ist folgendermaßen zu erbringen:

- Bei Forderungswertpapieren, die bei Kreditinstituten hinterlegt sind, durch die Vorlage der Bestätigung des die Emission führenden Kreditinstitutes, dass die erforderliche Käuferanzahl innerhalb von sechs Monaten erreicht worden ist.
- Bei Forderungswertpapieren, die nicht bei Kreditinstituten hinterlegt sind, durch die Vorlage einer notariellen Bestätigung, dass die erforderliche Käuferanzahl innerhalb von sechs Monaten erreicht worden ist.

- Einkünfte aus der Beteiligung an einem Unternehmen als stiller Gesellschafter sowie aus der Beteiligung nach Art eines stillen Gesellschafters (Z 3)

  Dies umfasst sowohl Gewinnanteile als auch Abschichtungsüberschüsse und Veräußerungsgewinne. Im Anwendungsbereich des BBG 2011 kommt es somit zu einem Entfall des Kapitalertragsteuerabzugs bei stillen Beteiligungen. Allerdings wurde für beschränkt steuerpflichtige stille Beteiligte eine Abzugsteuer in § 99 Abs. 1 Z 7 EStG 1988 vorgesehen.
- Diskontbeträge von Wechseln und Anweisungen (Z 4)
- Ausgleichszahlungen und Leihgebühren, wenn es sich beim Entleiher (Pensionsnehmer) weder um ein Kreditinstitut noch um eine Zweigstelle im Sinne des § 95 Abs. 2 Z 1 lit. b EStG 1988 handelt (Z 5).

  Zusätzliches Erfordernis für die Anwendbarkeit des besonderen Steuersatzes ist, dass die weitergeleiteten Kapitalerträge bei direktem Bezug durch den Pensionsgeber/Verleiher dem besonderen Steuersatz unterliegen würden (siehe Abschnitt 20.2.1.11).
- Steuerpflichtige Versicherungsleistungen (Z 6)

  Unterschiedsbeträge zwischen der eingezahlten Versicherungsprämie und der Versicherungsleistung im Sinne des § 27 Abs. 5 Z 3 EStG 1988 oder die realisierte Wertsteigerung aus der Veräußerung des Anspruchs aus dem Versicherungsvertrag, unterliegen – sofern sie steuerpflichtig sind (siehe Abschnitt 20.2.1.10.1) – dem progressiven Tarif.
- Einkünfte aus nicht verbrieften Derivaten im Sinne des § 27 Abs. 4 EStG 1988 (Z 7) Zusätzlich ist bei verbrieften Derivaten ein öffentliches Angebot erforderlich (siehe oben, § 27a Abs. 2 Z 2 EStG 1988).

  Wird für unverbriefte Derivate eine der Kapitalertragsteuer entsprechende freiwillige Abzugsteuer von einer der in § 95 Abs. 2 Z 2 lit. b EStG 1988 genannten Einrichtungen einbehalten und abgeführt, gilt die Ausnahme vom besonderen Steuersatz nicht und § 95 Abs. 1 und § 97 EStG 1988 sind sinngemäß anzuwenden.

(BMF-AV Nr. 2019/75)

6225b Die Ausnahme vom Sondersteuersatz des § 27a Abs. 2 Z 2 zweiter Teilstrich EStG 1988 ist für Investmentfonds gemäß § 186 InvFG 2011 (einschließlich AIF sowie Gebilde im Sinne des § 188 Abs. 1 Z 3 InvFG 2011) nicht anwendbar. Werden diese daher nicht öffentlich angeboten, unterliegen alle Kapitalerträge (Ausschüttungen und ausschüttungsgleiche Erträge) dem Sondersteuersatz gemäß § 27a Abs. 1 Z 2 EStG 1988. Enthält der Fonds allerdings nicht öffentlich angebotene Wirtschaftsgüter, muss der Fondsanteil zumindest in einer Weise angeboten werden, die einem öffentlichen Angebot gleichkommt (siehe InvFR 2018 Rz 149).

(BMF-AV Nr. 2019/75)

6225c Fließt der Veräußerungserlös aus einer dem besonderen Steuersatz von 27,5% unterliegenden Kapitalanlage (zB Beteiligung) über einen Zeitraum von mehr als einem Jahr ratenmäßig zu, sind deren Anschaffungskosten vom auf den Veräußerungszeitpunkt abgezinsten Verkaufspreis in Abzug zu bringen. Von den in späteren Jahren zufließenden Raten ist der in den Ratenzahlungen enthaltene Zinsanteil auszuscheiden und zum Normaltarif zu erfassen.

(BMF-AV Nr. 2018/79)

20.3.4 Regelbesteuerungsoption

(AÖF 2013/280)

20.3.4.1 Verhältnis von Regelbesteuerungsoption und Verlustausgleichsoption

(AÖF 2013/280)

6226 § 27a Abs. 5 EStG 1988 enthält die bis zum BBG 2011 in § 97 Abs. 4 EStG 1988 verankerte Möglichkeit des Steuerpflichtigen, seine KESt-pflichtigen bzw. den besonderen Steuersätzen unterliegenden Einkünfte im Wege der Veranlagung zum Tarif besteuern zu lassen. Da nach dem BBG 2011 jedoch die Veranlagung von Kapitaleinkünften nicht mehr automatisch mit der Anwendung des progressiven Tarifs einhergeht, wird jene in § 27a Abs. 5 EStG 1988 nicht mehr „Veranlagungsoption", sondern „Regelbesteuerungsoption" genannt. Zur Geltendmachung eines Verlustausgleichs bloß innerhalb der Kapitaleinkünfte, die einem besonderen Steuersatz unterliegen, ist die Ausübung der Regelbesteuerungsoption daher nicht nötig; wünscht der Steuerpflichtige nur einen Verlustausgleich innerhalb der mit Einkünfte aus Kapitalvermögen, die einem besonderen Steuersatz unterliegen, kann er – isoliert von der in § 27a Abs. 5 EStG 1988 enthaltenen Regelbesteuerungsoption – die Verlustausgleichsoption gemäß § 97 Abs. 2 EStG 1988 ausüben (siehe Abschnitt 20.5.2). Dasselbe gilt in Fällen, in denen Entlastungsverpflichtungen aufgrund von Doppelbesteuerungsabkommen wahrzunehmen sind; auch diese können im Wege der Verlustausgleichsoption gemäß § 97 Abs. 2 EStG 1988 geltend gemacht werden (siehe Abschnitt 20.5.2).

(BMF-AV Nr. 2018/79)

20.3.4.2 Voraussetzungen zur Ausübung der Regelbesteuerungsoption

(AÖF 2013/280)

Wie schon vor dem BBG 2011 kann die Regelbesteuerungsoption nur für sämtliche Kapitaleinkünfte des Steuerpflichtigen, dh. alle in- und ausländischen Einkünfte aus der Überlassung von Kapital, realisierten Wertsteigerungen von Kapitalvermögen und Derivaten ausgeübt werden; sie umfasst auch die aufgrund des Subsidiaritätsprinzips unter den Haupteinkunftsarten zu erfassenden Kapitaleinkünfte. **6227**

Im Gegensatz zur Rechtslage vor dem BBG 2011 kann die Regelbesteuerungsoption unabhängig davon ausgeübt werden, ob die Anwendung des allgemeinen Steuertarifes zu einer geringeren Steuerbelastung führt als die besonderen Steuersätze. Zu beachten ist, dass mit dem BBG 2011 § 37 Abs. 4 EStG 1988 entfallen ist, sodass ab 1.4.2012 sämtliche Kapitaleinkünfte (einschließlich Gewinnanteile und Einkünfte aus Beteiligungsveräußerungen außerhalb der Jahresfrist) im Falle der Regelbesteuerung dem Normalsteuersatz unterliegen. Ergibt sich aus der Veranlagung zum allgemeinen Steuertarif eine höhere Besteuerung als bei Beibehaltung der besonderen Steuersätze (allenfalls auch bei Ausübung der Verlustausgleichsoption gemäß § 97 Abs. 2 EStG 1988, siehe Abschnitt 20.5.2), kann der Steuerpflichtige die Ausübung der Regelbesteuerungsoption auch noch im Rechtsmittelverfahren zurückziehen. Zudem kann der Antrag auf Regelbesteuerung auch noch rechtswirksam im Beschwerdeverfahren bzw. bei Rechtskraftdurchbrechung (zB Wiederaufnahme) gestellt werden (vgl. BFG 23.4.2018, RV/7101270/2016).

(BMF-AV Nr. 2019/75)

20.3.4.3 Rechtsfolgen der Ausübung der Regelbesteuerungsoption

(AÖF 2013/280)

Die Ausübung der Regelbesteuerungsoption führt zu einer Veranlagung nach den allgemeinen Veranlagungstiteln der §§ 39 und 41 EStG 1988 unter Anrechnung der entrichteten Kapitalertragsteuer, wobei sämtliche in- und ausländische Einkünfte aus Kapitalvermögen, auch wenn sie den Haupteinkunftsarten zugerechnet werden, dem Normalsteuersatz unterliegen. Es handelt sich daher um eine – durch die Bestimmungen des § 27a Abs. 5 EStG 1988 ergänzte – Veranlagung nach den §§ 39 oder 41 EStG 1988. Der Veranlagungsfreibetrag von 730 Euro gilt nicht für Einkünfte aus Kapitalvermögen, auf die die besonderen Steuersätze anwendbar sind (§ 41 Abs. 3 EStG 1988). Zu beachten ist weiters, dass die in § 27 Abs. 8 EStG 1988 enthaltenen Einschränkungen des Verlustausgleichs (siehe Abschnitt 20.4) sowie das Abzugsverbot des § 20 Abs. 2 EStG 1988 auch bei Ausübung der Regelbesteuerungsoption gelten. **6228**

(BMF-AV Nr. 2018/79)

Die Anrechnung bzw. Erstattung der Kapitalertragsteuer unterbleibt insoweit, als der Steuerpflichtige einem Dritten den Anspruch auf einen Alleinverdienerabsetzbetrag oder einen Kinderabsetzbetrag vermittelt. Übersteigen die vermittelten Absetzbeträge die anzurechnende Kapitalertragsteuer, kommt es daher zu keiner Erstattung. **6228a**

Beispiele:

1. *Ein Kind, für das ganzjährig Familienbeihilfe bezogen worden ist, hat im Jahr 01 Sparbuchzinsen von 3.000 Euro. Die Kapitalertragsteuer beträgt daher 750 Euro; der Kinderabsetzbetrag im Jahr 01 beträgt 58,40 Euro. Weitere Einkünfte liegen nicht vor. Es kommt 01 zu einer Erstattung von 49 Euro (750-12*58,40 = 49,20; Rundung gemäß § 39 Abs. 3 EStG 1988).*
2. *Ein Kind, für das ganzjährig Familienbeihilfe bezogen worden ist, hat im Jahr 01 Sparbuchzinsen von 2.000 Euro. Die Kapitalertragsteuer beträgt daher 500 Euro; der Kinderabsetzbetrag im Jahr 01 beträgt 58,40 Euro. Weitere Einkünfte liegen nicht vor. Es kommt 01 zu keiner Erstattung der KESt, weil diese niedriger ist, als der für das Kind ganzjährig bezogene Kinderabsetzbetrag.*
3. *Der Ehepartner eines Alleinverdieners mit zwei Kindern bezog im Jahr 01 Sparbuchzinsen von 2.000 Euro. Die KESt beträgt daher 500 Euro. Weitere Einkünfte liegen nicht vor. Eine KESt-Erstattung für 01 unterbleibt, da die KESt niedriger ist, als der dem Ehepartner zustehende Alleinverdienerabsetzbetrag in Höhe von 669 Euro.*

Für das Unterbleiben der Anrechnung ist ohne Belang, ob der Dritte den jeweiligen Absetzbetrag tatsächlich beantragt hat bzw. in Anspruch nimmt.

Beispiel:

Der Ehepartner A eines (potenziellen) Alleinverdieners B mit zwei Kindern erzielte im Jahr 01 Einkünfte aus Gewerbebetrieb in Höhe von 5.000 Euro und bezog überdies Sparbuchzinsen von 2.000 Euro. Die KESt beträgt daher 500 Euro. Weitere Einkünfte liegen nicht vor.

Da auch Einkünfte aus Kapitalvermögen, die unter § 27a Abs. 1 EStG 1988 fallen, für die Einkunftsgrenze des Alleinverdienerabsetzbetrages von 6.000 Euro unabhängig davon relevant sind, ob eine Regelbesteuerung beantragt wird oder nicht, steht B hier jedenfalls kein Alleinverdienerabsetzbetrag zu. A erhält daher im Fall der Regelbesteuerungsoption die gesamte KESt von 500 Euro erstattet.

(AÖF 2013/280)

20.3.4.4 Mindestbesteuerung bei ausländischen Kapitaleinkünften bei Kinderabsetzbetrag oder Alleinverdienerabsetzbetrag

(AÖF 2013/280)

6229 Zu beachten ist, dass es im Interesse der Herstellung eines gleichen Besteuerungsergebnisses wie bei KESt-pflichtigen Inlandserträgen bei Vorliegen von KESt-freien (insbesondere ausländischen) Kapitaleinkünften bei Kindern oder (Ehe)Partnern von Alleinverdienern zu einer Mindestbesteuerung kommt. § 42 Abs. 1 Z 4 EStG 1988 sieht hier eine Steuererklärungspflicht und § 41 Abs. 1 Z 9 EStG 1988 einen Pflichtveranlagungstitel bei gleichzeitigem Bezug von (idR geringfügigen) lohnsteuerpflichtigen Einkünften vor.

Beispiel *(Variante des Beispiels 1 in Abschnitt 20.3.4.3):*

*Ein Kind, für das ganzjährig Familienbeihilfe bezogen worden ist, hat im Jahr 01 ausländische Sparbuchzinsen von 3.000 Euro. Ein Kapitalertragsteuerabzug erfolgte daher nicht. Es besteht Erklärungspflicht nach § 42 Abs. 1 Z 4 EStG 1988, bei der Veranlagung wird eine Mindeststeuer iHv 12*58,40 Euro = 700,80 Euro festgesetzt, weil in dieser Höhe auch bei inländischen Kapitalerträgen die KESt eine endgültige Besteuerung darstellen würde.*

Beispiel 2 *(Variante des Beispiels 2 in Abschnitt 20.3.4.3):*

Ein Kind, für das ganzjährig Familienbeihilfe bezogen worden ist, hat im Jahr 01 ausländische Sparbuchzinsen von 2.000 Euro. Es besteht Erklärungspflicht nach § 42 EStR 2000 GZ 06 0104/9-IV/6/00 idF GZ BMF-010203/0252-VI/6/2013 vom 05. Juni 2013 festgesetzt, weil auch bei inländischen Kapitalerträgen die gesamte KESt von 500 Euro eine endgültige Besteuerung darstellen würde.

(AÖF 2013/280)

20.3.5 Übergangsfragen

(AÖF 2013/280)

6230 Die Neuordnung der Besteuerung von Kapitalvermögen tritt grundsätzlich mit 1. April 2012 in Kraft; auf Kapitalvermögen, das § 27 EStG 1988 idF BBG 2012 unterliegt, ist auch § 27a EStG 1988 anwendbar. Hinsichtlich der Besteuerung von realisierten Wertsteigerungen (§ 27 Abs. 3 EStG 1988) und Derivaten (§ 27 Abs. 4 EStG 1988) ist daher zwischen Alt- und Neuvermögen zu unterscheiden (siehe Abschnitt 20.1.1.3). Grundsätzlich ist § 27a EStG 1988 nur auf dem neuen Besteuerungsregime unterliegendes Neuvermögen anzuwenden. Davon bestehen folgende Ausnahmen:

- Auf betrieblich gehaltenes Kapitalvermögen ist der besondere Steuersatz von 27,5% (bis 31.12.2015 von 25%) auch auf Altvermögen anzuwenden, sofern die Veräußerung (Realisierung) nach dem 31.3.2012 erfolgt (§ 124b Z 192 EStG 1988). Siehe auch Rz 804 bzw. 6103h.
- Beteiligungen im Sinne des § 31 EStG 1988 werden in § 27 Abs. 3 EStG 1988 überführt (§ 124b Z 185 lit. a erster TS EStG 1988). Auf sie ist bei Veräußerung nach dem 31.3.2012 daher bereits der besondere Steuersatz von 27,5% (bis 31.12.2015 von 25%) anwendbar.

  Fließen Einnahmen aus einer vor dem 1.4.2012 veräußerten Beteiligung im Sinne des § 31 EStG 1988 erst nach dem 31.3.2012 zu, hat die Besteuerung nicht mit dem besonderen Steuersatz von 25%, sondern gemäß § 37 Abs. 1 iVm § 37 Abs. 4 EStG 1988 idF vor dem BBG 2011 mit dem Hälftesteuersatz zu erfolgen.
- Auf nach dem 30.9.2011 und vor dem 1.4.2012 entgeltlich erworbene Wirtschaftsgüter (ausgenommen Anteile an Körperschaften und Fondsanteile) und Derivate im Sinne des § 27 Abs. 3 und 4 EStG 1988, deren Veräußerung bzw. Abwicklung stets als Spekulationsgeschäft gelten, ist bei Veräußerung bzw. Abwicklung nach dem 31.3.2012 bereits der besondere Steuersatz von 25% anzuwenden (§ 124b Z 184 zweiter TS letzter Satz

EStG 1988) und Werbungskosten dürfen nicht berücksichtigt werden. Nicht von den besonderen Steuersätzen sowie dem Werbungskostenabzugsverbot umfasst sind vor dem 1.10.2011 angeschaffte Wirtschaftsgüter und Derivate, auch wenn sie nach dem 31.3.2012 veräußert bzw. abgewickelt werden.

(BMF-AV Nr. 2018/79)

20.4 Verlustausgleich

(AÖF 2013/280)

Soweit Verluste aus Kapitalvermögen nicht bereits durch die depotführende Stelle beim KESt-Abzug berücksichtigt wurden, können diese im Rahmen der Veranlagung geltend gemacht werden. Soweit Abgeltungswirkung besteht, steht es dem Steuerpflichtigen frei, seine Verluste aus Kapitalvermögen durch Ausübung der Verlustausgleichsoption gemäß § 97 Abs. 2 EStG 1988 geltend zu machen; eine Offenlegung sämtlicher der Abgeltungswirkung unterliegender Einkünfte aus Kapitalvermögen ist dazu nicht erforderlich (siehe Abschnitt 20.5.2). **6231**

Verluste aus Kapitalvermögen können nicht vorgetragen werden, und der Verlustausgleich unterliegt gemäß § 27 Abs. 8 EStG 1988 mehreren Einschränkungen. Grundsätzlich gelten diese Einschränkungen unabhängig davon, ob die Regelbesteuerungsoption gemäß § 27a Abs. 5 EStG 1988 ausgeübt wird (siehe Abschnitt 20.3.4).

Kommt es nachträglich zu einer Einkünfteminderung (zB ein rückgezahlter Kaufpreis), muss diese im Abflussjahr bis zum Betrag des ursprünglich erzielten Überschusses berücksichtigt werden (VwGH 16.12.2010, 2008/15/0274). Dabei sind 55% der Einkünfteminderung mit allen anderen Einkünften ausgleichsfähig (siehe auch Rz 6677). Wurde jedoch im Zuflussjahr der ursprünglichen Kapitaleinkünfte der erzielte Überschuss mit Verlusten verrechnet, ist insoweit im nachfolgenden Abflussjahr (das Jahr der Rückzahlung) ein Verlustausgleich mit anderen Einkünften nicht zulässig.

Für Zwecke des Verlustausgleichs sind Veräußerungs- und Wiederbeschaffungsgeschäfte nicht als selbständige Rechtsgeschäfte anzuerkennen, wenn sie unter Einbindung der depotführenden Stelle zeitnah, miteinander verknüpft und ohne Kurs- bzw. Wiederbeschaffungsrisiko vorgenommen werden.

(BMF-AV Nr. 2019/75)

Werden Wertpapiere, deren Wert etwa aufgrund einer Insolvenz des Emittenten nahezu null beträgt, an die depotführende Stelle übertragen, ist zu unterscheiden: **6231a**

- Wird für die Übertragung keine Gegenleistung gewährt, liegt kein Realisationsvorgang vor. Da der wirtschaftlich eingetretene Verlust daher steuerlich nicht realisiert wird, kommt auch kein Verlustausgleich in Betracht.
- Wird hingegen für die Übertragung ein angemessenes Entgelt geleistet, liegt ein Veräußerungsvorgang vor, der zur Realisierung der eingetretenen Verluste führt. Die Verluste können im Rahmen des automatischen Verlustausgleiches berücksichtigt werden.

(BMF-AV Nr. 2015/133)

20.4.1 Kein Verlustausgleich gegen Sparbuchzinsen und Stiftungszuwendungen

(AÖF 2013/280)

Verluste aus Wirtschaftsgütern und Derivaten gemäß § 27 Abs. 3 und 4 EStG 1988 können nicht mit Zinserträgen aus Geldeinlagen bei Kreditinstituten gemäß § 27 Abs. 2 Z 2 und 3 EStG 1988 oder mit Zuwendungen von Stiftungen gemäß § 27 Abs. 5 Z 7 EStG 1988 ausgeglichen werden (§ 27 Abs. 8 Z 1 EStG 1988). Ein Ausgleich von Verlusten gegen praktisch risikolose Einkünfte wird damit ausgeschlossen. **6232**

Das Ausgleichsverbot umfasst aufgrund des Verweises auf § 27 Abs. 5 Z 7 EStG 1988 auch Zuwendungen ausländischer Stiftungen.

Zinsen aus von Kreditinstituten begebenen Forderungswertpapieren unterliegen nach dem Sinn der Regelung nicht dem Ausgleichsverbot. Dasselbe gilt für Ausgleichszahlungen im Rahmen von Wertpapierleihe und Pensionsgeschäft; für diese gilt das Ausgleichsverbot nur dann, wenn die weitergeleiteten Kapitalerträge vom Ausgleichsverbot umfasst wären.

Ob Gewinne oder Verluste aus der Umrechnung von Fremdwährungen vom Ausgleichsverbot umfasst sind, hängt von den Kapitalerträgen ab, mit denen sie in Verbindung stehen. Bei Umrechnung von Zinszahlungen aus einer Fremdwährung liegt ein enger Zusammenhang mit den Zinsen vor, sodass die dabei entstehenden Fremdwährungsgewinne ebenfalls vom Ausgleichsverbot umfasst sind.

(AÖF 2013/280)

20.4.2 Verluste aus stiller Gesellschaft auf Wartetaste

(AÖF 2013/280)

6233 Verlustanteile aus einer echten stillen Gesellschaft können – wie schon vor dem BBG 2011 – nicht mit anderen Einkünften ausgeglichen werden, sondern liegen auf „Wartetaste“ (näher dazu Abschnitt 20.2.1.8; § 27 Abs. 8 Z 2 EStG 1988).

(AÖF 2013/280)

20.4.3 Kein Ausgleich gegen tarifbesteuerte Kapitaleinkünfte

(AÖF 2013/280)

6234 Einkünfte, auf die die besonderen Steuersätze gemäß § 27a Abs. 1 EStG 1988 anwendbar sind, können nicht mit Einkünften ausgeglichen werden, für die diese aufgrund des § 27a Abs. 2 EStG 1988 nicht gelten (§ 27 Abs. 8 Z 3 EStG 1988). Daraus folgt, dass

- Verluste aus Kapitalanlagen iSd § 27a Abs. 2 EStG 1988 nur mit Überschüssen aus Kapitalanlagen iSd § 27a Abs. 2 EStG 1988 ausgeglichen werden können und
- Gewinne und Verlusten innerhalb der mit dem Tarif besteuerten Einkünfte aus Kapitalvermögen ausgeglichen werden können (mit Ausnahme der stillen Gesellschaft).

Dies gilt auch, wenn die Regelbesteuerungsoption ausgeübt wird. Wird für unverbriefte Derivate gemäß § 27a Abs. 2 Z 7 EStG 1988 eine der Kapitalertragsteuer entsprechende Steuer einbehalten, liegen keine tarifbesteuerten Kapitaleinkünfte vor (siehe Rz 7752a).

(BMF-AV Nr. 2018/79)

20.4.4 Kein Ausgleich von Verlusten gegen andere Einkunftsarten

(AÖF 2013/280)

6235 Verbleibt innerhalb der Einkünfte aus Kapitalvermögen nach einem horizontalen Verlustausgleich noch ein Verlustüberhang, ist dieser nicht mit positiven Einkünften aus anderen Einkunftsarten ausgleichsfähig (§ 27 Abs. 8 Z 4 EStG 1988). Verluste aus § 27 EStG 1988 können somit auch nicht mit Gewinnen aus betrieblich gehaltenen Kapitalanlagen ausgeglichen werden.

Dagegen ist ein Ausgleich von Verlusten aus anderen Einkunftsarten mit positiven Einkünften aus Kapitalvermögen möglich; bei den besonderen Steuersätzen unterliegenden Einkünften aus Kapitalvermögen ist hierfür die Ausübung der Regelbesteuerungsoption gemäß § 27a Abs. 5 EStG 1988 notwendig.

Beispiel:

Der Steuerpflichtige bezieht Zinsen aus Sparguthaben in Höhe von 1.000 Euro und Dividenden in Höhe von 2.000 Euro. Zusätzlich erleidet er einen Verlust in Höhe von 900 Euro durch die Veräußerung von Aktien. Weiters erleidet der Steuerpflichtige einen Verlust in Höhe von 10.000 Euro aus Gewerbebetrieb und bezieht Einkünfte aus Vermietung und Verpachtung in Höhe von 8.000 Euro.

Der Verlust aus der Aktienveräußerung kann im Wege der Verlustausgleichsoption gegen die Dividenden ausgeglichen werden (ein Ausgleich mit Zinsen aus Sparguthaben ist hingegen nicht zulässig); die Einkünfte aus Kapitalvermögen betragen somit 2.100 Euro.

Der Verlust aus Gewerbebetrieb kann gegen den Gewinn aus Vermietung und Verpachtung ausgeglichen werden.

Übt der Steuerpflichtige die Regelbesteuerungsoption aus, kann der verbleibende Verlust aus Gewerbebetrieb in Höhe von 2.000 Euro gegen die Einkünfte aus Kapitalvermögen ausgeglichen werden; dann verbleibt ein Gesamtbetrag der Einkünfte in Höhe von 100 Euro.

Übt der Steuerpflichtige die Regelbesteuerungsoption nicht aus, geht der verbleibende Verlust aus Gewerbebetrieb in Höhe von 2.000 Euro in den Verlustvortrag ein, die Einkünfte aus Kapitalvermögen in Höhe von 2.100 unterliegen in der Veranlagung den besonderen Steuersätzen von 25% und 27,5% und die KESt auf die Aktien und Sparbuchzinsen (800 Euro) wird angerechnet (552,50 Euro) bzw. gutgeschrieben (247,50 Euro).

(BMF-AV Nr. 2018/79)

20.4.5 Übergangsfragen

(AÖF 2013/280)

6236 Grundsätzlich stehen nur Einkünfte aus Kapitalvermögen, die bereits § 27 EStG 1988 ab der Fassung BBG 2011 unterliegen, für den Verlustausgleich zur Verfügung. Aus den Inkrafttretensvorschriften des BBG 2011 bzw. AbgÄG 2011 ergibt sich daher Folgendes:

- Da § 27 Abs. 2 EStG 1988 grundsätzlich für Alt- und Neuvermögen ab 1. April 2012 gilt (siehe Abschnitt 20.2.1.13), sind ab 1. April 2012 zugeflossene Einkünfte aus der

Überlassung von Kapital – unabhängig davon, ob Alt- oder Neuvermögen iSd § 124b Z 185 lit. a EStG 1988 vorliegt – in den Verlustausgleich einzubeziehen. Davor zugeflossene Einkünfte aus Kapitalvermögen unterliegen noch § 27 EStG 1988 idF vor dem BBG 2011 und sind nicht einzubeziehen.

- Kommen auf Grund von § 124b Z 185 lit. c EStG 1988 auf vor dem 1. April 2012 erworbene Forderungswertpapiere noch §§ 27, 37 Abs. 8 sowie 93 bis 97 EStG 1988 idF vor dem BBG 2011 weiter zur Anwendung, so können diese Einkünfte ebenfalls nicht in den Verlustausgleich nach § 27 Abs. 8 EStG 1988 einbezogen werden.
- Für Altvermögen, soweit es sich nicht um Beteiligungen im Sinne des § 31 EStG 1988 handelt, gilt § 30 EStG 1988 vor dem BBG 2011 gemäß § 124b Z 184 EStG 1988 weiter. Kommt es daher zu einem Veräußerungsverlust, ist auch weiterhin die Verlustausgleichsbeschränkung des § 30 Abs. 4 letzter Satz EStG 1988 idF vor dem BBG 2011 anzuwenden, ein Einbezug in den Verlustausgleich nach § 27 Abs. 8 EStG 1988 ist nicht möglich. Daran vermag auch die Anwendung des besonderen Steuersatzes ab 1. April 2012 (seit 1.1.2016 existieren zwei besondere Steuersätze von 25% bzw. 27,5%, siehe Rz 6103g und 6223) nichts zu ändern. Im Rahmen des § 30 EStG 1988 ist auch ein Ausgleich gegen Einkünfte möglich, die nicht den besonderen Steuersätzen unterliegen.

  Fließen Einnahmen aus einer vor dem 1.4.2012 veräußerten Beteiligung im Sinne des § 31 EStG 1988 erst nach dem 31.3.2012 zu, hat die Besteuerung nicht mit dem besonderen Steuersatz von 27,5% (vor 1.1.2016 von 25%), sondern gemäß § 37 Abs. 1 iVm § 37 Abs. 4 EStG 1988 idF vor dem BBG 2011 mit dem Hälftesteuersatz zu erfolgen. Es können daher auch Verluste aus Kapitalanlagen gemäß § 27 Abs. 3 und Abs. 4 EStG 1988, die gemäß § 27a Abs. 1 EStG 1988 den besonderen Steuersätzen unterliegen, nicht mit solchen Einkünften ausgeglichen werden.
- Beteiligungen iSd § 31 EStG 1988 werden gemäß § 124b Z 185 lit. a erster TS EStG 1988 in § 27 EStG 1988 überführt. Veräußerungen nach dem 1. April 2012 sind daher in den Verlustausgleich einzubeziehen, für Veräußerungen davor gilt die Verlustausgleichsbeschränkung des § 31 Abs. 5 EStG 1988 idF vor dem BBG 2011.

Zur Behandlung von Verlusten aus Kapitalvermögen im betrieblichen Bereich siehe Abschnitt 4.8.

(BMF-AV Nr. 2018/79)

20.5 Veranlagungspflicht und Antrag auf Veranlagung

(AÖF 2013/280)

20.5.1 Veranlagungspflicht

(AÖF 2013/280)

Veranlagungspflicht für Einkünfte aus Kapitalvermögen besteht: **6237**

- Beim Bezug von Einkünften aus Kapitalvermögen, die nicht einem besonderen Steuersatz gemäß § 27a Abs. 1 EStG 1988 (25% oder 27,5%) unterliegen; dies gilt auch, wenn für diese Einkünfte aus Kapitalvermögen zu Unrecht oder auf Grund der Vermutung eines öffentlichen Angebots (§ 93 Abs. 5 zweiter TS EStG 1988) Kapitalertragsteuer abgezogen wurde oder ein Steuerabzug gemäß § 99 Abs. 1 Z 6 und 7 EStG 1988 erfolgt ist. Keine Veranlagungspflicht besteht, wenn die Einkünfte aus Kapitalvermögen insgesamt nicht mehr als 22 Euro betragen (§ 39 Abs. 1 EStG 1988).

Beispiele:

Einkünfte aus Privatdarlehen, nicht öffentlich begebenen Forderungswertpapieren, stiller Gesellschaft, nicht verbrieften Derivaten.

- Beim Bezug von einem besonderen Steuersatz unterliegenden Einkünften aus Kapitalvermögen, für die kein Kapitalertragsteuerabzug vorgenommen wurde. Keine Veranlagungspflicht besteht, wenn die Einkünfte aus Kapitalvermögen insgesamt nicht mehr als 22 Euro betragen (§ 39 Abs. 1 EStG 1988).

Beispiele:

Ausländische Kapitalerträge, Tafelgeschäfte

Überschreiten die Kapitaleinkünfte gemeinsam mit anderen Einkünften nicht den Betrag von 11.000 Euro, so könnte die Regelbesteuerung beantragt werden und die Kapitaleinkünfte unterliegen im Ergebnis keiner Steuer. In einem solchen Sonderfall führt eine Nichterklärung zu keiner Verletzung der Offenlegungs- und Wahrheitspflicht. Dies gilt jedoch nicht, wenn ein Anspruch auf Kinder- oder Alleinverdienerabsetzbetrag vermittelt wird.

Beispiel:

Eine Person verfügt über kein eigenes Einkommen, sondern erzielt lediglich Kapitaleinkünfte (Zinsen aus Bankeinlagen) in Höhe von 5.000, die jedoch im Ausland anfallen und keinem inländischen KESt-Abzug unterliegen. Sie vermittelt jedoch, da zwei Kinder vorliegen, ihrem Ehepartner den Anspruch auf Alleinverdienerabsetzbetrag in Höhe von 669. Eine Veranlagung mit dem besonderen Steuersatz ergäbe eine Steuer in Höhe von 1.250. Es kann ein Antrag auf Regelbesteuerung gestellt werden, wobei sich im Zuge dieser Veranlagung ein Steuersatz von Null ergibt. Allerdings ist zumindest der Betrag, der im Zuge einer KESt- Erstattung nicht erstattet wird, das ist im Beispielsfall der Betrag von 669, als Steuer festzusetzen. (Siehe auch Beispiel in Abschnitt 20.3.4.4) Es besteht daher auch Erklärungspflicht.

- Beim Bezug von Einkünften aus realisierten Wertsteigerungen und Derivaten, wenn diese zu den betrieblichen Einkunftsarten zählen.

Beispiel:

Veräußerungsgewinne aus betrieblich gehaltenen Beteiligungen

- Beim Bezug von Einkünften aus realisierten Wertsteigerungen bzw. Einkünften aus Derivaten aus Kapitalvermögen, dessen Anschaffungskosten pauschal nach § 93 Abs. 4 EStG 1988 angesetzt wurden (siehe Abschnitt 29.5.1.1.4).

Beispiel:

Der Steuerpflichtige liefert Wertpapiere ins Depot seiner inländischen Bank ein und weist dieser weder Anschaffungskosten noch –zeitpunkt nach. Seine Bank geht davon aus, dass es sich um „Neuvermögen" handelt und berechnet die Anschaffungskosten auf Basis des gemeinen Werts zum Zeitpunkt der Einlieferung ins Depot. Veräußert der Steuerpflichtige später die Wertpapiere, hat er im Rahmen der Veranlagung die tatsächlichen Anschaffungskosten nachzuweisen (oder, dass es sich um „Altvermögen" handelt).

- Beim Bezug von Einkünften aus Kapitalvermögen, bei denen Kapitalertragsteuer auf Basis der in § 93 Abs. 5 EStG 1988 enthaltenen Fiktionen abgezogen wurde, und diese nicht den tatsächlichen Gegebenheiten entsprechen.

Beispiel:

Der Steuerpflichtige ist im Jahr 01 weggezogen und meldet dies im Jahr 02 seiner Bank. Diese geht davon aus, dass der Wegzug 02 erfolgt ist und nimmt die Entstrickungbesteuerung 02 vor. Dessen ungeachtet besteht für den Steuerpflichtigen im Jahr 01 Veranlagungspflicht.

Ob auf die genannten Kapitaleinkünfte im Rahmen der Veranlagung ein besonderer Steuersatz von 25% bzw. 27,5% zur Anwendung kommt oder der Normalsteuersatz, ergibt sich aus § 27a EStG 1988.

(BMF-AV Nr. 2018/79)

20.5.2 Antrag auf Veranlagung – Verlustausgleichsoption

(AÖF 2013/280)

6238 Besteht für Einkünfte aus Kapitalvermögen keine Veranlagungspflicht, steht es dem Steuerpflichtigen offen, diese

- durch Ausübung der Verlustausgleichsoption gemäß § 97 Abs. 2 EStG 1988 unter Beibehaltung des besonderen Steuersatzes (auch nur) teilweise in die Veranlagung aufzunehmen;
- durch Ausübung der Regelbesteuerungsoption gemäß § 27a Abs. 5 EStG 1988 vollständig zum Normalsteuersatz in die Veranlagung aufzunehmen; diesfalls kommt der Normalsteuersatz auf sämtliche (auch betriebliche und zu veranlagende) Kapitaleinkünfte zur Anwendung (siehe Abschnitt 20.3.4.3).

Zum Verhältnis der beiden Optionen siehe Abschnitt 20.3.4.1.

Die Durchführung des Verlustausgleichs (zu den materiellen Bestimmungen siehe Abschnitt 20.4) bildet zwar den Hauptanwendungsbereich der Verlustausgleichsoption, allerdings kann sie auch für andere Zwecke ausgeübt werden, zB

- zur Berücksichtigung der tatsächlichen Anschaffungskosten, wenn dem Kapitalertragsteuerabzug die nach § 124b Z 185 EStG 1988 bzw. der Wertpapier- Anschaffungskosten-VO vom gemeinen Wert abgeleiteten Anschaffungskosten zu Grunde gelegt wurden;
- zur Anrechnung ausländischer Quellensteuern bzw. zur Wahrnehmung von Entlastungsverpflichtungen aufgrund von Doppelbesteuerungsabkommen;
- zur Berichtigung eines unrichtigen Kapitalertragsteuerabzuges, sofern dem Grunde nach Einkünfte aus Kapitalvermögen vorliegen. Wird ein Steuerabzug vorgenommen,

§§ 21–32

obwohl dem Grunde nach keine Einkünfte aus Kapitalvermögen vorliegen, kann eine Erstattung nach § 240 Abs. 3 BAO und nicht nur im Rahmen der Verlustausgleichsoption erfolgen.

Die Verlustausgleichsoption kann innerhalb von 5 Kalenderjahren ab dem Ende des Veranlagungsjahres ausschließlich im Rahmen der Einkommensteuerveranlagung für das betreffende Jahr gestellt werden. Die Verlustausgleichsoption stellt kein eigenständiges Rechtskraftdurchbrechungsinstrument dar.

Für zu einem Betriebsvermögen gehörendes Kapitalvermögen kann keine Verlustausgleichsoption ausgeübt werden:

- Aufgrund der Ausnahme der betrieblichen Einkünfte aus realisierten Wertsteigerungen und Derivaten kommt es im betrieblichen Bereich automatisch zu einem Verlustausgleich innerhalb dieser Einkünfte; die Verrechnung eines allfälligen Verlustüberhangs mit den übrigen betrieblichen Einkünften (auch den betrieblichen Einkünften aus der Überlassung von Kapital) unterliegt den Einschränkungen des § 6 Z 2 lit. c EStG 1988 (siehe Abschnitt 4.8). Eine Verlustausgleichsoption für die betrieblichen Einkünfte aus der Überlassung von Kapital ist daher aufgrund der Spezialnorm des § 6 Z 2 lit. c EStG 1988 nicht möglich.
- Soll im betrieblichen Bereich ein unrichtiger Kapitalertragsteuerabzug richtig gestellt werden, so kann dies entweder über § 240 Abs. 1 BAO im Wege des Abzugsverpflichteten (wie bei allen anderen Depots bereits aufgrund der Privatvermögensvermutung in § 93 Abs. 5 erster TS EStG 1988) oder im Rahmen der Veranlagung stattfinden. Ein Antrag auf Rückzahlung nach § 240 Abs. 3 BAO ist idR aufgrund der verpflichtenden Veranlagung nicht möglich.

Die Anrechnung der abgeführten Kapitalertragsteuer hat in dem Jahr zu erfolgen, in dem die jeweiligen Einkünfte durch den Steuerpflichtigen (Schuldner der Kapitalertragsteuer) erzielt werden. Eine Anrechnung hat somit in den Jahren zu erfolgen, in denen die Einkünfte zugeflossen sind, selbst wenn die Abfuhr der KESt in einem anderen Kalenderjahr erfolgt ist.

(BMF-AV Nr. 2019/75)

20.5.3 Antrag auf Veranlagung – Regelbesteuerungsoption

(AÖF 2013/280)

Siehe Abschnitt 20.3.4.

Randzahlen 6239 bis 6400: *derzeit frei*

(AÖF 2013/280)

21. Einkünfte aus Vermietung und Verpachtung (§ 28 EStG 1988)

21.1 Einnahmen und Werbungskosten

21.1.1 Einnahmen allgemein (§§ 15 und 28 Abs. 1 EStG 1988)

6401 Die Einkunftsart „Vermietung und Verpachtung" umfasst – unabhängig von der zivilrechtlichen Begriffsbestimmung – die entgeltliche Überlassung eines Wirtschaftsgutes zum Gebrauch und/oder zur Nutzung (vgl. etwa VwGH 19.2.1997, 94/13/0239; VwGH 9.7.1997, 94/13/0238). Maßgeblich ist der wirtschaftliche Gehalt des Sachverhaltes (VwGH 21.5.1985, 85/14/0023).

6402 Die Veräußerung von Mietobjekten führt grundsätzlich zu keinen Einnahmen (§ 15 EStG 1988) im Rahmen der Einkünfte aus Vermietung und Verpachtung. Steuerliche Auswirkungen können sich bei Veräußerung vor dem 1.4.2012 nur dann ergeben, wenn diese gegen Renten (§ 29 EStG 1988), innerhalb der Spekulationsfrist (§ 30 EStG 1988 idF vor dem 1. StabG 2012), bei (Mit)Veräußerung von Miet- und Pachtzinsforderungen nach § 28 Abs. 1 Z 4 EStG 1988 und bei Veräußerungen vor dem 1.4.2012 in den Fällen der Nachversteuerung nach § 28 Abs. 7 EStG 1988 idF vor dem AbgÄG 2012 ergeben.

Bei Veräußerungen nach dem 31.3.2012 führt die Veräußerung von Grundstücken jedenfalls zu Einkünften aus privaten Grundstücksveräußerungen (§ 30 EStG 1988 idF des 1. StabG 2012).

(AÖF 2013/280)

6402a Wird eine Wohnung (ein Gebäude) zunächst viele Jahre vermietet, findet der Vermieter jedoch nach Kündigung durch den Mieter – trotz laufender Vermietungsbemühungen – keinen Nachmieter, ist die für die Einkünfte aus Vermietung und Verpachtung erforderliche Vermietungsabsicht erst dann nicht mehr gegeben, wenn entweder die Immobilie objektiv erkennbar für private Zwecke gewidmet wird oder sonst objektiv erkennbar die Bemühungen um das Erlangen von Mietern beendet werden. Die zu den Vermietungsbemühungen hinzutretende Suche nach potenziellen Käufern steht dabei der Annahme von Einkünften aus Vermietung und Verpachtung nicht entgegen. Von einer Vermietungsabsicht ist allerdings dann nicht mehr auszugehen, wenn das ehemals vermietete Objekt für viele Jahre unvermietet bleibt und der Vermieter dennoch keine deutliche Anpassung der angebotenen Mietkonditionen vornimmt (VwGH 21.06.2007, 2005/15/0069).

(AÖF 2008/51)

6403 Die Einkünfte aus Vermietung und Verpachtung sind gegenüber den ersten fünf Einkunftsarten nachrangig (subsidiär). Einkünfte aus Vermietung und Verpachtung liegen nur vor, wenn das zur Nutzung überlassene Wirtschaftsgut nicht zu einem Betriebsvermögen gehört und vom Vermieter auch keine über die bloße Nutzungsüberlassung hinausgehende Nebenleistungen erbracht werden; zur Abgrenzung von den Einkünften aus Gewerbebetrieb siehe Rz 5433.

6404 Einkünfte aus der Vermietung von Schiffen gehören nicht zu den Einkünften aus Vermietung und Verpachtung, sondern als Vermietung beweglichen Vermögens zu den sonstigen Einkünften.

6405 Bei der Frage, ob neben dem eigentlichen Entgelt für die Nutzungsüberlassung ein bestimmtes Entgelt den Einkünften aus Vermietung und Verpachtung zuzurechnen ist, kommt es entscheidend darauf an, ob das betreffende Entgelt eine Gegenleistung für die im Einzelfall dem Mieter eingeräumten Rechte darstellt, die mit dem Mietverhältnis in einem unmittelbaren wirtschaftlichen Zusammenhang stehen; hiebei muss maßgebendes Kriterium sein, ob die betreffenden Leistungen unabhängig von ihrer zivilrechtlichen Beurteilung in wirtschaftlicher Betrachtungsweise als im Rahmen des mit dem Bestandvertrag begründeten Austauschverhältnisses erbracht anzusehen oder ob diese Leistungen wirtschaftlich selbständig in dem Sinn sind, dass sie neben dem Bestandverhältnis bestehen (VwGH 17.12.1993, 92/15/0116, betreffend Gebäude- und Grundablöse; VwGH 20.2.1998, 96/15/0086, betreffend Vorkaufsrecht, Kündigungsverzicht, Wertsicherungsverzicht).

6406 Im Rahmen der Einkünfte aus Vermietung und Verpachtung sind auch Investitionen des Mieters zu erfassen, die dem Vermieter als Eigentümer zukommen. Derartige Vorteile fließen dem Vermieter erst mit der Beendigung des Mietverhältnisses zu, wenn der Mieter zur Vornahme der Investitionen berechtigt, aber nicht verpflichtet ist und daher die Investition regelmäßig bis zur Räumung des Mietobjektes zurücknehmen kann (VwGH 20.2.1998, 96/15/0086). Die Höhe des Vorteiles ergibt sich aus der Gegenüberstellung des Gebäudewertes mit und ohne Mieterinvestitionen im Zeitpunkt des Zuflusses (VwGH 20.2.1998, 96/15/0086). Die AfA von diesen Investitionen steht bis zur Übergabe des Mietobjektes dem Mieter zu, danach dem Vermieter; § 28 Abs. 3 EStG 1988 ist sinngemäß auch für Mieterinvestitionen anzuwenden. Stellt die Mieterinvestition keine aktivierungspflichtige Aufwendung auf die Bestandsache dar, gelten die Regelungen des § 28 Abs. 2 EStG 1988 entsprechend.

Der Plan des Mieters, das Mietverhältnis künftig vorzeitig zu beenden, führt nicht zu einer außergewöhnlichen wirtschaftlichen Abnutzung der Mieterinvestition, sofern diese bis zur tatsächlichen Beendigung des Mietverhältnisses uneingeschränkt nutzbar ist (VwGH 24.10.2019, Ro 2018/15/0013; siehe auch Rz 3124).

(BMF-AV Nr. 2021/65)

Hat sich jedoch der Mieter vertraglich zur Vornahme von Investitionen verpflichtet, so fließt dem Vermieter die entsprechende Einnahme bereits im Zeitpunkt der Vornahme der Investition zu (VwGH 20.2.1998, 96/15/0086) und führt – nach der Art der Investition (Erhaltungs- oder Herstellungsaufwand, siehe Rz 6450 ff) – zu sofort oder verteilt abzugsfähigen Werbungskosten. Auch ein Gebäudezubau, den ein Dritter auf einem Grundstück des Steuerpflichtigen errichtet und der dem Steuerpflichtigen ins wirtschaftliche Eigentum zuwächst, ist als Einnahme anzusetzen (VwGH 23.9.1966, 1469/65). Eine mit der laufenden Miete verrechnete Mieterinvestition stellt eine Mietvorauszahlung dar und ist vom Vermieter zum Zeitpunkt der Beendigung der Mieterinvestition zur Gänze als Einnahme zu erfassen (VwGH 25.2.1970, 1794/68). **6407**

(AÖF 2004/167)

Zu den Einkünften aus Vermietung und Verpachtung gehören auch Abstandszahlungen (Ablösen), die der Hauseigentümer aus Anlass der Begründung, Änderung oder Auflösung eines Mietverhältnisses erhält, auch wenn sie nicht vom Mieter, sondern von einem Dritten geleistet werden, da sie mit der Nutzung der Einkunftsquelle, dem Miethaus, in wirtschaftlichem Zusammenhang stehen (VwGH 16.5.1958, 1070/57); nicht hingegen Ablösen für einzelne Einrichtungsgegenstände (VwGH 27.3.1973, 1094/72). Mietkautionen, über die der Vermieter nur unter bestimmten Voraussetzungen verfügen kann, fließen nur (erst) im Fall der widmungsgemäßen Verwendung zu. Soweit Mietkautionen als Schadenersatz für Vermögensschäden anzusehen sind, sind sie nicht steuerbar. **6408**

Die entgeltliche Einräumung von Rechten, die den Vorschriften des bürgerlichen Rechts über Grundstücke unterliegen (grundstücksgleiche Rechte) führt zu Einkünften aus Vermietung und Verpachtung (vgl. VwGH 26.07.2006, 2006/14/0024; VwGH 28.05.2015, 2012/15/0104), wobei es unbeachtlich ist, ob das Entgelt einmalig oder laufend entrichtet wird; zu grundstücksgleichen Rechten siehe Rz 6622. **6408a**

(BMF-AV Nr. 2018/79)

Auch das Entgelt für die Einräumung einer Dienstbarkeit fällt unter die Einkünfte aus Vermietung und Verpachtung (VfGH 08.10.1968, B 26/68; VwGH 29.07.2010, 2006/15/0317). Ist im Entgelt eine Abgeltung der durch eine Dienstbarkeitseinräumung eintretenden Wertminderung des Grundstückes enthalten, unterliegt dieser Teil nicht der Einkommensteuer, wenn die Ausgestaltung der Dienstbarkeit in ihrer Gesamtheit eine über die Wirkung eines gewöhnlichen Bestandvertrages hinausgehende Beeinträchtigung der Verfügungsmacht über das Grundstück bewirkt (VwGH 31.01.2018, Ro 2016/15/0034; VwGH 26.02.1969, 0115/68). Dies erfordert eine zeitlich unbeschränkt und unwiderruflich eingeräumte Nutzung eines Grundstückes (VwGH 26.02.1969, 0115/68; VwGH 30.05.1972, 2245/71); eine Wertminderung ist jedoch auch dann gegeben, wenn die durch die Dienstbarkeit verursachte Beeinträchtigung der Verfügungsmacht auch nach Beendigung des Dienstbarkeitsvertrages bestehen bleibt (vgl. VwGH 31.01.2018, Ro 2016/15/0034). Zu Einkünften aus Anlass der Einräumung von Leitungsrechten siehe Rz 5172 ff; zur Abzugsteuer gemäß § 107 EStG 1988 siehe Rz 8207a. **6409**

Schadenersatzleistungen, die den Ausfall von Einnahmen ausgleichen, sind steuerpflichtig (VwGH 14.10.1981, 3087/79).

In gleicher Weise wie die Einräumung eines Fruchtgenussrechtes führt ab 1.1.2012 auch die entgeltliche Übertragung eines Fruchtgenussrechtes oder die Ablöse eines Fruchtgenussrechtes durch den Eigentümer – vergleichbar der Untervermietung durch einen Hauptmieter – zu Einkünften aus Vermietung und Verpachtung (VwGH 21.12.2010, 2009/15/0046); siehe auch Rz 115a und 119.

(BMF-AV Nr. 2019/75)

Auch Schadenersatzleistungen, die mit dem Mietobjekt zusammenhängen, gehören zu den Einkünften (VwGH 21.3.1972, 2123/71), es sei denn, sie stellen ein Entgelt für die Minderung der Vermögenssubstanz dar (zB Versicherungsentschädigungen wegen Zerstörung eines Mietobjektes). Aufwendungen, die mit nicht steuerpflichtigen Einnahmen in unmittelbarem wirtschaftlichem Zusammenhang stehen, dürfen gemäß § 20 Abs. 2 EStG 1988 nicht abgezogen werden. **6410**

Beispiel:

Eine bei Zerstörung des Mietwohnhauses an sich zulässige Absetzung für außergewöhnliche technische Abnutzung darf insoweit nicht berücksichtigt werden, als ihr eine nicht steuerpflichtige Versicherungsentschädigung gegenübersteht. Die Wiederherstellungskosten des Gebäudes dürfen hingegen für die Berechnung der AfA nicht um die Versicherungsentschädigung gekürzt werden.

Keiner Kürzung unterliegen jedoch die Anschaffungskosten des Ersatzwirtschaftsgutes, auch für den Fall, dass für das zerstörte Wirtschaftsgut eine Versicherungsentschädigung geleistet wurde (BFG 11.6.2014, RV/3100063/2010).

(BMF-AV Nr. 2015/133)

6410a Gestattet eine Wohnungseigentümergemeinschaft einem Handy-Betreiber, am Wohnhaus einen Handymast gegen Entgelt aufzustellen, erzielen die einzelnen Miteigentümer Einkünfte aus Vermietung und Verpachtung. Eine Festellung der Einkünfte hat zu unterbleiben, wenn hinsichtlich aller Grundstücksanteile Wohnungseigentum besteht (§ 188 Abs 4 Bundesabgabenordnung). Die Mieteinnahmen sind den einzelnen Miteigentümern entsprechend ihrem Miteigentumsanteil zuzurechnen. Da den Miteigentümern im Zusammenhang mit dieser Vermietung keine Aufwendungen erwachsen dürften, stellen die anteiligen Mieteinnahmen die Mieteinkünfte dar. Die Verwendung der Mieteinnahme zB für Betriebskosten des Hauses stellt eine Einkommensverwendung dar und hat damit auf die Höhe der Mieteinkünfte keinen Einfluss.

(AÖF 2010/43)

6410b Abbauverträge für Bodenschätze führen zu Einkünften aus Vermietung und Verpachtung, wenn keine über die Vermögensverwaltung hinausgehenden, für einen Gewerbebetrieb typischen Leistungen erbracht werden. Daran ändert auch die Vereinbarung eines Pauschalpreises für den Abbau des gesamten Schottervorkommens nichts. Gemäß Rz 3204 bestehen keine Bedenken, bei Ermittlung der Einkünfte aus Vermietung und Verpachtung sämtliche Werbungskosten (einschließlich Absetzung für Substanzverringerung) mit 50% der Bruttoerlöse (einschließlich Umsatzsteuer) zu berücksichtigen. Bei Anwendung der Nettomethode können die Werbungskosten (einschließlich AfS) mit 40% der Nettoerlöse (ohne Umsatzsteuer) geschätzt werden.

Die laufende Instandhaltung (siehe VwGH 08.11.1989, 88/13/0101, zu einer Mineralwasserquelle) sowie gewerbliche Vorleistungen, wie insbesondere die Einholung behördlicher Genehmigungen oder die Erschließung des Bodenschatzes (zB im Falle eines Schottervorkommens durch Freilegung und Schaffung einer Zufahrtsmöglichkeit) stellen solche für einen Gewerbebetrieb typischen Leistungen dar und führen daher zu Einkünften aus Gewerbebetrieb.

(AÖF 2011/66)

6411 Mietvorauszahlungen führen zu einem sofortigen Einnahmenzufluss. Eine allfällige Rückzahlung stellt Werbungskosten dar. Im Fall der Verknüpfung des Mietvertrages mit einem Darlehensvertrag (der Mieter gewährt dem Vermieter in Gestalt einer Mietvorauszahlung ein Darlehen) kommt es zu einem Zufluss von Mieteinnahmen nach Maßgabe der vereinbarten Darlehensrückzahlungen. Eine Beurteilung der Vorauszahlung als Darlehen setzt eine vom Fortbestand des Mietverhältnisses losgelöste Rückzahlungsverpflichtung mit vereinbarter Laufzeit, Rückzahlungsmodalität und allfällige Verzinsung des Darlehens voraus. Eine Verknüpfung mit dem Mietvertrag steht nur insofern einer Beurteilung als Darlehen nicht entgegen, als es sich dabei um eine dem wirtschaftlichen Gehalt beider Vereinbarungen (Mietvertrag und Darlehensvertrag) entsprechende Aufrechnung der Darlehensrückzahlungsraten mit den Mietzinszahlungen handelt (VwGH 10.10.1996, 94/15/0121; VwGH 15.04.1998, 98/14/0043). Siehe dazu auch Rz 6448 f. Wird einem Vermieter vom Mieter ein zinsenloses Darlehen gewährt, kommt dem Darlehen im Umfang des dadurch verschafften Zinsengewinns mietzinserhöhender Entgeltcharakter zu; daher liegt ein geldwerter Vorteil vor, der als Einnahme im Rahmen der Einkünfte aus Vermietung und Verpachtung zu erfassen ist (VwGH 04.06.2008, 2006/13/0172).

(AÖF 2010/43)

6412 Bei Einkünften aus Vermietung und Verpachtung können bei mietengeschützten Objekten, die der Verrechnungspflicht nach § 21 MRG unterliegen, die Betriebskosten auf der Einnahmen- und Ausgabenseite, soweit sie beim Vermieter Durchlaufposten darstellen, außer Ansatz gelassen werden.

6413 Stehen den von den Mietern an den Vermieter geleisteten Betriebskosten bei diesem keine entsprechenden Werbungskosten gegenüber, sind diese Betriebskosten(teile) auf jeden Fall als Einnahme zu erfassen.

Beispiel:

Der Hauseigentümer verwaltet sein Haus selbst. Nach § 22 MRG in Verbindung mit § 15a Abs 3 Z 2 MRG darf er hiefür pro Quadratmeter Nutzfläche von den Mietern einen bestimmten Betrag verlangen. Dieser Betrag ist auch bei Behandlung der Betriebskosten als Durchlaufposten als Einnahme zu erfassen.

Betriebskosten für vorübergehend leer stehende Wohnungen sind auch bei Inanspruchnahme der Durchlauferregelung als Werbungskosten abzugsfähig.

Ein Hauseigentümer, der einen Mieter dazu veranlasst, gegen Zahlung einer Entschädigung auf sein Mietrecht an Räumlichkeiten zu verzichten, erwirbt damit nicht ein Mietrecht, sondern die Freiheit seines Eigentums von einer schuldrechtlichen Bindung. Diese Kosten der Freimachung des Objektes sind als zusätzliche Anschaffungskosten zu aktivieren und können steuerlich nur im Wege der AfA berücksichtigt werden (VwGH 12.1.1971, 1764/69; VwGH 22.2.1972, 1909/70), vorausgesetzt, die frei gemachte Einheit dient der Erzielung von Einkünften aus Vermietung und Verpachtung (VwGH 9.6.1982, 81/13/0123). Ein Ersatz von Aufwendungen gemäß § 10 MRG kann auch über Antrag gleichmäßig auf zehn Jahre verteilt werden (§ 28 Abs. 4 EStG 1988). Werden diese Aufwendungen vom Vermieter auf den Nachmieter überwälzt, ist dieser Betrag als Einnahme zu erfassen. Freimachungskosten zur besseren Veräußerung sind nicht im Rahmen von Einkünften aus Vermietung und Verpachtung (VwGH 16.12.1998, 93/13/0289), gegebenenfalls aber im Rahmen der Ermittlung von Einkünften aus privaten Grundstücksveräußerungen als nachträgliche Anschaffungskosten abzugsfähig. **6414**

(BMF-AV Nr. 2015/133)

Unter Sachinbegriff (§ 28 Abs. 1 Z 2 EStG 1988) ist eine Vielzahl von beweglichen Gegenständen zu verstehen, die wirtschaftlich eine Einheit bilden, wie zB ehemaliges bewegliches Betriebsvermögen (zur Betriebsaufgabe siehe Rz 5629 ff), eine Bibliothek oder eine Wohnungseinrichtung. **6415**

Einkünfte aus der Überlassung der im § 28 Abs. 1 Z 3 EStG 1988 angeführten Rechte stellen regelmäßig nur dann Einkünfte aus Vermietung und Verpachtung dar, wenn sie vom Einzel- oder Gesamtrechtsnachfolger des Urhebers (Erfinders) erzielt werden und nicht zu den Einkünften iSd § 2 Abs. 3 Z 1 bis 3 EStG 1988 gehören. Einkünfte, die der Urheber (Erfinder) selbst – sei es durch einen zeitlichen Nutzungsvertrag, sei es durch eine vollständige Überlassung der Verwertungsrechte gegen ein einmaliges Entgelt – erzielt, stellen regelmäßig Einkünfte aus selbständiger Arbeit dar, sofern die Nutzung nicht im Rahmen eines Gewerbebetriebes erfolgt. Zu den Einkünften aus der Überlassung von Rechten zählen auch die Filmaufführungsrechte und Einkünfte aus Abbauverträgen von Bodensubstanzen (zB Duldung eines Schotterabbaus). **6416**

§ 28 Abs. 1 Z 3 EStG 1988 erfasst nicht die Überlassung von Rechten und gewerblichen Erfahrungen im Sinne einer Veräußerung, sondern nur eine Überlassung zur Nutzung auf Zeit ähnlich einer Vermietung und Verpachtung. Ein Recht, eine gewerbliche Erfahrung oder Zufallserfindung kann als veräußert gelten, wenn dem Inhaber nach Bezahlung eines Kaufpreises oder kaufpreisähnlichen Entgelts keine weiteren Verfügungsmöglichkeiten mehr zustehen (VwGH 24.11.1987, 87/14/0001).

(AÖF 2003/209)

§ 28 Abs. 1 Z 4 EStG 1988 (Einkünfte aus der Veräußerung von Miet- und Pachtzinsforderungen) stellt sicher, dass ausstehende Miet- oder Pachtzinsforderungen im Fall ihrer Veräußerung beim Veräußerer steuerlich erfasst werden, dem die den veräußerten Forderungen zugrunde liegenden Miet- oder Pachterträge wirtschaftlich zuzurechnen sind. Der Erwerber (der Miet- oder Pachtzinsforderung) zieht in der Folge die Forderung ohne steuerliche Auswirkung ein. **6417**

21.1.2 Werbungskosten

Werbungskosten können nach § 16 Abs. 1 EStG 1988 „Aufwendungen" (wie zB die AfA) oder „Ausgaben" (tatsächlich verausgabte Beträge) sein. Keine Werbungskosten sind: **6418**

- Aufwendungen für den Erwerb von Wirtschaftsgütern, ausgenommen im Wege der AfA oder Renten zum Erwerb der Einkunftsquelle;
- Wertminderungen bzw. Verlust von Wirtschaftsgütern, ausgenommen Absetzungen für außergewöhnliche technische oder wirtschaftliche Abnutzung.

Bezüglich der Abbruchkosten eines Gebäudes kommt es einerseits darauf an, ob das Gebäude abbruchreif ist und andererseits kommt es auf den Veranlassungszusammenhang der Aufwendungen oder Ausgaben an (VwGH 27.11.2014, 2011/15/0088; VwGH 24.06.2010, 2008/15/0179; VwGH 7.6.2005, 2002/14/0011): **6418a**

- Abbruch eines abbruchreifen Gebäudes, um ein auf dem Grundstück errichtetes Ersatzgebäude oder auch das unbebaute Grundstück wiederum zur Erzielung von Einkünften aus Vermietung und Verpachtung zu verwenden: Abbruchkosten gehören mit dem Kaufpreis zu den Anschaffungskosten des Grund und Bodens (VwGH 18.05.1962, 2221/61). Abbruchreif ist ein Gebäude, wenn es aus objektiven wirtschaftlichen oder technischen Gründen nicht sinnvoll saniert werden kann (vgl. VwGH 27.04.2005, 2000/14/0110).
- Abbruch eines noch verwendbaren Gebäudes, wobei es unbeachtlich ist, ob das Gebäude in Abbruchabsicht erworben wurde oder nicht, oder ob der Abbruch in der Absicht einer Neuerrichtung eines Gebäudes oder zur Herstellung eines unbebauten Grundstückes dient: Abbruchkosten und Restbuchwert sind sofort (im Kalenderjahr des Beginns der Abbrucharbeiten) als Werbungskosten abzugsfähig (VwGH 27.11.2014, 2011/15/0088; VwGH 24.06.2010, 2008/15/0179; VwGH 25.1.2006, 2003/14/0107).
- Dient der Abbruch eines Gebäudes dazu, um das (allenfalls neu bebaute) Grundstück sodann privat zu nutzen, liegt ein Zusammenhang mit einer künftigen Einnahmenerzielung von vornherein nicht vor und verbietet sich ein Abzug als Werbungskosten schon im Grunde der Bestimmungen der § 16 Abs. 1 und § 20 Abs. 1 EStG 1988; die Abbruchkosten und die Anschaffungskosten des Altgebäudes erhöhen die Anschaffungskosten für Grund und Boden, die bei einer allfälligen späteren Veräußerung des Grundstücks vom Veräußerungserlös abzusetzen sind.
- Dient der Abbruch eines Gebäudes dazu, das unbebaute Grundstück zu veräußern oder auch um ein neues Gebäude zu errichten, um das bebaute Grundstück zu veräußern, sind diese Aufwendungen dem Veräußerungsgeschäft zuzuordnen. In diesem Zusammenhang ist zu unterscheiden:
  - Erfolgt die Grundstücksveräußerung vor dem 1.4.2012, sind die Aufwendungen nur insoweit steuerlich beachtlich, als die Veräußerung (des privaten Wirtschaftsgutes) der Einkommensteuer unterliegt.
  - Erfolgt die Grundstücksveräußerung nach dem 31.3.2012, jedoch vor dem 1.1.2016, sind diese Aufwendungen gemäß § 20 Abs. 2 EStG 1988 nicht abzugsfähig (sofern auf die Veräußerung der besondere Steuersatz anwendbar ist), auch wenn die Regelbesteuerungsoption ausgeübt wird.
  - Erfolgt die Grundstücksveräußerung nach dem 31.12.2015, sind diese Aufwendungen gemäß § 20 Abs. 2 EStG 1988 nicht abzugsfähig (sofern auf die Veräußerung der besondere Steuersatz gemäß § 30a Abs. 1 EStG 1988 angewendet wird), sofern die Regelbesteuerungsoption nicht ausgeübt wird.

(BMF-AV Nr. 2021/65)

6419 Nach § 20 Abs. 1 Z 2 MRG können bei der Berechnung der mietrechtlichen Mietzinsreserve 35% (25% bei Körperschaftsteuerpflicht des Vermieters) von bestimmten Aufwendungen nach den §§ 3 bis 5 MRG abgezogen werden. Eine steuerliche Berücksichtigung derartiger auch als „Investitionsprämie" bezeichneten Beträge ist unzulässig, da es sich hierbei um eine bloße Rechengröße, also um keine tatsächlich erwachsenen Aufwendungen handelt.

(AÖF 2007/88)

6419a Nach § 31 des Wohnungseigentumsgesetzes 2002, BGBl II Nr. 70/2002, haben Wohnungseigentümer eine angemessene Rücklage zur Vorsorge für künftige Aufwendungen zu bilden (so genannte Instandhaltungsrücklage). Diese Rücklage stellt (formal) Vermögen der Eigentümergemeinschaft dar (§ 31 Abs. 2 WEG 2002), der Rechtspersönlichkeit zukommt, wirtschaftlich ist die Rücklage hingegen weiterhin den Wohnungseigentümern zuzurechnen.

Beiträge der Wohnungseigentümer an den Instandhaltungsfonds stellen noch keine Werbungskosten dar. Werbungskosten liegen erst bei Abfluss aus dem Instandhaltungsfonds vor (vgl. BFH 26.1.1988, IX R 119/83, BStBl II 88, 577; Rz 525 LStR 2002 betreffend Sonderausgaben für Wohnraumsanierung). Eine doppelte Berücksichtigung von Zahlungen als Werbungskosten ist auszuschließen. Wurde daher bereits die Dotierung der Rücklage (unrichtigerweise) als Werbungskosten berücksichtigt, stellt die Bezahlung der Instandhaltung insoweit keine neuerliche Abzugspost dar. Gleiche Grundsätze gelten auch bei einer im Betriebsvermögen stehenden Eigentumswohnung.

(AÖF 2007/88)

6420 Werbungskosten können ausnahmsweise bereits vor Beginn der Einnahmenerzielung anfallen (vorweggenommene Werbungskosten, siehe auch Rz 4035). Der auf Vermietung des Objekts gerichtete Entschluss muss dann aber klar und eindeutig, etwa aus bindenden Vereinbarungen oder sonstigen, über die Absichtserklärung hinausgehenden Umständen, nach außen in Erscheinung treten (VwGH 25.6.1997, 94/15/0227, VwGH 23.6.1992, 92/14/0037). Zur AfA als vorweggenommene Werbungskosten siehe Rz 6422 ff. Dabei genügt es nicht, wenn die Vermietung eines Gebäudes als eine von mehreren Verwertungsmöglichkeiten bloß ins Auge gefasst und hierbei sondiert wird, ob sich dieses günstiger durch Verkauf oder Vermietung verwerten lässt (VwGH 29.7.1997, 93/14/0132).

(AÖF 2005/110)

Bei einer zeitlich abwechselnden Verwendung eines Mietobjektes zur Vermietung einerseits und zu einer Selbstnutzung andererseits, sind als Werbungskosten jene Kosten zu berücksichtigen, die ausschließlich durch die Vermietung veranlasst sind, während jene Kosten auszuschließen sind, die ausschließlich durch die Eigennutzung veranlasst sind. Kosten (Fixkosten), die in einem Veranlassungszusammenhang sowohl mit der Vermietung als auch mit der Eigennutzung stehen sind – soweit keine dieser beiden Veranlassungen völlig untergeordnet ist – als gemischt-veranlasst aufzuteilen. Ist eine Eigennutzung (an sich) jederzeit möglich, hat die Aufteilung dieser gemischt veranlassten Aufwendungen nach dem Verhältnis der Tage der Eigennutzung zu den Tagen der Vermietung zu erfolgen (VwGH 25.11.2015, Ro 2015/13/0012). **6420a**

(BMF-AV Nr. 2018/79)

Das Abzugsverbot für Aufwendungen im Zusammenhang mit der Veräußerung von Grundstücken, auf die der besondere Steuersatz gemäß § 30a Abs. 1 EStG 1988 anwendbar ist, steht dem Abzug von Werbungskosten bei der Ermittlung der Einkünfte aus Vermietung und Verpachtung nicht entgegen. Der laufende Aufwand inklusive der Fremdmittelkosten für die Anschaffung bzw. Herstellung des Mietobjektes und die Absetzung für Abnutzung sind daher für Zeiträume bis zur Beendigung der Vermietungsabsicht als Werbungskosten zu berücksichtigen. **6421**

Dies gilt auch für die Vermietung und Verpachtung von Grundstücken, deren Veräußerung am Ende der Vermietung bereits beabsichtigt ist.

(AÖF 2013/280, BMF-AV Nr. 2018/79)

Bei Vorsteuerberichtigungsbeträgen, die sich aufgrund eines Wechsels von der steuerpflichtigen in die steuerfreie Vermietung gemäß § 12 Abs. 10 UStG 1994 ergeben, handelt es sich um Werbungskosten im Rahmen der Einkünfte aus Vermietung und Verpachtung. **6421a**

Löst der Verkauf eines Gebäudes eine Vorsteuerberichtigung aus, kommt ein Werbungskostenabzug hingegen nicht im Rahmen der Einkünfte aus Vermietung und Verpachtung, sondern nur im Rahmen des § 30 EStG 1988 in Betracht (vgl. Rz 4043 und Rz 6666).

(BMF-AV Nr. 2019/75)

21.2 Absetzung für Abnutzung (§ 16 Abs. 1 Z 8 EStG 1988)

§ 16 Abs. 1 Z 8 EStG 1988 regelt die AfA für sämtliche Überschusseinkünfte. Besondere Bedeutung hat die Bestimmung bei den Einkünften aus Vermietung und Verpachtung von Gebäuden. Die Geltendmachung der AfA setzt voraus, dass die Person, die die Einkünfte bezieht, auch wirtschaftlicher Eigentümer des vermieteten Wirtschaftsgutes ist. Zum Begriff des wirtschaftlichen Eigentums siehe Rz 104 ff. Die AfA-Bemessungsgrundlage ist abhängig von der Art des Erwerbes des Wirtschaftsgutes. Gemäß § 16 Abs. 1 Z 8 EStG 1988 in Verbindung mit § 8 Abs. 4 EStG 1988 ist auch eine Absetzung für außergewöhnliche technische und wirtschaftliche Abnutzung (AfaA) möglich. Weist ein Gebäude Mängel auf, deren Sanierung wirtschaftlich nicht vertretbar ist, ist es wirtschaftlich verbraucht, sodass eine AfaA in Betracht kommt (VwGH 27.04.2005, 2000/14/0110, kein Anwendungsfall der so genannten Opfertheorie, siehe dazu Rz 2618). Zur Verteilung einer Absetzung für außergewöhnliche technische und wirtschaftliche Abnutzung und damit zusammenhängender Aufwendungen gemäß § 28 Abs. 2 EStG 1988 siehe Rz 6488a ff. **6422**

(AÖF 2012/63)

Nach der Rechtsprechung (vgl. VwGH 27.11.1984, 83/14/0046) kommt bei Gebäuden eine AfA bereits ab der Fertigstellung (Bereitstellung zur Vermietung), somit unter Umständen vor der Erzielung von Mieteinnahmen, in Betracht. Die Anerkennung einer AfA als vorweggenommene Werbungskosten setzt voraus, dass die Absicht zur künftigen Vermietung deutlich nach außen in Erscheinung tritt. Eine private Nutzung vor Vermietung schließt die Anerkennung von AfA als vorweggenommene Werbungskosten jedenfalls aus. **6423**

21.2.1 AfA-Bemessungsgrundlage bei entgeltlichem Erwerb (§ 16 Abs. 1 Z 8 lit. a EStG 1988)

(AÖF 2009/74)

Rechtslage bis zur Veranlagung 2012 **6424**

§ 16 Abs. 1 Z 8 lit. a EStG 1988 kommt zur Anwendung, wenn ein angeschafftes oder hergestelltes Gebäude unmittelbar ab oder innerhalb eines Jahres nach der Anschaffung oder Beendigung der Herstellung zur Einkünfteerzielung genutzt wird. Dies ist der Fall, wenn die Vermietung spätestens innerhalb eines Zeitraumes von einem Jahr nach der Anschaffung oder Beendigung der Herstellung beginnt oder innerhalb dieses Zeitraumes Aktivitäten gesetzt werden, die auf die Vermietung abzielen. Ist dies nicht der Fall, ist die AfA nach § 16 Abs. 1 Z 8 lit. d EStG 1988 zu bemessen.

Rechtslage ab der Veranlagung 2013

§ 16 Abs. 1 Z 8 lit. a EStG 1988 idF des AbgÄG 2012 kommt zur Anwendung, wenn ein angeschafftes oder hergestelltes abnutzbares Wirtschaftsgut (insbesondere Gebäude) zur Einkünfteerzielung genutzt wird. Bei Grundstücken, die zum 31.3.2012 steuerverfangen waren oder danach angeschafft bzw. hergestellt wurden, und die nach dem 31.12.2012 erstmals zur Erzielung von Einkünften verwendet werden, sind jedenfalls die (historischen) Anschaffungs- oder Herstellungskosten als Bemessungsgrundlage für die AfA heranzuziehen. Dies gilt auch für sonstige abnutzbare Wirtschaftsgüter, die nach dem 31.12.2012 erstmals zur Erzielung von Einkünften verwendet werden.

(AÖF 2013/280)

6425 Bei Anschaffung gegen Einmalbetrag oder Raten und bei Herstellung in Vermietungsabsicht sind der Bemessung der AfA die Anschaffungs- oder Herstellungskosten zu Grunde zu legen; zum Begriff der Anschaffungs- und Herstellungskosten siehe Rz 2164 ff.

6426 Beim Erwerb durch Tausch in Vermietungsabsicht sind der Bemessung der AfA der gemeine Wert des hingegebenen Wirtschaftsgutes und allenfalls zusätzlich zu leistende Einmalbeträge und zu übernehmende Verbindlichkeiten zu Grunde zu legen.

6427 Wird eine Immobilie gegen Kaufpreisrente erworben und innerhalb von 10 Jahren vermietet, bildet ab 2004 der Rentenbarwert gemäß § 16 BewG 1955 idF des Budgetbegleitgesetzes 2003 zuzüglich zu leistender Einmalbeträge und übernommener Verbindlichkeiten die AfA-Bemessungsgrundlage (Rz 7020, 7021 f). Wird hinsichtlich der Rentenbesteuerung in die alte Rechtslage optiert (siehe Rz 7002a ff), ist der Rentenbarwert gemäß § 16 Abs. 2 BewG 1955 idF vor dem Budgetbegleitgesetz 2003 zuzüglich zu leistender Einmalbeträge und übernommener Verbindlichkeiten zu ermitteln (siehe Rz 7021a). Bei Vorliegen einer gemischten Rente ist für die AfA-Bemessungsgrundlage nur jener Teil, der als Kaufpreisrente zu beurteilen ist, maßgebend. Zur Einstufung und Bewertung von Renten siehe Rz 7001 ff.

(AÖF 2004/167)

6428 Wird ein Gebäude, das aus einem Betriebsvermögen ausgeschieden ist, sofort oder zu einem späteren Zeitpunkt zur Erzielung von Einkünften aus Vermietung und Verpachtung verwendet, so tritt gemäß § 6 Z 4 EStG 1988 der Entnahmewert für die AfA-Bemessung an Stelle der Anschaffungs- oder Herstellungskosten. Im Falle der Betriebsaufgabe tritt der Aufgabewert an die Stelle der Anschaffungs- oder Herstellungskosten.

Werden nach einer Betriebsaufgabe nach § 24 Abs. 6 EStG 1988 begünstigte Gebäudeteile vermietet, ist der maßgebliche steuerliche Wertansatz um die unversteuerten stillen Reserven zu kürzen und davon die AfA zu bemessen. Im Fall einer Veräußerung innerhalb der fünfjährigen Sperrfrist ist der steuerliche Wertansatz um die versteuerten stillen Reserven rückwirkend zu erhöhen (§ 24 Abs. 6 EStG 1988, siehe auch Rz 5717a).

(AÖF 2013/280)

21.2.1.1 AfA-Bemessungsgrundlage bei einem zum 31.3.2012 nicht steuerverfangenen Grundstück, das erstmals nach dem 31.12.2012 zur Erzielung von Einkünften verwendet wird (§ 16 Abs. 1 Z 8 lit. c EStG 1988)

(AÖF 2013/280)

6429 Für den Fall der nach dem 31.12.2012 erfolgenden erstmaligen Nutzung eines vom Steuerpflichtigen bisher privat genutzten und zum 31.3.2012 nicht steuerverfangenen Gebäudes für Zwecke der Einkünfteerzielung bestehen besondere Regelungen (§ 16 Abs. 1 Z 8 lit. c EStG 1988). Diese sind den Bewertungsbestimmungen für die Einlage von Wirtschaftsgütern in das Betriebsvermögen nachgebildet. Es ist daher zu unterscheiden zwischen

Gebäuden, die zum 31.3.2012 steuerverfangen waren, und

Gebäuden, die zum 31.3.2012 nicht steuerverfangen waren.

(AÖF 2013/280)

6430 Für Gebäude, die zum 31.3.2012 steuerverfangen waren, sind die historischen Anschaffungsoder Herstellungskosten als AfA-Bemessungsgrundlage heranzuziehen (siehe Rz 6424).

(AÖF 2013/280)

Für Gebäude, die zum 31.3.2012 nicht steuerverfangen waren, sind die fiktiven Anschaffungskosten zum Zeitpunkt der erstmaligen Nutzung als Bemessungsgrundlage für die AfA heranzuziehen. Zu den fiktiven Anschaffungskosten siehe Rz 6441 ff. **6431**

(AÖF 2013/280)

Beginnt die Verwendung eines Gebäudes des Altvermögens zur Erzielung von Einkünften nach dem 31.12.2012, sind die fiktiven Anschaffungskosten nur dann als AfA-Bemessungsgrundlage heranzuziehen, wenn die Verwendung zur Einkünfteerzielung erstmalig erfolgt. Eine erstmalige Verwendung liegt nicht vor, wenn das Gebäude bereits zuvor – wenn auch mit einer mehrjährigen Unterbrechung – zur Erzielung von betrieblichen oder außerbetrieblichen Einkünften verwendet wurde. **6432**

Wie schon der Charakter des Altvermögens eine Eigenschaft des Gebäudes darstellt, bezieht sich auch der Umstand der erstmaligen Verwendung im Falle des unentgeltlichen Erwerbes auf das Gebäude und nicht auf den Steuerpflichtigen. Wurde das Gebäude im Falle eines unentgeltlichen Erwerbes bereits durch den Rechtsvorgänger zeitweise zur Einkünfteerzielung verwendet, liegt auch beim Rechtsnachfolger keine erstmalige Verwendung vor. Es bestehen aber keine Bedenken, für die AfA-Bemessung die fiktiven Anschaffungskosten heranzuziehen, wenn bei einem unentgeltlichen Erwerb zwischen der Beendigung der Vermietung durch den Rechtsvorgänger oder der im Zuge eines unentgeltlichen Erwerbes erfolgten Beendigung des Mietverhältnisses und dem neuerlichen Beginn der Vermietung durch den Steuerpflichtigen ein Zeitraum von mehr als zehn Jahren liegt.

(AÖF 2013/280)

Im Falle der Veräußerung ist der Veräußerungsgewinn in zwei Schritten zu ermitteln. In einem ersten Schritt sind die fiktiven Anschaffungskosten als Basis für die pauschale Gewinnermittlung nach § 30 Abs. 4 EStG 1988 anzusetzen, wodurch die stillen Reserven vor dem Beginn der Verwendung zur Einkünfteermittlung erfasst werden. In einem zweiten Schritt sind die im Zeitraum nach Beginn der erstmaligen Verwendung zur Einkünfteerzielung entstandenen stillen Reserven dagegen nach § 30 Abs. 3 EStG 1988 zu ermitteln (§ 30 Abs. 6 lit. a EStG 1988; siehe dazu Rz 6658). **6433**

Übersicht:

		Beginn erstmalige Vermietung	
		Vor 2013	Ab 2013
Ansatz AfA-Bemessungsgrundlage Gebäude	Altvermögen (am 31.3.2012 nicht steuerverfangen gemäß § 30 EStG 1988 idF vor dem 1. StabG 2012)	Fiktive AK Bei Veräußerung: Erfassung der gesamten Wertsteigerung gemäß § 30 Abs. 4 EStG 1988	Fiktive AK Bei Veräußerung: Erfassung der fiktiven AK gemäß § 30 Abs. 4 EStG 1988 Restliche Wertsteigerung gemäß § 30 Abs. 3 EStG 1988
	Neuvermögen (am 31.3.2012 steuerverfangen gemäß § 30 EStG 1988 idF vor dem 1. StabG 2012 oder danach erworben)	Fiktive AK Bei Veräußerung: § 30 Abs. 4 EStG 1988 steht nicht zu Erfassung der gesamten Wertsteigerung gemäß § 30 Abs. 3 EStG 1988 (von tatsächlichen AK)	AK/HK Bei Veräußerung steht § 30 Abs. 4 EStG 1988 nicht zu

(BMF-AV Nr. 2015/133)

Randzahl 6433a: *derzeit frei*

(BMF-AV Nr. 2019/75)

21.2.1.2 AfA-Bemessungsgrundlage bei einem früher angeschafften oder hergestellten Wirtschaftsgut (§ 16 Abs. 1 Z 8 lit. d EStG 1988 idF vor dem AbgÄG 2012) – Rechtslage ab 1.8.2008 bis 31.12.2012

(AÖF 2013/280, BMF-AV Nr. 2019/75)

§ 16 Abs. 1 Z 8 lit. d EStG 1988 (fiktive Anschaffungskosten als AfABemessungsgrundlage) ist anzuwenden, wenn ein vom Steuerpflichtigen früher angeschafftes oder **6433b** hergestelltes Gebäude (Wohnung) erstmalig zur Erzielung von Einkünften verwendet wird. Voraussetzung ist somit, dass

1. die Anschaffung oder Herstellung nicht unmittelbar vor dem Beginn der Vermietung erfolgt ist (siehe Rz 6433c und Rz 6424) und
2. die Verwendung des Gebäudes zur Einkünfteerzielung erstmalig erfolgt (Rz 6433d).

Liegen die genannten Voraussetzungen nicht vor, hat die Bemessung der Gebäude-AfA nach Maßgabe des § 16 Abs. 1 Z 8 lit. a oder b EStG 1988 zu erfolgen.

(AÖF 2009/74)

6433c Die Anschaffung oder Herstellung ist nicht unmittelbar vor dem Beginn der Vermietung erfolgt, wenn die Vermietung frühestens nach Ablauf von einem Jahr nach der Anschaffung oder Beendigung der Herstellung beginnt oder erst nach einem Jahr Aktivitäten gesetzt werden, die auf die Vermietung abzielen (siehe dazu auch Rz 6424).

(AÖF 2009/74)

6433d Die Verwendung des Gebäudes (Wohnung) zur Einkünfteerzielung muss erstmalig erfolgt sein. Das ist nur insoweit der Fall, als das Gebäude (Wohnung) vom Steuerpflichtigen selbst nicht bereits einmal zur Erzielung betrieblicher oder außerbetrieblicher Einkünfte verwendet worden ist.

(AÖF 2009/74)

6433e In Fällen, in denen ein Gebäude (Wohnung) bereits einmal vom Steuerpflichtigen selbst zur Erzielung von Einkünften aus Vermietung und Verpachtung genutzt wurde, ist die AfA fortzusetzen, wobei der auf die „Nichtvermietung" entfallende Zeitraum die noch verbleibende Restnutzungsdauer nach § 16 Abs. 1 Z 8 lit. e EStG 1988 nicht verkürzt.

Beispiel:

A beginnt 01 mit der Vermietung (AfA-Bemessungsgrundlage 100.000, AfA iHv 1,5% = 1.500). Mit Ende des Jahres 10 wird die Vermietung beendet (steuerlicher Wert Ende 10: 85.000). In den Jahren 11 bis 15 nutzt A das Gebäude privat. Anfang 16 beginnt er neuerlich mit der Vermietung.

Ausgehend von einem steuerlichen Wert Anfang 16 von 85.000 beträgt die AfA im Jahr 16 und den Folgejahren der Vermietung 1.500.

In Fällen, in denen ein Gebäude (Wohnung) bereits einmal vom Steuerpflichtigen selbst zur Erzielung betrieblicher Einkünften genutzt wurde, ist zur Ermittlung der AfA-Bemessungsgrundlage vom Entnahmewert (Teilwert, bei Betriebsaufgabe: gemeiner Wert) auszugehen. Dabei ist ein AfA-Satz von 1,5% anzuwenden, es sei denn, es wird nachgewiesen, dass die Nutzungsdauer zum Zeitpunkt des Beginns der Vermietung geringer als 67 Jahre war.

(AÖF 2009/74)

6433f Wurde ein früher vermietetes Gebäude unentgeltlich erworben und wird es auch vom Steuerpflichtigen vermietet, ist grundsätzlich die AfA des Rechtsvorgängers fortzusetzen (siehe dazu Rz 6442c).

Es bestehen jedoch keine Bedenken, der AfA-Bemessung die fiktiven Anschaffungskosten zum Zeitpunkt der erstmaligen Nutzung zu Grunde zulegen, wenn seit der Beendigung der Vermietung durch einen Rechtsvorgänger und dem Beginn der Vermietung durch den Steuerpflichtigen ein Zeitraum von mehr als zehn Jahren vergangen ist.

Der Beendigung der Vermietung durch den Rechtsvorgänger ist es gleichzuhalten, wenn der Steuerpflichtige selbst im Zuge eines unentgeltlichen Erwerbes das Mietverhältnis, das durch einen Rechtsvorgänger eingegangen wurde, kündigt. Eine Kündigung erfolgt dann im Zuge eines unentgeltlichen Erwerbes, wenn sie innerhalb von drei Monaten nach der Einantwortung oder der Annahme der Schenkung ausgesprochen wird.

(AÖF 2009/74)

6433g Wurde ein unentgeltlich erworbenes Gebäude (eine unentgeltlich erworbene Wohnung) durch einen Rechtsvorgänger noch nicht zur Einkünfteerzielung verwendet, bestehen keine Bedenken, der AfA die fiktiven Anschaffungskosten zum Zeitpunkt der erstmaligen Nutzung zu Grunde zu legen.

(AÖF 2009/74)

Randzahlen 6434 bis 6440: *derzeit frei*

(BMF-AV Nr. 2019/75)

21.2.2.1 AfA-Bemessungsgrundlage bei unentgeltlichem Erwerb sonstiger Wirtschaftsgüter (§ 16 Abs. 1 Z 8 lit. c EStG 1988 idF vor dem AbgÄG 2012 und § 16 Abs. 1 Z 8 lit. b EStG 1988)

(AÖF 2013/280, BMF-AV Nr. 2019/75)

Werden Wirtschaftsgüter mit Ausnahme eines Gebäudes unentgeltlich erworben, ist abhängig vom Zeitpunkt der erstmaligen Verwendung zur Einkünfteerzielung **6440a**

- die AfA auf Basis der fiktiven Anschaffungskosten im Zeitpunkt des unentgeltlichen Erwerbes zu bemessen oder
- die AfA des Rechtsvorgängers fortzusetzen bzw. die AfA auf Basis der (historischen) Anschaffungskosten des Rechtsvorgängers zu bemessen.

Die fiktiven Anschaffungskosten sind nur dann heranzuziehen, wenn die erstmalige Nutzung zur Einkünfteerzielung vor dem 1.1.2013 erfolgt. Wird daher Grund und Boden unentgeltlich erworben und zu einem späteren Zeitpunkt ein Bodenschatz entdeckt, existiert das selbständige Wirtschaftsgut Bodenschatz erst ab dem Zeitpunkt der Entdeckung, wenn der Bodenschatz abbauwürdig und mit seiner Aufschließung zu rechnen ist (VwGH 29.03.2006, 2004/14/0063). In diesem Zeitpunkt wird das Wirtschaftsgut unentgeltlich erworben. Wird der Bodenschatz vor dem 1.1.2013 in Nutzung genommen, sind die fiktiven Anschaffungskosten des Bodenschatzes daher gemäß § 16 Abs. 1 Z 8 lit. c EStG 1988 idF vor dem AbgÄG 2012 zum Zeitpunkt der Entdeckung zu ermitteln.

Wird der Bodenschatz nach dem 31.12.2012 in Nutzung genommen, ist gemäß § 16 Abs. 1 Z 8 lit. b EStG 1988 die AfA des Rechtsvorgängers fortzusetzen. Im Ergebnis ist daher auf die – im Fall der Entdeckung nicht vorhandenen – historischen Anschaffungskosten abzustellen; die Ermittlung der Einkünfte richtet sich nach Rz 6410b.

Zur Abgrenzung Betriebsvermögen – Privatvermögen siehe Rz 5042.

(AÖF 2013/280)

Bei einem unentgeltlich erworbenen Fruchtgenussrecht würde die Bemessung der AfA von den fiktiven Anschaffungskosten (Kapitalwert des Fruchtgenussrechtes) zu einer Steuerfreistellung der Erträgnisse aus dem Fruchtgenussrecht führen. Steuerpflichtig wäre lediglich ein Zinsanteil. Aus systematischen Gründen ist daher ein unentgeltlich erworbenes Fruchtgenussrecht einer AfA nicht zugänglich (UFS 28.01.2010, RV/3639-W/08 zu einem unentgeltlich erworbenen Fruchtgenussrecht an einer Liegenschaft). **6440b**

Wird ein unentgeltlich erworbenes Fruchtgenussrecht nach dem 31.12.2012 erstmalig zur Einkünfteerzielung verwendet, sind mangels Anschaffung keine Anschaffungskosten gegeben, so dass schon aus diesem Grund die AfA-Bemessungsgrundlage mit 0 anzusetzen ist.

(AÖF 2013/280)

21.2.2.2 Ermittlung der fiktiven Anschaffungskosten

(AÖF 2009/74, BMF-AV Nr. 2019/75)

Die fiktiven Anschaffungskosten (§ 6 Z 9 EStG 1988, § 16 Abs. 1 Z 8 lit. d EStG 1988 idF vor dem AbgÄG 2012 und § 16 Abs. 1 Z 8 lit. c EStG 1988) sind aus der Sicht des Erwerbers nach dem Grundsatz zu ermitteln, was für diesen Erwerb als tatsächlicher Kaufpreis angefallen wäre. Sie können nur im Schätzungsweg auf Grundlage einer Liegenschaftsbewertung ermittelt werden. Die mit der Liegenschaftsschätzung verbundenen Kosten stellen sofort abzugsfähige Werbungskosten dar. **6441**

Fiktive Anschaffungskosten umfassen auch Nebenkosten. Als fiktive Nebenkosten können aber nur jene Kosten berücksichtigt werden, die bei einem gedachten Erwerb jedenfalls angefallen wären, wie insbesondere die Grunderwerbsteuer, nicht aber Maklergebühren oder Kosten für Inserate. Grundbuchseintragungsgebühren, Unterschriftsbeglaubigungsgebühren oder Firmenbucheintragungsgebühren sind bei tatsächlichem Anfall in der angefallenen Höhe anzusetzen.

Hinsichtlich der Höhe der Grunderwerbsteuer ist zu differenzieren: Abhängig vom konkreten Erwerbsvorgang ist, je nachdem welcher Steuersatz bei einem entgeltlichen Erwerb des betreffenden Grundstückes anzuwenden gewesen wäre (2% oder 3,5%), dieser Steuersatz auch für die Ermittlung der fiktiven Anschaffungskosten heranzuziehen.

(AÖF 2013/280)

Der Marktpreis von Mietobjekten orientiert sich am Ertragswert; daher können auch die fiktiven Anschaffungskosten vom Ertragswert abgeleitet werden (Ertragswertmethode; vgl. dazu VwGH 5.10.1988, 87/13/0075; VwGH 20.7.1999, 98/13/0109). Die Auswahl der richtigen **6442**

Bewertungsmethode ist eine Sachverhaltsfrage, die im Rahmen der Beweiswürdigung zu beurteilen ist. Gleiches trifft für den Bewertungsvorgang selbst zu.

Randzahl 6442a: *entfällt*

(BMF-AV Nr. 2021/65)

21.2.2.3 AfA-Bemessungsgrundlage bei unentgeltlichem Erwerb (§ 16 Abs. 1 Z 8 lit. b EStG 1988) – Rechtslage für Übertragungen nach dem 31.7.2008

(AÖF 2009/74, BMF-AV Nr. 2019/75)

6442b Ein unentgeltlicher Erwerb unter Lebenden liegt bei Erwerb durch Schenkung und bei Erwerb gegen Unterhaltsrente vor. Bei Vorliegen einer gemischten Rente ist für die AfA-Bemessungsgrundlage jener Teil, der als Unterhaltsrente zu beurteilen ist, nicht maßgebend. Der AfA-Bemessungsgrundlage ist ausschließlich jener Teil zu Grunde zu legen, der als Kaufpreisrente zu beurteilen ist. Zur Beurteilung einer gemischten Schenkung als entgeltlich oder unentgeltlich siehe Rz 5571 f und Rz 7052. Zur Einstufung von Renten siehe Rz 7001 ff.

Ein unentgeltlicher Erwerb von Todes wegen liegt vor beim Erwerb durch Erbschaft, durch Legat, durch Schenkung auf den Todesfall und als Abfindung eines Pflichtteilsanspruches. Eine Nachlassteilung kann entgeltlich oder unentgeltlich sein (siehe Rz 9 ff). Die Art des unentgeltlichen Erwerbs ist für die AfA-Bemessungsgrundlage ohne Bedeutung.

(AÖF 2009/74)

6442c Die vom Rechtsvorgänger geltend gemachte AfA ist bis zur vollständigen Abschreibung vom Erwerber fortzusetzen (§ 16 Abs. 1 Z 8 lit. b EStG 1988). Grundsätzlich ist weder eine neue Bemessungsgrundlage noch ein neuer AfA-Satz zu ermitteln; Rz 3132 gilt entsprechend.

Dies gilt in folgenden Fällen:

1. Bei unentgeltlichem Erwerb eines Gebäudes (Wohnung), das im Zeitpunkt des Erwerbes zur Erzielung von Einkünften aus Vermietung und Verpachtung genutzt und vom Erwerber weitervermietet wird („durchgehende“ Vermietung).
2. Bei unentgeltlichem Erwerb eines Gebäudes (Wohnung), das zwar nicht durchgehend vermietet wird, aber vom Rechtsvorgänger bereits einmal vermietet wurde. Bei der Ermittlung der noch verbleibenden Nutzungsdauer gemäß § 16 Abs. 1 Z 8 lit. e EStG 1988 idF vor dem AbgÄG 2012 bzw. § 16 Abs. 1 Z 8 lit. d EStG 1988 bleibt die Zeit der „Nichtvermietung“ unberücksichtigt (siehe Rz 6433e).

Abweichend vom Ansatz der AfA des Rechtsvorgängers bestehen keine Bedenken, für die AfA-Bemessung die fiktiven Anschaffungskosten heranzuziehen, wenn bei einem unentgeltlichen Erwerb zwischen der Beendigung der Vermietung durch den Rechtsvorgänger oder der im Zuge eines unentgeltlichen Erwerbes erfolgten Beendigung des Mietverhältnisses und dem neuerlichen Beginn der Vermietung durch den Steuerpflichtigen ein Zeitraum von mehr als zehn Jahren liegt (siehe zu neuerlichen Nutzungen vor dem 1.1.2012 Rz 6433f und zu neuerlichen Nutzungen nach dem 31.12.2012 Rz 6432).

Die Änderung der Bemessungsgrundlage ab 1.1.2016 auf Grund der gesetzlichen Änderung von § 16 Abs. 1 Z 8 lit. d EStG 1988 ist jedenfalls durchzuführen.

(BMF-AV Nr. 2018/79)

6442d An die Stelle der seinerzeitigen Anschaffungs- oder Herstellungskosten tritt der Entnahmewert (Teilwert, bei Betriebsaufgabe: gemeiner Wert), wenn ein Gebäude (Wohnung) vom Rechtsvorgänger, von dem der Steuerpflichtige das Gebäude unentgeltlich erworben hat, bereits zur Erzielung betrieblicher Einkünfte genutzt wurde. Dabei ist ein AfA-Satz von 1,5% anzuwenden, es sei denn, es wird nachgewiesen, dass die Nutzungsdauer zum Zeitpunkt des Beginns der Vermietung geringer als 67 Jahre war.

War das betreffende Gebäude zum 31.3.2012 nicht steuerverfangen und liegt in derartigen Fällen zwischen der Beendigung der betrieblichen Nutzung durch den Rechtsvorgänger und dem Beginn der Vermietung durch den Steuerpflichtigen ein Zeitraum von mehr als zehn Jahren, kann die AfA-Bemessung nach § 16 Abs. 1 Z 8 lit. c EStG 1988 erfolgen.

(AÖF 2013/280)

6442e Erfolgt die AfA-Bemessung in Fällen unentgeltlicher Übertragung nach § 16 Abs. 1 Z 8 lit. b EStG 1988, ist eine aus Anlass der unentgeltlichen Übertragung anfallende Grunderwerbsteuer nicht abzugsfähig.

6442f § 16 Abs. 1 Z 8 lit. b EStG 1988 idF des SchenkMG 2008 (Fortsetzung der AfA des Rechtsvorgängers) ist – ebenso wie § 28 Abs. 2 und 3 EStG 1988 (Fortsetzung der Zehntel- bis Fünfzehntelabschreibungen in allen Fällen des unentgeltlichen Erwerbs) und § 28 Abs. 7 EStG 1988 (Entfall der besonderen Einkünfte bei unentgeltlichen Übertragungen unter Lebenden), jeweils idF des SchenkMG 2008, – auf Übertragungen der Einkunftsquelle anzuwenden, die nach dem 31. Juli 2008 erfolgt sind.

Bezüglich des Zeitpunktes der Einkunftsquellenübertragung (§ 124b Z 146 lit. c EStG 1988) gilt Folgendes:

- Bei Übertragung eines Gebäudes (Eigentumswohnung) im Wege der Schenkung ist auf den Zeitpunkt der Ausführung der Zuwendung abzustellen (vgl. § 12 Abs. 1 Z 2 ErbStG 1955).
- Im Falle des Erwerbes eines Gebäudes (Eigentumswohnung) als Erbe gilt der Zeitpunkt des Todes des Erblassers als Zeitpunkt der Übertragung.
- Wird ein Gebäude (Eigentumswohnung) als Legat erworben, ist auf den Zeitpunkt der tatsächlichen Übertragung abzustellen (siehe Rz 14).

§ 16 Abs. 1 Z 8 lit. b EStG 1988 idF des AbgÄG 2012 ist für alle Wirtschaftsgüter anzuwenden, die nach dem 31.12.2012 erstmalig zur Erzielung von Einkünften verwendet werden (§ 124b Z 227 EStG 1988).

§ 28 Abs. 7 EStG 1988 idF vor dem AbgÄG 2012 ist letztmalig auf Übertragungen von Gebäuden vor dem 1.4.2012 anzuwenden (§ 124b Z 232 EStG 1988).

(AÖF 2013/280)

Wird vom Vorbehaltsfruchtnießer nach dem 31. Juli 2008 unentgeltlich auf das Fruchtgenussrecht verzichtet, sodass die Einkunftsquelle (wieder) unentgeltlich zum zivilrechtlichen Eigentümer wechselt, ist § 16 Abs. 1 Z 8 lit. b EStG 1988 idF des SchenkMG 2008 anzuwenden (ebenso bei Wegfall des wirtschaftlichen Eigentums nach dem 31. Juli 2008; UFS 24.05.2011, RV/2411-W/10). Hat der Fruchtgenussberechtigte mangels wirtschaftlichen Eigentums zwar keine AfA geltend gemacht, aber eine Zahlung für Substanzabgeltung geleistet (Rz 113a), kann der Eigentümer eine AfA in Höhe der geleisteten Zahlung bis zur vollständigen Berücksichtigung der AfA geltend machen. **6442g**

Hat der Fruchtgenussberechtigte keine Zahlung für Substanzabgeltung geleistet, kann der Eigentümer ab Wegfall des Fruchtgenussrechtes die AfA des Rechtsvorgängers vor Fruchtgenusseinräumung geltend machen, wobei der auf die „Fruchtnießung" entfallende Zeitraum die noch verbleibende Restnutzungsdauer nach § 16 Abs. 1 Z 8 lit. d EStG 1988 nicht verkürzt.

Beispiel:

Der Vater überträgt seiner Tochter ein Zinshaus und behält sich das Fruchtgenussrecht zurück. Er leistet der Tochter keine Substanzabgeltung. Somit kann die Tochter – obwohl Eigentümerin – keine AfA geltend machen.

Mit dem Tod des Vaters erlischt das Fruchtgenussrecht. Ab diesem Zeitpunkt kann die Tochter die AfA des Rechtsvorgängers geltend machen. Jene Zeiten, während denen weder der Vater noch die Tochter eine AfA geltend machen konnten, verkürzen nicht die Restnutzungsdauer.

(BMF-AV Nr. 2019/75)

Wird ein Gebäude (eine Wohnung) nach dem 31. Juli 2008 veräußert und vom Veräußerer später auf die Bezahlung des Kaufpreises verzichtet, ist zu prüfen, ob nicht eine unentgeltliche Übertragung iSd § 16 Abs. 1 Z 8 lit. b EStG 1988 vorliegt. Dies wird der Fall sein, wenn unter Berücksichtigung sämtlicher Umstände des Sachverhaltes – ungeachtet des formellen Abschlusses eines Kaufvertrages – eine unentgeltliche Übertragung gewollt war. **6442h**

(AÖF 2009/74)

Bei unentgeltlicher Übertragung nach dem 31. Juli 2008 können ab dem der Übertragung folgenden Kalenderjahr restliche Zehntel- bis Fünfzehntelbeträge nach § 28 Abs. 2 und 3 EStG 1988 vom Rechtsnachfolger fortgesetzt werden (siehe auch Rz 6486). **6442i**

(AÖF 2009/74)

21.2.3 AfA-Satz, Nutzungsdauer

Bei Gebäuden beträgt der AfA-Satz grundsätzlich bis zu 1,5% (1,5% entsprechen einer Nutzungsdauer von rund 67 Jahren). Nicht maßgeblich ist die Nutzungsart durch den Mieter; der AfA-Satz beträgt daher auch dann bis zu 1,5%, wenn der Mieter sein Mietobjekt zu gewerblichen Zwecken nützt. Der AfA-Satz von 1,5% gilt auch für ein Gebäude auf fremden Grund und Boden (Superädifikat, VwGH 23.05.2007, 2004/13/0052). **6443**

Nach dem klaren Gesetzeswortlaut des § 16 Abs. 1 Z 8 lit. d EStG 1988 (§ 16 Abs. 1 Z 8 lit. e EStG 1988 idF vor dem AbgÄG 2012), der einen grundsätzlich einheitlichen, jährlich geltend zu machenden AfA-Prozentsatz von 1,5% normiert, ändert es an der Höhe dieses AfA-Satzes nichts, wenn das vermietete Gebäude schon vor dem Eigentumsübergang in

Nutzung stand (und sich damit eine Gesamtnutzungsdauer von über 66 Jahren errechnet, VwGH 18.07.2001, 98/13/0003). Ein höherer AfA-Satz (kürzere Nutzungsdauer) kommt – auch dann, wenn das Gebäude in gebrauchtem Zustand angeschafft worden ist – nur dann in Betracht, wenn auf Grund des Bauzustandes eine durch ein Gutachten nachzuweisende kürzere Restnutzungsdauer anzunehmen ist.

In jedem Fall ist eine kumulierte AfA über die tatsächlichen Anschaffungs- oder Herstellungskosten hinaus nicht zulässig.

(BMF-AV Nr. 2018/79)

6443a Für Gebäude, die nach dem 30. Juni 2020 angeschafft oder hergestellt worden sind, kann eine beschleunigte AfA geltend gemacht werden (§ 16 Abs. 1 Z 8 lit. e EStG 1988 idF KonStG 2020). Für die Beurteilung des Herstellungszeitpunktes ist der Zeitpunkt der Fertigstellung maßgeblich, sodass für die Inanspruchnahme der beschleunigten AfA das Gebäude nach dem 30. Juni 2020 fertiggestellt worden sein muss.

Im Jahr, in dem die AfA erstmalig zu berücksichtigen ist, beträgt die AfA von den Anschaffungs- oder Herstellungskosten höchstens das Dreifache des jeweiligen Prozentsatzes des § 16 Abs. 1 Z 8 lit. d EStG 1988 (4,5%), im darauffolgenden Jahr höchstens das Zweifache (3%). Die Grenzen des zulässigen AfA-Satzes von 4,5% können unterschritten werden, sodass ab dem Jahr der erstmaligen Berücksichtigung der AfA auch die einfache AfA zulässig ist.

Die Regelung ermöglicht dem Steuerpflichtigen, den für ihn passenden beschleunigten Abschreibungssatz für das Jahr der erstmaligen Geltendmachung der beschleunigten AfA zu wählen. Auch im darauffolgenden Jahr kann der AfA-Satz grundsätzlich frei gewählt werden, dieser darf jedoch nicht höher sein als der AfA-Satz im Jahr der erstmaligen Geltendmachung der AfA und nicht niedriger als der einfache AfA-Satz.

Beispiel:

Anschaffung eines Gebäudes im Jahr 2021, Anschaffungskosten 500.000 Euro, AfA-Satz gemäß § 16 Abs. 1 Z 8 lit. d EStG 1988: 1,5%. Die beschleunigte AfA soll voll ausgenützt werden.

Beschleunigte AfA 2021:	*500.000 x 4,5%*	=	*22.500*
Beschleunigte AfA 2022:	*500.000 x 3%*	=	*15.000*
AfA ab 2023:	*500.000 x 1,5%*	=	*7.500*

(BMF-AV Nr. 2021/65)

6443b Die beschleunigte AfA kommt bei einem Nachweis einer kürzeren Nutzungsdauer nicht zur Anwendung.

Ebenso ausgeschlossen ist die beschleunigte AfA für Gebäude, die nicht in Massivbauweise errichtet wurden und für die von vornherein ohne Nachweis eine kürzere Nutzungsdauer zugrunde gelegt wurde (siehe Rz 3139a), sowie für Herstellungsaufwendungen, die gemäß § 28 Abs. 3 EStG 1988 auf fünfzehn Jahre verteilt werden (siehe Rz 6478 ff). Die beschleunigte AfA ist auch nicht auf Gebäude, die vor 1915 erbaut wurden, anzuwenden, sofern von einem einfachen AfA-Satz iHv 2% ausgegangen wird (siehe Rz 6444).

(BMF-AV Nr. 2021/65)

6443c Die Halbjahresabschreibungsregelung gemäß § 7 Abs. 2 EStG 1988 ist für Gebäude, die nach dem 30. Juni 2020 hergestellt oder angeschafft wurden und bei denen § 16 Abs. 1 Z 8 lit. e EStG 1988 angewendet wird, nicht anzuwenden, sodass auch bei Anschaffung oder Herstellung im zweiten Halbjahr der volle Jahres-AfA-Betrag aufwandswirksam ist.

Die Nichtanwendung der Halbjahresabschreibungsregelung gilt nur für den Zeitraum der Inanspruchnahme der beschleunigten Abschreibung. Wird ein Gebäude außerhalb des beschleunigten Abschreibungszeitraums nur im ersten Halbjahr zur Erzielung außerbetrieblicher Einkünfte genutzt, kann daher nur die Halbjahres-AfA geltend gemacht werden.

(BMF-AV Nr. 2021/65)

6444 Eine kürzere als die gesetzliche Nutzungsdauer ist grundsätzlich durch ein Gutachten über den Bauzustand schlüssig und nachvollziehbar darzulegen (VwGH 9.9.2004, 2002/15/0192). Das Gutachten unterliegt der freien Beweiswürdigung der Behörde. Im Rahmen der freien Beweiswürdigung ist auch die Aussagekraft von Gutachten zu beurteilen, die vom Steuerpflichtigen selbst erstellt werden. Eine schlüssige Ermittlung der im Einzelfall anzusetzenden kürzeren Restnutzungsdauer setzt ein Eingehen auf den konkreten Bauzustand des Gebäudes voraus. Die Ermittlung einer fiktiven Gesamtnutzungsdauer, von der das Alter des Gebäudes abgezogen wird, bildet keine taugliche Grundlage zur Schätzung der Restnutzungsdauer.

Die Beweislast in Ansehung einer kürzeren Nutzungsdauer trifft den Steuerpflichtigen. Enthält ein Gutachten keinen nachvollziehbaren Bezug zwischen dem Befund und der vom Gutachter angesetzten Restnutzungsdauer, ist es als Nachweis einer geringeren als der gesetzlichen Nutzungsdauer ungeeignet, ohne dass es weiterer Ermittlungsschritte der Behörde bedarf (VwGH 11.5.2005, 2001/13/0162).

Es bestehen keine Bedenken, von der genauen Überprüfung der Nutzungsdauer abzusehen, wenn das Gebäude vor 1915 erbaut wurde und der AfA-Satz nicht mehr als 2% beträgt.

Zu Gebäuden in Leichtbauweise siehe Rz 3139a.

(BMF-AV Nr. 2018/79)

Die voraussichtliche Nutzungsdauer ist ab dem jeweils sich aus § 16 Abs. 1 Z 8 lit. a bis c EStG 1988 (§ 16 Abs. 1 Z 8 lit. a bis d EStG 1988 idF vor dem AbgÄG 2012) ergebenden Zeitpunkt zu ermitteln. Ein Gutachten, das von der Nutzungsdauer im Zeitpunkt der Erstellung des Gutachtens ausgeht, ist bereits vom Ansatz her methodisch verfehlt. Für die Ermittlung der Nutzungsdauer ab dem jeweils sich aus § 16 Abs. 1 Z 8 lit. a bis c EStG 1988 (§ 16 Abs. 1 Z 8 lit. a bis d EStG 1988 idF vor dem AbgÄG 2012) ergebenden Zeitpunkt ist ein derartiges Gutachten daher unmaßgeblich (VwGH 25.4.2001, 99/13/0221; VwGH 22.6.2001, 2000/13/0175). **6444a**

(AÖF 2013/280)

Zur Verlängerung und Neubemessung der Restnutzungsdauer im Falle von nachträglichen Herstellungsaufwendungen siehe Rz 3121 und Rz 6476 ff. **6445**

21.2.4 AfA bei teilweiser privater Nutzung

Wird ein Gebäude nur zum Teil vermietet und zum anderen Teil für eigene (Wohn-)Zwecke genutzt, steht die AfA nur für jenen Teil zu, der dem Ausmaß der Nutzung zur Erzielung von Einkünften entspricht. Die Ermittlung dieses Ausmaßes richtet sich grundsätzlich wie im betrieblichen Bereich nach der anteiligen Nutzfläche oder der Kubatur. **6446**

21.2.5 Ermittlung des Grundanteiles

Wird die AfA von den Anschaffungs- oder Herstellungskosten, vom gemeinen Wert oder von den fiktiven Anschaffungskosten bemessen, ist der auf Grund und Boden entfallende Teil aus der Bemessungsgrundlage auszuscheiden. Dies gilt auch für Eigentumswohnungen (VwGH 13.12.1989, 88/13/0056). Die Aufteilung hat idR nach dem Verhältnis der Verkehrswerte von Gebäude einerseits und Grund und Boden andererseits zu erfolgen (VwGH 7.9.1990, 86/14/0084, Verhältnismethode). **6447**

Wird die AfA vom Einheitswert berechnet, dann ist der gesamte Einheitswert, also einschließlich des auf den Grundwert entfallenden Anteils, der AfA-Bemessung zu Grunde zu legen. Die AfA vom Einheitswert ist nicht zeitlich unbegrenzt möglich, sondern nur auf den Zeitraum der (Rest-)Nutzungsdauer absetzbar (VwGH 15.4.1989, 88/13/0217).

Rechtslage bis zur Veranlagung 2015

Bei Grundstücken, bei denen für das Gebäude ein AfA-Satz von 1,5% bzw. 2% (vgl. Rz 6443 ff) angesetzt wird, erfolgt der Ansatz für den ausgeschiedenen Anteil für Grund und Boden nach den allgemeinen Erfahrungen der Finanzverwaltung grundsätzlich mit 20%. Ergeben sich jedoch im konkreten Einzelfall Anhaltspunkte dafür, dass eine Schätzung in diesem Verhältnis zu einem nicht sachgerechten Ergebnis führt, ist eine andere Aufteilung der Anschaffungskosten nicht ausgeschlossen.

Rechtslage ab der Veranlagung 2016

Gemäß § 16 Abs. 1 Z 8 lit. d EStG 1988 idF des StRefG 2015/2016, BGBl. I Nr. 118/2015, sind bei Vermietungen ab dem 1.1.2016 von den Anschaffungskosten eines bebauten Grundstückes grundsätzlich 40% als Anteil für den Grund und Boden pauschal auszuscheiden.

Alternativ dazu kann auch das Aufteilungsverhältnis entsprechend der GrundanteilV 2016, BGBl. II Nr. 99/2016, herangezogen werden: Danach beträgt der auf Grund und Boden entfallende Anteil der Anschaffungskosten:

- 20% in Gemeinden mit weniger als 100.000 Einwohnern, bei denen der durchschnittliche Quadratmeterpreis für baureifes Land weniger als 400 Euro beträgt;
- 30% in Gemeinden mit mindestens 100.000 Einwohnern und in Gemeinden, bei denen der durchschnittliche Quadratmeterpreis für baureifes Land mindestens 400 Euro beträgt, wenn das Gebäude mehr als 10 Wohn- oder Geschäftseinheiten umfasst;
- 40% in Gemeinden mit mindestens 100.000 Einwohnern und in Gemeinden, bei denen der durchschnittliche Quadratmeterpreis für baureifes Land mindestens 400 Euro beträgt, wenn das Gebäude bis zu 10 Wohn- oder Geschäftseinheiten umfasst.

Der durchschnittliche Quadratmeterpreis für baureifes Land ist anhand eines geeigneten Immobilienpreisspiegels mit Abbildung auf Gemeindeebene glaubhaft zu machen. Dabei ist zu beachten, dass manche Immobilienpreisspiegel keine Aufschließungskosten berücksichtigen und damit nicht baureifes Land, sondern Rohbauland abbilden. Als baureifes Land gelten nur Grundstücke, die nach den öffentlich-rechtlichen Vorschriften baulich nutzbar bzw. voll aufgeschlossen sind. Dazu gehören eine Zufahrtsmöglichkeit auf befestigter Straße, die gesicherte Versorgung mit Wasser, Strom, Gas oder Fernwärme, ein Abwasserkanal, der voll entrichtete Anliegerbeitrag und ev. die Versorgung mit Kommunikationsleistungen (zB Telefon oder Kabelfernsehen). Da für Rohbauland ein geringerer Preis gezahlt wird als für baureifes Land, ist bei der Ermittlung des durchschnittlichen Quadratmeterpreises für baureifes Land – abhängig vom zugrunde gelegten Immobilienpreisspiegel – ev. noch ein Zuschlag zu berücksichtigen.

Von einem geeigneten Immobilienpreisspiegel ist nur dann auszugehen, wenn die dem Immobilienpreisspiegel für die Bewertung eines Grundstückes zugrunde liegenden Annahmen bzw. Parameter jenen des in § 2 GrundanteilV 2016, BGBl. II Nr. 99/2016, bezeichneten Grundstückes entsprechen. Die von Statistik Austria ermittelten Baugrundstückswerte (in Euro pro Quadratmeter) sind daher nicht geeignet, als Richtwerte für den durchschnittlichen Baulandpreis iSd GrundanteilV 2016, BGBl. II Nr. 99/2016, zu dienen (BFG 21.2.2018, RV/1100449/2017).

Für zum Zeitpunkt des Inkrafttretens der Verordnung bereits vermietete Grundstücke ist auf die relevanten Verhältnisse zum 1. Jänner 2016 abzustellen (Anzahl der Einwohner, durchschnittlicher Quadratmeterpreis für baureifes Land und Anzahl der Wohn- oder Geschäftseinheiten).

Das pauschale Aufteilungsverhältnis kommt allerdings nicht zur Anwendung, wenn das tatsächliche Aufteilungsverhältnis nachgewiesen wird, oder wenn die tatsächlichen Verhältnisse offenkundig erheblich, dh. eindeutig ersichtlich, vom pauschalen Aufteilungsverhältnis abweichen. Für das Vorliegen einer erheblichen Abweichung ist vor allem auf die Größe und den Zustand des Gebäudes im Verhältnis zur Grundfläche abzustellen. Eine erhebliche Abweichung könnte beispielsweise bei einem kleinen, nur für die Wochenendnutzung bestimmten („Garten-")Haus gegeben sein, das auf einer großen („Garten-" bzw.) Grundfläche in guter Lage steht, oder bei einem Gebäude in einem – trotz vorhandener „Vermietbarkeit" – sehr schlechten technischen Zustand.

Ein erhebliches Abweichen liegt dann vor, wenn der tatsächliche Anteil des Grund und Bodens um zumindest 50% abweicht.

Der Nachweis eines vom pauschalen Aufteilungsverhältnis abweichenden tatsächlichen Aufteilungsverhältnisses kann zB durch ein Gutachten erbracht werden. Das Gutachten unterliegt der freien Beweiswürdigung der Behörde.

Die Anteile des Grund und Bodens und des Gebäudes können aber auch entsprechend dem Verhältnis von Grundwert zum Gebäudewert gemäß § 2 Abs. 2 und 3 der Grundstückswertverordnung (GrWV) glaubhaft gemacht werden, sofern eine solche Glaubhaftmachung aufgrund der Erfahrungen aus der Praxis plausibel erscheint. Ein auf diese Weise ermittelter Anteil des Grund und Bodens von weniger als 20% des Gesamtkaufpreises erscheint jedenfalls nicht plausibel. In diesem Fall ist weder eine Glaubhaftmachung noch ein Nachweis erbracht worden. Es sind daher die pauschalen Aufteilungsverhältnisse gemäß GrundanteilV 2016 anzuwenden.

Dabei ist die Aufteilung des Gesamtkaufpreises auf Grund und Boden und Gebäude auf den Zeitpunkt der Anschaffung zu beziehen. Dies gilt auch für vor dem 1.1.2016 vermietete Grundstücke. In diesen Fällen sind der Grundwert und der Gebäudewert gemäß § 2 Abs. 2 und 3 GrWV zum 1.1.2016 zu ermitteln.

Wird vom Steuerpflichtigen der Anteil des Grund und Bodens nur deshalb nachgewiesen, um darzulegen, dass keine offenkundig erhebliche Abweichung gegeben ist, gilt dies nicht als Nachweis im Sinne des § 3 Abs. 1 erster Satz GrundanteilV 2016, womit der auszuscheidende Anteil des Grund und Bodens weiterhin nach § 2 GrundanteilV 2016 pauschal ermittelt werden kann.

Wurde bereits in der Vergangenheit das Aufteilungsverhältnis nachgewiesen, erfolgt keine Anpassung. War das Aufteilungsverhältnis bereits konkret Gegenstand einer abgabenbehördlichen Prüfungsmaßnahme, ist jenes Aufteilungsverhältnis als nachgewiesen anzusehen, das sich als Ergebnis der Überprüfung der tatsächlichen Verhältnisse ergeben hat.

Beträgt das bisherige Aufteilungsverhältnis 80/20, ist bei einer Anpassung auf das Aufteilungsverhältnis 60/40 die AfA um 25% (1/4) zu reduzieren; der Gebäudewert ist um 25% abzustocken und der entsprechende Wert dem Grund und Boden zuzuschlagen. Bei einer Überführung des Aufteilungsverhältnisses auf 70%/30% ist die AfA um 12,5% (1/8) zu reduzieren; der Gebäudewert ist um 12,5% abzustocken und der entsprechende Wert dem Grund und Boden zuzuschlagen.

Beispiel:

Im Jahr 2006 wurde ein bebautes Grundstück mit den Anschaffungskosten von 1.000.000 Euro erworben. 80% wurden dem Gebäude (800.000 Euro) und 20% dem Grund und Boden (200.000 Euro) zugeordnet. Für das Gebäude wurde bis 2016 eine AfA von 12.000 Euro geltend gemacht (1,5% von 800.000 Euro). Der Restbuchwert des Gebäudes beträgt daher zum 31.12.2015 680.000 Euro (= 800.000 Euro – [12.000 Euro x 10 Jahre]).

Ab 2016 ändert sich ohne Nachweis eines abweichenden Verhältnisses das Aufteilungsverhältnis von Gebäude zu Grund und Boden von 80:20 (bisherige Verwaltungspraxis) zu 60:40 (nach GrundanteilV 2016). Die Bemessungsgrundlage für die AfA sind daher 600.000 Euro. Die AfA beträgt daher 9.000 Euro p.a.

Vom Restbuchwert des Gebäudes (fortgeschriebene Anschaffungskosten) zum 31.12.2015 in Höhe von 680.000 Euro sind zum 1.1.2016 25% den Anschaffungskosten des Grund und Bodens zuzuschlagen. Auf Grund und Boden entfallen Anschaffungskosten in Höhe von 370.000 Euro (200.000 Euro + 25% von 680.000 Euro). Die fortgeschriebenen Anschaffungskosten des Gebäudes betragen daher 510.000 Euro (680.000 Euro – 25% von 680.000 Euro) und reduzieren sich um die jährliche AfA von 9.000 Euro.

(BMF-AV Nr. 2019/75)

Von einer eigenen Geschäftseinheit ist je angefangene 400 m² Nutzfläche auszugehen. **6447a**

Für die Ermittlung der Anzahl der Wohn- und Geschäftseinheiten ist nicht relevant, wie viele Wohn- oder Geschäftseinheiten sich in einem Gebäude befinden, sondern die Anzahl der Wohn- oder Geschäftseinheiten auf einer Grundstücksnummer.

Beispiel:

Auf einem Grundstück (einer Grundstücksnummer) in Wien befinden sich zwei Gebäude mit je 8 Geschäftseinheiten. Nach der GrundanteilV 2016 wäre – bei isolierter Betrachtung beider Gebäude – ein Grundanteil von je 40% anzusetzen. Im Gegensatz dazu wäre bei einem Gebäude mit 16 Wohnungen auf einem Grundstück (einer Grundstücksnummer) ein Grundanteil iHv 30% auszuscheiden. Da diese unterschiedliche Beurteilung nicht sachgerecht wäre, ist daher für die Beurteilung der Anzahl der Wohn- und Geschäftseinheiten stets auf die Grundstücksnummer abzustellen.

(BMF-AV Nr. 2018/79)

Gemeinden mit mindestens 100.000 Einwohnern sind mit Stand der Volkszählung 2011 **6447b** (kundgemacht mit BGBl. II Nr. 181/2013) derzeit Wien, Graz, Linz, Salzburg und Innsbruck. Für die Bestimmung der Anzahl der Einwohner ist das jeweils letzte Ergebnis einer Volkszählung heranzuziehen, das vor dem Beginn des Kalenderjahres veröffentlicht worden ist, in dem erstmalig eine Absetzung für Abnutzung angesetzt wird.

(BMF-AV Nr. 2018/79)

21.3 Zeitliche Zuordnung von Vorauszahlungen

Siehe dazu grundsätzlich Rz 4601 ff. Erhaltene Vorauszahlungen sind – auch in Fällen **6448** des § 19 Abs. 3 EStG 1988 – grundsätzlich im Zuflusszeitpunkt als Einnahmen zu erfassen. Ein anteiliger Zufluss ergibt sich nur dann, wenn die Vorauszahlung Darlehenscharakter aufweist (siehe dazu Rz 6411).

Ausgabenseitig ist § 19 Abs. 3 EStG 1988 zu beachten. Bei den Mietkosten ist zwischen **6449** dem Erwerb eines Mietrechtes, Mietvorauszahlung und einem Darlehen abzugrenzen:

- Der Erwerb eines Mietrechtes führt im Wege der AfA zwingend zu einer linearen Verteilung der Kosten auf die Nutzungsdauer.
- Eine bloße Mietvorauszahlung über einen längeren Zeitraum als das laufende und das folgende Jahr ist beim Zahler auf die Dauer der Vorauszahlung zu verteilen.
- Hat die Mietvorauszahlung Darlehenscharakter (siehe dazu Rz 6411), dann ist diese immer (auch wenn das Darlehen nur für das laufende und das folgende Jahr bezahlt wird) auf den Darlehenszeitraum verteilt abzusetzen.

21.4 Erhaltungs- und Herstellungsaufwand

21.4.1 Allgemeines

Auf der Ausgabenseite müssen Erhaltungsaufwand und Herstellungsaufwand unterschieden **6450** werden. Da sich an das Anfallen von Erhaltungsaufwand einerseits und Herstellungsaufwand andererseits unterschiedliche Rechtsfolgen knüpfen können (siehe dazu Rz 6455 ff), sind diese Aufwendungen zu trennen.

Erhaltungsaufwand wiederum ist zu unterteilen in: **6451**

- Instandhaltungsaufwand (siehe auch Rz 6467 f),
- Instandsetzungsaufwand (siehe auch Rz 6469 f).

6452 Treffen Erhaltungs- und Herstellungsaufwendungen im Rahmen einer Baumaßnahme zusammen, so ist grundsätzlich eine Trennung in Erhaltungs- und Herstellungsaufwand vorzunehmen. Ist der Erhaltungsaufwand durch den Herstellungsaufwand bedingt, liegt insgesamt Herstellungsaufwand vor (vgl. Rz 3179).

Beispiel 1:

Im Zusammenhang mit einem nachträglichen Einbau von Sanitäreinrichtungen (Badezimmer, WC) müssen die Wände in diesen Räumen neu ausgemalt werden. Es liegt insgesamt Herstellungsaufwand vor.

6453 Wäre der Erhaltungsaufwand jedoch auch ohne Herstellungsaufwand notwendig gewesen, sind die Aufwendungen getrennt zu beurteilen.

Beispiel 2:

Ein schadhaftes Dach muss repariert werden; das Gebäude wird aufgestockt und dabei gleich ein neues Dach aufgesetzt. Die Dacherneuerung ist Erhaltungsaufwand (Instandsetzungsaufwand), die Gebäudeaufstockung Herstellungsaufwand.

6454 Werden für Erhaltungs- oder Herstellungsaufwendungen Subventionen aus öffentlichen Mitteln gewährt, dann bleiben auf der Einnahmenseite die Subventionen außer Ansatz. Auf der Ausgabenseite sind die Aufwendungen um die Subventionen zu kürzen.

21.4.2 Bedeutung der Abgrenzung von Herstellungs-, Instandsetzungs- und Instandhaltungsaufwand

21.4.2.1 Herstellungsaufwand

6455 Herstellungsaufwand ist grundsätzlich auf die Restnutzungsdauer des Gebäudes im Wege der AfA abzusetzen. Bei Vorliegen der Voraussetzungen des § 28 Abs. 3 EStG 1988 kommt eine beschleunigte Abschreibung (Zehntel- bis Fünfzehntelabsetzung) in Betracht.

Bei der Veräußerung von Gebäuden nach dem 31.3.2012 ist eine Nachversteuerung gemäß § 28 Abs. 7 EStG 1988 idF vor dem AbgÄG 2012 nicht vorzunehmen. Bei Gebäuden, die zum 31.3.2012 nicht steuerverfangen waren, sind in den letzten 15 Jahren vor der Veräußerung begünstigt abgesetzte Herstellungsaufwendungen im Rahmen des gemäß § 30 Abs. 4 EStG 1988 pauschal ermittelten Gewinnes zur Hälfte nachzuversteuern (siehe dazu Rz 6674).

Herstellungsaufwendungen können nach Beendigung der Vermietung nicht als nachträgliche Werbungskosten geltend gemacht werden (siehe Rz 6487 f).

(BMF-AV Nr. 2019/75)

6456 Für Grundstücke, bei denen innerhalb von zehn Jahren nach ihrer Anschaffung Herstellungsaufwendungen in Teilbeträgen gemäß § 28 Abs. 3 EStG 1988 abgesetzt wurden, verlängert sich die Spekulationsfrist auf fünfzehn Jahre (zu beachten nur bei Veräußerungen vor dem 1.4.2012). Herstellungsaufwand ist gemäß § 30 Abs. 3 EStG 1988 bei der Ermittlung von Einkünften aus privaten Grundstücksveräußerungen zu den Anschaffungskosten des Grundstücks hinzuzurechnen (bei Veräußerungen vor dem 1.4.2012 ist Herstellungsaufwand gemäß § 30 Abs. 4 EStG 1988 idF des 1. StabG 2012 bei Ermittlung von Einkünften aus Spekulationsgeschäft den Anschaffungskosten hinzuzurechnen).

(AÖF 2013/280)

21.4.2.2 Instandsetzungsaufwand, Instandhaltungsaufwand

6457 **Rechtslage bis zur Veranlagung 2015**

Instandsetzungsaufwendungen, die Wohngebäude betreffen, sind gemäß § 28 Abs. 2 EStG 1988 zwingend auf zehn Jahre abzusetzen. Soweit die Instandsetzungsaufwendungen andere als Wohngebäude betreffen, können sie wahlweise sofort oder auf zehn Jahre verteilt abgesetzt werden.

Rechtslage ab der Veranlagung 2016

Instandsetzungsaufwendungen, die Wohngebäude betreffen, sind gemäß § 28 Abs. 2 EStG 1988 zwingend auf fünfzehn Jahre abzusetzen. Dabei gilt die Verlängerung von 10 auf 15 Jahre auch für bereits laufende Zehntelabsetzungen für Instandsetzungsaufwendungen.

Soweit die Instandsetzungsmaßnahmen andere als Wohngebäude betreffen, können sie wahlweise sofort oder auf fünfzehn Jahre verteilt abgesetzt werden. In der Vergangenheit begonnene „freiwillige" Zehntelabsetzungen nach § 28 Abs. 2 EStG 1988 laufen unverändert weiter.

(BMF-AV Nr. 2018/79)

Instandhaltungsaufwendungen sind grundsätzlich sofort abzusetzen. Jener Instandhaltungsaufwand, der nicht regelmäßig jährlich wiederkehrt, kann gemäß § 28 Abs. 2 EStG 1988 auch wahlweise auf fünfzehn Jahre (bis 2015 zehn Jahre) verteilt werden. Bereits in der Vergangenheit begonnene „freiwillige" Zehntelabsetzungen nach § 28 Abs. 2 EStG 1988 laufen unverändert weiter. **6458**

(BMF-AV Nr. 2018/79)

Instandsetzungs- und Instandhaltungsaufwendungen können im Fall der Fünfzehntelung (bis 2015 Zehntelung) nach Beendigung der Vermietung als nachträgliche Werbungskosten geltend gemacht werden (siehe Rz 6487 f). Instandhaltungs- und Instandsetzungsaufwendungen führen zu keiner Nachversteuerung gemäß § 28 Abs. 7 EStG 1988 bzw. bei Veräußerungen nach dem 31.3.2012 zu keiner Nachversteuerung gemäß § 30 Abs. 4 EStG 1988. Dies gilt auch für jene Instandsetzungs- und Instandhaltungsaufwendungen, die in Vorjahren zu Unrecht als Herstellungsaufwendungen gemäß § 28 Abs. 3 EStG 1988 abgesetzt wurden. Gemäß § 30 Abs. 3 EStG 1988 sind Instandsetzungsaufwendungen bei der Ermittlung von Einkünften aus privaten Grundstücksveräußerungen zu den Anschaffungskosten hinzuzurechnen. **6459**

(BMF-AV Nr. 2018/79)

21.4.3 Allgemeine Abgrenzung Instandhaltungsaufwand – Instandsetzungsaufwand – Herstellungsaufwand

Instandhaltungsaufwand liegt vor, wenn lediglich unwesentliche Gebäudeteile ausgetauscht werden oder wenn es zu keiner wesentlichen Erhöhung des Nutzwertes oder der Nutzungsdauer kommt. **6460**

Instandsetzungsaufwand ist jener Aufwand, der

- zwar nicht zu den Anschaffungs- oder Herstellungskosten gehört, aber
- allein oder zusammen mit einem Herstellungsaufwand
- den Nutzungswert des Gebäudes wesentlich erhöht oder
- die Nutzungsdauer wesentlich verlängert.

Instandsetzungsaufwand liegt immer dann vor, wenn wesentliche Teile des Gebäudes ausgetauscht werden und nur deshalb kein Herstellungsaufwand zu unterstellen ist, weil bei Austausch von unselbständigen Bestandteilen infolge fehlender Änderung der Wesensart des Gebäudes keine Aktivierung vorzunehmen ist. **6461**

Der Nutzungswert des Gebäudes wird dann erhöht, wenn das Gebäude auf Grund der durchgeführten Investitionen zB durch Erzielung höherer Einnahmen besser nutzbar ist bzw. wenn wesentliche Teile des Gebäudes ausgetauscht und modernisiert werden, ohne dass infolge Änderung der Wesensart des Gebäudes Herstellungsaufwand gegeben ist.

Eine Anhebung des Nutzungswertes liegt nicht nur dann vor, wenn tatsächlich höhere Mieteinnahmen verlangt werden, sondern auch dann, wenn **6462**

- bei einer angenommenen Neuvermietung mehr verlangt werden könnte,
- infolge der Instandsetzung kürzere Leerstehungen vorliegen,
- der Wohnwert für die Mieter verbessert wird (wie zB bei Einbau von Schallschutzfenstern oder besser isolierten Fenstern),
- bei einer Veräußerung mehr erzielt werden könnte.

Instandsetzungsaufwand iSd § 28 Abs. 2 EStG 1988 liegt nur bei einer wesentlichen Erhöhung des Nutzungswertes vor. Eine wesentliche Erhöhung ist dann zu unterstellen, wenn zumindest eine der in Rz 6469 f angeführten Kategorien von unselbständigen Gebäudeteilen – unabhängig von der Bezahlung – zur Gänze bzw. zu mehr als 25% ausgetauscht wird. Die 25-Prozent-Grenze ist stets auf jede einzelne der in Rz 6469 f genannten Aufwandskategorien in ihrer Gesamtheit zu beziehen. Werden zB Fenster ausgetauscht, liegt Instandsetzungsaufwand vor, wenn – bezogen auf das gesamte Mietobjekt – mehr als 25% sämtlicher Fenster ausgetauscht werden. Eine Differenzierung etwa nach der Größe von Fenstern oder ihrem Wert hat nicht zu erfolgen. **6463**

Beispiel:

In einem Gebäude werden 20% der Fenster und 20% der Elektroinstallationen ausgetauscht. Da bei keiner der in Rz 6469 angeführten Maßnahmenkategorien die 25%-Grenze überschritten wird, liegt kein Instandsetzungsaufwand vor.

Die 25%-Grenze ist grundsätzlich jahresbezogen zu verstehen. Eine mehrjährige Betrachtung hat nur in Fällen zu erfolgen, in denen vor Beginn der Sanierungsmaßnahme das gesamte Ausmaß der geplanten Sanierung bereits feststeht (einheitliches Sanierungskonzept).

Beispiele:

1. *In einem Wohnhaus sollen nach dem diesbezüglich erteilten Auftrag 80% aller Fenster in den Jahren 01 und 02 ausgetauscht werden. Unabhängig davon, wie viele Fenster in den einzelnen Jahren tatsächlich gewechselt werden bzw. welches Verhältnis sich daraus ergibt, liegt in jedem Jahr Instandsetzungsaufwand vor.*
2. *In einem Wohnhaus werden bei Freiwerden einzelner Wohnungen die Fenster der jeweiligen Wohnung ausgetauscht. Sofern im jeweiligen Jahr insgesamt nicht mehr als 25% der Fenster ausgetauscht werden, liegt kein Instandsetzungsaufwand vor.*

Wurden die Fassade renoviert und sämtliche straßenseitige Fenster erneuert, erlaubt dies nicht den Schluss, dass der spätere „kleinweise" je nach Bedarf erfolgte Austausch weiterer reparaturbedürftiger Fenster Teil eines einheitlichen Sanierungskonzeptes war. Punktuelle Verbesserungen sind sofort abzugsfähige Instandhaltung (VwGH 20.12.2006, 2003/13/0044).

(AÖF 2009/74)

6464 Die Beurteilung der Frage, ob sich die Nutzungsdauer des Gebäudes wesentlich verlängert, ist nicht auf die ursprüngliche Nutzungsdauer, sondern auf die aktuelle technische oder wirtschaftliche Restnutzungsdauer im Zeitpunkt vor der Instandsetzung abzustellen.

Beispiel:

Die Nutzungsdauer eines Gebäudes betrug ursprünglich 50 Jahre. Auf Grund unterlassener Reparaturen des Daches müssen Dach und Dachstuhl ausgetauscht werden. Ohne diese Instandsetzung hätte die Nutzungsdauer nur mehr höchstens zehn Jahre betragen. Die Dacherneuerung führt zu einer wesentlichen Verlängerung der Nutzungsdauer, auch wenn die ursprüngliche Nutzungsdauer nicht überschritten wird.

6465 Instandsetzungsaufwand liegt nur bei einer wesentlichen Verlängerung der Nutzungsdauer vor. Eine wesentliche Verlängerung ist dann zu unterstellen, wenn sich die Nutzungsdauer um mehr als 25% verlängert.

6465a Ist die Einkunftsquelle nicht das gesamte Gebäude, sondern eine Eigentumswohnung, ist die für das Vorliegen von Instandsetzungsaufwand bedeutsame Verlängerung der Nutzungsdauer oder Verlängerung des Nutzungswertes nicht auf das Gebäude, sondern auf die jeweilige Einkunftsquelle (Eigentumswohnung) zu beziehen (VwGH 27.05.2015, 2012/13/0024). Die in Rz 6463 angesprochene 25%-Grenze ist daher auf die jeweilige Einkunftsquelle (Eigentumswohnung) zu beziehen. Dies gilt sinngemäß, wenn mehrere Eigentumswohnungen gemeinsam als eine Einkunftsquelle anzusehen sind (zB drei Eigentumswohnungen in einem Gebäude werden gemeinsam vermietet).

(BMF-AV Nr. 2018/79)

6466 Herstellungsaufwand liegt bei jeder Änderung der Wesensart des Gebäudes vor (siehe dazu Rz 6476 ff).

21.4.4 Instandhaltungsaufwand

6467 Instandhaltungsaufwand sind insbesondere Aufwendungen im Zusammenhang mit folgenden Maßnahmen:

- laufenden Wartungsarbeiten,
- Reparaturen, auch wenn diese nicht jährlich anfallen,
- Ausmalen des Stiegenhauses und der Räume,
- Anfärbeln der Fassade,
- Ausbessern oder Erneuerung des Verputzes usw. (BFG 27.6.2019, RV/7100083/2019),
- Erneuerung von Gebäudeteilen infolge höherer Gewalt (zB bei Sturm- und Hagelschäden).

Instandhaltungsaufwendungen sind sofort oder – wenn es sich um nicht jährlich wiederkehrende Arbeiten handelt – über Antrag auf fünfzehn Jahre (bis 2015: zehn Jahre) verteilt absetzbar.

(BMF-AV Nr. 2021/65)

6468 Aufwendungen zur Beseitigung von Schäden, die ausschließlich infolge höherer Gewalt eingetreten sind, sind nicht als Instandsetzungsaufwand, sondern als Instandhaltungsaufwand zu behandeln.

Beispiel 1:

Infolge eines Sturmschadens ist eine Dacherneuerung samt Neukonstruktion des vor dem Schadensfall intakten Dachstuhles erforderlich. Die Kosten der Dacherneuerung sind als Instandhaltungsaufwand abzugsfähig.

Beispiel 2:

Siehe Angaben des Beispiels zu Rz 6464. Wird die Erneuerung des ohnehin bereits instandsetzungsbedürftigen Daches auf Grund eines Sturmschadens sofort notwendig, so liegt kein Instandhaltungsaufwand vor.

21.4.5 Instandsetzungsaufwand

21.4.5.1 Begriff

Instandsetzungsaufwand sind insbesondere Aufwendungen im Zusammenhang mit folgenden Maßnahmen: **6469**

- Austausch von Fenstern,
- Austausch von Türen,
- Austausch von Dach oder Dachstuhl,
- Austausch von Stiegen,
- Austausch von Zwischenwänden und Zwischendecken,
- Austausch von Unterböden (Estrich statt Holzboden usw.),
- Austausch von Aufzugsanlagen,
- Austausch von Heizungsanlagen sowie Feuerungseinrichtungen (zB Umstellung einer Zentralheizungsanlage von festen Brennstoffen auf Gas; die Umstellung auf Fernwärme stellt allerdings Herstellungsaufwand dar, siehe dazu Rz 6476),
- Austausch einer Gaseinzelofenheizung durch eine Gasetagenheizung (VwGH 23.10.2013, 2010/13/0147),
- Austausch von Elektroinstallationen,
- Austausch von Gasinstallationen,
- Austausch von Wasserinstallationen,
- Austausch von Heizungsinstallationen,
- Austausch von Sanitärinstallationen (auch mit Erneuerung der Bodenbeläge und Fliesen),
- Umfangreiche Erneuerung des Außenverputzes mit Wärmedämmung (BFG 27.6.2019, RV/7100083/2019),
- Trockenlegung der Mauern usw.,
- Kanalanschluss bei bestehenden Gebäuden (VwGH 25.1.1993, 92/15/0020).

(BMF-AV Nr. 2021/65)

Hinsichtlich des Umfanges des Instandsetzungsaufwandes siehe auch LStR 1999, Rz 531 bis 533. Anders als dort ist aber bei Vermietung und Verpachtung auf die Erhöhung des Nutzungswertes des Gebäudes und nicht von einzelnen Wohnungen abzustellen. **6470**

21.4.5.2 Instandsetzungsaufwendungen bei gemischter Nutzung

Wird ein Gebäude teilweise für Wohnzwecke und teilweise für andere Zwecke (zB für Bürozwecke, Geschäftslokale) vermietet, dann sind Instandsetzungsaufwendungen, soweit sie den Wohnzwecken dienenden Teilen eindeutig zurechenbar sind, auf fünfzehn Jahre (bis 2015: zehn Jahre) zu verteilen. Jene Instandsetzungsaufwendungen, die nicht für Wohnzwecke vermietete Teile des Gebäudes betreffen, können sofort oder über Antrag auf fünfzehn Jahre (bis 2015: zehn Jahre) verteilt abgesetzt werden. **6471**

(BMF-AV Nr. 2018/79)

Nicht eindeutig zuordenbare Instandsetzungsaufwendungen (zB Instandsetzung der gesamten Fassade, Erneuerung der Hauptwasser- oder Stromleitungen) sind entsprechend dem Verhältnis der Nutzflächen aufzuteilen. Ein untergeordnetes Ausmaß (weniger als 20%) der jeweils anders gearteten Nutzung bleibt dabei außer Betracht. **6472**

Beispiel:

Bei einem Gebäude, welches zu 40% für Geschäftszwecke und zu 60% für Wohnzwecke vermietet wird, wird die Fassade abgeschlagen, wärmegedämmt und neu verputzt; in allen Geschäftslokalen wird die Zentralheizungsanlage erneuert. Beide Maßnahmen stellen Instandsetzungsaufwendungen dar. Die Fassadenerneuerung ist zu 60% als Instandsetzung auf ein Wohngebäude zu beurteilen und zwingend auf fünfzehn Jahre zu verteilen. Die den Geschäftszwecken zuzuordnende Erneuerung der Fassaden (40%) und die Erneuerung der bestehenden Zentralheizungsanlage (100%) sind sofort oder über Antrag auf fünfzehn Jahre verteilt absetzbar.

(BMF-AV Nr. 2018/79)

21.4.5.3 Vorauszahlung von Instandsetzungsaufwendungen

6473 Instandsetzungsaufwendungen auf Wohngebäude sind nach Maßgabe der Verausgabung (also im Zeitpunkt des Abfließens gemäß § 19 EStG 1988) auf fünfzehn Jahre (bis 2015: zehn Jahre) zu verteilen. Bei gemischter Nutzung ist gegebenenfalls eine Aufteilung vorzunehmen (siehe Rz 6471 f). Werden Instandsetzungsaufwendungen vom Steuerpflichtigen vorausbezahlt, dann sind sie bereits im Zeitpunkt der Vorauszahlung mit Subventionen (nach Maßgabe der Rz 6501 ff) zu verrechnen; für den verbleibenden Betrag ist mit der Fünfzehntelabsetzung (bis 2015: Zehntelabsetzung) zu beginnen.

(BMF-AV Nr. 2018/79)

21.4.5.4 Nachgeholte Instandsetzungsaufwendungen

6474 **Rechtslage für (anschaffungsnahe) Erhaltungsaufwendungen, die bis 31.12.2010 anfallen:**

Bei Erwerb eines Gebäudes in vernachlässigtem Zustand sind grundsätzlich alle Aufwendungen in einem nahen zeitlichen Zusammenhang von etwa drei Jahren als Teil der Anschaffungskosten anzusetzen. Eine Ausnahme von diesem Grundsatz ist bei Gebäuden im Vollanwendungsbereich des MRG gerechtfertigt, weil das Verfügungsrecht des Hauseigentümers sowohl in rechtlicher als auch in wirtschaftlicher Hinsicht wesentlichen Einschränkungen unterworfen ist (VwGH 20.04.1995, 91/13/0143).

Die AfA ist (auch über 2010 hinaus) fortzusetzen. Mit Zustimmung des Steuerpflichtigen kann jedoch in offenen Verfahren auch die Rechtslage angewendet werden, die für ab 1.1.2011 anfallende Erhaltungsaufwendungen gilt.

Rechtslage für (anschaffungsnahe) Erhaltungsaufwendungen, die ab 1.1.2011 anfallen:

Anschaffungsnahe (nachgeholte) Erhaltungsaufwendungen sind auch auf Grund des bloßen zeitlichen Zusammenhanges mit dem Kauf und dem Verhältnis der Höhe der Aufwendungen zum Kaufpreis nicht zu aktivieren (VwGH 30.06.2010, 2005/13/0076). Für Aufwendungen im Zusammenhang mit dem Erwerb einer Liegenschaft sind die allgemeinen Aktivierungsregelungen zu beachten.

(AÖF 2011/66)

6475 Im Anwendungsbereich des § 28 Abs. 2 EStG 1988 (soweit das Gebäude Wohnzwecken dient) sind Instandsetzungsaufwendungen stets auf fünfzehn Jahre (bis 2015: zehn Jahre) abzusetzen. Dabei ist davon auszugehen, dass bei Erwerb eines vernachlässigten Gebäudes alle Aufwendungen im nahen zeitlichen Zusammenhang mit der Anschaffung – also auch jene, die isoliert betrachtet Instandhaltung sind – zu einer wesentlichen Verlängerung der Nutzungsdauer bzw. einer wesentlichen Erhöhung des Nutzungswertes führen, also Instandsetzungsaufwand vorliegt. Soweit der nachgeholte Aufwand Herstellungsaufwand ist, können bei Vorliegen der Voraussetzungen Zehntel- bis Fünfzehntelabsetzungen vorgenommen werden. Bei gemischter Nutzung richtet sich die Zuordnung nach Rz 6471 f.

(BMF-AV Nr. 2018/79)

21.4.6 Herstellungsaufwand

6476 Herstellungsaufwand sind insbesondere Aufwendungen im Zusammenhang mit folgenden Maßnahmen:

- Aufstockung eines Gebäudes,
- Zusammenlegung von Wohnungen,
- erstmaligem Einbau von Zentralheizungen, Aufzugsanlagen usw.,
- Umstellung der Wärmeversorgung von Öl, Gas oder einem festen Brennstoff auf Fernwärme (VwGH 2.10.2014, 2011/15/0195),
- Versetzung von Zwischenwänden,
- Einbau von Badezimmern und WC (Kategorieanhebung),
- Einbau von Gebäudeteilen an anderen Stellen (zB Versetzen von Türen und Fenstern),
- Stellplatz-Ausgleichsabgaben in Zusammenhang mit der Errichtung eines Gebäudes (zB gemäß § 41 Niederösterreichische Bauordnung 2014).

(BMF-AV Nr. 2015/133)

6477 Herstellungsaufwand auf ein vorhandenes Gebäude ist grundsätzlich auf die Restnutzungsdauer zu verteilen. Gegebenenfalls ist eine neue Restnutzungsdauer zu ermitteln (siehe dazu Rz 3163 ff). Ist das Gebäude voll abgeschrieben, sind die aktivierungspflichtigen Aufwendungen stets auf die für sie neu ermittelte Nutzungsdauer zu verteilen. Kommt dem Herstellungsaufwand für sich selbst Gebäudecharakter zu, ist die AfA dieser Herstellungsaufwendungen gemäß § 16 Abs. 1 Z 8 lit. d EStG 1988 (§ 16 Abs. 1 Z 8 lit. e EStG 1988 idF vor dem AbgÄG 2012) ohne Nachweis der Nutzungsdauer mit 1,5% der Aufwendungen zu bemessen.

(AÖF 2013/280)

Folgende Herstellungsaufwendungen können über Antrag auf fünfzehn Jahre verteilt werden: **6478**

- Aufwendungen nach §§ 3 bis 5 MRG, wenn das Gebäude dem MRG unterliegt;
- Sanierungsmaßnahmen, wenn eine Zusage für eine Förderung nach Wohnhaussanierungsgesetz, Startwohnungsgesetz oder Landesgesetzen über Wohnhaussanierung vorliegt;
- Sanierungsaufwendungen nach § 19 Denkmalschutzgesetz.

Die Verteilungsmöglichkeit von Herstellungsaufwendungen gemäß § 28 Abs. 3 EStG 1988 kommt nur dann zum Tragen, wenn im Zeitpunkt ihres Anfalls Einkünfte aus Vermietung und Verpachtung vorliegen (VwGH 25.9.2012, 2008/13/0240); andernfalls stellen diese Aufwendungen nachträgliche Herstellungskosten dar und sind im Rahmen der AfA zu berücksichtigen. Stellen diese Aufwendungen vorweggenommene Werbungskosten dar, können diese gemäß § 28 Abs. 3 EStG 1988 verteilt werden; siehe auch Rz 4035. **6478a**

(BMF-AV Nr. 2015/133)

Ist der Zeitraum der Mietenerhöhung kürzer als fünfzehn Jahre, dann kann die Verteilung auch auf die Laufzeit der erhöhten Mieten, mindestens aber auf zehn Jahre erfolgen. Bei Herstellungsmaßnahmen, für die Zehntel- bis Fünfzehntelabsetzungen vorgenommen werden, ist nicht zu prüfen, ob sich die Restnutzungsdauer des Gebäudes verlängert. **6479**

Die begünstigte Absetzung von Assanierungsaufwendungen nach § 38 Stadterneuerungsgesetz ist ab der Veranlagung 1996 durch die Verfassungsbestimmung des § 124a Z 2 EStG weggefallen. Derartige Aufwendungen sind daher ab dem Veranlagungsjahr 1996 nur mehr auf die Restnutzungsdauer des Gebäudes verteilt absetzbar (vgl. VfGH 12.12.1998, B 342/98).

21.4.6.1 Aufwendungen im Sinne der §§ 3 bis 5 MRG

Bei Mietgebäuden, die den Bestimmungen des Mietrechtsgesetzes über die Verwendung der Hauptmietzinse unterliegen (Vollanwendungsbereich), sind nahezu alle Herstellungsaufwendungen infolge Verteilungsmöglichkeit der Aufwendungen nach §§ 3 bis 5 MRG über Antrag auf zehn bis fünfzehn Jahre zu verteilen. Eine Verteilung nach § 28 Abs. 3 EStG 1988 ist nur insoweit vorzunehmen, als bei den in §§ 3 bis 5 MRG genannten Aufwendungen Herstellungsaufwand vorliegt. Herstellungsaufwand liegt beispielsweise bei Aufwendungen nach § 3 MRG (Erhaltung) nur ausnahmsweise (der Erhaltungsaufwand ist durch einen Herstellungsaufwand bedingt), bei Aufwendungen nach § 4 MRG (Verbesserung) regelmäßig und bei Aufwendungen nach § 5 MRG (Wohnungszusammenlegung) immer vor. Aufwendungen für einen Dachbodenausbau stellen jedoch keine Aufwendungen iSd §§ 3 bis 5 MRG dar (VwGH 22.09.2005, 2001/14/0041). **6480**

Bei Mietgebäuden, die bloß dem Teilanwendungsbereich des MRG unterliegen (insbesondere keine Bindung der Verwendung der Hauptmietzinse gemäß § 20 MRG), ist eine Verteilung der Herstellungsaufwendungen nach § 28 Abs. 3 Z 1 EStG 1988 nicht zulässig.

(AÖF 2011/66)

21.4.6.2 Sanierungsmaßnahmen nach dem Wohnhaussanierungsgesetz, dem Startwohnungsgesetz und den entsprechenden Landesgesetzen über Wohnhaussanierung

Sanierungsmaßnahmen nach den genannten Gesetzen können über Antrag auf fünfzehn Jahre verteilt abgeschrieben werden. Voraussetzung dafür ist die Gewährung oder Zusage von Subventionen nach diesen Gesetzen. In Fällen, in denen eine Förderungszusage nur für einen Teil eines Gebäudes erteilt wird, kann der gesamte Herstellungsaufwand, insoweit er Maßnahmen betrifft, die einer Förderung nach den genannten Gesetzen zugänglich sind, nach § 28 Abs. 3 Z 2 EStG 1988 begünstigt abgesetzt werden. Sanierungsmaßnahmen, die – weil sie nicht Wohnraum betreffen – dem Grunde nach nicht begünstigungsfähig iSd § 28 Abs. 3 Z 2 EStG 1988 sind, sind von der Begünstigung auch dann nicht erfasst, wenn im Bezug auf andere Teile des Gebäudes eine Förderungszusage nach den genannten gesetzlichen Regelungen vorliegen sollte. **6481**

Erfolgt bei einem Gebäude ohne Vornahme von Sanierungsmaßnahmen die Errichtung (Schaffung) eines Dachbodenausbaues, ist die Neuerrichtung des Dachbodenausbaues nicht begünstigt.

(AÖF 2008/238)

6482 Unterliegt das Mietobjekt gleichzeitig dem MRG, so ist die Förderungszusage deswegen nicht von Bedeutung, weil auch die Zehntel- bis Fünfzehntelabsetzung für mietengeschützte Gebäude in Betracht kommt (die Sanierungsmaßnahmen fallen regelmäßig unter die §§ 3 bis 5 MRG). Die Förderungszusage ist hingegen dann erforderlich, wenn zB der Dachboden im Zusammenhang mit der allgemeinen Sanierung des Gebäudes ausgebaut werden soll, weil dies bei einer allgemeinen Sanierung des Gebäudes als Teil des begünstigten Sanierungsaufwandes gilt; ohne eine Subventionszusage ist der Dachbodenausbau als Herstellungsaufwand auf die Restnutzungsdauer zu verteilen. Weiters ist die Förderungszusage bei Abbruch und Neuerrichtung einzelner nicht mehr sanierbarer Gebäude im Rahmen einer Blocksanierung erforderlich; ohne Förderungszusage ist die Herstellungskosten des Neubaues auf 67 Jahre zu verteilen; gleiches gilt zB für eine Totalsanierung gemäß § 13 Abs. 1 und 2 der Sanierungsverordnung 2008, LGBl. Nr. 02/2009, zum Wiener Wohnbauförderungs- und Wohnhaussanierungsgesetz – WWFSG 1989, LGBl. Nr. 18/1989.

(AÖF 2010/43)

21.4.6.3 Aufwendungen auf Grund des Denkmalschutzgesetzes

6483 Steht ein Mietgebäude unter Denkmalschutz und bestätigt das Bundesdenkmalamt, dass die geplanten Herstellungsmaßnahmen im Interesse der Denkmalpflege erfolgen, dann können sie auf fünfzehn Jahre verteilt abgesetzt werden. Voraussetzung dafür ist, dass die ausdrückliche Bestätigung des denkmalschützerischen Interesses an bestimmten Maßnahmen erfolgt.

21.4.7 Steuerliche Folgen für die Zehntel- bzw. Zehntel- bis Fünfzehntelabsetzungen bei Übertragung des Gebäudes, Aufgabe der Vermietung und Einlage des Gebäudes in das Betriebsvermögen

21.4.7.1 Übertragung von Gebäuden

6484 Wird ein Gebäude entgeltlich übertragen, gehen die verteilten Absetzungen für Instandhaltungs-, Instandsetzungs- und Herstellungsaufwendungen nicht über. Auch der bisherige Eigentümer darf ab dem der Übertragung folgenden Kalenderjahr keine restlichen Absetzungen mehr geltend machen (zu offenen Instandhaltungsaufwendungen siehe Rz 6484a). Im Jahr der Übertragung steht dem Übertragenden noch der volle Jahresbetrag zu.

(BMF-AV Nr. 2019/75)

6484a Wird ein Gebäude entgeltlich übertragen, gehen die verteilten Absetzungen für Instandhaltung nicht auf den Erwerber über. Offene Instandhaltungsfünfzehntel/-zehntel sind in den folgenden Kalenderjahren als nachträgliche Werbungskosten bei den Einkünften aus Vermietung und Verpachtung geltend zu machen.

(BMF-AV Nr. 2019/75)

6485 Unter „Übertragung des Gebäudes“ (§ 28 Abs. 2 und 3 EStG 1988) ist die Übertragung der Einkunftsquelle zu verstehen. Wird das zivilrechtliche Eigentum am Gebäude unter gleichzeitiger unentgeltlicher Zurückbehaltung des Nutzungsrechtes übertragen, sodass sich an der Zurechnung der Einkunftsquelle nichts ändert, kann der bisherige Vermieter (Verpächter) die noch nicht geltend gemachten Fünfzehntel-(Zehntel-)beträge nach § 28 Abs. 2 EStG 1988 weiter absetzen. Hinsichtlich der Fünfzehntel-(Zehntel-)Beträge nach § 28 Abs. 3 EStG 1988 ist dies nur möglich, wenn der bisherige Vermieter auch wirtschaftlicher Eigentümer geblieben ist oder Zahlungen für Substanzabgeltungen in Höhe der bisher geltend gemachten Fünfzehntel-(Zehntel-)Beträge leistet (vgl. Rz 113a). Bei Übertragungen an Privatstiftungen vor dem 1. August 2008 sind die offenen Absetzungen gemäß § 15 Abs. 3 Z 1 lit. b EStG 1988 idF vor dem SchenkMG 2008 von der Stiftung fortzuführen.

(BMF-AV Nr. 2018/79)

6486 Bei unentgeltlichen Erwerben von Gebäuden gehen die restlichen Zehntel- bis Fünfzehntelabsetzungen gemäß § 28 Abs. 2 und 3 EStG 1988 – beginnend mit dem Folgejahr – auf den Rechtsnachfolger über. Der Absetzungsbetrag des Übertragungsjahres ist grundsätzlich beim Rechtsvorgänger abzusetzen; es bestehen jedoch keine Bedenken, wenn der Betrag zwischen Rechtsvorgänger und Rechtsnachfolger nach Monaten aliquotiert wird.

Sind die verteilten Absetzungen auf den Rechtsnachfolger übergegangen, gilt hinsichtlich der übergegangenen Zehntelabsetzungen Rz 6487 f entsprechend.

Beispiel:

Im Jahr 2002 wurden von A für ein vermietetes Gebäude 30.000 Euro für Instandsetzungen aufgewendet. Am 15. August 2008 geht das Gebäude im Erbwege an seinen Sohn B über. Bei A werden für 2002 bis einschließlich 2008 je 1/10 dieses Betrages berücksichtigt. Vermietet B das Gebäude weiter, nutzt er es privat oder legt er es in ein Betriebsvermögen ein, so kann er 2009 bis 2011 die verbleibenden 3/10 von 30.000 Euro absetzen. Der auf das Jahr 2008 entfallende Zehntelbetrag kann wahlweise auch zwischen A und B im Verhältnis 8/12 (A) zu 4/12 (B) aufgeteilt werden.

(BMF-AV Nr. 2019/75)

21.4.7.2 Aufgabe der Vermietung, Einlage des Gebäudes in das Betriebsvermögen

Da es sich bei den Fünfzehntel-(Zehntel-)absetzungen für Instandhaltungs- und Instandsetzungsaufwendungen sowie für außergewöhnliche Aufwendungen gemäß § 28 Abs. 2 dritter Teilstrich EStG 1988 nur um die Verteilung eines an sich sofort absetzbaren Erhaltungsaufwandes handelt, können beim Übergang von der Vermietung eines Gebäudes auf Privatnutzung die noch nicht abgesetzten Fünfzehntel-(Zehntel-)beträge in den folgenden Kalenderjahren als nachträgliche Werbungskosten bei den Einkünften aus Vermietung und Verpachtung geltend gemacht werden. **6487**

Im Falle der Einlage des Gebäudes in ein Betriebsvermögen kommt es auch zur Einlage der noch ausstehenden Fünfzehntel-(Zehntel-)absetzungen für Instandhaltungs- und Instandsetzungsaufwendungen sowie für außergewöhnliche Aufwendungen gemäß § 28 Abs. 2 dritter Teilstrich EStG 1988. Diese sind daher in den folgenden Wirtschaftsjahren als Betriebsausgaben geltend zu machen.

Beispiel:

Im Jahr 01 wird für Instandsetzungen ein Betrag von 20.000 Euro aufgewendet. Im Laufe des Jahres 04 wird die Vermietung aufgegeben, das Gebäude danach privat genutzt und 07 in ein Betriebsvermögen eingelegt. Für die Jahre 01 bis 04 sind die Einkünfte aus Vermietung und Verpachtung um jeweils 1/10 von 20.000 Euro zu vermindern. Die verbleibenden 6/10 können in den Jahren 05 und 06 als nachträgliche Werbungskosten bei den Einkünften aus Vermietung und Verpachtung und in den Jahren als 07 bis 10 als Betriebsausgaben im Rahmen der betrieblichen Einkünfte geltend gemacht werden.

(BMF-AV Nr. 2018/79)

Zehntel- bis Fünfzehntelbeträge für Herstellungsaufwendungen können ab dem Jahr, das dem Übergang auf die Privatnutzung oder der Einlage des Gebäudes in ein Betriebsvermögen folgt, nicht mehr geltend gemacht werden. Dies ergibt sich aus dem Wesen der Zehntel- bis Fünfzehntelabsetzung als einer beschleunigten Absetzung für Abnutzung. Zum Einlagewert bei der Einlage in das Betriebsvermögen (Teilwert) siehe Rz 2484 ff. **6488**

(AÖF 2009/74)

21.4a Verteilung einer außerordentlichen Abschreibung und außergewöhnlicher Aufwendungen außerhalb des Investitionsbereichs

(AÖF 2012/63)

Ab der Veranlagung 2010 können über Antrag **6488a**

- Absetzungen für außergewöhnliche technische oder wirtschaftliche Abnutzung und damit zusammenhängende Aufwendungen (zB Abbruchkosten) sowie
- außergewöhnliche Aufwendungen, die keine Instandhaltungs-, Instandsetzungs- oder Herstellungsaufwendungen sind (zB Schadenersatzleistungen, die als Werbungskosten zu berücksichtigen sind, Kosten der Aufräumung nach einem Katastrophenschaden, Rechtskosten iZm mit der Freimachung von Mietobjekten, Mieteinnahmen, die auf den Veräußerungserlös der Mietwohnung nach Rz 6655 angerechnet werden),

gleichmäßig auf zehn Jahre verteilt werden.

Die Ausführungen hinsichtlich der Folgen bei Übertragung des Gebäudes, Aufgabe der Vermietung und Einlage des Gebäudes in das Betriebsvermögen (Rz 6484) gelten entsprechend.

(BMF-AV Nr. 2015/133)

21.5 Bauherreneigenschaft

21.5.1 Allgemeines

Bei den Einkünften aus Vermietung und Verpachtung ist zu unterscheiden: **6489**

- die Bauherreneigenschaft für den Bereich der Absetzungen gemäß § 28 Abs. 2 und Abs. 3 EStG 1988; hiefür ist die Bauherrenverordnung, BGBl. Nr. 321/1990, maßgebend;
- die Bauherreneigenschaft für andere Aufwendungen; hiefür sind die allgemeinen steuerlichen Grundsätze (Rz 6495 ff) maßgebend.

Für Baumaßnahmen des Vermieters, die weder mit dem Erwerb eines Grundstücks oder Gebäudes noch mit einer Neuerrichtung im Zusammenhang stehen (zB Sanierung eines bereits jahrelang im Eigentum des Vermieters stehenden Mietwohngrundstücks), ist die Bauherreneigenschaft jedenfalls anzunehmen. **6490**

21.5.2 Absetzungen gemäß § 28 Abs. 2 und Abs. 3 EStG 1988

6491 Die besonderen Absetzungen gemäß § 28 Abs. 2 und Abs. 3 EStG 1988 stehen nur für die dort genannten Instandsetzungs- und Herstellungsaufwendungen zu. Daraus ist abzuleiten, dass derjenige, der diese Absetzungen in Anspruch nimmt, Bauherr der entsprechenden baulichen Maßnahmen sein muss.

6492 Die Bauherrenverordnung regelt, ob und unter welchen Voraussetzungen ein Steuerpflichtiger für den Bereich des § 28 Abs. 2 und Abs. 3 EStG 1988 als Bauherr anzusehen ist. Bauherreneigenschaft liegt dann vor, wenn der Steuerpflichtige das wirtschaftliche Risiko trägt. Dafür müssen folgende Voraussetzungen gemeinsam erfüllt sein:

- Die Leistungen der die baulichen Maßnahmen tatsächlich ausführenden Unternehmer müssen dem Steuerpflichtigen gegenüber aufgeschlüsselt sein (§ 3 Z 1 der Bauherrenverordnung; siehe unten).
- Im Falle einer Fixpreis- oder einer Höchstpreisgarantie darf nicht ausgeschlossen sein, dass Preisunterschiede, die durch den Steuerpflichtigen selbst oder durch Gesetze, Verordnungen bzw. durch behördliche Anordnungen verursacht sind, auf Rechnung des Steuerpflichtigen gehen (§ 3 Z 1 der Bauherrenverordnung; siehe unten).
- Mit der tatsächlichen Bauausführung darf erst nach der Anschaffung des Grund und Bodens bzw. – im Falle baulicher Maßnahmen an einem bereits bestehenden Objekt – des Gebäudes begonnen werden (§ 3 Z 2 der Bauherrenverordnung; siehe unten).

Der Steuerpflichtige muss in der Lage sein, anhand der Unterlagen über die Abrechnung der baulichen Maßnahmen die Leistungen der an diesen Maßnahmen beteiligten Unternehmer zu ersehen. Es reicht aus, wenn ein Generalunternehmer in der Gesamtabrechnung diese Leistungen ausweist. Die Leistungen müssen so weit aufgeschlüsselt sein, wie dies bei einer gedachten direkten Auftragserteilung an die betreffenden Unternehmer branchenüblich wäre. Wurden die baulichen Maßnahmen vor dem Jahr 1990 abgeschlossen, so bestehen keine Bedenken, wenn die Aufschlüsselung der Leistungen nachträglich vorgenommen wird.

6493 Die Vereinbarung von Preisgarantien steht für sich allein der Annahme der Bauherreneigenschaft nicht entgegen. Wird eine Preisgarantie vereinbart (Fixpreisgarantie, Höchstpreisgarantie, Kombination von Fix- oder Höchstpreisgarantien mit Mietgarantie und ähnlichem), so darf nicht ausgeschlossen sein, dass durch den Steuerpflichtigen selbst oder durch Gesetze, Verordnungen oder behördliche Maßnahmen ausgelöste Preisunterschiede vom Steuerpflichtigen zu tragen sind. Bestehen diesbezüglich keine ausdrücklichen Vereinbarungen, so ist davon auszugehen, dass der Steuerpflichtige die Risken trägt. Die Bauherreneigenschaft ist daher nur dann nicht gegeben, wenn die Risikotragung durch den Steuerpflichtigen ausdrücklich ausgeschlossen ist.

6494 Der Zeitpunkt der Anschaffung ist jener des Erwerbs des wirtschaftlichen Eigentums. Vor diesem Zeitpunkt darf mit den tatsächlichen Bauausführungen nicht begonnen worden sein. Die tatsächlichen Bauausführungen beginnen erst mit am Objekt selbst vorgenommenen Baumaßnahmen („erster Spatenstich"). Planungs-, Projektierungs- und Abbruchsarbeiten zählen noch nicht dazu.

21.5.3 Aufwendungen außerhalb des § 28 Abs. 2 und Abs. 3 EStG 1988

6495 Die Bauherrenverordnung gilt nur für den Bereich des § 28 Abs. 2 und Abs. 3 EStG 1988. Hinsichtlich jener mit der Übertragung des Grundstücks verbundenen Aufwendungen, die nicht zu den Instandsetzungs- und Herstellungskosten im Sinne des § 28 Abs. 2 und Abs. 3 EStG 1988 zählen, sind hingegen die allgemeinen Kriterien für Herstellungsvorgänge maßgebend. Diese Kriterien sind das Vorliegen der Herstellerinitiative und des Herstellerrisikos.

6496 Es ist bei den beteiligten Steuerpflichtigen (Bauinteressenten, wie zB Miteigentümergemeinschaften und Wohnungseigentümergemeinschaften) auf Grund der Rechtsprechung des Verwaltungsgerichtshofes insbesondere dann kein Herstellungsvorgang anzunehmen, wenn ein Modell auch nur eine der im Folgenden angeführten Eigenschaften aufweist (vgl. VwGH 17.12.1981, 16/3798/80):

- Der Kaufvertrag bildet mit dem Werkvertrag über die Errichtung einer Baulichkeit wirtschaftlich eine Einheit (vgl. dazu VwGH 8.10.1990, 89/15/0112). Dies ist insbesondere dann der Fall, wenn der Vertragswille auf den Erwerb eines fertigen Objekts gerichtet ist (VwGH 17.11.1983, 81/16/0242). In diesem Zusammenhang stellt es ein gewichtiges Indiz gegen die Bauherreneigenschaft dar, wenn der Veräußerer gegenüber der Baubehörde als Bauwerber auftritt oder wenn beim Erwerb von Liegenschaftsanteilen, mit denen das Wohnungseigentum verbunden werden soll, nicht von vornherein ein gemeinsamer Beschluss der Eigentümergemeinschaft vorliegt, der auf die Errichtung einer Wohnhausanlage abzielt (zB VwGH 13.12.1984, 82/16/0114-0116).

- Der Bauinteressent kann die Verträge mit Ausnahme unbedeutender Änderungen (Änderung der Raumaufteilung innerhalb der geplanten Wohneinheiten, Änderung der Raumausstattung, vgl. zB VwGH 20.1.1983, 81/16/0171; VwGH 24.3.1983, 82/15/0017) praktisch nur zur Gänze annehmen oder zur Gänze ablehnen; maßgebend ist der wirtschaftliche Gehalt eines Modells, sodass bloß formal eingefügten Vertragsklauseln über den Bauinteressenten eingeräumte „endgültige Gestaltungsmöglichkeiten" und ähnlichem in wirtschaftlicher Betrachtungsweise keine Bedeutung zukommt.
- Der Bauinteressent trägt nicht das finanzielle Risiko, sondern hat bloß einen Fixpreis zu zahlen, der ihm das Risiko des Tragens aller Kostensteigerungen nimmt (VwGH 8.10.1990, 89/15/0112).

21.5.4 Rechtsfolgen fehlender oder bestehender Bauherrneigenschaft

(AÖF 2006/114)

Ist der Steuerpflichtige nicht als Bauherr iSd Rz 6492 ff anzusehen, liegt kein Herstellungsvorgang, sondern ein Anschaffungsvorgang vor. In diesem Fall sind die Aufwendungen, die mit der Übertragung des Grundstücks unmittelbar verbunden sind und nicht zu den Aufwendungen im Sinne des § 28 Abs. 2 und 3 EStG 1988 gehören, grundsätzlich als Anschaffungskosten des Gebäudes zu werten. Dies gilt insbesondere für: **6497**

- Ausarbeitung der Grundkonzeption des Projektes, soweit es sich nicht um Baunebenkosten handelt,
- Steuerberatungs- und Treuhandtätigkeit des Treuhänders,
- Beratung über die Einkunftserzielung,
- Überwachung des Zahlungsstroms,
- Projektbetreuung, soweit es sich nicht um Baunebenkosten handelt,
- Finanzierungsgarantien,
- Vermittlung zum Bauherrenmodell,
- Finanzierungsvermittlung,
- Bearbeitungsgebühren, Platzierungsgarantiegebühren, Werbung von Bauinteressenten.

Bei fehlender Bauherreneigenschaft gelten diese Aufwendungen nämlich als Kosten (Kostenfaktoren) des Herstellers, die bei Weiterverrechnung an den Erwerber bloß Teil seiner Anschaffungskosten sind.

(AÖF 2006/114)

Die oben genannten Kosten sind Anschaffungskosten und gemäß § 16 Abs. 1 Z 8 EStG 1988 ohne weiteren Nachweis einer anderen Nutzungsdauer mit einem AfA-Satz von 1,5% abzuschreiben. Es bestehen zur Vermeidung von Abgrenzungsproblemen keine Bedenken, diese Aufwendungen in einem Ausmaß von 25% der Instandsetzungs- und Herstellungskosten gemäß § 28 Abs. 2 und 3 EStG 1988 in die Fünfzehntel-/Zehntel- bzw. Zehntel- bis Fünfzehntelabsetzung (gegebenenfalls aliquot) einzubeziehen. **6498**

Beispiel 1:

Im Rahmen eines Bauherrenmodells, bei dem die Bauherreneigenschaft gemäß Rz 6496 nicht gegeben ist, fallen 2002 folgende Aufwendungen an:

Anschaffungskosten (AK) bebautes Grundstück	*500.000 €*
Herstellungskosten (HK) außerhalb § 28 Abs. 3 EStG 1988 (das Objekt fällt somit nicht in den Vollanwendbarkeitsbereich des MRG)	*300.000 €*
Nachgeholte Instandsetzungsaufwendungen gemäß § 28 Abs. 2 EStG 1988	*400.000 €*
Beratung über Einkunftserzielung	*160.000 €*
Finanzierungskosten (inkl. Zinsenvorauszahlung für 5 Jahre samt Finanzierungsvermittlung)	*600.000 €*
Kosten für Konzeption und Betreuung (zB Honorare, Garantien)	*280.000 €*
	2.240.000 €

Die Anschaffungskosten des bebauten Grundstückes sind im Verhältnis 80% zu 20% auf Gebäude und Grund und Boden aufzuteilen.

Steuerliche Behandlung:

a) Höhe der in Zehntelbeträgen abzusetzenden Instandsetzungsaufwendungen:

Nachgeholte Instandsetzungsaufwendungen		*400.000 €*
+ 25%		*100.000 €*
Summe gemäß § 28 Abs. 2 EStG 1988		*500.000 €*

b) Höhe der Anschaffungskosten:

AK bebautes Grundstück		*500.000 €*
HK außerhalb § 28 Abs. 3		*300.000 €*
Beratungskosten	*160.000 €*	
Konzeptionskosten usw.	*280.000 €*	
	440.000 €	
abzügl. als § 28 Abs 2 zu behandeln	*– 100.000 €*	*340.000 €*
Anschaffungskosten		***1.140.000 €***

c) Werbungskosten (nach Maßgabe des § 19 Abs. 3 EStG 1988):

Finanzierungskosten	*600.000 €*
davon 1/5, weil 5 Jahre betreffend	*120.000 €*
Die abzugsfähigen Aufwendungen des Jahres 2002 betragen:	
1/10 von 500.000 € (lit. a)	*50.000 €*
AfA 1,5% (80% Gebäudeanteil von 500.000 €)	*6.000 €*
AfA 1,5% (lit. b ausgenommen Altbestand)	*9.600 €*
Finanzierungskosten 1/5 von 600.000 € (lit. c)	*120.000 €*
Summe der 2002 abzugsfähigen Aufwendungen	***185.600 €***

Liegt kein Instandsetzungs- oder Herstellungsvorgang iSd § 28 Abs. 2 oder 3 EStG 1988 vor, gehören die in Rz 6497 aufgezählten Kosten zu den Anschaffungskosten des Gebäudes.

Beispiel 2:

Angaben wie in Beispiel 1. Die Erwerber tätigen weder Herstellungskosten gemäß § 28 Abs. 3 EStG 1988 noch Instandsetzungskosten iSd § 28 Abs. 2 EStG 1988, sondern führen einen Dachbodenausbau durch. Die Kosten dafür betragen 1.000.000 €.

Der Herstellungsaufwand des Dachbodenausbaues ist auf die Restnutzungsdauer des Gebäudes zu verteilen. Dies werden im Regelfall 67 Jahre sein. Gleiches gilt für die laut Rz 6497 aufgezählten „Nebenkosten“ der Anschaffung.

Anschaffungskosten bebautes Grundstück	500.000 €
Anschaffungsnebenkosten	
Beratung über Einkünfteermittlung	160.000 €
Kosten der Konzeption und Beratung	280.000 €
Anschaffungskosten gesamt	940.000 €
Die abzugsfähigen Aufwendungen des Jahres 2002 betragen:	
AfA Gebäude (siehe oben)	6.000 €
1,5% AfA von den Anschaffungsnebenkosten (Beratungs- und Konzeptionskosten)	6.600 €
1,5% AfA von den HK des Dachbodenausbaues	15.000 €
Finanzierungskosten	120.000 €
Aufwendungen gesamt	***147.600 €***

(AÖF 2002/84, BMF-AV Nr. 2018/79)

6499 Liegt hingegen ein Herstellungsvorgang vor, so sind die in Rz 6497 angeführten Kosten grundsätzlich als Werbungskosten anzusetzen. Diese Werbungskosten sind im Zeitpunkt ihrer Bezahlung bzw. im Anwendungsbereich des § 19 Abs. 3 EStG 1988 auf den Vorauszahlungszeitraum verteilt abzusetzen. Es ist jedoch zu prüfen, ob diese Aufwendungen im Hinblick auf ihren Titel angemessen sind oder „verdeckte“ Herstellungskosten darstellen. Das Vorliegen „verdeckter“ Herstellungskosten wird insbesondere dann zu prüfen sein, wenn die in Rz 6497 angeführten Kosten 25% der sonstigen Aufwendungen für Grund und

Boden, Gebäude und Sanierungskosten übersteigen. Insoweit „verdeckte" Herstellungskosten vorliegen, sind sie in Anwendung des § 22 BAO bei den Herstellungskosten zu aktivieren.

Beispiel:

Angaben wie Beispiel 1 in Rz 6498. Die Herstellungskosten sind jedoch innerhalb des § 28 Abs. 3 EStG 1988 angefallen (das Mietobjekt unterliegt dem Vollanwendbarkeitsbereich des MRG oder es liegt eine Förderzusicherung iSd gesetzlichen Bestimmungen vor). Die Bauherreneigenschaft des Vermieters (Rz 6496) ist gegeben.

Steuerliche Behandlung:

Anschaffungskosten bebautes Grundstück	*500.000 €*	
Herstellungskosten innerhalb § 28 Abs. 3 EStG	*300.000 €*	
Nachgeholte Instandsetzungsaufwendungen gemäß § 28 Abs. 2 EStG 1988	*400.000 €*	
Summe	*1.200.000 €*	
Von den „Nebenkosten" können 25% von 1.200.000 €, das sind 300.000 € sofort als Werbungskosten abgezogen werden.		
Beratung über Einkünfteermittlung	*160.000 €*	
Konzeptionskosten usw.	*280.000 €*	
Summe	*440.000 €*	
abzüglich 300.000 € (siehe oben)	*– 300.000 €*	
als Herstellungskosten zu behandeln	*140.000 €*	
Die abzugsfähigen Aufwendungen des Jahres 2002 betragen:		
AfA Gebäude (siehe Rz 6498)		*6.000,00 €*
1/10 von Instandsetzung		*40.000,00 €*
1/15 Herstellungskosten (HK)		
echte HK	*300.000 €*	
verdeckte HK	*140.000 €*	
HK gesamt	*440.000 €*	
davon 1/15		*29.333,33 €*
Kosten gemäß Rz 6497		*300.000,00 €*
Finanzierungskosten		*120.000,00 €*
Aufwendungen gesamt		***495.333,33 €***

(AÖF 2002/84)

Aufwendungen, die 6500

- nicht zu den Instandsetzungs- und Herstellungsaufwendungen im Sinne des § 28 Abs. 2 und 3 EStG 1988 gehören und
- keinen unmittelbaren Zusammenhang mit der Übertragung des Grundstücks aufweisen,

sind jedenfalls, das heißt auch bei Fehlen der Bauherreneigenschaft gemäß Rz 6496 nach Maßgabe des § 19 EStG 1988 als Werbungskosten der Bauinteressenten absetzbar. Zu diesen Kosten gehören insbesondere die Zinsen für Darlehen zur Finanzierung des Bauvorhabens, Kosten für die steuerliche Beratung nach Fertigstellung des Projekts sowie Kosten für Mietgarantien. § 19 Abs. 3 EStG 1988 ist jedoch auch in diesen Fällen zu beachten.

(AÖF 2002/84)

21.6 Subventionen (§ 28 Abs. 6 EStG 1988)

21.6.1 Allgemeines

Subventionen aus öffentlichen Mitteln sind bei der Vermietung und Verpachtung nicht als Einnahmen anzusetzen. Die damit geförderten Aufwendungen sind (analog zu den betrieblichen Einkünften) nicht als Werbungskosten abzugsfähig. Dies gilt für Anschaffungs- und Herstellungskosten sowie Instandhaltungs- und Instandsetzungsaufwendungen. 6501

Die Steuerfreiheit gilt nicht, soweit in der Vergangenheit bereits die entsprechenden Aufwendungen abgesetzt worden sind (§ 119 Abs. 4 EStG 1988) oder die Subventionen die tatsächlichen Aufwendungen übersteigen.

Der Zuschuss ist mit dem Nominalwert von den geförderten Aufwendungen in Abzug zu bringen. Eine auf § 14 BewG oder alternativ auf die „Grundsätze ordnungsgemäßer Bilanzierung" gestützte Abzinsung des Zuschussbetrages hat nicht zu erfolgen (VwGH 10.5.2001, 2001/15/0020).

(AÖF 2002/84)

6502 Enthält eine Subvention in Form von Annuitätenzuschüssen sowohl einen Kapital- als auch einen Zinsenanteil, dann kann der Gesamtbetrag der Subvention mit den tatsächlichen Aufwendungen verrechnet werden. Die Zinsen sind in diesem Fall nach Maßgabe der Bezahlung in voller Höhe abzugsfähig.

6503 Wird eine Subvention für Maßnahmen gewährt, die sowohl Herstellungskosten als auch Instandsetzungskosten bzw. Instandhaltungskosten umfassen, so ist die Subvention insoweit aliquot den einzelnen Kostenkategorien zuzuordnen, als nicht vom Subventionsgeber eine andere Aufteilung bestimmt ist.

21.6.2 Verrechnung der Subventionen

6504 Zunächst ist zu untersuchen, ob die tatsächlichen Aufwendungen (ohne in die Subventionsgewährung einbezogene „fiktive Ausgaben", wie zB vom Steuerpflichtigen verrechnete Honorare für die Bauverwaltung sowie Abdeckung eines „Hauptmietzins-Passivums") höher oder niedriger sind als der Gesamtbetrag der zugesagten Subvention (Unter- oder Überförderung).

21.6.2.1 Unterförderung

6505 Werden die tatsächlichen Aufwendungen in einem Kalenderjahr entrichtet, ist der Differenzbetrag zwischen diesen Aufwendungen und der gesamten Subvention nach Maßgabe des § 28 Abs. 2 und 3 EStG 1988 in Teilbeträgen abzusetzen. Der Zeitpunkt des Zuflusses der Subvention ist unerheblich („Sollgrundsatz").

Beispiel:

Ein Steuerpflichtiger erhält 2001 für förderbare Gesamtsanierungskosten von 800.000 € (Instandsetzung) eine Förderungszusage von 12% jährlich für einen Zeitraum von zehn Jahren, insgesamt daher von 960.000 €. In den förderbaren Gesamtsanierungskosten sind auch Aufwendungen für die Bauverwaltung von 50.000 € die zur Hälfte vom Steuerpflichtigen selbst vorgenommen wird, und für ein Hauptmietzins-Passivum von 10.000 € enthalten.

Gesamtsanierungskosten	*800.000 Euro*
abzüglich Bauverwaltung und HMZ-Passivum	*– 35.000 Euro*
abzüglich Subvention	*– 960.000 Euro*
	– 195.000 Euro

Der gesamte Aufwand ist nicht abzugsfähig. Bei Zufließen der Subventionsbeiträge sind – ungeachtet des Zeitpunktes der Bezahlung der Aufwendungen – hievon jeweils 19.500 € jährlich steuerpflichtig. Fließen im ersten und letzten Jahr Subventionsteilbeträge zu, so sind die entsprechenden Teile von 19.500 € steuerpflichtig.

6506 Werden die tatsächlichen Aufwendungen für einen einheitlichen Sanierungsvorgang in mehreren Jahren bezahlt, so sind die Subventionen zunächst vorrangig mit den „ältesten" Aufwendungen zu verrechnen. Ab jenem Jahr, in dem die gesamten tatsächlichen Aufwendungen den Gesamtbetrag der Subvention übersteigen, ist der Differenzbetrag auf fünfzehn/zehn bzw. zehn bis fünfzehn Jahre zu verteilen.

Beispiel:

Ein Steuerpflichtiger erhält 2002 für förderbare Gesamtsanierungskosten von 800.000 Euro eine Förderungszusage von 8% jährlich für einen Zeitraum von zehn Jahren, insgesamt daher von 640.000 Euro. In den förderbaren Gesamtsanierungskosten sind auch Aufwendungen für die Bauverwaltung von 50.000 Euro durch den Steuerpflichtigen selbst und für ein Hauptmietzins-Passivum von 10.000 Euro enthalten. Von den tatsächlichen Aufwendungen werden 2002 150.000 Euro, 2003 500.000 Euro und 2004 90.000 Euro bezahlt. Die Aufwendungen des Jahres 2002 sind zur Gänze mit der Subvention zu verrechnen. Die Aufwendungen des Jahres 2003 sind mit dem noch „offenen" Subventionsbetrag von 490.000 Euro zu verrechnen. Der Differenzbetrag von 10.000 Euro kann auf die Jahre 2003 bis 2012 verteilt abgesetzt werden. Die Aufwendungen des

Jahres 2004 sind zur Gänze Werbungskosten und können auf die Jahre 2004 bis 2013 verteilt abgesetzt werden.

(BMF-AV Nr. 2018/79)

Steht die tatsächliche Höhe der Aufwendungen und somit der Förderung erst in einem Folgejahr fest (wegen letztlich geringerer als ursprünglich angenommener Aufwendungen oder wegen Gewährung einer Nachtragssubvention), so ist zunächst wie oben vorzugehen. Für die weitere Vorgangsweise ist zu unterscheiden: **6507**

- Wurden die bisher angefallenen Aufwendungen zur Gänze mit Subventionen verrechnet, so kommt es in jenem Jahr, in dem die Höhe der Subvention feststeht, durch die Verrechnung der verbleibenden Subvention und der restlichen noch nicht verrechneten Aufwendungen automatisch zu einem „Spitzenausgleich". Der sich dabei ergebende Überhang an Aufwendungen ist – beginnend mit dem Jahr des Feststehens – auf fünfzehn/zehn bzw. zehn bis fünfzehn Jahre zu verteilen.

Beispiel:

Ein Steuerpflichtiger bekommt im Jahr 2002 eine Förderungszusage von 480.000 Euro für Instandsetzungsmaßnahmen von 560.000 Euro (nach Abzug der Aufwendungen für die „eigene" Bauverwaltung und des Hauptmietzins-Passivums). Es können daher Werbungskosten von 80.000 Euro verteilt auf zehn Jahre geltend gemacht werden. In den Jahren 2002 und 2003 fallen Instandsetzungskosten von 400.000 Euro an.

Die Instandsetzungsmaßnahmen werden 2004 beendet:

a) Die abschließende Zahlung 2004 beträgt 110.000 Euro. Im Jahr 2004 steht daher fest, dass der Gesamtaufwand nur 510.000 Euro und die Förderung nur 440.000 Euro beträgt. Da in den Jahren 2002 und 2003 die tatsächlichen Aufwendungen geringer als die Subvention waren, sind noch keine Werbungskosten angefallen. Im Jahr 2004 ist die nunmehr feststehende Subvention mit den nunmehr feststehenden Aufwendungen zu verrechnen. Der sich dabei ergebende Überhang an Aufwendungen von 70.000 Euro ist ab 2004 auf zehn Jahre verteilt als Werbungskosten zu berücksichtigen.

b) Die abschließende Zahlung 2004 beträgt 210.000 Euro. Im Jahr 2004 steht daher fest, dass der Gesamtaufwand 610.000 Euro beträgt. Es wird eine Nachtragssubvention von 40.000 Euro gewährt. Ab dem Jahr 2004 sind daher 90.000 Euro auf zehn Jahre verteilt als Werbungskosten zu berücksichtigen.

- Haben hingegen die tatsächlichen Aufwendungen die Subventionen bereits überstiegen und kommt es erst in einem Folgejahr zu einer Nachtragssubvention, so ist diese isoliert den nachträglichen Aufwendungen gegenüberzustellen und für den Unterschiedsbetrag mit einem neuen Verteilungszeitraum zu beginnen.

Beispiel:

Siehe Angaben zu dem obigen Beispiel. Wären für die Instandsetzungsmaßnahmen bereits im Jahr 2002 Aufwendungen von 400.000 Euro und im Jahr 2003 ein weiterer Teilbetrag von 160.000 Euro angefallen, so wäre bereits ab dem Jahr 2003 ein Betrag von 80.000 Euro auf zehn Jahre verteilt abzusetzen. Kommt es im Jahr 2004 auf Grund zusätzlicher Aufwendungen von 50.000 Euro zu einer Nachtragssubvention von 40.000 Euro, so ist der Unterschiedsbetrag von 10.000 Euro ab dem Jahr 2004 auf zehn Jahre verteilt abzusetzen.

(BMF-AV Nr. 2018/79)

21.6.2.2 Überförderung

Übersteigt die Subvention die tatsächlichen Aufwendungen, so ist sie insoweit im Zeitpunkt des Zufließens steuerpflichtig (VwGH 21.10.2004, 99/13/0170). Dies gilt – ungeachtet der Wahl hinsichtlich der AfA-Bemessungsgrundlage – auch für den unentgeltlichen Rechtsnachfolger. **6508**

Beispiel:

Ein Steuerpflichtiger erhält 2001 für förderbare Gesamtsanierungskosten von 800.000 € (Instandsetzung) eine Förderungszusage von 12% jährlich für einen Zeitraum von zehn Jahren, insgesamt daher von 960.000 €. In den förderbaren Gesamtsanierungskosten sind auch Aufwendungen für die Bauverwaltung von 50.000 € die zur Hälfte vom Steuerpflichtigen selbst vorgenommen wird, und für ein Hauptmietzins-Passivum von 10.000 € enthalten.

Gesamtsanierungskosten	*800.000 €*
abzüglich 1/2 Bauverwaltung und HMZ-Passivum	*- 35.000 €*
abzüglich Subvention	*- 960.000 €*
	- 195.000 €

Der gesamte Aufwand ist nicht abzugsfähig. Bei Zufließen der Subventionsbeiträge sind – ungeachtet des Zeitpunktes der Bezahlung der Aufwendungen – hievon jeweils 19.500 € jährlich steuerpflichtig. Fließen im ersten und letzten Jahr Subventionsteilbeträge zu, so sind die entsprechenden Teile von 19.500 € steuerpflichtig.

(AÖF 2006/114)

6509 Steht die tatsächliche Höhe der Aufwendungen und somit der Förderung erst in einem Folgejahr fest (wegen letztlich geringerer als ursprünglich angenommener Aufwendungen oder wegen Gewährung einer Nachtragssubvention), so ist zunächst wie oben vorzugehen. Bei der weiteren Vorgangsweise ist zu unterscheiden:

- Werden die Aufwendungen (und damit die Förderung) geringer, so ist der sodann feststehende Subventionsüberhang im noch verbleibenden Verteilungszeitraum zu berichtigen.

Beispiel:

Ein Steuerpflichtiger bekommt im Jahr 2000 eine Förderungszusage von 7,2 Millionen Schilling für Instandsetzungsmaßnahmen von 5,6 Millionen Schilling (nach Abzug der Aufwendungen für die „eigene" Bauverwaltung und des Hauptmietzins-Passivums). Der gesamte Aufwand ist nicht abzugsfähig. Es können daher keine Werbungskosten geltend gemacht werden. In den Jahren 2000 und 2001 fallen Instandsetzungskosten von 4 Millionen Schilling an. Die Instandsetzungsmaßnahmen werden 2002 beendet:

Die abschließende Zahlung 2002 beträgt 1,1 Millionen Schilling. Im Jahr 2002 steht daher fest, dass der Gesamtaufwand nur 5,1 Millionen Schilling und die Förderung nur 6,6 Millionen Schilling beträgt. In den Jahren 2000 und 2001 waren zunächst jeweils 160.000 S an Einnahmen zu erfassen. Vom nunmehr feststehenden Subventionsüberhang von 1,5 Millionen Schilling sind daher 320.000 S abzuziehen und der verbleibende Betrag von 1.180.000 S gleichmäßig auf den Zeitraum 2002 bis 2009 verteilt als Einnahmen zu erfassen.

- Kommt es hingegen zu einer Nachtragssubvention, so ist diese isoliert den nachträglichen Aufwendungen gegenüberzustellen und für den Unterschiedsbetrag mit einem neuen Verteilungszeitraum zu beginnen.

Beispiel:

Siehe Angaben zum obigen Beispiel.

Die abschließende Zahlung 2002 beträgt 2,1 Millionen Schilling. Im Jahr 2002 steht daher fest, dass der Gesamtaufwand 6,1 Millionen Schilling beträgt. Es wird eine Nachtragssubvention von 600.000 S gewährt. Die 2000 begonnene Erfassung der Teilbeträge von 160.000 S jährlich läuft bis 2009 unverändert weiter. Daneben ist 2002 bis 2011 der Überhang aus der Nachtragssubvention (600.000 S abzüglich „Aufwandssteigerung" von 500.000 S) in Teilbeträgen von 10.000 S jährlich als Einnahmen zu erfassen. Wäre die Nachtragssubvention niedriger als 500.000 S, so wäre in den Jahren 2002 bis 2011 der Überhang der Aufwendungen in Teilbeträgen als Werbungskosten abzusetzen.

21.6.2.3 Subventionszusage nach Baubeginn

6510 Erfolgt die Zusage einer Förderung erst in einem dem Beginn von Herstellungs-, Instandsetzungs- oder Instandhaltungsmaßnahmen folgenden Jahr, so kann die Verrechnung von Subventionen wahlweise erst im Jahr der Zusage vorgenommen werden. Die Verrechnung hat in diesem Fall vorrangig mit „offenen" Fünfzehntel/Zehntel- bzw. Zehntel- bis Fünfzehntelabsetzungen aus den subventionierten Maßnahmen zu erfolgen.

Beispiel:

Ein Steuerpflichtiger beginnt im Jahr 2002 mit Herstellungsmaßnahmen. An Herstellungskosten fallen 2002 300.000 Euro an. Im Jahr 2003 erhält der Steuerpflichtige eine Subventionszusage über 400.000 Euro. An weiteren Herstellungskosten fallen in diesem Jahr 150.000 Euro an. Im Jahr 2002 wurde ein Fünfzehntel von 300.000 Euro, also ein Betrag von 20.000 Euro, abgesetzt. Die Subvention wird vorrangig mit den offenen Fünfzehntelbeträgen von 280.000 Euro verrechnet. Die von der Subvention verbleibenden 120.000 Euro sind mit den Herstellungskosten des Jahres 2003 zu verrechnen. Die verbleibenden 30.000 Euro sind auf die noch „offenen" vierzehn Jahre (2003 bis 2016) zu verteilen.

(BMF-AV Nr. 2018/79)

21.7 Nachversteuerung (§ 28 Abs. 7 EStG 1988) – Rechtslage für Veräußerungen vor dem 1.4.2012

(AÖF 2013/280)

21.7.1 Nachversteuerungstatbestand

Die Nachversteuerung von begünstigt abgeschriebenen Herstellungsaufwendungen gemäß § 28 Abs. 3 EStG 1988 wurde durch das AbgÄG 2012 abgeschafft und für Altvermögen in die pauschale Gewinnermittlung nach § 30 Abs. 4 EStG 1988 einbezogen (siehe Rz 6674). Bezüglich der Rechtslage für Einkunftsquellenübertragungen nach dem 31.7.2008 und vor dem 1.4.2012 (für Übertragungen eines Gebäudes vor dem 1. August 2008 gelten folgende Ausführungen auch für unentgeltliche Übertragungen unter Lebenden): **6511**

Im Jahr der entgeltlichen Übertragung eines Gebäudes sind besondere Einkünfte aus Vermietung und Verpachtung gemäß § 28 Abs. 7 EStG 1988 idF des AbgÄG 2012 dann anzusetzen, wenn vom Steuerpflichtigen selbst oder vom Rechtsvorgänger, von dem der Steuerpflichtige seinerseits das Mietobjekt unentgeltlich erworben hat, innerhalb von fünfzehn Jahren vor der Übertragung

- Herstellungsaufwendungen auf zehn bis fünfzehn Jahre verteilt abgesetzt

oder

- Herstellungsaufwendungen mit steuerfreien Beträgen nach § 116 Abs. 5 EStG 1988 verrechnet worden sind (siehe auch § 119 Abs. 5 EStG 1988).

Eine Nacherfassung von mit offenen steuerfreien Beträgen gemäß § 116 Abs. 5 EStG 1988 verrechneten Herstellungsaufwendungen kommt jedoch nur in Bezug auf die in jenem Gebäude angefallenen Herstellungsaufwendungen in Betracht, welches übertragen wurde. Wurden Instandsetzungs- und/oder Instandhaltungsaufwendungen zu Unrecht als Herstellungsaufwendungen gemäß § 28 Abs. 3 EStG 1988 abgesetzt, kommt eine Nacherfassung gemäß § 28 Abs. 7 EStG 1988 idF des AbgÄG 2012 nicht in Betracht.

Für die Erfüllung des Nachversteuerungstatbestandes ist es unerheblich, ob das Gebäude im Zeitpunkt der Übertragung vermietet wird oder nicht und ob im Jahr der Übertragung noch Teilbeträge abgesetzt werden können oder nicht. Eine die Nachversteuerung auslösende entgeltliche Übertragung des Gebäudes kann auch ein Spekulationsgeschäft (§ 30 EStG 1988) darstellten.

Werden Teile eines Gebäudes ins Wohnungseigentum veräußert oder erfolgt nach Parifizierung eine Veräußerung von Wohnungseigentum, kommt es zum Ansatz von Einkünften nach § 28 Abs. 7 EStG 1988 nur dann und insoweit, als von der Veräußerung Gebäudeteile betroffen sind, in denen gemäß § 28 Abs. 3 EStG 1988 begünstigte Herstellungsaufwendungen getätigt worden sind.

(AÖF 2010/43, AÖF 2013/280)

Wird an einem bisher im Miteigentum stehenden Gebäude von denselben Personen, denen zuvor das Gebäude zuzurechnen war, Wohnungseigentum begründet, so führt ein derartiger Vorgang nicht zu einer Nachversteuerung, da eine Gebäudeübertragung iSd § 28 Abs. 7 EStG 1988 idF des AbgÄG 2012 nicht vorliegt. Wird das im Wohnungseigentum stehende Gebäude weiterhin vermietet, sind die noch offenen Herstellungszehntel(fünfzehntel) den Wohnungseigentümern entsprechend dem Nutzflächenverhältnis der von ihnen vermieteten Wohnungen zuzuordnen. Eine Eigennutzung einer bisher vermieteten Wohnung hat auf die Nachversteuerung gemäß § 28 Abs. 7 EStG 1988 idF des AbgÄG 2012 keine Auswirkung. **6511a**

(AÖF 2002/84, AÖF 2013/280)

21.7.2 Höhe der besonderen Einkünfte

Die besonderen Einkünfte errechnen sich aus der Differenz zwischen **6512**

- den im Nachversteuerungszeitraum tatsächlich abgesetzten Teilbeträgen der Herstellungskosten und
- der rechnerischen AfA, die sich im Nachversteuerungszeitraum ergeben hätte, wenn die Aufwendungen auf die Restnutzungsdauer verteilt worden wären.

Die besonderen Einkünfte dürfen aber nie höher sein als der Unterschiedsbetrag zwischen den verteilten Aufwendungen und dem Gesamtbetrag an AfA, der sich bei einer Verteilung auf die Restnutzungsdauer ergeben hätte. Gegebenenfalls ist bei der Ermittlung des Gesamtbetrages der AfA von einer verlängerten Restnutzungsdauer (siehe Rz 3121) auszugehen. **6513**

Beispiel:

Im Jahr 1999 wird bei einem 1999 erworbenen Mietobjekt ein Herstellungsaufwand in Höhe von 3 Millionen Schilling getätigt. Über Antrag erfolgt die Verteilung auf fünfzehn Jahre, das sind je 200.000 S in den Jahren 1999 bis 2013. Im Jahr 2018 wird das Haus verkauft.

Nachversteuerungszeitraum:	*2004 bis 2018*	
Davon Jahre mit Sonderabschreibung:	*2004 bis 2013*	*(= 10 Jahre)*
• Die Restnutzungsdauer beträgt 50 Jahre (2% AfA)		
Summe der Sonderabschreibungen	*2.000.000 S*	*(= 10/15 von 3 Millionen Schilling)*
Abzüglich fiktive AfA bei Verteilung auf 50 Jahre	*– 600.000 S*	*(= 20% von 3 Millionen Schilling)*
	1.400.000 S	
Kontrollrechnung:		
verteilte Aufwendungen	*3.000.000 S*	
Gesamtbetrag der AfA bei Verteilung auf Restnutzungsdauer (2% für 1999 bis 2018)	*– 1.200.000 S*	
Differenz	*1.800.000 S*	

Der Betrag von 1,4 Millionen Schilling ist kleiner als der ermittelte Differenzbetrag. Die besonderen Einkünfte betragen daher 1,4 Millionen Schilling.

• Die Restnutzungsdauer beträgt 25 Jahre (4% AfA)		
Summe der Sonderabschreibungen	*2.000.000 S*	*(= 10/15 von 3 Millionen Schilling Abzüglich fiktive AfA)*
bei Verteilung auf 25 Jahre	*– 1.200.000 S*	*(= 40% von 3 Millionen Schilling)*
	800.000 S	
Kontrollrechnung:		
verteilte Aufwendungen	*3.000.000 S*	
Gesamtbetrag der AfA bei Verteilung auf Restnutzungsdauer (4% für 1999 bis 2018)	*– 2.400.000 S*	
Differenz	*600.000 S*	

Die Differenz ist kleiner als der oben errechnete Betrag von 800.000 S. Es sind somit 600.000 S als besondere Einkünfte anzusetzen.

• Die Restnutzungsdauer des Altgebäudes beträgt 25 Jahre; für die Ermittlung der besonderen Einkünfte verlängert sie sich durch den Herstellungsaufwand auf 67 Jahre (1,5%)		
Summe der Sonderabschreibungen	*2.000.000 S*	*(= 10/15 von 3 Millionen Schilling)*
Abzüglich fiktive AfA bei Verteilung auf 67 Jahre	*– 450.000 S*	*(= 15% von 3 Millionen Schilling)*
	1.550.000 S	
Kontrollrechnung:		
verteilte Aufwendungen	*3.000.000 S*	
Gesamtbetrag der AfA bei Verteilung auf Restnutzungsdauer (1,5% für 1999 bis 2018)	*– 900.000 S*	
Differenz	*2.100.000 S*	

Der Betrag von 1.550.000 S ist kleiner als der ermittelte Differenzbetrag. Die besonderen Einkünfte betragen daher 1.550.000 S.

Erzielt der Übertragende im Jahr der Übertragung noch Einkünfte aus Vermietung und Verpachtung und hat er (noch) nicht alle Teilbeträge abgesetzt, so sind die nachzuversteuernden besonderen Einkünfte aus Vermietung und Verpachtung um den Teilbetrag, der auf das Jahr der Übertragung entfällt, zu erhöhen und um die rechnerische Absetzung für Abnutzung für dieses Jahr zu vermindern. Ab dem der Übertragung folgenden Kalenderjahr darf der Übertragende keine verteilten Absetzungen mehr geltend machen (siehe Rz 6484 ff). **6514**

Beispiel:

Im Jahr 1999 wird bei einem 1998 erworbenen Mietobjekt ein Herstellungsaufwand in Höhe von 3 Millionen Schilling getätigt. Über Antrag erfolgt die Verteilung auf fünfzehn Jahre, das sind je 200.000 S in den Jahren 1999 bis 2013. Im Jahr 2004 wird das Haus verkauft. Für die Ermittlung der besonderen Einkünfte verlängert sich die Restnutzungsdauer nicht.

Nachversteuerungszeitraum:	*1990 bis 2004*	
Davon Jahre mit Sonderabschreibung (einschließlich Jahr der Übertragung):	*1999 bis 2004*	*(= 6 Jahre)*
Summe der Sonderabschreibungen	*1.200.000 S*	*(= 6/15 von 3 Millionen Schilling)*
Abzüglich fiktive AfA bei Verteilung auf angenommen 50 Jahre	*– 360.000 S*	*(= 12% von 3 Millionen Schilling)*
	840.000 S	

Die Kontrollrechnung ergibt ebenfalls einen Unterschiedsbetrag von 840.000 S, da die Fünfzehntelabsetzung zum Nachversteuerungszeitpunkt noch nicht abgeschlossen ist. Die besonderen Einkünfte betragen somit 840.000 S.

Nach der Übergangsbestimmung des § 119 Abs. 5 EStG 1988 sind für die Ermittlung der besonderen Einkünfte aus Vermietung und Verpachtung Zehntelabsetzungen gemäß § 28 Abs. 2 EStG 1988 1972 insoweit als nachzuversteuernde Teilbeträge anzusehen, als sie auf Herstellungsaufwand entfallen. **6515**

Aufgrund des StruktAnpG 1996 ist eine begünstigte Abschreibung von Assanierungsaufwendungen iSd Stadterneuerungsgesetz ab 1996 nicht mehr zulässig. An diese Änderung wurde § 119 Abs. 5 EStG 1988 versehentlich nicht angepasst. Es liegt eine unbeabsichtigte Unvollständigkeit des Gesetzes vor, die durch Analogie zu schließen ist. Dies bedeutet, dass Assanierungsaufwendungen, welche bis zum Veranlagungsjahr 1995 gemäß § 28 Abs. 3 Z 3 EStG 1988 idF vor dem StruktAnpG 1996 auf 15 Jahre verteilt abgesetzt wurden, nach Maßgabe des § 28 Abs. 7 EStG 1988 idF des AbgÄG 2012 nachzuversteuern sind.

(AÖF 2005/110, AÖF 2013/280)

21.7.3 Auswirkungen der besonderen Einkünfte auf die Liebhabereibeurteilung

Zu den Auswirkungen der besonderen Einkünfte auf die Liebhabereibeurteilung siehe LRL 2012 Rz 23 und 36. **6516**

(AÖF 2013/280)

21.7a Zu- oder Abschläge zur steuerwirksamen Berichtigung periodenübergreifender Fehler aus verjährten Veranlagungszeiträumen

(AÖF 2013/280)

§ 4 Abs. 2 Z 2 EStG 1988 idF des AbgÄG 2012 gilt für Fehlerberichtigungen für die Ermittlung von Einkünften aus Vermietung und Verpachtung entsprechend (§ 28 Abs. 7 EStG 1988 idF des AbgÄG 2012). Siehe dazu Rz 650 ff. Insbesondere Fehler in Bezug auf die Höhe der AfA-Bemessungsgrundlage sind daher in gleicher Weise durch einen Zu- oder Abschlag korrigierbar. Ein Zu- oder Abschlag gemäß § 28 Abs. 7 EStG 1988 ist im Rahmen der Einkünfteermittlung für die jeweilige Einkunftsquelle zu erfassen. **6516a**

(AÖF 2013/280)

21.8 Teilweise private oder betriebliche Nutzung von Gebäuden, Mietverhältnisse unter Angehörigen

Im Fall der privaten Nutzung einer Liegenschaft durch einen Alleineigentümer können nur jene Werbungskosten Berücksichtigung finden, die nicht die privat genutzten Teile des Hauses betreffen. Dementsprechend ist auch keine (fiktive) Miete für die eigene Wohnung anzusetzen. **6517**

6518 Die mit der Nutzung einer solchen Wohnung im wirtschaftlichen Zusammenhang stehenden Aufwendungen sind – einschließlich der auf die Wohnung entfallenden AfA – als nichtabzugsfähige Aufwendungen für die Lebensführung (§ 20 Abs. 1 EStG 1988) anzusehen.

6519 Die Aufteilung wird primär durch die Zuordenbarkeit der Aufwendungen zum vermieteten oder privat genutzten Teil des Gebäudes bestimmt. Die Ermittlung der nicht direkt zuordenbaren Aufwendungen (zB Fassadenerneuerung) hat grundsätzlich nach dem Verhältnis der Gesamtnutzfläche des Gebäudes zu den vermieteten Flächen (vgl. § 20 Abs. 1 Z 1 lit. b MRG) zu erfolgen. Ergibt diese Ermittlungsmethode auf Grund der besonderen Verhältnisse des Einzelfalles keine befriedigenden Ergebnisse, kann auch ein anderer Aufteilungsmaßstab (insbesondere die Kubatur) herangezogen werden.

Beispiel 1:

Der Alleineigentümer lässt zwei Kleinwohnungen zum Zweck der späteren Vermietung zusammenlegen: die damit verbundenen Werbungskosten sind nach Maßgabe des § 28 Abs. 2 bzw. 3 EStG 1988 zur Gänze abzugsfähig.

Beispiel 2:

Der Alleineigentümer lässt zwei Kleinwohnungen zum Zweck der späteren privaten Nutzung zusammenlegen: die entstandenen Aufwendungen sind zur Gänze nicht abzugsfähig.

Beispiel 3:

Der Alleineigentümer lässt den Aufzug erneuern: die damit verbundenen Ausgaben sind nach Maßgabe des § 28 Abs. 2 EStG 1988 in dem Umfang, der dem Anteil der Nutzfläche des vermieteten Teiles an der Gesamtnutzfläche entspricht, als Werbungskosten abzugsfähig.

6520 Mietverträge zwischen nahen Angehörigen sind nach den in Abschnitt 5.4 dargelegten Grundsätzen auf ihre steuerliche Anerkennung zu untersuchen. Ein Mietverhältnis ist – ungeachtet der zivilrechtlichen Behandlung – steuerlich insbesondere dann nicht anzuerkennen, wenn eine Wohnung vom Hauseigentümer an einen nahen Angehörigen bzw. an eine ihm sonst nahe stehende Person unentgeltlich oder zu einem unangemessen niedrigen, nicht fremdüblichen Mietzins überlassen wird; dies gilt auch, wenn nahe Angehörige eines Miteigentümers eine Wohnung mieten und die Miteigentümer selbst zueinander Fremde sind (VwGH 30.06.2010, 2005/13/0057). Hat der Mietvertrag mit einem Angehörigen ursprünglich den Kriterien der Fremdüblichkeit entsprochen, schöpft aber in der Folge der Hauseigentümer nicht die vom MRG zugelassenen Möglichkeiten aus – er hebt etwa einen Erhaltungsbeitrag nur von den Fremdmietern ein – ist zu prüfen, ob die Wohnung nicht ab diesem Zeitpunkt als Einkunftsquelle ausscheidet.

(AÖF 2011/66)

6521 Einer Vermietung an Angehörige steht die Vermietung an eine Kapitalgesellschaft gleich, an deren Stammkapital der Hauseigentümer und/oder dessen Angehörige beteiligt sind. Ist das Mietverhältnis steuerlich nicht anzuerkennen, stellen die anteiligen Aufwendungen keine Werbungskosten dar. In diesem Fall können die auszuscheidenden Werbungskosten auch nicht bei der Kapitalgesellschaft als Betriebsausgaben – auch nicht im Wege einer Nutzungseinlage – abgesetzt werden.

6522 Die Nutzungsüberlassung von gesellschaftseigenen Immobilien an den Anteilsinhaber ist nach den Regelungen der KStR 2013 Rz 636 ff zu beurteilen.

(BMF-AV Nr. 2021/65)

6523 Die Vermietung der gemeinsamen Ehewohnung an den Ehegatten/die Ehegattin ist in sämtlichen Varianten (zB Hauseigentümer ist der Ehegatte, Hauptmieterin die Ehegattin; Hauseigentümer ist die Hausgemeinschaft gebildet aus Ehepaar, Hauptmieter der Ehegatte) steuerlich nicht anzuerkennen (VwGH 27.5.1998, 98/13/0084; VwGH 6.12.1998, 93/13/0299).

6524 Die Werbungskosten sind auch anteilig zu kürzen, wenn Wohnungen leer stehen und keine Vermietungsabsicht besteht. Das Bestehen der Vermietungsabsicht ist gegebenenfalls nachzuweisen.

6525 Nutzt der Alleineigentümer das Gebäude betrieblich oder überlässt er es einer Mitunternehmerschaft, an der er beteiligt ist, zur Nutzung, ist der auf die betriebliche Nutzung entfallende Aufwand Betriebsausgabe und bei Ermittlung der Einkünfte aus Vermietung und Verpachtung nicht abzugfähig. Dies gilt unabhängig davon, ob die Nutzungsüberlassung unentgeltlich oder zu einem angemessenen Mietzins bzw. ob sie auf Grund eines Mietvertrages oder auf Grund anderer Vereinbarungen erfolgt. Zur Frage, inwieweit die betrieblich genutzten Gebäudeteile zum Betriebsvermögen gehören, siehe Rz 5943 ff.

6525a Gemäß § 188 Abs. 4 lit. c BAO in der Fassung des Abgabenverwaltungsreformgesetzes, BGBl. I Nr. 20/2009, unterbleibt ab 2008 eine Feststellung von Einkünften aus Vermietung und Verpachtung, wenn hinsichtlich aller Grundstücksanteile Wohnungseigentum besteht, sofern die Feststellung nur allgemeine Teile der Liegenschaft (§ 2 Abs. 4 Wohnungseigentumsgesetz 2002) betreffen würde (vgl. dazu Punkt 2 der Richtlinien zu § 188 BAO, BMF-010103/0177-VI/2009). Werden jedoch aus der Vermietung von Wohnungen gemeinschaftliche Einkünfte erzielt („Mietenpool"), sind sie gemäß § 188 BAO festzustellen. In diesem Fall sind auch aus der Vermietung allgemeiner Teile erzielte Einkünfte in das Feststellungsverfahren miteinzubeziehen.

(AÖF 2011/66)

21.9 Feststellung gemäß § 188 BAO, Vermietung an Miteigentümer

(AÖF 2010/43)

Jeder Miteigentümer kann insbesondere folgende Wahlrechte getrennt ausüben: **6526**

- Fünfzehntel-(Zehntel)absetzung oder Sofortabzug von nicht regelmäßig wiederkehrenden Instandhaltungsaufwendungen,
- Verteilung des Herstellungsaufwandes auf fünfzehn Jahre oder auf die Restnutzungsdauer,
- Inanspruchnahme der Verteilung von § 10 MRG-Ersätzen auf zehn Jahre,
- Verteilung des Herstellungsaufwandes auf fünfzehn Jahre oder einen kürzeren Zeitraum (bis zehn Jahre) bei Zwangsmieten,
- Inanspruchnahme der pauschalen Gewinnermittlung bei der Veräußerung von Grundstücken des Altvermögens (bezogen auf den einzelnen Beteiligten) oder bei der Übertragung von Miteigentumsanteilen, bei Grundstücken des Altvermögens (bezogen auf den einzelnen Beteiligten).

(BMF-AV Nr. 2018/79)

Für jeden Miteigentümer können sich weiters zwingend unterschiedliche Rechtsfolgen, und zwar insbesondere hinsichtlich folgender Maßnahmen, ergeben: **6527**

- AfA bei verschiedenen Bemessungsgrundlagen,
- Anfallen besonderer Einkünfte gemäß § 28 Abs. 7 EStG 1988 idF vor dem AbgÄG 2012 oder die Nachversteuerung von begünstigt abgesetzten Herstellungsaufwendungen gemäß § 30 Abs. 4 EStG 1988 bei Übertragung einzelner Miteigentumsanteile oder bei Vornahme einer Zehntel- bis Fünfzehntelabsetzung nicht durch alle Miteigentümer.

(AÖF 2013/280)

Werden von einem Miteigentümer Teile betrieblich genutzt, dann scheidet der auf Grund dieser Nutzung zum Betriebsvermögen zählende Teil (die darauf entfallenden Einkünfte) aus der Feststellung aus (VwGH 20.5.1987, 86/13/0068). Dies gilt auch, wenn eine GmbH Miteigentümer ist oder wenn von einem Steuerpflichtigen Teile gekauft werden und dieser nicht an den gemeinsamen Einnahmen teilnimmt (zB bei Wohnungseigentum oder einer Nutzungsvereinbarung). Zur teilweisen betrieblichen Nutzung durch einen Miteigentümer siehe Rz 574 ff. **6528**

(AÖF 2010/43)

In Bezug auf die Eigennutzung von im Miteigentum stehenden Gebäuden durch einen der Miteigentümer ist Folgendes zu beachten: **6529**

Bewohnt ein Miteigentümer eines Mietgebäudes einen Teil des Gebäudes auf Grund eines Mietvertrages mit der Eigentümergemeinschaft und bezahlt er ein fremdübliches Nutzungsentgelt, ist der selbstgenutzte Gebäudeteil nur bei den anderen Miteigentümern entsprechend des Ausmaßes deren Miteigentumsanteiles Bestandteil der Einkunftsquelle.

Beispiel:

A, B und C sind zu je 33,33% Miteigentümer eines Gebäudes. A mietet fremdüblich von der Hausgemeinschaft einen Teil des Gebäudes: Von den Einnahmen sind bei B und C jeweils 1/3 als Einnahmen aus der Vermietung zu erfassen.

(AÖF 2013/280)

Nutzt der Miteigentümer einen Teil des Gebäudes auf Grund einer bloßen Gebrauchsregelung unter den Miteigentümern, ist sein Anteil aus der Einkünfteermittlung auszuscheiden (VwGH 20.02.1992, 89/13/0236; VwGH 11.12.1996, 95/13/0227; VwGH 24.04.1997, 94/15/0126; VwGH 09.07.1997, 93/13/0002). Die Vereinbarung der Gebrauchsüberlassung gegen Entgelt begründet unter Miteigentümern – auch bei fremdüblichem Entgelt – grundsätzlich noch kein Mietverhältnis. Eine Benützungsregelung stellt nämlich unter Miteigentümern, denen schon nach § 833 erster Satz ABGB der Gebrauch gemeinsam zusteht, keine entgeltliche Gebrauchsüberlassung dar. Der Abschluss eines Mietvertrages ist in einem solchen Fall nur dann anzunehmen, wenn die Parteien eindeutig ihren Willen zum Ausdruck bringen, durch die Vereinbarung mehr als eine Gebrauchsregelung zu begründen (VwGH 11.12.1996, 95/13/0227; VwGH 09.07.1997, 93/13/0002; VwGH 27.05.1998, 98/13/0084; VwGH **6530**

24.06.1999, 96/15/0098). Wird aus der Nutzungsüberlassung an Miteigentümer ein Verlust erzielt, liegt selbst dann kein steuerlich beachtlicher Mietvertrag vor, wenn das Rechtsverhältnis zwischen der Hausgemeinschaft und den Teile des Gebäudes nutzenden Miteigentümern nicht als Gebrauchsregelung anzusehen wäre (VwGH 30.06.2010, 2005/13/0057).

(AÖF 2011/66)

6531 Die bloße Gebrauchsregelung stellt den Regelfall, die Begründung eines Bestandverhältnisses die Ausnahme dar. Von einem Miteigentümer im Rahmen einer Gebrauchsregelung geleistete Zahlungen führen nicht zu Einkünften aus Vermietung und Verpachtung.

6532 Die Einhebung eines Erhaltungsbeitrages alleine begründet kein Mietverhältnis (VwGH 20.2.1992, 89/13/0236); gleiches gilt für die Bemessung des Benützungsentgeltes nach den gesetzlichen Regelungen der Zinsbildung oder Bezeichnung des Entgeltes als Miete (VwGH 9.7.1997, 93/13/0002).

6533 Wird ein Gebäude ausschließlich von Miteigentümern bewohnt, liegen keine steuerlich beachtlichen Mietverhältnisse zwischen der Miteigentumsgemeinschaft einerseits und den jeweiligen Miteigentümern vor. Dies gilt auch, wenn eine einem Miteigentümer nahe stehende Person für eine mit einem Miteigentümer gemeinsam genutzte Wohnung als Mieter auftritt. Die Nutzung erfolgt im Rahmen der privaten Lebensführung, die steuerlich unbeachtlich ist (VwGH 24.6.1999, 96/15/0098).

(AÖF 2013/280)

6534 Liegt ein steuerlich anzuerkennendes Mietverhältnis nicht vor, liegt entweder (bei Vermietung nur an Miteigentümer) keine Einkunftsquelle vor oder sind – analog der Vorgangsweise bei Alleineigentum – die Miete der Miteigentümer sowie die aliquoten Aufwendungen aus der Überschussrechnung auszuscheiden.

Randzahlen 6535 bis 6600: *derzeit frei*

22. Sonstige Einkünfte (§ 29 EStG 1988)

Sonstige Einkünfte iSd § 29 EStG 1988 sind: **6601**

- Wiederkehrende Bezüge,
- Einkünfte aus privaten Grundstücksveräußerungen iSd § 30 EStG 1988,
- Einkünfte aus Spekulationsgeschäften iSd § 31 EStG 1988,
- Einkünfte aus Leistungen,
- Funktionsgebühren der Funktionäre von öffentlich-rechtlichen Körperschaften.

Die in § 29 EStG 1988 aufgezählten Arten der Einkunftserzielung sind voneinander grundverschieden und haben als gemeinsames Merkmal lediglich den Umstand, dass sie die Einkommensteuerpflicht für Einkünfte festlegen, die aus unterschiedlichen Gründen nicht unter die Einkunftsarten des § 2 Abs. 3 Z 1 bis 6 EStG 1988 fallen. Die Einkunftsart „Sonstige Einkünfte" schlechthin gibt es nicht (VwGH 26.5.1993, 90/13/0155).

(BMF-AV Nr. 2019/75)

22.1 Wiederkehrende Bezüge (§ 29 Z 1 EStG 1988)

Unter den Begriff der wiederkehrenden Bezüge fallen insb. Rentenzahlungen, Zuschüsse **6602** und sonstige Vorteile, die auf einem besonderen, einheitlichen Verpflichtungsgrund oder zumindest auf einem einheitlichen Entschluss (somit nicht auf einem immer wieder neu begründeten Anspruch) beruhen und durch einen längeren Zeitraum hindurch mit einer gewissen Regelmäßigkeit, wenn auch nicht in gleicher Höhe, zufließen, sowie Pensionsbezüge aus einer ausländischen Sozialversicherung, wenn sie nicht Pensionen aus einer gesetzlichen (inländischen) Sozialversicherung entsprechen.

§ 29 Z 1 EStG 1988 stellt einen Sondertatbestand dar, bei dem es für die Zurechnung der Einkünfte nicht auf das Vorhandensein einer Einkunftsquelle, sondern im Wesentlichen nur auf den wiederkehrenden Zufluss von Bezügen ankommt. Dem Begriff von Bezügen iSd § 29 Z 1 EStG 1988 werden auch zeitlich begrenzte Geld- oder Sachleistungen in unterschiedlicher und von vornherein nicht bestimmter Höhe gerecht, insbes. dann, wenn mit den Leistungen vornehmlich Ansprüche auf Einkommensanteile befriedigt werden sollen (VwGH 20.9.1988, 87/14/0167).

Zur Ablöse einer Rente im Privatvermögen siehe Rz 4012.

(AÖF 2004/167)

Bezüge, die sich auf eine besondere – freiwillige – Vereinbarung gründen (eine mit **6603** Entschließung des Bundespräsidenten verliehene Ehrenpension), sind nicht auf eine Verpflichtung, sondern letztlich auf den freiwilligen Entschluss des Zuwendenden zurück zu führen und gelten daher als freiwillige Rente, obwohl die einzelnen Teilleistungen im Hinblick auf die (bereits) erfolgte Vereinbarung nicht (mehr) freiwillig erbracht werden (VwGH 16.12.1997, 93/14/0023).

Vergütungen an Funktionäre (Organe) von juristischen Personen des privaten Rechts (zB **6604** Mitglieder des Vorstandes bei Vereinen, Genossenschaften [VwGH 29.07.2010, 2006/15/0217] oder Sparkassen) stellen keine wiederkehrenden Bezüge, sondern Bezüge im Sinne des § 22 Z 2 EStG 1988 dar, sofern sie nicht im Rahmen eines Dienstverhältnisses zufließen (siehe LStR 2002 Rz 979). Dies gilt auch für Bezüge von Mitgliedern der Kuratorien der Landeshypothekenbanken. Siehe auch VereinsR 2001 Rz 763. Die von einem Vereinsobmann unterschlagenen Einnahmen führen zu Einkünften aus sonstiger selbständiger Arbeit (VwGH 30.01.2001, 95/14/0043).

(AÖF 2011/66)

Randzahl 6605: *entfällt*

(AÖF 2008/51)

Einkünfte aus Holzbezugsrechten sind wiederkehrende Bezüge im Sinne des § 29 Z 1 **6605** EStG 1988. Ist dieses Recht einem Betriebsvermögen zuzuordnen, liegen auf Grund der Subsidiaritätsregel betriebliche Einkünfte vor (VwGH 19.3.1985, 84/14/0139). Gehört das Holzbezugsrecht zu einem land- und forstwirtschaftlichen Betriebsvermögen, gilt hinsichtlich der Pauschalierung Rz 4185a.

(AÖF 2005/110)

Zuwendungen an gesetzlich unterhaltsberechtigte Personen sind nicht steuerpflichtig. **6606** Leistungen, die Pflegeeltern zur Erleichterung der mit der Pflege eines Kindes verbundenen (Unterhalts-)Lasten (beispielsweise Pflegegeld und damit in Zusammenhang stehende Sonderzahlungen, Ausstattungsbeiträge, Bekleidungsbeiträge) nach den einzelnen Jugendwohlfahrtsregelungen gewährt werden, sind nicht als Entlohnung für die Pflegeleistung (vgl. VwGH 14.6.1995, 93/12/0189), sondern als weiterverrechneter Unterhalt anzusehen und daher ebenfalls steuerfrei.

Zu den Renten siehe Rz 7001 ff.

22.2 Einkünfte aus Leistungen (§ 29 Z 3 EStG 1988)

22.2.1 Begriff „Leistung"

6607 Unter § 29 Z 3 EStG 1988 fallen im Wesentlichen nur die Einkünfte aus Tätigkeiten, die gelegentlich oder zufällig erfolgen, und die Vermietung von beweglichen Gegenständen, soweit die anderen Einkünfte nicht Vorrang haben. Bei Auslegung des Begriffes Leistung ist von der Bedeutung auszugehen, die der Sprachgebrauch des Wirtschaftslebens mit dem Worte Leistung verbindet. In diesem Sinne kann an sich jedes Verhalten, das darauf gerichtet ist, einem anderen einen wirtschaftlichen Vorteil zu verschaffen, als Leistung bezeichnet werden (VwGH 4.12.1953, 1336/51; VwGH 25.11.1986, 86/14/0072). Auch Unterlassungen, Duldungen und Verzichte können Leistungen darstellen.

22.2.2 Preise

6608 Preise können sonstige Einkünfte darstellen, wenn sie nicht im Rahmen der betrieblichen Einkunftsarten anfallen (siehe dazu Rz 101 und Rz 101a).

(AÖF 2008/238)

22.2.3 Entschädigungen

6609 Entschädigungen, die zum Ausgleich von Nachteilen in der Vermögenssphäre gewährt werden, sowie die Veräußerung von Vermögensgegenständen zählen nicht zu den Leistungen im Sinne des § 29 Z 3 EStG 1988 (VwGH 19.11.1965, 1387/64); der Tatbestand Leistungen wird durch einen bloßen Veräußerungsvorgang nicht erfüllt (VwGH 24.11.1987, 87/14/0001). Veräußerungsgewinne bzw. –überschüsse können daher nur im Rahmen des § 2 Abs. 3 Z 1 bis 3 EStG 1988 bzw. des § 27 Abs. 2 Z 3 EStG 1988, des § 30 EStG 1988, des § 31 EStG 1988 und des § 29 Z 1 EStG 1988 steuerlich erfasst werden.

22.2.4 Vermietung

6610 Die Vermietung einzelner beweglicher Gegenstände fällt in aller Regel unter § 29 Z 3 EStG 1988. Dies auch dann, wenn die Vermietung durch einen sachkundigen Dritten abgewickelt wird und/oder nachhaltig betrieben wird (VwGH 5.9.2012, 2012/15/0055 zur Vermietung von Ultraschallgeräten). Die Vermietung von beweglichen Gegenständen ist eine gewerbliche Tätigkeit, wenn weitere Leistungen iZm der Vermietung erbracht werden (VwGH 5.9.2012, 2012/15/0055).

(AÖF 2013/280)

22.2.5 Beispiele

6611 Unter den Begriff der Leistung bzw. Einkünfte gemäß § 29 Z 3 EStG 1988 fallen beispielsweise:

- Einkünfte aus gelegentlichen Vermittlungen
- Die Vermietung eines einzigen Motorbootes, weil davon ausgegangen werden kann, dass eine über die bloße Nutzungsüberlassung hinausgehende weitere Tätigkeit allenfalls in geringem Ausmaß anfällt und dadurch ein steuerlicher Gewerbebetrieb nicht begründet wird.
- Die Dauervermietung von zwei ehemaligen Betriebsfahrzeugen, zumal diese über eine bloße Vermögensverwaltung nicht hinausgeht.
- Einkünfte von gerichtlichen Erwachsenenvertreterinnen/gerichtlichen Erwachsenenvertretern (bis 1.7.2018: Sachwaltern) für einen Angehörigen (keine Beteiligung am allgemeinen wirtschaftlichen Verkehr)
- Die nicht gewerbsmäßige Vermietung eines KFZ gegen ein Entgelt in Höhe des amtlichen Kilometergeldes an das Unternehmen des Ehegatten.
- Die Vermietung zweier (mit Fremdmitteln angeschaffter) Container durch einen Bankangestellten (VwGH 11.04.1984, 83/13/0028).
- Beträge, die für den Verzicht auf Nachbarrechte im Zusammenhang mit einem Bauvorhaben (Einwilligung des Anbaus direkt an die Grundstücksgrenze) geleistet wurden (VwGH 28.01.1997, 96/14/0012).
- Abgeltung der Unterlassung der Durchführung eines Projektes (zB Errichtung eines Einkaufszentrums, VwGH 30.09.1999, 98/15/0117).

- Entgelte für die Einräumung eines Vorkaufsrechtes an einem privaten Grundstück
- Entgeltlicher Verzicht auf die Ausübung eines Vorkaufsrechtes (VwGH 03.07.2003, 99/15/0003).
- Die entgeltliche Abstandnahme von der Einbringung oder Fortführung von Besitzstörungsklagen (VwGH 25.06.2008, 2008/15/0132).
- Entgeltlicher Verzicht auf die Optionsausübung auf Abschluss eines Mietvertrages (VwGH 28.10.2008, 2006/15/0091).
- Provision für eine einmalige Kreditvermittlung (VwGH 17.10.1984, 84/13/0054).
- Die Abtretung von Ansprüchen aus einem Versicherungsvertrag gegen Ablöse beim Abtretenden in Höhe der Differenz zwischen Ablösesumme und eigener Prämienleistung.
- Einnahmen aus der einmaligen Mitteilung einer Idee zur Auswertung an einen branchenkundigen Geschäftsmann.
- Entgelte für die Aufgabe eines Veräußerungs- und Belastungsverbotes (VwGH 23.05.2000, 95/14/0029).
- Entgelte für den Verzicht auf die Ausübung eines Wohnrechtes (Recht zum Gebrauch einer einzelnen Wohnung oder von Räumlichkeiten zum persönlichen Bedarf, VwGH 31.1.2018, Ro 2017/15/0018); wurde aber ein Wohnrecht im Rahmen der Veräußerung eines Gebäudes zurückbehalten und minderte dies den Veräußerungserlös, stellt das Entgelt für die nachträgliche Aufgabe des Wohnrechtes einen nachträglichen Veräußerungserlös aus der Grundstücksveräußerung dar (BFG 18.8.2017, RV/5101768/2014; siehe auch Rz 115a).
- Bürgschaftsübernahme gegen Entgelt.
- Die Zustimmung von Wohnungseigentümern zum Ausbau des Dachbodens durch einen Wohnungseigentümer gegen Erbringung von Sanierungsmaßnahmen an deren Eigentumswohnungen (zB Austausch der Fenster).
- Entgelte für den Verzicht auf ein höchstpersönliches Recht (vgl. VwGH 31.1.2018, Ro 2017/15/0018).

(BMF-AV Nr. 2021/65)

22.2.6 Werbungskosten, Zufluss, Verlustausgleichsverbot, Freigrenze

(AÖF 2010/43)

Werbungskosten im Sinne des § 29 Z 3 EStG 1988 sind solche Aufwendungen, die durch die Einkünfte aus Leistungen veranlasst sind (zB Vertragserrichtungskosten). Die Einkünfte sind nach Maßgabe des § 19 EStG 1988 zu erfassen. Handelt es sich um einmalige oder bloß gelegentliche Leistungen, sind im Sinne des Leistungsfähigkeitsprinzips auch jene Ausgaben als Werbungskosten abzugsfähig, die in einem früheren Jahr abgeflossen sind, als die Einnahmen zufließen. Ergibt sich daraus ein Verlust, kann dieser nicht einkommensmindernd mit anderen Einkünften (auch nicht mit anderen Überschüssen aus Leistungen) ausgeglichen werden (absolutes Verlustausgleichsverbot). **6612**

Für Einkünfte aus Leistungen besteht eine Freigrenze von 220 Euro.

(AÖF 2010/43)

22.3 Funktionsgebühren (§ 29 Z 4 EStG 1988)

22.3.1 Begriff

Funktionsgebühren sind alle Bezüge, die Funktionären öffentlich-rechtlicher Körperschaften zufließen, und zwar auch dann, wenn die Funktionsausübung mit einer Betriebsinhabung oder einer sonstigen Berufsausübung in sachlichem Zusammenhang steht. Als Funktionäre iS dieser Bestimmung können grundsätzlich nur Organe (Organwalter) von öffentlich-rechtlichen Körperschaften angesehen werden (VwGH 11.11.1970, 767/69). Daneben kommen noch Repräsentanten öffentlich-rechtlicher Körperschaften in Betracht, wenn sie mit Macht- und Entscheidungsbefugnis ausgestattet sind. Die Funktionärseigenschaft hängt nicht davon ab, ob der Betreffende politisch gewählt wurde. Daraus ist aber nicht abzuleiten, dass jedermann, der außerhalb eines Dienstverhältnisses für eine Körperschaft tätig wird, als Funktionär einer solchen Körperschaft zu qualifizieren ist. **6613**

Entschädigungen von Feuerwehrfunktionären, die nicht in einem Dienstverhältnis stehen, sind im Rahmen des § 29 Z 4 EStG 1988 steuerlich zu erfassen. Mit der Funktionsausübung sind vielfach Aufwendungen verbunden, die als Werbungskosten zu berücksichtigen sind. Dies trifft insbesondere auf Kosten für Berufskleidung (Uniform) und Fahrt- und Reisekos- **6613a** ten zu. Nicht abzugsfähig sind hingegen Repräsentationsaufwendungen wie etwa Spenden bei Festen oder Essens- und Getränkeeinladungen.

Im Interesse einer verwaltungsökonomischen Vorgangsweise bestehen keine Bedenken, Werbungskosten in Höhe von 30% der Einnahmen, mindestens aber 3.000 Euro und höchstens 6.000 Euro zu schätzen. Die geschätzten Werbungskosten dürfen zu keinem Verlust führen. Die Berücksichtigung höherer Werbungskosten setzt den Einzelnachweis sämtlicher als Werbungskosten beantragter Aufwendungen voraus. Die LStR 2002 Rz 383a ff (Politikeraufwendungen) sind diesbezüglich nicht anzuwenden. Diese Regelung ist auf alle offenen Fälle anzuwenden.

Funktionsgebühren gemäß § 29 Z 4 EStG 1988 unterliegen der Mitteilungspflicht gemäß § 109a EStG 1988 iVm der Verordnung zu § 109a, BGBl. II Nr. 417/2001. Siehe dazu Rz 8300 ff.

(AÖF 2011/66)

6614 Funktionen im Sinne des § 29 Z 4 EStG 1988 ausübende Organe sind beispielsweise der Präsident, das Präsidium, der Vorstand, Ausschüsse, die Vollversammlung, die Obmänner öffentlich-rechtlicher Körperschaften. Daher hat ein für eine öffentlich-rechtliche Körperschaft tätiger Kursvortragender und Prüfer keine Stellung inne, die ihn als Organwalter und somit als Funktionär erscheinen lässt (VwGH 21.7.1993, 91/13/0098). Ebenso wenig ist ein Arzt, der Vorträge an einer Krankenpflegeschule abhält, Funktionär der Schule. Als Funktionäre kommen auf Grund der Bestimmungen des Krankenpflegegesetzes nur die Mitglieder der Aufnahmekommission und der Prüfungskommission in Frage (VwGH 17.3.1986, 85/15/0002). Dem Organ (Organwalter) beigegebene Hilfskräfte zur Durchführung der dem Organ zukommenden Aufgaben sind keine Funktionäre.

6614a Hat sich ein Arzt bei Eingehen des Dienstverhältnisses zur Krankenanstalt verpflichtet, während der Dienstzeit an der Krankenpflegefachschule zu unterrichten und als Mitglied der Prüfungskommission aufzutreten, sind die von ihm bezogenen Prüfungshonorare als sonstige Einkünfte nach § 29 Z 4 EStG 1988 zu beurteilen, wenn die Prüfung nicht als Ausfluss der Vortragstätigkeit anzusehen ist, dh wenn andere Personen geprüft werden, als jene, denen gegenüber die Vortragstätigkeit erfolgt.

Prüfungshonorare für Personen, auf die sich auch die Vortragstätigkeit bezogen hat, sind gleich zu behandeln wie Vortragshonorare. Die Vortragshonorare sind als Einkünfte aus nichtselbständiger Tätigkeit zu qualifizieren, da die Abhaltung von Unterricht an der Krankenpflegeschule zu den Dienstpflichten des dem Rechtsträger der Krankenpflegeschule zugeordneten Dienstnehmers zählt, also im Dienstverhältnis zu diesem Rechtsträger verankert ist und der Steuerpflichtige daher im Rahmen dieses Dienstverhältnisses zur Unterrichtserteilung herangezogen wird. Die Vortragshonorare sind daher der Lohnbesteuerung zu unterziehen. Ab dem Jahr 2001 werden Einkünfte aus Nebentätigkeiten von Beamten gemäß BDG und Einkünfte aus vergleichbaren Tätigkeiten von Landes- und Gemeindebediensteten jedenfalls dem Lohnsteuerabzug unterworfen.

(AÖF 2002/84)

6615 Bezüge aus einem Dienstverhältnis zu einer öffentlich-rechtlichen Körperschaft gehören nicht zu den Funktionsgebühren. Entlohnungen für mit einem öffentlich-rechtlichen Dienstverhältnis verbundene Nebentätigkeiten fallen ebenfalls nicht unter § 29 Z 4 EStG 1988, sondern unter § 25 Abs. 1 Z 4 lit. c EStG 1988 (zB ein Hochschulprofessor ist Prüfungskommissär für sein Fach).

(AÖF 2008/238)

6616 Auch Entschädigungen für Zeitversäumnisse der Funktionäre, wie der fachkundigen Laienbeisitzer der Arbeits- und Sozialgerichte, sind Funktionsgebühren. Funktionsgebühren sind weiters Reisekostenvergütungen der Gewerkschaft an einen Personalvertreter (VwGH 30.1.1990, 89/14/0212) und Inkassogebühren von Betriebsräten.

6617 Einige der nach dem Lebensmittelsicherheits- und Verbraucherschutzgesetz – LMSVG, BGBl. I Nr. 13/2006 idF BGBl. I Nr. 136/2006, mit Bescheid des Landeshauptmannes bestellten Fleischuntersuchungsorgane werden nicht nur mit behördlichen Aufgaben, wie der Erteilung der Erlaubnis zur Schlachtung und der Beurteilung des Fleisches mit den daraus gesetzlich festgelegten Rechtsfolgen, betraut, sondern auch zusätzlich für ein bestimmtes Gebiet mit Macht- und Entscheidungsbefugnis eingesetzt. Diese Fleischuntersuchungsorgane sind daher in ihrem Sprengel nicht nur gutachterlich, sondern entscheidend tätig. Sie sind als Funktionäre einer Körperschaft öffentlichen Rechts anzusehen (vgl. Rz 5219).

Eine Auflistung von Funktionsgebühren enthält Anhang II.

(BMF-AV Nr. 2021/65)

Tierärzte, die gemäß § 3 Abs. 1 Z 1 BVD-Verordnung 2006, BGBl. II Nr. 282/2006 (Verordnung über ein Untersuchungsprogramm zur Bekämpfung der Bovinen Virusdiarrhöe und der Mucosal Disease bei Rindern), mit der Durchführung von bestimmten Untersuchungen beauftragt werden, handeln nicht als Funktionäre einer Körperschaft öffentlichen Rechts iSd § 29 Z 4 EStG 1988. **6617a**

(AÖF 2007/88)

Auch Sachbezüge können Funktionsgebühren darstellen (zB Strompreisermäßigung, VwGH 24.09.2008, 2006/15/0324, 0374). **6617b**

(AÖF 2010/43)

22.3.2 Abgrenzung

Die Abgrenzung zu den Einkunftsarten des § 2 Abs. 3 Z 1 bis 4 EStG 1988 wird teilweise auch durch das Gesetz vorgenommen. Bestimmte politische Funktionen etwa werden gemäß § 25 Abs. 1 Z 4 EStG 1988 den Einkünften aus nichtselbständiger Arbeit zugeordnet, während andere politische Funktionen, die idR mit weniger Zeitaufwand verbunden sind, Funktionen iSd § 29 Z 4 EStG 1988 sind. **6618**

(AÖF 2004/167)

22.3.3 Frühere Funktionsausübung

Bezüge, die ehemalige Funktionäre öffentlich-rechtlicher Körperschaften auf Grund ihrer nicht in einem Dienstverhältnis ausgeübten früheren Funktion erhalten, fallen gemäß § 32 Abs. 1 Z 2 EStG 1988 als Einkünfte aus einem Rechtsverhältnis unter § 29 Z 4 EStG 1988 (VwGH 21.02.1984, 83/14/0228; VwGH 24.09.2008, 2006/15/0324, 0374, betr. einer Strompreisermäßigung). **6619**

(AÖF 2010/43, AÖF 2013/280)

22.4 Private Grundstückveräußerungen (§ 30 EStG 1988 idF 1. StabG 2012, §§ 30a, 30b und 30c EStG 1988)

(AÖF 2013/280)

22.4.1 Einkünftetatbestand, Grundstücksbegriff (§ 30 Abs. 1 EStG 1988)

(AÖF 2013/280)

Einkünftetatbestand **6620**

Private Grundstücksveräußerungen sind Veräußerungsgeschäfte von Grundstücken, soweit sie keinem Betriebsvermögen angehören. Damit sind grundsätzlich alle entgeltlichen Übertragungen von Grundstücken des Privatvermögens von der Steuerpflicht nach § 30 EStG 1988 umfasst. Die Veräußerung innerhalb bestimmter Fristen ist für die Steuerpflicht dem Grunde nach nicht mehr relevant. Für den Umfang der Steuerpflicht der Höhe nach ist jedoch die Steuerhängigkeit zum Stichtag 31.3.2012 (und damit grundsätzlich auch die Behaltedauer) wesentlich. Die Behaltedauer ist im Rahmen der Regeleinkünfteermittlung überdies für den Inflationsabschlag bei Veräußerungen vor dem 1.1.2016 bedeutsam.

In Bezug auf ausländische Grundstücke siehe Rz 6631.

(BMF-AV Nr. 2018/79)

Grundstücksbegriff **6621**

§ 30 Abs. 1 EStG 1988 definiert ausdrücklich den Grundstücksbegriff. Dieser umfasst:

- Den (nackten) Grund und Boden (siehe dazu Rz 577 bis 579).
- Gebäude (siehe dazu Rz 3140 und 3140a); dazu zählen auch Gebäude auf fremdem Grund und Boden (zB Kleingartenhäuser im wirtschaftlichen Eigentum des (Unter-) Pächters, Superädifikate).
- Grundstücksgleiche Rechte (siehe Rz 6622).

Aufwendungen, welche die Nutzbarkeit des Grundstücks erst ermöglichen (zB Anlegerbeiträge für die Aufschließung des Grundstücks durch Straßen oder Gehsteige), sind als Anschaffungsnebenkosten von Grund und Boden anzusehen. Aufschließungsbeiträge zur Versorgung mit Wasser (Entsorgung von Abwasser) und Energie sind bei bebauten oder in Bebauung befindlichen Grundstücken als Anschaffungs- bzw. Herstellungsnebenkosten des Gebäudes zu werten, sonst ebenfalls Anschaffungsnebenkosten von Grund und Boden.

Zum Grundstücksbegriff iSd des § 30 Abs. 1 EStG 1988 gehören auch Wirtschaftsgüter, die nach der Verkehrsauffassung mit Grund und Boden, Gebäuden oder grundstücksgleichen Rechten derart in einem engen Nutzungs- und Funktionszusammenhang stehen, dass sie die Nutzung des Grundstücks ermöglichen oder verbessern und daher nicht eigenständig übertragen werden können oder regelmäßig im Rahmen eines Veräußerungsgeschäftes mitübertragen werden (zB Zäune, Parkplätze, Wege, Wegerechte an fremden Grundstücken und ähnliche Grunddienstbarkeiten, Brücken, Biotope, Geländegestaltungen, Drainagen, Wehranlagen, gemauerte Essplätze, Gartenlauben und -häuschen). Dazu zählen auch Grunddienstbarkeiten (somit auch das Fischereirecht an fremden Gewässern, wenn dieses als Grunddienstbarkeit ausgestaltet ist) sowie das Jagdrecht (VwGH 10.9.2020, Ra 2019/15/0066; siehe Rz 6622). Dies gilt auch, wenn derartige Wirtschaftsgüter steuerlich ein von Grund und Boden getrenntes selbständiges Wirtschaftsgut darstellen und bei Nutzung zur Einkunftserzielung einer gesonderten Absetzung für Abnutzung zugänglich sind (zB Platzbefestigungen zwecks Beseitigung von Löchern und Unebenheiten, VwGH 20.5.2010, 2006/15/0238, oder Platzbefestigungen zur Schaffung von Parkplätzen). Entscheidend ist, ob dem jeweiligen Gegenstand im Falle der Veräußerung eine besonders ins Gewicht fallende Selbständigkeit zugebilligt würde (VwGH 13.11.2019, Ro 2019/13/0033, wonach ein Freischwimmbecken/Außenpool im Garten selbständig sein kann, nicht jedoch zB eine Terrasse mit Granitplatten oder das Kopfsteinpflaster im Einfahrts- bzw. Eingangsbereich). Für Zwecke der Ermittlung der Einkünfte bestehen keine Bedenken, Wirtschaftsgüter, die keine ins Gewicht fallende Selbständigkeit aufweisen, dem Grund und Boden zuzuordnen.

Wirtschaftsgüter, die aus der Nutzung des Grundstücks entstehen und land- oder forstwirtschaftlichen Zwecken dienen (stehende Ernte, stehendes Holz), sind hingegen vom Grundstücksbegriff auch dann nicht umfasst, wenn sie in einem einheitlichen Vorgang mit dem Grund und Boden veräußert werden.

Diese Grundstücksdefinition, die nicht nur den Tatbestand des § 30 EStG 1988 definiert, sondern auch für die Anwendung des Steuersatzes von 25% bzw. 30% bei Veräußerungen nach dem 31.12.2015 maßgebend ist, gilt gleichermaßen für den betrieblichen Bereich (vgl. Verweis in § 4 Abs. 3a EStG 1988).

(BMF-AV Nr. 2021/65)

6622 **Grundstücksgleiche Rechte**

Rechtslage bis zur Veranlagung 2020

Als grundstücksgleiche Rechte kommen nur zivilrechtlich selbständige Rechte in Frage, die als solche den für Grundstücke geltenden zivilrechtlichen Vorschriften (insbesondere hinsichtlich des Erwerbes) unterliegen und gesondert (ohne Grund und Boden) übertragbar sind. Grundstücksgleiche Rechte sind in diesem Sinne insbesondere:

- Baurechte an fremden Grundstücken. Das „Baurecht“ am eigenen Grundstück stellt nur einen Ausfluss aus dem Eigentumsrecht dar. Erst die Überlassung des Baurechts an einen Dritten in Form einer persönlichen Dienstbarkeit führt zur Verselbständigung des Baurechtes, sodass mit diesem Akt ein grundstücksgleiches Recht erst begründet wird. Die entgeltliche Einräumung eines Baurechts an einem privaten Grundstück gegen einen Bauzins ist somit nach § 28 EStG 1988 als Einkünfte aus Vermietung und Verpachtung (bei einem Grundstück des Betriebsvermögens als entsprechende betriebliche Einkünfte) zu erfassen (VwGH 26.7.2006, 2006/14/0024), sodass § 30 EStG 1988 schon wegen der Subsidiarität nicht anwendbar ist; unter § 30 EStG 1988 fällt daher nur die Veräußerung durch den Bauberechtigten. Wird ein Baurecht an einem bebauten Grundstück eingeräumt, geht das Gebäude als Zugehör des Baurechtes (§ 6 Abs. 1 Baurechtsgesetz) in das Eigentum des Bauberechtigten über. Wird für die Eigentumsübertragung am Gebäude eine Abschlagzahlung geleistet, liegt bei entsprechenden Wertverhältnissen von Gebäudewert und Abschlagszahlung (siehe dazu Rz 6625) eine Veräußerung des Gebäudes vor. Erfolgt die Abgeltung des Gebäudewertes im Rahmen des Bauzinses, ist der abgezinste Gesamtbetrag des Bauzinses gemäß dem Verhältnis von Baurecht und Gebäude aufzuteilen (eine Aufteilung des Bauzinses unterbleibt aber, wenn der Bauzins ausdrücklich nur die Einräumung des Baurechtes betrifft und die Bemessung des Bauzinses fremdüblich ist). Eine entgeltliche Gebäudeübertragung liegt nur dann vor, wenn der auf das Gebäude entfallende abgezinste Gesamtbetrag des Bauzinses mindestens 50% des gemeinen Wertes des übertragenen Gebäudes erreicht (siehe Rz 6625; zur Ermittlung der Einkünfte siehe Rz 774 und Rz 6657). An der steuerlichen Qualifikation des für die Baurechtseinräumung geleisteten Bauzinses bzw. des auf das Baurecht entfallenden Teils des Bauzinses ändert dies nichts.
- Fischereirechte an fremden Gewässern. Das „Fischereirecht“ am eigenen Gewässer stellt nur einen Ausfluss aus dem Eigentumsrecht dar. Die Ausführungen zum Baurecht gelten sinngemäß; unter § 30 EStG 1988 fällt daher nur die Veräußerung durch den Fischereiberechtigten. Hinsichtlich des Fischereirechtes an fließenden Gewässern handelt es sich in den meisten Fällen um Fischereirechte an fremden Gewässern. Nach § 2 Wasserrechtsgesetz 1959 (WRG 1959) sind die im Anhang A aufgezählten Ströme (zB die Donau), Flüsse, Bäche und Seen öffentliche Gewässer. Dies betrifft auch alle Arme, Seitenkanäle und Verzweigungen dieser Gewässer. Darüber hinaus sind aber

auch alle anderen Gewässer öffentliche Gewässer, soweit sie nicht nach dem WRG 1959 als Privatgewässer bezeichnet werden. Sie gehören somit dem öffentlichen Gut an, das nach § 287 ABGB im Eigentum des Bundes oder des Landes steht und nur dem Gebrauch durch jedermann dient. Unter diesem Aspekt stellt ein Fischereirecht an einem Fließgewässer idR ein Fischereirecht an einem fremden Gewässer dar und es liegt daher ein grundstücksgleiches Recht vor. Zu Fischereirechten in einem land- oder forstwirtschaftlichen Betriebsvermögen siehe Rz 5009.

- Bergwerksberechtigungen nach dem Mineral-Rohstoff-Gesetz gelten als unbewegliche Sache und sind in das Bergbuch beim zuständigen Bergbuchsgericht einzutragen.
- Kellereigentum nach § 300 ABGB stellt zwar kein grundstücksgleiches Recht dar, die Ausführungen zum Baurecht gelten aber sinngemäß. Die entgeltliche Einräumung von Kellereigentum ist somit nach § 28 EStG 1988 als Einkünfte aus Vermietung und Verpachtung (bei einem Grundstück des Betriebsvermögens als entsprechende betriebliche Einkünfte) zu erfassen; die Veräußerung fällt unter den Tatbestand des § 30 EStG 1988, da das dingliche Recht an ein Gebäude gekoppelt ist und Kellereigentum nur bestehen kann, wenn auch tatsächlich ein unter der Erde errichtetes Gebäude (Keller) vorhanden ist.

Keine grundstücksgleichen Rechte sind insbesondere

- Jagdrechte: Das Jagdrecht ist untrennbar mit dem Eigentum an Grund und Boden verbunden und kann als selbständiges dingliches Recht nicht begründet werden. Mangels selbständigen Rechts kann daher kein grundstücksgleiches Recht vorliegen.
- Fischereirechte an eigenen Gewässern (siehe oben).
- Wasserrechte nach dem Wasserrechtsgesetz 1959.
- Dienstbarkeiten: Persönliche Dienstbarkeiten (zB Wohnrechte) sind als bewegliche Rechte einzustufen. Dies gilt auch, wenn sie verbüchert werden. Grunddienstbarkeiten (zB Wegerecht) sind nicht getrennt vom herrschenden Grundstück übertragbar.

Einkünfte im Zusammenhang mit solchen Rechten fallen nicht unter § 30 EStG 1988 und unterliegen im Falle der Steuerpflicht daher grundsätzlich dem Normalsteuersatz.

Rechtslage ab der Veranlagung 2021

Grundstücksgleiche Rechte sind zivilrechtlich selbständige Rechte, die als solche den für Grundstücke geltenden zivilrechtlichen Vorschriften (insbesondere hinsichtlich des Erwerbes, dass diese den Gegenstand eines im Grundbuch einverleibungsfähigen Rechtes bilden können) unterliegen und gesondert (ohne Grund und Boden) übertragbar sind. Als grundstücksgleiches Recht ist nur das Baurecht nach dem Baurechtsgesetz anzusehen (VwGH 10.9.2020, Ra 2019/15/0066).

Das „Baurecht" am eigenen Grundstück stellt nur einen Ausfluss aus dem Eigentumsrecht dar. Erst die Überlassung des Baurechts an einen Dritten in Form einer persönlichen Dienstbarkeit führt zur Verselbständigung des Baurechtes, sodass mit diesem Akt ein grundstücksgleiches Recht erst begründet wird. Die entgeltliche Einräumung eines Baurechts an einem privaten Grundstück gegen einen Bauzins ist somit nach § 28 EStG 1988 als Einkünfte aus Vermietung und Verpachtung (bei einem Grundstück des Betriebsvermögens als entsprechende betriebliche Einkünfte) zu erfassen (VwGH 26.7.2006, 2006/14/0024), sodass § 30 EStG 1988 schon wegen der Subsidiarität nicht anwendbar ist; unter § 30 EStG 1988 fällt daher nur die Veräußerung durch den Bauberechtigten. Wird ein Baurecht an einem bebauten Grundstück eingeräumt, geht das Gebäude als Zugehör des Baurechtes (§ 6 Abs. 1 Baurechtsgesetz) in das Eigentum des Bauberechtigten über. Wird für die Eigentumsübertragung am Gebäude eine Abschlagzahlung geleistet, liegt bei entsprechenden Wertverhältnissen von Gebäudewert und Abschlagszahlung (siehe dazu Rz 6625) eine Veräußerung des Gebäudes vor. Erfolgt die Abgeltung des Gebäudewertes im Rahmen des Bauzinses, ist der abgezinste Gesamtbetrag des Bauzinses gemäß dem Verhältnis von Baurecht und Gebäude aufzuteilen (eine Aufteilung des Bauzinses unterbleibt aber, wenn der Bauzins ausdrücklich nur die Einräumung des Baurechtes betrifft und die Bemessung des Bauzinses fremdüblich ist). Eine entgeltliche Gebäudeübertragung liegt nur dann vor, wenn der auf das Gebäude entfallende abgezinste Gesamtbetrag des Bauzinses mindestens 50% des gemeinen Wertes des übertragenen Gebäudes erreicht (siehe Rz 6625; zur Ermittlung der Einkünfte siehe Rz 774 und Rz 6657). An der steuerlichen Qualifikation des für die Baurechtseinräumung geleisteten Bauzinses bzw. des auf das Baurecht entfallenden Teils des Bauzinses ändert dies nichts.

Keine grundstücksgleichen Rechte sind insbesondere

- Bergwerksberechtigungen nach dem Mineralrohstoffgesetz gelten als unbewegliche Sache und sind in das Bergbuch beim zuständigen Bergbuchsgericht einzutragen. Sie stellen regelmäßig Wirtschaftsgüter eines Betriebsvermögens dar, da mineralische Rohstoffe im Rahmen einer betrieblichen Tätigkeit gewonnen werden.

- Dienstbarkeiten: Persönliche Dienstbarkeiten (zB Wohnrechte) sind als bewegliche Rechte einzustufen. Dies gilt auch, wenn sie verbüchert werden. Grunddienstbarkeiten (zB Wegerecht) sind nicht getrennt vom herrschenden Grundstück übertragbar. Sie sind als unselbständige Bestandteile des Grund und Bodens anzusehen. Der (allenfalls) auf solche Rechte entfallende Teil des Veräußerungserlöses ist daher für Zwecke der Besteuerung der Grundstücksveräußerung nicht aus der Bemessungsgrundlage auszuscheiden, sondern teilt das Schicksal des auf den Grund und Boden entfallenden Kaufpreises (VwGH 10.9.2020, Ra 2019/15/0066).
- Fischereirechte an eigenen und fremden Gewässern: Das „Fischereirecht" am eigenen Gewässer stellt nur einen Ausfluss aus dem Eigentumsrecht dar. Fischereirechte an fremden Gewässern, die als Grunddienstbarkeit vereinbart sind, sind als unselbständige Bestandteile des Grund und Bodens anzusehen (VwGH 10.9.2020, Ra 2019/15/0066). Der (allenfalls) auf solche Rechte entfallende Teil des Veräußerungserlöses ist daher für Zwecke der Besteuerung der Grundstücksveräußerung nicht aus der Bemessungsgrundlage auszuscheiden, sondern teilt das Schicksal des auf den Grund und Boden entfallenden Kaufpreises.
- Jagdrechte: Das Jagdrecht ist als Realrecht untrennbar mit dem Eigentum an Grund und Boden verbunden und kann als selbständiges dingliches Recht nicht begründet werden. Der (allenfalls) auf solch ein Recht entfallende Teil des Veräußerungserlöses ist daher für Zwecke der Besteuerung der Grundstücksveräußerung nicht aus der Bemessungsgrundlage auszuscheiden, sondern teilt das Schicksal des auf den Grund und Boden entfallenden Kaufpreises. Im Unterschied dazu steht das nur bestimmten Grundeigentümern zukommende Recht zur Eigenjagd. Dieses beinhaltet im Unterschied zu Gemeinschaftsjagdgebieten das Recht zur Ausübung der Jagd auf eigenem Grund und Boden. Dieses Recht kann entweder selbst tatsächlich ausgeübt oder auch einem fremden Dritten eingeräumt werden (Jagdpacht). Dieses Recht ist nicht vom Begriff des Grund und Bodens mitumfasst. Es erfüllt allerdings auch nicht die Anforderungen an ein grundstücksgleiches Recht und unterliegt im Falle einer Veräußerung daher dem Normalsteuersatz (VwGH 10.9.2020, Ra 2019/15/0066).
- Kellereigentum nach § 300 ABGB sind Räume und Bauwerke, die sich unter der Erdoberfläche der Liegenschaft eines Dritten befinden und nicht der Fundierung von über der Erdoberfläche errichteten Bauwerken dienen (dh. kein Fundament eines anderen Gebäudes darstellen), wie zB unterirdische Tankanlagen einer Tankstelle. Mit Einwilligung des Liegenschaftseigentümers kann gesondert Kellereigentum auf einem Grundstück begründet werden. Somit ist es als Gebäude auf fremdem Grund mit einem Superädifikat vergleichbar.
- Wasserrechte nach dem Wasserrechtsgesetz 1959.

Einkünfte im Zusammenhang mit Bergwerksberechtigungen nach dem Mineralrohstoffgesetz, mit Fischereirechten an eigenen Gewässern sowie mit Wasserrechten nach dem Wasserrechtsgesetz 1959 fallen nicht unter § 30 EStG 1988 und unterliegen im Falle der Steuerpflicht daher grundsätzlich dem Normalsteuersatz.

(BMF-AV Nr. 2021/65)

22.4.2 Veräußerung, Anschaffung

(AÖF 2013/280)

22.4.2.1 Begriff und Allgemeines

(AÖF 2013/280)

6623 Einkünftebegründender Tatbestand des § 30 EStG 1988 ist die Veräußerung. Darunter ist jede entgeltliche Übertragung zu verstehen (Verkauf, Tausch, sonstiges Rechtsgeschäft oder Rechtsverhältnis, mit dem ein Grundstück entgeltlich übertragen wird; zum Erbschaftskauf siehe Rz 134e). Unter Anschaffung ist spiegelbildlich jeder entgeltliche Erwerb zu verstehen. Anschaffung und Veräußerung sind daher korrespondierende Begriffe. Jeder Veräußerung auf Seiten des Überträgers steht im gleichen Zeitpunkt eine Anschaffung des Erwerbers gegenüber.

Als Zeitpunkt der Veräußerung (= Anschaffung) ist im Zusammenhang mit Grundstücken der Abschluss des Verpflichtungsgeschäftes (zB Kauf- oder Tauschvertrag) und – abweichend vom allgemeinen steuerlichen Anschaffungszeitpunkt (Erwerb des wirtschaftlichen Eigentums im Sinne der Erlangung der faktischen Verfügungsgewalt über das Wirtschaftsgut, VwGH 28.2.2012, 2009/15/0218) – nicht jener der sachenrechtlichen Übergabe maßgebend (VwGH 08.02.1989, 88/13/0049; VwGH 20.11.1997, 96/15/0256). Dies gilt jedoch dann nicht, wenn das wirtschaftliche Eigentum schon früher übertragen wurde (siehe Rz 6629). Dies gilt grundsätzlich auch bei bedingten Rechtsgeschäften:

- Bei auflösender Bedingung ist der Tatbestand mit Vertragsabschluss erfüllt. Eine spätere Auflösung des Verpflichtungsgeschäftes infolge des Eintrittes der Bedingung beseitigt nicht die ursprüngliche Anschaffung/Veräußerung. Es liegt vielmehr ein neuerlicher Anschaffungs-/Veräußerungsvorgang vor.
- Ist bei nach dem 31.5.2013 unter einer aufschiebenden Bedingung abgeschlossenen Verträgen der Bedingungseintritt hinreichend wahrscheinlich (zB Genehmigung durch die Grundverkehrskommission), wird der Tatbestand ebenfalls bereits mit Vertragsabschluss erfüllt. Sollte trotz hinreichender Wahrscheinlichkeit die Bedingung nicht eintreten, liegt ein rückwirkendes Ereignis im Sinne des § 295a BAO vor. Ist bei aufschiebend bedingten Veräußerungen der Bedingungseintritt von Beginn an nicht hinreichend wahrscheinlich, liegt eine Veräußerung erst bei Bedingungseintritt vor.

Optionen sind Bedingungen nicht gleichzuhalten. Eine Option liegt vor, wenn dem Vertragspartner ein einseitiges Gestaltungsrecht eingeräumt wird, einen Vertrag abzuschließen. Dies ist dann der Fall, wenn die Rechtswirksamkeit eines Vertrages ausdrücklich von der Erklärung eines Vertragspartners (zB des Käufers) abhängt. Bei solchen Optionsgeschäften kommt das relevante Verpflichtungsgeschäft erst bei Ausübung der Option zustande (VwGH 24.10.2019, Ro 2019/15/0177). Es gilt daher – bei Ausübung einer vor dem 1.4.2012 eingeräumten Option nach dem 31.3.2012 – die neue Rechtslage für Grundstücksveräußerungen. Der Ausübung einer Option gleichzuhalten ist die Ausübung eines im Vertrag über die Veräußerung vereinbarten Wiederkaufsrechtes.

Wird ein Grundstück beispielsweise im Rahmen einer öffentlichen Versteigerung erworben, ist der Zeitpunkt der Zuschlagserteilung als maßgeblicher Stichtag für die Veräußerung bzw. Anschaffung zu sehen.

Unabhängig vom steuerlichen Rückwirkungsverbot stellt die gerichtliche ex tunc-Auflösung eines Veräußerungsvertrages nach § 870 ABGB (List oder Zwang), § 871 ABGB (Irrtum), § 879 ABGB (Nichtigkeit auf Grund eines Verstoßes gegen die guten Sitten; zB Wucher), § 932 ABGB (Wandlung) und § 934 ABGB (Verkürzung über die Hälfte) ein rückwirkendes Ereignis iSd § 295a BAO dar (siehe dazu auch Abschnitt 3.2.9. der Richtlinien zur Abänderung gemäß § 295a BAO, Erlass des BMF vom 29.11.2006, BMF-010103/0083-VI/2006). Dies gilt auch für eine Rückabwicklung des Veräußerungsgeschäftes auf Grund einer bloßen Vereinbarung der Vertragsparteien, wenn nachweislich (gegenüber dem Parteienvertreter oder dem Finanzamt) die Voraussetzungen für eine gerichtliche Vertragsaufhebung gegeben wären. Die ImmoESt als steuerliche Rechtsfolge eines Geschäfts kann jedoch nicht als Irrtum iSd § 871 ABGB eine gerichtliche ex-tunc- Vertragsauflösung begründen (OGH 29.9.2015, 8 Ob 46/15w; OGH 3.7.1979, 2 Ob 529/79).

Wird eine Schenkung rückabgewickelt, stellt dies ebenfalls keine Veräußerung dar. Werden aber für ein zwischenzeitig vom Geschenknehmer errichtetes Gebäude die Herstellungskosten dem rückübertragenden Geschenknehmer ersetzt, kann bei Überschreitung der Anschaffungs- oder Herstellungskosten eine Veräußerung des Gebäudes bewirkt werden. Beschränkt sich die Entschädigung auf einen reinen Aufwandsersatz bzw. Ersatz der Herstellkosten, ist aber davon auszugehen, dass keine steuerlich relevanten Einkünfte erzielt werden.

Ist bei einer Grundstücksveräußerung zum Zeitpunkt der Rückabwicklung des ursprünglichen Veräußerungsgeschäftes noch kein Abgabenanspruch entstanden, sind die oben dargestellten Grundsätze nicht zu beachten. So lange auf Grund des ursprünglichen Veräußerungsgeschäftes noch kein Abgabenanspruch entstanden ist, ist eine Rückabwicklung dieses Veräußerungsgeschäftes ohne ertragsteuerliche Konsequenzen möglich. Die Rückabwicklung ist somit keine (neue) Veräußerung, sondern kann so gestellt werden, als ob die Veräußerung nie vollzogen wurde.

Es führt auch nicht zu einer anderen Beurteilung, wenn der Steuerpflichtige den noch nicht entstandenen Abgabenanspruch bereits (zum Teil) entrichtet hat.

Der Grundsatz, dass Veräußerung und Anschaffung spiegelbildliche Begriffe sind, wird bei Zuwendungen durch Privatstiftungen durchbrochen. Solche Zuwendungen stellen kein Veräußerungsgeschäft dar. Allerdings gilt eine solche Zuwendung gemäß § 15 Abs. 3 Z 2 lit. a EStG 1988 als Anschaffung beim Zuwendungsempfänger. Als Anschaffungskosten sind die fiktiven Anschaffungskosten im Zeitpunkt der Zuwendung anzusetzen (§ 15 Abs. 3 Z 2 lit. b EStG 1988).

Zu Sonderfragen siehe Rz 6629 ff.

(BMF-AV Nr. 2019/75)

6624 Keine Veräußerung/Anschaffung liegt insbesondere in folgenden Fällen vor:

- Bei Unentgeltlichkeit des Vorgangs, somit insbesondere bei
  - Erbschaft;
  - Vermächtnis (siehe aber zu Ausgleichszahlungen im Zusammenhang mit einem Vermächtnis Rz 134a);
  - Erwerb durch Anrechnung auf den Pflichtteilsanspruch, wenn nach den Grundsätzen der Erbauseinandersetzung keine Veräußerung oder Tausch vorliegt (siehe dazu Rz 134f); dies gilt auch für den Erwerb eines Grundstückes im Wert des Pflichtteils in Folge eines Verzichtes auf den Pflichtteil vor Eintritt des Erbfalles;
  - Schenkung (siehe Rz 6625) unter Lebenden oder auf den Todesfall;
  - bei Spiel oder Wette (siehe aber Rz 6628 zur Objektverlosung).
- In Bezug auf ein im Rahmen einer Übertragung eines Grundstücks zurückbehaltenes oder bereits verbüchert bestehendes Wohn- oder Fruchtgenussrecht gilt Folgendes: Übertragen wird nur das belastete Grundstück. Der Wert des zurückbehaltenen oder bereits verbüchert bestehenden Nutzungsrechtes stellt daher keine Gegenleistung für die Grundstücksübertragung dar. Dabei ist unmaßgeblich, ob das Nutzungsrecht zu Gunsten des Übertragenden oder eines Dritten zurückbehalten wird. Gleiches gilt für sonstige zurückbehaltene Nutzungsrechte (zB Gartenbenützungsrecht, Holzbezugsrecht, Fischereirecht).

  In diesen Fällen ist bei Erbringung von Gegenleistungen (zB Geldbetrag, Wert von zu erbringenden Dienstleistungen) für die Übertragung des belasteten Eigentums zu beurteilen, ob der Wert der Gegenleistung den halben gemeinen Wert des übertragenen (belasteten) Wirtschaftsgutes übersteigt, wodurch ein entgeltlicher Vorgang gegeben wäre.

  Die Übernahme eines bestehenden, aber bloß schuldrechtlich eingeräumten Fruchtgenussrechtes oder Wohnrechtes durch den Erwerber eines Grundstückes stellt dagegen eine Gegenleistung dar, weil es sich um eine bloße Übernahme einer Verbindlichkeit handelt. Ebenso stellt die Einräumung eines Nutzungsrechtes an einem anderen Grundstück eine Gegenleistung dar.
- Soweit das (wirtschaftliche) Eigentum des Steuerpflichtigen lediglich konkretisiert wird. Darunter fallen insbesondere
  - die Umwandlung von schlichtem Miteigentum in Wohnungseigentum und umgekehrt, soweit sich die (wirtschaftlichen) Eigentumsverhältnisse nicht ändern (siehe Rz 6627a),
  - die Realteilung von Grundstücken (siehe Rz 6627);
- Bei der Eigentumsübertragung von Grundstücken oder Grundstücksteilen im Rahmen der Aufteilung des ehelichen Gebrauchsvermögens und der ehelichen Ersparnisse nach den Kriterien des § 83 EheG; sie ist – auch bei Ausgleichszahlungen ohne betragliche Begrenzung – einkommensteuerrechtlich grundsätzlich als Naturalteilung zu werten. Dies gilt auch bei einvernehmlichen Ehescheidungen, bei der Auflösung von eingetragenen Partnerschaften und bei Scheidungen nach ausländischem Recht, wenn die Aufteilung des ehelichen (partnerschaftlichen) Gebrauchsvermögens nach den Grundsätzen des § 83 EheG vorgenommen wird bzw. im Falle einer Scheidung nach ausländischem Recht, wenn die ausländische Rechtsgrundlage für die Aufteilung des ehelichen Gebrauchsvermögens im Wesentlichen den Kriterien des § 83 EheG entspricht. Die Naturalteilung hat die gleichen Rechtswirkungen wie eine unentgeltliche Übertragung, sodass auf die Anschaffungs- oder Herstellungskosten des Rechtsvorgängers abzustellen ist.

  Keine Aufteilung des ehelichen Gebrauchsvermögens oder der ehelichen Ersparnisse liegt dann vor, wenn eheliches Gebrauchsvermögen oder eheliche Ersparnisse mit Wirtschaftsgütern getauscht werden, die gemäß § 82 EheG nicht der Aufteilung unterliegen. In diesem Fall liegt insgesamt ein steuerbarer Tauschvorgang vor. Gemäß § 82 EheG unterliegen zB Wirtschaftsgüter, die zu einem Unternehmen gehören, Anteile an einem Unternehmen wie zB an einer GmbH oder einer Personengesellschaft nicht der Aufteilung. Der Aufteilung gemäß § 82 EheG unterliegen Anteile an einem Unternehmen aber dann, wenn es sich um eine bloße Wertanlage handelt; dies ist dann der Fall, wenn die Beteiligung mit keinem maßgeblichen Einfluss auf das Unternehmen verbunden ist, wobei ein maßgeblicher Einfluss bereits dann gegeben ist, wenn die bloße rechtliche Möglichkeit dazu besteht, ohne diese auszuüben (OGH 24.7.2014, 1 Ob 132/14i).

  Wird im Zuge einer Ehescheidung die gemeinsame Ehewohnung veräußert und der Veräußerungserlös anschließend entsprechend den Miteigentumsanteilen aufgeteilt, fällt dies nicht unter die Aufteilung des ehelichen Gebrauchsvermögens nach § 83 EheG, da das eheliche Gebrauchsvermögen veräußert und nicht aufgeteilt wird.

- Bei dem Übergang des anteiligen Wohnungseigentums gemäß § 14 WEG 2002 an den überlebenden Partner einer Eigentümerpartnerschaft im Sinne des § 13 WEG 2002; die Entrichtung einer Entschädigung an die Verlassenschaft des verstobenen Partners gemäß § 14 Abs. 2 WEG 2002 stellt keine Gegenleistung im Sinne eines Veräußerungsvorganges dar. Wird allerdings gemäß § 14 Abs. 1 Z 2 WEG 2002 das anteilige Wohnungseigentum an einen Dritten entgeltlich übertragen, stellt dies eine Veräußerung durch die Verlassenschaft und somit idR durch die Erben (siehe dazu Rz 9) dar.
- Bei der Übernahme eines Kleingartenpachtvertrages gemäß § 15 Kleingartengesetz nach dem Tod des bisherigen Pächters. Der Unterpachtvertrag und das im wirtschaftlichen Eigentum befindliche Kleingartenhaus (siehe dazu Rz 6621) gehen nicht in die Verlassenschaft ein, weil der Pachtvertrag grundsätzlich mit dem Tod des Pächters endet. Nutzt einer der nach § 15 Kleingartengesetz Eintrittsberechtigten (Ehegatte, Verwandte in gerader Linie, Wahlkinder des Verstorbenen oder eine andere Person, die an der Bewirtschaftung des Kleingartens in den letzten fünf Jahren maßgeblich mitgewirkt hat) sein Eintrittsrecht, muss dieser einen Ersatzanspruch gegenüber der Verlassenschaft erfüllen. Mangels wirtschaftlichem Eigentum der Erben am Kleingartenhaus liegt keine Veräußerung durch die nicht eintretenden Erben vor; der Eintrittsberechtigte erwirbt unmittelbar von Todes wegen das wirtschaftliche Eigentum am Kleingartenhaus.
- Bei der Herstellung von Gebäuden (siehe dazu Rz 6646 f). Zu beachten ist jedoch, dass durch den Bau eines Gebäudes auf eigenem Grund und Boden das Gebäude ein neues Wirtschaftsgut darstellt (siehe dazu Rz 6654). Hinsichtlich des Gebäudes ist jedoch bei Vorliegen der gesetzlichen Voraussetzungen die Herstellerbefreiung (§ 30 Abs. 2 Z 2 EStG 1988) anzuwenden;
- Bei der Entnahme von Grundstücken (VwGH 28.2.1973, 0900/72). Soweit es dabei zur Aufdeckung stiller Reserven kommt, tritt der Entnahmewert für alle steuerrelevanten weiteren Vorgänge (Veräußerung, Wiedereinlage) an die Stelle der tatsächlichen Anschaffungskosten (§ 6 Z 4 EStG 1988). Wird ein bebautes Grundstück entnommen, sind die stillen Reserven des Gebäudes zu versteuern (ausgenommen bei Anwendung des § 24 Abs. 6 EStG 1988). Der Entnahmewert tritt daher an die Stelle der Anschaffungskosten des Gebäudes. Im Zuge einer späteren Veräußerung des Grundstückes aus dem Privatvermögen ist daher der Veräußerungserlös auf Grund und Boden und Gebäude aufzuteilen. Alt-Grund und Boden kann dabei nach der pauschalen Gewinnermittlung gemäß § 30 Abs. 4 EStG 1988 versteuert werden, das (zum 31.3.2012 steuerverfangene) Gebäude ist nach § 30 Abs. 3 EStG 1988 zu erfassen.
- Erwirbt ein Miteigentümer aus Anlass einer Teilungsklage im Wege einer Versteigerung gemäß § 352 EO das gesamte Grundstück, liegt eine Anschaffung nur hinsichtlich der von den anderen Miteigentümern erworbenen Miteigentumsanteile vor. Hinsichtlich seines eigenen Miteigentumsanteiles liegt kein Veräußerungs- und Anschaffungsvorgang vor.

(BMF-AV Nr. 2015/133, BMF-AV Nr. 2018/79)

Schenkung, Übergabeverträge **6625**

Eine Schenkung ist grundsätzlich nur bei Vermögensübertragungen unter (nahen) Angehörigen anzunehmen (Fremde pflegen einander gewöhnlich nichts zu schenken). Ertragsteuerlich wird in Anwendung der wirtschaftlichen Betrachtungsweise auch bei einer gemischten Schenkung Unentgeltlichkeit des gesamten Vorgangs angenommen (keine „Teilentgeltlichkeit"; siehe dazu Rz 5571 f, zur gemischten Rente siehe aber unten), wenn insgesamt Zuwendungsabsicht besteht und der Schenkungscharakter des Geschäftes überwiegt (VwGH 18.09.1964, 1118/64; VwGH 21.10.1966, 1484/65; VwGH 03.03.1967, 0721/66; VwGH 24.06.2009, 2007/15/0113). § 20 Abs. 1 Z 4 EStG 1988 geht davon aus, dass die Voraussetzungen erfüllt sind, wenn die Gegenleistung 50% des gemeinen Wertes des übertragenen Wirtschaftsgutes nicht erreicht.

Zur Übertragung gegen Rente siehe Rz 7001 ff.

Für die steuerliche Behandlung von Grundstückstransaktionen im Zusammenhang mit vorweggenommenen Erbfolgeregelungen gelten folgende allgemeine Grundsätze:

- Ausgleichzahlungen für anderen Erbberechtigten überlassene Grundstücksanteile sind nur dann potentiell steuerlich relevant, wenn es auch zu Leistungen aus der Vermögenssphäre des Übernehmers kommt.
- Für Ausgleichszahlungen aus der Vermögenssphäre des Übernehmers ist die Überwiegensregel des § 20 Abs. 1 Z 4 EStG 1988 zu beachten. Beträgt die Ausgleichszahlung mindestens 50% des gemeinen Wertes des Grundstückes, liegt eine Veräußerung durch den Übergeber des Grundstückes vor. Die Übernahme der Ausgleichszahlung durch den Grundstückserwerber gilt dabei als Gegenleistung an den Grundstücksübergeber

(auch wenn der Zahlungsweg verkürzt wird und der Betrag an eine andere Person fließt) und ist bei diesem als Veräußerungserlös zu erfassen.

Beispiel:

Vom Vater wird eine Liegenschaft im Wert von 1.000 an den Sohn übertragen. Dieser verpflichtet sich im Gegenzug, eine Ausgleichszahlung in Höhe von 600 an seine Schwester zu leisten. Die Ausgleichszahlung (600) beträgt mehr als 50% des gemeinen Werts des Grundstücks (500). Es liegt daher eine Veräußerung durch den Vater vor (dh. Steuerpflicht beim Vater).

Beträgt die Ausgleichszahlung weniger als 50% des gemeinen Wertes des übertragenen Grundstückes, liegt ein unentgeltlicher Erwerb vor.

Die Verpflichtung, einen allfälligen Veräußerungserlös mit anderen Erbberechtigten zu teilen, stellt dagegen keine Verpflichtung zur Leistung einer Ausgleichszahlung aus der eigenen Vermögenssphäre dar. Es liegt daher kein entgeltlicher Vorgang vor. Die spätere Veräußerung der Eigentumswohnung führt aber zur Steuerpflicht beim Veräußerer, wobei die nachfolgende teilweise Weitergabe des Verkaufserlöses an die anderen Erbberechtigten (Kinder) eine steuerlich unbeachtliche Einkünfteverwendung darstellt.

Wird der „weichende Erbe" mit einem Teil des übertragenen Grundstückes abgefunden, kommt es zu keiner Realisierung der im Grundstück enthaltenen stillen Reserven; es gelten die Grundsätze der Grundstücksrealteilung (siehe Rz 6627).

Für Schenkungen auf den Todesfall gelten die Regeln der Erbauseinandersetzung; siehe Rz 134a ff.

(BMF-AV Nr. 2018/79)

6625a Auch die Übernahme von Verbindlichkeiten stellt eine Gegenleistung dar (siehe Rz 6655). Dabei gilt Folgendes:

- Bei Vereinbarung einer Gesamtschuldnerschaft ist ohne Vereinbarung einer Regressregelung im Innenverhältnis davon auszugehen, dass sich ein Schuldner bis zur Hälfte der Schuld bei dem anderen Schuldner regressieren kann. Ist eine Regressregelung im Innenverhältnis vereinbart, ist als Gegenleistung nur der Teil der Gesamtschuld anzusetzen, die vom Erwerber endgültig zu tragen ist.
- Bei der Vereinbarung einer Gütergemeinschaft ist zu unterscheiden:
  - Ist iZm der Vermögensübertragung eine konkrete Leistung und Gegenleistung nicht identifizierbar, kann die Vereinbarung einer ehelichen Gütergemeinschaft nicht als entgeltliche Vermögensübertragung beurteilt werden.
  - Kann die Vereinbarung einer Gütergemeinschaft in eine konkrete Leistung und Gegenleistung aufgelöst werden, stellt sie wirtschaftlich eine wechselseitige und somit (potentiell) entgeltliche Vermögensübertragung durch die Ehepartner dar (dabei ist die 50%-Grenze zu beachten; siehe Rz 6625 und 6626).

(BMF-AV Nr. 2015/133)

6626 **Tausch**

Tauschvorgänge sind grundsätzlich immer als Veräußerungsvorgänge (und Anschaffungsvorgänge) zu werten; werden aber unter nahen Angehörigen Grundstücke getauscht, deren Werte sich um mehr als 50% unterscheiden, stellt dies in der Regel ein Rechtsgeschäft mit Bereicherungsabsicht dar. Es liegt daher insgesamt für alle Beteiligten ein unentgeltliches Rechtsgeschäft vor. Dies gilt insbesondere für Grundstückstäusche im Rahmen einer Erbauseinandersetzung.

Stellt der Tausch einen Veräußerungs- und Anschaffungsvorgang dar, ist als Veräußerungserlös des hingegebenen und gleichzeitig als Anschaffungskosten des erhaltenen Grundstücks jeweils der gemeine Wert des hingegebenen Grundstücks anzusetzen (vgl. § 30 Abs. 1 letzter Satz iVm § 6 Z 14 lit. a EStG 1988); der Veräußerungserlös fließt allerdings erst in jenem Zeitpunkt zu, zu dem der Steuerpflichtige das wirtschaftliche Eigentum über das erhaltene Grundstück erlangt. Werden Grundstücke getauscht, liegt – sofern keine Steuerbefreiung eingreift (siehe zB zur Flurbereinigung uä. Rz 6652) – bei jedem der Tauschpartner ein steuerpflichtiger Vorgang vor. Durch Ausgleichszahlungen vorgenommene Wertauf- oder -abstockungen sind nur für die Ermittlung des Anschaffungspreises (zB für eine spätere Veräußerung), nicht jedoch für die Ermittlung des Veräußerungserlöses (der Einkünfte nach § 30 EStG 1988) zu berücksichtigen. Die Anschaffungskosten des erhaltenen Grundstückes setzen sich demnach aus dem gemeinen Wert des hingegebenen Grundstückes zuzüglich der geleisteten Aufzahlung zusammen. Beim Tauschpartner sind die Anschaffungskosten des erhaltenen Grundstückes der Wert des von ihm hingegebenen Grundstücks abzüglich der erhaltenen Aufzahlung (vgl. auch Rz 2592).

(BMF-AV Nr. 2018/79)

Beispiel:

Das Grundstück X (Altgrundstück; AK: 50.000; gemeiner Wert 70.000) steht im Eigentum von A und das Grundstück Y (Neugrundstück; AK: 80.000; gemeiner Wert 120.000) im Eigentum von B. Es werden die Grundstücke getauscht, sodass Grundstück X im Eigentum von B und Grundstück Y im Eigentum von A entsteht. A zahlt außerdem an B eine Ausgleichszahlung von 50.000.

Die Einkünfte ermitteln sich wie folgt:

a) A gibt Grundstück X (gemeiner Wert 70.000) an B und erhält dafür von B dessen Grundstück Y (120.000); zusätzlich leistet A eine Ausgleichszahlung von 50.000. Er realisiert dadurch Einkünfte nach § 30 Abs. 4 EStG 1988 von 70.000 Veräußerungserlös x 14% = 9.800. Die Regeleinkünfteermittlung könnte beantragt werden.

b) B gibt das Grundstück Y (gemeiner Wert 120.000) an A und erhält dafür von A dessen Grundstück Y (70.000) und bekommt eine Ausgleichszahlung von 50.000. Er realisiert dadurch nach § 30 Abs. 3 EStG 1988 (vereinfachend ohne Berücksichtigung von Kosten der Mitteilung oder Selbstberechnung) ermittelte Einkünfte nach § 30 EStG 1988 von 120.000 Veräußerungserlös abzüglich 80.000 Anschaffungskosten = 40.000.

Die Ausgleichszahlung wirkt sich hier nur für die Ermittlung der Anschaffungskosten der erworbenen „Grundstückshälften" aus und beträgt nunmehr:

a) Für A 120.000 (70.000 zuzüglich 50.000, die A als zusätzliches Entgelt für das Grundstück Y bezahlt hat).

b) Für B 70.000 (120.000 abzüglich 50.000, die B als zusätzliches Entgelt für den das Grundstück X erhalten hat).

Ein steuerpflichtiger Tausch liegt auch dann vor, wenn Miteigentumsanteile an Grundstücken, welche bewertungsrechtlich keine wirtschaftliche Einheit bilden, zur Begründung von Alleineigentum getauscht werden.

Ebenso kommen auf die Zusammenlegung von Teilflächen zu einer Miteigentümergemeinschaft (zB zur besseren Gestaltung von Bauland) und die nachfolgende Realteilung die Tauschregeln zur Anwendung, soweit der Vorgang nicht nach § 30 Abs. 2 Z 4 EStG 1988 befreit ist (siehe dazu Rz 6652). Ob zunächst Miteigentum begründet und dieses in der Folge geteilt wird oder ob zwischen den Eigentümern benachbarter Grundstücke mehrere Tauschverträge geschlossen werden, darf zu keiner unterschiedlichen steuerlichen Beurteilung führen. Nur hinsichtlich jener Flächen, die in Erfüllung der Vereinbarung wiederum an die früheren (Mit-)Eigentümer zurückfallen, ist nicht von einer Anschaffung auszugehen (VwGH 28.11.2002, 2000/13/0155).

(BMF-AV Nr. 2015/133)

Realteilung 6627

Bei der Realteilung eines im Miteigentum stehenden Grundstücks bzw. einer Mehrzahl von Grundstücken (zB Grund und Boden und Gebäude), welche aber bewertungsrechtlich eine wirtschaftliche Einheit (§ 2 BewG 1955) bilden, liegt wirtschaftlich betrachtet keine Veräußerung/Anschaffung vor, soweit nicht eine Geldabfindung mit außerhalb der Teilungsmasse befindlichen Wirtschaftsgütern geleistet wird (VwGH 22.06.1976, 0507/74, 0509/74, 0529/74). Dazu zählt zB auch die Übernahme von Verbindlichkeiten; diese zählen selbst dann nicht zur Teilungsmasse, wenn sie untrennbar mit der Liegenschaft verbunden sind. Im Falle von Verschiebungen der Wertverhältnisse ist die „Realteilung" als zweistufiger Vorgang zu werten (Aufteilung entsprechend der Wertverhältnisse und nicht nach Fläche): In einem ersten Schritt erfolgt die Aufteilung entsprechend der bisherigen Miteigentumsquote(n). In einem zweiten Schritt erfolgt die Verschiebung der Wertverhältnisse. Erfolgt die Verschiebung der Wertverhältnisse gegen die Leistung einer Ausgleichszahlung, die mindestens 50% des von der Verschiebung betroffenen anteiligen gemeinen Wertes ausmacht, liegt eine Teilveräußerung vor. Diese Grundsätze gelten unabhängig davon, ob ein Grundstück auf alle Miteigentümer zur Begründung von Alleineigentum aufgeteilt wird, oder ob ein Grundstücksteil lediglich an einen oder mehrere Miteigentümer „abgeteilt" wird und der Rest des Grundstückes im Miteigentum der übrigen oder aller bisherigen Miteigentümer verbleibt.

Beispiel:

Ein Grundstück steht je zur Hälfte im Miteigentum von A und B. Der gemeine Wert des Grundstücks beträgt 100.000 Euro. Zusätzlich ist das Grundstück mit einer Hypothek in Höhe von 40.000 Euro belastet. Das Miteigentum wird nach den Wohnungsgrößen aufgeteilt. A erhält eine Wohnung mit einem gemeinen Wert von 70.000 Euro und B eine Wohnung mit einem gemeinen Wert von 30.000 Euro. Die Verbindlichkeit wird im selben

Verhältnis wie die Wohnungen aufgeteilt (A übernimmt 28.000 Euro an Verbindlichkeiten, B 12.000 Euro).

In einem ersten Schritt erfolgt die Aufteilung entsprechend der bisherigen Miteigentumsquoten. In einem zweiten Schritt erfolgt die Verschiebung der Wertverhältnisse des Grundstücks (70/30 statt 50/50). Wenn Ausgleichszahlungen mit außerhalb der Teilungsmasse gelegenen Wirtschaftsgütern geleistet werden, die mindestens 50% des von der Verschiebung betroffenen anteiligen gemeinen Wertes (20.000 Euro) ausmachen, liegt ein entgeltlicher Vorgang (Teilveräußerung) vor. Da die Übernahme der Verbindlichkeiten nicht zur Teilungsmasse gehört, handelt es sich um eine Leistung mit Wirtschaftsgütern außerhalb der Teilungsmasse. A übernimmt Verbindlichkeiten in Höhe von 28.000 Euro, somit um 8.000 Euro mehr, als er entsprechend der Miteigentumsquote übernehmen müsste. Da die Gegenleistung nicht 50% des verschobenen gemeinen Wertes erreicht, liegt kein Veräußerungsvorgang vor.

Im Ausmaß der Verschiebung der Wertverhältnisse, ändert sich der Charakter als Altgrundstück hinsichtlich des erworbenen Grundstücksteils. Für eine nachfolgende Veräußerung liegt daher eine anteilige Anschaffung eines Neugrundstücks vor.

Beispiel:

Ein Grundstück steht je zur Hälfte im Miteigentum von A und B. Die Anschaffungskosten betragen 20.000 Euro und der gemeine Wert beträgt 100.000 Euro. A und B kommen überein, das Grundstück zu teilen. Dabei erhält A einen Teil, dessen Wert 60.000 Euro beträgt und der Teil des B hat einen Wert von 40.000 Euro. A muss daher an B einen Wertausgleich in Höhe von 10.000 Euro zahlen. Die Ausgleichszahlung entspricht der Wertverschiebung, sodass ein entgeltlicher Vorgang gegeben ist.

Bezogen auf den Wert des Grundstücksanteiles des B vor der Teilung (50.000 Euro) kommt es zu einer Wertverschiebung im Umfang von 20%. Als Anschaffungskosten des durch B veräußerten Grundstücksteiles sind daher 20% der auf ihn entfallenden AK (10.000 Euro) anzusetzen. Der erhaltenen Ausgleichszahlung sind daher anteilige AK von 2.000 Euro gegenüberzustellen. Der Veräußerungsgewinn beträgt daher 8.000 Euro.

Bei A erhöhen sich die auf ihn entfallenden Anschaffungskosten von 10.000 Euro um die gezahlte Ausgleichszahlung und betragen daher insgesamt 20.000 Euro.

Werden aneinandergrenzende Grundstücke (im Alleineigentum verschiedener Steuerpflichtiger) zu einem Grundstück (im Miteigentum aller Beteiligten) vereinigt, sind die Grundsätze der Realteilung sinngemäß anzuwenden, es sei denn das vereinigte Grundstück ist dem Betriebsvermögen einer Mitunternehmerschaft zuzurechnen.

Die Aufgabe des Miteigentums an einem Grundstück gegen Übertragung des Alleineigentums an einem anderen Grundstück stellt keine Realteilung dar. Es liegt ein Tauschvorgang und somit eine Veräußerung im Sinne des § 30 EStG 1988 vor.

Wird keine Ausgleichszahlung (zwischen Fremden) geleistet, ist anzunehmen, dass eine wertäquivalente Aufteilung erfolgt („Fremde pflegen einander nichts zu schenken").

Bei Zivilteilung einer Liegenschaft und der damit verbundenen Veräußerung im Wege der öffentlichen Feilbietung liegt eine Veräußerung iSd § 30 EStG 1988 vor (VwGH 16.9.1975, 0733/75).

Eine unentgeltliche Anteilsberichtigung anlässlich der Begründung von Wohnungseigentum oder bei Änderungen der Nutzwerte stellt grundsätzlich keinen Veräußerungsvorgang dar (siehe bereits Rz 6624). Werden allerdings Ausgleichszahlungen (Spitzenausgleich) geleistet, besteht wie bei der Realteilung insoweit Steuerpflicht.

Eine vergleichsmäßige Festlegung eines unklaren Grenzverlaufes oder unklarer Eigentumsverhältnisse stellt ebenfalls keinen Tausch dar. Dagegen liegt dann ein Tauschvorgang vor, wenn ein klarer Grenzverlauf durch einen anderen ersetzt wird oder unstrittige Eigentumsverhältnisse einer Neuregelung unterzogen werden.

Die Einlage von Grundstücken in eine Kapitalgesellschaft gilt nach § 6 Z 14 lit. b EStG 1988 als Tausch.

Kein Tausch ist die Zuwendung von Grundstücken an eine Privatstiftung (siehe Rz 6624).

(BMF-AV Nr. 2018/79)

6627a Parifizierung

Die erstmalige Parifizierung von Eigentumswohnungen stellt keinen Veräußerungsbzw. Anschaffungsvorgang dar (siehe Rz 6624). Wie bei einer Realteilung liegt eine Konkretisierung der bisherigen Miteigentumsanteile vor und das Wohnungseigentum tritt an die Stelle des bisherigen Miteigentums (bzw. auch Alleineigentums bei Parifizierung von im Alleineigentum stehenden Grundstücken). Somit tritt auch die Eigentumswohnung in die Rechtstellung des bisherigen (anteiligen) Grundstücks ein und es setzen sich die Anschaffungskosten und eine allfällige (anteilige) Altvermögenseigenschaft des Miteigentumsanteiles im geteilten Grundstück fort. Dies gilt sinngemäß auch für den Fall, in dem am ungeteilten Grundstück Alleineigentum des nunmehrigen Wohnungseigentümers aller neuen Eigentumswohnungen bestanden hat.

Beispiel:

A und B erben je zur Hälfte im Jahr 1999 ein Zinshaus mit 10 Mietwohnungen. Im Jahr 2005 kauft A auch den Hälfteanteil des B. Im Jahr 2014 lässt er das Gebäude parifizieren und die Wohnungen in Eigentumswohnungen umwandeln (Begründung von vorläufigem Wohnungseigentum), um diese besser veräußern zu können. Das (vorläufige) Wohnungseigentum tritt an die Stelle des bisherigen Alleineigentums des A. Somit stellen die Eigentumswohnungen bei A je zur Hälfte Alt- und Neuvermögen dar.

Spätere neue Festsetzungen der Nutzwerte gemäß § 9 Abs. 2 WEG 2002 stellen ebenfalls keinen Veräußerungs- bzw. Anschaffungsvorgang dar, wenn keine Gegenleistung erbracht wird.

(BMF-AV Nr. 2015/133)

Zivilteilung **6627b**

Erwirbt ein Miteigentümer aus Anlass einer Teilungsklage im Wege der Versteigerung die gesamte Liegenschaft, dann liegt eine Anschaffung nur hinsichtlich der erworbenen Miteigentumsanteile vor. Anschaffungskosten für die erworbenen Miteigentumsanteile sind nur die Teile des Meistbotes, die auf die weichenden bisherigen Miteigentümer entfallen.

(BMF-AV Nr. 2015/133)

Grundstücksverlosung **6628**

Beim Verloser eines Grundstücks ist in wirtschaftlicher Betrachtung – ungeachtet der Bezeichnung als „Verlosung“ – ertragsteuerlich ein Veräußerungsgeschäft anzunehmen. Der Verloser hat nicht die Absicht, das Grundstück unentgeltlich zu übertragen, sondern einen – einer „klassischen“ Veräußerung vergleichbaren – Gewinn zu erzielen.

Der Verloser verwirklicht daher den Veräußerungstatbestand (zu den Steuerbefreiungen siehe Rz 6632 ff). Veräußerungserlös ist der Gesamterlös aller verkauften Lose.

Der Lospreis ist im Rahmen eines synallagmatischen Verhältnisses an den Gesamtwert des verlosten Objektes gebunden. Unter diesem Aspekt und unter Beachtung, dass die Begriffe „Veräußerung“ und „Anschaffung“ korrespondierend sind (siehe Rz 6623), führt die Veräußerung auf Seiten des „Verlosers“ daher auf Seiten des „Gewinners“ zu einem Anschaffungsvorgang.

Die Anschaffungskosten entsprechen seinem Lospreis zuzüglich der Anschaffungsnebenkosten. Veräußert der „Gewinner“ seinerseits das Grundstück, liegen bei ihm Einkünfte nach § 30 EStG 1988 vor. Die Besteuerung der vollen Differenz zwischen den Anschaffungskosten und dem Veräußerungserlös (abzüglich allfälliger zwischenzeitiger Herstellungs- oder Instandsetzungskosten) entspricht dem Grundsatz der Besteuerung nach der Leistungsfähigkeit.

(AÖF 2013/280)

22.4.2.2 Sonderfragen zum Einkünftetatbestand

(AÖF 2013/280)

Ein „Vorvertrag“ (oder ähnliche Vereinbarungen) ist ein Vertrag, dessen Gegenstand die Verpflichtung zum Vertragsabschluss zu einem späteren Zeitpunkt ist. Bei Kaufverträgen ist im Zweifel allerdings nicht der Abschluss eines Vorvertrages anzunehmen, sondern der Abschluss des unmittelbaren Verpflichtungsgeschäftes, weil die wesentlichen Vertragsinhalte (Kaufgegenstand und Preis) mit denen des intendierten Hauptvertrages ident sein müssen (OGH 13.7.1993, 4Ob519/93). **6629**

Der Zeitpunkt des förmlichen Abschlusses des Kaufvertrages ist dann nicht maßgebend, wenn schon vorher ein Tatbestand verwirklicht wurde, der den wirtschaftlichen Vorteil eines Verkaufsgeschäftes für beide Vertragsteile vorwegnimmt (VwGH 17.12.1965, 2372/64; VwGH 23.2.1971, 1753/70; VwGH 20.11.1997, 96/15/0256).

Erfolgt die Nutzung einer Eigentumswohnung auf Basis eines Anwartschaftsvertrages (zum Erwerb des Wohnungseigentums), führt der Abschluss dieses Vertrages zur Anschaffung der Wohnung, auch wenn der förmliche Abschluss des Kaufvertrages erst später erfolgt (VwGH 9.11.1988, 87/13/0096). Im Unterschied dazu führt der Abschluss eines Mietvertrages mit Kaufoption nicht zur Anschaffung der Wohnung (zum Anschaffungszeitpunkt bei Kaufoptionen siehe Rz 6623).

(BMF-AV Nr. 2015/133)

6630 In wirtschaftlicher Betrachtungsweise macht es bei der Ermittlung der Einkünfte keinen Unterschied, ob dem Veräußerer die wirtschaftlichen Vorteile vom Erwerber oder von Dritten (am Zustandekommen des Veräußerungsgeschäftes interessierten) Personen gewährt werden (VwGH 28.11.2000, 97/14/0032).

(AÖF 2013/280)

6631 Vom Tatbestand des § 30 EStG 1988 sind grundsätzlich auch ausländische Grundstücke betroffen. Auch bei diesen Grundstücken ist zu unterscheiden, ob diese bei einer gedanklichen Veräußerung zum 31.3.2012 nach § 30 EStG 1988 idF vor dem 1. StabG 2012 steuerhängig gewesen wären oder nicht (bei dieser Prüfung ist nicht relevant, ob nach dem anzuwendenden DBA Österreich ein Besteuerungsrecht zukommt).

Da bei am 31.3.2012 beschränkt Steuerpflichtigen die Veräußerung eines ausländischen Grundstücks mangels Nennung in § 98 EStG 1988 nicht steuerbar war, war das Grundstück auch nicht steuerhängig. Daher können die Einkünfte nach § 30 Abs. 4 EStG 1988 ermittelt werden, wenn ein bislang beschränkt Steuerpflichtiger mit einem ausländischen Grundstück, das er bereits am 31.3.2012 in seinem Vermögen hatte, nach dem 31.3.2012 nach Österreich zuzieht und in der Folge das Grundstück veräußert (siehe auch Rz 6654).

Kommt bezüglich ausländischer Grundstücke auf Grund eines DBA die Befreiungsmethode zur Anwendung, sind die Einkünfte aus der Grundstücksveräußerung nicht im Wege des Progressionsvorbehaltes zu berücksichtigen, weil die Einkünfte aus Grundstücksveräußerungen auf Grund des besonderen Steuersatzes keine progressionserhöhende Wirkung entfalten. In diesem Fall ist auch keine besondere Vorauszahlung durch den Veräußerer zu entrichten. Wird von der Regelbesteuerungsoption Gebrauch gemacht oder unterliegt die Grundstücksveräußerung gemäß § 30a Abs. 3 oder Abs. 4 EStG 1988 nicht dem besonderen Steuersatz, sind die Einkünfte aus der Veräußerung des ausländischen Grundstückes für den Progressionsvorbehalt zu berücksichtigen.

Kommt bezüglich ausländischer Grundstücke auf Grund eines DBA die Anrechnungsmethode zur Anwendung, sind die Einkünfte entsprechend des inländischen Rechts der Besteuerung zu unterwerfen und die auf diese Einkünfte entfallende ausländische Steuer ist anzurechnen. Für solche Einkünfte ist mangels Anwendbarkeit des Regimes der ImmoESt eine besondere Vorauszahlung zu leisten, sofern nicht die Ausnahmen von der besonderen Vorauszahlung gemäß § 30b Abs. 4 und 5 EStG 1988 zur Anwendung kommen.

(BMF-AV Nr. 2021/65)

22.4.3 Steuerbefreiungen (§ 30 Abs. 2 und § 3 Abs. 1 Z 33 EStG 1988)

(AÖF 2013/280)

22.4.3.1 Hauptwohnsitzbefreiung

(AÖF 2013/280)

22.4.3.1.1 Eigenheim, Eigentumswohnung

(AÖF 2013/280)

6632 Eigenheime und Eigentumswohnungen samt Grund und Boden fallen nicht unter die Steuerpflicht nach § 30 EStG 1988, wenn sie dem Veräußerer durchgehend

- seit der Anschaffung oder Herstellung (Fertigstellung), mindestens aber seit zwei Jahren (1. Tatbestand) oder
- für mindestens fünf Jahre innerhalb der letzten zehn Jahre vor der Veräußerung (2. Tatbestand)

als Hauptwohnsitz gedient haben, und in beiden Fällen der Hauptwohnsitz aufgegeben wird.

Gegenüber der Hauptwohnsitzbefreiung im Rahmen des Spekulationstatbestandes bis 31.3.2012 sind folgende Änderungen gegeben:

- Hauptwohnsitzzeiten als „Wohnungseigentumsbewerber“ zählen bereits mit (siehe Rz 6640).
- Eine verlängerte Toleranzfrist von einem Jahr (bisher etwa sechs Monate) für die Begründung und die Aufgabe des Hauptwohnsitzes (siehe Rz 6641).
- die Fünfjahresfrist (2. Tatbestand, siehe Rz 6642),
- das Erfordernis der Aufgabe des Hauptwohnsitzes im Rahmen der Veräußerung (siehe Rz 6643),
- die Voraussetzung, dass der Veräußerer selbst das Hauptwohnsitzerfordernis erfüllt (siehe Rz 6644).

(AÖF 2013/280)

Die Begriffe „Eigenheim" und „Eigentumswohnung" sind nach der Legaldefinition des § 18 Abs. 1 Z 3 lit. b EStG 1988 auszulegen. Demnach ist **6633**

- ein Eigenheim ein Wohnhaus mit nicht mehr als zwei Wohnungen,
- eine Eigentumswohnung eine Wohnung iSd Wohnungseigentumsgesetzes (es muss daher zumindest im Zeitpunkt der Veräußerung der Wohnungseigentumsvertrag iSd § 3 Abs. 1 Z 1 WEG 2002 abgeschlossen worden sein) oder eine vergleichbare ausländische Wohnung

wenn mindestens 2/3 der Gesamtnutzfläche eigenen Wohnzwecken dienen; unschädlich ist es aber, wenn mehr als 1/3 der Gesamtnutzfläche von nahen Angehörigen oder fremden Dritten unentgeltlich für Wohnzwecke genutzt werden. Zur Gesamtnutzfläche zählen nur Räume, die betrieblich genutzt werden oder die bewohnbar ausgestattet sind.

Als Eigenheim kann nur ein Wohnhaus angesehen werden, das dazu geeignet ist, ganzjährige Wohnbedürfnisse zu befriedigen. Die Eignung zu diesem Zweck ist nach den tatsächlichen Verhältnissen unter Heranziehung der Verkehrsauffassung zu beurteilen. Weiters kommt es bei der Beurteilung der Frage, ob ein Wohnhaus vorliegt, auf dessen bauliche Gestaltung und die auf Grund seiner Ausstattung bestehende objektive Eignung, dieses dauernd zu bewohnen, und nicht so sehr auf eine vollständige Einrichtung an (VwGH 19.9.1989, 88/14/0179). Ein ehemaliges Hotel – auch wenn es teilweise als Hauptwohnsitz benutzt wurde – stellt daher kein Eigenheim dar.

Eine Eigentumswohnung iSd § 18 Abs. 1 Z 3 lit. b EStG 1988 bzw. iSd WEG 2002 liegt nicht vor, wenn mit bloßem ideellem Miteigentum nur eine Benützungsvereinbarung einer Wohnung verbunden ist (siehe VwGH 22.11.2017, Ra 2017/13/0002).

Schädlich ist beispielsweise die Nutzung für betriebliche Zwecke, als häusliches Arbeitszimmer im Rahmen der nichtselbständigen Einkünfte oder die Vermietung für fremde Wohnzwecke (VwGH 27.8.1991, 90/14/0240), wenn diese insgesamt mehr als 1/3 der Nutzfläche umfasst. Dies gilt auch dann, wenn diesbezüglich aufgrund einer ertragsteuerlichen Beurteilung als Liebhaberei keine Einkunftsquelle vorliegt.

Es ist für die Anwendbarkeit der Befreiung nicht erforderlich, dass entsprechende Sonderausgaben geltend gemacht worden sind oder geltend gemacht hätten werden können. Die Eigenschaft als Eigenheim muss während des gesamten unten näher erläuterten Zeitraumes der Nutzung als Hauptwohnsitz gewahrt sein (siehe dazu Rz 6639). Dies gilt jedoch nicht für eine Eigentumswohnung; hier ist es ausreichend, wenn eine solche zum Zeitpunkt der Veräußerung vorliegt (VwGH 24.1.2018, Ra 2017/13/0005; zu den Auswirkungen einer Parifizierung siehe auch Rz 6640). Für die Hauptwohnsitzbefreiung ist auch das (wirtschaftliche) Eigentum des Veräußerers während der gesamten Behaltedauer erforderlich, ausgenommen bei Schenkung oder Erbschaft (siehe Rz 6642).

(BMF-AV Nr. 2021/65)

Bei land- und forstwirtschaftlichen Anwesen, bei welchen das Wohngebäude an das Wirtschaftsgebäude (Stall, Tenne) angebaut ist und mit diesem eine bauliche Einheit darstellt, ist bei einem für Wohnzwecke genutzten Anteil von mindestens 20% der Gesamtnutzfläche (siehe dazu Rz 566 iVm Rz 559) trotz baulicher Verbindung in folgenden Fällen von einem eigenen Wohngebäude auszugehen: **6633a**

- An ein bestehendes Wirtschaftsgebäude wurde ein Wohngebäude angebaut – Verbindungstüren oder ein als Verbindung dienender Vorraum sind dabei unschädlich.
- Wohngebäude und Wirtschaftsgebäude wurden zusammen neu errichtet, aufgrund der baulichen Gestaltung ist aber trotz der baulichen Verbindung nach außen hin erkennbar, dass kein einheitliches Gebäude vorliegt – Verbindungstüren oder ein als Verbindung dienender Vorraum sind dabei unschädlich.
- Wohngebäude und Wirtschaftsgebäude wurden zusammen in einem Gebäudeblock errichtet (einheitliches Dach, einheitliche Fassade) – trotz dieser baulichen Gestaltung ist von zwei verschiedenen Gebäuden auszugehen, wenn folgende Trennung zwischen Wohn- und Wirtschaftsgebäude vorliegt:
  - Eine Feuermauer zwischen Wohn- und Wirtschaftsgebäude,
  - eine Verschachtelung von Wohn- und Wirtschaftsräumen (zB im Erdgeschoß Wirtschaftsräume, im Obergeschoß Wohnräume) ist nicht gegeben und
  - die Zweckwidmung, inwieweit Wohnräume oder Wirtschaftsräume vorliegen, ist aufgrund objektiver Kriterien eindeutig gegeben und auch nach außen hin erkennbar.

Das bedeutet, dass die Zwei-Drittel-Grenze für eigene Wohnzwecke nach § 18 Abs. 1 Z 3 lit. b EStG 1988 in diesen Fällen bei der Beurteilung des Eigenheimes außer Acht zu lassen ist, da von einem eigenen Wohngebäude auszugehen ist. Die Hauptwohnsitzbefreiung ist daher bei Vorliegen aller sonstigen Voraussetzungen für das Wohngebäude zu gewähren. Für betrieblich und privat genutzte Grundstücke siehe Rz 6634d.

(BMF-AV Nr. 2015/133)

6633b Wird ein als Hauptwohnsitz genutztes Eigenheim samt Grundstück in zeitlicher Nähe anteilig an zwei verschiedene Erwerber veräußert, wobei der eine Erwerber nur Grund und Boden erwirbt, kommt die Hauptwohnsitzbefreiung aufgrund des engen zeitlichen Zusammenhangs der beiden Veräußerungsvorgänge sowohl für die Veräußerung des Grund und Boden-Teils als auch für die Veräußerung des Gebäudes mit dem restlichen Grund und Boden zur Anwendung; dabei ist aber die 1.000 m²-Grenze zu beachten (siehe Rz 6634 f).

(BMF-AV Nr. 2015/133)

22.4.3.1.2 Umfang der Befreiung

(AÖF 2013/280)

6634 Die Hauptwohnsitzbefreiung stellt grundsätzlich eine Gebäudebefreiung dar, wobei auch der Grund und Boden insoweit einbezogen wird, als der Grund und Boden der Nutzung des Eigenheims oder der Eigentumswohnung als Garten oder Nebenfläche dient. Dies gilt bis zu einem Ausmaß, das „üblicherweise als Bauplatz“ erforderlich ist. Die Beurteilung, welche Grundstücksgröße üblicherweise für einen Bauplatz erforderlich ist, erfolgt nach der Verkehrsauffassung (VwGH 29.3.2017, Ro 2015/15/0025). Dies ist bei Grundstücksflächen bis zu 1.000 m² – bezogen auf die Gesamtgrundstücksfläche und nicht auf den reinen Gartenanteil – jedenfalls anzunehmen. Bei größeren Grundstücken ist angesichts der üblichen Mindestbauplatzgrößen der 1.000 m² übersteigende Grundanteil steuerpflichtig. Zur Aufteilung des Veräußerungserlöses auf Grund und Boden und Gebäude siehe Rz 6645.

Von der Hauptwohnsitzbefreiung für das Gebäude nicht umfasst sind grundstücksgleiche Rechte (zB Baurechte). Bei der Veräußerung eines Baurechtes und des dazu gehörenden Gebäudes ist daher der Veräußerungserlös auf Gebäude und Baurecht aufzuteilen (siehe dazu Rz 6645); von der Hauptwohnsitzbefreiung ist nur der auf das Gebäude entfallende Veräußerungserlös erfasst.

Steht ein Grundstück im Miteigentum, steht der steuerfreie Grund und Boden-Anteil jedem Miteigentümer nur im Ausmaß des Miteigentumsanteiles zu. Ein eigenständiges Grundstück im Sinne des § 30 Abs. 1 EStG 1988 stellt auch eine Eigentumswohnung dar. Daher ist auf jede Eigentumswohnung die 1.000 m²-Grenze gesondert zu beziehen.

Der KFZ-Abstellplatz ist bei der Veräußerung eines Eigenheimes oder einer Eigentumswohnung von der Hauptwohnsitzbefreiung miterfasst, soweit maximal zwei Stellplätze mitveräußert werden (unabhängig davon, ob sich der Parkplatz auf einem eigenen Grundstück [eigene Einlagezahl] befindet); die bloße Veräußerung eines Stellplatzes unterliegt nicht der Hauptwohnsitzbefreiung.

Die Hauptwohnsitzbefreiung ist damit weiter als die Herstellerbefreiung und geht dieser daher vor.

(BMF-AV Nr. 2018/79)

6634a Als Grundstück im Sinne des § 30 EStG 1988 ist grundsätzlich die einzelne Parzelle (Grundstück im Sinne des Vermessungsgesetzes) anzusehen. Für Zwecke der Hauptwohnsitzbefreiung können aber benachbarte Grundstücke, die gemeinsam mit dem als Hauptwohnsitz genutzten Grundstück genutzt werden (zB weil sie in derselben EZ erfasst sind), als Einheit betrachtet werden. Dabei ist aber die 1.000 m²-Grenze im Wege einer Gesamtbetrachtung auf alle der einheitlichen Hauptwohnsitznutzung unterliegenden Grundstücke anzuwenden, sodass die Flächen der Nachbargrundstücke nur bis zur Erreichung des Gesamtausmaßes von 1.000 m² von der Hauptwohnsitzbefreiung mitumfasst sind. Dies gilt auch für ein Nachbargrundstück, das sich lediglich im Miteigentum des Eigentümers des als Hauptwohnsitz genutzten Grundstücks befindet. In diesem Fall ergibt sich die dem Miteigentumsanteil zuzurechnende Fläche aus der Fläche des Grundstücks dividiert durch den Miteigentumsanteil.

(BMF-AV Nr. 2015/133)

6634b Von der Hauptwohnsitzbefreiung mitumfasst sind auch Nebengebäude, wenn diese für die Nutzung für selbständige Wohnzwecke oder betriebliche Zwecke nicht geeignet sind.

Befinden sich auf einem Grundstück zwei Gebäude, die für Wohnzwecke geeignet sind, von denen aber nur eines als Hauptwohnsitz genutzt wird, steht nur für dieses Gebäude die Befreiung zu. In Folge dessen ist der Grund und Boden beiden Gebäuden zuzuordnen. Dabei ist – unabhängig von den Grundstücksgrößen gemäß Grundbuch – das Verhältnis der Grundflächen der beiden Gebäude zu ermitteln und die Aufteilung der Gesamtfläche der Grundstücke in diesem Verhältnis vorzunehmen. Von der Hauptwohnsitzbefreiung mitumfasst ist daher die entsprechend dieser Verhältnisrechnung dem als Hauptwohnsitz genutzten Gebäude zuzuordnende Fläche bis höchstens 1.000 m².

Dies gilt auch dann, wenn sich diese Gebäude auf zwei nebeneinander liegenden und gemeinsam (zB als Garten) genutzten Grundstücken befinden.

Die Hauptwohnsitzbefreiung steht auch dann zu, wenn ein Grundstück mit zwei Gebäuden (wovon eines als Hauptwohnsitz genutzt wurde) im Zuge der Veräußerung geteilt wird und sich auf dem abgetrennten Teilgrundstück ein für selbständige Wohnzwecke geeignetes Nebengebäude befindet, in dem der Veräußerer nunmehr seinen Hauptwohnsitz neu begründet (vgl. auch Rz 6643).

Beispiel:

Grundstück 1 (700 m²) und Grundstück 2 (900 m²) stehen im Eigentum des X und liegen nebeneinander. Beide Grundstücke sind bebaut, allerdings wird nur das Gebäude auf Grundstück 1 von X als Hauptwohnsitz genutzt; beide Grundstücke bilden aber den Garten für X. Die Grundfläche des Hauses auf Grundstück 1 beträgt 120 m², die Grundfläche des Hauses auf Grundstück 2 beträgt 60 m², somit beträgt das Verhältnis der Grundflächen der Gebäude 2:1. Die Gesamtfläche beider Grundstück (1.600 m²) ist in diesem Verhältnis den beiden Gebäuden zuzuordnen. Somit entfällt auf das Gebäude 1 eine Grundfläche von 1.067 m², die bis zu einem Ausmaß von 1.000 m² von der Hauptwohnsitzbefreiung erfasst ist.

Die Hauptwohnsitzbefreiung umfasst auch neben- oder übereinanderliegende parifizierte Wohnungen, die baulich verbunden sind und nachweislich durch den oder die Eigentümer gemeinsam (als Einheit) genutzt werden.

Nicht umfasst ist allerdings eine Einschränkung des Hauptwohnsitzes ohne Aufgabe des Hauptwohnsitzes (zB Abtrennung einer verbundenen Wohnung und Veräußerung des abgetrennten Teils bei weiterhin aufrechtem Hauptwohnsitz in der restlichen Wohnung).

(BMF-AV Nr. 2018/79)

Sind Flächen von Nachbargrundstücken, die einheitlich als Hauptwohnsitz genutzt werden (siehe Rz 6634a), sowohl als Bau- als auch als Grünland gewidmet, sind die unterschiedlich gewidmeten Flächen für die Gesamtheit aller Grundstücke in ein Verhältnis zu setzen. In diesem Verhältnis ist sodann die 1.000 m²-Grenze auf die Bau- und Grünlandflächen umzulegen. Dies gilt auch für eine einzige Parzelle, die sowohl als Bau- als auch als Grünland gewidmet ist, und die im Rahmen der Hauptwohnsitzbefreiung die 1.000 m²-Grenze übersteigt. **6634c**

Beispiel 1:

Es wird ein als Hauptwohnsitz genutztes Grundstück veräußert, welches aus drei Parzellen besteht, die unterschiedlich gewidmet sind. Die Parzellen sind alle unter einer EZ erfasst. Auf der ersten Parzelle steht das als Hauptwohnsitz genutzte Haus, wobei ein Teil der Fläche (rund um das Haus – 300 m²) als Bauland und ein Teil (100 m²) als Freiland gewidmet ist. Die zweite Parzelle (300 m²) ist als Freiland, die dritte Parzelle (500 m²) ist als Bauland gewidmet.

Auf das bebaute Grundstück entfallen 400 m². Diese unterliegen jedenfalls der Steuerbefreiung (300 m² Bauland, 100 m² Grünland). Die übrigen 800 m² der beiden anderen Grundstücke sind im Verhältnis der Flächen der beiden Grundstücke aufzuteilen: 300:500=3:5

Grünland: 3/8 von 800 m² = 300 m² von beiden Grundstücken

Bauland: 5/8 von 800 m² = 500 m² von beiden Grundstücken

Bezogen auf alle drei veräußerten Grundstücke sind daher im Bauland 675 m² (300+375) befreit und 125 m² steuerpflichtig und im Grünland 325 m² (100+225) befreit und 75 m² steuerpflichtig.

Alle drei Grundstücke (EZ) werden um gesamt 310.000 Euro verkauft, davon entfallen 120.000 Euro auf das Gebäude und 190.000 Euro auf Grund und Boden. Der Veräußerungserlös für den Grund und Boden ist auf die als Bauland und als Grünland gewidmete Fläche im Verhältnis der Marktpreise aufzuteilen (siehe Rz 6673).

Berechnung:

Die gesamte Grundfläche entfällt zu 400 m² auf Grünland und zu 800 m² auf Bauland.

*Grünlandpreis: 15 Euro/m² * 400 m² = 6.000 Euro*

*Baulandpreis: 230 Euro/m² * 800 m² = 184.000 Euro*

Der steuerpflichtige Veräußerungserlös entfällt daher in Höhe von 1.125 Euro auf Grünland (für 75 m²) und in Höhe von 28.750 Euro auf Bauland (für 125 m²).

Beispiel 2:

Es wird eine Liegenschaft (Altvermögen) im Ausmaß von 1.400 m² um 350.000 Euro veräußert. Ein Teil der Liegenschaft ist seit 2001 als Bauland gewidmet (250 m²), der zweite Teil als Grünland (1.150 m²). Für das Gebäude und 1.000 m² Grund und Boden kommt die Hauptwohnsitzbefreiung zur Anwendung.

Die beiden Widmungen sind nun in ein Verhältnis zueinander zu setzen, dies ergibt 18% Bauland und 82% Grünland. 1000 m² Grund und Boden sind von der HWS-Befreiung mit umfasst, das sind 180 m² vom Bauland und 820 m² vom Grünland.

Somit bleiben 400 m² steuerpflichtiger GuB übrig, davon sind 72 m² Bauland und 328 m² Grünland.

Im Falle einer unterschiedlichen Widmung eines Grundstückes ist der Veräußerungserlös nach der Verhältnismethode aufzuteilen. Dabei ist der Marktpreis für Bauland bezogen auf die Baulandfläche mit dem Marktpreis für Grünland bezogen auf die Grünlandfläche in ein Verhältnis zu setzen und der Veräußerungserlös in diesem Verhältnis aufzuteilen (siehe Rz 6673).

Der Grünlandpreis beträgt in der betr. Gemeinde 4 Euro/m², der Baulandpreis beträgt laut Immobilienpreisspiegel durchschnittlich 90 Euro/m².

4 x 1.150 m² Grünland = 4.600 Euro

90 x 250 m² Bauland = 22.500 Euro

Das Verhältnis beträgt somit 17% Grünland zu 83% Bauland.

Der Veräußerungserlös für den GuB beträgt entsprechend der GrundanteilV 2016 20% vom gesamten Veräußerungserlös, das sind 70.000 Euro. 17% davon entfallen auf Grünland, das sind 11.900 Euro; 83% davon entfallen auf Bauland, das sind 58.100 Euro. Von diesen Beträgen sind aber nur 72 m² vom Bauland steuerpflichtig sowie 328 m² vom Grünland, das ergibt 16.732,80 Euro für Bauland (58.100/250x72) bzw. 3.394 Euro für Grünland (11.900/1150x328).

Vom anteiligen Veräußerungserlös sind die pauschalen AK abzuziehen: 16.732,80 x 40% (weil die Umwidmung nach dem 31.12.1987 stattfand) = 6.693,12 Euro und 3.394 x 86% = 2.918,84 Euro. Somit ergeben sich insgesamt Einkünfte iHv 10.514,84 (10.039,68 + 475,16), die mit 30% ImmoESt zu versteuern sind (3.154,45 Euro).

(BMF-AV Nr. 2021/65)

6634d Für betrieblich genutzte Grundstücke kommt die Hauptwohnsitzbefreiung nicht zur Anwendung; soweit ein Grundstück daher dem Betriebsvermögen zuzurechnen ist, ist es unabhängig von der Grundstücksfläche nicht befreit. Bei einem gemischt genutzten Grundstück, dessen Grundstücksfläche 1.000 m² übersteigt, ist für die 1.000 m²-Grenze aber nur die dem Privatvermögen zuzurechnende Grundstücksfläche relevant. Die „Freifläche" von 1.000 m² ist daher nicht im Verhältnis der privaten und betrieblichen Nutzung aufzuteilen.

(BMF-AV Nr. 2015/133)

6634e Befindet sich ein gemischt genutztes Gebäude im Miteigentum, ist entscheidend, ob die betriebliche Nutzung in der Miteigentumsquote Deckung findet (siehe dazu Rz 574). Beträgt die betriebliche Nutzung durch einen Miteigentümer weniger als 1/3 der Gesamtnutzfläche des Gebäudes und findet sie in seiner Miteigentumsquote Deckung, erfasst die Miteigentumsquote bei diesem Miteigentümer den privat und den betrieblich genutzten Teil. Für den privaten Anteil kann zB eine Hauptwohnsitzbefreiung in Anspruch genommen werden, der betriebliche Teil ist allerdings steuerpflichtig. Bei jenem Miteigentümer, bei dem keine betriebliche Nutzung vorliegt, ist die Miteigentumsquote zur Gänze dem Privatvermögen zuzurechnen und kann daher eine allfällige Hauptwohnsitzbefreiung für die gesamte Miteigentumsquote geltend gemacht werden.

Beispiel:

Ein Gebäude befindet sich je zur Hälfte im Miteigentum der Ehegatten A und B. Im EG befindet sich neben Wohnräumen auch das Büro von A, im OG die restliche Privatwohnung. Das Gebäude wird veräußert.

Variante 1: Das Büro macht 15% der Gesamtnutzfläche des Gebäudes aus; die betriebliche Nutzung liegt somit unter 20%, es erfolgt im Rahmen der Veräußerung keine Aufteilung in betriebliche und private Einkünfte aus Grundstücksveräußerungen; auch kann die Hauptwohnsitzbefreiung für das gesamte Gebäude von A und B entsprechend ihren Miteigentumsanteilen in Anspruch genommen werden, da mehr als 2/3 für private Wohnzwecke genutzt werden.

Variante 2: Das Büro von A macht 23% der Gesamtnutzfläche des Gebäudes aus; im Rahmen der Veräußerung hat A nunmehr betriebliche Einkünfte aus Grundstücksver-

äußerungen im Ausmaß von 23% und private im Ausmaß von 27%. Für den privaten Anteil kann A die HWS-Befreiung in Anspruch nehmen. Da B keine betriebliche Tätigkeit auf ihrem Miteigentumsanteil entfaltet, kann sie eine Hauptwohnsitzbefreiung für ihren gesamten Anteil in Anspruch nehmen, da insgesamt die Voraussetzung der Nutzung für Wohnzwecke zu mehr als 2/3 der Gesamtnutzfläche gegeben ist.

(BMF-AV Nr. 2018/79)

Bei Miteigentumsverhältnissen steht die Hauptwohnsitzbefreiung jenen Miteigentümern zu, welche die Voraussetzungen der Befreiung erfüllen. Die Steuerpflicht besteht in diesem Fall nur für jene Miteigentümer, welche das Hauptwohnsitzerfordernis (bzw. die „Behaltefrist") nicht erfüllen. Dies gilt aufgrund des Transparenzprinzips auch, wenn das betreffende Grundstück zivilrechtlich einer vermögensverwaltenden Personengesellschaft zugehörig ist. **6635**

Beispiel:

Der Steuerpflichtige A hat in 01 ein Eigenheim mit zwei Wohnungen erworben und benutzte seither eine der Wohnungen als Hauptwohnsitz. In 03 erwirbt der Steuerpflichtige B den zweiten Hälfteanteil des Eigenheims und benutzt die andere Wohnung als Hauptwohnsitz. In 04 wird das Gebäude von beiden veräußert. Der auf B entfallende Veräußerungserlös ist bei diesem steuerpflichtig.

(BMF-AV Nr. 2018/79)

Ist die Nutzung für andere Zwecke als für eigene Wohnzwecke für die 2/3-Grenze unbeachtlich (zB die unentgeltliche Überlassung für Wohnzwecke an nahe Angehörige), steht die Befreiung für das gesamte Grundstück zu. **6636**

(AÖF 2013/280)

Werden in einem Eigenheim oder in einer Eigentumswohnung Nutzflächen bis maximal ein Drittel der Gesamtnutzfläche nicht für eigene Wohnzwecke genutzt (sondern für die Erzielung von Einkünften; zB betriebliche Nutzung oder Vermietung), erstreckt sich die Steuerbefreiung auch auf diese zur Einkünfteerzielung genutzten Flächen (ausgenommen der betrieblich genutzte Teil stellt auf Grund der 80/20-Regel Betriebsvermögen dar). Voraussetzung dafür ist allerdings, dass die Eigenschaft als Eigentumswohnung oder Eigenheim gewahrt bleibt (die eigenen Wohnzwecken dienende Nutzung muss mindestens zwei Drittel der Gesamtnutzfläche ausmachen) und das Fristerfordernis erfüllt ist. **6637**

Beispiel 1:

Ein Freiberufler nutzt 15% seiner Eigentumswohnung betrieblich und den Rest privat (Hauptwohnsitz, Fristerfordernis erfüllt). Im Falle der Veräußerung der Eigentumswohnung tritt (auch für den betrieblich genutzten Teil) keine Steuerpflicht nach § 30 EStG 1988 ein.

Beispiel 2:

Ein Freiberufler nutzt 25% seiner Eigentumswohnung betrieblich und den Rest privat (Hauptwohnsitz, Fristerfordernis erfüllt). Im Falle der Veräußerung der Eigentumswohnung tritt keine Steuerpflicht nach § 30 EStG 1988 ein, allerdings liegen hinsichtlich des betrieblich genutzten Anteils betriebliche Einkünfte vor, weil es sich auf Grund der 80/20-Regel um Betriebsvermögen handelt.

(AÖF 2013/280)

22.4.3.1.3 Hauptwohnsitz

(AÖF 2013/280)

Der Begriff des Wohnsitzes richtet sich nach § 26 BAO. Bei Vorliegen mehrerer Wohnsitze ist als Hauptwohnsitz jener Wohnsitz anzusehen, zu dem der Steuerpflichtige die engeren persönlichen und wirtschaftlichen Beziehungen hat (Mittelpunkt der Lebensinteressen). Ob ein „Hauptwohnsitz" vorliegt, ist von der Abgabenbehörde im Rahmen der Sachverhaltswürdigung eigenständig zu beurteilen (BFG 3.12.2015, RV/4100952/2015). Einer Hauptwohnsitz-Meldung nach dem Meldegesetz kommt im Rahmen der Beweiswürdigung Bedeutung zu. Ein Hauptwohnsitz kann aber unabhängig von der Meldung auch vorliegen, wenn der Steuerpflichtige an dem betreffenden Wohnsitz überhaupt nicht gemeldet ist oder dieser Wohnsitz bloß ein „weiterer Wohnsitz" im Sinne des Melderechts ist. **6638**

Verfügt ein Steuerpflichtiger über mehrere Wohnsitze, können folgende Umstände für die Beurteilung des Hauptwohnsitzes herangezogen werden (VwGH 29.07.2010, 2007/15/0235):

- Ort der Zustellung der Post
- Angabe als Wohnanschrift gegenüber Behörden und dem Arbeitgeber
- Höhe des Strom- und Wasserverbrauches

Ein vorübergehender Aufenthalt an einem anderen Wohnsitz ist nicht befreiungsschädlich,

- wenn der Steuerpflichtige den Hauptwohnsitz nicht in der Absicht verlässt, ihn endgültig aufzugeben und
- die Abwesenheit nur kurzfristig erfolgt.

Vorübergehende Abwesenheiten, die sechs Monate nicht überschreiten, unabhängig davon, ob freiwillig oder unfreiwillig, können jedenfalls als kurzfristig angesehen werden. Längere Abwesenheiten sind einzelfallbezogen zu beurteilen.

Ist eine vorübergehende Abwesenheit nicht befreiungsschädlich, ist sie in den Lauf der Mindestfrist (zwei Jahre bzw. fünf Jahre) nicht einzurechnen. Eine vorübergehende Abwesenheit bewirkt somit eine Hemmung des Fristenlaufes.

Eigentumswohnungen (Eigenheime), die lediglich als Zweitwohnsitz (etwa im Rahmen einer doppelten Haushaltsführung) genutzt werden, können nicht unter diese Befreiung fallen (VwGH 29.07.2010, 2007/15/0235).

Eine bloße Nutzung als arbeitsplatznahe Wohnung im Rahmen einer doppelten Haushaltsführung begründet keinen Hauptwohnsitz, dieser ist grundsätzlich am Familienwohnsitz anzunehmen.

Wird ein Steuerpflichtiger aufgrund diplomatischer, berufskonsularischer oder vergleichbarer Vorrechte als beschränkt Steuerpflichtiger behandelt (Rz 326, Rz 7779), schließt dies einen (Haupt-)Wohnsitz nicht aus.

(BMF-AV Nr. 2021/65)

22.4.3.1.4 Zweijahresfrist (1. Tatbestand)

(AÖF 2013/280)

6639 Die Befreiung nach dem 1. Tatbestand setzt voraus, dass

- das Eigenheim (die Eigentumswohnung) von der Anschaffung (Erlangung der Verfügungsgewalt) oder Herstellung (Fertigstellung) bis zur Veräußerung (Vertragsabschluss) ununterbrochen (zur Toleranzfrist von jeweils einem Jahr vorher und nachher siehe Rz 6641) Hauptwohnsitz iSd Rz 6638 gewesen ist und
- nach Anschaffung bzw. Herstellung des Eigenheimes (der Eigentumswohnung) die tatsächliche Verwendung als Hauptwohnsitz zwischen Bezug des Eigenheimes (der Eigentumswohnung) und Veräußerung mindestens zwei Jahre betragen hat.

Aus der Bezugnahme auf die „Anschaffung“ und „Veräußerung“ ist abzuleiten, dass der Steuerpflichtige das Hauptwohnsitzerfordernis als (zumindest wirtschaftlicher) Eigentümer und persönlich (siehe dazu Rz 6644) erfüllen muss. Da eine Anschaffung jedenfalls einen entgeltlichen Erwerb (siehe Rz 6623) erfordert, ergibt sich aus der Bezugnahme auf die Anschaffung auch, dass der 1. Tatbestand niemals bei einem unentgeltlichen Erwerb zur Anwendung kommen kann. Wurde das Eigenheim (die Eigentumswohnung) teilweise angeschafft bzw. hergestellt und teilweise unentgeltlich erworben, kann der 1. Tatbestand nur anteilig in Bezug auf den angeschafften bzw. hergestellten Teil zur Anwendung kommen. Wurde bei einem vor dem 31.3.2012 unentgeltlich erworbenen Grund und Boden ein Haus nach dem 31.3.2012 errichtet, ist die Einheitstheorie von Grund und Boden und Gebäude nicht mehr anwendbar (siehe dazu Rz 6654). Da die Hauptwohnsitzbefreiung grundsätzlich eine Gebäudebefreiung darstellt, liegen die Voraussetzungen des 1. Tatbestandes für das Gebäude vor, für den Grund und Boden mangels Anschaffung allerdings nicht. Daher kann die Befreiung nur für das Gebäude, nicht aber für den Grund und Boden-Anteil angewendet werden, es sei denn der 2. Tatbestand ist erfüllt.

Eine (auch kurzfristige) Vermietung oder betriebliche Nutzung von mehr als 1/3 der Nutzfläche des Eigenheims oder der Eigentumswohnung ist im Rahmen des 1. Tatbestandes stets befreiungsschädlich; eine Vermietung oder betriebliche Nutzung innerhalb der Toleranzfrist von einem Jahr (siehe Rz 6643) ist aber unschädlich.

Im Rahmen des 2. Tatbestandes (5 aus 10-Regelung) ist eine (auch kurzfristige) Vermietung oder betriebliche Nutzung befreiungsschädlich, wenn diese während der Nutzung als Hauptwohnsitz erfolgt. Erfolgt eine Vermietung oder betriebliche Nutzung des Grundstückes vor oder nach Aufgabe des Hauptwohnsitzes, ist diese unschädlich, solange die Vermietung oder betriebliche Nutzung nicht länger als 5 Jahre innerhalb der letzten 10 Jahre vor der Veräußerung des Grundstückes dauert. Erfolgt neben einer Nutzung des Gebäudes als Hauptwohnsitz eine Vermietung oder betriebliche Nutzung des Gebäudes in einem Umfang von mehr als 1/3 der Gesamtnutzfläche, ist dies für die Hauptwohnsitzbefreiung ebenfalls unschädlich, wenn das Gebäude für mindestens 5 Jahre innerhalb der letzten 10 Jahre vor der Veräußerung zu mindestens 2/3 als Hauptwohnsitz genutzt wurde.

(BMF-AV Nr. 2018/79)

Die zweijährige Frist beginnt (frühestens) mit der Anschaffung oder Herstellung des Eigenheims oder der Eigentumswohnung. Erfolgt die Nutzung einer Wohnung auf Grundlage eines Anwartschaftsvertrages zum Erwerb von Wohnungseigentum (Wohnungseigentumsbewerber; siehe dazu unten) bzw. war der nunmehrige Wohnungseigentümer bereits vor der Parifizierung (Begründung des Wohnungseigentums) Miteigentümer des parifizierten Grundstückes und hat die Wohnung als Hauptwohnsitz genutzt, gilt die Eigentumswohnung bereits zum Zeitpunkt des Abschlusses des Anwartschaftsvertrages bzw. des Erwerbes des Eigentums am nicht parifizierten Grundstück als angeschafft; Zeiten der Nutzung als Hauptwohnsitz vor der Parifizierung sind daher in diesen Fällen zu berücksichtigen; dabei ist es unerheblich, ob es sich bereits vor der Parifizierung um ein Eigenheim iSd § 18 Abs. 1 Z 3 lit. b EStG 1988 gehandelt hat. Dies gilt auch für den Fall, in dem der nunmehrige Wohnungseigentümer vor der Parifizierung Alleineigentümer des parifizierten Grundstückes war, wenn die veräußerte Wohnung bereits im Rahmen des noch nicht parifizierten Grundstückes als Hauptwohnsitz gedient hat. **6640**

Wohnungseigentumsbewerber ist derjenige, dem schriftlich, sei es bedingt oder befristet, von einem Wohnungseigentumsorganisator die Einräumung von Wohnungseigentum zugesagt wurde (§ 2 Abs. 6 WEG 2002). Bei Zweifel über diesen Zeitpunkt kann auch auf den Zeitpunkt der Anmerkung der Zusage der Einräumung von Wohnungseigentum im Grundbuch nach § 40 Abs. 2 WEG 2002 abgestellt werden.

(BMF-AV Nr. 2018/79)

Für die Frage der Nutzung seit der Anschaffung ist es nicht befreiungsschädlich, wenn das Eigenheim (die Eigentumswohnung) erst nach einem Zeitraum von höchstens einem Jahr ab der Anschaffung als Hauptwohnsitz bezogen wird. Ist das Eigenheim oder die Eigentumswohnung zum Zeitpunkt der Anschaffung (siehe dazu auch Rz 6629) noch nicht fertig gestellt, beginnt die einjährige Toleranzfrist mit der Fertigstellung des Eigenheimes bzw. des Gebäudes, in dem sich die Eigentumswohnung befindet. **6641**

Unschädlich ist auch die Aufgabe des Hauptwohnsitzes bis zu einem Jahr vor bzw. nach der Veräußerung (siehe Rz 6643). Zwischen Anschaffung und Veräußerung muss das Eigenheim (die Eigentumswohnung) jedoch stets mindestens zwei Jahre tatsächlich als Hauptwohnsitz genutzt worden sein (die Nutzung als Hauptwohnsitz nach der Veräußerung ist für die Erfüllung der Mindestfrist unbeachtlich).

Beispiel:

Ein Steuerpflichtiger kauft am 8.8.01 eine Alteigentumswohnung. Mit Fertigstellung der Renovierungsarbeiten zieht er am 10.6.02 in diese Wohnung ein und begründet dort seinen Hauptwohnsitz.

- *Die Wohnung wird am 11.8.03 veräußert. Die Steuerbefreiung greift nicht, weil der Hauptwohnsitz nicht zwei Jahre bestanden hat.*
- *Die Wohnung wird am 11.8.04 veräußert und gleichzeitig der Hauptwohnsitz aufgegeben. Der Steuerpflichtige hat den Hauptwohnsitz innerhalb der Toleranzfrist von einem Jahr nach der Anschaffung begründet und bis zur Veräußerung mehr als zwei Jahre (10.6.02 bis 11.8.04) beibehalten. Die Steuerfreiheit ist daher gegeben.*
- *Die Wohnung wird am 11.8.04 verkauft, der Hauptwohnsitz wurde aber bereits am 1.5.04 aufgegeben. Der Steuerpflichtige hat nicht mindestens zwei Jahre den Hauptwohnsitz in dieser Wohnung gehabt. Die Befreiung greift daher nicht.*
- *Die Wohnung wird am 11.8.03 verkauft, der Steuerpflichtige behält aber im Einvernehmen mit dem Erwerber seinen Hauptwohnsitz bis zum tatsächlichen Auszug am 30.6.04. Die Steuerbefreiung greift nicht, weil die Toleranzfrist nach der Veräußerung nicht mehr mitgezählt werden darf, somit zwischen Begründung des Hauptwohnsitzes und der Veräußerung nicht zwei Jahre verstrichen sind.*

(BMF-AV Nr. 2015/133)

22.4.3.1.5 Fünfjahresfrist (2. Tatbestand)

(AÖF 2013/280)

Neu für private Grundstücksveräußerungen ab 1.4.2012 ist der 2. Tatbestand der Hauptwohnsitzbefreiung. Dazu muss der Hauptwohnsitz nicht seit der Anschaffung (und bis zur Veräußerung), aber innerhalb der letzten 10 Jahre vor der Veräußerung für mindestens fünf Jahre durchgehend vorgelegen haben. Hat der Veräußerer das Eigenheim oder die Eigentumswohnung bereits vor dem Eigentumserwerb als Hauptwohnsitz genutzt, sind auch **6642** diese Hauptwohnsitzzeiten für die Beurteilung des Fristerfordernisses zu berücksichtigen (VwGH 24.1.2018, Ra 2017/13/0005).

Bei der Ermittlung des Zeitraumes, in dem eine Eigentumswohnung als Hauptwohnsitz des Veräußerers genutzt wurde, ist es unerheblich, ob die Wohnung für den gesamten Zeitraum eine Eigentumswohnung iSd WEG 2002 darstellte; maßgebend ist lediglich, dass es sich beim Verkauf und bei der Aufgabe des Hauptwohnsitzes um eine Eigentumswohnung iSd WEG 2002 handelt (vgl. VwGH 24.1.2018, Ra 2017/13/0005).

Beispiel 1:

Ein Stpfl nutzt eine Mietwohnung in einem Zinshaus seit 01 als Hauptwohnsitz. Als die Wohnungen des Zinshauses im Jahr 06 in Eigentumswohnungen umgewandelt und verkauft werden, erwirbt er die bisher gemietete Wohnung. Im Jahr 07 verkauft er die Wohnung und gibt den Hauptwohnsitz auf. Unter Berücksichtigung der Hauptwohnsitzzeiten vor dem Eigentumserwerb steht die Hauptwohnsitzbefreiung zu.

Beispiel 2:

Das Wohnungseigentum der Eheleute wurde in 01 begründet, die Ehescheidung sowie die Aufteilung des ehelichen Gebrauchsvermögens erfolgen in 06. Dabei geht der Hälfteanteil des Ehemannes an der Eigentumswohnung auf die Ehefrau über, welche die Wohnung weiterhin als Hauptwohnsitz nutzt. Bei späterer Veräußerung der Wohnung kann sie (für die gesamte Wohnung) die Hauptwohnsitzbefreiung in Anspruch nehmen.

Beispiel 3:

Ein Wohnhaus mit 2 Wohnungen (Eigenheim) wird im Obergeschoß von den Eltern bewohnt (eigener Haushalt), im Erdgeschoß wohnt der Sohn seit mehr als 5 Jahren in einer eigenen Wohnung (eigener Haushalt). Nach dem Tod der Eltern verkauft der Sohn das Haus und möchte die Hauptwohnsitzbefreiung geltend machen. In diesem Fall steht ihm die Hauptwohnsitzbefreiung zu.

(BMF-AV Nr. 2018/79)

22.4.3.1.6 Aufgabe des Hauptwohnsitzes (beide Tatbestände)

(AÖF 2013/280)

6643 Der Hauptwohnsitz muss mit der Veräußerung oder grundsätzlich spätestens ein Jahr nach der Veräußerung (Toleranzfrist) aufgegeben werden.

Steht bei Abschluss des Verpflichtungsgeschäfts die Absicht, den Hauptwohnsitz zu wechseln, bereits fest und der neue Hauptwohnsitz ist noch nicht bezugsfertig (insbesondere aufgrund von Umständen, die nicht in der Einflusssphäre des Veräußerers liegen), kann die Toleranzfrist im Einzelfall auch über ein Jahr hinausgehen (VwGH 1.6.2017, Ro 2015/15/0006).

Beim 1. Tatbestand darf der Hauptwohnsitz im Hinblick des Erfordernisses der durchgehenden Nutzung bereits innerhalb der Toleranzfrist von einem Jahr vor der Veräußerung aufgeben werden. Dabei muss bei Aufgabe des Hauptwohnsitzes die Absicht, das Eigenheim bzw. die Eigentumswohnung zu veräußern, vorliegen und in einem zeitlichen Zusammenhang mit der Aufgabe des Hauptwohnsitzes in die Tat umgesetzt werden, wofür dem Veräußerer eine den Umständen des Einzelfalls nach angemessene Frist zukommt (VwGH 24.10.2019, Ra 2018/15/0115).

Diese Frist kann im Einzelfall über ein Jahr hinausgehen, sofern vom Beschwerdeführer nicht beeinflussbare Umstände dazu führten, dass sich die Verkaufsbemühungen über einen längeren Zeitraum hingezogen haben (BFG 29.8.2019, RV/5100949/2019). Entscheidend ist, dass zwischen Veräußerung der Liegenschaft und Aufgabe des Hauptwohnsitzes ein erkennbarer Zusammenhang besteht, wobei in erster Linie ein sachlicher und nicht ein zeitlicher Zusammenhang der beiden Vorgänge im Vordergrund steht (BFG 2.8.2017, RV/7103961/2015; BFG 29.8.2019, RV/5100949/2019).

Beim 2. Tatbestand kann der Hauptwohnsitz bereits früher aufgegeben worden sein, längstens aber fünf Jahre vor der Veräußerung.

Beispiele:

1. *Variante des Beispiels in Rz 6641 zum 1. Tatbestand:*

   Die Wohnung wird am 11.8.04 verkauft, der Steuerpflichtige behält aber im Einvernehmen mit dem Verkäufer den Hauptwohnsitz noch bis 10.6.05 bei, weil sein neuer Hauptwohnsitz erst errichtet wird. Die Steuerbefreiung ist gegeben, weil die Aufgabe des Hauptwohnsitzes nicht länger als ein Jahr nach der Veräußerung stattfindet.
2. *A hat ein Eigenheim mit zwei gleich großen Wohnungen. Er veräußert einen Hälfteanteil (entspricht einer Wohnung) und behält seinen Hauptwohnsitz in der bereits bisher von ihm bewohnten Wohnung bei. Die Hauptwohnsitzbefreiung ist nicht anwendbar, weil der Hauptwohnsitz nicht aufgegeben wird.*

3. *B hat seit mehr als 5 Jahren den Hauptwohnsitz in seiner Eigentumswohnung. Er besitzt noch eine zweite Eigentumswohnung, die er vermietet. Nach Beendigung des Mietverhältnisses zieht er als Hauptwohnsitzer in die bisher vermietete Wohnung und veräußert den früheren Hauptwohnsitz: Die Befreiung steht zu.*

Die Beibehaltung des veräußerten Grundstücks (zB als Mieter) als Nebenwohnsitz ist nicht befreiungsschädlich, in solchen Fällen muss aber die Hauptwohnsitzeigenschaft des neuen Wohnsitzes eindeutig dokumentiert sein.

Wird ein bebautes Grundstück beispielsweise an einen Bauträger veräußert, der das Gebäude abreißt und dem Grundstückseigentümer in weiterer Folge eine Eigentumswohnung im neu errichteten Wohnhaus auf demselben Grund und Boden überträgt, kann in diesem Fall die Hauptwohnsitzbefreiung (bei Vorliegen aller sonstigen Voraussetzungen) in Anspruch genommen werden, weil der bisherige Hauptwohnsitz aufgrund eines Abrisses des bestehenden Gebäudes aufgegeben wird und somit eine Grundvoraussetzung (Aufgabe des Hauptwohnsitzes) erfüllt wird. Dies gilt auch dann, wenn nicht das ganze Grundstück (der Fläche nach) veräußert wird, sondern nur Teile davon. Unschädlich ist dabei, dass der neue Hauptwohnsitz an derselben Adresse begründet wird.

Dies gilt auch für jene Fälle, in denen auf einem Grundstück ein zusätzliches Gebäude errichtet, das bisher als Hauptwohnsitz genutzte Gebäude veräußert, der Hauptwohnsitz im Zuge der Veräußerung aufgegeben und im neuen Gebäude begründet wird (vgl. auch Rz 6634b).

(BMF-AV Nr. 2021/65)

22.4.3.1.7 Eigener Hauptwohnsitz des Veräußerers

(AÖF 2013/280)

Das Hauptwohnsitzerfordernis muss für Veräußerungen ab 1.4.2012 vom Veräußerer selbst **6644** erfüllt worden sein. Die Hauptwohnsitzbefreiung ist damit nicht im Erb- oder Schenkungsweg übertragbar. Der 2. Tatbestand kann jedoch beim Rechtsnachfolger anwendbar sein, wenn er die Fünfjahresfrist unter Einrechnung der Zeiträume vor einem unentgeltlichen Erwerb (siehe Rz 6642) erfüllt.

Beispiel:

K erbt die Eigentumswohnung der Eltern, aus der K bereits seit über fünf Jahren ausgezogen ist, und veräußert diese. Die Veräußerung ist nicht befreit. Wäre K innerhalb der letzten 10 Jahre mindestens fünf Jahre selbst Hauptwohnsitzer in dieser Wohnung (zB weil noch minderjährig), wäre die Befreiung anwendbar.

Die Befreiung ist auch dann nicht anwendbar, wenn der Hauptwohnsitz des Verstorbenen (mit gerichtlicher Zustimmung) bereits aus der Verlassenschaft heraus veräußert wird, weil die Einkünfte ab dem Todestag grundsätzlich dem/den Erben (und nicht dem Verstorbenen) zuzurechnen sind, es sei denn, er/sie erfüll(t)/en selbst das Hauptwohnsitzerfordernis nach dem 2. Tatbestand.

Wird allerdings das Verpflichtungsgeschäft abgeschlossen und verstirbt danach der Veräußerer, bevor der Kaufpreis zufließt, kann die Hauptwohnsitzbefreiung von den Erben, denen die Einkünfte zuzurechnen sind, in Anspruch genommen werden, wenn der Erblasser die Voraussetzungen erfüllt hat.

Befindet sich ein Grundstück im Miteigentum einer Verlassenschaft und weiterer natürlicher Personen, die auch erbberechtigt sind, und wird dieses Grundstück sowohl durch die Verlassenschaft als auch durch die anderen Miteigentümer veräußert, können die anderen Miteigentümer für das gesamte Objekt die Hauptwohnsitzbefreiung in Anspruch nehmen, wenn sie selbst auch ihren Hauptwohnsitz in dem Eigenheim hatten und die übrigen Voraussetzungen für die Befreiung erfüllt sind (siehe dazu Rz 6642).

(BMF-AV Nr. 2018/79)

22.4.3.2 Herstellerbefreiung (Errichterbefreiung)

(AÖF 2013/280)

22.4.3.2.1 Tatbestand und Umfang der Befreiung

(AÖF 2013/280)

Gemäß § 30 Abs. 2 Z 2 EStG 1988 sind Einkünfte aus der Veräußerung von selbst her- **6645** gestellten Gebäuden grundsätzlich (zur Nutzung zur Einkünfteerzielung siehe Rz 6647) von der Besteuerung ausgenommen. Ein auf den Grund und Boden bzw. grundstücksgleiche Rechte (zB Baurecht; siehe dazu Rz 6622) entfallender Veräußerungsgewinn ist jedoch steuerpflichtig (VwGH 23.9.2005, 2003/15/0105, betr. Spekulationstatbestand). Der Veräußerungserlös ist in diesem Fall im Verhältnis der gemeinen Werte auf Grund und Boden und Gebäude aufzuteilen (VwGH 16.9.2015, Ro 2014/13/0008). Das sich aus den Anschaffungskosten des Grund und Bodens und den Herstellungskosten des Gebäudes ergebende Wertverhältnis wird im Regelfall nicht auf die Verhältnisse zum Zeitpunkt der Veräußerung umlegbar sein. Liegt zwischen der Errichtung und der Veräußerung des Gebäudes ein längerer Zeitraum und werden keine umfangreichen Erhaltungsarbeiten in das Gebäude getätigt, verändert sich aufgrund der Alterswertminderung des Gebäudes das Wertverhältnis zugunsten des Grund und Bodens.

Beispiel:

Kauf eines Baugrundes inklusive Nebenkosten um 15.000 Euro und Herstellung eines Hauses um 210.000 Euro. Keine Nutzung als Hauptwohnsitz. Verkauf der Liegenschaft um 450.000 Euro. Das Wertverhältnis von Grund und Boden einerseits und Gebäude andererseits beträgt zum Zeitpunkt der Veräußerung 1:3 (das historische Aufteilungsverhältnis von 1:14 ist nicht anwendbar); der Veräußerungserlös beträgt daher für den Grund und Boden 112.500 Euro und für das Gebäude 337.500 Euro. Die steuerpflichtigen Einkünfte nach § 30 EStG 1988 betragen daher 112.500 Euro abzüglich 15.000 Euro = 97.500 Euro.

Es bestehen grundsätzlich keine Bedenken, bei Veräußerungen vor dem 1.1.2016 den Anteil von Grund und Boden mit 20% anzusetzen (vgl. auch Rz 6447). Erscheint diese Aufteilung im konkreten Einzelfall (zB auf Grund eines hohen Bodenwertes im urbanen Raum) nicht sachgerecht, sind die tatsächlichen Verhältnisse (zB mittels Gutachten oder Vergleichspreisen) festzustellen.

Bei Veräußerungen nach dem 31.12.2015 ist das Aufteilungsverhältnis gemäß § 16 Abs. 1 Z 8 lit. d EStG 1988 idF des StRefG 2015/2016, BGBl. I Nr. 118/2015, iVm mit der dazu ergangenen GrundanteilV 2016, BGBl. II Nr. 99/2016, zu berücksichtigen. Maßgeblich sind dabei stets die Verhältnisse im Zeitpunkt der Veräußerung – somit bei Abschluss des Verpflichtungsgeschäfts (und nicht der Zeitpunkt des Inkrafttretens der GrundanteilV 2016 mit 1.1.2016). Siehe dazu Rz 6447 ff.

Die Anwendung des pauschalen Aufteilungsverhältnisses nach der GrundanteilV 2016 darf allerdings nicht dazu führen, dass der so ermittelte Anteil des Veräußerungserlöses für Grund und Boden geringer ist als die ursprünglichen tatsächlichen Anschaffungskosten. Wird daher rechnerisch unter Anwendung der VO-Grundsätze ein Veräußerungserlös ermittelt, der unter den ursprünglichen tatsächlichen Anschaffungskosten liegt, sind die tatsächlichen Anschaffungskosten als Untergrenze zu sehen und der Veräußerungserlös entspricht damit mindestens den Anschaffungskosten. Ausgenommen davon sind Fälle, in denen eine Wertminderung des Grund und Bodens im Einzelfall tatsächlich eintritt und der anteilige Veräußerungserlös somit unter die ursprünglichen Anschaffungskosten fällt (beispielsweise wird eine Kontamination des Bodens entdeckt).

Beispiel:

2015 wird ein unbebautes Grundstück um 350.000 Euro erworben (1.400 m²; 250 Euro/m²). Anschließend wird eine Villa mit 200 m² Wohnfläche errichtet). 2020 wird die gesamte bebaute Liegenschaft um 1,5 Mio. Euro verkauft. Für das Gebäude wird die Herstellerbefreiung gemäß § 30 Abs. 2 Z 2 EStG 1988 beantragt.

Durch die Anwendung der GrundanteilV 2016 würde sich für den Grund und Boden ein pauschaler Anteil von 20% am Veräußerungserlös, dh. 300.000 Euro (214 Euro/m²), ergeben. Da der GuB-Anteil dabei niedriger als die ursprünglichen Anschaffungskosten wäre, sind die ursprünglichen tatsächlichen Anschaffungskosten anzusetzen.

Im Gegensatz zur Herstellerbefreiung beim ehemaligen Spekulationstatbestand

- wirkt die Errichtereigenschaft nicht für den unentgeltlichen Rechtsnachfolger (siehe Rz 6646) und
- besteht für zur Einkünfteerzielung genutzte Gebäude(teile) keine Befreiung (siehe Rz 6647).

(BMF-AV Nr. 2021/65)

6646 Die Befreiung steht nur dem Errichter (Hersteller) selbst zu. Hat der (bzw. bei mehreren unentgeltlichen Übertragungen ein) Rechtsvorgänger ein Gebäude selbst hergestellt, so gilt diese Befreiung bei Veräußerungen ab 1.1.2013 nicht für den (die) unentgeltlichen Erwerber.

(AÖF 2013/280)

6647 Die Befreiung steht nur zu, soweit das errichtete Gebäude nicht innerhalb der letzten zehn Jahre zur Erzielung von Einkünften genutzt worden ist. Dabei ist auch eine kurzfristige Nutzung zur Einkünfteerzielung befreiungsschädlich. Andererseits bleibt die Befreiung für nicht vermietete selbst hergestellte Gebäudeteile gewahrt. Als Nutzung zur Einkünfteerzielung kommen insbesondere die Vermietung sowie die Nutzung für betriebliche oder berufliche Zwecke in Betracht. Unerheblich ist, ob die Einkünfte im konkreten Einzelfall steuerpflichtig sind oder nicht.

Wird ein Gebäude in der Absicht, dieses zu vermieten, errichtet und werden Aufwendungen bereits vor Beginn der Einnahmenerzielung berücksichtigt (sog. vorweggenommene Werbungskosten, siehe dazu Rz 6420), wird eine Einkunftsquelle begründet (dies gilt auch für die Liebhabereibeurteilung). Wird das Gebäude in weiterer Folge noch vor Beginn der Vermietung veräußert, kann die Herstellerbefreiung nicht angewendet werden.

Wird im Zuge von Verkaufsverhandlungen ein Optionsentgelt vereinbart (um beispielsweise die Kaufabsicht zu stärken), steht dieses Entgelt der Inanspruchnahme einer Herstellerbefreiung nicht entgegen. Das Optionsentgelt wird nicht zur Erzielung von Einkünften iVm dem Gebäude vereinbart, sondern stellt eine Art „Stillhalterprämie" und damit Einkünfte aus Kapitalvermögen iSd § 27 Abs. 4 EStG 1988 dar.

(BMF-AV Nr. 2018/79)

Werden gleichzeitig die Voraussetzungen für die „Hauptwohnsitzbefreiung" (Rz 6632) **6648**
erfüllt, so geht diese vor. Es bleibt dann auch der auf den Grund und Boden im Umfang von 1.000 m² entfallende Überschuss steuerfrei.

(AÖF 2013/280)

22.4.3.2.2 Begriff „selbst hergestellt"

(AÖF 2013/280)

Der Begriff „selbst hergestellt" ist mit dem Herstellungsbegriff außerhalb des § 28 **6649**
Abs. 2 und 3 EStG 1988 gleichzusetzen (siehe Rz 6492 ff). Der Steuerpflichtige muss sohin Bauherreneigenschaft besitzen. Ein selbst hergestelltes Gebäude kann nur bei einem ins Gewicht fallenden (finanziellen) Baurisiko vorliegen. Nicht selbst hergestellt ist jedenfalls ein Gebäude, das zu einem Fixpreis erstellt worden ist (VwGH 20.9.2001, 98/15/0071); Fixpreise mit einzelnen beauftragten Unternehmer sind jedoch unschädlich. Zu Fertigteilhäusern siehe Rz 6650.

(BMF-AV Nr. 2015/133)

Die unterschiedliche Behandlung eines angeschafften gegenüber einem hergestellten **6650**
Gebäude steht einer weiten Auslegung des Begriffs des „selbst hergestellten Gebäudes" entgegen (VwGH 20.9.2001, 98/15/0071). Ein selbst hergestelltes Gebäude iSd § 30 Abs. 2 Z 2 EStG 1988 liegt daher nur dann vor, wenn Baumaßnahmen nach der Verkehrsauffassung als Errichtung eines Gebäudes, somit als „Hausbau" und nicht etwa als Haussanierung oder Hausrenovierung anzusehen sind (VwGH 20.9.2001, 98/15/0071, VwGH 25.2.2003, 2000/14/0017 betr. Erneuerung der Decken, des Verputzes, der Fenster und Türen). Die Befreiungsbestimmung erfasst damit nur die erstmalige Errichtung eines Objektes. Eine erstmalige Errichtung liegt aber auch dann vor, wenn ein bestehendes Gebäude zuvor vollständig abgerissen wurde und an dessen Stelle ein neues Gebäude errichtet wird. Keine erstmalige Errichtung liegt aber vor, wenn ein bereits bestehendes Gebäude lediglich einer grundlegenden Sanierung oder einem grundlegenden Umbau unterzogen wird (zB das Gebäude wird bis auf die Außenmauern und die tragenden Mauern entkernt und umgebaut; vgl. dazu auch VwGH 24.9.2014, 2010/13/0154, wonach bei unveränderter Grundsubstanz keine Neuerrichtung vorliegt); dabei ist es unerheblich, ob die vom Steuerpflichtigen in der Folge aufgewendeten Herstellungskosten die Anschaffungskosten des Gebäudes übersteigen. Dies gilt auch für Teile an einem solchen Gebäude, selbst wenn daran Wohnungseigentum begründet wird. Ein Dachbodenausbau (Herstellung von Dachgeschoßwohnungen) ist kein „selbst hergestelltes Gebäude" (VwGH 25.4.2012, 2008/13/0128), ebenso nicht eine Aufstockung des Gebäudes (VwGH 25.2.2003, 99/14/0316), sowie ein Zubau, der keine eigene bautechnische Einheit darstellt (siehe Rz 5699a; vgl. auch VwGH 2.6.2004, 99/13/0133). Die Herstellungskosten sind in diesem Fall bei der Ermittlung der Einkünfte zu berücksichtigen.

Wird allerdings ein noch nicht benutzbarer Rohbau angeschafft und in der Folge vom Steuerpflichtigen fertiggestellt, so liegt insgesamt (auch hinsichtlich der Anschaffung des Rohbaus) ein selbst hergestelltes Gebäude vor, wenn die Fertigstellungskosten die Anschaffungskosten des Rohbaus übersteigen. Dies gilt sinngemäß für ein Fertigteilhaus, wenn die Kosten der Herstellung eines Kellers oder der Bodenplatte und die Kosten der Fertigstellung des Gebäudes den Fixpreis des Fertigteilhauses selbst übersteigen.

(BMF-AV Nr. 2015/133)

Wird ein Gebäude gemeinsam von einem Ehepaar im Miteigentum errichtet, gilt dieses **6650a**
Gebäude als durch beide Ehepartner selbst hergestelltes Gebäude. Die Herstellereigenschaft bezieht sich allerdings immer nur auf den Miteigentumsanteil und geht im Falle eines unentgeltlichen Erwerbes auch nicht auf den Rechtsnachfolger über (siehe dazu Rz 6646). Die Herstellerbefreiung kann somit nur für den eigenen Miteigentumsanteil geltend gemacht werden (vgl. BFG 23.4.2018, RV/7103890/2017). Dies gilt auch für eingetragene Partnerschaften und Lebensgemeinschaften.

Im Falle eines unentgeltlichen Erwerbes eines Miteigentumsanteils sind bei der späteren Veräußerung des gesamten Gebäudes durch den nunmehrigen Alleineigentümer die Herstellungskosten des Rechtsvorgängers maßgeblich und können im Rahmen seiner Einkünfteermittlung berücksichtigt werden (siehe dazu Rz 6660).

(BMF-AV Nr. 2019/75)

22.4.3.3 Behördlicher Eingriff

(AÖF 2013/280)

6651 Befreit ist die Veräußerung von Grundstücken infolge eines behördlichen Eingriffs oder zur Vermeidung eines solchen nachweisbar unmittelbar drohenden Eingriffs. Diese Befreiung gilt ab 1.4.2012 auch für zu einem Betriebsvermögen gehörende Grundstücke (§ 4 Abs. 3a Z 1 EStG 1988), insoweit verliert damit § 37 Abs. 3 EStG 1988 (Fünfjahresverteilung der Einkünfte) für Grundstücke seinen Anwendungsbereich.

Zum Begriff „behördlicher Eingriff" siehe Rz 7371 f.

Ein behördlicher Eingriff liegt auch dann vor, wenn er sich auf Grund von gesetzlichen Vorschriften ergibt, die in einem auf Antrag des Steuerpflichtigen eingeleiteten Bauverfahren anzuwenden sind (VwGH 28.11.2007, 2007/14/0009, betr. Abtretung von Grundfläche an die Gemeinde für Gehsteig). Bestehen keine Zweifel, dass die Behörde einen zwangsweisen Eigentumsentzug durchsetzen kann, ist es unerheblich, ob bereits mit einem Enteignungsverfahren begonnen wurde oder andere rechtliche Schritte zur Durchsetzung der bereits bestehenden Verpflichtung erfolgt sind (VwGH 28.11.2007, 2007/14/0009). Die gesetzliche Grundlage, auf die sich der Enteignungswerber beruft und nach der eine Enteignung durchsetzbar wäre, muss auch (spätestens) im Kaufvertrag (oder in anderen Verhandlungsdokumenten, soweit vorliegend) festgehalten werden.

Unmittelbar drohend ist ein behördlicher Eingriff, wenn ein solcher nachweislich vom möglichen Enteignungswerber für den Fall der Ablehnung des Anbots angedroht worden ist. Für den Nachweis genügt ein schriftlicher Vermerk (spätestens) im Kaufvertrag oder die Vorlage von Verhandlungsprotokollen, aus denen ersichtlich ist, dass eine Enteignung für den Fall der Ablehnung des Anbots angedroht wurde. Die Bestimmung will lediglich jene rechtsgeschäftliche Rechtsübertragung aus der steuerlichen Erfassung ausnehmen, die das gleiche Ergebnis zum Inhalt hat, welches – bei Unterbleiben einer rechtsgeschäftlichen Einigung – durch behördlichen Eingriff zwangsweise hergestellt wird. Es bestehen aber keine Bedenken, die Befreiung auch für zusätzlich abgelöste, aber an sich nicht von einem behördlichen Eingriff betroffene Flächen im Ausmaß von höchstens 20% der vom behördlichen Eingriff betroffenen Fläche zu gewähren (Freigrenze).

Die Veräußerung einer Liegenschaft (von Liegenschaftsteilen) an eine vom Enteignungswerber verschiedene Person ist keine Veräußerung zur Vermeidung eines unmittelbar drohenden behördlichen Eingriffs (VwGH 25.2.2003, 99/14/0316).

Wird ein Vermögensgegenstand im Rahmen einer Zwangsversteigerung übertragen, so ist dies kein behördlicher Eingriff im Sinne einer Enteignung, sondern ein Veräußerungsgeschäft (VwGH 25.10.1995, 94/15/0009). Auch die Veräußerung wegen Verhaftung eines Steuerpflichtigen erfolgt nicht in Folge eines behördlichen Eingriffs (VwGH 3.8.2004, 2001/13/0128).

In einem Zusammenlegungs- oder Flurbereinigungsverfahren (siehe dazu Rz 6652) können auch Nachteile abgewendet, gemildert oder behoben werden, die durch Maßnahmen im öffentlichen Interesse (zB Errichtung oder Änderung von Straßen, Wegen, Eisenbahnen, Wasserläufen usw.) verursacht werden. Werden in diesem Zusammenhang von Seiten der Gebietskörperschaften keine Grundflächen in das Zusammenlegungs- oder Flurbereinigungsverfahren eingebracht, haben diese für die im öffentlichen Interesse bereitgestellten Grundflächen jenen Betrag zu bezahlen, den sie mit den Grundeigentümern außerhalb eines Zusammenlegungs- oder Flurbereinigungsverfahrens als Entschädigung im Falle einer Enteignung gezahlt hätten (§ 9 Abs. 2 Flurverfassungs-Grundsatzgesetz 1951). Wäre in diesen Einzelfällen auch eine Enteignung möglich, kann eine solche Entschädigung im Rahmen eines Zusammenlegungs- oder Flurbereinigungsverfahrens daher unter die Befreiung nach § 30 Abs. 2 Z 3 EStG 1988 subsumiert werden.

(BMF-AV Nr. 2021/65)

22.4.3.4 Flurbereinigung, Grundstückszusammenlegung, Baulandumlegung

(AÖF 2013/280)

6652 Grundsätzlich sind Tauschvorgänge wie Veräußerungsvorgänge (und Anschaffungsvorgänge) zu werten (siehe Rz 6626). § 30 Abs. 2 Z 4 EStG 1988 befreite ab 1.4.2012 ausdrücklich Tauschvorgänge im „Flurbereinigungsverfahren" iSd Flurverfassungs-Grundsatzgesetzes 1951 sowie „Baulandumlegungsverfahren" (insbesondere behördliche Maßnahmen zur besseren Gestaltung von Bauland). Da mit dem Bundesgesetz vom 15. Jänner 2019, BGBl. I Nr. 14/2019, das Flurverfassungs-Grundsatzgesetz 1951 mit 1. Jänner 2020 außer Kraft trat, wird diese Befreiung nunmehr auf die jeweiligen Landesgesetze gestützt. Die Steuerbefreiung gilt weiterhin für alle Steuerpflichtigen in gleichem Ausmaß, unabhängig in welchem Bundesland das Grundstück gelegen ist, weswegen nach wie vor auf die Grundsätze der Vorschriften des Flurverfassungs-Grundsatzgesetzes 1951 abgestellt wird. Im Ergebnis gelten somit die vor dem StRefG 2020 geltenden Voraussetzungen für die Befreiung von Grundstückstäuschen in Ausführung von Zusammenlegungs- oder Flurbereinigungsverfahren. Die Steuerbefreiung kann nur für land- und forstwirtschaftliche Grundstücke zur Anwendung gelangen.

Welche konkreten Maßnahmen als Baulandumlegung anzusehen sind, ist in den jeweiligen Landesgesetzen auf dem Gebiet der Raumordnung geregelt. Maßgeblich ist, dass von einer Baulandumlegung stets ein zusammenhängendes Gebiet betroffen ist. Solche Verfahren liegen aber nur dann vor, wenn sie behördlich abgeschlossen sind. Die Antragstellung auf Einleitung eines solchen Verfahrens reicht für die Inanspruchnahme der Befreiung nach § 30 Abs. 2 Z 4 EStG 1988 nicht aus.

Vor dem 1.4.2012 waren derartige Vorgänge bereits nach Rz 6659 idF vor dem Wartungserlass 2013 nicht als Anschaffung/Veräußerung gewertet worden. Daher gelten die im Rahmen solcher Vorgänge erworbenen Grundstücke als unentgeltlich erworben. Das in einem solchen Verfahren erworbene Grundstück tritt hinsichtlich aller für die Ermittlung relevanter Umstände (Anschaffungszeitpunkt, Anschaffungskosten, eventuelle Umwidmung) an die Stelle des hingegebenen Grundstücks. Die bisherigen Besteuerungsmerkmale des hingegebenen Grundstücks bleiben somit im erworbenen Grundstück erhalten und sind für eine nachfolgende Veräußerung weiterhin maßgebend. Daher sind insbesondere die Anschaffungskosten des/der hingegebenen Grundstücke(s) als Anschaffungskosten des erworbenen Grundstücks anzusetzen (allfällige Ausgleichszahlungen und andere Nebenkosten sind nicht zu berücksichtigen).

Beispiel:

Ein Steuerpflichtiger ist Eigentümer von drei Grundstücken, die in ein Flurbereinigungsverfahren einbezogen werden. Zwei dieser Grundstücke (A und B) sind Altgrundstücke, das dritte Grundstück (C) ist ein Neugrundstück (Anschaffungskosten 40.000 Euro). Grundstück B wurde im Jahr 1995 in Bauland umgewidmet. Im Zuge der Flurbereinigung erhält der Steuerpflichtige für die Grundstücke A, B und C das (wertmäßig entsprechende) Grundstück D.

Grundstück A wird in der Flurbereinigung mit 20.000 Euro bewertet;

Grundstück B wird in der Flurbereinigung mit 30.000 Euro bewertet;

Grundstück C wird in der Flurbereinigung mit 50.000 Euro bewertet.

Die Grundstücke stehen daher in einem Wertverhältnis von 2/10 (A) zu 3/10 (B) zu 5/10 (C).

Der Tauschvorgang im Rahmen des Flurbereinigungsverfahrens ist steuerbefreit.

Das erhaltene Grundstück D wird am 1.10.2012 um 150.000 Euro veräußert. Es liegen steuerpflichtige Einkünfte nach § 30 EStG 1988 vor, wobei die Einkünfte unter Beachtung der Merkmale der weggetauschten Grundstücke A, B und C zu ermitteln sind:

2/10 des Veräußerungserlöses, somit 30.000 Euro, entfällt demnach auf Grundstück A. Da es sich um ein nicht umgewidmetes Altgrundstück handelt, sind die Einkünfte grundsätzlich nach § 30 Abs. 4 EStG 1988 in Höhe von 30.000 x 14% = 4.200 Euro zu ermitteln. 3/10 des Veräußerungserlöses, somit 45.000 Euro, entfällt auf Grundstück B. Als umgewidmetes Altgrundstück betragen die Einkünfte nach § 30 Abs. 4 EStG 1988 45.000 x 60% = 27.000 Euro.

5/10 des Veräußerungserlöses, somit 75.000 Euro, entfallen auf Grundstück C. Als Neugrundstück sind die Einkünfte nach § 30 Abs. 3 EStG 1988 mit 75.000 abzüglich

40.000 Euro Anschaffungskosten = 35.000 Euro zu ermitteln. Zusätzlich sind die Kosten der Mitteilung und Selbstberechnung abziehbar (für die gesamte Grundstücksveräußerung; siehe dazu Rz 6666).

Für die Grundstücke A und B könnten die Einkünfte über Antrag ebenfalls nach § 30 Abs. 3 EStG 1988 (Regeleinkünfteermittlung) berechnet werden. In diesem Fall wäre ein Inflationsabschlag für Veräußerungen, bei denen das Verpflichtungsgeschäft vor dem 1.1.2016 abgeschlossen wird, entsprechend der über 10 Jahre hinausgehenden Behaltedauer (von der Veräußerung des Grundstücks D zurückgerechnet, für Grundstück B allerdings nur bis zum Umwidmungszeitpunkt 1995 zurück) zu berücksichtigen. 40.000 Euro Anschaffungskosten = 35.000 Euro zu ermitteln. Zusätzlich sind die Kosten der

Mitteilung und Selbstberechnung abziehbar (für die gesamte Grundstücksveräußerung; siehe dazu Rz 6666).

Für die Grundstücke A und B könnten die Einkünfte über Antrag ebenfalls nach § 30 Abs. 3 EStG 1988 (Regeleinkünfteermittlung) berechnet werden. In diesem Fall wäre ein Inflationsabschlag für Veräußerungen, bei denen das Verpflichtungsgeschäft vor dem 1.1.2016 abgeschlossen wird, entsprechend der über 10 Jahre hinausgehenden Behaltedauer (von der Veräußerung des Grundstücks D zurückgerechnet, für Grundstück B allerdings nur bis zum Umwidmungszeitpunkt 1995 zurück) zu berücksichtigen.

Eine Ausgleichszahlung in Geld ist in dem nach den jeweiligen Gesetzesbestimmungen zulässigen Ausmaß von der Befreiung ebenfalls erfasst (Freibetrag), eine darüberhinausgehende Zahlung ist jedoch nicht befreit, wobei im Zweifel jedoch davon auszugehen ist, dass die Ausgleichszahlung zulässig ist. Liegt eine steuerpflichtige Ausgleichszahlung vor, sind zur Ermittlung der Einkünfte von der Ausgleichszahlung die Anschaffungskosten des hingegebenen Grundstückes in jenem Ausmaß in Abzug zu bringen, das dem Verhältnis der Ausgleichszahlung zum gemeinen Wert des/der hingegebenen Grundstücke(s) entspricht. Der steuerpflichtige Wertausgleich erhöht die Anschaffungskosten des Zahlers.

Übersteigt die erhaltene Ausgleichszahlung die Hälfte des Wertes des/der hingegebenen Grundstücke(s), stellt dieses Geschäft keinen Tauschvorgang von Grundstücken iSd § 30 Abs. 2 Z 4 EStG 1988 dar. In diesem Fall ist die Steuerbefreiung auf diese Grundstücksveräußerung nicht anwendbar. Die Beurteilung, ob ein Tauschvorgang vorliegt, ist für jede von der Zusammenlegung, Flurbereinigung oder Baulandumlegung betroffene Person gesondert vorzunehmen; liegt auf Grund einer Ausgleichszahlung von mehr als 50% ein Tauschvorgang iSd § 30 Abs. 2 Z 4 EStG 1988 nicht vor, hat dies keine Auswirkungen auf die anderen Beteiligten des Flurbereinigungsverfahrens (zB jene Beteiligte, die keine Ausgleichszahlung erhalten oder jene Beteiligte, die eine Ausgleichszahlung entrichten).

Die Steuerbefreiung besteht allerdings nur für jene Steuerpflichtigen, für die auf Grund landesgesetzlicher Vorschriften bezüglich der Flurverfassung die Wirkungen eines Zusammenlegungs- oder Flurbereinigungsverfahrens eintreten.

Tauschvorgänge in der Art einer Flurbereinigung (Baulandumlegung) außerhalb eines behördlichen Verfahrens nach den gesetzlichen Bestimmungen sind von der Befreiung grundsätzlich nicht umfasst. Davon abweichend gilt jedoch:

- Für einen „privaten“ Flurbereinigungstauschvertrag, für den die Erforderlichkeit für die Durchführung eines Flurbereinigungsverfahrens bescheidmäßig festgestellt wurde und für ein Flurbereinigungsübereinkommen, das vor der Agrarbezirksbehörde beurkundet wurde, ist § 30 Abs. 2 Z 4 EStG 1988 anwendbar (die bloße Antragstellung auf Beurkundung ist noch nicht ausreichend).
- Bei Tauschvorgängen im Zusammenhang mit behördlichen Maßnahmen zur besseren Gestaltung von Bauland kommt die Befreiung auch dann zur Anwendung, wenn es keine landesgesetzlichen Vorschriften gibt und das öffentliche Interesse und die behördliche Mitwirkung anderweitig dokumentiert ist (Tausch- und Ringtauschvereinbarungen); dies wird insbesondere durch Vorlage entsprechender Gemeinderatsbeschlüsse möglich sein. Tausch- und Ringtauschvereinbarungen im Einklang mit den Flächenwidmungsplänen (Bebauungsplänen) von Gemeinden zählen nicht als behördliche Maßnahmen zur besseren Gestaltung von Bauland.

(BMF-AV Nr. 2021/65)

6652a Im Rahmen eines Zusammenlegungs- oder Flurbereinigungsverfahrens sind Grundstücke mitunter zur Errichtung von Anlagen zu übertragen, die zur zweckmäßigen Erschließung und Bewirtschaftung des von der Maßnahme betroffenen Gebietes notwendig sind oder sonst die Ziele der Zusammenlegung oder Flurbereinigung fördern. Werden Grundstücke ohne Zustimmung des Grundeigentümers auf Basis des jeweiligen Flurverfassungsgesetzes in Anspruch genommen und dabei das Eigentum auf die öffentliche Hand übertragen oder zu deren Gunsten mit enteignungsähnlicher Wirkung beschränkt (siehe Rz 7371), stellt dies einen behördlichen Eingriff dar; wird an Stelle eines Ersatzgrundstückes eine Geldentschädigung geleistet, ist diese gemäß § 30 Abs. 2 Z 3 EStG 1988 steuerfrei.

(BMF-AV Nr. 2015/133)

22.4.3.5 Entschädigung für die Wertminderung von Grundstücken

(AÖF 2013/280)

6653 Nach § 3 Abs. 1 Z 33 EStG 1988 befreit sind Abgeltungen für Wertminderungen von Grundstücken auf Grund von Maßnahmen im öffentlichen Interesse. In diesem Zusammenhang kommen zB Entschädigungen für die Überspannung durch eine Starkstromleitung, die Errichtung einer Pipeline, die Errichtung eines Abwasserkanals oder die Entschädigung für den Abriss eines Gebäudes in einem (nachträglich ausgeweiteten) Überschwemmungsgebiet in Betracht. Mangels einer ausdrücklichen Bestimmung kürzen derartige Entschädigung nicht die Anschaffungskosten (§ 6 Z 10 EStG 1988 ist bereits mangels Anschaffung/Herstellung nicht anwendbar). Von der Abgeltung der Wertminderung sind allerdings jene Beträge zu unterscheiden, die für eine Servitutseinräumung empfangen werden (zB Nutzungsentgelt für die Duldung eines Leistungsrechtes). Insoweit liegen steuerpflichtige Einkünfte (betriebliche Einkünfte oder Einkünfte aus Vermietung und Verpachtung, vgl. Rz 6409) vor.

Beispiel:

Privater Grund und Boden (1.000 m²) wurde um 10 €/m² angeschafft. Im maßgeblichen Zeitpunkt beträgt der Wert des Grundstücks bereits 60 €/m². Die tatsächliche Bodenwertminderung zB aufgrund einer Starkstromleitung beträgt – ausgehend vom aktuellen Wert von 60 €/m² – 20 €/m². Die von der Wertminderung betroffene Fläche (Servitutsstreifen für die Stromleitung) beträgt 100 m². Der Steuerpflichtige erhält 7.000 € als Einmalbetrag ab dem Folgejahr 2.500 € laufend als Entschädigung. Davon sind 100 x 20 € = 2.000 € als steuerbefreite Wertminderung zu beurteilen. Der Rest der Entschädigungszahlung sowie die laufende jährliche Zahlung sind als Entgelt für die Duldung der Starkstromleitung (Servitut) zu beurteilen. Diese Entschädigungszahlung ist als Einkünfte aus Vermietung und Verpachtung zu erfassen.

Veräußert der Steuerpflichtige in der Folge das Grundstück um 58.000 € (entspricht dem Wert nach Wertminderung), liegen im Falle eines Neugrundstücks Einkünfte nach § 30 Abs. 3 EStG 1988 in Höhe von 48.000 € vor (vor Abzug von abziehbaren Kosten für Mitteilung und Selbstberechnung). Die schon vorweg erhaltenen 2.000 € werden nicht nacherfasst. Im Falle eines Altgrundstücks wären die Einkünfte grundsätzlich nach § 30 Abs. 4 EStG 1988 zu ermitteln.

Soweit eine Veräußerung des Grundstücks vorliegt, ist diese Befreiung nicht anwendbar. Wurde eine Abgeltung für Wertminderung im öffentlichen Interesse empfangen, ist die Wertminderung aber tatsächlich nicht eingetreten (zB die Starkstromleitung wurde nicht errichtet), und muss keine Rückzahlung geleistet werden, stellt sich nachträglich heraus, dass kein Befreiungstatbestand vorgelegen ist; dies stellt ein rückwirkendes Ereignis im Sinne des § 295a BAO dar.

(AÖF 2013/280)

22.4.4 Ermittlung der Einkünfte

(AÖF 2013/280)

22.4.4.1 Altgrundstücke, Neugrundstücke

(AÖF 2013/280)

Entscheidend für die Ermittlung der Einkünfte und den Umfang der Steuerpflicht ist, ob es sich handelt um 6654

- Altgrundstücke oder
- Neugrundstücke.

Maßgebender Stichtag ist dabei der 31.3.2012. Grundstücke, die zum 31.3.2012 steuerverfangen waren oder nach diesem Zeitpunkt angeschafft werden (worden sind), gelten als Neugrundstücke. Zu diesem Stichtag nicht steuerverfangene Grundstücke gelten als Altgrundstücke. Für private Grundstücke sowie für zu einem Betriebsvermögen gehörenden Grund und Boden außerhalb der Gewinnermittlung nach § 5 EStG 1988 ist für die Frage der Steuerverfangenheit alleine auf die bisherige Spekulationsfrist im Sinne des § 30 Abs. 1 Z 1 lit. a EStG 1988 idF vor dem 1. StabG 2012 abzustellen. Damit ergibt sich idR als Anschaffungsstichtag der 31.3./1.4.2002:

31.3.2002[x])	31.3./1.4.2012	
← Anschaffung vor 31.3.2002[x])	← Anschaffung ab dem 31.3.2002[x])	Veräußerung →
= nicht steuerverfangen am 31.3.2012	= steuerverfangen am 31.3.2012	
= Altgrundstück	= Neugrundstück	
grundsätzlich pauschale Einkünfteermittlung (§ 30 Abs. 4 EStG 1988)	zwingende Regeleinkünfteermittlung (§ 30 Abs. 3 EStG 1988)	

[x]) 31.3.1997 bei bisher 15-jähriger Spekulationsfrist wegen § 28 Abs. 3 EStG 1988 (§ 30 Abs. 1 Z 1 EStG 1988 idF vor 1. StabG 2012).

Wird ein Grundstück sukzessiv erworben, kann die pauschale Einkünfteermittlung nur bezüglich jenes Anteils am Grundstück angewendet werden, der am 31.3.2012 nicht mehr steuerverfangen war; für jenen Anteil, der zu einem späteren Zeitpunkt angeschafft wurde und somit zum 31.3.2012 steuerverfangen war, kann daher nur die Regeleinkünfteermittlung nach § 30 Abs. 3 EStG 1988 angewendet werden (vgl. VwGH 2.10.2014, 2012/15/0083). Der Veräußerungserlös für das gesamte Grundstück ist daher entsprechend aufzuteilen. In diesem Fall kann die Aufteilung der Anschaffungskosten und des Veräußerungserlöses an Hand der den jeweiligen Anteilen am Grund und Boden und dem Gebäude zuzuordnenden Fläche erfolgen. Dies gilt auch für den Fall, dass das sukzessive erworbene Grundstück nur anteilig veräußert wird.

Maßgeblich ist die abstrakte Steuerbarkeit nach § 30 EStG 1988 idF vor 1. StabG 2012, nicht aber, ob im Falle der Veräußerung am 31.3.2012 tatsächlich ein steuerpflichtiger Spekulationsgewinn (oder –verlust) entstanden wäre oder der Vorgang aufgrund von einer Befreiung (Hauptwohnsitzbefreiung, Herstellerbefreiung) nicht steuerpflichtig wäre (VwGH 18.10.2018, Ro 2016/15/0013).

Da bei am 31.3.2012 beschränkt Steuerpflichtigen die Veräußerung eines ausländischen Grundstücks mangels Nennung in § 98 EStG 1988 nicht steuerbar war, liegt Altvermögen vor und es können die Einkünfte nach § 30 Abs. 4 EStG 1988 ermittelt werden, wenn ein bislang beschränkt Steuerpflichtiger mit einem ausländischen Grundstück, das er bereits am 31.3.2012 in seinem Vermögen hatte, nach dem 31.3.2012 nach Österreich zuzieht und in der Folge das Grundstück veräußert (siehe auch Rz 6631).

Beispiel:

A und B kaufen 2010 gemeinsam ein Grundstück in Italien. A wohnt in Italien und B in Österreich. 2017 zieht A nach Österreich.

2020 veräußern beide gemeinsam das Grundstück in Italien.

Bei B liegt bezüglich seines Hälfteanteils Neuvermögen vor, bei A handelt es sich bei seinem Hälfteanteil um Altvermögen.

Bei Grund und Boden, Gebäuden und grundstücksgleichen Rechten handelt es sich um selbständige Wirtschaftsgüter. Ab dem In-Kraft-Treten des 1. StabG 2012 ist die Einheitstheorie auf bebaute Grundstücke nicht mehr anzuwenden. Daher ist ab diesem Zeitpunkt auch die Beurteilung, ob Altvermögen vorliegt, für jedes Wirtschaftsgut selbst zu treffen. Wird daher auf vor dem 31.3.2002 angeschafften Grund und Boden nach dem 31.3.2012 mit der Errichtung eines Gebäudes begonnen (maßgeblich ist der Beginn der tatsächlichen Bauausführung) oder ein grundstücksgleiches Recht eingeräumt, stellt das Gebäude oder grundstücksgleiche Recht Neuvermögen dar. Wird mit der Errichtung eines Gebäudes vor dem 31.3.2012 begonnen, stellt das Gebäude aufgrund der Einheitstheorie Altvermögen dar, weil die Spekulationsfrist des § 30 Abs. 1 Z 1 lit. a EStG 1988 idF vor dem 1. StabG 2012 bereits mit der Anschaffung des Grundstücks zu laufen begann und eine gesonderte Frist für das Gebäude nicht in Lauf gesetzt wurde (VwGH 18.10.2018, Ro 2016/15/0013). Wird das bebaute Grundstück nach dem 31.3.2012 veräußert, liegen im Zeitpunkt der Veräußerung getrennte Wirtschaftsgüter vor und kann die Option zur Regeleinkünfteermittlung für beide Wirtschaftsgüter getrennt ausgeübt werden (siehe dazu Rz 6675).

Wird ein Grundstück veräußert, das aus einem Betriebsvermögen entnommen und vorher mit dem Teilwert eingelegt wurde, gilt der Unterschiedsbetrag zwischen dem Teilwert im Zeitpunkt der Einlage und den (ursprünglichen) Anschaffungs- oder Herstellungskosten als Einkünfte aus privaten Grundstücksveräußerungen. Als Veräußerungserlös ist der Teilwert im Zeitpunkt der Einlage ins Betriebsvermögen anzusetzen. Soweit das Grundstück zum 31.3.2012 nicht steuerverfangen war oder es ohne Einlage ins Betriebsvermögen nicht mehr steuerverfangen gewesen wäre, können die Einkünfte pauschal nach § 30 Abs. 4 EStG 1988 ermittelt werden.

Wird ein Superädifikat vor dem 31.3.2002 erworben und der dazugehörige Grund und Boden erst danach, folgt das Superädifikat nicht dem Grund und Boden und ist die Einheitstheorie nicht anzuwenden. Ein Superädifikat stellt wirtschaftlich betrachtet ein selbständiges Wirtschaftsgut dar, sodass es sowohl bei der Anschaffung als auch bei der Veräußerung vom zugehörigen Grund und Boden getrennt zu beurteilen ist. Bezüglich des Superädifikats liegt demnach Altvermögen vor, während der später erworbene Grund und Boden Neuvermögen darstellt.

(BMF-AV Nr. 2021/65)

22.4.4.2 Tatsächlicher Veräußerungserlös

(AÖF 2013/280)

Unabhängig von der Art der Einkünfteermittlung ist der Veräußerungserlös stets in tatsächlicher Höhe anzusetzen; eine allfällig vereinnahmte und abzuführende USt ist nicht Teil des Veräußerungserlöses. Zum Veräußerungserlös gehören vor allem ein empfangener Barkaufpreis sowie die Übernahme von Verbindlichkeiten durch den Erwerber (dazu zählt auch die Übernahme der ImmoESt durch den Erwerber). Werden Verbindlichkeiten übernommen, sind diese unabhängig von der Laufzeit der Verbindlichkeit nicht abzuzinsen. Daneben kommen auch sonstige wirtschaftliche (geldwerte) Vorteile in Betracht. Als Übernahme einer Verbindlichkeit und damit als Gegenleistung zählt auch die Übernahme einer Alleinschuldnerschaft statt einer Solidarschuldnerschaft im Rahmen einer Grundstücks(teil-)übertragung. Dadurch kommt es zu einer Ausweitung der Schuldnerstellung, weil jegliche Regressmöglichkeiten im Innenverhältnis wegfallen und der nunmehrige Alleinschuldner nicht nur rechtlich (wie bisher), sondern auch wirtschaftlich für die gesamte Verbindlichkeit einstehen muss. Der übertragende bisherige Solidarschuldner wird aus seiner Verbindlichkeit entlassen, wodurch er bereichert wird. Die Höhe der Gegenleistung wird nach dem Ausmaß der Bereicherung bemessen; diese bestimmt sich nach dem „Anteil" am aushaftenden Kredit. **6655**

Zur Zurückbehaltung von Nutzungsrechten (Wohnrecht usw.) siehe Rz 6624.

In Veräußerungsraten enthaltene Zinsen oder Wertsicherungsbeträge sind nicht bei Ermittlung der Einkünfte aus privaten Grundstücksveräußerungen zu berücksichtigen, sondern den Einkünften aus Kapitalvermögen (§ 27 Abs. 2 EStG 1988) zuzurechnen. Gleiches gilt für Stundungszinsen eines gestundeten Kaufpreises; ab einem Jahr ist stets abzuzinsen, sofern keine ausdrückliche Verzinsung vereinbart worden ist.

Wird im Zuge des Erwerbes der gemieteten Wohnung ein Teil der bereits entrichteten Mietzahlungen auf den Kaufpreis angerechnet, stellen diese ebenfalls einen Teil des Veräußerungserlöses dar, wenn bereits bei Abschluss des Mietvertrages die Umwandlung eines Teiles der Mietzahlungen in einen Teil des Kaufpreises für den späteren Erwerb der Mietwohnung durch Mieter vereinbart wurde. Im Gegenzug sind die angerechneten Mietzahlungen im Jahr der Veräußerung als Rückzahlung von Einnahmen als Werbungskosten gemäß § 16 Abs. 2 EStG 1988 bei den Einkünften aus VuV zu berücksichtigen (siehe dazu LStR 2002 Rz 319 bzw. zur Verteilung nach § 28 Abs. 2 EStG 1988 Rz 6488a). Wurde die Anrechnung der Mietzahlungen nicht im Mietvertrag, sondern erst im Rahmen der Veräußerung vereinbart, entfaltet dies keine ertragsteuerliche Wirkung; die angerechneten Mietzahlungen sind daher nicht Teil des Veräußerungserlöses.

Wird ein im Miteigentum stehendes Grundstück von einer Mehrzahl der Miteigentümer veräußert, ist der Veräußerungserlös entsprechend der Eigentumsquoten aufzuteilen.

Erforderlichenfalls ist der Veräußerungserlös auf Grund und Boden und Gebäude aufzuteilen. Dies betrifft einerseits Fälle, in denen für das Gebäude die Herstellerbefreiung anzuwenden ist, andererseits kann die private Veräußerung eines ab 1.4.2012 entnommenen bebauten Grundstücks eine getrennte Einkünfteermittlung erforderlich machen. Für zum 31.3.2012 nicht steuerverfangenen Grund und Boden ist die pauschale Einkünfteermittlung anwendbar, für das zum 31.3.2012 steuerverfangene Gebäude ist hingegen die Regeleinkünfteermittlung anzuwenden. Als Anschaffungskosten des entnommenen Gebäude(teile)s ist dabei der Entnahmewert anzusetzen. Hinsichtlich des Gebäudes kann daher ein Inflationsabschlag allenfalls ab der Entnahme (Betriebsaufgabe) berücksichtigt werden. Dies gilt für Veräußerungen nach einer Entnahme (Betriebsaufgabe), bei welchen das maßgebliche Verpflichtungsgeschäft vor dem 1.1.2016 abgeschlossen wurde. Überdies führt die Entnahme von Grund und Boden – von Ausnahmefällen nach § 30a Abs. 3 EStG 1988 abgesehen – ab 1.4.2012 auch bei Neu-Grund-und-Boden zu keiner Gewinnrealisierung, weil sie zum Buchwert zu erfolgen hat (§ 6 Z 4 EStG 1988).

(BMF-AV Nr. 2018/79)

Die Übernahme von Kosten durch den Erwerber kann eine Gegenleistung und somit einen Teil des Veräußerungserlöses darstellen. Dabei gilt Folgendes: **6655a**

- Vertragserrichtungskosten: Es liegt keine Gegenleistung vor, weil die Vertragserrichtung eindeutig im Interesse beider Parteien vorgenommen wird. Es liegen aber Anschaffungsnebenkosten des Erwerbers vor.
- ImmoESt/besondere VZ: Wird die ImmoESt/besondere VZ durch den Erwerber übernommen, stellt dies eine weitere Gegenleistung und somit einen Teil des Veräußerungserlöses dar. Die Berechnung der zu entrichtenden ImmoESt/besonderen VZ erfolgt in diesem Fall analog zur KESt (vgl. Rz 6218b) mit 33,33% (bei Veräußerungen nach dem 31.12.2015 42,86 %) von den Einkünften (ohne übernommene ImmoESt/besondere VZ).

Wird die ImmoESt/besondere VZ pauschal nach § 30 Abs. 4 EStG 1988 berechnet, ist der Veräußerungserlös durch 0,965 (bei Veräußerungen nach dem 31.12.2015 durch 0,958) zu dividieren (im Falle einer Umwidmung durch 0,85 bzw. bei Veräußerungen nach dem 31.12.2015 durch 0,82). Dadurch erhält man jenen Veräußerungserlös, der zu entrichten wäre, wenn die ImmoESt/besondere VZ durch den Erwerber zu tragen ist. Dieser neu berechnete Veräußerungserlös ist sodann Basis für die pauschale Ermittlung der ImmoESt/besonderen VZ.

Beispiel:

Veräußerungserlös 100; ImmoESt soll durch den Erwerber getragen werden. Das Grundstück wurde nicht umgewidmet.

100/0,958= 104,38

Der Veräußerungserlös bei Tragung der ImmoESt durch den Erwerber beträgt somit 104,38. Die ImmoESt beträgt in diesem Fall 4,38; dem Veräußerer verbleiben somit 100.

- Kosten der ImmoESt-Selbstberechnung: Diese stellen unmittelbar Kosten des Veräußerers dar. Übernimmt der Erwerber diese Kosten, stellt dies eine Gegenleistung dar, die den erzielten Veräußerungserlös erhöht. Gleichzeitig sind aber die Kosten der ImmoESt-Selbstberechnung im Rahmen der Regeleinkünfteermittlung des Veräußerers abzugsfähig.
- GrESt: Die Übernahme der GrESt durch den Erwerber stellt keine Gegenleistung dar. Es liegen aber Anschaffungsnebenkosten des Erwerbers vor.
- Kosten der Lastenfreistellung: Ist im Kaufvertrag vereinbart, dass der Veräußerer für die Lastenfreistellung vor der Übergabe des Grundstückes zu sorgen hat und übernimmt der Erwerber die Kosten der Lastenfreistellung, stellt dies eine Gegenleistung dar.
- Kosten eines Energieausweises: Die Übernahme dieser Kosten stellt eine Gegenleistung dar.
- Gerichtsgebühren: Gebührenschuldner ist gemäß § 7 GGG der Einschreiter. Dieser ist grundsätzlich die Person, in deren Interesse eine Eintragung bzw. Löschung usw. erfolgt.

  Somit muss hinsichtlich der Verbücherung des Eigentumsrechtes idR der Erwerber als einschreitende Person diese Gebührenlast tragen.

  Bei einem Grundstückstausch sind daher beide Tauschpartner Gebührenschuldner jeweils für deren erhaltenes Grundstück. Wird vereinbart, dass einer der Tauschpartner diese Gerichtsgebühren für beide Verbücherungsvorgänge trägt, stellt die Übernahme der Eintragungsgebühr hinsichtlich des vom „Kostenträger" hingegebenen Grundstückes eine den Tausch ergänzende Gegenleistung dar. Diese zusätzliche Gegenleistung erhöht aber gemäß § 6 Z 14 lit. a EStG 1988 nicht den Veräußerungserlös, sondern nur die Anschaffungskosten des erhaltenen Grundstückes (siehe Rz 6626).
- Infrastrukturkostenbeiträge: Müssen im Zuge einer Grundstücksveräußerung Infrastrukturkostenbeiträge an die Gemeinde geleistet werden, stellen diese Kosten nachträgliche Anschaffungskosten dar (siehe dazu Rz 6660). Übernimmt der Erwerber diese Kosten, stellen sie beim Veräußerer eine Gegenleistung für die Grundstücksveräußerung dar. Dadurch kommt es im Ergebnis zu einer Behandlung als Durchlaufposten auf Seiten des Veräußerers.

(BMF-AV Nr. 2018/79)

6655b Werden Grundstücke übertragen und im Gegenzug Pflegeleistungen vereinbart, stellt die Übernahme persönlicher Pflege unter nahen Angehörigen keine Gegenleistung für die Grundstücksübertragung dar (siehe auch Rz 1616). Dies gilt unabhängig davon, ob die Pflegeleistung nur schuldrechtlich vereinbart wird oder ob sie auch dinglich abgesichert (dh. im Grundbuch eingetragen) wird.

Die vertragliche Übernahme der laufenden Kosten bei professioneller Pflege durch Dritte stellt keine Gegenleistung für die Grundstücksübertragung dar, wenn noch kein aktueller oder kurz bevorstehender Pflegebedarf besteht; daran ändert sich auch nichts, wenn später der Pflegebedarf entsteht.

Werden für die Grundstücksübertragung die laufenden Pflegekosten bei aktuellem Pflegebedarf vertraglich übernommen, kann dies eine Gegenleistungsrente darstellen. Im Falle einer Gegenleistungsrente liegen auf Seiten des Überträgers Einkünfte nach § 30 EStG 1988 vor. Für die Beurteilung der Entgeltlichkeit oder Unentgeltlichkeit der Rentenvereinbarung sind die Grundsätze zur Einordnung von Rentenvereinbarung anzuwenden (siehe Rz 7002). Die Pflegekosten können dann nach Maßgabe des § 34 EStG 1988 eine außergewöhnliche Belastung des Pflegebedürftigen darstellen. Die Bewertung der Pflegeleistungen erfolgt in diesem Fall mit den zu tragenden Kosten, wobei für die Berechnung des Rentenbarwertes eine angemessene Wertsicherung zu unterstellen ist.

(BMF-AV Nr. 2018/79)

Bei der Übertragung einer Eigentumswohnung wird auch die Instandhaltungsrücklage gemäß § 31 WEG 2002 mitübertragen. Wird nachgewiesen, dass ein konkreter Teil des gesamten Kaufpreises auf bereits in die Instandhaltungsrücklage eingezahlte Beträge entfällt, hat der Veräußerer insoweit keine Einkünfte und der Erwerber insoweit keine Anschaffungskosten hinsichtlich des übertragenen Grundstückes. Für den Nachweis erforderlich ist die die ausdrückliche Erwähnung des konkreten Betrages im Kaufvertrag. **6655c**

(BMF-AV Nr. 2015/133)

Wird ein Grundstück nach §§ 154 ff AußStrG an Zahlung statt überlassen, wird damit die Forderung eines Dritten durch Hingabe der Liegenschaft getilgt. Beträgt der Wert der Forderung (der Gegenleistung) mindestens 50% des gemeinen Wertes der Liegenschaft, liegt ein entgeltlicher Erwerbsvorgang vor. Als Bemessungsgrundlage bzw. Veräußerungserlös und spiegelbildlich Anschaffungskosten beim Erwerber ist der Wert der nunmehr beglichenen Forderung anzusetzen. **6655d**

(BMF-AV Nr. 2018/79)

Werden Grundstücke übertragen und im Gegenzug die Übernahme von Begräbniskosten vereinbart, liegt eine Gegenleistung vor. Der Anfall der Kosten ist gewiss, lediglich der Zeitpunkt und die genaue Höhe der Kosten sind ungewiss. Für Zwecke der Selbstberechnung/ Mitteilung der ImmoESt ist daher die Gegenleistung im Verhältnis zum gemeinen Wert des übertragenen Grundstücks zu sehen. Betragen die voraussichtlichen Begräbniskosten (alleine oder gemeinsam mit anderen übernommenen Kosten) mehr als 50% des gemeinen Wertes des übertragenen Grundstücks, liegt ein entgeltlicher Erwerbsvorgang vor. Der Zufluss der Gegenleistung findet im Zeitpunkt der tatsächlichen Übernahme der Kosten statt. Damit liegen nachträgliche Einkünfte aus der Grundstücksveräußerung vor, die den Erben zuzurechnen sind und die die darauf entfallende ImmoESt zu tragen haben. **6655e**

(BMF-AV Nr. 2018/79)

22.4.4.3 Zuflussbesteuerung

(AÖF 2013/280)

Die Einkünfte nach § 30 EStG 1988 sind nach Maßgabe des Zufließens zu erfassen (zu Raten und Renten siehe Rz 6657) Der Zuflusszeitpunkt ist nach § 19 EStG 1988 zu bestimmen. Der Barkaufpreis gilt in jenem Zeitpunkt als zugeflossen, in dem der Veräußerer darüber verfügen kann oder verfügt hat; zugeflossen ist der Veräußerungserlös auch dann, wenn dieser einem Pfandgläubiger direkt zukommt (UFS 11.3.2003, RV/0445-G/02). Dies gilt auch, soweit der Veräußerungserlös für die Lastenfreistellung des Grundstücks heranzuziehen ist. Wird die Grundstückstransaktion mittels eines Treuhänders (Rechtsanwalt, Notar) abgewickelt, ist die Weiterleitung des vom Erwerber auf dem Treuhandkonto erlegten Betrages nach dem Kaufvertrag idR erst nach der Aufsandungserklärung (ausdrückliche Erklärung der Einwilligung in die grundbücherliche Eintragung einer vertraglichen Änderung von Rechten) des Veräußerers und allfälliger Pfandgläubiger oder erst nach tatsächlicher Grundbuchseintragung zulässig. Zum Zufluss kommt es grundsätzlich dann, wenn die Auszahlung an den Verkäufer oder an seine Gläubiger möglich ist (UFS 1.8.2012, RV/0090- G/08). Ist der Zeitraum zwischen der Auszahlungsmöglichkeit und der tatsächlichen Auszahlung kurz, kann auf die tatsächliche Auszahlung abgestellt werden. **6656**

Bei einem Tauschgeschäft kann der Zuflusszeitpunkt der Gegenleistung auch auseinanderfallen, weil der Zufluss bewirkt ist, wenn der Veräußerer über das getauschte Grundstück verfügen kann. Daraus ergibt sich, dass für jene Tauschpartner, die ihr Grundstück sofort nach Vertragsabschluss übergeben, der Zufluss erst dann bewirkt wird, wenn sie das Tauschgrundstück erhalten. Umgekehrt ist für den anderen Tauschpartner der Zufluss sofort bewirkt, weil er über das Grundstück sofort verfügen kann. Der Zuflusszeitpunkt kann allerdings nicht vor Abschluss des Verpflichtungsgeschäfts liegen (siehe dazu auch Rz 2594).

Beispiel:

Ein Steuerpflichtiger veräußert ein Grundstück an einen Bauträger. Als Gegenleistung wird eine neu zu errichtende Eigentumswohnung auf dem Grundstück vereinbart. Der Zufluss beim Bauträger ist sofort nach Vertragsabschluss bewirkt, weil er über das Grundstück verfügen kann. Beim Veräußerer/Tauschpartner ist der Zufluss der Gegenleistung erst dann bewirkt, wenn er die Eigentumswohnung erhält. Dies kann auch erst mehrere Jahre später sein.

Bei Schuldübernahme ist der Zufluss mit Wirksamkeit der Schuldübernahme gegeben. Im Falle einer befreienden Schuldübernahme (§ 1405 ABGB) als Teil des Veräußerungspreises liegt der Zufluss des vom Erwerber durch Schuldübernahme entrichteten Veräußerungspreises im Zeitpunkt der Zustimmung zur Schuldübernahme durch den Gläubiger vor (siehe Rz 4627a). Auch die Lastenfreistellung stellt eine Auszahlung des Kaufpreises und somit einen Zufluss beim Veräußerer dar.

Bei Zwangsversteigerungen und bei Veräußerungen von mit Pfandrechten belasteten Grundstücken in Insolvenzverfahren durch freihändigen Verkauf (§ 120 Abs. 2 IO) erfolgt der Zufluss des Veräußerungserlöses erst mit der Rechtskraft des Verteilungsbeschlusses (§ 214 EO). Die auf Einkünfte aus Grundstücksveräußerungen entfallende Steuer stellt im Rahmen eines Insolvenzverfahrens oder einer Überlassung an Zahlungs statt gemäß § 154 AußStrG eine Masseforderung dar (OGH 28.5.2013, 8 Ob 141/12m). Bei Masseunzulänglichkeit sind die Masseforderungen entsprechend deren Rangordnung (vgl. § 47 IO) zu befriedigen. Die ImmoESt ist als übrige Masseforderung zu qualifizieren und daher gegenüber anderen Masseforderungen nicht vorrangig. Ein möglicher Differenzbetrag zwischen der erzielten Quote und der tatsächlichen Höhe der ImmoESt- Schuld wird bei einer Selbstberechnung der ImmoESt gemäß § 30c EStG 1988 dem Parteienvertreter nicht mittels Haftungsbescheid vorgeschrieben.

Abzugsposten (Anschaffungskosten, Herstellungskosten, Instandsetzungskosten, abziehbare sonstige Kosten) sind – abweichend vom tatsächlichen Abfluss – nach Maßgabe des Zufließens der Einnahmen steuerlich zu berücksichtigen. Steuerpflichtige Einkünfte entstehen in jenem Zeitpunkt, in dem die zugeflossenen Einnahmen die Abzugsposten übersteigen. Ein Verlust entsteht dann, wenn der Veräußerungserlös zur Gänze vereinnahmt worden ist, aber die Abzugsposten nicht überstiegen hat.

Beispiel:

Ein Grundstück wird in 01 um 100.000 angeschafft, ein Betrag von 50.000 wird fremdfinanziert und dafür eine Hypothek auf diesem Grundstück eingeräumt. Im Jahr 04 wird das Grundstück um 200.000 veräußert, die noch ausstehende Hypothek von 40.000 wird in Anrechnung auf den Kaufpreis vom Käufer übernommen, wobei die Zustimmung des Gläubigers erst im Jahr 05 erfolgt. Der sich danach ergebende Barpreis von 160.000 wird in zwei Jahresraten (in 04 und 05) vereinnahmt.

Ermittlung der Einkünfte:

Im Jahr 04 ist als Veräußerungspreis der halbe Barpreis (80.000) zu erfassen. Dem ist von den Anschaffungskosten ein Teilbetrag in Höhe von 80.000 Euro gegenüberzustellen, sodass noch kein Überschuss entstanden ist. Im Jahr 05 sind der ausstehende Teilbetrag von 80.000 und die übernommene Verbindlichkeit von 40.000 zu erfassen. Nach Abzug des noch verbleibenden Teiles der Anschaffungskosten 20.000 Euro ergeben sich in diesem Jahr Einkünfte (= Gesamteinkünfte nach § 30 EStG 1988) von 100.000.

(BMF-AV Nr. 2019/75)

6657 Bei Raten- oder Rentenzahlung kommt es zu einem sukzessiven Zufluss des (abgezinsten) Veräußerungserlöses (zur Abzinsung bei Ratenzahlung siehe Rz 774). Steuerpflichtige Einkünfte nach § 30 EStG 1988 entstehen in diesem Fall erst dann, wenn die Anschaffungskosten überschritten sind, dann jedoch in der Regel in einem mehrjährigen Zeitraum (zur Möglichkeit der laufenden Besteuerung von Ratenzahlungen siehe Rz 781). Im Bereich der Regeleinkünfteermittlung sind dabei die Anschaffungskosten uU zu adaptieren und müssen überdies auch alle sonstigen Abzugsbeträge (Kosten der Mitteilung und Selbstberechnung, Inflationsabschlag [für Veräußerungen vor dem 1.1.2016]) überschritten sein.

Ein Verlust aus der Grundstücksveräußerung wird dagegen erst dann realisiert, wenn die letzte Raten- oder Rentenzahlung zugeflossen ist.

Die Zuflussbesteuerung gilt auch für die Immobilienertragsteuer (ImmoESt). Liegt zwischen dem Zeitpunkt der Mitteilung der Selbstberechnung und dem Zeitpunkt des für das Vorliegen eines Ertrages maßgeblichen Zuflusses mehr als ein Jahr, erlischt die Verpflichtung zur Entrichtung der ImmoESt sowie die Haftung des Parteienvertreters (§ 30c Abs. 4 zweiter Teilstrich EStG 1988). Im Falle der Veräußerung gegen Rente ist der Vorgang von vornherein von der Immobilienertragsteuer und der besonderen Vorauszahlung ausgenommen (§ 30c Abs. 4 vierter Teilstrich und § 30b Abs. 4 EStG 1988); Die Einkünfte sind daher immer in die Abgabenerklärung aufzunehmen.

(BMF-AV Nr. 2018/79)

22.4.4.4 Fiktiver Veräußerungserlös

(AÖF 2013/280)

6658 In folgenden Fällen ist der Veräußerungsvorgang gedanklich in zwei Veräußerungen aufzusplitten und für einen der Vorgänge ein fiktiver Veräußerungserlös anzusetzen. Ein solcher fiktiver Veräußerungserlös kann sein:

- Der Teilwert im Einlagezeitpunkt bei eingelegten Grundstücken (§ 4 Abs. 3a Z 4 EStG 1988)
- Der Teilwert von Grund und Boden im Zeitpunkt des Wechsels der Gewinnermittlung auf § 5 EStG 1988 vor dem 1.4.2012 (§ 30 Abs. 6 lit. b EStG 1988), wenn der Grund und Boden entnommen worden ist und sodann im Rahmen einer privaten Grundstücksveräußerung veräußert wird
- Die fiktiven Anschaffungskosten bei nach dem 31.12.2012 erstmalig vermieteten Gebäuden (§ 30 Abs. 6 lit. a EStG 1988 iVm § 124b Z 227 EStG 1988)

Beispiele:

1. Veräußerung nach Einlage:

Jahr	*Grund und Boden*	*Wert*	*Steuersatz*	*Buchwert*
2008	*Anschaffungskosten*	*100*	*–*	*0*
2011	*Einlage zum Teilwert*	*120*	*–*	*120*
2013	*Veräußerung um*	*150*	*–*	*0*
betriebliche Einkünfte		*30*	*25%*	*0*
Einkünfte nach § 30 EStG 1988		*20*	*25%*	*–*

2. Veräußerung nach Wechsel zu § 5 EStG 1988 und Entnahme:

Jahr	*Grund und Boden*	*Wert*	*Steuersatz*	*Buchwert*
2003	*Anschaffungskosten*	*100*	*–*	*100*
2009	*Wechsel zu § 5 EStG 1988 Teilwert*	*120*	*–*	*120*
2011	*Entnahme Teilwert*	*130*	*–*	*120*
Betriebliche Einkünfte		*10[1)]*	*Tarif*	*–*
2015	*Veräußerung um*	*170*		*0*
Einkünfte nach § 30 EStG 1988 (Vorgang 1[2)]		*40*	*25%*	*–*
Einkünfte nach § 30 EStG 1988 (Vorgang 2[3)])		*20*	*25%*	*–*

[1)] Entnahmewert abzüglich Buchwert.

[2)] Veräußerungserlös abzüglich Entnahmewert (tritt gemäß § 6 Z 4 EStG 1988 an die Stelle der Anschaffungskosten).

*[3)] fiktiver Veräußerungserlös nach § 30 Abs. 6 lit. b EStG 1988 abzüglich tatsächlicher Anschaffungskosten. Wäre die Anschaffung bereits vor dem 1.4.2002 erfolgt, könnte für den Vorgang 2 aber auch für den Vorgang 1 § 30 Abs. 4 EStG 1988 angewendet werden. Dadurch wären die Einkünfte aus Vorgang 1 170*0,14 = 23,8 und aus Vorgang 2 120*0,14 = 16,8.*

3. Veräußerung nach erstmaliger Vermietung unter Ansatz der fiktiven Anschaffungskosten:

Jahr	*Gebäude*	*Wert*	*Steuersatz*	*„Buchwert“*
2001	*Anschaffungskosten*	*60*	*-*	*-*
2013	*Erstmalige Vermietung, fiktive AK*	*100*	*-*	*100*
2013-2017	*AfA kumuliert 2% pa=5*2*	*-10*	*Tarif*	*90*
2017	*Veräußerung um*	*150*		*0*
Einkünfte nach § 30 EStG 1988 (Vorgang 1[1)])		*60*	*30%*	
Einkünfte nach § 30 EStG 1988 (Vorgang 2[2)])		*14*	*30%*	

[1)] Veräußerungserlös abzüglich fiktive AK abzüglich AfA gemäß § 30 Abs. 6 lit. a EStG 1988

*[2)] Fiktive AK * 0,14 gemäß § 30 Abs. 4 EStG 1988*

(BMF-AV Nr. 2015/133, BMF-AV Nr. 2018/79)

22.4.4.5 Regeleinkünfteermittlung (§ 30 Abs. 3 EStG 1988)

(AÖF 2013/280)

Die Regeleinkünfteermittlung ist 6659

- zwingend für Neugrundstücke und
- als Wahlrecht für Altgrundstücke (siehe Rz 780 und 6675) anzuwenden.

Als Einkünfte nach § 30 Abs. 3 EStG 1988 gelten:
Veräußerungserlös (siehe Rz 6655 ff)
– Anschaffungskosten (siehe Rz 6660), die uU zu adaptieren sind (siehe Rz 6661)
– Kosten der Meldung und Abfuhr (siehe Rz 6666)
– Minderbeträge aus Vorsteuerberichtigungen gemäß § 6 Z 12 EStG 1988
– Inflationsabschlag ab 11. Jahr (nur für Veräußerungen vor dem 1.1.2016; siehe Rz 6667)
= Einkünfte nach § 30 Abs. 3 EStG 1988

(BMF-AV Nr. 2018/79)

22.4.4.5.1 Tatsächliche Anschaffungskosten

(AÖF 2013/280)

6660 Zu den tatsächlichen Anschaffungskosten gehören der Kaufpreis samt Nebenkosten (zB Vertragserrichtungskosten, Beratungskosten, Käuferprovision, Grunderwerbsteuer, Eintragungsgebühr, nicht aber zB Geldbeschaffungskosten, Kosten der Besicherung der erforderlichen Fremdmittel wie etwa die Pfandbestellung, Fremdwährungsverluste oder Zinsen, vgl. VwGH 16.11.1993, 93/14/0125). Kein Teil des Veräußerungserlöses und somit auch nicht der Anschaffungskosten sind der gemeine Wert von zurückbehaltenen Nutzungsrechten (siehe dazu Rz 6624).

Wurde eine Mehrzahl von Grundstücken zu einem Gesamtpreis erworben, sind die insgesamt geleisteten Gegenleistungen im Verhältnis der gemeinen Werte der einzelnen Grundstücke auf diese aufzuteilen.

Müssen die Anschaffungskosten eines bebauten Grundstück in einen Grund-und-Boden-Anteil und einen Gebäudeanteil aufgesplittet werden, bestehen für Veräußerungen vor dem 1.1.2016 keine Bedenken, den Anteil von Grund und Boden mit 20% anzusetzen (siehe Rz 6447). Erscheint diese Aufteilung im konkreten Einzelfall (zB im urbanen Raum) nicht sachgerecht, sind die tatsächlichen Verhältnisse (zB mittels Gutachten oder Vergleichspreisen) festzustellen. Gleiches gilt für eine Aufsplittung des Veräußerungserlöses.

Bei Veräußerungen nach dem 31.12.2015 ist das Aufteilungsverhältnis gemäß § 16 Abs. 1 Z 8 lit. d EStG 1988 idF des StRefG 2015/2016, BGBl. I Nr. 118/2015, zu berücksichtigen. Siehe dazu Rz 6447 ff.

Auch nachträgliche Anschaffungskosten (zB Freimachungskosten, siehe dazu auch Rz 2189 und Rz 6414) sind zu berücksichtigen, ebenso nachträgliche Verminderungen (zB teilweise Rückzahlung des Kaufpreises wegen hervorgekommener Mängel) der Anschaffungskosten. Abziehbare Vorsteuerbeträge gehören nicht zu den Anschaffungskosten. Ein vom seinerzeitigen Veräußerer zurückbehaltenes Wohnrecht ist nicht zusätzlich (zum dadurch ohnehin geminderten Kaufpreis) zu berücksichtigen (VwGH 31.03.2011, 2007/15/0158). Die Ablöse des Wohnrechts bzw. Fruchtgenussrechtes stellt hingegen nachträgliche Anschaffungskosten dar.

Keine nachträglichen Anschaffungskosten stellen im Gegensatz dazu frustrierte Aufwendungen (zB Pönalzahlungen; Planungskosten) dar. Sie stehen regelmäßig nicht in Zusammenhang mit der Veräußerung des Grundstücks und unterliegen auch nicht dem Tatbestand des § 30 EStG 1988 (siehe dazu auch Rz 6620 f).

Bei Aufschließungskosten (Herstellung von Straßen, Kanal- und Wasser- und/oder Energieversorgung), bei von der Gemeinde dem Grundstückseigner vorgeschriebenen Umwidmungskosten sowie bei Kosten einer Grundstücksteilung (zB Vermessungskosten) handelt es sich um nachträgliche Anschaffungskosten bzw. Herstellungskosten von Grund und Boden bzw. Gebäuden (siehe auch Rz 2626 ff); die daher zu aktivieren sind. Ein bestimmter zeitlicher Zusammenhang der Aufschließungskosten mit dem Anschaffungs- oder Veräußerungsvorgang ist nicht erforderlich. Dies gilt auch für Infrastrukturkostenbeiträge, die vom Erwerber an die Gemeinde zu leisten sind. Umwidmungs- und Aufschließungskosten können daher auch dann im Rahmen der Regeleinkünfteermittlung berücksichtigt werden, wenn das Grundstück unentgeltlich erworben wurde.

Kommt es im Rahmen einer Grundstücksveräußerung durch eine Gemeinde zu einer Vorschreibung von Aufschließungskosten an den Erwerber des Grundstücks, sind diese Kosten nachträgliche bzw. zusätzliche Anschaffungskosten des Erwerbers. Sie sind allerdings nicht Bestandteil des Veräußerungserlöses für die Gemeinde, da es sich bei Aufschließungsabgaben um gesetzlich determinierte Abgaben handelt, die in keinem unmittelbaren Zusammenhang mit der Veräußerung des Grundstücks stehen.

Herstellungskosten von Straßen und Wegen (inklusive der Anschaffungskosten des für die Straßen und Wege erforderlichen Grund und Bodens) stehen im Zusammenhang mit der Veräußerung des Grund und Bodens und sind daher Bestandteil der Anschaffungs- bzw. Herstellungskosten des Grund und Bodens und somit der veräußerten Parzellen. Die Aufteilung kann dabei entsprechend der Flächenverhältnisse der Parzellen zueinander zu erfolgen. Werden im Rahmen der Ablösezahlung für die Aufgabe oder Übertragung eines Kleingartenpachtvertrages Aufwendungen für Wirtschaftsgüter abgegolten, die dem Grund und Boden zuzuordnen sind (zB Wege, Bäume usw.), sind diese Beträge bei der Ermittlung der Einkünfte nicht zu berücksichtigen, weil nur das Gebäude übertragen wird (siehe dazu auch Rz 6624).

Anschlusskosten an Versorgungsnetze stellen grundsätzlich Teilherstellungskosten des Gebäudes dar, bei bebauten Grundstücken sind diese Aufwendungen daher den Anschaffungs- oder Herstellungskosten des Gebäudes zuzurechnen. Bei unbebauten Grundstücken liegt dagegen ein selbständiges Wirtschaftsgut vor. Da allerdings diese Anschlusskosten zur Veräußerung des unbebauten Grundstücks erforderlich sind, bestehen keine Bedenken, diese Anschlusskosten den Anschaffungskosten von Grund und Boden zuzurechnen.

Wurde das Grundstück unentgeltlich erworben, sind die Anschaffungskosten des letzten entgeltlichen Erwerbers maßgebend (dies gilt sinngemäß auch für Herstellungskosten und Instandsetzungsaufwendungen sowie für geltend gemachte AfA-Beträge, siehe dazu Rz 6661 und 6664). Kosten im Zusammenhang mit dem unentgeltlichen Erwerb (zB Grunderwerbsteuer, Eintragungsgebühr, an den Geschenkgeber oder weichende Miterben bezahlte Beträge, die den Charakter der Unentgeltlichkeit nicht aufheben) sind nach § 20 Abs. 1 Z 6 EStG 1988 nicht abziehbar und erhöhen nicht die Anschaffungskosten. Nachträglich anfallende Anschaffungs- und Herstellungskosten sind vom Abzugsverbot nicht betroffen.

(BMF-AV Nr. 2021/65)

Nachträgliche Anschaffungskosten und (nachträgliche) Anschaffungsnebenkosten sind Teil der Anschaffungskosten (siehe auch Rz 2617 ff). Auf Grund des Zufluss-Abfluss-Prinzips sind diese Kosten allerdings erst dann einkünftemindernd zu berücksichtigen, wenn sie auch tatsächlich verausgabt werden. Sollte dieser Zeitpunkt erst nach Erzielung der Einnahmen aus der Grundstücksveräußerung liegen, ist zu unterscheiden: **6660a**

a) Die Kosten fließen nach Entrichtung der ImmoESt/besonderen VZ, aber im selben Veranlagungszeitraum, ab: Eine „Korrektur" der entrichteten ImmoESt/besonderen VZ ist lediglich im Rahmen der Veranlagung möglich.

b) Die Kosten fließen in einem späteren Veranlagungszeitraum ab: Diese Kosten sind im Abflussjahr zu berücksichtigen; es kommt daher in diesem Jahr zu negativen Einkünften aus privaten Grundstücksveräußerungen (siehe dazu auch Rz 6677).

c) Es werden Akontozahlungen (Vorauszahlungen) im Jahr des Zuflusses des Veräußerungserlöses geleistet: Diese sind im Rahmen der Einkünfteermittlung entsprechend zu berücksichtigen. Kommt es in späteren Veranlagungszeiträumen zu einer Reduktion der Akontozahlungen (zB durch Rückzahlungen), sind diese Beträge als (positive) nachträgliche Einkünfte aus Grundstücksveräußerungen zu erfassen.

Dies gilt sinngemäß für Herstellungsaufwendungen und sonstige Aufwendungen, die im Rahmen der Ermittlung der Einkünfte gemäß § 30 Abs. 3 EStG 1988 berücksichtigt werden können.

(BMF-AV Nr. 2015/133)

22.4.4.5.2 Adaptierte Anschaffungskosten

(AÖF 2013/280)

Nach § 30 Abs. 3 EStG 1988 sind die Anschaffungskosten zu erhöhen um **6661**

- Herstellungsaufwendungen (siehe Rz 6662) und
- Instandsetzungskosten (siehe Rz 6663),

soweit diese (noch) nicht bei der Ermittlung von Einkünften (insbesondere Einkünfte aus Vermietung und Verpachtung) zu berücksichtigen waren.

Die Anschaffungskosten sind zu vermindern um Absetzungen für Abnutzung, soweit diese bei der Ermittlung außerbetrieblicher Einkünfte abgezogen worden sind, sowie um nach § 28 Abs. 6 EStG 1988 steuerbefreite Subventionen. Dies gilt auch für Absetzungen für Abnutzung, wenn diese vom Rechtsvorgänger geltend gemacht wurden und das Grundstück danach unentgeltlich übertragen wurde (siehe dazu Rz 6660 und 6664).

Damit ergibt sich vereinfachend folgendes Schema:

  tatsächliche Anschaffungskosten (siehe Rz 6660)
\+ Herstellungsaufwendungen (siehe Rz 6662)

\+ Instandsetzungsaufwendungen , soweit diese nicht bei der Ermittlung von Einkünften zu berücksichtigen waren (siehe Rz 6663)

\- Gemäß § 28 Abs. 3 EStG 1988 beschleunigt abgesetzte Herstellungsaufwendungen

\- AfA-Beträge, die bei Ermittlung von Einkünften abgesetzt worden sind (siehe Rz 6664)

\- gemäß § 28 Abs. 6 EStG 1988 steuerfreie (oder außerhalb der Einkünfteerzielung empfangene) Subventionen der öffentlichen Hand mit Ausnahme solcher, die auf Instandhaltungsaufwendungen entfallen (siehe Rz 6665)

= adaptierte Anschaffungskosten

Müssen Grundstücksteile im Zuge einer Änderung der Widmung auf Grund gesetzlicher Vorgaben an die Gemeinde übertragen werden (zB für Straßenbauten), sind die Anschaffungskosten der verbleibenden Grundstücksteile um die Anschaffungskosten der übertragenen Grundstücksteile zu erhöhen. Damit verringern sich insoweit im Falle der Veräußerung des (nunmehr als Bauland) gewidmeten Grundstücks die Einkünfte. Dies gilt auch für Betriebsgrundstücke (§ 4 Abs. 3a Z 5 EStG 1988).

(BMF-AV Nr. 2021/65)

22.4.4.5.3 Herstellungsaufwendungen

(AÖF 2013/280)

6662 Herstellungskosten sind jene Aufwendungen, die für die Herstellung des Grundstücks (Gebäudes), seine Erweiterung oder für eine über seinen ursprünglichen Zustand hinausgehende wesentliche Verbesserung entstehen (vgl. Rz 2198 sowie Beispielsfälle in Rz 6476). Sie bilden zusammen mit den Anschaffungskosten alle Aufwendungen, die erforderlich waren, um das Wirtschaftsgut in den Zustand zu versetzen, den es bei der Veräußerung hat. Darunter fällt auch der Herstellungsaufwand im Laufe der Besitzzeit, zB bei Aus- oder Zubau. Abziehbare Vorsteuerbeträge gehören nicht zu den Herstellungskosten. Die Kosten der eigenen Arbeit und der Wert unentgeltlicher Leistungen können nicht als Teil der Herstellungskosten berücksichtigt werden (VwGH 20.10.1967, 0322/66); Lohnkosten für mitbeschäftigte Familienmitglieder sind nur dann zu berücksichtigen, wenn sie tatsächlich und nachweislich verausgabt wurden und der Höhe nach einem Fremdvergleich standhalten. Der Herstellungskostenbegriff für Betriebs- und Privatvermögen ist deckungsgleich; daher sind angemessene Teile der Material- und Fertigungsgemeinkosten anzusetzen (vgl. § 203 Abs. 3 UGB idF RÄG 2014). Finanzierungskosten können, soweit sie auf den Herstellungszeitraum entfallen, als Teil der Herstellungskosten angesetzt werden (§ 203 Abs. 4 UGB).

Herstellungsaufwendungen mindern die Einkünfte, wenn sie vom Verkäufer getragen werden auch dann, wenn sie vor der Anschaffung getätigt wurden (zB Herstellungsaufwendungen, die vom Verkäufer als Mieter vor der Anschaffung des Gebäudes getätigt wurden). Wird ein im Miteigentum stehendes Gebäude errichtet, sind Herstellungskosten, die nur von einem oder einem Teil der Miteigentümer getragen werden, bei der Einkünfteermittlung aller Miteigentümer quotal zu berücksichtigen.

Können keine Rechnungen von befugten Unternehmen oder Zahlungsnachweise (zB durch Kontoauszüge) als Nachweis über die Höhe der Herstellungsaufwendungen vorgelegt werden, sind die Aufwendungen nach § 184 BAO vom Finanzamt mittels Schätzungsverfahren zu ermitteln.

Herstellungsaufwendungen kürzen die Einkünfte aus privaten Grundstücksveräußerungen jedoch nur insoweit, als sie nicht schon bei Ermittlung von anderen Einkünften zu berücksichtigen waren. Dabei kommen betriebliche und außerbetriebliche Einkünfte in Betracht (zB Vermietung und Verpachtung, Nutzung als Arbeitszimmer im Wohnungsverband, Nutzung einer Eigentumswohnung im Rahmen einer doppelten Haushaltsführung). Soweit Herstellungsaufwendungen im Rahmen der Wohnraumschaffung oder Wohnraumsanierung als Sonderausgaben abgezogen worden sind, hindert dies ihre ungeschmälerte Berücksichtigung hingegen nicht. Dies gilt auch für die Geltendmachung von Herstellungskosten als außergewöhnliche Belastung (zB behindertengerechter Umbau, Einbau eines Treppenliftes).

Eine Berücksichtigung von Herstellungsaufwendungen im Rahmen der Einkünfte aus Vermietung und Verpachtung konnte unter den Voraussetzungen des § 28 Abs. 3 EStG 1988 auch bereits durch Zehntel- bis Fünfzehntelabsetzung erfolgen. Weil ab 1.4.2012 bei einer Veräußerung keine besonderen Einkünfte aus Vermietung und Verpachtung (§ 28 Abs. 7 EStG 1988 idF vor dem AbgÄG 2012) mehr anfallen, ist somit der gesamte bisher beschleunigt abgesetzte Betrag von den Herstellungsaufwendungen abzuziehen und nur

der verbleibende Restbetrag anschaffungskostenerhöhend (= einkünftemindernd) zu berücksichtigen. Zur Vorgangsweise bei pauschalierten Anschaffungskosten siehe Rz 6674.
(BMF-AV Nr. 2018/79)

Auch im Zusammenhang mit Grund und Boden sind Herstellungskosten möglich. Solche sind dann gegeben, wenn durch Maßnahmen wie Grabungsarbeiten, Rodungen, Planierungen, Begradigungen, Bodensicherungen, bzw. -befestigungen, Terrassierungen und Bodenverbesserungen, die Wesensart des Grund und Bodens wesentlich verändert wird (siehe auch Rz 2627a). **6662a**

Keine Herstellungskosten im Zusammenhang mit Grund und Boden sind aber Aufwendungen für ein geologisches Gutachten, weil dadurch keine Änderung der Wesensart des Grund und Bodens bewirkt wird. Wird ein solches Gutachten im Zusammenhang mit der Veräußerung von Grund und Boden erstellt, liegen grundsätzlich Werbungskosten vor, allerdings ist das Abzugsverbot nach § 20 Abs. 2 EStG 1988 zu beachten.

Geotechnische Maßnahmen im Zusammenhang mit einer beabsichtigten Errichtung eines Gebäudes sind den Herstellungsaufwendungen des Gebäudes zuzuordnen.
(BMF-AV Nr. 2015/133)

22.4.4.5.4 Instandsetzungsaufwendungen
(AÖF 2013/280)

Instandsetzungsaufwendungen sind jene Aufwendungen, die nicht zu den Anschaffungs- oder Herstellungsaufwendungen gehören und alleine oder zusammen mit dem Herstellungsaufwand den Nutzwert des Gebäudes wesentlich erhöhen oder seine Nutzungsdauer wesentlich verlängern (§ 28 Abs. 3 EStG 1988, siehe im Einzelnen die unter Rz 6469 angeführten Beispiele). Sie mindern die nach § 30 Abs. 3 EStG 1988 ermittelten Einkünfte, wenn sie vom Verkäufer getragen werden. Dies gilt auch dann, wenn sie vor der Anschaffung getätigt wurden (zB Instandsetzungsaufwendungen, die vom Verkäufer als Mieter vor der Anschaffung des Gebäudes getätigt wurden). Instandsetzungsaufwendungen kürzen die Einkünfte jedoch nur insoweit, als sie nicht schon bei Ermittlung von Einkünften aus Vermietung und Verpachtung zu berücksichtigen waren. Bei den Einkünften aus Vermietung und Verpachtung sofort in voller Höhe abgesetzte Instandsetzungsaufwendungen (für Gebäude, die nicht Wohnzwecken dienen) sind daher bei Ermittlung der Einkünfte aus privaten Grundstücksveräußerungen nicht (nochmals) zu berücksichtigen. Soweit Instandsetzungsaufwendungen im Rahmen der Wohnraumsanierung als Sonderausgaben abgezogen worden sind, hindert dies ihre ungeschmälerte Berücksichtigung hingegen nicht. Dies gilt auch für die Geltendmachung von Instandsetzungsaufwendungen als außergewöhnliche Belastung. **6663**

Bei vermieteten Gebäuden sind nur jene Instandsetzungszehntel einkünftemindernd abzuziehen, die auf Zeiträume nach der Veräußerung entfallen, weil diese bei Ermittlung der Einkünfte aus Vermietung und Verpachtung nicht mehr zu berücksichtigen sind (Rz 6484).

Keine Instandsetzungsaufwendungen stellen Beiträge der Wohnungseigentümer zum Instandhaltungsfonds dar. Instandsetzungsaufwendungen sind erst dann gegeben, wenn die Kosten für Instandsetzungsmaßnahmen aus dem Instandhaltungsfonds beglichen werden (siehe Rz 6419a). Ebenso führt ein von der Wohnungseigentümergemeinschaft aufgenommener Kredit nicht unmittelbar zu steuerlichen Instandsetzungs- oder Herstellungsaufwendungen bei den einzelnen Wohnungseigentümern; dies gilt ebenso für die Tilgung des Kredites. Die steuerliche Auswirkung ergibt sich wiederum nur aufgrund der tatsächlichen Verausgabung für Instandsetzungs- bzw. Herstellungsaufwendungen, und zwar sowohl von Seiten der einzelnen Wohnungseigentümer als auch von Seiten der gesamten Wohnungseigentümergemeinschaft (direkt oder aus dem Instandsetzungsfonds).
(BMF-AV Nr. 2015/133)

22.4.4.5.5 Absetzung für Abnutzung
(AÖF 2013/280)

Eine fiktive Absetzung für Abnutzung für Privatnutzung ist bei der Ermittlung der Einkünfte nach § 30 EStG 1988 nicht zu berücksichtigen. Hingegen vermindern AfA-Beträge, die bei Ermittlung von Einkünften berücksichtigt worden sind, unabhängig davon, ob sie sich tatsächlich steuerlich ausgewirkt haben (zB in Verlustsituationen oder bei einem niedrigen Einkommen), die adaptierten Anschaffungskosten. Dies gilt auch im Falle eines unentgeltlichen Erwerbers eines Grundstücks, wenn die Absetzung für Abnutzung vom Rechtsvorgänger geltend gemacht wurde (siehe dazu Rz 6660 und 6661). AfA-Beträge für Gebäude(teile) des Betriebsvermögens, die bei den betrieblichen Einkünften abgezogen worden sind, sind nicht hinzuzurechnen, weil sie grundsätzlich bereits im Rahmen der Erfassung der stillen Reserven im Entnahmezeitpunkt Berücksichtigung gefunden haben. **6664**

Der dabei angesetzte Entnahmewert ist an die Stelle der tatsächlichen Anschaffungskosten getreten (§ 6 Z 4 EStG 1988). Hingegen sind eingelegte AfA-Beträge bei in untergeordnetem Ausmaß betrieblich genutzten Gebäudeteilen zur Vermeidung einer Doppelberücksichtigung einkünfteerhöhend anzusetzen.

(BMF-AV Nr. 2018/79)

22.4.4.5.6 Subventionen

(AÖF 2013/280)

6665 Nach § 30 Abs. 3 EStG 1988 sind die Anschaffungskosten um bis zum Zeitpunkt der Veräußerung zugeflossene nach § 28 Abs. 6 EStG 1988 steuerbefreite Subventionen der öffentlichen Hand zu vermindern. Eine Kürzung der Sanierungskosten um die Subvention nach dem Sollprinzip (siehe Rz 6505) ist daher für die Ermittlung der Einkünfte aus der Grundstücksveräußerung nur insoweit vorzunehmen, als die Subventionen bis zum Zeitpunkt der Veräußerung dem Veräußerer zugeflossen sind.

Beispiel:

2008 betrugen die Anschaffungskosten eines Mietwohnhauses 400.000 Euro. Der Steuerpflichtige führte 2011 eine Instandsetzung um 100.000 Euro durch, wofür er eine steuerfreie Förderung der öffentlichen Hand von 60% zugesagt erhielt. Die Absetzungen nach § 28 Abs. 2 EStG 1988 betrugen daher in 2011 bis 2014 jeweils 4.000 Euro. Die Subventionen wurden nur für 2011 bis 2013, somit mit insgesamt 18.000 Euro an ihn ausbezahlt. Das Mietwohnhaus wurde 2014 um 600.000 Euro veräußert.

Adaptierung der Anschaffungskosten:

Instandsetzungen gesamt	*100.000 Euro*
– erhaltene Subventionen	*–18.000 Euro*
– bereits abgesetzt nach § 28 Abs. 2 EStG 1988	*–16.000 Euro*
	66.000 Euro
Veräußerungserlös	*600.000 Euro*
– adaptierte Anschaffungskosten	*466.000 Euro*
+ steuerlich geltend gemachte AfA	*19.200 Euro*
Einkünfte nach § 30 Abs. 3 EStG 1988	*153.200 Euro*

Hat der Steuerpflichtige außerhalb der Einkunftserzielung Subventionen der öffentlichen Hand erhalten, so sind im Hinblick auf § 20 Abs. 2 EStG 1988 ebenfalls nur die aus eigenen Mitteln getragenen Anschaffungs-, Herstellungs- oder Instandsetzungskosten bei der Ermittlung der Einkünfte zu berücksichtigen.

Beispiel:

Ein Steuerpflichtiger erhält für Instandsetzungsaufwendungen (Fenstertausch) in Höhe von 50.000 an einem denkmalgeschützten Privathaus einen öffentlichen Zuschuss von 10.000. Im Ergebnis mindern daher nur die selbst getragenen Herstellungskosten von 40.000 die Einkünfte.

Sind Förderungen nach erfolgter Veräußerung des Grundstückes zurückzuzahlen, stellen die Zurückzahlungen nach Maßgabe des Abflusses nachträgliche Anschaffungskosten bzw. Herstellungs- oder Instandsetzungsaufwendungen dar (zur Berücksichtigung von nachträglichen Einkünfteminderungen siehe Rz 6677).

(BMF-AV Nr. 2015/133)

22.4.4.5.7 Werbungskosten

(AÖF 2013/280)

6666 Die Differenz zwischen dem Veräußerungserlös und den (adaptierten) Anschaffungskosten ist ab 1.4.2012 nur um die für die Mitteilung oder Selbstberechnung nach § 30c EStG 1988 anfallenden Kosten zu vermindern. Dazu gehören auch die durch einen Parteienvertreter in Rechnung gestellten Kosten für die Ermittlung der Bemessungsgrundlage (inklusive der Fremdhonorare; als Kosten der Selbstberechnung gelten auch die Kosten für einen Steuerberater, soweit sie mit der Durchführung der Selbstberechnung in Zusammenhang stehen). Die Kosten der Bewertungsgutachten stellen allerdings keine Kosten für die Ermittlung der Bemessungsgrundlage dar. Weitere Aufwendungen oder Ausgaben sind nicht (mehr) abziehbar, soweit sie mit Einkünften in unmittelbarem wirtschaftlichem Zusammenhang stehen, auf die der besondere Steuersatz von 25% bzw. 30% bei Veräußerungen nach dem

31.12.2015 anwendbar ist. Damit sind insbesondere folgende Kosten in der Regel nicht mehr als Werbungskosten bei den Einkünften nach § 30 EStG 1988 abziehbar:

- die Verkäuferprovision an den Makler,
- Kosten für Inserate,
- vom Verkäufer übernommene Vertragserrichtungskosten,
- Kosten von Bewertungsgutachten,
- Kosten eines Energieausweises,
- Fremdkapitalzinsen.

Abziehbar bleiben derartige Kosten nur, soweit der Normalsteuersatz nach § 33 Abs. 1 EStG 1988 anzuwenden ist, wie zB bei Veräußerung gegen Rente (§ 30a Abs. 4 EStG 1988). Derartige Kosten sind auch abziehbar, wenn bei Veräußerungen nach dem 31.12.2015 die Regelbesteuerungsoption gemäß § 30a Abs. 2 EStG 1988 in Anspruch genommen wird.

Fremdkapitalzinsen sind allerdings nur insoweit abzugsfähig, als sie nicht bei der Ermittlung anderer Einkünfte bereits einkünftemindernd berücksichtigt wurden, oder ein anderes Abzugsverbot zur Anwendung kommt (zB Fremdfinanzierungszinsen für ein für private Wohnzwecke genutztes Gebäude, siehe dazu VfGH 30.11.2017, G 183/2017; Fremdfinanzierungsaufwendung für ein Grundstück, dessen Nutzung Liebhaberei darstellt, siehe dazu Rz 4859).

Absetzbar bleiben generell Vorsteuerberichtigungsbeträge nach § 12 Abs. 10 UStG 1994 (§ 30 Abs. 3 letzter Satz EStG 1988). Derartige Beträge sind im Rahmen der Einkünfte des § 30 EStG 1988 dann als Werbungskosten abzugsfähig, wenn sie anlässlich der Veräußerung des Grundstückes entstanden sind. Anlässlich der Veräußerung können solche Minderbeträge auch dann entstehen, wenn die Aufgabe einer Vermietung zeitlich bereits in Vorbereitung einer geplanten Veräußerung erfolgt. Eine Änderung der entsprechenden Anschaffungs- oder Herstellungskosten hat nicht zu erfolgen. Besteht kein Zusammenhang zwischen der Aufgabe der Vermietung und der Veräußerung des ehemaligen Mietgrundstückes (zB auf Grund zwischenzeitiger privater Nutzung), ist § 30 Abs. 3 letzter Satz EStG 1988 auf solche Vorsteuerminderbeträge nicht anwendbar.

Keine Werbungskosten in Zusammenhang mit einer Grundstückveräußerung sind Wechselkursverluste auf Grund der Konvertierung von Fremdwährungsdarlehen (VfGH 29.11.2014, G 137/2014 und G 138/2014; VwGH 24.10.2019, Ra 2018/15/0114; VwGH 26.1.2017, Ro 2015/15/0011). Da das Abzugsverbot nach § 20 Abs. 2 EStG 1988 somit nicht anwendbar ist, sind Konvertierungsverluste von Fremdwährungsverbindlichkeiten im außerbetrieblichen Bereich steuerlich unbeachtlich, sowohl, wenn der besondere Steuersatz nach § 30a Abs. 1 EStG 1988 angewendet wird als auch, wenn zur Regelbesteuerung optiert wird.

(BMF-AV Nr. 2021/65)

22.4.4.5.7a Nachweis von Anschaffungs-, Herstellungs-, Instandsetzungs- oder Werbungskosten

(BMF-AV Nr. 2015/133)

Grundsätzlich sind abziehbare Aufwendungen nachzuweisen. Kann ein Nachweis nach den Umständen nicht zugemutet werden, so genügt die Glaubhaftmachung (§ 138 Abs. 1 BAO). Die Glaubhaftmachung hat den Nachweis der Wahrscheinlichkeit zum Gegenstand und unterliegt den Regeln der freien Beweiswürdigung. Ein Sachverhalt ist glaubhaft gemacht, wenn die Umstände des Einzelfalls dafür sprechen, der vermutete Sachverhalt habe von allen anderen denkbaren Möglichkeiten die größte Wahrscheinlichkeit. Auch in Kopie vorgelegte Rechnungen und Rechnungen ohne Rechnungsadressaten können nach den Umständen des Einzelfalles zur Glaubhaftmachung ausreichen. Können die Ausgaben mangels vorhandener Belege nicht ermittelt oder berechnet werden, sind die Ausgaben gemäß § 184 BAO im Rahmen eines Veranlagungsverfahrens zu schätzen. **6666a**

(BMF-AV Nr. 2015/133)

22.4.4.5.8 Inflationsabschlag – Rechtslage für Grundstücksveräußerungen vor dem 1.1.2016

(BMF-AV Nr. 2018/79)

Bei Grundstücken, die vor mehr als zehn Jahren angeschafft worden sind, ist grundsätzlich ein Inflationsabschlag einkünftemindernd abzuziehen. Er beträgt 2% jährlich, höchstens 50%, beginnend mit dem 11. Jahr. Der Inflationsabschlag ist grundsätzlich auf den Anschaffungs- oder Herstellungszeitpunkt (Zeitpunkt der Fertigstellung) zu beziehen, im Falle einer Umwidmung auf den Zeitpunkt der Umwidmung (wobei auch Umwidmungen vor 1988 zu berücksichtigen sind). Ist der Teilwert im Rahmen einer partiellen pauschalen **6667**

Einkünfteermittlung als fiktiver Veräußerungserlös anzusetzen, ist der Zeitpunkt maßgebend, zu dem die Bewertung mit dem Teilwert vorgenommen wurde (Einlagezeitpunkt; Zeitpunkt des Wechsels der Gewinnermittlung). Dies gilt auch für Veräußerungen, wenn durch eine Entnahme aus dem Betriebsvermögen zu einem früheren Zeitpunkt bereits stille Reserven steuerwirksam aufgedeckt wurden (Entnahmezeitpunkt).

Bei der Berechnung des Inflationsabschlages ist auf den Anschaffungs- bzw. Herstellungstag abzustellen; dabei steht für ein angefangenes Jahr der volle Inflationsabschlag zu.

Wird die Regeleinkünfteermittlung für den gesamten Veräußerungsgewinn angewendet, ist der Inflationsabschlag insgesamt auf den Zeitpunkt der Anschaffung oder Herstellung zu beziehen, wobei der Inflationsabschlag auf die Zeiträume vor dem Ansatz des Teilwertes und danach aufzuteilen ist.

Beispiel:

Am 1.5.1990 wird ein unbebautes Grundstück im Privatvermögen um 100 angeschafft. Dieses Grundstück wird zum 1.1.2008 in einen Betrieb, dessen Gewinn nach § 5 Abs. 1 EStG 1988 ermittelt wird, eingelegt. Der Teilwert des Grund und Bodens beträgt im Zeitpunkt der Einlage 150. Im Jahr 2015 wird das Grundstück um 200 zum 31.12. veräußert.

Die Einlage des bebauten Grundstückes im Jahr 2008 erfolgte mit dem Teilwert. Der Grund und Boden war durch die Einlage zum 31.3.2012 steuerverfangen. Dadurch liegt Neuvermögen vor; § 4 Abs. 3a Z 4 EStG 1988 ist somit für das Grundstück anwendbar und im Falle der späteren Veräußerung liegen für die vor der Einlage entstandenen stillen Reserven Einkünfte aus privaten Grundstücksveräußerungen gemäß § 30 EStG 1988 vor; die stillen Reserven nach der Einlage führen zu betrieblichen Einkünften.

Wird hinsichtlich der privaten stillen Reserven von der pauschalen Gewinnermittlung nach § 30 Abs. 4 EStG 1988 nicht Gebrauch gemacht, kann der Inflationsabschlag auf den Anschaffungszeitpunkt des Grundstücks bezogen werden. Der Inflationsabschlag ist allerdings auf die Einkünfte nach § 30 EStG 1988 und die betrieblichen Einkünfte aufzuteilen. Insgesamt steht daher ein Inflationsabschlag für 16 Jahre in Höhe von 32% zu. Davon entfallen 8 Jahre (2000 bis 2008) in Höhe von 32% auf die Einkünfte nach § 30 EStG 1988 und 8 Jahre (2008 bis 2015) in Höhe von 32% auf die betrieblichen Einkünfte.

Wurde ein unbebautes Grundstück erworben und nach dem 31.3.2012 darauf ein Gebäude errichtet, ist der Inflationsabschlag für den Grund und Boden auf den Anschaffungszeitpunkt des Grund und Bodens zu beziehen, der Inflationsabschlag für das Gebäude ist auf den Zeitpunkt der Herstellung (Fertigstellung) des Gebäudes zu beziehen.

Der Inflationsabschlag kann allerdings nur dann angewendet werden, wenn die Bemessungsgrundlage nach § 30 Abs. 3 EStG 1988 (Regeleinkünfteermittlung) ermittelt wird. Im Rahmen der privaten Grundstücksveräußerungen gilt der Inflationsabschlag für Grund und Boden und Gebäude, im betrieblichen Bereich nur für Grund und Boden, es sei denn, die Veräußerung fällt unter die Ausnahmen nach § 30a Abs. 3 Z 1 bis 4 oder Abs. 4 EStG 1988 (§ 4 Abs. 3a Z 3 lit. b EStG 1988).

Der jeweilige Prozentsatz ist auf vorläufig ermittelte Einkünfte nach § 30 Abs. 3 EStG 1988 nach Berücksichtigung allfälliger Kosten der Meldung oder Selbstberechnung nach § 30c EStG 1988 und von Minderbeträgen aus Vorsteuerberichtigung nach § 6 Z 12 EStG 1988 anzuwenden und kürzt die Einkünfte somit als letzte Abzugspost.

Wird aus der Grundstücksveräußerung ein Verlust erzielt, kommt die Berücksichtigung eines Inflationsabschlages nicht in Betracht.

Beispiel:

Veräußerungserlös aus 10/2013	*100.000*
- Anschaffungskosten 5/2002 (uU adaptiert)	*-60.000*
- Kosten Selbstberechnung	*-1.000*
vorläufige Einkünfte nach § 30 Abs. 3 EStG 1988	*39.000*
abzüglich 39.000 x 4% Inflationsabschlag	*-1.560*
endgültige Einkünfte nach § 30 Abs. 3 EStG 1988	*37.440*

Wäre das Grundstück zB im Jahr 2008 in Bauland umgewidmet worden, wäre kein Inflationsabschlag zu berücksichtigen.

Rechtslage für Grundstücksveräußerungen nach dem 31.12.2015

Für Grundstücksveräußerungen, bei denen das maßgebliche Verpflichtungsgeschäft nach dem 31.12.2015 abgeschlossen wird, ist ein Inflationsabschlag nicht mehr zu berücksichtigen. Die Bestimmung über den Inflationsabschlag in § 30 Abs. 3 zweiter Teilstrich EStG

1988 wurde vom VfGH aufgehoben (VfGH 3.3.2017, G 3-4/2017-9). Ein Inflationsabschlag ist noch für alle offenen Veranlagungsfälle zu berücksichtigen, bei denen das maßgebliche Verpflichtungsgeschäft vor dem 1.1.2016 abgeschlossen wurde.

(BMF-AV Nr. 2018/79)

22.4.4.6 Pauschale Einkünfteermittlung (§ 30 Abs. 4 EStG 1988)

(AÖF 2013/280)

22.4.4.6.1 Allgemeines, Höhe der Einkünfte

(AÖF 2013/280)

Die pauschale Einkünfteermittlung ist die grundsätzliche Einkünfteermittlung für Altgrundstücke (siehe Rz 6654). Sie ist für Neugrundstücke nicht zulässig. Der Veräußerungserlös ist dabei wie bei Regeleinkünfteermittlung in tatsächlicher Höhe anzusetzen; eine allfällig vereinnahmte und abzuführende USt ist nicht Teil des Veräußerungserlöses. Vom Veräußerungserlös sind nach § 30 Abs. 4 EStG 1988 pauschale Anschaffungskosten abzuleiten. Dies gilt auch für jene Fälle, in denen im Zuge einer Entnahme oder Betriebsaufgabe vor dem 1.4.2012 stille Reserven steuerlich erfasst oder steuerfrei gestellt wurden. Der Veräußerungserlös ist um diese stillen Reserven nicht zu kürzen; eine Doppelerfassung von stillen Reserven kann allerdings durch eine Regeleinkünfteermittlung vermieden werden (siehe dazu Rz 709a und Rz 5714b). **6668**

Die Einkünfte nach § 30 Abs. 4 EStG 1988 ermitteln sich danach wie folgt:

	Veräußerungserlös
-	pauschale Anschaffungskosten
+	Hälfte der Abschreibungen nach § 28 Abs. 3 EStG 1988 in den letzten 15 Jahren vor der Veräußerung
=	Einkünfte nach § 30 Abs. 4 EStG 1988

Weitere Abzugsbeträge (Herstellungs- oder Instandsetzungskosten, Kosten der Mitteilung oder Selbstberechnung nach § 30c EStG 1988) kommen nicht in Betracht.

Die pauschalen Anschaffungskosten betragen

- grundsätzlich 86% des Veräußerungserlöses (daher sind 14% des Veräußerungserlöses als Einkünfte anzusetzen und – abgesehen von einer Veräußerung gegen Rente – mit 25% bzw. mit 30% bei Veräußerungen nach dem 31.12.2015 zu versteuern, was den Steuerbetrag von 3,5% bzw. 4,2% des Veräußerungserlöses ergibt),
- im Fall einer Umwidmung von Grünland in Bauland ab dem 1.1.1988 mit 40% des Veräußerungserlöses (daher sind 60% des Veräußerungserlöses als Einkünfte anzusetzen und – abgesehen von einer Veräußerung gegen Rente – mit 25% bzw. mit 30% bei Veräußerungen nach dem 31.12.2015 zu versteuern, was den Steuerbetrag von 15% bzw. 18% des Veräußerungserlöses ergibt). Die Umwidmung selbst löst noch keine Steuerpflicht aus.

Die pauschale Einkünfteermittlung differenziert nicht nach dem Anschaffungszeitpunkt. Von einer Anschaffung ist jedenfalls auch dann auszugehen, wenn der Anschaffungszeitpunkt überhaupt nicht mehr bestimmbar ist.

Der Tatbestand des § 30 EStG 1988 verdrängt auch für Altgrundstücke die bisherige Steuerpflicht nach § 29 Z 1 EStG 1988 (Kaufpreisrente). Auch die Einkünfteberechnung ist damit anders. Bisher war Steuerpflicht nach § 29 Z 1 EStG 1988 gegeben, sobald der nach § 16 Abs. 2 BewG 1955 kapitalisierte Rentenbarwert überschritten ist. § 30 EStG 1988 stellt hingegen auf das Überschreiten der Anschaffungskosten ab. Sofern bei Altgrundstücken nicht die Regeleinkünfteermittlung nach § 30 Abs. 3 EStG 1988 beantragt wird, muss die Rente auf den Veräußerungszeitpunkt nach § 16 Abs. 2 BewG 1955 kapitalisiert und aus diesem Betrag der Anschaffungswert mit grundsätzlich 86% abgeleitet werden. Steuerpflicht entsteht dann, sobald dieser Wert überschritten ist.

Beispiel:

Ein vor dem 1.4.2002 angeschafftes Grundstück wird am 1.10.2012 gegen eine Jahresrente von 12.000 veräußert. Der kapitalisierte Rentenbarwert beträgt angenommen 150.000. Als pauschale Anschaffungskosten können 86% von 150.000 angesetzt werden, das sind 129.000. Sobald die Rentenzahlungen diesen Betrag überschreiten, tritt Steuerpflicht nach § 30 EStG 1988 ein. Der Sonderausgabenabzug des Erwerbers ist hingegen erst bei Überschreiten des vollen Rentenbarwerts von 150.000 möglich.

(BMF-AV Nr. 2018/79)

22.4.4.6.2 Umwidmungsbegriff

(AÖF 2013/280)

6669 Als Umwidmung gilt eine Änderung der Widmung, die erstmals eine Bebauung ermöglicht, die in ihrem Umfang im Wesentlichen der Widmung als Bauland oder Baufläche im Sinne der Landesgesetze auf dem Gebiet der Raumordnung entspricht (darunter fallen auch raumordnungsrechtliche Vorgängerbestimmungen); Umwidmungen in eine Verkehrsfläche stellen daher keine Umwidmung iSd § 30 Abs. 4 Z 1 EStG 1988 dar. Damit sind im Wesentlichen ab 1.1.1988 erfolgte Umwidmungen von Grünland in Bauland von der höheren Pauschalbesteuerung erfasst; dies gilt auch für Umwidmungen in Sonderflächen oder Sondergebiete innerhalb des Baulandes. Allerdings können auch Widmungen, die nicht dem Bauland zuzuordnen sind, aber eine Bebauung nach Art einer Baulandwidmung ermöglichen, unter diesen Tatbestand subsumiert werden (zB Sonderwidmungen für Einkaufszentren). Dies gilt auch für Fälle in denen eine vergleichbare Bebauung nicht auf Grund einer Widmungsänderung nach einem raumordnungsrechtlichen Landesgesetz, sondern auf Grund eines anderen Landes- oder Bundesgesetzes ermöglicht wird (zB für Gebäude auf einem Flugplatz). Der Zweck der Bebauung ist dabei unbeachtlich, sodass eine mit dem Bauland vergleichbare Bebaubarkeit auch dann gegeben sein kann, wenn die Bebauung nicht Wohnzwecken dient. Daher können sondergesetzliche Widmungen als Widmungen angesehen werden, die in ihrem Umfang im Wesentlichen der Widmung als Bauland oder Baufläche im Sinne der Landesgesetze auf dem Gebiet der Raumordnung entsprechen.

Kleingartengrundstücke gelten als Bauland, wenn sie ganzjährig bewohnbar sind. Hingegen sind Widmungsänderungen von Grünland in Bauland keine Umwidmungen im Sinne des § 30 Abs. 4 Z 1 EStG 1988, wenn eine Bebauung auf Grund raumordnungsrechtlicher Maßnahmen nicht zulässig ist (zB bei Aufschließungsgebieten oder bei Bauerwartungsland, siehe dazu BFG 17.05.2016, RV/1100587/2014, zur Höhe der pauschalen AK für Bauerwartungsland). Eine Umwidmung im Sinne des § 30 Abs. 4 Z 1 EStG 1988 ist in diesen Fällen erst dann gegeben, wenn eine spätere Widmungsänderung erstmals tatsächlich eine Bebauung ermöglicht. Eine Umwidmung liegt aber dann vor, wenn eine Bebauung im Einzelfall trotz Vorliegens eines Aufschließungsgebietes oder Bauerwartungsland auf Grund landesgesetzlicher Regelungen zulässig ist. Ist eine raumordnungsrechtliche Baulandwidmung gegeben, sind Bausperren, die eine Bebauung nicht dauerhaft verhindern, nicht zu beachten.

Wird im Zuge einer Umwidmung in Bauland ein Teil eines Grundstücks als Schutz- oder Pufferzone (Frei- und Grünfläche) ausgewiesen, die nicht bebaut werden darf, ist der Veräußerungserlös für das Grundstück trotzdem nicht analog einer teilweisen Umwidmung (siehe dazu Rz 6673) aufzuteilen, wenn ein einheitlicher Kaufpreis bezahlt wurde. Es erfolgt in diesem Fall eine einheitliche Betrachtung des Grundstücks als Bauland, da davon auszugehen ist, dass das Grundstück in dem Wissen erworben wird, dass die Schutz- oder Pufferzone nicht bebaut werden darf.

Eine Aufteilung des Veräußerungserlöses ist allerdings dann geboten, wenn die Schutz- oder Pufferzone ausdrücklich im Flächenwidmungsplan als Grün- oder Freiland gewidmet ist.

Umwidmungen innerhalb einer Widmungskategorie (zB von Mischgebiet auf Wohngebiet im Bauland oder eine bloße Anhebung der Bauklasse) sind durch diese Anknüpfung grundsätzlich nicht erfasst, es sei denn, es tritt durch diese Maßnahme erstmals überhaupt die Möglichkeit der Bebauung ein.

(BMF-AV Nr. 2018/79)

6669a War zum Zeitpunkt der Bebauung das Grundstück als Freiland gewidmet und erfolgte eine im Freiland zulässige Bebauung, stellt eine nachfolgende Umwidmung in Bauland eine Umwidmung im Sinne des § 30 Abs. 4 Z 1 EStG 1988 dar. § 30 Abs. 4 Z 1 EStG 1988 stellt nicht darauf ab, dass die Widmung grundsätzlich eine Bebauung ermöglicht, sondern dass durch die Widmung erstmals eine Bebauung ermöglicht wird, die in ihrem Umfang im Wesentlichen der Widmung als Bauland oder Baufläche entspricht. Nach den Raumordnungsgesetzen der Länder ist im Freiland oder Grünland idR eine begrenzte Bebauung zulässig. Wird im Freiland eine Bebauung nach diesen Regeln vorgenommen, stellt dies idR noch keine Bebauung dar, wie sie in ihrem Umfang nur eine Baulandwidmung ermöglicht. Kommt es daher zu einer Umwidmung dieser bebauten Grundfläche in Bauland, wird der Umfang der zulässigen Bebauung erstmals wesentlich erhöht, sodass die Voraussetzungen des § 30 Abs. 4 Z 1 EStG 1988 erfüllt sind.

War die ursprüngliche Bebauungsmöglichkeit (aufgrund der damaligen Baubewilligung) auf eine Art „Einzelgenehmigung in bestimmtem Umfang" (vgl. zB § 14 Abs. 5 Kärntner Bauordnung 1996, LGBl. Nr. 62/1996 idgF) begründet, dann wird durch eine nachfolgende Umwidmung die Möglichkeit der Bebauung erweitert bzw. kann unter Umständen auf dem Grundstück erst dadurch ein neues Gebäude errichtet werden. Bis zu diesem Zeitpunkt war eine Bebauung wie auf einem Grundstück, das als Bauland gewidmet ist, nicht möglich sondern wird erst durch die Umwidmung erstmals ermöglicht.

(BMF-AV Nr. 2015/133)

Grundsätzlich stellt auch eine erstmalige Baulandwidmung eines Grundstücks auf Grund einer erstmaligen Festlegung eines Flächenwidmungsplanes eine „Umwidmung" im Sinne des § 30 Abs. 4 Z 1 EStG 1988 dar. Allerdings ist bei bereits vor der erstmaligen Festlegung des Flächenwidmungs- bzw. Raumordnungsplanes – somit vor der erstmaligen Widmung – nicht rechtswidrig bebauten oder bebaubaren Grundstücken diese erstmalige Widmung nicht als Umwidmung iSd § 30 Abs. 4 Z 1 EStG 1988 anzusehen. Eine Umwidmung ist hier bereits zu jenem Zeitpunkt erfolgt, in dem die Zulässigkeit der Bebauung – trotz Fehlens entsprechender raumordnungsrechtlicher Widmungen – festgestellt wurde (zB Zeitpunkt des Eintrittes der Rechtskraft eines entsprechenden Baubescheides). **6669b**

(BMF-AV Nr. 2015/133)

In einer Gesamtschau aller Landesgesetze bezüglich Raum- und Bauordnung ergibt sich, dass Windkraftanlagen, Energieleitungsanlagen und damit in Funktionszusammenhang stehende Gebäude sowie Trafo- und Umspanngebäude in der Regel keiner Umwidmung in Bauland bedürfen. Es handelt sich somit um eine Bebauung, die keiner Baulandwidmung bedarf. Erfolgt daher keine Umwidmung von Grünland in Bauland, sondern lediglich eine Sonderwidmung im Grünland oder als eigene Widmungskategorie, können die fiktiven Anschaffungskosten nach § 30 Abs. 4 Z 2 EStG 1988 bemessen werden. **6669c**

(BMF-AV Nr. 2015/133)

22.4.4.6.3 Zeitpunkt der Umwidmung

(AÖF 2013/280)

Der niedrigere pauschale Umwidmungssatz von 40% kommt nur für Umwidmungen von Altgrundstücken zur Anwendung, die ab 1.1.1988 erfolgen. Eine frühere Umwidmung bleibt außer Betracht. Die Eigenschaft als Bauland muss überdies im Veräußerungszeitpunkt noch gegeben sein. Wurde daher ein zunächst ab 1.1.1988 in Bauland umgewidmetes Grundstück später in Grünland rückgewidmet, ist der allgemeine Pauschalsatz von 86% anzuwenden. Eine vorübergehende Bausperre ist keine Rückwidmung. Wurde ein bereits vor dem 1.1.1988 als Bauland gewidmetes Grundstück in Grünland rückgewidmet und nach dem 31.12.1987 neuerlich in Bauland umgewidmet, liegt keine erstmalige Baulandwidmung vor, sodass ebenfalls der allgemeine Pauschalsatz von 86% anzuwenden ist. **6670**

(AÖF 2013/280)

Für die Frage, ob eine Umwidmung ab 1988 oder vor 1988 stattgefunden hat, gilt Folgendes: Eine Umwidmung erfolgt zu jenem Zeitpunkt, in dem die Umwidmung wirksam wird. Erfolgt die Änderung des Flächenwidmungsplanes durch eine Verordnung der Gemeinde, ist für das In-Kraft-Treten der Verordnung deren Kundmachung erforderlich; Zeitpunkt der Umwidmung ist daher die Kundmachung der Verordnung. Erfolgt die Änderung durch Bescheid, erfolgt die Umwidmung mit der Rechtskraft des Bescheides. **6670a**

(BMF-AV Nr. 2015/133)

Der Veräußerer muss sich auch eine Umwidmung in Bauland zurechnen lassen, die bereits bei einem unentgeltlichen Rechtsvorgänger ab 1988 erfolgt ist. Daher ist es bei unentgeltlich erworbenen Grundstücken von keiner Bedeutung, ob die Umwidmung vor oder nach dem unentgeltlichen Erwerb erfolgt. Der niedrigere Pauschalsatz von 40% ist daher auch in solchen Fällen anzuwenden, in denen das Grundstück seit Generationen im Eigentum der Familie steht und immer unentgeltlich übertragen wurde (unabhängig davon, ob in der Vergangenheit ein entgeltlicher Erwerb festgestellt werden kann oder nicht). Auch Umwidmungen von Altgrundstücken ab 1.4.2012 sind beachtlich. Keine Bedeutung hat die Umwidmung für Neugrundstücke, weil hier ohnehin die Regeleinkünfteermittlung nach § 30 Abs. 3 EStG 1988 vorzunehmen ist. **6671**

(BMF-AV Nr. 2015/133)

Der niedrigere Pauschalsatz von 40% kommt grundsätzlich dann nicht zur Anwendung, wenn die Umwidmung vor dem entgeltlichen Erwerb durch den nunmehrigen Veräußerer erfolgte (zB Umwidmung 1996 und entgeltlicher Erwerb 2001, in diesem Fall wurde das Grundstück bereits um den höheren Baulandpreis erworben). **6672**

Eine Umwidmung nach der zur Besteuerung führenden Grundstücksveräußerung stellt grundsätzlich keinen Anwendungsfall für den Ansatz des niedrigeren Pauschalsatzes von 40% dar. Ausnahmsweise ist aber auch eine nach der Grundstücksveräußerung erfolgte Umwidmung im Sinne des § 30 Abs. 4 Z 1 EStG 1988 besteuerungsrelevant, wenn diese in einem wirtschaftlichen Zusammenhang mit dem Veräußerungsvorgang steht (VwGH 19.5.2020,

Ro 2018/13/0015). Die Umwidmung stellt in diesem Fall ein rückwirkendes Ereignis iSd § 295a BAO dar, wenn die Umwidmung innerhalb von fünf Jahren nach der Veräußerung erfolgt. Dies betrifft vor allem Veräußerungsfälle für Noch-Grünland-Grundstücke, für die bereits eine Art Umwidmungszusage der Gemeinde besteht. Erfolgt die Umwidmung noch vor der Berechnung der ImmoESt, ist die Umwidmung bereits bei der Berechnung der ImmoESt zu berücksichtigen, andernfalls sind die pauschalen Anschaffungskosten in Höhe von 86% des Veräußerungserlöses anzusetzen.

Erfolgt die Umwidmung zu einem späteren Zeitpunkt, ist dieser Umstand durch den Steuerpflichtigen gegenüber dem zuständigen Finanzamt bekanntzugeben. Durch die nachfolgende Umwidmung entfällt gemäß § 30b Abs. 2 EStG 1988 die Abgeltungswirkung der entrichteten ImmoESt und der Steuerpflichtige muss für das Kalenderjahr der Veräußerung eine Steuererklärung abgeben, in der die Einkünfte aus der Grundstücksveräußerung erklärt werden. Kein rückwirkendes Ereignis stellt eine nachfolgende Umwidmung nur dann dar, wenn die Umwidmung mehr als fünf Jahre nach der Grundstücksveräußerung erfolgt, wobei diese Frist taggenau zu berechnen ist.

Werden Grundstücke zum Grünlandpreis veräußert, wird aber vereinbart, dass im Falle einer Umwidmung in Bauland innerhalb einer bestimmten Frist die Differenz auf den Baulandpreis (teilweise) nachzuzahlen ist (Besserungsvereinbarung) oder ist eine solche Besserungsverpflichtung gesetzlich vorgesehen (zB im Raumordnungsgesetz eines Landes), sind die pauschalen Anschaffungskosten in Höhe von 86% vom Veräußerungserlös anzusetzen. Wird die Besserungsvereinbarung bzw. -verpflichtung später wirksam, stellt dies ein rückwirkendes Ereignis im Sinne des § 295a BAO dar. Es sind daher auf Basis des gesamten Veräußerungserlöses (Grundpreis plus Nachzahlung auf Grund der Besserungsvereinbarung) die niedrigeren pauschalen Anschaffungskosten von 40% vom Veräußerungserlös anzusetzen. Der Eintritt der Besserungsvereinbarung- bzw. -verpflichtung ist nur insoweit unbeachtlich, als für das Kalenderjahr der Grundstücksveräußerung auf Grund verfahrensrechtlicher Bestimmungen keine Veranlagung mehr vorgenommen bzw. eine solche nicht mehr geändert werden kann (zB Kaufpreiserhöhung nach Eintritt der Festsetzungsverjährung nach Abschluss des Verpflichtungsgeschäfts). Für die nachträglich zufließende Kaufpreiserhöhung sind allerdings die niedrigeren pauschalen Anschaffungskosten nach § 30 Abs. 4 Z 1 EStG 1988 anzusetzen, sofern nicht von der Regeleinkünfteermittlung nach § 30 Abs. 3 EStG 1988 Gebrauch gemacht wird.

Erfolgt die Umwidmung in Bauland zwar nach Abschluss des Verpflichtungsgeschäfts, aber noch vor Abschluss der Selbstberechnung/Abgabenerklärung durch den Parteienvertreter (dh. bevor der Parteienvertreter diese mittels Monatsmeldung an das FA übermittelt), ist dieser Umstand bereits bei der Einkünfteermittlung zu berücksichtigen und sind die pauschalen Anschaffungskosten nach § 30 Abs. 4 Z 1 EStG 1988 mit 40% anzusetzen.

(BMF-AV Nr. 2021/65)

6672a Nach dem Telos der Einkünfteermittlungsbestimmung des § 30 Abs. 4 Z 1 EStG 1988 soll – bei Grundstücken des Altvermögens – die aufgrund einer Umwidmung eingetretene Wertsteigerung eines Grundstückes zu einer höheren Besteuerung bei demjenigen führen, der wirtschaftlich von der Umwidmung profitiert hat. Dementsprechend wirken auch nach der Veräußerung vorgenommene Umwidmungen, die in einem wirtschaftlichen Zusammenhang mit der Veräußerung stehen, auf den Veräußerungszeitpunkt zurück und führen beim Veräußerer zu einer höheren Besteuerung (siehe Rz 6672). Dies muss auch für in der Vergangenheit vorgenommene Veräußerungen beachtet werden. Wurde somit bei einer in der Vergangenheit abgewickelten Grundstücksveräußerung durch den Erwerber – in Erwartung einer baldigen Umwidmung – zwar Grünland erworben, aber bereits der volle Baulandpreis entrichtet, ist die umwidmungsbedingte Wertsteigerung des Grundstückes nicht in der Vermögenssphäre des Erwerbers, sondern noch in jener des Veräußerers eingetreten, weil dieser bereits vor der Umwidmung wirtschaftlich die gesamte Wertsteigerung realisiert hat. Die nach dem Erwerb vorgenommene Umwidmung des Grundstückes gilt daher im Fall einer späteren Veräußerung des Grundstückes nicht als Umwidmung iSd § 30 Abs. 4 Z 1 EStG 1988.

(BMF-AV Nr. 2015/133)

6673 Wurde das gesamte Grundstück in Bauland umgewidmet, führt der Umstand, dass vorübergehende Bebauungsbeschränkungen für Teilflächen bestehen, nicht zu einer anteiligen Betrachtung.

Wurde allerdings nur ein Teil eines Altgrundstückes in Bauland umgewidmet, ist der Veräußerungserlös aufzuteilen. Bei der Berechnung der Steuerbemessungsgrundlage sind die unterschiedlichen Wertverhältnisse des Baulandanteils und des Grünlandanteils zu berücksichtigen, weil davon auszugehen ist, dass der für Bauland erzielte Quadratmeterpreis höher ist als der für Grünland erzielte Quadratmeterpreis. Als Grundlage für die Aufteilung des Veräußerungserlöses können Kaufpreise vergleichbarer Baulandgrundstücke bzw. vergleichbarer Grünlandgrundstücke der Umgebung herangezogen werden.

Im Falle einer unterschiedlichen Widmung eines Grundstückes (Grünland und Bauland) ist der Veräußerungserlös daher nach der Verhältnismethode aufzuteilen. Dabei ist der Marktpreis für Bauland bezogen auf die Baulandfläche mit dem Marktpreis für Grünland bezogen auf die Grünlandfläche in ein Verhältnis zu setzen und der Veräußerungserlös in diesem Verhältnis aufzuteilen.

Beispiel 1:

Es wird eine Liegenschaft (2.000 m²) veräußert. Ein Teil dieser Liegenschaft (800 m²) wurde 2005 in Bauland umgewidmet, der Rest (1.200 m²) ist weiterhin Grünland. Der Baulandpreis für vergleichbare Liegenschaften in dieser Gegend beträgt rund 450 Euro/m², der Grünlandpreis 10 Euro/m².

*Umgelegt auf die Liegenschaft ergibt dies einen Preis von 360.000 Euro für den Baulandteil (450*800) und einen Preis von 12.000 Euro für den Grünlandteil (10*1.200). Dies ergibt ein Verhältnis von 30:1.*

Wird für die Liegenschaft ein Veräußerungserlös von 434.000 Euro erzielt, ist dieser Erlös im Verhältnis 30:1 auf Bauland und Grünland aufzuteilen, dh. auf den Baulandanteil entfallen 420.000 Euro und auf den Grünlandanteil 14.000 Euro.

Beispiel 2:

Es wird eine Liegenschaft (Altvermögen) im Ausmaß von 1.800 m² um 450.000 Euro veräußert. Ein Teil der Liegenschaft ist seit 2001 als Bauland gewidmet (400 m²), der zweite Teil als Grünland (1.400 m²). Für das Gebäude und 1.000 m² Grund und Boden kommt die Hauptwohnsitzbefreiung zur Anwendung.

Sind Grundstücksflächen, die als Hauptwohnsitz genutzt werden, sowohl als Bau- als auch als Grünland gewidmet, sind die unterschiedlich gewidmeten Flächen in ein Verhältnis zu setzen. In diesem Verhältnis ist sodann die 1.000 m²-Grenze auf die Bau- und Grünlandfläche umzulegen (siehe Rz 6634c). Dies ergibt 22% Bauland und 78% Grünland. 1000 m² Grund und Boden sind von der HWS-Befreiung mit umfasst, das sind 220 m² vom Bauland und 780 m² vom Grünland. Somit bleiben 800 m² steuerpflichtiger GuB übrig, davon sind 176 m² Bauland und 624 m² Grünland.

Im nächsten Schritt ist der Veräußerungserlös nach der Verhältnismethode aufzuteilen. Der Grünlandpreis beträgt in der betr. Gemeinde 4 Euro/m², der Baulandpreis beträgt laut Immobilienpreisspiegel durchschnittlich 90 Euro/m².

4 x 1.400 m² Grünland = 5.600 Euro

90 x 400 m² Bauland = 36.000 Euro

Das Verhältnis beträgt somit 13% Grünland zu 87% Bauland.

Der Veräußerungserlös für den GuB beträgt entsprechend der GrundanteilV 2016 20% vom gesamten Veräußerungserlös, das sind 90.000 Euro. 13% davon entfallen auf Grünland, das sind 11.700 Euro; 87% davon entfallen auf Bauland, das sind 78.300 Euro. Von diesen Beträgen sind aber nur 176 m² vom Bauland sowie 624 m² vom Grünland steuerpflichtig, das ergibt 34.452 Euro für Bauland (78.300/400x176) bzw. 5.215 Euro für Grünland (11.700/1400x624).

Vom anteiligen Veräußerungserlös sind die pauschalen AK abzuziehen: 34.452 x 40% (weil die Umwidmung nach dem 31.12.1987 stattfand) = 13.780,80 Euro und 5.215 x 86% = 4.484,90 Euro. Somit ergeben sich insgesamt Einkünfte iHv 21.401,30 (20.671,20 + 730,10), die mit 30% ImmoESt zu versteuern sind (6.420,39 Euro).

(BMF-AV Nr. 2021/65)

22.4.4.6.4 Nachversteuerung beschleunigter Abschreibungen

(AÖF 2013/280)

Soweit innerhalb der letzten fünfzehn Jahre vor der Veräußerung Herstellungsaufwendungen nach § 28 Abs. 3 EStG 1988 beschleunigt abgesetzt worden sind, ist – für Veräußerungen ab 1.4.2012 – die Hälfte dieser kumulierten Abschreibungen bei Anwendung der pauschalen Einkünfteermittlung nach § 30 Abs. 4 EStG 1988 einkünfteerhöhend anzusetzen. Zum maßgeblichen Nachversteuerungszeitraum zählt nicht das Kalenderjahr der Veräußerung. **6674**

Beispiel:

Im Oktober 2012 wird ein Mietwohnhaus (Altgrundstück) veräußert. 1991 ist Herstellungsaufwand von 150.000 nach den §§ 3 bis 5 MRG angefallen, der in den Jahren 1991 bis 2005 in Fünfzehntelbeträgen abgesetzt wurde. Der Veräußerungserlös beträgt 400.000. Die Einkünfte nach § 30 Abs. 4 EStG 1988 ermitteln sich wie folgt:

Veräußerungserlös	*400.000*
– pauschale Anschaffungskosten 86%	*344.000*
	56.000
*+ 9/15*0,5 von 150.000 (für 1997 bis 2005)*	*45.000*
Einkünfte nach § 30 Abs. 4 EStG 1988	*101.000*

Die Hinzurechnung hat auch dann zu erfolgen, wenn der Steuerpflichtige das Grundstück unentgeltlich erworben hat und (nur oder auch) der Rechtsvorgänger Abschreibungen nach § 28 Abs. 3 EStG 1988 vorgenommen hat. Keine Hinzurechnung findet jedoch statt, soweit der unentgeltliche Erwerb selbst bereits zu einer Nachversteuerung nach § 28 Abs. 7 EStG 1988 idF vor dem SchenkMG 2008 geführt hat (insbesondere Schenkung bis 31.7.2008).

(BMF-AV Nr. 2015/133)

22.4.4.6.5 Option zur Regeleinkünfteermittlung (§ 30 Abs. 5 EStG 1988)

(AÖF 2013/280)

6675 Anstelle der Pauschalermittlung kann die Einkünfteermittlung auch nach § 30 Abs. 3 EStG 1988 erfolgen. Dies ist insbesondere für jene Fälle vorgesehen, in denen die Anschaffungskosten (samt Herstellungs- und Instandsetzungskosten bei bebauten Grundstücken) einschließlich eines in diesem Fall anzuwendenden Inflationsabschlages bei Veräußerungen vor dem 1.1.2016 höher als 86% (bzw. höher als 40% bei umgewidmeten Grundstücken) sind. Auf Grund des Umstandes, dass Grund und Boden und Gebäude zwei verschiedene Wirtschaftsgüter darstellen, kann die Regeleinkünfteermittlung auch nur für eines der beiden Wirtschaftsgüter angewendet werden (zB nur für das Gebäude). Die Möglichkeit der pauschalen Gewinnermittlung stellt ein Wahlrecht des Steuerpflichtigen dar, das im Rahmen der Selbstberechnung und Entrichtung der ImmoESt bzw. im Rahmen der Steuererklärung für das betreffende Wirtschaftsjahr (Veranlagungsoption § 30b Abs. 3 EStG 1988) auszuüben ist; ein Abgehen von der ursprünglichen Wahl ist bis zur Rechtskraft des Einkommensteuerbescheides zulässig. Wurde im Rahmen der Veranlagung ein Antrag auf Regeleinkünfteermittlung gestellt, kann dieser bis zur Rechtskraft widerrufen werden. Verluste (Veräußerungserlös ist kleiner als – gegebenenfalls adaptierte – tatsächliche Anschaffungskosten) können bei Altgrundstücken nur durch die Regeleinkünfteermittlung nach § 30 Abs. 3 EStG 1988 dargestellt werden (siehe zum Verlustausgleich Rz 6678 f).

Wird die Option ausgeübt, wird die selbst berechnete und entrichtete ImmoESt in der Veranlagung angerechnet. Dazu sind in der Einkommensteuererklärung die Einkünfte aus der Grundstücksveräußerung und die anzurechnende ImmoESt entsprechend in den dafür vorgesehenen Kennzahlen einzutragen. Im Falle einer Mitteilung einer Grundstücksveräußerung durch den Parteienvertreter nach § 30c Abs. 1 EStG 1988 und Entrichtung einer besonderen Vorauszahlung durch den Steuerpflichtigen, kann auch diese in der Veranlagung angerechnet werden. Dafür stehen separate Kennzahlen in der Einkommensteuererklärung zur Verfügung. Dies gilt auch für betriebliche Einkünfte aus Grundstücksveräußerungen – die ImmoESt bzw. besondere Vorauszahlung werden auch hier in separaten Kennzahlen in der Einkommensteuererklärung erfasst.

(BMF-AV Nr. 2018/79)

22.4.4.7 Freigrenze, nachträgliche Einkünfteminderung

(AÖF 2013/280)

6676 Die für Einkünfte aus Spekulationsgeschäften bestehende Freigrenze von 440 Euro pro Kalenderjahr ist nunmehr für den verbliebenen Spekulationstatbestand in § 31 EStG 1988 verankert worden. Für Einkünfte aus privaten Grundstücksveräußerungen besteht keine Freigrenze.

(AÖF 2013/280)

6677 Ist aus einer privaten Grundstücksveräußerung ein Überschuss erzielt worden, müssen nachträgliche Einkünfteminderungen (zB wegen Mangelhaftigkeit des Grundstücks rückgezahlter Kaufpreis) im Abflussjahr bis zum Betrag dieses Überschusses berücksichtigt werden (VwGH 16.12.2010, 2008/15/0274; zur Rückzahlung von Einnahmen siehe auch Rz 6105). Analog zur Verrechnung mit Vermietungsüberschüssen (siehe Rz 6679) ist aber auch hier bei Veräußerungen vor dem 1.1.2016 nur die Hälfte der Einkünfteminderung mit allen anderen Einkünften ausgleichsfähig. Im Falle einer Pauschalbesteuerung nach § 30 Abs. 4 EStG 1988 ist auch die Rückzahlung nur prozentuell (14% oder 60%) zu berücksichtigen und im Falle der Nichtverrechenbarkeit mit anderen Grundstücksgewinnen sodann zu halbieren und mit allfälligen anderen Einkünften im selben Veranlagungszeitraum zu verrechnen.

Bei Veräußerungen nach den 31.12.2015 ist die Einkünfteminderung auf 60% zu kürzen und mit allfälligen anderen Einkünften im selben Veranlagungszeitraum zu verrechnen.

Wurde jedoch im Zuflussjahr des Veräußerungserlöses der Überschuss aus dem privaten Grundstücksveräußerungsgeschäft mit Verlusten aus anderen privaten Grundstücksgeschäften ausgeglichen, ist insoweit im nachfolgenden Abflussjahr (das Jahr der Rückzahlung des Kaufpreises) ein Verlustausgleich mit anderen Einkünften (außer Einkünften aus Vermietung und Verpachtung) nicht zulässig. Diesfalls beschränkt sich die Ausgleichsfähigkeit von 50% bzw. 60% des Verlustes auf Einkünfte aus Vermietung und Verpachtung, weil dies auch bei einem Verlustüberhang aus Grundstücksgeschäften im ursprünglichen Zuflussjahr zulässig gewesen wäre.

Beispiel 1:

A erzielt 2013 aus der Veräußerung des Grundstückes 1 positive Einkünfte (50.000 Euro) und aus der Veräußerung des Grundstückes 2 negative Einkünfte (15.000 Euro).

A macht von der Veranlagungsoption Gebrauch, sodass es zum Verlustausgleich im Rahmen der Einkünfte aus privaten Grundstücksveräußerungen kommt; diese betragen nach Vornahme des Verlustausgleiches 35.000 Euro.

Im Jahr 2015 muss A auf Grund eines wesentlichen Mangels von Grundstück 1 eine nachträgliche Kaufpreisminderung akzeptieren und 20.000 Euro zurückzahlen. Die verbleibenden Einkünfte aus der Veräußerung von Grundstück 1 (30.000 Euro) reichen weiterhin zur „Abdeckung" des Verlustes aus der Veräußerung Grundstück 2 aus.

Daher ist die halbierte Teilrückzahlung des Verkaufspreises mit den anderen Einkünften des A im Jahr 2015 auszugleichen.

Beispiel 2:

A erzielt 2013 aus der Veräußerung des Grundstückes 1 positive Einkünfte (25.000 Euro) und aus der Veräußerung des Grundstückes 2 negative Einkünfte (15.000 Euro).

A macht von der Veranlagungsoption Gebrauch, sodass es zum Verlustausgleich im Rahmen der Einkünfte aus privaten Grundstücksveräußerungen kommt; diese betragen nach Vornahme des Verlustausgleiches 10.000 Euro.

Im Jahr 2015 muss A auf Grund eines wesentlichen Mangels von Grundstück 1 eine nachträgliche Kaufpreisminderung akzeptieren und 20.000 Euro zurückzahlen. Die im Jahr 2013 erzielten Einkünfte aus privaten Grundstücksveräußerungen (10.000 Euro) werden durch die nunmehrige Kaufpreisminderung zu einem Gesamtverlust aus privaten Grundstücksveräußerungen. Soweit die Rückzahlungen in den Einkünften nach § 30 EStG 1988 des Jahres 2013 Platz finden (10.000 Euro), ist diese halbiert mit allen anderen Einkünften des A im Jahr 2015 ausgleichsfähig. Die übrigen 10.000 Euro der Kaufpreisrückzahlungen entsprechen dem verbleibenden Verlust aus der Grundstückveräußerung 2 des Jahres 2013, der damals nur mit VuV-Einkünften ausgeglichen hätte werden können, und können daher auch im Abflussjahr 2015 nur halbiert mit VuV-Einkünften ausgeglichen werden.

Beispiel 3:

A erzielt 2016 aus der Veräußerung eines Grundstücks einen Veräußerungsgewinn von 120.000 Euro. Die darauf entfallende ImmoESt beträgt 36.000 Euro. Im Dezember 2017 muss er aufgrund einer Gewährleistung 60.000 Euro zurückzahlen. Die Rückzahlung im Jahr 2017 ist auf 60% zu kürzen (= 36.000 Euro) und kann als Verlust aus privaten Grundstücksveräußerungen mit allen anderen Einkünften in diesem Veranlagungsjahr ausgeglichen werden.

Die endgültige Steuerbelastung von 18.000 Euro (bei Anwendung des Spitzensteuersatzes) entspricht somit dem 30-prozentigen Steuersatz für die verbliebenen Einkünfte iHv 60.000 Euro.

Beispiel 4:

A erwirbt 2010 ein grundstücksgleiches Recht (Baurecht) um 80.000 Euro. Es wird vereinbart, dass abhängig vom Ausgang eines anderen behördlichen Verfahrens, A dem Veräußerer noch 50.000 Euro nachzahlen muss.

Anfang 2016 veräußert A das Baurecht um 100.000 Euro an B. Die auf den Veräußerungsgewinn von 20.000 Euro entfallende ImmoESt beträgt 6.000 Euro. Im Dezember 2018 erfährt er, dass die Vereinbarung aus dem ursprünglichen Kaufvertrag schlagend wird und er 50.000 Euro nachzahlen muss.

Diese Nachzahlung stellt bei A nachträgliche Anschaffungskosten dar. Aufgrund des Zufluss-Abfluss-Prinzips sind diese Kosten im Abflussjahr 2018 als negative Einkünfte aus privaten Grundstücksveräußerungen zu berücksichtigen (siehe dazu auch Rz 6660a). Auf Grund des Verlustausgleichsverbotes bei privaten Grundstückseinkünften sind negative Einkünfte im Abflussjahr grundsätzlich mit der Höhe des vorangegangenen Überschusses

(20.000 Euro) begrenzt mit anderen Einkünften ausgleichsfähig. Diese ausgleichsfähigen negativen Einkünfte sind sodann auf 60% zu kürzen (= 12.000 Euro). Diese können mit allen anderen Einkünften im Veranlagungsjahr 2018 ausgeglichen werden.

(BMF-AV Nr. 2019/75)

22.4.5 Verlustausgleichsverbot (§ 30 Abs. 7 EStG 1988)

(AÖF 2013/280)

6678 Verluste aus privaten Grundstücksveräußerungen können nur durch eine Regeleinkünfteermittlung nach § 30 Abs. 3 EStG 1988 dargestellt werden, weil § 30 Abs. 4 EStG 1988 stets von einem Überschuss ausgeht. Die Berücksichtigung von Verlusten aus privaten Grundstücksveräußerungen ist stets nur im Rahmen der Veranlagung möglich.

(AÖF 2013/280)

6679 **Rechtslage für realisierte Verluste aus privaten Grundstücksveräußerungen vor dem 1.1.2016**

Der Ausgleich von Verlusten aus privaten Grundstücksveräußerungen, die im Überschussfall unter den besonderen Steuersatz fallen würden, ist – auch im Falle der Ausübung der Regelbesteuerungsoption (§ 30a Abs. 2 EStG 1988) – wie folgt beschränkt (§ 30 Abs. 7 EStG 1988):

In einem ersten Schritt kommt ein Ausgleich mit Überschüssen aus (anderen) privaten Grundstücksveräußerungen in Betracht, die unter den besonderen Steuersatz von 25% fallen.

Sind keine verrechenbaren positiven Einkünfte gegeben oder verbleibt dabei ein Verlustüberhang, ist der Verlust oder Verlustüberhang in einem zweiten Schritt zu halbieren. Dieser Hälfteverlust ist mit Überschüssen aus Vermietung und Verpachtung auszugleichen. Der Verlustausgleich ist dabei immer nur mit dem Gesamtüberschuss aus Vermietung und Verpachtung nach Durchführung eines horizontalen Verlustausgleiches zulässig.

Beispiel:

Verlust aus privater Grundstücksveräußerung 1	*-100*
Überschuss aus privater Grundstücksveräußerung 2	*60*
Verlust nach § 30 EStG 1988	*-40*
Hälfteverlust	*-20*
Überschuss aus Vermietung und Verpachtung	*70*
Gesamtbetrag der Einkünfte	*50*

Rechtslage für realisierte Verluste aus privaten Grundstücksveräußerungen nach dem 31.12.2015

Durch die Erhöhung des besonderen Steuersatzes von 25% auf 30% für Veräußerungen nach dem 31.12.2015 werden die Verlustausgleichsbeschränkungen folgendermaßen angepasst:

In einem ersten Schritt kommt ein Ausgleich mit Überschüssen aus anderen privaten Grundstücksveräußerungen in Betracht, die unter den besonderen Steuersatz von 30% fallen.

Sind keine verrechenbaren positiven Einkünfte aus anderen privaten Grundstücksveräußerungen gegeben oder bleiben darüber hinaus Verluste übrig, sind diese auf 60% zu kürzen und gleichmäßig auf das Jahr der Verlustentstehung und die folgenden 14 Jahre zu verteilen und mit Überschüssen aus Vermietung und Verpachtung gemäß § 28 Abs. 1 Z 1 oder 4 EStG 1988 in diesen Jahren auszugleichen.

Stattdessen kann in der Steuererklärung für das Verlustjahr beantragt werden, dass der auf 60% gekürzte Verlust im Verlustentstehungsjahr sofort mit Überschüssen aus Vermietung und Verpachtung ausgeglichen wird.

Diese Regelungen gelten für alle ab dem 1. Jänner 2016 realisierten Verluste – auch im Falle der Ausübung der Regelbesteuerungsoption (§ 30 Abs. 2 EStG 1988).

Beispiel 1:

A erzielt im Jahr 1 einen Verlust aus der Veräußerung von privaten Grundstücken in Höhe von 250 sowie einen Überschuss in Höhe von 100. Der nach der Verrechnung insgesamt verbleibende und erklärte Verlust in Höhe von 150 kann zu 60% ausschließlich mit Einkünften aus Vermietung und Verpachtung ausgeglichen werden (somit in Höhe von 90). Dieser gekürzte Verlust ist auf 15 Jahre verteilt zu berücksichtigen oder stattdessen auf Antrag in voller Höhe (90) im Jahr der Verlustentstehung auszugleichen. Da A im Jahr 1 jedoch nur Einkünfte aus Vermietung und Verpachtung in Höhe von 8 erzielt, stellt er keinen derartigen Antrag, sodass die Verteilung auf 15 Jahre zum Tragen kommt. Daher wirkt sich bei A im Jahr 1 – sowie in den folgenden 14 Jahren – der Verlust in Höhe von 6 steuermindernd aus.

Beispiel 2:

B erzielt im Jahr 1 aus der Veräußerung von privaten Grundstücken einen Verlust in Höhe von 100. Dieser kann zu 60% ausschließlich mit Einkünften aus Vermietung und Verpachtung ausgeglichen werden (somit in Höhe von 60). B erzielt im Jahr 1 keine Einkünfte aus Vermietung und Verpachtung und stellt daher keinen Antrag auf Berücksichtigung des Verlustes von 60. Da er in den folgenden Jahren 2 bis 5 keine positiven Einkünfte aus Vermietung und Verpachtung erzielt, bleibt der jeweilige Jahresbetrag des Verlustes (4) ohne steuerliche Auswirkung. Im Jahr 6 nimmt B eine Vermietungstätigkeit auf und erzielt einen Überschuss in Höhe von 30. In diesem Jahr wirkt sich der Verlust aus dem Jahr 1 zu einem Fünfzehntel (somit in Höhe von 4) einkommensmindernd aus. Dies gilt auch bei ausreichenden Einkünften aus Vermietung und Verpachtung in den Jahren 7 bis 15.

§§ 21–32

Wurde zunächst ein Gewinn aus Grundstücksveräußerungen versteuert und entsteht in einem späteren Zeitraum etwa wegen einer (Teil-)Rückzahlung des Kaufpreises (siehe dazu Rz 6677) ein Verlust, muss dieser Verlust im Abflussjahr berücksichtigt werden. Kam es jedoch zu gar keiner Besteuerung eines Gewinns aus Grundstücksveräußerungen, weil sich durch das Ausüben der Regelbesteuerungsoption (siehe dazu Rz 6683) keine Steuerbelastung ergab, ist ein später entstehender Verlust auch nicht zu berücksichtigen (VwGH 11.12.2019, Ro 2019/13/0035).

Beispiel 3:

Ein Steuerpflichtiger veräußerte 2016 eine Liegenschaft und erzielte einen Veräußerungsgewinn von 7.000 Euro, der als Einkünfte aus privaten Grundstücksveräußerungen erfasst wurde. Aufgrund der ausgeübten Regelbesteuerungsoption nach § 30a Abs. 2 EStG 1988 und eines zu niedrigen Gesamteinkommens unterlagen diese Einkünfte aus der privaten Grundstücksveräußerung einem Steuersatz von 0%.

Im Jahr 2018 schloss der Steuerpflichtige mit dem seinerzeitigen Käufer einen gerichtlichen Vergleich und verpflichtete sich zu einer Teilrückzahlung des Kaufpreises in Höhe von 20.000 Euro.

Da der Veräußerungserlös im Jahr 2016 zu keiner Besteuerung führte, weil sich insgesamt ein positives Einkommen von unter 11.000,00 Euro ergab, und der Gewinn aus der Grundstücksveräußerung auch nicht dazu geführt hat, dass potentiell vortragsfähige Verluste aus dem Jahr 2016 gekürzt wurden, war die im Jahr 2018 eingetretene Erlösminderung bei der Einkommensermittlung nicht zu berücksichtigen.

(BMF-AV Nr. 2021/65)

Offene Fünfzehntel aus der Verteilung nach § 30 Abs. 7 EStG 1988 gehen im Falle des Todes des Grundstücksveräußerers nicht auf die Erben über. **6679a**

22.4.6 Anrechnung der Grunderwerbsteuer und anderer Steuern (§ 30 Abs. 8 EStG 1988)

(AÖF 2013/280)

Gemäß § 30 Abs. 8 EStG 1988 wird die Einkommensteuer, die auf die Einkünfte aus privaten Grundstücksveräußerungen entfällt, im Ausmaß einer sonst entstehenden Doppelbelastung auf Antrag ermäßigt oder erlassen, wenn der Steuerpflichtige innerhalb der letzten drei Jahre vor der Veräußerung infolge eines vorangegangenen unentgeltlichen Erwerbes des Wirtschaftsgutes Erbschafts- oder Schenkungssteuer, Grunderwerbsteuer oder Stiftungseingangssteuer entrichtet hat. Der Antrag kann nur im Rahmen einer Veranlagung gestellt werden. Eine Doppelbelastung kann nur insoweit vorliegen, als die Bemessungsgrundlage für diese Steuern die ursprünglichen Anschaffungskosten bzw. im Fall der pauschalen Einkünfteermittlung nach § 30 Abs. 4 EStG 1988 die anzuwendenden fiktiven Anschaffungskosten überstiegen hat. Bei Grundstücken und Gebäuden, bei denen die Erbschafts- und Schenkungssteuer, die Grunderwerbsteuer oder die Stiftungseingangssteuer nach dem dreifachen Einheitswert bemessen wird, ist keine Anrechnung vorzunehmen, es sei denn, der dreifache Einheitswert liegt über den ursprünglichen Anschaffungskosten. **6680**

Beispiel 1:

Ein Steuerpflichtiger hat im Erbweg vor dem 1.8.2008 ein vom Erblasser um 50.000 angeschafftes Neugrundstück erworben. Die Erbschaftssteuer wird am 1.6.2009 entrichtet. Das Grundstück wird am 1.12.2012 um 80.000 verkauft. Eine Anrechnung der Erbschaftssteuer kommt dem Grunde nach schon nicht in Betracht, weil sie nicht innerhalb der letzten drei Jahre vor der Veräußerung entrichtet wurde.

Beispiel 2:

Ein Steuerpflichtiger hat im Erbweg vor dem 1.8.2008 ein vom Erblasser um 50.000 angeschafftes Neugrundstück erworben. Die Erbschaftssteuer wird am 1.8.2010 entrichtet. Das Grundstück wird am 1.5.2012 um 80.000 verkauft. Der Einheitswert im Zeitpunkt des Erbfalles hat 10.000 betragen.

Die Erbschaftssteuer wurde vom dreifachen Einheitswert in Höhe von 30.000 bemessen. Die auf die Einkünfte aus privaten Grundstücksveräußerungen von 30.000 Euro entfallende Einkommensteuer kann nicht ermäßigt werden, weil insoweit keine Doppelbelastung mit Erbschaftssteuer vorliegt.

Beispiel 3:

Ein Steuerpflichtiger hat im Erbweg nach dem 31.7.2008 ein Grundstück erworben, das vom Erblasser um 120.000 angeschafft worden war. Das ursprünglich der landwirtschaftlichen Nutzung gewidmete Grundstück wurde in Bauland umgewidmet, der Einheitswert wurde mit 60.000 festgestellt. Die Grunderwerbsteuer wurde vom dreifachen Einheitswert bemessen und am 1.9 2010 entrichtet. Das Grundstück wird vom Erben um 200.000 am 1.12.2012 verkauft. Hinsichtlich eines Betrages von 60.000, um den der dreifache Einheitswert im Zeitpunkt des Erbfalles (180.000) die Anschaffungskosten (120.000) übersteigt, liegt eine Doppelbelastung vor; das ist ein Drittel der Bemessungsgrundlage für die Grunderwerbsteuer und drei Viertel der Einkünfte nach § 30 EStG 1988 (80.000). Da die Grunderwerbsteuer innerhalb der letzten drei Jahre vor der Veräußerung entrichtet wurde, ist dem Grunde nach ein Drittel der auf das Grundstück entfallenden Grunderwerbsteuer anrechenbar. Der Höhe nach ist die Anrechnung mit drei Viertel der auf die Einkünfte aus privaten Grundstücksveräußerungen entfallenden Einkommensteuer beschränkt.

(BMF-AV Nr. 2015/133)

22.4.7 Veräußerung einer Liegenschaft durch eine Miteigentumsgemeinschaft (zB Hausgemeinschaft)

(AÖF 2013/280)

6681 Der Veräußerungserlös aus der Veräußerung von in Miteigentum stehenden Grundstücken muss auf die Miteigentümer ihrem Anteil entsprechend aufgeteilt werden. Für jeden Miteigentümer ist gesondert zu beurteilen, ob der veräußerte Anteil Alt- oder Neuvermögen darstellt. Dies ist insbesondere dann von Bedeutung, wenn die Anteile zu unterschiedlichen Zeitpunkten erworben wurden. Im Fall von Neuvermögen sind stets die individuellen Anschaffungskosten zu ermitteln, im Fall von Altvermögen kommt auch die pauschale Ermittlung der Anschaffungskosten in Betracht. Die ImmoESt ist in diesen Fällen nach den individuellen Verhältnissen der einzelnen Miteigentümer zu ermitteln. Zur Entrichtung der ImmoESt siehe Rz 6709.

Im Fall einer Hausgemeinschaft mit Vermietungseinkünften ist die ImmoESt nicht im Feststellungsverfahren gemäß § 188 BAO auszuweisen, weil Einkünfte aus Grundstücksveräußerungen davon nicht erfasst sind.

(AÖF 2013/280)

22.4.8 Besonderer Steuersatz, Regelbesteuerungsoption, Ausnahmen vom besonderen Steuersatz (§ 30a EStG 1988)

(AÖF 2013/280)

6682 Dem besonderen Steuersatz nach § 30a Abs. 1 EStG 1988 unterliegen – soweit nicht in § 30a Abs. 3 Z 1 bis 4 oder Abs. 4 EStG 1988 Ausnahmen vorsehen oder eine Regelbesteuerung beantragt wird, folgende Tatbestände:

- Einkünfte aus privaten Grundstückveräußerungen
- betriebliche Einkünfte aus der Veräußerung, Zuschreibung oder Entnahme von Grundstücken

Der besondere Steuersatz von 25% bzw. 30% bei Veräußerungen nach dem 31.12.2015 kommt sowohl beim Abzug der Immobilienertragsteuer als auch bei einer Festsetzung im Rahmen der Veranlagung zum Tragen. Sofern auf Einkünfte der besondere Steuersatz anzuwenden ist, bleiben diese Einkünfte bei der Ermittlung des Gesamtbetrags der Einkünfte und des Einkommens außer Ansatz. Dies hat für alle Anknüpfungen an den Gesamtbetrag der Einkünfte (vgl. zB § 18 Abs. 1 Z 7 und Abs. 3 Z 2 EStG 1988) oder das Einkommen (vgl. zB § 33 Abs. 1, § 34 Abs. 4 EStG 1988) Bedeutung. Dies gilt jedoch nur für die Berechnung der Einkommensteuer des Steuerpflichtigen. Mit dem besonderen Steuersatz besteuerte

Einkünfte des Ehepartners sind hingegen für Einkunftsgrenze von 6.000 Euro für den Alleinverdienerabsetzbetrag zu berücksichtigen.

(BMF-AV Nr. 2018/79)

Der Steuerpflichtige kann beantragen, dass die unter den besonderen Steuersatz fallenden Einkünfte mit dem allgemeinen Steuertarif versteuert werden (Regelbesteuerungsoption). Die Regelbesteuerung bewirkt, dass alle Einkünfte aus privaten Grundstücksveräußerungen sowie allfällige betriebliche Einkünfte aus Grundstücken, die sonst unter den besonderen Steuersatz fallen würden, in den Gesamtbetrag der Einkünfte und ins Einkommen (§ 2 Abs. 2 EStG 1988) miteinbezogen und nicht dem 25- bzw. 30-prozentigen Steuersatz unterzogen werden. Damit können beispielsweise im Rahmen anderer Einkünfte (zB Gewerbebetrieb oder Vermietung und Verpachtung) erlittene Verluste mit positiven Einkünften aus privaten Grundstücksveräußerungen ausgeglichen werden. Ebenso können offene Verlustabzüge mit regelbesteuerten Einkünften aus privaten Grundstücksveräußerungen gegengerechnet werden. Umgekehrt (Verlust aus privaten Grundstücksveräußerungen und Gewinn oder Überschuss aus anderen Einkünften) führt die Regelbesteuerung aber nicht zu einer Erweiterung des Verlustausgleichs über die Grenzen des § 30 Abs. 7 EStG 1988 hinaus. **6683**

Bei Regelbesteuerung können bei Veräußerungen nach dem 31.12.2015 alle mit der Veräußerung im Zusammenhang stehenden Aufwendungen in Abzug gebracht werden.

Dieser Antrag kann nur für sämtliche davon betroffenen Tatbestände gemeinsam gestellt werden. Er ist mangels besonderer gesetzlicher Regelung bis zur Rechtskraft des Bescheides möglich (BFG 22.1.2016, RV/3100951/2014). Der Antrag kann auch bis zur Rechtskraft widerrufen werden.

Im Falle eines ratenweisen Zuflusses der Einkünfte kann die Regelbesteuerungsoption jedes Jahr von Neuem in Anspruch genommen werden. Durch eine Optionsausübung im Vorjahr besteht keine Bindungswirkung für die Folgejahre, weil die Regelbesteuerungsoption für alle im jeweiligen Veranlagungszeitraum zufließenden Einkünfte einer bestimmten Einkunftsart neu ausgeübt werden kann.

Die Regelbesteuerung (§ 30a Abs. 2 EStG 1988) ist von der Regeleinkünfteermittlung (§ 30 Abs. 3 EStG 1988) zu unterscheiden und davon unabhängig. Der Regelbesteuerung können daher auch nach § 30 Abs. 4 EStG 1988 pauschal ermittelte Einkünfte für Altgrundstücke unterliegen. Durch die Regelbesteuerung können beispielweise die für Veräußerungsgewinne iSd § 24 EStG 1988 bestehenden Begünstigungen (Freibetrag nach § 24 Abs. 4 EStG 1988, Hälftesteuersatz nach § 37 Abs. 5 EStG 1988, Dreijahresverteilung nach § 37 Abs. 2 Z 1 EStG 1988) genutzt werden.

(BMF-AV Nr. 2018/79)

In § 30a Abs. 3 Z 1 bis 4 EStG 1988 ist geregelt, in welchen Fällen der besondere Steuersatz im Rahmen der betrieblichen Einkünfte nicht anzuwenden ist: **6684**

(AÖF 2013/280)

- Wenn das Grundstück dem Umlaufvermögen zuzurechnen ist. Maßgeblich ist dabei die Zurechnung im Zeitpunkt der Veräußerung. Wurde das Grundstück zunächst als Anlagevermögen verwendet und erst später dem Umlaufvermögen gewidmet, ist der besondere Steuersatz nicht anzuwenden. Wurde das Grundstück hingegen zunächst privat genutzt und erst später in das Betriebsvermögen eingelegt und als Umlaufvermögen veräußert, ist hinsichtlich der Differenz zwischen einem höheren Teilwert im Zeitpunkt der Einlage und den niedrigeren Anschaffungs- oder Herstellungskosten der besondere Steuersatz anteilig anzuwenden (zur anteilig zu entrichtenden ImmoESt bzw. besonderen Vorauszahlung siehe Rz 6706). Dies gilt auch, wenn die Einlage nach § 6 Z 5 EStG 1988 ab dem 1.4.2012 mit den Anschaffungs- oder Herstellungskosten zu bewerten war. Damit wird sichergestellt, dass private Wertsteigerungen – auch wenn sie im Rahmen betrieblicher Einkünfte miterfasst werden – jedenfalls unter den besonderen Steuersatz fallen. **6685**

Beispiel:

Anschaffung Grundstück 2005 um 100, Einlage 7/2012, Teilwert 140, Verkauf als Umlaufvermögen in 2013 um 170. Da es sich um Neuvermögen handelt, erfolgt die Einlage mit den Anschaffungskosten. Der Einlagewert 2012 ist daher nach § 6 Z 5 EStG 1988 100, er führt auch im Rahmen der Gewinnermittlung nach § 4 Abs. 3 EStG 1988 nicht zu einer Betriebsausgabe durch Bezahlung 2012.

2013 sind als betriebliche Einkünfte steuerpflichtig:

30 zum allgemeinen Tarif

40 mit 25% (ausgenommen bei Regelbesteuerung).

(AÖF 2013/280)

6686 • Wenn ein Schwerpunkt der betrieblichen Tätigkeit in der gewerblichen Überlassung und Veräußerung von Grundstücken liegt. Diese Ausnahme vom besonderen Steuersatz zielt auf (nicht rein vermögensverwaltende) Immobilienentwicklungsgesellschaften ab, bei denen Grundstücke dem Anlagevermögen angehören (sonst käme bereits die für Umlaufvermögen bestehende Ausnahme vom besonderen Steuersatz zur Anwendung). Damit soll eine Gleichbehandlung mit anderen Steuerpflichtigen erreicht werden, deren Unternehmensschwerpunkt nicht im Immobilienbereich liegt. Voraussetzung ist allerdings die Gewerblichkeit, diese muss sich sowohl auf die Überlassung als auch auf die Veräußerung beziehen. Eine gewerbliche Überlassung (zB durch Nebenleistungen oder generell im Rahmen der Beherbergung) ohne gleichzeitige gewerbliche Veräußerung von Grundstücken (in der Art eines gewerblichen Grundstückshandels) reicht somit für den Entfall des besonderen Steuersatzes nicht aus. Andererseits genügt es, wenn ein Unternehmensschwerpunkt (neben einem oder mehreren weiteren) in der gewerblichen Überlassung und Veräußerung von Grundstücken besteht; wobei von einem Schwerpunkt auszugehen ist, wenn 20% der betrieblichen Tätigkeit (insbesondere der Umsatz) auf die gewerbliche Überlassung und Veräußerung von Grundstücken entfallen. Für vorbetriebliche Wertsteigerungen bleibt hier der besondere Steuersatz wiederum erhalten (siehe im Vorpunkt).

(AÖF 2013/280)

6687 Soweit der Buchwert durch eine vor dem 1.4.2012 vorgenommene Teilwertabschreibung gemindert ist. Die Ausnahme vom besonderen Steuersatz ist gerechtfertigt, weil solche „Alt-Teilwertabschreibungen" sich jedenfalls noch in voller Höhe und zum Grenzsteuersatz steuermindernd ausgewirkt haben. Aufgrund § 6 Z 2 lit. d EStG 1988 sind Teilwertabschreibungen ab 1.4.2012 (also „Neu-Teilwertabschreibungen"), die nicht mit Gewinnen aus Grundstücksveräußerungen oder mit Zuschreibungen zu verrechnen sind, (ohnehin) nur mehr zur Hälfte ausgleichsfähig, sodass sich insoweit eine Ausnahme vom besonderen Steuersatz erübrigt. Der Tarifsteuersatz ist somit nur mehr bei Alt-Teilwertabschreibungen vorzunehmen, unabhängig davon, auf welche Weise er realisiert wird (Veräußerung, Zuschreibung oder Entnahme). Der Tarifsteuersatz gilt auch bei „Alt-Teilwertabschreibungen" nur insoweit, als der Buchwert dadurch (noch) herabgemindert ist

Beispiele:

WJ	*Grund und Boden*	*Wert*	*Steuersatz*	*Buchwert*
2008	*Anschaffungskosten*	*100*	-	*100*
2011	*Teilwertabschreibung*	*-40*	*Tarif*	*60*
2013	*Zuschreibung*	*25*	*Tarif*	*85*
2015	*Veräußerung um*	*120*		
2015	*Veräußerungsgewinn*	*35*	*15 zum Tarif 20 zu 25%*	*0*

WJ	*Grund und Boden*	*Wert*	*Steuersatz*	*Buchwert*
2010	*Anschaffungskosten*	*100*	-	*100*
2013	*Teilwertabschreibung*	*-40*	*- 20 zum Tarif*	*60*
2014	*Zuschreibung*	*25*	*25%*	*85*
2015	*Veräußerung um*	*120*		
2015	*Veräußerungsgewinn*	*35*	*25%*	*0*

(AÖF 2013/280)

6688 • Soweit stille Reserven übertragen wurden, die vor dem 1.4.2012 aufgedeckt worden sind. Die Ausnahme vom besonderen Steuersatz ist gerechtfertigt, weil solche „Alt-Stille Reserven" ohne die Begünstigung des § 12 EStG 1988 jedenfalls zum Tarif steuerpflichtig gewesen wären.

Der besondere Steuersatz kommt bei der Übertragung stiller Reserven, die nach dem 31.3.2012 aufgedeckt wurden, insoweit nicht zur Anwendung, als in den nach dem 31.3.2012 aufgedeckten stillen Reserven vor dem 1.4.2012 aufgedeckte stille Reserven enthalten sind.

Soweit die übertragenen stillen Reserven bereits durch eine Auflösung der Bewertungsreserve steuerlich erfasst wurden, kommt der besondere Steuersatz zur Anwendung.

Beispiele:

1. Reservenaufdeckung vor dem 1.4.2012

WJ	*Grund und Boden 1*	*Wert*	*Steuersatz*	*Buchwert*
2004	*Anschaffungskosten*	*100*	*-*	*100*
3/2012	*Veräußerung GuB 1 um*	*160*	*steuerfrei § 12 EStG 1988*	*0*
10/2012	*Anschaffung GuB 2 um*	*110*	*-*	*50[1)]*
2015	*Veräußerung GuB 2 um*	*120*		*50*
2015	*Veräußerungsgewinn*	*70*	*60 zum Tarif*	*0*
	GuB 2		*10 zu 25%*	

[1)] Nach Reservenübertragung von 60

2. Reservenaufdeckung nach dem 31.3.2012 in Kombination mit „Alt-Teilwertabschreibung"

WJ	*Grund und Boden 1*	*Wert*	*Steuersatz*	*Buchwert*
2004	*Anschaffungskosten*	*100*	*-*	*100*
2009	*Teilwertabschreibung*	*30*	*Tarif*	*70*
8/2012	*Veräußerung GuB 1 um*	*160*	*steuerfrei § 12 EStG 1988*	*0*
10/2012	*Anschaffung GuB 2 um*	*110*	*-*	*20[1)]*
2015	*Veräußerung GuB 2 um*	*120*		*20*
2015	*Veräußerungsgewinn GuB 2*	*100*	*30 zum Tarif 70 zu 25%*	*0*

[1)] Nach Reservenübertragung von 90

3. Reservenaufdeckung nach dem 31.3.2012 in Kombination mit „Altübertragungen stiller Reserven"

WJ	*Grund und Boden 1*	*Wert*	*Steuersatz*	*Buchwert*
1990	*Anschaffungskosten*	*100*	*-*	*100*
2000	*Veräußerung GuB 1 um*	*130*	*steuerfrei § 12 EStG 1988*	*0*
2000	*Anschaffung GuB 2 um*	*120*		*90[1)]*
2016	*Veräußerung GuB 2 um*	*160*	*steuerfrei § 12 EStG 1988*	*0*
2016	*Anschaffung GuB 3 um*	*150*	*-*	*80[2)]*
2018	*Veräußerung GuB 3 um*	*170*	*-*	*80*
2018	*Veräußerungsgewinn GuB 3*	*90*	*30 zum Tarif 60 zu 30%*	*0*

[1)] Nach Reservenübertragung von 30

[2)] Nach Reservenübertragung von 70

(AÖF 2013/280, BMF-AV Nr. 2018/79)

Nach § 30a Abs. 4 EStG 1988 ist der besondere Steuersatz nicht anzuwenden, wenn der Veräußerungserlös in Form einer Rente geleistet wird und nach Maßgabe des § 4 Abs. 3 oder des § 19 EStG 1988 zu Einkünften führt. Eine Rentenzahlung liegt auch dann vor, wenn ein Teil der Rente sofort als Einmalbetrag geleistet wird (siehe Rz 7055a). Wird ein Grundstück gegen Rente veräußert, wurde nach der Judikatur (VwGH 13.9.1978, 2931/76) die Anwendbarkeit des § 29 Z 1 EStG 1988 (wiederkehrende Bezüge) bei Vorliegen der Tatbestandsvoraussetzungen für ein Spekulationsgeschäft durch § 30 EStG 1988 idF vor dem 1. StabG 2012 verdrängt. Dies gilt für Grundstücksveräußerungen unverändert auch im Anwendungsbereich der durch das 1. StabG 2012 geänderten Rechtslage. Von der Ausnahme sind Grundstücksveräußerungen erfasst, bei denen die in Form einer Rente zufließenden Einkünfte nach Maßgabe des Zu- und Abflussprinzips zu erfassen sind. Dies betrifft Einkünfte aus privaten Grundstücksverkäufen und Einkünfte aus betrieblichen Grundstücksverkäufen durch einen Einnahmen-Ausgaben-Rechner. **6689**

Entsteht im Rahmen der Veräußerung gegen Rente ausnahmsweise ein Verlust (Rentenempfänger stirbt vor dem Entstehen von Einkünften), unterliegt dieser nicht den Ausgleichsbeschränkungen des § 30 Abs. 7 EStG 1988, weil der besondere Steuersatz im Falle eines Überschusses nicht zur Anwendung käme.

(BMF-AV Nr. 2019/75)

Randzahlen 6690 bis 6700: *derzeit frei*
(AÖF 2013/280)

22.5 Immobilienertragsteuer (§§ 30b und 30c EStG 1988 idF 1. StabG 2012; AbgÄG 2012)

(AÖF 2013/280)

22.5.1 Grundkonzept

(AÖF 2013/280)

6701 Die Erhebung der Einkommensteuer für Grundstücksveräußerungen erfolgt sowohl für den betrieblichen als auch für den außerbetrieblichen Bereich grundsätzlich im Wege der Immobilienertragsteuer (ImmoESt), wenn durch den Parteienvertreter die Selbstberechnung der Grunderwerbsteuer vorgenommen wird. Die mit dem 1. StabG 2012 neu eingeführte Abzugsteuer knüpft an das im Grunderwerbsteuergesetz vorhandene Mitteilungs- und Selbstberechnungssystem an. Da in der überwiegenden Anzahl der Fälle Veräußerungsgeschäfte von Grundstücken zugleich steuerpflichtige Erwerbsvorgänge im Sinne des § 1 GrEStG 1987 darstellen, wurde die grunderwerbsteuerliche Melde- und Selbstberechnungssystematik um ertragsteuerliche Komponenten erweitert:

Sowohl in den Fällen, in denen eine Abgabenerklärung nach § 10 GrEStG 1987 vorgelegt als auch in jenen, in denen die Grunderwerbsteuer nach § 11 GrEStG 1987 selbst berechnet wird, müssen die vorlegenden bzw. selbstberechnenden Parteienvertreter gewisse Grundinformationen hinsichtlich der ertragsteuerlichen Aspekte des Grundstückerwerbs der Finanzverwaltung mitteilen. Damit ist in allen Fällen sichergestellt, dass sämtliche Erwerbsvorgänge im Sinne des § 1 GrEStG 1987 durch einen Parteienvertreter beurteilt und der Finanzverwaltung elektronisch angezeigt werden müssen.
(AÖF 2013/280)

22.5.2 Selbstberechnung der Immobilienertragsteuer

(AÖF 2013/280)

22.5.2.1 Ausgangspunkt: Selbstberechnung der GrESt gemäß § 11 GrEStG 1987

(AÖF 2013/280)

6702 Wird durch den Parteienvertreter eine Selbstberechnung gemäß § 11 GrEStG 1987 vorgenommen, hat der Parteienvertreter

- dem Finanzamt des Steuerpflichtigen mitzuteilen, ob aus dem zugrundeliegenden Erwerbsvorgang Einkünfte gemäß § 2 Abs. 3 Z 1 bis 3 und 7 EStG 1988 erzielt werden (Rz 6703) und
- gegebenenfalls auf Grund der vom Steuerpflichtigen mitgeteilten Daten die Immobilienertragsteuer gemäß § 30b Abs. 1 EStG 1988 in Höhe von 25% bzw. 30% bei Veräußerungen nach dem 31.12.2015 der aus der Grundstücksveräußerung resultierenden Einkünfte selbst zu berechnen und dem Finanzamt abzuführen.

(BMF-AV Nr. 2018/79)

6703 Nach § 30c Abs. 2 Z 1 EStG 1988 hat der Parteienvertreter dem für die ertragsteuerliche Erfassung der Grundstücksveräußerung zuständigen Finanzamt zunächst mitzuteilen, ob aus dem der Selbstberechnung zugrundeliegenden Erwerbsvorgang Einkünfte gemäß § 2 Abs. 3 Z 1 bis 3 oder 7 EStG 1988 erzielt werden.

Der Parteienvertreter muss daher anhand der ihm bekannten Tatsachen beurteilen, ob durch den verwirklichten Erwerbsvorgang – positive oder negative – Einkünfte im Sinne des EStG 1988 erzielt werden. Dies ist grundsätzlich immer dann der Fall, wenn der Erwerbsvorgang zugleich eine Veräußerung eines Grundstücks des Privat- oder des Betriebsvermögens darstellt.
(AÖF 2013/280)

6704 Unabhängig von der Beurteilung des Parteienvertreters über das Vorliegen von Einkünften gemäß § 2 Abs. 3 Z 1 bis 3 oder 7 EStG 1988 muss dieser jedenfalls die am Erwerbsvorgang beteiligten Parteien sowie ihre Steuernummer dem für die ertragsteuerliche Erfassung der Grundstücksveräußerung zuständigen Finanzamt mitteilen. Durch die Verpflichtung, die Mitteilung gemäß § 30c Abs. 2 Z 1 EStG 1988 im Zuge der Selbstberechnung der Grunderwerbsteuer nach § 11 GrEStG 1987 vorzunehmen, werden die bereits für Zwecke der Selbstberechnung der Grunderwerbsteuer nach § 11 GrEStG 1987 erfassten Grunddaten der am Grundstückserwerb beteiligten Parteien ebenfalls elektronisch übermittelt. Eine zusätzliche Übermittlung von Unterlagen ist daher nicht erforderlich.
(AÖF 2013/280)

Werden aus dem der Selbstberechnung zugrundeliegenden Erwerbsvorgang Einkünfte gemäß § 2 Abs. 3 Z 1 bis 3 oder 7 EStG 1988 erzielt, hat der Parteienvertreter gemäß § 30c Abs. 2 Z 2 EStG 1988 die ImmoESt selbst zu berechnen. Die ImmoESt beträgt gemäß § 30b Abs. 1 EStG 1988 25% der „Bemessungsgrundlage" bzw. 30% bei Veräußerungen nach dem 31.12.2015 und ist auf volle Euro abzurunden. Die Bemessungsgrundlage für die ImmoESt sind die Einkünfte aus der Grundstücksveräußerung, die entsprechend der Einkunftsart, unter der sie zu erfassen sind, ermittelt werden. Die ImmoESt entspricht somit dem Steuerbetrag, der auf die Einkünfte aus der Grundstücksveräußerung entfällt. **6705**

(BMF-AV Nr. 2018/79)

Die Pflicht zur ImmoESt-Selbstberechnung bei Vornahme der Selbstberechnung der Grunderwerbsteuer gemäß § 11 GrEStG 1987 besteht grundsätzlich sowohl für die Veräußerungen von Grundstücken des Privat- als auch für solche des Betriebsvermögens. Bei Veräußerungen von Grundstücken des Betriebsvermögens hat allerdings dann keine ImmoESt-Selbstberechnung stattzufinden, wenn der besondere Steuersatz aufgrund von § 30a Abs. 3 Z 1 und 2 EStG 1988 zumindest teilweise nicht anwendbar ist; in diesem Fall ist das ImmoESt-System insgesamt auf die Grundstücksveräußerung nicht anwendbar, sodass auch keine besondere Vorauszahlung zu entrichten ist (§ 30b Abs. 5 EStG 1988); dies gilt auch für den Fall der Einlage des betroffenen Grundstückes in das Betriebsvermögen zu den Anschaffungs- oder Herstellungskosten, auch wenn hinsichtlich der vor der Einlage entstandenen stillen Reserven der besondere Steuersatz anwendbar ist (siehe dazu Rz 6685 f). **6706**

Weiters gelten die allgemeinen Ausnahmen von der Verpflichtung zur Selbstberechnung der ImmoESt (siehe dazu Rz 6715 ff).

Die Veräußerung eines Mitunternehmeranteiles (und der darin enthaltenen Anteile an den Betriebsgrundstücken; siehe dazu Rz 5659 ff) stellt, mit Ausnahme der Anteilsübertragung bei Personengesellschaften (§ 1 Abs. 2a GrEStG 1987) und der Anteilsvereinigung (§ 1 Abs. 3 GrEStG 1987), mangels GrESt-relevanten Übertragungsvorganges keinen Fall einer Selbstberechnung der ImmoESt dar. Allerdings ist in diesem Fall durch den Veräußerer eine besondere VZ gemäß § 30b Abs. 4 EStG 1988 zu entrichten.

Wird in diesen Fällen dennoch eine ImmoESt-Selbstberechnung vorgenommen, hat die entrichtete ImmoESt in diesen Fällen – wie generell bei Veräußerung von Grundstücken des Betriebsvermögens – keine Abgeltungswirkung und lediglich den Charakter einer besonderen Vorauszahlung im Sinne des § 30b Abs. 4 EStG 1988 (siehe dazu auch Rz 6725).

(BMF-AV Nr. 2018/79)

Wird gemäß § 16 Abs. 6 UmgrStG in der Einbringungsbilanz der Grund und Boden des Altvermögens mit dem gemeinen Wert angesetzt (Aufwertungsoption), kommt es zu einer sofortigen Realisierung von stillen Reserven. Dabei kann die pauschale Besteuerung nach § 30 Abs. 4 EStG 1988 angewendet werden. Da die Einbringung einen Erwerb durch Umgründung darstellt, kann eine Selbstberechnung durch den Parteienvertreter vorgenommen werden und es ist gemäß § 30b Abs. 1 EStG 1988 eine Immobilienertragsteuer zu entrichten (siehe auch Rz 6733b oder UmgrStR 2002 Rz 928). **6706a**

Die ImmoESt ist gemäß § 30b Abs. 1 EStG 1988 bis zum 15. Tag des auf den Kalendermonat des Zuflusses gemäß § 19 EStG 1988 zweitfolgenden Kalendermonats durch den Parteienvertreter zu entrichten. Bei ratenweisem Zufluss ist daher auf den Zufluss jener Erlösanteile abzustellen, die die Buchwerte bzw. Anschaffungs- oder Herstellungskosten nach Berücksichtigung allfälliger zulässiger Korrektur- und Abzugsposten gemäß § 30 Abs. 3 EStG 1988 übersteigen. Von diesen Erlösanteilen sind jeweils 25% bzw. 30% bei Veräußerungen nach dem 31.12.2015 als ImmoESt einzubehalten. **6707**

Spätere Ratenzahlungen, die zu einem Zeitpunkt länger als ein Jahr nach Vornahme der Mitteilung zufließen, unterliegen nicht der ImmoESt, für die zufließenden Einkünfte ist daher eine besondere Vorauszahlung durch den Steuerpflichtigen selbst zu leisten. Dies gilt sowohl für die Veräußerung von Grundstücken des Privat- als auch für solche des Betriebsvermögens unabhängig von der Gewinnermittlungsart.

Da bei der Veräußerung von Grundstücken des Privatvermögens oder bei Einnahmen-Ausgaben-Rechnung die Einnahmen in jenem Kalenderjahr bezogen werden, in dem sie zufließen, kann es zu keiner zeitlichen Überschneidung der Fälligkeit der ImmoESt und der Einreichfrist der Steuererklärung kommen. Die ImmoESt ist daher in allen Fällen zu entrichten.

Beispiel:

X veräußert ein Grundstück im Frühjahr 2013, der Zufluss findet im Dezember 2013 statt. Die ImmoESt ist bis zum 15. Februar 2014 zu entrichten, die Steuererklärung für das Jahr 2013 ist gemäß § 134 Abs. 1 BAO bis Ende April 2014 oder, wenn die Übermittlung der Steuererklärung elektronisch erfolgt, bis Ende Juni 2014 einzureichen.

Bei der Veräußerung von Grundstücken des Betriebsvermögens ist bei einem Betriebsvermögensvergleich der Zufluss der Einnahmen gemäß § 19 EStG 1988 für die steuerliche Gewinnrealisierung irrelevant (siehe Rz 768). Da sich die Fälligkeit der ImmoESt stets am Zuflusszeitpunkt gemäß § 19 EStG 1988 richtet, kann es in solchen Fällen somit zu einer zeitlichen Überschneidung der Fälligkeit der ImmoESt und der Abgabe der Abgabenerklärung kommen. In diesen Fällen, in denen die ImmoESt nach Abgabe der Abgabenerklärung für jenes Wirtschaftsjahr, in dem die Einkünfte aus der Grundstücksveräußerung steuerlich erfasst werden, entrichtet werden müsste, bestehen keine Bedenken, von der Entrichtung der ImmoESt abzusehen.

Beispiel:

X (§ 4 Abs. 1 – Gewinnermittler) veräußert ein Grundstück im Oktober 2013, der Zufluss findet im September 2014 statt. Die ImmoESt ist bis zum 15. November 2014 zu entrichten. Gibt X seine ESt-Erklärung für das Jahr 2013 noch vor dem 15. November 2014 ab, muss er die ImmoESt nicht mehr entrichten.

(BMF-AV Nr. 2018/79)

6708 Liegt zwischen dem Zeitpunkt der Mitteilung gemäß § 30c Abs. 2 Z 1 EStG 1988 und dem Zeitpunkt des Zuflusses gemäß § 19 EStG 1988 mehr als ein Jahr, erlischt trotz Vornahme der ImmoESt-Selbstberechnung gemäß § 30c Abs. 2 Z 2 EStG 1988 die Verpflichtung zur Entrichtung der ImmoESt und damit auch die Haftung des Parteienvertreters. Diese Einschränkung soll eine übermäßige Belastung der Parteienvertreter bei Veräußerungsvorgängen, bei denen die Entrichtung des Kaufpreises zu einem viel späteren Zeitpunkt erfolgt, vermeiden und kommt vor allem dann zum Tragen, wenn der Erwerber des Grundstücks unvorhergesehen den Kaufpreis nicht entrichtet (zu jenen Fällen, in denen bereits im Zeitpunkt der Durchführung der ImmoESt-Selbstberechnung klar ist, dass der Zufluss später als ein Jahr nach Abschluss des Veräußerungsgeschäftes erfolgt, siehe Rz 6717).

(AÖF 2013/280)

6709 Werden in Mit- oder Gesamthandeigentum stehende Grundstücke veräußert, müssen die Einkünfte und die ImmoESt für die einzelnen Miteigentümer oder Mitunternehmer ihrem Anteil entsprechend ermittelt werden. Dabei sind die individuellen Verhältnisse der einzelnen Miteigentümer oder Mitunternehmer maßgeblich.

Bei der Abfuhr der ImmoESt ist zu differenzieren:

- Bei einer Veräußerung von Grundstücken durch eine Personengesellschaft (OG oder KG) wird die Summe der auf die jeweiligen Miteigentümer oder Mitunternehmer entfallenden ImmoESt-Beträge als ImmoESt für die Gemeinschaft auf deren Abgabenkonto abgeführt.
- Wird ein Grundstück aus dem Sonderbetriebsvermögen eines Mitunternehmers veräußert, ist die ImmoESt auf das Abgabenkonto des Mitunternehmers abzuführen, da sich das Grundstück zivilrechtlich in dessen Eigentum befindet.
- Bei einer Veräußerung von Grundstücken durch mehrere Miteigentümer (bzw. eine GesBR) ist die ImmoESt für jeden einzelnen Miteigentümer gesondert auf deren Abgabenkonten abzuführen.
- Bei einer Veräußerung von allgemeinen Teilen von Liegenschaften (§ 30b Abs. 6 EStG 1988) ist die pauschal ermittelte ImmoESt für die Wohnungseigentümergemeinschaft auf deren Abgabenkonto abzuführen.

(BMF-AV Nr. 2018/79)

6709a Körperschaften, die unter § 7 Abs. 3 KStG 1988 fallen, und Privatstiftungen sind gemäß § 24 Abs. 3 Z 4 KStG 1988 von der ImmoESt ausgenommen. Entfällt bei einer betrieblichen oder vermögensverwaltenden Personengesellschaft im Zuge der gesellschafterbezogenen Ermittlung der auf die Einkünfte aus einer Grundstücksveräußerung der Gesellschaft entfallenden Steuer ein Teil der Steuer auf eine solche Körperschaft, ist daher insoweit für die Personengesellschaft keine ImmoESt zu berechnen und zu entrichten.

Sind die substanzbeteiligten Gesellschafter einer betrieblichen oder vermögensverwaltenden Personengesellschaft ausschließlich Körperschaften, die unter § 7 Abs. 3 KStG 1988 fallen, oder Privatstiftungen, ist für die Personengesellschaft keine ImmoESt zu berechnen und zu entrichten. Die anteiligen Veräußerungsgewinne sind ausschließlich im Rahmen der Veranlagung der Gesellschafter zu erfassen.

Ist eine Körperschaft öffentlichen Rechts an einer Personengesellschaft substanzbeteiligt und stellt diese Beteiligung einen Betrieb gewerblicher Art dar, gilt diese Beteiligung ebenfalls als Körperschaft, die unter § 7 Abs. 3 KStG 1988 fällt, sofern eine Rechnungslegungspflicht besteht. Rechnungslegungspflicht für die Beteiligung besteht dann, wenn Einkünfte aus Gewerbebetrieb erzielt werden und der auf die Beteiligung entfallende anteilige Umsatz der Personengesellschaft die Grenzen des § 189 UGB überschreitet.

(BMF-AV Nr. 2015/133)

Gemäß § 24 Abs. 1 lit. b BAO sind Wirtschaftsgüter, die zu treuen Handen übereignet worden sind, dem Treugeber zuzurechnen. Entsprechend dieser steuerlichen Zurechnung sind auch die Einkünfte aus der Veräußerung dieser Wirtschaftsgüter ebenfalls dem Treugeber zuzurechnen. **6709b**

Werden Grundstücke durch den Treuhänder veräußert und ist die Treuhandschaft gegenüber dem Parteienvertreter und in weiterer Folge auch gegenüber dem Finanzamt offengelegt, ist die Treuhandschaft bei der Selbstberechnung der ImmoESt zu berücksichtigten. Dies erfolgt derart, dass für den grundbücherlichen Eigentümer die Einkünfte aus der Grundstücksveräußerung mit 0 anzugeben sind. Der Treugeber ist im Gegenzug für die ImmoESt als weiterer Beteiligter zu erfassen und die Selbstberechnung ist für diesen vorzunehmen. Handelt es sich dabei um eine Kapitalgesellschaft nach § 7 Abs. 3 KStG 1988, kann die Selbstberechnung unterbleiben, was an der entsprechenden Stelle in FON anzuzeigen ist.

(BMF-AV Nr. 2015/133)

Für Körperschaften, die nicht unter § 7 Abs. 3 KStG 1988 fallen (zB Körperschaften öffentlichen Rechts oder gemeinnützige Körperschaften), sind die Bestimmungen der §§ 30b und 30c EStG 1988 anwendbar. Da die Einkünfte aus Grundstücksveräußerungen bei den übrigen Körperschaften mit 25% Körperschaftsteuer besteuert werden, besteht bei Veräußerungen nach dem 31.12.2015 aus Vereinfachungsgründen die Möglichkeit, die ImmoESt in Höhe von 25% an Stelle von 30% zu entrichten (§ 30b Abs. 1a EStG 1988). Sollte dennoch die ImmoESt in Höhe von 30% einbehalten worden sein, kann die Körperschaft die Regelbesteuerungsoption nach § 30a Abs. 2 EStG 1988 ausüben, um eine Veranlagung der steuerabzugspflichtigen Einkünfte aus Grundstücksveräußerungen zum 25%-Satz zu erwirken. **6709c**

Die Aussagen zur ImmoESt gelten für besondere Vorauszahlungen nach § 30b Abs. 4 EStG 1988 (Rz 6733 ff) sinngemäß.

(BMF-AV Nr. 2018/79)

22.5.2.2 Ermittlung der ImmoESt und Haftung des Parteienvertreters

(AÖF 2013/280)

Einkünfte aus der Veräußerung von Grundstücken aus einer Verlassenschaft (vor Einantwortung) sind grundsätzlich ab dem Todestag den Erben zuzurechnen (siehe Rz 108a). Wurden Erbantrittserklärungen zum gesamten Nachlass abgeben und ist das Erbrecht ausgewiesen (es liegen keine widerstreitenden Erberklärungen vor), ist die auf die einzelnen Erben entfallende Steuer auf deren Abgabenkonto im Wege der ImmoESt zu entrichten bzw. ist eine besondere Vorauszahlung durch den Kurator zu leisten. Ist dies nicht der Fall (sind keine Erben bekannt oder wurden widerstreitende Erberklärungen abgegeben), ist eine unmittelbare Zurechnung an die Erben nicht möglich. Daher ist die ImmoESt bzw. die besondere Vorauszahlung für den ruhenden Nachlass auf dessen Abgabenkonto zu entrichten. Die Berechnung der ImmoESt erfolgt dabei derart, dass das im Nachlass befindliche Grundstück als unentgeltlich erworben zu behandeln ist. Es gelten somit die Rechtswirkungen der unentgeltlichen Rechtsnachfolge (Übernahme der Anschaffungskosten, Übernahme der Altvermögenseigenschaft, Umwidmungen); persönliche Befreiungen des Verstorbenen (Hauptwohnsitzbefreiung, Herstellerbefreiung) gehen auf den Nachlass nicht über. **6710**

(BMF-AV Nr. 2015/133)

Der Veräußerer des Grundstücks ist verpflichtet, dem Parteienvertreter sämtliche notwendigen Unterlagen vorzulegen und Angaben zu machen, damit der Parteienvertreter die Selbstberechnung der ImmoESt nach § 30c Abs. 2 EStG 1988 vornehmen kann. Er hat weiters die Richtigkeit und Vollständigkeit der vorgelegten Unterlagen und seiner Angaben schriftlich zu bestätigen. **6711**

Der Parteienvertreter hat die vom Veräußerer vorgelegten Unterlagen zu überprüfen und die ImmoESt anhand dieser Unterlagen selbst zu berechnen. Kann oder will der Veräußerer seine Angaben nicht mittels Unterlagen belegen, darf der Parteienvertreter diese nicht berücksichtigen, sofern die Berücksichtigung dazu führen würde, dass geringere Einkünfte der ImmoESt-Selbstberechnung zu Grunde gelegt werden. Können die Einkünfte aus der Grundstücksveräußerung ohne die Berücksichtigung dieser nicht belegten Angaben nicht ermittelt werden, kann der Parteienvertreter die ImmoESt-Selbstberechnung nicht durchführen.

Beispiel 1:

X veräußert ein Grundstück und möchte die Einkommensteuer im Wege der ImmoESt-Selbstberechnung abführen. Auf Nachfrage des Parteienvertreters macht er die Anga-

be, dass er die Anschaffungskosten nicht kennt, es sich beim veräußerten Grundstück allerdings um Altvermögen im Sinne des § 30 Abs. 4 Z 1 EStG 1988 handelt und die Anschaffungskosten somit nicht benötigt werden. X legt keinerlei Unterlagen vor, um diese Angabe zu belegen.

Da ein Grundstück des Altvermögens in der Regel günstiger besteuert wird als ein Grundstück des Neuvermögens, kann der Parteienvertreter ohne entsprechende Belege die dazu gemachten Angaben des Veräußerers nicht berücksichtigen. Muss der Parteienvertreter somit davon ausgehen, dass es sich beim Grundstück um Neuvermögen im Sinne des § 30 Abs. 3 EStG 1988 handelt, benötigt er für die Ermittlung der Einkünfte die Anschaffungskosten des Grundstückes. Da X die Anschaffungskosten nicht kennt, kann der Parteienvertreter die Einkünfte nicht ermitteln, womit die Durchführung der ImmoESt-Selbstberechnung nicht möglich ist.

Beispiel 2:

Y veräußert ein Grundstück und möchte die Einkommensteuer im Wege der ImmoESt-Selbstberechnung abführen. Auf Nachfrage des Parteienvertreters macht er die Angabe, dass es sich beim veräußerten Grundstück um Neuvermögen im Sinne des § 30 Abs. 3 EStG 1988 handelt; die Anschaffungskosten gibt er bekannt. Darüber hinaus macht er auch die Angabe, Instandsetzungsaufwendungen getätigt zu haben. Y legt den damaligen Kaufvertrag für das Grundstück vor; die getätigten Instandsetzungsaufwendungen kann er hingegen nicht belegen.

Da Y keine Belege für die behaupteten Instandsetzungsaufwendungen vorlegt, darf der Parteienvertreter diese Aufwendungen nicht berücksichtigen und hat für die Ermittlung der Einkünfte die unveränderten historischen Anschaffungskosten heranzuziehen. Die Durchführung der ImmoESt-Selbstberechnung ist daher möglich.

(AÖF 2013/280)

6712 Durch entsprechende Unterlagen und Belege sind insbesondere folgende Sachverhaltselemente nachzuweisen, wenn deren Vorliegen durch den Veräußerer behauptet wird:

- Bei Neuvermögen:
  - Seinerzeitige Anschaffungskosten des Veräußerers (zB Kaufvertrag);
  - Wurde das seinerzeit angeschaffte Grundstück aufgrund von Maßnahmen im Sinne von § 30 Abs. 2 Z 4 EStG 1988 getauscht, die Durchführung diese Maßnahmen (zB entsprechende Bescheide oder Bestätigung der verfahrensleitenden Behörden)
  - Anschaffungsnebenkosten (zB Rechnung für Maklerkosten, Selbstberechnungserklärung für GrESt und Grundbuchsgebühr);
  - Sonstige anschaffungskostenverändernde oder -erhöhende Umstände, etwa
    - durch Übertragung von Grundstücken an die Gemeinde für die Vornahme einer Widmungsänderung (zB Bestätigung der Gemeinde) oder
    - durch Realteilungsvorgänge (zB Beschluss des Grundbuchsgerichtes);
  - Zeitpunkt einer allfälligen Umwidmung für die Berechnung des Inflationsabschlages bei Veräußerungen vor dem 1.1.2016 (zB Bestätigung der Gemeinde);
  - Herstellungsaufwendungen und Instandsetzungsaufwendungen (zB Rechnung von befugten Unternehmern);
  - Bei Vermietung des veräußerten Grundstückes in der Vergangenheit die geltend gemachte AfA (zB Bestätigung des steuerlichen Vertreters).
- Bei Altvermögen:
  - Die unveränderte raumordnungsrechtliche Widmung seit dem 1.1.1988 bzw. das Nichtvorliegen einer Widmungsänderung im Sinne des § 30 Abs. 4 Z 1 EStG 1988 (zB Bestätigung der Gemeinde);
  - Bei Vermietung des veräußerten Grundstückes in der Vergangenheit die beschleunigte Geltendmachung von Herstellungsaufwendungen nach § 28 Abs. 3 EStG 1988 innerhalb der letzten 10 bis 15 Jahre vor der Veräußerung (zB Bestätigung des steuerlichen Vertreters).
- Generell:
  - Bei Befreiungsbestimmungen das Vorliegen der jeweiligen Voraussetzungen:
    - Bei der Hauptwohnsitzbefreiung insbesondere
      - das Vorliegen der objektbezogenen Kriterien – Eigenheim oder Eigentumswohnung (zB Grundbuchsauszug oder Baupläne),

   - die Erfüllung der notwendigen Fristen (zB Vorlage einer Meldebestätigung, aus der die Meldehistorie ersichtlich ist und die vertragliche Fixierung der Übergabe innerhalb der Jahresfrist),
   - die Nutzung als Hauptwohnsitz (zB Vorlage einer Meldebestätigung und eines weiteren Nachweises über die Nutzung als Hauptwohnsitz, wie etwa Zustelladresse bei Behörden).
- Bei der Herstellerbefreiung insbesondere:
   - das Vorliegen der Bauherreneigenschaft (zB Vertrag mit dem errichtenden Unternehmen) und
   - keine Nutzung zur Erzielung von Einkünften in den letzten 10 Jahren vor der Veräußerung (zB Bestätigung des steuerlichen Vertreters).
- Bei Veräußerungen infolge eines behördlichen Eingriffs oder zur Vermeidung eines solchen nachweisbar unmittelbar drohenden Eingriffs das Vorliegen eines solchen Eingriffs (zB Bestätigung der verfahrensleitenden Stelle; siehe Rz 6651);
- Bei Tauschvorgängen aufgrund von Maßnahmen im Sinne von § 30 Abs. 2 Z 4 EStG 1988 die Durchführung dieser Maßnahmen (zB entsprechende Bescheide oder Bestätigungen der verfahrensleitenden Behörden).

– Bei Vermietung des veräußerten Grundstückes in der Vergangenheit, wenn die erstmalige Vermietung nach dem 31.12.2012 stattgefunden hat, die Bemessung der AfA – Anschaffungs- bzw. Herstellungskosten oder fiktive Anschaffungskosten (zB Bestätigung des steuerlichen Vertreters).

– Bei Veräußerung eines Grundstückes des Betriebsvermögens oder bei vormaliger Nutzung des veräußerten Grundstückes in einem Betrieb die steuerliche Historie des Grundstückes, insbesondere im Hinblick auf die Steuerverfangenheit am 31.3.2012 und Auswirkungen des Wechsels der Gewinnermittlungsart in der Vergangenheit (zB Bestätigung des steuerlichen Vertreters).

(AÖF 2013/278, AÖF 2013/280, BMF-AV Nr. 2018/79)

Der Parteienvertreter haftet gemäß § 30c Abs. 3 erster Satz EStG 1988 grundsätzlich nur **6713** für die Entrichtung der selbstberechneten ImmoESt. Dabei handelt es sich um eine reine Abfuhrhaftung, die jener Haftung in § 13 Abs. 4 GrEStG 1987 entspricht. Der Parteienvertreter haftet daher nicht für die ImmoESt in objektiv richtiger Höhe, sondern nur für die Entrichtung der selbstberechneten ImmoESt. Wie nach § 13 Abs. 4 GrEStG 1987 haftet der Parteienvertreter daher nicht, wenn er die ImmoESt unrichtig berechnet hat.

Da Abgabepflichtiger iSd § 77 Abs. 1 BAO für die ImmoESt der Veräußerer ist, ist bei nicht fristgerechter Entrichtung der ImmoESt durch den Parteienvertreter ein Säumniszuschlag in erster Linie dem Abgabepflichtigen (Veräußerer) vorzuschreiben. Kommt dieser der Zahlungsverpflichtung nicht nach, kann ein Säumniszuschlag in einem zweiten Schritt dem Parteienvertreter vorgeschrieben werden.

(BMF-AV Nr. 2021/65)

Neben dem Grundfall der Haftung, die als reine Abfuhrhaftung ausgestaltet ist, besteht **6714** auch noch eine strengere Haftung für bestimmte Fallkonstellationen. Danach haftet der Parteienvertreter gemäß § 30c Abs. 3 letzter Satz EStG 1988 dann für die ImmoESt in objektiv richtiger Höhe, wenn er „wider besseren Wissens" auf Basis der vom Veräußerer vorgelegten Unterlagen und gemachten Angaben die ImmoESt selbstberechnet. Diese strengere Haftung kommt daher immer dann zum Tragen, wenn der Parteienvertreter Unterlagen und Angaben des Veräußerers der Berechnung der ImmoESt zu Grunde legt, von denen er offenkundig Kenntnis hat, dass sie nicht den Tatsachen entsprechen (zur Überprüfung der Unterlagen siehe Rz 6711).

Beispiel 1:

Ein Parteienvertreter ist mit der Abwicklung eines Grundstücksgeschäftes betreffend eine Eigentumswohnung und mit der Durchführung der Selbstberechnung gemäß § 11 GrEStG 1987 beauftragt. Dadurch ist er verpflichtet, dem für die Erhebung der Einkommensteuer des Veräußerers zuständigen Finanzamt Mitteilung zu machen und die Selbstberechnung der ImmoESt vorzunehmen.

Der Veräußerer legt dem Parteienvertreter den Kaufvertrag vom seinerzeitigen Wohnungserwerb im Jahr 2005 vor und bestätigt schriftlich die Richtigkeit und Vollständigkeit seiner Angaben. Auf Basis der darin genannten Anschaffungskosten ermittelt der Parteienvertreter die Einkünfte gemäß § 30 Abs. 3 EStG 1988 und entrichtet die ImmoESt. Es besteht keine Haftung des Parteienvertreters für die Richtigkeit der ImmoESt.

Beispiel 2:

Ein Parteienvertreter ist wiederum mit der Abwicklung eines Grundstücksgeschäftes betreffend eine Eigentumswohnung beauftragt.

Für Zwecke der ImmoESt-Selbstberechnung legt der Veräußerer den seinerzeitigen Kaufvertrag sowie eine Meldebestätigung, aus der ersichtlich ist, dass die Wohnung seit 8 Jahren als Hauptwohnsitz des Veräußerers ausgewiesen wird und dass für den Veräußerer kein Meldung eines Nebenwohnsitzes vorhanden ist, vor. Er bestätigt die Richtigkeit und Vollständigkeit seiner Angaben und dass die Voraussetzungen für die Hauptwohnsitzbefreiung vorliegen. Da für den Steuerpflichtigen eine Steuerbefreiung zur Anwendung kommt, kann die ImmoESt-Selbstberechnung unterbleiben. Dies wird durch den Parteienvertreter in der Mitteilung gemäß § 30c Abs. 2 Z 1 EStG 1988 angemerkt. Es kommt zu keiner Haftung des Parteienvertreters.

Beispiel 3:

Es liegt der gleiche Sachverhalt wie in Beispiel 2 vor. Allerdings ist dem Parteienvertreter bekannt, dass die Wohnung dem Steuerpflichtigen nicht als Hauptwohnsitz dient. Nimmt der Parteienvertreter eine Selbstberechnung gemäß § 11 GrEStG 1987 aber wider besseren Wissens dennoch keine ImmoESt-Selbstberechnung vor, haftet er für die Richtigkeit der ImmoESt. Darüber hinaus besteht auch in diesem Fall eine Steuererklärungspflicht des Veräußerers gemäß § 42 Abs. 1 Z 5 EStG 1988.

Beispiel 4:

Ein Parteienvertreter ist mit der Abwicklung eines Grundstücksgeschäftes betreffend eine Eigentumswohnung und mit der Durchführung der Selbstberechnung gemäß § 11 GrEStG 1987 beauftragt. Dadurch ist er verpflichtet, dem für die Erhebung der Einkommensteuer des Veräußerers zuständigen Finanzamt Mitteilung zu machen und die Selbstberechnung der ImmoESt vorzunehmen.

Für die Ermittlung der ImmoESt bestätigt der Steuerpflichtige durch den Grundbuchsauszug sowie durch eine schriftliche Erklärung, dass das Grundstück seit Generationen im Besitz seiner Familie ist und durch eine Bestätigung der Gemeinde, dass seit 1988 keine Umwidmung vorgenommen wurde. Der Parteienvertreter berechnet die ImmoESt auf Basis des § 30 Abs. 4 Z 2 EStG 1988. Es kommt zu keiner Haftung des Parteienvertreters.

Beispiel 5:

Es liegt derselbe Sachverhalt wie in Beispiel 4 vor. Allerdings ist dem Parteienvertreter bekannt, dass das Grünlandgrundstück des Veräußerers vor kurzem umgewidmet wurde, um den Bau eines Einkaufszentrums zu ermöglichen. Ermittelt der Parteienvertreter die ImmoESt dennoch auf Basis der Angaben des Steuerpflichtigen gemäß § 30 Abs. 4 Z 2 EStG 1988, kommt es zur Haftung des Parteienvertreters für die ImmoESt in objektiv richtiger Höhe.

(AÖF 2013/280)

22.5.2.3 Ausnahmen von der Pflicht zur ImmoESt-Selbstberechnung

(AÖF 2013/280)

6715 Wird bei einem Erwerbsvorgang im Sinne des § 1 GrEStG 1987 eine Selbstberechnung gemäß § 11 GrEStG 1987 vorgenommen und werden aus dem der Selbstberechnung zugrundeliegenden Erwerbsvorgang Einkünfte gemäß § 2 Abs. 3 Z 1 bis 3 oder 7 EStG 1988 erzielt, hat der Parteienvertreter gemäß § 30c Abs. 2 Z 2 EStG 1988 grundsätzlich immer auch die ImmoESt selbst zu berechnen. Davon abweichend kann gemäß § 30c Abs. 4 EStG 1988 in bestimmten Fällen eine Berechnung der ImmoESt unterbleiben.

(AÖF 2013/280)

6716 Dies ist gemäß § 30c Abs. 4 erster Teilstrich EStG 1988 zunächst dann der Fall, wenn und soweit die Veräußerung unter die Befreiungsbestimmungen des § 30 Abs. 2 EStG 1988 oder § 21 Abs. 2 Z 3 KStG 1988 fällt. Kommt daher beispielsweise die Hauptwohnsitzbefreiung gemäß § 30 Abs. 1 Z 1 EStG 1988 zur Anwendung, muss trotz Vornahme der Selbstberechnung gemäß § 11 GrEStG 1987 keine ImmoESt-Selbstberechnung vorgenommen werden. Sind die Einkünfte aus der Grundstücksveräußerung nur teilweise befreit – etwa bei der Hauptwohnsitzbefreiung wenn die 1.000 m²-Grenze hinsichtlich Grund und Boden überschritten werden oder bei der Herstellerbefreiung – kann die Vornahme der ImmoESt-Selbstberechnung nicht unterbleiben, sondern muss hinsichtlich der steuerpflichtigen Einkünfte vorgenommen werden.

In einem solchen Fall ist keine besondere Vorauszahlung zu entrichten.

(AÖF 2013/280)

Eine weitere Ausnahme stellt gemäß § 30c Abs. 4 zweiter Teilstrich EStG 1988 jener Fall dar, in dem der Zufluss gemäß § 19 EStG 1988 voraussichtlich später als ein Jahr nach dem Veräußerungsgeschäft erfolgt. Damit soll vermieden werden, dass der Parteienvertreter bei Veräußerungsvorgängen, bei denen die Entrichtung des Kaufpreises zu einem viel späteren Zeitpunkt erfolgt, im Falle einer Selbstberechnung gemäß § 11 GrEStG 1987 einer übermäßige Belastung ausgesetzt ist. Eine Überwachung des Zuflusses gemäß § 19 EStG 1988 beim Veräußerer ist daher über die Jahresfrist hinaus nicht notwendig. **6717**

Die Vornahme der ImmoESt-Selbstberechnung kann daher immer dann unterbleiben, wenn aus den objektiven Umständen des Sachverhalts bereits im Zeitpunkt der Vornahme der Selbstberechnung gemäß § 11 GrEStG 1987 offensichtlich absehbar ist, dass der Zufluss gemäß § 19 EStG 1988 erst nach Ablauf eines Jahres nach dem Veräußerungsgeschäft erfolgen wird. Anders als beim Entfall der Pflicht zur Entrichtung der selbstberechneten ImmoESt, wenn der Zufluss wider Erwarten später als nach einem Jahr ab der Selbstberechnung erfolgt, berechnet sich diese Frist somit ab dem Zeitpunkt des Abschlusses des Veräußerungsgeschäftes und nicht ab dem Zeitpunkt der Vornahme der Mitteilung gemäß § 30c Abs. 2 Z 1 EStG 1988. Der spätere Zufluss gemäß § 19 EStG 1988 muss sich allerdings aus konkreten Gründen ergeben, etwa wenn bereits im Kaufvertrag eine Ratenzahlung vereinbart ist, die den späteren Zufluss bewirkt.

In einem solchen Fall ist eine besondere Vorauszahlung durch den Steuerpflichtigen zu entrichten (siehe Rz 6734 ff).

(AÖF 2013/280)

Im Falle einer Selbstberechnung gemäß § 11 GrEStG 1987 kann gemäß § 30c Abs. 4 dritter Teilstrich EStG 1988 eine Selbstberechnung der ImmoESt weiters dann unterbleiben, wenn bei der Veräußerung eines Grundstücks des Betriebsvermögens die stillen Reserven des veräußerten Grundstücks nach § 12 EStG 1988 übertragen oder einer Übertragungsrücklage (steuerfreien Betrag) zugeführt werden. Da die Übertragung der stillen Reserven oder die Bildung einer Übertragungsrücklage nicht im Zeitpunkt der Veräußerung stattfinden, genügt bei entsprechender Absicht die Erklärung des Veräußerers. Für die Bemessung der zu übertragenden stillen Reserven kann der Parteienvertreter aus Vereinfachungsgründen auf die durch den Steuerpflichtigen angegebenen voraussichtlichen Kosten der Ersatzbeschaffung abstellen. **6718**

In einem solchen Fall ist keine besondere Vorauszahlung zu entrichten.

(BMF-AV Nr. 2015/133)

Wird bei einem Veräußerungsvorgang der Veräußerungserlös in Form einer Rente geleistet, kann die Selbstberechnung der ImmoESt bei Vornahme einer Selbstberechnung gemäß § 11 GrEStG 1987 ebenfalls unterbleiben. Diese Ausnahme liegt darin begründet, dass gemäß § 30a Abs. 4 EStG 1988 der besondere Steuersatz von 25% bzw. 30% bei Veräußerungen nach dem 31.12.2015 für Einkünfte, bei denen der Veräußerungserlös in Form einer Rente geleistet wird und dieser nach Maßgabe des § 4 Abs. 3 EStG 1988 oder des § 19 EStG 1988 zu Einkünften führt, nicht gilt und weil bei Veräußerungen gegen Rente der Zufluss gemäß § 19 EStG 1988 in der Regel ohnehin außerhalb der Jahresfrist stattfindet (dies gilt für Zwecke der ImmoESt im betrieblichen Bereich unabhängig der Gewinnermittlungsart; siehe Rz 6707). **6719**

In einem solchen Fall ist keine besondere Vorauszahlung zu entrichten.

(BMF-AV Nr. 2018/79)

Die letzte Ausnahme von der Pflicht zur Selbstberechnung der ImmoESt bei Vornahme einer Selbstberechnung gemäß § 11 GrEStG 1987 kommt dann zum Tragen, wenn das Grundstück im Rahmen eines Verfahrens gemäß §§ 133 ff der Exekutionsordnung, somit im Rahmen einer Zwangsversteigerung veräußert wird. Dies ermöglicht dem Parteienvertreter, ohne auf die Mitwirkung des Veräußerers – des Schuldners – angewiesen zu sein, die Selbstberechnung der Grunderwerbsteuer gemäß § 11 GrEStG 1987 vorzunehmen, was für den Käufer mit dem Vorteil einer raschen grundbücherlichen Erfassung verknüpft ist. **6720**

In einem solchen Fall ist vom Veräußerer eine besondere Vorauszahlung zu entrichten.

Die Ausnahme von der Selbstberechnungsverpflichtung gilt nicht bei Freihandverkäufen im Rahmen eines Insolvenzverfahrens (zur ImmoESt im Insolvenzverfahren siehe Rz 6656).

Bei Versteigerungen außerhalb der §§ 133 ff EO gelten dieselben Regelungen für die ImmoESt wie für alle anderen Veräußerungen. Die Selbstberechnung der GrESt führt daher auch in diesen Fällen zu einer zwingenden Selbstberechnung der ImmoESt.

(BMF-AV Nr. 2015/133)

In sämtlichen Ausnahmefällen, in denen gemäß § 30c Abs. 4 EStG 1988 die ImmoESt-Selbstberechnung trotz Vornahme der Selbstberechnung gemäß § 11 GrEStG 1987 unter- **6721** bleiben kann, hat der Parteienvertreter jedoch die Mitteilung gemäß § 30c Abs. 2 Z 1 EStG 1988 vorzunehmen und ergänzend anzugeben, aus welchen Gründen die ImmoESt-Selbstberechnung unterblieben ist.

(AÖF 2013/280)

22.5.2.4 Abgeltungswirkung der ImmoESt und Erklärungspflicht

(AÖF 2013/280)

6722 Wird die ImmoESt durch den Parteienvertreter korrekt berechnet und entrichtet, sind damit gemäß § 30b Abs. 2 EStG 1988 die Einkünfte aus privaten Grundstücksveräußerungen gemäß § 30 EStG 1988 grundsätzlich abgegolten.

Da nur die Entrichtung einer selbstberechneten ImmoESt Abgeltungswirkung entfaltet, kann daher bei einer mit Null selbstberechneten ImmoESt (etwa bei Annahme einer Hauptwohnsitzbefreiung) mangels Entrichtung eine Abgeltungswirkung nicht eintreten.

(BMF-AV Nr. 2015/133)

6722a Wird ein Verpflichtungsgeschäft abgeschlossen und findet der Zufluss des Kaufpreises erst zu einem späteren Zeitpunkt (nicht im selben Jahr) statt, hat im Falle einer Entrichtung der ImmoESt vor Zufluss des Kaufpreises diese den Charakter einer besonderen Vorauszahlung und entfaltet keine Abgeltungswirkung. Es bestehen jedoch keine Bedenken, eine Abgeltungswirkung zuzulassen, wenn die ImmoESt zwar vor Zufluss des Kaufpreises entrichtet wird, der Zufluss jedoch in denselben Veranlagungszeitraum fällt wie der Abschluss des Verpflichtungsgeschäfts.

(BMF-AV Nr. 2018/79)

6723 Die entrichtete ImmoESt entfaltet allerdings gemäß § 30b Abs. 2 letzter Satz EStG 1988 dann keine Abgeltungswirkung, wenn die der Selbstberechnung zugrunde liegenden Angaben des Veräußerers nicht den tatsächlichen Gegebenheiten entsprechen. Dies gilt unabhängig davon, ob der Veräußerer die objektiv unrichtigen Angaben schuldhaft gemacht hat und ob dem Parteienvertreter die Unrichtigkeit der gemachten Angaben bewusst war oder nicht. Das Bestehen der abgabenrechtlichen Haftung des Parteienvertreters ist ebenfalls keine Voraussetzung für den Entfall der Abgeltungswirkung.

(AÖF 2013/280)

6724 Die entrichtete ImmoESt entfaltet weiters – analog zum KESt-Abzug für Substanzgewinne und Derivate im Sinne des § 27 Abs. 3 und 4 EStG 1988 – dann keine Abgeltungswirkung, wenn das veräußerte Grundstück einem Betrieb zuzurechnen ist.

(AÖF 2013/280)

6724a Eine Abgeltungswirkung der bereits entrichteten Immobilienertragsteuer tritt auch dann nicht ein, wenn eine Umwidmung iSd § 30 Abs. 4 Z 1 EStG 1988 innerhalb von fünf Jahren nach der Veräußerung erfolgt. In diesem Fall gilt die Umwidmung als rückwirkendes Ereignis iSd § 295a BAO und ist in jenem Veranlagungsjahr zu erfassen, in dem die Einkünfte aus der Grundstücksveräußerung zugeflossen sind. Dabei ist der niedrigere Pauschalsatz von 40% auf die gesamten Einkünfte aus der Grundstücksveräußerung anzuwenden.

(BMF-AV Nr. 2018/79)

6725 Die entrichtete ImmoESt hat in diesen Fällen den Charakter einer besonderen Vorauszahlung im Sinne des § 30b Abs. 4 EStG 1988. Die Einkünfte aus der Grundstücksveräußerung sind in diesen Fällen daher jedenfalls gemäß § 42 Abs. 1 Z 5 EStG 1988 in die Steuererklärung aufzunehmen und in der Veranlagung zu berücksichtigen. In diesem Fall ist die Immobilienertragsteuer gemäß § 46 Abs. 1 Z 2 EStG 1988 auf die Einkommensteuerschuld anzurechnen.

(AÖF 2013/280)

6726 War das veräußerte Grundstück nicht einem Betrieb zuzurechnen und wird durch den Parteienvertreter die ImmoESt selbstberechnet und entrichtet, entfaltet diese grundsätzlich Abgeltungswirkung. Es besteht allerdings in diesen Fällen gemäß § 30b Abs. 3 EStG 1988 die Möglichkeit, auf Antrag eine Veranlagung des Grundstücksgeschäftes vorzunehmen. Diese Veranlagungsoption bewirkt im Unterschied zur Regelbesteuerungsoption (siehe dazu Rz 6683) eine Veranlagung unter Anwendung des besonderen Steuersatzes gemäß § 30a Abs. 1 EStG 1988. Dies wird insbesondere dann zielführend sein, wenn im Zuge der Selbstberechnung die Geltendmachung von abzugsfähigen Aufwendungen, wie etwa Instandsetzungsaufwendungen im Falle der Einkünfteermittlung gemäß § 30 Abs. 3 EStG 1988, unrichtigerweise unterblieben ist oder in einem Kalenderjahr mehrere Grundstücksveräußerungen vorgenommen wurden, und dabei auch ein Verlust entstanden ist. In diesem Fall ist die Immobilienertragsteuer gemäß § 46 Abs. 1 Z 2 EStG 1988 auf die Einkommensteuerschuld anzurechnen.

Die Veranlagungsoption ist die einzige Möglichkeit, um einen vom Parteienvertreter selbst berechneten Betrag an Immobilienertragsteuer zu korrigieren – eine Festsetzung der Immobilienertragsteuer nach § 201 BAO ist nicht möglich (VwGH 26.11.2015, Ro 2015/15/0005).

Dies gilt auch für Personengesellschaften, da diese im Ertragsteuerrecht zwar Einkünfteermittlungssubjekt sind, aber kein Steuersubjekt (VwGH 20.12.2016, Ro 2015/15/0020). Damit ist die Festsetzung von Immobilienertragsteuer (als Erhebungsform der Einkommensteuer) gegenüber einer Personengesellschaft rechtswidrig (VwGH 3.9.2019, Ro 2019/15/0016) und es ist ein vom Parteienvertreter selbst berechneter Betrag an Immobilienertragsteuer stets in der Veranlagung des Gesellschafters zu korrigieren. Hinsichtlich der Abfuhr der ImmoESt (siehe Rz 6709) ändert sich durch diese Klarstellung nichts.

(BMF-AV Nr. 2021/65)

22.5.3 Erhebung der ESt im Rahmen der Veranlagung

(AÖF 2013/280)

22.5.3.1 Ausgangspunkt: Abgabenerklärung nach § 10 GrEStG 1987

(AÖF 2013/280)

Mit dem 1. StabG 2012 wurde § 10 GrEStG 1987 dahingehend abgeändert, dass die Abgabenerklärung für Erwerbsvorgänge, die dem GrEStG 1987 unterliegen und für die die Steuerschuld nach dem 31. Dezember 2012 entsteht oder entstehen würde (§ 18 Abs. 2j GrEStG 1987), zwingend durch einen Parteienvertreter im Sinne des § 11 GrEStG 1987 – somit durch Notare oder Rechtsanwälte – vorzulegen ist. Diese haben die Abgabenerklärung zwingend elektronisch über FinanzOnline zu übermitteln (siehe § 1 Abs. 7 FOnErklV). Alternativ dazu hat der Parteienvertreter – bei Vorhandensein einer entsprechenden Vollmacht – weiterhin die Möglichkeit, die anfallende Grunderwerbsteuer innerhalb der für die Abgabenerklärung vorgesehenen Frist (bis zum 15. Tag des auf den Kalendermonat, in dem die Steuerschuld entstanden ist, zweitfolgenden Monats) selbst zu berechnen und zu entrichten (§ 11 Abs. 1 GrEStG 1987). **6727**

(AÖF 2013/280)

Wie schon nach der bisherigen Rechtslage wird es auch zukünftig für Zwecke der Grunderwerbsteuer möglich sein, für verwirklichte Erwerbsvorgänge eine Abgabenerklärung nach § 10 GrEStG 1987 vorzulegen. Eine Verpflichtung zur Vornahme einer Selbstberechnung der Grunderwerbsteuer besteht somit weiterhin nicht. Legt der Parteienvertreter für einen Erwerbsvorgang im Sinne des § 1 GrEStG 1987 eine Abgabenerklärung im Sinne des § 10 GrEStG 1987 vor, hat er zusätzliche Informationen zum Erwerbsvorgang mitzuteilen. Der Veräußerer ist dabei verpflichtet, sämtliche notwendigen Unterlagen vorzulegen und Angaben zu machen, damit der Parteienvertreter die Mitteilung nach § 30c Abs. 1 EStG 1988 vornehmen kann. **6728**

(AÖF 2013/280)

Nach § 30c Abs. 1 EStG 1988 hat der Parteienvertreter dem für die ertragsteuerliche Erfassung der Grundstücksveräußerung zuständigen Finanzamt zunächst mitzuteilen, ob aus dem der Abgabenerklärung zugrundeliegenden Erwerbsvorgang Einkünfte gemäß § 2 Abs. 3 Z 1 bis 3 oder 7 EStG 1988 erzielt werden. **6729**

Der Parteienvertreter muss daher anhand des ihm bekannt gewordenen Sachverhalts beurteilen, ob durch den verwirklichten Erwerbsvorgang – positive oder negative – Einkünfte im Sinne des EStG 1988 erzielt werden. Dies ist grundsätzlich immer dann der Fall, wenn der Erwerbsvorgang zugleich eine Veräußerung eines Grundstücks des Privat- oder Betriebsvermögens darstellt.

(BMF-AV Nr. 2021/65)

Unabhängig von der Beurteilung des Parteienvertreters über das Vorliegen von Einkünften gemäß § 2 Abs. 3 Z 1 bis 3 oder 7 EStG 1988 muss dieser jedenfalls die am Erwerbsvorgang beteiligten Parteien sowie ihre Steuernummer dem für die ertragsteuerliche Erfassung der Grundstücksveräußerung zuständigen Finanzamt mitteilen. Durch die Verpflichtung, die Mitteilung gemäß § 30c Abs. 1 EStG 1988 im Zuge der – zwingend elektronisch vorzunehmenden – Vorlage der Abgabenerklärung nach § 10 GrEStG 1987 vorzunehmen, werden die bereits für Zwecke der Abgabenerklärung nach § 10 GrEStG 1987 erfassten Grunddaten der am Grundstückserwerb beteiligten Parteien ebenfalls übermittelt. **6730**

(BMF-AV Nr. 2021/65)

Zuletzt hat der Parteienvertreter die Höhe der zu entrichtenden besonderen Vorauszahlung gemäß § 30b Abs. 4 EStG 1988 (dazu siehe Rz 6733 ff) mitzuteilen. **6731**

Werden durch den Erwerbsvorgang gemäß § 1 GrEStG 1987 keine Einkünfte gemäß § 2 Abs. 3 Z 1 bis 3 oder 7 EStG 1988 erzielt – etwa weil keine Veräußerung im Sinne des § 30

Abs. 1 EStG 1988 vorliegt – ist der Grundstückserwerb auf Seiten des Übergebers ertragsteuerlich nicht relevant. Dies ist insbesondere bei unentgeltlichen Übertragungen – unter Beachtung der ertragsteuerlich relevanten 50%-Grenze – wie Schenkungen oder Erbschaften der Fall. Liegen keine Einkünfte vor, muss auch keine besondere Vorauszahlung entrichtet werden, womit der durch den Parteienvertreter bekanntzugebende Wert Null beträgt.

Werden durch den Erwerbsvorgang gemäß § 1 GrEStG 1987 zwar Einkünfte gemäß § 2 Abs. 3 Z 1 bis 3 oder 7 EStG 1988 erzielt, sind diese aber entweder befreit oder negativ, hat der Veräußerer ebenfalls keine besondere Vorauszahlung zu entrichten, womit der durch den Parteienvertreter bekanntzugebende Wert ebenso Null beträgt.

Werden durch den Erwerbsvorgang gemäß § 1 GrEStG 1987 positive Einkünfte gemäß § 2 Abs. 3 Z 1 bis 3 oder 7 EStG 1988 erzielt und sind diese entweder gar nicht oder nur teilweise befreit, hat der Parteienvertreter anhand des ihm bekannt gewordenen Sachverhalts – etwa durch die vorliegenden Unterlagen und gemachten Angaben des Steuerpflichtigen – die Höhe der erzielten Einkünfte und die sich daraus ergebende Höhe der zu entrichtenden besonderen Vorauszahlung zu ermitteln und mitzuteilen.

Können die erzielten Einkünfte aufgrund der Umstände des Sachverhalts nur mit einem unverhältnismäßig hohen Aufwand ermittelt werden, bestehen keine Bedenken, wenn der Parteienvertreter die Höhe der zu entrichtenden Vorauszahlung plausibel schätzt.

Kommt der Veräußerer seiner Verpflichtung nicht nach, sämtliche notwendigen Unterlagen vorzulegen und Angaben zu machen, damit der Parteienvertreter die richtige Höhe der zu entrichtenden besonderen Vorauszahlung ermitteln kann (siehe Rz 6734), hat der Parteienvertreter die Höhe der zu entrichtenden besonderen Vorauszahlung mit 25% des Veräußerungserlöses bzw. 30% des Veräußerungserlöses bei Veräußerungen nach dem 31.12.2015 anzugeben.

(BMF-AV Nr. 2018/79)

6732 Nach § 30c Abs. 1 EStG 1988 ist eine abgabenrechtliche Haftung des Parteienvertreters für die Richtigkeit der mitgeteilten Daten nicht vorgesehen. Der Parteienvertreter haftet daher auch nicht, wenn er die Höhe der durch den Steuerpflichtigen zu entrichtenden Vorauszahlung nicht richtig ermittelt oder plausibel schätzt.

Die in § 30c Abs. 1 EStG 1988 vorgesehene Mitteilungsverpflichtung stellt allerdings eine abgabenrechtliche Anzeigepflicht dar. Die finanzstrafrechtliche Verantwortlichkeit im Falle der Verletzung dieser Verpflichtung bleibt unberührt.

Wird die Höhe der zu entrichtenden besonderen Vorauszahlung durch den Parteienvertreter plausibel geschätzt, weil die erzielten Einkünfte aufgrund der Umstände des Sachverhalts nur mit einem unverhältnismäßig hohen Aufwand ermittelt werden könnten, stellt dies in der Regel keine Verletzung der Mitteilungsverpflichtung dar.

(AÖF 2013/280)

22.5.3.2 Besondere Vorauszahlung gemäß § 30b Abs. 4 EStG 1988

(AÖF 2013/280)

6733 Wird bei einer Veräußerung eines Grundstückes des Privat- oder Betriebsvermögens keine Selbstberechnung der ImmoESt gemäß § 30c Abs. 2 EStG 1988 vorgenommen, ist vom Steuerpflichtigen grundsätzlich gemäß § 30b Abs. 4 EStG 1988 eine besondere Vorauszahlung zu entrichten.

Der wichtigste Anwendungsfall ist jener, in dem für den Erwerbsvorgang im Sinne des § 1 GrEStG 1987 keine Selbstberechnung der Grunderwerbsteuer gemäß § 11 GrEStG 1987 vorgenommen, sondern eine Abgabenerklärung im Sinne des § 10 GrEStG 1987 vorgelegt wird.

Weiters ist eine besondere Vorauszahlung zu entrichten, wenn gemäß § 11 GrEStG 1987 eine Selbstberechnung der Grunderwerbsteuer erfolgt, aber eine Ausnahme von der Verpflichtung der ImmoESt-Selbstberechnung vorliegt (siehe dazu Rz 6714 ff: bei Zufluss außerhalb der Jahresfrist oder Zwangsversteigerung).

Die besondere Vorauszahlung ist weiters dann zu entrichten, wenn trotz Vornahme der ImmoESt-Selbstberechnung die Pflicht des Parteienvertreters zur Entrichtung der ImmoESt nachträglich erlischt, weil der tatsächliche Zufluss gemäß § 19 EStG 1988 nach einem Jahr ab Vornahme der Mitteilung gemäß § 30c Abs. 2 Z 1 EStG 1988 stattfindet.

(AÖF 2013/280)

6733a Wird der Anteil einer Personengesellschaft veräußert, löst dies mangels grunderwerbsteuerlichen Tatbestands keine Grunderwerbsteuer aus. Es gibt somit keine Abgabe einer GrESt-Erklärung.

Die Verpflichtung, eine besondere Vorauszahlung zu entrichten, ist aber von der Vornahme einer Mitteilung nach § 30c Abs. 1 EStG 1988 unabhängig. Der Steuerpflichtige ist nach § 30b Abs. 4 EStG 1988 immer dann zur Entrichtung der besonderen Vorauszahlung verpflichtet, wenn keine ImmoESt entrichtet wurde und die in § 30b Abs. 4 EStG 1988 genannten Ausnahmen nicht anwendbar sind (beispielsweise in Fällen, in denen ein Mitunternehmeranteil veräußert wird und es dadurch zu einer anteiligen Grundstücksveräußerung nach § 32 Abs. 2 EStG 1988 kommt; zivilrechtlich befindet sich das Grundstück im Eigentum der Mitunternehmerschaft, daher löst dies keinen grunderwerbsteuerlichen Tatbestand und damit keine Verpflichtung zur Abgabe einer GrESt-Erklärung aus. Der Gesellschafter ist jedoch zur Entrichtung einer besonderen Vorauszahlung und Erklärung der Einkünfte verpflichtet.).

(BMF-AV Nr. 2018/79)

Wird gemäß § 16 Abs. 6 UmgrStG in der Einbringungsbilanz der Grund und Boden des Altvermögens mit dem gemeinen Wert angesetzt (Aufwertungsoption), kommt es zu einer sofortigen Realisierung von stillen Reserven. Dabei kann die pauschale Besteuerung nach § 30 Abs. 4 EStG 1988 angewendet werden. Da die Einbringung einen Erwerb durch Umgründung darstellt, kann eine Abgabenerklärung durch den Parteienvertreter vorgenommen werden und es ist gemäß § 30b Abs. 4 EStG 1988 eine besondere Vorauszahlung vom Einbringenden zu entrichten (siehe auch Rz 6706a oder UmgrStR 2002 Rz 928). **6733b**

(BMF-AV Nr. 2021/65)

Die besondere Vorauszahlung beträgt 25% der „Bemessungsgrundlage" bzw. 30% der „Bemessungsgrundlage" bei Grundstücksveräußerungen nach dem 31.12.2015. Dabei sind Beträge unter 0,50 Euro abzurunden und Beträge ab 0,50 Euro aufzurunden. Die Bemessungsgrundlage für die besondere Vorauszahlung sind die Einkünfte aus der Grundstücksveräußerung, die entsprechend der Einkunftsart, unter der sie zu erfassen sind, ermittelt werden. Die besondere Vorauszahlung entspricht somit dem Steuerbetrag, der auf die Einkünfte aus der Grundstücksveräußerung entfällt. Anders als bei der ImmoESt-Selbstberechnung kommt der besonderen Vorauszahlung naturgemäß keine Abgeltungswirkung zu. **6734**

(BMF-AV Nr. 2018/79)

Die besondere Vorauszahlung ist gemäß § 30b Abs. 4 iVm § 30b Abs. 1 EStG 1988 bis zum 15. Tag des auf den Kalendermonat des Zuflusses gemäß § 19 EStG 1988 zweitfolgenden Kalendermonats durch den Veräußerer des Grundstücks zu entrichten. Bei ratenweisem Zufluss ist daher auf den Zufluss jener Erlösanteile abzustellen, die die Buchwerte bzw. die Anschaffungs- oder Herstellungskosten nach Berücksichtigung allfälliger zulässiger Korrektur- und Abzugsposten gemäß § 30 Abs. 3 EStG 1988 übersteigen. Von diesen Erlösanteilen sind jeweils 25% bzw. 30% bei Veräußerungen nach dem 31.12.2015 als besondere Vorauszahlung zu entrichten. Dies gilt sowohl für die Veräußerung von Grundstücken des Privat- als auch für solche des Betriebsvermögens unabhängig von der Gewinnermittlungsart. **6735**

In jenen Fällen, in denen es zu einer zeitlichen Überschneidung der Fälligkeit der besonderen Vorauszahlung und der Einreichfrist der Steuererklärung kommt, gelten die Aussagen zur ImmoESt in der Rz 6707 sinngemäß.

(BMF-AV Nr. 2018/79)

Die Entrichtung der besonderen Vorauszahlung entfaltet keine Abgeltungswirkung, womit die Einkünfte aus der Grundstücksveräußerung gemäß § 41 Abs. 1 Z 10 bzw. § 42 Abs. 1 Z 5 EStG 1988 in der Steuererklärung angegeben werden müssen. Die entrichtete besondere Vorauszahlung wird gemäß § 46 Abs. 1 Z 2 EStG 1988 auf die Einkommensteuerschuld angerechnet. **6736**

(AÖF 2013/280)

Die besondere Vorauszahlung ist grundsätzlich immer dann zu entrichten, wenn bei einer Veräußerung eines Grundstückes des Privat- oder Betriebsvermögens keine Selbstberechnung der ImmoESt gemäß § 30c Abs. 2 EStG 1988 vorgenommen wird. Davon abweichend ist gemäß § 30b Abs. 4 erster Satz EStG 1988 keine besondere Vorauszahlung zu entrichten, wenn gemäß § 30c Abs. 4 erster, dritter und vierter Teilstrich EStG 1988 die Selbstberechnung der ImmoESt gemäß § 30c Abs. 2 EStG 1988 auch bei Vornahme einer Selbstberechnung gemäß § 11 GrEStG 1987 unterbleiben kann. **6737**

Dies ist dann der Fall, wenn die Grundstücksveräußerung gemäß § 30 Abs. 2 EStG 1988 oder § 21 Abs. 3 Z 4 iVm Abs. 2 KStG 1988 steuerfrei ist, wenn stille Reserven nach § 12 EStG 1988 übertragen oder einer Übertragungsrücklage (steuerfreien Betrag) zugeführt werden oder wenn der Veräußerungserlös in Form einer Rente geleistet wird. In allen anderen Fällen ist eine besondere Vorauszahlung zu leisten.

(BMF-AV Nr. 2018/79)

6738 Wird ein Gebäude aus dem Betriebsvermögen entnommen, ist mangels Veräußerungsvorgangs keine besondere Vorauszahlung zu entrichten.

(BMF-AV Nr. 2015/133)

6739 Ist eine besondere Vorauszahlung seitens des Verlassenschaftskurators für einen herrenlosen Nachlass zu entrichten, besteht eine Haftung für die Abfuhr der besonderen Vorauszahlung nur insoweit, als sich eine solche aus den einschlägigen zivilrechtlichen und berufsrechtlichen Haftungsbestimmungen ergibt.

(BMF-AV Nr. 2015/133)

6740 Für Körperschaften, die nicht unter § 7 Abs. 3 KStG 1988 fallen (zB Körperschaften öffentlichen Rechts oder gemeinnützige Körperschaften), sind die Bestimmungen der §§ 30b und 30c EStG 1988 anwendbar. Da die Einkünfte aus Grundstücksveräußerungen bei den übrigen Körperschaften mit 25% Körperschaftsteuer besteuert werden, wird aus Vereinfachungsgründen für Steuerpflichtige die Möglichkeit geschaffen, eine besondere Vorauszahlung in Höhe von 25% auch für Veräußerungen nach dem 31.12.2015 (an Stelle von 30%) zu entrichten. Sollte dennoch eine besondere Vorauszahlung in Höhe von 30% entrichtet worden sein, kann die Körperschaft die Regelbesteuerungsoption nach § 30a Abs. 2 EStG 1988 ausüben, um eine Veranlagung der steuerabzugspflichtigen Einkünfte aus Grundstücksveräußerungen zum 25%-Satz zu erwirken.

(BMF-AV Nr. 2018/79)

Randzahlen 6741 bis Rz 6750: *derzeit frei*

22.6 Spekulationsgeschäfte (§ 31 EStG 1988 idF 1. StabG 2012)

(AÖF 2013/280)

6751 Spekulationsgeschäfte sind Veräußerungsgeschäfte von Wirtschaftsgütern des Privatvermögens, wenn die Einkünfte nicht gemäß § 27 oder § 30 EStG 1988 steuerlich zu erfassen sind und der Zeitraum zwischen Anschaffung und Veräußerung nicht mehr als ein Jahr beträgt.

Nicht unter § 31 EStG 1988 fallen somit

- Einkünfte aus realisierten Wertsteigerungen iSd § 27 Abs. 3 EStG 1988,
- Einkünfte aus Derivaten nach § 27 Abs. 4 EStG 1988 und
- Einkünfte aus privaten Grundstücksveräußerungen nach § 30 EStG 1988.

(AÖF 2013/280)

6752 Unter § 31 EStG 1988 fallen somit ab 1.4.2012 insbesondere folgende Wirtschaftsgüter, wenn sie innerhalb eines Jahres ab der Anschaffung veräußert werden:

- Gold und Edelmetalle,
- Antiquitäten,
- Sammlungen,
- sonstige bewegliche Wirtschaftsgüter,
- Rechte mit Ausnahme grundstücksgleicher Rechte,
- Bodenschätze, die keinem Betriebsvermögen zuzurechnen sind.

(AÖF 2013/280)

6753 Schon die bloße Tatsache, dass ein Wirtschaftsgut innerhalb der im § 31 Abs. 1 EStG 1988 festgelegten Zeit seit der Anschaffung weiterveräußert wird, begründet die unwiderlegbare gesetzliche Vermutung für das Vorliegen eines Spekulationsgeschäftes. Auf eine Spekulationsabsicht kommt es dabei nicht an (VwGH 30.10.1964, 1718/63).

(AÖF 2013/280)

6754 Die Berechnung des Zeitraums zwischen Anschaffung und Veräußerung erfolgt „von Tag zu Tag". Maßgebend ist der Abschluss des Verpflichtungsgeschäftes. Bei unentgeltlich erworbenen Wirtschaftsgütern ist auf den Anschaffungszeitpunkt des Rechtsvorgängers abzustellen.

(AÖF 2013/280)

6755 Zu den Begriffen Veräußerung und Anschaffung sind die Rz 6623 bis 6630 sinngemäß anzuwenden.

(AÖF 2013/280)

6756 Als Einkünfte sind der Unterschiedsbetrag zwischen dem Veräußerungserlös einerseits und den Anschaffungskosten und den Werbungskosten andererseits anzusetzen.

Zum Veräußerungserlös gehören vor allem ein empfangener Barkaufpreis sowie die Übernahme von Verbindlichkeiten durch den Erwerber. Auch sonstige wirtschaftliche (geldwerte) Vorteile kommen in Betracht. Rz 6657 ist sinngemäß anzuwenden.

Anschaffungskosten sind alle im Zusammenhang mit dem Erwerb des Wirtschaftsgutes anfallenden Aufwendungen (siehe dazu Rz 2164 ff).

Als Werbungskosten können jedenfalls solche Aufwendungen geltend gemacht werden, die unmittelbar durch das Veräußerungsgeschäft selbst verursacht sind, wie zB die Kosten für Zeitungsanzeigen, Vermittlungsprovisionen oder Vertragserrichtungskosten. Schuldzinsen und sonstige Kreditkosten aus der Schuldaufnahme zur Finanzierung von Anschaffungskosten sind bei Ermittlung der Spekulationseinkünfte zu berücksichtigen, soweit sie nicht bei der Ermittlung anderer Einkünfte bereits abzuziehen waren.

(AÖF 2013/280)

Die Einkünfte aus Spekulationsgeschäften sind nach Maßgabe des Zufließens des Veräußerungserlöses gemäß § 19 EStG 1988 steuerlich zu erfassen. Abzugsposten (Anschaffungskosten, Werbungskosten) sind – abweichend vom tatsächlichen Abfluss – nach Maßgabe des Zufließens der Einnahmen steuerlich zu berücksichtigen. **6757**

Auch im Falle einer Fremdfinanzierung des Wirtschaftsgutes liegt der Zufluss des Veräußerungspreises im Veräußerungszeitpunkt vor. Im Falle einer befreienden Schuldübernahme (§ 1405 ABGB) als Teil des Veräußerungspreises liegt der Zufluss des vom Erwerber durch Schuldübernahme entrichteten Veräußerungspreises im Zeitpunkt der Zustimmung zur Schuldübernahme durch den Gläubiger vor.

(AÖF 2013/280)

Für Einkünfte aus Spekulationsgeschäften besteht eine Freigrenze von 440 Euro pro Kalenderjahr (§ 31 Abs. 3 EStG 1988) und ein relatives Verlustausgleichsverbot (§ 31 Abs. 4 EStG 1988). Führen die Spekulationsgeschäfte in einem Kalenderjahr insgesamt zu einem Verlust, so ist dieser nicht ausgleichsfähig. Ist aus dem Spekulationsgeschäft im Veräußerungsjahr ein Einnahmenüberschuss erzielt worden, müssen nachträgliche Werbungskosten im Abflussjahr bis zum Betrag dieses Überschusses berücksichtigt und zum Ausgleich mit anderen Einkünften zugelassen werden (VwGH 16.12.2010, 2008/15/0274). **6758**

Randzahlen 6759 bis 6800: *derzeit frei*

(AÖF 2013/280)

23. Gemeinsame Vorschriften bezüglich der Einkünfte im Sinne des § 2 Abs. 3 EStG 1988 (§ 32 EStG 1988)

23.1 Allgemeines

6801 § 32 EStG 1988 begründet keine eigene (zusätzliche) Einkunftsart; vielmehr stellt diese Norm eine Ergänzung und Klarstellung zu den Bestimmungen der §§ 21 bis 31 EStG 1988 dar (VwGH 15.1.1986, 85/13/0109; VwGH 16.9.1986, 83/14/0123). Unter § 32 EStG 1988 fallen daher nur außergewöhnliche Vorteile, die ihrem Wesen nach nicht ohne Weiteres durch die §§ 21 bis 31 EStG 1988 erfasst sind (VwGH 15.1.1986, 85/13/0109; VwGH 14.6.1988, 87/14/0171), wie etwa bestimmte Entschädigungen. Somit bleibt für die Anwendung des die §§ 21 bis 31 EStG 1988 ausdehnenden § 32 EStG 1988 dann kein Raum, wenn ein Tatbestand an sich schon unmittelbar unter §§ 21 bis 31 EStG 1988 zu subsumieren ist.

Beispiel:

Die Anwendung des § 32 Abs. 1 Z 1 EStG 1988 ist bei Entschädigungen, die im „normalen" Rahmen eines weiter bestehenden Betriebes anfallen, ausgeschlossen, weil diese Entschädigungen schon nach den allgemeinen Bestimmungen eindeutig Einnahmen des Betriebes darstellen, in dessen Rahmen sie anfallen, ohne dass es des § 32 EStG 1988 bedürfte.

(AÖF 2013/280)

6802 Die von § 32 EStG 1988 erfassten Einkünfte werden der Einkunftsart zugerechnet, mit der sie wirtschaftlich zusammenhängen (VwGH 15.1.1986, 85/13/0109); es gelten die für die jeweilige Einkunftsart maßgeblichen Vorschriften einschließlich allfälliger Begünstigungen.

Beispiel:

Ein Honorareingang aus einer ehemaligen freiberuflichen Tätigkeit gehört zu den Einkünften aus selbständiger Arbeit, eine Entschädigung für entgangene Mieteinnahmen zu den Einkünften aus Vermietung und Verpachtung (VwGH 15.1.1986, 85/13/0109).

6803 Wurde eine Betätigung, im Rahmen derer die Einkünfte erzielt wurden, als Liebhaberei beurteilt, unterliegen auch aus dieser Betätigung resultierende Entschädigungen und nachträgliche Einkünfte nicht der Einkommensteuer. Fällt allerdings eine Forderung, die während eines Zeitraumes entstanden ist, in dem die Betätigung noch als Einkunftsquelle zu qualifizieren war, während des Liebhabereizeitraumes aus, liegen nachträgliche Betriebsausgaben vor (VwGH 25.2.1997, 92/14/0167). Zu den steuerlichen Folgen des Wandels einer Betätigung von einer Einkunftsquelle zur Liebhaberei iZm Wirtschaftsgütern des Anlagevermögens siehe LRL 2012 Rz 34.

(AÖF 2013/280)

23.2 Entschädigungen nach § 32 Abs. 1 Z 1 EStG 1988

(AÖF 2013/280)

6804 § 32 Abs. 1 Z 1 EStG 1988 normiert Entschädigungen, die gewährt werden für

- entgangene oder entgehende Einnahmen einschließlich eines Krankengeldes und vergleichbarer Leistungen (lit. a),
- für die Aufgabe oder Nichtausübung einer Tätigkeit, für die Aufgabe einer Gewinnbeteiligung oder einer Anwartschaft auf eine solche (lit. b),
- für die Aufgabe von Bestandrechten im Zusammenhang mit Enteignungen (lit. c und d).

Das EStG 1988 selbst führt den Begriff der Entschädigung nicht näher aus; nach der Judikatur des VwGH sind Entschädigungen „Beträge zur Beseitigung einer bereits eingetretenen oder zur Verhinderung einer sonst drohenden Vermögensminderung" (VwGH 23.10.1997, 96/15/0244; VwGH 20.2.1997, 95/15/0079; VwGH 22.1.1992, 91/13/0139). Eine Entschädigung setzt begrifflich den Entgang von Einnahmen voraus (VwGH 15.1.1986, 85/13/0109).

(AÖF 2013/280)

Der Begriff der Entschädigung ist einheitlich zu interpretieren; eine Entschädigung gemäß § 32 EStG 1988 kann im Rahmen jeder der in § 2 Abs. 3 EStG 1988 normierten Einkunftsarten anfallen (vgl. VwGH 8.6.1979, 2042/78).

6805 Da der Einkommensteuer nur die Nettobeträge (Einkünfte) unterworfen werden, werden auch Aufwendungen bzw. Ausgaben (Betriebsausgaben, Werbungskosten) berücksichtigt, die mit der jeweiligen Entschädigung unmittelbar zusammen hängen.

6806 Ob eine Entschädigung vom Schädiger oder von einem Dritten gewährt wird, ist für die Anwendung des § 32 Abs. 1 Z 1 EStG 1988 nicht von Bedeutung.

(AÖF 2013/280)

Die konstitutive Bedeutung des § 32 Abs. 1 Z 1 EStG 1988 liegt darin, dass er den in dieser Norm genannten Entschädigungen die Steuerbegünstigung des § 37 Abs. 2 Z 2 EStG 1988 verschaffen soll; diese besteht in der antragsgebundenen, gleichmäßigen Verteilung der aus § 32 Z 1 resultierenden Einkünfte auf drei Jahre (§ 37 Abs. 2 1. Satz und Abs. 2 Z 2 EStG 1988). Zu den Steuerbegünstigungen des § 37 EStG 1988 siehe Abschnitt 27. **6807**

(AÖF 2013/280)

Werden die Einkünfte, denen die Entschädigung zuzurechnen ist, im Wege der Feststellung von Einkünften (§ 188 BAO) festgestellt, hat der Feststellungsbescheid auch darüber abzusprechen, ob die Einkunftsteile der Besteuerung nach § 37 EStG 1988 unterliegen; sohin muss zumindest darüber abgesprochen werden, ob eine Entschädigung im Sinne des § 32 Abs. 1 Z 1 EStG 1988 vorliegt (vgl. VwGH 28.2.1995, 95/14/0020; VwGH 28.2.1995, 95/14/0021; VwGH 1.12.1981, 81/14/0036). **6808**

(AÖF 2010/43, AÖF 2013/280)

Für die Abgrenzung zwischen dem Entgelt für ein Unterlassen im Sinne des § 29 Z 3 EStG 1988 und einer Entschädigung im Sinne des § 32 Abs. 1 Z 1 lit. a oder b EStG 1988 ist ausschlaggebend, dass den Einkünften gemäß § 29 Z 3 EStG 1988 alle anderen Einkünfte vorgehen. Daher ist zunächst zu prüfen, unter welche Einkunftsart die Einnahmen, würden sie nicht entgehen, zu subsumieren sind bzw. welche Einkünfte vorliegen würden, wenn die Tätigkeit, für deren Nichtausübung die Entschädigung geleistet wird, tatsächlich ausgeübt würde. **6809**

Beispiel 1:

Ein Privater (kein Kunsthändler) erhält für seine Bereitschaft, bei einer Kunstauktion ein bestimmtes Bild nicht zu ersteigern, ein Entgelt. Dieses Entgelt fällt unter § 29 Z 3 EStG 1988.

Beispiel 2:

Ein Kunsthändler erhält für seine Bereitschaft, bei einer Kunstauktion ein bestimmtes Bild nicht zu ersteigern, ein Entgelt. Dieses fällt schon nach § 23 unter die Einkünfte aus Gewerbebetrieb. Es liegen daher die Voraussetzungen für eine Entschädigung nach § 32 Abs. 1 Z 1 lit. b EStG 1988 nicht vor.

Beispiel 3:

Ein Landesgesetz ordnet an, dass bei Grundstücksankäufen durch die Gemeinden keine Vermittler mehr eingeschaltet werden dürfen. Für den künftigen Verdienstentgang wird allen Realitätenvermittlern des Landes eine einmalige, pauschale Entschädigung zuerkannt; diese ist den Einkünften aus Gewerbebetrieb zuzurechnen und fällt unter § 32 Abs. 1 Z 1 lit. a EStG 1988.

(AÖF 2013/280)

23.2.1 Entschädigungen nach § 32 Abs. 1 Z 1 lit. a EStG 1988

(AÖF 2013/280)

Eine Entschädigung im Sinne des § 32 Abs. 1 Z 1 lit. a EStG 1988 setzt den Ausgleich eines durch den Ausfall von Einnahmen unmittelbar verursachten Schadens voraus (VwGH 15.1.1986, 85/13/0109; VwGH 15.12.1970, 1187/69); es muss ein bereits eingetretener bzw. unmittelbar drohender Schaden ausgeglichen werden (VwGH 30.5.1990, 86/13/0044). **6810**

(AÖF 2013/280)

Das Entstehen von erhöhten Aufwendungen stellt keinen Einnahmenausfall dar; Zahlungen zum Zwecke des bloßen Kostenersatzes sind daher nicht unter § 32 Abs. 1 Z 1 lit. a EStG 1988 zu subsumieren (VwGH 8.6.1979, 2042, 2189/78).

(AÖF 2013/280)

Da der Schaden im Wegfall von steuerpflichtigen Einnahmen bestehen muss, sind Zahlungen, die Substanzverluste ausgleichen, ebenfalls nicht unter § 32 Abs. 1 Z 1 lit. a EStG 1988 zu erfassen, und zwar selbst dann nicht, wenn mit dem Substanzverlust eine Ertragsminderung verbunden ist: Wird für die Wertminderung eines ertragbringenden Vermögens, die mit der Minderung künftiger Erträge einhergeht, eine Entschädigung geleistet, fällt diese nicht unter § 32 Abs. 1 Z 1 lit. a EStG 1988 (VwGH 16.9.1986, 83/14/0123; VwGH 14.10.1981, 3087/79).

(AÖF 2013/280)

Da der Begriff der Entschädigung iSd § 32 Abs. 1 Z 1 lit. a EStG 1988 den Ausgleich eines durch den Ausfall von Einnahmen unmittelbar verursachten Schadens voraussetzt, muss ein Kausalzusammenhang zwischen Entschädigung und dem durch den Entfall der Einnahmen eingetretenen Schaden vorhanden sein. Daher sind auch Entschädigungen für **6811** eine angestrebte, aber nicht zustande gekommene betriebliche Tätigkeit steuerpflichtig (VwGH 21.1.2004, 99/13/0008).

(AÖF 2005/110, AÖF 2013/280)

6812 Weiters ist es für die Qualifizierung einer Entschädigung als solche nach § 32 Abs. 1 Z 1 EStG 1988 erforderlich, dass sie für einen Schaden geleistet wird, der durch ungewöhnliche Ereignisse, die außerhalb des gewöhnlichen Geschäftsbetriebes liegen, verursacht ist. Ein Schaden liegt dann vor, wenn dieser ohne oder gegen den Willen des Steuerpflichtigen eintritt (VwGH 25.10.1977, 1173/77; VwGH 15.12.1970, 1187/69, VwGH 29.5.1996, 93/13/0008). Gleiches gilt, wenn der Geschädigte mit dem Schädiger eine Vereinbarung über die Entschädigung trifft (VwGH 20.2.1997, 95/15/0079; VwGH 8.10.1991, 91/14/0006). Eine Entschädigung liegt weiters auch dann vor, wenn der Geschädigte am schadenstiftenden Ereignis zwar teilgenommen hat, aber nicht aus eigenem Antrieb, sondern auf Grund eines erheblichen rechtlichen, wirtschaftlichen oder tatsächlichen Druckes.

(AÖF 2013/280)

6813 Die Höhe der Entschädigung ist grundsätzlich durch die Höhe der entgangenen oder entgehenden Einnahmen begrenzt. Bei der Entschädigung darf es sich nicht um eine Erfüllung im Rahmen eines bestehenden Rechtsverhältnisses handeln, sei es auch in Abänderung der vereinbarten Modalitäten (zB Nachzahlung, Abfindung, bloße Kapitalisierung), sondern es muss eine neue Rechtsgrundlage für die Entschädigung vorliegen. Als neue Rechtsgrundlage werden insbesondere Vertrag, gerichtlicher Vergleich und Gerichtsurteil anzusehen sein.

6814 Krankengelder und vergleichbare Leistungen aus Versorgungs- und Unterstützungseinrichtungen der Kammern der selbständig Erwerbstätigen, die nicht auf Grund eines bestehenden oder früheren Dienstverhältnisses zufließen (diesfalls liegen gemäß § 25 Abs. 1 Z 1 EStG 1988 Einkünfte aus nichtselbständiger Arbeit vor), stellen Entschädigungen nach § 32 Abs. 1 Z 1 lit. a EStG 1988 dar und unterliegen der jeweiligen Einkunftsart . Der für Entschädigungen gemäß § 32 Z 1 lit. a und b EStG 1988 für das Gewähren der Steuerbegünstigung des § 37 Abs. 2 Z 2 EStG 1988 normierte Zeitraum von mindestens sieben Jahren gilt auch für Krankengelder und vergleichbare Leistungen (VwGH 16.3.1994, 93/13/0086).

(AÖF 2013/280)

23.2.2 Entschädigungen nach § 32 Abs. 1 Z 1 lit. b EStG 1988

(AÖF 2013/280)

6815 Während bei der „Aufgabe einer Tätigkeit“ diese endgültig nicht mehr ausgeübt wird, genügt für die „Nichtausübung einer Tätigkeit“ ein zeitlich begrenztes Nichttätigwerden. Das Entgelt fällt unter die Steuerbegünstigung des § 37 EStG 1988, wenn die Entschädigung für einen Zeitraum von mindestens sieben Jahren geleistet wird (§ 37 Abs. 2 Z 2 EStG 1988). Zur Steuerbegünstigung des § 37 Abs. 2 Z 2 EStG 1988 siehe bereits Rz 6804 ff und Rz 7301 ff.

Unter § 32 Abs. 1 Z 1 lit. b EStG 1988 sind aber nur jene Entschädigungen zu subsumieren, die als Gegenleistung für die Aufgabe bzw. Nichtausübung der Tätigkeit gewährt werden (vgl. VwGH 1.12.1961, 712/60). Das Element der Gegenleistung ist auch auf die Aufgabe einer Gewinnbeteiligung oder einer Anwartschaft auf eine solche anzuwenden.

(AÖF 2013/280)

6816 Auch für Entschädigungen im Sinne des § 32 Abs. 1 Z 1 lit. b EStG 1988 gilt, dass deren Höhe grundsätzlich durch die Höhe der entgangenen oder entgehenden Einnahmen begrenzt ist.

(AÖF 2013/280)

6817 Im Unterschied zu Entschädigungen gemäß § 32 Abs. 1 Z 1 lit. a EStG 1988 fallen unter § 32 Abs. 1 Z 1 lit. b EStG 1988 vor allem freiwillige Leistungen.

(AÖF 2013/280)

6818 Beträge, die dem Steuerpflichtigen für die Veräußerung bzw. Aufgabe eines Betriebes, Teilbetriebes oder eines Mitunternehmeranteiles gewährt werden, fallen unter § 24 Abs. 1 und 2 EStG 1988 und nicht unter § 32 Abs. 1 Z 1 lit. b EStG 1988. Es ist nicht möglich, den Veräußerungsgewinn aufzuspalten (VwGH 17.12.1998, 97/15/0145); § 24 EStG 1988 kommt der Anwendungsvorrang vor § 32 EStG 1988 zu.

(AÖF 2013/280)

6819 Entschädigungen, die für die Aufgabe einer Gewinnbeteiligung oder einer Anwartschaft auf eine solche geleistet werden, fallen ebenfalls unter § 32 Abs. 1 Z 1 lit. b EStG 1988. Unter „Gewinnbeteiligung“ versteht man die Teilnahme an Erträgnissen, die in einem Betrieb erwirtschaftet werden. Betroffen davon sind die seltenen Fälle, in denen eine Gewinnbeteiligung, die ohne Gesellschaftsrecht oder dergleichen besteht, gegen Zahlung einer Entschädigung aufgegeben wird (etwa bei selbständigen Mitarbeitern, deren Interesse an der

Gewinnentwicklung des Betriebes gefördert werden soll und die die Möglichkeit besitzen, diese leistungsmäßig zu beeinflussen).

(AÖF 2013/280)

23.2.3 ABC – Einzelfälle von Entschädigungen nach § 32 Abs. 1 Z 1 lit. a und b EStG 1988

(AÖF 2013/280)

Abbauvertrag 6820

Wenn bei einem Abbauvertrag (ein Vertrag, bei dem das Entgelt nach der Menge der geförderten Mineralien vereinbart ist) die Laufzeit durch übermäßigen Abbau verringert wird, kann das auf den übermäßigen Abbau entfallende Entgelt nicht als Entschädigung gemäß § 32 Abs. 1 Z 1 EStG 1988 gesehen werden (VwGH 16.11.1956, 3437/54).

(AÖF 2013/280)

Abfertigungen an Funktionäre 6821

Abfertigungen an Funktionäre für deren Funktionärstätigkeit stellen keine Entschädigungen gemäß § 32 Abs. 1 Z 1 lit. a EStG 1988 dar (VwGH 22.1.1992, 91/13/0139, zum Ausscheiden von Funktionären des ÖGB; VwGH 23.10.1997, 96/15/0244, zum Ausscheiden eines Gemeinderates); siehe auch unter „Zuwendungen“.

(AÖF 2013/280)

Abfindungen von Pensionsansprüchen 6822

Abfindungen von Pensionsansprüchen von wesentlich beteiligten Gesellschafter-Geschäftsführern stellen Entschädigungen iSd § 32 Abs. 1 Z 1 EStG 1988 dar, wenn das für das Entgehen der Einnahmen ursächliche Ereignis nicht durch den Geschädigten selbst aus eigenem Antrieb herbeigeführt wurde (vgl. VwGH 20.02.1997, 95/15/0079; VwGH 25.11.2009, 2005/15/0055; VwGH 29.04.2010, 2006/15/0174).

(AÖF 2013/280)

Bei nichtselbständigen Einkünften werden derartige Abfindungen gemäß § 67 Abs. 8 lit. e in Verbindung mit § 124b Z 53 EStG 1988 versteuert.

(AÖF 2011/66)

Alleinvertriebsrecht 6823

Werden für die Nichteinhaltung der Verpflichtung, ein Alleinvertriebsrecht zu gewähren, Zahlungen geleistet, so stellen diese keine Entschädigungen im Sinne des § 32 Abs. 1 Z 1 EStG 1988 dar (vgl. VwGH 20.5.1970, 55/69).

(AÖF 2013/280)

Arbeitnehmer 6824

Werden einem abgeworbenen Arbeitnehmer Zahlungen geleistet, um dessen eventuelle finanzielle Nachteile (zB Verlust eines Abfertigungsanspruches im Kündigungsfall) zu kompensieren, stellen diese Zahlungen keine Entschädigungen gemäß § 32 Abs. 1 Z 1 EStG 1988 dar.

(AÖF 2013/280)

Wird einem Arbeitnehmer eine Sonderzahlung geleistet, um ihn zum Bleiben im Unternehmen zu motivieren, fällt diese grundsätzlich unter § 67 EStG 1988; kommt § 67 EStG 1988 nicht zur Anwendung, stellt die Sonderzahlung keine Entschädigung im Sinne des § 32 Abs. 1 Z 1 EStG 1988 dar (vgl. VwGH 15.6.1962, 2452/60).

(AÖF 2013/280)

Leistet der Arbeitgeber dem Arbeitnehmer eine Entschädigung als Ersatz für entgehende Einnahmen aus dem Dienstverhältnis, weil der Arbeitgeber seine Zusage auf Weiterbeschäftigung nicht einhielt, ist diese Entschädigung zumindest teilweise nach § 67 EStG 1988 zu versteuern. Kommt die Versteuerung gemäß § 67 EStG 1988 (teilweise) nicht zur Anwendung, stellen solche Zahlungen Entschädigungen im Sinne des § 32 Abs. 1 Z 1 lit. a EStG 1988 dar (vgl. VwGH 15.1.1986, 85/13/0109).

(AÖF 2013/280)

Wird für die einvernehmliche Auflösung eines Dienstvertrages noch vor Dienstantritt eine Entschädigung geleistet, ist diese unter § 32 Abs. 1 Z 1 lit. b EStG 1988 zu subsumieren.

(AÖF 2013/280)

Eine Belohnung für geleistete Dienste anlässlich der Beendigung eines Dienstverhältnisses ist zumindest teilweise mit den festen Sätzen des § 67 EStG 1988 zu versteuern. Kommt die Versteuerung gemäß § 67 EStG 1988 (teilweise) nicht zur Anwendung, stellen solche Zahlungen keine Entschädigungen im Sinne des § 32 Abs. 1 Z 1 EStG 1988 dar.

(AÖF 2013/280)

Wird einem Arbeitnehmer die Beteiligung an einer Kapitalgesellschaft zugesagt, ist in dieser Zusage keine Anwartschaft auf eine Gewinnbeteiligung gemäß § 32 Abs. 1 Z 1 lit. b EStG 1988 zu erblicken.

(AÖF 2013/280)

Zu Belohnungen, Entschädigungen, Sonderzahlungen usw., die an Werknehmer geleistet werden, siehe unter „Werknehmer" Rz 6884.

6825 **Aufwuchsentgang**

Siehe Rz 4140 ff und 5001 ff.

6826 **Ausgleichsanspruch**

Siehe „Handelsvertreter" Rz 6848.

6827 **Baukostenzuschuss**

Die Vorauszahlung eines Teils des monatlichen Mietentgeltes in Form eines Baukostenzuschusses stellt keine Entschädigung im Sinne des § 32 Abs. 1 Z 1 lit. a EStG 1988 dar (VwGH 10.7.1964, 12/63; VwGH 18.12.1964, 695/63).

(AÖF 2013/280)

6828 **Belohnung**

Zu Belohnungen für geleistete Dienste bei Beendigung eines Dienstverhältnisses siehe unter „Arbeitnehmer" Rz 6824.

6829 **Beschäftigungszusage**

Zur Nichteinhaltung einer Weiterbeschäftigungszusage siehe unter „Arbeitnehmer" Rz 6824.

6830 **Betriebsverlegung**

Entschädigungen für Betriebsverlegungen sind grundsätzlich unter § 32 Abs. 1 Z 1 EStG 1988 zu subsumieren; führt jedoch eine Betriebsverlegung nur zur Aufgabe oder Nichtausübung der Betätigung an einem bestimmten Ort, nicht aber zur Aufgabe oder Nichtausübung der Betätigung an sich, kann eine Entschädigung gemäß § 32 Abs. 1 Z 1 lit. b EStG 1988 nicht angenommen werden.

(AÖF 2013/280)

6831 **Bewirtschaftungserschwernisse**

Siehe Rz 5170 f

6832 **Dienstleistung**

Wird das Entgelt für bereits erbrachte Dienstleistungen erst bei Ende des Dienstvertrages eingefordert, liegt keine Entschädigung im Sinne des § 32 Abs. 1 Z 1 lit. b EStG 1988 vor.

(AÖF 2013/280)

6833 **Dienstleistungsvertrag**

Werden wegen der Nichterfüllung von Dienstleistungs- oder Lieferverträgen Schadenersatzforderungen geltend gemacht, liegt kein Schaden vor, der durch ungewöhnliche Ereignisse, die außerhalb des gewöhnlichen Geschäftsbetriebes liegen, verursacht ist. Es handelt sich somit nicht um Entschädigungen im Sinne des § 32 Abs. 1 Z 1 lit. a EStG 1988.

(AÖF 2013/280)

6834 **Dienstverhältnis**

Siehe unter „Arbeitnehmer" Rz 6824.

6835 **Dienstvertrag**

Siehe unter „Arbeitnehmer" Rz 6824

6836 **Dürreentschädigungen**

Siehe Rz 4140 ff und 5001 ff.

6837 **Ernteentschädigungen**

Siehe Rz 4140 ff und 5001 ff.

6838 **Fischereirecht**

Siehe Rz 4140 ff und 5001 ff.

6839 **Fruchtgenussrecht**

Wird ein nichtbetriebliches Fruchtgenussrecht (zB an einem Mietwohnhaus) vor dem 1.1.2012 aufgegeben und wird dafür eine Zahlung geleistet, unterliegt diese nicht der Einkommensteuer (VwGH 10.02.1987, 86/14/0125), auch wenn mit der Aufgabe des Fruchtgenussrechtes ein Entgang von Erträgen verbunden ist (VwGH 16.09.1986, 83/14/0123).

Wird nach dem 31.12.2011 ein Fruchtgenussrecht entgeltlich übertragen oder vom Eigentümer abgelöst, führt dies in gleicher Weise wie die Einräumung eines Fruchtgenussrechtes – vergleichbar der Untervermietung durch einen Hauptmieter – zu Einkünften aus Vermietung und Verpachtung (VwGH 21.12.2010, 2009/15/0046, vgl. die Rz 115a, 119 und 6409).

(AÖF 2012/63)

Fußgängerpassage **6840**

Siehe unter „Servitut" Rz 6869.

Garantievertrag **6841**

Eine Entschädigung gemäß § 32 EStG 1988 liegt vor, wenn einem Steuerpflichtigen wegen eines Garantievertrages jene Zinsen ersetzt werden, die ihm entgangen sind, weil er wegen Fehlens der ihm garantierten Voraussetzungen für eine Steuerbegünstigung höhere Steuerbeträge zu zahlen hatte (VwGH 22.9.1982, 81/13/0007; VwGH 15.12.1982, 81/13/0025; VwGH 15.12.1982, 81/13/0064).

Geländeänderung **6842**

Wird für die Duldung von Geländeänderungen und Wegerrichtungen ein Entgelt geleistet, ist dieses nicht unter § 32 Abs. 1 Z 1 EStG 1988 zu subsumieren (VwGH 19.9.1989, 89/14/0107).

(AÖF 2013/280)

Gemeinderat **6843**

Siehe unter „Zuwendungen" Rz 6888.

Geschäftsbeeinträchtigungen **6844**

Kommt es auf Grund von U-Bahnbauarbeiten zu Geschäftsbeeinträchtigungen und werden dafür Zahlungen gewährt, sind diese unter § 32 Abs. 1 Z 1 lit. a EStG 1988 zu subsumieren.

(AÖF 2013/280)

Gewerbeberechtigung **6845**

Siehe unter „Abfindung" Rz 6822.

Gewinnbeteiligung **6846**

Wird die Gewinnverteilung zwischen Mitunternehmern an die Leistungen der einzelnen Mitunternehmer angepasst, ist in der Erhöhung der Gewinnbeteiligung eines Mitunternehmers keine Entschädigung für den „Schaden", der in der bisher zu geringen Gewinnbeteiligung begründet ist, zu erblicken.

Gewinnverteilung **6847**

Siehe unter „Gewinnbeteiligung" Rz 6846.

Handelsvertreter **6848**

Zahlungen zur Abgeltung seines Ausgleichsanspruches (§ 24 HVertrG 1993) stellen einen Ausgleich für künftig (nach § 24 Abs 4 HVertrG 1993 für höchstens ein Jahr) entgehende Provisionen des Handelsvertreters dar (VwGH 4.6.2003, 97/13/0195); siehe auch Rz 5663.

(AÖF 2004/167)

Holzbezugsrecht **6849**

Siehe Rz 4140 ff und 5001 ff.

Kapitaleinkünfte **6850**

Werden Kapitaleinkünfte im Ausland beschlagnahmt und nach 17 Jahren frei gegeben, stellen diese Einkünfte Entschädigungen im Sinne des § 32 Abs. 1 Z 1 lit. a EStG 1988 dar (VwGH 26.4.1963, 385/62).

(AÖF 2013/280)

Kartellabsprachen **6851**

Zahlungen in Zusammenhang mit solchen stellen keine Entschädigungen im Sinne des § 32 Abs. 1 Z 1 lit. a EStG 1988 dar.

(AÖF 2013/280)

Know-how **6852**

Wenn keine konkrete Möglichkeit zu einer anderweitigen Verwertung durch den Steuerpflichtigen selbst besteht, stellt das für die Überlassung von Know-how gezahlte Entgelt keine Entschädigung gemäß § 32 Abs. 1 Z 1 lit. b EStG 1988 dar (VwGH 17.6.1955, 2021/53);

eine Subsumtion unter § 32 Abs. 1 Z 1 lit. a EStG 1988 ist ebenfalls nicht gegeben (vgl. VwGH 11.5.1962, 51/60).

(AÖF 2013/280)

6853 **Kundenstock**

Siehe unter „Wirtschaftsgut“ Rz 6886.

6854 **Kündigungsgrund**

Siehe unter „Mietverhältnis“ Rz 6857.

6855 **Liefervertrag**

Siehe unter „Dienstleistungsvertrag“ Rz 6833.

6856 **Lizenzgebühren**

Siehe unter „Patentverletzungen“ Rz 6860.

6857 **Mietvertrag**

Das vom Mieter gezahlte Entgelt für den Verzicht auf die Geltendmachung eines Kündigungsgrundes stellt keine Entschädigung im Sinne des § 32 Abs. 1 Z 1 lit. a EStG 1988 dar (VwGH 23.4.1969, 1633/68); das Gleiche gilt für Beträge, die für die Zustimmung zum Eintritt eines Nachfolgemieters geleistet werden (VwGH 23.4.1969, 1633/68).

(AÖF 2013/280)

Das durch den Mieter gezahlte Entgelt für die vorzeitige Auflösung des Bestandvertrages in Höhe des Unterschiedsbetrages zwischen dem bisherigen Mietzins und dem niedrigeren Mietzins des Nachmieters stellt für die Zeitspanne bis zum nächstmöglichen Kündigungstermin eine Entschädigung gemäß § 32 Abs. 1 Z 1 lit. a EStG 1988 dar, sofern die Initiative zum Abschluss dieser Vereinbarung vom Mieter ausgeht (VwGH 8.10.1991, 91/14/0006).

(AÖF 2013/280)

Wird anlässlich der Beendigung des Mietverhältnisses eine Zahlung für die übermäßige Abnutzung des Mietobjektes geleistet, stellt diese keine Entschädigung gemäß § 32 Abs. 1 Z 1 lit. a EStG 1988 dar.

(AÖF 2013/280)

6858 **Mietwohnhaus**

Eine Entschädigung für die Minderung zukünftiger Erträgnisse unterliegt nicht der Einkommensteuer, wenn die Ertragsminderung mit einer Wertminderung des Mietwohnhauses durch Errichtung eines neuen Gebäudes am benachbarten Grundstück einhergeht (VwGH 14.10.1981, 3087/79).

6859 **Mietzinsvorauszahlung**

Eine Mietzinsvorauszahlung fällt nicht unter § 32 Abs. 1 Z 1 lit. a EStG 1988 (VwGH 8.6.1979, 2071/77).

(AÖF 2013/280)

6860 **Patentverletzungen**

Zahlungen für diese können unter § 32 Abs. 1 Z 1 lit. a EStG 1988 subsumiert werden, soferne sie als Ersatz für entgangene Lizenzgebühren geleistet werden.

Hingegen fallen „Lizenzgebühren“, die ein Dienstnehmer vom Dienstgeber dafür erhält, dass er dem Dienstgeber die Idee für ein neuartiges Verkaufsverfahren überlässt, die er selbst noch nicht verwertet hat, weder unter § 32 Abs. 1 Z 1 lit. a EStG 1988 noch unter lit. b EStG 1988 (VwGH 11.5.1962, 51/60).

(AÖF 2013/280)

6861 **Pensionsansprüche**

Siehe unter „Abfindungen“ Rz 6822.

6862 **Pensionszahlungen**

Pensionszahlungen stellen keine Entschädigungen gemäß § 32 Abs. 1 Z 1 lit. b EStG 1988 dar (VwGH 1.12.1961, 712/60).

(AÖF 2013/280)

6863 **Pflichtteilsberechtigte**

Pflichtteilsberechtigten steht, sofern sie nicht den Betrieb (Anteil am Betrieb) übernehmen, kein unmittelbarer Anteil am steuerlichen Gewinn eines zur Verlassenschaft gehörenden Betriebes zu, sodass ihnen Einkünfte aus diesem Betrieb nicht zugerechnet werden können. Dass bei der Berechnung des Anspruches des Pflichtteilsberechtigten die bis zur Einantwortung erzielten Einkünfte aus einem zur Verlassenschaft gehörenden Betrieb miteinbezogen werden, führt nicht dazu, dass der darauf entfallende Teil des Pflichtteilsanspruches als Entschädigung gemäß § 32 Abs. 1 Z 1 lit. b EStG 1988 betrachtet werden kann (VwGH 8.2.1977, 122/77).

(AÖF 2013/280)

Rente **6864**

Eine sogenannte abstrakte Rente (§ 1325 ABGB), bei der auf einen abstrakten, in der festgestellten Erwerbsminderung liegenden künftigen Verdienstentgang abgestellt wird, ist unter § 32 Abs. 1 Z 1 lit. a EStG 1988 zu subsumieren; das Abstellen auf einen konkreten Verdienstentgang ist nicht erforderlich (VwGH 29.4.1966, 307/66).

Zur Rente siehe auch unter „Rentenabfindung" Rz 6865, „Schmerzengeld" Rz 6867 und „Unterhalt" Rz 6875.

(AÖF 2013/280)

Rentenabfindung **6865**

Sofern Rentenabfindungen nicht gemäß § 29 Z 1 EStG 1988 steuerpflichtig sind, sind sie unter § 32 Abs. 1 Z 1 EStG 1988 zu subsumieren (zB Verdienstentgangsrenten eines (nicht) selbständigen Steuerpflichtigen).

(AÖF 2010/43, AÖF 2013/280)

Rodungsprämien **6866**

Siehe Rz 4140 ff und 5001 ff.

Schmerzengeld **6867**

Schmerzengeld und Aufwandersatz für Pflege stellen keine Entschädigungen gemäß § 32 Abs. 1 Z 1 lit. a EStG 1988 dar; da derartige Zahlungen nicht zu den Einkünften gemäß § 2 Abs. 3 EStG 1988 gehören, ist Steuerpflicht nur bei Zufluss als Rente gegeben.

(AÖF 2013/280)

Schüttmaterial **6868**

Für die Entnahme von Schüttmaterial gezahlte Vergütungen stellen keine Entschädigung im Sinne des § 32 Abs. 1 Z 1 lit. a EStG 1988 dar (VwGH 2.10.1984, 84/14/0047).

(AÖF 2013/280)

Servitut **6869**

Wird für die Einräumung einer Servitut eine Zahlung geleistet, kann eine Entschädigung dann gegeben sein, wenn mit dieser Zahlung Ertragsausfälle (zB die Verringerung zukünftiger Mietentgelte) kompensiert werden, sonst liegt eine Wertminderung des Gebäudes bzw. Abgeltung der Nutzung vor (VwGH 26.2.1969, 115/68, zur Errichtung einer Fußgängerpassage).

Sonderzahlung **6870**

Siehe unter „Arbeitnehmer" Rz 6824.

Stilllegungsprämien **6871**

Siehe Rz 4140 ff und 5001 ff.

Streikgelder **6872**

Streikgelder der Gewerkschaft stellen keine Entschädigungen im Sinne des § 32 Abs. 1 Z 1 lit. a EStG 1988 dar, weil der Schaden freiwillig verursacht wird.

(AÖF 2013/280)

Teilwaldrecht **6873**

Siehe Rz 4140 ff und 5001 ff.

U-Bahnbau **6874**

Siehe unter „Geschäftsbeeinträchtigungen" Rz 6844.

Unterhalt **6875**

Eine Einmalzahlung zur Abgeltung einer gesetzlichen Unterhaltsleistung ist nicht steuerbar; daher besteht für die Anwendung des § 32 Abs. 1 Z 1 EStG 1988 kein Raum (zB Unterhaltszahlungen an die Hinterbliebenen nach einem tödlichen Unfall des Unterhaltsverpflichteten); bei Zufluss in Form wiederkehrender Bezüge besteht Steuerpflicht nach § 29 Z 1 EStG 1988 (VwGH 14.6.1988, 87/14/0171).

(AÖF 2013/280)

Veränderungen, organisatorische **6876**

Siehe unter „Abfindungen" Rz 6822.

Veränderungen, rechtliche **6877**

Siehe unter „Abfindungen" Rz 6822.

6878 **Verdienstentgang**

Vergütungen für unfallbedingten Verdienstentgang wegen Arbeitsunfähigkeit oder eingeschränkter Arbeitsfähigkeit sind unter § 32 Abs. 1 Z 1 lit. a EStG 1988 zu subsumieren (VwGH 26.1.1993, 88/14/0108).

(AÖF 2013/280)

Eine Versicherungsleistung, die aus Anlass eines ärztlichen Fehlers an den daraufhin erwerbsunfähigen Steuerpflichtigen in Höhe der Differenz zwischen der Invaliditätspension und dem ohne den Fehler im Erwerbsleben erzielbaren Einkommen gezahlt wird, stellt eine Entschädigung iSd § 32 Abs. 1 Z 1 lit. a EStG 1988 dar und ist damit – im Fall des Ersatzes nichtselbständiger Bezüge – gemäß § 25 iVm § 32 Z 1 lit a EStG 1988 steuerpflichtig. Da § 25 EStG 1988 dem § 29 Z 1 EStG 1988 vorgeht, bleibt für die Anwendung des § 29 Z 1 EStG 1988 kein Raum.

(AÖF 2002/84, AÖF 2013/280)

6879 **Vergütung**

Eine zu Beginn für eine mehrjährige Tätigkeit vereinbarte, später zu zahlende Vergütung stellt keine Entschädigung im Sinne des § 32 Abs. 1 Z 1 lit. a EStG 1988 dar.

(AÖF 2013/280)

6880 **Versicherungsleistungen**

Versicherungsleistungen für den Verlust eines Lagerbestandes sind nicht unter § 32 Abs. 1 Z 1 EStG 1988 zu subsumieren (VwGH 20.10.1992, 89/14/0094). Hat sich hingegen die Versicherung verpflichtet, den Gewinnentgang zu ersetzen, dann stellt die für den Betriebsausfall und den Gewinnentgang erbrachte Versicherungsleistung (Betriebsunterbrechungsversicherung) eine Entschädigung im Sinne des § 32 Abs. 1 Z 1 lit. a EStG 1988 dar (VwGH 8.6.1979, 2042/78; VwGH 8.6.1979, 2189/78).

(AÖF 2013/280)

6881 **Verzicht, auf die Gewerbeausübung**

Siehe unter „Abfindung“ Rz 6822.

6882 **Verzugszinsen**

Siehe unter „Zinsen“ Rz 6887.

6883 **Wegerrichtung**

Siehe unter „Geländeänderung“ Rz 6842.

6884 **Werknehmer**

Zu Belohnungen, Entschädigungen, Sonderzahlungen usw., die an Werknehmer geleistet werden, siehe unter „Arbeitnehmer“ Rz 6824 (unter Außerachtlassung der lohnsteuerlichen Spezifika, vor allem der Versteuerung gemäß § 67 EStG 1988).

6885 **Wirtschaftserschwernisse**

Siehe Rz 5150 f.

6886 **Wirtschaftsgut**

Wird ein Wirtschaftsgut oder ein Kundenstock veräußert, ist der daraus resultierende Ertrag nicht unter § 32 EStG 1988 zu subsumieren (vgl. VwGH 15.12.1970, 1187/69).

6887 **Zinsen**

Verzugszinsen stellen keine Entschädigungen im Sinne des § 32 Abs. 1 Z 1 lit. a EStG 1988 dar.

(AÖF 2013/280)

Zu Zinsenzahlungen im Rahmen eines Garantievertrages siehe unter „Garantievertrag“ Rz 6841.

6888 **Zuwendungen**

Zuwendungen aus Anlass der Beendigung einer Tätigkeit stellen keine Entschädigungen im Sinne des § 32 EStG 1988 dar (VwGH 23.10.1997, 96/15/0244, zum Ausscheiden eines Gemeinderates); siehe auch unter „Abfertigungen“ Rz 6821.

23.2.4 Entschädigungen nach § 32 Abs. 1 Z 1 lit. c EStG 1988

(AÖF 2013/280)

6889 Entschädigungen für die Aufgabe von Bestandrechten im Sinne des § 32 Abs. 1 Z 1 lit. c EStG 1988 unterliegen nur dann der Einkommensteuer, wenn die Bestandrechte zu einem Betriebsvermögen gehören oder wenn die Entschädigungen in Rentenform zufließen.

(AÖF 2013/280)

Unter § 32 Abs. 1 Z 1 lit. c EStG 1988 sind jene Fälle zu subsumieren, in denen der Bestandnehmer mit seinem Betrieb Mieter oder Pächter eines Bestandobjektes ist, das bereits enteignet wurde oder dessen Enteignung (nachweisbar) unmittelbar droht. Für die Aufgabe seines Bestandrechtes erhält der (bisherige) Bestandnehmer vom (bisherigen) Bestandgeber oder von dritter Seite (vor allem vom Enteignungsberechtigten) eine Entschädigung. Auch die vom Enteignungsberechtigten als „Absiedlungsbeihilfe" gewährte Entschädigung ist unter § 32 Abs. 1 Z 1 lit. c EStG 1988 zu subsumieren. Mit der Entschädigung gemäß § 32 Abs. 1 Z 1 lit. c EStG 1988 muss keine Auflage oder Widmung – zB zur Fortführung des Betriebes an einem anderen Standort – verknüpft sein. **6890**

(AÖF 2013/280)

Entschädigungen gemäß § 32 Abs. 1 Z 1 lit. c EStG 1988 fallen unter die Progressionsermäßigung des § 37 EStG 1988 (vgl. VwGH 7.6.1989, 88/13/0095); im Gegensatz zu den Entschädigungen nach § 32 Abs. 1 Z 1 lit. a und b EStG 1988 ist jedoch die Erfüllung des Sieben-Jahres-Zeitraumes nicht erforderlich (§ 37 Abs. 2 Z 2 EStG 1988). **6891**

(AÖF 2013/280)

23.2.5 Entschädigungen nach § 32 Abs. 1 Z 1 lit. d EStG 1988

(AÖF 2013/280)

Entschädigungen für die Aufgabe von Bestandrechten im Sinne des § 32 Abs. 1 Z 1 lit. d EStG 1988 unterliegen nur dann der Einkommensteuer, wenn die Bestandrechte zu einem Betriebsvermögen gehören oder wenn die Entschädigungen in Rentenform zufließen. **6892**

(AÖF 2013/280)

Unter § 32 Abs. 1 Z 1 lit. d EStG 1988 sind jene Fälle zu subsumieren, in denen der Bestandnehmer mit seinem Betrieb Mieter oder Pächter eines Bestandobjektes ist, das bereits (zB auch auf Grund eines vorangegangenen Kaufes) im Eigentum einer Person steht, die eine Enteignung bewirken könnte, wenn sie nicht schon Eigentümer wäre. Dieser Eigentümer möchte nun das Bestandobjekt einem Zweck zuführen, für den eine Enteignung geltend gemacht werden könnte, und gewährt dem Bestandnehmer für die erzwingbare Aufgabe des Bestandrechtes eine Entschädigung. **6893**

Beispiel:

Ein Gärtner betreibt seine Gärtnerei auf einem Grundstück, das der Bund zwecks Errichtung einer Straße käuflich erworben hat. Für die Aufgabe seines Bestandrechtes, die erzwungen werden könnte, erhält der Gärtner eine Entschädigung.

(AÖF 2013/280)

Entschädigungen gemäß § 32 Abs. 1 Z 1 lit. d EStG 1988 fallen unter die Progressionsermäßigung des § 37 EStG 1988; im Gegensatz zu den Entschädigungen nach § 32 Abs. 1 Z 1 lit. a und b EStG 1988 ist die Erfüllung des Sieben-Jahres-Zeitraumes nicht erforderlich (§ 37 Abs. 2 Z 2 EStG 1988; siehe dazu Rz 6889 ff). **6894**

(AÖF 2013/280)

23.3 Nachträgliche Einkünfte (§ 32 Abs. 1 Z 2 EStG 1988)

(AÖF 2013/280)

23.3.1 Reichweite und Abgrenzungen des Begriffes „nachträgliche Einkünfte"

Nachträgliche Einkünfte sind nur in unmittelbarem Zusammenhang mit einer früheren Einkunftsquelle denkbar. **6895**

Der unmittelbare Zusammenhang mit der früheren Einkunftsquelle geht insoweit verloren, als Wirtschaftsgüter durch Betriebsaufgabe in das Privatvermögen übergehen und nicht nur abgewickelt, sondern eigenständig genutzt werden können (VwGH 22.10.1996, 95/14/0018). Weiters verlieren auch Verbindlichkeiten, die im Veräußerungserlös Deckung finden, oder die durch die Verwertung von zurückbehaltenen Wirtschaftsgütern beglichen werden könnten, oder deren Tilgung zumutbar ist, den unmittelbaren Zusammenhang zur Einkunftsquelle (VwGH 22.10.1996, 95/14/0018). Werden ins Privatvermögen übernommene Wirtschaftsgüter (zB ein vormaliges Betriebsgebäude) in der Folge zur Erzielung von Einkünften (zB Vermietung und Verpachtung) genutzt, ist in Höhe des gemeinen Wertes dieser Wirtschaftsgüter eine Tilgung der Verbindlichkeiten nicht zumutbar. Zur Behandlung von Zinszahlungen siehe Rz 1435 ff.

(AÖF 2006/114)

Grundsätzlich bleibt die steuerliche Unbeachtlichkeit von nichtsteuerbaren bzw. steuerfreien Einnahmen sowie den damit zusammenhängenden Ausgaben auch bei Vorgängen **6896** nach Beendigung der Tätigkeit/des Rechtsverhältnisses erhalten. Anderes kann sich aus der Anwendung von § 67 Abs. 8 EStG 1988 ergeben (vgl Rz 1100 ff LStR 2002).

Zu nachträglichen Werbungskosten aus restlichen Zehntel-(Fünfzehntel-)-Absetzungen nach Aufgabe der Vermietung ohne Übertragung des Mietobjektes auf eine andere Person siehe Rz 6487 f.

Zur nachträglichen Erfassung eines Firmenwertes siehe Rz 5662.

(AÖF 2006/114)

6897 Auch bei beschränkter Steuerpflicht sind nachträgliche Einkünfte denkbar. Für die Beurteilung, ob es sich bei Einkünften um inländische im Sinne des § 98 EStG 1988 handelt, sind die Verhältnisse maßgeblich, die während der Dauer der ehemaligen Tätigkeit oder des früheren Rechtsverhältnisses bestanden haben.

23.3.2 Steuersubjekt

6898 § 32 Abs. 1 Z 2 EStG 1988 erstreckt die Steuerpflicht für Einkünfte auch auf den Rechtsnachfolger desjenigen, dem die Einkunftsquelle ursprünglich zuzurechnen war. Nicht entscheidend ist hierbei die Gesamtrechtsnachfolge oder die Fortsetzung der Tätigkeit bzw. des Rechtsverhältnisses durch den Nachfolger, sondern die Rechtsnachfolge im Beziehen der Einkünfte (VwGH 3.6.1987, 86/13/0020).

(AÖF 2013/280)

Beispiel 1:

A verstirbt am 31. Jänner. Er hinterlässt B als Legat seinen Gewerbebetrieb samt einer offenbar uneinbringlichen Forderung, mit deren Eingang am 31. Jänner niemand rechnen kann. B setzt die gewerbliche Tätigkeit nicht fort. Am 30. November geht die uneinbringliche Forderung unerwartet bei ihm ein.

Der Eingang der Forderung bewirkt nachträgliche Einkünfte aus Gewerbebetrieb bei B.

Beispiel 2:

Der am 31. Jänner verstorbene A hinterlässt als Legat dem C ein vermietetes Grundstück, dessen Mieter die rückständige Miete für Jänner erst am 20. Februar an D, den Erben von A bezahlt. Im Verlassenschaftsverfahren ist unstrittig, dass die Miete für Jänner dem D zusteht.

Der Eingang der Miete für Jänner bewirkt nachträgliche Einkünfte aus Vermietung und Verpachtung bei D.

Die laufenden Mieteingänge für die folgenden Monate bewirken Einkünfte aus Vermietung und Verpachtung bei C.

6899 Wenn vom bisherigen Arbeitgeber an den Rechtsnachfolger eines verstorbenen Arbeitnehmers in dessen Eigenschaft als Rechtsnachfolger eine Firmenpension, Betriebspension uä. (laufender „Arbeitslohn") ausgezahlt wird, so hat der Rechtsnachfolger die Bezüge zu versteuern bzw. ist nach den Merkmalen des Rechtsnachfolgers (beispielsweise unter Berücksichtigung seines Freibetragsbescheides) der Lohnsteuerabzug vorzunehmen. Erhält der Rechtsnachfolger daneben noch andere Zahlungen (zum Beispiel Hinterbliebenenabfertigung nach § 23 Abs. 6 AngG oder Todesfallbeitrag gemäß § 42 Pensionsgesetz), so ist diesbezüglich ebenfalls der Rechtsnachfolger das Steuersubjekt.

6900 Die beiden letzten Sätze des § 32 Abs. 1 Z 2 EStG 1988 normieren hingegen für den Fall, dass vom bisherigen Arbeitgeber an den Rechtsnachfolger eines verstorbenen Arbeitnehmers in dessen Eigenschaft als Rechtsnachfolger kein laufender „Arbeitslohn" (Hinterbliebenenpension) bezahlt wird, eine abweichende Vorgangsweise: Allfällige einzelne Zahlungen des bisherigen Arbeitgebers an den Rechtsnachfolger (beispielsweise Hinterbliebenenabfertigung, restlicher Aktivbezug des Verstorbenen für das letzte Lebensmonat, anteiliges Urlaubs- und Weihnachtsgeld) sind nach den Besteuerungsmerkmalen des Verstorbenen dem Lohnsteuerabzug zu unterwerfen. Soweit solche Bezüge in die Veranlagung zur Einkommensteuer einzubeziehen sind, werden sie in die letzte Einkommensteuerveranlagung des Verstorbenen miteinbezogen. Ist zum Zeitpunkt des Zuflusses eines derartigen Bezuges bereits ein Einkommensteuerbescheid für das letzte Veranlagungsjahr des Verstorbenen erlassen worden, liegt ein Wiederaufnahmsgrund gemäß § 303 BAO (VfGH 6.12.1990, B 783/1989) vor.

(AÖF 2013/280)

23.3.3 Art der Einkünfteermittlung

6901 Da auf nachträgliche Einkünfte aus einer Einkunftsart grundsätzlich die Regelungen für diese Einkunftsart anzuwenden sind, erfolgt die Ermittlung nachträglicher außerbetrieblicher Einkünfte durch Überschussrechnung (nachträgliche Einnahmen abzüglich nachträgliche Werbungskosten).

Soweit nachträgliche betriebliche Einkünfte aus Wertänderungen von Positionen der letzten Bilanz resultieren, sind sie zwingend nach den Regeln des Betriebsvermögensvergleiches zu ermitteln (VwGH 22.10.1996, 95/14/0018). Maßstab ist hierbei eine richtig erstellte Bilanz zum Betriebsende, die auch bei vorheriger Gewinnermittlung nach § 4 Abs. 3 EStG 1988 zur Ermittlung des Übergangsgewinnes nötig ist. Der Eingang von Forderungen bzw. die Begleichung von Verbindlichkeiten, die in die letzte Bilanz aufzunehmen sind, stellen als rein umschichtende Vorgänge keine nachträglichen Einkünfte dar. Vergessene, überzählige oder falsch bewertete Positionen der tatsächlich erstellten, letzten Bilanz sind nicht durch den Ansatz von nachträglichen Betriebseinnahmen bzw. -ausgaben in den Folgeperioden auszugleichen. Vielmehr ist die Bilanz zum Betriebsende zu berichtigen und eine daraus resultierende Gewinnänderung im Veranlagungszeitraum der Beendigung des Betriebes zu berücksichtigen, sofern dies verfahrensrechtlich möglich ist. **6902**

Soweit nachträgliche betriebliche Einkünfte nicht aus Wertveränderungen von Positionen der letzten Schlussbilanz oder der Aufgabebilanz im obigen Sinne resultieren, besteht mangels Buchführungspflicht das Wahlrecht, diesen Teil der nachträglichen Einkünfte nach § 4 Abs. 3 EStG 1988 zu ermitteln. **6903**

Für nachträgliche Vermögensverluste besteht auch ohne „formell ordnungsmäßige Buchführung" ein Verlustvortrag gemäß § 18 Abs. 6 EStG 1988. **6904**

Zur nachträglichen Änderung des Veräußerungserlöses siehe Rz 5661.

(AÖF 2010/43)

Randzahl 6094a: *entfallen*

(AÖF 2010/43)

23.3.4 Durchführung der Besteuerung

(AÖF 2010/43)

§ 32 Abs. 1 Z 2 EStG 1988 stellt ua. klar, dass auch Einkünfte aus einer ehemaligen nichtselbständigen Tätigkeit zu den Einkünften im Sinne des § 2 Abs. 3 Z 4 EStG 1988 zählen. Ob die Erhebung der Steuer für solche nachträglichen Einkünfte durch Lohnsteuerabzug erfolgt, ist nach den §§ 47 und 67 EStG 1988 zu beurteilen (vgl. insbesondere LStR 1999, Rz 1100 bis 1108). **6905**

(AÖF 2013/280)

Nachträgliche Einkünfte sind nur dann gemäß § 188 BAO festzustellen, wenn nachträgliche Einkünfte tatsächlich noch gemeinsam erzielt werden. Der Einkünftefeststellungsbescheid ist gemäß § 191 Abs. 2 BAO nach Beendigung der Personengesellschaft/-gemeinschaft an diejenigen zu richten, denen die nachträglichen Einkünfte zugeflossen sind. **6906**

(AÖF 2010/43)

23.4 Rückzahlung auf Grund einer Kapitalherabsetzung (§ 32 Abs. 1 Z 3 EStG 1988)

(AÖF 2013/280)

23.4.1 Einordnung des § 32 Abs. 1 Z 3 EStG 1988 in das geltende Einkommensteuerrecht:

(AÖF 2013/280)

Die Erhöhung des Nominalkapitals einer Kapitalgesellschaft aus Gesellschaftsmitteln durch die Gewährung von Freianteilen bzw. Gratisaktien (= „Kapitalberichtigung") gilt als Ausschüttung, die nach § 3 Abs. 1 Z 29 EStG 1988 befreit ist (siehe Rz 306 ff). Innerhalb von zehn Jahren nach einer Kapitalberichtigung stellen Rückzahlungen auf Grund einer Kapitalherabsetzung Beteiligungserträge gemäß § 32 Abs. 1 Z 3 EStG 1988 dar. **6907**

(AÖF 2013/280)

23.4.2 Anwendbarkeit des § 32 Abs. 1 Z 3 EStG 1988

(AÖF 2013/280)

§ 32 Abs. 1 Z 3 EStG 1988 ist ausdrücklich nur dann anwendbar, wenn es im Zuge der Kapitalherabsetzung zu einer „Rückzahlung" an den Gesellschafter kommt. Dies ist bei der vereinfachten Kapitalherabsetzung nach §§ 182 ff AktG nicht der Fall. **6908**

(AÖF 2013/280)

Weiters ist § 32 Abs. 1 Z 3 EStG 1988 nur dann anwendbar, wenn die Kapitalerhöhung (auch) aus Gewinnrücklagen vorgenommen wurde. Sollten Gewinn- und Kapitalrücklagen in Nennkapital umgewandelt worden sein, gelten zuerst die umgewandelten Gewinnrück- **6909** lagen als rückgezahlt. Den Gewinnrücklagen (aus dem Gewinn dotierte Rücklagen) stehen Rücklagen gleich, die ihre Gewinnrücklageneigenschaft (oder Bilanzgewinneigenschaft) iSd § 4 Abs. 12 Z 2 EStG 1988 zweiter Fall durch eine Umgründung verloren haben. Zur Behandlung der Rückzahlung nach § 4 Abs. 12 EStG 1988 sowie zur Erfassung einer Kapitalerhöhung aus Gesellschaftsmitteln auf den Evidenzkonten siehe den Einlagenrückzahlungs- und Innenfinanzierungserlass des BMF vom 27.9.2017, BMF-010203/0309-IV/6/2017, BMF-AV Nr. 155/2017.

(BMF-AV Nr. 2018/79)

6910 Eine Identität der Kapitalherabsetzung mit der seinerzeitigen Kapitalerhöhung aus Gesellschaftsmitteln ist für die Anwendung des § 32 Abs. 1 Z 3 EStG 1988 nicht erforderlich. Zur Behandlung der Anteilsinhaber nach Ablauf der Zehnjahresfrist siehe Rz 2609a.

(AÖF 2005/110, AÖF 2013/280)

23.4.3 Zehnjahresfrist

6911 Die Frist von zehn Jahren beginnt am Tag nach der Eintragung der Kapitalerhöhung in das Firmenbuch zu laufen. Die Nachversteuerung wird ausgelöst durch eine innerhalb von zehn Jahren ab dem Stichtag erfolgte Eintragung eines Herabsetzungs-Beschlusses im Firmenbuch.

Beispiel:

Kapitalberichtigung aus Gewinnrücklagen im Jahre 00 um 300.000 und im Jahre 05 um 200.000. Kapitalherabsetzung im Jahre 11 um 300.000. Die Kapitalberichtigung des Jahres 05 ist in Höhe von 200.000 nachzuversteuern. Eine Zuordnung der Kapitalherabsetzung zur Kapitalberichtigung des Jahres 00 ist nicht möglich. Die Nachversteuerung kann auch nicht in eine Einlagenrückzahlung gemäß § 4 Abs. 12 EStG 1988 umgedeutet werden.

(AÖF 2004/167, AÖF 2013/280)

23.4.4 Durchführung der Besteuerung

Hinsichtlich der Besteuerung siehe Abschn 27.1.1.2 und 27.1.1.3.

Randzahlen 6912 bis 7000: *derzeit frei*

Renten

24. Rentenbesteuerung

Die Rentenbesteuerung wurde mit Wirksamkeit ab 1.1.2000 im § 16 Abs. 1 Z 1 EStG 1988, § 18 Abs. 1 Z 1 EStG 1988, § 20 Abs. 1 Z 4 EStG 1988 und § 29 Z 1 EStG 1988 neu geregelt. Auf Grund dieser durch die geänderte Rechtsprechung (VwGH 26.1.1999, 98/14/0045) erforderlich gewordenen Neuregelung wird zunächst sichergestellt, dass das in der Rechtsprechung herausgearbeitete Instrument der Versorgungsrente im Zusammenhang mit der Übertragung betrieblicher Einheiten beibehalten wird. Die Übertragung von – außerbetrieblichen oder betrieblichen – Einzelwirtschaftsgütern wird hingegen ab dem Jahr 2000 neu geregelt. Durch die Aufhebung der Bewertungsbestimmungen des § 16 Abs. 2 BewG 1955 durch den VfGH (Erkenntnis 9.10.2002, G 112/02) war eine neuerliche gesetzliche Änderung der Renten bei der Übertragung von Einzelwirtschaftsgütern ab dem 1.1.2004 erforderlich. Gemäß § 124b Z 82 EStG 1988 besteht jedoch die Möglichkeit, in die alte Rechtslage zu optieren. 7001

(AÖF 2004/167)

7002

„Rentenvereinbarungen aus Anlass der Übertragung von Betrieben, Teilbetrieben oder Mitunternehmeranteilen			
	Kaufpreisrente	außerbetriebliche Versorgungsrente	Unterhaltsrente
Wertverhältnis versicherungsmath. Rentenbarwert zuzüglich allfälliger Einmalbeträge zu Wert des BV	75% bis 125%	unter 75% oder über 125% bis 200%	über 200%
Entgeltlichkeit Unentgeltlichkeit	Entgeltlich	Unentgeltlich auch bezüglich Betriebsgrundstücke	Unentgeltlich auch bezüglich Betriebsgrundstücke
Behandlung beim Rentenzahler (Betriebsnachfolger)	Ansatz als Anschaffungskosten; Rentenbarwert ist zu passivieren, Rentenzahlungen sind BA, jährliche Verminderung des Rentenbarwerts ist BE; bei EAR Renten auf UV sofort BA, auf AV erst ab Überschreiten des darauf entfallenden Rentenbarwerts	Buchwertfortführung Renten sind ab der ersten Zahlung Sonderausgaben	Buchwertfortführung Renten sind nicht abzugsfähig
Behandlung beim Rentenempfänger (Betriebsüberträger)	Steuerpflichtig, wenn Rentenzahlungen (zuzüglich allfälliger Einmalbeträge, Entnahmegewinne usw.) den Buchwert des übertragenen BV (zuzüglich nicht auf Grundstücke entfallender Veräußerungskosten) übersteigen	Renten sind ab dem ersten Empfang Einkünfte nach § 29 Z 1 EStG 1988 Dies gilt auch für den auf Betriebsgrundstücke entfallenden Rententeil, weil bei unentgeltlichen Rechtsgeschäften § 30 EStG 1988 nicht anwendbar ist	Renten sind keine steuerbaren Einnahmen

Rentenvereinbarungen aus Anlass der Übertragung von Einzelwirtschaftsgütern, die nicht in Geld bestehen			
	Kaufpreisrente	gemischte Rente	Unterhaltsrente
Wertverhältnis Rentenbarwert zuzüglich allfälliger Einmalbeträge zu Wert des Wirtschaftsgutes	50% bis 125%	über 125% bis 200%	unter 50% oder über 200%
Entgeltlichkeit Unentgeltlichkeit	entgeltlich	bis 100% entgeltlich, Rest unentgeltlich	unentgeltlich
Behandlung beim Rentenzahler (Erwerber)	für AfA bei V+V oder spätere Einkünfte aus privaten Grundstücks- veräußerungen bzw. Spekulationstatbestand Anschaffung Renten sind ab Überschreiten des Rentenbarwertes Sonderausgaben (bei V+V Werbungskosten)	100% für AfA bei V+V oder spätere Einkünfte aus privaten Grundstücksveräußerungen bzw. Spekulationstatbestand Anschaffung, Rest keine Anschaffung auf 100% Barwert entfallende Renten sind ab Rentenbarwertes Sonderausgaben (bei V+V Werbungskosten) restliche Renten sind nicht absetzbar	keine Anschaffung Renten sind nicht abzugsfähig
Behandlung beim Rentenempfänger (Überträger)	Renten sind ab Überschreiten des Rentenbarwertes Einkünfte nach § 29 Z 1 EStG 1988 bzw. ab Überschreiten der AK/HK Einkünfte aus privaten Grundstücksveräußerungen	Auf 100% Barwert entfallende Renten sind ab Überschreiten des Rentenbarwerts Einkünfte nach § 29 Z 1 EStG 1988 bzw. ab Überschreiten der AK/HK Einkünfte aus privaten Grundstücks- veräußerungen restliche Renten sind nicht steuerbar	Renten sind keine steuerbaren Einnahmen

(AÖF 2013/280, BMF-AV Nr. 2018/79)

7002a Gemäß § 124b Z82 EStG 1988 besteht die Möglichkeit, in die Rechtslage vor der Änderung durch das Budgetbegleitgesetz 2003 zu optieren. Die Option besteht nur für Renten (Rz 7003), deren Rechtsgrund vor dem 1.1.2004 entstanden ist. Bei Versicherungsrenten entsteht der Rechtsgrund mit Beginn der Rentenzahlung (Rz 7018) und bei den übrigen Rentenverträgen mit Abschluss des Rentenvertrages.

Wurde von der Option Gebrauch gemacht, ist einerseits die Abfindung von Ansprüchen aus Renten, die auf Grund der Übertragung von Einzelwirtschaftgütern des Privatvermögens vereinbart wurden, nicht steuerpflichtig. Andererseits können solche Abfindungen nicht als Sonderausgaben oder Werbungskosten geltend gemacht werden. Weiters ist der Barwert zum Zwecke der Feststellung, ab wann Steuerpflicht gemäß § 29 Z1 EStG 1988 bzw. Abzugsfähigkeit als Sonderausgaben oder Werbungskosten entsteht, gemäß § 16 Abs. 2 und 4 BewG 1955 idF vor dem Budgetbegleitgesetz 2003 zu berechnen (siehe Rz 7021a).

(AÖF 2004/167)

7002b Der Rentenempfänger kann die Option nur ausüben, wenn Einvernehmen mit dem Rentenverpflichteten nachgewiesen wird. Fehlt ein solcher schriftlicher Nachweis ist die Option ungültig. Die Optionserklärung ist mit Wirkung ab der Veranlagung 2004 bis spätestens 31. Dezember 2006 beim zuständigen Finanzamt einzubringen; die Frist ist nicht verlängerbar. Eine Optionserklärung ist auch dann bis zum 31.12.2006 einzubringen, wenn bis zum 31.12.2006 mangels Überschreitung des Rentenbarwertes noch keine Steuerpflicht gemäß § 29 Z 1 EStG 1988 entstanden ist. Für die Einbringung der Optionserklärung bestehen keine besonderen Formvorschriften. Die wirksame Einbringung der Optionserklärung ist Voraussetzung für den Abzug der Rentenzahlung als Sonderausgabe oder Werbungskosten bereits ab Überschreiten des gemäß § 16 Abs. 2 und 4 BewG 1955 idF vor dem Budgetbegleitgesetz 2003 ermittelten Barwertes.

(AÖF 2004/167)

Sind die Renten und dauernden Lasten beim Rentenempfänger keine Einkünfte gemäß § 29 Z1 EStG 1988 (zB betriebliche Einkünfte, der Rentenempfänger unterliegt nicht der unbeschränkten Steuerpflicht), kann der Rentenzahler gemäß § 124b Z80 lit. b EStG 1988 einen Abzug als Sonderausgaben oder Werbungskosten nach Überschreiten des Barwertes (Rz 7021a) beantragen. Wurde dieser Barwert bereits im Veranlagungsjahr 2003 überschritten, kann dieses Wahlrecht durch Beantragung in der Abgabenerklärung bei Veranlagung 2004 erstmals ausgeübt werden. Wird dieser Barwert in einem späteren Veranlagungszeitraum überschritten, kann die Ausübung dieses Wahlrechtes durch Antrag in der Abgabenerklärung für diesen Veranlagungszeitraum erstmals vorgenommen werden. Wurde das Wahlrecht einmal ausgeübt, bindet es für die Zukunft, allfällige Rentenabfindungen können nicht mehr abgesetzt werden. **7002c**

(AÖF 2004/167)

24.1 Allgemeine Begriffsbestimmungen

24.1.1 Renten

Renten sind regelmäßig wiederkehrende, auf einem einheitlichen Verpflichtungsgrund beruhende Leistungen, deren Dauer vom Eintritt eines ungewissen Ereignisses, vor allem dem Tod einer Person, abhängt (VwGH 15.6.1977, 2722/76). Die Höhe der einzelnen Rentenbeträge kann auf Grund von Wertsicherungsvereinbarungen oder abhängig vom Gewinn oder Umsatz unterschiedlich sein. Kennzeichnend für eine Rente ist der aleatorische Charakter. Dieses aleatorische Moment liegt im Abweichen der tatsächlichen Lebensdauer von der durchschnittlichen Lebenserwartung (OGH 30.5.1994, 1 Ob 515/94). **7003**

(AÖF 2004/167)

Leibrenten sind von der Lebensdauer einer oder mehrerer bestimmter Personen (des Rentenberechtigten, des Rentenverpflichteten oder auch dritter Personen) abhängende Leistungen. **7004**

Ist die Leistungsdauer von Anfang an bestimmt, liegen Raten vor. **7005**

Ist eine am Umsatz der auf die Veräußerung folgenden Jahre orientierte Gegenleistung ausreichend konkretisiert, ist sie nicht nach Rentenregeln, sondern als Forderung anzusetzen und gehört damit zum Veräußerungsgewinn (VwGH 17.09.1997, 93/13/0106, Veräußerung gegen Fixbetrag und 10% der folgenden Dreijahresumsätze). Stellt sich heraus, dass die geschätzte Kaufpreisforderung zu hoch oder zu niedrig angesetzt wurde, ist die Differenz als Einkünfte aus einer ehemaligen betrieblichen Tätigkeit gemäß § 32 Abs. 1 Z 2 EStG 1988 zu berücksichtigen (VwGH 04.02.2009, 2006/15/0151, zu einem nach der Betriebsveräußerung eingetretenen Forderungsausfall).

(AÖF 2010/43, AÖF 2013/280)

24.1.1.1 Zeitrenten

Zeitrenten stellen sowohl (zwingend) auf die Lebensdauer einer Person als auch auf einen Zeitraum ab. Zeitrenten, bei denen die Lebensdauer einer Person in irgendeiner Form eine für das Ausmaß der Rentenleistungen bestimmende Rolle spielt, werden abgabenrechtlich als Renten behandelt. Zeitrenten treten in zwei Formen auf: **7006**

- Rente mit Vereinbarung einer Höchstlaufzeit (Höchstzeitrente oder abgekürzte Leibrente): Sie wird auf Lebenszeit, höchstens aber auf eine bestimmte Zahl von Jahren vereinbart.
- Rente mit Vereinbarung einer Mindestlaufzeit (Mindestzeitrente oder verlängerte Leibrente): Sie wird auf Lebenszeit, mindestens aber auf eine bestimmte Zahl von Jahren vereinbart.

Da Zeitrenten wegen des ihnen eigenen aleatorischen Elementes noch als Renten in steuerrechtlichem Sinn gelten, kommt eine Aufspaltung der Zeitrente in einen Raten- und einen Rententeil nicht in Betracht (VwGH 23.6.1983, 16/2749/80).

Höchstzeitrente (abgekürzte Leibrente) **7007**

Wird der Erwerber eines Wirtschaftsgutes für den Fall des Ablebens des Veräußerers während der vereinbarten 15jährigen Tilgungsfrist für den festgesetzten Kaufpreis von der Verpflichtung entbunden, den noch offenen Kaufpreis zu entrichten, liegt eine (Höchst-) Zeitrente vor (VwGH 9.11.1982, 82/14/0109; VwGH 21.12.1999, 94/14/0174).

Testamentarisch angeordnete Legatszahlungen, die in 100 Monatsraten zu entrichten sind und die selbst im Falle des Ablebens eines Legatars nicht erlöschen, sind Ratenvermächtnisse, die weder eine Rente noch eine dauernde Last darstellen (VwGH 29.3.1993, 92/15/0052). Sind hingegen die Zahlungen mit einem Zeitraum befristet, so liegt eine Rente vor, wenn die zeitliche Befristung so lange ist, daß das aleatorische Merkmal nicht verloren geht. Ein fünfzehnjähriger Zeitraum erscheint genügend lange, um die Wahrscheinlichkeit eines vorzeitigen Ablebens der berechtigten Person (aleatorischer Faktor) noch als ausreichend anzusehen (VwGH 19.3.1985, 82/14/0151).

Übernimmt jemand Vermögenswerte gegen die Verpflichtung, dem Übergeber lebenslänglich eine Leibrente zu zahlen und nach dessen Tod die Hälfte dieser Zahlungen durch eine Zeit von zwanzig Jahren an die Tochter des Übergebers bzw. nach dem Ableben derselben an deren Kinder zu leisten, so ist auch hinsichtlich der Zahlungen für den zwanzigjährigen Zeitraum ein aleatorisches Moment und daher eine Rente anzunehmen, wenn davon auszugehen ist, daß die Zahlungspflicht erlischt, sobald alle nach dem Übergeber begünstigten Personen innerhalb des zwanzigjährigen Zeitraumes versterben (VwGH 15.6.1977, 2722/76).

7008 Mindestzeitrente (verlängerte Leibrente)

Wird vereinbart, daß im Falle des Todes des Rentenberechtigten vor Ablauf einer bestimmten Anzahl von Jahren die Rente für einen bestimmten Mindestzeitraum weiter zu entrichten ist, dann ist auch eine solche Rente, selbst wenn man sie wegen des fehlenden aleatorischen Charakters für den Mindestzeitraum nicht als Leibrente ansehen sollte, ein wiederkehrender Bezug gemäß § 29 Z 1 EStG 1988 (VwGH 23.4.1969, 1633/68) bzw. eine dauernde Last gemäß § 18 Abs. 1 Z 1 EStG 1988.

24.1.2 Dauernde Lasten

7009 Dauernde Lasten gehören zu den wiederkehrenden Bezügen. Sie unterscheiden sich von Renten vornehmlich im Inhalt der Leistung und im Fehlen einer Gleichmäßigkeit. Es muß aber ein selbständiges Grundrecht begründet sein, das

- losgelöst von allfälligen früheren Ansprüchen des Berechtigten existiert,
- von Dauer und einer gewissen Periodizität ist,
- eine gewisse, wenn auch nicht regelmäßige Wiederkehr vorweist und
- auf einem einheitlichen Rechtsgrund beruht.

7010 Während Renten Geld oder andere vertretbare Sachen zum Inhalt haben, können dauernde Lasten in Leistungen anderer Art bestehen. Es muß sich um Leistungen handeln, die eine Vermögensminderung bzw. einen Vermögenszuwachs begründen. So können etwa Nutzungsrechte unter § 29 Z 1 EStG 1988 fallen (VwGH 19.3.1985, 84/14/0139, betreffend Holznutzungsrechte). Ein bloßes Dulden, der Verzicht auf eine Nutzung zugunsten eines anderen oder persönliche Dienstleistungen fallen jedoch nicht darunter (VwGH 28.10.1975, 1281/74).

24.2 Rententypen

7011 Renten können im Zusammenhang mit der Übertragung von Wirtschaftsgütern (Versorgungsrenten, Gegenleistungsrenten, Unterhaltsrenten, gemischte Renten) oder unabhängig von einer solchen (zB Schadensrenten wie Unfall-, Berufsunfähigkeits- oder Invaliditätsrenten auf Grund einer Schädigung durch einen Dritten, Unterhaltsrenten, Renten auf Grund einer Pflegeversicherung) vereinbart werden. Zu Renten aus einer privaten Unfall-, Invaliditäts- oder Berufsunfähigkeitsversicherung siehe Rz 7018.

(BMF-AV Nr. 2018/79)

24.2.1 Mehrbedarfsrenten (zB Renten aus Pflegeversicherungen)

(BMF-AV Nr. 2018/79)

7011a Eine Mehrbedarfsrente, das ist eine Rente, die ausschließlich einen erforderlichen Mehraufwand an Pflege und (insbesondere medizinischer) Betreuung des Empfängers abgilt, ist nicht steuerbar, da sie dem Empfänger kein disponibles Einkommen verschafft, wenn der Mehrbedarf dem Grunde nach die Voraussetzungen der außergewöhnlichen Belastung nach den §§ 34 und 35 EStG 1988 erfüllt (VfGH 07.12.2006, B 242/06, VwGH 18.10.2012, 2009/15/0148).

Mehrbedarfsrenten sind auch Renten aus Pflegeversicherungen.

(BMF-AV Nr. 2018/79)

24.2.2 Übertragung von Vermögen

7012 Die Renten werden anlässlich der Übertragung eines Betriebes, Teilbetriebes oder Mitunternehmeranteils gewährt oder stehen mit der Übertragung von Einzelwirtschaftsgütern in Zusammenhang (das sind sowohl Wirtschaftsgüter des Privatvermögens, und zwar unabhängig davon, ob sie zur Erzielung von Einkünften genutzt oder „absolut privat" verwendet werden, als auch Einzelwirtschaftsgüter des Betriebsvermögens).

24.2.2.1 Übertragung von Betrieben, Teilbetrieben oder Mitunternehmeranteilen

Es kann eine Versorgungsrente, Gegenleistungsrente (Kaufpreisrente) und Unterhalts- **7013**
rente vorliegen.

Eine (betriebliche oder außerbetriebliche) Versorgungsrente liegt vor, wenn der Rentenbarwert (siehe Rz 7020, Rz 7021und Rz 7023) bezogen auf den Wert des übertragenen Betriebsvermögens weniger als 75% oder mehr als 125%, aber nicht mehr als 200% (dann liegt eine Unterhaltsrente vor) beträgt.

Im (Rentenbarwert-)Relationsbereich von 75% bis 125% liegt eine Kaufpreisrente vor.

(AÖF 2004/167)

24.2.2.2 Übertragung von Einzelwirtschaftsgütern

Die Rentenvereinbarungen können eine Kaufpreis-, Unterhalts- oder gemischte Rente **7014**
sein (vgl. VwGH 26.1.1999, 98/14/0045).

Unterschreitet der Rentenbarwert den Wert des übertragenen Wirtschaftsgutes, welches nicht in Geld besteht, ist die Überwiegensregel anzuwenden, sodass bei einem Rentenbarwert von mindestens der Hälfte des Wertes des übertragenen Wirtschaftsgutes insgesamt eine Kaufpreisrente, bei einem geringeren Rentenbarwert insgesamt eine Unterhaltsrente vorliegt. Eine Kaufpreisrente liegt ferner insgesamt dann vor, wenn der Rentenbarwert mindestens 100% und höchstens 125% des Wertes des übertragenen Wirtschaftsgutes beträgt.

Überschreitet der Rentenbarwert den Wert des übertragenen Wirtschaftsgutes um mehr als 25%, beträgt er jedoch nicht mehr als 200% des Wertes des übertragenen Wirtschaftsgutes, ist die Rente aufzuspalten (siehe Rz 7052 ff).

Renten, deren Rentenbarwert mehr als 200% des Wertes des übertragenen Wirtschaftsgutes beträgt, stellen zur Gänze Unterhaltsrenten dar.

(AÖF 2004/167)

24.2.2.3 Übertragung von Grundstücken

(AÖF 2013/280)

Werden Grundstücke gegen Rente übertragen, ist die Art der Rentenvereinbarung grund- **7014a**
sätzlich an Hand des Wertverhältnisses von Rentenbarwert und gemeinem Wert des übertragenen Grundstücks zu beurteilen. Erfolgt die Grundstücksübertragung im Rahmen einer Übertragung eines Betriebes, Teilbetriebes oder Mitunternehmeranteiles gegen Rente, sind die Wertverhältnisse von Rentenbarwert und gemeinem Wert des gesamten übertragenen Betriebes heranzuziehen. Welche Art von Rentenvereinbarung im konkreten Falle vorliegt, richtet sich bei Betriebsübertragungen nach den dafür geltenden Verhältnisgrenzen (siehe Rz 7002).

(AÖF 2013/280)

Liegt auf Grund der Art der Rentenvereinbarung ein entgeltliches Rechtsgeschäft vor, **7014b**
und war das übertragene Grundstück einem Betriebsvermögen zuzurechnen, ist der Gewinn nach den Grundsätzen der betrieblichen Gewinnermittlung zu ermitteln (siehe dazu Rz 775 und 781) und bei Grundstücksübertragungen im Rahmen einer Übertragung von Betrieben, Teilbetrieben oder Mitunternehmeranteilen als Teil des Veräußerungsgewinnes im Sinne des § 24 EStG 1988 zu erfassen (siehe dazu Rz 5675 f). Handelte es sich bei dem entgeltlich übertragenen Grundstück um ein Privatgrundstück, liegt kein Fall des § 29 Z 1 EStG 1988, sondern eine private Grundstücksveräußerung im Sinne des § 30 EStG 1988 vor (VwGH 13.9.1978, 2931/76). Steuerpflichtige Einkünfte entstehen in diesem Fall erst in dem Zeitpunkt, in dem die Summe aller Rentenzahlungen (inklusive einer Rentenabfindung) die Anschaffungs- bzw. Herstellungskosten des Grundstückes und die mit der Veräußerung im Zusammenhang stehenden Werbungskosten übersteigt (siehe Rz 6625 und Rz 6657).

(AÖF 2013/280)

24.2.3 Renten, die in keinem Zusammenhang mit der Übertragung von Vermögen stehen

24.2.3.1 Sonstige Renten

Sonstige Renten, bspw. Schadensrenten, sind grundsätzlich sofort beim Rentenzahler **7015**
nach § 18 Abs. 1 Z 1 EStG 1988 abzugsfähig bzw. beim Rentenempfänger nach § 29 Z 1 EStG 1988 steuerpflichtig. Eine Unterhaltsersatzrente, das ist eine Schadensrente, die an

die Stelle einer sonst bestehenden Unterhaltsverpflichtung tritt und diese ersetzt, ist beim Empfänger nicht steuerpflichtig.

Zuwendungen an gesetzlich unterhaltsberechtigte Personen (Unterhaltsrenten) und freiwillige Zuwendungen gemäß §§ 20 Abs. 1 Z 4 sind in Verbindung mit Abs. 3 und 29 Z 1 EStG 1988 steuerlich unbeachtlich, und zwar auch dann, wenn die Zuwendungen auf einer verpflichtenden Vereinbarung beruhen (VwGH 19.05.1994, 94/15/0062). Dies gilt bspw. auch für Rentenzahlungen auf Grund einer Vereinbarung über die Aufteilung des ehelichen Gebrauchsvermögens anlässlich einer Scheidung, die als Ausgleichszahlungen iSd Ehegesetzes anzusehen sind (VwGH 23.04.1998, 95/15/0191).

(AÖF 2010/43)

24.2.3.2 Rentenlegate

7016 Rentenlegate sind Rentenverpflichtungen bzw. Rentenberechtigungen, die letztwillig (Testament, Vermächtnis, Schenkung auf den Todesfall) auferlegt bzw. erworben werden. Der Rechtsgrund dieser Leistungen ist, mögen gesetzliche Unterhaltspflichten auch als Motiv eine Rolle gespielt haben, nicht die Unterhaltspflicht, sondern die Annahme der Erbschaft (VwGH 22.03.2010, 2008/15/0092; VwGH 06.12.1983, 83/14/0078). Die Leistungen hängen auch nicht mit der Übertragung von Wirtschaftsgütern zusammen (VwGH 22.03.2010, 2008/15/0092). Es handelt sich dabei um sofort steuerwirksame wiederkehrende Bezüge nach Art einer sonstigen Rente.

(AÖF 2011/66)

7017 Hingegen sind testamentarisch angeordnete Zahlungen, die hinsichtlich der Höhe und der Laufzeit der Zahlungspflicht eindeutig bestimmt sind und selbst im Falle des Ablebens des Berechtigten nicht erlöschen, Ratenvermächtnisse. Diese stellen weder eine Rente noch eine dauernde Last dar und können daher auch nicht als Sonderausgaben berücksichtigt werden (VwGH 29.3.1993, 92/15/0052).

24.2.4 Versicherungsrenten

24.2.4.1 Allgemeine Versicherungsrenten

7018 Bei Renten, die auf Grund eines Rentenversicherungsvertrages oder anlässlich der Umwandlung der Auszahlung eines Versicherungsanspruches in eine Rente geleistet werden, kann grundsätzlich eine Kaufpreisrente unterstellt werden (VwGH 19.3.2013, 2010/15/0141). Die Bezeichnung des Versicherungsvertrages, aus dem ein Anspruch auf Rentenzahlungen erwächst, ist für die steuerliche Beurteilung von Rentenzahlungen auf Grund eines Versicherungsverhältnisses unbeachtlich. Renten aus einer als private Unfall-, Invaliditäts- oder Berufsunfähigkeitsversicherung, aber auch als Krankenversicherung titulierten Versicherung stellen Kaufpreisrenten dar (hinsichtlich Mehrbedarfsrenten siehe aber Rz 7011).

Am Vorliegen einer Gegenleistungsrente ändert auch nichts, wenn der Versicherungsnehmer und der Rentenberechtigte nicht ident sind; aus welchem Rechtsgrund jemanden eine Rentenberechtigung auf Grund eines Rentenversicherungsvertrages eingeräumt wird (zB Unterhaltsverpflichtung), ist für das Vorliegen einer Gegenleistungsrente unbeachtlich (BFG 7.4.2014, RV/3100533/2010).

Nach § 29 Z 1 EStG 1988 tritt Steuerpflicht ab jenem Zeitpunkt ein, zu dem die Rentenzahlungen die Gegenleistung überschreiten. Bei Versicherungsrenten (auch bei Risikoversicherungen) entsteht der Rentenvertrag auf Grund der Besonderheiten des Versicherungsrechtes bei Beginn der Rentenzahlung. Als Gegenleistung ist jener Betrag anzusetzen, der zu Beginn der Rentenleistung als Einmalzahlung zum Erwerb des Rentenstammrechtes zu leisten wäre (idR der Endwert der Ansparphase). Zur Kapital-, Er- und Ablebensversicherung mit Einmalauszahlung siehe Rz 6136 ff.

Beispiel:

Im Rahmen eines Rentenversicherungsvertrages wurden laufende Prämien an ein Versicherungsunternehmen geleistet. Der Endwert der Ansparphase beträgt 50.000 Euro.

- *Vor Auszahlung der ersten Rente wird die Versicherungssumme in Form einer Einmalzahlung ausbezahlt. Es liegt keine Rentenabfindung iSd § 29 Z 1 EStG 1988 vor, die Einmalzahlung ist daher außerhalb des Anwendungsbereichs des § 27 Abs. 5 Z 3 EStG 1988 nicht steuerbar.*
- *Nach der ersten Rentenzahlung wird der Rentenanspruch gegen eine Einmalzahlung abgefunden. Nach § 29 Z 1 EStG 1988 tritt Steuerpflicht insoweit ein, als die erfolgten Rentenzahlungen zuzüglich der Abfindung den Endwert von 50.000 Euro übersteigen.*

Zinsen für Fremdkapital, das für den Erwerb eines Rentenstammrechtes aufgenommen wurde, stellen gemäß § 16 Abs. 1 Z 1 EStG 1988 Werbungskosten dar; zum Verlustausgleich siehe Rz 151 ff. Die Versicherungssteuer ist nicht als Werbungskosten absetzbar (VwGH 21.4.2005, 2004/15/0155).

Für den Wert der einjährigen Nutzung ist mangels einer eigenen einkommensteuerrechtlichen Vorschrift gemäß § 1 Abs. 1 BewG 1955 auf § 17 Abs. 3 BewG 1955 zurückzugreifen. Danach ist bei Nutzungen oder Leistungen, die in ihrem Betrag ungewiss sind oder schwanken, als Jahreswert der Betrag zugrunde zu legen, der in Zukunft im Durchschnitt der Jahre voraussichtlich erzielt werden wird. Beispielsweise ist als Jahreswert bei einer Vertragsgestaltung nahe der die Rentenleistungen innerhalb von drei Phasen schwanken, ein gewichteter Durchschnittswert heranzuziehen, der auf die Länge der einzelnen Phasen und die Höhe der in den einzelnen Phasen bezogenen Rentenleistungen abstellt.

(BMF-AV Nr. 2021/65)

Wird durch eine Rentenleistung ein Verdienstentgang ersetzt, stellt die Rente eine steuerpflichtige Einnahme iSd § 32 Abs. 1 Z 1 EStG 1988 dar; dh. die empfangenen Rentenzahlungen führen (sofort) zu Einkünften und sind bei jener Einkunftsart zu erfassen, die durch die Rente ersetzt wird (zB Einkünfte aus nichtselbständiger Arbeit; siehe dazu auch Rz 6810 ff). **7018a**

(AÖF 2010/43, AÖF 2013/280)

Wird durch eine nicht steuerbare Rente ein Mehrbedarf abgedeckt (Rz 7011), sodass die Rente nicht steuerbar ist, bzw. wird eine steuerbare aber wegen fehlender Überschreitung der Gegenleistung (Rentenbarwert, Endwert der Ansparphase) noch nicht steuerpflichtige Rente vereinnahmt, sind Aufwendungen in Zusammenhang mit dem versicherten und durch die Rente abgegoltenen Risiko nur insoweit als außergewöhnliche Belastung abzugsfähig, als sie den Betrag der nicht steuerpflichtigen Rente übersteigen. **7018b**

(AÖF 2010/43)

24.2.4.2 Pensionszusatzversicherungen

Die Regelungen betreffend Pensionsvorsorgeprodukte (§§ 108a und 108b EStG 1988) sehen vor, dass für die Beiträge zur Pensionsvorsorge eine Prämienbegünstigung gewährt wird. Weder die Veranlagungserträge aus dem durch die Beiträge aufgebrachten Kapital noch die Auszahlung der Pensionen unterliegen einer Besteuerung. § 29 Z 1 EStG 1988 normiert die Steuerbefreiung der Pensionsauszahlungen aus Pensionszusatzversicherungen. Diese Steuerbefreiung ist auf jenen Umfang an Pensionsauszahlungen beschränkt, die auf eine prämienbegünstigte Beitragsleistung zurückgehen. **7019**

Ebenso sind Rentenversicherungen steuerfrei, die eine Gegenleistung aus der Überweisung aus einer Zukunftsvorsorgeeinrichtung darstellen. Dies gilt jedoch nur insoweit, als es sich dabei um eine Überweisung von **7019a**

- einbezahlten Beiträgen, für welche Prämien gemäß § 108g EStG 1988 tatsächlich in Anspruch genommen wurden,
- Prämien gemäß § 108g EStG 1988,
- Erträgen aus den Prämien gemäß § 108g EStG 1988 sowie Erträgen aus den einbezahlten Beiträgen, für welche die Prämien gemäß § 108g EStG 1988 in Anspruch genommen wurden,

handelt. Einen entsprechenden Nachweis über die Prämiengewährung hat der Steuerpflichtige vorzulegen. Es bestehen keine Bedenken von einer steuerfreien Rente auszugehen, wenn der Steuerpflichtige die Einzahlungen in die Zukunftsvorsorge nicht selbst geleistet, sondern den Gegenwert im Erbweg unentgeltlich erworben hat. In einem derartigen Fall ist die Prämiengewährung an den Erblasser (ggf und an den Erben) Voraussetzung für die Steuerfreiheit der Rente. (Änd. d. InvFR 2003)

Hinsichtlich der Voraussetzungen des Vorliegens einer Zukunftsvorsorgeeinrichtung siehe LStR 2002 Rz 1396 ff. Auch Veranlagungen in Versicherungen können als Zukunftsvorsorgeeinrichtung ausgestaltet sein. Die Bestimmungen des § 108h Abs. 1 Z 1 EStG 1988 heben jedoch nicht die Veranlagungsbestimmungen des VAG 2016 auf. **7019b**

Die in LStR 2002 Rz 1396 beschriebenen Veranlagungsvoraussetzungen müssen aber bei Versicherungen zusätzlich im Deckungsstock, dem die jeweiligen Versicherungsverträge zugeordnet sind, gegeben sein.

§ 108h Abs. 1 Z 5 EStG 1988 sieht außerdem eine Kapitalgarantie vor, die bei Versicherungsverträgen auch von der Versicherung selbst gegeben werden kann.

Bis zum 31. Dezember 2005 konnten gemäß § 108i Abs. 2 letzter Satz EStG 1988 prämienbegünstigte Versicherungen auf Zukunftsvorsorgen übertragen werden. Eine solche Übertragung konnte insbesondere auch durch entsprechende Vertragsänderungen beim bisherigen Versicherungsvertrag erfolgen. Mit der Übertragung musste ein Verfügungsverzicht für mindestens 10 Jahre – beginnend ab der Übertragung – abgegeben werden (Näheres siehe LStR 2002 Rz 1397).

(BMF-AV Nr. 2019/75)

7019c Zusätzlich muss vor der ersten Einzahlung eine rechtsverbindliche Erklärung abgegeben werden, wonach mindestens für einen Zeitraum von 10 Jahren auf eine Verfügung über das angesparte Kapital verzichtet wird. Dieser Zeitraum beginnt ab der ersten Einzahlung zu laufen. Nach Ablauf des Mindestzeitraumes von 10 Jahren muss kein weiterer Verfügungsverzicht erfolgen. Für weitere Einzahlungen steht bei Vorliegen der allgemeinen Voraussetzungen jedenfalls die Prämie zu und die daraus resultierenden Rentenzahlungen sind steuerfrei. Hat der Anteilinhaber vor der ersten Einzahlung das fünfzigste Lebensjahr vollendet, kann wahlweise an Stelle der Mindestbindung von 10 Jahren eine verpflichtende Verrentung ab dem Zeitpunkt des Antrittes der gesetzlichen Alterspension vereinbart werden. Näheres siehe LStR 2002 Rz 1375.

(BMF-AV Nr. 2019/75)

7019d Bis zum 31. Dezember 2005 konnten gemäß § 108i Abs. 2 letzter Satz EStG 1988 prämienbegünstigte Versicherungen auf Zukunftsvorsorgen übertragen werden. Eine solche Übertragung konnte insbesondere auch durch entsprechende Vertragsänderungen beim bisherigen Versicherungsvertrag erfolgen. Mit der Übertragung musste ein Verfügungsverzicht für mindestens 10 Jahre – beginnend ab der Übertragung – abgegeben werden (Näheres siehe LStR 2002 Rz 1397).

Die Veranlagung kann auch über Investmentfonds erfolgen. Eine Anrechnung auf die in LStR 2002 Rz 1396 beschriebene Aktienquote erfolgt jedoch nur in dem Verhältnis, in dem sich das Fondsvermögen nach der tatsächlichen Veranlagung aus Aktien zusammensetzt.

(BMF-AV Nr. 2019/75)

7019e Erfolgt die Veranlagung in anderer Form als in Rz 7019b dargestellt, fehlt die Kapitalgarantie oder die in Rz 7019c dargestellte Verfügungsbeschränkung, liegt keine Zukunftsvorsorgeeinrichtung vor und es hat eine Versteuerung entsprechend den Ausführungen in Rz 7018 zu erfolgen. Allfällige tatsächlich zu Unrecht bezogene Prämien haben keine Auswirkung auf die Steuerpflicht.

(BMF-AV Nr. 2019/75)

24.3 Berechnung des Rentenbarwertes

(AÖF 2004/167)

24.3.1 Grundsätzliche Berechnung des Rentenbarwertes

(AÖF 2004/167)

7020 Gemäß § 1 Abs. 1 BewG 1955 gilt der erste Teil des BewG 1955 (§§ 2 bis 17) für alle bundesrechtlich geregelten Abgaben, soweit in anderen Abgabengesetzen nichts anderes geregelt ist. Da eine andere Regelung hinsichtlich der Rentenbewertung im Bereich der außerbetrieblichen Einkünfte nicht besteht, ist für außerbetriebliche Renten § 16 BewG 1955 maßgebend. Somit ist sowohl für die Beurteilung welcher Rententypus vorliegt, als auch für die Beurteilung, ab wann Einkünfte gemäß § 29 Z 1 EStG 1988 vorliegen, der Rentenbarwert ausschließlich gemäß § 16 BewG 1955 zu ermitteln (Genaueres siehe Pkt. 2 des Erl. BMF 17.12.2003, 08 0104/2-IV/8/03). Ausnahmen siehe Rz 7021 und 7021a.

(AÖF 2004/167)

7020a Gemäß § 1 Abs. 1 BewG 1955 gilt der erste Teil des BewG 1955 (§§ 2 bis 17) für alle Abgaben, soweit in anderen Abgabengesetzen nichts anderes geregelt ist. Der Barwert des § 16 BewG 1955 idF des Budgetbegleitgesetzes 2003 ist nunmehr ein Rentenbarwert, der mangels besonderer Regelungen in anderen Abgabengesetzen bei der Gewinnermittlung gemäß § 4 Abs. 1, § 5 und § 4 Abs. 3 EStG 1988 zwingend zum Ansatz kommt. Hinsichtlich der Behandlung von Renten, die bereits in einem vor dem 1.1.2004 endenden Wirtschaftsjahr erstmals in eine Steuerbilanz aufzunehmen waren, siehe Rz 2454; weitere Ausnahmen siehe Rz 2455 f. Der Barwert des § 16 BewG 1955 idF des Budgetbegleitgesetzes 2003 entspricht auch den unternehmensrechtlichen Grundsätzen ordnungsmäßiger Buchführung.

(AÖF 2008/238)

24.3.2 Abweichung für vor dem 1.1.2004 abgeschlossene Rentenverträge

(AÖF 2004/167)

7021 Für vor dem 1.1.2004 abgeschlossene Rentenverträge ist unabhängig von der Ausübung einer Option gemäß § 124b Z 82 EStG abweichend von Rz 7020 für die Ermittlung des

Barwertes zum Zwecke der Prüfung, welcher Rententypus vorliegt (Rz 7013, 7014, 7037, 7038 und 7052), hinsichtlich der Sterbewahrscheinlichkeit von den im Anhang III angeschlossenen Sterbetafeln auszugehen.

(AÖF 2004/167)

Liegt eine Option in die alte Rechtslage vor (Rz 7002a ff), erfolgt die Ermittlung des Barwertes für Zwecke, ab wann eine nicht betriebliche Kaufpreisrente gemäß § 29 Z 1 EStG 1988 steuerpflichtig bzw. gemäß § 16 Abs. 1 Z 1 oder § 18 Abs. 1 Z 1 EStG 1988 als Werbungskosten oder Sonderausgabe abzugsfähig ist, ausschließlich nach den Vorschriften des § 16 Abs. 2 und 4 BewG 1955 idF vor dem Budgetbegleitgesetz 2003. Dieser Barwert ist im Falle der Optionsausübung die AfA-Basis eines gegen Kaufpreisrente erworbenen Grundstücks. Dieser Wert ist durch Multiplikation des Jahreswertes der Rente mit nachfolgenden Faktoren zu ermitteln: **7021a**

Renten

Alter der Person, mit deren Tod die Rente endet:

unter 16 Jahren 18-facher Wert

über 15 und unter 26 Jahren mit dem 17-fachen

über 25 und unter 36 Jahren liegt, mit dem 16-fachen

über 35 und unter 46 Jahren liegt, mit dem 15-fachen

über 45 und unter 51 Jahren liegt, mit dem 14-fachen

über 50 und unter 56 Jahren liegt, mit dem 13-fachen

über 55 und unter 61Jahren liegt, mit dem 11-fachen

über 60 und unter 66 Jahren liegt, mit dem 9-fachen

über 65 und unter 71 Jahren liegt, mit dem 7-fachen

über 70 und unter 76 Jahren liegt, mit dem 5-fachen

über 75 und unter 81 Jahren liegt, mit dem 3-fachen

über 80 Jahren liegt mit dem Einfachen.

Hängt die Rentendauer von mehreren Personen ab, ist das Alter des Jüngsten maßgebend, wenn die Rente mit dem zuletzt Sterbenden erlischt. Hingegen ist das Alter des Ältesten maßgebend, wenn die Rente mit dem zuerst Sterbenden erlischt.

(AÖF 2004/167)

24.3.3 Wertsicherungsklauseln

Der Zinsfuß von 5,5% ist auch beizubehalten, wenn Wertsicherungsklauseln vereinbart werden. Die dadurch bedingten Werterhöhungen sind nicht über den Zinsfuß, sondern bei der Höhe der einzelnen Rentenzahlung zu berücksichtigen. **7022**

24.3.4 Vor dem 1.1.2000 abgeschlossene Rentenverträge

Wurden für vor dem 1.1.2000 abgeschlossene Rentenverträge andere als in Rz 7020, 7021, 7022, jedoch zu diesem Zeitpunkt unbedenkliche Parameter angenommen, sind diese für die betreffenden Rentenverträge weiterhin anzuwenden. **7023**

Für die unter Rz 7013 f dargestellte Klassifizierung der Renten sind allfällige Einmalbeträge dem Rentenbarwert hinzuzurechnen. **7024**

(AÖF 2004/167)

24.4 Bewertung des übertragenen Vermögens

Unter dem Wert des übertragenen Betriebsvermögens (Betrieb, Teilbetrieb, Mitunternehmeranteil einschließlich Sonderbetriebsvermögen) versteht man die Summe der Teilwerte aller Wirtschaftsgüter einschließlich selbst geschaffener unkörperlicher Wirtschaftsgüter (= 100%). Das übertragene Einzelwirtschaftsgut ist mit dem gemeinen Wert anzusetzen, unabhängig davon, ob ein Einzelwirtschaftsgut aus dem Betriebs- oder Privatvermögen übertragen wird. **7025**

(AÖF 2012/63)

24.5 Betriebliche Versorgungsrente

Bei der betrieblichen Versorgungsrente handelt es sich um eine Rente, die für die Verdienste des ehemaligen Betriebsinhabers bei der seinerzeitigen Führung des übertragenen Betriebes, Teilbetriebes oder Mitunternehmeranteils nach Art einer Pension ausbezahlt wird. Die Betriebsübertragung erfolgt in diesen Fällen unentgeltlich (§ 6 Z 9 lit. a EStG 1988). **7026**

Sind im übertragenen Betriebsvermögen auch Grundstücke enthalten, gilt dies auch für die mitübertragenen Betriebsgrundstücke. Auch diese werden – wie das übrige Betriebsvermögen – unentgeltlich übertragen.

Betriebliche Versorgungsrenten sind nicht passivierungsfähig (VwGH 24.10.1978, 0243/76). Die gesamten Rentenzahlungen sind sofort als Betriebsausgaben abzugsfähig und beim Empfänger als nachträgliche Betriebseinnahmen iSd § 32 Abs. 1 Z 2 EStG 1988 steuerpflichtig.

Beispiel:

Ein Betrieb wird gegen eine monatliche Leibrente von 15.000 übertragen. Die Rente soll der Versorgung des bisherigen Betriebsinhabers nach seiner Aktivzeit dienen und ist betrieblich begründet. Der Rentenbarwert beträgt 2,4 Mio. Der Wert des Betriebsvermögens beträgt 4 Mio.

Die Rente stellt eine Versorgungsrente dar, da der Rentenbarwert bezogen auf den Wert des übertragenen Betriebsvermögens lediglich 60% beträgt und damit keine angemessene Gegenleistung für die Betriebsübertragung darstellt. Da der Rentenvereinbarung betriebliche Gründe (Pensionsleistung für den ehemaligen Betriebsinhaber) zu Grunde liegen, stellt die Rente eine betriebliche Versorgungsrente dar, die beim Zahler sofort zu Betriebsausgaben und beim Empfänger sofort zu nachträglichen betrieblichen Einkünften iSd § 32 Abs. 1 Z 2 EStG 1988 führt. Die Betriebsübertragung stellt eine unentgeltliche Übernahme iSd § 6 Z 9 lit. a EStG 1988 dar.

(AÖF 2013/280)

24.6 Außerbetriebliche Versorgungsrente

7027 Bei diesem Rententyp stellt der Rentenbarwert keine angemessene Gegenleistung für die Übertragung des Betriebes, Teilbetriebes oder Mitunternehmeranteils dar und es liegt eine subjektive (nicht betrieblich veranlasste) Versorgungsabsicht vor (nahe Angehörige; kein Irrtum über den Wert). Diese Voraussetzungen sind üblicherweise gegeben, wenn der Barwert der Rente bezogen auf den Wert des übertragenen Betriebsvermögens (inklusive Betriebsgrundstücke) weniger als 75% oder mehr als 125%, aber nicht mehr als 200% beträgt.

Die Übertragung der betrieblichen Einheit erfolgt bei diesem Rententyp unentgeltlich. Der Rechtsnachfolger hat die Buchwerte fortzuführen (§ 6 Z 9 lit. a EStG 1988). Die vom Rechtsnachfolger geleisteten Renten sind nach § 18 Abs. 1 Z 1 EStG 1988 als Sonderausgaben abzuziehen, die vom Rechtsvorgänger vereinnahmten Renten sind als Einkünfte iSd § 29 Z 1 EStG 1988 anzusetzen.

Dies gilt auch für die mitübertragenen Betriebsgrundstücke. Auch diese werden unentgeltlich übertragen. Mangels Veräußerung ist § 30 EStG 1988 nicht anwendbar. Daher sind die gesamten Rentenzahlungen als Einkünfte iSd § 29 Z 1 EStG 1988 anzusetzen.

Beispiel:

Ein Betrieb (inklusive Betriebsgrundstücke) wird gegen eine monatliche Leibrente von 1.000 Euro unter nahen Angehörigen übertragen. Der Rentenbarwert beträgt 153.900 Euro, der Wert des Betriebsvermögens 255.000 Euro. Die Rente stellt eine Versorgungsrente dar, da der Rentenbarwert bezogen auf den Wert des übertragenen Betriebsvermögens lediglich 60,36% beträgt und damit keine angemessene Gegenleistung für die Betriebsübertragung darstellt. Da der Rentenvereinbarung keine betrieblichen Gründe (Pensionsleistung für den ehemaligen Betriebsinhaber) zu Grunde liegen, stellt die Rente eine außerbetriebliche Versorgungsrente dar, die beim Zahler sofort zu Sonderausgaben und beim Empfänger sofort zu wiederkehrenden Bezügen führt. Die Betriebsübertragung stellt eine unentgeltliche Übernahme iSd § 6 Z 9 lit. a EStG 1988 dar.

(AÖF 2013/280)

7028 Wird ein Wirtschaftsgut aus einem Betrieb entnommen, welcher gegen außerbetriebliche Versorgungsrente übertragen wurde, wobei das Wirtschaftsgut jedoch mit der Rente anteilig in einem Wertverhältnis steht, welches bei Übertragung eines Einzelwirtschaftsgutes einen anderen Rententypus ergeben hätte, so bleibt dies auf die ursprüngliche Typisierung der Rente ohne Einfluss.

Beispiel:

Ein Betrieb im Wert von 200.000 € wird gegen Rente, deren Rentenbarwert 120.000 €, somit 60% beträgt, übertragen. Im Betrieb befindet sich eine Liegenschaft, die später entnommen wird. Es liegt lediglich eine Entnahme des Grundstückes mit dem Teilwert vor. Eine Umtypisierung des dem Grundstück zuzurechnenden Rententeiles in eine Kaufpreisrente findet nicht statt, sondern es bleibt die ursprüngliche Rente in ihrer Gesamtheit als außerbetriebliche Versorgungsrente bestehen.

(AÖF 2004/167)

Gleichfalls hat eine Betriebsaufgabe keinen Einfluss auf den ursprünglichen Charakter der Rente, sodass eine Versorgungsrente auch nach Beendigung der betrieblichen Tätigkeit bestehen bleibt. 7029

Auch eine Betriebsveräußerung eines gegen Versorgungsrente übertragenen Betriebes bleibt auf den Charakter der Rente solange ohne Auswirkung, als keine Änderung in der Person des Rentenverpflichteten eintritt. Übernimmt jedoch der Betriebserwerber auch die Zahlung der Versorgungsrente, so ist die Höhe des nach versicherungsmathematischen Grundsätzen kapitalisierten Barwertes der Rente zum Zeitpunkt der Betriebsveräußerung als Teil des Kaufpreises anzusehen. Der Betriebserwerber hat den versicherungsmathematisch berechneten Rentenbarwert in seiner Bilanz als Schuld auszuweisen. Die weitere Behandlung der Rente erfolgt wie in Rz 7032 ff dargestellt. 7030

24.7 Kaufpreisrente

24.7.1 Übertragung eines Betriebes, Teilbetriebes oder Mitunternehmeranteils

Bei der Kaufpreisrente aus Anlass der Übertragung eines Betriebes, Teilbetriebes oder Mitunternehmeranteils stellt der Rentenbarwert im Wesentlichen dann eine angemessene Gegenleistung für die Übertragung des Betriebes, Teilbetriebes oder Mitunternehmeranteils dar, wenn der Rentenbarwert bezogen auf den Wert des übertragenen Betriebsvermögens im Bereich von 75% bis 125% liegt (VwGH 28.4.1987, 86/14/0175). 7031

Zur Vorgangsweise bei im Betriebsvermögen befindlichen Grundstücken des Altvermögens siehe Rz 5675a.

Die Kaufpreisrente führt bei Veräußerung eines Teilbetriebs zu einem Veräußerungsgewinn iSd § 24 EStG 1988, ansonsten zu nachträglichen betrieblichen Einkünften und beim Erwerber zu einem Betriebserwerb iSd § 6 Z 8 lit. b EStG 1988.

(AÖF 2013/280)

24.7.1.2 Folgen

Insoweit die Rentenzahlungen (Zuflussprinzip) zuzüglich allfälliger Einmalbeträge, Entnahmegewinne etc den Buchwert des Betriebsvermögens übersteigen, liegen beim Rentenempfänger (nachträgliche) betriebliche Einkünfte vor. 7032

Die Übertragung eines Teilbetriebs gegen Kaufpreisrenten ist wie die Veräußerung eines betrieblichen Einzelwirtschaftsgutes zu behandeln; siehe Rz 7044. Beim Erwerber liegt ein entgeltlicher Betriebserwerb vor. Er hat eine Eröffnungsbilanz wie bei jeder anderen entgeltlichen Betriebsübernahme zu erstellen (§ 6 Z 8 lit. b EStG 1988). Der nach den Grundsätzen der Rz 7020 ermittelte Rentenbarwert ist wie eine Kaufpreisschuld zu passivieren. Der Rentenbarwert ist daraufhin jedes Jahr nach den genannten Grundsätzen neu zu bewerten; diese Anpassung ist erfolgswirksam, während die laufenden Rentenzahlungen betriebliche Aufwendungen bilden. Im Jahr des Wegfalls der Rentenverpflichtung (Tod des letzten Rentenberechtigten) ist der Rentenbarwert erfolgswirksam aufzulösen. 7033

(AÖF 2004/167)

Werden gegen eine Rente sowohl betriebliche Einheiten als auch Wirtschaftsgüter des Privatvermögens übertragen, so ist die Rente nach Maßgabe der Verkehrswerte aufzuspalten. Der auf die betrieblichen Einheiten entfallende Rentenanteil ist als Kaufpreis-, Versorgungs- oder Unterhaltsrente zu behandeln. Der den anderen Wirtschaftsgütern zuzuordnende Rentenanteil stellt eine Kaufpreis-, Unterhalts- oder gemischte Rente dar. 7034

24.7.1.3 Einnahmen-Ausgaben-Rechnung

Überträgt ein Einnahmen-Ausgaben-Rechner seinen Betrieb gegen Kaufpreisrente, ist ein Übergang zur Gewinnermittlung gemäß § 4 Abs. 1 EStG 1988 vorzunehmen (§ 4 Abs. 10 EStG 1988). Die weitere steuerliche Behandlung der Rente beim Rentenberechtigten erfolgt wie in Rz 7032 ff dargestellt. 7035

Der Rentenverpflichtete hat hingegen bei Fortführung einer Einnahmen-Ausgaben- Rechnung eine Aufteilung der Rente im Verhältnis der Teilwerte auf die einzelnen übernommenen Wirtschaftsgüter des Betriebsvermögens vorzunehmen. Insoweit die Rente auf Umlaufvermögen entfällt, bilden die Zahlungen sofort Betriebsausgaben. Hinsichtlich des restlichen Teils der Rente liegen nach Überschreiten des Rentenbarwertes Betriebsausgaben vor. Der Wegfall der Rentenschuld ist, soweit sie Anlagevermögen betrifft, eine Betriebseinnahme im Jahr des Wegfalls in Höhe des Rentenbarwertes zum Wegfallszeitpunkt. Der Wegfall der Rentenschuld ist, soweit sie Anlagevermögen betrifft, eine Betriebseinnahme im Jahr des Wegfalls in Höhe des Rentenbarwertes zum Wegfallszeitpunkt. 7036

(BMF-AV Nr. 2018/79)

24.7.2 Kaufpreisrente aus Anlass der Übertragung von Einzelwirtschaftsgütern

24.7.2.1 Übertragung von Einzelwirtschaftsgütern in der privaten Sphäre

7037 Beträgt der Rentenbarwert zusammen mit einem allfälligen Einmalbetrag nicht weniger als 50%, jedoch höchstens 125% des Wertes des übertragenen Einzelwirtschaftsgutes, liegt insgesamt eine Kaufpreisrente vor (zur Übertragung von Grundstücken gegen Rente nach dem 31.3.2012 siehe Rz 775 und Rz 781).

Wird eine Rente im Zuge eines unentgeltlichen Erwerbes eines Einzelwirtschaftsgutes vom Rechtsvorgänger übernommen, ist die übernommene Rente unabhängig von der steuerlichen Qualifikation beim Rechtsvorgänger zu beurteilen. Steht der Rentenbarwert der übernommenen Rente zum Zeitpunkt der Übertragung in keinem angemessenen Verhältnis (weniger als 50%) zum Wert des übertragenen Einzelwirtschaftsgutes, liegt keine Kaufpreisrente vor (VwGH 24.03.2009, 2004/13/0063).

Dies führt aber nicht zu einer Umqualifizierung der Rente beim Rentenempfänger.

(AÖF 2013/280)

7038 Überschreitet der Rentenbarwert den Wert des übertragenen Wirtschaftsgutes um mehr als 25%, beträgt er jedoch nicht mehr als 200% des Wertes des übertragenen Wirtschaftsgutes, ist die Rente aufzuspalten (siehe Rz 7052).

(AÖF 2004/167)

7039 Bei einer Kaufpreisrente sind die Rentenzahlungen ab dem Zeitpunkt abzugsfähig, in dem sie, ggf. inklusive angefallener Wertsicherungsbeträge, den Wert des übertragenen Wirtschaftgutes überschreiten. Besteht dieser Wert nicht in Geld, ist er mit dem Rentenbarwert zuzüglich allfälliger Einmalzahlungen anzusetzen. Auch Abfindungen von Rentenansprüchen sind steuerpflichtige Einkünfte, soweit der Rentenbarwert überschritten wird. Abfindungen von Rentenansprüchen sind hingegen keine Einkünfte, wenn der Rentenberechtigte gemäß § 124b Z 82 EStG 1988 von der Option in die alte Rechtslage Gebrauch gemacht hat (Rz 7002a ff). Bei Ausübung dieser Option sind bereits Rentenzahlungen steuerpflichtig, die den Rentenbarwert gemäß § 16 Abs. 2 BewG 1955 idF vor dem Budgetbegleitgesetz 2003 überschreiten. Zur Ermittlung dieses Barwerts siehe Rz 7021a.

Beispiel:

Eine private Gemäldesammlung wird gegen eine Leibrente iHv monatlich 2.000 Euro übertragen. Der Verkehrswert der Sammlung beträgt 247.000 Euro.

a) Der Rentenbarwert beträgt 307.800 Euro (männlicher Rentenberechtigter).

Der Rentenbarwert (307.800 Euro) beträgt 125% des Verkehrswertes der übertragenen Immobilie (247.000 Euro). Die Rente stellt eine (noch) angemessene Gegenleistung für die Übertragung des Gebäudes dar. Überschreiten die Rentenzahlungen den Rentenbarwert von 307.800 Euro, liegen ab diesem Zeitpunkt beim Zahler Sonderausgaben und beim Empfänger wiederkehrende Bezüge vor.

b) Der Rentenbarwert beträgt 340.880 Euro (weibliche Rentenberechtigte)

Der Rentenbarwert (340.880 Euro) beträgt 138% des Verkehrswertes der übertragenen Gemäldesammlung (247.000 Euro). Die Rente stellt keine angemessene Gegenleistung mehr für die Übertragung der Gemäldesammlung dar. Damit ist die Rente aufzusplitten:

100/138 (= ca. 0,72 = 72%) ist Kaufpreisrente,

38/138 (= ca. 0,28 = 28%) ist Unterhaltsrente.

In diesem Verhältnis wird der Rentenbarwert von 340 880 Euro aufgeteilt:

340.880 x 72% = 245.434 Euro

340.880 x 28% = 95.446 Euro

Im selben Verhältnis sind auch die Rentenzahlungen aufzuteilen:

2.000 x 72% = 1.440 Euro: In diesem Ausmaß liegt eine Kaufpreisrente vor. Ab dem Zeitpunkt, ab dem die Rentenzahlungen (1.440 Euro) den Betrag von 245.434 Euro überschreiten, liegen beim Zahler Sonderausgaben und beim Empfänger wiederkehrende Bezüge vor.

2 000 x 28% = 560 Euro: In diesem Ausmaß stellen die Rentenzahlungen steuerlich nicht relevante Unterhaltsrenten dar.

(BMF-AV Nr. 2021/65)

7040 Sofern das erworbene Vermögen nicht einem Betriebsvermögen zugeführt wird oder der Erzielung außerbetrieblicher Einkünfte dient, führen die Rentenzahlungen ab demselben Zeitpunkt, ab dem die Rente beim Empfänger steuerpflichtig wird (Rz 7039), beim Rentenverpflichteten zu Sonderausgaben gemäß § 18 Abs. 1 Z 1 EStG 1988. Die Abfindung von

Rentenansprüchen sind gemäß § 124b Z 80 lit a EStG 1988 dann keine Sonderausgaben, wenn der Rentenberechtigte die Option in die alte Rechtslage (Rz 7002a ff) ausgeübt hat.

(AÖF 2004/167)

Dient ein übertragenes Wirtschaftgut der Erzielung von Einkünften aus Vermietung und Verpachtung, ist der Rentenbarwert zuzüglich übernommener Verbindlichkeiten und Einmalbeträge die Bemessungsgrundlage einer (allfälligen) Absetzung für Abnutzung (siehe auch Rz 6424 ff). Der Rentenbarwert ist grundsätzlich gemäß § 16 BewG 1955 idF des Budgetbegleitgesetzes 2003 zu ermitteln. Wurde hingegen mit dem Rentenempfänger Einvernehmen hinsichtlich der Geltendmachung der Option gemäß § 124b Z 82 EStG 1988 (Rz 7002b) hergestellt und wurde diese Option tatsächlich ausgeübt, ist der Barwert gemäß § 16 Abs. 2 BewG 1955 idF vor dem Budgetbegleitgesetz 2003 zu berechnen. Näheres zur Berechnung siehe Rz 7021a. **7041**

(AÖF 2004/167)

Renten

24.7.2.2 Erwerb eines Einzelwirtschaftsgutes gegen Kaufpreisrente für ein Betriebsvermögen (siehe auch Abschn. 6.9.5)

Wird ein Einzelwirtschaftgut gegen Kaufpreisrente aus betrieblichen Gründen erworben, bildet der Rentenbarwert neben einer allfälligen Einmalzahlung, übernommenen Verbindlichkeiten und allfälligen sonstigen Nebenkosten die zu aktivierenden Anschaffungskosten. Hinsichtlich der Barwerte von Renten, die schon in einem vor dem 1.1.2004 endenden Wirtschaftsjahr enthalten waren, siehe Rz 2454. Der Rentenbarwert selbst ist zu passivieren und zu jedem Bilanzstichtag unter Anwendung des ursprünglichen Zinssatzes neu zu bewerten. Die jährliche Anpassung ist erfolgswirksam, die laufenden Rentenzahlungen sind sofort aufwandswirksam (VwGH 30.11.1993, 90/14/0107). Eine Wertsicherungsklausel führt zwar zu einem höheren Rentenbarwert, aber nicht zu nachträglichen Anschaffungskosten für das angeschaffte Wirtschaftsgut (VwGH 28.4.1987, 85/14/0066); bei schwankenden Wertsicherungen ist die Bewertung wie bei gewinn- bzw. umsatzabhängigen Renten vorzunehmen. Erlischt die Rentenverpflichtung vorzeitig (zB wegen Tod des Rentenberechtigten), dann ist die Verpflichtung gewinnerhöhend aufzulösen (VwGH 21.4.1961, 2966/1958; VwGH 3.2.1967, 1312/1966); eine Kürzung der gegen die Rente erworbenen Wirtschaftsgüter ist unzulässig (VwGH 24.11.1980, 716/1979). Einmalzahlungen zur Ablösung der Rentenverpflichtung sind gegen die Rentenverpflichtung zu verrechnen. Eine Veräußerung oder Entnahme des gegen Kaufpreisrente erworbenen Wirtschaftsgutes hat auf die Behandlung der Rentenverpflichtung selbst keinen Einfluss. **7042**

(AÖF 2004/167)

Bei gewinn- oder umsatzabhängigen Renten ist der Rentenbarwert im Zeitpunkt der Begründung der Rentenverpflichtung zu ermitteln (VwGH 30.11.1993, 90/14/0107). Verändert sich der Gewinn bzw. Umsatz, ist das imparitätische Realisationsprinzip bei der Barwertberechnung zu beachten. Davon nicht betroffen ist die Abzinsung oder die Wahrscheinlichkeit bei der Barwertberechnung. Sinkt in den Folgejahren die Rente infolge sinkender Gewinne bzw. Umsätze, dann bleibt der ursprüngliche Gewinn bzw. Umsatz die Grundlage für die Ermittlung des Rentenbarwertes. Steigt die Rente infolge steigender Gewinne bzw. Umsätze, dann ist die höhere Rente in die Berechnung des Barwertes einzubeziehen. Sinkt der Gewinn bzw. Umsatz in der Folge, dann darf für die Berechnung des Barwertes kein niedrigerer Umsatz bzw. Gewinn angenommen werden, als jener, der sich aus dem Ansatz der ursprünglichen Rente ergibt. **7042a**

(AÖF 2004/167)

Beim Einnahmen-Ausgaben-Rechner liegen ab Überschreiten des Rentenbarwertes Betriebsausgaben vor, soweit sich die Rente auf Anlagevermögen (oder den Firmenwert) bezieht. Bezieht sich die Rente auf Umlaufvermögen, liegen sofort Betriebsausgaben vor. Bei Wegfall der Rentenschuld fällt, soweit sie Anlagevermögen betrifft, eine Betriebseinnahme im Jahr des Wegfalls in Höhe des Rentenbarwertes zum Wegfallszeitpunkt an (siehe auch Rz 7035 ff). **7043**

(AÖF 2004/167)

24.7.2.3 Veräußerung eines betrieblich genutzten Einzelwirtschaftsgutes gegen Rente

Bei Veräußerung eines Einzelwirtschaftsgutes des Betriebsvermögens gegen Kaufpreisrente ist zunächst im Veräußerungszeitpunkt der Rentenbarwert in der Bilanz wie eine gestundete Kaufpreisforderung zu behandeln. Hinsichtlich der Barwerte von Renten, die schon in einem vor dem 1.1.2004 endenden Wirtschaftsjahr enthalten waren, gilt Rz 2454 sinngemäß. In den Folgejahren ist der Rentenbarwert neu zu berechnen. Die Anpassung **7044** ist erfolgswirksam; die einlangenden Rentenzahlungen sind Betriebseinnahmen. Wird der Betrieb später entgeltlich oder unentgeltlich mit Ausnahme des Rentenstammrechtes übertragen, liegt eine Entnahme in Höhe des zum Zeitpunkt des Ausscheidens aus dem Betriebsvermögen zu bilanzierenden Rentenbarwertes vor (VwGH 30.11.1999, 94/14/0158). *(AÖF 2004/167)*

7045 Der Einnahmen-Ausgaben-Rechner hat im Jahr der Veräußerung des Wirtschaftsgutes Betriebsausgaben in Höhe des Buchwertes des veräußerten Wirtschaftsgutes, sofern das Wirtschaftsgut nicht dem Umlaufvermögen zuzurechnen war. Die darauffolgenden Renten sind ab der ersten Zahlung Betriebseinnahmen (VwGH 30.11.1999, 94/14/0158).

24.8 Unterhaltsrente

24.8.1 Übertragung eines Betriebes, Teilbetriebes oder Mitunternehmeranteils

7046 Diese Rente ist dadurch charakterisiert, dass wegen des hohen Rentenbarwertes der Zusammenhang zwischen Übertragung und Rentenvereinbarung wirtschaftlich bedeutungslos ist. Dies ist dann der Fall, wenn der Rentenbarwert bezogen auf den Wert des übertragenen Betriebsvermögens (inklusive Betriebsgrundstücke) mehr als 200% beträgt.

Bei diesem Rententyp liegt eine unentgeltliche Übertragung des Betriebsvermögens (auch der Betriebsgrundstücke) vor. Der Rechtsnachfolger führt die Buchwerte fort (§ 6 Z 9 lit. a EStG 1988). Gemäß § 18 Abs. 1 Z 1 und § 29 Z 1 EStG 1988 ist für diese Renten § 20 Abs. 1 Z 4 erster Satz EStG 1988 anzuwenden, dh. diese Renten sind beim Rechtsnachfolger keine abzugsfähigen Sonderausgaben und beim Rechtsvorgänger keine anzusetzenden Einkünfte. *(AÖF 2013/280)*

24.8.2 Übertragung von Einzelwirtschaftsgütern

7047 Unterschreitet der Rentenbarwert den Wert des übertragenen Wirtschaftsgutes, so liegt bei einem Rentenbarwert von weniger als der Hälfte des Wertes des übertragenen Wirtschaftsgutes insgesamt eine Unterhaltsrente vor.

7048 Überschreitet der Rentenbarwert den Wert des übertragenen Wirtschaftsgutes um mehr als 25% (beträgt er jedoch nicht mehr als 200% des Wertes des übertragenen Wirtschaftsgutes), ist die Rente aufzuspalten. Jener Teil der Rente, der auf den „Überschreitungsteil" (mehr als 100% des Wertes des übertragenen Gutes) entfällt, stellt eine Unterhaltsrente dar.

7049 Renten, deren Barwert mehr als 200% des Wertes des übertragenen Wirtschaftsgutes beträgt, stellen zur Gänze Unterhaltsrenten dar. Auch bei diesem Rententyp liegt eine unentgeltliche Übertragung von Wirtschaftsgütern vor. Es ist daher ebenfalls § 20 Abs. 1 Z 4 erster Satz EStG 1988 anzuwenden, weshalb diese Renten beim Rechtsnachfolger keine abzugsfähigen Sonderausgaben und beim Rechtsvorgänger keine anzusetzenden Einkünfte darstellen.

7050 Bei Veräußerung eines im Betriebsvermögen befindlichen Einzelwirtschaftsgutes gegen Unterhaltsrente findet anläßlich der Übertragung zunächst eine Entnahme zum Teilwert statt. Die späteren Rentenzahlungen sind steuerlich unbeachtlich; sofern eine Bestreitung aus dem Betriebsvermögen erfolgt, liegt eine Privatentnahme vor.

7051 Wird ein Wirtschaftsgut gegen Unterhaltsrente für betriebliche Zwecke erworben, so liegt wegen des privaten Charakters der Unterhaltsrente in der Anschaffung zunächst ein privater Vorgang. Darauf folgt eine Privateinlage in das Betriebsvermögen mit dem Teilwert. Die Rentenzahlungen sind private Einkommensverwendung. Bei Bestreitung aus dem Betriebsvermögen liegt eine Privatentnahme vor. Weder die Verringerung noch das Erlöschen der Rentenverpflichtung haben Auswirkungen auf die betriebliche Gewinnermittlung.

24.9 Gemischte Rente

7052 Gemischte Renten können anlässlich der Übertragung von Einzelwirtschaftsgütern entstehen. Dies dann, wenn der Rentenbarwert mehr als 125% jedoch nicht mehr als 200% des Wertes des übertragenen Einzelwirtschaftgutes beträgt. In einem solchen Fall ist eine Aufteilung der Rente vorzunehmen. Derjenige Teil der Rente, dessen Barwert zu 100% dem Wert des übertragenen Wirtschaftgutes entspricht, ist als Kaufpreisrente nach den in Abschnitt 24.7 dargelegten Grundsätzen zu behandeln. Dieser Rentenanteil errechnet sich aus dem Produkt aus dem Wert des übertragenen Einzelwirtschaftsgutes und Monatsrente gebrochen durch den gesamten Rentenbarwert. Der übersteigende Rentenanteil bildet eine steuerlich unbeachtliche Unterhaltsrente (siehe Rz 7046 ff).

Wird nach dem 31.3.2012 ein Grundstück gegen eine gemischte Rente veräußert, führt der Teil der Rente, dessen Barwert zu 100% dem Wert des Grundstücks entspricht, ab dem

Übersteigen der Anschaffungskosten (inklusive der Werbungskosten) zu Einkünften aus privaten Grundstücksveräußerungen (siehe auch Rz 7014b).

Beispiel:

Eine Immobilie im Wert von 100.000 Euro (Anschaffungskosten: 60.000 Euro) wird von einer 60-jährigen Frau gegen monatliche Rente von 1.000 Euro übertragen. Der Rentenbarwert beträgt 167.909 Euro, somit 167,91% (167.909 x 100 : 100.000) des Wertes des übertragenen Wirtschaftsgutes.

Daher beträgt der auf die Kaufpreisrente entfallende Teil monatlich 595,56 Euro (100.000 x 1.000 : 167.909) oder 59,56% (595,56 x 100: 1.000) der gesamten monatlichen Rente. Überschreitet die Summe der monatlichen Zahlungen von 595,56 Euro den Betrag von 60.000 Euro, ist hinsichtlich dieses Rententeiles Steuerpflicht gemäß § 30 EStG 1988. Für den Rentenzahler ist ein Sonderausgabenabzug erst ab Überschreiten des Rentenbarwertes möglich.

Ein Betrag von monatlich 404,44 Euro oder 40,44% der monatlichen Rente ist eine steuerlich unbeachtliche Unterhaltsrente. Diese Zahlungen sind auch nicht für das Erreichen des Betrages von 60.000 Euro zu berücksichtigen.

(AÖF 2013/280)

Bei der Aufteilung einer gemischten Rente und eines Einmalbetrages ist zu beachten, dass der Einmalbetrag stets dem Kaufpreisanteil zuzurechnen ist. Ist die Höhe des Einmalbetrages mit dem Wert des übertragenen Wirtschaftsgutes ident, handelt es sich bei der gesamten Rente um eine steuerlich unbeachtliche Unterhaltsrente. Ist der Einmalbetrag geringer als der Wert des übertragenen Wirtschaftsgutes, ist ein der Differenz entsprechender Anteil der Rente als Kaufpreisrente anzusehen. **7053**

Der übersteigende Rentenanteil bildet eine steuerlich unbeachtliche Unterhaltsrente. Dieser Unterhaltsanteil errechnet sich aus dem Rentenbarwert zuzüglich des Einmalbetrages abzüglich des Wertes des übertragenen Wirtschaftsgutes. Dieses Ergebnis ist mit 100 zu multiplizieren und durch den Rentenbarwert zu dividieren. **7054**

Beispiel:

Ein Einzelwirtschaftsgut wird von einer 62-jährigen Frau gegen eine monatliche Rente von 2.000 € und einen Einmalbetrag von 50.000 € übertragen. Der Rentenbarwert beträgt 325.043 € und der Wert des übertragenen Einzelwirtschaftsgutes 230.000 €.

Der Rentenbarwert zuzüglich Einmalbetrag beträgt somit 163% des Wertes des übertragenen Einzelwirtschaftsgutes.

Der Anteil des Unterhaltsteiles der Rente beträgt 44,62 % [(325.043 + 50.000 – 230.000) x 100 : 325.043].

Dies ergibt bei einer monatlichen Rente von 2.000 € einen steuerlich unbeachtlichen Teil von 892,4 [44,62 % von 2.000 = 892,4]

Der verbleibende Rententeil von 1.107,6 € [55,38% von 2.000] ist steuerlich relevant.

(AÖF 2004/167)

24.10 Steuerbare Veräußerungen von Privatvermögen und Rente

(AÖF 2013/280)

Wird ein Einzelwirtschaftsgut gegen Kaufpreisrente übertragen, liegt eine entgeltliche Übertragung vor. Wird diese Übertragung vor Ablauf der Spekulationsfrist vorgenommen, bzw. werden Grundstücke nach dem 31.3.2012 veräußert, gehen die Spekulationseinkünfte bzw. die Einkünfte aus privaten Grundstücksveräußerungen den Einkünften gemäß § 29 EStG 1988 vor. Die Zahlungen sind beim Rentenempfänger bereits ab Überschreiten der ursprünglichen Anschaffungskosten zuzüglich Herstellungs- und Instandsetzungsaufwendungen sowie Werbungskosten (mangels Anwendbarkeit des besonderen Steuersatzes kommt das Werbungskostenabzugsverbot bei Veräußerung gegen Rente nicht zum Tragen) abzüglich allfälliger steuerfreier Subventionen (siehe Rz 6659 ff) steuerpflichtige Einnahmen. **7055**

Beispiel:

Eine Immobilie wird 2008 um 100.000 erworben und 2013 von der nunmehr 60-jährigen Eigentümerin gegen eine monatliche Rente von 700 Euro übertragen. Bei der Übertragung beläuft sich der Wert der Immobilie auf 150.000 Euro. Der Rentenbarwert beträgt 117.536 Euro. Es handelt sich somit um eine Kaufpreisrente (Rentenbarwert = 78,35% des Wertes der Immobilie). Instandsetzungsaufwand, Werbungskosten, steuerfreie Subventionen liegen nicht vor. Beim Rentenempfänger sind bereits Zahlungen ab dem Überschreiten des Betrages von 100.000 Euro als Einkünfte aus privaten Grundstücksveräußerungen steuerpflichtig, während der Rentenzahler erst Zahlungen ab Überschreiten des Barwertes von 117.536 Euro als Sonderausgaben bzw. Werbungskosten geltend machen kann.

(AÖF 2013/280)

7055a Wird ein Grundstück, das zum 31.3.2012 nicht steuerverfangen war, gegen Rente veräußert, ist auch in diesem Fall die Ermittlung eines pauschalen Veräußerungsgewinnes iSd § 30 Abs. 4 EStG 1988 zulässig. Der pauschale Veräußerungsgewinn im Rahmen einer Rentenzahlung erfolgt der Art, dass die Rentenzahlungen ab Überschreiten von 86% des Rentenbarwertes (bei Umwidmungen iSd § 30 Abs. 4 Z 1 EStG 1988 40% des Rentenbarwertes) steuerpflichtige Einnahmen darstellen. Dies gilt auch dann, wenn ein Teil des Kaufpreises als Einmalzahlung erfolgt, sofern die Einmalzahlung 50% des gemeinen Wertes nicht erreicht. Beträgt die Einmalzahlung mehr als 50% des gemeinen Wertes des Grundstücks, hat eine Aufteilung der Gesamtzahlung zu erfolgen. Es ist dann einerseits von einer Veräußerung gegen Einmalzahlung auszugehen und andererseits von einer Veräußerung gegen Rente, die nach obigen Grundsätzen zur Steuerpflicht führt.

Beispiel 1:

Ein Grundstück des Altvermögens wird um 100 gegen eine Einmalzahlung von 40 und eine Rentenzahlung (Rentenbarwert 60) veräußert. In diesem Fall ist gesamte Gegenleistung als Rente zu erfassen. Da die fiktiven AK des Grundstücks 86 (86% von 40 + 60) betragen, tritt die Steuerpflicht dann ein, wenn die zusätzlich zur Einmalzahlung geleisteten Rentenzahlungen 46 übersteigen.

Beispiel 2:

Ein Grundstück des Altvermögens wird um 100 gegen eine Einmalzahlung von 80 und eine Rentenzahlung (Rentenbarwert 20) veräußert. Da die Einmalzahlung mehr als 50% des gemeinen Wertes beträgt, hat eine Aufteilung zu erfolgen. Die Einmalzahlung ist nach den üblichen Grundsätzen des § 30 Abs. 4 EStG 1988 zu versteuern. Zusätzlich sind aber auch die Rentenzahlungen zu erfassen; für diese gilt, dass die Steuerpflicht ab Überschreiten von 86% des Rentenbarwertes (86% von 20 = 17,2) eintritt.

(BMF-AV Nr. 2019/75)

7055b Nach § 18 Abs. 1 Z 1 EStG 1988 sind bei Gegenleistungsrenten für die Übertragung eines Einzelwirtschaftsgutes Rentenzahlungen ab dem Überschreiten des Rentenbarwertes als Sonderausgaben abzugsfähig (im Falle der Vermietung des gegen Rente erworbenen Grundstückes als Werbungskosten bei den Einkünften aus Vermietung und Verpachtung). Dies gilt auch dann, wenn die Rentenzahlungen beim Empfänger bereits ab dem Überschreiten der Anschaffungskosten des übertragenen Grundstücks zu steuerpflichtigen Einkünften führen.

(AÖF 2013/280)

7056 Wird ein Einzelwirtschaftsgut gegen Kaufpreisrente erworben, bildet bei der Ermittlung der Spekulationseinkünfte bzw. bei der Ermittlung der Einkünfte aus privaten Grundstücksveräußerungen der gemäß § 16 BewG 1955 ermittelte Rentenbarwert für den Erwerber und Rentenzahler den Anschaffungspreis. Soweit keine Vereinbarungen hinsichtlich der Rentenverpflichtungen getroffen werden, bleibt der Verkauf ohne Einfluss auf die Rente.

Beispiel:

Eine (1970 angeschaffte) Immobilie wird von Z gegen monatliche Rente von 1.000 Euro von der 62-jährigen E im Jahr 2011 erworben. Der Wert der Immobilie beläuft sich auf 120.000 Euro. Der Rentenbarwert beträgt 113.765 Euro. Es handelt sich somit um eine Kaufpreisrente (Rentenbarwert = 94,8% des Wertes der Immobilie). 2018 veräußert Z die Immobilie an D um 150.000 weiter. Die Rentenzahlungen fließen jedoch weiter von Z an E. Instandsetzungsaufwand, Werbungskosten steuerfreie Subventionen liegen nicht vor. Die Einkünfte aus privaten Grundstücksveräußerungen betragen 36.235 Euro (150.000 – 113.765). Die Steuerpflicht hinsichtlich der Rente bleibt unberührt. Z wird ab dem Zeitpunkt, ab dem die Rentenzahlungen erstmals den Betrag von 113.765 Euro überschreiten, einen Sonderausgabenabzug vornehmen können. Zum gleichen Zeitpunkt tritt bei E Steuerpflicht ein, weil die Veräußerung von E an Z im Jahr 2011 noch unter der Rechtslage vor dem 1. StabG 2012 erfolgte und somit die Regeln der Rentenbesteuerung nach § 29 Z 1 EStG 1988 zur Anwendung kommen.

Variante:

Die Veräußerung von E an Z erfolgt im Jahr 2013. Daher kommen die Regeln der neuen Rentenbesteuerung zur Anwendung. Da es sich bei dem übertragenen Grundstück um Altvermögen (ohne Umwidmung) handelt, tritt bei E ab dem Zeitpunkt, ab dem die Rentenzahlungen erstmals den Betrag von 97.830,16 Euro überschreiten (86% des Rentenbarwertes), Steuerpflicht nach § 30 EStG 1988 ein. Unabhängig davon kann Z auch in

diesem Fall erst ab dem Zeitpunkt, ab dem die Rentenzahlungen den Rentenbarwert von 113.765 Euro überschreiten, einen Sonderausgabenabzug vornehmen.
(AÖF 2013/280)

Randzahl 7056a: *entfällt*
(BMF-AV Nr. 2021/65)

24.11 *entfällt*

Randzahl 7057: *derzeit frei*
(AÖF 2013/280)

24.12 Sterbetafeln (gültig für Vereinbarungen ab 1.1.2000 bis 31.12.2003)

(AÖF 2005/110)

Siehe Anhang III.

Randzahlen 7058 bis 7100: *derzeit frei*

25. Privatstiftungen

Siehe StiftR 2009.

(AÖF 2010/43)

Randzahlen 7101 bis 7200: *derzeit frei*

26. Tarif, außergewöhnliche Belastung (§§ 33 bis 35 EStG 1988)

26.1 Allgemeines

Siehe LStR 1999, Rz 767.

26.2 Steuerabsetzbeträge

Siehe LStR 1999, Rz 768 bis 810.

26.3 Negativsteuer

Siehe LStR 1999, Rz 811 bis 812.

26.4 Durchschnittssteuersatz

Siehe LStR 1999, Rz 813.

26.5 Außergewöhnliche Belastung

Siehe LStR 1999, Rz 814 bis 908.

Randzahlen 7201 bis 7249: *derzeit frei*
(AÖF 2004/167)

Randzahlen 7250 bis 7268: *derzeit frei*
(BMF-AV Nr. 2021/65)

26a. Steuerfestsetzung bei Schulderlass in einem Insolvenzverfahren (§ 36 EStG 1988 in der ab 2006 anzuwendenden Fassung)

(BMF-AV Nr. 2021/65)

26a.1 Allgemeines

(BMF-AV Nr. 2021/65)

7269 In den in § 36 Abs. 2 EStG 1988 genannten Fällen von Schulderlässen hat eine Steuerfestsetzung in Höhe der auf die nachgelassene Quote entfallenden Einkommensteuer zu unterbleiben.

(BMF-AV Nr. 2021/65)

7269a Für die grundsätzliche Anwendbarkeit des § 36 EStG 1988 besteht kein Unterschied, ob es sich um einen Bilanzierer oder einen Einnahmen-Ausgaben-Rechner handelt. Wird eine Betriebsschuld aus betrieblichen Gründen erlassen, ist der wegfallende Betrag bei der Einnahmen-Ausgaben-Rechnung in allen Fällen – somit auch dann, wenn er eine Warenschuld oder eine Verbindlichkeit, die Betriebsausgaben betrifft – der Begünstigung des § 36 EStG 1988 insoweit zugänglich, als der Betrag des Schuldnachlasses im Betriebsgewinn gedeckt ist. In Bezug auf den Nachlass einer Warenschuld wirkt sich allerdings die Begünstigung in zeitlicher Hinsicht beim Einnahmen-Ausgaben-Rechner auf Grund der unterschiedlichen Gewinnermittlungstechnik anders als beim Bilanzierer aus: Bei diesem führt der Nachlass einer Warenschuld im Jahr des Verbindlichkeitswegfalles zum begünstigten Ertrag, während sich bei der Einnahmen-Ausgaben-Rechnung die Gewinnerhöhung durch den ungekürzten Veräußerungserlös (ohne Berücksichtigung eines Wareneinsatzes) im Wirtschaftsjahr des Zuflusses auswirkt. Dementsprechend ist bei der Einnahmen-Ausgaben-Rechnung der Teil des Veräußerungserlöses, der dem Betrag des Schuldnachlasses entspricht, im Wirtschaftsjahr des Zuflusses des Veräußerungserlöses nach § 36 EStG 1988 begünstigt. Sollte dieser Zufluss zum Zeitpunkt des Schuldnachlasses bereits erfolgt und in einem rechtskräftig veranlagten Jahr berücksichtigt worden sein, ist der spätere Nachlass als rückwirkendes Ereignis iSd § 295a BAO zu werten, das eine Korrektur der Veranlagung des betreffenden Jahres ermöglicht.

Betrifft der Schulderlass eine Betriebsausgabe ist § 36 EStG 1988 unabhängig von der Gewinnermittlungsart im Jahr des Schuldnachlasses anwendbar. § 36 EStG 1988 ist allerdings – für Bilanzierer und Einnahmen-Ausgaben-Rechner gleichermaßen – nur insoweit anwendbar, als nach Vornahme des horizontalen und vertikalen Verlustausgleichs positive betriebliche Einkünfte („Gewinne" iSd § 36 EStG 1988) und letztlich ein positives Einkommen verbleiben (vgl. Rz 154 und zB VwGH 24.02.2011, 2011/15/0035).

(AÖF 2012/63)

7270 Betroffen sind Gewinne, die entstanden sind aus

1. Erfüllung eines Sanierungsplanes im Sinne der §§ 140 ff der Insolvenzordnung oder durch
2. Erfüllung eines Zahlungsplanes (§§ 193 ff der Insolvenzordnung) oder durch Erteilung einer Restschuldbefreiung nach Durchführung eines Abschöpfungsverfahrens (§§ 199 ff der Insolvenzordnung).

Bei Erfüllung eines Sanierungsplanes oder eines Zahlungsplanes entsteht der Gewinn mit Erfüllung der Sanierungsquote bzw. nach Maßgabe der Ratenzahlungen.

Die Schuld ist erst auszubuchen, wenn die Sanierungsquote vollständig beglichen wurde; bei Nichterfüllung leben die Schulden wieder voll auf (VwGH 24.05.1993, 92/15/0041); die Sicherstellung durch eine Bankgarantie kann die Quotenerfüllung nicht ersetzen.

Beim Abschöpfungsverfahren mit Restschuldbefreiung entsteht der Gewinn mit Erteilung der Restschuldbefreiung.

Ab der Veranlagung 2006 sind auch Nachlässe betrieblicher Verbindlichkeiten, die im Rahmen eines so genannten Privatkonkurses (§§ 181 ff der Insolvenzordnung) eintreten, begünstigt (§ 36 Abs. 2 Z 3 EStG 1988). In Betracht kommt der Wegfall betrieblicher Schulden im Rahmen eines Zahlungsplanes (§§ 193 bis 198 der Insolvenzordnung) oder der Wegfall betrieblicher Schulden im Rahmen eines Abschöpfungsverfahrens (§§ 199 ff der Insolvenzordnung). Der Zahlungsplan ist eine Sonderform des Sanierungsplanes ohne zahlenmäßig fixierte Mindestquote. Das Abschöpfungsverfahren kann vom Schuldner eingeleitet werden, wenn ein Zahlungsplan gescheitert ist. Werden durch Abschöpfung (Abtretung des pfändbaren Einkommens an einen Treuhänder) in einem Zeitraum von sieben Jahren mindestens zehn Prozent der Konkursforderungen abgedeckt, besteht für den Schuldner Anspruch auf Erteilung der Restschuldbefreiung.

Betroffen sind auch Gewinne, die entstanden sind aus der Durchführung eines vor dem 1. Juli 2010 eingeleiteten Ausgleichs- oder Konkursverfahrens nach der Ausgleichs- bzw. Konkursordnung.

(AÖF 2011/66)

Randzahl 7271: *derzeit frei*

(BMF-AV Nr. 2021/65)

Zum Sanierungsgewinn bei Kommanditgesellschaften siehe Rz 5994a und bei stillen Gesellschaften siehe Rz 5908a (bei gerichtlichem Ausgleich oder Erfüllung eines Sanierungsplanes) bzw. Rz 5994b (bei Konkurs). **7271a**

(AÖF 2011/66)

26a.2 Abstandnahme von der Abgabenfestsetzung gemäß § 206 BAO (ab 2006)

(BMF-AV Nr. 2021/65)

Die Abgabenbehörden sind gemäß § 206 BAO befugt, bei Schuldnachlässen im Rahmen eines außergerichtlichen Ausgleichs von der Abgabenfestsetzung in einer dem § 36 EStG 1988 vergleichbaren Weise Abstand zu nehmen; dies setzt voraus, dass der Schuldnachlass die Voraussetzungen eines Sanierungsgewinnes erfüllt, wobei es aber auf die Betriebsfortführung nicht ankommt. Dabei wird allerdings darauf Bedacht zu nehmen sein, inwieweit die dem Schuldnachlass zu Grunde liegende wirtschaftliche Situation auf unangemessen hohe Entnahmen zurückzuführen ist bzw. inwieweit sich die zum Schuldnachlass Anlass gebenden Verluste bereits steuerlich ausgewirkt haben. **7272**

(BMF-AV Nr. 2021/65)

Randzahlen 7273 bis 7300: *derzeit frei*

27. Progressionsermäßigung und Sondergewinne (§§ 37, 38 EStG 1988)
(AÖF 2004/167)

27.1 *entfällt*

Randzahlen 7301 bis 7309: *derzeit frei*
(AÖF 2013/280)

27.2 Außerordentliche Einkünfte (§ 37 Abs. 5 EStG 1988)

7310 Außerordentliche Einkünfte sind nur Veräußerungs- und Übergangsgewinne, wenn der (gesamte) Betrieb deswegen veräußert oder aufgegeben wird, weil der Steuerpflichtige

- gestorben ist oder
- wegen einer körperlichen oder geistigen Behinderung in einem Ausmaß erwerbsunfähig ist, dass er nicht in der Lage ist, seinen Betrieb fortzuführen oder die mit seiner Stellung als Mitunternehmer verbundenen Aufgaben oder Verpflichtungen zu erfüllen, oder
- das 60. Lebensjahr vollendet hat und seine Erwerbstätigkeit einstellt.

Eine Erwerbstätigkeit liegt nicht vor, wenn der Gesamtumsatz aus den ausgeübten Tätigkeiten 22.000 Euro und die gesamten Einkünfte aus den ausgeübten Tätigkeiten 730 Euro im Kalenderjahr nicht übersteigen (siehe auch Rz 7317).

Die Halbsatzbegünstigung greift nur bei der Veräußerung oder Aufgabe des gesamten Betriebes, nicht aber bei der Veräußerung oder Aufgabe eines Teilbetriebes.
(AÖF 2009/74)

7310a Nicht Teil eines Veräußerungs- oder Aufgabegewinnes iSd § 24 EStG 1988 sind Gewinnanteile, die im Rahmen einer Betriebsveräußerung oder -aufgabe auf die Veräußerung oder Entnahme von Grundstücken iSd § 30 Abs. 1 EStG 1988 oder realisierten Wertsteigerungen von Kapitalvermögen iSd § 27 Abs. 3 EStG 1988 entfallen, wenn der besondere Steuersatz gemäß § 30a Abs. 1 bzw. § 27a Abs. 1 EStG 1988 auf diese Gewinnanteile angewendet wird (siehe Rz 5659 ff). Solche Gewinne stellen daher auch keine außerordentlichen Einkünfte iSd § 37 Abs. 5 EStG 1988 dar.

Wird von der Regelbesteuerungsoption Gebrauch gemacht bzw. ist der besondere Steuersatz nicht anwendbar, sind allerdings auch Grundstücksgewinne und Einkünfte aus realisierten Wertsteigerungen von Kapitalvermögen Teil des Veräußerungs- oder Aufgabegewinnes iSd § 24 EStG 1988 und somit auch von den außerordentlichen Einkünften gemäß § 37 Abs. 5 EStG 1988 erfasst.
(AÖF 2013/280)

7310b Sind auf Grund einer ausgeübten Regelbesteuerungsoption bzw. auf Grund mangelnder Anwendbarkeit des besonderen Steuersatzes Grundstücksgewinne Teil des Veräußerungs- oder Aufgabegewinnes iSd § 24 EStG 1988, ist der Hälftesteuersatz gemäß § 37 Abs. 5 EStG 1988 auch auf nach § 30 Abs. 4 EStG 1988 pauschal ermittelte Grundstücksgewinne anwendbar.
(AÖF 2013/280)

7310c Im Feststellungsbescheid gemäß § 188 BAO ist darüber abzusprechen, ob (prinzipiell nach § 37 Abs. 5 EStG 1988 tarifbegünstigungsfähige) Veräußerungs- bzw. Übergangsgewinne vorliegen. Wird kein Steuerfreibetrag nach § 24 Abs. 4 EStG 1988 geltend gemacht, stehen dem Mitunternehmer für erzielte Veräußerungs- bzw. Übergangsgewinne die Tarifbegünstigungen des § 37 EStG 1988 offen. Über sie ist jedoch nicht schon im Feststellungsverfahren, sondern erst im Einkommensteuerverfahren des jeweiligen Mitunternehmers zu entscheiden (VwGH 25.6.2020, Ra 2019/15/0016, Rz 5899).
(BMF-AV Nr. 2021/65)

27.2.1 Antrag

7311 Auf Veräußerungs-, Aufgabe- und Übergangsgewinne ist der Hälftesteuersatz auf Antrag anzuwenden, wenn seit der Eröffnung oder dem letzten entgeltlichen Erwerb des Betriebes sieben Jahre (84 Monate) verstrichen sind (siehe zu Übergangsgewinnen Rz 7323).
(AÖF 2010/43)

27.2.2 Tod des Steuerpflichtigen

7312 Die Tarifbegünstigung für die Veräußerung oder Aufgabe des Betriebes wegen Todes des Steuerpflichtigen setzt voraus, dass der Erbe (Legatar) unmittelbar nach der Einantwortung (Erlangung der Verfügungsgewalt über das Legat) Zeichen setzt, die auf eine Veräußerung oder Aufgabe des Betriebes schließen lassen (zB Warenabverkauf oder Suche nach einem Käufer für den Betrieb).

(AÖF 2008/51)

Wird der Betrieb innerhalb eines Jahres nach der Einantwortung (Erlangung der Verfügungsgewalt über das Legat) vom Erben (Legatar) veräußert oder aufgegeben, kann idR davon ausgegangen werden, dass die Begünstigung erfüllt ist (VwGH 22.03.2010, 2008/15/0094). Eine Veräußerung oder Aufgabe vor der Einantwortung (Erlangung der Verfügungsgewalt über das Legat) ist ungeachtet der Dauer des Verlassenschaftsverfahrens begünstigt. **7313**

(AÖF 2011/66)

27.2.3 Erwerbsunfähigkeit

Erwerbsunfähigkeit liegt vor, wenn der Steuerpflichtige wegen körperlicher oder geistiger Behinderung in einem Ausmaß erwerbsunfähig ist, dass er nicht in der Lage ist, seinen Betrieb fortzuführen oder die mit seiner Stellung als Mitunternehmer verbundenen Aufgaben oder Verpflichtungen zu erfüllen. **7314**

Erwerbsunfähigkeit iSd § 24 Abs. 6 und § 37 Abs. 5 EStG 1988 liegt jedenfalls vor, wenn ein Steuerpflichtiger keine Erwerbstätigkeit mehr ausüben kann (VwGH 4.11.1998, 98/13/0104) oder eine befristete oder unbefristete Erwerbsunfähigkeitspension zuerkannt wird.

(AÖF 2010/43)

Nach § 37 Abs. 5 Z 2 EStG 1988 ist Erwerbsunfähigkeit anzunehmen, wenn die betriebliche Tätigkeit auf Grund des Gesundheitszustandes nicht mehr ausgeübt werden kann und deshalb der Betrieb veräußert oder aufgegeben wird (betriebsbezogene Erwerbsunfähigkeit). **7315**

(AÖF 2006/114)

Entscheidend ist, ob im Zeitpunkt der Betriebsaufgabe Erwerbsunfähigkeit iSd Rz 7314 oder 7315 EStR 2000 nachweislich gegeben ist. Dass die Aufgabe innerhalb einer gewissen Frist ab Eintritt der Erwerbsunfähigkeit stattfinden muss, ist dem Gesetz nicht zu entnehmen. Wenn daher im Zeitpunkt der Betriebsaufgabe Erwerbsunfähigkeit vorliegt und die Betriebsaufgabe auf diese zurückzuführen ist, kann der Hälftesteuersatz in Anspruch genommen werden. Dabei kann der Umstand, dass der Betrieb trotz Erwerbsunfähigkeit unter Inkaufnahme gesundheitlichen Risken weitergeführt wurde, nicht dazu führen, das Bestehen der Erwerbsunfähigkeit im Betriebsaufgabezeitpunkt in Frage zu stellen. **7315a**

(AÖF 2003/209)

Wird ab der Veranlagung 2006 vom Steuerpflichtigen die Begünstigung nach § 24 Abs. 6 oder § 37 Abs. 5 EStG 1988 begehrt, ist folgendermaßen vorzugehen: **7315b**

- Wurde seitens des Sozialversicherungsträgers eine (befristete oder unbefristete) Erwerbsunfähigkeitspension für den Zeitpunkt der Betriebsaufgabe bereits zuerkannt, ist vom Vorliegen einer Erwerbsunfähigkeit auszugehen.
- Wurde eine Erwerbsunfähigkeitspension beim zuständigen Sozialversicherungsträger beantragt, aber noch nicht zuerkannt oder abgelehnt, ist seitens des Finanzamtes als Grundlage für die steuerliche Beurteilung im Wege der Amtshilfe auf die im Rahmen der Prüfung des Pensionsantrages erfolgende medizinische Beurteilung zurückzugreifen. Die medizinische Beurteilung (medizinisches Leistungskalkül des Sozialversicherungsträgers) bildet die Basis für die Beurteilung durch das Finanzamt, ob der Betriebsaufgabe oder -veräußerung die Erwerbsunfähigkeit des Steuerpflichtigen zu Grunde liegt. Ein allfälliges weiteres Gutachten ist in diesem Fall nicht zu beachten.
- Wurde keine Erwerbsunfähigkeitspension beantragt, hat der Steuerpflichtige ein medizinisches Gutachten eines allgemein beeideten und gerichtlich zertifizierten Sachverständigen vorzulegen. Unterbleibt die Vorlage eines solchen Gutachtens durch den Steuerpflichtigen, kann – abgesehen von Fällen, in denen das Vorliegen der relativen Erwerbsunfähigkeit offenkundig ist – die Begünstigung nicht zuerkannt werden. Das Sachverständigengutachten bildet die Basis für die Beurteilung durch das Finanzamt, ob der Betriebsaufgabe oder Betriebsveräußerung die Erwerbsunfähigkeit des Steuerpflichtigen zu Grunde liegt.

(AÖF 2006/210)

27.2.4 Erwerbstätigkeit

Unter Erwerbstätigkeit im Sinne des § 37 Abs. 5 EStG 1988 und § 24 Abs. 6 EStG 1988 fallen alle Tätigkeiten, die sich als aktive Betätigung im Erwerbsleben darstellen, und zwar gleichgültig, ob die Einnahmen (Einkünfte) vom EStG 1988 befreit sind oder ob es sich um **7316**

Steuerbefreiungen nach § 48 BAO oder Steuerfreistellungen in einem DBA handelt. Dabei ist unmaßgeblich, ob die aktive Tätigkeit im Inland oder im Ausland ausgeübt wird und ob sie der österreichischen Besteuerungshoheit unterliegt. Zur Erwerbstätigkeit zählen die aus einer aktiven Betätigung erzielten Einkünfte gemäß § 2 Abs. 3 Z 1–4 EStG 1988 und Betätigungen gemäß § 29 Z 4 EStG 1988. Auch die Verpachtung eines nicht aufgegebenen Betriebes ist eine Erwerbstätigkeit.

7317 Es bestehen keine Bedenken, in Fällen, in denen die durch AbgÄG 2004 geänderte Rechtslage noch nicht anzuwenden war, eine Erwerbstätigkeit auch dann nicht als begünstigungsschädlich anzusehen, wenn im Kalenderjahr sowohl der Gesamtumsatz aus den ausgeübten Tätigkeiten 22.000 € (bis einschließlich Veranlagung 2001: 300.000 S) als auch die gesamten Einkünfte 730 € (bis einschließlich Veranlagung 2001: 10.000 S) nicht übersteigen.

Die Grenzen (730 €, 22.000 €) beziehen sich nur auf Einkünfte oder Umsätze aus Tätigkeiten, die ab der Betriebsaufgabe oder –veräußerung (§ 24 Abs. 6: der Betriebsaufgabe) ausgeübt wurden. Unter die genannten Grenzen fallen daher nicht Einkünfte und Umsätze aus Tätigkeiten, bei denen die Leistungserbringung zum Zeitpunkt der Betriebsaufgabe oder -veräußerung (§ 24 Abs. 6: der Betriebsaufgabe) bereits erfolgt ist. Sollte in derartigen Fällen der Zahlungsfluss oder die Rechungslegung erst nach Betriebsaufgabe oder -veräußerung (§ 24 Abs. 6: der Betriebsaufgabe) erfolgen, sind diese Einkünfte/Umsätze nicht einzubeziehen.

Beispiel:

A gibt seinen Rechtsanwaltsbetrieb zum 31.12.01 auf. Im Jahr 01 war er Aufsichtsrat, die Aufsichtsratsvergütung (2.000 €) fließt aber erst im Jahr 02 zu. Sie ist für die 730-Euro-Grenze unmaßgeblich.

Die Grenzen (730 €, 22.000 €) bestehen jeweils für ein Kalenderjahr. Im Jahr der Betriebsaufgabe oder -veräußerung sind sie auf die ab der Betriebsaufgabe oder -veräußerung erzielten Einkünfte bzw. Umsätze aus ab der Betriebsaufgabe oder -veräußerung ausgeübten Tätigkeiten zu beziehen.

(AÖF 2006/114)

7317a Eine schädliche Erwerbstätigkeit iSd § 24 Abs. 6 Z 3 und § 37 Abs. 5 Z 3 EStG 1988 liegt nicht vor, wenn Ärzte im Jahr 2020 und/oder 2021 während der COVID-19-Pandemie als Ärzte gemäß § 36b Ärztegesetz 1998, BGBl. I Nr. 169/1998 idF BGBl. I Nr. 16/2020, in Österreich tätig werden (§ 124b Z 351 EStG 1988 idF COVID-19-StMG). Solchen Ärzten steht der Hälftesteuersatz daher weiterhin auch dann zu (bzw. unterbleibt auf Antrag die Erfassung stiller Reserven), wenn sie mit dieser Tätigkeit die Grenzen von 730 Euro bzw. 22.000 Euro überschreiten.

(BMF-AV Nr. 2021/65)

7318 Keine Erwerbstätigkeit liegt jedenfalls vor

- bei Einkünften aus Pensionen (Pensionsbezüge gemäß § 22 Z 2 und 25 EStG 1988, Betriebspensionen) oder aus einer bloßen Vermögensverwaltung (zB Einkünfte aus Vermietung und Verpachtung, aus Kapitalvermögen),
- wenn ausdrücklich und unwiderruflich auf eine Entlohnung verzichtet wird. Dies kann zB bei einem Geschäftsführer einer GmbH der Fall sein, selbst wenn der gesetzliche Vertreter auch Gesellschafterfunktion besitzt und aus dieser gesellschaftsrechtlichen Funktion eine Gewinnausschüttung beziehen kann. Auch die Vereinbarung der Abgeltung tatsächlicher Aufwendungen für die Tätigkeit begründet noch keine Erwerbseinkünfte;
- bei Einkünften aus einer kapitalistischen Beteiligung an einer KG (VwGH 22.03.2010, 2008/15/0094; VwGH 04.06.2008, 2003/13/0077).

(AÖF 2011/66)

7319 Der Hälftesteuersatz wegen altersbedingter Einstellung der Erwerbstätigkeit erfordert, dass das Anfallen des Veräußerungs- oder Übergangsgewinnes durch die Einstellung der Erwerbstätigkeit bedingt sein (VwGH 04.06.2008, 2003/13/0077 betreffend einen atypisch stillen Gesellschafter) oder in engem zeitlichen Zusammenhang damit stehen muss (siehe Rz 7321). Wirkt der Mitunternehmer einer kapitalistisch organisierten KG nicht an der werbenden Tätigkeit der KG mit, sondern hat er in wirtschaftlicher Sicht bloß die einem Gesellschafter einer Kapitalgesellschaft vergleichbare Stellung (Wahrnehmung von Kontroll- und Widerspruchsrechten, Mitwirkung an Gesellschafterbeschlüssen), kann nicht von einer Erwerbstätigkeit gesprochen werden (VwGH 09.03.1982, 82/14/0044, 0045; VwGH 10.12.1985, 85/14/0151, betr. Auslegung „Erwerbstätigkeit" im Zusammenhang mit der Zuzugsbegünstigung gemäß § 103 EStG 1972); seine Funktion in der Gesellschaft muss sich auf die Stellung als Gesellschafter beschränken, wie sie dem Regelstatut der betreffenden Bestimmungen des UGB entspricht.

Dementsprechend ist die Aufgabe einer kapitalistischen Mitunternehmerbeteiligung nicht begünstigt (VwGH 04.06.2008, 2003/13/0077), zur Abschichtung einer solchen Beteiligung im Zuge der Beendigung der Erwerbstätigkeit siehe Rz 7321.

(AÖF 2009/74)

Keine kapitalistische Mitunternehmerbeteiligung, sondern eine Erwerbstätigkeit liegt vor, wenn der Kommanditist zugleich Geschäftsführer der Komplementär-GmbH einer GmbH & Co KG ist (siehe auch Rz 6032). **7319a**

(BMF-AV Nr. 2021/65)

Vergütungen der Gesellschaft an den Gesellschafter für eine Tätigkeit im Dienste der Gesellschaft (§ 23 Z 2 EStG 1988) schließen die Annahme einer kapitalistischen Beteiligung aus, nicht aber Vergütungen für die Hingabe von Darlehen oder für die Überlassung von Wirtschaftsgütern. Vermittelt eine Beteiligung an einer Publikums-Mitunternehmerschaft nicht eine Erwerbstätigkeit, kann trotz Weiterbestehens einer solchen mitunternehmerischen Beteiligung der Gewinn aus der Veräußerung (Aufgabe) eines Betriebes nach Maßgabe des § 37 Abs. 5 EStG 1988 begünstigt sein. **7320**

Fassung bis zur Veranlagung 2014: **7321**

Die Abschichtung einer mitunternehmerischen Beteiligung, die keine Erwerbstätigkeit vermittelt, ist iSd § 37 Abs. 5 EStG 1988 dann begünstigt, wenn die Beteiligung im Zuge der (dh. innerhalb eines Sechsmonatszeitraumes) Beendigung der Erwerbstätigkeiten – einschließlich nichtselbständiger Arbeit – veräußert bzw. abgeschichtet wird. Eine spätere „isolierte" Veräußerung bzw. Abschichtung ist nicht mehr begünstigt (VwGH 04.06.2008, 2003/13/0077).

Der Komplementär einer Mitunternehmerschaft ist auch dann erwerbstätig, wenn er tatsächlich keine Tätigkeit ausübt.

Fassung ab der Veranlagung 2015:

Eine kapitalistische Beteiligung an einer KG vermittelt keine Erwerbstätigkeit (VwGH 22.3.2010, 2008/15/0094; VwGH 4.6.2008, 2003/13/0077). Wird eine solche mitunternehmerische Beteiligung abgeschichtet, ist die Abschichtung mangels Einstellung der Erwerbstätigkeit nicht nach § 37 Abs. 5 Z 3 EStG 1988 begünstigt (unabhängig davon, ob ein zeitlicher Zusammenhang mit der Beendigung einer Erwerbstätigkeit besteht oder nicht, BFG 2.4.2015, RV/7100236/2014).

Der Komplementär einer Mitunternehmerschaft ist dagegen auch dann erwerbstätig, wenn er tatsächlich keine Tätigkeit ausübt.

(BMF-AV Nr. 2015/133)

Die Aufnahme einer Erwerbstätigkeit nach Ablauf eines Jahres nach Betriebsveräußerung bzw. -aufgabe steht der Begünstigung grundsätzlich nicht entgegen. Ist allerdings zum Zeitpunkt der Betriebsveräußerung oder -aufgabe von vornherein die Aufnahme einer Erwerbstätigkeit beabsichtigt, kann nicht von einer Einstellung gesprochen werden, sodass die Begünstigung nicht zum Tragen kommt. **7322**

(AÖF 2007/88)

27.2.5 Übergangsgewinn

Für Übergangsgewinne, die nach dem 17.6.2009 anfallen (Zeitpunkt der Veröffentlichung des Budgetbegleitgesetzes 2009 im BGBl.) steht der Hälftesteuersatz nur dann zu, wenn seit der Eröffnung des Betriebes oder dem letzten entgeltlichen Erwerbsvorgang sieben Jahre verstrichen sind. **7323**

Der Übergangsgewinn ist nur dann begünstigt, wenn die Betriebsveräußerung oder -aufgabe selbst steuerpflichtig ist. Wird der Betrieb eines Einnahmen-Ausgaben-Rechners zB unter Buchwertfortführung nach Art. III UmgrStG in eine Körperschaft eingebracht, ist ein aus diesem Anlass zu ermittelnder Übergangsgewinn daher nicht begünstigt.

(AÖF 2010/43)

Liegen die Voraussetzungen des § 37 Abs. 5 EStG 1988 vor, unterliegt auch eine Pensionsabfindung als Teil des Übergangsgewinnes dem ermäßigten Steuersatz, wenn sie ohne weitere Voraussetzungen bei gleichzeitigem Ausscheiden aus der Geschäftsführertätigkeit geltend gemacht werden kann (VwGH 19.4.2018, Ro 2016/15/0017). **7323a**

(BMF-AV Nr. 2019/75)

27.3 Einkünfte aus besonderen Waldnutzungen (§ 37 Abs. 6 EStG 1988)

27.3.1 Allgemeines

27.3.1.1 Allgemeine Voraussetzungen

7324 Begünstigungsfähige Einkünfte aus besonderen Waldnutzungen liegen nur vor, wenn für das stehende Holz kein Bestandsvergleich vorgenommen wird und überdies außerordentliche Waldnutzungen (Überhieb) oder Waldnutzungen infolge höherer Gewalt (Kalamitätsnutzung) gegeben sind. Nichtbegünstigt sind daher die Einkunftsquellen aus Landwirtschaft, Weinbau, Fischerei und Schottergewinnung (siehe Rz 7341 f).

27.3.1.2 Erhöhte Mitwirkungspflicht und Bestätigungen der Forstbehörde

7325 Bei der Geltendmachung einer Begünstigungsvorschrift unterliegt der Steuerpflichtige einer erhöhten Mitwirkungspflicht (VwGH 31.3.1999, 98/16/0321, 0322). Diese erstreckt sich bei der Inanspruchnahme des Hälftesteuersatzes für besondere Waldnutzungen sowohl auf den Nachweis des Vorliegens einer höheren Gewalt oder eines Überhiebes sowie auf die Höhe der Einnahmen und der dafür geltend gemachten Ausgaben.

7326 Gemäß § 173 Abs. 2 lit. a Forstgesetz 1975 ist bei Schadensfällen auf Antrag des Waldbesitzers eine Bescheinigung von der Bezirksverwaltungsbehörde über Art und Ausmaß von Fällungen infolge höherer Gewalt auszustellen. Diese Bescheinigung stellt mangels Anordnung durch die Abgabenbehörde jedoch keinen Sachverständigenbeweis im Sinne der §§ 177 ff BAO dar, sondern ist verfahrensrechtlich lediglich ein der freien Beweiswürdigung unterliegender Urkundenbeweis gemäß § 168 BAO. Im Zuge der Beweiswürdigung ist zu beachten, dass diese Bescheinigung kraft gesetzlicher Anordnung (§ 173 Abs. 1 Forstgesetz 1975) ein Gutachten ist, und daher den Anforderungen eines Gutachtens zu entsprechen hat. Diese Anforderungen betreffen insbesondere die schlüssige Darlegung des Vorliegens der höheren Gewalt sowie des Ausmaßes und der Art der durch das konkrete Kalamitätsereignis notwendigen Nutzung. Bei der Beweiswürdigung ist auch zu berücksichtigen, ob aus der Befundaufnahme hervorgeht, dass die Kontrollen in einem zeitlichen Naheverhältnis zum Schadereignis erfolgt sind.

27.3.2 Außerordentliche Waldnutzungen

27.3.2.1 Allgemeines

7327 Als außerordentliche Waldnutzungen gelten ohne Unterschied der Betriebsart alle aus wirtschaftlichen Gründen gebotenen Nutzungen, die über die regelmäßigen Nutzungen hinausgehen, die nach forstwirtschaftlichen Grundsätzen nachhaltig jährlich zu erzielen sind. Des Verkauf eines Waldes ist keine außerordentliche Waldnutzung und fällt nicht unter die Anwendung des § 37 Abs. 6 EStG 1988 (BFG 22.5.2018, RV/5101381/2016). Als wirtschaftliche Gründe für eine außerordentliche Waldnutzung gelten volkswirtschaftliche oder staatswirtschaftliche Gründe sowie privatwirtschaftliche Gründe des Steuerpflichtigen.

§ 37 Abs. 6 EStG 1988 bestimmt ausdrücklich, dass für das Vorliegen von Einkünften aus besonderen Waldnutzungen die Betriebsart unmaßgeblich ist. Dies bedeutet, dass die Begünstigung des halben Steuersatzes für Nachhaltsbetriebe und aussetzende Betriebe gleichermaßen gilt. Daraus folgt, dass auch bei aussetzenden Betrieben nur Waldnutzungen infolge höherer Gewalt oder außerordentliche Waldnutzungen begünstigt sind. Abschnitt 97 Absatz 10 EStR 1984 ist im Geltungsbereich des EStG 1988 nicht mehr anwendbar.

(BMF-AV Nr. 2019/75)

27.3.2.2 Volkswirtschaftlich oder staatswirtschaftlich gebotene Nutzung

7328 Eine Nutzung ist aus volkswirtschaftlichen oder staatswirtschaftlichen Gründen geboten, wenn sie durch gesetzlichen oder behördlichen Zwang veranlasst worden ist.

27.3.2.3 Privatwirtschaftliche Gründe

7329 Privatwirtschaftliche Gründe liegen nur vor, wenn die Überschlägerung wirtschaftlich unvermeidbar ist. Ein solcher Fall tritt idR ein, wenn Kapital zur Fortführung der Land- und Forstwirtschaft oder eines Sägewerkes, das mit der Land- und Forstwirtschaft in enger wirtschaftlicher Beziehung steht, notwendig ist oder Kapital vom Forstwirt aus zwingenden Gründen aufgebracht werden muss, um schwerwiegende wirtschaftliche oder persönliche Nachteile von sich oder seiner Familie abzuwenden (VwGH 27.2.1959, 0447/58; VwGH 7.2.1964, 0915/62; VwGH 14.2.1964, 1877/63; VwGH 21.5.1965, 2139/64). Eine außerordentliche Waldnutzung, die der Steuerpflichtige, dem andere Mittel als die aus dem Überhieb nicht zur Verfügung stehen, vornehmen muss, um Pflichtteilsschulden abdecken zu können, ist aus wirtschaftlichen Gründen geboten (VwGH 6.2.1990, 89/14/0025); dies gilt sinngemäß auch für Lasten auf Grund einer Scheidung. Wirtschaftliche Gründe liegen nicht vor, wenn der Mehreinschlag vorgenommen wird, weil Einschläge entgegen dem Betriebsplan in den letzten drei Jahren ganz oder zum Teil – es sei denn zum Ausgleich unmittelbar vorangegangener Überschlägerungen – unterblieben sind. Auch stellt die Abdeckung von Verbindlichkeiten aus dem Erwerb eines Gutsbetriebes keinen wirtschaftlichen Grund für einen Überhieb dar (VwGH 21.5.1965, 2139/64).

(BMF-AV Nr. 2021/65)

27.3.2.4 Ermittlung der Einkünfte aus der Einkunftsquelle außerordentliche Waldnutzung (Überhieb)

Zur Berechnung des Überhiebes dienen die in der Regel forstbehördlich genehmigten Wirtschaftspläne, die nach forstwirtschaftlichen Grundsätzen und vor nicht mehr als zehn Jahren erstellt oder erneuert wurden. Soweit solche Wirtschaftspläne nicht vorliegen oder Zweifel über die steuerliche Verwendbarkeit des darin ausgewiesenen Hiebsatzes bestehen – weil entweder schwer wiegende Änderungen in den Bestandsverhältnissen eingetreten sind oder zu weit gehende persönliche Wirtschaftsziele unterstellt wurden –, ist der Steuerpflichtige aufzufordern, alle für eine Hiebsatzermittlung dienlichen Unterlagen vorzulegen; vor allem ist dem Steuerpflichtigen Gelegenheit zu geben, ein Sachverständigengutachten beizubringen. Der freien Beweiswürdigung im Sinne der Rz 7326 unterliegt weiters die gutachtliche Äußerung einer Forstbehörde, danach der in einem Wirtschaftsplan ausgewiesene Hiebsatz der nachhaltigen Leistungsfähigkeit des Betriebes entspricht. 7330

Bei der Berechnung der Einkünfte aus außerordentlichen Waldnutzungen sind von den Roherlösen alle jene Kosten als Betriebsausgaben in Abzug zu bringen, die mit diesen Erlösen zusammenhängen, zB Hauerlöhne, Rückerlöhne, Entrinderlöhne einschließlich Soziallasten, Abfuhrkosten, ferner die Kosten des Verkaufes, wie zB Provisionen, Skonti, die erhöhte Abschreibung von Maschinen und Geräten, soweit diese durch die Waldnutzung beansprucht wurden usw. (VwGH 19.6.1959, 1571/58; VwGH 27.1.1961, 1511/60). Die Kulturkosten (Aufforstungskosten, Pflegekosten) und die allgemeinen Verwaltungskosten einschließlich der gewöhnlichen AfA (auch für Wirtschaftsgebäude) sind bei der Berechnung der Einkünfte aus der nachhaltigen und außerordentlichen Waldnutzung nach dem Verhältnis der Holzmengen zu berücksichtigen. 7331

Wird bei land- und forstwirtschaftlichen Betrieben für das stehende Holz der höhere Teilwert (§ 6 Z 2 lit. b EStG 1988) nicht angesetzt, dann sind Aufwendungen für die Pflege des stehenden Holzes und Wiederaufforstungskosten als Betriebsausgaben abzusetzen (§ 4 Abs. 8 EStG 1988). Nach den forstgesetzlichen Bestimmungen (Forstgesetz 1975, BGBl. Nr. 440/1975) entsteht mit der Schlägerung die auf dem Eigentum lastende Verpflichtung zur Wiederaufforstung. Bei den Wiederaufforstungskosten handelt es sich daher um Aufwendungen, die wirtschaftlich die Einnahmen aus der Schlägerung treffen und daher nach den Grundsätzen ordnungsmäßiger Buchführung im Interesse einer richtigen Periodenabgrenzung als Vorbelastung dieser Einnahmen als Rückstellung (vgl. Rz 3303) passiviert werden können (VwGH 26.11.1974, 1840/73). 7332

(AÖF 2008/238)

27.3.2.5 Vor-(Zwischen-) oder Endnutzung

§ 37 Abs. 6 EStG 1988 unterscheidet nicht zwischen Vor-(Zwischen-) oder Endnutzung. Soweit der im maßgeblichen Wirtschaftsplan vorgesehene Ansatz überschritten wird, liegt ein Überhieb daher auch bei einer Überschlägerung in der Vor(Zwischen)nutzung vor. 7333

27.3.3 Waldnutzungen infolge höherer Gewalt

27.3.3.1 Allgemeines

Zu den Einkünften aus besonderen Waldnutzungen gehören auch Waldnutzungen infolge höherer Gewalt (Kalamitätsnutzung), soweit der Steuerpflichtige nicht von der Möglichkeit des § 12 Abs. 7 EStG 1988 Gebrauch gemacht hat. Anders als bei der außerordentlichen Waldnutzung (Rz 7327 ff) knüpft die Waldnutzung in Folge höherer Gewalt an das Vorliegen eines außergewöhnlichen Ereignisses an (VwGH 25.03.1966, 1564/65). Kalamitätsnutzungen führen zu wirtschaftlichen Beeinträchtigungen und finanziellen Schäden am Wirtschaftsgut Wald (stehendes Holz) zB durch Verringerung der Stabilität, Minderung des Vorrates, teilweise auch des Zuwachses, Störung der Nachhaltigkeit und des Waldbauzieles. Da diese Beeinträchtigungen und Schäden im Rahmen der steuerlichen Gewinnermittlungsbestimmungen nicht darstellbar sind, dient der Hälftesteuersatz gemäß § 37 Abs. 6 EStG 1988 für Gewinne aus solchen Holznutzungen sowohl der pauschalen Berücksichtigung dieser steuerlichen Nachteile wie auch im Falle von kalamitätsbedingt zusammengeballten Einkünften der Progressionsmilderung. § 37 Abs. 6 EStG 1988 kommt daher sowohl die 7334

Funktion einer Gewinnermittlungsvorschrift (Sondergewinne) als auch die Funktion einer Tarifvorschrift zu.

Die Inanspruchnahme des begünstigten Hälftesteuersatzes ist davon abhängig, ob die jeweilige Holznutzung in unmittelbarem ursächlichen Zusammenhang mit dem konkreten Schadensereignis steht.

(BMF-AV Nr. 2018/79)

27.3.3.2 Höhere Gewalt

7335 Der Begriff der höheren Gewalt als Voraussetzung für das Vorliegen einer Kalamitätsnutzung entspricht jenem des § 12 Abs. 5 und 7 EStG 1988 (siehe Rz 3864 ff). Es handelt sich dabei um ein von außen kommendes Ereignis, das unabwendbar, dh. durch die unter den gegebenen Umständen vom Betroffenen zu erwartenden Vorkehrungen nicht abwendbar ist und nicht der typischen Betriebsgefahr unterliegt. Aus dem Umstand, dass gegen ein über einen langen Zeitraum eingetretenes Schadensereignis (zB Schädlingsbefall, Eichensterben) keine wirksame Abwehrmaßnahme gefunden wurde, kann nicht abgeleitet werden, dass sich der Steuerpflichtige mit diesem Umstand abgefunden hat und eine Kalamitätsnutzung dadurch ausgeschlossen wird (VwGH 25.03.1966, 1564/65). Eine Anhäufung von Kalamitätsnutzungen über einen langen Zeitraum spricht nicht gegen die Anwendbarkeit des § 37 Abs. 6 EStG 1988.

Eine Waldnutzung infolge höherer Gewalt ist beispielsweise in folgenden Fällen gegeben:

- Waldnutzungen insbesondere infolge von Wind-, Schnee- oder Eisbruch/wurf, Insektenfraß, Hochwasser, Brand, Lawinen, Muren oder Blitzschlag. Folgehiebe hiezu (Ausgleichshiebe, Schlagfrontbegradigungen, Entfernung überhängender Bestandsreste usw.) sind erfasst, wenn sie mit der durch das Schadensereignis unmittelbar veranlassten Nutzung in ursächlichem Zusammenhang stehen und die Nutzung bis zum Ende des darauffolgenden Wirtschaftsjahres erfolgt. Folgehiebe über diesen Zeitraum hinaus bedürfen einer schlüssigen Begründung.
- Nutzung des Trassenholzes von Forststraßen, die unmittelbar und überwiegend für die Bringung von Kalamitätsholz erforderlich werden.
- Nutzung von Baumgruppen oder Einzelbäumen wegen Insekten- und/oder Pilzbefall, ungeachtet des Bestandsalters und der begleitenden waldbaulichen Maßnahmen, sofern diese durch den Befall maßgeblich geschädigt sind.
- Nutzung von immissionsgeschädigten Baumgruppen oder Einzelbäumen, ungeachtet des Bestandsalters und der begleitenden waldbaulichen Maßnahmen, wenn sie Bäume umfasst, die durch die Immission einen Nadel- oder Blattverlust von mehr als der Hälfte gesunder Bäume aufweisen.
- Schäden, insbesondere Rotfäule, die ihre Ursache in der Sphäre des Rechtsvorgängers haben (zB als Folge von vorrangig jagdlichen Interessen des Rechtsvorgängers), wenn der Rechtsnachfolger alle zumutbaren Maßnahmen ergriffen hat, die Schädigung zu vermeiden.

(BMF-AV Nr. 2018/79)

7336 Eine Waldnutzung infolge höherer Gewalt ist in folgenden Fällen nicht gegeben:

- Fällung pilzbefallener Einzelstämme, welche in die Kraft'schen Baumklassen 4 b und 5 einzuordnen sind, in hiebsunreifen Beständen.
- Waldbauliche Entnahme von Dürrlingen, die zum natürlich ausscheidenden Bestand zählen (VwGH 25.03.1966, 1564/65).
- Folgehiebe, die nicht geschädigte Bäume betreffen, wenn die Waldbewirtschaftung gezielt auf die Entnahme von Einzelstämmen oder Baumgruppen ausgerichtet ist (Plenterbewirtschaftung).
- Schäden, die durch eine Waldbewirtschaftung, bei der die jagdlichen Interessen gegenüber den forstwirtschaftlichen Interessen im Vordergrund waren, entstanden sind. Zur Waldnutzung infolge höherer Gewalt zählen jedoch
  - Nutzungen infolge von Schäden, die ihre Ursache in der Jagdbewirtschaftung des (auch nicht unmittelbar angrenzenden) Nachbarbesitzes haben (auch Staatsgrenzen überschreitend), wenn der Geschädigte sämtliche zumutbaren Maßnahmen zur Durchsetzung einer mit der zeitgemäßen, forstlichen Bewirtschaftung im Einklang stehenden Jagdbewirtschaftung ergriffen hat sowie
  - Schälschäden in Monokulturen, wenn die Monokultur zu einem Zeitpunkt angelegt wurde, als diese Art der Auspflanzung der zeitgemäßen forstlichen Bewirtschaftung entsprach und in der Folge entsprechende Maßnahmen zur Verbesserung eingeleitet wurden.

- Bewirtschaftungsschäden, zB Fällungs-, Rücke-, Wegebau- und Steinschlagschäden, soweit sie durch eine nicht zeitgemäße, forstliche Bewirtschaftung entstanden sind (vgl. VwGH 14.09.1956, 0059/54).
- Ereignisse, die einer typischen Betriebsgefahr entspringen. Bei der Beurteilung, ob Schädigungen der typischen Betriebsgefahr zuzurechnen sind, ist auf die besondere Wirtschaftsweise im Forst bedingt durch die jeweilige Umtriebszeit Bedacht zu nehmen. Eine typische Betriebsgefahr ist in folgenden Fällen gegeben:
  - Ausfälle aufgrund der natürlichen Selektion („Dürrlinge") und der Überalterung von Waldbeständen (VwGH 25.03.1966, 1564/65),
  - Hochwasserschäden in Überschwemmungsgebieten,
  - Schäden am stehenden Holz in Wild- und Jagdgattern,
  - Rotfäule als Folge von Schneitelung und Beweidung,
  - Rotfäule, soweit sie in Erstaufforstungsbeständen auftritt,
  - Rotfäule in späteren Aufforstungen, wenn die Schädigungen nicht über das Normalausmaß hinausgehen. Dies ist anzunehmen, wenn die Schädigung weniger als 30% des Nutzungsbestandes beträgt. Der Wert von 30% stellt eine Freigrenze dar, bei deren Unterschreitung die genutzten rotfaulen Bäume des Bestandes nicht zur Waldnutzung in Folge höherer Gewalt zählen. Bei Überschreitung der Freigrenze gelten jedoch alle genutzten Bäume des Bestandes als Waldnutzung in Folge höherer Gewalt. Der Prozentwert ist auf die Nutzungsmenge des jeweiligen Nutzungsbestandes zu beziehen.

    Unabhängig vom Ausmaß der Rotfäule im Baum ist stets der gesamte Baum als Kalamitätsnutzung zu werten. Nicht von der Rotfäule befallene Bäume im Rahmen der Nutzung des jeweiligen Bestandes stellen keine Kalamitätsnutzung dar. In der Bescheinigung der Bezirksverwaltungsbehörde (siehe Rz 7326) ist das Ausmaß aller genutzten rotfaulen Bäume an der Gesamtnutzung des jeweiligen Bestandes anzugeben, wenn in den jeweiligen Beständen das Schadensausmaß von 30% überschritten wird,
  - Kronenverlichtungen, sofern diese nicht durch waldschädigende Luftschadstoffe (Immissionen) verursacht werden.

(BMF-AV Nr. 2018/79)

Auch Nutzungen auf Grund eines behördlichen Eingriffs oder zur Vermeidung eines solchen nachweisbar unmittelbar drohenden Eingriffes erfolgen ohne oder gegen den Willen des Forstwirtes. Hinsichtlich der Einkünfte aus den dabei aufgedeckten stillen Reserven hat auf Antrag des Steuerpflichtigen an Stelle der Anwendung des Halbsatzes eine Verteilung auf fünf Jahre nach § 37 Abs. 3 EStG 1988 zu erfolgen. Unter einem unmittelbar drohenden behördlichen Eingriff sind jedoch nicht automatisch Verpflichtungen auf Grund des Forstgesetzes zu verstehen, da vielfach darin Anordnungen enthalten sind, die ein verantwortungsbewusster Forstwirt auch ohne diesen gesetzlichen Auftrag vornehmen würde. **7337**

(AÖF 2008/238)

27.3.3.3 Ermittlung der Einkünfte aus der Einkunftsquelle infolge höherer Gewalt (Kalamitätsnutzung)

Als „Einkünfte aus Waldnutzungen infolge höherer Gewalt" unterliegt der positive Saldo zwischen den Einnahmen aus der Kalamitätsnutzung und den damit zusammenhängenden Aufwendungen dem Hälftesteuersatz. **7338**

Bei Kalamitätsnutzungen ab dem Veranlagungszeitraum 2016 sind die Einnahmen aus Waldnutzungen infolge höherer Gewalt auf Grundlage von Festmeter-Durchschnittserlösen aus der Jahresgesamtnutzung nach den Sortimentsgruppen Blochholz/Industrieholz/Brennholz zu ermitteln; diese Sortimentsdifferenzierung ist aus den Aufzeichnungen des Forstbetriebes herzuleiten. Zu den Einnahmen aus Kalamitätsnutzungen gehören Entschädigungen nur insoweit, als sie mit der Kalamität unmittelbar zusammenhängen.

Die Einnahmen sind um die damit zusammenhängenden Betriebsausgaben einschließlich der im gleichen Gewinnermittlungszeitraum angefallenen direkt zurechenbaren Aufforstungskosten zu kürzen. Als mit den Einnahmen aus der Kalamitätsnutzung im Zusammenhang stehende Aufwendungen gelten:

- Materialkosten für Schlägerung,
- Löhne und Gehälter für Forstpersonal einschließlich Lohnnebenkosten für Holzernte und Vermarktung,

- Gemeinkosten der Holzernte und Vermarktung in Höhe von 5% der der Holzernte und Vermarktung zurechenbaren Lohn- und Gehaltskosten (niedrigere Gemeinkosten können vom Steuerpflichtigen nachgewiesen werden; ab Veranlagungszeitraum 2015),
- Fremdarbeiten für Holzernte und Vermarktung,
- Maschinenkosten, soweit der Holzernte zurechenbar,
- AfA der Forststraßen, soweit diese der Holzernte zurechenbar ist. Bei Forstwegen mit Bitumen-, Asphalt- oder Betondecke kann die Nutzungsdauer mit 15 Jahren, bei einem festen Unterbau mit 10 Jahren und ohne festen Unterbau (Trassenherstellung) mit 5 Jahren angenommen werden.
- Kosten der Instandhaltung von Forststraßen, soweit diese der Holzernte zurechenbar und durch die Kalamitätsnutzung verursacht ist (ab Veranlagungszeitraum 2015),
- AfA der Fahrzeuge, soweit der Holzernte zurechenbar.

Die Aufteilung der Kosten ist entsprechend den eingeschlagenen Festmetern anteilig im Verhältnis der Kalamitätsnutzung zur Gesamtnutzung vorzunehmen. Weitere Aufwendungen sind – mit Ausnahme von Aufforstungskosten – nicht abzuziehen.

Die Einnahmen aus Kalamitätsnutzungen sind weiters um die der Kalamitätsnutzung direkt zurechenbaren Aufforstungskosten (Kosten der Pflanzen und Personalkosten der Auspflanzung) zu kürzen. Davon sind ab 2016 auch Aufforstungskosten betroffen, die nach Ablauf des Gewinnermittlungszeitraumes anfallen. Bei Gewinnermittlung durch Bilanzierung ist dafür eine Rückstellung für vorbelastete Einnahmen zu bilden, die im Jahr des Kostenanfalles aufzulösen ist.

(BMF-AV Nr. 2019/75)

7338a Zahlungen aus dem Katastrophenfonds sind zwar steuerfrei (VwGH 10.09.1998, 96/15/0272), führen jedoch zu einer entsprechenden Betriebsausgabenkürzung (vgl. Rz 4855), die sich sowohl auf die Höhe der Einkünfte aus Land- und Forstwirtschaft als auch auf die Höhe der Einkünfte aus Waldnutzungen infolge höherer Gewalt gleichermaßen auswirkt und zu einer Ausgabenkürzung bei den Einkünften aus Waldnutzungen infolge höherer Gewalt führen. Soweit Zahlungen aus dem Katastrophenfonds nur Ertragsausfälle abgelten, kommt eine Aufwandskürzung nicht in Betracht. Keine Betriebsausgabenkürzung hat bei teilpauschalierten Forstbetrieben, welche die Betriebsausgaben nach § 3 Abs. 2 LuF-PauschVO 2015 pauschal ermitteln, zu erfolgen.

Im Fall der Teilpauschalierung eines Forstbetriebes ist zur Ermittlung der Einkünfte aus außerordentlichen Waldnutzungen oder Waldnutzungen infolge höherer Gewalt jenes Betriebsausgabenpauschale heranzuziehen, das der Art der Kalamitätsnutzung entspricht. Wird das Holz aus der Kalamitätsnutzung selbst geschlägert, sind die Betriebsausgabenprozentsätze des § 3 Abs. 2 Z 1 LuF- PauschVO 2015 anzuwenden. Wird das Holz aus der Kalamitätsnutzung am Stock verkauft, sind die Betriebsausgabenprozentsätze des § 3 Abs. 2 Z 2 LuF-PauschVO 2015 anzuwenden. Die Anwendung eines Mischsatzes ist unzulässig, da die LuF- PauschVO 2015 einen Mischsatz nicht vorsieht. Ebenso ist im Falle der Teilpauschalierung die Ermittlung der Kalamitätseinkünfte auf Basis der tatsächlichen Betriebsausgaben unzulässig, da nach § 1 Abs. 1 LuF-PauschVO 2015 die Pauschalierungsverordnung nur zur Gänze anwendbar ist. Entsprechendes gilt im Anwendungsbereich der LuF-PauschVO 2011.

(BMF-AV Nr. 2018/79)

7339 Kosten für den Neubau von Forstwegen sind aktivierungspflichtiger Herstellungsaufwand. Die Nutzungsdauer kann bei Forstwegen mit Bitumen-, Asphalt- oder Betondecke mit 15 Jahren, mit festem Unterbau mit 10 Jahren und ohne festen Unterbau (Trassenherstellung) mit 5 Jahren der Herstellungskosten angenommen werden.

27.3.3.4 Kalamitätsnutzung und Hiebsatz

7340 Die Waldnutzung infolge höherer Gewalt (Kalamitätsnutzung) unterscheidet sich von den übrigen Waldnutzungen nur durch die Umstände, die die Waldnutzung bewirken. Eine Kalamitätsnutzung liegt auch dann vor, wenn die gesamte Waldnutzung einschließlich der Kalamitätsnutzung den Hiebsatz nicht überschreitet. Übersteigt die gesamte Waldnutzung den Hiebsatz, so ist eine Kalamitätsnutzung für die Entscheidung der Frage, ob ein Überhieb vorliegt, nur so weit auf den Hiebsatz anzurechnen, als der Hiebsatz im Zeitpunkt des Eintrittes des die Kalamitätsnutzung verursachenden Ereignisses noch nicht durch normale Waldnutzungen erreicht worden ist.

Beispiel 1:

Hiebsatz laut Forstwirtschaftsplan 5.000 Festmeter (fm). Im ersten Halbjahr wurden Schlägerungen im Ausmaß von 5.000 fm entsprechend dem Forstwirtschaftsplan vor-

genommen. Im zweiten Halbjahr erfolgte eine Waldnutzung infolge Windbruches im Ausmaß von 3.000 fm.

Die im Rahmen des Forstwirtschaftsplanes geschlägerten 5.000 fm überschreiten nicht den Hiebsatz und fallen daher nicht unter § 37 EStG 1988, weil die spätere Kalamitätsnutzung nicht mehr auf den Hiebsatz angerechnet werden kann, da dieser bereits durch den vorher erfolgten normalen Einschlag erreicht wurde. Die Einkünfte aus der Kalamitätsnutzung zählen zu den besonderen Einkünften im Sinne des § 37 Abs. 6 EStG 1988.

Beispiel 2:

Hiebsatz laut Forstwirtschaftsplan 5.000 fm. Im ersten Halbjahr wurde eine Waldnutzung infolge Schneebruches im Ausmaß von 3.000 fm vorgenommen. Im zweiten Halbjahr wurden aus wirtschaftlichen Gründen gebotene Waldnutzungen im Ausmaß von 5.000 fm durchgeführt.

Die Kalamitätsnutzung, die zu den besonderen Nutzungen im Sinne des § 37 Abs. 6 EStG 1988 zählt, ist voll auf den Hiebsatz anzurechnen, da vor der Kalamitätsnutzung keine Nutzungen erfolgt. Von der wirtschaftlich gebotenen Waldnutzung des zweiten Halbjahres stellen daher noch 2.000 fm eine normale nichtbegünstigte Waldnutzung dar. Der über den Hiebsatz hinausgehende Teil dieser Schlägerung im Ausmaß von 3.000 fm ist als begünstigter Überhieb anzusehen.

Beispiel 3:

Hiebsatz laut Forstwirtschaftsplan 5.000 fm. Im ersten Halbjahr wurden Schlägerungen im Ausmaß von 4.000 fm durchgeführt. Im zweiten Halbjahr erfolgte eine Waldnutzung wegen Windbruches im Ausmaß von 3.000 fm und danach eine aus wirtschaftlichen Gründen gebotene Waldnutzung im Ausmaß von 1.000 fm.

Die im Rahmen des Forstwirtschaftsplanes im ersten Halbjahr geschlägerten 4.000 fm überschreiten nicht den Hiebsatz und sind daher nicht begünstigt. Die Einkünfte aus der Kalamitätsnutzung im Ausmaß von 3.000 fm zählen zu den besonderen Einkünften des § 37 Abs. 6 EStG 1988. Da der Hiebsatz durch die planmäßige Waldnutzung von 4.000 fm und die Kalamitätsnutzung bereits überschritten ist, stellt die spätere, aus wirtschaftlichen Gründen gebotene Waldnutzung von 1.000 fm zur Gänze einen begünstigten Überhieb dar.

Beispiel 4:

Hiebsatz laut Forstwirtschaftsplan 5.000 fm. Im Jänner entstand ein Schneebruch im Ausmaß von 3.000 fm, der jedoch infolge der Höhenlage erst ab Mai aufgearbeitet werden kann. Ab März wird eine Schlägerung von 4.000 fm durchgeführt.

Die Kalamitätsnutzung, die zu den besonderen Einkünften des § 37 Abs. 6 EStG 1988 zählt, ist voll auf den Hiebsatz anzurechnen, da die Kalamität vor der anderen Nutzung eingetreten ist. Von der Schlägerung ab März von 4.000 fm stellen daher 2.000 fm eine normale nichtbegünstigte Nutzung dar. Der über den Hiebsatz hinausgehende Teil dieser Schlägerung im Ausmaß von 2.000 fm ist als Überhieb im Sinne des § 37 Abs. 6 EStG 1988 anzusehen, wenn diese Schlägerung als eine aus wirtschaftlichen Gründen gebotene Nutzung anzusehen ist.

27.3.3.5 Progressionsermäßigung

Der Verlustausgleich (Rz 7367 f) gilt auch für die Einkünfte aus besonderen Waldnutzungen iSd § 37 Abs. 6 EStG 1988. Dabei ist der Verlustausgleich so vorzunehmen, dass tatsächlich nur die begünstigte besondere Waldnutzung und nicht durch zufällige Saldierungen andere Einkünfte (zB Landwirtschaft, Weinbau, Fischerei, Schottergewinnung usw.) unter den Hälftesteuersatz fallen. Es sind daher Einkünfte aus besonderer Waldnutzung zuerst mit Verlusten aus laufenden Holznutzungen desselben forstwirtschaftlichen Betriebszweigs auszugleichen. Erst danach ist eine Verrechnung mit anderen Einkünften des forstwirtschaftlichen Betriebszweiges vorzunehmen, in dem die Kalamitätsnutzung angefallen ist (§ 37 Abs. 1 zweiter Teilstrich EStG 1988). Nach diesem „inneren Ausgleich" ist mit Verlusten aus dem übrigen land- und forstwirtschaftlichen Betrieb zu verrechnen. **7341**

(BMF-AV Nr. 2015/133)

Darüber hinaus sind – anders als bei Verteilung von Einkünften gemäß § 37 Abs. 2 EStG 1988 und stillen Reserven gemäß § 37 Abs. 3 EStG 1988 (siehe Rz 7369 ff) – die außerordentlichen Einkünfte bzw. Einkünfte aus besonderen Waldnutzungen mit einem etwaigen Verlustüberschuss, der sich bei der rechnerischen Zusammenfassung der Einkünfte und der Verluste aus den anderen Einkunftsarten ergibt, auszugleichen (VwGH 21.3.1995, 95/14/0011; VwGH 22.2.1993, 93/15/0020); die verbleibenden außerordentlichen Einkünfte bzw. Einkünfte aus besonderen Waldnutzungen sind gemäß § 37 EStG 1988 zu versteuern. **7342**

Beispiel:

Einkünfte aus besonderer Waldnutzung (begünstigt)	*500.000*
Einkünfte aus anderen Holznutzungen	*-300.000*
weitere Einkünfte aus dem forstwirtschftl. Betriebszweig	*100.000*
Einkünfte aus Weinbau	*200.000*

Der Gewinn des land- und forstwirtschaftlichen Betriebes beträgt 500.000. Die begünstigten Einkünfte aus besonderer Waldnutzung sind zunächst gegen die negativen Einkünfte aus anderen Holznutzungen zu verrechnen, sodass letztlich begünstigte Einkünfte von 200.000 erhalten bleiben. Ein Ausgleich der positiven Einkünfte aus Weinbau mit den restlichen Verlusten aus anderen Holznutzungen und somit eine Versteuerung des gesamten Gewinnes mit dem begünstigten Hälftesteuersatz käme einer unzulässigen Übertragung der Begünstigung auf den Weinbau gleich und ist nicht zulässig.

27.4 Einkünfte aus der Verwertung von Patentrechten (§ 38 Abs. 1 bis 3)

27.4.1 Patentrecht

7343 Unter die Begünstigung des § 38 EStG 1988 fallen nur Einkünfte aus der Verwertung von Erfindungen, die nach patentrechtlichen Bestimmungen geschützt sind (Patenterteilung iSd Patentrechts). Unterliegt eine Erfindung nicht der Möglichkeit des Patentschutzes, so können die aus der Verwertung dieser Erfindung erzielten Einkünfte von vornherein nicht begünstigt sein (VwGH 27.07.1994, 92/13/0146). Eine Erfindung, die nach anderen Gesetzen, zB iSd Gebrauchsmustergesetzes 1994, geschützt ist, stellt keine patentrechtlich geschützte Erfindung dar (VwGH 22.04.2009, 2007/15/0017).

(AÖF 2010/43)

27.4.2 Erfinder

7344 Die Anwendung des ermäßigten Steuersatzes ist nur für den Erfinder selbst vorgesehen, wobei es unerheblich ist, ob der Erfinder auch Patentinhaber ist. Der Antragsteller auf Anwendung des ermäßigten Steuersatzes hat dem Finanzamt nachzuweisen, dass er der Erfinder (Urheber) der betreffenden Erfindung ist. Gemäß § 20 des Patentgesetzes 1970 hat der Urheber einer Erfindung Anspruch, als Erfinder genannt zu werden. Art. 81 des Europäischen Patentübereinkommens bestimmt, dass der Erfinder in der europäischen Patentanmeldung zu nennen ist.

27.4.3 Einkunftsart

7345 Innerhalb welcher Einkunftsart die begünstigten Einkünfte anfallen, ist für die Anwendung des ermäßigten Steuersatzes grundsätzlich unerheblich. Insoweit Vergütungen für Diensterfindungen nicht als sonstige Bezüge iSd § 67 Abs. 7 EStG 1988, sondern als laufender Arbeitslohn zu behandeln sind (Überschreitung des um 15% erhöhten Jahressechstels), kann der ermäßigte Steuersatz im Hinblick auf § 37 Abs. 7 EStG 1988 auch dann nicht gewährt werden, wenn die Voraussetzungen für eine Veranlagung gemäß § 41 EStG 1988 vorliegen. Siehe auch LStR 2002 Rz 1099. Auf laufend ausbezahlte Diensterfindungsvergütungen (keine sonstigen Bezüge), die die Voraussetzungen des § 38 EStG 1988 erfüllen, ist im Rahmen einer Veranlagung gemäß § 41 EStG 1988 der ermäßigte Steuersatz anzuwenden.

(AÖF 2008/238)

27.4.4 Beschränkte Steuerpflicht

7346 Die Tarifbegünstigung des § 38 Abs. 1 EStG 1988 steht gemäß § 102 Abs. 2 Z 3 EStG 1988 beschränkt Steuerpflichtigen nicht zu.

27.4.5 Verwertung durch andere Personen

7347 Die Inanspruchnahme der Begünstigung des § 38 Abs. 1 EStG 1988 setzt voraus, dass die Verwertung der patentrechtlich geschützten Erfindung durch andere Personen erfolgt. Unter Verwertung ist sowohl die Überlassung von Erfindungen zur Benützung durch dritte Personen als auch die Veräußerung von Erfindungen zu verstehen.

27.4.5.1 Kapitalgesellschaft

7348 Erfolgt die Verwertung der Erfindung durch eine Gesellschaft, an der der Erfinder beteiligt ist, liegt eine Verwertung durch eine andere Person stets dann vor, wenn es sich bei der verwertenden Gesellschaft um eine Kapitalgesellschaft handelt. Für Vergütungen, die der Erfinder-Gesellschafter aus der Verwertung seiner Erfindung durch eine Kapitalgesellschaft erhält, kommt die Anwendung der Tarifbegünstigung des § 38 Abs. 1 EStG 1988 insoweit nicht in Frage, als diese Vergütungen als unangemessen hoch und damit als verdeckte Ausschüttung anzusehen sind.

27.4.5.2 Personengesellschaft

Siehe Rz 5875 ff. **7348a**

(BMF-AV Nr. 2015/133)

27.4.6 Vorläufige Veranlagung

Ist für die Erfindung erst eine Patentanmeldung, aber noch keine Patenterteilung erfolgt, kann zwar für die in Frage kommenden Einkünfte der ermäßigte Steuersatz schon angewendet werden (sofern die übrigen gesetzlichen Voraussetzungen hiefür erfüllt sind), doch ist die Einkommensteuerveranlagung im Hinblick auf die Ungewissheit, ob für die betreffende Erfindung tatsächlich ein Patent erteilt werden wird, nur vorläufig gemäß § 200 BAO vorzunehmen. Wird nämlich für eine zum Patent angemeldete Erfindung letztlich kein Patent erteilt, dann kann für die Einkünfte aus der Verwertung dieser Erfindung der ermäßigte Steuersatz keinesfalls gewährt werden (VwGH 22.1.1997, 93/15/0044). Im Falle einer solchen vorläufigen Veranlagung gemäß § 200 BAO ist der Steuerpflichtige aufzufordern, das Finanzamt unverzüglich vom Ausgang des Patentverfahrens in Kenntnis zu setzen. **7349**

§§ 33–46

27.4.7 Territorialer Patentschutz

27.4.7.1 Österreich oder Verwertungstaat

Die Erfindung muss entweder in Österreich oder in dem Gebiet patentrechtlich geschützt sein, in dem sie verwertet wird (§ 38 Abs. 2 EStG 1988). **7350**

27.4.7.2 Patentübereinkommen

Durch das Übereinkommen über die Erteilung europäischer Patente (Europäisches Patentübereinkommen), BGBl. Nr. 350/1979, wurde ein den Vertragsstaaten gemeinsames Recht für die Erteilung von Erfindungspatenten geschaffen. Die nach diesem Übereinkommen erteilten Patente werden als europäische Patente bezeichnet. Diese können für einen, mehrere oder alle Vertragsstaaten erteilt werden. Wird ein europäisches Patent für Österreich erteilt, so ist die betreffende Erfindung in Bezug auf das Erfordernis des patentrechtlichen Schutzes in territorialer Hinsicht so zu behandeln, als ob für diese Erfindung ein österreichisches Patent erteilt worden wäre (VwGH 22.04.2009, 2007/15/0017). **7351**

(AÖF 2010/43)

27.4.8 Zeitlicher Patentschutz

In zeitlicher Hinsicht muss der patentrechtliche Schutz der Erfindung für jenen Zeitraum gegeben sein, für den Lizenzzahlungen erfolgen bzw. in dem die betreffende Erfindung veräußert wird, weil sonst eine vom Gesetzgeber für die Inanspruchnahme des ermäßigten Steuersatzes geforderte Voraussetzung, nämlich der patentrechtliche Schutz der verwerteten Erfindung, nicht erfüllt wäre (VwGH 12.1.1993, 91/14/0157). So muss etwa im Falle einer Lizenz, die sich nach dem Verkauf der Lizenzprodukte richtet, für die Inanspruchnahme der Tarifbegünstigung der patentrechtliche Schutz schon im Zeitpunkt des Verkaufes des einzelnen Lizenzproduktes gegeben sein. Wurde etwa eine Jahresmindestlizenzgebühr vereinbart und beginnt der patentrechtliche Schutz der Erfindung erst im Laufe dieses Jahres, kommt der ermäßigte Steuersatz erst ab jenem Monat in Frage, in den der Beginn des patentrechtlichen Schutzes der Erfindung fällt. **7352**

Begünstigt sind auch Abfindungen künftiger Lizenzzahlungsansprüche, wenn die Voraussetzungen des § 38 EStG 1988 zutreffen. Der patentrechtliche Schutz muss in einem derartigen Fall gemäß § 38 Abs. 2 EStG 1988 für den Zeitraum gegeben sein, in dem die Abfindungszahlung erfolgt, dh im Sinn des § 38 EStG 1988 „die Erfindung veräußert" wird. **7352a**

(AÖF 2002/84)

27.4.8.1 Beginn

Als Beginn des patentrechtlichen Schutzes kann frühestens der Zeitpunkt angesehen werden, in dem das Prioritätsrecht für die Erfindung entsteht. Hinsichtlich des Beginnes des Prioritätsrechtes bestimmt das österreichische Patentgesetz 1970, BGBl. Nr. 259, in § 93 Abs. 1 und 2 folgendes: **7353**

„(1) Mit dem Zeitpunkt der ordnungsmäßigen Anmeldung eines Patentes (§§ 87 bis 92) erlangt der Anmelder das Recht der Priorität für seine Erfindung.

(2) Von diesem Zeitpunkt an genießt er gegenüber einer jeden später angemeldeten gleichen Erfindung den Vorrang.“

27.4.8.1.1 Unionspriorität

7354 Unter besonderen Umständen kann der patentrechtliche Schutz einer Erfindung auch schon vor der Anmeldung des Patentes beim österreichischen Patentamt eintreten, wie im Falle der Unionspriorität (§ 95 Patentgesetz 1970). Der Tag der Patentanmeldung sowie ein allfälliger früherer Beginn des Prioritätsrechtes sind ua. aus der österreichischen Patentschrift zu ersehen. Liegt der Anwendung des ermäßigten Steuersatzes ein ausländisches Patent zu Grunde, hat der Steuerpflichtige den Beginn des Prioritätsrechtes nach den Bestimmungen jenes Staates nachzuweisen, in dem die betreffende Erfindung patentrechtlich geschützt ist, soweit der Beginn des Prioritätsrechtes aus der vorgelegten (ausländischen) Patentschrift nicht bereits eindeutig hervorgeht.

(AÖF 2006/210)

7355 Der patentrechtliche Schutz einer Erfindung auf Grund eines europäischen Patentes beginnt in der Regel mit dem Tag der Patentanmeldung. Ein ausnahmsweise früherer Zeitpunkt der Erlangung des Prioritätsrechtes auf Grund der Pariser Verbandsübereinkunft zum Schutze des gewerblichen Eigentums ist jedoch nicht ausgeschlossen (siehe Art. 87 des Europäischen Patentübereinkommens). Den Zeitpunkt des Beginnes des Prioritätsrechtes für seine durch ein europäisches Patent geschützte Erfindung hat der Steuerpflichtige durch Vorlage geeigneter Schriftstücke dem Finanzamt nachzuweisen.

27.4.8.2 Ende

7356 Hinsichtlich des Endes des patentrechtlichen Schutzes von Erfindungen, für die ein österreichisches Patent erteilt wurde, bestimmt § 46 des Patentgesetzes 1970 folgendes:

„(1) Das Patent erlischt

1. *bei rechtzeitiger Zahlung der Jahresgebühr spätestens mit Erreichung der Höchstdauer;*
2. *wenn die fällige Jahresgebühr nicht rechtzeitig eingezahlt wurde;*
3. *wenn der Patentinhaber auf das Patent verzichtet.*

(2) Betrifft der Verzicht nur einzelne Teile des Patentes, so bleibt das Patent hinsichtlich der übrigen Teile, sofern dieselben noch den Gegenstand eines selbständigen Patentes bilden können, aufrecht.

(3) Das Erlöschen wirkt im Fall des Abs. 1 Z 1 mit dem auf die Erreichung der Höchstdauer, im Fall des Abs. 1 Z 2 mit dem auf den Ablauf des letzten Gültigkeitsjahres und im Fall des Abs. 1 Z 3 mit dem auf die Bekanntgabe des Verzichtes an das Patentamt folgenden Tag.“

7357 Gemäß § 28 Patentgesetz 1970 in der Fassung der Patentrechts-Novelle 1996, BGBl. Nr. 181/1996, beträgt die Höchstdauer des Patentes 20 Jahre ab dem Anmeldetag. Für die Dauer und das Erlöschen von Patenten, die auf vor dem 1. Dezember 1984 eingereichten Patentanmeldungen beruhen, ist Art. VI der Patentrechts-Novelle 1984, BGBl. Nr. 234/1984, weiter anzuwenden, wobei jedoch die Dauer dieser Patente mindestens 20 Jahre ab dem Anmeldetag beträgt (§ 73a Abs. 2 PatentG). Der Beginn der Schutzdauer einer im österreichischen Patentregister eingetragenen Erfindung ist ua. aus der Patentschrift zu ersehen.

27.4.8.3 Ausländisches Patent

7358 Bei einem ausländischen Patent richtet sich der patentrechtliche Schutz nach den patentrechtlichen Bestimmungen jenes Staates, in dem die Erfindung patentrechtlich geschützt ist.

27.4.8.4 Europäisches Patent

7359 Hinsichtlich des Endes des patentrechtlichen Schutzes einer Erfindung auf Grund eines europäischen Patentes ist zu beachten, dass die Laufzeit der europäischen Patente 20 Jahre, gerechnet vom Anmeldetag an, beträgt (Art. 63 des Europäischen Patentübereinkommens). Werden für eine europäische Patentanmeldung die Jahresgebühr und ggf. die Zuschlagsgebühr nicht rechtzeitig entrichtet, so gilt die europäische Patentanmeldung als zurückgenommen (Art. 86 Abs. 3 des Europäischen Patentübereinkommens). Werden für das (in der Folge) erteilte europäische Patent die Jahresgebühren nicht rechtzeitig entrichtet, so bestimmt sich der Zeitpunkt des Erlöschens des patentrechtlichen Schutzes nach den jeweiligen nationalen patentrechtlichen Vorschriften jenes Staates bzw. jener Staaten, für den bzw. für die das europäische Patent erteilt wurde; für Österreich ist diesbezüglich das Patentamtsgebührengesetz – PAG (BGBl. I Nr. 149/2004), im Zusammenhalt mit § 46 Patentgesetz 1970 maßgebend.

(BMF-AV Nr. 2015/133)

27.4.9 Nachweis

Der ermäßigte Steuersatz steht nur für Veranlagungszeiträume zu, für die der Patentschutz aufrecht ist. Der aufrechte Patentschutz ist nachzuweisen, wenn der Steuerpflichtige von der Abgabenbehörde zum Nachweis aufgefordert wird. **7360**

(AÖF 2008/51)

27.4.9.1 Inländisches Patent

Für den Nachweis des aufrechten patentrechtlichen Schutzes einer im österreichischen Patentregister eingetragenen Erfindung ist in aller Regel der Nachweis der rechtzeitigen Zahlung der jeweiligen Jahresgebühr ausreichend, sofern nicht schon die Höchstdauer des gesetzlichen Schutzes abgelaufen ist. **7361**

27.4.9.2 Ausländisches Patent

Bei einem ausländischen Patent obliegt dem Steuerpflichtigen der Nachweis, dass nach den patentrechtlichen Bestimmungen jenes Staates, in dem die Erfindung patentrechtlich geschützt ist, der patentrechtliche Schutz der Erfindung im maßgeblichen Zeitraum noch aufrecht war. **7362**

27.4.9.3 Europäisches Patent

Auch der Nachweis, dass die Erfindung im maßgeblichen Zeitraum durch ein europäisches Patent patentrechtlich geschützt war, obliegt dem Steuerpflichtigen. **7363**

27.5 Progressionsermäßigung

27.5.1 Hälftesteuersatz

Der Steuersatz ermäßigt sich für **7364**

- außerordentliche Einkünfte (§ 37 Abs. 5 EStG 1988),
- Einkünfte aus besonderen Waldnutzungen (§ 37 Abs. 6 EStG 1988) sowie
- Einkünfte aus der Verwertung patentrechtlich geschützter Erfindungen (§ 38 EStG 1988)

auf die Hälfte des auf das gesamte Einkommen entfallenden Durchschnittssteuersatzes. Das gesamte Einkommen ist jenes, auf das der Einkommensteuertarif nach § 33 EStG 1988 anzuwenden ist.

(AÖF 2013/280)

27.5.2 Progressionsvorbehalt

Gemäß § 33 Abs. 11 EStG 1988 ist ab der Veranlagung 2007 in Fällen, in denen ein aus der Anwendung eines Doppelbesteuerungsabkommens resultierender Progressionsvorbehalt anzuwenden ist, der Durchschnittssteuersatz zunächst ohne Berücksichtigung von Absetzbeträgen zu ermitteln; von der unter Anwendung dieses Durchschnittssteuersatzes ermittelten Steuer sind sodann die Absetzbeträge abzuziehen (vgl. LStR 2002 Rz 813). Halbsatzeinkünfte sind dementsprechend mit dem ohne Berücksichtigung von Absetzbeträgen ermittelten halben Durchschnittssteuersatz zu versteuern. **7365**

(AÖF 2008/238)

27.5.3 Zusammenballung

Veräußerungsgewinne unterliegen bei Betriebsveräußerung gegen Rente keiner Progressionsmilderung (Einkünfteverteilung, Hälftesteuersatz); Gleiches gilt für Entschädigungen gemäß § 32 EStG 1988, die über mehrere Veranlagungsperioden zu erfassen sind (§ 37 Abs. 7 erster Satz idF BGBl I Nr. 144/2001). Der Umstand der ratenweisen Bezahlung des Veräußerungserlöses steht der Inanspruchnahme einer Progressionsmilderung bei Vorliegen der Voraussetzungen nicht entgegen, weil der Veräußerungsgewinn diesfalls zeitpunktbezogen im Wirtschaftsjahr der Betriebsveräußerung nach den Grundsätzen eines Betriebsvermögensvergleiches zu ermitteln ist. Für Einkünfte, die zum Teil mit dem festen Steuersatz des § 67 EStG 1988 versteuert werden, steht keine Ermäßigung zu (§ 37 Abs. 7 EStG 1988, s dazu Rz 1099 LStR 2002). **7366**

(AÖF 2003/209)

27.5.4 Verlustausgleich

Bei der Ermittlung der für die Anwendung des § 37 Abs. 5 EStG 1988 (Hälftesteuersatz) maßgebenden Steuerbemessungsgrundlage sind die außerordentlichen Einkünfte mit Verlusten aus der gleichen Einkunftsart auszugleichen (horizontaler Verlustausgleich). **7367**

Darüber hinaus sind die außerordentlichen Einkünfte mit einem etwaigen Verlustüberschuss, der sich bei der rechnerischen Zusammenfassung der Einkünfte und der Verluste aus den anderen Einkunftsarten ergibt, auszugleichen (VwGH 21.3.1995, 95/14/0011; VwGH 22.2.1993, 93/15/0020); die verbleibenden außerordentlichen Einkünfte sind gemäß § 37 EStG Abs. 5 EStG 1988 zu versteuern (siehe Rz 154). Zu den Einkünften aus besonderen Waldnutzungen siehe Rz 7324 ff.

7368 Die Einkünfteverteilung gemäß § 37 Abs. 2, 3 oder 9 EStG 1988 ist stets vor Vornahme eines Verlustausgleiches vorzunehmen.

Beispiel:

Ein Steuerpflichtiger erzielt einen Veräußerungsgewinn von 450.000 S und einen laufenden Verlust von 300.000 S. Bei Inanspruchnahme der Drei-Jahres-Verteilung des Veräußerungsgewinnes sind im Veräußerungsjahr ein Drittel des Veräußerungsgewinnes, das sind 150.000 S anzusetzen, die mit dem laufenden Verlust von 300.000 S innerbetrieblich auszugleichen sind. Die Einkünfte des Betriebes betragen daher im Veräußerungsjahr –150.000 S.

27.6 Verteilung von Einkünften und stillen Reserven

27.6.1 Verteilung auf drei Jahre (§ 37 Abs. 2 EStG 1988)

(BMF-AV Nr. 2021/65)

7369 Über Antrag sind die nachstehend genannten Einkünfte gleichmäßig verteilt auf drei Jahre, beginnend mit dem Veranlagungsjahr, dem der Vorgang zuzurechnen ist, zum Normaltarif zu versteuern (§ 37 Abs. 2 EStG 1988). Im Fall des Todes des Steuerpflichtigen während des Verteilungszeitraumes sind ausstehende Teilbeträge der Steuerschuld des Verstorbenen dem (den) Erben vorzuschreiben; eine Einbeziehung in die eigene Veranlagung des (der) Erben hat nicht stattzufinden (BFG 6.6.2017, RV/3100546/2016). Die Verteilung betrifft:

- Veräußerungsgewinne iSd § 24 EStG 1988, wenn seit der Eröffnung oder dem letzten entgeltlichen Erwerbsvorgang sieben Jahre verstrichen sind (zur steuerlichen Behandlung von Grundstücken siehe Rz 5659 ff). Zur Anwendung des Verlustausgleiches ist der Veräußerungsgewinn zu dritteln; jeweils ein Drittel ist mit Verlusten aus derselben Einkunftsquelle auszugleichen.
- Entschädigungen iSd § 32 Abs. 1 Z 1 EStG 1988, wenn überdies im Falle der lit. a oder b der Zeitraum, für den die Entschädigungen gewährt werden, mindestens sieben Jahre beträgt. Bei Abfindung bloß eines Teils eines Pensionsanspruches kann die Begünstigung nur zur Anwendung kommen, wenn die Abfindung zumindest dem Barwert der gesamten auf einen Siebenjahreszeitraum entfallenden Pension (und nicht nur eines Teiles davon) entspricht (VwGH 31.1.2019, Ro 2018/15/0008). Die Berechnung des Barwertes des erforderlichen Teilbetrages ist von der auszahlenden Stelle vorzunehmen.
- Entschädigungen iSd § 32 Abs. 1 Z 1 lit. c und d EStG 1988 sind an keine Sieben-Jahres-Klausel gebunden; sie unterliegen auf Antrag der dreijährigen Verteilung.
- Besondere Einkünfte iSd § 28 Abs. 7 EStG 1988 idF vor dem AbgÄG 2012 bei Grundstücksveräußerungen vor dem 1.4.2012, wenn seit dem ersten Jahr, für das Herstellungsaufwendungen gemäß § 28 Abs. 3 EStG 1988 in Teilbeträgen abgesetzt wurden, mindestens weitere sechs Jahre verstrichen sind.

(BMF-AV Nr. 2021/65)

7369a Sind auf Grund einer ausgeübten Regelbesteuerungsoption bzw. auf Grund mangelnder Anwendbarkeit des besonderen Steuersatzes Grundstücksgewinne Teil des Veräußerungs- oder Aufgabegewinnes iSd § 24 EStG 1988, ist die Dreijahresverteilung gemäß § 37 Abs. 2 Z 1 EStG 1988 auch auf nach § 30 Abs. 4 EStG 1988 pauschal ermittelte Grundstücksgewinne anwendbar.

(AÖF 2013/280)

27.6.2 Verteilung auf fünf Jahre

27.6.2.1 Enteignung

7370 Über Antrag sind stille Reserven, die deswegen aufgedeckt werden, weil Wirtschaftsgüter durch behördlichen Eingriff (Rz 7371) oder zur Vermeidung eines solchen nachweisbar unmittelbar drohenden Eingriffs (Rz 7372) aus dem Betriebsvermögen ausscheiden, beginnend mit dem Veranlagungsjahr, dem der Vorgang zuzurechnen ist, gleichmäßig verteilt auf fünf Jahre anzusetzen. Dies gilt nicht, soweit stille Reserven nach § 12 EStG 1988 übertragen oder einer Übertragungsrücklage zugeführt werden. Im Fall des Todes des Steuerpflichtigen während des Verteilungszeitraumes sind ausstehende Teilbeträge der Steuerschuld des Verstorbenen dem (den) Erben vorzuschreiben; eine Einbeziehung in die eigene Veranlagung des (der) Erben hat nicht stattzufinden.

Die Verteilung stiller Reserven auf fünf Jahre (§ 37 Abs. 3 EStG 1988) auf Antrag mit Versteuerung zum Normaltarif ist auch dann anwendbar, wenn die Enteignung oder enteignungsvermeidende Veräußerung im Zuge einer Betriebsaufgabe erfolgt oder zu einer Betriebsaufgabe führt, oder wenn ein Betrieb oder Teilbetrieb im Zusammenhang mit einem Enteignungsverfahren veräußert wird (VwGH 21.9.1988, 87/13/0033).

(BMF-AV Nr. 2019/75)

Werden Grundstücke nach dem 31.3.2012 enteignet oder zur Vermeidung einer drohenden Enteignung veräußert, sind die durch diese Enteignung bzw. Veräußerung aufgedeckten stillen Reserven steuerfrei (§ 4 Abs. 3a Z 1 EStG 1988; siehe dazu Rz 766 und Rz 6651). Eine Verteilung der stillen Reserven auf fünf Jahre kommt daher nicht in Betracht. **7370a**

(AÖF 2013/280)

27.6.2.2 Behördlicher Eingriff

Unter einem behördlichen Eingriff ist nicht jede behördliche Einwirkung auf ein Geschehen zu verstehen, sondern nur eine solche, mit der die öffentliche Hand Eigentumsrechte zu ihren Gunsten in einer Weise beeinträchtigt, dass – ohne Übertragung des Eigentums – das Eigentumsrecht an einer Sache mit enteignungsähnlicher Wirkung beschränkt wird. Als behördlicher Eingriff kommt daher nur eine Enteignung oder Beschränkung von Eigentumsrechten mit enteignungsähnlicher Wirkung in Betracht (vgl. VwGH 23.03.2010, 2005/13/0017). Kein behördlicher Eingriff ist die bescheidmäßige Aufforderung, Schadholz zu fällen und zu entrinden bzw. in geeigneter Weise bekämpfungstechnisch zu behandeln (VwGH 09.09.1998, 95/14/0017). **7371**

(AÖF 2011/66)

27.6.2.3 Drohende Enteignung

Für die Annahme einer nachweisbar unmittelbar drohenden Enteignung ist auch schon die tatsächliche Androhung einer gesetzlich zulässigen Enteignung ausreichend; konkrete Maßnahmen in Richtung Enteignung sind nicht erforderlich (VwGH 19.3.1986, 85/13/0168). Die Verteilung setzt nicht voraus, dass das enteignete Wirtschaftsgut nach Art und Umfang mit jenem ident ist, das der Enteigner für den der Enteignungsmaßnahme zu Grunde liegenden Zweck benötigt. Auch wenn der Enteigner nur Interesse an einer unbebauten Liegenschaft hat, kann der Enteignete die Verteilungsregelung für alle jene Wirtschaftsgüter in Anspruch nehmen, über die ihm mit der Enteignung von Grund und Boden notwendigerweise die Verfügungsmacht entzogen wird, wie zB für stehendes Holz oder auf der Liegenschaft befindliche Baulichkeiten (VwGH 3.6.1987, 86/13/0207). **7372**

27.6.2.4 Übertragungsrücklage

Werden stille Reserven an Stelle der Verteilung einer Übertragungsrücklage (§ 12 EStG 1988) zugeführt, unterliegt ein Auflösungsbetrag aus dieser Rücklage nicht der Verteilungsregelung. **7373**

27.7 Sieben-Jahres-Klausel

27.7.1 Fristenberechnung

Die Progressionsermäßigung für Veräußerungsgewinne (Verteilungsregel des § 37 Abs. 2 EStG 1988 und ermäßigter Steuersatz des § 37 Abs. 5 EStG 1988) verlangt, dass seit der Eröffnung oder dem letzten entgeltlichen Erwerbsvorgang sieben Jahre verstrichen sind. Für die Fristenberechnung gilt generell das Stichtagsprinzip. Es muss daher zwischen den maßgeblichen Zeitpunkten ein Zeitraum von mindestens sieben vollen Jahren, das sind 84 Monate, verstrichen sein. **7374**

27.7.2 Wechsel der Gewinnermittlungsart, Buchwertfortführung

Ein seit der Eröffnung oder dem letzten entgeltlichen Erwerbsvorgang erfolgter Wechsel der Gewinnermittlungsart hat auf Beginn und Lauf der siebenjährigen Frist keinen Einfluss. Im Falle der Buchwertfortführung (insbesondere bei der unentgeltlichen Betriebsübernahme gemäß § 6 Z 9 EStG 1988, Buchwertübertragungen iSd Art. II, IV und V UmgrStG) sind die Zeiträume zusammenzurechnen; die Frist berechnet sich jeweils pro Betrieb bzw. Teilbetrieb. **7375**

Beispiel 1:

Ein am 1.6.1993 gegründetes Einzelunternehmen wird am 5.4.1994 im Erbweg übertragen und mit Ablauf des Jahres 1999 aufgegeben. Da die Sieben-Jahres-Frist nicht erfüllt ist, steht eine Progressionsermäßigung nicht zu. Das Einzelunternehmen hätte frühestens am 1.6.2000 aufgegeben oder veräußert werden dürfen, um für den Veräußerungsgewinn eine Progressionsermäßigung in Anspruch nehmen zu können.

Beispiel 2:

Wie Beispiel 1, es wurde jedoch das Einzelunternehmen am 15.4.1990 und lediglich ein Teilbetrieb am 1.6.1993 gegründet. Nur für den auf diesen Teilbetrieb entfallenden Veräußerungsgewinn ist eine Progressionsermäßigung ausgeschlossen.

Beispiel 3:

Ein im Jahre 1985 gegründetes Einzelunternehmen wird 1997 iSd Art. IV UmgrStG zu Buchwerten auf eine OHG, die seit 1995 besteht, übertragen. Im Jahre 1999 gibt die OHG diesen Betrieb auf. Für die Fristenberechnung ist der Zeitpunkt der Betriebseröffnung (1985) und nicht der Zeitpunkt der Gründung der OHG (1995) entscheidend (VwGH 17.12.1998, 97/15/0145). Für den auf den übertragenen Betrieb entfallenden Veräußerungsgewinn kann daher auf Antrag eine Progressionsermäßigung angewendet werden.

Beispiel 4:

Ein im Jahre 1995 gegründetes Einzelunternehmen wird 1997 iSd Art. IV UmgrStG zu Buchwerten auf eine seit dem Jahre 1990 bestehende OHG übertragen. 1999 wird der übertragene Betrieb veräußert. Da die Eröffnung des Betriebes und nicht der Zeitpunkt der Gründung der Mitunternehmerschaft für den Beginn des Fristenlaufes maßgeblich ist, steht für den Veräußerungsgewinn eine Progressionsermäßigung nicht zu.

(AÖF 2006/114)

27.7.3 Sukzessiver Erwerb von Mitunternehmeranteilen

7376 Beim sukzessiven Erwerb von Mitunternehmeranteilen ist im Falle der Veräußerung des Mitunternehmeranteiles der Fristenlauf für die einzelnen Erwerbsvorgänge gesondert zu berechnen (VwGH 17.12.1998, 97/15/0145; Beispiel 5). Wird nur ein Teil des Mitunternehmeranteiles wieder veräußert, so ist für den Fall, dass Erwerbsvorgänge innerhalb und außerhalb der Sieben-Jahres-Frist liegen, ebenfalls eine Aliquotierung des Veräußerungsgewinns vorzunehmen (Beispiel 6).

Beispiel 5:

In den Jahren 1992 bis 1994 wird jeweils 1/10 an einer KG erworben. Die Anschaffungskosten betragen 200.000 S für 1992, 700.000 S für 1993 und 900.000 S für 1994. Mit Ablauf des Jahres 1999 veräußert der Kommanditist seinen gesamten Mitunternehmeranteil (somit 30%) um 4,5 Millionen Schilling. Der anteilige Veräußerungsgewinn ermittelt sich wie folgt:

	Anteil 1992	*Anteil 1993*	*Anteil 1994*
Anschaffungskosten	*200.000 S*	*700.000 S*	*900.000 S*
Veräußerungserlös	*1.500.000 S*	*1.500.000 S*	*1.500.000 S*
Veräußerungsgewinn	*1.300.000 S*	*800.000 S*	*600.000 S*

Soweit der Veräußerungsgewinn auf den vor mehr als sieben vollen Jahren erworbenen Anteil des Jahres 1992 entfällt, steht auf Antrag eine Progressionsermäßigung zu; der übrige Teil des Veräußerungsgewinns ist zum normalen Steuersatz zu versteuern.

Beispiel 6:

Angaben wie Beispiel 5. Mit Ablauf des Jahres 1999 veräußert der Kommanditist die Hälfte seines gesamten Mitunternehmeranteils (somit 15%) um 2.250.000 S. Der anteilige Veräußerungsgewinn ermittelt sich wie folgt:

	Anteil 1992	*Anteil 1993*	*Anteil 1994*
Anschaffungskosten	*100.000 S*	*350.000 S*	*450.000 S*
Veräußerungserlös	*750.000 S*	*750.000 S*	*750.000 S*
Veräußerungsgewinn	*650.000 S*	*400.000 S*	*300.000 S*

Soweit der Veräußerungsgewinn auf den vor mehr als sieben vollen Jahren erworbenen Anteil des Jahres 1992 entfällt (650.000 S), ist auf Antrag die Drei-Jahres-Verteilung anzuwenden (kein anteiliger Freibetrag gemäß § 24 Abs. 4 EStG 1988); der übrige Teil des Veräußerungsgewinns ist zum normalen Steuersatz zu versteuern.

7376a Erwirbt ein Steuerpflichtiger, der bereits Mitunternehmer ist, einen weiteren Anteil an der Mitunternehmerschaft, ist im Falle der Veräußerung des gesamten Gesellschaftsanteiles der Fristenlauf für die einzelnen Erwerbsvorgänge gesondert zu berechnen, sodass unter

Umständen ein Teil des Veräußerungsgewinnes einer Progressionsermäßigung gemäß § 37 EStG 1988 unterliegt, der andere Teil hingegen nicht.

Wird ein Betrieb zunächst in Form einer Mitunternehmerschaft, in der Folge jedoch durch Vereinigung aller Anteile in einer Hand, weil bei Vorhandensein von zwei Gesellschaftern der eine Gesellschafter die Anteile des anderen erworben hat (§ 142 UGB), als Einzelunternehmen fortgeführt, so beginnt die in § 37 Abs. 2 Z 1 bzw. Abs. 5 EStG 1988 normierte siebenjährige Frist hinsichtlich des erworbenen Anteils im Zeitpunkt von dessen entgeltlichem Erwerb zu laufen. Der auf den erworbenen Anteil in der Folge entfallende Veräußerungs- bzw. Aufgabegewinn unterliegt nur dann einer Progressionsermäßigung des § 37 EStG 1988, wenn auch hinsichtlich dieses Anteils die siebenjährige Frist gewahrt ist (VwGH 28.04.2010, 2007/13/0013; zur Abgrenzung eines entgeltlichen Erwerbes zum unentgeltlichen Erwerb eines Mitunternehmeranteils siehe Rz 5977).

(AÖF 2011/66)

27.7.3.2 Unentgeltlicher Erwerb von Mitunternehmeranteilen (Teilbetrieben)

Werden Mitunternehmeranteile (Teilbetriebe) unentgeltlich erworben, ist der Fristenlauf **7377** hinsichtlich dieses Teiles ebenfalls gesondert zu berechnen. Maßgeblich ist der letzte entgeltliche Erwerb des Rechtsvorgängers.

Beispiel 7:

Ein Betrieb mit mehreren Teilbetrieben wird im Jahre 1988 eröffnet. 1994 schenkt der Einzelunternehmer seinem Sohn einen Teilbetrieb. 1995, 1996 und 1997 erwirbt der Sohn die restlichen drei Teilbetriebe gegen Entgelt. 1999 wird der gesamte Betrieb veräußert. Soweit der Veräußerungsgewinn auf den unentgeltlich überlassenen Teilbetrieb entfällt, kommt eine Progressionsermäßigung in Betracht, da seit der Betriebseröffnung (1988) mehr als sieben volle Jahre verstrichen sind. Hinsichtlich des Veräußerungsgewinns, der auf die drei in den Jahren 1995 bis 1997 entgeltlich erworbenen Teilbetriebe entfällt, ist die 7-Jahres-Klausel hingegen nicht erfüllt.

27.8 Besteuerung mit dem Steuersatz von 25% (§ 37 Abs. 8 EStG 1988)

(AÖF 2009/74)

27.8.1 Sondergewinn im Sinne des § 11 Abs. 1 EStG 1988

§ 11 Abs. 1 EStG 1988 ist mit Veranlagung 2003 außer Kraft getreten.

(AÖF 2011/66)

Randzahlen 7377a bis 7377m: *entfallen*

(AÖF 2013/280)

27.9 Verteilung der Einkünfte selbständiger Künstler und Schriftsteller (§ 37 Abs. 9 EStG 1988)

Bei der erstmaligen Veranlagung für ein Kalenderjahr besteht ab 2000 die Möglichkeit, **7378** über Antrag die im betreffenden Jahr erzielten positiven Einkünfte aus selbständiger künstlerischer Tätigkeit im Sinne des § 10 Abs. 3 Z 4 UStG 1994 (siehe dazu Rz 5237 ff) und aus schriftstellerischer Tätigkeit (siehe dazu Rz 5255) gleichmäßig auf das Veranlagungsjahr und die beiden vorangegangenen Jahre zu verteilen. Einkünfte aus einer vortragenden Tätigkeit (vgl. § 17 Abs. 1 EStG 1988) sind nicht begünstigt. Die Erstellung von Schriftwerken im Zusammenhang mit einer vortragenden Tätigkeit (zB Vortragsunterlagen), macht die vortragende Tätigkeit nicht zu einer schriftstellerischen.

Rechtsnachfolger von Künstlern oder Schriftstellern, die Einkünfte gemäß § 22 EStG 1988 erzielen, sind von der Verteilungsbegünstigung ebenfalls erfasst. Die dem Rechtsnachfolger zuzurechnenden Einkünfte, die rückverteilt werden, sind in den beiden Vorjahren auch dem Rechtsnachfolger (und nicht dem Erblasser) zuzurechnen. Bei Inanspruchnahme der Begünstigung im Todesjahr sind allfällige dem Erblasser zuzurechnenden Einkünfte in den beiden Vorjahren diesem und allfällige dem Erben zuzurechnenden Einkünfte in den beiden Vorjahren dem Erben zuzurechnen.

(BMF-AV Nr. 2018/79)

„Der Antrag, der in der Steuererklärung für das Kalenderjahr zu stellen ist, dem die zu **7379** *verteilenden Einkünfte zuzurechnen sind, ist unwiderruflich. Wird ein Antrag gestellt, sind die betreffenden Verfahren wieder aufzunehmen. Diese Bestimmung ist erstmals für Einkünfte anzuwenden, die dem Kalenderjahr 2000 zuzurechnen sind (§ 37 Abs. 9 EStG 1988 idF BGBl. I Nr. 29/2000).*

(AÖF 2007/88)

27.9.1 Voraussetzungen

7380 Zu verteilen sind stets nur jene positiven Einkünfte, die bei der Veranlagung, für die der Antrag auf Verteilung gestellt wird, zu erfassen sind. Die Einkünfte der Vorjahre (des Verteilungszeitraumes) sind ebenso wie die Betriebseröffnung unerheblich; es können somit Einkünfte auf Zeiträume vor Existenz des Betriebes verteilt werden.

7381 Die Anwendung der Verteilungsregelung setzt voraus, dass der Saldo aus sämtlichen Einkünften aus selbständiger künstlerischer Tätigkeit im Sinne des § 10 Abs. 3 Z 4 UStG 1994 und/oder aus schriftstellerischer Tätigkeit des betreffenden Jahres positiv ist. Ist dies nicht der Fall, kommt die Anwendung der Verteilungsregelung (zur Gänze) nicht in Betracht.

Beispiel 1:

A erzielt im Jahr 2020 Einkünfte als selbständiger Musiker (künstlerische Tätigkeit iSd § 10 Abs. 3 Z 4 UStG 1994), Musikpublizist (schriftstellerische Tätigkeit) und Vortragender (unterrichtende Tätigkeit). Die Einkünfte aus künstlerischer Tätigkeit betragen +40.000, die Einkünfte aus schriftstellerischer Tätigkeit betragen -10.000, die Einkünfte aus unterrichtender Tätigkeit betragen +10.000.

Der Saldo aus Einkünften aus künstlerischer und schriftstellerischer Tätigkeit beträgt +30.000. Diese Einkünfte können auf Antrag auf drei Jahre verteilt werden (je 10.000 in den Jahren 2020, 2021 und 2022).

Beispiel 2:

B erzielt im Jahr 2020 Einkünfte als selbständiger Musiker (künstlerische Tätigkeit iSd § 10 Abs. 3 Z 4 UStG 1994), als Beteiligter an einer Künstler-Gemeinschaft (Einkünfte aus künstlerischer Tätigkeit gemäß § 22 Z 3 EStG 1988), Musikpublizist (schriftstellerische Tätigkeit) und Vortragender (unterrichtende Tätigkeit). Die Einkünfte aus der Künstler-Gemeinschaft betragen +30.000, die Einkünfte aus der eigenen künstlerischen Tätigkeit betragen -10.000, die Einkünfte aus schriftstellerischer Tätigkeit betragen -50.000, die Einkünfte aus unterrichtender Tätigkeit betragen +40.000.

Der Saldo aus sämtlichen Einkünften aus künstlerischer und schriftstellerischer Tätigkeit ist negativ (-30.000). Die Anwendung der Verteilungsregel kommt (ungeachtet des Umstandes, dass die Einkünfte aus selbständiger Arbeit insgesamt positiv sind (+10.000) und darin positive Teileinkünfte aus künstlerischer Tätigkeit in Höhe von insgesamt +20.000 enthalten sind) nicht in Betracht.

(BMF-AV Nr. 2021/65)

7382 Im Hinblick auf die Maßgeblichkeit der Höhe der verteilungsfähigen Einkünfte (sämtliche Einkünfte aus selbständiger künstlerischer Tätigkeit im Sinne des § 10 Abs. 3 Z 4 UStG 1994 und/oder aus schriftstellerischer Tätigkeit des betreffenden Jahres) setzt die Anwendung der Einkünfteverteilung eine exakte Zuordnung der Betriebsausgaben zu den verteilungsfähigen Einkünften voraus.

(BMF-AV Nr. 2021/65)

7383 Die Einkünfteverteilung kommt bei Zutreffen der Voraussetzungen nur bei der erstmaligen Veranlagung für ein Kalenderjahr in Betracht. Der unwiderrufliche Antrag ist in der Einkommensteuererklärung zu stellen (VwGH 25.06.2008, 2008/15/0144). Nach Ergehen des ersten Einkommensteuerbescheides für ein Kalenderjahr kann ein bis dahin nicht gestellter Antrag nicht mehr nachgeholt werden (somit etwa nicht im Rechtsmittelverfahren, einem wieder aufgenommenen Verfahren oder im Zuge einer Änderung gemäß § 295 BAO).

(AÖF 2009/74)

27.9.2 Wirkungsweise

7384 Bei Inanspruchnahme des Wahlrechtes sind im betreffenden Kalenderjahr nur ein Drittel der positiven verteilungsfähigen Einkünfte anzusetzen, somit zwei Drittel auszuscheiden. Die auszuscheidenden Drittel sind im Zuge einer Verfahrenswiederaufnahme bei der Ermittlung des Einkommens der beiden Vorjahre zu berücksichtigen.

7385 Sollten für die Vorjahre Einkommensteuerbescheide wegen Unterschreitens der Besteuerungsgrenzen (§ 42 EStG 1988) nicht ergangen sein, ist bei Inanspruchnahme der Drei-Jahres-Verteilung das jeweilige Drittel für die Ermittlung des steuerpflichtigen Grenzeinkommens iSd § 42 EStG 1988 zu berücksichtigen und bei Überschreiten eine (erstmalige) Veranlagung durchzuführen. Eine erstmalige Veranlagung der Vorjahre unterbleibt aber bei Vorhandensein lohnsteuerpflichtiger Einkünfte, wenn unter Berücksichtigung des Drittelbetrages die Grenze des § 41 Abs. 1 Z 1 EStG 1988 (730 € für andere Einkünfte) nicht überschritten wird.

(AÖF 2002/84)

Die Drei-Jahres-Verteilung wirkt auch auf die Anrechnung von (Abzugs)Steuern (§ 46 Abs. 1 Z 2 EStG 1988, Anrechnung ausländischer Steuern auf Grund eines DBA) und hinsichtlich eines allfälligen Progressionsvorbehaltes. **7386**

Beispiel 1:

C erzielt aus einer selbständigen künstlerischen Tätigkeit Einkünfte in Österreich, die der beschränkten Einkommensteuerpflicht unterliegen und von denen ein Steuerabzug gemäß § 99 EStG vorgenommen worden ist.

Wird im Rahmen einer gemäß § 102 Abs. 1 Z 3 EStG über Antrag erfolgenden Einkommensteuerveranlagung von der Drei-Jahres-Verteilung Gebrauch gemacht, ist die anzurechnende Abzugssteuer nur zu einem Drittel anzurechnen.

Im Zuge der Verfahrenswiederaufnahmen der beiden Vorjahre (bzw. der beantragten erstmaligen Veranlagungen, soferne keine solchen erfolgt sind), sind die entsprechenden Drittel anzusetzen und die Abzugssteuer-Drittel anzurechnen.

Beispiel 2:

D erzielt im Ausland künstlerische Einkünfte, für die dem Ausland das Besteuerungsrecht zusteht, die jedoch bei der Veranlagung des Resteinkommens im Rahmen des Progressionsvorbehaltes zu berücksichtigen sind. Wird bei der Veranlagung die Drei-Jahres-Verteilung hinsichtlich dieser Progressionseinkünfte beantragt, sind diese bei Zutreffen der Voraussetzungen nur zu einem Drittel im Rahmen des Progressionsvorbehaltes zu berücksichtigen. Im Zuge von Verfahrenswiederaufnahmen der beiden Vorjahre sind die entsprechenden Drittel jeweils im Rahmen des Progressionsvorbehaltes zu berücksichtigen.

(AÖF 2009/74)

Die Drei-Jahres-Verteilung nach § 37 Abs. 9 EStG 1988 kann für einen Teil der Einkünfte geltend gemacht werden; daneben kann für andere Teile der Einkünfte eine Drei-Jahres-Verteilung (§ 37 Abs. 2 EStG 1988) oder eine Fünf-Jahres-Verteilung (§ 37 Abs. 3 EStG 1988) in Anspruch genommen werden. Im Falle einer Betriebsaufgabe kann die Drei-Jahres-Verteilung nach § 37 Abs. 9 EStG 1988 auch für jenen Teil der Einkünfte geltend gemacht werden, für den der Freibetrag gemäß § 24 Abs. 4 EStG 1988 in Abzug gebracht wurde, weil es sich bei diesem Freibetrag um eine sachliche Steuerbefreiung handelt (siehe Rz 5693). **7387**

(BMF-AV Nr. 2015/133)

27.10 Verteilung der Einkünfte auf drei Jahre (§ 37 Abs. 4 EStG 1988)

(BMF-AV Nr. 2021/65)

27.10.1 Anwendungsbereich (Z 1 bis 3)

(BMF-AV Nr. 2021/65)

Ab der Veranlagung 2020 können auf Antrag bestimmte Einkünfte gemäß § 21 EStG 1988 laufend auf drei Jahre verteilt angesetzt werden. Betroffen sind Einkünfte aus Landwirtschaft, Forstwirtschaft, Weinbau, Gartenbau, Obstbau, Gemüsebau und aus allen Betrieben, die Pflanzen und Pflanzenteile mit Hilfe der Naturkräfte gewinnen, Einkünfte aus Tierzucht- und Tierhaltungsbetrieben im Sinne des § 30 Abs. 3 bis 7 des Bewertungsgesetzes 1955, Einkünfte aus Binnenfischerei, Fischzucht und Teichwirtschaft und aus Bienenzucht sowie Einkünfte aus übrigem land- und forstwirtschaftlichem Vermögen im Sinne des § 50 des Bewertungsgesetzes 1955. Wird die Verteilung in Anspruch genommen, sind sämtliche in Betracht kommende verteilungsfähige Einkünfte in die Verteilung einzubeziehen. **7388**

Nicht zu verteilen sind Einkünfte aus Jagd iSd § 21 Abs. 1 Z 4 EStG 1988. Darunter fallen Jagdpachterlöse, Einkünfte aus Wildabschüssen und Einkünfte aus dem Verkauf von Wildbret.

(BMF-AV Nr. 2021/65)

Voraussetzung ist, dass diese Einkünfte durch Teilpauschalierung (Betriebsausgabenpauschalierung), reguläre Einnahmen-Ausgaben-Rechnung oder Buchführung ermittelt worden sind. Einkünfte, die durch Vollpauschalierung ermittelt werden, sind nicht verteilungsfähig. Werden in Anwendung der land- und forstwirtschaftlichen Pauschalierung Einkünfte durch Teilpauschalierung ermittelt, ist die Verteilung insoweit anwendbar (zB durch Teilpauschalierung ermittelte Einkünfte aus Forstwirtschaft bei einem im übrigen vollpauschalierten Betrieb). **7389**

(BMF-AV Nr. 2021/65)

Die Aufzählung der erfassten Produktionsbereiche wird durch eine taxative Aufzählung von Einkünften ergänzt, die nicht erfasst sind (§ 37 Abs. 4 Z 2 EStG 1988), das sind insbesondere: **7390**

1. Einkünfte, die idR ohnedies bereits einer Begünstigung unterliegen, insbesondere betriebliche Kapitaleinkünfte iSd § 27 EStG 1988, Einkünfte, die im Rahmen des § 37 EStG 1988 einer anderen Verteilungsregelung unterliegen oder Veräußerungsgewinne.
2. Einkünfte aus nicht regelmäßig im Betrieb anfallenden Vorgängen, insbesondere Einkünfte aus der Veräußerung von Grundstücken (zB gemäß § 1 Abs. 5 LuF-PauschVO 2015) und Einkünfte aus der Einräumung von Rechten (zB von Leitungsrechten). Einkünfte aus der laufenden Verpachtung von Betriebsvermögen sind verteilungsfähig (zB laufende Pachteinnahmen aus der Verpachtung landwirtschaftlicher Flächen).
3. Einkünfte, die typischerweise keinen gravierenden Ertragsschwankungen ausgesetzt sind, wie Einkünfte aus Nebenbetrieben, Nebenerwerb und Nebentätigkeiten, aus be- und/oder verarbeiteten eigenen oder zugekauften Urprodukten, aus dem Wein- und Mostbuschenschank und dem Almausschank.

(BMF-AV Nr. 2021/65)

7391 Erfasst die Verteilung nicht sämtliche Einkünfte aus dem Betrieb, muss im Rahmen der Aufzeichnungen eine gesonderte Ermittlung der von der Verteilung erfassten Einkünfte erfolgen. Aus den Aufzeichnungen muss klar, das heißt ohne zusätzliche aufklärende Nacherhebungen durch das Finanzamt, erkennbar sein, welche Einkünfte in die Verteilung einbezogen wurden und wie sie ermittelt wurden. Die Nichterfüllung oder grob mangelhafte Erfüllung der Aufzeichnungsverpflichtung in Bezug auf die zu verteilenden Einkünfte führt zur Beendigung gemäß Z 7 lit. f (Rz 7396).

Eindeutig den zu verteilenden oder den nicht zu verteilenden Einkünften zuordenbare Betriebsausgaben sind zur Gänze dort zuzuordnen. Nicht eindeutig zuordenbare Betriebsausgaben (zB Sozialversicherungsbeiträge oder Schuldzinsen aus einem allgemeinen Betriebskredit) sind nach dem Verhältnis der Betriebseinnahmen aus zu verteilenden und nicht zu verteilenden Einkünften aufzuteilen. Ist das nicht möglich, sind die nicht eindeutig zuordenbaren Betriebsausgaben zur Gänze bei den zu verteilenden Einkünften zu berücksichtigen (siehe die folgende Rz 7392).

(BMF-AV Nr. 2021/65)

7392 Liegen verteilungsfähige und nicht verteilungsfähige Einkünfte vor, sind für sämtliche Betriebszweige/Tätigkeiten/Vorgänge des Betriebes die daraus erzielten Einkünfte den zu verteilenden oder den nicht zu verteilenden Einkünften wie folgt zuzuordnen:

1. Vereinnahmte Pachtzinse, die im Rahmen der Teilpauschalierung gemäß § 15 Abs. 1 LuF-PauschVO 2015 gesondert zu erfassen sind, sind nach der wirtschaftlichen Zugehörigkeit den verteilungsfähigen oder den nicht verteilungsfähigen Einkünften zuzuordnen.
2. Eindeutig zuordenbare Betriebsausgaben sind dem jeweiligen Betriebszweig/der jeweiligen Tätigkeit zuzuordnen, wie insbesondere:
   a) Bezahlte Pachtzinse gemäß § 15 Abs. 2 LuF-PauschVO 2015; diese sind allein der Urproduktion zuzuordnen.
   b) Sozialversicherungsbeiträge für Nebentätigkeiten auf Grund eigenständiger Beitragsvorschreibung.
   c) Zuordenbare Schuldzinsen, zB für Wirtschaftsgüter, die eindeutig zuordenbar sind.
3. Für nicht eindeutig zuordenbare Betriebsausgaben ist zu untersuchen, ob eine Zuordnung nach dem Verhältnis der Betriebseinnahmen möglich ist. Das betrifft insbesondere
   a) Ausgedingelasten.
   b) Schuldzinsen für Wirtschaftsgüter, die nicht eindeutig zuordenbar sind, oder aus einem allgemeinen Betriebskredit.
   c) Sozialversicherungsbeiträge für einen vollpauschalierten Betrieb mit teilpauschaliertem Betriebsteil.

   Ist eine Aufteilung einer nicht eindeutig zuordenbaren Betriebsausgabe auf sämtliche zu beurteilenden Tätigkeiten nach dem Verhältnis der Betriebseinnahmen möglich, hat eine Aufteilung nach diesem Maßstab zu erfolgen.
4. Ist eine Aufteilung gemäß Punkt 3 nicht möglich, hat die ausschließliche Zuordnung der Betriebsausgabe zu den zu verteilenden Einkünften zu erfolgen.

Beispiel 1:

Teilpauschalierung Landwirtschaft (Betriebseinnahmen 75.000 Euro), Teilpauschalierung Forst (Betriebseinnahmen 15.000 Euro) und Nebenerwerb (bäuerliche Direktvermarktung, Betriebseinnahmen 10.000 Euro).

Nicht eindeutig zuordenbar sind: Schuldzinsen (allgemeiner Betriebskredit) iHv 600 Euro und Zahlung für Ausgedinge iHv 800 Euro.

Die Aufteilung der nicht eindeutig zuordenbaren Betriebsausgaben nach dem Verhältnis der Betriebseinnahmen erfolgt im Verhältnis 90% (teilpauschalierte Einkünfte gesamt) zu 10% (Nebenerwerb). Daher sind

- *Schuldzinsen iHv 540 Euro (davon 450 Euro bei den Einkünften aus Landwirtschaft und 90 Euro bei den Einkünften aus Forst) sowie*
- *das Ausgedinge iHv 720 Euro (davon 600 Euro bei den Einkünften aus Landwirtschaft und 120 Euro bei den Einkünften aus Forst)*

bei den zu verteilenden Einkünften aus der Landwirtschaft und dem Forst zu berücksichtigen. Der restliche Anteil in Höhe von insgesamt 140 Euro ist den Einkünften aus Nebenerwerb zuzuordnen.

Ergebnis Jahr 1 (in Euro):

a) Landwirtschaft	*75.000*
abzüglich pauschale Ausgaben (70%)	*-52.500*
ergibt	*22.500*
abzüglich Schuldzinsen	*-450*
abzüglich Ausgedinge	*-600*
ergibt	*21.450*
davon 1/3 zu versteuern im Jahr 1	*7.150*
b) Forst	*15.000*
abzüglich pauschale Ausgaben (hier: 30%)	*-4.500*
ergibt	*10.500*
abzüglich Schuldzinsen	*-90*
abzüglich Ausgedinge	*-120*
ergibt	*10.290*
davon 1/3 zu versteuern im Jahr 1	*3.430*
c) Nebenerwerb	*10.000*
abzüglich pauschale Ausgaben (70%)	*-7.000*
ergibt	*3.000*
abzüglich Schuldzinsen	*-60*
abzüglich Ausgedinge	*-80*
ergibt	*2.860*

Beispiel 2:

Vollpauschalierung Landwirtschaft (Einkünfte 25.200 Euro), Teilpauschalierung Forst (Betriebseinnahmen 25.000), Nebenerwerb (Betriebseinnahmen 30.000 Euro).

Nicht eindeutig zuordenbar sind: Schuldzinsen (allgemeiner Betriebskredit) 600 Euro, Ausgedinge 800 Euro.

Zu verteilen sind nur die Einkünfte aus der Teilpauschalierung für den Forst. Bei der Vollpauschalierung ist eine Aufteilung nach dem Verhältnis der Betriebseinnahmen nicht möglich. Eine Aufteilung der nicht zuordenbaren Betriebsausgaben auf sämtliche Tätigkeiten ist nach dem Verhältnis der Betriebseinnahmen somit nicht möglich. Daher sind die nicht zuordenbaren Betriebseinnahmen den Einkünften aus der Teilpauschalierung für den Forst zur Gänze zuzuordnen.

Ergebnis Jahr 1 (in Euro):

a) Landwirtschaft	*25.200*
b) Forst	*25.000*
abzüglich pauschale Ausgaben (hier: 30%)	*-7.500*
ergibt	*17.500*
abzüglich Schuldzinsen	*-600*
abzüglich Ausgedinge	*-800*
ergibt	*16.100*

davon 1/3 zu versteuern im Jahr 1	*5.366,67*
c) Nebenerwerb	*30.000*
abzüglich pauschale Ausgaben (70%)	*-21.000*
ergibt	*9.000*

(BMF-AV Nr. 2021/65)

27.10.2 Umfang und Durchführung der Verteilung (Z 4 bis 6)

(BMF-AV Nr. 2021/65)

7393 Der Antrag auf Verteilung ist bei erstmaliger Inanspruchnahme grundsätzlich in der Einkommensteuererklärung zu stellen. Der Antrag kann bis zum Eintritt der Rechtskraft nachgeholt werden.

Im Rahmen der Einkünftefeststellung gemäß § 188 BAO erfolgt keine Verteilung, vielmehr unterliegt ein gemäß § 188 BAO ermittelter Gewinnanteil im Rahmen der Einkommensbesteuerung der Verteilung. Die Verteilung und ein Widerruf der Verteilung können von jedem Mitunternehmer eigenständig beantragt werden. Betrifft ein Beendigungsgrund für die Verteilung (Rz 7396) nur einen von mehreren Mitunternehmern, endet die Verteilung nur für diesen Mitunternehmer.

Wird ein Verteilungsantrag gestellt, umfasst er alle verteilungsfähigen Einkünfte aus dem betreffenden Betrieb; er betrifft sodann auch alle zu verteilenden Einkünfte der Folgejahre und ist bis zur Beendigung der Verteilung bindend.

Bei Vorliegen mehrerer Betriebe kann die Verteilung für jeden Betrieb gesondert gewählt werden. Werden nicht alle Betriebe einbezogen, sind auf Grund des Verteilungsantrages nur die verteilungsfähigen Einkünfte aus dem Betrieb einzubeziehen, auf den sich der Antrag bezieht.

(BMF-AV Nr. 2021/65)

7394 Die Verteilung bezieht sich auf den positiven Saldo aus den zu verteilenden Einkünften, höchstens aber auf die gesamten aus dem Betrieb erzielten positiven Einkünfte gemäß § 21 EStG 1988; allfällige (außerhalb der Pauschalierung erzielte) Verluste bei den zu verteilenden Einkünften werden nicht verteilt. Allfällige negative Einkünfte aus nicht zu verteilenden Einkünften kürzen das verteilungsfähige Ausmaß.

Beispiele:

Im Rahmen eines land- und forstwirtschaftlichen Betriebes wird der Gewinn außerhalb der Pauschalierung durch Einnahmen-Ausgaben-Rechnung ermittelt.

1. Für den land- und forstwirtschaftlichen Betriebsteil wird ein Gewinn von 20.000 € ermittelt, aus Nebentätigkeiten resultiert ein Verlust von 2.000 €. Der Betriebsgewinn beträgt 18.000 €. Darauf ist die Verteilung anwendbar.

2. Für den land- und forstwirtschaftlichen Betriebsteil wird ein Verlust von 1.000 € ermittelt, aus Nebentätigkeiten resultiert ein Gewinn von 10.000 €. Der Betriebsgewinn beträgt daher 9.000 €. Die Verteilung ist nicht anwendbar.

3. Für den land- und forstwirtschaftlichen Betriebsteil wird ein Gewinn von 5.000 € ermittelt, aus Nebentätigkeiten resultiert ein Verlust von 6.000 €. Der Betriebsverlust beträgt daher 1.000 €. Die Verteilung ist nicht anwendbar.

(BMF-AV Nr. 2021/65)

7395 Die Verteilung erfolgt gleichmäßig auf das Veranlagungsjahr der Einkünfteerzielung und die beiden Folgejahre. Dazu sind die in die Verteilung einzubeziehenden Einkünfte in der Steuererklärung anzugeben. Von diesem Wert wird ein Drittel in der betreffenden Veranlagung und – sofern es nicht zur Beendigung der Verteilung kommt – automatisch jeweils ein Drittel in den Veranlagungen der beiden nachfolgenden Jahre berücksichtigt; eine Eingabe von Drittelbeträgen aus Vorjahren in der Steuererklärung ist daher nicht erforderlich.

Die Verteilung eines Verlustes kommt nicht in Betracht. Im Verlustjahr wird der Verlust neben den Drittelbeträgen aus Vorjahren zur Gänze berücksichtigt. Wird sodann wieder ein Gewinn erzielt, unterliegt dieser wieder der Verteilung. Ein verbleibender Verlust kann im Rahmen des Verlustabzuges berücksichtigt werden.

Beispiel:

Die Verteilung wurde im Jahr 1 beantragt und in den Jahren 1 bis 3 (Gewinnjahre) durchgeführt. Im Jahr 4 wird ein Verlust, in den Jahren 5 bis 7 werden wieder Gewinne erzielt.

- *Im Jahr 4 ist der Verlust dieses Jahres mit den beiden Drittelbeträgen aus den Jahren 3 und 2 zu verrechnen; der Saldo ergibt die Einkünfte gemäß § 21 EStG 1988 des Jahres 4.*
- *Im Jahr 5 ist der Gewinn dieses Jahres zu einem Drittel sowie der Drittelbetrag aus dem Jahr 3 zu erfassen (zwei Drittelbeträge).*
- *Im Jahr 6 ist der Gewinn dieses Jahres zu einem Drittel sowie der Drittelbetrag aus dem Jahr 5 zu erfassen (zwei Drittelbeträge).*
- *Im Jahr 7 ist der Gewinn dieses Jahres zu einem Drittel sowie der jeweilige Drittelbetrag aus den Jahren 5 und 6 zu erfassen (drei Drittelbeträge).*

(BMF-AV Nr. 2021/65)

27.10.3 Beendigung der Verteilung (Z 7 und 8)

(BMF-AV Nr. 2021/65)

In § 37 Abs. 4 Z 7 EStG 1988 sind die Gründe taxativ aufgezählt, die zur Beendigung der Verteilung führen: **7396**

a) Tod des Steuerpflichtigen. Noch offene Drittelbeträge sind in diesem Fall von dem (den) Erben zu versteuern;
b) Betriebsveräußerung, Betriebsaufgabe oder Veräußerung oder Aufgabe der Betätigung, aus der zu verteilende Einkünfte stammen;
c) Übertragung des Betriebes oder Teilbetriebes, aus dem zu verteilende Einkünfte stammen, im Wege einer Umgründung gemäß Art. III, Art. IV oder Art. V des Umgründungssteuergesetzes;
d) Unentgeltliche Übertragung des Betriebes oder der Betätigung, aus der zu verteilende Einkünfte stammen;
e) Widerruf des Antrages auf Verteilung durch den Steuerpflichtigen. Im Fall eines Widerrufs kann ein neuerlicher Antrag erst nach Ablauf von fünf Veranlagungsjahren gestellt werden;
f) Nichterfüllung oder grob mangelhafte Erfüllung der Aufzeichnungsverpflichtung in Bezug auf die zu verteilenden Einkünfte (siehe dazu Rz 7391). Dies ist der Fall, wenn Aufzeichnungen, aus denen die Aufteilung hervorgeht, gar nicht vorhanden oder derart mangelhaft sind, dass das Finanzamt vertiefte Nacherhebungen anstellen muss, um die Ermittlung des vom Antrag auf Verteilung betroffenen Wertes nachvollziehen zu können. Eine unrichtige rechtliche Beurteilung bei ansonsten ordnungsgemäßen Aufzeichnungen in Bezug auf die Verteilungseinkünfte stellt keinen Grund für eine Beendigung dar. Wird die Aufzeichnungsverpflichtung nicht oder grob mangelhaft erfüllt, hat das Finanzamt im Abgabenbescheid festzustellen, dass die Verteilung unterbleibt (sofern das erste Jahr der Antragstellung betroffen ist) oder endet; noch ausstehende Drittelbeträge sind in einem Gesamtbetrag im Jahr der Beendigung zu erfassen. Ein neuerlicher Antrag kann erst nach Ablauf von fünf Veranlagungsjahren gestellt werden.

(BMF-AV Nr. 2021/65)

Die Beendigung der Verteilung ist in den in Rz 7396 lit. a bis e genannten Fällen in der Steuererklärung des betreffenden Jahres bekannt zu geben. In den Fällen der lit. b bis e hat eine Bekanntgabe zu unterbleiben, wenn die Verteilung in Bezug auf Einkünfte aus einem anderen Betrieb als jenem, auf den sich der Beendigungsgrund bezieht, aufrecht bleiben soll. Das wäre zB der Fall, wenn ein Betrieb veräußert wird und für den anderen Betrieb die Verteilung aufrecht bleiben soll; in diesem Fall werden im Rahmen der weiterlaufenden Verteilung im Veräußerungsjahr und dem Folgejahr die Drittelbeträge aus dem veräußerten Betrieb normal erfasst. **7397**

Gleiches gilt für die Aufgabe einer Betätigung im Rahmen eines Betriebes (Betriebsteil), wenn für Einkünfte aus einer anderen Betätigung die Verteilung weiter aufrecht bleiben soll.

Beispiel:

Ein Landwirt betreibt Ackerbau und Viehzucht und nimmt die Gewinnverteilung auf drei Jahre in Anspruch. Später gibt er die Viehzucht auf. Für den Ackerbau soll die Verteilung aufrecht bleiben.

Eine Bekanntgabe der Beendigung hat zu unterbleiben.

(BMF-AV Nr. 2021/65)

Im Beendigungsjahr und dem Folgejahr erfolgt sodann der Ansatz der noch nicht erfassten Drittelbeträge aus den beiden Vorjahren. Diese Nacherfassung entspricht gegenläufig der Nichterfassung von Drittelbeträgen zu Beginn der Verteilung, da erst ab dem zweitfolgenden Jahr nach Beginn drei Drittelbeträge voll erfasst werden. **7398**

Bei Bekanntgabe der Beendigung (Ankreuzkästchen in der Steuererklärung) wird der Gesamtbetrag der noch ausstehenden drei Drittelbeträge jeweils zur Hälfte im Jahr der Beendigung und dem Folgejahr erfasst.

Auf Antrag kann der Gesamtbetrag der noch ausstehenden Drittelbeträge stattdessen auch zur Gänze im Jahr der Beendigung erfasst werden.

Um die Zusammenballung zu mildern, die in der Nacherfassung von Drittelbeträgen zusätzlich zur vollen Erfassung der Jahreseinkünfte besteht, ist zusätzlich eine besondere antragsgebundene Verteilung der noch offenen Drittelbeträge auf das Jahr der Beendigung und die drei Folgejahre vorgesehen. Sie führt zu einem vierjährigen Verteilungszeitraum und damit zu einer Verlängerung um zwei Jahre. Dementsprechend werden über einen entsprechenden Antrag in dem vierjährigen Verteilungszeitraum jeweils ein Viertel des Gesamtbetrages der offenen Drittel berücksichtigt.

Beispiel:

Im Jahr 1 wird die Verteilung beantragt, im Jahr 4 wird sie widerrufen.

In den Jahren 1 bis 7 werden folgende Einkünfte erzielt:

Jahr 1: 12.000	*Jahr 2: 10.500*	*Jahr 3: 15.000*	*Jahr 4: 18.000*
Jahr 5: 15.000	*Jahr 6: 13.000*	*Jahr 7: 14.000*	

	Jahr 1	*Jahr 2*	*Jahr 3*	*Jahr 4*	*Jahr 5*	*Jahr 6 Ende*	*Jahr 7*
1/3-Betrag aus Jahr 1	*4.000*	*4.000*	*4.000*				
1/3-Betrag aus Jahr 2	*-*	*3.500*	*3.500*				
1/3-Betrag aus Jahr 3	*-*	*-*	*5.000*				
Betrag aus 4 bis 7				*18.000*	*15.000*	*13.000*	*14.000*
a) Zwei-Jahres-Verteilung (Kein Verteilungsantrag)				*6.750*[1)]	*6.750*[1)]		
b) Volle Erfassung (Antrag gemäß Z 8 lit. a)				*13.500*[2)]			
c) Vier-Jahres-Verteilung (Antrag gemäß Z 8 lit. a)				*3.375*[3)]	*3.375*[3)]	*3.375*[3)]	*3.375*[3)]
Einkünfte	*4.000*	*7.500*	*12.500*	*a) 24.750 b) 31.500 c) 21.375*	*a) 21.750 b) 15.000 c) 18.375*	*a, b) 13.00 c) 16.375*	*a, b) 14.000 c) 17.375*

*[1)] Die noch zu erfassenden Drittelbeträge, nämlich ein Drittel aus dem Jahr 2 (3.500) und zwei Drittel aus dem Jahr 3 (2*5.000) werden addiert (13.500). Der Gesamtbetrag ist jeweils zur Hälfte im Jahr 4 und 5 zu erfassen.*

[2)] Der Gesamtbetrag aus den noch offenen Drittelbeträgen (13.500) ist auf Grund des diesbezüglichen Antrages zur Gänze im Jahr 4 zu erfassen.

[3)] Der Gesamtbetrag aus den noch offenen Drittelbeträgen (13.500) ist auf Grund des diesbezüglichen Antrages jeweils zu einem Viertel in den Jahren 4 bis 7 zu erfassen.

In Summe ergibt sich bei allen drei Varianten der gleiche Betrag.

Z 8 lit. b sieht vor, dass bei Beendigung im Folgejahr nach erstmaliger Verteilung der Gesamtbetrag aus den noch zu berücksichtigenden zwei Drittelbeträgen im Jahr der Beendigung zu erfassen ist. Damit soll in erster Linie einer missbräuchlichen Anwendung entgegengewirkt werden. Ein Verteilungsantrag, dem bereits im nächstfolgenden Jahr insbesondere ein Widerruf entgegensteht, kann daher nur eine Aufteilung der Versteuerung auf zwei Jahre bewirken.

(BMF-AV Nr. 2021/65)

7399 Im Todesfall sind die Einkünfte dem Erblasser und dem/den Erben zeitanteilig zuzurechnen (Rz 10). Die dem Erblasser zuzurechnenden Einkünfte sind von dem/den Erben als Rechtsnachfolger zu erklären. Ist das Todesjahr das der erstmaligen Verteilung folgende Jahr, ist der Gesamtbetrag aus den noch zu berücksichtigenden zwei Drittelbeträgen im Todesjahr vom Erblasser zu versteuern. Ist das Todesjahr das zweitfolgende oder ein späteres Jahr, ist das dann mögliche Wahlrecht auf Vierjahresverteilung oder Vollerfassung der offenen Drittel von dem/den Erben als Rechtsnachfolger des Erblassers auszuüben.

(BMF-AV Nr. 2021/65)

7400 Wurde die Verteilung widerrufen und stirbt der Widerrufende in einem Folgejahr, ist der Erbe in Bezug auf die vom Erblasser gewählte Verteilung gebunden. Da die Verteilung bereits durch den Widerruf beendet wurde, begründet der Tod kein neuerliches Wahlrecht in Bezug auf die Verteilung.

Beispiel:

A widerruft die Gewinnverteilung bei der Veranlagung 2022 und wählt die Verteilung auf vier Jahre; zu berücksichtigen ist im Jahr 2022 daher ein Viertel der offenen Drittel. Im Jahr 2023 verstirbt A.

Die Wahl des A bindet den Erben B. In der Veranlagung des Jahres 2023 ist von A ein Viertel zu versteuern. B muss die restlichen beiden Viertel in den folgenden beiden Jahren versteuern.

(BMF-AV Nr. 2021/65)

Randzahlen 7401 bis 7500: *derzeit frei*

(BMF-AV Nr. 2021/65)

28. Veranlagung (§§ 39 bis 46 EStG 1988)

28.1 Allgemeine Veranlagung und Veranlagungszeitraum (§ 39 EStG 1988)

7501 Veranlagen heißt, die Besteuerungsgrundlagen zu ermitteln und die Steuern festzusetzen. Veranlagungszeitraum ist grundsätzlich das Kalenderjahr. Es bleibt auch dann Veranlagungszeitraum, wenn der Gewinn nach einem vom Kalenderjahr abweichenden Wirtschaftsjahr ermittelt wird (siehe Rz 179 ff). Bei Rumpfwirtschaftsjahren können zwei (theoretisch auch mehrere) Wirtschaftsjahre der Veranlagung eines Kalenderjahres zu Grunde gelegt werden.

28.1.1 Beginn bzw. Ende der Steuerpflicht während des Veranlagungszeitraumes

7502 Bei Begründung (zB Geburt, Zuzug aus dem Ausland) oder Beendigung (zB Tod, Wegzug ins Ausland) der Steuerpflicht während eines Kalenderjahres ist das während der Dauer der Steuerpflicht bezogene Einkommen der Veranlagung zu Grunde zu legen. Die Veranlagung kann bei Wegfall der Steuerpflicht sofort vorgenommen werden (§ 39 Abs. 2 EStG 1988).

28.1.2 Wechsel der Steuerpflicht

7503 Wird ein unbeschränkt Steuerpflichtiger innerhalb eines Kalenderjahres beschränkt steuerpflichtig oder umgekehrt (zB Wohnsitzverlegung ins Inland oder vom Inland ins Ausland), so bestehen innerhalb des Kalenderjahres zwei Veranlagungszeiträume (§ 39 Abs. 1 EStG 1988). Die Einkünfte, die während der Dauer der unbeschränkten Steuerpflicht, und jene, die während der Dauer der beschränkten Steuerpflicht bezogen wurden, sind getrennt zu veranlagen (VwGH 26.9.1990, 86/13/0104).

28.1.3 Einkünfte der Verlassenschaft

7504 Die der Verlassenschaft zufließenden Einkünfte sind (grundsätzlich) bereits dem oder den Erben zuzurechnen und bleiben bei der Veranlagung des Erblassers außer Ansatz. Solange der Nachlass nicht eingeantwortet ist, sind die Abgabenbescheide für Zeiträume vor dem Todestag an die Verlassenschaft nach dem Steuerpflichtigen, vertreten durch den Verlassenschaftskurator, den erbserklärten Erben oder den Erbenmachthaber zu richten (VwGH 25.9.1992, 90/17/0331).

7505 Stirbt ein Mitunternehmer, ist sein Gewinnanteil für die Zeit bis zu seinem Todestag auch im Fall eines vom Kalenderjahr abweichenden Wirtschaftsjahres in dem Kalenderjahr steuerlich zu erfassen, in das der Todestag fällt. Daran ändert auch der Umstand nichts, dass mangels einer Teilung des Wirtschaftsjahres in zwei Rumpfwirtschaftsjahre der gesamte Gewinn der Gesellschaft gemäß § 188 BAO festgestellt wird (VwGH 20.1.1988, 87/13/ 0026).

(AÖF 2010/43)

28.1.4 Rechtsanspruch auf Veranlagung

7506 Die Abgabe einer Einkommensteuererklärung stellt ein Anbringen dar (§ 85 BAO), über das mit Bescheid (§ 92 BAO, § 198 BAO) ohne unnötigen Aufschub (§ 311 Abs. 1 BAO) abzusprechen ist. Auch ein Null- oder Nichtveranlagungsbescheid (Bescheid, mit dem keine Einkommensteuer festgesetzt wird) ist möglich.

28.1.5 Grenzgänger

7507 Von den Einkünften österreichischer Grenzgänger, die im Inland ihren Wohnsitz und im Ausland ihre Arbeitsstätte haben, wird die Einkommensteuer im Wege der Veranlagung erhoben (VwGH 23.10.1990, 89/14/0302). Gemäß § 67 Abs. 11 EStG 1988 und § 68 Abs. 8 EStG 1988 sind die Begünstigungen der § 67 Abs. 1, 2, 6 und 8 EStG 1988 sowie § 68 Abs. 1 bis 6 EStG 1988 anzuwenden. Die Gewährung der in § 68 EStG 1988 vorgesehenen Begünstigungen steht unter dem Vorbehalt der Nachprüfbarkeit der Anspruchsvoraussetzungen im Wege der Amtshilfe; diese ist nicht nur im Verhältnis zu Deutschland und Italien, sondern auch im Verhältnis zur Schweiz und Liechtenstein gegeben (vgl. dazu näher AÖF Nr. 84/1998, betreffend Schweiz und AÖF Nr. 55/1999, betreffend Liechtenstein).

28.1.6 Inländisches Personal ausländischer diplomatischer Vertretungen oder ausländischer Unternehmen

7508 Bei Arbeitnehmern, die im Inland bei Arbeitgebern beschäftigt sind, welche nach Völkerrecht, auf Grund von Staatsverträgen oder wegen Fehlens einer inländischen Betriebsstätte im Sinne des § 81 EStG 1988 nicht zur Vornahme des Steuerabzuges vom Arbeitslohn verhalten werden können, ist die Einkommensteuer im Veranlagungsweg zu erheben. Gemäß § 67 Abs. 11 EStG 1988 und § 68 Abs. 8 EStG 1988 sind die Begünstigungen der § 67 Abs. 1, Abs. 2, Abs. 6 und Abs. 8 EStG 1988 sowie § 68 Abs. 1 bis 6 EStG 1988 anzuwenden.

Zu inländischen Grenzgängern, die in einem an Österreich angrenzenden Staat bei einem ausländischen Arbeitgeber tätig sind, sowie zu ausländischen Vertretungen in Österreich siehe LStR 2002 Rz 927. **7509**

(BMF-AV Nr. 2021/65)

28.1.7 Veranlagung von Amts wegen

Die Durchführung einer Veranlagung ist nicht an das Vorliegen einer Steuererklärung gebunden. Die Veranlagung von Amts wegen richtet sich nach den Grundsätzen der BAO (insbesondere §§ 114, 115 und 184 BAO). **7510**

28.1.8 Freigrenze für geringfügige Einkünfte aus Kapitalvermögen

Sind im Einkommen Einkünfte aus Kapitalvermögen enthalten, so bleiben Überschüsse aus dieser Einkunftsart außer Ansatz, wenn sie 22 € nicht übersteigen. Die Freigrenze von 22 € (s auch Rz 7823 f) ist sowohl bei der Veranlagung nach § 39 EStG 1988 als auch bei der Veranlagung nach § 41 EStG 1988 zu berücksichtigen. Die erhobene KESt ist gemäß § 46 Abs. 1 Z 2 EStG 1988 auf die veranlagte Einkommensteuer nicht anzurechnen (s Rz 7578). Die Freigrenze bei kapitalertragsteuerpflichtigen Einkünften ist auf die Summe der Einnahmen zu beziehen und haben daher nur Einnahmen unter 22 € außer Ansatz zu bleiben (VwGH 24.6.2003, 2000/14/0052). **7511**

(AÖF 2003/209)

28.2 Erstattung von Absetzbeträgen in der Veranlagung (§ 40 EStG 1988)

(AÖF 2010/43)

Die Einkommensermittlung und eine sich daraus ergebende Gutschrift der Negativsteuer (siehe LStR 2002 Rz 811) erfolgt im Wege der Veranlagung. Wurde im Antragsjahr kein Einkommen bezogen, kann gemäß § 40 EStG 1988 zwecks Erstattung des Alleinverdiener-/Alleinerzieherabsetzbetrages eine Einkommensteuerveranlagung nach § 39 EStG 1988 erfolgen. Die Erstattung erfolgt bis zum vollen Ausmaß des jeweils zustehenden Alleinverdiener-/Alleinerzieherabsetzbetrages (inkl. des Kinderzuschlages). **7512**

Beispiel:

Eine alleinerziehende Mutter eines Kindes bezieht kein Einkommen. Der Alleinerzieherin wird, auch wenn die Veranlagungsgrenze unterschritten wird, auf Grund ihres Antrages im Wege der Veranlagung gemäß § 39 EStG 1988 eine Negativsteuer von 494 € gutgeschrieben.

(AÖF 2010/43)

Die Erstattung im Wege der Veranlagung gemäß § 40 EStG 1988 erfolgt nur auf Antrag. Der Antrag ist innerhalb von fünf Jahren nach Ablauf des jeweiligen Kalenderjahres, für das die Erstattung beantragt wird, zu stellen. **7513**

(AÖF 2010/43)

Rz 7514 und Rz 7515 entfallen

(AÖF 2010/43)

28.3 Veranlagung von lohnsteuerpflichtigen Einkünften (§ 41 EStG 1988)

28.3.1 Allgemeines

Zur Veranlagung lohnsteuerpflichtiger Einkünfte siehe die LStR 2002 Rz 908a ff. **7516**

Randzahlen 7517 bis 7533: *derzeit frei*

(AÖF 2013/280)

28.4 Steuererklärung (§§ 42 bis 44 EStG 1988)

28.4.1 Begriff und Form der Erklärung

Mit der Steuererklärung sind dem Finanzamt die für eine Veranlagung erforderlichen Grundlagen bekannt zu geben. Die Erklärung ist in schriftlicher Form unter Verwendung des amtlichen Vordruckes einzureichen (siehe § 133 Abs. 2 BAO), sofern eine elektronische Übermittlung nicht zumutbar ist. Sie ist eigenhändig oder durch einen Bevollmächtigten zu unterschreiben. Für Zeiträume bzw. Stichtage ab 1999 kann die Währungsangabe bereits in Euro erfolgen. Für Zeiträume bzw. Stichtage ab 2002 hat die Währungsangabe nur in Euro zu erfolgen. **7534**

Ab Veranlagung 2003 hat die Übermittlung der Steuererklärung elektronisch zu erfolgen. Ist dem Steuerpflichtigen die elektronische Übermittlung der Steuererklärung mangels technischer Voraussetzungen unzumutbar, hat die Übermittlung der Steuererklärung unter Verwendung des amtlichen Vordrucks zu erfolgen. Der Bundesminister für Finanzen wird

ermächtigt, den Inhalt und das Verfahren der elektronischen Übermittlung der Steuererklärung mit Verordnung festzulegen. Dazu ist die Verordnung BGBl II Nr. 192/2004 ergangen.
(AÖF 2007/88)

7535 Die Verhängung einer Zwangsstrafe ist bei Nichtabgabe der Erklärung möglich. Vor der Festsetzung ist die Zwangsstrafe anzudrohen und eine angemessene Frist zu setzen (siehe § 111 BAO). Bei Nichtabgabe der Erklärung besteht Schätzungsbefugnis gemäß § 184 BAO.

7536 Formmängel (zB Nichtverwendung der amtlichen Vordrucke) und Fehlen der Unterschrift sind über Auftrag des Finanzamtes zu beheben.

28.4.2 Erklärungsfristen

28.4.2.1 Allgemein

7537 Die allgemeine Steuererklärungsfrist endet gemäß § 134 BAO Ende April des jeweils folgenden Kalenderjahres. Sie endet Ende Juni des jeweils folgenden Kalenderjahres, wenn die Übermittlung der Steuererklärung elektronisch erfolgt. Die Frist des § 134 BAO ist erstreckbar. Die Erstreckung kann durch Maßnahmen des Bundesministers für Finanzen erfolgen. Siehe auch LStR 2002 Rz 916.
(AÖF 2004/167)

28.4.2.2 Abgabepflichtige mit lohnsteuerpflichtigen Einkünften

7538 Zur Veranlagung von Steuerpflichtigen mit lohnsteuerpflichtigen Einkünften siehe LStR 2002 Rz 916.
(AÖF 2012/63)

28.4.2.3 Vertretene Abgabepflichtige

7539
- Berufsmäßige Parteienvertreter: Fristerstreckung allgemein bis 31. Mai des auf das Veranlagungsjahr folgenden Jahres, bei Quotenfällen bis 31. März (30. April) des auf das Veranlagungsjahr zweitfolgenden Jahres.
- Immobilienverwalter: Fristerstreckung für die verwalteten Miet- und Wohnungseigentumsobjekte bis 30. Juni des auf das Veranlagungsjahr folgenden Kalenderjahres.

28.4.2.4 Einzelfallerstreckung

7540 Auf begründeten Antrag ist eine Fristerstreckung im Einzelfall möglich. Der Antrag ist vor Fristablauf zu stellen. Die Fristverlängerung gemäß § 134 Abs. 2 BAO kann für dieselbe Steuererklärung auch mehrmals erfolgen.

7541 Bei Abweisung eines Fristverlängerungsantrages ist eine Nachfrist von mindestens einer Woche zu setzen (§ 134 Abs. 2 BAO). Ein Rechtsanspruch auf die Setzung der Nachfrist besteht nur in den Fällen fristgerecht eingebrachter Verlängerungsanträge.

28.4.2.5 Verspätungszuschlag

7542 Bei nicht fristgerechter Abgabe der Steuererklärung kann ein Verspätungszuschlag bis zu 10 Prozent der festgesetzten Abgabe zur Vorschreibung kommen, wenn die Verspätung nicht entschuldbar ist (siehe § 135 BAO). Weder die Nichteinmahnung der Erklärung noch die Tatsache des Fehlens eines Nachteiles für den Abgabengläubiger stellt einen Entschuldigungsgrund dar. Eine spätere Änderung der Steuervorschreibung hat zu einer Anpassung nach § 295 BAO zu führen.

28.4.3 Erklärungspflicht (§ 42 EStG 1988)

28.4.3.1 Allgemeines

7543 Der Steuererklärungspflicht ist dann entsprochen, wenn die Erklärung grundsätzlich die für die Veranlagung maßgebenden Angaben enthält. Daher ist etwa die Einreichung eines unterschriebenen Einkommensteuererklärungsformulars ohne Angaben über Art bzw. Höhe der Einkünfte nicht zur Wahrung der Erklärungsfrist geeignet. „Vorläufige“ Abgabenerklärungen sind im Abgabenverfahrensrecht nicht vorgesehen (VwGH 26.6.1996, 95/16/0238).

28.4.3.1.1 Gesetzliche Vertreter natürlicher Personen

7544 Die Steuererklärung Minderjähriger und sonstiger nicht (voll) geschäftsfähiger Personen hat der gesetzliche Vertreter einzureichen. Gesetzliche Vertreter sind die Eltern, der Vormund sowie der gerichtliche Erwachsenenvertreter einer behinderten Person im Rahmen seines Aufgabenbereiches.
(BMF-AV Nr. 2021/65)

28.4.3.1.2 Berichtigte Erklärung

Als Steuererklärung gilt nur die erstmalig für einen Veranlagungszeitraum eingereichte Erklärung. Eine auf Grund des § 139 BAO abgegebene berichtigte Erklärung (Zweiterklärung) ist keine eigene Erklärung, sondern eine Anzeige im Sinne des § 119 Abs. 2 BAO. 7545

28.4.3.1.3 Erklärungspflicht im Todesfall

Bei Tod des Abgabepflichtigen trifft die Pflicht zur Abgabe der Steuererklärungen den (die) Erben oder Verlassenschaftskurator. Die Erben sind auf Grund der Gesamtrechtsnachfolge verpflichtet, bei Erkennen der Unvollständigkeit oder Unrichtigkeit der Erklärungen des Rechtsvorgängers entsprechende Berichtigungen vorzunehmen (§ 15 BAO). 7546

28.4.3.1.4 Erklärungspflicht im Konkurs

Im Konkursverfahren ist der Masseverwalter zur Abgabe der Steuererklärungen verpflichtet. Diese Verpflichtung betrifft auch Zeiträume vor Konkurseröffnung, unabhängig von einer vorhandenen Kostendeckung, und ist mit Zwangsstrafe durchsetzbar (VwGH 3.3.1987, 86/14/ 0130). 7547

28.4.3.2 Erklärungspflicht unbeschränkt und beschränkt Steuerpflichtiger

Hinsichtlich der Erklärungspflicht unbeschränkt und beschränkt Steuerpflichtiger wird auf § 42 EStG 1988 verwiesen.

28.4.3.3 Erklärungspflicht bei Doppelwohnsitz

(AÖF 2008/51)

Es bestehen keine Bedenken, wenn kraft inländischen Zweitwohnsitzes unbeschränkt Steuerpflichtige, die in einem DBA-Partnerstaat Österreichs ansässig sind und bei denen die Voraussetzungen der Zweitwohnsitzverordnung nicht zutreffen, unter folgenden Voraussetzungen keine inländische Einkommensteuererklärung abgeben: 7548

- Sie erzielen weder inländische Einkünfte im Sinn des § 2 Abs. 3 Z 1 bis 3 EStG 1988 noch andere inländische Einkünfte von mehr als insgesamt 2.000 Euro,
- sie besitzen eine von der Steuerverwaltung des DBA-Partnerstaates ausgestellte Ansässigkeitsbescheinigung und
- sie können den Nachweis erbringen, dass ihr Welteinkommen im DBA-Partnerstaat steuerlich erfasst wird.

(AÖF 2008/51)

28.4.4 Erklärungspflicht bei Feststellungsverfahren (§ 43 EStG 1988)

Sind Einkünfte festzustellen (siehe § 188 BAO), ist die Erklärungspflicht von den zur Geschäftsführung oder Vertretung der Gesellschaft oder Gemeinschaft befugten Personen wahrzunehmen. Die Erklärungspflicht nach § 43 Abs. 1 EStG 1988 ist als eigenständige Erklärungspflicht normiert und besteht auch dann, wenn eine Veranlagung zur Einkommensteuer in Folge unterbleibt. Gemäß § 81 Abs. 2 BAO haben die vertretungsbefugten Personen einen gemeinsamen Bevollmächtigten zu bestellen und der Abgabenbehörde bekannt zu geben. 7549

(AÖF 2010/43)

Solange kein gemeinsamer Bevollmächtigter namhaft gemacht wurde, kann die Abgabenbehörde eine der in Frage kommenden Personen als Vertreter mit Wirkung für die Gesamtheit bestellen. Die übrigen im Inland wohnhaften Personen sind von der Vertreterbestellung zu verständigen (siehe § 81 Abs. 2 BAO). 7550

(AÖF 2007/88)

Die Steuererklärung zur Feststellung der Einkünfte ist ab 2006 elektronisch abzugeben. Der Bundesminister für Finanzen wird ermächtigt, den Inhalt und das Verfahren der elektronischen Übermittlung der Steuererklärung mit Verordnung festzulegen. 7551

(AÖF 2010/43)

28.4.5 Form der Steuererklärungen (§ 44 EStG 1988)

28.4.5.1 Buchführende Steuerpflichtige

Wer den Gewinn auf Grund einer gesetzlichen Verpflichtung (siehe §§ 124 und 125 BAO) oder freiwillig gemäß § 4 Abs. 1 EStG 1988 oder § 5 EStG 1988 ermittelt, hat anlässlich der Einreichung der Steuererklärung eine Abschrift der Vermögensübersicht (Jahresabschluss, Bilanz) und der Gewinn- und Verlustrechnung vorzulegen (§ 44 Abs. 1 EStG 1988). 7552

(AÖF 2004/167)

7553 Die UGB-Bilanz ist für steuerliche Zwecke zu adaptieren, sofern nicht eine eigene Steuerbilanz vorgelegt wird (§ 44 Abs. 2 EStG 1988); näheres siehe Rz 432. Liegen Jahresberichte (Geschäftsberichte) oder Treuhandberichte (Wirtschaftsprüfungsberichte) vor, sind diese anlässlich der Einreichung der Steuererklärung auch dann der Abgabenbehörde vorzulegen, wenn sie ohne gesetzliche Verpflichtung erstellt werden (§ 44 Abs. 3 EStG 1988).

(AÖF 2008/238)

28.4.5.2 Einnahmen-Ausgaben-Rechner

7554 Bei Gewinnermittlung gemäß § 4 Abs. 3 EStG 1988 (siehe Rz 658 ff) sind die Betriebseinnahmen und Betriebsausgaben nach der in der Steuererklärung vorgesehenen gruppenweisen Gliederung auszuweisen (§ 44 Abs. 4 EStG 1988).

(AÖF 2004/167)

28.4.5.3 Steuerpflichtige mit Überschusseinkünften

7555 Bei Einkünften aus Vermietung und Verpachtung sind die Einnahmen und Werbungskosten nach der in der Steuererklärung vorgesehenen gruppenweisen Gliederung auszuweisen.

(AÖF 2010/43)

7556 *(aufgehoben mit AÖF 2008/51)*

28.5 Vorauszahlungen (§ 45 EStG 1988)

28.5.1 Vorauszahlungsverpflichtung

7557 Jeder Steuerpflichtige hat auf die Einkommensteuer Vorauszahlungen zu entrichten. Für Lohnsteuerpflichtige sind Vorauszahlungen nur dann festzusetzen, wenn bei den nichtlohnsteuerpflichtigen Einkünften die Veranlagungsgrenze von 730 € überschritten wurde (§ 41 Abs. 1 Z 1 EStG 1988) oder wenn zwei oder mehrere lohnsteuerpflichtige Einkünfte nebeneinander bezogen worden sind, die getrennt versteuert wurden (§ 41 Abs. 1 Z 2 EStG 1988).

(AÖF 2002/84)

7558 Die Verpflichtung, eine Vorauszahlung zu leisten, beruht auf einer bescheidmäßigen Festsetzung durch das Finanzamt. Dieser Bescheid ergeht in der Regel gleichzeitig mit dem Einkommensteuerbescheid für ein abgelaufenes Kalenderjahr. Diese Verpflichtung bleibt solange aufrecht, bis es zu einer bescheidmäßigen Änderung kommt (zB infolge eines Herabsetzungsantrages anlässlich der nächsten Veranlagung oder im Rahmen einer Berufungserledigung).

7559 Die Einkommensteuer-Vorauszahlung für ein bestimmtes Kalenderjahr ist eine Abgabenschuld, die von der Jahres-Einkommensteuerschuld zu unterscheiden ist. Der Jahres-Einkommensteuerbescheid setzt den Einkommensteuer-Vorauszahlungsbescheid des betreffenden Jahres daher nicht außer Kraft. Dies gilt nicht für Umsatzsteuer-Vorauszahlungsbescheide (VwGH 29.7.1997, 95/14/0117).

28.5.2 Festsetzung der Vorauszahlungen

7560 Grundsätzlich wird die Veranlagung zur Einkommensteuer in dem dem Veranlagungszeitraum folgenden Kalenderjahr durchgeführt. Die im Einkommensteuerbescheid festgesetzte Einkommensteuerschuld (nach Abzug der besonderen VZ bzw. der ImmoESt sowie der übrigen einbehaltenen Steuerabzugsbeträge) ist kraft Gesetzes für die Festsetzung der Vorauszahlung des folgenden Kalenderjahres um 4% zu erhöhen. Erfolgt die Veranlagung nicht im folgenden Kalenderjahr, sondern erst später, so ist eine weitere Erhöhung um 5% für jedes weitere Jahr vorgesehen.

Beispiel:

Erfolgt die Veranlagung 2014 im Jahr 2016, dann erhöht sich die Vorauszahlung um 9% (4%+5%). Diese Vorauszahlung gilt solange, bis eine neue Veranlagung erfolgt.

(BMF-AV Nr. 2015/133)

7561 Vorauszahlungen bis zu 300 € bleiben unberücksichtigt. Dies bedeutet aber nicht, dass die Festsetzung gänzlich entfällt, es findet vielmehr eine Null-Festsetzung statt. Damit ist gewährleistet, dass sämtliche Regelungen über die Festsetzung von Vorauszahlungen (zB Ausgleichsviertel) anzuwenden sind. Die sich auf Grund der Veranlagung ergebende Steuer ist aber voll zu entrichten. Die 300 €-Grenze ist unter Berücksichtigung der Zuschläge (4% bzw. 5%) zu ermitteln. Bei ausschließlichen Pensionseinkünften erfolgt die Anpassung der Vorauszahlungen gemäß § 45 Abs. 4 EStG 1988 entsprechend der jeweiligen Pensionserhöhung.

(AÖF 2002/84)

Bei Neueintritt in die Steuerpflicht, und zwar auch nach dem 30. September des betreffenden Jahres, werden die Vorauszahlungen nach dem voraussichtlichen Einkommen für den laufenden Veranlagungszeitraum festgesetzt. Eine Zuschlagsverrechnung kommt nicht in Betracht. Die (erstmalige) Festsetzung von Vorauszahlungen umfasst immer das ganze Kalenderjahr. 7562

28.5.3 Fälligkeit der Vorauszahlungen

28.5.3.1 Vorauszahlung als Jahresbetrag

Die gemäß § 45 Abs. 1 EStG 1988 ermittelte Vorauszahlung ist stets, also auch wenn erstmals steuerpflichtige Einkünfte unterjährig bezogen werden, als Jahresbetrag festzusetzen. 7563

Beispiel:

Die Vorauszahlung wird erstmals (Geschäftseröffnung am 1. Juni) am 20. Juni mit 12.000 S festgesetzt. Die Fälligkeitstermine 15. Februar und 15. Mai sind mit einem Teilbetrag von Null S anzusetzen. Am 15. August sind drei Viertel (9.000 S) und am 15. November ein Viertel (3.000 S) der Vorauszahlung fällig.

28.5.3.2 Fälligkeiten

Die Vorauszahlungen sind in vier Teilbeträgen, am 15. Februar, 15. Mai, 15. August und 15. November zu leisten. Die genannten Fälligkeiten sind gesetzlich vorgegeben und dürfen nicht durch einen Bescheidspruch abgeändert werden. 7564

28.5.3.3 Änderung der Vorauszahlungen

Eine Änderung der Vorauszahlungen wirkt auf den Jahresbeginn zurück, sie kann aber keine Änderung der bereits fällig gewordenen Vorauszahlungsteilbeträge („Vierteljahresfälligkeiten“) bewirken. 7565

Der jeweils erste nach dem Änderungszeitpunkt fällig werdende Vorauszahlungsbetrag beträgt ein Viertel der neu festgesetzten Vorauszahlungen zuzüglich oder abzüglich jener Unterschiedsbeträge, um die die bereits fällig gewesenen Vorauszahlungsteilbeträge gegenüber der neu berechneten Vierteljahresfälligkeit zu niedrig oder zu hoch waren („Ausgleichsviertel“).

Erfolgt die Zustellung des Bescheides über die Erhöhung oder über die erstmalige Festsetzung der Vorauszahlungen nicht mindestens einen Monat vor der nächstfolgenden Vierteljahresfälligkeit, bleibt die nächstfolgende Vierteljahresfälligkeit unverändert, der Ausgleich ist erst anlässlich der der Änderung zweitfolgenden Vierteljahresfälligkeit vorzunehmen. 7566

Eine Gutschrift auf Grund einer Herabsetzung der Vorauszahlung entsteht mit Bekanntgabe des Vorauszahlungsbescheides und steht mit diesem Zeitpunkt zur Tilgung von Abgabenschuldigkeiten zur Verfügung (VwGH 20.1.1999, 97/13/0027). 7567

Beispiel für Erhöhung:

Der Jahresbetrag der Vorauszahlung wurde mit 12.000 S (3.000 S pro Viertel) festgesetzt. Am 10. August wird die Vorauszahlung auf 20.000 S erhöht, was einer Vierteljahresfälligkeit von nunmehr 5.000 S entspricht. Der Unterschiedsbetrag (2.000 S) ist mit der Anzahl der von der Änderung nicht berührten Fälligkeitstermine (15.2., 15.5., 15.8., da zwischen der Bekanntgabe des Erhöhungsbescheides und dem Fälligkeitstermin 15.8. weniger als ein Monat liegt) zu vervielfachen und der Fälligkeit vom 15.11. hinzuzurechnen. Am 15.11. ergibt sich eine Vorschreibung von 11.000 S (5.000 S + 6.000 S Ausgleichsviertel).

Beispiel für Gutschrift:

Der Jahresbetrag der Vorauszahlung wurde mit 12.000 S (3.000 S pro Viertel) festgesetzt. Am 10. August wird die Vorauszahlung auf 4.800 S herabgesetzt, was einer Vierteljahresfälligkeit von nunmehr 1.200 S entspricht. Die Herabsetzung wirkt sofort. Der Unterschiedsbetrag (1.800 S) ist mit der Zahl der bereits abgelaufenen Fälligkeitstermine (15.2., 15.5.) zu vervielfachen und ergibt eine Gutschrift von 3.600 S.

28.5.3.4 Zahlungsfrist in besonderen Fällen

Erfolgt die Bekanntgabe von Bescheiden über die Erhöhung oder die erstmalige Festsetzung der Vorauszahlung nach dem 15. Oktober, ist der Unterschiedsbetrag (Jahresbetrag der Vorauszahlung) innerhalb eines Monats ab Bekanntgabe des Bescheides zu entrichten. 7568

28.5.4 Anpassungen von Amts wegen

Eine andere Vorauszahlung als die bisherige ergibt sich grundsätzlich mit der nächstfolgenden Veranlagung. Der der Vorauszahlung zu Grunde liegende Bescheid wird in einem Rechtsmittelverfahren oder zB durch Maßnahmen gem § 295 BAO oder § 299 BAO ge- 7569 ändert. Der Vorauszahlungsbescheid selbst wird in einem Rechtsmittelverfahren oder im Zuge anderer, diesen Bescheid betreffenden verfahrensrechtlichen Maßnahmen, zB gem § 299 BAO, geändert.

(AÖF 2006/114)

28.5.4.1 Frist

7570 Nach dem 30. September darf das Finanzamt von Amts wegen Bescheide über die Anpassung von Vorauszahlungen für das laufende Kalenderjahr nicht mehr erlassen, dh, dass der Bescheid über die Änderung der Vorauszahlung bis zu diesem Zeitpunkt dem Steuerpflichtigen bzw seinem Zustellungsbevollmächtigten zugestellt werden muss (VwGH 19.10.1962, 474/61).

Mit dem Hochwasseropferentschädigungs- und Wiederaufbaugesetz 2005, BGBl I Nr. 112/2005 (HWG 2005) wurde mit Wirksamkeit ab 28.10. 2005 die Möglichkeit einer Anpassung der Einkommen- bzw. Körperschaftsteuervorauszahlungen – abweichend vom allgemeinen mit 30. September begrenzten Antragstermin – aus Anlass von Naturkatastrophenschäden auf Anträge bis zum 31. Oktober erstreckt. Es können sowohl unmittelbar von einem Naturkatastrophenschaden betroffene als auch nicht unmittelbar geschädigte aber mittelbar durch wirtschaftliche Einbußen aus Anlass einer Naturkatastrophe in ihrem Einkommen betroffene Steuerpflichtige den Antrag stellen. Da die erweiterte Antragsmöglichkeit auf Naturkatastrophenfälle eingeschränkt ist, kann der Antrag nur mit den konkreten Umständen, die das Einkommen des Antragstellers im Zusammenhang mit Naturkatastrophenschäden berühren, begründet werden. Andere Gründe rechtfertigen im Rahmen der erweiterten Antragstellung nicht die Anpassung der Vorauszahlungen.

(AÖF 2006/114)

28.5.4.2 Anpassungen auf Antrag und im Rechtsmittelverfahren

7571 Liegt ein begründeter Antrag des Steuerpflichtigen vor, kann die Vorauszahlung der Steuer, die sich voraussichtlich ergeben wird, angepasst werden. Eine solche individuell festgesetzte Vorauszahlung wird nicht noch um einen Zuschlag erhöht.

Im Antrag muss die voraussichtliche Höhe der Besteuerungsgrundlage für das laufende Jahr (zB durch Vorlage einer Zwischenbilanz, einer Aufstellung über die Umsatzentwicklung, Nachweis von Forderungsausfällen) glaubhaft gemacht werden. In diesem Fall ist eine Änderung nach dem 30. September mit Wirksamkeit für das laufende Kalenderjahr dann zulässig, wenn der Antrag vor dem 30. September des laufenden Jahres gestellt wurde.

7572 Im Rechtsmittelverfahren können Vorauszahlungsbescheide auch nach dem 30. September erlassen werden. Zu beachten ist, dass derartige Änderungen nur dann zulässig sind, wenn das Rechtsmittelverfahren unmittelbar die Festsetzung von Vorauszahlungen betrifft und nicht die für eine etwaige Änderung der Vorauszahlungen maßgebliche Einkommensteuervorschreibung.

28.5.5 Vorauszahlungen im Konkurs

7573 Die Eröffnung des Konkurses über das Vermögen eines Steuerpflichtigen ändert nichts an der Vorauszahlungsverpflichtung. Die Vorauszahlungsbescheide sind allerdings dem Masseverwalter (an Stelle des Gemeinschuldners, der Eigentümer und Unternehmer bleibt) zuzustellen. Er ist zur Verwaltung und Verfügung über die Konkursmasse nach den Bestimmungen der Konkursordnung berechtigt.

28.6 Abschlusszahlungen (§ 46 EStG 1988)

28.6.1 Anrechnung

7574 Auf die durch Veranlagung festgesetzte Einkommensteuerschuld werden angerechnet:

- Die für den Veranlagungszeitraum festgesetzten Vorauszahlungen; die Anrechnung erfolgt unabhängig davon, ob die Vorauszahlungen entrichtet sind.
- Die durch Steuerabzug einbehaltenen Beträge, soweit sie auf veranlagte Einkünfte entfallen.

28.6.2 Unterbleiben der Anrechnung

28.6.2.1 Allgemein

7575 Findet weder eine Veranlagung nach § 39 EStG 1988 noch nach § 41 EStG 1988 statt, darf der Steuerpflichtige für die Einkommensteuer, die auf steuerabzugspflichtige Einkünfte entfällt, nur in den Fällen des

- § 83 Abs. 2 Z 2 und 3 EStG 1988 als Lohnsteuerschuldner (siehe LStR 2002 Rz 1213 bis 1219) oder
- gemäß § 95 Abs. 4 EStG 1988 als Kapitalertragsteuerschuldner oder
- gemäß § 100 Abs. 3 EStG 1988 als Schuldner der Abzugsteuer gemäß § 99 EStG 1988 in Anspruch genommen werden (siehe Rz 7995 ff).

(AÖF 2013/280)

28.6.2.2 Bei Lohnsteuerpflichtigen

Bei einer Veranlagung gemäß § 41 EStG 1988 sind jene Steuerbeträge, die gemäß § 41 Abs. 4 EStG 1988 bei der Veranlagung außer Ansatz bleiben (siehe LStR 2002 Rz 912h ff), nicht anzurechnen. **7576**

(AÖF 2013/280)

28.6.2.3 *entfällt*

Randzahl 7577: *derzeit frei*

(AÖF 2013/280)

28.6.2.4 Freigrenze von Kapitaleinkünften

Kapitalertragsteuer ist nicht anzurechnen, soweit sie auf Kapitaleinkünfte entfällt, die unter die Freigrenze von 22 Euro (§§ 39 Abs. 1 und 41 Abs. 1 EStG 1988) fallen (siehe Rz 7511). **7578**

(AÖF 2013/280)

28.6.2.5 Kapitalertragsteuer von endbesteuerten Einkünften

Gemäß § 97 Abs. 1 iVm § 27a Abs. 1 EStG 1988 sind endbesteuerte Einkünfte aus Kapitalvermögen bei der Ermittlung des Einkommens nicht zu berücksichtigen. Eine Anrechnung der auf diese Einkünfte entfallenden Kapitalertragsteuer auf die Einkommensteuerschuld ist daher ausgeschlossen. Eine Anrechnung kann nur dann erfolgen, wenn mit diesen Einkünften zur Regelbesteuerung nach § 27a Abs. 5 EStG 1988 oder zum Verlustausgleich im Wege der Veranlagung gemäß § 97 Abs. 2 EStG 1988 optiert wird. **7579**

(AÖF 2013/280)

28.6.3 Höhe der Anrechnung

Anzurechnen sind nur jene Steuerabzugsbeträge, die auf Einkünfte entfallen, die für die Ermittlung der Einkommensteuerschuld herangezogen wurden. Der tatsächlich einbehaltene Betrag ist maßgebend. Eine Anrechnung hat daher auch dann zu erfolgen, wenn die Steuerabzugsbeträge zu Unrecht oder zu hoch einbehalten wurden. **7580**

28.6.4 Vom Arbeitgeber getragene Lohnsteuer

Eine Anrechnung ist nur dann möglich, wenn der Arbeitnehmer seinem Arbeitgeber die nachgeforderte Lohnsteuer ersetzt (siehe LStR 1999, Rz 1211). **7581**

Gemäß § 86 Abs. 3 EStG 1988 bildet die durch den Arbeitgeber übernommene Lohnsteuer keinen Vorteil aus dem Dienstverhältnis (siehe LStR 1999, Rz 648).

28.6.5 Abschlusszahlung

Ist die Einkommensteuerschuld im Veranlagungszeitraum (Kalenderjahr) größer als die einbehaltenen und anzurechnenden sowie die vorausbezahlten Beträge, ergibt der Unterschiedsbetrag die Abschlusszahlung. **7582**

Gemäß § 210 Abs. 1 BAO ist die Abschlusszahlung innerhalb eines Monates nach Bekanntgabe des Einkommensteuerbescheides zu entrichten. Die Fälligkeit der Abschlusszahlung wird durch die Einbringung eines Rechtsmittels nicht geändert.

Ist die Einkommensteuerschuld kleiner als die Summe der Beträge, die nach § 46 Abs. 1 EStG 1988 anzurechnen sind, so wird der Unterschiedsbetrag gutgeschrieben.

28.6.6 Anrechnung ausländischer Einkommensteuer

Auf Grund von Doppelbesteuerungsabkommen und auf Grund der Doppelbesteuerungsverordnung, BGBl. II Nr. 474/2002, kann sich die Berechtigung zur Anrechnung ausländischer Steuern auf die Einkommensteuer ergeben. Die Anrechnung erfolgt dabei stets auf Grund des betreffenden Abkommens oder der Doppelbesteuerungsverordnung und nicht auf Grund der Bestimmung des § 46 EStG 1988. **7583**

Ausländische Steuern können auf Grund der Bestimmungen der Doppelbesteuerungsabkommen und der Doppelbesteuerungsverordnung nur bis zur Höhe des „anrechenbaren Höchstbetrages" angerechnet werden. Zur Berechnung des Anrechnungshöchstbetrags ist die Formel „Einkommensteuer x Auslandseinkünfte / Einkommen" heranzuziehen. Das für die Höchstbetragsformel maßgebende Einkommen ist das nach österreichischem innerstaatlichen Steuerrecht zu veranlagende Einkommen. Nach Abkommensrecht freizustellende und nur für den Progressionsvorbehalt anzusetzende Auslandseinkünfte zählen nach innerstaatlichem Steuerrecht weiterhin zum steuerpflichtigen Einkommen und werden daher für Belange der Höchstbetragsberechnung nicht aus dem „Einkommen" ausgeschieden.

Der anrechenbare Betrag darf jenen Teil der österreichischen Einkommensteuer, die auf die durch Anrechnung begünstigten Auslandseinkünfte entfällt, nicht übersteigen (Höchstbetrag). Im Fall der Berücksichtigung von Verlusten (Verlustausgleich, Verlustvortrag) hat die Ermittlung der bei der Höchstbetragsberechnung anzusetzenden Auslandseinkünfte stets in der Weise zu erfolgen, dass begünstigte Auslandseinkünfte möglichst erhalten bleiben (VwGH 15.04.1997, 93/14/0135).

(BMF-AV Nr. 2021/65)

7584 Bei Ermittlung der anrechnungsbegünstigten Einkünfte sind die hiemit in erkennbarem wirtschaftlichen Zusammenhang stehenden Betriebsausgaben (Werbungskosten) zu berücksichtigen (siehe auch AÖF Nr. 49/1991). Eine Zusammenfassung der anrechnungsbegünstigten Einkünfte ist je DBA-Partnerstaat zulässig („per country limitation"); sollte von Steuerpflichtigen für jede Einkunftsquelle eine gesonderte Höchstbetragsberechnung vorgezogen werden („per item limitation"), so ist die Anwendung dieser genaueren Methode nicht ausgeschlossen.

7585 Eine nach der „per country limitation" vorgenommene länderweise Einkünftezusammenfassung kann nur hinsichtlich der durch Anrechnung begünstigten und in Österreich steuerpflichtigen Auslandseinkünfte erfolgen. Es ist daher nicht zulässig, in die Berechnung des Anrechnungshöchstbetrages zB auch in Österreich steuerfreie Schachteldividenden einzubeziehen und auf diese Weise die davon erhobenen ausländischen Dividendensteuern auf jene österreichische Steuer zur Anrechnung zu bringen, die beispielsweise auf steuerpflichtige Auslandszinsen entfällt. Die Einbeziehung von im Ausland nicht besteuerten Einkünften in die Höchstbetragsberechnung ist hingegen zulässig.

7586 Die Anrechnung ausländischer Steuern ist nur auf jene österreichische Einkommensteuer zulässig, die auf die durch Anrechnung begünstigten Auslandseinkünfte entfällt. Wird daher von einem inländischen Steuerpflichtigen eine Lizenzgebührenforderung gegen einen ausländischen Lizenznehmer im Jahr 1 gewinnerhöhend verbucht und erfolgt die tatsächliche Zahlung und demzufolge auch der zur Anrechnung berechtigende Steuerabzug erst im Jahr 3, dann kann diese im Jahr 3 erhobene ausländische Steuer nur bei der inländischen Veranlagung des Jahres 1 angerechnet werden.

Die (nachträgliche) Entrichtung einer solchen ausländischen Steuer ist ein rückwirkendes Ereignis im Sinne des § 295a BAO.

(AÖF 2004/167)

7587 Ausländische Steuern, die wegen Höchstbetragsüberschreitung in Österreich nicht angerechnet werden können, sind damit von der steuerlichen Verwertbarkeit und demzufolge auch von einem „Anrechnungsvortrag" in Österreich ausgeschlossen (VwGH 20.4.1999, 99/14/0012).

28.7 Progressionsvorbehalt:

28.7.1 Allgemeines

7588 Als Progressionsvorbehalt werden jene Bestimmungen bezeichnet, die eine Berücksichtigung der aus der Bemessungsgrundlage auszuscheidenden Teile des Welteinkommens für Zwecke der Tarifermittlung ermöglichen.

28.7.2 Rechtsgrundlage

7589 In Österreich ist der Progressionsvorbehalt nicht explizit im Gesetz verankert. Er ergibt sich zwangsläufig aus den Bestimmungen des Einkommensteuergesetzes (§§ 1, 2 und 33 EStG 1988) und dem Grundsatz der Gleichmäßigkeit der Besteuerung. (Grundsatzerkenntnis VwGH 21.10. 60, 162/60; VwGH 30.4.1964, 880/62; VwGH 21.5.1985, 85/14/0001).

7590 Die unmittelbare Rechtsgrundlage für die Berechnung des Progressionsvorbehaltes stellt somit nicht ein Doppelbesteuerungsabkommen dar, sondern ergibt sich aus der Anordnung des EStG 1988, dass sich der Steuersatz nach dem (Gesamt)Einkommen des unbeschränkt

Stpfl bemisst (VwGH 29.07.2010, 2010/15/0021). Bestimmungen darin haben nur einschränkenden oder klarstellenden Charakter.

(AÖF 2011/66)

Soweit ein Doppelbesteuerungsabkommen dem Wohnsitzstaat das Recht zugesteht, die Steuern von den ihm zur Besteuerung überlassenen Einkünften nach dem Satz zu erheben, der dem Welteinkommen entspricht, ist daher bei der Ermittlung des anzuwendenden Steuersatzes zwingend auf die ausländischen Einkünfte Bedacht zu nehmen. Zur Steuerermittlung in diesen Fällen entsprechend § 33 Abs. 11 EStG 1988 siehe Rz 7365 sowie LStR 2002 Rz 813). Die Geltendmachung des Progressionsvorbehaltes steht nicht im Ermessen der Finanzbehörde, auch wenn diese als „Kann-Bestimmung" in den diversen Abkommen abgefasst ist. Die zwingende Anwendung des EStG 1988 für die Berechnung des Progressionsvorbehaltes hat ferner zur Folge, dass die ausländischen Einkünfte stets nach österreichischem Recht zu ermitteln sind (VwGH 06.03.1984, 83/14/0107). Näheres zur Ermittlung der Höhe der ausländischen Einkünfte siehe Rz 17. **7591**

(AÖF 2008/238)

§§ 33–46

28.7.3 Abkommen

Ein Progressionsvorbehalt kann angewendet werden, wenn dieser in einem Doppelbesteuerungsabkommen, und zwar im Methodenartikel, vorgesehen ist. Nach VwGH kann der Progressionsvorbehalt bei einer in Österreich unbeschränkt und abkommensrechtlich ansässigen natürlichen Person allerdings auch dann vorgenommen werden, wenn dieser im Doppelbesteuerungsabkommen nicht (ausdrücklich) eingeräumt wurde (VwGH 29.7.2010, 2010/15/0021, zu einer nach dem DBA Österreich-Italien, BGBl. Nr. 125/1985, nur in Italien zu besteuernden Pension). **7592**

Bei Angehörigen der ausländischen diplomatischen und berufskonsularischen Vertretungen und bei unbeschränkt steuerpflichtigen Zweitwohnsitzern erfolgt jedoch im Allgemeinen weiterhin kein Progressionsvorbehalt (siehe näher Rz 326 und Rz 7595).

(BMF-AV Nr. 2018/79)

28.7.4 Wohnsitzstaat („Ansässigkeitsstaat")

Durch den Progressionsvorbehalt behält sich der Wohnsitzstaat („Ansässigkeitsstaat") des Abgabepflichtigen das Recht vor, jene Teile des Einkommens, die in Anwendung von Doppelbesteuerungsabkommen in seiner Besteuerungskompetenz verbleiben, mit dem Steuersatz zu besteuern, der auf das Welteinkommen entfällt. Als Wohnsitzstaat („Ansässigkeitsstaat") gilt in den Doppelbesteuerungsabkommen jener Staat, in dem der Abgabepflichtige im Sinne der Abkommens ansässig ist, dh. primär über eine ständige Wohnstätte (für Österreich gilt § 26 BAO) verfügt. Im Falle eines Wohnsitzes in beiden Vertragsstaaten (Doppelwohnsitz) wird die Ansässigkeit auf Grund des Gesamtbildes, in erster Linie der persönlichen (VwGH 18.1.1996, 93/15/ 0145; VwGH 22.3.1991, 90/13/0073) aber auch der wirtschaftlichen Verhältnisse beurteilt (Mittelpunkt der Lebensinteressen). **7593**

Lässt sich im Falle eines Doppelwohnsitzes der Mittelpunkt der Lebensinteressen nicht feststellen, sind weitere Kriterien in subsidiärer Reihenfolge der gewöhnliche Aufenthalt und die Staatsbürgerschaft. Ein Verständigungsverfahren (Verfahren zwischen den obersten Finanzbehörden der beiden Vertragsstaaten) wäre zur Lösung der Ansässigkeitsfrage dann erforderlich, wenn sämtliche vorangeführten Abgrenzungsmerkmale versagen. **7594**

Ist ein Abgabepflichtiger in Österreich bloß auf Grund eines Zweitwohnsitzes unbeschränkt steuerpflichtig, kommt wegen des im Ausland befindlichen Mittelpunktes der Lebensinteressen auf Grund der Abkommensdefinitionen nur dem ausländischen Staat die Funktion des Wohnsitzstaates zu, sodass in Österreich im Allgemeinen kein Progressionsvorbehalt geltend gemacht werden kann (einfacher Progressionsvorbehalt zu Gunsten des Wohnsitzstaates). **7595**

Bei kurzfristigen Auslandsaufenthalten (im Ausmaß von weniger als zwei Jahren) wird in der Regel davon auszugehen sein, dass keine Verlagerung des Mittelpunktes der Lebensinteressen in das Ausland erfolgt. Bei länger als fünf Jahre dauernden Aufenthalten im Ausland wird hingegen die äußere Vermutung für die Verlegung des Mittelpunktes der Lebensinteressen in das Ausland sprechen, wenn auch der Ehegatte und die haushaltszugehörigen Kinder in das Ausland übersiedeln. Für Zeiträume dazwischen wird die Frage im Einzelfall an Hand der besonderen Umstände des Einzelfalls zu klären sein. Das Vorliegen einer von der Steuerverwaltung des DBA-Partnerstaates ausgestellten Ansässigkeitsbescheinigung (in der ausdrücklich eine Ansässigkeit im Sinn des Doppelbesteuerungsabkommens bestätigt wird) stellt ein gewichtiges Indiz für die Anerkennung der Ansässigkeitsverlagerung in das Ausland dar (ständige Verwaltungspraxis im Verständigungsverfahren). **7596**

7597 Ein unterjähriger Wechsel des Mittelpunktes der Lebensinteressen ist möglich.

Beispiel:

Der Mittelpunkt der Lebensinteressen wird am 1.November 1999 von der Schweiz nach Österreich verlegt. Das schweizerische Dienstverhältnis wird zu diesem Zeitpunkt aufgelöst, in Österreich werden Einkünfte auf selbständiger Basis als EDV-Berater erzielt. Für 1999 ist bereits in Österreich eine Steuererklärung als unbeschränkt Steuerpflichtiger einzureichen. Die Schweizer Einkünfte sind nicht zum Progressionsvorbehalt heranzuziehen, da dieser nur für Zeiträume geltend gemacht werden kann, in denen sich der Mittelpunkt der Lebensinteressen in Österreich befindet.

28.7.5 Berechnung

Bei der Berechnung des Progressionssteuersatzes ist folgendermaßen vorzugehen:

7598 In einem ersten Schritt ist das progressionswirksame Welteinkommen inklusive ausländischer Progressionseinkünfte zu ermitteln. Dabei sind gegebenenfalls Sonderausgaben, außergewöhnliche Belastungen und sonstige Freibeträge (§§ 41 und 105 EStG 1988) abzuziehen, wobei für die Ermittlung der Sonderausgaben-Einschleifung, der Spendendeckelung sowie des Selbstbehalts für außergewöhnliche Belastungen auch steuerbefreite Auslandseinkünfte zu berücksichtigen sind (vgl. VwGH 24.05.2007, 2004/15/0051).

Ausländische Einkünfte, die als inländische Einkünfte nicht progressionserhöhend wären (zB Einkünfte gemäß § 67 Abs. 11 EStG 1988), wirken sich auch im Rahmen des Progressionsvorbehaltes nicht aus.

(BMF-AV Nr. 2019/75)

7599 Im zweiten Schritt wird die auf das Welteinkommen entfallende Tarifeinkommensteuer ohne Berücksichtigung von Absetzbeträgen berechnet. Dabei ist ab der Veranlagung 2007 § 33 Abs. 11 EStG 1988 zu berücksichtigen (siehe Rz 7365 sowie LStR 2002 Rz 813).

(AÖF 2008/238)

7600 Im dritten Schritt wird der Durchschnittssteuersatz aus der Tarifeinkommensteuer ohne Berücksichtigung von Absetzbeträgen nach der Formel „Österreichische Tarifeinkommensteuer ohne Berücksichtigung von Absetzbeträgen mal 100 dividiert durch veranlagungspflichtiges Welteinkommen“ ermittelt.

(AÖF 2008/238)

7601 Im vierten Schritt wird die inländische Steuerschuld berechnet. Dabei sind die ausländischen Einkünfte aus der Bemessungsgrundlage auszuscheiden; eine aliquote Kürzung von Sonderausgaben oder außergewöhnlichen Belastungen findet nicht statt. Der Durchschnittssteuersatz aus der Tarifeinkommensteuer ohne Berücksichtigung von Absetzbeträgen ist nur auf das im Inland zu versteuernde Einkommen anzuwenden. Sodann sind zustehende Absetzbeträge mit Ausnahme des Kinderabsetzbetrages abzuziehen (§ 33 Abs. 11 EStG 1988).

Ausländische Einkünfte erhöhen somit indirekt über den höheren Tarifeinkommensteuersatz die inländische Steuerschuld, während Verluste im Ausland das im Inland zu versteuernde Einkommen verringern (vgl. § 2 Abs. 8 EStG 1988).

Beispiel: (vereinfacht dargestellt)

Ein in Österreich ansässiger Steuerpflichtiger (Alleinverdiener ohne Kind) betreibt in Österreich und im Ausland je einen Gewerbebetrieb. Der Gewinn 2007 aus dem österreichischen Gewerbebetrieb beträgt 30.000 Euro, jener des ausländischen Betriebes 40.000 Euro. Es wird zunächst die Tarifeinkommensteuer ohne Berücksichtigung von Absetzbeträgen für 70.000 Euro berechnet: 26.585 Euro. Der Durchschnittssteuersatz beträgt unter Anwendung der oben dargestellten Formel 37,98%. Die inländischen Einkünfte (30.000 Euro) sind mit 37,98% zu versteuern (11.394 Euro), davon ist der Alleinverdienerabsetzbetrag in Höhe von 364 Euro abzuziehen. Die Einkommensteuer 2007 beträgt daher für die inländischen Einkünfte 11.030 Euro.

(AÖF 2008/238)

7602 Bei der Berechnung des Progressionsvorbehaltes entfaltet die ausländische Steuer infolge des Abzugsverbotes des § 20 Abs. 1 Z 6 EStG 1988 keine progressionsmindernde Wirkung.

28.7.6 Veranlagung

7603 Sind im Einkommen lohnsteuerpflichtige Einkünfte enthalten, zählen zu den anderen Einkünften im Sinne des § 41 Abs. 1 Z 1 EStG 1988 auch solche, die zwar im Wege eines Doppelbesteuerungsabkommens einem anderen Staat zur Besteuerung zugewiesen, bei der österreichischen Besteuerung jedoch im Interesse der Gleichmäßigkeit der Besteuerung im Wege des Progressionsvorbehaltes zu berücksichtigen sind (VwGH 21.5.1985, 85/14/0001).

Es ist also durchaus zulässig, eine Veranlagung nach § 41 EStG 1988 nur zwecks Vornahme eines Progressionsvorbehaltes durchzuführen (VfGH 10.3.1967, B 213/66). 7604

Werden ausländische Einkünfte auf Grund eines Doppelbesteuerungsabkommens überhaupt nicht – also auch nicht für Zwecke eines Progressionsvorbehaltes – bei der Veranlagung erfasst, dann sind sie auch nicht für die Frage des Überschreitens der Veranlagungsgrenze von Bedeutung (VwGH 16. 9.1970, 397/70).

28.7.7 *aufgehoben*

(AÖF 2005/110)

Randzahlen 7605 bis 7700: *derzeit frei*

29. Kapitalertragsteuer (§§ 93 bis 97 EStG 1988)

29.1 Steuerpflichtige Kapitalerträge

29.1.1 Geldeinlagen, sonstige Forderungen bei Kreditinstituten

29.1.1.1 Kreditinstitut

7701 Bis zum BBG 2011 stellten nur Früchte aus der entgeltlichen Überlassung von Kapital Einkünfte aus Kapitalvermögen gemäß § 27 EStG 1988 dar und auch § 93 EStG 1988 stellte auf entsprechende Kapitalerträge ab, ohne direkt an § 27 EStG 1988 anzuknüpfen.

Mit dem BBG 2011 wurden auch Substanzgewinne und Derivate in die Einkünfte aus Kapitalvermögen einbezogen und auch für sie wurde ein Kapitalertragsteuerabzug vorgesehen. § 93 EStG 1988 stellt jedoch seit dem BBG 2011 nicht mehr auf eigens definierte Kapitalerträge ab, sondern ordnet den Kapitalertragsteuerabzug immer dann an, wenn inländische Einkünfte aus Kapitalvermögen vorliegen. Die Abzugspflicht gilt unabhängig davon, ob die Einkünfte beim Empfänger tatsächlich als Einkünfte aus Kapitalvermögen besteuert oder einer der Haupteinkunftsarten zugerechnet werden (§ 93 Abs. 3 EStG 1988).

Zentraler Anknüpfungspunkt für den Kapitalertragsteuerabzug ist neben dem Vorliegen von Einkünften aus Kapitalvermögen, dass es sich um „inländische“ Einkünfte handelt, es also einen Inlandsbezug gibt, aus dem sich dann gleichzeitig auch der Abzugsverpflichtete (§ 95 EStG 1988) ergibt.

Für die Subtatbestände des § 27 EStG 1988 sind unterschiedliche Inlandsbezüge maßgeblich.

(AÖF 2013/280)

7702 Einkünfte aus Kapitalvermögen, auf die die besonderen Steuersätze von 25% bzw. 27,5% gemäß § 27a Abs. 2 EStG 1988 nicht anwendbar sind, unterliegen keinem Kapitalertragsteuerabzug. Daraus ergeben sich folgende materiell-rechtliche Änderungen beim Kapitalertragsteuerabzug gegenüber der Rechtslage vor dem BBG 2011:

- Einkünfte aus der Beteiligung als stiller Gesellschafter oder nach Art eines stillen Gesellschafters unterliegen ab 1. April 2012 keinem Kapitalertragsteuerabzug mehr. Allerdings sieht § 99 Abs. 1 Z 7 EStG 1988 zur Sicherung des Besteuerungsanspruchs eine 27,5-prozentige (bis 31.12.2015 eine 25-prozentige) Abzugsteuer vor, wenn sich ein beschränkt Steuerpflichtiger still an einem inländischen Unternehmen beteiligt.
- Einkünfte aus nicht öffentlich begebenen
  - Wertpapieren, die ein Forderungsrecht verbriefen, sowie
  - Anteilen an einem § 40 oder § 42 des Immobilien-Investmentfondsgesetzes unterliegenden Gebilde

  unterliegen keinem Kapitalertragsteuerabzug. Allerdings hat der Abzugsverpflichtete gemäß § 93 Abs. 5 zweiter TS EStG 1988 bei ausländischen Wertpapieren bzw. Anteilen an einem § 40 oder § 42 des Immobilien-Investmentfondsgesetzes unterliegenden Gebilde im Zweifel davon auszugehen, dass ein öffentliches Angebot erfolgt ist (siehe Abschnitt 29.5.2.2).

(BMF-AV Nr. 2018/79)

29.2 Inländische Kapitalerträge

(AÖF 2013/280)

7703 Bei inländischen Einkünften aus Kapitalvermögen wird gemäß § 93 Abs. 1 EStG 1988 die Einkommensteuer durch Kapitalertragsteuerabzug erhoben, sofern es sich nicht um in § 27a Abs. 2 EStG 1988 genannte Einkünfte handelt. Wann inländische Einkünfte aus Kapitalvermögen vorliegen, wird in § 93 Abs. 2 EStG 1988 definiert.

(AÖF 2013/280)

29.2.1 Auszahlende Stelle bzw. Schuldner bei Einkünften aus der Überlassung von Kapital

(AÖF 2013/280)

7704 Bei Einkünften aus der Überlassung von Kapital gemäß § 27 Abs. 2 EStG 1988 liegen inländische Einkünfte vor, wenn sich die auszahlende Stelle nach § 95 Abs. 2 Z 1 lit. b EStG 1988 im Inland befindet.

Bei Einkünften aus

- der Überlassung von Kapital gemäß § 27 Abs. 2 Z 1 EStG 1988,
- § 27 Abs. 5 Z 7 EStG 1988 und

- Zinsen aus Geldeinlagen bei Kreditinstituten und aus sonstigen Forderungen gegenüber Kreditinstituten

liegen auch dann inländische Einkünfte aus Kapitalvermögen vor, wenn der Schuldner der Kapitalerträge Wohnsitz, Geschäftsleitung oder Sitz im Inland hat. Ist dies der Fall, ist der inländische Schuldner zugleich nach § 95 Abs. 2 Z 1 lit. a EStG 1988 Abzugsverpflichteter, selbst wenn auch eine inländische auszahlende Stelle vorliegt.

Abzugsverpflichteter inländischer Schuldner ist daher

- bei Aktien, Anteilen an Gesellschaften mit beschränkter Haftung, Genossenschaftsanteilen, Partizipationsscheinen im Sinne des Bankwesen- und Versicherungsaufsichtsgesetzes, Substanzgenussrechten und Anteilen aus körperschaftlich organisierten Agrargemeinschaften die jeweilige Körperschaft;
- bei Zuwendungen gemäß § 27 Abs. 5 Z 7 EStG 1988 die Privatstiftung;
- bei Zinsen aus Geldeinlagen bei Kreditinstituten und aus sonstigen Forderungen gegenüber Kreditinstituten das jeweilige Kreditinstitut.

KESt

Beispiele:

1. *Anleger A hält Aktien an der inländischen X-AG auf seinem Depot bei einer österreichischen Bank; die X-AG schüttet Dividenden aus. Die X-AG hat als inländische Schuldnerin der Kapitalerträge die KESt einzubehalten.*
2. *Anleger B hält Aktien an der deutschen Y-AG auf seinem Depot bei einer österreichischen Bank; die Y-AG schüttet Dividenden aus. Die österreichische Bank hat als inländische auszahlende Stelle die KESt einzubehalten.*
3. *Anleger C hält Aktien an der deutschen Z-AG auf seinem Depot bei einer ausländischen Bank; die Z-AG schüttet Dividenden aus. Die Dividenden unterliegen mangels inländischem Schuldner und inländischer auszahlender Stelle keinem KESt-Abzug, sind aber im Rahmen der Veranlagung zu erklären und mit dem besonderen Steuersatz von 27,5% (bis 31.12.2015 25%) zu besteuern.*
4. *Anleger D hält Anleihen an einem österreichischen Unternehmen und an einem deutschen Unternehmen auf seinem Depot bei einer österreichischen Bank; bei Kuponauszahlung hat in beiden Fällen die österreichische Bank als inländische auszahlende Stelle die KESt einzubehalten.*
5. *Anleger E hat ein Sparbuch bei seiner österreichischen Bank. Für die Zinsen hat diese als inländische Schuldnerin der Kapitalerträge die KESt einzubehalten.*
6. *Anleger F erhält Zuwendungen von der österreichischen A-Privatstiftung und der ausländischen B-Stiftung; beide Zuwendungen werden auf seinem Konto bei einer österreichischen Bank gutgeschrieben. Die Ö-Privatstiftung hat als inländische Schuldnerin der Kapitalerträge KESt für die Zuwendung einzubehalten; die Zuwendung der B-Stiftung unterliegt keinem KESt-Abzug.*

(BMF-AV Nr. 2018/79)

Dem Empfänger der Kapitalerträge ist die Kapitalertragsteuer ausnahmsweise vorzuschreiben, wenn **7704a**

- der Abzugsverpflichtete die Kapitalerträge nicht vorschriftsmäßig gekürzt hat und die Haftung nach § 95 Abs. 1 EStG 1988 nicht oder nur erschwert durchsetzbar wäre oder
- der Empfänger weiß, dass der Abzugsverpflichtete die einbehaltene Kapitalertragsteuer nicht vorschriftsmäßig abgeführt hat und dies dem Finanzamt nicht unverzüglich mitgeteilt hat.

Vor einer Vorschreibung der Kapitalertragsteuer beim Empfänger der Kapitalerträge ist zu prüfen, ob beim Abzugsverpflichteten die Haftung nicht oder nur erschwert durchsetzbar wäre bzw. ist. Die festgestellten Gründe der erschwerten Durchsetzbarkeit sind vom Finanzamt im Bescheid anzuführen.

Eine nicht durchsetzbare Haftung ist beispielsweise bei

- Vollbeendigung einer Gesellschaft oder der Löschung einer Gesellschaft nach den §§ 39 und 40 FBG sowie
- einer fehlenden und nicht feststellbaren (Zustell-)Adresse

gegeben.

Eine erschwerte Durchsetzbarkeit der Haftung ist beispielsweise bei

- mangelndem Vermögen zur Begleichung der Haftungsschuld,
- erfolglosen Einbringungsversuchen der gesamten oder einem Teil der Haftungsschuld oder

- der Eröffnung eines Insolvenzverfahrens über das Vermögen des Haftungsschuldners

anzunehmen.

(BMF-AV Nr. 2021/65)

7705 Für die Auslegung des Begriffes „Kreditinstitut" ist § 1 BWG maßgeblich. Als inländisches Kreditinstitut gelten dabei aufgrund der inländischen Geschäftsleitung insbesondere auch inländische Zweigstellen ausländischer Kreditinstitute im Sinne des § 2 Z 16 BWG.

(AÖF 2013/280)

7705a Geldeinlagen bei Kreditinstituten sind insbesondere Spareinlagen zu Sparbüchern einschließlich Prämiensparbüchern, Sparbriefen sowie Kapitalsparbüchern, weiters Einlagen bei Bausparkassen, Termineinlagen, Festgelder und Sichteinlagen, jeweils in Euro oder Fremdwährung.

Nimmt ein Kreditinstitut als Treuhänder von einem Dritten Geldeinlagen an, werden diese Gelder aufgrund der auch im Bereich der Kapitalertragsteuer zu beachtenden Grundsätze des § 24 Abs. 1 lit. b und c BAO nicht ihr, sondern dem Treugeber zugerechnet. Werden die Einlagen vom Treuhänder nicht an ein weiteres Kreditinstitut weitergegeben, besteht für die Zinserträge daher keine Steuerpflicht.

Als Geldeinlagen bei einem Kreditinstitut gelten jedoch jene von Kreditinstituten treuhändig aufgenommenen Einlagen, für deren Verlust das Kreditinstitut das wirtschaftliche Risiko trägt. Dies ist etwa der Fall, wenn ein Treugeber ein Kreditinstitut beauftragt, für ihn Geld aufzunehmen und dieses oder ein anderes Kreditinstitut gegenüber dem Anleger eine Garantie für das eingelegte Kapital übernimmt. Gleiches gilt für Gelder, die von einem Kreditinstitut nicht als Einlagen, sondern nur zur Verwaltung hereingenommen werden und für deren Verlust das Kreditinstitut das wirtschaftliche Risiko übernimmt. Dies kann insbesondere bei sogenannten Widmungseinlagen der Fall sein. Es handelt sich dabei um Gelder, die der Anleger einem Kreditinstitut mit einer bestimmten Verwendungsauflage (zB Verwendung zu Kreditzwecken) zur Verwaltung überlässt.

(AÖF 2013/280)

7705b Zinserträge aus sonstigen Forderungen gegenüber Kreditinstituten unterliegen nur dann der Kapitalertragsteuerpflicht, wenn diesen Forderungen ein Bankgeschäft zu Grunde liegt (§ 27a Abs. 2 Z 1 EStG 1988). Dies ist etwa der Fall, wenn ein Anleger einem Kreditinstitut ein verzinsliches Darlehen einräumt. Keine Kapitalertragsteuerpflicht besteht hingegen zB für Verzugszinsen, die ein Kreditinstitut auf Grund eines von ihm abgeschlossenen Kaufvertrages bezahlt. Sehr wohl kapitalertragsteuerpflichtig sind dagegen Verzugszinsen, die aus der Rückabwicklung eines Wertpapiergeschäftes (zB aufgrund falscher Anlegerinformation) stammen.

(AÖF 2013/280)

7706 In allen anderen Fällen ist gemäß § 95 Abs. 2 Z 1 lit. b EStG 1988 die inländische auszahlende Stelle Abzugsverpflichtete. Als auszahlende Stelle im Sinne des § 95 Abs. 2 Z 1 lit. b EStG 1988 kommen in Betracht:

- das Kreditinstitut, das an den Kuponinhaber Kapitalerträge im Zeitpunkt der Fälligkeit und anteilige Kapitalerträge anlässlich der Veräußerung des Wertpapiers auszahlt,
- der inländische Emittent, der an den Kuponinhaber solche Kapitalerträge auszahlt,
- die Zweigstelle eines Dienstleisters mit Sitz in einem Mitgliedstaat, der auf Grund der Richtlinie 2013/36/EU, ABl. Nr. L 176 vom 27.06.2013 S. 338, oder auf Grund der Richtlinie 2004/39/EG, ABl. Nr. L 145 vom 30.04.2004 S. 1, in der Fassung der Richtlinie 2010/78/EU, ABl. Nr. L 331 vom 15.12.2010 S. 120, zur Erbringung von Wertpapierdienstleistungen und Nebendienstleistungen im Inland berechtigt ist,
- ein Dritter, der Kapitalerträge im Sinne des § 27 Abs. 5 Z 1 und 2 EStG 1988 gewährt und
- bei ausländischen Kapitalerträgen im Sinne des § 27 Abs. 2 Z 1 lit. a bis c EStG 1988 das Kreditinstitut, das die Kapitalerträge auszahlt.

Bei Kapitalerträgen aus Forderungswertpapieren ist zu unterscheiden, von wem die Kapitalerträge an den Kuponinhaber ausbezahlt (gutgeschrieben) werden (§ 95 Abs. 2 Z 1 lit. b EStG 1988):

- Erfolgt die Auszahlung durch ein inländisches Kreditinstitut, ist dieses als kuponauszahlendes Kreditinstitut zum Steuerabzug verpflichtet. Die Abzugsverpflichtung besteht daher sowohl bei Auszahlung von Kapitalerträgen aus eigenen Emissionen als auch bei Auszahlung von Kapitalerträgen aus fremden Emissionen. Die Abzugspflicht ist dabei nicht davon abhängig, ob das Wertpapier beim betreffenden Kreditinstitut hinterlegt ist. Erfolgt die Auszahlung durch ein ausländisches Kreditinstitut, findet kein Kapitalertragsteuerabzug statt.

- Der inländische Emittent ist hingegen nur zum Steuerabzug verpflichtet, wenn er die Zinsen direkt an den (in- oder ausländischen) Kuponinhaber auszahlt; die Abzugsverpflichtung besteht in diesem Fall auch, wenn der Emittent kein Kreditinstitut ist (wie bspw. eine Körperschaft öffentlichen Rechts).

(BMF-AV Nr. 2019/75)

Kapitalertragsteuer ist auch von ausländischen Dividenden und Ausschüttungen auf GmbH-Anteile (wenn die ausländische Kapitalgesellschaft mit einer inländischen vergleichbar ist; VwGH 20.09.2006, 2005/14/0124), Bezügen und Rückvergütungen ausländischer Genossenschaften sowie Ausschüttungen von ausländischen Beteiligungen, die mit Substanzgenussrechten vergleichbar sind, einzubehalten, wenn diese Kapitalerträge von einer inländischen auszahlenden Stelle ausbezahlt werden. Hinsichtlich der Eigenschaft als ein der Kapitalertragsteuer unterliegender Kapitalertrag haftet der Abzugsverpflichtete nur insoweit, als er diese Eigenschaft kannte oder auf Grund der regulatorisch vorgesehenen Sorgfaltspflichten kennen musste. **7706a**

KESt

(AÖF 2013/280)

Bei im Inland ausbezahlten ausländischen Dividenden und vergleichbaren Kapitalerträgen kann die im Ausland tatsächlich entrichtete Quellensteuer auf die Kapitalertragsteuer angerechnet werden. Im Falle einer Anrechnung hat diese von der auszahlenden Stelle, die zum Abzug verpflichtet ist, vorgenommen zu werden. Für Zwecke dieser Anrechnung findet eine Überprüfung der Ansässigkeit gemäß Doppelbesteuerungsabkommen durch die auszahlende Stelle nicht statt. **7706b**

Der Anrechnungsbetrag ist einerseits begrenzt durch die tatsächlich entrichtete ausländische Quellensteuer, andererseits durch einen Anrechnungshöchstsatz von 15% des Kapitalertrages. Diese Anrechnung der tatsächlich entrichteten ausländischen Quellensteuer von bis zu 15% der Kapitalerträge gilt gemäß § 1 Abs. 2 Auslands-KESt VO 2012, BGBl. II Nr. 92/2012, auch für Kapitalerträge aus Quellenstaaten, mit denen kein DBA besteht.

(AÖF 2013/280)

Als Bescheinigung im Sinne des § 96 Abs. 4 Z 1 EStG 1988 reichen beim Steuerabzug von Kapitalerträgen aus Einlagen und Forderungswertpapieren grundsätzlich alle Unterlagen aus, aus denen die Einbehaltung der Kapitalertragsteuer ersichtlich ist (Sparbuch, Depotauszug). Eine Aufteilung der Beträge an Kapitalertragsteuer auf unterschiedlich verzinste Einlagezeiträume ist nicht erforderlich. **7706c**

Eine vollständige Bescheinigung ist allerdings dann auszustellen, wenn der Anleger dies wegen einer Anrechnung der Kapitalertragsteuer im Zuge der Veranlagung verlangt.

In allen anderen Fällen, in denen die Kapitalerträge nicht durch ein Kreditinstitut gezahlt werden, hat der Abzugsverpflichtete dem Empfänger der Kapitalerträge eine vollständige Bescheinigung nach § 96 Abs. 4 Z 1 EStG 1988 zu erteilen. Diese Bescheinigung hat zu enthalten:

- die Höhe der Einkünfte und des Steuerbetrages
- den Zahlungstag der Einkünfte
- die Zeit, für welche die Einkünfte gezahlt worden sind, und
- das Finanzamt, an das der Steuerbetrag abgeführt worden ist.

(AÖF 2013/280)

Bei Ausschüttungen und ausschüttungsgleichen Erträgen aus Investmentfondsanteilen, die bei einer inländischen depotführenden Stelle gehalten werden, kann eine unmittelbare Anrechnung der ausländischen Quellensteuern auf die KESt auf Grundlage der Auslands-KESt VO 2012 (BGBl. II Nr. 92/2012) iVm der Fonds-Melde-Verordnung 2015 (BGBl. II Nr. 167/2015 idgF) erfolgen, soweit es sich um Kapitalerträge gemäß § 27 Abs. 2 Z 1 lit. a bis c EStG 1988 handelt (InvFR 2018 Rz 544). Bei Nichtmeldefonds ist eine Anrechnung der Quellensteuer bei tatsächlichen Ausschüttungen und ausschüttungsgleichen Erträgen, die der pauschalen Besteuerung unterliegen, nicht vorzunehmen. Eine Anrechnung ausländischer Quellensteuern ist in diesem Fall ausschließlich in Folge eines Selbstnachweises möglich (§ 186 Abs. 2 Z 3 und 4 InvFG 2011). **7706d**

(BMF-AV Nr. 2021/65)

29.2.2 Depotführende Stelle bei realisierten Wertsteigerungen und Derivaten

(AÖF 2013/280)

29.2.2.1 Allgemeines

(AÖF 2013/280)

7707 Bei Einkünften aus realisierten Wertsteigerungen von Kapitalvermögen und aus Derivaten gemäß § 27 Abs. 3 und 4 EStG 1988 liegen inländische Einkünfte vor, wenn eine inländische depotführende Stelle oder eine inländische auszahlende Stelle im Sinne von § 95 Abs. 2 Z 2 lit. a und b EStG 1988 vorliegt und diese die Realisierung abwickelt. Damit decken sich auch im Bereich der Einkünfte aus realisierten Wertsteigerungen von Kapitalvermögen und aus Derivaten das Vorliegen inländischer Einkünfte und das Vorhandensein eines Abzugsverpflichteten.

Da eine depotführende Stelle allerdings nur dann den Kapitalertragsteuerabzug vornehmen kann, wenn sie über die dazu notwendigen Informationen verfügt, ist die Abzugsverpflichtung nur dann gegeben, wenn die depotführende Stelle in das Realisierungsbeziehungsweise Wertpapiergeschäft eingebunden ist. Voraussetzung ist daher, dass die depotführende Stelle die Realisierung selbst abgewickelt. Zur Abwicklung der Realisierung bei Kapitalmaßnahmen siehe § 2 Abs. 2 Z 1 Kapitalmaßnahmen-VO.

(AÖF 2013/280)

7707a Ausnahmsweise ist bei Fehlen einer inländischen depotführenden Stelle die inländische auszahlende Stelle verpflichtet, den Kapitalertragsteuerabzug vorzunehmen, wenn es sich bei der depotführenden Stelle um eine Betriebsstätte beziehungsweise eine Zweigniederlassung der auszahlenden Stelle oder ein konzernzugehöriges Unternehmen handelt und die auszahlende Stelle in Zusammenarbeit mit der depotführenden Stelle die Realisierung abwickelt und die Realisationserlöse gutschreibt. Eine solche Zusammenarbeit bei der Realisierung liegt etwa dann vor, wenn der Auftrag zur Durchführung des Realisierungsvorgangs über die inländische auszahlende Stelle weitergeleitet wird.

Beispiel:

Der unbeschränkt steuerpflichtige A hat Aktien auf einem Depot der rumänischen Bank X, die eine Tochtergesellschaft der Hausbank des A, der österreichischen Bank Z ist. Beim Verkauf der Aktien erfolgt die Ordererteilung nicht direkt an die depotführende Bank X, sondern an die Hausbank Z. Die Order wird dabei von der Hausbank Z an die depotführende Bank X weitergeleitet und die Verkaufserlöse durch Z an A gutgeschrieben.

Aufgrund der Zusammenarbeit bei der Realisierung und der konzernmäßigen Verbindung der zwei Banken gilt die österreichische Hausbank Z als auszahlende Stelle iSd § 95 Abs. 2 Z 2 lit. b EStG 1988 und ist somit von der Verpflichtung des Kapitalertragsteuerabzugs erfasst.

(AÖF 2013/280)

7708 Als inländische depotführende oder auszahlende Stellen kommen gemäß § 95 Abs. 2 Z 2 EStG 1988 in Betracht:

- Kreditinstitute im Sinne des Bankwesengesetzes (§ 1 BWG),
- Zweigstellen eines Kreditinstituts aus Mitgliedstaaten (§ 9 BWG),
- Zweigstellen eines Dienstleisters mit Sitz in einem Mitgliedstaat, der auf Grund der Richtlinie 2013/36/EU, ABl. Nr. L 176 vom 27.06.2013 S. 338, oder auf Grund der Richtlinie 2004/39/EG, ABl. Nr. L 145 vom 30.04.2004 S. 1, in der Fassung der Richtlinie 2010/78/EU, ABl. Nr. L 331 vom 15.12.2010 S. 120, zur Erbringung von Wertpapierdienstleistungen und Nebendienstleistungen im Inland berechtigt ist.

Auch ausländische Zweigstellen inländischer Kreditinstitute kommen als inländische depotführende oder auszahlende Stellen in Frage; für diese besteht allerdings eine KESt-Befreiung in § 94 Z 4 EStG 1988.

(BMF-AV Nr. 2015/133)

29.2.2.2 Depotbegriff

(AÖF 2013/280)

7709 Für den Bereich der Vermögenssubstanz liegen nach § 93 Abs. 2 Z 2 EStG 1988 steuerpflichtige inländische Einkünfte dann vor, wenn eine inländische depotführende Stelle iSd § 95 Abs. 2 Z 2 lit. a EStG 1988 oder eine inländische auszahlende Stelle iSd § 95 Abs. 2 Z 2 lit. b EStG 1988 vorliegt und diese die Abwicklung des Realisierungsvorganges vornimmt. Als depotführende Stellen werden in § 95 Abs. 2 Z 2 EStG 1988 Kreditinstitute und Zweigstellen im Sinne des BWG sowie sonstige Wertpapierdienstleister genannt.

Die Anknüpfung der KESt-Abzugsverpflichtung an eine „depotführende Stelle“ zusammen mit dem Verweis auf das BWG zeigt somit, dass der Begriff der „depotführenden Stelle“ kein einkommensteuerrechtlich autonomer Begriff ist, sondern im Sinne der entsprechenden Bestimmungen des BWG und des Depotgesetzes zu verstehen ist.

(AÖF 2013/280)

Depotführende Stellen im Sinne des BWG sind solche, die gemäß § 1 Abs. 1 Z 5 BWG „die Verwahrung und Verwaltung von Wertpapieren für andere (Depotgeschäft)“ übernehmen. Eine Verwahrung von Wertpapieren im Sinne des § 1 Abs. 1 Z 5 BWG kann aber gemäß § 1 Abs. 2 Depotgesetz nur auf rechtlicher Grundlage des Depotgesetzes erfolgen, womit sämtliche Depotgeschäfte im Sinne des BWG unter die Bestimmungen des Depotgesetzes fallen. Durch die Verknüpfung des BWG mit dem Depotgesetz und dem daraus folgenden deckungsgleichen Wertpapierbegriff ergibt sich, dass Depotgeschäfte im Sinne des BWG nur im Zusammenhang mit Wertpapieren im Sinne des § 1 Abs. 1 Depotgesetz abgeschlossen werden können. **7709a**

KESt

Daraus folgt, dass die depotführenden Stellen im Sinne des EStG 1988 lediglich im Zusammenhang mit ihren Depotgeschäften im Sinne des § 1 Abs. 1 Z 5 BWG iVm den Bestimmungen der §§ 2 ff Depotgesetz über die Verwahrungsarten und nur in Bezug auf Wertpapiere im Sinne des Depotgesetzes von der KESt-Abzugsverpflichtung betroffen sind. Eine KESt-Abzugsverpflichtung besteht somit etwa auch für Wertpapiere, die gemäß § 2 Depotgesetz sonderverwahrt werden (Streifbandverwahrung). Keine Kapitalertragsteuerabzugsverpflichtung besteht hingegen für geschlossen verwahrte Wertpapiere (geschlossenes Depot), da diese Verwahrungsart keine Verwahrung im Sinne des Depotgesetzes und somit kein Depotgeschäft im Sinne des § 1 Abs. 1 Z 5 BWG darstellt; für KESt-Abzugszwecke liegt daher keine depotführende Stelle im Sinne des § 93 Abs. 2 Z 2 EStG 1988 vor. Ebenfalls keine Kapitalertragsteuerabzugsverpflichtung besteht bei nicht wertpapiermäßig verbrieften Derivaten, wie etwa Option oder Futures.

Werden im Rahmen eines Depotgeschäftes verwahrte Wertpapiere ausgefolgt, liegt jedenfalls eine Depotentnahme iSd § 27 Abs. 6 Z 1 lit. a EStG 1988 vor (siehe dazu Abschnitt 20.2.2.4).

(AÖF 2013/280)

Zusammenfassend besteht die KESt-Abzugsverpflichtung somit grundsätzlich für: **7709b**

- Wirtschaftsgüter und Derivate iSd § 27 Abs. 3 und 4 EStG 1988,
- die wertpapiermäßig verbrieft sind (und damit vom DepotG erfasst sind)
- und auf einem inländischen Depot verwahrt werden,
- hinsichtlich der Realisierungsvorgänge iSd § 27 Abs. 3 und 4 EStG 1988,
- die von einer inländischen depotführenden Stelle abgewickelt werden.

(AÖF 2013/280)

In bestimmten Konstellationen besteht allerdings – um Umgehungen des Kapitalertragsteuerabzugs zu verhindern – trotz Fehlens einer inländischen depotführenden Stelle eine KESt-Abzugsverpflichtung für: **7709c**

- Wirtschaftsgüter und Derivate iSd § 27 Abs. 3 und 4 EStG 1988,
- die wertpapiermäßig verbrieft sind (und damit vom DepotG erfasst sind)
- und auf einem ausländischen Depot verwahrt werden,
- hinsichtlich der Realisierungsvorgänge iSd § 27 Abs. 3 und 4 EStG 1988,
- bei denen die Erlöse von einer inländischen auszahlenden Stelle gutgeschrieben werden.

Dies ist dann der Fall, wenn die ausländische depotführende Stelle eine Betriebsstätte der inländischen auszahlenden Stelle oder ein konzernzugehöriges Unternehmen ist und die Realisierung von der inländischen auszahlenden Stelle in Zusammenarbeit mit der ausländischen depotführenden Stelle abgewickelt wird (§ 95 Abs. 2 Z 2 lit. b EStG 1988; siehe oben Abschnitt 29.2.2.1).

(AÖF 2013/280)

29.2.3 Zeitpunkt des Kapitalertragsteuerabzuges

(AÖF 2013/280)

Die KESt ist gemäß § 95 Abs. 3 EStG 1988 grundsätzlich im Zeitpunkt des Zufließens der Kapitalerträge vom Abzugsverpflichteten iSd § 95 Abs. 2 EStG 1988, demnach entweder vom Schuldner der Kapitalerträge, der auszahlenden Stelle oder der depotführenden Stelle abzuziehen und einzubehalten. Die Zuflussbestimmungen des § 95 Abs. 3 EStG 1988 **7710** gehen als spezielle Bestimmung sowohl dem § 19 EStG 1988 als auch den Realisationsbestimmungen des BV-Vergleichs vor.

Der Zufluss von Zinsen aus Spar- und Sichteinlagen tritt grundsätzlich im Zeitpunkt des Abschlusses der Einlagen ein. Der Abschluss wird regelmäßig am Ende eines Kalenderjahres bzw. bei unterjähriger voller Auszahlung der Einlage im Auszahlungszeitpunkt vorgenommen (§ 32 Abs. 5 BWG). Bei Sparbriefen, Kapitalsparbüchern, Termineinlagen und Festgeldern unterliegen der Abschluss und damit der Zuflusszeitpunkt der Zinsen der zivilrechtlichen Vereinbarung. Im Regelfall erlangt der Anleger jedoch im Zeitpunkt des Endes der Laufzeit bzw. im Zeitpunkt der vorzeitigen Auszahlung der Einlage die Verfügungsmacht über den Kapitalertrag. Ein Zufluss der Kapitalerträge und damit die Abzugspflicht sind daher in einem dieser Zeitpunkte gegeben, auch wenn die Einlage über die vereinbarte Laufzeit bestehen bleibt.

Beispiel:

Ein Sparbrief weist eine Laufzeit von 18 Monaten auf. Er wird am 10. Jänner 2005 ausgegeben und Ende der vorgesehenen Laufzeit, das ist der 10. Juli 2012, eingelöst. Die Abzugspflicht für den Kapitalertrag entsteht am 10. Juli 2012. Wäre der Sparbrief vorzeitig am 25. Mai 2011 eingelöst worden, wäre in diesem Zeitpunkt die Abzugspflicht entstanden. Hätte der Anleger das Kapital aus dem Sparbrief über dessen Laufzeit hinaus als Einlage bei der Bank bis 31. Dezember 2012 „stehen gelassen“, so wäre die Abzugspflicht für den Kapitalertrag aus dem Sparbrief dennoch am 10. Juli 2012 entstanden.

Die Abzugspflicht für Kapitalerträge aus Forderungswertpapieren entsteht im Zeitpunkt der Fälligkeit der Kapitalerträge. Trifft die Abzugspflicht den Emittenten, so richtet sich die Fälligkeit nach den jeweiligen Anleihebedingungen. Ist nicht der Emittent zum Steuerabzug verpflichtet, sondern eine auszahlende Stelle iSd § 95 Abs. 2 EStG 1988 (kuponauszahlende Bank), so ist für den Zeitpunkt des Steuerabzugs die Fälligkeit der Kuponauszahlung gegenüber dem Kuponinhaber maßgeblich.

Die Fälligkeit von Kapitalerträgen aus Wertpapierpensionsgeschäften sowie aus Wertpapierleihegeschäften richtet sich nach den bei Abschluss festgelegten Bedingungen, bei Wertpapierpensionsgeschäften ohne unterdrücktem Kupon nach der Kuponfälligkeit.

Inländische Beteiligungserträge, deren Ausschüttung von einer Körperschaft beschlossen wird, fließen an jenem Tag zu, der im Ausschüttungsbeschluss als Tag der Auszahlung bestimmt ist. Wird im Beschluss kein Tag der Auszahlung bestimmt, gilt der Tag nach der Beschlussfassung als Zeitpunkt des Zufließens gemäß § 95 Abs. 3 Z 1 EStG 1988.

Bei ausländischen Beteiligungserträgen, die über eine inländische auszahlende Stelle zufließen, ist für Zwecke des KESt-Abzuges auf den tatsächlichen Zufluss abzustellen (Gutschrift auf dem Konto des Anlegers).

Bei sonstigen Bezügen aus Aktien oder Anteilen aus Gesellschaften mit beschränkter Haftung (zB verdeckte Ausschüttungen) gilt gemäß § 95 Abs. 3 Z 2 erster Teilstrich EStG 1988 als Zuflusszeitpunkt für Zwecke des KESt-Abzuges der Zufluss iSd § 19 EStG 1988. Auch der Vorteil des Gesellschafters, die Kapitalertragsteuer nicht zu tragen, ist durch die Auszahlung des Betrages ohne Abzug der Kapitalertragsteuer gleichzeitig eingetreten, wenn auch die Zahlung erst mangels rechtzeitiger Einforderung der Kapitalertragsteuer als Nettobetrag (Betrag nach Abzug der Kapitalertragsteuer) zu beurteilen ist (vgl. VwGH 5.9.2012, 2010/15/0018; VwGH 25.11.2010, 2007/15/0104).

Zuwendungen von Privatstiftungen fließen beim Begünstigten gemäß § 95 Abs. 3 Z 1 EStG 1988, sofern sie vom Stiftungsvorstand beschlossen wurden, an jenem Tag zu, der im Beschluss als Tag der Zuwendung bestimmt ist. Sofern im Beschluss kein Tag der Zuwendung bestimmt ist, gilt der Tag nach der Beschlussfassung als Zeitpunkt des Zufließens. Bei Zuwendungen ohne Vorliegen eines Beschlusses ist der Zufluss gemäß § 95 Abs. 3 Z 2 EStG 1988 mit der Zuwendung an den Begünstigten anzunehmen. Analog zur verdeckten Ausschüttung bei Kapitalgesellschaften wird bei verdeckten Zuwendungen einer Privatstiftung der Vorteil des Empfängers, die Kapitalertragsteuer nicht tragen zu müssen, durch Zufluss der Zuwendung ohne Abzug der Kapitalertragsteuer gleichzeitig eintreten.

Bei Erträgen aus Wertsteigerungen und Derivaten ist der KESt-Abzug gemäß § 95 Abs. 3 Z 3 EStG 1988 im Zeitpunkt des Zufließens gemäß § 19 EStG 1988 vorzunehmen. Maßgeblich für den KESt-Abzug ist daher der Zeitpunkt des Zufließens des Veräußerungserlöses.

Zum Zeitpunkt des KESt-Abzuges bei Depotentnahmen siehe Rz 7718, zum Zeitpunkt des KESt-Abzuges bei Entstrickung iSd § 27 Abs. 6 Z 1 iVm § 95 Abs. 3 Z 3 dritter Teilstrich EStG 1988 siehe Rz 7715.

(BMF-AV Nr. 2021/65)

29.3 KESt-Abzug beim Wegzug

(AÖF 2013/280)

29.3.1 Allgemeines – Grundtatbestand

(AÖF 2013/280)

Bei der aufgrund des Eintritts von Umständen, die zur Einschränkung des Besteuerungsrechtes der Republik Österreich im Verhältnis zu anderen Staaten hinsichtlich eines Wirtschaftsgutes im Sinne des § 27 Abs. 3 EStG 1988 oder eines Derivats iSd § 27 Abs. 4 EStG 1988 führen (Entstrickung), entstehenden Steuerpflicht (§ 27 Abs. 6 Z 1 EStG 1988; siehe dazu ausführlich Abschnitt 20.2.2.4) hängt die Art der Erhebung der Steuer – im Veranlagungsweg oder durch Kapitalertragsteuerabzug – von verschiedenen Kriterien ab. **7711**

(BMF-AV Nr. 2018/79)

29.3.2 Erhebung durch Steuerabzug

(AÖF 2013/280)

Wenn von der Entstrickung verbriefte (depotfähige) und auf einem Wertpapierdepot iSd BWG tatsächlich verwahrte Wirtschaftsgüter und Derivate iSd § 27 Abs. 3 und 4 EStG 1988 betroffen sind – insoweit also durch die Entstrickung „inländische Einkünfte aus Kapitalvermögen" iSd § 93 Abs. 2 Z 2 EStG 1988 erzielt werden – findet die steuerliche Erfassung grundsätzlich im Rahmen des Kapitalertragsteuerabzugs statt. Eine Ausnahme besteht dabei für Wirtschaftsgüter und Derivate, auf die kein Sondersteuersatz anwendbar ist (gemäß § 27a Abs. 2 EStG 1988). Diese können ebenso wie die sonstigen nicht verbrieften Wirtschaftsgüter und Derivate nur im Rahmen der Veranlagung erfasst werden (siehe dazu Abschnitt 20.5.1). **7712**

(BMF-AV Nr. 2018/79)

29.3.2.1 Abzugspflicht nur bei Meldung des Wegzugs

Da die abzugsverpflichteten depotführenden Stellen in der Regel keine Kenntnis über das Vorliegen von die Entstrickungsbesteuerung auslösenden Umständen haben, sieht § 94 Z 7 EStG 1988 als Ausnahme vom Grundsatz der Steuererhebung im Wege des Kapitalertragsteuerabzugs vor, dass bei Einkünften gemäß § 27 Abs. 6 Z 1 EStG 1988 – bei Entstrickung – grundsätzlich keine Kapitalertragsteuer abzuziehen ist. **7713**

(BMF-AV Nr. 2018/79)

Diese Ausnahme gilt jedoch dann nicht, wenn der Abzugsverpflichtete vom Steuerpflichtigen über die Entstrickung informiert wird. Meldet der Steuerpflichtige somit seinen Wegzug, hat die abzugsverpflichtete depotführende Stelle – im Zeitpunkt des Zuflusses der Kapitalerträge – den Kapitalertragsteuerabzug vorzunehmen (§ 94 Z 7 erster Satz EStG 1988). Sind Geldeinlagen bei Kreditinstituten und sonstigen Forderungen gegenüber Kreditinstituten vorhanden, gilt dabei der Schuldner der Kapitalerträge (§ 93 Abs. 2 Z 1 zweiter Satz EStG 1988) als depotführende Stelle im Sinne des § 95 Abs. 2 Z 2 lit. a EStG 1988. **7713a**

(BMF-AV Nr. 2018/79)

Als Entstrickung gelten entsprechend § 27 Abs. 6 Z 1 EStG 1988 sämtliche Umstände, die zur Einschränkung des Besteuerungsrechtes der Republik Österreich im Verhältnis zu anderen Staaten hinsichtlich eines Wirtschaftsgutes oder Derivates iSd § 27 Abs. 3 und 4 EStG 1988 führen (siehe dazu ausführlich Abschnitt 20.2.2.4.1). Die Verlagerung der Entstrickungsbesteuerung in die Sphäre der – als Abzugsverpflichtete – den Kapitalertragsteuerabzug abwickelnden depotführenden Stellen findet somit beispielweise auch dann statt, wenn – trotz des unveränderten Wohnsitzes und eines unveränderten Depotbestandes – eine unentgeltliche Übertragung der sich auf dem Depot befindlichen Wirtschaftsgüter und Derivate auf eine im Ausland ansässige Person gemeldet wird. Bei Übertragungen auf eine ausländische depotführende Stelle hat die übertragende depotführende Stelle im Zweifel davon auszugehen, dass auf einen beschränkt Steuerpflichtigen übertragen wird. **7713b**

(BMF-AV Nr. 2018/79)

29.3.2.2 Keine Abzugspflicht bei Vorlage eines Bescheides

(AÖF 2013/280)

Besteht aufgrund der gemeldeten Entstrickung eine Pflicht zum Kapitalertragsteuerabzug, ist vom Abzug hingegen abzusehen, wenn der Steuerpflichtige einen Abgabenbescheid vorlegt, in dem gemäß § 27 Abs. 6 Z 1 lit. a oder lit. d EStG 1988 über die durch die Entstrickung entstandene Steuerschuld abgesprochen wurde; dies gilt sowohl für Fälle der Nichtfestsetzung als auch für Fälle der Ratenzahlung. Ein solcher Bescheid kann bis zum Zeitpunkt des Zuflusses der Kapitalerträge gemäß § 95 Abs. 3 Z 3 EStG 1988 vorgelegt **7714** werden. Zu beachten ist allerdings, dass sowohl der Antrag auf Nichtfestsetzung der Steuerschuld als auch der Antrag auf Ratenzahlung nur in der das Entstrickungsjahr betreffenden Steuererklärung gestellt werden kann (siehe dazu Abschnitt 20.2.2.4.9 und 20.2.2.4.10).

(BMF-AV Nr. 2018/79)

7714a Da sowohl das Nichtfestsetzungskonzept als auch das Ratenzahlungskonzept nur bei Einschränkungen des Besteuerungsrechts gegenüber einem Mitgliedstaat der Europäischen Union oder einem Staat des Europäischen Wirtschaftsraumes zum Tragen kommt, kann bei Einschränkungen gegenüber Drittstaaten ein solcher Bescheid nicht vorgelegt werden. Wird daher dem Abzugsverpflichteten die Einschränkung des Besteuerungsrechts gegenüber einem solchen Drittstaat gemeldet, ist im Zuflusszeitpunkt stets der Kapitalertragsteuerabzug durchzuführen.

(BMF-AV Nr. 2019/75)

7714b Erklärt der Steuerpflichtige die entstrickungsbedingten Einkünfte – allenfalls mit Beantragung der Nichtfestsetzung oder Ratenzahlung der entstandenen Steuerschuld – trotz Meldung an die depotführende Stelle im Rahmen der Veranlagung des Entstrickungsjahres und legt er der depotführenden Stelle den ESt-Bescheid nicht bis zum Zeitpunkt des Zuflusses der Kapitalerträge vor, wird die abgezogene KESt im Rahmen der Festsetzung der Steuerschuld (allenfalls auch nachträglich) entsprechend angerechnet.

(BMF-AV Nr. 2018/79)

29.3.2.3 Zuflusszeitpunkt

(AÖF 2013/280)

7715 Wie generell bei allen Arten von Einkünften aus Kapitalvermögen darf der Abzugsverpflichtete auch beim Wegzug den Kapitalertragsteuerabzug nur im Zeitpunkt des Zufließens der Kapitalerträge vornehmen (§ 95 Abs. 3 EStG 1988).

Um die für den Abzug und die Abfuhr der Kapitalertragsteuer notwendige Liquidität zu gewährleisten, wird der Zufluss nicht im Zeitpunkt der Entstrickung oder der Meldung der Entstrickung angeordnet, sondern erst zu einem späteren Zeitpunkt vorgesehen. Die Kapitalerträge gelten dabei erst im Zeitpunkt einer tatsächlichen Veräußerung oder einer Entnahme bzw. eines sonstigen Ausscheidens aus dem Depot als zugeflossen (§ 95 Abs. 3 Z 3 dritter Teilstrich EStG 1988). Sind Geldeinlagen bei Kreditinstituten und sonstigen Forderungen gegenüber Kreditinstituten vorhanden, gelten die Erträge nach Maßgabe des § 19 EStG 1988 als zugeflossen. Im Falle des Zuflusses aufgrund eines – liquiditätslos erfolgenden – Depotentnahmetatbestands steht dem Abzugsverpflichteten das Zurückbehaltungsrecht des § 95 Abs. 3 Z 3 letzter Satz EStG 1988 zu. Durch den nach hinten verschobenen Zuflusszeitpunkt kommt somit das Nichtfestsetzungskonzept faktisch auch für Drittstaaten iSd § 27 Abs. 6 Z 1 EStG 1988 zum Tragen.

(BMF-AV Nr. 2018/79)

7716 Die im Entstrickungsfall relevante steuerliche Bemessungsgrundlage ist der Unterschiedsbetrag zwischen dem gemeinen Wert im Zeitpunkt der Entstrickung und den Anschaffungskosten; für diesen Betrag ist pro Position ein Merkposten zu bilden, wobei eingetretene Wertminderungen höchstens im Umfang dieser des Veräußerungserlöses zu berücksichtigen sind, wenn sie nicht in einem anderen Staat berücksichtigt werden (§ 27a Abs. 3 Z 2 lit. b EStG 1988), zur Berücksichtigung siehe Rz 6156d. Für Zwecke des Kapitalertragsteuerabzugs ist dabei davon auszugehen, dass der Zeitpunkt der Entstrickung dem Zeitpunkt der Meldung des Wegzugs entspricht (§ 93 Abs. 5 dritter Teilstrich EStG 1988; bei unentgeltlichen Übertragungen von Todes wegen entspricht der Tag der Vorlage des Einantwortungsbeschlusses dem Tag der Meldung). Bei anteiliger Veräußerung bzw. Entnahme ist der Merkposten anteilig aufzulösen.

Um die Vornahme des Kapitalsteuerabzugs zu vereinfachen und das Vorhandensein der Liquidität zu sichern, ist die Höhe der Steuer jedoch mit dem erzielten Erlös oder dem gemeinen Wert im Zeitpunkt einer Entnahme oder eines sonstigen Ausscheidens aus dem Depot begrenzt (§ 95 Abs. 3 Z 3 dritter Teilstrich EStG 1988). Eine bestehende, über diesen Betrag hinausgehende Steuerschuld ist im Wege der Veranlagung zu erklären.

(BMF-AV Nr. 2018/79)

29.3.3 Erhebung in der Veranlagung

(AÖF 2013/280)

7717 Wird die Entstrickung durch den Steuerpflichtigen dem Abzugsverpflichteten nicht gemeldet, findet ein Kapitalertragsteuerabzug anlässlich der Entstrickung nicht statt. Die Besteuerung hat in diesem Fall im Rahmen der Veranlagung stattzufinden, wobei allenfalls das Nichtfestsetzungskonzept des § 27 Abs. 6 Z 1 lit. a EStG 1988 bzw. das Ratenzahlungskonzept des § 27 Abs. 6 Z 1 lit. d EStG 1988 zur Anwendung kommt.

(BMF-AV Nr. 2018/79)

Ebenso wenig findet ein Kapitalertragsteuerabzug statt, wenn der Wegzug oder die Übertragung an eine natürliche Person gemeldet wird, aber noch vor dem Zufluss der Kapitalerträge ein Abgabenbescheid vorgelegt wird, in dem gemäß § 27 Abs. 6 Z 1 lit. a EStG 1988 über die durch den Wegzug entstandene Steuerschuld abgesprochen wurde. Kommt es in einem solchen Fall zu einer Veräußerung, findet die Besteuerung im Rahmen der Veranlagung statt. **7717a**

Beispiele zum KESt-Abzug beim Wegzug:

Beispiel 1:

KESt

A hat bei seiner Bank ein Sparbuch sowie ein Wertpapierdepot, auf dem Anleihen und Aktien verwahrt sind (es handelt sich um nach dem 31.3.2012 erworbenes Vermögen). Im Juli 2014 zieht A nach Deutschland. Zu diesem Zeitpunkt liegt der gemeine Wert der Aktien um 1.000 über den Anschaffungskosten, bei den Anleihen sind seit dem letzten Kupon 50 an Zinsen aufgelaufen. Auf dem Sparbuch sind bis zum Wegzugszeitpunkt Zinsen von 100 angelaufen, aber noch nicht gutgeschrieben worden.

A meldet seiner Bank den Wegzug, womit grundsätzlich KESt-Abzugspflicht besteht.

Die Bank hat grundsätzlich sowohl für den Substanzgewinn bei den Aktien (1.000), als auch für die aufgelaufenen Zinsen bzw. Stückzinsen bei den Anleihen (50) und beim Sparbuch (100) KESt einzubehalten: Es liegt ein Fall der Wegzugsbesteuerung vor, der grundsätzlich nach § 27 Abs. 6 Z 1 EStG 1988 steuerpflichtig ist und auch Stückzinsen umfasst. Die Abzugspflicht der Bank ergibt sich aus § 93 Abs. 2 Z 2 EStG 1988, da sie im Hinblick auf die Aktien und Anleihe depotführende Stelle ist und im Hinblick auf das Sparbuch gemäß § 94 Z 7 letzter Satz EStG 1988 als depotführende Stelle gilt.

Der KESt-Abzug wird jedoch nicht sofort vorgenommen, sondern erst im Zuflusszeitpunkt, womit der relevante Steuerbetrag von der Bank evident gehalten werden muss. Solange sich die Wertpapiere auf dem Depot befinden, kommt es zu keinem Zufluss. Werden etwa die Aktien zu einem späteren Zeitpunkt veräußert, ist KESt einzubehalten, höchstens jedoch bis zu einem Betrag von 275 (27,5% von 1.000). Werden die Sparbuchzinsen gutgeschrieben, findet ein Zufluss statt und die KESt ist einzubehalten.

A kann den KESt-Abzug vermeiden, indem er der Bank einen Abgabenbescheid vorweist.

Beispiel 2:

B hat bei seiner Bank ein Wertpapierdepot, auf dem Zertifikate verwahrt sind. Im Jahr 16 zieht B nach Ungarn und meldet den Wegzug seiner Bank. Aufgrund der Meldung entsteht die grundsätzliche Verpflichtung der Bank, im Zuflusszeitpunkt den KESt-Abzug vorzunehmen. Im Jahr 18 veräußert B die Zertifikate. Wenn er bis zum Veräußerungszeitpunkt seiner Bank keinen Abgabenbescheid, in dem über die Entstrickungsbesteuerung abgesprochen wird, vorweisen kann, muss die Bank den KESt-Abzug vornehmen.

Beispiel 3:

C hat bei seiner Bank ein Wertpapierdepot, auf dem Investmentfondsanteile verwahrt sind. Im Jahr 1 zieht C nach Frankreich. Zu diesem Zeitpunkt liegt der gemeine Wert der Investmentfondsanteile um 100 über den Anschaffungskosten. C meldet den Wegzug allerdings erst im Jahr 2 seiner Bank. Zu diesem Zeitpunkt liegt der gemeine Wert der Investmentfondsanteile um 150 über den Anschaffungskosten. Im Jahr 3 veräußert C die Investmentfondsanteile mit einem Gewinn von 200.

Aufgrund der Meldung entsteht die grundsätzliche Verpflichtung der Bank, im Zuflusszeitpunkt den KESt-Abzug vorzunehmen. Da aufgrund der Fiktion des § 93 Abs. 5 dritter Teilstrich EStG 1988 für Zwecke des KESt-Abzugs davon auszugehen ist, dass der Zeitpunkt des Wegzugs dem Zeitpunkt der Meldung des Wegzugs entspricht, beträgt die KESt-Bemessungsgrundlage 150. Da der bei der Veräußerung der Investmentfondsanteile im Jahr 3 vorzunehmende KESt-Abzug iHv 41,25 (27,5% von 150) zu hoch ist (steuerpflichtig sind nur 27,5), kann C den übersteigenden Betrag im Rahmen der Veranlagung rückerstattet bekommen.

Beispiel 4:

D hat bei seiner Bank ein Wertpapierdepot, auf dem Investmentfondsanteile verwahrt sind. Im Jahr 1 meldet D seiner Bank den kurz bevorstehenden Wegzug nach Frankreich. Zu diesem Zeitpunkt liegt der gemeine Wert der Investmentfondsanteile um 100 über den Anschaffungskosten. Der tatsächliche Wegzug erfolgt erst im Jahr 2. Zu diesem Zeitpunkt liegt der gemeine Wert der Investmentfondsanteile um 150 über den Anschaffungskosten. Im Jahr 3 veräußert D die Investmentfondsanteile mit einem Gewinn von 200.

Aufgrund der Meldung entsteht die grundsätzliche Verpflichtung der Bank, im Zuflusszeitpunkt den KESt-Abzug vorzunehmen. Da aufgrund der Fiktion des § 93 Abs. 5 dritter Teilstrich EStG 1988 für Zwecke des KESt-Abzugs davon auszugehen ist, dass der Zeitpunkt des Wegzugs dem Zeitpunkt der Meldung des Wegzugs entspricht, beträgt die KESt-Bemessungsgrundlage 100. Da der bei der Veräußerung der Investmentfondsanteile vorzunehmende KESt-Abzug iHv 27,5 zu niedrig ist (steuerpflichtig sind 27,5% von 150), hat D den übersteigenden Betrag im Rahmen der Veranlagung zu erklären.

(BMF-AV Nr. 2018/79)

29.4 KESt-Abzug bei Depotübertragungen

(AÖF 2013/280)

7718 Nach § 27 Abs. 6 Z 2 EStG 1988 werden die Entnahme und das sonstige Ausscheiden von Wertpapieren aus dem Depot als der Veräußerung im Sinne des § 27 Abs. 3 und 4 EStG 1988 gleichgestellte steuerpflichtige Vorgänge normiert. Die Veräußerungsfiktion führt daher, wenn keine der Ausnahmen im Zusammenhang mit Depotübertragungen zur Anwendung kommt (siehe dazu ausführlich Abschnitt 20.2.2.4.3), zur Steuerpflicht des Entnahmevorgangs.

Die Besteuerung der Depotentnahme findet dabei durch Kapitalertragsteuerabzug statt. Die übertragende depotführende Stelle hat im Zeitpunkt des Zuflusses der Kapitalerträge – bei der Entnahme aus dem Depot ist das gemäß § 95 Abs. 3 Z 3 zweiter Teilstrich EStG 1988 der Entnahmezeitpunkt – die Kapitalertragsteuer einzubehalten. Die Bemessungsgrundlage ist dabei gemäß § 27a Abs. 3 Z 2 lit. b EStG 1988 der Unterschiedsbetrag zwischen dem gemeinen Wert im Zeitpunkt der Entnahme und den Anschaffungskosten.

(BMF-AV Nr. 2018/79)

7719 Da aufgrund der Veräußerungsfiktion die für die Abfuhr der Kapitalertragsteuer notwendige – und aus verfassungsrechtlicher Sicht gebotene – Liquidität auf Seiten des Depotinhabers nicht in allen Fällen gegeben sein muss, sieht die Bestimmung des § 95 Abs. 3 Z 3 letzter Satz EStG 1988 ein Zurückbehaltungsrecht des Abzugsverpflichteten vor. Dieses Zurückbehaltungsrecht steht nur in jenen Fällen zu, in denen Wirtschaftsgüter und Derivate vom Abzugsverpflichteten herauszugeben sind, somit nur in den Fällen der Entnahme aus dem Depot.

Gemäß § 27 Abs. 6 Z 2 EStG 1988 gelten die Entnahme und das sonstige Ausscheiden aus dem Depot als Veräußerung im Sinne des § 27 Abs. 3 und 4 EStG 1988. Die Abzugspflicht entsteht in diesen Fällen gemäß § 95 Abs. 3 EStG 1988 in Verbindung mit § 95 Abs. 3 Z 3 EStG 1988 im Zeitpunkt des Zuflusses, somit des tatsächlichen Ausscheidens aus dem Depot. Solange sich die betroffenen Wertpapiere auf dem Depot befinden, wird der Tatbestand der Depotentnahme daher nicht erfüllt, womit es weder zu einem fiktiven Zufluss von Erträgen, noch zu einer daran knüpfenden Abzugsverpflichtung kommt.

(BMF-AV Nr. 2018/79)

7720 Die Wirkung des Zurückbehaltungsrechts ist daher weder die Schaffung eines entsprechenden Haftungsfonds für Abgabenschulden des Depotinhabers noch die Schaffung von Liquidität, sondern die Verhinderung der Erfüllung des steuerpflichtigen Entnahmetatbestandes: Solange die depotführende Stelle die entsprechenden Wertpapiere nicht ausfolgt oder überträgt, findet auch keine Depotentnahme statt. Ohne Depotentnahme trifft die depotführende Stelle auch keine Abzugsverpflichtung, womit weder eine Liquiditätslücke eintreten kann noch Risiken und Kosten der Verwertung vorhanden sind.

Die depotführende Stelle kann die herauszugebenden Wertpapiere so lange zurückbehalten, bis der Depotinhaber die voraussichtlich anfallende Kapitalertragsteuer zur Verfügung stellt. Die depotführende Stelle hat somit vor der Ausfolgung oder Übertragung zu beurteilen, in welcher Höhe die Steuerschuld voraussichtlich entstehen wird. Dabei ist der (bis zur tatsächlichen Entnahme zu adaptierende) gemeine Wert den steuerlichen Anschaffungskosten gegenüberzustellen.

Beispiel 1:

A möchte sich die auf seinem Depot verwahrten Aktien ausfolgen lassen. Die Anschaffungskosten der Aktien betragen 100, der gemeine Wert (Kurswert) beträgt 120. Auf dem Verrechnungskonto des A befindet sich ein Guthaben von 2.

Die depotführende Stelle muss im Zeitpunkt der Ausfolgung KESt in Höhe von 5,5 (27,5% von 20) abziehen. Da A lediglich über ein Guthaben von 2 verfügt, ist die depotführende Stelle berechtigt, die Ausfolgung bis zum Ersatz des fehlenden KESt- Betrages in Höhe von 3,5 zurückzubehalten.

(BMF-AV Nr. 2018/79)

Wird bei einer Entnahme aus dem Depot Kapitalertragsteuer abgezogen, hat der Abzugsverpflichtete dem Depotinhaber eine Bestätigung gemäß § 96 Abs. 4 Z 1 EStG 1988 auszustellen. Der gemeine Wert im Zeitpunkt der Entnahme gilt zukünftig als Anschaffungskosten der betreffenden Wertpapiere. **7720a**

(AÖF 2013/280)

29.5 Einzelfragen

(AÖF 2013/280)

29.5.1 Pauschale Wertermittlung

(AÖF 2013/280)

29.5.1.1 Pauschale Ermittlung nach § 93 Abs. 4 EStG 1988

(AÖF 2013/280)

29.5.1.1.1 Allgemeines

(AÖF 2013/280)

Die Pauschalbewertungsvorschrift des § 93 Abs. 4 EStG 1988 dient dazu, in jenen Fällen, in denen die für den Kapitalertragsteuerabzug notwendigen Daten – die Anschaffungskosten, der gemeine Wert und das Anschaffungsdatum – der abzugsverpflichteten depotführenden Stelle weder bekannt, noch mit zumutbaren Aufwand ermittelbar sind, den Kapitalertragsteuerabzug auf Basis fingierter Werte zu ermöglichen. Die Pauschalbewertungsvorschrift kann ausschließlich – ausgenommen im Fall der einmalig anzuwendenden Stichtagsbewertungsvorschrift des § 124b Z 185 EStG 1988 – dann zur Anwendung kommen, wenn Wertpapiere erstmalig auf einem Depot zugehen, somit nur bei Depoteinlagen oder Depotübertragungen. Spätere pauschale Wertansätze sind auf Grundlage des § 93 Abs. 4 EStG 1988 unzulässig, es sei denn, es stellt sich nachträglich heraus, dass der Nachweis der tatsächlichen Anschaffungskosten unrichtig war (siehe Abschnitt 29.5.1.1.2). **7721**

(AÖF 2013/280)

Der Ansatz pauschaler Werte hat zwingend stattzufinden, wenn der Steuerpflichtige (Depotinhaber) die entsprechenden Daten nicht nachweisen kann. Sind der depotführenden Stelle die Daten bereits bekannt, müssen sie übernommen und einem späteren Kapitalertragsteuerabzug zugrunde gelegt werden, womit ein Nachweis durch den Depotinhaber nicht mehr erforderlich ist. Eine Ermittlungsverpflichtung der depotführenden Stellen ist aufgrund der Pauschalbewertungsvorschrift allerdings nicht gegeben. **7722**

Werden daher etwa im Fall einer Depotübertragung auf ein Depot desselben Steuerpflichtigen bei einer anderen inländischen depotführenden Stelle gemäß § 27 Abs. 6 Z 1 lit. a zweiter Teilstrich EStG 1988 die relevanten Daten von der übertragenden der übernehmenden depotführenden Stelle mitgeteilt, sind sie grundsätzlich – sofern kein begründeter Zweifel an ihrer Richtigkeit besteht – zu übernehmen und einem späteren Kapitalertragsteuerabzug zugrunde zu legen. Die Pauschalbewertungsvorschrift des § 93 Abs. 4 EStG 1988 kommt damit nicht zur Anwendung. Wird die Übernahme der Daten hingegen verweigert, hat der Depotinhaber die Möglichkeit, die tatsächlichen Daten nachzuweisen. Erst wenn dieser Nachweis scheitert, hat der Ansatz pauschaler Werte stattzufinden.

(AÖF 2013/280)

29.5.1.1.2 Nachweis

(AÖF 2013/280)

Der Nachweis der für den Kapitalertragsteuerabzug notwendigen Daten kann durch entsprechende Unterlagen erfolgen, insbesondere durch zum Termin ausgestellte: **7723**

- Depotauszüge,
- Kauf- und sonstige Abrechnungsbelege,
- Bescheinigungen im Sinne des § 96 Abs. 4 EStG 1988 über eine vorangegangene steuerpflichtige Entnahme und
- KESt-Anmeldungen bei Zuwendungen von Wertpapieren von einer Privatstiftung an Begünstigte (siehe dazu Rz 7776a).

Werden von einer inländischen depotführenden Stelle ausgestellte Depotauszüge bzw. Abrechnungsbelege als Nachweis vorgelegt, allerdings keine Bescheinigung im Sinne des § 96 Abs. 4 Z 1 EStG 1988 über eine vorangegangene steuerpflichtige Entnahme, gilt der Nachweis als nicht erbracht.

(BMF-AV Nr. 2015/133)

7724 Vom Depotinhaber vorgelegte Unterlagen müssen von der übernehmenden depotführenden Stelle dem zivilrechtlich und regulatorisch vorgegebenen – bankrechtlichen – Sorgfaltsmaßstab entsprechend überprüft werden, um eine spätere Haftungsinanspruchnahme nach § 95 Abs. 1 EStG 1988 zu vermeiden. Ist ein später vorgenommener Kapitalertragsteuerabzug daher aufgrund – trotz entsprechender Prüfung durch die depotführende Stelle nicht aufgedeckter – unzutreffender Angaben oder unrichtiger Unterlagen des Depotinhabers zu niedrig bemessen, ist die Kapitalertragsteuer dem Steuerschuldner selbst vorzuschreiben.

(AÖF 2013/280)

29.5.1.1.3 Pauschaler Ansatz der Anschaffungskosten

(AÖF 2013/280)

29.5.1.1.3.1 Allgemeines

(AÖF 2013/280)

7725 Die Bemessungsgrundlage für den KESt-Abzug bei Realisierungsvorgängen im Zusammenhang mit Wirtschaftsgütern und Derivaten im Sinne des § 27 Abs. 3 und 4 EStG 1988 wird in § 27a Abs. 3 Z 2 und 3 EStG 1988 geregelt. Es handelt sich dabei immer um den Unterschiedsbetrag zwischen einem Wert im Zeitpunkt des Realisierungsvorganges (Realisierungswert) – etwa dem Veräußerungserlös oder dem gemeinen Wert bei Depotentnahme – und den Anschaffungskosten.

Um den Kapitalertragsteuerabzug korrekt durchführen zu können, sind daher immer zwei Werte notwendig, wobei der erste Wert – die Anschaffungskosten oder der nachgewiesene Wert einer früheren steuerpflichtigen Entnahme – im Zeitpunkt des Depotzugangs des entsprechenden Wertpapiers und der zweite Wert – der Realisierungswert – im Zeitpunkt, in dem das Wertpapier aus dem Depot ausscheidet, festgestellt werden muss.

Die Pauschalbewertungsvorschrift sieht daher vor, dass immer jener der beiden genannten Werte, der nicht vorhanden ist, vom vorhandenen Wert abgeleitet wird. Sind hingegen beide Werte nicht vorhanden, findet kein Kapitalertragsteuerabzug statt.

(AÖF 2013/280)

29.5.1.1.3.2 Ansatz im Zeitpunkt des Depotzugangs

(AÖF 2013/280)

7726 Im Zeitpunkt des Depotzugangs des Wertpapiers hat die depotführende Stelle grundsätzlich die tatsächlichen Anschaffungskosten zu erfassen. Sind die Anschaffungskosten nicht bekannt, weil weder – im Falle eines Anschaffungsvorganges – die depotführende Stelle als Kommissionär tätig geworden ist, noch – im Falle einer Depotübertragung – von der übertragenden depotführenden Stelle eine Datenweitergabe stattgefunden hat, sind sie durch den Depotinhaber der depotführenden Stelle nachzuweisen (siehe oben Abschnitt 20.2.2.4.3.1.2). Gelingt ein solcher Nachweis nicht, kommt zunächst die Pauschalbewertungsvorschrift des § 93 Abs. 4 erster und zweiter Satz EStG 1988 zur Anwendung.

Danach ist „für Zwecke des Steuerabzugs davon auszugehen, dass die Anschaffungskosten dem gemeinen Wert zum Zeitpunkt der Depoteinlage, vermindert um 0,5% für jeden seit der Anschaffung vergangenen Monat entsprechen“, wobei zumindest „der halbe gemeine Wert zum Zeitpunkt der Depoteinlage anzusetzen“ ist. Voraussetzung für diese Pauschalbewertung ist somit die Kenntnis eines gemeinen Wertes im Zeitpunkt des Depotzuganges sowie des Zeitpunktes der Anschaffung. Für solche im Zeitpunkt der Depoteinlage abgeleitete Anschaffungskosten hat eine Fortschreibung der Anschaffungskosten (zB Korrektur um ausschüttungsgleiche Erträge) zu erfolgen.

(AÖF 2013/280)

7726a Werden einem Versicherungsnehmer einer fondsgebundenen Lebensversicherung zum Fälligkeitsdatum anstelle der Versicherungsleistung die dem Versicherungsvertrag zugrundeliegenden Investmentfondsanteile auf sein Depot übertragen, ist als Anschaffungskosten dieser Investmentfondsanteile der gemeine Wert der Versicherungsleistung – und nicht der gemeine Wert der Investmentfondsanteile – zu erfassen. Liegt das Fälligkeitsdatum nach dem 31.12.2010, stellen die übertragenen Investmentfondsanteile Neubestand dar. Kann durch den Depotinhaber der Wert der Versicherungsleistung nicht nachgewiesen werden – der Nachweis kann etwa anhand einer Bestätigung der Versicherungsgesellschaft erfolgen – sind die Anschaffungskosten nach der pauschalen Bewertungsmethode des § 93 Abs. 4 EStG 1988 zu ermitteln.

Werden im Rahmen eines lohnsteuerpflichtigen Dienstverhältnisses Wertpapiere als Sachbezug gewährt – etwa als steuerbegünstigte Mitarbeiterbeteiligungen (§ 3 Abs. 1 Z 15 EStG 1988) oder als sonstige Bonifikationen – und auf das Depot des Dienstnehmers übertragen, ist als Anschaffungskosten der übertragenen Wertpapiere ihr gemeiner Wert im Zeitpunkt des Erwerbs – und nicht der gemeine Wert im Zeitpunkt der Übertragung – anzusetzen. Liegt das Datum des Erwerbs nach dem 31.12.2010, stellen die übertragenen Wertpapiere Neubestand dar. Kann durch den Depotinhaber der gemeine Wert der Wertpapiere im Zeitpunkt des Erwerbs nicht nachgewiesen werden – der Nachweis kann etwa anhand einer Bestätigung durch den Arbeitgeber erfolgen – sind die Anschaffungskosten nach der pauschalen Bewertungsmethode des § 93 Abs. 4 EStG 1988 zu ermitteln.

(AÖF 2013/280)

Bei Vorhandensein eines Kurs- oder Handelswertes ist grundsätzlich davon auszugehen, **7727** dass der gemeine Wert diesem Kurs- oder Handelswert entspricht. Besteht hingegen zum Zeitpunkt des Depotzuganges kein Kurs- oder Handelswert und kann der gemeine Wert durch die depotführende Stelle auch nicht mit zumutbarem Aufwand auf sonstige Weise festgestellt werden, können die Anschaffungskosten zunächst nicht pauschal angesetzt werden. Die Ableitung der Anschaffungskosten erfolgt in diesem Fall erst im Zeitpunkt des Ausscheidens aus dem Depot. In diesen Fällen kommt eine „rückwirkende" Fortschreibung der Anschaffungskosten (zB Korrektur um ausschüttungsgleiche Erträge) nicht in Frage.

KESt

Ist ein Kurs- oder Handelswert im Zeitpunkt des Depotzuganges lediglich vorübergehend nicht vorhanden – etwa aufgrund einer Handelsaussetzung oder weil faktisch kein Handel stattfindet – bestehen keine Bedenken, wenn der letzte vor dem Depotzugang gebildete Kurs- oder Handelswert als gemeiner Wert im Zeitpunkt des Depotzuganges angenommen wird. Im Falle der Handelsaussetzung gilt dies nur innerhalb der ersten sieben Kalendertage nach Aussetzung.

(AÖF 2013/280)

Ist zwar der gemeine Wert im Zeitpunkt des Depotzuganges bekannt, der Anschaffungs- **7728** zeitpunkt hingegen nicht, sieht die Pauschalbewertungsvorschrift zudem eine Anschaffungszeitpunktfiktion vor. Dem je nach Art der Kapitalanlage zeitlich abgestuften Inkrafttreten des neuen Kapitalbesteuerungssystems entsprechend (§ 124b Z 185 lit. a EStG 1988) wird dabei die Anschaffung von steuerverfangenem Neubestand fingiert:

- bei Anteilen an Körperschaften und Anteilen an Kapitalanlagefonds und an § 40 oder § 42 des Immobilien-Investmentfondsgesetzes unterliegenden Gebilden wird eine entgeltliche Anschaffung am 1.1.2011,
- bei allen anderen Wirtschaftsgütern und Derivaten wird eine entgeltliche Anschaffung am 1.4.2012 angenommen, es sei denn, der tatsächliche Emissionszeitpunkt der Wirtschaftsgüter und Derivate liegt nach diesem Stichtag (diesfalls ist der spätere tatsächliche Emissionsstichtag maßgeblich).

Der Steuerpflichtige kann bei Anwendung dieser Fiktion den tatsächlichen Anschaffungszeitpunkt im Rahmen der Veranlagung zum besonderen Steuersatz von 27,5% gemäß § 97 Abs. 2 EStG 1988 nachweisen.

Beispiel 1:

A legt am 15.10.2012 eine am 2.5.2011 erworbene Aktie mit unbekannten Anschaffungskosten auf sein Depot ein. Der gemeine Wert im Zeitpunkt der Depoteinlage ist 100. Seit dem Anschaffungszeitpunkt sind bereits 18 Monate vergangen, daher werden die pauschalen Anschaffungskosten mit dem um 9% reduzierten gemeinen Wert von 100, somit 91 angesetzt.

Beispiel 2:

A legt am 15.10.2012 eine Aktie mit unbekannten Anschaffungskosten auf sein Depot ein. Der gemeine Wert im Zeitpunkt der Depoteinlage ist 100. Da der Anschaffungszeitpunkt ebenfalls unbekannt ist, wird eine Anschaffung am 1.1.2011 fingiert. Seit dem fingierten Anschaffungszeitpunkt sind bereits 22 Monate vergangen, daher werden die pauschalen Anschaffungskosten mit dem um 11% reduzierten gemeinen Wert von 100, somit 89 angesetzt.

Beispiel 3:

A überträgt am 15.10.2025 ein Zertifikat mit unbekannten Anschaffungskosten von seinem ausländischen Depot auf sein inländisches Depot. Der gemeine Wert im Zeitpunkt der Depoteinlage ist 100. Da der Anschaffungszeitpunkt ebenfalls unbekannt ist, wird eine Anschaffung am 1.4.2012 fingiert. Seit dem fingierten Anschaffungszeitpunkt sind mehr als 100 Monate vergangen, womit der gemeine Wert um mehr als 50% reduziert werden müsste. Die pauschalen Anschaffungskosten werden daher mit dem um 50% reduzierten gemeinen Wert von 100, somit 50 angesetzt.

(BMF-AV Nr. 2018/79)

29.5.1.1.3.3 Ansatz im Zeitpunkt des Ausscheidens aus dem Depot

(AÖF 2013/280)

7729 Im Zeitpunkt eines realisierungsbedingten Ausscheides eines Wertpapiers aus dem Depot müssen für die Vornahme des Kapitalertragsteuerabzugs die Anschaffungskosten des Wertpapieres der depotführenden Stelle bekannt sein.

Zu diesem Zeitpunkt kommen die Pauschalbewertungsvorschriften des § 93 Abs. 4 dritter und vierter Satz EStG 1988 zur Anwendung. Die Bewertungsfiktion sieht vor, dass die Anschaffungskosten dem halben bzw. dem gemeinen Wert im Zeitpunkt des Ausscheidens aus dem Depot entsprechen. Dabei sind mehrere Fälle erfasst:

1. der Fall, in dem der gemeine Wert im Zeitpunkt des Ausscheidens aus dem Depot bekannt ist, die Anschaffungskosten allerdings nicht;
2. der Fall, in dem die Anschaffungskosten bekannt sind, der gemeine Wert im Zeitpunkt des Ausscheidens aus dem Depot allerdings nicht und
3. der Fall, in dem weder die Anschaffungskosten noch der gemeine Wert im Zeitpunkt des Ausscheidens aus dem Depot bekannt sind.

(AÖF 2013/280)

29.5.1.1.3.3.1 Ableitung der Anschaffungskosten

(AÖF 2013/280)

7730 Ist im Zeitpunkt des Ausscheidens aus dem Depot ein Wert – etwa der Veräußerungserlös oder der gemeine Wert bei der Entnahme aus dem Depot – vorhanden, werden die nicht bekannten Anschaffungskosten aus dem vorhandenen Wert abgeleitet.

Dieser Fall tritt dann ein, wenn im Zeitpunkt des Depotzuganges weder die Anschaffungskosten bekannt, noch ein Kurs- oder Handelswert vorhanden war und der gemeine Wert durch die depotführende Stelle auch nicht mit zumutbarem Aufwand auf sonstige Weise festgestellt werden konnte, womit die Bewertungsvorschrift des § 93 Abs. 4 erster und zweiter Satz EStG 1988 nicht zur Anwendung gekommen ist (siehe oben Abschnitt 29.5.1.1.1).

Nach § 93 Abs. 4 dritter Satz EStG 1988 werden dabei die Anschaffungskosten mit dem halben gemeinen Wert im Zeitpunkt der Realisierung – dem Zeitpunkt, in dem das Wertpapier aus dem Depot ausscheidet – fingiert. Die Kapitalertragsteuer beträgt daher genau 27,5% (bis 31.12.2015 25%) des halben gemeinen Wertes im Zeitpunkt des Realisierungsvorganges.

Beispiel 4:

A legt am 15.10.2012 eine Aktie mit unbekannten Anschaffungskosten auf sein Depot ein. Die Aktie wird nicht gehandelt und der gemeine Wert im Zeitpunkt der Depoteinlage kann nicht festgestellt werden. Einige Jahre später wird die Aktie um 140 verkauft. Die für den KESt-Abzug notwendigen, aber unbekannten Anschaffungskosten werden in Höhe des halben Veräußerungserlöses, somit 70 fingiert.

Beispiel 5:

A legt am 15.10.2012 eine Aktie mit unbekannten Anschaffungskosten auf sein Depot ein. Die Aktie wird nicht gehandelt und der gemeine Wert im Zeitpunkt der Depoteinlage kann nicht festgestellt werden. Einige Jahre später wird die Aktie aus dem Depot entnommen. Im Zeitpunkt der Depotentnahme wird die Aktie gehandelt und hat einen Kurswert von 140. Die für den KESt-Abzug notwendigen, aber unbekannten Anschaffungskosten werden in Höhe des halben gemeinen Wertes im Zeitpunkt der Depotentnahme, der dem Kurswert entspricht, somit 70 fingiert.

(BMF-AV Nr. 2018/79)

29.5.1.1.3.3.2 Ableitung des gemeinen Wertes

(AÖF 2013/280)

7731 Ist im Zeitpunkt des Ausscheidens aus dem Depot kein gemeiner Wert vorhanden, sind jedoch entweder die tatsächlichen oder die nach § 93 Abs. 4 erster und zweiter Satz EStG 1988 pauschal ermittelten (siehe dazu Abschnitt 29.5.1.1.3.2) Anschaffungskosten bekannt, wird der nicht vorhandene gemeine Wert von den bekannten Anschaffungskosten abgeleitet.

Nach § 93 Abs. 4 dritter Satz EStG 1988 wird der halbe gemeine Wert im Zeitpunkt der Realisierung den Anschaffungskosten gleichgesetzt, womit der gemeine Wert den doppelten Anschaffungskosten entspricht. Die Kapitalertragsteuer beträgt daher genau 27,5% (bis 31.12.2015 25%) der Anschaffungskosten.

Beispiel 6:

A legt am 15.10.2012 eine Aktie mit unbekannten Anschaffungskosten auf sein Depot ein. Da die Aktie börsennotiert ist, womit der gemeine Wert im Zeitpunkt der Depoteinlage festgestellt werden kann, werden die Anschaffungskosten pauschal mit 300 angesetzt. Einige Jahre später wird die Aktie aus dem Depot entnommen. Im Zeitpunkt der Depotentnahme wird die Aktie nicht mehr gehandelt und der gemeine Wert im Zeitpunkt der Depotentnahme kann nicht festgestellt werden. Der für den KESt-Abzug notwendige, aber unbekannte halbe gemeine Wert wird in Höhe der bekannten Anschaffungskosten, somit 300 fingiert. Der gemeine Wert beträgt daher 600.

(BMF-AV Nr. 2018/79)

29.5.1.1.3.3.3 Entfall des KESt-Abzugs

(AÖF 2013/280)

Sind schließlich weder 7732

- im Zeitpunkt des Depotzuganges die Anschaffungskosten bekannt und fehlt auch ein Kurs- oder Handelswert bzw. kann der gemeine Wert durch die depotführende Stelle auch nicht mit zumutbarem Aufwand auf sonstige Weise festgestellt werden, womit weder die tatsächlichen noch pauschale Anschaffungskosten vorhanden sind, noch
- im Zeitpunkt des Ausscheidens aus dem Depot ein Kurs- oder Handelswert vorhanden ist und der gemeine Wert durch die depotführende Stelle auch nicht mit zumutbarem Aufwand auf sonstige Weise ermittelbar,

ist nach § 93 Abs. 4 vierter Satz EStG 1988 der gemeine Wert im Zeitpunkt des Ausscheidens aus dem Depot in Höhe der Anschaffungskosten anzunehmen, womit die Bemessungsgrundlage Null beträgt und daher kein KESt-Abzug stattzufinden hat.

(AÖF 2013/280)

29.5.1.1.4 Ausschluss von der Steuerabgeltungswirkung und vom Verlustausgleich nach § 93 Abs. 6 EStG 1988

(AÖF 2013/280)

Wird der Kapitalertragsteuerabzug auf Basis von nach § 93 Abs. 4 EStG 1988 abgeleiteten Werten – sowohl Anschaffungszeitpunkt als auch Anschaffungskosten – durchgeführt, bewirkt der Steuerabzug keine Steuerabgeltung nach § 97 EStG 1988 (§ 93 Abs. 4 vorletzter Satz EStG 1988). 7733

Der Ausschluss von der Steuerabgeltung bewirkt in allen Fällen eine Veranlagungspflicht für jene Wertpapiere, bei denen der KESt-Abzug ausgehend von pauschal ermittelten Werten durchgeführt worden ist. Sofern der Depotinhaber im Rahmen der Veranlagung das Vorliegen von Altbestand – somit die Anschaffung vor dem 1.1.2011 beziehungsweise 1.4.2012 – nicht nachweisen kann, ist von Anschaffungen nach den genannten Terminen auszugehen. In weiterer Folge sind von Steuerpflichtigen „die tatsächlichen Anschaffungskosten“ oder der „Wert einer vorangegangenen steuerpflichtigen Entnahme“ nachzuweisen. Können die tatsächlichen Werte nicht nachgewiesen werden, sind diese gemäß § 184 BAO zu schätzen.

(AÖF 2013/280)

Weiters sind Einkünfte, bei denen der KESt-Abzug auf der Grundlage pauschaler Werte gemäß § 93 Abs. 4 EStG 1988 vorgenommen wurde, vom Verlustausgleich durch die depotführende Stelle (§ 93 Abs. 6 EStG 1988) ausgenommen. Dies gilt nicht für Kapitaleinkünfte gemäß § 27 Abs. 2 EStG 1988 aus Wirtschaftsgütern mit pauschal ermittelten Anschaffungskosten; diese sind in den automatischen Verlustausgleich einzubeziehen. 7733a

(BMF-AV Nr. 2015/133)

29.5.1.2 Stichtagsbewertungsvorschrift nach § 124b Z 185 EStG 1988

(AÖF 2013/280)

Die Stichtagsbewertungsvorschrift des § 124b Z 185 lit. a EStG 1988 dient dazu, die depotführenden Stellen von Ermittlungs- und Aufzeichnungspflichten vor jenem Zeitpunkt, an dem der Kapitalertragsteuerabzug bei Neubestand – nach dem 31.12.2010 angeschaffte Anteile an Körperschaften und Anteilscheine an Investment- und Immobilienfonds – erstmalig vorgenommen werden muss, zu entlasten. 7734

Dabei ist vorgesehen, dass wenn dem Abzugsverpflichteten die Anschaffungskosten der genannten Wertpapiere zum 1.4.2012 nicht bekannt sind, zwingend ein vom gemeinen Wert zum 1.4.2012 abgeleiteter Wert als Anschaffungskosten anzusetzen ist. Nach § 1 Wertpapier-Anschaffungskosten-VO gelten die tatsächlichen Anschaffungskosten auch dann als nicht bekannt, wenn sie von der depotführenden Stelle nur mit unverhältnismäßig hohem Aufwand ermittelt werden können. Dies ist insbesondere dann der Fall, wenn die steuerlichen Anschaffungskosten nicht vollautomatisch ohne Adaptierungen verarbeitet werden können.

Die Stichtagsbewertungsvorschrift des § 124b Z 185 EStG 1988 kommt somit

- einmalig am 1.4.2012,
- auf zu diesem Zeitpunkt auf einem Depot verwahrte,
- nach dem 31.12.2010 angeschaffte Anteile an Körperschaften und Anteilscheine an Investment- und Immobilienfonds (§ 124b Z 185 zweiter und dritter Teilstrich EStG 1988) zur Anwendung.

(AÖF 2013/280)

7735 Als Anschaffungskosten hat die depotführende Stelle den gemeinen Wert des Wertpapieres zum 1.4.2012 anzusetzen. Um auch jene Fälle zu erfassen, in denen der gemeine Wert zum 1.4.2012 nicht bekannt, allerdings im Zeitpunkt eines späteren Realisierungsvorganges ein Wert vorhanden ist, sind die Bestimmungen des § 93 Abs. 4 dritter und vierter Satz EStG 1988 sinngemäß anzuwenden, womit die Anschaffungskosten von einem im Zeitpunkt des Ausscheidens aus dem Depot bekannten Wert abgeleitet werden können.

Beispiel 1:

A erwirbt am 1.6.2011 über seine depotführende Hausbank eine börsennotierte Aktie. Die Anschaffungskosten können von der Hausbank aus technischen Gründen noch nicht aufgezeichnet werden. Es kommt die Pauschalbewertungsvorschrift des § 124b Z 185 lit. a EStG 1988 zur Anwendung. Die Anschaffungskosten werden mit dem Kurswert am 1.4.2012, vermindert um den in der Wertpapier-Anschaffungskosten-Verordnung vorgesehenen Wert fingiert.

Beispiel 2:

A erwirbt am 1.6.2011 über seine depotführende Hausbank eine börsennotierte Aktie. Die Anschaffungskosten können von der Hausbank aus technischen Gründen noch nicht aufgezeichnet werden und A hebt die ihm übermittelte Transaktionsbestätigung nicht auf. Die Börsennotierung wird kurze Zeit nach dem Erwerb beendet.

Am 1.4.2012 sind der Hausbank die Anschaffungskosten nicht bekannt und können auch nicht von A nachgewiesen werden. Aufgrund der fehlenden Börsennotierung kann der gemeine Wert am 1.4.2012 ebenso nicht festgestellt werden, womit die Pauschalbewertungsvorschrift des § 124b Z 185 lit. a EStG 1988 nicht zur Anwendung kommen kann. Die Anschaffungskosten werden daher gemäß § 93 Abs. 4 dritter und vierter Satz EStG 1988 erst im Zeitpunkt einer späteren Realisierung ermittelt werden können.

Die gemäß § 124b Z 185 EStG 1988 abgeleiteten Anschaffungskosten sind einem späteren Kapitalertragsteuerabzug zugrunde zu legen, wobei die Abgeltungswirkung gemäß § 97 Abs. 1 EStG 1988 zum Tragen kommt. Der Nachweis der tatsächlichen Anschaffungskosten kann allerdings im Wege der Veranlagung erfolgen. Für diesen Zweck haben die Steuerpflichtigen im Rahmen der Veranlagung die tatsächliche Höhe der Einkünfte (ermittelt anhand der tatsächlichen Anschaffungskosten) und die bereits einbehaltene KESt anzugeben. Beträgt die von der depotführenden Stelle einbehaltene KESt mehr als 27,5% (bis 31.12.2015 25%) der tatsächlichen Einkünfte, wird der übersteigende Betrag rückerstattet. Die gemäß § 124b Z 185 lit. a EStG 1988 abgeleiteten Anschaffungskosten gehen zudem in die Bildung des gleitenden Durchschnittspreises gemäß § 27 Abs. 4 Z 3 EStG 1988 ein.

(BMF-AV Nr. 2018/79)

29.5.2 Fiktionen

(AÖF 2013/280)

7736 Um die Vornahme des Kapitalertragsteuerabzugs durch die Abzugsverpflichteten zu erleichtern, werden in § 93 Abs. 5 EStG 1988 verschiedene Fiktionen aufgestellt. Die Fiktionen sind nicht als Wahlrecht ausgestaltet, sondern auch dann zwingend anzuwenden, wenn der Abzugsverpflichtete Kenntnis von den tatsächlichen Gegebenheiten hat.

Alle Fiktionen gelten explizit nur für Zwecke des Kapitalertragsteuerabzugs, womit die Steuerabgeltungswirkung des § 97 Abs. 1 EStG 1988 nicht eintritt. Entsprechen somit die für Zwecke des Kapitalertragsteuerabzugs getroffenen Annahmen nicht den tatsächlichen Gegebenheiten, besteht für die entsprechenden Wertpapiere eine Veranlagungspflicht.

(AÖF 2013/280)

29.5.2.1 Privatvermögensfiktion

(AÖF 2013/280)

7737 Nach der ersten Fiktion hat der Abzugsverpflichtete davon auszugehen, dass Wirtschaftsgüter und Derivate im Sinne des § 27 Abs. 3 und 4 EStG 1988 nicht in einem Betriebsvermögen gehalten werden. Dies führt dazu, dass für Zwecke des Kapitalertragsteuerabzugs keine Unterscheidung zwischen Betriebs- und Privatvermögen getroffen werden muss.

Damit entfällt die unterschiedliche Behandlung der Anschaffungsnebenkosten, womit das Ansatzverbot des § 27a Abs. 4 Z 2 EStG 1988 für sämtliche depotverwahrten Wertpapiere zur Anwendung gelangt. Bei tatsächlich im Betriebsvermögen gehaltenen Wertpapieren können die Anschaffungsnebenkosten im Rahmen der zwingend durchzuführenden Veranlagung berücksichtigt werden.

(AÖF 2013/280)

Ebenso wird der Kapitalertragsteuerabzug auf ausschüttungsgleiche Erträge bei Anteilen an Investmentfonds und § 40 oder § 42 des Immobilien-Investmentfondsgesetzes unterliegenden Gebilden einheitlich vorgenommen. Einbehalten und abgeführt wird vom Abzugsverpflichteten stets nur der Kapitalertragsteuerbetrag, der auf die 60% des positiven Saldos aus Einkünften im Sinne des § 27 Abs. 3 und 4 EStG 1988 gemäß § 186 Abs. 2 Z 1 erster Satz InvFG 2011 entfällt. Bei tatsächlich im Betriebsvermögen gehaltenen Anteilscheinen sind die restlichen 40% des positiven Saldos aus Einkünften im Sinne des § 27 Abs. 3 und 4 EStG 1988 nach Abzug der damit im Zusammenhang stehenden Aufwendungen des Investmentfonds im Rahmen der zwingend durchzuführenden Veranlagung zu erklären (siehe § 186 Abs. 2 Z 1 vorletzter Satz InvFG 2011). **7737a**

KESt

(BMF-AV Nr. 2015/133)

29.5.2.2 Public-placement-Fiktion

(AÖF 2013/280)

Aufgrund der zweiten Fiktion hat der Abzugsverpflichtete davon auszugehen, dass im Ausland begebene Wertpapiere, die ein Forderungsrecht verbriefen, sowie Anteile an einem § 40 oder § 42 des Immobilien-Investmentfondsgesetzes unterliegenden Gebilde bei ihrer Begebung sowohl in rechtlicher als auch in tatsächlicher Hinsicht einem unbestimmten Personenkreis angeboten wurden. Im Gegensatz zu den anderen aufgestellten Fiktionen ist diese Vermutung allerdings nur in Zweifelsfällen anzuwenden, somit nur dann, wenn der Abzugsverpflichtete keine Kenntnis über das Vorliegen der angesprochenen Kriterien hat. Ist daher dem Abzugsverpflichteten bekannt, dass das entsprechende Wertpapier beziehungsweise der Anteilschein entweder in rechtlicher oder in tatsächlicher Hinsicht keinem unbestimmten Personenkreis angeboten wurde, kommt die Fiktion nicht zur Anwendung. **7738**

Wurde das im Ausland begebene Wertpapier beziehungsweise der Anteilschein sowohl in rechtlicher als auch in tatsächlicher Hinsicht einem unbestimmten Personenkreis angeboten oder wird das Vorliegen dieser Voraussetzungen fingiert, unterliegen sie dem Kapitalertragsteuerabzugsregime (siehe § 93 Abs. 1 EStG 1988).

Liegen die genannten Voraussetzungen nicht vor und werden sie auch nicht fingiert, fallen die Wertpapiere unter § 27a Abs. 2 EStG 1988. Die Besteuerung findet in diesem Fall nicht im Abzugsweg, sondern in der Veranlagung zum regulären Tarif statt.

(BMF-AV Nr. 2015/133)

29.5.2.3 Wegzugszeitpunktfiktion

(AÖF 2013/280)

Nach der dritten Fiktion hat der Abzugsverpflichtete davon auszugehen, dass bei der Meldung der Entstrickung durch den Steuerpflichtigen der Zeitpunkt der Entstrickung dem Zeitpunkt der Meldung entspricht. **7739**

Bei Vorliegen von Umständen, die zur Einschränkung des Besteuerungsrechts Österreichs im Verhältnis zu anderen Staaten führen – § 27 Abs. 6 Z 1 EStG 1988 – hat die depotführende Stelle den Kapitalertragsteuerabzug durchzuführen, wenn der Steuerpflichtige die Entstrickung meldet (§ 94 Z 7 EStG 1988). Die Bemessungsgrundlage ist dabei gemäß § 27a Abs. 3 Z 2 lit. b EStG 1988 der Unterschiedsbetrag zwischen dem gemeinen Wert im Zeitpunkt des Eintritts der Umstände und den Anschaffungskosten. Die Fiktion bewirkt somit, dass der Abzugsverpflichtete den genauen Zeitpunkt des Eintritts der Umstände nicht ermitteln muss, sondern die Bemessungsgrundlage mit dem Unterschiedsbetrag zwischen dem gemeinen Wert zum Zeitpunkt der Meldung und den Anschaffungskosten anzunehmen hat. Dies gilt analog im Fall der Entstehung des Besteuerungsrechts.

Sind daher die Umstände, die zur Einschränkung des Besteuerungsrechts Österreichs geführt haben, bereits vor der Meldung eingetreten, hat der Steuerpflichtige im Rahmen der Veranlagung den genauen Zeitpunkt anzugeben, damit die Besteuerung ausgehend

vom gemeinen Wert im tatsächlichen Zeitpunkt des Eintritts der Umstände korrekt vorgenommen werden kann.
(BMF-AV Nr. 2018/79)

29.5.3 Kapitalertragsteuer bei verschiedenen Produktgruppen
(AÖF 2013/280)

7740 Der Kapitalertragsteuerabzug bei verschiedenen Produktgruppen wird direkt im Anschluss an die Beschreibung und steuerliche Würdigung der einzelnen Produktgruppen in Abschnitt 20.2.4 dargestellt.
(AÖF 2013/280)

29.5.4 Nachträglich gekürzte Kapitalerträge
(AÖF 2013/280)

7741 Werden Zinsen gutgeschrieben, ist von diesen Kapitalertragsteuer einzubehalten, unabhängig davon, wann eine Auszahlung erfolgt. Kapitalertragsteuer ist somit immer dann einzubehalten, wenn ein Rechtsanspruch auf die Zinsen vorliegt. Ist der Rechtsanspruch mit einem bestimmten Verhalten des Anlegers gekoppelt, das in der Folge nicht eingehalten wird und daher zu einem Wegfall dieses Rechtsanspruchs führt, liegt eine auflösende Bedingung vor. Dies führt dazu, dass die KESt solange einzubehalten ist, als die auflösende Bedingung nicht eingetreten ist. Bei Eintritt dieser auflösenden Bedingung sind die Zinsen vom Anleger wieder zurückzuerstatten, was im Ergebnis zu einer nachträglichen Kürzung von Kapitalerträgen führt. Die für diese – nachträglich gekürzten Kapitalerträge – einbehaltene KESt ist wieder gutzuschreiben.

Beispiel:

Ein Sparbuch mit Anfangskapital von 1.000 mit 5% p.a. verzinst. Der Zinssatz ist jedoch daran gekoppelt, dass das Kapital 5 Jahre nicht behoben wird. Wird es früher behoben, sinkt der Zinssatz auf 2%, Es fallen somit für das Jahr 01 50 an Zinsen an, wovon 12,5 an KESt einzubehalten und abzuführen ist. Im Jahr 02 wird ein Betrag von 1.037,5 (1.000+50-12,5) verzinst; Die Zinsen betragen 51,875, wovon 12,97 an KESt einzubehalten ist. Nach zwei Jahren wird jedoch das Kapital behoben und der Zinssatz sinkt auf 2%, was dazu führt, dass 3% an Zinsen wieder rückgängig gemacht werden. Das ist für das Jahr 01 ein Betrag von 30 an Zinsen mit 7,5 an KESt sowie für das Jahr 02 ein Betrag von 31,125 (1.037,5 x 3%) mit 7,78 an KESt. Insgesamt ist somit ein Betrag von 15,28 an KESt zu erstatten.

§ 95 Abs. 5 EStG 1988 soll ausschließlich die bewährte, anlegerfreundliche Praxis der Gutschrift der Kapitalertragsteuer bei Vorschusszinsen, Prämiensparen und ähnlichen Produkten ermöglichen, wenn durch Eintritt der auflösenden Bestimmung bereits gewährte Kapitalerträge wieder gekürzt werden. Über § 95 Abs. 5 EStG 1988 ist aber bei Aktienanleihen (cash-or-share-Anleihen) kein Ausgleich der im Zuge der Andienung der Aktien erlittenen Verluste mit den zuvor gutgeschriebenen Zinsen möglich. Zu vor dem 1.4.2012 entgeltlich erworbenen Aktienanleihen siehe Abschnitt 20.2.4.3.1.
(AÖF 2013/280)

29.5.5 Ausländische Anleger
(AÖF 2013/280)

29.5.5.1 Beschränkte Steuerpflicht
(AÖF 2013/280)

7742 Personen, die im Inland weder einen Wohnsitz noch ihren gewöhnlichen Aufenthalt haben, unterliegen mit Kapitalerträgen im Sinne des § 27 EStG 1988 nach Maßgabe des § 98 Abs. 1 Z 5 EStG 1988 der beschränkten Steuerpflicht. Diese erstreckt sich auf

- Einkünfte, die einer inländischen Betriebsstätte zuzurechnen sind
- Inländische Dividenden, soweit keine Befreiung vom KESt-Abzug vorliegt
- Ausschüttungen aus Gesellschaften mit beschränkter Haftung, soweit keine Befreiung vom KESt-Abzug vorliegt
- Bezüge aus Partizipationskapital im Sinne des BWG und VAG und aus Genussscheinen, soweit jeweils keine Befreiung vom KESt-Abzug vorliegt
- Zinsen aus durch inländische Grundstücke uÄ besicherte Forderungen
- Gewinnanteile stiller Gesellschafter
- Ausschüttungen aus Agrargemeinschaften

- Immobiliengewinne inländischer Immobilien eines in- oder ausländischen § 40 oder § 42 des Immobilien-Investmentfondsgesetzes unterliegenden Gebildes
- Wertsteigerungen von Beteiligungen an einer Kapitalgesellschaft, soweit
  - diese Sitz oder Geschäftsleitung im Inland hat und
  - der Steuerpflichtige oder im Falle eines unentgeltlichen Erwerbs der Steuerpflichtige oder sein Rechtsvorgänger innerhalb der letzten fünf Jahre zu mindestens 1% beteiligt war.

(BMF-AV Nr. 2015/133)

Zinsen aus Einlagen bei Kreditinstituten und aus Forderungswertpapieren sowie Einkünfte gemäß § 27 Abs. 3 und 4 EStG 1988 sowie Erträge aus Kapitalanlagefonds unterliegen nicht der beschränkten Steuerpflicht. Beschränkte Steuerpflicht könnte in diesen Fällen nur dann gegeben sein, wenn eine Besicherung durch inländische Grundstücke vorliegt. Derart besicherte Forderungswertpapiere (Pfandbriefe) sind allerdings ausdrücklich von der beschränkten Steuerpflicht ausgenommen. **7742a**

(AÖF 2013/280)

29.5.5.2 Doppelwohnsitz

(AÖF 2013/280)

Haben Personen neben ihrem ausländischen Wohnsitz einen weiteren österreichischen Wohnsitz, so unterliegen sie – ungeachtet einer nach Doppelbesteuerungsabkommen allenfalls gegebenen ausländischen Ansässigkeit – innerstaatlich der unbeschränkten Steuerpflicht. § 98 Abs. 1 Z 5 EStG 1988 ist auf sie nicht anwendbar. Eine Befreiung von der Kapitalertragsteuerpflicht kann daher niemals auf Basis dieser Bestimmung zum Zuge kommen, sondern nur auf Grund von Doppelbesteuerungsabkommen (allenfalls auf Grund von Maßnahmen nach § 103 EStG 1988 oder § 48 BAO). Dies gilt auch für Staatsbürger der nicht an Österreich angrenzenden Staaten. **7743**

(AÖF 2013/280)

29.5.5.3 Zweitwohnsitz

(AÖF 2013/280)

Personen, die sich länger als fünf Kalenderjahre im Ausland befinden und im Inland lediglich über einen Zweitwohnsitz verfügen, den sie allein oder gemeinsam mit anderen inländischen Wohnungen nicht länger als 70 Tage pro Jahr benützen (§ 1 Abs. 1 der Zweitwohnsitzverordnung, BGBl. II Nr. 528/2003), haben keinen Wohnsitz im Sinne des § 1 EStG 1988 und unterliegen daher nicht der unbeschränkten sondern der beschränkten Steuerpflicht. Die Bank ist im Zusammenhang mit der Kapitalertragsteuer-Erhebung nicht verpflichtet, das Vorliegen der Verordnungsvoraussetzungen (Vorlage des gemäß § 1 Abs. 2 Zweitwohnsitzverordnung, BGBl. II Nr. 528/2003, zu führenden Verzeichnisses über die Tage der inländischen Wohnungsbenützung) zu prüfen, wenn vom Anleger eine entsprechende Erklärung abgegeben wird. Die Verantwortung für die Richtigkeit der Erklärung liegt beim Anleger. Ergeben sich jedoch auf Grund der nach dem BWG durchzuführenden Prüfungen oder aus sonstigen Gründen Zweifel daran, sind diese Erkenntnisse auch für steuerliche Zwecke zu verwerten. Bis zur endgültigen Klärung des Sachverhalts ist jedenfalls ein KESt-Abzug vorzunehmen. **7744**

(AÖF 2013/280)

29.5.5.4 Nachweis der beschränkten Steuerpflicht

(AÖF 2013/280)

29.5.5.4.1 Nachweis allgemein

(AÖF 2013/280)

Unterliegen Kapitalerträge ausländischer Anleger nicht der beschränkten Steuerpflicht, so kann unter bestimmten Voraussetzungen von der Vornahme eines Steuerabzugs abgesehen werden. Der Steuerabzug darf nur dann unterbleiben, wenn der Anleger dem Kreditinstitut (auszahlende Stelle) seine Ausländereigenschaft nachweist bzw. glaubhaft macht. Es ist der Umstand nachzuweisen oder glaubhaft zu machen, dass der Anleger im Inland weder einen Wohnsitz noch seinen gewöhnlichen Aufenthalt hat. Dazu ist es erforderlich, dass der Anleger einen amtlichen Lichtbildausweis iSd § 6 Abs. 2 Z 1 FM-GwG vorlegt, aus dem seine Identität zweifelsfrei hervorgeht. Das Kreditinstitut (der Emittent) muss den Namen des Anlegers, die ausstellende Behörde und die amtliche Nummer des Lichtbildausweises in geeigneter Form festhalten und diese Angaben nach den Regelungen des BWG überprü- **7745**

fen. Überdies muss der Anleger – gleichgültig, ob er ausländischer oder österreichischer Staatsbürger ist – seine Adresse angeben; auch diese ist in geeigneter Form festzuhalten.
(BMF-AV Nr. 2021/65)

29.5.5.4.2 Nachweis der beschränkten Steuerpflicht für österreichische Staatsbürger oder Staatsbürger der Nachbarstaaten Österreichs im Besonderen

(AÖF 2013/280)

7746 Anleger, die österreichische Staatsbürger oder Staatsbürger der Nachbarstaaten Österreichs sind, müssen zusätzlich schriftlich erklären, dass sie in Österreich keinen Wohnsitz bzw. gewöhnlichen Aufenthalt im Sinne des § 26 BAO haben. An die Stelle dieser Erklärung kann auch eine Erklärung des Anlegers treten, dass dieser ausschließlich über eine oder mehrere inländische Wohnungen verfügt, die gemäß § 1 der Zweitwohnsitzverordnung, BGBl. II Nr. 528/2003, keinen Wohnsitz im Sinne des § 1 EStG 1988 begründen. Darüber hinaus darf vom Steuerabzug nur abgesehen werden, wenn sich das betreffende Forderungswertpapier auf dem Depot einer inländischen Bank befindet.

Die Erklärung ist bei Änderung von einer ausländischen auf eine inländische Zustelladresse erneut vom Anleger abzuverlangen.
(AÖF 2013/280)

29.5.5.5 Betriebsvermögen

(AÖF 2013/280)

7747 Ist das betreffende Kapitalvermögen dem Betriebsvermögen des Anlegers zuzurechnen, ist folgendermaßen vorzugehen:

Gehört das Kapitalvermögen zu einem ausländischen Betriebsvermögen, sind die Kapitalerträge aus innerstaatlicher Sicht solche im Sinne des § 27 EStG 1988. Eine Freistellung vom Steuerabzug ergibt sich aus § 98 Abs. 1 Z 5 EStG 1988 (siehe oben). Ist das Kapitalvermögen Teil eines inländischen Betriebsvermögens, unterliegen die Kapitalerträge der beschränkten Steuerpflicht nach § 98 Abs. 1 Z 3 EStG 1988. Eine Freistellung vom Steuerabzug kann aber durch Abgabe einer Befreiungserklärung im Sinne des § 94 Z 5 EStG 1988 erreicht werden. Bei erbrachtem Nachweis der Ausländereigenschaft wirkt die Freistellung vom Steuerabzug auch ohne Abgabe einer Befreiungserklärung. Beim Nachweis der Ausländereigenschaft ist Abschnitt 29.5.5.4 sinngemäß anzuwenden.
(AÖF 2013/280)

29.5.5.6 Zurechnung zu ausländischen Körperschaften

(AÖF 2013/280)

29.5.5.6.1 Zurechnung zu ausländischen Körperschaften allgemein

(AÖF 2013/280)

7748 Für ausländische Körperschaften sind zusätzlich auf Grund einer Identitätsprüfung iSd § 40 BWG schriftlich festzuhalten:

- Urkunde, aus der sich die rechtliche Existenz der Körperschaft ergibt.
- Die persönlichen Daten der natürlichen Person, die für die Körperschaft auftritt, einschließlich Vertretungsnachweis sowie Urkunde über ihre organschaftliche Stellung, falls sie eine solche bekleidet.
- Name und Sitz der ausländischen Körperschaft.

Die kuponauszahlende Stelle hat mit der ihr zumutbaren Sorgfalt die gemachten Angaben zu überprüfen. Zumutbar sind immer die im BWG enthaltenen Sorgfaltspflichten, die Ergebnisse von Prüfungen auf Grund des BWG sind daher stets auch für Zwecke des KESt-Abzuges zu verwenden.

7748a Ergeben sich Anhaltspunkte, dass nicht die Körperschaft, sondern eine dahinter stehende dritte Person Zurechnungsempfänger der Kapitalerträge ist (insbesondere bei einer als transparent anzusehenden ausländischen Stiftung), darf ein Kapitalertragsteuerabzug nur dann unterbleiben, wenn die dahinter stehende Person identifiziert wird und die Voraussetzungen für das Unterbleiben des Steuerabzuges bei dieser Person vorliegen.

Gemäß § 38 Abs. 3 BWG befreit das Bankgeheimnis ein Kreditinstitut nicht, sämtliche für den KESt-Abzug relevanten Unterlagen bei einer KESt-Nachschau den prüfenden Organen der Finanzverwaltung vorzulegen. Durch das Bankgeheimnis entsteht für Zwecke der KESt-Befreiung vielmehr eine erhöhte Mitwirkungspflicht des Kreditinstitutes, die zu dieser Vorlageverpflichtung führt. Das Bankgeheimnis steht jedoch einer weiteren Verwer-

tung von daraus gewonnenen Erkenntnissen in anderen Verfahren entgegen, es sei denn, es liegt eine der Ausnahmen des § 38 Abs. 2 BWG vor.
(AÖF 2013/280)

29.5.5.6.2 Zurechnung zu ausländischen Stiftungen (Anstalten und Trusts)
(AÖF 2013/280)

Bei ausländischen Stiftungen (Anstalten oder Trusts) darf ein KESt-Abzug nur unterbleiben, wenn diese als intransparent anzusehen sind (vgl. dazu insbesondere StiftR 2009 Rz 21). Damit die kuponauszahlende Stelle feststellen kann, ob die ausländische Stiftung (Anstalt oder Trust) steuerlich als intransparent zu behandeln ist, gilt (nur) für Zwecke des KESt-Abzuges Folgendes: Der Stiftungsvorstand (bzw. das zur Vertretung befugte äquivalente Verwaltungsorgan) hat gegenüber der kuponauszahlenden Stelle eine schriftliche (Anleger-)Erklärung abzugeben. Aus dieser muss zweifelsfrei hervorgehen, dass der Stiftungsvorstand (bzw. das zur Vertretung befugte äquivalente Verwaltungsorgan) die ausschließliche Dispositionsbefugnis über das gesamte Vermögen der Stiftung (Anstalt oder Trust) hat und diese unbeeinflusst von Weisungen Dritter ausübt. Die Verantwortung für die Richtigkeit der Erklärung liegt beim Anleger; ergeben sich jedoch für die kuponauszahlende Stelle insbesondere auf Grund der nach dem BWG durchzuführenden Prüfungen berechtigte Zweifel an der Richtigkeit der Angaben, ist ein KESt-Abzug solange vorzunehmen, solange die Voraussetzungen für das Unterbleiben des KESt-Abzuges nicht einwandfrei vorliegen. **7749**

KESt

Werden Sparkonten (Sparbücher), andere Konten und Depots nach dem 31.12.2009 eröffnet, muss die schriftliche (Anleger-)Erklärung bereits bei Eröffnung abgegeben werden.

Für zum 31.12.2009 schon bestehende Sparkonten (Sparbücher), andere Konten und Depots muss die schriftliche (Anleger-)Erklärung bis längstens 30.6.2010 abgegeben werden. Unterbleibt dies, hat ein KESt-Abzug zu erfolgen.
(AÖF 2013/280)

29.5.5.7 Einsichtnahme in die Aufzeichnungen der Kreditinstitute
(AÖF 2013/280)

Die Abgabenbehörden können die unter Abschnitt 29.5.5.1 bis 29.5.5.6 angeführten Aufzeichnungen dann einsehen, wenn ein Finanzstrafverfahren wegen eines vorsätzlichen Finanzvergehens, ausgenommen Finanzordnungswidrigkeiten, eingeleitet worden ist (§ 38 Abs. 2 BWG). Überdies können die Abgabenbehörden jederzeit prüfen, ob die Voraussetzungen für ein Unterbleiben des Steuerabzugs dem Grunde nach gegeben sind (§ 38 Abs. 3 BWG). Das Kreditinstitut hat den Abgabenbehörden die Überprüfung zu ermöglichen, ob für die einzelnen Einlagen- und Depotkonten überhaupt Aufzeichnungen geführt werden. Es steht den Kreditinstituten frei, Vorkehrungen zu treffen, dass bei der Überprüfung der festgehaltenen Aufzeichnungen eine Zuordnung zu den einzelnen Einlagen- und Depotkonten für die Abgabenbehörden nicht möglich ist (insb. durch jeweiliges Abdecken bestimmter Teile der Aufzeichnungen). Sollte es der Abgabenbehörde durch diese Vorkehrungen jedoch nicht möglich sein, zu überprüfen, ob die Voraussetzungen für ein Unterbleiben des Steuerabzugs dem Grunde nach gegeben sind, entfällt die Befreiung vom Kapitalertragsteuerabzug. Soweit dadurch der Abgabenbehörde abgabenrechtlich relevante Umstände, die über Zwecke der Kapitalertragsteuerüberprüfung hinausgehen, bekannt werden, dürfen diese für ein anderes Abgabenverfahren weder weitergegeben noch verwendet werden. Es dürfen auch keine Abschriften oder Kopien der Unterlagen von Kreditinstituten angefertigt werden. **7750**
(AÖF 2013/280)

29.5.6 Verlustausgleich durch die depotführende Stelle
(AÖF 2013/280)

Gemäß § 93 Abs. 6 EStG 1988 hat eine depotführende Stelle den Verlustausgleich gemäß § 27 Abs. 8 EStG 1988 durchzuführen und beim Kapitalertragsteuerabzug zu berücksichtigen. Der Verweis auf § 27 Abs. 8 EStG 1988 bringt zum Ausdruck, dass die darin enthaltenen Einschränkungen auch bei Durchführung des Verlustausgleichs durch die depotführende Stelle zu berücksichtigen sind. Geht die depotführende Stelle bei ausländischen Forderungswertpapieren von einem öffentlichen Angebot aus und nimmt sie daher einen KESt-Abzug vor, können Kapitalerträge aus diesen Forderungswertpapieren in den Verlustausgleich einbezogen werden; eine allfällige Korrektur hat in der Veranlagung zu erfolgen. Weiters ist Folgendes zu beachten: **7751**

- Der Verlustausgleich ist übergreifend für sämtliche Depots des Steuerpflichtigen durchführen. Dabei darf die depotführende Stelle davon ausgehen, dass der jeweilige Depotinhaber auch der wirtschaftliche Eigentümer des Depots ist, außer der Depotinhaber hat angegeben, dass es sich um ein treuhändig gehaltenes Depot (vgl. Z 34 ABB, zB sogenannte Ander-Depots) handelt.

- Sämtliche kapitalertragsteuerpflichtige Einkünfte aus Kapitalvermögen (Früchte, Substanzgewinne und -verluste sowie Derivate, soweit nach § 27 Abs. 8 EStG 1988 zulässig) sind in den Verlustausgleich einzubeziehen. Dazu gehören auch die ausschüttungsgleichen Erträge aus Investmentfonds, unabhängig davon, ob es sich um Melde- oder Nichtmeldefonds handelt, sowie Dividenden inländischer Kapitalgesellschaften, die über das Kreditinstitut ausbezahlt werden.
- Fallen zunächst negative Einkünfte und zeitgleich oder später positive Einkünfte an, sind die negativen Einkünfte gegen die positiven Einkünfte zu verrechnen und der Kapitalertragsteuerabzug von einem allfälligen positiven Saldo vorgenommen werden (§ 93 Abs. 6 Z 1 EStG 1988).

Beispiele:

1. *A hat auf seinem Depot bei der X-Bank Aktien und Anleihen. Im Jänner des Jahres X3 veräußert er die Aktien mit einem Verlust von 50, im September des Jahres X3 macht er bei der Veräußerung der Anleihen einen Gewinn von 100. Der Verlust von 50 ist mit dem Gewinn zu verrechnen; die X-Bank zieht daher KESt in Höhe von 13,75 (bis 31.12.2015 von 12,5) ab und führt diese bis 15. November ab.*
2. *A hat sowohl auf dem Depot 1, als auch auf dem Depot 2 der X-Bank Aktien an der Y-AG. Im September des Jahres X3 veräußert er gleichzeitig sämtliche Aktien an der Y-AG. Aufgrund der unterschiedlichen Anschaffungskosten macht er bei der Veräußerung der Aktien vom Depot 1 einen Gewinn in Höhe von 100, bei der Veräußerung der Aktien vom Depot 2 einen Verlust in Höhe von 50. Der Verlust von 50 ist mit dem Gewinn zu verrechnen; die X-Bank zieht daher KESt in Höhe von 13,75 (bis 31.12.2015 von 12,5) ab und führt diese bis 15. November ab.*

- Fallen dagegen zunächst positive Einkünfte und später negative Einkünfte an, soll die für die positiven Einkünfte einbehaltene Kapitalertragsteuer in jenem KESt- Vorauszahlungszeitraum, in den die negativen Einkünfte fallen, gutgeschrieben werden können. Die Gutschrift ist mit 27,5% (bis 31.12.2015 25%) der negativen Einkünfte gedeckelt (§ 93 Abs. 6 Z 2 EStG 1988).

Beispiele:

1. *B hat auf seinem Depot bei der X-Bank Aktien der Y-AG. Im Jänner des Jahres X3 erhält B eine Dividende von 75 gutgeschrieben, die Y-AG hat KESt in Höhe von 27,5 (bis 31.12.2015 25) abgezogen und binnen einer Woche abgeführt. Im Juli des Jahres X3 erleidet B bei der Veräußerung der Aktien einen Verlust von 50. Dem Anleger kann KESt in Höhe von C gutgeschrieben werden; die X-Bank hat die Gutschrift im Rahmen der KESt-Vorauszahlung zum 15. September zu berücksichtigen.*
2. *C hat auf seinem Depot bei der X-Bank Aktien und Anleihen. Im Jänner des Jahres X3 veräußert er die Aktien mit einem Gewinn von 100, die Anleihen mit einem Verlust von 50. Die X-Bank zieht KESt in Höhe von 13,75 (bis 31.12.2015 von 12,5) ab und führt diese bis 15. März ab.*

- Verluste können immer nur einmal berücksichtigt werden: Soweit Verluste daher nach § 93 Abs. 6 Z 2 EStG 1988 zu einer KESt-Gutschrift geführt haben, können sie nicht mehr nach § 93 Abs. 6 Z 1 EStG 1988 mit später anfallenden positiven Einkünften verrechnet werden (§ 93 Abs. 6 Z 3 EStG 1988).

Beispiel:

D hat auf seinem Depot bei der X-Bank Aktien und Anleihen. Im Jänner des Jahres X3 veräußert er einen Teil der Aktien mit einem Gewinn von 100. Im Juli veräußert er die Anleihen mit einem Verlust von 200. Im September veräußert D die restlichen Aktien mit einem Gewinn von 150.

*Für die Veräußerung der Aktien im Jänner zieht die X-Bank KESt in Höhe von 27,5 (bis 31.12.2015 25) ab und führt diese bis 15. März ab. Diese KESt kann dem Anleger aufgrund des Verlustes bei der Anleihenveräußerung wieder zur Gänze gutgeschrieben werden; die X-Bank hat die Gutschrift im Rahmen der KESt- Vorauszahlung zum 15. September zu berücksichtigen. Bei der Veräußerung der Aktien im September ist jener Teil der Verluste, der zu keiner KESt-Gutschrift geführt hat (100), gegen den Veräußerungsgewinn auszugleichen. Es ist daher KESt in Höhe von 13,75 ([150-100]*27,5%) [vor 1.1.2016 von 12,5 ([150-100]*25%)] einzubehalten und bis 15. November abzuführen.*

- Neben den Einkünften aus treuhändig gehaltenen Depots (siehe oben) sind verschiedene andere Einkünfte gänzlich vom Verlustausgleich durch das Kreditinstitut ausgeschlossen:

- Da § 6 Z 2 lit. c EStG 1988 eigenständige Bestimmungen bezüglich der Bewertung und des Verlustausgleichs für betrieblich gehaltenes Kapitalvermögen enthält (näher dazu Abschnitt 4.8), sind vom Depotinhaber gegenüber dem Kreditinstitut deklarierte Betriebsdepots nicht in den Verlustausgleich einzubeziehen. Dies soll erstens eine Vermischung betrieblicher und außerbetrieblicher Kapitaleinkünfte verhindern, und zweitens dafür sorgen, dass der Kapitalertragsteuerabzug auf betrieblich erzielte Früchte korrekt vorgenommen wird und somit Endbesteuerungswirkung entfalten kann. Werden betriebliche Depots nicht als solche deklariert und der Kapitalertragsteuerabzug daher auf Basis der Privatvermögensvermutung vorgenommen, entfaltet dieser keine Endbesteuerungswirkung (§ 97 Abs. 1 lit. b EStG 1988). Bei zum 31.12.2012 bereits bestehenden Konten und Depots bestehen keine Bedenken, wenn seitens der depotführenden Stelle Konten und Depots von Kapital- und Personengesellschaften und Genossenschaften sowie bei Depots, auf denen sich einem Betriebsvermögen zuzurechnende Wertpapiere befinden (zB gemischte Depots, unabhängig von der Anzahl der betrieblich gehaltenen Wertpapiere, § 10-Wertpapiere auf Privatdepot) für Zwecke des Verlustausgleichs grundsätzlich als betriebliche Depots behandelt werden. Für alle anderen zum 31.12.2012 bereits bestehenden Konten und Depots sind an Hand von öNACE-Codes 2008 typische Kundengruppen auf Grund der Branchenzuordnung zu identifizieren:
  - Konten und Depots von typischen betrieblichen Kundengruppen sind im Zweifel (Fehlen abweichender Angaben) dem Betriebsvermögen zuzurechnen.
  - Konten und Depots von typischen nichtbetrieblichen Kundengruppen dürfen in den Verlustausgleich einbezogen werden.
- Bei ab 1.1.2013 neu eröffneten Depots ist von den depotführenden Stellen bei Eröffnung eines Kontos oder Depots beim Kunden abzufragen, ob es sich um ein betriebliches oder privates Depot handelt; die entsprechenden Angaben des Kunden sind sodann für die Zuordnung des Kontos oder Depots seitens der depotführenden Stelle maßgeblich.
- Einkünfte, denen nach § 93 Abs. 4 EStG 1988 pauschal ermittelte Werte zu Grunde liegen, sind von der Endbesteuerung ausgeschlossen (näher dazu Abschnitt 29.5.1.1). Solche Einkünfte sind daher auch generell vom Verlustausgleich ausgeschlossen. Kapitaleinkünfte gemäß § 27 Abs. 2 EStG 1988 aus diesen Wirtschaftsgütern sind nicht vom automatischen Verlustausgleich ausgeschlossen (siehe auch Rz 7733a).
- Einkünfte aus Gemeinschaftsdepots (vgl. Z 35 ABB, sogenannte Und-/Oder-Depots) sind vom Verlustausgleich ausgeschlossen (§ 93 Abs. 6 Z 4 lit. d EStG 1988).
  - KESt-freie Einkünfte (zB aus Wohnbauanleihen) sind nicht in den Verlustausgleich einzubeziehen; anteilige steuerfreie Stückzinsen erhöhen weder die steuerfreien Anschaffungskosten noch den Veräußerungserlös, und sind somit auch nicht für den Verlustausgleich beachtlich. Darüber hinausgehende, steuerwirksame Veräußerungsgewinne oder -verluste gehen dagegen in den Verlustausgleich ein.
  - KESt-freie Einkünfte aus Altanleihen hinsichtlich derer der Steuerpflichtige einen Auftrag zum freiwilligen KESt-Abzug erteilt hat (KESt-Optionserklärung), können nicht in den automatischen Verlustausgleich einbezogen werden, soweit deren Anschaffung vor dem 1.4.2012 erfolgte, weil es sich dabei typenmäßig um Forderungswertpapiere iSd § 93 Abs. 3 Z 1-3 EStG 1988 idF vor BBG 2011 handelt.

- Hinsichtlich unterjähriger unentgeltlicher Übertragungen ist wie folgt vorzugehen: Der Verlustausgleich wird im Zeitpunkt der Inhaberänderung beendet. Ab diesem Zeitpunkt beginnt ein neuer Verlustausgleich für den Geschenknehmer. Bei der unentgeltlichen Übertragung von Todes wegen ist die Beendigung des automatischen Verlustausgleichs am Tag der Meldung über den Tod vorzunehmen. Bis zur späteren tatsächlichen Übertragung des Vermögens an die Erben wird kein automatischer Verlustausgleich durchgeführt. In beiden Fällen ist der Verlust nach dem Entstehungszeitpunkt den jeweiligen Inhabern zuzurechnen. Die Bescheinigung über den Verlustausgleich (siehe Rz 7752) ist für jeden Inhaber gesondert auszustellen und es werden nur die dem jeweiligen Inhaber zuzurechnenden Verluste ausgewiesen.
- Wird das Kapitalvermögen vom Betriebsvermögen ins Privatvermögen eines Steuerpflichtigen übertragen, kommt es im Zeitpunkt der Bekanntgabe dieses Umstandes an die depotführende Stelle zu einer Aufnahme des Vermögens in den Verlustausgleich. Wird Vermögen vom Privatvermögen ins Betriebsvermögen übertragen, kommt es ab dem Zeitpunkt der Bekanntgabe zu einem Ausschluss dieses Vermögens aus dem Ver-

KESt

lustausgleich. In beiden Fällen sind von der depotführenden Stelle die ursprünglichen Anschaffungskosten für die Durchführung des Verlustausgleichs heranzuziehen.

- Wird für unverbriefte Derivate gemäß § 27a Abs. 2 Z 7 EStG 1988 eine der Kapitalertragsteuer entsprechende Steuer einbehalten, sind die Erträge aus diesen Derivaten in den Verlustausgleich einzubeziehen (siehe Rz 7752a).
- Sofern eine Person von der beschränkten Steuerpflicht zur unbeschränkten Steuerpflicht wechselt, hat die depotführende Stelle ab dem Zeitpunkt der Bekanntgabe dieses Umstandes einen Verlustausgleich für den Steuerpflichtigen durchzuführen. Als Anschaffungskosten für Zwecke des KESt-Abzuges gilt der gemeine Wert im Zeitpunkt der Meldung durch den Steuerpflichtigen. Wechselt eine Person von der unbeschränkten in die beschränkte Steuerpflicht, ist der Steuerpflichtige ab Bekanntgabe dieses Umstandes vom Verlustausgleich durch die depotführende Stelle ausgeschlossen.

Auch beschränkt steuerpflichtige Körperschaften gemäß § 1 Abs. 3 Z 2 und 3 KStG 1988 sowie sonstige Körperschaften, bei denen keine Befreiung von der KESt-Abzugspflicht gemäß § 94 EStG 1988 zur Anwendung kommt (etwa Privatstiftungen, bei denen die Befreiungsbestimmung des § 94 Z 12 EStG 1988 nicht anwendbar ist), sind in den Verlustausgleich miteinzubeziehen.

(BMF-AV Nr. 2021/65)

7752 Um eine doppelte Verlustverwertung zu vermeiden, ist gemäß § 96 Abs. 4 Z 2 EStG 1988 eine Bescheinigung über die Durchführung des Verlustausgleichs zu erteilen. Die Bescheinigung muss gesondert für jedes Depot die positiven und negativen Einkünfte, gegliedert nach Früchten einerseits und Substanzgewinnen und Derivaten andererseits, angeben. Weiters ist die Summe der insgesamt beim Verlustausgleich berücksichtigten Verluste sowie der erteilten Gutschriften anzugeben.

In der Bescheinigung sind somit die folgenden Daten auf Jahresbasis wie folgt untergliedert anzugeben:

- Einkünfte aus der Überlassung von Kapital (aufsummierte Zinsen und Dividenden),
- Erträge aus Investmentfonds und einem § 40 oder § 42 des Immobilien-Investmentfondsgesetzes unterliegenden Gebilde (aufsummierte tatsächliche Ausschüttungen und ausschüttungsgleiche Erträge),
- Einkünfte aus realisierten Wertsteigerungen (nicht saldiert, jeweils getrennt nach positiven und negativen Einkünften),
- Einkünfte aus Derivaten (nicht saldiert, jeweils getrennt nach positiven und negativen Einkünften),
- Im Rahmen des Verlustausgleichs berücksichtigte negative Einkünfte (in Summe)
- Erteilte Gutschriften (in Summe).

Der laufende Verlustausgleich hat ab 1. Jänner 2013 zu erfolgen. Für den Zeitraum 1. April 2012 bis 31. Dezember 2012 ist der Verlustausgleich im Rahmen einer Art Endabrechnung (Rollung) bis zum 30. April 2013 durchzuführen. Sofern Steuerpflichtige für das Kalenderjahr 2012 eine Veranlagung durchführen, kann – um eine doppelte Erstattung zu vermeiden – die vom Kreditinstitut im Rahmen der Endabrechnung des Verlustausgleichs zu erstattende KESt-Gutschrift im Rahmen der Veranlagung nicht berücksichtigt werden.

(BMF-AV Nr. 2015/133)

29.5.7 Freiwillige Abzugsteuer für unverbriefte Derivate

(BMF-AV Nr. 2015/133)

7752a Wird von den in § 95 Abs. 2 Z 2 lit. b EStG 1988 genannten Einrichtungen ein freiwilliger KESt-Abzug bei unverbrieften Derivaten vorgenommen, hat dieser für sämtlicher Kunden und Produkte der jeweiligen Einrichtung zu erfolgen. Dies gilt nicht, wenn ein Anleger sich ausdrücklich gegen die Vornahme des KESt-Abzuges ausspricht oder die Einführung des freiwilligen KESt-Abzuges für eine einzelne Produktgruppe aus wirtschaftlichen Gründen nicht vertretbar erscheint.

Der freiwillige KESt-Abzug ist für das jeweilige Produkt in sämtlichen Perioden von der Anschaffung (bzw. Ausübung oÄ) bis zur Realisierung (bzw. Glattstellung oÄ) vorzunehmen. Im Rahmen der Einführung des freiwilligen KESt-Abzuges können allerdings auch bereits in Vorperioden angeschaffte Produkte einbezogen werden.

Sofern ein freiwilliger KESt-Abzug für unverbriefte Derivate erfolgt, entspricht die weitere steuerliche Behandlung (hinsichtlich Verlustausgleich durch Banken sowie in der Ver-

anlagung, gleitender Durchschnittspreis, Anschaffungsnebenkosten usw.) dieser Produkte jenen Produkten, die dem besonderen Steuersatz von 27,5% unterliegen.
(BMF-AV Nr. 2018/79)

29.6 Befreiungen vom Kapitalertragsteuerabzug

(AÖF 2013/280)

29.6.1 Gläubiger-Schuldner-Identität (§ 94 Z 1 EStG 1988)

(BMF-AV Nr. 2021/65)

Die Abzugsbefreiung kommt insbesondere dann zum Zuge, wenn ein Wertpapieremittent ein von ihm ausgegebenes Wertpapier im eigenen Bestand hat. Eine Abzugsbefreiung ist auch insoweit denkbar, als die Gläubiger-Schuldneridentität über einen Miteigentumsanteil an einem Kapitalanlagefonds hergestellt wird (ein Kapitalanlagefonds umfasst zB auch Wertpapiere, die von einem Anteilscheininhaber emittiert wurden). **7753**

KESt

Die Identität zwischen Gläubiger und Schuldner muss in dem Zeitpunkt gegeben sein, in dem bei Nichtbestehen einer Befreiung die Steuerschuld entstehen würde. Dies ist der Zufluss der Kapitalerträge nach § 95 Abs. 3 EStG 1988.
(AÖF 2013/280)

29.6.2 Beteiligungserträge von Körperschaften (§ 94 Z 2 EStG 1988)

(BMF-AV Nr. 2021/65)

29.6.2.1 Beteiligungserträge von Körperschaften iSd § 1 Abs. 2 KStG 1988

(AÖF 2013/280)

Von der KESt befreit sind unbeschränkt steuerpflichtige Körperschaften iSd § 1 Abs. 2 KStG 1988, wobei die Rechtsform der beteiligten Körperschaft keine Rolle spielt. Die Beteiligungsertragsbefreiung umfasst daher neben juristischen Personen des privaten Rechts auch Betriebe gewerblicher Art von Körperschaften öffentlichen Rechts sowie nicht rechtsfähige Personenvereinigungen, Anstalten, Stiftungen und andere Zweckvermögen. Ebenso befreit sind inländische Betriebsstätten einer EU/EWR-Körperschaft (zu den Voraussetzungen siehe Rz 7755c). **7754**

Die Beteiligung muss an einer Aktiengesellschaft, GesmbH oder Erwerbs- und Wirtschaftsgenossenschaft bestehen, die unbeschränkt steuerpflichtig ist, dh. sie muss den Ort der Geschäftsleitung oder ihren Sitz im Inland haben.

Weitere Voraussetzung für die Befreiung ist, dass die Körperschaft mindestens zu einem Zehntel mittel- oder unmittelbar am Grund- oder Stammkapital beteiligt ist.

Die Beteiligung an der ausschüttenden Kapitalgesellschaft muss an deren Nominalkapital bestehen, eine Beteiligung in anderer Form, etwa im Wege sozietärer Genussrechte oder Partizipationskapital iSd BWG oder VAG 2016 schließt, unabhängig von der Höhe der Beteiligung, die Anwendung der Befreiung aus.

Es ist nicht erforderlich, dass eine unmittelbare Beteiligung am Nominalkapital gegeben ist, sondern es reicht eine mittelbare Beteiligung über eine zwischengeschaltete in- oder ausländische Personengesellschaft aus. Es muss jedoch für die Anwendung der Befreiung das Beteiligungsausmaß durchgerechnet mindestens 10 Prozent betragen.

Beispiel 1:

Die inländische A-AG ist als Kommanditistin an der inländischen B-KG zu 20 Prozent beteiligt. Die restlichen 80% werden von einer natürlichen Person als Komplementär gehalten. Die B-KG hält ihrerseits 50 Prozent am Stammkapital der inländischen C-GmbH; die restlichen 50% an der C-GmbH werden von einer natürlichen Person gehalten.

Das für die Anwendung der KESt-Befreiung erforderliche Beteiligungsausmaß ist gegeben, da die A-AG durchgerechnet 10 Prozent am Stammkapital der C-GmbH beteiligt ist. Die C-GmbH kann bei der Gewinnausschüttung für 10% den KESt-Abzug unterlassen, für die restlichen 90% ist KESt einzubehalten.

(BMF-AV Nr. 2018/79)

Wird die Beteiligung über einen Treuhänder gehalten, kann bei Offenlegung der Treuhandschaft die Befreiung angewendet werden (§ 24 Abs. 1 lit. b BAO). Hat die Körperschaft nur ein Fruchtgenussrecht an Dividenden, ist die Befreiung nicht anzuwenden, da Voraussetzung für die Befreiung eine Beteiligung am Nominalkapital ist. **7754a**

Das Beteiligungsausmaß von einem Zehntel am Nominalkapital muss jedenfalls im Zeitpunkt des Zufließens gemäß § 95 Abs. 3 Z 1 EStG 1988 der Beteiligungserträge vorliegen, eine bestimmte Mindestbeteiligungsdauer ist für die Steuerfreiheit des Beteiligungsertrages nicht erforderlich.

(AÖF 2013/280)

7754b Befreit sind Gewinnanteile und sonstige Bezüge aus Aktien, GmbH-Anteilen, Erwerbs- und Wirtschaftsgenossenschaften. Es fallen dementsprechend neben den offenen Ausschüttungen auch verdeckte Ausschüttungen an inländische Körperschaften und inländische Betriebsstätten von EU/EWR-Körperschaften (zu den Voraussetzungen siehe Rz 7755c), sofern die übrigen Voraussetzungen gegeben sind, unter die KESt-Befreiungsbestimmung des § 94 Z 2 EStG 1988. Erfolgt eine als verdeckte Ausschüttung qualifizierte Vorteilsgewährung an einen mittelbaren Gesellschafter oder an eine dem unmittelbaren Gesellschafter nahestehende Person, ist immer von einer verdeckten Ausschüttung an den unmittelbaren Gesellschafter auszugehen und ist in weiterer Folge auf jeder Beteiligungsebene das Vorliegen weiterer verdeckter Ausschüttungen zu prüfen. Es ist daher die Anwendbarkeit der KESt-Befreiungsbestimmung des § 94 Z 2 EStG 1988 im Verhältnis zum unmittelbaren Gesellschafter zu prüfen und die KESt gegebenenfalls jener Gesellschaft vorzuschreiben, die in diesem Verhältnis den als verdeckte Ausschüttung qualifizierten Vorteil gewährt.

Beispiel 2:

Am Stammkapital der inländischen A-GmbH ist die inländische B-GmbH zu 100% beteiligt. Die Stammanteile an der B-GmbH hält zu 100% die natürliche Person C. Von der A-GmbH erfolgt zu Lasten ihres Gewinnes eine als verdeckte Ausschüttung qualifizierte Vorteilsgewährung an deren mittelbaren Gesellschafter C.

Ebene Tochtergesellschaft

Es liegt eine verdeckte Ausschüttung an die Muttergesellschaft B vor, die bei ihr gemäß § 10 Abs. 1 Z 1 KStG 1988 befreit ist und es kommt die Befreiungsbestimmung des § 94 Z 2 EStG 1988 zur Anwendung.

Ebene Muttergesellschaft

Bei der B-GmbH liegt in selber Höhe eine weitere verdeckte Ausschüttung an ihren 100%-Gesellschafter C vor, die der KESt unterliegt; die KESt für diese weitere verdeckte Ausschüttung kann der B-GmbH vorgeschrieben werden.

Von der Befreiung gemäß § 94 Z 2 EStG 1988 sind auch fingierte Ausschüttungen gemäß § 9 Abs. 6 UmgrStG umfasst, sofern die übrigen Voraussetzungen vorliegen.

(BMF-AV Nr. 2018/79)

29.6.2.2 Beteiligungserträge ausländischer Körperschaften

(AÖF 2013/280)

29.6.2.2.1 Voraussetzungen für die Befreiung

(AÖF 2013/280)

7755 Die Befreiung umfasst jene Kapitalerträge, die an eine ausländische Gesellschaft gezahlt werden, welche die in der Anlage 2 zum EStG 1988 vorgesehenen Voraussetzungen des Art. 2 der Mutter-Tochter-Richtlinie (Richtlinie 2011/96/EU) erfüllt.

Nach der Anlage 2 zum EStG 1988 ist eine Gesellschaft iSd Art. 2 der Mutter-Tochter-Richtlinie jede Gesellschaft, die folgende Voraussetzungen erfüllt:

- Die Gesellschaft muss eine der in Z 1 der Anlage 2 angeführten Rechtsformen aufweisen.
- Die Muttergesellschaft muss nach dem Steuerrecht des betreffenden Mitgliedstaates ansässig und damit unbeschränkt steuerpflichtig sein; die Muttergesellschaft darf nicht aufgrund eines mit einem dritten Staat abgeschlossenen DBA als außerhalb der EU ansässig betrachtet werden.
- Die Muttergesellschaft muss nach Z 3 der Anlage 2 im betreffenden Mitgliedstaat ohne Wahlmöglichkeit einer Steuer unterliegen, die – nach Mitgliedstaaten geordnet – in Z 3 der Anlage 2 angeführt wird (Voraussetzung der Steuerpflicht im anderen EU-Staat, die dann nicht gegeben ist, wenn die Einkünfte der Gesellschaft aufgrund einer subjektiven Steuerbefreiung von der Körperschaftsteuer befreit sind).

Die Beteiligung der ausländischen Muttergesellschaft muss an einer Aktiengesellschaft, GmbH oder Erwerbs- und Wirtschaftsgenossenschaft bestehen, die unbeschränkt steuerpflichtig ist, dh. diese muss den Ort der Geschäftsleitung oder ihren Sitz im Inland haben. Es fallen demnach auch doppelt ansässige Gesellschaften (zB Gesellschaft mit Sitz im EU-Ausland und Ort der Geschäftsleitung in Österreich) unter den Anwendungsbereich der Befreiung (vgl. EAS 1356).

Die ausländische Muttergesellschaft muss zu mindestens einem Zehntel mittelbar oder unmittelbar am Grund- oder Stammkapital der ausschüttenden inländischen Tochtergesellschaft beteiligt sein. Die Beteiligung muss an deren Nominalkapital bestehen, eine Beteiligung in anderer Form, etwa im Wege sozietärer Genussrechte schließt, unabhängig von der Höhe dieser Beteiligung, die Anwendung der Befreiung aus. Besteht etwa an derselben Gesellschaft neben einer Beteiligung am Nominalkapital auch eine Beteiligung in Form von sozietären Genussrechten und wird das Beteiligungsausmaß von 10 Prozent nur unter Einrechnung der Substanzgenussbeteiligung erreicht, steht die Befreiung insgesamt nicht zu. Zusätzlich ist erforderlich, dass die ausländische Muttergesellschaft hinsichtlich der österreichischen Beteiligung nicht bloß eine Funktion ausübt, die jener eines bloßen Treuhänders entspricht (vgl. EAS 1072).

Es ist nicht erforderlich, dass eine unmittelbare Beteiligung am Nominalkapital gegeben ist, sondern es ist eine mittelbare Beteiligung über eine Personengesellschaft ausreichend, allerdings muss durchgerechnet das geforderte Mindestbeteiligungsausmaß gegeben sein. Sind an der Personengesellschaft Personen beteiligt, auf die § 94 Z 2 EStG 1988 nicht anwendbar ist, steht die Befreiung nur entsprechend dem die notwendigen Voraussetzungen des § 94 Z 2 EStG 1988 erfüllenden Beteiligungsausmaß am Grund- oder Stammkapital zu (siehe oben Beispiel 1 unter Rz 7754).

KESt

(BMF-AV Nr. 2021/65)

Die Beteiligung muss während eines ununterbrochenen Zeitraumes von mindestens einem Jahr bestehen. Für die Berechnung der Einjahresfrist ist der Zeitpunkt der Anschaffung der Anteile bzw. das erstmalige Erreichen des Mindestbeteiligungsausmaßes dem Veräußerungszeitpunkt gegenüberzustellen, wobei eine allfällige Rückwirkung nach UmgrStG zu berücksichtigen ist. Die einjährige Mindestbeteiligungsdauer ist materiell rechtliche Voraussetzung für die Befreiung. Wird sie nicht erreicht (etwa bei Veräußerung der Beteiligung innerhalb der Jahresfrist), kommt die Befreiung nicht zur Anwendung und unterliegt eine allfällige Ausschüttung der KESt. Eine (teilweise) KESt-Entlastung kann diesfalls auf DBA-rechtlicher Grundlage erfolgen. **7755a**

Erfolgt eine Ausschüttung vor Erreichen der einjährigen Mindestbehaltefrist, ist grundsätzlich KESt einzubehalten. Von einem KESt-Einbehalt kann jedoch abgesehen werden, wenn beim zuständigen Finanzamt keine Zweifel bestehen, dass die Mindestbeteiligungsdauer eingehalten wird und allenfalls die KESt bei der österreichischen Tochtergesellschaft im Haftungsweg eingebracht werden könnte.

(AÖF 2013/280)

Von der Befreiung sind in sachlicher Hinsicht Dividenden und sonstige Bezüge aus Aktiengesellschaften, GesmbHs und Erwerbs- und Wirtschaftsgenossenschaften umfasst. **7755b**

(BMF-AV Nr. 2021/65)

Bei Körperschaften, die in einem EU-/EWR-Staat ansässig sind, steht die Befreiung des § 94 Z 2 erster und zweiter Teilstrich EStG 1988 dann zu, wenn die Beteiligungen funktional dem Betriebsvermögen einer inländischen Betriebsstätte zuzuordnen sind. Bei allen anderen ausländischen Körperschaften kann eine Befreiung nach Maßgabe eines abkommensrechtlichen Betriebsstättendiskriminierungsverbotes in Anspruch genommen werden (siehe dazu näher Rz 7910), sofern dieser Interpretation des DBA-rechtlichen Diskriminierungsverbots auch vom jeweiligen DBA-Partnerstaat gefolgt wird (vgl. EAS 3028, EAS 3409). Denn gemäß dem Betriebsstättendiskriminierungsverbot darf die Besteuerung von Inlandsbetriebsstätten ausländischer Unternehmen nicht ungünstiger sein als die Besteuerung einer Inlandsbetriebsstätte einer inländischen Gesellschaft. Das Steuerabzugsverfahren ist als ein Erhebungsschritt bei der Besteuerung der Betriebsstätte ebenfalls vom DBA-Diskriminierungsverbot mit betroffen (vgl. EAS 2542). **7755c**

Die ausschüttende Kapitalgesellschaft hat anhand geeigneter Unterlagen die Berechtigung zur Steuerfreistellung zu dokumentieren. Als Beleg hierfür kann neben einer Ansässigkeitsbescheinigung eine schriftliche Erklärung des beschränkt Steuerpflichtigen dienen, in der die Zurechnung der Beteiligung zur inländischen Betriebsstätte sowie die steuerliche Erfassung der Ausschüttung in Österreich unter Angabe der österreichischen Steuernummer mitgeteilt wird (analog zur Rz 8029).

(BMF-AV Nr. 2021/65)

29.6.2.2.2 Verhältnis § 94 Z 2 EStG 1988 zum DBA-Recht und § 21 Abs. 1 Z 1a KStG 1988

(BMF-AV Nr. 2021/65)

Österreich hat mit EU-Mitgliedstaaten Doppelbesteuerungsabkommen abgeschlossen, die bei Dividendenzahlungen österreichischer Kapitalgesellschaften an im DBA-Staat **7756** ansässige Steuerpflichtige eine Reduktion der KESt vorsehen. Wie und unter welchen Voraussetzungen die (teilweise) Entlastung verfahrensrechtlich zu erfolgen hat, ist in der DBA-Entlastungsverordnung (BGBl. III Nr. 92/2005) festgelegt. Soweit bei Dividendenzahlungen an ausländische Muttergesellschaften die Voraussetzungen des § 94 Z 2 EStG 1988 erfüllt sind, geht § 94 Z 2 EStG 1988 den DBA-rechtlichen Bestimmungen sowie § 21 Abs. 1 Z 1a KStG 1988 vor. Diese Vorgehensweise gilt auch im Rückerstattungsverfahren.

(BMF-AV Nr. 2021/65)

29.6.2.2.3 Wechsel zum Rückerstattungsverfahren

(BMF-AV Nr. 2021/65)

29.6.2.2.3.1 Verhinderung von Missbrauch

(BMF-AV Nr. 2021/65)

7757 § 94 Z 2 EStG 1988 iVm § 1 Z 1, § 2 der VO BGBl. Nr. 56/1995 sieht einen zwingenden KESt-Abzug vor, wenn „Umstände vorliegen, die für die Annahme eines Missbrauchs iSd § 22 BAO sprechen (Missbrauchsverdacht) und ein Missbrauch vom zum Abzug Verpflichteten zu vertreten wäre“. Durch § 94 Z 2 EStG 1988 wird somit kein eigener Missbrauchstatbestand geschaffen, sondern es kommt vielmehr in den Fällen, in denen aufgrund der in der Verordnung BGBl. Nr. 56/1995 angeführten Kriterien die Befreiung vom KESt-Abzug gemäß § 94 Z 2 EStG 1988 zu versagen ist, zur Prüfung des Vorliegens von Missbrauch iSd § 22 BAO im Rahmen eines Rückerstattungsverfahrens.

Sinn und Zweck der Einschränkung der Steuerfreistellung des § 94 Z 2 EStG 1988 ist es, die Inanspruchnahme der Mutter-Tochter-Richtlinie durch Steuerpflichtige, denen die Vorteile der Mutter-Tochter-Richtlinie nicht zustehen würden, zu verhindern („Directive Shopping“). Insbesondere sollen in der EU ansässige funktionslose oder funktionsarme Holdinggesellschaften (Sitzgesellschaften bzw. Briefkastengesellschaften), deren Zweck das Durchleiten von Gewinnen als Teil von Gestaltungen zur internationalen Gewinnverschiebung bzw. Steuerumgehung ist, damit von der Begünstigung des § 94 Z 2 EStG 1988 ausgeschlossen werden.

(BMF-AV Nr. 2021/65)

7757a § 2 VO BGBl. Nr. 56/1995 konkretisiert, wann ein Missbrauchsverdacht vom zum Abzug Verpflichteten nicht zu vertreten ist.

Ein Missbrauchsverdacht ist demnach vom Abzugsverpflichteten dann nicht zu vertreten, wenn er über eine schriftliche Erklärung der die Kapitalerträge empfangenden ausländischen Gesellschaft verfügt, aus der hervorgeht, dass:

- die Gesellschaft eine Betätigung entfaltet, die über die bloße Vermögensverwaltung hinausgeht, wobei die betriebliche Tätigkeit nicht überwiegen muss;
- die Gesellschaft eigene oder geleaste (siehe dazu EAS 3429) Arbeitskräfte beschäftigt;
- die Gesellschaft über eigene oder gemietete Betriebsräumlichkeiten verfügt.

Überdies dürfen dem zum Abzug Verpflichteten keine Umstände erkennbar sein, die Zweifel an der Richtigkeit dieser Erklärung auslösen. Die Erklärung der Muttergesellschaft muss zeitnah ausgestellt sein. Datiert die Bestätigung mehr als ein Jahr vor bzw. nach der Ausschüttung, ist sie jedenfalls nicht mehr als zeitnah anzusehen.

Bei Vorliegen einer solchen Bestätigung kann der KESt-Abzug unterbleiben, sofern weder eine offenkundige verdeckte Ausschüttung vorliegt noch Umstände erkennbar sind, die Zweifel an der Richtigkeit der Erklärung auslösen und die übrigen in § 94 Z 2 EStG 1988 und in der Verordnung BGBl. Nr. 56/1995 enthaltenen Voraussetzungen erfüllt sind.

Handelt es sich bei den unmittelbar oder mittelbar über eine Personengesellschaft an der ausschüttenden inländischen Körperschaft beteiligten ausländischen Körperschaften jedoch um Holdinggesellschaften, die die Voraussetzungen des § 2 Abs. 2 der VO BGBl. Nr. 56/1995 nicht erfüllen, so kann eine der Mutter-Tochter-Richtlinie entsprechende Entlastung von der Kapitalertragsteuer grundsätzlich nur im Steuerrückerstattungsverfahren erfolgen (zur Entlastung gemäß einem Betriebsstättendiskriminierungsverbot bei Beteiligung über eine inländische Betriebsstätte siehe oben Rz 7755c).

Lediglich wenn an dieser Holdinggesellschaft eine ausländische – in einem EU-Mitgliedstaat ansässige – Körperschaft unmittelbar (oder über eine Personengesellschaft mittelbar) zu 100% beteiligt ist, die selbst die Voraussetzungen der Mutter-Tochter-Richtlinie erfüllt, wird eine unmittelbare KESt-Entlastung nicht unterbunden. Dennoch gelten die in der VO BGBl. Nr. 56/1995 genannten Dokumentationsvorschriften (vgl. EAS 3414, vgl. Rz 7759a).

Beispiel:

Die inländische T GmbH tätigt eine Gewinnausschüttung an ihre 100-prozentige Muttergesellschaft M GmbH, eine in Deutschland ansässige vermögensverwaltende Holdinggesellschaft. An der M GmbH ist die in Deutschland ansässige operativ tätige GM GmbH zu 100% beteiligt. Es liegen keine Umstände iSd § 1 Z 1 und § 2 VO BGBl. Nr. 56/1995 vor, die für die Annahme eines Missbrauchs sprechen.

(BMF-AV Nr. 2021/65)

Durch § 2 VO BGBl. Nr. 56/1995 wird kein eigener Missbrauchstatbestand geschaffen, **7757b**
vielmehr kommt es zu einem Methodenwechsel bei jenen Fällen, bei denen Missbrauch nicht von vornherein ausgeschlossen werden kann.

Kann daher der Missbrauchsverdacht nicht entkräftet werden, ist von der ausschüttenden Tochtergesellschaft KESt einzubehalten und es hat eine Entlastung in einem nachfolgenden Rückerstattungsverfahren zu erfolgen (zur Zuständigkeit siehe Rz 7759b). Im Rahmen des Rückerstattungsverfahrens ist vom Finanzamt zu prüfen, ob Gründe vorliegen, die die Annahme eines Missbrauchstatbestandes iSd § 22 BAO rechtfertigen (etwa durch Bekanntgabe der Holdingstruktur, Bekanntgabe der dahinterstehenden Gesellschafter, wirtschaftliche Funktion, Zweck der Holdingkonstruktion, …). Eine Vorlage einer Ansässigkeitsbescheinigung des zuständigen ausländischen Sitzfinanzamtes allein genügt jedenfalls nicht, um einen Missbrauchsverdacht zu entkräften; deren Vorlage steht der Prüfung einer missbräuchlichen Gestaltung iSd § 22 BAO nicht entgegen (VwGH 26.6.2014, 2011/15/0080). Im Rückerstattungsverfahren erfolgt eine auf den Einzelfall bezogene umfassende Prüfung des jeweiligen Falles, die sich auf Gesichtspunkte wie die organisatorischen, wirtschaftlichen oder sonst beachtlichen Merkmale des Konzerns, zu dem die betreffende Muttergesellschaft gehört, sowie Strukturen und Strategien dieses Konzerns erstreckt (vgl. EuGH 20.12.2017, C-504/16 und C-613/16, *Deister Holding AG* und *Juhler Holding A/S*; EuGH 26.2.2019, Rs C-116/16 und C-117/16, *T Danmark und Y Denmark*; VwGH 27.3.2019, Ro 2018/13/0004). Hinzuweisen ist in diesem Zusammenhang auch auf die bei Auslandssachverhalten grundsätzlich bestehende erhöhte Mitwirkungspflicht des Abgabepflichtigen.

KESt

Zu einer Versagung der KESt-Rückerstattung kann es in solchen Fällen daher nur kommen, wenn das Vorliegen eines Missbrauchs iSd § 22 BAO festgestellt wird und es sich somit im Sinne der EuGH-Judikatur um eine rein künstliche, jeder wirtschaftlichen Realität bare Gestaltung handelt, die zu dem Zweck errichtet wurde, der inländischen Steuer zu entgehen (vgl. ua. EuGH 12.9.2006, C-196/04, *Cadbury Schweppes*).

Die Beherrschung einer Holdinggesellschaft durch Personen, denen die Steuerentlastung nicht zustände, wenn sie die Einkünfte unmittelbar erzielten, spricht für das Vorliegen missbräuchlicher Rechtsgestaltung, wenn für die Zwischenschaltung einer EU-Gesellschaft wirtschaftliche oder sonst beachtliche Gründe fehlen und sie keine eigene Wirtschaftstätigkeit entfaltet (VwGH 26.6.2014, 2011/15/0080). Es ist daher bei Holdinggesellschaften immer zu prüfen, ob relevante außersteuerliche Gründe bzw. ab 2019, ob triftige wirtschaftliche Gründe, die die wirtschaftliche Realität widerspiegeln, für deren Zwischenschaltung vorliegen und ob von ihnen eine eigene Wirtschaftstätigkeit ausgeübt wird.

Als triftige wirtschaftliche Gründe für die Zwischenschaltung einer Holdinggesellschaft kommen beispielsweise in Betracht, wobei immer auf das Gesamtbild der Verhältnisse abzustellen ist:

- Tätigkeit der Holding geht über reine Vermögenverwaltung hinaus, weil sie Funktionen im Konzern (zB Managementleistungen, Konzernfinanzierung, Beteiligungscontrolling, Buchhaltung) erfüllt;
- Holding bringt nachweislich wirtschaftliche Vorteile im Verhältnis zu Geschäftspartnern (zB aufgrund rechtlicher Restriktionen für ausländische Investoren);
- Aufsichtsrechtliche oder andere regulatorische Beschränkungen;
- Die bessere und sicherere Erreichung des angestrebten wirtschaftlichen Ziels (VwGH 27.3.2019, Ro 2018/13/0004).

(BMF-AV Nr. 2021/65)

Wird einer EU-Muttergesellschaft im Rahmen eines Rückerstattungsverfahrens die Be- **7757c**
rechtigung zur KESt-Entlastung auf Grundlage des § 94 Z 2 EStG 1988 zuerkannt und die KESt bescheidmäßig rückerstattet, kann dies als „beachtliches Indiz" dafür gesehen werden, dass die Steuerentlastungsberechtigung auch bei folgenden Ausschüttungen gegeben sein wird. Es bestehen daher keine Bedenken, wenn analog zu § 3 Abs. 2 DBA-Entlastungsverordnung, BGBl. III Nr. 92/2005 idF BGBl. II Nr. 44/2006 in den folgenden drei Jahren eine KESt-Entlastung bereits anlässlich der Gewinnausschüttung vorgenommen wird, wenn der Rückerstattungsbescheid dem Vordruck ZS-EUMT beigelegt wird; dies unter der Voraussetzung, dass gegenüber den Verhältnissen zur Rückzahlung keine wesentlichen Veränderungen

eintreten. Eine wesentliche Änderung ist jedenfalls dann anzunehmen, wenn zuerst betragsmäßig eine geringe Ausschüttung erfolgt und später eine wesentlich größere Ausschüttung.

(BMF-AV Nr. 2015/133)

7757d Sollte Unsicherheit im Hinblick auf das Vorliegen einer missbräuchlichen Gestaltung und das mögliche Haftungsrisiko des Abzugsverpflichteten nach § 95 Abs. 2 EStG 1988 im Hinblick auf eine Entlastung an der Quelle bestehen, kann von der ausschüttenden inländischen Körperschaft vom besonderen Auskunftsverfahren nach § 5 der VO BGBl. Nr. 56/1995 Gebrauch gemacht werden. In einem solchen Verfahren sind von der anfragenden Körperschaft alle Unterlagen vorzulegen, die auch im Rückerstattungsverfahren beizubringen sind und die geeignet sind, die Anspruchsvoraussetzungen für die Steuerentlastung unter Beweis zu stellen. Erfolgt der Nachweis der Entlastungsberechtigung in einem Auskunftsverfahren vor der Ausschüttung, kann auf Grund einer solchen ex ante-Kontrolle im Ergebnis die Pflicht zur Abfuhr der Kapitalertragsteuer nach § 94 Z 2 EStG 1988 und die Gefahr von Säumniszuschlägen bzw. das Vorliegen einer Finanzordnungswidrigkeit beseitigt werden. Eine solche Vorabauskunft entfaltet jedoch ausschließlich Wirkung für den jeweils angefragten Sachverhalt.

(BMF-AV Nr. 2021/65)

29.6.2.2.3.2 Offenkundige verdeckte Ausschüttungen

(BMF-AV Nr. 2021/65)

7758 § 1 Z 2 VO BGBl. Nr. 56/1995 sieht weiters bei offenkundigen verdeckten Ausschüttungen iSd § 8 Abs. 2 KStG 1988 einen zwingenden KESt-Abzug mit nachfolgendem Rückerstattungsverfahren vor. Es wird damit die ausländische Muttergesellschaft gezwungen, der ausländischen Finanzverwaltung die Umstände und Gründe der verdeckten Ausschüttung mitzuteilen.

Eine offenkundige verdeckte Ausschüttung liegt nach § 3 der VO BGBl. Nr. 56/1995 dann vor, wenn der Abzugsverpflichtete die verdeckte Ausschüttung bei Beachtung der Sorgfalt eines ordentlichen Kaufmannes (nunmehr des Unternehmers) erkannte oder erkennen musste. Die grundlegenden Erscheinungsformen einer verdeckten Ausschüttung (jede Einkommensminderung der Körperschaft ohne hinreichenden Rechtsgrund) sind danach bei Anwendung der Sorgfalt eines ordentlichen Kaufmanns (nunmehr des Unternehmers) zu erkennen und somit als offenkundige verdeckte Ausschüttungen anzusehen (VwGH 25.02.2003, 2002/14/0112). Eine Nichtbeachtung der Verrechnungspreisrichtlinien löst bei unbestreitbar feststehendem Sachverhalt eine offenkundige verdeckte Ausschüttung aus (VPR 2010 Rz 333).

(AÖF 2013/280)

29.6.2.2.4 Nachweispflichten

(BMF-AV Nr. 2021/65)

29.6.2.2.4.1 Entlastung an der Quelle

(BMF-AV Nr. 2021/65)

7759 § 1 Z 3 iVm § 4 Abs. 1 VO BGBl. Nr. 56/1995 sieht vor, dass von der abzugsverpflichteten Tochtergesellschaft der Nachweis der Voraussetzungen für die Befreiung vom KESt-Abzug durch Unterlagen zu führen ist, aus denen die Voraussetzungen jederzeit leicht nachprüfbar sind. Konkret wird in § 4 Abs. 2 der VO gefordert, dass die Ansässigkeit der Muttergesellschaft durch eine von der Steuerverwaltung des Ansässigkeitsstaates der Muttergesellschaft zeitnah erteilte Bescheinigung auf dem Vordruck ZS-EUMT nachzuweisen ist. Eine KA1-Meldung ist dennoch vorzunehmen. Die Ansässigkeitsbescheinigung gilt als zeitnah, wenn sie innerhalb eines Jahres vor oder nach der Ausschüttung ausgestellt wurde. Daneben muss die ausschüttende Tochtergesellschaft auch die Unterlagen zur Nachprüfbarkeit der Erklärung iSd § 2 Abs. 2 VO der Muttergesellschaft zur Entkräftung des Missbrauchsverdachts führen.

(BMF-AV Nr. 2021/65)

7759a Bei einer Ausschüttung an eine ausländische Holdinggesellschaft, die die Voraussetzungen des § 2 Abs. 2 der VO BGBl. Nr. 56/1995 nicht erfüllt, an der jedoch eine ausländische – in einem EU-Mitgliedstaat ansässige – Körperschaft unmittelbar (oder über eine Personengesellschaft mittelbar) zu 100% beteiligt ist, die selbst die Voraussetzungen der Mutter-Tochter-Richtlinie erfüllt, bedarf es für die Entlastung an der Quelle (siehe dazu bereits Rz 7757a) abhängig davon, ob die Holdinggesellschaft als funktionslos oder als mit wirtschaftlicher Funktion ausgestattet anzusehen ist, unterschiedlicher Nachweise (vgl. EAS 3244, EAS 3414):

- Handelt es sich um eine mit wirtschaftlicher Funktion ausgestattete Holding, der die Einkünfte zuzurechnen sind, bedarf es eines von der Holdinggesellschaft vorgelegten Vordruckes, der hierfür vorgesehen ist. Die Holdinggesellschaft kann dann zwar nicht die im Vordruck vorgesehene Substanzerklärung abgeben, da zumindest eines der drei in § 2 Abs. 2 VO geforderten Kriterien nicht erfüllt ist. Der in § 2 VO verankerte Missbrauchsverdacht kann jedoch mittels Ansässigkeitsbescheinigung und Substanzerklärung der Muttergesellschaft (gegebenenfalls unter Darlegung weiterer relevanter Umstände) widerlegt werden.
- Handelt es sich um eine funktionslose Holding, sodass die Einkünfte der operativen Muttergesellschaft zuzurechnen sind, so ist neben dem für die Entlastung vorgesehenen Vordruck der Muttergesellschaft auch eine formlose Bestätigung der direkt beteiligten funktionslosen Holding darüber vorzulegen, dass ihr die Einkünfte nicht zuzurechnen sind.

In anders gelagerten Fällen kann von der ausschüttenden inländischen Körperschaft vom besonderen Auskunftsverfahren nach § 5 der VO BGBl. Nr. 56/1995 Gebrauch gemacht werden, sodass bei entsprechender Nachweisführung eine ex ante-Kontrolle der Entlastungsberechtigung erfolgen kann (vgl. Rz 7757d).

(BMF-AV Nr. 2021/65)

29.6.2.2.4.2 Rückerstattungsverfahren

(BMF-AV Nr. 2021/65)

Zu einem KESt-Rückerstattungsantrag gemäß § 94 Z 2 EStG 1988 befugt ist nach dem Gesetzeswortlaut die unmittelbar oder mittelbar über eine Personengesellschaft beteiligte Muttergesellschaft. Der Antrag ist gemäß § 240a BAO erst nach Ablauf des Jahres der Einbehaltung zulässig. **7759b**

Die Verjährungsfrist beträgt gemäß § 207 Abs. 2 BAO grundsätzlich fünf Jahre. Vor Stellung des Antrags auf Rückzahlung der einbehaltenen KESt hat der Antragssteller eine elektronische Vorausmeldung gemäß § 240a Abs. 1 BAO abzugeben. Aus der Vorausmeldung wird ein Antrag generiert, welcher sodann in Papierform beim Finanzamt für Großbetriebe (bis 31.12.2020: beim Finanzamt Bruck Eisenstadt Oberwart) einzureichen ist.

(BMF-AV Nr. 2021/65)

29.6.3 Zwischenbankgeschäfte (§ 94 Z 3 EStG 1988)

(BMF-AV Nr. 2021/65)

Voraussetzung für die Befreiung in persönlicher Hinsicht ist, dass sowohl der Gläubiger als auch der Schuldner aus dem Geschäft eine inländische oder ausländische Bank ist. Die Qualifikation als Bank richtet sich nach den Grundsätzen des BWG. Zu den inländischen Kreditinstituten zählen ua. auch die Österreichische Nationalbank sowie die Bausparkassen, nicht hingegen Versicherungsunternehmen. Ausländische Banken sind ausländische Unternehmungen, die Bankgeschäfte im Sinne des BWG betreiben, sowie ausländische Noten-(Zentral-)Banken und ausländische Währungsbehörden. **7760**

Bankgeschäfte als Teilbereich

Bei Unternehmungen, die nur in einem Teilbereich Bankgeschäfte betreiben, sind Zwischenbankgeschäfte nur solche, die im Rahmen des bankgeschäftlichen Bereiches bei einer anderen Bank getätigt werden.

Von der Befreiung in sachlicher Hinsicht umfasst sind die im Rahmen von Zwischenbankgeschäften erzielten Erträge aus der Überlassung von Kapital iSd § 27 Abs. 2 EStG 1988, sowie im Rahmen von Zwischenbankgeschäften erzielte Substanzgewinne gemäß § 27 Abs. 3 EStG 1988 und Einkünfte aus Derivaten gemäß § 27 Abs. 4 EStG 1988. Von der Befreiung ausgenommen werden Beteiligungserträge iSd § 27 Abs. 2 Z 1 EStG 1988, deren Schuldner die Geschäftsleitung oder den Sitz im Inland hat. Werden daher im Rahmen von Zwischenbankgeschäften an ausländische Kreditinstitute inländische Portfoliodividenden bzw. dividendenähnliche Erträge (Substanzgenussrechte, Partizipationskapital iSd BWG) gezahlt, hat ein KESt-Abzug zu erfolgen, sofern nicht durch eine andere Bestimmung eine KESt-Befreiung vorgesehen ist (zB § 94 Z 2 EStG 1988).

Befreit sind auch Ausgleichszahlungen und Leihegebühren iSd § 27 Abs. 5 Z 4 EStG 1988, die eine Bank als Verleiher oder Pensionsgeber eines Wertpapieres von einer anderen Bank als Pensionsnehmer bzw. Entleiher eines Wertpapieres erhält. Werden inländische Dividenden an ein Kreditinstitut als Ausgleichszahlung weitergeleitet, kommt die Befreiung nicht zur Anwendung. Für diese Zahlungen ist gemäß § 94 Z 3 zweiter Satz EStG 1988 ein

Kapitalertragsteuerabzug vorzunehmen, wobei das die Ausgleichszahlung leistende Kreditinstitut zum Kapitalertragsteuerabzug verpflichtet ist.

(BMF-AV Nr. 2019/75)

29.6.4 Kapitaleinkünfte bei ausländischen Betriebsstätten von Kreditinstituten (§ 94 Z 4 EStG 1988)

(BMF-AV Nr. 2021/65)

7761 Unter ausländischen Betriebsstätten von Banken sind rechtlich unselbständige Filialen inländischer Kreditinstitute im Ausland zu verstehen. Die Befreiungsbestimmung stellt auf den Betriebsstättenbegriff des § 29 BAO ab.

Die Befreiung umfasst Einkünfte aus Kapitalvermögen, das bei ausländischen Betriebsstätten von inländischen Kreditinstituten besteht.

Zu den Rechtsfolgen bei der Übertragung von Kapitalanlagen von Depots ausländischer Betriebsstätten auf Depots inländischer Betriebsstätten bzw. bei Umbuchung von Bankeinlagen bei einer Auslandsfiliale zu einer Inlandsfiliale siehe Abschnitt 20.2.2.4.3.

(AÖF 2013/280)

29.6.5 Befreiungserklärung für Körperschaften (§ 94 Z 5 EStG 1988)

(BMF-AV Nr. 2021/65)

29.6.5.1 Anwendungsbereich

(AÖF 2013/280)

7762 Von der Befreiung in sachlicher Hinsicht sind umfasst

- ausländische Beteiligungserträge iSd § 27 Abs. 2 Z 1 EStG 1988 (Dividenden, gleichartige Bezüge aus Genussrechten, deren Schuldner im Inland weder die Geschäftsleitung noch den Sitz haben),
- Zinsen und Erträgnisse aus Kapitalforderungen iSd § 27 Abs. 2 Z 2 EStG 1988 (etwa aus Einlagen bei Banken, Forderungswertpapieren, Ergänzungskapital iSd BWG oder VAG)
- Einkünfte aus Substanzgewinnen iSd § 27 Abs. 3 EStG 1988 sowie
- Einkünfte aus Derivaten iSd § 27 Abs. 4 EStG 1988.

In persönlicher Hinsicht umfasst die Befreiung Einkünfteempfänger, die keine natürlichen Personen sind, also

- inländische und ausländische juristische Personen sowie
- inländische und ausländische Personengesellschaften, an denen ausschließlich juristische Personen beteiligt sind.

(AÖF 2013/280)

7762a Weitere Voraussetzung für die Befreiung ist, dass der Steuerpflichtige unter Nachweis seiner Identität erklärt, dass das Kapital, aus dem die entsprechenden Einkünfte fließen, einem Betriebsvermögen eines in- oder ausländischen Betriebes einer Körperschaft oder einem Betrieb gewerblicher Art einer Körperschaft öffentlichen Rechts zuzurechnen ist. Als ausländische Betriebe gelten auch solche, für die im Inland keine Betriebsstätte unterhalten wird. Bei Körperschaften, die unter § 7 Abs. 3 KStG 1988 fallen, ist dies in der Regel der Fall, da bei ihnen alle Einkünfte den Einkünften aus Gewerbebetrieb zuzurechnen sind (zur Liebhaberei bei Körperschaften im Sinne des § 7 Abs. 3 KStG 1988 siehe LRL 2012 Rz 138 ff). Bei anderen juristischen Personen und bei Körperschaften öffentlichen Rechts ist ein Betrieb im steuerlichen Sinn nur dann gegeben, wenn dieser auch eine (steuerpflichtige oder steuerbefreite) Einkunftsquelle darstellt.

Eine Befreiungserklärung ist daher nicht zulässig für Kapitalanlagen, die

- einem Liebhabereibetrieb zuzurechnen sind (zu beachten ist, dass gemäß § 5 Liebhabereiverordnung, BGBl. Nr. 33/1993, die dort genannten Betätigungen keine Liebhaberei darstellen);
- einem land- und forstwirtschaftlichen Betrieb einer Körperschaft öffentlichen Rechts (kein Betrieb gewerblicher Art im Sinne des § 2 KStG 1988) oder
- einem Hoheitsbetrieb zuzurechnen sind.

Ob der Betrieb steuerpflichtig oder steuerbefreit ist, ist unerheblich. Es können daher auch steuerbefreite Betriebe, wirtschaftliche Geschäftsbetriebe von beschränkt steuerpflichtigen Körperschaften (zB entbehrlicher, unentbehrlicher Hilfsbetrieb iSd § 45 Abs. 1 bzw. 2 BAO, begünstigungsschädlicher Betrieb iSd § 44 Abs. 1 BAO) eine Befreiungserklärung abgeben. Liegen bei Steuerpflichtigen sowohl die Voraussetzungen für eine Befreiung nach § 94 Z 5

EStG 1988 als auch für eine Befreiung nach § 94 Z 6 EStG 1988 vor (zB unentbehrliche Hilfsbetriebe bei gemeinnützigen Vereinen), ist bei Abgabe einer KESt-Befreiungserklärung nach § 94 Z 5 EStG 1988 eine generelle KESt-Freistellung des jeweiligen Kontos bzw. Depots seitens des Abzugsverpflichteten zulässig.

(AÖF 2013/280)

Bei einer Mitunternehmerschaft ist eine Befreiungserklärung nur zulässig, wenn an dieser ausschließlich Körperschaften beteiligt sind. Sind auch natürliche Personen beteiligt, unterliegen die Kapitaleinkünfte zur Gänze der KESt und die beteiligten Körperschaften haben die einbehaltene KESt im Rahmen der Veranlagung auf die KÖSt anzurechnen bzw. gutzuschreiben. **7762b**

Eine Befreiungserklärung kann auch von einer vermögensverwaltenden Personengesellschaft abgegeben werden, wenn sämtliche Gesellschafter juristische Personen sind (zB vermögensverwaltende KG an der sämtliche beteiligten Gesellschafter die Voraussetzungen für die Befreiung gemäß § 94 Z 5 EStG 1988 erfüllen).

(AÖF 2013/280)

29.6.5.2 Beginn der Befreiung und Weiterleitung an das Finanzamt

(AÖF 2013/280)

Die Befreiung von der Abzugspflicht ist ab dem Zeitpunkt gegeben, ab dem die Befreiungserklärung – bei Wertpapieren für das auf Depot liegende Wertpapier – bei der Bank vorliegt, jedoch nur unter der Voraussetzung der unverzüglichen nachweislichen (zB Postausgangsbuch) Weiterleitung an das Finanzamt. Die Befreiungserklärung muss vollständig ausgefüllt sein. Die Identität des Steuerpflichtigen, der der Empfänger der Kapitaleinkünfte ist, muss nachgewiesen sein. Leitet die Bank die von einer derartigen Befreiungserklärung zu erstellende Gleichschrift (Durchschrift) aus von ihr zu vertretenden Gründen nicht dem Finanzamt weiter, so ist sie im Wege der Haftung in Anspruch zu nehmen. Die nachweisliche Weiterleitung hat an jenes Finanzamt zu erfolgen, bei dem der Steuerpflichtige mit der angegebenen Steuernummer erfasst ist oder – bei steuerfreien Anlegern – zu erfassen wäre. **7763**

Im Hinblick auf mögliche Haftungsfolgen für die Kreditinstitute bestehen keine Bedenken, wenn folgende Vorgangsweise eingehalten wird:

1. Wird von einer Körperschaft erstmalig bei einem Kreditinstitut ein Konto eröffnet, bestehen folgende Möglichkeiten:
   a) Die Körperschaft gibt für dieses Konto und für jedes weitere in der Zukunft bei diesem Kreditinstitut eröffnete Konto (Subkonto, Sparbuch, Depot, usw.) eine gesonderte Befreiungserklärung ab.
   b) Eine gesonderte Befreiungserklärung für alle nach der erstmaligen Konteneröffnung künftig zu eröffnenden Konten kann unterbleiben, wenn die Körperschaft das Kreditinstitut ermächtigt, der Finanzverwaltung im Bedarfsfall eine Auflistung (ohne Kontensalden) aller KESt-befreiten Konten (Subkonten, Sparbuch, Depots usw.) zu übermitteln. Das Kreditinstitut hat in diesem Fall diese Ermächtigung durch die Körperschaft mit der ersten Befreiungserklärung dem für die Körperschaft zuständigen Finanzamt zu übermitteln.
2. Wurden von Körperschaften Befreiungserklärungen abgegeben, die auch künftig zu eröffnende Konten, Subkonten, Sparbücher und Depots umfassen sollen, gelten diese Befreiungserklärungen nur für die bis zum 30. Juni 2006 eröffneten Konten, Subkonten, Sparbücher und Depots. Für alle ab 1. Juli 2006 eröffneten Konten usw. ist im Sinne des Punktes 1 vorzugehen: Entweder wird für alle ab 1. Juli 2006 eröffneten Konten jeweils eine eigene Befreiungserklärung an das zuständige Finanzamt übermittelt oder die Körperschaft erteilt die Ermächtigung, für alle nach dem 1. Juli 2006 eröffneten Konten der Finanzverwaltung im Bedarfsfall eine Auflistung (ohne Kontensalden) aller KESt-befreiten Konten, usw. zu übermitteln, die das Kreditinstitut an das zuständige Finanzamt weiterzuleiten hat.

Hat ein Kreditinstitut entsprechend organisatorisch vorgesorgt, dass die Gleichschriften (Durchschriften) der Befreiungserklärungen an das zuständige Finanzamt weitergeleitet werden und stellt sich heraus, dass eine Gleichschrift (Durchschrift) dennoch nicht dem zuständigen Finanzamt zugekommen ist, kann ersatzweise eine Kopie der betreffenden Befreiungserklärung an das Finanzamt weitergeleitet werden. Wurde die Befreiungserklärung nicht nachweislich unverzüglich an das Finanzamt weitergeleitet, ist die Befreiung erst mit der Weiterleitung einer Kopie der Befreiungserklärung an das Finanzamt gegeben. Im Übrigen ist das Kreditinstitut nicht verhalten, von sich aus zu überprüfen, ob die Angaben in der Befreiungserklärung zutreffen.

(AÖF 2013/280)

29.6.5.3 Gläubiger – Schuldneridentität

(AÖF 2013/280)

7764 Die Befreiung kommt auch in jenen Fällen zum Zug, in denen ein Kreditinstitut gleichzeitig Eigentümer eines Wertpapiers ist. In diesem Fall bedarf es nicht der Abgabe einer Befreiungserklärung bzw. der Weiterleitung einer Gleichschrift (Durchschrift) an das Finanzamt, die Kapitaleinkünfte bleiben jedenfalls aufgrund § 94 Z 1 EStG 1988 KESt-frei. Dies gilt auch für die aus Wertpapierpensionsgeschäften und Wertpapierleihegeschäften dem Kreditinstitut zukommenden Kapitaleinkünfte.

(AÖF 2013/280)

29.6.5.4 Ende der Befreiung

(AÖF 2013/280)

7765 Der Empfänger der Kapitaleinkünfte ist zu einer Widerrufserklärung verpflichtet, wenn die Kapitaleinkünfte nicht mehr zu seinen Betriebseinnahmen gehören. Die Freistellung der Kapitaleinkünfte vom Steuerabzug endet mit der Abgabe einer derartigen Widerrufserklärung oder – bei Wertpapieren – mit der Entnahme des Papiers und/oder des Kupons aus dem Depot. Weiters endet die KESt-Abzugsbefreiung mit der Zustellung eines Feststellungsbescheides an das Kreditinstitut, in dem die Unrichtigkeit der Befreiungserklärung ausgesprochen wird oder wenn aufgrund einer Änderung der Kontoinhaberschaft die für die Befreiung notwendigen Voraussetzungen wegfallen (zB Untergang der juristischen Person bei Umwandlungen auf natürliche Personen).

(AÖF 2013/280)

29.6.5.5 Wirkung unterjähriger Beginn/Beendigung der Abzugsbefreiung

(AÖF 2013/280)

7766 Wird unterjährig eine Befreiungserklärung oder eine Widerrufserklärung abgegeben bzw. ein Feststellungsbescheid, mit dem die Unrichtigkeit der Befreiungserklärung ausgesprochen wird, zugestellt, so ist bei Einlagen ein Kontoabschluss, bei Wertpapieren eine Veräußerung zu unterstellen.

Wird daher bei der Bank eine Befreiungserklärung abgegeben und fällt damit die KESt-Abzugspflicht weg, gilt der zwischen dem letzten Zinsenzufluss (Kupon) und dem Tage der Wirkung einer Befreiungserklärung entstandene Zinsenertrag gemäß § 27 Abs. 2 Z 2 EStG 1988 als zugeflossen bzw. gelten die Wertpapiere als veräußert und diese Vorgänge unterliegen gemäß § 95 Abs. 2 EStG 1988 der KESt. Bei nachfolgendem Zufluss der Kuponzinsen ist aufgrund der vorhandenen Befreiungserklärung kein KESt-Abzug vorzunehmen.

In gleicher Weise ist bei Wegfall der KESt-Befreiung vorzugehen. Mit dem Tag der Abgabe einer Widerrufserklärung oder dem Tag der Zustellung eines Feststellungsbescheides, mit dem die Unrichtigkeit der KESt-Befreiung ausgesprochen wird, gilt der seit dem letzten Kuponstichtag entstandene Zinsenertrag als zugeflossen bzw. gelten die Wertpapiere als veräußert. Bei nachfolgendem Zufluss der Kuponzinsen ist ein KESt-Abzug in voller Höhe vorzunehmen.

Beispiel:

Forderungswertpapier im Betriebsvermögen einer Körperschaft, Nominale 1.000, jährlicher Zinskupon 4% p.a., Kuponfälligkeit per 31.12. Am 30.6.01 erfolgt bei der depotführenden Bank die Abgabe einer Befreiungserklärung.

Im Zeitpunkt der Abgabe der Befreiungserklärung gilt das Forderungswertpapier als veräußert, womit die vom 1.1.01 bis 30.6.01 entstandenen Zinsen von 20 Teil des Veräußerungserlöses sind; es ist KESt in Höhe von 5,5 (27,5% von 20) einzubehalten. Der tatsächliche Zufluss der Kuponzinsen für das Jahr 01 am 31.12.01 erfolgt KESt-frei.

Fortsetzung Beispiel:

Am 30.9.02 wird von der Körperschaft die Befreiungserklärung widerrufen.

Im Zeitpunkt des Widerrufs der Befreiungserklärung gilt das Forderungswertpapier als veräußert, womit die im Zeitraum seit dem letzten Kuponstichtag (1.1.02) bis zum Tag der Abgabe der Widerrufserklärung (30.9.02) entstandenen Zinsen in Höhe von 30 Teil des Veräußerungserlöses sind. Es hat zu diesem Zeitpunkt aufgrund der vorhandenen Befreiungserklärung kein KESt-Abzug zu erfolgen.

Bei Zufluss der Kuponzinsen für das gesamte Jahr 02 unterliegen diese zur Gänze der KESt.

(BMF-AV Nr. 2018/79)

Bei Einkünften gemäß § 27 Abs. 2 Z 1 lit. a bis c EStG 1988 aus ausländischen Beteiligungen kommt die Befreiung zur Anwendung, wenn deren Zufluss iSd § 95 Abs. 3 Z 1 EStG 1988 in Zeiträumen während aufrechter Befreiungserklärung erfolgt. 7766a

Dasselbe gilt für Einkünfte aus realisierten Wertsteigerungen aus Kapitalvermögen gemäß § 27 Abs. 3 EStG 1988 und für Einkünfte aus Derivaten gemäß § 27 Abs. 4 EStG 1988. Demnach kann auch in diesen Fällen eine Aufteilung der Wertsteigerungen auf KESt-befreite und KESt-pflichtige Zeiträume unterbleiben und ist für den KESt-Abzug maßgeblich, ob der Zufluss dieser Einkünfte in Zeiträumen aufrechter Befreiungserklärung fällt oder nicht. Sind die für den KESt-Abzug erforderlichen Daten aus nicht-KESt-pflichtigen Zeiträumen, insbesondere die steuerlichen Anschaffungskosten, bei der depotführenden Stelle aus technischen Gründen nicht vorhanden, ist § 93 Abs. 4 EStG 1988 sinngemäß anzuwenden.

(AÖF 2013/280)

KESt

29.6.6 Befreiung für beschränkt steuerpflichtige Körperschaften (§ 94 Z 6 EStG 1988)

(BMF-AV Nr. 2021/65)

Vom persönlichen Anwendungsbereich der Befreiung umfasst sind beschränkt steuerpflichtige Körperschaften iSd § 1 Abs. 3 Z 2 und 3 KStG 1988, somit inländische Körperschaften öffentlichen Rechts sowie Körperschaften, soweit sie gemäß § 5 KStG 1988 oder anderen Bundesgesetzen von der KSt-Pflicht befreit sind. 7767

In sachlicher Hinsicht korrespondiert die KESt-Befreiung mit den KSt-Befreiungen gemäß § 21 Abs. 2 KStG 1988 für diese Steuerpflichtigen.

(AÖF 2013/280)

29.6.6.1 Beteiligungserträge gemäß § 10 KStG 1988

(AÖF 2013/280)

Siehe dazu KStR 2013 Rz 1151 bis 1248.

(AÖF 2013/280)

29.6.6.2 *entfällt*

(BMF-AV Nr. 2015/133)

29.6.6.3 Zinsen und sonstige Erträge aus Kapitalforderungen gemäß § 27 Abs. 2 Z 2 EStG 1988 sowie Einkünfte aus Wertsteigerungen gemäß § 27 Abs. 3 EStG 1988 sowie Einkünfte aus Derivaten gemäß § 27 Abs. 4 EStG 1988

(AÖF 2013/280)

Sie sind von der KESt befreit, wenn sie nachweislich folgenden (beschränkt KSt-pflichtigen) Einrichtungen zugehen: 7768

- einer Pensionskasse (§ 6 Abs. 1 KStG 1988) innerhalb einer Veranlagungs- und Risikogemeinschaft (siehe KStR 2013 Rz 185 bis Rz 192, 1505)
- einer Mitarbeitervorsorgekasse (§ 6 Abs. 5 KStG 1988) innerhalb einer Veranlagungs- und Risikogemeinschaft (siehe KStR 2013 Rz 195, 1505)
- einer Unterstützungskasse (§ 6 Abs. 2 KStG 1988; siehe KStR 2013 Rz 193, 1505)
- einer Arbeitnehmerförderungsstiftung iSd § 6 Abs. 4 KStG 1988 (siehe StiftR 2009 Rz 167 bis Rz 171, KStR 2013 Rz 1505)
- einer Versorgungs- und Unterstützungseinrichtung einer Körperschaft öffentlichen Rechts (siehe KStR 2013 Rz 1505 f)
- einer von der unbeschränkten Steuerpflicht befreiten Körperschaft im Rahmen eines ebenfalls steuerbefreiten Betriebes (zB unentbehrlicher Hilfsbetrieb iSd § 45 Abs. 2 BAO)
- einem Einlagensicherungsfonds im Sinne des § 18 des Einlagensicherungs- und Anlegerentschädigungsgesetzes oder dem Beitragsvermögen gemäß § 74 WAG 2018.

Voraussetzung für die Befreiungen ist, dass die Kapitalanlagen, aus denen die Einkünfte resultieren, den genannten Teilbereichen bzw. den steuerbefreiten Betrieben einer Körperschaft zuzurechnen sind. Eine solche Zurechnung kann nur dann vorgenommen werden, wenn ein Rechnungskreis eingerichtet wird, aus dem eine klare Abgrenzung des dem begünstigten Zweck zugeordneten Vermögens zum anderen Vermögen ersichtlich ist, dh. Verwendung und Erfolg der Finanzmittel müssen jederzeit abgrenzbar und nachvollziehbar sein. Die Tatsache der Zugehörigkeit der Kapitalanlage zu einem steuerbefreiten Teilbereich oder Betrieb (zB unentbehrlicher Hilfsbetrieb iSd § 45 Abs. 2 BAO) ist dem Kreditinstitut zur Kenntnis zu bringen. Soweit trotz Zugehörigkeit der Kapitaleinkünfte zu einem steuerbefreiten Teilbereich oder Betrieb ein Abzug der KESt erfolgte, kann auf Antrag deren Erstattung gemäß § 240 Abs. 3 BAO erfolgen. Der Bereich der Vermögensverwaltung einer Körperschaft ist nicht von der KESt-Befreiung umfasst. Zu den Voraussetzungen für die Inanspruchnahme der Befreiung siehe KStR 2013 Rz 1506.

(BMF-AV Nr. 2019/75)

29.6.6.4 Humanitäre Spendengelder von Körperschaften öffentlichen Rechts

(AÖF 2013/280)

7769 Für Kapitalerträge von Körperschaften öffentlichen Rechts aus veranlagten humanitären Spendengeldern findet die Kapitalertragsteuer-Abzugsbefreiung des § 94 Z 6 EStG 1988 sinngemäß Anwendung. Voraussetzung dafür ist, dass die Kapitalerträge aus den veranlagten Spendengeldern sowie die Spendengelder bestimmungsgemäß für humanitäre Zwecke eingesetzt werden, die Kapitalanlagen in einem eigenen Rechnungskreis zusammengefasst und die Erträge nachweislich nur für humanitäre Zwecke verwendet werden.

(AÖF 2013/280)

29.6.6.5 Einkünfte einer Mittelstandsfinanzierungsgesellschaft

(AÖF 2013/280)

7770 Einkünfte einer Mittelstandsfinanzierungsgesellschaft sind nach Maßgabe des § 5 Z 14 KStG 1988 befreit (siehe dazu KStR 2013 Rz 300).

(AÖF 2013/280)

29.6.6.6 Zuwendungen von Stiftungen

(AÖF 2013/280)

7771 Zuwendungen von nicht unter § 5 Z 6 KStG 1988 fallenden Privatstiftungen sowie vergleichbaren ausländischen Privatstiftungen und Vermögensmassen sind KESt-frei, wenn sie

- beim Empfänger gemäß § 3 EStG 1988 von der Einkommensteuer befreit sind oder
- wenn sie an eine der in § 4a EStG 1988 genannten Personen geleistet werden.

Für die KESt-Freiheit der Zuwendung ist es daher erforderlich, dass es sich beim Empfänger um eine inländische gemäß § 1 Abs. 3 Z 2 oder Z 3 KStG 1988 beschränkt steuerpflichtige Person handelt, bei der die Zuwendung gemäß § 3 EStG 1988 steuerfrei ist oder sie in § 4a EStG 1988 genannt ist (Zuwendung einer steuerlich anerkannten Spende).

(AÖF 2013/280)

29.6.7 KESt-Befreiung bei Entstrickung (§ 94 Z 7 EStG 1988)

(BMF-AV Nr. 2021/65)

Siehe dazu Abschnitt 29.3.2.2.

(BMF-AV Nr. 2018/79)

29.6.8 Kapitalerträge aus Forderungswertpapieren gemäß § 93 Abs. 3 EStG 1988 idF vor Budgetbegleitgesetz 2011 von internationalen Finanzinstitutionen (nunmehr § 124b Z 186 EStG 1988)

(AÖF 2013/280)

7772 Die KESt-Befreiung betrifft Schuldverschreibungen und andere Forderungswertpapiere, die von internationalen Organisationen vor dem 1.10.1992 begeben wurden. Als internationale Finanzinstitutionen gelten dabei die auf Basis völkerrechtlicher Vereinbarungen gegründeten Gesellschaften, die internationale Finanzierungen unter Inanspruchnahme der internationalen Kapitalmärkte durchführen (zB Weltbank, Afrikanische Entwicklungsbank, …).

(AÖF 2013/280)

29.6.9 Ausgabe von Anteilsrechten aufgrund einer Kapitalerhöhung aus Gesellschaftsmitteln gemäß § 3 Abs. 1 Z 29 EStG 1988 (§ 94 Z 9 EStG 1988)

(BMF-AV Nr. 2021/65)

7773 Zur Kapitalerhöhung aus Gesellschaftsmitteln gemäß § 3 Abs. 1 Z 29 EStG 1988 siehe Rz 306 bis 313 und § 4 Kapitalmaßnahmen-VO.

(AÖF 2013/280)

29.6.10 Befreiung für Investmentfonds und § 40 oder § 42 des Immobilien-Investmentfondsgesetzes unterliegende Gebilde (§ 94 Z 10 EStG 1988)

(BMF-AV Nr. 2021/65)

Ein Investmentfonds/§ 40 oder § 42 des Immobilien-Investmentfondsgesetzes unterliegendes Gebilde stellt kein eigenes Steuersubjekt dar, sondern sind die Erträge daraus direkt beim Anleger steuerlich zu erfassen (Durchgriffsprinzip). 7774

Die Befreiung umfasst folgende Kapitaleinkünfte, die dem Vermögen eines in- und ausländischen Investmentfonds iSd InvFG 2011 oder einem § 40 oder § 42 des Immobilien-Investmentfondsgesetzes unterliegenden Gebilde zugehen:

- Beteiligungserträge gemäß § 27 Abs. 2 Z 1 lit. a bis c EStG 1988, aus Gesellschaften, die im Inland weder Sitz noch Geschäftsleitung haben, Zinsen gemäß § 27 Abs. 2 Z 2 EStG 1988 (einschließlich Einkünfte, die gemäß § 27 Abs. 5 EStG 1988 als solche gelten) sowie Einkünfte aus Wertsteigerungen von Kapitalvermögen gemäß § 27 Abs. 3 EStG 1988 und Einkünfte aus Derivaten gemäß § 27 Abs. 4 EStG 1988.
- Weiters sind KESt-befreit auch Ausschüttungen an ein inländisches § 40 oder § 42 des Immobilien-Investmentfondsgesetzes unterliegendes Gebilde aus einer Grundstücksgesellschaft iSd §§ 23 ff ImmoInvFG, soweit die Ausschüttungen auf Veräußerungsgewinne aus Immobilienveräußerungen zurückzuführen sind.

KESt

Beteiligungserträge gemäß § 27 Abs. 2 Z 1 lit. a bis c EStG 1988 aus inländischen Gesellschaften, die dem Vermögen eines inländischen Kapitalanlagefonds oder inländischen § 40 oder § 42 des Immobilien-Investmentfondsgesetzes unterliegenden Gebilden zugehen sind nicht von der Befreiung umfasst, sie unterliegen daher bereits bei der Ausschüttung durch die Kapitalgesellschaft dem KESt-Abzug.

(BMF-AV Nr. 2015/133)

29.6.11 Ausschüttungen und ausschüttungsgleiche Erträge aus inländischen Kapitalanlagefonds und inländischen § 40 oder § 42 des Immobilien-Investmentfondsgesetzes unterliegenden Gebilden (§ 94 Z 11 EStG 1988)

(BMF-AV Nr. 2021/65)

Die Befreiung umfasst in sachlicher Hinsicht Ausschüttungen sowie ausschüttungsgleiche Erträge aus in- und ausländischen Investmentfonds und § 40 oder § 42 des Immobilien-Investmentfondsgesetzes unterliegenden Gebilden, soweit die Erträge aus Beteiligungserträgen iSd § 27 Abs. 2 Z 1 lit. a bis c EStG 1988 bestehen, deren Schuldner seine Geschäftsleitung oder den Sitz im Inland hat. Die Befreiung der Ausschüttung bzw. ausschüttungsgleichen Erträge, soweit sie auf inländische Beteiligungserträge entfallen, ist erforderlich, um insoweit eine doppelte Besteuerung zu vermeiden, da ein KESt-Abzug bereits bei der Ausschüttung an den Kapitalanlagefonds bzw. das § 40 oder § 42 des Immobilien-Investmentfondsgesetzes unterliegende Gebilde erfolgte. 7775

(BMF-AV Nr. 2015/133)

29.6.12 Befreiung von Kapitaleinkünften bei Privatstiftungen (§ 94 Z 12 EStG 1988)

(BMF-AV Nr. 2021/65)

In sachlicher Hinsicht umfasst die Befreiung 7776

- inländische und ausländische Beteiligungserträge iSd § 27 Abs. 2 Z 1 lit. a bis c EStG 1988
- Zinsen und Erträge aus Kapitalforderungen gemäß § 27 Abs. 2 Z 2 EStG 1988
- Entgelte und Vorteile, die neben Einkünften aus der Überlassung von Kapital iSd § 27 Abs. 2 EStG 1988 gewährt werden
- Eine vom Abzugsverpflichteten oder einem Dritten übernommene KESt
- Ausgleichszahlungen und Leihegebühren, die eine Privatstiftung als Verleiher oder Pensionsgeber vom Entleiher oder Pensionsnehmer erhält
- Einkünfte aus Wertsteigerungen von Kapitalvermögen gemäß § 27 Abs. 3 EStG 1988
- Einkünfte aus Derivaten gemäß § 27 Abs. 4 EStG 1988.

Die Befreiung umfasst in persönlicher Hinsicht Privatstiftungen, die nicht unter § 5 Z 6 KStG 1988 (keine Privatstiftungen, die gemeinnützigen, mildtätigen oder kirchlichen Zwecken dienen) und die nicht unter § 7 Abs. 3 KStG 1988 fallen.

(AÖF 2013/280)

Nicht unter § 5 Z 6 KStG 1988 fallende Privatstiftungen unterliegen mit Beteiligungserträgen gemäß § 27 Abs. 2 Z 1 lit. a bis c EStG 1988 der Beteiligungsertragsbefreiung gemäß § 10 KStG 1988. Mit Zinsen und sonstigen Erträgen aus Kapitalforderungen gemäß 7776a

§ 27 Abs. 2 Z 2 EStG 1988 sowie Wertsteigerungen aus Kapitalanlagen gemäß § 27 Abs. 3 EStG 1988 und Einkünften aus Derivaten gemäß § 27 Abs. 4 EStG 1988 unterliegen sie der Zwischenbesteuerung gemäß § 13 Abs. 3 KStG 1988.

Auch steuerpflichtige Depotübertragungen von Wertpapieren an den Begünstigten können unter die Befreiung fallen, weshalb ein KESt-Abzug nicht stattzufinden hat. Da es sich bei diesen Sachzuwendungen um entgeltliche Vorgänge handelt, sind die Wertpapiere mit den fiktiven Anschaffungskosten gemäß § 15 Abs. 3 Z 2 lit. a EStG 1988 zu bewerten. Diese sind vom Depotinhaber der depotführenden Stelle nachzuweisen (siehe Rz 7723).

(BMF-AV Nr. 2015/133)

29.6.13 Befreiung für beschränkt Steuerpflichtige gemäß § 98 EStG 1988 bzw. § 1 Abs. 3 Z 1 KStG 1988 (§ 94 Z 13 EStG 1988)

(BMF-AV Nr. 2021/65)

7777 Personen, die gemäß § 98 EStG 1988 bzw. gemäß § 1 Abs. 3 Z 1 KStG 1988 der beschränkten Steuerpflicht unterliegen (Personen, die im Inland weder Wohnsitz, noch gewöhnlichen Aufenthalt bzw. Geschäftsleitung oder Sitz haben bzw. von der Zweitwohnsitzverordnung, BGBl. II Nr. 528/2003, Gebrauch gemacht haben) sind von der KESt befreit

- mit Kapitaleinkünften, die nicht von der beschränkten Steuerpflicht gemäß § 98 Abs. 1 Z 5 EStG 1988 umfasst sind, wie Zinsen (ausgenommen § 98 Abs. 1 Z 5 lit. b EStG 1988), realisierte Wertsteigerungen und Einkünfte aus Derivaten;
- mit Einkünften aus der Veräußerung einer Beteiligung an einer inländischen Kapitalgesellschaft, an der der Steuerpflichtige oder im Fall eines unentgeltlichen Erwerbes sein Rechtsvorgänger innerhalb der letzten fünf Jahre vor Veräußerung zu mindestens 1% beteiligt war. Einkünfte aus der Veräußerung einer derartigen Beteiligung sind durch den beschränkt Steuerpflichtigen stets im Wege der Veranlagung zu versteuern.

Wurde in diesen Fällen ein KESt-Abzug vorgenommen, erfolgte dieser zu Unrecht und der Steuerpflichtige kann die Rückerstattung der KESt mittels Antrag gemäß § 240 Abs. 3 BAO beantragen. Ab 1.1.2021 ist für die KESt-Rückerstattung das Finanzamt für Großbetriebe zuständig.

(BMF-AV Nr. 2021/65)

29.7 Abgeltungswirkung

(AÖF 2013/280)

7778 Der Begriff „Steuerabgeltung“ bedeutet im Anwendungsbereich des BBG 2011 lediglich, dass die davon erfassten, dem Kapitalertragsteuerabzug unterliegenden Einkünfte – von der Regelbesteuerungsoption nach § 27a Abs. 5 EStG 1988 und der Verlustausgleichsoption nach § 97 Abs. 2 EStG 1988 abgesehen – grundsätzlich nicht in der Steuererklärung zu deklarieren sind. Dass die den besonderen Steuersätzen unterliegenden Einkünfte bei der Berechnung der Einkommensteuer weder beim Gesamtbetrag der Einkünfte noch beim Einkommen zu berücksichtigen sind, ergibt sich bereits aus § 27a Abs. 1 EStG 1988.

(BMF-AV Nr. 2018/79)

7778a Die Steuerabgeltungswirkung umfasst dabei grundsätzlich neben den Einkünften aus der Überlassung von Kapital auch die Einkünfte aus realisierten Wertsteigerungen von Kapitalvermögen sowie die Einkünfte aus Derivaten. Dabei gilt, dass die Abgeltungswirkung immer dann, wenn sie die Früchte erfasst, auch die Substanzsteigerung umfasst (eine Ausnahme gilt lediglich im betrieblichen Bereich, näher dazu unten). Die Steuerabgeltung erstreckt sich weiters auf ausschüttungsgleiche Erträge aus Investmentfonds im Sinne des Investmentfondsgesetzes 2011 (einschließlich pauschal ermittelte ausschüttungsgleiche Erträge aus Nichtmeldefonds) sowie auf jene aus § 40 oder § 42 des Immobilien-Investmentfondsgesetzes unterliegenden Gebilden.

(BMF-AV Nr. 2015/133)

7778b Aufgrund der Anknüpfung von § 97 Abs. 1 EStG 1988 an den Kapitalertragsteuerabzug, und dem in § 93 Abs. 1 EStG 1988 enthaltenen Ausschluss von Einkünften, auf die der besondere Steuersatz gemäß § 27a Abs. 2 EStG 1988 nicht anwendbar ist, entfaltet der Kapitalertragsteuerabzug sowohl bei natürlichen Personen als auch bei Körperschaften grundsätzlich Abgeltungswirkung. Dabei gelten folgende Ausnahmen:

- Bei Körperschaften, die dem § 7 Abs. 3 KStG 1988 unterliegen, entfaltet der Kapitalertragsteuerabzug niemals Abgeltungswirkung.
- Soweit Einkünfte aus realisierten Wertsteigerungen von Kapitalvermögen (§ 27 Abs. 3 EStG 1988) und aus Derivaten (§ 27 Abs. 4 EStG 1988) im Rahmen der Einkünfte iSd § 2 Abs. 3 Z 1 bis 4 EStG 1988 (insbesondere betriebliche Einkunftsarten) erzielt werden,

besteht keine Abgeltungswirkung. Es bleibt zwar der 27,5-prozentige (bis 31.12.2015 25-prozentige) Steuersatz nach § 27a Abs. 1 EStG 1988 erhalten, eine Veranlagung ist aber allein aufgrund der weiterhin bestehenden Möglichkeit, Teilwertabschreibungen vorzunehmen, notwendig. Weiters ist eine Veranlagung zur Berücksichtigung von Anschaffungsnebenkosten geboten, da der Kapitalertragsteuerabzug stets auf Basis der für Privatvermögen geltenden Regelungen erfolgt (siehe Abschnitt 29.5.2.1).

- Kapitalvermögen, dessen Anschaffungskosten pauschal nach § 93 Abs. 4 EStG 1988 angesetzt wurden, ist von der Abgeltungswirkung ausgeschlossen (siehe Abschnitt 29.5.1.1.4). Es hat daher stets eine Veranlagung zum besonderen Steuersatz zu erfolgen. Dagegen ist Kapitalvermögen, dessen Anschaffungskosten im Übergangszeitraum gemäß § 124b Z 185 lit. a EStG 1988 iVm der Wertpapier-Anschaffungskosten-VO vom gemeinen Wert abgeleitet wurden, grundsätzlich von der Abgeltungswirkung umfasst.
- Soweit eine der in § 93 Abs. 5 EStG 1988 enthaltenen, ausschließlich für den Kapitalertragsteuerabzug maßgeblichen Fiktionen (siehe Abschnitt 29.5.2) angewendet wurde, und diese nicht den tatsächlichen Gegebenheiten entspricht, entfaltet der Kapitalertragsteuerabzug keine Abgeltungswirkung.
- Soweit beim Verlustausgleich von der depotführenden Stelle nicht den tastsächlichen Gegebenheiten entsprechende Angaben des Depotinhabers im Sinne des § 93 Abs. 6 Z 4 lit. a und b EStG 1988 (betreffend treuhändig bzw. für betriebliche Zwecke gehaltene Depots) berücksichtigt wurden, entfaltet der Kapitalertragsteuerabzug keine Abgeltungswirkung.

(BMF-AV Nr. 2018/79)

KESt

29.8 Völkerrechtlich privilegierte Anleger

(AÖF 2013/280)

29.8.1 Diplomaten

(AÖF 2013/280)

29.8.1.1 Allgemeines

(AÖF 2013/280)

Mit diplomatischen, berufskonsularischen oder vergleichbaren Vorrechten ausgestattete Personen werden in Österreich nur nach den Regeln der beschränkten Steuerpflicht einer Besteuerung unterzogen (VwGH 29.1.1965, 0202/63). **7779**

(BMF-AV Nr. 2015/133)

29.8.1.2 Unter „Diplomaten" fallender Personenkreis

(AÖF 2013/280)

Der solcherart begünstigte Personenkreis umfasst nicht nur im Diplomatenrang oder berufskonsularischen Rang stehende Beamte der in Österreich errichteten Botschaften, Konsulate und ständigen Vertretungen bei internationalen Organisationen (Art. 34 der Wiener Diplomatenkonvention, BGBl. Nr. 66/1966, und Art. 49 Abs. 1 der Wiener Konsularkonvention, BGBl. Nr. 318/1969), sondern auch das nach Österreich entsandte administrative und technische Personal der Botschaften (Art. 37 Abs. 2 der Wiener Diplomatenkonvention), der Berufskonsulate sowie die im gemeinsamen Haushalt lebenden Familienmitglieder (Art. 37 Abs. 1 der Wiener Diplomatenkonvention, Art. 49 Abs. 1 der Wiener Konsularkonvention). **7780**

(AÖF 2013/280)

Begünstigt sind ferner alle Beamten (einschließlich der im gemeinsamen Haushalt lebenden Familienmitglieder) der in Österreich errichteten internationalen Organisationen, die nach Maßgabe der bestehenden Amtssitzabkommen wie beschränkt Steuerpflichtige zu behandeln sind (Beamte, die nicht mit ihren Auslandseinkünften und -vermögenswerten besteuert werden dürfen). **7781**

(BMF-AV Nr. 2021/65)

29.8.1.3 Nachweis des Diplomatenstatus

(AÖF 2013/280)

Die Steuerfreistellung setzt eine entsprechende Nachweisführung voraus, die durch Festhalten der entsprechenden Nummern der vom Bundesministerium für Auswärtige Angelegenheiten ausgestellten Legitimationskarten und Überprüfung des Vorliegens eines ausländischen Reisepasses erfüllt werden kann. **7782**

(AÖF 2013/280)

29.8.2 Diplomatische und berufskonsularische Vertretungsbehörden

(AÖF 2013/280)

29.8.2.1 Allgemeines

(AÖF 2013/280)

7783 Diplomatische und berufskonsularische Vertretungsbehörden sind nach Völkergewohnheitsrecht insoweit körperschaftsteuerfrei, als sie nur im Rahmen ihres amtlichen Aufgabenkreises in Österreich tätig sind. Sie unterliegen insoweit auch nicht der Kapitalertragsteuerabzugspflicht. Gleiches gilt für die ständigen Vertretungen ausländischer Staaten bei den in Österreich errichteten internationalen Organisationen.

(AÖF 2013/280)

29.8.2.2 Amtlicher Aufgabenkreis einer ausländischen Vertretungsbehörde

(AÖF 2013/280)

7784 Der Kapitalertragsteuerabzug kann unterbleiben, wenn der Leiter der Vertretungsbehörde schriftlich bestätigt, dass die die steuerbefreiten Erträge abwerfenden Kapitalanlagen für den amtlichen Aufgabenkreis der Vertretungsbehörde benötigt werden (vgl. Abschnitt 3 Abs. 5 des Erlasses des BMF vom 7. März 1989, 13 5911/1-IV/13/89, AÖF Nr. 142/1989).

(AÖF 2013/280)

29.8.2.3 Privilegierung anderer Einrichtungen ausländischer Staaten in Österreich

(AÖF 2013/280)

7785 Andere Einrichtungen ausländischer Staaten in Österreich sind im Allgemeinen nicht begünstigt, es sei denn, dass solchen Einrichtungen Privilegien auf Grund besonderer Vorschriften gewährt wurden, wie etwa dem Französischen Kulturinstitut (BGBl. Nr. 220/1947), dem Lycée Français (BGBl. Nr. 44/1983) und der Amerikanischen Internationalen Schule (BGBl. Nr. 665/1991).

(AÖF 2013/280)

29.8.3 Internationale Organisationen

(AÖF 2013/280)

29.8.3.1 Allgemeines

(AÖF 2013/280)

7786 Internationale Organisationen sind nach Maßgabe der in Betracht kommenden völkerrechtlichen Privilegienabkommen persönlich von der Körperschaftsteuer befreit. Diese Befreiung betrifft auch den Kapitalertragsteuerabzug. Gleiches gilt für internationale Organisationen, die unter das Bundesgesetz über die Einräumung von Privilegien und Immunitäten an internationale Organisationen, BGBl. Nr. 677/1977, fallen, soweit ein solches Privileg durch eine auf der genannten gesetzlichen Ermächtigung beruhende diesbezügliche Regierungsverordnung zuerkannt worden ist.

(AÖF 2013/280)

29.8.3.2 Amtlicher Aufgabenbereich einer internationalen Organisation

(AÖF 2013/280)

7787 Nach Maßgabe von Abschnitt 3 Abs. 4 des Erlasses des BMF vom 7. März 1989, 13 5911/1-IV/13/89, AÖF Nr. 142/1989, kann der Kapitalertragsteuerabzug unterbleiben, wenn die über die Kapitalanlagen verfügungsberechtigten zwei Organisationsbeamten schriftlich bestätigen, dass die die steuerbefreiten Erträge abwerfenden Kapitalanlagen für den amtlichen Aufgabenkreis der privilegierten Einrichtung benötigt werden.

(AÖF 2013/280)

29.9 Nachversteuerung von nicht bestimmungsgemäß verwendeten Anteilen an einer Zukunftsvorsorgeeinrichtung

(AÖF 2013/280)

7788 Ist gemäß § 108g Abs. 5 EStG 1988 eine Nachversteuerung von Anteilen an einer Zukunftsvorsorgeeinrichtung (Rz 7019b) vorzunehmen, haftet für die Einbehaltung und Abfuhr der nachzuerhebenden Steuer die jeweilige Versicherung oder Mitarbeitervorsorgekasse.

(BMF-AV Nr. 2019/75)

Randzahlen 7789 bis 7900: *derzeit frei*

(AÖF 2013/280)

30. Beschränkte Steuerpflicht (§§ 98 bis 102 EStG 1988)

30.1 Einkünfte bei beschränkter Steuerpflicht (§ 98 EStG 1988)

30.1.1 Steuerpflicht von Einkünften nach EStG

Einkommensteuerpflicht von Einkünften, welche von einer Person ohne Wohnsitz und ohne gewöhnlichen Aufenthalt im Inland erzielt werden, liegt vor, wenn ein Tatbestand des § 98 EStG 1988 erfüllt ist. § 99 EStG 1988 erweitert nicht den Kreis der der Besteuerung unterliegenden Einkünfte, sondern setzt solche voraus und normiert, in welchen Fällen die Einkommensteuer für Einkünfte iSd § 98 EStG 1988 durch Steuerabzug erhoben wird (VwGH 20.2.1997, 95/15/0135). § 98 EStG 1988 normiert keine neuen Einkunftsarten, sondern knüpft durch Verweis an die Einkünfte im Sinne der §§ 21 bis 28 und § 30 EStG 1988 an. **7901**

(BMF-AV Nr. 2018/79)

Die Einkunftsarten des § 98 EStG 1988 bestehen aus einem aus den §§ 21 bis 28 und § 30 EStG 1988 übernommenen Grundtatbestand und einem inländischen Anknüpfungspunkt (zB Betriebsstätte im Inland), der die Einkünfte als inländische qualifiziert und sie von im Ausland erzielten Einkünften abgrenzt. Eine – im Vergleich zur unbeschränkten Steuerpflicht bestehende – Einschränkung im Umfang der Steuerpflicht ergibt sich erst durch die Bezugnahme auf einen (zur Rechtfertigung der Besteuerung notwendigen) inländischen Anknüpfungspunkt (VwGH 19.3.1997, 94/13/0220). **7902**

Beispiel:

Der unbeschränkt Steuerpflichtige A ist mit seinen Einkünften aus Gewerbebetrieb steuerpflichtig. Die Steuerpflicht des beschränkt Steuerpflichtigen B erstreckt sich (eingeschränkt) nur auf jene Einkünfte aus Gewerbebetrieb, die er im Rahmen einer inländischen Betriebsstätte erzielt.

(BMF-AV Nr. 2018/79)

§ 98 EStG 1988 soll sicherstellen, dass beschränkt Steuerpflichtige mit ihren Einkünften aus inländischen Quellen der inländischen Einkommensbesteuerung unterliegen. Der in § 98 EStG 1988 festgelegte Umfang der beschränkten Steuerpflicht ist keiner engen Auslegung zugänglich. Daher ist beispielsweise auch eine isolierende Betrachtungsweise bei der Beurteilung, ob inländische Steuerpflicht besteht, zulässig (VwGH 19.6.1968, 1561/67). **7903**

Die Einkünftequalifikation im Rahmen des § 98 EStG 1988 (Zurechnung zu einer Einkunftsart) wird durch die Einkünftezuordnung in den verwiesenen Normen (§§ 21 bis 28 und § 30 EStG 1988) bestimmt (VwGH 19.3.1997, 94/13/0220). Die Subsidiaritätsklausel der §§ 27 Abs. 1, 28 Abs. 1 und 30 Abs. 1 EStG 1988 gelten auch für die Einkünfte iSd § 98 EStG 1988 (VwGH 22.9.1992, 88/14/0244). Für die Zurechnung von Einkünften zu einer Einkunftsart ist maßgebend, wie sie sich bei Betrachtung des gesamten Sachverhaltes, somit der in- und ausländischen Verhältnisse, darstellen. Führt diese Betrachtung jedoch dazu, dass inländische Einkünfte aus einer der Haupteinkunftsarten mangels Erfüllung der Tatbestandsvoraussetzungen des § 98 Abs. 1 Z 1 bis 4 EStG 1988 (zB bei den Einkünften aus Gewerbebetrieb keine inländische Betriebsstätte oder bei den Einkünften aus selbständiger Arbeit keine Verwertung, weil der wirtschaftliche Erfolg einer Tätigkeit der inländischen Volkswirtschaft nicht unmittelbar zu dienen bestimmt ist) nicht besteuert würden, so ist darauf abzustellen, wie sich die Einkünfte bei ausschließlicher Betrachtung des im Inland verwirklichten Sachverhaltes darstellen (Isolationstheorie, isolierende Betrachtungsweise). **7904**

Beispiel:

1. *Der im Ausland ansässige A erzielt im Rahmen seines ausländischen Betriebes Lizenzeinkünfte. Bei Gesamtbetrachtung stellen die Lizenzeinkünfte Betriebseinnahmen dar. Da A in Österreich keine Betriebsstätte unterhält, können die Lizenzeinkünfte nicht als Einkünfte aus Gewerbebetrieb (§ 98 Abs. 1 Z 3 EStG 1988) besteuert werden. Isoliert betrachtet stellen sie allerdings Einkünfte aus Vermietung und Verpachtung dar und sind nach § 98 Abs. 1 Z 6 EStG 1988 zu besteuern.*
2. *Der im Ausland ansässige B unterhält im Rahmen seines ausländischen Betriebes (Bilanzstichtag 31.12.) ein Erholungsheim für seine Arbeitnehmer in Österreich. Das Erholungsheim wird verkauft.*

Es liegen ab der Veranlagung 2006 hinsichtlich des Gebäudes Einkünfte aus Gewerbebetrieb vor (§ 98 Abs. 1 Z 3 EStG 1988 idF des AbgÄG 2005; somit keine isolierende Betrachtungsweise; zur Übergangsregelung des § 124b Z 131 EStG 1988 siehe Rz 7936b).

(BMF-AV Nr. 2018/79)

Können subsidiäre Einkünfte auf Grund der isolierenden Betrachtungsweise keiner anderen Einkunftsart zugerechnet werden, so wird das Besteuerungsrecht nach § 98 dadurch nicht berührt; denn die Subsidiaritätsklauseln bezwecken nicht die Freistellung von Einkünften **7905** von der Einkommensteuer, sondern lediglich die allfällige Zurechnung solcher Einkünfte zu einer anderen Einkunftsart (VwGH 13.11.1959, 2374/58).

7906 Einkünfte iSd § 98 EStG 1988 unterliegen nicht der beschränkten Steuerpflicht, wenn sie wirtschaftlich bereits bei einer anderen Person bei einer anderen Einkunftsart erfasst wurden. Dieses Prinzip der Vermeidung einer (wirtschaftlichen) Doppelbesteuerung bei tatbestandlichen Überschneidungen von Einkünften nach § 98 EStG 1988 ist in § 98 Abs. 1 Z 4 EStG 1988 (klarstellend) ausdrücklich ersichtlich gemacht; es gilt aber nicht nur im Bereich der Einkünfte aus nichtselbständiger Arbeit (siehe dazu das Beispiel in Rz 7963 f), sondern für alle Einkünfte.

(BMF-AV Nr. 2018/79)

7907 Personengesellschaften als solche unterliegen nicht der beschränkten Einkommensteuerpflicht. Die beschränkte Steuerpflicht bezieht sich auf die ausländischen Gesellschafter von Personengesellschaften, wenn die Personengesellschaft zB bei Einkünften aus Gewerbebetrieb über eine österreichische Betriebsstätte oder einen ständigen Vertreter verfügt. Auch die Gesellschafter von ausländischen Personengesellschaften, die ihrerseits an solchen österreichischen Personengesellschaften beteiligt sind, unterliegen der beschränkten Steuerpflicht (VwGH 3.3.1987, 86/14/0128).

7908 Die Besteuerung erfolgt unmittelbar durch Veranlagung der beschränkt steuerpflichtigen Gesellschafter; dies allerdings auf der Grundlage einer gegenüber der Personengesellschaft durchgeführten Einkünftefeststellung der Gesellschafter. Beteiligen sich Personen an einem österreichischen Unternehmen als atypisch stille Gesellschafter, dann gilt als Grundsatz, dass die inländische Betriebsstätte des Unternehmens auch Betriebsstätten der ausländischen stillen Gesellschafter darstellt. Liegt eine Beteiligung als echter stiller Gesellschafter vor, dann knüpft die inländische beschränkte Steuerpflicht nicht an den Bestand einer inländischen Betriebsstätte, sondern an die Verpflichtung zur Einbehaltung der Abzugsteuer gemäß § 99 EStG 1988 (§ 98 Abs. 1 Z 5 lit. c EStG 1988).

(BMF-AV Nr. 2018/79)

7908a Der mit dem Budgetbegleitgesetz 2007 angefügte § 98 Abs. 3 EStG 1988 stellt sicher, dass steuerrelevante nachträgliche Ereignisse, die ihre Wurzel in Zeiträumen des Bestehens der unbeschränkten Steuerpflicht haben und sich als Besteuerungskorrekturen darstellen, auch dann zu berücksichtigen sind, wenn sie in Zeiträumen eintreten, in denen der Steuerpflichtige nicht mehr unbeschränkt steuerpflichtig ist. Gleiches gilt, wenn die beschränkte Steuerpflicht nach § 98 Abs. 1 EStG 1988 zB durch Schließung der inländischen Betriebsstätte weggefallen ist. Durch die zentrale Regelung im § 98 Abs. 3 EStG 1988 konnte die bisher nur für einzelne Bereiche bestehende Spezialvorschrift des Abs. 1 Z 5 lit. c entfallen.

Einerseits betroffen sind nachträgliche Einkünfte iSd § 32 Abs. 1 Z 2 EStG 1988 wie zB der nach Betriebsbeendigung unter Aufgabe des inländischen Wohnsitzes erfolgende Eingang abgeschriebener Forderungen. Andererseits sehen die Abgabenvorschriften in bestimmten Fällen Nachversteuerungen von Vorjahresbeträgen vor; insbesondere sind im Jahr der Verwirklichung des Nachversteuerungstatbestandes nachzuversteuern:

- in Vorjahren mit inländischen Einkünften ausgeglichene Auslandsverluste im Fall ihrer späteren Verwertung im Ausland (§ 2 Abs. 8 Z 3 EStG 1988),
- Freibeträge für investierte Gewinne gemäß § 10 EStG 1988 im Fall der Nachversteuerungspflicht wegen Nichteinhaltung der Behaltefrist von vier Jahren,
- gemäß § 11a EStG 1988 begünstigt besteuerte nicht entnommene Gewinne im Fall von späteren Überentnahmen,
- zu Unrecht erstattete Einkommensteuer (Lohnsteuer) im Rahmen des Bausparens (§ 108 Abs. 6 EStG 1988), der prämienbegünstigten Pensionsvorsorge (§ 108a Abs. 5 EStG 1988) oder der prämienbegünstigten Zukunftsvorsorge (§ 108g Abs. 5 EStG 1988).

Rückzuzahlen sind insbesondere Bildungsprämien im Fall ihrer nachträglichen Vergütung (§ 108c Abs. 4 EStG 1988 idF vor BGBl. I Nr. 118/2015). Hat der Steuerpflichtige den Bildungsfreibetrag nach § 4 Abs. 4 Z 8 und/oder Z 10 EStG 1988 idF vor BGBl. I Nr. 118/2015) geltend gemacht, liegen im Vergütungsfall gegebenenfalls nachträgliche Einkünfte vor.

(BMF-AV Nr. 2018/79)

30.1.2 Einfluß des zwischenstaatlichen Rechtes (DBA) auf § 98 EStG 1988

7909 Besteht nach § 98 EStG 1988 ein Besteuerungsrecht an Einkünften, kann deren Besteuerung dennoch ausgeschlossen sein, wenn das anzuwendende DBA das Besteuerungsrecht an diesen Einkünften dem anderen Staat zuweist. Ob dies der Fall ist, muss im Verhältnis zu jedem Vertragsstaat Österreichs auf Grund der jeweiligen Abkommensbestimmungen und nach allenfalls im Rahmen von Verständigungsverfahren getroffenen Vereinbarungen beurteilt werden. Die nachstehenden Aussagen beziehen sich im Allgemeinen nur auf jene Abkommensrechtslage, wie sie durch DBA herbeigeführt wird, die auf dem Musterabkommen der OECD beruhen (OECD-konforme DBA). Voraussetzung für die Anwendbarkeit eines DBA ist in der Regel die Ansässigkeit des Steuerpflichtigen in einem oder in beiden Vertragsstaaten (Art. 1 OECD-Musterabkommen).

DBA zeitigen allerdings auch dann Wirkungen, wenn der Steuerpflichtige weder in Österreich noch im anderen Vertragsstaat ansässig ist. **7910**

Die Diskriminierungsverbote des Art. 24 OECD-konformer DBA sind auch auf in Drittstaaten ansässige Steuerpflichtige anwendbar. Diese verlangen ua., dass die inländische Betriebsstätte einer ausländischen Gesellschaft nicht ungünstiger als ein inländisches Unternehmen besteuert werden darf (Art. 24 Abs. 3 OECD-konformer DBA). Dabei werden in Österreich auch Drittstaatseinkünfte einer Betriebsstätte aufgrund des Betriebsstättendiskriminierungsverbotes von der Doppelbesteuerung entlastet (siehe auch Z 70 des OECD-Kommentars zu Art. 24 OECD-MA).

Beispiel:

Das Unternehmen A ist im Staat B ansässig und unterhält eine Betriebsstätte in Österreich. Die Betriebsstätte erzielt in einem anderen Staat C Zinsen. Das DBA zwischen Österreich und Staat B ist anwendbar und sieht in Art. 24 Abs. 3 ein Betriebsstättendiskriminierungsverbot vor. Dieses ist so auszulegen, dass Österreich als Betriebsstättenstaat die im Staat C erhobene Quellensteuer auf Zinsen anrechnet.

Das DBA zwischen Österreich und dem Staat C ist für das Unternehmen A nicht anwendbar, da dieses weder im Staat C noch in Österreich ansässig ist. Der darin vorgeschriebene Quellensteuersatz für Zinsen ist jedoch bei der Bemessung des Höchstbetrags für die Anrechnung zu berücksichtigen, da das Betriebsstättendiskriminierungsverbot des Art. 24 Abs. 3 OECD-MA den Betriebsstättenstaat verpflichtet, den Betrag an Quellensteuern bis zu jenem Ausmaß bei der Besteuerung des Betriebsstättengewinns im Wege der Steueranrechnung zu berücksichtigen, als die im Betriebsstättenstaat ansässigen Steuerpflichtigen nach dem DBA mit dem Quellenstaat (DBA Österreich – C) dazu berechtigt wären.

Der Betriebsstättenstaat ist jedoch nicht verpflichtet, eine höhere Quellensteuer anzurechnen als jene, die im Abkommen zwischen dem Ansässigkeitsstaat des Steuerpflichtigen und dem Quellenstaat vereinbart ist (DBA B – C). Sollte darin ein niedrigerer Quellensteuersatz für Zinsen als im DBA zwischen Österreich und Staat C vorgesehen sein, so rechnet Österreich nur diesen, niedrigeren, Betrag an.

Zudem sind im Verhältnis zu EU- bzw. EWR-Mitgliedstaaten die grundfreiheitsrechtlichen Diskriminierungsverbote anwendbar. Hinsichtlich der Steueranrechnung bei Drittstaatseinkünften einer inländischen Betriebsstätte (siehe Beispiel) ergibt sich auch aus grundfreiheitsrechtlicher Sicht ein Anrechnungsgebot (EuGH 21.9.1999, Rs C-307/97, Saint Gobain). Die unionsrechtlichen Verpflichtungen gehen jedoch über die DBA-rechtlichen Verpflichtungen zur Gleichbehandlung hinaus und erfassen auch Steuerfreistellungsverpflichtungen, die sich zB für internationale Schachteldividenden ergeben, wie dies im Fall Saint Gobain in Streit stand. Dieser zur Vermeidung der wirtschaftlichen Doppelbesteuerung im körperschaftsteuerlichen Bereich bestehenden Steuerfreistellungsverpflichtung kommt auch in anderen Fällen der Betriebsstättengewinnbesteuerung Bedeutung zu. Im Falle von in der EU bzw. im EWR ansässigen Steuerpflichtigen müsste Österreich einer inländischen Betriebsstätte daher auch eine etwaige sich aus einem anderen österreichischen DBA ergebende Freistellung zugutekommen lassen, wobei sich diese Freiststellungsverpflichtung aber bei europarechtskonformer DBA-Auslegung grundsätzlich auch bereits aus dem DBA-Diskriminierungsverbot ableiten lässt.

(BMF-AV Nr. 2018/79)

30.1.3 Einkünfte aus Land- und Forstwirtschaft (§ 98 Abs. 1 Z 4 EStG 1988)

(AÖF 2013/280)

Verwendet ein beschränkt Steuerpflichtiger inländische Grundstücke zur Einkünfteerzielung im Rahmen seines ausländischen land- und forstwirtschaftlichen Betriebes, dann erzielt er mit den inländischen Grundstücken Einkünfte aus einer inländischen land- und forstwirtschaftlichen Tätigkeit. Dabei kann es offen bleiben, ob die inländische Tätigkeit einen eigenen land- und forstwirtschaftlichen Betrieb begründet oder Teil eines ausländischen Betriebes ist. Maßgeblich ist die Belegenheit der bewirtschafteten Grundstücke im Inland. Der Ort der Geschäftsleitung ist unmaßgeblich. **7911**

Auf Abkommensebene gelten Einkünfte aus Land- und Forstwirtschaft als Einkünfte aus unbeweglichem Vermögen und werden dem Belegenheitsstaat zur Besteuerung zugewiesen **7912**

(Art. 6 OECD-Musterabkommen bzw. Art. 13 Abs. 1 OECD-Musterabkommen, wenn das unbewegliche Vermögen verkauft wird).

(BMF-AV Nr. 2018/79)

7913 Veräußerungsgewinne iSd § 24 EStG 1988 unterliegen der beschränkten Steuerpflicht nach § 98 Abs. 1 Z 1 EStG 1988, sofern es sich um die Veräußerung oder Aufgabe eines inländischen Betriebes (Teilbetriebes) oder um die Veräußerung eines Mitunternehmeranteiles an einem inländischen Betrieb handelt, wenn in diesem Betrieb eine land- und forstwirtschaftliche Tätigkeit ausgeübt wurde. Ist das anzuwendende DBA diesbezüglich dem OECD-Musterabkommen nachgebildet, ist für die Zuteilung des Besteuerungsrechtes die Art sowie die Belegenheit des Betriebsvermögens maßgeblich (Art. 13 OECD-Musterabkommen).

(BMF-AV Nr. 2018/79)

30.1.4 Einkünfte aus selbständiger Arbeit (§ 98 Abs. 1 Z 2 EStG 1988)

(AÖF 2013/280)

7914 Das Vorliegen einer Betriebsstätte ist nach innerstaatlichem Recht keine Voraussetzung für die Steuerpflicht (VwGH 6.12.1957, 2843/54); maßgeblich ist die Ausübung oder Verwertung der selbständigen Arbeit im Inland.

7915 Veräußerungsgewinne im Sinne des § 24 EStG 1988 unterliegen der beschränkten Steuerpflicht, sofern es sich um die Veräußerung oder Aufgabe eines inländischen Betriebes (Teilbetriebes) oder um die Veräußerung eines Mitunternehmeranteiles an einem inländischen Betrieb handelt, wenn in diesem Betrieb eine selbständige Arbeit ausgeübt wurde. Ist das anzuwendende DBA diesbezüglich dem OECD-Musterabkommen nachgebildet, ist für die Zuteilung des Besteuerungsrechtes an den Einkünften aus der Veräußerung die Belegenheit der festen Einrichtung maßgeblich (Art. 13 OECD-Musterabkommen).

30.1.4.1 Ausübung

7916 Ausübung im Inland liegt vor, wenn der Steuerpflichtige im Inland persönlich tätig geworden ist. Nicht jede Ausübung selbständiger Tätigkeit im Inland löst die Steuerpflicht aus. Maßgeblich ist, dass die Einkünfte unmittelbar und schwerpunktmäßig auf eine im Inland ausgeübte Tätigkeit zurückzuführen sind. Eine untergeordnete Nebentätigkeit, die sich bloß als Mittel zu einem im Ausland verwirklichten Hauptzweck darstellt, hat außer Betracht zu bleiben. Ist dies nicht der Fall und entfaltet eine im Inland persönlich ausgeübte Tätigkeit Fernwirkung im Ausland, kann eine Aufteilung der Entgelte stattfinden.

Beispiele:

Ausübung im Sinne des § 98 Abs. 1 Z 2 EStG 1988 liegt vor: ein ausländischer Wissenschafter hält im Inland einen Vortrag, ein ausländischer Rechtsanwalt wird in einer Rechtssache im Inland tätig.

Ausübung im Sinne des § 98 Abs. 1 Z 2 EStG 1988 liegt nicht vor: ein ausländischer Wissenschafter tätigt zur Vorbereitung einer Vortragsreihe Studien im Inland, ein ausländischer Rechtsanwalt nimmt lediglich an einer eine ausländische Rechtssache betreffende Besprechung im Inland teil.

Ein Aufteilungserfordernis besteht, wenn das von einem ausländischen Auftraggeber an einen freiberuflichen ausländischen Unternehmensberater gezahlte Honorar teilweise auch auf Inlandstätigkeiten zugunsten einer inländischen Niederlassung des ausländischen Auftraggebers erfolgt.

(AÖF 2013/280)

7917 Dem Art. 14 OECD-Musterabkommen idF vor dem Update 2000 nachgebildete DBA setzen für die Zuteilung des Besteuerungsrechtes an den Tätigkeitsstaat voraus, dass für die Tätigkeit gewöhnlich eine inländische feste Einrichtung zur Verfügung steht und die Einkünfte dieser zuzurechnen sind. Der Begriff „freier Beruf" umfasst nach diesem Abkommen insbesondere die selbständig ausgeübte wissenschaftliche, literarische, künstlerische, erzieherische oder unterrichtende Tätigkeit sowie die selbständige Tätigkeit der Ärzte, Rechtsanwälte, Ingenieure, Architekten, Zahnärzte und Buchsachverständigen. In einzelnen Fällen auftauchende Auslegungsschwierigkeiten können im Verständigungsverfahren zwischen den zuständigen Behörden der Vertragsstaaten gelöst werden.

Bei dem OECD-Musterabkommen idF nach dem Update 2000 nachgebildeten DBA fallen die Einkünfte aus selbständiger Tätigkeit unter Art. 7. Dieser Artikel setzt für die Zuteilung des Besteuerungsrechtes an den Tätigkeitsstaat voraus, dass die selbständige Arbeit durch eine feste Geschäftseinrichtung iSd Art. 5 OECD- Musterabkommen ausgeführt wird. Die Art der Tätigkeit ist dabei irrelevant. Sie kann aber für die Beurteilung, ob überhaupt eine

Betriebstätte vorliegt, von Relevanz sein. Im Fall reiner Vermögensverwaltung läge keine Betriebsstätte vor.

(BMF-AV Nr. 2018/79)

Enthält das anzuwendende DBA eine dem Art. 17 Abs. 1 OECD-Musterabkommen nachgebildete Bestimmung (Künstlerklausel), werden Einkünfte aus einer Tätigkeit als Künstler unabhängig vom Vorliegen einer festen Einrichtung dann in Österreich besteuert, wenn die Tätigkeit hier persönlich ausgeübt wird (gewerblicher Künstler; nähere Ausführungen zu Art. 17 OECD-Musterabkommen siehe Rz 7937 ff). **7918**

Beispiel:

Die schauspielerische Mitwirkung eines als Künstler anerkannten Schauspielers an einem inländischen Werbespot, der von einer inländischen Werbeagentur im Inland produziert wird, stellt eine künstlerische Tätigkeit dar, die nach § 98 Abs. 1 Z 2 EStG 1988 der beschränkten Steuerpflicht unterliegt. Ist ein DBA anzuwenden und ist es hinsichtlich der Besteuerung von Künstlern dem Art. 17 Abs. 1 OECD-Musterabkommen nachgebildet, ist bei persönlicher Ausübung keine feste Einrichtung erforderlich.

(AÖF 2013/280)

Ausländische Seminarvortragende aus Staaten, mit denen OECD-konforme DBA bestehen, unterliegen mangels inländischer fester Einrichtung keiner inländischen Besteuerung. Eine dem Art. 17 Abs. 1 OECD-Musterabkommen nachgebildete Abkommensbestimmung gilt nicht für Gastredner einer Tagung. **7919**

30.1.4.2 Verwertung

Die Verwertung ist bei den Einkünften aus selbständiger Arbeit im Verhältnis zur Ausübung subsidiär. Der Verwertungstatbestand nach § 98 Abs. 1 Z 2 EStG 1988 setzt – im Gegensatz zur Verwertung nach Z 6 – zur Begründung der Steuerpflicht voraus, dass der wirtschaftliche Erfolg der Tätigkeit der inländischen Volkswirtschaft unmittelbar zu dienen bestimmt ist. Die Vermutung spricht für eine Verwertung im Inland, wenn eine Leistung im Ausland für einen inländischen Auftraggeber erbracht wird (VwGH 20.10.1982, 81/13/0083). Die Tätigkeit eines Vorstandes bzw. Geschäftsführers einer Kapitalgesellschaft, die ihren Sitz im Inland hat, stellt stets eine Verwertung im Inland dar (VwGH 20.9.2001, 2000/15/0039). Zum Verwertungstatbestand siehe im Übrigen Rz 7951 ff. **7920**

(AÖF 2002/84, AÖF 2013/280)

30.1.5 Einkünfte aus Gewerbebetrieb (§ 98 Abs. 1 Z 3 EStG 1988)

(AÖF 2013/280)

Anknüpfungspunkt für ein Besteuerungsrecht aus innerstaatlicher Sicht ist das Vorhandensein einer Betriebsstätte, eines ständigen Vertreters im Inland oder – ab der Veranlagung 2006 – das Vorhandensein inländischen unbeweglichen (Betriebs-)Vermögens. Bei Einkünften aus kaufmännischer oder technischer Beratung, aus der Gestellung von Arbeitskräften zur inländischen Arbeitsausübung und aus der gewerblichen Tätigkeit als Sportler, Artist oder Mitwirkender an Unterhaltungsdarbietungen ist dies nicht erforderlich; ausreichend ist die Beratung, Gestellung oder Tätigkeit im Inland. **7921**

(AÖF 2006/210)

Abkommensrechtlich ist für die Zuteilung des Besteuerungsrechtes an Österreich idR eine Betriebsstätte erforderlich (Art. 7 OECD-Musterabkommen). Bei Einkünften als gewerblicher Künstler oder Sportler liegt ein österreichisches Besteuerungsrecht vor, wenn die Tätigkeit im Inland ausgeübt wird (siehe Art. 17 OECD-Musterabkommen). **7922**

(BMF-AV Nr. 2018/79)

Veräußerungsgewinne im Sinne des § 24 EStG 1988 unterliegen der beschränkten Steuerpflicht nach § 98 Abs. 1 Z 3 EStG 1988, sofern es sich um die Veräußerung oder Aufgabe eines inländischen Betriebes bzw. einer inländischen Betriebsstätte handelt. Ist das anzuwendende DBA diesbezüglich dem OECD-Musterabkommen nachgebildet, ist für die Zuteilung des Besteuerungsrechtes die Belegenheit des Betriebsvermögens maßgeblich (Art. 13 OECD-Musterabkommen). Nachträgliche positive oder negative Einkünfte nach Aufgabe der Betriebsstätte sind dem ehemaligen Betriebsstättenstaat zur steuerlichen Erfassung zu überlassen (VwGH 6.3.1984, 83/14/0107). **7923**

(AÖF 2013/280)

30.1.5.1 Betriebsstätte

Maßgeblicher Anknüpfungspunkt bei den Einkünften nach § 98 Abs. 1 Z 3 EStG 1988 ist eine inländische Betriebsstätte. Der Betriebsstättenbegriff richtet sich nach § 29 BAO, dh. **7924** jede feste örtliche Anlage oder Einrichtung, die der Ausübung eines Betriebes oder wirtschaftlichen Geschäftsbetriebes (§ 31 BAO) dient. Als Betriebsstätten gelten insbesondere

- die Stätte, an der sich die Geschäftsleitung befindet,
- Zweigniederlassungen, Fabrikationsstätten, Warenlager, Ein- und Verkaufsstellen, Landungsbrücken (Anlegestellen von Schifffahrtsgesellschaften), Geschäftsstellen und sonstige Geschäftseinrichtungen, die dem Unternehmer oder seinem ständigen Vertreter zur Ausübung des Betriebes dienen,
- Bauausführungen, deren Dauer sechs Monate überstiegen hat oder voraussichtlich übersteigen wird.

(AÖF 2013/280)

7925 Für die Qualifikation als Betriebsstätte genügt es, dass eine Einrichtung vorliegt, in der dauernd eine Tätigkeit ausgeübt wird, die den Zweck des Unternehmens unmittelbar zu fördern bestimmt ist. Dabei ist es nicht erforderlich, dass in der Betriebsstätte Geschäftsabschlüsse getätigt oder Inkassi vorgenommen werden (VwGH 14.12.1955, 2286/52). Die Anforderungen an den Umfang der betrieblichen Handlungen, die zur Begründung einer Betriebsstätte erforderlich sind, sind umso geringer, je mehr sich die eigentliche gewerbliche Tätigkeit außerhalb einer festen örtlichen Anlage vollzieht (VwGH 1.10.1991, 90/14/0257).

7926 Mangels betrieblich genutzter Räumlichkeiten kann in Einzelfällen auch die Wohnung des Steuerpflichtigen, von der aus er seine gewerbliche Tätigkeit entfaltet und die ihm im Rahmen dieser Tätigkeit als Kontaktadresse dient, als Betriebsstätte angesehen werden. Es genügt, dass sich in der Wohnung eine, wenn auch nur geringfügige Tätigkeit für den Gewerbebetrieb abspielt (VwGH 12.12.1995, 94/14/0060). Eine Betriebsstätte kann für ein ausländisches Unternehmen durchaus in der inländischen Wohnung eines Dienstnehmers gegeben sein; denn auch vom Dienstnehmer angemietete Räumlichkeiten begründen für den Arbeitgeber eine Betriebsstätte, wenn sie für Zwecke des Unternehmes verwendet werden (vgl. dazu im Detail EAS 3415 mwN). Bei einem selbständigen Fernfahrer kann – wie bei einem selbständigen Handelsvertreter (VwGH 25.2.1987, 84/13/0053, vgl. auch VwGH 12.6.1985, 83/13/0158) – eine Betriebsstätte auch durch eine Wohnung begründet sein. Es genügt, dass sich in der Wohnung eine, wenn auch nur geringfügige Tätigkeit für den Gewerbebetrieb abspielt (VwGH 1.10.1991, 90/14/0257).

(BMF-AV Nr. 2021/65)

7927 Übt ein Abgabepflichtiger eine beratende Tätigkeit bzw. die Tätigkeit eines selbständigen Handelsvertreters im Inland aus und verfügt er am Ort seiner Tätigkeit über eine Wohnung, ist – wird nicht Gegenteiliges nachgewiesen bzw. glaubhaft gemacht – die Annahme berechtigt, dass die Wohnung in bezug auf die im Inland ausgeübte Tätigkeit als Betriebsstätte anzusehen ist (VwGH 24.10.1990, 86/13/0032). Die Frage, bei welcher Aktivitätsstruktur bzw. ab welcher Aktivitätsintensität ein von der Wohnung aus agierender Außendienstmitarbeiter (Vertreter) ohne formelle Abschlussvollmacht für ein ausländisches Unternehmen betriebsstättenbegründend wirkt, ist primär eine Sachverhaltsfrage, die nicht in generalisierender Weise entschieden werden kann. In Fällen der gegenständlichen Art kann sowohl die berufliche Nutzung der Wohnung als auch ein mit dem wirtschaftlichen Produktverkauf verbundener standardisierter Bestellvorgang zum Vorliegen einer inländischen Betriebsstätte führen.

7927a Nach herrschender Auffassung wird im Fall der bloßen Vergabe von Heimarbeit im Sinne des Heimarbeitsgesetzes 1960 in der Wohnung des Heimarbeiters keine Betriebstätte für den Arbeitgeber begründet (vgl LStR 2002 Rz 405; EAS 3415 mwN). Damit ist aber auch auf der Ebene des DBA die Voraussetzung des Bestandes einer „festen Geschäftseinrichtung“, nicht erfüllt, sodass korrespondierend nationales und internationales Steuerrecht keine beschränkte Steuerpflicht des ausländischen Unternehmens aufleben lassen.

(BMF-AV Nr. 2021/65)

7928 Zu den Merkmalen einer Betriebsstätte gehört auch, dass sich die feste Geschäftseinrichtung dauerhaft in der Verfügungsmacht des Unternehmers befindet. Im Allgemeinen wird eine Verfügungsdauer von sechs Monaten hiefür ausreichen. Die bloße Mitbenutzung einer Geschäftseinrichtung (z.B. die bloßen Mitbenutzungsrechte an einem Schreibtisch, VwGH 25.11.1992, 91/13/0144) reichen für die Annahme einer Betriebsstätte nicht aus. Wird allerdings in einem Großraumbüro ein Arbeitsplatz einem ausländischen Unternehmen dauerhaft und ausschließlich überlassen, dann begründet dieser Arbeitsplatz eine Betriebsstätte für das ausländische Unternehmen. Überlässt ein inländisches Unternehmen einem ausländischen Unternehmen einen ihrer Geschäftsräume und findet in untergeordnetem Ausmaß ein Betreten des Raumes durch Mitarbeiter des inländischen Unternehmens statt, so liegt die für die Annahme einer Betriebsstätte erforderliche Verfügungsmacht über die Geschäftseinrichtungen vor (VwGH 21.5.1997, 96/14/0084). Betriebsstättenbegründend kann

bei maßgebender Stellung in der Führung der betrieblichen Tätigkeit auch ein zur Verfügung gestellter Bürocontainer sein, selbst wenn auf Grund der Eigenart der Tätigkeit dieser nur für kürzerer Zeiträume in mehreren aufeinander folgenden Jahren benutzt wird und betriebliche Handlungen auch außerhalb desselben erfolgen (VwGH 18.3.2004, 2000/15/0118).
(AÖF 2005/110)

Die betriebliche Tätigkeit in Anlagen und Einrichtungen im Sinne des § 29 BAO muss nicht durch Menschen ausgeübt werden, auch bloße Verkaufsautomaten, Bräunungsanlagen und Geldspielautomaten werden daher bereits als Betriebsstätten angesehen (soweit nicht eine bloße Vermietung der Geräte an einen Betreiber vorliegt). In diesem Sinne kann auch ein Server (Computer), über den der Unternehmer Verfügungsmacht hat und über den er seine Tätigkeit zumindest teilweise ausübt, für ihn eine Betriebsstätte darstellen; ein bloßes Mitbenutzungsrecht im Sinne des Nutzens von am Server zur Verfügung gestelltem Speicherplatz reicht hingegen als Betriebsstätte nicht aus. Ein Lastkraftwagen auf Geschäftsfahrt ist keine Betriebsstätte im Sinne der steuerlichen Vorschriften (VwGH 10.9.1962, 1948/60). **7929**

Dem Art. 5 OECD-Musterabkommen nachgebildete DBA definieren die Betriebsstätte als feste Geschäftseinrichtung, durch die die Tätigkeit eines Unternehmens ganz oder teilweise ausgeübt wird. Die Abkommensdefinition entspricht grundsätzlich der Begriffsumschreibung des § 29 BAO, unterscheidet sich jedoch in einigen Aspekten. Bspw. sind Ausnahmen vorgesehen (insbesondere für verschiedene Geschäftseinrichtungen mit bloß unterstützendem Hilfscharakter). In der internationalen Praxis wird idR ab einer mehr als 6-monatigen Ausübung der Geschäftstätigkeit in einer festen Einrichtung von einer Betriebsstätte ausgegangen (siehe Rz 6 des OECD- Kommentars zu Art. 5). Aus der Verkehrsanschauung zum Begriff der festen Geschäftseinrichtung, in welcher ganz oder teilweise die Tätigkeit eines Unternehmens ausgeübt wird, hat der VwGH abgeleitet, dass dieser Begriff bereits Einrichtungen von einer ein halbes Jahr übersteigenden Dauer erfassten könnte (VwGH 21.5.1997, 96/14/0084). Die abweichende Abkommensauslegung im Verhältnis zur Schweiz (12 Monate, Erlass AÖF Nr. 34/2000) ist zu beachten. Ist das anzuwendende DBA diesbezüglich dem Art. 5 OECD-Musterabkommen nachgebildet, so ist eine Bauausführung oder Montage nur dann eine Betriebsstätte, wenn ihre Dauer zwölf Monate überschreitet. **7930**
(BMF-AV Nr. 2018/79)

Das Vorliegen einer Betriebsstätte ist vom zuständigen Finanzamt zu beurteilen. In diesem Zusammenhang ist auch zu beachten, ob der Sachverhalt auf österreichischer und auf Seite des Ansässigkeitsstaates des beschränkt Steuerpflichtigen korrespondierend beurteilt wird. Ein Besteuerungsnachweis der ausländischen Steuerverwaltung kann dabei als Indiz für deren Beurteilung des Vorliegens einer festen Einrichtung dienen. Im Interesse der Sicherung des inländischen Steueraufkommens, aber auch zur Vermeidung von internationaler „Doppelnichtbesteuerung“ ist der Betriebsstättenbegriff im Zweifel keiner restriktiven Auslegung zugänglich. **7931**
(BMF-AV Nr. 2018/79)

30.1.5.2 Ständiger Vertreter

Der beschränkten Steuerpflicht unterliegen nach § 98 Abs. 1 Z 3 EStG 1988 auch Einkünfte aus Gewerbebetrieb, für den im Inland ein ständiger Vertreter bestellt ist. Die Anknüpfung an einen ständigen Vertreter ist gegenüber der Anknüpfung an eine Betriebsstätte subsidiär. Unter ständiger Vertreter ist ein nicht nur vorübergehend für eine bestimmte Tätigkeit bestellter Vertreter anzusehen. Der Vertreter seinerseits muss über keine Betriebsstätte im Inland verfügen. Der ständige Vertreter kann sowohl nichtselbständig als auch selbständig tätig sein (zB Angestellter, selbständiger Handelsvertreter), ebenso kann eine juristische Person ständiger Vertreter sein. Unter Umständen kann auch ein Pächter die beschränkte Steuerpflicht für den Verpächter begründen. Maßgeblich ist das Vorliegen einer Art von persönlichem Abhängigkeitsverhältnis zwischen dem ständigen Vertreter im Inland und dem beschränkt Steuerpflichtigen. Personen, die im eigenen Namen Geschäfte abschließen, können ebenfalls ständige Vertreter iSd § 98 Abs. 1 Z 3 EStG 1988 sein (vgl. dazu VPR 2010 Rz 172). **7932**
(BMF-AV Nr. 2018/79)

Im zwischenstaatlichen Recht wird der abhängige Vertreter iSd Art. 5 Abs. 5 der OECD-konformen DBA ebenfalls einer inländischen Betriebsstätte gleichgestellt, und zwar unabhängig davon, ob er selbst eine Betriebsstätte begründet. Unter einem abhängigen Vertreter iSd Art. 5 Abs. 5 OECD-MA ist dabei grundsätzlich eine Person zu verstehen, die für ein Unternehmen tätig ist und in einem Vertragsstaat die Vollmacht besitzt, im Namen des Unternehmens Verträge abzuschließen und die Vollmacht dort gewöhnlich ausübt (Art. 5 Abs. 5 OECD-Musterabkommen vor dem Update 2017). Der abkommensrechtliche Begriff **7933** des „abhängigen Verkaufsvertreters" findet im innerstaatliche Begriff des „ständigen Vertreters" iSd § 98 EStG 1988 vollinhaltlich Deckung.

(BMF-AV Nr. 2018/79)

7934 Schließt der abhängige Vertreter Verträge mit rechtsverbindlicher Wirkung für das ausländische Unternehmen, liegt eine Betriebsstätte iSd Art. 5 OECD-Musterabkommen vor, auch wenn diese Verträge nicht im Namen des Unternehmens abgeschlossen werden. Ist eine Person bevollmächtigt, alle Einzelheiten eines Vertrages verbindlich für ein ausländisches Unternehmen auszuhandeln, kann davon ausgegangen werden, dass sie die Vollmacht im Inland ausübt, auch wenn der Vertrag von einer anderen Person in dem Staat unterzeichnet wird, in dem sich das ausländische Unternehmen befindet.

Beispiel 1:

Der in Österreich ansässige Außendienstmitarbeiter A eines ausländischen Unternehmens ist im Inland ohne formelle Abschlussvollmacht tätig. Kann der Kunde nicht wirklich davon ausgehen, dass er mit Unterfertigung des Bestellscheines die Ware bzw. Dienstleistung bereits gekauft hat und hat der Kunde für das finale Zustandekommen des Kaufvertrages noch weitere, nicht bloß formelle, Schritte im unmittelbaren Kontakt mit dem ausländischen Unternehmen zu setzen, dann kann keine Abschlussvollmacht unterstellt werden.

Beispiel 2:

Der in Österreich ansässige Außendienstmitarbeiter A eines ausländischen Unternehmens ist im Inland ohne formelle Abschlussvollmacht tätig. Die inländische Geschäftstätigkeit des Unternehmens wird über ein standardisiertes Bestellverfahren abgewickelt, bei dem der Kunde mit seiner Unterschrift auf dem Bestellschein davon ausgehen kann, dass er damit die Ware bzw. Dienstleistung erworben und er nur mehr auf die Auslieferung bzw. Leistungserbringung zu warten hat. Werden daher von einem ausländischen Unternehmen (zB Handel mit Fenstern und Türen) im Inland Vertreter eingesetzt, die auf Grund der vorgegebenen Bestellkataloge, Musterkollektionen, Produktpreislisten, Rabattstaffeln, Liefer- und Zahlungsbedingungen und der Formulare Einigung mit dem Kunden über Beschaffenheit und Preis von Ware bzw. Dienstleistung herstellen und sind die Vertragsbedingungen sonach mit dem ausländischen Unternehmen im allgemeinen nicht mehr weiter verhandelbar, dann ist vom Vorliegen einer inländischen Betriebsstätte iSd dem Art. 5 OECD-Musterabkommen nachgebildeten Abkommensbestimmung auszugehen; das wirtschaftliche Schwergewicht der Tätigkeit des Außendienstmitarbeiters liegt nämlich im inländischen Verkauf der Ware bzw. Dienstleistung, die bloß formale „Annahme" des Vertrages im Ausland (bzw. die potentielle Gefahr der Nichtannahme) rechtfertigt nichts Gegenteiliges.

(BMF-AV Nr. 2018/79)

7935 Ein Unternehmen wird nach zwischenstaatlichem Recht nicht schon deshalb so behandelt, als habe es eine Betriebsstätte in einem Vertragsstaat, weil es dort seine Geschäftstätigkeit durch einen Makler, Kommissionär oder einen anderen unabhängigen Vertreter ausübt, sofern diese Personen im Rahmen ihrer ordentlichen Geschäftstätigkeit handeln (Art. 5 Abs. 6 OECD-Musterabkommen vor dem Update 2017). Demgemäß ist eine Person dann nicht betriebsstättenbegründend, wenn sie vom ausländischen Unternehmen sowohl rechtlich als auch wirtschaftlich unabhängig ist und bei der Tätigkeit für das ausländische Unternehmen im Rahmen ihrer ordentlichen Geschäftstätigkeit handelt.

(BMF-AV Nr. 2018/79)

7936 Unterliegen die geschäftlichen Tätigkeiten für das ausländische Unternehmen eingehenden Anweisungen oder einer umfassenden Aufsicht durch dieses, kann der Vertreter nicht als vom Unternehmen unabhängig gelten. Ein weiteres wichtiges Merkmal ist, ob das Unternehmerrisiko vom Vertreter oder vom vertretenen Unternehmen zu tragen ist. Übt der Vertreter anstelle des ausländischen Unternehmens eine inländische Tätigkeit aus, die wirtschaftlich in den Tätigkeitsbereich des Unternehmens, nicht mehr aber in den des eigenen Geschäftsbetriebes fällt, kann nicht unterstellt werden, der Vertreter handle im Rahmen seiner ordentlichen Geschäftstätigkeit.

Beispiel:

Der in Österreich ansässige A hat mit einem ausländischen Unternehmen einen Werkvertrag geschlossen, wonach er die Waren bzw. Dienstleistungen des Unternehmens im Inland vertreibt. Dafür erhält A vom Unternehmen ein fixes Honorar und Provisionen. Weitere Tätigkeiten, insbesondere für andere Unternehmen, entwickelt A nicht. Er trägt auch kein Unternehmerrisiko. Bestellungen erfolgen nach einem standardisierten Bestellungsverfahren durch A oder durch den Kunden selbst beim ausländischen Unternehmen.

A begründet für das ausländische Unternehmen eine inländische Betriebsstätte, weil ein entsprechendes Abhängigkeitsverhältnis des A vom Unternehmen vorliegt.

(BMF-AV Nr. 2018/79)

30.1.5.3 Unbewegliches Vermögen

Wird im Ausland ein Betrieb geführt und im Rahmen dieses Betriebes unbewegliches Vermögen, das nicht bereits eine Betriebsstätte darstellt, in Österreich gehalten, stellen die Einkünfte daraus ab der Veranlagung 2006 Einkünfte aus Gewerbebetrieb dar (§ 98 Abs. 1 Z 3 Teilstrich 3 EStG 1988). **7936a**

Beispiel:

Der in Deutschland ansässiger Inhaber einer deutschen Maschinenfabrik erwirbt in Österreich ein Mietwohngrundstück, das als Betriebserholungsheim für die Mitarbeiter seines Betriebes genutzt wird und daher zum notwendigen Betriebsvermögen der Maschinenfabrik zählt. Dieses Gebäude stellt daher inländisches Betriebsvermögen des deutschen Gewerbebetriebes dar, bildet aber keine Betriebstätte, weil es nicht der Betriebsausübung dient. Wird dieses Gebäude später verkauft, liegen ab der Veranlagung 2006 Einkünfte aus Gewerbebetrieb vor.

§§ 98 ff

§ 98 Abs. 1 Z 3 EStG 1988 erfasst unbewegliches Vermögen, das nach dem Maßstab des österreichischen Steuerrechts – ungeachtet der Qualifikation nach ausländischem Recht – Betriebsvermögen darstellt.

Beispiel:

Ein in Deutschland ansässiger Inhaber eines Handwerksbetriebes, der seinen Gewinn durch Einnahmen-Ausgaben-Rechnung ermittelt, erwirbt in Österreich eine Eigentumswohnung, die er an Dritte vermietet. Auch wenn die Wohnung in Deutschland zu Recht als gewillkürtes Betriebsvermögen behandelt wird, stellt sie nach österreichischem Steuerrecht Privatvermögen dar und fällt nicht unter § 98 Abs. 1 Z 3 EStG 1988.

Ist der ausländische Gewerbebetrieb nach Maßgabe des § 189 UGB rechnungslegungspflichtig, hat die Gewinnermittlung nach § 5 EStG 1988 zu erfolgen (§ 2 Abs. 8 Z 2 EStG 1988, siehe dazu Rz 194).

(BMF-AV Nr. 2018/79)

Da nur die ab Inkrafttreten der Neuregelung (Veranlagung 2006) entstandenen stillen Reserven im Rahmen der Einkünfte aus Gewerbebetrieb zu erfassen waren, ist in Bezug auf Gebäude und Grundstücke, die bei Zugehörigkeit zum Betriebsvermögen ebenfalls mit ihren stillen Reserven steuerpflichtig werden, in § 124b Z 131 EStG 1988 vorgesehen: **7936b**

Wäre die stille Reserve bei gedanklicher Weitergeltung der Rechtslage vor dem 1.1.2006 dem Grunde nach nicht (als Spekulationsgeschäft) steuerpflichtig, werden als Einkünfte aus Gewerbebetrieb iSd § 98 Abs. 1 Z 3 EStG 1988 nur die seit Inkrafttreten der Neuregelung entstandenen stillen Reserven erfasst, da die bis zum Inkrafttreten angewachsene stille Reserve vom Veräußerungsgewinn abzuziehen ist. Der Abzug kann aber höchstens in Höhe der gesamten stillen Reserve erfolgen (§ 124b Z 131 lit. a EStG 1988).

Erfolgt die Veräußerung nach dem 31.3.2012 ist aber die stille Reserve, die vor dem 1.6.2006 angewachsen ist, als Einkünfte aus privaten Grundstücksveräußerungen nach § 98 Abs. 1 Z 7 EStG 1988 zu erfassen (soweit diese zum Zeitpunkt der Veräußerung noch vorhanden sind).

Beispiel 1:

Fall	*Anschaffungskosten des zum Anlagevermögen gehörenden Grundstücks*	*Gemeiner Wert zum 1.1.2006*	*Veräußerungserlös zum 1.1.2015*	*Einkünfte aus Gewerbebetrieb (Wertzuwachs des Gebäudes ab 1.1.2006)*	*Einkünfte aus privaten Grundstücksveräußerungen (Wertzuwachs vor 1.1.2006)*
1	*100*	*250*	*270*	*20 (=270 – 250)*	*150 (=250 – 100)*
2	*120*	*210*	*180*	*0*	*60 (=180 – 120)*

Wäre die vor dem 1.1.2006 angewachsene stille Reserve bei gedanklicher Veräußerung zum 31.3.2012 nicht steuerhängig (außerhalb der Spekulationsfrist), können die Einkünfte aus privaten Grundstücksveräußerungen pauschal nach § 30 Abs. 4 EStG 1988 ermittelt werden. Als Basis für die Berechnung der fiktiven Anschaffungskosten ist der gemeine Wert zum 1.1.2006 heranzuziehen.

Hinsichtlich des Grund und Bodens ist zu unterscheiden, ob dieser zum 31.3.2012 im Betriebsvermögen steuerverfangen war oder nicht (siehe dazu Rz 769 ff und 779 ff).

Beispiel 2:

Anschaffungskosten des zum Anlagevermögen gehörenden (§ 4 Abs. 1-Ermittler)	*Gemeiner Wert zum 1.1.2006*	*Veräußerungserlös zum 1.1.2015*	*Einkünfte aus Gewerbebetrieb*	*Einkünfte aus privaten Grundstücksveräußerungen*
Gebäude 100	*250*	*270*	*20 (=270 – 250)*	*35 (250*0,14)*
Grund und Boden 120	*160*	*200*	*28 (200*0,14)*	*0*

Im Fall einer Entnahme eines Gebäudes sind nur die bei einer gedanklichen Veräußerung als Einkünfte aus Gewerbebetrieb nach § 98 Abs. 1 Z 3 EStG 1988 zu erfassen. Die vor dem 1.1.2006 angewachsene stille Reserve ist erst bei der Veräußerung aus dem Privatvermögen bzw. im Falle einer späteren neuerlichen Einlage aus dem Betriebsvermögen, als Einkünfte aus privaten Grundstücksveräußerungen nach § 30 EStG 1988 zu erfassen.

(BMF-AV Nr. 2018/79)

7936c Mietzinsforderungen aus Zeiträumen, die nach In-Kraft-Treten der Neuregelung entstanden aber erst später eingehen, sind auch ab der Veranlagung 2006 als Einkünfte aus Vermietung und Verpachtung gemäß § 98 Abs. 1 Z 6 zu erfassen.

Die Behaltefrist des § 12 Abs. 3 EStG 1988 beginnt ab dem bei der Veranlagung 2006 zu erfassenden Wirtschaftsjahr neu zu laufen.

(AÖF 2006/210)

30.1.5.4. Kaufmännische und technische Beratung

(BMF-AV Nr. 2018/79)

7937 Kaufmännische Beratung liegt zB vor bei der Tätigkeit von Marktforschern, Unternehmensberatern, Rationalisierungsfachleuten. Der Einkauf von Waren bzw. die Entgegennahme von Bestellungen fällt auch dann nicht unter den Begriff der kaufmännischen Beratung, wenn mit diesen eine gewisse beratende Tätigkeit verbunden ist.

7938 Technische Beratung steht häufig in Zusammenhang mit einer Lizenzvergabe oder einer Überlassung von gewerblichen Erfahrungen (Know-how). Ist die Beratungstätigkeit eine untergeordnete und unselbständige Nebentätigkeit zu einem Handelsgeschäft, so hat keine Aufteilung des Entgeltes auf den Handelsgegenstand (eventuell inklusive Montage) und Beratung zu erfolgen.

7939 Unabhängig davon, dass in diesen Fällen innerstaatlich ein Besteuerungsanspruch ohne Vorliegen einer inländischen Betriebsstätte begründet wird, ist zu prüfen, ob zwischenstaatlich das Besteuerungsrecht an diesen Einkünften Österreich zugewiesen ist. Folgt das anzuwendende DBA diesbezüglich dem OECD-Musterabkommen, so ist für ein inländisches Besteuerungsrecht an Einkünften aus solcher Beratungstätigkeit eine Betriebsstätte bzw. feste Einrichtung erforderlich (Art. 7 und 14 OECD-Musterabkommen idF vor dem Update 2000).

(BMF-AV Nr. 2018/79)

30.1.5.5. Gestellung von Arbeitskräften zur inländischen Arbeitsausübung

(BMF-AV Nr. 2018/79)

7940 Gestellung von Arbeitskräften iSd § 99 Abs. 1 Z 5 EStG 1988 liegt vor, wenn ein Unternehmer (Gesteller) seine Dienstnehmer einem anderen Unternehmer (Gestellungsnehmer) zur Verfügung stellt, ohne dass zwischen dem Gestellungsnehmer und den Dienstnehmern des Gestellers ein Dienstverhältnis begründet wird. Beim Gestellungsvertrag handelt es sich um einen Vertrag eigener Art. Im Unterschied zum Werkvertrag liegt das Gefahrenrisiko ausschließlich beim Gestellungsnehmer. Der Gesteller haftet sohin nicht für die tatsächlichen Leistungen der von ihm gestellten Arbeitnehmer, sondern nur für ihre grundsätzliche Qualifizierung. Für die Subsumtion einer Gestellung von Arbeitskräften unter § 98 Abs. 1 Z 3 und § 99 Abs. 1 Z 5 EStG 1988 kommt es somit nur darauf an, dass der Gesteller dem Gestellungsnehmer gegen Entgelt Personen (Arbeitskräfte) überlässt. Keine Rolle spielt, welcher Art das Rechtsverhältnis zwischen dem Gesteller und der zur Arbeitsleistung überlassenen Person ist (zB Dienstvertrag, freier Dienstvertrag, Rechtsverhältnis nach kanonischem Recht; VwGH 17.7.2019, Ro 2017/13/0007). Diese steuerrechtliche Definition ist nicht deckungsgleich mit jener des Arbeitskräfteüberlassungsgesetzes, BGBl. Nr. 196/1988 (VwGH 27.9.2000, 96/14/0126).

Aus abkommensrechtlicher Sicht ist bzgl. der Steuerpflicht für die Löhne bzw. Gehälter der gestellten Arbeitnehmer zu prüfen, ob der Gestellungsnehmer Arbeitgeber der gestellten Dienstnehmer iSd Art. 15 Abs. 2 OECD-konformer DBA geworden ist. Laut VwGH ist unter Arbeitgeber iSd Art. 15 OECD-MA der „wirtschaftliche Arbeitgeber" zu verstehen

(VwGH 22.05.2013, 2009/13/0031). Sollte der Gestellungsnehmer als Arbeitgeber einzustufen sein, dann hat der Tätigkeitsstaat laut Art. 15 OECD-MA das Besteuerungsrecht für die Löhne bzw. Gehälter des gestellten Personals, unabhängig von der Dauer der Gestellung. Für die Beurteilung der Arbeitgebereigenschaft ist zu prüfen, ob der Gesteller nur „Passivleistungen" erbringt („echte" Arbeitskräfteüberlassung). Zudem ist im Verhältnis zu Deutschland zu beachten, ob es sich um eine gewerbliche oder eine konzerninterne Arbeitskräftegestellung handelt (siehe im Detail den Arbeitskräftegestellungserlass des BMF vom 12.06.2014, BMF-010221/0362-VI/8/2014). Hinsichtlich der Steuerpflicht des Gestellers ist auf Abkommensebene eine Betriebsstätte iSd Art. 5 OECD-Musterabkommen anspruchsbegründend. Im Fall einer Arbeitskräftegestellung (Passivleistung) kann jedoch der Ort, an dem die gestellten Arbeitskräfte zum Einsatz kommen, nur eine Betriebsstätte für den Gestellungsnehmer, nicht aber für den Gesteller begründen.

(BMF-AV Nr. 2021/65)

30.1.5.6. Sportler, Artisten und Mitwirkende an Unterhaltungsdarbietungen
(BMF-AV Nr. 2018/79)

Die „Tätigkeit als Sportler" umfasst alle Tätigkeiten, die dem steuerlich relevanten Gewerbebetrieb des Sportlers zuzurechnen sind; mithin nicht nur die aus den reinen Sportwettkämpfen erzielten Einkünfte, sondern auch alle anderen Vergütungen für Tätigkeiten, die in der betrieblichen Einheit des für die Sportausübung unterhaltenen (steuerlichen) Gewerbebetriebes zu erfassen sind. Im Ausland ansässige Sportler unterliegen insbesondere auch mit Einkünften aus der Überlassung des Rechtes, den Namen, die Persönlichkeit und das äußere Erscheinungsbild in Wort und Bild kommerziell im Inland zu nutzen (zB inländische Plakat- und Fernsehwerbung) der beschränkten Steuerpflicht gemäß § 98 Abs. 1 Z 3 EStG 1988 (siehe jedoch unter dem Gesichtspunkt der isolierenden Betrachtungsweise das Beispiel unter Rz 7978). **7941**

(AÖF 2013/280)

Enthält das anzuwendende DBA eine dem Art. 17 OECD-Musterabkommen nachgebildete Bestimmung (Sportlerklausel), so können die Einkünfte auch ohne Betriebsstätte in Österreich besteuert werden.

„Mitwirkende an Unterhaltungsdarbietungen" sind Künstler, gewerblich tätige Musiker, Artisten, Beleuchtungstechniker, Regisseure, Kostümbildner, Berufs- und Amateursportler sowie die mitwirkenden Trägerorganisationen von Orchestern und Theatern. Zwischen Künstler und Veranstalter tretende Unternehmen, die reine Managementaufgaben erfüllen, wie Künstleragenturen, sind hingegen keine Mitwirkenden an der inländischen Unterhaltungsdarbietung (VwGH 27.11.2003, 2000/15/0033; siehe aber Rz 7950 zum „Künstlerdurchgriff"). **7942**

(BMF-AV Nr. 2018/79)

Erst anhand des konkret festgestellten Ablaufes einer vom beschränkt Steuerpflichtigen organisierten Veranstaltung kann abschließend beurteilt werden, ob diese Unterhaltungsdarbietungen iSd § 98 EStG 1988 darstellen und die vom ihm beauftragten Personen als Mitwirkende an solchen Unterhaltungsdarbietungen anzusehen sind. Der Begriff „Unterhaltung" weist keinen klar umrissenen Inhalt auf; „Unterhaltung" wird definiert als singulär oder gemeinsam betriebener angenehmer Zeitvertreib oder Art der Geselligkeit zur physisch-psychischen Entspannung bzw. Erholung, der unvermittelt verschafft werden kann durch Eigenaktion oder vermittelt wird durch Rezeption von organisierten Darbietungen (VwGH 28.5.1998, 96/15/0122). Der Unterhaltungscharakter einer Darbietung geht nicht dadurch verloren, dass damit Werbezwecke verbunden sind (VwGH 24.6.2009, 2009/15/0090). **7943**

Beispiel:

Ist eine Verkaufswerbung wie im Fall einer Modeschau in ein „unterhaltsames Präsentieren" gekleidet, so erhält die Veranstaltung den Aspekt der Unterhaltung. Diese Zuordnung bleibt aufrecht, solange nicht der Unterhaltungswert völlig in den Hintergrund tritt. Eine generalisierende Betrachtung ist unzulässig, weil es auch eine Modeschau ohne Unterhaltungswert geben kann, die ein einfaches Vorzeigen der Modelle zum Inhalt hat.

(BMF-AV Nr. 2018/79)

Der Charakter einer Unterhaltungsdarbietung geht auch nicht dadurch verloren, dass im Augenblick der Darbietung kein Publikum anwesend ist. Daher ist eine Darbietung von Studiomusikern aus Anlass einer Schallplattenaufnahme als eine solche Mitwirkung an einer inländischen Unterhaltungsdarbietung gewertet. Der Begriff der „Darbietung" setzt aber doch eine in sich geschlossene und daher als solche für die Unterhaltung geeignete Aktivität voraus. **7944**

Eine Mitwirkung an bloßen Darbietungsfragmenten, wie dies bei einzelnen Szenenaufnahmen im Zuge von Filmdreharbeiten der Fall ist, verwirklicht nicht den Tatbestand der **7945**

„Mitwirkung an einer Unterhaltungsdarbietung". Denn die einzelnen Darbietungsfragmente erlangen erst durch den nachfolgenden Filmzusammenschnitt und durch professionelle Nachbearbeitung in den Studioeinrichtungen jene Reife, die sie für die Publikumsunterhaltung (im weiten Wortsinn) geeignet macht. Daraus folgt, dass Steuerausländer, die an inländischen Filmdrehaufnahmen mitwirken und die nicht als Arbeitnehmer der inländischen Produktionsgesellschaft anzusehen sind, nur dann gemäß § 98 EStG 1988 der beschränkten Steuerpflicht in Österreich unterliegen, wenn sie Einkünfte als Künstler, als Sportler oder Artist oder als kaufmännischer oder technischer Berater erzielen.

Die auf gewerblicher Basis an Filmdrehaufnahmen mitwirkenden ausländischen Kameraleute, Tontechniker, sonstigen Techniker sowie Models werden demnach idR nicht der beschränkten Steuerpflicht in Österreich unterliegen. Es ist jedoch mit dem Finanzamt Österreich (bis 31.12.2020: mit dem örtlich zuständigen Finanzamt) das Einvernehmen über das Nichtvorliegen der Arbeitnehmereigenschaft dieser Personen (beschränkte Steuerpflicht nach § 98 Abs. 1 Z 4 EStG 1988) herzustellen. Hierbei wird auch auf die bestehenden DBA und vor allem darauf Bedacht zu nehmen sein, wie die Ansässigkeitsstaaten der ausländischen Mitwirkenden die vertraglichen Beziehungen zur inländischen Produktionsgesellschaft werten. Denn wenn im Ansässigkeitsstaat die Vergütungen von der Besteuerung freigestellt werden, weil man annimmt, es habe sich um eine auf österreichischem Staatsgebiet ausgeübte unselbständige Arbeit gehandelt, wobei auf österreichischer Seite aufgrund desselben DBA ebenfalls Steuerfreistellung gewährt wird, weil Gewerblichkeit der Betätigung angenommen wird, dann wäre eine solche Vorgangsweise jedenfalls nicht abkommenskonform.

(BMF-AV Nr. 2021/65)

7946 Ist das anzuwendende DBA diesbezüglich dem Art. 17 Abs. 1 OECD-Musterabkommen nachgebildet, so ist für die Zuteilung des Besteuerungsrechts der Ort maßgeblich, an dem die Tätigkeit persönlich ausgeübt wird. Der Begriff „Künstler" ist für Zwecke der Abkommensanwendung weit auszulegen; grundsätzlich alle Auftritte von Personen in der Öffentlichkeit, die zu Unterhaltungszwecken erfolgen, werden von Art. 17 Abs. 1 OECD-Musterabkommen erfasst. Einkünfte anderer Personen, die an Unterhaltungsdarbietungen mitwirken ohne selbst aufzutreten, zB Personen mit verwaltungsmäßiger oder unterstützender Funktion (zB Kameraleute bei der Filmproduktion, Produzenten, Regisseure, Choreografen, technisches Personal, Begleittross, Beleuchtungstechniker und Kostümbildner, aber auch Konzertagenturgesellschaften und Showproduzenten) werden von Art. 17 Abs. 1 OECD-Musterabkommen nicht erfasst. Stehen Einkünfte nicht im unmittelbaren Zusammenhang mit einer öffentlichen Darbietung des Auftretenden im Inland (zB Lizenzgebühren), kommt die dem Art. 17 Abs. 1 OECD-Musterabkommen nachgebildete Bestimmung nicht zur Anwendung.

Randzahl 7947: *derzeit frei*

(BMF-AV Nr. 2018/79)

7948 Enthält das zwischen dem Tätigkeitsstaat und dem Ansässigkeitsstaat einer ausländischen Person, die dem inländischen Auftraggeber (Veranstalter) und dem Sportler, Artisten oder Mitwirkenden an Unterhaltungsdarbietungen zwischengeschaltet ist, bestehende DBA eine dem Art. 17 Abs. 2 OECD-Musterabkommen („internationaler Künstlerdurchgriff") entsprechende Abkommensbestimmung, ist das Besteuerungsrecht an den Einkünften dieser Person dem Tätigkeitsstaat zugeteilt. Diese Einkünfte unterliegen gemäß § 98 Abs. 1 Z 3 EStG 1988 der beschränkten Steuerpflicht, sofern diese ausländische Person ebenfalls als „Mitwirkender an Unterhaltungsdarbietungen" gilt. Dies ist nur dann der Fall, wenn diese unmittelbar auf die inhaltliche Gestaltung der Unterhaltungsdarbietung Einfluss nimmt. Das ist bei einer Theater-AG, bei einer Filmproduktionsgesellschaft, die wie eine Theater-AG Unterhaltungsdarbietungen produziert und bei der Trägervereinigung eines Orchesters der Fall, nicht aber bei einer nur Managementleistungen erbringenden Künstleragentur (vgl. VwGH 27.11.2003, 2000/15/0033 und 11.12.2003, 2000/14/0165). In den Fällen der Besteuerung der ausländischen Person nach Art. 17 Abs. 2 OECD- Musterabkommen hat eine auf Art. 17 Abs. 1 OECD-Musterabkommen gestützte gesonderte Besteuerung des Künstlers oder Sportlers zu unterbleiben (vgl. Rz 11.5 des OECD-Kommentars zu Art. 17 OECD-Musterabkommen). Die ausländische Person darf allerdings nicht bloß als Vermittler auftreten, sondern muss die Verträge sowohl mit dem inländischen Auftraggeber (Veranstalter) als auch mit den ausländischen Sportlern, Artisten oder sonstigen Mitwirkenden an Unterhaltungsdarbietungen jeweils im eigenen Namen und auf eigene Rechnung abschließen; zwischen dem inländischen Auftraggeber und den ausländischen Sportlern, Artisten oder sonstigen Mitwirkenden an Unterhaltungsdarbietungen dürfen keine steuerlich relevanten Leistungsbeziehungen bestehen.

(BMF-AV Nr. 2018/79)

7949 Sind die ausländischen Sportler, Artisten oder Mitwirkenden an Unterhaltungsdarbietungen im Rahmen einer ausländischen Personengesellschaft (zB Orchester, Musikgruppe) tätig, die mit einer österreichischen Personengesellschaft vergleichbar ist, gilt diese nicht als „ansässige Person" iSd Art. 17 Abs. 2 OECD- Musterabkommen; die Sportler, Artisten oder Mitwirkenden an Unterhaltungsdarbietungen sind gemäß § 98 Abs. 1 Z 3 EStG 1988 in Verbindung mit einer dem Art. 17 Abs. 1 OECD- Musterabkommen nachgebildeten Abkommensbestimmung in Österreich mit ihren Einkünften einkommensteuerpflichtig (Einkommensteuerpflicht von Personengesellschaften siehe Rz 7907 f).

(BMF-AV Nr. 2018/79)

Fehlt eine dem Art. 17 Abs. 2 OECD-Musterabkommen nachgebildete Abkommensbestimmung (zB Abkommen mit Belgien, Irland, Luxemburg, Portugal), besteht – unbesehen einer Einkommensteuerpflicht der Einkünfte des Sportlers, Artisten oder Mitwirkenden an Unterhaltungsdarbietungen – auf abkommensrechtlicher Ebene kein Anrecht auf Besteuerung der ohne inländische Betriebsstätte erzielten Einkünfte der zwischengeschalteten ausländischen Person (zB Konzertagenturgesellschaft, Showproduzent). Dies bedeutet jedoch nicht, dass der inländische Veranstalter durch das Abkommen von den Folgen der nach inländischem Recht gegebenen Abzugspflicht befreit wird. Z 8 letzter Satz des OECD-Kommentars zu Art. 17 OECD-MA gestattet eine Auslegung von Art. 17 Abs. 1, derzufolge durch eine im Zahlungsfluss an den Künstler zwischengeschaltete dritte Person (zB ausländische Agentur) direkt auf den Künstler durchgegriffen werden kann („echter Künstlerdurchgriff"). In jenen Fällen, in denen die vom Veranstalter geleisteten Zahlungen an eine ausländische Agentur gezahlt werden, die entsprechend der VwGH-Judikatur zum Begriff des „Mitwirkenden" nicht mehr als Steuerpflichtiger angesehen werden kann und eine als „unechter Künstlerdurchgriff" bezeichnete Besteuerung der Agentur nicht mehr erfolgen darf, ergibt sich aus § 5 Abs. 2 der DBA-Entlastungsverordnung, BGBl. III Nr. 92/2005 idF BGBl. II Nr. 44/2006, mit Wirkung ab 1.7.2005, dass der Steuerabzug auf den an den Erbringer der Tätigkeit weiter fließenden Teil der Vergütungen eingeschränkt werden kann. Für diesen Teil ist eine Entlastung an der Quelle auf Grund von Doppelbesteuerungsabkommen unzulässig und wird somit dem Vergütungsschuldner die Freistellung des Künstleranteils von der Besteuerung untersagt. 7950

§§ 98 ff

Beispiel:

Ein inländischer Konzertveranstalter engagiert über eine ausländische Künstleragentur einen nicht im Inland ansässigen Künstler für inländische Gastauftritte. Die Künstleragentur ist ausschließlicher Vertragspartner des österreichischen Veranstalters; sie tritt daher nicht als bloßer Vermittler auf, stellt aber auch keinen Mitwirkenden an einer Unterhaltungsdarbietung iSd § 98 Abs. 1 Z 3 EStG 1988 dar. Die Einkünfte des Künstlers, die er von der Künstleragentur für diese inländischen Gastauftritte erhält, sind jedoch solche iSd § 98 Abs. 1 Z 2, Z 3 oder Z 4 EStG 1988 (und sind Österreich aufgrund einer dem Art. 17 Abs. 1 OECD-Musterabkommen nachgebildeten Bestimmung des DBA zur Besteuerung zugewiesen). Auf der Grundlage des Durchgriffstatbestands des § 99 Abs. 1 Z 1 EStG 1988 kann hinsichtlich des an den Künstler fließenden Anteils auf den Künstler durchgegriffen werden („echter" Künstlerdurchgriff). Für die Frage, nach welchem Doppelbesteuerungsabkommen Österreich ein Besteuerungsrecht eingeräumt wird, ist in dieser Konstellation nicht auf den Ansässigkeitsstaat der Künstleragentur, sondern auf jenen des betroffenen Künstlers abzustellen.

In jenen Fällen, in denen die Zahlungen jedoch an eine als „Mitwirkende" in Betracht kommende juristische Person fließen (zB Orchester- oder Theater-AG) kann das Fehlen von Abs. 2 in Art. 17, welches die Besteuerung dieser juristischen Personen im Wege des „unechten" Künstlerdurchgriffs explizit ausschließt, unterschiedliche Rechtsfolgen zeitigen, je nachdem ob die auftretenden Künstler vom Rechtsträger im Rahmen von Dienst- oder von Werkverträgen beschäftigt werden (siehe dazu ausführlich den Durchführungserlass zur DBA-Entlastungsverordnung, Erlass des BMF vom 10.03.2006, BMF-010221/0101-IV/4/2006 Abschnitt 3, AÖF Nr. 127/2006 idF des Erlasses des BMF vom 12.06.2014, BMF-010221/0362-VI/8/2014, BMF-AV Nr. 102/2014). Zur Erhebung der Einkommensteuer des Sportlers, Artisten oder Mitwirkenden an Unterhaltungsdarbietungen in einem solchen Fall siehe Rz 7995 ff).

(BMF-AV Nr. 2018/79)

30.1.6 Einkünfte aus nichtselbständiger Arbeit (§ 98 Abs. 1 Z 4 EStG 1988)

(AÖF 2013/280)

Der beschränkten Steuerpflicht unterliegen nach § 98 Abs. 1 Z 4 EStG 1988 Einkünfte aus nichtselbständiger Arbeit, die im Inland oder auf österreichischen Schiffen ausgeübt oder verwertet wird oder worden ist oder aus inländischen öffentlichen Kassen mit Rücksicht auf ein gegenwärtiges oder früheres Dienstverhältnis gewährt werden. Für die Be- 7951 griffsbestimmung „Ausübung“ und „Verwertung“ ist § 98 Abs. 1 Z 2 EStG 1988 maßgeblich (siehe Rz 7916 ff und Rz 7920).

(AÖF 2013/280)

7952 Im § 98 Abs. 1 Z 4 EStG 1988 wird nach der Erwähnung der Einkunftsart „Einkünfte aus nichtselbständiger Arbeit“ im nachfolgenden Klammerausdruck auf § 25 EStG 1988 verwiesen. Damit ist grundsätzlich der gesamte im § 25 Abs. 1 EStG 1988 erwähnte Katalog von nichtselbständigen Einkünften auch von § 98 Abs. 1 Z 4 EStG 1988 umfasst. Eine Einschränkung im Umfang der Steuerpflicht ergibt sich erst durch die weitere Bezugnahme in § 98 Abs. 1 Z 4 EStG 1988 auf eine notwendige inländische Anknüpfung, die zwei Tatbestände umfasst (VwGH 19.3.1997, 94/13/ 0220), nämlich einerseits Ausübung oder Verwertung der Arbeit im Inland und andererseits Gewährung von Einkünften aus inländischen öffentlichen Kassen.

(AÖF 2013/280)

7953 Durch Übernahme der in § 25 EStG 1988 genannten Einkunftstatbestände (so auch der Pensionen aus der gesetzlichen Sozialversicherung und gleichartigen Bezüge aus Versorgungseinrichtungen und Unterstützungseinrichtungen der Kammern der selbständig Erwerbstätigen) in § 98 Abs. 1 Z 4 EStG 1988 besteht eine beschränkte Einkommensteuerpflicht dann, wenn die seinerzeitige selbständige Berufsausübung im Inland erfolgte oder verwertet wurde. Dieses Auslegungsergebnis wird durch § 70 Abs. 2 Z 1 EStG 1988 gestützt. Diese Norm enthält Tarifvorschriften für bestimmte Einkünfte im Rahmen der beschränkten Lohnsteuerpflicht, ua. für Arbeitslohn von Trägern der gesetzlichen Sozialversicherung. Damit wird implizit vorausgesetzt, dass diese Einkünfte – die ein Dienstverhältnis unmittelbar nicht voraussetzen (zB Witwenpensionen oder Waisenpensionen) – durch den Verweis auf § 98 Abs. 1 Z 4 EStG 1988 im § 70 Abs. 1 EStG 1988 erfasst werden (VwGH 19.3.1997, 94/13/0220).

(BMF-AV Nr. 2019/75)

7953a Entschädigungen, die ein Mitglied des Vorstandes einer österreichischen Kapitalgesellschaft dafür erhält, dass das Vertragsverhältnis vorzeitig aufgelöst wird, unterliegen als Vorteile aus einem früheren Dienstverhältnis gemäß § 25 Abs. 1 Z 1 EStG 1988 dem österreichischen Lohnsteuerabzug. Diese Steuerpflicht bleibt auch dann aufrecht, wenn der Steuerpflichtige durch Wohnsitzverlegung in das Ausland aus der unbeschränkten in die beschränkte Steuerpflicht wechselt. Da einerseits die Quelle für die Entschädigungseinkünfte durch die auf Grund des Dienstvertrages in Österreich erbrachte Arbeitsleistung gebildet wird und andererseits die Entschädigungseinkünfte nicht unter die für Ruhegehälter und ähnliche Vergütungen (Art. 18 OECD-Musterabkommen) stehenden Begriffe des jeweiligen DBA zu subsumieren sind, steht nach dem „Kausalitätsprinzip“ das Besteuerungsrecht (Art. 15 OECD-Musterabkommen) Österreich zu (Vorrang des Kausalitätsprinzips vor dem Zuflussprinzip).

(AÖF 2002/84)

7954 Gemäß § 25 Abs. 1 Z 5 EStG 1988 gehören Bezüge von Vortragenden, Lehrenden und Unterrichtenden, sofern nicht bereits ein Dienstverhältnis gemäß § 47 Abs. 2 erster und zweiter Satz EStG 1988 vorliegt und sofern sie diese Tätigkeit im Rahmen eines von der Bildungseinrichtung vorgegebenen Studien-, Lehr- oder Stundenplanes (siehe dazu LStR 2002 Rz 992b) ausüben, zu den Einkünften aus nichtselbständiger Arbeit. Dies gilt auch für ausländische Lehrbeauftragte (zB Gastprofessoren), die beschränkt steuerpflichtige Einkünfte aus einer Tätigkeit im Rahmen eines von der Bildungseinrichtung im Inland vorgegebenen Studien-, Lehr- oder Stundenplanes im Inland erzielen. Für steuerliche Belange sind sie als Arbeitnehmer zu qualifizieren. Qualifiziert der Ansässigkeitsstaat des Lehrbeauftragten nach seinem Recht die Lehrtätigkeit als freiberufliche, kann sich ein internationaler Qualifikationskonflikt mit der Wirkung einer Doppelbesteuerung ergeben. In Fällen dieser Art kann das Problem nur im Weg eines internationalen Verständigungsverfahrens geklärt werden, das von Seiten des Lehrbeauftragten grundsätzlich in seinem Ansässigkeitsstaat zu beantragen wäre.

(BMF-AV Nr. 2018/79)

30.1.6.1 Ausübung

7955 Ausgeübt wird eine Tätigkeit nach innerstaatlichem und OECD-konformen zwischenstaatlichen Recht an dem Ort, an dem der Arbeitnehmer bei dieser Tätigkeit tatsächlich anwesend ist. Unmaßgeblich ist im Allgemeinen die Ansässigkeit des Arbeitgebers. Eine Ausnahme gilt für unternehmensrechtliche Geschäftsführer und Vorstände von Kapitalgesellschaften im Abkommensverhältnis zu Deutschland; laut Art. 16 Abs. 2 DBA-Deutschland darf deren Tätigkeit vom Ansässigkeitsstaat der Kapitalgesellschaft besteuert werden.

(BMF-AV Nr. 2018/79)

Die Besteuerung von Einkünften aus nichtselbständiger Arbeit erfolgt bei Vorliegen eines DBA idR im Tätigkeitsstaat. Der Tätigkeitsstaat hat jedoch gemäß den dem Art. 15 Abs. 2 OECD-Musterabkommen nachgebildeten Bestimmungen kein Besteuerungsrecht, wenn sich der Steuerpflichtige im Tätigkeitsstaat insgesamt nicht länger als 183 Tage aufhält, außer die Vergütungen werden von einer im Tätigkeitsstaat befindlichen Betriebsstätte (festen Einrichtung) des Arbeitgebers getragen oder die Vergütungen werden von einem Arbeitgeber oder für einen Arbeitgeber gezahlt, der im Tätigkeitsstaat ansässig ist. Ob die 183 Tage Frist pro Kalenderjahr oder für eine mit der jeweiligen Einreise in den Tätigkeitsstaat beginnende 12-Monate-Periode zu berechnen ist, richtet sich nach den Bestimmungen des jeweiligen Abkommens (Einzelheiten zur Fristberechnung siehe Erlass AÖF Nr. 331/1991). Laut OECD-Musterkommentar wäre auf eine 12-monatige Periode abzustellen (siehe Rz 4 des OECD-Kommentars zu Art. 15). **7956**

(BMF-AV Nr. 2018/79)

Für Grenzgänger sehen DBA vereinzelt (DBAs mit Deutschland, Italien, Liechtenstein) vor, dass deren Einkünfte aus nichtselbständiger Arbeit unabhängig von der Ausübung im Tätigkeitsstaat im Ansässigkeitsstaat besteuert werden. Soweit weder das DBA selbst noch eine Durchführungsregelung die für die Grenzgängereinstufung erforderlichen Merkmale eines grenznahen Wohnsitzes und eines grenznahen Arbeitsortes festlegen, sind alle Arbeitsorte noch als in Grenznähe gelegen anzusehen, die es unter Berücksichtigung der modernen Verkehrsverhältnisse erlauben, unter Zugrundelegung einer vertretbaren Wegzeit den Arbeitsort täglich vom Wohnsitz anzufahren. **7957**

(BMF-AV Nr. 2018/79)

30.1.6.2 Verwertung

Die Vermutung spricht für eine Verwertung nichtselbständiger Arbeit im Inland, wenn von einem inländischen Arbeitgeber Arbeitslohn ins Ausland geleistet wird. Es ist jedoch zu prüfen, ob der Erfolg der Tätigkeit unmittelbar der inländischen Volkswirtschaft zu dienen bestimmt ist (VwGH 20.10.1982, 81/13/0083). **7958**

Typisch für eine Verwertung von nichtselbständiger Arbeit im Inland ist die Tätigkeit der Außenhandelsstellen der Wirtschaftskammer Österreich (VwGH 27.11.1968, 889/67). Die ausschließlich im Ausland verrichtete, in der Mitwirkung beim Bau von Küstenschutzanlagen und Meereswasserentsalzungsanlagen bestehende Tätigkeit eines österreichischen Ingenieurs dient mit ihrem Erfolg der inländischen Volkswirtschaft auch dann nicht unmittelbar, wenn die ausländische Dienstgeberfirma eine Kapitalgesellschaft ist, deren Anteile sich im Eigentum einer inländischen Kapitalgesellschaft befinden (VwGH 15.4.1980, 2805/79). Eine unmittelbare Verwertung der Arbeitsleistungen der Arbeitnehmer erfolgt in erster Linie durch den Arbeitgeber selbst, denn ihm schuldet der Arbeitnehmer seine Arbeitskraft und ihm gegenüber erbringt der Arbeitnehmer seine Arbeitsleistung. Eine unmittelbare Verwertung im Inland liegt daher im Allgemeinen dann vor, wenn inländische Arbeitgeber ihre Arbeitnehmer in das Ausland entsenden. **7959**

Randzahl 7960: *derzeit frei*

(BMF-AV Nr. 2018/79)

30.1.6.3 Öffentliche Kassen

Öffentliche Kassen sind nur die Kassen von inländischen Gebietskörperschaften (VwGH 20.9.1983, 83/14/0002, 0010, 0011), wobei unmaßgeblich ist, ob das Dienstverhältnis im In- oder Ausland bestanden hat. Inländische Gebietskörperschaften sind der Bund, die Länder und die Gemeinden. **7961**

Ist das anzuwendende DBA diesbezüglich dem Art. 19 OECD-Musterabkommen nachgebildet, so werden solche Einkünfte im Inland steuerlich erfasst, wenn es sich um Gehälter, Löhne und ähnliche Vergütungen handelt, die von einer Gebietskörperschaft für die an sie geleisteten Dienste gezahlt werden, und die Dienste nicht im Rahmen einer Geschäftstätigkeit erbracht wurden. Anders verhält es sich, wenn die Dienste im anderen Vertragsstaat geleistet werden und der Einkünfteempfänger dort ansässig ist und entweder dessen Staatsangehöriger ist oder nicht ausschließlich deshalb dort ansässig geworden ist, um die Dienste zu leisten. Ruhegehälter, die nicht im Zusammenhang mit einer Geschäftstätigkeit stehen, werden im Quellenstaat steuerlich erfasst, ausgenommen der Bezieher ist im Vertragsstaat ansässig und dessen Staatsangehöriger. **7962**

(BMF-AV Nr. 2018/79)

30.1.6.4 Unterbleiben der Erfassung

7963 Eine Erfassung von Einkünften aus nichtselbständiger Arbeit unterbleibt gemäß § 98 Abs. 1 Z 4 letzter Satz EStG 1988, wenn die Einkünfte wirtschaftlich bereits bei den Einkünften aus Gewerbebetrieb (§ 98 Abs. 1 Z 3 EStG 1988) erfasst wurden. Damit soll eine wirtschaftliche Doppelbesteuerung in Fällen vermieden werden, in denen der zu besteuernde Arbeitslohn bei der Besteuerung des Gestellers, der im Inland (beschränkt steuerpflichtige) Einkünfte aus Gewerbebetrieb erzielt, keine Berücksichtigung als Aufwand bzw. Ausgabe gefunden hat.

Beispiel:

Der in Österreich nicht ansässige Gesteller G, der in Österreich keine Betriebsstätte besitzt, gestellt fünf ebenfalls nicht ansässige Dienstnehmer an den österreichischen Gestellungsnehmer A, der diese im Inland zum Einsatz bringt. Der Gesteller G erzielt dadurch beschränkt steuerpflichtige Einkünfte gemäß § 98 Abs. 1 Z 3 EStG 1988. Die Einkommensteuer ist durch Steuerabzug von 20% seiner Einnahmen abgegolten (§ 99 Abs. 1 Z 5 in Verbindung mit § 102 Abs. 1 Z 1 EStG 1988). Die Dienstnehmer erzielen beschränkt steuerpflichtige Einkünfte aus nichtselbständiger Arbeit (§ 98 Abs. 1 Z 4 EStG 1988). Die Erfassung dieser Einkünfte bei den Arbeitnehmern hat jedoch zu unterbleiben, weil sie wirtschaftlich bereits beim Gesteller G erfasst wurden.

(BMF-AV Nr. 2018/79)

7964 Eine wirtschaftliche Doppelbesteuerung der Einkünfte aus nichtselbständiger Arbeit (§ 98 Abs. 1 Z 4 EStG 1988) ist bei Bestehen eines DBA nicht anzunehmen, wenn dieses für die Zuteilung des Besteuerungsrechtes für Einkünfte im Sinne des § 98 Abs. 1 Z 3 EStG 1988 an Österreich eine Betriebsstätte (im Sinne des Abkommens) fordert, eine solche aber nicht vorliegt.

(AÖF 2013/280)

30.1.7 Einkünfte aus Kapitalvermögen (§ 98 Abs. 1 Z 5 EStG 1988)

(AÖF 2013/280)

30.1.7.1 Steuerpflichtige Einkünfte aus Kapitalvermögen

(AÖF 2013/280)

7965 Beschränkt Steuerpflichtige unterliegen mit Einkünften aus Kapitalvermögen iSd § 27 EStG 1988 nach Maßgabe des § 98 Abs. 1 Z 5 EStG 1988 der beschränkten Steuerpflicht. Handelt es sich bei Kapitaleinkünften um solche aus Kapitalanlagen inländischer Betriebsstätten von beschränkt Steuerpflichtigen, unterliegen diese Einkünfte nach Maßgabe des § 27 EStG 1988 der beschränkten Steuerpflicht nach § 98 Abs. 1 Z 3 EStG 1988. § 98 Abs. 1 Z 5 EStG 1988 ist diesfalls nicht anwendbar. Unterhält hingegen der beschränkt Steuerpflichtige, der im Rahmen seines ausländischen Unternehmens in Österreich Kapitaleinkünfte iSd § 27 EStG 1988 erzielt, keine inländische Betriebsstätte, unterliegen die Kapitaleinkünfte auf Grund der isolierenden Betrachtungsweise nach Maßgabe des § 98 Abs. 1 Z 5 EStG 1988 der beschränkten Steuerpflicht.

Die beschränkte Steuerpflicht iSd § 98 Abs. 1 Z 5 EStG 1988 erfuhr mit dem BBG 2011, BGBl. I Nr. 111/2010 eine Anpassung an die Neuregelung der Besteuerung von Kapitalvermögen (zur zeitlichen Anwendbarkeit siehe § 124b Z 184 EStG 1988). Eine Ausdehnung der beschränkten Steuerpflicht iSd § 98 Abs. 1 Z 5 EStG 1988 erfolgte dabei grundsätzlich nur im Hinblick auf die Einbeziehung von realisierten Wertsteigerungen in die Einkünfte aus Kapitalvermögen. Mit dem AbgÄG 2014, BGBl. I Nr. 13/2014, wurde jedoch eine Ausdehnung der beschränkten Steuerpflicht auf „Zinsen" im Sinne des EU-Quellensteuergesetzes vorgenommen. Die beschränkte Steuerpflicht auf Zinsen wurde mit dem EU-AbgÄG 2016, BGBl. I Nr. 77/2016, umgestaltet und auf sämtliche inländischen (Stück-)Zinsen gemäß § 27 Abs. 2 Z 2 EStG 1988 und § 27 Abs. 6 Z 5 EStG 1988 ausgedehnt.

(BMF-AV Nr. 2018/79)

7965a Der beschränkten Steuerpflicht iSd § 98 Abs. 1 Z 5 EStG 1988 unterliegen Einkünfte aus Kapitalvermögen iSd § 27 EStG 1988, wenn

- es sich um Einkünfte aus der Überlassung von Kapital gemäß § 27 Abs. 2 Z 1 EStG 1988 oder § 27 Abs. 5 Z 7 EStG 1988 handelt und Kapitalertragsteuer einzubehalten war (§ 98 Abs. 1 Z 5 lit. a EStG 1988, Inländische Beteiligungserträge und Zuwendungen an Privatstiftungen, siehe Rz 7966),
- es sich um Zinsen im Sinne des EU-Quellensteuergesetzes, BGBl. I Nr. 33/2004, handelt und Kapitalertragsteuer einzubehalten war (bis 31.12.2016; § 98 Abs. 1 Z 5 lit. b EStG 1988 idF des AbgÄG 2014, BGBl. I Nr. 13/2014, Einkünfte aus Zinsen, siehe Rz 7967),
- es sich um inländische Zinsen gemäß § 27 Abs. 2 Z 2 EStG 1988 oder inländische Stückzinsen gemäß § 27 Abs. 6 Z 5 EStG 1988 (einschließlich solche bei Nullkuponanleihen

und sonstigen Forderungswertpapieren) handelt und Kapitalertragsteuer einzubehalten war (ab 1.1.2017; § 98 Abs. 1 Z 5 lit. b EStG 1988 idF des EU-AbgÄG 2016, BGBl. I Nr. 77/2016, Einkünfte aus Zinsen, siehe Rz 7967),

- es sich um Einkünfte aus der Überlassung von Kapital gemäß § 27 Abs. 2 Z 4 EStG 1988 handelt und Abzugsteuer gemäß § 99 EStG 1988 einzubehalten war (§ 98 Abs. 1 Z 5 lit. c EStG 1988, Einkünfte als stiller Gesellschafter, siehe Rz 7968).
- es sich um Einkünfte aus Kapitalvermögen aus im Inland gelegenen Immobilien iSd §§ 40 und 42 Immobilien-Investmentfondsgesetz handelt (§ 98 Abs. 1 Z 5 lit. d EStG 1988, Einkünfte aus § 40 oder § 42 des Immobilien-Investmentfondsgesetzes unterliegenden Gebilden, siehe Rz 7969),
- es sich um Einkünfte aus realisierten Wertsteigerungen aus Beteiligungen an unbeschränkt steuerpflichtigen Kapitalgesellschaften handelt, an der der Steuerpflichtige in den letzten fünf Kalenderjahren zu mindestens 1% beteiligt war (§ 98 Abs. 1 Z 5 lit. e EStG 1988, Einkünfte aus realisierten Wertsteigerungen, siehe Rz 7970).

§§ 98 ff

(BMF-AV Nr. 2018/79)

a) Inländische Beteiligungserträge 7966

Der beschränkten Steuerpflicht gemäß § 98 Abs. 1 Z 5 lit. a EStG 1988 unterliegen zunächst Einkünfte aus der Überlassung von Kapital iSd § 27 Abs. 2 Z 2 EStG 1988. Voraussetzung für die beschränkte Steuerpflicht ist, dass der Abzugsverpflichtete Schuldner der Kapitalerträge iSd § 95 Abs. 2 Z 1 lit. a EStG 1988 ist und Kapitalertragsteuer einzubehalten war (§ 93 Abs. 1 EStG 1988). Besteht daher eine Befreiung von der Kapitalertragsteuer gemäß § 94 EStG 1988, unterliegen die Einkünfte auch nicht der beschränkten Steuerpflicht. Die beschränkte Steuerpflicht iSd § 98 Abs. 1 Z 5 lit. a EStG 1988 erstreckt sich folglich auf

- Gewinnanteile und sonstige Bezüge aus Aktien oder Anteilen an Gesellschaften mit beschränkter Haftung (§ 27 Abs. 2 Z 1 lit. a EStG 1988),
- gleichartige Bezüge und Rückvergütungen aus Anteilen an Erwerbs- und Wirtschaftsgenossenschaften (§ 27 Abs. 2 Z 1 lit. b EStG 1988),
- gleichartige Bezüge aus Genussrechten (somit sozietäre, nicht aber obligationenähnliche Genussrechte) und Bezüge aus Partizipationskapital iSd BWG oder VAG (§ 27 Abs. 2 Z 1 lit. c EStG 1988) sowie
- Bezüge aus Agrargemeinschaften (§ 27 Abs. 2 Z 1 lit. d EStG 1988),

soweit keine Befreiung vom KESt-Abzug besteht. Auch verdeckte Ausschüttungen unterliegen der beschränkten Steuerpflicht.

Weiters erstreckt sich die beschränkte Steuerpflicht auch auf Ausgleichszahlungen, die der Verleiher eines Wertpapiers von einem Kreditinstitut erhält.

b) Zuwendungen von inländischen Privatstiftungen nach Maßgabe des § 27 Abs. 5 Z 7 EStG 1988

Der beschränkten Steuerpflicht gemäß § 98 Abs. 1 Z 5 lit. a EStG 1988 unterliegen weiters Zuwendungen einer nicht gemeinnützigen Privatstiftung. Voraussetzung für die beschränkte Steuerpflicht ist wiederum, dass die Zuwendung einem Kapitalertragsteuerabzug unterliegt. Zuwendungen von ausländischen Stiftungen sind daher grundsätzlich nicht von der beschränkten Steuerpflicht umfasst.

(AÖF 2013/280)

Rechtslage bis 31.12.2016: 7967

Einkünfte aus Zinsen im Sinne des EU-Quellensteuergesetzes

Die beschränkte Steuerpflicht gemäß § 98 Abs. 1 Z 5 lit. b EStG 1988 umfasst Einkünfte aus Kapitalvermögen im Sinne des § 27 EStG 1988, wenn es sich dabei um Zinsen im Sinne des EU-Quellensteuergesetzes handelt (zu den einzelnen EU-quellensteuerpflichtigen Einkünften siehe EU-QuStR Rz 55). Zur beschränkten Steuerpflicht kommt es dabei nur dann, wenn für die Zinsen KESt einzubehalten war (siehe so auch Rz 7966). Ob der KESt-Abzug nach dem Subtatbestand des § 27 Abs. 2 EStG 1988 vorgenommen wurde, ist dabei nicht relevant. So sind beispielsweise auch in Veräußerungsgewinnen enthaltene Stückzinsen oder Einlösungsgewinne aus (Nullkupon)Anleihen von der beschränkten Steuerpflicht erfasst. Wird aufgrund von § 27a Abs. 2 EStG 1988 kein KESt-Abzug vorgenommen, besteht keine beschränkte Steuerpflicht.

Sollte für Zwecke der beschränkten Steuerpflicht gemäß § 98 Abs. 1 Z 5 lit. b EStG 1988 die Abgrenzung zwischen Alt- und Neubestand entsprechend den Inkrafttretensbestimmungen der KESt-neu relevant sein, bestehen keine Bedenken, im Zweifel von Neuvermögen auszugehen, wenn eine Differenzierung durch die Abzugsverpflichteten aus technischen Gründen nicht möglich ist.

Eine Abzugsverpflichtung kann für auszahlende Stellen gemäß § 95 Abs. 2 Z 1 lit. b EStG 1988 und für depotführende Stellen gemäß § 95 Abs. 2 Z 2 EStG 1988 bestehen. Die Abzugsverpflichtung umfasst dabei gemäß § 94 Z 13 EStG 1988, unabhängig von der Einstufung der Kapitalerträge nach § 27 EStG 1988, nur den Zinsanteil im Sinne des EU-Quellensteuergesetzes. Bei Stückzinsen hat bei Kuponzahlung/Einlösung/Veräußerung ein KESt-Abzug zu erfolgen, wobei eine laufende Zinsabgrenzung nicht erforderlich ist, wenn die technischen Möglichkeiten dafür nicht bestehen. Zur KESt-Befreiungsbestimmung des § 94 Z 13 EStG 1988 siehe Rz 7972.

Nicht der beschränkten Steuerpflicht gemäß § 98 Abs. 1 Z 5 lit. b EStG 1988 unterliegen natürliche Personen, die vom Anwendungsbereich der EU-Quellensteuer erfasst sind und Zinsen, deren Schuldner weder Wohnsitz noch Geschäftsleitung oder Sitz im Inland hat, noch eine inländische Zweigstelle eines ausländischen Kreditinstituts ist (siehe Rz 7971). Aufgrund der Voraussetzung, wonach die beschränkte Steuerpflicht nur dann besteht, wenn KESt einzubehalten war, führt die Anwendbarkeit der Befreiungsbestimmungen des § 94 EStG 1988 dazu, dass die beschränkte Steuerpflicht nicht zur Anwendung kommt.

Die beschränkte Steuerpflicht besteht für Zinsen, die nach dem 31. Dezember 2014 angefallen sind. Wird ab dem 1. Jänner 2015 auch für Zinsen, die vor dem 1. Jänner 2015 angefallen sind, KESt abgezogen, kann dieser Teil angerechnet oder rückerstattet werden. Die Finanzamtszuständigkeit für die KESt-Rückerstattung richtet sich dabei nach § 23 AVOG 2010 iVm § 25 Z 3 AVOG 2010 (siehe dazu Rz 7972).

Die Steuerpflicht auf Zinsen gemäß § 98 Abs. 1 Z 5 lit. b EStG 1988 idF vor dem EU-AbgÄG 2016, BGBl. I Nr. 77/2016, tritt mit Ablauf des 31.12.2016 außer Kraft. Für Zinsen, die aufgrund des § 14 Abs. 4 des EU-Quellensteuergesetzes nicht mehr der EU-Quellensteuer unterliegen, ist die beschränkte Steuerpflicht bereits ab dem 1.10.2016 nicht mehr anzuwenden (vgl. § 124b Z 309 letzter Satz EStG 1988).

Rechtslage ab 1.1.2017:

Die beschränkte Steuerpflicht auf Zinsen gemäß § 98 Abs. 1 Z 5 lit. b EStG 1988 wurde mit dem EU-AbgÄG 2016, BGBl. I Nr. 77/2016 umfassend umgestaltet. Die beschränkte Steuerpflicht umfasst nunmehr nicht nur lediglich jene Einkünfte aus Kapitalvermögen im Sinne des § 27 EStG 1988, bei denen es sich um Zinsen im Sinne des EU-Quellensteuergesetzes handelt, sondern sämtliche Zinsen gemäß § 27 Abs. 2 Z 2 EStG 1988 und Stückzinsen gemäß § 27 Abs. 6 Z 5 EStG 1988 (einschließlich solche bei Nullkuponanleihen und sonstigen Forderungswertpapieren, unabhängig davon, ob diese unter § 27 Abs. 3 oder 4 EStG 1988 fallen), sofern es sich dabei um inländische (Stück)Zinsen handelt.

Inländische (Stück)Zinsen liegen vor, wenn

- der Schuldner der (Stück)Zinsen Wohnsitz, Geschäftsleitung oder Sitz im Inland hat oder eine inländische Zweigstelle eines ausländischen Kreditinstitutes ist oder
- das Wertpapier von einem inländischen Emittenten begeben worden ist.

Unverändert ist hingegen die Voraussetzung, wonach die beschränkte Steuerpflicht nur dann besteht, wenn für die (Stück)Zinsen KESt einzubehalten war (siehe dazu auch Rz 7966). Wird daher aufgrund von § 27a Abs. 2 EStG 1988 kein KESt-Abzug vorgenommen oder kommen die Befreiungsbestimmungen des § 94 EStG 1988 zur Anwendung, besteht keine beschränkte Steuerpflicht.

Auf welcher Rechtsgrundlage der KESt-Abzug vorgenommen wird, somit ob sich eine Abzugsverpflichtung für auszahlende Stellen gemäß § 95 Abs. 2 Z 1 lit. b EStG 1988 oder für depotführende Stellen gemäß § 95 Abs. 2 Z 2 EStG 1988 ergibt, ist dabei nicht relevant. So sind beispielsweise – wie nach der Rechtslage vor dem EU-AbgÄG 2016, BGBl. I Nr. 77/2016 – auch in Veräußerungsgewinnen enthaltene Stückzinsen oder Einlösungsgewinne aus (Nullkupon)Anleihen von der beschränkten Steuerpflicht erfasst.

Da der Umfang der beschränkten Steuerpflicht auf Zinsen jenem bei unbeschränkter Steuerpflicht (in Bezug auf Zinsen) entspricht, hat auch beim KESt-Abzug keine Korrektur zu erfolgen (anders als nach der Rechtslage vor dem EU-AbgÄG 2016, BGBl. I Nr. 77/2016, nach der die Abzugsverpflichtung gemäß § 94 Z 13 EStG 1988, unabhängig von der Einstufung der Kapitalerträge nach § 27 EStG 1988, nur den Zinsanteil im Sinne des EU- Quellensteuergesetzes umfasst hat; siehe dazu Rz 7972).

Nicht von der beschränkten Steuerpflicht auf (Stück)Zinsen gemäß § 98 Abs. 1 Z 5 lit. b EStG 1988 umfasst sind:

- (Stück)Zinsen, die nicht von natürlichen Personen erzielt werden;
- (Stück)Zinsen, die von Personen erzielt werden, die in einem Staat ansässig sind, mit dem ein automatischer Informationsaustausch besteht, wobei die Begründung der

Ansässigkeit in einem solchen Staat dem Abzugsverpflichteten durch Vorlage einer Ansässigkeitsbescheinigung nachzuweisen ist (Formular IS-QU1);

- (Stück)Zinsen, die in Ausschüttungen gemäß § 186 Abs. 1 des Investmentfondsgesetzes 2011 oder in ausschüttungsgleichen Erträgen gemäß § 186 Abs. 2 Z 1 des Investmentfondsgesetzes 2011 oder ab 1.1.2019 § 40 Abs. 1 des Immobilien-Investmentfondsgesetzes enthalten sind, sofern das den §§ 186 oder 188 des Investmentfondsgesetzes 2011 bzw. §§ 40 oder 42 des Immobilien-Investmentfondsgesetzes unterliegende Gebilde direkt oder indirekt höchstens 15% seines Vermögens in Wirtschaftsgüter angelegt hat, deren Erträge inländische Zinsen sind.

Der veränderte Umfang der beschränkten Steuerpflicht auf (Stück)Zinsen gemäß § 98 Abs. 1 Z 5 lit. b EStG 1988 idF des EU-AbgÄG 2016, BGBl. I Nr. 77/2016, kommt für (Stück) Zinsen zur Anwendung, die nach dem 31.12.2016 angefallen sind. Wird ab dem 1.1.2017 auch für Zinsen, die davor angefallen sind und die von der beschränkten Steuerpflicht auf Zinsen gemäß § 98 Abs. 1 Z 5 lit. b EStG 1988 idF vor dem EU-AbgÄG 2016, BGBl. I Nr. 77/2016, nicht erfasst waren, KESt abgezogen, kann die KESt anteilig angerechnet oder rückerstattet werden. Ab 1.1.2021 ist für die KESt-Rückerstattung das Finanzamt für Großbetriebe zuständig.

(BMF-AV Nr. 2021/65)

Einkünfte als stiller Gesellschafter 7968

Der beschränkten Steuerpflicht gemäß § 98 Abs. 1 Z 5 lit. c EStG 1988 unterliegen Gewinnanteile iSd § 27 Abs. 2 Z 4 EStG 1988 aus der Beteiligung an einem Unternehmen als stiller Gesellschafter oder nach Art eines stillen Gesellschafters. Diese Einkünfte unterliegen seit dem 1. April 2012 nicht dem KESt-Abzug (§ 93 Abs. 1 iVm § 27a Abs. 2 Z 3 EStG 1988); § 98 Abs. 1 Z 5 lit. c EStG 1988 normiert daher einen eigenen Steuertatbestand. Gewinnanteile aus der Beteiligung als stiller Gesellschafter unterliegen unter der Voraussetzung der beschränkten Steuerpflicht, dass Abzugssteuer gemäß § 99 EStG 1988 einzubehalten war. Dies ist bei Einkünften iSd § 27 Abs. 2 Z 4 EStG 1988 dann der Fall, wenn die stille Beteiligung an einem inländischen Unternehmen besteht (§ 99 Abs. 1 Z 7 EStG 1988). Damit werden nur Einkünfte aus Beteiligungen beschränkt Steuerpflichtiger an inländischen stillen Gesellschaften von der beschränkten Steuerpflicht erfasst. Die Abzugssteuer beträgt in diesen Fällen 27,5% (für Zuflüsse ab dem 1.1.2016; BGBl. I Nr. 118/2015; davor 25%).

(BMF-AV Nr. 2018/79)

Einkünfte aus § 40 oder § 42 des Immobilien-Investmentfondsgesetzes unterliegenden Gebilden 7969

Der beschränkten Steuerpflicht gemäß § 98 Abs. 1 Z 5 lit. d EStG 1988 unterliegen Einkünfte aus Kapitalvermögen im Sinne der §§ 40 und 42 des Immobilien-Investmentfondsgesetzes, wenn es sich um im Inland gelegene Immobilien handelt. Unerheblich ist hingegen, ob es sich um einen inländischen oder ausländischen Immobilienfonds handelt. Die beschränkte Steuerpflicht iSd § 98 Abs. 1 Z 5 lit. d EStG 1988 besteht unabhängig vom Abzug einer Kapitalertragsteuer.

(BMF-AV Nr. 2015/133)

Einkünfte aus realisierten Wertsteigerungen 7969a

Der beschränkten Steuerpflicht gemäß § 98 Abs. 1 Z 5 lit. e EStG 1988 unterliegen Einkünfte aus realisierten Wertsteigerungen aus der Veräußerung einer Beteiligung

- an einer unbeschränkt steuerpflichtigen Kapitalgesellschaft, an der der beschränkt Steuerpflichtige oder im Falle eines unentgeltlichen Erwerbs sein Rechtsvorgänger
- zu mindestens 1% in den letzten fünf Kalenderjahren beteiligt war.

Die Besitzzeiten eines unentgeltlichen Rechtsvorgängers sind gegebenenfalls einzuberechnen. Einlagenrückzahlungen sind von der beschränkten Steuerpflicht iSd § 98 Abs. 1 Z 5 lit. e EStG 1988 umfasst, soweit diese die Anschaffungskosten der Beteiligung übersteigen.

(AÖF 2013/280)

Auf Abkommensebene ist, soweit das anzuwendende DBA dem OECD-Musterabkommen folgt, zwischen Dividenden (Art. 10) und Zinsen (Art. 11) zu unterscheiden. Der Begriff „Dividenden" umfasst Gewinnausschüttungen aller Art aufgrund von Gesellschaftsanteilen sowie Einkünfte, denen eine den Einkünften aus Aktien vorbehaltene Besteuerung zugrunde liegt. Er bezieht sich jedoch nicht auf Einkünfte des stillen Gesellschafters und auch nicht auf bloße partiarische Verträge. Dividenden und Zinsen sind idR im Ansässigkeitsstaat zu besteuern, der Quellenstaat behält jedoch vielfach das Recht auf einen bestimmten Prozentsatz vom Bruttobetrag der Dividenden und Zinsen (Quellensteuer). Das Besteuerungsrecht ist nicht beschränkt, wenn die Dividenden bzw. Zinsen im Rahmen einer im Quellenstaat gelegenen Betriebsstätte oder festen Einrichtung erzielt werden. Voraussetzung dafür ist 7970 jedoch, dass die Dividenden oder Zinsen „tatsächlich" der Betriebsstätte oder festen Einrichtung zuzurechnen sind, dh. dass wirtschaftliches Eigentum an der Beteiligung oder Forderung besteht (vgl. etwa Rz. 32.1 des Kommentars zu Art. 10 OECD-MA; siehe dazu auch VwGH 18.10.2017, Ro 2016/13/0014). Die Zuordnung der Beteiligung zur Betriebsstätte setzt einen funktionalen Zusammenhang zwischen der Beteiligung und den Aktivitäten der Betriebsstätte voraus (VwGH 18.10.2017, Ro 2016/13/0014). In diesen Fällen erfolgt die Besteuerung im Rahmen des Art. 7 OECD-MA unter Abzug der mit den Einkünften zusammenhängenden Kosten.

Beispiel:

Eine in Österreich gelegene Betriebsstätte einer in Staat A ansässigen Kapitalgesellschaft bezieht Dividenden von österreichischen Kapitalgesellschaften, an deren Anteile sie wirtschaftliches Eigentum hat. Die Beteiligungen stehen in einem funktionalen Zusammenhang mit den Aktivitäten der Betriebsstätte. Das Besteuerungsrecht hat Österreich als der Staat, in dem die Betriebsstätte gelegen ist, in deren Gewinn die Dividenden eingeflossen sind; obwohl die Rechtsperson, die die Dividenden bezieht, nicht in Österreich, sondern in Staat A ansässig ist, werden die Besteuerungsrechte an den in die österreichischen Betriebsstätteneinkünfte einfließenden Dividenden durch das Abkommen mit Staat A nicht beschränkt.

(BMF-AV Nr. 2018/79)

30.1.7.2 Nicht steuerpflichtige Einkünfte aus Kapitalvermögen

(AÖF 2013/280)

7971 Insbesondere folgende Einkünfte aus Kapitalvermögen iSd § 27 EStG 1988 unterliegen nicht der beschränkten Steuerpflicht iSd § 98 Abs. 1 Z 5 EStG 1988:

- Zinsen, die von Personen erzielt werden, die in den Anwendungsbereich des EU- Quellensteuergesetzes fallen (bis 31.12.2016; § 98 Abs. 1 Z 5 letzter Satz zweiter Teilstrich EStG 1988 idF vor dem EU-AbgÄG 2016, BGBl. I Nr. 77/2016),
- (Stück)Zinsen, deren Schuldner weder Wohnsitz noch Geschäftsleitung oder Sitz im Inland hat, noch eine inländische Zweigstelle eines ausländischen Kreditinstitutes ist (kein Inlandsbezug; § 98 Abs. 1 Z 5 lit. b EStG 1988),
- (Stück)Zinsen aus Wertpapieren, die nicht von einem inländischen Emittenten begeben worden sind (ab 1.1.2017; § 98 Abs. 1 Z 5 lit. b EStG 1988 idF des EU- AbgÄG 2016, BGBl. I Nr. 77/2016),
- Erträge aus Privatdarlehen (einschließlich partiarischer Darlehen), weil diese keinem KESt-Abzug unterliegen,
- Diskontbeträge von Wechseln und Anweisungen, weil diese keinem KESt-Abzug unterliegen,
- Unterschiedsbeträge zwischen der eingezahlten Versicherungsprämie und der Versicherungsleistung, weil diese keinem KESt-Abzug unterliegen,
- Zinsen, die die Voraussetzungen iSd § 99a EStG 1988 erfüllen (konzerninterne Zinsen an EU-Gesellschaften),
- Realisierte Wertsteigerungen aus der Veräußerung von Beteiligungen an unbeschränkt steuerpflichtigen Kapitalgesellschaften, wenn die Beteiligungshöhe in den letzten 5 Jahren zu keinem Zeitpunkt mindestens 1% betragen hat.

(BMF-AV Nr. 2018/79)

7971a Die Steuerbefreiungen für Genussscheine und junge Aktien sowie Ausschüttungen aus Aktien und Genussrechten von Mittelfinanzierungsgesellschaften sind für beschränkt Steuerpflichtige in gleicher Weise anzuwenden wie für unbeschränkt Steuerpflichtige (siehe Abschnitt 20.2.5.1 und 20.2.5.2).

(AÖF 2013/280)

30.1.7.3 Befreiung vom KESt-Abzug für beschränkt Steuerpflichtige gemäß § 98 EStG 1988

(AÖF 2013/280)

7972 Personen, die gemäß § 98 EStG 1988 der beschränkten Steuerpflicht unterliegen (Personen, die im Inland weder Wohnsitz, noch gewöhnlichen Aufenthalt bzw. Geschäftsleitung oder Sitz haben bzw. von der Zweitwohnsitzverordnung, BGBl. II Nr. 528/2003, Gebrauch gemacht haben) sind gemäß § 94 Z 13 EStG 1988 von der KESt befreit

- mit Kapitaleinkünften, die nicht von der beschränkten Steuerpflicht gemäß § 98 Abs. 1 Z 5 EStG 1988 umfasst sind, wobei der Bestand der beschränkten Steuerpflicht gemäß

§ 98 Abs. 1 Z 5 lit. a bis c EStG 1988 dadurch nicht berührt wird (die Befreiung vom KESt-Abzug gemäß § 94 Z 13 EStG 1988 hat keine Auswirkung auf die tatbestandmäßige Voraussetzung, wonach die beschränkte Steuerpflicht in diesen Fällen nur dann besteht, „wenn Kapitalertragsteuer einzubehalten war"); dies betrifft insbesondere Einkünfte aus realisierten Wertsteigerungen von Kapitalvermögen und Einkünfte aus Derivaten (gemäß § 27 Abs. 3 und 4 EStG 1988); bei Zinsen ist zu beachten, dass die KESt- Abzugsverpflichtung vom Umfang her nur inländische Zinsen umfasst (siehe dazu Rz 7967);

- mit Einkünften aus der Veräußerung einer Beteiligung an einer inländischen Kapitalgesellschaft,; dies gilt auch für Einkünfte aus der Veräußerung einer Beteiligung an einer inländischen Kapitalgesellschaft, an der der Steuerpflichtige oder im Fall eines unentgeltlichen Erwerbes sein Rechtsvorgänger innerhalb der letzten fünf Jahre vor Veräußerung zu mindestens 1% beteiligt war (§ 98 Abs. 1 Z 5 lit. e EStG 1988), obwohl diese Einkünfte dem Grunde nach der beschränkten Steuerpflicht unterliegen. Einkünfte aus der Veräußerung einer derartigen Beteiligung sind durch den beschränkt Steuerpflichtigen stets im Wege der Veranlagung zu versteuern. §§ 98 ff

Wurde in diesen Fällen ein KESt-Abzug vorgenommen, ist zu unterscheiden:

- Wurde der KESt-Abzug für Einkünfte vorgenommen, die schon dem Grunde nach nicht der beschränkten Steuerpflicht gemäß § 98 Abs. 1 Z 5 EStG 1988 unterliegen, erfolgte dieser zu Unrecht und der Steuerpflichtige kann die Rückerstattung der KESt bis zum Ablauf des fünften Kalenderjahres, das auf das Jahr der Einbehaltung folgt, gemäß § 240 Abs. 3 BAO beantragen. Ab dem 1.1.2021 ist für die KESt-Rückerstattung das Finanzamt für Großbetriebe zuständig;
- Wurde hingegen der KESt-Abzug für Einkünfte vorgenommen, die trotz Befreiung von der KESt-Abzugspflicht gemäß § 94 Z 13 EStG 1988 der beschränkten Steuerpflicht unterliegen (Einkünfte aus der Veräußerung einer Beteiligung an einer inländischen Kapitalgesellschaft gemäß § 98 Abs. 1 Z 5 lit. e EStG 1988), kann eine Rückerstattung der KESt gemäß § 240 Abs. 3 BAO nicht erfolgen, weil diese Einkünfte im Wege der Veranlagung zu versteuern sind (vgl. § 240 Abs. 3 lit. c BAO).

(BMF-AV Nr. 2021/65)

30.1.7.4 Doppelwohnsitz

(AÖF 2013/280)

Haben Personen neben ihrem ausländischen Wohnsitz einen weiteren österreichischen Wohnsitz, so unterliegen sie – ungeachtet einer nach Doppelbesteuerungsabkommen allenfalls gegebenen ausländischen Ansässigkeit – innerstaatlich der unbeschränkten Steuerpflicht. § 98 Abs. 1 Z 5 EStG 1988 ist auf sie nicht anwendbar. Die Steuerpflicht für Einkünfte aus Kapitalvermögen kann daher niemals auf Basis dieser Bestimmung entfallen, sondern nur auf Grund von Doppelbesteuerungsabkommen (allenfalls auf Grund von Maßnahmen nach § 103 EStG 1988 oder § 48 BAO). Dies gilt auch für Staatsbürger der nicht an Österreich angrenzenden Staaten. **7972a**

(BMF-AV Nr. 2018/79)

30.1.7.5 Zweitwohnsitz

(AÖF 2013/280)

Personen, die sich länger als fünf Kalenderjahre im Ausland befinden und im Inland lediglich über eine Wohnung verfügen, die sie allein oder gemeinsam mit anderen inländischen Wohnungen nicht länger als 70 Tage pro Jahr benützen (§ 1 Abs. 1 der Zweitwohnsitzverordnung, BGBl. II Nr. 528/2003), haben keinen Wohnsitz im Sinne des § 1 EStG 1988 und unterliegen daher nicht der unbeschränkten, sondern der beschränkten Steuerpflicht. Die Bank ist im Zusammenhang mit der Kapitalertragsteuer-Erhebung nicht verpflichtet, das Vorliegen der Verordnungsvoraussetzungen (Vorlage des gemäß § 1 Abs. 2 Zweitwohnsitzverordnung, BGBl. II Nr. 528/2003 zu führenden Verzeichnisses über die Tage der inländischen Wohnungsbenützung) zu prüfen, wenn vom Anleger eine entsprechende Erklärung abgegeben wird. Die Verantwortung für die Richtigkeit der Erklärung liegt beim Anleger. Ergeben sich jedoch auf Grund der nach dem BWG durchzuführenden Prüfungen oder aus sonstigen Gründen Zweifel daran, sind diese Erkenntnisse auch für steuerliche Zwecke zu verwerten. Bis zur endgültigen Klärung des Sachverhalts ist jedenfalls ein KESt-Abzug vorzunehmen. **7972b**

(AÖF 2013/280)

30.1.7.6 Nachweis der beschränkten Steuerpflicht

(AÖF 2013/280)

30.1.7.6.1 Nachweis allgemein

(AÖF 2013/280)

7972c Unterliegen Kapitalerträge ausländischer Anleger nicht der beschränkten Steuerpflicht, so kann unter bestimmten Voraussetzungen von der Vornahme eines Steuerabzugs abgesehen werden. Der Steuerabzug darf nur dann unterbleiben, wenn der Anleger dem Kreditinstitut (auszahlende Stelle) seine Ausländereigenschaft nachweist bzw. glaubhaft macht. Es ist der Umstand nachzuweisen oder glaubhaft zu machen, dass der Anleger im Inland weder einen Wohnsitz noch seinen gewöhnlichen Aufenthalt hat. Dazu ist es erforderlich, dass der Anleger einen amtlichen Lichtbildausweis iSd § 40 BWG vorlegt, aus dem seine Identität zweifelsfrei hervorgeht. Das Kreditinstitut (der Emittent) muss den Namen des Anlegers, die ausstellende Behörde und die amtliche Nummer des Lichtbildausweises in geeigneter Form festhalten und diese Angaben nach den Regelungen des BWG überprüfen. Überdies muss der Anleger – gleichgültig, ob er ausländischer oder österreichischer Staatsbürger ist – seine Adresse angeben; auch diese ist in geeigneter Form festzuhalten.

(AÖF 2013/280)

30.1.7.6.2 Nachweis der beschränkten Steuerpflicht für österreichische Staatsbürger oder Staatsbürger der Nachbarstaaten Österreichs im Besonderen

(AÖF 2013/280)

7972d Anleger, die österreichische Staatsbürger oder Staatsbürger der Nachbarstaaten Österreichs sind, müssen zusätzlich schriftlich erklären, dass sie in Österreich keinen Wohnsitz bzw. gewöhnlichen Aufenthalt im Sinne des § 26 BAO haben. An die Stelle dieser Erklärung kann auch eine Erklärung des Anlegers treten, dass dieser ausschließlich über eine oder mehrere inländische Wohnungen verfügt, die gemäß § 1 der Zweitwohnsitzverordnung, BGBl. II Nr. 528/2003, keinen Wohnsitz im Sinne des § 1 EStG 1988 begründen. Darüber hinaus darf vom Steuerabzug nur abgesehen werden, wenn sich das betreffende Forderungswertpapier auf dem Depot einer inländischen Bank befindet.

Die Erklärung ist bei Änderung von einer ausländischen auf eine inländische Zustelladresse erneut vom Anleger abzuverlangen.

(AÖF 2013/280)

30.1.7.7 Zusätzliche Nachweise für ausländische Körperschaften

(AÖF 2013/280)

7972e Für ausländische Körperschaften sind zusätzlich auf Grund einer Identitätsprüfung iSd § 40 BWG schriftlich festzuhalten:

- Urkunde, aus der sich die rechtliche Existenz der Körperschaft ergibt.
- Die persönlichen Daten der natürlichen Person, die für die Körperschaft auftritt, einschließlich Vertretungsnachweis sowie Urkunde über ihre organschaftliche Stellung, falls sie eine solche bekleidet.
- Name und Sitz der ausländischen Körperschaft.

Die kuponauszahlende Stelle hat mit der ihr zumutbaren Sorgfalt die gemachten Angaben zu überprüfen. Zumutbar sind immer die im BWG enthaltenen Sorgfaltspflichten, die Ergebnisse von Prüfungen auf Grund des BWG sind daher stets auch für Zwecke des KESt-Abzuges zu verwenden.

Ergeben sich Anhaltspunkte, dass nicht die Körperschaft, sondern eine dahinter stehende dritte Person Zurechnungsempfänger der Kapitalerträge ist (insbesondere bei einer als transparent anzusehenden ausländischen Stiftung), darf ein Kapitalertragsteuerabzug nur dann unterbleiben, wenn die dahinter stehende Person identifiziert wird und die Voraussetzungen für das Unterbleiben des Steuerabzuges bei dieser Person vorliegen.

Gemäß § 38 Abs. 3 BWG befreit das Bankgeheimnis ein Kreditinstitut nicht, sämtliche für den KESt-Abzug relevanten Unterlagen bei einer KESt-Nachschau den prüfenden Organen der Finanzverwaltung vorzulegen. Durch das Bankgeheimnis entsteht für Zwecke der KESt-Befreiung vielmehr eine erhöhte Mitwirkungspflicht des Kreditinstitutes, die zu dieser Vorlageverpflichtung führt. Das Bankgeheimnis steht jedoch einer weiteren Verwertung von daraus gewonnenen Erkenntnissen in anderen Verfahren entgegen, es sei denn es liegt eine der Ausnahmen des § 38 Abs. 2 BWG vor.

(AÖF 2013/280)

Bei ausländischen Stiftungen (Anstalten oder Trusts) darf ein KESt-Abzug nur unterbleiben, wenn diese als intransparent anzusehen sind (vgl. dazu insbesondere StiftR 2009 Rz 21). Damit die kuponauszahlende Stelle feststellen kann, ob die ausländische Stiftung (Anstalt oder Trust) steuerlich als intransparent zu behandeln ist, gilt (nur) für Zwecke des KESt-Abzuges Folgendes: **7972f**

Der Stiftungsvorstand (bzw. das zur Vertretung befugte äquivalente Verwaltungsorgan) hat gegenüber der kuponauszahlenden Stelle eine schriftliche (Anleger-)Erklärung abzugeben. Aus dieser muss zweifelsfrei hervorgehen, dass der Stiftungsvorstand (bzw. das zur Vertretung befugte äquivalente Verwaltungsorgan) die ausschließliche Dispositionsbefugnis über das gesamte Vermögen der Stiftung (Anstalt oder Trust) hat und diese unbeeinflusst von Weisungen Dritter ausübt. Die Verantwortung für die Richtigkeit der Erklärung liegt beim Anleger; ergeben sich jedoch für die kuponauszahlende Stelle insbesondere auf Grund der nach dem BWG durchzuführenden Prüfungen berechtigte Zweifel an der Richtigkeit der Angaben, ist ein KESt-Abzug solange vorzunehmen, solange die Voraussetzungen für das Unterbleiben des KESt-Abzuges nicht einwandfrei vorliegen.

Werden Sparkonten (Sparbücher), andere Konten und Depots nach dem 31.12.2009 eröffnet, muss die schriftliche (Anleger-)Erklärung bereits bei Eröffnung abgegeben werden. Für zum 31.12.2009 schon bestehende Sparkonten (Sparbücher), andere Konten und Depots muss die schriftliche (Anleger-)Erklärung bis längstens 30.6.2010 abgegeben werden. Unterbleibt dies, hat ein KESt-Abzug zu erfolgen.

Übertragen Abgabepflichtige Vermögen auf eine von ihnen in einer Steueroase gegründete und dort steuerfreie Körperschaft und legt diese Körperschaft ihre Finanzmittel in der Folge in österreichischen festverzinslichen Bankkonten (Wertpapierkonten) an, dann mag das den Kapitalertrag (Früchte und Wertsteigerungen) abwerfende Vermögen wohl (zivilrechtlich) der Körperschaft gehören, doch werden die wirtschaftlichen Eigentümer dieses Vermögens – und in einem solchen Fall auch des daraus abreifenden Ertrages – die Abgabepflichtigen sein. Denn sie begeben sich in solchen Fällen regelmäßig nicht der Verfügungsmacht weder über das Vermögen noch über den daraus erzielten Ertrag. Zu ausländischen Stiftungen (Anstalten, Trusts) siehe Rz 7979.

Ist der Kapitalertrag aus steuerlicher Sicht nicht der ausländischen Körperschaft, sondern dahinter stehenden Abgabepflichtigen zuzurechnen, hat ein KESt-Abzug zu erfolgen.

Ein solcher darf hinsichtlich eines hinter der ausländischen Körperschaft stehenden Abgabepflichtigen nur unterbleiben, wenn

- dieser der kuponauszahlenden Stelle gegenüber die Höhe des ihm zuzurechnenden Anteils am Zinsertrag nachweist und
- die Voraussetzungen der Rz 7976 für den betreffenden Abgabepflichtigen vorliegen.

Hat in einem derartigen Fall der Abgabepflichtige seinen Wohnsitz in einem anderen Mitgliedstaat der EU, ist von dem ihm zuzurechnenden Anteil am Zinsertrag EU-Quellensteuer einzubehalten, sofern kein Grund für eine Nichterhebung der EU-Quellensteuer vorliegt.

(AÖF 2013/280)

30.1.7.8 Einsichtnahme in die Aufzeichnungen der Kreditinstitute

(AÖF 2013/280)

Die Abgabenbehörden können die unter Rz 7772 ff angeführten Aufzeichnungen dann einsehen, wenn ein Finanzstrafverfahren wegen eines vorsätzlichen Finanzvergehens, ausgenommen Finanzordnungswidrigkeiten, eingeleitet worden ist (§ 38 Abs. 2 BWG). Überdies können die Abgabenbehörden jederzeit prüfen, ob die Voraussetzungen für ein Unterbleiben des Steuerabzugs dem Grunde nach gegeben sind (§ 38 Abs. 3 BWG). Das Kreditinstitut hat den Abgabenbehörden die Überprüfung zu ermöglichen, ob für die einzelnen Einlagen- und Depotkonten überhaupt Aufzeichnungen geführt werden. Es steht den Kreditinstituten frei, Vorkehrungen zu treffen, dass bei der Überprüfung der festgehaltenen Aufzeichnungen eine Zuordnung zu den einzelnen Einlagen- und Depotkonten für die Abgabenbehörden nicht möglich ist (insb. durch jeweiliges Abdecken bestimmter Teile der Aufzeichnungen). Sollte es der Abgabenbehörde durch diese Vorkehrungen jedoch nicht möglich sein, zu überprüfen, ob die Voraussetzungen für ein Unterbleiben des Steuerabzugs dem Grunde nach gegeben sind, entfällt die Befreiung vom Kapitalertragsteuerabzug. Soweit dadurch der Abgabenbehörde abgabenrechtlich relevante Umstände, die über Zwecke der Kapitalertragsteuerüberprüfung hinausgehen, bekannt werden, dürfen diese für ein anderes Abgabenverfahren weder weitergegeben noch verwendet werden. Es dürfen auch keine Abschriften oder Kopien der Unterlagen von Kreditinstituten angefertigt werden. **7972g**

(AÖF 2013/280)

30.1.8 Einkünfte aus Vermietung und Verpachtung (§ 98 Abs. 1 Z 6 EStG 1988)

(AÖF 2013/280)

7973 Einkünfte aus Vermietung und Verpachtung unterliegen der beschränkten Steuerpflicht gemäß § 98 Abs. 1 Z 6, wenn das unbewegliche Vermögen, die Sachinbegriffe oder Rechte (§ 28 EStG 1988)

- im Inland gelegen sind,
- in ein inländisches öffentliches Buch oder Register eingetragen sind oder
- in einer inländischen Betriebsstätte verwertet werden.

(AÖF 2013/280)

7974 Öffentliches Buch ist zB das Grundbuch, Register zB das Patentregister und das Markenregister. Verwertung ist jede Nutzung der überlassenen Sachen und Rechte, etwa durch Nutzen, Benutzen oder Gebrauchen durch eine eigene Tätigkeit des Berechtigten.

7975 Der Begriff „Rechte“ bestimmt sich nach § 28 EStG 1988; erfasst werden Einkünfte aus der Überlassung von Rechten auf bestimmte oder unbestimmte Zeit oder aus der Gestattung der Verwertung von Rechten, insbesondere aus der Einräumung der Werknutzung (Werknutzungsbewilligung, Werknutzungsrecht) im Sinne des Urheberrechtsgesetzes sowie der Überlassung von gewerblichen Schutzrechten (Patente im Sinne des Patentgesetzes, Marken im Sinne des Markenschutzgesetzes, Muster und Modelle im Sinne des Musterschutzgesetzes), von gewerblichen Erfahrungen und von Berechtigungen (zB Konzession), wenn die Verwertung in einer inländischen Betriebsstätte erfolgt. Die Steuerpflicht besteht unabhängig davon, ob die Lizenzgebühren regelmäßig zu zahlen sind oder im Wege einer Einmalzahlung abgegolten werden. Vor allem bei Einmalzahlungen stellt sich aber die Frage, ob nicht möglicherweise eine Veräußerung des Lizenzrechtes erfolgt ist.

7976 Trifft dies zu, so ist eine steuerliche Erfassung in der Einkunftsart „Vermietung und Verpachtung“ nicht möglich, da hier nur die Erträgnisse aus der Nutzung des Rechtes einbezogen sind, nicht aber die Erträgnisse aus der Veräußerung der Vermögenssubstanz als solcher. Zur Veräußerung s Rz 6416.

(AÖF 2003/209)

7977 Das inländische Anknüpfungsmerkmal der „Verwertung in einer inländischen Betriebsstätte“ ist auch dann erfüllt, wenn es sich hiebei nicht um eine Betriebsstätte des beschränkt Steuerpflichtigen, sondern eines Dritten handelt (VwGH 21.2.1964, 2007/63). Verwertung im Sinne des § 98 Abs. 1 Z 6 EStG 1988 erfordert nicht, dass ihr wirtschaftlicher Erfolg der inländischen Volkswirtschaft unmittelbar zu dienen bestimmt ist.

(AÖF 2013/280)

7978 Erhält ein inländischer Unternehmer das Recht, den Namen, die Persönlichkeit und das äußere Erscheinungsbild in Wort und Bild kommerziell zu nutzen (zB Abbildung des Sportlers auf Postern und in Katalogen), dann zählen die hiefür dem Sportler zufließenden Einnahmen ebenfalls zu den Betriebseinnahmen seines aus steuerlicher Sicht gewerblich ausgeübten Sportbetriebes (§ 98 Abs. 1 Z 3 EStG 1988). Die entgeltlich erlangte Erlaubnis zur kommerziellen Nutzung von Aufnahmen des Sportlers in Form von Plakaten, Postern und anderen Werbeeinschaltungen stellt aber gleichzeitig auch eine Erlaubnis zur Verwertung von Persönlichkeitsrechten, sonach eine „Überlassung von Rechten“ im Sinne von § 28 Abs. 1 Z 3 EStG 1988 dar; im Rahmen der „isolierenden Betrachtungsweise“ fallen diese Vergütungen daher gemäß § 98 Abs. 1 Z 6 EStG 1988 auch dann noch unter die inländische beschränkte Steuerpflicht, wenn der betreffende Sportler im Inland keine Tätigkeit ausübt. Denn nach § 98 Abs. 1 Z 6 EStG 1988 löst allein der Umstand, dass solche entgeltlich überlassenen Rechte in einer inländischen Betriebsstätte des Berechtigten genutzt werden, auch wenn der Sportler im Inland nicht tätig wird, inländische Steuerpflicht aus.

Beispiel:

Verwertung im Sinne des § 98 Abs. 1 Z 6 EStG 1988 liegt vor: ein ausländischer Sportler überlässt einem inländischen Sportartikelhersteller für einen zur Hebung der inländischen Betriebsstättengewinne im Ausland verteilten Katalog das Recht, den Namen, die Persönlichkeit und das äußere Erscheinungsbild in Wort und Bild kommerziell zu nutzen.

(AÖF 2013/280)

7979 Auch Sublizenzierung stellt eine Verwertung von Rechten dar, die, wenn sie im Rahmen einer inländischen Betriebsstätte des Lizenznehmers erfolgt, die beschränkte Steuerpflicht des Lizenzgebers begründet. ZB findet eine Verwertung von Filmlizenzrechten daher nicht ausschließlich nur dort statt, wo die Filme vorgeführt werden.

Beispiel:

Ein im Ausland ansässiger Filmemacher A vergibt die Filmverwertungsrechte an einen österreichischen Filmverleiher. Dieser verwertet die Rechte an dem Film durch Vergabe einer Sublizenz an eine japanische Fernsehanstalt, die den Film in Japan ausstrahlt. Der Filmemacher A unterliegt der beschränkten Steuerpflicht.

Folgende Einkünfte unterliegen zB der beschränkten Steuerpflicht nach § 98 Abs. 1 Z 6 EStG 1988: **7980**

- Überlassung eines Rechts zur Herstellung und zum Vertrieb von Schallträgern (VwGH 8.10.1954, 1487/52),
- Überlassung von Filmverwertungsrechten (VwGH 28.10.1955, 0581/53),
- Überlassung von Rechten aus Fotoaufnahmen (VwGH 19.10.2006, 2006/14/0109 betreffend ein Fotomodell)
- Überlassung von Verlagsrechten (VwGH 23.3.1956, 3475/53),
- Überlassung von Freischurfberechtigungen (VwGH 27.1.1961, 1896/58),
- Lizenzgebühren, ungeschützte Geheimverfahren, schlichtes Know-how (VwGH 25.11.1965, 1477/64),
- Vermietung von Grundstücken, Häusern und Wohnungen (VwGH 16.3.1971, 1357/70).

§§ 98 ff

Einkünfte in Zusammenhang mit Software unterliegen der beschränkten Steuerpflicht entweder als Einkünfte aus selbständiger Arbeit (§ 98 Abs. 1 Z 2 EStG 1988), als Einkünfte aus Gewerbebetrieb (§ 98 Abs. 1 Z 3 EStG 1988) oder als Einkünfte aus Vermietung und Verpachtung (§ 98 Abs. 1 Z 6 EStG 1988).

Konzerninterne Lizenzgebühren an EU-Gesellschaften, die die Voraussetzungen des § 99a EStG 1988 erfüllen, sind von der beschränkten Steuerpflicht ausgenommen.

(BMF-AV Nr. 2018/79)

Einkünfte aus unbeweglichem Vermögen (zB Einkünfte aus der Vermietung von Grundstücken) werden dem Art. 6 OECD-Musterabkommen folgend im Belegenheitsstaat besteuert, und zwar auch dann, wenn es sich um Einkünfte aus unbeweglichem Vermögen eines Unternehmens oder solche aus unbeweglichem Vermögen, das der Ausübung einer selbständigen Arbeit dient, handelt. **7981**

Einkünfte aus der Vermietung von Sachinbegriffen sind bei dem OECD-Musterabkommen nachgebildeten DBA im Ansässigkeitsstaat zu besteuern, ausgenommen die Sachinbegriffe gehören zu einer Betriebsstätte oder festen Einrichtung im Quellenstaat (siehe Art. 21 OECD-Musterabkommen). **7982**

Lizenzgebühren werden bei diesbezüglich dem Art. 12 OECD-Musterabkommen nachgebildeten DBA im Ansässigkeitsstaat des Zahlungsempfängers besteuert. Dies gilt jedoch nicht, wenn die Rechte oder Vermögenswerte, für die die Lizenzgebühren gezahlt werden, zu einer Betriebsstätte oder festen Einrichtung im Quellenstaat gehören; diesfalls werden die Lizenzgebühren im Quellenstaat steuerlich erfasst. **7983**

Viele österreichische DBA weichen jedoch von Art. 12 OECD-Musterabkommen ab (siehe zB DBA Albanien, DBA Algerien, DBA Australien, DBA Belgien, DBA Brasilien, DBA Chile, DBA Griechenland, DBA Indien usw.). Nach diesen Abkommen hat der Quellenstaat das Recht, einen bestimmten Prozentsatz vom Bruttobetrag der Lizenzgebühren (Quellensteuer) zurückzubehalten, welcher vom Ansässigkeitsstaat in weiterer Folge anzurechnen ist.

(BMF-AV Nr. 2018/79)

Der Begriff „Lizenzgebühren" iSd Art. 12 OECD-Musterabkommen bedeutet dabei Vergütungen jeder Art, die für die Benutzung oder das Recht auf Benutzung von Urheberrechten an literarischen, künstlerischen oder wissenschaftlichen Werken, einschließlich kinematografischer Filme, von Patenten, Marken, Mustern oder Modellen, Plänen, geheimen Formeln oder Verfahren oder für die Mitteilung gewerblicher, kaufmännischer oder wissenschaftlicher Erfahrungen gezahlt werden. In zahlreichen Abkommen (zB DBA China, DBA Kanada, DBA Lettland, DBA Litauen usw.) fallen auch Vergütungen, die für die Benutzung gewerblicher, kaufmännischer oder wissenschaftlicher Ausrüstungen gezahlt werden, unter den Lizenzbegriff. **7984**

Beispiel:

Eine österreichische Tankstelle mietet von einem chinesischen Unternehmen eine Autowaschanlage. Das chinesische Unternehmen unterliegt mit den für die Vermietung dieser gewerblichen Anlagen gezahlten Mietentgelten der beschränkten Steuerpflicht in Österreich, die im Veranlagungsweg wahrzunehmen ist. Dabei ist die österreichische Steuer gemäß dem DBA-China mit 10% des Bruttobetrages der Mietentgelte zu begrenzen. Sollte die Waschanlage in einer Art konzipiert sein, dass ihr nicht der Charakter eines

„Sachinbegriffes" zukommt, könnte das abkommensrechtlich Österreich überlassene Besteuerungsrecht mangels beschränkter Steuerpflicht (§ 98 in Verbindung mit § 28 EStG 1988) nicht ausgeübt werden.

(BMF-AV Nr. 2018/79)

30.1.9 Einkünfte aus privaten Grundstücksveräußerungen (§ 98 Abs. 1 Z 7 EStG 1988)

(AÖF 2013/280)

7985 **Rechtslage für Grundstücksveräußerungen ab dem 1. April 2012**

Gemäß § 98 Abs. 1 Z 7 EStG 1988 unterliegen Einkünfte aus privaten Grundstücksveräußerungen im Sinne des § 30 EStG 1988 seit dem 1. April 2012 der beschränkten Steuerpflicht, soweit es sich um inländische Grundstücke handelt. Diese Anpassung steht im Zusammenhang mit der Neuregelung der Besteuerung privater Grundstücksveräußerungen im Rahmen des 1. StabG 2012, BGBl. I Nr. 22/2012. Die Bestimmungen der §§ 30 ff EStG 1988 sind auch im Rahmen der beschränkten Steuerpflicht gemäß § 98 Abs. 1 Z 7 EStG 1988 anzuwenden (siehe Rz 6620 ff). Einkünfte aus privaten Grundstücksveräußerungen iSd § 30 EStG 1988 unterliegen folglich auch im Rahmen der beschränkten Steuerpflicht grundsätzlich dem besonderen Steuersatz von 25% bzw. 30% bei Veräußerungen nach dem 31.12.2015 (§ 30a EStG 1988) sowie den Bestimmungen zur Immobilienertragsteuer (§ 30b EStG 1988) sowie zur Selbstberechnung der Immobilienertragsteuer durch den Parteienvertreter (§ 30c EStG 1988); siehe dazu Rz 6702 ff.

Beispiel 1:

Der beschränkt Steuerpflichtige A veräußert ein inländisches privates Grundstück. Die Einkünfte aus privaten Grundstücksveräußerungen sind nach § 98 Abs. 1 Z 7 EStG 1988 steuerlich zu erfassen; der besondere Steuersatz iHv 25% bzw. 30% ist anwendbar. Allerdings ist auf Antrag des beschränkt Steuerpflichtigen eine Option in die Regelbesteuerung unter Anwendung des progressiven Tarifes möglich. Macht der beschränkt Steuerpflichtige von der Regelbesteuerungsoption jedoch nicht Gebrauch und wird eine Immobilienertragsteuer durch den Parteienvertreter berechnet und entrichtet, entfaltet diese grundsätzlich Abgeltungswirkung. Es ist jedoch auf Antrag die Aufnahme des Veräußerungsvorganges in die Veranlagung unter Anwendung des besonderen Steuersatzes von 25% bzw. 30% möglich. Eine Veranlagung durch den beschränkt Steuerpflichtigen ist jedenfalls dann vorzunehmen, wenn keine Immobilienertragsteuer durch den Parteienvertreter entrichtet wurde oder keine Abgeltungswirkung im Sinne des § 30b Abs. 2 EStG 1988 gegeben ist.

Neben den Einkünften aus privaten Grundstücksveräußerungen iSd § 98 Abs. 1 Z 7 EStG 1988 sind auch für Grundstücksveräußerungen im Rahmen der Einkünfte iSd § 98 Abs. 1 Z 1 bis 3 EStG 1988 die Regelungen hinsichtlich des besonderen Steuersatzes (§ 30a EStG 1988), der Entrichtung der Immobilienertragsteuer (§ 30b EStG 1988) sowie der Mitteilung und Selbstberechnung durch den Parteienvertreter (§ 30c EStG 1988) anzuwenden (siehe § 98 Abs. 4 EStG 1988). Folglich unterliegen auch Einkünfte aus der Veräußerung eines einem ausländischen Betrieb zugehörigen, inländischen Grundstücks grundsätzlich dem besonderen Steuersatz von 25% bzw. 30% bei Veräußerungen nach dem 31.12.2015.

Beispiel 2:

Der beschränkt Steuerpflichtige A veräußert ein seinem ausländischen Gewerbebetrieb zugehöriges inländisches Grundstück (das nicht bereits eine Betriebsstätte des ausländischen Betriebs darstellt). Die Einkünfte sind nach § 98 Abs. 1 Z 3 Teilstrich 3 EStG 1988 steuerlich zu erfassen, es liegen folglich Einkünfte aus Gewerbebetrieb vor (Durchbrechung der Isolationstheorie). Gemäß § 98 Abs. 4 EStG 1988 sind die Regelungen der §§ 30a bis 30c EStG 1988 jedoch auch auf Einkünfte iSd § 98 Abs. 1 Z 1 bis 3 EStG 1988 anwendbar. Folglich unterliegen die Einkünfte aus der Veräußerung des dem ausländischen Gewerbebetrieb zugehörigen inländischen Grundstücks dem besonderen Steuersatz von 25% bzw. 30% (§ 30a Abs. 1 EStG 1988). Auch wenn die Entrichtung der Immobilienertragsteuer durch den Parteienvertreter vorgenommen wird, entfaltet diese keine Abgeltungswirkung, weil das veräußerte Grundstück einem (ausländischen) Betrieb zuzurechnen ist. Die Einkünfte aus der Grundstücksveräußerung sind daher jedenfalls in der Veranlagung des beschränkt Steuerpflichtigen unter Anwendung des besonderen Steuersatzes von 25% bzw. 30% zu berücksichtigen. Die Option in die Regelbesteuerung unter Anwendung des progressiven Tarifes ist auf Antrag allerdings möglich (§ 30a Abs. 2 EStG 1988).

(BMF-AV Nr. 2018/79)

7986 Ist das anzuwendende Doppelbesteuerungsabkommen dem Art. 13 OECD-Musterabkommen nachgebildet, erfolgt die Besteuerung von Gewinnen aus der Veräußerung von unbeweglichem Vermögen im Belegenheitsstaat. Einkünfte aus der Veräußerung von beweglichem Vermögen werden hingegen dem Ansässigkeitsstaat des Einkünfteempfängers zur Besteuerung zugeteilt, ausgenommen es handelt sich um Vermögen einer im anderen Staat gelegenen Betriebsstätte bzw. festen Einrichtung.

Veräußert eine unbeschränkt einkommensteuerpflichtige Person ein im Ausland gelegenes Grundstück und sieht das anzuwendende Doppelbesteuerungsabkommen die Besteuerung der Einkünfte durch den ausländischen Vertragsstaat und eine Befreiung dieser Einkünfte durch den Ansässigkeitsstaat vor, finden diese Einkünfte keine Berücksichtigung im Progressionsvorbehalt, wenn der besondere Steuersatz von 25% bzw. 30% bei Veräußerungen nach dem 31.12.2015 zur Anwendung kommt (dies ist bei privaten Grundstücksveräußerungen iSd § 30 EStG 1988 auch bei Ausübung der Veranlagungsoption der Fall). Optiert der Steuerpflichtige aber in die Regelbesteuerung unter Anwendung des progressiven Tarifs und kommt der besondere Steuersatz daher nicht zur Anwendung, finden die Einkünfte hingegen Berücksichtigung im Progressionsvorbehalt. §§ 98 ff

(BMF-AV Nr. 2018/79)

Rechtslage für Grundstücksveräußerungen bis 31. März 2012 **7987**

Grundstücksveräußerungen vor dem 1. April 2012 unterliegen der beschränkten Steuerpflicht gemäß § 98 Abs. 1 Z 7 EStG 1988 idF vor dem 1. StabG 2012 („Spekulationseinkünfte"), soweit es sich um ein Spekulationsgeschäft

- mit inländischen Grundstücken oder
- mit inländischen Rechten, die den Vorschriften des bürgerlichen Rechts über Grundstücke unterliegen (zB Baurecht),

handelt. Nicht erfasst werden durch § 98 Abs. 1 Z 7 EStG 1988 idF vor dem 1. StabG 2012 Einkünfte aus Spekulationsgeschäften mit anderen Wirtschaftsgütern, insbesondere Wertpapiere.

Da Einkünfte aus Spekulationsgeschäften gemäß § 30 Abs. 3 Z 1 EStG 1988 idF vor dem 1. StabG 2012 gegenüber den Einkünften des § 2 Abs. 3 Z 1 bis 6 EStG 1988 subsidiär sind, ist nach allgemeinen Grundsätzen vorerst zu prüfen, ob die Einkünfte einer anderen Einkunftsart zuzurechnen sind. Ist dies der Fall und ergibt eine Gesamtbetrachtung jedoch, dass eine steuerliche Erfassung der Einkünfte unter dieser Einkunftsart mangels Erfüllung der maßgeblichen Tatbestandsvoraussetzungen iSd § 98 EStG 1988 unterbleibt, sind die Einkünfte – unbesehen der Subsidiaritätsklausel – unter ausschließlicher Betrachtung des inländischen Sachverhaltes (isolierende Betrachtungsweise siehe Rz 7904 f) als solche aus Spekulationsgeschäften zu besteuern.

Beispiel:

Der im Ausland ansässige A veräußert ein zu seinem ausländischen Betrieb gehöriges inländisches Grundstück. Es handelt sich bei den Einkünften um solche aus Gewerbebetrieb gemäß § 98 Abs. 1 Z 3 Teilstrich 3 EStG 1988, wenn das inländische unbewegliche Vermögen nicht bereits eine Betriebsstätte des ausländischen Betriebes darstellt (vgl. Rz 7936a). Ist das veräußerte inländische Grundstück hingegen nicht einem ausländischen Betrieb zugehörig, handelt es sich um Einkünfte gemäß § 98 Abs. 1 Z 7 EStG 1988 idF vor dem 1. StabG 2012.

Ist das anzuwendende DBA diesbezüglich dem Art. 13 OECD-Musterabkommen nachgebildet, erfolgt die Besteuerung von Gewinnen aus der Veräußerung von unbeweglichem Vermögen im Belegenheitsstaat. Einkünfte aus der Veräußerung von beweglichem Vermögen wird hingegen im Allgemeinen dem Ansässigkeitsstaat des Einkünfteempfängers zur Besteuerung zugeteilt, ausgenommen es handelt sich um Vermögen einer im anderen Staat gelegenen Betriebsstätte bzw. festen Einrichtung.

(AÖF 2013/280)

30.1.10 *entfällt*

Randzahlen 7988 und 7989: *derzeit frei*

(AÖF 2013/280)

30.1.11 Wiederkehrende Bezüge, Einkünfte aus Leistungen, Funktionsgebühren

Soweit nicht das Subsidiaritätsprinzip eine Erfassung zur beschränkten Steuerpflicht **7990**
in anderen Einkunftsarten erfordert, unterliegen wiederkehrende Bezüge (zB Renten), Einkünfte aus Leistungen (zB Einkünfte aus gelegentlicher Vermittlung, Einkünfte aus Vermietung beweglicher Gegenstände) sowie Funktionsgebühren nicht der beschränkten Steuerpflicht nach § 98 EStG 1988 .

30.1.12 Aufteilung von Einkünften, Gewinnaufteilung

7991 Ist eine Aufteilung von Einkünften auf eine Inlands- und eine Auslandstätigkeit mangels geeigneter Aufteilungsmaßstäbe nicht exakt möglich, ist sie gemäß § 184 BAO durch Schätzung vorzunehmen. Dabei ist im Interesse einer Vermeidung ungerechtfertigter Keinmalbesteuerungen oder Doppelbesteuerungen auf eine korrespondierende Vorgangsweise für Belange der in- und ausländischen Besteuerung zu achten. Eine Gewinnaufteilung zwischen den inländischen und ausländischen Betriebsstätten eines beschränkt Steuerpflichtigen ist nach Fremdverhaltensgrundsätzen vorzunehmen; hiebei sind die Grundsätze des OECD-Kommentars zu Artikel 7 des OECD-Musterabkommens sowie subsidiär die Verrechnungspreisgrundsätze der OECD für multinationale Unternehmungen und Steuerverwaltungen (Kundmachung BMF 8. Juli 1996, 04 0610/188-IV/4/96, AÖF Nr. 114/1996; Kundmachung BMF 15. April 1997, 04 0610/191-IV/4/97, AÖF. Nr. 122/1997; Kundmachung BMF 4. August 1998, 04 0610/117-IV/4/98, AÖF. Nr. 155/1998) und die VPR 2010 zu beachten.

(BMF-AV Nr. 2018/79)

7992 Für die internationale Gewinnaufteilung zwischen Betriebsstätten kommt in erster Linie die direkte Methode in Betracht. Danach wird der inländische Ergebnisanteil – gegebenenfalls im Schätzungswege – ermittelt, als ob ein eigener inländischer Betrieb mit entsprechendem Rechnungswesen vorläge. Dies bedeutet, dass Leisungen an und von Dritte(n) entweder dem inländischen oder dem ausländischen Unternehmensteil zugeordnet werden und auf die Überführung von Wirtschaftsgütern zwischen inländischem und ausländischem Bereich des Steuerpflichtigen die Regelung des § 6 Z 6 EStG 1988 – dh. Gewinnverwirklichung – anzuwenden ist.

7993 Es ist allerdings auch die Anwendung der indirekten Methode zulässig: bei dieser Methode wird der Gesamterfolg des Steuerpflichtigen mit Hilfe geeigneter Schlüssel wie etwa Umsatz, Lohnsumme oder Materialaufwand auf die einzelnen Unternehmensteile aufgeteilt, wobei die Ausgangsgröße „Gesamterfolg" stets nach österreichischem Recht zu ermitteln ist.

30.2 Erhebung der Einkommensteuer bei beschränkter Steuerpflicht (§§ 70, 93, 99 bis 102 EStG1988)

30.2.1 Erhebungsformen

7994 Die Einkommensteuer bei beschränkter Steuerpflicht wird entweder durch Steuerabzug (§§ 70, 93 und 99 EStG 1988) oder durch Veranlagung (§ 102 EStG 1988) erhoben. Ist ein Steuerabzug vorzunehmen, ist nach Maßgabe des § 102 EStG 1988 die Einkommensteuer damit abgegolten oder eine (nachträgliche) Veranlagung von Amts wegen oder auf Antrag durchzuführen. Es besteht in allen Fällen des Steuerabzuges – in denen nicht ohnedies eine Pflichtveranlagung vorzunehmen ist – ein Recht auf Antragsveranlagung (siehe auch Rz 7996).

(BMF-AV Nr. 2018/79)

30.2.2 Steuerabzug

30.2.2.1 Rechtsgrundlagen

7995 Maßgeblich für den Steuerabzug von beschränkt steuerpflichtigen Einkünften (§ 98 EStG 1988) sind die §§ 30b, 30c, 70, 93 und 99 EStG 1988:

- §§ 30b und 30c EStG 1988, welche die Erhebung der Einkommensteuer für Grundstücksveräußerungen im Wege der Immobilienertragsteuer (ImmoESt) regeln, haben auch für die beschränkte Steuerpflicht Geltung.
- § 70 EStG 1988 normiert den Lohnsteuerabzug bei beschränkter Steuerpflicht.
- § 93 EStG 1988, der den Steuerabzug vom Kapitalertrag regelt, hat auch für die beschränkte Steuerpflicht Geltung.
- § 99 EStG 1988 zählt speziell für die beschränkte Steuerpflicht besondere Fälle auf, in denen die Einkommensteuer durch Steuerabzug erhoben wird (besondere Abzugsteuer, sogenannte „Ausländersteuer"); darüber hinaus kann in bestimmten Fällen ein Steuerabzug durch Verordnung vorgesehen werden (§ 99 Abs. 1a EStG 1988). Da sich beschränkt steuerpflichtige Gebietsfremde und unbeschränkt steuerpflichtige Gebietsansässige hinsichtlich der Erhebungsmethode der Steuer nicht in einer objektiv vergleichbaren Lage befinden, stellt die Steuererhebung im Abzugsweg für beschränkt Steuerpflichtige keine gemeinschaftsrechtliche Diskriminierung dar (vgl. EuGH 22.12.2008, Rs C-282/07, Truck Center SA).

(BMF-AV Nr. 2018/79)

30.2.2.2 Steuerabzug mit nachfolgender Veranlagung

Ein Steuerabzug von Einkünften bzw. Gewinnanteilen mit nachfolgender (Pflicht- oder Antrags-)Veranlagung (siehe Abschnitt 30.2.3) ist für folgende Fälle vorgesehen: 7996

- Einkünfte aus im Inland ausgeübter oder verwerteter nichtselbständiger oder selbständiger Tätigkeit als Schriftsteller, Vortragender, Künstler, Architekt, Sportler, Artist oder Mitwirkender an Unterhaltungsdarbietungen (§ 70 Abs. 2 Z 2 EStG 1988; § 99 Abs. 1 Z 1 EStG 1988; Antragsveranlagung gemäß § 102 Abs. 1 Z 3 EStG 1988). Zwischen Künstler und Veranstalter tretende Unternehmen, die reine Managementaufgaben erfüllen, sind keine „Mitwirkenden an der inländischen Unterhaltungsdarbietung" und unterliegen folglich mit den vereinnahmten Beträgen nicht der beschränkten Steuerpflicht. Eine Mitwirkung liegt nur vor, wenn diese unmittelbar auf die inhaltliche Gestaltung der Unterhaltungsdarbietung Einfluss nehmen. Das ist bei einer Theater-AG, bei einer Filmproduktionsgesellschaft, die wie eine Theater-AG Unterhaltungsdarbietungen produziert, und bei der Trägervereinigung eines Orchesters der Fall, nicht aber bei einer nur Managementleistungen erbringenden Künstleragentur (vgl. VwGH 27.11.2003, 2000/15/0033 und 11.12.2003, 2000/14/0165). Siehe dazu auch den Künstler-Sportler-Erlass, BMF-010221/0684-IV/4/2005 vom 31.10.2005, AÖF Nr. 256/2005, idF BMF-010221/0907-IV/4/2008 vom 16.04.2008, AÖF Nr. 110/2008 und BMF-010221/0678-IV/4/2011 vom 10.03.2011, AÖF Nr. 85/2011.
- Einkünfte aus nichtselbständiger Arbeit, soweit sie nicht aus einer der vorgenannten Tätigkeiten stammen (§ 70 Abs. 2 Z 1 EStG 1988; Antragsveranlagung gemäß § 102 Abs. 1 Z 3 EStG 1988).

(BMF-AV Nr. 2018/79)

Der Begriff „selbständige Tätigkeit" umfasst nicht nur Tätigkeiten im Rahmen der Erzielung von Einkünften aus selbständiger Arbeit (§ 22 EStG 1988), sondern auch gewerbliche Tätigkeiten (§ 23 EStG 1988). Die Begriffe „selbständige Tätigkeit" und „selbständige Arbeit" sind insofern nicht deckungsgleich. 7997

Gemäß § 99 Abs. 1 Z 1 letzter Halbsatz EStG 1988 ist ein Steuerabzug bei diesen Einkünften zulässig, gleichgültig an wen die Vergütung für die genannten Tätigkeiten geleistet werden. Die Bestimmung hat insbesondere die Sicherung des Steueraufkommens zum Zweck; im Zweifel hat zur Vermeidung von Haftungsfolgen ein Steuerabzug zu erfolgen (zur Entlastung mangels Besteuerungsrechts siehe Rz 8027 ff). Der für die Einbehaltung der Abzugsteuer Haftende (der inländische Haftungspflichtige) ist nach Maßgabe der Verordnung BGBl. III Nr. 92/2005 (DBA-Entlastungsverordnung) berechtigt (aber abgabenrechtlich nicht verpflichtet), allfällige Steuerentlastungsvorschriften von DBA unmittelbar anlässlich der Auszahlung der Einkünfte zu berücksichtigen, er trägt diesfalls aber die Verantwortung dafür, dass er das Vorliegen der abkommensrechtlichen Entlastungsvoraussetzungen nachzuweisen in der Lage ist. Zur Entlastung mangels Steuerpflicht nach Veranlagung siehe Rz 8030. 7998

(BMF-AV Nr. 2021/65)

- Gewinnanteile von Gesellschaftern (Mitunternehmern) einer ausländischen Gesellschaft, die an einer inländischen Personengesellschaft beteiligt ist (§ 99 Abs. 1 Z 2 EStG 1988; Pflichtveranlagung gemäß § 102 Abs. 1 Z 2 EStG 1988). 7999

Unter dem Begriff „ausländische Gesellschaft" ist eine ausländische Personengesellschaft zu verstehen. Die ausländische Personengesellschaft ist an der inländischen Personengesellschaft beteiligt (mehrstöckige Personengesellschaften). Zweck der Regelung ist die Sicherung der Besteuerung, wenn der Abgabenbehörde die hinter der ausländischen Gesellschaft stehenden Personen unbekannt sind. Die inländische Personengesellschaft gilt diesfalls als Schuldner der Gewinnanteile. Ein Steuerabzug unterbleibt allerdings insoweit, als die ausländische Gesellschaft der inländischen Personengesellschaft bekannt gibt oder die zuständige Abgabenbehörde auf andere Weise davon Kenntnis erlangt, welche natürlichen Personen Empfänger der Gewinnanteile sind. Die Abgabenbehörde hat die Empfänger der Gewinnanteile jedoch von Amts wegen zu ermitteln, ein Wahlrecht zwischen Steuerabzug und Veranlagung besteht nicht.

- In einem inländischen Betrieb erzielte Einkünfte aus der Überlassung von Rechten auf bestimmte oder unbestimmte Zeit oder aus der Gestattung der Verwertung von Rechten (§ 99 Abs. 1 Z 3 EStG 1988; Pflichtveranlagung gemäß § 102 Abs. 1 Z 2 lit. a EStG 1988) 8000

Lizenzeinkünfte für die Überlassung von Software unterliegen insbesondere dann dem Steuerabzug, wenn ein Werknutzungsrecht iSd Urheberrechtsgesetzes eingeräumt ist, die Software auf bestimmte oder unbestimmte Zeit zu nutzen (zB Recht zur Vervielfältigung oder Modifikation). Kommt es zur Veräußerung der Rechte, dh. dem Veräußerer steht danach keine weitere Verfügungsmacht (keine weitere Veräußerungsmöglichkeit) mehr zu, unterbleibt ein Steuerabzug. Einkünfte aus der Veräußerung von Standardsoftware unterliegen daher nicht dem Steuerabzug (EAS 3408).

Beim einmaligen Download einer Software gegen Einmalzahlung sowie bei Software-Abodiensten und der Nutzung von Online-Datenbanken gegen eine regelmäßige, zB monatliche, Zahlung werden weder Rechte iSd § 28 Abs. 1 Z 3 EStG 1988 überlassen noch deren Verwertung gestattet, wenn dem User/Erwerber nur das Recht eingeräumt wird, die Software oder Inhalte unbegrenzt und bestimmungsgemäß zu benutzen und eine Verwertung oder Vervielfältigung nicht erlaubt ist. Damit im Zusammenhang stehende Einkünfte führen daher nicht zu einer beschränkten Steuerpflicht gemäß § 98 Abs. 1 Z 6 EStG 1988 und unterliegen folglich auch nicht dem Steuerabzug iSd § 99 Abs. 1 Z 3 EStG 1988.

(BMF-AV Nr. 2021/65)

8001 • Nicht in einem inländischen Betrieb erzielte Einkünfte aus der Überlassung von Rechten auf bestimmte oder unbestimmte Zeit oder aus der Gestattung der Verwertung von Rechten, die in Zusammenhang mit einer Tätigkeit im Sinne des § 99 Abs 1 Z 1 EStG 1988 stehen (§ 99 Abs. 1 Z 3 EStG 1988; Antragsveranlagung nach § 102 Abs. 1 Z 3 EStG 1988).

8002 Nicht in einem inländischen Betrieb erzielte bzw. außerbetriebliche Einkünfte aus der Überlassung von Rechten auf bestimmte oder unbestimmte Zeit oder aus der Gestattung der Verwertung von Rechten, soweit sie nicht mit einer Tätigkeit iSd § 99 Abs. 1 Z 1 EStG 1988 zusammenhängen (§ 99 Abs. 1 Z 3 EStG 1988). Ein Steuerabzug unterbleibt, wenn die Voraussetzungen des § 99a EStG 1988 vorliegen (konzerninterne Lizenzgebühren an EU- Gesellschaften). Dies gilt auf Grund des Artikels 15 (mit Wirkung ab 2017 auf Grund des Artikels 9) des „Zinssteuerabkommens" der EU mit der Schweiz (ABl. Nr. L 385 vom 29.12.2004 S. 30; mit Wirkung ab 2017 ABl. Nr. L 333 vom 19.12.2015 S. 10) weitgehend sinngemäß auch gegenüber diesem Staat. Nach Maßgabe der DBA-Entlastungsverordnung, BGBl. III Nr. 92/2005, können die Bestimmungen von Doppelbesteuerungsabkommen unmittelbar im Rahmen des Steuerabzugsverfahrens berücksichtigt werden.

(BMF-AV Nr. 2018/79)

8002a • Aufsichtsratvergütungen (§ 99 Abs. 1 Z 4 EStG 1988; Antragsveranlagung gemäß § 102 Abs. 1 Z 3 EStG 1988).

(BMF-AV Nr. 2018/79)

8003 • In einem inländischen Betrieb erzielte Einkünfte aus im Inland ausgeübter kaufmännischer oder technischer Beratung (§ 99 Abs. 1 Z 5 EStG 1988; Pflichtveranlagung gemäß § 102 Abs. 1 Z 2 EStG 1988).

8003a • Einkünfte aus im Inland ausgeübter kaufmännischer oder technischer Beratung, die nicht einer inländischen Betriebsstätte des Einkünfteempfängers zuzurechnen sind (§ 99 Abs. 1 Z 5 EStG 1988; Antragsveranlagung gemäß § 102 Abs. 1 Z 3 EStG 1988). Nach Maßgabe der DBA-Entlastungsverordnung, BGBl. III Nr. 92/2005, können die Bestimmungen von Doppelbesteuerungsabkommen unmittelbar im Rahmen des Steuerabzugsverfahrens berücksichtigt werden.

(BMF-AV Nr. 2018/79)

8004 • In einem inländischen Betrieb erzielte Einkünfte aus der Gestellung von Arbeitskräften (§ 99 Abs. 1 Z 5 EStG 1988; Pflichtveranlagung gemäß § 102 Abs. 1 Z 2 EStG 1988).

8004a • Einkünfte aus der Gestellung von Arbeitskräften, die nicht einer inländischen Betriebsstätte des Einkünfteempfängers zuzurechnen sind (§ 99 Abs. 1 Z 5 EStG 1988; Antragsveranlagung gemäß § 102 Abs. 1 Z 3 EStG 1988). Eine DBA- Entlastung an der Quelle kommt im Steuerabzugsverfahren wegen des in diesem Bereich international zu beobachtenden Umgehungsproblems gemäß § 5 Abs. 1 Z 4 DBA- Entlastungsverordnung, BGBl. III Nr. 92/2005, nicht in Betracht (ausgenommen konzerninterne Personalüberlassung von Angestellten).

• Auch in einem beantragten Veranlagungsverfahren wird der Umgehungsproblematik besonderes Augenmerk zuzuwenden sein. Da im Fall einer im Rahmen der Veranlagung erfolgenden Gewinnbesteuerung des ausländischen Arbeitskräftegestellers die gesetzlich angeordnete Nichterfassung der Arbeitnehmer (§ 98 Abs. 1 Z 4 letzter Satz EStG 1988) für die überlassenen ausländischen Dienstnehmer erlischt, wird ein Abzug der Lohnaufwendungen nur im Fall ihrer steuerlichen Erfassung vorzunehmen sein. In derartigen Fällen wird auch zu untersuchen sein, ob das als Arbeitskräfteüberlassungsunternehmen auftretende ausländische Unternehmen nicht in wirtschaftlicher Betrachtungsweise bloß als Arbeitskräftevermittler wirkt.

(BMF-AV Nr. 2018/79)

- Betriebliche und außerbetriebliche (steuerabzugspflichtige) Kapitaleinkünfte iSd § 27 Abs. 2 bis 4 EStG 1988 (zur Anrechnung bzw. Erstattung der Kapitalertragsteuer siehe Rz 6227, 6238). **8004b**

(AÖF 2013/280)

Ab dem 1.4.2012: **8005**

Einkünfte aus privaten und betrieblichen Grundstücksveräußerungen iSd § 30 EStG 1988, soweit es sich um inländische Grundstücke handelt (§ 98 Abs. 1 Z 7 EStG 1988; § 98 Abs. 1 Z 1 bis 3 EStG 1988), unterliegen grundsätzlich der Immobilienertragsteuer:

- Bei privaten Grundstücksveräußerungen Antragsveranlagung gemäß § 30b Abs. 3 EStG 1988, wenn für diese Immobilienertragsteuer entrichtet wurde und Abgeltungswirkung gegeben ist; Pflichtveranlagung gemäß § 102 Abs. 1 Z 4 EStG 1988, wenn für diese keine Immobilienertragsteuer gemäß § 30c Abs. 2 EStG 1988 entrichtet wurde oder wenn keine Abgeltung gemäß § 30b Abs. 2 EStG 1988 gegeben ist.
- Bei betrieblichen Grundstücksveräußerungen Pflichtveranlagung mangels Abgeltungswirkung der Immobilienertragsteuer (§ 102 Abs. 1 Z 1 EStG 1988).

(BMF-AV Nr. 2018/79)

Abschnitt 30.2.2.3: *entfällt*

(BMF-AV Nr. 2018/79)

30.2.2.4 Abzug, Höhe und Einbehaltung der Steuer

Die Abzugsteuer gemäß § 99 EStG 1988 beträgt 20% der Einnahmen ohne Berücksichtigung von Ausgaben (Bruttobesteuerung). Für Einkünfte aus nicht öffentlich angebotenen Anteilen an Immobilienfonds (§ 99 Abs. 1 Z 6 EStG 1988) und Gewinnanteilen aus stillen Beteiligungen an inländischen Unternehmen (§ 99 Abs. 1 Z 7 EStG 1988) beträgt der Steuersatz jedoch 27,5% (für Zuflüsse ab dem 1.1.2016; BGBl. I Nr. 118/2015; davor 25%). Allerdings kann in diesen beiden Fällen aus Vereinfachungsgründen eine Abzugsteuer in Höhe von 25% einbehalten werden, wenn der Einkünfteempfänger eine Körperschaft iSd § 1 Abs. 1 KStG 1988 ist und damit ohnedies mit diesen Einkünften lediglich mit 25% Körperschaftsteuer besteuert würde (§ 100 Abs. 1a EStG 1988; BGBl. I Nr. 163/2015). **8006**

Es besteht in bestimmten Fällen neben der Bruttobesteuerung eine Nettobesteuerung (Berücksichtigung von mit den Einnahmen unmittelbar zusammenhängenden Ausgaben, siehe Rz 8006a ff). In diesem Fall beträgt die Abzugsteuer 25% (für Zuflüsse ab dem 1.1.2016; BGBl. I Nr. 163/2015; davor 35%, wenn der Empfänger eine natürliche Person ist bzw. 25%, wenn der Empfänger eine juristische Person ist).

Die Nettobesteuerung führt im Vergleich zur Bruttobesteuerung zu einer geringeren Abzugsteuer, wenn die abziehbaren Ausgaben zumindest 20,01% der Einnahmen betragen:

Beispiel:

Einnahmen	*100,00*
Unmittelbar zusammenhängende Ausgaben	*20,01*
Bemessungsgrundlage für Abzugsteuer (25%)	*79,99*
Abzugsteuer bei Nettobesteuerung (25% von 79,99)	*19,99*
Abzugsteuer bei Bruttobesteuerung (20% von 100)	*20,00*

(BMF-AV Nr. 2018/79)

Bruttobesteuerung: **8006a**

Der Abzugsteuer unterliegt – ausgenommen im Fall des § 99 Abs. 1 Z 2 EStG 1988 – der volle Betrag der Einnahmen (Betriebseinnahmen einschließlich aller Kostenersätze und Sachbezüge jedoch abzüglich der Umsatzsteuer). Eine vorherige Kürzung um Betriebsausgaben ist – abgesehen vom Fall des § 99 Abs. 1 Z 2 EStG 1988 – unzulässig. Für den Steuerabzug ist belanglos, ob Entgeltteile direkt dem beschränkt Steuerpflichtigen oder in seinem Auftrag an Dritte (Kostenübernahmevertrag) ausgezahlt werden. Für die Einbeziehung von Entgeltteilen in die Bemessungsgrundlage ist maßgeblich, ob in wirtschaftlicher Betrachtungsweise Leistungsbeziehungen zwischen dem beschränkt Steuerpflichtigen und dem Dritten oder zwischen dem Schuldner der Einkünfte und dem Dritten bestehen.

Beispiel 1:

Ein ausländischer Künstler schließt mit einem inländischen Unternehmen einen Lizenzvertrag, in dem sich dieses für die nächsten zehn Jahre die Verwertungsrechte an noch zu produzierenden Tonträgern des Künstlers sichert. Das Unternehmen verpflichtet sich, als

Entgelt neben der Lizenzgebühr auch noch den (im Auftrag des Künstlers produzierenden) Studios Produktionskosten zu erstatten. Bemessungsgrundlage für den 20-prozentigen Steuerabzug ist das gesamte Entgelt, somit Lizenzgebühren inklusive Produktionskostenersatz (zur Entlastung im Veranlagungsweg siehe Rz 7996 ff).

Beispiel 2:

Ein ausländischer Künstler schließt mit einem inländischen Unternehmen einen Lizenzvertrag, in dem sich dieses für die nächsten zehn Jahre die Verwertungsrechte an noch zu produzierenden Tonträgern des Künstlers sichert. Das Unternehmen verpflichtet sich zur Zahlung von Lizenzgebühren. Des weiteren beauftragt das Unternehmen ein Tonstudio mit der Produktion. Bemessungsgrundlage für den 20-prozentigen Steuerabzug sind die Lizenzgebühren.

(AÖF 2008/51)

8006b **Nettobesteuerung:**

Die Nettobesteuerung setzt voraus, dass

- der Empfänger der Einnahmen in der EU oder dem EWR ansässig ist und
- dem Abzugsverpflichteten die unmittelbar mit den Einnahmen (Betriebseinnahmen) zusammenhängenden Ausgaben (Betriebsausgaben, Werbungskosten) vor dem Zufließen der Einkünfte schriftlich mitgeteilt hat.

Liegen diese Voraussetzungen vor, kann der Abzugsverpflichtete die mit den Einnahmen (Betriebseinnahmen) unmittelbar zusammenhängenden Ausgaben (Betriebsausgaben, Werbungskosten, siehe Rz 8006c und Rz 8006d) abziehen (siehe auch Rz 8006e).

(BMF-AV Nr. 2018/79)

8006c Nur die mit den Einnahmen (Betriebseinnahmen) unmittelbar zusammenhängenden Ausgaben (Betriebsausgaben, Werbungskosten) können im Steuerabzugsverfahren abgezogen werden. Unmittelbar zusammenhängende Ausgaben sind solche, die bei der Leistungserbringung im Inland selbst (Vortrag, künstlerische Darbietung, Lesung, Sportveranstaltung) anfallen oder ausschließlich durch diese bedingt sind, wie etwa:

- Vom Abzugsverpflichteten getragene (ersetzte) Reisespesen bzw. vom Einnahmenempfänger selbst getragene Reisekosten im Sinne des § 4 Abs. 5 EStG 1988 (Tagesgelder, Nächtigungskosten), die im Zusammenhang mit der vergüteten Leistung stehen. An Fahrtkosten sind stets die Kosten der Anreise zur inländischen Veranstaltung abzugsfähig; die Kosten der Abreise sind nur abzugsfähig, wenn sie nicht mit einem weiteren Auftritt außerhalb Österreichs in Zusammenhang stehen.

Beispiele:

1. *Ein britischer Künstler tritt im Rahmen einer Europatournee in Paris, Wien und Budapest auf. Die Kosten für die Anreise von Paris nach Wien, Nächtigungskosten in Wien und Tagesgelder für den Aufenthalt in Wien sind im Rahmen der Nettobesteuerung abzugsfähig.*
2. *Ein Künstler mit Wohnsitz in Stockholm tritt im Rahmen eines Festivals in Salzburg auf und reist dazu von Stockholm nach Salzburg und anschließend wieder zurück. Die Kosten für die Anreise von Salzburg und die Rückreise nach Stockholm sind im Rahmen der Nettobesteuerung abzugsfähig; ebenso Nächtigungskosten in Salzburg und Tagesgelder für den Aufenthalt in Salzburg.*

- Honorare und Vergütungen, die an im Rahmen derselben Veranstaltung Tätige (andere Künstler, Betreuer, Hilfspersonal) vom Einnahmenempfänger zu zahlen sind oder gezahlt worden sind. Eine anteilige Kostenberücksichtigung ist nicht zulässig, es sei denn, die Personen werden für die jeweilige Tournee eigens engagiert.

Beispiele:

1. *Für eine Tournee eines Sängers mit Auftritten in 7 deutschen, 4 niederländischen und 3 österreichischen Städten werden Instrumentalmusiker engagiert (Werkvertrag). Der auf die Auftritte in Österreich entfallende Teil der Entlohnung der Musiker ist im Rahmen der Nettobesteuerung abzugsfähig.*
2. *Ein Profitennisspieler beschäftigt ständig einen Masseur (Dienstverhältnis). Er tritt bei einem Tennisturnier in Wien auf und wird dort von seinem Masseur begleitet. Die anteiligen Kosten für den Masseur sind nicht im Rahmen der Nettobesteuerung abzugsfähig.*

Der Empfänger der Einkünfte hat hinsichtlich der unmittelbar zusammenhängenden Ausgaben dem Abzugsverpflichteten seine Zahlungsverpflichtung bzw. die Tatsache der Bezahlung durch geeignete Belege nachzuweisen. Der Abzugsverpflichtete hat die entsprechenden Unterlagen aufzubewahren.

Betriebsausgaben oder Werbungskosten, die nicht bei der Leistungserbringung selbst anfallen oder ausschließlich durch diese bedingt sind, sind keine „mit den Einnahmen unmittelbar zusammenhängenden Ausgaben"; sie können gegebenenfalls im Veranlagungsweg (§ 102 EStG 1988) berücksichtigt werden (siehe dazu Rz 8032 ff).

(AÖF 2008/51)

Der Empfänger der Einnahmen hat dem Abzugsverpflichteten jene unmittelbar zusammenhängenden Ausgaben, deren Berücksichtigung er begehrt, schriftlich vor dem Zufluss der Einkünfte mitzuteilen; dies gilt auch in Fällen, in denen die Ausgaben vom Abzugsverpflichteten übernommen werden („Nettovereinbarung"). **8006d**

Da die Nettobesteuerung jedenfalls nicht gegen den Willen des Einkünfteempfängers erfolgen kann, hat auch in Fällen, in denen dem Abzugsverpflichteten die unmittelbar zusammenhängenden Ausgaben bekannt sind, eine Nettobesteuerung nur auf Grundlage einer schriftlichen Mitteilung des Einnahmenempfängers zu erfolgen, in der dieser bekannt gibt, welche unmittelbar zusammenhängenden Ausgaben berücksichtigt werden sollen.

Dabei können auch Ausgaben zu berücksichtigen sein, die dem Abzugsverpflichteten noch nicht bekannt sind.

Eine solche schriftliche Mitteilung kann nicht durch Unterlagen ersetzt werden, die im Rahmen einer dem Steuerabzugsverfahren nachgelagerten Antragsveranlagung des Einkünfteempfängers vorgelegt werden (VwGH 27.5.2015, 2011/13/0111).

Einer (formellen) Mitteilung bedarf es dann nicht, wenn dem Abzugsverpflichteten die unmittelbar zusammenhängenden Ausgaben bekannt sind und diesem die Unterlagen betreffend diese Aufwendungen vorliegen, weil dieselbe natürliche Person sowohl die Geschäftsführung des inländischen Abzugsverpflichteten als auch des Einkünfteempfängers innehat (VwGH 15.9.2016, 2013/15/0136).

Beispiele:

1. *Der beschränkt steuerpflichtige Künstler A erhält vom Veranstalter B (Abzugsverpflichteter) ein Honorar von 2.000 Euro, die Spesen von insgesamt 1.700 Euro (Flug, Nächtigung, Fahrtkosten) werden von B übernommen. Die gesamten Einnahmen betragen somit 3.700 Euro. Die Bruttobesteuerung würde zu einer Abzugsteuer iHv 740 Euro (20% von 3.700 Euro) führen. Die Nettosteuer führt hingegen nur zu einer Abzugsteuer von 500 Euro (25% von 2.000 Euro). Da die Nettobesteuerung günstiger ist, teilt A dem B unter Bekanntgabe sämtlicher Spesen schriftlich den Wunsch nach einer Nettobesteuerung mit, nachdem er sich bei B über ihre Höhe informiert hat.*
2. *Der beschränkt steuerpflichtige Künstler A erhält vom Veranstalter B (Abzugsverpflichteter) ein Honorar von 5.000 Euro, die Spesen von insgesamt 1.000 Euro (Flug, Nächtigung, Fahrtkosten) werden von B übernommen. Die gesamten Einnahmen betragen 6.000. Die Bruttobesteuerung führt zu einer Abzugsteuer iHv 1.200 Euro (20% von 6.000 Euro). Die Nettosteuer würde dagegen zu einer Abzugsteuer von 1.250 Euro führen (25% von 5.000 Euro). Da die Nettobesteuerung nicht günstiger ist, teilt A dem B die Spesen nicht mit, es unterbleibt jedenfalls eine Nettobesteuerung.*

(BMF-AV Nr. 2018/79)

Teilt der beschränkt Steuerpflichtige die Ausgaben schriftlich mit, kann sie der Abzugsverpflichtete abziehen; der Abzugsverpflichtete muss sie nicht abziehen, denn der Abzugsverpflichtete haftet nach § 100 Abs. 2 EStG 1988 für die Richtigkeit des Steuerabzuges. Sollte der Abzugsverpflichtete die mitgeteilten Ausgaben nicht abziehen, steht dem beschränkt Steuerpflichtigen ein Veranlagungsverfahren jedenfalls offen. **8006e**

(AÖF 2008/51)

Die Nettobesteuerung ist unzulässig, wenn **8006f**

- der Empfänger der als Ausgaben geltend gemachten Beträge beschränkt steuerpflichtig ist,
- die Ausgaben beim Empfänger 2.000 Euro übersteigen und
- die steuerliche Erfassung zur inländischen Besteuerung beim Empfänger nicht ausreichend sichergestellt ist (vgl. Rz 8006g).

In einem System der Bruttoabzugsbesteuerung wirken sich Aufwendungen nicht steuermindernd aus; dies gilt auch für jene Aufwendungen, die bei den Empfängern beschränkt steuerpflichtige Einkünfte darstellen, also zB für die Gagen, die ein ausländisches Theater an die ausländischen Künstler bezahlt. Infolge einer wirtschaftlichen Miterfassung solcher an die beschränkt steuerpflichtigen Künstler gezahlten Einkünfte bei der Bruttoabzugsbesteuerung des Theaters unterblieb bisher eine gesonderte Erfassung der solcherart bereits pauschal mitbesteuerten ausländischen Künstler (analoge Anwendung des in § 98 Abs. 1 Z 4 EStG 1988 verankerten Grundsatzes des Gebotes der Unterlassung einer solchen nationalen Doppelbesteuerung). Werden aber durch einen Übergang zur Nettoabzugsbesteuerung solche Aufwendungen aus der Abzugsteuerpflicht künftig ausgeschieden, lebt damit die Steuerpflicht der beschränkt steuerpflichtigen Künstler auf. Die Ausnahme von der Nettobesteuerung soll daher vorkehren, dass der Abzug von Aufwendungen an in Österreich der beschränkten Steuerpflicht unterliegende Subempfänger nur dann zugelassen wird, wenn die steuerliche Erfassung der Subempfänger zur beschränkten Steuerpflicht sichergestellt wird.

(AÖF 2008/51)

8006g Die steuerliche Erfassung zur inländischen Besteuerung ist bei einem Subempfänger nur dann ausreichend sichergestellt, wenn von den in Österreich steuerpflichtigen Beträgen des Subempfängers die Bruttoabzugssteuer einbehalten und abgeführt wird. Bei einem Subempfänger, der in einem EU/EWR-Staat ansässig ist, kann hierbei auch das System der Nettobesteuerung gewählt werden. „In Österreich steuerpflichtige Beträge" sind jene, die von Subempfängern bezogen werden, die mit diesen Beträgen nicht auf Grund eines Doppelbesteuerungsabkommens (unter Berücksichtigung der DBA-Entlastungsverordnung, BGBl. III Nr. 92/2005 idF BGBl. II Nr. 44/2006) in Österreich von der Besteuerung freizustellen sind und deren inländische Jahreseinkünfte den Betrag von 2.000 Euro übersteigen. Ist der Subempfänger ein Dienstnehmer des Empfängers der steuerabzugspflichtigen Einkünfte, ist die Erfassung der vom Empfänger im gegebenen Zusammenhang als Ausgaben geltend gemachten Löhne nur dann ausreichend sichergestellt, wenn ein freiwilliger Lohnsteuerabzug (LStR 2002 Rz 927) vorgenommen wird.

(AÖF 2008/51)

8007 Vom Schuldner übernommene Abzugsteuer unterliegt als weiterer Vorteil ebenfalls dem Steuerabzug.

Beispiele:

1. Bruttobesteuerung:

Einem ausländischen Vortragenden wird für eine Vortragsreihe im Inland ein Betrag von 10.000 Euro vertraglich zugesichert.

Fall 1 – die Abzugsteuer wird vom Einkünfteempfänger getragen: Dem Vortragenden verbleiben nach Abzug von 20% Abzugsteuer 8.000 Euro.

Fall 2 – die Abzugsteuer wird vereinbarungsgemäß vom Veranstalter getragen: Sollen dem Vortragenden 10.000 Euro verbleiben, dh. der Veranstalter trägt vereinbarungsgemäß die Abzugsteuer, beträgt diese rechnerisch 25% des ausbezahlten Betrages, nämlich 2.500 Euro.

2. Nettobesteuerung:

Einem ausländischen Vortragenden werden für eine Vortragsreihe im Inland 4.000 Euro vertraglich zugesichert. Die mit den Einnahmen unmittelbar zusammenhängenden und vom Veranstalter übernommenen Ausgaben betragen 6.000 Euro.

Fall 1 – die Abzugsteuer wird vom Einkünfteempfänger getragen:

Ohne besondere Vereinbarung verbleibt dem Vortragenden nach Abzug einer Abzugsteuer in Höhe von 1.000 Euro (25% von 4.000 Euro) ein Betrag von 3.000 Euro (4.000 Euro abzüglich der 25-prozentigen Abzugsteuer von 1.000 Euro).

Fall 2 – die Abzugsteuer wird vereinbarungsgemäß vom Veranstalter getragen:

Sollen dem Vortragenden 4.000 Euro verbleiben, dh. der Veranstalter trägt vereinbarungsgemäß die Abzugsteuer, stellt der Auszahlungsbetrag von 4.000 Euro für die Ermittlung der Höhe der Abzugsteuer 75% der Bemessungsgrundlage dar. In diesem Fall beträgt die Abzugsteuer rechnerisch 33,33% des ausbezahlten Betrages, das sind hier 1.333 Euro:

Auszahlungsbetrag	*4.000*
Abzugsteuer (33,33%)	*1.333*
Bemessungsgrundlage Abzugsteuer 25%	*5.333*
Bruttobetrag (inkl. vom Veranstalter getragener Abzugsteuer)	*11.333*
- Betriebsausgaben	*- 6.000*
- Abzugsteuer 25% von 5.333	*- 1.333*
Auszahlungsbetrag	*4.000*

(BMF-AV Nr. 2018/79)

8008 § 26 EStG 1988 findet auf gemäß § 99 EStG 1988 steuerabzugspflichtige Einkünfte keine Anwendung; der Anwendungsbereich dieser Bestimmung ist nämlich auf die Abgrenzung bestimmter Leistungen des Arbeitgebers von Einkünften aus nichtselbständiger Arbeit beschränkt. Jegliche im Rahmen der Einkünfte iSd § 99 Abs. 1 EStG 1988 erzielten Einnahmen, sohin auch der Ersatz allfälliger Fahrtspesen und Verpflegungsmehraufwendungen, sind bei Berechnung der Brutto- oder Netto-Abzugsteuer einzubeziehen. Dies gilt dem Charakter einer Pauschalierungsregelung entsprechend auch dann, wenn der einzelne Geschäftsvorfall zu negativen Einkünften (Teileinkünften) führt (VwGH 20.02.1997, 95/15/0135). Voraussetzung der Steuerpflicht nach § 99 EStG 1988 ist allerdings, dass überhaupt Einkünfte vorliegen, die einer der in § 98 EStG 1988 aufgezählten Fallgruppen zuzuordnen sind (VwGH 17.10.2001, 2000/13/0087, betreffend bloßem Auslagenersatz).

(AÖF 2008/51)

Ein Steuerabzug nach § 99 Abs. 1 EStG 1988 hat unabhängig von einer allfälligen inländischen Betriebsstätte des beschränkt Steuerpflichtigen zu erfolgen (zur Auswirkung eines unionsrechtlichen oder abkommensrechtlichen Diskriminierungsverbotes auf den Steuerabzug siehe allerdings Rz 8026). **8009**

(BMF-AV Nr. 2021/65)

Sind Entgelte auf eine Inlands- und eine Auslandstätigkeit in einen steuerpflichtigen (auf die Inlandstätigkeit entfallenden) und einen steuerfreien (auf die Auslandstätigkeit entfallenden) Teil aufzuspalten, obliegt dies primär dem Abzugsverpflichteten. Um unterschiedliche Entgeltsaufteilungen in Österreich und dem Ansässigkeitsstaat (und daraus resultierende Doppelbesteuerungen oder „Doppelnichtbesteuerungen") von vornherein zu vermeiden, empfiehlt sich die Vornahme derartiger Aufteilungen über Vorschlag des Steuerschuldners (= beschränkt Steuerpflichtiger). Aufteilungen sind stichprobenweise zu überprüfen und im Rahmen abgabenbehördlicher Überwachungsmaßnahmen Kontrollmitteilungen darüber anzufertigen. **8010**

Fließen einer Personengesellschaft, an der sowohl unbeschränkt als auch beschränkt Steuerpflichtige beteiligt sind, steuerabzugspflichtige Einkünfte zu, ist es Sache der Gesellschafter, dem Schuldner der Einkünfte bekanntzugeben, welche Teile der Einkünfte den beschränkt steuerpflichtigen Gesellschaftern zufließen. **8011**

§ 100 Abs. 2 EStG 1988 unterscheidet zwischen dem Schuldner der Einkünfte und dem Schuldner der Abzugsteuer: **8012**

Schuldner der Einkünfte ist der zum Steuerabzug Verpflichtete bzw. Berechtigte. Unter dem Begriff „Schuldner" iSd §§ 99 Abs. 3 EStG 1988, 100 Abs. 3 und 4 EStG 1988 sowie § 101 EStG 1988 ist der gemäß § 99 EStG 1988 zum Steuerabzug Verpflichtete bzw. Berechtigte zu verstehen. Schuldner der Einkünfte kann auch eine ausländische Person sein. Der Schuldner der Einkünfte haftet gemäß § 100 Abs. 2 EStG 1988 für die Einbehaltung und Abfuhr der Abzugsteuer.

Nach § 100 Abs. 4 EStG 1988 hat er den Steuerabzug mittels Selbstbemessung in jenem Zeitpunkt vorzunehmen, in dem die Einkünfte dem beschränkt Steuerpflichtigen zufließen. Eine Ausnahme davon gilt für Gewinnanteile iSd § 99 Abs. 1 Z 2 EStG 1988, für die ein Steuerabzug am Tag nach Aufstellung des Jahresabschlusses, in dem der Gewinnanteil ermittelt wird, zu erfolgen hat. Die innerhalb eines Kalendermonates einbehaltenen Steuerabzüge sind unter der Bezeichnung „Steuerabzug gemäß § 99 EStG" spätestens am fünfzehnten Tag nach Ablauf des Kalendermonates an das Finanzamt für Großbetriebe bzw. Finanzamt Österreich (bis 31.12.2020: Betriebsfinanzamt bzw. Wohnsitzfinanzamt des Schuldners der Einkünfte) abzuführen sowie die Höhe der dem Steuerabzug unterliegenden Beträge (Einkünfte, Gewinnanteile) und die Höhe der abgezogenen Steuerbeträge auf amtlichem Formular E 19 mitzuteilen. Sind Steuerabzüge für mehrere beschränkt Steuerpflichtige vorgenommen worden, ist der Gesamtbetrag in einer Summe ohne Bezeichnung der einzelnen Gläubiger abzuführen.

(BMF-AV Nr. 2021/65)

Kommt der Schuldner der Einkünfte seiner Verpflichtung (infolge zwingender Anwendung des Rückzahlungssystems nach § 5 der DBA-Entlastungsverordnung, siehe dazu Rz 8021b) zur Abfuhr nicht nach, ist die Haftung mittels Bescheides geltend zu machen. Dasselbe gilt in den übrigen Fällen, wenn der Vergütungsschuldner die DBA-rechtliche Entlastungsberechtigung gemäß DBA-Entlastungsverordnung und dem dazu ergangenen Durchführungserlass nicht ausreichend dokumentieren kann. Durch den Haftungsbescheid wird der Schuldner der Einkünfte (neben dem beschränkt Steuerpflichtigen) zum Schuldner der Abzugsteuer (§ 7 BAO). Der rechtmäßige Ausspruch einer Haftung setzt voraus, daß in Gesamtbetrachtung der innerstaatlichen und zwischenstaatlichen Rechtslage ein Besteuerungsrecht Österreichs vorliegt und der Haftungspflichtige gegenüber dem beschränkt Steuerpflichtigen Schuldner der abzugspflichtigen Einkünfte ist (vgl VwGH 27.7.1994, 91/13/0222, 92/13/0203). **8013**

Beispiele:

1. *Ein inländischer Veranstalter schließt mit einer ausländischen Produktionsgesellschaft einen Vertrag über die Produktion einer Show ab, in deren Rahmen ausländische Künstler in Österreich auftreten, die von der ausländischen Produktionsgesellschaft auf freiberuflicher Basis engagiert werden. Das mit dem Ansässigkeitsstaat der ausländischen Gesellschaft anzuwendende DBA enthält keinen „Künstlerdurchgriff" (Art. 17 Abs. 2 OECD-Musterabkommen). Das inländische Besteuerungsrecht an den von der ausländischen Produktionsgesellschaft an die ausländischen Künstler gezahlten Gagen wird nicht durch DBA entzogen (entweder weil keine solchen Abkommen mit den Ansässigkeitsstaaten der Künstler bestehen oder weil solche Abkommen eine „Künstlerklausel" iSd Art. 17 Abs. 1 OECD-Musterabkommens enthalten). Die Einkünfte des Künstlers (die er für seinen inländischen Auftritt von der Produktionsgesellschaft erhält) sind in Österreich sonach steuerpflichtig; ihre steuerliche Erfassbarkeit wird nach innerstaatlichem Recht nicht dadurch behindert, dass sie nicht unmittelbar dem Künstler, sondern zunächst der Produktionsgesellschaft zufließen (§ 99 Abs. 1 Z 1 letzter Satzteil; sogenannter „echter Künstlerdurchgriff"); das Besteuerungsrecht an den Einkünften der Produktionsgesellschaft hat aber mangels inländischer Betriebsstätte und „internationalem (unechtem) Künstlerdurchgriff" (Artikel 17 Abs. 2 OECD-Musterabkommen) deren Ansässigkeitsstaat. Dies schließt aber die Anwendung des „echten Künstlerdurchgriffes" nicht aus (Z 8 letzter Satz des OECD-Kommentars zu Artikel 17 des OECD-Musterabkommens); nach dieser Kommentarauffassung, der sich Österreich mit Wirkung ab 1. Juli 2005 anschließt, kann sonach der Künstleranteil der an die Produktionsgesellschaft fließenden Vergütungen im Abzugsweg besteuert werden; Steuerpflichtiger ist bei diesem „echten Künstlerdurchgriff" der Künstler und nicht – wie beim „unechten Künstlerdurchgriff" – die Produktionsgesellschaft. Der österreichische Veranstalter ist im Fall des in § 99 Abs. 1 Z. 1 EStG vorgesehenen „echten Künstlerdurchgriffes" im Verhältnis zum Künstler sonach mittelbarer Schuldner seiner Einkünfte.*
2. *Ein österreichischer Veranstalter zahlt 100 an eine belgische Künstleragentur, die 60 an den belgischen Künstler weitergibt. Nach innerstaatlichem Recht darf der Künstleranteil besteuert werden, sodass der Veranstalter zur Einbehaltung einer Steuer von 12 verpflichtet ist. Das DBA-Belgien enthält nur eine dem Artikel 17 Abs. 1 OECD-Musterabkommen nachgebildete Bestimmung. Derzufolge kann durch die Agentur direkt auf den Künstler durchgegriffen werden („echter Künstlerdurchgriff"). Entsprechend der VwGH-Judikatur betreffend „Mitwirkende an einer inländischen Unterhaltungsdarbietung (siehe Rz 7996) wird nicht mehr die ausländische Agentur („unechter Künstlerdurchgriff"), sondern – mit dem Künstleranteil – unmittelbar der Künstler selbst besteuert. Eine Freistellung des Künstleranteils von der Besteuerung durch den Veranstalter wäre unzulässig (§ 5 Abs. 2 letzter Halbsatz, DBA-Entlastungsverordnung, siehe auch Rz 8021b).*

(AÖF 2006/114)

8014 Den Schuldner der Einkünfte treffen weiters Aufzeichnungspflichten. Er hat die dem Steuerabzug unterliegenden Beträge laufend aufzuzeichnen. Die Aufzeichnungen müssen insbesondere den Zeitpunkt der Zahlung oder der Gutschrift oder der Verrechnung sowie die Höhe und den Zeitpunkt der Abfuhr der einbehaltenen Steuer enthalten. Das zuständige Finanzamt kann den Schuldner ganz oder teilweise von dieser Aufzeichnungspflicht befreien, soweit andere zur Überprüfung der Ordnungsmäßigkeit des Steuerabzuges hinreichende Aufzeichnungen geführt werden.

Im Fall der Nettobesteuerung (Rz 8006 ff) sind die schriftliche Mitteilung des Einkünfteempfängers über die unmittelbar zusammenhängenden Ausgaben sowie die Abschriften der vom Einkünfteempfänger vorgelegten Belege aufzubewahren.

(AÖF 2008/51)

8015 Schuldner der Abzugsteuer ist der Empfänger der Einkünfte, das ist der beschränkt Steuerpflichtige. Ihm ist die Abzugsteuer nach § 100 Abs. 3 EStG 1988 idF StRefG 2015/2016 (BGBl. I Nr. 118/2015) ausnahmsweise vorzuschreiben, wenn der Schuldner der Einkünfte die geschuldeten Beträge nicht vorschriftsmäßig gekürzt hat und die Haftung nach Abs. 2 nicht oder nur erschwert durchsetzbar wäre (Z 1) oder wenn er weiß, dass der Schuldner der Einkünfte die einbehaltene Abzugsteuer nicht vorschriftsmäßig abgeführt hat und der beschränkt Steuerpflichtige dies dem Finanzamt nicht unverzüglich mitteilt (Z 2).

(BMF-AV Nr. 2018/79)

30.2.2.5 Entlastung steuerabzugspflichtiger Einkünfte

Bezieht eine im Ausland ansässige Person inländische steuerabzugspflichtige Einkünfte (Lohnsteuerabzug, Kapitalertragsteuerabzug, besonderer Steuerabzug nach § 99 EStG 1988), kann in bestimmten Fällen eine Entlastung dieser Einkünfte notwendig sein, **8016**

- weil keine Steuerpflicht nach § 98 EStG 1988 besteht oder
- weil die Einkünfte bei nachträglicher Veranlagung zu keiner Steuerbelastung führen.

Sind steuerabzugspflichtige Einkünfte ganz oder teilweise auf Grund von DBA von der inländischen Steuer zu entlasten, kann diese unter den in der DBA-Entlastungsverordnung näher bestimmten Voraussetzungen unmittelbar anlässlich der Auszahlung erfolgen (siehe Rz 8021a und Rz 8021b).

(AÖF 2006/114)

§ 99a EStG 1988 sieht ab 2004 eine Befreiung vom Steuerabzug für Zinsen und Lizenzgebühren vor. Die Befreiung ist anzuwenden, wenn der Schuldner eine unbeschränkt steuerpflichtige Körperschaft oder eine Betriebsstätte eines Unternehmens eines anderen Mitgliedsstaates ist und wenn der Nutzungsberechtigte ein verbundenes Unternehmen eines anderen Mitgliedsstaats oder eine in einem anderen Mitgliedsstaat gelegenen Betriebsstätte eines verbundenen Unternehmens eines anderen Mitgliedsstaates ist. Siehe dazu § 99a Abs. 1 bis 9 EStG 1988. **8016a**

§§ 98 ff

Im Verhältnis zur Schweiz ist § 99a EStG 1988 auf Grund des Artikels 15 (mit Wirkung ab 2017 auf Grund des Artikels 9) des „Zinssteuerabkommens" der EU mit der Schweiz (ABl. Nr. L 385 vom 29.12.2004 S. 30); mit Wirkung ab 2017 idF ABl. Nr. L 333 vom 19.12.2015 S. 10) weitgehend sinngemäß anzuwenden. Allerdings sieht Art. 12 des DBA- Schweiz in der Fassung des Revisionsprotokolls vom 21. März 2006 rückwirkend ab 1. Jänner 2006 eine generelle Quellensteuerbefreiung für Lizenzgebühren vor, wodurch dem § 99a EStG 1988 ab diesem Zeitraum insoweit derogiert wird, als sich aus dem DBA für den Abgabepflichtigen vorteilhaftere Regelungen ergeben.

(BMF-AV Nr. 2018/79)

Methoden zur Entlastung steuerabzugspflichtiger Einkünfte sind: **8017**

- Abstandnahme vom Steuerabzug durch den Abzugspflichtigen (Entlastung an der Quelle),
- Erstattung nach § 240 BAO,
- Veranlagung nach § 102 EStG 1988.

30.2.2.5.1: *entfallen*

Randzahlen 8018 bis 8021: *derzeit frei*

(AÖF 2013/280)

30.2.2.5.2 Entlastung auf Grund der DBA-Entlastungsverordnung oder auf Grund von DBA

(AÖF 2006/114)

30.2.2.5.2.1 Entlastung auf Grund der DBA-Entlastungsverordnung

(AÖF 2006/114)

Auf Grund der DBA-Entlastungsverordnung, BGBl. III Nr. 92/2005, kann unter den dort genannten Voraussetzungen eine Entlastung von der Abzugssteuer an der Quelle für Einkünfte erfolgen, die in Österreich auf Grund von DBA von der Besteuerung freizustellen sind oder nur ermäßigt besteuert werden dürfen (siehe dazu im Detail den Erlass des BMF vom 10.03.2006, BMF-010221/0101-IV/4/2006 idF Erlass des BMF vom 29.01.2019, BMF-010221/0028-IV/8/2019). Die Anwendung der Verordnung steht dem Abzugspflichtigen frei. **8021a**

(BMF-AV Nr. 2021/65)

Die Anwendung der DBA-Entlastungsverordnung setzt grundsätzlich die Vorlage einer von der ausländischen Steuerverwaltung auf den Formularen ZS-QU 1 (für natürliche Personen) und ZS-QU 2 (für juristische Personen) ausgestellten Ansässigkeitsbescheinigung voraus (gegenüber manchen Staaten kann die Ansässigkeit auch mittels von der ausländischen zuständigen Behörde ausgestellter und den österreichischen Formularen beigehefteter Ansässigkeitsbescheinigungen nachgewiesen werden; siehe den Erlass des BMF vom 29.1.2019, BMF-010221/0027-IV/8/2019). In Anlehnung an § 4 Abs. 2 lit. c der VO zur Einbehaltung von Kapitalertragsteuer und deren Erstattung bei Mutter- und Tochtergesellschaften im Sinne der Mutter-Tochter-Richtlinie, BGBl. Nr. 56/1995, darf die Ansässigkeitsbescheinigung nicht älter als ein Jahr sein. **8021b**

Sofern die vom Schuldner der Einkünfte an den einzelnen Einkünfteempfänger geleisteten Vergütungen 10.000 Euro im Kalenderjahr nicht übersteigen und in Österreich kein Wohnsitz des Einkünfteempfängers besteht, ist eine vereinfachte Dokumentation der Abkommensberechtigung möglich (keine Ansässigkeitsbescheinigung durch die ausländische Steuerverwaltung auf dem Formular ZS-QU 1 oder ZS-QU 2 erforderlich).

Der Einkünfteempfänger muss weiters eine Erklärung abgeben, dass er nicht verpflichtet ist, die steuerentlasteten Einkünfte an andere weiterzugeben, also dass er nicht nur als Treuhänder auftritt (vgl. Abs. 9 des Erlasses des BMF vom 10.03.2006, BMF-010221/0101-IV/4/2006).

Eine Entlastung an der Quelle ist in folgenden Fällen unzulässig (§ 5 Abs. 1 der Verordnung):

1. Wenn den Dokumentationsanforderungen der §§ 2 bis 4 nicht ausreichend entsprochen wird,
2. wenn dem Vergütungsschuldner Umstände bekannt sind oder bei Anwendung der Sorgfalt eines ordentlichen Kaufmannes hätten bekannt sein müssen, dass die Einkünfte dem ausländischen Empfänger der Vergütung steuerlich nicht zuzurechnen sind,
3. wenn Vergütungen aus einer Tätigkeit im Sinne des § 99 Abs. 1 Z 1 EStG 1988 nicht an den Erbringer der dort genannten Tätigkeiten, sondern an Dritte gezahlt werden und keine Belege über Name und Anschrift des Erbringers der Tätigkeit sowie Angaben über die Höhe der an ihn fließenden Vergütungen vorliegen,
4. wenn Vergütungen für die Gestellung von Arbeitskräften zur inländischen Arbeitsausübung gezahlt werden (ausgenommen konzerninterne Personalüberlassung von Angestellten),
5. wenn der Einkünfteempfänger eine ausländische Stiftung, ein ausländischer Trust oder ein ausländischer Investmentfonds ist,
6. wenn der Einkünfteempfänger eine juristische Person ist, deren Ort der tatsächlichen Geschäftsleitung sich nicht im Gründungsstaat befindet,
7. wenn Kapitalerträge im Zeitpunkt der Fälligkeit oder anlässlich der Veräußerung von Wertpapieren von Kreditinstituten in ihrer Funktion als Verwahrer oder Verwalter von Wertpapieren ausbezahlt werden.

Werden zur beschränkten Steuerpflicht zu erfassende Vergütungen im Sinn des § 99 Abs. 1 Z 1 EStG 1988 nicht an den Erbringer der dort genannten Tätigkeiten, sondern an Dritte gezahlt, kann der Steuerabzug auf den an den Erbringer der Tätigkeit weiter fließenden Teil der Vergütungen eingeschränkt werden; für diesen Teil ist eine Entlastung an der Quelle auf Grund von DBA unzulässig (siehe auch Rz 8013 Beispiel 2).

(BMF-AV Nr. 2021/65)

Randzahl 8022: *derzeit frei*

(BMF-AV Nr. 2021/65)

8023 Ist für die Entlastung kein besonderes Verfahren vorgeschrieben, kann der Abzugspflichtige die Steuerentlastung durch eine den Abkommensbestimmungen entsprechende vollständige oder teilweise Steuerfreistellung herbeiführen. Der Abzugspflichtige muss jedoch den Nachweis über das Vorliegen der abkommensgemäßen Steuerentlastungsvoraussetzungen erbringen. Inbesondere muss er nachweisen, dass die freigestellten Einkünfte tatsächlich einer im anderen Vertragsstaat im Sinne der Abkommensbestimmungen ansässigen Person zugeflossen sind. Der Nachweis kann durch eine Ansässigkeitsbescheinigung erbracht werden, wenn diese innerhalb angemessener Zeit vor oder nach dem Bezug der Einkünfte von den Abgabenbehörden des Ansässigkeitsstaates ausgestellt wurde. Sind für den inländischen Abfuhrpflichtigen keine Umstände erkennbar, die auf eine ungerechtfertigte Steuerentlastung hindeuten, ist eine Bescheinigungserteilung innerhalb eines Zeitraumes von einem Jahr noch als zeitnah anzusehen.

8024 Bei Mitwirkenden an Unterhaltungsdarbietungen ist darüber hinaus zu beachten, dass für den Fall, daß das DBA als Voraussetzung für die Steuerentlastung das Nichtüberschreiten einer jahresbezogenen Steuerfreigrenze (zB Art. 17 Abs. 1 DBA-USA) vorsieht, eine schriftliche Erklärung des Einkünfteempfängers über die Erfüllung dieser Voraussetzung vorliegen muss. Stellt sich diese Erklärung in der Folge unvorhergesehen als unzutreffend heraus, hat sie der Einkünfteempfänger gegenüber dem Abzugspflichtigen zu berichtigen, der sodann diese Berichtigung an das für ihn zuständige Finanzamt weiterzuleiten hat. Es obliegt sodann dem Finanzamt, nach Maßgabe der gegebenen Möglichkeiten, die steuerliche Erfassung des ausländischen Künstlers in die Wege zu leiten; jedoch bestehen keine Bedenken, aus diesem Anlass keine nachträglichen Haftungsansprüche gegenüber dem Abzugspflichtigen geltend zu machen.

Werden die auf Grund eines DBA von der Besteuerung freizustellenden Beträge an eine ausländische Gesellschaft gezahlt, muss – soferne dies nicht bereits aus den vorhandenen Unterlagen zweifelsfrei hervorgeht – eine schriftliche Erklärung darüber abverlangt werden, dass diese Gesellschaft in eigenen Geschäftsräumlichkeiten und mit eigenen Arbeitskräften operativ tätig ist. Es müssen Informationen über den Zahlungsmodus (zB Überweisungsbeleg, Empfangsbestätigung) vorliegen. Erfolgt eine Entgeltauszahlung nicht unmittelbar an den Einkünfteempfänger, muss Name und Anschrift der den Einkünftebetrag empfangenden Person sowie eine Vollmacht für die Empfangnahme vorliegen. **8025**

Bei Engagement ausländischer Orchester, Theater, Ballette, Chöre und ähnlicher Kulturträger wird zur Vermeidung von Haftungsfolgen der Steuereinbehalt stets in voller Höhe vorzunehmen und eine dem DBA konforme Steuerentlastung im Erstattungsweg herbeizuführen sein. Beruft sich der Empfänger der Einkünfte oder der inländische Haftungspflichtige darauf, dass sich aus einem DBA ein Steuerentlastungsanspruch ergibt, steht es dem Empfänger der Einkünfte frei, diesen Entlastungsanspruch im Erstattungsweg geltend zu machen. Eine Steuerentlastung unmittelbar bei der Auszahlung der Vergütungen wird – vorbehaltlich der nachfolgenden Absätze – deshalb nicht möglich sein, weil dem inländischen Haftungspflichtigen die hiefür erforderliche Nachweisführung idR nicht zumutbar ist. Um die Steuerfreiheit von Vergütungen aus einem DBA abzuleiten, müsste insbesondere nachgewiesen werden, **8026**

- dass die Trägereinrichtung des Orchesters, Theaters, Ballettes, Chores oder ähnlichen Kulturträgers eine juristische Person ist (keine Mitunternehmerschaft) und
- dass diese Einrichtung in einem DBA-Staat im Sinne des Abkommens ansässig ist, und dass das Abkommen keine dem Art. 17 Abs. 2 OECD-Musterabkommen entsprechende Bestimmung enthält.

(BMF-AV Nr. 2018/79)

30.2.2.5.2.2 Rückzahlung auf Grund von DBA

(BMF-AV Nr. 2021/65)

Werden auf Grund von DBA entlastungsbedürftige Einkünfte von der österreichischen Abzugsbesteuerung – nach Maßgabe der DBA-Entlastungsverordnung, BGBl. III Nr. 92/2005 – nicht bereits bei Auszahlung an der Quelle entlastet, kann der ausländische Einkünfteempfänger eine abkommenskonforme Steuerrückzahlung beantragen, sofern keine Entlastung im Wege eines Veranlagungsverfahrens erfolgt. Die Rückzahlung hat nach Maßgabe des § 240 BAO zu erfolgen. Siehe dazu im Detail den Erlass des BMF vom 17.12.2001, 04 0101/41-IV/4/01 idgF („Rückzahlung österreichischer Abzugsteuern auf Grund von Doppelbesteuerungsabkommen"). Es bestehen keine Bedenken, wenn Abzugspflichtige zur Vermeidung eines Haftungsrisikos ungeachtet der Abkommensbestimmungen den vollen Steuerabzug vornehmen und den ausländischen Empfänger der Einkünfte zur Herbeiführung der abkommensgemäßen Steuerentlastung auf den Erstattungsweg verweisen. **8027**

(BMF-AV Nr. 2021/65)

Seit 1.1.2019 ist vor Stellung von Anträgen auf Rückzahlung oder Erstattung von Abzugsteuern durch beschränkt Steuerpflichtige zwingend eine elektronische Vorausmeldung abzugeben, die erst nach Ablauf des Jahres der Einbehaltung zulässig ist (§ 240a Abs. 1 BAO). Detaillierte Regelungen dazu finden sich in der VO BGBl. II Nr. 22/2019. Zuständig war dafür bis 31.12.2020 das Finanzamt Bruck Eisenstadt Oberwart (§ 18 AVOG 2010); mit 1.1.2021 fällt die Rückzahlung und Erstattung von Abzugsteuern in die Zuständigkeit des Finanzamtes für Großbetriebe (§ 61 Abs. 4 BAO idF BGBl. I Nr. 99/2020). **8028**

Der eigentliche Antrag kann ausschließlich mittels des mit einer Übermittlungsbestätigung versehenen, unterfertigten und mit der Ansässigkeitsbescheinigung der ausländischen Abgabenverwaltung ergänzten Ausdrucks der Vorausmeldung gestellt werden (§ 240a Abs. 2 BAO). Werden Anträge auf Rückzahlung oder Rückerstattung gemäß § 240a BAO innerhalb der Fünfjahresfrist des § 240 BAO gestellt, dann sind sie auch dann als fristgerecht eingebracht anzusehen, wenn in einem DBA oder in einer dazu ergangenen Durchführungsvereinbarung eine kürzere Frist festgelegt sein sollte. Abweichend davon ist im Verhältnis zu Deutschland die in Art. 27 Abs. 2 des DBA-Deutschland festgelegte Frist von vier Jahren anzuwenden (Erlass des BMF vom 17.12.2001, 04 0101/41-IV/4/01 idF Erlass des BMF vom 09.07.2019, BMF-010221/0208-IV/8/2019).

(BMF-AV Nr. 2021/65)

Abgesehen von den eben dargestellten Fällen kann ein Steuerabzug unterbleiben, wenn ein beschränkt Steuerpflichtiger eine der in § 99 Abs. 1 EStG 1988 genannten Tätigkeiten im Rahmen einer inländischen Betriebsstätte entfaltet und **8029**

- das anzuwendende DBA ein Betriebsstättendiskriminierungsverbot (vgl. zB Art. 24 Abs. 3 OECD-Musterabkommen) enthält oder
- der beschränkt Steuerpflichtige im EU/EWR-Raum ansässig ist (Dienstleistungsfreiheit; EuGH 19.6.2014, verb. Rs C-53/13 und C-80/13, *Strojirny Prostejov*).

Die inländische Betriebsstätte des beschränkt Steuerpflichtigen würde nämlich hiedurch gegenüber einer vergleichbaren inländischen Betriebsstätte eines unbeschränkt Steuerpflichtigen in diskriminierender Weise benachteiligt. In Fällen dieser Art können zur Vermeidung einer solchen Diskriminierung die Einkünfte vom Steuerabzug freigestellt werden. Als Beleg für die Berechtigung zur Steuerfreistellung kann eine schriftliche Erklärung des beschränkt Steuerpflichtigen dienen, in der unter Angabe der österreichischen Steuernummer die steuerliche Erfassung in Österreich mitgeteilt wird.

(BMF-AV Nr. 2018/79)

30.2.2.5.3 Entlastung mangels Steuerpflicht nach Veranlagung

(AÖF 2006/114)

8030 Bei Mitwirkenden an Unterhaltungsdarbietungen und Vortragsveranstaltungen kann von der Einbehaltung der Abzugsteuer aus Vereinfachungsgründen Abstand genommen werden, wenn auf Grund des vorliegenden Sachverhaltes im Fall einer nachträglichen Antragsveranlagung gemäß § 102 Abs. 1 Z 3 EStG 1988 eine inländische Steuerleistung nach Maßgabe der für das betreffende Jahr für beschränkt Steuerpflichtige anzuwendenden Einkommensteuertarifs voraussichtlich nicht anfallen wird und die im „Künstler-Sportler-Erlass" (Erlass des BMF vom 31.10.2005, BMF-010221/0684-IV/4/2005 idF Erlass des BMF vom 10. März 2011, BMF-010221/0678-IV/4/2011) genannten Voraussetzungen vorliegen. Die maßgebliche Grenze ergibt sich aus § 42 Abs. 2 EStG 1988.

Erhält ein beschränkt steuerpflichtiger Vortragender kein Honorar, sondern nur die Reisekosten für seine Vortragstätigkeit ersetzt bzw. werden ohne Honorarauszahlung nur Reisekosten vom Veranstalter übernommen, gilt Folgendes:

1. Aus Vereinfachungsgründen kann von der Einbehaltung einer (Brutto- oder Netto-) Abzugsteuer auch ohne schriftliche Erklärung des beschränkt Steuerpflichtigen Abstand genommen werden, wenn die Übernahme der Reisekosten bzw. der Reisekostenersatz beim beschränkt steuerpflichtigen Vortragenden im Fall einer Veranlagung in gleicher Höhe als Betriebsausgabe abzugsfähig wäre.
2. Bei Nichterfüllung der obigen Voraussetzung haftet der inländische Veranstalter für die nicht einbehaltene Abzugsteuer.

(BMF-AV Nr. 2021/65)

8031 Auch bei ausländischen Gastlehrern an österreichischen Bildungseinrichtungen kann nach Maßgabe des Erlasses BMF AÖF Nr. 69/2006 (Gastlehrerlass) von der Vornahme eines Lohnsteuerabzuges Abstand genommen werden, wenn eine schriftliche Erklärung des Gastlehrers vorliegt, dass seine inländischen Einkünfte nach Abzug allfälliger von ihm getragener und belegmäßig nachgewiesener Unterkunfts- und Reisekosten den maßgeblichen Jahresgrenzbetrag von 2.000 € nicht übersteigen (siehe Rz 8034).

(AÖF 2007/88)

30.2.3 Veranlagung

8032 § 102 Abs. 1 EStG 1988 unterscheidet zwischen Pflichtveranlagung und Antragsveranlagung. Die Veranlagung zur Einkommensteuer bei beschränkter Steuerpflicht bezweckt eine Zusammenrechnung von Einkünften iSd § 98 EStG 1988. Ist bereits ein Steuerabzug erfolgt, sind die einbehaltenen Beträge anzurechnen (§ 102 Abs. 1 letzter Satz EStG 1988).

(AÖF 2006/114)

8033 Bei einer Veranlagung bleiben Einkünfte aus einer im Inland ausgeübten oder verwerteten nichtselbständigen Tätigkeit als Schriftsteller, Vortragender, Künstler, Architekt, Sportler, Artist oder Mitwirkender an Unterhaltungsdarbietungen außer Ansatz, wenn Lohnsteuer nach § 70 Abs. 2 Z 2 EStG 1988 (das sind 20% des vollen Betrages) einbehalten und kein Antrag auf Veranlagung dieser Einkünfte gestellt wurde.

8034 Die zu veranlagenden Einkünfte sind nach den allgemeinen Vorschriften über die Ermittlung des Gewinnes bzw. Überschusses zu ermitteln. So haben zB beschränkt Steuerpflichtige, die im Inland über eine Betriebsstätte verfügen, wie unbeschränkt Steuerpflichtige ua. vollen Zugang zu den steuerlichen Investitionsbegünstigungen, sie vereinnahmen steuerfrei, was auch bei unbeschränkter Steuerpflicht steuerfrei ist, die Progressionsermäßigung des § 37 EStG 1988 steht ihnen ebenso offen wie unbeschränkt Steuerpflichtigen.

Ab der Veranlagung 2009 ist vor der Anwendung des Tarifs zur Bemessungsgrundlage ein Betrag von 9.000 Euro hinzuzurechnen. Dies führt dazu, dass beschränkt Steuerpflichtige an der das Existenzminimum sichernden Null-Steuerzone nur im Ausmaß von 2.000 Euro teilhaben, da es in Übereinstimmung mit der Rechtsprechung des EuGH Sache des Ansässigkeitsstaates ist, das Existenzminimum steuerfrei zu stellen. Siehe dazu auch LStR 2002 Rz 1241m.

Die Hinzurechnung gemäß § 102 Abs. 3 EStG 1988 hat als reine Tarifmaßnahme keinen Einfluss auf die Höhe der Einkünfte. Wurde im Veranlagungsjahr ein Verlust erzielt, ist dieser ohne Berücksichtigung der Hinzurechnung gemäß § 102 Abs. 2 EStG 1988 vortragsfähig (siehe dazu Rz 8059).

(BMF-AV Nr. 2018/79)

30.2.3.1 Pflichtveranlagung

In den in § 102 Abs. 1 Z 1, 2 und 4 EStG 1988 genannten Fällen hat eine Veranlagung von Einkünften stattzufinden (Pflichtveranlagung). Die Veranlagungspflicht setzt Erklärungspflicht nach § 42 EStG 1988 voraus. Nach § 42 Abs. 2 EStG 1988 besteht bei beschränkter Steuerpflicht Erklärungspflicht, wenn die gesamten inländischen Einkünfte, die einer Pflichtveranlagung unterliegen, mehr als 2.000 Euro betragen. **8035**

(BMF-AV Nr. 2018/79)

§ 41 ist nicht anwendbar (§ 102 Abs. 2 Z 3 EStG 1988). **8036**

Der Pflichtveranlagung unterliegen vornehmlich jene Einkünfte, welche mangels Steuerabzugspflicht einkommensteuerlich noch nicht erfasst wurden (§ 102 Abs. 1 Z 1 EStG 1988). Weiters werden unabhängig von einem Steuerabzug jene Fälle von der Pflichtveranlagung erfasst, welche im Zusammenhang mit einer betrieblichen Tätigkeit einer oder mehrerer Personen stehen (§ 102 Abs. 1 Z 2 EStG 1988). Außerdem unterliegen auch Einkünfte aus privaten Grundstücksveräußerungen im Sinne des § 30 EStG 1988 der Pflichtveranlagung, wenn für diese keine Immobilienertragsteuer gemäß § 30c Abs. 2 EStG 1988 entrichtet wurde oder wenn keine Abgeltung gemäß § 30b Abs. 2 EStG 1988 gegeben ist (§ 102 Abs. 1 Z 1 EStG 1988; gilt für Grundstücksveräußerungen ab dem 1.4.2012; BGBl. I Nr. 22/2012). **8037**

(BMF-AV Nr. 2018/79)

30.2.3.2 Antragsveranlagung

In den in § 102 Abs. 1 Z 3 EStG 1988 genannten Fällen hat eine Veranlagung nur über Antrag des Steuerpflichtigen zu erfolgen (Antragsveranlagung), und zwar unabhängig davon, ob eine (Pflicht-)Veranlagung von Einkünften stattfindet. **8038**

Beispiel:

Ein beschränkt Steuerpflichtiger bezieht Einkünfte aus Gewerbebetrieb (§ 98 Abs. 1 Z 3 EStG 1988) sowie Einkünfte aus nichtselbständiger Arbeit (§ 98 Abs. 1 Z 4 EStG 1988), die dem Lohnsteuerabzug (§ 70 Abs. 2 Z 1 EStG 1988) unterliegen. Eine (Pflicht-)Veranlagung der Einkünfte aus Gewerbebetrieb hat stattzufinden (§ 102 Abs. 1 Z 1 EStG 1988). Bei der Veranlagung kommt es nur dann zur Zusammenrechnung mit den (bereits im Wege des Lohnsteuerabzugs erfassten) Einkünften aus nichtselbständiger Arbeit, wenn ein Antrag auf Veranlagung dieser Einkünfte gestellt wird.

(BMF-AV Nr. 2018/79)

Die Antragsveranlagung betrifft Einkünfte gemäß § 99 Abs. 1 Z 1, 3, 4, 5 oder 6 EStG 1988, Einkünfte aus Bezügen als Arbeitnehmer (§ 70 Abs. 2 Z 1 und 2 EStG 1988; § 102 Abs. 1 Z 3 EStG 1988 idF AbgÄG 2004), kapitalertragsteuerpflichtige Einkünfte (Rz 8044) und Einkünfte aus privaten Grundstücksveräußerungen, für die Immobilienertragsteuer entrichtet wurde und Abgeltungswirkung gegeben ist (Rz 7985 und 8043a). Wird ein Antrag auf Veranlagung gemäß § 102 Abs. 1 Z 3 EStG 1988 gestellt, sind sämtliche steuerabzugspflichtigen Einkünfte mit Ausnahme derjenigen, von denen ein Lohnsteuerabzug in Höhe von 20% vorgenommen worden ist, in die Veranlagung jedenfalls einzubeziehen. Einkünfte aus nichtselbständiger Arbeit, von denen ein Lohnsteuerabzug in Höhe von 20% vorgenommen worden ist, sind auch bei einer Antragsveranlagung anderer steuerabzugspflichtiger Einkünfte gemäß § 102 Abs. 1 Z 3 EStG 1988 nur auf gesonderten Antrag einzubeziehen. **8039**

Beispiel:

A bezieht Einkünfte aus nichtselbständiger Arbeit als Lehrer (§ 70 Abs. 2 Z 1 EStG 1988), weiters Einkünfte aus nichtselbständiger Arbeit als Vortragender (§ 70 Abs. 2 Z 2 EStG 1988, Lohnsteuerabzug in Höhe von 20%) sowie Aufsichtsratsvergütungen (§ 99 Abs. 1 Z 4 EStG 1988). Wird ein Antrag auf Veranlagung (§ 102 Abs. 1 Z 3 EStG 1988) gestellt, sind die nichtselbständigen Einkünfte als Lehrer und die Aufsichtsratsvergütungen jeden-

falls einzubeziehen. Die Einkünfte aus nichtselbständiger Arbeit als Vortragender, die dem Lohnsteuerabzug von 20% unterlegen sind, sind hingegen nur dann einzubeziehen, wenn auch hinsichtlich dieser Einkünfte die Veranlagung beantragt wird.

(BMF-AV Nr. 2018/79)

30.2.3.3 ABC der Veranlagung bei beschränkter Steuerpflicht

8040 **Absetzbeträge**

Die Einkommensteuer ist bei beschränkter Steuerpflicht gemäß § 33 Abs. 1 EStG 1988 zu berechnen. Absetzbeträge sind daher nicht zu berücksichtigen.

Einen Sonderfall hinsichtlich der Absetzbeträge stellen beschränkt steuerpflichtige Arbeitnehmer dar (Ausnahme: Einkünfte aus im Inland ausgeübter oder verwerteter nichtselbständiger Tätigkeit als Schriftsteller, Vortragender, Künstler, Architekt, Sportler, Artist oder Mitwirkender an Unterhaltungsdarbietungen, § 70 Abs. 2 Z 2 EStG 1988). Beim Steuerabzug vom Arbeitslohn angesetzte Absetzbeträge sind (bei Veranlagung) zu berücksichtigen. Nach § 70 Abs. 2 Z 1 EStG 1988 kommen zur Anwendung:

- Verkehrsabsetzbetrag (§ 33 Abs. 5 Z 1 EStG 1988),
- Pensionistenabsetzbetrag (§ 33 Abs. 6 EStG 1988).

Außer Ansatz bleiben:

- Familienbonus Plus (§ 33 Abs. 3a EStG 1988),
- Alleinverdienerabsetzbetrag (§ 33 Abs. 4 Z 1 EStG 1988),
- Alleinerzieherabsetzbetrag (§ 33 Abs. 4 Z 2 EStG 1988).

Zur Veranlagung beschränkt Steuerpflichtiger siehe auch LStR 2002 Rz 1241a ff.

(BMF-AV Nr. 2021/65)

8041 **Außergewöhnliche Belastung**

Außergewöhnliche Belastungen (§§ 34, 35 EStG 1988) sind bei beschränkter Steuerpflicht nicht abzugsfähig (§ 102 Abs. 2 Z 3 EStG 1988).

8042 **Betriebsausgaben und Werbungskosten (siehe auch Stichwort „Werbungskosten")**

Betriebsausgaben und Werbungskosten sind nur insoweit zu berücksichtigen, als sie mit Einkünften iSd § 98 EStG 1988 in wirtschaftlichem Zusammenhang stehen. Wirtschaftlicher Zusammenhang liegt bei Betriebsausgaben vor, wenn sie durch den inländischen Betrieb oder durch die inländische Tätigkeit veranlasst sind. Wirtschaftlicher Zusammenhang liegt bei Werbungskosten vor, wenn diese zur Erwerbung, Sicherung oder Erhaltung von inländischen Einnahmen dienen. § 20 Abs. 2 EStG 1988 gilt auch bei beschränkter Steuerpflicht; dementsprechend dürfen bei der Ermittlung der Einkünfte Aufwendungen und Ausgaben, soweit sie mit nicht steuerpflichtigen (inländischen) Einkünften oder mit Kapitalerträgen iSd § 97 EStG 1988 in unmittelbarem wirtschaftlichen Zusammenhang stehen, nicht abgezogen werden. Stehen Betriebsausgaben und Werbungskosten wirtschaftlich sowohl mit ausländischen als auch mit inländischen Einkünften in Zusammenhang und ist keine eindeutige Zuordnung möglich, so ist eine Aufteilung im Schätzungsweg (§ 184 BAO) vorzunehmen.

Bei (Antrags-)Veranlagung von Einkünften aus im Inland ausgeübter oder verwerteter nichtselbständiger oder selbständiger Tätigkeit als Schriftsteller, Vortragender, Künstler, Architekt, Sportler, Artist oder Mitwirkender an Unterhaltungsdarbietungen fordert § 102 Abs. 1 Z 3 EStG 1988 für die Abzugsfähigkeit von Betriebsausgaben oder Werbungskosten einen Besteuerungsnachweis, wenn diese an Personen (Empfänger) geleistet werden, die diese als Einkünfte nach § 98 EStG 1988 in Österreich versteuern müssen und nicht in einem Mitgliedsstaat der Europäischen Union oder des Europäischen Wirtschaftsraumes gegenüber der Republik Österreich ansässig sind.

Als Besteuerungsnachweis geeignet ist jeder Umstand über die einkommensteuerliche Erfassung dieser Einkünfte durch die für den Empfänger zuständige Abgabenbehörde.

Der Besteuerungsnachweis kann unterbleiben, wenn es seitens des Finanzamtes als feststehend angesehen wird, dass die Einkünfte des Empfängers (zB Mitwirkende an Unterhaltungsdarbietungen) den zur inländischen Steuerpflicht führenden maßgebenden Grenzwert (§ 42 Abs. 2 EStG 1988) nicht überschritten hat.

(BMF-AV Nr. 2019/75)

8043 **Freibetrag für Inhaber von Amtsbescheinigungen und Opferausweisen**

Der Freibetrag für Inhaber von Amtsbescheinigungen und Opferausweisen wird bei beschränkter Steuerpflicht nicht gewährt (§ 102 Abs. 2 Z 3 EStG 1988).

Immobilienertragsteuer 8043a

Für Einkünfte aus privaten oder betrieblichen Grundstücksveräußerungen sind die Regelungen hinsichtlich des besonderen Steuersatzes (§ 30a EStG 1988), der Entrichtung der Immobilienertragsteuer (§ 30b EStG 1988) sowie der Mitteilung und Selbstberechnung durch den Parteienvertreter (§ 30c EStG 1988) anzuwenden (§ 98 Abs. 4 EStG 1988; siehe dazu auch Rz 7985).

Für – dem besonderen Steuersatz (§ 30a EStG 1988) unterliegende – private oder betriebliche Grundstücksveräußerungen können daher auch beschränkt Steuerpflichtige auf Antrag in die Regelbesteuerung unter Anwendung des progressiven Tarifs (§ 30a Abs. 2 EStG 1988) optieren.

Bei privaten Grundstücksveräußerungen ist auch auf Antrag eine Veranlagung unter Anwendung des besonderen Steuersatzes möglich (§ 30b Abs. 3 EStG 1988). Eine Veranlagung hat jedoch dann zu erfolgen, wenn keine Immobilienertragsteuer durch den Parteienvertreter entrichtet wurde oder keine Abgeltungswirkung im Sinne des § 30b Abs. 2 EStG 1988 gegeben ist (siehe dazu auch Rz 7985 Beispiel 1).

Bei betrieblichen Grundstücksveräußerungen hat – mangels Abgeltungswirkung der Immobilienertragsteuer – jedenfalls eine Veranlagung zum besonderen Steuersatz zu erfolgen (siehe dazu Rz 7985 Beispiel 2).

Die Immobilienertragsteuer ist auf die zu erhebende Einkommensteuer anzurechnen und mit dem übersteigenden Betrag zu erstatten (§ 30b Abs. 3 EStG 1988 bzw. § 46 Abs. 1 Z 2 EStG 1988).

(BMF-AV Nr. 2018/79)

Kapitalertragsteuer – Anrechnung bzw. Erstattung 8044

Die Einkommensteuer für Einkünfte, die einem besonderen Steuersatz gemäß § 27a Abs. 1 EStG 1988 unterliegen, gilt auch bei beschränkt steuerpflichtigen natürlichen Personen grundsätzlich als durch den KESt-Abzug abgegolten. Auf Antrag kann eine Anrechnung (§ 27a Abs. 5 bzw. § 97 Abs. 2 EStG 1988) bzw. Erstattung der KESt erfolgen. Erfolgt eine Veranlagung gemäß § 102 Abs. 1 Z 2 EStG 1988, ist die KESt bei Einkünften im Sinne des § 27 Abs. 3 oder 4 EStG 1988, oder wenn die Einkommensteuer aufgrund nicht zutreffender Annahmen durch den KESt-Abzug nicht abgegolten ist, anzurechnen.

(BMF-AV Nr. 2018/79)

Randzahlen 8045 bis 8054: *derzeit frei*

Progressionsermäßigung für Verwertung von Patentrechten 8055

Die Progressionsermäßigung gemäß § 38 für Verwertung von Patentrechten ist bei beschränkter Steuerpflicht ausgeschlossen (§ 102 Abs. 2 Z 3 EStG 1988).

Progression 8056

Die Ermittlung des Steuersatzes erfolgt bei beschränkt Steuerpflichtigen auf Grundlage des § 33 iVm § 102 Abs. 3 EStG 1988.

Nach § 98 EStG 1988 nicht steuerpflichtige Einkünfte (insbesondere im Ausland erzielte Einkünfte) unterliegen nicht dem Progressionsvorbehalt (VwGH 25.9.1973, 111/73).

(AÖF 2006/114)

Sonderausgaben 8057

Sonderausgaben (§ 18 EStG 1988) sind bei der Veranlagung abzugsfähig, soweit sie sich auf das Inland beziehen. Der Inlandsbezug ist zum Teil bereits in den Tatbeständen des § 18 Abs. 1 EStG 1988 enthalten, der idR auch den Anforderungen des § 102 Abs. 2 Z 2 EStG 1988 gerecht wird (vgl. LStR 2002, Rz 578 und 1241j).

Ein Pauschbetrag für Sonderausgaben (§ 18 Abs. 2 EStG 1988) wird – unabhängig vom Vorliegen inländischer Sonderausgaben – auch bei beschränkter Steuerpflicht gewährt.

Eine Berücksichtigung von Sonderausgaben im Wege eines Freibetragsbescheides ist nicht mehr möglich (§ 63 Abs. 7 EStG 1988).

Bei einem Wechsel in die beschränkte Steuerpflicht bleibt die Sonderausgabenbegünstigung für begünstigt angeschaffte Genussscheine und junge Aktien (§ 18 Abs. 1 Z 4 EStG 1988) erhalten, wenn die seinerzeit eingegangene Verpflichtung (Depothinterlegung für zehn Jahre) weiterhin eingehalten wird.

(BMF-AV Nr. 2018/79)

Veranlagungsfreibetrag 8058

Bei beschränkter Steuerpflicht ist ein Veranlagungsfreibetrag nach § 41 Abs. 3 EStG 1988 nicht vorgesehen.

(AÖF 2006/114)

8059 **Verlustabzug**

Gemäß § 102 Abs. 2 Z 2 EStG 1988 steht der Verlustabzug nur für Verluste zu, die in inländischen Betriebsstätten entstanden sind, die der Erzielung von Einkünften iSd § 2 Abs. 3 Z 1 bis 3 EStG 1988 dienen, oder für Verluste, die – unabhängig vom Vorliegen einer Betriebsstätte – aus unbeweglichem Vermögen im Sinne des ersten Satzes des § 98 Abs. 1 Z 3 EStG 1988 stammen.

Ein Verlustabzug ist nur zulässig, wenn der Verlust die übrigen Einkünfte im Verlustentstehungsjahr oder in einem der folgenden Jahre übersteigt (§ 102 Abs. 2 Z 2 letzter Satz EStG 1988). Die Regelung bezweckt, dass Österreich bei Unternehmen mit Steuerausländereigenschaft eine Verlustverwertung nur subsidiär gegenüber dem Ansässigkeitsstaat zulässt. Ob der Ansässigkeitsstaat des beschränkt Steuerpflichtigen seine ihn primär treffende Aufgabe der Berücksichtigung von Auslandsverlusten wahrnimmt oder nicht, ist für die Verlustabzugsfähigkeit der in inländischen Betriebsstätten angefallenen Verluste unerheblich; entscheidend ist einzig und allein, ob der beschränkt Steuerpflichtige über ausreichende Einkünfte verfügt, in denen die österreichischen Verluste Deckung finden.

Beispiel:

Ein ausländischer Unternehmer hat im Jahr 2001 ein insgesamt negatives Welteinkommen von – 1.800 (darin enthalten der inländische Betriebsstättenverlust von -1.000) und im Jahr 2002 ein insgesamt negatives Welteinkommen von -400 (inländischer Betriebsstättenverlust -500, Gewinn im Ansässigkeitsstaat +100) erlitten. Auf einen allfälligen Betriebsstättengewinn im Jahr 2003 ist der nicht verwertbare Verlust (1.000+500-100) vortragsfähig.

Die Regelung des § 102 Abs. 2 Z 2 EStG 1988 über den Verlustabzug bei beschränkter Steuerpflicht widerspricht nicht dem Gleichheitsgrundsatz. Der Gleichheitssatz verhält den Gesetzgeber nämlich nicht, unterschiedliche Rechtslagen im Verhältnis zu fremden Staaten, die sich aus zwischenstaatlichen Abkommen oder der Rechtslage im Ansässigkeitsstaat ergeben, durch Differenzierungen im innerstaatlichen Recht auszugleichen. Ist die getroffene Regelung für sich allein gesehen sachlich, so wird sie nicht schon dadurch gleichheitswidrig, dass sie Personen mit Wohnsitz in verschiedenen fremden Staaten verschieden trifft. Eine vollständige Harmonisierung der Rechtslage ist durch innerstaatliche Maßnahmen nicht zu erreichen. Hängt die Sachlichkeit der Regelung an sich nicht davon ab, dass inländische Verluste im Ausland tatsächlich ausgeglichen werden können, so führen unterschiedliche Folgen je nach einem DBA oder der Rechtslage im Ansässigkeitsstaat noch zu keiner Verfassungswidrigkeit. Selbst die vollkommene Außerachtlassung einer in Österreich gelegenen Einkunftsquelle durch den Ansässigkeitsstaat verpflichtet Österreich nicht dazu, den Verlustabzug in diesen Fällen trotz ausgleichsfähiger anderweitiger Einkünfte zuzulassen. Die aus der Nichtbeachtung der österreichischen Einkunftsquelle im Ansässigkeitsstaat folgende Unverwertbarkeit von Verlusten liegt zwar außerhalb der Zielrichtung dieser Vorschrift und ist nur eine zufällige, durch eine unterschiedliche Sachlage entstehende Wirkung, sie ist aber doch nur die Kehrseite des gegenwärtig international praktizierten Systems der zwischenstaatlichen Abgrenzung von Besteuerungsrechten und insofern nicht ohne jeden sachlichen Grund (VfGH 16.6.1995, G 191/94, G 192/94).

Werden Auslandseinkünfte im Ansässigkeitsstaat nicht besteuert und bleibt folglich ein Verlustausgleich dort ohne steuerliche Wirkung, lässt dies nach dem Wortlaut des § 102 Abs. 2 Z 2 EStG 1988 keine inländische Vortragsfähigkeit aufleben. Die Vortragsfähigkeit von Inlandsverlusten eines beschränkt Steuerpflichtigen hängt nach § 102 EStG 1988 nicht von der Gewinnsituation des ausländischen Unternehmens in den Jahren vor der Entstehung der österreichischen Verluste ab. Sollte daher im Ausland ohne Berücksichtigung der Rechtslage in Österreich – ein Rücktrag der österreichischen Verluste erfolgen, würde dies nach dem Wortlaut des § 102 EStG 1988 einen Verlustabzug in Österreich nicht beeinträchtigen.

Erleidet ein im Ausland ansässiger Gesellschafter einer österreichischen Personengesellschaft Verluste, hat er gemäß § 102 Abs. 2 Z 2 letzter Satz EStG 1988 nur dann Anspruch auf Verlustabzug, wenn der Verlust seine übrigen Einkünfte im Verlustentstehungsjahr oder in einem der folgenden Jahre übersteigt. Beteiligt sich ein beschränkt Steuerpflichtiger als atypisch stiller Gesellschafter an einer österreichischen Kapitalgesellschaft, dann sind allfällige Verlustanteile, die er aus seiner Beteiligung an der österreichischen „Kapitalgesellschaft & Still" erleidet, nur dann von der Vortragsfähigkeit auf Gewinnanteile späterer Jahre ausgeschlossen, wenn das übrige Einkommen des stillen Gesellschafters für die Verlustverwertung ausreicht. Hiebei ist nur auf die Einkommensverhältnisse des beschränkt steuerpflichtigen Gesellschafters abzustellen.

Will der beschränkt Steuerpflichtige vom Verlustabzug Gebrauch machen, müssen die erzielten Auslandseinkünfte nach § 1 EStG 1988 in Anwendung des österreichischen Steuerrechts ermittelt und offen gelegt werden. Ob seitens des Finanzamtes zur Ermittlung des Welteinkommens lediglich die ausländischen Abgabenbescheide oder auch dem österreichischen Steuerrecht angepasste Bilanzen der ausländischen betrieblichen Betätigungen des Steuerpflichtigen abverlangt werden, liegt in der Entscheidungsbefugnis der Abgabenbehörde, die sich bei Auslandsbeziehungen auf eine erhöhte Mitwirkungspflicht berufen kann.

Verluste, die im Ausland vor Begründung der unbeschränkten Steuerpflicht in Österreich erlitten wurden, kommen weder für einen Verlustausgleich nach § 2 Abs. 2 EStG 1988 noch für einen Verlustabzug nach § 18 Abs. 6 EStG 1988 in Betracht (VwGH 28.05.2009, 2008/15/0034). Dies gilt auch dann, wenn der beschränkt Steuerpflichtige in den Folgejahren unbeschränkt steuerpflichtig wird.

Ungeachtet des § 102 Abs. 2 Z 2 letzter Satz EStG 1988 ist einem beschränkt Steuerpflichtigen, der im Inland eine Betriebsstätte unterhält, der Verlustabzug jedoch in folgenden Fällen einzuräumen:

- generell bei Ansässigkeit in einem EU-/EWR-Staat (Niederlassungsfreiheit; EuGH 6.9.2012, C-18/11, Philips Electronics) oder
- bei Ansässigkeit in einem Drittstaat, mit dem ein dem Art. 24 Abs. 3 OECD- Musterabkommen nachgebildetes Diskriminierungsverbot besteht, wenn in diesem Fall der Nachweis erbracht wird, dass eine Verlustverwertung im Ansässigkeitsstaat nicht möglich ist oder trotz Verlustverwertung im YAnsässigkeitsstaat der Nachweis einer etwaigen Nachversteuerung im Ansässigkeitsstaat erbracht wird.

(BMF-AV Nr. 2018/79)

Verlustrücktrag und vorzeitige Verlustberücksichtigung **8059a**

Die Möglichkeit eines Verlustrücktrages und einer vorzeitigen Verlustberücksichtigung für (voraussichtliche) betriebliche Verluste aus 2020 nach Maßgabe des § 124b Z 355 EStG 1988 und der dazu ergangenen COVID-19-Verlustberücksichtigungsverordnung, BGBl. II Nr. 405/2020 (siehe dazu daher näher Rz 3901 ff) besteht grundsätzlich auch für beschränkt Steuerpflichtige.

(BMF-AV Nr. 2021/65)

Werbungskosten **8060**

Eine Berücksichtigung von Werbungskosten beim Lohnsteuerabzug beschränkt Steuerpflichtiger im Wege eines Freibetragsbescheides ist nicht möglich (§ 63 Abs. 7 EStG 1988). Im Rahmen einer (Antrags)Veranlagung von lohnsteuerpflichtigen Einkünften sind mit den Einkünften zusammenhängende Werbungskosten zu berücksichtigen. Ein Pauschbetrag für Werbungskosten (§ 16 Abs. 3 EStG 1988) wird bei beschränkt steuerpflichtigen Arbeitnehmern berücksichtigt (im Übrigen siehe Stichwort „Betriebsausgaben und Werbungskosten"). Siehe auch LStR 2002 Rz 1241h.

(BMF-AV Nr. 2018/79)

Randzahlen 8061 bis 8200: *derzeit frei*

31. Zuzugsbegünstigung (§ 103 EStG 1988)

31.1 Allgemeines

(BMF-AV Nr. 2018/79)

8201 Zuziehende Wissenschaftler und Forscher (seit 31.7.1992), Künstler (seit 1.6.2000) sowie Sportler (seit 30.12.2000) können die Zuzugsbegünstigung in Form der Beseitigung steuerlicher Mehrbelastungen (siehe Rz 8201d ff) beantragen. Für Zuzüge ab dem 15.8.2015 (Steuerreformgesetz 2015/2016, BGBl. I Nr. 118/2015) besteht gemäß § 103 Abs. 1a EStG 1988 auch die Möglichkeit der Zuerkennung eines Zuzugsfreibetrages (siehe Rz 8201i ff), der jedoch Wissenschaftlern und Forschern vorbehalten ist.

Eine Kombination dieser beiden Formen ist möglich (Beseitigung der steuerlichen Mehrbelastungen mit Zuzugsfreibetrag).

Die ZBV 2016, BGBl. II Nr. 261/2016, löste mit Wirkung 15.8.2015 die Zuzugsbegünstigungsverordnung, BGBl. II Nr. 102/2005, ab. Die Beseitigung der steuerlichen Mehrbelastungen (§ 103 Abs. 1 EStG 1988) erfolgt daher gemäß § 5 Abs. 1 ZBV 2016 durch Anwendung eines pauschalen Durchschnittssteuersatzes (siehe Rz 8201d). Für „Altfälle“ (Zuzüge vor dem 15.8.2015) gelten gemäß § 10 Abs. 3 ZBV 2016 Übergangsbestimmungen (siehe Rz 8207).

(BMF-AV Nr. 2018/79)

31.2 Zuzug und Wegzug

(BMF-AV Nr. 2018/79)

8201a Die Zuzugsbegünstigung nach § 103 Abs. 1 und Abs. 1a EStG 1988 knüpft an den Zuzug aus dem Ausland an. Neben der Begründung eines inländischen Wohnsitzes (siehe Rz 21 ff) setzt der Zuzug aus dem Ausland auch die Verlagerung des Mittelpunktes der Lebensinteressen (siehe Rz 7593, 7596 und 7597) nach Österreich voraus (vgl. VwGH 26.2.2020, Ro 2017/13/0018; BFG 18.7.2017, RV/7100774/2017).

Beispiel:

Frau F lebt in Bulgarien. Verlagern sich sowohl der Wohnsitz als auch der Mittelpunkt der Lebensinteressen nach Österreich, so liegt ein Zuzug vor.

Ausländische Wohnsitze und die unbeschränkte Steuerpflicht in anderen Staaten sind unschädlich.

Beispiel:

Herr A hat in der Schweiz und in Österreich jeweils einen Wohnsitz. Seinen Mittelpunkt der Lebensinteressen verlagert er nach Österreich. In Folge der Verlagerung des Mittelpunkts der Lebensinteressen tritt ein Zuzug ein.

(BMF-AV Nr. 2021/65)

8201b Die Verlagerung des Mittelpunkts der Lebensinteressen von Österreich ins Ausland führt zu einem Wegzug.

(BMF-AV Nr. 2021/65)

8201c Die Rückverlegungsklausel (§ 103 Abs. 2 EStG 1988) sieht vor, dass ein Wegzug innerhalb der letzten zehn Jahre (120 Monate) vor dem Zuzug schädlich ist. Ist die Person nach dem 31.12.2016 (§ 124b Z 319 EStG 1988) zugezogen, verkürzt sich für den Zuzugsfreibetrag dieser Zeitraum auf fünf Jahre (60 Monate).

(BMF-AV Nr. 2018/79)

31.3 Beseitigung steuerlicher Mehrbelastungen (§ 103 Abs. 1 EStG 1988)

(BMF-AV Nr. 2018/79)

8201d Die Beseitigung der steuerlichen Mehrbelastungen erfolgt gemäß § 5 Abs. 1 ZBV 2016 durch Anwendung eines pauschalen Durchschnittssteuersatzes auf die nicht unter § 98 EStG 1988 fallenden Einkünfte (Auslandseinkünfte). Inlandseinkünfte sind gemäß § 103 Abs. 1 EStG 1988 nicht begünstigbar.

(BMF-AV Nr. 2018/79)

8201e Der pauschale Steuersatz ergibt sich aus dem Verhältnis zwischen der ausländischen Steuer der letzten drei Kalenderjahre und dem im Ausland erwirtschafteten Einkommen im selben Zeitraum. Bei der Ermittlung der ausländischen Steuern sind gemäß § 5 Abs. 1 Z 1 ZBV 2016 auch ausländische Steuern anzusetzen, die das Einkommen mittelbar belasten (zB Solidaritätszuschlag). Die Höhe der ausländischen Einkünfte richtet sich nach österreichischem Steuerrecht, wobei gemäß § 5 Abs. 1 Z 2 ZBV 2016 auch endbesteuerte Einkünfte zu berücksichtigen sind. Der pauschale Steuersatz beträgt jedoch mindestens 15%.

Beispiel:

Frau O ist Opernsängerin. Bis 31. Dezember 2014 lebt sie im Staat A. 2015 übersiedelt sie in den Staat B. Mit 1. Jänner 2016 zieht sie nach Österreich zu. Frau O tritt in allen Jahren in den Staaten A, B und C sowie in Österreich auf. Von den Veranstaltern erhält sie in den Staaten A, B und C sowie in Österreich jährlich jeweils 100.000 Euro für ihre Auftritte. Aus Staat D erhält Frau O jährlich 100.000 Euro aus Dividenden. Die einzigen Ausgaben sind 10% Managementgebühr von den Bruttoeinnahmen und 5.000 Euro Reisekosten für Auftritte außerhalb des jeweiligen Wohnsitzstaates je Staat und Jahr. Auf die Konzerte (selbständige Arbeit) entfallen jährlich Sozialversicherungsbeiträge in der Gesamthöhe von 20.800 Euro.

Unter Berücksichtigung der Managementgebühren (A, B, C und Ö je 10.000 Euro) und Reisekosten (A/B, C und Ö je 5.000 Euro) ergibt sich folgendes Bild:

§§ 98 ff

	Einnahmen abzgl. direkt zurechenbare Ausgaben				
KJ	*Staat A*	*Staat B*	*Staat C*	*Staat D*	*Ö*
2013	*90.000*	*85.000*	*85.000*	*100.000*	*85.000*
2014	*90.000*	*85.000*	*85.000*	*100.000*	*85.000*
2015	*85.000*	*90.000*	*85.000*	*100.000*	*85.000*

Das Auslandseinkommen (§ 5 Abs. 1 Z 2 ZBV 2016) in der Höhe von 341.385,51 Euro ermittelt sich in den Jahren 2013 bis 2015 jeweils folgendermaßen: Einnahmen abzüglich direkt zurechenbare Ausgaben (90.000 Euro + 85.000 Euro + 85.000 Euro + 100.000 Euro) minus aliquoten Sozialversicherungsanwendungen (75,36% von 20.800 Euro = 15.675,36 Euro) minus aliquotem Gewinnfreibetrag gemäß § 10 Abs. 1 Z 3 EStG 1988 (75,36% von 3.900 Euro = 2.939,13 Euro) minus aliquoten Sonderausgaben gemäß § 18 Abs. 2 EStG 1988 (75,36% von 60 Euro = 45,22 Euro). Das Auslandseinkommen beträgt also in den drei Jahren insgesamt 1.024.156,53 Euro (341.385,51 Euro + 341.385,51 Euro + 341.385,51 Euro).

Die Aliquotierung (75,36%) erfolgt dabei im Verhältnis zwischen den direkt dem Ausland zurechenbaren Einkünften aus selbständiger Arbeit (90.000 Euro + 85.000 Euro + 85.000 Euro) und den Gesamteinkünften aus selbständiger Arbeit (90.000 Euro + 85.000 Euro + 85.000 Euro + 85.000 Euro).

Auf Grund innerstaatlicher Gesetze und Doppelbesteuerungsabkommen heben die Staaten A, B, C und D folgende Steuern ein, was Frau O durch Einkommensteuerbescheide und Belege zu einbehaltenen Quellensteuern nachweist:

	Steuern				
KJ	*Staat A*	*Staat B*	*Staat C*	*Staat D*	*Σ*
2013	*43.765*	*0*	*25.000*	*10.000*	*78.765*
2014	*43.765*	*0*	*25.000*	*10.000*	*78.765*
2015	*10.000*	*0*	*25.000*	*26.375*	*61.375*
Σ	*97.530*	*0*	*75.000*	*46.375*	*218.905*

Die Auslandssteuern (§ 5 Abs. 1 Z 1 ZBV 2016) summieren sich in den drei Jahren auf 218.905 Euro.

Gemäß § 5 Abs. 1 Z 3 ZBV 2016 ergibt sich ein Steuersatz von 21,37% (218.905 : 1.024.156,53). Dieser liegt über dem pauschalen Mindeststeuersatz in der Höhe von 15% und ist daher maßgebend.

(BMF-AV Nr. 2018/79)

Nach dem zehnten Kalenderjahr beginnt die Zuzugsbegünstigung gemäß § 5 Abs. 3 ZBV 2016 auszuschleifen. Der pauschale Steuersatz erhöht sich dann jährlich um 2 Prozentpunkte. **8201f**

Beispiel:

Frau R zieht am 1. Februar 2016 nach Österreich. Der pauschale Durchschnittssteuersatz iSd Abs. 1 beträgt 15%. Nach dem zehnten Kalenderjahr, also mit dem 1. Jänner 2026, beginnt die Ausschleifregel zu wirken. Der pauschale Steuersatz erhöht sich gemäß Abs. 3 im Jahr 2026 auf 17% (15% + 2%), 2027 auf 19% (17% + 2%), ..., 2041 auf 47% (45% + 2%) und 2042 auf 49% (47% + 2%). Mit Ablauf des Kalenderjahres 2042 – also bevor ein Steuersatz von 50% erreicht wird – läuft die Begünstigung gemäß § 6 Abs. 1 ZBV 2016 automatisch aus.

(BMF-AV Nr. 2018/79)

8201g Der pauschale Durchschnittssteuersatz wird ausschließlich auf Auslandseinkünfte (auch endbesteuerte Einkünfte) angewendet. Im ersten Schritt werden die Auslandseinkünfte mit diesem Steuersatz multipliziert. Im zweiten Schritt werden zu diesem Zwischenergebnis 4.500 Euro (Hälfte des in § 102 Abs. 3 EStG 1988 genannten Betrags) hinzuaddiert. Mit diesem Betrag sind die Auslandseinkünfte gemäß § 5 Abs. 2 ZBV 2016 abschließend besteuert, dh. die Auslandseinkünfte wirken nicht progressionserhöhend auf die Inlandseinkünfte.

Beispiel:

Frau Z wurde ab 1.1.2017 ein pauschaler Durchschnittssteuersatz in der Höhe von 20% zuerkannt. 2017 erzielt sie mit ausländischen Aktien Einkünfte in der Höhe von 10.000 Euro und mit der Vermietung einer ausländischen Immobilie 15.000 Euro. Sonst liegen keine Auslandeinkünfte vor. Ob das Aktiendepot in Österreich oder im Ausland liegt, ist im Ergebnis unerheblich. Die Auslandseinkünfte betragen 25.000 Euro (10.000 Euro + 15.000 Euro). Vor Anrechnung ausländischer Steuern beträgt die Steuer für diese Einkünfte 9.500 Euro (25.000 Euro x 20 : 100 + 4.500 Euro). Bei der Ermittlung der Steuer auf die Inlandseinkünfte sind die Auslandseinkünfte nicht mehr zu berücksichtigen.

(BMF-AV Nr. 2018/79)

8201h Ausländische Steuern können gemäß § 5 Abs. 1 zweiter Satz ZBV 2016 ohne „per country limitation“ (siehe Rz 7585) angerechnet werden; dh. die Anrechnung ausländischer Steuern ist im Ergebnis durch die österreichische Steuer auf die Auslandseinkünfte begrenzt. Allfällige durch Doppelbesteuerungsabkommen vermittelte Begünstigungen gelten als durch den pauschalen Steuersatz berücksichtigt. Ein allfälliger Günstigkeitsvergleich obliegt dem Steuerpflichtigen. Sollte sich etwa das österreichische Netzwerk an Doppelbesteuerungsabkommen im Vergleich zur gewährten Zuzugsbegünstigung als steuerlich günstiger erweisen, so kann der Begünstigte gemäß § 6 Abs. 3 Z 6 ZBV 2016 freiwillig auf die weitere Anwendung der Begünstigung verzichten.

(BMF-AV Nr. 2018/79)

31.4 Zuzugsfreibetrag (§ 103 Abs. 1a EStG 1988)

(BMF-AV Nr. 2018/79)

8201i Der Zuzugsfreibetrag beträgt gemäß § 103 Abs. 1a EStG 1988 30% der Einkünfte aus in- und ausländischer wissenschaftlicher Tätigkeit, insoweit diese nach dem Tarif (§ 33 Abs. 1 EStG 1988) versteuert werden.

Beispiel:

Frau M ist Forscherin und arbeitet nach dem 2016 erfolgten Zuzug in einem österreichischen High-Tech-Betrieb. Bescheidmäßig wurde ihr ab 2016 ein Zuzugsfreibetrag zuerkannt. Neben ihren Inlandseinkünften aus nicht selbständiger Arbeit hat sie in Österreich Einkünfte aus Vermietung und Verpachtung. Die Tarifeinkünfte aus ihrer nicht selbständigen Forschungstätigkeit in Österreich bilden die Bemessungsgrundlage für den Zuzugsfreibetrag. Die Sonderzahlungen (13. und 14. Monatsgehalt) unterliegen nicht dem Tarifsteuersatz; sie fließen daher nicht in die Bemessungsgrundlage für den Zuzugsfreibetrag ein. Die Einkünfte aus Vermietung und Verpachtung sind keine Einkünfte aus einer wissenschaftlichen Tätigkeit und sind daher für die Höhe des Zuzugsfreibetrags unerheblich.

(BMF-AV Nr. 2018/79)

8201j Der Begriff der wissenschaftlichen Tätigkeit des § 103 EStG 1988 ist ein eigenständiger. Er ist in § 2 Abs. 1 Z 1 ZBV 2016 definiert (siehe Rz 8202b).

(BMF-AV Nr. 2018/79)

8201k Auslandseinkünfte, die gemäß § 5 ZBV 2016 einem pauschalen Durchschnittssteuersatz unterliegen, fließen auf Grund des Ausschlusses von nicht dem Tarif unterliegenden Einkünften nicht in die Bemessungsgrundlage für den Zuzugsfreibetrag ein.

Beispiel:

Herr K ist wegen einer Stelle als Universitätsprofessor nach Österreich übersiedelt. Ihm wird bescheidmäßig die Beseitigung steuerlicher Mehrbelastungen (pauschaler Steuersatz 24,75%) wie auch ein Zuzugsfreibetrag zuerkannt. Herr K bezieht Lizenzzahlungen aus Frankreich für die Nutzung eines wissenschaftlichen Patents, das er vor seinem Zuzug angemeldet hat. Die ausländischen Lizenzeinkünfte, für die der pauschale Durchschnittssteuersatz von 24,75% geltend gemacht wird, fließen nicht in die Bemessungsgrundlage für den Zuzugsfreibetrag ein, weil sie nicht dem Tarifsteuersatz unterliegen.

(BMF-AV Nr. 2018/79)

8201l Bei der Ermittlung der Bemessungsgrundlage für den Zuzugsfreibetrag sind prinzipiell sowohl die in- als auch die ausländischen Einkünfte aus wissenschaftlicher Tätigkeit heranzuziehen. Bei korrekter Anwendung der 3- Stufen-Methode (siehe Rz 33) vermitteln jedoch allfällige Befreiungen (ohne Progressionsvorbehalt) in Doppelbesteuerungsabkommen im Ergebnis keinen Zuzugsfreibetrag; in der Theorie liegt jedoch eine DBA-Befreiung (2. Schritt) der um den Zuzugsbetrag gekürzten Einkünfte aus wissenschaftlicher Tätigkeit (1. Schritt) vor. Sieht das Doppelbesteuerungsabkommen für Auslandseinkünfte aus wissenschaftlicher Tätigkeit die Befreiungsmethode unter Progressionsvorbehalt vor, so verkürzt sich dadurch der Progressionsvorbehalt um den darauf entfallenden Zuzugsfreibetrag.

Beispiel:

Frau V arbeitet für ein Vorarlberger Forschungsunternehmen. In Deutschland besteht eine Betriebsstätte, das eigene Forschungsprojekte durchführt. Aufgrund ihrer speziellen Kenntnisse arbeitet sie ausnahmsweise eine Woche lang in Deutschland an einem Forschungsprojekt der deutschen Betriebsstätte mit. Die Vergütung dafür (2.000 Euro ohne Sonderzahlung) sind von der deutschen Betriebsstätte zu tragen, sodass die Gehaltsbestandteile für ihre Tätigkeit in Deutschland gemäß Art. 15 Abs. 1 iVm Art. 23 Abs. 2 DBA-Deutschland in Österreich unter Progressionsvorbehalt zu befreien sind. Nach Anwendung des Zuzugsfreibetrags reduzieren sich im ersten Schritte diese Einkünfte nach österreichischem innerstaatlichem Steuerrecht auf 1.400 Euro (2.000 Euro – 2.000 Euro x 30 : 100). Wie bereits dargestellt, sind diese Auslandseinkünfte (1.400 Euro) im zweiten Schritt nach dem DBA-Deutschland unter Progressionsvorbehalt zu befreien.

(BMF-AV Nr. 2018/79)

§§ 98 ff

Für die Bemessungsgrundlage des Zuzugsfreibetrags ist das berufliche Gesamtbild maßgeblich. Bei der Tätigkeit muss die Förderung von Wissenschaft und Forschung im Mittelpunkt stehen. Insoweit ein unmittelbarer wirtschaftlicher Zusammenhang mit der aktiven Tätigkeit als Wissenschaftler oder Forscher besteht, sind abgesehen von Ruhegehältern auch Passiveinkünfte als Einkünfte aus wissenschaftlicher Tätigkeit anzusehen (zB Lizenzeinnahmen aus eigenen Erfindungen). **8201m**

Beispiel 1:

Im Rahmen einer Universitätsprofessur ist ein „Herausschälen" einer gutachterlichen Tätigkeit nicht erforderlich.

Beispiel 2:

Hat eine Universitätsprofessorin noch Einkünfte aus einer anderen, nicht wissenschaftlichen Tätigkeit (zB Mediziner mit Privatordination), bezieht sich der Zuzugsfreibetrag nur auf die Einkünfte aus der wissenschaftlichen Tätigkeit. Bei einer Medizinerin mit Patienten an einer Universitätsklinik wird jedoch zu prüfen sein, ob Behandlungen, Operationen udgl. in einem unmittelbaren Zusammenhang mit der wissenschaftlichen Tätigkeit stehen (zB wissenschaftliche Studien).

(BMF-AV Nr. 2018/79)

Wird der Freibetrag gewährt, können daneben keine weiteren Betriebsausgaben, Werbungskosten oder außergewöhnliche Belastungen, die im Zusammenhang mit dem Zuzug stehen, geltend gemacht werden. **8201n**

Der Zuzugsmehraufwand umfasst Unterschiede im Preisniveau, Kosten für den Umzug im weiteren Sinne (Wohnungssuche, Beantragung und Änderung von Dokumenten, medizinische Überprüfungen usw.), Kosten für zwei Haushalte einschließlich Fahrtkosten, Kosten für Sprachkurse zum Erlernen der deutschen Sprache usw. Die in Zusammenhang mit dem Zuzug stehenden tatsächlichen Betriebsausgaben, Werbungskosten oder außergewöhnlichen Belastungen sind mit dem Zuzugsfreibetrag abgegolten. Dies gilt insbesondere auch für pauschalierte Aufwendungen (zB Werbungskostenpauschale für Expatriates iSd § 1 Z 11 VO BGBl. II Nr. 382/2001).

(BMF-AV Nr. 2018/79)

Der Freibetrag ist auf fünf Jahre (60 Monate) ab dem Zuzugszeitpunkt beschränkt. **8201o**

(BMF-AV Nr. 2018/79)

31.5 Öffentliches Interesse

(BMF-AV Nr. 2018/79)

Ein begünstigter Zuzug kann gemäß § 103 EStG 1988 unter dem Titel der Förderung von Wissenschaft und Forschung, der Förderung von Kunst oder der Förderung des Sports stehen. Der Zuzug muss aus diesem Grund im öffentlichen Interesse gelegen sein. Da der Zuzugsfreibetrag gemäß § 103 Abs. 1a EStG 1988 nur Wissenschaftlern und Forschern gewährt werden kann, ergeben sich folgende Szenarien: **8201p**

Zuzuziehende Person	Förderung	Beseitigung steuerlicher Mehrbelastungen	Zuzugsfreibetrag
Wissenschaftler und Forscher	Wissenschaft und Forschung	Ja, möglich	Ja, möglich
Künstler	Kunst	Ja, möglich	Nein, nicht möglich
Sportler	Sport	Ja, möglich	Nein, nicht möglich

(BMF-AV Nr. 2018/79)

31.5.1 Wissenschaft und Forschung

(BMF-AV Nr. 2018/79)

8202 Der Zuzug von Wissenschaftlern oder Forschern aus dem Ausland dient gemäß § 2 Abs. 1 ZBV 2016 der Förderung von Wissenschaft und Forschung und ist aus diesem Grund im öffentlichen Interesse gelegen, wenn folgende Voraussetzungen vorliegen:

- Die Tätigkeit des zuziehenden Wissenschaftlers oder Forschers besteht überwiegend in einer wissenschaftlichen Tätigkeit.
- Die Tätigkeit im Bereich der Wissenschaft und Forschung liegt maßgeblich im öffentlichen Interesse Österreichs.
- Die Förderung von Wissenschaft und Forschung würde ohne Zuzug nicht in diesem Ausmaß eintreten und erfolgt unmittelbar.
- Die hohe wissenschaftliche Qualifikation des Antragstellers ist hinreichend dokumentiert.

(BMF-AV Nr. 2018/79)

8202a Eine Tätigkeit ist gemäß § 2 Abs. 1 Z 1 ZBV 2016 als wissenschaftlich anzusehen, wenn sie auf systematische Weise unter Verwendung wissenschaftlicher Methoden mit dem Ziel durchgeführt wird, den Stand des Wissens zu vermehren sowie neue Anwendungen dieses Wissens zu erarbeiten. Diese Definition deckt sich mit den Ausdruck „Forschung und experimentelle Entwicklung“ (siehe Anhang I zur Forschungsprämienverordnung, BGBl. II Nr. 515/2012).

Als gleichwertiges Pendant zur Universitätsforschung gilt die universitäre Erschließung und Entwicklung der Künste jedenfalls als wissenschaftliche Tätigkeit iSd § 2 Abs. 1 Z 1 ZBV 2016.

(BMF-AV Nr. 2018/79)

8202b Die Lehre (einschließlich der Lehre der Kunst) gilt nicht als wissenschaftliche Tätigkeit iSd § 2 Abs. 1 Z 1 ZBV 2016.

(BMF-AV Nr. 2018/79)

8202c Die Tätigkeit im Bereich der Wissenschaft und Forschung muss maßgeblich im öffentlichen Interesse Österreichs liegen. Die Maßgeblichkeit richtet sich nach dem Gesamtbild, insbesondere nach dem Tätigkeitsumfang und -inhalt sowie deren Wirkung auf den Forschungs- und Wirtschaftsstandort Österreich. Wissenschaft und Forschung können durch Tätigkeiten im universitären wie auch im außeruniversitären Bereich (zB Forschungsunternehmen) gefördert werden.

(BMF-AV Nr. 2018/79)

8202d Ein maßgebliches Interesse am Zuzug liegt nicht vor, wenn die Förderung von Wissenschaft und Forschung auch ohne Zuzug erfolgen könnte. Die Beurteilung der zuzugskausalen Förderung richtet sich ausschließlich nach der Gesamtheit der objektiven, äußeren Umstände.

Beispiel:

Ein deutscher Grenzgänger arbeitet seit zehn Jahren in einem österreichischen Unternehmen, das 30 km von seinem Wohnort entfernt liegt. Er zieht nach Österreich und erklärt, dass er des Pendelns überdrüssig sei. Ohne Zuzug hätte er die Tätigkeit in Österreich beendet. Auf die Behauptung kommt es nicht an. Es widerspricht der allgemeinen Lebenserfahrung, dass eine Distanz zum Arbeitsort von 30 km ein Hindernis darstellt. Zudem spricht die jahrelange Ausübung der Tätigkeit objektiv dafür, dass der Grenzgänger die Tätigkeit auch ohne Zuzug ausführen würde. Daher ist davon auszugehen, dass die Förderung von Wissenschaft mehr oder weniger im selben Ausmaß eintreten würde.

§ 2 Abs. 1 Z 3 ZBV 2016 fordert einen starken – nämliche einen direkten – Zusammenhang zwischen Zuzug und Förderung von Wissenschaft und Forschung. Mittelbare Effekte sind nicht maßgeblich.

Beispiel 1:

Eine Wissenschaftlerin zieht nach Vorarlberg, um im benachbarten Liechtenstein zu arbeiten. Die liechtensteinische Arbeitgeberin wird allfällige Forschungsergebnisse über Lizenzverträge auch für das österreichische Tochterunternehmen zugänglich machen. Die Forschungstätigkeit fördert unmittelbar den Wirtschaftsstandort Liechtenstein. Die mittelbare Nutzung der Forschungsresultate durch die österreichische Tochtergesellschaft stellt keine unmittelbare Förderung von Wissenschaft und Forschung in Österreich dar.

Beispiel 2:

Frau S arbeitet nach ihrem Zuzug als Forschungscontrollerin in einem österreichischen Betrieb. Da ausschließlich eine Forschungstätigkeit unmittelbar die Forschung fördern kann, liegt keine unmittelbare Förderung von Wissenschaft und Forschung vor.

(BMF-AV Nr. 2018/79)

Die Begünstigung darf gemäß § 2 Abs. 1 Z 4 ZBV 2016 nur wissenschaftlich hoch- **8202e** §§ 98 ff
qualifizierten Wissenschaftlern und Forschern gewährt werden. Das sind Personen, deren wissenschaftliche Qualifikation durch entsprechende Leistungen (zB durch Publikationen, Peer-Reviews oder Mitarbeit an Forschungsprojekten) dokumentiert ist. Wissenschaftlich hochqualifizierte Leistungen kommen in einer wissenschaftlich besonders verantwortungsvollen Tätigkeit (zB hoher inhaltlicher Verantwortungsgrad, wichtige Projektleitungsfunktion) zum Ausdruck (BFG 25.2.2019, RV/7100556/2019).

Die Zuzugsbegünstigung ist auf den Zuzug von Spitzenkräften beschränkt (BFG 10.12.2018, RV/7100488/2017; 10.1.2019, RV/7100448/2018; 25.2.2019, RV/7103382/2018; 25.2.2019, RV/7100556/2019; 11.10.2019, RV/7104784/2019). Aus der Schwierigkeit, geeignetes Personal zu finden, kann nicht auf eine hohe wissenschaftliche Qualifikation geschlossen werden (BFG 25.2.2019, RV/7100556/2019). Angehende Wissenschaftler ohne Habilitation, wie beispielsweise Universitätsassistenten, erfüllen das Tatbestandsmerkmal des Vorliegens des öffentlichen Interesses am Zuzug im Allgemeinen nicht. Auch bei einer internationalen und mit ausgezeichnetem Erfolg abgeschlossenen Universitätsausbildung ist ein Doktorratsstudium alleine noch keine hinreichend „hohe wissenschaftliche Qualifikation" im Sinne des § 2 Abs. 1 Z 4 ZBV 2016 (BFG 10.12.2018, RV/7100488/2017; 10.1.2019, RV/7100448/2018; 25.2.2019, RV/7103382/2018).

(BMF-AV Nr. 2021/65)

Während § 2 Abs. 1 ZBV 2016 alle Zuzugsfälle in den Bereichen Wissenschaft und **8202f**
Forschung regelt („materielle Prüfung", siehe Rz 8202 ff), dient Abs. 2 lediglich der Verfahrensvereinfachung in bestimmten Fällen („formelle Prüfung"). Ein der Förderung der Wissenschaft und Forschung dienender Zuzug liegt jedenfalls in den Fällen vor, die in § 2 Abs. 2 ZBV 2016 genannt werden:

- Universitätsprofessoren nach § 94 Abs. 2 UG (insbesondere Assoziierte Professoren, nicht jedoch Ehrenprofessoren)
- Professoren des Institute of Science and Technology – Austria (inoffizielle Stellenbezeichnung „Professor" oder „Assistent Professor")
- Habilitierte Wissenschaftler und Forscher, deren Tätigkeit überwiegend in Forschung und Entwicklung sowie in der universitären Erschließung und Entwicklung der Künste liegt, an bestimmten Forschungseinrichtungen, falls die Tätigkeit unmittelbar in einem inländischen Betrieb (siehe Rz 409), einer inländischen Betriebsstätte (§ 29 BAO) oder einer anderen wirtschaftlich selbständigen (vgl. KStR 2013 Rz 61) Einheit (vgl. Rz 411) dieser Forschungseinrichtung erfolgt:
  - Universitäten nach § 4 UG
  - Donau Universität Krems
  - Fachhochschulen nach § 8 FHG
  - Wissenschaftliche Einrichtungen iSd FOG (zB Österreichische Akademie der Wissenschaften)
  - EU- und EWR-Körperschaften, deren überwiegender (mindestens 75%) Forschungsauftrag gesetzlich verankert ist (zB Landesforschungsgesellschaften mit entsprechendem Auftrag)
  - Forschungseinrichtungen nach § 71 NAG (https://www.bmi.gv.at/312/50/start.aspx#Zertifizierte_Forschungseinrichtungen)
- Wissenschaftler und Forscher, deren Tätigkeit überwiegend in Forschung und Entwicklung liegt, falls die Vergütungen (Löhne, Gehälter, Honorare) nach § 103 EStG 1988 prämienbegünstigte Forschungsaufwendungen oder -ausgaben darstellen und mindestens das gemäß § 12c AuslBG für die Blaue Karte EU erforderliche Brutto-

jahresgehalt (2015: 57.405 Euro; 2016: 58.434 Euro; 2017: 59.718 Euro; 2018: 60.948 Euro; 2019: 62.265 Euro; 2020: 63.672 Euro; 2021: 65.579 Euro;http://www.migration.gv.at/de/formen-der-zuwanderung/dauerhafte-zuwanderung/blauekarteeu/) betragen. Das Bruttojahresgehalt nach § 12c AuslBG ist keine steuerliche Größe. Maßgeblich sind demnach nur fixe Gehaltsbestandteile (zB laufendes Gehalt, Urlaubs- und Weihnachtsremuneration, Überstundenpauschale, keine unregelmäßigen Zahlungen).

(BMF-AV Nr. 2021/65)

8202g Eine Habilitation nach österreichischem Vorbild (§ 103 UG), also die Erteilung der Lehrbefugnis (venia docendi), ist länderspezifisch. Wesentlich für die venia docendi ist die Befugnis zur Betreuung von Doktoranden. Eine reguläre Universitätsprofessur im Ausland ist daher als faktischer Nachweis einer ausländischen Habilitation anzusehen. Im Hinblick auf interdisziplinäre Forschung kann die wissenschaftliche Tätigkeit im Rahmen des § 2 Abs. 2 Z 2 ZBV 2016 auch in einem angrenzenden Fach erfolgen. Wissenschaftliche Tätigkeiten in einem fremden Fach (zB Habilitationsfach vergleichende Religionswissenschaft und Forschung im Bereich Halbleiterphysik) sind nur nach Maßgabe des § 2 Abs. 1 ZBV 2016 begünstigt.

(BMF-AV Nr. 2018/79)

8202h Die formellen Anknüpfungskriterien in § 2 Abs. 2 Z 1 bis Z 3 ZBV 2016 dienen einem ökonomischen Vollzug. Sollten die Voraussetzungen (zB Mindestverdienst, Habilitation) für eine formelle Prüfung nicht vorliegen, ist die Zuerkennung der Begünstigung nicht ausgeschlossen, sondern es bedarf dann einer Einzelfallbeurteilung iSd § 2 Abs. 1 ZBV 2016, wobei im Ergebnis kein strengerer Maßstab als in Abs. 2 zur Anwendung kommen soll. Wesentlich sind die Tätigkeit und die Qualifikation des Antragstellers. Dies gilt insbesondere auch für zugezogene Mitarbeiter von Organisationen, die nicht von § 2 Abs. 2 Z 2 ZBV 2016 erfasst sind (zB Competence Centers for Excellent Technologies, Ludwig-Boltzmann-Institute).

(BMF-AV Nr. 2018/79)

8202i Neben einer Habilitation dienen etwa auch Postdoc-„Exzellenzstipendien“ als Indizien für eine außergewöhnliche wissenschaftlichen Qualifikation iSd § 2 Abs. 1 Z 4 ZBV 2016.

Ein Exzellenzstipendium liegt vor, wenn folgende Kriterien erfüllt sind:

- Der Hauptzweck des Stipendiums liegt in der Förderung exzellenter Forschung. Nebenzwecke (zB Mobilitätsförderung, soziale Aspekte) sind unschädlich.
- Es besteht kein Austauschverhältnis in Zusammenhang mit der Stipendienvergabe (zB Auftragsforschung). Leistungsnachweise über die zweckmäßige Verwendung des Stipendiums sind zulässig. Ebenso ist die Verpflichtung zur Veröffentlichung der Forschungsergebnisse unschädlich.
- Der Stipendiat kann den Staat und allfällige Forschungskooperationspartner frei wählen. Zwischen der stipendienvergebenden Stelle und dem Forschungskooperationspartner darf keine Nahebeziehung (zB Konzernunternehmen) bestehen.
- Das Stipendium ist der Höhe nach geeignet, die typischen Lebensunterhaltskosten in Österreich zu decken (nach Reisekosten, Steuern, selbst zu tragenden Forschungsausgaben usw.).
- Das Stipendium muss mindestens für zwölf Monate garantiert sein (zur Dauer des Forschungsaufenthaltes s. nachstehende Ausführungen).

Der Zuzug von „High Potentials“, die Exzellenzstipendien erhalten, ist daher jedenfalls begünstigt, wenn folgende Voraussetzungen erfüllt sind:

- Der Exzellenzstipendiat hat in seinem Forschungsfach oder einem verwandten Fach promoviert oder eine gleichwertige Ausbildung abgeschlossen. Der Zuzug erfolgt spätestens sieben Jahre nach Abschluss der Promotion.
- Die wissenschaftliche Exzellenz wurde bereits durch frühere Leistungen glaubhaft gemacht.
- Die allgemeinen Voraussetzungen für eine Zuzugsbegünstigung (zB inländischer Wohnsitz, Verlagerung des Mittelpunktes der Lebensinteressen) sind erfüllt. Der Forschungsaufenthalt in Österreich ist nachweislich mindestens für drei Jahre geplant, und es besteht keine institutionelle Bindung an eine ausländische Forschungsinstitution (Anstellung, Karenzierung usw.) oder Rückkehrverpflichtung (zB Pönalzahlungen bei Verbleib in Österreich).

Nach Ablauf des Exzellenzstipendiums ist erneut zu evaluieren, ob die ursprüngliche Annahme einer besonders hohen Qualifikation des Wissenschaftlers oder Forschers weiterhin

aufrechterhalten werden kann. Wie auch in anderen Fällen sind die Voraussetzungen für den Bezug der Zuzugsbegünstigung laufend zu überprüfen (siehe Rz 8205m).
(BMF-AV Nr. 2018/79)

31.5.2 Kunst

(BMF-AV Nr. 2018/79)

Der Zuzug von Künstlern aus dem Ausland dient gemäß § 3 Abs. 1 ZBV 2016 der Förderung der Kunst und ist aus diesem Grund im öffentlichen Interesse gelegen, wenn folgende Voraussetzungen vorliegen: **8202j**

- Die Tätigkeit des zuziehenden Künstlers besteht überwiegend in einer künstlerischen Tätigkeit.
- Die Tätigkeit im Bereich Kunst liegt maßgeblich im öffentlichen Interesse Österreichs.
- Die Förderung der Kunst würde ohne Zuzug nicht in diesem Ausmaß eintreten und erfolgt unmittelbar.
- Der Antragsteller ist Künstler von herausragender internationaler Bedeutung.

(BMF-AV Nr. 2018/79)

§§ 98 ff

Dem Ausdruck der künstlerischen Tätigkeit kommt gemäß § 3 Abs. 1 Z 1 ZBV 2016 unabhängig vom Vorliegen selbständiger Arbeit dieselbe Bedeutung wie in § 22 Z 1 lit. a EStG 1988 zu (siehe Rz 5237 ff). **8202k**
(BMF-AV Nr. 2018/79)

Literaten können künstlerisch tätig werden, was auf Sachbuchautoren nicht zutrifft (siehe UStR 2000 Rz 1390 iVm Rz 1386). **8202l**
(BMF-AV Nr. 2018/79)

Die Maßgeblichkeit des in § 3 Abs. 1 Z 2 ZBV 2016 normierten öffentlichen Interesses richtet sich nach dem Gesamtbild, insbesondere nach dem Tätigkeitsumfang und -inhalt sowie deren Wirkung auf die Kulturszene und den Tourismus in Österreich. Das öffentliche Interesse Österreichs erfordert, dass zB Sänger in Österreich auftreten oder Schriftsteller ihre Werke im Rahmen von Lesungen dem österreichischen Publikum näherbringen müssen. **8202m**

Die Zuzugsbegünstigung hat analog zu § 1 Abs. 2 Kunstförderungsgesetz insbesondere die zeitgenössische Kunst, ihre geistigen Wandlungen und ihre Vielfalt im Geiste von Freiheit und Toleranz zu berücksichtigen. Die Förderung der Kunst hat danach zu trachten, die Kunst allen Bevölkerungskreisen zugänglich zu machen und die materiellen Voraussetzungen für die Entwicklung des künstlerischen Lebens in Österreich zu verbessern. Begünstigt ist insbesondere das künstlerische Schaffen der Literatur, der darstellenden Kunst, der Musik, der bildenden Künste, der Fotografie, des Films und der Videokunst sowie neuer experimenteller oder die Grenzen der genannten Kunstsparten überschreitender Kunstformen.
(BMF-AV Nr. 2018/79)

Ein maßgebliches Interesse am Zuzug liegt nicht vor, wenn die Förderung von Kunst auch ohne Zuzug erfolgen könnte. Die Beurteilung der zuzugskausalen Förderung richtet sich ausschließlich nach der Gesamtheit der objektiven, äußeren Umstände. **8202n**

Beispiel:

Eine Violinistin zieht von Mexiko nach Österreich zu. Sie organisiert eine neue Sommerkonzertreihe in einem österreichischen Schloss, bei der sie jährlich auftritt. Statt eines Auftritts pro Jahr in Österreich tritt sie nunmehr neunmal jährlich auf. Das künstlerische Wirken in Österreich hat sich objektiv erhöht. Offensichtlich wäre dies ohne Zuzug nicht möglich gewesen. Eine zuzugskausale Förderung der Kunst in Österreich liegt vor.

§ 3 Abs. 1 Z 3 ZBV 2016 fordert einen starken – nämlichen einen direkten – Zusammenhang zwischen Zuzug und Förderung der Kunst. Mittelbare Effekte sind nicht maßgeblich.

Beispiel 1:

Eine Sängerin zieht nach Österreich zu. Sie behauptet, dass bloß durch ihren Zuzug und ihren Ruhm die heimische Kulturszene gestärkt würde. Zudem würde sie bei ihren Konzerten im Ausland Österreich als Kulturnation bewerben. Es liegen lediglich mittelbare Effekte vor.

Beispiel 2:

Frau R war erfolgreiche Schauspielerin. Sie übernimmt die Geschäftsführung eines großen Theaters in Österreich. Da sie nicht mehr als Schauspielerin auftritt, liegt keine unmittelbare Förderung von Kunst vor.

(BMF-AV Nr. 2018/79)

8202o Die herausragende internationale Bedeutung als Künstler bedingt, dass der Person grenzüberschreitend eine außergewöhnliche Aufmerksamkeit und Anerkennung zuteilwird. Eine weltweite Bedeutung des Künstlers wird nicht vorausgesetzt; es reicht auch eine herausragende europäische Bedeutung.

(BMF-AV Nr. 2018/79)

8202p Während § 3 Abs. 1 ZBV 2016 alle Zuzugsfälle im Bereich Kunst regelt („materielle Prüfung"), dient Abs. 2 lediglich der Verfahrensvereinfachung in bestimmten Fällen („formelle Prüfung"). Ein der Förderung der Kunst dienender Zuzug liegt jedenfalls in den Fällen vor, die in § 3 Abs. 2 ZBV 2016 genannt werden:

- Kammersänger bei mindestens zehn öffentlichen gesanglichen Auftritten in Österreich pro Jahr
- Kammerschauspieler bei mindestens zehn öffentlichen schauspielerischen Auftritten in Österreich pro Jahr

(BMF-AV Nr. 2018/79)

8202q In in Rz 8202p nicht genannten Fällen bedarf es einer materiellen Einzelfallbeurteilung nach § 3 Abs. 1 ZBV 2016 (siehe Rz 8202j ff).

(BMF-AV Nr. 2018/79)

31.5.3 Sport

(BMF-AV Nr. 2018/79)

8202r Der Zuzug von Sportlern aus dem Ausland dient gemäß § 4 ZBV 2016 der Förderung des Sports und ist aus diesem Grund im öffentlichen Interesse gelegen, wenn folgende Voraussetzungen vorliegen:

- Der Sportler ist Spitzensportler.
- Die sportliche Tätigkeit liegt maßgeblich im öffentlichen Interesse Österreichs.
- Der Sportler vertritt Österreich offiziell bei internationalen Wettkampfveranstaltungen.
- Der Sport wird unmittelbar gefördert.

(BMF-AV Nr. 2018/79)

8202s Spitzensportler sind gemäß § 3 Z 11 BSFG 2013 (§ 3 Z 8 BSFG 2017) Sportler, die Sport mit dem ausdrücklichen Ziel betreiben, Spitzenleistungen im internationalen Maßstab zu erzielen. Sport iSd BSFG 2013 umfasst folgende Aktivitäten:

- Disziplinen, die im Programm der Olympischen Spiele stehen.
- Disziplinen, die durch eine eigenmotorische Aktivität eines jeden, der sie betreibt, bestimmt sind. Diese eigenmotorische Aktivität liegt insbesondere nicht vor bei Denkspielen, Bastel- und Modellbautätigkeiten, Zucht von Tieren, Dressur von Tieren ohne Einbeziehung der Bewegung des Menschen und Bewältigung technischen Geräts ohne Einbeziehung der Bewegung des Menschen.
- Disziplinen, die durch die in § 50 BSFG 2013 (§ 3 Z 10 lit. c BSFG 2017) genannten Bundes-Sportfachverbände vertreten werden.

Beispiel 1:

Der Zuzug eines Formel 1-Fahrers ist nicht begünstigt, da es sich um die Bewältigung technischen Geräts ohne Einbeziehung der Bewegung des Menschen handelt.

Beispiel 2:

Der Zuzug einer BMX-Fahrerin ist begünstigungsfähig. Erstens handelt es sich um eine olympische Disziplin. Zweitens wird bei der Bewältigung des technischen Geräts (Fahrrad) die Bewegung des Menschen (Antrieb durch Muskelkraft) einbezogen.

(BMF-AV Nr. 2018/79)

8202t Leistungssportler (zB im Bereich des Jugendsports oder des Sports im Rahmen bloß nationaler Wettkämpfe) oder Ex-Sportler sind keine Spitzensportler.

(BMF-AV Nr. 2018/79)

8202u Bei der Beurteilung der Maßgeblichkeit der sportlichen Tätigkeit kommt es auf das Gesamtbild an. Randsportarten sind nicht per se von einer Zuzugsbegünstigung ausgeschlossen. Die zu erwartenden sportlichen Erfolge müssen jedoch dazu geeignet sein, die ausgeübte Sportart angemessen ins Licht der Öffentlichkeit zu rücken.

Grundsätzlich wird im Hinblick auf die Bedeutung zumindest die Teilnahme an weltweiten Wettbewerben (zB Weltmeisterschaft, Olympische Spiele, Weltcup) vorauszusetzen sein. Die bloße Teilnahme an von kontinentalen Sportverbänden organisierten Wettkämpfen, wie etwa Europameisterschaften, kann in Einzelfällen (zB Europameisterin in Leichtathletik) jedoch einen Anspruch auf eine Zuzugsbegünstigung vermitteln.

(BMF-AV Nr. 2018/79)

Wie etwa bei der Verleihung der österreichischen Staatsbürgerschaft an Sportler kommt es auf das aktive Tätigsein für Österreich (als Repräsentant Österreichs) an. Der Zuzug von Personen, die für eine andere Nation antreten, liegt nicht im öffentlichen Interesse Österreichs. **8202v**

Beispiel:

Eine aktuelle Olympiasiegerin zieht nach Österreich, um gemeinsam mit österreichischen Athletinnen zu trainieren. Durch das gemeinsame Training mit den Österreicherinnen entsteht ein Know-How-Transfer, von dem beide Seiten profitieren. Die Olympiasiegerin tritt bei internationalen Wettkampfveranstaltungen weiterhin für ihren Herkunftsstaat an. Da sie nicht als offizielle Repräsentantin Österreichs antritt, liegt der Zuzug nicht im öffentlichen Interesse.

§§ 98 ff

Der zuziehende Spitzensportler hat Österreich bei internationalen Wettkampfveranstaltungen (Internationale Meisterschaften) zu vertreten. Das sind Wettkampfveranstaltungen, die im Rahmen der Bestimmungen des Internationalen Olympischen Komitees (IOC) oder des Internationalen Paralympischen Komitees (IPC) oder des Europäischen Olympischen Komitees (EOC) oder einer Organisation der International Organisations of Sports for Disabled (IOSD) oder eines internationalen Sportfachverbands stattfinden oder bei welchen technische Funktionäre der Wettkampfveranstaltung von diesen benannt werden.

(BMF-AV Nr. 2018/79)

Anders als in den Bereichen Kunst, Wissenschaft und Forschung kommt es bei Sportlern nicht auf die inländischen Aktivitäten an. **8202w**

(BMF-AV Nr. 2018/79)

Die mittelbare Förderung des Sports (Sportmäzenatentum, Trainertätigkeit, Sportfunktionäre, Testimonials usw.) ist gemäß § 4 Z 4 ZBV 2016 nicht begünstigt. Die Bedeutung des Spitzensportlers muss sich also ausschließlich und ohne Berücksichtigung allfälliger Ausstrahleffekte aus dessen sportlichen Aktivitäten ergeben. **8202x**

Beispiel:

Herr G war früher erfolgreicher Tennisspieler. Nach früheren Erfolgen ist er inzwischen auf Platz 2.000 der Weltrangliste gerutscht. Seinen Ruhm möchte er nutzen, um Kinder und Jugendliche zu mehr Bewegung zu animieren. Auf die mittelbare Förderung des Sports (Bewerbung des Sports auf Grund der eigenen Bekanntheit) kommt es nicht an. Eine maßgebliche unmittelbare Förderung des Sports liegt mangels aktueller sportlicher Erfolge nicht vor.

(BMF-AV Nr. 2018/79)

Randzahl 8203: *derzeit frei*

(BMF-AV Nr. 2018/79)

31.6 Verfahren zur Erteilung einer Zuzugsbegünstigung

(BMF-AV Nr. 2018/79)

Das Verfahren zur Erteilung einer Zuzugsbegünstigung gliedert sich in zwei Stufen: **8204**

- Bescheidmäßige Zuerkennung der Zuzugsbegünstigung durch das Finanzamt Österreich (bis 31.12.2020: Bundesminister für Finanzen)
- Berücksichtigung der zuerkannten Zuzugsbegünstigung bei der Veranlagung

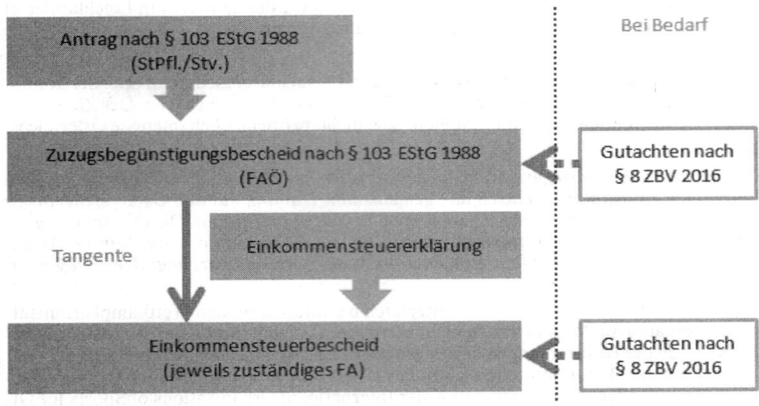

(BMF-AV Nr. 2021/65)

31.6.1 Antrag auf Zuerkennung der Zuzugsbegünstigung

(BMF-AV Nr. 2018/79)

8205 Anträge auf die Beseitigung steuerlicher Mehrbelastungen und die Zuerkennung des Zuzugsfreibetrags sind beim Finanzamt Österreich (bis 31.12.2020: Bundesminister für Finanzen) schriftlich (§ 86a BAO) einzubringen.

(BMF-AV Nr. 2021/65)

8205a § 1 Abs. 2 ZBV 2016 sieht vor, dass Erstanträge spätestens sechs Monate nach dem erfolgten Zuzug einzubringen sind. Die Frist gewährleistet, dass die Begünstigung in einem sachlichen Konnex mit dem Zuzug steht und trägt ferner zur Verfahrensbeschleunigung bei (VfGH 23.9.2019, E 1360/2018; E 3721/2018). Maßgeblich ist grundsätzlich das Datum des Poststempels (VwGH 27.11.2000, 2000/17/0165). Verspätet eingebrachte Anträge sind zurückzuweisen.

(BMF-AV Nr. 2021/65)

8205b Im Zusammenhang mit geltend gemachten Begünstigungen bestehen erhöhte Mitwirkungspflichten, sodass die amtswegige Ermittlungspflicht zurücktritt. Aus dem Antrag sollte daher hervorgehen, weshalb der Antragsteller die Voraussetzungen für die Zuerkennung einer Zuzugsbegünstigung erfüllt (Begründung).

(BMF-AV Nr. 2018/79)

8205c Jedenfalls zu enthalten hat ein Antrag ein Verzeichnis iSd § 7 Abs. 1 ZBV 2016 (laut Verordnungswortlaut als Beilage zum Antrag) samt den dazugehörigen Unterlagen. Im Verzeichnis sind die geforderten Angaben systematisch und übersichtlich darzustellen. Weiters enthält das Verzeichnis Verweise auf beigelegte Nachweise (Sortierung und Nummerierung bei mehreren Nachweisen erforderlich). Das Verzeichnis hat folgende Angaben zu enthalten:

- Die Glaubhaftmachung, dass der Zuzug gemäß §§ 2, 3 oder 4 ZBV 2016 im öffentlichen Interesse gelegen sein wird,
- allfällige für den vorherigen Punkt erforderliche Belege,
- die Bekanntgabe des Wegzugsstaates,
- die Bekanntgabe des Zuzugszeitpunktes,
- die Bekanntgabe der inländischen Wohnsitze in einem Zeitraum von zehn Jahren vor dem Zuzug und zum Antragszeitpunkt,
- die Bekanntgabe der ausländischen Wohnsitze in einem Zeitraum von fünf Jahren vor dem Zuzug und zum Antragszeitpunkt,
- die Bekanntgabe der Mittelpunkte der Lebensinteressen in einem Zeitraum von zehn Jahren vor dem Zuzug und zum Antragszeitpunkt (zu einem bestimmten Zeitpunkt besteht nur ein Mittelpunkt der Lebensinteressen) und
- für Anträge auf Beseitigung der steuerlichen Mehrbelastungen die vollständige Darstellung der Ermittlung des pauschalen Steuersatzes.

(BMF-AV Nr. 2018/79)

Können zum Zeitpunkt der Antragstellung noch nicht alle Unterlagen vorgelegt werden, kann mittels verfahrensleitender Verfügung eine Nachreichfrist gewährt werden. Eine derartige Fristverlängerung ist gemäß § 1 Abs. 2 ZBV 2016 antragsgebunden. Fehlt das Verzeichnis oder ist es unvollständig, ist der Antrag (ggf. nach erfolglosem Verstreichen einer Nachfrist) abzuweisen (sinngemäß dazu UFS 3.7.2013, RV/1902-W/11). Im Rahmen einer Bescheidbeschwerde nachgereichte Unterlagen sind zu berücksichtigen (kein Neuerungsverbot). **8205d**

(BMF-AV Nr. 2018/79)

31.6.2 Zuzugsbegünstigungsbescheid

(BMF-AV Nr. 2018/79)

Über die Begünstigung wird bescheidmäßig abgesprochen. **8205e**

Die Zuzugsbegünstigung wird bescheidmäßig für die gesamte Begünstigungsdauer gewährt. Bei Beseitigung der steuerlichen Mehrbelastungen durch Anwendung eines pauschalen Durchschnittssteuersatzes ist auch die Höhe des Durchschnittssteuersatzes iSd § 5 Abs. 1 ZBV 2016 im Bescheidspruch anzuführen.

Die in § 6 ZBV 2016 genannten auflösenden Bedingungen müssen nicht im Bescheidspruch angeführt werden. Der Bescheidadressat soll jedoch an geeigneter Stelle auf die auflösenden Bedingungen hingewiesen werden („obiter dictum“).

(BMF-AV Nr. 2021/65)

Die Zuerkennung der Zuzugsbegünstigung stellt eine Ermessensentscheidung (§ 20 BAO) dar. Innerhalb des Ermessensspielraumes sollen steueroptimierende Gestaltungsmöglichkeiten (zB Zuzug von Grenzgängern) ausgeschlossen werden. Abweisende Ermessensübung ist gemäß § 93 Abs. 3 lit. a BAO zu begründen. **8205f**

§ 6 Abs. 3 ZBV 2016 normiert die Umstände, unter denen die Zuzugsbegünstigung vorzeitig endet: **8205g**

- Die Zuzugsbegünstigung soll gemäß § 6 Abs. 3 Z 1 ZBV 2016 enden, wenn sich herausstellt, dass der Antragsteller seinen Offenlegungs- und Wahrheitspflichten (§ 119 Abs. 1 BAO) nicht nachgekommen ist und die Kenntnis dieser Umstände einen im Spruch anderslautenden Bescheid herbeigeführt hätte.
- Sie endet weiters vorzeitig bei Wegzug oder Beendigung der für die Begünstigung maßgeblichen Tätigkeit (zB Spitzensportler, der nicht mehr international tätig ist). Ein Wechsel der Tätigkeit ist zulässig, solange die Voraussetzungen für eine Zuzugsbegünstigung weiterbestehen (zB Künstlerin, die eine Universitätsprofessur annimmt). Eine unverschuldete Unterbrechung der Tätigkeit (zB nach einem Unfall einer Abfahrtsrennläuferin) muss noch keine Beendigung der Tätigkeit bedeuten. Die Emeritierung eines Universitätsprofessors hat nur dann den Wegfall der Begünstigung zur Folge, wenn er seine Forschungs- und Publikationstätigkeit weitgehend einstellt.
- § 2 Abs. 2 und § 3 Abs. 2 ZBV 2016 sehen zur Vereinfachung des Verfahrens das Vorliegen des öffentlichen Interesses jedenfalls in bestimmen Fällen vor. Auch in diesen Fällen soll die Zuzugsbegünstigung vorzeitig enden können; dementsprechend sieht § 6 Abs. 3 Z 4 ZBV 2016 als Endigungsgrund den Eintritt wesentlicher dem öffentlichen Interesse widersprechender Gründe vor. In einem wesentlichen Ausmaß schädlich können nur schwerwiegende Gründe (zB schwere Straftaten, nachhaltige Schädigung außenpolitischer Interessen) sein. Sollte dies bereits bei Antragstellung beim Finanzamt Österreich (bis 31.12.2020: Bundesminister für Finanzen) gegeben sein, ist keine Zuzugsbegünstigung zu gewähren.
- § 6 Abs. 3 Z 5 ZBV 2016 verlangt die jährliche Vorlage eines Verzeichnisses (§ 7 Abs. 2 ZBV 2016) im Rahmen der Einkommensteuer- oder Arbeitnehmerveranlagung.
- Schließlich hat der Steuerpflichtige gemäß § 6 Abs. 3 Z 6 ZBV 2016 die Möglichkeit, auf die Anwendung der Begünstigung zu verzichten. Dies wird insbesondere in jenen Fällen von Bedeutung sein, in denen die Zuzugsbegünstigung gegenüber der Regelbesteuerung zu keinem Vorteil führt. Die Ausübung dieser Option erfolgt im Rahmen der jeweiligen Jahresveranlagung; sie kann auch noch im Rahmen eines Rechtsmittelverfahrens ausgeübt werden. Maßgeblich ist die objektiv erkennbare Willensäußerung des Steuerpflichtigen.

(BMF-AV Nr. 2021/65)

Die auflösenden Bedingungen gelten grundsätzlich vom Zeitpunkt des Eintritts des jeweiligen Ereignisses an. Lediglich im Falle der Verweigerung der Vorlage des Verzeichnisses iSd § 7 Abs. 2 ZBV 2016 und bei freiwilliger Beendigung gilt die auflösende Bedingung mit Beginn des betroffenen Jahres. **8205h**

(BMF-AV Nr. 2018/79)

31.6.3 Berücksichtigung beim Lohnsteuerabzug

(BMF-AV Nr. 2018/79)

8205i Der Zuzugsfreibetrag kann gemäß § 62 Z 9 EStG 1988 beim Lohnsteuerabzug berücksichtigt werden.

(BMF-AV Nr. 2018/79)

31.6.4 Einkommensteuererklärung

(BMF-AV Nr. 2018/79)

8205j Im Rahmen der Einkommensteuererklärung kann die Anwendung der Zuzugsbegünstigung geltend gemacht werden. Dazu ist das Formular E1 (Einkommensteuererklärung) zu verwenden. Voraussetzung für eine Zuzugsbegünstigung ist stets, dass ein entsprechender Zuzugsbegünstigungsbescheid des Finanzamtes Österreich (bis 31.12.2020: Bundesministers für Finanzen) vorliegt.

Beispiel:

Frau H ist vor elf Monaten zugezogen. Sie möchte im Rahmen der Einkommensteuererklärung die Zuzugsbegünstigung zuerkannt haben. Die Zuzugsbegünstigung darf nicht gewährt werden, da kein Zuzugsbegünstigungsbescheid vorliegt. Die Zuerkennung der Zuzugsbegünstigung erfordert einen gesonderten Antrag beim Finanzamt Österreich (bis 31.12.2020: Bundesminister für Finanzen), der innerhalb der 6-Monatsfrist einzubringen ist.

Wird der Zuzugsfreibetrag (§ 103 Abs. 1a EStG 1988) in Anspruch genommen, ist dieser in der Einkommensteuererklärung in der Kennzahl 983 einzutragen. Der Freibetrag ist hier jedenfalls einzutragen, und zwar auch dann, wenn er bereits vom Arbeitgeber im Rahmen der Lohnverrechnung berücksichtigt worden ist. Wird die Beseitigung der steuerlichen Mehrbelastungen aus einem Zuzug durch Anwendung eines pauschalen Durchschnittssteuersatzes (§ 103 Abs. 1 EStG 1988 iVm mit der Zuzugsbegünstigungsverordnung 2016, BGBl. II Nr. 261/2016) begehrt, ist das dafür vorgesehene Kästchen anzukreuzen. Der Steuervorteil aus der Beseitigung der steuerlichen Mehrbelastungen ist als Abzugsposten (Kennzahl 375) geltend zu machen. Seine Höhe ergibt sich aus der Differenz zwischen der fiktiven Einkommensteuer ohne Zuzugsbegünstigung und der tatsächlichen Einkommensteuer unter Berücksichtigung der zu gewährenden Zuzugsbegünstigung.

(BMF-AV Nr. 2021/65)

8205k Wird die Zuzugsbegünstigung geltend gemacht, ist gemäß § 6 Abs. 3 Z 5 ZBV 2016 ein Verzeichnis iSd § 7 Abs. 2 ZBV 2016 beim jeweils zuständigen Finanzamt als Beilage zur jährlichen Einkommensteuererklärung vorzulegen. Fehlt das Verzeichnis oder ist es unvollständig, ist der Antrag (ggf. nach erfolglosem Verstreichen einer Nachfrist) abzuweisen (sinngemäß dazu UFS 3.7.2013, RV/1902-W/11). Im Rahmen einer Bescheidbeschwerde nachgereichte Unterlagen sind zu berücksichtigen (kein Neuerungsverbot).

Das dem für die Veranlagung zuständigen Finanzamt vorzulegende Verzeichnis hat folgende Angaben zu enthalten:

- Die Glaubhaftmachung, dass das öffentliche Interesse am Zuzug gemäß §§ 2, 3 oder 4 ZBV 2016 im Veranlagungsjahr vorliegt,
- die Bekanntgabe der ausländischen und inländischen Wohnsitze im jeweiligen Veranlagungszeitraum und
- die Glaubhaftmachung, dass der Mittelpunkt der Lebensinteressen im jeweiligen Veranlagungszeitraum in Österreich war.

(BMF-AV Nr. 2021/65)

8205l Die Sachverhaltswürdigung obliegt gemäß § 167 Abs. 2 BAO der Abgabenbehörde. Die bloße Behauptung, dass sich der maßgebliche Sachverhalt nicht geändert hat, genügt daher zur Glaubhaftmachung nicht.

Wird ein Wohnsitz unterjährig begründet oder aufgegeben, so ist darauf hinzuweisen. Lag der Mittelpunkt der Lebensinteressen im Veranlagungszeitraum nur zeitweise in Österreich (bei unterjährigem Zu- oder Wegzug), sind Angaben zum Zeitraum erforderlich.

(BMF-AV Nr. 2018/79)

31.6.5 Berücksichtigung beim Einkommensteuerbescheid

(BMF-AV Nr. 2018/79)

8205m Im jeweiligen Besteuerungsverfahren hat das für die Veranlagung zuständige Finanzamt einer vom Finanzamt Österreich (bis 31.12.2020: Bundesminister für Finanzen) zuerkannten Zuzugsbegünstigung zu entsprechen, wenn die dafür erforderlichen Voraussetzungen im jeweiligen Veranlagungsjahr vorliegen. Ist das nicht der Fall, ist die Zuzugsbegünstigung vom Finanzamt nicht zu berücksichtigen, ohne dass es dazu einer Änderung des Bescheides des Finanzamtes Österreich (bis 31.12.2020: Bundesminister für Finanzen) nach § 294 BAO bedarf.

(BMF-AV Nr. 2021/65)

Bei der Beurteilung, ob das öffentliche Interesse am Zuzug weiterhin vorliegt, soll das für die Veranlagung zuständige Finanzamt im Interesse der Rechtssicherheit und der einheitlichen Rechtsauslegung nicht von der dem Zuzugsbegünstigungsbescheid zugrundeliegenden Rechtsauslegung abweichen. **8205n**

(BMF-AV Nr. 2021/65)

Das für die Veranlagung zuständige Finanzamt hat gemäß §§ 114 und 115 BAO im eigenen Wirkungsbereich sicherzustellen, dass die Zuzugsbegünstigung nicht ungerechtfertigt gewährt wird und erforderliche Ermittlungen durchgeführt werden. Beispielsweise durch das Setzen individueller Kontrolljahre (IKJ) kann sichergestellt werden, dass die Voraussetzungen zur Gewährung der Zuzugsbegünstigung (zB Verzeichnis) jährlich überprüft werden. **8205o**

(BMF-AV Nr. 2021/65)

31.7 Beiziehung von Sachverständigen

(BMF-AV Nr. 2018/79)

Für den jeweiligen Anwendungsbereich kann die jeweils zuständige Abgabenbehörde gemäß § 8 ZBV 2016 zur Beurteilung des Vorliegens des öffentlichen Interesses am Zuzug qualifizierte Einrichtungen beiziehen, nämlich **8206**

- die Österreichische Forschungsförderungsgesellschaft mbH (FFG, Stabsstelle Forschungsprämie) in den Fällen von Wissenschaft und Forschung,
- den für Kunst und Kultur zuständigen Bundesminister in den Fällen der Kunst (Bundesministerium für Kunst, Kultur, öffentlichen Dienst und Sport, Abteilung IV/A/2 – Musik und darstellende Kunst) bzw.
- den für Sport zuständigen Bundesminister in den Fällen des Sports (Bundesministerium für Kunst, Kultur, öffentlichen Dienst und Sport, Abteilung II/B/4 – Spitzensport, Leistungssport).

Liegt das öffentliche Interesse gemäß § 2 Abs. 2 oder § 3 Abs. 2 ZBV 2016 jedenfalls vor, ist die Beiziehung dieser Institutionen nicht vorgesehen.

(BMF-AV Nr. 2021/65)

Die Beiziehung dieser Institutionen soll in Zweifelsfällen eine objektive und durch entsprechende Expertise gestützte Entscheidung gewährleisten. Sie unterliegt gemäß § 167 Abs. 2 BAO der freien Beweiswürdigung der Abgabenbehörde. **8206a**

(BMF-AV Nr. 2018/79)

31.8 Übergangsbestimmungen

(BMF-AV Nr. 2018/79)

Die ZBV 2016 löste mit Wirkung 15.8.2016 die Zuzugsbegünstigungsverordnung, BGBl. II Nr. 102/2005, ab. Für sogenannte „Altfälle“ (Zuzug vor 15.8.2015) gelten gemäß § 10 Abs. 3 ZBV 2016 folgende Besonderheiten: **8207**

- Für auf § 2 Abs. 2 Z 3 ZBV 2016 gestützte Zuzüge von Wissenschaftlern und Forschern ist keine Mindestvergütung erforderlich.
- Die Beseitigung der durch den Zuzug eintretenden Mehrbelastungen erfolgt durch Anwendung der im zuletzt ergangen Bescheid gewährten Entlastungsmethode. Der Bescheidspruch darf § 103 EStG 1988 nicht widersprechen; allfällige Fehler (zB pauschaler Steuerbetrag auch für Inlandseinkünfte) sind ggf. zu korrigieren, wobei dem ursprünglichen Spruch im Ergebnis weitestgehend zu entsprechend ist.
- Die Zuzugsbegünstigung endet nach insgesamt (Erst- und Folgeanträge) 20 Jahren.

Ansonsten sind auch bei „Altfällen“ die übrigen Bestimmungen der ZBV 2016 anzuwenden. Die Darstellung der Ermittlung des pauschalen Steuersatzes kann allerdings entfallen. Da die Übergangsbestimmungen die Anwendung der im zuletzt ergangenen Bescheid gewährten Entlastungsmethode vorsehen, erübrigt sich auch eine Mehrbelastungsrechnung.

Bis zum 31.12.2020 ist der Bundesminister für Finanzen für die Zuerkennung der Zuzugsbegünstigung zuständig. Danach geht die Zuständigkeit auf das Finanzamt Österreich über. Nach § 323b Abs. 4 Z 2 BAO führt das Finanzamt Österreich ab 1.1.2021 die offenen Verfahren fort, die am 31.12.2020 noch beim Bundesminister für Finanzen anhängig waren. Abweichend davon bleibt nach § 323b Abs. 4 Z 3 BAO der Bundesminister für Finanzen für alle Angelegenheiten im Zusammenhang mit Beschwerdeverfahren betreffend die Zuerkennung von Zuzugsbegünstigungen zuständig, wenn der Bundesminister für Finanzen die Bescheidbeschwerde bereits vor dem 1.1.2021 dem Bundesfinanzgericht vorgelegt hat. *(BMF-AV Nr. 2021/65)*

32. Einkünfte aus Anlass der Einräumung von Leitungsrechten (§ 107 EStG 1988)

32.1 Allgemeines

(BMF-AV Nr. 2019/75)

Die Zurverfügungstellung von Grund und Boden für Infrastrukturprojekte ist essentiell für deren Umsetzung und daher volkswirtschaftlich von besonderem Interesse. Im Hinblick darauf wurde mit dem Jahressteuergesetz 2018 – JStG 2018, BGBl. I Nr. 62/2018, in § 107 EStG 1988 eine Abzugsteuer mit Abgeltungswirkung eingeführt, die schon bei Ausmessung der Entschädigungssumme die Steuerbelastung festlegt und damit für die Beteiligten Rechts- und Planungssicherheit schafft. **8207a**

§ 107 EStG 1988 sieht vor, dass Einkünfte gemäß § 21, § 22, § 23, § 27, § 28 oder § 29 Z 3 EStG 1988 in Zusammenhang mit dem einem Infrastrukturbetreiber (Rz 8207c) eingeräumten Recht, Grund und Boden zur Errichtung und zum Betrieb von ober- oder unterirdischen Leitungen im öffentlichen Interesse (Rz 8207b) zu nutzen, einer Abzugsteuer unterliegen. Sie sind bei der Berechnung der Einkommensteuer des von der Rechtseinräumung unmittelbar betroffenen Grundstückseigentümers oder -bewirtschafters weder beim Gesamtbetrag der Einkünfte noch beim Einkommen zu berücksichtigen, sofern nicht die Regelbesteuerung (Rz 8207p) beantragt wird.

§§ 98 ff

§ 107 EStG 1988 ist auch anwendbar, wenn die Gegenleistung für die Rechtseinräumung in einem geldwerten Vorteil (Sachbezug) besteht. Es macht für die Geltung des § 107 EStG 1988 keinen Unterschied, ob die Gegenleistung in Geld oder in einem geldwerten Vorteil (zB Gratisstrom) besteht. Ein zugewendeter geldwerter Vorteil ist mit dem um übliche Preisnachlässe verminderten üblichen Endpreis des Abgabeortes zu bewerten (§ 15 Abs. 1 EStG 1988).

Die Abzugsteuer kommt für Auszahlungen zur Anwendung, die nach dem 31.12.2018 erfolgen. Zum Inkrafttreten des § 107 EStG 1988 siehe Rz 8207r. Zu den Auswirkungen des § 107 EStG 1988 auf die Steuerveranlagung siehe Rz 5173.

(BMF-AV Nr. 2021/65)

Die Nutzung von Grund und Boden liegt bei allen Maßnahmen im öffentlichen Interesse, die von Infrastrukturbetreibern zur Errichtung und zum Betrieb von ober- oder unterirdischen Leitungen insbesondere nach Maßgabe der Bestimmungen des Elektrizitätswirtschafts- und -organisationsgesetzes 2010, des Gaswirtschaftsgesetzes 2011 und des Mineralrohstoffgesetzes durchgeführt werden (§ 107 Abs. 3 EStG 1988). Damit wird klargestellt, dass die Errichtung und der Betrieb von ober- oder unterirdischen Leitungen, die auf Grundlage der für den betroffenen Infrastrukturbetreiber jeweils maßgeblichen Rechtsgrundlagen durchgeführt werden, den Tatbestand des „öffentlichen Interesses" im Sinne des § 3 Abs. 1 Z 33 EStG 1988 jedenfalls erfüllen. **8207b**

(BMF-AV Nr. 2019/75)

32.2 Abzugspflichtige Unternehmen

(BMF-AV Nr. 2019/75)

Die Verpflichtung zur Einbehaltung und Abfuhr der Abzugsteuer sowie zur Übermittlung einer Anmeldung betrifft „Infrastrukturbetreiber", die in § 107 Abs. 2 EStG 1988 taxativ aufgezählt werden. Es handelt sich dabei um Unternehmen im Bereich der Versorgung mit Elektrizität, Gas, Erdöl und Fernwärme. Erfasst sind: **8207c**

- Elektrizitätsunternehmen im Sinne des § 7 Abs. 1 Z 11 des Elektrizitätswirtschafts- und -organisationsgesetzes 2010 – ElWOG 2010, BGBl. I Nr. 110/2010. Ein „Elektrizitätsunternehmen" ist danach eine natürliche oder juristische Person oder eine eingetragene Personengesellschaft, die in Gewinnabsicht von den Funktionen der Erzeugung, der Übertragung, der Verteilung, der Lieferung oder des Kaufs von elektrischer Energie mindestens eine wahrnimmt und die kommerzielle, technische oder wartungsbezogene Aufgaben im Zusammenhang mit diesen Funktionen wahrnimmt, mit Ausnahme der Endverbraucher. Reine Projektentwicklungsgesellschaften, das sind Gesellschaften, die ein Energieerzeugungsprojekt entwickeln und die damit verbundenen Rechte sodann an ein anderes Unternehmen übertragen, werden nicht iSd § 7 Abs. 1 Z 11 ElWOG 2010 tätig und sind daher keine Elektrizitätsunternehmen.
- Erdgasunternehmen im Sinne des § 7 Abs. 1 Z 16 des Gaswirtschaftsgesetzes 2011, BGBl. I Nr. 107/2011. Ein „Erdgasunternehmen" ist danach eine natürliche oder juristische Person oder eingetragene Personengesellschaft, die in Gewinnabsicht von den Funktionen Fernleitung, Verteilung, Lieferung, Verkauf, Kauf oder Speicherung von Erdgas, einschließlich verflüssigtes Erdgas mindestens eine wahrnimmt und für die kommerziellen, technischen oder wartungsbezogenen Aufgaben im Zusammenhang mit diesen Funktionen verantwortlich ist, mit Ausnahme der Endverbraucher; Unternehmen

gemäß § 7 Abs. 1 Z 58 („Speicherunternehmen"), § 13 („Marktgebietsmanager") und § 17 („Verteilergebietsmanager") des Gaswirtschaftsgesetzes 2011 sind Erdgasunternehmen.

- Erdölunternehmen, nämlich dem Mineralrohstoffgesetz, BGBl. I Nr. 38/1999, unterliegende Unternehmen, die Leitungsanlagen zum Zwecke des Transportes gasförmiger oder flüssiger Kohlenwasserstoffe betreiben.
- Fernwärmeversorgungsunternehmen, das sind Unternehmen, die zum Zwecke der entgeltlichen Versorgung Dritter Anlagen zur Erzeugung, Leitung und Verteilung von Fernwärme (Fernwärmeanlagen) betreiben.

Gebietskörperschaften (zB Gemeinden) sind keine Infrastrukturbetreiber iSd § 107 Abs. 2 EStG 1988, sodass für sie keine Verpflichtung zur Einbehaltung und Abfuhr einer Abzugsteuer besteht.

(BMF-AV Nr. 2019/75)

8207d Zahlungen, die nicht von einem der in Rz 8207c genannten Unternehmen geleistet werden, unterliegen nicht der Verpflichtung zum Steuerabzug und sind in der Veranlagung zu erfassen. Siehe dazu Rz 5173. Dies trifft insbesondere auf Zahlungen zu, die von Telekomunternehmen stammen oder die aus Anlass der Verlegung von Wasserleitungen durch Gemeinden erfolgen.

(BMF-AV Nr. 2019/75)

32.3 Erfasste Zahlungen, Bemessungsgrundlage

(BMF-AV Nr. 2019/75)

8207e Dem Steuerabzug unterliegen alle regelmäßig aus Anlass der Einräumung des Leitungsrechtes anfallenden Zahlungen an Grundstückseigentümer oder Grundstücksbewirtschafter, die von der Rechtseinräumung unmittelbar betroffen sind. Zahlungen, die dafür erfolgen, dass ein Arbeitsstreifen genutzt werden darf, sind von der Abzugsteuer auch dann erfasst, wenn sie nicht dem Eigentümer oder Bewirtschafter des Grundstückes zufließen, das mit dem Recht zum Betrieb und zur Nutzung der Leitung belastet ist (zB Arbeitsstreifen auf dem Nachbargrundstück).

Es ist unerheblich, ob und in welchem Umfang die Zahlung die Rechtseinräumung, die Abgeltung einer gemäß § 3 Abs. 1 Z 33 EStG 1988 steuerfreien Wertminderung oder sonstige Umstände betrifft, zB Entschädigungen für Ertragsausfälle, Wirtschaftserschwernisse, Wegebenützung oder für eine temporäre Nutzung einer Liegenschaft als Lagerplatz, die dem von der Rechtseinräumung unmittelbar betroffenen Grundstückseigentümer oder Grundstücksbewirtschafter zufließt.

Erfasst sind auch Optionsentgelte aus der Einräumung einer Option auf Abschluss eines Leitungsvertrages sowie Zahlungen für das Recht zur Grundstücksinanspruchnahme für eine Bachumleitung und die Errichtung einer Fischwanderhilfe aus Anlass der Errichtung eines (Wasser)Stollens für ein Wasserkraftwerk.

Die Umsatzsteuer ist nicht Teil der Bemessungsgrundlage.

(BMF-AV Nr. 2019/75)

8207f Erfasst sind insbesondere Zahlungen aus Anlass der Einräumung eines Leitungsrechtes, die Folgendes betreffen:

- Randschäden
- Hiebsunreife, Bestandsentschädigung
- Schlägerung zur Unzeit/Nutzung zur Unzeit
- Jagdbeeinträchtigung/Jagdentschädigung
- vorübergehende und dauernde Bewirtschaftungserschwernisse, Mehraufwand
- (erhöhte) Schlägerungs- und Räumungskosten, Bringungs- oder Rückungskosten
- einen Notzaun (vorübergehende Abgrenzung für Weidevieh oder Behelfszäune gegen Wild)
- vorübergehender oder dauernder Nutzungsentgang
- Flur- und Folgeschäden
- Verlust von Arbeitseinkommen
- Abgeltung eines Überhanges von Gebäuden und Maschinen
- Ersatz von Aufforstungskosten
- Abgeltung von (Bau-)Schäden
- Aufwandsersatz, Mühewaltung

- Lichtwellenleiter, Datenkabel
- Leitungsmaste, Marker, Messsäulen, (Mast-)Trafostationen, Schieberstationen, Gasdruckregelanlagen, Schaltkästen, Zugangs- und Kontrollschächte
- besondere Belastungen (Masthäufung, Hanglage, Grenznähe usw.)
- Wegebenützungsübereinkommen, Verträge für den Wegebau
- Zahlungen für Baulagerplätze an den Grundstückseigentümer oder -bewirtschafter
- Ersatzaufforstung durch den Grundstückseigentümer oder -bewirtschafter auf Grund eines entsprechenden Übereinkommens

Bei Wind- und Wasserkraftanlagen sind nur Entgelte erfasst, die die Leitung betreffen. Zahlungen, die die Anlage selbst betreffen, inklusive Zahlungen für Luftraumnutzungsrechte, unterliegen nicht der Abzugsteuer. Als Leitung ist sowohl eine Zu- als auch eine Ableitung zu verstehen; daher sind bei Windkraftanlagen auch Zahlungen für die Stromzufuhr zu Eiswarnleuchten erfasst. Auch eine Mobilfunksendeeinrichtung (Datenfunkantenne) stellt eine Leitung iSd § 107 EStG 1988 dar. Einkünfte für das einem Infrastukturbetreiber iSd § 107 Abs. 2 EStG 1988 eingeräumte Recht, Grund und Boden für eine Datenfunkantenne zu nutzen, sind daher von § 107 EStG 1988 erfasst.

Nicht erfasst sind Zahlungen im Zusammenhang mit einer Leitungserrichtung, die an Dritte erfolgen, die von der Rechtseinräumung selbst nicht unmittelbar betroffen sind. Das betrifft zB Grundstückseigentümer, die von der Leitung selbst nicht betroffen sind und nur einen Lagerplatz im Zusammenhang mit der Leitungserrichtung zur Verfügung stellen oder Grundstückseigentümer, die Zahlungen aus einem Ersatzaufforstungsübereinkommen erhalten.

(BMF-AV Nr. 2021/65)

32.4 Höhe der Abzugsteuer

(BMF-AV Nr. 2019/75)

Die Abzugsteuer beträgt bei der Einkommensteuer unterliegenden Zahlungsempfängern 10%, bei der Körperschaftssteuer unterliegenden Zahlungsempfängern 8,25% (§ 24 Abs. 7 KStG 1988). Bei Personengesellschaften mit Beteiligung von natürlichen und juristischen Personen, ist die Höhe der Abzugsteuer auf die Beteiligten bezogen zu ermitteln. **8207g**

Beispiel:

An der ABC-GmbH & Co KG sind die A-GmbH mit 10% als Komplementärin und die natürlichen Personen B und C als Kommanditisten mit je 45% beteiligt. Ein Infrastrukturbetreiber bezahlt an die KG für die Einräumung eines Leitungsrechtes an ihrem Grundstück 10.000 Euro. Die Abzugsteuer beträgt:

Beteiligter	*Zuzurechnender Anteil an der Zahlung*	*Steuersatz*	*Abzugsteuer*
A-GmbH	*1.000 (10%)*	*8,25%*	*82,50*
B	*4.500 (45%)*	*10%*	*450*
C	*4.500 (45%)*	*10%*	*450*
Abzugsteuer gesamt			*982,50*

Sind auf die Beteiligten bezogen unterschiedliche Steuersätze anzuwenden, muss dem Abzugsverpflichteten von der Personengesellschaft offengelegt werden, wie die Höhe der einzubehaltenden Abzugsteuer zu ermitteln ist. Wird auf Grund dieser Angaben die Abzugsteuer zu niedrig einbehalten, kommt eine Haftung des Abzugsverpflichteten nicht in Betracht; der/die betroffenen Beteiligten sind gemäß § 107 Abs. 10 Z 1 EStG 1988 als Steuerschuldner in Anspruch zu nehmen (siehe Rz 8207l).

Bei ausschließlicher Zuwendung eines geldwerten Vorteils ist die Höhe der Abzugsteuer davon abhängig, wer die Abzugsteuer trägt:

- Wird sie vom Steuerschuldner (Empfänger des Sachbezuges) getragen, beträgt sie 10% (8,25% für Körperschaften). Der Steuerschuldner muss in diesem Fall dem Infrastrukturbetreiber fristgerecht vor dem gesetzlichen Abfuhrtermin einen Ersatz in Höhe der Abzugsteuer leisten.
- Wird sie vom Infrastrukturbetreiber getragen, beträgt sie 11,11% (9% für Körperschaften).

Wird vereinbart, dass neben einem Sachbezug auch Geld in einer Höhe zugewendet wird, die ausreicht, um die Abzugsteuer zu decken, kann davon die Abzugsteuer einbehalten und abgeführt werden.

Es empfiehlt sich, in Fällen, bei denen nur ein geldwerter Vorteil zugewendet wird, ausdrücklich zu vereinbaren, wer die Abzugsteuer trägt; sollte das der Vertragspartner des Infrastrukturbetreibers sein, sollte dieser zusätzlich ausdrücklich verpflichtet werden, einen Ersatz in Höhe der Abzugsteuer fristgerecht zu leisten.

(BMF-AV Nr. 2021/65)

32.5 Einbehaltung und Abfuhr, Anmeldung, Haftung

8207h Schuldner der Abzugsteuer ist der Empfänger der Einkünfte. Der Schuldner der Einkünfte ist zum Steuerabzug verpflichtet und haftet für die Entrichtung. Auch bei einem zugewendeten geldwerten Vorteil besteht die Verpflichtung des Infrastrukturbetreibers, die Abzugsteuer fristgerecht abzuführen. Er haftet in gleicher Weise für die Entrichtung wie im Fall der Zuwendung von Geld.

Die Abzugsteuer ist – analog zu § 95 Abs. 4 EStG 1988 hinsichtlich der Kapitalertragsteuer – dem Einkünfteempfänger vorzuschreiben, wenn

- der Schuldner die geschuldeten Beträge nicht vorschriftsmäßig gekürzt hat und die Haftung nicht oder nur erschwert durchsetzbar wäre (§ 107 Abs. 10 Z 1 EStG 1988) oder wenn
- der Empfänger weiß, dass der Schuldner die einbehaltene Abzugsteuer nicht vorschriftsmäßig abgeführt hat, und dies dem Finanzamt nicht unverzüglich mitteilt (§ 107 Abs. 10 Z 2 EStG 1988).

(BMF-AV Nr. 2021/65)

8207i Der Abzugsverpflichtete hat die Abzugsteuer bei jeder Zahlung einzubehalten. Bei Teilzahlungen ist die Abzugsteuer bei jeder Teilzahlung einzubehalten. Es ist unerheblich, ob der Zahlung ein Vertrag oder eine zwangsweise Rechtseinräumung zu Grunde liegt.

Die in einem Kalenderjahr einbehaltenen Steuerbeträge sind in einem Gesamtbetrag spätestens am 15. Februar des Folgejahres an das Finanzamt des Abzugsverpflichteten abzuführen.

Bis 15. Februar des Folgejahres ist für alle Auszahlungen des Vorjahres eine elektronische Anmeldung über FinanzOnline zu übermitteln. Anzugeben sind die jeweiligen Einkünfteempfänger und der auf diese entfallende Steuerbetrag. Werden mehrere Zahlungen an denselben Empfänger geleistet, kann der Steuerbetrag für jede einzelne Zahlung getrennt oder für alle Zahlungen des Kalenderjahres zusammengefasst übermittelt werden.

(BMF-AV Nr. 2019/75)

8207j Der Einkünfteempfänger hat dem Abzugsverpflichteten für Zwecke der Anmeldung folgende Daten bekannt zu geben:

- Vor- und Familienname, Firma bzw. sonstige Bezeichnung
- Wohnsitz oder Sitz
- Falls vorhanden: Abgabenkontonummer
- Bei natürlichen Personen: Die Versicherungsnummer (§ 31 ASVG), wenn keine Abgabenkontonummer angegeben wird. Besteht keine Versicherungsnummer, ist das Geburtsdatum anzugeben.

(BMF-AV Nr. 2019/75)

8207k Modalitäten für die Verpflichtung zum Einbehalt und der Abfuhr der Abzugsteuer sind in der Leitungsrechte-Datenübermittlungsverordnung – Leitungsrechte-DÜV, BGBl. II Nr. 321/2018, geregelt.

Der Abzugsverpflichtete hat in einer Anmeldung die Daten und den Steuerbetrag für jene Personen oder Einrichtungen zu übermitteln, gegenüber denen er zahlungsverpflichtet ist. Damit ist klargestellt, dass für das abzugsverpflichtete Unternehmen in Bezug auf die Anmeldung jene Person(en) oder sonstige Einrichtung(en) maßgeblich ist/sind, gegenüber der/denen er zahlungsverpflichtet ist. Der Abzugsverpflichtete braucht keine Erhebungen darüber anstellen, ob die Person, der gegenüber er zahlungsverpflichtet ist, steuerlich Zurechnungsempfänger der Einkünfte ist. Das ist insbesondere in Fällen von Bedeutung, in denen mehrere Personen Zurechnungsempfänger (zB Miteigentümer, Bewirtschafter) sind, aber nur eine Person dem Abzugsverpflichteten gegenüber auftritt und die Zahlungsabwicklung übernimmt.

Die Verordnung sieht eine besondere Informationspflicht für Fälle vor, in denen mehrere Personen oder Einrichtungen als Empfänger der Einkünfte in Betracht kommen und der Abzugsverpflichtete nicht gegenüber jeder einzelnen von ihnen zahlungsverpflichtet ist, insbesondere weil erhaltene Zahlungen vom Empfänger weitergegeben werden. In derartigen Fällen muss der Abzugsverpflichtete von der Person oder Einrichtung, der gegenüber er zahlungsverpflichtet ist, über diesen Umstand informiert werden. Der Abzugsverpflichtete hat die erhaltene Information in der Anmeldung bei der Person oder Einrichtung anzuführen, deren Daten er übermittelt. Die konkreten Empfänger brauchen dabei nicht offen gelegt zu werden.

Beispiel:

Ein von einem Leitungsrecht betroffenes Grundstück steht im Miteigentum der Personen A, B, C, D, E und F. Die Zahlung aus Anlass der Einräumung des Leitungsrechtes betrifft Einkünfte, die diesen Personen zuzuordnen sind. Dem abzugsverpflichteten Energieversorgungsunternehmen gegenüber tritt aber nur A als Vertragspartner auf. A gibt die auf die übrigen Miteigentümer entfallenden Anteile der Zahlung an diese weiter.

A muss das abzugsverpflichtete Energieversorgungsunternehmen darüber informieren, dass noch andere Personen als Einkünfteempfänger in Betracht kommen. Er braucht ihre Namen nicht zu nennen. Das Energieversorgungsunternehmen übermittelt für A die einbehaltene Abzugsteuer mit dem Vermerk, dass A gemeldet hat, dass noch andere Personen als Einkünfteempfänger in Betracht kommen.

§§ 98 ff

Sollte A die Regelbesteuerung beantragen, ist für das Finanzamt erkennbar, dass A nicht allein Einkünfteempfänger ist und dementsprechend die einbehaltene Abzugsteuer auch nicht zur Gänze bei ihm anzurechnen ist. Sollte E die Regelbesteuerung beantragen, ist für das Finanzamt erkennbar, dass E keine Abzugsteuer zugeordnet ist, weil E in der Anmeldung nicht erfasst ist. Im Verfahren vor dem Finanzamt ist daher zu klären, wie hoch der auf E entfallende Anteil der Einkünfte und der auf diese Einkünfte entfallenden Abzugsteuer ist, die in der Anmeldung dem A zugeordnet ist.

(BMF-AV Nr. 2019/75)

Der Abzugsverpflichtete haftet nur für die Entrichtung (§ 107 Abs. 6 EStG 1988). Im **8207l**
Gegensatz zur KESt, bei der der Abzugsverpflichtete für die Einbehaltung und Abfuhr haftet (§ 95 Abs. 1 EStG 1988), ist die Haftung auf die Abfuhr einer einbehaltenen Abzugsteuer beschränkt. Eine Festsetzung mittels Haftungsbescheid gegenüber dem Abzugsverpflichteten kommt daher nur insoweit in Betracht, als Abzugsteuer einbehalten, aber nicht abgeführt wurde.

Beispiel:

Der Infrastrukturbetreiber A entschädigt B für die Einräumung eines Leitungsrechtes mit 5.000 Euro (exklusive USt). Unter Einbehalt der Abzugsteuer (500 Euro) werden 4.500 Euro an B ausbezahlt. Der Infrastrukturbetreiber führt in Bezug auf die von A einbehaltene Abzugsteuer nur 300 Euro ab. Die unmittelbare Inanspruchnahme des B gemäß § 107 Abs. 10 Z 1 EStG 1988 kommt sachverhaltsbezogen nicht in Betracht. Für den nicht entrichteten Betrag von 200 Euro haftet der Infrastrukturbetreiber.

Wird Abzugsteuer in einem zu niedrigen Betrag einbehalten, kommt insoweit die Geltendmachung einer Haftung nicht in Betracht; Gleiches gilt, wenn die Einbehaltung zu Unrecht unterblieben ist. In derartigen Fällen ist der Steuerschuldner mit Abgabenbescheid in Anspruch zu nehmen (§ 198 BAO iVm § 107 Abs. 10 Z 1 EStG 1988).

Beispiel:

Der Infrastrukturbetreiber C entschädigt die natürliche Person D für die Einräumung eines Leitungsrechtes mit 10.000 Euro (exklusive USt). Durch einen Fehler des C wird die Abzugsteuer nicht in Höhe von 10%, sondern in Höhe von 8,25% einbehalten (825 Euro). An D werden somit 9.175 Euro ausbezahlt. C führt 825 Euro an Abzugsteuer für D ab.

Eine Haftungsinanspruchnahme des C für den nicht eingehobenen Betrag von 125 Euro kommt nicht in Betracht. Dieser Betrag ist D gemäß § 107 Abs. 10 Z 1 EStG 1988 vorzuschreiben. Da C für die richtige Einbehaltung nicht haftet, ist die Haftung ihm gegenüber rechtlich nicht durchsetzbar, sodass der Steuerschuldner D in Anspruch genommen werden kann. Mit der Entrichtung dieses Betrages ist für D die Abgeltungswirkung verbunden (entsprechend § 107 Abs. 9 EStG 1988).

(BMF-AV Nr. 2019/75)

Fehler iZm der Umsatzsteuer haben auf den Steuerabzug keine Auswirkung. Solange die **8207m**
Abzugsteuer nicht abgeführt wurde, führt eine Gutschrifts- bzw. Rechnungsberichtigung dazu, dass die Abzugsteuer in richtiger Höhe abgeführt werden kann.

Nach Abfuhr der Abzugsteuer ist eine zu niedrige Abzugsteuer dem Einkünfteempfänger gemäß § 198 BAO iVm § 107 Abs. 10 Z 1 EStG 1988 vorzuschreiben. Einen zu hohen Steuerabzug kann (nur) der Einkünfteempfänger im Wege der Steuerveranlagung oder eines Antrages gemäß § 240 BAO ausgleichen.

Beispiele:

1. *Die Entschädigung beträgt 10.000 Euro, die USt wird mit 0% angegeben.*

Es werden 9.000 Euro ausbezahlt und Abzugsteuer (10%) in Höhe von 1.000 Euro einbehalten und abgeführt.

Danach stellt sich heraus, dass der richtige USt-Satz 20% beträgt.

a. Wird bei einer Nettopreisvereinbarung von 10.000 Euro die Rechnung nachträglich berichtigt und die nicht einbehaltene USt (2.000 Euro) nachbezahlt, ändert sich die Höhe der Bemessungsgrundlage (Nettobetrag von 10.000 Euro) und der Abzugsteuer nicht.

b. Wird bei einer Bruttopreisvereinbarung von 10.000 Euro die Rechnung nachträglich berichtigt und die nicht einbehaltene USt nicht nachbezahlt oder unterbleibt eine Rechnungsberichtigung, ändert sich die Höhe der Bemessungsgrundlage und der Abzugsteuer. Die Bemessungsgrundlage für die Abzugsteuer beträgt 8.333,33 Euro; die USt beträgt 1.666,67 Euro. Die Höhe der Abzugsteuer beträgt richtig 833,33 Euro, sodass auf Grund des Fehlers 166,67 Euro zu viel Abzugsteuer einbehalten wurde.

Die Einbehaltung der zu hohen Abzugsteuer belastet allein den Einkünfteempfänger. Es besteht kein Raum für eine Entrichtungshaftung des Abzugsverpflichteten. Der Einkünfteempfänger kann die Refundierung der zu hohen Abzugsteuer entweder im Wege einer Antragsveranlagung (Regelbesteuerungsoption gemäß § 107 Abs. 11 EStG 1988) oder im Wege eines Antrages gemäß § 240 Abs. 3 BAO beanspruchen, soweit die zu viel einbehaltene Abzugsteuer im Veranlagungsverfahren durch Anrechnung aus Gründen der Tarifbesteuerung (bei einem Einkommen, das einen Durchschnittssteuersatz von mehr als 30,30% bewirkt) nicht refundiert werden kann.

2. Die Bruttoentschädigung beträgt 12.000 Euro, die USt wird mit 20% angegeben. Es werden 11.000 Euro ausbezahlt und Abzugsteuer (10% vom Nettobetrag) in Höhe von 1.000 Euro einbehalten und abgeführt. Danach stellt sich heraus, dass der richtige USt-Satz 13% beträgt.

a. Unterbleibt eine Rechnungsberichtigung, ändern sich die Höhe der Bemessungsgrundlage und der Abzugsteuer nicht, weil die USt aufgrund der Rechnung geschuldet wird (§ 11 Abs. 12 UStG 1994).

b. Wird bei einer Nettopreisvereinbarung von 10.000 Euro die Rechnung nachträglich berichtigt und die zu viel einbehaltene USt (700 Euro) refundiert, ändert sich die Höhe der Bemessungsgrundlage und der Abzugsteuer ebenfalls nicht.

c. Wird bei einer Bruttopreisvereinbarung von 12.000 Euro die Rechnung berichtigt und die zu viel einbehaltene USt nicht refundiert, ändert sich die Bemessungsgrundlage für die Abzugsteuer auf 10.619,47 Euro, die USt beträgt 1.380,53 Euro.

Die Höhe der Abzugsteuer beträgt richtig 1.061,95 Euro, sodass auf Grund des Fehlers 61,95 Euro zu wenig Abzugsteuer einbehalten wurde. Diesbezüglich kommt eine Haftungsinanspruchnahme des Abzugsverpflichteten nicht in Betracht. Dieser Betrag ist dem Empfänger gemäß § 107 Abs. 10 Z 1 EStG 1988 vorzuschreiben. Mit der Entrichtung dieses Betrages ist die Abgeltungswirkung verbunden (siehe Rz 8207l).

(BMF-AV Nr. 2019/75)

32.6 Abgeltungswirkung

8207n Mit der Abzugsteuer ist die Einkommensteuer auf die erfassten Einkünfte (Geld oder Sachbezug) abgegolten, sofern nicht die Regelbesteuerung gemäß § 107 Abs. 11 EStG 1988 beantragt wird. Die Abgeltungswirkung gilt bei Teilzahlungen auch in Bezug auf die in Raten enthaltenen Zinsen, die zu Einkünften aus Kapitalvermögen gemäß § 27 EStG 1988 zählen. Die Abgeltungswirkung entspricht den verfassungsrechtlichen Anforderungen, die sich aus dem Erkenntnis des VfGH vom 30.11.2017, G 183/2017, ableiten lassen, weil die erfassten Einkünfte regelmäßig einmalig anfallen und kein laufendes Erwerbseinkommen darstellen.
(BMF-AV Nr. 2021/65)

8207o § 107 EStG 1988 bezieht sich auf Einkünfte (Nettogröße). Im Fall der Endbesteuerung mit der Abzugsteuer sind bei Anwendung bei Gewinnermittlung durch Einnahmen-Ausgaben-Rechnung und Bilanzierung die mit den Erträgen/Einnahmen wirtschaftlich verbundenen Aufwendungen aus der in der Veranlagung maßgebenden Bemessungsgrundlage auszuscheiden. Dies gilt unabhängig davon, dass die Abzugsteuer in § 20 Abs. 2 EStG 1988 (§ 12 Abs. 2 KStG 1988) nicht genannt ist. Bei Voll- und Teilpauschalierung kommt ein Abzug tatsächlicher Aufwendungen nicht in Betracht, weshalb auch keine Ausgabenkürzung zu erfolgen hat.

Von einer Kürzung sind dem Grunde nach nur folgende Aufwandskategorien betroffen:

- Vorübergehende Bewirtschaftungserschwernis
- Erhöhte Schlägerungskosten
- Aufwand für Ersatzaufforstung oder für einen Notzaun
- Aufwand für Schadensbehebung an Anlagen im Zusammenhang mit der Leitung
- Verfahrenskosten, Rechtsvertretungskosten (Aufwandsersatz, Mühewaltung)

Eine Aufwandskürzung hat nur zu erfolgen, wenn derartige Mehraufwendungen im Rahmen der Vereinbarung mit dem Infrastrukturunternehmen betraglich ausdrücklich abgegolten werden. Der Aufwand ist grundsätzlich in der tatsächlich angefallenen Höhe auszuscheiden. Vereinfachend kann im Wirtschaftsjahr der Zahlung der Betrag als Kürzungsbetrag berücksichtigt werden, der vom Infrastrukturbetreiber als Abgeltungszahlung geleistet wird.

Beispiel:

A ist Einnahmen-Ausgaben-Rechner und erhält vom Infrastrukturbetreiber X 12.000 Euro aus Anlass der Einräumung eines Leitungsrechtes auf seinem Grundstück. Gemäß der Vereinbarung mit dem Infrastrukturbetreiber sind in dieser Zahlung betraglich enthalten:

- *Abgeltung einer vorübergehenden Bewirtschaftungserschwernis: 200 Euro*
- *Abgeltung der Aufwendungen für Ersatzaufforstung: 1.000 Euro*
- *Abgeltung von Schäden an einem Waldweg: 500 Euro X behält 1.200 Euro Abzugsteuer ein.*

In der Veranlagung hat A folgende Möglichkeiten:

- *Endbesteuerung mit der Abzugsteuer: Es erfolgt keine steuerliche Erfassung der Einkünfte aus der Einräumung des Leitungsrechtes in der Veranlagung. Bei Ermittlung des Gewinnes ist die Zahlung von 12.000 Euro nicht als Betriebseinnahme zu erfassen; Im Rahmen der Ermittlung der tarifsteuerpflichtigen Einkünfte sind die Aufwendungen um 1.700 Euro zu kürzen.*
- *Regelbesteuerung mit pauschaler Bemessungsgrundlage (33% des Nettoauszahlungsbetrages): Die dem § 107 EStG 1988 zuzuordnenden Einkünfte sind im Rahmen der Gewinnermittlung mit 3.960 Euro anzusetzen, die Abzugsteuer von 1.200 Euro ist anzurechnen. Im Rahmen der Ermittlung der tarifsteuerpflichtigen Einkünfte sind die Aufwendungen um 1.700 Euro zu kürzen.*
- *Regelbesteuerung mit nachgewiesener Bemessungsgrundlage: Es ist auf Grund eines Gutachtens nachzuweisen, wie hoch die steuerfreie Wertminderung ist. Der Rest der Zahlung ist steuerpflichtig.*

32.7 Regelbesteuerung

Anstelle der Belastung mit der Abzugsteuer kann in der Veranlagung die Regelbesteuerung **8207p**
beantragt werden. Damit bleibt gewährleistet, dass die Einkünfte stets nach dem Einkommensteuertarif, aber auch nach den auf Basis eines Gutachtens dargelegten tatsächlichen Verhältnissen besteuert werden können, wenn dies vom Betroffenen gewünscht wird. Die Bemessungsgrundlage ist dabei (siehe auch Rz 5173):

- 33% der Bemessungsgrundlage der Abzugsteuer als pauschale Bemessungsgrundlage.
- Die tatsächlich vom Steuerpflichtigen durch ein Gutachten nachzuweisende Bemessungsgrundlage. Das Gutachten hat der Steuerpflichtige vorzulegen. Anhang VI ist zu beachten.

Eine allfällige Neutralisierung von Aufwendungen (Rz 8207o) hat im Fall der Ausübung der Regelbesteuerungsoption zu erfolgen, wenn die pauschale Bemessungsgrundlage von 33% zur Anwendung kommt. Die 33% des Auszahlungsbetrages stellen die maßgebliche Höhe der Einkünfte dar, sodass ein zusätzlicher Abzug von Aufwendungen nicht mehr in Betracht kommt.

Auch bei Zuwendung eines geldwerten Vorteils (Sachbezuges) kann die Regelbesteuerung beantragt werden. Ein zugewendeter geldwerter Vorteil ist mit dem um übliche Preisnachlässe verminderten üblichen Endpreis des Abgabeortes zu bewerten (§ 15 Abs. 1 EStG 1988). Wird die Abzugsteuer vom Infrastrukturbetreiber übernommen, ist die übernommene Abzugsteuer als zusätzlicher Vorteil im Rahmen der Veranlagung in der Bemessungsgrundlage zu berücksichtigen (siehe auch Rz 8207g).

(BMF-AV Nr. 2021/65)

32.8 Anrechnung der Abzugsteuer

8207q Die entrichtete Abzugsteuer ist auf die Steuerschuld der davon erfassten Einkünfte anzurechnen. Erfolgt bei einem Bilanzierer die Entrichtung der Abzugsteuer nach Ablauf des Jahres, in dem die Einkünfte im Rahmen der Veranlagung zu erfassen sind, hat eine allfällige Steueranrechnung in der Veranlagung des Jahres zu erfolgen, dem die Einkünfte zuzurechnen sind.

Beispiel:

Der zum 31.12. gemäß § 4 Abs. 1 EStG 1988 bilanzierende Einzelunternehmer A räumt dem Infrastrukturbetreiber X auf seinem Betriebsgrundstück ein Leitungsrecht gegen ein Entgelt von 10.000 Euro ein. Der Vertragsabschluss erfolgt am 18.12.01, die Auszahlung am 12.1.02. Es werden 1.000 Euro Abzugsteuer einbehalten, die von X am 15.2.03 abgeführt werden.

Die Einkünfte aus der Einräumung des Leitungsrechtes sind dem Wirtschaftsjahr 01 zuzuordnen. Da die Einkünfte mit der Abzugsteuer abgegolten sind, bestehen für A folgende Möglichkeiten:

1. *Inanspruchnahme der Abgeltungswirkung: Mit dem Einbehalt der Abzugsteuer sind die Einkünfte abgegolten und daher in der Gewinnermittlung des Wirtschaftsjahres 01 nicht zu erfassen.*
2. *Inanspruchnahme der Regelbesteuerung: Die Einkünfte sind in der Gewinnermittlung des Wirtschaftsjahres 01 entweder in Höhe von 3.300 Euro (33% von 10.000 Euro) oder in der nachgewiesenen Höhe zu erfassen. Die Abzugsteuer ist anzurechnen, sobald sie einbehalten wurde. Das ist am 12.1.02 der Fall.*

Das gilt entsprechend, wenn die Abzugsteuer veranlagungspflichtige Einkünfte betrifft, die der Abzugsteuer noch nicht unterliegen. Das betrifft Einkünfte, die einem Wirtschaftsjahr zuzuordnen sind, das vor 2019 zu veranlagen ist. Die Anrechnung der Abzugsteuer in der Veranlagung des jeweiligen Jahres verhindert eine doppelte steuerliche Erfassung.

Beispiel:

Mit Vertrag vom 25.4.2017 hat der zum 31.12. gemäß § 4 Abs. 1 EStG 1988 bilanzierende Einzelunternehmer B dem Infrastrukturbetreiber Y ein Leitungsrecht auf seinem Betriebsgrundstück gegen ein Entgelt von 27.000 Euro eingeräumt. Dieser Betrag ist jeweils zum 1.7.2017, zum 1.7.2018 und zum 1.7.2019 zu je einem Drittel zu entrichten.

Die Zahlung am 1.7.2019 in Höhe von 9.000 Euro unterliegt der Abzugsteuer (siehe Rz 8207r). Y behält 10% von 9.000 Euro (900 Euro) ein und zahlt 8.100 Euro aus. Am 15.2.2020 führt Y die für B einbehaltene Abzugsteuer an das Finanzamt ab.

B hat den Ertrag von 27.000 Euro abzüglich der steuerfreien Bodenwertminderung in der Gewinnermittlung 2017 erfasst. Der Einkommensteuerbescheid 2017 ist am 2.4.2018 ergangen und rechtskräftig geworden.

Die von der Teilzahlung 2019 einbehaltene Abzugsteuer ist nach der Einbehaltung auf die Einkommensteuer 2017 anzurechnen. Dafür kommt eine Bescheidänderung gemäß § 295a BAO in Betracht.

Ist der Ertrag aus dem Entgelt für die Einräumung des Leitungsrechtes passiv abzugrenzen (vgl. Rz 2404), hat die Anrechnung anteilig zu erfolgen.

Beispiel:

Die C-GmbH räumt dem Infrastrukturbetreiber Z auf ihrem Betriebsgrundstück ein Leitungsrecht gegen ein Entgelt von 80.000 Euro ein. Der Vertragsabschluss erfolgt am 10.3.01, die Auszahlung am 21.3.01. Es werden 8,25% von 80.000 Euro (6.600 Euro) an Abzugsteuer einbehalten, die von Z am 15.2.02 abgeführt werden.

Da die Einkünfte mit der Abzugsteuer abgegolten sind, bestehen für die C-GmbH folgende Möglichkeiten:

1. *Inanspruchnahme der Abgeltungswirkung: Mit dem Einbehalt der Abzugsteuer sind die Einkünfte abgegolten und daher in der Gewinnermittlung nicht zu erfassen.*
2. *Inanspruchnahme der Regelbesteuerung: Die Einkünfte sind in der Gewinnermittlung entweder in Höhe von 26.400 Euro (33% von 80.000 Euro) oder in der nachgewiesenen Höhe zu berücksichtigen. Da der Ertrag auf 20 Jahre passiv abzugrenzen ist, sind bei Inanspruchnahme der pauschalen Bemessungsgrundlage von 33% in den Jahren 01 bis 20 jeweils 1.320 Euro (26.400 [=33% von 80.000] / 20) zu erfassen; darauf ist jeweils Abzugsteuer in Höhe von 330 Euro (6.600 / 20) anzurechnen.*

32.9 Inkrafttreten

32.9.1 Anwendung des Steuerabzuges

Der Steuerabzug ist auf Zahlungen anzuwenden, die nach dem 31. Dezember 2018 erfolgen. **8207r**
Der Vertragsabschluss ist nicht maßgebend; dementsprechend unterliegen Zahlungen, die nach dem 31. Dezember 2018 erfolgen, auch dann der Abzugsteuer, wenn ihnen ein Vertrag zugrunde liegt, der vor dem 1. Jänner 2019 abgeschlossen worden ist.

32.9.2 Anwendung des § 107 EStG 1988 auf Veranlagungsfälle, die zum 14.8.2018 nicht rechtskräftig veranlagt waren

Nach § 124b Z 334 EStG 1988 ist § 107 Abs. 11 EStG 1988 in Bezug auf die Höhe der in **8207s**
der Veranlagung anzusetzenden Einkünfte (entweder 33% der Bemessungsgrundlage der Abzugsteuer oder die durch Gutachten nachgewiesene Höhe) auf alle zum Zeitpunkt der Kundmachung des Jahressteuergesetz 2018 – JStG 2018, BGBl. I Nr. 62/2018, nicht rechtskräftig veranlagten Fälle mit Einkünften aus der Einräumung von Leitungsrechten anzuwenden. Die Kundmachung des JStG 2018 erfolgte am 14. August 2018.

Dementsprechend sind alle am 14. August 2018 nicht rechtskräftig veranlagten Fälle, in denen Zahlungen von in den Anwendungsbereich fallenden Unternehmen (Infrastrukturbetreiber iSd Rz 8207c) erfolgt sind, nach Maßgabe des § 107 Abs. 11 Satz 2 EStG 1988 zu veranlagen.

Betroffen sind alle Veranlagungsfälle, in denen zum 14. August 2018 keine rechtskräftige Veranlagung vorliegt. Dabei ist nicht bedeutsam, um welches Veranlagungsjahr es sich handelt oder ob eine Erklärung schon eingebracht wurde oder nicht. Das bedeutet:

- Werden bzw. wurden Einkünfte für ein Jahr vor 2018 erklärt und lag am 14. August 2018 noch keine rechtskräftige Veranlagung für das betreffende Jahr vor, ist § 107 Abs. 11 zweiter Satz EStG 1988 anzuwenden.
- Zahlungen des Jahres 2018, unterliegen im Rahmen der Veranlagung 2018 bereits dem § 107 Abs. 11 zweiter Satz EStG 1988.

Die Bemessungsgrundlage ist gemäß § 107 Abs. 11 Satz 2 EStG 1988 in derartigen Fällen:

- 33% des (Netto)Auszahlungsbetrages als pauschale Bemessungsgrundlage oder
- die tatsächlich vom Steuerpflichtigen durch ein Gutachten nachzuweisende Bemessungsgrundlage.

Siehe dazu auch Rz 8207p und Rz 5173.

Die Änderung der Rechtslage stellt keinen Grund für eine Wiederaufnahme oder eine Bescheidänderung gemäß § 299 BAO dar. Erfolgt eine Wiederaufnahme oder eine Bescheidänderung gemäß § 299 BAO in Bezug auf einen Veranlagungsfall, der am 14. August 2018 rechtskräftig war, kommt die Anwendung des § 107 Abs. 11 Satz 2 EStG 1988 nicht in Betracht.

33. Prämien

(BMF-AV Nr. 2018/79)

33.1 Forschungsprämie (§ 108c EStG 1988)

33.1.1 Forschungsprämie für eigenbetriebliche Forschung und experimentelle Entwicklung

(AÖF 2013/280)

33.1.1.1 Allgemeines

(AÖF 2013/280)

8208 Für Aufwendungen zur Forschung und experimentellen Entwicklung im Sinn des § 108c Abs. 2 Z 1 EStG 1988, die in einem inländischen Betrieb oder einer inländischen Betriebsstätte erfolgen, kann von bilanzierenden Steuerpflichtigen und Steuerpflichtigen mit vollständiger Einnahmen-Ausgaben-Rechnung (somit nicht im Fall einer Pauschalierung) eine Forschungsprämie geltend gemacht werden.

Für Wirtschaftsjahre, die nach dem 31.12.2011 beginnen, gilt im Zusammenhang mit der Forschungsprämie für eigenbetriebliche Forschung und experimentelle Entwicklung (§ 108c Abs. 2 Z 1 EStG 1988) Folgendes:

- Ein Jahresgutachten der Forschungsförderungsgesellschaft (FFG) ist Voraussetzung für die Forschungsprämie (§ 108c Abs. 7 und Abs. 8 EStG 1988, siehe dazu Rz 8208j bis Rz 8208q).
- Es besteht die Möglichkeit, einen Feststellungsbescheid über die Höhe der Bemessungsgrundlage für die Forschungsprämie zu beantragen (§ 108c Abs. 9 EStG 1988, siehe dazu Rz 8208t bis Rz 8208v).

Ab 1.1.2013 kann

- das Finanzamt bei der Beurteilung, ob die Voraussetzungen einer Forschung und experimentellen Entwicklung im Sinne des § 108c Abs. 2 Z 1 EStG 1988 vorliegen (auch für Wirtschaftsjahre vor 2013), die Forschungsförderungsgesellschaft mbH zur Unterstützung heranziehen sowie
- eine Forschungsbestätigung gemäß § 118a BAO beantragt werden (siehe dazu Rz 8208r, Rz 8208s).

Die Forschungsprämie ist keine steuerpflichtige Betriebseinnahme und führt zu keiner Aufwandskürzung (§ 20 Abs. 2 EStG 1988; § 12 Abs. 2 KStG 1988).

Höhe der Forschungsprämie:

- Die Forschungsprämie beträgt für Wirtschaftsjahre, die 2011 beginnen, 10% der Bemessungsgrundlage.
- Die Forschungsprämie beträgt für Wirtschaftsjahre, die 2016 beginnen, 12% der Bemessungsgrundlage.
- Die Forschungsprämie beträgt für Wirtschaftsjahre, die 2018 beginnen, 14% der Bemessungsgrundlage. Bei einem abweichenden Wirtschaftsjahr 2017/2018 ist die Bemessungsgrundlage linear den Kalendermonaten des Jahres 2017 und 2018 zuzuordnen. Auf den Anteil der Bemessungsgrundlage, der auf das Kalenderjahr 2018 entfällt, ist der Prämiensatz von 14% anzuwenden (§ 124b Z 323 EStG 1988).

Beispiel:

Abweichendes Wirtschaftsjahr 1.4.2017 bis 31.3.2018. Die aus den Forschungsaufwendungen dieses Wirtschaftsjahres abgeleitete Bemessungsgrundlage beträgt 420.000 €. Daraus ergibt sich eine monatliche Bemessungsgrundlage von 35.000 €. Da dem Jahr 2018 drei Kalendermonate des Wirtschaftsjahres zuzuordnen sind, ist auf 105.000 € (3 x 35.000 €) der Prämiensatz von 14% und auf die restlichen 315.000 (9 x 35.000 €) der Prämiensatz von 12% anzuwenden. Die Prämie beträgt daher 52.500 € (das sind 12% von 315.000 € zuzüglich 14% von 105.000 €).

Die lineare Aufteilung der Bemessungsgrundlage ist zwingend; eine davon abweichende Aufteilung ist nicht möglich.

(BMF-AV Nr. 2018/79)

8208a Zur Geltendmachung der Forschungsprämie ist immer (auch in Fällen des Zusammentreffens von zwei Wirtschaftsjahren in einem Veranlagungszeitraum) ein einziges Formular zu verwenden, in das der Gesamtbetrag an geltend gemachten Prämien einzutragen ist. Da ein Jahresgutachten der FFG stets für ein Wirtschaftsjahr erstellt wird, ist daher in diesem Fall für jedes Wirtschaftsjahr ein (eigenes) Jahresgutachten notwendig.

Im Fall einer Mitunternehmerschaft ist die Forschungsprämie von der Mitunternehmerschaft zu beanspruchen (nicht von den einzelnen Gesellschaftern).

Die Prämie kann erst nach Ablauf des Wirtschaftsjahres – unabhängig von der Anforderung eines Jahresgutachtens bei der FFG (siehe dazu Rz 8208k) – geltend gemacht werden, spätestens jedoch bis zum Eintritt der Rechtskraft des betreffenden Einkommensteuer-, Körperschaftsteuer- oder Feststellungsbescheides. Vor Ablauf des Wirtschaftsjahres gestellte Prämienanträge sind zurückzuweisen.

Es bestehen keine Bedenken, eine Prämie trotz verspäteter Geltendmachung zu berücksichtigen, wenn für das Finanzamt unzweifelhaft erkennbar ist, dass die Prämie rechtzeitig in Anspruch genommen werden sollte (zB aus den Beilagen zur Steuererklärung, ausgefülltes Ankreuzkästchen für Prämien in FinanzOnline).

(BMF-AV Nr. 2018/79)

Die Prämie wird – ohne Bescheiderlassung – auf dem Abgabenkonto gutgeschrieben, wenn dem Antrag vollinhaltlich stattgegeben wird. **8208b** §§ 98 ff

Im Hinblick darauf, dass eine antragsgemäße Prämiengutschrift keine Abgabenfestsetzung darstellt, unterliegt eine solche nicht der Anspruchsverzinsung nach § 205 BAO.

Da der (negative) Abgabenanspruch (§ 4 Abs. 1 BAO) bei Beantragung einer Forschungsprämie erst mit ihrer Geltendmachung entsteht, beginnt auch die reguläre Verjährungsfrist von fünf Jahren für eine (teilweise) Rückforderung der Forschungsprämie mittels berichtigender Festsetzung (§ 201 BAO) gemäß § 208 Abs. 1 lit. a BAO erst mit Ablauf des Jahres, in dem die Forschungsprämie geltend gemacht wurde (VwGH 25.6.2020, Ro 2020/15/0009).

(BMF-AV Nr. 2021/65)

Die Eröffnung eines Insolvenzverfahrens stellt keinen Grund dar, eine Forschungsprämie nicht (mehr) in Anspruch nehmen zu können. Für die Ermittlung der Höhe einer Forschungsprämie sind im Fall einer Insolvenz die bemessungsgrundlagenrelevanten Aufwendungen einzubeziehen. Aus einer Sanierungsquote alleine folgt noch keine Verminderung des Anspruches auf eine Forschungsprämie. Kommt es jedoch infolge der Insolvenz zu einer Verringerung bemessungsgrundlagenrelevanter Aufwendungen, sind für die Ermittlung der Höhe einer Forschungsprämie nur die im Ergebnis selbst getragenen Aufwendungen maßgeblich. Kommt es im Jahr der Geltendmachung der Forschungsprämie zu einem gewinnwirksamen Schuldnachlass und betrifft dieser bemessungsgrundlagenrelevante Aufwendungen (Investitionen), ist dieser zu berücksichtigen. Der Wegfall einer Verbindlichkeit, die dazu dient, bemessungsgrundlagenrelevante Aufwendungen (Investitionen) zu finanzieren, ist hingegen unbeachtlich. Der Schuldnachlass stellt ein nachträgliches Ereignis iSd § 295a BAO dar, das eine Bescheidänderung ermöglicht. Im Rahmen des § 201 Abs. 3 BAO kann eine Prämiengutschrift nachträglich korrigiert werden. **8208c**

(AÖF 2013/280)

Die Forschungsprämie steht für Aufwendungen und Ausgaben zu, die im Zusammenhang mit einer Forschung oder experimentellen Entwicklung anfallen, die systematisch und unter Einsatz wissenschaftlicher Methoden durchgeführt wird. Zielsetzung muss sein, den Stand des Wissens zu vermehren sowie neue Anwendungen dieses Wissens zu erarbeiten (vgl. § 108c Abs. 2 Z 1 EStG 1988 sowie die dazu ergangene Forschungsprämienverordnung, BGBl. II Nr. 515/2012, die im Anhang I Begriffsbestimmungen und Abgrenzungen enthält). Ob die gesetzlichen Voraussetzungen (dem Grunde nach) vorliegen, ist erstmalig für Wirtschaftsjahre, die 2012 beginnen, auf Grundlage eines Gutachtens der FFG zu beurteilen (siehe dazu Rz 8208j ff). Die Forschung muss in einem inländischen Betrieb oder einer inländischen Betriebsstätte erfolgen. **8208d**

(BMF-AV Nr. 2018/79)

Das Frascati Manual der OECD in der jeweils gültigen Fassung ist Grundlage der Begriffsbestimmungen und Abgrenzungen der Verordnung und ergänzend zu diesen heranzuziehen (VwGH 29.3.2017, Ra 2015/15/0060). **8208da**

Die Forschungsprämienverordnung nennt das Erfordernis der „Schließung einer Wissenslücke" nicht. Sie definiert Forschung und experimentelle Entwicklung aber als schöpferische Tätigkeit, die auf systematische Weise unter Verwendung wissenschaftlicher Methoden mit dem Ziel durchgeführt wird, den Stand des Wissens zu erweitern sowie neue Anwendungen dieses Wissens zu erarbeiten. Essentiell ist somit, dass die Tätigkeit etwas „Neues" hervorbringt und den bisherigen Wissenstand in dem erforschten Fachgebiet erweitert. Nichts anderes als diesen Neuheitsaspekt spricht auch die Wortfolge „the resolution of scientific and/or technological uncertainty, i.e. when the solution to a problem is not readily apparent to someone familiar with the basic stock of common knowledge and techniques for the area concerned" in Tz 84 des Frascati Manuals an (VwGH 29.3.2017, Ra 2015/15/0060).

Jede Forschungstätigkeit, durch die neue wissenschaftliche Erkenntnisse gewonnen werden sollen, setzt zweifellos eine zu beantwortende Fragestellung („scientific and/or technological uncertainty") voraus. Aus Tz 84 des Frascati Manuals geht jedoch nicht hervor, dass eine „für jeden Fachkundigen offensichtlich erkennbare Wissenslücke" vorliegen müsse. Es darf bloß die Lösung, mit der eine bisher bestehende Wissenslücke geschlossen werden soll, für einen Fachmann nicht offensichtlich sein („the solution to a problem is not readily apparent to someone familiar with the basic stock of common knowledge and techniques for the area concerned"). Die durch die Forschungstätigkeit erarbeitete oder zumindest angestrebte Lösung muss insofern über den bisherigen Wissensstand hinausgehen, als dass sie sich nicht als für einen Fachmann offensichtliche Lösung der zur erforschenden Fragestellung anbietet. Durch das Abgrenzungskriterium der Lösung einer wissenschaftlichen Unsicherheit wird keine über die Vorgaben des § 108c EStG 1988 und der Forschungsprämienverordnung hinausgehende zusätzliche Voraussetzung für die Zuerkennung der Forschungsprämie geschaffen. Es wird lediglich das Erfordernis der „Neuheit" der Forschungstätigkeit dahingehend konkretisiert, dass die Dokumentation im Rahmen des bisherigen Wissensstandes offensichtlicher Lösungen keine Forschung iSd § 108c EStG 1988 ist VwGH 29.3.2017, Ra 2015/15/0060).

Im Rahmen der pharmazeutischen Forschung ist gemäß § 2a Arzneimittelgesetz (AMG) ein „Sponsor" jede physische oder juristische Person, die die Verantwortung für die Planung, die Einleitung, die Betreuung und die Finanzierung einer klinischen Prüfung übernimmt. Dem Sponsor obliegt die Aufgabe der Lösung einer wissenschaftlichen und/oder technischen Unsicherheit. Er verfolgt das Ziel, den Stand des Wissens zu vermehren. Die Tätigkeit des Prüfers, der für die Durchführung der klinischen Studie in einem Prüfzentrum verantwortlich ist, stellt eine Dienstleistung unter Einsatz wissenschaftlicher Methoden dar. Die Eigenbetrieblichkeit der Forschung liegt daher beim Sponsor und nicht beim Prüfer (vgl. BFG 11.2.2020, RV/6100130/2016).

(BMF-AV Nr. 2021/65)

8208e Zur Geltendmachung einer Forschungsprämie bei Forschung im Rahmen des Forschungsprogrammes eines COMET-Kompetenzzentrums („K-Bereich") von einem Unternehmenspartner „In-kind" erbrachten Leistungen gilt Folgendes:

Im Rahmen des COMET-Programmes werden durch die öffentliche Hand geförderte Forschungstätigkeiten von eigenen Rechtsträgern, den COMET-Kompetenzzentren, und von Unternehmen und Forschungseinrichtungen im Rahmen eines gemeinsam definierten Programmes durchgeführt. Die Unternehmenspartner erfüllen ihre Beitragsverpflichtungen mit Geldleistungen und/oder Sach- oder Dienstleistungen; letztere werden als so genannte „In-kind-Leistungen" bezeichnet. Diese Sachleistungen können Forschungsleistungen, aber auch andere Leistungen (Nichtforschungsleistungen) sein.

Für die Berücksichtigung von Sach-/Dienstleistungen (In-kind-Leistungen) eines Unternehmenspartners in Bezug auf die Forschungsprämie gilt:

1. Im Rahmen der Erbringung von In-kind-Leistungen liegt (ungeachtet der Verrechnung der Leistungen zwischen dem COMET-Zentrum und dem Unternehmenspartner) keine Auftragsforschung vor.
2. In-kind-Leistungen, die in einer dem Grunde nach prämienbegünstigten Forschungsleistung des Unternehmenspartners bestehen oder Teil von dessen eigenbetrieblicher Forschung sind: Es bestehen im Interesse der Rechtssicherheit und Verwaltungsökonomie keine Bedenken, wenn die Zuordnung der entsprechenden Forschungsaufwendungen sachgerecht auf Grundlage einer schriftlichen Vereinbarung zwischen dem Kompetenzzentrum und dem Unternehmenspartner vorgenommen wird. Dabei muss jedenfalls ausgeschlossen werden, dass derselbe Aufwand sowohl beim Kompetenzzentrum als auch beim Unternehmenspartner in die Bemessungsgrundlage für die Forschungsprämie einbezogen wird. Derartige Vereinbarungen können zu Beginn oder während einer laufenden Kooperation getroffen werden.

Beispiel:

Die A-GmbH ist Unternehmenspartner des B-Kompetenzzentrums. Bei diesem wird im „K-Bereich" mit Personal und Infrastruktur des Kompetenzzentrums das Forschungsprojekt X durchgeführt. Die A-GmbH erbringt dabei eigenbetriebliche Forschungsleistungen, die als „In-kind"-Beitrag auf die Finanzierungsleistung des Unternehmenspartners angerechnet werden und dem Kompetenzzentrum zur Verfügung gestellt werden.

a) Es wird vereinbart, dass die In-kind-Leistungen des Unternehmenspartners beim Kompetenzzentrum bemessungsgrundlagenrelevant für die Prämie sein sollen. Die sachgerecht verrechneten Leistungen sind daher für die Prämienbemessung beim Kompetenzzentrum zu berücksichtigen.

b) Es wird vereinbart, dass die In-kind-Leistungen des Unternehmenspartners bei diesem bemessungsgrundlagenrelevant für die Prämie sein sollen. Die sachgerecht verrechneten Leistungen sind daher für die Prämienbemessung beim Unternehmenspartner zu berücksichtigen.

3. In-kind-Leistungen des Unternehmenspartners, die in einer nicht prämienbegünstigten Supportleistung für eine prämienbegünstigte Forschungstätigkeit (Eigenforschung) des Kompetenzzentrums bestehen: Derartige Leistungen sind (nur) beim Kompetenzzentrum in die Bemessungsgrundlage für die Forschungsprämie einzubeziehen.

Beispiel:

Die C-GmbH schafft ein Messgerät an, das sie zu 70% im Rahmen eigenbetrieblicher prämienbegünstigter Forschung einsetzt; im Umfang von 30% wird das Gerät dem D-Kompetenzzentrum überlassen, wodurch die C-GmbH ihre Beitragsverpflichtung „In-kind" gegenüber dem Kompetenzzentrum erfüllt. Die Anschaffungskosten sind im Umfang von 70% bei Bemessung der eigenbetrieblichen Forschungsprämie der C-GmbH zu berücksichtigen. Die für die Zurverfügungstellung des Messgerätes dem Kompetenzzentrum (im Wege der internen Leistungsabrechnung) verrechneten Aufwendungen sind bei Bemessung der eigenbetrieblichen Forschungsprämie des Kompetenzzentrums zu berücksichtigen.

§§ 98 ff

Werden nicht prämienbegünstigte Supportleistungen in Verbindung mit einer prämienbegünstigten Leistung erbracht, können diese im Rahmen einer sachgerechten Vereinbarung im Sinne der Z 2 gemeinsam mit der prämienbegünstigten Leistung zugeordnet werden.

Beispiel:

Die In-kind-Leistung besteht in der stundenweisen Zurverfügungstellung von drei Forschern und jener Laboreinrichtung, die diese Forscher außerhalb der Erbringung der In-kind-Leistung unternehmensintern auch für andere F&E-Tätigkeiten nutzen. Gemäß obigem Punkt 2 kann die In-Kind-Leistung in Bezug auf die Personalkosten der Forscher vereinbarungsgemäß dem Unternehmenspartner zugeordnet werden. In diesem Fall können vereinbarungsgemäß auch die Aufwendungen für die Laboreinrichtung in die Bemessungsgrundlage beim Unternehmenspartner einbezogen werden.

Zur Geltendmachung einer Forschungsprämie eines ordentlichen Mitglieds der Christian Doppler Forschungsgesellschaft gilt Folgendes:

Der Mitgliedsbeitrag eines ordentlichen Mitglieds zur Christian Doppler Forschungsgesellschaft ist als Aufwand für den Zugang zu wissenschaftlich-technischen Erkenntnissen (Anhang I, Punkt B, Z 16 der Forschungsprämienverordnung) Teil der Bemessungsgrundlage der Forschungsprämie für eigenbetriebliche Forschung.

(BMF-AV Nr. 2021/65)

Zur Bemessungsgrundlage für die Forschungsprämie gehören gemäß Anhang II der Forschungsprämienverordnung, BGBl. II Nr. 515/2012: **8208f**

1. Löhne und Gehälter für in Forschung und experimenteller Entwicklung Beschäftigte einschließlich Arbeitgeberbeiträge zur Sozialversicherung, Wohnbauförderungsbeiträge, Kommunalsteuer, Dienstgeberbeiträge und -zuschläge und sonstige Personalaufwendungen (zB freiwillige Sozialleistungen). Darunter fallen auch Vergütungen, die beim Empfänger zu betrieblichen Einkünften führen (zB bei einem im Werkvertrag beschäftigten Forscher). Für Beschäftigte, die nicht ausschließlich in Forschung und experimenteller Entwicklung tätig sind, werden nur die der Arbeitsleistung für Forschung und experimentelle Entwicklung entsprechenden Anteile an diesen Aufwendungen (Ausgaben) herangezogen.
2. Unmittelbare Aufwendungen (Ausgaben) und unmittelbare Investitionen (einschließlich der Anschaffung von Grundstücken), soweit sie nachhaltig (siehe dazu Rz 8208i) Forschung und experimenteller Entwicklung dienen.
3. Finanzierungsaufwendungen (-ausgaben), soweit sie der Forschung und experimentellen Entwicklung zuzuordnen sind (siehe dazu Rz 8208fa)
4. Gemeinkosten, soweit sie der Forschung und experimentellen Entwicklung zuzuordnen sind (zB Kosten des Lohnbüros, soweit sie auf Forschungspersonal entfallen, anteilige Verwaltungskosten, nicht jedoch Vertriebskosten, siehe auch Rz 8208g).

Davon sind steuerfreie Zuwendungen aus öffentlichen Mitteln (§ 3 Abs. 4 EStG 1988) abzuziehen. Die Kürzung hat zu erfolgen, wenn die steuerfreie Zuwendung mit einem in der Bemessungsgrundlage erfassten Aufwand gemäß § 1 Abs. 2 der Forschungsprämienverordnung, BGBl. II Nr. 515/2012, in unmittelbarem wirtschaftlichem Zusammenhang steht (§ 1 Abs. 2 der Forschungsprämienverordnung, BGBl. II Nr. 515/2012). Aus welchen Gründen die Steuerfreiheit eingeräumt wird, ist für die Kürzung unerheblich; dementsprechend kürzt auch eine nicht forschungsspezifische steuerfreie Zuwendung, wie die Investitionsprämie, die Bemessungsgrundlage. Die Investitionsprämie gemäß Investitionsprämiengesetz, BGBl. I Nr. 88/2020, ist gemäß § 124b Z 365 EStG 1988 keine Betriebseinnahme, somit steuerfrei. Es liegt daher eine steuerfreie Zuwendung aus öffentlichen Mitteln vor und die Bemessungsgrundlage für die Forschungsprämie ist um die Investitionsprämie zu kürzen (Anhang II der Forschungsprämienverordnung, BGBl. II Nr. 515/2012). Da die Forschungsprämie eine von der Einkommen-/Körperschaftsteuer losgelöste eigenständige (Selbstbemessungs)Abgabe ist (VwGH 11.12.2019, Ra 2019/13/0108), ändert daran auch der Umstand nichts, dass die Investitionsprämie für Zwecke der Ertragsteuern zu keiner Aufwandskürzung führt, weil im Rahmen der Gewinnermittlung § 6 Z 10, § 20 Abs. 2 EStG 1988 sowie § 12 Abs. 2 KStG 1988 auf sie nicht anwendbar sind.

Nachträgliche Änderungen hinsichtlich der Höhe steuerfreier Zuwendungen aus öffentlichen Mitteln stellen ein rückwirkendes Ereignis iSd § 295a BAO in Bezug auf die Prämiengewährung dar. Eine ohne Bescheiderlassung gutgeschriebene Prämie ist in Anwendung des § 201 Abs. 3 Z 3 BAO bzw. ein erlassener Prämienbescheid gemäß § 295a BAO zu ändern.

Aufwendungen, die im Rahmen der Auftragsforschung weiterverrechnet wurden und von einer Mitteilung gemäß § 108c Abs. 2 Z 2 vorletzter Teilstrich EStG 1988 erfasst sind, kürzen ebenfalls die Bemessungsgrundlage. Mit Forschungsaufwendungen in Zusammenhang stehende Erlöse (zB aus dem Verkauf eines End- oder Abfallproduktes aus dem Forschungsprozess) kürzen die Bemessungsgrundlage nicht.

Nicht zur Bemessungsgrundlage zählen Aufwendungen für Waren, die nach Start der Serienproduktion, aber vor Erreichen der Großserienproduktion von den Kunden als mangelhaft reklamiert oder bereits vor deren Lieferung an den Kunden als mangelhaft erkannt und aussortiert wurden (sog. „Ausfallwerte“). Das Vorliegen eines hohen Prozentsatzes an mangelhafter Ware kann Anlass sein, durch weitere Forschungsarbeit wesentlich verbesserte Materialien, Produkte oder Verfahren hervorzubringen, wie es der Definition der „Experimentellen Entwicklung“ entspricht. Die Waren selbst stellen aber keinen Aufwand dar, der zum Zwecke der Forschung getätigt wird, sondern Aufwand für Waren, die zum Verkauf produziert wurden (VwGH 13.9.2018, Ro 2016/15/0012 und Ra 2016/15/0045).

Zahlungen auf Grundlage eines Kostenumlagevertrages für Forschungs- und Entwicklungsleistungen sind nicht in die Bemessungsgrundlage für die eigenbetriebliche Forschung einzubeziehen, wenn das zahlende Unternehmen selbst nicht forscht (VwGH 25.6.2020, Ro 2020/15/0009).

(BMF-AV Nr. 2021/65)

8208fa Für „Finanzierungsaufwendungen“ gilt:

Der Begriff umfasst dem Grunde nach sowohl Aufwendungen aus einer Fremdfinanzierung als auch solche aus einer Eigenkapitalerhöhung. Dabei ist allerdings zu beachten, dass in die Bemessungsgrundlage für die Prämie nur Ausgaben/Aufwendungen/Kosten eingehen, die auch steuerlich abzugsfähig sind (vgl. VwGH 22.10.2002, 2002/14/0030 zum Forschungsfreibetrag). Gesellschafterzuschüsse sind gemäß § 8 Abs. 1 KStG 1988 steuerneutral, damit zusammenhängende Aufwendungen gemäß § 12 Abs. 2 KStG 1988 nicht abzugsfähig. Kosten iZm derartigen Zuschüssen gehen daher jedenfalls nicht in die Bemessungsgrundlage ein.

Emissionskosten bei einer Kapitalerhöhung und die (mit 2016 ausgelaufene) Gesellschaftsteuer stellen abzugsfähige Aufwendungen dar. Gleiches gilt für Aufwendungen, die aus Anlass der Aufnahme von atypisch stillen Gesellschaftern entstehen (zB Kosten für Werbung/Prospekte für die Gewinnung von atypisch stillen Gesellschaftern). Da der Begriff „Finanzierungsaufwendungen“ auch Aufwendungen aus Anlass einer Eigenkapitalerhöhung umfasst, gehen derartige Aufwendungen in die Bemessungsgrundlage ein, soweit sie abzugsfähige Betriebsausgaben darstellen und der F&E zuzuordnen sind.

Bei Wandelanleihen ist der Zusammenhang des aus der Wandlung resultierenden „Aufwands“ zu weitgehend, um ihn unter den Begriff „Finanzierungsaufwendungen“ zu subsumieren. Die Wandlung selbst ist nicht mehr Ausfluss der Finanzierung, Verluste aus der Wandlung sind daher kein „Finanzierungsaufwand“. Gleiches gilt in dem Zusammenhang für Call-Optionen.

(BMF-AV Nr. 2018/79)

8208fb Die Kürzung um steuerfreie Zuwendungen aus öffentlichen Mitteln (§ 3 Abs. 4 EStG 1988) hat stets projektbezogen bzw. gegebenenfalls auf nicht projekt- oder schwerpunktbezogenen FuE-Aktivitäten zu erfolgen. Eine Kürzung von (projektfremden) Aufwendungen, die von der steuerfreien Zuwendung gar nicht betroffen sind, hat zu unterbleiben. Dementsprechend sind nicht projektspezifische Aufwendungen, die vor dem Anfallen von Projektaufwendungen anfallen, nicht zu kürzen.

§§ 98 ff

Fassung bis zur Veranlagung 2020:

Ist in einem Wirtschaftsjahr der Betrag der ausbezahlten oder verbindlich zugesagten Subvention höher als die angefallenen Forschungsaufwendungen, ist die Subvention nach Maßgabe des tatsächlichen Forschungsaufwandes abzuziehen. Der Überhang ist als steuerfreier Betrag zu behandeln und im nächsten Wirtschaftsjahr gegen die dann anfallenden Forschungsaufwendungen zu verrechnen.

Beispiel:

Eine Forschungssubvention in Höhe von 210 wird im ersten Jahr zur Gänze ausbezahlt. Der Forschungsaufwand insgesamt beträgt 250, wovon im ersten Jahr 130, im zweiten Jahr 50 und im dritten Jahr 70 anfallen. Die Subvention ist nach Maßgabe des tatsächlich getätigten Aufwandes zu verteilen.

Jahr	*1*	*2*	*3*
Tatsächlicher Forschungsaufwand	*130*	*50*	*70*
Subventionsverbrauch	*130*	*50*	*30*
Bemessungsgrundlage Forschungsprämie	*0*	*0*	*40*

Fassung ab Veranlagung 2021:

Die Kürzung ist davon unabhängig, wann die Subvention tatsächlich fließt; maßgebend ist der unmittelbare wirtschaftliche Zusammenhang zwischen Subvention und Aufwand.

Ist eine konkrete Zuordnung von Subvention und spezifischem Aufwand nicht gegeben, das heißt betrifft die Subvention den anfallenden Forschungsaufwand in seiner Gesamtheit, hat bei Bilanzierern die Kürzung nach Maßgabe des Projektfortschrittes entsprechend einem passiven Rechnungsabgrenzungsposten (bzw. einer Anzahlung) zu erfolgen.

Beispiel:

Eine Forschungssubvention in Höhe von 210 betrifft das gesamte Projekt und wird im ersten Jahr zur Gänze ausbezahlt. Der Forschungsaufwand beträgt insgesamt 250, wovon im ersten Jahr 130, im zweiten Jahr 50 und im dritten Jahr 70 anfallen.

Jahr	*Forschungs-aufwand*	*Anteil am Gesamt-aufwand (%)*	*Kürzungsbetrag*	*Zu berücksichtigender Forschungsaufwand*
1	*130*	*52*	*109,2*[1)]	*20,8*
2	*50*	*20*	*42*	*8*
3	*70*	*28*	*58,8*	*11,2*
Gesamt	*250*	*100*	*210*	*40*[2)]

[1)] *109,2=52% der Gesamtsubvention von 210*

[2)] *40 = 250-210*

Betrifft die Subvention nur einen Teil der einem Projekt zurechenbaren Aufwendungen, sind von der Kürzung nur die geförderten Projektteile betroffen.

Bei Einnahmen-Ausgaben-Rechnung gilt für die Kürzung das zum Bilanzierer Gesagte. Aus Vereinfachungsgründen kann eine Kürzung nach Maßgabe des Subventionszuflusses erfolgen, wenn dabei sichergestellt ist, dass die Projektaufwendungen in Summe richtig gekürzt werden.

Beispiel:

Der Forschungsaufwand beträgt jährlich 100 und insgesamt 400. Eine Forschungssubvention in Höhe von 200 wird im zweiten Jahr in Höhe von 150 und im vierten Jahr in Höhe von 50 ausbezahlt.

Jahr	*Forschungs-aufwand*	*Ausbezahlte Subvention*	*Kürzungsbetrag*	*Zu berücksichtigender Forschungsaufwand*
1	*100*	*-*	*-*	*100*
2	*100*	*150*	*100*	*0*
3	*100*	*-*	*50*[1)]	*50*
4	*100*	*50*	*50*	*50*
Gesamt	*400*	*200*	*200*	*200*

[1)] *Kürzungsüberhang aus dem Jahr 2*

(BMF-AV Nr. 2021/65)

8208g Unter Gemeinkosten sind der allgemeinen kostenrechtlichen Definition folgend jene Kosten zu verstehen, die entweder nicht direkt einem Kostenträger (zB einem Forschungsprojekt) oder einer Kostenstelle (zB der F&E-Abteilung) zugeordnet werden können (zB Energie oder Telekommunikation). Diese Kostenarten werden durch Aufschlüsselung anteilig einem Kostenträger bzw. einer Kostenstelle zugerechnet. Gemeinkosten sind gegebenenfalls zu schätzen, wenn Projekte dem Grunde nach als F&E anerkannt werden, wofür das Verhältnis der diesen Projekten zugeordneten Personalkosten zu den gesamten Personalkosten (eines Bereichs) Ansatzpunkte bieten kann (VwGH 30.1.2014, 2011/15/0156).

Im weiteren Sinn fallen unter den Begriff Gemeinkosten auch die Kosten jener Hilfskostenstellen (Gemeinkostenstellen) eines Unternehmens, die dem Gesamtunternehmen dienen, zB Verwaltungskostenstellen (wie etwa Lohnbüro, Geschäftsführung, Betriebsbibliothek, Hausreparaturdienst). Die Kostenstellenkosten dieser Hilfskostenstellen sind insoweit Gemeinkosten der F&E, als sie sachgerecht den F&E-Hauptkostenstellen des Unternehmens oder den F&E-Kostenträgern (Forschungsprojekte bzw. Forschungsschwerpunkte) zugerechnet werden.

Der F&E zuzuordnende Gemeinkosten sind daher – ohne Beschränkung auf einzelne Kostenarten – alle der F&E durch sachgerechte Ermittlung und Aufschlüsselung zurechenbaren indirekten Kosten, sofern

- die Kosten dem buchhalterischen Aufwand betragsmäßig entsprechen,
- die steuerliche Abzugsfähigkeit dieser Kosten (unter Berücksichtigung von zB § 20 EStG 1988) gegeben ist und
- keine Vertriebskosten (zB Kosten für Werbung oder anteilige Kosten der Vertriebskostenstelle) vorliegen.

Beispiel:

In einem F&E betreibenden Unternehmen werden Fremdmittel zur Finanzierung eines F&E-Projektes, zur Überbrückung eines Liquiditätsengpasses und für einen Beteiligungserwerb (ausländische Vertriebstochter) aufgenommen.

Die Finanzierungskosten für das F&E-Projekt sind unmittelbar der Forschung und experimentellen Entwicklung zuzurechnen und damit Bestandteil der Bemessungsgrundlage für die Forschungsprämie. Die Kosten des allgemeinen Betriebskredites zur Überbrückung eines Liquiditätsengpasses können anteilig als Gemeinkosten der F&E zugerechnet werden. Die Finanzierungskosten im Zusammenhang mit einem Beteiligungserwerb können hingegen ungeachtet ihrer kostenrechnerischen Behandlung im Unternehmen nicht als Gemeinkosten anteilig der Forschung und experimentellen Entwicklung zugerechnet werden, weil sie als Vertriebskosten von der Berücksichtigung ausgeschlossen sind.

Da unmittelbare Investitionen in F&E direkt in die Bemessungsgrundlage eingehen (vgl. Rz 8208i) kommt bei abnutzbaren Anlagegütern, die unmittelbar der F&E dienen, die Berücksichtigung einer AfA nicht in Betracht (keine Doppelberücksichtigung der Investitionskosten). Die Berücksichtigung der AfA in der Bemessungsgrundlage kann somit nur im Rahmen der verursachungsgerechten Zuordnung von Gemeinkosten erfolgen. Im Rahmen der Berücksichtigung von Gemeinkosten ist eine AfA – im Gegensatz zu einer solchen von unmittelbaren Investitionen – nicht von der Bemessungsgrundlage für die Forschungsprämie ausgeschlossen, weil hier eine doppelte Berücksichtigung in der Bemessungsgrundlage nicht besteht.

Es bedarf im Hinblick auf diesen Unterschied einer klaren Abgrenzung von

- unmittelbar der F&E dienenden Investitionen, bei denen die Berücksichtigung einer AfA nicht zulässig ist, und
- nicht unmittelbar der F&E dienenden Investitionen, bei denen eine AfA-Tangente in den Gemeinkosten berücksichtigt werden kann.

Beispiel:

1. *In einem F&E betreibenden Unternehmen wird ein Gebäude gekauft, in dem eine werkseigene Kantine eingerichtet wird, in dem ausschließlich betriebseigenes Personal, dh. auch Forschungspersonal, verpflegt wird. Die Investitionskosten betragen 200.000 €.*

   Da die Gebäudeinvestition nicht unmittelbar der F&E zu dienen bestimmt ist, sind die Investitionskosten selbst nicht Bestandteil der Bemessungsgrundlage. Die Gebäude-AfA für die Kantine ist jedoch als Gemeinkosten insoweit Bestandteil der Bemessungsgrundlage, als sie verursachungsgerecht der F&E anteilig zugerechnet wird.

2. *In einem F&E betreibenden Unternehmen wird ein Gebäude gekauft, in dem ein unmittelbar der Forschung dienendes Labor (40% der Nutzfläche) und die werkseigene Kantine (60% der Nutzfläche) untergebracht sind. Während die Anschaffungskosten*

hinsichtlich des auf das Labor entfallenden Anteils unmittelbar Bestandteil der Bemessungsgrundlage sind, erfolgt hinsichtlich der Kantine eine Berücksichtigung der AfA im Rahmen der verursachungsgerechten Zuordnung der Gemeinkosten.

(BMF-AV Nr. 2015/133, BMF-AV Nr. 2018/79)

Werden Forschungs- und Entwicklungsaufträge an Dritte außer Haus vergeben (Auftragsforschung), gilt Folgendes: **8208h**

- Handelt es sich bei der in Auftrag gegebenen Forschung (Entwicklung) um eine solche im Sinne des § 108c Abs. 2 Z 1 EStG 1988, können die Kosten dafür nicht in die Bemessungsgrundlage für die Forschungsprämie für eigenbetriebliche Forschung einbezogen werden (§ 1 Abs. 3 der Forschungsprämienverordnung, BGBl. II Nr. 515/2012). Es kann unter den Voraussetzungen des § 108c Abs. 2 Z 2 EStG 1988 dafür eine Forschungsprämie für Auftragsforschung in Anspruch genommen werden. Dies gilt unabhängig davon, ob die in Auftrag gegebene Forschung mit einer eigenbetrieblichen Forschung, für die eine Forschungsprämie in Anspruch genommen wird, im Zusammenhang steht oder nicht.
- Handelt es sich bei der in Auftrag gegebenen Forschung(Entwicklung) nicht um eine solche im Sinne des § 108c Abs. 2 Z 1 EStG 1988, können die Kosten dafür beim Auftraggeber in die Bemessungsgrundlage für die Forschungsprämie einbezogen werden, wenn sie bei diesem im Rahmen eines prämienbegünstigten eigenbetrieblichen Forschungsvorhabens anfallen.

Beispiel:

Im Rahmen eines Forschungsprojektes, das den Voraussetzungen des § 108c Abs. 2 Z 1 EStG 1988 entspricht, wird der Auftrag zu einer Softwareentwicklung an ein fremdes Unternehmen vergeben. Diese Softwareentwicklung stellt für sich betrachtet

- *Fall 1: eine Forschung im Sinne des § 108c Abs. 2 Z 1 EStG 1988 dar bzw.*
- *Fall 2: keine Forschung im Sinne des § 108c Abs. 2 Z 1 EStG 1988 dar.*

Im Fall 1 kann der Aufwand für die Softwareentwicklung beim Auftraggeber nicht in die Bemessungsgrundlage für die Forschungsprämie für eigenbetriebliche Forschung einbezogen werden. Der Auftraggeber kann aber dafür nach Maßgabe des § 108c Abs. 2 Z 2 EStG 1988 eine Forschungsprämie für Auftragsforschung beanspruchen. Soweit das nicht der Fall ist und beim Auftragnehmer die Voraussetzungen für die Geltendmachung einer Forschungsprämie vorliegen, kann dieser eine Forschungsprämie für eigenbetriebliche Forschung geltend machen.

Im Fall 2 kann der Aufwand für die Auftragsforschung beim Auftraggeber in die Bemessungsgrundlage für die Forschungsprämie für eigenbetriebliche Forschung einbezogen werden (beim Auftragnehmer kommt die Geltendmachung einer Forschungsprämie nicht in Betracht).

(AÖF 2013/280)

Investitionsaufwendungen gehen bei nachhaltiger Nutzung für Zwecke der Forschung und experimentellen Entwicklung im Jahr der Anschaffung oder Herstellung (nach allfälliger Kürzung um erhaltene oder zugesagte steuerfreie Subventionen, vgl. VwGH 22.10.2002, 2002/14/0030) entsprechend dem Nutzungseinsatz (bei Vollnutzung für Zwecke der Forschung und experimentellen Entwicklung zur Gänze, sonst in dem dem Nutzungseinsatz entsprechenden Ausmaß) in die Bemessungsgrundlage für die Forschungsprämie ein; bei abnutzbaren Wirtschaftsgütern ist daher eine AfA bei Ermittlung der Bemessungsgrundlage nicht zu berücksichtigen. Eine Übertragung stiller Reserven (§ 12 EStG 1988) kürzt nicht die Bemessungsgrundlage, da die übertragene stille Reserve auf das Ausmaß der "Investitionen" (zum Unterschied von steuerfreien Zuschüssen) keinen Einfluss hat. **8208i**

Im Fall eines mehrjährigen Herstellungsvorganges sind nicht die jeweils anteiligen, sondern im Wirtschaftsjahr der Fertigstellung die gesamten Herstellungskosten der Bemessung der Forschungsprämie zu Grunde zu legen, wenn die Nutzung für Forschungszwecke erst mit der Fertigstellung beginnt. Erfolgt eine Nutzung für Forschungszwecke schon während des Herstellungsvorganges, sind die jeweiligen Teilherstellungskosten zu berücksichtigen.

Wird ein Grundstück angeschafft, auf dem später ein Gebäude errichtet und nachhaltig für Forschung und experimentelle Entwicklung verwendet wird, ist für die Geltendmachung der Forschungsprämie das Grundstück betreffend das Jahr der Anschaffung und das Gebäude betreffend das Jahr der Fertigstellung maßgeblich.

Eine nachhaltige Nutzung für Zwecke der Forschung und experimentellen Entwicklung liegt vor, wenn

- abnutzbare Wirtschaftsgüter (ausgenommen Gebäude) mit einer betriebsgewöhnlichen Nutzungsdauer von bis zu zehn Jahren für einen Zeitraum von mehr als der Hälfte ihrer betriebsgewöhnlichen Nutzungsdauer,
- Grundstücke, Gebäude und andere abnutzbare Wirtschaftsgüter mit einer betriebsgewöhnlichen Nutzungsdauer von mehr als zehn Jahren für zumindest zehn Jahre Zwecken der Forschung und experimentellen Entwicklung im Sinne der Verordnung BGBl. II Nr. 506/2002 voraussichtlich dienen werden.

Beispiele:

1. Im Jahr 1 erfolgt die Anschaffung der Maschine A (betriebsgewöhnliche Nutzungsdauer 4 Jahre, Anschaffungskosten 100.000 €). Die Maschine A wird während der gesamten Nutzungsdauer zu 30% für Zwecke der Forschung und experimentellen Entwicklung und zu 70% für andere betriebliche Zwecke verwendet.

30% der Anschaffungskosten (30.000 €) gehen in die Bemessungsgrundlage für die Forschungsprämie des Jahres 1 ein.

2. Im Jahr 2 erfolgt die Anschaffung der Maschine B (betriebsgewöhnliche Nutzungsdauer 3 Jahre, Anschaffungskosten 200.000 €). Die Maschine B wird nur im Jahr 2 zur Gänze, sodann aber nicht mehr für Zwecke der Forschung und experimentellen Entwicklung verwendet. Mangels Nachhaltigkeit sind die Anschaffungskosten der Maschine B nicht in die Bemessungsgrundlage für die Forschungsprämie des Jahres 2 einzubeziehen.

(BMF-AV Nr. 2018/79, BMF-AV Nr. 2019/75)

33.1.1.2 Jahresgutachten der FFG

(AÖF 2013/280)

8208j Voraussetzung für die Gewährung einer Forschungsprämie für eine eigenbetriebliche Forschung und experimentelle Entwicklung ist für Wirtschaftsjahre, die 2012 oder in einem späteren Jahr beginnen, das Vorliegen eines (kostenlosen) Jahresgutachtens der FFG (§ 108c Abs. 7 und 8 EStG 1988 iVm § 4 der Forschungsprämienverordnung, BGBl. II Nr. 515/2012). In diesem beurteilt die FFG, ob die qualitativen Voraussetzungen für eine Forschung und experimentelle Entwicklung im Sinne des § 108c Abs. 2 Z 1 EStG 1988 vorliegen. Dazu muss der Steuerpflichtige oder sein steuerlicher Vertreter ein Jahresgutachten bei der FFG (ausschließlich) im Wege von FinanzOnline anfordern. In diesem ist die gesamte bemessungsgrundlagenrelevante Forschungstätigkeit des Wirtschaftsjahres, für das die Forschungsprämie beantragt wird, nach Forschungsprojekten bzw. Forschungsschwerpunkten gegliedert, darzustellen.

(AÖF 2013/280)

8208k Das Jahresgutachten kann frühestens nach Ablauf des Wirtschaftsjahres, aus dem für die Forschungsprämie relevante Aufwendungen resultieren, bei der FFG angefordert werden (§ 4 Abs. 2 der Forschungsprämienverordnung). Die Forschungsprämie kann ebenfalls nach Ablauf des Wirtschaftsjahres, spätestens bis zur Rechtskraft des betreffenden Einkommensteuer-, Körperschaftsteuer- oder Feststellungsbescheides geltend gemacht werden (§ 108c Abs. 3 EStG 1988).

Die Anforderung des Gutachtens bei der FFG einerseits und die Beantragung der Prämie beim Finanzamt (Formular E 108c) andererseits können zeitlich unabhängig voneinander erfolgen. Somit kann die Forschungsprämie (zur Wahrung der Frist für die Antragstellung) schon zeitlich vor Anforderung des Gutachtens beantragt werden. Die Entscheidung des Finanzamtes über die beantragte Forschungsprämie erfolgt stets auf Grundlage des Antrages und des Jahresgutachtens. Ein Jahresgutachten ist nur dann nicht erforderlich, wenn die gesamte Forschungstätigkeit des Wirtschaftsjahres von einer/mehreren Forschungsbestätigung(en) erfasst ist/sind.

(AÖF 2013/280)

8208l Liegt für ein Forschungsprojekt bereits eine Forschungsbestätigung vor (§ 118a BAO, siehe dazu Rz 8208r), ist für die betroffenen Wirtschaftsjahre für das betroffene Forschungsprojekt keine neuerliche Begutachtung durch die FFG mehr erforderlich; dies gilt unter der Voraussetzung, dass die durchgeführte Forschung entsprechend der Beschreibung in der Forschungsbestätigung durchgeführt wurde oder davon nicht wesentlich abweicht. In diesem Fall genügt es, dass der Steuerpflichtige diese Tatsache glaubhaft machen kann und darauf bei Anforderung eines Jahresgutachtens (siehe Rz 8208m) oder Beantragung der Forschungsprämie hinweist.

(AÖF 2013/280)

8208m Ist ungeachtet des Vorliegens einer/mehrerer Forschungsbestätigung(en) für das betreffende Wirtschaftsjahr dennoch ein Jahresgutachten erforderlich, weil nicht die gesamte bemessungsgrundlagenrelevante Forschung von der/den Forschungsbestätigung(en) erfasst ist, sind – neben den von der/den Forschungsbestätigung(en) nicht erfassten Forschungsprojekten/Forschungsschwerpunkten – auch die von der/den Forschungsbestätigung(en) erfassten Forschungsprojekt(e) in die Anforderung des Jahresgutachtens aufzunehmen; es erfolgt aber diesbezüglich – vorausgesetzt es besteht (wesentliche) Sachverhaltsidentität – keine neuerliche Begutachtung durch die FFG mehr. Das Jahresgutachten der FFG weist in diesem Fall somit die gesamte für die Prämie relevante Forschungstätigkeit aus und enthält begutachtete Forschungsprojekte/Forschungsschwerpunkte und jenes/jene nicht mehr begutachtete(n) Forschungsprojekt(e), für das/die eine Forschungsbestätigung vorliegt.

(AÖF 2013/280)

Weicht die Durchführung des Forschungsprojektes, für das eine Forschungsbestätigung vorliegt, wesentlich von der Beschreibung in der Forschungsbestätigung ab, entfaltet diese keine Bindungswirkung (mehr); in diesem Fall ist im Rahmen eines Jahresgutachtens eine neuerliche Begutachtung durch die FFG erforderlich. **8208n**

(AÖF 2013/280)

Die FFG übt ihre gutachterliche Tätigkeit auf Grundlage des § 108c EStG 1988, des § 118a BAO und der Forschungsprämienverordnung, BGBl. II Nr. 515/2012, aus. Diese enthält unter Anderem detaillierte Bestimmungen über die verfahrenstechnische Abwicklung im Wege von FinanzOnline (siehe dazu insbesondere den 2. Abschnitt der Verordnung und deren Anhang III). **8208o**

Das Gutachten ist vom Steuerpflichtigen oder seinem steuerlicher Vertreter bei der FFG (ausschließlich) im Wege von FinanzOnline anzufordern. Das fertiggestellte Gutachten der FFG wird dem zuständigen Finanzamt übermittelt und kann vom Steuerpflichtigen bzw. dessen steuerlichem Vertreter in FinanzOnline eingesehen werden. Der Steuerpflichtige und dessen steuerlicher Vertreter werden darüber von der FFG durch E-Mail verständigt. Eine papiermäßige Übermittlung des Gutachtens ist nicht erforderlich.

(AÖF 2013/280)

Die FFG beurteilt einen Forschungsschwerpunkt/ein Forschungsprojekt grundsätzlich nach den vom Steuerpflichtigen in der Anforderung des Gutachtens gemachten Angaben. In ihrem Gutachten gibt die FFG insbesondere hinsichtlich jedes einzelnen Forschungsprojektes/Forschungsschwerpunktes eine Beurteilung ab, inwieweit ein Forschungsschwerpunkt/Forschungsprojekt, aus dem für die Forschungsprämie maßgebliche Aufwendungen resultieren, unter Zugrundelegung der vom Steuerpflichtigen bekanntgegebenen Informationen die gesetzlichen Voraussetzungen für das Vorliegen einer prämienbegünstigten Forschung erfüllt. Sie trifft ihre Beurteilung insbesondere auf Grundlage der Forschungsprämienverordnung (siehe dazu den Anhang I, Begriffsbestimmungen und Abgrenzungen) und des Frascati-Manuals der OECD. **8208p**

Die FFG beurteilt nicht, ob die Angaben in der Gutachtensanforderung richtig sind, sie kann aber bei begründetem Verdacht auf Unrichtigkeit und Unvollständigkeit der ihr vom Steuerpflichtigen zur Verfügung gestellten Informationen auf diesen Umstand ergänzend hinweisen.

Die FFG beurteilt auch nicht, ob die Bemessungsgrundlage für die Forschungsprämie richtig ermittelt worden ist. Dies obliegt ausschließlich der zuständigen Abgabenbehörde (zur Möglichkeit des Feststellungsbescheides siehe Rz 8208t ff).

(AÖF 2013/280)

Das Jahresgutachten der FFG stellt ein Beweismittel dar, das der freien Beweiswürdigung unterliegt und vom zuständigen Finanzamt vor Entscheidung über den Prämienantrag zu würdigen ist. Durch die prozentuelle Zuordnung der Bemessungsgrundlage zu den Forschungsprojekten/Forschungsschwerpunkten im Gutachten lässt sich der Bezug zum jeweiligen Forschungsprojekt/Forschungsschwerpunkt hinsichtlich des darauf entfallenden Teiles der Bemessungsgrundlage herstellen. Dies ist insbesondere für Fälle von Bedeutung, in denen dem Prämienantrag nach Würdigung des Gutachtens der FFG nicht vollinhaltlich stattgeben wird, weil ein/mehrere Forschungsprojekt(e)/Forschungsschwerpunkt(e) die Voraussetzungen für das Vorliegen einer prämienbegünstigten Forschung nicht (vollständig) erfüllt/erfüllen und die geltend gemachte Bemessungsgrundlage zu kürzen ist. In solchen Fällen ist vor Entscheidung über den Prämienantrag das Parteiengehör zu wahren. Beabsichtigt das Finanzamt, dem Prämienantrag in Würdigung des Gutachtens der FFG nicht vollinhaltlich stattzugeben, ist dies daher dem Steuerpflichtigen vorzuhalten und ihm Gelegenheit zur Stellungnahme zu geben. Werden vom Steuerpflichtigen beim Finanzamt Einwände gegen das Gutachten erhoben, sind diese im Rahmen des Verfahrens vor dem Finanzamt zu behandeln. Für den Steuerpflichtigen ist es nicht möglich, für ein Wirtschaftsjahr, für das die FFG bereits ein Gutachten erstellt hat, bei dieser ein neuerliches **8208q**

Gutachten anzufordern (§ 3 Abs. 2 letzter Satz der Forschungsprämienverordnung, BGBl. II Nr. 515/2012). Das Finanzamt kann gegebenenfalls vor Entscheidung über den Prämienantrag oder in einem nachfolgenden Rechtsmittel- oder Betriebsprüfungsverfahren auf die fachliche Unterstützung durch die FFG zurückgreifen.

Die Forschungsprämie stellt eine abgabenrechtliche Begünstigung dar. In einem ausschließlich auf das Erwirken einer abgabenrechtlichen Begünstigung gerichteten Verfahren obliegt es dem Steuerpflichtigen selbst, einwandfrei das Vorliegen jener Umstände darzulegen, auf die die abgabenrechtliche Begünstigung gestützt werden kann (VwGH 25.6.2007, 2006/14/0050 u.v.a.). Diese erhöhte Mitwirkungspflicht findet ihren Ausfluss in einer Beweismittelbeschaffungs- und einer -vorsorgepflicht.

Die FFG hat ihre Expertise nur im Rahmen der ihr übermittelten Unterlagen abzugeben. Kommt sie aufgrund mangelnder Mitwirkung des Steuerpflichtigen (zB lückenhafte Fragenbeantwortungen) zum Schluss, dass sie keine Forschungs-und Entwicklungstätigkeit im Sinn des § 108c EStG 1988 erkennen kann, ist diese Beurteilung mit keiner Mangelhaftigkeit behaftet (BFG 8.7.2020, RV/7103521/2018).

(BMF-AV Nr. 2021/65)

33.1.1.3 Forschungsbestätigung

(AÖF 2013/280)

8208r Ab 2013 kann eine Forschungsbestätigung gemäß § 118a BAO beantragt werden. Mit dieser wird in Form eines Bescheides vom Finanzamt bestätigt, dass ein bestimmtes Forschungsprojekt den inhaltlichen Voraussetzungen für die Gewährung einer Forschungsprämie für eigenbetriebliche Forschung entspricht. Die Bestimmungen des § 118 BAO über Auskunftsbescheide gelten sinngemäß. Die Forschungsbestätigung wird für einen bestimmten künftigen Zeitraum erteilt und bewirkt, dass das Finanzamt für diesen Zeitraum an die Beurteilung gebunden ist, wenn die Forschung tatsächlich in der Weise durchgeführt wird, wie sie der Forschungsbestätigung zu Grunde gelegt wurde oder davon nicht wesentlich abweicht.

Die Forschungsbestätigung darf keinen Zeitraum betreffen, der nicht von dem entsprechenden Projektgutachten erfasst ist.

Der Verwaltungskostenbeitrag für eine Forschungsbestätigung ist als Betriebsausgabe abzugsfähig (§ 4 Abs. 4 Z 4 EStG 1988).

(AÖF 2013/280)

8208s Voraussetzung für eine Forschungsbestätigung ist ein Projektgutachten der FFG (§ 5 der Forschungsprämienverordnung, BGBl. II Nr. 515/2012). Es kann bei der FFG nach Beantragung der Forschungsbestätigung im Wege von FinanzOnline angefordert werden; es muss sich auf das Forschungsprojekt beziehen, für das die Forschungsbestätigung beantragt wurde. Es kann sich auch auf zukünftige Forschung und experimentelle Entwicklung beziehen, umfasst aber maximal einen Zeitraum vom Beginn des Wirtschaftsjahres der Anforderung bis zum Ablauf des diesem Wirtschaftsjahr drittfolgenden Wirtschaftsjahres. Nach Ablauf dieses Zeitraumes kann für dasselbe Forschungsprojekt gegebenenfalls ein neues Projektgutachten angefordert werden.

Wie beim Jahresgutachten erfolgt die Beurteilung durch die FFG auf Grundlage der Angaben in der Anforderung des Gutachtens. Rz 8208p gilt sinngemäß.

(AÖF 2013/280)

33.1.1.4 Feststellungsbescheid über die Höhe der Bemessungsgrundlage für die Forschungsprämie

(AÖF 2013/280)

8208t Für Wirtschaftsjahre, die nach dem 31.12.2011 beginnen, besteht die Möglichkeit, einen Feststellungsbescheid nach § 108c Abs. 9 EStG 1988 zu beantragen. Dieser betrifft ausschließlich die Höhe der Bemessungsgrundlage für die Forschungsprämie für eigenbetriebliche Forschung und experimentelle Entwicklung. Voraussetzungen dafür sind:

- Die Glaubhaftmachung, dass die tatsächlich durchgeführte Forschung und/oder experimentelle Entwicklung die Voraussetzungen für die Geltendmachung erfüllen (Jahresgutachten der FFG; bei Vorliegen einer Forschungsbestätigung: Glaubhaftmachung, dass die durchgeführte Forschung der der Forschungsbestätigung zu Grunde gelegten entspricht oder davon nicht wesentlich abweicht);
- Nachweis, dass die Bemessungsgrundlage richtig ermittelt wurde (siehe Rz 8208u).

(AÖF 2013/280)

Der Nachweis, dass die Bemessungsgrundlage richtig ermittelt worden ist, ist durch eine Bestätigung eines Wirtschaftsprüfers zu erbringen. Die dafür anfallenden Kosten sind als Betriebsausgaben abzugsfähig (§ 4 Abs. 4 Z 4 EStG 1988, Rz 1535a). **8208u**

Die Bestätigung ist auf Grundlage einer den Anforderungen der §§ 268 ff des Unternehmensgesetzbuches entsprechenden Prüfung über die Einhaltung der anzuwendenden Rechnungslegungsvorschriften auszustellen (siehe dazu die Musterbestätigung Anhang V).

Da Gegenstand des Feststellungsbescheides die Höhe der Bemessungsgrundlage für die Forschungsprämie ist, sind im Rahmen der Erstellung einer Bestätigung (nur) jene Aufwendungen vom Wirtschaftsprüfer zu prüfen, die für die Bemessungsgrundlage von Relevanz sind bzw. sein können.

(AÖF 2013/280)

Der Feststellungsbescheid ist im Rechtsmittelweg bekämpfbar und unterliegt den Vorschriften der BAO über nachträgliche Bescheidänderungen. Der Feststellungsbescheid ist Grundlagenbescheid für die Gutschrift oder Festsetzung der Forschungsprämie und unterliegt als solcher den Rechtswirkungen des § 252 und des § 295 BAO. Mit ihm wird über die Bemessungsgrundlage für die Forschungsprämie verbindlich abgesprochen. Eine davon abweichende Festsetzung der Prämie ist rechtswidrig (BFG 17.4.2018, RV/2101424/2017). **8208v** §§ 98 ff

Wird nach Ergehen des Feststellungsbescheides von der Abgabenbehörde festgestellt, dass die Bemessungsgrundlage nicht in richtiger Höhe festgestellt wurde, ist wie folgt vorzugehen:

Liegen die Voraussetzungen für eine Bescheidänderung (§§ 293 ff BAO) oder Bescheidaufhebung (§ 299 BAO) bzw. Wiederaufnahme des Verfahrens (§ 303 BAO) vor, ist der Feststellungsbescheid auf Grund dieser Bestimmungen zu ändern bzw. aufzuheben. Bei Anwendung der §§ 299 und 303 BAO hat ein neuerlicher Feststellungsbescheid zu ergehen. Wurde die Forschungsprämie auf dem Abgabenkonto verbucht und ist sie auf Grund des geänderten Feststellungsbescheides zu ändern, liegen die Voraussetzungen für eine Festsetzung der Forschungsprämie gemäß § 201 Abs. 3 Z 3 BAO vor. Ein erlassener Prämienbescheid ist gemäß § 295 Abs. 3 BAO zu ändern.

(BMF-AV Nr. 2019/75)

33.1.2 Forschungsprämie für Auftragsforschung

(AÖF 2013/280)

Hinsichtlich der qualitativen Voraussetzungen knüpft diese Prämie an die Forschungsprämie für eigenbetriebliche Forschung an. Die in Auftrag gegebene Forschung muss daher die inhaltlichen Voraussetzungen des § 108c Abs. 2 Z 1 EStG 1988 erfüllen. **8209**

Die Prämie steht nur für Aufwendungen (Ausgaben) des Auftraggebers in Höhe von höchstens 1.000.000 Euro pro Wirtschaftsjahr zu. Im Fall eines Rumpfwirtschaftsjahres ist der Höchstbetrag entsprechend der Kalendermonate des Wirtschaftsjahres zu aliquotieren, wobei angefangene Kalendermonate als volle Kalendermonate gelten.

Für die Forschungsprämie für Auftragsforschung ist kein Gutachten der FFG erforderlich. Anlässlich der Antragstellung hat der Steuerpflichtige jedes in Auftrag gegebene Forschungsprojekt/Forschungsvorhaben nach Titel, Ziel und Inhalt, Methode bzw. Vorgangsweise und Neuheit zu beschreiben und den Auftragnehmer bekannt zu geben (Bezeichnung, Adresse und Qualifikation des Auftragnehmers in Bezug auf die in Auftrag gegebene Forschung). Bei mehreren in Auftrag gegebenen Forschungsprojekten/Forschungsvorhaben ist die jeweils darauf entfallende Bemessungsgrundlage anzugeben.

§ 118a BAO (Forschungsbestätigung) und § 108c Abs. 9 EStG 1988 (Feststellungsbescheid über die Höhe der Bemessungsgrundlage für die Forschungsprämie) gelten nicht für die Forschungsprämie für Auftragsforschung.

(AÖF 2013/280)

Voraussetzungen für die Prämie für Auftragsforschung sind: **8209a**

- Die Forschung muss von einem inländischen Betrieb oder einer inländischen Betriebsstätte in Auftrag gegeben werden.
- Auftragnehmer muss eine Einrichtung oder ein Unternehmen sein, die/das mit Forschungs- und Entwicklungsaufgaben befasst ist und ihren/seinen Sitz in einem Staat der Europäischen Union oder des Europäischen Wirtschaftsraumes hat. Ob die beauftragte Einrichtung (das beauftragte Unternehmen) seinen Unternehmensschwerpunkt in der Forschung und experimentellen Entwicklung hat, ist ohne Bedeutung. Grundsätzlich kommt unter den genannten Voraussetzungen jede Einrichtung (zB Universitätsinstitut, Forschungsverein) bzw. jedes Unternehmen als Auftragnehmer in Betracht.

- Der Auftragnehmer darf nicht unter beherrschendem Einfluss des Auftraggebers stehen oder Mitglied einer Unternehmensgruppe nach § 9 KStG 1988 sein, der auch der Auftraggeber angehört.
- Der Auftraggeber teilt bis zum Ablauf seines Wirtschaftsjahres dem Auftragnehmer nachweislich mit, bis zu welchem Ausmaß er die Forschungsprämie für Auftragsforschung in Anspruch nimmt. Bemessungsgrundlage für den Auftraggeber sind die ihm vom Auftragnehmer in Rechnung gestellten Kosten (siehe weiters Rz 8209b).

(AÖF 2013/280)

8209b Hinsichtlich des von einer Mitteilung umfassten Betrages kann der Auftragnehmer keine Forschungsprämie für eigenbetriebliche Forschung in Anspruch nehmen. Damit ist eine doppelte steuerliche Berücksichtigung ausgeschlossen. In der Praxis wird es sich empfehlen, bereits bei Auftragsvergabe vertraglich zu regeln, wer die Prämie geltend macht.

Die Mitteilung hat bis zum Ablauf jenes Wirtschaftsjahres zu erfolgen, in dem dem Auftraggeber aus dem erteilten Forschungsauftrag steuerliche Aufwendungen erwachsen. Anzahlungen lösen daher bei einem Bilanzierer mangels Aufwandswirksamkeit, anders als beim Einnahmen-Ausgaben-Rechner, keine Mitteilungspflicht aus.

Will der Auftraggeber die Forschungsprämie in Anspruch nehmen, muss er dies dem Auftragnehmer unabhängig davon mitteilen, ob der Auftragnehmer selbst eine Forschungsförderung in Anspruch nehmen könnte oder nicht. Es bestehen keine Bedenken, vom Erfordernis der Mitteilung abzusehen, wenn ein ausländischer Auftragnehmer ohne inländische Betriebsstätte hinsichtlich der vom Forschungsauftrag umfassten Aufwendungen in Österreich gemäß § 108c Abs. 2 Z 1 EStG 1988 keine Forschungsprämie für eigenbetriebliche Forschung in Anspruch nehmen kann.

(AÖF 2013/280)

8209c Ohne Mitteilung bis zum Ende des Wirtschaftsjahres kann gegebenenfalls der Auftragnehmer – bei Zutreffen der Voraussetzungen bei ihm – hinsichtlich seiner Forschungsaufwendungen eine Forschungsprämie für eigenbetriebliche Forschung in Anspruch nehmen. Gleiches gilt für Forschungsaufwendungen des Auftragnehmers, die über den mitgeteilten Betrag hinausgehen.

Beispiele:

1. *Der Auftraggeber nimmt für einen Auftrag mit einem Volumen von 1.000.000 € die Forschungsprämie selbst in Anspruch und teilt dies seinem Auftragnehmer bis zum Ende des Wirtschaftsjahres mit. Für etwaige Folgeaufträge im selben Wirtschaftsjahr kann gegebenenfalls der Auftragnehmer die Forschungsprämie in Anspruch nehmen, da der Auftraggeber die Höchstgrenze von 1.000.000 € ausgeschöpft hat.*
2. *Bei einem Forschungsauftrag in Höhe von 100.000 € teilt der Auftraggeber dem Auftragnehmer bis zum Ende des Wirtschaftsjahres mit, dass er die Forschungsprämie nur für die halben Aufwendungen in Höhe von 50.000 € in Anspruch nimmt. Der Auftragnehmer kann seinerseits eine Forschungsprämie in Anspruch nehmen, wobei der Betrag von 50.000 € die Bemessungsgrundlage kürzt.*

(AÖF 2013/280)

8209d Sollte der Auftragnehmer seiner Forschungsprämie eine Bemessungsgrundlage zu Grunde gelegt haben, die sich nachträglich deshalb als unrichtig erweist, weil er erst nach Rechtskraft des Bescheides eine Mitteilung vom Auftraggeber erhält, aus der sich die Unrichtigkeit (zu hohe Geltendmachung) ergibt, stellt diese Tatsache ein rückwirkendes Ereignis iSd § 295a BAO dar. Eine ohne Bescheiderlassung gutgeschriebene Prämie ist in Anwendung des § 201 Abs. 3 Z 3 BAO nachträglich zu ändern bzw. ein erlassener Prämienbescheid gemäß § 295 Abs. 3 BAO zu ändern.

Beispiel:

A (Auftragnehmer) mit Regelwirtschaftsjahr erhält von B mit abweichendem Wirtschaftsjahr (Bilanzstichtag 30.9) am 1.11.01 einen Forschungsauftrag; das Forschungsergebnis ist bis zum 30.6.02 von A an B zu liefern. A bezieht die das Jahr 01 betreffenden Aufwendungen aus diesem Forschungsauftrag in die Bemessungsgrundlage für seine Forschungsprämie für 01 ein, weil er – mangels vertraglicher Vereinbarung – davon ausgeht, dass B keine Forschungsprämie hinsichtlich des Forschungsauftrages beanspruchen wird. Die Prämie wird am 1.2.02 antragsgemäß gutgeschrieben. Am 25.9.02 erhält A eine Mitteilung, dass B für den Forschungsauftrag des Jahres 01/02 die Forschungsprämie beansprucht. Diese Mitteilung stellt ein rückwirkendes Ereignis iSd § 295a BAO dar; die Prämiengutschrift betreffend das Jahr 01 ist für A hinsichtlich jenes Betrages zu korrigieren, der ihm von B mitgeteilt worden ist.

Gleiches gilt in Fällen, in denen die Mitteilung deswegen „verspätet" erfolgt, weil die Erfüllung des Forschungsauftrages erst zu einem Zeitpunkt erfolgt, zu dem Bescheide für den Auftragnehmer bereits rechtskräftig geworden sind.

Beispiel:

C (Auftragnehmer mit Regelwirtschaftsjahr) erhält von D (Auftraggeber mit Regelwirtschaftsjahr) am 1.11.01 einen bis zum 30.6.03 zu erfüllenden Forschungsauftrag. C bezieht die die Jahre 01, 02 und 03 betreffenden Aufwendungen aus diesem Forschungsauftrag in die Bemessungsgrundlage für seine Forschungsprämie ein, weil er – mangels vertraglicher Vereinbarung – davon ausgeht, dass D keine Forschungsprämie hinsichtlich des Forschungsauftrages beanspruchen wird. Am 15.12.03 erhält C eine Mitteilung, dass D in diesem Jahr für den Forschungsauftrag der Jahre 01, 02 und 03 die Forschungsprämie beansprucht. Diese Mitteilung stellt ein rückwirkendes Ereignis iSd § 295a BAO dar; die Prämiengutschriften bei A sind hinsichtlich jenes Betrages zu korrigieren, der ihm von B mitgeteilt worden ist.

(AÖF 2013/280)

33.2 *entfällt*

(BMF-AV Nr. 2021/65)

Randzahlen 8210 und 8211: *derzeit frei*

(BMF-AV Nr. 2021/65)

33.3 bis 33.5 *entfallen*

(BMF-AV Nr. 2015/133)

Randzahlen 8212 bis 8299: *derzeit frei*

(BMF-AV Nr. 2015/133)

34. Mitteilungspflicht (§ 109a EStG 1988)

8300 § 109a EStG 1988 sieht in Verbindung mit der Verordnung BGBl II Nr. 417/2001 eine kalenderjahrbezogene Verpflichtung zur Mitteilung von personen- und leistungsbezogenen Daten (Werten) vor. Diese Mitteilungsverpflichtung besteht, wenn natürliche Personen bzw. Personenvereinigungen Leistungen der in § 1 Abs. 1 Z 1 bis 8 der Verordnung abschließend umschriebenen Art außerhalb eines steuerlichen Dienstverhältnisses (§ 47 EStG 1988) erbringen und die in § 1 Abs. 2 der Verordnung beschriebenen Entgeltsgrenzen überschritten werden (siehe Rz 8312). Die Mitteilungsverpflichtung betrifft derartige Leistungen, für die das Entgelt ab dem 1. Jänner 2002 geleistet wird, auch wenn die Leistung vor dem 1. Jänner 2002 erbracht wurde.

(AÖF 2005/110)

8301 Zur Mitteilung sind Unternehmer iSd § 2 UStG 1994 sowie Körperschaften des öffentlichen und privaten Rechts verpflichtet (zum Unterbleiben der Mitteilungspflicht wegen Nichtüberschreitens der Entgeltsgrenzen des § 1 Abs. 2 der Verordnung BGBl Nr. II 417/2001 siehe Rz 8312). Mitteilungspflichtig sind somit einerseits natürliche Personen, Personenvereinigungen oder juristische Personen, wenn ihnen Unternehmereigenschaft (§ 2 UStG 1994, vgl. Rz 181 ff UStR 2000) zukommt, unabhängig davon, ob sie tatsächlich Umsätze ausführen bzw. ob diese gegebenenfalls steuerpflichtig oder steuerfrei sind. Mitteilungspflichtig sind auch ausländische Unternehmer, die im Inland weder Wohnsitz (Sitz) noch gewöhnlichen Aufenthalt oder Betriebsstätte haben, wenn auf sie die Merkmale des § 2 UStG 1994 zutreffen.

Körperschaften des privaten Rechts (vgl. KStR 2013 Rz 7 ff) und Körperschaften des öffentlichen Rechts (vgl. KStR 2013 Rz 35 ff) sind auch bei Fehlen der Unternehmereigenschaft im Sinne des § 2 UStG 1994 mitteilungspflichtig.

(AÖF 2005/110, AÖF 2013/280)

8302 Die Mitteilungspflicht besteht, wenn in § 1 Abs. 1 der Verordnung BGBl. II Nr. 417/2001 umschriebene Leistungen von natürlichen Personen oder Personenvereinigungen (Personengemeinschaften) ohne eigene Rechtspersönlichkeit erbracht werden und die in § 1 Abs. 2 der Verordnung beschriebenen Entgeltsgrenzen überschritten werden. Personenvereinigungen (Personengemeinschaften) ohne eigene Rechtspersönlichkeit sind zB OG, KG und Miteigentumsgemeinschaften. Mitteilungspflicht besteht bei Leistungserbringung durch eine Personenvereinigung (Personengemeinschaft) ohne eigene Rechtspersönlichkeit nur hinsichtlich der Personenvereinigung als solcher, nicht aber hinsichtlich der Gesellschafter (Mitglieder) derselben.

Eine Mitteilung nach § 109a EStG 1988 hat in Fällen zu unterbleiben, in denen die betroffene Person mit den von der Mitteilung zu erfassenden Einkünften nach den Vorschriften des österreichischen Einkommensteuerrechtes in Österreich nicht steuerpflichtig ist. Gleiches gilt in Fällen, in denen von der Mitteilung zu erfassende nach österreichischem Einkommensteuerrecht grundsätzlich steuerpflichtige Einkünfte beim Leistenden in Anwendung eines DBA in Österreich nicht zu besteuern sind.

Eine Mitteilung nach § 109a EStG 1988 ist nicht erforderlich, wenn ein Steuerabzug nach § 99 EStG 1988 zu erfolgen hat.

Ist eine Personenvereinigung ohne eigene Rechtspersönlichkeit von einer Mitteilung nach § 109a EStG 1988 betroffen, besteht stets Mitteilungspflicht.

Eine Mitteilung nach § 109a EStG 1988 hat auch in Fällen zu unterbleiben, in denen die betroffene Person mit den von der Mitteilung betroffenen Entgelten nicht steuerpflichtig ist (zB bei im Wege eines freien Dienstvertrages ausbezahlten Pflegegeldern, die nach Rz 6606 nicht steuerpflichtig sind, Aufwandsentschädigungen, die nach den VereinsR 2001 zu keinen Einkünften führen). Gleiches gilt, wenn nachgewiesen wird, dass die ausbezahlte Vergütung beim Leistungserbringer nicht zu Einkünften führt (zB ein Aufsichtsrat ist dienstvertraglich verpflichtet, die Aufsichtsratvergütung seinem Arbeitgeber, der ihn entsendenden Gesellschaft, zu überlassen).

(BMF-AV Nr. 2018/79)

8302a Mitteilungspflicht besteht nur, wenn der Entgeltsberechtigte selbst Leistungserbringer ist. Bedient sich der Leistungserbringer eines (selbständig oder unselbständig tätigen) Dritten zur Erbringung der Leistung, besteht für den Empfänger der Leistung keine Mitteilungspflicht.

Beispiel:

Der Vortragsveranstalter A bedient sich der natürlichen Person B, um einen Fachvortrag durchzuführen. Die Kunden des A bezahlen diesen für die Durchführung der Vortragsveranstaltung; A bezahlt B, der auf selbständiger Basis tätig wird, ein Honorar. Mitteilungspflicht besteht für A hinsichtlich der Leistungserbringung durch B. Keine

Mitteilungspflicht besteht für einen Kunden des A in Bezug auf das Entgelt, das er A für die Erbringung der Vortragsleistung bezahlt.

Bei Leistungserbringung durch eine Personenvereinigung ohne eigene Rechtspersönlichkeit besteht Mitteilungspflicht, wenn die Leistung durch einen Gesellschafter selbst ausgeführt wird. Bedient sich die Personenvereinigung eines (selbständig oder unselbständig tätigen) Dritten zur Erbringung der Leistung, besteht für den Empfänger der Leistung keine Mitteilungspflicht.

(AÖF 2013/280)

Mitteilungspflicht besteht nur hinsichtlich der folgenden in § 1 Abs. 1 der Verordnung BGBl Nr. II 417/2001 abschließend umschriebenen Leistungen: **8303**

1. Leistungen als Mitglied des Aufsichtsrates, Verwaltungsrates und andere Leistungen von mit der Überwachung der Geschäftsführung beauftragten Personen (im Sinne des § 6 Abs. 1 Z 9 lit. b UStG 1994, siehe Rz 8304),
2. Leistungen als Bausparkassenvertreter und Versicherungsvertreter (im Sinne des § 6 Abs. 1 Z 13 UStG 1994, siehe Rz 8305),
3. Leistungen als Stiftungsvorstand (§ 15 Privatstiftungsgesetz, siehe Rz 8306),
4. Leistungen als Vortragender, Lehrender und Unterrichtender (siehe Rz 8307),
5. Leistungen als Kolporteur und Zeitungszusteller (siehe Rz 8308),
6. Leistungen als Privatgeschäftsvermittler (siehe Rz 8309),
7. Leistungen als Funktionär von öffentlich-rechtlichen Körperschaften, wenn die Tätigkeit zu Funktionsgebühren nach § 29 Z 4 EStG 1988 führt (siehe Rz 8310),
8. sonstige Leistungen, die im Rahmen eines freien Dienstvertrages erbracht werden und der Versicherungspflicht gemäß § 4 Abs. 4 ASVG unterliegen (siehe Rz 8311).

Die genannten Leistungen begründen (bei Überschreiten der Entgeltsgrenzen, s Rz 8312) die Mitteilungspflicht, wenn jeweils diese Leistungen außerhalb eines Dienstverhältnisses im steuerlichen Sinn (§ 47 EStG 1988) erbracht werden; unerheblich ist, ob der Leistende daneben (auch noch) in einem Dienstverhältnis zum Leistungsempfänger oder zu einer anderen Person steht. Soferne allerdings eine der genannten Tätigkeiten bereits zu nichtselbständigen Einkünften führt (zB Provisionen bei zeitlicher und funktioneller Überschneidung mit der nichtselbständigen Haupttätigkeit, siehe Rz 665 und 963 LStR 2002), kommt eine Mitteilungspflicht nicht in Betracht.

Mitteilungspflicht besteht auch dann, wenn Entgelte aus einer ehemaligen Tätigkeit im Sinn des § 1 Abs. 1 Z 1 bis 8 der Verordnung BGBl Nr. II 417/2001 gezahlt werden und die in § 1 Abs. 2 der Verordnung beschriebenen Entgeltsgrenzen überschritten werden (zB Folgeprovisionen aus einer ehemaligen Vertretertätigkeit).

Unter § 1 Abs. 1 Z 1 der Verordnung BGBl. II Nr. 417/2001 fallen nur: **8304**

1. Aufsichtsratsmitglieder nach dem Aktiengesetz 1965, BGBl. Nr. 98/1965, GmbH-Gesetz, RGBl. Nr. 58/1906 oder Genossenschaftsgesetz, RGBl. Nr. 79/1873, und zwar auch die nach § 110 Arbeitsverfassungsgesetz, BGBl. Nr. 22/1974, vom Betriebsrat in den Aufsichtsrat entsandten Arbeitnehmervertreter.
2. Mitglieder eines Verwaltungsrates (zB bei der Postsparkasse oder bei den ÖBB).
3. Mitglieder eines Sparkassenrates,
4. Neben Aufsichtsräten bestellte Beiräte, wenn sie überwiegend überwachende Aufgaben erfüllen.
5. Stiftungskuratoren (§ 8 Abs. 3 Privatstiftungsgesetz, BGBl. Nr. 694/1993).

Unter § 1 Abs. 1 Z 1 der Verordnung BGBl. II Nr. 417/2001 fallen zB nicht:

1. Gesellschafter-Geschäftsführer gemäß § 22 Z 2 erster und zweiter Teilstrich EStG 1988.
2. Staats- und Aufsichtskommissäre, Treuhänder nach dem Versicherungsaufsichtsgesetz 2016, BGBl. I Nr. 34/2015, oder dem Hypothekenbankgesetz, RGBl. Nr. 375/1899 (Einkünfte gemäß § 29 Z 4 EStG 1988, sofern nicht ohnedies nichtselbständige Einkünfte vorliegen.
3. Masseverwalter, Ausgleichsverwalter, Zwangsverwalter.

(BMF-AV Nr. 2015/133, BMF-AV Nr. 2018/79)

Unter § 1 Abs. 1 Z 2 der Verordnung BGBl Nr. II 417/2001 fallen nur: **8305**

1. Selbstständige Versicherungsvertreter, Versicherungsmakler und Versicherungsagenten, unabhängig davon, ob sie diese Tätigkeit mittels Gewerbescheines, als „neue Selbstständige" oder ohne Berechtigung ausüben (siehe auch Rz 1017 LStR 2002).
2. Selbstständige Bausparkassenvertreter.

Unter § 1 Abs. 1 Z 2 der Verordnung BGBl Nr. II 417/2001 fallen zB nicht:

1. Hausverwalter als direkte Stellvertreter der Versicherungsgesellschaft als Hauseigentümer.
2. Steuerpflichtige, deren Provisionen zu Einkünften aus nichtselbständiger Arbeit führen (vgl. Rz 665 und 963 LStR 2002).

8306 Unter § 1 Abs. 1 Z 3 der Verordnung BGBl Nr. II 417/2001 fallen nur Mitglieder des Stiftungsvorstandes einer Privatstiftung (§ 15 Privatstiftungsgesetz, BGBl. Nr. 694/1993)

Unter § 1 Abs. 1 Z 3 der Verordnung BGBl Nr. II 417/2001 fallen zB nicht Stiftungskuratoren (§ 8 Abs. 3 Privatstiftungsgesetz, BGBl Nr. 694/1993, siehe aber Rz 8304).

8307 Unter § 1 Abs. 1 Z 4 der Verordnung BGBl Nr. II 417/2001 fallen nur Vortragende, Lehrende und Unterrichtende mit anderen als nichtselbständigen Einkünften.

Vortragende, Lehrende und Unterrichtende sind Steuerpflichtige, die eine Lehr- oder Vortragstätigkeit zur Vermittlung von Wissen, Fähigkeiten oder Fertigkeiten gegenüber Menschen erbringen. Liegen diese Voraussetzungen vor, ist es unerheblich, ob (außerhalb der Anwendung des § 25 Abs. 1 Z 5 EStG 1988 erbrachte) Vortrags-, Lehr- oder Unterrichtsleistungen fallweise oder regelmäßig wiederkehrend, einmalig oder fortgesetzt, innerhalb eines thematischen Zusammenhanges oder außerhalb eines solchen erbracht werden und welcher Inhalt vermittelt wird.

Unter § 1 Abs. 1 Z 4 der Verordnung BGBl Nr. II 417/2001 fallen zB nicht:

1. Vortragende, Lehrende und Unterrichtende mit nichtselbständigen Einkünften (§ 25 Abs 1 Z 1 oder Z 5, siehe dazu LStR 2002, Rz 992 bis 994).
2. Steuerpflichtige, die eine erzieherische Tätigkeit (§ 22 Z 1 lit. a EStG 1988) ausüben (siehe Rz 5263f).
3. Steuerpflichtige, die eine auf die Umstände des jeweils Betroffenen bezogene beratende und anleitende Tätigkeit ausüben, die eine Erhebung und Analyse faktischer (Lebens) Umstände des konkret Betroffenen zur Grundlage hat (zB Lebensberater, Ernährungsberater, „VitalCoach").

8308 Unter § 1 Abs. 1 Z 5 der Verordnung BGBl Nr. II 417/2001 fallen nur Kolporteure und Zeitungszusteller mit selbstständigen Einkünften (siehe Rz 1019 LStR 2002).

Unter § 1 Abs. 1 Z 5 der Verordnung BGBl Nr. II 417/2001 fallen zB freie journalistische Mitarbeiter nicht.

8309 Unter § 1 Abs. 1 Z 6 der Verordnung BGBl. II Nr. 417/2001 fallen nur Privatgeschäftsvermittler mit anderen als nichtselbständigen Einkünften.

Der Begriff „Privatgeschäftsvermittler" im Sinn des § 1 Abs. 1 Z 6 der Verordnung BGBl. II Nr. 417/2001 ist ausschließlich im Sinn des von der Judikatur (VwGH 11.12.1992, 88/17/0054; VwGH 22.2.2000, 96/14/0038; VwGH 26.4.2000, 96/14/0095) geprägten Begriffsinhaltes zu verstehen, der folgendes Tätigkeitsbild umschreibt:

Privatgeschäftsvermittler in diesem Sinn ist, wer eine

- vermittelnde Vertretertätigkeit im Bezug auf
- Produkte des täglichen Bedarfs (zB zur Reinigung von Wohnung, Haus oder Auto, Geschirr, Körperpflegemittel, Kosmetik, Modeschmuck, Nahrungsergänzungsmittel, Geschenkartikel oder Ähnliches) ausübt, die dem Angebot entsprechend
- in erster Linie gegenüber Letztverbrauchern ausgeübt wird,
- wobei die Kaufvertragsabschlüsse direkt zwischen dem Abnehmer und dem den Privatgeschäftsvermittler beauftragenden Unternehmer erfolgen.

Zum Zweck der Bewerbung werden die Produkte in erster Linie im Freundes-, Bekannten- und Kollegenkreis vorgeführt und präsentiert (geläufige Bezeichnung daher auch „Warenpräsentatoren", siehe Rz 4356). Vielfach (wenn auch nicht notwendigerweise) ist das Vertriebssystem nach dem „Schneeballsystem" aufgebaut und umfasst auch die Anwerbung neuer Vermittler, deren „Sponsor" sodann der anwerbende Privatgeschäftsvermittler ist.

Unter § 1 Abs. 1 Z 6 der Verordnung BGBl. II Nr. 417/2001 fallen hingegen nicht Personen, die Leistungen erbringen, auf die oben umschriebenen Voraussetzungen nicht zutreffen. Handelsvertreter im Sinne des Handelsvertretergesetzes, BGBl. Nr. 88/1993, sind keine Privatgeschäftsvermittler im Sinne dieser Bestimmung, weil sie von ihrem gesetzlich umschriebenen Berufsbild auch zum selbständigen Geschäftsabschluss befugt sind.

(BMF-AV Nr. 2015/133)

8310 Unter § 1 Abs. 1 Z 7 der Verordnung BGBl. II Nr. 417/2001 fallen nur Funktionäre von öffentlich-rechtlichen Körperschaften, wenn die Tätigkeit zu Funktionsgebühren nach

§ 29 Z 4 EStG 1988 führt (siehe dazu Rz 6613 ff sowie den Anhang II). Dazu gehören auch Funktionäre der Feuerwehr.

Die Mitglieder von Prüfungskommissionen (Meisterprüfungsprüfungen, Befähigungsprüfungen, Unternehmerprüfungen und Ausbildnerprüfungen) üben in dieser Funktion „imperium" aus. Die an sie geleisteten Vergütungen stellen Funktionsgebühren iSd § 29 Z 4 EStG 1988 dar.

Unter § 1 Abs. 1 Z 7 der Verordnung BGBl Nr. II 417/2001 fallen nicht Funktionäre von öffentlich-rechtlichen Körperschaften, wenn die Tätigkeit zu nichtselbständigen Einkünften (§ 25 EStG 1988) führt (s Rz 980 LStR 2002) oder Funktionäre von Körperschaften privaten Rechts (zB Vereine).

(AÖF 2011/66)

Unter § 1 Abs. 1 Z 8 der Verordnung BGBl. II Nr. 417/2001 fallen nur Leistungen, die nicht unter die Z 1 bis 7 des § 1 Abs. 1 der Verordnung fallen, wenn sie im Rahmen eines freien Dienstvertrages erbracht werden und der Versicherungspflicht gemäß § 4 Abs. 4 ASVG, BGBl. Nr. 189/1955 (Vollversicherung in der Kranken-, Unfall- und Pensionsversicherung) unterliegen. **8311**

§§ 98 ff

Gemäß § 4 Abs. 4 ASVG stehen den Dienstnehmern iSd § 4 Abs. 2 ASVG Personen gleich, die sich auf Grund freier Dienstverträge auf bestimmte oder unbestimmte Zeit zur Erbringung von Dienstleistungen verpflichten, und zwar für

1. einen Dienstgeber im Rahmen seines Geschäftsbetriebes, seiner Gewerbeberechtigung, seiner berufsrechtlichen Befugnis (Unternehmen, Betrieb usw.) oder seines statutenmäßigen Wirkungsbereiches (Vereinsziel usw.), mit Ausnahme der bäuerlichen Nachbarschaftshilfe,
2. eine Gebietskörperschaft oder eine sonstige juristische Person des öffentlichen Rechts bzw. die von ihnen verwalteten Betriebe, Anstalten, Stiftungen oder Fonds (im Rahmen einer Teilrechtsfähigkeit),

wenn sie aus dieser Tätigkeit ein Entgelt beziehen, die Dienstleistungen im Wesentlichen persönlich erbringen und über keine wesentlichen eigenen Betriebsmittel verfügen; es sei denn,

a) dass sie auf Grund dieser Tätigkeit bereits nach § 2 Abs. 1 Z 1 bis 3 oder nach § 3 Abs. 3 GSVG oder nach § 2 Abs. 1 und 2 FSVG versichert sind oder
b) dass es sich bei dieser Tätigkeit um eine (Neben-)Tätigkeit nach § 19 Abs. 1 Z 1 lit. f BKUVG handelt oder
c) dass eine freiberufliche Tätigkeit, die die Zugehörigkeit zu einer gesetzlichen beruflichen Vertretung (Kammer) begründet, ausgeübt wird oder
d) dass es sich um eine Tätigkeit als Kunstschaffender, insbesondere als Künstler iSd § 2 Abs. 1 des Künstler-Sozialversicherungsfondsgesetzes, handelt.

Unter § 1 Abs. 1 Z 8 der Verordnung BGBl. II Nr. 417/2001 fallen zB Personen nicht, die als Dienstnehmer (§ 4 Abs. 2 ASVG) pflichtversichert sind (§ 4 Abs. 6 ASVG).

In der Mitteilung (Formular E 109a) ist bei freien Dienstnehmern das Entgelt nicht um einbehaltene Dienstnehmeranteile zur Sozialversicherung und einbehaltene Beiträge zu Vorsorgekassen zu kürzen. In der Einnahmen- Ausgaben-Rechnung des freien Dienstnehmers stellen die einbehaltenen Dienstnehmeranteile und einbehaltene Beiträge zu Vorsorgekassen somit einerseits (als Teil des Entgelts) Betriebseinnahmen sowie in gleicher Höhe Betriebsausgaben dar, die auch bei Inanspruchnahme der gesetzlichen Basispauschalierung voll abzugsfähig sind.

Dienstgeberanteile zur Sozialversicherung bleiben in der Mitteilung (Formular E 109a) außer Ansatz.

Sportler, Trainer und Schiedsrichter: Die Tätigkeit von Sportlern (vgl Rz 1005 LStR 2002), Trainern, die auf Wettkämpfe vorbereiten (vgl Rz 5417 EStR 2000), und Schiedsrichtern (vgl Rz 5417 EStR 2000) wird als gewerbliche Tätigkeit (§ 23 EStG 1988) eingestuft, wenn die genannten Personen außerhalb eines steuerlichen Dienstverhältnisses (§ 47 EStG 1988) tätig werden. **8311a**

Im Bezug auf die Mitteilungspflicht gemäß § 109a EStG 1988 sind Trainer, die auf Wettkämpfe vorbereiten, von Sportlehrern zu unterscheiden. Für Sportlehrer, die ohne Wettkampfvorbereitung für die Sportausübung notwendigen Fertigkeiten und Techniken vermitteln (Tennislehrer, Schilehrer etc), besteht im Fall der selbstständigen Leistungserbringung dem Grunde nach Mitteilungspflicht gemäß § 1 Abs. 1 Z 4 der Verordnung, was auf die genannten Trainer jedoch nicht zutrifft.

Für nicht im Rahmen eines Dienstverhältnisses (§ 47 EStG 1988) tätige Sportler, Trainer, die auf Wettkämpfe vorbereiten, und Schiedsrichter, ist im Bezug auf die Mitteilungspflicht nach § 109a EStG 1988 entscheidend, ob sie im Rahmen eines freien Dienstvertrages (§ 4 Abs. 4 ASVG) tätig werden oder nicht:

Für Sportler, Trainer, die auf Wettkämpfe vorbereiten, und Schiedsrichter, die außerhalb eines Dienstverhältnisses iSd § 47 EStG 1988 und außerhalb eines freien Dienstvertrages (§ 4 Abs. 4 ASVG) tätig werden, besteht keine Mitteilungspflicht gemäß § 109a EStG 1988.

Werden die genannten Personen zwar außerhalb eines Dienstverhältnisses iSd § 47 EStG 1988 aber im Rahmen eines freien Dienstvertrages (§ 4 Abs. 4 ASVG) tätig, besteht für sie nur dann Mitteilungspflicht gemäß § 109a EStG 1988, wenn die Tätigkeit der Versicherungspflicht gemäß § 4 Abs. 4 ASVG unterliegt (§ 1 Abs. 1 Z 8 der genannten Verordnung). Dabei gilt im Bezug auf pauschalierte Aufwandsentschädigungen sowie nach den Vereinsrichtlinien 2001 steuerfreie Einkünfte Folgendes:

1. Pauschalierte Aufwandsentschädigungen

Gemäß § 49 Abs. 7 ASVG iVm der Verordnung BGBl II Nr. 409/2002 gelten pauschalierte Aufwandsentschädigungen nicht als Entgelt iSd § 49 Abs. 1 ASVG, wenn sie bis zur Höhe von 537,78 € im Kalendermonat von einem Sportverein oder -verband an Sportler(innen), Trainer(innen) und Schieds-(Wettkampf-)richter(-innen) ausbezahlt werden, die nicht im Hauptberuf im Rahmen eines freien Dienstvertrages tätig werden. Da Aufwandsentschädigungen bis zur genannten Höhe nicht der Versicherungspflicht gemäß § 4 Abs. 4 ASVG unterliegen, besteht für derartige Aufwandsentschädigungen auch keine Mitteilungspflicht gemäß § 109a EStG 1988.

Pauschalierte Aufwandsentschädigungen, die die genannte Höhe überschreiten, stellen ein Entgelt iSd § 49 Abs. 1 ASVG dar. Für Aufwandsentschädigungen, die 537,78 € im Kalendermonat überschreiten, besteht daher im Rahmen eines freien Dienstvertrages (§ 1 Abs. 1 Z 8 der genannten Verordnung) Mitteilungspflicht nach § 109a EStG 1988, wobei sämtliche im Kalenderjahr ausbezahlten Beträge in die Mitteilung aufzunehmen sind (ggf somit auch für Monate, in denen die genannte Grenze nicht überschritten wird).

2. Steuerfreie Einkünfte nach den Vereinsrichtlinien 2001

Nach Rz 772 der Vereinsrichtlinien 2001 liegen bei Sportlern, Trainern und Schiedsrichtern bis zu einer monatlichen Höhe der Einnahmen von 75 € keine Einkünfte vor, da unterstellt werden kann, dass bis zur Höhe dieser Einnahmen Betriebsausgaben oder Werbungskosten anfallen. Bei höheren Einnahmen ist ohne Nachweis ein Betrag von 75 € monatlich als Betriebsausgaben oder Werbungskosten abzusetzen. Rz 774 der Vereinsrichtlinien 2001 sieht vor, dass an die genannten Personen hinsichtlich von Reisekosten keine Einkünfte vorliegen, wenn die dort genannten Grenzen (26,40 € bzw 13,20 € für Verpflegungskosten, Kosten des Massenbeförderungsmittels zuzüglich eines Reisekostenausgleichs von 3 bzw 1,5 €) nicht überschritten werden.

Im Bezug auf die Mitteilungspflicht gemäß § 109a EStG 1988 für im freien Dienstvertrag tätige Sportler, Trainer und Schiedsrichter gilt: Einnahmen, die die Grenzen der Rz 772 und 774 der Vereinsrichtlinien nicht übersteigen und zu keinen Einkünfte führen, haben bei einer Mitteilung nach § 109a EStG 1988 außer Ansatz zu bleiben. Die Grenzen des § 1 Abs. 2 der Verordnung zu § 109a EStG 1988 (450 bzw 900 €) sind daher ohne Einbeziehung von Auszahlungen, die nach den Rz 772 und 774 der Vereinsrichtlinien 2001 zu keinen Einkünften führen, zu ermitteln.

(AÖF 2003/209)

8312 Gemäß § 1 Abs. 2 der Verordnung BGBl II Nr. 417/2001 kann eine Mitteilung unterbleiben, wenn das einer Person oder Personenvereinigung (Personengemeinschaft) im Kalenderjahr insgesamt geleistete (Gesamt)Entgelt einschließlich allfälliger Reisekostenersätze nicht mehr als 900 Euro und das (Gesamt)Entgelt einschließlich allfälliger Reisekostenersätze für jede einzelne Leistung nicht mehr als 450 Euro beträgt.

Die in § 1 Abs. 2 der Verordnung normierten Voraussetzungen für das Unterbleiben der Mitteilungsverpflichtung müssen gemeinsam vorliegen, dh es darf

- weder das insgesamt geleistete (Netto)Entgelt ohne USt einschließlich allfälliger vergüteter Reisekostenersätze 900 € im Kalenderjahr übersteigen noch
- das (Netto)Entgelt ohne USt einschließlich allfälliger vergüteter Reisekostenersätze für jede einzelne Leistung mehr als 450 Euro im Kalenderjahr

betragen.

In die genannten Grenzen sind Kostenersätze für Transport und Unterkunft nur einzubeziehen, wenn der Empfänger des Kostenersatzes (Auftragnehmer) die Kosten zunächst selbst getragen hat und diese sodann vom Leistungsempfänger (Auftraggeber) vergütet werden. Werden derartige Kosten im Zusammenhang mit der Leistungserbringung durch den Auftragnehmer nicht vergütet sondern vom Auftraggeber selbst getragen, sind sie nicht einzubeziehen (vgl Rz 8313).

Die genannten Entgeltsgrenzen sind jeweils auf Leistungen zu beziehen, die hinsichtlich der leistenden natürlichen Person (Personenvereinigung) in eine einzige Jahresmitteilung einzubeziehen sind (siehe Rz 8313).

Beispiel:

A ist ua. selbstständiger Bausparkassenvertreter gegenüber der X-Bausparkasse. Für diese Tätigkeit wurden ihm von der Bausparkasse im Jahr 2002 insgesamt 450 € (ohne USt) auf sein Konto gutgeschrieben. Im selben Jahr hat A an dieselbe Bausparkasse im Rahmen eines freien Dienstvertrages EDV-Dienstleistungen erbracht und dafür 500 € (ohne USt) erhalten.

Für A ist von der X-Bausparkasse (nur) eine Mitteilung hinsichtlich seiner im freien Dienstvertrag erbrachten EDV-Dienstleistungen auszustellen. Für die Tätigkeit als Bausparkassenvertreter kann die Ausstellung einer Mitteilung unterbleiben, da das Gesamtentgelt 450 € nicht übersteigt (die Aufnahme in die Mitteilung hinsichtlich seiner im freien Dienstvertrag erbrachten Leistungen hat zu unterbleiben). §§ 98 ff

Es bestehen keine Bedenken, in Fällen, in denen der Leistende einer Abzugssteuer nach § 99 EStG 1988 unterliegt, von der Ausstellung von Mitteilungen abzusehen, wenn der Leistungsempfänger die dem Steuerabzug gemäß § 99 EStG 1988 unterliegenden Beträge für den betreffenden Leistenden in eine Mitteilung gemäß § 101 Abs. 3 EStG 1988 aufgenommen hat.

(AÖF 2004/167)

Mitzuteilen sind: **8313**

1. Name (Firma), Wohnanschrift bzw Sitz der Geschäftsleitung, bei natürlichen Personen die Versicherungsnummer gemäß § 31 ASVG (bei Nichtvorhandensein das Geburtsdatum)
2. Art der erbrachten Leistung.

   Dazu genügt die Zuordnung zu einer der in § 1 Abs. 1 der Verordnung umschriebenen Kategorien (zB Leistungen als Bausparkassenvertreter oder Leistungen auf Grundlage eines freien Dienstvertrages gemäß § 4 Abs. 4 ASVG). Der Art nach gleiche Leistungen im Sinn des § 1 Abs. 1 der Verordnung BGBl Nr. II 417/2001, für die das Entgelt im selben Kalenderjahr geleistet wurde, sind pro Person (Personenvereinigung) in einer einzigen (Jahres)Mitteilung auszuweisen. Für der Art nach verschiedene Leistungen im Sinn des § 1 Abs. 1 der Verordnung sind stets verschiedene (Jahres)-Mitteilungen auszustellen, auch wenn das Entgelt an dieselbe Person oder Personenvereinigung geleistet wurde.

Beispiel 1:

A ist als selbstständiger Versicherungsvertreter für die Y-Versicherungsgesellschaft tätig und wird pro Geschäftsabschluss entlohnt. Im Jahr 2002 hat er insgesamt fünfzehn Geschäftsabschüsse vermittelt, wofür ihm im Jahr 2002 insgesamt 1.200 € (ohne USt) auf sein Provisionskonto überwiesen wurden. Für A ist von der Y-Versicherungsgesellschaft eine Mitteilung auszustellen, in der als Art der erbrachten Leistung „Versicherungsvertreter“ anzuführen ist und das Entgelt mit 1.200 € anzugeben ist.

Beispiel 2:

B ist als selbstständiger Versicherungsvertreter für die Z-Versicherungsgesellschaft tätig und wird ebenfalls pro Geschäftsabschluss entlohnt. Im Jahr 2002 hat er insgesamt acht Geschäftsabschüsse vermittelt, wofür ihm im Jahr 2002 insgesamt 1.000 € (ohne USt) auf sein Provisionskonto überwiesen wurden. Darüber hinaus hat er als selbstständiger Vortragender Seminare für Mitarbeiter der Z-Versicherungsgesellschaft erbracht und dafür 500 € (ohne USt) erhalten.

Für B sind von der Z-Versicherungsgesellschaft zwei Mitteilungen auszustellen, und zwar eine für seine Leistungen als Versicherungsvertreter und eine für seine Leistung als Vortragender.

3. Kalenderjahr, in dem das Entgelt geleistet wurde.

   Dem Charakter der Mitteilung als einer Kontrollmitteilung im Rahmen des Zu- und Abflussprinzips entsprechend ist – unabhängig von der wirtschaftlichen Zuordnung des entsprechenden Aufwandes oder Ertrages und damit unabhängig vom Zeitpunkt (Zeitraum) der Leistungserbringung (s Rz 8300) – jener Zeitpunkt maßgebend, in dem das Entgelt iSd § 19 EStG 1988 geleistet (verausgabt) wurde. In Fällen des § 19 Abs. 2 zweiter Satz EStG 1988 ist die Zahlung jenem Kalenderjahr zuzuordnen, in dem das Entgelt nach § 19 Abs. 2 zweiter Satz EStG 1988 als abgeflossen gilt.

4. (Netto)Entgelt einschließlich allfälliger (Reise)Kostenersätze und die (allenfalls) ausgewiesen USt.

   Der Begriff „Entgelt“ im Sinn des § 109a EStG 1988 und der dazu ergangenen Verordnung BGBl II Nr. 417/2001 umfasst – unabhängig von der Höhe – alle Leistungen, die beim Empfänger eine (Betriebs)Einnahme darstellen. Zum Unterbleiben der Mitteilungspflicht s Rz 8311a und 8312.

   Kostenersätze für Transport und Unterkunft sind allerdings nur dann in die Mitteilung aufzunehmen, wenn der Empfänger des Kostenersatzes (Auftragnehmer) die Kosten zunächst selbst getragen hat und diese sodann vom Leistungsempfänger (Auftraggeber) vergütet werden. Werden derartige Kosten im Zusammenhang mit der Leistungserbringung durch den Auftragnehmer nicht vergütet sondern vom Auftraggeber selbst getragen, sind sie nicht nicht in die Mitteilung aufzunehmen.

Beispiele:

1. Der Vortragende A erhält für einen Vortrag 1.000 Euro (exklusive USt) sowie den Ersatz der von ihm verausgabten Kosten für Flug und Hotel in Höhe von 400 €. In die Mitteilung sind 1.400 Euro aufzunehmen.

2. Der Vortragende B erhält für einen Vortrag 1.200 Euro (exklusive USt). Der Auftraggeber trägt selbst die Kosten für Flug und Hotel in Höhe von 500 €. In die Mitteilung sind 1.200 Euro aufzunehmen.

(AÖF 2004/167)

8314 Die Mitteilung hat im Wege der automationsunterstützten Datenübertragung zu erfolgen, soweit dies dem zur Übermittlung Verpflichteten auf Grund der vorliegenden technischen Voraussetzungen zumutbar ist. Für solche automationsunterstützte Übermittlungen gilt die Verordnung BGBl. II Nr. 345/2004. Die elektronische Übermittlung der Mitteilung hat bis Ende Februar des folgenden Kalenderjahres zu erfolgen.

Ist dem Auftraggeber die elektronische Übermittlung der Lohnzettel mangels technischer Voraussetzungen unzumutbar, hat die Übermittlung der Lohnzettel auf dem amtlichen Vordruck (Formular E 18) bis Ende Jänner des folgenden Kalenderjahres zu erfolgen.

(AÖF 2012/63)

8315 Die zur Mitteilung Verpflichteten haben ihren Vertragspartnern (natürlichen Personen oder Personenvereinigungen als Empfängern des Entgeltes) für jedes Kalenderjahr eine gleich lautende Mitteilung nach dem amtlichen Vordruck (Formular E 18) jeweils bis Ende Jänner des Folgejahres auszustellen (§ 109a Abs. 5 EStG 1988). Erfolgt die Mitteilung im Wege der automationsunterstützten Datenübertragung, bestehen keine Bedenken, dem Vertragspartner an Stelle der Mitteilung nach dem amtlichen Vordruck (Formular E 18), einen Ausdruck der auf elektronischem Weg übermittelten Daten auszustellen, sofern dieser Ausdruck

- dieselben Informationen enthält, die auch Gegenstand der automationsunterstützten Datenübertragung waren und
- gewährleistet ist, dass aus diesem Ausdruck die Informationen für den Empfänger klar und eindeutig erkennbar sind.

Die von der Mitteilungspflicht Betroffenen haben alle Auskünfte zu erteilen, die zur Erfüllung der Mitteilungspflicht erforderlich sind.

8316 Der von der Mitteilungspflicht betroffene Steuerpflichtige hat als natürliche Person jene (Betriebs)Einnahmen, für die eine Mitteilung ausgestellt und ihm bekannt gegeben wurde, in der Gewinn- und Verlust-Rechnung, Einnahmen-Ausgaben-Rechnung oder Überschussrechnung gesondert auszuweisen (§ 4 der Verordnung BGBl II Nr. 417/2001). Sofern eine Personenvereinigungen (Personengemeinschaften) ohne eigene Rechtspersönlichkeit Adressat einer Mitteilung ist, sind die (Betriebs)Einnahmen, für die eine Mitteilung hinsichtlich der Personenvereinigung ausgestellt wurde, in der Einkünftefeststellungserklärung beigeschlossenen Gewinn- und Verlust-Rechnung, Einnahmen-Ausgaben-Rechnung oder Überschussrechnung gesondert auszuweisen.

8317 Der gesonderte Ausweis betrifft stets nur solche Betriebseinnahmen oder Erträge, die

1. Gegenstand einer bereits vorliegenden Mitteilung (Formular E 18) sind und
2. in die Gewinn(Überschuss)ermittlung, für jene Veranlagung einzubeziehen sind, für das auch die Mitteilung (Formular E 18) ausgestellt wurde.

Beispiel 1:

A ist als Einzelunternehmer bilanzierender Versicherungsvertreter (Bilanzstichtag 31.12). Im Jahr 2002 hat er Geschäftsabschlüsse für die B-Versicherungsgesellschaft getätigt und dafür 10.000 € in Rechnung gestellt. Die B-Versicherungsgesellschaft begleicht diese Rechnung im Jahr 2003.

Die B-Versicherungsgesellschaft hat die Zahlung von 10.000 € in eine Mitteilung für das Jahr 2003 aufzunehmen. A hat den Ertrag aus der Tätigkeit des Jahre 2002 für die B-Versicherungsgesellschaft in der Gewinnermittlung des Wirtschaftsjahr 2002 erfasst. Ein gesonderter Ausweis in der Gewinn- und Verlustrechung für 2002 kommt nicht in Betracht, da die Mitteilung über den Zahlungsfluss im Jahr 2003 nicht die Gewinnermittlung des Wirtschaftsjahres 2002 betrifft. Ein gesonderter Ausweis in der Gewinn- und Verlustrechung für 2003 kommt ebenfalls nicht in Betracht, da der Zahlungsfluss im Jahr 2003 in der Gewinn- und Verlustrechung für 2003 keinen Niederschlag findet.

Die Mitteilung hat an das Finanzamt, das für die Erhebung der Umsatzsteuer des zur **8318**
Mitteilung Verpflichteten zuständig ist oder es im Fall der Umsatzsteuerpflicht wäre, zu erfolgen (§ 1 der Verordnung BGBl II Nr. 417/2001).

35. Mitteilung bei Auslandszahlungen (§ 109b EStG 1988)

(AÖF 2012/63)

8319 Für Zahlungen, die nach dem 31.12.2010 für bestimmte inländische Leistungen (Rz 8320) ins Ausland erfolgen (insbesondere Überweisung auf ein Auslandskonto), besteht gemäß § 109b EStG 1988 eine Mitteilungsverpflichtung. Diese bezweckt einerseits, die Überprüfung der korrekten steuerlichen Behandlung in Österreich zu erleichtern. Andererseits soll damit eine Informationsweitergabe an den Staat ermöglicht werden, dem voraussichtlich das Besteuerungsrecht zukommt, wenn Österreich kein Besteuerungsrecht hat.

§ 109b EStG 1988 lässt eine Mitteilungsverpflichtung nach § 109a EStG 1988 unberührt. Liegen die Voraussetzung für eine Mitteilungsverpflichtung sowohl nach § 109a EStG 1988 als auch nach § 109b EStG 1988 vor, ist nur eine einzige Mitteilung gemäß § 109b EStG 1988 zu übermitteln.

Beispiele:

1. *Für die Leistung als Stiftungsvorstand werden dem im Ausland ansässigen Herrn X 150.000 € ins Ausland überwiesen. Obwohl hinsichtlich dieser Zahlung auch eine Mitteilungsverpflichtung nach § 109a EStG 1988 iVm § 1 Abs. 1 Z 3 der VO zu § 109a EStG 1988, BGBl. I Nr. 417/2001, besteht, ist nur eine einzige Mitteilung nach § 109b EStG 1988 zu machen.*
2. *Für die Leistung als Stiftungsvorstand werden dem im Ausland ansässigen Herrn Y 90.000 € ins Ausland überwiesen. Da hinsichtlich dieser Zahlung zwar eine Mitteilungsverpflichtung nach § 109a EStG 1988 iVm § 1 Abs. 1 Z 3 der VO zu § 109a EStG 1988, BGBl. I Nr. 417/2001, nicht aber eine solche nach § 109b EStG 1988 besteht, ist (nur) eine Mitteilung nach § 109a EStG 1988 zu machen.*

(AÖF 2012/63)

8320 Der Mitteilungspflicht unterliegen Unternehmer und Körperschaften des öffentlichen und privaten Rechts, die für folgende Leistungen Zahlungen ins Ausland tätigen:

1. Leistungen für Tätigkeiten im Sinne des § 22 EStG 1988, wenn die Tätigkeit im Inland ausgeübt wird (siehe Rz 8321).
2. Vermittlungsleistungen, die von unbeschränkt Steuerpflichtigen erbracht werden oder die sich auf das Inland beziehen. Auf das Inland beziehen sich Vermittlungsleistungen, die inländisches Vermögen (ausgenommen Umlaufvermögen) betreffen.
3. kaufmännische oder technische Beratung im Inland (siehe Rz 8322).

Kaufmännische oder technische Beratungsleistungen sowie Vermittlungsleistungen unterliegen unabhängig davon, ob sie beim Leistenden im betrieblichen oder außerbetrieblichen Bereich erfolgen, der Mitteilungspflicht.

(AÖF 2013/280)

8321 Sämtliche der in § 22 Z 1 und Z 2 EStG 1988 umschriebenen Tätigkeiten unterliegen der Mitteilungspflicht, wenn sie im Inland ausgeübt worden sind. Gleiches gilt für im Inland ausgeübte Leistungen, die auf Grund einer mitunternehmerischen Beteiligung im Rahmen § 22 Z 3 EStG 1988 erbracht werden. Zur Ausübung im Inland siehe Rz 7916 ff, die entsprechend gelten.

(AÖF 2012/63)

8322 Zum Begriff „kaufmännische Beratung" siehe Rz 7938. Zum Begriff „technische Beratung" siehe Rz 7939, die entsprechend gilt. Nicht erfasst ist die rechtliche, medizinische und psychologische Beratung. Beratungstätigkeiten, die eine Tätigkeit iSd § 22 EStG 1988 darstellen, sind nach § 109b Abs. 2 Z 1 EStG 1988 erfasst (zB Beratungsleistungen von Unternehmensberatern, Wirtschaftstreuhändern oder Rechtsanwälten). Die kaufmännische oder technische Beratung muss im Inland erbracht worden sein; dazu ist eine physische Anwesenheit im Inland erforderlich.

(AÖF 2012/63)

8323 Die Mitteilung hat zu enthalten:

1. Name (Firma), Wohn- oder Firmenanschrift des Leistungserbringers samt internationaler Länderkennung des betreffenden Staates;
2. bei einer Personenvereinigung (Personengemeinschaft) ohne eigene Rechtspersönlichkeit oder einer Körperschaft als Leistungserbringer auch die im Inland maßgeblich auftretende natürliche Person;
3. hinsichtlich des Leistungserbringers sowie gegebenenfalls der im Inland maßgeblich auftretenden natürlichen Person:
   - die österreichische Steuernummer; ist diese nicht vorhanden,

- die Versicherungsnummer nach § 31 ASVG; ist diese nicht vorhanden,
- die Umsatzsteuer-Identifikationsnummer; ist diese nicht vorhanden,
- das Geburtsdatum;

4. die internationale Länderkennung des Landes oder der Länder, in die Zahlungen erfolgt sind;
5. die Höhe der Zahlungen zugunsten des Leistungserbringers und das Kalenderjahr, in dem die Zahlungen geleistet wurden.

Treten Körperschaften oder Personenvereinigungen ohne eigene Rechtspersönlichkeit als Leistungserbringer auf, hat die Mitteilung auch die Informationen hinsichtlich der im Inland maßgeblich auftretenden natürlichen Person zu enthalten. Darunter ist jene Person zu verstehen, der die Hauptverantwortung betreffend die Leistungserbringung zukommt; das können auch mehrere Personen sein. In diesem Fall sind sämtliche im Inland maßgeblich auftretenden natürlichen Personen zu bezeichnen. Die Grenze von 100.000 Euro bezieht sich aber stets auf die an die Körperschaften oder Personenvereinigungen ohne eigene Rechtspersönlichkeit geleisteten Beträge.

(AÖF 2012/63)

Ausnahmen: **8324**

Eine Mitteilung ist nicht erforderlich, wenn

- sämtliche in einem Kalenderjahr zugunsten desselben Leistungserbringers geleisteten Zahlungen ins Ausland den Betrag von 100.000 Euro nicht übersteigen,
- ein Steuerabzug nach § 99 EStG 1988 zu erfolgen hat oder
- Zahlungen an eine ausländische Körperschaft erfolgen; es sei denn die ausländische Körperschaft unterliegt im Ausland einem Steuersatz, der um mehr als 10 Prozentpunkte niedriger ist als die österreichische Körperschaftsteuer gemäß § 22 Abs. 1 KStG 1988. Mitteilungspflichtig sind demnach Zahlungen an eine ausländische Körperschaften nur dann, wenn der Ansässigkeitsstaat eine Körperschaftsteuer von weniger als 15% erhebt.

Unterbleibt auf Grund der Anwendung der DBA-Entlastungsverordnung ein Steuerabzug nach § 99 EStG 1988, besteht Mitteilungspflicht.

(AÖF 2012/63)

Die Mitteilung hat im Wege der automationsunterstützten Datenübertragung zu erfolgen, **8325** wenn dies für den zur Übermittlung Verpflichteten zumutbar ist. Der Bundesminister für Finanzen wird ermächtigt, den Inhalt und das Verfahren der elektronischen Übermittlung mit Verordnung festzulegen. In der Verordnung kann vorgesehen werden, dass sich die auszahlende Stelle einer bestimmten geeigneten öffentlich-rechtlichen oder privatrechtlichen Übermittlungsstelle zu bedienen hat.

Die Mitteilung hat elektronisch bis Ende Februar des auf die Zahlung folgenden Kalenderjahres zu erfolgen. Ist der auszahlenden Stelle die elektronische Übermittlung mangels technischer Voraussetzungen unzumutbar, hat die Übermittlung auf dem amtlichen Vordruck bis Ende Jänner des auf die Zahlung folgenden Kalenderjahres zu erfolgen. Zur Unzumutbarkeit der elektronischen Übermittlung gilt § 2 FOnErklV, BGBl. II Nr. 512/2006, entsprechend. Die Mitteilung ist an das Finanzamt zu übermitteln, das für die Erhebung der Umsatzsteuer des zur Mitteilung Verpflichteten zuständig ist oder es im Falle der Umsatzsteuerpflicht wäre.

Der Leistungserbringer ist verpflichtet, dem zur Übermittlung Verpflichteten alle Auskünfte zu erteilen, die dieser zur Erfüllung der Mitteilungspflicht benötigt. Im Fall der Leistungserbringung durch eine Körperschaft oder Personenvereinigung ohne eigene Rechtspersönlichkeit umfasst diese Verpflichtung auch die Mitteilung der Informationen hinsichtlich der für diese maßgeblich auftretende Person.

(AÖF 2012/63)

Anhang I (zu Abschnitt 7.1.9.2, Rz 3115b)
Nutzungsdauern Energiewirtschaft

STROM – Übertragung und Verteilung

Freileitungen

Wirtschaftsgut	Nutzungsdauer in Jahren
Übertragungsnetz 380 kV – 220 kV – 110 kV	50
Verteilernetz Hochspannung 110 kV – 220 kV – 380 kV	33
Verteilernetz Mittelspannungsfreileitungen 1 kV – 20 kV – 30 kV	20-25
Verteilernetz Niederspannungsfreileitungen < 1 kV 400 V	20

Erdkabelleitungen

Wirtschaftsgut	Nutzungsdauer
Hochspannungsleitungen Kabel 60 / 100 kV	33
Mittelspannungsleitungen Kabel 1 kV – 20 kV – 30 kV	25
Niederspannungsleitungen Kabel < 1 kV 400 V	20

Umspannwerke

Wirtschaftsgut	Nutzungsdauer
Grundstückseinrichtungen	10-33
Grundstückseinrichtungen zu wasserbaulichen Grundstücken	10-33
Betriebsgebäude	40
Primäreinrichtungen Hochspannung	20
Primäreinrichtungen Mittelspannung	20
Primäreinrichtungen Leistungsschalter	20-25
Sekundäreinrichtungen – nicht Leittechnik Netz	10-20
Leittechnik – Netz	10
Leittechnik Prozessrechner	7
Stationäre Transformatoren	20
Fernwirktechnik	10 bzw. 20
Kommunikations- u. batteriebetriebene USV-Anlagen (ohne Notstrom)	10

Trafostationen

Wirtschaftsgut	Nutzungsdauer
Trafostationen maschinelle Umhüllungen / Vorrichtungen im Netz	20
Trafostationen, elektr. Einrichtungen	20
Netztransformatoren	20

GAS

Leitungen

Wirtschaftsgut	Nutzungsdauer
Gasleitungen Übertragung / Hochdruck	Netzebene 1: 40
Gasleitungen Verteilung / Niederdruck	Netzebene 2: 30 Netzebene 3: 30

Gasstationen

Wirtschaftsgut	Nutzungsdauer
Übernahmestationen	20-25
Reduzierstationen	20-25
Odorierungsanlage	20-25

FERNWÄRME

Leitungen

Wirtschaftsgut	Nutzungsdauer
Fernwärme-Transportleitungen	25-33
Fernwärme-Leitungen	20-30

Fernwärmestationen

Wirtschaftsgut	Nutzungsdauer
Pumpstationen maschineller Teil	15-20
Pumpstationen maschinelle Umhüllungen	15-20
Umformstationen / Übergabestationen maschinelle Umhüllungen	15-20

Zähler und Messeinrichtungen inkl. Übertragungseinrichtungen

Wirtschaftsgut	Nutzungsdauer
Gas Tarifgeräte	10-15
Gas Balgengaszähler	10-15
Gas Drehkolbengaszähler	10-15
Gas Mengenumwerter	10-15
Zähler Fernwärme	10-15
„nicht Smarte" Zähler und Messgeräte	10-15
Smart Meter Strom	13
CDMA Endgeräte	15
Komm-Zelle	20
Smart Meter – Funk	10-11
CDMA Übertragung	10
Gateway	10

Leitungen ITK

Wirtschaftsgut	Nutzungsdauer
ITK Leerverrohrungen	25
Kabel Faser	15
Switch & Access Points: aktive Komponente	10

Speicher und Tankanlagen

Wirtschaftsgut	Nutzungsdauer
Batteriespeicher	5-10
E-Tankstellen (techn. Einheit Wallbox, Ladeeinheit)	5-10

Wasserenergie

Wirtschaftsgut	Nutzungsdauer
Wasserbau Stauraum/ Unterwasser	50-66
Wasserbau Wasserfassung	50-66
Wasserbau Wasserschloss	50-66
Wasserbau Stahlwasserbau	50-66
Wasserturbine	25
Generatoren	25
Wehranlage maschinell	25
Einlaufrechen	25
Schutzeinrichtung	7
Mittelspannungsanlagen primär – hydraulisch	20

Mittelspannungsanlagen primär – Leistungsschalter	25
Sekundäreinrichtungen – nicht Leittechnik hydraulisch	20
Leittechnik Wartenausrüstung – hydraulisch	10
Leittechnik – hydraulisch, Komponenten	10
Stationäre Transformatoren – hydraulisch	20
Fernmelde und Fernwirkanlagen – hydraulisch	5-10
EB-Anlage – hydraulisch	10
Prozessrechner – hydraulisch	7
Mittelspannungskabel und Freileitungen nur Kraftwerks intern (30 kV)	25-33

Windenergie

Wirtschaftsgut	Nutzungsdauer
Windkraftanlagen (Mast, Rotor, Gondel)	20

Photovoltaik

Wirtschaftsgut	Nutzungsdauer in Jahren
PV-Anlagen / Paneele	20
PV-Unterkonstruktion	20
PV-Übergabestation, Elektronik	20
Wechselrichter	10-12

Thermische Energie

Wirtschaftsgut	Nutzungsdauer
Gasturbine	20
Dampfturbine	20
Hilfsdampfkessel und sonst. Masch. Ausrüstung kalorisch	20
Maschinen u. masch. Anlagen Erzeugungsanlagen Umform- u. Pumpstationen	20
Mittelspannungsanlagen primär – kalorisch	20-25
Leistungsschalter	20-25
Sekundäreinrichtungen ohne Leittechnik – kalorisch	10-20
Leittechnik – kalorisch	10
Prozessrechner	7
Stationäre Transformatoren – kalorisch	20
Fernmelde und Fernwirkanlagen – Automatisierung	10

Wärme

Wirtschaftsgut	Nutzungsdauer
Maschinen u. maschinelle Anlagen Erzeugungsanlagen kalorisch	20
Dampfturbine	20
Kräne, Hebezeuge	20
Umform- und Pumpstation	20
Bio-Solar Wasserbecken mit Folie	20
Bio-Solar Wärmetauscher	20
Biogasaufbereitung	15-20

Gas und Wasserstoff

Wirtschaftsgut	Nutzungsdauer
Wasserstofferzeugung	20

(BMF-AV Nr. 2021/65)

Anhang II (zu Abschn. 22, Rz 6601 ff)

Funktionsgebühren iSd § 29 Z 4 EStG 1988

- Bezüge von Funktionären der Feuerwehr
- Bezüge (Sitzungsgeld, Fahrtkostenersatz) von Mitgliedern von Abwasserverbänden im Sinne des Wasserrechtsgesetzes
- Funktionsgebühren der rechtskundigen und fachtechnischen Mitglieder des Obersten Patent- und Markensenats (§ 74 Patentgesetz 1970, BGBl. Nr. 259/1970 idF vor BGBl. I Nr. 126/2013)
- Entschädigungen der nebenberuflichen (ehrenamtlichen) Standesbeamten
- Entschädigungen der Kammerfunktionäre (insbesondere auch des Disziplinaranwaltes sowie des Stellvertreters, des Referenten der Untersuchungskommission, der Vorsitzenden und Besitzer in den Zulassungs- und Prüfungsausschüssen sowie bei gewerblichen Prüfungen, des Redakteurs des Amtsblattes)
- Funktionsgebühren der Funktionäre des Österreichischen Gewerkschaftsbundes
- Vergütungen an Prüfungskommissäre, die nach den jeweiligen Satzungen der Universitäten (§ 19 Universitätsgesetz 2002, BGBl. I Nr. 120/2002)
- Vergütungen der Mitglieder der Übernahmekommission gemäß § 28 Übernahmegesetz, BGBl. I Nr. 127/1998, soweit nicht Einkünfte gemäß § 25 Abs. 1 Z 4 lit. c EStG 1988
- Vergütungen an Funktionäre der österreichischen Hochschülerschaft
- Vergütungen an Vortragende in Vorbereitungskursen und an Mitglieder der Prüfungskommission für Dienstprüfungen
- Vergütungen gemäß § 24 Abs. 1 Besatzungsschädengesetz, BGBl. Nr. 126/1958, an Mitglieder der Bundesentschädigungskommission
- Entschädigungen der Senatsvorsitzenden im Finanzstrafverfahren
- Entschädigungen der Obmänner (Stellvertreter) und der übrigen Mitglieder der Verwaltungskörper bei den Trägern der gesetzlichen Sozialversicherung
- Entschädigungen der Obmänner (Stellvertreter) des Pensionsinstitutes für Verkehr und öffentliche Einrichtungen (das Pensionsinstitut wurde gemäß § 662 ASVG mit Ablauf 31.12.2014 aufgelöst)
- Vergütungen an Funktionäre der Urlaubskasse der Arbeiter in der Bauwirtschaft
- Entschädigungen des Vorsitzenden (Stellvertreter) des Bundeseinigungsamtes
- Entschädigungen der Vorsitzenden (Stellvertreter) und Mitglieder der Grundverkehrskommission
- Vergütungen an die Amtsführenden Präsidenten und Vizepräsidenten der Landesschulräte
- Vergütungen an Treuhänder und Treuhänderstellvertreter bei den Landeshypothekenanstalten, den Hypothekenbanken und der Pfandbriefstelle der österreichischen Landeshypothekenanstalten
- Vergütungen und Entschädigungen gemäß § 22 Abs. 1 und 2 Verteilungsgesetz Bulgarien, BGBl. Nr. 129/1964, AÖF Nr. 144/1964
- Vergütungen für Gutachten der Sachverständigen iSd § 129 Abs. 1 Kraftfahrgesetz 1967, BGBl. Nr. 267/1967, AÖF Nr. 236/1967
- Vergütungen für die mit der Führung der Staatsbürgerschaftsevidenz iSd Staatsbürgerschaftsgesetzes 1985, BGBl. Nr. 311/1985, verbundene Tätigkeit, sofern diese Tätigkeit nicht im Rahmen eines Dienstverhältnisses ausgeübt wird
- Vergütungen (einschließlich der Sitzungsgelder und dgl.) für die Tätigkeit der Staats(Aufsichts) kommissäre und ihrer Stellvertreter (VwGH 16.12.1975, 1494/74); nicht unter die Funktionsgebühren fallen jedoch die Bezüge der Aufsichtskommissäre bei den Sozialversicherungsträgern iSd § 448 Abs. 3 ASVG; diese Bezüge stellen gemäß § 25 Abs. 1 Z 4 lit. c EStG 1988 Einkünfte aus nichtselbständiger Arbeit dar
- Vergütungen, die die Mitglieder der Personalvertretungsaufsichtsbehörde gemäß § 41b Bundes-Personalvertretungsgesetz 1967, BGBl. Nr. 133/1967 idF BGBl. I Nr. 65/2015 (bis 2013 Mitglieder der Personalvertretungs-Aufsichtskommission gemäß § 41c Bundes-Personalvertretungsgesetz 1967, BGBl. Nr. 133/1967, AÖF Nr. 115/1967, idF der Novelle 1971, BGBl. Nr. 284/1971, AÖF Nr. 238/1971, erhalten
- Vergütungen für Zeit- und Arbeitsaufwand an den Vorsitzenden und die übrigen Mitglieder sowie an Senatsvorsitzende des Unabhängigen Beirates für Zivildienstbeschwerdeangelegenheiten (§ 51 Zivildienstgesetz 1986, BGBl. Nr. 679/1986 idF BGBl. I Nr. 161/2013)
- Entschädigungen der Kontrollorgane iSd Pflanzenschutzgesetzes 2011, BGBl. I Nr. 10/2011 anlässlich der Ein- und Durchfuhr von Holz
- Funktionsgebühren der Funktionäre von politischen Parteien, denen gemäß § 1 Parteiengesetz 2012, BGBl. I Nr. 56/2012, Rechtspersönlichkeit zukommt

- Vergütungen an Fleischuntersuchungsorgane, die gemäß Lebensmittelsicherheits- und Verbraucherschutzgesetz, BGBl. I Nr. 13/2006 idF BGBl. I Nr. 136/2006, mit der Fleischuntersuchung beauftragt sind; ab 2021 gelten diese Fleischuntersuchungsorgane nur dann als Funktionäre von öffentlich-rechtlichen Körperschaften, sofern ihnen im Rahmen dieser Tätigkeit Macht- und Entscheidungsbefugnis zukommt (vgl. Rz 5219)
- Vergütungen an Mitglieder des Universitätsrates (§ 21 Abs. 11 Universitätsgesetz 2002, BGBl. I Nr. 120/2002).
- Mitglieder der Wahlbehörden (BFG 16.10.2018, RV/7104247/2018).

(BMF-AV Nr. 2021/65)

ANHANG III (zu Absch. 24)

Sterbetafeln (gültig für Vereinbarungen ab 1.1.2000)

Alter	Überlebende Frauen je Jahrgang (Faktor ly)					
	1900–1909	1910–1919	1920–1929	1930–1939	1940–1949	1950–1959
27	–	–	–	–	–	99.639
28	–	–	–	–	–	99.579
29	–	–	–	–	–	99.517
30	–	–	–	–	–	99.454
31	–	–	–	–	–	99.389
32	–	–	–	–	–	99.321
33	–	–	–	–	–	99.252
34	–	–	–	–	–	99.179
35	–	–	–	–	–	99.103
36	–	–	–	–	–	99.025
37	–	–	–	–	98.844	98.942
38	–	–	–	–	98.732	98.855
39	–	–	–	–	98.613	98.763
40	–	–	–	–	98.489	98.666
41	–	–	–	–	98.356	98.563
42	–	–	–	–	98.216	98.453
43	–	–	–	–	98.065	98.336
44	–	–	–	–	97.905	98.210
45	–	–	–	–	97.734	98.076
46	–	–	–	–	97.551	97.931
47	–	–	–	97.156	97.353	97.774
48	–	–	–	96.888	97.141	97.606
49	–	–	–	96.600	96.912	97.424
50	–	–	–	96.291	96.666	97.227
51	–	–	–	95.960	96.401	97.016
52	–	–	–	95.607	96.118	96.788
53	–	–	–	95.229	95.814	96.543
54	–	–	–	94.827	95.490	96.281
55	–	–	–	94.399	95.143	96.000
56	–	–	–	93.944	94.774	95.700
57	–	–	93.030	93.462	94.381	95.379
58	–	–	92.402	92.951	93.962	95.036
59	–	–	91.738	92.409	93.517	94.671
60	–	–	91.037	91.833	93.043	94.279
61	–	–	90.295	91.222	92.537	93.861
62	–	–	89.510	90.572	91.998	93.413
63	–	–	88.677	89.881	91.421	92.932
64	–	–	87.794	89.144	90.803	92.415
65	–	–	86.853	88.355	90.141	91.859
66	–	–	85.850	87.511	89.427	91.257
67	–	83.958	84.777	86.603	88.657	90.604
68	–	82.587	83.625	85.623	87.822	89.894
69	–	81.120	82.385	84.563	86.914	89.118
70	–	79.543	81.043	83.410	85.922	88.266
71	–	77.841	79.588	82.151	84.833	87.327

Alter	Überlebende Frauen je Jahrgang (Faktor ly)					
	1900–1909	1910–1919	1920–1929	1930–1939	1940–1949	1950–1959
72	–	75.998	78.000	80.771	83.633	86.286
73	–	73.994	76.262	79.250	82.302	85.126
74	–	71.809	74.354	77.570	80.823	83.829
75	–	69.430	72.259	75.711	79.176	82.377
76	–	66.847	69.966	73.661	77.348	80.754
77	62.451	64.061	67.470	71.413	75.327	78.948
78	59.073	61.085	64.778	68.966	73.110	76.953
79	55.542	57.939	61.903	66.327	70.700	74.767
80	51.887	54.641	58.856	63.504	68.097	72.386
81	48.134	51.211	55.648	60.500	65.301	69.806
82	44.311	47.666	52.293	57.321	62.312	67.022
83	40.419	44.005	48.779	53.953	59.109	64.009
84	36.488	40.247	45.122	50.401	55.693	60.761
85	32.574	36.441	41.360	46.697	52.084	57.290
86	28.729	32.633	37.535	42.873	48.308	53.614
87	24.965	28.832	33.647	38.926	44.354	49.712
88	21.366	25.120	29.780	34.931	40.289	45.644
89	18.017	21.589	26.025	30.980	36.202	41.491
90	14.941	18.267	22.417	27.110	32.127	37.282
91	12.172	15.203	19.012	23.382	28.127	33.080
92	9.742	12.442	15.871	19.867	24.280	28.964
93	7.649	9.997	13.020	16.604	20.634	24.986
94	5.889	7.883	10.489	13.637	17.245	21.215
95	4.431	6.080	8.272	10.975	14.134	17.679
96	3.256	4.582	6.378	8.640	11.341	14.433
97	2.334	3.370	4.802	6.646	8.895	11.525
98	1.631	2.416	3.525	4.984	6.806	8.981
99	1.107	1.682	2.512	3.631	5.059	6.802
100	729	1.135	1.736	2.564	3.646	4.995
101	462	738	1.154	1.742	2.527	3.528
102	287	468	748	1.151	1.701	2.417
103	174	289	470	737	1.108	1.600
104	102	173	287	456	695	1.018
105	59	100	168	271	418	619
106	32	56	95	154	239	356
107	0	0	0	0	0	0
108	0	0	0	0	0	0

Alter	Überlebende Männer je Jahrgang (Faktor lx)					
	1900–1909	1910–1919	1920–1929	1930–1939	1940–1949	1950–1959
27	–	–	–	–	–	98.832
28	–	–	–	–	–	98.690
29	–	–	–	–	–	98.551
30	–	–	–	–	–	98.415
31	–	–	–	–	–	98.280
32	–	–	–	–	–	98.144
33	–	–	–	–	–	98.006
34	–	–	–	–	–	97.864
35	–	–	–	–	–	97.718
36	–	–	–	–	–	97.565
37	–	–	–	–	97.234	97.405
38	–	–	–	–	97.021	97.236
39	–	–	–	–	96.795	97.056
40	–	–	–	–	96.554	96.863
41	–	–	–	–	96.295	96.656
42	–	–	–	–	96.014	96.431
43	–	–	–	–	95.711	96.186
44	–	–	–	–	95.380	95.918
45	–	–	–	–	95.019	95.625
46	–	–	–	–	94.623	95.303
47	–	–	–	93.830	94.190	94.949
48	–	–	–	93.249	93.715	94.560
49	–	–	–	92.614	93.196	94.133
50	–	–	–	91.925	92.629	93.664
51	–	–	–	91.178	92.011	93.153
52	–	–	–	90.370	91.342	92.596
53	–	–	–	89.503	90.620	91.993
54	–	–	–	88.578	89.846	91.345
55	–	–	–	87.594	89.020	90.649
56	–	–	–	86.554	88.142	89.907
57	–	–	84.624	85.455	87.212	89.117
58	–	–	83.252	84.300	86.228	88.278
59	–	–	81.819	83.086	85.189	87.389
60	–	–	80.323	81.812	84.094	86.447
61	–	–	78.762	80.475	82.939	85.449
62	–	–	77.134	79.074	81.722	84.392
63	–	–	75.436	77.603	80.438	83.272
64	–	–	73.661	76.057	79.081	82.083
65	–	–	71.806	74.432	77.646	80.819
66	–	–	69.867	72.721	76.128	79.474
67	–	66.520	67.840	70.922	74.522	78.044
68	–	64.092	65.723	69.030	72.822	76.522
69	–	61.576	63.513	67.041	71.024	74.903
70	–	58.976	61.209	64.952	69.124	73.182
71	–	56.292	58.812	62.763	67.118	71.355
72	–	53.532	56.324	60.472	65.005	69.417

Alter	Überlebende Männer je Jahrgang (Faktor lx)					
	1900–1909	1910–1919	1920–1929	1930–1939	1940–1949	1950–1959
73	–	50.699	53.748	58.081	62.783	67.365
74	–	47.805	51.089	55.592	60.451	65.198
75	–	44.859	48.355	53.009	58.013	62.914
76	–	41.876	45.557	50.339	55.470	60.514
77	37.256	38.872	42.706	47.592	52.829	58.001
78	33.960	35.865	39.819	44.779	50.100	55.381
79	30.730	32.876	36.911	41.914	47.291	52.661
80	27.593	29.928	34.004	39.014	44.417	49.850
81	24.571	27.043	31.117	36.098	41.494	46.962
82	21.691	24.245	28.275	33.188	38.541	44.012
83	18.953	21.536	25.479	30.283	35.556	40.994
84	16.390	18.952	22.766	27.421	32.574	37.943
85	14.026	16.519	20.165	24.633	29.626	34.887
86	11.879	14.261	17.705	21.950	26.745	31.859
87	9.947	12.185	15.396	19.387	23.949	28.876
88	8.226	10.290	13.245	16.954	21.248	25.950
89	6.695	8.564	11.242	14.642	18.636	23.074
90	5.388	7.051	9.445	12.525	16.198	20.342
91	4.273	5.725	7.832	10.582	13.915	17.739
92	3.333	4.577	6.400	8.817	11.799	15.279
93	2.550	3.592	5.138	7.225	9.848	12.965
94	1.912	2.765	4.050	5.818	8.083	10.828
95	1.403	2.085	3.130	4.596	6.515	8.886
96	1.008	1.540	2.370	3.560	5.151	7.158
97	710	1.115	1.760	2.704	3.994	5.657
98	490	791	1.279	2.011	3.033	4.379
99	330	547	907	1.458	2.246	3.307
100	216	368	625	1.028	1.616	2.426
101	138	240	417	701	1.125	1.721
102	84	150	266	457	749	1.167
103	49	90	163	285	475	753
104	27	51	94	167	283	456
105	14	27	51	91	157	256
106	7	13	25	46	79131	
107	0	0	0	0	0	0

Alter	Überlebende Männer je Jahrgang (Faktor lx)				Überlebende Frauen je Jahrgang (Faktor ly)			
	1960–1969	1970–1979	1980–1989	1990–1999	1960–1969	1970–1979	1980–1989	1990–1999
20	100.000	100.000	100.000	100.000	100.000	100.000	100.000	100.000
21	99.820	99.863	99.896	99.921	99.954	99.966	99.975	99.981
22	99.655	99.737	99.800	99.847	99.911	99.934	99.951	99.964
23	99.504	99.621	99.711	99.779	99.869	99.902	99.928	99.946
24	99.364	99.514	99.628	99.716	99.827	99.871	99.904	99.929
25	99.234	99.414	99.551	99.657	99.784	99.839	99.880	99.911
26	99.112	99.319	99.479	99.601	99.741	99.807	99.856	99.893
27	98.996	99.230	99.410	99.547	99.697	99.774	99.831	99.874
28	98.886	99.145	99.343	99.496	99.652	99.740	99.805	99.855
29	98.778	99.061	99.278	99.445	99.605	99.704	99.779	99.834
30	98.672	98.978	99.214	99.395	99.557	99.668	99.751	99.814
31	98.567	98.896	99.150	99.345	99.508	99.631	99.723	99.792
32	98.460	98.812	99.084	99.294	99.456	99.591	99.693	99.769
33	98.352	98.727	99.017	99.242	99.403	99.551	99.662	99.746
34	98.240	98.639	98.948	99.187	99.348	99.508	99.629	99.721
35	98.125	98.548	98.876	99.130	99.289	99.464	99.595	99.694
36	98.004	98.452	98.800	99.070	99.229	99.417	99.559	99.667
37	97.877	98.351	98.720	99.007	99.165	99.368	99.521	99.638
38	97.742	98.244	98.635	98.939	99.098	99.316	99.481	99.607
39	97.598	98.129	98.543	98.866	99.027	99.261	99.438	99.574
40	97.444	98.006	98.444	98.787	98.951	99.202	99.393	99.538
41	97.277	97.872	98.337	98.701	98.871	99.140	99.344	99.500
42	97.096	97.726	98.219	98.607	98.785	99.073	99.292	99.460
43	96.898	97.566	98.091	98.503	98.693	99.001	99.236	99.416
44	96.681	97.390	97.948	98.388	98.595	98.923	99.175	99.368
45	96.443	97.196	97.791	98.260	98.489	98.840	99.109	99.316
46	96.180	96.982	97.617	98.119	98.374	98.749	99.038	99.260
47	95.890	96.745	97.423	97.961	98.250	98.651	98.961	99.199
48	95.571	96.483	97.209	97.785	98.116	98.545	98.876	99.132
49	95.218	96.193	96.971	97.590	97.972	98.430	98.785	99.060
50	94.831	95.873	96.707	97.374	97.815	98.305	98.685	98.980
51	94.407	95.522	96.417	97.134	97.645	98.169	98.577	98.894
52	93.943	95.137	96.097	96.869	97.462	98.023	98.459	98.800
53	93.440	94.716	95.747	96.579	97.265	97.864	98.332	98.697
54	92.895	94.261	95.367	96.262	97.053	97.693	98.194	98.586
55	92.310	93.769	94.955	95.918	96.826	97.509	98.045	98.466
56	91.683	93.240	94.511	95.545	96.581	97.310	97.884	98.336
57	91.012	92.673	94.032	95.142	96.320	97.097	97.711	98.195
58	90.298	92.065	93.518	94.708	96.039	96.868	97.525	98.043
59	89.537	91.416	92.966	94.241	95.739	96.622	97.323	97.879
60	88.727	90.723	92.376	93.739	95.417	96.357	97.106	97.701
61	87.866	89.984	91.742	93.199	95.071	96.072	96.871	97.508
62	86.951	89.193	91.064	92.618	94.699	95.765	96.617	97.299
63	85.976	88.349	90.335	91.992	94.299	95.433	96.342	97.072

Alter	Überlebende Männer je Jahrgang (Faktor lx)				Überlebende Frauen je Jahrgang (Faktor ly)			
	1960–1969	1970–1979	1980–1989	1990–1999	1960–1969	1970–1979	1980–1989	1990–1999
64	84.936	87.444	89.551	91.316	93.868	95.073	96.043	96.824
65	83.826	86.473	88.708	90.586	93.401	94.682	95.718	96.553
66	82.639	85.432	87.799	89.796	92.894	94.257	95.362	96.256
67	81.371	84.314	86.819	88.941	92.343	93.793	94.972	95.929
68	80.014	83.112	85.761	88.015	91.740	93.283	94.542	95.567
69	78.564	81.821	84.620	87.011	91.079	92.722	94.067	95.166
70	77.014	80.435	83.388	85.924	90.350	92.100	93.539	94.719
71	75.358	78.947	82.060	84.746	89.542	91.409	92.950	94.218
72	73.593	77.351	80.630	83.471	88.643	90.636	92.287	93.652
73	71.712	75.642	79.090	82.093	87.636	89.766	91.539	93.011
74	69.713	73.815	77.434	80.605	86.505	88.784	90.690	92.279
75	67.592	71.865	75.658	78.999	85.231	87.672	89.724	91.444
76	65.349	69.789	73.756	77.271	83.798	86.415	88.627	90.490
77	62.982	67.585	71.724	75.414	82.194	84.999	87.384	89.404
78	60.495	65.252	69.560	73.424	80.411	83.415	85.986	88.175
79	57.891	62.791	67.261	71.298	78.442	81.655	84.422	86.793
80	55.177	60.205	64.829	69.034	76.281	79.710	82.683	85.247
81	52.363	57.501	62.265	66.630	73.922	77.570	80.756	83.522
82	49.459	54.686	59.574	64.088	71.353	75.221	78.626	81.603
83	46.458	51.750	56.743	61.393	68.548	72.635	76.261	79.457
84	43.389	48.716	53.791	58.558	65.493	69.793	73.641	77.059
85	40.279	45.608	50.736	55.599	62.195	66.694	70.759	74.400
86	37.158	42.453	47.603	52.534	58.662	63.340	67.609	71.468
87	34.042	39.265	44.403	49.371	54.867	59.697	64.152	68.220
88	30.943	36.054	41.140	46.112	50.858	55.802	60.414	64.671
89	27.852	32.807	37.799	42.735	46.707	51.717	56.448	60.862
90	24.868	29.627	34.484	39.344	42.438	47.458	52.259	56.792
91	21.977	26.498	31.177	35.917	38.107	43.073	47.887	52.491
92	19.197	23.442	27.897	32.471	33.793	38.637	43.400	48.016
93	16.535	20.465	24.653	29.013	29.550	34.201	38.844	43.407
94	14.028	17.610	21.489	25.588	25.451	29.840	34.292	38.732
95	11.703	14.912	18.447	22.240	21.531	25.594	29.783	34.026
96	9.589	12.410	15.572	19.020	17.858	21.538	25.398	29.373
97	7.712	10.143	12.915	15.991	14.497	17.751	21.226	24.864
98	6.076	8.123	10.501	13.185	11.490	14.291	17.339	20.586
99	4.671	6.350	8.336	10.619	8.855	11.194	13.786	16.599
100	3.489	4.823	6.433	8.316	6.618	8.503	10.635	12.991
101	2.520	3.543	4.800	6.298	4.758	6.216	7.898	9.791
102	1.740	2.487	3.424	4.560	3.315	4.400	5.676	7.138
103	1.142	1.659	2.319	3.134	2.229	3.003	3.928	5.006
104	703	1.036	1.469	2.013	1.438	1.962	2.599	3.353
105	400	597	856	1.187	883	1.218	1.631	2.125
106	205	309	447	624	512	712	959	1.258
107	0	0	0	0	0	0	0	0

Anhang IV (zu Abschnitt 5, Rz 1338m)

(Muster basierend auf Vorschlag der Kammer der Steuerberater und Wirtschaftsprüfer für Prüfungen, die unter § 4a Abs. 8 EStG 1988 fallen, zu verwenden)

Bericht über die unabhängige Prüfung des Vorliegens der Voraussetzungen gemäß § 4a Abs. 8 Z 1 EStG 1988 [alternativ § 4a Abs. 8 Z 2 EStG 1988 oder § 4a Abs. 8 Z 3 EStG 1988 oder § 4a Abs. 8 Z 4 EStG 1988]

An

[Körperschaft XY]

Ausschließlich zur Vorlage beim Finanzamt Österreich[1) 3)]

Einleitung

Das Leitungsorgan [der Körperschaft XY] hat uns beauftragt, im Rahmen einer den Anforderungen der §§ 268 ff UGB entsprechenden Prüfung der Einhaltung der anzuwendenden Rechnungslegungsvorschriften ergänzend eine Bestätigung über das Vorliegen der Voraussetzungen gemäß § 4a Abs. 8 Z 1 EStG 1988 [alternativ: § 4a Abs. 8 Z 2 EStG 1988 oder § 4a Abs. 8 Z 3 EStG 1988 oder § 4a Abs. 8 Z 4 EStG 1988] für den Zeitraum vom [Datum] bis zum [Datum] für [Körperschaft XY] zu erteilen.

Verantwortung der gesetzlichen Vertreter

Die Erfüllung der Voraussetzungen gemäß § 4a Abs. 8 Z 1 EStG 1988 [alternativ: § 4a Abs. 8 Z 2 EStG 1988 oder § 4a Abs. 8 Z 3 EStG 1988 oder § 4a Abs. 8 Z 4 EStG 1988] und deren Dokumentation liegt in der Verantwortung des Leitungsorgans [der Körperschaft XY].

Gesetzliche Grundlagen

Die gesetzlichen Bestimmungen führen zu den zu bestätigenden Voraussetzungen wie folgt aus ([§ 4a Abs. 8 Z 1 EStG 1988 oder § 4a Abs. 8 Z 2 EStG 1988 oder § 4a Abs. 8 Z 3 EStG 1988 oder § 4a Abs. 8 Z 4 EStG 1988]):

[VARIANTE 1: Für Körperschaften im Sinne des § 4a Abs. 3 Z 6, Abs. 4a und Abs. 5 Z 1 bis 3 bzw. 5 EStG 1988:]

- Die Körperschaft dient ausschließlich Zwecken nach Maßgabe der §§ 34 ff der Bundesabgabenordnung.
- Die Körperschaft oder deren Vorgängerorganisation (Organisationsfeld mit eigenem Rechnungskreis) dient seit mindestens drei Jahren ununterbrochen im Wesentlichen unmittelbar den in der Rechtsgrundlage angeführten begünstigten Zwecken gemäß § 4a Abs. 2 Z 1, 3 bzw. 5 EStG 1988[2)].

  [ANMERKUNG: Dieser Teil ist bei Forschungseinrichtungen, denen bereits vor dem 1. September 2011 die Spendenbegünstigung erteilt wurde, nicht erforderlich.]
- *[VARIANTE für Körperschaften im Sinne des § 4a Abs. 5 Z 5 EStG 1988:]* Die Körperschaft oder deren Vorgängerorganisation (Organisationsfeld mit eigenem Rechnungskreis) dient seit mindestens drei Jahren ununterbrochen im Wesentlichen unmittelbar den in der Rechtsgrundlage angeführten begünstigten Zwecken gemäß § 4a Abs. 2 Z 3 EStG 1988.
- Die Körperschaft unterhält, abgesehen von völlig untergeordneten Nebentätigkeiten, ausschließlich solche wirtschaftliche Tätigkeiten, die unter § 45 Abs. 1, § 45 Abs. 2 oder § 47 der Bundesabgabenordnung fallen oder für welche die Begünstigungen gemäß § 45a der Bundesabgabenordnung bestehen bleiben.
- Die in Zusammenhang mit der Verwendung der Spenden stehenden Verwaltungskosten der Körperschaft betragen ohne Berücksichtigung der für die Erfüllung der Übermittlungsverpflichtung gemäß § 18 Abs. 8 EStG 1988 anfallenden Kosten höchstens 10% der Spendeneinnahmen.
- Bei Auflösung der Körperschaft oder bei Wegfall des begünstigten Zweckes darf das Vermögen der Körperschaft, soweit es die eingezahlten Kapitalanteile der Mitglieder und den gemeinen Wert der von den Mitgliedern geleisteten Sacheinlagen übersteigt, nur für die in der Rechtsgrundlage angeführten begünstigten Zwecke gemäß § 4a Abs. 2 Z 1, 3 bzw. 5 EStG 1988 verwendet werden.
- *[VARIANTE für Körperschaften im Sinne des § 4a Abs. 5 Z 5 EStG 1988:]* Bei Auflösung der Körperschaft oder bei Wegfall des begünstigten Zweckes darf das Vermögen der Körperschaft, soweit es die eingezahlten Kapitalanteile der Mitglieder und den gemeinen Wert der von den Mitgliedern geleisteten Sacheinlagen übersteigt, nur für die in der Rechtsgrundlage angeführten begünstigten Zwecke gemäß § 4a Abs. 2 Z 3 EStG 1988 verwendet werden.

[VARIANTE 2: Für Körperschaften im Sinne des § 4a Abs. 3 Z 4 und 5 sowie des § 4a Abs. 4 lit. d EStG 1988:]

- Das mangelnde Gewinnstreben ist – ausgenommen hinsichtlich einer untergeordneten betrieblichen Tätigkeit – in der Rechtsgrundlage verankert.
- Die tatsächliche Geschäftsführung entspricht den Vorgaben der Rechtsgrundlage und die Körperschaft entfaltet eine betriebliche Tätigkeit nur in untergeordnetem Ausmaß.

- Die Rechtsgrundlage stellt sicher, dass an Mitglieder oder Gesellschafter oder diesen nahe stehende Personen keinerlei Vermögensvorteile zugewendet werden und dass gesammelte Spendenmittel ausschließlich für die in der Rechtsgrundlage angeführten begünstigten Zwecke gemäß § 4a Abs. 2 Z 1 und 2 EStG 1988 verwendet werden.
- Die Körperschaft oder deren Vorgängerorganisation (Organisationsfeld mit eigenem Rechnungskreis) dient seit mindestens drei Jahren ununterbrochen der Erfüllung der in der Rechtsgrundlage angeführten begünstigten Zwecke.

  [ANMERKUNG: Dieser Teil ist bei Forschungseinrichtungen, denen bereits vor dem 1. September 2011 die Spendenbegünstigung erteilt wurde, nicht erforderlich.]
- Die in Zusammenhang mit der Verwendung der Spenden stehenden Verwaltungskosten der Körperschaft betragen höchstens 10% der Spendeneinnahmen.
- Bei Auflösung der Körperschaft oder bei Wegfall des begünstigten Zweckes darf das Vermögen der Körperschaft, soweit es die eingezahlten Kapitalanteile der Mitglieder und den gemeinen Wert der von den Mitgliedern geleisteten Sacheinlagen übersteigt, nur für die in der Rechtsgrundlage angeführten begünstigten Zwecke gemäß § 4a Abs. 2 Z 1 und 2 EStG 1988 verwendet werden.

[VARIANTE 3: Für Körperschaften im Sinne des § 4a Abs. 5 Z 4 EStG 1988:]

- Die Sammlung für begünstigte Zwecke gemäß § 4a Abs. 2 Z 3 EStG 1988 ist, abgesehen von der Mittelverwendung im Sinne von § 4a Abs. 8 Z 3 lit. c EStG 1988, als ausschließlicher Zweck in der Rechtsgrundlage (wie Satzung, Gesellschaftsvertrag, Vereinsstatut) verankert.
- Das mangelnde Gewinnstreben ist – ausgenommen hinsichtlich einer untergeordneten betrieblichen Tätigkeit – in der Rechtsgrundlage verankert.
- Die tatsächliche Geschäftsführung entspricht den Vorgaben der Rechtsgrundlage und die Körperschaft entfaltet eine betriebliche Tätigkeit nur in untergeordnetem Ausmaß.
- Die Rechtsgrundlage stellt sicher, dass an Mitglieder oder Gesellschafter oder diesen nahe stehende Personen keinerlei Vermögensvorteile zugewendet werden und dass gesammelte Spendenmittel ausschließlich für die in der Rechtsgrundlage angeführten begünstigten Zwecke gemäß § 4a Abs. 2 Z 3 EStG 1988 verwendet werden.
- Die Rechtsgrundlage stellt sicher, dass jede Änderung der Rechtsgrundlage, insbesondere der Aufgaben der Körperschaft, sowie die Beendigung ihrer begünstigten Tätigkeit dem Finanzamt Österreich (bis 31.12.2020: Finanzamt Wien 1/23) unverzüglich bekannt gegeben werden.
- Die Körperschaft oder deren Vorgängerorganisation (Organisationsfeld mit eigenem Rechnungskreis) dient seit mindestens drei Jahren ununterbrochen der Erfüllung der in der Rechtsgrundlage angeführten begünstigten Zwecke.
- Die Mittelverwendung erfolgt entweder durch Weitergabe an Körperschaften im Sinne des § 4a Abs. 5 Z 1 bis 3 EStG 1988 oder in Durchführung von Aktionen ausschließlich zu begünstigten Zwecken gemäß § 4a Abs. 2 Z 3 EStG 1988, wobei dazu andere Rechtsträger nach Maßgabe des § 40 Abs. 1 der Bundesabgabenordnung herangezogen werden können. Im letztgenannten Fall ist die ausschließliche Verwendung der Mittel zu begünstigten Zwecken gemäß § 4a Abs. 2 Z 3 EStG 1988 durch die Spenden sammelnde Körperschaft sicherzustellen.
- Die Körperschaft veröffentlicht jene Organisationen und Zwecke, denen die gesammelten Spenden zukommen.
- Die in Zusammenhang mit der Verwendung der Spenden stehenden Verwaltungskosten der Körperschaft betragen höchstens 10% der Spendeneinnahmen.
- Bei Auflösung der Körperschaft oder bei Wegfall des begünstigten Zweckes darf das Vermögen der Körperschaft, soweit es die eingezahlten Kapitalanteile der Mitglieder und den gemeinen Wert der von den Mitgliedern geleisteten Sacheinlagen übersteigt, nur für die in der Rechtsgrundlage angeführten begünstigten Zwecke gemäß § 4a Abs. 2 Z 3 EStG 1988 verwendet werden.

Verantwortung des Prüfers

Unsere Aufgabe ist es, auf Grundlage unserer Prüfungshandlungen eine Beurteilung darüber abzugeben, ob die Voraussetzungen gemäß § 4a Abs. 8 Z 1 EStG 1988 [alternativ: § 4a Abs. 8 Z 2 EStG 1988 oder § 4a Abs. 8 Z 3 EStG 1988 oder § 4a Abs. 8 Z 4 EStG 1988] vorliegen.

Wir haben unsere Prüfung unter Beachtung der österreichischen berufsüblichen Grundsätze zu sonstigen Prüfungen (KFS/PG 13) durchgeführt. Danach haben wir unsere Berufspflichten einschließlich Vorschriften zur Unabhängigkeit einzuhalten und den Auftrag unter Beachtung des Grundsatzes der Wesentlichkeit so zu planen und durchzuführen, dass wir unsere Beurteilung mit einer hinreichenden Sicherheit abgeben können.

Prüfungshandlungen

Die Auswahl der Prüfungshandlungen liegt im pflichtgemäßen Ermessen des Prüfers. Um die erforderliche Bestätigung abgeben zu können, haben wir die im Rahmen der den Anforderungen der §§ 268 ff UGB entsprechenden Prüfung der Einhaltung der anzuwendenden Rechnungslegungsvorschriften gewonnenen Erkenntnisse herangezogen sowie die nachstehend angeführten Prüfungshandlungen durchgeführt:

- Einsichtnahme in die Rechtsgrundlage (wie Satzung, Gesellschaftsvertrag) der Körperschaft für den Zeitraum vom [Datum] bis zum [Datum].

  [ANMERKUNG: Der Zeitraum hat bei erstmaliger Beantragung zumindest drei Jahre zu umfassen, um die entsprechende Bestätigung hinsichtlich des Vorliegens der Voraussetzung "Die Körperschaft oder deren Vorgängerorganisation (Organisationsfeld mit eigenem Rechnungskreis) dient seit mindestens drei Jahren ununterbrochen im Wesentlichen unmittelbar den in der Rechtsgrundlage angeführten begünstigten Zwecken gemäß § 4a Abs. 2 Z 1, 3 bzw. 5 EStG 1988" abgeben zu können. Dieser Teil ist bei Forschungseinrichtungen, denen bereits vor dem 1. September 2011 die Spendenbegünstigung erteilt wurde, nicht anzuwenden.]

- Einsichtnahme in die von der Körperschaft erstellte Aufgliederung der Verwaltungskosten und stichprobenweise Überprüfung, dass die darin enthaltenen mit der Verwendung der Spenden in Zusammenhang stehenden Verwaltungskosten der Körperschaft 10% der Spendeneinnahmen nicht übersteigen.

- Einsichtnahme in jene Dokumente der Körperschaft, in denen sie die Organisationen und Zwecke, denen die gesammelten Spenden zukommen, veröffentlicht.

  [ANMERKUNG: Diese Voraussetzung müssen nur Spendensammelorganisationen iSd § 4a Abs. 5 Z 4 EStG 1988 erfüllen.]

- Kritische Würdigung der im Rahmen der den Anforderungen der §§ 268 ff UGB entsprechenden Prüfung der Einhaltung der anzuwendenden Rechnungslegungsvorschriften gewonnenen Erkenntnisse im Hinblick auf Hinweise, dass die tatsächliche Geschäftsführung der Körperschaft den Vorgaben der Rechtsgrundlage nicht entspricht und die Körperschaft eine betriebliche Tätigkeit nicht nur in untergeordnetem Ausmaß entfaltet.

Das Leitungsorgan der Körperschaft hat uns im Rahmen einer Vollständigkeitserklärung bestätigt, dass uns alle zur Beurteilung des Vorliegens der Voraussetzungen gemäß § 4a Abs. 8 Z 1 EStG 1988 [alternativ: § 4a Abs. 8 Z 2 EStG 1988 oder § 4a Abs. 8 Z 3 EStG 1988 oder § 4a Abs. 8 Z 4 EStG 1988] erforderlichen Unterlagen, Dokumente und Auskünfte vollständig vorgelegt bzw. erteilt worden sind.

Bei dieser ergänzenden Prüfung handelt es sich weder um eine Abschlussprüfung noch um eine prüferische Durchsicht von Abschlüssen. Ebenso sind weder die Aufdeckung oder Aufklärung von strafrechtlichen Tatbeständen, wie zB von Unterschlagungen oder sonstigen Untreuehandlungen, und Ordnungswidrigkeiten noch die Beurteilung der Effektivität und Wirtschaftlichkeit der Geschäftsführung Gegenstand unseres Auftrages.

Wir sind der Auffassung, dass die von uns erlangten Prüfungsnachweise ausreichend und angemessen sind, um als Grundlage für unser Prüfungsurteil zu dienen.

Prüfungsurteil

[ANMERKUNG: Modifikationen von Berichten (Einschränkungen bzw. Versagungen aufgrund von Hemmnissen bzw. Einwendungen) können in Anlehnung an das Fachgutachten KFS/PG 3 formuliert werden.]

Aufgrund der bei unserer Prüfung gewonnenen Erkenntnisse bestätigen wir, dass für [die Körperschaft XY] für den Zeitraum vom [Datum] bis zum [Datum] die Voraussetzungen gemäß § 4a Abs. 8 Z 1 EStG 1988 [alternativ: § 4a Abs. 8 Z 2 EStG 1988 oder § 4a Abs. 8 Z 3 EStG 1988 oder § 4a Abs. 8 Z 4 EStG 1988] [nicht] vorliegen.

Auftragsbedingungen

Für die Durchführung des Auftrages und unsere Verantwortlichkeit, auch im Verhältnis zu Dritten, sind vereinbarungsgemäß die Allgemeinen Auftragsbedingungen für Wirtschaftstreuhandberufe idgF der Kammer der Steuerberater und Wirtschaftsprüfer maßgebend.

[Firma des Prüfers]

[Name1] [Name2]

[Ort], am [Datum]

[1] Da unser Bericht ausschließlich im Auftrag und im Interesse des Auftraggebers erstellt worden ist, bildet er keine Grundlage für ein allfälliges Vertrauen dritter Personen auf seinen Inhalt. Ansprüche dritter Personen können daher daraus nicht abgeleitet werden. Dementsprechend darf dieser Bericht weder gänzlich noch auszugsweise ohne unser ausdrückliches Einverständnis veröffentlicht oder an Dritte weitergegeben werden.

[2] Ab 1. Jänner 2016 sind Spenden an bestimmte Kunst- und Kultureinrichtungen iSd § 4a Abs. 2 Z 5 EStG 1988 steuerlich absetzbar.

[3] Bis 31.12.2020: Finanzamt Wien 1/23

(BMF-AV Nr. 2021/65)

Anhang V (zu Abschnitt 33)

(Muster basierend auf Vorschlag der Kammer der Steuerberater und Wirtschaftsprüfer für Prüfungen, die unter § 108c Abs. 9 EStG 1988 idF AbgÄG 2012 fallen, zu verwenden)

Bericht über die unabhängige Prüfung der Bemessungsgrundlage für die Forschungsprämie gemäß § 108c Abs. 9 lit. b EStG 1988

An

[Anschrift des Auftraggebers]

Ausschließlich zur Vorlage beim Finanzamt

Wir haben auf Grundlage einer den Anforderungen der §§ 268 ff des Unternehmensgesetzbuches entsprechenden Prüfung über die Einhaltung der anzuwendenden Rechnungslegungsvorschriften die Prüfung der Bemessungsgrundlage für die Forschungsprämie gemäß § 108c Abs. 9 lit. b EStG 1988 für das Wirtschaftsjahr vom [Datum] bis [Datum] für die [Name des Auftraggebers (Einzelunternehmen / Mitunternehmerschaft / Körperschaft)], [Ort], durchgeführt.

Verantwortung der gesetzlichen Vertreter

Die Einhaltung der anzuwendenden Rechnungslegungsvorschriften sowie die ordnungsgemäße Ermittlung der Bemessungsgrundlage für die Forschungsprämie in Übereinstimmung mit § 108c EStG 1988 und den diesbezüglichen Verordnungen und Erlässen liegt in der Verantwortung [des Einzelunternehmers / der Mitunternehmerschaft / des Leitungsorgans der Körperschaft].

Verantwortung des Prüfers

Unsere Aufgabe ist es, auf der Grundlage unserer Prüfungshandlungen ein Urteil darüber abzugeben, ob die Bemessungsgrundlage für die Forschungsprämie in Übereinstimmung mit § 108c EStG 1988 und den diesbezüglichen Verordnungen und Erlässen ermittelt wurde.

Wir haben unsere Prüfung unter Beachtung der österreichischen berufsüblichen Grundsätze zu sonstigen Prüfungen (KFS/PG 13) durchgeführt. Danach haben wir unsere Berufspflichten einschließlich Vorschriften zur Unabhängigkeit einzuhalten und den Auftrag unter Beachtung des Grundsatzes der Wesentlichkeit so zu planen und durchzuführen, dass wir unser Urteil mit einer hinreichenden Sicherheit abgeben können. Die ermittelte Wesentlichkeitsgrenze hat Auswirkungen auf den Stichprobenumfang und die Beurteilung, ob die Bemessungsgrundlage insgesamt richtig ermittelt wurde.

Die Auswahl der Prüfungshandlungen liegt im pflichtgemäßen Ermessen des Prüfers. Um die erforderliche Bestätigung abgeben zu können, haben wir insbesondere die nachstehend angeführten Prüfungshandlungen durchgeführt:

- Prüfung der anzuwendenden Rechnungslegungsvorschriften entsprechend den Anforderungen der §§ 268 ff des Unternehmensgesetzbuches
- Einsichtnahme in das aus dem Rechnungswesen abgeleitete Verzeichnis über die Aufwendungen für Forschung und experimentelle Entwicklung und stichprobenweise Überprüfung der betragsmäßig richtigen Zuordnung der Aufwendungen zur Bemessungsgrundlage der Forschungsprämie
- Prüfung der rechnerischen Richtigkeit der sich aus diesem Verzeichnis ergebenden Bemessungsgrundlage

Bei dieser Prüfung handelt es sich weder um eine Abschlussprüfung noch um eine prüferische Durchsicht von Abschlüssen. Die Prüfung setzt auch keine Abschlussprüfung voraus. Ebenso sind weder die Aufdeckung oder Aufklärung von strafrechtlichen Tatbeständen, wie zB von Unterschlagungen oder sonstigen Untreuehandlungen, und Ordnungswidrigkeiten noch die Beurteilung der Effektivität und Wirtschaftlichkeit der Geschäftsführung Gegenstand unseres Auftrages.

Wir sind der Auffassung, dass die von uns erlangten Prüfungsnachweise ausreichend und angemessen sind, um als Grundlage für unser Prüfungsurteil zu dienen.

Prüfungsurteil

Hinweis: Modifikationen von Berichten (Einschränkungen bzw. Versagungen aufgrund von Hemmnissen bzw. Einwendungen) können in Anlehnung an das Fachgutachten KFS/PG 3 formuliert werden.

Nach unserer Beurteilung aufgrund der bei unserer Prüfung gewonnenen Erkenntnisse wurde die Bemessungsgrundlage für die Forschungsprämie für das Wirtschaftsjahr vom [Datum] bis [Datum] in Übereinstimmung mit § 108c EStG 1988 und den diesbezüglichen Verordnungen und Erlässen ermittelt.

Verwendungsbeschränkung

Da unser Bericht ausschließlich im Auftrag und im Interesse des Auftraggebers erstellt wird, bildet er keine Grundlage für ein allfälliges Vertrauen anderer dritter Personen – außer dem Finanzamt – auf seinen Inhalt. Ansprüche anderer dritter Personen können daher daraus nicht abgeleitet werden. Dementsprechend darf dieser Bericht weder gänzlich noch auszugsweise ohne unser ausdrückliches Einverständnis an andere Dritte weitergegeben werden.

Auftragsbedingungen

Für die Durchführung des Auftrages und unsere Verantwortlichkeit, auch im Verhältnis zu Dritten, sind vereinbarungsgemäß die Allgemeinen Auftragsbedingungen für Wirtschaftstreuhandberufe idgF der Kammer der Steuerberater und Wirtschaftsprüfer maßgebend.

[Firma des Prüfers]

[Name1] [Name2]

[Ort], am [Datum]

Beilagen

Verzeichnis über die Aufwendungen für Forschung und experimentelle Entwicklung für das Wirtschaftsjahr vom [Datum] bis [Datum]

Allgemeine Auftragsbedingungen für Wirtschaftstreuhandberufe („AAB“) idgF

(AÖF 2013/xxx, BMF-AV Nr. 2019/75)

Anhang VI (zu Abschnitt 15.7)

Steuerliche Behandlung der Entschädigungen für die Einräumung von Leitungsrechten bei ober- und unterirdischen Leitungen Ermittlung des ESt-pflichtigen Anteils an der Entschädigungssumme

Der vorliegende Bewertungsrahmen beinhaltet die Ansichten des BMF zur Frage, wie der auf die Bodenwertminderung und andere Komponenten (zB im Forst: Entschädigungen für Randschäden oder Entschädigungen für Hiebsunreife oder Nutzung zur Unzeit) entfallende Anteil aus einer Entschädigungsleistung zu ermitteln ist. Er betrifft Fälle der vertraglichen Einräumung eines Leitungsrechtes für eine ober- oder unterirdische Leitung (zB Stromleitungen, Rohrleitungen). Er ist für das gesamte Bundesgebiet anwendbar.

1. Allgemeines

1.1. Grundstück

Das Grundstück im gegenständlichen Sinn bezeichnet einen räumlich abgegrenzten Teil der Erdoberfläche, für den im Grundbuch eine eindeutige Bezeichnung durch Grundstücksnummer, Einlagezahl, Grundbuchnummer und Anschrift existiert.

Da das Grundstück der übliche Gegenstand des Grundverkehrs ist, hat auch die Bewertung auf Grundstücksebene entsprechend den regionalen Marktverhältnissen zu erfolgen.

Für die Ermittlung der Bodenwertminderung ist ausschließlich der gemeine Wert von Grund und Boden maßgeblich.

1.2. Leitungsrecht

Öffentliche und private Unternehmen zur Versorgung mit Elektrizität, Gas, Fernwärme und Wasser sowie zur Entsorgung von Abwasser sind vielfach darauf angewiesen, für die Verlegung ihrer Leitungen fremde Grundstücke in Anspruch zu nehmen. Dazu werden in der Regel Leitungsrechte eingeräumt oder Leitungsdienstbarkeiten im Grundbuch eingetragen.

Für die steuerliche Beurteilung ist die Unterscheidung zwischen Leitungsrecht und Leitungsdienstbarkeit ohne Relevanz.

Leitungsrechte sind im Allgemeinen mit Bau- und Nutzungsbeschränkungen für den Grundstückseigentümer verbunden, zudem kann das Grundstück im festgelegten Umfang zum Zweck des Betriebes der Leitungsanlage betreten werden. Deshalb sind bei der Wertermittlung folgende Aspekte zu berücksichtigen:

- Leitungsart bzw. die damit verbundenen Beschränkungen;
- Größe und Lage der belasteten Fläche (Servitutsstreifen);
- der Grad der Beeinträchtigung auf der belasteten (Teil)Fläche;
- bei Belastungen von Teilflächen gegebenenfalls auch eine Auswirkung auf das Gesamtgrundstück;
- eine mögliche Änderung der Grundstücksqualität;
- die jeweilige Nutzung des Grundstücks und die Änderung der Nutzungsmöglichkeiten;
- Wertminderung durch „Verschmutzung des Grundbuchs";
- eine gegebenenfalls vereinbarte Rente und deren Anpassungsmöglichkeit.

Üblich ist eine einmalige Entschädigung für die Einräumung des Rechts. Vereinbart werden im Einzelfall aber auch jährlich zu zahlende Renten, die in der Regel an den aktuellen Bodenwert angepasst werden (aus der Literatur Seiser/Kainz, Der Wert von Immobilien; 1. Auflage 2011; S. 720 ff).

1.3. Gemeiner Wert

Der gemeine Wert wird durch den Preis bestimmt, der im gewöhnlichen Geschäftsverkehr nach der Beschaffenheit des Wirtschaftsgutes bei einer Veräußerung zu erzielen wäre. Dabei sind alle Umstände, die den Preis beeinflussen, zu berücksichtigen. Ungewöhnliche oder persönliche Verhältnisse sind nicht zu berücksichtigen (§ 10 Abs. 2 BewG 1955).

Der gemeine Wert bildet den Ausgangspunkt für die Ermittlung der Wertminderung.

1.4. Bodenwert

Bodenwert ist der gemeine Wert des Grund und Bodens zum maßgeblichen Stichtag.

1.4.1. Vergleichswertverfahren

Die brauchbarste Grundlage für die Feststellung des gemeinen Wertes eines Grundstücks sind in der Regel die tatsächlich gezahlten Preise für Vergleichsliegenschaften.

Für die Ableitung des gemeinen Wertes taugliche Vergleichspreise liegen dann vor, wenn die Wertfaktoren des zu bewertenden Grundstücks und der Vergleichsgrundstücke in den wesentlichen preisbestimmenden Merkmalen übereinstimmen, wozu insbesondere Größe, Form, Lage und Beschaffenheit eines Grundstücks gehören, oder, obwohl eine solche Übereinstimmung nicht hinsichtlich aller wesentlichen preisbestimmenden Merkmale besteht, immerhin noch eine zuverlässige Wertableitung aus den Vergleichspreisen möglich ist. Unter Bedachtnahme auf die preisbildenden Faktoren kann der gemeine Wert durch Vornahme von Ab- und Zuschlägen ermittelt werden.

Bei der Auswahl von Vergleichspreisen ist zunächst zu beachten, dass zur Ableitung des gemeinen Wertes in erster Linie solche Verkäufe in Betracht kommen, die in unmittelbarer zeitlicher Nähe zum Feststellungszeitpunkt stattgefunden haben. Zwar ist es auch möglich auf Verkäufe zurückzugreifen, die zeitlich in größerer Entfernung vor oder nach dem Feststellungszeitpunkt liegen; in einem solchen Fall muss jedoch geprüft werden, ob in der Zwischenzeit auf dem Grundstücksmarkt nennenswerte Schwankungen im Preisniveau eingetreten sind. Eingetretene Preisschwankungen infolge veränderter Marktverhältnisse oder Veränderungen des Geldwertes sind sodann durch Zu- oder Abschläge auszugleichen. Verkaufsfälle, bei denen der zeitliche Abstand zum Feststellungszeitpunkt zu groß ist, können keinen Vergleichsmaßstab bilden. Ob einem Vergleichspreis wegen des zeitlichen Abstandes des Vertragsabschlusses zum Feststellungszeitpunkt noch Aussagekraft für die Wertableitung zukommt, ist nach den Umständen des Einzelfalles zu beurteilen.

Für die Ableitung des gemeinen Wertes sind mehrere Vergleichsverkäufe zu erheben. Bei Vorliegen einer unzureichenden Anzahl vergleichbarer Liegenschaftstransaktionen können zur Feststellung des Bodenwertes auch taugliche Verkaufspreise der weiteren Umgebung herangezogen werden.

Es dürfen nur solche Vergleichspreise berücksichtigt werden, die im gewöhnlichen Geschäftsverkehr nach den rechtlichen Gegebenheiten und tatsächlichen Eigenschaften, der Beschaffenheit und der Lage des Grundstücks bei einer Veräußerung zu erzielen wären, wobei ungewöhnliche und persönliche Verhältnisse nicht zu berücksichtigen sind.

Dabei sind die rechtlichen Gegebenheiten und tatsächlichen Eigenschaften zum maßgeblichen Stichtag zugrunde zu legen. Umstände, die nach dem maßgeblichen Stichtag eingetreten sind, aber zum Stichtag mit hinreichender Sicherheit vorhersehbar waren und den Wert beeinflusst haben, sind zu berücksichtigen, wenn sie konkret nachgewiesen werden.

Weicht der bei einer Veräußerung eines ansonsten vergleichbaren Grundstücks erzielte Preis in besonders auffälliger Art und Weise (nach oben oder nach unten) von dem durch Heranziehung einer Mehrzahl von Vergleichspreisen ermittelten Preisgefüge ab, indiziert dies das Vorliegen ungewöhnlicher oder persönlicher Verhältnisse; ein solcher Preis ist nur zu berücksichtigen, wenn das Vorliegen ungewöhnlicher oder persönlicher Verhältnisse auf Grund einer den Vergleichsfall betreffenden besonderen Prüfung ausgeschlossen werden kann.

1.4.2. Preisgebiete

Innerhalb von Regionen und Nutzungen unterscheiden sich die Bodenpreise aufgrund der Lage und Nachfrage oft wesentlich, daher sind entlang von Leitungsstrassen Preisgebiete für die einzelnen Nutzungen festzulegen. Die der Entschädigung zugrunde liegenden Vergleichspreise sind der Finanzverwaltung auf Nachfrage offenzulegen.

Beispiele für Preisgebiete:

Acker, Grünland, ländliche Gebiete, Umgebung von zentralen Orten, städtische Gebiete, Tallagen, Berglagen, touristisch erschlossene Gebiete

Unterschiede lassen sich anhand von Ausreißertests bei der Vergleichspreisanalyse erkennen. Kommt es zu einer Häufung von Ausreißern von Vergleichspreisen, die 35% über oder unter dem arithmetischen Mittelwert des Preisgebietes liegen und besteht ein räumlicher Zusammenhang der Kauffälle, ist davon auszugehen, dass diese jeweils ein eigenes Preisgebiet bilden (Faustregelprüfung, Mag. (FH) Gerald Stocker; Mathematische Grundlagen, Aktueller Stand: 2012; Liegenschaftsbewertungsakademie GmbH, Center of Valuation and Certification Griesgasse 10 / III; A 8020 Graz; Seite 117 Abs. 361).

1.4.3. Zusammensetzung des Bodenwertes

Der Bodenwert setzt sich aus dem

- produktionswirtschaftlichen Anteil und dem
- nichtproduktionswirtschaftlichen Anteil

zusammen.

Der produktionswirtschaftliche Wert leitet sich aus der Ertragsfähigkeit von Grund und Boden ab:

	Rohertrag
–	Aufwand ohne Ausgedingelasten, Schuld- und Pachtzinsen
=	Reinertrag

x Kapitalisierungsfaktor => produktionswirtschaftlicher Anteil

Der nichtproduktionswirtschaftliche Anteil am Bodenwert ist der in nicht exakt messbaren ökonomischen Motiven begründete Wert. Dazu zählen beispielsweise Geldanlage, Belehnbarkeit, Besitz, Lage, Prestige, Freizeit, Erholung.

Wertminderungsgründe durch ein vorhandenes Leitungsrecht sind ua.: Grundbenutzung durch Dritte, Einschränkung der Dispositionsfreiheit, höherer Verwaltungsaufwand, mögliches Unbehagen, Leitungsmaste und sichtbarer Leitungsverlauf über die belasteten Grundstücksflächen, Pflichten und Lasten für den Rechtsnachfolger, Einschränkung von Umwidmungen usw.

Die Höhe des nichtproduktionswirtschaftlichen Anteils ergibt sich aus der Differenz zwischen dem gemeinen Wert des Grund und Bodens und dem produktionswirtschaftlichen Wert.

	Wert des Grundstücks (Gemeiner Wert ermittelt aus Vergleichspreisen)
–	produktionswirtschaftlicher Wert
=	Wert des nichtproduktionswirtschaftlichen Anteils

Ist der produktionswirtschaftliche Wert in verschiedenen Preisgebieten gleich, beeinflusst dieser den Wert umso weniger, je höher der gesamte Bodenwert ist. Wertverhältnisse von unproduktiven Flächen bilden die Untergrenze des verbleibenden Bodenwertes.

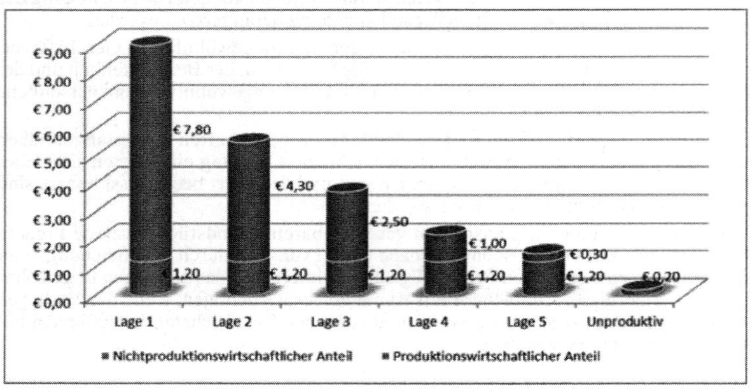

1.4.4. Nutzungsform

Die Durchführung des Vergleichswertverfahrens ist insbesondere für folgende auf einer konkreten Leitungstrasse vorgefundene Nutzungen durchzuführen:

- Landwirtschaftlich genutzte Flächen
- Alpen
- Wald
- unproduktive bzw. minderwertige Flächen
- hochalpine Geröll- bzw. Gesteinsflächen
- Bauland

1.5. Stichtag

Stichtag für die Ermittlung des Bodenwertes ist grundsätzlich der 1.1. des Jahres, in dem der Servitutsvertrag bzw. Optionsvertrag unterzeichnet wurde. Zum Bauland siehe Abschnitt 4.1.

1.6. Bodenwertminderung

Die Bodenwertminderung ist die Differenz zwischen dem gemeinen Wert des Grundstücks vor Bekanntwerden der Projektabsicht und ab Eintritt der Belastung (Fertigstellung der Leitung). Sie ist der ausschließliche objektive Substanzverlust (Schaden) am durch die Servitutseinräumung betroffenen Grundstück.

1.7. Entschädigung

Für die Ermittlung der Höhe der Entschädigung bei einer Rechtseinräumung, insbesondere im öffentlichen Interesse, ist meistens das Eisenbahn-Enteignungsentschädigungsgesetz (EisbEG), BGBl. Nr. 71/1954, maßgebend.

Gemäß § 4 Abs. 1 EisbEG besteht die Verpflichtung, den Enteigneten für alle durch die Enteignung verursachten vermögensrechtlichen Nachteile gemäß § 365 Allgemeines bürgerliches Gesetzbuch (ABGB) schadlos zu halten.

Wird nur ein Teil eines Grundbesitzes enteignet, so ist gemäß § 6 EisbEG bei der Ermittlung der Entschädigung nicht nur auf den Wert des abzutretenden Grundstücks Rücksicht zu nehmen, sondern auch auf die Verminderung des Wertes, die der zurückbleibende Teil des Grundbesitzes erleidet.

1.8. Steuerliche Beurteilung

Siehe dazu die Rz 5172 ff.

Die Abgeltung von Wertminderungen von Grundstücken im Sinne des § 30 Abs. 1 EStG 1988 auf Grund von Maßnahmen im öffentlichen Interesse ist gemäß § 3 Abs. 1 Z 33 EStG 1988 steuerfrei. Voraussetzung für die Steuerfreiheit des auf die Bodenwertminderung entfallenden Anteils an der Entschädigungsleistung ist, dass das Leitungsrecht zeitlich unbeschränkt und unwiderruflich eingeräumt wird (vgl. Rz 5172 und Rz 6409).

Die Obergrenze der Wertminderung ist aber jedenfalls der gemeine Wert des Grund und Bodens vor Bekanntwerden der Absicht der Leitungsverlegung (vgl. dazu OGH 26.5.1983, 6 Ob 802/81). Diese Obergrenze wird in aller Regel nicht erreicht (Rz 5172).

2. Grundsätze für die Ermittlung der Bodenwertminderung

2.1. Oberirdische Leitungen

Die Wertminderung der betroffenen Grundstücke wird einerseits durch die Überspannung und andererseits durch Leitungsmaste verursacht.

Bei reiner Überspannung ist überwiegend davon auszugehen, dass die rein landwirtschaftliche Nutzung dadurch nicht wesentlich eingeschränkt wird.

Bei einer Überspannung ist der Leitungsverlauf über die betroffenen Grundstücke entscheidend. Zur höchsten Wertminderung kommt es bei diagonaler Überspannung.

Steht ein Leitungsmast auf dem Grundstück, verursacht dies regelmäßig eine im Vergleich zur reinen Überspannung deutlich höhere Wertminderung.

2.2. Unterirdische Leitungen

Dabei handelt es sich um Leitungen, die im Boden verlegt werden. In Abhängigkeit von den zu transportierenden Medien können es Kabel (Einzelstrang, Mehrfachstränge in Verrohrungen usw.) oder Leitungsrohre sein.

Im Unterschied zu oberirdischen Leitungen kommt es bei unterirdischen Leitungen zu einem Eingriff in den Boden und damit zu einer Veränderung der Bodenstruktur. Eine Verlegung kann einerseits relativ schonend mittels Kabelpflug oder andererseits durch umfangreiche Grabungsarbeiten erfolgen.

Für die Ermittlung des Ausmaßes der Wertminderung sind der Verlauf der Leitung auf dem Grundstück und das Flächenausmaß der beanspruchten Servitutsfläche maßgebend. Davon ausgehend ist ein Prozentsatz für die Wertminderung zu ermitteln. Sodann sind gegebenenfalls weitere Einflussfaktoren zu berücksichtigen.

2.3. Bezugsgröße Servitutsstreifen

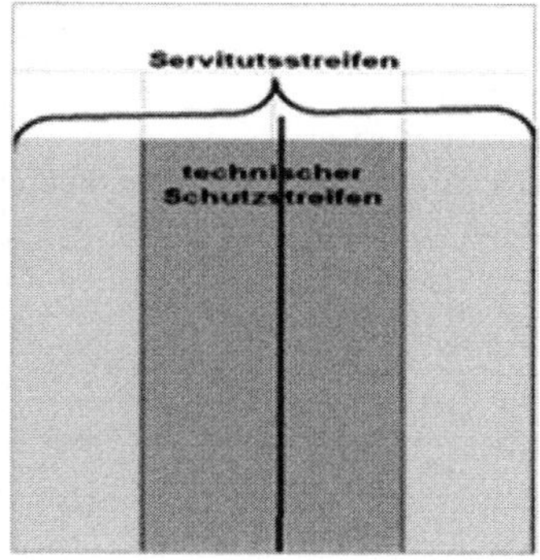

Der Servitutsstreifen umfasst die Fläche, die von der Eigentumsbeschränkung durch das Leitungsrecht betroffen ist. Insbesondere bei Leitungen die im Erdboden verlegt werden, gibt es teilweise noch zusätzlich einen technischen Schutzstreifen, für den besondere Auflagen gelten.

Beiderseits des eigentlichen Servitutsstreifens kann zusätzlich auch ein sog. Arbeitsstreifen anschließen.

Die Ermittlung der Bodenwertminderung erfolgt auf Basis des Servitutsstreifens.

Dies ist aus folgenden Gründen ein bewährter Ansatz:

- Allgemeine österreichweite Verwaltungsübung in Entschädigungsverfahren, zB nach Entschädigungsrichtlinien der Kammern (KRl).
- Vergleichbarkeit und gleichmäßige Behandlung aller betroffenen Grundstückseigentümer.
- Nachvollziehbarkeit.
- Unabhängigkeit von der Grundstücksgröße.
- Tatsächlich betroffene Fläche (Servitutsstreifen) ist ausschlaggebend.

2.3.1. Servitutsstreifenbreite

Die Breite des Servitutsstreifens wird von der Verlegungstiefe, dem Leitungsdurchmesser sowie dem für den Betrieb der Leitung erforderlichen Ausmaß bestimmt.

Werte aus Literatur und Richtlinien sind beispielsweise:

- R. Kröll 2004; 5 m – 1,5 m Tiefe und 7,5 m bis 10 m über 1,5 m Tiefe
- Datenleitungen: 1 m – 4,5 m Kammerrichtlinien (KRl)
- Wasser: 3 m – 5 m, KRl Oberösterreich (OÖ), Kärnten (K)
- Kanal: 3 m – 8 m Richtlinien der Landwirtschaftskammern für Oberösterreich und Kärnten
- Gasleitungen TAG: 12,5 m
- 14 m bei 20 kV-Freileitung KRl Kärnten (K)
- rund 50 m bei 380/110 kV-Freileitung Steiermark
- 1 m bei 20 kV-Erdkabel

Das Ausmaß der Dienstbarkeitsfläche ist üblicherweise Vertragsinhalt. Sollte die Flächenangabe fehlen, so ist die Breite (Leitungsbreite plus Kabelschwingungsamplitude) entsprechend den Anforderungen an das Projekt, aus anderen ähnlichen Leitungsprojekten oder der Literatur anzunehmen.

2.4. Vorbelastung durch Leitungsrechte

Ist auf dem Grundstück bereits ein eingetragenes Leitungsrecht vorhanden, liegt eine sog. „Verschmutzung des Grundbuchs“ vor. Die Wertminderung, die aus der zusätzlichen neuen Leitung resultiert, ist daher geringer als jene, die bereits eine erstmalige „Verschmutzung des Grundbuchs“ begründet.

In Analogie zu Tunnelservituten, bei denen im Wesentlichen ähnlich gelagerte Gründe für eine Wertminderung vorliegen, ist bei einem schon vorhandenen Leitungsrecht bei weitgehend ähnlichem Verlauf und ähnlicher beanspruchter Fläche eine Verringerung der Bodenwertminderung um 2,5% abzuleiten.

Es ist daher aus dem Grundbuch zu erheben, ob das zu bewertende Grundstück bereits mit Leitungsservituten vorbelastet ist.

2.5. Erforderliche Unterlagen und Informationen

Folgende Informationen und Dokumente sind für die Ermittlung zu erheben:

- Beschreibung der Leitung (Kapazität, Ölleitung, Gasleitung, Stromleitung, Spannung, Rohre, Kabel usw.)
- Zusätzliche Anlagen (Leitungsmaste, Riechrohre usw.)
- Lageplan
- Auszüge aus dem Grundbuch und Kataster
- Servitutsvertrag
- Vergleichspreise
- Leitungslänge und -lage
- Breite des Servitutsstreifens
- jährliche bzw. laufende Entschädigungszahlungen für Ertragsausfälle durch den Leitungsbetrieb
- Umweltverträglichkeitserklärung (UVE) bzw. -prüfungsauflagen (UVP)
- Rahmenübereinkommen, Rahmenvertrag uä.

2.6. Kriterien für die Ermittlung

Für die Ermittlung sind folgende Kriterien maßgeblich:

- Bodenwert
- Servitutsfläche (Länge und Breite des Servitutsstreifens)
- Fläche des Grundstücks
- Lage bzw. Verlauf des Servitutsstreifens
- Bodenklimazahl des landwirtschaftlich genutzten Grundstücks [= EMZ (Ertragsmesszahl) / Fläche in Ar]
- Vorbelastung durch Leitungsservitute: Ja/Nein
- Allfällige Vereinbarungen jährlicher Entschädigungen für Auswirkungen aus dem Betrieb der Leitung (zB Ertragsausfälle)
- Sonstige Vereinbarungen (zB künftige Leitungskapazitätserweiterungen usw.)
- Oberirdische Leitungen:
  - Maststandorte
  - Kapazität (kV)
- Unterirdische Leitungen
  - Kabel/Rohre
  - Leitungsdurchmesser
  - Verlegungstiefe
  - Bodenerwärmung
  - Künettenbreite
  - Leitungseinbaumethode (zB Kabelpflug, Künette)

3. Bodenwertminderung bei landwirtschaftlich genutzten Flächen und Alpen

3.1. Bandbreite der Bodenwertminderung

Die Bandbreite der Bodenwertminderung wird in der deutschen Fachliteratur bei landwirtschaftlich genutzten Grundstücken mit 10% bis zu 20%, immer bezogen auf die Servitutsfläche, angenommen (Kleiber-Simon-Weyers, Verkehrswertermittlung von Grundstücken, 4. Auflage 2002, 2003 Bundesanzeiger VerlagsGesmbH Köln Seite 2319–2321; Klaus B. Gablenz, Rechte und Belastungen in der Grundstücksbewertung, 3. Auflage, Düsseldorf 2003, Seite 119–122).

Für Österreich wird diesbezüglich von ähnlichen Wertansätzen im Bereich von 5% bis 25% für landwirtschaftlich genutzte Grundstücke ausgegangen (2012/2013 Vortragsreihe von HR DI Friedrich Bauer, Liegenschaftsbewertungsakademie GmbH Center of Valuation and Certification, Griesgasse 10 / III; A 8020 Graz).

Die Höhe der Bodenwertminderung wird überdies von den regionalen Bodenwerten insofern bestimmt, als mit zunehmender Höhe des Wertes die prozentuelle Wertminderung sinkt (siehe Abschnitt 1.4.3.).

3.2. Bodenwert

Zur Ermittlung des Bodenwertes wird praxisüblich das Vergleichswertverfahren gemäß § 4 Liegenschaftsbewertungsgesetz (LBG) angewandt. Als Vergleichsfaktoren können beispielsweise die Bodenbonität (Bodenklimazahl), Grundstücksgröße, Nutzung (zB Acker, Grünland), Lage, Geländeneigung usw. herangezogen werden.

3.2.1. Bonitätsklassen

Bei landwirtschaftlich genutzten Flächen ist zu prüfen, ob die Bodenwerte mit der Bodenbonität in Beziehung stehen.

Ergibt die Analyse keinen Zusammenhang, sind regionale Bodenwerte nach den ortsüblichen Nutzungen Grünland, Ackerland, Hutweiden, Streuwiesen, Bergmähder, Alpen anzunehmen.

Besteht ein Zusammenhang mit der Bonität, ist eine Preisanalyse unter Bezugnahme auf die Bodenklimazahl (= EMZ/Grundstücksfläche in Ar) und eine Aufteilung der Bodenwerte in mindestens vier Klassen vorzunehmen:

- Sehr gute Bonität,
- gute Bonität,
- mittlere Bonität,
- niedrige Bonität, das sind insbesondere Hutweiden, Streuwiesen und Steilflächen.

Alternativ kann, sofern sich dies aus der Analyse der Kauffälle mittels Regressionsanalyse ableiten lässt, anhand der vorgefundenen Preisverhältnisse eine entsprechende lineare oder logarithmische Funktion aufgestellt und für die Ermittlung der Bodenwerte herangezogen werden.

Für Alpflächen ist, sofern eine genügend große Anzahl an Vergleichswerten vorliegt, eine Aufteilung der Bodenwerte je nach den vorliegenden Gegebenheiten auf mindestens zwei bis drei Gruppen vorzunehmen:

- Gute Bonität,
- mittlere (durchschnittliche) Bonität,
- niedrige Bonität und Verwachsungsflächen.

3.2.2. Beispiel einer Vergleichspreisanalyse für landwirtschaftlich genutzte Grundstücke

Übersicht landwirtschaftlicher Grundstückstransaktionen im Bereich des Trassenverlaufes des Projektes einer 380 kV-Leitung:

KG	Gst.Nr.	m²	BKZ	€/m²
XX304	173/3	2.097	33,0	2,00
XX115	1067/2	9.000	33,3	3,33
XX244	237/1 ua	14.729	36,7	2,05
XX274	1168/4 ua	3.971	37,4	2,01
XX119	949/2	6.312	38,9	2,12
XX119	910/1 ua	6.389	41,8	2,19
XX110	317 ua	6.871	42,2	2,80
XX101	336/2	12.719	43,2	2,36
XX431	653, 654	5.647	43,7	3,90
XX104	411	13.743	44,1	2,40
XX120	327/3	17.416	44,2	2,30
XX152	110/1	8.398	44,3	2,20
XX120	605/2 ua	12.523	44,9	2,16
XX424	208 ua	23.999	45,3	3,00
XX319	1317/3 ua	8.188	46,0	3,05
XX247	1302/3 ua	11.034	46,7	1,90
XX430	2731	3.314	46,8	1,81
XX112	7/1	8.911	47,2	2,02
XX103	1797	8.251	47,3	2,50
XX105	363/2	10.238	47,5	3,25
XX157	320/1	1.176	48,5	1,70
XX107	358	6.907	50,3	2,00
XX214	3101	16.811	50,5	2,08
XX103	1803 ua	16.178	51,5	2,50
XX129	1265 ua	17.840	52,4	2,38
62157	379/4	3.431	53,3	4,37
XX214	3011	23.267	53,4	2,40
XX411	88/1, 88/2	26.695	53,4	4,00
XX274	608/9 ua	17.801	56,7	4,60
XX430	2311,2312	32.922	65,1	3,95

	BKZ	€/m²
Arithmetisches Mittel	46,3	2,64
Anzahl	30,0	30,00
Standardabweichung	6,7	0,79
Varianz	46,9	0,7
Irrtumswahrscheinlichkeit	0,062	0,035

3.2.2.1. Korrelation Bodenwert/Bodenklimazahl (BKZ)

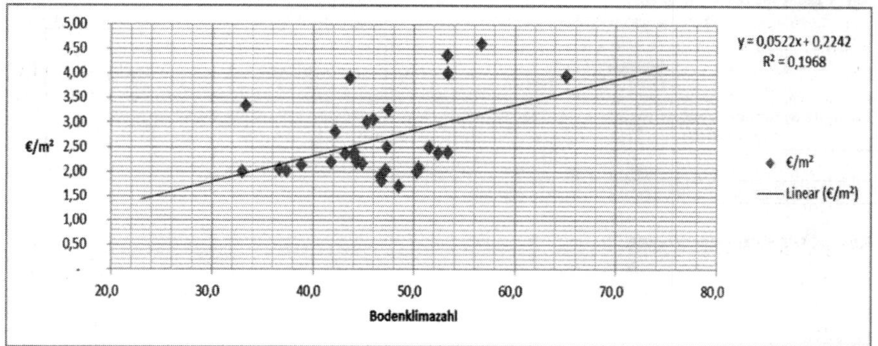

Als Basispreis für landwirtschaftliche Flächen wurde in dem Beispiel aus 30 Vergleichswerten ein arithmetisches Mittel von gerundet 2,65 Euro je m² bei einer Bodenklimazahl von 46,3 Punkten errechnet.

Durch die Korrelation von Bodenklimazahl und Bodenwert ergeben sich für Flächen geringer Ertragsfähigkeit Vergleichswerte unter 1,00 Euro und für gute Ackerstandorte Vergleichswerte von bis zu 5,00 Euro.

Für jeden Entschädigungsfall kann anhand der durchschnittlichen Bodenklimazahl des betroffenen Grundstücks der jeweilige individuelle Bodenwert errechnet werden.

BKZ	Wert
00–19,99	0,75
20–29,99	1,53
30–39,99	2,05
40–49,99	2,57
50–59,99	3,09
60–69,99	3,62
70–79,99	4,14
80–89,99	4,66
90–100	5,18

3.3. Oberirdische Leitungen

3.3.1. Überspannung

Der Verlauf und der Flächenanteil des Servitutsstreifens haben den größten Einfluss auf das Ausmaß der Wertminderung des Grundstücks und damit auf die Bodenwertminderung.

Bei reiner Überspannung ist überwiegend anzunehmen, dass es keine wesentlichen Einschränkungen bei der landwirtschaftlichen Bewirtschaftung gegenüber der bisherigen Nutzung gibt (siehe Abschnitt 2.1.).

In der folgenden Tabelle werden die Kriterien sowie die Bodenwertminderungssätze für die reine Überspannung in Abhängigkeit von der Klassifizierung in vier Bodenwertstufen (nieder, mittel, hoch, sehr hoch) dargestellt:

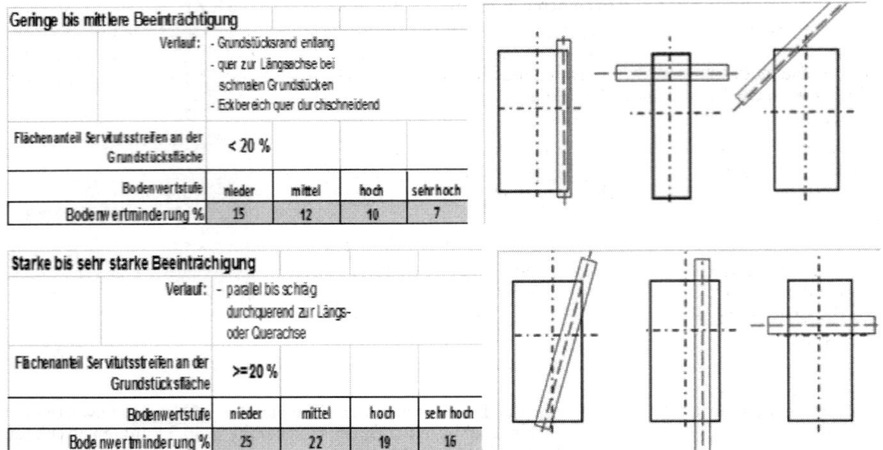

Geringe bis mittlere Beeinträchtigung				
	Verlauf:	- Grundstücksrand entlang - quer zur Längsachse bei schmalen Grundstücken - Eckbereich quer durchschneidend		
Flächenanteil Servitutsstreifen an der Grundstücksfläche		< 20 %		
Bodenwertstufe		nieder	mittel	hoch	sehr hoch
Bodenwertminderung %		15	12	10	7

Starke bis sehr starke Beeinträchigung				
	Verlauf:	- parallel bis schräg durchquerend zur Längs- oder Querachse		
Flächenanteil Servitutsstreifen an der Grundstücksfläche		>=20 %		
Bodenwertstufe		nieder	mittel	hoch	sehr hoch
Bodenwertminderung %		25	22	19	16

Im Zweifel ist grundsätzlich der nach den Bewertungskriterien ungünstigere Fall für die Einstufung der Beeinträchtigung maßgebend.

Ist die Beeinträchtigung derart schwerwiegend, dass infolge der Leitung die Nutzung des Grundstücks nur noch eingeschränkt möglich ist, ist eine Beurteilung im Einzelfall zu treffen.

3.3.2. Maststandorte

Die Bodenwertminderung durch Maststandorte setzt sich aus folgenden Komponenten zusammen:

- Behinderungsfläche
- Ertragsausfall durch das Mastfundament

3.3.2.1. Behinderungsfläche

Bei Maststandorten müssen folgende Komponenten berücksichtigt werden:

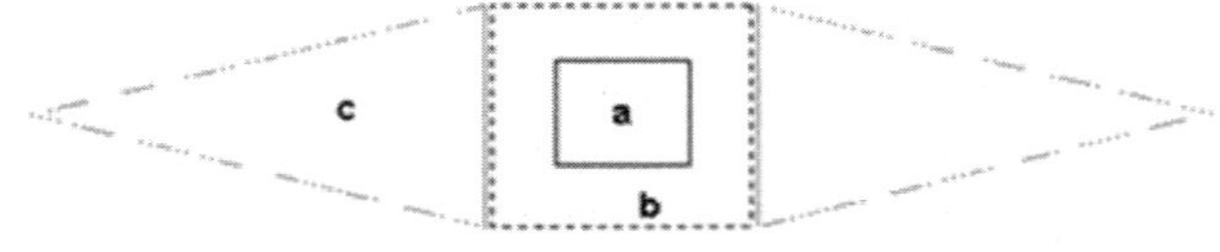

b = a + 4	a	Seitenlänge
(b*b)+((b*c/2)*2)	b	Seitenabstand, Seitenlänge plus 2m links und rechts
(b*b)+(b*c)	c	Höhe des Behinderungsdreiecks parallel zur Bearbeitungsrichtung; c c =20 m

• Mastaufstandsfläche MA (m^2) = a^2	Bodenwertminderung 100 %
• Mastumgebungsfläche MU (m^2) = $(b^2-a^2)+c*b$	Bodenwertminderung für die MU beträgt 50% für die Behinderung durch den Mast.

Die Bodenwertminderung des produktionswirtschaftlichen Anteils ist aufgrund des zusätzlichen durchschnittlichen Aufwandes je m^2 Behinderungsfläche und Jahr zu veranschlagen (zB Südoststeiermark im Jahr 2007: 0,12 Euro je m^2).

Für die Ermittlung des zusätzlichen Aufwands ist eine ortsübliche Fruchtfolge mit folgenden zusätzlichen jährlichen Aufwendungen zu berücksichtigen:

- Maschinenaufwand,
- Arbeitsaufwand,
- Unkrautbekämpfung,

- Hangneigung (erschwertes Befahren).

Für die Berechnung des Aufwandes je m² Behinderungsfläche ist die Summe der ermittelten jährlichen Aufwendungen je m² als unendlich kapitalisierte nachschüssige Rente zu kapitalisieren. Wesentlich dafür ist die laut Fachliteratur anzuwendende Methode für die Herleitung des Liegenschaftszinssatzes bei Landwirtschaft zum jeweiligen Stichtag.

Beispiel:

Durchschnittlicher erhöhter jährlicher Aufwand für die Behinderungsfläche: 0,12 € / m²

Liegenschaftszinssatz Landwirtschaft: 3,5% → Kapitalisierungsfaktor: 28,57142857

*zusätzlicher Aufwand/m² = 0,12 € * 28,57142857 = 3,43 €/m².*

3.3.2.2. Ertragsausfall durch das Mastfundament

Da auf der Fundamentfläche und im Nahbereich von Masten bei Maschineneinsatz kein Anbau und somit keine Erträge möglich sind, ist bei der Bodenwertminderung des produktionswirtschaftlichen Anteils der Ertragsausfall (E) der ortsüblich unterstellten Fruchtfolge je m² zusätzlich zu berücksichtigen.

Beispiel:

Ertrag aus der ortsüblichen Fruchtfolge: 0,28 €/m²/Jahr

Liegenschaftszinssatz: 3,5%

*E = 0,28 €/m²/Jahr * 28,57142857 = 8,00 €/m²*

Die Ertragsausfallsfläche (AE) in m² wird aufgrund der Dimension des Mastfundamentes wie folgt berechnet:

a = Seitenlänge a des Fundamentes in m

AE= Ertragsausfallsfläche in m²

AE = (a + 5)²

Ertragsausfall = AE * E in EURO

3.3.3. Zusammenfassung des Ermittlungsablaufes

Die Bodenwertminderung der landwirtschaftlichen Flächen wird folgendermaßen ermittelt:

1. Ermittlung des Bodenwertes des Grundstücks anhand der Bodenklimazahl.
2. Feststellung der Beeinträchtigung (Lage und Flächenanteil des Servitutsstreifens am Grundstück).
3. Prüfung, ob bereits Leitungsrechte auf den betroffenen Grundstücken vorhanden sind.
4. Berechnung der Bodenwertminderung durch Überspannung bezogen auf die Servitutsstreifenfläche (Prozentrechnung).
5. Berechnung der Bodenwertminderung für Maststandorte.

3.3.4. Berechnungsbeispiel, 380 kV-Leitung

3.3.4.1. Ermittlung Bodenwert

Bodenklimazahl		Bodenwert gerundet lt. F(x) €/m²
von	bis	
0,1	19,99	0,75
20	29,99	1,53
30	39,99	2,05
40	49,99	2,57
50	59,99	3,09
60	69,99	3,62
70	79,99	4,14

=>

durchschnittliche BKZ:	42,60	
Vergleichswert BKZ:	2,57	€/m²

3.3.4.2. Überspannung

3.3.4.2.1. Bodenwertminderung für Überspannung

Servitutsfläche m²:		48.505		
Entschädigung €:		69.119,63		
Beeinträchtigung:			stark bis sehr stark	
Art der Belastung und Bodenwertstufe:			22,00%	
Durch Leitungsservitut vorbelastet:			2,50%	
Bodenwertminderung Servitutsstreifen:			19,50%	
durchschnittliche BKZ:		42,60		
ermittelter Bodenwert BKZ:		2,57	€/m²	

Bodenwert €/m²	Servituts-fläche m²	Bodenwert Servitutsstreifen €	Bodenwert-minderung in %	Bodenwert-minderung €
2,57	48.505	124.657,85	19,50%	24.308,28

3.3.4.3. Mast

3.3.4.3.1. Flächenberechnung

Flächenberechnung			
Mastspreizung	a	9,5	m
Länge Behinderungsdreieck	c	20	m
Mastaufstandsfläche	MA (m²)= a²	90	m²
Mastumgebungsfläche	MU (m²) = (b²-a²)+c*b	362	m²
Mastfläche		452	m²
Ertragsausfallsfläche	AE = (a + 5)²	210	m²

3.3.4.3.2. Bodenwertminderung, Wirtschaftserschwernis

Bodenwertminderung						
Bodenwertminderung Mastfläche						
ermittelter Bodenwert	2,57 €/m²					
				Bodenwertminderung		Bodenwert-minderung €
			Wert €	%	€	
Mastaufstandsfläche		90 m²	231,3	100%	231,30	
Mastbehinderungsfläche		362 m²	930,34	50%	465,17	
Bodenwertminderung Mast						696,47
Bodenwertminderung Arbeitsmehraufwand						
€/m²/Jahr	Zinssatz %	Kapitali-sierungs-faktor	€/m²	Fläche m²	Wert-minderung €	
0,12	3,50	28,57	3,43	452	1.550,36	1.550,36
Bodenwertminderung Ertragsausfall						
€/m²/Jahr	Zinssatz %	Kapitali-sierungs-faktor	€/m²	Ertrags-ausfalls-fläche m²	Wert-minderung €	
0,28	3,50	28,57	8,00	210	1.680,00	1.680,00
Bodenwertminderung Summe						3.926,83

3.3.4.4. Auswertung, Zusammenfassung

	Fläche m²	Entschädigungs-betrag €	**steuerfrei** Bodenwert-minderung €	**steuerpflichtig** restlicher Entschädigungs-betrag €
Mast auf Landwirtschaft	452	9.303,50	3.926,83	5.376,67
Überspannnung LN	48.505	69.119,63	24.308,28	44.811,34
Sockelbetrag		510,00		510,00
Summe		78.933,13	30.035,11	48.898,01
Prozentuelle Aufteilung			38%	62%
Pauschalierung Rz 5174 EStR 2000 ldw. Nutzfl und Mastfläche 45:55		50.000,00	22.500,00	27.500,00
übersteigender Betrag		28.933,13 1)	10.994,59	17.938,54
Summe			**33.494,59**	**45.438,54**
Prozentuelle Aufteilung			42%	58%
bei Vollpauschalierung: steuerfrei sind Bodenwertminderung, Ertragsausfall und Wirtschaftserschwernis			**33.494,59**	**45.438,54**

1) Die Aufteilung des 50.000 € übersteigenden Betrages von 28.933,13 € erfolgt entsprechend dem ermittelten Aufteilungsprozentsatz von 38% bzw. 62%. Dementsprechend ist ein Betrag von 10.994,59 € (38%) steuerfrei und ein Betrag von 17.938,54 (62%) steuerpflichtig.

3.4. Unterirdische Leitungen

3.4.1. Beeinträchtigungsgrade aufgrund des Leitungsverlaufs

In den Verträgen sind nicht nur die betroffenen Grundstücke anzuführen, sondern es ist auch der Plan mit dem Verlauf der Leitung beizulegen.

Die Beeinträchtigungsgrade können direkt aus dem Servitutsstreifenverlauf und aus dem Verhältnis Servitutsfläche zur Grundstücksgröße abgeleitet werden. Der ungünstigere Beeinträchtigungsgrad ist für die Bodenwertminderungsberechnung heranzuziehen.

Da die Breiten der Servitutsflächen von unterirdischen Leitungen in der Regel wesentlich geringer, die Belastungen auf der Servitutsfläche jedoch differenzierter sind, werden vier Beeinträchtigungsgrade je Bodenwertstufe unterschieden:

Beeinträchtigungsgrad		Verlauf des Servitutsstreifens	Flächenanteil Servitutstreifen/ Grundstück		Bodenwertstufen Bodenwertminderung			
			von	bis	nieder	mittel	hoch	sehr hoch
1	gering	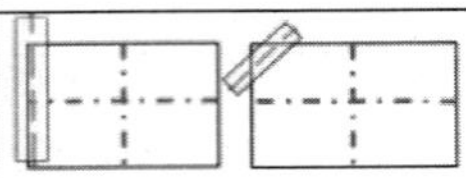	<10%		10,0%	10,0%	8,0%	7,0%
2	mittel	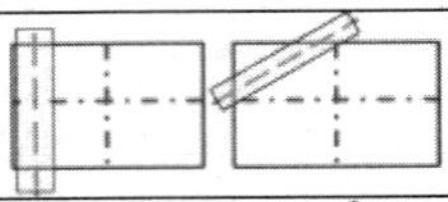	10,0%	24,9%	15,0%	13,0%	12,0%	11,0%
3	stark	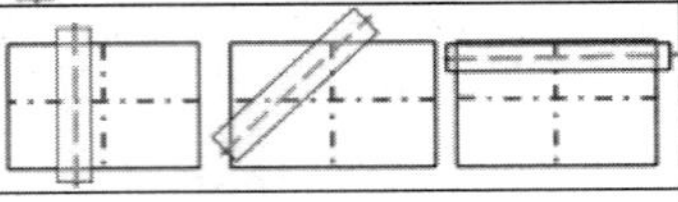	25,0%	50,0%	20,0%	18,0%	16,0%	15,0%
4	sehr stark	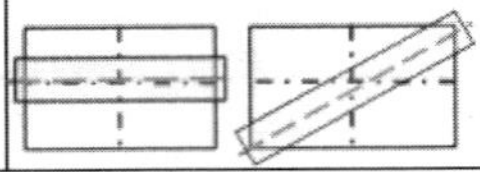	> 50 %		30,0%	25,0%	22,0%	19,0%

3.4.2. Weitere Einflüsse – Korrekturfaktoren

Durch Korrekturfaktoren sollen folgende Einflüsse auf die Bodenwertminderung sachgerecht berücksichtigt werden:

- Leitungsdurchmesser
- Thermische Auswirkungen auf die Leitungsumgebung
- Bodenbonität – Bodenklimazahl des Grundstücks (= EMZ/Fläche in Ar)
- Vorbelastung durch ein Leitungsrecht (Berücksichtigung eines Abschlages von 2,5% gemäß Abschnitt 2.4.)

3.4.2.1. Leitungsdurchmesser

Da Leitungen unterschiedliche Dimensionen haben und verschiedenste Stoffe transportieren, können technische Maßnahmen erforderlich sein, die neben der Verlegung der Leitung selbst und der Einräumung des Leitungsrechtes darüber hinausgehende Auswirkungen auf die Umgebung haben.

Alle Gasleitungen oder andere Rohrleitungen mit einem Rohrdurchmesser von 1 Meter und mehr erfordern eine entsprechend tiefe Verlegung und damit massivere Eingriffe in die Bodenstruktur sowie Verwendung von entsprechend schweren Baumaschinen, weshalb die Beeinträchtigung oft über die eigentliche Servitutsfläche hinausgeht. Überdies können Leit- bzw. Sperreffekte und andere nicht vorhersehbare Auswirkungen im Boden auftreten. Daher werden die Bodenwertminderungsansätze in diesen Fällen mit dem Faktor 1,5 multipliziert.

Davon bestehen folgende Ausnahmen, in denen kein derartiger Korrekturfaktur zu berücksichtigen ist:

- Leitungen, bei denen die Servitutsfläche auch einen zusätzlich frei zu haltenden Arbeitsstreifen umfasst.
- Die Gesamtbreite des Servitutsstreifens überschreitet den dreizehnfachen Wert des Rohrleitungsdurchmessers.

In beiden Fällen wirkt sich eine höhere Belastung bereits durch die Ausmessung der größeren Servitutsfläche aus.

3.4.2.2. Thermische Auswirkungen auf die Leitungsumgebung

Leitungen können aufgrund technischer Erfordernisse eine wesentliche Wärme- oder Kälteabstrahlung verursachen, die zusätzliche Auswirkungen auf den Boden haben. Zu diesem Leitungstyp gehören Gashochdruckleitungen. Das bedeutet auch einen weiteren meist auch an der Oberfläche erkennbaren Mangel, der eine zusätzliche Wertminderung für das belastete Grundstück bedeutet.

Daher ist bei Leitungen, die eine wesentliche Wärme- bzw. Kälteabstrahlung an den umgebenden Boden verursachen, die Bodenwertminderung bzw. das Produkt aus Bodenwertminderung und Leitungsdurchmesser mit 1,1 zu vervielfachen.

Ausgenommen davon sind Leitungen, bei denen die Schäden durch thermische Einflüsse von den Leitungsbetreibern laufend (meist jährlich) abgegolten werden. In diesen Fällen liegt keine dauerhafte Ertragswertminderung vor.

Unter Berücksichtigung des Korrekturfaktors für Leitungsdurchmesser und/oder für thermische Auswirkungen ergibt sich ein korrigierter Bodenwertminderungssatz als Ausgangsgröße für die allfällige Berücksichtigung weiterer Korrekturfaktoren.

3.4.2.3. Bodenklimazahl des Grundstücks (= EMZ/Fläche in Ar)

Ein wesentlicher Teil des produktionswirtschaftlichen Anteils am Bodenwert wird durch die Ertragsfähigkeit des Bodens bestimmt. Inwieweit die Grabungsarbeiten bei der Leitungsverlegung einen wesentlichen Einfluss auf den Boden haben, ist insbesondere von der Breite und Tiefe der Künette abhängig. Dazu zählen Gasleitungen sowie Leitungen mit Künettenbreiten ab 2 m und -tiefe ab 1,5 m oder wenn die Rohrdurchmesser 0,5 m und mehr betragen.

Störungen des Bodenprofils bedeuten mit zunehmender Bodenbonität eine stärkere Beeinträchtigung der Ertragsfähigkeit gegenüber dem Urzustand. Um diese Tatsache zu berücksichtigen, wird durch Korrekturfaktoren in Abhängigkeit von der Bodenklimazahl des betroffenen Grundstücks, nach allfälliger Berücksichtigung der zuvor genannten Faktoren, der Bodenwertminderungsfaktor mit folgenden Korrekturfaktoren vervielfacht:

Voraussetzungen:

- Gasleitung
- durchschnittlicher Leitungsrohrdurchmesser ≥ 0,50 m
- oder durchschnittliche Künettenbreite mindestens 2 Meter und Tiefe ≥ 1,5 m

Bodenklimazahl		**Korrekturfaktor**
von	**bis**	
0,1	19,99	1,00
20	39,99	1,10
40	59,99	1,20
60	79,99	1,30
80	100	1,40

3.4.3. Zusammenfassung des Ermittlungsablaufs für landwirtschaftliche Grundstücke

Folgende Schritte sind bei der Berechnung der Bodenwertminderung eines landwirtschaftlichen Grundstücks durchzuführen:

1) Ermittlung des Bodenwertes zum Stichtag
2) Prüfung der wertrelevanten Faktoren, zB Grundstückgröße, Bonität (Bodenklimazahl)
3) Erhebung des Beeinträchtigungsgrades durch die Erhebung des Verlaufs und des Flächenanteils des Servitutsstreifens an der Grundstücksfläche
4) Berücksichtigung von Korrekturfaktoren hinsichtlich:
   a) Leitungsdurchmesser
   b) thermische Auswirkungen
   c) Bodenklimazahl
5) Vorbelastung durch Leitungsrecht (Abschlag von 2,5%).
6) Berechnung der Summe der prozentuellen Bodenwertminderung für die Servitutsfläche
7) Berechnung der Bodenwertminderung (%-Satz der Bodenwertminderung x Bodenwert der Servitutsfläche)

3.4.4. Berechnungsbeispiel für eine Gasleitung

1. Grundstück			
	Fläche	45.000	m²
	EMZ	19.500	
	Bodenklimazahl	**43**	
	Leitungsservitut vorhanden Ja/Nein	ja	
	Bodenwert	**1,85**	**EURO/m²**
	Verkehrswert Grundstück	83.250,00	EURO
2. Servitutsstreifen			
	Fläche	6.000	m²
	Breite	15,00	m
	Länge	400,00	m
	Verkehrswert Servitutsfläche	11.100,00	EURO
3. Korrekturfaktoren			
Durchschnittlicher Leitungsdurchmesser größer gleich 1 Meter	Ja/Nein	**Ja**	
Thermische Auswirkungen	Ja/Nein	**ja**	
4. Berechnung Bodenwertminderung:			
Flächenanteil an Gst-Fläche		13%	
Beinträchtigungsgrad Lage Servitutsstreifen: (1=gering, 2= mittel, 3=stark, 4=sehr stark)		2	15,0%
Bodenwertstufe		nieder	
Korrekturfaktor Leitungsdurchmesser >= 1,0 m		1,5	22,5%
Korrekturfaktor Thermische Auswirkungen		1,1	24,8%
Korrekturfaktor Bodenklimazahl		1,2	29,7%
Bodenwertminderung nach Korrekturfaktoren			***29,7%***
Servitut vorhanden ja		ja	-2,5%
	Bodenwertminderung für die Servitutsfläche		**27,2%**
		3.019,20	**EURO**

4. Bodenwertminderung bei Bauland

Bei Bauland (Wohn-, Gewerbe-, Industriegebiete usw.) besteht die Wertminderung der Liegenschaft durch ober- und unterirdische Leitungen insbesondere durch die damit verbundene Einschränkung der Bebaubarkeit.

4.1. Bodenwert

Als Bodenwert für Bauland (Wohn-, Gewerbe-, Industriegebiete usw.) ist stets der gemeine Wert zum Zeitpunkt des Verpflichtungsgeschäftes zugrunde zu legen.

Abweichend vom Abschnitt 1.5. sind die rechtlichen Gegebenheiten und tatsächlichen Eigenschaften zum maßgeblichen Stichtag (Zeitpunkt des Verpflichtungsgeschäftes) zugrunde zu legen. Bei konkretem Nachweis sind die rechtlichen Gegebenheiten und tatsächlichen Eigenschaften, die zum maßgeblichen Stichtag mit hinreichender Sicherheit vorhersehbar waren, zu berücksichtigen.

4.2. Bodenwertminderung durch eine ober- oder unterirdische Leitung

Für Wohngebiete werden die angesetzten Prozentsätze der Bodenwertminderung nach Tabelle von Bauer 2012/2013 (Vortragsreihe von HR DI Friedrich Bauer, Liegenschaftsbewertungsakademie GmbH Center of Valuation and Certification, Griesgasse 10 / III; A 8020 Graz) verdreifacht und für Industrie- und Gewerbegebiete verdoppelt.

Für Hochspannungsleitungen über 110 kV ist überdies der Korrekturfaktor 1,5 anzuwenden.

Der Beeinträchtigungsgrad für eine Leitung ist entsprechend der Verkehrswertstufe und Verlauf des Leitungsservitutes auf dem belasteten Grundstück mittels untenstehender Tabelle (DI Friedrich Bauer 2012/2013) einzuschätzen.

Belastete Fläche	Stufe	ortsübl. Verkehrswertstufen in €/m²			
		nieder	mittel	hoch	sehr hoch
	1	8	7	6	5
	2	10	8	7	6
	3	15	13	11	10
	4	20	17	15	13
	5	20	17	15	13
	6	25	22	19	16

4.3. Berechnungsbeispiel einer Bodenwertminderung von Bauland (Gewerbegebiet)

Servitutsfläche einer 380 kV-Leitung: 200 m²

Bodenwert: 30,00 €/m² (= niedrige Verkehrswertstufe)

Belastungs-stufe	Minderungs-satz	Korrekturfaktor wegen Bauland/Gewerbe-gebiet	Zusätzlicher Korrekturfaktor wegen 380 kV-Leitung	Bodenwert-minderung in %
2	10,0%	2,0	1,5	30,0%

Boden-wert €/m²	Servituts-fläche m²	Wert Servitutsstreifen €	Bodenwert-minderung %	Bodenwert-minderung €
30,00	200	6.000,00	30,00%	1.800,00

5. Forstwirtschaftlich genutzte Flächen

5.1. Bodenwert

Für den Bodenwert von forstwirtschaftlich genutzten Liegenschaften ist der gemeine Wert zugrunde zu legen (siehe Abschnitt 1.3.).

Der Wert des Waldbodens ist von folgenden Faktoren abhängig:

- Bonität (Ertragsfähigkeit des Standorts)
- Bringungsverhältnisse, welche sich in den Bringungskosten niederschlagen
  - Neigung
  - Geländeform
  - Bringungsdistanz
- Lokales Preisniveau

Der Bodenwert forstwirtschaftlich genutzter Liegenschaften zu einem Stichtag ist in der Regel über die tatsächlich gezahlten Preise für Vergleichsliegenschaften zu ermitteln (siehe dazu auch Abschnitt 1.4. sowie 1.4.2.).

Die Problematik von Vergleichswerten bei forstwirtschaftlich genutzten Grundstücken besteht darin, dass im Regelfall keine ausreichende Anzahl von Vergleichswerten von unbestockten Waldbodenflächen vorhanden ist, aus denen unmittelbar Bodenwerte abgeleitet werden können (Bewertungskatalog für Ziviltechniker [2005] Bewertungsgrundsatz F-1.1-05). Daher haben sich folgende Verfahren für die Ermittlung von Waldbodenwerten aus Vergleichspreisen etabliert:

5.1.1. Vergleichswerte forstwirtschaftlich genutzter Liegenschaften

Bei Vorliegen einer ausreichenden Anzahl (das Konfidenzintervall ist abhängig von erforderlicher Genauigkeit, Mittelwert, Standardabweichung und Stichprobenumfang) von Waldvergleichswerten innerhalb einer Region ist es zulässig, den durchschnittlichen Waldbodenwert mit 50% der Waldvergleichswerte festzulegen.

5.1.2. Vergleichswerte landwirtschaftlich genutzter Liegenschaften

Liegen keine Waldvergleichspreise in ausreichender Anzahl und Qualität in einer Region vor, kann von folgender Relation der Bodenpreise ausgegangen werden: Waldboden : Wiese : Acker = 1 : 2 : 3 (in landwirtschaftlich intensiv genutzten Gebieten kann das Verhältnis allerdings wesentlich weiter auseinander liegen). Das bedeutet, dass der Waldboden mit vergleichbarer Bodenqualität und Lage zu landwirtschaftlichen Böden in der Regel mit der Hälfte des ortsüblichen Preises für mittlere Wiesen oder bis zu einem Drittel des Preises für Ackerland zu bewerten ist.

Da bei Waldböden in der Regel geringere Bodengüte und Lagenachteile gegenüber landwirtschaftlich genutzten Flächen gegeben sind, müssen Abschläge für geringere Bodenbonitäten und Bringungserschwernisse aufgrund Steilheit des Geländes und sonstige ungünstige Bringungsverhältnisse bei der Anwendung von Preisrelationen zu landwirtschaftlich genutzten Flächen berücksichtigt werden.

5.2. Bodenwertminderung forstlich genutzter Liegenschaften

5.2.1. Oberirdische Einbauten

Oberirdische Einbauten sind insbesondere Masten, Servicezugänge zu Rohren und Tunneln und dergleichen. Bei Strommasten ist die Aufstandsfläche des Mastes maßgebend.

Die Bodenwertminderung beträgt für die aufgrund oberirdischer Einbauten in Anspruch genommene Waldfläche 100% des anzuwendenden Bodenwertes für Waldboden. Übersteigt eine Entschädigungszahlung für oberirdische Einbauten 100% des gemeinen Wertes der in Anspruch genommene Waldfläche, wird mit dem übersteigenden Anteil keine Bodenwertminderung mehr abgegolten; dieser Anteil ist daher steuerpflichtig.

5.2.2. Servitutsflächen mit weiterhin uneingeschränkter Holznutzung auf dem Servitutsstreifen

Bei Servitutsflächen mit weiterhin uneingeschränkter Holznutzung auf dem Servitutsstreifen ist die Bodenwertminderung entsprechend Abschnitt 3.3.1. und Abschnitt 2.4. zu ermitteln. Übersteigt eine Entschädigungszahlung für eine Waldbodenfläche mit weiterhin uneingeschränkter Holznutzung den gemäß Abschnitt 3.3.1. und Abschnitt 2.4. ermittelten Wert der Bodenwertminderung, ist der übersteigende Anteil der Entschädigungszahlung steuerpflichtig.

5.2.3. Servitutsflächen ohne weitere mögliche Holznutzung auf dem Servitutsstreifen

Bei Servitutsflächen ohne weitere mögliche Holznutzung auf dem Servitutsstreifen sind die doppelten Wertminderungssätze der entsprechend Abschnitt 5.2.2. ermittelten Bodenwertminderung zugrunde zu legen. Übersteigt eine Entschädigungszahlung für eine Waldbodenfläche ohne weitere mögliche Holznutzung diesen Wert, ist der übersteigende Anteil steuerpflichtig.

5.3. Ertragsausfälle und Wirtschaftserschwernisse im Forst

Gemäß Rz 4182 sind bei voll- und teilpauschalierten Betrieben Entschädigungen für Ertragsausfälle und Wirtschaftserschwernisse, soweit sie nicht das laufende Jahr betreffen und in einem Betrag zufließen, grundsätzlich dann gesondert anzusetzen, wenn es aus diesem Grund zu einer Neuberechnung des (land- und forstwirtschaftlichen) Einheitswertes gekommen ist (vgl. VwGH 19.03.1970, 1120/68). Davon sind im forstlichen Bereich insbesondere betroffen:

- Entschädigungen im Zusammenhang mit der Errichtung von (Leitungs-)Trassen (Randschäden vermindern den Zuwachs)
- Entschädigungen für die „Hiebsunreife“ (VwGH 28.09.1962, 0588/63)
- Entschädigung für die Schlägerung zur Unzeit und Verblauung

5.3.1. Grundlagen zur Bewertung von Bestandesschäden

Die Verfahren zur Ermittlung von wertrelevanten Bestandesmerkmalen müssen dem Stand der Technik und forstfachlichen Genauigkeitskriterien entsprechen.

Der Bewertungsstichtag für Bestandesschäden ist bei freiwilliger Rechtseinräumung der Zeitpunkt der Unterzeichnung der Entschädigungsvereinbarung, bei zwangsweiser Rechtseinräumung der Zeitpunkt der Rechtskraft der entsprechenden Entscheidung.

5.3.2. Holzerlöse

Die Holzerlöse zum Bewertungsstichtag sind sortimentsscharf zu berechnen. Dabei kann auf Publikationen und Marktberichte zurückgegriffen werden.

5.3.3. Holzerntekosten

Die ortsüblichen Holzerntekosten zum Bewertungsstichtag sind getrennt nach Endnutzung und Vornutzung in Abhängigkeit vom Bestandesalter zu ermitteln. Dabei sind regionaltypische Besonderheiten (insbesondere Preisniveau von Facharbeitskräften) zu berücksichtigen.

5.4. Grundsätze zur Beurteilung einzelner Entschädigungskomponenten

5.4.1. Randschäden

Randschäden sind Schäden im verbleibenden Bestand entlang des Servitutsstreifens, welche zu einer Minderung des Bestandeswertes bei benachbarten Beständen führen.

Für eine pauschale Bewertung von Randschäden ist einmalig ein Bestandeswertverlust in Höhe von 20% durch Qualitätsverluste am verbleibenden Bestandesrand auf einer Wirkungstiefe von 25 m je Seite gerechtfertigt (dies ist ca. die 1-fache Baumlänge eines Durchschnittsbestandes). Bei beidseitigen Bestandesrändern können Randschäden auf einer Fläche von 50 m² je lfm Servitutsstreifen berücksichtigt werden.

Da im Regelfall bei Dienstbarkeits- und Nutzungsübereinkommen geregelt ist, dass der Leitungseigentümer bzw. der Leitungsbetreiber für Windbruch- oder sonstige als Folge des Trassenfreihiebes bedingte Randschäden schadenersatzpflichtig ist, sind Schäden, welche die pauschal angesetzte Bestandeswertminderung überschreiten, nachzuweisen und unterliegen einer individuellen Beurteilung durch die Finanzverwaltung.

Anhang VI

Für Randschäden geleistete Zahlungen unterliegen bis zu einem Betrag von 20% des Bestandeswertes der von Randschäden betroffenen Bestände der Voll- bzw. Teilpauschalierung. Bei übersteigenden Beträgen müssen die Randschäden individuell nachgewiesen werden, um im Rahmen der Voll- bzw. Teilpauschalierung behandelt werden zu können. Beträge, die über das Ausmaß einer Schadensvergütung hinausgehen, sind steuerpflichtig. Außerhalb der Pauschalierung sind derartige Entschädigungen jedenfalls steuerpflichtig (vgl. Rz 5174).

5.4.2. Hiebsunreife – Abtriebswert

Die Hiebsunreife ergibt sich aus der Differenz von Bestandeswert und aktuellem Abtriebswert auf der Servitutsfläche und ist nach forstfachlichen Kriterien im Einzelfall zu ermitteln. Unter dem Titel der Hiebsunreife geleistete Zahlungen sind in dem Umfang von der Voll- bzw. Teilpauschalierung erfasst, als sie entsprechend forstfachlicher Beurteilung eine Schadensabgeltung darstellen. Beträge, die über dieses Ausmaß hinausgehen, sind steuerpflichtig. Außerhalb der Pauschalierung sind derartige Entschädigungen jedenfalls steuerpflichtig (vgl. Rz 5174).

5.4.3. Nutzung zur Unzeit

Eine Nutzung zur Unzeit ist dann gegeben, wenn Holzwertminderungen auftreten, weil projektbedingt Nutzungen auf dem Servitutsstreifen außerhalb der Saftruhe erfolgen mussten.

Erfahrungsgemäß ist im Zusammenhang mit Servitutsbelastungen eine Nutzung zur Unzeit nicht gegeben, da im Regelfall für die Durchführung der Nutzung ausreichend Vorlaufzeiten vorhanden sind. Die sachliche Rechtfertigung für die Leistung einer Entschädigung aus dem Titel der Nutzungen zur Unzeit muss individuell nachgewiesen werden können, um im Rahmen der Voll- bzw. Teilpauschalierung erfasst werden zu können. Soweit ein Schaden aus der Nutzung zur Unzeit nicht gegeben ist, ist eine allfällig unter diesem Titel geleistete Zahlung steuerpflichtig. Außerhalb der Pauschalierung sind derartige Entschädigungen jedenfalls steuerpflichtig (vgl. Rz 5174).

5.4.4. Bewirtschaftungserschwernisse

Die sachliche Rechtfertigung für die Leistung einer Entschädigung aus dem Titel von Bewirtschaftungserschwernissen muss individuell nachgewiesen werden können, um im Rahmen der Voll- bzw. Teilpauschalierung erfasst werden zu können. Soweit eine Beeinträchtigung nicht gegeben ist, ist eine allfällig unter diesem Titel geleistet Zahlung bei Voll- und Teilpauschalierung nicht steuerfrei. Außerhalb der Pauschalierung sind derartige Entschädigungen jedenfalls steuerpflichtig (vgl. Rz 5174).

5.4.5. Schlägerungs- und Räumungskosten

Der Ersatz von Schlägerungs- und Räumungskosten ist jedenfalls steuerpflichtig (vgl. Rz 5174), sodass sich eine gesonderte Ermittlung erübrigt.

5.4.6. Dauernder Nutzungsentgang

Der dauernde Nutzungsentgang besteht aus der Differenz des Ertragswertes zwischen den jeweiligen Bestandesverhältnissen mit ihren spezifischen Nutzungspotentialen und dem vollständigen Nutzungsentgang bei Entfall der Holzzuwachspotentiale auf dem Servitutsstreifen. Erfahrungsgemäß kann der Durchschnittswert des dauernden Nutzungsentgangs mit 50% des durchschnittlichen gemeinen Wertes von Wald bzw. mit 100% des gemeinen Wertes des Waldbodens auf dem Servitutsstreifen festgesetzt werden. Übersteigt eine Entschädigung aus dem Titel dauernder Nutzungsentgang diesen Wert, muss, der Wert des dauernden Nutzungsentgangs individuell nachgewiesen werden, um im Rahmen der Voll- bzw. Teilpauschalierung erfasst werden zu können. Bei einer Entschädigung für dauernden Nutzungsentgang außerhalb der Pauschalierung sind derartige Entschädigungen jedenfalls steuerpflichtig (vgl. Rz 5174).

6. Literatur

- Bienert, Funk (HRSG), Immobilienbewertung Österreich Edition ÖVI Immobilienakademie – ÖVI Immobilienakademie Betriebs-GmbH 1040 Wien, Juli 2010
- Univ.-Prof. Dr. Ferdinand Kerschner, Funktion der Liegenschaftsbewertung bei der Bemessung der Enteignungsentschädigung (Der Sachverständige, Heft 3/2006)
- Heimo Kranewitter, Liegenschaftsbewertung, 5. Auflage 2007
- Manfred Köhne, Landwirtschaftliche Taxationslehre, 4. Auflage, Stuttgart 2007
- Bundesministerium für Verkehr, Bau- und Wohnungswesen und Bundesministerium der Finanzen in der Bundesrepublik Deutschland, Musterrichtlinie über Bodenrichtwerte 2000
- Gutachterausschüsse für Grundstückswerte in Hessen, Generalisierte Bodenwerte für den Bereich des Wetteraukreises zum Stichtag 01.01.2010
- Ralf Kröll, Rechte und Belastungen bei der Verkehrswertermittlung von Grundstücken, 2. Auflage 2004
- Klaus B. Gablenz, Rechte und Belastungen in der Grundstücksbewertung, 3. Auflage 2003
- Univ.-Prof. Dipl.-Ing. Dr. Helmut Haimböck; Ermittlung des Kapitalisierungsfaktors für das Jahr 2014; Datenzeitraum: letzte 30 Jahre; Der Sachverständige, Heft 3/2014
- Kleiber Simon, Verkehrswertermittlung von Grundstücken, 6. Auflage 2010
- Rössler/Langer fortgeführt von Simon, Kleiber, Joerts, Simon, Schätzung und Ermittlung von Grundstückswerten, 8. Auflage 2004
- Ergänzende Empfehlung des Hauptverbandes der allgemein beeideten gerichtlichen Sachverständigen Österreichs zum Kapitalisierungszinsfuß; Der Sachverständige, Heft 2/1997
- Stabentheiner, Liegenschaftsbewertungsgesetz (LBG), Manz Sonderausgabe 78, 1992
- Liegenschaftsbewertungsakademie 2012/2013, Vortragsreihe von HR DI Friedrich Bauer, Wertermittlung von Rechten und Lasten, Enteignung und Entschädigung, Allgemeine Grundlagen der Liegenschaftsbewertung, Besondere bewertungsrelevante Rechtsnormen; Liegenschaftsbewertungsakademie GmbH Center of Valuation and Certification Griesgasse 10 / III; A 8020 Graz

(BMF-AV Nr. 2021/65)

2. Einkommensteuer-Erlässe

Inhaltsverzeichnis

2/1.

Liste der begünstigten Spendenempfänger gemäß § 4a EStG 1988

Die Liste der begünstigten Spendenempfänger gemäß § 4a EStG 1988 kann auf der Website des BMF unter folgender Adresse abgerufen werden:

https://service.bmf.gv.at/service/allg/spenden/_start.asp

2/2.

BMF-AV Nr. 136/2017

Steuerliche Behandlung von Einlagenrückzahlungen sowie Evidenzierung von Einlagen und Innenfinanzierung gemäß § 4 Abs. 12 EStG 1988 (Einlagenrückzahlungs- und Innenfinanzierungserlass)

(Erlass des BMF vom 27.09.2017, BMF-010203/0309-IV/6/2017, BMF-AV Nr. 155/2017)

Mit dem AbgÄG 2015, BGBl. I Nr. 163/2015, wurden die steuerlichen Rahmenbedingungen für Einlagenrückzahlungen und offene Ausschüttungen neu geregelt. Das Bundesministerium für Finanzen legt im vorliegenden Erlass seine Rechtsansicht zur Auslegung von § 4 Abs. 12 EStG 1988 idF AbgÄG 2015, BGBl. I Nr. 163/2016, dar. Zudem werden mit diesem Erlass der bisherige Einlagenrückzahlungserlass vom 31.03.1998, 06 0257/1-IV/6/98 und die bisherige Information des BMF zur erstmaligen Ermittlung des Standes der Innenfinanzierung von Kapitalgesellschaften vom 04.11.2016, BMF-010203/0359-VI/6/2016, aufgehoben. Die Rechtsansicht des Bundesministeriums für Finanzen zu den Auswirkungen von Umgründungen auf die Innenfinanzierung gemäß der Innenfinanzierungsverordnung (IFVO), BGBl. II Nr. 90/2016, wird in den Umgründungssteuerrichtlinien 2002 dargelegt und ist nicht Gegenstand dieses Erlasses.

Hinweis

Da für kleine und mittelgroße GmbH bilanzielle Erleichterungen bestehen, kann die Evidenzkontoführung vereinfacht erfolgen. Zu näheren Ausführungen samt Beispielen siehe Anhang I. Weiters ist in Anhang II eine tabellarische Kurzübersicht über mögliche Eigenkapitalbewegungen und ihre Auswirkungen auf die Evidenzkonten enthalten.

1. Voraussetzungen für Einlagenrückzahlungen und offene Ausschüttungen nach § 4 Abs. 12 EStG 1988

1.1. Allgemeines

Mit dem AbgÄG 2015 wurde die Regelung über Einlagenrückzahlungen von Körperschaften gemäß § 4 Abs. 12 EStG 1988 neu ausgestaltet, indem sie um den – erstmals bereits mit dem StRefG 2015/2016 aufgegriffenen – Gedanken erweitert wurde, zwischen „außenfinanzierten" und „innenfinanzierten" Eigenkapitalbestandteilen zu unterscheiden. Diesem Gedanken folgend setzt die steuerliche Behandlung einer unternehmensrechtlichen Gewinnausschüttung als Einlagenrückzahlung einen positiven Einlagenstand (dazu näher Abschnitt 4.), die steuerliche Behandlung als offene Ausschüttungen gemäß § 4 Abs. 12 Z 4 EStG 1988 grundsätzlich einen positiven Innenfinanzierungsstand voraus (dazu näher Abschnitt 3.). Einlagenrückzahlungen mindern den Einlagenstand, offene Ausschüttungen den Innenfinanzierungsstand der ausschüttenden Körperschaft.

Gemäß § 4 Abs. 12 EStG 1988 ist es daher erforderlich, dass Körperschaften ab der Veranlagung 2016 neben dem Stand der Einlagen auch den Stand der Innenfinanzierung evident halten (dazu näher Abschnitt 6.). Angesichts der gesetzlichen Neuerungen wird die bisher bereits zu den Einlagen vertretene sogenannte „Subkontentechnik" zur Evidenzierung von Einlagen angepasst und auch auf die Innenfinanzierung ausgedehnt. Entsprechend der unternehmensrechtlichen Untergliederung der „Innenfinanzierung" und „Außenfinanzierung" in gebundene und nicht gebundene Bilanzpositionen sollen Einlagen und Innenfinanzierung auch für steuerliche Zwecke in „disponible" und „indisponible" Größen untergliedert werden (dazu näher Abschnitt 4.). Allerdings können die bisherigen Subkonten weitergeführt werden, soweit bei diesen die Unterscheidung in indisponible und disponible Einlagen- bzw. Innenfinanzierungsbestandteile nachvollziehbar ist (indem zB zwischen gebundenen und ungebundenen Rücklagen unterschieden wird oder die gebundenen Teile mit „davon gebunden" ausgewiesen werden). Diese Untergliederung steckt nämlich jedenfalls den Rahmen für die Ausübung des Wahlrechtes zwischen Einlagenrückzahlung und offener Ausschüttung ab (dazu Abschnitt 1.3. sowie die überblicksartige graphische Darstellung in Abschnitt 1.3.3.).

Bilanzposition	
Eingefordertes Nennkapital	indisponible Eigenkapitalbestandteile
gebundene Kapitalrücklagen	
gesetzliche Gewinnrücklagen	
nicht gebundene Kapitalrücklagen	disponible Eigenkapitalbestandteile
freie Gewinnrücklagen	
Bilanzgewinn	

Da für kleine und mittelgroße GmbH bilanzielle Erleichterungen bestehen, die insbesondere darauf zurückzuführen sind, dass diese keine gebundenen Rücklagen bilden, wirken sich diese auch vereinfachend auf die Evidenzkontoführung sowie die Wahlrechtsausübung aus. Zu näheren Ausführungen samt Beispielen zu diesen Vereinfachungen siehe Anhang I.

1.2. Begriffe

1.2.1. Einlagen und Einlagenrückzahlungen

Einlagen im Sinne des § 8 Abs. 1 KStG 1988 sind steuerneutrale Vermögenszuwendungen an Körperschaften, soweit sie von Personen in ihrer Eigenschaft als Gesellschafter, Mitglieder oder ähnlicher Eigenschaft (Anteilsinhaber) geleistet werden. Diese von der „Außenfinanzierung" geprägte Grundüberlegung ist auch für den umgekehrten Fall – die Rückzahlung von Einlagen – maßgebend: Demnach sind Einlagenrückzahlungen steuerneutrale Zuwendungen aus dem Eigenkapital der Körperschaft an Personen in ihrer Eigenschaft als Anteilsinhaber außerhalb von offenen Ausschüttungen (zur Behandlung beim Anteilsinhaber siehe Abschnitt 1.5.). Vor diesem Hintergrund adressiert § 4 Abs. 12 EStG 1988 daher sämtliche inländische Körperschaften, bei denen Einlagen im Sinne des § 8 Abs. 1 KStG 1988 vorliegen („rückzahlungsfähige Körperschaften"; zu ausländischen Körperschaften siehe Abschnitt 5.). Folglich können auch eigentümerlose Körperschaften (zB Vereine) von § 4 Abs. 12 EStG 1988 betroffen sein, soweit sie Surrogatkapital ausgeben (zB Genussrechte).

Die Eigenschaft einer Einlagenrückzahlung nach § 4 Abs. 12 EStG 1988 ist unabhängig davon gegeben, ob und in welcher Höhe der Empfänger der Rückzahlung Einlagen an die Körperschaft getätigt hat; ausschlaggebend für die Behandlung als Einlagenrückzahlung ist ausschließlich der Stand der Einlagen der rückzahlenden Körperschaft. Auch die Tatsache, dass die in § 4 Abs. 12 EStG 1988 genannten Einlagen uU in einer gesellschaftsrechtlich nicht gedeckten Art und Weise rückgezahlt werden, ändert nichts am Vorliegen einer Einlagenrückzahlung (zB Rückzahlung des Stammkapitals unmittelbar nach der Einzahlung durch die gegründete GmbH an den Gesellschafter, VwGH 19.02.1991, 87/14/0136).

Der steuerliche Begriff der Einlagenrückzahlung deckt sich auch nicht mit dem gesellschaftsrechtlichen Begriff der verbotenen Einlagenrückgewähr im Sinne des § 52 AktG bzw. § 82 GmbHG: Einlagenrückzahlungen können nur in den in § 4 Abs. 12 EStG 1988 erwähnten Formen vorliegen, während eine verbotene Einlagenrückgewähr unabhängig von § 4 Abs. 12 EStG 1988 vorliegen kann. Formen der Einlagenrückgewähr, die keine Einlagenrückzahlung gemäß § 4 Abs. 12 EStG 1988 darstellen, sind grundsätzlich als verdeckte Ausschüttung und damit als Einkommensverwendung zu behandeln.

1.2.2. Innenfinanzierung und offene Ausschüttungen

Die Innenfinanzierung spiegelt in einer Totalbetrachtung den Stand der aufsummierten „operativen Gewinne" einer Körperschaft wider, die noch nicht an ihre Anteilsinhaber im Wege einer offenen Ausschüttung im Sinne des § 8 Abs. 2 KStG 1988 übertragen wurden. Die Innenfinanzierung gemäß § 4 Abs. 12 Z 4 EStG 1988 knüpft an eine unternehmensrechtliche Größe an: Jahresüberschüsse im Sinne des UGB erhöhen die Innenfinanzierung, Jahresfehlbeträge mindern sie (dazu näher Abschnitt 3.). Folglich kann die Innenfinanzierung

– anders als die Einlagen – auch einen negativen Stand aufweisen.

1.3. Eingeschränktes Wahlrecht

1.3.1. Wahlrecht bei Deckung im Einlagen- und Innenfinanzierungsstand

Insoweit ein unternehmensrechtlich ausgeschütteter Bilanzgewinn sowohl im Stand der disponiblen Einlagen als auch im Stand der disponiblen Innenfinanzierung Deckung findet, besteht für ab dem 01.01.2016 beschlossene Ausschüttungen ein Wahlrecht, den unternehmensrechtlich ausgeschütteten Bilanzgewinn für steuerliche Zwecke als Einlagenrückzahlung oder als offene Ausschüttung zu behandeln. Dieses Wahlrecht wird von den für die Willensbildung der Körperschaft verantwortlichen Organen ausgeübt und in der KESt-Anmeldung – die bindend ist – dokumentiert. Das Wahlrecht besteht unabhängig von einer vorangegangen unternehmensrechtlichen Auflösung disponibler Rücklagen gegen den Bilanzgewinn (nicht gebundene Kapitalrücklagen und freie Gewinnrücklagen). Eine nachträgliche Änderung der steuerlichen Qualifikation der getroffenen Entscheidung ist nicht möglich. Da die Entscheidung spätestens mit der KESt-Anmeldung getroffen sein muss, kann in der Praxis nach Ablauf der Frist gemäß § 96 EStG 1988 die getroffene Entscheidung nicht mehr geändert werden.

Insoweit eine unternehmensrechtliche Gewinnausschüttung ausschließlich in den disponiblen Einlagen Deckung findet, nicht aber in der disponiblen Innenfinanzierung, liegt zwingend eine Einlagenrückzahlung vor; umgekehrt liegt bei ausschließlicher Deckung in der disponiblen Innenfinanzierung zwingend eine offene Ausschüttung vor.

Insoweit ein unternehmensrechtlich ausgeschütteter Bilanzgewinn weder im Stand der disponiblen Einlagen noch im Stand der disponiblen Innenfinanzierung Deckung findet, ist – unabhängig von der unternehmensrechtlichen Auflösung von gebundenen Gewinnrücklagen – zunächst zwingend von einer Rückzahlung der indisponiblen Innenfinanzierung auszugehen.

Es besteht daher grundsätzlich keine Bindungswirkung an die gesellschaftsrechtlichen Vorgänge, weil aus dem Gesetzeswortlaut eine derartige Verknüpfung nicht abgeleitet werden kann; allerdings findet das steuerliche Wahlrecht dort seine Grenze, wo unternehmensrechtlich jedenfalls eine Schranke für die Rückzahlung von Einlagen besteht. Die Rückzahlung indisponibler Einlagen im Wege einer unternehmensrechtlichen Ausschüttung des Bilanzgewinnes kann daher ausschließlich nach unternehmensrechtlicher Auflösung von gebundenen Bilanzpositionen gegen den Bilanzgewinn erfolgen.

1.3.2. Zweifelsregelung

Insoweit ein unternehmensrechtlich ausgeschütteter Bilanzgewinn weder in den disponiblen Einlagen oder Innenfinanzierungsständen noch in der indisponiblen Innenfinanzierung Deckung findet und allenfalls noch indisponible Einlagen vorliegen, ist im Zweifel von einer offenen Ausschüttung auszugehen (vgl. VwGH 19.02.1991, 87/14/0136; 11.08.1993, 91/13/0005). Da eine offene Ausschüttung stets den Stand der Innenfinanzierung mindert, führt dies zu einer weiteren Verminderung der disponiblen Innenfinanzierung, die dadurch (weiter) negativ wird.

Einl. Rückz.

1.3.3. Graphische Darstellung

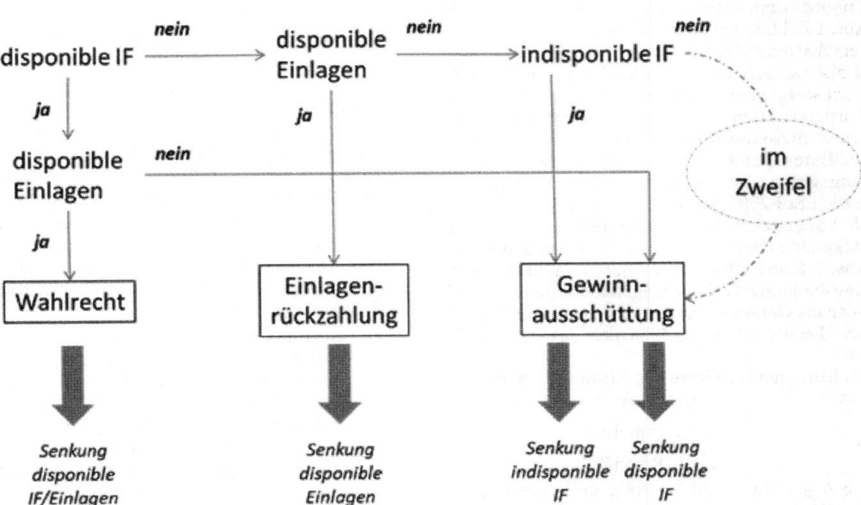

1.4. Grundsatz der Einmalerfassung

Aus der Systematik des § 4 Abs. 12 EStG 1988 ergibt sich, dass ein Vorgang grundsätzlich entweder den Stand der Einlagen oder den Stand der Innenfinanzierung erhöhen bzw. vermindern kann; eine etwaige Doppelerfassung ist – den Gegebenheiten des jeweiligen Einzelfalles entsprechend – zu korrigieren. Für bestimmte, unternehmensrechtlich erfolgswirksame Vorgänge sieht § 4 Abs. 12 EStG 1988 weiters vor, dass

- weder eine Erhöhung der Innenfinanzierung noch des Einlagenevidenzkontos erfolgt (erhaltene Einlagenrückzahlungen; dazu Abschnitt 3.4.2.) oder
- ausschließlich eine spätere Erhöhung der Innenfinanzierung erfolgt (umgründungsbedingte unternehmensrechtliche Aufwertungsbeträge; dazu Abschnitt 3.4.3.).

1.5. Rechtsfolgen auf Ebene der Anteilsinhaber

Die Qualifizierung eines unternehmensrechtlich ausgeschütteten Bilanzgewinnes als Einlagenrückzahlung oder offene Ausschüttung nach § 4 Abs. 12 EStG 1988 wirkt sich nicht nur auf die Evidenzierung der Einlagen- und Innenfinanzierung auf Ebene der ausschüttenden Körperschaft aus, sondern auch auf die Rechtsfolgen auf Ebene ihrer Anteilsinhaber. Die steuerliche Qualifikation auf Ebene der Anteilsinhaber hängt folglich nicht von der subjektiven Beurteilung des jeweiligen Anteilsinhabers ab, sondern ist nach Maßgabe der in § 4 Abs. 12 EStG 1988 dargelegten Kriterien zu bestimmen (dazu auch schon Abschnitt 1.2.1.).

Die Rechtsfolgen unterscheiden sich je nachdem, ob es sich bei den Anteilsinhabern um natürliche Personen oder um Körperschaften handelt: Während offene Ausschüttungen bei natürlichen Personen dem besonderen Steuersatz gemäß § 27a Abs. 1 Z 2 EStG 1988 unterliegen, sind sie bei Körperschaften aufgrund von § 10 KStG 1988 grundsätzlich steuerfrei. Die Rückzahlung von Einlagen führt sowohl bei natürlichen Personen als auch bei Körperschaften zu einem Veräußerungsgewinn, soweit diese die Anschaffungskosten/Buchwerte der Beteiligung überschreiten; dieser Veräußerungsgewinn ist – ausgenommen bei Altbestand (siehe EStR 2000 Rz 6103) – steuerpflichtig. Liegen die Voraussetzungen für eine steuerneutrale internationale Schachtelbeteiligung im Sinne des § 10 Abs. 2 KStG 1988 vor, ist der einlagenrückzahlungsbedingte Veräußerungstatbestand steuerfrei, wenn die Option zur Steuerwirksamkeit gemäß § 10 Abs. 3 erster Satz KStG 1988 nicht ausgeübt wurde.

2. Einlagen im Sinne des Einkommensteuergesetzes

2.1. Allgemeines

2.1.1. Begriff

§ 6 Z 14 lit. b EStG 1988 sieht in der Einlage von Wirtschaftsgütern und sonstigem Vermögen in eine Körperschaft dem Grunde nach einen tauschähnlichen Vorgang, der als Veräußerung des eingelegten Vermögens gegen Anschaffung neuer Anteile oder gegen Werterhöhung bereits bestehender Anteile (bei Fehlen einer Anteilsgewährung) zu werten ist. Diese Grundüberlegung ist von der Außenfinanzierung geprägt und ist auf Anteilsinhaberebene auch für den umgekehrten Fall der Rückzahlung von Einlagen maßgebend. Einlagenrückzahlungen sind folglich als Rücktausch anzusehen und werden in § 4 Abs. 12 EStG 1988 als Veräußerungstatbestand bezeichnet, bei denen auf gesellschaftsrechtlicher Grundlage Geld oder sonstiges Vermögen als Gegenleistung für die Rückgabe oder Verminderung eines Anteils an der Körperschaft empfangen wird. Das Vorliegen einer Einlagenrückzahlung berührt somit die steuerlichen Anschaffungskosten/Buchwerte des Anteilsinhabers; der Verminderung der steuerlichen Anschaffungskosten/Buchwerte aufgrund der empfangenen Einlagenrückzahlung steht auf Ebene der Körperschaft eine Verminderung der steuerlichen Einlagen der Körperschaft gegenüber.

2.1.2. Bewertung der Einlagen(rückzahlung)

Auf Einlagen in Körperschaften sind die steuerlichen Bewertungsvorschriften anzuwenden (vgl. VwGH 01.09.2015, 2014/15/0002). Folglich wird durch den Ansatz des gemeinen Wertes oder des nach dem Umgründungssteuergesetz maßgeblichen Wertes auch das Ausmaß rückzahlungsfähiger Einlagen auf Ebene der Körperschaft festgelegt. Der bilanzmäßige Ausweis von Einlagen im Eigenkapital der Körperschaft muss daher auch nicht mit dem steuerlichen Stand der Einlagen übereinstimmen. Aus diesem Grund ordnet § 4 Abs. 12 EStG 1988 das Führen eines steuerlichen Evidenzkontos an (siehe Abschnitt 5.).

2.2. Rückzahlungsfähige Einlagen

2.2.1. Allgemeines

Rückzahlungsfähige Einlagen werden nach § 4 Abs. 12 EStG 1988 begründet durch

1. das aufgebrachte Stammkapital der Gesellschaft mbH, das aufgebrachte Grundkapital der Aktiengesellschaft, das aufgebrachte Grundkapital der SE und das aufgebrachte Genossenschaftskapital; maßgebend ist die tatsächliche Leistung der Einlage;
2. sonstige Einlagen und Zuwendungen, die als Kapitalrücklage auszuweisen sind oder bei Erwerbs- und Wirtschaftsgenossenschaften auszuweisen waren. Betroffen davon sind nach § 229 Abs. 2 UGB
   - Beträge, die bei der ersten oder einer späteren Ausgabe von Anteilen für einen höheren Betrag als den Nennbetrag oder den dem anteiligen Betrag des Grundkapitals entsprechenden Betrag über diesen hinaus erzielt werden (Agio),
   - Beträge, die bei der Ausgabe von Schuldverschreibungen für Wandlungs- und Optionsrechte zum Erwerb von Anteilen erzielt werden,

- Zuzahlungen, die Gesellschafter gegen Gewährung eines Vorzugs für ihre Anteile leisten,
- Beträge, die bei der Kapitalherabsetzung gemäß den § 185, § 192 Abs. 5 AktG und § 59 GmbHG zu binden sind,
- sonstige Zuzahlungen, die durch gesellschaftsrechtliche Verbindungen veranlasst sind (zB Gesellschafterzuschüsse zur Verlustabdeckung);

3. Partizipationskapital im Sinne des Bankwesengesetzes in der Fassung vor dem Bundesgesetz BGBl. I Nr. 184/2013 und des Versicherungsaufsichtsgesetzes in der Fassung vor dem Bundesgesetz BGBl. I Nr. 34/2015;
4. Genussrechtskapital und Kapital aus sonstigen Finanzierungsinstrumenten im Sinne des § 8 Abs. 3 Z 1 KStG 1988, wenn mit ihnen das Recht auf Beteiligung am Gewinn und Liquidationsgewinn des Steuerpflichtigen verbunden ist;
5. Verdeckte Einlagen (siehe dazu KStR 2013 Rz 504).

2.2.2. Mittelbare Einlagen

Unter die Einlagen (siehe Abschnitt 2.2.1.) fallen auch Zuwendungen an mittelbar mit dem Zuwendenden verbundene Körperschaften. Im Falle eines Großmutterzuschusses liegen daher steuerlich zwei Einlagenvorgänge vor, einmal durch den Zuwendenden in die formal nicht berührte Zwischenkörperschaft (= Tochterkörperschaft des Zuwendenden) und in der Folge durch die Zwischenkörperschaft in die die Zuwendung tatsächlich empfangende Körperschaft (Enkelkörperschaft).

2.2.3. Tatbestände ohne Einlagenwirkung

Nicht zu den Einlagen im Sinne des Abschnitts 2.2.1. zählen

1. aus der Innenfinanzierung stammende Beträge für eine Kapitalerhöhung aus Gesellschaftsmitteln nach dem Kapitalberichtigungsgesetz bis zum Ablauf der zehnjährigen Bindungswirkung des § 32 Abs. 1 Z 3 EStG 1988 (§ 4 Abs. 12 Z 2 EStG 1988) vgl. dazu Abschnitt 5.6.;
2. Nutzungseinlagen durch die unentgeltliche oder zu gering bemessene entgeltliche Überlassung der Arbeitskraft, von Geld oder Wirtschaftsgütern des Anteilsinhabers an die Körperschaft, weil diese keine steuerlichen Einlagewirkungen auslösen; bei grenzüberschreitenden Sachverhalten liegt im Fall von unentgeltlichen Dienstleistungen jedoch keine nichteinlagefähige „Nutzungseinlage" des Anteilsinhabers, sondern eine einlagefähige Zuführung eines Vermögenswertes vor, die durch den Verzicht auf eine kraft § 6 Z 6 EStG 1988 gegenüber der Körperschaft entstandene Forderung bewirkt wird (verdeckte Einlage; siehe dazu näher VPR 2010 Rz 337).
3. Beträge, die infolge einer Umgründung im Sinne des Umgründungssteuergesetzes die Eigenschaft einer Gewinnrücklage oder eines Bilanzgewinnes verloren haben (§ 4 Abs. 12 Z 2 EStG 1988).

3. Die Innenfinanzierung gemäß § 4 Abs. 12 EStG 1988

3.1. Veränderung der Innenfinanzierung um das unternehmensrechtliche Jahresergebnis

Gemäß § 4 Abs. 12 Z 4 zweiter Satz EStG 1988 erhöht sich die Innenfinanzierung um Jahresüberschüsse iSd UGB und vermindert sich um Jahresfehlbeträge iSd UGB. Das unternehmensrechtliche Jahresergebnis wirkt sich somit unmittelbar zum jeweiligen Bilanzstichtag auf die (disponible) Innenfinanzierung aus, sodass es hierfür auch keiner Überleitung auf ein steuerliches Jahresergebnis bedarf. Durch die Verminderung der Innenfinanzierung um unternehmensrechtliche Jahresfehlbeträge kann es auch zu einem negativen Stand der (disponiblen) Innenfinanzierung kommen.

Bei Körperschaften, die den Rechnungslegungsvorschriften des UGB unterliegen, wird daher die Innenfinanzierung laufend durch den in § 231 Abs. 2 Z 21 bzw. § 231 Abs. 3 Z 20 UGB ausgewiesenen Jahresüberschuss/Jahresfehlbetrag verändert. Unterliegen Körperschaften rechnungslegungsrechtlichen Sonderbestimmungen, die der Anwendung der unternehmensrechtlichen Rechnungslegungsvorschriften vorgehen, wird für Zwecke der Innenfinanzierung auf jene rechnungslegungsrechtliche Position abzustellen sein, die mit der Position „Jahresüberschuss/Jahresfehlbetrag" im Sinne des UGB im Wesentlichen vergleichbar ist (zB bei Kreditinstituten die Position V. Jahresüberschuss/Jahresfehlbetrag gemäß Anlage 2 zu Artikel I § 43 BWG, Teil 2).

3.2. Verminderung der Innenfinanzierung um offene Ausschüttungen

Gemäß § 4 Abs. 12 Z 4 zweiter Satz EStG 1988 vermindern offene Ausschüttungen den Stand der Innenfinanzierung. Offene Ausschüttungen im Sinne dieser Bestimmung stellen eine Einkommensverwendung gemäß § 8 Abs. 2 KStG 1988 dar. Eine offene Ausschüttung im Sinne dieser Bestimmung kann nur dann erfolgen, wenn der Stand der Innenfinanzierung positiv ist (§ 4 Abs. 12 Z 4 erster Satz EStG 1988); somit ist eine offene Ausschüttung betraglich grundsätzlich mit dem positiven Stand der Innenfinanzierung gedeckelt. Die Verminderung der Innenfinanzierung durch eine offene Ausschüttung erfolgt im Zeitpunkt der Beschlussfassung.

3.3. Keine Verminderung der Innenfinanzierung um verdeckte Ausschüttungen

Da § 4 Abs. 12 Z 4 EStG 1988 lediglich für offene Ausschüttungen eine positive Innenfinanzierung voraussetzt, fallen verdeckte Ausschüttungen iSd § 8 Abs. 2 KStG 1988 nicht unter den Anwendungsbereich der Regelung. Daher erfolgen verdeckte

Ausschüttungen stets unabhängig vom – positiven oder negativen – Stand der Innenfinanzierung. Verdeckte Ausschüttungen wirken sich idR ohnehin gewinnmindernd auf das unternehmensrechtliche Jahresergebnis aus, sodass es zu keiner abermaligen Verminderung der Innenfinanzierung kommt.

Beispiel:

Der Alleingesellschafter A übernimmt im Jahr 2016 ein seiner Kapitalgesellschaft gehörendes Wirtschaftsgut (Buchwert 100, gemeiner Wert 150). Es wird unterstellt, dass sowohl der Jahresgewinn als auch der Bilanzgewinn 2016 vor der Transaktion null betragen. Die Gesellschaft bucht den Buchwert des Wirtschaftsgutes aufwandswirksam aus und weist folglich im unternehmensrechtlichen Jahresabschluss 2016 einen Jahresfehlbetrag von 100 und einen Bilanzverlust von 100 aus. Die Gesellschaft weist vor Berücksichtigung des unternehmensrechtlichen Jahresergebnisses 2016 einen positiven Stand der Innenfinanzierung von 300 sowie einen positiven Stand der Einlagen von 185 (indisponible Einlagen 35, disponible Einlagen 150) auf. Die verdeckte Ausschüttung hat sich auf das unternehmensrechtliche Jahresergebnis mit 150 gewinnmindernd ausgewirkt (Buchwertabgang iHv 100 sowie fehlender Ertrag iHv 50).

Die Innenfinanzierung wird im Jahr 2016 um den unternehmensrechtlichen Jahresfehlbetrag von 100 gesenkt und beträgt zum 31.12.2016 nunmehr 200. Es liegt eine verdeckte Ausschüttung in Höhe des entgangenen fremdüblichen Ertrages iHv 150 vor. Die verdeckte Ausschüttung selbst führt zu keiner weiteren Verminderung der Innenfinanzierung. Der Einlagenstand ändert sich nicht.

Sind sämtliche Voraussetzungen für das Vorliegen einer verdeckten Ausschüttung gegeben, kann deren steuerliche Wirkung nur dann korrigiert werden, wenn die Vermögenszuwendung spätestens am Bilanzstichtag (im Jahr der verdeckten Ausschüttung) von der Körperschaft rückgefordert und eine entsprechende Forderung bilanziert wird (VwGH 31.05.2011, 2008/15/0153; siehe dazu auch KStR 2013 Rz 666).

Variante a:

Die Körperschaft stellt dem Alleingesellschafter ertragswirksam einen Betrag von 100 in Rechnung, sodass sich weder ein unternehmensrechtlicher Jahresfehlbetrag noch ein Bilanzverlust ergeben.

Da kein unternehmensrechtlicher Jahresfehlbetrag vorliegt, beträgt die Innenfinanzierung zum 31.12.2016 unverändert 300. Seitens der Gesellschaft wird lediglich der Buchwert iHv 100, nicht jedoch der fremdübliche Ertrag iHv 150 ertragswirksam rückgefordert; daher liegt in Höhe der Differenz von 50 weiterhin eine verdeckte Ausschüttung vor. Die verdeckte Ausschüttung selbst führt zu keiner Verminderung der Innenfinanzierung. Der Einlagenstand ändert sich nicht.

Darüber hinaus ist es möglich, eine verdeckte Ausschüttung durch eine nachträgliche Anmeldung gemäß § 96 Abs. 3 EStG 1988 an das zuständige Finanzamt der Gesellschaft zu korrigieren, in der das Unterbleiben eines KESt-Abzuges mit der Behandlung als steuerliche Einlagenrückzahlung begründet wird. Dies setzt jedoch voraus, dass

- die Körperschaft über disponible Einlagen in entsprechender Höhe verfügt,
- die disponiblen Einlagen – nachgewiesen durch eine entsprechende Verminderung am Einlagenevidenzkonto – tatsächlich verwendet werden und dies mit Abgabe der Steuererklärung nachgewiesen wird und
- in Anlehnung an die Frist gemäß § 96 Abs. 1 EStG 1988 spätestens sieben Tage nach Ablauf dieses Wirtschaftsjahres die nachträgliche Anmeldung gemäß § 96 Abs. 3 EStG 1988 erfolgt.

Variante b:

Die Körperschaft stellt nichts in Rechnung, behandelt den Vorgang jedoch zur Gänze als Einlagenrückzahlung, in dem sie disponible Einlagen iHv 150 verwendet und die Behandlung als Einlagenrückzahlung durch eine fristgerechte nachträgliche KESt- Anmeldung bekannt gibt.

Die Innenfinanzierung wird im Jahr 2016 um den unternehmensrechtlichen Jahresfehlbetrag von 100 vermindert und beträgt zum 31.12.2016 zunächst 200. Durch die Verwendung der disponiblen Einlagen iHv 150 liegt allerdings eine steuerliche Einlagenrückzahlung vor. Eine verdeckte Ausschüttung liegt nicht vor. Der Einlagenstand zum 31.12.2016 beträgt 35 (nicht disponible Einlagen 35).

Da sich die Einlagenrückzahlung schon auf das unternehmensrechtliche Jahresergebnis (und damit auf die Innenfinanzierung) gewinnmindernd ausgewirkt hat, ist die Innenfinanzierung in der Folge iHv 100 zu erhöhen und beträgt zum 31.12.2016 nunmehr 300.

3.4. Bereinigung der Innenfinanzierung

3.4.1. Verdeckte Einlagen

Nach § 4 Abs. 12 Z 4 zweiter Satz EStG 1988 haben verdeckte Einlagen bei der Ermittlung der Innenfinanzierung außer Ansatz zu bleiben. Aus steuerlicher Sicht sind verdeckte Einlagen der Außenfinanzierung zuzuordnen und erhöhen folglich den Stand der Einlagen gemäß § 4 Abs. 12 EStG 1988 (siehe dazu Abschnitt 2.2.1.). Sofern verdeckte Einlagen unternehmensrechtlich erfolgswirksam verbucht wurden und folglich den Jahresüberschuss/Jahresfehlbetrag eines Wirtschaftsjahres erhöht haben, ist die Innenfinanzierung zum betreffenden Bilanzstichtag in Höhe der verdeckten Einlagen zu vermindern, um eine doppelte Erfassung zu vermeiden.

Beispiel 1:

Der Gesellschafter erwirbt von seiner Körperschaft im Jahr 2016 ein Wirtschaftsgut, dessen Buchwert 0 € beträgt, um 100.000 €. Der gemeine Wert des Wirtschaftsgutes beträgt 80.000 €.

In Höhe von 20.000 € liegt steuerlich im Jahr 2016 eine verdeckte Einlage (§ 8 Abs. 1 KStG 1988) vor; folglich bleibt dieser Betrag bei der Einkommensermittlung der Körperschaft gemäß § 8 Abs. 1 KStG 1988 außer Ansatz. Das Einlagenevidenzkonto der Körperschaft erhöht sich um 20.000 €, das steuerliche Einkommen lediglich um 80.000 €. Sofern sich unternehmensrechtlich der Verkaufsvorgang im Jahr 2016 zur Gänze – also mit 100.000 € – erfolgswirksam ausgewirkt hat, ist zur Vermeidung einer nochmaligen Berücksichtigung der verdeckten Einlage im Stand der Innenfinanzierung diese zum Bilanzstichtag des Jahres 2016 im Ausmaß von 20.000 € zu vermindern.

Beispiel 2:

Der Gesellschafter verkauft seiner Körperschaft im Jahr 2016 ein unbebautes Grundstück um 60.000 €. Der gemeine Wert des Grundstückes beträgt 100.000 €. In Höhe von 40.000 € liegt steuerlich im Jahr 2016 eine verdeckte Einlage (§ 8 Abs. 1 KStG 1988) vor, die das Einlagenevidenzkonto der Körperschaft entsprechend erhöht. Aus Sicht der Körperschaft betragen die steuerlichen Anschaffungskosten des Grundstückes 100.000 €; unternehmensrechtlich wird dieses jedoch lediglich mit 60.000 € aktiviert. Wird das Grundstück im Jahr 2020 von der Körperschaft um 200.000 € verkauft, wirkt sich unternehmensrechtlich der Verkaufsvorgang mit 140.000 € erfolgswirksam im Jahr 2020 aus, während sich steuerlich bedingt durch die verdeckte Einlage iHv 40.000 € das Einkommen lediglich um 100.000 € erhöht. Zur Vermeidung einer nochmaligen Berücksichtigung der verdeckten Einlage im Stand der Innenfinanzierung ist diese zum Bilanzstichtag des Jahres 2020 im Ausmaß von 40.000 € zu vermindern.

3.4.2. Erhaltene Einlagenrückzahlungen

Gemäß § 4 Abs. 12 Z 4 zweiter Satz EStG 1988 bleiben bei der Ermittlung der Innenfinanzierung erhaltene Einlagenrückzahlungen ebenfalls außer Ansatz. Damit soll insbesondere sichergestellt werden, dass die Rückzahlung mehrstufiger Zuschüsse im Konzern auf dem Evidenzkonto wiederum systemkonform als Einlagenrückzahlung abgebildet wird. Die Bestimmung setzt voraus, dass eine Körperschaft von ihrer Tochtergesellschaft steuerlich eine Einlagenrückzahlung erhält, die das Einlagenevidenzkonto der Tochtergesellschaft gemäß § 4 Abs. 12 EStG 1988 verringert hat. Diese erhaltene Einlagenrückzahlung berührt die Innenfinanzierung der empfangenden Körperschaft nicht.

Sofern die empfangende Körperschaft daher die erhaltene Einlagenrückzahlung unternehmensrechtlich erfolgswirksam als Beteiligungsertrag verbucht und sich somit ihr Jahresüberschuss/Jahresfehlbetrag erhöht hat, ist die Innenfinanzierung insoweit zum betreffenden Bilanzstichtag um die erhaltene Einlagenrückzahlung zu verringern.

Beispiel:

Im Jahr 2010 leistet die Großmuttergesellschaft G einen Zuschuss an ihre Enkelgesellschaft E in Höhe von 1.000.000 €. Dieser Großmutterzuschuss wird steuerlich sowohl am Einlagenevidenzkonto der Zwischenkörperschaft M als auch am Einlagenevidenzkonto der Enkelgesellschaft E in Höhe von 1.000.000 € erfasst.

Im Jahr 2017 wird eine Ausschüttung des Bilanzgewinnes 2016 von E beschlossen und für steuerliche Zwecke in Höhe von 1.000.000 € als Einlagenrückzahlung behandelt.

Auf Ebene der Zwischenkörperschaft M wird die erhaltene Einlagenrückzahlung unternehmensrechtlich im Jahr 2017 als Beteiligungsertrag erfasst, sodass sich das unternehmensrechtliche Jahresergebnis von M um 1.000.000 € erhöht. Bei der Ermittlung der Innenfinanzierung zum Bilanzstichtag des Jahres 2017 von M hat die erhaltene Einlagenrückzahlung von 1.000.000 € jedoch außer Ansatz zu bleiben.

Sollte M in weiterer Folge ihrerseits ihren – unternehmensrechtlich um die erhaltene Einlagenrückzahlung erhöhten – Bilanzgewinn 2017 an G ausschütten, hat M ein Wahlrecht zwischen Einlagenrückzahlung und offener Ausschüttung, soweit der Ausschüttungsbetrag sowohl im Stand der disponiblen Einlagen als auch im Stand der disponiblen Innenfinanzierung Deckung findet (siehe dazu bereits Abschnitt 1.3.). Dieses Wahlrecht wird jedoch betraglich insoweit eingeschränkt, als sich aufgrund von § 4 Abs. 12 Z 4 zweiter Satz EStG 1988 die Innenfinanzierung um die erhaltene Einlagenrückzahlung nicht erhöht hat.

Kann die empfangende Körperschaft nachweisen, dass korrespondierend zur erhaltenen Einlagenrückzahlung im selben Jahresabschluss auf Grund der Einlagenrückzahlung unternehmensrechtlich eine aufwandswirksame Abschreibung der Beteiligung an der Tochtergesellschaft auf den niedrigeren beizulegenden Wert erfolgte, ist die Innenfinanzierung der empfangenden Körperschaft lediglich um jenen Betrag zu vermindern, der sich – in einer Gesamtbetrachtung (erhaltene Einlagenrückzahlung abzüglich Beteiligungsabschreibung) – insgesamt erfolgswirksam ausgewirkt hat.

Beispiel:

Im Jahr 2016 leistet die Muttergesellschaft M einen Zuschuss an ihre Tochtergeellschaft T in Höhe von 1.000.000 €. Dieser Zuschuss erhöht als steuerneutrale Einlage den Einlagenstand von T um 1.000.000 €. Bei M kommt es tauschbedingt zu einer Erhöhung des steuerlichen (und unternehmensrechtlichen) Beteiligungsansatzes an T um 1.000.000 €.

Im Jahr 2019 wird die getätigte Einlage im Wege einer unternehmensrechtlichen Ausschüttung des Bilanzgewinnes von T an M rückgeführt und die Ausschüttung bei M unternehmensrechtlich als Beteiligungsertrag erfasst, sodass sich das unternehmensrechtliche Jahresergebnis von M um 1.000.000 € erhöht.

Einl. Rückz.

M nimmt jedoch im Jahresabschluss 2019 gemäß § 204 Abs. 2 UGB eine außerplanmäßige Abschreibung der Beteiligung an T iHv 400.000 € vor, die das unternehmensrechtliche Jahresergebnis von M um 400.000 € vermindert.

Bei der Ermittlung der Innenfinanzierung von M zum Bilanzstichtag des Jahres 2017 hat die erhaltene Einlagenrückzahlung von 1.000.000 € grundsätzlich außer Ansatz zu bleiben. Weist M allerdings nach, dass die Beteiligungsabwertung auf die Einlagenrückzahlung zurückzuführen ist, hat bei der Ermittlung der Innenfinanzierung von M lediglich der insgesamt erfolgswirksamen Betrag von 600.000 € (1.000.000 € - 400.000 €) außer Ansatz zu bleiben.

3.4.3. Unternehmensrechtliche Aufwertungsgewinne aus Umgründungen

Gemäß § 4 Abs. 12 Z 4 dritter Satz EStG 1988 idF AbgÄG 2015 erhöhen Gewinne, die durch Umgründungen unter Ansatz des beizulegenden Wertes entstanden sind (Aufwertungsgewinne), die Innenfinanzierung erst in jenem Zeitpunkt und Ausmaß, in dem sie nach den Vorschriften des UGB ausgeschüttet werden können (siehe zu den Ausschüttungsmöglichkeiten AFRAC-Stellungnahme 31: Zur Ausschüttungssperre nach § 235 Abs. 1 UGB [März 2017]). Die Erhöhung der Innenfinanzierung gilt für sämtliche Aufwertungsgewinne aus Umgründungen, die durch Ansatz des beizulegenden Wertes entstanden sind.

Nach Maßgabe der unternehmensrechtlichen Vorschriften des § 235 UGB ausschüttungsgesperrte Gewinne erhöhen somit die Innenfinanzierung zunächst nicht. Erst insoweit in weiterer Folge eine Ausschüttung nach den unternehmensrechtlichen Vorschriften möglich ist, erhöht sich korrespondierend zum Wegfall der unternehmensrechtlichen Ausschüttungssperre auch der Stand der Innenfinanzierung. Gemäß § 235 Abs. 1 vorletzter Satz UGB vermindern sich die ausschüttungsgesperrten Beträge insoweit, als der Unterschiedsbetrag zwischen Buchwert und dem höheren beizulegenden Wert in der Folge insbesondere durch planmäßige oder außerplanmäßige Abschreibungen gemäß den §§ 204 und 207 UGB oder durch Buchwertabgänge vermindert wird. Im Falle einer späteren Zuschreibung nach § 208 UGB greift erneut die Ausschüttungssperre des § 235 UGB; folglich kommt es auch wieder zu einer korrespondierenden Verminderung der Innenfinanzierung. Steuerlich kommt es daher zu einer sowohl betraglich als auch zeitlich korrespondierenden Wechselwirkung zwischen der Ausschüttungssperre und der Innenfinanzierung. Das bedeutet, dass

- eine Minderung der Innenfinanzierung um ausschüttungsgesperrte Beträge, die im Jahresüberschuss/Jahresfehlbetrag enthalten sind, und
- eine Erhöhung der Innenfinanzierung um gemäß § 235 UGB nicht mehr ausschüttungsgesperrte Beträge

jeweils korrespondierend zur unternehmensrechtlichen Sperr-/Entsperrwirkung zum jeweiligen Bilanzstichtag zu erfolgen hat.

Sind Umgründungen bei der übernehmenden Körperschaft mit einer Erhöhung des Grund- oder Stammkapitals verbunden oder führen Umgründungen zur Einstellung eines Agios in eine gebundene Kapitalrücklage, wird seitens der AFRAC vertreten, dass § 235 Abs. 1 UGB nicht zur Anwendung kommt, weil nach § 229 Abs. 7 UGB eine gebundene Kapitalrücklage ohnehin nur zum Ausgleich eines ansonsten auszuweisenden Bilanzverlustes aufgelöst werden darf, der durch die Auflösung freier sowie gesetzlicher Rücklagen nicht abdeckbar ist (vgl. AFRAC-Stellungnahme 31: Ausschüttungssperre nach § 235 Abs. 1 UGB [März 2017], Rz 7). Auch wenn man in diesen Fällen von einer Nichtanwendbarkeit von § 235 UGB ausginge, haben diese umgründungsbedingten Aufwertungsgewinne vorerst keine Auswirkung auf die Innenfinanzierung nach § 4 Abs. 12 Z 4 EStG 1988. Da – falls § 235 Abs. 1 UGB nicht anwendbar ist – sich diese Beträge jedoch in weiterer Folge nicht durch Abschreibungen oder Buchwertabgänge „entsperren", erhöht sich im Anwendungsbereich des § 229 Abs. 7 UGB die Innenfinanzierung erst in jenem Zeitpunkt und Ausmaß, in dem die gebundenen Eigenkapitalpositionen entweder durch Herabsetzung des Grund-/Stammkapitals oder durch die Auflösung der gebundenen Kapitalrücklagen „entsperrt" werden. Eine Erhöhung der Innenfinanzierung erfolgt auch hier zeitlich korrespondierend zum unternehmensrechtlichen Entsperrungszeitpunkt.

Die weiteren Auswirkungen von Umgründungen auf die Innenfinanzierung der an einer Umgründung beteiligten Körperschaften sind in der Innenfinanzierungs-Verordnung (BGBl. II Nr. 90/2016, IF-VO) näher geregelt; dazu ausführlich UmgrStR 2002 Rz 379 ff.

3.5. Schematische Darstellung der laufenden Ermittlung der Innenfinanzierung

Stand der Innenfinanzierung am Beginn des Wirtschaftsjahres

Veränderung der Innenfinanzierung		Zeitpunkt der Veränderung
-	Offene Ausschüttungen	zum Zeitpunkt der Beschlussfassung
+/-	Jahresüberschuss/Jahresfehlbetrag iSd UGB	am Ende des Wirtschaftsjahres
-	Verdeckte Einlagen und erhaltene Einlagenrückzahlungen	am Ende des Wirtschaftsjahres

+/-	Nicht mehr ausschüttungsgesperrte Gewinne/ausschüttungsgesperrte Gewinne, die aus Umgründungen unter Ansatz des beizulegenden Wertes entstanden sind	am Ende des Wirtschaftsjahres

= Stand der Innenfinanzierung am Ende des Wirtschaftsjahres

4. Evidenzkonten bei Außen- und Innenfinanzierung

4.1. Allgemeines

Die von der Möglichkeit einer Einlagenrückzahlung und einer Gewinnausschüttung betroffenen Körperschaften haben nach § 4 Abs. 12 Z 3 und Z 4 EStG 1988 außerbilanzmäßig Evidenzkonten zu führen, in denen die Einlagen und die Innenfinanzierung abgebildet werden. Dabei sind jeweils jährlich der Anfangsstand zum letzten Bilanzstichtag, Erhöhungen sowie Verminderungen der Einlagen und der Innenfinanzierung während des Wirtschaftsjahres sowie der Endstand zum Bilanzstichtag zu erfassen. Die Evidenzkontenführung ist eines der entscheidenden Beweismittel zur Feststellung der steuerlichen Eigenschaft eines Vermögenstransfers von der Körperschaft zum Anteilsinhaber. Sie ist eine Ordnungsvorschrift (Aufzeichnungspflicht im Sinne des § 126 Abs. 1 BAO), die keine materiellrechtlichen sondern finanzstrafrechtliche Folgen (§ 51 Abs. 1 lit. c FinStrG) haben kann. Im Falle einer Berichtigung oder Änderung von Auszahlungstatbeständen sind auch die Evidenzkontenstände entsprechend zu berichtigen.

4.2. Form der Evidenzkontenführung

Zur vereinfachten Evidenzkontenführung bei kleinen und mittelgroßen GmbH siehe Anhang I.

Für die Qualifikation einer Ausschüttung als Einlagenrückzahlung oder Gewinnausschüttung besteht die Maßgeblichkeit der unternehmensrechtlichen Behandlung im Rahmen der Bilanzierung stets in vollem Umfang nur für gebundene Einlagen-Bilanzpositionen und in eingeschränktem Umfang auch für gebundene Innenfinanzierungs-Bilanzpositionen. Aufgrund dieser Vorgaben sind mindestens folgende vier Evidenz-Subkonten zu führen und deren Veränderungen laufend zu erfassen:

1. indisponible Einlagen-Subkonto (siehe Abschnitt 4.2.1.);
2. disponible Einlagen-Subkonto (siehe Abschnitt 4.2.2.);
3. indisponible Innenfinanzierung-Subkonto (siehe Abschnitt 4.2.3.).
4. disponible Innenfinanzierung-Subkonto (siehe Abschnitt 4.2.4.);

Ein Surrogatkapital-Subkonto und ein Darlehenskapital-Subkonto sind – sofern notwendig – unabhängig von den eben dargestellten Evidenzkonten zu führen.

Alternativ dazu kann jedoch für Zwecke der Darstellung – in Anlehnung an die Evidenzkonten nach dem Einlagenrückzahlungserlass vom BMF 31.03.1998, 06 0257/1-IV/6/98 – auch eine weitergehende Untergliederung der Evidenzkonten vorgenommen werden, die genauer an die bilanzmäßige Eigenkapitaldarstellung im Bilanzgliederungsschema des § 224 Abs. 3 UGB anknüpft (zB Nennkapital-Subkonto, gebundene bzw. ungebundene Kapitalrücklagen-Subkonto, gesetzliche bzw. ungebundene Gewinnrücklagen-Subkonto, Bilanzgewinn-Subkonto). Dabei muss sichergestellt werden, dass die Unterscheidung zwischen unternehmensrechtlich gebundenen und ungebundenen Eigenkapitalpositionen ersichtlich ist, weil ausschließlich diese Unterscheidung die Rahmenbedingungen für die Ausübung des Wahlrechts absteckt (vgl. auch Abschnitt 1.3.). Dadurch soll sichergestellt werden, dass die Art der Evidenzkontenführung keine materiellen Auswirkungen auf das Wahlrecht zwischen offener Gewinnausschüttung und Einlagenrückzahlung aufweisen kann. Kommt es im Rahmen der unternehmensrechtlichen Bilanzierung zu einer Umbuchung zwischen gebundenen und ungebundenen Bilanzpositionen, ist dies jedenfalls auch auf dem Einlagen- und Innenfinanzierungs-Evidenzkonto nachzuvollziehen; erfolgt eine genauere, an die unternehmensrechtliche Eigenkapitaldarstellung anknüpfende Evidenzierung, sollte eine Umbuchung innerhalb von gebundenen bzw. ungebundenen Bilanzpositionen ebenfalls nachvollzogen werden.

Voraussetzung für eine steuerliche Einlagenrückzahlung ist das Vorhandensein von disponiblen Einlagen. Voraussetzung für eine steuerliche Gewinnausschüttung ist grundsätzlich das Vorhandensein von disponibler Innenfinanzierung. Sind weder disponible Einlagen noch disponible Innenfinanzierung auf den Evidenzkonten vorhanden, wird davon auszugehen sein, dass die Ausschüttung aus der indisponiblen Innenfinanzierung erfolgt (ebenfalls unabhängig von deren unternehmensrechtlicher Auflösung). Daher ist für die Behandlung als steuerliche Gewinnausschüttung die Auflösung der unternehmensrechtlichen Eigenkapitalpositionen – Auflösung von Rücklagen – nicht maßgeblich. Die Rückzahlung nicht disponibler Einlagen kann hingegen ausschließlich dann erfolgen, wenn auch über die entsprechende unternehmensrechtliche Bilanzposition verfügt wird (vgl. auch Abschnitt 1.3.1. und Abschnitt 1.3.3.).

4.2.1. Indisponible Einlagen-Subkonto

4.2.1.1. Definition

Als indisponible Einlagen sind sowohl die im Nennkapital als auch die in den gebundenen Kapitalrücklagen gemäß § 229 Abs. 5 UGB enthaltenen Einlagen zu evidenzieren.

4.2.1.2. Veränderungen des Subkontos

Sowohl die Bildung als auch die Auflösung von indisponiblen Einlagen kann nur durch unternehmensrechtliche Dispositionen erfolgen. Eine Veränderung dieses Subkontos ergibt sich insbesondere durch Kapitalerhöhungen oder -herabsetzungen sowie durch die Bildung bzw. Auflösung von gebundenen Kapitalrücklagen:

- Bei einer Bargründung der Gesellschaft ist das tatsächlich aufgebrachte, im Nennkapital bzw. einer gebundenen Kapitalrücklage enthaltene Kapital in das indisponible Einlagen- Subkonto einzustellen, bei einer Sachgründung der steuerlich maßgebende Wert der Sacheinlage. Ebenso ist bei einer ordentlichen Kapitalerhöhung mit Geld- oder Sacheinlagen der Stand dieses Subkontos, um die tatsächlich aufgebrachte Geldmenge bzw. den steuerlich maßgebenden Wert der Sacheinlage zu erhöhen.
- Bei einer ordentlichen Kapitalherabsetzung werden primär gebundene Einlagen an die Gesellschafter rückgeführt. Daher sind grundsätzlich die Kontostände des indisponible Einlagen-Subkontos um die tatsächliche Rückzahlung maximal in Höhe der vorhandenen Evidenzbeträge zu vermindern. Soweit nicht ausreichend indisponible Einlagen vorhanden sind, besteht für den nicht gedeckten Betrag ein Wahlrecht, bei ausreichend vorhandenen disponiblen Einlagen und disponibler Innenfinanzierung, den Rückzahlungsbetrag teilweise oder gänzlich als Einlagenrückzahlung oder als Gewinnausschüttung zu behandeln.
- Soweit im Rahmen der ordentlichen Kapitalherabsetzung gemäß § 54 Abs. 2 GmbHG der Herabsetzungsbetrag nicht an die Gesellschafter rückgeführt wird, sondern direkt in eine ungebundene Kapitalrücklage umgebucht wird, hat eine Umgliederung vom indisponiblen zum disponiblen Einlagen-Subkonto zu erfolgen soweit der Herabsetzungsbetrag im indisponible Einlagen-Subkonto Deckung findet.
- Bei einer vereinfachten Kapitalherabsetzung verringert sich der Gesamtbetrag der in der Gesellschaft vorhandenen Einlagen mangels einer Rückzahlung an die Anteilsinhaber jedenfalls nicht. Auch in diesem Fall werden primär Einlagen berührt, weshalb die der Kapitalherabsetzung entsprechenden (maximal die tatsächlich vorhandenen) indisponiblen Einlagen grundsätzlich auf das disponible Einlagen-Subkonto umzugliedern sind.
- Die Bildung von gebundenen Kapitalrücklagen in den in § 229 Abs. 2 Z 1 bis 3 UGB genannten Fällen führt zu einem Zugang von Einlagen auf dem indisponible Einlagen-Evidenzkonto, soweit diese auf die tatsächliche Übertragung von Vermögen durch Anteilsinhaber zurückzuführen ist. Dabei ist der steuerliche maßgebende (positive) Wert auf dem Evidenzkonto einzustellen.
- Disponible Einlagen können zudem durch eine Teilübertragung des Bilanzgewinnes auf eine gebundene Bilanzposition zu indisponiblen Einlagen werden (Umgliederung vom disponible Einlagen-Subkonto auf das indisponible Einlagen-Subkonto). Bei einer Teilübertragung des Bilanzgewinnes (zB Kapitalerhöhung aus Gesellschaftsmitteln) besteht grundsätzlich ein Wahlrecht, entweder disponible Einlagen oder disponible Innenfinanzierung für die Umwandlung in indisponible Eigenkapitalbestandteile zu verwenden, soweit ausreichend disponible Einlagen als auch ausreichend disponible Innenfinanzierung vorhanden sind. Die Bildung von gebundenen Gewinnrücklagen erfolgt zu Lasten der disponiblen Innenfinanzierung.
- Eine Verminderung des indisponiblen Einlagenstandes kann sich durch die Auflösung einer gebundenen (Kapital-)Rücklage zugunsten des Bilanzgewinnes/verlustes durch die Umgliederung auf das disponible Einlagen-Subkonto ergeben.

Aus der Bindung der Veränderung des indisponiblen Einlagen-Subkontostandes an die entsprechenden bilanziellen Vorgänge ergibt sich, dass eine Verwendung der im Nennkapital und gebundenen Kapitalrücklagen enthaltenen steuerlichen Einlagen nur im Rahmen der genannten Vorgänge eine steuerwirksame Einlagenrückzahlung oder eine Umqualifizierung in disponible Einlagen bewirken kann.

4.2.2. Disponible Einlagen-Subkonto

4.2.2.1. Definition

Als disponible Einlagen auf diesem Subkonto zu erfassen sind:

- Einlagen, die nicht in gebundenen Rücklagen ausgewiesen sind;
- Einlagen, die auf Grund einer Auflösung von gebundenen Kapitalrücklagen disponibel geworden sind;
- Einlagen, die auf Grund einer vereinfachten Kapitalherabsetzung disponibel geworden sind;
- verdeckte Einlagen;
- Einlagen, die auf Grund einer Umgründung übertragen wurden und nicht im Nennkapital oder in gebundenen Kapitalrücklagen ausgewiesen sind;
- Mittelbare Einlagen bei einer Zwischenkörperschaft, die bilanziell nicht erfasst worden sind (siehe dazu auch Abschnitt 1.3.1.);
- Beträge, die zur Verlustabdeckung im Rahmen von Ergebnisabführungsverträgen von der Muttergesellschaft geleistet werden (siehe dazu auch Abschnitt 5.3.).

4.2.2.2. Veränderungen des Subkontos

Eine Veränderung dieses Subkontos ergibt sich insbesondere durch Einlagenrückzahlungen, Kapitalherabsetzungen sowie die Auflösung von gebundenen Rücklagen:

- Der Stand der disponiblen Einlagen vermindert sich durch Einlagenrückzahlungen, wobei grundsätzlich ein Wahlrecht besteht, eine Gewinnausschüttung oder eine Einlagenrückzahlung oder eine Kombination beider vorzunehmen, sofern ausreichend disponible Einlagen und disponible Innenfinanzierung vorhanden sind.
- Der Stand der disponiblen Einlagen erhöht sich durch verdeckte Einlagen.
- Die Bildung einer ungebundenen Kapitalrücklage in den in § 229 Abs. 2 Z 5 UGB genannten Fällen führt zu einem Zugang von Einlagen auf dem disponible Einlagen-Subkonto, soweit diese auf die tatsächliche Übertragung von Vermögen durch die Anteilsinhaber zurückzuführen ist. Dabei ist der steuerliche maßgebende (positive) Wert auf dem Evidenzkonto einzustellen.
- Wird eine gebundene Rücklage ganz oder teilweise zugunsten des Bilanzgewinnes/verlustes zum Abdecken eines Jahres- oder Bilanzverlustes aufgelöst, ist der entsprechende (maximal der vorhandene geringere) Stand am indisponible Einlagen-Subkonto auf das disponible Einlagen-Subkonto umzugliedern.
- Findet eine vereinfachte Kapitalherabsetzung zugunsten des Bilanzgewinnes/verlustes statt, ist der entsprechende (maximal der vorhandene geringere) Stand am indisponible Einlagen-Subkonto auf das disponible Einlagen-Subkonto umzugliedern.

4.2.3. Indisponible Innenfinanzierung-Subkonto

4.2.3.1. Definition

Als indisponible Innenfinanzierung ist ausschließlich die in einer gebundenen Gewinnrücklage gemäß § 229 Abs. 6 UGB (gesetzliche oder satzungsmäßige Gewinnrücklage) enthaltene Innenfinanzierung zu evidenzieren: Eine Erhöhung der indisponiblen Innenfinanzierung hat grundsätzlich bei der Dotierung von gebundenen Gewinnrücklagen unter gleichzeitiger Verminderung der disponiblen Innenfinanzierung zu erfolgen, während eine Auflösung von gebundenen Gewinnrücklagen grundsätzlich zur Verminderung der indisponiblen Innenfinanzierung und einer korrespondierenden Erhöhung der disponiblen Innenfinanzierung führt.

Gesellschaften, die keine gebundenen Gewinnrücklagen zu bilden haben (kleine und mittelgroße GmbH), weisen demzufolge keine indisponible Innenfinanzierung aus; die Innenfinanzierung kann daher in diesen Fällen als eine einheitliche Größe evidenziert werden (siehe dazu auch ausführlich Anhang I).

Bei einer Kapitalerhöhung aus Gesellschaftsmitteln vermindert sich die Innenfinanzierung bereits im Zeitpunkt der Kapitalberichtigung; diese Beträge sind daher nicht als indisponible Innenfinanzierung zu erfassen (vgl. auch Abschnitt 5.6.).

4.2.3.2. Veränderungen des Subkontos

Eine Veränderung dieses Subkontos ergibt sich in der Regel durch die Bildung und Auflösung von gebundenen Gewinnrücklagen und allenfalls durch Gewinnausschüttungen:

- Disponible Innenfinanzierung kann durch eine Teilübertragung des Jahresüberschuss auf eine gebundene Gewinnrücklage zu indisponibler Innenfinanzierung werden. Dabei erfolgt die Bildung von gebundenen Gewinnrücklagen zu Lasten der disponiblen Innenfinanzierung.
- Die Auflösung einer gebundenen Gewinnrücklage hat eine Senkung des Standes auf dem indisponible Innenfinanzierung-Subkonto und Erhöhung des disponible Innenfinanzierung-Subkontos zur Folge.
- Ausnahmsweise kann auch eine Gewinnausschüttung zur Verminderung der indisponiblen Innenfinanzierung führen, wenn ein unternehmensrechtlich ausgeschütteter Bilanzgewinn weder im Stand der disponiblen Einlagen noch in der disponiblen Innenfinanzierung Deckung findet (Zweifelsregelung).

4.2.4. Disponible Innenfinanzierung-Subkonto

Einl. Rückz.

4.2.4.1. Definition

Als disponible Innenfinanzierung auf diesem Subkonto sind

- sämtliche Innenfinanzierungsbeträge zu erfassen, die nicht in gebundenen Gewinnrücklagen ausgewiesen sind.

Eine allenfalls durch Aufwertungsumgründungen entstehende „Innenfinanzierung" wirkt sich hingegen aufgrund der Vorschrift des § 4 Abs. 12 Z 4 dritter Satz EStG 1988 zum Umgründungszeitpunkt noch nicht auf den zu evidenzierenden Stand der Innenfinanzierung aus, weil diese Beträge nach den Vorschriften des UGB (§ 229 Abs. 7 UGB bzw. § 235 Abs. 1 UGB) noch nicht ausgeschüttet werden können. Diese Beträge erhöhen die disponible Innenfinanzierung nämlich erst in jenem Zeitpunkt und Ausmaß, zu dem eine unternehmensrechtliche Ausschüttungsmöglichkeit besteht (insbesondere im Zeitpunkt einer Kapitalherabsetzung).

4.2.4.2. Veränderungen des Subkontos

Eine Veränderung dieses Subkontos ergibt sich insbesondere durch Jahresüberschüsse, Jahresfehlbeträge, Gewinnausschüttungen, die Dotierung von gebundenen Gewinnrücklagen sowie durch Kapitalerhöhungen aus Gesellschaftsmitteln:

- Jahresüberschüsse führen zu einer Erhöhung der disponiblen Innenfinanzierung.
- Jahresfehlbeträge führen zu einer Verminderung der disponiblen Innenfinanzierung.
- Im Zuge der Auflösung von gebundenen Gewinnrücklagen kommt es zu einer Erhöhung der disponiblen Innenfinanzierung.

- Gewinnausschüttungen kürzen den Stand der disponiblen Innenfinanzierung; dies gilt auch, wenn die Zweifelsregelung zur Anwendung gelangt (siehe Abschnitt 1.3.2.).
- Wird ein Betrag aus dem Jahresüberschuss einer gebundenen Gewinnrücklage zugewiesen, ist von diesem Vorgang die disponible Innenfinanzierung berührt, weshalb als Folge der Rücklagendotierung entsprechende Beträge vom disponible Innenfinanzierung-Subkonto auf das indisponible Innenfinanzierung-Subkonto umzugliedern sind. Wird hingegen nachgewiesen, dass von der Rücklagendotierung (auch) Einlagen berührt sein können (siehe Abschnitt 4.2.2.2.), besteht ein Wahlrecht, welche Eigenkapitalbestandteile künftig als indisponibel ausgewiesen werden sollen.
- Die Dotierung von freien Gewinnrücklagen verändert den Stand der disponiblen Innenfinanzierung nicht.
- Sollen Innenfinanzierungsbeträge für eine Kapitalerhöhung aus Gesellschaftsmitteln verwendet werden, mindert sich dadurch der Stand der disponiblen Innenfinanzierung. Eine Erhöhung der indisponiblen Innenfinanzierung findet nicht statt; eine Erhöhung der indisponiblen Einlagen erfolgt erst nach 10 Jahren (vgl. dazu Abschnitt 5.6.).

4.2.5. Surrogatkapital-Subkonto

4.2.5.1. Definition

Das Surrogatkapital-Subkonto erfasst ausschließlich Einlagen und ihre Veränderungen im Bereich des Partizipations- und Substanzgenussrechtskapitals. Zu einheitlichen Bedingungen begebene Genussrechte sind dabei in einem gemeinsamen Subkonto zusammenzufassen; eine individualisierte Führung für die einzelnen Zeichner bzw. Anteilsinhaber ist nicht vorgesehen.

4.2.5.2. Veränderungen des Subkontos

Eine Veränderung dieses Subkontos ergibt sich insbesondere durch die Aufnahme und Rückgabe von Surrogatkapital:

- Wird durch eine Körperschaft Surrogatkapital aufgenommen, hat dies eine Erhöhung im Surrogatkapital-Subkonto zur Folge. Dabei ist das Subkonto – in Analogie zum Nennkapital der Körperschaft – nur um das gezeichnete und aufgebrachte Surrogat-Nominalkapital zu erhöhen. Übersteigt daher der Ausgabepreis des Partizipations- oder Substanzgenussrechtskapitals den Nennwert, ist der Mehrbetrag als Agio auf dem disponible oder indisponible Einlagen-Subkonto auszuweisen.
- Eine Veränderung des Standes nach der Erstemission ergibt sich durch eine weitere Emission oder durch das Einziehen (Tilgung) auf Grund eines vorbereitenden Rückkaufs von Surrogatkapital. Die unter Abschnitt 5.7.2. dargestellten Grundsätze für das Einziehen von Aktien gelten sinngemäß.
- Ein Rückkauf von Surrogatkapital außerhalb einer geplanten Einziehung zu einem dem Wert entsprechenden Preis ist ein rechtsgeschäftlicher Vorgang und kein Fall einer Einlagenrückzahlung; erfolgt später das Einziehen der eigenen Anteile, ist dies als Nachvollzug einer Einlagenrückzahlung (im Rechtskleid des seinerzeitigen Veräußerungsentgeltes) auf der Ebene der Körperschaft zu werten und führt zu einer Minderung des Surrogatkapital-Subkontos.

4.2.6. Darlehenskapital-Subkonto

4.2.6.1. Definition

Im Darlehenskapital-Subkonto sind Verbindlichkeiten gegenüber Gesellschaftern auszuweisen, die steuerlich als verdecktes Grund- oder Stammkapital behandelt werden. Eine individualisierte Führung für die einzelnen Darlehensgeber erscheint zweckmäßig. Auch in diesem Subkonto sind ausschließlich Einlagen zu evidenzieren.

4.2.6.2. Veränderungen des Subkontos

Eine Veränderung dieses Subkontos ergibt sich insbesondere durch die Aufnahme solcher Darlehen sowie deren Tilgung:

- Eine Erhöhung des Standes ergibt sich durch die Aufnahme einer (weiteren) als verdecktes Grund- oder Stammkapital zu qualifizierenden Verbindlichkeit.
- Eine Verminderung des Standes ergibt sich mit jeder Darlehenstilgung.
- Im Falle eines vollständigen oder anteiligen Verzichtes des Anteilsinhabers ist der Evidenzstand (unabhängig vom zivilrechtlichen Wert des Forderungsverzichtes) in entsprechender Höhe auf das disponible Einlagen-Subkonto umzugliedern. Im Falle einer Besserungsvereinbarung ist bei Wiederaufleben der Verbindlichkeit steuerrechtlich ein Wiederaufleben des verdeckten Kapitals anzunehmen und ein im disponible Einlagen-Subkonto vorhandener Einlagenstand in entsprechender Höhe auf das Darlehenskapital-Subkonto umzugliedern. Ist dies nicht oder nur zum Teil möglich, kommt einer nachfolgenden Darlehenstilgung – als verdeckte Ausschüttung – in Höhe des fehlenden Evidenzkontenstandes zwingend die Eigenschaft einer Einkommensverwendung zu.

4.3. Führung und Vorlage der Evidenzkonten

4.3.1. Zeitliche Erfassung am Evidenzkonto

Die Evidenzkonten nach § 4 Abs. 12 Z 3 und 4 EStG 1988 sind laufend zu führen und in geeigneter Form der jährlichen Körperschaftsteuererklärung (mit Stand zum Bilanzstichtag) anzuschließen. Dabei sind grundsätzlich sowohl der Stand der Einlagen als auch der Stand der Innenfinanzierung laufend durch die jeweiligen Geschäftsfälle zu erhöhen bzw. zu mindern. Zur zeitlichen Erfassung gilt Folgendes:

- Erhöhungen des Einlagenstandes um Einlagen erfolgen unterjährig zum jeweiligen Einlagezeitpunkt;

Minderungen der Innenfinanzierung durch offene Ausschüttungen und Minderungen des Einlagenstandes durch Einlagenrückzahlungen erfolgen unterjährig zum jeweiligen Zeitpunkt der Beschlussfassung; auf den Zeitpunkt der Fälligkeit der Ausschüttung kommt es nicht an.

- Veränderungen der Innenfinanzierung um das unternehmensrechtliche Jahresergebnis (siehe dazu Abschnitt 3.1.) sowie Bereinigungen der Innenfinanzierung (siehe dazu Abschnitt 3.4.) erfolgen idR stichtagsbezogen zum jeweiligen Bilanzstichtag.

Die Vornahme einer offenen Ausschüttung bzw einer Einlagenrückzahlung setzt eine entsprechende Deckung am (disponiblen) Innenfinanzierungs- bzw. Einlagenevidenzkonto zum Zeitpunkt der Beschlussfassung voraus. Aus diesem Grund ist auch eine allenfalls ertragsteuerliche Rückwirkungsfiktion für die Ausübung des Wahlrechts unbeachtlich.

4.3.2. Darstellung der Evidenzkonten

Für die Führung des Evidenzkontos ist eine Darstellung zu empfehlen, die einerseits die Veränderungen auf den Subkonten und andererseits den jährlichen Gesamt-Anfangsstand, den Zu- und Abgang und den Gesamt-Endstand aufzeigt und zudem eine Zuordnung zu Einlagen und Innenfinanzierung sowie eine Unterteilung in disponibel und indisponibel ermöglicht.

Beispiel:

Angabe:

Die gemäß § 221 UGB große A-GmbH weist in ihren Jahresabschlüssen zum 31.12.X1 und zum 31.12.X2 folgende Eigenkapitalstruktur aus:

	31.12.X1	*31.12.X2*
Eingefordertes Nennkapital	*100.000*	*110.000*
gebundene Kapitalrücklagen	*0*	*4.000*
nicht gebundene Kapitalrücklagen	*5.000*	*0*
gesetzliche Gewinnrücklagen	*3.000*	*4.000*
freie Gewinnrücklagen	*13.000*	*13.000*
Bilanzgewinn	*10.000*	*9.000*

Dabei weist die A-GmbH folgende Evidenzkontenstände zum 31.12.X1 auf:

Evidenzsubkonten	***Beginn Wj X2***
indisponible Einlagen	*100.000*[1]
disponible Einlagen	*5.000*[2]
indisponible Innenfinanzierung	*3.000*[3]
disponible Innenfinanzierung	*23.000*[4,5]

Alternativ kann auch eine Darstellung gewählt werden, die der bisherigen an die unternehmensrechtlichen Eigenkapitaldarstellung angelehnten Subkontentechnik – erweitert um die Innenfinanzierung – entspricht, wobei die indisponiblen Teile grau hinterlegt sind:

Evidenzsubkonten	***Innenfinanzierung***	***Einlagen***
Nennkapital-Subkonto	*-*	*100.000*[1]
Gebundene Kapitalrücklagen-Subkonto	*-*	*0*
Ungebundene Kapitalrücklagen-Subkonto	*0*	*5.000*[2]
Gesetzliche Gewinnrücklagen-Subkonto	*3.000*[3]	*0*
Ungebundene Gewinnrücklagen-Subkonto	*13.000*[5]	*0*
Bilanzgewinn-Subkonto	*10.000*[4]	*0*
Summe	***26.000***	***105.000***
davon disponibel	***23.000***	***5.000***
davon indisponibel	***3.000***	***100.000***

[1] Das Stammkapital der GmbH beträgt 100.000 Euro und wurde zur Gänze einbezahlt.

[2] Die disponiblen Einlagen stammen zur Gänze aus einem im Vorjahr X0 gegebenen Zuschuss.

[3] Die gesetzliche Gewinnrücklage ist am indisponible Innenfinanzierung-Subkonto zu erfassen.

[4] Die im Bilanzgewinn enthaltene Innenfinanzierung ist am disponible Innenfinanzierung-Subkonto auszuweisen.

[5] Die freien Gewinnrücklagen stellen disponible Innenfinanzierung dar.

Folgende Geschäftsfälle haben sich im Jahr X2 ereignet:

1. *Es wird eine Ausschüttung des gesamten Jahresbilanzgewinnes von X1 iHv 10.000 beschlossen. Es besteht – hinsichtlich 5.000 – ein Wahlrecht, die Ausschüttung als Gewinnausschüttung oder als Einlagenrückzahlung zu behandeln, weil der Ausschüttungsbetrag in Höhe von 5.000 sowohl in der disponiblen Innenfinanzierung als auch in den disponiblen Einlagen Deckung findet; die verbleibenden 5.000 wären jedenfalls als Gewinnausschüttung zu behandeln. Es sollen die vorhandenen disponiblen Einlagen möglichst nicht für die Ausschüttung verwendet werden. Aufgrund der ausreichend hohen disponiblen Innenfinanzierung kann die gesamte Ausschüttung steuerlich als Gewinnausschüttung behandelt werden.*
2. *Ein neuer Gesellschafter ist im Jahr X2 im Wege einer Kapitalerhöhung iHv 10.000 unter Ausschluss der übrigen Gesellschafter eingetreten und hat neben seiner Einlage*

Einl. Rückz.

auch ein Agio iHv 4.000 gezahlt, sodass das indisponible Einlagen-Subkonto um 14.000 zu erhöhen ist.

3. *Zum Bilanzstichtag 31.12.X2 erfolgt eine Auflösung der ungebundenen Kapitalrücklage von 5.000, wobei dieser Vorgang keine Auswirkungen auf die Qualifikation dieses Betrages als disponible Einlage nach sich zieht.*
4. *Im Jahr X2 erwirtschaftet die Gesellschaft einen Jahresüberschuss iHv 5.000:*
   a) *1.000 sind auf erhaltene Einlagenrückzahlungen zurückzuführen, die die Innenfinanzierung nicht erhöhen.*
   b) *2.000 sind auf eine verdeckte Einlage zurückzuführen, die in den Bilanzgewinn eingehen und daher als disponible Einlage im Evidenzkonto zu erfassen sind.*
   c) *Weitere 1.000 werden aus dem Jahresüberschuss einer gesetzlichen Gewinnrücklage zugeführt, wodurch sich der Stand des indisponible Innenfinanzierung-Subkontos erhöht.*
   d) *Die disponible Innenfinanzierung erhöht sich daher im Ergebnis um 1.000.*

Lösung:

Das Evidenzkonto weist daher folgende Entwicklungen aus:

Evidenzsubkonten	*Beginn Wj X2*	*Zugang*	*Abgang*	*Umbuchung*	*Ende Wj X2*
indisponible Einlagen	*100.000*	*+ 14.000 (2)*			*114.000*
disponible Einlagen	*5.000*	*+ 2.000 (4b)*			*7.000*
indisponible Innenfinanzierung	*3.000*	*+ 1.000 (4c)*			*4.000*
disponible Innenfinanzierung	*23.000*	*+ 1.000 (4d)*	*- 10.000 (1)*		*14.000*

Alternativ kann auch folgende Darstellung verwendet werden:

Evidenzsubkonten	***Innenfinanzierung***			***Einlagen***		
	Beginn Wj X2	*Änderung*	*Ende Wj X2*	*Beginn Wj X2*	*Änderung*	*Ende Wj X2*
Nennkapital-Subkonto	*-*			*100.000*	*+ 10.000(2)*	*110.000*
Gebundene Kapitalrücklagen-Subkonto	*-*			*0*	*+ 4.000(2)*	*4.000*
Ungebundene Kapitalrücklagen-Subkonto	*0*	*-*	*0*	*5.000*	*- 5.000(3)*	*0*
Gesetzliche Gewinnrücklagen-Subkonto	*3.000*	*+1.000 (4c)*	*4.000*	*0*	*-*	*0*
Ungebundene Gewinnrücklagen-Subkonto	*13.000*	*-*	*13.000*	*0*	*0*	*0*
Bilanzgewinn-Subkonto	*10.000*	*- 10.000(1)* *+1.000(4d)*	*1.000*	*0*	*+ 5.000(3)* *+2.000(4b)*	*7.000*
Summe	***26.000***	***- 8.000***	***18.000***	***105.000***	***+ 16.000***	***121.000***
davon disponibel	***23.000***		***14.000***	***5.000***		***7.000***
davon indisponibel	***3.000***		***4.000***	***100.000***		***114.000***

Das Evidenzkonto weist somit zum 31.12.X2 folgenden Stand auf:

Evidenzsubkonten	***Innenfinanzierung***	***Einlagen***
Nennkapital-Subkonto		*110.000*
Gebundene Kapitalrücklagen-Subkonto		*4.000*
Ungebundene Kapitalrücklagen-Subkonto	*0*	*0*
Gesetzliche Gewinnrücklagen-Subkonto	*4.000*	*0*
Ungebundene Gewinnrücklagen-Subkonto	*13.000*	*0*
Bilanzgewinn-Subkonto	*1.000*	*7.000*
Summe	***18.000***	***121.000***
davon disponibel	***14.000***	***7.000***
davon indisponibel	***4.000***	***114.000***

Variante:

Die offene Ausschüttung des Jahresbilanzgewinnes von X1 iHv 10.000 soll – soweit möglich – als Einlagenrückzahlung behandelt werden. Da disponible Einlagen iHv 5.000 vorhanden sind, kann die offene Ausschüttung insoweit eine Einlagenrückzahlung darstellen und zwar auch dann, wenn die ungebundene Kapitalrücklage unternehmensrechtlich nicht aufgelöst wird. Die verbleibenden 5.000 stellen jedenfalls eine Gewinnausschüttung dar.

Durch diesen Geschäftsfall ändert sich das Evidenzkonto zum Zeitpunkt der Beschlussfassung wie folgt:

Evidenzsubkonten	***Beginn Wj X2***	***Zugang***	***Abgang***	***Umbuchung***	***aktueller Stand***
indisponible Einlagen	*100.000*				*100.000*
disponible Einlagen	*5000*		*- 5.000*		*0*
indisponible Innenfinanzierung	*3.000*				*3.000*
disponible Innenfinanzierung	*23.000*		*- 5.000*		*18.000*

Alternativ kann auch folgende Darstellung verwendet werden:

Evidenzsubkonten	***Innenfinanzierung***			***Einlagen***		
	Beginn Wj X2	*Änderung*	*aktueller Stand*	*Beginn Wj X2*	*Änderung*	*aktueller Stand*
Nennkapital-Subkonto	*-*			*100.000*		*100.000*
Gebundene Kapitalrücklagen-Subkonto	*-*			*0*		*0*
Ungebundene Kapitalrücklagen-Subkonto	*0*	*-*	*0*	*5.000*	*- 5.000*	*0*
Gesetzliche Gewinnrücklagen-Subkonto	*3.000*		*3.000*	*0*	*-*	*0*
Ungebundene Gewinnrücklagen-Subkonto	*13.000*	*-*	*13.000*	*0*	*0*	*0*
Bilanzgewinn-Subkonto	*10.000*	*- 5.000*	*5.000*	*0*	*0*	*0*
Summe	***26.000***		***21.000***	***105.000***		***100.000***
davon disponibel	***23.000***		***18.000***	***5.000***		***0***
davon indisponibel	***3.000***		***3.000***	***100.000***		***100.000***

Die Vorlage des Evidenzkontos kann in einer dieser Darstellungen als Beilage zur Körperschaftsteuererklärung erfolgen.

4.4. Abgabenbehördliche Prüfung

Im Rahmen der abgabenbehördlichen Prüfung kann es zum Aufdecken von Fehlern dahingehend kommen,

- dass die Innenfinanzierung nicht korrekt erstmalig ermittelt oder fortentwickelt worden ist,
- dass ein nicht erklärter Einlagentatbestand festgestellt oder die Eigenschaft eines erklärten Einlagentatbestandes verneint wird, bzw.
- dass erklärte Ausschüttungen oder Einlagenrückzahlungen zu Unrecht als solche behandelt wurden.

In diesen Fällen ist neben den ertragsteuerlichen Korrekturen (Erlassung eines Haftungsbescheides hinsichtlich einer nicht erhobenen Kapitalertragsteuer, Erfassung eines steuerpflichtigen Veräußerungstatbestandes beim Anteilsinhaber) auch der Evidenzkontenstand zu berichtigen und das zutreffende Evidenz-Subkonto zu erhöhen oder zu vermindern. Hat die Behörde infolge fehlender Ermittlung durch den Abgabepflichtigen die Innenfinanzierung erstmalig zu ermitteln, stehen der Behörde – wie auch dem Abgabepflichtigen – die Möglichkeit der exakten sowie der pauschalen Ermittlung (siehe dazu Abschnitt 6.3.) offen.

5. Sonderfragen

5.1. Auswirkungen von Liquidationen auf den Stand der Einlagen und der Innenfinanzierung

Für Liquidationen von Körperschaften im Sinne des § 7 Abs. 3 KStG 1988 kommen die speziellen Regelungen des § 19 KStG 1988 zur Anwendung. Gewinnausschüttungen während des Liquidationszeitraumes, soweit sie nicht Gewinne aus Geschäftsjahren vor der Liquidation betreffen, sind als Liquidationsvorab und damit als Teil des zur Verteilung kommenden Vermögens anzusehen (siehe auch KStR 2013 Rz 1447). Auf Ebene der Anteilsinhaber kommt es zwingend zu einer Veräußerungsgewinnbesteuerung (nach § 27 Abs. 6 Z 3 EStG 1988 bzw. nach allgemeinen Gewinnermittlungsgrundsätzen gemäß § 4 oder § 5 EStG 1988), unabhängig davon, ob im Abwicklungsguthaben ausschüttbare Gewinne oder Einlagen enthalten sind.

Ausschüttungen von Gewinnen aus Geschäftsjahren **vor** der Liquidation sind unter den Voraussetzungen des § 4 Abs. 12 EStG 1988 entweder als offene Ausschüttung oder als Einlagenrückzahlung zu behandeln und verringern auch während der laufenden Liquidation entsprechend die evidenzierten Evidenzkontenstände. Die Verteilung des Vermögens im Wege der Liquidation stellt jedoch weder eine Einkommensverwendung im Sinne des § 8 Abs. 2 KStG 1988 noch eine Einlagenrückzahlung dar (KStR 2013 Rz 541) und berührt daher weder den Stand der Innenfinanzierung noch den Stand der Einlagen der liquidierten Körperschaft.

Das Innenfinanzierungs- sowie das Einlagenevidenzkonto gehen mit Beendigung der Liquidation unter.

5.2. Auswirkungen des § 2 Abs. 4a EStG 1988 auf den Stand der Innenfinanzierung und der Einlagen bei zwischengeschalteten Körperschaften

§ 2 Abs. 4a EStG 1988 sieht vor, dass unter bestimmten Voraussetzungen Einkünfte einer Körperschaft einer natürlichen Person zugerechnet werden. Da unternehmensrechtlich die Einkünfte jedoch im Jahresergebnis der Körperschaft erfasst werden, stellt sich die Frage nach der Auswirkung dieser abweichenden Zurechnung auf den Stand der Innenfinanzierung bzw. der Einlagen.

§ 2 Abs. 4a EStG 1988 geht davon aus, dass in bestimmten Fällen die Leistungserbringung durch die natürliche Person erfolgt und daher die Einkünfte der Körperschaft nicht dieser, sondern der natürlichen Person zuzurechnen sind. Aus steuerlicher Sicht liegt eine verdeckte Einlage dieser Einkünfte in die Körperschaft vor. Die im unternehmensrechtlichen Jahresergebnis erfassten Einkünfte erhöhen daher nicht den Stand der Innenfinanzierung, sondern als verdeckte Einlage den Stand der Einlagen (siehe dazu Abschnitt 3.4.1.).

5.3. Auswirkung von Ergebnisabführungsverträgen auf den Stand der Innenfinanzierung und Einlagen

In der Praxis kann – statt isolierter Ausschüttungsbeschlüsse bzw. Verlustabdeckungen – eine automatische Ergebnisabfuhr in Konzernen durch den Abschluss von Ergebnisabführungsverträgen erfolgen; solche stellen auch eine anerkannte Methode des Steuerausgleichs im Sinne des § 9 Abs. 8 KStG 1988 dar (siehe KStR 2013 Rz 1587). Im Hinblick auf die grundsätzliche Maßgeblichkeit des unternehmensrechtlichen Jahresüberschusses bzw. Jahresfehlbetrages für die Innenfinanzierung stellt sich somit die Frage nach der Darstellung von Ergebnisabführungsverträgen im UGB-Jahresabschluss, die ab dem Veranlagungsjahr 2017 anzuwenden sind:

- Auf Ebene der Muttergesellschaft ist die Ergebnisabfuhr entweder als „Erträge aus Beteiligungen“ (§§ 231 Abs. 2 Z 10 bzw. 231 Abs. 3 Z 9 UGB) oder als „Aufwendungen aus Finanzanlagen und aus Wertpapieren des Umlaufvermögens“ (§§ 231 Abs. 2 Z 14 bzw. 231 Abs. 3 Z 13 UGB) auszuweisen. Damit erfolgt automatisch eine Erfassung im Jahresüberschuss bzw. Jahresfehlbetrag. Im Fall einer Gewinnabfuhr ist somit die Berücksichtigung in der Innenfinanzierung sichergestellt; im Fall einer Verlustabdeckung ist zu beachten, dass aus steuerlicher Sicht eine Einlage vorliegt, die aufgrund des Verlustabdeckungscharakters eine sofortige Abschreibung des Beteiligungsansatzes zur Folge haben kann, der die Innenfinanzierung der Muttergesellschaft senkt.
- Auf Ebene der Tochtergesellschaft ist die Ergebnisabfuhr gemäß § 232 Abs. 3 UGB in einem gesonderten Posten einige Positionen unterhalb vom Jahresüberschuss bzw. -fehlbetrag auszuweisen. Für Zwecke der Ermittlung der Innenfinanzierung ist im Falle einer Gewinnabfuhr davon auszugehen, dass diese – auf einem entsprechenden Ergebnisabführungsvertrag basierende – Gewinnabfuhr dabei einer offenen Gewinnausschüttung entspricht, weil ein Ergebnisabführungsvertrag einem Ausschüttungsbeschluss gleichzuhalten ist. Dadurch senkt sich die Innenfinanzierung bei Abfuhr eines Gewinnes unmittelbar aufgrund von § 4 Abs. 12 Z 4 zweiter Satz EStG 1988 („und vermindert sich um […] offene Ausschüttungen“). Wird die Ausschüttung hingegen als Einlagenrückzahlung qualifiziert (siehe näher Abschnitt 1.3.), senkt sich das disponible Einlagenevidenzkonto.

  Erzielt die Tochter einen Jahresfehlbetrag, mindert dieser die Innenfinanzierung der Tochter entsprechend. Erfolgt eine Verlustabdeckung durch die Mutter, erhöht dies die Innenfinanzierung der Tochter nicht, sondern stellt eine Einlage im Sinne des § 8 Abs. 1 KStG 1988 dar, die den Stand der disponiblen Einlagen der Tochter erhöht. Eine spätere Gewinnabfuhr der Tochter an die Mutter ist in Höhe des durch Jahresfehlbeträge entstandenen negativen Standes der Innenfinanzierung daher insoweit nicht als offene Ausschüttung, sondern als Rückzahlung der disponiblen Einlagen zu behandeln.

  Die Evidenzkontenstände werden jeweils zum Bilanzstichtag der Tochter angepasst.

Beispiel:

Die im Jahr 2016 mit einem Stammkapital von 35.000 € neu gegründete T GmbH schließt mit ihrer inländischen Muttergesellschaft M GmbH einen Ergebnisabführungsvertrag ab, der erstmalig für das Jahr 2016 wirksam wird.

Im Jahr 2016 erzielt T einen Jahresfehlbetrag von 100.000 €, der durch M abgedeckt wird. Die Innenfinanzierung von T wird im Jahr 2016 um den unternehmensrechtlichen Jahresfehl-

betrag von 100.000 € gesenkt und beträgt zum 31.12.2016 -100.000 €. Da die Verlustabdeckung eine Einlage darstellt, erhöht sich der Einlagenstand der T um 100.000 € und beträgt zum 31.12.2016 135.000 € (indisponible Einlagen 35.000 €; disponible Einlagen 100.000 €). Wird die Verlustabdeckung aufwandswirksam bei M verbucht, vermindert sich auch die Innenfinanzierung von M im Jahr 2016 iHv 100.000 €; der steuerliche Buchwert der Beteiligung wird in einem ersten Schritt durch den Zuschuss erhöht und in weiterer Folge sofort durch eine steuerwirksame Teilwertabschreibung abgesenkt (weil er in diesem Fall nicht werthaltig war). Im Ergebnis beträgt dieser somit wieder 35.000 €.

Im Jahr 2017 erzielt T einen Jahresüberschuss von 40.000 €, der an M abgeführt wird.

Die Innenfinanzierung von T wird im Jahr 2017 um den unternehmensrechtlichen Jahresüberschuss von 40.000 € erhöht und beträgt zum 31.12.2017 -60.000 €. Die Ergebnisabfuhr an M stellt aufgrund des negativen Standes der Innenfinanzierung keine offene Ausschüttung, sondern eine Einlagenrückzahlung dar. Der Stand der disponiblen Einlagen wird um 40.000 € gesenkt; somit beträgt der gesamte Einlagenstand zum 31.12.2017 95.000 € (indisponible Einlagen 35.000 €; disponible Einlagen 60.000). Die Innenfinanzierung von M wird durch die erhaltene Einlagenrückzahlung von T iHv 40.000 € nicht erhöht. Da die Einlagenrückzahlung den Buchwert der Beteiligung überschreitet, liegt iHv 5.000 € ein steuerpflichtiger Veräußerungsgewinn bei M vor.

Im Jahr 2018 erzielt T einen Jahresüberschuss von 200.000 €, der an M abgeführt wird.

Die Innenfinanzierung von T wird im Jahr 2018 um den unternehmensrechtlichen Jahresüberschuss von 200.000 € erhöht und beträgt somit zunächst 140.000 €. Die Ergebnisabfuhr iHv 200.000 € an M stellt im Ausmaß von 140.000 € eine offene Ausschüttung und im Ausmaß von 60.000 € eine Einlagenrückzahlung dar. Zum 31.12.2018 beträgt der Stand der Innenfinanzierung von T daher 0; der Stand der Einlagen 35.000 € (indisponible Einlagen 35.000 €). Die Innenfinanzierung von M wird im Ausmaß der erhaltenen Einlagenrückzahlung von 60.000 € nicht erhöht. Die erhaltene Einlagenrückzahlung stellt bei M einen steuerpflichtigen Veräußerungsgewinn dar.

5.4. Phasenkongruente Gewinnausschüttung und Umgründungen

Unter bestimmten Voraussetzungen ist es unternehmensrechtlich zulässig, Gewinnausschüttungen bei der Muttergesellschaft phasenkongruent, dh. bereits zum (übereinstimmenden) Bilanzstichtag der Mutter- und Tochtergesellschaft zu erfassen; unter Umständen kann auch steuerlich eine Realisierung noch vor dem Tag des Gewinnausschüttungsbeschlusses erfolgen (dazu näher EStR 2000 Rz 2339 und KStR 2013 Rz 1169). Erfolgt unternehmensrechtlich eine solche phasenkongruente Gewinnausschüttung, ist dies grundsätzlich auch für die laufende Ermittlung der Innenfinanzierung maßgeblich, dh. die Innenfinanzierung der Muttergesellschaft erhöht sich bereits am Bilanzstichtag um den bei ihr phasenkongruent erfassten Beteiligungsertrag, während sich die Innenfinanzierung der Tochter erst im späteren Zeitpunkt der Beschlussfassung senkt.

Kommt es nun aber in der Folge zu einer – auf diesen Bilanzstichtag bezogenen – Konzernumgründung von Mutter- und Tochtergesellschaft, wie zB einer up-stream- Verschmelzung, würde sich bei wörtlicher Auslegung der IF-VO eine doppelte Erfassung desselben Ausschüttungspotenzials ergeben, weil die bei der Mutter bereits ertragswirksam erfasste Dividende gemäß § 2 Abs. 1 IF-VO noch einmal additiv zu berücksichtigen wäre. Eine solche Auslegung würde jedoch dem Telos des § 4 Abs. 12 Z 4 EStG 1988 sowie der IFVO widersprechen, die eine korrekte Einmalerfassung und Fortführung des Ausschüttungspotenzials zum Ziel haben (siehe auch Abschnitt 1.4.). Vor diesem Hintergrund ist dafür Sorge zu tragen, dass es zu keiner doppelten Erfassung kommt und lediglich jene Innenfinanzierungsbestände additiv berücksichtigt werden, die sich noch nicht aufgrund einer phasenkongruenten Gewinnausschüttung bei der Muttergesellschaft auf deren Innenfinanzierung ausgewirkt haben.

5.5. Ausländische Körperschaften

Einl. Rückz.

Die Grundsätze des § 4 Abs. 12 EStG 1988 über Einlagen und Einlagenrückzahlungen sowie die Innenfinanzierung und offene Ausschüttungen gelten auch für vergleichbare ausländische Körperschaften. Die formale Führung von Evidenzkonten gemäß § 4 Abs. 12 EStG 1988 (dazu Abschnitt 4.) ist – anders als bei unbeschränkt steuerpflichtigen Körperschaften – nicht erforderlich; dies gilt auch für beschränkt steuerpflichtige ausländische Körperschaften.

Entscheidend ist bei inländischen Anteilsinhabern ausländischer Körperschaften jedoch, dass die Tatsache des Vorliegens einer Einlagenrückzahlung oder einer offenen Ausschüttung durch entsprechende Unterlagen (zB ausländische Jahresabschlüsse in Kombination mit gesellschaftsrechtlichen Beschlüssen) der ausländischen Körperschaft nachgewiesen werden kann. Führen ausländische Körperschaften zu Beweis- bzw. Dokumentationszwecken freiwillig auch formal Evidenzkonten gemäß § 4 Abs. 12 EStG 1988, sind für Zwecke der Ermittlung der Einlagen und der Innenfinanzierung die ausländischen Rechnungslegungsvorschriften – allenfalls in fremder Währung – maßgeblich; eine „Umrechnung“ auf inländische unternehmensrechtliche Grundsätze hat nicht zu erfolgen. Für Zwecke der Innenfinanzierung ist dabei sinngemäß auf eine dem Jahresüberschuss/Jahresfehlbetrag vergleichbare Größe abzustellen.

5.6. Kapitalerhöhung aus Gesellschaftsmitteln

Bei einer Kapitalberichtigung im Sinne des Kapitalberichtigungsgesetzes, BGBl. Nr. 171/1967,

(Kapitalerhöhung aus Gesellschaftsmitteln) besteht grundsätzlich ein Wahlrecht, ob von dem Vorgang Einlagen- oder Innenfinanzierungsbeträge betroffen sind:

- Soll die Kapitalerhöhung aus Innenfinanzierung gespeist werden, ist die zehnjährige Steuerhängigkeit im Sinne des § 32 Abs. 1 Z 3 EStG 1988 zu beachten, sodass dieser Berichtigungsbetrag nach Ablauf der Zehnjahresfrist als Einlagen am indisponible Einlagen-Subkonto zu erfassen ist (eine zwischenzeitige Evidenz außerhalb des Subkontos ist zu empfehlen). Wird das Nennkapital an den Gesellschafter vor Ablauf dieser Frist ausbezahlt, führt dies zu Einkünften gemäß § 32 Abs. 1 Z 3 EStG 1988 und keiner Verminderung der Innenfinanzierung, weil diese bereits im Zuge der Berichtigung gemindert wurde. Wird vor Ablauf der Zehnjahresfrist eine vereinfachte Kapitalherabsetzung vorgenommen, ist die disponible Innenfinanzierung wieder zu erhöhen.
- Soll die Kapitalerhöhung aus Einlagen gespeist werden, hat eine Umgliederung vom disponible Einlagen-Subkonto auf das indisponible Einlagen-Subkonto zu erfolgen. Wird vor Ablauf der Zehnjahresfrist eine vereinfachte Kapitalherabsetzung vorgenommen, hat wieder eine Rückbuchung auf das disponible Einlagen-Subkonto zu erfolgen.

5.7. Erwerb eigener Aktien

5.7.1. Erwerb ohne Einziehung

Beim rechtsgeschäftlichen Erwerb eigener Aktien durch die Aktiengesellschaft ist bei der Beurteilung, ob eine Einlagenrückzahlung vorliegt, darauf abzustellen, ob der Erwerb der Aktien ausschließlich den Aktionären zu Gute kommt – in diesen Fällen liegt eine Einlagenrückzahlung vor – oder ob der Erwerb der Aktien aus Sicht der Aktiengesellschaft auch aus betrieblichen Gründen erfolgt (VwGH 21.09.2016, 2013/13/0120). Bei einem Erwerb aus betrieblichen Gründen werden die Evidenzkonten ohne spätere Einziehung nicht berührt (siehe Abschnitt 5.7.2.).

5.7.2. Erwerb zur Einziehung

Bei einer Kapitalherabsetzung im Zusammenhang mit dem Aktienkauf zum Zwecke ihres Einziehens ist der Stand des indisponible Einlagen-Subkontos in Höhe des Nominales zu vermindern; der übersteigende Teil führt zu einer Minderung des disponible Einlagen-Subkontos. Bei Einziehen der Aktien nach Ankauf zu Lasten einer gebundenen Rücklage nach der Regelung des § 192 Abs. 3 AktG ist die Entgeltzahlung an die Aktionäre ebenso als Fall der endgültigen Minderung des indisponible Einlagen-Subkontos zu werten.

Sollten schon länger gehaltene eigene Aktien eingezogen werden, ist dies als Nachvollzug einer Einlagenrückzahlung (im Rechtskleid eines seinerzeitigen Veräußerungsentgeltes) auf der Ebene der Körperschaft zu werten und führt daher zu einer entsprechenden Minderung der Einlagen-Subkonten.

Das Einziehen von Aktien nach Ankauf zu Lasten einer freien Rücklage oder des Bilanzgewinns im Sinne des § 192 Abs. 3 AktG führt zu einer entsprechenden Verminderung des disponible Einlagen-Subkontos in Höhe der Rücklagenverminderung und insoweit zur Behandlung als Einlagenrückzahlung oder einer Verminderung der disponiblen Innenfinanzierung.

6. Inkrafttretens- und Übergangsbestimmungen

6.1. Materiellrechtlicher Anwendungsbereich von § 4 Abs. 12 EStG 1988 idF StRefG 2015/2016

Für Körperschaften mit Regelwirtschaftsjahr kam dem „Primat der Gewinnausschüttung" gemäß § 4 Abs. 12 EStG 1988 idF StRefG 2015/2016 keine materiellrechtliche Bedeutung zu.

Die Vorrangregelung für offene Ausschüttungen gegenüber Einlagenrückzahlungen nach dem StRefG 2015/2016 war lediglich für vor dem 1. Jänner 2016 beschlossene offene Ausschüttungen und Einlagenrückzahlungen anzuwenden (§ 124b Z 299 lit. a EStG 1988), sofern die offene Ausschüttung oder Einlagenrückzahlung in einem Wirtschaftsjahr beschlossen wurde, das nach dem 31.07.2015 begann (§ 124b Z 279 lit. a EStG 1988; zB eine Körperschaft mit Bilanzstichtag 30.09. beschließt im Dezember 2015 die Ausschüttung des Bilanzgewinnes des Wirtschaftsjahres 10/2014 - 9/2015).

6.2. Materiellrechtlicher Anwendungsbereich von § 4 Abs. 12 EStG 1988 idF AbgÄG 2015

Das in § 4 Abs. 12 EStG 1988 idF AbgÄG 2015 vorgesehene eingeschränkte Wahlrecht (siehe dazu näher Abschnitt 1.3.1.) zwischen offener Ausschüttung und Einlagenrückzahlung ist erstmalig für nach dem 31.12.2015 beschlossene Einlagenrückzahlungen und offene Ausschüttungen anzuwenden (§ 124b Z 279 EStG 1988).

Die in diesem Erlass dargelegte Rechtsansicht des BMF zur Ausübung dieses Wahlrechts findet daher auf sämtliche Beschlussfassungen ab dem 01.01.2016 Anwendung.

6.3. Erstmalige Ermittlung des Standes der Innenfinanzierung

6.3.1. Zeitpunkt der erstmaligen Ermittlung

Gemäß § 124b Z 279 lit. a EStG 1988 ist der Stand der Innenfinanzierung erstmalig zum letzten Bilanzstichtag vor dem 1. August 2015 zu ermitteln; bei Körperschaften mit einem Regelwirtschaftsjahr hat diese erstmalige Ermittlung somit per 31.12.2014 zu erfolgen.

6.3.2. Pauschale Ermittlungsmethode

Aus Vereinfachungsgründen sieht § 124b Z 279 lit. a EStG 1988 vor, dass die erstmalige Ermittlung der Innenfinanzierung pauschal durch Gegenüberstellung des unternehmensrechtlichen Eigenkapitals gemäß § 224 Abs. 3 UGB und des steuerlichen Einlagenstandes gemäß § 4 Abs. 12 EStG 1988 zum letzten Bilanzstichtag vor dem 1. August 2015 erfolgen kann (pauschale Ermittlungsmethode).

Das unternehmensrechtliche Eigenkapital gemäß § 224 Abs. 3 UGB setzt sich aus dem Nennkapital, den Kapitalrücklagen, den Gewinnrücklagen und dem Bilanzgewinn/Bilanzverlust zusammen. In der Bilanz zum Ermittlungsstichtag ausgewiesene unversteuerte Rücklagen sind für Zwecke der erstmaligen Ermittlung der Innenfinanzierung zur Gänze als Teil der Gewinnrücklagen zu behandeln.

Soweit steuerliches Surrogatkapital oder verdecktes Eigenkapital unternehmensrechtlich als Fremdkapital oder in einem Sonderposten zwischen Eigen- und Fremdkapital ausgewiesen wurde, kann dies für Zwecke der erstmaligen Ermittlung des Innenfinanzierungsstandes durch Verminderung des steuerlichen Einlagenevidenzkontos berücksichtigt werden.

Der gemäß § 124b Z 279 lit. a EStG 1988 pauschal ermittelte erstmalige Stand der Innenfinanzierung ist jedoch gemäß lit. b um umgründungsbedingte Differenzbeträge gemäß § 4 Abs. 12 Z 3 EStG 1988 idF StRefG 2015/2016 aus nach dem 31.05.2015 beschlossenen Umgründungen zu kürzen, weil diese Beträge nach dem StRefG 2015/2016 noch gesondert in einem Evidenzkonto zu erfassen waren. Davon erfasst ist der Differenzbetrag zwischen den unternehmensrechtlich angesetzten beizulegenden Werten und den steuerrechtlichen Buchwerten bei sogenannten „Aufwertungsumgründungen“. Solche Beträge berühren den (erstmalig ermittelten) Stand der Innenfinanzierung daher nicht.

	Unternehmensrechtliches Eigenkapital
	Nennkapital
	Kapitalrücklagen
	Gewinnrücklagen (+ unversteuerte Rücklagen)
	Bilanzgewinn/Bilanzverlust
-	**Stand am steuerlichen Einlagenevidenzkonto**
=	**Erstmaliger Stand der Innenfinanzierung** nach der pauschalen Ermittlungsmethode gemäß § 124b Z 279 lit. a EStG 1988
-	Umgründungsbedingte Differenzbeträge aus Umgründungen, die nach dem 31.05.2015 beschlossen wurden (§ 124b Z 279 lit. b EStG 1988)

Die pauschale Ermittlungsweise dient der Vereinfachung, kann jedoch unter Umständen zu Abweichungen im Vergleich zur exakten erstmaligen Ermittlung der Innenfinanzierung führen. Es steht der Körperschaft daher offen, die Innenfinanzierung exakt zu ermitteln **(Wahlrecht)**.

Auch bei der erstmaligen pauschalen Ermittlung des Standes der Innenfinanzierung ist eine Aufteilung zwischen der disponiblen und indisponiblen Innenfinanzierung vorzunehmen. Der in der Bilanz zum Ermittlungsstichtag ausgewiesene Stand der gebundenen Gewinnrücklage ist für steuerliche Zwecke als indisponible Innenfinanzierung zu behandeln, soweit der Abgabepflichtige nichts anderes nachweist. Darüber hinaus ist der so ermittelte erstmalige Stand der indisponiblen Innenfinanzierung mit dem insgesamt pauschal ermittelten Stand der Innenfinanzierung begrenzt. Ist die erstmalig ermittelte Innenfinanzierung insgesamt negativ, liegt zur Gänze eine negative disponible Innenfinanzierung vor; der Stand der indisponiblen Innenfinanzierung ist in diesem Fall Null.

6.3.3. Pauschale Ermittlung bei Körperschaften ohne UGB-Bilanz

Sofern rückzahlungsfähige Körperschaften rechnungslegungsrechtlichen Sonderbestimmungen unterliegen, auf Grund derer § 224 Abs. 3 UGB nicht anzuwenden ist (zB Kreditinstitute gemäß § 43 Abs. 1 BWG), haben diese bei Inanspruchnahme der pauschalen erstmaligen Ermittlung der Innenfinanzierung die nach den jeweiligen Sondervorschriften ermittelte Passivseite der Bilanz sinngemäß in eine nach dem UGB ermittelte Passivseite überzuleiten und sohin die als unternehmensrechtliches Eigenkapital qualifizierten Positionen für die pauschale Ermittlung der Innenfinanzierung heranzuziehen. Davon abzuziehen ist der steuerliche Einlagenstand gemäß § 4 Abs. 12 EStG 1988; zu steuerlichem Surrogatkapital und verdecktem Eigenkapital, das unternehmensrechtlich als Fremdkapital oder als Sonderposten zwischen Eigen- und Fremdkapital ausgewiesen wurde siehe Abschnitt 6.3.2.

Einl. Rückz.

6.3.4. Exakte Ermittlungsmethode

Die exakte Ermittlung des erstmaligen Standes der Innenfinanzierung zum letzten Bilanzstichtag vor dem 01.08.2015 hat auf Grundlage der historischen Jahresabschlüsse nach Unternehmensrecht unter Berücksichtigung der in § 4 Abs. 12 EStG 1988 idF StRefG 2015/2016 vorgesehenen Grundsätze zur laufenden Ermittlung der Innenfinanzierung zu erfolgen **(exakte Ermittlungsmethode)**. Im Unterschied zur pauschalen Ermittlungsmethode, die statisch an die Bilanz zum maßgeblichen Stichtag anknüpft, muss nach der exakten Ermittlungsmethode die Innenfinanzierung seit der Gründung der Körperschaft ausgehend von den jährlichen unternehmensrechtlichen Gewinn- und Verlustrechnungen der Körperschaft dynamisch ermittelt werden. Folglich setzt sich der exakt ermittelte erstmalige Stand der Innenfinanzierung in einer Totalbetrachtung aus den über die Jahre seit der Gründung der Körperschaft aufsummierten unternehmensrechtlichen Jahresüberschüssen und Jahresfehlbeträgen iSd UGB zusammen.

Von diesem Gesamtbetrag sind die in diesem Zeitraum aufsummierten offenen Ausschüttungen der Körperschaft abzuziehen. Entsprechend den laufenden Ermittlungsgrundsätzen nach § 4 Abs. 12 EStG 1988 idF StRefG 2015/2016 sind darüber hinaus von diesem Gesamtbetrag die in diesem Zeitraum erfolgten aufsummierten verdeckten

Einlagen sowie die erhaltenen Einlagenrückzahlungen abzuziehen, sofern diese den unternehmensrechtlichen Jahresüberschuss/Jahresfehlbetrag der Körperschaft erhöht haben.

Die in § 4 Abs. 12 Z 3 EStG 1988 idF StRefG 2015/2016 noch vorgesehene Regelung für umgründungsbedingte Differenzbeträge, welche den Stand der Innenfinanzierung zunächst nicht berühren sollen, hat im Rahmen der exakten erstmaligen Ermittlung der Innenfinanzierung zum letzten Bilanzstichtag vor dem 01.08.2015 wie auch bei der pauschalen Ermittlungsmethode nur insoweit Bedeutung, als solche umgründungsbedingten Differenzbeträge nach dem 31.05.2015 beschlossene Umgründungen betreffen.

Auch die erst mit § 4 Abs. 12 Z 4 dritter Satz EStG 1988 idF AbgÄG 2015 vorgesehene Regelung für umgründungsbedingte Aufwertungsgewinne, welche die Innenfinanzierung erst in jenem Zeitpunkt und Ausmaß erhöhen, indem sie nach den Vorschriften des UGB ausgeschüttet werden können, hat für die exakte erstmalige Ermittlung der Innenfinanzierung keine Bedeutung, da hierfür ausschließlich die in § 4 Abs. 12 EStG 1988 idF StRefG 2015/2016 vorgesehenen Grundsätze der laufenden Innenfinanzierungsermittlung heranzuziehen sind.

Daher sind bei der erstmaligen exakten Ermittlung die Umgründungen grundsätzlich in Abhängigkeit von der unternehmensrechtlichen Auswirkung auf den unternehmensrechtlichen Jahresüberschuss/Jahresfehlbetrag der Jahre bis zum Ermittlungsstichtag unmittelbar innenfinanzierungswirksam, ohne dass es hierfür einer Korrektur bedarf. Dies gilt jedoch nicht, wenn die Körperschaft gemäß § 3 zweiter Satz IF-VO für Zwecke der erstmaligen Ermittlung der Innenfinanzierung diese VO auf Umgründungen anwendet, die vor dem 31. Mai 2015 beschlossen wurden (siehe dazu UmgrStR 2002 Rz 379 ff).

Gründung Körperschaft (= Innenfinanzierungsstand 0)	
+/-	Summe der jährlichen Jahresüberschüsse/ Jahresfehlbeträge iSd UGB
-	Summe der offenen Ausschüttungen
-	Summe der verdeckten Einlagen und erhaltenen Einlagenrückzahlungen
=	**Erstmaliger Stand der Innenfinanzierung nach der exakten Ermittlungsmethode** (§ 4 Abs. 12 EStG 1988 idF StRefG 2015/2016)
-	Umgründungsbedingte Differenzbeträge aus Umgründungen, die nach dem 31.05.2015 beschlossen wurden (§ 124b Z 279 lit. b EStG 1988)

6.3.5. Vereinfachte exakte Ermittlungsmethode

In der Praxis hat sich gezeigt, dass die pauschale Ermittlungsmethode teilweise zu nicht sachgerechten Ergebnissen führen kann, da sie die tatsächlich vorhandene Innenfinanzierung einer Kapitalgesellschaft auf Grund mancher in der Vergangenheit verwirklichter Sachverhalte möglicherweise nicht adäquat wiedergibt (insbesondere bei nicht durchgebuchten Großmütterzuschüssen, Aufwertungsumgründungen mit steuerlicher Buchwertfortführung oder bei unternehmensrechtlich als Beteiligungsertrag verbuchten Einlagenrückzahlungen). Gleichzeitig ist es für schon seit mehreren Jahrzehnten bestehende Kapitalgesellschaften mangels vorhandener Unterlagen oftmals nicht möglich, den Stand der Innenfinanzierung von der Gründung der Gesellschaft an nach der in Abschnitt 6.3.4. beschriebenen Methode genau zu entwickeln.

Es bestehen daher keine Bedenken, bei Inanspruchnahme der genauen Ermittlungsmethode durch die Kapitalgesellschaft den erstmaligen Stand der Innenfinanzierung mittels § 124b Z 279 EStG 1988 zum letzten Bilanzstichtag vor dem 1. August 2006 entsprechend der in Abschnitt 6.3.2. beschriebenen pauschalen Ermittlungsmethode zu ermitteln und in weiterer Folge nach der in Abschnitt 6.3.4. beschriebenen exakten Ermittlungsmethode bis zum letzten Bilanzstichtag vor dem 1. August 2015 weiter zu entwickeln.

Da der Gesetzgeber ein Wahlrecht zwischen zwei Ermittlungsmethoden vorsieht und der pauschalen Methode bereits ein Schätzungscharakter immanent ist, bleibt für eine darüberhinausgehende Schätzung iSd § 184 BAO kein Raum.

6.4. Fortführung des erstmalig ermittelten Standes der Innenfinanzierung

Zum letzten Bilanzstichtag vor dem 1. August 2015 erstmalig exakt oder pauschal ermittelte Stände der Innenfinanzierung sind gemäß § 124b Z 279 lit. c EStG 1988 nach Maßgabe von § 4 Abs. 12 EStG 1988 idF des StRefG 2015/2016 bis zum 31.12.2015 fortzuführen und danach gemäß § 124b Z 299 lit. b erster Teilstrich EStG 1988 nach Maßgabe von § 4 Abs. 12 EStG 1988 idF AbgÄG 2015 fortzuführen.

Zum letzten Bilanzstichtag vor dem 1. August 2015 erstmalig ermittelte gesondert evidenzierte umgründungsbedingte Differenzbeträge sind gemäß § 124b Z 279 lit. c EStG 1988 bis zum 31.12.2015 ebenfalls nach Maßgabe von § 4 Abs. 12 EStG 1988 idF StRefG 2015/2016 fortzuführen. Dieses Evidenzkonto war gemäß § 4 Abs. 12 Z 3 EStG 1988 idF StRefG 2015/2016 in diesem Zeitraum zu vermindern und das Innenfinanzierungskonto entsprechend zu erhöhen, soweit das aufgewertete Vermögen veräußert wurde oder auf andere Weise aus dem Betriebsvermögen ausschied und es daher auch steuerlich zu einer Realisierung der stillen Reserven in den aufgewerteten Wirtschaftsgütern kam.

Ab 2016 sind gemäß § 124b Z 299 lit. b zweiter Teilstrich EStG 1988 diese umgründungsbedingten Differenzbeträge nicht mehr gesondert in Evidenz zu halten. Bisher erfasste umgründungsbedingte Differenzbeträge erhöhen den fortzuführenden Stand der Innenfinanzierung jedoch erst in jenem

Zeitpunkt und Ausmaß, in dem sie nach den Vorschriften des Unternehmensgesetzbuches ausgeschüttet werden können.

6.5. Erweiterung des Evidenzkontos um die Innenfinanzierung

Gemäß § 4 Abs. 12 Z 4 EStG 1988 idF AbgÄG 2015 haben Körperschaften ab der Veranlagung 2016 neben dem Stand der Einlagen auch den Stand der Innenfinanzierung gesondert am Evidenzkonto zu erfassen. Die Evidenzierung der Innenfinanzierung hat dabei sinngemäß nach den für die Evidenzierung von Einlagen vorgesehenen Vorschriften zu erfolgen. Das – um die Innenfinanzierung erweiterte – Evidenzkonto ist in geeigneter Form der jährlichen Steuererklärung der Körperschaft anzuschließen; erstmalig somit anlässlich der Abgabe der Körperschaftsteuererklärung 2016. Auf diesem Evidenzkonto ist dabei auch der erstmalig ermittelte Stand der Innenfinanzierung zum letzten Bilanzstichtag vor dem 01.08.2015 anzugeben und die laufende Fortentwicklung des Innenfinanzierungsstandes bis zum Beginn des Wirtschaftsjahres 2016 (2015/2016) darzustellen.

Zweckmäßigerweise wird die Körperschaft dabei auch bekanntzugeben haben, ob die erstmalige Ermittlung der Innenfinanzierung in pauschaler oder in – allenfalls vereinfachter – exakter Form erfolgt ist. Die rechnerische Ermittlung des erstmaligen Standes der Innenfinanzierung und die historischen Jahresabschlüsse, welche hierfür die Grundlage gebildet haben, sind jedoch nicht der Körperschaftsteuererklärung 2016 anzuschließen, sondern lediglich im Falle einer abgabenbehördlichen Prüfung offenzulegen.

6.6. Außerkrafttreten des bisherigen Einlagenrückzahlungserlasses vom 31.03.1998, 06 0257/1-IV/6/98

Mit diesem Erlass werden der bisherige Einlagenrückzahlungserlass und die bisherige Information des BMF zur erstmaligen Ermittlung des Standes der Innenfinanzierung von Kapitalgesellschaften vom 04.11.2016, BMF-010203/0359-VI/6/2016, aufgehoben und treten mit diesem Erlass außer Kraft. Dabei gilt Folgendes:

1. Die im Erlass vom 31.03.1998, 06 0257/1-IV/6/98 („Einlagenrückzahlungserlass“), dargelegte Rechtsansicht des BMF zur Entscheidungsfindung betreffend Einlagenrückzahlungen findet letztmalig auf sämtliche Beschlussfassungen vor dem 01.01.2016 Anwendung (zur Entscheidungsfindung für Beschlussfassungen nach dem 01.01.2016 siehe bereits Abschnitt 1.3.).
2. Bis zum Veranlagungsjahr 2016 erfolgte Verlustübernahmen im Rahmen eines Ergebnisabführungsvertrages können weiterhin entsprechend der bisherigen Sichtweise in Abschnitt 2.2.4 Z 3 des Einlagenrückzahlungserlasses vom 31.03.1998, 06 0257/1-IV/6/98 nicht als steuerliche Einlage behandelt werden; für Verlustübernahmen ab dem Veranlagungsjahr 2017 gilt Abschnitt 5.3. dieses Erlasses.
3. Sollten Körperschaften die Körperschaftsteuererklärung 2016 bereits vor Veröffentlichung dieses Erlasses abgegeben haben, bestehen keine Bedenken, wenn diese den ursprünglich ermittelten erstmaligen Stand der Innenfinanzierung sowie ein bereits nach Maßgabe des bisherigen Einlagenrückzahlungserlasses der Körperschaftsteuererklärung 2016 angeschlossenes Evidenzkonto entsprechend einer der in Abschnitt 6.3. dargestellten Ermittlungsmethoden neu ermitteln und das entsprechend neu erstellte bzw. adaptierte Evidenzkonto nachreichen. In diesem Zusammenhang treten keine Säumnisfolgen ein.

Einl. Rückz.

Anhang I: Evidenzkontoführung für kleine und mittelgroße GmbH

Auswirkungen der bilanziellen Erleichterung auf das Evidenzkonto sowie die Wahlrechtsausübung

Grundsätzlich unterscheiden sich die Regelungen zur Evidenzkontenführung nicht von den unter Abschnitt 4. beschriebenen Regelungen. Da aber kleine und mittelgroße GmbH keine gebundenen Kapital- und Gewinnrücklagen aufweisen, ergeben sich aus praktischer Sicht folgende Erleichterungen betreffen die Evidenzkontoführung:

- Indisponible Einlagen können ausschließlich die im Nennkapital enthaltenen Einlagen darstellen. Daher können Veränderungen der indisponiblen Einlagen nur durch Kapitalerhöhungen- und Kapitalherabsetzungen erfolgen. Ohne bilanzielle Disposition können indisponible Einlagen weder gebildet noch aufgelöst werden (siehe dazu näher Abschnitt 4.2.1.2. erster bis dritter sowie fünfter Bulletpoint).
- Alle Einlagen, die nicht am Nennkapitel enthalten sind (indisponible Einlagen), sind als disponible Einlagen jederzeit – unabhängig von der bilanziellen Darstellung dieser Größen – für Einlagenrückzahlungen verwendbar.
- Die Innenfinanzierung kann als einheitliche Größe dargestellt werden; eine Untergliederung in disponible und indisponible Größen hat nicht zu erfolgen. Die Rückführung von Innenfinanzierung im Wege einer Gewinnausschüttung kann folglich unabhängig von der bilanziellen Darstellung dieser Größen erfolgen.

Allenfalls kann sich für einzelne Gesellschaften die Pflicht zur Führung eines Surrogatkapital-Subkontos bzw. eines Darlehenskapital-Subkontos ergeben (siehe Abschnitt 4.2.5. sowie 4.2.6.).

Zur zeitlichen Erfassung von Vorgängen am Evidenzkonto siehe Abschnitt 4.3.1.

Auch bei den materiellen Voraussetzungen, die zur Ausübung des Wahlrechts zwischen Einlagenrückzahlung und Gewinnausschüttung erfüllt sein müssen, können durch die unterschiedlichen Anforderungen an die Bilanzierung folgende vereinfachte Regelungen abgeleitet werden:

- Um eine steuerliche Einlagenrückzahlung vornehmen zu können, müssen disponible Einlagen vorhanden sein. Sind disponible Einlagen vorhanden, kann eine Einlagenrückzahlung maximal in dieser Höhe beschlossen werden. Ein Ausschüttungsbetrag der in den disponiblen Einlagen nicht Deckung findet, stellt jedenfalls eine steuerliche Gewinnausschüttung dar, der die Innenfinanzierung mindert.
- Um eine steuerliche Gewinnausschüttung vorzunehmen, muss eine positive Innenfinanzierung vorhanden sein. Ist eine positive Innenfinanzierung vorhanden, kann in dieser Höhe eine Gewinnausschüttung beschlossen werden. Liegt keine positive Innenfinanzierung vor, ist eine unternehmensrechtliche Ausschüttung als Einlagenrückzahlung zu behandeln, wenn disponible Einlagen vorhanden sind. Sind weder disponible Einlagen noch eine positive Innenfinanzierung vorhanden, liegt im Zweifel eine steuerliche Gewinnausschüttung vor.

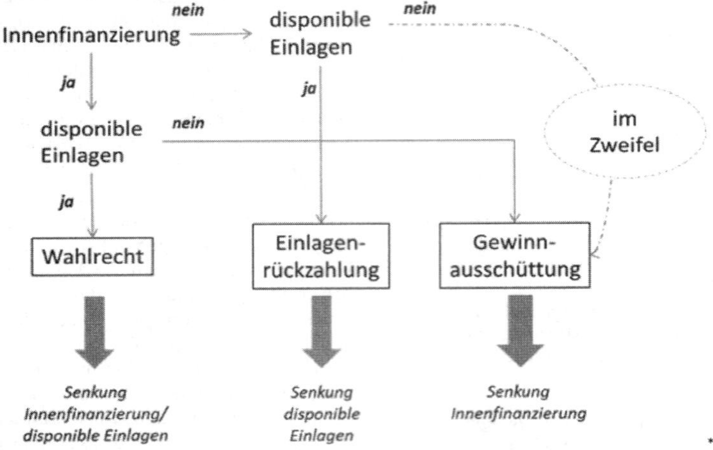

*) Redaktionelle Anmerkung: Aufgrund eines redaktionellen Versehens wurde in der am 28. September 2017 als BMF-AV Nr. 136/2017 veröffentlichten Fassung dieses Erlasses im Anhang I die Grafik nicht korrekt dargestellt. Im Rahmen der Neuveröffentlichung am 2. November 2017 wurde die Grafik richtiggestellt.

Darstellung der Evidenzkonten

Beispiel:

Die kleine C-GmbH weist in ihren Jahresabschlüssen zum 31.12.X1 und zum 31.12.X2 folgende Eigenkapitalstruktur aus:

	31.12.X1	*31.12.X2*
Eingefordertes Nennkapital	*35.000*	*35.000*
Kapitalrücklagen	*3.000*	*0*
Gewinnrücklagen	*0*	*0*
Bilanzgewinn	*-10.000*	*-3.000*

Dabei weist die A-GmbH folgende Evidenzkontenstände zum 31.12.X1 auf:

Evidenzsubkonten	***Beginn Wj X2***
indisponible Einlagen	*35.000*
disponible Einlagen	*3.000*
Innenfinanzierung	*-10.000*

Alternativ kann auch eine Darstellung gewählt werden, die der bisherigen, an die unternehmensrechtliche Eigenkapitaldarstellung angelehnten, Subkontentechnik – erweitert um die Innenfinanzierung – entspricht:

Evidenzsubkonten	***Stand***
Nennkapital-Subkonto (= indisponibel)	*35.000*
Kapitalrücklagen-Subkonto (= disponibel)	*3.000*
Gewinnrücklagen-Subkonto (= disponibel)	*0*
Bilanzgewinn-Subkonto (= disponibel)	*0*
Innenfinanzierungs-Subkonto	*-10.000*

Folgende Geschäftsfälle haben sich im Jahr X2 ereignet:

1. *Die A-GmbH erzielt einen Jahresfehlbetrag von 1.000, wobei der steuerliche Verlust 800 beträgt.*
2. *Aufgrund der laufenden Verluste, leisten die Gesellschafter einen Zuschuss zur Verlustabdeckung iHv 5.000.*
3. *Zum Bilanzstichtag 31.12.X2 erfolgt eine Auflösung der ungebundenen Kapitalrücklage von 3.000 zur Verlustabdeckung, wobei dieser Vorgang keine Auswirkungen auf die Qualifikation dieses Betrages als disponible Einlagen nach sich zieht.*

Das Evidenzkonto weist daher folgende Entwicklungen aus:

Evidenzsubkonten	***Beginn Wj X2***	***Zugang***	***Abgang***	***Umbuchung***	***Ende WJ X2***
indisponible Einlagen	*35.000*				*35.000*
disponible Einlagen	*3.000*	*+5.000 (2)*			*8.000*
Innenfinanzierung	*-10.000*	*- 1.000 (1)*			*-11.000*

Alternativ kann auch folgende Darstellung verwendet werden:

Evidenzsubkonten	***Beginn Wj X2***	***Zugang***	***Abgang***	***Umbuchung***	***Ende Wj X2***
Nennkapital-Subkonto (= indisponibel)	*35.000*				*35.000*
Kapitalrücklagen-Subkonto (= disponibel)	*3.000*			*-3.000 (3)*	*0*
Gewinnrücklagen-Subkonto (= disponibel)	*0*				
Bilanzgewinn-Subkonto (= disponibel)	*0*	*+5.000 (2)*		*+3.000 (3)*	*8.000*
Innenfinanzierungs-Subkonto	*-10.000*		*-1.000 (1)*		*-11.000*

Folgende Geschäftsfälle haben sich im Jahr X3 ereignet:

1. *Die A-GmbH erzielt einen Jahresüberschuss von 5.000, wobei der steuerliche Gewinn nur 3.700 beträgt.*
2. *Ein neuer Gesellschafter ist im Jahr X3 im Wege einer Kapitalerhöhung iHv 10.000 unter Ausschluss der übrigen Gesellschafter eingetreten und hat neben seiner Einlage auch ein Agio iHv 4.000 gezahlt.*
3. *Zum Bilanzstichtag 31.12.X2 wird ein Betrag von 1.000 einer Gewinnrücklage zugewiesen, wobei dieser Vorgang sich nicht in den Evidenzkonten widerspiegelt, weil die Innenfinanzierung als einheitliche Größe dargestellt wird.*

	31.12.X3
Eingefordertes Nennkapital	*45.000*
Kapitalrücklagen	*4.000*
Gewinnrücklagen	*1.000*
Bilanzgewinn	*1.000*

Das Evidenzkonto weist daher folgende Entwicklungen aus:

Evidenzsubkonten	*Beginn Wj X3*	*Zugang*	*Abgang*	*Umbuchung*	*Ende Wj X3*
indisponible Einlagen	*35.000*	*+10.000 (2)*			*45.000*
disponible Einlagen	*8.000*	*+4.000 (2)*			*12.000*
Innenfinanzierung	*-11.000*	*+5.000 (1)*			*-6.000*

Alternativ kann auch folgende Darstellung verwendet werden:

Evidenzsubkonten	*Beginn Wj X3*	*Zugang*	*Abgang*	*Umbuchung*	*Ende Wj X3*
Nennkapital-Subkonto (= indisponibel)	*35.000*	*+10.000*			*45.000*
Kapitalrücklagen-Subkonto (= disponibel)	*0*	*+4.000*			*4.000*
Gewinnrücklagen-Subkonto (= disponibel)	*0*				*0*
Bilanzgewinn-Subkonto (= disponibel)	*8.000*				*8.000*
Innenfinanzierungs- Subkonto	*-11.000*	*+5.000*			*-6.000*

Im Jahr X4 soll der gesamte Bilanzgewinn des Jahres X3 iHv 1.000 ausgeschüttet werden. Da die Innenfinanzierung der A-GmbH negativ ist, besteht kein Wahlrecht die Ausschüttung aus Gewinnausschüttung zu behandeln; die Ausschüttung hat steuerlich zwingend als Einlagenrückzahlung zu erfolgen, weil ausreichend disponible Einlagen (iHv 12.000) vorhanden sind. Durch die Einlagenrückzahlung sind die disponiblen Einlagen – in erster Linie das Bilanzgewinn-Subkonto – um 1.000 zu vermindern.

Findet im Jahr X4 zudem eine ordentliche Kapitalherabsetzung iHv 10.000 statt, stellt diese ebenso eine Einlagenrückzahlung dar. In diesem Fall ist das indisponible Einlagen-Subkonto – bzw. das Nennkapital-Subkonto – um 10.000 zu vermindern.

Anhang II:
Mögliche Eigenkapitalbewegungen und ihre Auswirkungen auf die Evidenzkonten

VON	AUF	BEZEICHNUNG	AUSWIRKUNG auf Evidenzkonten
Nennkapital	Gesellschafter	ordentliche Kapitalherabsetzung	primäre Verminderung der indisponiblen Einlagen; soweit keine Deckung besteht: Wahlrecht
Nennkapital	Bilanzgewinn	vereinfachte Kapitalherabsetzung	Umgliederung von indisponiblen Einlagen (soweit vorhanden) auf disponible Einlagen
Nennkapital	gebundene Kapitalrücklagen	§ 229 Abs. 2 Z 4 UGB	keine Auswirkung (indisponibel bleibt indisponibel)
gebundene Kapitalrücklage	Bilanzgewinn	Rücklagenauflösung bei Bilanzverlust	Umgliederung von indisponiblen Einlagen auf disponible Einlagen
gesetzliche Gewinnrücklage	Bilanzgewinn	Rücklagenauflösung bei Bilanzverlust	Umgliederung von indisponibler Innenfinanzierung (soweit vorhanden) auf disponible Innenfinanzierung
ungebundene Kapitalrücklage	Bilanzgewinn	Rücklagenauflösung	keine Auswirkung (disponible Einlage bleibt disponibel)
Bilanzgewinn	Gesellschafter	Ausschüttung/ Einlagenrückzahlung	wahlweise Minderung der disponiblen Einlagen oder disponiblen Innenfinanzierung soweit vorhanden, ansonsten Minderung der indisponiblen Innenfinanzierung (soweit vorhanden) und anschließend der disponiblen Innenfinanzierung ins Negative
Gesellschafter	Nennkapital	ordentliche Kapitalerhöhung	Erhöhung der indisponiblen Einlagen
andere Gesellschaft	Nennkapital	manche Umgründungen	Erhöhung der indisponiblen Einlagen und der disponiblen Innenfinanzierung um vorhandene Stände bei der übertragenden Körperschaft

Bilanzgewinn	Nennkapital	Kapitalerhöhung aus Gesellschaftsmitteln	Wahlrecht, ob disponible Innenfinanzierung vermindert wird (+ gesonderte Evidenzierung) oder disponible Einlagen zu indisponiblen Einlagen werden
ungebundene Kapitalrücklage	Nennkapital	Kapitalerhöhung aus Gesellschaftsmitteln	Wahlrecht, ob disponible Innenfinanzierung vermindert wird (+ gesonderte Evidenzierung) oder disponible Einlagen zu indisponiblen Einlagen werden
ungebundene Gewinnrücklage	Nennkapital	Kapitalerhöhung aus Gesellschaftsmitteln	Wahlrecht, ob disponible Innenfinanzierung vermindert wird (+ gesonderte Evidenzierung) oder disponible Einlagen zu indisponiblen Einlagen werden
Gesellschafter	gebundene Kapitalrücklagen	§ 229 Abs. 2 Z 1 bis 3 UGB	Erhöhung der indisponiblen Einlagen
andere Gesellschaft	gebundene Kapitalrücklagen	manche Umgründungen	Erhöhung der indisponiblen Einlagen und der disponiblen Innenfinanzierung um vorhandene Stände bei der übertragenden Körperschaft
Jahresüberschuss	gesetzliche Gewinnrücklage	Rücklagendotierung	Umgliederung disponible Innenfinanzierung auf indisponible Innenfinanzierung
Gesellschafter	ungebundene Kapitalrücklagen	Einlage	Erhöhung der disponiblen Einlagen
andere Gesellschaft	ungebundene Kapitalrücklagen	manche Umgründungen	Erhöhung der disponiblen Einlagen und disponiblen Innenfinanzierung um vorhandene Stände bei der übertragenden Körperschaft; zudem Erhöhung der Innenfinanzierung bei Wegfall einer Ausschüttungssperre gemäß § 235 UGB
Bilanzgewinn	ungebundene Kapitalrücklagen	Rücklagenbildung	keine Auswirkungen (disponible Einlagen bleibt disponibel)
andere Gesellschaft	Bilanzgewinn	manche Umgründungen	Erhöhung der disponiblen Einlagen und disponiblen Innenfinanzierung um vorhandene Stände bei der übertragenden Körperschaft; zudem Erhöhung bei Wegfall einer Ausschüttungssperre gemäß § 235 UGBBildung von indisponibler Innenfinanzierung nur bei Bildung einer gebundenen Gewinnrücklage
Jahresüberschüsse/-fehlbeträge	Bilanzgewinn/ Bilanzverlust	operatives Ergebnis	erhöht und mindert die disponible Innenfinanzierung
Jahresüberschuss	ungebundene Gewinnrücklage	Rücklagendotierung	keine Auswirkungen (disponible Innenfinanzierung bleibt disponibel)
ungebundene Gewinnrücklage	Bilanzgewinn	Rücklagenauflösung	keine Auswirkungen (disponible Innenfinanzierung bleibt disponibel)

2/3.

AÖF 2002/141

EuGH-Urteil vom 8. Jänner 2002 betreffend Kleinbusse – ertragsteuerliche Auswirkungen

(Erlass des BMF vom 16.04.2002, Z 06 0450/1-IV/6/02)

Der EuGH hat mit Urteil vom 8. Jänner 2002, RS C-409/99, zum Vorsteuerabzug betreffend Kleinbussen nach der Verordnung BGBl Nr. 273/1996 Stellung genommen und ausgesprochen, dass die genannte Verordnung umsatzsteuerrechtlich insofern gemeinschaftsrechtswidrig ist, als sie die Inanspruchnahme des Vorsteuerabzuges bei Kraftfahrzeugen gegenüber der zum Zeitpunkt des Beitrittes der Republik Österreich zur EU (1. Jänner 1995) bestehenden Verwaltungspraxis einengt. Wird aus Anlass des gegenständlichen Urteiles der Vorsteuerabzug (nachträglich) zuerkannt, ergeben sich dadurch ertragsteuerliche Konsequenzen, insbesondere hinsichtlich der AfA-Bemessungsgrundlage und hinsichtlich des Ausmaßes des als Betriebsausgabe (neben der AfA) anzusetzenden Fahrzeugaufwandes.

1. Allgemeines

Wird als Folge des EUGH-Urteils vom 8. Jänner 2002, RS C-409/99, der Vorsteuerabzug im Umsatzsteuerbescheid zuerkannt (siehe dazu den Erlass vom 24. Jänner 2002, GZ. 09 1202/4-IV/9/02), sind die sich daraus ergebenden ertragsteuerlichen Konsequenzen zu ziehen. Davon kann grundsätzlich

- die Höhe der Anschaffungskosten (AfA-Bemessungsgrundlage, siehe unter Punkt 2),
- die Angemessenheitsprüfung (§ 20 Abs. 1 Z 2 lit. b EStG 1988, siehe unter Punkt 3) sowie
- das Ausmaß des als Betriebsausgabe (neben der AfA) anzusetzenden Fahrzeugaufwandes (siehe unter Punkt 4)
- die Höhe eines Aktivpostens gemäß § 8 Abs. 6 Z 2 EStG 1988 (siehe unter Punkt 5).

betroffen sein.

Die Frage der Zulässigkeit eines IFB bzw. die Frage, ob § 8 Abs. 6 EStG 1988 Anwendung findet, ist durch das genannte Urteil nicht tangiert, da die Gültigkeit der Verordnung BGBl Nr. 273/1996 in ihren ertragsteuerlichen Auswirkungen durch das gegenständliche Urteil nicht berührt ist.

Auf einen Sachbezug für die Privatnutzung des arbeitgebereigenen Kraftfahrzeuges gemäß § 4 der Sachbezugswerteverordnung hat die nachträgliche Inanspruchnahme eines Vorsteuerabzuges keine Auswirkung, da der Sachbezugswert stets, somit auch bei Inanspruchnahme eines Vorsteuerabzuges von den Brutto-Anschaffungskosten zu bemessen ist (vgl. Rz 178 LStR 2002).

2. Änderung der Anschaffungskosten

Gemäß § 6 Z 11 EStG 1988 gehört die abziehbare Vorsteuer nicht zu den Anschaffungskosten. AfA-Bemessungsgrundlage sind bei angeschafften Fahrzeugen, bei denen ein Vorsteuerabzug geltend gemacht wird, die Netto-Anschaffungskosten. Wurde die AfA ursprünglich von den Brutto-Anschaffungskosten bemessen, hat bei (nachträglicher) Geltendmachung des Vorsteuerabzuges eine AfA-Korrektur durch Bemessung von den Netto-Anschaffungskosten zu erfolgen (zu den verfahrensrechtlichen Grundlagen dafür siehe unter Punkt 6). Die nachträgliche Geltendmachung der Vorsteuer führt nicht zur Erfassung einer Betriebseinnahmen bzw. eines Ertrages; die Richtigstellung erfolgt über die AfA-Korrektur. Die Richtigstellung der Anschaffungskosten bzw. des „Eröffnungsbuchwertes" (siehe unter Punkt 6) führt in Folge zur Änderung des bei Ausscheiden des Fahrzeuges aus dem Betriebsvermögen gegebenenfalls anzusetzenden Restbuchwertes.

Beispiel 1 (keine Privatnutzung):

Anschaffungskosten 20.000 € netto plus 20% USt. AfA-Bemessungsgrundlage bisher: 24.000 €.

AfA-Bemessungsgrundlage bei Inanspruchnahme des Vorsteuerabzuges: 20.000 €.

Zur Auswirkung der Vorsteuerabzugsberechtigung auf die Höhe der Anschaffungskosten im Zusammenhang mit der Angemessenheitsgrenze (§ 20 Abs. 1 Z 2 lit. b EStG 1988, § 12 Abs. 1 Z 2 KStG 1988) siehe den folgenden Punkt 3.

3. Auswirkungen auf die Angemessenheitsgrenze (§ 20 Abs. 1 Z 2 lit. b EStG 1988)

Gemäß § 20 Abs. 1 Z 2 lit. b EStG 1988 und § 12 Abs. 1 Z 2 KStG 1988 unterliegen die dort taxativ aufgezählten Wirtschaftsgüter einer Angemessenheitsprüfung (vgl. Rz 4763 EStR 2000). § 20 Abs. 1 Z 2 lit. b EStG 1988 nennt als Kraftfahrzeuge nur Personen- und Kombinationskraftfahrzeuge.

Die Begriffe „Personenkraftfahrzeuge" bzw. „Kombinationskraftfahrzeuge" in § 20 Abs. 1 Z 2 lit. b EStG 1988 sind – ungeachtet des gegenständlichen EuGH-Urteils – nach Ansicht des Bundesministeriums für Finanzen entsprechend der bisherigen Praxis nach der (formell nicht zu § 20 Abs. 1 Z 2 lit. b EStG 1988 ergangenen) Verordnung BGBl Nr. 273/1996 auszulegen. Da die genannte Verordnung in ihren ertragsteuerlichen Auswirkungen nicht berührt ist (vgl bereits oben unter Punkt 1), stellen demnach Fahrzeuge, die infolge des gegenständlichen EuGH-Urteils (weiterhin) als zum Vorsteuerabzug berechtigende Kleinbusse („Fiskal-LKW") anzusehen sind, ertragsteuerlich dennoch Personen- bzw. Kombinationskraftfahrzeuge im Sinn des § 20 Abs. 1 Z 2 lit. b EStG 1988 dar und unterliegen daher (weiterhin) der Angemessenheitsprüfung nach der genannten Gesetzesstelle.

Durch § 20 Abs. 1 Z 2 lit. b EStG 1988 wird die Betriebsausgabenwirksamkeit von Aufwendungen im Zusammenhang mit den dort genannten Wirtschaftsgütern begrenzt, die in Anschaffung bzw. Betrieb eine der Privatsphäre zuzuordnende und damit steuerlich unbeachtliche Repräsentationstangente („Luxustangente") aufweisen. Für Personenkraftfahrzeuge bzw. Kombinationskraftfahrzeuge zieht Rz 4771 EStR 2000 die Angemessenheitsgrenze bei Anschaffungskosten von 34.000 € (vor 2002: 467.000 S) inklusive NoVA und USt. Das Verhältnis der Angemessenheitsgrenze zu den gesamten Anschaffungskosten bestimmt für die AfA und alle anderen wertabhängigen Kosten das Ausmaß der auszuscheidenden „Luxustangente".

Die Angemessenheitsgrenze ist in Rz 4771 EStR 2000 als „Brutto-Grenze" (Anschaffungskosten inklusive USt und NoVA) formuliert. Damit wird der Tatsache Rechnung getragen, dass Personen- bzw. Kombinationskraftfahrzeuge im Sinn des § 20 Abs. 1 Z 2 lit. b EStG 1988 regelmäßig Fahrzeuge sind, für die ein Vorsteuerabzug nach § 12 Abs. 1 Z 2 lit. b UStG 1994 nicht zulässig ist, sodass ertragsteuerlich gemäß § 6 Z 11 EStG 1988 die Brutto-Anschaffungskosten Ausgangsgrundlage für die Angemessenheitsprüfung sind.

Die betragliche Angemessenheitsgrenze in Rz 4771 EStR 2000 hat die Funktion, den abzugsfähigen betrieblichen vom nicht abzugsfähigen repräsentativen Anteil der Aufwendungen abzugrenzen. Der repräsentativen Kostenanteil ist allerdings ungeachtet des Bestehens oder Nichtbestehens eines Vorsteuerabzuges stets gleich, die „Luxustangente" somit nicht davon abhängig, ob hinsichtlich des Fahrzeuges ein Vorsteuerabzug in Anspruch genommen worden ist oder nicht. Dies bedeutet für Fälle, in denen hinsichtlich eines Personen- bzw. Kombinationskraftfahrzeuge im Sinn des § 20 Abs. 1 Z 2 lit. b EStG 1988 ein Vorsteuerabzug geltend gemacht wird, dass die in Rz 4771 EStR 2000 formulierte „Brutto-Grenze" von 34.000 € (vor 2002: 467.000 S) auf eine „Netto-Grenze" umzurechnen ist. Dementsprechend sind bei geltend gemachtem Vorsteuerabzug Anschaffungskosten in Höhe von 28.334 € (vor 2002: 389.167 S) als angemessen anzusehen. Übersteigen in derartigen Fällen die Netto-Anschaffungskosten diese Grenze, sind lediglich Anschaffungskosten in dieser Höhe zu aktivieren (siehe Rz 4804 EStR 2000) und damit die AfA und wertabhängige Kosten hinsichtlich des dem übersteigenden Anteiles entsprechenden Ausmaßes (in gleichem prozentuellen Ausmaß wie bei Nichtinanspruchnahme des Vorsteuerabzuges) nicht abzugsfähig.

Beispiel 2 (keine Privatnutzung):

Anschaffungskosten 30.000 € netto plus 20% USt. AfA-Bemessungsgrundlage bisher (kein Vorsteuerabzug): 34.000 € (Rz 4771 EStR 2000).

AfA-Bemessungsgrundlage bei Inanspruchnahme des Vorsteuerabzuges: 28.334 €.

4. Änderung des Ausmaßes des als Betriebsausgabe (neben der AfA) anzusetzenden Aufwandes

Bei (nachträglicher) Geltendmachung eines Vorsteuerabzuges im Bezug auf laufende, mit dem Fahrzeug zusammenhängende Aufwendungen ist Folgendes zu beachten:

Ist der Steuerpflichtige Einnahmen-Ausgaben-Rechner mit USt-Nettoverrechnung oder Bilanzierer, hat er die Betriebsausgabe bzw. den Aufwand (infolge Subsumtion § 12 Abs. Z 2 lit b. UStG 1994) ursprünglich inklusive USt als Betriebsausgaben abgezogen bzw. brutto als Aufwand behandelt. Es sind daher bei (nachträglicher) Geltendmachung eines Vorsteuerabzuges die bisher von den Brutto-Ausgaben bemessene Betriebsausgaben (vgl. Rz 757 EStR 2000) auf einen Nettowert zu korrigieren. Gegebenenfalls ist eine „Luxustangente" in gleichem prozentuellen Ausmaß wie bei Nichtinanspruchnahme des Vorsteuerabzuges auszuscheiden (siehe Punkt 3).

Beispiel 3:

Einnahmen-Ausgaben-Rechner mit USt-Nettoverrechnung. Die „Luxustangente" für das Fahrzeug beträgt 30%. Angefallen sind im Jahr 01 Leasingaufwendungen für das Fahrzeug von 5.000 € plus 20% USt. Es ist kein Leasingaktivposten zu bilden. Auf Grund nachträglicher Geltendmachung des Vorsteuerabzuges im Jahr 03 erfolgt die Verrechung von 1.000 € als Vorsteuer mit der USt-Zahllast des Jahres 03.

Bisherige Behandlung im Jahr 01: 4.200 € (brutto) als Betriebsausgabe.

Korrektur der Gewinnermittlung des Jahres 01 bei Geltendmachung des Vorsteuerabzuges: 3.500 € (netto) als Betriebsausgabe.

Ist der Steuerpflichtige Einnahmen-Ausgaben-Rechner mit USt-Bruttoverrechnung stellt die (als Vorsteuer nachträglich geltend gemachte) USt auch bei nachträglicher Änderung der umsatzsteuerrechtlichen Behandlung hinsichtlich des Vorsteuerabzuges im Zeitpunkt der Zahlung (zu Recht) eine Betriebsausgabe dar, sodass im Kalenderjahr des Abflusses keine Änderung eintritt. Die geltend gemachte Vorsteuer ist aber im Zeitpunkt der Verrechnung mit dem Finanzamt als Betriebseinnahme zu erfassen. Gegebenenfalls ist aus der Betriebseinnahme Vorsteuer eine „Luxustangente" in gleichem prozentuellen Ausmaß wie bei Nichtinanspruchnahme des Vorsteuerabzuges auszuscheiden (siehe Punkt 3).

Beispiel 4:

Einnahmen-Ausgaben-Rechner mit USt-Bruttoverrechnung. Die „Luxustangente" für das Fahrzeug beträgt 30%. Angefallen sind im Jahr 01 Leasingaufwendungen für das Fahrzeug von 5.000 € plus 20% USt. Es ist kein Leasingaktivposten zu bilden. Auf Grund nachträglicher Geltendmachung des Vorsteuerabzuges im Jahr 03 erfolgt die Verrechung von 1.000 € als Vorsteuer mit der USt-Zahllast des Jahres 03.

Bisherige Behandlung im Jahr 01: 4.200 € (brutto) als Betriebsausgabe.

Bei Geltendmachung des Vorsteuerabzuges Berücksichtigung in der Gewinnermittlung des Jahres 03: Vorsteuer in Höhe von 700 € ist als Betriebseinnahme zu erfassen (der auf die Luxustangente – 30% – entfallende Vorsteuer-Anteil von 300 € führt zu keiner Betriebseinnahme).

5. Auswirkungen auf einen Aktivposten gemäß § 8 Abs. 6 Z 2 EStG 1988

Der Berechnung des Aktivpostens sind nach Rz 3234 EStR 2000 folgende Eckwerte zu Grunde zu legen:

- Die AfA des Leasinggebers: Es ist dabei jene AfA heranzuziehen, die konkret beim Leasinggeber anzusetzen ist. Es sind somit jene AfA-Beträge maßgeblich, die der Mindestnutzungsdauer bei Neufahrzeugen entsprechen, die für Gebrauchtfahrzeuge im Wege der Differenzmethode ermittelt worden sind oder die sich aus den Übergangsregelungen ergeben.
- Die AfA-Tangente in der Leasingrate: Diese ist nach den dargestellten Methoden zu ermitteln.
- Die Verhältnisse des Leasingnehmers: Damit ist gemeint, dass die AfA des Leasinggebers auf die Verhältnisse des Leasingnehmers hinsichtlich des Vorsteuerabzuges „umzurechnen" ist.

Ist der Leasingnehmer hinsichtlich des geleasten Fahrzeuges zum Vorsteuerabzug in Bezug auf die Leasingrate berechtigt, ist nach § 8 Abs. 6 Z 2 EStG 1988 in Verbindung mit § 8 Abs. 6 Z 1 EStG 1988 und der Verordnung BGBl. Nr. 273/1996 dennoch gegebenenfalls ein Leasingaktivposten zu bilden. In einem derartigen Fall führt lediglich die Netto-Leasingrate zu Betriebsausgaben, soweit sie den netto ermittelten (bei bisheriger Bruttoberechnung: um die Vorsteuertangene (20%) gekürzten) Leasingaktivposten übersteigt.

Beispiel 5 (kein Vorsteuerabzug des Leasingnehmers):

Für ein Fahrzeug mit Anschaffungskosten (ohne USt) von 15.000 € wird eine Leasingrate von jährlich 3.500 € zuzüglich 700 € USt vereinbart. Der Vorsteuerabzug steht dem Leasingnehmer nicht zu (§ 12 Abs 2 Z 2 UStG 1994). Als Grundmietzeit werden vier Jahre vereinbart. Die Amortisation der Anschaffungskosten ist in der Leasingrate mit einem Teilbetrag von 2.800 € kalkuliert; dazu kommt die anteilige USt von 560 €. Hinsichtlich der Grundmietzeit ergibt sich Folgendes: Bei einem gedachten Ankauf durch den Leasingnehmer wäre von den Bruttoanschaffungskosten von 18.000 € eine jährliche AfA von 12,5%, das sind 2.250 € zugestanden. Für den Unterschiedsbetrag zu dem auf Amortisation entfallenden Teilbetrag der Leasingrate (brutto 3.360 €) ist ein Aktivposten von 3.360 € minus 2.250 € = 1.110 € einzustellen. Der restliche Teil der Leasingrate 4.200 € minus 1.110 € = 3.090 € brutto ist „normaler" Aufwand.

Beispiel 6 (wie Beispiel 1, jedoch Vorsteuerabzug des Leasingnehmers):

Für ein Fahrzeug mit Anschaffungskosten (ohne USt) von 15.000 € wird eine Leasingrate von jährlich 3.500 € zuzüglich 700 € USt vereinbart. Der Vorsteuerabzug steht dem Leasingnehmer zu. Als Grundmietzeit werden vier Jahre vereinbart. Die Amortisation der Anschaffungskosten ist in der Leasingrate mit einem Teilbetrag von 2.800 € kalkuliert; dazu kommt die anteilige USt von 560 €. Hinsichtlich der Grundmietzeit ergibt sich Folgendes: Bei einem gedachten Ankauf durch den Leasingnehmer wäre von den Nettoanschaffungskosten von 15.000 € eine jährliche AfA von 12,5%, das sind 1.875 € zugestanden. Für den Unterschiedsbetrag zu dem auf Amortisation entfallenden Teilbetrag der Leasingrate (netto 2.800 €) ist ein Aktivposten von 2.800 € minus 1.875 € = 925 € einzustellen. Der restliche Teil der Netto-Leasingrate 3.500 € minus 925 € = 2.575 € ist „normaler" Aufwand.

6. Verfahrensrechtliche Durchführung

Soweit nach den vorstehenden Punkten durchzuführende Korrekturen nicht in offenen bzw. im Zuge einer Betriebsprüfung wiederaufgenommenen Verfahren erfolgen können, sind rechtskräftige Einkommensteuer-, Körperschaftsteuer- oder Feststellungsbescheide (§ 188 BAO) gemäß § 295 Abs. 3 BAO zu ändern. Ist eine Änderung der Anschaffungskosten im Jahr der Inbetriebnahme des Fahrzeuges im Einkommensteuer- oder Körperschaftsteuerbescheid wegen eingetretener Bemessungsverjährung nicht mehr möglich, ist für die weitere Behandlung in nachfolgenden Veranlagungszeiträumen (AfA, Buchwert) von jenem „Eröffnungsbuchwert" auszugehen, der sich aus der Korrektur der Anschaffungskosten im Jahr der Inbetriebnahme des Fahrzeuges ergibt.

2/4.

AÖF 2006/127

Anwendung von Doppelbesteuerungsabkommen auf steuerabzugspflichtige Einkünfte

(Erlass des BMF vom 10.03.2006, BMF-010221/0101-IV/4/2006)

Erläuterungen zur Anwendung der DBA-Entlastungsverordnung, BGBl. III Nr. 92/2005 idF BGBl. II Nr. 44/2006.

Beachte: Durch den Erlass des BMF vom 12.06.2014, BMF-010221/0362-VI/8/2014, werden Absatz 29 und 30 dieses Erlasses geändert. Der Anhang dieses Erlasses wird durch Anhang 2 des angeführten Erlasses ersetzt. Zusätzlich wird dieser Erlass durch den Erlass des BMF vom 29.01.2019, BMF-010221/0028-IV/8/2019, abgeändert. Dieser Erlass wird durch den Erlass des BMF vom 16.12.2020, 2020-0.743.063, abgeändert.

1. DBA-Entlastung an der Quelle oder durch Steuerrückzahlung

1.1. Allgemeine Grundsätze

(1) § 1 der Verordnung legt als Grundsatz fest, dass Abfuhrpflichtige österreichischer Abzugssteuern (Vergütungsschuldner) berechtigt sind, anlässlich der Auszahlung der abzugspflichtigen Einkünfte Doppelbesteuerungsabkommen (DBA) unmittelbar anzuwenden (System der Quellenentlastung), wenn keine der in § 5 genannten Ausschlussgründe vorliegen.

(2) Das System der Quellenentlastung verlagert die Verantwortung für die richtige DBA-Anwendung und für die zutreffende Würdigung aller Nachweisunterlagen (insbesondere auch die Identitätsfeststellung des Einkünfteempfängers) von der Finanzverwaltung auf den Abfuhrpflichtigen. Daher wird das Quellenentlastungssystem nicht verpflichtend vorgeschrieben, sondern nur als Option gegenüber dem Rückzahlungsverfahren angeboten. In den Fällen der Ausschlussgründe des § 5 der Verordnung soll die auszahlende Stelle (der Vergütungsschuldner) von Vornherein von der Übernahme dieser Verantwortung entbunden werden.

(3) Um das Risiko einer unzureichenden Dokumentation der DBA-rechtlichen Entlastungsberechtigung zu minimieren, wurde für natürliche Personen und für juristische Personen je ein Formular aufgelegt (ZS-QU1 für natürliche Personen und ZS-QU2 für juristische Personen; beide Formulare sind in einer Downloadversion auf der Homepage des BMF verfügbar: www.bmf.gv.at unter Formulare/Steuern-Beihilfen/Zwischenstaatliche Formulare). Ist dieses Formular ordnungsgemäß ausgefüllt und von der ausländischen Steuerverwaltung bestätigt, dann wird damit der Abfuhrpflichtige in die Lage versetzt, die Grundvoraussetzungen der Anspruchsberechtigung für die Steuerentlastung zu belegen. ZS-QU2 ist auch dann verwendbar, wenn der Einkünfteempfänger eine ausländische Personengesellschaft ist, die im Ausland wie eine Körperschaft besteuert wird. Umgekehrt ist ZS-QU2 nicht für ausländische Kapitalgesellschaften geeignet, die für eine Besteuerung als (transparente) Personengesellschaft optiert haben (z.B. in den USA möglich).

(4) Bei juristischen Personen muss dem Vergütungsschuldner – als Voraussetzung für die Anwendung des Quellenentlastungssystems – die in § 3 der Verordnung vorgesehene Erklärung vorliegen; diese Erklärung ist in den Formularen bereits eingearbeitet. Mit dieser Erklärung soll aufgezeigt werden, dass der Einkünfteempfänger keine Holding- und/oder Briefkastengesellschaft ist. Das Verlangen nach dieser Erklärung geht auf die deutsche Steueroasenrechtsprechung zurück, nach der die Einschaltung von Gesellschaften mit bloßer Holdingfunktion den Rechtsmissbrauchsvorwurf auslösen konnte (BFH v. 29.7.1976, VIII R 142/73). Auch nach österreichischer Rechtsprechung kann die Nutzung ausländischer Briefkastengesellschaften Rechtsmissbrauch darstellen (VwGH v. 9.12.2004, 2002/14/0074). Da allerdings Holdinggesellschaften durchaus in legitimer Weise auftreten können und da weiters selbst Briefkastengesellschaften, wenn sie einer abkommensberechtigten und operativ tätigen Kapitalgesellschaft vorgeschaltet sind, sich als unbedenklich erweisen können, sieht die Verordnung noch eine Ausweichlösung vor : Wurde einmal ein Rückzahlungsantrag der Holdinggesellschaft positiv erledigt, konnte sich sonach die Abgabenbehörde von der Unbedenklichkeit der Geschäftsbeziehung des Vergütungsschuldners mit der Holdinggesellschaft überzeugen, dann soll innerhalb eines dreijährigen Zeitraumes für weitere Zahlungen an diese Holdinggesellschaft kein Zwang zum Rückzahlungsverfahren verbunden werden. Die Abgabenbehörde muss aber zumindest nach Ablauf dieses dreijährigen Zeitraumes die Möglichkeit erhalten, die Geschäftsbeziehung mit der Holdinggesellschaft erneut zu untersuchen.

1.2. Vereinfachtes Dokumentationsverfahren

(5) Solange die vom Abfuhrpflichtigen im jeweiligen Kalenderjahr an einzelne Einkünftebezieher geleisteten Vergütungen (einschließlich Sachleistungen) den Grenzwert von € 10.000 nicht überschreiten, ist eine vereinfachte Dokumentation der Abkommensberechtigung möglich: Es müssen hierzu vom Abfuhrverpflichteten die in § 2 Abs. 2 der Verordnung abverlangten Angaben sowie die Unterlagen zur Holding/Briefkastengesellschaftsproblematik in Evidenz genommen werden. Hierzu wird man sich zweckmäßigerweise der Formulare ZS-QU1 (für natürliche Personen) oder ZS-QU2 (für juristische Personen) bedienen, wobei aber die Ansässigkeitsbestätigung durch die ausländische Steuerverwaltung entfallen kann. Die Vereinfachungsregelung gilt aber nur, wenn der Einkünftempfänger in Österreich nicht über einen Zweitwohnsitz verfügt.

(6) **Identität des Einkünfteempfängers:** Wird das vereinfachte Verfahren angewendet und demzufolge keine Ansässigkeitsbescheinigung der

ausländischen Steuerverwaltung vorgelegt, muss der Vergütungsschuldner selbst dafür Sorge tragen, dass die Identität des Einkünfteempfängers und seine Ansässigkeit ordnungsgemäß festgestellt wird. Treten in dieser Hinsicht Zweifel auf (z.B. der Einkünfteempfänger steht nicht in laufender Geschäftsbeziehung zum Vergütungsschuldner und weigert sich, seine Identität durch Vorlage des Reisepasses zu belegen) dann stellt dies gemäß § 5 Abs.1 Z. 2 der Verordnung einen Grund für die Unzulässigkeit des Quellenentlastungsverfahrens dar.

(7) **Ansässigkeit des Einkünfteempfängers:** Natürliche Personen müssen ausdrücklich erklären, in Österreich über keinen Wohnsitz zu verfügen. Denn besteht ein inländischer Wohnsitz, dann stellt sich die Frage nach dem oft nur schwierig zu bestimmenden Mittelpunkt der Lebensinteressen. Die Beurteilung, wo sich nun wirklich der Mittelpunkt der Lebensinteressen des Einkommensempfängers befindet, kann jedenfalls dem Vergütungsschuldner nicht zugemutet werden; daher muss in diesen Fällen die ausländische Verwaltung bestätigen, dass sich die Ansässigkeit und damit der Lebensmittelpunkt in ihrem Staat befindet.

(8) **Juristische Personen** müssen offen legen, nach welchem Recht die Körperschaft errichtet worden ist und wo sich der Ort der tatsächlichen Geschäftsleitung befindet. Der Vergütungsschuldner ist nur dann zur Quellenentlastung berechtigt, wenn beide Kriterien im DBA-Partnerstaat gegeben sind. In den Fällen von doppelansässigen Gesellschaften muss daher das Rückzahlungssystem angewendet werden. Dies deshalb, weil sich doppelansässige Gesellschaften häufig als missbrauchsverdächtig erweisen und daher in zahlreichen Abkommen doppelansässigen Gesellschaften die Abkommensberechtigung entweder überhaupt entzogen wurde oder zumindest ein Verständigungsverfahren zur Bestimmung der Abkommensberechtigung erforderlich ist.

(9) **Steuerliche Einkünftezurechnung:** Eine genaue Prüfung, ob dem Einkünfteempfänger die entlastungsbedürftigen Einkünfte steuerlich zuzurechnen sind, kann dem Abfuhrpflichtigen nicht auferlegt werden. Zumindest aber muss der Einkünfteempfänger die Erklärung abgeben, dass er nicht verpflichtet ist, die steuerentlasteten Einkünfte an andere weiterzugeben. Es liegt daher in der Verantwortung des Empfängers der Einkünfte zu erklären, dass er nicht als „Strohmann" bzw. Treuhänder auftritt. Nur dann, wenn für den Vergütungsschuldner aus den Umständen des Einzelfalles heraus erkennbar ist, dass Steuerumgehung angestrebt wird, müsste er die Entlastung an der Quelle verweigern und den Einkünfteempfänger auf das Rückzahlungssystem verweisen (§ 5 Abs. 1 Z. 2 der Verordnung).

(10) **Inländische Betriebstätte:** Die Erklärung, dass die Einkünfte keiner inländischen Betriebstätte zufließen, ist erforderlich, weil bei Wirksamwerden eines abkommensrechtlichen „Betriebstättenvorbehaltes" keine Entlastungsberechtigung besteht:

Beispiel:

Ein Münchner Kaufmann hält 20% der Anteile an einer österreichischen GmbH. Die GmbH ist als Vergütungsschuldner berechtigt, anlässlich der Gewinnausschüttungen die Kapitalertragsteuer auf 15% herabzusetzen. Werden allerdings die Anteile im Betriebsvermögen eines inländischen Betriebes des Münchner Kaufmannes gehalten, ist der 25%ige Kapitalertragsteuerabzug vorzunehmen.

Davon zu unterscheiden sind Fälle, in denen sich aus dem Betriebstätten-Diskriminierungsverbot der DBA eine Entlastungsverpflichtung von der Abzugsbesteuerung ergibt.

Beispiel:

Ein deutsches Beratungsunternehmen führt bei einem österreichischen Kunden eine neunmonatige Beratung durch und benützt während dieser Zeit vom Kunden zur Verfügung gestellte Räumlichkeiten, die für das deutsche Beratungsunternehmen eine Betriebstätte bilden. Die vom österreichischen Kunden gezahlten Beratungshonorare unterliegen nach § 98 Abs. 1 Z. 3 i.V. mit § 99 Abs. 1 Z.5 EStG dem österreichischen Steuerabzug. Da sie aber einer inländischen Betriebstätte des deutschen Einkünfteempfängers zufließen, dürfen sie nicht gegenüber gleichartigen Zahlungen diskriminiert werden, die unbeschränkt steuerpflichtigen Beratungsunternehmen zugehen. In diesem Fall ist daher der Vergütungsschuldner selbst dann nicht an der Steuerfreistellung gehindert, wenn in der abgegebenen Erklärung (mittels Streichung des letzten Halbsatzes) ein Zufluss an eine inländischen Betriebstätte angegeben wird. Siehe aber auch Abs. 20.

(11) Art und Höhe der Einkünfte: Diese Angabe ist lediglich für Kontrollzwecke erforderlich. Denn es soll aus der Erklärung erkennbar sein, dass sie genau in Bezug auf jene Zahlung abgegeben worden ist, hinsichtlich der der Vergütungsschuldner den Steuerabzug unterlassen oder eingeschränkt hat. Siehe auch Absatz 21.

1.3. Besonderheiten bei Personengesellschaften

(12) Ist der Empfänger von abzugspflichtigen Inlandseinkünften eine im Ausland steuerlich als transparent behandelte Personengesellschaft, dann muss die Steuerentlastung von den einzelnen Gesellschaftern geltend gemacht werden. Durch die DBA-Entlastungsverordnung hat sich insoweit nichts an der bisherigen Rechtslage geändert.

(13) Durch die DBA-Entlastungsverordnung wird dem österreichischen Abfuhrpflichtigen allerdings nunmehr die Verpflichtung auferlegt, einerseits Firmennamen und Anschrift der Personengesellschaft sowie zusätzlich Namen und Anschriften der Personengesellschafter in Evidenz zu nehmen; ein amtliches Formular ist für diese Angaben nicht vorgesehen. Denn die Verordnung hat derzeit von umfassenderen Reglementierungen in diesem Bereich noch Abstand genommen.

Lediglich dann, wenn Personengesellschaftern Beträge über 10.000 Euro zufließen, sind von diesen mit Ansässigkeitsbescheinigung versehene Vordrucke ZS-QU1 oder ZS-QU2 vorzulegen (falls eine unmittelbare Steuerentlastung an der Quelle angestrebt wird). Der österreichische Abfuhrpflichtige nimmt diese Vordrucke ergänzend zu den vorerwähnten formularfreien Angaben über die ausländische Personengesellschaft und ihre Gesellschafter zu den Dokumentationsunterlagen.

(14) Ist der Zahlungsempfänger eine ausländische Personengesellschaft, dann muss der Vergütungsschuldner jedenfalls prüfen, wie viele Gesellschafter im DBA-Partnerstaat ansässig sind, um das Ausmaß der Entlastungsberechtigung zu bestimmen. Hierbei sind die Sonderbestimmungen der DBA zu berücksichtigen, insb. jene mit der Schweiz und mit Italien, wonach die Gesamtzahlung von Dividenden oder Lizenzgebühren abkommenskonform zu entlasten ist, wenn mindestens 75% der Gewinne Gesellschaftern zugehen, die Ansässige des DBA-Partnerstaates sind (Art. 28 Abs. 4 DBA-Italien und Art. 28 Z. 6 DBA-Schweiz).

(15) Die Gesellschafterfeststellung ist allerdings nur dann erforderlich, wenn die Personengesellschaft im DBA-Partnerstaat – so wie in Österreich – als steuerlich transparent angesehen wird. Wird die Personengesellschaft im anderen Staat als Körperschaft besteuert und unterliegen daher im anderen Staat die gesamten Zahlungen aus Österreich in ihren Händen der Besteuerung, dann ist auch dann die Entlastungsberechtigung für die Gesamtzahlung gegeben, wenn einzelne Gesellschafter der Personengesellschaft in Drittstaaten ansässig sein sollten.

(16) Unterhält die ausländische Personengesellschaft in Österreich eine **Betriebstätte** und gehen die Zahlungen dieser inländischen Betriebstätte zu, besteht keine Entlastungsberechtigung auf Grund des DBA, soferne nicht das Betriebstättendiskriminierungsverbot zur Anwendung kommt (siehe oben Abs. 10).

2. Zwingende Anwendung des Rückzahlungssystems

2.1. Allgemeines

(17) § 5 der Verordnung zeigt auf, in welchen Fällen der Vergütungsschuldner nicht berechtigt ist, die abkommensgemäße Steuerentlastung anlässlich der Auszahlung der Einkünfte vorzunehmen und in denen daher zwingend das Rückzahlungsverfahren anzuwenden ist. Der Umstand, dass diese Ausschlussliste auch gegenüber Einkünfteempfängern in EU-Staaten gilt, kann hierbei keine EU-Widrigkeit zur Folge haben. Denn wenn der Steuerabzug als solcher EU-konform ist, bringt die Anwendung der DBA lediglich Steuererleichterungen mit sich; und zwar in beiden Fällen, bei Anwendung des Quellenentlastungssystems und bei Anwendung des Rückzahlungssystems.

2.2. Keine ausreichende Dokumentation

(18) Um die Steuerentlastung an der Quelle vornehmen zu können, muss der Vergütungsschuldner gemäß § 5 Abs. 1 Z. 1 der Verordnung über eine so ausreichende Dokumentation verfügen, dass sich daraus der Entlastungsanspruch des ausländischen Einkünfteempfängers ergibt. Der Vergütungsschuldner benötigt hierzu die ordnungsgemäß ausgefüllten und von der ausländischen Steuerverwaltung in Abschnitt IV bestätigten Formulare, wenn:

- der Vergütungsgrenzwert von € 10.000 überschritten wird oder
- in Österreich ein Zweitwohnsitz besteht.

(19) Liegen dem Vergütungsschuldner die ordnungsgemäß (d.h. auch leserlich) ausgefüllten Formulare vor und sind diese – in den vorgesehenen Fällen – von der ausländischen Verwaltung bestätigt, hat der Vergütungsschuldner damit den Bestand der Entlastungsberechtigung dem Grunde nach ausreichend dokumentiert. In den meisten Fällen wird damit das Auslangen zu finden sein. Zu den Grunddokumentationserfordernissen zählt auch die in § 3 genannte Erklärung, aus der hervorgeht, dass der Einkünfteempfänger keine Holding- und/oder Briefkastengesellschaft ist. Zeigt die Erklärung, dass solche Gegebenheiten vorliegen, oder fehlt diese Erklärung, muss die DBA-Entlastung im Rückzahlungsverfahren herbeigeführt werden. Die Erklärung ist in Vordruck ZS-QU2 bereits eingearbeitet.

(20) Zusätzliche Dokumentation ist aber erforderlich, wenn sich dies aus der besonderen Rechtslage des Abkommens ergibt, wie z.B. in den folgenden Fällen:

- Werden auf Grund von DBA nachträglich zufließende Einkünfte aus nichtselbständiger Arbeit (z.B. im Fall von Abfertigungen oder der Ausübung von eingeräumten Aktienoptionsrechten) bei im Ausland ansässigen Arbeitnehmern österreichischer Arbeitgeber von der österreichischen Lohnsteuer entlastet, muss neben dem Formular ZS-QU1 auch noch eine verlässliche Dokumentation über die Ermittlung des in Österreich steuerfrei zu stellenden Teiles der Einkünfte vorliegen.
- Werden auf Grund von DBA ausländische Grenzgänger bei österreichischen Firmen von der Lohnsteuer entlastet, wird idR auch eine (formlose) Bestätigung der ausländischen Steuerverwaltung über die Einstufung als Grenzgänger erforderlich sein.
- Sieht das DBA als Voraussetzung für die Steuerentlastung das Nichtüberschreiten einer jahresbezogenen Steuerfreigrenze vor (z.B. Art. 17 Abs. 1 DBA-USA), muss auch eine schriftliche Erklärung des Einkünfteempfängers über die Erfüllung dieser Voraussetzung vorliegen.
- Soll eine Zahlung, die an die inländische Betriebstätte eines beschränkt Steuerpflichtigen geleistet wird, unter Berufung auf ein DBA-Betriebstättendiskriminierungsverbot vom Steuerabzug freigestellt werden, ist ein

Nachweis erforderlich, aus dem hervorgeht, bei welchem Finanzamt und unter welcher Steuernummer diese Betriebstätte steuerlich erfasst ist.

- Sieht das DBA bei Vorliegen besonderer Voraussetzungen (z.B. bei überwiegender öffentlicher Förderung oder fehlender Gewinnerzielung) eine Freistellungsverpflichtung für Gastspiele ausländischer Kulturträger vor, ist eine entsprechende Bestätigung der Steuerverwaltung des DBA-Partnerstaates erforderlich, aus der sich das Vorliegen dieser Voraussetzung ergibt (derartige Regelungen enthalten z.B. Artikel 17 Abs. 3 DBA-Deutschland, Artikel 17 Abs. 3 DBA-Großbritannien, Artikel 17 Abs. 3 und 4 DBA-Frankreich).

(21) Die Vordrucke ZS-QU1 und ZS-QU2 enthalten unter anderem die Frage nach der Höhe der nach inländischem Recht abzugspflichtigen Einkünfte. Diese Frage dient in erster Linie Kontrollzwecken. Denn es soll aus dem ausgefüllten Vordruck erkennbar sein, dass er genau in Bezug auf jene Zahlung abgegeben worden ist, hinsichtlich der der Vergütungsschuldner den Steuerabzug unterlassen oder eingeschränkt hat. Die Angabe von angemessenen Schätzwerten soll nicht beanstandet werden. Lässt sich die Höhe der Einkünfte im Vorhinein aber auch nicht annähernd schätzen (z.B. weil Lizenzgebühren vom unbekannten Verkaufsumsatz abhängig und vierteljährlich abgerechnet werden) dann kann dem Kontrollerfordernis durchaus auch in der Weise entsprochen werden, dass in dem Vordruck auf einen (nachträglich zu erstellenden) Ergänzungsbeleg (z.B. den jeweiligen Überweisungsbeleg) hingewiesen wird, aus dem diese Daten verlässlich ablesbar sind. In solchen Fällen wird auf diese Weise den Dokumentationsanforderungen noch „ausreichend" (im Sinn von § 5 Abs. 1 Z. 1 der VO) entsprochen.

(22) Werden ordnungsgemäße Formulare erst nach der steuerentlastet vorgenommenen Auszahlung der Einkünfte beigebracht, so ist dies nicht schädlich. Unterlässt der Einkünfteempfänger aber trotz Zusage die nachträgliche Zusendung der ordnungsgemäß ausgefüllten und bestätigten Formblätter, wird der Vergütungsschuldner zur Haftung heranzuziehen sein.

2.3. Erkennen fehlender Entlastungsberechtigung

(23) Ist für den Abfuhrpflichtigen erkennbar oder zu vermuten, dass falsche Angaben gemacht werden oder dass eine Steuerumgehung angestrebt wird, dann entfällt für ihn gemäß § 5 Abs. 1 Z. 2 der Verordnung die Berechtigung für die Vornahme der DBA-Entlastung; denn dann steht nicht mehr zweifelsfrei fest, dass die Einkünfte auch tatsächlich dem Zahlungsempfänger steuerlich zuzurechnen sind (siehe auch Abs. 6).

(24) Wird beispielsweise bei einem mit einer kanadischen Künstleragenturgesellschaft abgeschlossenen Vertrag das vertraglich bedungene Entgelt nicht dem Vertragspartner (der zur Steuerentlastung berechtigten Künstleragentur), sondern unmittelbar dem (nicht entlastungsberechtigten) Künstler ausgezahlt, müsste eine Steuerumgehung vermutet werden, wenn der Zahlungsempfänger (der Künstler) keine Vollmacht der Künstleragentur zur Empfangnahme der nicht ihm, sondern der Künstleragentur geschuldeten Vergütungen vorlegt.

(25) Sollte dem Abfuhrpflichtigen bekannt sein, dass man Briefkastengesellschaften zu Personengesellschaften zusammenschließt, um solcherart die in § 3 Abs. 1 der Verordnung vorgesehenen Erklärungspflichten zu umgehen, wäre eine unmittelbare Steuerentlastung bei Auszahlung der Beträge an die Personengesellschaft ebenfalls nicht rechtmäßig.

2.4. Echter Künstler/Sportlerdurchgriff

(26) In jenen Fällen, in denen Vergütungen, die an ausländische Unternehmen gezahlt und von diesen an Künstler weitergereicht werden, beschränkt sich die Abzugssteuerpflicht des Vergütungsschuldners bereits nach inländischem Recht auf den „Künstleranteil" und bildet daher keinen Anwendungsfall der DBA-Entlastungsverordnung (dies allerdings unter der Voraussetzung, dass das ausländische Unternehmen nicht selbst als „Mitwirkender" im Sinn von § 99 Abs. 1 Z. 1 EStG anzusehen ist). Im Allgemeinen ist der Künstler selbst in Österreich steuerpflichtig, sodass sich daher für den „Künstleranteil" kein DBA-Entlastungserfordernis ergibt. § 5 Abs. 1 Z. 3 der Verordnung ist daher nur für jene Sonderfälle von Relevanz, in denen sich sehr wohl für den Künstleranteil aus dem Abkommen heraus eine Steuerentlastungsberechtigung ergibt : z.B. unterliegen in Ungarn ansässige Künstler mangels einer dem Artikel 17 Abs. 1 OECD-MA entsprechenden Abkommensbestimmung nicht der inländischen Abzugsbesteuerung; auch US-Künstler, deren jährliche Vergütung in Österreich die Grenze von 20.000 US-Dollar nicht übersteigt, sind von der Abzugsbesteuerung zu entlasten. Einen anderen Anwendungsfall enthält Abs. 40.

(27) In derartigen Fällen einer abkommensrechtlichen Entlastungsverpflichtung setzt eine Entlastung an der Quelle gemäß § 5 Abs. 1 Z. 3 der Verordnung voraus, dass die Identität und Anschrift des ausländischen Künstlers in Evidenz genommen wird und dass Angaben über die Höhe des „Künstleranteils" vorliegen. § 5 Abs. 2 der Verordnung steht mit seinem Verbot einer Entlastung des Künstleranteils an der Quelle nicht entgegen. Denn § 5 Abs. 2 bezieht sich auf jene Fälle, in denen der Künstler von der Künstleragentur Vergütungen weitergereicht bekommt, die zur beschränkten Steuerpflicht zu erfassen sind; dies trifft aber für die im vorstehenden Absatz angesprochenen Fälle nicht zu.

2.5. Arbeitskräftegestellung

(28) § 5 Abs. 1 Z. 4 der Verordnung sieht wegen des in diesem Bereich international zu beobachtenden Umgehungsproblems eine Entlastungssperre vor; werden daher z.B. ausländische Arbeitskräfte von inländischen Baufirmen aufgenommen, wobei

formal der Weg einer Anmietung von einer ausländischen Verleihfirma gewählt wird, besteht das Risiko, dass die inländischen Baufirmen sich selbst nicht als die wahren Arbeitgeber einstufen und daher weder Lohnsteuer einbehalten noch den 20%igen Abzug von den Arbeitskräftegestellungsvergütungen vornehmen und sich hierbei auf das DBA mit dem ausländischen Staat berufen. Durch den Zwang zum Rückzahlungsverfahren werden derartige Fälle gleichsam automatisch der Finanzverwaltung zur Kenntnis gebracht.

(29) Allerdings sollte mit dieser Regelung nicht bewirkt werden, dass hierdurch auch im Fall der konzerninternen Personalentsendung zusätzliche Beschwernisse geschaffen werden. Werden daher von ausländischen Konzerngesellschaften Mitarbeiter (im Angestelltenstatus) vorübergehend an österreichische Konzerngesellschaften verliehen, dann sollten die ausländischen Muttergesellschaften nicht genötigt werden, hinsichtlich der Gestellungsvergütungen zunächst einen Steuerabzug zu erleiden und diesen sodann im Nachhinein auf Grund des Abkommens wieder rückzufordern.

(30) Durch BGBl. II Nr. 44/2006 ist in § 5 Abs. 3 der Verordnung die Möglichkeit geschaffen worden, dass auch in allen anderen Fällen inländische Beschäftiger von verleasten ausländischen Arbeitskräften die Gestellungsvergütung unmittelbar auf Grund von DBA vom Steuerabzug freistellen, wenn dies gemäß § 5 Abs. 3 der Verordnung durch Bescheid des Finanzamtes für Großbetriebe zugelassen wird; diese Bescheiderteilung ist möglich, wenn sichergestellt ist, dass keine Umgehungsgestaltung vorliegt und das ausländische Arbeitskräfteüberlassungsunternehmen (oder alternativ der inländische Beschäftiger) für die überlassenen Arbeitskräfte die lohnsteuerlichen Pflichten übernimmt. Wird eine abkommensrechtliche Steuerbefreiung hinsichtlich der gezahlten Arbeitslöhne geltend gemacht (insbesondere bei Anwendung der „183-Tage-Klausel" von DBA), dann zählt zu diesen Pflichten auch die Erbringung des Nachweises, dass die abkommensrechtlichen Voraussetzungen für eine solche Steuerbefreiung erfüllt sind. Befreiungsanträge können beim Finanzamt für Großbetriebe formlos unter Anschluss einer Ansässigkeitsbescheinigung des Arbeitskräfteüberlassungsunternehmens gestellt werden.

(31) Nimmt der inländische Gestellungsnehmer (Beschäftiger) in Anwendung des § 5 Abs. 3 der Verordnung für die überlassenen Arbeitskräfte die lohnsteuerlichen Pflichten wahr, so tritt er damit lediglich als befugter Vertreter für das ausländische Arbeitskräfteüberlassungsunternehmen auf. Ein Übergang der steuerrechtlichen Arbeitgebereigenschaft auf den Gestellungsnehmer (Beschäftiger) wird dadurch nicht ausgelöst.

(32) Einzelheiten über die Anwendungsgrundsätze können einem Informationsblatt entnommen werden, das diesem Erlass als Beilage angeschlossen ist.

2.6. Zahlungen an Stiftungen, Trusts, Investmentfonds

(33) Angesichts der derzeitigen Ungewissheit über die Abkommensberechtigung ausländischer Trusts und Investmentfonds sieht die Verordnung in § 5 Abs. 1 Z. 5 hier ebenfalls eine Sperre für die Quellenentlastung vor und dehnt diese auf die teilweise funktional trustähnlichen Stiftungen aus.

2.7. Zahlungen an doppelansässige Gesellschaften

(34) § 5 Abs. 1 Z 6 der Verordnung will einen leichtfertigen Umgang mit Geschäftsleitungsverlegungen von Gesellschaften unterbinden; um der auszahlenden Stelle eine Abspaltung des Geschäftsleitungsortes vom Gründungsort auch im vereinfachten Verfahren ersichtlich zu machen, sieht § 2 Abs. 2 Z. 4 der Verordnung ein entsprechendes Erklärungserfordernis vor; bei Verwendung des Formulars ZS-QU2 sind entsprechende Erklärungen bereits im Formular vorgesehen.

2.8. Kreditinstitute

(35) Aus administrativen Vollzugsgründen erwies sich im gegebenen Zusammenhang das Rückzahlungsverfahren als die geeignete DBA-Entlastungsmethode.

3. Besonderheiten bei Künstlern und Sportlern

(36) Besonderheiten sind zu beachten, wenn Künstler in keine unmittelbaren Vertragsbeziehungen mit dem österreichischen Veranstalter treten, sondern wenn unmittelbarer Vertragspartner des österreichischen Veranstalters andere Unternehmen (Künstleragenturen, Konzertdirektionen, TheaterAGs, Filmproduktionsgesellschaften) sind. Der Verwaltungsgerichtshof hat die frühere Verwaltungspraxis verworfen, derzufolge diese zwischen den Künstler und den Veranstalter tretenden Unternehmen „Mitwirkende an der inländischen Unterhaltungsdarbietung" sind und folglich mit den vereinnahmten Beträgen der beschränkten Steuerpflicht unterliegen (VwGH v. 27.11.2003, 2000/15/0033). Unternehmen, die reine Managementaufgaben erfüllen, sind keine Mitwirkenden, denn der Gerichtshof verlangt „Beteiligung" an der Unterhaltungsdarbietung. Nach Auffassung des BM für Finanzen liegt das Wesen einer „Beteiligung" eines Gewerbebetriebes an der Unterhaltungsdarbietung darin, dass dieser Betrieb auf die inhaltliche Gestaltung der Unterhaltungsdarbietung unmittelbaren Einfluss nimmt. Dies ist bei einer Theater-AG und bei der Trägervereinigung eines Orchesters der Fall (VwGH v. 11.12.2003, 2000/14/0165), nicht aber bei einer nur Managementleistungen erbringenden Künstleragentur. Auch eine Filmproduktionsgesellschaft, die wie eine Theater-AG Unterhaltungsdarbietungen produziert, wird als Mitwirkender an der Unterhaltungsdarbietung zu werten sein.

(37) Unter diesen Gegebenheiten – die sinngemäß auch im Bereich der Sportveranstaltungen von Relevanz sind – wird daher aus der Sicht eines

österreichischen Vergütungsschuldners für die Abzugssteuer nach § 99 Abs. 1 Z. 1 EStG zwischen folgenden vier Grundtypen von Gestaltungsszenarien zu unterscheiden sein: Vertragsabschluss mit **Künstleragenturen** (und gleichzustellenden Unternehmen) einerseits und mit **Theater-AGs** (und gleichzustellenden Unternehmen) andererseits, wobei diese zwei Typen von Vertragspartnern wiederum in Staaten ansässig sein können, deren DBA mit Österreich nur eine dem Artikel 17 Abs. 1 OECD-MA nachgebildete Bestimmung enthalten (z.B. **Belgien**) oder die auch eine dem Artikel 17 Abs. 2 OECD-MA entsprechende Regelung vorsehen (z.B. **Deutschland**).

(38) Artikel 17 **Abs. 1** OECD-MA gestattet nur eine Besteuerung der Künstler, wohingegen Artikel 17 **Abs. 2** OECD-MA auch eine Besteuerung „Dritter" (also zwischen den Künstler und den inländischen Veranstalter tretender anderer Unternehmen) erlaubt. Artikel 17 Abs. 2 OECD-MA sieht damit die Möglichkeit eines „unechten Künstlerdurchgriffes" vor; „unecht" deshalb, weil einerseits nicht der Künstler, sondern der zwischengeschaltete Rechtsträger der Abgabepflichtige ist und weil andererseits auch der Gewinn des zwischengeschalteten Rechtsträgers in die Abzugsbesteuerung einbezogen werden kann. Zu beachten ist in diesem Zusammenhang im Übrigen, dass Abkommensrecht innerstaatliches Recht nur einschränken, nicht aber erweitern kann.

(39) Belgische Künstleragentur:

Beispiel:

Ein österreichischer Veranstalter zahlt 100 an eine belgische Künstleragentur, die 60 an den belgischen Künstler weitergibt. Nach innerstaatlichem Recht darf der Künstleranteil besteuert werden, sodass der Veranstalter zur Einbehaltung einer Steuer von 12 (20% von 60) verpflichtet ist.

Die Verwaltungspraxis vor dem 1. Juli 2005 gründete sich auf das Urteil des BFH vom 20.6.1984, BStBl. II 1984, 828; in diesem Urteil wurde die deutsche Abzugsbesteuerung gegenüber einer österreichischen Konzertdirektion als abkommenswidrig eingestuft; das damals anzuwendende Abkommen mit Österreich enthielt keine dem Artikel 17 Abs. 2 OECD-MA entsprechende Klausel. Im Gefolge der österreichischen Judikatur wird an dieser Verwaltungspraxis aber nicht mehr festgehalten. Denn Z. 8 letzter Satz des OECD-Kommentars zur Artikel 17 OECD-MA gestattet eine Auslegung von Art. 17 Abs. 1, derzufolge durch die Agentur direkt auf den Künstler durchgegriffen werden kann („echter Künstlerdurchgriff"). Dies geschieht, wenn entsprechend der VwGH-Judiktatur nicht mehr die ausländische Agentur („unechter Künstlerdurchgriff"), sondern – mit dem Künstleranteil – unmittelbar der Künstler selbst besteuert wird. Die Änderung der bisherigen Verwaltungspraxis wird durch § 5 Abs. 2 der Verordnung (letzter Halbsatz) auf indirektem Weg angeordnet, und zwar mit Wirkung ab 1. Juli 2005. Denn in dieser Bestimmung wird in Fällen, die dem vorliegenden Beispiel entsprechen, dem Vergütungsschuldner mit Wirkung ab 1. Juli 2005 die Freistellung des Künstleranteils von der Besteuerung untersagt.

Liegen keinerlei konkrete Informationen über die Höhe des Künstleranteils vor, dann kann vom Vergütungsschuldner nicht unter Berufung auf Abkommensrecht dessen ungeachtet eine Einschränkung der Besteuerung auf einen **griffweise** geschätzten Künstleranteil vorgenommen werden; es bestehen aber keine Bedenken, wenn im Einvernehmen mit dem zuständigen Finanzamt oder mit der Steuer- und Zollkoordination auf der Grundlage von Erfahrungswerten eine schätzungsweise Ermittlung des Künstleranteils vorgenommen wird.

(40) Belgische Theater-AG:

Beispiel:

Eine belgische Theater-AG wird von einem österreichischen Theaterverein für ein Gastspiel engagiert und erhält dafür eine Vergütung von 1.000. Daraus werden die Künstlergagen (600) sowie die sonstigen Kosten (380) bestritten, sodass der Theater-AG ein Reingewinn von 20 verbleibt.

Die ausländische Theater-AG unterliegt auf der Grundlage der VwGH-Judikatur nach innerstaatlichem Recht als Mitwirkender an einer inländischen Unterhaltungsdarbietung der Bruttoabzugsbesteuerung mit 200 (20% von 1.000). Nach DBA-Recht (Art. 17 Abs. 1 OECD-MA) darf aber nur der „echte Künstlerdurchgriff" angewendet werden. Die Theater-AG ist sonach mit den erzielten Einkünften nicht mehr steuerpflichtig, sodass die Steuerpflicht der Künstler auflebt und sie mit ihrem Anteil an den Einkünften zur beschränkten Steuerpflicht zu erfassen sind. Geht man aber davon aus, dass die Künstler durchwegs Dienstnehmer des belgischen Theaters sind, kann der Steuerabzug nach § 99 Abs. 1 Z. 1 EStG nicht zur Anwendung kommen. Dem einladenden österreichischen Theaterverein kann aber auch nicht die Verpflichtung zu einem Lohnsteuerabzug auferlegt werden, sodass die Geltendmachung der Steuerpflicht der Künstler nur im Veranlagungsweg stattfinden kann. Allerdings greift hier § 5 Abs. 1 Z. 3 der Verordnung ein, denn es werden von den Dienstnehmern "Vergütungen aus einer Tätigkeit im Sinne des § 99 Abs. 1 Z. 1 EStG" erzielt. Damit kommt aber hinsichtlich der an die belgische Theater-AG gezahlten Vergütung eine Freistellung vom österreichischen Steuerabzug (20% von 1.000) nur dann in Betracht, wenn Name und Anschrift der Künstler und die Höhe ihrer Vergütungen bekannt gegeben werden.

(41) Deutsche Künstleragentur:

Beispiel:

Ein österreichischer Veranstalter zahlt 100 an eine deutsche Künstleragentur, die 60 an den deutschen Künstler weitergibt. Nach innerstaatlichem Recht darf der Künstleranteil besteuert werden, sodass der Veranstalter zur Einbehaltung einer Steuer von 12 (20% von 60) verpflichtet ist.

Da das DBA-Deutschland eine dem Artikel 17 Abs. 2 OECD-MA entsprechende Bestimmung enthält, dürfte abkommensrechtlich eine Abzugssteuer von 20 (20% von 100) erhoben werden. Jedoch kann Abkommensrecht keine Besteuerungsrechte schaffen, die im innerstaatlichen Recht nicht vorhanden sind; es trifft den Vergütungsschuldner daher nur eine Abzugsverpflichtung von 12. Wenn in diesem Fall der Vergütungsschuldner eine Abzugssteuer von 20 erhoben hat, weil er über keine Angaben hinsichtlich des Künstleranteiles verfügt hat, dann wäre für die Bearbeitung eines Rückzahlungsantrages nicht das Finanzamt Bruck-Eisenstadt-Oberwart, sondern das für die Erhebung der Abzugssteuer berufene Finanzamt zuständig. Denn der Rückzahlungsanspruch gründet sich nicht auf Abkommensrecht, sondern auf innerstaatliches Recht.

(42) Deutsche Theater AG:

Beispiel:

Eine deutsche Theater-AG wird von einem österreichischen Theaterverein für ein Gastspiel engagiert und erhält dafür eine Vergütung von 1.000. Daraus werden die Künstlergagen (600) sowie die sonstigen Kosten (380) bestritten, sodass der Theater-AG ein Reingewinn von 20 verbleibt.

Da das DBA-Deutschland eine dem Artikel 17 Abs. 2 OECD-MA entsprechende Bestimmung enthält, hat der österreichische Vergütungsschuldner unter Berücksichtigung der österreichischen Rechtsprechung eine Abzugssteuer von 200 (20% von 1.000) einzubehalten und abzuführen. § 5 Abs. 2 der Verordnung gestattet keine Einschränkung auf den Künstleranteil; denn in diesem Fall sind die Einkünfte der Künstler keine „zur beschränkten Steuerpflicht zu erfassende Vergütungen", weil sie wirtschaftlich bereits in den Händen des Theaters miterfasst worden sind. Dem deutschen Theater steht allerdings das Recht zu, im Wege einer Antragsveranlagung eine Herabsetzung der Steuerleistung auf jenen Betrag zu erwirken, der auf die Nettoeinkünfte des Theaters entfällt. Wird ein solcher Antrag gestellt und führt dies dazu, dass die Künstlergagen als Betriebsausgabe aus der Besteuerungsgrundlage der Theater-AG ausgeschieden werden, dann lebt damit die steuerliche Erfassbarkeit im Rahmen der beschränkten Steuerpflicht der Künstler auf. Im Rahmen dieser Veranlagung wird daher darüber zu wachen sein, dass die in Österreich steuerpflichtigen Mitwirkenden – soweit der Schwellenwert des § 42 Abs. 3 EStG von € 2.000 überschritten wird – auch tatsächlich der österreichischen Besteuerung unterzogen werden. Wird von dem deutschen Theater kein Besteuerungsnachweis hinsichtlich der Gagen der Künstler erbracht (zu diesem Besteuerungsnachweis sind im EU-Raum und in Norwegen ansässige Steuerpflichtige auf Grund des Abgabenänderungsgesetzes 2004 nicht mehr verpflichtet), wird im Rahmen der erhöhten Mitwirkungspflicht bei Auslandsbeziehungen eine listenmäßige Bekanntgabe der in Österreich steuerpflichtigen Künstler (im Sinn des DBA) erforderlich sein, aus der sich Name und Anschrift sowie die Höhe der für das Inlandsgastspiel bezogenen Vergütungen ergibt. Denn nur auf diese Weise wird eine Erfassung der Mitwirkenden zur beschränkten Steuerpflicht im EU-weiten Ermittlungs- und Vollstreckungsamtshilfeweg möglich.

ANHANG

Informationsblatt betreffend die Anwendung von Doppelbesteuerungsabkommen bei der internationalen Arbeitskräftegestellung durch ausländische Unternehmen

(Stand 1. 3. 2006)

Gemäß § 98 Abs. 1 Z. 3 iV mit § 99 Abs. 1 Z. 5 EStG unterliegen Vergütungen an ausländische Arbeitskräfteüberlassungsunternehmen einem Steuerabzug; dieser Steuerabzug gilt **die Steuerpflicht der überlassenen Arbeitskräfte ab**, weil deren steuerpflichtige Einkünfte wirtschaftlich in der Arbeitskräftegestellungsvergütung erfasst sind (§ 98 Abs. 1 Z. 4 letzter Satz EStG). Nach Maßgabe jenes Artikels des anzuwendenden Doppelbesteuerungsabkommens, der Artikel 7 des OECD-Musterabkommens entspricht, ist das ausländische Arbeitskräfteüberlassungsunternehmen wohl berechtigt, eine Entlastung hinsichtlich der von der Gestellungsvergütung zu erhebenden Abzugssteuer zu begehren; dies aber nur dann, wenn die lohnsteuerliche Erfassung der Arbeitslöhne sichergestellt ist. Denn Artikel 7 kann nicht so ausgelegt werden, dass dadurch Österreich die Berechtigung verliert, die in der Arbeitsgestellungsvergütung enthaltenen Arbeitslöhne zu besteuern.

Die abkommensgemäße Steuerentlastung kann durch Steuerrückzahlung oder durch Steuerbefreiung herbeigeführt werden.

A. Steuerrückzahlung

Eine Steuerrückzahlung kann unter Verwendung der Vordrucke ZS-RD1 (deutsche Version) oder ZS-RE1 (englische Version) unter Anschluss der Beilage C beim Finanzamt für Großbetriebe, A 7001, Eisenstadt, Neusiedlerstraße 46, Tel. 02682 62831-0, beantragt werden. Siehe auch den Basiserlass über die Rückzahlung österreichischer Abzugssteuern auf Grund von Doppelbesteuerungsabkommen, AÖFV Nr. 63/2002.

Eine Rückzahlung der gesamten Steuerabzugsbeträge setzt den Nachweis der lohnsteuerlichen Erfassung der in Österreich steuerpflichtigen Arbeitslöhne voraus.

Wird geltend gemacht, dass eine lohnsteuerliche Erfassung in Österreich nicht stattfinden kann, weil bei den unter 183 Tage nach Österreich entsandten Arbeitnehmern auf der Grundlage der sogenannten 183-Tage-Klausel jenes Abkommens, das mit dem Ansässigkeitsstaat der betreffenden Dienstnehmer besteht, das Besteuerungsrecht dem Ansässigkeitsstaat der Arbeitskräfte übertragen worden ist, ergibt sich aus § 138 der Bundesabgabenordnung die Verpflichtung, die Richtigkeit dieser Behauptung zu beweisen (die 183-Tage-Klausel ist jene Bestimmung, die Artikel 15 Abs. 2 des OECD-

Musterabkommens im jeweils anzuwendenden DBA entspricht).

Die Nachweisführung könnte durch eine listenmäßige Darstellung erfolgen, aus der sich Nachstehendes ergibt:

a) Informationen über den Steuerabzug, dessen Rückzahlung beantragt wurde
   - Name, Firmenname und Anschrift der österreichischen Beschäftiger (einschl. UID-Nr.);
   - Höhe des von den einzelnen Beschäftigern vorgenommenen Steuerabzuges, dessen Rückzahlung beantragt wird (samt Belegen);

b) in Österreich lohnsteuerpflichtige Arbeitnehmer
   - Name und Anschrift der Arbeitnehmer, für die in Österreich Steuerpflicht besteht;
   - Nachweis ihrer lohnsteuerlichen Erfassung in Österreich;

c) Arbeitnehmer, für die die 183-Tage-Klausel in Anspruch genommen wird
   - Name und Anschrift der Arbeitnehmer;
   - Ansässigkeitsbescheinigungen dieser Arbeitnehmer, ausgestellt von der Steuerverwaltung des Ansässigkeitsstaates des Arbeitnehmers;
   - Höhe der Arbeitslöhne dieser Arbeitnehmer und Nachweis der steuerlichen Erfassung in den Ansässigkeitsstaaten.

Sollten alternative Nachweisführungen angeboten werden, die in vereinfachter Form die Berechtigung für die Steuerrückzahlung dokumentieren, wäre das Finanzamt für Großbetriebe bereit, darüber in Verhandlungen einzutreten. Die Berechtigung der Rückzahlung muss aber jedenfalls davon abhängig gemacht werden, dass die steuerliche Erfassung der Arbeitslöhne der überlassenen Arbeitskräfte in Österreich (oder bei abkommensrechtlicher Zuteilung des Besteuerungsrechtes an den Ansässigkeitsstaat in diesem Staat) gewährleistet ist.

Es steht im Übrigen frei, die Frage der Rückzahlungsberechtigung zum Gegenstand eines im Doppelbesteuerungsabkommen vorgesehenen Verständigungsverfahrens zu machen, das im Ansässigkeitsstaat des Rückzahlungswerbers einzuleiten wäre.

B. Steuerbefreiung

Gemäß § 5 Abs. 3 der DBA-Entlastungsverordnung (DBA-EVO) kann durch Bescheid eine Entlastung an der Quelle (Befreiung von der Verpflichtung zur Vornahme des Steuerabzuges) zugelassen werden, wenn sichergestellt ist, dass keine Umgehungsgestaltung vorliegt und das ausländische Arbeitskräfteüberlassungsunternehmen für die überlassenen Arbeitskräfte die lohnsteuerlichen Pflichten übernimmt; wird eine abkommensrechtliche Steuerbefreiung hinsichtlich der gezahlten Arbeitslöhne geltend gemacht (insbesondere bei Anwendung der „183-Tage-Klausel" von Doppelbesteuerungsabkommen), dann zählt zu diesen Pflichten der Nachweis, dass die abkommensrechtlichen Voraussetzungen für eine solche Steuerbefreiung erfüllt sind. Befreiungsanträge können formlos beim Finanzamt für Großbetriebe unter Anschluss einer Ansässigkeitsbescheinigung des Arbeitskräfteüberlassungsunternehmens gestellt werden.

Verdacht auf Umgehungsgestaltung liegt insbesondere dann vor, wenn ein Vergleich der Höhe der Arbeitskräftegestellungsvergütungen mit der Höhe der Lohnzahlungen erkennen lässt, dass ein ungewöhnlicher Gewinnabfluss in das Ausland vorliegt, oder wenn Anhaltspunkte bestehen, dass im Ausland lediglich eine Scheinkapitalgesellschaft (Briefkastengesellschaft) existiert oder wenn unter Inanspruchnahme der „183-Tage-Klausel" der Doppelbesteuerungsabkommen unbesteuerte Billigarbeitskräfte in den österreichischen Arbeitsmarkt eingeschleust werden sollen. Weiters ist auf der Grundlage von Rz 924 Lohnsteuerrichtlinien zu prüfen, ob in wirtschaftlicher Betrachtungsweise die Arbeitgeberfunktionen möglicherweise nicht vom ausländischen Arbeitskräfteüberlasser, sondern von den österreichischen Beschäftigern wahrgenommen werden, sodass die Funktion des ausländischen Unternehmens lediglich in einer bloßen Arbeitskräftevermittlung besteht.

Die Zulässigkeit der unmittelbaren DBA-Anwendung durch Steuerfreistellung ist jedenfalls mit der Auflage zu verbinden, dass die lohnsteuerliche Erfassung der Arbeitskräfte sichergestellt wird. Hierzu muss vorweg das ausländische Arbeitskräfteüberlassungsunternehmen ein Finanzamt auswählen, das bereit ist, die lohnsteuerliche Überwachung zu übernehmen. Bei Bedarf kann in dieses Auswahlverfahren der Fachbereich für Internationales Steuerrecht der Steuer- und Zollkoordination eingebunden werden (Leiterin Frau Hofrat Dr. Renate Brandner, 5026 Salzburg, Aignerstraße 10, Tel: 0662 633301/1324) und nötigenfalls eine Zuständigkeitsdelegierung ausgesprochen werden. Die Erteilung einer Steuernummer („Signal L") durch das Finanzamt an das ausländische Arbeitskräfteüberlassungsunternehmen ist ein Indiz dafür, dass die lohnsteuerliche Überwachung der aus dem Ausland überlassenen Arbeitskräfte sichergestellt ist.

Sobald das antragstellende ausländische Arbeitskräfteüberlassungsunternehmen das Finanzamt für Großbetriebe darüber informiert hat, welches Amt die Überwachung der Lohnsteuererhebung übernimmt, kann das Finanzamt für Großbetriebe in Zusammenarbeit mit dem für die Lohnsteuererhebung zuständigen Finanzamt über den Antrag auf Steuerbefreiung entscheiden.

Wird für einen Teil der überlassenen Arbeitskräfte, auf Grund von Doppelbesteuerungsabkommen eine Befreiung von der österreichischen Einkommensbesteuerung geltend gemacht (insb. auf Grund einer „183-Tage-Klausel"), ist der Nachweis für die Berechtigung zur Unterlassung des Lohnsteuerabzuges zu erbringen. Dieser Nachweis kann in der Form erbracht werden, dass in einer periodisch aktualisierten Liste – gegliedert nach

Ansässigkeitsstaaten der Arbeitskräfte – bekannt gegeben wird:

- Name und Anschrift der Arbeitskräfte;
- Dauer des Arbeitseinsatzes in Österreich;
- die maßgebende Befreiungsbestimmung des Doppelbesteuerungsabkommens;
- Name und Anschrift des österreichischen Beschäftigers (einschl. dessen UID-Nummer);
- Nachweis der steuerlichen Erfassung der in Österreich freizustellenden Arbeitslöhne in

den Ansässigkeitsstaaten.

Das überwachende Finanzamt kann Erleichterungen bei der Nachweisführung genehmigen, solange ausreichend sichergestellt bleibt, dass die Auslandsarbeitskräfte in ihren Ansässigkeitsstaaten besteuert werden.

Bei ausländischen Arbeitsgestellungsunternehmen, die ihre Arbeitskräfte ausschließlich nur so kurzfristig nach Österreich verleihen, dass auf Grund der 183-Tage-Klauseln mit keiner inländischen Lohnsteuerleistung zu rechnen ist, übernimmt die Überwachung der Abkommenskonformität der geltend gemachten Verlagerung des Besteuerungsrechtes von Österreich auf die Ansässigkeitsstaaten der Arbeitskräfte das Finanzamt für Großbetriebe, sodass diesfalls die Auswahl eines anderen Amtes für die steuerliche Überwachung nicht erforderlich ist.

Eine positive Antragserledigung kann nur im Einvernehmen mit dem Antragsteller ergehen, wobei dieses Einvernehmen durch Abgabe eines Rechtsmittelverzichtes dokumentiert werden muss.

Um den Beschäftigern (den Kunden) des Arbeitskräfteüberlassungsunternehmens die Berechtigung zur Unterlassung des Steuerabzuges zu vermitteln, ist es notwendig, dass ihnen vom Arbeitskräfteüberlasser zeitgerecht Kopien des Befreiungsbescheides übermittelt werden.

Für Auskünfte zu den Antragstellungen steht im Finanzamt für Großbetriebe Frau Regierungsrat Johanna Kranz, Telefon 02682 62831/5140, zur Verfügung.

2/5.

BMF-AV Nr. 102/2014

Änderungen bei der steuerlichen Behandlung grenzüberschreitender Arbeitskräftegestellungen

(Erlass des BMF vom 12.06.2014, BMF-010221/0362-VI/8/2014, BMF-AV Nr. 102/2014)

Beachte: Dieser Erlass wird durch den Erlass des BMF vom 16.12.2020, 2020-0.743.063, abgeändert.

Im Hinblick auf die Rechtsprechung des Verwaltungsgerichtshofes ergeben sich Änderungen bei der steuerlichen Behandlung grenzüberschreitender Arbeitskräftegestellungen.

Über die gesetzlichen Bestimmungen hinausgehende Rechte und Pflichten werden dadurch nicht begründet.

(1) Der Verwaltungsgerichtshof hat mit Erkenntnis VwGH 22. Mai 2013, 2009/13/0031, entschieden, dass der Begriff „Arbeitgeber" in der 183-Tage-Klausel von Doppelbesteuerungsabkommen (Art. 15 Abs. 2 OECD-Musterabkommen) im Sinn eines „wirtschaftlichen Arbeitgebers" zu verstehen ist. Im Fall einer internationalen Arbeitskräfteüberlassung (Arbeitskräftegestellung) kommt daher die abkommensrechtliche Arbeitgebereigenschaft dem Beschäftiger (Gestellungsnehmer) zu. Dies hat zur Folge, dass die 183-Tage-Klausel nicht mehr wirksam werden kann, weil der Arbeitgeber des überlassenen Dienstnehmers im Tätigkeitsstaat ansässig ist.

(2) Das Erkenntnis des Verwaltungsgerichtshofes bezieht sich ausschließlich auf die Arbeitgebereigenschaft im Sinn der Doppelbesteuerungsabkommen und bewirkt keine Änderung der Arbeitgebereigenschaft auf der Ebene des innerstaatlichen Steuerrechts (LStR 2002 Rz 923). Das Erkenntnis gilt ferner nur für echte Fälle einer BMF-AV Nr. 102/2014 Arbeitskräfteüberlassung, also für eine reine „Passivleistung" des entsendenden Unternehmens, nicht hingegen für „Aktivleistungen" wie beispielsweise Beratungsleistungen, Schulungsleistungen, Überwachungsleistungen und andere Assistenzleistungen durch das entsendende Unternehmen. Zur leichteren Unterscheidung der beiden Fallgruppen werden in Anhang 1 vier Beispiele angeführt.

(3) In Besteuerungsfällen mit einem ausländischen Beschäftiger („Outbound-Fälle") sind die auf die Auslandsentsendung des Dienstnehmers entfallenden Einkünfte bei Anwendung von Abkommen, die dem Befreiungssystem folgen, im Ansässigkeitsstaat des Dienstnehmers grundsätzlich auch dann von der Besteuerung – unter Progressionsvorbehalt – freizustellen, wenn die Entsendung die 183-Tage-Frist nicht übersteigt. Diese abkommensrechtliche Verpflichtung zur Steuerfreistellung besteht auf Grund der „Methodenartikel" der Abkommen (Art. 23A OECD-MA) allerdings nur dann, wenn auch der Tätigkeitsstaat (Beschäftigerstaat) den Beschäftiger als Arbeit-

geber im Sinn der abkommensrechtlichen 183-Tage-Klausel wertet und wenn daher beide Staaten von einer Zuteilung des Besteuerungsrechtes an den Tätigkeitsstaat ausgehen. Kann eine steuerliche Erfassung im Beschäftigerstaat durch einen Besteuerungsnachweis dokumentiert werden, ist davon auszugehen, dass die genannte Voraussetzung für die Steuerfreistellung auf österreichischer Seite erfüllt ist. Erfolgt hingegen im Beschäftigerstaat keine Besteuerung, liegt die (widerlegbare) Vermutung vor, dass die Voraussetzung für die Steuerfreistellung in Österreich nicht erfüllt ist. Die Vermutung könnte beispielsweise dadurch widerlegt werden, dass die ausländische Steuerverwaltung den Beschäftiger zwar korrespondierend zur österreichischen Einstufung als Arbeitgeber im Sinn der 183-Tage-Klausel wertet, dass sich aber in Anwendung des innerstaatlichen Steuerrechtes keine Steuerleistung ergibt.

(4) In Besteuerungsfällen mit einem inländischen Beschäftiger („Inbound-Fälle") wird auf Grund der vom Verwaltungsgerichtshof entwickelten Auslegung des Begriffes „Arbeitgeber" auch bei Arbeitskräfteüberlassungen innerhalb der 183-Tage-Frist das österreichische Besteuerungsrecht aufrechterhalten. Dieses Besteuerungsrecht an den Einkünften der überlassenen Arbeitskräfte kann durch Option für einen (freiwilligen) Lohnsteuerabzug (LStR 2002 Rz 927) wahrgenommen werden, wobei das dabei anzuwendende Verfahren weiterhin unter Einbindung des Finanzamtes für Großbetriebe entsprechend dem Erlass des BMF vom 10. März 2006, BMF-010221/0101-IV/4/2006, AÖF Nr. 127/2006 in der durch diesen Erlass geänderten Fassung abzuwickeln ist. Andernfalls ist das inländische Besteuerungsrecht im Wege des Steuerabzuges nach § 99 Abs. 1 Z 5 EStG 1988 durch den Beschäftiger wahrzunehmen. In Fällen der konzerninternen Personalüberlassung im Sinne des Abs. 29 des Erlasses des BMF vom 10. März 2006, BMF-010221/0101-IV/4/2006, AÖF Nr. 127/2006 in der durch diesen Erlass geänderten Fassung kann die Entlastung von der Abzugsteuer nach § 99 Abs. 1 Z 5 EStG 1988 weiterhin unmittelbar an der Quelle herbeigeführt werden, wenn die ausländische Konzerngesellschaft oder alternativ der inländische Beschäftiger den freiwilligen Lohnsteuerabzug vornimmt. Findet kein freiwilliger Lohnsteuerabzug statt, kann nur der unter Art. 7 DBA fallende Teil der Gestellungsvergütung (insbesondere Lohnnebenkosten, Gemeinkosten und Gewinnaufschlag) des ausländischen Konzernunternehmens (Gestellers) aus der Bemessungsgrundlage für den Steuerabzug nach § 99 Abs. 1 Z 5 EStG 1988 ausgeschieden werden.

(5) Eine Besonderheit besteht im Verhältnis zu Deutschland, da durch Art. 15 Abs. 3 DBA-D in den Fällen von Arbeitskräfteüberlassungen die Anwendung der 183-Tage-Klausel nicht davon abhängt, ob der Arbeitgeber im Tätigkeitsstaat ansässig ist. Um der Rechtsauffassung des Verwaltungsgerichtshofes auch hier größtmögliche Wirkung zu verschaffen, wird ab sofort der deutschen Auffassung gefolgt, dass sich diese Sondervorschrift nur auf die gewerbliche Arbeitskräfteüberlassung im Sinn des Arbeitskräfteüberlassungsgesetzes bezieht, nicht hingegen auf konzerninterne Personalüberlassungen. Im Fall der gewerblichen Arbeitskräfteüberlassung verbleibt daher im Rahmen der Anwendung des österreichisch-deutschen DBA bei Nichtüberschreiten der 183-Tage-Frist das Besteuerungsrecht im Ansässigkeitsstaat der grenzüberschreitend überlassenen Arbeitskräfte. Im Fall der konzerninternen Personalgestellung gilt die durch das VwGH-Erkenntnis geschaffene neue Rechtslage.

(6) Aussagen in Veröffentlichungen des Bundesministeriums für Finanzen (Richtlinien, Erlässe, Protokolle, Kundmachungen, EAS-Auskünfte), die noch auf der Gleichbehandlung der Arbeitgebereigenschaft nach österreichischem innerstaatlichen Recht und Abkommensrecht beruhen und damit der in diesem Erlass wiedergegebenen und interpretierten Rechtsauffassung des Verwaltungsgerichtshofes widersprechen, sind überholt und nicht mehr anzuwenden. Dies gilt nach Herstellung des Einvernehmens mit der Schweiz auch für Z 6 des Erlasses des BMF vom 18. Jänner 2000, 04 4282/3-IV/4/00, AÖF Nr. 34/2000.

(7) Nachstehende EAS sind zur Gänze unanwendbar geworden: EAS 476, EAS 495, EAS 567, EAS 801, EAS 969, EAS 1111, EAS 1140, EAS 1242, EAS 1314, EAS 1483, EAS 1532, EAS 1597, EAS 1838, EAS 1864, EAS 1908, EAS 1923, EAS 1934, EAS 2010, EAS 2029, EAS 2032, EAS 2069, EAS 2078, EAS 2084, EAS 2171, EAS 2463, EAS 2890, EAS 3096, EAS 3108, EAS 3201, EAS 3206, EAS 3271, EAS 3284, EAS 3305, EAS 3313.

(8) Der Erlass des BMF vom 16. Februar 1998, 04 1482/6-IV/4/98, AÖF Nr. 70/1998, sowie die Erlässe des BMF vom 18. Oktober 2010 zum Salzburger Steuerdialog 2010, BMF-010221/2575-IV/4/2010, AÖF Nr. 208/2010 idF AÖF Nr. 71/2011, betreffend den Arbeitgeberbegriff des Art. 15 DBA-CSSR, und vom 18. Oktober 2012 zum Salzburger Steuerdialog 2012, BMF-010221/0627-IV/4/2012, AÖF Nr. 234/2012, betreffend die Umsetzung des OECD-Update zur kurzfristigen Personalentsendung werden aufgehoben.

(9) Im Erlass des BMF vom 10. März 2006, BMF-010221/0101-IV/4/2006, AÖF Nr. 127/2006, werden dem letzten Satz des Abs. 29 unter Beifügung eines Beistrichs die Worte angefügt: „wenn durch die entsendende ausländische Konzerngesellschaft ein freiwilliger Lohnsteuerabzug (LStR 2002 Rz 927) durchgeführt wurde". Weiters entfällt der vorletzte Satz des Abs. 30. Das dem Erlass des BMF vom 10. März 2006, BMF-010221/0101-IV/4/2006, AÖF Nr. 127/2006, als Anhang beigefügte Informationsblatt wird durch das diesem Erlass als Anhang 2 beigefügte Informationsblatt ersetzt.

(10) Dieser Erlass ist grundsätzlich auf alle im Zeitpunkt der Kundmachung des Erlasses offenen Fälle anzuwenden. Vom Finanzamt Bruck Eisenstadt Oberwart gemäß Abs. 30 des Erlasses des BMF vom 10. März 2006, BMF-010221/0101-IV/4/2006, AÖF Nr. 127/2006, erteilte Freistellungsbescheide bleiben unberührt. In Fällen von

Konzernentsendungen im Sinne des Abs. 29 des Erlasses des vom 10. März 2006, BMF-010221/0101-IV/4/2006, AÖF Nr. 127/2006, die zum Zeitpunkt der Kundmachung dieses Erlasses bereits bestehen, bestehen keine Bedenken, die vor Ergehen des VwGH-Erkenntnisses übliche Verwaltungspraxis hinsichtlich der Qualifikation des Arbeitgebers ausnahmsweise vorübergehend weiterhin beizubehalten, sofern die für die Anwendung der Sonderregelung für kurzfristig beschäftigte Arbeitnehmer maßgebliche Frist von 183 Tagen nicht überschritten wird und der Nachweis erbracht wird, dass die auf die in Österreich erbrachten Dienstleistungen entfallenden Arbeitslöhne im Ansässigkeitsstaat der Arbeitnehmer der Besteuerung unterliegen.

Anhang 1

(nicht abgedruckt)

Anhang 2
Informationsblatt

betreffend die Anwendung von Doppelbesteuerungsabkommen bei der internationalen Arbeitskräftegestellung durch ausländische Arbeitskräfteüberlassungsunternehmen

(Stand 1. Juni 2014)

Gemäß § 98 Abs. 1 Z 3 EStG 1988 in Verbindung mit § 99 Abs. 1 Z 5 EStG 1988 unterliegen Vergütungen an ausländische Arbeitskräfteüberlassungsunternehmen einem Steuerabzug; dieser Steuerabzug gilt die Steuerpflicht der überlassenen Arbeitskräfte ab, weil deren steuerpflichtige Einkünfte wirtschaftlich in der Arbeitskräftegestellungsvergütung erfasst sind (§ 98 Abs. 1 Z 4 letzter Satz EStG 1988). Nach Maßgabe jenes Artikels des anzuwendenden Doppelbesteuerungsabkommens, der Artikel 7 des OECD-Musterabkommens entspricht, ist das ausländische Arbeitskräfteüberlassungsunternehmen wohl berechtigt, eine Entlastung hinsichtlich der von der Gestellungsvergütung zu erhebenden Abzugsteuer zu begehren; dies aber nur dann, wenn die lohnsteuerliche Erfassung der Arbeitslöhne sichergestellt ist. Denn Artikel 7 kann nicht so ausgelegt werden, dass dadurch Österreich die Berechtigung verliert, die in der Arbeitsgestellungsvergütung enthaltenen Arbeitslöhne zu besteuern.

Die abkommensgemäße Steuerentlastung kann durch Steuerrückzahlung oder durch Steuerbefreiung herbeigeführt werden.

A. Steuerrückzahlung

Eine Steuerrückzahlung kann unter Verwendung der Vordrucke ZS-RD1 (deutsche Version) oder ZS-RE1 (englische Version) unter Anschluss der Beilage C beim Finanzamt Bruck Eisenstadt Oberwart beantragt werden. Siehe auch den Basiserlass über die Rückzahlung österreichischer Abzugsteuern auf Grund von Doppelbesteuerungsabkommen, AÖF Nr. 63/2002.

Eine Rückzahlung der gesamten Steuerabzugsbeträge setzt den Nachweis der lohnsteuerlichen Erfassung der in Österreich steuerpflichtigen Arbeitslöhne voraus.

Die Nachweisführung könnte durch eine listenmäßige Darstellung erfolgen, aus der sich Nachstehendes ergibt:

a) Informationen über den Steuerabzug, dessen Rückzahlung beantragt wurde
   - Name, Firmenname und Anschrift der österreichischen Beschäftiger (einschließlich UIDNr.);
   - Höhe des von den einzelnen Beschäftigern vorgenommenen Steuerabzuges, dessen Rückzahlung beantragt wird (samt Belegen);

b) in Österreich lohnsteuerpflichtige Arbeitnehmer
   - Name und Anschrift der Arbeitnehmer, für die in Österreich Steuerpflicht besteht;
   - Nachweis ihrer lohnsteuerlichen Erfassung in Österreich.

Sollten alternative Nachweisführungen angeboten werden, die in vereinfachter Form die Berechtigung für die Steuerrückzahlung dokumentieren, wäre das Finanzamt Bruck Eisenstadt Oberwart bereit, darüber in Verhandlungen einzutreten. Die Berechtigung der Rückzahlung muss aber jedenfalls davon abhängig gemacht werden, dass die steuerliche Erfassung der Arbeitslöhne der überlassenen Arbeitskräfte gewährleistet ist.

B. Steuerbefreiung

Gemäß § 5 Abs. 3 der DBA-Entlastungsverordnung (DBA-EVO) kann durch Bescheid eine Entlastung an der Quelle (Befreiung von der Verpflichtung zur Vornahme des Steuerabzuges) zugelassen werden, wenn sichergestellt ist, dass keine Umgehungsgestaltung vorliegt und das ausländische Arbeitskräfteüberlassungsunternehmen oder der inländische Beschäftiger für die überlassenen Arbeitskräfte die lohnsteuerlichen Pflichten übernimmt. Befreiungsanträge können formlos beim Finanzamt Bruck Eisenstadt Oberwart unter Anschluss einer Ansässigkeitsbescheinigung des Arbeitskräfteüberlassungsunternehmens gestellt werden.

Verdacht auf Umgehungsgestaltung liegt insbesondere dann vor, wenn ein Vergleich der Höhe der Arbeitskräftegestellungsvergütungen mit der Höhe der Lohnzahlungen erkennen lässt, dass ein ungewöhnlicher Gewinnabfluss in das Ausland vorliegt, oder wenn Anhaltspunkte bestehen, dass im Ausland lediglich eine Scheinkapitalgesellschaft (Briefkastengesellschaft) existiert. Weiters ist auf der Grundlage der Lohnsteuerrichtlinien 2002 Rz 924 zu prüfen, ob in wirtschaftlicher Betrachtungsweise die Arbeitgeberfunktionen möglicherweise nicht vom ausländischen Arbeitskräfteüberlasser, sondern von den österreichischen Beschäftigern wahrgenommen werden, sodass die Funktion des ausländischen Unternehmens lediglich in einer bloßen Arbeitskräftevermittlung besteht.

Die Zulässigkeit der unmittelbaren DBA-Anwendung durch Steuerfreistellung ist jedenfalls mit der Auflage zu verbinden, dass die lohnsteuerliche Erfassung der Arbeitskräfte sichergestellt wird. Hierzu muss vorweg das ausländische Arbeitskräfteüberlassungsunternehmen ein Finanzamt auswählen, das bereit ist, die lohnsteuerliche Überwachung zu übernehmen. Die Erteilung einer Steuernummer („Signal L") durch das Finanzamt an das ausländische Arbeitskräfteüberlassungsunternehmen ist ein Indiz dafür, dass die lohnsteuerliche Überwachung der aus dem Ausland überlassenen Arbeitskräfte sichergestellt ist.

Sobald das antragstellende ausländische Arbeitskräfteüberlassungsunternehmen das Finanzamt Bruck Eisenstadt Oberwart darüber informiert hat, welches Amt die Überwachung der Lohnsteuererhebung übernimmt, kann das Finanzamt Bruck Eisenstadt Oberwart in Zusammenarbeit mit dem für die Lohnsteuererhebung zuständigen Finanzamt über den Antrag auf Steuerbefreiung entscheiden.

Eine positive Antragserledigung kann nur im Einvernehmen mit dem Antragsteller ergehen, wobei dieses Einvernehmen durch Abgabe eines Rechtsmittelverzichtes dokumentiert werden muss.

Um den Beschäftigern (den Kunden) des Arbeitskräfteüberlassungsunternehmens die Berechtigung zur Unterlassung des Steuerabzuges zu vermitteln, ist es notwendig, dass ihnen vom Arbeitskräfteüberlasser zeitgerecht Kopien des Befreiungsbescheides übermittelt werden.

C. Muster eines Befreiungsbescheides

Bescheid

Über Ihren Antrag vom ...., Zeichen ...., wird auf Grund des § 5 Abs. 3 der DBA-Entlastungsverordnung, BGBl. III Nr. 92/2005 idF BGBl. II Nr. 44/2006, festgestellt, dass für Arbeitsgestellungsvergütungen, die in der Zeit vom .... bis .... bezogen werden, die verordnungsgemäßen Voraussetzungen für eine abkommenskonforme Steuerentlastung an der Quelle vorliegen.

Es wird damit die Auflage verbunden, für die überlassenen Arbeitskräfte die lohnsteuerlichen Pflichten des Arbeitgebers gegenüber dem Finanzamt .... wahrzunehmen.

Beschäftiger, denen eine Kopie dieses Bescheides vorliegt, sind nach Maßgabe dieses Bescheides und der anzuwendenden Doppelbesteuerungsabkommen von der Verpflichtung zur Einbehaltung und Abfuhr der Abzugssteuer nach § 99 Abs. 1 Z 5 EStG 1988 befreit.

Der zeitliche Anwendungsbereich dieses Bescheides kann verlängert werden, wenn in den entscheidungswesentlichen Voraussetzungen keine entgegenstehenden Veränderungen eintreten.

Begründung:

Gemäß § 5 Abs. 3 der DBA-Entlastungsverordnung (DBA-EVO) kann durch Bescheid eine Entlastung an der Quelle zugelassen werden, wenn sichergestellt ist, dass keine Umgehungsgestaltung vorliegt und das ausländische Arbeitskräfteüberlassungsunternehmen für die überlassenen Arbeitskräfte die lohnsteuerlichen Pflichten übernimmt.

Die Zulässigkeit der Quellenentlastung war mit der Auflage zu verbinden, dass die lohnsteuerliche Erfassung der Arbeitskräfte sichergestellt wird. Das Finanzamt .... hat die Zuständigkeit für die Überwachung der Lohnsteuerabfuhr übernommen.

Rechtsmittelbelehrung:

Infolge Abgabe eines Rechtsmittelverzichtes ist die Einbringung einer Berufung gegen diesen Bescheid unzulässig.

2/6.

BMF-AV Nr. 12/2019

Änderungen im Verfahren bei der Rückzahlung österreichischer Abzugssteuern aufgrund von Doppelbesteuerungsabkommen

(Erlass des BMF vom 29.01.2019, BMF-010221/0028-IV/8/2019, BMF-AV Nr. 12/2019)

Beachte: Dieser Erlass wird betreffend den Absatz 6 durch den Erlass des BMF vom 09.07.2019, BMF-010221/0208-IV/8/2019, ersetzt. Dieser Erlass wird durch den Erlass des BMF vom 16.12.2020, 2020-0.743.063, abgeändert.

In Hinblick auf die Neuregelung des § 240a BAO und das Erfordernis einer elektronisch abzugebenden Vorausmeldung ergeben sich Änderungen im Verfahren bei der Rückzahlung österreichischer Abzugssteuern aufgrund von Doppelbesteuerungsabkommen. Der Antrag zur Entlastung an der Quelle gemäß § 5 Absatz 3 DBA-Entlastungsverordnung bei Arbeitskräftegestellung soll ebenfalls nach dem Verfahren des § 240a BAO erfolgen. Daher ergeben sich folgende Änderungen in Erlässen des BMF:

(1) Die Absätze 6 und 7 des Erlasses des BMF vom 17. Dezember 2001, 04 0101/41-IV/4/01 werden durch folgende Absätze ersetzt:

„(6) Die Steuerrückzahlung kann durch einen Rückzahlungsantrag, der beim Finanzamt für Großbetriebe einzureichen ist, erwirkt werden. § 240 Abs. 3 BAO ist anzuwenden. Der Antrag kann somit bis zum Ablauf des fünften Kalenderjahres, das auf das Jahr der Einbehaltung folgt, gestellt werden, selbst wenn in einem DBA oder einer Durchführungsvereinbarung eine kürzere Frist vorgesehen ist, sofern die jeweilige völkerrechtliche Vereinbarung vor dem Inkrafttreten der 5-jährigen Frist des § 240 Abs. 3 BAO idF BGBl Nr. 151/1980 abgeschlossen wurde. Denn § 240 Abs. 3 BAO wurde in diesem Bundesgesetz u.a. dahingehend geändert, dass die für Anträge auf Rückzahlung von zu Unrecht einbehaltenen Abzugsteuern maßgebliche Frist von drei Jahren auf fünf Jahre verlängert wurde. Da die bestehenden völkerrechtlichen Vereinbarungen bzw. innerstaatlichen Verordnungen betreffend die Rückzahlung österreichischer Abzugsteuer auf Grund von DBA hinsichtlich der Frist zur Einreichung von Rückzahlungsanträgen grundsätzlich auf die maßgeblichen Bestimmungen der Bundesabgabenordnung (§ 240) abstellen, bestehen seitens des Bundesministeriums für Finanzen keine Bedenken, solche Anträge weiterhin ungeachtet der in der jeweiligen völkerrechtlichen Vereinbarung oder der Verordnung festgelegten Frist anzuerkennen, sofern sie spätestens bis zum Ablauf des fünften Kalenderjahres, das auf das Jahr der Einbehaltung folgt, eingereicht werden (Erlass des Bundesministeriums für Finanzen vom 27. Mai 1980, Z B 621/1/1-IV/4/1980, AÖF Nr. 179/1981, betreffend Rückerstattung österreichischer Kapitalertragsteuer nach den Bestimmungen von Abkommen zur Vermeidung der Doppelbesteuerung).

Da das Doppelbesteuerungsabkommen mit Deutschland (BGBl. III Nr. 182/2002 idF BGBl. III Nr. 32/2012) im Jahr 2000 abgeschlossen wurde, ist im Verhältnis zu Deutschland die in Art. 27 Abs. 2 des Abkommens festgelegte Frist von vier Jahren anzuwenden.

(7) Vor der Stellung des Antrags auf Rückzahlung der einbehaltenen Abzugssteuer hat der Antragsteller eine elektronische Vorausmeldung gem § 240a Abs. 1 BAO beim Finanzamt für Großbetriebe abzugeben. Aus der Vorausmeldung wird ein Antrag generiert, welcher vom Antragsteller mit der Bestätigung der ausländischen Steuerbehörde zu versehen ist. Der Antrag ist sodann in Papierform einzureichen."

Absatz 8 des Erlasses des BMF vom 17. Dezember 2001, 04 0101/41-IV/4/01 entfällt.

Die Anhänge zum Erlass des BMF vom 17. Dezember 2001, 04 0101/41-IV/4/01 (Antrag auf Rückzahlung der österreichischen Abzugssteuer, Beiblatt A zu Vordruck ZS-RD1, Beiblatt B zu Vordruck ZS-RD1, Beiblatt C zu Vordruck ZS-RD1, Claim for Repayment of Austrian Withholding Tax, Sheet A with regard to form ZS-RE1, Sheet B with regard to form ZS-RE1, Sheet C with regard to form ZS-RE1) entfallen.

(2) Im Erlass des BMF vom 10. März 2006, BMF-010221/0101-IV/4/2006, geändert durch den Erlass des BMF vom 12. Juni 2014, BMF-010221/0362-VI/8/2014, wird der letzte Satz in Absatz 30 durch die folgenden Sätze ersetzt: „Befreiungsanträge können unter Verwendung des dafür vorgesehenen Web-Formulars beim Finanzamt Bruck Eisenstadt Oberwart gestellt werden. Vor der Stellung des Befreiungsantrags hat der Antragsteller eine elektronische Vorausmeldung nach Maßgabe des § 240a BAO abzugeben."

AK-Gestell.

(3) Das dem Erlass des BMF vom 10. März 2006, BMF-010221/0101-IV/4/2006, als Anhang beigefügte Informationsblatt (Stand 1. Juni 2014) ist dahingehend zu ändern, dass der Abschnitt „A. Steuerrückzahlung" durch folgende Absätze ersetzt wird:

„Eine Steuerrückzahlung kann nach erfolgter Vorausmeldung gem § 240a BAO durch einen Rückzahlungsantrag unter Verwendung des dafür vorgesehenen Web-Formulars betreffend Arbeitskräftegestellung (samt Belegen) beim Finanzamt Bruck Eisenstadt Oberwart beantragt werden. Siehe auch den Basiserlass "Rückzahlung österreichischer Abzugssteuern auf Grund von Doppelbesteuerungsabkommen" (04 0101/41-IV/4/01) in der gültigen Fassung.

Eine Rückzahlung der gesamten Steuerabzugsbeträge setzt den Nachweis der lohnsteuerlichen Erfassung der in Österreich steuerpflichtigen Arbeitslöhne voraus."

Im ersten Absatz des Abschnitts „B. Steuerbefreiung" wird der letzte Satz durch die folgenden Sätze ersetzt: „Befreiungsanträge können unter Verwendung des dafür vorgesehenen Web-Formulars beim Finanzamt Bruck Eisenstadt Oberwart gestellt werden. Vor der Stellung des Befreiungsantrags hat der Antragsteller eine elektronische Vorausmeldung nach Maßgabe des § 240a BAO abzugeben.“

2/7.

AÖF 2005/256

Keine Einbehaltung der Abzugsteuer gemäß § 99 EStG in besonders gelagerten Fällen (Künstler-Sportler-Erlass)

(Erlass des BMF vom 31.10.2005, BMF-010221/0684-IV/4/2005)

Der Erlass stellt im Wesentlichen eine Aktualisierung des Künstlererlasses vom 15. April 1999, AÖFV Nr. 111/1999, dar; der Orchestererlass vom 2. März 1995, AÖFV Nr. 112/1995 idF AÖFV Nr. 54/2000, wird aufgehoben.

1. Mitwirkende bei inländischen Veranstaltungen

1.1 Wirken im Ausland ansässige und in Österreich bloß der beschränkten Steuerpflicht unterliegende Personen auf selbständiger Basis an inländischen kulturellen oder sportlichen Veranstaltungen mit, dann unterliegen die diesen Personen zufließenden Einkünfte gemäß § 98 EStG der inländischen Besteuerung. Die Steuer ist hiebei gemäß § 99 Abs. 1 Z 1 EStG im Abzugsweg zu erheben, wobei es gleichgültig ist, an wen die Vergütungen für die steuerpflichtigen Tätigkeiten geleistet werden.

1.2 „Mitwirkende“ bei den inländischen Veranstaltungen sind nicht nur Künstler, gewerblich tätige Musiker, Artisten, Beleuchtungstechniker, Regisseure, Kostümbildner, Berufs- und Amateursportler, sondern auch die mitwirkenden Trägerorganisationen von Orchestern und Theatern sowie gleichzustellende Showproduzenten und Produktionsgesellschaften, die sich gegenüber dem österreichischen Veranstalter zur Beteiligung an der inländischen Veranstaltung verpflichten.

1.3 Bemessungsgrundlage für die Abzugsteuer ist der Bruttobetrag der Einkünfte einschließlich aller Kostenersätze und Sachbezüge, jedoch abzüglich der Umsatzsteuer (Rz 8006 der Einkommensteuerrichtlinien 2000). Dieser Steuerabzug kann nach Maßgabe der folgenden Regelungen in besonders gelagerten Fällen unterbleiben.

2. Steuerentlastungsvorschriften der Doppelbesteuerungsabkommen

2.1 Der für die Einbehaltung der Abzugsteuer haftende Veranstalter (der inländische Haftungspflichtige) ist nach Maßgabe der Verordnung BGBl. III Nr. 92/2005) berechtigt (aber abgabenrechtlich nicht verpflichtet) allfällige Steuerentlastungsvorschriften von Doppelbesteuerungsabkommen unmittelbar anlässlich der Auszahlung der Einkünfte zu berücksichtigen; er trägt diesfalls aber die Verantwortung dafür, dass er das Vorliegen der abkommensgemäßen Entlastungsvoraussetzungen nachzuweisen in der Lage ist.

2.2 Mit Luxemburg wurde mit Wirkung ab 2000 ein Gegenseitigkeitsverhältnis hergestellt, demzufolge luxemburgische Orchester von der Steuer entlastet werden, wenn sie eine Bestätigung der luxemburgischen Steuerbehörde (Steuerdirektor in L-2982, Luxembourg) beibringen, derzufolge ihnen der Charakter einer nicht auf Gewinn gerichteten Einrichtung zukommt.

3. Abstandnahme von der Abzugbesteuerung aus Vereinfachungsgründen

3.1 Von der Einbehaltung der Abzugsteuer kann aus Vereinfachungsgründen Abstand genommen werden, wenn auf Grund des vorliegenden Sachverhaltes im Fall einer nachträglichen Antragsveranlagung gemäß § 102 Abs. 1 Z 3 EStG eine inländische Steuerleistung voraussichtlich nicht anfallen wird und die folgenden Voraussetzungen vorliegen:

a) Jede beschränkt steuerpflichtige natürliche Person, die im Rahmen einer inländischen Veranstaltung eine Tätigkeit im Sinne des § 99 Abs. 1 Z 1 EStG ausübt, bezieht für ihre Tätigkeit vom inländischen Veranstalter neben Kostenersätzen, die als Betriebsausgaben abzugsfähig sind (zB Flug- oder Fahrtkosten, Kosten der Nächtigung, Tagesgeld gemäß § 26 Z 4 EStG für maximal fünf Kalendertage an einem Veranstaltungsort) ein Honorar von maximal 440 € pro Veranstaltung bzw. maximal 900 € vom selben Veranstalter.

b) Jede beschränkt steuerpflichtige natürliche Person erklärt schriftlich gegenüber dem inländischen Veranstalter, dass ihre Einkünfte, die der inländischen Besteuerung unterliegen, im Kalenderjahr den Gesamtbetrag von 2 000 € nicht übersteigen werden.

c) Ist der beschränkt Steuerpflichtige eine juristische Person, muss erklärt werden, dass nach Berücksichtigung der als Betriebsausgaben abzugsfähigen Aufwendungen kein körperschaftsteuerpflichtiges Einkommen in Österreich erzielt wird; weiters muss die steuerliche Erfassung jener Personen sichergestellt sein, die in Österreich mit Einkünften zur beschränkten Steuerpflicht zu erfassen sind, wenn ihre Einkünfte, die wirtschaftlich in den Vergütungen an die juristische Person enthalten sind, die in lit. a genannten Beträge übersteigen.

d) Der Veranstalter nimmt die Erklärung jedes beschränkt Steuerpflichtigen sowie einen Nachweis über seine Identität (zB Kopie aus dem Reisepass) und Angaben über Wohnort und Adresse zu den Unterlagen.

3.2 Die Vereinfachungsmaßnahme ist nicht anwendbar

- für Musiker und Musikgruppen, die bei Tanzveranstaltungen (zB im Rahmen von Ballveranstaltungen, Zeltfesten) auftreten, oder wenn
- der beschränkt Steuerpflichtige eine für den Veranstalter erkennbar unrichtige Erklärung abgegeben hat.

3.3 Wurde vom beschränkt Steuerpflichtigen eine (vom Veranstalter nicht als solche erkannte) unrichtige Erklärung abgegeben oder wird die jährliche „Steuerfreigrenz" von 2 000 € nachträglich überschritten, kommt hinsichtlich der nichteinbehaltenen Steuer § 100 Abs. 3 EStG zur Anwendung.

4. Allgemeine Schlussbestimmungen

4.1 Es bestehen keine Bedenken, wenn dieser Erlass sinngemäß auch bei inländischen Vortragsveranstaltungen zur Anwendung gelangt.

4.2 Dieser Erlass ist für den Lohnsteuerabzug nur dann anwendbar, wenn eine Steuerpflicht gemäß § 70 Abs. 2 Z 2 EStG gegeben ist, hat aber keine Auswirkungen auf eine allfällige Dienstgeberbeitrags- oder Kommunalsteuerpflicht.

4.3 Die Erlässe vom 2. März 1995, AÖFV Nr. 112/1995 idF AÖFV Nr. 54/2000, und vom 15. April 1999, AÖFV Nr. 111/1999, werden aufgehoben.

2/8.

Änderung des Künstler-Sportler-Erlasses

(Erlass des BMF vom 16.04.2008, BMF-010221/0907-IV/4/2008)

Der Künstler-Sportler-Erlass, AÖF Nr. 256/2005, wird durch die in § 99 Absatz 2 EStG 1988 durch das BudBG 2007, BGBl. I Nr. 24/2007, vorgesehene Option zur Nettobesteuerung ergänzt.

Punkt 1.3. des Erlasses des BMF vom 31. Oktober 2005, BMF-010221/0684-IV/4/2005, (Künstler-Sportler-Erlass), AÖF Nr. 256/2005, wird auf Grund der durch das Budgetbegleitgesetz 2007 bewirkten Änderungen betreffend die Abzugsbesteuerung beschränkt Steuerpflichtiger wie folgt geändert:

„1.3. Bemessungsgrundlage für die Abzugssteuer ist der Bruttobetrag der Einkünfte einschließlich aller Kostenersätze und Sachbezüge jedoch abzüglich der Umsatzsteuer (EStR 2000 Rz 8006a). Für Einkünfte, die ab dem 24. Mai 2007 zugeflossen sind, besteht neben der Bruttobesteuerung die Möglichkeit einer Nettobesteuerung (EStR 2000 Rz 8006b ff). Der Steuerabzug kann nach Maßgabe der folgenden Regelungen in besonders gelagerten Fällen unterbleiben.“

2/9.

Änderung des Künstler-Sportler-Erlasses

(Erlass des BMF vom 10.03.2011, BMF-010221/0678-IV/4/2011)

Der Künstler-Sportler-Erlass wird im Interesse einer vereinfachten Anwendung geändert.

Die Punkte 3.1 lit. a) und 3.2 des Erlasses des BMF vom 31. Oktober 2005, BMF-010221/0684-IV/4/2005, (Künstler-Sportler-Erlass), AÖF Nr. 256/2005, geändert durch den Erlass des BMF vom 16. April 2008, BMF-010221/0907-IV/4/2008, AÖF Nr. 110/2008, werden wie folgt geändert:

„3.1

a) Jede beschränkt steuerpflichtige natürliche Person, die im Rahmen einer inländischen Veranstaltung eine Tätigkeit im Sinne des § 99 Abs. 1 Z 1 EStG 1988 ausübt, bezieht für ihre Tätigkeit vom selben inländischen Veranstalter neben Kostenersätzen, die als Betriebsausgaben abzugsfähig sind (zB Flug- oder Fahrtkosten, Kosten der Nächtigung, Tagesgeld gemäß § 26 Z 4 EStG 1988 für maximal fünf Kalendertage an einem Veranstaltungsort) ein Honorar von maximal 1.000 Euro.“

„3.2 Die Vereinfachungsmaßnahme ist nicht anwendbar, wenn der beschränkt Steuerpflichtige eine für den Veranstalter erkennbar unrichtige Erklärung abgegeben hat.“

2/10.

AÖF 2008/275

Richtlinien für die Lagerbewertung im Buchhandel – Fassung 2008

(Erlass des BMF vom 22.10.2008, BMF-010203/0514-VI/6/2008)

Die Richtlinien für die Lagerbewertung im Buchhandel – Fassung 2008 sehen eine vereinfachte Lagerbewertung vor. Sie können ab der Veranlagung 2008 angewendet werden.

Allgemeines

Diese Richtlinien dienen einer Erleichterung der Lagerbewertung im Buchhandel. Ihr Zweck ist, einerseits eine gleichmäßige Bewertung im gesamten Bundesgebiet zu ermöglichen, andererseits soll eine den praktischen Erfordernissen des Buchhandels Rechnung tragende Bewertung innerhalb der bestehenden gesetzlichen Rahmenbedingungen ermöglicht werden. Über die gesetzlichen Bestimmungen hinausgehende Rechte und Pflichten können daraus nicht abgeleitet werden.

Eine vereinfachende Bewertung ist nur entsprechend diesen Richtlinien zulässig. Die Anwendung der vereinfachenden Bewertung nach diesen Richtlinien steht dem Steuerpflichtigen frei. Wird auf die Anwendung verzichtet, hat die Bewertung entsprechend den Vorschriften des § 6 EStG 1988 zu erfolgen. Im Fall der Anwendung der Richtlinien

- muss sich diese auf den gesamten Betrieb beziehen, dh. es ist unzulässig, für Teilbetriebe oder Teilbereiche unterschiedliche Bewertungsregeln anzuwenden, und muss
- die Anwendung – dem Grundsatz der Bewertungsstetigkeit folgend – für einen längeren Zeitraum (zumindest fünf Wirtschaftsjahre) erfolgen.

Anzuwenden sind diese Richtlinien (Fassung 2008) erstmals für Wirtschaftsjahre, die nach dem 31. Dezember 2007 beginnen. Dies gilt auch für schon vorhandene Bestände. Für Wirtschaftsjahre, die vor dem 1. Jänner 2008 begonnen haben, können die Richtlinien für die Lagerbewertung im Buchhandel in der Vorfassung angewendet werden; eine Aufwertung von danach bewerteten Lagerbeständen in einem nach dem 31. Dezember 2007 beginnenden Wirtschaftsjahr ist unzulässig.

Hingewiesen wird darauf, dass diese Richtlinien nur generelle Leitlinien vorgeben, aber nicht alle Besonderheiten erfassen können.

Die formellen und materiellen Vorschriften betreffend Grundaufzeichnungen für die Inventur finden unverändert Anwendung.

Die in den Richtlinien berücksichtigten Sparten sind:

A. Verlage

A.1. Buch-, Musikalien-, Zeitungs- und Zeitschriftenverlag

A.2. Kunstverlag

B. Buch-, Musikalien-, Zeitungs- und Zeitschrifteneinzelhandel (Sortiment)

C. Buch-, Kunst- und Musikalienantiquariat

D. Reise- und Versandbuchhandel

E. Großhandel (Buch- und Musikaliengroßhandel)

F. Zeitungs- und Zeitschriftenhandel

A. Verlage

A.1. Buch-, Musikalien-, Zeitungs- und Zeitschriftenverlag

Bewertung der Halbfabrikate und Fertigwaren

Halbfabrikate sind alle ausgedruckten, aber noch nicht in irgendeiner Art gebundenen und für den Verkauf fertig gestellten Werke. Der Inventurwert eines Halbfabrikates pro Exemplar wird gebildet durch die Summe der bisher aufgelaufenen Herstellungskosten, dividiert durch die Stückzahl der Auflage. Dazu gehören auch die bereits gewinnmindernd verrechneten absatzunabhängigen Autorenhonorare. Für Halbfabrikate gelten dieselben Bewertungsgrundsätze wie für fertige Werke.

Die Berechnung der Herstellungskosten auf Basis einer Kostenrechnung muss auf Verlangen der Abgabenbehörde offen gelegt werden.

Bewertungsgrundlage für fertige Werke sind die reinen Herstellungskosten, dazu gehören auch die bereits gewinnmindernd verrechneten absatzunabhängigen Honorare und die Sonderkosten der Herstellung (zB Herstellung von Klischees und anderer spezieller Druckvorlagen) ohne Zuschlag für Verwaltungs- und Vertriebskosten.

Die Warengruppen der Verlage umfassen Eigenproduktion und Auftragsproduktion: Eigenproduktion ist dadurch gekennzeichnet, dass das Unternehmen „Verlagsrisiko" (Produktions- und Auftragsrisiko) trägt: Es verfügt über eine Redaktion, beschäftigt Lektoren, steht im Auftragsverhältnis mit Autoren, erwirbt und verfügt über Verlagsrechte und hat einen eigenen (risikobehafteten) Lagerbestand. Auftragsproduktion ist dadurch gekennzeichnet, dass das Unternehmen kein „Verlagsrisiko" trägt: die Produktion erfolgt nach Umfang des Auftrages (oft innerhalb des Konzerns), der Lagerbestand an Fertigware ist nicht risikobehaftet.

In Bezug auf Auftragsproduktion ist eine Abschreibung nur zulässig, wenn Gründe nachgewiesen werden können, die den Ansatz eines gegenüber den Herstellungskosten niedrigeren Teilwertes rechtfertigen.

In Bezug auf Eigenproduktion gilt Folgendes: Werke, deren Fertigstellungsdatum am Bilanzstichtag mehr als 12 Monate zurück liegt, sind mit 75% der Herstellungskosten zu bewerten. Werke, deren Fertigstellungsdatum am Bilanzstichtag mehr als 24 Monate zurück liegt, sind mit 50% der Herstellungskosten zu bewerten. Werke, deren Fertigstellungsdatum am Bilanzstichtag mehr als 36 Monate zurück liegt, sind mit 25% der Herstellungskosten zu bewerten. Werke, deren Fertigstellungsdatum am Bilanzstichtag mehr als 48 Monate zurückliegt, sind mit dem Makulaturwert anzusetzen.

Bei fachwissenschaftlichen Werken und Lehrbüchern kann auf Grund der schnellen technologischen Entwicklung und ständiger Innovationen eine schnellere Abschreibung gerechtfertigt sein.

Zeitungen und aktuelle Zeitschriften sind grundsätzlich zum Makulaturwert anzusetzen. Dies gilt nicht für die letzte Nummer einer Zeitschrift, die innerhalb der letzten sechs Monate erschienen ist; sie ist mit 50% der Herstellungskosten zu bewerten. Spezialzeitschriften zu zeitlosen Themen sind wie Bücher zu bewerten.

Abschreibungen, die über alle oben angeführten Sätze hinausgehen, sind als Sonderfälle separat zu begründen. Besondere Gegebenheiten können auch niedrigere Abschreibungssätze rechtfertigen.

A.2. Kunstverlag

Im Kunstverlag ist zu unterscheiden zwischen Werken, die auf fotomechanischem Wege in größeren Auflagen gedruckt sind (Kunstdrucke und -postkarten), und solchen, die im Wege des Handdrucks hergestellt werden (Originalgrafik).

Für die Lagerbewertung ist von den reinen Herstellungskosten auszugehen, das ist von der Summe der Kosten für Reproduktion, Druckplatten, Papier, Druck, Buchbinderarbeiten, angefallene (gewinnmindernd verrechnete) Honorare, Tantiemen und Sonderkosten (Foto, Klischees, Reprofilme usw.).

Kunstdrucke und Postkarten werden in dem der Fertigstellung folgenden Wirtschaftsjahr mit 75% der Herstellungskosten, im zweitfolgenden Jahr mit 50% der Herstellungskosten und im drittfolgenden Jahr mit 25% der Herstellungskosten bewertet; im viertfolgenden Jahr wird auf den Makulaturwert abgeschrieben.

Handpressdrucke (Originalgrafik) mit kleinerer Auflage, deren Herstellungskosten wie bei Kunstdrucken ermittelt werden, werden in dem der Fertigstellung zweitfolgenden Wirtschaftsjahr mit 50%, in dem der Fertigstellung drittfolgenden Wirtschaftsjahr mit 30% bewertet; im viertfolgenden Jahr wird auf den Makulaturwert abgeschrieben.

Abschreibungen, die über alle oben angeführten Sätze hinausgehen, sind als Sonderfälle separat zu begründen. Besondere Gegebenheiten können auch niedrigere Abschreibungssätze rechtfertigen.

B. Buch-, Musikalien-, Zeitungs- und Zeitschrifteneinzelhandel (Sortiment)

Der Einzelhändler hat für jedes gekaufte Buch (gebundenes Buch und Taschenbuch) den Ladenpreis und das Jahr des Einkaufs zu vermerken. Maßgeblich bei der Inventur ist der Ladenpreis zum Zeitpunkt der Anschaffung.

Die Werke, die im laufenden Wirtschaftsjahr angeschafft wurden, sind in diesem und dem folgenden Wirtschaftsjahr mit 50% des um die Umsatzsteuer bereinigten Ladenpreises anzusetzen. Im zweitfolgenden Wirtschaftsjahr sind sie mit 30% des um die Umsatzsteuer verminderten Ladenpreises anzusetzen. Im drittfolgenden Wirtschaftsjahr sind sie mit 10% des um die Umsatzsteuer verminderten Ladenpreises zu bewerten. Ab dem viertfolgenden Wirtschaftsjahr sind sie mit 5% des um die Umsatzsteuer verminderten Ladenpreises bzw. mit dem Makulaturwert anzusetzen. Diese Abschreibungssätze beinhalten den durchschnittlichen Handelsrabatt vom festen Ladenpreis und eine Abschreibung auf den niedrigeren Teilwert.

Beispiel:

Am 1. Juli 2008 werden 20 Exemplare des Werkes X um 12 € angeschafft, dessen Ladenpreis ohne USt jeweils 20 € beträgt. Zum 31. Dezember 2008 (Bilanzstichtag) sind noch acht Exemplare vorhanden, sodass im Jahr 2008 zwölf Exemplare verkauft worden sind.

Der Wareneinsatz (inklusive Teilwertabschreibung) 2008 beträgt 160 €:

Werk X	Exemplare	Wert zum Bilanzstichtag
Anfangsbestand 1. Jänner 2008	0	–
Zukauf 1. Juli 2008	20 á 12 € (240 €)	–
Endbestand 31. Dezember 2008	8	80 € [8 × 10 € (50% des Ladenpreises ohne USt)]
Wareneinsatz und Teilwertabschreibung 2008		160 € (240 € – 80 €)

Zum 31. Dezember 2009 sind noch drei Werke vorhanden, sodass im Jahr 2009 fünf Werke verkauft worden sind. Der Wareneinsatz (inklusive Teilwertabschreibung) 2009 beträgt 50 €.

Werk X	Exemplare	Wert zum Bilanzstichtag
Anfangsbestand 1. Jänner 2009	8	80 €
Endbestand 31. Dezember 2009	3	30 € [3 × 10 € (50% des Ladenpreises ohne USt)]
Wareneinsatz und Teilwertabschreibung 2009		50 €

Zum 31. Dezember 2010 sind noch zwei Werke vorhanden, sodass im Jahr 2010 ein Werk verkauft worden ist. Der Wareneinsatz (inklusive Teilwertabschreibung) 2010 beträgt 18 €.

Werk X	Exemplare	Wert zum Bilanzstichtag
Anfangsbestand 1. Jänner 2010	3	30 €
Endbestand 31. Dezember 2010	2	12 € [2 × 6 € (30% des Ladenpreises ohne USt)]
Wareneinsatz und Teilwertabschreibung 2010		18 €

Zum 31. Dezember 2011 ist noch ein Werk vorhanden, sodass im Jahr 2011 ein Werk verkauft worden ist. Der Wareneinsatz (inklusive Teilwertabschreibung) 2011 beträgt 10 €.

Werk X	Exemplare	Wert zum Bilanzstichtag
Anfangsbestand 1. Jänner 2011	2	12 €
Endbestand 31. Dezember 2011	1	2 € [1 × 2 € (10% des Ladenpreises ohne USt)]
Wareneinsatz und Teilwertabschreibung 2011		10

Zum 31. Dezember 2012 ist immer noch das eine Exemplar vorhanden. Die Teilwertabschreibung 2012 beträgt 1 €.

Werk X	Exemplare	Wert zum Bilanzstichtag
Anfangsbestand 1. Jänner 2012	1	2 €
Endbestand 31. Dezember 2012	1	1 € [1 × 1 € (5% des Ladenpreises ohne USt)]
Teilwertabschreibung 2012		1

Aktuelle Broschüren sind nach sechs Monaten als Makulatur anzusetzen.

C. Buch-, Kunst- und Musikalienantiquariat

Das Antiquariat erwirbt sein Lager in der Hauptsache aus zweiter Hand, es handelt also mit gebrauchten Wirtschaftsgütern. Man unterscheidet im Antiquariatsbuchhandel drei Sparten:

Bibliophiles Antiquariat (Buch- und Kunstantiquariat)

Dieses betreibt den Handel mit alten Büchern (Inkunabeln, Holzschnitt- und Kupferstichbücher), Autographen, seltenen Erstausgaben, alten Landkarten, Holzschnitten und Kupferstichen usw. Es kann auch Auktionen veranstalten und verschickt häufig Kataloge an seine Kundschaft.

Das bibliophile Antiquariat hat alle Einkäufe in das Lagerbuch einzutragen, welches neben eventuellen anderen Angaben das Datum des Ankaufs, den Titel des gekauften Buches, Stiches usw. und den dafür bezahlten Preis enthält. Beim Verkauf wird die Nummer im Lagerbuch gestrichen. Die am Bilanzstichtag vorhandenen Werke müssen mit dem Lagerbuch übereinstimmen.

Auf Grund der häufig vorhandenen stillen Reserven einzelner Gegenstände im Antiquariat kann von einer Einzelerfassung im Lagerbestand mit den Anschaffungskosten nicht abgegangen werden. Eine Teilwertabschreibung muss (Gewinnermittlung nach § 5 EStG 1988) bzw. kann (Gewinnermittlung nach § 4 Abs. 1 EStG 1988) bei Vorliegen entsprechender Gründe vorgenommen werden.

Minderwertigere Ware mit niederen Verkaufspreisen kann nach den Abschreibungssätzen des Sortimentsbuchhandels für verlagsneue Bücher bewertet werden.

Allgemeines und wissenschaftliches Antiquariat

Dieses beschränkt sich auf den Vertrieb neuerer Literatur (etwa ab 1860). Es erwirbt seine Lagerbestände durch Einkauf aus verschiedenen Quellen, meist auf Grund privater Angebote. Der Erwerb erfolgt größtenteils durch Handkauf, worüber der Antiquar einen Ankaufsbeleg anzulegen hat.

Auf Grund der häufig vorhandenen stillen Reserven einzelner Gegenstände im Antiquariat kann von einer Einzelerfassung im Lagerbestand mit den Anschaffungskosten nicht abgegangen werden. Eine Teilwertabschreibung muss (Gewinnermittlung nach § 5 EStG 1988) bzw. kann (Gewinnermittlung nach § 4 Abs. 1 EStG 1988) bei Vorliegen entsprechender Gründe vorgenommen werden.

Minderwertigere Ware mit niederen Verkaufspreisen kann nach den Abschreibungssätzen des Sortimentsbuchhandels für verlagsneue Bücher bewertet werden.

Modernes Antiquariat

Dieses erwirbt sein Lager größtenteils von den Verlegern in Form von Auflagenresten. Meist sind es Bücher, die der Verleger nicht mehr absetzen kann, weil der Reiz der Neuheit vorüber ist oder weil die Auflage oder der Neupreis zu hoch waren.

Die Bewertung erfolgt wie im Bucheinzelhandel (Punkt B.).

D. Reise- und Versandbuchhandel

Die Lagerbewertung ist für kleine Lager wie beim Bucheinzelhandel (Punkt B.) und für Großlager wie beim Großbuchhandel (Punkt E.) vorzunehmen.

E. Buch- und Musikaliengroßhandel

Großhändler haben im Anschaffungsjahr und dem folgenden Wirtschaftsjahr die Anschaffungskosten anzusetzen. Eine Abschreibung ist nur zulässig, wenn Gründe nachgewiesen werden, die den Ansatz eines gegenüber den Anschaffungskosten niedrigeren Teilwertes rechtfertigen.

In dem dem Anschaffungsjahr zweitfolgenden Wirtschaftsjahr ist eine Abschreibung von 50% der Anschaffungskosten vorzunehmen.

F. Zeitungs- und Zeitschriftenhandel

Für die Bewertung von Zeitungen und Zeitschriften ist zu unterscheiden, ob sie in Kommission oder auf feste Rechnung übernommen werden. Zeitschriften in Kommission sind zu den Anschaffungskosten, Zeitungen und Zeitschriften auf feste Rechnung bis zum Erscheinen der nächsten Nummer mit den Anschaffungskosten, nach dem Erscheinen der nächsten Nummer mit dem Makulaturwert anzusetzen.

Abonnementprovisionen, die über das Geschäftsjahr hinausreichen, also das nächste Geschäftjahr betreffen, dürfen das laufende Geschäftsjahr nicht belasten.

2/11.

Vorgehensweise bei der Vorschreibung der Kapitalertragsteuer (KESt) im Zusammenhang mit verdeckten Ausschüttungen und der Abzugsteuer gemäß § 99 EStG 1988 unter Berücksichtigung der mit dem StRefG 2015/2016 erfolgten gesetzlichen Änderungen und der Rechtsprechung des VwGH

(Info des BMF vom 05.10.2015, BMF-010203/0276-VI/1/2015)

1. Einleitung

Für die Einbehaltung und Abfuhr der KESt haftet dem Bund gemäß § 95 Abs. 1 EStG 1988 der Abzugsverpflichtete; Abzugsverpflichteter ist in Fällen von verdeckten Ausschüttungen die ausschüttende Körperschaft. § 95 Abs. 4 EStG 1988 sieht darüber hinaus eine ausnahmsweise Vorschreibung der KESt beim Empfänger der Kapitalerträge (Steuerschuldner) vor, wenn die im Abs. 4 genannten Voraussetzungen erfüllt sind.

Mit dem StRefG 2015/2016 wurden die Voraussetzungen für die Vorschreibung beim Empfänger der Kapitalerträge (sog. Direktvorschreibung) erweitert. Nach § 95 Abs. 4 Z 1 EStG 1988 idF BGBl. I Nr. 118/2015 „*ist dem Empfänger der Kapitalerträge die Kapitalertragsteuer ausnahmsweise vorzuschreiben wenn,*

1. *der Abzugsverpflichtete die Kapitalerträge nicht vorschriftsmäßig gekürzt hat* ***und die Haftung nach Abs. 1 nicht oder nur erschwert durchsetzbar wäre*** *[...]*“

Die Voraussetzungen für die Vorschreibung der Abzugsteuer gemäß § 99 EStG 1988 beim Empfänger der Einkünfte wurden gleichlautend im § 100 Abs. 3 EStG 1988 erweitert.

Nach dem Erkenntnis des VwGH vom 29.03.2012, 2008/15/0170, sind verdeckte Ausschüttungen „*[...] ein klassischer Anwendungsfall dieser Gesetzesbestimmung, besteht das Wesen verdeckter Ausschüttungen doch gerade darin, die Zuwendung von Vorteilen an die Gesellschafter nicht nach außen in Erscheinung treten zu lassen und auch keine vorschriftsmäßige Kürzung der Kapitalerträge vorzunehmen.*“

Mit der Erweiterung der Voraussetzungen in § 95 Abs. 4 Z 1 EStG 1988 idF BGBl. I Nr. 118/2015 tritt für den Empfänger der Kapitalerträge keine Änderung bezüglich dieses Anwendungsfalles (Direktvorschreibung der KESt bei verdeckter Ausschüttung) ein. Mit dieser Änderung des § 95 Abs. 4 Z 1 EStG 1988 soll klargestellt werden, dass primär der Abzugsverpflichtete nach § 95 Abs. 1 EStG 1988 zur Haftung heranzuziehen ist.

Mit zwei Erkenntnissen (VwGH 28.05.2015, Ro 2014/15/0046; 30.06.2015, 2012/15/0165) hat der VwGH die Rechtsansicht des BFG verworfen und sich mit der Frage, ob die sog. Direktvorschreibung der KESt gemäß § 95 Abs. 4 EStG 1988 idF vor dem StRefG 2015/2016 zwingend vorrangig zu erfolgen hat und diese nicht im Ermessen der Abgabenbehörde liegt, auseinandergesetzt.

Nach dem VwGH liegt es im Auswahlermessen der Abgabenbehörde, wenn die Voraussetzungen für die Haftungsinanspruchnahme nach § 95 Abs. 1 EStG 1988 und die Voraussetzungen für die Direktvorschreibung nach § 95 Abs. 4 EStG 1988 vorliegen, ob dem Abzugsverpflichteten (Schuldner der Kapitalerträge) mittels Haftung oder (und) dem Steuerschuldner (Empfänger der Kapitalerträge) die KESt vorzuschreiben ist.

2. Heranziehung der ausschüttenden Körperschaft zur Haftung für die KESt bzw. Abzugsteuer

Persönliche Haftungen werden durch Haftungsbescheid (§ 224 BAO) geltend gemacht. Sie setzen den Bestand einer Abgabenschuld voraus, nicht aber, dass diese Schuld dem Abgabenschuldner gegenüber bereits geltend gemacht wurde. Die Haftungsinanspruchnahme ist eine Ermessensentscheidung (§ 20 BAO).

Folgende Umstände sprechen ua. für eine vorrangige Haftungsinanspruchnahme des Abzugsverpflichteten:

- Wenn die **Einbringlichkeit** bei der Körperschaft **nicht von vornherein ausgeschlossen** werden kann, spricht die ***Verwaltungsökonomie*** für eine Haftungsinanspruchnahme. Verdeckte Ausschüttungen werden in der Regel im Zuge einer Außenprüfung festgestellt. Es entspricht den Grundsätzen einer sparsamen Verwaltung, wenn im Zuge des Verfahrens beim Abzugsverpflichteten, in dem der Sachverhalt entdeckt, gewürdigt und vorgehalten wird, die Vorschreibung der Abgabe erfolgt. Auch wenn mehrere Empfänger der Kapitalerträge vorliegen, kann die Haftungsinanspruchnahme zweckmäßiger sein.
- Das ***Verschulden der ausschüttenden Körperschaft*** an der nicht vorschriftsmäßigen Kürzung der Kapitalerträge ist auch in die Ermessenserwägung miteinzubeziehen.
- Auch die erschwerte ***Durchsetzbarkeit der KESt beim Steuerschuldner*** ist ein Umstand, der in die Ermessensentscheidung einbezogen werden kann.

Im Ergebnis wird daher in der Praxis, bei entsprechender Ermessensübung, die Haftungsinanspruchnahme des Abzugsverpflichteten vorrangig durchzuführen sein. Dies gilt auch für die Haftungsinanspruchnahme des Schuldners der Einkünfte gemäß § 100 Abs. 2 EStG 1988.

3. Vorschreibung der KESt bzw. Abzugsteuer beim Steuerschuldner (§ 95 Abs. 4 Z 1 EStG 1988 und § 100 Abs. 3 Z 1 EStG 1988 idF StRefG 2015/2016)

Wie bereits oben ausgeführt wurde, sind verdeckte Ausschüttungen ein typischer Anwendungsfall der ausnahmsweisen Vorschreibung der KESt beim Empfänger der Kapitalerträge.

Mit dem StRefG 2015/2016 wurde eine weitere Voraussetzung für die Direktvorschreibung der KESt eingefügt. Demnach hat die Direktvorschreibung ausnahmsweise zu erfolgen, wenn die Haftung nach § 95 Abs. 1 EStG 1988 nicht oder nur erschwert durchsetzbar wäre.

Auch die Voraussetzung für die Vorschreibung der Einkommensteuer beschränkt Steuerpflichtiger beim Empfänger der Einkünfte (§ 100 Abs. 3 EStG 1988), welche gemäß § 99 EStG 1988 durch Steuerabzug erhoben wird (Abzugsteuer), wurde mit dem StRefG 2015/2016 in gleicher Weise wie für die KESt erweitert. Daher gelten in analoger Weise die gleichen Voraussetzungen für die Inanspruchnahme des Empfängers der Einkünfte gemäß § 100 Abs. 3 EStG 1988.

Zum Vorliegen der neu eingeführten Voraussetzungen einer nicht oder nur erschwert durchsetzbaren Haftung, die im jeweiligen Einzelfall beurteilt werden muss, enthalten die Erläuterungen zur Regierungsvorlage einige Aussagen.

Als Beispiele für eine **nicht durchsetzbare Haftung** werden dabei genannt:

- die Vollbeendigung einer Gesellschaft oder die Löschung einer Gesellschaft nach den §§ 39 und 40 FBG sowie
- eine fehlende und nicht feststellbare (Zustell-)Adresse.

Als Beispiele für eine **erschwerte Durchsetzbarkeit der Haftung** werden genannt:

- mangelndes Vermögen zur Begleichung der Haftungsschuld,
- erfolglose Einbringungsversuche der gesamten oder eines Teils der Haftungsschuld oder
- die Eröffnung eines Insolvenzverfahrens über das Vermögen des Haftungsschuldners.

Bevor daher die KESt dem Steuerschuldner vorgeschrieben werden kann, ist zu prüfen, ob bei der (potenziell) haftenden Gesellschaft die Haftung nicht oder nur erschwert durchsetzbar wäre bzw. ist.

Die Inanspruchnahme des Steuerschuldners ist somit ausgeschlossen, wenn von vornherein feststeht, dass die Durchsetzung der Haftung beim Abzugsverpflichteten ohne Probleme möglich ist. In solchen Fällen ist die KESt mittels Haftungsbescheid dem Abzugsverpflichteten vorzuschreiben. Die Frage des Auswahlermessens (siehe oben erwähnte VwGH-Erkenntnisse) stellt sich in einem solchen Fall nicht, weil die einzige Möglichkeit der Vorschreibung der KESt die Haftungsinanspruchnahme nach § 95 Abs. 1 EStG 1988 ist.

Ist die KESt (zur Gänze oder zum Teil) beim Abzugsverpflichteten erschwert durchsetzbar, rechtfertigt dieser Umstand die ausnahmsweise Direktvorschreibung der KESt.

Worauf sich die Annahme der erschwerten Durchsetzbarkeit der KESt beim (pot.) Haftungspflichtigen gründet, ist im Bescheid zu begründen. Damit erfolgt auch die vom VwGH geforderte Auseinandersetzung der Abgabenbehörde mit der Frage, wem die KESt vorzuschreiben ist (Auswahlermessen).

Die DBA-Entlastungsverordnung (BGBl. III Nr. 92/2005) kommt bei der Direktvorschreibung gemäß § 95 Abs. 4 Z 1 EStG 1988 bzw. § 100 Abs. 3 Z 1 EStG 1988 in Analogie zur Vorschreibung an den Abzugsverpflichteten bzw. dem Schuldner der Abzugsteuer zur Anwendung.

4. Steuersatz (Steuerbelastung)

Verdeckte Ausschüttungen zählen zu den sonstigen Bezügen iSd § 27 Abs. 2 Z 1 EStG 1988 und unterliegen gemäß § 27a Abs. 1 EStG 1988 dem besonderen Steuersatz von 25% (ab 1.1.2016 von 27,5%).

Wird die KESt vom Abzugsverpflichteten übernommen, stellt diese Übernahme einen weiteren Vorteil dar und es ergibt sich somit eine rechnerische Steuerbelastung von 33,33% (ab 1.1.2016 von 37,93%). Stellt sich nach Haftungsinanspruchnahme des Abzugsverpflichteten heraus, dass die KESt bei diesem nicht oder nur erschwert durchsetzbar ist, kann die KESt gemäß § 95 Abs. 4 Z 1 EStG 1988 auch dem Steuerschuldner („zusätzlich") vorgeschrieben werden.

Die Direktvorschreibung der KESt beim Steuerschuldner hat aber in jedem Fall mit dem besonderen Steuersatz von 25% (ab 1.1.2016 mit 27,5%) zu erfolgen, auch wenn auf Grund der Annahme, dass die KESt vom Abzugsverpflichteten getragen wird, die Haftungsinanspruchnahme eine rechnerische Steuerbelastung von 33,33% (ab 1.1.2016 von 37,93%) ergeben hat.

Durch die Haftungsinanspruchnahme der abzugsverpflichteten Gesellschaft und der Direktvorschreibung der KESt beim Steuerschuldner wird ein Gesamtschuldverhältnis begründet. Wird die KESt vom Empfänger der Kapitalerträge im Zuge der Direktvorschreibung der KESt bezahlt, so hat dieser insoweit keinen weiteren Vorteil aus der (gewollten) Übernahme der KESt des Abzugsverpflichteten erhalten. Die Bezahlung der KESt durch den Steuerschuldner selbst stellt in Bezug auf die Haftungsinanspruchnahme ein rückwirkendes Ereignis iSd § 295a BAO dar, weil somit ein weiterer Vorteil durch die Übernahme der KESt durch den Abzugsverpflichteten nicht stattgefunden hat. Der Haftungsbescheid ist insoweit gemäß § 295a BAO zu ändern (die KESt-Haftungsinanspruchnahme zu reduzieren).

5. Inkrafttreten

Die Änderungen des § 95 Abs. 4 Z 1 EStG 1988 und § 100 Abs. 3 Z 1 EStG 1988 wurden ohne eigene Inkrafttretensbestimmung vom Nationalrat beschlossen. Deshalb treten diese Änderungen nach Art. 49 B-VG mit Ablauf des Tages ihrer Kundmachung (14.08.2015) in Kraft. Die Änderungen sind somit am 15.08.2015 in Kraft getreten.

6. Anwendung der neuen Rechtslage

Die neue Rechtslage (§ 95 Abs. 4 Z 1 EStG 1988 bzw. § 100 Abs. 3 Z 1 EStG 1988) ist in Bezug auf die Direktvorschreibung der KESt bzw. der Direktvorschreibung der Abzugsteuer ab Inkrafttreten anzuwenden. Für bereits mittels Bescheid festgesetzte KESt bzw. Abzugsteuer kommt die Änderung nicht zur Anwendung.

Mit dieser Information tritt die Info des BMF vom 30. März 2015, BMF-010200/0015-VI/1/2015, außer Kraft.)

2/12.

Umfassende Amtshilfe im Bereich Steuern vom Einkommen (1. Jänner 2021)

(Info des BMF vom 16.12.2020, 2020-0.710.689)

Diese Übersicht listet alle Staaten und Territorien auf, mit denen Vereinbarungen zur umfassenden Amtshilfe bestehen. Aktualisierung 1. Jänner 2021.

Die Information des BMF vom 20. Dezember 2019, BMF-010221/0282-IV/8/2019, wird aufgehoben und durch diese Information ersetzt.

Das österreichische Steuerrecht verlangt in einigen Fällen das Vorliegen einer „umfassenden" Amtshilfe (zB bei der Verlustnachversteuerung gemäß § 2 Abs. 8 EStG 1988, der Spendenbegünstigung gemäß § 4a Abs. 4 EStG 1988 oder der Befreiung für Beteiligungserträge gemäß § 10 Abs. 1 Z 6 KStG 1988). Zur Klarstellung der Frage, gegenüber welchen Staaten oder Territorien Rechtsbeziehungen über eine „umfassende" Amtshilfe bestehen, wird nachstehende Staatenliste kundgemacht. Der Begriff „umfassende" Amtshilfe wird seitens des BMF im Sinn des „großen" Informationsaustausches verstanden, der somit über den Umfang der für die reine Abkommensanwendung erforderlichen Informationen hinausgeht. Als hierfür maßgebliche Rechtsgrundlagen kommen derzeit die RL 2011/16/EU, das multilaterale Amtshilfeabkommen, DBA-Auskunftsklauseln bzw. Abkommen über den Informationsaustausch (Tax Information ExchangeAgreements – TIEA) in Betracht.

Mit folgenden Staaten und Territorien besteht mit Stand 1. Jänner 2021 eine „umfassende" Amtshilfe (Änderungen nach dem 1. Jänner 2020 kursiv): Ägypten, Albanien, Algerien, Andorra, Anguilla, Antigua und Barbuda, Argentinien, Armenien, Aruba, Aserbaidschan, Australien, Bahamas, Bahrain, Barbados, Belarus, Belgien, Belize, Bermuda, Bosnien-Herzegowina, Brasilien, Britische Jungferninseln, Brunei, Bulgarien, Chile, China (Volksrepublik), Cook Inseln, Costa Rica, Curaçao, Dänemark, Deutschland, Dominica, Dominikanische Republik, Ecuador, El Salvador, Estland, Färöer-Inseln, Finnland, Frankreich, Georgien, Ghana, Gibraltar, Grenada, Griechenland, Großbritannien, Grönland, Guatemala, Guernsey, Hongkong, Indien, Indonesien, Irland, Island, Isle of Man, Israel, Italien, Jamaika, Japan, Jersey, Kaimaninseln, Kamerun, Kanada, *Kap Verde*, Kasachstan, Katar, *Kenia*, Kolumbien, Korea (Republik), Kosovo, Kroatien, Kuwait, Lettland, Libanon, Liechtenstein, Litauen, Luxemburg, Macao, Malaysia, Malta, Marokko, Marshall Inseln, Mauritius, Mexiko, Moldau, Monaco, *Mongolei*, Montenegro, Montserrat, Nauru, Neuseeland, Niederlande, Nigeria, Niue, Nordmazedonien, Norwegen, *Oman*, Pakistan, Panama, Peru, Philippinen, Polen, Portugal, Rumänien, Russland, Samoa, San Marino, Saudi-Arabien, Schweden, Schweiz, Senegal, Serbien, Seychellen, Singapur, Sint Maarten, Slowakische Republik, Slowenien, Spanien, St. Kitts und Nevis, St. Lucia, St. Vincent und die Grenadinen, Südafrika, Tadschikistan, Taiwan (Chinesisches Taipei), Thailand, Tschechische Republik, Tunesien, Türkei, Turkmenistan, Turks- und Caicosinseln, Uganda, Ukraine, Ungarn, Uruguay, Vanuatu, Venezuela, Vereinigte Arabische Emirate, Vereinigte Staaten von Amerika, Vietnam und Zypern.

2/13.

BMF-Info zu den ertragsteuerlichen Änderungen im Zusammenhang mit der Besteuerung von Grundstücken und Kapitalvermögen durch das Steuerreformgesetz 2015/2016, BGBl. I Nr. 118/2015 (BMF-Info StRefG 2015/16)

(Info des BMF vom 12.05.2016, BMF-010203/0142-VI/6/2016)

In dieser Information wird die Rechtsansicht des Bundesministeriums für Finanzen im Zusammenhang mit wichtigen ertragsteuerlichen Fragen aufgrund der Änderungen durch das StRefG 2015/2016 wiedergegeben. Die getroffenen Aussagen sollen bei der folgenden Wartung in die EStR 2000 eingearbeitet werden. Zum mit dem StRefG 2015/2016 eingeführten § 23a EStG 1988 betreffend Verluste bei kapitalistischen Mitunternehmern ergeht eine gesonderte BMF-Info.

1. Änderungen betreffend Gebäudeabschreibungen

1.1. „Laufende" AfA im betrieblichen Bereich

1.1.1. Allgemeines

Für im Jahr 2016 beginnende Wirtschaftsjahre gilt bei der Absetzung für Abnutzung (AfA) gemäß § 7 EStG 1988 iVm § 8 EStG 1988 für betrieblich genutzte Betriebsgebäude ohne Nachweis der Nutzungsdauer ein einheitlicher Abschreibungssatz von bis zu 2,5% (statt bisher 2%, 2,5% oder 3%). Werden Gebäude für Wohnzwecke überlassen, gilt wie bei Vermietung und Verpachtung im außerbetrieblichen Bereich ein Abschreibungssatz von 1,5% (bisher idR 2%).

Der Nachweis einer kürzeren Nutzungsdauer im Zeitpunkt der Inbetriebnahme ist in beiden Fällen weiterhin möglich (EStR 2000 Rz 3143; VwGH 20.12.2006, 2002/13/0112). Wurde bereits in der Vergangenheit die Nutzungsdauer im Einzelfall nachgewiesen, kommt es aufgrund der Änderungen durch das StRefG 2015/2016 zu keiner Änderung des Abschreibungssatzes. Der Umstand, dass sich in der Vergangenheit die Nutzungsdauer aufgrund nachträglicher Herstellungsaufwendungen verlängert hat, gilt nicht automatisch als Nachweis dieser neuen Nutzungsdauer.

Wurde in der Vergangenheit die Nutzungsdauer nicht nachgewiesen, kann für das erste Wirtschaftsjahr, das nach dem 31. Dezember 2015 beginnt, eine kürzere Restnutzungsdauer nachgewiesen werden als jene, die sich bei Anwendung des Abschreibungssatzes von 2,5% bzw. 1,5% ergibt. Dabei sind die noch nicht abgeschriebenen Anschaffungs- oder Herstellungskosten auf diese nachgewiesene kürzere Restnutzungsdauer zu verteilen (§ 124b Z 283 EStG 1988 idF EU-AbgÄG 2016 – Begutachtungsentwurf).

1.1.2. Änderung des Abschreibungssatzes

Im Falle einer Änderung des Abschreibungssatzes (statt bisher 2% oder 3%) ist der neue Abschreibungssatz von 2,5% (bzw. 1,5%) auf die ursprüngliche Bemessungsgrundlage (insb. Anschaffungskosten bzw. Herstellungskosten) anzuwenden. Die Änderung des Abschreibungssatzes führt demnach auch zu einer Änderung der Restnutzungsdauer. Hat der bisherige Abschreibungssatz bereits 2,5% betragen, oder wird der bisherige Abschreibungssatz von 2% beibehalten, ergeben sich keine Änderungen.

Bei Gebäuden in Leichtbauweise und bei Gebäuden, die vor 1915 erbaut wurden, gelten die EStR 2000 Rz 3139a und Rz 6444. Eine Änderung des Abschreibungssatzes hat bei diesen Gebäuden daher nicht zu erfolgen.

1.1.3. Vereinfachte Anpassungsmethode

Der neue AfA-Betrag (und damit auch ein allfälliger neuer AfA-Mischsatz) kann vereinfacht derart ermittelt werden, dass der bisherige AfA-Betrag kann um 1/6 gekürzt (bei einem bisherigen AfA-Satz von 3%) oder um 1/4 erhöht (bei einem bisherigen AfA-Satz von 2%) werden.

1.1.4. Berechnungsbeispiele

Die Auswirkungen der Änderung des Abschreibungssatzes sollen anhand der folgenden Beispiele veranschaulicht werden:

Beispiel 1: laufende Absetzung für Abnutzung

Ein Betriebsgebäude wurde im Jänner 2006 mit Herstellungskosten von 100.000 Euro fertig gestellt und sofort in Betrieb genommen. Der AfA-Satz beträgt:

a) 2% (50 Jahre)

b) 3% (33,3 Jahre)

Überblick: Vorgehensweise bei der Anpassung der AfA

- *bis zum 31.12.2015 wird das Gebäude mit dem maßgebenden AfA-Satz (2% oder 3%) abgeschrieben*
- *ab 1.1.2016 beträgt der AfA-Satz 2,5% der ursprünglichen Bemessungsgrundlage*
- *es ergibt sich dadurch eine neue Restnutzungsdauer (RBW / AfA)*
- *vereinfachte Anpassungsmethode: Der bisherige AfA-Betrag kann um 1/6 gekürzt (bei 3%) oder um 1/4 erhöht (bei 2%) werden.*

***Ad a)** Bei einem AfA-Satz von 2% beträgt der Buchwert zum 31.12.2015 bei linearer Abschreibung von 2.000 Euro p.a. 80.000 Euro. Die Restnutzungsdauer beträgt 40 Jahre. Mit 1. Jänner 2016 erhöht sich der AfA-Satz auf 2,5%, womit der jährliche AfA-Betrag (ausgehend von der ursprünglichen Bemessungsgrundlage) 2.500 Euro beträgt. Dadurch verkürzt sich die Restnutzungsdauer von 40 Jahren auf 32 Jahre (80.000 Euro RBW / 2.500 Euro AfA = 32 Jahre).*

*Vereinfachte Anpassungsmethode: Der bisherige jährliche AfA-Betrag von 2.000 Euro wird um 1/4 erhöht (2.000 Euro AfA * 1,25 = 2.500 Euro).*

***Ad b)** Bei einem AfA-Satz von 3% beträgt der Buchwert zum 31.12.2015 bei linearer Abschreibung von 3.000 Euro p.a. 70.000 Euro. Die Rest-*

nutzungsdauer beträgt 23,3 Jahre. Mit 1. Jänner 2016 reduziert sich der AfA-Satz auf 2,5%, womit der jährliche AfA-Betrag (ausgehend von der ursprünglichen Bemessungsgrundlage) 2.500 Euro beträgt. Dadurch verlängert sich die Restnutzungsdauer von 23,3 Jahren auf 28 Jahre (70.000 Euro RBW / 2500 Euro AfA = 28 Jahre).

*Vereinfachte Anpassungsmethode: Der bisherige jährliche AfA-Betrag von 3.000 Euro wird um 1/6 verringert (3.000 Euro AfA * 0,8334 = 2.500 Euro).*

	HK 01.01.2006	**AfA**		**BW 31.12.2015**	**RND (J) 01.01.2016**
a)	*100.000*	*2%*	*2.000*	*80.000*	*40*
		2,5%	*2.500*		*32*
b)		*3%*	*3.000*	*70.000*	*23,3*
		2,5%	*2.500*		*28*

Beispiel 2: nachträglicher Herstellungsaufwand, bei gleichbleibender Restnutzungsdauer des Gebäudes

Ein Betriebsgebäude wurde im Jänner 2006 mit Herstellungskosten von 500.000 Euro fertig gestellt und sofort in Betrieb genommen. Nachträglich fallen im Jänner 2011 aktivierungspflichtige Aufwendungen in Höhe von 100.000 Euro an. Der AfA-Satz beträgt:

a) 2% (50 Jahre)

b) 3% (33,3 Jahre)

Überblick: Vorgehensweise bei der Anpassung der AfA

- *bis zum 31.12.2015 wird das Gebäude mit dem maßgebenden AfA-Satz (2% oder 3%) abgeschrieben; der nachträgliche Herstellungsaufwand wird mit dem zu ermittelnden AfA-Mischsatz abgeschrieben*
  - ***alternativ** kann der Restbuchwert des Gebäudes (zum Zeitpunkt des Herstellungsaufwandes) und der Herstellungsaufwand einheitlich mit dem ermittelten AfA-Mischsatz abgeschrieben werden*
- *ab 1.1.2016 beträgt der einheitliche AfA-Satz 2,5% der ursprünglichen Bemessungsgrundlage des Gebäudes*
- *zur Abschreibung des Herstellungsaufwandes ist auf Basis der – sich durch den geänderten AfA-Betrag ergebenden – neuen Restnutzungsdauer des Gebäudes ein neuer AfA-Mischsatz zu ermitteln*
  - ***alternativ** kann der Restbuchwert des Gebäudes zuzüglich des Herstellungsaufwandes zum 31.12.2015 einheitlich mit dem neu ermittelten AfA-Mischsatz abgeschrieben werden*
- *es ergibt sich dadurch eine neue Restnutzungsdauer*
- *Vereinfachte Anpassungsmethode: Der neue AfA-Betrag (und damit auch der neue AfA-Mischsatz) kann vereinfacht derart ermittelt werden, dass der bisherige (kumulierte) AfA-Betrag um 1/6 gekürzt (bei 3%) oder um 1/4 erhöht (bei 2%) wird.*

***Ad a)** Bei einem AfA-Satz von 2% beträgt der Buchwert zum 31.12.2010 bei linearer Abschreibung von 10.000 Euro p.a. 450.000 Euro. Bei Hinzurechnung der 100.000 Euro an nachträglichen Herstellungsaufwendungen ergibt sich ein neuer Restbuchwert von 550.000 Euro. Die Restnutzungsdauer beträgt 45 Jahre. Die AfA kann mit 2% von 500.000 Euro, was einem AfA-Betrag von 10.000 Euro entspricht und mit 2,2% von 100.000 Euro (ermittelter AfA-Misch-Satz: 100.000 Euro / 45 Jahre RND), was einem AfA-Betrag von 2.222,22 Euro entspricht oder mit einem einheitlichen Satz von 2,2% von 550.000 Euro, was einem AfA-Betrag von insgesamt 12.222,22 Euro entspricht, angesetzt werden (siehe dazu auch EStR 2000 Rz 3163 Beispiel 1).*

Mit 1. Jänner 2016 ist der einheitliche AfA-Satz von 2,5% der ursprünglichen Bemessungsgrundlage des Gebäudes zu Grunde zu legen. Der Buchwert des Gebäudes beträgt zum 31.12.2015 (unter Ausklammerung der aktivierten Herstellungskosten) bei linearer Abschreibung von 10.000 Euro p.a. 400.000 Euro. Die Restnutzungsdauer beträgt 40 Jahre. Durch die Erhöhung des AfA-Satzes auf 2,5% erhöht sich der jährliche AfA-Betrag für das Gebäude (ausgehend von der ursprünglichen Bemessungsgrundlage) auf 12.500 Euro, womit sich die Restnutzungsdauer von 40 Jahren auf 32 Jahre verkürzt (400.000 Euro/ 12.500 Euro = 32 Jahre). Auf Basis der nunmehr ermittelten Restnutzungsdauer von 32 Jahren erhöht sich ebenfalls der AfA-Betrag des aktivierten Herstellungsaufwandes auf 2.777,78 Euro (88.888,89 Euro RBW / 32 Jahre RND). Dadurch ergibt sich für die neu ermittelte Restnutzungsdauer von 32 Jahren ab dem Jahr 2016 ein neuer AfA-Misch-Satz in Höhe von 3,125% vom Restbuchwert des aktivierten Herstellungsaufwandes in Höhe von 88.888,89 Euro.

StRefG 15/16

Die AfA kann daher ab dem Jahr 2016 mit 2,5% von 500.000 Euro, was einem AfA-Betrag von 12.500 Euro entspricht und mit dem AfA-Misch-Satz 3,125% vom Restbuchwert des aktivierten Herstellungsaufwandes in Höhe von 88.888,89 Euro, was einem AfA-Betrag von 2.777,78 Euro entspricht oder mit einem einheitlichen Satz von 3,125% vom Restbuchwert vom Gebäude zuzüglich des aktivierten Herstellungsaufwandes zum 31.12.2015 in Höhe von 488.888,89 Euro, was einem AfA-Betrag von insgesamt 15.277,80 Euro entspricht, angesetzt werden.

*Vereinfachte Anpassungsmethode: Der neue AfA-Betrag (und damit auch der neue AfA-Mischsatz) kann vereinfacht derart ermittelt werden, dass der bisherige (kumulierte) AfA-Betrag um 1/4 erhöht wird (12.222,22 Euro AfA * 1,25 = 15.277,80 Euro – gerundet).*

		Buchwert	nachträgliche HK	AfA		RND (J)
a)	*01.01.2006*	*500.000*	-	*2%*	*10.000*	*50*
	31.12.2010	*450.000*	-			*45*
	01.01.2011	*450.000*	*100.000*	*2,2%*	*12.222,22*	
	31.12.2015	*488.888,89*				*40*
	01.01.2016			*3,125%*	*15.277,80*	*32*

***Ad b)** Bei einem AfA-Satz von 3% beträgt der Buchwert zum 31.12.2010 bei linearer Abschreibung von 15.000 Euro p.a. 425.000 Euro. Bei Hinzurechnung der 100.000 Euro an nachträglichen Herstellungsaufwendungen ergibt sich ein neuer Restbuchwert von 525.000 Euro. Die Restnutzungsdauer beträgt 28,3 Jahre. Die AfA kann mit 3% von 500.000 Euro, was einem AfA-Betrag von 15.000 Euro entspricht und mit 3,53% von 100.000 Euro (ermittelter AfA-Misch-Satz: 100.000 Euro / 28,3 Jahre RND), was einem AfA-Betrag von 3.529,41 Euro entspricht berechnet werden oder mit einem einheitlichen Satz von 3,53% von 525.000 Euro, was einem AfA-Betrag von insgesamt 18.529,40 Euro entspricht, angesetzt werden (siehe dazu auch EStR 2000 Rz 3163 Beispiel 1).*

Mit 1. Jänner 2016 ist der einheitliche AfA-Satz von 2,5% der ursprünglichen Bemessungsgrundlage des Gebäudes zu Grunde zu legen. Der Buchwert des Gebäudes hätte zum 31.12.2015 bei linearer Abschreibung von 15.000 Euro p.a. 350.000 Euro betragen. Die Restnutzungsdauer beträgt 23,3 Jahre. Durch die Reduktion des AfA-Satzes auf 2,5% verringert sich der jährliche AfA-Betrag für das Gebäude (ausgehend von der ursprünglichen Bemessungsgrundlage) auf 12.500 Euro, womit sich die Restnutzungsdauer von 23,3 Jahren auf 28 Jahre verlängert (350.000 Euro / 12.500 Euro = 28 Jahre RND). Auf Basis der nunmehr ermittelten Restnutzungsdauer von 28 Jahren verringert sich ebenfalls der AfA-Betrag des aktivierten Herstellungsaufwandes auf 2.941,18 Euro. Dadurch ergibt sich für die neu ermittelte Restnutzungsdauer von 28 Jahren ab dem Jahr 2016 ein neuer AfA-Misch-Satz in Höhe von 3,57% vom Restbuchwert des aktivierten Herstellungsaufwandes in Höhe von 82.352,94 Euro.

Die AfA kann daher ab dem Jahr 2016 mit 2,5% von 500.000 Euro, was einem AfA-Betrag von 12.500 Euro entspricht und mit dem AfA-Misch-Satz 3,57% vom Restbuchwert des aktivierten Herstellungsaufwandes in Höhe von 82.352,94 Euro, was einem AfA-Betrag von 2.941,18 Euro entspricht oder mit einem einheitlichen Satz von 3,57% vom Restbuchwert vom Gebäude zuzüglich des aktivierten Herstellungsaufwandes zum 31.12.2015 in Höhe von 432.352,94 Euro, was einem AfA-Betrag von insgesamt 15.441,18 Euro entspricht, angesetzt werden.

*Vereinfachte Anpassungsmethode: Der neue AfA-Betrag (und damit auch der neue AfA-Mischsatz) kann vereinfacht derart ermittelt werden, dass der bisherige (kumulierte) AfA-Betrag um 1/6 gekürzt wird (18.529,40 Euro AfA * 0,8334 = 15.442 Euro - gerundet).*

		Buchwert	nachträgliche HK	AfA		RND (J)
b)	*01.01.2006*	*500.000*	-	*3%*	*15.000*	*33,3*
	31.12.2010	*425.000*	-			*28,3*
	01.01.2011	*425.000*	*100.000*	*3,53%*	*18.529,40*	
	31.12.2015	*432.352,94*				*23,3*
	01.01.2016			*3,57%*	*15.441,18*	*28*

Beispiel 3: nachträglicher Herstellungsaufwand, der die Restnutzungsdauer des Gebäudes erhöht (EStR 2000 Rz 3164)

Ein Betriebsgebäude wird im Jänner 1986 mit Herstellungskosten von 100.000 Euro fertig gestellt und sofort in Betrieb genommen. Nachträglich fallen im Jänner 2006 aktivierungspflichtige Aufwendungen in Höhe von 70.000 Euro an. Der AfA-Satz beträgt

a) 2% (50 Jahre)

b) 3% (33,3 Jahre)

Überblick: Vorgehensweise bei der Anpassung der AfA

- *bis zum 31.12.2005 wird das Gebäude mit dem maßgebenden AfA-Satz (2% oder 3%) abgeschrieben*
- *der nachträgliche Herstellungsaufwand im Jänner 2006, der den Restbuchwert des Gebäudes übersteigt und dessen Nutzungsdauer länger ist als die Restnutzungsdauer des Gebäudes, verlängert die Restnutzungsdauer des Gebäudes (dadurch ergibt sich ein neuer AfA-Satz)*
- *der Restbuchwert des Gebäudes zum Zeitpunkt des Herstellungsaufwandes und der Herstellungsaufwand sind einheitlich mit dem neuen AfA-Satz abzuschreiben*
- *ab 1.1.2016 beträgt der AfA-Satz 2,5% des zum Zeitpunkt des Herstellungsaufwandes ermittelten neuen Restbuchwertes (Gebäude + Herstellungsaufwand)*
- *es ergibt sich dadurch eine neue Restnutzungsdauer*

- *Vereinfachte Anpassungsmethode: Der bisherige AfA-Betrag kann um 1/6 gekürzt (bei 3%) oder um 1/4 erhöht (bei 2%) werden.*

Ad a) *Bei einem AfA-Satz von 2% beträgt der Buchwert zum 31.12.2005 bei linearer Abschreibung von 2.000 Euro p.a. 60.000 Euro. Die Restnutzungsdauer zum 1.1.2006 beträgt 30 Jahre. Der Investitionsaufwand im Jänner 2006 in Höhe von 70.000 Euro, für den sich unter Zugrundelegung eines AfA-Satzes von 2% eine Nutzungsdauer von 50 Jahren ergibt, übersteigt den Restbuchwert des Betriebsgebäudes. Da weiters die für die Zusatzinvestition angenommene Nutzungsdauer von 50 Jahren länger ist als die Restnutzungsdauer des Gebäudes, ist diese ebenfalls auf 50 Jahre zu verlängern (statt bisher 30 Jahre).*

Auf den neuen Restbuchwert in Höhe von 130.000 Euro (60.000 Euro RBW + 70.000 Euro nHK= 130.000 Euro neuer RBW) ist ein AfA-Satz von 2% anzuwenden. Dies entspricht einem jährlichen AfA-Betrag in Höhe von 2.600 Euro (siehe dazu auch EStR 2000 Rz 3164 Beispiel 2). Bei einem AfA-Satz von 2% beträgt der Buchwert zum 31.12.2015 bei linearer Abschreibung von 2.600 Euro p.a. 104.000 Euro. Die Restnutzungsdauer beträgt 40 Jahre. Mit 1. Jänner 2016 erhöht sich der AfA-Satz auf 2,5%, womit der jährliche AfA-Betrag (ausgehend vom zum 1.1.2006 ermittelten neuen Restbuchwert in Höhe von 130.000 Euro) 3.250 Euro beträgt. Dadurch verkürzt sich die Restnutzungsdauer von 40 Jahren auf 32 Jahre (104.000 Euro RBW / 3.250 Euro AfA = 32 Jahre) (siehe dazu auch EStR 2000 Rz 3164 Beispiel 2).

*Vereinfachte Anpassungsmethode: Der bisherige jährliche AfA-Betrag von 2.600 Euro wird um 1/4 erhöht (2.600 Euro AfA * 1,25 = 3.250 Euro).*

		Buchwert	***nachträgliche HK***	***AfA***		***RND (J)***
a)	*01.01.1986*	*100.000*	*-*	*2%*	*2.000*	*50*
	31.12.2005	*60.000*	*-*			*30*
	01.01.2006	*60.000*	*70.000*	*2%*	*2.600*	*50*
	31.12.2015	*104.000*				*40*
	01.01.2016			*2,5%*	*3.250*	*32*

Ad b) *Bei einem AfA-Satz von 3% beträgt der Buchwert zum 31.12.2005 bei linearer Abschreibung von 3.000 Euro p.a. 40.000 Euro. Die Restnutzungsdauer zum 1.1.2006 beträgt 13,33 Jahre. Der Investitionsaufwand im Jänner 2006 in Höhe von 70.000 Euro, für den eine Nutzungsdauer von 33,33 Jahren angenommen wurde, übersteigt den Restbuchwert des Betriebsgebäudes. Da weiters die für die Zusatzinvestition angenommene Nutzungsdauer von 33,33 Jahren länger ist als die Restnutzungsdauer des Gebäudes, ist diese ebenfalls auf 33,33 Jahre zu verlängern (statt bisher 13,33 Jahre).*

Auf den neuen Restbuchwert in Höhe von 110.000 Euro (40.000 Euro RBW + 70.000 Euro HK = 110.000 Euro neuer RBW) ist ein AfA-Satz von 3% anzuwenden. Dies entspricht einem jährlichen AfA-Betrag in Höhe von 3.300 Euro (siehe dazu auch EStR 2000 Rz 3164 Beispiel 2).

Bei einem AfA-Satz von 3% beträgt der Buchwert zum 31.12.2015 bei linearer Abschreibung von 3.300 Euro p.a. 77.000 Euro. Die Restnutzungsdauer beträgt 23,33 Jahre. Mit 1. Jänner 2016 reduziert sich der AfA-Satz auf 2,5%, womit der jährliche AfA-Betrag (ausgehend vom zum 1.1.2006 ermittelten neuen Restbuchwert in Höhe von 110.000 Euro) 2.750 Euro beträgt. Dadurch verlängert sich die Restnutzungsdauer von 23,33 Jahren auf 28 Jahre (77.000 Euro RBW / 2.750 Euro AfA = 28 Jahre) (siehe dazu auch EStR 2000 Rz 3164 Beispiel 2).

*Vereinfachte Anpassungsmethode: Der bisherige jährliche AfA-Betrag von 3.300 Euro wird um 1/6 verringert (3.300 Euro AfA * 0,8334 = 2.750 Euro – gerundet).*

		Buchwert	***nachträgliche HK***	***AfA***		***RND (J)***
b)	*01.01.1986*	*100.000*	*-*	*3%*	*3.000*	*33,3*
	31.12.2005	*40.000*	*-*			*13,33*
	01.01.2006	*40.000*	*70.000*	*3%*	*3.300*	*33,3*
	31.12.2015	*77.000*				*23,33*
	01.01.2016			*2,5%*	*2.750*	*28*

1.1.5. Betriebliche Nutzung und Überlassung für Wohnzwecke

Ab dem Veranlagungsjahr 2016 gilt für betrieblich genutzte Betriebsgebäude ein einheitlicher Abschreibungssatz in Höhe von 2,5%. Davon abweichend beträgt der AfA-Satz für Betriebsgebäude, die für Wohnzwecke überlassen werden, (analog zur Regelung bei Vermietung und Verpachtung) 1,5%. Daher sind bei gemischt genutzten Gebäuden jene Gebäudeteile, die für Wohnzwecke überlassen werden, mit 1,5% und die restlichen Gebäudeteile mit 2,5% abzuschreiben (keine Überwiegensbetrachtung). Bei Dritten zur Nutzung überlassenen Gebäuden ist somit zu differenzieren, ob die Überlassung für Wohnzwecke (1,5% AfA-Satz) oder für andere Zwecke erfolgt (2,5% AfA-Satz).

Das Ausmaß der Gebäudenutzung für einen bestimmten Verwendungszweck ist grundsätzlich nach den jeweiligen Nutzflächen zu ermitteln (vgl. EStR 2000 Rz 3162 und Rz 558 ff). Dabei bleiben „neutrale" Gebäudeteile (zB Stiegenhäuser) außer Betracht. Das so ermittelte Verhältnis ist sodann auf das gesamte Gebäude anzuwenden.

Beispiel:

In einem Gebäude (gewillkürtes Betriebsvermögen) mit 10 (Wohn)Einheiten zu jeweils 100 m² (inklusive dazugehörigem Kellerabteil) werden 8 Einheiten als Wohnungen und 2 Einheiten als Ordinationen vermietet. Das Verhältnis der jeweiligen (unmittelbaren) Nutzungsüberlassungen beträgt 80% (Wohnraum) zu 20% (andere Zwecke). Das gesamte Gebäude unterliegt daher zu 80% dem AfA-Satz von 1,5% und zu 20% dem AfA-Satz von 2,5%.

Bis zu einer Bagatellgrenze im Ausmaß von 10% der Nutzfläche unterbleibt eine Differenzierung zwischen betrieblicher Nutzung und Überlassung zu Wohnzwecken. Die von einem Unternehmer in einem Betriebsgebäude für eigene Wohnzwecke genützten Räumlichkeiten bleiben bei Ermittlung der 10%-Grenze außer Ansatz.

Eine „Überlassung für Wohnzwecke" iSd § 8 Abs. 1 EStG 1988 liegt jedenfalls bei einer längerfristigen Überlassung von Wohnraum über einen Zeitraum von zumindest drei Monaten vor. Ein (Neben-)Gebäude, das für die Unterbringung betriebszugehöriger Arbeitnehmer zu Wohnzwecken eingesetzt wird, wird jedoch immer zu Wohnzwecken überlassen, unabhängig davon wie lange der einzelne Arbeitnehmer das Gebäude für Wohnzwecke nutzt, sodass der anzuwendende AfA-Satz in diesen Fällen stets 1,5% beträgt.

Gebäude oder Gebäudeteile, die im Rahmen einer gewerblichen Beherbergung überlassen werden (Hotels, Gaststätten, gewerbliche Appartementvermietung) dienen grundsätzlich einer kurzfristigen Beherbergung (vergleichsweise hohe Nutzungsfluktuation), womit in der Regel keine Überlassung für Wohnzwecke iSd § 8 Abs. 1 EStG 1988 vorliegt (vgl. EStR 2000 Rz 1401 zur „Gebäudeüberlassung für Wohnzwecke" im Rahmen des § 4 Abs. 7 EStG 1988). Ausnahmsweise kann aufgrund der tatsächlichen Nutzungsverhältnisse durch den Dritten eine Überlassung für Wohnzwecke vorliegen. Eine solche ist jedenfalls bei einer längerfristigen Überlassung von Wohnraum über einen Zeitraum von zumindest drei Monaten an betriebsfremde Personen (zB Vermietung eines Appartements) anzunehmen. Werden weiters – etwa im Rahmen eines Hotelbetriebes beschäftigten – Arbeitnehmern Räumlichkeiten zu ständigen Wohnzwecken überlassen („Burschenzimmer"), überwiegt das Verwendungselement des „Wohnzweckes", sodass der anzuwendende AfA-Satz in diesen Fällen 1,5% beträgt.

Gebäudeteile, die nicht als Garage oder Pkw-Abstellplatz dienen und nicht selbst unmittelbar für die Befriedigung eines Wohnbedürfnisses verwendbar sind (etwa Kellerabteile oder Lagerräume), sind für die Anwendung des § 8 Abs. 1 EStG 1988 nicht von der Wohnraumvermietung gesondert zu behandeln, wenn

- der betreffende Raum im selben Gebäude liegt, in dem sich auch der überlassene Wohnraum befindet und
- alle Flächen vom selben Vermieter im Rahmen der Wohnraumüberlassung oder ergänzend zu dieser vermietet werden.

Dementsprechend ist auch auf diese Gebäudeteile der AfA-Satz von 1,5% anzuwenden.

Die Vermietung bzw. Nutzungsüberlassung von Räumlichkeiten oder Plätzen für das Abstellen von Fahrzeugen (Garage oder Pkw-Abstellplatz) stellt hingegen dem Grunde nach keine Gebäudeüberlassung für Wohnzwecke dar. Daher unterliegt eine allenfalls mit einer Wohnung mitvermietete Garage nicht dem (einheitlichen) AfA-Satz von 1,5%. Hinsichtlich der Garage oder des PKW-Abstellplatzes ist daher stets der AfA-Satz von 2,5% anzuwenden.

Beispiele: Nutzungsart bei Kellerabteilen

a) *Ein Kellerabteil wird an einen Arzt vermietet, der im selben Gebäude / in einem anderen Gebäude seine Praxis unterhält.*

Die Vermietung stellt unabhängig davon, wo die Praxis gelegen ist, keine Vermietung zu Wohnzwecken dar. Der anzuwendende AfA-Satz beträgt daher 2,5%.

b) *Ein Kellerabteil wird an eine Person vermietet, die in einem benachbarten Gebäude eine Wohnung zu Wohnzwecken angemietet / die zugleich im selben Gebäude von einem anderen Vermieter eine Wohnung zu Wohnzwecken angemietet hat.*

Aufgrund der räumlichen Trennung / Personenverschiedenheit der Vermieter kommt eine einheitliche Beurteilung nicht in Betracht. Der anzuwendende AfA-Satz beträgt daher 2,5%.

c) *Zwei Kellerabteile werden an eine Person vermietet, die auch eine Wohnung zu Wohnzwecken im selben Gebäude angemietet hat.*

Die Vermietung ist einheitlich zu beurteilen. Der anzuwendende AfA-Satz beträgt daher 1,5%.

Bei unterjähriger Änderung der Nutzung, ist der AfA-Satz anzupassen, wobei eine Überwiegensbetrachtung (vergleichbar mit der Halbjahres-AfA gemäß § 7 Abs. 2 EStG 1988) zu erfolgen hat.

Beispiel: Unterjährige Änderung der Nutzung

d) *Zwei Kellerabteile werden an zwei Personen vermietet, die bisher auch jeweils eine Wohnung zu Wohnzwecken im selben Gebäude angemietet haben.*

Eine der beiden Personen nutzt ab August die Wohnung nun als Schneider, die andere Person nutzt ab April die Wohnung für die Tätigkeit als Unternehmensberater.

Die Vermietung steht bis August bzw. April unmittelbar im Zusammenhang mit einer zu Wohnzwecken vermieteten Wohneinheit. Ab

August bzw. April erfolgt die Nutzung der vermieteten Wohneinheiten für gewerbliche Zwecke bzw. für die Tätigkeit als Unternehmensberater, sodass ab diesem Zeitpunkt ein unmittelbarer Zusammenhang mit einer zu Wohnzwecken vermieteten Wohneinheit nicht mehr besteht.

Die Überwiegensbetrachtung (vergleichbar mit der Halbjahres-AfA gemäß § 7 Abs. 2 EStG 1988) stellt nunmehr darauf ab, ob im Jahr der Nutzungsänderung insgesamt die Vermietung unmittelbar im Zusammenhang mit einer zu Wohnzwecken vermieteten Wohneinheit jene ohne unmittelbaren Zusammenhang mit einer zu Wohnzwecken vermieteten Wohneinheit übersteigt (> 6 Monate). Bei Änderung der Nutzung ab August beträgt der anzuwendende AfA-Satz daher im Jahr der Nutzungsänderung 1,5% (> 6 Monate). Bei Änderung der Nutzung im April beträgt der anzuwendende AfA-Satz daher bereits im Jahr der Änderung 2,5% (< 6 Monate).

1.2. Aufteilung der Anschaffungskosten von bebauten Grundstücken im außerbetrieblichen Bereich

1.2.1. Allgemeines

Gemäß § 16 Abs. 1 Z 8 lit. d EStG 1988 sind bei Vermietungen ab dem 1.1.2016 von den Anschaffungskosten eines bebauten Grundstückes grundsätzlich 40% als Anteil des Grund und Bodens auszuscheiden (pauschales Aufteilungsverhältnis). Demnach entfallen 60% der Anschaffungskosten grundsätzlich auf das Gebäude und stellen damit die AfA-Bemessungsgrundlage dar. Die bisherige Verwaltungspraxis zur Frage der Ermittlung des Grundanteiles ist damit überholt (Annahme des Grund- und Bodenanteiles mit 20%; vgl. EStR 2000 Rz 6447 und Rz 6645 zur Herstellerbefreiung bei den Einkünften aus Grundstücksveräußerungen). Diese pauschale Aufteilungsregelung betrifft angeschaffte bebaute Grundstücke; bei einer Gebäudeerrichtung sind die Herstellungskosten des Gebäudes als AfA-Bemessungsgrundlage maßgebend, sodass sich die Frage einer Aufteilung von vornherein nicht stellt.

Das pauschale Aufteilungsverhältnis kommt allerdings nicht zur Anwendung, wenn das tatsächliche Aufteilungsverhältnis nachgewiesen wird (etwa durch ein Gutachten), oder wenn die tatsächlichen Verhältnisse offenkundig erheblich, dh. eindeutig ersichtlich, vom pauschalen Aufteilungsverhältnis abweichen (siehe dazu Punkt 1.2.2.).

Das (gesetzliche oder durch die GrundanteilV 2016 vorgegebene) pauschale Aufteilungsverhältnis kann auch bei der Ermittlung der Einkünfte aus privaten Grundstücksveräußerungen angewendet werden. Dies gilt auch für Grundstücke, die vor der Veräußerung nicht zur Erzielung von Einkünften aus Vermietung und Verpachtung genutzt worden sind. Diesfalls ist der pauschale Anteil des Grund und Bodens nach den Verhältnissen im Zeitpunkt der Veräußerung des Grundstückes zu ermitteln (zB für Zwecke der Herstellerbefreiung).

1.2.2. GrundanteilV 2016, BGBl. II Nr. 99/2016

Mit der GrundanteilV 2016 hat der Bundesminister für Finanzen zur Berücksichtigung unterschiedlicher örtlicher oder baulicher Verhältnisse den auszuscheidenden Anteil des Grund und Bodens pauschale festgelegt.

Danach beträgt der auf Grund und Boden entfallende Anteil der Anschaffungskosten:

- 20% in Gemeinden mit weniger als 100.000 Einwohnern, bei denen der durchschnittliche Quadratmeterpreis für baureifes Land weniger als 400 Euro beträgt;
- 30% in Gemeinden mit mindestens 100.000 Einwohnern und in Gemeinden, bei denen der durchschnittliche Quadratmeterpreis für baureifes Land mindestens 400 Euro beträgt, wenn das Gebäude mehr als 10 Wohn- oder Geschäftseinheiten umfasst;
- 40% in Gemeinden mit mindestens 100.000 Einwohnern und in Gemeinden, bei denen der durchschnittliche Quadratmeterpreis für baureifes Land mindestens 400 Euro beträgt, wenn das Gebäude bis zu 10 Wohn- oder Geschäftseinheiten umfasst.

Je angefangene 400 m² Nutzfläche ist dabei von einer eigenen Geschäftseinheit auszugehen.

Gemeinden mit mindestens 100.000 Einwohnern sind derzeit Wien, Graz, Linz, Salzburg, und Innsbruck. Für die Bestimmung der Anzahl der Einwohner ist das jeweils letzte Ergebnis einer Volkszählung heranzuziehen, das vor dem Beginn des Kalenderjahres veröffentlicht worden ist, in dem erstmalig eine Absetzung für Abnutzung angesetzt wird.

Der durchschnittliche Quadratmeterpreis für baureifes Land ist anhand eines geeigneten Immobilienpreisspiegels mit Abbildung auf Gemeindeebene glaubhaft zu machen, deren Veröffentlichung beispielsweise in Wirtschaftszeitschriften erfolgt. Dabei gelten als baureifes Land alle Grundstücke, meist unbebaute Grundstücke, die nach den öffentlich-rechtlichen Vorschriften baulich nutzbar sind. Erfasst sind vor allem Grundstücke bzw. Grundstücksteile, die von der Gemeinde zur Bebauung vorgesehen sind, deren Erschließungsgrad die sofortige Bebauung gestattet, sofern die baurechtlichen Kriterien für eine Bebauung erfüllt sind.

StRefG 15/16

Für zum Zeitpunkt des Inkrafttretens der Verordnung bereits vermietete Grundstücke ist auf die relevanten Verhältnisse zum 1. Jänner 2016 abzustellen (Anzahl der Einwohner, durchschnittlicher Quadratmeterpreis für baureifes Land und Anzahl der Wohn- oder Geschäftseinheiten).

Der Anteil des Grund und Bodens ist nicht nach der GrundanteilV 2016 pauschal auszuscheiden,

- wenn die tatsächlichen Verhältnisse offenkundig erheblich davon abweichen (entsprechend der Bestimmung des § 16 Abs. 1 Z 8 lit. d EStG 1988), oder

- wenn er nachgewiesen wird.

Für das Vorliegen einer erheblichen Abweichung ist vor allem auf die Größe und den Zustand des Gebäudes im Verhältnis zur Grundfläche abzustellen. Eine erhebliche Abweichung könnte beispielsweise bei einem kleinen, nur für die Wochenendnutzung bestimmten („Garten-")Haus gegeben sein, das auf einer großen („Garten-" bzw.) Grundfläche in guter Lage steht, oder bei einem Gebäude in einem – trotz vorhandener „Vermietbarkeit" – sehr schlechten technischen Zustand.

Eine erhebliche Abweichung ist dann gegeben, wenn der tatsächliche Grundanteil vom gesetzlich oder durch die GrundanteilV 2016 vorgegebenen Grundanteil um zumindest 50% abweicht. Das bedeutet zB anstatt 40% (Grund und Boden) / 60% (Gebäude) ein Verhältnis von mindestens 60% (Grund und Boden)/ 40% (Gebäude). Wird vom Steuerpflichtigen der Anteil des Grund und Bodens nur deshalb nachgewiesen, um darzulegen, dass keine erhebliche Abweichung gegeben ist, gilt dies nicht als Nachweis im Sinne des § 3 Abs. 1 erster Satz GrundanteilV 2016, womit der auszuscheidende Anteil des Grund und Bodens weiterhin nach § 2 GrundanteilV 2016 pauschal ermittelt werden kann.

Der Nachweis kann beispielsweise durch ein Gutachten eines Sachverständigen erbracht werden. Das Gutachten unterliegt der freien Beweiswürdigung der Behörde. Weiters können die Anteile des Grund und Bodens und des Gebäudes entsprechend dem Verhältnis von Grundwert zum Gebäudewert gemäß § 2 Abs. 2 und 3 der Grundstückswertverordnung (GrWV), BGBl. II Nr. 442/2015, glaubhaft gemacht werden.

1.2.3. Anpassung des Aufteilungsverhältnisses bei bereits vermieteten Gebäuden ab 2016

Das pauschale Aufteilungsverhältnis gemäß § 16 Abs. 1 Z 8 lit. d EStG 1988 kommt auch auf bereits vermietete Gebäude zur Anwendung, sofern bisher kein Nachweis über ein anderes Aufteilungsverhältnis erbracht worden ist. Wurde bereits in der Vergangenheit das Aufteilungsverhältnis nachgewiesen, erfolgt daher keine Anpassung (vgl. § 124b Z 284 EStG 1988). Als Nachweis dienen vor allem erbrachte Gutachten, wobei grundsätzlich auch durch einen Rechtsvorgänger (bei unentgeltlichem Erwerb) erbrachte Gutachten geeignet sind.

War die Frage des Wertverhältnisses von Grund und Boden und Gebäude für den Steuerpflichtigen erkennbar Gegenstand von Überprüfungsmaßnahmen durch das Finanzamt, ist jenes Aufteilungsverhältnis als nachgewiesen anzusehen, das sich als Ergebnis der Überprüfung der tatsächlichen Verhältnisse ergeben hat. Das gilt gleichermaßen für Prüfungen im Innen- wie im Außendienst. Voraussetzung ist allerdings stets, dass das Aufteilungsverhältnis konkret Gegenstand der abgabenbehördlichen Prüfungsmaßnahmen war. War zB die AfA-Bemessungsgrundlage und damit auch die Wertaufteilung im Rahmen einer Außenprüfung nicht Prüfungsgegenstand, liegt ein Nachweis nicht vor. Gleiches gilt, wenn das Finanzamt die geltend gemachte AfA aus der Steuererklärung übernommen hat, ohne diesbezüglich eine für den Steuerpflichtigen erkennbaren Überprüfung der tatsächlichen Verhältnisse hinsichtlich der AfA-Bemessungsgrundlage vorgenommen zu haben.

Bei bisher bereits erfolgtem pauschalen Ansatz des Gebäudeanteiles mit beispielsweise 80% der Anschaffungskosten des bebauten Grundstückes (vgl. EStR 2000 Rz 6447), ist ab 2016 die AfA dem neuen gesetzlichen Aufteilungsverhältnis entsprechend zu reduzieren, es sei denn, die Richtigkeit des bestehenden Aufteilungsverhältnisses wird nachgewiesen oder ergibt sich aus der Verordnung.

Beträgt das bisherige Aufteilungsverhältnis 80%/20%, ist bei einer Anpassung auf das gesetzliche Aufteilungsverhältnis (60%/40%) die AfA um 25% (1/4) zu reduzieren; der Gebäudewert ist um 25% abzustocken und der entsprechende Wert dem Grund und Boden zuzuschlagen. Bei einer „Überführung" des Aufteilungsverhältnisses auf zB 70%/30% ist die AfA um 12,5% (1/8) zu reduzieren; der Gebäudewert ist um 12,5% abzustocken und der entsprechende Wert dem Grund und Boden zuzuschlagen.

Beispiel: „Überführung" Aufteilungsverhältnis

Im Jahr 2006 wurde ein bebautes Grundstück mit den Anschaffungskosten von 1.000.000 Euro erworben. 80% wurden dem Gebäude (800.000 Euro) und 20% dem Grund und Boden (200.000 Euro) zugeordnet. Für das Gebäude wurde bis 2016 eine AfA von 12.000 Euro geltend gemacht (1,5% von 800.000 Euro). Der Restbuchwert des Gebäudes beträgt daher zum 31. 12. 2015 680.000 Euro (= 800.000 Euro – [12.000 Euro x 10 Jahre]).

Ab 2016 ändert sich ohne Nachweis eines abweichenden Verhältnisses das Aufteilungsverhältnis von Gebäude zu Grund und Boden von 80:20 (bisherige Verwaltungspraxis) zu 60:40 (nach GrundanteilV 2016). Die Bemessungsgrundlage für die AfA sind daher 600.000 Euro. Die AfA beträgt daher 9.000 Euro p.a..

Vom Restbuchwert des Gebäudes (fortgeschriebene Anschaffungskosten) zum 31.12.2015 in Höhe von 680.000 Euro sind zum 1.1.2016 25% den Anschaffungskosten des Grund und Bodens zuzuschlagen. Auf Grund und Boden entfallen Anschaffungskosten in Höhe von 370.000 Euro (200.000 Euro + 25% von 680.000 Euro). Die fortgeschriebenen Anschaffungskosten des Gebäudes betragen daher 510.000 Euro (680.000 Euro – 25% von 680.000 Euro) und reduzieren sich um die jährliche AfA von 9.000 Euro.

In jenen Fällen, in denen nur der laufende AfA-Betrag bekannt ist, nicht jedoch das zugrundeliegende Aufteilungsverhältnis, kann davon ausgegangen werden, dass der AfA-Bemessung historisch das Aufteilungsverhältnis von 80% zu 20% entsprechend der Verwaltungspraxis zu Grunde gelegt wurde, sodass grundsätzlich eine Anpassung erforderlich ist, sofern sich aus der Grundanteil-VO nichts anderes ergibt.

Wurde in der Vergangenheit nach § 16 Abs. 1 Z 8 lit. b EStG 1988 der Einheitswert (anstatt der Anschaffungskosten) als Bemessungsgrundlage für die AfA herangezogen, ist die bisherige AfA fortzuführen.

Sind in Fällen, in denen in der Vergangenheit der Gebäudeanteil pauschal angesetzt wurde (mit beispielsweise 80% der Anschaffungskosten des bebauten Grundstückes), nachträgliche Herstellungsaufwendungen angefallen, sind diese Aufwendungen bei der „Überführung" des Aufteilungsverhältnisses mangels Grundanteils auszuscheiden (soweit sie noch nicht abgeschrieben sind; fortgeschriebene „Herstellungskosten"). Dieser Anteil der fortgeschriebenen Anschaffungskosten, der auf die nachträglichen Herstellungsaufwendungen entfällt, ist unverändert mit dem bisherigen AfA-Satz abzuschreiben. Damit kann aufgrund der „Überführung" des Aufteilungsverhältnisses ein AfA-Mischsatz gebildet werden.

1.2.4. Auswirkungen des geänderten Aufteilungsverhältnisses auf die Liebhaberei

Wird ab dem Veranlagungsjahr 2016 das Aufteilungsverhältnis von Grund und Boden zum Gebäude aufgrund der Bestimmung des § 16 Abs. 1 Z 8 lit. d EStG 1988 angepasst, ändert sich in der Folge der jährliche AfA-Betrag. Somit würde es zu einer Änderung der in einer Prognoserechnung bzw. Kriterienprüfung im Sinne des § 2 Abs. 1 LVO enthaltenen Werte kommen. Tritt bei Betätigungen nach § 1 Abs. 2 LVO eine Änderung der Bewirtschaftungsart oder der Tätigkeit im Sinne des § 2 Abs. 4 LVO ein, ist anhand der geänderten Verhältnisse neuerlich zu beurteilen, ob für den neuen Zeitraum Liebhaberei vorliegt (vgl. LRL 2012 Rz 93 ff). Als Änderung der Bewirtschaftung gilt dabei nur eine grundlegende Änderung des wirtschaftlichen Engagements, nicht jedoch die bloße Änderung des AfA-Betrages. Eine Anpassung bereits „laufender" Prognoserechnungen hat daher nicht zu erfolgen.

1.3. Instandsetzungs-und Instandhaltungsaufwendungen

Die Verteilungszeiträume von Instandsetzungsaufwendungen für zum Anlagevermögen gehörende Gebäude, die Dritten zu Wohnzwecken entgeltlich überlassen werden nach § 4 Abs. 7 EStG 1988 (vgl. EStR 2000 Rz 1398 ff) sowie von Instandhaltungsaufwendungen (wahlweise) und von Instandsetzungsaufwendungen bei Gebäuden, die Wohnzwecken dienen nach § 28 Abs. 2 EStG 1988 (vgl. EStR 2000 Rz 6460 ff), werden ab dem Jahr 2016 von 10 Jahren auf 15 Jahre verlängert. Davon ausgenommen sind wie bisher Gebäude, die betriebszugehörigen Arbeitnehmern für Wohnzwecke überlassen werden. Die Änderung soll der Gleichstellung des betrieblichen Bereiches und des Bereiches der Vermietung und Verpachtung dienen. Dabei gilt die Verlängerung auf 15 Jahre auch für bereits laufende Zehntelabsetzungen für Instandsetzungsaufwendungen. Wurde in der Vergangenheit freiwillig mit einer Zehntelabsetzung nach § 28 Abs. 2 EStG 1988 begonnen, laufen diese unverändert weiter (§ 124b Z 291 EStG 1988). Dies gilt auch für freiwillig auf zehn Jahre verteilte Instandsetzungsaufwendungen, die andere als Wohngebäude betreffen; werden solche Instandsetzungen ab dem 1.1.2016 getätigt, können sie abweichend von der bisherigen Verwaltungspraxis nur noch auf 15 Jahre verteilt werden (vgl. EStR 2000 Rz 6457).

2. Änderungen betreffend die Besteuerung von Grundstücksveräußerungen

2.1. Inflationsabschlag

Bei Veräußerungen von Grund und Boden des Anlagevermögens sowie des Privatvermögens ab dem 1. Jänner 2016 (bzw. in Wirtschaftsjahren, die nach dem 31.12.2015 enden) darf kein Inflationsabschlag berücksichtigt werden.

2.2. Steuersatz

2.2.1. Allgemeines

Der besondere Steuersatz für Einkünfte aus Grundstücksveräußerungen wird für nach dem 31. Dezember 2015 abgeschlossene Veräußerungsgeschäfte von 25% auf 30% angehoben. Steuerpflichtige mit einem abweichenden Wirtschaftsjahr haben bei Veräußerungen von Grundstücken im Betriebsvermögen vor dem 1. Jänner 2016 noch § 30a Abs. 1 EStG 1988 in der Fassung vor dem StRefG 2015/2016 anzuwenden.

2.2.2. Abzugsverbot gemäß § 20 Abs. 2 EStG 1988

Neben der Veranlagung von Einkünften aus Grundstücksveräußerungen zum besonderen Steuersatz von 30% ist weiterhin die Ausübung der Regelbesteuerungsoption gemäß § 30a Abs. 2 EStG 1988 möglich, wodurch eine Veranlagung zum progressiven Tarif erfolgt. Dabei wird für Grundstücksveräußerungen nach dem 31. Dezember 2015 der Abzug von Betriebsausgaben oder Werbungskosten bei Ausübung der Regelbesteuerungsoption nicht durch § 20 Abs. 2 EStG 1988 ausgeschlossen. Das Abzugsverbot gelangt in diesen Fällen nur mehr dann zur Anwendung, wenn der besondere Steuersatz des § 30a Abs. 1 EStG 1988 tatsächlich angewendet wird.

StRefG 15/16

Eine Änderung des für Körperschaften im Sinne des § 1 Abs. 1 KStG 1988 in § 12 Abs. 2 KStG 1988 normierten Abzugsverbotes betreffend „Einkünfte aus Grundstücksveräußerungen" ist durch das StRefG 2015/2016 nicht erfolgt. Eine wie in § 20 Abs. 2 EStG 1988 gleichgeschaltete Abzugsmöglichkeit für Körperschaften bei Ausübung der Regelbesteuerungsoption (Anwendung des lediglich 25%igen Körperschaftsteuersatzes) kommt wie bisher nicht in Betracht, weil das Abzugsverbot generell bei privaten und betrieblichen Grundstücksveräußerungen zur Anwendung kommt und nicht an den Steuersatz geknüpft ist (ausgenommen bei § 7 Abs. 3 KStG 1988-Körperschaften).

2.2.3. Änderungen in der Veranlagung betreffend Körperschaften im Sinne des § 1 Abs. 1 KStG 1988

Einkünfte aus Grundstücksveräußerungen unterliegen bei Körperschaften 25% Körperschaftsteuer. Aus Vereinfachungsgründen soll es für Parteienvertreter daher ermöglicht werden, gemäß § 30b Abs. 1a EStG 1988 eine Steuer in Höhe von 25% (an Stelle des besonderen Steuersatzes in Höhe von 30%) zu entrichten. Sollte dennoch die Steuer in Höhe von 30% einbehalten worden sein, besteht für nicht unter § 7 Abs. 3 KStG 1988 fallende Körperschaften die Möglichkeit gemäß § 30a Abs. 2 EStG 1988 eine Veranlagung der steuerabzugspflichtigen Einkünfte aus Grundstücksveräußerungen zum Körperschaftsteuertarif zu erwirken. Wird von einer Körperschaft im Sinne des § 1 Abs. 1 KStG 1988 eine besondere Vorauszahlung entrichtet, hat dies in Höhe von 25% zu erfolgen.

2.3. Verlustausgleich

Im betrieblichen Bereich sind Abschreibungen auf den niedrigeren Teilwert und Verluste aus der Veräußerung von Grundstücken im Sinne des § 30 Abs. 1 EStG 1988 wie bisher vorrangig mit positiven Einkünften aus der Veräußerung oder Zuschreibung solcher Grundstücke desselben Betriebes zu verrechnen. Ein verbleibender negativer Überhang darf jedoch ab 1.1.2016 zu 60% (statt 50%) ausgeglichen werden.

Im außerbetrieblichen Bereich können bei Grundstücksveräußerungen nach dem 31. Dezember 2015 60% der Verluste aus privaten Grundstücksveräußerungen entweder über 15 Jahre verteilt mit Überschüssen aus Vermietung und Verpachtung ausgeglichen oder auf Antrag im Jahr der Verlustentstehung zur Gänze mit Einkünften aus Vermietung und Verpachtung ausgeglichen werden. Der Verlust hat dabei nachgewiesen zu werden; nicht erforderlich ist hingegen eine vorangegangene Feststellung des Verlustes in einem abgabenbehördlichen Verfahren. 15-tel-Beträge, die mangels Einkünften aus Vermietung und Verpachtung nicht ausgeglichen werden können, sind nicht vortragsfähig und gehen unter. Offene 15-tel-Beträge gehen nicht auf einen Rechtsnachfolger über.

3. Sonstige Änderungen durch das StRefG 2015/2016

3.1. Änderungen betreffend die Kapitalertragsteuer

3.1.1. Inkrafttreten

Die Höhe des besonderen Steuersatzes für Kapitalerträge wird ab dem 1. Jänner 2016 von 25% auf 27,5% angehoben. Mit einem besonderen Steuersatz in Höhe von 25% werden weiterhin Einkünfte aus Geldeinlagen und nicht verbrieften sonstigen Forderungen bei Kreditinstituten besteuert, wenn es sich nicht um Ausgleichszahlungen und Leihgebühren gemäß § 27 Abs. 5 Z 4 EStG 1988 handelt. Dabei ist hinsichtlich des Inkrafttretens nach Art der Gewinn- bzw. Einkünfteermittlung zu differenzieren:

3.1.1.1. Zufluss-/Abflussprinzip

Der neue besondere Steuersatz kommt erstmals für Zuflüsse ab dem 1. Jänner 2016 zum Tragen. Eine Abgrenzung der Einkünfte hinsichtlich ihres wirtschaftlichen Entstehungszeitpunktes ist nicht vorzunehmen.

Allerdings bestehen keine Bedenken, auch bei Veräußerungen und sonstigen Realisierungen von Wirtschaftsgütern und Derivaten iSd § 27 Abs. 3 und 4 EStG 1988 vor dem 1. Jänner 2016, ungeachtet des tatsächlichen Zuflusses der Einkünfte nach dem 31. Dezember 2015, noch den besonderen Steuersatz in Höhe von 25% anzuwenden.

3.1.1.2. Betriebsvermögensvergleich bei Regelwirtschaftsjahr

Erstmalig ist der neue besondere Steuersatz für die Veranlagung 2016 anzuwenden. Aus den Grundsätzen der Bilanzierung entstehende Abgrenzungen der Einkünfte nach deren wirtschaftlichem Entstehungszeitpunkt sind – trotz fehlendem Zufluss – im Rahmen des Betriebsvermögensvergleichs beachtlich.

3.1.1.3. Betriebsvermögensvergleich bei abweichendem Wirtschaftsjahr

Grundsätzlich entsteht der Abgabenanspruch für das Wirtschaftsjahr 2015/2016 mit Ablauf des Kalenderjahres 2016, weshalb der neue besondere Steuersatz iHv 27,5% zur Anwendung gelangt. Ausgenommen davon sind jedoch gemäß § 124b Z 281 letzter Satz EStG 1988 Einkünfte aus der Veräußerung oder sonstigen Realisierung von Wirtschaftsgütern und Derivaten vor dem 1. Jänner 2016. Unter sonstiger Realisierung sind die in den Grundtatbeständen genannten Realisierungsarten zu verstehen. Sofern die Steuererhebung mittels Kapitalertragsteuerabzug erfolgt, entsteht der Abgabenanspruch zu diesem Zeitpunkt, weshalb vor dem 1. Jänner 2016 ebenfalls der Sondersteuersatz in Höhe von 25% zur Anwendung gelangt.

3.1.2. Erfassung von Altvermögen

Mit dem AbgÄG 2015 werden nun auch Kapitalerträge aus vor dem 1. April 2012 erworbenen Forderungswertpapieren im Sinne des § 93 Abs. 3 Z 1 bis 3 EStG 1988 idF vor dem BudBG 2011, BGBl. I Nr. 111/2010, mit einem Kapitalertragsteuerabzug bzw. einem besonderen Steuersatz iSd § 37 Abs. 8 EStG 1988 iVm § 124b Z 185 lit. c EStG 1988 (idF AbgÄG 2015, BGBl. I Nr. 163/2015) in Höhe von 27,5% besteuert. Diese Änderung tritt ebenso wie die Änderungen des StRefG 2015/2016 am 1. Jänner 2016 in Kraft, weshalb die unter Punkt 3.1.1. getroffenen Aussagen zum Inkrafttreten ebenfalls zur Anwendung gelangen.

3.1.3. Kapitalertragsteuer (KESt)

Für die Abzugsverpflichteten der KESt richtet sich die Frage, welcher KESt-Satz anzuwenden ist, nach den in § 95 Abs. 3 EStG 1988 definierten Zuflusszeitpunkten (§ 4 Abs. 2 lit. a Z 3 BAO). Daraus ergibt sich folgende Unterscheidung:

- Für Kapitalerträge, deren Ausschüttung von einer Körperschaft oder deren Zuwendung durch eine nicht unter § 5 Z 3 KStG 1988 fallende Privatstiftung beschlossen wird (insb. **Dividenden**), ist der Zuflusszeitpunkt in § 95 Abs. 3 Z 1 EStG 1988 geregelt: Der Zufluss findet an jenem Tag statt, der im Beschluss als Tag der Auszahlung bestimmt ist und wenn ein solcher nicht bestimmt wird am Tag nach der Beschlussfassung. Dieser Tag ist daher für die Anwendung des Steuersatzes relevant.
- Für **Zinserträge aus Geldeinlagen** bei Kreditinstituten (insb. Sparbuchzinsen) oder für **andere Bezüge im Sinne des** § 27 Abs. 2 Z 1 lit. a EStG 1988 ist der Zufluss nach § 19 EStG 1988 und damit der Zeitpunkt der Gutschrift (VwGH 9.3.1982, 82/14/0011) relevant, wobei die Zinserträge aus Geldeinlagen ohnehin nicht von der Erhöhung des KESt-Satzes betroffen sind.
- Bei **allen anderen Erträgen aus der Überlassung von Kapital** ist gemäß § 95 Abs. 3 Z 2 zweiter Teilstrich EStG 1988 der Fälligkeitszeitpunkt relevant.
- Bei **Einkünften aus realisierten Wertsteigerungen und Derivaten** ist der Zeitpunkt der Veräußerung oder sonstiger Realisierung (Einlösung und sonstige Abwicklung von Wirtschaftsgütern sowie die sonstige Abwicklung von Derivaten) maßgebend, wobei auf den Schlusstag abzustellen ist.
- Für ausschüttungsgleiche Erträge aus Investmentfonds sind die gesetzlich vorgesehenen Zuflusstermine gemäß § 186 Abs. 2 Z 1 lit. a InvFG 2011 beachtlich:
  - bei Auszahlung der Kapitalertragsteuer (§ 58 Abs. 2 InvFG 2011) am **Auszahlungstag**;
  - ansonsten zum Zeitpunkt der Veröffentlichung der für die ertragsteuerliche Behandlung relevanten Daten durch die Meldestelle auf Grund einer fristgerechten **Meldung**;
- in allen anderen Fällen am 31. Dezember eines jeden Jahres.

2/14.

Verwaltungs- und technisches Personal ausländischer diplomatischer und berufskonsularischer Vertretungen in Österreich

(Info des BMF vom 01.08.2016, BMF-010221/0421-VI/8/2016)

Die bestehende Rechtsansicht des Bundesministeriums für Finanzen betreffend die steuerliche Behandlung von administrativem und technischem Personal ausländischer diplomatischer und berufskonsularischer Vertretungen in Österreich wird im Folgenden zusammengefasst dargestellt.

Mitglieder des administrativen und technischen Personals der in Österreich errichteten Botschaften, Berufskonsulate und ständigen Vertretungen bei internationalen Organisationen (ausgewiesen durch einen blauen Lichtbildausweis des Bundesministeriums für auswärtige Angelegenheiten – „blaue Legitimationskarte“) und die zu ihrem Haushalt gehörenden Familienmitglieder sind gemäß Art. 37 Abs. 2 der Wiener Diplomatenkonvention (ggf. iVm Art. XI Abschn. 32 lit. a UNO-Amtssitzabkommen, § 4 BG über die Rechtsstellung von Einrichtungen der OSZE in Österreich usw.) und Art. 49 Abs. 1 der Wiener Konsularkonvention grundsätzlich in gleichem Umfang wie Diplomaten von der Einkommensteuer befreit (EStR 2000 Rz 316, EAS 240). Diese Befreiung gilt jedoch gemäß Art. 37 Abs. 2 der Wiener Diplomatenkonvention und Art. 71 Abs. 2 der Wiener Konsularkonvention – selbst bei Vorliegen der blauen Legitimationskarte – nicht für Personen, welche die österreichische Staatsbürgerschaft besitzen oder in Österreich ständig ansässig sind (vgl. EStR 2000 Rz 316).

Fallen Mitglieder des administrativen und technischen Personals ausländischer Vertretungsbehörden in Österreich auf Grund der österreichischen Staatsbürgerschaft oder der Ansässigkeit in Österreich nicht unter eine derartige Befreiung, ist eine allfällige DBA-rechtliche Begünstigung zu prüfen (vgl. LStR 2002 Rz 137a).

Das Bundesministerium für Finanzen vertritt die Auffassung, dass in Österreich errichtete ausländische diplomatische und berufskonsularische Vertretungsbehörden bei Erfüllung der zu ihrem Aufgabenbereich zählenden Tätigkeiten in Ausübung öffentlicher Funktionen im Sinn der jeweils anzuwendenden Doppelbesteuerungsabkommen tätig sind; da diese Tätigkeit durch die Gesamtheit der zum Personalstand der Vertretungsbehörde zählenden Mitarbeiter erbracht wird, wird die Qualifikation „Ausübung öffentlicher Funktionen“ auf alle Dienstnehmer der Vertretungsbehörde zutreffen. Die Staatsbürgerschaft und die „Sur-Place“-Eigenschaft (inländische Ansässigkeit vor Eingehen des Dienstverhältnisses) sind bei jenen Abkommen von Bedeutung, die für diesen Personenkreis den sog. „Ortskräftevorbehalt“ vorsehen (EAS 291). Ein Ortskräftevorbehalt (Art. 19 Abs. 1 lit. b OECD-Musterabkommen) bedingt, dass das Besteuerungsrecht abweichend von der „Kassenstaatsregel“ (Art. 19 Abs. 1 lit. a OECD-Musterabkommen) dem Ansässigkeitsstaat zugeteilt wird.

Eine eventuelle österreichische Steuer kann dann im Hinblick auf den diplomatischen Status des Arbeitgebers nicht im Lohnsteuerabzugsweg erhoben werden, sodass die steuerliche Erfassung im Wege der Veranlagung durch das für den Arbeitnehmer zuständige Wohnsitzfinanzamt zu erfolgen hat. Bei Abgabe der Steuererklärung wird darauf zu achten sein, dass eine seitens der Botschaft ausgestellte Bestätigung über die Höhe der im Veranlagungsjahr dem Dienstnehmer tatsächlich zugeflossenen Einnahmen beigelegt wird. Sämtliche vom Dienstnehmer aus seinen Bezügen zu tragenden Sozialversicherungspflichtbeiträge (Arbeitnehmer- und Arbeitgeberbeiträge) stellen für diesen abzugsfähige Werbungskosten dar (LStR 2002 Rz 137a, EAS 185).

Die Doppelbesteuerungsabkommen sehen zwar üblicherweise in Übereinstimmung mit dem OECD-Musterabkommen vom 15.07.2014 einen Ortskräftevorhalt vor. Einzelne Abkommen (zB Ägypten, Brasilien, Luxemburg, Portugal, Ungarn) beinhalten jedoch davon abweichend keinen Ortskräftevorbehalt. Zudem sind im Hinblick auf die Verschiebung von Besteuerungsrechten allfällige Abkommensrevisionen (zB Russland ab 2003, Türkei ab 2010) zu beachten.

2/15.

Rechtsfragen in Zusammenhang mit der Registrierkassenprämie

(Info des BMF vom 03.08.2016, BMF-010203/0225-VI/6/2016)

Mit der gegenständlichen Information wird zu bisher aufgetretene Fragestellungen iZm der Regelung des § 124b Z 296 EStG 1988 Stellung (Registrierkassenprämie) genommen.

1. Allgemeines

Wer im Zeitraum zwischen dem 1. März 2015 und 31. März 2017 ein System zur elektronischen Aufzeichnung der Barumsätze iSd § 131b BAO anschafft oder eine Umrüstung eines schon bestehenden Systems vornimmt, kann gemäß § 124b Z 296 EStG 1988 eine Sofortabschreibung der Anschaffungs- oder Umrüstungskosten und eine Prämie in Anspruch nehmen.

Die Sofortabschreibung betrifft die Kosten für die Anschaffung eines elektronischen Aufzeichnungssystems oder die Kosten für die Umrüstung eines schon bestehenden Systems. Sie umfasst sämtliche dafür anfallenden Kosten ohne betragliche Begrenzung.

Für die Prämie gilt Folgendes:

- Die Prämie steht bei Anschaffung eines neuen oder Umrüstung eines schon bestehenden Aufzeichnungssystems zu.
- Sie bezieht sich auf jede einzelne Erfassungseinheit (Registrierkasse, Eingabestation eines Kassensystems), der eine Signaturerstellungseinheit im Sinne des § 131b Abs. 2 BAO (direkt in Bezug auf eine Registrierkasse oder indirekt in Bezug auf eine Eingabestation eines Kassensystems) zugeordnet wird.
- Die Prämie beträgt 200 Euro pro Erfassungseinheit. Abweichend davon beträgt die Prämie im Falle eines elektronischen Kassensystems, das über mehrere Eingabestationen verfügt, zumindest 200 Euro pro Kassensystem, maximal aber 30 Euro pro Eingabestation. Dies bedeutet, dass bei einem Kassensystem mit bis zu sechs Eingabestationen jedenfalls eine Prämie von 200 Euro geltend gemacht werden kann. Ab sieben Eingabestationen bemisst sich die Prämie für das Kassensystem nach der Zahl der Eingabestationen (zB 7 Eingabestationen x 30 Euro = 210 Euro Prämie).

Beispiel:

Der Unternehmer A schafft für die Betriebsstätte X ein Kassensystem mit 6 Eingabestationen an. Für die Betriebsstätte Y schafft A zwei Registrierkassen an.

Der Prämie knüpft an die jeweilige Erfassungseinheit an, der eine Signaturerstellungseinheit zugeordnet ist. Im gegebenen Fall bestehen 3 solche Einheiten, zwei für die Registrierkassen in der Betriebsstätte Y und eine für das Kassensystem in der Betriebsstätte X. Die Prämie beträgt 600 Euro (400 Euro für die Registrier-

kassen und 200 Euro für das Kassensystem). Würde das Kassensystem 8 Eingabestationen umfassen, würde die Prämie 640 Euro betragen (je 200 Euro für die Registrierkasse und 240 Euro [8 x 30 Euro] für das Kassensystem).

- Prämienbegünstigt ist auch ein geschlossenes Gesamtsystem, dessen Manipulationssicherheit durch einen Feststellungsbescheid gemäß § 131b Abs. 4 BAO bestätigt wurde. Einem derartigen elektronischen Kassensystem ist technisch zwar keine Signaturerstellungseinheit zugeordnet, es ist aber in Bezug auf die Manipulationssicherheit einem System mit Signaturerstellungseinheit gleichwertig, sodass die Gleichbehandlung sachlich geboten ist. Die Prämie für das Gesamtsystem bemisst sich stets nach der Zahl der Eingabestationen.
- Die Prämie ist mit dem Formular E 108c in einer Gesamtsumme für alle Anschaffungen und/oder Umrüstungen des jeweils betroffenen Jahres (2015, 2016 oder 2017) zu beantragen. Dieses Formular stellt als Erklärungsbeilage einen Teil der Abgabenerklärung dar. Dementsprechend kann die Prämie, die in der Steuererklärung zu beantragen ist, mit dem Formular E 108c bereits zu einem Zeitpunkt geltend gemacht und dem Abgabenkonto gutgeschrieben werden, zu dem die Haupterklärung (noch) nicht eingebracht ist.
- Eine doppelte Berücksichtigung für Erfassungseinheiten, für deren Anschaffung eine Prämie beansprucht wurde, ist im Fall einer nachträglichen Umrüstung ausgeschlossen.
- Der Prämienanspruch ist an die Verpflichtungen gemäß § 131b BAO geknüpft. Da diese auch körperschaftsteuerfreie Betriebe betreffen kann, steht auch in diesen Fällen eine Prämie zu (§ 24 Abs. 6 KStG 1988). Die Antragstellung hat in diesem Fall unter Verwendung des Formulars E 108c bei dem Finanzamt zu erfolgen, das für die Erhebung der Körperschaftsteuer zuständig wäre.
- Die Prämie ist steuerfrei und führt zu keiner steuerlichen Aufwandskürzung.

2. Anschaffung

Die Prämie steht im Fall einer Anschaffung unabhängig von der Höhe der Anschaffungskosten zu. Auch die Anschaffung einer Teilkomponente eines elektronischen Aufzeichnungssystems begründet den Anspruch auf eine Prämie. Dementsprechend steht die Prämie zB bei Anschaffung einer App für ein schon vorhandenes Smartphone oder einen schon vorhandenen Laptop zur Nutzung einer "Registrierkassenfunktion" oder die Anschaffung eines Kartenlesegerätes oder eines Belegdruckers zu. Steht die Prämie nicht bereits auf Grund einer Umrüstung zu, begründet auch der entgeltliche Erwerb einer Signaturerstellungseinheit iSd § 15 Registrierkassensicherheitsverordnung (RKSV, BGBl. II Nr. 410/2015) die Prämie. Dies gilt auch dann, wenn die Signaturerstellungseinheit nicht unmittelbar vom Steuerpflichtigen selbst angeschafft wird, sondern von einem anderen Unternehmer besorgt und die Kosten dafür in Rechnung gestellt werden.

Beispiel:

1. A erwirbt am 1.5.2016 eine Signaturerstellungseinheit und bezahlt dafür 9 Euro. Die Datensicherung wird vom Unternehmen X betrieben, wofür A diesem Unternehmen ein Entgelt bezahlt. Die Prämie steht zu.

2. B schließt mit dem Unternehmen Y einen Vertrag ab, wonach die gesamte Datensicherung von diesem Unternehmen gegen Entgelt betrieben wird. Der Vertrag umfasst auch die Beschaffung der Signaturerstellungseinheit durch Y im Namen und auf Rechnung von B. Die Prämie steht zu.

Da nur eine Anschaffung „für den Einsatz im eigenen Betrieb" einen Prämienanspruch begründet, muss das angeschaffte Wirtschaftsgut auch tatsächlich im Betrieb zum Einsatz kommen bzw. zum Einsatz im Betrieb bestimmt sein. Registrierkassen, die ohne sinnvolle Eigenfunktion im Betrieb und ohne Eigennutzung zum Zweck der Weiterveräußerung angeschafft wurden, sind jedenfalls nicht begünstigt.

In zeitlicher Hinsicht ist für die Prämie der Anschaffungszeitpunkt, dh. der Zeitpunkt der Erlangung der wirtschaftlichen Verfügungsmacht maßgebend.

3. Umrüstung

Unter „Umrüstung" ist eine mit Kosten verbundene Maßnahme zu verstehen, die ein schon vorhandenes elektronisches System so verändert, dass es die gesetzlichen Anforderungen erfüllt. Der Tatbestand der „Umrüstung" erfasst somit schon bestehende elektronische Systeme, die entsprechend verändert werden; das betrifft Fälle, bei denen das im eigenen Betrieb eingesetzte System selbst betroffen ist oder bei denen die Umrüstung im Wege einer (kostenpflichtigen) externen Datensicherung erfolgt.

Für Erfassungseinheiten, für deren Anschaffung bereits eine Prämie beansprucht wurde, steht unter dem Titel der Umrüstung keine neuerliche Prämie zu.

Bei einer Umrüstung ist in zeitlicher Hinsicht für die Prämie auf den Zeitpunkt des Beginnes der Umrüstung abzustellen.

4. Gewinnfreibetrag

Gemäß § 10 Abs. 4 dritter Teilstrich EStG 1988 stellen geringwertige Wirtschaftsgüter, die gemäß § 13 EStG 1988 sofort abgesetzt wurden, kein Wirtschaftsgut dar, für das ein investitionsbedingter Gewinnfreibetrag geltend gemacht werden kann.

§ 124b Z 296 lit. a EStG 1988 stellt gegenüber § 13 eine lex specialis dar und geht dem § 13 daher vor. Wird daher eine Erfassungseinheit zu einem Preis von nicht mehr als 400 Euro angeschafft und die Anschaffungskosten in voller Höher abgesetzt, erfolgt diese steuerliche Berücksichtigung auf Basis von § 124b Z 296 EStG 1988. Der Ausschluss von der Berücksichtigung für den investitionsbedingten Gewinnfreibetrag greift daher in diesem Fall nicht. Das angeschaffte Wirtschaftsgut kann daher stets zur Deckung eines investitionsbedingten Gewinnfreibetrages verwendet werden.

2/16.

BMF-AV Nr. 10/2019

Verwendung ausländischer Formulare für Ansässigkeitsbescheinigungen

(Erlass des BMF vom 29.01.2019, BMF-010221/0027-IV/8/2019, BMF-AV Nr. 10/2019)

(1) Die Abkommensberechtigung eines ausländischen Einkünfteempfängers ist grundsätzlich unter Verwendung der vom BMF für diese Zwecke aufgelegten Formulare glaubhaft zu machen (zB der Formulare zur Entlastung an der Quelle oder der jeweils anwendbaren Rückerstattungsformulare).

(2) Mit einigen Staaten wurde im Rahmen eines Verständigungsverfahrens nach dem jeweilig gültigen Doppelbesteuerungsabkommen vereinbart, dass ungeachtet der Erlässe des BMF vom 10. März 2006, AÖF Nr. 127/2006 (BMF-010221/0101-IV/4/2006) sowie vom 17. Dezember 2001, AÖF Nr. 63/2002 (04 0101/41-IV/4/01) in der jeweils geltenden Fassung, die Ansässigkeit auch mittels von der ausländischen zuständigen Behörde ausgestellter und den österreichischen Formularen beigehefteter Ansässigkeitsbescheinigungen nachgewiesen werden kann. Eine Überprüfung der DBA-Entlastungsberechtigung in Bezug auf die jeweils betroffenen Einkünfte kann in diesen Fällen gegebenenfalls im Amtshilfeweg erfolgen.

(3) Eine Vereinbarung im Sinne des Absatzes 2 wurde mit folgenden Staaten getroffen:

- **Mexiko:** Die Ansässigkeit kann auch mittels von der mexikanischen Steuerverwaltung ausgestellter und den österreichischen Formularen beigehefteter Ansässigkeitsbescheinigungen nachgewiesen werden.
- Thailand: Österreich ist bereit, auch auf thailändischen Formularen ausgestellte Ansässigkeitsbescheinigungen anzuerkennen, wenn zusätzlich zu dieser Ansässigkeitsbescheinigung von der zuständigen regionalen thailändischen Finanzbehörde auf dem jeweils relevanten vollständig und richtig ausgefüllten österreichischen Formular bestätigt wird, dass auf dem relevanten thailändischen Formular eine Ansässigkeitsbescheinigung ausgestellt wurde. Der Antragsteller hat die thailändische Ansässigkeitsbescheinigung dem österreichischen Formular anzuheften.
- Türkei: Die Ansässigkeit kann auch mittels von der türkischen Steuerverwaltung ausgestellter und den österreichischen Formularen beigehefteter Ansässigkeitsbescheinigungen nachgewiesen werden.
- USA: Die Ansässigkeit kann auch mittels vom Internal Revenue Service ausgestellter und den österreichischen Formularen beigehefteter Ansässigkeitsbescheinigungen (US Form 6166) nachgewiesen werden.

(4) Die Erlässe des BMF vom 11.07.2008, BMF-010221/0869-IV/4/2007, vom 15.03.2013, BMF-010221/0147-IV/4/2013, vom 03.09.2014,

BMF-010221/0436-VI/8/2014, und vom 10.10.2016, BMF-010221/0658-VI/8/2016, sind in diesen Erlass eingearbeitet und können daher aufgehoben werden.

2/17.

Information zur Veranlagung von Einkünften aus Anlass der Einräumung von Leitungsrechten (§ 107 EStG 1988)

(Info des BMF vom 28.08.2018, BMF-010203/0341-IV/2018)

Mit dem Jahressteuergesetz 2018 – JStG 2018, BGBl. I Nr. 62/2018, wurde eine Abzugsteuer für Einkünfte aus Anlass der Einräumung von Leitungsrechten eingeführt (§ 107 EStG 1988). Die Abzugsteuer kommt für Auszahlungen ab dem Jahr 2019 zur Anwendung. Mit dieser Info wird erklärt, welche Auswirkungen § 107 EStG 1988 für offene (nicht rechtskräftig veranlagte) Fälle mit Einkünften aus Leitungsrechten hat.

Inkrafttreten

§ 107 Abs. 11 EStG 1988 sieht vor, dass auf Antrag auf Einkünfte, von denen eine Abzugsteuer einbehalten worden ist, der allgemeine Steuertarif anzuwenden ist (Regelbesteuerungsoption). Sofern der Steuerpflichtige die Berücksichtigung der Einkünfte nicht in der von ihm nachzuweisenden Höhe beantragt, sind diese mit 33% der auf das Veranlagungsjahr bezogenen Bemessungsgrundlage anzusetzen.

Nach § 124b Z 334 EStG 1988 ist die Bestimmung des § 107 Abs. 11 EStG 1988 in Bezug auf die Höhe der in der Veranlagung anzusetzenden Einkünfte auch schon auf alle zum Zeitpunkt der Kundmachung nicht rechtskräftig veranlagten Fälle mit Einkünften aus der Einräumung von Leitungsrechten, anzuwenden.

Die Kundmachung des JStG 2018 erfolgte am 14. August 2018.

Anwendung auf offene Veranlagungsfälle

Für die Bearbeitung von Fällen, in denen Einkünfte aus Anlass der Einräumung von Leitungsrechten in einer Einkommen-/Körperschaftsteuerveranlagung bis inklusive 2018 zu erfassen sind, gilt Folgendes:

1. Ab dem 14. August 2018 ist EStR 2000 Rz 5174 in Fällen nicht mehr anzuwenden, die in den Anwendungsbereich des § 107 EStG 1988 fallen. Es sind dies Zahlungen, die von einem
   - Elektrizitätsunternehmen,
   - Erdgasunternehmen,
   - Erdölunternehmen,
   - Fernwärmeversorgungsunternehmen

   aus Anlass der Einräumung eines Leitungsrechtes gezahlt werden. Auf Zahlungen, die nicht von einem der den genannten Unternehmen stammen, ist Rz 5174 weiter anzuwenden; dies trifft insbesondere auf Zahlungen zu, die von Telekomunternehmen stammen oder die aus Anlass der Verlegung von Wasserleitungen erfolgen. Bei Windkraftanlagen sind Entgelte, die Leitungen betreffen erfasst; Entgelte, die die Anlage selbst (das Windrad) betreffen, sind nicht erfasst.

2. Alle zum 14. August 2018 nicht rechtskräftig veranlagten Fälle, in denen Zahlungen von den in den Anwendungsbereich fallenden Unternehmen erfolgt sind, sind nach Maßgabe des § 107 Abs. 11 Satz 2 EStG 1988 zu veranlagen.
3. Betroffen sind alle Veranlagungsfälle, in denen zum 14. August 2018 keine rechtskräftige (Jahres)Veranlagung vorliegt. Dabei ist nicht bedeutsam, um welches Veranlagungsjahr es sich handelt oder ob eine Erklärung schon eingebracht wurde oder nicht. Das bedeutet:
   - Werden bzw. wurden Einkünfte für ein Jahr vor 2018 erklärt und lag am 14. August 2018 noch keine rechtskräftige Veranlagung für das betreffende Jahr vor, ist § 107 Abs. 11 Satz 2 EStG 1988 anzuwenden.
   - Zahlungen des Jahres 2018, unterliegen im Rahmen der ab 2019 durchzuführenden Veranlagung 2018 bereits dem § 107 Abs. 11 Satz 2 EStG 1988.

Vorgangsweise in offenen Veranlagungsfällen

§ 107 Abs. 11 Satz 2 EStG 1988 sieht vor, dass die anzusetzenden Einkünfte entweder mit

- 33% des auf das Jahr bezogenen Auszahlungsbetrages (ohne USt) oder
- in der vom Steuerpflichtigen nachgewiesenen Höhe

anzusetzen sind.

Das bedeutet: Nach Wahl des Steuerpflichtigen wird entweder die pauschale Bemessungsgrundlage von 33% des Auszahlungsbetrages (ohne USt) angesetzt oder der Betrag, der sich auf Grund eines Gutachtens ergibt. Das Gutachten hat der Steuerpflichtige vorzulegen. Anhang VI der EStR 2000 ist zu beachten (EStR 2000 Rz 5175a).

Ist der Steuerpflichtige damit einverstanden, die Einkünfte in Höhe von 33% des Auszahlungsbetrages (ohne USt) anzusetzen, können anhängige Fälle ab 14. August 2018 dementsprechend erledigt werden. Andernfalls bedarf es eines Gutachtens, das der Steuerpflichtige vorzulegen hat und das der freien Beweiswürdigung unterliegt.

Die Änderung der Rechtslage stellt keinen Grund für eine Wiederaufnahme oder eine Bescheidänderung gemäß § 299 BAO dar. Erfolgt eine Wiederaufnahme oder eine Bescheidänderung gemäß § 299 BAO in Bezug auf einen Veranlagungsfall, der am 14. August 2018 rechtskräftig war, kommt die Anwendung des § 107 Abs. 11 Satz 2 EStG 1988 nicht in Betracht.

2/18.

Info zum Außerkrafttreten des Energieförderungsgesetzes 1979 (EnFG)

(Info des BMF vom 03.10.2018, BMF-010203/0393-IV/2018)

Gemäß § 8 EnFG iVm § 9 EnFG, BGBl. Nr. 567/1979, ermäßigt sich die Einkommen- bzw. Körperschaftsteuer bei Kleinwasserkraftwerken ab Betriebsbeginn für die Dauer von 20 Jahren auf die Hälfte der gesetzlichen Beträge.

Mit dem 2. Bundesrechtsbereinigungsgesetz, 2. BRBG, BGBl. I Nr. 61/2018, treten alle vor dem 1.1.2000 kundgemachte Bundesgesetze und Verordnungen mit Ablauf des 31.12.2018 außer Kraft, es sei denn sie sind in der Anlage dieses Bundesgesetzes angeführt. Das EnFG findet sich nicht in dieser Anlage. Das EnFG tritt somit mit Ablauf des 31.12.2018 außer Kraft.

Gemäß § 5 Abs. 1 2. BRBG sind außer Kraft getretene Gesetze weiterhin auf Sachverhalte anzuwenden, die vor dem 1.1.2019 verwirklicht wurden. Dies bedeutet, dass die Steuerermäßigung des § 9 EnFG für einen Zeitraum von 20 Jahren weiterhin zusteht, wenn der Betriebsbeginn des Kleinwasserkraftwerkes vor dem 1.1.2019 erfolgt ist. Auf Kleinwasserkraftwerke, deren Betriebsbeginn nach dem 31.12.2018 erfolgt, kommt die Anwendung des Hälftesteuersatzes nicht mehr in Betracht.

2/19.

Steuerliche Behandlung von für Anteilsinhaber angeschafften bzw. hergestellten Immobilien

(Info des BMF vom 17.04.2019, BMF-010216/0002-IV/6/2019)

Beachte: Aufgrund der vorliegenden BMF-Info sind die Aussagen zur steuerlichen Behandlung von für Anteilsinhaber angeschafften bzw. hergestellten Immobilien in den KStR 2013 Rz 637 und Rz 638 nicht mehr anzuwenden.

Die jüngere Rechtsprechung des VwGH iZm Gebäuden, die von Kapitalgesellschaften errichtet und an Gesellschafter vermietet werden, macht eine Überarbeitung der KStR 2013 Rz 637 und 638 (Prüfungsschema Wurzelausschüttung, Renditemiete) notwendig. Insbesondere kann nach dem VwGH aus der Errichtung und fremdüblichen Überlassung einer Immobilie an den Anteilsinhaber kein wirtschaftliches Eigentum des Anteilsinhabers abgeleitet werden. Bis zur nächsten Wartung der KStR 2013 sollen die sich aus der Rechtsprechung der VwGH ergebenden Änderungen in Form dieser BMF-Info dargestellt werden. Diese ist auf alle offenen Verfahren anzuwenden.

Voraussetzung für eine verdeckte Ausschüttung ist, dass die Vereinbarung über die Nutzungsüberlassung einem Fremdvergleich nicht standhält. Der Maßstab für diesen Fremdvergleich hängt davon ab, ob es für ein Mietobjekt in der gegebenen Bauart, Größe und Ausstattung einen funktionierenden Mietenmarkt gibt, sodass ein wirtschaftlich agierender, (nur) am Mietertrag interessierter Investor Objekte vergleichbarer Gediegenheit und Exklusivität (mit vergleichbaren Kosten) errichten und am Markt gewinnbringend vermieten würde (VwGH 15.09.2016, 2013/15/0256, VwGH 18.10.2017, Ra 2016/13/0050). Den Nachweis für das Vorliegen eines funktionierenden Mietenmarktes (einschließlich der Beweisvorsorge) hat der Steuerpflichtige zu erbringen (VwGH 15.09.2016, 2013/15/0256, VwGH 22.03.2018, Ra 2017/15/0047).

Daraus lässt sich folgendes Prüfschema ableiten:

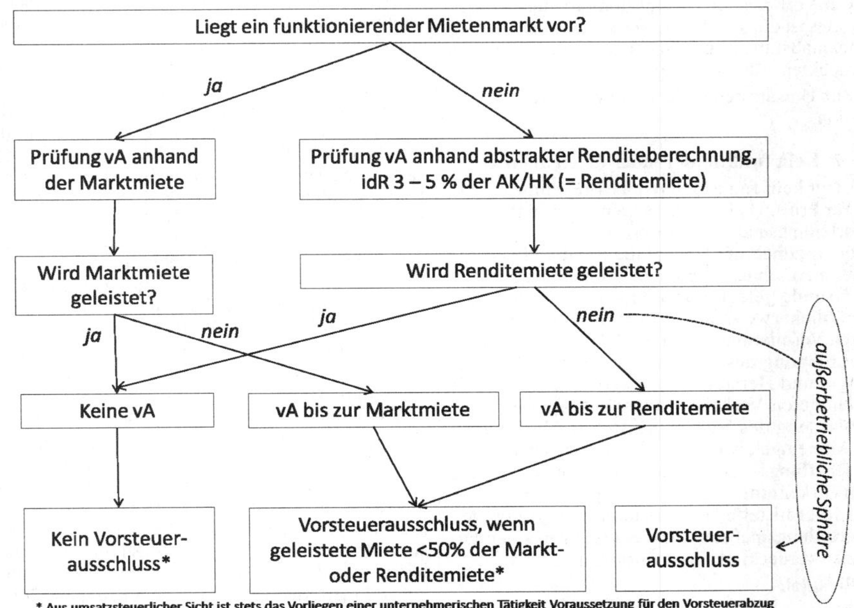

1. Vorliegen eines funktionierenden Mietenmarktes

Das Vorliegen eines funktionierenden Mietenmarktes (einschließlich der Beweisvorsorge) ist vom Steuerpflichtigen nachzuweisen (VwGH 15.09.2016, 2013/15/0256, VwGH 22.03.2018, Ra 2017/15/0047). Ein solcher funktionierender Mietenmarkt liegt nur dann vor, wenn ein wirtschaftlich agierender, (nur) am Mietertrag interessierter Investor bei Außerachtlassung der Wertsteigerung der Immobilie sein Kapital in ein solches Objekt, auch im Vergleich zu anderen Immobilieninvestments, investieren würde. Der Steuerpflichtige wird daher nachzuweisen haben, dass er vor der Anschaffung oder Errichtung des Mietobjektes den entsprechenden Mietenmarkt (im gegebenen geographischen Einzugsgebiet) erkundet hat und sich auf dieser Basis als ökonomisch agierender Investor für die Anschaffung oder Errichtung der Immobilie entschieden hat.

Folgende Indizien sprechen gegen das Vorhandensein eines ökonomisch agierenden Investors:

- wenn keine wirtschaftlichen Gründe für die Investitionsentscheidung dargelegt werden können;
- wenn nicht dargelegt werden kann, auf welcher Grundlage (zB Kalkulation, Gutachten) vor der Anschaffung bzw. Herstellung der Immobilie eine angemessene Verzinsung des eingesetzten Kapitals erwartet worden ist;
- wenn vor der Investitionsentscheidung weder Planungs- und Finanzierungsrechnungen, noch während der Bauphase laufende Kostenkontrollen durchgeführt wurden;
- wenn nicht dargelegt werden kann, welche Tatsachen oder Erwägungen dazu geführt haben, die Miete in der vereinbarten Höhe festzulegen;
- wenn die für Investitionen in durchschnittliche Einfamilienhäuser mit hochwertiger Ausstattung typischen Herstellungskosten pro m² um 100% überschritten wurden.

Bei Vorliegen eines funktionierenden Mietenmarktes ist die ortsübliche Marktmiete der Beurteilungsmaßstab für das Vorliegen einer laufenden verdeckten Ausschüttung.

Zur Umsatzsteuer siehe Punkt 3. dieser Information.

2. Kein funktionierender Mietenmarkt

Liegt kein funktionierender Mietenmarkt vor, ist zur Prüfung einer verdeckten Ausschüttung als Beurteilungsmaßstab eine abstrakte Renditeermittlung vorzunehmen, indem die Renditeerwartung eines marktüblich agierenden Immobilieninvestors zu Grunde gelegt wird und somit jene Rendite, die üblicherweise aus dem eingesetzten Kapital durch Vermietung erzielt wird. Dazu ist von einer Veranlagung des Gesamtbetrages der Anschaffungs- und Herstellungskosten (gegebenenfalls des höheren Verkehrswertes) auszugehen; nach Auffassung des VwGH müsste im Allgemeinen ein Mietentgelt in der Bandbreite von 3 bis 5% der Anschaffungs- oder Herstellungskosten zu erzielen sein (Erkenntnis vom 15.09.2016, 2013/15/0256). Die so ermittelte "Renditemiete" stellt nun den Beurteilungsmaßstab für das Vorliegen einer laufenden verdeckten Ausschüttung dar.

Beispiel:

Die Anschaffungs- und Herstellungskosten des an den Anteilsinhaber überlassenen Objektes betragen 2.500.000 Euro (ein funktionierender Mietenmarkt liegt nicht vor). Unter Zugrundelegung eines Mietentgelts von 4% der Anschaffungs- oder Herstellungskosten beträgt die jährliche Renditemiete 100.000 Euro. Eine verdeckte Ausschüttung liegt nur vor, soweit die vereinbarte Jahresmiete geringer ist als diese Renditemiete.

Eine Zuordnung der Immobilie zur außerbetrieblichen Sphäre kommt nur ausnahmsweise in Betracht, wenn diese schon ihrer Erscheinung nach offensichtlich für die private Nutzung durch den Gesellschafter bestimmt ist (wie insbesondere bei besonders repräsentativen und luxuriösen Gebäuden, die speziell auf die Wohnbedürfnisse des Gesellschafters abstellen), siehe dazu zB VwGH 20.06.2000, 98/15/0169. In solchen Fällen ist grundsätzlich davon auszugehen, dass die Nutzungsüberlassung bzw. eine allfällige Veräußerung des Objekts bei der Körperschaft im Rahmen der nichtbetrieblichen Einkunftsarten steuerbar ist; eine Teilwertabschreibung steht nicht zu. Zu den umsatzsteuerlichen Konsequenzen siehe sogleich.

3. Umsatzsteuerliche Beurteilung

Aus umsatzsteuerlicher Sicht ist zu Beginn zu prüfen, ob die Überlassung eine unternehmerische Tätigkeit darstellt; das dargestellte Prüfschema hat dabei eine Indizwirkung. Hierbei ist ein Vergleich der Umstände vorzunehmen, unter denen die Immobilie tatsächlich genutzt wird, sowie jener Umstände, unter denen die entsprechende wirtschaftliche Tätigkeit gewöhnlich ausgeübt wird (vgl. VwGH 07.07.2011, 2007/15/0255; EuGH 26.09.1996, Rs C-230/94, Enkler). Ausschlaggebend ist die Berücksichtigung aller Gegebenheiten, die für einen Einzelfall charakteristisch sind (vgl. VwGH 10.02.2016, 2013/15/0284). Zu prüfen ist die Fremdüblichkeit des Mietentgeltes, wobei ein moderates Abweichen vom fremdüblichen Entgelt die Unternehmereigenschaft nicht ausschließt (vgl. VwGH 10.02.2016, 2013/15/0284). Zusätzlich sind sämtliche Aspekte der Vertragsbeziehung in diese Prüfung miteinzubeziehen (zB Kündigungsmodalitäten, Vorhandensein bzw. Nichtanwendung von Indexklauseln, fremdunübliche Ausgestaltung des Mietvertrages, usw.). Eine nichtunternehmerische Vermietung liegt jedenfalls dann vor, wenn eine Immobilie an den Anteilsinhaber nicht zum Erzielen von Einnahmen überlassen wird, sondern um diesem einen Vorteil zuzuwenden (vgl. VwGH 16.05.2007, 2005/14/0083). Davon ist bei Zugehörigkeit einer Luxusimmobilie zur außerbetrieblichen Sphäre einer Körperschaft auszugehen.

Liegt eine unternehmerische Vermietung der Immobilie durch die Körperschaft vor, besteht nach den allgemeinen Grundsätzen des § 12 UStG 1994 das Recht auf Vorsteuerabzug. Gemäß § 12 Abs. 2 Z 2 lit. a UStG 1994 kommt es jedoch zum Vorsteuerausschluss (beim Überlasser) für Eingangsleistungen, deren Entgelte überwiegend keine abzugsfähigen Ausgaben (Aufwendungen) im Sinne des § 20 Abs. 1 Z 1 bis 5 EStG 1988 oder der §§ 8 Abs. 2 und § 12 Abs. 1 Z 1 bis 5 KStG 1988 sind (zB aufgrund des Zusammenhangs mit einer verdeckten Ausschüttung). Kommt es zum Vorsteuerausschluss gemäß § 12 Abs. 2 Z 2 lit. a UStG 1994, unterliegt die Vermietung nicht der Umsatzsteuer (vgl. VwGH 27.6.2018, Ra 2017/15/0019), weshalb auch die Anwendung der Normalwertregelung gemäß § 4 Abs. 9 UStG 1994 ausscheidet.

4. Anwendung auf Privatstiftungen

Die dargestellten ertrag- und umsatzsteuerlichen Grundsätze gelten auch für die Überlassung von Immobilien durch eine Privatstiftung gemäß § 13 KStG 1988 an ihre Begünstigten. Im Unterschied zu unter § 7 Abs. 3 KStG 1988 fallenden Körperschaften ist allerdings die zur Nutzung überlassene Immobilie grundsätzlich (und damit unabhängig vom Vorliegen eines funktionierenden Mietenmarktes) der außerbetrieblichen Sphäre der Privatstiftung zuzurechnen. Umsatzsteuerlich liegt im Lichte der Rechtsprechung keine unternehmerische Tätigkeit vor, wenn die Überlassung der Immobilien durch eine Privatstiftung an den Stifter oder an andere Begünstigte im Rahmen der Erfüllung ihrer satzungsmäßigen Zwecke erfolgt (vgl. VwGH 07.07.2011, 2007/15/0255).

3. Salzburger Steuerdialoge – Ergebnisse Einkommensteuer

Inhaltsverzeichnis

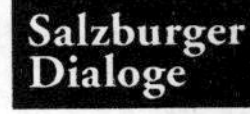

3/1.

Salzburger Steuerdialog 2007 – Ergebnisse Einkommensteuer

(Erlass des BM f. Finanzen vom 26.11.2007, BMF-010203/0475-VI/6/2007)

1. § 2 EStG 1988, Liebhabereiverordnung

Abgrenzung „große" - „kleine" Vermietung

Sachverhalt

In einem Gebäude werden drei Eigentumswohnungen vermietet.

Fragestellung

Liegt eine große oder eine kleine Vermietung vor?

Lösung

Die Vermietung von Eigentumswohnungen ist, unabhängig von der Anzahl der vermieteten Wohnungen und unabhängig von der Nutzung durch den Mieter, als Betätigung iSd § 1 Abs. 2 Z 3 Liebhaberei-VO (so genannte „kleine Vermietung") zu qualifizieren. „Entgeltliche Gebäudeüberlassung" iSd § 2 Abs. 3 Liebhaberei-VO („große Vermietung") liegt bei Überlassung von Gebäuden mit mindestens drei Wohneinheiten vor, sofern es sich nicht um Wohnungseigentum oder (Mit-)eigentum an Mietwohngrundstücken mit qualifizierten Nutzungsrechten handelt (vgl. Punkt 12.1 Liebhabereirichtlinien).

Beurteilungseinheit bei der Prüfung, ob Liebhaberei vorliegt, ist grundsätzlich die einzelne Eigentumswohnung, es sei denn, eine Mehrheit von Wohnungen wird einheitlich bewirtschaftet (siehe dazu Punkt 2.2.3. Liebhabereirichtlinien).

2. § 2 EStG 1988

Steuerbarkeit von Leistungen aus Verdienstausfallversicherungen (so genannter Fixkosten-Schutz) bei Arbeitnehmern (§ 2 Abs. 3 EStG 1988 sowie § 16 EStG 1988; § 18 EStG 1988)

Sachverhalt

Das AMS hat im Zuge der Gewährung von Notstandshilfe beim Finanzamt angefragt, ob Zahlungen einer Verdienstausfallversicherung an Arbeitnehmer bei Arbeitslosigkeit steuerbare Einkünfte iSd § 2 Abs. 3 Z 4 EStG 1988 darstellen. Eine Einstufung als steuerbare Einkünfte hätte dabei ua. zur Folge, dass die Notstandshilfezahlungen um diese geleisteten Beträge zu kürzen wären (§ 36a AIVG).

Gegenständliche Verdienstausfallversicherung gewährt Versicherungsschutz bei Krankheit, Berufs- und Erwerbsunfähigkeit sowie unverschuldeter Arbeitslosigkeit (für Arbeitnehmer) für die Dauer von höchstens zwölf Monaten. Die Höchstversicherungssumme beträgt monatlich 1.000 Euro. Abgeschlossen wird die Verdienstausfallversicherung mit dem Zweck, regelmäßig wiederkehrenden Zahlungsverpflichtungen (zB Kreditraten) auch im Falle von Krankheit, Berufs- und Erwerbsunfähigkeit sowie unverschuldeter Arbeitslosigkeit nachzukommen.

Als Versicherungsnehmer kommen auch Arbeitnehmer im Falle von unverschuldeter Arbeitslosigkeit in Betracht. Entsprechend den Allgemeinen Versicherungsbedingungen gilt als Arbeitnehmer, wer vor Beginn der ersten Arbeitslosigkeit oder bei Beginn des Versicherungsschutzes mindestens 12 Monate ununterbrochen beim selben Arbeitgeber mindestens 18 Stunden pro Woche sozialversicherungspflichtig beschäftigt war (§ 1 Z 7 Allgemeine Versicherungsbedingungen für die Verdienstausfallsversicherung – VAV).

Der Versicherer rechtfertigt in einer an das AMS abgegebenen Stellungnahme die Nichtsteuerbarkeit der Versicherungsleistungen mit folgender Begründung: *„Bei unserem Produkt löst aber nicht ein (möglicher) Einkommensverlust des Versicherungsnehmers den Versicherungsfall aus, es ist somit bedingungsgemäß egal, ob der Versicherungsnehmer tatsächlich weniger verdient oder er zB durch eine weitere Versicherung ein Zusatzeinkommen bezieht und in Summe somit gar keinen Einkommensverlust erleidet."*

Bei Arbeitslosigkeit ist der Leistungsbezug daran geknüpft, dass der Versicherungsnehmer die Arbeitslosigkeit insbesondere durch eine Bestätigung des Arbeitsmarktservices nachweist (§ 6 Z 3 Allgemeine Versicherungsbedingungen für die Verdienstausfallsversicherung – VAV).

Fragestellung

Stellen Leistungen aus einer Verdienstausfallversicherung beim Arbeitnehmer steuerbare Einkünfte iSd § 2 Abs. 3 Z 4 EStG 1988 (§ 25 EStG in Verbindung mit § 32 Z 1 lit. a EstG 1988) dar? Können die vom Arbeitnehmer geleisteten Versicherungsprämien Werbungskosten im Sinne des § 16 EStG 1988 oder allfällig Sonderausgaben im Sinne des § 18 EStG 1988 darstellen?

Lösung

Entsprechend der Judikatur zur „Loss of Licence-Versicherung" (VwGH 27.2.2002, 96/13/0101) sind die eigenen Prämienzahlungen nicht als Werbungskosten abzugsfähig, da kein ausschließlicher Zusammenhang zur Einkunftsquelle besteht. Dementsprechend sind die Leistungen aus einer Verdienstausfallsversicherung keine einkommensteuerbaren Einnahmen. Wiederkehrende Bezüge iSd § 29 Z 1 EStG 1988 liegen nicht vor, weil die Bezugsdauer mit 12 Monaten begrenzt ist.

Prämienzahlungen stellen auch keine Sonderausgaben dar, da ein Mischvertrag vorliegt, der in § 18 Abs. 1 Z 2 EStG 1988 keine Deckung findet.

3. § 4 Abs. 3, § 4 Abs. 10, § 24 EStG 1988

Gewinnermittlung nach Erwerb eines Mitunternehmeranteils/Einzelunternehmens mit Gewinnermittlung § 4 Abs. 3 EStG 1988

Sachverhalt

Es wird ein Einzelunternehmen/MU-Anteil mit Gewinnermittlung nach § 4 Abs. 3 EStG 1988 erworben und soll vom Erwerber ebenfalls eine Gewinnermittlung nach § 4 Abs. 3 EStG 1988 erfolgen.

Fragestellung

Nach EStR 2000 Rz 6002 ist vom Erwerber eines Anteils einer Mitunternehmerschaft mit Einnahmen-Ausgaben-Rechnung ein Rückwechsel von der Gewinnermittlung nach § 4 Abs. 1 EStG 1988 zur Gewinnermittlung nach § 4 Abs. 3 EStG 1988 zu vollziehen. Dabei entsteht ein (auf sieben Jahre zu verteilender) Übergangsverlust. Diese Rechtsansicht wird kritisiert. Für Einzelunternehmen besteht in den EStR 2000 keine generelle Aussage dazu, doch lässt sich aus EStR 2000 Rz 7036 (Betriebserwerb gegen Rente) das Gegenteil ableiten. Ist die Aussage in EStR 2000 Rz 6002 richtig?

Lösung

Sofern steuerliche oder unternehmensrechtliche Vorschriften nicht zur Gewinnermittlung durch Betriebsvermögensvergleich verpflichten, kann der Erwerber eines als Einzelunternehmen geführten Betriebes die Gewinnermittlungsart frei wählen. Aus dem Umstand, dass der Veräußerer eines Betriebes mit Einnahmen-Ausgaben-Rechnung aus Anlass der Veräußerung zur Gewinnermittlung durch Betriebvermögensvergleich wechseln muss, kann daher nicht abgeleitet werden, dass der Erwerber des Betriebes seine betriebliche Tätigkeit zwingend als Bilanzierer beginnt und – sollte er die Einnahmen-Ausgaben-Rechnung bevorzugen – sodann zu dieser Gewinnermittlung wechselt. Ein allfällig vom Veräußerer zu ermittelnder Übergangsgewinn hat daher beim erwerbenden Einzelunternehmer nicht zwangsläufig einen korrespondierenden Übergangsverlust beim Erwerber zur Folge.

Der Erwerber eines Einzelunternehmens mit Einnahmen-Ausgaben-Rechnung hat den Kaufpreis aufzuteilen in einen Anteil, der auf das Umlaufvermögen entfällt, und einen Anteil, der auf das Anlagevermögen inklusive Firmenwert entfällt. Der Anteil, der auf das Umlaufvermögen entfällt, ist sofort als Betriebsausgabe abzugsfähig, der auf das Anlagevermögen und den Firmenwert entfallende Anteil ist zu aktivieren. Da der Kaufpreisanteil für das Umlaufvermögen als Betriebsausgabe abgesetzt wird, bleibt kein Raum für den Ansatz eines Übergangsverlustes.

Entsprechendes gilt beim Erwerb eines Mitunternehmeranteils bei Gewinnermittlung gemäß § 4 Abs. 3 EStG 1988. EStR 2000 Rz 6002 wird entsprechend geändert werden.

4. § 11a EStG 1988

Behandlung von Einkommensteuergutschriften auf dem Abgabenkonto

Sachverhalt

1. Auf dem Abgabenkonto wird am 1. September 2006 der ESt-Bescheid 2005, der zu einer Gutschrift von 15.000 Euro führt, verbucht. Diese Gutschrift wird zur Gänze mit fälligen betrieblichen Abgaben (L, DB, USt) verrechnet.

2. Auf dem Abgabenkonto wird am 1. Oktober 2006 der ESt-Bescheid 2005, der zu einer Gutschrift von 20.000 Euro führt, verbucht. Diese Gutschrift wird im Umfang von 15.000 Euro mit fälligen betrieblichen Abgaben (L, DB, USt) verrechnet.

3. Auf dem Abgabenkonto wird am 1. November 2006 der ESt-Bescheid 2005, der zu einer Gutschrift von 5.000 Euro führt, verbucht. Auf dem Abgabenkonto besteht kein Rückstand. Am 15. November wird die Gutschrift mit der ESt-VZ 10-12/2006 in Höhe von 4.000 Euro verrechnet.

Fragestellung

Wie sind diese Sachverhalte im Hinblick auf § 11a EStG 1988 zu würdigen?

Lösung

Die Gutschrift von Einkommensteuer auf dem Abgabenkonto führt zunächst noch nicht zu einer Einlage ins Betriebsvermögen, erst eine allfällige weitere Verfügung kann eine Einlagehandlung darstellen.

Zu Fall 1 und 2:

Die Verrechnung einer Einkommensteuergutschrift mit fälligen Schuldigkeiten aus Betriebssteuern führt zu einer Einlage, die im Hinblick auf den „Zwangscharakter“ der Einlage als betriebsnotwendig anzusehen ist. Im Fall 2 liegt im Umfang von 15.000 Euro eine betriebsnotwendige Einlage vor.

Zu Fall 3:

Es liegt zur Gänze ein außerbetrieblicher Vorgang vor (keine Einlage, keine Entnahme).

5. § 11a EStG 1988

Automatische Verrechnung von Privatforderungen mit betrieblichen Rückständen

Sachverhalt

Die Sozialversicherungsanstalt der gewerblichen Wirtschaft verrechnet die Gutschrift aus einer eingereichten (privaten) Arztrechnung sofort mit rückständigen Sozialversicherungsbeiträgen.

Fragestellung

Wie sind diese Sachverhalte im Hinblick auf § 11a EStG 1988 zu würdigen?

Lösung

Die Verrechnung einer privaten Gutschrift mit rückständigen Sozialversicherungsbeiträgen führt (analog zu Punkt 4, Fall 1 und 2) zu einer Einlage, die im Hinblick auf den „Zwangscharakter“ der Einlage als betriebsnotwendig anzusehen ist.

6. § 11a EStG 1988

„Betragsgleiche“ Entnahmen und Einlagen (I)

Sachverhalt

Ein Betrieb hat keine nennenswerten Bankschulden. Am 15. November 2006 wird die ESt-VZ 10-12/2006 von 3.490 Euro vom Firmenkonto gemeinsam mit L, DB, DZ, USt bezahlt.

1. Der Unternehmer zahlt 3.500 Euro am 1. November von einem Privatkonto auf das Firmenkonto ein.

2. Der Unternehmer zahlt 3.500 Euro am 16. November von einem Privatkonto auf das Firmenkonto ein.

Fragestellung

Gemäß EStR 2000 Rz 3860e „ bestehen keine Bedenken, eine Entnahme dann unberücksichtigt zu lassen, wenn der Entnahme eine betragsgleiche Einlage gegenübersteht, die innerhalb von höchstens drei Tagen erfolgt“. Wie sind diese Sachverhalte im Hinblick auf § 11a EStG 1988 zu würdigen?

Lösung

Die Voraussetzungen für die Neutralisierung von Entnahmen durch betragsgleiche Einlagen in EStR 2000 Rz 3860e werden gelockert.

Eine Entnahme bleibt bei der Ermittlung der Bemessungsgrundlage für § 11a EStG 1988 außer Ansatz, soweit ihr eine Einlage gegenüber steht, die innerhalb von zehn Tagen vor oder nach der Entnahme erfolgt und beide Vorgänge im selben Wirtschaftsjahr stattfinden. Eine Betragsgleichheit ist somit nicht mehr erforderlich.

Davon ausgehend sind die Fälle wie folgt zu lösen:

Fall 1:

Da die Einlage mehr als zehn Tage vor der Entnahme (ESt-VZ) erfolgt, kommt der Einlage keine die Entnahme neutralisierende Wirkung zu. Die Vorgänge sind daher jeweils für sich zu beurteilen: Bei Ermittlung des nach § 11a begünstigungsfähigen Gewinnes bliebt die Einlage am 1. November mangels Betriebsnotwendigkeit unberücksichtigt, die Entnahme ist zu berücksichtigen.

Fall 2:

Die Einlage (3.500 Euro) erfolgt einen Tag nach der Entnahme (ESt-VZ). Der Einlage kommt daher neutralisierende Wirkung in jenem Umfang zu, der der vorhergehenden Entnahme (3.490 Euro) entspricht. Hinsichtlich der verbleibenden 10 Euro liegt eine nicht betriebnotwendige Einlage vor.

7. § 11a EStG 1988

„Betragsgleiche“ Entnahmen und Einlagen (II)

Sachverhalt

Ein Gebäude wird zu 60% betrieblich und zu 40% privat genutzt. Das Gebäude wird durch einen Hagelsturm beschädigt, die Schadensbeseitigung kostet 20.000 Euro. Die Dachdeckerrechnung im Betrag von 20.000 Euro wird am 1. Oktober 2005 zur Gänze aus dem Betriebskonto bezahlt. Der Schaden ist zur Gänze durch eine Versicherung gedeckt, die Gebäudeversicherung überweist am 1. März 2006 einen Betrag von 20.000 Euro auf das Betriebskonto.

Fragestellung

Wie ist dieser Sachverhalt im Hinblick auf § 11a EStG 1988 zu würdigen?

Lösung

Die Bezahlung des auf den privat genutzten Teil entfallenden Betrages (8.000 Euro) stellt eine Entnahme dar. Diese Entnahme kann durch eine Bareinlage innerhalb von zehn Tagen (siehe Punkt 6) neutralisiert werden.

Gleiches gilt, wenn im selben Wirtschaftsjahr die auf den privaten Anteil entfallende Forderung gegen die Versicherung eingelegt wird. Erfolgt die Einlage der Forderung gegen die Versicherung nicht im selben Wirtschaftsjahr (zB weil der Anspruch gegen die Versicherung strittig ist), liegt keine Neutralisierung der Entnahme vor, sondern ist die Betriebsnotwendigkeit im Folgejahr zu prüfen.

8. § 24 Abs. 6 EStG 1988

Betriebsaufgabe – Betriebsveräußerung

Sachverhalt

Ein Hotel ist gleichzeitig Hauptwohnsitz des Unternehmers. Das Mobiliar (Einrichtung, Geräte) wird an den künftigen Betreiber veräußert, die Liegenschaft wird zurückbehalten und an den neuen Betreiber verpachtet. Für die Entnahme des Gebäudes wird § 24 Abs. 6 EstG 1988 beansprucht.

Fragestellungen

1. Liegt eine Betriebsaufgabe vor, auf die § 24 Abs. 6 angewendet werden kann oder eine Betriebsveräußerung, auf die § 24 Abs. 6 nicht angewendet werden kann (Hinweis auf EStR 2000 Rz 5575).

2. Wie ist der Fall zu beurteilen, wenn auch das Mobiliar zunächst für fünf Jahre an den neuen Betreiber verpachtet und erst dann an ihn veräußert wird?

Lösung

Fall 1

Werden wesentliche Wirtschaftsgüter eines Betriebes an einen Erwerber veräußert, liegt eine Betriebsveräußerung auch dann vor, wenn andere wesentliche Wirtschaftsgüter (zB Gebäude) an den Erwerber lediglich vermietet werden, sodass dem Erwerber objektiv die Fortführung des Betriebes ermöglicht wird (vgl. VwGH 12.1.79, 2600/78). § 24 Abs. 6 EStG 1988 kommt daher nicht in Betracht.

Fall 2

Stellt eine Beendigung der aktiven Betriebsführung unzweifelhaft eine Betriebsaufgabe dar, ist eine Veräußerung außerhalb der Fünfjahresfrist für die Beurteilung als Betriebsaufgabe unschädlich. Sollte zum Zeitpunkt der Beendigung der aktiven Betriebsführung

bereits der Wille bestehen, Mobiliar und/oder Gebäude später zu veräußern, liegt keine Betriebsaufgabe vor. Die Realisierung der Absicht, betriebliche Wirtschaftsgüter zu veräußern, stellt einen betrieblichen Vorgang dar, der zu einer Betriebsveräußerung führt (vgl. VwGH 19.12.2006, 2006/15/0353).

9. § 28 EStG 1988

Ermittlung der AfA-Bemessungsgrundlage

Bisher wurde bei Dauervermietungen (Einkünfte aus VuV) ein Werbungskostenpauschalsatz von 20% der Einnahmen angewendet. Ab der Veranlagung 2006 ist nunmehr bei Dauervermietungen ein Abzug von pauschalierten Werbungskosten unzulässig (EStR 2000 Rz 5436). In oben genannten Fällen besteht nun die Schwierigkeit, die AfA-Bemessungsgrundlage zu ermitteln, da die AfA bisher aufgrund der Pauschalierung abpauschaliert war und daher die Ermittlung einer AfA-Bemessungsgrundlage unterblieb.

Fragestellung

Wie ist die AfA-Bemessungsgrundlage zu ermitteln?

Lösung

Ausgehend von der konkret maßgeblichen AfA-Bemessungsgrundlage ist eine rechnerische AfA für Jahre auszuscheiden, für die die AfA durch Ansatz eines Pauschalsatzes ermittelt worden ist. Ab 2006 und den Folgejahren ist die AfA im tatsächlichen Ausmaß zu berücksichtigen.

3/2.

Salzburger Steuerdialog – ESt/KSt/UmgrSt 2008 – Ergebnisse Einkommensteuer

(Erlass des BM f. Finanzen vom 5.12.2008, BMF-010216/0155-VI/6/2008)

1. Einkommensteuer

1.1. Verlustvortrag – Liebhaberei – Art. II UmgrStG

Bezughabende Normen:

§ 18 EStG 1988, § 10 UmgrStG, § 92 BAO, § 1 Abs. 1 LVO, KStR 2001 Rz 333

Sachverhalt:

Bei einer GmbH haben sich hohe Verlustvorträge angesammelt. Die GmbH wird auf den Alleingesellschafter umgewandelt.

Die gesetzlichen Voraussetzungen des § 10 UmgrStG iVm § 4 Z 1 lit. a, c und d UmgrStG sind erfüllt, zB keine Abweichung über 75%.

Aufgrund der Kriterienprüfung dürfte auch unter Berücksichtigung der schon *vor* Umwandlung angefallenen Verluste beim Einzelunternehmen von Beginn an Liebhaberei vorliegen.

Fragestellung:

Steht die Liebhabereieigenschaft des Einzelunternehmens der Vortragsfähigkeit der Verluste per se entgegen?

Lösung:

Sind die gesetzlichen Voraussetzungen des Umgründungssteuergesetzes für den Übergang von Verlustvorträgen erfüllt, gehen die bei der GmbH festgestellten Verluste auf den Rechtsnachfolger über. Die Höhe des vortragsfähigen Verlustes ergibt sich – mit Bindungswirkung für die Folgejahre – aus der Veranlagung des Verlustjahres (vgl. zB VwGH 20.02.2008, 2006/15/0026; EStR 2000 Rz 4533). Bei der GmbH berücksichtigte Verluste, die gemäß § 10 UmgrStG auf den Rechtsnachfolger übergegangen sind, sind daher im Wege des Verlustvortrages zu berücksichtigen, sofern bei diesem ein berücksichtigungsfähiges Einkommen vorhanden ist.

Die Voluptuareigenschaft kann (außerhalb des Anlaufzeitraumes) nicht ab dem Wirksamwerder der Umwandlung entstehen. Liegt schon bei der übertragenden GmbH Liebhaberei vor, fehlt ein Betrieb im abgabenrechtlichen Sinn. Daher kann Art. II UmgrStG nicht zur Anwendung kommen, was zur Liquidationsbesteuerung gemäß § 20 KStG 1988 zum Umwandlungsstichtag führt. Ein trotz Liebhaberei etwa vorhandener Verlustvortrag (zB von Anlaufverlusten) geht in diesem Fall verloren. Liegt aber ein Betrieb im abgabenrechtlichen Sinn vor, kommt Art. II UmgrStG zur Anwendung. In der Folge ist beim Rechtsnachfolger ein möglicher Wechsel zur Liebhaberei denkbar. In diesem Fall sind die übergehenden Verluste beim Rechtsnachfolger vortragsfähige, auch wenn sich die Tätigkeit, aus der bei der GmbH Verluste entstanden sind, zur Liebhaberei gewandelt hat.

1.2. § 28 EStG 1988 Vermietung und Verpachtung

Prämien für eine Kreditrestschuldversicherung als Werbungskosten bei VuV

Sachverhalt:

Der Abgabepflichtige erzielt aus der Vermietung eines großen Lagergebäudes Einkünfte aus Vermietung und Verpachtung. Zur Besicherung eines Kredites, der unbestritten in Zusammenhang mit der Errichtung des Gebäudes steht, schließt der Abgabepflichtige bei einer Versicherungsgesellschaft eine Kreditrestschuldversicherung (reine Ablebensversicherung) ab, damit im Falle seines Ablebens der offene Kreditbetrag durch die Versicherungssumme getilgt wird. Laut den Versicherungsbedingungen wird die Versicherungssumme jedes Jahr an den offenen Kreditbetrag angepasst.

Festgehalten wird noch, dass im Ablebensfalle die Auszahlung der Versicherungssumme zur Kredittilgung ein nicht steuerbarer Vorgang ist – außerbetrieblicher Bereich!

Fragestellung:

Sind die für diese Kreditrestschuldversicherung bezahlten Prämien in Höhe von jährlich rund 3.000 Euro im Rahmen der Ermittlung der Einkünfte aus Vermietung und Verpachtung als Werbungskosten absetzbar?

Lösung:

Die Prämien stellen Sicherungskosten für die Kaufpreisfinanzierung dar. Da sie nicht zu den Anschaffungskosten gehören und mit dem nicht steuerbaren Vermögensstamm in einem nicht unwesentlichen Zusammenhang stehen, sind sie zufolge des Aufteilungsverbotes nicht als Werbungskosten abzugsfähig (ebenso BFH 29.10.1985, IX R 56/82, BStBl II 1986, 143). Sie stellen jedoch Sonderausgaben im sinne des § 18 Abs. 1 Z 2 EStG 1988 dar.

3/3.

Salzburger Steuerdialog 2009 – Einkommensteuer – Ergebnisunterlage

(Erlass d. BM f. Finanzen vom 5. Oktober 2009, BMF-010203/0542-VI/6/2009)

1. Abzugsfähigkeit von Strafen bei Verstößen gegen das Wettbewerbsrecht (§ 4 Abs. 4 EStG 1988; EStR 2000 Rz 1523a)

1.1. Sachverhalt

Mit Wirkung vom 4. Mai 2004 hat die A-AG durch eine Tochtergesellschaft die B-Gruppe übernommen, wobei das Unternehmen von keiner Verpflichtung zur kartellrechtlichen Genehmigung ausgegangen ist. Trotzdem wurde dieser Zusammenschluss am 21. Mai 2004 beim Kartellgericht „vorsorglich" angemeldet.

Der A-AG wurde diese Übernahme des B-Konzerns durch die Kartellbehörde am 28. Oktober 2004 und nach Bestätigung des Rekursgerichtes vom 14. Februar 2005 rechtskräftig untersagt. Erst nach erheblichen Modifikationen wurde schließlich am 5. April 2005 der Zusammenschluss doch noch genehmigt.

Dieser Zusammenschluss zwischen A-AG und B-Konzern wurde jedoch seitens der A-AG weiterbetrieben und bereits vor dieser Genehmigung durch Maßnahmen der A-AG wie ein rechtskräftiger Eigentümer vollzogen. So wurden unter anderem insgesamt 50 Mitarbeiter der B-Gruppe bis Ende 2004 abgebaut, Verkaufsbüros der B-Gruppe geschlossen und die Marke des preiswerteren Produktes der B-Gruppe zu Gunsten des teureren der A-AG aufgelassen.

Nach dem österreichischen Kartellgesetz ist das Durchführen anmeldungsbedürftiger Zusammenschlüsse vor der Herausgabe der Freigabebestätigung oder des rechtskräftigen Ausspruchs des Kartellgerichts, dass der Zusammenschluss nicht untersagt wird, verboten. Wegen Verstoßes gegen das zusammenschlussrechtliche Durchführungsverbot wurde daher vom Kartellgericht auf Antrag der Bundeswettbewerbsbehörde am 7. Juni 2005 eine Geldbuße in Höhe von 1,5 Millionen Euro verhängt, wobei das Weiterbetreiben des Zusammenschlusses ungeachtet des anhängigen Prüfungsverfahrens und eines Untersagungsbeschlusses ausschlaggebend war. Maßgeblich für die Höhe der Strafe war zudem das festgestellte erhebliche Verschulden der A-AG und die grundsätzliche Bejahung der Bereicherung. Vom Gericht wurde jedoch keine Differenzierung des Strafbetrages in einen Abschöpfungsbetrag für den wirtschaftlichen Vorteil und der eigentlichen Strafe vorgenommen.

Die A-AG hat dieses auferlegte Bußgeld als Betriebsausgabe abgesetzt.

1.2. Fragestellung

In welchem Umfang ist die Geldbuße als Betriebsausgabe abzugsfähig?

1.3. Lösung

Gemäß § 29 Z 1 KartG 2005 hat das Kartellgericht Geldbußen bis zu einem Höchstbetrag von 10% des im vorausgegangenen Geschäftsjahres erzielten Umsatzes gegen einen Unternehmer oder eine Unternehmensvereinigung zu verhängen, der (die) vorsätzlich oder fahrlässig dem Kartellverbot zuwiderhandelt. Bei der Bemessung der Geldbuße ist gemäß § 30 KartG 2005 auf die Schwere und die Dauer der Rechtsverletzung, auf die dadurch erzielte Bereicherung, auf den Grad des Verschuldens und die wirtschaftliche Leistungsfähigkeit Bedacht zu nehmen.

EStR 2000 Rz 1523a sieht vor, dass EU-Geldbußen, die wegen Wettbewerbsverstößen (von der europäischen Kommission) verhängt werden, insoweit als Betriebsausgabe anzuerkennen sind, als sie einen Abschöpfungsanteil enthalten.

EStR 2000 Rz 1523a ist auf Geldbußen nach dem Kartellgesetz entsprechend anzuwenden. Dementsprechend sind EU-Geldbußen und Geldbußen, die vom österreichischen Kartellgericht wegen Wettbewerbsverstößen verhängt werden, insoweit abzugsfähig, als sie einen Abschöpfungsanteil enthalten.

Die Abzugsfähigkeit in Bezug auf den Abschöpfungsanteil setzt allerdings voraus, dass aus der entsprechenden Geldbußen-Entscheidung klar hervorgeht, welcher Umfang der verhängten Geldbuße auf die Abschöpfung der Bereicherung entfällt. Fehlt es an einer entsprechenden Darlegung und kann der Steuerpflichtige auch nicht auf andere Weise den klaren Nachweis für die Höhe des Abschöpfungsanteils erbringen, lässt sich objektiv nicht erkennen, in welchem Umfang die Geldbuße die „Bereicherung" abschöpfen soll. Eine schätzungsweise Ermittlung des Abschöpfungsanteils kommt nicht in Betracht. Da wegen Wettbewerbsverstößen verhängte Geldstrafen oder Geldbußen infolge ihres Pönalcharakters grundsätzlich nicht abzugsfähig sind, ist bei Fehlen eines eindeutigen Nachweises des Abschöpfungsanteils durch den Steuerpflichtigen die gesamte Geldbuße nicht abzugsfähig („Aufteilungsverbot" wegen Fehlens eines klaren Aufteilungsmaßstabes).

Die EStR 2000 Rz 1523a wird entsprechend präzisiert werden.

2. Bewertung von Grundstücken bei Übergang auf § 5 EStG 1988 (§ 4 Abs. 10 Z 3 lit. a EStG 1988; EStR 2000 Rz 704)

2.1. Sachverhalt

Durch das neue Unternehmensgesetzbuch sind viele Steuerpflichtige gezwungen, auf die Gewinnermittlung nach § 5 EStG 1988 überzugehen. § 4 Abs. 10 Z 3 lit. a EStG 1988 regelt, dass beim Übergang auf die Gewinnermittlung nach § 5 EStG 1988 der Grund und Boden steuerneutral auf den Teilwert im Zeitpunkt des Wechsels auf- oder abzuwerten ist. Es wurde festgestellt, dass ein Abgabepflichtiger einen überhöhten Teilwert ansetzt.

2.2. Fragestellung

Wie ist mit diesem überhöhten Teilwert in der Bilanz umzugehen? Der Spruch im Einkommen- bzw. Körperschaftsteuerbescheid nimmt auf diese überhöhten Werte keinen Bezug. Eine steuerliche Auswirkung ergibt sich erst, wenn der überhöht bewertete Grund und Boden veräußert oder eine Teilwertabschreibung durchgeführt wird. Bis es zu einer steuerlichen Auswirkung kommt, können viele Jahre vergehen. Ist es rechtlich möglich und zielführend, für die richtige Wertermittlung einen eigenen Feststellungsbescheid (§ 92 Abs. 1 lit. b BAO) zu erlassen?

2.3. Lösung

Gemäß § 4 Abs. 10 Z 3 lit. a EStG 1988 ist beim Übergang auf die Gewinnermittlung gemäß § 5 EStG 1988 der Grund und Boden steuerneutral auf den Teilwert im Zeitpunkt des Wechsels auf- oder abzuwerten. Da die steuerneutrale Aufwertung (erst) in jenem Veranlagungsjahr steuerlich wirksam wird, in dem die stille Reserve aus dem Grund und Boden realisiert wird, macht der überhöhte Teilwertansatz den Bescheid des Jahres des Überganges nicht rechtswidrig, da der Teilwertansatz auf den Spruch des Bescheides keine Auswirkung hat.

§ 92 Abs. 1 lit. b BAO sieht für die Feststellung abgabenrechtlich bedeutsamer Tatsachen die Möglichkeit der Erlassung eines (eigenen) Feststellungsbescheides vor. Feststellungsbescheide können über Antrag erlassen werden, wenn die Partei ein rechtliches Interesse an der Feststellung hat und es sich um ein notwendiges Mittel zweckentsprechender Rechtsverteidigung handelt; sie können aber auch von Amts wegen ergehen, wenn die Feststellung im öffentlichen Interesse liegt; dies jeweils unter der weiteren Voraussetzung, dass die maßgeblichen Rechtsvorschriften eine Feststellung dieser Art nicht ausschließen (vgl. zB VwGH 14. 8. 1991, 89/17/0174; VwGH 22. 11. 1996, 92/17/0207; VwGH 25. 3. 1998, 98/12/0007). In einem derartigen Feststellungsbescheid getroffene Feststellungen entfalten gemäß § 192 BAO Bindungswirkung für davon abgeleitete Abgabenbescheide.

Kommen im Abgabenverfahren des Jahres des Überganges auf die Gewinnermittlung nach § 5 EStG 1988 Zweifel an der Richtigkeit des vom Steuerpflichtigen angesetzten Teilwertes hervor, kann über die Höhe des Teilwertes von Amts wegen ein rechtsmittelfähiger gesonderter Feststellungsbescheid gemäß § 92 Abs. 1 lit. b BAO erlassen werden. An einer zeitnahen bindenden Feststellung des Teilwertes besteht ein öffentliches Interesse, da die Wertfeststellung in einem späteren Abgabenverfahren durch den Zeitablauf jedenfalls schwieriger ist.

3. Gegenseitiger Ausschluss der Gaststätten- und der Lebensmitteleinzelhandels-/Gemischtwarenhandels-PauschalierungsVO? [§ 17 Abs. 4 und 5 EStG 1988, Verordnung BGBl. II Nr. 228/1999 (PauschalierungsVO

Lebensmitteleinzelhandel/Gemischtwarenhandel) und Verordnung BGBl. II Nr. 227/1999 (PauschalierungsVO Gaststättengewerbe); EStR 2000 Rz 4253, Rz 4298, Rz 4319]

3.1. Sachverhalt

Ein Einzelunternehmer führt ein Cafe als einheitlichen Betrieb in einem einzigen Geschäftslokal, dessen Umsatz zu 50% aus der Verabreichung von Speisen und Getränken und zu 50% aus dem Verkauf von abgepacktem Kaffee und Tee erwirtschaftet wird. Der gesamte Jahresumsatz liegt unter 255 000 €.

3.2. Fragestellung

Ist es sachgerecht, diesen Betrieb von beiden Pauschalierungen auszuschließen, zumal nach der Verkehrsauffassung kein Überwiegen der Warenabgabe bzw. der gastronomischen Leistung festgestellt werden kann?

3.3. Lösung

Nach § 2 Abs. 2 der Gaststättenpauschalierungsverordnung [BGBl. II Nr. 227/1999 idF BGBl. II Nr. 149/2007] liegen Betriebe des Gaststättengewerbes nur vor, wenn in geschlossenen Räumlichkeiten Speisen und Getränke zur dortigen Konsumation angeboten werden.

Für die Beurteilung, ob Betriebe des Gaststätten- und/oder Beherbergungsgewerbes im Sinne der Verordnung vorliegen, ist es nicht schädlich, wenn in untergeordnetem Ausmaß auch Leistungen erbracht werden, die nicht zum typischen Leistungsangebot von Betrieben des Gaststätten- und/oder Beherbergungsgewerbes gehören, sofern das branchentypische Leistungsangebot derart überwiegt, dass im Gesamtbild der Charakter eines Betriebes des Gaststätten- und/oder Beherbergungsgewerbes nicht verloren geht. Die Relation von Umsätzen aus branchentypischen Leistungen und nicht branchentypischen Leistungen kann dafür einen Anhaltspunkt darstellen. Bei einer Relation von mehr als 25% nicht branchentypischer Leistungen wird nicht mehr vom Vorliegen eines Betriebes des Gaststätten- und/oder Beherbergungsgewerbes im Sinne der Verordnung gesprochen werden können (EStR 2000 Rz 4292). Da die Umsätze aus dem Verkauf von abgepacktem Kaffee und Tee (also nicht zur Konsumation im Cafe angebotenem Kaffee und Tee) 25% der Gesamtumsätze überschreiten, ist die Gaststättenpauschalierungsverordnung nicht anwendbar.

Nach § 2 der Pauschalierungsverordnung für Lebensmitteleinzel- und Gemischtwarenhändler [BGBl. II Nr. 229/1999] sind Lebensmitteleinzel- oder Gemischtwarenhändler Gewerbetreibende, die einen Handel mit Waren des täglichen Bedarfs weitaus überwiegend in Form eines Kleinhandels unter folgenden Voraussetzungen ausüben:

- **Andere Waren als Lebensmittel dürfen im Durchschnitt der letzten drei Wirtschaftsjahre in einem Ausmaß von höchstens 50% der gesamten Betriebseinnahmen (einschließlich Umsatzsteuer) veräußert worden sein.**
- **Be- und/oder verarbeitete Lebensmittel dürfen im Durchschnitt der letzten drei Wirtschaftsjahre in einem Ausmaß von höchstens 25% der Betriebseinnahmen (einschließlich Umsatzsteuer) aus Lebensmitteln veräußert worden sein.**

Zu den Betrieben des Lebensmitteleinzel- oder Gemischtwarenhandels gehören keinesfalls gastronomische Betriebe.

Die Qualifikation als Lebensmitteleinzel- oder Gemischtwarenhändler hat auf der Grundlage der Definition des § 2 der Lebensmitteleinzel- und Gemischtwarenhändlerverordnung nach der allgemeinen Verkehrsauffassung zu erfolgen.

Als Lebensmittel gelten Stoffe, die dazu bestimmt sind, zum Zwecke der Ernährung oder Ernährungsergänzung in rohem, zubereitetem, be- oder verarbeiteten Zustand von Menschen aufgenommen zu werden. Lebensmittel sind insbesondere Speisen und Getränke einschließlich Spirituosen. Keine Lebensmittel sind insbesondere Rauchwaren (EStR 2000 Rz 4315). Be- und Verarbeitung im Sinne der Verordnung liegt vor, wenn aus typischen Erzeugungsprodukten (bei einem Fleischhauer zB Fleisch, Wurst- und Selchwaren) Produkte anderer Marktgängigkeit hergestellt werden (bei einem Fleischhauer zB Wurstsemmeln und panierte Schnitzel).

Ein Gemischtwarenhändler ist ein Händler, der sowohl mit Lebensmitteln als auch mit anderen Waren des täglichen Bedarfs handelt (EStR 2000 Rz 4316).

Bei Mischbetrieben, deren Angebot gleichzeitig in der Abgabe von Waren und gastronomischen Leistungen besteht, ist auf Grundlage der Verkehrsauffassung entscheidend, ob die Abgabe von Waren oder die gastronomischen Leistungen im Vordergrund stehen (siehe EStR 2000 Rz 4319).

Da mehr als 25% der Betriebseinnahmen (einschließlich Umsatzsteuer) aus Lebensmitteln aus Umsätzen aus be- und/oder verarbeiteten Lebensmitteln erzielt worden sind, kommt auch die Inanspruchnahme der Pauschalierungsverordnung für Lebensmitteleinzel- und Gemischtwarenhändler (BGBl. II Nr. 228/1999) nicht in Betracht.

4. Abhängigkeit des Verlustabzuges von der bescheidmäßigen Festsetzung der steuerlichen Ergebnisse in einzelnen Jahren (§ 18 Abs. 6 und 7 EStG 1988; EStR 2000 Rz 4502 ff, insbesondere EStR 2000 Rz 4505 und EStR 2000 Rz 4533)

4.1. Sachverhalt

Bei einem Abgabepflichtigen bestehen aus der Zeit von 1991 bis 1997 sehr hohe Verlustvorträge, die als Sonderausgabe in Betracht kommen.

Im Zusammenhang mit einer die Jahre 1999 bis 2001 betreffenden Betriebsprüfung werden nun materielle Unrichtigkeiten festgestellt, die auch auf den – vom Prüfungsauftrag nicht umfassten – Zeitraum 1998 zurückwirken. Nach Abschluss der Prüfung wird daher das Einkommensteuerverfahren 1998 wieder aufgenommen; es ergeht am 12. Dezember 2005 ein neuer Sachbescheid 1998 mit einer derart hohen Bemessungsgrundlage, dass die 1991 bis 1997 entstandenen vortragsfähigen Verluste in diesem Jahr nahezu aufgebraucht werden.

Im Rechtsmittelverfahren wird der Abgabenbescheid wegen Verjährung aufgehoben, weil 2004 keine unterbrechende bzw. fristverlängernde Amtshandlung stattgefunden hat.

4.2. Fragestellung

1. Sind nach Aufhebung des im wiederaufgenommenen Verfahren ergangenen Einkommensteuerbescheides 1998 vom 12. Dezember 2005 die ab 1999 abzugsfähigen Verluste nach dem wieder im Rechtsbestand befindlichen Erstbescheid zu bemessen oder hat eine fiktive Verrechnung der Verluste 1998 (im Sinne des aufgehobenen Bescheides) zu erfolgen?
2. Wäre eine andere rechtliche Betrachtung geboten, wenn für das Jahr 1998 (ebenfalls aus Gründen der Bemessungsverjährung) nie ein rechtswirksamer Einkommensteuerbescheid ergangen wäre?

4.3. Lösung

Zu 1.:

Die Höhe des vortragsfähigen Verlustes ergibt sich – mit Bindungswirkung für die Folgejahre – grundsätzlich aus der Veranlagung des Verlustjahres (EStR 2000 Rz 4533). Die gleiche Bindungswirkung hinsichtlich der Höhe des (noch) vortragsfähigen Verlustvortrages ergibt sich aus Abgabenbescheiden, die nach dem Verlustjahr, aber vor dem Jahr der Verlustverwertung ergangen sind. Dementsprechend ist das Finanzamt hinsichtlich der Höhe des weiterhin vortragsfähigen Verlustes an die Höhe der festgestellten Einkünfte, die sich aus dem im Rechtsbestand befindlichen Einkommensteuerbescheid 1998 ergibt, gebunden, und zwar auch dann, wenn dieser Bescheid die Höhe der Einkünfte unrichtig ausweist. Eine „fiktive" Verrechnung des Verlustvortrages mit Einkünften, deren Höhe sich nicht aus dem Einkommensteuerbescheid 1998 ergibt, findet nicht statt.

Zu 2.:

Ist ein Verlustabzug unterblieben, obwohl eine Verrechnungsmöglichkeit bestanden hatte, darf in den Folgejahren nur der Restbetrag berücksichtigt werden (fiktiver Verlustabzug, VwGH 2. 10. 1968, 0691/68; VwGH 20. 9. 1977, 0931/77).

Ist für das Jahr 1998 kein Einkommensteuerbescheid ergangen, obwohl bei dessen Ergehen der Verlustvortrag verrechnet hätte werden können, darf in den Folgejahren nur mehr der nach fiktiver Verrechnung noch verbleibende Verlust berücksichtigt werden.

5. Vorübergehender Wegzug des an einer inländischen Kapitalgesellschaft beteiligten Gesellschafters in ein Drittland (§ 31 Abs. 2 Z 2 EStG 1988, §§ 10 und 13 BewG 1955; EStR 2000 Rz 6677 ff)

5.1. Sachverhalt

Der Abgabepflichtige ist österreichischer Staatsbürger mit Wohnsitz in Österreich. Er ist in Österreich an einer inländischen Gesellschaft mit beschränkter Haftung zu 50% beteiligt. Aus beruflichen Gründen beabsichtigt er seinen Wohnsitz in Österreich aufzugeben und nach Dubai zu ziehen. Die Wohnsitznahme in Dubai wird mindestens zwei Jahre dauern, die anschließende Rückübersiedelung nach Österreich nach dieser Zeit ist geplant und wahrscheinlich, aber nicht ganz sicher. Ein Anteilsverkauf ist vorerst nicht vorgesehen.

5.2. Fragestellung

1. Hat eine „Wegzugbesteuerung" nach § 31 Abs. 2 EStG 1988 zwingend stattzufinden oder kann mit Rücksicht auf die beabsichtigte Rückkehr darauf verzichtet werden?
2. Wie ist der gemeine Wert der Anteile gemäß § 31 Abs. 3 EStG 1988 zu ermitteln? Kann das sogenannte „Wiener Verfahren 1996" zur Anwendung kommen?
3. Stellt der neuerliche Zuzug nach Österreich ein rückwirkendes Ereignis im Sinne des § 295a BAO dar, welches zur Änderung bzw. Aufhebung der Steuerfestsetzung für das Wegzugjahr führt?
4. Welche Folgen ergeben sich bei einer späteren tatsächlichen Beteiligungsveräußerung? Gilt in diesem Falle der bei Wegzug versteuerte gemeine Wert als „neue Anschaffungskosten"?

5.3. Lösung

Zu 1.:

Durch den Wegzug geht das Besteuerungsrecht der Republik Österreich wegen Art. 10 Abs. 1 sowie Art. 13 Abs. 4 DBA-VAE, BGBl. III Nr. 88/2004, verloren. Damit ist der Tatbestand des § 31 Abs. 2 Z 2 EStG 1988 erfüllt, sodass die Differenz zwischen dem gemeinen Wert der Anteile und den Anschaffungskosten abzüglich allfälliger Werbungskosten als Einkünfte zu erfassen ist. Dies gilt unabhängig davon, ob der Steuerpflichtige zu einem späteren Zeitpunkt wieder der österreichischen Besteuerungshoheit unterliegt. Eine vorläufige Nicht-Festsetzung kommt im Hinblick auf den Wegzug in ein Land außerhalb des EU/EWR-Raumes nicht in Betracht.

Zu 2.:

Da im Einkommensteuerrecht hinsichtlich der außerbetrieblichen Einkünfte keine speziellere Bewertungsvorschrift besteht, hat die Schätzung des gemeinen Wertes (§ 10 BewG 1955) nach § 13 Abs. 2 zweiter Satz BewG 1955 zu erfolgen. Danach ist der gemeine Wert aus Verkäufen abzuleiten, wenn dies nicht möglich ist, ist er unter Berücksichtigung des Gesamtvermögens und der Ertragsaussichten der Gesellschaft zu

schätzen. Das Wiener Verfahren 1996 entspricht diesen rechtlichen Anforderungen, sodass es zur Anwendung kommen kann. Dem Steuerpflichtigen steht es aber offen, durch andere dem § 13 Abs. 2 BewG 1955 entsprechende Beweismittel einen genaueren Wert nachzuweisen.

Zu 3.:

Der neuerliche Zuzug nach Österreich stellt kein rückwirkendes Ereignis im Sinne des § 295a BAO dar. Der Gesetzgeber sieht für den Fall des Eintritts in das Besteuerungsrecht der Republik Österreich den Ansatz des gemeinen Wertes an Stelle der Anschaffungskosten vor, wodurch im Fall der späteren Tatbestandsverwirklichung nur mehr die stille Reserve ab dem Zuzug steuerlich erfasst wird. Das EStG 1988 verknüpft den Zuzug somit mit eigenen Steuerfolgen. Da die Frage, ob ein rückwirkendes Ereignis im Sinne des § 295a BAO vorliegt, nach dem materiellen Steuerrecht zu beurteilen ist (vgl. VwGH 20. 2. 2008, 2007/15/0259), kann der neuerliche Zuzug nach vorher erfolgtem Wegzug nicht als rückwirkendes Ereignis im Sinne des § 295a BAO angesehen werden.

Zu 4.:

§ 31 Abs. 3 EStG 1988 sieht im Falle des Eintritts in das Besteuerungsrecht der Republik Österreich eine Aufwertung auf den gemeinen Wert vor (der gemeine Wert im Zeitpunkt des Eintritts gilt als „neue“ Anschaffungskosten). Durch diese Aufwertung werden nur jene Wertsteigerungen in Österreich erfasst, die während des aufrechten Bestandes der österreichischen Besteuerungshoheit ab dem Wiederzuzug entstanden sind.

6. Besteuerung von Einkünften aus Vermietung und Verpachtung, die gemäß § 188 Abs. 1 lit. d BAO festgestellt wurden, mit dem ermäßigten Steuersatz (§ 38 EStG 1988 in Verbindung mit § 188, § 295 BAO; EStR 2000 Rz 7345, Rz 5875 bis Rz 5878)

6.1. Sachverhalt

Der Abgabepflichtige X ist an der Fa. XY Patentverwertungsgesellschaft KG beteiligt. Das für die Veranlagung der Kommanditgesellschaft zuständige Finanzamt erlässt am 4. November 2008 einen erklärungsgemäßen Grundlagenbescheid für das Veranlagungsjahr 2007. Die an das Beteiligtenfinanzamt ergehende „Mitteilung über die gesonderte Feststellung 2007“ weist dem Steuerpflichtigen X Einkünfte aus Vermietung und Verpachtung in Höhe von 40 000 € zu. Hinweise auf besondere Besteuerungsmerkmale sind in dieser Mitteilung nicht enthalten.

In der Einkommensteuererklärung 2007 begehrt Herr X als Erfinder des verwerteten Patents die Zuerkennung des halben Durchschnittssatzes für seine anteiligen Einkünfte (also für die besagten 40 000 €) aus der Fa. XY Patentverwertungsgesellschaft KG.

6.2. Fragestellung

1. Hätten die Einkünfte aus einer Patentverwertung, falls die Annahme der Einkunftsart Vermietung und Verpachtung richtig sein sollte, überhaupt nach § 188 Abs. 1 lit. d BAO festgestellt werden dürfen?
2. Ist das Beteiligtenfinanzamt nunmehr an diese (richtige oder unrichtige) Feststellung gebunden?
3. Kann der Hälftesteuersatz, der im Feststellungsverfahren offenbar nicht beantragt war, jedenfalls aber in der Mitteilung über die gesonderte Feststellung nicht enthalten ist, vom Beteiligtenfinanzamt nach eigener Beurteilung gewährt werden?
4. Trifft es zu, dass der ermäßigte Steuersatz nach § 38 Abs. 1 EStG 1988 auch für Einkünfte aus Vermietung und Verpachtung gewährt werden kann?
5. Hat nun das Beteiligtenfinanzamt zu prüfen, welche der Voraussetzungen nach den EStR 2000 Rz 5875 und Rz 5878 bei der Kommanditgesellschaft gegeben sind?

6.3. Lösung

Zu 1.:

§ 188 Abs. 1 lit. d BAO sieht eine Feststellung von Einkünften aus Vermietung und Verpachtung unbeweglichen Vermögens vor. Da die im Rahmen einer vermögensverwaltenden Verwertungsgesellschaft betriebene Patentverwertung keine Vermietung und Verpachtung unbeweglichen Vermögens darstellt, hätte eine Feststellung zu unterbleiben gehabt.

Zu 2.:

Der Grundlagenbescheid auf Grund der erfolgten Feststellung nach § 188 BAO ist inhaltlich rechtswidrig; dessen ungeachtet ist er für das Finanzamt, das für die Einkommensteuerveranlagung eines Beteiligten zuständig ist, bindend (§§ 188, 295 BAO).

Zu 3.:

Nach Auffassung des VwGH (VwGH 18. 10. 2005, 2004/14/0154) sollen in Bescheiden nach § 188 BAO aus Zweckmäßigkeitsgründen Feststellungen darüber aufgenommen werden, ob Einkunftsteile den begünstigten Steuersätzen unterliegen. Ein fehlender Ausspruch entfaltet jedoch aus Gründen des Rechtsschutzes keine Bindungswirkung, sodass sich das Beteiligtenfinanzamt mit der Fragestellung eigenständig zu befassen hat.

Zu 4.:

Auch Einkünfte aus Vermietung und Verpachtung können nach § 38 Abs. 1 EStG 1988 mit dem halben Durchschnittssteuersatz besteuert werden (EStR 2000 Rz 7345).

Zu 5.:

Das Beteiligtenfinanzamt hat zu prüfen, in welchem Umfang die Einkünfte nach § 38 Abs. 1 EStG 1988 dem halben Durchschnittssteuersatz zu besteuern sind. Die EStR 2000 Rz 5875 bis Rz 5878, die sich auf Mitunternehmerschaften beziehen, gelten für vermögensverwaltende Personengesellschaften entsprechend.

3/4.

Salzburger Steuerdialog 2010 – Ergebnisse Einkommensteuer

(Erlass des BMF vom 22.10.2010, BMF-010203/0555-VI/6/2010)

Tätigkeitsvergütungen an einen Mitunternehmer

Bezughabende Norm

§ 23 Z 2 EStG 1988; EStR 2000 Rz 1127 ff, Rz 5801 ff

Sachverhalt

Der Betrieb einer Fremdenpension wird in Form einer GesbR geführt. Der Gewinn wird gemäß § 4 Abs. 3 EStG 1988 ermittelt. An der Gesellschaft beteiligt sind jeweils zur Hälfte die Ehegatten, die Betriebsliegenschaft steht jeweils im Hälfteeigentum der Gesellschafter. Ein schriftlicher Gesellschaftsvertrag liegt dem Finanzamt vor.

Gewinne/Verluste werden laut Vertrag jeweils 50:50 aufgeteilt. Die Ehegattin „führt" den Pensionsbetrieb und erhält dafür eine Tätigkeitsvergütung. Der Ehegatte bezieht Einkünfte aus nichtselbständiger Arbeit und befindet sich in der „50%-ESt-Progressionsstufe".

Es wird von der Mitunternehmerschaft insgesamt ein positives Betriebsergebnis erzielt und werden der Ehegattin unter Berücksichtigung des Vorweggewinnes (Tätigkeitsvergütung) entsprechend höhere positive Einkünfte zugerechnet, während beim Ehegatten, der keine Tätigkeitsvergütung erhält, laufend ein Verlust gegeben ist, den er mit seinen positiven Einkünften aus nsA ausgleicht.

Beispiel: Gewinn der A + B - Ehegatten-Mitunternehmerschaft

	Gewinn gesamt	Tätigkeits-vergütung B	Anteil A – 50%	Anteil B – 50%	Gesamt B
2007	3.000	15.000	**– 6.000**	– 6.000	**9.000**
2008	2.000	18.000	**– 8.000**	– 8.000	**10.000**
2009	4.000	21.000	**– 8.500**	– 8.500	**12.500**

Vielfach werden die „Vorweggewinne/Tätigkeitsvergütungen" (die Bezeichnung ist in der Praxis nicht einheitlich) erst bei der Erstellung der Steuererklärungen für die Mitunternehmerschaft eingebucht. Eine tatsächliche Auszahlung der Tätigkeitsvergütungen erfolgt nicht.

Fragestellung

Ist es für die steuerliche Anerkennung einer Tätigkeits-(Leistungs)vergütung erforderlich, dass sie tatsächlich auch an den Gesellschafter zur Auszahlung gelangt oder reicht es aus, dass erst bei Erstellung der Steuererklärungen eine buchmäßige Erfassung durch Einbuchung des Gewinnanteils (inkl. Vorweggewinn bzw. Tätigkeitsvergütung) auf das Kapitalkonto des Gesellschafters erfolgt, bzw., dass bei E/A-Rechnern oder Pauschalierern die Tätigkeitsvergütung überhaupt nur bei der Gewinnverteilung berücksichtigt wird, eine tatsächliche Auszahlung an den Mitunternehmer aber nicht erfolgt (angenommen wird, dass die eingebuchte Tätigkeitsvergütung grundsätzlich der Höhe nach angemessen ist)?

Lösung

Der vorliegende Sachverhalt ist zunächst daraufhin zu untersuchen, ob eine Tätigkeitsvergütung oder ein Vorweggewinn (Gewinnvorab) vereinbart ist. Tätigkeitsvergütungen stellen Entgelte für Leistungen eines Gesellschafters dar, wenn sie nach der tatsächlich durchgeführten Abrede der Gesellschafter Aufwand der Gesellschaft sein sollen und auch dann bezahlt werden sollen, wenn die Gesellschaft keinen Gewinn erzielt. Demgegenüber liegt ein Vorweggewinn (Gewinnvorab) und keine Tätigkeitsvergütung vor, wenn einem Gesellschafter Vergütungen zB für Dienstleistungen vorweg aus dem Gewinn gewährt und diese nicht als Aufwand behandelt werden.

Im vorliegenden Fall muss von einer Tätigkeitsvergütung ausgegangen werden, da nur bei Vorliegen einer solchen und nicht bei einem Vorweggewinn einem Gesellschafter mehr zugeteilt werden kann, als an (Gesamt)Gewinn vorhanden ist. Aus der Vereinbarung eines Vorweggewinnes kann nämlich keine Einkünfteaufteilung resultieren, die – wie im vorliegenden Fall – einem Beteiligten einen Gewinn, dem anderen einen Verlust zuweist. Vielmehr ist bei vereinbartem Vorweggewinn der erzielte Gewinn alinear zu verteilen.

An Vereinbarungen unter nahen Angehörigen sind steuerlich erhöhte Anforderungen zu stellen. Ihre Anerkennung setzt voraus, dass sie einen klaren und eindeutigen Inhalt haben, nach außen ausreichend zum Ausdruck kommen und einem Fremdvergleich standhalten (vgl. EStR 2000 Rz 1127 ff). Der vorliegende Sachverhalt ist daher zunächst daraufhin zu untersuchen, ob er diesen Anforderungen entspricht. Das bloße „Einbuchen" von Tätigkeitsvergütungen ohne zugrunde liegenden effektiven Zahlungen führt mangels Fremdüblichkeit zur Nichtanerkennung der Tätigkeitsvergütungen als Betriebsausgaben bzw. Sonderbetriebseinnahmen, sodass die vor Berücksichtigung der Tätigkeitsvergütungen erzielten Ergebnisse der Einkünfteermittlung zugrunde zu legen sind.

Aber selbst wenn die Vereinbarung und Abwicklung hinsichtlich der Tätigkeitsvergütung den Maßstäben für die Anerkennung von Verträgen unter Angehörigen entsprechen würde, ist zu berücksichtigen, dass die an die Ehegattin gewährte Tätigkeitsvergütung beim Ehegatten dauerhaft

Verluste entstehen lässt, deren steuerliche Anerkennung die Qualifikation als (Beteiligungs) Liebhaberei entgegensteht. In diesem Fall sind nur die Einkünfte der Ehegattin (außerhalb eines Feststellungsverfahrens gemäß § 188 BAO) steuerlich zu erfassen.

Im Fall der – hier nicht vorliegenden – Vereinbarung eines Vorweggewinnes liegt eine alineare Gewinnverteilung vor. In einem solchen Fall wäre darauf zu achten, dass die Einkünfteverteilung die unterschiedlichen Gesellschafterbeiträge angemessen widerspiegelt (vgl. VwGH 16.09.2003, 2000/14/0069).

Steuerliche Auswirkungen der Insolvenz des Unternehmers auf den beteiligten atypisch stillen Gesellschafter

Bezughabende Norm

§ 24 Abs. 2 EStG 1988; EStR 2000 Rz 5993 ff

Sachverhalt

An einer betriebsführenden GmbH sind mehrere atypisch stille Gesellschafter beteiligt. Im Jahr 01 erfolgt der Antrag auf Eröffnung des Konkurses über das Vermögen der GmbH. Die Kapitalkonten der atypisch stillen Gesellschafter weisen zum Zeitpunkt der Konkurseröffnung, aus Verlustzuweisungen resultierend, negative Stände auf. Eine Auffüllungsverpflichtung der atypisch stillen Gesellschafter ist gesellschaftsvertraglich nicht vorgesehen.

Variante 1: Im Jahr 01 wird das Konkursverfahren eröffnet und im Jahr 02 aufgehoben und die GmbH vollbeendigt.

Variante 2: Der Antrag auf Eröffnung des Konkursverfahrens im Jahr 01 wird vom Konkursgericht mangels kostendeckenden Vermögens der Gesellschaft abgewiesen.

Variante 3: Im Jahr 01 erfolgt die Eröffnung des Konkurses über das Vermögen der Gesellschaft. Im Laufe des Konkursverfahrens stellt der Gemeinschuldner den Antrag auf Abschluss eines Zwangsausgleiches (§ 140 Abs. 1 KO). Im Jahr 02 wird der Zwangsausgleich durch das Konkursgericht bestätigt (Ausgleichsquote 20%).

Fragestellung

1. Werden in den oben genannten Fällen die atypisch stillen Gesellschaftsverhältnisse beendet? Wenn ja, zu welchem Zeitpunkt?

2. Wann hat eine Versteuerung der negativen Kapitalkonten der atypisch stillen Gesellschafter gemäß § 24 Abs. 2 letzter Satz EStG 1988 zu erfolgen?

3.1. Für den Fall, dass der Zwangsausgleich bestätigt und die Gesellschaft nicht vollbeendigt wird, bei wem ist in diesem Fall der aus dem Schuldnachlass (80%) resultierende Gewinn zu erfassen?

3.2. Nach Bestätigung des Zwangsausgleiches leisten die bereits vor Konkurseröffnung beteiligten atypisch stillen Gesellschafter weitere Einlagen und erklären, das „stille" Gesellschaftsverhältnis fortsetzen zu wollen. Ändert das etwas an der Zurechnung des Gewinnes aus dem Schuldnachlass im Rahmen des Zwangsausgleiches?

4. Wie wäre die steuerliche Beurteilung in diesen Fällen, wenn es sich nicht um einen atypisch stillen Gesellschafter, sondern um einen Kommanditisten handelt?

Lösung

Zu Frage 1. (Werden in den oben genannten Fällen die atypisch stillen Gesellschaftsverhältnisse beendet? Wenn ja, zu welchem Zeitpunkt?)

Variante 1: (Im Jahr 01 wird das Konkursverfahren eröffnet und im Jahr 02 aufgehoben und die GmbH vollbeendigt):

Nach § 185 Abs. 2 UGB wird die stille Gesellschaft durch die Eröffnung des Konkursverfahrens über das Vermögen eines Gesellschafters aufgelöst. Dieser Auflösungsgrund kann nicht abbedungen werden (*Krejci*, Gesellschaftsrecht I, 458, Pkt 6; ebenso *Duursma/Duursma-Kepplinger/Roth*, Handbuch zum Gesellschaftsrecht). Mangels gesellschaftsrechtlicher Grundlage erlischt die stille Gesellschaft als Mitunternehmerschaft mit der Konkurseröffnung über das Vermögen des Unternehmers.

Variante 2: (Der Antrag auf Eröffnung des Konkursverfahrens im Jahr 01 wird vom Konkursgericht mangels kostendeckenden Vermögens der Gesellschaft abgewiesen.)

Da es nicht zur Eröffnung des Konkursverfahrens kommt, besteht die stille Gesellschaft weiter.

Variante 3: (Im Jahr 01 erfolgt die Eröffnung des Konkurses über das Vermögen der Gesellschaft. Im Laufe des Konkursverfahrens stellt der Gemeinschuldner den Antrag auf Abschluss eines Zwangsausgleiches (§ 140 Abs. 1 KO). Im Jahr 02 wird der Zwangsausgleich durch das Konkursgericht bestätigt (Ausgleichsquote 20%).

Mangels gesellschaftsrechtlicher Grundlage erlischt die stille Gesellschaft als Mitunternehmerschaft mit der Konkurseröffnung über das Vermögen des Unternehmers (siehe Antwort zu Variante 1).

Zu Frage 2. (Wann hat eine Versteuerung der negativen Kapitalkonten der atypisch stillen Gesellschafter gemäß § 24 Abs. 2 letzter Satz EStG 1988 zu erfolgen?)

Variante 1:

Da die Mitunternehmerschaft mit Konkurseröffnung erlischt, hat zu diesem Zeitpunkt die Versteuerung der negativen Kapitalkonten der atypisch stillen Gesellschafter zu erfolgen.

Variante 2:

Die Versteuerung der negativen Kapitalkonten der atypisch stillen Gesellschafter hat im Zeitpunkt des tatsächlichen Ausscheidens der jeweiligen Gesellschafter aus der stillen Gesellschaft zu erfolgen.

Variante 3:

Da die Mitunternehmerschaft mit Konkurseröffnung erlischt, hat zu diesem Zeitpunkt die Versteuerung der negativen Kapitalkonten der atypisch stillen Gesellschafter zu erfolgen.

Zu Frage 3.1. (Für den Fall, dass der Zwangsausgleich bestätigt und die Gesellschaft nicht vollbeendigt wird, bei wem ist in diesem Fall der aus dem Schuldnachlass (80%) resultierende Gewinn zu erfassen?)

Nach Konkurseröffnung eintretende Änderungen im Vermögensstand des Geschäftsinhabers haben keine Auswirkungen mehr auf den stillen Gesellschafter (vgl. *Margreiter in ecolexscript 1995/2*). Maßgebender Stichtag für die Auseinandersetzung ist der Auflösungsstichtag, das ist der Tag der Konkurseröffnung über den Unternehmer. Ein Gewinn aus dem Schuldnachlass ist daher nur dem Unternehmer zuzurechnen, nur er kann die Begünstigung des § 36 EStG 1988 in Anspruch nehmen.

Zu Frage 3.2. (Nach Bestätigung des Zwangsausgleiches leisten die bereits vor Konkurseröffnung beteiligten atypisch stillen Gesellschafter weitere Einlagen und erklären das „stille" Gesellschaftsverhältnis fortsetzen zu wollen. Ändert das etwas an der Zurechnung des Gewinnes aus dem Schuldnachlass im Rahmen des Zwangsausgleiches?)

Eine Fortsetzung einer bereits aufgelösten stillen Gesellschaft ist nicht möglich; es ist vielmehr eine neuer Gesellschaftsvertrag zu schließen, der mit dem ursprünglichen Vertrag ident sein kann bzw. die ursprünglichen Gesellschafter so stellen kann, als hätte die stille Gesellschaft fortdauernd bestanden (*Hochedlinger/Fuchs*, stille Gesellschaft 1/230 mit Hinweis auf *Hämmerle/Wünsch*, Handelsrecht II, 411).

Der Vereinbarung, die stille Gesellschaft „fortsetzen" zu wollen, kann angesichts der rechtlichen Tatsache, dass eine stille Gesellschaft während des Bestandes eines Konkursverfahrens nicht existieren kann, nur die Wirkung beigemessen werden, dass nach Konkursaufhebung eine neue stillen Gesellschaft gebildet werden soll. Da die Gesellschaftsgründung keine rückwirkende Kraft entfalten kann, ist auch in diesem Fall der Gewinn aus dem Schuldnachlass nur dem Unternehmer zuzurechnen.

Zu Frage 4. (Wie wäre die steuerliche Beurteilung in diesen Fällen, wenn es sich nicht um einen atypisch stillen Gesellschafter, sondern um einen Kommanditisten handelt?)

Die Eröffnung des Konkurses über eine KG führt zur Auflösung der Gesellschaft (§ 131 Z 3 iVm § 161 Abs. 2 UGB). Die Auflösung der Gesellschaft bewirkt allerdings noch nicht das Ende der Gesellschaft, sie ist vielmehr abzuwickeln bzw. zu liquidieren. Solange die KG nicht abgewickelt ist, besteht sie unternehmensrechtlich fort. Im Unterschied zur stillen Gesellschaft lässt die Konkurseröffnung eine KG als Mitunternehmerschaft nicht untergehen. Eine nach Konkurseröffnung abzuwickelnde Personengesellschaft ist ertragsteuerlich grundsätzlich wie eine werbende Gesellschaft zu behandeln. Dementsprechend hat bei den Gesellschaftern die Erfassung eines Veräußerungsgewinnes nach Maßgabe der allgemeinen Grundsätze des Einkommensteuergesetzes zu erfolgen. Die Erfassung des negativen Kapitalkontos des Kommanditisten gemäß § 24 Abs. 2 letzter Satz EStG 1988 hat daher zu erfolgen:

Variante 1:

Stellt die Abwicklung eine Betriebsaufgabe gemäß § 24 Abs. 1 Z 2 EStG 1988 dar, hat die Erfassung des Veräußerungsgewinnes in dem Zeitpunkt zu erfolgen, zu dem die Aufgabehandlungen so weit fortgeschritten sind, dass dem Betrieb der KG die wesentlichen Grundlagen entzogen sind (vgl. VwGH 16.12.2009, 2007/15/0121). Sollte die Abwicklung keine Betriebsaufgabe iSd § 24 Abs. 1 Z 2 EStG 1988 darstellen, ist für die Erfassung des Veräußerungsgewinnes iSd § 24 Abs. 2 EStG 1988 der Zeitpunkt der Verteilung des Massevermögens maßgebend, da es jedenfalls damit zur Beendigung der Mitunternehmerschaft kommt (vgl. VwGH 21.02. 1996, 94/14/0160).

Variante 2:

Die Erfassung des negativen Kapitalkontos des Kommanditisten als Veräußerungsgewinn gemäß § 24 Abs. 2 letzter Satz EStG 1988 hat zu dem Zeitpunkt zu erfolgen, zu dem er tatsächlich aus der Gesellschaft ausscheidet.

Variante 3 und 3.1:

Da die Konkurseröffnung den Bestand der Mitunternehmerschaft nicht berührt, ist der Gewinn aus dem Zwangsausgleich anteilig den Gesellschaftern, somit auch dem Kommanditisten zuzurechnen.

Variante 3.2:

Da die KG nach dem Zwangsausgleich fortbesteht, ist ein „Fortsetzungsbeschluss" nicht erforderlich. Der Sachverhalt ist daher auf einen Kommanditisten nicht übertragbar.

Umlaufvermögen bei Betriebsaufgabe: laufender Gewinn oder Aufgabegewinn?

Bezughabende Norm

§ 24 Abs. 1 Z 2 EStG 1988, § 24 Abs. 3 EStG 1988; EStR 2000 Rz 5663

Sachverhalt

Ein Lebensmitteleinzelhändler gibt den Betrieb auf und tätigt einen Warenabverkauf.

Fragestellung

- Ist der Verkauf des Umlaufvermögens im Rahmen einer Betriebsaufgabe als Teil des laufenden Gewinnes oder als Teil des Aufgabegewinnes zu erfassen?
- Wie ist der Verkauf des Umlaufvermögens im Rahmen einer Betriebsveräußerung zu behandeln?

Lösung

Gemäß EStR 2000 Rz 5663 gehören Geschäftsfälle, die zur normalen Geschäftstätigkeit zählen, auch dann zum laufenden Gewinn, wenn sie in engstem zeitlichen Zusammenhang mit der Betriebsaufgabe stehen (ebenso Doralt, EStG 1988, § 24, Tz 133). Werden Waren im Aufgabezeitraum an Kunden veräußert, stellt dies einen im Rahmen der Ermittlung des laufenden Gewinnes zu erfassenden Geschäftsfall dar; lediglich atypische

Veräußerungsvorgänge, wie die Veräußerung an einen anderen Unternehmer oder an frühere Lieferanten, sind im Rahmen der Ermittlung des Aufgabegewinnes zu erfassen (ebenso *Doralt*, EStG 1988, § 24, Tz 134).

Im Fall einer Betriebsveräußerung sind an den Betriebserwerber mitveräußerte Warenbestände im Rahmen des Veräußerungsgewinnes zu erfassen, wobei der Erwerber im Rahmen der Ermittlung des Kaufpreises für den Betrieb Warenbestände idR höchstens mit dem Einstandspreis bewerten wird. Werden im Rahmen einer Betriebsveräußerung Waren – als für den Betrieb unwesentliche Wirtschaftsgüter – an Dritte veräußert, gilt das zur Betriebsaufgabe Gesagte entsprechend.

Übergabe eines land- und forstwirtschaftlichen Betriebes unter Zurückbehaltung einzelner Waldparzellen

Bezughabende Norm

§ 6 Z 9 lit. a EStG 1988; EStR 2000 Rz 2529

Sachverhalt

Ein vollpauschalierter Land- und Forstwirt übergibt den land- und forstwirtschaftlichen Betrieb an den Sohn und behält sich zwei Waldparzellen zurück.

Der gesamte Betrieb umfasst 36 ha, wovon 20 ha auf landwirtschaftlich und 16 ha auf forstwirtschaftlich genutzte Flächen entfallen (bestehend aus 10 nicht zusammenhängenden Waldparzellen). Die zwei zurückbehaltenen Waldparzellen umfassen 3 ha. Sie werden weiter betrieblich genutzt.

Fragestellung

1 Welche einkommensteuerlichen Konsequenzen löst die Zurückbehaltung der zwei Waldparzellen beim Übergeber aus?

2 Angenommen, der Übergeber behält sich nur den (Netto)Fruchtgenuss an zwei Waldparzellen zurück. Welche ertragsteuerlichen Konsequenzen ergeben sich daraus?

Lösung

Zu 1.:

Durch die unentgeltliche Übertragung von 33 ha des ursprünglich 36 ha umfassenden land- und forstwirtschaftlichen Betriebes sind die wesentlichen Betriebsgrundlagen auf den Erwerber übergegangen, sodass der Vorgang eine unentgeltliche Betriebsübertragung iSd § 6 Z 9 lit. a EStG 1988 darstellt. Durch diesen Vorgang ist der ursprünglich 36 ha umfassende Betrieb beim Geschenkgeber auf 3 ha geschrumpft. Der beim Geschenkgeber verbliebene Betriebsteil erstarkt – unabhängig davon, ob er vor der Übertragung einen Teilbetrieb dargestellt hat oder nicht – zu einem selbständigen Betrieb. Beim Geschenkgeber löst dieser Vorgang daher keine weiteren ertragsteuerlichen Konsequenzen aus.

Zu 2.:

Für den Geschenkgeber und den Geschenknehmer ergeben sich keine vom Fall 1 abweichenden Folgen. Der Umstand, dass der Geschenkgeber die ihm verbliebenen 3 ha nicht auf Grundlage seines Eigentumsrechtes, sondern auf Grundlage eines (Netto)Fruchtgenusses nutzt, ist unbeachtlich, da es nicht darauf ankommt, auf welcher zivilrechtlichen Grundlage betrieblich eingesetzte Wirtschaftsgüter genutzt werden.

Gewinnfreibetrag: Einbeziehung endbesteuerungsfähiger Kapitalerträge in die Bemessungsgrundlage?

Bezughabende Norm

§§ 10, 20 Abs. 2 EStG 1988; EStR 2000 Rz 3819 ff

Sachverhalt

1 Ein bilanzierender Steuerpflichtiger hält Wertpapiere zur Deckung einer Pensionsrückstellung in seinem Betriebsvermögen. Die Zinsen, die diese Wertpapiere abwerfen, unterliegen dem KESt-Abzug und sind endbesteuerungsfähig. Sie werden
   a) nicht in die Veranlagung einbezogen,
   b) (freiwillig) unter Anrechnung der KESt in die Veranlagung einbezogen.

2 A, B und C sind an der bilanzierenden ABC-KG beteiligt. Diese hält Wertpapiere zur Deckung einer Pensionsrückstellung für Angestellte in ihrem Betriebsvermögen. Die Zinsen, die diese Wertpapiere abwerfen, unterliegen dem KESt-Abzug und sind endbesteuerungsfähig. A, B und C halten ihre Beteiligung im Privatvermögen. Die Beteiligten versteuern ihre betrieblichen Beteiligungseinkünfte
   a) ohne die endbesteuerten Kapitalerträge,
   b) (freiwillig) inklusive der endbesteuerten Kapitalerträge unter Anrechnung der KESt.

Fragestellung

Ist in diesen Fällen der Gewinnfreibetrag mit oder ohne Berücksichtigung der endbesteuerungsfähigen Kapitalerträge zu ermitteln?

Lösung

Gemäß § 20 Abs. 2 EStG 1988 sind Aufwendungen oder Ausgaben nicht abzugsfähig, soweit sie mit Kapitalerträgen im Sinne des § 97 EStG 1988 oder § 37 Abs. 8 EStG 1988 in unmittelbarem wirtschaftlichem Zusammenhang stehen. Dies gilt auch dann, wenn im Wege des KESt-Abzuges oder der Veranlagung zu erfassende endbesteuerungsfähige Kapitalerträge (freiwillig) einer Tarifbesteuerung unterworfen werden. § 20 Abs. 2 EStG 1988 steht der Einbeziehung endbesteuerungsfähiger in- oder ausländischer Kapitalerträge in die Bemessungsgrundlage des Gewinnfreibetrages entgegen. Dies gilt auch dann, wenn die endbesteuerungsfähigen Kapitalerträge (freiwillig) tarifveranlagt werden.

Diese Rechtsansicht gilt für die Ermittlung der Höhe des Gewinnfreibetrages (wirksam daher ab der Veranlagung 2010). EStR 2000 Rz 3712 betreffend den Freibetrag für investierte Gewinne ist insoweit für den Gewinnfreibetrag nicht anzuwenden, sie bleibt aber für den Freibetrag für investierte Gewinne weiterhin aufrecht. Die EStR 2000 wird entsprechend angepasst werden.

In sämtlichen anfragegegenständlichen Fällen ist die Bemessungsgrundlage für den Gewinnfreibetrag daher ohne endbesteuerungsfähige Kapitalerträge zu ermitteln. Der Abzug des Gewinnfreibetrages erfolgt im Fall 1 im Rahmen der Gewinnermittlung, die der Einkommensteuererklärung zugrunde gelegt wird. Im Fall 2 ist der Gewinnfreibetrag im Rahmen des Feststellungsverfahrens nach § 188 BAO zu berücksichtigen. Der Gewinnfreibetrag ist in diesem Fall ebenfalls ohne Einbeziehung endbesteuerungsfähiger Kapitalerträge zu berechnen, auch wenn die endsteuerungsfähigen Kapitalerträge Bestandteil der festzustellenden betrieblichen Einkünfte sind.

Pensionsabfindung eines wesentlich beteiligten GmbH-Geschäftsführers

Bezughabende Norm

§§ 24, 37 Abs. 5 , 32 Z 1 iVm § 37 Abs. 2 Z 2 EStG 1988; EStR 2000 Rz 6812 und Rz 6822

Sachverhalt

Ein über 60-jähriger bereits seit 15 Jahren wesentlich beteiligter GmbH-Geschäftsführer beendet seine Tätigkeit. Sein Anspruch auf laufende Firmenpension wird auf seinen Wunsch durch eine Einmalzahlung abgefunden.

Fragestellung

Wie ist die Pensionsabfindung steuerlich zu behandeln?

Lösung

Gemäß § 22 Z 2 EStG 1988 gehören zu den Einkünften aus sonstiger selbständiger Arbeit auch Gehälter und Vergütungen jeder Art, die für eine ehemalige Tätigkeit einer Person gewährt werden, die in einem Zeitraum von zehn Jahren vor Beendigung ihrer Tätigkeit durch mehr als die Hälfte des Zeitraumes wesentlich beteiligt war. Die Abfindung der Firmenpension ist im gegenständlichen Fall als Einkünfte gemäß § 22 Z 2 EStG 1988 zu erfassen.

§ 37 Abs. 5 Z 3 EStG 1988 sieht ua. vor, dass Veräußerungs- und Übergangsgewinne dann mit dem Hälftesteuersatz zu versteuern sind, wenn der Steuerpflichtige das 60. Lebensjahr vollendet hat und seine Erwerbstätigkeit einstellt. Gemäß § 32 Z 1 lit. a iVm § 37 Abs. 2 Z 2 EStG 1988 sind Entschädigungen, die als Ersatz für entgangene oder entgehende Einnahmen gewährt werden, auf Antrag auf drei Jahre verteilt zu erfassen, wenn der Zeitraum, für den die Entschädigungen gewährt werden, mindestens sieben Jahre beträgt. Es erhebt sich die Frage, ob die abgefundene Firmenpension im Rahmen des § 37 Abs. 5 oder des § 32 Z 1 lit. a iVm § 37 Abs. 2 Z 2 EStG 1988 zu erfassen ist. Dies ist nicht der Fall:

Die Abfindung der Firmenpension ist nicht im Rahmen der Ermittlung des nach § 37 Abs. 5 EStG 1988 begünstigen Aufgabegewinnes zu erfassen, da die Firmenpension die ehemalige Tätigkeit vergütet, nicht aber die Beendigung der Geschäftsführungstätigkeit. Hat der Steuerpflichtige – wie im vorliegenden Fall – erst mit Pensionsantritt einen gesicherten Anspruch auf den Abfindungsbetrag, kommt einer Erfassung im Rahmen eines betriebsaufgabebedingt zu ermittelnden Übergangsgewinnes nicht in Betracht, da die Forderung in diesem Fall erst nach Betriebsaufgabe entsteht (vgl. VwGH 27.07.1999, 94/14/0053 betr. freiwilliger „Beisteuer" eines Notars).

Um die Pensionsabfindung als „Entschädigung" iSd § 32 Z 1 lit. a EStG 1988 zu qualifizieren, muss sie eine Schadensabgeltung darstellen, weil eine „Entschädigung" begrifflich den Eintritt eines Schadens voraussetzt. Gemäß EStR 2000 Rz 6822 stellt eine Pensionsabfindung eine Entschädigung dar, wenn die Abfindung nicht vertraglich vereinbart war oder die Initiative nicht vom Pensionsberechtigten ausging. Da im gegenständlichen Fall aber die Abfindung seiner Pensionsansprüche auf Wunsch des Geschäftsführers erfolgt ist, liegen die Voraussetzungen für die Einkünfteverteilung nach § 32 Z 1 lit. a EStG 1988 iVm § 37 Abs. 2 Z 2 EStG 1988 nicht vor.

Steuerliche Behandlung von Entschädigungen für Feuerwehrfunktionäre

Bezughabende Norm

§ 29 Z 4 EStG 1988; EStR 2000 Rz 6613 ff

Sachverhalt

Feuerwehrfunktionäre erhalten vielfach Entschädigungen für ihre Tätigkeit. Deren steuerliche Behandlung (Berücksichtigung von Aufwendungen aus der Tätigkeit) erfolgt bundesweit nicht einheitlich.

Fragestellung

Wie sind Entschädigungen von Feuerwehrfunktionären steuerlich zu behandeln?

Lösung

Entschädigungen von Feuerwehrfunktionären, die nicht in einem Dienstverhältnis stehen, sind im Rahmen des § 29 Z 4 EStG 1988 steuerlich zu erfassen. Mit der Funktionsausübung sind vielfach Aufwendungen verbunden, die als Werbungskosten zu berücksichtigen sind. Dies trifft insbesondere auf Kosten für Berufskleidung (Uniform) und Fahrt- und Reisekosten zu. Nicht abzugsfähig sind hingegen Repräsentationsaufwendungen wie etwa Spenden bei Festen oder Essens- und Getränkeeinladungen.

Im Interesse einer verwaltungsökonomischen Vorgangsweise bestehen keine Bedenken, Werbungskosten in Höhe von 30% der Einnahmen, mindestens aber 3.000 Euro und höchstens 6.000 Euro zu schätzen. Die geschätzten Werbungskosten dürfen nicht höher als die Einnahmen sein. Die Berücksichtigung höherer Werbungskosten setzt den Einzelnachweis sämtlicher als Werbungskosten beantragter Aufwendungen voraus. Die LStR 2002 Rz 383a ff der (Politikeraufwendungen) sind diesbezüglich nicht anzuwenden. Diese Regelung ist auf alle offenen Fälle anzuwenden.

Funktionsgebühren gemäß § 29 Z 4 EStG 1988 unterliegen der Mitteilungspflicht gemäß § 109a EStG 1988. Gemäß § 1 Abs. 2 der Verordnung zu § 109a, BGBl. Nr. II 2001/417, besteht keine Mitteilungspflicht, wenn das einer Person im Kalenderjahr insgesamt geleistete (Gesamt-)Entgelt einschließliche allfälliger Reisekostenersätze nicht mehr als 900 Euro beträgt und das (Gesamt-)Entgelt einschließlich allfälliger Reisekostenersätze für jede einzelne Leistung nicht mehr als 450 Euro beträgt. Übersteigen die an Feuerwehrfunktionäre geleisteten Funktionsgebühren eine der genannten Grenzen, besteht Mitteilungspflicht nach § 109a EStG 1988.

3/5.

Salzburger Steuerdialog 2011 – Einkommensteuer – Ergebnisse

(Erlass des BM f. Finanzen vom 6.10.2011, BMF-010203/0464-VI/6/2011)

Schenkung einer Quote an einem Einzelbetrieb zwischen Angehörigen

Bezughabende Norm

§ 6 Z 9 lit. a EStG 1988, § 23 Z 2 EStG 1988, EStR 2000 Rz 2531 f, EStR 2000 Rz 5883 f

Sachverhalt

Versicherungsmakler A überträgt mit schriftlichem Schenkungsvertrag vom 30. November 2007 50% seines Maklerbetriebes an seine volljährige Tochter B. Im Schenkungsvertrag ist vereinbart, dass die Schenkung mit Wirkung per 1. Jänner 2007 als vollzogen gilt.

Infolge der Betriebsanteilsschenkung kommt es zur Errichtung der A&B-Versicherungs-Kommanditgesellschaft, an der A als Komplementär und die Tochter B als Kommanditistin fungieren. Beide sind am Vermögen der KG jeweils zu 50% beteiligt. Das Fixkapital des Komplementärs sowie die bedungene Einlage der Kommanditistin betragen jeweils 20.000 Euro.

Im Gesellschaftsvertrag über die Errichtung der Kommanditgesellschaft ist festgelegt, dass der Gewinn und Verlust entsprechend der Beteiligung am Vermögen der Gesellschaft zwischen den beiden Gesellschaftern aufzuteilen ist.

Für das Jahr 2007 und die Folgejahre werden von der A&B-KG an das Finanzamt Gewinnfeststellungserklärungen gemäß § 188 BAO eingereicht, in denen die Gewinne der Gesellschaft jeweils mit 50% auf Komplementär A und mit 50% auf Kommanditistin B zur Aufteilung gelangen.

Der Gewinn der Gesellschaft beläuft sich im Jahr 2007 auf 72.000 Euro, im Jahr 2008 auf 84.000 Euro und im Jahr 2009 auf 66.000 Euro.

Die A&B-KG veräußert ihren (originären) Kundenstock am 2. Jänner 2010 an einen fremden Dritten um den Kaufpreis von 120.000 Euro.

Im Zuge einer abgabenbehördlichen Prüfung der AB-KG für die Jahre 2007 bis 2010 wird festgestellt, dass Kommanditistin B in der Gesellschaft nicht aktiv mitarbeitet. Die Umsätze der Gesellschaft aus Versicherungsprovisionen resultieren ausschließlich aus der Vermittlungstätigkeit des Komplementärs A.

Fragestellung

1. Ist die Schenkung der Hälfte des Maklerbetriebes steuerlich anzuerkennen und kommt der Geschenknehmerin Mitunternehmerstellung zu?
2. Ist die gesellschaftsvertraglich vereinbarte Gewinnverteilungsabrede für 2007 bis 2009 steuerlich anzuerkennen?

3. In welchem Verhältnis ist die stille Reserve aus der Veräußerung des Kundenstocks im Jahr 2010 auf die Gesellschafter aufzuteilen?

Lösung

Zu 1.:

Ein Einzelunternehmer kann eine Quote seines Betriebes verschenken. Es liegen im gegenständlichen Fall keine Anhaltspunkte vor, die Schenkung ertragsteuerlich nicht anzuerkennen. Eine Betriebsquotenschenkung ist wie eine unentgeltliche (Teil)Betriebsübertragung zu behandeln und fällt unter den Tatbestand des § 6 Z 9 lit. a EStG 1988, sodass die Buchwerte fortzuführen sind und es zu keiner Aufdeckung stiller Reserven kommt. Es handelt sich dabei um die „Geburt" und unentgeltliche Übertragung eines Mitunternehmeranteils in einem Vorgang (*Quantschnigg/Schuch*, ESt-Handbuch, § 6 Tz 244). Infolge der Schenkung kommt es zur Errichtung einer KG, in der die Geschenknehmerin die Stellung einer Kommanditistin ausübt. Eine darin allenfalls gelegene formwechselnde Umwandlung löst keine ertragsteuerliche Folgen aus.

Zu 2.:

Da steuerliche Rechtsfolgen – abgesehen von gesetzlich ausdrücklich angeordneten Fällen – nicht rückwirkend gestaltet werden können, liegt eine Mitunternehmerstellung der B erst mit dem Abschluss des Schenkungsvertrages vor (VwGH 18.02.1999, 97/15/0023; Doralt, EStG 1988, § 23 Tz 288). Eine rückwirkende Teilnahme der Geschenknehmerin B an den Betriebsergebnissen des Jahres 2007 (Jänner bis November) ist mit steuerlicher Wirkung nicht möglich.

Für die steuerliche Anerkennung der Gewinnverteilung von Personengesellschaften gilt ganz allgemein das Erfordernis der Angemessenheit. Gerade bei Familiengesellschaften muss die getroffene Gewinnverteilungsabrede auf ihre Angemessenheit hin geprüft werden. Dies deshalb, da dem Gesellschafter nur jene Einkünfte aus der Personengesellschaft zuzurechnen sind, die seinen Gesellschafterbeiträgen entsprechen (insbesondere Kapital, Arbeitskraft und Risiko). Inhaltlicher Maßstab der Prüfung ist, ob die Gewinnverteilung unter Familienfremden in dieser oder ähnlicher Weise getroffen worden wäre.

Die Prüfung der Gewinnverteilungsregelung auf ihre Angemessenheit hin ist notwendig, um die aus der Gesellschafterstellung resultierenden Einkünfte von den Gewinnverwendungen abzugrenzen. Anlass zur Prüfung und zum Fremdvergleich ergibt sich insbesondere, wenn aus der gewählten Gewinnverteilungsart eine Minderung der Steuerlast resultiert.

Die Gewinnaufteilung in einer Mitunternehmerschaft muss demnach eine sachgerechte Abgeltung der Leistungen und Beiträge der einzelnen Gesellschafter darstellen. Sollte das gesellschaftsvertraglich nicht gewährleistet sein, muss die Einkünfteverteilung auch abweichend von den Parteienvereinbarungen vorgenommen werden (vgl. VwGH 16.09.2003, 2000/14/0069; EStR 2000 Rz 1183).

Für die Tätigkeit eines Versicherungsmaklers sind in erster Linie personenbezogene Qualitäten entscheidend. Die Höhe der Provisionseinnahmen und der wirtschaftliche Erfolg eines Versicherungsmaklers hängt in weitaus überwiegendem Ausmaß von einer erfolgreichen Vermittlungstätigkeit ab. Bei einem Maklerbetrieb stellt somit die Arbeitsleistung eines Gesellschafters den für den Betriebserfolg wesentlichen Gesellschafterbeitrag dar, während der Kapitaleinsatz bzw. das mit der Maklertätigkeit verbundene Risiko nur von untergeordneter Bedeutung sind.

Zum Erfolg der Gesellschaft steuert A neben seiner Einlage und Vermögen vor allem seine Arbeitsleistung bei, B neben ihrer Einlage nur Vermögen.

Gesellschaften unter Angehörigen müssen einem Fremdvergleich standhalten. Stellt die Abgabenbehörde fest, dass eine Gewinnverteilungsregelung unangemessen ist und damit der Gewinn abweichend von den jeweils geleisteten Gesellschafterbeiträgen aufgeteilt wird, ist sie auf eine angemessene zu korrigieren (EStR 2000 Rz 1183). Im konkreten Fall hätten einander fremd gegenüberstehende Gesellschafter aus einem natürlichen Interessensgegensatz heraus, der jedem Gesellschafter ein seinem Gesellschafterbeitrag entsprechendes Gewinnäquivalent zuweisen würde, nicht eine Gewinnverteilung vereinbart, die bei derart unterschiedlich zu gewichtenden Gesellschafterbeiträgen eine gleichteilige Ergebnisaufteilung vorsieht. Die Gewinnverteilung der Jahre 2007 bis 2009 muss daher – abweichend von der gesellschaftsvertraglich vereinbarten – korrigiert werden. Dafür sind die konkreten Verhältnisse des Einzelfalles maßgebend.

Die Bestimmung des Aufteilungsverhältnisses könnte wie folgt vorgenommen werden: Ausgehend von einem durchschnittlichen Jahresgewinn wird ein fremdübliches Arbeitsentgelt für die Tätigkeit des Komplementärs sowie eine angemessene Haftungsvergütung ausgeschieden und dem Komplementär zugewiesen, der Rest kann grundsätzlich nach dem Kapitaleinsatz verteilt werden.

Zu 3.:

Mit der Betriebsquotenschenkung hat A der B auch einen Anteil am damals bestehenden Kundenstock geschenkt. Da der Kundenstock den Gesellschaftern für steuerliche Zwecke vermögensmäßig zu gleichen Teilen zuzurechnen ist, ist auch die stille Reserve gleichteilig zuzuordnen.

Schenkung eines Gesellschaftsanteiles an einer Rechtsanwälte-GesbR an die Ehegattin

Bezughabende Norm

§ 2 EStG 1988, § 23 Z 2 EStG 1988; EStR 2000 Rz 5839 f, Rz 5883 f

Sachverhalt

Rechtsanwalt A ist Gesellschafter der im Jahr 1995 gegründeten ABC-Rechtsanwälte GesbR und bezieht daraus jährlich einen Gewinnanteil von ca. 500.000 Euro. Bei den Gesellschaftern der ABC-Rechtsanwälte GesbR handelt es sich um fremde Dritte.

Mit Wirksamkeit zum 1.5.2005 schenkt A seinen Anteil an der ABC-Rechtsanwälte GesbR an seine Ehegattin, die den Gesellschaftsanteil übernimmt. Ab 1.5.2005 ist der Gesellschaftsanteil nur noch der Ehegattin zuzurechnen. Geschenkgeber A bleibt an der ABC-Rechtsanwälte GesbR als reiner Arbeitsgesellschafter beteiligt.

Im Schenkungsvertrag zwischen den Ehegatten ist hinsichtlich der Gewinnverteilung vereinbart, dass der im Gesellschaftsvertrag festgelegte Gewinnanteil des Geschenkgebers Rechtsanwalt A insgesamt unverändert bleibt und dass von diesem Gewinnanteil die Geschenknehmerin nunmehr 40% erhält und der Geschenk gebenden Ehegatte als reiner Arbeitsgesellschafter 60%.

Die übrigen Gesellschafter der Rechtsanwälte GesbR stimmten dem Schenkungsvertrag zu. Die gesellschaftsvertraglich festgelegte Gewinnverteilung zwischen den Gesellschaftern wird durch die Gesellschaftsanteilsschenkung nicht beeinflusst. Anstatt des Geschenkgebers ist nunmehr die Geschenknehmerin mit 28% am Vermögen, Gewinn und Verlust an der Gesellschaft beteiligt.

Ebenfalls auf den 1.5.2005 wird die Rechtsform des Unternehmens von einer Gesellschaft bürgerlichen Rechts in eine Kommanditerwerbsgesellschaft umgewandelt, wobei die Geschenknehmerin die Stellung einer Kommanditistin erhält, die restlichen Gesellschafter der GesbR sind nunmehr als Komplementäre beteiligt, wobei der Geschenkgeber weiterhin reiner Arbeitsgesellschafter ist.

Die Geschenknehmerin hat ein abgeschlossenes Jusstudium und hat die Anwaltsprüfung abgelegt. Sie ist und war auch bisher während ihrer Zeit als Gesellschafterin in der Gesellschaft selbst nicht aktiv tätig und war in der Vergangenheit auch in keine Entscheidungen der Gesellschaft eingebunden.

Die Geschenknehmerin hat für den Fall des Ausscheidens ihres Ehegatten aus der (nunmehrigen) ABC-Rechtsanwälte KEG kein gesellschaftsvertraglich vereinbartes Recht, in der ABC-KEG als Anwältin tätig zu werden und den Klientenstock des Ehegatten – sofern das überhaupt möglich gewesen wäre – zu übernehmen.

Tatsächlich ist der Geschenk gebende Ehegatte A unverändert in der Gesellschaft tätig und betreut weiterhin seinen Klientenstock.

Der aus seiner anwaltlichen Tätigkeit resultierende Gewinnanteil aus der ABC-Rechtsanwälte KEG, auf dessen Höhe die Schenkung des Gesellschaftsanteils ja keine Auswirkung hatte, wurde nach Schenkung des Gesellschaftsanteils an die Ehegattin nunmehr nicht mehr ihm allein zugerechnet, sondern zu 40% seiner Ehegattin, die nunmehr zu 28% als Kommanditistin am Vermögen der KEG beteiligt ist.

Fragestellung

1. Wird durch die Schenkung des Gesellschaftsanteils an die Ehegattin auch eine steuerliche Mitunternehmerstellung der Ehegattin begründet?
2. Wenn ja, ist die hier vorgenommene Gewinnaufteilung 60% zu 40% steuerlich anzuerkennen bzw. nach welchen Kriterien hat die Gewinnaufteilung in diesem Fall vorgenommen zu werden?

Lösung

Zu 1.:

Bei freien Berufen ist idR davon auszugehen, dass der Gewinn fast ausschließlich durch den Arbeitseinsatz des Berufsträgers erzielt wird und ein Gesellschaftsvertrag mit einem nur mittätigen Fremden ohne entsprechende Vorbildung nicht abgeschlossen würde. Aus dem Fremdvergleich kann daher – trotz gesetzlicher Zulässigkeit – die steuerliche Nichtanerkennung eines solchen Gesellschaftsverhältnisses abzuleiten sein (VwGH 29.09.2004, 2001/13/0159; EStR 2000 Rz 1187). Der Zusammenschluss eines Freiberuflers mit einem berufsfremden Angehörigen ist im Hinblick darauf, dass der Gewinn fast ausschließlich auf die Arbeitsleistung des Berufsträgers zurückzuführen ist, einer besonders strengen Prüfung zu unterziehen, da das Eingehen eines Gesellschaftsverhältnisses eines Freiberuflers mit einer berufsfremden Person bereits dem Grunde nach einen Ausnahmefall darstellt (VwGH 06.03.1985, 84/13/0242; *Quantschnigg/Schuch*, ESt-Handbuch, § 20 Tz 54.3).

Nach dem genannten Erkenntnis des VwGH vom 6.3.1985, 84/13/0242, ist es jedenfalls nicht anzunehmen, dass ein Rechtsanwalt einer berufsfremden, ihm nicht nahestehenden Person für das Zurverfügungstellen von 50% des Betriebsvermögens eine Gewinnbeteiligung von 40% bzw 50% einräumen würde. Die steuerliche Anerkennung einer derartigen Vereinbarung wurde daher bereits dem Grunde nach versagt.

Kann ein Betriebsinhaber keine hinreichenden Aussagen darüber machen, wann, für welche konkreten Leistungen seiner Ehefrau und in welchem Ausmaß er Vergütungen geleistet hat, ist die behauptete Gewinnbeteiligung steuerlich nicht anzuerkennen (VwGH 27.04.1983, 2813/80).

Bei Gesellschaften zur Ausübung der Rechtsanwaltschaft dürfen gemäß § 21c RAO neben Rechtsanwälten iSd § 21c Z 1 lit. a RAO ua. folgende Angehörige beteiligt sein:

- **Ehegatten und Kinder eines der Gesellschaft angehörenden Rechtsanwalts;**

- die Witwe und Kinder eines verstorbenen Rechtsanwaltes, wenn dieser bei seinem Ableben Gesellschafter war oder wenn die Witwe oder die Kinder die Gesellschaft mit einem Rechtsanwalt zur Fortführung der Kanzlei eingehen.

Ehegatten eines Rechtsanwaltes der Gesellschaft können jedoch nur für die Dauer der Ehe der Gesellschaft angehören (§ 21c Z 4 RAO).

§ 21c Z 9 RAO sieht vor, dass alle der Gesellschaft angehörenden Rechtsanwälte allein zur Vertretung und zur Geschäftsführung befugt sein müssen. Alle anderen Gesellschafter müssen von der Vertretung und Geschäftsführung ausgeschlossen sein.

Nach § 21c Z 2 RAO dürfen Rechtsanwälte der Gesellschaft nur als persönlich haftende Gesellschafter angehören. Ehegatten, Kinder und eine Witwe eines Rechtsanwaltes dürfen der Gesellschaft nur als Kommanditisten, als Gesellschafter ohne Vertretungs- und Geschäftsführungsbefugnis oder nach Art eines stillen Gesellschafters angehören.

Im vorliegenden Fall hat die Ehefrau zwar die Rechtsanwaltsprüfung abgelegt, sie ist aber mangels Eintragung in die Liste der Rechtsanwälte (§ 1 iVm § 5 RAO) nicht Rechtsanwältin iSd § 21c Z 1 lit. a RAO und daher nicht zur Geschäftsführung bzw. Vertretung in der Gesellschaft befugt. Sie hat in der Gesellschaft tatsächlich auch nie aktiv mitgewirkt. Aufgrund der standesrechtlichen Vorschriften ist ihre Kommanditistenstellung von der aufrechten Gesellschafterstellung ihres Ehemannes abhängig. Scheidet daher der Ehemann aus der Gesellschaft aus oder wird die Ehe beendet, hat auch die Kommanditistin zwingend aus der Gesellschaft auszuscheiden. Ihre Gesellschafterstellung ist daher an die des Ehemannes gebunden.

Die Kommanditistin ist zwar an den (anteiligen) stillen Reserven der KG beteiligt, sie hat aber gesellschaftsvertraglich kein Recht, den Klientenstock des Ehemannes zu übernehmen. Der Klientenstock stellt bei Rechtsanwälten einen bedeutenden Firmenwertfaktor dar. Eine Substanzbeteiligung daran ist der Ehegattin durch diese Vereinbarung aber faktisch verwehrt, wodurch ihre Beteiligung an den (anteiligen) stillen Reserven wesentlich eingeschränkt ist. Gerade die Beteiligung eines beschränkt haftenden Gesellschafters an den stillen Reserven und am Firmenwert stellt ein für die Mitunternehmerstellung notwendiges Kriterium dar, da dessen Mitunternehmerinitiative wegen fehlender Mitarbeit in der Gesellschaft weniger stark ausgeprägt ist.

Die Kommanditistin ist auch nicht anteilig am gesamten Gesellschaftsgewinn beteiligt; ihr Gewinnanteil hängt ausschließlich vom Gewinnanteil ihres Ehemannes ab. Durch die Beteiligung der Ehefrau im Wege der Anteilsschenkung kam es in keiner Weise zu einer Veränderung der Gewinnverteilungsabrede zwischen den einander fremd gegenüberstehenden „Altgesellschaftern". Es wurde allein der Gewinnanteil des Gesellschafters A ab dem Zeitpunkt der Beteiligung seiner Ehefrau mit ihr im Verhältnis 60% zu 40% aufgeteilt. Der gesamte Gewinnanteil ist jedoch weiterhin ausschließlich auf die Leistung des A zurückzuführen.

Unter Zugrundelegung eines Fremdvergleichs ist die Beteiligung der Ehefrau ausschließlich durch private Motive veranlasst. Sie stellt damit eine steuerlich unbeachtliche Einkommensverwendung dar. Einkünfte sind steuerlich demjenigen zuzurechnen, der die die Einkünfte verschaffende Tätigkeit ausübt. Mangels ausreichender Mitunternehmerinitiative und ausreichendem Mitunternehmerrisiko ist daher die Ehefrau nicht als Mitunternehmerin anzusehen.

Zu 2.:

Der der Ehefrau gesellschaftsvertraglich zugewiesene Gewinnanteil ist mangels ihrer Mitunternehmerstellung steuerlich (weiterhin) allein dem Ehemann zuzurechnen.

EStR 2000 Rz 5824 sieht für den Fall der Unterbeteiligung an einer mitunternehmerischen Beteiligung vor: Bei einer Unterbeteiligung beteiligt sich eine natürliche oder juristische Person am Mitunternehmeranteil eines Personengesellschafters (Hauptgesellschafters). Hat der Unterbeteiligte nicht nur Anteil am Gewinn/Verlust des Hauptgesellschafters, sondern auch an den stillen Reserven und dem Firmenwert, ist er Mitunternehmer und erzielt betriebliche Einkünfte, wenn die Hauptgesellschaft betriebliche Einkünfte erzielt. Ist der Unterbeteiligte nur am Gewinn des Hauptgesellschafters beteiligt, ist er hingegen nicht Mitunternehmer, sondern bloß Gläubiger des Hauptgesellschafters. Die ihm in diesem Fall zustehenden Einkünfte aus Kapitalvermögen sind nicht in der Einkünftefeststellung, sondern erst in der Einkommensteuerveranlagung des Hauptgesellschafters zu berücksichtigen (VwGH 05.03.1979, 2217/78).

Ob die Weitergabe von Gewinnen an die Ehefrau bei ihr zu Einkünften aus Kapitalvermögen aus einer nicht mitunternehmerischen Unterbeteiligung am Gesellschaftsanteil des A führt, ist an Hand eines Fremdvergleiches zu prüfen. Demnach ist maßgeblich, ob die Vergütung in einem angemessenen Verhältnis zu einer Kapitalüberlassung an den A steht. Da die Ehefrau dem Ehemann überhaupt kein Kapital überlassen hat, sondern nur – im Wege der Anteilsschenkung – eine Einlage in die KG geleistet hat, liegt eine steuerlich wirksame Unterbeteiligung nicht vor. Die Weitergabe der dem Ehemann zuzurechnenden Gewinne stellt daher auch unter diesem Gesichtspunkt eine ertragsteuerlich unbeachtliche Einkommensverwendung dar.

Gesellschaftsvertragswidrige Entnahme eines Teils des Klientenstocks einer Steuerberatungs-OG durch einen OG-Gesellschafter

Bezughabende Norm

§ 6 Z 4 EStG 1988; EStR 2000 Rz 5926

Sachverhalt

Am Vermögen, Gewinn und Verlust sowie an den stillen Reserven und dem Firmenwert einer Steuerberatungs-OG sind Steuerberater A und Steuerberater B zu je 50% beteiligt. Beide arbeiten in der Gesellschaft mit.

Die Gesellschafter sind seit längerer Zeit in Streit, bis schließlich im Februar 2010 Gesellschafter A aus den gemeinsamen Kanzleiräumlichkeiten „auszieht" und einen Teil des Klientenstockes der OG – im Wesentlichen jene Klienten, die in der Vergangenheit bereits von ihm steuerlich betreut wurden – „mitgenommen" hat. Die von Gesellschafter A – unter Verstoß gegen die Konkurrenzklauseln des Gesellschaftsvertrages – „mitgenommenen" Klienten werden nunmehr im Rahmen eines neu eröffneten Einzelbetriebes durch A steuerlich betreut.

Die Klienten wurden von A darüber informiert, dass die steuerliche Betreuung und Vertretung zukünftig nur mehr von ihm als Einzelunternehmer erfolgen werde. Die Beratungshonorare werden von den Klienten nunmehr auf ein Bankkonto des A überwiesen.

Von Gesellschafter B wurde zwischenzeitlich der Ausschluss des Gesellschafters A aus der OG bzw. die Übernahme des Unternehmens gemäß § 142 UGB iVm § 140 UGB beim zuständigen Gericht beantragt, ein Gerichtsurteil ist bisher nicht ergangen. Die OG ist zivilrechtlich weiterhin aufrecht und im Firmenbuch eingetragen. Sie tritt auch weiterhin nach außen hin (wie etwa gegenüber dem Finanzamt) auf.

Bei dem von A „mitgenommenen" Klientenstock handelt es sich um einen selbst geschaffenen Klientenstock.

Fragestellung

1. Liegt in der „Mitnahme" des Klientenstocks durch A ein Entnahmevorgang aus der OG vor?
2. Wenn in der „Mitnahme" des Klientenstocks durch A ein Entnahmetatbestand vorliegt, bei wem ist die stille Reserve aus der Entnahme steuerlich zu erfassen? Gesellschafter B ist der Meinung, die stille Reserve sei nur dem A zuzurechnen, Gesellschafter A meint, die stille Reserve aus der Entnahme sei im Verhältnis der Beteiligungsquoten (50:50) auf die Gesellschafter aufzuteilen.
3. Ist davon ausgehen, dass Gesellschafter A trotz des „Auszuges" aus der gemeinsamen Kanzlei im Februar 2010 und trotz der von B eingebrachten Ausschlussklage gemäß § 142 UGB noch nicht im Sinne des § 24 EStG 1988 aus der Gesellschaft ausgeschieden ist?

Lösung

Zu 1.:

Der von A „mitgenommene" Klientenstock wird dem gemeinsamen Vermögen der steuerlichen Mitunternehmerschaft „Steuerberatungs-OG" entzogen, dadurch erfolgt eine zur Gewinnverwirklichung führende Entnahme aus dem Betriebsvermögen der OG.

Zu 2.:

Mitunternehmerstellung setzt ua. die Teilhabe des Gesellschafters am Gewinn, dem Vermögen, den stillen Reserven und dem Firmenwert des gesamten Unternehmens voraus. Ist gesellschaftsvertraglich vereinbart, dass ein Gesellschafter anteilig im Ausmaß seiner Beteiligungsquote am Gesellschaftsvermögen sowie an den stillen Reserven und am Firmenwert beteiligt ist und liegt keine gesonderte Gewinnverteilungsabrede hinsichtlich eines „Entnahmegewinnes" vor, ist kein Grund ersichtlich, warum die gemeinsame Teilhabe an den stillen Reserven und am Firmenwert nicht gelten soll, wenn ein Wirtschaftsgut aus dem Gesellschaftsvermögen allein durch einen Gesellschafter – wenn auch ohne Einvernehmen mit dem anderen Gesellschafter – entnommen wird. Die Entnahme kann steuerlich nicht anders behandelt werden als eine durch einen Gesellschafter erfolgte Veräußerung des Gegenstandes mit nachfolgender Entnahme des Kaufpreises durch diesen. Eine alleinige Zurechnung der stillen Reserve eines Wirtschaftsguts anlässlich der Entnahme durch einen Gesellschafter käme gleichsam einem Ausschluss an der Teilhabe der anderen Gesellschafter an den stillen Reserven des entnommenen Wirtschaftsguts gleich.

Zu 3.:

Wird vom Gericht einem Antrag auf Ausschluss eines Gesellschafters aus der Gesellschaft nach § 140 Abs. 1 UGB stattgegeben, scheidet mit Rechtskraft des Urteils der beklagte Gesellschafter aus der Gesellschaft aus. Bis dahin behält er sämtliche Rechte und Pflichten mit Ausnahme der Beteiligung am Gewinn und Verlust. Nach § 140 Abs. 2 UGB ist für die Auseinandersetzung zwischen der Gesellschaft oder dem allein verbleibenden Gesellschafter und dem ausgeschlossenen Gesellschafter die Vermögenslage der Gesellschaft in dem Zeitpunkt maßgebend, in dem die Klage auf Ausschließung erhoben wird. Der ausgeschlossene Gesellschafter nimmt daher bis zur Rechtshängigkeit der Ausschlussklage am Gewinn und Verlust der Gesellschaft teil (*Koppensteiner/Auer* in *Straube*, § 140 Rz 15 UGB).

Die OG erlischt zivilrechtlich als Folge einer erfolgreichen Klage auf Ausschluss mit Rechtskraft des Urteils. Im Fall einer lediglich aus zwei Personen bestehenden Gesellschaft kommt es in diesem Zeitpunkt zur Anwachsung des Gesellschaftsvermögens im Wege der Gesamtrechtsnachfolge. Gemäß § 138 UGB nimmt der ausgeschiedene Gesellschafter jedoch am Ge-

winn und Verlust teil, der sich aus den zur Zeit seines Ausscheidens schwebenden Geschäften ergibt. Solange die Gesellschaft daher nicht tatsächlich (durch abgeschlossene vermögensrechtliche Auseinandersetzung) aufgelöst ist, ist steuerlich vom (Weiter)Bestand einer Mitunternehmerschaft auszugehen (vgl. dazu auch *Ritz*, Bundesabgabenordnung3, § 79 Rz 10 f). Entfaltet der „ausgezogene" Gesellschafter in der Gesellschaft keine Tätigkeit mehr, sind die in der Gesellschaft bis zur Erhebung der Ausschlussklage erwirtschafteten Einkünfte unter Berücksichtigung der in diesem Zeitraum jeweils geleisteten Gesellschafterbeiträge aufzuteilen, wobei die Arbeitsleistung des verbliebenen Gesellschafters dabei den wesentlichen Faktor bildet.

Überproportionale Verlustzuweisung an atypisch stille Gesellschafter im Jahr ihres Beitrittes

Bezughabende Norm

§ 23 Z 2 EStG 1988; EStR 2000 Rz 5883 ff

Sachverhalt

Unternehmensgegenstand der AB-Alternativenergy-Tech-AG (nachfolgend AB-AG) ist die Forschung und Entwicklung, die Produktion und der Vertrieb im Bereich von alternativen Energieerzeugungssystemen.

In den Jahren 2007 und 2008 beteiligen sich an AB-AG mehrere natürliche Personen als atypisch stille Gesellschafter, wobei die Beteiligungen unter Anwendung der Begünstigungen des Art. IV UmgrStG erfolgen.

Zusammenschluss per Stichtag 31.12.2006 (Tranche 1)

Mit Zusammenschlussvertrag bzw. Vertrag über die Errichtung einer atypisch stillen Gesellschaft vom 27.9.2007 beteiligt sich per Stichtag 31.12.2006 die X-Treuhand-Invest-GmbH als atypisch stille Gesellschafterin (Beteiligungsgeber) mit einer Einlage von 550.000 Euro an der AB-AG (Beteiligungsnehmerin).

Der Zusammenschluss erfolgt als Verkehrswertzusammenschluss mit Buchwertfortführung (Quotenverschiebung).

Die Beteiligungsgeberin hält und verwaltet die atypisch stille Beteiligung treuhändig für drei natürliche Personen.

Nachfolgend ein Auszug aus dem Gesellschaftsvertrag:

„Mit Zahlung der Beteiligungsmittel ist der Beteiligungsgeber als atypisch stiller Gesellschafter entsprechend seiner Beteiligungsquote an Gewinn, Verlust und am gesamten Vermögen des Beteiligungsnehmers einschließlich des Firmenwertes und der stillen Reserven beteiligt. Abweichend vom Beteiligungsverhältnis werden allfällige Verluste im Zeitraum 1.1.2007 bis 31.5.2007 bis zu 190% der Einlage vorrangig dem Beteiligungsgeber (atypisch Stillen) zugewiesen.

Die einvernehmlich zwischen dem Beteiligungsgeber und dem Beteiligungsnehmer vereinbarte und festgesetzte Beteiligung von 4,3825% wurde ausgehend von einem einvernehmlich festgesetzten Verkehrswert des Beteiligungsnehmers von 12.000.000 Euro zum Zusammenschlussstichtag festgelegt.

Das sich so ergebende Beteiligungsverhältnis ist für die Ermittlung der Gewinn- und Verlustbeteiligung sowie des Abschichtungsguthabenserlöses (Auseinandersetzungsguthabens) maßgeblich. Das Beteiligungsverhältnis kann sich durch Aufnahme weiterer stiller Gesellschafter, Ausgabe von Beteiligungsrechten und weiterer unter Pkt xx des Gesellschaftsvertrages genannter Maßnahmen verändern."

Zusammenschluss per Stichtag 2.1.2008 (Tranche 2)

Mit Zusammenschlussvertrag bzw. Vertrag über die Errichtung einer atypisch stillen Gesellschaft vom 20.9.2008 beteiligt sich per Stichtag 2.1.2008 die X-Treuhand-Invest-GmbH als atypisch stille Gesellschafterin (Beteiligungsgeber) mit einer Einlage von 1.000.000 Euro an der Unternehmerin AB-AG (Beteiligungsnehmerin).

Der Zusammenschluss erfolgt als Verkehrswertzusammenschluss mit Buchwertfortführung (Quotenverschiebung).

Die Beteiligungsgeberin hält und verwaltet die atypisch stille Beteiligung treuhändig für fünf natürliche Personen auf Grundlage einer zwischen der Treuhänderin und dem Treugeber geschlossenen Treuhandvereinbarung.

Nachfolgend ein Auszug aus dem Gesellschaftsvertrag über die Errichtung der atypisch stillen Gesellschaft:

„Mit Zahlung der Beteiligungsmittel ist der Beteiligungsgeber als atypisch stiller Gesellschafter entsprechend seiner Beteiligungsquote an Gewinn, Verlust und am gesamten Vermögen des Beteiligungsnehmers einschließlich des Firmenwertes und der stillen Reserven beteiligt.

Unabhängig davon, ob es sich um einen Gewinn oder Verlust handelt, wird das Ergebnis 2008 in voller Höhe dem Beteiligungsgeber zugeordnet. Ab dem Jahr 2009 ist der Beteiligungsgeber quotenmäßig am Ergebnis beteiligt.

Die einvernehmlich zwischen dem Beteiligungsgeber und dem Beteiligungsnehmer vereinbarte und festgesetzte Beteiligung von 10% wurde ausgehend von einem einvernehmlich festgesetzten Verkehrswert des Beteiligungsnehmers von € 9.000.000 zum Zusammenschlussstichtag festgelegt.

Das sich so ergebende Beteiligungsverhältnis ist für die Ermittlung der Gewinn- und Verlustbeteiligung sowie des Abschichtungsguthabenserlöses (Auseinandersetzungsguthabens) maßgeblich. Das Beteiligungsverhältnis kann sich durch Aufnahme weiterer stiller Gesellschafter, Ausgabe von Beteiligungsrechten und weiterer unter Pkt xx des Gesellschaftsvertrages genannter Maßnahmen verändern."

Geschäftsjahr 1 – 12/2007 – Verlust AB-AG & atypisch stille Gesellschaft

Verlust gesamt:	1.460.000 Euro
Verlust atypisch Stille Tranche 1 entspr. Beteiligungsquote: 4,3825%	63.985 Euro
Verlust atypisch Stille lt. Vertrag bzw. F-Erklärung 190% der Einlage:	1.045.000 Euro

Geschäftsjahr 1 – 12/2008 – Verlust AB-AG & atypisch stille Gesellschaft

Verlust gesamt:	3.000.000 Euro
Verlustanteil atypisch Stille Tranche 2 entspr. Beteiligungsquote: 10%	300.000 Euro
Verlustanteil atypisch Stille Tranche 2 lt. Vertrag bzw. F-Erklärung:	3.000.000 Euro

(entspricht 300% der atypisch stillen Einlage).

Die von der Beteiligungsquote abweichende vorrangige Verlustzuweisung an die jeweils neu beigetretenen atypisch stillen Gesellschafter in den Jahren 2007 und 2008 wird vom steuerlichen Vertreter der Gesellschaft in einer Vorhaltsbeantwortung an das Finanzamt wie folgt begründet:

„Grund für die über das Beteiligungsverhältnis hinausgehende Verlustzuweisung im Jahr der Einlage war, dass der Beteiligungsnehmer (Geschäftsherr) im Zeitraum vor dem Zusammenschluss zur Sicherstellung der Finanzierungsbasis und des operativen Geschäftsbetriebes erhöhte Aufwendungen insbesondere für Forschung und Entwicklung tätigen musste.

Als Abgeltung dieser Vorlistungen des Beteiligungsnehmers wurde gemäß Zusammenschlussvertrag vereinbart, dass die atypisch stillen Gesellschafter im ersten Jahr ihrer Einlage über ihre Beteiligungsverhältnisse hinausgehende Verlustzuweisungen zu tragen hatten".

Auszugehen ist davon, dass Mitunternehmerstellung der atypisch stillen Gesellschafter gegeben ist und, dass aufgrund der vom steuerlichen Vertreter vorgelegten Renditeberechnung der Tatbestand des § 2 Abs. 2a EStG 1988 nicht verwirklicht ist.

Fragestellung

1. Wie ist dieser Sachverhalt steuerlich zu beurteilen?
2. Ist die hier vorgenommene vorrangige Verlustzuteilung an die jeweils neu eintretenden atypisch stillen Gesellschafter auch steuerlich anzuerkennen?

Lösung

Zu 1. und 2.:

Tritt eine Person während eines Jahres in eine Gesellschaft ein und erlangt dadurch Mitunternehmerstellung, so können ihr erst die ab diesem Zeitpunkt verwirklichten Geschäftsfälle als Einzelbestandteile des Gewinnes/Verlustes zugewiesen werden, das heißt, es kann nur der Gewinn/Verlust verteilt werden, der ab dem Eintritt des neuen Gesellschafters entstanden ist (VwGH 18.02.1999, 97/15/0023; Doralt, EStG 1988, § 23 Tz 288). Denn Einkünfte können nur demjenigen zugerechnet werden, der den Einkünftetatbestand erfüllt; diese Tatbestandsverwirklichung erfolgt hinsichtlich der einzelnen Geschäftsfälle kontinuierlich während des Jahres. Es kann daher unterjährig nicht durch rückwirkende Maßnahmen mit steuerlicher Wirkung über bezogene Einkünfte verfügt werden (*Quantschnigg/Schuch*, ESt-Handbuch, § 23, Rz 51).

Eine rückwirkende Teilnahme am Gewinn/Verlust sieht das UmgrStG vor; danach kann im Rahmen eines Zusammenschlusses nach Art. IV UmgrStG ein Gesellschafter mit steuerlicher Wirkung rückwirkend zum Umgründungsstichtag beitreten und nimmt daher bereits ab dem Zusammenschlussstichtag an den Gewinnen und Verlusten der Gesellschaft mit steuerlicher Wirkung teil.

Bei den vorliegenden atypisch stillen Gesellschaftsverhältnissen werden neu eingetretene atypisch stille Gesellschafter an den ab dem Zusammenschlussstichtag entstandenen Gewinnen/Verlusten beteiligt.

Dabei bildet die Basis für die Gewinn-/Verlustbeteiligung grundsätzlich die gesellschaftsvertraglich festgelegte Beteiligungsquote am Vermögen der Unternehmerin, die auf Basis eines einvernehmlich zwischen den Parteien festgelegten Verkehrswertes (ermittelt durch Verkehrswertgutachten) der Unternehmerin per Zusammenschlussstichtag festgelegt wurde. Ergänzend ist im Gesellschafts- bzw. Zusammenschlussvertrag vereinbart, dass ein neu eintretender atypisch stiller Gesellschafter im Jahr seines Beitrittes einen über seine Beteiligungsquote hinaus gehenden Verlust zu übernehmen hat. Dies wird damit begründet, dass der Unternehmer (Beteiligungsnehmer) in den letzten Geschäftsjahren zur Sicherstellung der Finanzierungsbasis und des operativen Geschäftsbetriebes erhöhte Aufwendungen, insbesondere in Forschung und Entwicklung, tätigen musste. Diese in der Vergangenheit erbrachten Vorleistungen des Beteiligungsgebers (Geschäftsherrn) sollen durch eine überproportionale Übernahme von Verlusten durch den neu eintretenden stillen Gesellschafter abgegolten werden.

Es steht jedermann frei, seine Rechtsverhältnisse und wirtschaftlichen Beziehungen so zu gestalten, dass der günstigste Effekt, nämlich der bestmögliche Erfolg bei geringster Abgabenbelastung erreicht wird. Die Grenzen dieser dem Abgabepflichtigen eingeräumten Gestaltungsfreiheit sind im Abgabenrecht grundsätzlich durch die Bestimmungen der §§ 21 bis 24 BAO gezogen (Ritz, BAO, § 22, Tz 1). Im Bereich der in diesen Gesetzesbestimmungen im Einzelnen

umschriebenen Tatbestände ist die Abgabenbehörde berechtigt und verpflichtet, bei der Erhebung der Abgaben von der Gestaltung der Vertragsparteien abzugehen.

Nach § 21 Abs. 1 BAO sind abgabenrechtliche Fragen nach dem wahren wirtschaftlichen Gehalt und nicht nach der äußeren Erscheinungsform des Sachverhaltes zu beurteilen. Bei Anwendung der vom Grundsatz der wirtschaftlichen Betrachtungsweise beherrschten Gesetzesbestimmungen sind nicht die den Bezeichnungen, Benennungen, Ausdrücken und Begriffen entsprechenden rechtlichen Positionen, sondern die von diesen Umschreibungen angesprochenen tatsächlichen und wirtschaftlichen Gegebenheiten maßgeblich. Die Beurteilung eines abgabenrechtlich bedeutsamen Vorganges hat demnach nach dem tatsächlichen inneren Gehalt und nicht nach seinem äußeren Erscheinungsbild zu erfolgen.

Die neu eingetretenen atypisch stillen Gesellschafter haben aufgrund der gesellschaftsvertraglichen Vereinbarung einen zusätzlichen Verlust zu übernehmen. Da die Beteiligung der atypisch stillen Gesellschafter jeweils rückwirkend unter Anwendung des Art. IV UmgrStG erfolgte, ist davon auszugehen, dass zum Zeitpunkt der Vertragsunterfertigung der überproportional zur Beteiligungsquote zu übernehmende Verlust bereits feststand bzw. bereits im Wesentlichen abschätzbar war.

Für die Gewinn-/Verlustverteilung sind die Vereinbarungen der Gesellschafter, insbesondere jene des Gesellschaftsvertrages maßgebend. Die unternehmensrechtlich getroffene Gewinn-/Verlustverteilung ist dabei auch für steuerliche Belange anzuerkennen, wenn sie dem unterschiedlichen Kapital-, Arbeits- und dem etwaigen Haftungsrisiko der Gesellschafter angemessen Rechnung trägt oder Gegenstand einer Vorsorge gegen Steuerlastverschiebung bei einem Zusammenschluss iSd Art. IV UmgrStG ist. Steht die Gewinnverteilungsvereinbarung in einem offenbaren Missverhältnis zu der Beteiligung und Mitarbeit der einzelnen Gesellschafter, ist sie mit steuerlicher Wirkung zu korrigieren (EStR 2000 Rz 5883 mwN).

Wirtschaftlich wird die vorgenommene Verlustaufteilungsvereinbarung damit begründet, dass durch die überproportionale Verlustzuweisung an die neu eintretenden stillen Gesellschafter die durch Entwicklungsaufwendungen bereits in Vorjahren, nämlich vor Entstehen der atypisch stillen Gesellschaften entstandenen Aufwendungen bzw. Verluste auf die neu eintretenden atypisch stillen Gesellschafter übertragen werden sollen. Da eine Teilnahme eines neu beigetretenen Gesellschafters an Gewinnen/Verlusten, die vor seinem Beitritt entstanden sind, mit den Grundsätzen einer subjektbezogen richtigen Einkünftezurechnung nicht vereinbar ist, ist die bisher vorgenommene Verlustaufteilung mit steuerlicher Wirkung in der Weise zu korrigieren, dass den atypisch stillen Gesellschaftern in den einzelnen Jahren jeweils nur die ihrer Beteiligungsquote entsprechenden Verluste zuzurechnen sind. Der Umstand, dass erhöhte Forschungsaufwendungen angefallen sind, muss sich (auch) in der Ausmessung der für die Ergebniszurechnung maßgeblichen Beteiligungsquote niederschlagen. Ist diese korrekt vorgenommen worden, woran zu zweifeln kein Anlass besteht, spiegelt das Beteiligungsausmaß die korrekte Ergebnisbeteiligung wider und hat daher Grundlage für die steuerliche Einkünftezurechnung zu sein.

Zinscap-Optionsschein im außerbetrieblichen Bereich (Vermietung und Verpachtung)

Bezughabende Norm

§ 28 EStG 1988; EStR 2000 Rz 6449

Sachverhalt

Ein Steuerpflichtiger erzielt aus der Vermietung einer Liegenschaft Einkünfte aus Vermietung und Verpachtung (VuV) gemäß § 28 Abs 1 Z 1 EStG 1988. Zur Finanzierung der Anschaffung der vermieteten Liegenschaft wurde von ihm ein variabel verzinstes Bankdarlehen aufgenommen. Die Zinsen daraus werden im Rahmen der Ermittlung der Einkünfte aus VuV als Werbungskosten berücksichtigt. Die Abrechnung der Zinsen des Darlehens erfolgt quartalsweise. Zur Absicherung gegen einen Anstieg der Zinsen aus dem Darlehen erwarb der Steuerpflichtige einen Zinscap-Optionsschein. Die Anschaffungskosten des Zinscap-Optionsscheines von 11.225 Euro macht er im Jahr der Anschaffung als Werbungskosten bei den Einkünften aus VuV geltend.

Eckdaten des Zinscap-Optionsscheines:

Emittentin des Optionsscheines ist eine österreichische Bank. Das Optionsrecht ist in der Weise ausgestaltet, dass der Optionsberechtigte (Eigentümer des Optionsscheines) für den Fall, dass der 3-Monat-Euribor über dem Basiszinssatz von 5,7% p.a. liegt, am Ende der jeweiligen Rechnungsperiode (= Quartal) zum Bezug der Differenz zwischen dem festgestellten 3-Monats-Euribor und dem Basiszinssatz des Optionsscheines (5,7% p.a.) berechtigt ist. Liegt der 3-Monats-Euribor unter dem Basiszinssatz von 5,7%, erfolgt keine Zahlung. Berechnungsperiode ist jeweils ein Quartal (31.3., 30.6., 30.9. 31.12.). Die Laufzeit des Optionsscheines beträgt 10 Jahre ab November 2009. Der Zinscap-Optionsschein entspricht damit gewissermaßen einer Serie von Optionen.

Fragestellung

1. Sind die Ausgaben für die Anschaffung des Zinscap-Optionsscheines als Werbungskosten bei Ermittlung der Einkünfte aus VuV abzugsfähig und wenn ja, sind sie im Jahr der Anschaffung zu berücksichtigen oder auf die Laufzeit von 10 Jahren zu verteilen?
2. Ist eine Verteilung auf die Laufzeit des Optionsscheines in Anlehnung an die EStR 2000 Rz 6449 denkbar?

Lösung

Zu 1.:

Der Zinscap-Optionsschein ist ein Wertpapier, das dem Optionsberechtigten das Recht auf Auszahlung der Zinsdifferenz zwischen einem Referenzzinssatz und einem Basiszinssatz einräumt und – als Sicherungsinstrument eingesetzt – einem Kreditnehmer einen sicheren Kreditzinssatz garantiert. Wirtschaftlich werden gegen Zahlung des Optionsentgelts variable in fixe Zinsen umgewandelt.

Zinsen aus Anschaffungskrediten sind bei den Einkünften aus Vermietung und Verpachtung abzugsfähig. Ist der Zinscap-Optionsschein wie im vorliegenden Fall konkret auf den Anschaffungskredit bezogen, ist er der Einkunftsquelle Vermietung und Verpachtung zuzuordnen und in wirtschaftlicher Betrachtungsweise als Einheit mit dem Kredit zu sehen. Demzufolge ist das Entgelt für das Sicherungsgeschäft der abzugsfähigen Einkunftsquellenfinanzierung zuzuordnen.

Eine andere Betrachtung wäre geboten, wenn ein Zusammenhang mit einer Einkunftsquelle von vornherein nicht vorliegt oder ein solcher Zusammenhang durch die Veräußerung des Wertpapiers gelöst wird. In diesen Fällen wäre die Veräußerung im Rahmen des § 30 EStG 1988 bzw. – im Anwendungsbereich der durch das BBG 2011 und des AbgÄG 2011 erfolgten Änderung der Besteuerung von Kapitalvermögen – im Rahmen des § 27 Abs. 4 EStG 1988 (Einkünfte aus Derivaten) steuerlich zu beurteilen. Sollte ein Teil der Anschaffungskosten schon bei den Einkünften aus Vermietung und Verpachtung als Werbungskosten berücksichtigt worden sein, verbietet sich in analoger Anwendung des § 30 Abs. 4 EStG 1988 eine Doppelberücksichtigung von Aufwendungen. Dementsprechend sind die zu berücksichtigenden Anschaffungskosten bei Ermittlung der Einkünfte gemäß § 30 bzw. § 27 Abs. 4 EStG 1988 entsprechend zu kürzen.

Zu 2.:

§ 19 Abs. 3 EStG 1988 sieht die Verteilung von Fremdmittelkosten, die nicht bloß das laufende und das folgende Jahr betreffen, auf die Laufzeit vor. In Anwendung des § 19 Abs. 3 EStG 1988 sind die Kosten für den Zinscap-Optionsschein über die Laufzeit des Optionsscheines verteilt als Werbungskosten abzugsfähig (ebenso Beiser/Klaunzer, RdW 9/2005, S 581, und Doralt, EStG 198810, § 19 Tz 60, Stichwort „Fremdmittelkosten").

Reichweite der Haftung von Kommanditisten von vermögensverwaltenden Kommanditgesellschaften

Bezughabende Norm

§ 28 EStG 1988, § 188 BAO; EStR 2000 Rz 6018

Sachverhalt

An einer im Jahr 2000 errichteten, ausschließlich vermögensverwaltenden Kommanditgesellschaft sind zwei Kommanditisten mit einer Haft- bzw. Pflichteinlage von jeweils 3.675 Euro beteiligt, welchen die gesamten steuerlichen Verluste (vom Jahr 2000 bis einschließlich 2008 insgesamt 2.900.000 Euro) zugewiesen werden. Die nach § 1 Abs. 1 LVO zu beurteilende Vermietungstätigkeit soll im Jahre 2026 einen Gesamtüberschuss ergeben.

Für jedes der drei von der KG gehaltenen und bewirtschafteten Objekte findet sich ein Gesellschafterbeschluss mit sinngemäß folgendem Inhalt:

„Erhöhung der Pflichteinlagen:

Die nicht persönlich haftenden Gesellschafter ... verpflichten sich hiermit, im Verhältnis ihrer bisher bedungenen Hafteinlage ihre Pflichteinlage von ATS ... um insgesamt ATS ... auf insgesamt ATS . zu erhöhen; dies unter der Voraussetzung, dass von der Gesellschaft in der J-Straße insgesamt rund ... m² Wohn- und Geschäftsfläche geschaffen, saniert, und unter Inanspruchnahme von Mitteln nach dem Steiermärkischen Wohnbauförderungsgesetz instand gesetzt, erhalten bzw. verbessert und danach bestmöglich vermietet werden.

Bei Erwerb bzw. Schaffung, Sanierung, Instandsetzung bzw. Verbesserung von mehr oder weniger als ... m² Nutzfläche erhöht oder vermindert sich die Pflichteinlage der Kommanditisten aliquot, wobei jedoch für die Berechnung der Erhöhung der Pflichteinlage die Wohnfläche im Maximum ... m² nicht übersteigen darf."

Im Gesellschaftsvertrag ist ferner festgehalten:

„Sollte durch den Verlust der Gesellschaft ein negativer Cashflow entstehen, so ist dieser für den Zeitraum bis zum Ablauf nach 15 Jahren nach der erstmaligen Vermietung von den beschränkt haftenden Gesellschaftern ... auf das Gesellschaftskonto einzuzahlen. Diese Einzahlungsverpflichtung entfällt jedoch, wenn die Mehrheit der Gesellschafter die Abdeckung des negativen Cashflows durch Aufnahme eines Bankdarlehens oder Kredites beschließt und dies auch tatsächlich erfolgt. Die Haftung für diese aufzunehmenden Bankdarlehen ist dabei durch die beschränkt haftenden Gesellschafter ... zu übernehmen."

Über Bedenkenvorhalt des Finanzamtes legt die steuerliche Vertretung eine Tabelle vor, wonach die beiden Gesellschafter bereits je 1.250.000 Euro „in die Gesellschaft einbezahlt" hätten, und eine weitere Tabelle über die aufgenommenen Darlehen:

Gläubiger	Darlehensbetrag	Besicherung
P. GmbH	2.084.000 Euro	Blankowechsel
Bankinstitut	2.228.000 Euro	Pfandrecht Liegenschaft, Abtretung, Nachschussverpflichtung, Bürgschaftsvertrag
Bankinstitut	772.000 Euro	Pfandrecht Liegenschaft, Bürgschaftsvertrag

Salzburger Dialoge

Damit seien die vom Verwaltungsgerichtshof formulierten Erfordernisse für die volle Teilnahme von beschränkt Haftenden an den Verlusten erfüllt.

Fragestellung

1. Reichen mit Rücksicht auf VwGH 30.06.2005, 2004/15/0097, ua.
   a. die Vereinbarungen im Gesellschaftsvertrag bzw. in Gesellschafterbeschlüssen;
   d. die tatsächlichen Einzahlungen ohne Benennung des Verpflichtungsgrundes;
   c. die Begründung eines Pfandrechtes an einer Liegenschaft, deren Eigentümerin die KG ist;
   d. die Besicherung von Gesellschaftsschulden durch Blankowechsel der Gesellschafter;
   e. die Abtretung der Nachschusspflichten an einen Gesellschaftsgläubiger einzeln oder in ihrer Gesamtheit aus, um von einer steuerlich wirksamen „Haftungserweiterung“ sprechen zu können?
2. Was ist unter der „Mitteilung der Erhöhung der Haftsumme“ im Sinne von § 172 Abs. 1 UGB zu verstehen?

Lösung

Gemäß EStR 2000 Rz 6018 sind bei vermögensverwaltenden Kommanditgesellschaften aus einem Werbungskostenüberschuss resultierende Verluste, soweit sie über die Hafteinlage des Kommanditisten hinausgehen, grundsätzlich nicht diesem, sondern dem Komplementär zuzurechnen. In gleicher Höhe sind Einnahmenüberschüsse dem Komplementär zuzurechnen (vgl. VwGH 20.05.1987, 86/13/0068 für den Geltungsbereich des § 23a EStG 1972, dessen inhaltlichen Gehalt der VwGH auf die vermögensverwaltende KG übertragen hat; zur vermögensverwaltenden K(E)G im Geltungsbereich des EStG 1988 siehe VwGH 21.02.2001, 2000/14/0127 sowie VwGH 09.09.2004, 2002/15/0196). Eine Verlustzuweisung an den Kommanditisten über die Hafteinlage hinaus kommt nur dann in Betracht, wenn sich dieser im Innenverhältnis verpflichtet, über seine Einlage hinaus haftungsmäßig am Verlust der K(E)G teilzunehmen (Nachschusspflicht, ernst gemeinte Haftungserweiterungs- bzw. Garantieerklärung, VwGH 21.02.2001, 2000/14/0127).

Im vorliegenden Fall haben sich die beiden Kommanditisten im Gesellschaftsvertrag mit einer Haft- bzw. Pflichteinlage von jeweils 3.675 Euro beteiligt. Gesellschaftsvertraglich ist darüber hinaus eine Einzahlungsverpflichtung bei Entstehen eines „negativen Cash-flows“ bzw. die Haftungsübernahme für Kredite, die von der Gesellschaft in einem derartigen Fall aufgenommen werden, vorgesehen. In nachfolgenden Gesellschafterbeschlüssen verpflichten sich die Kommanditisten zu einer Erhöhung der Pflichteinlage nach einem festgelegten Verhältnis der ursprünglichen Hafteinlage.

Auf Grundlage dieser Vereinbarungen wurden einerseits je 1.250.000 Euro „in die Gesellschaft einbezahlt“ und Haftungen für Kredite der Gesellschaft übernommen (Blankowechsel, Bürgschaften, Abtretung der Ansprüche aus der Nachschusspflicht).

Wie der VwGH im Erkenntnis vom 30.06. 2005, 2004/15/0097, unter Bezugnahme auf seine diesbezüglich langjährige Vorjudikatur ausführt, kommt eine über den Betrag der Hafteinlage hinausgehende Verlustzurechnung an Kommanditisten einer vermögensverwaltenden Kommanditgesellschaft nicht in Betracht. Der VwGH verweist diesbezüglich auf den Unterschied zwischen Pflichteinlage (bedungener Einlage) und Hafteinlage (Haftsumme). Da der Kommanditist im Außenverhältnis für Gesellschaftsschulden nur bis zur Höhe seiner Hafteinlage einstehen muss, ist für eine die ursprüngliche Hafteinlage übersteigende Verlustzuweisung die Wirksamkeit der Erhöhung der Haftsumme maßgeblich.

Diesbezüglich ist daher – nach Ansicht des VwGH – in dem genannten Erkenntnis § 172 Abs. 1 UGB maßgeblich, der voraussetzt, dass sich Gläubiger auf eine Erhöhung der Hafteinlage nur berufen können, wenn die Erhöhung in gehöriger Weise kundgemacht oder ihnen von der Gesellschaft mitgeteilt worden ist.

Mit den gegenständlichen Gesellschafterbeschlüssen wird die Pflichteinlage – nicht aber die Hafteinlage – erhöht. Die Erhöhung der Pflichteinlage allein reicht allerdings nach Ansicht des VwGH nicht aus, um eine über die Hafteinlage hinausgehende Verlustzuweisung an die Kommanditisten zu rechtfertigen. Die Erhöhung der bedungenen Einlage sagt nämlich nichts darüber aus, ob der Gesellschafter durch einen Verlust (vermögensmäßig) endgültig belastet ist. Rein interne Veränderungen der bedungenen Einlage entfalten keine Außenwirkung den Gesellschaftsgläubigern gegenüber. Jederzeit änderbare interne Parteienvereinbarungen ohne Außenwirkung sind daher keine taugliche Grundlage für die Einkünftezuordnung.

Über die Hafteinlage hinaus können Verluste dem Kommanditisten nach der Rechtsprechung dann zugewiesen werden, wenn sich dieser im Innenverhältnis verpflichtet, über seine Einlage hinaus haftungsmäßig am Verlust der KG teilzunehmen (Nachschusspflicht). Danach ist eine Verlustzuweisung möglich, „wenn auf Grund einer ernst gemeinten Haftungs- bzw. Garantieerklärung für die Gesellschaft eine Inanspruchnahme tatsächlich droht“ (VwGH 21.02.2001, 2000/14/0127).

Die Verlustzurechnungsbeschränkung fußt darauf, dass einem beschränkt Haftenden im außerbetrieblichen Bereich nicht mehr an Verlusten zuzurechnen ist, als er wirtschaftlich zu tragen hat (vgl. dazu insbesondere VwGH 15.04.1980, 1661/79). Eine Korrektur einer über die Einlage hinausgehenden Verlustzurechnung wie sie spätestens im Veräußerungs- oder

Aufgabefall über § 24 Abs. 2 EStG 1988 beim beschränkt Haftenden im Rahmen einer Mitunternehmerschaft erfolgt, ist für den Bereich der Einkünfte aus Vermietung und Verpachtung nicht vorgesehen.

Im Lichte dessen sind die geleisteten Nachschüsse einerseits und Haftungsübernahmen anderseits zu beurteilen. Die Nachschüsse stellen jeweils Erhöhungen der Pflichteinlage, nicht aber der Hafteinlage dar. Sie sind weder im Firmenbuch eingetragen, noch dem § 172 Abs. 1 UGB entsprechend kundgemacht worden. Die Möglichkeit eines endgültigen Verlustes des Nachschusses (als Hafteinlage) ist damit nicht gegeben. Sie rechtfertigen daher keine erhöhte Verlustzuweisung (vgl. EStR 2000 Rz 6018 unter Hinweis auf das VwGHErkenntnis vom 30.06.2005, 2004/15/0097).

Die Übernahme der Bürgschaften, die Ausstellung von Blankowechseln und die Abtretung von Ansprüchen aus einer Nachschussverpflichtung entfaltet gegenüber den jeweiligen Gläubigern Wirksamkeit. Im Sinne des oben genannten Erkenntnisses des VwGH vom 21.02.2001, 2000/14/0127, werden sie als ernst gemeinte Haftungserklärungen anzusehen sein, es sei denn, dass sachverhaltsmäßig eine andere Beurteilung geboten wäre, wofür aber der dargestellte Sachverhalt keine Anhaltspunkte bietet.

Die Fragen sind daher wie folgt zu beantworten:

Zu 1: a) Nein; b) nein; c) nein (keine Haftung der Gesellschafter); d) ja; e) ja.

Zu 2.: Im Fall der Mitteilung der Erhöhung der Haftsumme ist die Haftungserhöhung nur den Gläubigern gegenüber wirksam, denen gegenüber sie mitgeteilt wurde (vgl. Straube, UGB, § 172, Tz 7). Eine „Mitteilung" ist eine Bekanntgabe der Haftungserweiterung.

Bürgschaftsübernahmen, Besicherung durch Blankowechsel und Abtretung von Nachschussverpflichtungen sind als „ernst gemeinte Haftungs- bzw. Garantieerklärung für die Gesellschaft" taugliche Grundlage für eine Erhöhung der Verlustteilnahme über die ursprüngliche Hafteinlage hinaus.

Gebäudeabbruchkosten bei Vermietung – Berücksichtigung bei Liebhabereibeurteilung

Bezughabende Norm

§ 1 Abs. 2 LVO; EStR 2000 Rz 6418a

Sachverhalt

Im Jahr 2003 kauft der Abgabepflichtige eine bebaute Liegenschaft (bestehend aus 1 Wohnung und 1 Geschäftslokal) um ca. 310.000 Euro und vermietet diese.

Die Einkünfte daraus betragen in den Jahren 2003 - 2008 durchschnittlich ca. 7.000 Euro (Mieteinnahmen ca. 12.000 Euro jährlich).

Im Jahr 2009 wird das Gebäude abgerissen und an derselben Stelle ein neues Gebäude (bestehend aus 1 Wohnung und 1 Geschäftslokal) errichtet (Herstellungskosten ca. 840.000 Euro). Die Abbruchkosten und der Restbuchwert werden im Jahr 2009 als Werbungskosten sofort abgezogen.

Ab 12/2010 wird das neu errichtete Gebäude vermietet. Die Mieteinnahmen würden sich der Prognoserechnung nach nun auf jährlich ca. 35.000 Euro belaufen.

Fragestellung

1. Wie fließen die Abbruchkosten und die Abschreibung des Restbuchwertes des Altgebäudes – gesamt ca. 320.000 Euro in die Liebhabereibeurteilung ein?
2. Ist von einer Änderung der Bewirtschaftung auszugehen?
3. Ist eine neue Prognoserechnung zu erstellen?
4. Sind die Abbruchkosten und der Restbuchwert des Gebäudes in der neuen Prognoserechnung zu berücksichtigen?

Lösung

Zu 1.

Abbruchkosten und Restbuchwert stellen sofort abzugsfähige Werbungskosten dar (vgl. EStR 2000 Rz 6418a). Für die Liebhabereibeurteilung sind die Kosten der Neuvermietung zuzuordnen, denn die Werbungskosteneigenschaft dieser Kosten wird erst durch die Neuvermietung begründet. Die Kosten sind für die Liebhabereibeurteilung daher in die Prognoserechnung für die Neuvermietung einzubeziehen.

Zur Frage 2:

Die Vermietung des in der Folge abgerissenen Gebäudes erfolgt im Rahmen des § 1 Abs. 2 LVO („kleine Vermietung"). Im Rahmen von Betätigungen gemäß § 1 Abs. 2 LVO sind nur Zeiträume gleicher Bewirtschaftungsart für die Liebhabereibeurteilung maßgeblich (§ 2 Abs. 4 LVO; VwGH 28.04.2010, 2007/15/0227, ua.). Der Gebäudeabriss und -neubau stellt eine Änderung der Bewirtschaftungsart dar, der eine neue Liebhabereibeurteilung auslöst.

Zur Frage 3:

Ja, siehe Antwort zur Frage 2.

Zur Frage 4:

Ja, siehe Antwort zur Frage 1.

Sanierungsgewinn bei Einnahmen-Ausgaben-Rechnung – Erlass von Warenschulden

Bezughabende Norm

§ 36 EStG 1988; EStR 2000 Rz 678, Rz 7250

Sachverhalt

Nach EStR 2000 Rz 7250 führt der Erlass von Warenschulden bei Einnahmen-Ausgaben-Rechnern unter Verweis auf EStR 2000 Rz 678 nicht zu einem Gewinn und damit auch nicht zu einem allfälligen steuerbefreiten „Sanierungsgewinn" (= Gewinn iSd § 36 EStG 1988). Dadurch ergibt sich jedoch für einen Steuerpflichtigen, der seinen Gewinn durch E/ARechnung ermittelt, gegenüber einem bilanzierenden Steuerpflichtigen eine endgültige Schlechterstellung, weil der E/A-Rechner den Verkauf der Waren in voller Höhe als Erlös anzusetzen hat, ohne dass diesem Erlös ein Wareneinsatz gegenüberstehen würde.

Beispiel

Jahr 01: Wareneinkauf auf Ziel um 100

Jahr 02: Verkauf der im Jahr 01 eingekauften Waren um 140 gegen Barzahlung.

Im Jahr 02 werden vom Lieferanten die Warenschulden im Rahmen eines Schuldnachlasses zur Gänze nachgelassen.

Gewinnauswirkungen im Jahr 01 und im Jahr 02

Jahr 01

Sowohl bei Gewinnermittlung durch Bilanzierung als auch bei Gewinnermittlung durch E/A-Rechnung ist der Wareneinkauf im Jahr 01 gewinnneutral zu behandeln (Gewinnauswirkung = null)

Jahr 02

Gewinnermittlung durch Bilanzierung: Gewinn aus Warenverkauf 40 + Gewinn aus Schuldnachlass 100 = Gesamtgewinn 140; davon sind begünstigt gemäß § 36 EStG 1988 : 100 (Schuldnachlass)

Gewinnermittlung durch E/A-Rechnung:

Gewinn aus Warenverkauf und Schuldnachlass: ebenfalls 140, die Begünstigung des § 36 EStG 1988 kommt nicht zur Anwendung

Grundsätzlich sollen die Gewinnermittlung durch Bilanzierung und die Gewinnermittlung durch E/A-Rechnung zum selben Totalergebnis führen (vgl. zB die Steuerwirksamkeit eines ausgefallenen betrieblichen Darlehens bei E/A-Rechnung auch ohne Abfluss iSd § 19 EStG 1988).

Fragestellung

Sollte im Interesse der Gleichbehandlung der Gewinnermittlungen durch Bilanzierung und durch E/A-Rechnung gemäß § 4 Abs. 3 EStG 1988 nicht die EStR 2000 Rz 7250, wonach der Erlass von Warenschulden, anders als der Erlass von Schulden für Anlagevermögen und der Erlass von Darlehensschulden, nicht zu einem begünstigungsfähigen Gewinn führt, überdacht werden?

Lösung

EStR 2000 Rz 7250 lautet in der derzeitigen Fassung:

„Sanierungsgewinn ist der betrieblich bedingte Wegfall von Verbindlichkeiten infolge gänzlichen oder teilweisen Erlasses von Schulden zum Zwecke der Sanierung. Insoweit betrieblich wirksame Verbindlichkeiten betroffen sind, handelt es sich um eine betriebliche (steuerwirksame) Vermögensvermehrung. Da eine Gewinnermittlung durch Einnahmen-Ausgaben-Rechnung zum gleichen Totalgewinn führen muss wie ein Betriebsvermögensvergleich, ist auch in diesem Fall dann von Betriebseinnahmen auszugehen, wenn der Schuldnachlass Verbindlichkeiten betrifft, deren Bezahlung beim Einnahmen-Ausgaben-Rechne keine Betriebsausgaben wären (zB Schulden für Anlagevermögen, Darlehensschulden, siehe EStR 2000 Rz 669; nicht jedoch zB Warenschulden, siehe Rz 678). Der Sanierungsgewinn wird gemäß § 2 Abs. 2 EStG 1988 mit Verlusten aus der gleichen oder anderen Einkunftsarten ausgeglichen. Seine Höhe ergibt sich aus der Summe der Schuldnachlässe, abzüglich der mit dem Nachlass wirtschaftlich in Zusammenhang stehenden Sanierungskosten (Nettogröße).“

§ 36 EStG 1988 sieht für den Fall von Schuldnachlässen im Rahmen eines Insolvenzverfahrens eine steuerliche Begünstigung vor: Die Steuer, die auf den aus dem Schuldnachlass resultierenden Gewinn entfällt, wird in Höhe der nachgelassenen Quote nicht festgesetzt. § 36 EStG 1988 ist von der Zielsetzung getragen, eine Unternehmenssanierung zu erleichtern. Durch die Bezugnahme auf einen aus einem Schuldnachlass resultierenden „Gewinn“ ist erkennbar, dass die Vorschrift nur betriebliche Einkünfte erfasst.

Betriebliche Einkünfte können durch Bilanzierung oder Einnahmen-Ausgaben-Rechnung ermittelt werden. Eine Differenzierung zwischen diesen beiden Gewinnermittlungsarten dahingehend, dass der Anwendungsbereich des § 36 EStG 1988 bei einem Einnahmen-Ausgaben-Rechner ein anderer wäre, ist nicht von der Zielsetzung der Bestimmung getragen. Unterschiede in der Systematik der Gewinnermittlung (Aufwands- und Ertragsprinzip einerseits und Zu- und Abflussprinzip andererseits) dürfen demnach nicht Grundlage für eine Differenzierung im Umfang der Begünstigung sein. Eine Unterscheidung zwischen Verbindlichkeitsnachlässen, die zur Herstellung der Totalgewinngleichheit als fiktive Betriebseinnahmen zu erfassen sind und solchen, auf die das nicht zutrifft, ist nicht gerechtfertigt.

Für die grundsätzliche Anwendung des § 36 EStG 1988 besteht daher kein Unterschied, ob es sich um einen Bilanzierer oder einen Einnahmen-Ausgaben-Rechner handelt. Wird eine Betriebsschuld aus betrieblichen Gründen erlassen, ist der wegfallende Betrag daher bei der Einnahmen-Ausgaben-Rechnung in allen Fällen – somit auch dann, wenn er eine Warenschuld oder eine Verbindlichkeit, die Betriebsausgaben betrifft – der Begünstigung des § 36 EStG 1988 insoweit zugänglich, als der Betrag des Schuldnachlasses im Betriebsgewinn gedeckt ist.

In Bezug auf den Nachlass einer Warenschuld wirkt sich allerdings die Begünstigung in zeitlicher Hinsicht beim Einnahmen-Ausgaben-Rechner auf Grund der unterschiedlichen Gewinnermittlungstechnik anders als beim Bilanzierer aus: Bei diesem führt der Nachlass einer Warenschuld im Jahr des Verbindlichkeitswegfalles zum begünstigten Ertrag, während sich bei der Einnahmen-Ausgaben-Rechnung die Gewinnerhöhung durch den ungekürzten Veräußerungserlös (ohne Berücksichtigung eines Wareneinsatzes) im Wirtschaftsjahr des Zuflusses auswirkt. Dementsprechend ist bei der Einnahmen-Ausgaben-Rechnung der Teil des Veräußerungserlöses, der dem Betrag des Schuldnachlasses entspricht, im Wirtschaftsjahr

des Zuflusses des Veräußerungserlöses nach § 36 EStG 1988 begünstigt. Sollte dieser Zufluss zum Zeitpunkt des Schuldnachlasses bereits erfolgt und in einem rechtskräftig veranlagten Jahr berücksichtigt worden sein, ist der spätere Nachlass als rückwirkendes Ereignis iSd § 295a BAO zu werten, das eine Korrektur der Veranlagung des betreffenden Jahres ermöglicht.

Betrifft der Schulderlass eine Betriebsausgabe, ist § 36 EStG 1988 unabhängig von der Gewinnermittlungsart im Jahr des Schuldnachlasses anwendbar. § 36 EStG 1988 ist allerdings – für Bilanzierer und Einnahmen-Ausgaben-Rechner gleichermaßen – nur insoweit anwendbar, als nach Vornahme des horizontalen und vertikalen Verlustausgleichs positive betriebliche Einkünfte („Gewinne" iSd § 36 EStG 1988) und letztlich ein positives Einkommen verbleiben (vgl. EStR 2000 Rz 154 und zB VwGH 24.02.2011, 2011/15/0035).

Für den Beispielsfall kann daher auch bei Einnahmen-Ausgaben-Rechnung im Jahr 2 ein Betrag von 100 (nachgelassene Warenschuld) gemäß § 36 EStG 1988 behandelt werden.

Die EStR 2000 werden in diesem Sinn geändert werden.

Geltendmachung einer Forschungsprämie nach Eintritt der Insolvenz

Bezughabende Norm

§ 4 Abs. 4 Z 4 EStG 1988 iVm § 108c Abs. 2 EStG 1988, Verordnung BGBl. II Nr. 506/2002; EStR 2000 Rz 1329d bis 1329f, 8208 f

Sachverhalt

Über die Fa. O. Forschungs- und Entwicklungs-GesmbH ist am 14.10.2010 der Konkurs eröffnet worden. Der Betrieb wird fortgesetzt. Es ist beabsichtigt, einen Sanierungsplan mit einer Quote von voraussichtlich 20% vorzulegen.

Ab September 2010 wurden die Gehälter der Angestellten vom Insolvenzfonds beglichen. Dieser Aufwand ist daher in der Gewinn- und Verlustrechnung nicht (mehr) enthalten.

Eingangsrechnungen über erbrachte Leistungen, die unmittelbar die Forschung betroffen haben, sind teilweise nicht mehr bezahlt, wohl aber gebucht worden.

Dem Finanzamt wird zum 31.12.2010 ein umfassender, den Rechnungslegungsvorschriften entsprechender Jahresabschluss in Aussicht gestellt. Dabei soll (nach Möglichkeit) eine Forschungsprämie für Eigenforschung beansprucht werden.

Fragestellung

1. Ist es zulässig, den Forschungsfreibetrag/die Forschungsprämie unter den Bedingungen eines Konkurs- oder Sanierungsverfahrens in Anspruch zu nehmen?
2. Müssen jene Aufwendungen, die als Bemessungsgrundlage für die Prämie dienen, auch zu einer Ausgabe (im Sinne eines Mittelabflusses) geführt haben?
3. Müssen die Aufwendungen, um bei der Berechnung der Prämie berücksichtigt zu werden, in der Buchhaltung aufwandswirksam geworden sein?
4. In welchem Ausmaß (100%, 20%, gar nicht) dürfen die Aufwendungen als Grundlage für die Prämie zum 31.12.2010 herangezogen werden?
5. Hat es bei einem (teilweisen) nachträglichen Schulderlass, der zur Reduzierung von Forschungsaufwendungen führt, die Grundlage für die Inanspruchnahme einer Forschungsprämie waren, nachträglich zu einer entsprechenden Kürzung der Forschungsprämie zu kommen?

Lösung

Zu Frage 1:

Die Eröffnung eines Insolvenzverfahrens stellt keinen Grund dar, ein Forschungsfreibetrag/eine Forschungsprämie nicht (mehr) in Anspruch nehmen zu können.

Zu Frage 2:

Bei einem Bilanzierer sind in die Ermittlung der Höhe eines Forschungsfreibetrages/einer Forschungsprämie die bemessungsgrundlagenrelevanten Aufwendungen einzubeziehen. Im vorliegenden Fall der Bilanzierung kommt es dabei nicht auf den Zahlungsfluss an. Im Rahmen einer Einnahmen-Ausgaben-Rechnung ist – abgesehen von Investitionen in nicht geringwertiges Anlagevermögen – grundsätzlich der Abfluss maßgebend.

Zu Frage 3:

Ja, siehe Antwort zu Frage 2.

Frage 4:

Für die Ermittlung der Höhe eines Forschungsfreibetrages/einer Forschungsprämie sind zunächst die bemessungsgrundlagenrelevanten Aufwendungen einzubeziehen. Aus einer Sanierungsquote alleine folgt noch keine Verminderung des Anspruches auf einen Forschungsfreibetrag/einer Forschungsprämie.

Kommt es jedoch infolge der Insolvenz zu einer Verringerung bemessungsgrundlagenrelevanter Aufwendungen, sind für die Ermittlung der Höhe eines Forschungsfreibetrages/einer Forschungsprämie nur die im Ergebnis selbst getragenen Aufwendungen maßgeblich. Kommt es daher im Jahr der Geltendmachung des Forschungsfreibetrages/der Forschungsprämie zu einem gewinnwirksamen Schuldnachlass und betrifft dieser bemessungsgrundlagenrelevante Aufwendungen (Investitionen), ist dieser zu berücksichtigen. Der Wegfall einer Verbindlichkeit, die dazu dient, bemessungsgrundlagenrelevante Aufwendungen (Investitionen) zu finanzieren, ist hingegen unbeachtlich.

Frage 5:

Entsprechend den Ausführungen zur Frage 4 führt ein nachträglicher Schuldnachlass insoweit zu einer Korrektur eines in Anspruch

Salzburger Dialoge

genommenen Freibetrages/einer Prämie, als sich der selbst getragene bemessungsgrundlagenrelevante Aufwand dadurch ändert. Der Schuldnachlass stellt ein nachträgliches Ereignis iSd § 295a BAO dar, das eine Bescheidänderung ermöglicht. Im Rahmen des § 201 Abs. 2 Z 5 BAO kann eine Prämiengutschrift nachträglich korrigiert werden.

Vermietung eines land- und forstwirtschaftlich genutzten Grundstückes für nichtlandwirtschaftliche Zwecke, Verkauf von Aushubmaterial

Bezughabende Norm

§ 21, 28, 30 EStG 1988; EStR 2000 Rz 4192, 5072

Sachverhalt

1. Ein Landwirt vermietet im Zusammenhang mit einem Tunnelbau eine land- und forstwirtschaftliche Liegenschaft vorübergehend für nichtlandwirtschaftliche Zwecke.
2. Im Zuge eines Tunnelbaus wird das Aushubmaterial vom Grundeigentümer an den Tunnelerrichter verkauft.

Fragestellung

Zu 1.: Ab wann ist die Vermietung nicht mehr der Land- und Forstwirtschaft zuzuordnen?

Zu 2.: Wie ist der Verkauf steuerlich bei einem Land- und Forstwirt und einem privaten Grundeigentümer zu behandeln?

Lösung

Zu 1. – Vermietung für nichtlandwirtschaftliche Zwecken Handelt es sich bei einer Vermietung um Hilfs- und Nebengeschäfte zu einer Land- und Forstwirtschaft, die mit dem Betrieb in engem Zusammenhang stehen und diesem dienen bzw. ihn ergänzen, liegen nach EStR 2000 Rz 5070 noch Vorgänge im Rahmen des land- und forstwirtschaftlichen Betriebes vor. Steht bei der Vermietung landwirtschaftlicher Nutzflächen hingegen wirtschaftlich eine Vermögensverwaltung wie bei der Vermietung anderer (üblicherweise nicht dem Betriebsvermögen einer Land- und Forstwirtschaft zugehörender) Objekte im Vordergrund, so wird der land- und forstwirtschaftliche Bereich verlassen. Solche nicht landwirtschaftlichen Nutzungen von Grund und Boden (einschließlich Baulichkeiten) sind insbesondere Vermietung von Grundflächen für Campingplätze, (Mini-)Golfplätze (VwGH 14.04.1994, 93/15/0186), Fußballplätze (VwGH 14.04.1994, 91/15/0158), Parkplätze, Lagerplätze und -räume, Deponien, Liftanlagen.

Die Vermietung von landwirtschaftlichen Grundstücken zur (sportlichen) Nutzung als Schipiste oder Langlaufloipe oder kurzfristig als Parkplatz ist gemäß Rz 5072 dem land- und forstwirtschaftlichen Betrieb dann noch zuzurechnen, wenn die landwirtschaftliche Nutzung nicht bzw. nur unwesentlich beeinträchtigt wird. Die Vermietung von landwirtschaftlichen Gebäuden oder Gebäudeteilen für nicht landwirtschaftliche Nutzungen stellt auch dann noch Einkünfte aus Land- und Forstwirtschaft dar, wenn sie nur vorübergehend erfolgt (die landwirtschaftliche Nutzung bleibt weiterhin aufrecht) und von untergeordneter Bedeutung ist (zB Einstellung eines einzelnen Wohnwagens für die Wintermonate in der Maschinenhalle). Wird eine zu einem land- und forstwirtschaftlichen Betrieb gehörende Grundstücksfläche oder ein Teil derselben hingegen auf Dauer nicht mehr landwirtschaftlich genutzt, gehört sie nicht mehr zum land- und forstwirtschaftlichen Betriebsvermögen (VwGH 30.03.2006, 2003/15/0062). Dementsprechend liegen Einkünfte aus Vermietung und Verpachtung vor. Dies gilt zB in folgenden Fällen:

- **Vermietung eines nicht (mehr) der Landwirtschaft dienenden Gebäudes an Urlauber.**
- **Ausschließliche oder überwiegende Nutzung eines abgrenzbaren Gebäudeteiles zur Einstellung von Wohnwagen oder Motorbooten.**
- **Vermietung einer Wiese für nichtlandwirtschaftliche Zwecke auf 25 Jahre.**

Im gegenständlichen Fall wird ein bisher land- und forstwirtschaftlich genutztes Grundstück für einen mehrjährigen Zeitraum (Zeitraum der Tunnelbauarbeiten) dem Bauunternehmen entgeltlich überlassen. Eine land- und forstwirtschaftliche Nutzung ist in diesem Zeitraum nicht möglich. In diesem Fall liegt weder ein Hilfs- oder Nebengeschäft iSd Rz 5072 noch eine bloß vorübergehende Fremdnutzung von untergeordneter Bedeutung iSd Rz 5072 vor. In der Regel wird eine Vermietung, die über einen Zeitraum von fünf Jahren hinausgeht, ab Beginn der Vermietung zu Einkünften aus Vermietung und Verpachtung führen. In der Regel kann daher bei einer Mietdauer, die länger als fünf Jahre dauert, von einer Entnahme des Grundstückes aus dem land- und forstwirtschaftlichen Betrieb ausgegangen werden. Dementsprechend führt die Vermietung in einem derartigen Fall zu Einkünften aus Vermietung und Verpachtung. Beträgt die Mietdauer hingegen nicht mehr als fünf Jahre, liegt keine Entnahme aus dem landwirtschaftlichen Betriebsvermögen vor; die Einkünfte aus der Vermietung sind im Fall einer Pauschalierung gesondert als Einkünfte aus Land- und Forstwirtschaft zu erfassen.

Zu 2. – Ausbruchmaterial:

EStR 2000 Rz 4227 sieht vor, dass als Abbauzins vereinnahmte Beträge unter die Einkünfte aus Vermietung und Verpachtung fallen, wenn ein Land- und Forstwirt das Recht zum Abbau von Bodensubstanzen einem Dritten gegen Abbauzins einräumt. Der Einkunftsart Vermietung und Verpachtung ist danach auch die Überlassung des Rechtes zum Abbau der Bodensubstanz gegen einen Einmalbetrag zuzuordnen.

EStR 2000 Rz 6410b sieht vor, dass Abbauverträge für Bodenschätze zu Einkünften aus Vermietung und Verpachtung führen, wenn

keine über die Vermögensverwaltung hinausgehenden, für einen Gewerbebetrieb typischen Leistungen erbracht werden. Daran ändert auch die Vereinbarung eines Pauschalpreises für den Abbau des gesamten Schottervorkommens nichts. Gemäß EStR 2000 Rz 3204 bestehen keine Bedenken, bei Ermittlung der Einkünfte aus Vermietung und Verpachtung sämtliche Werbungskosten (einschließlich Absetzung für Substanzverringerung) mit 50% der Bruttoerlöse (einschließlich Umsatzsteuer) zu berücksichtigen. Bei Anwendung der Nettomethode können die Werbungskosten (einschließlich AfS) mit 40% der Nettoerlöse (ohne Umsatzsteuer) geschätzt werden.

Der im Zuge eines Tunnelbaus erfolgende Verkauf von Ausbruchmaterial durch den Grundeigentümer an den Tunnelbetreiber steht wirtschaftlich mit dem vom Grundeigentümer eingeräumten Recht zur Tunnelbohrung in engem Zusammenhang; der Vorgang ist wirtschaftlich der Einräumung des Rechts auf Abbau einer Bodensubstanz gleichzuhalten. Dementsprechend führt der Verkauf, unabhängig davon, ob das Grundstück, dem das Aushubmaterial entnommen wird, zu einem Betriebsvermögen oder zum Privatvermögen zählt, zu Einkünften aus Vermietung und Verpachtung. Es bestehen keine Bedenken, wenn die mit dem Verkauf in Zusammenhang stehenden Aufwendungen entsprechend EStR 2000 Rz 3204 mit 50% der Bruttoerlöse (40% der Nettoerlöse) geschätzt werden.

3/6.

Salzburger Steuerdialog 2012 – Ergebnisunterlage Einkommensteuer

(Erlass d. BM f. Finanzen vom 21. September 2012, BMF-010203/0438-VI/6/2012)

1. Ausgleich eines negativen Kommanditkapitalkontos durch Komplementär in einer Familien-KG

1.1. Bezughabende Norm

§ 24 Abs. 2 EStG 1988; EStR 2000 Rz 5993 ff

1.2. Sachverhalt

In Familien-KG's soll die Versteuerung des negativen Kommanditkontos in einfacher Art und Weise hintangehalten werden: Der Komplementär (meist Vater) entnimmt den entsprechenden Betrag von seinem Verrechnungskonto und überweist diesen an den (die) Kommanditisten (meist Kinder) zur Abdeckung der aufgelaufenen Verlustbeträge. In der Praxis wird dies idR nicht mehr als eine Umbuchung zwischen Komplementär- und Kommanditkonten bedeuten. Mit dem solcherart aufgefüllten Kommanditanteil sollte in der Folge entsprechend disponiert werden, wie zB Abtretungen oder ein Vermögensübergang nach § 142 UGB. Der Vorgang wird nach Maßgabe der in § 121a BAO gesetzten Grenzen dem FA angezeigt.

1.3. Fragestellung

Wie ist der Vorgang steuerlich zu beurteilen?

1.4. Ergebnis

§ 24 Abs. 2 letzter Satz EStG 1988 liegt der Gedanke zu Grunde, dass eine Verlustzurechnung nur gerechtfertigt ist, wenn auch eine vermögensmäßige Belastung durch den Verlust vorliegt. Soweit das bei einem beschränkt Haftenden nicht der Fall ist, kommt es durch die Nachversteuerung des negativen Kapitalkontos im Ergebnis zu einer Rückgängigmachung der zugerechneten Verluste. § 24 Abs. 2 letzter Satz EStG 1988 geht – unabhängig von den tatsächlichen Gegebenheiten – von einer Auffüllungsverpflichtung des negativen Kapitalkontos eines Mitunternehmers aus (vgl. VwGH 27.05.1998, 94/13/0084).

In Frage steht, wie es zu beurteilen ist, wenn in einer Familien-KG das negative Kapitalkonto durch einen Kommanditisten in der Weise aufgefüllt wird, dass die dazu dienenden Mittel vom Komplementär entnommen, dem Kommanditisten zugewendet und von diesem wieder eingelegt werden. Unter Ausblendung der Zahlungsflüsse wird dieses Ergebnis durch eine reine Umbuchung vom Kapital des Komplementärs zum Kapital des Kommanditisten bewirkt. Kann durch eine reine Umbuchung im Vorfeld des Ausscheidens des Kommanditisten mit negativem Kapitalkonto eine Nachversteuerung beim Komplementär verhindert werden? Wirtschaftlich ändert sich durch die Umbuchung nichts.

Zielsetzung des § 24 Abs. 2 letzter Satz EStG 1988 ist es, dass zugerechnete Verluste auch

mit einer vermögensmäßigen Belastung beim Zurechnungssubjekt verbunden sein müssen. Entscheidend ist somit, dass die getroffenen Maßnahmen die Vermögenssphäre des Gesellschafters belasten. Dies ist aber nur dann der Fall, wenn sie korrespondierend die Vermögenssphäre der Gesellschaft entlasten (zB Haftungsübernahme für Gesellschaftsschulden, Mittelzuführung durch Nachschüsse). Die Personengesellschaft selbst ist kein Steuersubjekt, wenngleich sie im wirtschaftlichen Verkehr rechtsgeschäftlich tätig wird. Steuerlich wird durch die Gesellschaft „durchgegriffen", ihre Wirtschaftsgüter werden anteilig den Gesellschaftern zugerechnet. Vor diesem Hintergrund kann von einer vermögensmäßigen Belastung des Gesellschafters nur gesprochen werden, wenn der Gesellschaft dadurch ein (zusätzlicher) Vorteil verschafft wird. Werden zB Haftungen übernommen oder Geldeinlagen von außen tatsächlich vorgenommen, erhöht sich der Haftungsfonds bzw. das Gesellschaftskapital für Gesellschaftsgläubiger. Der Gesellschafter hat damit eine zusätzliche Belastung auf sich genommen, die die Verlustzurechnung rechtfertigt.

Im vorliegenden Fall wird jedoch durch die gewählte Vorgangsweise die Vermögenssphäre der Gesellschaft nicht entlastet, da die vom Kommanditisten eingelegten Mittel letztlich von der Gesellschaft selbst stammen. Auch wenn sie der Vermögenssphäre des Kommanditisten zuzurechnen sein mögen, bewirken sie für ihn keine (zusätzliche) Last zu Gunsten der Gesellschaft. Den Gesellschaftsgläubigern gegenüber wird kein (zusätzliches) Kapital oder eine zusätzliche Haftung verschafft. Solcherart besteht aber auch keine (zusätzliche) vermögensmäßige Betroffenheit für den Kommanditisten, die es rechtfertigen würde, das negative Kapital durch die Maßnahme mit der Wirkung als aufgefüllt anzusehen, dass eine Nachversteuerungspflicht nicht bestünde. Die Maßnahme hat zu keiner (zusätzlichen) wirtschaftlichen Belastung für den Kommanditisten geführt. Dies rechtfertigt es nicht, ihn insoweit aus der Nachversteuerungspflicht zu entlassen.

Für die Anwendung des § 24 Abs. 2 letzter Satz EStG 1988 hat die Besteuerung im gegenständlichen Fall daher so zu erfolgen, als wäre die Maßnahme nicht gesetzt worden. Die Bewegungen auf den Kapitalkonten sind daher auszublenden und die Besteuerung auf dieser Grundlage vorzunehmen.

2. Vorweg anfallende Kosten der Umwidmung und Aufschließung

2.1. Bezughabende Norm

§§ 16; 28 EStG 1988, § 200 BAO, § 295a BAO

2.2. Sachverhalt

Ein Steuerpflichtiger ist seit 1986 Eigentümer einer unbebauten Liegenschaft im Ausmaß von 76.000 m², die bisher nur landwirtschaftlich genutzt wurde. Seit 2007 entstehen Kosten dadurch, dass der Steuerpflichtige diese Liegenschaft in Gewerbegebiet umwidmen lassen will, um zukünftig Einkünfte aus Vermietung und Verpachtung aus der Vergabe von Baurechten zu erzielen.

Vorgangsweise: Der Steuerpflichtige kümmert sich um die Umwidmung der Liegenschaft (Antrag an die Gemeinde, Umweltverträglichkeitsprüfung, Werbung iZm einer von der Gemeinde deswegen durchgeführten Volksbefragung, Erstellung der Planung zur Verwertung der Liegenschaft für die Grundverkehrsbehörde), um deren Erschließung (Verlegung von Strom- und Gasleitung, Zufahrt usw.) und schließt danach mit interessierten Unternehmen Baurechtsverträge ab, die dann die Liegenschaft bebauen. Die Umwidmung der Liegenschaft ist im Dezember 2009 erfolgt, die aufsichtsbehördliche Genehmigung erfolgte im Juli 2010. Nach Auskunft des Steuerpflichtigen gibt es bereits Interessenten für die Nutzung der Grundstücke im Rahmen eines Baurechtsvertrages.

Vorerst fallen/fielen beim Steuerpflichtigen hohe Kosten für die Maßnahmen im Zuge der Umwidmung und Erschließung an, die er seit 2007 als vorweggenommene Werbungskosten abgesetzt hat (in den Jahren 2007 bis 2010 insgesamt ca. 76.000 Euro; weitere veranschlagte Kosten für das Projekt: ca. 1,2 Mio. Euro). Diese Investitionskosten sollen aber anteilsmäßig an die zukünftigen Baurechtsnehmer weiter verrechnet werden, und zwar in der Form, dass bei Abschluss des Baurechtsvertrages diese Kosten als Einmalbetrag zu leisten sind.

2.3. Fragestellung

1. Stehen die gegenständlichen Aufwendungen iZm Grund und Boden mit dem Baurecht oder stellen sie ein eigenständiges Wirtschaftsgut dar?
2. Wenn die Aufwendungen dem Grund und Boden zuzuordnen sind, führen sie überhaupt nicht zu Werbungskosten?
3. Sofern die Aufwendungen im Zusammenhang mit dem Baurecht stehen, müssen sie aktiviert werden oder können sie sofort als vorweggenommene Werbungskosten angesetzt werden?
4. Sollten die vorweggenommenen Werbungskosten (Investitionskosten) aktiviert werden, ist dann die Einmalzahlung der anteiligen Investitionskosten der zukünftigen Baurechtsnehmer an den Grundeigentümer bei diesem auf die Laufzeit des Baurechtsvertrages zu verteilen oder sofort als Einnahme anzusetzen?
5. Auch wenn es Interessenten für die Baurechte gibt, liegt eine gewisse Unsicherheit vor, ob für die gesamte Liegenschaft Baurechte vergeben werden können bzw. ob nicht auch Teile der Liegenschaft verkauft werden könnten (mit der Konsequenz, dass die Investitionskosten, die den verkauften Teil betreffen, nicht als Werbungskosten anzusetzen sind). Ist dieser Unsicherheitsfaktor ein Grund, ab der Veranlagung 2011 vorläufige Bescheide zu erlassen?

6. Die Jahre 2007 bis 2011 sind bereits rechtskräftig veranlagt. Sollte doch ein Grund eintreten, dass die Investitionskosten bzw. ein Teil davon nicht als Werbungskosten anzuerkennen sind, können dann diese Bescheide gemäß § 295a BAO abgeändert werden?

2.4. Ergebnis

Zu den Anschaffungskosten zählen jene Aufwendungen, die dazu führen, das Wirtschaftsgut in einen betriebsbereiten Zustand zu setzen.

Zu den Herstellungskosten zählen jene Aufwendungen, die gegenüber dem ursprünglichen Zustand einen wesentlich verbesserten Zustand herbeiführen.

Im gegenständlichen Fall liegen Herstellungsaufwendungen vor, die auch im Rahmen der Einkünfte aus Vermietung und Verpachtung „zu aktivieren" und nicht als (vorweggenommene) Werbungskosten absetzbar sind.

Erschließungskosten gehören zum Grund und Boden, wenn sie den Steuerpflichtigen in seiner Eigenschaft als Grundstückseigentümer treffen (zB Beiträge zur Errichtung öffentlicher Interessentenwege und Aufschließungsbeiträge für den Ausbau einer Straße). Dienen sie der besonderen Nutzung des Grundstücks, gehören sie zum Gebäude (zB Anschlusskosten für Gas, Wasser, Kanal und Strom, vgl. Doralt/Mayr, EStG 198813, § 6, Tz 84). Dementsprechend ist zu unterscheiden:

- **Aufschließungskosten an die Gemeinde sind ebenso wie Kosten der Umwidmung dem Grund und Boden zuzuordnen und daher auf Grund und Boden zu aktivieren.**
- **Der erstmalige Kanal- und Wasseranschluss sowie sonstige Anschlüsse (Gas, Strom) sind grundsätzlich dem Gebäude zuzuordnen. Wird ein solches nicht (zeitnah) errichtet, liegt ein eigenständig zu aktivierendes Wirtschaftsgut vor (vgl. VwGH 25.11.1999, 99/15/0169).**

Da im gegenständlichen Fall Baurechte eingeräumt werden sollen, kommt beim Grundstückseigentümer eine Zurechnung zu einem Gebäude nicht in Betracht; das Gebäude gilt nämlich gemäß § 6 Baurechtsgesetz zivilrechtlich als Zubehör des Baurechts und ist dem Baurechtsnehmer wirtschaftlich zuzurechnen. Für den Grundstückseigentümer liegt daher ein eigenständiges grundsätzlich abnutzbares Wirtschaftsgut vor. Dieses ist entsprechend der Nutzungsdauer des Gebäudes abzuschreiben.

Der Ersatz der Erschließungskosten durch den Bauberechtigten führt beim Grundstückseigentümer im Zuflusszeitpunkt zu steuerpflichtigen Einnahmen und hat auf die AfA keinen Einfluss.

Da im vorliegenden Fall keine vorweggenommenen Werbungskosten, sondern Herstellungsaufwendungen vorliegen, bleibt für eine vorläufige Bescheiderlassung kein Raum, weil diese Qualifikation von späteren Ereignissen unabhängig ist. Aus diesem Grund kommt auch eine Bescheidänderung nach § 295a BAO nicht in Betracht.

3. Ertragsteuerliche Behandlung von Interessentenbeiträgen zu Hochwasserschutzgenossenschaften iSd Bestimmungen des Wasserrechtsgesetzes

3.1. Bezughabende Norm

§ 6 EStG 1988

3.2. Sachverhalt

Zum Zweck der Herstellung und Erhaltung von Schutz- und Regulierungsbauten an Gewässern werden Hochwasserschutzgenossenschaften gegründet. Mitglieder dieser Genossenschaften sind Anrainer im Bereich des Gefahrenzonenplans des jeweils zu verbauenden Flusses. Die Genossenschaftsmitglieder sind laut Satzung verpflichtet, einmalige Interessentenbeiträge an die Genossenschaft zu entrichten.

Die Berechnung dieser Beiträge erfolgt auf Basis einer Nutznießerbeurteilung. Als Grundlage dazu dient ein Sachverständigengutachten. Dabei werden die betroffenen Grundflächen je nach Bonität, Nutzung (Bauland, Grünland) und verschiedenen anderen Faktoren bewertet und der Schaden durch ein allfälliges 100-jähriges Ereignis geschätzt. Je nach zu erwartenden Schäden wird eine Einschätzung vorgenommen. Dabei werden bei Gebäuden Alter, Erhaltungszustand, gewerbliche Nutzung, Anzahl der Wohneinheiten, Lage der Kelleröffnungen, Unterkellerungen, usw. berücksichtigt. Da bebaute Grundstücke durch den potentiellen Schadenseintritt stärker belastet sind als unbebaute Grundstücke, sind die Beiträge für bebaute Grundstücke wesentlich höher als für unbebaute Grundstücke.

Durch den derzeit aktuellen Gefahrenzonenplan der Bundeswasserbauverwaltung und den darin ausgewiesenen roten und gelben Zonen wäre eine Bebauung bzw. Bewilligung iZm gewerblichen und privaten Flächen derzeit für die Betroffenen unmöglich und im Fall eines Ereignisses auch gefährdend.

Durch geeignete Retentionsbecken und Regulierungsmaßnahmen am Flusslauf werden dramatische Auswirkungen bei zukünftigen Hochwassern hintangehalten und es können zukünftig wieder gewerbliche und private Bauvorhaben im derzeitigen Gefahrengebiet bewilligt werden.

3.3. Frage

Wie sind die Interessentenbeiträge an die Hochwasserschutzgenossenschaft steuerlich zu behandeln

- im betrieblichen Bereich bzw.
- bei Einkünften aus VuV?

3.4. Ergebnis

Die steuerliche Beurteilung ist für betriebliche Einkünfte und solche aus Vermietung und Verpachtung gleich.

Durch die präventive Ausführung von Hochwasserschutzmaßnahmen werden einerseits zukünftige potentielle Schäden verhindert, daneben wird es durch diese Schutzmaßnahmen möglich gemacht, dass in den betroffenen Gefahrenzonenbereichen gewerbliche bzw. private Neubaumaßnahmen bzw. Sanierungsmaßnahmen überhaupt wieder behördlich bewilligt werden können.

Es ist daher davon auszugehen, dass die Durchführung von Hochwasserschutzmaßnahmen eine wesentliche Wertsteigerung der im Gefahrenzonenplan befindlichen Liegenschaften der Interessenten zur Folge hat. Die Schutz- und Regulierungsbauten sind daher als Herstellungsmaßnahmen im Sinne des § 203 UGB zu qualifizieren.

Soweit die Interessentenbeiträge zur Hochwasserschutzgenossenschaft für unbebaute Grundstücke geleistet werden, stellen sie daher Herstellungskosten dar und sind in voller Höhe auf Grund und Boden zu aktivieren.

Sind Interessentenbeiträge für bebaute Grundstücke zu leisten, stellt sich die Frage, ob und bejahendenfalls in welchem Verhältnis sie auf Grund und Boden einerseits und das Gebäude andererseits zu aktivieren sind.

Bei bebauten Grundstücken werden höhere Beiträge als bei unbebauten Grundstücken vorgeschrieben. Das macht deutlich, dass durch die Schutzmaßnahmen nicht nur eine Wertsteigerung des Grund und Bodens, sondern auch des Gebäudes eintritt. Die aktivierungspflichtigen Interessentenbeiträge sind daher bei bebauten Grundstücken auf Grund und Boden und Gebäude aufzuteilen, wobei die der Bemessung des Beitrages zugrunde liegende Zuordnung einen sachgerechten Aufteilungsmaßstab darstellt.

4. Haftungsbeträge gemäß § 82a EStG 1988 und §§ 67a ff ASVG bei § 4 Abs. 3 EStG 1988-Gewinnermittlern

4.1. Bezughabende Norm

§ 4 Abs. 3 EStG 1988

4.2. Sachverhalt

Ein Einzelunternehmer erbringt Bauleistungen, er ermittelt seinen Gewinn gemäß § 4 Abs. 3 EStG 1988. Er wird von anderen Unternehmern mit der Erbringung von Bauleistungen beauftragt (Reverse Charge in der USt).

Der Auftraggeber befreit sich von seiner Haftung gemäß § 67a ASVG und § 82a EStG 1988, indem er 25% des Werklohnes an das Dienstleistungszentrum für Auftraggeberhaftung der GKK überweist (20% für SV, 5% für LSt).

Zahlt der Auftragnehmer die von ihm geschuldeten SV-Beiträge, dann entsteht beim Dienstleistungszentrum auf seinem Konto ein Guthaben, das ihm auf Antrag rückgezahlt wird (wenn kein Grund des § 67a Abs. 6 ASVG vorliegt).

Beispiel

Werklohn 100. Der Auftraggeber zahlt 75 an den Auftragnehmer und 25 an das Dienstleistungszentrum.

Wie sind die 25 Werklohn beim Auftragnehmer zu behandeln? Wann erfolgt deren Zufluss?

Variante

Der Auftragnehmer zahlt (zusätzlich) die von ihm geschuldeten SV-Beiträge ein.

ZB Werklohn 100, 75 werden direkt an ihn überwiesen, 25 an das Dienstleistungszentrum. Der Auftragnehmer schuldet 15 an SV und zahlt diese (zusätzlich) an die Krankenkasse (Ausgabe bei seinem Unternehmen).

4.3. Fragestellung

Wie sind in diesem Fall die 25 (bzw 10 Rest in Variante) beim § 4 Abs. 3 EStG 1988- Gewinnermittler zu behandeln?

4.4. Ergebnis

Scheint das beauftragte Unternehmen nicht in der HFU-Gesamtliste auf, kann sich der Auftraggeber von der Haftung für Lohnabgaben und SV-Beiträge befreien, indem er 25% des zu leistenden Werklohnes an das Dienstleistungszentrum der Wiener Gebietskrankenkasse (DLZ) überweist. Die beim DLZ eingehenden Haftungsbeträge werden zu 80% der Sozialversicherung und zu 20% den lohnabhängigen Abgaben zugeordnet.

Der Haftungsbetrag wird vom DLZ in weiterer Folge an den Krankenversicherungsträger des beauftragten Subunternehmers (80%) sowie dessen Finanzamt (20%) weitergeleitet. Der an das Finanzamt weitergeleitete Haftungsbetrag wird auf dem Abgabenkonto des Subunternehmers „auf Saldo" gebucht, das heißt, dass die Zahlung nach § 214 Abs. 1 BAO mit der ältesten Schuld verrechnet wird, und damit auch andere Abgabenschulden abgedeckt werden können. Ein Weisungsrecht (§ 214 BAO) ist für diese an das Finanzamt weitergeleiteten Beträge nicht vorgesehen.

Überwiesene „Haftungsbeträge" an das DLZ wirken gegenüber dem beauftragten Unternehmer schuldbefreiend (§ 82a Abs. 4 EStG 1988), sie stellen daher eine Teilentrichtung des Werklohnes dar.

Die Überweisung an das DLZ durch den Auftraggeber hat für ihn schuldbefreiende Wirkung und ist beim Auftragnehmer im Falle einer § 4 Abs. 3 EStG 1988- Gewinnermittlung im Zeitpunkt des Zahlungseinganges beim DLZ als Einnahme zu erfassen.

Die Weiterleitung an seinen Krankenversicherungsträger bzw. an das Finanzamt stellt beim Auftragnehmer bereits eine Mittelverwendung dar, weil die Zahlung an das DLZ im Auftrag des Subunternehmers (Auftragnehmers) erfolgt. Daher kommt es beim Auftragnehmer im Zeitpunkt der Erfassung der Einnahme in der Regel in gleicher Höhe zu einem Abfluss. Es stellt sich

die Frage, ob es sich dabei um einen „aufwandswirksamen“ Abfluss handelt oder nicht.

Für die Abgrenzung kommt es darauf an, ob der Betrag zur Zahlung von Betriebsausgaben Verwendung findet oder nicht.

Beim 80%-Anteil, der vom DLZ dem Sozialversicherungsträger weitergeleitet wird, liegt jedenfalls eine „aufwandswirksame“ Ausgabe vor, weil die entrichteten Beträge eine Betriebsausgabe darstellen. Entsteht oder erhöht sich durch die Zahlung auf dem SV-Konto des Auftragnehmers ein Guthaben, ist die Zahlung insoweit als Vorauszahlung von SV-Beiträgen anzusehen und es liegt insoweit ein „aufwandswirksamer Abfluss“ vor. Sollte von der SV an den Unternehmer eine (teilweise) Rückzahlung der SV-Beträge erfolgen, stellt dies bei ihm wiederum eine Betriebseinnahme dar.

Da der Anteil der Zahlung an das Finanzamt auf „Saldo“ gebucht wird und damit jeweils die älteste Abgabenschuld getilgt wird, kommt es hinsichtlich des an das Finanzamt weitergeleiteten Teiles darauf an, welche Abgabenschuldigkeiten damit getilgt werden. Handelt es sich um Betriebssteuern (zB L, DB, DZ, USt), liegt im Zeitpunkt der Überweisung eine „aufwandswirksame“ Ausgabe vor, handelt es sich um Personensteuern (etwa ESt) liegt zwar eine Ausgabe vor, die jedoch privat veranlasst ist.

Entsteht oder erhöht sich durch die Zahlung des Auftraggebers auf dem Abgabenkonto des Auftragnehmers ein Guthaben, liegt insoweit kein Abfluss vor, da der Steuerpflichtige jederzeit über diesen Betrag verfügen kann. Ein Abfluss liegt erst zu dem Zeitpunkt vor, zu dem vom Steuerpflichtigen über das Guthaben disponiert wird, indem er es zur Entrichtung von Abgaben verwendet. Das ist jener Zeitpunkt, zu dem der Steuerpflichtige dem Finanzamt eine Verrechnungsweisung zur Verwendung seines Guthabens erteilt.

Wird demnach das Guthaben zur Begleichung von Abgaben verwendet, die Betriebsausgabe darstellen, liegt im Zeitpunkt der Verrechnungsweisung ein „aufwandswirksamer Abfluss“ vor (zB L, DB, DZ, KommSt). Wird das Guthaben zur Bezahlung von Umsatzsteuer verwendet, hängt die aufwandswirksame Erfassung des Abflusses davon ab, ob die Gewinnermittlung nach der Netto- oder Bruttomethode erfolgt. Nur bei der Bruttomethode ist die Zahlung der USt in der Gewinnermittlung zu berücksichtigen. Wird das Guthaben zur Entrichtung von Personensteuern (zB ESt) verwendet, liegt eine Privatausgabe vor.

3/7.

Salzburger Steuerdialog 2013 – Ergebnisprotokoll Einkommensteuer

(Erlass d. BM f. Finanzen vom 3. Oktober 2013, BMF-010203/0492-VI/6/2013)

1. Bilanzberichtigung – Änderung der Nutzungsdauer

1.1.Bezughabende Norm

§ 4 Abs. 2 EStG 1988 idF AbgÄG 2012

1.2. Sachverhalt Grundvariante

Ein bewegliches Wirtschaftsgut wird im Gewerbebetrieb des A zu 80% betrieblich verwendet, zu 20% dient es privaten Zwecken. Die 20%ige Privatnutzung wurde in der Vergangenheit als Nutzungsentnahme berücksichtigt.

Die Anschaffung des WG erfolgte im Jahr 2003 (1. HJ) zum Preis von 10.000 Euro; ND lt. Buchhaltung: 5 Jahre.

Im Zuge einer AP durch das FA stellt sich heraus, dass die ND mit 10 Jahren anzunehmen ist. Die Fehlerberichtung durch das FA erfolgt im Jahr 2006 (erster nicht verjährter Zeitraum).

1.3. Fragestellung

Kann in diesem Fall die geänderte Nutzungsdauer unter Anwendung des § 4 Abs. 2 Z 2 EStG 1988 berichtigt werden?

1.4. Lösung

Die Zugrundelegung einer unrichtigen (zu kurzen) Nutzungsdauer bewirkt einen periodenübergreifenden Fehler durch die Berücksichtigung einer unrichtigen (zu hohen) AfA in den verjährten Jahren 2003, 2004 und 2005. Die Korrektur des Fehlers für den nicht verjährten Zeitraum führt zu einer insgesamt zu hohen Berücksichtigung der AfA. In jenem Umfang, in dem sie für den verjährten Zeitraum nicht mehr korrigiert werden kann, ergibt sich aus dem Umstand der eingetretenen Verjährung ein insgesamt unrichtiger Totalgewinn. § 4 Abs. 2 Z 2 EStG 1988 ist daher anwendbar; die AfA-Überhöhung der Jahre 2003 bis 2005 ist durch einen Zuschlag in Höhe von 3.000 € im Jahr 2006 zu korrigieren. Die durch den Zuschlag erfolgende AfA-Korrektur beeinflusst im vorliegenden Fall mittelbar den Umfang der Nutzungsentnahme: Unter Zugrundelegung einer unrichtig bemessenen Jahres-AfA von 2.000 € wurde bisher die Nutzungsentnahme in Höhe von 20% mit 400 € berücksichtigt; bei richtiger AfA-Bemessung in Höhe von 1.000 € wären 200 € zu berücksichtigen gewesen.

Das Nutzungsausmaß selbst ist nicht fehlerhaft; die Änderung in der Höhe der Nutzungsentnahme ist vielmehr mittelbare Folge des periodenübergreifenden Fehlers hinsichtlich der AfA. Dementsprechend ist sie von der Fehlerberichtigung gemäß § 4 Abs. 2 Z 2 EStG 1988 mitumfasst. Für die Jahre 2003 bis 2005 wurden insgesamt 1.200 € als Nutzungsentnahme berücksichtigt, richtigerweise wären 600 € zu

berücksichtigen gewesen. Die überhöhte Nutzungsentnahme ist daher durch einen Abschlag von 600 € im Jahr 2006 zu korrigieren.

Insgesamt ergibt sich somit ein im Jahr 2006 zu erfassender Zuschlag von 2.400 € (+ 3.000 € – 600 €).

1.5. Sachverhalt Variante

Die AP stellt fest, dass zusätzlich zur unrichtigen kürzeren Nutzungsdauer das Wirtschaftsgut nur zu 40% betrieblichen Zwecken dient und zu 60% privat genutzt wird; bisher wurde lediglich ein Privatanteil von 20% ausgeschieden. Das Wirtschaftsgut darf daher bei richtiger Erfassung nicht bilanziert werden, da die betriebliche Nutzung nicht überwiegt.

Kann die in den Jahren 2003–2005 zu gering angesetzte private Nutzung (= zu hohe AfA) im Jahr 2006 über einen Gewinnzuschlag korrigiert werden?

1.6. Lösung Variante

Die Feststellung des Nutzungsausmaßes von weniger als 50% zieht die Qualifikation als Wirtschaftsgut des Privatvermögens nach sich. Die dennoch gegebene betriebliche Nutzung von 40% ist im Weg einer Nutzungseinlage gewinnmindernd zu berücksichtigen. Die Nutzungseinlage entspricht in ihren Wirkungen der Berücksichtigung einer AfA: Wäre das Wirtschaftsgut im Ausmaß von 40% dem Betriebsvermögen zuzurechnen, wie das bei unbeweglichen Wirtschaftsgütern der Fall ist, wären der AfA die Anschaffungskosten im Ausmaß von 40% zu Grunde zu legen. Der Ansatz einer zu niedrigen Nutzungsdauer wirkt sich in der Folge über die Nutzungseinlage durch die Berücksichtigung einer zu hohen AfA aus; der Wertverzehr aus dem betrieblichen Einsatz wird unrichtig erfasst. Darin liegt dem Grunde nach ein periodenübergreifender Fehler. Entfaltet der Fehler durch die auch im nicht verjährten Zeitraum erfolgende Nutzung noch Wirkungen, liegt ein Anwendungsfall des § 4 Abs. 2 Z 2 EStG 1988 vor.

Im vorliegenden Fall erfolgt die über die Nutzungsdauer verteilte Aufwandsberücksichtigung im Wege einer Nutzungseinlage; das entspricht – wie ausgeführt – im Ergebnis der (bilanziellen) Berücksichtigung der AfA. Es erscheint daher geboten, auch hier einen Anwendungsfall des § 4 Abs. 2 Z 2 EStG 1988 zu sehen. Dementsprechend sind einerseits die Folgen der unrichtigen Aktivierung im Wege des § 4 Abs. 2 Z 2 EStG 1988 zu korrigieren: Im Jahr 2006 ist die Berücksichtigung der AfA in 2003 bis 2005 durch einen Zuschlag von 6.000 zu erfassen. Die unrichtige Berücksichtigung einer Nutzungsentnahme von 20% führt zu einem Abschlag von 1.200 €. Die Nutzungseinlage der Jahre 2003 bis 2005 in Höhe von jeweils 400 €, somit insgesamt 1.200 €, ist als Abschlag zu berücksichtigen. Der gesamte Zuschlag gemäß § 4 Abs. 2 Z 2 EStG 1988 beträgt daher 3.600 € (4.800 € abzüglich 1.200 €). Für die Jahre 2003 bis 2005 werden damit im Ergebnis 1.200 € aufwandswirksam, was dem Betrag der Nutzungseinlage für die drei Jahre entspricht.

2. Bilanzberichtigung – Korrektur eines zu Unrecht abgesetzten Zinsaufwandes

2.1. Bezughabende Norm

§ 4 Abs. 2 Z 2 EStG 1988

2.2. Sachverhalt

Errichtung eines Gebäudes im Jahr 2003, 90% davon werden von Anfang an privat genutzt, 10% betrieblich – dh. nach der 80/20-Regelung liegt insgesamt kein Betriebsvermögen vor.

Die Kreditfinanzierung (Fremdwährungskredit) für die Errichtung wurde zur Gänze von Anfang an dem Betrieb zugeordnet, dh. die Zinsen wurden in voller Höhe als Betriebsausgabe abgesetzt, obwohl die Zinsen entsprechend der Nutzung des Gebäudes dem privaten bzw. betrieblichen Bereich im Verhältnis der tatsächlichen Nutzung zuzuordnen sind (EStR 2000 Rz 1430 ff).

Die Finanzierungsverbindlichkeit für das gemischt genutzte Gebäude stellt keine betriebliche Verbindlichkeit, sondern eine private Verbindlichkeit („negatives Wirtschaftsgut" des Privatvermögens) dar.

Die angefallenen Zinsen sind für den 10%-igen betrieblich genutzten Anteil als Nutzungseinlage anzusetzen.

Die Jahre bis einschließlich 2006 sind bereits verjährt.

2.3. Fragestellung

Kann der in den Jahren 2003 bis 2006 zu Unrecht abgesetzte Zinsaufwand unter Anwendung des § 4 Abs. 2 Z 2 EStG 1988 im Jahr 2007 erfolgswirksam durch einen Zuschlag korrigiert werden?

Zusatzfrage:

Die Fremdwährungsverbindlichkeit wurde im Jahr 2005 in Folge einer Wechselkursänderung gewinnmindernd auf den höheren Teilwert aufgewertet (Höchstwertprinzip).

Kann in diesem Fall die im Jahr 2005 zu Unrecht aufwandswirksam berücksichtigte Wechselkursänderung im Jahr 2007 (= erstes nicht verjährtes Jahr) unter Anwendung des § 4 Abs. 2 Z 2 EStG 1988 gewinnwirksam korrigiert werden?

2.4. Lösung

Die zu Unrecht erfolgte gänzliche Berücksichtigung des Zinsaufwandes stellt keinen Anwendungsfall des § 4 Abs. 2 Z 2 EStG 1988 dar. Es liegt in den betroffenen Jahren kein Fehler vor, der eine über das jeweilige Wirtschaftsjahr hinausgehende periodenübergreifende Auswirkung hat. Zinsen sind ausschließlich im Wirtschaftsjahr des Anfallens (der Bezahlung) zu berücksichtigen.

Die zu Unrecht erfolgte Aufwertung der Verbindlichkeit auf den höheren Teilwert stellt im konkreten Fall ebenfalls keinen Anwendungsfall des § 4 Abs. 2 Z 2 EStG 1988 dar: Die Verbindlichkeit wurde (zu Unrecht) bilanziert, sie gehört daher von Anfang an nicht zum Betriebsver-

mögen. Gewinnwirksame Wertänderungen betrieblicher Wirtschaftsgüter (Abschreibungen/Zuschreibungen, Abwertungen/Aufwertungen) entfalten grundsätzlich periodenübergreifende Wirkung durch die Zweischneidigkeit der Bilanz. Bei einem privaten Wirtschaftsgut ist aber eine (automatische) Fehlerkorrektur über die Zweischneidigkeit der Bilanz von vornherein nicht möglich. § 4 Abs. 2 Z 2 EStG 1988 bezweckt, die Wirkungen der Verjährung in Bezug auf periodenübergreifende Fehler zu beseitigen. Der Eintritt der Verjährung ist hier aber nicht ursächlich dafür, dass die Zweischneidigkeit der Bilanz keine Wirkungen entfaltet. Infolge der Nichtzugehörigkeit der Verbindlichkeit zum Betriebsvermögen begründet die unrichtige Aufwertung im verjährten Zeitraum daher keinen periodenübergreifenden Fehler, sodass kein Anwendungsfall des § 4 Abs. 2 Z 2 EStG 1988 vorliegt.

3. Grundstücksbesteuerung neu – Zeitpunkt des Verpflichtungsgeschäfts

3.1. Bezughabende Norm

§ 30 EStG 1988, siehe auch Info des BMF vom 03.09.2012, BMF-010203/0402-VI/6/2012 Abschnitt 1.1., Frage 5

3.2. Sachverhalt

- Kaufvertrag (Verpflichtungsgeschäft) über nicht steuerhängiges Grundstück datiert mit 28.3.2012
- vor Vertragsabschluss durch Verkäuferin begonnenes Umwidmungsverfahren (–> Bauland) im Jänner 2013 abgeschlossen
- Vertrag enthält auflösende Bedingung für den Fall, dass Umwidmung nicht bewilligt wird
- Kaufpreis fließt erst nach erfolgreicher Umwidmung – Zug um Zug mit der Verbücherung

3.3. Fragestellung

Soll auch in solchen Fällen am Grundsatz festgehalten werden, dass das Datum des Verpflichtungsgeschäftes maßgeblich für die Anwendbarkeit des § 30 EStG 1988 (neu) ist?

3.4. Lösung

Da der Kaufvertrag bereits am 28.3.2012 abgeschlossen wurde, sind noch die EStR 2000 in der Fassung vor dem Wartungserlass 2013 anwendbar. Für die Beurteilung, ob die Veräußerung eines Grundstückes den Spekulationstatbestand nach § 30 EStG 1988 idF vor dem 1. StabG 2012 erfüllt, ist grundsätzlich auf den Zeitpunkt des Abschlusses des Verpflichtungsgeschäftes abzustellen. Dies gilt auch dann, wenn der Kaufvertrag unter einer aufschiebenden oder auflösenden Bedingung abgeschlossen wird (EStR 2000 Rz 6620 aF). Der Abschluss des förmlichen Vertrages ist nur dann nicht maßgeblich, wenn schon zuvor ein Tatbestand verwirklicht wurde, der den wirtschaftlichen Gehalt des nachfolgenden Rechtsgeschäftes für beide Vertragsparteien vorwegnimmt (EStR 2000 Rz 6622 aF).

Der Abschluss des Verpflichtungsgeschäftes ist daher idR der für die Tatbestandsverwirklichung maßgebliche Zeitpunkt. Dies gilt insbesondere auch für die Beurteilung der Frage, ob eine Grundstücksveräußerung vor dem 1. April 2012 vorgenommen wurde und damit noch nicht der durch das 1. StabG 2012 geänderten Rechtslage unterliegt.

Der konkrete Sachverhalt fällt daher in den Anwendungsbereich der bisherigen Spekulationsbesteuerung, weil das Verpflichtungsgeschäft – unter einer auflösenden Bedingung – vor dem 1. April 2012 abgeschlossen wurde.

4. Flurbereinigungsverfahren – Kaufverträge im Rahmen von Flurbereinigungen

4.1. Bezughabende Norm

§ 30 ff EStG 1988

4.2. Sachverhalt

Im Rahmen von Flurbereinigungsverfahren werden auch Kaufgeschäfte abgeschlossen, die sehr oft Kleingrundstücke oder kleinere Teilflächen betreffen, bei denen sich der Kaufpreis unter € 1.000,– beläuft (zB € 150, € 360 usw.).

Diese Kaufvorgänge sind, da es sich nicht um Tauschgeschäfte handelt, von der Befreiungsbestimmung des § 30 Abs. 2 Z 4 EStG 1988 nicht umfasst. Sie sind daher zwar ImmoESt-pflichtig, aber nicht grunderwerbsteuerpflichtig.

4.3. Fragestellung

1. Gibt es für diese Fälle eine Untergrenze für die Berechnung der ImmoESt? In den meisten Fällen handelt es sich nämlich um „Altgrundstücke“, sodass tw. ImmoESt unter 10 Euro errechnet wird.

2. Müssen diese Vorgänge von einem Parteienvertreter (Notar, RA) gemeldet werden oder kann auch die Behörde, die das Flurbereinigungsverfahren durchführt, als Parteienvertreter auftreten (die Befassung von Notar bzw. RA würde für diese Vorgänge mit unverhältnismäßig hohen Kosten verbunden sein und die Behörde meldete Erwerbsvorgänge in diesen Verfahren ja auch schon bisher an das FA GVG)?

4.4. Lösung

1. Anders als für Einkünfte aus Spekulationsgeschäften nach § 30 Abs. 4 EStG 1988 idF vor dem 1. StabG 2012 und § 31 Abs. 3 EStG 1988 idF des 1. StabG 2012 besteht für Einkünfte aus privaten Grundstücksveräußerungen keine Freigrenze. Einkünfte aus Grundstücksveräußerungen sind somit stets steuerpflichtig, soweit keine Steuerbefreiung (zB § 30 Abs. 2 EStG 1988) greift. Bei Steuerpflichtigen mit Einkünften aus nichtselbständiger Arbeit ist der Veranlagungsfreibetrag (§ 41 Abs. 3 EStG 1988) auch auf Einkünfte aus Grundstücksveräußerungen anzuwenden, sofern sie im Rahmen der Einkommensteuerveranlagung der Regelbesteuerung unterworfen werden (vgl LStR 2002 Rz 912g).

2. Gemäß § 10 Abs. 2 GrEStG 1987 sind GrESt-Abgabenerklärungen durch einen Parteienvertreter vorzulegen und elektronisch zu übermitteln. Eine Durchbrechung des Parteienvertreterzwanges besteht nur bei Erwerbsvorgängen, die auf Grund der Durchführung eines Zusammenlegungs- oder Flurbereinigungsverfahrens bzw einer Baulandumlegung von der GrESt befreit sind (§ 10 Abs. 2 iVm § 3 Abs. 1 Z 4 und 5 GrEStG 1987). In diesen Fällen kann die GrESt-Abgabenerklärung auch durch eine am Erwerbsvorgang beteiligte Person elektronisch übermittelt werden.

§ 3 Abs. 1 Z 4 GrEStG 1987 befreit Erwerbsvorgänge im Wege eines Zusammenlegungs- und Flurbereinigungsverfahrens von der Grunderwerbsteuer. Gemäß § 30 Abs. 2 Z 4 EStG 1988 sind Tauschvorgänge im Rahmen derartiger Verfahren von der ESt befreit. Der Umfang dieser Befreiungsbestimmungen deckt sich nicht, denn nach dem EStG sind nur Tauschvorgänge befreit. Ein Tauschvorgang iSd § 30 Abs. 2 Z 4 EStG 1988 liegt aber nur dann vor, wenn Grundstücke getauscht werden und eine allfällige Ausgleichszahlung maximal 50% des gemeinen Wertes des hingegeben Grundstückes ausmacht. Die im Sachverhalt gegen Geldzahlungen übertragenen Kleinflächen stellen daher keine Tauschvorgänge iSd § 30 Abs. 2 Z 4 EStG 1988 dar. Allfällige Überschüsse aus der Veräußerung dieser Grundstücke sind daher steuerpflichtig.

Für die Frage, ob die Vorlage und Übermittlung der GrESt-Abgabenerklärung ausschließlich durch einen Parteienvertreter zu erfolgen hat, ist aber lediglich auf den Umfang der Steuerbefreiung im GrEStG abzustellen. Die Befreiung nach § 3 Abs. 1 Z 4 GrEStG 1987 ist – wie ausgeführt wurde – weiter als die entsprechenden Befreiung im EStG. Nach dem GrEStG muss der Erwerbsvorgang im Wege eines Zusammenlegungsverfahrens stattfinden. Ist das der Fall, ist es unerheblich, ob dabei auch Geldbeträge als Gegenleistungen geflossen sind oder nicht. Erfolgt daher – wie hier – die Übertragung der Kleinflächen im Zusammenhang mit der Durchführung eines Flurbereinigungsverfahrens, greift die grunderwerbsteuerliche Abgabenbefreiung und somit auch die Befreiung vom Parteienvertreterzwang für die Vorlage und Übermittlung der Abgabenerklärung.

5. Umwidmung

5.1. Bezughabende Norm

§ 30 Abs. 4 Z 1 EStG 1988

5.2. Sachverhalt

Verkauf eines nicht als Bauland gewidmeten Grundstückes („Altvermögen“) mit dem Vermerk im Kaufvertrag, dass wenn eine Umwidmung in Bauland innerhalb von drei Jahren erfolgt, eine weitere Zahlung zusätzlich zu dem vorerst vereinbarten Verkaufspreis zu leisten ist.

Es steht noch nicht fest, ob und wann umgewidmet wird.

5.3. Fragestellung

Kann somit (vorerst) der Veräußerungsgewinn pauschal mit 14% des Veräußerungserlöses berechnet werden oder gleich mit 60%?

Wenn der Veräußerungsgewinn mit 14% berechnet wird und innerhalb der nächsten drei Jahre eine Umwidmung erfolgt:

1. muss der ursprüngliche Veräußerungsgewinn pauschal neu berechnet werden?

2. wie ist die weitere Zahlung zu behandeln?

Gibt es eine zeitliche Grenze für den „zeitlichen“ Zusammenhang?

5.4. Lösung

Grundsätzlich muss die Umwidmung vor dem Veräußerungsvorgang erfolgt sein; wenn ein enger zeitlicher und wirtschaftlicher Zusammenhang mit dem Veräußerungsvorgang besteht, kann eine Umwidmung auch besteuerungsrelevant sein, wenn sie nach der Grundstücksveräußerung erfolgt.

Nach EStR 2000 Rz 6672 sind die pauschalen Anschaffungskosten von 86% vom Veräußerungserlös anzusetzen, wenn Grundstücke zum Grünlandpreis veräußert werden, aber vereinbart wird, dass im Falle einer Umwidmung in Bauland innerhalb einer bestimmten Frist die Differenz auf den Baulandpreis (teilweise) nachzuzahlen ist (Besserungsvereinbarung) oder eine solche Besserungsverpflichtung gesetzlich vorgesehen ist (zB im Raumordnungsgesetz eines Landes). Wird die Besserungsvereinbarung bzw. -verpflichtung später wirksam, stellt dies ein rückwirkendes Ereignis im Sinne des § 295a BAO dar. Es sind daher auf Basis des gesamten Veräußerungserlöses (Grundpreis plus Nachzahlung auf Grund der Besserungsvereinbarung) die niedrigeren pauschalen Anschaffungskosten von 40% vom Veräußerungserlös anzusetzen. Die Immobilienertragsteuer, die bereits für den ursprünglichen Veräußerungsvorgang entrichtet wurde (auf Basis der 14% Einkünfte aus der Veräußerung), ist anzurechnen.

Wird das zu einem späteren Zeitpunkt umzuwidmende Grundstück bereits zum Baulandpreis veräußert, sind die pauschalen Anschaffungskosten mit 40% anzusetzen. In diesem Fall ist von einem engen wirtschaftlichen und zeitlichen Zusammenhang auszugehen.

Eine zeitliche Begrenzung der Frist, innerhalb derer eine Umwidmung stattfinden muss, besteht nicht (vgl. EStR 2000 Rz 6672).

6. Ratenzahlung – wertgesicherte Beträge

6.1. Bezughabende Norm

§ 30 EStG 1988

6.2. Sachverhalt

Ein Objekt, welches im Jahr 1986 angeschafft wurde und daher zum 31.03.2012 nicht steuerverfangen war („Altvermögen“), wird verkauft. Verkaufspreis beträgt € 680.000,00. Daraus ergeben sich fiktive Anschaffungskosten in der Höhe von € 584.800,00.

Die Bezahlung erfolgt auf folgende Weise:

1. € 100.000,00 bei Vertragsunterzeichnung (im Februar)

2. € 1.500,00 monatlich ab 01.03.2013 bis 31.12.2017

3. Restbetrag (valorisiert und verzinst mit 1%) spätestens am 31.12.2017.

Durch diese Zahlungsflüsse würden daher die Anschaffungskosten spätestens am 31.12.2017 (wenn zu diesem Zeitpunkt wirklich der Restbetrag bezahlt wird) überschritten werden und ein Zufluss vorliegen.

Folglich wäre bis spätestens am 15.02.2018 eine besondere Vorauszahlung zu entrichten.

Da es damit während des Zeitraumes der Ratenzahlung zu keiner Überschreitung der Anschaffungskosten kommt, dürfte der Gewinn auch nicht unter die laufende Steuer fallen.

6.3. Fragestellung

1. Muss die Verzinsung in die Anschaffungskosten mit einbezogen werden oder muss eine Abzinsung vorgenommen werden?

2. Können die fiktiven Anschaffungskosten für die Beurteilung der Ratenverkaufsproblematik (Zuflusszeitpunkt) herangezogen werden?

6.4. Lösung

Fließt der Veräußerungserlös über einen Zeitraum von mehr als einem Jahr in Raten zu, sind die pauschalen Anschaffungskosten nach § 30 Abs. 4 EStG 1988 auf Basis des zum Veräußerungszeitpunkt abgezinsten Verkaufspreises zu ermitteln. Steuerpflicht entsteht ab dem Zeitpunkt, zu dem die Raten die fiktiven Anschaffungskosten überschreiten (siehe auch EStR 2000 Rz 781).

Der in den Ratenzahlungen enthaltene Zinsanteil ist auszuscheiden; die Zinsen unterliegen als Zinsen aus Privatdarlehen nach § 27a Abs. 2 Z 1 EStG 1988 nicht dem besonderen Steuersatz und sind daher zum Normaltarif zu erfassen.

7. Übergang Vollpauschalierung in der L+FW zu § 4 Abs. 1 EStG 1988

7.1. Bezughabende Norm

§ 8 EStG 1988, LuF-PauschVO 2011

7.2. Sachverhalt

Ein bisher vollpauschalierter Land-Forstwirt geht auf die Gewinnermittlung nach § 4 Abs. 1 EStG 1988 über und setzt dabei das Betriebsgebäude mit dem Restbuchwert, dh mit den ursprünglichen Anschaffungskosten abzüglich bisheriger AfA, an.

Es wird nun seitens der steuerlichen Vertretung vorgebracht, dass man sich in der Zeit der Pauschalierung für eine längere Nutzungsdauer von 50 Jahren entschieden hätte, daher nicht der gesetzlich festgelegte AfA-Satz von 3% anzuwenden wäre. Die Betriebsgebäude hätten daher noch einen beachtlichen Restbuchwert.

Bei Ansatz der gesetzlichen AfA von 3% wären die Betriebsgebäude schon auf den Erinnerungswert abgeschrieben.

Anlagenverzeichnis wurde keines geführt (ist auch nicht gesetzlich vorgesehen, siehe § 7 Abs. 3 EStG 1988).

7.3. Fragestellung

Ist die Anwendung der gesetzlichen vorgesehenen AfA-Sätze auch im Rahmen der Pauschalierung zwingend?

7.4. Lösung

Die Absetzung für Abnutzung ist grundsätzlich für jedes einzelne Wirtschaftsgut auf Basis seiner betriebsgewöhnlichen Nutzungsdauer zu bestimmen. Bei Gebäuden des land- und forstwirtschaftlichen Anlagevermögens ist gemäß § 8 Abs. 1 EStG 1988 eine betriebsgewöhnliche Nutzungsdauer von mindestens 33,33 Jahren zu Grunde zu legen. Eine kürzere Nutzungsdauer ist an Hand eines Sachverständigengutachtens nachzuweisen. Für die Zugrundelegung einer längeren Nutzungsdauer ist ein derartiges Gutachten nicht erforderlich.

Bei Inanspruchnahme der land- und forstwirtschaftlichen Pauschalierung (Voll- oder Teilpauschalierung), ist auch die jährliche Absetzung für Abnutzung des abnutzbaren Anlagevermögens des land- und forstwirtschaftlichen Betriebes von der pauschalen Gewinnermittlung erfasst. Ein gesonderter Ansatz der Absetzung für Abnutzung ist daher bei Anwendung der pauschalen Gewinnermittlung nicht zulässig. Einer pauschalen Gewinnermittlung liegt stets eine Durchschnittsbetrachtung zu Grunde, die gewöhnliche Verhältnisse unterstellt. Wird somit von der land- und forstwirtschaftlichen Pauschalierung (freiwillig) Gebrauch gemacht, erfasst die Pauschalierung die AfA mit durchschnittlichen Werten. Sieht das Gesetz selbst auf Grund einer typisierenden Betrachtung AfA-Sätze vor, sind daher im Rahmen der Pauschalierung diese maßgebend. Dementsprechend ist für ein land- und forstwirtschaftliches Betriebsgebäude bei Inanspruchnahme der Pauschalierung die AfA mit dem gesetzlichen AfA-Satz von 3% erfasst. Für die Berücksichtigung eines abweichenden höheren oder niedrigeren AfA-Satzes bleibt im Rahmen der Pauschalierung kein Raum.

Daraus folgt, dass im Fall eines Wechsels von der pauschalen Gewinnermittlung auf die Bilanzierung nach § 4 Abs. 1 EStG 1988 für die Ermittlung des Restbuchwertes des Betriebsgebäudes stets die gesetzlichen AfA-Sätze zu Grunde zu legen sind.

Wird ein Anlageverzeichnis geführt, ist ungeachtet der Tatsache, dass bei der pauschalen Gewinnermittlung die AfA nicht gesondert erfasst wird, bei Gebäuden die Wertentwicklung durch jährliche Berücksichtigung einer rechnerischen AfA im Anlageverzeichnis aufzuzeichnen. Dies dient in erster Linie der Evidenzierung des Buchwertes für Zwecke einer allfälligen Entnahme oder Veräußerung und

der damit verbundenen Besteuerung der stillen Reserven. Auch hier ist der Ermittlung des Buchwertes immer der gesetzlichen AfA-Satz zu Grunde zu legen.

8. Sonstige Einkünfte – Einkünfte aus Leistungen nach § 29 Z3 EStG 1988

8.1. Bezughabende Norm

§ 29 Z 3 EStG 1988, EStR 2000 Rz 6607 ff

8.2. Sachverhalt

In einem Eigentumswohnungshaus hält P. Wohnungen im Eigentumsanteil von 85%. Er möchte zur Steigerung des Wertes der von ihm vermieteten Wohnungen das Eigentumswohnhaus generalsanieren.

Bei den fünf Fremdwohnungen (Rest von 15%) kommt es zu einer Werterhöhung nach einer Generalsanierung durch Lifteinbau, Außenputz und Fensteraustausch auf alleinige Kosten von P., obwohl zB die Fenster auch in den Fremdwohnungen ausgetauscht wurden. Weiterer Sachverhaltshintergrund ist, dass die Fenster der Fremdwohnungen nicht nur getauscht worden sind, sondern auf Initiative des P. auch um 1,5 m versetzt wurden. P. wollte die Fenster mit seinen darüber liegenden Fenstern in eine Linie bringen.

P. hat eine Möbelwerkstätte und ist auch Produzent von Fenstern. Er hat den Austausch der Fenster übernommen und den Fremd-Wohnungseigentümern dafür nichts verrechnet, auch nichts für die anteiligen Kosten des Lifteinbaus und für den Außenputz. Der Lift kann auch von den Fremdeigentümern benutzt werden.

Im Protokoll der Eigentumsversammlung, in der der Sanierungsbeschluss gefasst worden ist, haben die Wohnungseigentümer eine vom WEG abweichende Kostenaufteilung getroffen, nach der P. die gesamten Kosten der Sanierung trägt.

8.3. Fragestellung

Liegen im Ausmaß der Kostenübernahme durch P. bei den fünf Fremdwohnungs-Eigentümern Einkünfte aus Leistungen nach § 29 Z 3 EStG 1988 vor?

8.4. Lösung

Die Sanierungsarbeiten werden im überwiegenden Interesse und auf Initiative von P. durchgeführt. Es handelt sich bei den durchgeführten Arbeiten um solche, für die nach dem WEG grundsätzlich eine Kostentragung durch die Wohnungseigentümergemeinschaft vorgesehen ist. Da die Wohnungseigentümer jederzeit einstimmig eine vom WEG abweichende Kostenaufteilung vereinbaren können, liegt bei Vorliegen einer solchen (schriftlichen) Vereinbarung keine Leistung nach § 29 Z 3 EStG 1988 vor. Es ist weder ein aktives Tun noch Duldung oder Unterlassung (Verzicht) gegeben. Einkünfte nach § 29 Z 3 EStG 1988 erfordern einen klaren Konnex zwischen Leistung und Gegenleistung, ein solcher liegt hier nicht vor. Auch der Austausch der Fenster in den Fremdwohnungen unterliegt in dieser Sachverhaltskonstellation nicht § 29 Z 3 EStG 1988, da der Austausch nicht auf Betreiben bzw. Verlangen der anderen Wohnungseigentümer erfolgte, sondern weil P. die Fenster versetzen wollte.

8.5. Zusatzfrage

Ist im Falle, dass ein Eigentümer, der den Dachboden ausbaut, die Kosten des Austausches der Fenster der anderen Wohnungseigentümer als Gegenleistung für die Zustimmung zum Ausbau trägt, von einer Steuerpflicht im Ausmaß der anteiligen Kostenübernahme auszugehen?

8.6. Lösung

Hier ist ein klarer Konnex zwischen Leistung und Gegenleistung erkennbar, da für das Erlangen der Zustimmung der übrigen Wohnungseigentümer zum Dachbodenausbau eine weitere Leistung erbracht wird, die nicht Teil des Dachbodenausbaus ist und getrennt von diesem durchgeführt wird. Der Austausch der Fenster erfolgt im überwiegenden Interesse der Wohnungseigentümer und stellt ein Entgelt für die Erteilung der Zustimmung zum Dachbodenausbau dar. Sofern keine andere Einkunftsart vorrangig in Betracht kommt, liegen Einkünfte aus Leistungen nach § 29 Z 3 EStG 1988 vor.

9. Fruchtgenussrecht unter nahen Angehörigen

9.1. Bezughabende Norm

§ 2 Abs. 1 EStG 1988; EStR 2000 Rz 111, Rz 116 ff, Rz 1127, Rz 1134

9.2. Sachverhalt

Ein Vater räumt seiner Tochter an dem in seinem Eigentum stehenden und vermieteten Gebäude einen Zuwendungsfruchtgenuss ein; über dieses Fruchtgenussrecht wird ein Notariatsakt errichtet, eine Eintragung des Fruchtgenusses im Grundbuch erfolgt jedoch nicht.

9.3. Fragestellung

Reicht das Vorliegen eines Notariatsaktes über eine Fruchtgenussvereinbarung zwischen nahen Angehörigen aus, um diese auch steuerlich anzuerkennen oder muss eine Eintragung im Grundbuch erfolgt sein? Wenn ja, ist ein solches Fruchtgenussrecht auch bei Fehlen eines Notariatsaktes steuerlich anzuerkennen?

9.4. Lösung

Nach EStR 2000 Rz 111 „muss der Fruchtgenuss für eine gewisse Dauer bei rechtlich abgesicherter Position bestellt sein“. Ein Notariatsakt ist jedenfalls ausreichend um eine rechtlich abgesicherte Position zu begründen, eine grundbücherliche Eintragung ist nicht notwendig (ebenso VwGH 27.6.2013, 2009/15/0219). Liegt kein Notariatsakt vor, ist eine Fruchtgenussvereinbarung dann anzuerkennen, wenn sie nach außen ausreichend in Erscheinung tritt und es sich um einen dokumentierten und durchsetzbaren Anspruch handelt.

Eine Dauer von 10 Jahren ist jedenfalls erforderlich.

3/8.

Salzburger Steuerdialog 2014 – Ergebnisunterlage Einkommensteuer

(Erlass d. BM f. Finanzen vom 3. Oktober 2014, BMF-010203/0312-VI/6/2014)

1. Grundstücksbesteuerung

1.1. ImmoESt – Herstellerbefreiung

1.1.1. Bezughabende Norm

§ 30 Abs. 2 Z 2 EStG 1988

1.1.2. Sachverhalt

Im Jahr 2011 wurde eine 1998 angeschaffte bebaute Liegenschaft mit 1.500 m² Grund in eine bebaute Liegenschaft mit 850 m² Grund und eine unbebaute Liegenschaft mit 650 m² Grund geteilt.

Auf der bisher unbebauten Fläche wurde in weiterer Folge ein Gebäude (Neubau) für Vermietungszwecke errichtet. Für diesen Neubau wird der Vorsteuerabzug beansprucht – ausreichende Nachweise für eine tatsächliche Vermietungsabsicht liegen dem FA vor (Maklerbeauftragung, Inserate, etc.).

Im Jahr 2013 wurde der Neubau veräußert – es kam daher nie zu einem Einzug von Mietern. Für diesen Neubau wird nun im Rahmen der Veräußerung die Herstellerbefreiung nach § 30 Abs. 2 Z 2 EStG 1988 begehrt. Die beanspruchte Vorsteuer wird zur Gänze gemäß § 12 Abs. 11 UStG 1994 zurückbezahlt.

Im Errichtungszeitraum wurden keine Werbungskostenüberschüsse begehrt (kein Zinsaufwand, da ausreichend Eigenkapital vorhanden war). Eine Errichtung zum Zwecke der Veräußerung oder zur Nutzung für private Wohnzwecke war in der Bauphase nicht vorgesehen. Der Veräußerungserlös des Neubaus beträgt 4,5 Mio. Euro, die Baukosten belaufen sich auf 2 Mio. Euro.

1.1.3. Frage

Schadet die Vermietungsabsicht der Herstellerbefreiung gemäß § 30 Abs. 2 Z 2 EStG 1988?

1.1.4. Ergebnis Steuerdialog

Die Herstellerbefreiung nach § 30 Abs. 2 Z 2 EStG 1988 steht nur insoweit zu, als das errichtete Gebäude nicht innerhalb der letzten 10 Jahre zur Erzielung von Einkünften gedient hat. Dabei ist auch eine kurzfristige Nutzung zur Einkünfteerzielung befreiungsschädlich. Als Nutzung zur Einkünfteerzielung kommen insbesondere die Vermietung sowie die Nutzung für betriebliche oder berufliche Zwecke in Betracht. Unerheblich ist, ob die Einkünfte im konkreten Einzelfall steuerpflichtig sind oder nicht.

Nach EStR 2000 Rz 6420 können im Bereich der Vermietung und Verpachtung Aufwendungen/Ausgaben ausnahmsweise bereits vor Beginn der Einnahmenerzielung zu berücksichtigen sein (sog. vorweggenommene Werbungskosten). Der auf Vermietung des Objektes gerichtete Entschluss muss dann aber klar und eindeutig, etwa aus bindenden Vereinbarungen oder sonstigen, über die Absichtserklärung hinausgehenden Umständen, nach außen in Erscheinung treten (VwGH 07.10.2003, 2001/15/0085; VwGH 25.06.1997, 94/15/0027; VwGH 23.06.1992, 92/14/0037). Da seitens des Steuerpflichtigen ausreichende Nachweise für eine tatsächliche Vermietungsabsicht erbracht wurden (zB Maklerbeauftragung, Inserate, etc.), stellen diese Ausgaben vorweggenommene Werbungskosten dar. Ob die angefallenen Ausgaben tatsächlich in der Veranlagung Berücksichtigung gefunden haben, ist dabei ohne Bedeutung.

Auch nach der LiebhabereiVO wird durch das erstmalige Anfallen von Aufwendungen für eine beabsichtigte Betätigung die Einkunftsquelle begründet (§ 2 Abs. 2 LVO). Der Beginn der Einkünfteerzielung kann aber für die Liebhabereibeurteilung nicht anders beurteilt werden, als für eine Befreiungsvorschrift, deren Anwendbarkeit von der Nutzung eines Wirtschaftsgutes zur Einkünfteerzielung abhängig ist. Die vorweggenommen Werbungskosten begründen demnach eine Einkunftsquelle. Im Anwendungsbereich des § 30 Abs. 2 Z 2 EStG 1988 bewirkt dies, dass die Befreiungsbestimmung nicht zur Anwendung kommt.

1.2. Grundstücksveräußerung iZm mit der Aufgabe bzw. Veräußerung eines Betriebes

1.2.1. Bezughabende Norm

§ 24 iVm § 30 EStG 1988

1.2.2. Sachverhalt

Variante 1:

Ein Betriebsgebäude (= gewerbliche Frühstückspension) wird samt Einrichtung (Betten, Tische, Sessel, Frühstücksgeschirr) zu einem nicht fremdüblichen Kaufpreis, allerdings um mehr als 50% des Verkehrswertes, im Juni 2013 von der Mutter an die Tochter verkauft. Die Gewerbeberechtigung wurde von der Mutter bereits im April 2013 zurückgelegt. Zwischen April und Juni war die Frühstückspension geschlossen, das Inventar blieb ungenutzt.

Die Tochter beabsichtigt allerdings, die Frühstückspension nicht weiter zu führen, sondern baut dieses Gebäude in eine Appartementvermietung um. Unmittelbar nach Übernahme des Gebäudes führt sie die gesamten Umbaumaßnahmen durch und vermietet anschließend diese Appartements. Daraus werden Einkünfte aus Vermietung und Verpachtung gemäß § 28 EStG 1988 erklärt.

Variante 2:

Sachverhalt wie in Variante 1, allerdings wird von der Mutter die Frühstückspension bis zur Übergabe an die Tochter weitergeführt. Von der Tochter wird die Frühstückspension nach der Übernahme eingestellt.

1.2.3. Fragestellung

1. Wem ist die Betriebsveräußerung bzw. -aufgabe zuzurechnen?
2. Wie bemessen sich die Anschaffungskosten der Tochter für die AfA bei den Vermietungseinkünften?

1.2.4. Ergebnis Steuerdialog

Beide Varianten sind gleich zu lösen. In beiden Fällen liegt bei der Mutter eine Betriebsveräußerung vor. Denn in beiden Varianten wird ein im Wesentlichen unveränderter Betrieb an die Tochter übertragen, der dieser eine Fortführung des Betriebes ermöglicht. Ob der Betrieb von der Tochter tatsächlich fortgeführt wird, spielt für das Vorliegen einer Betriebsveräußerung beim Übergeber keine Rolle (EStR 2000 Rz 5573).

Auch die Zurücklegung der Gewerbeberechtigung in Variante 1 ändert nichts daran, dass hier eine Betriebveräußerung und keine Betriebsaufgabe vorliegt, denn zu einer Zerschlagung des lebenden Betriebes kommt es nicht. Vielmehr wird mit der Übertragung (Gebäude samt Inventar) der lebende Betrieb im Gesamten an die Tochter übertragen. Die Zurücklegung der Gewerbeberechtigung stellt sich daher lediglich als eine Teilhandlung im Prozess der Betriebsveräußerung dar.

Die Übertragung des Betriebes an die Tochter stellt ungeachtet des geringen Kaufpreises auch keine Betriebsschenkung dar, weil der Kaufpreis mehr als 50% des Verkehrswertes beträgt und somit ein entgeltliches Geschäft und damit eine Betriebsveräußerung vorliegt.

Der Betrieb wird in Folge durch die Tochter aufgegeben, sodass bei dieser der Tatbestand der Betriebsaufgabe verwirklicht wird. Für die Ermittlung des Aufgabegewinnes sind die Anschaffungskosten auf die Wirtschaftsgüter des Betriebsvermögens aufzuteilen. In der Differenz der Anschaffungskosten und dem gemeinen Wert der Wirtschaftsgüter im Zeitpunkt der Betriebsaufgabe liegt bei der Tochter ein Aufgabegewinn vor. Zur steuerlichen Behandlung von Grundstücken in Zusammenhang mit einer Betriebsaufgabe siehe EStR 2000 Rz 5662a ff.

Bei der Tochter stellt der gemeiner Wert als Entnahmewert des Gebäudes in weiterer Folge die Bemessungsgrundlage für die AfA im Rahmen der Einkünfte aus VuV dar (§ 6 Z 4 EStG 1988).

1.3. ImmoESt iZm Kursverlusten von Fremdwährungskrediten

1.3.1. Bezughabende Norm

§ 20 Abs. 2 iVm § 30 EStG 1988

1.3.2. Sachverhalt

Die Anschaffung eines betrieblichen genutzten Grundstückes wurde mit einem Fremdwährungsdarlehen (Schweizer Franken, CHF) finanziert.

- Variante 1: Das Fremdwährungsdarlehen wird am 5. Mai 2010 aufgenommen.
- Variante 2: Das Fremdwährungsdarlehen wird am 10. Oktober 2013 aufgenommen.

Anlässlich des Verkaufs dieses Grundstückes am 10. März 2014 wird das Fremdwährungsdarlehen zurückgezahlt/getilgt und durch die Konvertierung zurück in Euro ein Kursverlust realisiert.

1.3.3. Fragestellung

1. Kann der anlässlich der Konvertierung des Fremdwährungsdarlehens realisierte Kursverlust als betrieblicher Aufwand berücksichtigt werden?
2. Ist die zeitliche Nahebeziehung zur betrieblichen Grundstücksveräußerung relevant für die Beurteilung der Abzugsfähigkeit?

1.3.4. Ergebnis Steuerdialog

Zu 1:

Nach § 6 Z 3 EStG 1988 sind Verbindlichkeiten gemäß § 6 Z 2 lit. a EStG 1988 zu bewerten. Bankverbindlichkeiten in ausländischer Währung sind daher mit dem Rückzahlungsbetrag zu passivieren. Dabei ist der im Zeitpunkt der Kreditaufnahme maßgebliche Kurs zum Ankauf der Devisen (Briefkurs, Waren-Devisen-Kurs) zu Grunde zu legen.

Nach EStR 2000 Rz 6201 führt – entsprechend der Judikatur des VwGH – die Konvertierung eines Fremdwährungsdarlehens in eine andere, zum Euro wechselkurslabile Währung zu keiner Gewinnrealisierung, weil durch die Konvertierung von einer Fremdwährung in eine andere dasselbe Wirtschaftsgut „Fremdwährung" bestehen bleibt und somit kein Tausch vorliegt (VwGH 24.09.2008, 2006/15/0255; VwGH 04.06.2009, 2004/13/0083). Zu einer Gewinnverwirklichung kommt es nur bei

- Konvertierung von einer Fremdwährung in Euro oder in eine über fixe Wechselkurse zum Euro gebundene Währung im Konvertierungszeitpunkt oder bei
- Tilgung des Fremdwährungsdarlehens im Zeitpunkt und Ausmaß der Tilgung.

Konvertierungsgewinne von Fremdwährungsdarlehen stellen Einkünfte aus realisierten Wertsteigerungen von Kapitalvermögen iSd § 27 Abs. 3 EStG 1988 dar (EStR 2000 Rz 804).

Variante 1 (Darlehensaufnahme am 5. Mai 2010):

Gemäß § 124b Z 192 EStG 1988 ist auf betrieblich gehaltenes Kapitalvermögen der besondere Steuersatz von 25% (§ 27a Abs. 1 EStG 1988) auf vor dem 1.4.2012 erworbene Wirtschaftsgüter und Derivate iSd § 27 Abs. 1 Z 3 EStG 1988 anzuwenden, sofern die Veräußerung/Realisierung nach dem 31. März 2012 erfolgt. Ebenso ist ein Realisierungsverlust ab 1. April 2012 nur zur Hälfte ausgleichsfähig (§ 6 Z 2 lit c EStG 1988). Da der Konvertierungsverlust nach dem 31. März 2013 realisiert wurde, ist dieser im konkreten Fall vorrangig mit positiven Einkünften aus realisierten Wertsteigerungen von solchen Wirtschaftsgütern und Derivaten desselben Betriebes zu verrechnen. Ein allfälliger Überhang ist zur Hälfte mit anderen Einkünften desselben Betriebes, sowie gegebenenfalls nach allgemeinen Ertragsteuergrundsätzen im Rahmen des horizontalen und vertikalen Verlustausgleichs ausgleichs- bzw. vortragsfähig (vgl. EStR 2000 Rz 798).

Variante 2 (Darlehensaufnahme am 10. Oktober 2013):

Die Darlehensaufnahme erfolgte bereits im Anwendungsbereich der mit dem BBG 2011 geschaffenen Neuregelung der Besteuerung von betrieblichen und privaten Kapitalerträgen. Die Lösung entspricht jener der Variante 1.

Zu 2:

Vom Abzugsverbot des § 20 Abs. 2 EStG 1988 sind Aufwendungen umfasst, die in unmittelbarem wirtschaftlichen Zusammenhang mit Einkünften stehen, auf die der besondere Steuersatz von 25% gemäß § 27a Abs. 1 oder § 30a Abs. 1 EStG 1988 anwendbar ist (zB Schuldzinsen, EStR 2000 Rz 4863 bzw. Rz 4873). Ein Wechselkursverlust iZm einem Fremdwährungsdarlehen ist jedoch von dieser Bestimmung nicht umfasst, weil er negative Einkünfte aus realisierten Wertsteigerungen nach § 27 Abs. 3 EStG 1988 darstellt, die im Zeitpunkt der Konvertierung in Euro realisiert werden. Es liegen in diesem Fall gerade keine Zinsen (Entgelt für die Überlassung von Kapital) vor, sondern vielmehr ist ein Realisierungsvorgang in Bezug auf ein anderes Wirtschaftsgut als das veräußerte Grundstück gegeben. Das Abzugsverbot des § 20 Abs. 2 EStG 1988 greift daher nicht. Dementsprechend ist die zeitliche Nähe der Konvertierung zur Grundstücksveräußerung ohne Belang.

2. Steuerliche Beurteilung von virtuellen Währungen (Bitcoins)

2.1. Bitcoins als Zahlungsmittel zwischen Unternehmern

2.1.1. Bezughabende Norm

§ 6 Z 14 lit. a EStG 1988, EStR 2000 Rz 2160, 2588 ff

2.1.2. Sachverhalt

Mehrere Unternehmer vereinbaren, Bitcoins als Zahlungsmittel für Transaktionen zwischen ihren Unternehmen zu akzeptieren. Unternehmer 1 kauft von Unternehmer 2 eine Maschine. Die Maschine kostet 150 Bitcoin-Einheiten (1 Bitcoin = ca. 500–1.000 US$).

2.1.3. Fragestellung

Wie ist dieser Vorgang aus ertragsteuerlicher Sicht zu beurteilen?

2.1.4. Ergebnis Steuerdialog

Bitcoins sind derzeit nicht als offizielle Währung anerkannt. Es handelt sich daher um ein, einer Finanzanlage oder einem Finanzinstrument vergleichbares, Wirtschaftsgut. Bitcoins werden beim Handel mit Wirtschaftsgütern oder Dienstleistungen hingegeben und haben einen bestimmten (Tages-)Wert.

Werden Bitcoins im Betriebsvermögen gehalten, sind bei bilanzierenden Unternehmern die maßgeblichen Bewertungsvorschriften des EStG 1988 bzw. zusätzlich des UGB (bei § 5 Ermittlern) zu beachten, wobei – so wie bei unkörperlichen Gegenständen des Finanzanlagevermögens – aufgrund der unternehmenstypischen Funktion eine Zuordnung zum Anlage- oder Umlaufvermögen zu treffen ist. Die dokumentierte Absicht, die Gegenstände langfristig zu behalten, wird für die Zuordnung zum Anlagevermögen ausschlaggebend sein. Ansonsten liegt Umlaufvermögen vor. Somit können sich u.U. aus den jährlich vorzunehmenden Bewertungen steuerlich wirksame Abwertungen aber auch Zuschreibungen ergeben. Bei einem Unternehmer, der die Bitcoins an der „Börse" kauft und dort auch wieder in Euro umtauscht, können Kursgewinne bzw. -verluste entstehen, die im Rahmen der Gewinnermittlung zu berücksichtigen sind.

Hinsichtlich der steuerlichen Erfassung sind Bitcoins wie sonstige betriebliche Wirtschaftsgüter zu behandeln und daraus resultierende Einkünfte daher zum Tarif zu erfassen. Werden Bitcoins jedoch zinstragend veranlagt, stellen sie Wirtschaftsgüter iSd § 27 Abs. 3 EStG 1988 dar. Realisierte Wertänderungen unterliegen daher dem Sondersteuersatz gemäß § 27a Abs. 1 EStG 1988.

Gegenständlich kommen die am Grundgeschäft Beteiligten überein, eine Maschine gegen eine bestimmte Anzahl an Bitcoins zu tauschen. Es handelt sich daher aus ertragsteuerlicher Sicht um ein Tauschgeschäft. Gemäß § 6 Z 14 lit. a EStG 1988 liegt beim Tausch von Wirtschaftsgütern jeweils eine Anschaffung und eine Veräußerung vor. Als Veräußerungspreis des hingegebenen Wirtschaftsgutes und als Anschaffungskosten des erworbenen Wirtschaftsgutes sind jeweils der gemeine Wert des hingegebenen Wirtschaftsgutes anzusetzen.

Bei Unternehmer 1 werden der Veräußerungspreis der hingegebenen Bitcoin-Einheiten sowie die Anschaffungskosten der erworbenen Maschine durch den gemeinen Wert der Bitcoins im Veräußerungszeitpunkt (umgerechnet in Euro) bestimmt. Das entspricht dem Tageswert der Bitcoins im Zeitpunkt der Veräußerung.

Bei Unternehmer 2 hingegen werden der Veräußerungspreis der hingegebenen Maschine sowie die Anschaffungskosten der erworbenen Bitcoin-Einheiten durch den gemeinen Wert der Maschine im Veräußerungszeitpunkt bestimmt.

2.2. Handel mit Bitcoins

2.2.1. Bezughabende Norm

§ 23 EStG 1988, EStR 2000 Rz 5401 ff, 5418 f

2.2.2. Sachverhalt

Jemand betreibt

a) eine Online-Börse, bei der man Bitcoins gegen reale Währungen an- und verkaufen kann,

b) einen Bitcoin-Geldautomaten, bei dem man mit Bargeld Bitcoins beziehen kann.

In beiden Fällen fallen in der Regel Handelsgebühren an, deren absolute Höhe vom getauschten Betrag abhängig ist.

2.2.3. Fragestellung

Liegt in den beiden Fällen eine steuerrelevante Tätigkeit vor?

2.2.4. Ergebnis Steuerdialog

Gemäß § 23 Z 1 EStG 1988 sind Einkünfte aus Gewerbebetrieb Einkünfte aus einer selbständigen, nachhaltigen Betätigung, die mit Gewinnabsicht unternommen wird und sich als Beteiligung am allgemeinen wirtschaftlichen Verkehr darstellt, wenn die Betätigung weder als Ausübung der Land- und Forstwirtschaft noch als selbständige Arbeit anzusehen ist. Dies ist hier der Fall, sodass ein Gewerbebetrieb im steuerlichen Sinn vorliegt. Es ist daher bei beiden Betätigungen von Einkünften aus Gewerbetrieb auszugehen.

2.3. Bitcoins als Spekulationsobjekt

2.3.1. Bezughabende Norm

§ 27 Abs. 3, § 27a Abs. 1, § 31 EStG 1988, EStR 2000 Rz 6143, 6751 ff

2.3.2. Sachverhalt

Von einer Privatperson wurden am 31.10.2012 an der Tauschbörse eine bestimmte Anzahl an Bitcoins im Wert von EUR 5.000,- erworben. Dieselbe Anzahl an Bitcoins wurde am 31.1.2014 zum Preis von EUR 7.000,– veräußert.

2.3.3. Fragestellung

Wie ist dieser Vorgang einkommensteuerrechtlich zu beurteilen?

2.3.4. Ergebnis Steuerdialog

Gemäß § 31 Abs. 1 EStG 1988 sind Spekulationsgeschäfte Veräußerungsgeschäfte von Wirtschaftsgütern des Privatvermögens, wenn die Einkünfte nicht gemäß § 27 oder § 30 EStG 1988 steuerlich zu erfassen sind und der Zeitraum zwischen Anschaffung und Veräußerung nicht mehr als ein Jahr beträgt. Bei unentgeltlich erworbenen Wirtschaftsgütern ist auf den Anschaffungszeitpunkt des Rechtsvorgängers abzustellen. Bei Tauschvorgängen ist § 6 Z 14 EStG 1988 sinngemäß anzuwenden.

Hinsichtlich der steuerlichen Erfassung ist zu unterscheiden, ob Bitcoins zinstragend veranlagt werden. Ist das der Fall, stellen sie Wirtschaftsgüter iSd § 27 Abs. 3 EStG 1988 dar. Realisierte Wertänderungen unterliegen daher dem Sondersteuersatz gemäß § 27a Abs. 1 EStG 1988. Ist das nicht der Fall, liegt im Falle des Verkaufs von Bitcoins ein Spekulationsgeschäft gemäß § 31 EStG 1988 vor, wenn der Zeitraum zwischen Anschaffung und Veräußerung nicht mehr als ein Jahr beträgt.

3. Einheitliche Tätigkeit – Betriebsausgaben- und Vorsteuerpauschalierung

3.1. Bezughabende Norm

§ 22 Z 2, § 17 EStG 1988, EStR 2000 Rz 5286

3.2. Sachverhalt

Ein Gesellschafter ist jeweils an zwei Kapitalgesellschaften zu mehr als 25% beteiligt und mit einem weiteren Gesellschafter Geschäftsführer der Gesellschaften. Die von ihm aus den Geschäftsführungstätigkeiten erzielten Einkünfte sind solche gemäß § 22 Z 2 zweiter Teilstrich EStG 1988. Bei der Gesellschaft A hat der Geschäftsführer neben dem Vertrieb auch die Großkundenbetreuung über, bei der Gesellschaft B obliegt ihm die Qualitätskontrolle im Einkauf und in der Produktion. Die Gesellschaften werden von einem gemeinsamen Verwaltungsbereich geleitet und der Gesellschafter-Geschäftsführer übt die Tätigkeiten aus einem Büro aus. Er bedient sich dabei auch der von den Gesellschaften zur Verfügung gestellten Mittel (zB Telefon, KFZ, etc.).

Für die Geschäftsführungstätigkeiten werden zwei unabhängig voneinander erstellte Gewinnermittlungen vorgenommen. Die Einnahmen der einzelnen Tätigkeiten betragen teilweise weniger, teilweise etwas mehr als 220.000 Euro jährlich. Für jene Teile, welche unter Einnahmen von 220.000 Euro bleiben, wird die Basispauschalierung gemäß § 17 EStG 1988 und der Vorsteuerabzug gemäß § 14 UStG 1994 in Anspruch genommen.

3.3. Fragestellung

Ist im vorliegenden Fall die Inanspruchnahme der Basispauschalierung gemäß § 17 EStG 1988 gesondert für beide Tätigkeiten zulässig oder liegt eine einheitliche Einkunftsquelle vor, bei der die Einnahmen zusammenzurechnen sind?

3.4. Ergebnis Steuerdialog

Nach ständiger Rechtsprechung kann ein Unternehmer verschiedene Tätigkeiten in mehreren Betrieben oder im Rahmen eines einheitlichen Betriebes entfalten. Ein einheitlicher Betrieb liegt vor, wenn die mehreren Betriebszweige nach der Verkehrsauffassung und nach den Betriebsverhältnissen als Teil eines Betriebes anzusehen sind; das trifft bei engem wirtschaftlichen, technischen oder organisatorischen Zusammenhang zu. Es kommt auf das Ausmaß der objektiven organisatorischen, wirtschaftlichen und finanziellen Verflechtung zwischen den einzelnen Betrieben bzw. Tätigkeiten im Einzelfall an. Als Merkmale für eine einheitliche Einkunftsquelle sind etwa anzusehen: Hilfsfunktion eines Betriebes gegenüber dem anderen, Verwendung gleicher Rohstoffe, gleicher Anlagen und desselben Personals (siehe EStR 2000 Rz 5286 und die dort zit. Jud.).

Im vorliegenden Fall übt ein Gesellschafter mit einem weiteren Gesellschafter die Geschäftsführertätigkeit bei zwei Gesellschaften aus. Er übt somit eine gleichartige Tätigkeit für beide Gesellschaften aus. Es liegt weiters ein gemeinsamer Verwaltungsbereich vor und er übt die Tätigkeit für beide Gesellschaften in ein und demselben Büro unter Ausnützung derselben Arbeitsmittel (PKW, Telefon etc.) aus. Damit stehen die Tätigkeiten in dem – für das Vorliegen eines einzigen Betriebes erforderlichen – engen wirtschaftlichen und organisatorischen Zusammenhang. Es liegt daher eine einzige Einkunftsquelle vor. Eine Basispauschalierung nach § 17 EStG 1988 kann daher ab dem zweiten Jahr der Tätigkeit nur dann in Anspruch genommen werden, wenn die Vorjahresumsätze aus den beiden Geschäftsführertätigkeiten zusammen 220.000 Euro nicht überstiegen haben.

Werden die Geschäftsführertätigkeiten neu begonnen und liegen daher keine Vorjahresumsätze vor, kann eine pauschale Gewinnermittlung im ersten Jahr ungeachtet der Höhe der Umsätze des laufenden Jahres angewendet werden (VwGH 25.10.2011, 2008/15/0200 und EStR 2000 Rz 4102 iVm Rz 4261).

3/9.

Salzburger Steuerdialog 2015 – Ergebnisunterlage Einkommen- und Körperschaftsteuer

(Erlass d. BM f. Finanzen vom 16. Oktober 2015, BMF-010203/0322-VI/6/2015)

1. Einkünftezurechnung und Fragestellungen beim Fruchtgenuss

1.1. Bezughabende Normen und Richtlinien samt Randzahlen

§ 2 EStG 1988; EStR 2000 Rz 111 ff

1.2. Sachverhalt

Im Rahmen des ESt-Workshops des Salzburger Steuerdialoges 2015 wurde intensiv über Fragestellungen im Zusammenhang mit der Einkünftezurechnung bei Fruchtgenussrechten diskutiert.

Einleitend wurden die aus der höchstgerichtlichen Judikatur herausgebildeten Kriterien für eine Zurechnung der aus dem Fruchtgenussrecht erzielten Einkünfte an den Fruchtgenussberechtigten dargestellt. Diese Kriterien sind auch in den EStR 2000 Rz 111 ff genannt und sehen eine Zurechnung dann vor, wenn der Fruchtgenussberechtigte

- auf die Einkünfteerzielung Einfluss nehmen kann,
- die Nutzungsmöglichkeiten nach eigenen Intentionen gestalten kann,
- die mit dem Fruchtgenussrecht verbundenen Aufwendungen trägt,
- das Fruchtgenussrecht für eine gewisse Dauer eingeräumt wird und
- seine Rechtsposition ausreichend abgesichert ist.

1.3. Aktuelle Judikatur

In der Folge wurden einige neuere Judikate zum Fruchtgenussrecht dargestellt und besprochen:

- VwGH 28.11.2007, 2003/14/0065:

  Der VwGH hat die Einkünfte aus einer vermieteten Eigentumswohnung nicht den fruchtgenussberechtigten minderjährigen Kindern zugerechnet, sondern dem Fruchtgenussbesteller, weil aufgrund des Sachverhaltes die Aufwandstragung durch die Fruchtgenussberechtigten nicht erkennbar war. Die Betriebskosten wurden vom Konto der Mutter der Fruchtgenussberechtigten abgebucht. Die behauptete Ausgestaltung der Aufwandstragung derart, dass die zunächst von der Mutter der Fruchtgenussberechtigten getragenen Aufwendungen grundsätzlich weiterverrechnet, allerdings zugleich gestundet worden wären, hat der VwGH als nicht fremdüblich angesehen.
- VwGH 20.3.2014, 2011/15/0174:

  Im Verfahren zum Erkenntnis vom 20.3.2014, 2011/15/0174 (dieses betraf denselben Steuerpflichtigen, jedoch einen unterschiedlichen Veranlagungszeitraum als das oz Verfahren zu 2003/14/0065), hat der VwGH trotz nunmehr erkennbarer Aufwandstragung durch die Fruchtgenussberechtigten die Einkünfte aus dem Mietvertrag dem Fruchtgenussbesteller zugerechnet. Der Grund hierfür war das Fehlen einer tatsächlichen Einflussnahme auf die Einkünfteerzielung, weil aufgrund des langfristigen Mietverhältnisses eine solche nicht notwendig und daher faktisch auch nicht möglich war. Der VwGH hat ausgesprochen, dass die bloße Übernahme eines Mietvertrages nicht ausreichend ist, um eine Zurechnung der Einkünfte an den Fruchtgenussberechtigten zu bewirken.
- VwGH 27.6.2013, 2009/15/0219:

  Bei einem Zuwendungsfruchtgenuss an einem vermieteten Einfamilienhaus, der später im Grundbuch einverleibt wurde, bestand keine Vereinbarung über die Aufwandstragung. Der VwGH hat hierbei allerdings ausgesprochen, dass sich die Verpflichtung des Fruchtgenussberechtigten zur Aufwandstragung bereits aus den dispositiven Bestimmungen des ABGB (§ 512 ABGB) ergibt, womit bei Fehlen einer davon abweichenden Vereinbarung das Kriterium der Aufwandstragung erfüllt ist.
- BFG 28.5.2014, RV/1100465/2012:

  Zu einem auf 5 Jahre eingeräumten Zuwendungsfruchtgenuss hat das BFG ausgesprochen, dass die Dauer der Rechtseinräumung lediglich Indizcharakter für das Vorliegen einer rechtlich abgesicherten Position hat. Um diese gesamthaft beurteilen zu können, müssen weitere Elemente hinzutreten, die Aufschluss über die tatsächliche Rechtsposition des Fruchtgenussberechtigten geben. Bei Vorliegen einer eigenständigen Teilnahme am Wirtschaftsleben ist nach Ansicht des BFG auch eine Rechtseinräumung für weniger als 10 Jahre ausreichend.
- UFS 29.7.2011, RV/0511-S/10:

  Zu einem an die Ehefrau eingeräumten Zuwendungsfruchtgenuss an bestehenden Bau-, Dienstbarkeits- und Bestandrechten, der mit der Scheidung der Ehe auflösend bedingt war, hat der UFS ausgesprochen, dass aufgrund der Beeinflussbarkeit des Bedingungseintritts die Rechtsposition des Fruchtgenussberechtigten nicht ausreichend gesichert ist und damit keine Zurechnung der Einkünfte an diesen stattfindet.

1.4. Diskussion

Im Rahmen der folgenden Diskussionen wurden diese Judikate analysiert und deren Auswirkungen auf die derzeitige Verwaltungspraxis untersucht:

a) Dispositionsmöglichkeiten:

Hinsichtlich des für eine Zurechnung notwendigen Kriteriums der Einflussnahme auf die Einkünfteerzielung und Ausgestaltung der Nutzungsmöglichkeiten nach eigenen Intentionen ergibt sich aufgrund der neueren VwGH-Judikatur (20.3.2014, 2011/15/0174) die Konsequenz, dass insbesondere bei langfristigen Verträgen aufgrund der faktisch mangelnden Dispositionsmöglichkeiten der Fruchtgenussberechtigten eine Zurechnung der Einkünfte an diese generell nicht möglich sein wird.

Allerdings muss das Vorhandensein von Dispositionsmöglichkeiten auf mehreren Ebenen betrachtet werden, weil die Einkünfteerzielung sowohl Einnahmen als auch Ausgaben mitumfasst. Dementsprechend muss bei der Möglichkeit der Einflussnahme sowohl auf die Einnahmen- als auch auf die Ausgabenseite Bedacht genommen werden. Daraus ergibt sich, dass bei der Fruchtgenusseinräumung an bereits vermieteten Objekten die Einnahmenseite faktisch nicht disponibel ist. Besteht in diesen Fällen allerdings eine Einflussmöglichkeit auf der Ausgabenseite, somit betreffend der zu tragenden Aufwendungen, kann eine Zurechnung an den Fruchtgenussberechtigten dennoch erfolgen. Auch hier muss allerdings beachtet werden, dass nach der VwGH-Judikatur die rein anteilige Aufwandstragung für Maßnahmen, die von der Miteigentumsgemeinschaft beschlossen werden, ebenso wenig eine Einflussmöglichkeit der Fruchtgenussberechtigten vermittelt, weil diese sich stellvertretend für den zivilrechtlichen Wohnungseigentümer diesen Maßnahmen im Regelfall nicht entziehen können.

Die Grenzziehung ist komplex, zumal beachtet werden muss, dass im Bereich der Vermögensverwaltung auch bei Eigentümern die Dispositionsmöglichkeit sehr eingeschränkt ist.

b) Verfahrensrechtliche Auswirkungen:

Zudem wirft die Judikatur des VwGH bezüglich der Notwendigkeit einer Einflussmöglichkeit auf die Einkünfteerzielung auch verfahrensrechtliche Fragen auf. Wird zB ein Fruchtgenussrecht an einem Zinshaus eingeräumt, besteht aber eine Einflussmöglichkeit auf die Einkünfteerzielung nur an einzelnen Wohnungen, käme es bei konsequenter Umsetzung der höchstgerichtlichen Rechtsprechung zu einer gemischten Zurechnung der Einkunftsquelle zwischen Eigentümer und Fruchtnießer.

Bei einer gemischten Zurechnung stellt sich die Frage, wie damit verfahrensrechtlich umzugehen ist. Ist das Zinshaus als gemeinschaftliche Einkunftsquelle des Eigentümers und des Fruchtnießers zu werten und daher ein Feststellungsverfahren nach § 188 BAO durchzuführen? Dem steht entgegen, dass es sich hierbei nicht um eine einer gemeinsamen Bewirtschaftung unterliegende Einkunftsquelle handelt. Die Einkunftsquelle selbst wird ausschließlich von dem Fruchtgenussberechtigten bewirtschaftet. Die Zurechnung von Teilen dieser Einkunftsquelle an den Eigentümer beruht ausschließlich auf der mangelnden Einflussmöglichkeit des Fruchtnießers. Daraus kann aber nicht eine gemeinsame Bewirtschaftung durch beide Steuerpflichtige abgeleitet werden. Die Einkunftsquelle wäre daher entsprechend der Zurechnung der einzelnen Wohnungen sowohl dem Eigentümer und dem Fruchtnießer zuzurechnen und die Einnahmen und Ausgaben entsprechen auf die beiden Steuerpflichtigen aufzuteilen. Ein Feststellungsverfahren nach § 188 BAO wäre daher nicht durchzuführen.

Dies zeigt aber, dass eine gemischte Zurechnung nur schwer umsetzbar wäre, so dass sich die Frage stellt, ob die Rechtsprechung des VwGH nicht dahingehend zu verstehen wäre, danach zu unterscheiden, ob das Fruchtgenussrecht an einem Zinshaus oder an mehreren Eigentumswohnungen eingeräumt wurde.

Bei einem Fruchtgenussrecht an einem Zinshaus kann das Objekt nur als Gesamtheit beurteilt werden. Wenn im Zuge der Vermietung einzelner Wohnungen eine Einflussmöglichkeit auf die Einkünfteerzielung erlangt wird, dann bezieht sich diese auf das gesamte Zinshaus und das gesamte Zinshaus ist dem Fruchtgenussberechtigten zuzurechnen. Bei einem Fruchtgenussrecht an Eigentumswohnungen kann dagegen für die Zurechnung der Einkünfte zwischen den einzelnen Wohnungen differenziert werden, weil jede Eigentumswohnung für sich ein Beurteilungsobjekt für die Einkünftezurechnung darstellt (die maßgebliche Judikatur des VwGH ist ebenfalls zu einer Eigentumswohnung ergangen).

c) Vorbehaltsfruchtgenuss:

Zum Vorbehaltsfruchtgenussrecht wurde übereinstimmend die Meinung vertreten, dass die Zurechnung an den Fruchtnießer auf Grund der bereits vor der Fruchtgenusseinräumung bestehenden Einflussmöglichkeit gegeben sei. Diese wird trotz der Eigentumsübertragung durch das Fruchtgenussrecht zurückbehalten, so dass die Einkünftezurechnung an den Fruchtnießer in diesen Fällen unproblematisch ist.

d) Rechtlich abgesicherte Position:

Thematisiert wurde auch die Problematik der rechtlich abgesicherten Position; sowohl hinsichtlich des Umfanges dieser Position als auch hinsichtlich der als Minimum anzusehenden zeitlichen Dauer.

Bezüglich Scheidungsklauseln ist grundsätzlich auf die Rechtsprechung des UFS, der bei einer Scheidungsklausel eine rechtlich abgesicherte Position verneint, und auf eine darauf Bezug nehmende Info des BMF zu verweisen.

Im Zuge der Diskussion wurde allerdings herausgearbeitet, dass bei sog. Scheidungsklauseln zu unterscheiden ist. Eine echte Scheidungsklausel stellt die Auflösung der Fruchtgenussvereinbarung nicht in die ausschließliche Entscheidungsbefugnis des Fruchtgenussgebers. Die Folgen treten auch nicht unmittelbar mit dem Willensentschluss des Fruchtgenussgebers ein, sondern sind auch von der Reaktion des Ehepartners und dem Vorgehen des die Scheidung zu vollziehenden Gerichtes abhängig.

Anders dagegen ist eine Klausel zu beurteilen, die bereits bei der Auflösung der ehelichen Gemeinschaft den Wegfall des Fruchtgenussrechtes vorsieht. In diesem Fall ist die Aufhebung des Fruchtgenussrechtes ausschließlich von einem Willensentschluss des Fruchtgenussgebers abhängig. Der Fruchtgenussnehmer befindet sich in diesem Fall keinesfalls in einer rechtlich abgesicherten Position (zu einem solchen Sachverhalt ist auch die oben angeführte Entscheidung des UFS 29.7.2011, RV/0511-S/10 ergangen).

Auch die Dauer, auf die eine Fruchtgenussvereinbarung abgeschlossen wurde, stellt einen nicht unwesentlichen Aspekt für die Beurteilung der rechtlich abgesicherten Position dar. Je länger die Mindestlaufzeit des Vertrages, desto besser ist die Rechtsposition des Berechtigten. Eine generelle Untergrenze kann nicht gezogen werden. Entscheidend ist grundsätzlich das Gesamtbild der Verhältnisse. Allerdings sollte aus Gründen der Verwaltungsvereinfachung und auch als Anhaltspunkt für die Steuerpflichtigen die derzeit in den EStR verlangte Mindestdauer von 10 Jahren beibehalten werden.

2. Nachversteuerung von Auslandsverlusten bei Fehlen eines DBA

2.1. Bezughabende Normen und Richtlinien samt Randziffern

§ 2 Abs. 8 EStG 1988; § 7 Abs. 2 KStG 1988, VO zu § 48 BAO; EStR 2000 Rz 198 ff

2.2. Sachverhalt

Eine unbeschränkt steuerpflichtige Kapitalgesellschaft begründet im Jahr 2015 eine ausländische Betriebsstätte in Staat Y. Mit Staat Y besteht weder ein DBA noch eine umfassende Amtshilfe. Aus Vereinfachungsgründen wird davon ausgegangen, dass es zwischen dem österreichischen und ausländischen Steuerrecht weder Währungs- noch Ergebnisumrechnungsdifferenzen gibt.

Die Betriebsstätte erzielt in den Jahren 2015 bis 2018 Anlaufverluste von jährlich EUR –50.000. In 2019 werden erstmals Gewinne iHv EUR 100.000 erzielt. Davon können im Ausland die Verluste aus 2015 zur Gänze sowie Verluste aus 2016 in Höhe von EUR 10.000 in Abzug gebracht werden. Der ausländische Körperschaftsteuersatz beträgt 20%.

2.3. Fragestellungen

- Kommt § 2 Abs. 8 Z 4 EStG 1988 in 2018 für die Verluste aus 2015 zur Anwendung?
- Kommt § 2 Abs. 8 Z 4 EStG 1988 in 2019 für die Verluste aus 2016 zur Anwendung?

2.4. Lösung Steuerdialog

Mit Staat Y besteht weder ein DBA noch eine umfassende Amtshilfevereinbarung. Sofern positive Einkünfte in Staat Y erzielt werden, kann für diese auf Basis der VO zu § 48 BAO eine Entlastung von der Doppelbesteuerung herbeigeführt werden. Die VO sieht hierbei für Einkünfte aus Gewerbebetrieb, die aus einer im Ausland gelegenen Betriebsstätte stammen, die Anwendung der Befreiungsmethode vor, wenn sie im Ausland einer der österreichischen Einkommensteuer vergleichbaren Besteuerung unterliegen, deren Durchschnittsteuerbelastung mehr als 15% beträgt (§ 1 Abs. 1 lit. b VO zu § 48 BAO). Im vorliegenden Fall kommt es mangels positiver Betriebsstätteneinkünfte in Staat Y in den Jahren 2015 bis 2018 grundsätzlich nicht zur Anwendung der VO zu § 48 BAO, sondern erst im Jahr 2019. Im Jahr 2019 sind die positiven Betriebsstätteneinkünfte aus Staat Y in Höhe von EUR 100.000 aufgrund von § 1 Abs. 1 lit. b VO zu § 48 von der Besteuerung im Inland auszunehmen (Befreiungsmethode), weil die Durchschnittsteuerbelastung an Körperschaftsteuer mehr als 15% beträgt.

Nach § 2 Abs. 8 Z 3 EStG 1988 idF AbgÄG 2014 sind im Ausland nicht berücksichtigte Verluste bei der Ermittlung des Einkommens anzusetzen. Die Regelung über die Nachversteuerung ist seit dem AbgÄG 2014 gesondert in einer eigenen Z 4 geregelt. Nach dieser Bestimmung erfolgt eine Nachversteuerung angesetzter ausländischer Verluste entweder durch die Verlustverwertung im Ausland oder – wenn der Verlust aus einem Staat stammt, mit dem keine umfassende Amtshilfe besteht – durch Zeitablauf („*spätestens im dritten Jahr nach deren Ansatz*"). Durch die Neuregelung sollte klargestellt werden, dass die Nachversteuerung von ausländischen, im Inland angesetzten Verlusten, nur dann zur Anwendung kommt, wenn die ausländischen Einkünfte von der Besteuerung im Inland ausgenommen werden (Befreiungsmethode). Die Anwendung der Befreiungsmethode kann sich dabei nicht nur aus einem mit dem ausländischen Staat abgeschlossenen DBA ergeben, sondern etwa auch aufgrund der VO zu § 48 BAO (BGBl II Nr. 474/2002).

Für die Frage, ob ein Verlustansatz nach § 2 Abs. 8 Z 3 EStG 1988 und in weiterer Folge eine Nachversteuerung nach § 2 Abs. 8 Z 4 EStG 1988 zu erfolgen hat, muss daher auch im Verhältnis zu Staat Y, mit dem kein DBA besteht, bereits im Jahr des Verlustansatzes untersucht werden, ob im Falle des Vorliegens späterer positiver Einkünfte die Befreiungs- oder die Anrechnungsmethode nach der VO zu § 48 BAO zur Anwendung käme. Führt diese (hypothetische) Prüfung zum Ergebnis, dass für positive Betriebsstätteneinkünfte aus Staat Y in Folgejahren grundsätzlich die Befreiungsmethode zur Anwendung käme, so sind die in den Jahren 2015 bis 2018 entstandenen Betriebsstättenverluste aus Staat Y (allenfalls gedeckelt) gemäß § 2 Abs. 8 Z 3 EStG 1988 im Inland anzusetzen.

Da mit dem Staat Y keine umfassende Amtshilfe besteht, kommt folglich bereits in 2018 die zwingende Nachversteuerung in Folge Zeitablaufes gemäß § 2 Abs. 8 Z 4 EStG 1988 zweiter Satz für die in 2015 angesetzten Verluste von EUR –50.000 zur Anwendung.

Aufgrund von § 2 Abs. 8 Z 4 EStG 1988 kommt es auch im Jahr 2019 zur gänzlichen Nachversteuerung der in 2016 angesetzten Verluste iHv EUR –50.000, wobei EUR 10.000 aufgrund der tatsächlichen Verlustverwertung im Ausland und EUR 40.000 aufgrund Zeitablaufes nachzuversteuern sind.

3. Methodenwechsel nach § 10 Abs. 4 KStG 1988

3.1. Bezughabende Normen und Richtlinien samt Randzahlen

§ 10 Abs. 4 KStG 1988; VO – Internationale Schachtelbeteiligungen, BGBl II 2004/295, KStR 2013 Rz 1229 ff.

3.2. Ausgangspunkt

Im Rahmen des Salzburger Steuerdialoges 2015 wurden offene Probleme hinsichtlich der Anwendung des Methodenwechsels nach § 10 Abs. 4 KStG 1988 sowie der dazu ergangenen Verordnung, VO – Internationale Schachtelbeteiligungen, BGBl II 2004/295, diskutiert. Obwohl diese Verordnung bereits vor 10 Jahren in Kraft getreten ist und auch schon mehrfach Diskussionsgegenstand des Salzburger Steuerdialogs war (siehe dazu zuletzt Salzburger Steuerdialog 2013, ÖStZ Spezial, 2013, 33 ff) stellen sich nach wie vor einige Zweifelsfragen zu deren Auslegung. Über die inhaltliche Diskussion dieser Zweifelsfragen hinaus wurde die bestehende Verordnung in Teilaspekten auch vor einem rechtspolitischen Hintergrund gewürdigt.

3.3. Fragestellungen und Diskussion

3.3.1. Beurteilung des „passiven" Unternehmensschwerpunktes

§ 2 Z 2 der VO – Internationale Schachtelbeteiligungen, BGBl II 2004/295 sieht vor, dass der Unternehmensschwerpunkt danach zu beurteilen ist, in welchen Bereichen Kapital oder Arbeitskräfte der ausländischen Gesellschaft nachhaltig und überwiegend eingesetzt werden und die Wertschöpfung nachhaltig und überwiegend aus diesen Bereichen gezogen wird.

Schwierigkeiten ergeben sich bei der Beurteilung, ob ein „passiver Unternehmensschwerpunkt" einer ausländischen Tochtergesellschaft vorliegt, weil nicht nur die Wertschöpfung im Sinne von Einkünften, sondern auch die beiden anderen Komponenten – Kapital- und Arbeitskräfteeinsatz – maßgeblich sein sollen. In der Prüfungspraxis wird vordergründig auf die Wertschöpfung abgestellt. Es wurde daher diskutiert, aus Vereinfachungsgründen ausschließlich auf die Wertschöpfung abzustellen, wobei aber noch zu prüfen wäre, ob dies tatsächlich zu sachgerechten Ergebnissen führt.

3.3.2. Behandlung „geschäftsleitender Holdinggesellschaften"

Derzeit sehen die KStR 2013 Rz 1237 vor, dass eine geschäftsleitende Holding (lenkende und leitende „Tätigkeit") keine Passiveinkünfte erzielt.

Es wurde diskutiert, ob diese Aussage tatsächlich dahingehend zu verstehen ist, dass derartige Gesellschaften *generell* – ohne weitere Überprüfung – keine Passiveinkünfte erzielen können. Die Diskussion zeigte, dass von einem solchen Verständnis nicht ausgegangen werden kann, weil nach der VO – Internationale Schachtelbeteiligungen, BGBl II 2004/295 das Vorliegen eines Passivschwerpunktes auch bei Holdinggesellschaften zu überprüfen ist. Dabei werden die Einkünfte aus der lenkenden oder leitenden Tätigkeit der Holdinggesellschaft idR aber als unschädlich zu charakterisieren sein. Eine diesbezügliche Präzisierung der KStR 2013 wurde daher angeregt.

3.3.3. Behandlung von „Enkelgesellschaften"

§ 2 Z 4 der VO – Internationale Schachtelbeteiligungen, BGBl. II 2004/295 sieht vor, dass die Betätigung von Enkelgesellschaften, bei denen für sich genommen die Voraussetzungen der Z 1 bis 3 der VO – Internationale Schachtelbeteiligung (passiver Unternehmensschwerpunkt) vorliegen, der Betätigung der ausländischen Tochtergesellschaft im Ausmaß der Beteiligung zuzurechnen ist. Gerade bei dieser „Konsolidierung" von Enkelgesellschaften treten immer wieder Auslegungsprobleme auf. Mit diesen Fragestellungen hat man sich auch bereits beim Salzburger Steuerdialog 2013 befasst; darauf aufbauend wurde die Diskussion auch in 2015 vertieft.

Insbesondere wurde die Frage aufgeworfen, ob bei der Beurteilung des Unternehmensschwerpunktes der ausländischen Tochtergesellschaft lediglich die „Passiveinkünfte" einer – für sich isoliert betrachteten – passiven Enkelgesellschaft zu berücksichtigen sind, wie es derzeit in den KStR 2013 Rz 1238 vertreten wird, oder ob nicht *sämtliche* Einkünfte – somit auch die „operativen" nicht „steuerschädlichen" Einkünfte – der einbezogenen Enkelgesellschaften zu berücksichtigen wären.

Abschließend wurde diskutiert, ob aus Gesetz und VO abzuleiten ist, dass bei der Beurteilung der Steuerbelastung einer passiven Tochtergesellschaft die Steuerbelastung einbezogener Enkelgesellschaften in vergleichbarer Weise zu berücksichtigen ist, um eine sachgerechte Lösung zu erreichen.

3.3.4. Die „besonders starke Ausprägung" eines Grundes für den Methodenwechsel

Nach § 1 Abs. 1 letzter Absatz der VO – Internationale Schachtelbeteiligungen, BGBl. II 2004/295 kommt es auch zum Methodenwechsel, wenn einer der in § 10 Abs. 4 KStG 1988 angeführten Gründe („passiver Unternehmensschwerpunkt" oder „Niedrigbesteuerung") besonders stark ausgeprägt ist und der jeweils andere nur annähernd verwirklicht ist. In den KStR 2013 wird vertreten, dass von einer besonders starken Ausprägung eines Grundes erst bei einem Überschreiten bzw. Unterschreiten von mehr als 25% des noch als „unschädlich" erachteten Mindestniveaus auszugehen ist (siehe dazu das Beispiel in KStR 2013 Rz 1234). Auch hier zeigte die Diskussion, dass hinsichtlich des Kriteriums des „passiven Unternehmensschwerpunktes" ein ausschließliches Heranziehen der Wertschöpfung als Bezugswert für diese Beurteilung geeignet erscheint. Generell hinterfragt wurde überdies der derzeit in den KStR 2013 vertretene „Abweichungskorridor" von +/– 25%.

3.3.5. Zusammenführung von § 10 Abs. 4 KStG 1988 und § 10 Abs. 5 KStG 1988?

Die Voraussetzungen für den Methodenwechsel für internationale Schachtelbeteiligungen (§ 10 Abs. 4 KStG 1988) und für Portfoliobeteiligungen (§ 10 Abs. 5 KStG 1988) sind unterschiedlich geregelt.

Die beiden Bestimmungen unterscheiden sich grundlegend darin, dass es für den Methodenwechsel nach § 10 Abs. 5 KStG 1988lediglich auf das Vorliegen einer Niedrigbesteuerung ankommt, während nach § 10 Abs. 4 KStG 1988 zur Niedrigbesteuerung auch ein „passiver Unternehmensschwerpunkt" hinzutreten muss. Der Gesetzgeber hatte im BBG 2009 jedoch davon Abstand genommen, die Voraussetzungen für den Methodenwechsel für alle ausländischen Beteiligungen einheitlich iSd § 10 Abs. 5 KStG 1988 festzulegen, da es steuerpolitisch durchaus sinnvoll erscheint, den Methodenwechsel für Portfoliobeteiligungen weiter zu fassen als für qualifizierte internationale Schachtelbeteiligungen. Vor diesem Hintergrund stand auch die Aufgabe des Kriteriums der „Passiveinkünfte" in § 10 Abs. 4 KStG 1988 nicht zur Diskussion.

Allerdings wurde diskutiert, ob nicht eine Vereinfachung durch Zusammenführung der Niedrigbesteuerungskriterien in beiden Bestimmungen sinnvoll wäre. Während nämlich nach § 3 der VO – Internationale Schachtelbeteiligungen, BGBl. II 2004/295 zu § 10 Abs. 4 KStG 1988 für die Beurteilung des Umstandes, ob das Einkommen der ausländischen Tochtergesellschaft einer vergleichbaren ausländischen Besteuerung unterliegt, die Bemessungsgrundlage der ausländischen Tochtergesellschaft nach den Vorschriften des EStG und KStG zu ermitteln ist, sieht § 10 Abs. 5 KStG 1988 vergleichsweise einfacher handzuhabende Kriterien vor.

3.4. Abschließende Bemerkungen

Zusammenfassend lässt sich festhalten, dass im Anwendungsbereich des § 10 Abs. 4 KStG 1988 und insbesondere der dazu ergangenen VO – Internationale Schachtelbeteiligungen, BGBl. II 2004/295 nach wie vor einige ungeklärte Fragen bestehen, auf die der VO-Geber – auch angesichts der seit Inkrafttreten der Verordnung erfolgten Veränderungen im internationalen (Konzern-) Steuerrecht – in Zukunft reagieren sollte.

4. Abzugsverbot für Managergehälter

4.1. Bezughabende Normen

§ 20 Abs. 1 Z 7 EStG 1988; § 12 Abs. 1 Z 8 KStG 1988; KStR 2013 Rz 1266aa.

4.2. Sachverhalt (Fall 1)

Die österreichische X-GmbH ist eine Tochtergesellschaft eines deutschen Konzerns. Die Rechtsabteilung für den gesamten Konzern ist in Deutschland angesiedelt. Von dort aus werden sämtliche Rechtsangelegenheiten, somit auch betreffend die österreichische X-GmbH, erledigt. Der Leiter der Rechtsabteilung erhält ein Entgelt von 600.000 Euro im Jahr. Die österreichische X-GmbH zahlt für die an die sie erbrachten Leistungen der Rechtsabteilung eine Umlage in Höhe von 100.000 Euro im Jahr.

4.3. Fragestellung (Fall 1)

Kommt in diesem Fall das Abzugsverbot des § 12 Abs. 1 Z 8 KStG 1988 zur Anwendung?

4.4. Ergebnis Steuerdialog (Fall 1)

Gemäß § 20 Abs. 1 Z 7 EStG 1988 iVm § 12 Abs. 1 Z 8 KStG 1988 sind Aufwendungen für Gehaltsbestandteile, die 500.000 Euro übersteigen und an Arbeitnehmer oder vergleichbar organisatorisch eingegliederte Personen geleistet werden, nicht abzugsfähig. Der Betrag von 500.000 Euro ist dabei zu aliquotieren, wenn eine Person von mehreren Unternehmen Entgelte erhält, die unmittelbar oder mittelbar konzernzugehörig sind oder unmittelbar oder mittelbar unter dem beherrschenden Einfluss desselben Gesellschafters stehen. Werden Umlagen für diese Entgelte geleistet, sind die Aufwendungen zunächst um die empfangenen Umlagen zu kürzen; nach dieser Kürzung hat die Aliquotierung zu erfolgen.

Voraussetzung für die Anwendung des Abzugsverbotes auf Ebene der X-GmbH ist eine organisatorische Eingliederung der Entgelt empfangenden Person in diese. Während bei einer Person, die die Geschäfte der Gesellschaft führt, von deren organisatorischen Einbindung in diese Gesellschaft auszugehen sein wird (siehe VwGH 28.1.2003, 2001/14/0048), selbst wenn sie die Geschäfte vorwiegend aus dem Ausland besorgt, kann dies bei Mitarbeitern von Stabsabteilungen ausländischer Konzerngesellschaften, die ausschließlich vom aus Ausland tätig sind, in der Regel nicht angenommen werden.

Im Vordergrund der Umlagenleistung steht in diesem Fall zudem das Entgelt für eine Dienstleistung, die von einer gesamten Abteilung des Konzerns (Rechtsabteilung), und nicht vorwiegend von einer Einzelperson für die X-GmbH erbracht wird.

Das Abzugsverbot des § 12 Abs. 1 Z 8 KStG 1988 in daher in Fall 1 nicht anwendbar.

4.5. Sachverhalt (Fall 2)

Die österreichische X-GmbH ist Tochtergesellschaft eines deutschen Konzerns. Die Rechtsabteilung für den gesamten Konzern ist bei der österreichischen X-GmbH angesiedelt. Von dort aus werden sämtliche Rechtsangelegenheiten für den Konzern erledigt. Der Leiter der Rechtsabteilung erhält ein Entgelt von 600.000 Euro im Jahr. Die X-GmbH erhält Umlagen für die an den Konzern erbrachten Leistungen der Rechtsabteilung in Höhe von 100.000 Euro im Jahr. 10% der Kosten für die gesamte Rechtsabteilung entfallen auf das Gehalt des Leiters der Rechtsabteilung.

4.6. Fragestellung (Fall 2)

Welchen Einfluss haben die von der österreichischen X-GmbH empfangenen Umlagen auf das Abzugsverbot?

4.7. Ergebnis Steuerdialog (Fall 2)

Dem Abzugsverbot des § 20 Abs. 1 Z 7 EStG 1988 iVm § 12 Abs. 1 Z 8 KStG 1988 unterliegen Aufwendungen für das Entgelt für Arbeitnehmer und vergleichbar organisatorisch eingegliederte Personen, insoweit es 500.000 Euro überschreitet. Der Leiter der Rechtsabteilung ist Arbeitnehmer der X-GmbH, weshalb das Abzugsverbot anwendbar ist.

Gemäß § 12 Abs. 1 Z 8 KStG 1988 kürzen empfangene Umlagen, die für diese Entgelte geleistet werden, die Aufwendungen. Danach hat eine Aliquotierung stattzufinden.

Da die Umlagen nicht nur für das Gehalt des Leiters der Rechtsabteilung sondern für die Leistung der gesamten Rechtsabteilung gezahlt werden, ist anhand von Aufteilungsrechnungen, wie etwa einer Kostenrechnung, für die Rechtsabteilung zu ermitteln, wieviel Prozent von allen Aufwendungen der Rechtsabteilung auf das Gehalt des Leiters entfallen; im Beispiel sind das 10%. In diesem Prozentausmaß entfallen die Umlagen somit auf das Gehalt des Leiters der Rechtsabteilung und kürzen damit die Aufwendungen.

Da das Entgelt von 600.000 Euro die zulässige Höhe von 500.000 Euro um 100.000 Euro übersteigt, hat auf Ebene der X-GmbH eine Kürzung der um die Umlagen verminderten Aufwendungen um 1/6 zu erfolgen. Da das Gehalt des Leiters der Rechtsabteilung 10% der Kosten für die gesamte Abteilung beträgt, entfallen von den geleisteten Umlagen 10.000 Euro auf dessen Entgelt; die um diese Umlagen gekürzten Aufwendungen für das Entgelt betragen nunmehr 590.000 Euro. Von diesen 590.000 Euro sind 1/6 – also 98.333 Euro – nicht abzugsfähig.

3/10.

Salzburger Steuerdialog 2016 – Ergebnisunterlage Einkommensteuer, Körperschaftsteuer, Internationales Steuerrecht

(Erlass des BMF vom 28.10.2016, BMF-010203/0357-VI/6/2016)

Ergebnisse des Salzburger Steuerdialoges 2016 im Bereich der Einkommen- und Körperschaftsteuer sowie des Internationalen Steuerrechts

1. Einlage von immateriellen Wirtschaftsgütern in Einzelunternehmen oder Personengesellschaften

1.1. Bezughabende Norm und Richtlinie samt Randzahlen

§ 6 Z 5 EStG 1988

1.2. Sachverhalt

Ein Steuerpflichtiger und sein Schwiegersohn (Informatikstudent) entwickeln ein Unternehmenskonzept für Online-Verkauf von Jachten. Unmittelbar nachdem das Konzept fertig entwickelt ist, gründen sie eine Offene Gesellschaft (OG). Das Konzept wird als „Know-How" eingelegt. Der Einlagewert leitete sich aus Umfragen bei Geschäftspartnern ab, wie diese den Wert des Konzeptes einschätzen würden.

1.3. Fragestellungen

Liegt im gegenständlichen Fall eine Einlage vor?

1.4. Ergebnis Steuerdialog

Lösung Salzburger Steuerdialog

Eine Einlage setzt einen Transfer von der außerbetrieblichen Sphäre in die betriebliche Sphäre voraus. Bezogen auf ein Unternehmenskonzept („Know How") kann eine Einlage eines unkörperlichen Wirtschaftsgutes daher nur vorliegen, wenn die Entwicklung des Konzepts außerhalb des auf dessen Verwertung gerichteten Betriebs erfolgt ist. Bei einer privaten „Zufallserfindung" wäre es zB denkbar, diese als unkörperliches Wirtschaftsgut in einen auf die Umsetzung gerichteten Betrieb einzulegen (vgl. EStR 2000 Rz 632). Dies wird allerdings nur ausnahmsweise der Fall sein.

Im gegenständlichen Sachverhalt liegt keine Einlage vor: Die Entwicklung des Unternehmenskonzepts und seine Umsetzung stehen in engem sachlichem und zeitlichem Zusammenhang: Mit der Gründung der OG wird der rechtliche Rahmen für die Umsetzung des Konzepts geschaffen. Daraus ist nicht abzuleiten, dass dieser Akt im gegebenen Zusammenhang die Eröffnung eines eigenständige „Umsetzungsbetriebes" darstellt. Betriebliche Aufwendungen können schon vor der Betriebseröffnung anfallen (vorweggenommene Betriebsausgaben, vgl. EStR 2000 Rz 1095). Dementsprechend beginnt die Betriebssphäre nicht erst mit der „Betriebseröffnung" im Sinne des tatsächlichen Marktauftrittes, sondern bereits dann, wenn zielstrebige Vorbereitung dazu getroffen werden. Dies ist hier der Fall, sodass bereits die Entwicklung das Konzept dem betrieblichen Bereich zuzuordnen ist und eine Einlage von Know How nicht in Betracht kommt.

2. Einkünftezurechnung bei zwischengeschalteten Gesellschaften – EStR 2000 Rz 104 und § 2 Abs. 4a EStG 1988

2.1. Bezughabende Norm und Richtlinie samt Randzahlen

§ 2 Abs. 4a EStG 1988; EStR 2000 Rz 104

2.2. Fragestellung

Mit dem AbgÄG 2015 wurde die Bestimmung des § 2 Abs. 4a EStG 1988 eingefügt, die in bestimmten Fällen eine Zurechnung von Einkünften direkt an eine natürliche Person vorsieht, obwohl die Verrechnung über eine „zwischengeschaltete" Körperschaft erfolgt. Damit hat der Gesetzgeber auf die jüngere VwGH-Judikatur (VwGH 04.09.2014, 2011/15/0149) reagiert; der VwGH hat dabei ausgesprochen, dass *„wenn die Drittanstellung eines Geschäftsführers ernsthaft gewollt ist und dementsprechend durchgeführt wird, [...] dem Geschäftsführer die Bezüge seitens der ihn beschäftigenden Gesellschaft und der verleihenden Gesellschaft jene Entgelte zuzurechnen [sind], die ihr für die Gestellung des Geschäftsführers zufließen."*

Aufgrund dieser Judikatur und der Einführung der neuen Gesetzesbestimmung stellt sich die Frage, ob die Aussagen in den EStR 2000 Rz 104

- für die Vergangenheit bzw.
- für die Zukunft (parallel zur Bestimmung des § 2 Abs. 4a EStG 1988)

aufrechterhalten werden.

2.3. Ergebnis Steuerdialog

Für Zeiträume ab dem Inkrafttreten des § 2 Abs. 4a EStG 1988 (1.1.2016), ist die Beurteilung ausschließlich nach dieser Bestimmung vorzunehmen. Ab der Veranlagung 2016 haben die Aussagen der EStR 2000 Rz 104 keine Relevanz mehr.

Für Veranlagungszeiträume bis einschließlich 2015 ist die Beurteilung nach Maßgabe der EStR 2000 Rz 104 allerdings unter Berücksichtigung der VwGH-Judikatur betreffend organschaftlicher Vertretung (VwGH 04.09.2014, 2011/15/0149) vorzunehmen. Für Sachverhalte, die diesem Judikat entsprechen, kommt eine von der Kapitalgesellschaft abweichende Zurechnung nicht in Betracht, es sei denn dies wäre infolge Missbrauchs oder Vorliegen eines Scheingeschäfts geboten. Liegt kein sich abhebender Betriebe mit einer gewissen Substanz vor, ist dies ein Indiz für Missbrauch. Missbrauch kann daher vorliegen, wenn eine schon ausgeübte Geschäftsführung in der Folge über eine leere GmbH abgerechnet wird.

Daraus ergibt sich:

- Für Veranlagungszeiträume ab 2016 hat die Beurteilung ausschließlich entsprechend § 2 Abs. 4a EStG 1988 zu erfolgen. EStR 2000 Rz 104 dafür keine Relevanz mehr.
- Für Veranlagungszeiträume vor 2016 ist EStR 2000 Rz 104 anzuwenden. Abweichend davon ist die Beurteilung von Fällen organschaftlicher Vertretung nach der Rechtsprechung des VwGH vorzunehmen.

2.4. Beispielsfälle und Lösungen

Anhand einiger Beispiele soll der Anwendungsbereich der neuen Bestimmung abgesteckt werden.

1. A ist alleiniger Gesellschafter-Geschäftsführer der A-GmbH. Die A-GmbH beschäftigt darüber hinaus keine weiteren Mitarbeiter. Die A-GmbH schließt mit der ProduktionsGmbH einen „Geschäftsführungsvertrag" ab, in dem vorgesehen ist, dass die A-GmbH „als Geschäftsführer tätig ist und dafür Herrn A abstellt". Im Firmenbuch wird Herr A als Geschäftsführer der Produktions-GmbH eingetragen. Ein Dienstvertrag zwischen A und der Produktions-GmbH wird nicht geschlossen. Im Gesellschaftsvertrag ist als Geschäftszweck die Gestellung von Managern angeführt. Andere Gestellungsverträge als jener des Herrn A werden nicht geschlossen.

Lösung Salzburger Steuerdialog:

Es liegt ein Anwendungsfall des § 2 Abs. 4a EStG 1988 vor, da eine zwischengeschaltete Körperschaft, die unter dem Einfluss des Gesellschafters steht, vorliegt und die organschaftliche Vertretung bei der Produktions-GmbH eine höchstpersönliche Tätigkeit darstellt. Eine Zurechnung an A wäre nur auszuschließen, wenn bei der A-GmbH ein sich von der Besorgung der Geschäftsführertätigkeit „abhebender Betrieb" vorliegt; dafür finden sich im Sachverhalt keine Anhaltspunkte. Die bloße Anführung der Personalgestellung als Geschäftszweck im Gesellschaftsvertrag reicht jedenfalls nicht aus, um einen sich abhebenden Betrieb zu begründen; ein solcher muss faktisch vorliegen.

2. Bei einer GmbH & Co KG bekommt die Komplementär-GmbH (die über keinen eigenständigen Betrieb verfügt) das Honorar für die Geschäftsführung in der KG, die von A ausgeführt wird. A ist sowohl Gesellschafter der GmbH als auch der KG. Die Komplementär GmbH bezahlt A für die Geschäftsführung der KG ein Entgelt.

Lösung Salzburger Steuerdialog:

Die Komplementär-GmbH ist im Verhältnis zwischen A und der KG zwischengeschaltet. A übt jedoch keine organschaftliche Vertretung für eine Körperschaft aus, da er Geschäftsführer der KG ist. Dieser Sachverhalt wird nicht von § 2 Abs. 4a EStG 1988 erfasst. Dem entspricht auch EStR 2000 Rz 5866:

Im Fall einer GmbH & Co KG und vergleichbarer Rechtsformen liegen Sonderbetriebseinnahmen (Vergütungen iSd § 23 Z 2 EStG 1988) bzw. Sonderbetriebsausgaben der GmbH dann vor, wenn der GmbH für ihre Geschäftsführungstätigkeit bei der Mitunternehmerschaft die Bezüge ihres unternehmensrechtlichen Geschäftsführers vergütet werden. Auch wenn der Geschäftsführer zugleich Gesellschafter der Mitunternehmerschaft ist, kommt § 23 Z 2 EStG 1988 nur hinsichtlich der Vergütungen an die GmbH und nicht hinsichtlich der Bezüge des Geschäftsführers zur Anwendung. Der Geschäftsführer bezieht je nach dem Beteiligungsausmaß bei der GmbH Einkünfte aus (nicht)selbständiger Arbeit (VwGH 28.09.1983, 82/13/0136; VwGH 07.11.1989, 86/14/0203; VwGH 19.10.1993, 93/14/0129).

3. Ein Investor ist alleiniger Gesellschafter der Beteiligungs-GmbH. Über diese Beteiligungs-GmbH werden mehrere Beteiligungen gehalten; der Investor erbringt Geschäftsführungstätigkeiten in diesen Beteiligungsgesellschaften. Die Entgelte für die Geschäftsführungen werden nicht an den Investor gezahlt, sondern an die Beteiligungs-GmbH. In dieser GmbH werden lediglich Sekretariatsagenden wahrgenommen. Die Beteiligungs-GmbH verrechnet bspw. ein Honorar von 10.000 Euro an die von ihr gehaltenen Beteiligungsgesellschaften; das vereinnahmte Honorar (abzüglich einer Gewinnmarge) wird in Folge von der Beteiligungs-GmbH an den Investor (an das leistungserbringenden Organ) weiterbezahlt.

Lösung Salzburger Steuerdialog:

Bei einer Holding kommt ein sich im Verhältnis zur Ausübung einer organschaftlichen Geschäftsführungsfunktion abhebender Betrieb, nur in Betracht, wenn Tätigkeiten vorliegen, die erheblich über das Halten von Beteiligungen hinausgehen. Im vorliegenden Fall liegt das nicht vor, weil die Wahrnehmung von Sekretariatstätigkeiten dafür nicht ausreicht. Es liegt daher kein eigenständiger Betrieb vor, sodass § 2 Abs. 4a EStG 1988 anwendbar ist.

4. A ist Alleingesellschafter der A-GmbH, über die A seine Tätigkeit als „Autor und Vortragender" entfaltet. Einzige Arbeitnehmerin in der GmbH ist seine Ehefrau, die als Sekretärin beschäftigt wird. Die Leistungen werden zur Gänze von A erbracht. Die Honorarverrechnung erfolgt durch die A-GmbH.

Lösung Salzburger Steuerdialog:

Es handelt sich um eine höchstpersönliche Tätigkeit, die § 2 Abs. 4a EStG 1988 unterliegt. Die GmbH steht unter dem Einfluss des A. Bloße Hilfstätigkeiten führen zu keinem sich abhebenden Betrieb (siehe ErlRV zum AbgÄG 2015). Reine Sekretariatsagenden können daher keinen sich von der höchstpersönlichen Tätigkeit abhebenden Betrieb begründen. § 2 Abs. 4a EStG 1988 ist anwendbar.

5. Ein Arzt (Universitätsprofessor) hat neben seiner ärztlichen Privatordination und seiner universitären Tätigkeit noch eine GmbH, über die folgende Tätigkeiten abgerechnet werden:

- *Spirituelle Seminare, welche nicht unter die Ordinationstätigkeit und die universitäre Tätigkeit fallen.*
- *Zahlungen von Pharmafirmen als Kostenersatz für Wirksamkeitsprüfungen und Nebenwirkungsprüfungen von Medikamenten an Patienten.*
- *Die pharmakologische Gutachtertätigkeit des Arztes. Dafür werden – abgesehen von der eigenen Tätigkeit des Arztes – Ressourcen aus der GmbH nur für Hilfsdienste verwendet.*

Auf Grund des großen Verwaltungsaufwandes des Organisierens der Seminare, der Durchführung der Seminare und der Dokumentationen der Medikamentenprüfungen für Pharmafirmen sind in der GmbH auch Dienstnehmer angestellt, die den gesamten Arbeitsaufwand der Verwaltung und Dokumentation im Alleingang durchführen. Aus der gutachterlichen Tätigkeit werden Umsätze iHv 35% der Gesamtumsätze der GmbH erzielt.

Lösung Salzburger Steuerdialog:

§ 2 Abs 4a EStG 1988 ist nur dann anwendbar, wenn die zwischengeschaltete Körperschaft über keinen eigenständigen, sich von den dort taxativ genannten Tätigkeiten abhebenden Betrieb verfügt. Mit der Zurechnungsbestimmung sollen in erster Linie Fälle erfasst werden, bei denen eine GmbH ohne substantielle Tätigkeit zwischengeschaltet wird.

Dies liegt einerseits dann nicht vor, wenn im Rahmen der aus dieser Tätigkeit entspringenden Leistungserbringung zur rein höchstpersönlichen Tätigkeit weitere Tätigkeiten hinzutreten, die über bloße Hilfsfunktionen hinausgehen.

Andererseits schließt der Gesetzeswortlaut auch nicht aus, dass das Kriterium des eigenständigen Betriebes sich auf andere als jene von § 2 Abs. 4a EStG 1988 erfassten Tätigkeiten beziehen kann, sodass ein „sich abhebender Betrieb" sich auch aus einer im Verhältnis zur höchstpersönlichen Tätigkeit verschiedenen Tätigkeit ergeben kann. Allerdings ist aus dem Gesetzeszweck abzuleiten, dass das Tatbestandsmerkmal des „sich abhebenden Betriebes" nur vorliegt, wenn diese Tätigkeit eine gewisse quantitative Relevanz im Verhältnis zur höchstpersönlichen Tätigkeit aufweist. Dies wird sich in der Regel in einem entsprechenden Umsatzanteil ausdrücken. Ein Umsatzverhältnis von zumindest 20% wird idR einen eigenständigen sich abhebenden Betrieb begründen.

Auszugehen ist im vorliegenden Sachverhalt davon, dass nur die gutachterliche Tätigkeit als „wissenschaftliche Tätigkeit" eine höchstpersönlichen Tätigkeit iSd § 2 Abs. 4a darstellt. Die Betriebszweige der Durchführung von Seminaren und der Wirksamkeitsprüfung von Medikamente sind jedoch im Verhältnis dazu eigenständig und haben einen als „Betrieb" iSd § 2 Abs. 4a EStG 1988 zu qualifizierenden Charakter. Das Umsatzverhältnis (65% des Gesamtumsatzes) bringt außerdem zum Ausdruck, dass sie eine ausreichende quantitative Relevanz innerhalb des gesamten Geschäftsfeldes der GmbH aufweisen, sodass eine „eigenständiger, sich abhebender Betrieb" gegeben ist.

Damit liegt insgesamt kein Anwendungsfall des § 2 Abs. 4a EStG 1988 vor, womit die erzielten Einkünfte zur Gänze der GmbH zugerechnet werden.

6. Eine Bildhauerin ist alleinige Gesellschafterin der „X Bildhauerei"-GmbH. Diese GmbH wird beauftragt eine Skulptur für den Eingangsbereich eines Unternehmens zu schaffen. Die Skulptur wird von der Bildhauerin selbst angefertigt. Das Honorar wird von der GmbH (als Auftragnehmerin) in Rechnung gestellt.

Variante 1: die Bildhauerin hat eine Angestellte für das Sekretariat und die Buchhaltung.

Variante 2: Die Bildhauerin hat auch eine bildhauerisch tätige Angestellte und einen Lehrling, die auch bei der Anfertigung von Skulpturen und Kunstwerken unterstützen.

Lösung Salzburger Steuerdialog:

Variante 1:

Es liegt gegenüber der höchstpersönlichen „künstlerischen Tätigkeit“ kein eigenständiger sich abhebender Betrieb vor, sodass – wie im Fall Fall 4 – ein Anwendungsfall des § 2 Abs. 4a EStG 1988 vorliegt.

Variante 2:

Im vorliegenden Fall ist davon auszugehen, dass die bildhauerisch tätige Angestellte keine bloße Hilfstätigkeit erbringt, sodass ein sich abhebender Betrieb vorliegt. § 2 Abs. 4a EStG 1988 ist nicht anwendbar.

7. Ein Mitarbeiter der Konzernmutter wird als Aufsichtsrat in die Tochtergesellschaft entsandt. Die Vergütung für diese Tätigkeit ist Teil seiner Gesamtvergütung, die er von der Konzernmutter erhält. Die Konzernmutter verrechnet der Tochtergesellschaft eine Umlage für diese Konzerngestellung.

Lösung Salzburger Steuerdialog:

Ein bloßer Mitarbeiter eines Unternehmens hat keinen Einfluss auf die GmbH, daher kann keine Zurechnung an ihn erfolgen. Die Konzerngestellung ist idR kein Anwendungsfall des § 2 Abs. 4a EStG 1988, weil es am Einfluss der betreffenden Manager fehlt.

8. Die Vorstände der V-AG sind A und B. A ist Alleingesellschafter der A-GmbH, B ist Alleingesellschafter der B-GmbH. A ist Angestellter der B-GmbH, B ist Angestellter der A-GmbH. Die B-GmbH stellt A als Vorstand der V-AG zur Verfügung. Die A-GmbH stellt B als Vorstand der V-AG zur Verfügung. Weder die A-GmbH noch die B-GmbH verfügen über einen eigenständigen, sich von dieser Tätigkeit abhebenden Betrieb.

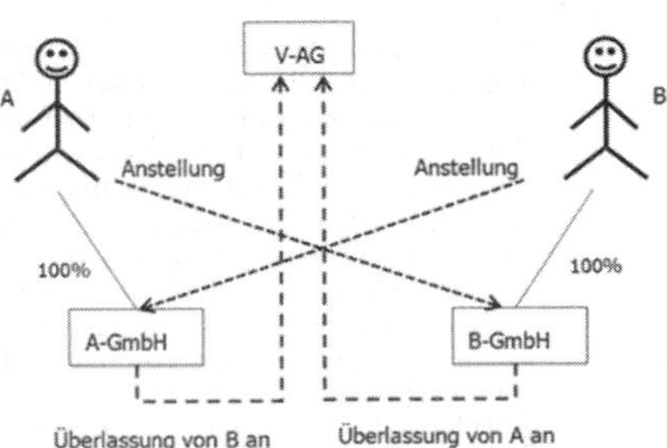

Lösung Salzburger Steuerdialog:

In diesem Fall ist von einem Einfluss der jeweiligen Vorstände auszugehen. Formale Umstände allein sind für die Beurteilung des Einflusses ohne Belang. Das Kriterium des Einflusses lässt sich daher nicht schon durch formale Gestaltungen ausschließen. Im vorliegenden Fall könnte sachverhaltsabhängig auch Missbrauch iSd § 22 BAO vorliegen. Ein Anwendungsfall des § 2 Abs. 4a EStG 1988 liegt vor.

9. Ein Rechtsanwalt, der Gesellschafter-Geschäftsführer einer Rechtsanwalts-GmbH ist, wird als Stiftungsvorstand in der von einem seiner Klienten errichteten Privatstiftung tätig. Sein Dienstvertrag mit der Rechtsanwalts-GmbH sieht vor, dass er die Vergütungen für seine Tätigkeit als Stiftungsvorstand an die Rechtsanwalts-GmbH abführen muss.

Lösung Salzburger Steuerdialog:

Da die Rechtsanwalts-GmbH gegenüber der organschaftlichen Vertretung über einen eigenständigen, sich abhebenden Betrieb verfügt, ist kein Anwendungsfall des § 2 Abs. 4a EStG 1988 gegeben.

3. Verrechnungskonto des Gesellschafters und verdeckte Ausschüttung

3.1. Bezughabende Norm und Richtlinie samt Randzahl

§ 8 Abs. 2 bis 4 KStG 1988, KStR 2013 Rz 562, 565 ff, 750, 969

3.2. Sachverhalt

Die privaten Aufwendungen eines zu 50% am Stammkapital beteiligten Gesellschafter-Geschäftsführers (die restlichen 50% Stammanteile werden ebenfalls in der Familie gehalten) werden laufend über die operativ tätige GmbH finanziert und dort als Verrechnungsforderung an den Gesellschafter-Geschäftsführer verbucht. Die Gesellschaft erwirtschaftet nachhaltig Gewinne und ist in der Lage, die über das Gesellschafterverrechnungskonto eingebuchten Beträge aus Eigenmitteln zu finanzieren.

Durch die „Entnahmen“ des Gesellschafter-Geschäftsführers erhöht sich sein Verrechnungskonto um jährlich zwischen 150.000 Euro und 300.000 Euro, sodass mit Ende 2013 eine Verrechnungsforderung von ca. 1.650.000 Euro aushaftet. Die Verrechnungsforderung wurde verzinst. Der Gesellschafter-Geschäftsführer bezog für die Geschäftsführung eine jährliche Vergütung von ca. 30.000 Euro, die ebenfalls über das Verrechnungskonto eingebucht wurde.

Durch die BP wurde festgestellt, dass kein schriftlicher Darlehensvertrag sondern bloß ein mündlicher Vertrag zwischen dem Gesellschafter-Geschäftsführer und der GmbH vorliegt. Konkrete Eckpunkte des Vertrages (Laufzeit, Tilgung, Besicherung,…) konnten nicht eruiert werden.

Es handle sich nach den Angaben des Gesellschafter-Geschäftsführers um ein rollierendes Konto; für die GmbH wäre es „ein gutes Geschäft“, da eine Verzinsung des Verrechnungskontos erfolge, die über den Bankzinssätzen für vergleichbares Kapital liege. Als Sicherheit diene zudem das Liegenschaftsvermögen (wobei eine dingliche Besicherung nicht vorhanden ist) des Gesellschafter-Geschäftsführers und ggf auch seine Gewinnansprüche aus der GmbH. Tatsächlich verfügte und verfügt der Gesellschafter-Geschäftsführer jedenfalls über ausreichend Vermögen, um die gegenüber der GmbH bestehende Verrechnungsschuld tilgen zu können.

3.3. Fragestellung

Ertragsteuerliche Behandlung des Verrechnungskontos des Gesellschafter-Geschäftsführers: Wann liegt eine verdeckte Ausschüttung der von der Gesellschaft gewährten Geldmittel vor?

3.4. Ergebnis Steuerdialog

Allgemeines:

Werden einem Gesellschafter von der GmbH (bzw. einer sonstigen Körperschaft), an der er beteiligt ist, Geldmittel überlassen, kann entweder eine Kreditierung oder eine verdeckte Ausschüttung des Geldbetrages vorliegen. Wird der Geldbetrag auf einem Verrechnungskonto verbucht, ist in der Regel davon auszugehen, dass der Gesellschaft ein Rückforderungsanspruch gegenüber dem Gesellschafter zusteht, womit eine Kreditierung des überlassenen Geldbetrages angenommen werden kann.

Aus der Judikatur des VwGH (VwGH 17.12.2014, 2011/13/0115; 26.02.2015, 2012/15/0177) zu Verrechnungskonten von Gesellschaftern ist Folgendes abzuleiten:

- Bei Verbuchung des überlassenen Geldbetrages auf dem Verrechnungskonto des Gesellschafters kann eine verdeckte Ausschüttung nur dann vorliegen, wenn im Vermögen der Gesellschaft keine durchsetzbare Forderung an die Stelle des überlassenen Geldbetrages tritt („werthaltiger Aktivtausch").
- Dies ist dann der Fall, wenn eine Rückzahlung des auf dem Verrechnungskonto verbuchten Geldbetrages von vornherein durch den Gesellschafter nicht gewollt war oder wegen absehbarer Uneinbringlichkeit nicht zu erwarten war.
- Die Uneinbringlichkeit ist absehbar, wenn der Gesellschafter über keine ausreichende Bonität bzw die Gesellschaft über keine ausreichenden Sicherheiten verfügt, sodass es absehbar ist, dass der kreditierte Betrag (samt Zinsen) bis zum vereinbarten Ablauf der Kreditdauer nicht beglichen werden kann.

Es ergeben sich folgende Prüfschritte, die im Zuge einer Betriebsprüfung zu beachten sind und einer genaueren Beurteilung seitens der Finanzverwaltung unterzogen werden sollen:

1. **Prüfung der Bonität des Gesellschafters im Zeitpunkt der Geldmittelüberlassung**
   a) Eine Überprüfung der Bonität setzt voraus, dass der Kreditrahmen und die Kreditdauer dokumentiert sind.
   b) Sind die vertraglichen Rahmenbedingungen nicht entsprechend dokumentiert, ist davon auszugehen, dass eine kurzfristige Geldmittelüberlassung vorliegt, vergleichbar einem Kontokorrentverhältnis. Dies hat jedenfalls zur Folge, dass die Verzinsung der Forderung entsprechend hoch sein muss.
   c) Bei der Beurteilung der Bonität des Gesellschafters sind folgende Elemente zu berücksichtigen (vgl. dazu BFG 21.6.2016, RV/2100721/2012):
      - das laufende aktuelle und zukünftige Einkommen des Gesellschafters exklusive Einkommensbestandteile, die dem Grunde und der Höhe nach ungewiss sind (wie zB zukünftige Gewinnausschüttungen);
      - die Stabilität der Einkommenssituation: Zu berücksichtigen ist zB eine Verschlechterung der Einkommenssituation des Gesellschafters infolge einer Pensionierung;
      - die Ersparnisse des Gesellschafters (insbesondere Immobilien und Kapitalvermögen) unter der Bedingung, dass eine Verwertung zukünftig realistisch erscheint und keine sonstigen Gläubiger vorrangig befriedigt werden müssen (zB die Verwertung eines Grundstücks, welches mit einem Veräußerungs- und Belastungsverbot zugunsten eines Dritten behaftet ist, ist nicht realistisch).
      - vorhandene Schulden und Verpflichtungen des Gesellschafters (zB Unterhaltsverpflichtungen aufgrund einer Scheidung, sonstige Kreditverbindlichkeiten).
      - bei einer kurzfristigen, einem Kontokorrentverhältnis vergleichbare, Geldmittelüberlassung muss der Gesellschafter über eine ausreichend hohe Bonität verfügen, um die Verbindlichkeit relativ kurzfristig (innerhalb eines Jahres) tilgen zu können.
2. **Prüfung der Sicherheiten des Gesellschafters:**
   a) Sicherheiten sollen die Gesellschaft gegen das Ausfallrisiko aus der Geldmittelüberlassung absichern, weil die Bonität des Gesellschafters gerade bei einer längerfristigen Überlassung aufgrund künftiger Entwicklungen nicht vorhersehbar ist. Die Sicherheiten müssen dabei derart ausgestaltet sein, dass die Gesellschaft in der Lage ist, ihre Forderung durch entsprechenden – ungehindert von anderen Gläubigern – Zugriff bzw Verwertung zu befriedigen.
   b) Werden bei einer Kreditierung von über 50.000 Euro und einer vereinbarten Dauer der Kreditierung von über drei Jahren keine Sicherheiten durch den Gesellschafter gewährt, deutet dies auf eine fremdunübliche Geldmittelüberlassung hin (siehe zu fehlenden Sicherheiten

BFG 6.4.2016, RV/7103150/2013). Dies wiederum ist ein starkes Indiz für eine absehbare Uneinbringlichkeit der Forderung beim Gesellschafter bereits im Zeitpunkt der Geldmittelüberlassung.

c) Werden bei Fehlen von Sicherheiten (bzw. bei Sicherheiten in nicht ausreichender Höhe) im Falle der Verschlechterung der Bonität des Gesellschafters keine unverzüglichen Maßnahmen durch die Gesellschaft gesetzt, um die Einbringlichkeit der Forderung sicherzustellen, ist eine verdeckte Ausschüttung anzunehmen.

3. **Zusammenfassung:**

a) Das Vorliegen einer fremdüblichen Geldmittelüberlassung (und damit einer durchsetzbaren Forderung der Gesellschaft gegenüber dem Gesellschafter) ist anhand der Bonität des Gesellschafters und der eingeräumten Sicherheiten zu beurteilen. Dabei ist stets das Gesamtbild der Umstände entscheidend.

b) Verfügt der Gesellschafter über eine sehr gute Bonität, kommt den Sicherheiten keine entscheidende Bedeutung zu. Verschlechtert sich allerdings im Laufe der Zeit die Bonität des Gesellschafters, kann das unveränderte Fehlen ausreichender Sicherheiten zu einer verdeckten Ausschüttung führen.

c) Ist die Bonität des Gesellschafters hingegen schlecht, muss dies durch die Einräumung entsprechender Sicherheiten (zB eingetragenes Pfandrecht an einer wertäquivalenten Liegenschaft) ausgeglichen werden.

Lösung:

Im vorliegenden Fall wurden die vertraglichen Rahmenbedingungen der Geldmittelüberlassung nicht dokumentiert („mündlicher" Vertrag). Da weder die Höhe noch die Dauer der Geldmittelüberlassung festgestellt werden können, ist von einer kurzfristigen Kreditierung, vergleichbar einem Kontokorrentverhältnis, auszugehen (siehe Punkt 2. b.). Die Überprüfung der Bonität des Gesellschafters ist daher ausgehend vom gesamten aushaftenden Betrag von 1,65 Millionen vorzunehmen. Stellt sich heraus, dass die Bonität des Gesellschafters – trotz des in ausreichender Höhe vorhandenen Vermögens – nicht ausreichend ist, wäre aufgrund des Fehlens von Sicherheiten eine verdeckte Ausschüttung zu prüfen. Dies kann aufgrund fehlender Sachverhaltselemente nicht beurteilt werden.

4. Ausschüttungen an eine liechtensteinische AG

4.1. Bezughabende Norm und Richtlinie samt Randzahlen

Art. 10 DBA Liechtenstein, EAS 2956 und 2976

4.2. Sachverhalt

Eine österreichische GmbH ist eine 100-prozentige Tochtergesellschaft einer liechtensteinischen AG. Die Bilanz für das Jahr 2014 wurde bereits erstellt und ein Teil des Bilanzgewinnes soll an die liechtensteinische AG ausgeschüttet werden. Die AG ist operativ tätig.

4.3. Fragestellung

Wie sollen diese Ausschüttungen im Lichte der EAS 2956 und 2976 steuerlich behandelt werden? Was gilt, wenn die Muttergesellschaft eine schweizerische AG ist?

4.4. Lösung

Im Zuge der Revision des Doppelbesteuerungsabkommens mit Liechtenstein aus dem Jahr 2013 wurde Art. 10 neu gefasst. Art. 10 Abs. 1 iVm Abs. 2 lit. a DBA-Liechtenstein idF BGBl. III Nr. 302/2013 sieht nun keine Besteuerung von Dividenden im Staat vor, aus dem die Dividendenzahlungen stammen, wenn diese von einer in einem Vertragsstaat ansässigen Gesellschaft an eine im anderen Vertragsstaat ansässige Person gezahlt werden, sofern der Nutzungsberechtigte eine Gesellschaft (jedoch keine Personengesellschaft) ist, die im Zeitpunkt des Zufließens der Dividenden während eines ununterbrochenen Zeitraums von mindestens zwölf Monaten eine unmittelbare Beteiligung von mindestens 10% des Kapitals der die Dividenden zahlenden Gesellschaft hält. Andernfalls gilt, dass der Staat, aus dem die Zahlungen stammen, 15% des Bruttobetrags der Dividenden besteuern darf.

Die Bestimmungen des Revisionsprotokolls finden für Steuerjahre, die am oder nach dem 1. Jänner 2014 beginnen, Anwendung. Nach der bisherigen Fassung von Art. 10 DBA-Liechtenstein war in jedem Fall für den Staat, aus dem die Dividendenzahlungen stammen, ein Besteuerungsrecht in Höhe von 15% des Bruttobetrags der Dividenden vorgesehen.

Liegt im vorliegenden Fall eine unmittelbare Beteiligung einer liechtensteinischen AG an einer österreichischen GmbH in Höhe von mindestens 10% vor und ist die Behaltefrist von zwölf Monaten erfüllt, ist somit abkommensrechtlich eine Befreiung von der Kapitalertragsteuer vorzusehen. Andernfalls ist die österreichische Quellensteuer auf 15% zu reduzieren. Für die Durchführung der abkommensrechtlichen Steuerentlastung sind die Regelungen der DBAEntlastungsverordnung (BGBl. III Nr. 92/2005) maßgeblich.

Art. 5 iVm Art. 3 der Richtlinie 2011/96/EU („Mutter-Tochter-Richtlinie") sieht vor, dass die von einer Tochtergesellschaft an ihre Muttergesellschaft ausgeschüttete Gewinne vom Steuerabzug an der Quelle befreit sind, wenn die Muttergesellschaft zu mindestens 10% am Kapital der Tochtergesellschaft beteiligt ist und weitere in der Richtlinie genannte Bedingungen erfüllt sind. Eine dieser Bedingungen ist, dass die Muttergesellschaft im Anhang I Teil A der Richtlinie aufgelistet ist (Art. 2 lit. a sublit. i).

Die Bestimmungen der Richtlinie wurden in § 94 Z 2 EStG 1988 und der Anlage 2 zum EStG

1988 umgesetzt, welche abkommensrechtlichen Bestimmungen vorgehen. Laut § 94 Z 2 EStG 1988 gilt, dass die Beteiligung während eines ununterbrochenen Zeitraums von mindestens einem Jahr zu bestehen hat. Eine mittelbare Kapitalbeteiligung der Muttergesellschaft an der Tochtergesellschaft ist ausreichend, sofern die Beteiligung über eine im jeweiligen EU-Staat als transparent behandelte Personengesellschaft oder über eine inländische Personengesellschaft gehalten wird (vgl. EStR 2000 Rz 7755).

Art. 10 Abs. 2 DBA-Liechtenstein hingegen sieht lediglich im Falle einer unmittelbaren Beteiligung eine Befreiung von der Quellensteuer vor.

Da Liechtenstein ein EWR-Staat ist, stellt sich die Frage, ob die Mutter-Tochter-Richtlinie auch auf Liechtenstein unmittelbar anzuwenden ist.

In EAS 2956 und EAS 2976 aus dem Jahr 2008 wurde festgehalten, dass die Mutter-Tochter-Richtlinie nur für Mitgliedstaaten der EG und nicht auch für EWR-Staaten gelte. Es gilt nämlich nach der Rechtsprechung des Gerichtshofs der Europäischen Union, dass eine unmittelbare Anwendung einer Richtlinie u.a. nur dann erfolgen kann, wenn die betreffende in der Richtlinie enthaltene Bestimmung eine Verpflichtung enthält, die ihrem Wesen nach keiner weiteren Maßnahme der Gemeinschaftsorgane oder der Mitgliedstaaten bedarf (zB EuGH 4.12.1974, Rs C-41/74, *Van Duyn gegen Home Office*). Gesellschaften nach liechtensteinischem Recht finden im Anhang I Teil A der Mutter-Tochter-RL jedoch keine Erwähnung, somit ist eine unmittelbare Anwendung der RL auf EWR-Staaten ausgeschlossen.

Es ist darüber hinaus zu prüfen, ob die im EWR-Abkommen vorgesehenen Grundfreiheiten gebieten, dass Österreich innerstaatliche Maßnahmen zwecks Gleichbehandlung liechtensteinischer Muttergesellschaften umsetzt.

Aus der Rechtsprechung des Gerichtshofs der Europäischen Union (EuGH 8.11.2007, Rs C-379/05 *Amurta*, Rn 79; EuGH 19.11.2009, Rs C-540/07 *Kommission/Italien*, Rn 37) kann geschlossen werden, dass nach den Grundfreiheiten eine unterschiedliche Behandlung von Dividenden an inländische Muttergesellschaften gegenüber solchen an Muttergesellschaften in einem anderen EU- oder EWR-Staat, welche sich aus dem nationalen Recht ergibt, dann zulässig ist, wenn im Quellenstaat sichergestellt ist, dass die anfallende Quellensteuer im Falle der Nichtanrechnung im anderen Staat rückerstattet wird.

§ 21 Abs. 1 Z 1a KStG 1988 sieht vor, dass beschränkt Steuerpflichtigen, die in einem EU-/EWR-Staat mit umfassender Amts- und Vollstreckungshilfe ansässig sind, auf Antrag die Kapitalertragsteuer für die von ihnen bezogenen Gewinnanteile aus GmbH-Anteilen (§ 27 Abs. 2 Z 1 lit. a EStG 1988) zurückzuzahlen ist, soweit die Kapitalertragsteuer nicht auf Grund eines Doppelbesteuerungsabkommens im Ansässigkeitsstaat angerechnet werden kann. Diese Regelung entspricht aus Sicht des BMF den Anforderungen in Bezug auf die Grundfreiheiten.

Anders stellt sich die Situation im Verhältnis zur Schweiz dar, welche nicht dem EWR angehört. Im Verhältnis zur Schweiz ist Art. 9 des Änderungsprotokolls zum Zinsenabkommen zwischen der Europäischen Gemeinschaft und der Schweizerischen Eidgenossenschaft maßgeblich. Diese Bestimmung sieht vor, dass unbeschadet der Anwendung der innerstaatlichen oder auf Abkommen beruhenden Vorschriften in der Schweiz und in den Mitgliedstaaten zur Verhütung von Betrug und Missbrauch Dividendenzahlungen von Tochtergesellschaften an Muttergesellschaften im Quellenstaat nicht besteuert werden, wenn

- die Muttergesellschaft mindestens zwei Jahre lang eine direkte Beteiligung von mindestens 25% am Gesellschaftskapital der Tochtergesellschaft hält und
- die eine Gesellschaft in einem Mitgliedstaat und die andere Gesellschaft in der Schweiz steuerlich ansässig ist und
- nach den Doppelbesteuerungsabkommen mit Drittstaaten keine der beiden Gesellschaften in diesem Drittstaat steuerlich ansässig ist und
- beide Gesellschaften ohne Befreiung der Körperschaftsteuer unterliegen und beide die Form einer Kapitalgesellschaft aufweisen. Für die Schweiz umfasst der Begriff „Kapitalgesellschaft“ die „société anonyme“/„Aktiengesellschaft“/„società anonima“, die „société à responsabilité limitée“/„Gesellschaft mit beschränkter Haftung“/„società a responsabilità limitata“ und die „société en commandite par actions“/„Kommanditaktiengesellschaft“/„società in accomandita per azioni“.

4. LIEBHABEREIRICHTLINIEN 2012

AÖF 2012/52 idF

1 BMF-AV Nr. 2014/3 **2** BMF-AV Nr. 2021/27

Liebhabereirichtlinien 2012

(Erlass des BM für Finanzen vom 1. Jänner 2012, BMF-010203/0599-VI/6/2011)

1. Allgemeines

Die LRL 2012 stellen einen Auslegungsbehelf zur Liebhabereiverordnung BGBl. Nr. 33/1993 idF BGBl. II Nr. 358/1997 dar, der im Interesse einer einheitlichen Vorgangsweise mitgeteilt wird. Die überarbeiteten Liebhabereirichtlinien fassen die geltenden Rechtsansichten zur Liebhabereibeurteilung zusammen. Sie basieren auf den Liebhabereirichtlinien 1997 und berücksichtigen die in der Zwischenzeit erfolgten Änderungen durch Gesetze, Verordnung, Rechtsprechung und Erlässe (Richtlinien).

Aus den LRL 2012 können keine über die gesetzlichen Bestimmungen und die Bestimmungen der Liebhabereiverordnung hinausgehenden Rechte und Pflichten abgeleitet werden.

2. Zeitlicher Überblick

Zur ersten Liebhabereiverordnung BGBl. Nr. 322/1990 („LVO I") erging am 5. Juni 1990 ein Durchführungserlass (AÖF Nr. 187/1990, „LHE I").

Im Hinblick auf das Erkenntnis des VfGH vom 12. Dezember 1991, V 53/91 ua., mit dem Art. I § 1 Abs. 3 Z 1 und Art. II aufgehoben wurden, wurde die Liebhabereiverordnung mit Wirkung ab 1. Jänner 1993 neu gefasst (BGBl. Nr. 33/1993; „LVO II").

Erläuterungen zu den Neufassungen und Ergänzungen gegenüber der LVO I enthielt der Erlass vom 14. April 1993 (AÖF Nr. 178/1993, „LHE II").

Infolge zweier weiterer Erkenntnisse (VfGH 7.3.1995, B 301/94 und VwGH 20.4.1995, 91/13/0143) wurden mit Erlass vom 27. November 1995 weitere Ergänzungen zur Liebhabereibeurteilung (AÖF Nr. 314/1995) bekanntgegeben.

Mit Erkenntnis eines verstärkten Senates vom 3. Juli 1996, 93/13/0171, durchleuchtete der Verwaltungsgerichtshof seine bisherige Rechtsprechung kritisch und positionierte sie in wesentlichen Punkten neu. Das Bundesministerium für Finanzen trug der geänderten Rechtsauffassung Rechnung und änderte die LVO II durch die Verordnung vom 28.11.1997, BGBl. II Nr. 358/1997, in einigen Punkten. § 1 Abs. 2 Z 1, 2 und 3 und § 2 Abs. 3 und 4 in der Fassung der Verordnung BGBl. II Nr. 358/1997 sind demnach auf alle entgeltlichen Überlassungen anzuwenden, wenn der absehbare Zeitraum (Kalkulationszeitraum, überschaubare Zeitraum) nicht vor dem 14. November 1997 begonnen hat.

In weiterer Folge wurden am 23. Dezember 1997 die Richtlinien zur Liebhabereibeurteilung (AÖF Nr. 47/1998, „LRL 1997") veröffentlicht, die grundsätzlich bis 31. Dezember 2011 anzuwenden sind.

Ab der Veranlagung 2012 sind die LRL 2012 generell anzuwenden. Bei Außenprüfungen für vergangene Veranlagungszeiträume und auf offene Veranlagungsfälle (insbesondere Veranlagung 2011) sind die LRL 2012 anzuwenden, soweit nicht für diese Zeiträume andere Bestimmungen in Gesetzen oder Verordnungen Gültigkeit hatten oder die LRL 1997 bzw. andere Erlässe, die Aussagen zur Liebhabereibeurteilung getroffen haben, günstigere Regelungen vorsahen.

Inhaltsverzeichnis

1. Anwendungsbereich der Liebhabereiverordnung idgF (LVO)

Die Verordnung ist im Bereich der Einkommensteuer, der Körperschaftsteuer und der Umsatzsteuer anzuwenden. Hinsichtlich Einkommen- und Körperschaftsteuer sind die in § 5 LVO angeführten Rechtsträger aus dem sachlichen Anwendungsbereich ausgenommen. 1

Ist im Bereich einer Land- und Forstwirtschaft einkommen- oder körperschaftsteuerlich Liebhaberei anzunehmen, bleibt die bewertungsrechtliche Einstufung des dieser Betätigung zuzurechnenden Vermögens als land- und forstwirtschaftliches Vermögen davon unberührt (VwGH 5.10.1987, 86/15/0040). 2

Ist für einen sonstigen betrieblichen Bereich einkommen- oder körperschaftsteuerlich Liebhaberei anzunehmen, ist das dieser Betätigung zuzurechnende Vermögen – ausgenommen in den Fällen des § 59 BewG 1955 – nicht Betriebsvermögen (VwGH 24.9.1996, 93/13/0166). Dieses Vermögen ist vielmehr im Rahmen der jeweils sonst in Frage kommenden Vermögensart zu erfassen.

2. Einkommensteuer

2.1. Allgemeines

Die Begriffe „Einkünfte“ und „Einkommen“ setzen eine Tätigkeit voraus, die von der Absicht des Steuerpflichtigen getragen ist, insgesamt eine wirtschaftliche Vermögensvermehrung zu erreichen. Für die Steuerbarkeit von Einkünften ist daher nicht nur erforderlich, dass sie im Rahmen der Einkunftsarten des § 2 Abs. 3 EStG 1988 anfallen, die Tätigkeit des Steuerpflichtigen muss vielmehr ein Streben nach Erzielung eines Gesamtgewinnes (Gesamtüberschusses) erkennen lassen. Die Einkunftsquelleneigenschaft einer Betätigung setzt die Eignung einer Tätigkeit voraus, einen der positiven Steuererhebung aus der betreffenden Einkunftsart zugänglichen wirtschaftlichen Gesamterfolg innerhalb eines absehbaren Zeitraumes abzuwerfen. Die Liebhabereibeurteilung soll die Sphäre der Einkommenserzielung von jener der Einkommensverwendung abgrenzen. 3

Der Liebhabereibeurteilung vorgelagert ist die grundsätzliche Steuerbarkeit von Betätigungen. Hat der Steuerpflichtige eine ihm zurechenbare Betätigung im Rahmen der Einkunftsarten des § 2 Abs. 3 EStG 1988 gar nicht entfaltet, kommt eine Beurteilung nach der LVO von vornherein nicht in Betracht (VwGH 30.10.1996, 94/13/0165; VwGH 18.3.1997, 96/14/0045; vgl. auch Rz 61). 4

Beispiele:

- *Vermietung an unterhaltsberechtigte Personen, wenn der Mietzins im Wesentlichen aus dem Unterhalt bezahlt wird (EStR 2000 Rz 4702a)*
- *Fremdunübliche Mietverhältnisse zwischen nahen Angehörigen (EStR 2000 Rz 1206 ff, EStR 2000 Rz 6520 f)*
- *Nutzung eines Gebäude(teils) durch einen Miteigentümer auf Grund einer bloßen Gebrauchsregelung (EStR 2000 Rz 6530 ff)*
- *Bewohnen eines Gebäudes ausschließlich von Miteigentümern oder diesen nahe stehenden Personen (EStR 2000 Rz 6533)*
- *Vermietung der gemeinsamen Ehewohnung an einen der Ehegatten (EStR 2000 Rz 6523)*
- *Langjährige Vorbereitungshandlungen, die nicht eine ernsthafte Absicht zur Aufnahme der behaupteten Tätigkeit dokumentieren (vgl. zB VwGH 18.3.1997, 96/14/0045, betr. 20-jährige Renovierung eines Schlosses zur angeblichen Errichtung eines Hotelbetriebes).*

Die Anwendung der Verordnung wird durch das Anfallen eines Jahresverlustes ausgelöst. (vgl. VwGH 24.6.2004, 2001/15/0047). Maßgebend ist der nach steuerlichen Vorschriften – einschließlich aller Sondervorschriften für die Einkunftsermittlung – richtig ermittelte Verlust. Ist ein solcher nicht gegeben, ist die Verordnung nicht anzuwenden. Fallen bei einer Betätigung iSd § 1 Abs. 2 LVO oder einer entgeltlichen Gebäudeüberlassung nach Jahren mit Gewinnen bzw. Überschüssen Verluste an und ist im absehbaren Zeitraum kein positives Gesamtergebnis zu erwarten, ist auf Grund der Gesamtbeurteilung die Verordnung für den gesamten Zeitraum ab Beginn der Betätigung oder ab Änderung der Bewirtschaftung anzuwenden. 5

Beispiel 1:

Ein im Jahr 01 begonnener Gewerbebetrieb (= Betätigung iSd § 1 Abs. 1 LVO) verursacht in den Jahren 01 bis 04 Gewinne, im Jahr 05 einen Verlust. Die Verordnung ist erstmals für das Jahr 05 anzuwenden.

Beispiel 2:

Eine im Jahr 01 begonnene Vermietung einer Eigentumswohnung (= Betätigung iSd § 1 Abs. 2 LVO) verursacht in den Jahren 01 bis 03 Überschüsse, ab dem Jahr 04 werden Verluste erzielt; eine Änderung der Bewirtschaftung liegt aber nicht vor. Im absehbaren Zeitraum ist ein negatives Gesamtergebnis zu erwarten. Aufgrund der Gesamtbeurteilung der Betätigung als Liebhaberei ist die Verordnung durchgehend für die Jahre ab 01 anzuwenden.

(BMF-AV Nr. 2021/27)

2.2. Betätigung und Beurteilungseinheit

6 Die LVO unterscheidet

- Betätigungen mit Annahme einer Einkunftsquelle (§ 1 Abs. 1 LVO, Rz 10 ff),
- Betätigungen mit Annahme von Liebhaberei (§ 1 Abs. 2 LVO, Rz 68 ff) und
- Betätigungen mit unwiderlegbarer Einkunftsquelleneigenschaft (§ 1 Abs. 3 LVO, Rz 102 ff).

Betätigungen im Sinne der Verordnung sind Tätigkeiten und Rechtsverhältnisse im betrieblichen und außerbetrieblichen Bereich eines Steuerpflichtigen.

7 Das Vorliegen der Gewinnerzielungsabsicht ist gemäß § 1 Abs. 1 letzter Satz LVO für jede organisatorisch in sich geschlossene und mit einer gewissen Selbständigkeit ausgestattete Einheit gesondert zu beurteilen.

Beurteilungseinheit bei den betrieblichen Einkünften ist der einzelne Betrieb oder Teilbetrieb iSd § 24 EStG 1988 (vgl. EStR 2000 Rz 5507 ff bzw. Rz 5578 ff) oder Nebenbetrieb unabhängig von der Rechtspersönlichkeit oder der Rechtsform (VwGH 23.5.1996, 93/15/0215, 0216; VwGH 25.2.2004, 2000/13/0092). Kleinere Einheiten (zB eine unselbständige Filiale, eine einzelne Produktpalette oder ein in die Gesamtproduktion eingegliederter einzelner Produktionszweig) sind nicht gesondert zu beurteilen.

(BMF-AV Nr. 2021/27)

8 Beurteilungseinheit bei den Überschusseinkünften ist die einzelne Einkunftsquelle (VwGH 28.1.2005, 2001/15/0150). Dies ist bei den Einkünften aus Vermietung und Verpachtung im Allgemeinen das einzelne Miethaus, sofern nicht für einzelne Wohnungen eine gesonderte Bewirtschaftungsart zu erkennen ist (zB gesonderte Betrachtung von fremdvermieteten Wohnungen einerseits und innerhalb des Familienkreises vermieteten Wohnungen andererseits, soweit das Mietverhältnis steuerlich überhaupt anzuerkennen ist; gesonderte Betrachtung von zu Wohnzwecken vermieteten Räumlichkeiten eines Miethauses einerseits und zu betrieblichen Zwecken vermietete Räumlichkeiten im selben Miethaus andererseits; VwGH 29.1.2003, 97/13/0015).

Der Umstand, dass mehrere Gebäude oder Wohnungen durch einen einheitlichen Rechtsvorgang erworben wurden, hat nicht zur Folge, dass sie als Beurteilungseinheit anzusehen sind (vgl. auch VwGH 28.10.1992, 88/13/0006).

(BMF-AV Nr. 2021/27)

9 Bei der Vermietung von Eigentumswohnungen ist die Prüfung grundsätzlich für die einzelne Wohnung anzustellen. Dies gilt insbesondere für verschiedene, wenn auch in einem Haus gelegene Eigentumswohnungen, wenn diese an verschiedene Personen vermietet sind (VwGH 25.4.2019, Ro 2018/13/0006). Die Prüfung für die einzelne Wohnung ist hingegen nicht anzustellen, wenn eine Mehrheit von Wohnungen einheitlich bewirtschaftet wird (VwGH 20.12.1994, 89/14/0075).

Der Umstand, dass die Bewirtschaftung von Eigentumswohnungen generell unter § 1 Abs. 2 Z 3 LVO fällt, hat keinen Einfluss auf die Frage nach der Beurteilungseinheit (so stellen zB fünf Eigentumswohnungen, die einheitlich bewirtschaftet werden, eine Beurteilungseinheit einer Betätigung nach § 1 Abs. 2 Z 3 LVO dar).

(BMF-AV Nr. 2021/27)

3. Betätigung mit Annahme einer Einkunftsquelle (§ 1 Abs. 1 LVO)

3.1. Einkunftsquellenvermutung

10 Im Fall von Betätigungen mit Vermutung der Annahme einer Einkunftsquelle ist das Vorliegen von Einkünften zunächst anzunehmen. Liebhaberei liegt nur im Ausnahmefall vor, und zwar dann, wenn die Absicht, einen Gesamtgewinn (Gesamtüberschuss) zu erzielen, nicht anhand objektiver Umstände nachvollziehbar ist.

Eine Tätigkeit, die das typische Erscheinungsbild eines Gewerbebetriebes aufweist, ist nur in Ausnahmefällen als Liebhaberei anzusehen (VwGH 20.11.1996, 89/13/0259).

Der Steuerpflichtige hat der Abgabenbehörde alle Beurteilungsgrundlagen offenzulegen, aus denen sich die Einkunftsquelleneigenschaft seiner Verluste erbringenden Betätigung zuverlässig beurteilen lässt (VwGH 24.6.2004, 2001/15/0047). Als Ausfluss der ihn nach § 119 BAO treffenden Pflichten hat er alle jene Sachverhaltselemente über die Ertragsaussichten einer zunächst verlustbringenden Tätigkeit offen zu legen, die nur ihm bekannt sein können und für die er demnach näher an Sache und Beweis als die Abgabenbehörde ist (VwGH 24.4.1997, 94/15/0012). 11

Für die Liebhabereibeurteilung sind die Erfolgsaussichten im jeweiligen Veranlagungszeitraum maßgeblich. Es ist somit für jeden Veranlagungszeitraum gesondert zu beurteilen, ob anhand objektiver Umstände, wie sie sich im jeweiligen Veranlagungszeitraum (gegebenenfalls unter Berücksichtigung der bisherigen Entwicklung ab Beginn der Liebhabereiprüfung) darstellen, die Absicht, innerhalb eines absehbaren, mehrjährigen Zeitraums einen Gesamtgewinn (Gesamtüberschuss) zu erzielen, nachvollziehbar ist („Jahr-für-Jahr-Betrachtung"). Die Erlassung vorläufiger Bescheide kommt grundsätzlich nicht in Betracht (siehe Rz 190). 12

3.2. Einordnung der Betätigung

Für die Einordnung einer Betätigung unter den Tatbestand des § 1 Abs. 1 LVO ist zu untersuchen, worin die Betätigung ihrem Schwerpunkt nach besteht. 13

Beispiel:

Ein Steuerpflichtiger betreibt von einem Schloss aus eine Viehzucht (§ 1 Abs. 1 LVO), aus der in Summe regelmäßig Verluste entstehen. Aus den Umständen des Einzelfalls ist zu erkennen, dass die Bewirtschaftung des Schlosses (§ 1 Abs. 2 Z 1 LVO) im Vordergrund steht und die Viehzucht bloßes „Anhängsel" ist. Es liegt insgesamt auch dann eine Betätigung im Sinne des § 1 Abs. 2 LVO (und nicht im Sinne des § 1 Abs. 1 LVO) vor, wenn die Viehzucht einen erheblichen Umfang aufweist.

3.3. Gewinn- oder Überschusserzielungsabsicht

Das in § 1 Abs. 1 LVO vorausgesetzte subjektive Element einer Gewinn- bzw. Überschusserzielungsabsicht ist nicht unmittelbar erkennbar. Es ist daher anhand objektiver Kriterien (§ 2 Abs. 1 LVO) darauf zu schließen, ob ein Ertragsstreben vorliegt. Das objektiv erkennbare Ertragsstreben des Steuerpflichtigen muss darauf gerichtet sein, innerhalb eines absehbaren, mehrjährigen Zeitraumes Gewinne bzw. Überschüsse in einer Höhe zu erwirtschaften, die nicht nur die angefallenen Verluste ausgleichen, sondern darüber hinaus bei einer betrieblichen Einkunftsquelle zu einer Mehrung des Betriebsvermögens (Gesamtgewinn), bei einer außerbetrieblichen Einkunftsquelle zu einem Überhang der Überschüsse über die Verluste (Gesamtüberschuss) führen. 14

Unter einem absehbaren Zeitraum zur Möglichkeit der Erzielung eines wirtschaftlichen Gesamterfolges ist eine Zeitspanne zu verstehen, die zum getätigten Mitteleinsatz bei Betrachtung der Umstände des konkreten Falles in einer nach der Verkehrsauffassung vernünftigen, üblichen Relation steht. 15

Absehbar ist ein solcher Zeitraum, der insbesondere im Verhältnis zum eingesetzten Kapital und zur verkehrsüblichen Finanzierungsdauer für die Abdeckung des insgesamt getätigten Aufwandes bis zur Erzielung des wirtschaftlichen Gesamterfolges nach bestehender Übung in Kauf genommen wird. Maßstab ist hierbei die Übung jener Personen, bei denen das Streben nach der Erzielung von Einkünften beherrschend im Vordergrund steht und anderweitige Motive, etwa jenes nach Kapitalanlage, späterer Befriedigung eines Wohnbedürfnisses oder Steuervermeidung für ihr Handeln nicht maßgebend sind. Handeln nach dem Wirtschaftlichkeitsprinzip schließt längerfristige Rentabilitätsberechnungen nicht aus.

Eine Zeitspanne, die nach den wirtschaftlichen Gepflogenheiten des betroffenen Verkehrskreises als übliche Rentabilitätsdauer des geleisteten Mitteleinsatzes kalkuliert wird, muss noch als absehbar gelten (vgl. VwGH 3.7.1996, 93/13/0171).

Tatbestandsvoraussetzung für das Vorliegen von Einkünften ist nicht ein tatsächlich erwirtschafteter Gesamterfolg (Gesamtgewinn, Gesamtüberschuss), sondern die objektive Eignung einer Tätigkeit zur Erwirtschaftung eines solchen, welche als Kennzeichen des subjektiven Ertragsstrebens nach außen in Erscheinung tritt. Treten daher durch unerwartete Umstände (zB Naturkatastrophen, unvorhersehbare Investitionen, Schwierigkeiten in der Abwicklung eines eingegangenen Vertragsverhältnisses, Zahlungsunfähigkeit eines Mieters, schwere Erkrankung, Arbeitsunfähigkeit und vergleichbare Unwägbarkeiten) unvorhergesehene Aufwendungen oder Einnahmenausfälle auf, die ein Ausbleiben des Gesamterfolges bewirken, sind diese Umstände allein der Qualifizierung einer Betätigung als Einkunfts- 16 quelle nicht abträglich (VwGH 2.3.2006, 2006/15/0018; VwGH 22.3.2006, 2002/13/0158; VwGH 20.4.2006, 2004/15/0038; VwGH 3.7.1996, 93/13/0171; VwGH 3.7.1996, 92/13/0139).

(BMF-AV Nr. 2021/27)

17 Wird eine Betätigung vor Erzielen eines Gesamtgewinnes (Gesamtüberschusses) beendet, sind folgende Fälle zu unterscheiden:

- Von vornherein erkennbar aussichtslose Betätigung (Rz 18)
- Vorzeitige Beendigung auf Grund eingetretener Unwägbarkeiten oder unvorhergesehener Betätigungsrisken (Rz 19)
- Vorzeitige Beendigung auf Grund von Wirtschaftlichkeitsüberlegungen (Rz 20)
- Sonstige vorzeitige Beendigung (Rz 21)

18 Ist eine Betätigung auf Grund besonderer Umstände von vornherein erkennbar aussichtslos und ist daher damit zu rechnen, dass sie vor Erzielen eines Gesamtgewinnes (Gesamtüberschusses) beendet wird, liegt insgesamt Liebhaberei vor. Ein Anlaufzeitraum ist ausgeschlossen (§ 2 Abs. 2 LVO).

Derartige besondere Umstände können entweder

- auf Grund der Art der Betätigung (Näheres einschließlich Beispiele siehe Rz 42) oder
- auf Grund einer zeitlichen Begrenzung der Betätigung vorliegen.

Beispiel:

Der Steuerpflichtige pachtet vorübergehend eine Schihütte, wobei der Pachtvertrag ohne Verlängerungsmöglichkeit nach 5 Jahren endet, weil der Verpächter die Hütte anschließend selbst bewirtschaften möchte. Auf Grund hoher Investitionen, die bei Beendigung des Pachtvertrags nicht abgegolten werden, ist ein Gesamtgewinn frühestens nach 13 Jahren denkbar. Es ist daher auf Grund der zeitlichen Begrenzung der Betätigung von vornherein erkennbar, dass die Betätigung vor Erzielen eines Gesamtgewinnes beendet wird.

19 Wird die Betätigung auf Grund unvorhergesehener Betätigungsrisken oder Unwägbarkeiten (Rz 16) beendet, liegt eine Einkunftsquelle dann vor, wenn bis zum Zeitpunkt der Beendigung die Absicht, einen Gesamtgewinn (Gesamtüberschuss) zu erzielen, nachvollziehbar bestanden hat.

Die COVID-19-Pandemie ist als Unwägbarkeit anzusehen.

Ein vorzeitiger „Notverkauf" kann Liebhaberei ausschließen (zB VwGH 8.2.2007, 2004/15/0079, hinsichtlich Notverkauf wegen eines Straßenausbaus). Es muss sich aber nicht unbedingt um einen Notverkauf auf Grund eines de facto nicht zu beeinflussenden Ereignisses handeln (VwGH 24.6.2010, 2006/15/0343, betr. Verkauf einer durch die – vermögenslose – Mieterin in einen desolaten Zustand gebrachten Wohnung ohne Möglichkeit einer Durchsetzung von Schadenersatzansprüchen).

(BMF-AV Nr. 2021/27)

20 Stellt sich erst nach mehreren Jahren heraus, dass die Betätigung niemals Erfolg bringend sein kann, kann sie dennoch bis zu diesem Zeitpunkt als Einkunftsquelle anzusehen sein. Erst wenn die Tätigkeit dann nicht eingestellt wird, ist sie für Zeiträume ab diesem Zeitpunkt als Liebhaberei zu qualifizieren (VwGH 11.11.2008, 2006/13/0124; VwGH 12.12.2007, 2006/15/0075; VwGH 15.2.2006, 2002/13/0095).

Beispiel:

Ein Buchhändler bemüht sich durch unterschiedliche Maßnahmen (Lesungen, Gewinnspiele, engagierte Kundenbetreuung usw.), seine Betätigung ertragsfähig zu gestalten, erwirtschaftet auf Grund des Geschäftsstandorts (schlechte Erreichbarkeit) jedoch nur Verluste. Nach mehreren Jahren eröffnet in der Nähe ein Einkaufszentrum mit Gratisparkplätzen, in dem sich auch ein großer Diskontbuchhändler befindet. Ab diesem Zeitpunkt ist zweifelsfrei erkennbar, dass die Tätigkeit niemals Erfolg bringend sein kann. Stellt der Buchhändler seine Tätigkeit nunmehr auf Grund dieser Wirtschaftlichkeitsüberlegung ein, liegt bis zu diesem Zeitpunkt eine Einkunftsquelle vor. Führt er die Betätigung trotz ihrer Aussichtslosigkeit fort, liegt ab diesem Zeitpunkt Liebhaberei vor.

21 Wird eine Betätigung vor Erzielen eines positiven Gesamtergebnisses ohne Vorliegen eines unvorhersehbaren und unabwendbaren Ereignisses beendet und wäre im absehbaren Zeitraum ein Gesamtgewinn (Gesamtüberschuss) erzielbar gewesen, hat der Steuerpflichtige den Nachweis zu führen, dass seine ursprüngliche Planung auf die Aufrechterhaltung der Tätigkeit (zumindest) bis zum Erreichen eines Gesamtgewinnes (Gesamtüberschusses) ausgerichtet war und sich der Entschluss zur vorzeitigen Einstellung erst nachträglich ergeben hat (vgl. zur Vermietung VwGH 24.6.2010, 2006/15/0343). Gelingt der Nachweis nicht, stellt die Beendigung ein Indiz dafür dar, dass die Betätigung von vornherein für die Dauer eines begrenzten Zeitraumes beabsichtigt war. Das nachträgliche Hervorkommen, dass die Planung nur auf einen begrenzten Zeitraum angelegt war, rechtfertigt eine amtswegige Wiederaufnahme nach § 303 Abs. 4 BAO.

Aus einer (zB zur Vermeidung von Kündigungsbeschränkungen auf fünf Jahre) befristeten Vermietung allein kann noch nicht der Schluss gezogen werden, die Vermietung wäre nur auf diesen Zeitraum ausgerichtet (siehe aber Rz 18).

3.4. Gesamtgewinn (§ 3 LVO)

Gesamtgewinn ist das betriebliche Gesamtergebnis von der Begründung der Tätigkeit durch den jeweiligen Steuerpflichtigen bis zu deren Beendigung durch denselben Steuerpflichtigen (Veräußerung, Aufgabe oder Liquidation). Die (entgeltliche oder unentgeltliche) Übertragung der Einkunftsquelle beendet grundsätzlich die Betätigung für den Übertragenden und führt zu einem neuerlichen Beginn der Betätigung beim Übernehmenden. Dies gilt nicht in Fällen einer unter Buchwertfortführung erfolgenden Umgründung iSd Umgründungssteuergesetzes (siehe Rz 157). 22

3.4.1. Gesamtgewinnprognose bei von vornherein zeitlich begrenzten Betätigungen

Bei zeitlich begrenzten Betätigungen (Rz 18) einschließlich Beteiligungen gemäß § 4 Abs. 4 LVO (Rz 121 ff) entspricht der anteilige Gesamtgewinn der Summe der (anteiligen) steuerlichen Jahresergebnisse zuzüglich eines allfälligen Übergangsgewinnes sowie des Veräußerungs- oder Aufgabegewinnes im Zeitpunkt der voraussichtlichen Beendigung. Beim Ansatz der anteiligen steuerlichen Jahresergebnisse sind keine Adaptierungen vorzunehmen. 23

3.4.2. Gesamtgewinnprognose bei nicht von vornherein zeitlich begrenzten Betätigungen

Mit Ausnahme der zeitlich begrenzten Betätigungen (Rz 18) einschließlich Beteiligungen gemäß § 4 Abs. 4 LVO (Rz 121 ff) ist das Jahresergebnis grundsätzlich von den Auswirkungen steuerlicher Sondervorschriften zu bereinigen (siehe Rz 25 bis Rz 28). 24

Es ist jene AfA anzusetzen, die sich bei Verteilung der Anschaffungs- oder Herstellungskosten auf die effektive betriebsgewöhnliche Nutzungsdauer ergibt. Hat der Steuerpflichtige auf Grund gesetzlicher oder erlassmäßiger Regelungen eine kürzere Abschreibungsdauer angesetzt, ist die AfA entsprechend zu adaptieren. Eine Adaptierung der AfA für Kraftfahrzeuge nach § 8 Abs. 6 EStG 1988 ist jedoch nicht vorzunehmen. 25

Beispiel:

Nach § 8 Abs. 1 EStG 1988 werden die Anschaffungskosten eines Betriebsgebäudes mit jährlich 3 Prozent abgeschrieben. Die tatsächliche Nutzungsdauer beträgt 50 Jahre. Für Zwecke der Ermittlung des Gesamtgewinnes ist die jährliche AfA mit 2 Prozent anzusetzen.

Abschreibungen gemäß § 8 Abs. 2 EStG 1988, vorzeitige Abschreibungen und die Sofortabschreibung gemäß § 13 EStG 1988, eine unabhängig vom UGB vorgenommene degressive AfA gemäß § 7 Abs. 1a EStG 1988 sowie die beschleunigte AfA gemäß § 8 Abs. 1a bzw. § 16 Abs. 1 Z 8 lit. e EStG 1988 sind dem steuerlichen Ergebnis wieder zuzurechnen, zugleich ist eine rechnerische AfA unter Berücksichtigung des § 7 Abs. 2 EStG 1988 als Ausgabe zu berücksichtigen. 26

Beispiel:

Im Interesse der Denkmalpflege aufgewendete Herstellungskosten werden nach § 8 Abs. 2 EStG 1988 auf zehn Jahre verteilt abgeschrieben. Die tatsächliche Nutzungsdauer beträgt jedoch 50 Jahre. Für Zwecke der Ermittlung des Gesamtgewinnes ist die jährliche AfA mit 2 Prozent anzusetzen.

Die erfolgsmäßigen Auswirkungen im Zusammenhang mit Maßnahmen nach § 12 EStG 1988 sind rückgängig zu machen.

(BMF-AV Nr. 2021/27)

Auch bei Sondervorschriften, die eine endgültige Gewinnauswirkung haben, hat grundsätzlich eine Adaptierung des steuerlichen Ergebnisses zu erfolgen. Dies betrifft 27

- den Gewinnfreibetrag (§ 10 EStG 1988),
- Gewinnzuschläge wegen Wertpapierunterdeckung von Pensionsrückstellungen (§ 14 Abs. 13 EStG 1988).

(BMF-AV Nr. 2021/27)

Bei einer pauschalierten Gewinnermittlung ist für Zwecke der Liebhabereibeurteilung zur Beurteilung der Totalgewinnfähigkeit auf die Ergebnisse der pauschalierten Gewinnermittlung nach der jeweiligen Pauschalierungs-Verordnung abzustellen. 28

29 Steuerfreie Einnahmen (einschließlich Forschungs- und Bildungsprämien gemäß § 108c EStG 1988) sind gemäß § 3 Abs. 1 LVO dem steuerlichen Ergebnis zuzurechnen, soweit diese nicht zu einer Kürzung von Aufwendungen (Ausgaben) führen. Darunter fallen zB gemäß § 3 Abs. 1 Z 3 und 5 EStG 1988 steuerbefreite allgemeine Subventionen, die nicht bestimmten Investitionen oder Aufwendungen (Ausgaben) zugeordnet werden können und daher zu keiner Kürzung nach § 6 Z 10 EStG 1988 bzw. § 20 Abs. 2 EStG 1988 und § 12 Abs. 2 KStG 1988 führen (siehe auch EStR 2000 Rz 4854 und Rz 4854a).

Andere bloß wirtschaftliche Vermögensvorteile, insbesondere die Erzielung einer Steuerersparnis, sind dem steuerlichen Ergebnis nicht zuzurechnen (VwGH 28.3.2000, 98/14/0217).

Randzahl 30: derzeit frei

(BMF-AV Nr. 2021/27)

31 Ergibt sich im Falle der Gewinnermittlung nach § 4 Abs. 3 EStG 1988 nach den Rz 25 bis 29 kein Gesamtgewinn, ist zu prüfen, ob sich durch den Ansatz eines theoretischen Übergangsgewinnes ein Gesamtgewinn ergibt.

(BMF-AV Nr. 2021/27)

32 Ergibt sich unter Berücksichtigung der Rz 23 bis 31 kein Gesamtgewinn, sind allenfalls (theoretisch) realisierbare stille Reserven des Anlagevermögens oder ein (theoretisch) erzielbarer Veräußerungs- bzw. Aufgabegewinn nur dann für die Liebhabereibeurteilung relevant, wenn der Steuerpflichtige konkrete Maßnahmen zu deren Realisierung oder zur Veräußerung bzw. Aufgabe des Betriebes gesetzt hat (vgl. VwGH 28.4.2009, 2006/13/0140; VwGH 17.12.2002, 99/14/0230; VwGH 15.6.1993, 93/14/0032; VwGH 17.11.1992, 89/14/0128; VwGH 28.1.1992, 88/14/0042) oder nachweislich die Umsetzung derartiger Maßnahmen geplant hat.

33 Abweichend von Rz 32 sind stille Reserven bei der Ermittlung eines rechnerischen Gesamtgewinnes dann einzubeziehen, wenn es in der besonderen Eigenart der Betätigung liegt, dass der die Betätigung kennzeichnende Ertrag durch die Aufdeckung stiller Reserven erwirtschaftet wird; dabei ist der Zeitpunkt, zu dem die stillen Reserven aufgedeckt werden, unbeachtlich (vgl. UFS 28.4.2005, RV/0226-G/05; UFS 29.6.2009, RV/1722-W/06).

Beispiel:

Die Bewirtschaftung eines Forstgutes ist typischerweise ihrer Art nach auf den Aufbau und die Realisierung stiller Reserven (Produktion von Holz) gerichtet. Die Realisierung dieser stillen Reserven durch die Veräußerung des produzierten Holzes kann laufend oder auch, je nach den wirtschaftlichen Möglichkeiten, in größeren zeitlichen Abständen erfolgen. Ein Forstbetrieb, aus dessen laufender Bewirtschaftung (auch hinsichtlich eines Teilbetriebes) Verluste resultieren, stellt daher keine Liebhaberei dar, wenn sich unter Einbeziehung der stillen Reserven im (stehenden) Holz oder eines (theoretischen) Veräußerungs- oder Aufgabegewinnes ein Gesamtgewinn in einem (für einen Forstbetrieb maßgeblichen) absehbaren Zeitraum erzielen lässt (vgl. UFS 29.6.2009, RV/1722-W/06).

(BMF-AV Nr. 2021/27)

34 Ergibt die Sachverhaltsbeurteilung, dass in einem absehbaren Zeitraum (Rz 15) ein Gesamtgewinn nicht erreichbar ist, führt eine dennoch weitergeführte Betätigung mangels Gewinnerzielungsabsicht zu keinen steuerwirksamen Einkünften mehr (Wandel zur Liebhaberei).

In Ausnahmefällen führt eine vorübergehende Fortsetzung einer an sich aussichtslosen Tätigkeit nicht zu einem Wandel zur Liebhaberei, wenn die Einstellung der Tätigkeit beabsichtigt ist und die Fortsetzung der Tätigkeit im Hinblick auf einen bestmöglichen Veräußerungserlös als wirtschaftlich vernünftige Reaktion angesehen werden kann. Wie lange die (vorübergehende) Fortsetzung einer an sich aussichtslosen Tätigkeit noch als wirtschaftlich vernünftige Reaktion angesehen werden kann, ist nach den Umständen des Einzelfalls – jedenfalls nicht rückwirkend in einer Art ex post Betrachtung – zu beurteilen (VwGH 23.2.2005, 2002/14/0024).

Wird ein bestehender Betrieb nicht mehr nach wirtschaftlichen Grundsätzen geführt, die Gewinnerzielungsabsicht also aufgegeben, und kann der Betrieb daher nicht mehr als Einkunftsquelle iSd EStG 1988 angesehen werden, kann ab diesem Zeitpunkt nicht mehr von einem Betrieb im wirtschaftlichen Sinn und daher auch nicht mehr von Betriebsvermögen gesprochen werden. Das dieser Tätigkeit gewidmete Vermögen stellt vielmehr Privatvermögen des Betriebsinhabers dar (VwGH 3.4.2019, Ro 2017/15/0030). In einem solchen Fall liegt eine Betriebsaufgabe iSd § 24 EStG 1988 vor (VwGH 16.2.1983, 81/13/0044).

(BMF-AV Nr. 2021/27)

3.5. Gesamtüberschuss (§ 3 Abs. 1 LVO)

35 Gesamtüberschuss ist das außerbetriebliche Gesamtergebnis von der Begründung der Tätigkeit durch den jeweiligen Steuerpflichtigen bis zu deren Beendigung durch denselben

Steuerpflichtigen (Veräußerung, Aufgabe oder Liquidation). Die (entgeltliche oder unentgeltliche) Übertragung der Einkunftsquelle beendet die Betätigung für den Übertragenden und führt zu einem neuerlichen Beginn der Betätigung beim Übernehmenden.

Veräußerungsüberschüsse sind nicht zu berücksichtigen.

Zehntel- bis Fünfzehntelabschreibungen gemäß § 28 Abs. 3 EStG 1988 sind auf eine „Normal-AfA" umzustellen (siehe Rz 26 sowie Rz 65, Beispiele b und c), nicht hingegen Fünfzehntelabschreibungen gemäß § 28 Abs. 2 EStG 1988, weil diese keinen Herstellungsaufwand betreffen (UFS 17.11.2011, RV/0128-L/07). 36

(BMF-AV Nr. 2021/27)

3.6. Anlaufzeitraum (§ 2 Abs. 2 LVO)

Bei Beginn einer Betätigung im Sinne des § 1 Abs. 1 LVO sind die in den ersten drei bis fünf Kalenderjahren bzw. Wirtschaftsjahren (siehe Rz 40) anfallenden Verluste steuerlich anzuerkennen. Dies gilt auch für Verluste nach dem Beginn einer Betätigung im Rahmen eines Teilbetriebes (einer außerbetrieblichen Betätigung). Mit der Berücksichtigung von Verlusten im Anlaufzeitraum trägt die Verordnung typisierend dem Gesichtspunkt Rechnung, dass das Anfallen von Verlusten in den ersten Jahren einer Betätigung nicht ungewöhnlich ist und im Interesse der Gesamtrentabilität in Kauf genommen werden muss. Der Anlaufzeitraum gilt jedoch nicht für den Bereich der entgeltlichen Überlassung von Gebäuden (siehe Rz 60) und bei einer Betätigung, bei der von vornherein damit zu rechnen ist, dass sie bereits vor dem Anfallen eines Gesamtgewinnes (Gesamtüberschusses) beendet werden wird (siehe Rz 18). 37

Beginn einer Betätigung im Sinne des § 2 Abs. 2 LVO ist die Eröffnung eines noch nicht existierenden oder entgeltlich übernommenen Betriebes (Teilbetriebes, einer außerbetrieblichen Betätigung). Die Eröffnung eines unentgeltlich übernommenen Betriebes (Teilbetriebes, einer außerbetrieblichen Betätigung) gilt nur dann als Beginn der Betätigung, wenn die Betätigung in unmittelbarem zeitlichem Zusammenhang mit der Übernahme völlig verändert wird (siehe auch Rz 41). 38

Für den Anlaufzeitraum sind die Kriterien des § 2 Abs. 1 Z 1 bis 6 LVO nicht zu prüfen. Die steuerliche Anerkennung der Verluste der ersten drei Jahre bleibt auch dann aufrecht, wenn sich nach Ablauf des Anlaufzeitraumes ergibt, dass auf Grund der – auch den Anlaufzeitraum umfassenden – Prüfung anhand der Kriterien des § 2 Abs. 1 Z 1 bis 6 LVO keine Einkunftsquelle vorliegt (siehe Rz 45 ff). Das Jahr des Beginns der Betätigung sowie allgemein Rumpfwirtschaftsjahre zählen jeweils als ein Kalenderjahr bzw. Wirtschaftsjahr. 39

Der dreijährige Anlaufzeitraum läuft grundsätzlich ab dem Beginn der Betätigung. Fallen vorher Aufwendungen (Ausgaben) im Zusammenhang mit der zielstrebigen Vorbereitung der Betriebseröffnung bzw. des Beginns einer außerbetrieblichen Betätigung an, beginnt der Anlaufzeitraum mit dem Kalenderjahr des erstmaligen Anfallens derartiger Aufwendungen (Ausgaben) zu laufen. In diesem Fall verlängert sich der Dreijahreszeitraum um die Zeit der Vorbereitung auf einen Zeitraum bis zu maximal fünf Jahren. 40

Beispiel 1:

Im August 01 wird ein Geschäftslokal angemietet und noch 01 hiefür Miete bezahlt. Der Betrieb wird im April 02 eröffnet. Der Anlaufzeitraum beginnt mit dem Jahr 01 und endet mit dem Jahr 04.

Beispiel 2:

Im Juni 01 wird mit der Herstellung eines Hotelgebäudes begonnen. Es fallen ab dieser Zeit Aufwendungen an. Der Hotelbetrieb wird in der Sommersaison 04 eröffnet. Der Anlaufzeitraum beginnt mit dem Jahr 01 und endet mit dem Jahr 05.

§ 2 Abs. 2 zweiter Satz LVO sieht vor, dass der Anlaufzeitraum durch die Übertragung der Grundlagen der Betätigung auf Dritte nicht unterbrochen wird. Diese Bestimmung ist teleologisch auf Fälle der unentgeltlichen Übertragung der Einkunftsquelle zu reduzieren. 41

Mit dem entgeltlichen Erwerb der Einkunftsquelle beginnt für den Erwerber auch ein neuer Anlaufzeitraum zu laufen. In derartigen Fällen kann für den Erwerber die Eignung, einen Gesamtgewinn (Gesamtüberschuss) zu erzielen, nur unter Einbeziehung der durch den entgeltlichen Erwerb neu geschaffenen Bedingungen beurteilt werden. Dieser Fall ist im Hinblick auf die Zielsetzung des Anlaufzeitraumes (vgl. Rz 37) der Eröffnung eines noch nicht existierenden Betriebes gleichzuhalten.

Wird hingegen die Einkunftsquelle unentgeltlich übertragen und wird die Betätigung vom Erwerber im Wesentlichen unverändert fortgeführt, bleiben die Bedingungen der Bewirtschaftung unverändert; die neuerliche Berücksichtigung eines Anlaufzeitraumes in derartigen Fällen würde die Zielsetzung des § 2 Abs. 2 LVO verfehlen (siehe Rz 37). Für derartige Fälle sieht daher § 2 Abs. 2 LVO vor, dass der Anlaufzeitraum weiterläuft. Wird die Betätigung vom Erwerber hingegen in völlig veränderter Form (Rz 38) fortgesetzt, beginnt auch in solchen Fällen ein neuer Anlaufzeitraum zu laufen.

Beispiel:

Ein Steuerpflichtiger übernimmt im Jahr 02 unentgeltlich einen 01 eröffneten Gastwirtschaftsbetrieb mit traditioneller Küche. Führt der Erwerber den Betrieb (mit oder ohne bauliche Veränderungen) weiter, läuft auch der Anlaufzeitraum weiter und endet daher 03. Wandelt der Erwerber die Gastwirtschaft hingegen unter völliger Änderung der äußeren Ausstattung in ein Chinarestaurant um, beginnt mit dem Erwerb ein (neuer) Anlaufzeitraum.

Die Fortsetzung einer Betätigung in völlig veränderter Form wird jedenfalls bei einem Branchenwechsel vorliegen.

42 Ein Anlaufzeitraum darf nach § 2 Abs. 2 LVO nicht angenommen werden, wenn nach den Umständen des Einzelfalls damit zu rechnen ist, dass eine Betätigung bereits vor dem Anfallen eines Gesamtgewinnes (Gesamtüberschusses) beendet werden wird. Dies bedeutet, dass anhand der zu Betätigungsbeginn bestehenden Umstände von vornherein erkennbar sein muss, dass mit der Betätigung in der geführten Art und Weise ein Gesamtgewinn (Gesamtüberschuss) nicht erzielt werden kann.

Beispiele aus der Judikatur zu Privatgeschäftsvermittlern:

- *Machen die erzielten Verluste eines Privatgeschäftsvermittlers in mehreren Jahren mindestens das Zehnfache der Umsätze aus, wobei allein die Kfz-Kosten die Umsätze in jedem Jahr bei weitem übersteigen, und hat der Vermittler keine Möglichkeit, die Vertriebsorganisation und das System der Gewinnung von Subvertretern zu beeinflussen, ist diese Tätigkeit in der Art und Weise, wie sie betrieben wird, voraussichtlich nicht geeignet, Gewinne zu erzielen (VwGH 12.8.1994, 94/14/0025).*
- *Bei keinen Gebietsschutz genießenden und im Schneeballsystem Subvertreter werbenden Privatgeschäftsvermittlern, die Schulungen sowie Vorführmaterial auf eigene Kosten erwerben und überdies hohe Reiseaufwendungen tätigen müssen, ist schon systembedingt damit zu rechnen, dass die Betätigung vor dem Erzielen eines Gesamtgewinnes beendet wird (VwGH 22.2.2000, 96/14/0038; VwGH 23.11.2011, 2008/13/0052).*
- *Bei Vertretern kann allerdings nicht generell, sondern nur in besonderen Fällen (zB Gesamtverlust übersteigt Umsätze aus drei Jahren um ein Vielfaches, Umsätze sind geringer als Reiseaufwendungen) davon ausgegangen werden, dass die Tätigkeit vor Erzielen eines Gesamtgewinnes beendet wird. Liegen entsprechende Umstände nicht vor, sind die Verluste während des Anlaufzeitraumes grundsätzlich anzuerkennen (VwGH 2.3.2006, 2006/15/0018; VwGH 28.4.2011, 2008/15/0198).*

43 Ist die Betätigung auf Grund der konkreten Ausgestaltung nicht von vornherein als aussichtslos erkennbar, steht der Anlaufzeitraum zu (VwGH 28.11.2007, 2006/14/0062).

Die Beendigung einer Tätigkeit allein spricht nicht dafür, dass die Betätigung von vornherein nur auf einen begrenzten Zeitraum angelegt ist.

44 Bei zeitlich begrenzten Beteiligungen ist die Prüfung bei Betätigungen im Sinne des § 1 Abs. 1 LVO auch für den Anlaufzeitraum (siehe Rz 37 ff) vorzunehmen. Siehe auch Rz 121 ff.

45 Fallen nach Ablauf des Anlaufzeitraumes weiterhin Verluste an, ist anhand der Kriterien des § 2 Abs. 1 Z 1 bis 6 LVO (siehe Rz 48 ff) zu untersuchen, ob auch über den Anlaufzeitraum hinaus vom Vorliegen einer Einkunftsquelle auszugehen ist.

Bei dieser Kriterienprüfung ist das Schwergewicht auf die bis zum jeweiligen Veranlagungsjahr eingetretene Entwicklung (einschließlich jener im Anlaufzeitraum) zu legen. Allerdings kommt der nach Ablauf des jeweiligen Veranlagungsjahres eingetretenen Entwicklung sehr wohl Bedeutung zu. Eine gewisse Indizwirkung auf das subjektive Streben des Steuerpflichtigen kann daher auch später in Erscheinung getretenen Umständen zukommen (VwGH 28.5.2009, 2007/15/0299).

46 Die Kriterienprüfung kann ergeben:

- Es ist bereits ab dem ersten Jahr nach dem Anlaufzeitraum Liebhaberei anzunehmen; in diesem Fall liegt mit Ablauf des Anlaufzeitraumes ein Wandel zur Liebhaberei vor (siehe Rz 34).
- Das Gesamtbild der Verhältnisse in Bezug auf die Einordnung der Betätigung unter § 1 Abs. 1 LVO oder § 1 Abs. 2 LVO kann noch nicht endgültig beurteilt werden; in diesem Fall ist eine vorläufige Veranlagung (siehe Rz 192) vorzunehmen.
- Es ist auf Grund der Umstände des Einzelfalles gerechtfertigt, für einen weiteren Zeitraum eine Einkunftsquelle anzunehmen. Stellt sich in diesem Fall bei Anfallen fortge-

setzter Verluste heraus, dass die weitere Annahme einer Einkunftsquelle im Hinblick auf die Kriterien des § 2 Abs. 1 Z 1 bis 6 LVO ab einem bestimmten Jahr nicht mehr gerechtfertigt ist, ist ab diesem Jahr von Liebhaberei auszugehen (Wandel zur Liebhaberei, siehe Rz 34). Die bis zum Zeitpunkt dieser Feststellung steuerlich anerkannten Verluste werden davon nicht berührt; die bisherige steuerliche Anerkennung bleibt also aufrecht.

Beispiel:

Eine Betätigung wirft im Anlaufzeitraum (drei Jahre) nur Verluste ab. Bei der sich daran anschließenden jährlichen Prüfung anhand der Kriterien des § 2 Abs. 1 Z 1 bis 6 LVO ergibt sich, dass auch noch vier weitere Jahre hindurch von einer Einkunftsquelle auszugehen ist. Für das achte Verlustjahr ergibt sich, dass ein weiteres Anbieten der vom Markt nicht ausreichend akzeptierten Leistungen nicht mehr marktgerecht ist. Beginnend mit dem achten Jahr ist Liebhaberei anzunehmen (Wandel zu Liebhaberei, siehe Rz 34). Die Verluste der ersten sieben Jahre sind steuerlich anzuerkennen.

Wurde eine Betätigung (nach Ablauf des Anlaufzeitraumes und allenfalls weiterer Jahre) **47**
endgültig als Liebhaberei eingestuft und wird sodann die Bewirtschaftung geändert, gilt dies als Beginn einer neuen Betätigung. Maßgebend ist, dass durch Änderungen in der Wirtschaftsführung die Tätigkeit in weiterer Folge so betrieben wird, dass sie nunmehr geeignet ist, einen Gesamtgewinn (Gesamtüberschuss) zu erzielen. Es beginnt daher bei Einstufung als Betätigung im Sinne des § 1 Abs. 1 LVO ein (neuer) Anlaufzeitraum zu laufen.

3.7. Kriterienprüfung (§ 2 LVO)

3.7.1. Allgemeines

Die Kriterienprüfung dient der Feststellung, ob die Gesamtgewinn- bzw. Gesamtüber- **48**
schusserzielungsabsicht des Steuerpflichtigen in den einzelnen Veranlagungszeiträumen anhand objektiver Umstände nachvollzogen werden kann (zB VwGH 20.2.2019, Ro 2017/13/0001, zu einer Rentenversicherung).

Jedes in § 2 Abs. 1 LVO angeführte Kriterium und gegebenenfalls weitere Kriterien (siehe Rz 57) sind zunächst für sich zu untersuchen.

Sodann ist anhand des sich ergebenden Gesamtbildes zu beurteilen, ob von einer Einkunftsquelle auszugehen ist. Es darf dabei nicht schematisch auf ein zahlenmäßiges Überwiegen der für bzw. gegen Liebhaberei sprechenden Umstände abgestellt werden. Spricht ein Kriterium in besonderem Maße für das Vorliegen einer Einkunftsquelle, kann eine Einkunftsquelle auch dann anzunehmen sein, wenn eine Mehrzahl anderer Kriterien – in geringerem Maße – gegen die Annahme einer Einkunftsquelle spricht.

Dem Kriterium der Bemühung zur Verbesserung der Ertragslage (§ 2 Abs. 1 Z 6 LVO) kommt dabei besondere Bedeutung zu (siehe auch Rz 56).

Bei der Kriterienprüfung ist dem Grundsatz des Parteiengehörs in besonderem Maße Rechnung zu tragen.

(BMF-AV Nr. 2021/27)

3.7.2. Ausmaß und Entwicklung der Verluste (§ 2 Abs. 1 Z 1 LVO)

Bei Beurteilung des Ausmaßes der Verluste ist insbesondere darauf abzustellen, ob die **49**
Verluste in Bezug auf die konkrete Betätigung als gravierende Verluste einzustufen sind. Dabei ist das Verhältnis der jährlichen Verluste zu den jährlichen Umsätzen zu beachten. Für die Annahme von Liebhaberei spricht zB, wenn die Verluste den Umsatz erreichen oder übersteigen. Die Entwicklung der Verluste ist dahin gehend zu beobachten, ob die Verluste betraglich ansteigen oder absinken. Dabei ist auch die Umsatzentwicklung im Auge zu behalten. Gleichbleibende oder steigende Verluste trotz fallender Umsätze sprechen für Liebhaberei.

3.7.3. Verhältnis der Verluste zu den Gewinnen oder Überschüssen (§ 2 Abs. 1 Z 2 LVO)

Dabei ist zu untersuchen, ob Gewinne (Überschüsse), die nach oder während der Ver- **50**
lustphasen anfallen, in Relation zur Höhe der Verluste von wirtschaftlicher Bedeutung sind. Ist dies der Fall, spricht dies – auch bei Auftreten gravierender Verluste im Sinne der Rz 49 – gegen Liebhaberei (VwGH 25.6.2008, 2006/15/0218; VwGH 19.3.2008, 2005/15/0151; VwGH 16.5.2007, 2002/14/0083).

3.7.4. Ursachen der Verluste im Verhältnis zu Vergleichsbetrieben (§ 2 Abs. 1 Z 3 LVO)

51 Zu prüfen ist, aus welchem Grund gegenüber vergleichbaren Betätigungen, die Gewinne (Überschüsse) abwerfen, Verluste entstehen. Liegen die Ursachen in Umständen, die von „außen" einwirken (zB schlechte Infrastruktur, schlechte Lage, Lage in Krisengebieten), spricht dies allein noch nicht für Liebhaberei. Sind die Ursachen hingegen in einer schlechten Organisation der Betätigung (zB kein Marketing, keine Werbung, mangelnde maschinelle Ausrüstung, unrationelle Produktion, weiters ein wirtschaftlich nicht begründbarer Überbestand an Arbeitskräften, und zwar auch dann, wenn die fremden Arbeitskräfte wegen eines anderweitigen betrieblichen oder beruflichen Engagements des Steuerpflichtigen erforderlich sind) zu suchen, spricht dies im Zusammenhang mit anderen Umständen (siehe insbesondere Rz 52 bis Rz 54) gegen die Gewinn- bzw. Überschusserzielungsabsicht.

3.7.5. Marktgerechtes Verhalten/angebotene Leistungen (§ 2 Abs. 1 Z 4 LVO)

52 Es muss beobachtet werden, ob und wie der Steuerpflichtige auf die Aufnahme seiner Produkte bzw. Leistungen durch den Markt reagiert. Stellt er sich auf den Markt in der Weise ein, dass er seine Produkte bzw. Leistungen den Marktbedürfnissen anpasst, ist dies ein Indiz gegen Liebhaberei. Gehen die Produkte bzw. Leistungen erkennbar „am Markt vorbei" und reagiert der Steuerpflichtige darauf nicht (zB durch Produktionsumstellung oder Produktionseinstellung), spricht dies im Zusammenhang mit anderen Umständen (siehe insbesondere Rz 53 und 54) für Liebhaberei.

Ist eine typisch erwerbswirtschaftliche Betätigung nicht bzw. nicht mehr wirtschaftlich sinnvoll, liegt in der rechtzeitigen Aufgabe der Betätigung ein marktgerechtes Verhalten.

3.7.6. Marktgerechtes Verhalten/Preisgestaltung (§ 2 Abs. 1 Z 5 LVO)

53 Für die Annahme einer Einkunftsquelle spricht, wenn der Steuerpflichtige sein „Preispotential" weitgehend ausnützt. Verlangt er hingegen erheblich geringere Preise als sie am Markt erzielbar und üblich sind, spricht dies im Zusammenhang mit anderen Umständen (siehe insbesondere Rz 52 und Rz 54) für Liebhaberei. Gleiches gilt, wenn offensichtlich stark überhöhte Preise (Prohibitivpreise) verlangt werden.

3.7.7. Verbesserungsmaßnahmen (§ 2 Abs. 1 Z 6 LVO)

54 Unter diese Bemühungen fallen jegliche Schritte, die erkennbar darauf ausgerichtet sind, die Betätigung nicht nur kurzfristig gewinnbringend zu gestalten (bspw. VwGH 11.11.2008, 2006/13/0124), wobei deren Durchführung in gewissem Ausmaß auch Aufwendungen mit sich bringen kann (VwGH 28.4.2011, 2008/15/0198).

Es ist zu prüfen, ob und inwieweit der Steuerpflichtige Maßnahmen setzt, die nicht nur kurzfristig zur Verbesserung der Ertragslage führen. Insbesondere ist zu untersuchen, ob Maßnahmen zeitgerecht ergriffen werden, die zu einer Bereinigung der schlechten Organisation der Betätigung (siehe Rz 52) geeignet sind. Liegt ein derartiges Bemühen vor, spricht dies gegen Liebhaberei (VwGH 20.4.2006, 2004/15/0038).

55 Maßnahmen, die bei Betätigungen nach § 1 Abs. 2 LVO die Kriterien einer Änderung der Bewirtschaftung erfüllen (siehe Rz 93 ff), sind im Anwendungsbereich des § 1 Abs. 1 LVO im Rahmen der Kriterienprüfung entweder als Verbesserungsmaßnahme oder als Neubeginn einer anders gearteten Tätigkeit (siehe Rz 41) zu werten (zur großen Vermietung siehe jedoch Rz 67).

(BMF-AV Nr. 2021/27)

56 Die beim Kriterium des § 2 Abs. 1 Z 6 LVO angesprochenen Bemühungen sind ein besonders gewichtiger Hinweis auf die Absicht des Steuerpflichtigen auf Erzielung eines Gesamtgewinnes bzw. Gesamtüberschusses (vgl. zB VwGH 19.3.2008, 2005/15/0151; VwGH 28.4.2011, 2008/15/0198).

3.7.8. Berücksichtigung weiterer Umstände

57 Die Aufzählung der Kriterien in § 2 Abs. 1 LVO ist nicht taxativ. Ergibt die Prüfung nach den in der LVO genannten Kriterien kein eindeutiges Bild, können auch in der Privatsphäre gelegene Motive für das Inkaufnehmen von Verlusten eine Indizwirkung für das Fehlen der Gesamtgewinn- bzw. Gesamtüberschusserzielungsabsicht haben. Dazu zählt bei typisch erwerbswirtschaftlichen Betätigungen beispielsweise das Vorliegen einer oder mehrerer anderer Einkunftsquellen, mit denen die Verluste ausgeglichen werden können.

3.8. Entgeltliche Gebäudeüberlassung (§ 2 Abs. 3 LVO)

Unter § 2 Abs. 3 LVO fällt jede (unmittelbare oder mittelbare) Überlassung von Gebäuden, die nicht unter § 1 Abs. 2 Z 3 LVO fällt (Rz 77 ff). **58**

Im Hinblick auf die ähnlich gelagerten, eher starren Einnahmen-Ausgaben-Strukturen ist § 2 Abs. 3 LVO analog auch auf die entgeltliche Überlassung von Grund und Boden ohne darauf befindliche Gebäude (zB Parkplatz) anzuwenden.

Bei einer gewerblichen Betätigung auf gastronomischem Gebiet (Hotels uÄ) besteht die Einkunftsquellenvermutung gemäß § 1 Abs. 1 LVO, sie fällt allerdings nicht unter § 2 Abs. 3 LVO. Gleiches gilt für die gewerbliche Zimmervermietung. **59**

Die nicht gewerbliche Zimmervermietung (zur „10-Betten-Grenze“ bzw. „5-Appartement-Grenze“ siehe EStR 2000 Rz 5435 und Rz 5436) ist unter § 1 Abs. 2 Z 3 LVO einzureihen.

Der Anlaufzeitraum gilt für diese Betätigungen nicht. Das Vorliegen einer Einkunftsquelle ist daher vom ersten Jahr an zu prüfen. Es ist dabei zu untersuchen, ob der Zeitraum, innerhalb dessen aus dem vermieteten Gebäude ein Gesamtgewinn (Gesamtüberschuss) geplant ist, sich in einem angemessenen Verhältnis zu einem für derartige Gebäudenutzungen absehbaren Zeitraum von 25 Jahren ab dem Beginn der entgeltlichen Überlassung, höchstens 28 Jahren ab dem erstmaligen Anfallen von Aufwendungen (Ausgaben) verhält. Das Ausmaß des absehbaren Zeitraumes errechnet sich stichtagsbezogen. **60**

Beispiel:

Im Rahmen eines Sanierungsmodells fallen am 11.02.01 erstmals Aufwendungen an. Die Vermietung beginnt am

a) 01.11.02

b) 01.06.05

ad a) Der absehbare Zeitraum umfasst den Zeitraum 11.02.01 bis 01.11.27 (das sind 25 Jahre ab Beginn der Vermietung zuzüglich etwas mehr als 20 Monate für die vor der Vermietung liegende Phase).

ad b) Der absehbare Zeitraum umfasst den Zeitraum 11.02.01 bis 11.02.29 (weil die vor der Vermietung liegende Phase länger als drei Jahre dauert, errechnet sich der absehbare Zeitraum mit 28 Jahren ab dem erstmaligen Anfallen von Aufwendungen).

Aufwendungen (Ausgaben) vor dem Beginn der entgeltlichen Überlassung, die zu einer Verlängerung des absehbaren Zeitraumes führen, liegen nur dann vor, wenn es sich um vorweggenommene Werbungskosten handelt (EStR 2000 Rz 4035). **61**

Es muss daher ein ausreichend klarer Zusammenhang mit den künftigen Vermietungseinnahmen nachweisbar sein, dh. die Vermietungsabsicht muss klar und eindeutig – durch bindende Vereinbarungen (zB Mietverträge) oder in anderer Form – nach außen in Erscheinung treten. Anhand objektiver Umstände muss belegbar sein, dass es sich um ernsthafte und nachhaltige Bemühungen handelt, aus einer Immobilie durch entgeltliches Überlassen Einkünfte zu erzielen. Erwägt ein Steuerpflichtiger, eine Immobilie entweder zu vermieten oder zu verkaufen, hat er sich noch nicht endgültig zur Einkünfteerzielung entschieden; es liegen daher keine vorweggenommenen Werbungskosten vor (zB VwGH 30.4.2003, 98/13/0127; VwGH 29.7.1997, 93/14/0132, wonach durch Aussagen wie „die Absicht sei auf die Erzielung des bestmöglichen wirtschaftlichen Ergebnisses gerichtet gewesen, sei es im Wege des Verkaufs, sei es im Wege der Vermietung“, der Entschluss, die Immobilie zu vermieten, nicht klar und eindeutig nach außen in Erscheinung tritt).

Kann eine Vermietungsabsicht vor der tatsächlichen Vermietung nicht nachgewiesen werden, beginnt der absehbare Zeitraum erst mit Beginn der entgeltlichen Überlassung.

Bei der Planung sind objektive Maßstäbe (realistische Annahmen) anzulegen. Angemessenheit der Zeitrelation ist anzunehmen, wenn sich innerhalb des absehbaren Zeitraumes voraussichtlich ein Gesamtgewinn (Gesamtüberschuss) ergeben wird oder sich lediglich deshalb nicht ergibt, weil von Sonderabschreibungen (zB § 8 Abs. 1a, § 8 Abs. 2 EStG 1988, § 16 Abs. 1 Z 8 lit. e EStG 1988, § 28 Abs. 3 EStG 1988) Gebrauch gemacht wird oder der Steuerpflichtige wegen gesetzlicher Einnahmenbeschränkungen nur ein begrenztes Bestandsentgelt – das allerdings dem Markt entsprechend voll auszuschöpfen ist – verlangen kann (VwGH 30.3.2011, 2005/13/0148; VwGH 16.2.2006, 2004/14/0082). Dies ist vor allem bei den so genannten Kategoriemietzinsen, den Richtwertmietzinsen und den landesgesetzlich begrenzten Mietzinsen (vor allem im Zusammenhang mit Wohnbauförderungsmaßnahmen) der Fall. **62**

Beispiele:

- *Angemessene Mietzinse nach § 16 Abs. 1 Mietrechtsgesetz (eine gesetzliche Einnahmenbeschränkung liegt nur dann vor, wenn glaubhaft gemacht wird, dass die Rahmenbedingungen voll ausgeschöpft wurden)*

- *Mietzinsbeschränkung gemäß § 20 Abs. 1 Z 3 lit. a Wohnungsgemeinnützigkeitsgesetz*
- *Mietzinsbeschränkungen im Zusammenhang mit landesgesetzlichen Wohnbauförderungsmaßnahmen (zB gemäß dem Wiener Wohnbauförderungs- und Wohnhaussanierungsgesetz oder dem Vlbg. Landesgesetz über die Förderung der Errichtung und der Erneuerung von Wohnraum sowie die Gewährung von Wohnbeihilfen)*

(BMF-AV Nr. 2021/27)

63 Die Ermittlung fiktiver marktkonformer Mietzinse kann beispielsweise anhand der Mietenspiegel der Wirtschaftskammer Österreich oder anhand von „Vergleichsvermietungen" (zB Internetseiten von Immobilienmaklern) erfolgen.

64 Vertragliche Vereinbarungen über Mietzinsbeschränkungen stellen keine preisrechtlichen Zwangsmaßnahmen dar; die tatsächlich erzielten Einnahmen sind der Liebhabereibeurteilung zugrunde zu legen.

Beispiel:

Ein Steuerpflichtiger kauft eine Wohnung und verpflichtet sich vertraglich, den bestehenden Mietvertrag zu übernehmen. Auf Grund dieser „Mietzinsbeschränkung" entstehen Verluste. Für die Liebhabereibeurteilung sind die tatsächlich erzielten Mietzinse und nicht fiktive marktkonforme Mietzinse maßgeblich.

65 Im Zweifelsfall ist das Vorliegen einer Einkunftsquelle vom Steuerpflichtigen anhand einer Prognoserechnung zu dokumentieren. Ergibt sich aus dieser Prognose, dass der Gesamtgewinn- bzw. Gesamtüberschusszeitraum in einem Missverhältnis zum absehbaren Zeitraum steht, spricht dies von vornherein für Liebhaberei.

Beispiele:

Ein absehbarer Zeitraum umfasst 26,5 Jahre.

a) Aus den vom Steuerpflichtigen vorgelegten Unterlagen ist zu ersehen, dass sich nach 23 Jahren ein Totalüberschuss ergeben wird. Es liegt grundsätzlich eine Einkunftsquelle vor.

b) Aus den vom Steuerpflichtigen vorgelegten Unterlagen ist zu ersehen, dass sich erst nach 40 Jahren ein Totalüberschuss ergeben wird. Dies ist auf den Umstand zurückzuführen, dass von der gemäß § 28 Abs. 3 EStG 1988 bestehenden Möglichkeit Gebrauch gemacht wird, Herstellungskosten auf 15 Jahre abzuschreiben. Bei Ansatz einer "normalen" AfA von 1,5 Prozent ergäbe sich nach 25 Jahren ein Totalüberschuss. Es liegt grundsätzlich eine Einkunftsquelle vor.

c) Aus den vom Steuerpflichtigen vorgelegten Unterlagen ist zu ersehen, dass sich erst nach 40 Jahren ein Totalüberschuss ergeben wird. Dies ist darauf zurückzuführen, dass einerseits von der gemäß § 28 Abs. 3 EStG 1988 bestehenden Möglichkeit Gebrauch gemacht wird, Herstellungskosten auf 15 Jahre abzuschreiben, und andererseits eine Fremdfinanzierung von 90 Prozent besteht. Auch bei Ansatz einer „normalen" AfA von 1,5 Prozent ergäbe sich erst nach 30 Jahren ein Totalüberschuss. Es liegt Liebhaberei vor.

(BMF-AV Nr. 2021/27)

65a Die Prognoserechnung muss plausibel und nachvollziehbar sein (VwGH 28.3.2000, 98/14/0217). Die Nachvollziehbarkeit erfordert eine Aufgliederung der Prognose mindestens nach Instandhaltung, Abschreibungen, Zinsen und sonstige Werbungskosten (in Anlehnung an die gruppenweise Gliederung im Formular E1b).

Alle im absehbaren Zeitraum anfallenden objektiv zu erwartenden Aufwendungen, die durch die Vermietungstätigkeit veranlasst sind und Werbungskosten darstellen, sind in die Prognoserechnung aufzunehmen, auch wenn sie nur einmalig anfallen.

(BMF-AV Nr. 2021/27)

65b Eine am Beginn der Vermietung erstellte Prognose, aus der auf die Ertragsfähigkeit der Vermietung geschlossen werden soll, hat sich an den zu Beginn der Vermietung tatsächlich bestehenden Verhältnissen zu orientieren (VwGH 28.2.2012, 2009/15/0192; VwGH 19.3.2013, 2010/15/0106).

Wird eine Prognose erst nach Beginn der Tätigkeit aufgestellt, sind die tatsächlichen Ergebnisse bereits abgelaufener Jahre in die Prognose aufzunehmen (erforderliche Adaptierungen der tatsächlichen Ergebnisse siehe Rz 65e, Rz 65j und Rz 65k). Die Gegenüberstellung der prognostizierten Erträge mit den tatsächlichen Ergebnissen dient der Prüfung der Prognose auf Plausibilität.

(BMF-AV Nr. 2021/27)

Die Prognoserechnung muss alle Jahre des absehbaren Zeitraumes umfassen. Es sind auch Zeiträume in der Prognose zu erfassen, in denen bereits Mittel als vorweggenommene Werbungskosten aufgewendet, aber noch keine Einnahmen erzielt wurden. **65c**

(BMF-AV Nr. 2021/27)

Enthält der Plan das Vermieten auf einen begrenzten Zeitraum, muss das positive Ergebnis innerhalb dieses Zeitraumes erzielbar sein (VwGH 20.3.2013, 2009/13/0058; VwGH 22.5.2014, 2010/15/0119). **65d**

(BMF-AV Nr. 2021/27)

In der Prognose sind die voraussichtlichen Mieteinnahmen anzusetzen. Bei gesetzlichen Einnahmenbeschränkungen im Sinne der Rz 62 sind anstatt der tatsächlichen Mieteinnahmen fiktive marktkonforme Mieteinnahmen zu berücksichtigen. Die tatsächlichen Ergebnisse vergangener Jahre sind in diesem Fall vor der Übernahme in die Prognose zu adaptieren. **65e**

(BMF-AV Nr. 2021/27)

Indexsteigerungen sind in der Prognose bei den Einnahmen und bei den Aufwendungen zu berücksichtigen. Veröffentlichte Indizes (zB Verbraucherpreisindex auf www.statistik.at) dienen als Anhaltspunkt für die Ermittlung des Ausmaßes der Indexsteigerung. Bei Richtwertzinsen gemäß § 16 Abs. 3 MRG erfolgt alle zwei Jahre eine Anpassung durch Kundmachung des zuständigen Bundesministers. Zu beachten sind auch vertragliche Vereinbarungen, wonach eine Indexerhöhung erst bei Überschreiten bestimmter Schwellenwerte zulässig ist. **65f**

(BMF-AV Nr. 2021/27)

In einer realitätsnahen Prognose ist sowohl das Risiko von uneinbringlichen Mietrückständen als auch das Leerstehungsrisiko zu berücksichtigen. Die Höhe dieser Risiken ist nach den Verhältnissen des Einzelfalls zu beurteilen. Anhaltspunkt für die Ermittlung dieser Risikovorsorgen können die aus der Literatur zur Liegenschaftsbewertung abgeleiteten Pauschalwerte sein (VwGH 18.10.2012, 2010/15/0167). Das Mietausfalls- und Leerstehungsrisiko kann demnach mit einem Wert zwischen 2% und 5% des Jahresrohertrages (Mieteinnahmen) angesetzt werden. Bei der Festlegung innerhalb der Bandbreite sind insbesondere die Nutzungsart (zB Wohnen oder Gewerbe), Höhe der Miete und Erfahrungswerte des Vermieters bei vergleichbaren Vermietungen zu berücksichtigen. **65g**

Bei einer langfristigen Leerstehung (mehr als 6 Monate) sind die durch die Leerstehung anfallenden Kosten (zB nicht weiterverrechenbare Betriebskosten) in der Prognoserechnung zusätzlich zu berücksichtigen. Bei einer kurzfristigen Leerstehung sind diese Kosten von den Pauschalsätzen für das Mietausfalls- und Leerstehungsrisiko umfasst.

(BMF-AV Nr. 2021/27)

Künftige Instandhaltungskosten, die nach der allgemeinen Lebenserfahrung regelmäßig eintreten, sind ebenfalls zu berücksichtigen (VwGH 31.5.2006, 2001/13/0171; VwGH 28.2.2012, 2009/15/0192, VwGH 18.10.2012, 2010/15/0167). In eine Prognoserechnung können nur solche Beträge als Werbungskosten Eingang finden, von denen zu erwarten ist, dass sie im Prognosezeitraum tatsächlich anfallen werden (VwGH 18.10.2012, 2010/15/0167; VwGH 27.11.2017, Ro 2016/15/0007). **65h**

Bei Ermittlung der künftigen Instandhaltungskosten sind das Alter und der Zustand des Gebäudes jedenfalls miteinzubeziehen. Erfolgt die Schätzung der künftigen Kosten nicht anhand tatsächlich zu erwartender Aufwendungen, können diese unter Einbeziehung der Literatur zur Liegenschaftsbewertung geschätzt werden. Dementsprechend bestehen bei durchschnittlich ausgestatteten Immobilien keine Bedenken, folgende Werte je m² Nutzfläche anzuwenden:

Alter bzw. Zeitraum seit der letzten Generalsanierung	Instandhaltungs- und Reparaturkosten in Euro pro m² Nutzfläche und pro Jahr
1 – 5	7,50
6 – 10	10,00
11 – 15	12,00
ab 16	15,00 – 25,00

Bei der Festlegung innerhalb der Bandbreite (ab 16 Jahre) sind insbesondere das Alter und der Zustand des Gebäudes zu berücksichtigen. Die Werte können auch für gewerbliche Immobilien angewendet werden, sofern dies nicht zu offensichtlich unrichtigen Ergebnissen führt.

Beispiel 1:

Ein im Jahr 2013 errichtetes Einfamilienhaus (120 m² Nutzfläche) wird ab 2018 zur Erzielung von Einkünften aus Vermietung und Verpachtung genutzt. Wegen negativer Ergebnisse in den Jahren 2018 und 2019 ist anhand einer Prognoserechnung eine Liebha-

bereibeurteilung vorzunehmen. Es bestehen keine Bedenken, die künftigen im absehbaren Zeitraum 2018 - 2037 zu berücksichtigenden Instandhaltungskosten wie folgt zu ermitteln:

Jahre	*Berechnung*	*In der Prognoserechnung zu berücksichtigende Instandhaltungskosten*
2018 und 2019	*tatsächliche Instandhaltungskosten laut Überschussrechnungen*	
2020 bis 2022	*Alter 8 bis 10 Jahre → 120 x 10,00 x 3 Jahre*	*3.600 Euro (1.200 pro Jahr)*
2023 bis 2027	*Alter 11 bis 15 Jahre → 120 x 12,00 x 5 Jahre*	*7.200 Euro (1.440 pro Jahr)*
2028 bis 2037	*Alter 16 – 25 Jahre → 120 x 20,00 x 10 Jahre*	*24.000 Euro (2.400 pro Jahr)*

Beispiel 2:

Ein Steuerpflichtiger hat 2018 ein im Jahr 1970 errichtetes Mietzinshaus (900 m² Nutzfläche) erworben. Unmittelbar nach Erwerb wird das Gebäude einer grundlegenden Sanierung unterzogen. Ab 2019 werden Einnahmen aus der Vermietung des Mietzinshauses erzielt. Wegen negativer Ergebnisse in den Jahren 2018 und 2019 ist anhand einer Prognoserechnung eine Liebhabereibeurteilung vorzunehmen. Es bestehen keine Bedenken, die künftigen im absehbaren Zeitraum 2018 - 2043 zu berücksichtigenden Instandhaltungskosten wie folgt zu ermitteln:

Jahre	*Berechnung*	*In der Prognoserechnung zu berücksichtigende Instandhaltungskosten*
2018 und 2019	*tatsächliche Instandhaltungskosten laut Überschussrechnungen*	
2020 bis 2023	*2 bis 5 Jahre seit der Generalsanierung → 900 x 7,50 x 4 Jahre*	*27.000 Euro (6.750 pro Jahr)*
2024 bis 2028	*6 bi 10 Jahre seit der Generalsanierung → 900 x 10,00 x 5 Jahre*	*45.000 Euro (9.000 pro Jahr)*
2029 bis 2033	*11 bis 15 Jahre nach der Generalsanierung → 900 x 12,00 x 5 Jahre*	*54.000 Euro (10.800 pro Jahr)*
2034 bis 2043	*16 bis 25 Jahre –nach der Generalsanierung → 900 x 15,00 x 10 Jahre*	*135.000 Euro (13.500 pro Jahr)*

(BMF-AV Nr. 2021/27)

65i Fremdfinanzierungskosten sind unter Beachtung des Tilgungsplanes zu berücksichtigen. Bei Vorliegen eines variablen Zinssatzes sind die künftig anfallenden Zinsen zu schätzen. Ein begünstigtes Darlehen ist nicht auf einen fremdüblichen Zinssatz hochzurechnen, da die tatsächlich anfallenden bzw. erwarteten Zinsen in die Prognose aufzunehmen sind.

Geplante Kredittilgungen haben Einfluss auf die in der Prognose anzusetzenden Zinsaufwendungen. Zur Frage der Änderung der Bewirtschaftungsweise siehe Rz 97 ff.

(BMF-AV Nr. 2021/27)

65j In tatsächlichen Ergebnissen vergangener Jahre berücksichtige Abschreibungen gemäß § 8 Abs. 2 EStG 1988, vorzeitige Abschreibungen und die Sofortabschreibung gemäß § 13 EStG 1988, eine unabhängig vom UGB vorgenommene degressive AfA gemäß § 7 Abs. 1a EStG 1988 sowie die beschleunigte AfA gemäß § 8 Abs. 1a bzw. § 16 Abs. 1 Z 8 lit. e EStG 1988 sind auf die Normalabschreibung umzustellen (siehe Rz 26).

Ebenso sind die Fünfzehntelabschreibungen von Herstellungskosten nach § 28 Abs. 3 EStG 1988 auf die Normalabschreibung umzustellen (siehe Rz 36). Erst die derart adaptierten tatsächlichen Ergebnisse sind in die Prognose aufzunehmen.

(BMF-AV Nr. 2021/27)

65k Führten Unwägbarkeiten (siehe Rz 19) in den tatsächlichen Ergebnissen vergangener Jahre zu steuerlichen Auswirkungen, sind diese für die Prognoserechnung einnahmen- und ausgabenseitig zu neutralisieren (zB Sanierung von Hochwasserschäden am Mietobjekt).

(BMF-AV Nr. 2021/27)

Bei einem dem Betriebsvermögen zugehörigen Mietobjekt (zB Vermietung durch eine GmbH) ist ein theoretischer Veräußerungsgewinn nur dann in die Prognose einzubeziehen, wenn der Steuerpflichtige konkrete Maßnahmen zur Veräußerung des Mietobjektes gesetzt hat oder nachweislich die Umsetzung derartiger Maßnahmen geplant hat (BFG 23.2.2017, RV/3100175/2014; siehe auch Rz 32). 65l

(BMF-AV Nr. 2021/27)

Eine Prognose, deren Werte bereits für das erste Jahr der Betätigung von den nach der tatsächlichen Bewirtschaftungsart eingetretenen Verhältnissen in eklatantem Ausmaß abweicht, ist kein Beweis für die Ertragsfähigkeit der Betätigung (VwGH 28.2.2012, 2009/15/0192; VwGH 19.3.2013, 2010/15/0106). 65m

Weichen bei einer ursprünglich positiven Prognose die tatsächlichen Einnahmen und Aufwendungen von den in der Prognose erfassten Werten ab und wird dadurch das Erreichen des positiven Gesamtergebnisses fraglich, ist für die Liebhabereibeurteilung eine neue Prognose auf Basis der Informationen der ersten Jahre der Vermietung zu erstellen.

(BMF-AV Nr. 2021/27)

Wird nach endgültiger Annahme von Liebhaberei die Bewirtschaftung so umgestellt, dass eine Gewinn- bzw. Überschussabsicht anzunehmen ist, gilt dies als neuerlicher Beginn einer Betätigung. Es ist somit abermals zu prüfen, ob 66

- bei durchgehender Vermietung der absehbare Zeitraum von 25 Jahren ab dem Zeitpunkt des angenommenen Beginns der Betätigung,
- bei nicht durchgehender Vermietung der absehbare Zeitraum von 25 Jahren ab dem tatsächlichen neuerlichen Beginn der Vermietung, höchstens 28 Jahren ab dem Anfallen von Aufwendungen (Ausgaben) im Zuge der Umstellung der Bewirtschaftung, nunmehr eingehalten werden kann.

(BMF-AV Nr. 2021/27)

Führt eine entgeltliche Gebäudeüberlassung zum Entstehen von Jahresverlusten, kommt es für die Prüfung, ob Liebhaberei vorliegt, ausschließlich darauf an, ob die Betätigung geeignet ist, innerhalb des absehbaren Zeitraums (25 bzw. 28 Jahre) einen Gesamtgewinn bzw. einen Gesamtüberschuss zu erwirtschaften. Eine Kriterienprüfung ist nicht anzustellen (VwGH 15.9.2011, 2011/15/0117; VwGH 24.10.2013, 2011/15/0182; VwGH 26.1.2017, Ro 2014/15/0006). 67

(BMF-AV Nr. 2021/27)

4. Betätigungen mit Annahme von Liebhaberei (§ 1 Abs. 2 LVO)

4.1. Allgemeines

In den Fällen des § 1 Abs. 2 LVO ist bei Auftreten von Verlusten (siehe Rz 5) Liebhaberei anzunehmen. Eine Anerkennung der Betätigung als Einkunftsquelle setzt voraus, dass trotz Auftretens zeitweiliger Verluste die Erzielung eines Gesamtgewinnes (siehe Rz 22 ff) oder Gesamtüberschusses (siehe Rz 35 f) in einem absehbaren Zeitraum (siehe Rz 87 ff) tatsächlich zu erwarten ist. Aus § 2 Abs. 4 erster Satz LVO ergibt sich also, dass die Betätigung objektiv ertragsfähig sein muss. 68

Ist eine Erzielung eines Gesamtgewinnes (Gesamtüberschusses) in einem absehbaren Zeitraum nicht zu erwarten, bleibt die Annahme von Liebhaberei so lange bestehen, als nicht eine Änderung der Bewirtschaftung vorliegt (siehe Rz 93 ff). 69

Bei Beurteilung eines abgeschlossenen Betätigungszeitraumes sind grundsätzlich nur die Ergebnisse innerhalb dieses Zeitraumes heranzuziehen. Lässt die Art der Bewirtschaftung oder der Tätigkeit von vornherein keinen Gesamtgewinn (Gesamtüberschuss) innerhalb eines absehbaren Zeitraumes erwarten, liegt ungeachtet der Gründe, die zur Beendigung der Betätigung geführt haben, jedenfalls Liebhaberei vor. 70

Wird eine Betätigung, für die ein Gesamtgewinn (Gesamtüberschuss) innerhalb des absehbaren Zeitraumes zu erwarten war, vor Erzielen dieses Gesamterfolges beendet, ist für den abgeschlossenen Zeitraum eine Einkunftsquelle anzunehmen, wenn Unwägbarkeiten im Sinne der Rz 16 vorliegen.

Andernfalls hat der Steuerpflichtige den Nachweis zu führen, dass seine ursprüngliche Planung auf die Aufrechterhaltung der Betätigung (zumindest) bis zum Erreichen eines Gesamtgewinnes (Gesamtüberschusses) ausgerichtet war und sich der Entschluss zur vorzeitigen Einstellung erst nachträglich ergeben hat (vgl. zur Vermietung VwGH 24.6.2010, 2006/15/0343). Gelingt der Nachweis nicht, stellt die Beendigung ein Indiz dafür dar, dass die Betätigung von vornherein für die Dauer eines begrenzten Zeitraumes beabsichtigt war.

Dieses nachträgliche Hervorkommen, dass die Planung nur auf begrenzten Zeitraum angelegt war, rechtfertigt eine amtswegige Wiederaufnahme nach § 303 Abs. 4 BAO.

Hinsichtlich der Offenlegung der Beurteilungsgrundlagen siehe Rz 11.

4.2. Tatbestand der Bewirtschaftung (§ 1 Abs. 2 Z 1 LVO)

71 Die Bewirtschaftung kann sowohl Wirtschaftsgüter des Anlagevermögens als auch solche des Umlaufvermögens betreffen. Liebhaberei ist anzunehmen, wenn sich Wirtschaftsgüter in einem besonderen Maß für eine Nutzung im Rahmen der Lebensführung eignen und typischerweise einer besonderen in der Lebensführung begründeten Neigung entsprechen. Beide Tatbestände sind abstrakt nach der Verkehrsauffassung bzw. nach der typisierenden Betrachtungsweise auszulegen (VwGH 21.12.2016, Ro 2015/13/0002; VwGH 18.12.2014, 2011/15/0164; VwGH 16.12.2009, 2008/15/0059). Die konkrete subjektive Sicht oder die subjektive Neigung des Steuerpflichtigen sind unbeachtlich. Der Tatbestand kann somit auch auf Körperschaften zutreffen.

(BMF-AV Nr. 2021/27)

72 Wirtschaftsgüter, die unter § 1 Abs. 2 Z 1 LVO fallen, sind nur jene, die sich vom Umfang her für eine private Nutzung eignen.

Beispiel:

Die Vermietung eines Sportflugzeuges oder einer privaten Bedürfnissen genügenden Segelyacht fällt unter § 1 Abs. 2 Z 1 LVO. Die Bewirtschaftung von Verkehrsflugzeugen fällt nicht unter den Anwendungsbereich dieser Bestimmung.

73 Unter Sport- und Freizeitausübung können beispielsweise folgende Betätigungen fallen:

- Freizeittierzucht (Pferdezucht, Brieftaubenzucht, Hundezucht, Pelztierzucht usw.),
- Freizeitlandwirtschaft (VwGH 30.6.2010, 2005/13/0077), Freizeitimkerei, Freizeitfischerei,
- Sport-, Sauna- und Schwimmhallenbetrieb kleinen Umfangs,
- Rennstall,
- Sammlertätigkeit (zB Briefmarken, Münzen, Spielzeug).

74 Bei der Bewirtschaftung von Luxuswirtschaftsgütern ist insbesondere dann Liebhaberei anzunehmen, wenn die Betätigungen lediglich in kleinerem Umfang (Rz 72) bzw. als Ausfluss einer Sammelleidenschaft betrieben werden. Dies kann in folgenden Fällen zutreffen:

- Handel mit oder Verleih und entgeltliche Ausstellung von Antiquitäten und Kunstwerken,
- Handel mit Weinen,
- Jagd,
- Vermietung von Luxusfahrzeugen (zB Oldtimern), Yachten oder Privatflugzeugen,
- Bewirtschaftung eines Schlosses (zB durch Abhaltung von Ausstellungen, Vermietung).

75 Die „Schaffung einer Kapitalanlage“ entspricht grundsätzlich einer in der privaten Lebensführung begründeten Neigung (VwGH 24.3.1998, 93/14/0028). Beispiele dafür können sein: Wohnung (VwGH 5.5.1992, 92/14/0027); echte stille Beteiligung.

Die Verwertung von Nutzungsrechten an Appartements fällt ebenfalls unter § 1 Abs. 2 LVO, da sich diese nach der Verkehrsauffassung in einem besonderen Maß für eine Nutzung im Rahmen der Lebensführung eignen (VwGH 24.2.2011, 2007/15/0025).

Hingegen sind fremdfinanzierte Rentenversicherungsmodelle nicht vom Anwendungsbereich des § 1 Abs. 2 LVO erfasst, da sich ein Rentenvertrag nach der Verkehrsauffassung nicht für eine Nutzung im Rahmen der privaten Lebensführung eignet und ein Rentenstammrecht nicht zu den Wirtschaftsgütern gehört, die typischerweise für die Freizeitbeschäftigung oder Sportausübung Verwendung finden (VwGH 20.2.2019, Ro 2017/13/0001; VwGH 19.3.2013, 2010/15/0141).

(BMF-AV Nr. 2021/27)

4.3. Tatbestand der Tätigkeit (§ 1 Abs. 2 Z 2 LVO)

76 Unter den Tatbestand des § 1 Abs. 2 Z 2 LVO fallen Tätigkeiten, die ohne Zusammenhang mit Wirtschaftsgütern in typisierender Betrachtungsweise auf eine in der Lebensführung begründete Neigung zurückzuführen sind. Dies trifft etwa zu auf:

- Betreiben von Sport (zB nebenberuflicher Karatetrainer, vgl. UFS 24.4.2003, RV/1306-L/02; nebenberufliche Tätigkeit als Pilot, vgl. UFS 16.1.2006, RV/3250-W/02; Sportamateur),

- Essen und Trinken (zB Tätigkeit als Weinseminarveranstalter, vgl. UFS 7.1.2004, RV/0592-W/02),
- Filmen und Fotografieren (zB Herstellen eines Naturfilmes, vgl. UFS 12.12.2003, RV/0452-W/02),
- Malen und andere kreative Tätigkeiten, Musizieren (zB VwGH 25.2.2003, 98/14/0088 sowie UFS 27.11.2003, RV/0509-L/02 betr. Malereitätigkeit einer Psychologin und Psychotherapeutin; UFS 8.9.2003, RV/1503-L/02 betr. pensioniertem Bildhauer und Restaurator; UFS 4.2.2004, RV/2316-W/02 betr. nebenberuflichem Musiker und Alleinunterhalter; VwGH 30.7.2002, 96/14/0116 und UFS 17.6.2003, RV/0145-W/02 betr. nebenberuflicher Schriftsteller),
- Reisen (zB UFS 3.6.2005, RV/0301-G/04 betr. nebenberuflichem Reiseschriftsteller und Vortragendem),
- nebenberufliche Tätigkeit im Bereich der Esoterik als spirituelle Beraterin (BFG 23.6.2015, RV/1100113/2012),
- nebenberufliche Mitwirkung in einer Band (BFG 27.3.2018, RV/7102951/2010).

(BMF-AV Nr. 2021/27)

4.4. Tatbestand der Bewirtschaftung von Eigenheimen, Eigentumswohnungen und Mietwohngrundstücken mit qualifizierten Nutzungsrechten (§ 1 Abs. 2 Z 3 LVO)

4.4.1. Einordnung und betroffene Wirtschaftsgüter

Die Einordnung unter § 1 Abs. 2 Z 3 LVO erfolgt ausschließlich nach der Art des Wohnraumes. Die Anzahl der bewirtschafteten Objekte ist unmaßgeblich (dh. die Vermietung von zB zehn Eigentumswohnungen im gleichen Haus ist jedenfalls als Betätigung im Sinne des § 1 Abs. 2 Z 3 LVO anzusehen). Zum Umfang der Beurteilungseinheit siehe Rz 8 f. Unter Bewirtschaftung sind vor allem die Vermietung und Untervermietung zu verstehen. **77**

Zu den Wirtschaftsgütern, die unter § 1 Abs. 2 Z 3 LVO fallen, zählen vor allem: **78**

- Ein- und Zweifamilienhäuser (einschließlich Bungalows, Ferienhäuser, Landhäuser, Villen, Herrenhäuser usw.),
- Eigentumswohnungen,
- Mietwohngrundstücke mit qualifizierten Nutzungsrechten,
- einzelne Appartements (Mietwohnungen, vgl. UFS 28.4.2006, RV/0278-G/05),
- im Wohnverband befindliche Fremdenzimmer (siehe Rz 59) uÄ.

Mit den in § 1 Abs. 2 Z 3 LVO angeführten „Eigenheimen, Eigentumswohnungen und Mietwohngrundstücken mit qualifizierten Nutzungsrechten" sind Wirtschaftsgüter gemeint, die sich nach der Verkehrsauffassung in einem besonderen Maß für die Nutzung im Rahmen der Lebensführung in Form der Befriedigung des persönlichen Wohnbedürfnisses eignen. Vor diesem Hintergrund ist „Eigenheim" im Sinne des § 1 Abs. 2 Z 3 LVO dahingehend auszulegen, dass der Inhalt dieses Begriffes nicht deckungsgleich ist mit dem in § 18 Abs. 1 Z 3 lit. b EStG 1988 in einem anderen Zusammenhang, nämlich für die Frage der Abziehbarkeit als Sonderausgaben, verwendeten Begriff des „Eigenheimes".

Auch ein Haus mit vier Wohneinheiten kann als ein „Eigenheim" im Sinne des § 1 Abs. 2 Z 3 LVO angesehen werden, wenn die vermieteten Gebäudeteile (zwei Wohnungen) zu einem Haus gehören, das sich insgesamt für die Nutzung im Rahmen der Familie eignet und – soweit nicht der Vermietung für Wohnzwecke gewidmet – nach wie vor von der Familie bewohnt wird (VwGH 23.9.2010, 2006/15/0318).

Der Einordnung unter § 1 Abs. 2 Z 3 LVO steht nicht entgegen, dass eine Privatnutzung für die Zukunft nicht geplant ist (VwGH 21.9.2005, 2001/13/0278).

4.4.2. Mietwohngrundstücke mit qualifizierten Nutzungsrechten

Sind die Rechte der Miteigentümer so gestaltet, dass sich daraus eine konkrete wirtschaftliche Zuordnung einzelner Wohneinheiten zu einzelnen Miteigentümern ergibt, kann dies zu einer Annahme einer Betätigung im Sinne des § 1 Abs. 2 LVO führen. Dies ist dann der Fall, wenn der Miteigentumsanteil mit einem Nutzungsrecht an einer bestimmten Wohnung derart verbunden ist, dass dieses Nutzungsrecht eine dem Wohnungseigentum ähnliche Stellung verschafft. **79**

Eine dem Wohnungseigentum ähnliche Stellung ist dann anzunehmen, insoweit die im Folgenden angeführten drei Umstände gemeinsam (neben Z 1 und 2 alternativ Z 3a oder Z 3b) zutreffen. **80**

1. Dem Kaufinteressenten eines Miteigentumsanteils wird eine bestimmte Wohneinheit zugewiesen.

2. Das Ausmaß des Miteigentumsanteils orientiert sich am (Nutzungs-)Wert der zugewiesenen Wohneinheit im Verhältnis zu den (Nutzungs-)Werten der anderen Wohneinheiten.
3. Es liegen Vereinbarungen vor, die
   a. entweder für eine künftige Begründung von Wohnungseigentum sprechen bzw. die künftige Begründung von Wohnungseigentum vorbereiten (siehe Rz 82 f)
   b. oder eine wirtschaftliche Nutzung des Miteigentumsanteiles mit der Nutzung einer bestimmten Wohneinheit verbinden (siehe Rz 84).

81 Liegt eine gemischte Vermietung der Art vor, dass neben einer dem Miteigentümer wirtschaftlich zugeordneten Wohneinheit auch Geschäftslokale oder nicht zugeordnete Wohneinheiten vermietet werden, ist eine Überprüfung der Betätigung im Sinne dieses Absatzes (nur) für die wirtschaftlich zugeordneten Wohneinheiten vorzunehmen.

82 Für eine künftig – wenn auch nach Ablauf bestimmter Zeiträume (zB zehn Jahren) – erfolgende Begründung von Wohnungseigentum spricht eine der folgenden Vereinbarungen:

- Der Miteigentümer verpflichtet sich im Miteigentumsvertrag verbindlich, Wohnungseigentum zu begründen. Dem steht gleich, wenn den Miteigentümern ein klagbarer Anspruch (andernfalls Schadenersatz) auf Begründung von Wohnungseigentum eingeräumt und ein Vorwegverzicht auf das Erheben von Einsprüchen vereinbart ist.
- Der Miteigentumsvertrag beinhaltet das aufschiebend befristete Anbot zum Abschluss eines Wohnungseigentumsvertrages durch die Miteigentümer, wobei Wohnungseigentum auch ohne vorangegangenen Mehrheitsbeschluss begründet werden kann.
- Konzeptionsverträge, Prospektmaterial oder andere Unterlagen oder Maßnahmen (zB Vorwegbegleichung der Notariatskosten für den Wohnungseigentumsvertrag, Grundbuchseintragung nach § 40 WEG 2002) ergeben in ihrem Zusammenhang nach dem Gesamtbild eine hohe Wahrscheinlichkeit für eine künftige Begründung von Wohnungseigentum.

83 Mietwohnhäuser mit qualifizierten Nutzungsrechten liegen auch dann vor, wenn eine Verknüpfung der Miteigentumsanteile mit den jeweiligen Wohneinheiten dergestalt vorgenommen wurde, dass der einzelne Miteigentümer über eine bestimmte Wohnung durch Übertragung auf einen Rechtsnachfolger verfügen kann (VwGH 28.3.2001, 98/13/0032).

84 Für eine unmittelbare Verbindung der wirtschaftlichen Nutzung des Miteigentumsanteils und der Nutzung einer bestimmten Wohneinheit spricht beispielsweise eine der folgenden Gestaltungen:

- Der Miteigentümer erhält an der zugewiesenen Wohneinheit ein ausschließliches Nutzungsrecht, wobei es gleichgültig ist, ob diese Nutzung eine entgeltliche Überlassung oder eine Eigennutzung umfasst.
- Die Aufteilung der Einkünfte aus Vermietung und Verpachtung erfolgt nicht nach Maßgabe der Miteigentumsquoten (also nicht im Rahmen eines Mietenpools), sondern entspricht den für die zugewiesenen Wohneinheiten erzielten Mieteinnahmen. Die Vermietung erfolgt diesfalls zwar im Namen der Miteigentümergemeinschaft, aber auf Rechnung des jeweiligen Miteigentümers.
- Es steht dem Miteigentümer frei, die ihm zugewiesene Wohneinheit auf seine Kosten in jede Richtung umfassend baulich zu verändern, ohne die Zustimmung der anderen Miteigentümer hiefür einholen zu müssen.

85 Werden vertragliche Bestimmungen durch die Miteigentümer nachträglich verändert, sind diese Änderungen für vergangene Zeiträume unbeachtlich. Dies gilt im Hinblick auf das steuerliche Rückwirkungsverbot auch dann, wenn die Änderungen von Vertragsbestimmungen rückwirkend vereinbart werden.

4.5. Absehbarer Zeitraum

4.5.1. Betätigungen im Sinne des § 1 Abs. 2 Z 1 und 2 LVO

86 Der Zeitraum, innerhalb dessen ein der positiven Steuererhebung aus der betroffenen Einkunftsart zugänglicher wirtschaftlicher Gesamtgewinn (Gesamtüberschuss) erwirtschaftet werden kann, muss absehbar sein, um die Betätigung als Einkunftsquelle qualifizieren zu können.

87 Eine Zeitspanne ist dann noch absehbar, wenn sie nach den wirtschaftlichen Gepflogenheiten des betroffenen Verkehrskreises als übliche Rentabilitätsdauer des geleisteten Mitteleinsatzes kalkuliert wird (VwGH 22.10.1996, 95/14/0146, wonach bei der Veranlagung von Kapital in Form einer stillen Beteiligung ein Zeitraum von 17 Jahren nicht mehr als übliche Rentabilitätsdauer angesehen werden kann). Die Länge des absehbaren Zeitraumes hängt daher von der Art der Betätigung und den Besonderheiten der jeweiligen Verhältnisse ab (vgl. UFS 4.2.2004, RV/2316-W/02, wonach bei einem nebenberuflichen Musiker und Alleinunterhalter ein Zeitraum von neun Jahren für eine Tätigkeit als Musiker – Alleinunterhalter – gerade noch absehbar ist; weiters UFS 15.6.2004, RV/0564-W/02, wonach bei einer Vercharterung einer Segelyacht „ein Zeitraum von zehn Jahren mehr als ausreichend“ ist).

Die Beurteilung, ob innerhalb eines absehbaren Zeitraumes ein wirtschaftlicher Gesamterfolg erzielt werden kann, ist regelmäßig erst nach Ablauf eines nach der jeweiligen Lagerung des Einzelfalles tauglichen Beobachtungszeitraumes möglich. Ein solcher Beobachtungszeitraum ist jedoch entbehrlich, wenn nach den besonderen Umständen des einzelnen Falles die Erzielung eines Gesamterfolges in einem absehbaren Zeitraum von vornherein aussichtslos erscheint. 88

4.5.2. Betätigungen im Sinne des § 1 Abs. 2 Z 3 LVO

Unter einem absehbaren Zeitraum zur Möglichkeit der Erzielung eines wirtschaftlichen Gesamterfolges bei einer Vermietungstätigkeit ist eine Zeitspanne zu verstehen, die zum getätigten Mitteleinsatz bei Betrachtung der Umstände des konkreten Falles in einer nach der Verkehrsauffassung vernünftigen, üblichen Relation steht. 89

Absehbar ist ein solcher Zeitraum, der insbesondere im Verhältnis zum eingesetzten Kapital und zur verkehrsüblichen Finanzierungsdauer für die Abdeckung des insgesamt getätigten Aufwandes bis zur Erzielung des wirtschaftlichen Gesamterfolges nach bestehender Übung in Kauf genommen wird. Maßstab ist hierbei die Übung jener Personen, bei denen das Streben nach der Erzielung von Einkünften beherrschend im Vordergrund steht und anderweitige Motive, etwa jenes nach Kapitalanlage, späterer Befriedigung eines Wohnbedürfnisses oder Steuervermeidung für ihr Handeln nicht maßgebend sind. Handeln nach dem Wirtschaftlichkeitsprinzip schließt längerfristige Rentabilitätsberechnungen nicht aus.

Eine Zeitspanne, die nach den wirtschaftlichen Gepflogenheiten des betroffenen Verkehrskreises als übliche Rentabilitätsdauer des geleisteten Mitteleinsatzes kalkuliert wird, muss noch als absehbar gelten (VwGH 3.7.1996, 93/13/0171; VwGH 3.7.2003, 99/15/0017; VwGH 31.5.2006, 2001/13/0171; VwGH 22.3.2010, 2010/15/0036).

Der absehbare Zeitraum beträgt 20 Jahre ab Beginn der entgeltlichen Überlassung, höchstens 23 Jahre ab dem erstmaligen Anfallen von Aufwendungen (Ausgaben). Das Ausmaß des absehbaren Zeitraumes errechnet sich stichtagsbezogen. 90

Beispiel:

Im Hinblick auf die Vermietung einer Eigentumswohnung fallen am 17.10.01 erstmals Ausgaben an. Die Vermietung beginnt am

a) 1.2.02

b) 15.3.03

ad a) Der absehbare Zeitraum umfasst den Zeitraum 17.10.01 bis 1.2.22 (das sind 20 Jahre ab Beginn der Vermietung zuzüglich ca. 3,5 Monate für die vor der Vermietung liegende Phase).

ad b) Der absehbare Zeitraum umfasst den Zeitraum 17.10.01 bis 15.3.23 (das sind 20 Jahre ab Beginn der Vermietung zuzüglich ca. 16 Monate für die vor der Vermietung liegende Phase).

Die Rz 61 (Verlängerung des absehbaren Zeitraumes durch vorweggenommene Werbungskosten), Rz 62 (gesetzliche Einnahmenbeschränkungen) und Rz 66 (Betätigungsbeginn nach endgültiger Annahme von Liebhaberei) sind sinngemäß anzuwenden.

Im Zweifel ist anhand einer Prognoserechnung (siehe Rz 65a ff) zu dokumentieren, dass bei einer Bewirtschaftung im Sinne des § 1 Abs. 2 Z 3 LVO innerhalb des absehbaren Zeitraumes eine Einkunftsquelle vorliegt (VwGH 28.2.2012, 2009/15/0192; VwGH 28.6.2006, 2002/13/0036). 91

Der Nachweis, dass bei einer Betätigung im Sinne des § 1 Abs. 2 Z 3 LVO die Art der Bewirtschaftung die Erzielung eines positiven Gesamtergebnisses innerhalb des absehbaren Zeitraumes erwarten lässt, obliegt dem Steuerpflichtigen. Dieser hat die begründete Wahrscheinlichkeit der Erzielung des positiven Gesamtergebnisses nachvollziehbar auf Grund konkreter und mit der wirtschaftlichen Realität einschließlich der bisherigen Erfahrungen übereinstimmenden Bewirtschaftungsdaten darzustellen (VwGH 27.4.2011, 2008/13/0162; VwGH 24.5.2012, 2009/15/0075).

Eine geplante realistische Fremdmitteltilgung nach Rz 97 ff ist jedenfalls in die Prognoserechnung aufzunehmen. Ergibt sich aus der Prognose, dass der Gesamtüberschusszeitraum in einem Missverhältnis zum absehbaren Zeitraum steht, spricht dies von vornherein für Liebhaberei.

(BMF-AV Nr. 2021/27)

4.5.3. Wandel einer Betätigung nach § 1 Abs. 1 LVO in eine Betätigung nach § 1 Abs. 2 Z 3 LVO

92 Bei Betätigungen im Sinne des § 1 Abs. 1 LVO tritt durch die spätere Begründung von (Quasi-)Wohnungseigentum ein Wandel in eine Betätigung nach § 1 Abs. 2 Z 3 LVO ein. In diesem Fall ist die Tätigkeit von ihrem Beginn an in ihrer Gesamtheit als Betätigung nach § 1 Abs. 2 Z 3 LVO zu qualifizieren.

Beispiel:

Im Zusammenhang mit der Vermietung eines Zinshauses fallen am 1.3.01 erstmals Aufwendungen an, die Vermietung beginnt am 1.9.02. Der absehbare Zeitraum nach § 1 Abs. 1 beträgt 26,5 Jahre (1.3.01 bis 1.9.27). Im Jahr 04 wird Wohnungseigentum begründet. Die Vermietung ist insgesamt als Betätigung nach § 1 Abs. 2 Z 3 LVO zu beurteilen. Eine Einkunftsquelle liegt vor, wenn auch im (kürzeren) absehbaren Zeitraum von 21,5 Jahren (1.3.01 bis 1.9.22) ein Gesamtüberschuss zu erwarten ist; andernfalls ist vom Beginn an – nach Maßgabe der verfahrensrechtlichen Möglichkeiten – Liebhaberei anzunehmen.

4.6. Änderung der Bewirtschaftung (§ 2 Abs. 4 LVO)

93 Eine einmal als Liebhaberei qualifizierte Tätigkeit muss nicht auch zukünftig immer als Liebhaberei qualifiziert werden, wie umgekehrt sich eine Einkunftsquelle zur Liebhaberei wandeln kann, weil der Liebhabereibetrachtung im Rahmen des § 1 Abs. 2 jeweils nur Zeiträume gleicher Wirtschaftsführung zugrunde zu legen sind. Tritt bei Betätigungen nach § 1 Abs. 2 LVO eine Änderung der Bewirtschaftungsart ein, ist anhand der geänderten Verhältnisse neuerlich zu beurteilen, ob für den neuen Zeitraum Liebhaberei vorliegt. Mit einer Änderung der Wirtschaftsführung beginnt ein neuer Beurteilungszeitraum zu laufen (VwGH 17.3.2005, 2004/16/0252). Zur Änderung der Bewirtschaftung bei Betätigungen nach § 1 Abs. 1 LVO siehe Rz 55.

94 Treten bei Betätigungen im Sinne des § 1 Abs. 2 LVO Verluste auf, ohne dass ein Gesamtgewinn (Gesamtüberschuss) tatsächlich zu erwarten ist (siehe Rz 68 ff), ist das Vorliegen von Liebhaberei bis zu einer Änderung der Bewirtschaftung anzunehmen. Als Änderung der Bewirtschaftung gilt nur eine grundlegende Änderung des wirtschaftlichen Engagements, die dazu führt, dass

- ein Wandel in eine Betätigung im Sinne des § 1 Abs. 1 LVO stattfindet (Rz 96) oder
- nunmehr Gewinne (Überschüsse) zu erwarten sind, also die Betätigung objektiv ertragsfähig gestaltet wird (Rz 97).

Beispiel 1:

Anhand einer realistischen Prognoserechnung wurde im Jahr 01 glaubhaft gemacht, dass die in diesem Jahr begonnene Vermietung einer Eigentumswohnung nach elf Jahren einen Gesamtüberschuss ergibt. Im Jahr 04 wird auf Grund einer Erbschaft das Fremdkapital zur Gänze getilgt. Es liegt keine Änderung der Bewirtschaftung vor, weil schon vor der Fremdkapitalrückzahlung eine Einkunftsquelle anzunehmen war. Die Tilgung bewirkt lediglich eine Verkürzung des Gesamtüberschusszeitraumes.

Beispiel 2:

Eine Änderung der Bewirtschaftung liegt vor, wenn die Nächtigungspreise für Appartements gegenüber den allgemeinen Preissteigerungen wesentlich erhöht werden, wodurch erstmals ein Einnahmenüberschuss aus der Vermietung dieser Appartements erzielt werden kann (VwGH 24.4.1996, 93/15/0028).

95 Wird die Wirtschaftsführung bereits im zweiten (Veranlagungs-)Jahr einer Betätigung wesentlich geändert, wirkt diese Änderung auf den Beginn der Tätigkeit zurück und führt daher zu keiner Teilung in zwei verschiedene Beurteilungsperioden (VwGH 18.10.2005, 2004/14/0116).

96 Eine wesentliche Änderung der Wirtschaftsführung, die zum Wandel in eine Betätigung im Sinne des § 1 Abs. 1 LVO führt, liegt dann vor, wenn die Bewirtschaftung derart intensiviert wird, dass eine Eignung der Wirtschaftsgüter für eine private Nutzung vom Umfang her nicht mehr gegeben ist.

Beispiele:

- *Übergang von einer extensiven Freizeittierhaltung auf eine intensive Tierhaltung.*
- *Wesentliche Erweiterung eines mit wenigen, auch für die private Nutzung geeigneten Exponaten geführten Antiquitätenhandels.*
- Umstellung einer Fremdenzimmervermietung im Wohnverband auf eine gewerbliche Beherbergung.

- Umstellung einer saisonalen Fremdenzimmervermietung auf eine Dauervermietung (BFG 27.11.2018, RV/7100872/2013).
- Ausweitung einer herkömmlich betriebenen Forstwirtschaft auf den Verkauf von Quellwasser.
  - *Erhebliche und nachhaltige Erweiterung des „Produktions-" und Verkaufsumfanges von Kunstwerken eines Künstlers; erhebliche und nachhaltige Preisänderung bei unverändertem Produktionsumfang. Eine Steigerung des Bekanntheitsgrades eines Künstlers und die damit verbundene leichtere Verkäuflichkeit seiner Werke stellt allein hingegen keine Änderung der Bewirtschaftung dar.*

(BMF-AV Nr. 2021/27)

Eine wesentliche Änderung der Bewirtschaftungsart, die zur objektiven Ertragsfähigkeit **97** führt, kann gegeben sein

- bei Übergang von Eigenbewirtschaftung zur Verpachtung,
- bei bedeutender Änderung der Finanzierung, vor allem bei – vom ursprünglichen Kreditvertrag abweichender – außerordentlicher Tilgung von Fremdmitteln aus außerbetrieblichen Mitteln (VwGH 29.4.2010, 2007/15/0227, betr. Änderung der Rückzahlungsbedingungen; VwGH 21.9.2005, 2001/13/0278).

(BMF-AV Nr. 2021/27)

Ist die vorzeitige Darlehensrückzahlung vom Beginn der Tätigkeit an geplant, liegt keine **98** zu einer Änderung der Wirtschaftsführung führende außerordentliche Tilgung vor (VwGH 18.10.2005, 2004/14/0116). Es muss jedoch eindeutig erwiesen sein, dass die ernsthafte Absicht für eine solche Tilgungsplanung besteht (vgl. auch VwGH 6.7.2006, 2002/15/0170, wonach die Absicht, „Darlehen immer so rasch wie möglich zurückzuzahlen", nicht ausreicht).

Die ernsthafte Absicht ist dann anzunehmen, wenn Höhe und Zuflusszeitpunkt des für die Fremdkapitaltilgung vorgesehenen Geldbetrages von vornherein konkretisierbar und anhand geeigneter Unterlagen nachweisbar sind (vor allem so genannte „endfällige" Kapitalanlagen wie zB Erlebensversicherungen, Bausparen, Tilgung von Anleihen). Die Verfolgung der ernsthaften Absicht macht es auch erforderlich, dass die außerordentliche Tilgung in einem zeitlichen Rahmen von 10 Jahren geplant ist. Der Plan ist der Abgabenbehörde gegenüber offenzulegen bzw. in eine allfällige Prognoserechnung (Rz 65a ff) aufzunehmen (VwGH 28.2.2012, 2009/15/0192). Ein allgemein gehaltenes Vorhaben, künftige noch nicht konkretisierbare Geldbeträge vorzugsweise zur Fremdmitteltilgung verwenden zu wollen, ist keineswegs ausreichend.

Beispiel 1:

Die Anschaffung einer vermieteten Eigentumswohnung im Jahr 01 erfolgte zur Gänze fremdfinanziert. Der Steuerpflichtige beabsichtigt, den im Jahr 07 zu erwartenden Betrag aus einer Erlebensversicherung für die Kreditabdeckung zu verwenden. Er gibt dies in einer Beilage zur Einkommensteuererklärung 01 der Abgabenbehörde bekannt, wobei er die entsprechende Versicherungspolizze beifügt. Die tatsächliche (teilweise) Kredittilgung im Jahr 07 wird daher zu keiner Änderung der Bewirtschaftung führen.

Beispiel 2:

Die Anschaffung einer vermieteten Eigentumswohnung im Jahr 01 erfolgte zur Gänze fremdfinanziert. Im Jahr 05 erbt der Steuerpflichtige einen größeren Geldbetrag, den er zur Kreditabdeckung verwendet. Diese außerordentliche Fremdmitteltilgung führt zu einer Änderung der Bewirtschaftung, und zwar auch dann, wenn der Steuerpflichtige bereits mit der Einkommensteuererklärung 01 die Absicht geäußert hat, allfällige zukünftige Geldzuflüsse zur Kreditabdeckung verwenden zu wollen.

Beispiel 3:

Die Anschaffung einer vermieteten Eigentumswohnung im Jahr 01 erfolgte zur Gänze fremdfinanziert. Im Kreditvertrag ist vereinbart, dass nach Ablauf von vier Jahren die Hälfte des ausstehenden Betrages getilgt wird. Diese Tilgung ist nicht außerordentlich und führt daher zu keiner Änderung der Bewirtschaftung.

(BMF-AV Nr. 2021/27)

Kann die ernsthafte Absicht für eine von Beginn der Tätigkeit an geplante vorzeitige **99** Darlehensrückzahlung nachgewiesen werden, ist – wenn sich hierdurch ein prognostizierter Gesamtüberschuss ergibt – die Tätigkeit als Einkunftsquelle einzustufen. Wird entgegen der ursprünglichen Absicht das Darlehen nicht vorzeitig getilgt, ist zu unterscheiden:

- Ist das Unterlassen der Darlehenstilgung auf Unwägbarkeiten im Sinne der Rz 16 zurückzuführen, liegt weiterhin eine Einkunftsquelle vor.

- Andernfalls hat der Steuerpflichtige den Nachweis zu führen, dass sich das Unterlassen der Darlehenstilgung erst nachträglich ergeben hat. Gelingt der Nachweis nicht, stellt das Unterlassen der Darlehenstilgung ein Indiz dafür dar, dass – entgegen dem Vorbringen des Steuerpflichtigen – keine vorzeitige Darlehenstilgung geplant war. Dieses nachträgliche Hervorkommen rechtfertigt eine amtswegige Wiederaufnahme nach § 303 Abs. 4 BAO.

100 Eine Umschuldung ist grundsätzlich keine Änderung der Bewirtschaftung. Die Umwandlung eines Bausparkassendarlehens in einen niedriger verzinsten Fremdwährungskredit oder umgekehrt stellt grundsätzlich keine grundlegende Änderung des wirtschaftlichen Engagements dar. Ein solcher bedeutender Eingriff in die wirtschaftliche Gestaltung wäre hingegen denkbar, wenn ein bestehender Kredit durch eine eigenkapitalähnliche Finanzierung (zB ein zinsloses Privatdarlehen) ersetzt würde (vgl. auch VwGH 24.6.2010, 2006/15/0343, betreffend Umstellung von einem „endfälligem" Kreditvertrag auf eine Ratentilgungsvereinbarung; eine derartige Änderung der Rückzahlungsbedingungen des Kreditvertrages, welche nicht Teil eines von Anfang an bestandenen Planes der wirtschaftlichen Tätigkeit des Abgabepflichtigen war, führt zu einer Änderung der Bewirtschaftungsart).

101 Eine Änderung der steuerlichen Beurteilung ist ab jenem Veranlagungszeitraum anzunehmen, ab dem die wesentliche Änderung der Bewirtschaftung durch Maßnahmen des Steuerpflichtigen erkennbar wird. Die Änderung der Bewirtschaftung führt also nicht dazu, dass abgelaufene Zeiträume anhand der geänderten Verhältnisse neuerlich zu beurteilen sind (VwGH 29.4.2010, 2007/15/0227). Wandelt sich eine Betätigung durch die Änderung der Bewirtschaftung in eine Betätigung gemäß § 1 Abs. 1 LVO, wird ein Anlaufzeitraum im Sinne des § 2 Abs. 2 LVO in Gang gesetzt.

101a Bestimmte Aufwendungen aus der Liebhabereiphase, die nach Vornahme der Veränderung wirksam bleiben, sind nach Änderung zu einer steuerlich relevanten Einkunftsquelle weiter zu berücksichtigen (VfGH 7.3.1995, B 301/94; VwGH 26.4.2012, 2009/15/0194).

Weiterwirkende Aufwendungen in diesem Sinne sind:

- „vorweggenommene" Betriebsausgaben bzw. Werbungskosten während der Liebhabereiphase im Hinblick auf eine spätere Einkunftsquelle (vgl. EStR 2000 Rz 1095, Rz 6420),
- Aufwendungen, die gemäß § 28 Abs. 2 EStG 1988 zwingend zu verteilen sind,
- verteilungspflichtige Aufwendungen gemäß § 19 Abs. 3 EStG 1988.

Nach Änderung der Bewirtschaftung können daher die noch offenen Fünfzehntelbeträge geltend gemacht werden. Jene Fünfzehntelbeträge, die auf den Zeitraum der Liebhaberei entfallen, sind nicht zu berücksichtigen, weil sie in dieser Zeit verbraucht wurden. Für die nach Änderung der Bewirtschaftung anzustellende Prognoserechnung sind ebenfalls nur die noch offenen Fünfzehntelbeträge heranzuzuziehen.

Aufwendungen, die während der Liebhabereiphase anfallen und nur auf Antrag verteilt werden können, sind nicht zu berücksichtigen (VwGH 25.9.2012, 2008/13/0240, zu § 28 Abs. 3 EStG 1988). Herstellungsaufwendungen sind verteilt über die Restnutzungsdauer zu berücksichtigen.

(BMF-AV Nr. 2021/27)

101b Sollen der Behörde nicht bekannte Aufwendungen bzw. Ausgaben als „weiterwirkende Aufwendungen" in einem späteren Besteuerungsabschnitt Berücksichtigung finden, obliegt es dem Steuerpflichtigen, diese Aufwendungen geltend zu machen und gegebenenfalls deren Höhe gegenüber der Abgabenbehörde zweifelsfrei nachzuweisen. Die Pflicht zur amtswegigen Ermittlung findet dort ihre Grenzen, wo nach Lage des Falles nur die Partei Angaben zum Sachverhalt machen kann (VwGH 25.10.1995, 94/15/0131; VwGH 15.12.2009, 2006/13/0136).

(BMF-AV Nr. 2021/27)

101c Zur Berechnung der AfA sind die Berechnungsgrundlage und der AfA-Satz, die zu Beginn der Vermietung festgelegt wurden, fortzuführen. Die auf den Zeitraum der Liebhaberei entfallenden AfA-Beträge sind nicht zu berücksichtigen.

(BMF-AV Nr. 2021/27)

5. Betätigung mit unwiderlegbarer Einkunftsquelleneigenschaft (§ 1 Abs. 3 LVO)

5.1. Unwiderlegbare Einkunftsquellenvermutung

102 In den Fällen des § 1 Abs. 3 LVO darf niemals von Liebhaberei ausgegangen werden. Danach besteht eine unwiderlegbare Einkunftsquellenvermutung für Einheiten, die mit weiteren Einheiten in einem wirtschaftlichen Zusammenhang stehen, und die aus Gründen der Gesamtrentabilität, der Marktpräsenz oder der wirtschaftlichen Verflechtung aufrechterhalten werden. Selbst bei Begründung und Aufrechterhalten einer dauernd verlustbringenden Betätigung ist daher jedenfalls eine steuerlich beachtliche Einkunftsquelle anzunehmen, wenn dies aus den genannten Gründen plausibel anmutet (VwGH 25.6.2008, 2006/15/0218; VwGH 30.4.2003, 98/13/0114). Volkswirtschaftliche Gründe oder ein öffentliches Interesse sind hingegen unbeachtlich (VwGH 29.11.2006, 2004/13/0075).

§ 1 Abs. 3 LVO setzt voraus, dass es sich um eine verlustbringende Beurteilungseinheit im Sinne des § 1 Abs. 1 LVO handelt (VwGH 24.2.2011, 2007/15/0025).

Bei den in § 1 Abs. 3 LVO angeführten Einheiten ist keine Einnahmenerzielung erforderlich.

(BMF-AV Nr. 2021/27)

Eine Prüfung nach § 1 Abs. 3 LVO ist dann nicht durchzuführen, wenn die verlustbringende wirtschaftliche Einheit nicht zumindest als Teilbetrieb anzusehen ist, sondern bloß als unselbständiger Teil eines ansonsten gewinnträchtigen Betriebes. **103**

Wird eine Einheit wegen Nichtanwendbarkeit des § 1 Abs. 3 LVO als Liebhaberei eingestuft, gilt Rz 128 entsprechend; Aufwendungen bzw. Ausgaben, die mit dieser Einheit zusammenhängen, können daher nicht bei Ermittlung der Einkünfte der anderen (steuerrechtlich relevanten) Einheit berücksichtigt werden. **104**

5.2. Wirtschaftlicher Zusammenhang

Der geforderte wirtschaftliche Zusammenhang muss grundsätzlich Einheiten desselben Steuerpflichtigen betreffen, die ihrerseits eine steuerpflichtige Einkunftsquelle darstellen. **105**

Beispiel:

Im Zusammenhang mit einem Krankenhausbetrieb (unentbehrlicher Hilfsbetrieb der gemeinnützigen Krankenhausbetriebsgesellschaft) wird zur Nutzung von Synergien eine Wäscherei betrieben, die entgeltliche Waschleistungen für fremde Dritte erbringt. Im Rahmen der Wäscherei ist ein Gesamtgewinn objektiv nicht erzielbar. Die Betätigung der Wäscherei stellt keine Betätigung im Sinne des § 1 Abs. 3 LVO dar, weil sie nicht mit einer steuerpflichtigen Einkunftsquelle in Zusammenhang steht.

Die Voraussetzung des wirtschaftlichen Zusammenhangs ist auch dann erfüllt, wenn der Steuerpflichtige einerseits im Rahmen eines Einzelunternehmens und andererseits im Rahmen einer Mitunternehmerschaft tätig ist. § 1 Abs. 3 LVO ist daher auch dann anzuwenden, wenn eine mitunternehmerische Betätigung im wirtschaftlichen Zusammenhang mit einer einzelunternehmerischen Einheit desselben Steuerpflichtigen steht, weil die Einkünfte dem Steuerpflichtigen zuzurechnen sind. **106**

Beispiel:

Ein Arzt ist Mitunternehmer einer (unrentablen) Personengesellschaft für alternative Heilmethoden. Es kann ein Fall des § 1 Abs. 3 LVO vorliegen (VwGH 25.6.2008, 2006/15/0218).

Mitunternehmeranteile anderer Steuerpflichtiger, bei denen kein Zusammenhang im Sinne des § 1 Abs. 3 LVO besteht, sind nach § 2 Abs. 1 LVO im Wege der Kriterienprüfung auf Liebhaberei zu prüfen.

Das Aufrechterhalten einer verlustbringenden Betätigung aus Gründen der Gesamtrentabilität ist dann gegeben, wenn sich aus der verlustbringenden Betätigung eine erhöhte Rentabilität für den Gesamtbetrieb ergibt. **107**

Beispiele:

- *Eine an sich verlustbringende Liftanlage wird deshalb aufrechterhalten, weil der Rentabilitätsvorteil für den Gesamtbetrieb (Hotel und Liftanlage) größer ist als der Nachteil aus den Dauerverlusten der Liftanlage.*
- *Eine als Teilbetrieb geführte verlustbringende Sozialeinrichtung für betriebszugehörige Arbeitnehmer (zB Urlaubsheime, Betriebsküchen) wird deshalb aufrechterhalten, weil sie sich auf die Motivation der Arbeitnehmer und damit auf die Gesamtrentabilität des Unternehmens positiv auswirkt.*
- *Ein Steuerpflichtiger betreibt eine profitable Berghütte und einen verlustbringenden Hüttentransportdienst.*

Für die Anwendbarkeit des § 1 Abs. 3 LVO muss die verlustbringende Einheit die Gesamtrentabilität unmittelbar beeinflussen; ein bloß mittelbarer Zusammenhang ist nicht ausreichend. Die Aufrechterhaltung einer Einheit auf Grund einer möglichen „Umwegrentabilität" für eine weitere Einheit führt daher zu keiner Einkunftsquellenvermutung im Sinne des § 1 Abs. 3 LVO (VwGH 26.3.2007, 2006/14/0017; VwGH 18.12.2008, 2006/15/0011). **108**

Beispiel:

Ein Elektrizitätsversorgungsunternehmen einer Gemeinde betreibt auch ein verlustbringendes Hallenbad. Das Hallenbad fördert die Auslastung der in der Gemeinde liegenden Tourismusbetriebe und nicht unmittelbar das E-Werk. Ein allfällig höherer Stromabsatz durch einen gesteigerten Stromverbrauch der Tourismusbetriebe ist als bloße Umwegrentabilität hinsichtlich der Beurteilung der Gesamtrentabilität nicht zu beachten.

109 Das Vorliegen der Gesamtrentabilität ist vorab (ex ante) zu beurteilen. Entscheidend ist daher die Eignung der zu beurteilenden Einheit, die Gesamtrentabilität der anderen Einheit zu steigern; ob die Einheit die Gesamtrentabilität tatsächlich gesteigert hat, ist nicht entscheidend (VwGH 25.6.2008, 2006/15/0218).

110 Das Aufrechterhalten einer verlustbringenden Betätigung aus Gründen der Marktpräsenz ist beispielsweise dann gegeben, wenn eine bestimmte Marke bzw. ein bestimmter Name im Hinblick auf künftige wirtschaftliche Aktivitäten am Markt erhalten bleiben soll oder wenn eine solche Betätigung zur Abrundung einer bestimmten Angebotspalette fortgeführt wird.

111 Eine wirtschaftliche Verflechtung bestimmter Betätigungen ist vor allem bei verschiedenen Produktionsstufen gegeben. So könnte eine verlustbringende Produktionsstufe deshalb aufrechterhalten werden, weil im selben Unternehmen auch die Finalproduktion vorgenommen wird.

6. Personenvereinigungen (Personengemeinschaften) ohne eigene Rechtspersönlichkeit (§ 4 LVO)

6.1. Gemeinschaftliche Betätigung (§ 4 Abs. 2 LVO)

112 Bei Betätigungen, die durch eine Personenvereinigung ohne eigene Rechtspersönlichkeit ausgeübt werden, ist die Liebhabereibeurteilung in einem zweistufigen Verfahren vorzunehmen. Es ist zunächst zu untersuchen, ob die gemeinschaftliche Betätigung auf der Ebene der Gemeinschaft als Einkunftsquelle anzusehen ist. Dabei sind je nach Art der Tätigkeit die in den vorstehenden Abschnitten getroffenen Ausführungen zu beachten.

113 Das bei der Liebhabereibeurteilung maßgebende steuerliche Ergebnis hat jenen Aufwand (Ausgaben) der Personenvereinigung zu enthalten, der beim Gesellschafter eine besondere Vergütung (Einnahme) darstellt. Besondere Aufwendungen und besondere Vergütungen (Einnahmen) des Gesellschafters selbst bleiben für die Liebhabereibeurteilung der Personenvereinigung auf der ersten Stufe unberücksichtigt.

6.2. Sphäre der Gesellschafter bzw. Mitglieder (§ 4 Abs. 3 und 4 LVO)

6.2.1. Allgemeines

114 Für die Sphäre der Gesellschafter (Mitglieder) ordnet § 4 Abs. 3 LVO eine weitere Prüfung an, ob beim einzelnen Gesellschafter (Mitglied) von einer Einkunftsquelle ausgegangen werden kann. Dabei ist zwischen zeitlich unbegrenzten und zeitlich begrenzten Beteiligungen zu unterscheiden.

115 Ist davon auszugehen, dass auf Gesellschafts(Gemeinschafts)ebene eine Einkunftsquelle vorliegt, ist eine weitere Prüfung des voraussichtlichen Beteiligungsergebnisses

- bei zeitlich unbegrenzten Beteiligungen nur dann erforderlich, wenn besondere Aufwendungen (Ausgaben) vorliegen (siehe Rz 118 f),
- bei zeitlich begrenzten Beteiligungen immer vorzunehmen (siehe Rz 121 ff).

116 Ist davon auszugehen, dass auf Gesellschafts(Gemeinschafts)ebene keine Einkunftsquelle vorliegt, ist eine weitere Prüfung des voraussichtlichen Beteiligungsergebnisses nur für jene Gesellschafter (Mitglieder) erforderlich, die besondere Vergütungen (Einnahmen) erhalten. Ergibt diese Prüfung bei einzelnen Gesellschaftern (Mitgliedern) auf Grund besonderer Vergütungen (Einnahmen) eine Einkunftsquelle, sind die besonderen Vergütungen (Einnahmen) mit den „Verlustanteilen" aus der gemeinschaftlichen Betätigung und allfälligen besonderen Aufwendungen (Ausgaben) zu saldieren. Für die übrigen Gesellschafter (Mitglieder) ist Liebhaberei anzunehmen.

6.2.2. Beteiligungen ohne zeitliche Begrenzung

117 Die Einstufung der gemeinschaftlichen Betätigung in die Kategorien des § 1 LVO schlägt auch auf die Ebene der Gesellschafter (Mitglieder) durch.

118 Bei einer gemeinschaftlichen Betätigung im Sinne des § 1 Abs. 1 LVO sind anteilige Verluste innerhalb des Anlaufzeitraumes der gemeinschaftlichen Betätigung (siehe Rz 37 ff) steuerlich jedenfalls anzuerkennen. Ein Anteilserwerb löst allein keinen Anlaufzeitraum aus. In die nach Ablauf des Anlaufzeitraumes einsetzende Prüfung der Kriterien (Rz 45 ff) sind auf der Ebene der Gesellschafter (Mitglieder) besondere Aufwendungen (Ausgaben) und Vergütungen (Einnahmen) einzubeziehen.

119 Bei gemeinschaftlichen Betätigungen im Sinne des § 1 Abs. 2 LVO sind auf der Ebene der Gesellschafter (Mitglieder) besondere Aufwendungen (Ausgaben) und Vergütungen (Einnahmen) bei Prüfung der objektiven Ertragsaussichten (siehe Rz 68) einzubeziehen.

Verluste aus besonderen Aufwendungen (Ausgaben) lassen bei gemeinschaftlichen Betätigungen im Sinne des § 1 Abs. 3 LVO die unwiderlegbare Vermutung des Vorliegens einer Einkunftsquelle auf der Ebene der Gesellschafter (Mitglieder) unberührt. **120**

6.2.3. Beteiligungen mit zeitlicher Begrenzung

Es ist zu prüfen, ob Umstände vorliegen, die eine zeitliche Begrenzung der Beteiligung erkennen lassen. **121**

Eine auf einen künftigen Zeitpunkt bezogene zeitliche Begrenzung ist insbesondere bei Vorliegen folgender Umstände anzunehmen:

- Das Beteiligungsverhältnis wird befristet eingegangen.
- Es wird eine Option eingeräumt, wonach der Beteiligte die Beteiligung zu einem bestimmten Zeitpunkt einem bereits bekannten oder noch namhaft zu machenden Erwerber veräußern kann.
- Es ist nach dem Gesamtbild der Gestaltung eines Beteiligungsmodells erkennbar, dass der Beteiligte zu einem bestimmten Zeitpunkt aus der gemeinschaftlichen Betätigung ausscheiden wird. Als Beurteilungskriterien sind – gegebenenfalls in ihrem Zusammenwirken – insbesondere heranzuziehen: Besonders günstige Gesamtrendite bei Ausscheiden zu einem bestimmten Zeitpunkt, auf einen bestimmten Zeitraum abgestellte Renditeberechnung, befristetes Treuhandverhältnis, befristeter Verzicht auf eine Teilungsklage, Finanzierungsgestaltungen wie langfristiges Aufschieben des Beginns der Rückzahlung von Fremdmitteln und daraus erkennbares Abstimmen mit dem anzunehmenden Verkauf des dem Modell zugrunde liegenden Projekts, befristeter Kündigungsverzicht, befristete Projektbetreuung (VwGH 24.9.1996, 93/13/0166).
- Der Steuerpflichtige hat sich bereits bei anderen Projekten beteiligt und ist bei diesen anderen Projekten vor Erzielen eines anteiligen Gesamtgewinnes (Gesamtüberschusses) ausgeschieden.

Legt ein Gesellschaftsvertrag fest, dass die Gesellschaft auf unbestimmte Zeit errichtet wird, eine Kündigung jedoch erstmals nach Ablauf von zehn Jahren ausgesprochen werden kann, weist diese Vereinbarung allein weder hinsichtlich der Gesellschafter noch hinsichtlich der Gesellschaft auf eine von vornherein geplante zeitliche Begrenzung der Betätigung hin (VwGH 17.9.1996, 95/14/0052). **122**

Wird eine unbefristet eingegangene Beteiligung vor Erzielung eines positiven Gesamtgewinnes (Gesamtüberschusses) vorzeitig beendet, hat der Gesellschafter den Nachweis zu führen, dass seine ursprüngliche Planung auf die Aufrechterhaltung der Beteiligung (zumindest) bis zum Erreichen eines Gesamtgewinnes (Gesamtüberschusses) ausgerichtet war und sich der Entschluss zum vorzeitigen Ausscheiden erst nachträglich ergeben hat. Gelingt der Nachweis nicht, stellt das Ausscheiden ein Indiz dafür dar, dass die Beteiligung von vornherein für die Dauer eines begrenzten Zeitraumes beabsichtigt war. Dieses nachträgliche Hervorkommen, dass die Beteiligung nur auf begrenzten Zeitraum angelegt war, rechtfertigt eine amtswegige Wiederaufnahme nach § 303 Abs. 1 BAO. **123**

(BMF-AV Nr. 2021/27)

Bei zeitlich begrenzten Beteiligungen im Sinne des § 1 Abs. 1 LVO umfasst die Liebhabereiprüfung auch den Anlaufzeitraum (siehe Rz 44). **124**

Dabei ist auf der Ebene der Gesellschafter (Mitglieder) unabhängig von der Einstufung der gemeinschaftlichen Betätigung in die Kategorien des § 1 LVO wie folgt vorzugehen: **125**

- Es ist stets vom voraussichtlichen anteiligen Gesamtgewinn (Gesamtüberschuss) einschließlich besonderer Aufwendungen (Ausgaben) und Vergütungen (Einnahmen) des Gesellschafters (Mitglieds) innerhalb der zeitlichen Begrenzung auszugehen.
- Die Ermittlung des anteiligen Gesamtgewinnes ist ausschließlich im Sinne des Rz 23 vorzunehmen (keine Adaptierung).
- Bei Ermittlung des anteiligen Gesamtüberschusses haben Adaptierungen nach Rz 36 ebenfalls zu unterbleiben.

(BMF-AV Nr. 2021/27)

Zu den verfahrensrechtlichen Folgen der Prüfung auf Gemeinschaftsebene bzw. der Sphäre der Gesellschafter siehe Rz 204 ff. **126**

7. Sonstige Folgen der Qualifikation einer Betätigung als Liebhaberei

7.1. Steuerliche Umqualifizierung von Aufwendungen bzw. Ausgaben iZm einer Liebhabereibetätigung

Wird für eine Tätigkeit Liebhaberei angenommen, sind **127**

- Pflichtbeiträge zur Sozialversicherung einschließlich Pflichtbeiträge an Versorgungs- und Unterstützungseinrichtungen der selbständig Erwerbstätigen (als freiwillige Weiterversicherung, vgl. VwGH 20.4.2006, 2004/15/0038) und
- Steuerberatungskosten (LStR 2002 Rz 563a) als Sonderausgaben absetzbar.

128 Aufwendungen bzw. Ausgaben für eine als Liebhaberei einzustufende Tätigkeit können nicht bei Ermittlung der Einkünfte einer anderen Tätigkeit in Abzug gebracht werden. Es ist nicht ausschlaggebend, ob durch aus anderen Gründen veranlasste Aufwendungen bzw. Ausgaben eine Einkunftstätigkeit gefördert wird, sondern es kommt nur darauf an, dass die Aufwendungen bzw. Ausgaben durch diese Einkunftstätigkeit veranlasst werden (VwGH 28.11.2007, 2004/15/0128, betr. Aufwendungen, die durch eine als Liebhaberei einzustufende Konzertveranstaltungstätigkeit veranlasst wurden und bei einem Ziviltechnikerbetrieb nicht abzugsfähig sind).

7.2. Prämien gemäß §§ 108c, 108d, 108e und 108f EStG 1988 und Liebhaberei

129 Die Qualifikation einer Betätigung als Liebhaberei schließt die Geltendmachung der in den §§ 108c bis 108f EStG 1988 normierten Prämien aus (vgl. VwGH 27.2.2008, 2004/13/0157).

8. Körperschaftsteuer

8.1. Allgemeines

130 Die Steuersubjekteigenschaft der Körperschaften und der Gleichheitsgrundsatz gebieten, die Grundsätze der Liebhaberei auch für den Bereich der Körperschaftsteuer zu beachten. Der Verwaltungsgerichtshof hat die Möglichkeit des Vorliegens von Liebhaberei bei Körperschaften bejaht (VwGH 20.10.2009, 2007/13/0029 und VwGH 28.4.2009, 2006/13/0140).

Für den Bereich der Körperschaftsteuer ergibt sich die steuerliche Unbeachtlichkeit von Liebhabereiverlusten aus dem Verweis des § 7 Abs. 2 KStG 1988 auf die Einkünftedefinition des § 2 EStG 1988. Danach ist für die Ermittlung des körperschaftsteuerpflichtigen Einkommens vom Gesamtbetrag der Einkünfte im Sinne des EStG 1988 auszugehen.

Ausgangspunkt für die Liebhabereibeurteilung ist der unter Berücksichtigung des § 11 und des § 12 KStG 1988 zu ermittelnde Verlust.

Ist das Ergebnis einer Betätigung nach allgemeinen Einkünftezurechnungsgrundsätzen nicht einer Körperschaft, sondern einer natürlichen Person zuzurechnen (§ 2 Abs. 4a EStG 1988, vgl. dazu EStR 2000 Rz 104), stellt sich die Frage, ob Liebhaberei vorliegt, nicht auf Ebene der Körperschaft, sondern bei der natürlichen Person, der die Einkünfte zuzurechnen sind.

(BMF-AV Nr. 2021/27)

131 Im Bereich der Körperschaftsteuer gelten für die Liebhabereibeurteilung dieselben Grundsätze, die auch für die Beurteilung im Rahmen der Einkommensteuer gelten (zum Anwendungsbereich der LVO im Bereich der Körperschaftsteuer siehe § 5 LVO und Rz 134). Vermietet eine Kapitalgesellschaft ein Gebäude, ist der Sachverhalt in Bezug auf die Liebhabereibeurteilung im Rahmen des § 2 Abs. 3 LVO (entgeltliche Gebäudeüberlassung) zu beurteilen, ungeachtet des Umstandes, dass Einkünfte aus einer Vermietung bei einer Kapitalgesellschaft gemäß § 7 Abs. 3 KStG 1988 zu betrieblichen Einkünften führen. Die Regelungen für die Ermittlung des Gesamtgewinnes (Rz 22 ff) gelten entsprechend.

132 Für Körperschaften ist Liebhaberei nur für die Fälle des § 1 Abs. 1 LVO sowie § 1 Abs. 2 Z 1 und 3 LVO denkbar. § 1 Abs. 2 Z 2 LVO wird hingegen in der Regel kein Anwendungsfall für Körperschaften sein, weil sich durch die Ergebniskorrektur um verdeckte Ausschüttungen kein steuerlich relevanter Verlust ergibt.

133 Auch auf Körperschaften ist die Ausnahmeregelung des § 1 Abs. 3 LVO anzuwenden, nach der Liebhaberei nicht vorliegt, wenn eine Verlust bringende Betätigung, welche im wirtschaftlichen Zusammenhang mit weiteren erwerbswirtschaftlichen Einheiten bzw. Einkunftsquellen steht, aus Gründen der Gesamtrentabilität, der Marktpräsenz oder der wirtschaftlichen Verflechtung aufrechterhalten wird. Siehe dazu Rz 105 ff.

134 Liebhaberei kann gemäß § 5 LVO nicht vorliegen bei

- Betrieben gewerblicher Art (§ 2 KStG 1988),
- juristischen Personen des privaten Rechts, an denen unmittelbar oder mittelbar ausschließlich Körperschaften des öffentlichen Rechts beteiligt sind, soweit § 2 Abs. 4 dritter Satz KStG 1988 anzuwenden ist,
- wirtschaftlichen Geschäftsbetrieben (§ 31 BAO) und
- Körperschaften, die der Förderung gemeinnütziger, mildtätiger oder kirchlicher Zwecke nach Maßgabe der §§ 34 bis 47 BAO dienen.

8.2. Liebhaberei im Verhältnis zur verdeckten Ausschüttung

8.2.1. Liebhaberei und verdeckte Ausschüttung auf Ebene der Körperschaft

Die Einkünfteermittlung ist der Liebhabereibeurteilung vorgelagert (siehe auch Rz 3 ff). Liegen Vorteilszuwendungen vor, die im Wege einer verdeckten Ausschüttung gewinnerhöhend zu erfassen sind, bezieht sich eine allfällige Liebhabereiprüfung daher auf das Ergebnis nach Korrektur der verdeckten Ausschüttung. Ergibt sich danach kein Verlust, besteht kein Anlass für eine Liebhabereibeurteilung. Liegt hingegen trotz Hinzurechnung verdeckter Ausschüttungen ein Verlust vor, kann das Vorliegen einer Einkunftsquelle auf Grund von Liebhaberei auszuschließen sein. **135**

Beispiel:

Eine GmbH führt eine gewinnbringende Tischlerei. Daneben betreibt sie einen verlustbringenden Holzhandel. Das Holz für den Holzhandel wird überwiegend vom Alleingesellschafter der GmbH, welcher einen Forstbetrieb führt, bezogen. Die an den Gesellschafter bezahlten Holzpreise übersteigen die marktüblichen Einkaufspreise.

a) Bei Ansatz fremdüblicher Preise ergibt sich kein Verlust. Das unter Korrektur um die verdeckte Ausschüttung ermittelte Ergebnis (Gewinn) ist der Besteuerung zugrunde zu legen.

b) Auch bei Ansatz fremdüblicher Preise ergibt sich ein Verlust. Das unter Korrektur um die verdeckte Ausschüttung ermittelte Ergebnis (Verlust) ist der Liebhabereiprüfung zu unterziehen.

(BMF-AV Nr. 2021/27)

8.2.2. Auswirkungen der körperschaftsteuerlichen Liebhabereiqualifikation auf Ebene des Gesellschafters

Im Verhältnis zwischen einer Kapitalgesellschaft und ihren Gesellschaftern ist die Ebene der Einkommensbesteuerung der Gesellschafter unabhängig von der Ebene der Gesellschaft zu beurteilen; dementsprechend sind tatsächliche Ausschüttungen einer Kapitalgesellschaft, deren Betrieb Liebhaberei darstellt, beim Gesellschafter als Einkünfte zu erfassen. Dies gilt auch für die allfällige Erfassung von Einkünften aus Veräußerung der Beteiligung im Rahmen des § 27 Abs. 3 EStG 1988. Auch im Fall der Liquidation einer Kapitalgesellschaft, deren Betrieb Liebhaberei darstellt, ist ungeachtet dessen, dass auf Ebene der Kapitalgesellschaft ein Liquidationsgewinn nicht anzusetzen ist, das zur Verteilung gelangende Abwicklungsguthaben beim Gesellschafter von § 27 Abs. 6 Z 2 EStG 1988 erfasst. **136**

(BMF-AV Nr. 2021/27)

Auch die steuerliche Erfassung einer Vorteilszuwendung als verdeckte Ausschüttung auf Empfängerebene ist von der Liebhabereibeurteilung auf Ebene der Körperschaft unabhängig. Ein als verdeckte Ausschüttung zu qualifizierender Ertragsverzicht gegenüber einem Gesellschafter ist bei diesem daher auch dann im Rahmen des § 27 EStG 1988 zu erfassen, wenn die Tätigkeit der Kapitalgesellschaft trotz Ergebniskorrektur um die verdeckte Ausschüttung als Liebhaberei zu qualifizieren ist. Die Führung eines ertragslosen oder verlustbringenden Betriebes oder Teilbetriebes durch eine Kapitalgesellschaft ist beim Gesellschafter im Rahmen des § 27 EStG 1988 zu erfassen, wenn dem Gesellschafter zB durch Abnahme eigener Verpflichtungen ein Vermögensvorteil verschafft wird. Die Vorteilszuwendung ist in Höhe der Differenz zu jenem Betrag anzunehmen, den der Gesellschafter unter fremdüblichen Bedingungen zum Erhalt der Leistung hätte aufwenden müssen. Dies gilt in gleicher Weise, wenn aus einer als Liebhaberei zu beurteilenden Tätigkeit einer Körperschaft einem Gesellschafter unmittelbare materielle Vorteile zukommen. **137**

Beispiel:

Eine GmbH betreibt ein Gestüt. Die erforderliche Liegenschaft wird von einem Gesellschafter zu einem unangemessen hohen Preis an die GmbH verpachtet; überdies ist es diesem gestattet, die Pferde unentgeltlich zu benützen. Unabhängig davon, ob der Betrieb des Gestüts bei der GmbH Liebhaberei darstellt oder nicht, liegt beim Gesellschafter sowohl hinsichtlich der überhöhten Pachtzahlungen als auch hinsichtlich der unentgeltlichen Nutzungsmöglichkeit ein Vermögensvorteil vor, der als verdeckte Ausschüttung im Rahmen des § 27 EStG 1988 zu erfassen ist.

(BMF-AV Nr. 2021/27)

8.3. Liebhaberei bei Körperschaften im Sinne des § 7 Abs. 3 KStG 1988

8.3.1. Allgemeines

Die Tatsache, dass bei Körperschaften im Sinne des § 7 Abs. 3 KStG 1988 alle Einkünfte den Einkünften aus Gewerbebetrieb zuzurechnen sind, ändert nichts daran, dass verschiedene **138**

Quellen vorliegen können, die jede für sich auf die Eignung, eine Einkunftsquelle darzustellen, zu prüfen sind. Stellt eine Betätigung (Betrieb oder Teilbetrieb) keine Einkunftsquelle dar, ist weder ein Verlustausgleich noch ein Verlustvortrag aus dieser Betätigung möglich (zum Versorgungsbetriebeverbund siehe Rz 153 ff).

139 Ist ein Wirtschaftsgut von Anfang an einer Liebhabereitätigkeit zuzuordnen, sind Aufwendungen auf dieses Wirtschaftsgut steuerlich ebenso unbeachtlich wie damit in Zusammenhang stehende laufende Einnahmen. Die Besteuerung der Veräußerungsüberschüsse derartiger Wirtschaftsgüter tritt nur nach Maßgabe der Bestimmungen des § 27 Abs. 3 und 4 EStG 1988 sowie des § 30 EStG 1988 ein.

Ist ein Wirtschaftsgut nach der Anschaffung zunächst der betrieblichen Vermögenssphäre zuzuordnen, führt der Wandel zur Liebhaberei dazu, dass aus der Betätigung keine steuerwirksamen Einkünfte mehr erzielt werden. Durch den Wandel zur Liebhaberei kommt es zur Überführung des dieser Tätigkeit gewidmeten Vermögens ins außerbetriebliche Vermögen der Körperschaft. Die dadurch stattfindende Entnahme führt zur Aufdeckung der stillen Reserven.

(BMF-AV Nr. 2021/27)

8.3.2. Unternehmensgruppen

140 Eine Körperschaft, die neben einer oder mehrerer als Liebhaberei zu qualifizierenden Betätigungen eine steuerlich relevante Einkunftsquelle aufweist, kann Gruppenmitglied sein.

Wandelt sich eine oder mehrere Betätigung(en) eines Gruppenmitgliedes zur Liebhaberei, bleibt aber zumindest eine steuerlich relevante Einkunftsquelle weiter bestehen, hat das alleine keine Auswirkung auf die Stellung als Gruppenmitglied. In diesen Fällen liegt hinsichtlich der nunmehrigen Liebhaberei ein Wechsel von der betrieblichen in die außerbetriebliche Sphäre vor (siehe Rz 139). Darin kann aber ein wirtschaftliches Ausscheiden aus der Gruppe zu sehen sein, sodass es aus diesem Grund zum Ausscheiden aus der Unternehmensgruppe kommen kann (siehe KStR 2013 Rz 1096 ff).

Sind innerhalb einer Unternehmensgruppe einzelne Betriebe oder Betätigungen von Gruppenmitgliedern als Liebhaberei einzustufen, sind insoweit ein Verlustausgleich und eine Ergebniszurechnung innerhalb der Gruppe ausgeschlossen.

(BMF-AV Nr. 2021/27)

141 Die Gruppenbesteuerung ist als Einkünftezurechnungsvorschrift konzipiert. Als Gruppenmitglieder kommen daher nur Körperschaften in Frage, deren Betätigung auf die Erzielung von Einkünften gerichtet ist. Ist die Betätigung einer Körperschaft zur Gänze als Liebhaberei einzustufen, kann diese folglich nicht Gruppenmitglied sein.

Wandelt sich die Betätigung eines Gruppenmitgliedes zur Gänze in Liebhaberei, bewirkt dies das Ausscheiden des Gruppenmitgliedes aus der Unternehmensgruppe.

142 Für die Stellung als Gruppenträger spielt es dagegen keine Rolle, ob die Betätigung einer Körperschaft ganz oder teilweise als Liebhaberei einzustufen ist, weil das Fehlen einer auf die Erzielung von Einkünften gerichteten Tätigkeit nicht die Zurechnung von Einkünften anderer Körperschaften (der Gruppenmitglieder) hindert. Es sind daher lediglich jene Betriebe und Betätigungen des Gruppenträgers, die als Liebhaberei einzustufen sind, vom Verlustausgleich mit den Ergebnissen der Gruppenmitglieder ausgeschlossen; die Gruppe bleibt auch bestehen, wenn sich die Betätigung des Gruppenträgers zur Gänze in Liebhaberei wandelt.

143 § 1 Abs. 3 LVO ist auf die Unternehmensgruppe als solche nicht anwendbar, weil es sich nicht um Einheiten desselben Steuerpflichtigen handelt (siehe KStR 2013 Rz 1004 bis 1150h).

(BMF-AV Nr. 2021/27)

8.3.3. Mindestkörperschaftsteuer und Liebhaberei

144 Wird die Tätigkeit einer Kapitalgesellschaft als Liebhaberei beurteilt, ist sie dennoch zur Entrichtung der Mindestkörperschaftsteuer verpflichtet, weil dafür nicht die Erzielung eines körperschaftsteuerpflichtigen Einkommens, sondern lediglich das Vorliegen der unbeschränkten Steuerpflicht Voraussetzung ist (§ 24 Abs. 4 KStG 1988).

8.4. Liebhaberei bei nicht unter § 7 Abs. 3 KStG 1988 fallenden Körperschaften

145 Liegt hinsichtlich einer Betätigung (zB Betrieb, Teilbetrieb, Mietobjekt) Liebhaberei vor, können daraus resultierende Verluste nicht mit Gewinnen (Überschüssen) aus einer anderen Einkunftsquelle ausgeglichen werden.

Beispiel:

Ein nicht gemeinnütziger Verein führt einen Gewinn bringenden gastronomischen Betrieb. Zusätzlich wird eine nachhaltig verlustbringende Sportfischerei betrieben, welche nicht als Einkunftsquelle gemäß § 1 Abs. 3 LVO anzusehen ist. Ein Ausgleich der Verluste aus der Sportfischerei mit den Gewinnen aus dem Gastronomiebereich ist nicht möglich.

8.5. Liebhaberei bei Körperschaften, die gemeinnützige, mildtätige und kirchliche Zwecke verfolgen

Die Liebhabereiverordnung ist nach § 5 der Verordnung auf Körperschaften, Personen- **146** vereinigungen und Vermögensmassen, die der Förderung gemeinnütziger, mildtätiger oder kirchlicher Zwecke nach Maßgabe der §§ 34 bis 47 BAO dienen sowie auf wirtschaftliche Geschäftsbetriebe im Sinne des § 31 BAO nicht anzuwenden. Daher kann im Zusammenhang mit gemeinnützigen Körperschaften eine ertragsteuerliche Liebhaberei bei wirtschaftlichen Geschäftsbetrieben und Gewerbebetrieben nicht vorliegen.

8.6. Liebhaberei bei Betrieben gewerblicher Art von Körperschaften öffentlichen Rechts

Nach § 2 Abs. 1 KStG 1988 letzter Satz ist für diese Betriebe keine Gewinnerzielungs **147** absicht erforderlich und gilt die Tätigkeit solcher Einrichtungen stets als Gewerbebetrieb. Bei Betrieben gewerblicher Art ist Liebhaberei daher ausgeschlossen (siehe VwGH 29.5.2001, 2000/14/0195; KStR 2013 Rz 72).

(BMF-AV Nr. 2021/27)

Werden Betriebe gewerblicher Art im Rahmen einer juristischen Person des privaten **148** Rechts geführt, kommen – unabhängig vom Ausmaß der Beteiligung der Körperschaft des öffentlichen Rechts – die allgemeinen Liebhabereigrundsätze zur Anwendung. Eine Ausnahme davon besteht nur für im Versorgungsbetriebeverbund geführte Betriebe von Körperschaften öffentlichen Rechts (siehe Rz 153 ff).

8.7. Vermietung und Verpachtung durch Körperschaften öffentlichen Rechts

Die reine Vermietung und Verpachtung stellt bei Körperschaften öffentlichen Rechts keinen **149** Betrieb gewerblicher Art dar. Die Erträgnisse aus der reinen Vermietung und Verpachtung von Liegenschaften sind daher bei der Körperschaft öffentlichen Rechts – ausgenommen im Fall des § 2 Abs. 2 Z 3 KStG 1988 – nicht steuerbar.

8.7.1. Übertragung von vermieteten Liegenschaften auf eine Personengesellschaft

Überträgt eine Körperschaft öffentlichen Rechts vermietete Liegenschaften einer Perso- **150** nengesellschaft, an der sie selbst beteiligt ist, und ist diese Personengesellschaft rein vermögensverwaltend tätig, entsteht bei der Körperschaft öffentlichen Rechts weder ein Betrieb gewerblicher Art noch eine Mitunternehmerschaft. Weil eine Vermietungstätigkeit bei einer Körperschaft öffentlichen Rechts nicht zu steuerpflichtigen Einkünften führt, stellt sich die Frage der Einkunftsquelle bei der Körperschaft öffentlichen Rechts von vornherein nicht.

Ungeachtet dessen kann auf Ebene der übrigen Gesellschafter die Einkunftsquelleneigenschaft zu prüfen sein. Liegt danach eine Einkunftsquelle vor, hat nur gegenüber den weiteren Gesellschaftern eine Feststellung der Einkünfte aus Vermietung und Verpachtung (§ 188 BAO) zu erfolgen.

Die gewerbliche Vermietung von Liegenschaften durch eine Körperschaft öffentlichen **151** Rechts führt bei dieser zum Vorliegen eines Betriebes gewerblicher Art. Überträgt die Körperschaft solche Liegenschaften einer Personengesellschaft, an der sie selbst beteiligt ist, und betreibt diese Personengesellschaft die gewerbliche Vermietung weiter, führt das zu einer Mitunternehmerschaft; der Betrieb gewerblicher Art setzt sich im Mitunternehmeranteil der Körperschaft öffentlichen Rechts fort. Bei Betrieben gewerblicher Art ist Liebhaberei gemäß § 5 LVO ausgeschlossen (siehe Rz 147).

8.7.2. Übertragung von vermieteten Liegenschaften auf eine Kapitalgesellschaft

Werden vermietete Liegenschaften von einer Körperschaft öffentlichen Rechts auf eine **152** Kapitalgesellschaft übertragen, wird durch die Übertragung kein Betrieb gewerblicher Art begründet. Bei bloßer Vermietung liegt in der Übertragung eine unter § 6 Z 14 EStG 1988 fallende Sacheinlage, bei gewerblicher Vermietung kann eine Einbringung im Sinne des Art. III UmgrStG vorliegen. Bei der Kapitalgesellschaft ist auf das übernommene Vermögen die Liebhabereiverordnung anzuwenden. Werden marktunüblich niedrige Mietentgelte von der Mutter-Körperschaft öffentlichen Rechts verlangt, liegt in Höhe der vorenthaltenen Erträge eine verdeckte Ausschüttung auf Ebene der Kapitalgesellschaft vor, die auf Ebene der Körperschaft öffentlichen Rechts gemäß § 10 KStG 1988 steuerfrei ist. Zur Liebhabereiprüfung auf Ebene der Körperschaft in diesem Fall siehe Rz 135.

(BMF-AV Nr. 2021/27)

8.8. Liebhaberei bei einem ausgelagerten Versorgungsbetriebeverbund

153 Für im Versorgungsbetriebeverbund (siehe KStR 2013 Rz 79 bis 81) geführte Betriebe von Körperschaften des öffentlichen Rechts, welche in die Form einer juristischen Person des privaten Rechts gekleidet sind, schließen nachhaltige Verluste in einem Betrieb auf Grund von § 2 Abs. 4 dritter Satz KStG 1988 den Verlustausgleich nicht aus. Die steuerliche Wirkung dieser Sonderregelung erstreckt sich jedoch nur auf den Versorgungsbetriebeverbund selbst (VwGH 26.3.2007, 2006/14/0017). Einkunftsquellen außerhalb des Versorgungsbetriebeverbundes sind unabhängig davon nach den Grundsätzen der Liebhaberei zu beurteilen. Führt beispielsweise bei einer gemeindeeigenen GmbH der Betrieb eines Hallenbades oder Freizeitzentrums zu nachhaltigen Verlusten und liegt nach den allgemeinen Regeln keine Einkunftsquelle vor, ist der daraus resultierende Verlust mit positiven Ergebnissen anderer Betriebe oder dem Gewinn aus dem Versorgungsbetriebeverbund nicht ausgleichsfähig.

(BMF-AV Nr. 2021/27)

154 Werden in der Rechtsform einer juristischen Person des privaten Rechts Versorgungsbetriebe und andere Betriebe gemeinsam geführt, sind für den Versorgungsbetriebeverbund und die übrigen betrieblichen Tätigkeiten gesonderte Rechnungskreise einzurichten. Innerhalb des Rechnungskreises „Versorgungsbetriebe" ist die Anwendung der Liebhabereiverordnung nach § 5 Z 2 LVO und damit auch die Anwendung von § 1 Abs. 3 LVO ausgeschlossen. Im Rechnungskreis „übrige betriebliche Tätigkeiten" ist die Liebhabereiverordnung uneingeschränkt gültig.

155 Ist das Ergebnis des Versorgungsbetriebeverbundes selbst insgesamt nachhaltig negativ, sind auf den Versorgungsbetriebeverbund insgesamt die Liebhabereigrundsätze anzuwenden. Erfüllt der Versorgungsbetriebeverbund insgesamt nicht die Voraussetzungen einer Einkunftsquelle, ist sein negatives Gesamtergebnis auch nicht mit dem Ergebnis anderer betrieblicher Tätigkeiten der Kapitalgesellschaft ausgleichs- oder vortragsfähig.

Beispiel 1:

Eine gemeindeeigene GmbH betreibt ein Elektrizitätswerk, einen Verkehrsbetrieb und ein Bestattungsunternehmen. Für das Elektrizitätswerk und den Verkehrsbetrieb besteht ein gesonderter Verrechnungskreis. Das Elektrizitätswerk erwirtschaftet Gewinne, der Verkehrsbetrieb nachhaltige Verluste. Das Bestattungsunternehmen führt zu nachhaltigen Gewinnen.

Im Jahr 01 erwirtschaftet das Elektrizitätswerk einen Gewinn von 500, der Verkehrsbetrieb einen Verlust von 130 und das Bestattungsunternehmen einen Gewinn von 110. Der Verlust des Verkehrsbetriebes ist mit dem Gewinn des Elektrizitätswerkes ausgleichsfähig. Daher beträgt der Gesamtgewinn 480.

Beispiel 2:

Wie Beispiel 1: Das Elektrizitätswerk erwirtschaftet einen Gewinn von 250, der Verkehrsbetrieb einen Verlust von 450 und das Bestattungsunternehmen einen Gewinn von 230. Der Verlust des Verkehrsbetriebes ist grundsätzlich innerhalb des Versorgungsbetriebeverbundes ausgleichsfähig. Wenn aber der Verbund insgesamt einen nachhaltigen Verlustbetrieb darstellt, ist der übersteigende Verlust von 200 nicht weiter ausgleichsfähig. Das steuerliche Gesamtergebnis beträgt 230.

Beispiel 3:

Eine Gemeinde betreibt ein Wasser- und Elektrizitätswerk und einen Verkehrsbetrieb in Form einer GmbH. Daneben führt die GmbH ein dauerhaft verlustbringendes Badezentrum. Innerhalb des Versorgungsverbundes kann ein Ausgleich der Verluste des Verkehrsbetriebes mit den Gewinnen des Wasser- und Elektrizitätswerkes erfolgen.

Bei nachhaltigen Verlusten des Verkehrsbetriebes ist ein Verlustausgleich nur maximal bis zur Höhe der Gewinne aus dem Wasser- und Elektrizitätswerk möglich. Die Verluste des Freizeitzentrums sind als Liebhaberei steuerlich nicht zu berücksichtigen. Erzielt das Wasser- und Elektrizitätswerk einen Gewinn von 500, der Verkehrsbetrieb einen Verlust von 230, das Freizeitzentrum einen Verlust von 170, beträgt der steuerpflichtige Gewinn der Kapitalgesellschaft insgesamt 270.

8.9. Prämie gemäß § 108c EStG 1988 und Liebhaberei

(BMF-AV Nr. 2021/27)

156 § 24 Abs. 6 KStG 1988 schließt nicht steuerpflichtige Körperschaften von der Geltendmachung der in § 108c EStG 1988 normierten Forschungsprämie aus. Daher steht die Forschungsprämie bei Liebhabereitätigkeiten nicht zu (vgl. VwGH 27.2.2008, 2004/13/0157).

(BMF-AV Nr. 2021/27)

8.10. Umgründungen und Liebhaberei

Eine Liebhabereitätigkeit kann nicht als begünstigtes Vermögen im Rahmen einer Umgründung im Sinne des UmgrStG übertragen werden. Soweit gewinnlose Betätigungen ausnahmsweise als Betriebe anzusehen sind (zB unentbehrliche Hilfsbetriebe), kommt eine Übertragung als begünstigtes Vermögen in Betracht. **157**

Im Fall einer unter Buchwertfortführung erfolgenden Umgründung ist von einem bloßen Rechtsformwechsel auszugehen. Für die Eignung, einen Gesamtgewinn in einem absehbaren Zeitraum zu erzielen, ist der (Teil-)Betrieb, der Gegenstand einer Umgründung ist, abweichend von Rz 22 als Einheit zu sehen.

(BMF-AV Nr. 2021/27)

Im Falle einer Verschmelzung gemäß Art. I UmgrStG gilt: Wird eine Körperschaft, deren Betrieb früher eine Einkunftsquelle war, aber ab einem bestimmten Zeitpunkt zur Liebhaberei wurde, auf eine andere Körperschaft verschmolzen, kann die aufnehmende Gesellschaft die Verluste der übertragenden Gesellschaft aus der Zeit vor dem Wechsel zur Liebhaberei nicht geltend machen. Die Verschmelzung kann aufgrund der Liebhaberei keine Buchwertfortführung bewirken, was dem Übergang des Verlustvortrags nach § 4 UmgrStG entgegensteht. Dies gilt auch, wenn der Liebhabereibetrieb, dessen UGB-Bilanz Buchwerte aufweist, ab dem Zusammenschluss durch einen Kommanditanteil verkörpert wird (VwGH 3.4.2019, Ro 2017/15/0030). **157a**

(BMF-AV Nr. 2021/27)

Im Falle einer Umwandlung gemäß Art. II UmgrStG gilt: Liegt schon bei der übertragenden Körperschaft Liebhaberei vor, fehlt ein Betrieb im abgabenrechtlichen Sinn. Daher kann Art. II UmgrStG nicht angewendet werden, was zur Liquidationsbesteuerung gemäß § 20 KStG 1988 zum Umwandlungsstichtag führt. Ein trotz Liebhaberei etwa vorhandener Verlustvortrag (zB von Anlaufverlusten) geht in diesem Fall verloren. Liegt aber ein Betrieb im abgabenrechtlichen Sinn vor, ist Art. II UmgrStG anwendbar. In der Folge ist beim Rechtsnachfolger ein Wechsel zur Liebhaberei möglich. In diesem Fall sind die übergehenden Verluste beim Rechtsnachfolger vortragsfähig, auch wenn sich die Tätigkeit, aus der bei der GmbH Verluste entstanden sind, zur Liebhaberei gewandelt hat. **158**

(BMF-AV Nr. 2021/27)

9. Umsatzsteuer

9.1. Allgemeines

§ 2 Abs. 5 Z 2 UStG 1994 sieht vor, dass eine Tätigkeit, die auf Dauer gesehen Gewinne oder Einnahmenüberschüsse nicht erwarten lässt (Liebhaberei), einerseits nicht der Umsatzsteuer unterliegt und andererseits die mit einer derartigen Tätigkeit zusammenhängenden Vorsteuern nicht abgezogen werden können. **159**

(BMF-AV Nr. 2021/27)

Eine Liebhabereibeurteilung kommt umsatzsteuerlich nur dann in Betracht, wenn nach den allgemeinen Kriterien des § 2 Abs. 1 UStG 1994 von einer unternehmerischen Tätigkeit auszugehen wäre. **160**

Werden Tätigkeiten ohne wirtschaftliches Kalkül und ohne eigenwirtschaftliches Interesse entfaltet und ist das Verhalten des Leistenden von der Absicht der Unentgeltlichkeit, der Gefälligkeit, des familiären Zusammenwirkens usw. geprägt oder mangelt es an einer leistungsbezogenen Gegenleistung (vgl. zB EuGH 29.10.2009, Rs C-246/08, Komm/Finnland, zu Rechtshilfeleistungen gegen eine Teilvergütung), liegen keine Tätigkeiten zur Erzielung von Einnahmen vor. In diesen Fällen führen auch allfällige Einnahmen (Kostenersätze) nicht zur Annahme einer gewerblichen oder beruflichen Tätigkeit. Eine Unterhaltsleistung durch eine entsprechende Wohnversorgung von unterhaltsberechtigten Angehörigen (zB Kinder) hat steuerlich unbeachtlich zu bleiben, auch wenn diese in das äußere Erscheinungsbild von Einkünften aus Vermietung gekleidet wird. Auf die fremdübliche Gestaltung eines Mietvertrages kommt es in diesem Zusammenhang nicht an (vgl. VwGH 30.3.2006, 2002/15/0141; VwGH 22.11.2001, 98/15/0057; VwGH 16.12.1998, 93/13/0299).

Hinsichtlich der Überlassung der Nutzung eines Wohnhauses bzw. einer Wohnung durch eine Gesellschaft an den Gesellschafter sowie der Überlassung von Immobilien durch eine Privatstiftung an den Stifter oder an andere Begünstigte im Rahmen der Erfüllung ihrer satzungsmäßigen Zwecke siehe UStR 2000 Rz 186.

(BMF-AV Nr. 2021/27)

Die Frage, ob eine unternehmerische Tätigkeit vorliegt oder nicht, muss umsatzsteuerlich zum Leistungszeitpunkt bzw. zum Zeitpunkt der Bewirkung von unternehmensbezogenen Vorbereitungshandlungen geklärt werden. Bei der Liebhabereibeurteilung ist eine Prognose **161** des Gesamterfolges in einem absehbaren Zeitraum (§ 2 Abs. 4 LVO) zu berücksichtigen (VwGH 9.5.1995, 95/14/0001; VwGH 24.3.1998, 93/14/0028). Zur Prognoserechnung siehe Rz 91.

Zur vorläufigen Abgabenfestsetzung siehe Rz 185 ff.

162 Gegenstand der Liebhabereibeurteilung ist jede organisatorisch in sich geschlossene und mit einer gewissen Selbständigkeit ausgestattete Einheit (VwGH 24.2.2011, 2007/15/0025, zu Nutzungsrechten an mehreren Appartements; VwGH 11.12.2009, 2006/17/0118; VwGH 29.1.2003, 97/13/0015, zur Vermietung von Wohnungen und Geschäftslokalen; VwGH 30.10.2003, 2003/15/0028, zur Vermietung von drei Appartements). Ob bei mehreren Tätigkeiten bzw. Bestandsobjekten ein einheitlicher Betrieb bzw. eine einheitliche Betätigung oder mehrere Betriebe/Betätigungen vorliegen, richtet sich nach der Verkehrsauffassung, wobei es nicht auf die Willensbildung des Unternehmers, sondern auf objektiv vorhandene Verhältnisse ankommt (VwGH 11.12.2009, 2006/17/0118; VwGH 25.2.2004, 2000/13/0092).

Siehe diesbezüglich auch Rz 7 bis Rz 9.

9.2. Abgrenzung der umsatzsteuerlichen Liebhaberei

163 Der Begriff der Liebhaberei grenzt im Umsatzsteuerrecht nicht wie im Ertragsteuerrecht Einkunftsquellen von anderen Betätigungen, sondern die unternehmerische Tätigkeit von der Konsumsphäre (dem Endverbrauch) ab (VfGH 20.6.2001, B 2032/99). Auf Grund des § 6 LVO, der gemäß § 28 Abs. 5 Z 4 UStG 1994 eine Legaldefinition zur Liebhaberei im Bereich des UStG darstellt (VwGH 16.2.2006, 2004/14/0082), können daher typisch erwerbswirtschaftliche Betätigungen gemäß § 1 Abs. 1 LVO niemals als Liebhaberei im Sinne des § 2 Abs. 5 Z 2 UStG 1994 angesehen werden. Unter den Voraussetzungen des § 2 Abs. 1 UStG 1994 (insbesondere die Absicht zur nachhaltigen Erzielung von Einnahmen) kann eine unternehmerische Tätigkeit daher auch dann vorliegen, wenn die Kriterienprüfung nach § 2 LVO ertragsteuerlich zur Annahme von Liebhaberei führt.

9.3. Betätigungen mit Annahme von Liebhaberei (§ 1 Abs. 2 LVO)

9.3.1. Allgemeines

164 Liebhaberei kann im Umsatzsteuerrecht gemäß § 6 LVO nur bei Betätigungen im Sinne des § 1 Abs. 2 LVO vorliegen. Bei Tätigkeiten, die typischerweise einer besonderen, in der Lebensführung begründeten Neigung entsprechen oder auf diese zurückzuführen sind (siehe Rz 71 bis 76), decken sich die ertragsteuerliche und die umsatzsteuerliche Beurteilung. Stellen diese Tätigkeiten daher nach ertragsteuerlichen Grundsätzen (siehe Rz 68 ff) keine Einkunftsquelle dar, sind sie umsatzsteuerlich der nichtunternehmerischen Sphäre (somit der Konsumsphäre) zuzuordnen (Betätigungen mit Annahme von Liebhaberei).

165 Die Liebhabereivermutung für Tätigkeiten im Sinne des § 1 Abs. 2 LVO kann auch für Zwecke der Umsatzsteuer widerlegt werden, wenn die Art der Bewirtschaftung oder der Tätigkeit in einem absehbaren Zeitraum einen Gesamtgewinn (Gesamtüberschuss) der Einnahmen über die Werbungskosten erwarten lässt (§ 2 Abs. 4 LVO). Es gelten die ertragsteuerrechtlichen Grundsätze (vgl. Rz 86 ff).

166 Die Änderung der Bewirtschaftungsart bzw. der Tätigkeit kann ex nunc zu einer unternehmerischen Tätigkeit führen (siehe Rz 93 ff). Ein Rückwirkung auf vergangene Veranlagungszeiträume ist ausgeschlossen (VwGH 29.9.1987, 87/14/0107; VwGH 31.1.2001, 95/13/0032).

Zu den Rechtsfolgen des Überganges von einer nichtunternehmerischen zu einer unternehmerischen Tätigkeit siehe Rz 182 ff.

167 § 6 LVO gilt auch für Rechtsträger, die ertragsteuerlich unter § 5 LVO fallen. § 5 LVO hat somit für umsatzsteuerliche Belange keine Bedeutung. Zu beachten sind allerdings die für Betriebe gewerblicher Art von Körperschaften des öffentlichen Rechts und gemeinnützige Institutionen gesondert getroffenen Aussagen (siehe Rz 173 ff).

9.3.2. Vermietung von Wohnraum

168 Unter welchen Voraussetzungen bei der Vermietung von Wohnraum, der sich nach der Verkehrsauffassung in einem besonderen Maß für eine Nutzung im Rahmen der Lebensführung eignet, also der Befriedigung des persönlichen Wohnbedürfnisses (des Vermieters) dienen kann (privat nutzbarer Wohnraum im Sinne des § 1 Abs. 2 Z 3 LVO; „kleine Vermietung“) umsatzsteuerlich Liebhaberei anzunehmen ist, beurteilt sich ebenfalls nach den einkommensteuerlichen Grundsätzen (vgl. Rz 77 ff).

Es kommt also darauf an, ob die Vermietung solchen Wohnraumes in der vom Vermieter konkret gewählten Bewirtschaftungsart geeignet ist, innerhalb eines absehbaren Zeitraumes einen Überschuss zu erwirtschaften (VwGH 16.2.2006, 2004/14/0082; VwGH 23.9.2010, 2006/15/0318). Wenn nicht, unterliegen die aus einer solchen Vermietung erzielten Umsätze nach § 28 Abs. 5 Z 4 UStG 1994 und § 2 Abs. 5 Z 2 UStG 1994 iVm § 1 Abs. 2 Z 3 LVO und § 6 LVO nicht der Umsatzsteuer und ein Vorsteuerabzug steht nicht zu. In unionsrechtskonformer Interpretation ist eine als Liebhaberei beurteilte verlustträchtige Wohnraumvermietung zwingend unecht steuerbefreit (VwGH 16.2.2006, 2004/14/0082, VwGH 30.4.2015, Ra 2014/15/0015).

(BMF-AV Nr. 2021/27)

Für die Vermietung von Grundstücken, die nicht unter § 1 Abs. 2 LVO fallen (typischer- **169**
weise zB Beherbergung, Vermietung von Geschäftsräumen, Vermietung von Parkflächen, Vermietung für Campingzwecke), kommt eine Liebhabereibeurteilung gemäß § 6 LVO nicht in Betracht.

9.3.3. Einzelfälle

9.3.3.1. Land- und Forstwirtschaft

Im Regelfall sind land- und forstwirtschaftliche Betriebe unter § 1 Abs. 1 LVO einzurei- **170**
hen und es liegt nach § 6 LVO Liebhaberei nicht vor (vgl. VwGH 16.12.2009, 2008/15/0059). Wird hingegen eine land- und forstwirtschaftliche Tätigkeit entfaltet, die auf einer besonderen in der Lebensführung begründeten Neigung beruht (§ 1 Abs. 2 LVO; zB Nutzung für Freizeitzwecke und/oder zur Ausübung von Hobbytätigkeiten wie Jagen oder Reiten) und sich bei objektiver Betrachtung nicht zur Erzielung von Gewinnen eignet, liegt keine unternehmerische Tätigkeit vor (zB VwGH 21.10.2003, 97/14/0161, zur Verpachtung einer landwirtschaftlichen Liegenschaft). In besonderen Ausnahmefällen kann aber auch eine Betätigung, die einkommensteuerlich Liebhaberei iSd § 1 Abs. 2 LVO darstellt, eine – zum Vorsteuerabzug berechtigende – umsatzsteuerpflichtige Betätigung darstellen (vgl. VwGH 19.09.2013, 2011/15/0157 mVa 25.04.2013, 2010/15/0107 zu einer in Verbindung mit der Bewirtschaftung einer kleinen Weidefläche betriebenen Tierzucht).

(BMF-AV Nr. 2014/3)

9.3.3.2. Wohnungseigentumsgemeinschaften

Wohnungseigentumsgemeinschaften kommt Unternehmereigenschaft zu, weil sie einer- **171**
seits im eigenen Namen nach außen auftreten, Leistungen in Auftrag geben und bezahlen und andererseits dadurch nachhaltig zur Erzielung von Einnahmen tätig werden, dass sie von den einzelnen Mit- und Wohnungseigentümern den auf sie entfallenden Anteil an den Kosten erheben (vgl. VwGH 24.2.2011, 2007/15/0129; VwGH 4.2.2009, 2007/15/0116 sowie VwGH 13.5.2003, 99/15/0238). Gemäß § 6 LVO kann in diesem Zusammenhang keine Liebhaberei im umsatzsteuerlichen Sinn vorliegen.

9.3.3.3. Kosten- und Errichtungsgemeinschaften

Auch im Zusammenhang mit nach außen hin auftretenden Kosten- oder Errichtungs- **172**
gemeinschaften ist § 2 Abs. 5 Z 2 UStG 1994 nicht anwendbar (vgl. UStR 2000 Rz 182).

9.4. Betrieb von Körperschaften öffentlichen Rechts

Die nach § 2 Abs. 3 und 4 UStG 1994 in den Unternehmensbereich einbezogenen Betriebe **173**
und Einrichtungen von Körperschaften öffentlichen Rechts werden in aller Regel im öffentlichen Interesse geführt. Ihre Leistungen kommen in irgendeiner Form der Allgemeinheit zugute und können nicht in einer in der Lebensführung begründeten besonderen Neigung begründet sein, weshalb in diesen Fällen Liebhaberei im Sinne von § 1 Abs. 2 LVO von vornherein nicht anzunehmen ist.

Dies gilt auch für Betätigungen von juristischen Personen des privaten Rechts, an denen unmittelbar oder mittelbar ausschließlich Körperschaften des öffentlichen Rechts beteiligt sind (vgl. VwGH 11.12.2009, 2006/17/0118, zu Umsätzen aus einem Schwimmbad, Solarium und Sauna).

Keine unternehmerische Tätigkeit ist allerdings anzunehmen, wenn in den Unternehmens- **174**
bereich einbezogene Betriebe und Einrichtungen von Körperschaften öffentlichen Rechts oder die eben genannten juristischen Personen mit ihrer Tätigkeit nicht an einem Markt teilnehmen und ihre einzigen nachhaltigen Einnahmen öffentliche Zuschüsse bzw. (echte) Mitgliedsbeiträge bilden, wobei diese Einnahmen unter anderem die Verluste abdecken, die durch die ausgeübte Tätigkeit entstehen (vgl. EuGH 6.10.2009, Rs C-267/08, zu Werbetätigkeiten und der Veranstaltung eines Balles durch eine politische Partei).

Weiters muss zwischen den erbrachten Leistungen und dem von den Empfängern zu entrichtenden Gegenwert ein unmittelbarer Zusammenhang bestehen, damit eine wirtschaftliche Tätigkeit und somit eine nachhaltige Einnahmenerzielungsabsicht angenommen werden kann. Die erforderliche Unmittelbarkeit kann im Einzelfall zB fehlen, wenn der

Gegenwert lediglich eine Teilvergütung ist, die nur teilweise vom tatsächlichen Wert der Leistung abhängt (vgl. EuGH 29.10.2009, Rs C-246/08, Komm/Finnland, zu Rechtshilfeleistungen gegen eine Teilvergütung).

175 Zum Vorliegen einer unternehmerischen Tätigkeit bei der Vermietung und Verpachtung von Grundstücken durch eine Körperschaft öffentlichen Rechts siehe UStR 2000 Rz 265; zur Vermietung und Verpachtung von Grundstücken durch ausgegliederte Rechtsträger von Körperschaften öffentlichen Rechts siehe UStR 2000 Rz 274 und 274a; zur Vermietung von beweglichen körperlichen Gegenständen durch ausgegliederte Rechtsträger siehe UStR 2000 Rz 275.

9.5. Körperschaften, Personenvereinigungen und Vermögensmassen, die gemeinnützigen, mildtätigen oder kirchlichen Zwecken dienen

9.5.1. Liebhabereivermutung bei Betrieben gemäß § 45 Abs. 1 und 2 BAO

176 Bei Körperschaften, Personenvereinigungen und Vermögensmassen, die gemeinnützigen, mildtätigen oder kirchlichen Zwecken dienen (§§ 34 bis 38 BAO), kann davon ausgegangen werden, dass die im Rahmen von wirtschaftlichen Geschäftsbetrieben nach § 45 Abs. 1 und 2 BAO ausgeübten Tätigkeiten unter die Regelung des § 2 Abs. 5 Z 2 UStG 1994 fallen.

Eine nichtunternehmerische Tätigkeit ist jedenfalls dann anzunehmen, wenn die Umsätze des wirtschaftlichen Geschäftsbetriebes jährlich regelmäßig unter 2.900 Euro liegen.

9.5.2. Keine Anwendung der Liebhabereivermutung

177 Im Hinblick darauf, dass gemäß § 6 LVO grundsätzlich auch bei Körperschaften, Personenvereinigungen und Vermögensmassen, die gemeinnützigen, mildtätigen oder kirchlichen Zwecken dienen, Liebhaberei im umsatzsteuerlichen Sinn nur bei Betätigungen im Sinne des § 1 Abs. 2 LVO vorliegen kann (VwGH 9.3.2005, 2001/13/0062), kann die Liebhabereivermutung nach Rz 176 erster Satz, soweit sie sich auf § 1 Abs. 1 LVO bezieht, nicht gegen den Willen des Unternehmers angewendet werden (siehe VereinsR 2001 Rz 520). Die Bagatellgrenze von 2.900 Euro (siehe Rz 176 zweiter Satz) ist jedoch zu beachten.

Bei Tätigkeiten im Sinne des § 1 Abs. 2 LVO ist die Liebhabereivermutung nach Maßgabe der Bestimmung des § 2 Abs. 4 LVO widerlegbar (siehe Rz 86 ff).

9.5.3. Liebhaberei bei Betrieben gemäß § 45 Abs. 3 BAO bzw. Gewerbebetrieben

178 Werden alle unter § 45 Abs. 1 und 2 BAO fallenden Betriebe als nichtunternehmerische Tätigkeit gewertet (Rz 176 erster Satz), können auch Gewerbebetriebe und wirtschaftliche Geschäftsbetriebe nach § 45 Abs. 3 BAO (wie zB eine Kantine) als nichtunternehmerisch beurteilt werden, wenn die Umsätze (§ 1 Abs. 1 Z 1 und 2 UStG 1994) aus den Gewerbebetrieben bzw. wirtschaftlichen Geschäftsbetrieben gemäß § 45 Abs. 3 BAO im Veranlagungszeitraum insgesamt nicht mehr als 7.500 Euro betragen. Auch diese Vermutung kann nicht gegen den Willen des Unternehmers angewendet werden.

9.5.4. Vermögensverwaltung

179 Eine Vermögensverwaltung fällt nicht unter die für gemeinnützige Vereine geltende Liebhabereivermutung nach Rz 176 und Rz 178. Die Liebhabereibeurteilung hat daher ausschließlich nach den Kriterien der LVO zu erfolgen (zur Vermietung von Wohnraum siehe zB Rz 168 f).

9.6. Rechnungsausstellung

180 Werden bei einer Tätigkeit, die gemäß § 2 Abs. 5 Z 2 UStG 1994 eindeutig nicht der Umsatzsteuer unterliegt, Rechnungen im Sinne des § 11 UStG 1994 mit Steuerausweis ausgestellt, schuldet der Rechnungsaussteller die Umsatzsteuer auf Grund der Rechnung (§ 11 Abs. 14 UStG 1994 bzw. bei der „kleinen Vermietung“ gemäß § 11 Abs. 12 UStG 1994). Ein Vorsteuerabzug steht dem Leistungsempfänger nicht zu. Zu den Voraussetzungen der Rechnungsberichtigung siehe UStR 2000 Rz 1771.

(BMF-AV Nr. 2021/27)

181 Vielfach ist es aber zunächst noch ungewiss, ob eine Tätigkeit als nichtunternehmerisch im Sinne des § 2 Abs. 5 Z 2 UStG 1994 gilt. Werden in einem solchen Fall bis zur endgültigen Klärung der Unternehmereigenschaft Rechnungen mit Steuerausweis ausgestellt, können diese Rechnungen in sinngemäßer Anwendung des § 11 Abs. 12 UStG 1994 berichtigt werden, wenn sich nachträglich ergibt, dass Liebhaberei vorliegt. Diese Berichtigung wirkt nicht zurück.

9.7. Übergang von einer unternehmerischen Tätigkeit zu einer nichtunternehmerischen Tätigkeit und umgekehrt

Bei Übergang von einer unternehmerischen Tätigkeit zu einer nichtunternehmerischen Tätigkeit im Sinne des § 2 Abs. 5 Z 2 UStG 1994 kommt die Eigenverbrauchsbesteuerung gemäß § 3 Abs. 2 UStG 1994 zum Tragen. Bei einem derartigen Übergang sowie beim Übergang von einer nichtunternehmerischen Tätigkeit im Sinne des § 2 Abs. 5 Z 2 UStG 1994 zu einer unternehmerischen Tätigkeit (infolge Änderung der Bewirtschaftung) liegt kein Anwendungsfall des § 12 Abs. 10 oder 11 UStG 1994 vor (vgl. UStR 2000 Rz 2074). **182**

Nur in jenen Fällen, bei denen beim Übergang von der unternehmerischen Tätigkeit zur nichtunternehmerischen Tätigkeit im Sinne des § 2 Abs. 5 Z 2 UStG 1994 ein unecht steuerfreier Eigenverbrauch vorliegt (zB Entnahme eines Gebäudes), ist eine Vorsteuerberichtigung nach § 12 Abs. 10 UStG 1994 vorzunehmen. **183**

Kommt es bei einer als Liebhaberei beurteilten verlustträchtigen Wohnraumvermietung in den Folgejahren zu einer Änderung der Bewirtschaftung und wird dadurch eine steuerpflichtige, nicht mehr als Liebhaberei zu beurteilende Tätigkeit begründet, liegt – abweichend von Rz 182 – eine Änderung der Verhältnisse nach Maßgabe des § 12 Abs. 10 UStG 1994 vor. **184**

10. Verfahrensrecht

10.1. Vorläufigkeit (§ 200 BAO)

10.1.1. Allgemeines

Die Abgabenbehörde kann die Abgabe vorläufig festsetzen, wenn nach den Ergebnissen des Ermittlungsverfahrens die Abgabepflicht zwar noch ungewiss, aber wahrscheinlich oder wenn der Umfang der Abgabepflicht noch ungewiss ist (§ 200 Abs. 1 erster Satz BAO). Vorläufig dürfen ua. erlassen werden: **185**

- Abgabenbescheide (§ 198 BAO),
- Bescheide, mit denen festgestellt wird, dass eine Veranlagung unterbleibt (zB Nichtveranlagungsbescheide bei der Einkommensteuer),
- Bescheide über die Feststellung von Einkünften (§ 188 BAO),
- Bescheide des Inhaltes, dass eine Feststellung von Einkünften zu unterbleiben hat.

Nicht vorläufig dürfen beispielsweise Haftungsbescheide (§ 224 BAO), Bescheide über die Verfügung bzw. Bewilligung der Wiederaufnahme des Verfahrens und Aufhebungen gemäß § 299 BAO ergehen.

Bescheide dürfen nur dann vorläufig erlassen werden, wenn vorübergehende Hindernisse in Form von Ungewissheiten im Tatsachenbereich der zweifelsfreien Klärung der Abgabepflicht oder deren Höhe entgegenstehen (zB VwGH 17.9.1996, 95/14/0052). **186**

Daher dürfen Bescheide beispielsweise dann vorläufig ergehen, wenn noch Ungewissheit besteht, ob nach dem Gesamtbild der Umstände eine Betätigung unter § 1 Abs. 1 LVO fällt (wenn etwa beim in Rz 13 erwähnten Beispiel die Kenntnis in der Zukunft liegender Umstände zur Beurteilung, ob nach dem Gesamtbild der Umstände die Viehzucht bloßes „Anhängsel" ist, erforderlich erscheint).

Die Vorläufigkeit ist ein Spruchbestandteil (zB VwGH 17.2.2000, 99/16/0090); der Bescheid ist daher nicht nur in seiner Überschrift, sondern auch in seinem Spruch als vorläufig zu bezeichnen. **187**

In der Begründung (§ 93 Abs. 3 lit. a BAO) des vorläufigen Bescheides ist die für die Vorläufigkeit maßgebende Ungewissheit anzugeben. Die bloße Wiedergabe des Gesetzestextes des § 200 Abs. 1 erster Satz BAO reicht nicht aus, weil für den Abgabepflichtigen erkennbar sein muss, welche Pflichten ihn im Fall des Wegfalls der Ungewissheit treffen (zB Anzeigepflichten nach den §§ 120 Abs. 3 und 139 BAO; siehe dazu Rz 203). Fehlt eine solche Bescheidbegründung, tut dies der Vorläufigkeit aber keinen Abbruch (VwGH 28.2.2012, 2010/15/0164).

Bestehen die Voraussetzungen des § 200 Abs. 1 BAO, liegt die Erlassung vorläufiger Bescheide im Ermessen der Abgabenbehörde (zB VwGH 5.3.2009, 2007/16/0142). Die Ermessensübung ist zu begründen (VwGH 26.6.2002, 2000/13/0202).

(BMF-AV Nr. 2021/27)

Die Möglichkeit der Erlassung vorläufiger Bescheide ist nicht dazu bestimmt, der Behörde vorerst die Ermittlungen des Sachverhaltes zu ersparen, um sich die Abgabeneinnahmen sofort vorbehaltlich des späteren ordnungsgemäßen Ermittlungsverfahrens zu verschaffen (zB VwGH 17.12.1992, 91/16/0137). **188**

Es ist somit etwa unzulässig, einen Bescheid deshalb vorläufig zu erlassen, weil in einiger Zeit eine abgabenbehördliche Prüfung (zB eine Außenprüfung gemäß § 147 BAO) beabsichtigt ist.

189 Die Erlassung eines endgültigen Bescheides (nach einem vorläufigen) ist nach der ständigen Rechtsprechung des Verwaltungsgerichtshofes auch dann zulässig, wenn die Erlassung des vorläufigen Bescheides zu Unrecht erfolgt sein sollte, weil im vorläufigen Bescheid die Bezeichnung der Ungewissheit fehlte (vgl. VwGH 27.2.2014, 2010/15/0073, mwN).

(BMF-AV Nr. 2021/27)

10.1.2. Liebhaberei gemäß § 1 Abs. 1 LVO

190 Bei Tätigkeiten im Sinne des § 1 Abs. 1 LVO kommt es nicht darauf an, ob Maßnahmen zur Verbesserung der Ertragslage tatsächlich zum Erfolg führen (keine Ex-Post-Betrachtung); daher rechtfertigen Zweifel, ob ein solcher Erfolg tatsächlich eintreten wird, keine Vorläufigkeit von Bescheiden (vgl. VwGH 23.2.2005, 2002/14/0024; VwGH 12.12.2007, 2006/15/0075). Zur Möglichkeit einer Wiederaufnahme des Verfahrens siehe Rz 21.

Sind Verluste gemäß § 2 Abs. 2 LVO für den Anlaufzeitraum anzuerkennen, stellt die Ungewissheit, ob im ersten Jahr nach Ablauf des Anlaufzeitraumes eine Einkunftsquelle anzunehmen sein wird, keine Ungewissheit im Sinne des § 200 Abs. 1 BAO für den Anlaufzeitraum dar. Die Ungewissheit, was für das erste Jahr nach dem Anlaufzeitraum zu geschehen hat, rechtfertigt somit nicht, die Bescheide für den Anlaufzeitraum vorläufig zu erlassen.

Bei der Gebäudevermietung gemäß § 2 Abs. 3 LVO sind die Rz 192 und Rz 193 sinngemäß anzuwenden.

10.1.3. Liebhaberei gemäß § 1 Abs. 2 LVO

191 Die Ungewissheit, ob die Prognose im Sinne des § 2 Abs. 4 LVO nicht vorgetäuscht ist, rechtfertigt nicht, die betreffenden Bescheide vorläufig zu erlassen. Kommt nachträglich die Tatsache neu hervor, dass der genannte Plan (der Erzielung eines Gesamtgewinnes bzw. Gesamtüberschusses) tatsächlich nicht bestanden hat, kann dies gegebenenfalls zu einer Wiederaufnahme der betreffenden Verfahren (§ 303 BAO) führen. Zu weiteren Möglichkeiten einer Wiederaufnahme des Verfahrens siehe Rz 70 und 99.

192 Bescheide dürfen beispielsweise in folgenden Fällen vorläufig ergehen:

a) Es ist nach der Art der Betätigung ungewiss, ob es dem Steuerpflichtigen gelingt, die Annahme des § 1 Abs. 2 LVO zu widerlegen.

b) Das Gesamtbild der Verhältnisse in Bezug auf die Einordnung einer Betätigung unter § 1 Abs. 1 LVO oder § 1 Abs. 2 LVO kann noch nicht endgültig beurteilt werden (vgl. Rz 46).

c) Die Prognoserechnung wird vor Beginn der Tätigkeit vorgelegt und eine Plausibilitätsprüfung vor Aufnahme der Tätigkeit führt zu keinem eindeutigen Ergebnis.

d) Es herrscht Ungewissheit, ob eine vorzeitige Darlehenstilgung (Rz 98) überhaupt oder zum prognostizierten Zeitpunkt vorgenommen wird, wenn ohne diese Darlehenstilgung die objektive Ertragsfähigkeit zu verneinen wäre (vgl. UFS 3.9.2010, RV/0509-F/09).

e) Es wird – trotz Aufforderung durch die Abgabenbehörde – keine Prognoserechnung vorgelegt. In diesen Fällen wird in der Regel vorläufig von Liebhaberei auszugehen sein.

Wird in den Fällen c) und d) erst nach Aufnahme der Tätigkeit eine plausible Prognoserechnung vorgelegt oder ihre Plausibilität beurteilbar (zB im zweiten Jahr der Tätigkeit), beseitigt dies die Ungewissheit im Sinne des § 200 Abs. 1 BAO (dieser Zeitpunkt ist für die Bemessungsverjährung zufolge § 208 Abs. 1 lit. d BAO bedeutsam; siehe Rz 196).

(BMF-AV Nr. 2021/27)

193 Ob eine Vermietung als Liebhaberei anzusehen ist, richtet sich danach, ob die Art der Bewirtschaftung oder der Tätigkeit in einem absehbaren Zeitraum einen Gesamtüberschuss der Einnahmen über die Werbungskosten erwarten lässt. Wird die Vermietung eingestellt (zB bei Verkauf der vermieteten Eigentumswohnung), stellt dies kein rückwirkendes Ereignis im Sinne des § 295a BAO dar (vgl. VwGH 24.6.2010, 2006/15/0343; VwGH 26.1.2011, 2005/13/0126). Daher ist die Ungewissheit, ob eine solche Einstellung der Vermietung tatsächlich erfolgen wird, keine Ungewissheit im Sinne des § 200 Abs. 1 BAO.

10.2. Bemessungsverjährung

10.2.1. Allgemeines

Nach § 207 Abs. 1 BAO unterliegt das Recht, eine Abgabe festzusetzen, der Verjährung. Die Bemessungsverjährung betrifft nicht nur das Recht auf erstmalige Festsetzung, sondern erfasst auch Abänderungen und Aufhebungen von Abgabenbescheiden. **194**

Die Bemessungsverjährung gilt nicht für die Erlassung (Abänderung, Aufhebung) von Bescheiden über die Feststellung von Einkünften gemäß § 188 BAO (vgl. zB VwGH 3.9.2008, 2006/13/0167). Dies gilt gleichermaßen für „Nichtfeststellungsbescheide“ (Bescheide des Inhalts, dass Feststellungen zu unterbleiben haben).

Feststellungserklärungen (§ 43 EStG 1988) unterliegen der Entscheidungspflicht (§ 85a BAO). Sie sind daher stets mit Bescheid (Feststellungsbescheid bzw. Nichtfeststellungsbescheid) zu erledigen; dies auch dann, wenn die vom Grundlagenbescheid „abgeleiteten“ Abgaben bereits verjährt sind.

Abgabenbescheide und Feststellungsbescheide verlängern (nach § 209 Abs. 1 BAO) auch dann die Verjährungsfrist, wenn sie vorläufig erlassen wurden (zB VwGH 20.1.2010, 2006/13/0015).

(BMF-AV Nr. 2021/27)

10.2.2. Sonderbestimmungen

Im Zusammenhang mit vorläufigen Bescheiden enthält die BAO zwei Sonderbestimmungen, nämlich § 208 Abs. 1 lit. d BAO (Verjährungsbeginn) und § 209 Abs. 4 BAO (absolute Verjährung). **195**

Nach § 208 Abs. 1 lit. d BAO beginnt die Verjährung in den Fällen des § 200 BAO mit dem Ablauf des Jahres, in dem die Ungewissheit beseitigt wurde. **196**

Maßgebend ist der Zeitpunkt des tatsächlichen Wegfalles der Ungewissheit (zB VwGH 17.4.2008, 2007/15/0054), unabhängig davon, ob und wann die Partei oder die Abgabenbehörde hievon Kenntnis erlangte.

Wurde ein Bescheid vorläufig erlassen, obwohl keine Ungewissheit im Sinne des § 200 Abs. 1 BAO vorgelegen ist und erwächst ein derartiger Bescheid in Rechtskraft, beginnt nach der Rechtsprechung die Verjährungsfrist mit Ablauf des Jahres, in dem der vorläufige Bescheid erlassen wurde (VwGH 27.2.2014, 2010/15/0073, mwN).

Kommt die Ungewissheit durch die Erlassung eines vorläufigen Feststellungsbescheides zum Ausdruck, erfasst sie insoweit auch den abgeleiteten Einkommensteuerbescheid. Folglich liegt hinsichtlich dieser Ungewissheit auch dann ein Anwendungsfall des § 208 Abs. 1 lit. d BAO (späterer Verjährungsbeginn) vor, wenn der Feststellungsbescheid gemäß § 200 Abs. 1 BAO vorläufig ergangen ist und der davon abgeleitete Bescheid – im Hinblick auf § 295 BAO – endgültig erlassen wurde (VwGH 29.1.2015, 2012/15/0121).

(BMF-AV Nr. 2021/27)

Die absolute Verjährungsfrist beträgt nach § 209 Abs. 3 BAO zehn Jahre (ab Entstehung des Abgabenanspruches). **197**

Hievon abweichend verjährt das Recht, eine gemäß § 200 Abs. 1 BAO vorläufige Abgabenfestsetzung wegen der Beseitigung einer Ungewissheit im Sinne des § 200 Abs. 1 BAO durch eine endgültige Festsetzung zu ersetzen, spätestens fünfzehn Jahre nach Entstehung des Abgabenanspruches (§ 209 Abs. 4 BAO).

Die absolute Verjährungsfrist von 15 Jahren (§ 209 Abs. 4 BAO) kann auch dann zur Anwendung kommen, wenn der endgültige Bescheid nach einem vorläufigen Bescheid auf einen anderen Verfahrenstitel als jenen des § 200 Abs. 2 BAO gestützt wurde (zB auf die Verfügung einer Wiederaufnahme gemäß § 303 BAO; VwGH 21.10.2020, Ra 2019/15/0153).

(BMF-AV Nr. 2021/27)

10.3. Buchführungs- und Aufzeichnungspflicht

Ob für einen Veranlagungszeitraum (für abgabenrechtliche Zwecke) Bücher oder Aufzeichnungen zu führen sind, richtet sich nach den Verhältnissen des betreffenden Zeitraumes. **198**

Bescheide (zB Abgabenbescheide, Feststellungsbescheide), somit auch solche, die von der Annahme einer Liebhaberei ausgehen, entfalten Rechtswirkungen (grundsätzlich) nur für die betreffenden Jahre. Sie sprechen nicht darüber ab, ob auch in späteren Veranlagungszeiträumen Liebhaberei vorliegt. Solche Bescheide, gleichgültig, ob sie endgültig oder vorläufig ergangen sind, stellen daher keinen „Freibrief“ für das Nichtführen von Büchern und Aufzeichnungen in den Folgejahren dar. Siehe auch Rz 200.

199 Eine insbesondere nach Unternehmensrecht bestehende Buchführungspflicht ist gemäß § 124 BAO auch im Interesse der Abgabenerhebung zu erfüllen. Dies gilt nur, wenn solche Interessen bestehen, somit nicht, wenn für den betreffenden Zeitraum eine Tätigkeit sowohl aus ertragsteuerlicher als auch aus umsatzsteuerlicher Sicht Liebhaberei darstellt.

Eine Buchführungspflicht kann sich aus § 125 BAO nur für Betriebe im Bereich der Land- und Forstwirtschaft oder für wirtschaftliche Geschäftsbetriebe (im Sinne des § 31 BAO) ergeben. Sie kann somit nicht für Zeiträume bestehen, in denen keine Einkunftsquelle (sondern Liebhaberei) vorliegt.

(BMF-AV Nr. 2021/27)

200 Für Zeiträume, in denen keine Einkunftsquelle (sondern Liebhaberei) vorliegt, besteht auch keine aus § 126 BAO ableitbare Pflicht zur Führung von Aufzeichnungen. Auch hiefür sind die Verhältnisse des betreffenden Zeitraumes maßgebend.

Bestehen Zweifel über eine Pflicht zur Führung von Büchern und Aufzeichnungen (dies kann beispielsweise bei vorläufiger Annahme von Liebhaberei der Fall sein), sind im Interesse der Abgabenerhebung (weiterhin) Aufschreibungen zu führen.

201 Nach § 132 Abs. 1 BAO sind Bücher, Aufzeichnungen sowie dazu gehörige Belege über sieben Jahre hinaus noch so lange aufzubewahren, als sie für die Abgabenerhebung betreffende anhängige Verfahren von Bedeutung sind, in denen diejenigen Parteistellung haben, für die auf Grund von Abgabenvorschriften die Bücher und Aufzeichnungen zu führen waren oder für die ohne gesetzliche Verpflichtung Bücher geführt wurden.

10.4. Anzeige- und Erklärungspflichten

202 Wandelt sich eine als Liebhaberei anzusehende Betätigung ab einem bestimmten Zeitpunkt in eine betriebliche Einkunftsquelle, besteht eine Anzeigepflicht gemäß § 120 Abs. 2 BAO.

Wandelt sich eine als Liebhaberei anzusehende Betätigung ab einem bestimmten Zeitpunkt in eine nichtbetriebliche Einkunftsquelle, besteht keine Anzeigepflicht gemäß § 120 Abs. 2 BAO, sondern lediglich die Verpflichtung, gemäß § 42 EStG 1988 bzw. § 43 EStG 1988 Steuererklärungen einzureichen.

(BMF-AV Nr. 2021/27)

203 Nach § 120 Abs. 3 BAO ist die Beseitigung der Ungewissheit nur anzeigepflichtig,

- wenn die Ungewissheit im vorläufigen Bescheid angeführt ist,
- wenn die angeführte Ungewissheit tatsächlich eine Ungewissheit im Sinne des § 200 Abs. 1 erster Satz BAO ist.

Die gemäß § 120 Abs. 2 und 3 BAO vorzunehmenden Anzeigen haben binnen einem Monat, gerechnet vom Eintritt des anzeigepflichtigen Ereignisses, zu erfolgen (§ 121 BAO).

§ 108 Abs. 4 BAO (Nichteinrechnung der Tage des Postenlaufes) gilt auch für die Anzeigefrist des § 121 BAO.

Nach § 120 BAO erfolgte Anzeigen unterliegen nicht der Entscheidungspflicht (VwGH 21.7.1998, 94/14/0089). Hingegen sind auf Endgültigerklärung (§ 200 Abs. 2 BAO) gerichtete Anbringen entscheidungspflichtig (VwGH 28.2.2012, 2010/15/0164).

(BMF-AV Nr. 2021/27)

10.5. Verfahrensrechtliche Folgen der Prüfung auf Gemeinschaftsebene bzw. der Sphäre der Gesellschafter

10.5.1. Einkunftsquelle bei Gesellschaft, nicht jedoch bei allen Gesellschaftern

204 Ein Bescheid, mit dem ausgesprochen wird, dass eine Feststellung von Einkünften unterbleibt, ist ein Grundlagenbescheid im Sinne des § 188 BAO. Die Einheitlichkeit als grundsätzliches Wesensmerkmal des Feststellungsbescheides nach § 188 BAO gilt somit auch für den Bescheid, mit dem ausgesprochen wird, dass eine Feststellung nicht zu erfolgen hat. Soweit eine Personengesellschaft unter Benennung ihrer Gesellschafter dem Finanzamt gegenüber mit dem Begehren auf bescheidmäßige Feststellung von Einkünften nach § 188 BAO auftritt (insbesondere durch Einreichung einer Erklärung der Einkünfte von Personengesellschaften), muss die bescheidmäßige Erledigung gegenüber diesen Rechtssubjekten einheitlich ergehen. Ein nicht an alle diese Rechtssubjekte gerichteter Bescheid solchen Inhaltes bleibt wirkungslos (vgl. zB VwGH 30.3.2006, 2004/15/0048).

(BMF-AV Nr. 2021/27)

205 Auch bei teilweiser Nichtanerkennung als gemeinsame Einkunftsquelle muss die bescheidmäßige Feststellung/Nichtfeststellung gegenüber allen in der Erklärung angeführten Rechtssubjekten (Personen) einheitlich ergehen. Ein nicht an alle diese Rechtssubjekte gerichteter Feststellungs-/Nichtfeststellungs-/Bescheid bleibt wirkungslos. Dabei kommt es entscheidend darauf an, welche Personen in die Erklärung der Einkünfte aufgenommen wurden. Der (Nicht-)Feststellungsbescheid (§§ 188, 190 BAO) darf nicht einen geringeren Personenkreis umfassen; das Finanzamt darf höchstens zusätzliche Personen in den Bescheid aufnehmen (VwGH 5.9.2012, 2011/15/0024 ua.).

(BMF-AV Nr. 2021/27)

Im Spruch des einheitlich (an alle) erlassenen Feststellungsbescheides sind die jeweiligen Gesellschafter, für die das Vorliegen der Einkunftsquelle verneint wird, namentlich zu bezeichnen. In der Begründung ist darzulegen, weshalb für den oder die betreffenden Gesellschafter eine Einkunftsquelle im ertragsteuerlichen Sinn nicht vorliegt. **206**

(BMF-AV Nr. 2021/27)

Aus § 192 (iVm § 190 Abs. 1 Satz 2) BAO ergibt sich die Bindungswirkung des Feststellungsbescheides. Beschwerden gegen den abgeleiteten Bescheid, die lediglich die Rechtswidrigkeit der im Grundlagenbescheid getroffenen Entscheidungen geltend machen, sind daher als unbegründet abzuweisen (zB VwGH 7.7.2004, 2004/13/0069). Die Anpassung abgeleiteter Bescheide an nachträgliche Erlassungen (Aufhebungen, Änderungen) des Grundlagenbescheides hat gemäß § 295 Abs. 1 BAO zu erfolgen. **207**

Die Bindungswirkung von Nichtfeststellungsbescheiden besteht nur darin, dass für den Gesellschafter keine festzustellenden Einkünfte (der geltend gemachten Einkunftsart) vorliegen. Der Begründung (zB weil für den Gesellschafter keine Mitunternehmerstellung vorliegt) kommt keine Bindungswirkung zu. Daher steht ein solcher Bescheid, der etwa ergeht, weil keine Mitunternehmerschaft vorliegt, der Qualifikation als echte stille Gesellschaft (und somit der Berücksichtigung der Einkünfte insbesondere als solche aus Kapitalvermögen) nicht entgegen.

(BMF-AV Nr. 2021/27)

10.5.2. Keine Einkunftsquelle bei Gesellschaft, aber Einkunftsquelle bei einem oder mehreren Gesellschaftern

Liegt auf der Ebene der Gesellschaft keine Einkunftsquelle vor, ist aber (zB als Folge besonderer Vergütungen) bei einem oder mehreren Gesellschaftern das Vorliegen einer Einkunftsquelle zu bejahen, ist wie folgt vorzugehen: **208**

- Ein Bescheid des Inhaltes, dass eine Feststellung der Einkünfte zu unterbleiben hat (Rechtsgrundlagen: § 92 Abs. 1 lit. b, § 190 Abs. 1 iVm § 188 BAO), ist zu erlassen;
- über die Einkunftsanteile der Gesellschafter ist im Verfahren des Gesellschafters zu entscheiden, somit im Einkommensteuer- bzw. Körperschaftsteuerfestsetzungsverfahren.

Eine Feststellung der Einkünfte der betreffenden Gesellschafter (wenn bei mehreren Einkünfte vorliegen) hat zu unterbleiben, weil eine solche Feststellung die Einkunftsquellenqualifikation auf Gesellschaftsebene voraussetzt.

(BMF-AV Nr. 2021/27)

Randzahlen 209 bis 210: derzeit frei

(BMF-AV Nr. 2021/27)

11. Kurzübersicht Liebhaberei

211

Übersicht Liebhaberei					
	Verluste treten auf bei				
	„normaler“ Tätigkeit	„verdächtiger“ Tätigkeit	Vermietung „groß“	Vermietung „klein“	wirtschaftlich verflochtener Tätigkeit
primäre Rechtsquelle	**§ 1 Abs. 1 LVO**	**§ 1 Abs. 2 LVO**	**§ 1 Abs. 1 iVm § 2 Abs. 3 LVO**	**§ 1 Abs. 2 iVm § 2 Abs. 4 LVO**	**§ 1 Abs. 3 LVO**
Beispiele	Handelsbetrieb, Dienstleistungsbetrieb (Hotel, Friseur, Arzt)	Rennstall, Jagd, Freizeitlandwirtschaft, Vermietung Segelyacht	Vermietung in Zinshaus (Wohnungen, Büros, Geschäftslokale)	Vermietung von Eigentumswohnungen od. Eigenheimen	zB verlustbringender Schilift mit gewinnbringendem Hotel

Anlaufzeitraum	ja[1])	nein	nein	nein	nein
Kriterienprüfung	ja	nein	nein	nein	nein
Gewinnprognose zu Beginn	grundsätzlich nein (erst Teil der Kriterienprüfung)	ja	ja (auf 25/28 Jahre)	ja (auf 20/23 Jahre)	nein, aber Prüfung ob unmittelbarer Zusammenhang gegeben ist
Einbeziehen eines (theoretischen) Veräußerungs- bzw. Aufgabegewinns oder (theoretisch) realisierbarer stiller Reserven von Anlagegütern	möglich	möglich	nein	nein	nicht notwendig
Sondergewinnermittlung wird eliminiert	ja (außer bei Befristung)	ja	ja (außer bei Befristung)	ja	nicht notwendig
Annahme von	Einkunftsquelle	Liebhaberei (außer Prognose positiv)	je nach Prognose	je nach Prognose	jedenfalls Einkunftsquelle
Wie lange ?	Einkunftsquelle bis Kriterienprüfung negativ oder Wandel zu § 1 Abs. 2 LVO	Liebhaberei bis Änderung der Bewirtschaftung	Einkunftsquelle, solange Prognose eingehalten bzw. nur unvorhergesehen verfehlt	Einkunftsquelle, solange Prognose eingehalten bzw. nur unvorhergesehen verfehlt oder bis Änderung der Bewirtschaftung	immer
Liebhaberei bei USt denkbar?	nein	ja	nein	ja, im Wege einer unechten Befreiung	nein

[1]) Kein Anlaufzeitraum besteht für zeitlich begrenzte Betätigungen und solche, bei denen damit zu rechnen ist, dass sie vor Erzielung eines Gesamtgewinnes/Gesamtüberschusses beendet werden (siehe Rz 18 und Rz 42). Im Fall der entgeltlichen Übertragung der Einkunftsquelle beginnt für den Erwerber ein neuer Anlaufzeitraum zu laufen; gleiches gilt bei unentgeltlicher Übertragung, wenn die Betätigung in völlig veränderter Form fortgeführt wird (siehe Rz 41).

(BMF-AV Nr. 2021/27)

5. Anhang

Inhaltsverzeichnis

5/1.

BMF-AV Nr. 2020/7 idF BMF-AV Nr. 2021/30

Erlass zur Einzelaufzeichnungs-, Registrierkassen- und Belegerteilungspflicht

(Erlass des BMF vom 23.12.2019, BMF-010102/0007-I/8/2019, BMF-AV Nr. 7/2020 idF Erlass des BMF vom 09.07.2020, 2020-0.421.626, BMF-AV Nr. 103/2020, Erlass des BMF vom 10.03.2021, 2021-0.176.666, BMF-AV Nr. 30/2021)

1. Allgemeines

Der Erlass zur Einzelaufzeichnungs-, Registrierkassen- und Belegerteilungspflicht stellt einen Auslegungsbehelf zu den §§ 131 ff BAO, in der Fassung des EU-Abgabenänderungsgesetzes 2016 – EU-AbgÄG 2016, BGBl. I Nr. 77/2016, dar, der im Interesse einer einheitlichen Vorgangsweise mitgeteilt wird.

Der nachstehende Erlass enthält insbesondere die zu beachtenden Kriterien und Details

- der Führung von Büchern und Aufzeichnungen (Einzelaufzeichnungspflicht nach § 131 Abs. 1 Z 2 BAO),
- der Registrierkassenpflicht (§ 131b BAO),
- der Belegerteilungspflicht (§ 132a BAO),
- der Sanktionen bei Nichterfüllung der Verpflichtungen sowie
- der Einzelheiten zur technischen Sicherheitseinrichtung.

Dies betrifft auch die gemäß der §§ 131 Abs. 4 und 131b Abs. 5 Z 1, 2, 3 und 4 sowie § 132a Abs. 8 BAO ergangenen Verordnungen des Bundesministers für Finanzen über Erleichterungen bei der Führung von Büchern und Aufzeichnungen (Einzelaufzeichnungen), bei der Registrierkassenpflicht (Registrierkassensicherheitsverordnung – RKSV, BGBl. II Nr. 410/2015, in der Fassung BGBl. II Nr. 210/2016) und bei der Belegerteilungspflicht (Barumsatzverordnung 2015 – BarUV 2015, BGBl. II Nr. 247/2015, in der Fassung BGBl. II Nr. 209/2016).

Der Erlass stellt insbesondere die Rechtslage nach den Erkenntnissen des VfGH vom 9. März 2016, G 606/2015, G 644/2015 und G 649/2015, und nach der Novelle der BAO in der Fassung BGBl. I Nr. 77/2016 dar (https://www.vfgh.gv.at/cms/vfghsite/attachments/4/3/3/CH0006/CMS1458027303032/registierkassen_entscheidung.pdf).

Der Verfassungsgerichtshof hat mit den bereits zitierten Erkenntnissen drei Individualanträge zur Registrierkassenpflicht jeweils negativ für die Antragsteller entschieden.

Weder die Bestimmung des § 131b BAO noch die Inkrafttretens-Bestimmung, werden im Hinblick auf den Gleichheitsgrundsatz, das Grundrecht auf Freiheit der Erwerbsausübung, das Grundrecht auf Eigentum sowie das Legalitätsprinzip als verfassungswidrig erachtet.

Im Hinblick auf diese Erkenntnisse und Beurteilungen des Höchstgerichtes sind keine legistischen Anpassungen notwendig.

Der Beurteilung des Verfassungsgerichtshofes zur Berechnung der Umsatzgrenzen für den Beginn der Registrierkassenpflicht wird in diesem neuen Erlass Rechnung getragen.

So wurden im Abschnitt 7. die Sanktionen mangels einfachgesetzlicher Regelungen und Zeitablauf die Ausführungen zur Sanktionslosigkeit in der Übergangsphase gestrichen.

Zudem finden aus neuen Sachverhaltsvarianten gewonnene Erkenntnisse Berücksichtigung.

Auch erfolgte im Rahmen des EU-AbgÄG, BGBl. I Nr. 77/2016 eine Erweiterung der Verordnungsermächtigung für den Bundesminister für Finanzen, allerdings ebenfalls unter der Voraussetzung, dass die Verwendung eines elektronischen Aufzeichnungssystems nicht zumutbar ist und die ordnungsgemäße Ermittlung der Grundlagen der Abgabenerhebung dadurch nicht gefährdet ist.

Diese Erleichterungen betreffen:

- Umsätze im Freien
- Umsätze in unmittelbaren Zusammenhang mit Hütten, wie insbesondere in Alm-, Berg-, Schi- und Schutzhütten
- Umsätze in Buschenschänken und
- Umsätze in kleinen Kantinen, die von gemeinnützigen Vereinen geführt werden.

Weiters werden in diesem Erlass die zu beachtenden Grundsätze der Registrierkassensicherheitsverordnung (RKSV), wie insbesondere die Inbetriebnahme der Sicherheitseinrichtung oder die Registrierung der Signatur- bzw. Siegelerstellungseinheit, im Hinblick auf die zwingend herzustellende Manipulationssicherheit mit 1. April 2017 näher erläutert.

Ergänzende Informationen zu den technischen Themenstellungen finden sich auf der BMF-Homepage unter www.bmf.gv.at > Topthemen > Informationen zu Registrierkassen > Codebeispiele zu den Detailspezifikation der Registrierkassensicherheitsverordnung für Softwarehersteller. Dabei handelt es sich um

- weitere detaillierte technische Beschreibungen zu den Abläufen und Prozessen in der Registrierkasse und zur Abwicklung der administrativen Vorgaben der Registrierkassensicherheitsverordnung (zB: Registrierung, Startbelegprüfung)
- einen Mustercode betreffend die Implementierung der RKSV-relevanten Komponenten einer Registrierkasse
- Prüftools für Kassenhersteller für die Überprüfung der Funktionalität der RKSV-relevanten Funktionen und
- Anpassungen der Begrifflichkeiten an die nunmehr in Kraft getretene Verordnung (EU) Nr. 910/2014 über die elektronische Identifizie-

rung und Vertrauensdienste für elektronische Transaktionen im Binnenmarkt und zur Aufhebung der Richtlinie 1999/93/EG, ABl. Nr. L 257/73 vom 28. August 2014 (eIDAS-VO).

Zur besseren Lesbarkeit erfolgt die Aufnahme der Änderungen in Form eines neuen Erlasses. Mit Veröffentlichung dieses Wartungserlasses stellt der Erlass vom 12. November 2015, BMF-010102/0012-IV/2/2015, keine Auslegungshilfe mehr dar.

Dieser Erlass ist ab Veröffentlichung in der Findok als Auslegungsbehelf heranzuziehen. Über die gesetzlichen Bestimmungen hinausgehende Rechte und Pflichten können aus dem Erlass nicht abgeleitet werden. Bei Erledigungen haben Zitierungen mit Hinweisen auf diesen Erlass zu unterbleiben. Sollten Regelungen in früheren Erlässen zu diesem Erlass im Widerspruch stehen, gelten diese insoweit als aufgehoben (zB KRL 2012).

Soweit Verweise auf materielles Steuerrecht erfolgen, sind die jeweils dazu ergangenen Erlässe bzw. Richtlinien (zB KStR 2013, EStR 2000, VereinsR 2001) beachtlich.

Soweit im Erlass personenbezogenen Bezeichnungen verwendet werden, gelten diese gleichermaßen für Personen sowohl weiblichen als auch männlichen Geschlechts.

2. Führen von Büchern und Aufzeichnungen/ Einzelaufzeichnungspflicht (§§ 131, 132 BAO)

2.1. Allgemeines

In den §§ 131 und 132 BAO sind die Grundsätze der Aufzeichnungs- und Aufbewahrungspflichten bei der Führung von Büchern, Aufzeichnungen und der Erfassung von Geschäftsvorfällen festgelegt.

Unabhängig von den spezifischen Regelungen zur Belegerteilungspflicht (§ 132a BAO) und zur Registrierkassenpflicht (§ 131b BAO und RKSV) sind diese Rechtsvorschriften auch – neben anderen – für die Beurteilung der Ordnungsmäßigkeit der Losungsermittlung durch Registrierkassen und Kassensysteme maßgebend.

Aufzeichnungen, die nach den Grundsätzen des § 131 BAO geführt werden und die ab 1. April 2017 den Vorgaben der RKSV entsprechen (insbesondere Erfassung im Datenerfassungsprotokoll der Registrierkasse), genügen jedenfalls dem § 131 Abs. 1 Z 6 lit. b BAO.

In Hinblick auf die datenträgergestützte bzw. elektronische Aufzeichnung von Geschäftsvorfällen sind daher folgende Grundsätze auch für die Nutzung von Registrierkassen oder Kassensystemen bzw. sonstigen elektronischen Aufzeichnungssystemen von Bedeutung:

1. Die gemäß den §§ 124, 125 und 126 BAO zu führenden Bücher und Aufzeichnungen sowie die ohne gesetzliche Verpflichtung geführten Bücher sind so zu führen, dass sie einem sachverständigen Dritten innerhalb angemessener Zeit einen Überblick über die Geschäftsvorfälle vermitteln können.
2. Die Eintragungen sollen der Zeitfolge nach geordnet, vollständig, richtig und zeitgerecht vorgenommen werden.
3. Die einzelnen Geschäftsvorfälle sollen sich in ihrer Entstehung und Abwicklung verfolgen lassen.
4. Soweit nach den §§ 124 oder 125 BAO eine Verpflichtung zur Führung von Büchern besteht oder soweit ohne gesetzliche Verpflichtung Bücher geführt werden, sollen alle Bareingänge und Barausgänge in den Büchern oder diesen zu Grunde liegenden Grundaufzeichnungen täglich einzeln festgehalten werden. Abgabepflichtige, die gemäß § 126 Abs. 2 und Abs. 3 BAO verpflichtet sind, ihre Einnahmen und Ausgaben aufzuzeichnen, sollen alle Bargeschäfte (Bareinnahmen und Barausgaben) einzeln festhalten.
5. Werden zur Führung von Büchern und Aufzeichnungen oder bei der Erfassung der Geschäftsvorfälle Datenträger verwendet, sollen Eintragungen oder Aufzeichnungen nicht in einer Weise verändert werden können, dass der ursprüngliche Inhalt nicht mehr ersichtlich ist.
6. Eine Überprüfung der vollständigen, richtigen und lückenlosen Erfassung aller Geschäftsvorfälle soll insbesondere bei der Losungsermittlung durch entsprechende Protokollierung der Datenerfassung und nachträglicher Änderungen möglich sein. Diese Überprüfung unterliegt der Einzelfallbetrachtung.
7. Die vollständige und richtige Erfassung und Wiedergabe aller Geschäftsvorfälle soll durch entsprechende Einrichtungen gesichert sein. Der Nachweis der vollständigen und richtigen Erfassung aller Geschäftsvorfälle soll durch entsprechende Einrichtungen leicht und sicher geführt werden können (Überprüfungsmöglichkeit).
8. Summenbildungen sollen nachvollziehbar sein.
9. Zur Führung von Büchern und Aufzeichnungen können Datenträger verwendet werden, wenn die inhaltsgleiche, vollständige und geordnete Wiedergabe bis zum Ablauf der gesetzlichen Aufbewahrungsfrist jederzeit gewährleistet ist.
10. Wer Eintragungen in elektronischer Form vorgenommen hat, muss, soweit er zur Einsichtsgewährung verpflichtet ist, auf seine Kosten innerhalb angemessener Frist diejenigen Hilfsmittel zur Verfügung stellen, die notwendig sind, um die Unterlagen lesbar zu machen, und soweit erforderlich, ohne Hilfsmittel lesbare, dauerhafte Wiedergaben beibringen.
11. Werden dauerhafte Wiedergaben erstellt, so sind diese auf Datenträgern zur Verfügung zu stellen.

    Dies gilt auch für vor- und nachgelagerte Systeme (Kassen, Lagerbuchführung, Bestellwesen, usw.), insoweit diese in Verbindung mit Büchern, Aufzeichnungen, der Losungsermittlung oder sonstigen steuerrelevanten Aufzeichnungen stehen oder der Kontrolle der vollständigen und richtigen Erfassung der Geschäftsvorfälle dienen. Vom Abgabepflichtigen geführte Unterlagen, die nicht in direkter Verbindung mit steuerrelevanten Aufzeichnungen stehen, können davon unabhängig, als für die Abgabenerhebung bedeutsame Unterlagen nach § 132 BAO vorlagepflichtig sein (zB Preisverzeichnisse, Reservierungsbücher, Kalkulationsunterlagen, Personalverwaltung).

12. Nach § 132 BAO sind Unterlagen, die für die Abgabenerhebung von Bedeutung sind, aufzubewahren und in entsprechender Form vorzulegen. Diese Unterlagen (wie zB Durchschriften von Belegen) können in elektronischer Form gespeichert werden, wenn die vollständige, geordnete, inhaltsgleiche und urschriftgetreue Wiedergabe bis zum Ablauf der gesetzlichen Aufbewahrungsfrist jederzeit gewährleistet ist. Soweit solche Unterlagen nur auf Datenträgern vorliegen, entfällt das Erfordernis der urschriftgetreuen Wiedergabe.

    Für den Fall, dass dauerhafte Wiedergaben erstellt werden (wenn zB Ausdrucke vorgenommen werden, etwa bei Belegerstellung durch ein Kassensystem), sind diese Belegdaten auch auf Datenträgern zur Verfügung zu stellen.

    Dies gilt auch für Aufzeichnungen, bei denen die Abgabenbehörde die Erstellung von dauerhaften Wiedergaben verlangen kann (§ 131 Abs. 3 BAO), wie zB bei Führung einer chronologischen, fortlaufenden Protokollierung der Datenerfassung auf Datenträgern (elektronisches Journal, Datenerfassungsprotokoll, vgl. § 131 Abs. 1 Z 6 lit. b BAO sowie § 7 Abs. 5 und § 19 Abs. 2 RKSV).

13. Aufzeichnungen, die nach Maßgabe der einzelnen Abgabenvorschriften der Erfassung abgabepflichtiger Tatbestände dienen, sind zu führen (§ 126 BAO), aufzubewahren und über Verlangen vorzulegen.

14. Bücher und Aufzeichnungen dürfen, soweit gesetzlich nichts anderes bestimmt ist, auch im Ausland geführt werden. Grundaufzeichnungen sind grundsätzlich an dem Ort zu führen, an dem die Geschäftsvorfälle bzw. aufzuzeichnenden Vorgänge stattfinden. Das Datenerfassungsprotokoll bei einem elektronischen Aufzeichnungssystem iSd § 131b BAO ist ein Teil der Grundaufzeichnungen, es muss daher zu Prüf- und Kontrollzwecken für die Organe der Finanzverwaltung innerhalb angemessener Zeit der Zugriff auf das aktuelle Datenerfassungsprotokoll möglich sein.

Darüber hinaus sind in anderen gesetzlichen Vorschriften normierte Aufzeichnungsverpflichtungen auch im Interesse der Abgabenerhebung zu erfüllen (§ 124 BAO).

2.2. Einzelaufzeichnungspflicht

Einzelaufzeichnungspflicht bedeutet, dass in den Aufzeichnungen die Betriebseinnahmen und die Betriebsausgaben (bzw. Bareingänge und Barausgänge) laufend zu erfassen und einzeln festzuhalten und aufzuzeichnen sind, außer bei Vorliegen der durch die Barumsatzverordnung geschaffenen Ausnahmeregelungen bzw. Erleichterungen.

Sie ist in § 131 Abs. 1 Z 2 lit. b BAO und § 131 Abs. 1 Z 2 lit. c BAO geregelt und gilt für Buchführungspflichtige und für Einnahmen-Ausgaben Rechner.

Soweit nach den §§ 124 oder 125 eine Verpflichtung zur Führung von Büchern besteht oder soweit ohne gesetzliche Verpflichtung Bücher geführt werden, sollen alle Bareingänge und Barausgänge in den Büchern oder in den Büchern zu Grunde liegenden Grundaufzeichnungen täglich einzeln festgehalten werden.

Abgabepflichtige, die gemäß § 126 Abs. 2 und Abs. 3 verpflichtet sind, ihre Einnahmen und Ausgaben aufzuzeichnen, sollen alle Bargeschäfte einzeln festhalten.

Die Bareinnahmen sind bei betrieblichen Einkunftsarten (Einkunftsarten nach § 2 Abs. 3 Z 1 bis 3 EStG 1988) bei Überschreiten der Grenzen des § 131b Abs. 1 Z 2 BAO frühestens ab Mai 2016 mit elektronischer Registrierkasse, Kassensystem oder sonstigen elektronischen Aufzeichnungssystem einzeln zu erfassen.

Ob betriebliche Einkünfte vorliegen, richtet sich nach einkommensteuer- und körperschaftsteuerrechtlichen Vorschriften (siehe zB EStR 2000). Diese Beurteilung ist wesentlich für die Registrierkassenpflicht, da unbeschadet einer bestehenden Einzelaufzeichnungs- und Belegerteilungspflicht die Registrierkassenpflicht nach § 131b BAO nur für die betrieblichen Einkunftsarten gilt. So unterliegen beispielsweise Privatzimmervermieter, die Einkünfte aus Vermietung und Verpachtung erzielen daher nicht der Registrierkassenpflicht, da keine betriebliche Einkunftsart iS des § 2 Abs. 3 Z 1 bis 3 EStG 1988 vorliegt. Allerdings liegen Einkünfte aus Gewerbebetrieb vor, wenn eine gewisse Anzahl von Betten bzw. Appartements überschritten wird bzw. bestimmte Nebenleistungen erbracht werden.

Die Abgrenzung zu den betrieblichen Einkunftsarten ist daher in diesem Zusammenhang zu beachten (Details siehe EStR 2000 Rz 5433 ff).

Ab dem 1. April 2017 ist die elektronische Registrierkasse bzw. das elektronische Aufzeichnungssystem durch eine technische Sicherheitseinrichtung gegen Manipulation zu schützen.

Andere bestehende Aufzeichnungsverpflichtungen (zB nach dem Weingesetz 2009, dem Alkoholsteuergesetz, dem Flugabgabegesetz) werden dadurch weder aufgehoben noch eingeschränkt (vgl. § 124 BAO). Wenn Aufzeichnungen geführt werden, die über die angeführten Aufzeichnungspflichten hinausgehen und für die Abgabenerhebung von Bedeutung sind, sind diese nach § 132 BAO aufzubewahren.

Ist aufgrund der BarUV 2015, idF BGBl. II Nr. 209/2016, die vereinfachte Losungsermittlung zulässig, werden aber die einzelnen Bareingänge in der Form erfasst und aufgezeichnet, dass eine vollständige Losungsermittlung durch Summierung der einzelnen entsprechenden Bareingänge möglich ist, so ist in diesem Fall eine vereinfachte Losungsermittlung nicht zulässig.

2.3. Wen trifft die Einzelaufzeichnungs-, Registrierkassen- und Belegerteilungspflicht?

Die im Gesetz (§§ 131 ff BAO) normierten Verpflichtungen betreffen Buchführungspflichtige, freiwillig Buchführende hinsichtlich der einzelnen Bareingänge und Barausgänge (§ 131 Abs. 1 Z 2 lit. b), sowie auch nach § 126 Abs. 2 und 3 BAO Aufzeichnungspflichtige mit ihren einzelnen Bargeschäften (einkommensteuerlich bedeutsame (erfolgswirksame) Einnahmen und Ausgaben – vgl. § 131 Abs. 1 Z 2 lit. c BAO).

Von der Einzelaufzeichnungs- und Belegerteilungspflicht betroffen sind daher auch Abgabepflichtige, die ihren Gewinn nach § 4 Abs. 3 EStG 1988 oder ihre Überschüsse nach § 2 Abs. 3 Z 6 und 7 EStG 1988 ermitteln. Die Einzelaufzeichnungs-, Registrierkassen- und Belegerteilungspflicht gilt nur für Unternehmer, unabhängig davon, ob deren Umsätze echt oder unecht von der Umsatzsteuer befreit sind.

Auch für Betriebe gewerblicher Art (BgA) von Körperschaften öffentlichen Rechts gelten die Einzelaufzeichnungs-, Registrierkassen- und Belegerteilungspflicht, soweit diese unternehmerisch tätig sind.

§ 132a Abs. 1 BAO verweist auf § 2 Abs. 1 UStG 1994, „gewerbliche oder berufliche Tätigkeit liegt auch dann vor, wenn die Absicht, Gewinn zu erzielen, fehlt“.

Bei Betrieben gewerblicher Art von Körperschaften öffentlichen Rechts sind daher die Liebhabereigrundsätze nicht anzuwenden (siehe auch § 2 Abs. 1 KStG 1988).

Belegerteilungspflicht ist daher zB bei Wasserwerken, die überwiegend der Trinkwasserversorgung dienen und als Hoheitsbetriebe gelten (vgl. § 2 Abs. 5 KStG 1988), die einen Betrieb gewerblicher Art von Körperschaften öffentlichen Rechts darstellen (siehe § 2 Abs. 3 UStG 1994), gegeben.

Unbeschadet der formell nicht anwendbaren Liebhabereigrundsätze im Bereich der Betriebe gewerblicher Art von Körperschaften öffentlichen Rechts bestehen in Fällen, bei denen zum Selbstkostenpreis ausschließlich an die eigenen Mitarbeiter und ohne Beteiligung am allgemeinen wirtschaftlichen Verkehr Leistungen erbracht werden, die von vornherein nicht auf Einnahmenerzielung ausgerichtet sind, keine Verpflichtungen der §§ 131b bis 132a BAO – (zB Ausgabe von Getränken oder einem kleinen Speisesortiment durch und an eigene Mitarbeiter, nicht öffentliche Mensa zur Versorgung der Mitarbeiter zum Selbstkostenpreis und ohne Einnahmen- bzw. Gewinnerzielungsabsicht).

Folgende Tätigkeiten, die nicht unter den Unternehmensbereich fallen (§ 2 Abs. 5 UStG 1994), sind von der Einzelaufzeichnungs-, Registrierkassen- und Belegerteilungspflicht ausgenommen:

- Gesellige Veranstaltungen iSd § 5 Z 12 KStG 1988 von Betrieben gewerblicher Art von Körperschaften öffentlichen Rechts. Die in § 2 Abs. 3 erster Satz UStG 1994 vorgenommene Ausnahme für nach § 5 Z 12 KStG 1988 befreite Betriebe gewerblicher Art nimmt die betroffene Veranstaltung aus dem Unternehmensbereich aus. Mit dem EU-AbgÄG 2016, BGBl. I Nr. 77/2016, erfährt der Anwendungsbereich des § 5 Z 12 KStG 1988 wesentliche Erweiterungen.
- Funktionäre iSd § 29 Z 4 EStG 1988 für die in Wahrnehmung dieser Funktion ausgeübte Tätigkeit, da dies nicht als gewerbliche oder berufliche Tätigkeit gilt.
- Liebhaberei, dh. eine Tätigkeit, die auf Dauer gesehen Gewinne oder Einnahmenüberschüsse nicht erwarten lässt.

2.4. Geschäftsvorfälle und sonstige aufzeichnungspflichtige Vorgänge

2.4.1. Geschäftsvorfall Allgemein

Ein Geschäftsvorfall ist ein Vorgang, der die Vermögenszusammensetzung in einem Unternehmen beeinflusst bzw. verändert. Ein Unternehmer ist gesetzlich verpflichtet, alle Geschäftsvorfälle in seiner Buchführung lückenlos zu erfassen, um so den finanziellen Stand des Unternehmens zu dokumentieren. Jeder Geschäftsvorfall wird grundsätzlich mit einem Buchungssatz festgehalten und somit gebucht. Dabei wird stets auf den Grundsatz „Keine Buchung ohne Beleg“ geachtet.

Beispiele möglicher Geschäftsvorfälle sind:

- Das Vermögen oder die Schulden verändern sich.
- Geld wird eingenommen oder ausgegeben.
- Ein Ereignis führt zu Aufwand oder Ertrag.

Der Weg der Geschäftsvorfälle in den Büchern und Aufzeichnungen soll – ausgehend von der Ersterfassung und Aufzeichnung bzw. über die Summen der erfassten Beträge im Rahmen der Losungsermittlung im Kassensystem durch entsprechende Buchung auf den Konten bis zur Bilanz/GuV bzw. Erfassung in den Aufzeichnungen – verfolgbar und auch progressiv und retrograd nachvollziehbar und überprüfbar sein.

Im Regelfall handelt es sich bei Geschäftsvorfällen um Ereignisse im Geschäftsbetrieb, die mit der Ersterfassung der Auftragsposition (zB Bestellungseingabe im Kassensystem, Warenwirtschaftssystem, Artikelscan an der Kasse, Einschalten des Taxameters) beginnen und in deren Rahmen üblicherweise ein geldwerter Leistungsaustausch zwischen dem Unternehmer/Abgabepflichtigen und dem Kunden stattfindet.

Die Geschäftsvorfälle können in bestandswirksame und erfolgswirksame unterteilt werden.

2.4.1.1. Bestandswirksame Geschäftsvorfälle

Der bestandswirksame Geschäftsvorfall ist erfolgsneutral. Das heißt, es werden nur Sach- oder Geldwerte getauscht, ohne dass dabei Wert entsteht oder verschwindet. Als Beispiel lässt sich der Ankauf von Rohstoffen nennen. Dabei wird ein Geldwert in Rohstoffe gleichen Wertes getauscht. Dabei steigt das Sachvermögen der Unternehmung, während das Geldvermögen sinkt. Das Reinvermögen bleibt dabei unverändert.

2.4.1.2. Erfolgswirksame Geschäftsvorfälle

Der erfolgswirksame Geschäftsvorfall bewirkt eine Änderung des Erfolgs. Hierbei unterscheiden sich zufließende und abfließende Vermögenswerte, so dass das Reinvermögen der Unternehmung steigt oder sinkt.

Als Beispiel lässt sich der Verkauf von Waren nennen, bei dem der Verkaufswert den Einkaufswert übersteigt. Die Differenz ist für das Unternehmen erfolgswirksam. Insoweit in Zusammenhang mit Registrierkassen bzw. sonstigen Einrichtungen zum Zweck der Losungsermittlung der Terminus Geschäftsvorfall verwendet wird, bezieht sich dies auf erfolgswirksame Geschäftsvorfälle laut BAO, die im Rahmen von Kassensystemen oder sonstigen in der Richtlinie geregelten elektronischen Auszeichnungssystemen erfasst werden.

2.4.1.3. Nicht zu erfassende Geschäftsvorfälle

Der Erlass behandelt nur erfolgswirksame Geschäftsvorfälle, die auf die Losungsermittlung Auswirkungen haben. Geschäftsvorfälle, die auf die Losungsermittlung keine Auswirkung haben (zB Teilwertabschreibungen, Vermögensverlagerungen) und nicht im Rahmen elektronischer Aufzeichnungssysteme iSd § 131b BAO zu erfassen sind, sind somit nicht Gegenstand dieses Erlasses.

2.4.2. Aufzeichnungspflichtige, nicht erfolgswirksame Vorgänge

Nicht erfolgswirksame Vorgänge, die Auswirkungen auf den Bargeldbestand der Kassa haben, wie zB Barentnahmen und Bareinlagen, sind zum Zweck der Überprüfung des Kassastandes aufzeichnungspflichtig.

Auch durchlaufende Posten sind aufzeichnungspflichtig (vgl. dazu die Ausführungen in Abschnitt 2.4.2.1.).

2.4.2.1. Durchlaufende Posten

Durchlaufende Posten sind für Zwecke der Einzelaufzeichnungs-, Registrierkassen- und Belegerteilungspflicht Beträge, die der Unternehmer im Namen und für Rechnung eines anderen vereinnahmt und verausgabt; sie gehören nicht zu den Bareinnahmen.

Ein durchlaufender Posten erfordert, dass sowohl die Vereinnahmung als auch die Verausgabung in fremdem Namen und auf fremde Rechnung erfolgen und dies auch ausdrücklich gegenüber dem Kunden offengelegt wird (vgl. UStR 2000 Rz 656). Dies sind beispielsweise

- Ortstaxen und Kurtaxen, wenn die Gemeinde (Kurverwaltung) Gläubiger und der Gast (Kurgast) Schuldner ist und die Taxe als solche bei der Weiterverrechnung offengelegt ist,
- Stempelgebühren und Gerichtsgebühren, die vom Parteienvertreter (zB Rechtsanwalt, Notar) für den Klienten ausgelegt werden,
- Vignette (wenn der Verkauf durch die Tankstelle im Namen und auf Rechnung der ASFINAG erfolgt),
- Rezeptgebühren, die zB die Apotheke im Namen und für Rechnung des Sozialversicherungsträgers vereinnahmt,
- KFZ-Zulassungsgebühr,
- Bestandvertragsgebühr (§ 33 Abs. 5 Z 4 GebG) bei Einhebung und Abfuhr an das Finanzamt durch Parteienvertreter (Rechtsanwälte, Notare, Wirtschaftstreuhänder sowie Immobilienmakler und Immobilienverwalter iSd GewO 1994),
- Kautionen (iSd § 16b MRG), Mietvorauszahlungen, die der Parteienvertreter an den Vermieter weiterleitet,
- Fremdgelder, die ein Rechtsanwalt oder Notar im Namen und auf Rechnung seines Mandanten vereinnahmt. Dies gilt auch in seiner Tätigkeit als Masseverwalter.
- Kostenersatz für die Begutachtungsplakette (§ 57a KFG 1967)
- Portogebühren, die ein Arzt (zB Radiologe) für die Versendung der Befunde an Parteien einhebt,
- Lotto-/Tottoumsatz bei einer Trafik oder bei einem Nahversorger.

Durchlaufende Posten zählen nicht zum Barumsatz und sind daher bei der Beurteilung der Grenzen für die Registrierkassenpflicht nicht zu berücksichtigen (§ 131b Abs. 1 Z 2 BAO).

Bei buchführungspflichtigen Unternehmen, bzw. freiwillig buchführenden Unternehmen sind nach § 131 Abs. 1 Z 2 lit. b BAO alle – auch die nicht erfolgswirksamen – Bareingänge, wie zB durchlaufende Posten, täglich einzeln zu erfassen.

Nicht erfolgswirksame Bareingänge, wie durchlaufende Posten, sind keine Bareinnahmen, die dem Zweck der Losungsermittlung dienen, sodass für diese auch keine Verpflichtung besteht, sie in der Registrierkasse zu erfassen. Dies gilt auch für die Einnahmen-/Ausgabenrechner und Überschussrechner.

Durchlaufende Posten können allerdings freiwillig nach § 131 Abs. 1 Z 2 BAO als Bareingang in der Registrierkasse desjenigen, der den Barbetrag kassiert, einzeln erfasst werden.

Werden für durchlaufende Posten Belege mittels Registrierkasse ausgestellt (dies wird betriebswirtschaftlich immer sinnvoll sein), sollen diese grundsätzlich den Anforderungen an Registrierkassenbelege entsprechen. Eine Signierung dieser Belege kann jedoch entfallen.

Diese durchlaufenden Posten sind bei freiwilliger Erfassung als nicht umsatzsteuerrelevant zu kennzeichnen (Erfassung als Null %-Umsatz).

Aufgrund der normativen Anforderungen ist immer der Beleg als solcher und nicht einzelne Belegpositionen zu signieren. Das bedeutet, dass durchlaufende Posten, die gemeinsam mit einem Barumsatz nach § 131b bzw. § 132a BAO (Barzahlung) in der elektronischen Aufzeichnung (Registrierkasse) in einem gemeinsamen Beleg erfasst werden, auch den allgemeinen Verpflichtungen der §§ 131b, 132a BAO einschließlich der Bestimmungen der RKSV (das heißt ab 1. April 2017 inklusive Signatur bzw. Siegel) unterliegen. Diese durchlaufenden Posten sind als nicht umsatzsteuerrelevant zu kennzeichnen (Erfassung als Null %-Umsatz).

Beispiele:

Ein Keramikhändler verkauft in seinem Geschäftslokal auch Keramikprodukte im Namen und für Rechnung eines anderen Produzenten, der in diesem Laden ein Regal für seine Produkte hat. Soweit der Verkauf im fremden Namen und auf fremde Rechnung dem Käufer ausdrücklich offen gelegt wird, handelt es sich um einen durchlaufenden Posten. Dieser muss nicht solistisch in der eigenen Registrierkasse erfasst werden.

Ein Landwirt verkauft in seinem Bauernladen nicht nur eigene Waren, sondern auch Waren anderer Landwirte. Soweit der Verkauf im fremden Namen und auf fremde Rechnung dem Käufer ausdrücklich offen gelegt wird, handelt es sich um einen durchlaufenden Posten. Diese Mitverkäufe können in einer Registrierkassa erfasst werden. In diesen Fällen müssen auf den erteilten Belegen die für andere Landwirte verkauften Waren als solche ausgewiesen werden.

In solchen Fällen (echte Durchlaufer) fällt die Registrierkassenpflicht auch im Sinne einer nachträglichen Erfassung durch den liefernden Unternehmer weg.

2.4.3. Sonstige aufzeichnungspflichtige Vorgänge

Sonstige aufzeichnungspflichtige Vorgänge sind Vorgänge im Geschäftsprozess, die zwar grundsätzlich nicht dazu geeignet sind, einen Geschäftsvorfall anzustoßen oder zu bewirken, sollen aber aus Gründen der Überprüfbarkeit der vollständigen und richtigen Erfassung aller Geschäftsvorfälle aufgezeichnet und aufbewahrt werden.

Trainingsbuchungen sind nach § 7 Abs. 2 RKSV im jeweiligen Kassensystem oder im elektronischen Aufzeichnungssystem zu erfassen und zu signieren.

2.4.4. Barumsatz iSd § 131b Abs. 1 Z 3 BAO

Gemäß § 131b Abs. 1 Z 3 BAO sind Barumsätze im Sinn dieser Bestimmung Umsätze, bei denen die Gegenleistung (Entgelt) durch Barzahlung erfolgt. Als Barzahlung gilt auch die Zahlung mit Bankomat- oder Kreditkarte vor Ort oder durch andere vergleichbare elektronische Zahlungsformen, die Hingabe von Barschecks sowie vom Unternehmer ausgegebener und von ihm an Geldes statt angenommener Gutscheine, Bons, Geschenkmünzen und dergleichen. Nicht als Barzahlung gelten Zahlungen mit Verrechnungsscheck oder Orderschecks (vgl. Abschnitt 2.4.14.).

Der Begriff Barumsatz orientiert sich an § 1 Abs. 1 Z 1 UStG 1994 und gilt für Lieferungen und sonstige Leistungen, die ein Unternehmer im Inland gegen Entgelt im Rahmen seines Unternehmens ausführt.

Daher gilt auch § 132a BAO für Zahlungen im Zusammenhang mit im Inland zu erbringenden oder erbrachten Leistungen (siehe Abschnitt 2.4.4.2.).

2.4.4.1. Barumsätze eines österreichischen Unternehmers im Ausland

Für einen österreichischen Unternehmer besteht für seine Barumsätze, die er im Ausland verwirklicht, keine Registrierkassen- und Belegerteilungspflicht nach der BAO. Allenfalls bestehende ausländische Verpflichtungen bleiben davon unberührt. Solcherart sind diese Umsätze auch nicht in die Berechnung der Umsatzgrenzen für die Registrierkassenpflicht einzubeziehen.

Beispiel:

Ein österreichischer Unternehmer verkauft bei einer Buchmesse in Frankfurt Bücher gegen Barzahlung; keine Registrierkassen- und Belegerteilungspflicht, weil der Ort der Lieferung im Ausland liegt.

2.4.4.2. Barumsätze von ausländischen Unternehmern im Inland

Ein ausländischer Unternehmer, der im Inland Barumsätze tätigt, fällt mit den inländischen Umsätzen unter die gesetzlichen Verpflichtungen der §§ 131b und 132a BAO.

Ein ausländischer Unternehmer, der im Inland Barumsätze tätigt, fällt dann unter das Registrierkassen- und Belegerteilungsregime, unabhängig davon, ob er in Österreich eine Betriebsstätte begründet hat. Bezüglich der Berechnung der Umsatzgrenzen für die Registrierkassenpflicht sind nur die inländischen Umsätze heranzuziehen.

Der ausländische Unternehmer hat hiefür eine österreichische Steuernummer (UID-Nummer bzw. GLN) zu beantragen um die Registrierung der Signatur- bzw. Siegelerstellungseinheit über FinanzOnline zu ermöglichen (siehe Abschnitt 3.3.2.2.2.).

Beispiel:

Ein ausländischer Unternehmer bietet auf einer Messe im Inland seine Produkte an. Bei Überschreiten der Umsatzgrenzen durch seine im Inland erzielten Umsätze besteht grundsätzlich ab dem viertfolgenden Monat Registrierkassenpflicht. Unabhängig von der Höhe seiner Umsätze hat er über auf der Messe empfangene Barzahlungen den Kunden Belege gemäß § 132a BAO auszustellen.

Die Erleichterung für mobile Umsätze gemäß § 7 Abs. 1 BarUV 2015 kann in Anspruch genommen werden.

2.4.5. Spenden

Bareingänge, denen keine Gegenleistung oder sonstige Leistung (auch an Dritte) gegenübersteht bzw. denen diese nicht zuordenbar ist (zB freiwilliges Einwerfen von Spenden ohne Gegenleistung in eine Box), stellen mangels Leistungsaustausch keinen Barumsatz dar.

Allerdings liegt bei Aufrundungen von Zahlungsbeträgen für eine erbrachte Leistung im Rahmen einer Spendenveranstaltung (zB Zahlungsbetrag von 2,50 Euro für ein Getränk wird aufgerundet auf 5 Euro) eine Gegenleistung zugrunde, diese stellen einen Barumsatz dar und sind entsprechend der sonstigen Bestimmungen registrierkassenpflichtig. Bei freiwilliger Erfassung der Spenden ohne Gegenleistung in der elektronischen Registrierkasse hat diese den gesetzlichen Anforderungen zu entsprechen (analog durchlaufende Posten, siehe Abschnitt 2.4.2.1.).

Es ist aber auch möglich, derartige Spendenbeträge ohne Gegenleistung auch außerhalb einer Registrierkasse oder in einer Registrierkasse, die über keine Sicherheitseinrichtung iSd § 131b Abs. 2 BAO verfügt, zu erfassen.

2.4.6. Trinkgelder

Trinkgelder, die dem Unternehmer zufließen, sind Bareinnahmen des Unternehmers. Trinkgelder für die Leistung eines Arbeitnehmers sind nicht für die Berechnung der Umsatzgrenzen für die Registrierkassenpflicht heranzuziehen und beim Unternehmer, wenn sie in der Registrierkasse erfasst werden, wie durchlaufende Posten zu behandeln (vgl. Abschnitt 2.4.2.1.).

2.4.7. Becherpfand

Das Becherpfand ist gleich zu behandeln wie der Verkauf des Bechers bzw. als Teil des Getränkekaufes. Es besteht auch Belegerteilungspflicht für den Gesamtumsatz (Becher und Getränk).

Die Auszahlung des Becherpfandes im Zuge der Rückgabe des Bechers ist als negativer Umsatz zu erfassen und wird daher bei der Ermittlung der Umsatzgrenzen des § 131b Abs. 1 Z 2 BAO ausgeschieden. Falls der Bezug zum ursprünglich erfassten Einsatz hergestellt werden kann, besteht auch die Möglichkeit, den ursprünglichen Umsatz zu stornieren.

2.4.8. Echte Mitgliedsbeiträge

Echte Mitgliedsbeiträge, denen keine konkrete Leistung des Vereins gegenübersteht, sind keine Umsätze, da die wechselseitige Abhängigkeit von Leistung und Gegenleistung fehlt.

Unechte Mitgliedsbeiträge sind Zahlungen eines Mitglieds, die als Mitgliedsbeitrag ausgewiesen werden, denen aber eine konkrete Leistung des Vereines an den Beitragszahler gegenübersteht (zB Nutzung von Sportanlagen oder sonstige Einrichtungen nur für Mitglieder zulässig, die ihren Beitrag entrichtet haben).

2.4.9. (Echter) Schadenersatz

Bei echtem Schadenersatz handelt es sich um keinen Umsatz, sondern um eine Ersatzleistung, die deshalb erbracht wird, weil ein Schaden verursacht wurde, bzw. für einen Schaden einzustehen ist. Es handelt sich daher nicht um Entgelt für eine Leistung, denn ein Leistungsaustausch liegt nicht vor.

Beispiele:

Schadenersatz für die Nichterfüllung eines Kaufvertrages, Versicherungsentschädigungen.

Für Zwecke der Einzelaufzeichnungs-, Registrierkassen- und Belegerteilungspflicht liegt ein Umsatz (unechter Schadenersatz) vor, wenn dem Entgelt eine Gegenleistung, die nicht in Anspruch genommen wurde, zugeordnet werden kann.

Beispiele:

Zahlungen für die Einräumung von Leistungsdienstbarkeiten (zB Stromleitungen), Entschädigungen für Enteignungen.

2.4.10. Verkauf und Einlösen von Gutscheinen

2.4.10.1. Wertgutscheine

Die Veräußerung von Wertgutscheinen (Geschenkbons, Geschenkmünzen) durch Unternehmer, die zum späteren Bezug von Waren nach freier Wahl oder nicht konkretisierten Dienstleistungen des Gutscheinausstellers berechtigen, stellt noch keinen steuerbaren Vorgang iSd UStG 1994 dar. Das Entgelt für die Veräußerung eines solchen Wertgutscheines unterliegt nicht der Anzahlungsbesteuerung.

Es handelt sich hier steuerlich weder um einen Ertrag noch einen umsatzsteuerpflichtigen Vorgang, sondern der Wertgutschein wird als Verbindlichkeitsnachweis des Unternehmers für den Kunden ausgestellt.

Bei Wertgutscheinen ist der Zeitpunkt des Barverkaufes der Wertgutscheine nach § 131 Abs. 1 Z 2 BAO für die Erfassung des Bareingangs maßgeblich. Dabei handelt es sich noch nicht um einen registrierkassen- und belegerteilungspflichtigen Barumsatz. Allerdings ist die Erfassung derartiger Bareingänge in der Registrierkasse zweckmäßig, weil damit eine lückenlose Aufzeichnung aller Bareingänge gewährleistet werden kann. Zudem erübrigt sich damit eine zusätzliche Aufzeichnung dieser Bareingänge.

Bei Erfassung des Verkaufs von Wertgutscheinen in der Registrierkasse ist die Barzahlung zB mit der Bezeichnung „Bonverkauf" als Null %-Umsatz bzw. nicht als Barumsatz zu behandeln.

Der Wertgutschein ist als Barumsatz im Zeitpunkt der Einlösung zu erfassen, weil erst dann die Lieferung oder sonstige Leistung erbracht wird.

Es ist immer der Nominalwert des eingelösten Wertgutscheins als Barumsatz anzusetzen.

Beim Kauf von Prepaid-Karten steht im Regelfall noch nicht fest, welche konkreten Leistungen vom Käufer in Anspruch genommen werden. Beim Kartenkauf handelt es sich daher um einen Gutschein und keine Anzahlung.

Beispiel:

Eine Prepaidcard wird verkauft. Durch Vorlage der Karte können bestimmte unterschiedlicher Leistungen unentgeltlich oder preisreduziert (teilweise auch mehrfach und nicht einzelfallbegrenzt) in Anspruch genommen werden.

In einem solchen Fall ist der Erwerb der Karte wie der Erwerb eines Wertgutscheins zu betrachten. Es besteht daher keine Registrierkassenpflicht. Bei Einlösung der jeweiligen Leistung liegt ein registrierkassen- und belegerteilungspflichtiger Barumsatz vor.

2.4.10.2. Sonstige Gutscheine

Wenn allerdings in einer Privaturkunde (Bon, umgangssprachlich auch „Gutschein" genannt) die Lieferung/sonstige Leistung bekannt und eindeutig konkretisiert ist, ist deren Verkauf bereits als Barumsatz anzusehen und daher in der Registrierkasse zu erfassen und darüber ein Beleg auszustellen (zB Eintrittskarte für eine konkrete Veranstaltung, Fahrscheine).

Zur Konkretisierung reicht die genaue eindeutige Bezeichnung der Art der Lieferung/sonstigen Leistung aus und muss nicht der Zeitpunkt der Leistungserbringung angeführt werden.

2.4.11. Anzahlungen/Teilzahlungen/Restzahlungen zu Ausgangsrechnungen

Barzahlungen sind neben der Bezahlung des Gesamtpreises auch Anzahlungen, Ratenzahlungen (Teilzahlungen) und Restzahlungen. Alle derartigen Barzahlungen sind für die Umsatzgrenzen des § 131b Abs. 1 Z 2 BAO relevant; dies unabhängig davon, ob Soll- oder Istbesteuerung nach dem UStG 1994 vorliegt.

Eine Barzahlung liegt auch vor, wenn der Unternehmer dem Leistungsempfänger eine Rechnung iSd UStG 1994 mit Zahlungsanweisung übergibt, der Leistungsempfänger diesen Betrag aber dennoch beim Unternehmer vor Ort in bar bezahlt. In diesem Fall entsteht die Umsatzsteuerschuld nicht ein zweites Mal. Der leistende Unternehmer stellt keine „Rechnung" im Sinn des UStG 1994, sondern einen Beleg über die empfangene Barzahlung iSd § 132a BAO bzw. RKSV aus.

Es ist zulässig, auf diesem Beleg lediglich auf die Nummer der Rechnung zu verweisen und keine Aufschlüsselung der Umsätze nach Steuersätzen vorzunehmen, wenn die Rechnung zur Abfuhr der Steuerschuld schon im (elektronischen) Aufzeichnungssystem erfasst wurde.

Die Erfassung des Umsatzes in der Registrierkasse und der Ausdruck des Registrierkassenbelegs lösen keine Umsatzsteuerschuld kraft Rechnung aus. Für den Fall einer gesonderten Rechnungsausstellung nach § 11 UStG ist es – um eine Steuerschuld kraft Rechnungsausstellung zu vermeiden – zweckmäßig, den Registrierkassenbeleg als Rechnungsduplikat (vgl. UStR 2000 Rz 1527 f) zu kennzeichnen.

Beispiele:

1. Für die Leistung eines Tischlers wird eine bare Anzahlung von 2.000 Euro geleistet, der Restbetrag von 10.000 Euro erfolgt per Bankanweisung nach Lieferung der Küche und Rechnungsausstellung (Gesamtbetrag 12.000 Euro). Die Anzahlung in Höhe von 2.000 Euro zählt als Barumsatz im Sinne des § 131b Abs. 1 Z 2 BAO.

2. Für eine Leistung wird eine Honorarnote mit Zahlungsanweisung gelegt. Der Leistungsempfänger zahlt den gesamten Betrag beim Unternehmer bar, daher ist dieser Betrag in der Registrierkasse zu erfassen.

3. Für eine Leistung wird eine Honorarnote mit Zahlungsanweisung gelegt. Der Leistungsempfänger zahlt nur einen Teilbetrag bar (zB Einlösung eines Wertgutscheins, Bargeld), so ist nur dieser Teilbetrag in der Registrierkasse zu erfassen.

4. Vor Antritt einer Miete eines PKWs wird ein bestimmter Betrag auf der Kreditkarte des Kunden „reserviert" (nicht abgebucht). Die Abrechnung der tatsächlichen Kosten erfolgt erst nach Beendigung der Miete.

Ist der Abbuchungsbetrag nicht mit dem reservierten Betrag ident, stellt die bloße Reservierung des möglichen Abbuchungsbetrages noch keinen Barumsatz dar. Dies gilt auch, wenn der Kunde seine Kreditkarte nur bei Antritt der Miete vorlegt. In einem solchen Fall wird der Zahlungsvorgang zwar schon mit der Hingabe der Kreditkarte angestoßen, die nachfolgende Abbuchung des Betrages vom Kreditkartenkonto erfolgt allerdings ohne neuerliche Mitwirkung des Kunden (keine neuerliche Vorlage/Verwendung der Kreditkarte durch den Kunden). Dieser Vorgang kann daher wie ein Einziehungsauftrag gewertet werden, sodass keine Registrierkassen- und Belegerteilungspflicht nach den §§ 131b und 132a BAO besteht.

2.4.12. Innenumsätze

Innenumsätze sind Umsätze innerhalb eines Unternehmens. Sie sind nicht umsatzsteuerbar und auch keine Barumsätze iSd der BAO und sind daher weder belegerteilungs- noch registrierkassenpflichtig.

2.4.13. Nachnahme/Inkasso

Bei der Nachnahme besteht keine direkte Warenausgabe durch den leistenden Unternehmer und keine unmittelbare Gegenleistung (Bezahlung) durch den Leistungsempfänger, da ein dritter Unternehmer (zB Post, Spediteur, Zusteller, Kleintransporteur, Güterbeförderer) diese Leistungen ausführt bzw. entgegennimmt.

Da bei der Lieferung des Gegenstandes und Bezahlung per Nachnahme keine unmittelbare Verbindung zwischen leistungserbringenden Unternehmer und dem zahlenden Abnehmer vorliegt, und ein anderer Unternehmer (Post, Spediteur, usw.)

dazwischengeschaltet ist, besteht auch keine (mittelbare) Registrierkassenpflicht iSd § 131b BAO, die der jeweilige Zusteller für den Lieferanten zu erfüllen hat. Für das Unternehmen, das per Nachnahme kassiert, liegt kein Barumsatz vor.

Für den Zusteller, der die Nachnahmelieferung durchführt, gibt es daher auf Basis dieses einzelnen Geschäfts aufgrund § 131b BAO keine Registrierkassenpflicht.

Unabhängig davon besteht eine Einzelaufzeichnungspflicht der jeweiligen Geschäftsvorfälle nach § 131 BAO.

Es würde jedoch ein Barumsatz vorliegen, wenn das Unternehmen die Ware selbst zustellt und bei der Zustellung kassiert.

Wenn ein Inkassounternehmen für seinen Auftraggeber offene Forderungen aus Lieferungen/sonstigen Leistungen oder Schadenersatzforderungen einbringt, liegt insoweit kein Barumsatz vor, der im Rahmen der Losungsermittlung mit Registrierkasse beim Inkassounternehmen zu erfassen ist, da dieses in keiner Geschäftsbeziehung zum Schuldner steht und im Auftrag des Gläubigers für diesen die offene Forderung eintreibt.

2.4.14. Barzahlungen

Barzahlungen sind nicht nur Zahlungen mit Bargeld. Als Barzahlungen iSd §§ 131b Abs. 1 Z 3 und 132a Abs. 1 BAO gelten auch Gegenleistungen, die unmittelbar beim Leistungsaustausch erfolgen und die

- mit Barscheck,
- mit Bankomat- oder Kreditkarte oder durch andere vergleichbare elektronische Zahlungsformen (vor Ort/an der Kasse),
- durch das Einlösen von Wertgutscheinen, Bons, Geschenkmünzen und dergleichen, die von Unternehmern ausgegeben und an Geldes statt angenommen werden, erfolgen.

Nicht als Barzahlung gelten beispielsweise die Zahlung mit Zahlungsanweisung, die Online-Banking-Überweisung, Paypal und Einziehungsaufträge, Daueraufträge oder Zahlungen über das Internet mittels Bankomat- oder Kreditkarte, die nicht vor Ort (zB im Geschäftslokal) beim bzw. im Beisein des leistenden Unternehmers erfolgen.

Unbeachtlich für die Subsumtion unter Barzahlung ist, ob es sich um ein „Zielgeschäft" handelt.

Reine Tauschgeschäfte sind nicht als Barumsätze in der Registrierkasse zu erfassen.

2.4.15. Barbewegung

Barbewegungen sind Veränderungen des Bargeldbestandes. Darunter fallen alle Barein- und Barausgänge, aber auch das Auswechseln von Geldmünzen bzw. Geldscheinen.

Registrierkassen- und belegerteilungspflichtig sind jedoch nur Barumsätze (siehe Abschnitt 2.4.4).

2.4.16. Bareinnahme /-ausgabe

Bareinnahmen und Barausgaben stellen Bargeschäfte dar. Sie sind nach § 131 Abs. 1 Z 2 lit. c BAO einzeln festzuhalten. Dabei handelt es sich um Einnahmen und Ausgaben, die in Bargeldform erfolgen und erfolgswirksam sind (zB Betriebseinnahmen und Betriebsausgaben bei betrieblichen Einkunftsarten; Einnahmen und Werbungskosten bei Einkünften aus Vermietung und Verpachtung und sonstigen Einkünften).

Werden solche Bareinnahmen im Rahmen der betrieblichen Einkunftsarten (§ 2 Abs. 3 Z 1–3 EStG 1988) erzielt, besteht bei Vorliegen der Voraussetzungen Belegerteilungs- und Registrierkassenpflicht (siehe §§ 132a und 131b BAO).

Unter Bargeschäft sind erfolgswirksame Bareinnahmen und Barausgaben zu verstehen.

2.4.17. Bareingang/-ausgang

Bareingänge sind alle Zuflüsse von Bargeld, die sich erhöhend auf den Bargeldbestand auswirken, unabhängig davon, ob sie erfolgswirksam sind (zB Bareinlagen).

Barausgänge sind alle Abflüsse, die den Bargeldbestand mindern, unabhängig davon, ob sie erfolgswirksam sind (zB Barentnahmen).

Nach § 131 Abs. 1 Z 2 lit. b BAO sind solche Bareingänge und Barausgänge täglich einzeln festzuhalten.

Bargeschäfte (erfolgswirksame Bareinnahmen und Barausgaben) sind Teil der Bareingänge und Barausgänge.

3. Registrierkassenpflicht (§ 131b BAO)

Registrierkassenpflicht ist die Verpflichtung, alle Bareinnahmen mit einer elektronischen Registrierkasse (elektronischem Aufzeichnungssystem) einzeln zu erfassen.

Entscheidend ist, dass eine Barzahlung erfolgt und nicht, wann die Lieferung oder sonstige Leistung erbracht wird. Daher ist beispielsweise eine Anzahlung für eine noch nicht erbrachte Leistung oder eine nachträgliche Barzahlung elektronisch zu erfassen.

Soweit Betriebseinnahmen keine Barumsätze darstellen (zB Verkauf von Wertgutscheinen, Zahlung mittels Telebanking oder Zahlungsanweisung, Überweisungen, Daueraufträge, Einziehungsaufträge), besteht keine Verpflichtung zur Erfassung dieser Einnahmen mittels Registrierkasse. Werden diese jedoch erfasst, so besteht ab 1. April 2017 keine Pflicht zur Signatur im Sinne § 9 RKSV für solche Belege, es sei denn, sie werden in einem Beleg mit Barumsätzen kombiniert (vgl. Abschnitt 2.4.2.1.).

3.1. Registrierkasse und sonstige elektronische Aufzeichnungssysteme

3.1.1. Arten der Registrierkassen

Unter einer Registrierkasse versteht man jedes elektronische Aufzeichnungssystem, das zur Losungsermittlung bzw. Dokumentation einzelner

Bareinnahmen eingesetzt wird. Als Registrierkasse können auch serverbasierte Aufzeichnungssysteme, Waagen und Taxameter mit Kassenfunktionen dienen.

Jede Registrierkasse hat ab 1. Jänner 2016 über ein Datenerfassungsprotokoll (Kassenjournal) zu verfügen. Das Datenerfassungsprotokoll muss ab 1. Jänner 2016 gemäß § 19 Abs. 2 RKSV auf einen externen Datenträger exportierbar sein.

Neben dem Datenerfassungsprotokoll muss jede Registrierkasse ab 1. April 2017 einen Umsatzzähler aufweisen und über einen AES-Schlüssel zur Verschlüsselung dieses Umsatzzählers verfügen.

Sie kann mit einer oder mehreren Eingabestationen verbunden sein und muss ab 1. April 2017 auf zumindest eine Signatur- bzw. Siegelerstellungseinheit, die jeweils ein dem Unternehmer zugeordnetes Zertifikat besitzt, zugreifen sowie die Erstellung von Belegen gemäß § 132a BAO mittels Belegdrucker oder durch Aussendung eines elektronischen Belegs auslösen können. Im Unterschied zu Registrierkassen verfügen Eingabestationen über kein Datenerfassungsprotokoll.

3.1.1.1. Nutzung einer Registrierkasse durch mehrere Unternehmer

Mehrere Unternehmer können eine Registrierkasse verwenden, wenn nachvollziehbar und klar erkennbar ist, welche Umsätze zu welchem Unternehmer gehören (§ 5 Abs. 6 RKSV).

Das bedeutet, dass die Registrierkasse für jeden Unternehmer, der diese verwendet, ein gesondertes Datenerfassungsprotokoll führen muss bzw. für jeden Unternehmer ab April 2017 eine gesonderte Sicherung der Unternehmensumsätze durch eine dem jeweiligen Unternehmer zugeordnete Signatur- bzw. Siegelerstellungseinheit gewährleistet ist. Beispiele Ordinations-/Apparategemeinschaft von Ärzten oder Physiotherapeuten, Bauernladen für mehrere Landwirte.

Bei Verwendung einer gemeinsamen Registrierkasse für mehrere Betriebe eines Unternehmers (in einem gemeinsamen Datenerfassungsprotokoll) müssen die Bareinnahmen jedes Betriebes als solche gekennzeichnet und erkennbar sein (zB: ein eigener Nummernkreis je Betrieb), um die für die Ausfertigung der Abgabenerklärungen (zB: E1a pro Betrieb) erforderlichen Daten verfügbar zu haben. Daher ist es nicht erforderlich, dass pro Betrieb eine eigene Signatur- bzw. Siegelerstellungseinheit vorhanden sein muss.

3.1.1.2. Angemietete Registrierkasse

Werden Registrierkassen bloß angemietet, ist deren sicherheitstechnische Verwendung nur mit „eigener", auf das mietende Unternehmen ausgestellter, Signatur- bzw. Siegelerstellungseinheit möglich. Die Signatur- bzw. Siegelerstellungseinheit muss genauso wie die angemietete Registrierkasse vor der Inbetriebnahme vom mietenden Unternehmen über FinanzOnline (FON) registriert werden. Nach der Initialisierung der angemieteten Registrierkasse mit der bei der Registrierung über FON gemeldeten Kassenidentifikationsnummer muss ein Startbeleg erstellt, geprüft und aufbewahrt werden. Wird die Registrierkasse über einen längeren Zeitraum verwendet, sind Monats- und Jahresbelege zu erstellen, zu prüfen und aufzubewahren sowie das Datenerfassungsprotokoll entsprechend § 7 Abs. 3 RKSV zu sichern. Zeitgleich mit der Rückgabe der angemieteten Registrierkasse müssen diese und die Signatur- bzw. Siegelerstellungseinheit mit Meldung über FON außer Betrieb genommen und das Datenerfassungsprotokoll im vorgeschriebenen Format gesichert und aufbewahrt werden (vgl. Abschnitt 3.6.2.).

3.1.2. Trainingsbuchungen (§ 7 Abs. 2 RKSV)

Trainingsbuchungen sind ab der Inbetriebnahme der Registrierkasse in das Datenerfassungsprotokoll signiert aufzunehmen und als solche zu kennzeichnen. Trainingsbuchungen dürfen daher nicht zur Aufzeichnung von Umsätzen verwendet werden.

3.1.3. Sonstiges elektronisches Aufzeichnungssystem

Darunter können auch serverbasierte Aufzeichnungssysteme verstanden werden, bei denen die Erfassung des Barumsatzes und die Ausfertigung des Zahlungsbelegs in Form einer Eingabestation örtlich getrennt von der Erstellung der Signatur bzw. des Siegels und der Aktualisierung des Datenerfassungsprotokolls auf einem Server durchgeführt werden. Die Signatur- bzw. Siegelerstellungseinheit kann auch mit der Eingabestation verbunden sein, allerdings muss dann die serverbasierte Registrierkasse die Signatur- bzw. Siegelerstellungseinheit über die Eingabestation ansteuern können.

Als Prinzip gilt, dass das elektronische Aufzeichnungssystem die Erstellung der Signatur, die Aktualisierung des Datenerfassungsprotokolls und die Belegerstellung nach der Erfassung eines Barumsatzes vor der Erfassung des nächsten Barumsatzes sicherstellen muss.

Die Übertragung der Daten zwischen Eingabestation und Server kann auch cloudbasiert erfolgen.

3.1.3.1. Waagenkassen

Waagenkassen sind Registrierkassen gleichzuhalten, wenn die Waagenkasse die technischen Erfordernisse bzw. Funktionalitäten eines elektronischen Aufzeichnungssystems nach § 131b BAO erfüllt. Wenn diese die Voraussetzungen nicht erfüllen, muss eine eigene Registrierkasse geführt werden.

Bei der Belegerteilung kann dann im Registrierkassenbeleg auf den Waagenbeleg verwiesen werden. In dem Fall, dass im Registrierkassenbeleg auf den Waagenbeleg verwiesen wird, kann die Übergabe des Waagenbelegs an den Kunden nach § 132a Abs. 4 BAO entfallen. Eine gesonderte Ausweisung der auf dem Waagenbeleg angeführten Waren in der Registrierkasse bzw. dem Registrierkassenbeleg ist dann nicht erforderlich. Der Waagenbeleg muss aber – auch zur Nachvollziehbarkeit der Summenbildung (vgl. § 132 Abs. 2 letzter Satz BAO) – beim ausstellenden Unternehmen aufbewahrt werden.

Wenn die Wiegedaten in der Waage protokolliert werden (Journal), ersetzt das Journal die aufzubewahrenden Waagenbelege. Diese Journaldaten sind von abgabenrechtlicher Bedeutung gemäß § 132 BAO.

Ist der Leistungsempfänger ein Unternehmer, kann nach § 132a Abs. 4 Satz 2 BAO der Waagenbeleg auch übergeben werden.

3.1.3.2. Taxameter

Taxameter dienen – auf Basis von Taxitarifen – der Berechnung von Fahrpreisen in Taxis. Wenn sie auch zur Erfassung der Bareinnahmen eingesetzt werden sollen, müssen sie den Vorgaben des § 131b BAO entsprechen und gemäß § 132a BAO Belege ausstellen können. Entsprechen Taxameter nicht diesen Vorgaben, sind die Barumsätze gesondert in einer eigenen Registrierkasse zu erfassen.

3.1.3.3. Sonstige Einrichtung

Sonstige Einrichtungen wie zB Fakturierungsprogramme, branchenspezifische Softwareprogramme, die der Erfassung der Barumsätze und Rechnungserstellung dienen, müssen ebenso den Vorgaben des § 131b BAO (insbesondere Datenerfassungsprotokoll und Anknüpfungsmöglichkeit für eine Signatur- bzw. Siegelerstellungseinheit) entsprechen und gemäß § 132a BAO Belege ausstellen können.

3.2. Elemente und Funktionen der Registrierkasse

3.2.1. Datenerfassungsprotokoll (DEP)

3.2.1.1. Teile des DEP

Jede Registrierkasse hat über ein Datenerfassungsprotokoll (DEP; Signaturjournal) im Sinne § 7 RKSV zu verfügen. Darin sind für alle Barzahlungen zumindest die Beleginhalte gemäß § 132a Abs. 3 BAO festzuhalten. Für alle Barumsätze kommen ab dem 1. April 2017 die Inhalte des maschinenlesbaren Codes (§ 10 Abs. 2 RKSV) pro Barumsatz dazu. Auch Trainings- und Stornobuchungen sind gemäß § 7 Abs. 2 RKSV im Signaturjournal abzuspeichern. Für alle Daten des Signaturjournals – bis auf die Menge und handelsübliche Bezeichnung der gelieferten Gegenstände oder die Art und den Umfang der sonstigen Leistung – sieht die RKSV ein Exportformat vor (Z 3 der Anlage RKSV).

3.2.1.2. Erfassung der Bareinnahmen im DEP

Die Erfassung der Bareinnahmen im DEP hat zeitnah ohne signifikante Verzögerungen zu erfolgen (technische Verzögerungen wegen Pufferung oder Caching sind möglich). Die Erfassung im DEP muss vor der Erfassung eines weiteren Geschäftsvorfalles abgeschlossen sein. Dies ist insbesondere für die Verkettung der Barumsätze im Sinne § 4 Abs. 1 RKSV erforderlich, bei der Teile des Signaturwertes des jeweilig vorhergehenden Barumsatzes des DEP in die Signatur des nunmehr zu signierenden Barumsatzes einbezogen wird.

3.2.1.3. Export der DEP-Daten

Das seit 1.1.2016 zu führende DEP muss mit den Daten des § 7 Abs. 1 RKSV ohne vorgegebene Struktur exportierbar sein.

Ab dem 1. April 2017 gilt für den Export des DEP die Strukturvorgabe der Z 3 der Anlage zur RKSV. Die Belegangaben „Menge und handelsübliche Bezeichnung der gelieferten Gegenstände oder Art und Umfang der sonstigen Leistung“ sind zwar nicht im Exportformat enthalten, müssen aber auch nach dem 31.03.2017 ohne Strukturvorgabe exportierbar sein.

Gleiches gilt für die Einzelbeträge des Beleges, wenn diese anstelle des Betrages der Barzahlung am Beleg ausgewiesen sind.

Der Export muss über den Zeitraum der gesetzlichen Aufbewahrungspflicht gemäß § 132 BAO möglich sein. Wurde die Registrierkasse vor dem 1. April 2017 in Betrieb genommen, dann gilt für den Export der Daten ab der Registrierung über FON das ab dem 1. April 2017 gültige Datenformat.

Zur Reduktion des Umfanges der zu exportierenden Daten kann im Exportprotokoll die Bereitstellung der Signatur- bzw. Siegelzertifikate und Zertifikatsketten, die den Signaturen der Barumsätze im DEP entsprechen, entfallen.

Das DEP ist im Datenformat JSON (UTF8) auf einem bereitzustellenden Datenträger zur Verfügung zu stellen.

Alternativ kann in Fällen, in denen ein Datenerfassungsprotokoll auf einem externen Server (auch wenn der Serverplatz einem anderen Unternehmen gehört) geführt wird, die Bereitstellung der o.a. Daten auch dadurch erfolgen, dass die Zugangsdaten zum externen Server zur Verfügung gestellt werden, wenn damit die Berechtigung und Möglichkeit zum Download bzw. Export der Daten einhergeht und die Verwendung dieser Daten gewährleistet ist. Auch bei der Nutzung von Servern, die sich nicht in Österreich befinden, ist sicherzustellen, dass entweder die Daten auf einem externen Datenträger oder die Zugangsdaten bereitgestellt werden. Die Zurverfügungstellung der DEP-Daten kann über einen Remotezugriff oder einen Zugriff in den Räumlichkeiten des Unternehmens erfolgen, wobei es auch zulässig ist, davor das DEP auf einen externen Datenträger zu exportieren bzw. den Export via Internet (zB: Dropbox, Secure FTP) zur Verfügung zu stellen.

Die Bereitstellung der Daten, bzw. Zugangsdaten hat ohne unnötigen Aufschub, dh. unmittelbar, wenn eine Person mit Zugriffsberechtigung anwesend ist bzw. längstens innerhalb von zwei Werktagen nach vorheriger Verständigung der Abgabenbehörde zu erfolgen. Bei Glaubhaftmachung der Unzumutbarkeit der Einhaltung dieser Frist, kann diese in der Einzelfallbetrachtung auch verlängert werden.

Die Dauer der Zugriffsmöglichkeiten der Organe der Abgabenbehörden beschränkt sich auf die für das Abgabenverfahren notwendige Erhebungstätigkeit für die Feststellung der wahren Abgabenbemessungsgrundlagen. Sie ist dementsprechend einzelfallbezogen zu gewähren.

3.2.1.4. Sicherung des DEP

Das vollständige DEP ist zumindest vierteljährlich auf einem elektronischen, externen Medium unveränderbar zu sichern. Als geeignete Medien gelten beispielsweise schreibgeschützte (abgeschlossene) externe Festplatten, USB-Sticks und Speicher externer Server, die vor unberechtigten Datenzugriffen geschützt sind. Die Unveränderbarkeit des Inhaltes der Daten ist durch die Signatur bzw. das Siegel und insbesondere durch die signierten Monatsbelege gegeben. Jede Sicherung ist gemäß § 132 BAO aufzubewahren.

Sollten die Daten des DEP zur Sicherung verschlüsselt werden, müssen die Daten inhaltsgetreu wiederhergestellt werden können.

3.2.2. Schnittstelle zur Signatur- bzw. Siegelerstellungseinheit

Die zu signierenden Daten sind von der Registrierkasse aufzubereiten, die Signatur- bzw. Siegelerstellungseinheit signiert diese Daten mit Hilfe des privaten Schlüssels des dem jeweiligen Unternehmer zugeordneten Signatur- bzw. Siegelzertifikates.

3.2.3. Kassenidentifikationsnummer

Die Kassenidentifikationsnummer kennzeichnet eine Registrierkasse innerhalb eines Unternehmens und muss innerhalb eines Unternehmens eindeutig sein. Sie ermöglicht dadurch auch die Unterscheidung verschiedener Registrierkassen mit gleicher Signatur- bzw. Siegelerstellungseinheit. Die Kassenidentifikationsnummer kann durch den Unternehmer frei vergeben werden. Die Kassenidentifikationsnummer sollte möglichst kurz gehalten werden.

3.2.4. Summenspeicher (Umsatzzähler)

Im Summenspeicher (Umsatzzähler) der Registrierkasse sind alle nach Steuersätzen aufgeschlüsselten Beträge eines zu signierenden Beleges mit ihren Bruttowerten vor der Signierung vorzeichengetreu aufzusummieren. Dies gilt auch für die freiwillig signierten Belege und auch für Stornobuchungen (Minusvorzeichen), nicht jedoch für Trainingsbuchungen. Sollten daher beispielsweise Kassenentnahmen freiwillig signiert werden, muss der Umsatzzähler in Höhe des entnommenen Betrages vermindert werden. Die Aufnahme der Beträge in den Umsatzzähler hat auch dann zu erfolgen, wenn die Signatur- bzw. Siegelerstellungseinheit ausgefallen ist.

Der Umsatzzähler ist als Summenzähler Teil der Sicherheitseinrichtung einer Registrierkasse und für Umsatzanalysen nur in Verbindung mit den weiteren, in der Registrierkasse aufgezeichneten Daten (DEP) vorgesehen. Der Umsatzzähler ist wie das DEP eindeutig einer Registrierkasse zugeordnet. Jede Registrierkasse muss über genau einen Summenspeicher verfügen.

Der Umsatzzähler darf als Teil der Sicherheitseinrichtung nur für die Abwicklung eines zu signierenden Geschäftsvorfalles oder im Zuge der Initialisierung der Registrierkasse durch die Kassensoftware verändert werden.

3.2.5. Verschlüsselungsalgorithmus AES 256

Die RKSV schreibt in den §§ 9 Abs. 2 Z 5 und 10 Abs. 2 Z 5 RKSV die Verwendung des Verschlüsselungsalgorithmus AES 256 für die Verschlüsselung des Umsatzzählers der Registrierkasse für die Signatur- bzw. Siegelerstellung und die Aufbereitung des maschinenlesbaren Codes vor, um die Vertraulichkeit des Umsatzzählers zu gewährleisten. AES (Advanced Encryption Standard) bezeichnet ein symmetrisches Verschlüsselungsverfahren, mit dem beliebige Daten mithilfe eines Schlüssels unlesbar gemacht und wieder entschlüsselt, also wieder lesbar gemacht werden können. Der Algorithmus für das erforderliche Verschlüsselungsverfahren steht auf Software Bibliotheken für alle gängigen Plattformen und Programmiersprachen zur Verfügung. Der Schlüssel kann vom Unternehmer frei gewählt werden, wobei davon auszugehen ist, dass die Kassen-Software einen zufälligen Schlüssel erzeugen und dem Unternehmer zur Verfügung stellen wird.

Aus den verschlüsselten Daten alleine kann weder auf die Klartextdaten (Umsatzzähler) noch auf den verwendeten Schlüssel geschlossen werden. Eine Entschlüsselung der Daten ist nur möglich, wenn der für die Verschlüsselung verwendete Schlüssel bekannt ist. Daher muss dieser Schlüssel bei der Registrierung der Registrierkasse über FON angegeben werden.

Einer Registrierkasse ist genau ein AES-Schlüssel zugeordnet. Mehrere Registrierkassen können innerhalb eines Unternehmens auch denselben AES-Schlüssel verwenden. Ein Wechsel des AES-Schlüssels im laufenden Betrieb ist nicht zulässig.

3.3. Signatur- bzw. Siegelerstellungseinheiten

3.3.1. Arten von Signatur- bzw. Siegelerstellungseinheiten

Als Signatur- bzw. Siegelerstellungseinheit im Sinne § 12 RKSV kommen zur Speicherung des privaten Schlüssels nur die Bauformen Signaturchip (Smartcard) oder Hardware Security Module (HSM) in Frage. Für den Signaturchip gelten dieselben Sicherheitsanforderungen wie für die Erstellung qualifizierter Signaturen, wobei der Signaturchip die erforderliche Zertifizierung aufweisen muss. Auch bei nicht lokaler Signaturerstellung (zB: Remote-Lösung über Internet) muss der private Schlüssel in einer geeigneten Hardwarekomponente (zumeist HSM) eingebettet sein.

Bei der Verwendung von HSM in Registrierkassensystemen muss der Vertrauensdiensteanbieter (VDA) den privaten Schlüssel in das HSM einbringen und die Eignung des HSM bescheinigen lassen. Der Unternehmer, der das HSM für die

Signatur- bzw. Siegelerstellung einsetzt, muss sicherstellen, dass der private Schlüssel geheim gehalten wird und nicht extrahiert bzw. über ein Backup dupliziert werden kann.

Eine Signatur- bzw. Siegelerstellungseinheit kann auch mit mehreren Registrierkassen verbunden sein und umgekehrt.

3.3.2. Beschaffung der Signatur- bzw. Siegelerstellungseinheit

3.3.2.1. Beschaffungsvorgang

Die Signatur- bzw. Siegelerstellungseinheiten sind über einen Vertrauensdiensteanbieter (VDA) zu erwerben, der qualifizierte Signatur- bzw. Siegelzertifikate anbietet. Die Zulassung, als VDA Signatur- bzw. Siegelzertifikate ausstellen zu dürfen, erteilt in Österreich die Rundfunk und Telekom Regulierungs-GmbH (RTR).

Auch das Bundesministerium für Finanzen ist Ansprechstelle für alle Vertrauensdiensteanbieter, da ua. gemeinsam die Modalitäten bei der Verifikation der gemeldeten Signatur- bzw. Siegelzertifikate (§ 16 Abs. 2 RKSV) festgelegt werden müssen (vgl. Abschnitt 3.3.3.2.).

3.3.2.2. Daten des Signatur- bzw. Siegelzertifikates

3.3.2.2.1. Seriennummer des Zertifikates

Die Seriennummer des Signatur- bzw. Siegelzertifikates muss pro Vertrauensdiensteanbieter eindeutig sein und darf daher pro Vertrauensdiensteanbieter nur einmal vergeben werden.

3.3.2.2.2. Ordnungsbegriff des Unternehmers

Gemäß § 15 Abs. 2 RKSV hat jeder Unternehmer einen der folgenden Ordnungsbegriffe im Datenfeld „1.2.40.0.10.1.11.1" (OID für „Österreichische Finanzverwaltung Registrierkasseninhaber") seines Signatur- bzw. Siegelzertifikates eintragen zu lassen:

Ordnungsbegriff	Stellenanzahl	Typ	Beispiel
Finanzamts- und Steuernummer (St.Nr.)	9	Numerisch	142416890
Umsatzsteueridentifikationsnummer (UID)	Max. 14 (abhängig vom Land)	Alphanumerisch (Großbuchstaben)	ATU12345678
Global Location Number (GLN)	13	numerisch	1234567890123

Ausländische Unternehmer, die im Inland Barumsätze tätigen, unter die Registrierkassenpflicht fallen (Abschnitt 2.4.4.2.) und in Österreich steuerlich nicht erfasst sind, müssen vor der Beschaffung der Signatur- bzw. Siegelerstellungseinheit eine Steuernummer beim zuständigen Finanzamt beantragen.

Die zugrundeliegende OID wurde mit GZ BKA-410.006/0006-I/IKT/2015 vom 13. August 2015 vergeben.

3.3.3. Registrierung der Signatur- bzw. Siegelerstellungseinheit und Registrierkasse

Die Registrierung der Signatur-bzw. Siegelerstellungseinheit und Registrierkasse über FON (ab Ende August 2016 möglich) durch den Unternehmer oder seinen bevollmächtigten Parteienvertreter (§ 16 Abs. 1 RKSV) dient der Identifikation der Signatur- bzw. Siegelerstellungseinheiten und der zugeordneten Registrierkassen in der Registrierkassendatenbank (RKDB, vgl. § 18 RKSV). Es gibt keine Anbindung der Registrierkassen an die Finanzverwaltung und es erfolgt auch keine Übermittlung von Einzelumsätzen.

Bevollmächtigte Parteienvertreter müssen über eine steuerliche Vertretungs- und eine 90a-Vollmacht (§ 90a BAO) verfügen. Parteienvertreter können für einen Unternehmer auch einen Registrierkassen-Webservice-User anlegen, um einen Unternehmer für dessen Registrierkassen mit Internetzugang die Möglichkeit einzuräumen, die Registrierung direkt über die Registrierkasse durch Nutzung des Webservices durchführen zu können. Der im FON-Ersatzverfahren gemäß §§ 16 Abs. 1, 17 Abs. 1 und 17 Abs. 6 RKSV vorgesehene amtliche Vordruck steht ab Ende August 2016 zur Verfügung.

3.3.3.1. Daten der Registrierung

Bei der Registrierung sind je Signatur- bzw. Siegelzertifikat Art und Seriennummer des Signatur-bzw. Siegelzertifikates und je Registrierkasse Kassenidentifikationsnummer und AES-Schlüssel bekannt zu geben. Zusätzlich zur Seriennummer des Signatur- bzw. Siegelzertifikates ist der Vertrauensdiensteanbieter anzugeben, von dem das Signatur- bzw. Siegelzertifikat ausgestellt wurde. Signatur- bzw. Siegelzertifikate und Registrierkassen sind unabhängig voneinander zu registrieren, ihre Verbindung ist nicht zu dokumentieren. Bei der Art der Signatur- bzw. Siegelerstellungseinheit ist anzugeben, ob die Signatur- bzw. Siegelerstellung über eine Signaturkarte, ein eigenes HSM oder über ein HSM eines Dienstleisters erfolgt. Für die Erfassung des AES-Schlüssels steht ein Prüfziffernverfahren zum Erkennen von Eingabefehlern zur Verfügung.

3.3.3.2. Verifikation des Signatur- bzw. Siegelzertifikates

FON stellt automatisch im Zuge der Registrierung eine Verbindung zum bekannt gegebenen VDA her und prüft mit Hilfe der gemeldeten Seriennummer des Zertifikates und des Verzeichnisses des VDA das Vorhandensein, die Gültigkeit und die Zuordnung des Zertifikates zum bei der Beschaffung der Signatur- bzw. Siegelerstellungseinheit vom Unternehmer bekanntgegebenen Ordnungsbegriff (Abschnitt 3.3.2.2.2.). Sollte die Verifikation des Signatur- bzw. Siegelzertifikates fehlschlagen und die Sicherheitseinrichtung der Registrierkasse mit diesem fehlerhaften Signatur- bzw. Siegelzertifikat bereits in Betrieb genommen worden sein (siehe Abschnitt 3.5.), ist eine neue Signatur- bzw. Siegelerstellungseinheit zu beschaffen und zu registrieren sowie eine neuerliche Inbetriebnahme der Sicherheitseinrichtung (Abschnitt 3.5.) erforderlich. Gültige Zertifikate werden in der Registrierkassendatenbank (RKDB) abgelegt.

3.3.3.3. Formen der Registrierung

FON stellt für die Registrierung ein Dialogverfahren (manuelles Erfassungssystem), ein Übermittlungsverfahren für XML-Dateien und ein WebService zur Verfügung. Kassen mit Internet-Verbindung können das Web-Service nutzen und spezifische Authentifizierungsdaten und die zu registrierenden Daten in eine für die Registrierung bereitgestellte Datenstruktur übertragen. Nähere Details zum Web-Service stehen seit Mai 2016 auf der Homepage des BMF unter https://www.bmf.gv.at/egovernment/fon/fuer-softwarehersteller/informationenfuer-softwarehersteller.html zur Verfügung. Für Parteienvertreter wird es auch eine Möglichkeit zur Übertragung der Registrierungsdaten über die Kanzleisoftware geben.

3.3.3.4. Authentifizierungscode Unternehmer-App

Pro Unternehmer kann nach erfolgreicher Registrierung einer Registrierkasse über FON ein Authentifizierungscode angefordert werden, der für die Freischaltung des Prüf-App des BMF (vgl. Abschnitt 3.5.) für die Belegprüfung gemäß §§ 6 Abs. 4 und 8 Abs. 3 RKSV erforderlich ist. Es können (zB bei Verlust des Codes) auch weitere Codes angefordert werden.

3.3.4. Signatur- bzw. Siegelerstellung

Für die verpflichtende und freiwillige Signierung der Barumsätze sind von der Registrierkasse die zu signierenden Daten aufzubereiten. Die Signatur- bzw. Siegelerstellungseinheit signiert diese Daten mit Hilfe des privaten Schlüssels des dem jeweiligen Unternehmer zugeordneten Signatur- bzw. Siegelzertifikates. Bei den zu signierenden Daten handelt es sich um bestimmte Belegdaten gemäß § 132a Abs. 3 BAO (fortlaufende Nummer des Barumsatzes, Datum der Belegausstellung), die zusätzlichen Belegdaten gemäß § 132a Abs. 8 BAO (siehe Abschnitt 4.6.) und Daten, die der Datensicherheit dienen (verschlüsselter Stand des Umsatzzählers, Seriennummer des Signatur- bzw. Siegelzertifikates, Signaturwert des vorhergehenden Barumsatzes). Wenn zwischen dem letzten Beleg mit Signatur Belege ohne Signatur im Datenerfassungsprotokoll gespeichert sind, ist als vorhergehender Barumsatz der zuletzt signierte Beleg heranzuziehen. Ein laufender Wechsel zwischen mehreren Signatur- bzw. Siegelerstellungseinheiten für die Signaturerstellung ist jederzeit möglich, vorausgesetzt, die jeweilige Signatur- bzw. Siegelerstellungseinheit ist über FON registriert und nicht außer Betrieb genommen.

Bei der Aufbereitung der Beträge getrennt nach den Steuersätzen sind folgende Feldzuordnungen in der Datenstruktur lt. TZ 4 der Anlage zur RKSV einzuhalten und jeweils die Bruttobeträge aufzusummieren:

- Betrag-Satz-Normal: 20% Umsätze
- Betrag-Satz-Ermaessigt-1: 10% Umsätze
- Betrag-Satz-Ermaessigt-2: 13% Umsätze
- Betrag-Satz-Null: siehe Abschnitt 4.6.6.
- Betrag-Satz-Besonders: 19% Umsätze

Die im Rahmen der USt-Pauschalierung nach § 22 UStG 1994 zu erfassenden Umsätze sind den Feldern Betrag-Satz-Ermaessigt-1, Betrag-Satz-Ermaessigt-2 und Betrag-Satz-Normal zuzuordnen.

Für die Betragszuweisungen gelten dieselben Regeln wie für die Darstellung der Barzahlung getrennt nach Steuersätzen in Abschnitt 4.6.6.

Übergangsbestimmung für Barumsätze betreffend Umsätze im Zeitraum nach dem 30. Juni 2020 und vor dem 1. Jänner 2022 (BGBl. I Nr. 3/2021 und BGBl. II Nr. 83/2021)

Umsätze, welche nach den Übergangsbestimmungen gemäß § 28 Abs. 52 UStG 1994 einem ermäßigten Steuersatz unterliegen, welcher von den Steuersätzen gemäß § 10 UStG 1994 abweicht, sind wie folgt einem Betrag-Satz oder in Alternative 4 mehreren Betrag-Sätzen zuzuordnen: entweder

Alternative 1: dem Feld Betrag-Satz-Null oder

Alternative 2: dem Feld Betrag-Satz-Besonders oder

Alternative 3: dem Feld Betrag-Satz-Ermaessigt-1 oder

Alternative 4: den bisherigen Feldern nach § 10 UStG 1994

Die gewählte Alternative ist zu dokumentieren (beispielsweise durch Aufbewahrung einer diesbezüglichen Information zur Registrierkassa bzw. zum Kassensystem). Sofern bei Verwendung mehrerer Registrierkassen durch einen Unternehmer unterschiedliche Alternativen zum Einsatz kommen, ist pro Registrierkasse zu dokumentieren, welche Alternative gewählt wurde.

3.4. Sicherheitseinrichtung

Die ab 1. April 2017 verpflichtende Sicherheitseinrichtung zum Schutz vor Manipulationen von in Registrierkassen gespeicherten Daten besteht im weitesten Sinne aus der Signatur- bzw. Siegelerstellungseinheit (vgl. Abschnitt 3.3.1., 3.3.4.), den gesetzlich vorgegebenen Einrichtungen in der Registrierkasse zur Bedienung der Sicherheitseinrichtung (Abschnitt 3.2.) und den administrativen Vorgaben zum Betrieb der Registrierkasse (Abschnitt 3.3.3., 3.5., 3.6., 4.5.7.).

In die Signatur wird unter anderem ein Teil des Signaturwertes des vorhergehenden Barumsatzes einbezogen. Dadurch werden die Barumsätze miteinander verkettet und Datenmanipulationen nachvollziehbar. Durch die gesetzeskonforme Belegverkettung wird für alle signierten Geschäftsvorfälle der Nachweis des § 131 Abs. 1 Z 6 lit. b BAO erbracht.

Die Registrierkasse darf keine Vorrichtung enthalten, über die das Ansteuern der Sicherheitseinrichtung in der Registrierkasse umgangen werden kann (vgl. § 5 Abs. 5 RKSV). Die Unterdrückung der Signaturerstellung für Belege ohne Barumsätze oder für die Verwendung der Registrierkasse im Ausland stellt keine Umgehung der Sicherheitseinrichtung dar. Ein Moduswechsel (Umschaltung) in der Kasse aufgrund der unterschiedlichen Vorgaben und Steuersätzen in den jeweiligen Ländern ist zulässig.

3.5. Inbetriebnahme der Sicherheitseinrichtung

3.5.1. Vorgehen bei der Inbetriebnahme

Die Inbetriebnahme der Sicherheitseinrichtung für die Registrierkasse besteht aus der Initialisierung der Registrierkasse und aus der Erstellung sowie Prüfung des Startbeleges. Die Registrierung der Signatur- bzw. Siegelerstellungseinheit und Registrierkasse über FON (Abschnitt 3.3.3.) sowie die Prüfung des Startbeleges mittels Prüf-Service (Abschnitt 3.5.3.2.) müssen spätestens eine Woche nach der Inbetriebnahme der Sicherheitseinrichtung abgeschlossen sein (§ 6 Abs. 3 RKSV). Für Inbetriebnahmen bis zum 31. März 2017 gibt es eine längere Frist für die Registrierung über FON und die Startbelegprüfung, es genügt, wenn diese vor dem 1. April 2017 durchgeführt wird.

Der im FON-Ersatzverfahren gemäß §§ 16 Abs. 1, 17 Abs. 1 und 17 Abs. 6 RKSV vorgesehene amtliche Vordruck RK 1, der zu verwenden ist, wenn die Meldung über FON mangels technischer Voraussetzungen unzumutbar ist, steht ab Ende August 2016 über die BMF-Homepage unter

https://service.bmf.gv.at/service/anwend/formulare

zur Verfügung.

3.5.2. Initialisierung der Registrierkasse

Die Initialisierung der Registrierkasse besteht aus der Einrichtung eines leeren DEP, eines Umsatzzählers mit Zählerstand 0 und eines AES-Schlüssels in der Registrierkasse. Darüber hinaus muss die Kassenidentifikationsnummer der Registrierkasse zugeordnet und die Schnittstelle zu einer funktionsfähigen Signatur- bzw. Siegelerstellungseinheit hergestellt werden.

3.5.3. Erstellung und Prüfung Startbeleg

3.5.3.1. Erstellung Startbeleg

Nach der Initialisierung der Registrierkasse ist der Startbeleg zu erstellen. Dies kann durch Erfassung eines entsprechenden Geschäftsvorfalles mit Betrag 0 oder durch eine spezielle Funktion zur programmgesteuerten Anlage dieses Geschäftsvorfalles im DEP erfolgen. Bei der Aufbereitung der Daten für die Signaturerstellung (§ 9 Abs. 2 RKSV) muss im Startbeleg als Verkettungswert laut Z 4 der Anlage zur RKSV die Kassenidentifikationsnummer verwendet und der Stand des Umsatzzählers (0) mit dem AES-Schlüssel verschlüsselt werden. Die Daten des erstellten Startbeleges müssen mit dem maschinenlesbaren Code als erster Barumsatz im Datenerfassungsprotokoll eingetragen und zur Prüfung (nur bei mobiler Variante, siehe Abschnitt 3.5.3.2. bzw. Aufbewahrung gemäß § 6 Abs. 4 RKSV) aufbereitet (Ausdruck, elektronische Übermittlung) werden. Nach der Erstellung des Startbeleges kann der Betrieb der Registrierkasse aufgenommen werden. Die weiteren Schritte (Registrierung über FON und Startbelegprüfung) und die Frist, innerhalb der diese Schritte stattzufinden haben (Abschnitt 3.5.1.), sind zu beachten.

3.5.3.2. Prüfung Startbeleg

Die Prüfung des Startbeleges hat binnen einer Woche nach der Registrierung der Signatur- bzw. Siegelerstellungseinheit und Registrierkasse über FON zu erfolgen. Bei der Prüfung ist festzustellen, ob sich die im maschinenlesbaren Code des Startbeleges vorhandene Signatur- bzw. das Siegel mit Hilfe der im maschinenlesbaren Code vorhandenen lesbaren Daten und dem in der RKDB gespeicherten Signatur- bzw. Siegelzertifikat rekonstruieren lässt. Danach ist zu prüfen, ob sich mit Hilfe des in der RKDB gespeicherten AES-Schlüssels der verschlüsselte Umsatzzähler auf den Initialwert des Umsatzzählers zurückführen lässt

Um den in diesen Prüfungen erforderlichen Zugang zur RKDB bewerkstelligen zu können, wird jedem Unternehmer eine Prüf-App in Form einer mobilen Variante (zB: Smartphone) oder in Form eines Web-Services zur Verfügung gestellt.

Die Bezugsquellen der mobilen Variante der Prüf-App werden ab Ende August 2016 auf der BMF-Homepage bekannt gegeben (https://www.bmf.gv.at/kampagnen/Unsere-Apps.html). Die Verwendung der Prüf-App ist nur nach vorheriger Authentifizierung des Unternehmers möglich. Der dafür erforderliche Authentifizierungscode ist im Zuge der Registrierung der Signatur- bzw. Siegelerstellungseinheit anzufordern (Abschnitt 3.3.3.).

Der Aufruf mittels Web-Service kann direkt in die Kassensoftware integriert sein und steht auch den beruflichen Parteienvertretern zur Übermittlung über ihre Kanzleisoftware zur Verfügung. Für den Zugang zum Web-Service sind seit Mai 2016 auf der Homepage des BMF unter

https://www.bmf.gv.at/egovernment/fon/fuer-softwarehersteller/informationen-fuersoftwarehersteller.html Informationen

zur Verfügung gestellt bzw. können diese über den Arbeitskreis Kassensoftware des Fachverbandes UBIT der WKO eingeholt werden. Für die Verwendung des Web-Services ist kein Authentifizierungscode (Abschnitt 3.3.3.4.) erforderlich.

Die Ergebnisse der oa. Prüfungen werden direkt am mobilen Gerät, das die Prüfung angestoßen hat, angezeigt bzw. im Web-Service zur Verfügung gestellt. Nähere Details der Prüfergebnisse können ab Ende August 2016 über FON abgefragt bzw. im FON-Ersatzverfahren über das zuständige Finanzamt angefordert werden. Im Fehlerfall werden die detaillierten Fehlerdaten zB für eine allfällige Weitergabe an den Kassenhersteller auch in strukturierter Form bereitgestellt bzw. an die Registrierkasse übertragen. Zeigt das Prüfergebnis eine fehlerfreie Durchführung, bedarf es keiner zusätzlichen Dokumentation der durchgeführten Prüfung.

3.5.3.3. Behandlung von Fehlersituationen bei der Startbelegprüfung

Bei fehlgeschlagener Startbelegprüfung ist so rasch wie möglich die Fehlerursache zu klären und zu beheben. Kassenherstellern steht dafür unter

https://github.com/a-sit-plus/atregistrierkassen-mustercode

ein passendes Prüftool zur Verfügung. Auch auf der BMF Homepage wird dieses Prüftool ebenfalls zur Verfügung gestellt. Der Betrieb der Registrierkasse kann bis zur Klärung der Fehlerursache fortgesetzt werden, am Beleg muss aber gemäß § 6 Abs. 4 RKSV der Hinweis „Sicherheitseinrichtung ausgefallen" angebracht werden. Dies ist dadurch herbeizuführen, dass die Registrierkasse bis zur Fehlerbehebung von der Signatur- bzw. Siegelerstellungseinheit getrennt wird.

Ist die Fehlerursache nur auf fehlerhafte FON-Registrierungsdaten zurückzuführen, sind diese richtig zu stellen und der erstellte Startbeleg neuerlich zu prüfen.

Besteht die Fehlerursache in einer Beschädigung oder dem Verlust der Daten im Datenerfassungsprotokoll oder Umsatzzähler oder sind zur Fehlerbehebung Veränderungen der Sicherheitseinrichtung der Registrierkasse oder ein neues Signatur- bzw. Siegelzertifikat erforderlich, sind die Registrierkasse und Signatur- bzw. Siegelerstellungseinheit außer Betrieb zu nehmen, das DEP sicher zu stellen, die Außerbetriebnahme über FON zu melden sowie eine neue Inbetriebnahme der Sicherheitseinrichtung und neue Registrierung über FON durchzuführen. Eingaben zum Test der korrigierten Komponenten sind als Trainingsbuchungen zu kennzeichnen. Die Fehlerursache und das Vorgehen bei der Fehlerbehebung sind im Sinne des § 132 BAO zu dokumentieren.

Bei der Initialisierung der Registrierkasse (Abschnitt 3.5.2.) kann eine neue oder die ursprünglich bekannt gegebene Kassenidentifikationsnummer verwendet werden. Als Verkettungswert laut Z 4 der Anlage zur RKSV im Startbeleg kann auch der Signaturwert des letzten Barumsatzes des bei der Außerbetriebnahme oder Standardsicherung gemäß § 7 Abs. 3 RKSV gesicherten Datenerfassungsprotokolls oder des ursprünglich erstellten Startbeleges verwendet werden.

3.6. Ausfälle und Außerbetriebnahmen von Registrierkassen und Signatur- bzw. Siegelerstellungseinheiten

Jeder nicht nur vorübergehende Ausfall und jede (dauerhafte) Außerbetriebnahme der Sicherheitseinrichtung der Registrierkasse sind ohne unnötigen Aufschub über FON vom Unternehmer oder seinem bevollmächtigten Parteienvertreter bekanntzugeben (§ 17 Abs. 1 RKSV).

Von einem nur vorübergehenden Ausfall der Sicherheitseinrichtung in der Registrierkasse ist jedenfalls bei Stromausfall, planmäßigen Wartungsarbeiten und anderen Ereignissen auszugehen, die zu einer Funktionsunfähigkeit der Sicherheitseinrichtung führen, die nicht länger als 48 Stunden andauert. Ohne unnötigen Aufschub sind sowohl der Ausfall der Signatur- bzw. Siegelerstellungseinheit als auch der Registrierkasse selbst zu melden.

Ohne unnötigen Aufschub erfordert im Allgemeinen eine Meldung längstens binnen einer Woche. Lässt sich nicht konkret feststellen, ob die Registrierkasse oder die Signatur- bzw. Siegelerstellungseinheit defekt ist, kann allgemein der Ausfall der Registrierkasse gemeldet werden.

Eine Stilllegung der Registrierkasse während der Betriebsferien oder saisonbedingter Betriebssperren bedingen keinen Ausfall und keine Außerbetriebnahme der Registrierkasse und der Signatur- bzw. Siegelerstellungseinheit.

Auch das Ende jedes gemeldeten Ausfalles ist über FON ohne unnötigen Aufschub bekannt zu geben. Ist nach einem Ausfall eine Wiederinbetriebnahme der Registrierkasse nicht mehr möglich, ist über FON deren Außerbetriebnahme zu melden.

3.6.1. Ausfall der Signatur- bzw. Siegelerstellungseinheit oder der Registrierkasse

Bei jedem Ausfall einer Registrierkasse sind die Barumsätze auf anderen Registrierkassen zu erfassen. Sollte dies nicht möglich sein, sind die Barumsätze händisch zu erfassen und Zweitschriften der Belege aufzubewahren. Die Fehlerbehebungsmaßnahmen laut Abschnitt 3.5.3.3. sind sinngemäß durchzuführen. Nach der Fehlerbehebung sind die Einzelumsätze anhand der aufbewahrten Zweitschriften nach zu erfassen und die Zweitschriften dieser Zahlungsbelege aufzubewahren (§ 132 BAO). Ein Verweis auf die Belegnummer/-durchschrift ist zulässig, sodass nicht alle Beleginhalte einzeln eingegeben werden müssen. Die Nacherfassung darf auch in Form eines Tagessammelbelegs erfolgen, sofern aus diesem zumindest die laufenden Nummern des ersten und letzten händisch erstellten Belegs sowie die Summenbeträge aller betroffenen Belege (inklusive der Trennung nach den tatsächlichen/korrekten Steuersätzen) zweifelsfrei hervorgehen.

Bei Ausfall der Signatur- bzw. Siegelerstellungseinheit ist gemäß §§ 17 Abs. 4 und 7 RKSV vorzugehen. Der nach dem Ende des Ausfalles der Signatur- bzw. Siegelerstellungseinheit gemäß § 17 Abs. 4 RKSV erforderliche Sammelbeleg ist unmittelbar nach dem letzten Beleg bei ausgefallener Signatur- bzw. Siegelerstellungseinheit bzw. nach dem ersten Beleg bei wieder hergestellter Signatur- bzw. Siegelerstellungseinheit zu erstellen. Bei einer Zuordnung mehrerer Signatur- bzw. Siegelerstellungseinheiten zu einer oder mehreren Registrierkassen kann dies auch zu einem späteren Zeitpunkt (nach einem der folgenden Belege und dem Erkennen der wiederhergestellten Funktionsfähigkeit der Signatur- bzw. Siegelerstellungseinheit) erfolgen. Aus dem Beleg muss der Beginn und das Ende des Ausfalles der Signatur- bzw. Siegelerstellungseinheit (zB: durch Angabe der jeweiligen laufenden Nummer) hervorgehen.

3.6.2. (Endgültige) Außerbetriebnahme

Eine solche Außerbetriebnahme liegt beispielsweise bei Betriebsaufgabe vor.

Sie liegt jedenfalls bei Außerbetriebnahme einer Signatur- bzw. Siegelerstellungseinheit oder einer Registrierkasse vor.

Der bei einer Außerbetriebnahme einer Registrierkasse zu erstellende Schlussbeleg ist auszudrucken oder elektronisch zu erstellen und gemeinsam mit dem sichergestellten DEP gemäß § 132 BAO aufzubewahren. Eine ausgefallene Registrierkasse ist ohne Erstellung des Schlussbelegs über FON abzumelden. Eine außer Betrieb genommene Registrierkasse kann wieder in Betrieb genommen werden. Diese Inbetriebnahme unterliegt den allgemeinen Verpflichtungen der RKSV in Bezug auf die Inbetriebnahme der Sicherheitseinrichtung.

Die Wiederverwendung einer außer Betrieb genommenen Signatur- bzw. Siegelerstellungseinheit ist unternehmensbezogen zulässig. Bei Ausfall der Signatur- bzw. Siegelerstellungseinheit ist der Schlussbeleg ohne Signatur bzw. Siegel zu erstellen und aufzubewahren.

3.7. Kontrollen der Registrierkassenpflicht

Die Kontrolle und Prüfung der Einhaltung der Registrierkassenpflicht erfolgt gemäß §§ 144 ff BAO iVm § 19 RKSV (Nachschauen, Außenprüfungen).

Diese Behördenkontrollen sind vor allem Nachschauen, bei denen im Wesentlichen die Einhaltung der Meldeverpflichtungen über FON bezüglich Registrierkassen und Signatur- bzw. Siegelerstellungseinheiten geprüft sowie Nullbelegkontrollen durchgeführt und DEP abverlangt werden. Der Unternehmer hat dafür zu sorgen, dass diese Kontrollen mit seiner oder der Unterstützung eines seiner Mitarbeiter durchgeführt werden können. Über die vor Ort durchgeführten Kontrollmaßnahmen und die dabei festgestellten Ergebnisse ist eine Niederschrift gemäß § 146 BAO anzufertigen, die vom Unternehmer oder seinem Mitarbeiter zu unterschreiben ist. Dem Unternehmer oder seinem Mitarbeiter ist eine Abschrift dieser Niederschrift auszufolgen.

Bei der Kontrolle von Nullbelegen ist ab 1. April 2017 auf Verlangen der Abgabenbehörde unmittelbar ein Barumsatz mit Betrag 0 in der Registrierkasse zu erfassen und der daraus resultierende Beleg zur Prüfung der Signaturerstellung auszuhändigen. Die kontrollierten Belege werden für mögliche spätere inhaltliche Kontrollen der DEP im Rahmen von Außenprüfungen in Evidenz genommen.

Für das Anfordern des DEP gelten die Regeln zum Export der DEP-Daten (Abschnitt 3.2.1.3.) sinngemäß. Nullbelegkontrollen und DEP-Anforderungen sind auch im Zuge von Außenprüfungen vorgesehen.

3.8. Verpflichtung zur Verwendung einer Registrierkasse

3.8.1. Jahresumsatz von 15.000 Euro je Betrieb

Der Unternehmer kann einen oder mehrere Betriebe haben.

Was unter einem Betrieb zu verstehen ist, ergibt sich primär aus dem EStG 1988.

Der Begriff Betrieb kann allgemein als eine selbständige, nachhaltige Betätigung, die mit Gewinnabsicht unternommen wird und sich als Beteiligung am allgemeinen wirtschaftlichen Verkehr darstellt definiert werden, wobei die Tätigkeit/Betätigung sich auf die einzelnen betrieblichen Einkunftsarten bzw. den jeweils nach außen hin auftretenden Betrieb (siehe auch EStR 2000 Rz 411) bezieht.

Der Betrieb ist in steuerrechtlicher Betrachtung die einzelne Einkunftsquelle der Einkünfte gemäß § 2 Abs. 3 Z 1 bis 3 EStG 1988.

Nach der Judikatur ist die Beurteilung, ob ein (einheitlicher) Betrieb oder mehrere (getrennte) Betriebe vorliegen, an Hand der organisatorischen, wirtschaftlichen Verflechtung vorzunehmen; entscheidend ist, ob die Verkehrsauffassung von einem einheitlichen Betrieb ausgeht. Auf die EStR 2000 wird verwiesen.

Die Bestimmung des § 131b Abs. 1 Z 2 BAO knüpft an den „Jahresumsatz je Betrieb" an und bestimmt sich dieser sinngemäß nach § 1 Abs. 1 Z 1 UStG 1994.

Nach § 1 Abs. 1 Z 1 UStG 1994 unterliegen der Umsatzsteuer die Lieferungen und sonstigen Leistungen, die ein Unternehmer im Inland gegen Entgelt im Rahmen seines Unternehmens ausführt sowie nach Z 2 der Eigenverbrauch im Inland.

Der Umsatz wird im Fall des § 1 Abs. 1 Z 1 UStG 1994 nach dem Entgelt bemessen (§ 4 Abs. 1 erster Satz UStG 1994).

Unter Umsatz ist der Nettoumsatz zu verstehen. Maßgebend ist daher der jeweilige Jahresnettoumsatz des Betriebes.

Als einheitlicher Betrieb gilt jeder Betrieb, für den eine gesonderte Gewinnermittlung vorzunehmen ist (Details siehe EStR 2000 Rz 409 ff, BMF-280000/0034-IV/2/2010 und auch dort zitierte Judikatur). Für jeden Betrieb ist eine eigene Beilage zur Steuererklärung vorgesehen (zB E1a).

Bei der Ermittlung der Umsatzgrenzen sind alle Umsätze je Betrieb zu berücksichtigen.

Wenn ein Unternehmer mehrere Betriebe führt, gilt die Umsatzgrenze je Betrieb.

Beachte: Die begünstigten Umsätze im Freien und Hütten (§ 131 Abs. 4 Z 1 lit. a und b BAO) sind nicht für die Ermittlung der Umsätze des nicht begünstigten Teils des Betriebes einzubeziehen.

3.8.2. Barumsatzgrenze 7.500 Euro/Jahr

Jahr ist das Kalenderjahr.

Nach § 131b Abs. 3 BAO besteht die Pflicht zur Verwendung einer Registrierkasse mit Beginn des viertfolgenden Monats nach Ablauf des Voranmeldungszeitraumes, in dem die Grenzen des § 131b Abs. 1 Z 2 BAO (somit Barumsätze über 7.500 Euro und ab 15.000 Euro Jahresumsatz je Betrieb) erstmals überschritten werden.

Da für die Berechnung der Umsatzgrenzen Zeiträume ab 2016 herangezogen werden, kann frühestens ab 1. Mai 2016 Registrierkassenpflicht (bei Überschreiten der Grenzen des § 131b Abs. 1 Z 2 BAO im Voranmeldungszeitraum Jänner 2016) bestehen (siehe auch Abschnitt 1.).

Voranmeldungszeitraum iSd § 21 Abs. 1 UStG 1994 ist der Kalendermonat. Das Kalendervierteljahr kommt als Voranmeldungszeitraum nach § 21 Abs. 2 UStG 1994 in Betracht für Unternehmer, deren Umsätze nach § 1 Abs. 1 Z 1 und 2 UStG 1994 (somit Lieferungen, sonstige Leistungen und Eigenverbrauch) im vorangegangenen Kalenderjahr 100.000 Euro nicht überstiegen haben.

Bei Kleinunternehmern iSd UStG 1994, die von der Abgabe einer Umsatzsteuervoranmeldung befreit sind, gilt das Quartal als jeweiliger Voranmeldungszeitraum (analog § 21 Abs. 2 UStG 1994).

Beispiele:

1. Erstmaliges Überschreiten der Umsatzgrenzen im Jänner 2016 (Umsatz: 18.000 Euro, davon 11.000 Euro Barumsätze). Registrierkassenpflicht ab 1. Mai 2016, bei monatlicher UVA-Abgabe.

2. Erstmaliges Überschreiten der Umsatzgrenzen im November 2016 (Umsatz 16.000 Euro, Barumsätze 9.000 Euro). Registrierkassenpflicht ab 1. März 2017.

3. Neugründung eines Unternehmens am 1. April 2016 – Überschreitung der Umsatzgrenzen bereits August 2016 (Umsatz April bis August 2016: 15.600 Euro, Barumsätze in Höhe von 11.000 Euro). Registrierkassenpflicht ab 1. Dezember 2016 bei monatlicher UVA-Abgabe.

4. Erstmaliges Überschreiten im 2. Quartal 2016 (April bis Juni): Umsatz 17.000 Euro, davon bar bezahlt 12.000 Euro. Registrierkassenpflicht ab 1. Oktober 2016.

5. Erstmaliges Überschreiten der Grenzen im 4. Quartal 2016 (Oktober bis Dezember): Umsatz 18.000 Euro, davon bar bezahlt 12.000. Registrierkassenpflicht ab 1. April 2017.

6. Erstmaliges Überschreiten beider Umsatzgrenzen im August 2016 im 3. Quartal (Umsätze Jänner bis Juni: 18.000 Euro, Barumsätze Jänner bis Juli: 7.000 Euro, Barumsätze im August: 2.000 Euro). Registrierkassenpflicht ab 1. Jänner 2017.

3.8.3. Wegfall der Registrierkassenpflicht (§ 131b Abs. 3 BAO)

Werden keine Barumsätze im betreffenden Betrieb mehr erzielt, etwa als Folge einer Betriebsaufgabe, so wird die Registrierkassenpflicht gegenstandslos (allerdings nicht die Aufbewahrungspflicht des § 132 BAO).

Werden die Umsatzgrenzen des § 131b Abs. 1 Z 2 BAO bzw. § 131 Abs. 4 Z 1 BAO im Folgejahr nicht überschritten und ist absehbar, dass diese Grenzen auch künftig nicht überschritten werden, so fällt die Verpflichtung zur Losungsermittlung mit elektronischem Aufzeichnungssystem gemäß § 131b BAO mit Beginn des nächstfolgenden Kalenderjahres weg.

Beispiel

Ein registrierkassenpflichtiger Betrieb schränkt im Jahr 2017 seinen Betriebsumfang derart ein, dass er pro Jahr nur mehr Umsätze von ca. 6.000 Euro erzielt.

Die Umstände sprechen dafür, dass auch in den Folgejahren die Umsätze derart niedrig sein werden. Die Verpflichtung zur Verwendung eines elektronischen Aufzeichnungssystems (iSd § 131b Abs. 1 BAO) fällt ab 1. Jänner 2018 weg.

3.8.3.1. Betriebsaufgaben im Jahr 2016

Für Unternehmer, die beabsichtigen, noch im Jahr 2016 ihre betriebliche Tätigkeit einzustellen (zB Pensionsantritt im Jahr 2016), gilt, dass die Anschaffung bzw. Umrüstung einer Registrierkasse, die den erstmals für 2016 geltenden Erfordernissen für die elektronische Aufzeichnungspflicht entspricht, nicht notwendig ist, wenn die Unternehmer der ab 1. Jänner 2016 geltenden Belegerteilungspflicht nachkommen.

Dies gilt auch zB für den beabsichtigten Betriebsverkauf im Jahre 2016.

3.8.3.2. Betriebsübergabe

Bei einer betrieblichen steuerrechtlichen Gesamtrechtsnachfolge tritt der Nachfolger in die Rechtsposition des Vorgängers ein. Dies gilt auch für die Einzelaufzeichnungs-, Registrierkassen- und Belegerteilungspflicht.

Bei Einzelrechtsnachfolge tritt der Nachfolger nicht in die Rechtsposition des Vorgängers ein. Für ihn entstehen die drei Verpflichtungen unabhängig von den Verhältnissen des Vorgängers.

3.9. Prämie für die Anschaffung oder Umrüstung einer Registrierkasse

Für die Anschaffung/Umrüstung kann eine Prämie von (idR) 200 Euro mit dem Formular E 108c beantragt werden. Die Kosten der Anschaffung/Umrüstung sind in unbegrenzter Höhe sofort absetzbar (siehe § 124b Z 296 EStG 1988).

Auf die Info des BMF zu Rechtsfragen iZm der Registrierkassenprämie (BMF 03.08.2016, BMF-010203/0225-VI/6/2016) wird verwiesen.

3.10. Feststellungsbescheid für geschlossenes Gesamtsystem

3.10.1. Allgemeines

§ 131b Abs. 4 BAO regelt Feststellungsbescheide über die Manipulationssicherheit eines geschlossenen Gesamtsystems, das im Unternehmen als elektronisches Aufzeichnungssystem verwendet wird.

Ein geschlossenes Gesamtsystem iSd RKSV ist ein elektronisches Aufzeichnungssystem, in welchem Warenwirtschafts-, Buchhaltungs- und Kassensysteme lückenlos miteinander verbunden sind und das mit mehr als 30 Registrierkassen (mit je einem Datenerfassungsprotokoll) verbunden ist (§ 3 Z 10 RKSV).

Ein Warenwirtschaftssystem (abgekürzt WWS oder WaWi) dient der Darstellung der Warenströme im Geschäftsprozess eines Unternehmens. Zentrale Bestandteile eines WWS ist daher die betriebswirtschaftliche Unterstützung und Dokumentation der betriebswirtschaftlichen Prozesse des Verkaufs, Einkaufs, Wareneingangs und Warenausgangs sowie der Lagerhaltung.

Umfasst der Betriebsgegenstand des Unternehmens keine Warenbewirtschaftung (Dienstleistungsunternehmen), ist für eine Antragstellung in teleologischer Interpretation des § 3 Z 10 RKSV jedenfalls eine lückenlose Verbindung des Buchhaltungs- und des Kassensystems erforderlich.

Die Manipulationssicherheit in geschlossenen Gesamtsystemen ist so wie bei den mit Signatur- bzw. Siegelerstellungseinheit gesicherten Systemen mit Hilfe einer Verkettung der elektronisch signierten Barumsätze herbeizuführen. Darüber hinaus haben auch die Registrierkassen in geschlossenen Gesamtsystemen die technischen Anforderungen der RKSV (Kassenidentifikationsnummer, DEP, AES-Schlüssel, Umsatzzähler und maschinenlesbarer Code, usw.) zu erfüllen und gelten dieselben administrativen Vorgaben (Start- und Jahresbeleg, Registrierung der Registrierkassen und über FON, Meldung von Ausfällen und Außerbetriebnahmen, usw.) wie bei den mit Signatur- bzw. Siegelerstellungseinheit gesicherten Systemen. An Stelle der Signatur- bzw. Siegelerstellungseinheit darf die Signaturerstellung über eine Software-Komponente (SW-Komponente) erfolgen und muss zur Überprüfung der Signatur der zur SW-Komponente passende öffentliche Signaturschlüssel (Validierungsdaten) im Zuge der Registrierung über FON eingemeldet werden. Werden die DEP der Registrierkassen regelmäßig und täglich auf einem zentralen Rechner gesichert, bestehen bei einer großen Anzahl von Registrierkassen keine Bedenken, wenn die Registrierung der Validierungsdaten, Ausfallmeldungen und die Prüfung von Start- und Jahresbelgen vom zentralen Rechner über das Web-Service (siehe Abschnitt 3.3.3.3. und 3.5.3.2.) durchgeführt werden.

In geschlossenen Gesamtsystemen dürfen zur Minimierung des administrativen Aufwandes mehrere Registrierkassen unter einer Kassenidentifikationsnummer zusammengefasst werden (Registrierkassenverbund), sofern auch die DEP dieser Registrierkassen miteinander verbunden werden (§ 20 Abs. 2 RKSV). Die Bildung mehrerer Registrierkassenverbünde innerhalb eines geschlossenen Gesamtsystems ist zulässig.

Bei einem Registrierkassenverbund sind die Startbelege zu verketten, wobei ein Startbeleg analog zu den mit Signatur- bzw. Siegelerstellungseinheit gesicherten Systemen mit der gemeinsamen Kassenidentifikationsnummer als Verkettungswert und die übrigen Startbelege mit dem Startbeleg einer jeweils anderen Registrierkasse als Verkettungswert erstellt und aufbewahrt werden müssen. Die normativ (RKSV) erforderliche Anzahl von mehr als 30 Registrierkassen darf nicht unterschritten werden. Im Fall eines Registrierkassenverbundes muss jede Registrierkasse des Registrierkassenverbundes denselben AES-Schlüssel, ein eigenes DEP sowie einen eigenen Umsatzzähler aufweisen. Die Belege der einzelnen Registrierkassen eines Registrierkassenverbundes müssen mit Belegnummern getrennter Nummernkreise erstellt werden. Bei der Registrierung über FON ist die Kassenidentifikationsnummer bekannt zu geben, unter der die Registrierkassen des Registrierkassenverbundes zusammengefasst sind. Für die Prüfung des Startbeleges im Sinne § 6 Abs. 4 RKSV ist nur der zuletzt erstellte Startbeleg heranzuziehen. Monats- und Jahresbelege im Sinne § 8 RKSV sind zwar pro Registrierkasse zu erstellen, für die Prüfung des Jahresbelegs genügt ein Jahresbeleg pro Registrierkassenverbund. FON-Meldungen im Falle von Ausfällen oder Außerbetriebnahmen sind nur erforderlich, wenn die Gesamtheit aller Registrierkassen eines Registrierkassenverbundes betroffen ist.

Die organisatorischen Festlegungen und Vorgehensweisen bei der Einrichtung der Registrierkassenverbunds (Belegnummernkreise, Reihenfolge bei der Startbelegerstellung, usw.) sind gemäß § 132 BAO zu dokumentieren. Pro nachträglich hinzukommender Registrierkasse in einem Registrierkassenverbund sind die Fortsetzung der Startbelegverkettung und die Prüfung des jeweiligen Startbelegs erforderlich.

Die geschlossenen Gesamtsysteme, die durch mehrere Unternehmen im Sinn des § 21 RKSV verwendet werden, können zB auch in einer staatenübergreifenden Konzernstruktur ausgestaltet sein. Diesfalls hat das für die Feststellung der Manipulationssicherheit der inländischen Umsätze zu erstellende Gutachten des gerichtlich beeideten Sachverständigen die sicherheitstechnischen und organisatorischen Sicherungsmaßnahmen, welche die Manipulationssicherheit des geschlossenen Gesamtsystems im Inland gewährleisten, zu beurteilen. Der Feststellungsbescheid hat jedenfalls das Vorliegen der technischen und organisatorischen Voraussetzungen für die Manipulationssicherheit eines derartigen, staatenübergreifenden Gesamtsystems zu beurteilen.

Für das Feststellungsverfahren gelten die Bestimmungen der BAO, soweit in der RKSV nicht lex specialis- Bestimmungen vorgesehen sind, für Rechtsmittelverfahren gelten insbesondere die Bestimmungen der §§ 243 ff BAO.

Wird den Anforderungen nicht entsprochen oder kann die Manipulationssicherheit aus den vorgelegten Beweisunterlagen nicht abgeleitet werden, ist über den Antrag mit negativem Bescheid zu entscheiden.

Der Unternehmer hat in diesem Fall binnen drei Monaten nach Eintritt der Rechtskraft des Bescheides die Manipulationssicherheit unter Verwendung einer Signatur- bzw. Siegelerstellungseinheit herbeizuführen (vgl. § 22 Abs. 4 RKSV). Das bedeutet, dass der Unternehmer bis zur Herstellung der Manipulationssicherheit durch die gesetzlich vorgesehene Signatur- bzw. Siegelerstellungseinheit über seine Umsätze Belege gemäß § 17 Abs. 4 RKSV mit dem Hinweis „Sicherheitseinrichtung ausgefallen" auszustellen hat (analog Abschnitt 3.5.3.3.).

3.10.2. Wem obliegt die Erlassung des Feststellungsbescheides?

Die Erlassung des Feststellungsbescheides obliegt dem für die Erhebung der Umsatzsteuer des Unternehmers zuständigen Finanzamt (§ 131b Abs. 4 erster Satz BAO).

3.10.3. Antragsberechtigte/-stellung

Antragsberechtigt sind nur Unternehmer, die ein solches geschlossenes Gesamtsystem bereits verwenden und mehr als 30 Registrierkassen im Inland in Verwendung haben.

Dem Antrag ist ein Gutachten eines gerichtlich beeideten Sachverständigen, in dem das Vorliegen der technischen und organisatorischen Voraussetzungen für die Manipulationssicherheit des geschlossenen Gesamtsystems bescheinigt wird, anzuschließen.

Der Antrag unterliegt der Entscheidungspflicht nach § 85a BAO.

Anträge unter Vorlage des Gutachtens können bereits ab 1. Jänner 2016 gestellt werden.

Entscheidungen über diese Anträge (Feststellungsbescheid) werden vom zuständigen Finanzamt frühestens ab 1. Juli 2016 erlassen, wobei diese frühestens erst ab Inkrafttreten der neuen gesetzlichen Bestimmung des § 131b BAO wirksam werden können (§ 323 Abs. 45 vierter und fünfter Satz BAO und §§ 21, 22 RKSV). Wenn ein Antrag auf Erlassung eines Feststellungsbescheides nicht den normativen Erfordernissen entspricht, hat das Finanzamt gemäß § 22 Abs. 3 RKSV den Antragsteller binnen einer einmaligen Nachfrist von einem Monat aufzufordern, dem Antrag alle entscheidungswesentlichen Unterlagen beizufügen.

3.10.4. Änderung der tatsächlichen Verhältnisse

Nach § 131b Abs. 4 vorletzter Satz BAO erlischt die Wirksamkeit des Feststellungsbescheides, wenn sich die für seine Erlassung maßgeblichen tatsächlichen (für die Erlassung des Feststellungsbescheides unbedingt erforderlichen Sachverhaltselemente für die bescheidmäßige Feststellung der Manipulationssicherheit des geschlossenen Gesamtsystems) Verhältnisse geändert haben.

Dieses Erlöschen tritt ex lege ein. Zeigt der Unternehmer hingegen im Sinne § 131b Abs. 4 letzter Satz BAO in Verbindung mit § 23 RKSV (beabsichtigte) Änderungen solcher tatsächlicher Verhältnisse an, so hat das Finanzamt über den neuerlichen Antrag, dem wieder ein Sachverständigengutachten beizulegen ist, zu entscheiden.

Ist zB eine Änderung der Softwarekomponente, die die Verkettung der Barumsätze durchführt, geplant, stellt dies ein meldepflichtiges Ereignis gemäß § 131b Abs. 4 BAO dar, das binnen einem Monat ab Planungsende und Beschluss der Umsetzung der Durchführung über FON zu melden ist (§ 23 RKSV).

Dieser Änderungsmeldung ist ein neuerliches Gutachten eines gerichtlich beeideten Sachverständigen, dass das geschlossene Gesamtsystem bei Realisierung der geplanten Änderung weiterhin manipulationssicher wäre, beizulegen.

Das Finanzamt hat hingegen erst über die durchgeführte Änderung des geschlossenen Gesamtsystems mittels Feststellungsbescheides abzusprechen und kann vor Ergehen des Feststellungsbescheides im Grunde des § 114 BAO über die Realisierung der geplanten Veränderung ergänzende Erhebungen vornehmen.

3.10.5. Sachverständige Begutachtung

Das Gutachten des gerichtlich beeideten Sachverständigen nach § 21 RKSV hat das Vorliegen der technischen und organisatorischen Voraussetzungen für die Manipulationssicherheit des geschlossenen Gesamtsystems zu bescheinigen.

Die Softwarekomponente, die die Verkettung der Barumsätze durchführt, ist im Gutachten zu identifizieren. Die Registrierung der Signaturprüfdaten und die Prüfung der Startbelege sind nicht Gegenstand der Begutachtung. Sehr wohl aber die Startbelegerstellung selbst und die Einhaltung der technischen Anforderungen bei Zusammenfassung von Registrierkassen gemäß § 20 Abs. 2 RKSV.

Das Gutachten nach § 23 RKSV hat zu bescheinigen, ob das geschlossene Gesamtsystem bei Realisierung der geplanten Änderungen weiterhin als manipulationssicher anzusehen ist (siehe auch Abschnitt 3.10.4.).

3.10.5.1. Verwendung eines Gutachtens durch mehrere Unternehmer

§ 21 Abs. 5 RKSV ermöglicht mehreren Unternehmern, dasselbe Gutachten ihrem Antrag auf Erlassung eines Feststellungsbescheides zugrunde zu legen. Dies gilt für Unternehmer, die durch ein vertikales Vertriebsbindungssystem (es liegt eine Vereinbarung zugrunde, wonach Unternehmen nach vereinbarten Vorgaben zB mit dem Produzenten oder Dienstleistungsunternehmen bestimmte Waren oder Dienstleistungen beziehen, verkaufen oder weiterverkaufen dürfen) oder durch ein Waren- oder Dienstleistungsfranchising wirtschaftlich verbunden oder die Teil eines Konzernes iSd § 244 UGB sind und die zudem ein geschlossenes Gesamtsystem mit insgesamt mehr als 30 Registrierkassen verwenden.

Bei Verwendung eines geschlossenen Gesamtsystems kann auch dann von einer Lückenlosigkeit zwischen Kassensystem und Buchhaltung ausgegangen werden, wenn die Daten für die Buchhaltung vom Kassensystem automatisch authentifiziert und eine manipulationssichere Übertragung durch geeignete Maßnahmen sichergestellt werden. Dabei ist beispielsweise die Bereitstellung von digital signierten Daten aus dem Kassensystem des geschlossenen Gesamtsystems für ein externes Bilanzbuchhaltungssystem ausreichend, das ein Franchisenehmer außerhalb eines geschlossenen Gesamtsystems verwendet.

3.10.6. Wirkung des Feststellungsbescheides

Der Feststellungsbescheid wirkt nur für jene Barumsätze, deren Bezahlung im Wege des geschlossenen Gesamtsystems erfolgt. Hat der Unternehmer mehrere Betriebe, so wirkt der Feststellungsbescheid nur für jene Betriebe, in denen das Gesamtsystem verwendet wird. Wird das System in einem Betrieb nicht für alle Barzahlungen für die Lieferungen und sonstigen Leistungen des Betriebes verwendet, so wirkt der Bescheid nur für jene Barzahlungen, für die das Gesamtsystem verwendet wird.

Das bedeutet, dass Unternehmer, die Barumsätze außerhalb des zertifizierten Gesamtsystems tätigen, mit diesen dem „normalen" Registrierkassenregime unterliegen.

4. Belegerteilungspflicht (§ 132a BAO)

Gemäß § 132a BAO hat der Unternehmer dem die Barzahlung Leistenden einen Beleg über empfangene Barzahlungen für Lieferungen und sonstige Leistungen zu erteilen. Entscheidend ist, dass eine Barzahlung erfolgt und nicht, wann die Lieferung oder sonstige Leistung erbracht wird. Daher ist beispielsweise eine Anzahlung für eine noch nicht erbrachte Leistung oder eine nachträgliche Barzahlung belegerteilungspflichtig.

Auf die gleichgeschaltete Registrierkassenpflicht wird hingewiesen.

Die Belegerteilung ist eine Bringschuld des Unternehmers.

Der Belegerteilungspflicht wird aber auch bei folgender Vorgangsweise entsprochen:

Der Bondrucker ist zum Kunden gewandt, und der Bon wird unmittelbar nach der Barzahlung ausgedruckt. Der Beleg gilt in diesen Fällen mit dem Hinweis „bitte nehmen Sie sich den Beleg" als ausgehändigt.

4.1. Beleginhalte

Der Beleg iSd § 132a BAO hat die Inhalte des § 132a Abs. 3 BAO zu enthalten bzw. ab 1. April 2017 auch die Erfordernisse des § 11 RKSV zu erfüllen. Zu den Mindestangaben des § 132a Abs. 3 BAO kommen ab 1. April 2017 zur Nachvollziehbarkeit des einzelnen Geschäftsvorfalles (§ 132a Abs. 8 BAO) und zur Nachprüfbarkeit der Signatur (§ 131b Abs. 2 BAO) Angaben hinzu.

Die folgenden Abschnitte 4.5. und 4.6. beschäftigen sich eingehend mit Vereinfachungen der Belegausstellung und den Mindestanforderungen an den Beleg.

4.2. Elektronischer Beleg

Ein elektronischer Beleg iSd § 132a Abs. 1 BAO ist ein Beleg, der in einem elektronischen Format ausgestellt und empfangen bzw. unmittelbar für den die Barzahlung Leistenden verfügbar ist. Er kann zB mittels E-Mail, als E-Mail-Anhang oder Web-Download, in einem elektronischen Format (zB als PDF- oder Textdatei), aber auch in einem strukturierten Dateiformat (zB xml) ausgestellt werden. Der Belege muss unmittelbar im Zusammenhang mit der Barzahlung durch die Registrierkasse erstellt und signiert werden, sowie in der Folge tatsächlich in den Verfügungsbereich des Belegempfängers gelangen. Technisch bedingte Verzögerungen wie zB bei der E-Mail-Zustellung oder dem Upload zu einem Server sind unbeachtlich, wenn die elektronischen Belege sofort im DEP sowie zeitnah in einem revisionssicheren Speicher (vgl. Abschnitt 3.2.1.4. Sicherung des DEP) gespeichert und für eine Überprüfung durch ein Organ der Finanzverwaltung verfügbar sind. Ob dies elektronisch (per Email, Ablesen mittels Handyapp, usw.) oder in Papierform erfolgt, bleibt dem Belegaussteller überlassen. Die Übermittlung ist eine Bringschuld des Unternehmers, eine bloße Einräumung der Möglichkeit des Ansehens und Abfotografierens des auf einem Bildschirm angezeigten Beleginhaltes erfüllt nicht die Belegerteilungspflicht. Eine spezielle Form der elektronischen Übertragung ist nicht vorgeschrieben. Ob die Übertragung in den Verfügungsbereich des Belegempfängers durch Aktivität des Leistungserbringers oder den die Bezahlung Leistenden erfolgt, ist für die Erfüllung der Belegerteilungspflicht unerheblich.

Diese Art der Belegerteilung ist im elektronischen Aufzeichnungssystem zu dokumentieren.

4.3. Wen trifft die Belegerteilungspflicht?

Die Belegerteilungspflicht besteht nur für Unternehmer iSd § 2 Abs. 1 UStG 1994.

Nach § 2 Abs. 1 erster Satz UStG 1994 ist Unternehmer, wer eine gewerbliche oder berufliche Tätigkeit selbständig ausübt.

Die Belegerteilungspflicht des § 132a BAO besteht ua. auch dann,

- wenn die Umsätze umsatzsteuerfrei sind,
- wenn sie unter der „Kleinunternehmergrenze" (zufolge § 6 Abs. 1 Z 27 UStG 1994: 30.000 Euro) liegen.

Sie besteht nicht nur für betriebliche Einkünfte, sondern auch für Einkünfte aus Vermietung und Verpachtung sowie für sonstige Einkünfte.

Zu den vollpauschalierten Land- und Forstwirten vgl. Abschnitt 5.6.

4.4. Zeitpunkt der Belegerstellung

Unternehmer haben „über empfangene Barzahlungen" für Lieferungen und sonstige Leistungen (§ 1 Abs. 1 Z 1 UStG 1994) Belege zu erteilen.

Der Beleg ist nach § 132a Abs. 1 BAO dem die Barzahlung Leistenden vor dem Verlassen der Geschäftsräumlichkeiten bzw. in der vom Unternehmen genutzten Freifläche zu erteilen (vgl. auch Abschnitt 4.1.). Dies muss nicht der Empfänger der Leistung sein.

Eine Rechnungsvorbereitung vor erfolgter Barzahlung (zB Ausstellung einer Hotelrechnung am Vorabend der Abreise des Hotelgastes) ist zulässig. Eine Belegausstellung vor Erhalt der Barzahlung ist im Regelfall nicht vorgesehen. Allerdings können etwa Belege für mobil getätigte Umsätze bzw. vorbestellte Ware vorab mittels Registrierkasse ausgestellt werden und diese bei Ausfolgung der Ware und nach Barzahlung übergeben und damit erteilt werden (Details siehe Abschnitt 6.7.1.2.). Ebenso ist es möglich die vorab mit der Registrierkasse ausgestellten Belege auf der Ware, die ausgefolgt werden soll, anzubringen und derart gleichzeitig mit der Ware den Beleg erteilen. Die nicht getätigten Barumsätze sind zu stornieren.

Beispiele:

Gaifahrer, mobile Zusteller, Schulbuffet, Theaterbuffet, Stoßgeschäfte.

4.5. Spezielle Belegausstellungen

4.5.1. Vereinfachung

Werden im Rahmen einer betrieblichen Tätigkeit gleich hohe Einzelumsätze getätigt, kann in analoger Anwendung zu § 7 BarUV 2015 eine Zusammenrechnung dieser Umsätze erfolgen und diese jeweils in einem Betrag in der Registrierkasse erfasst werden, sofern deren vollständige Erfassung gewährleistet wird, zB durch Durchnummerierung der ausgestellten Belege (vgl. Abschnitt 6.7.1.). Siehe auch Erleichterung zur Erfassung nach Warengruppen (Abschnitt 4.6.4.).

Der Beleg hat die Angaben nach § 132a Abs. 3 und Abs. 4 BAO bzw. bei Verwendung einer Registrierkasse nach § 11 RKSV zu enthalten.

Beispiele:

Programmheft in der Oper, Theatergarderobe.

4.5.2. Belegerteilung beim Gutscheinverkauf

Wird der Verkauf eines Wertgutscheines in der Registrierkasse erfasst und darüber ein Beleg ausgestellt, hat dieser grundsätzlich den gesetzlichen Anforderungen des § 132a BAO zu entsprechen (vgl. auch Abschnitt 2.4.10.)

4.5.3. Tischabrechnung

Die Tischabrechnung ist als Erleichterung für den Fall gedacht, dass nach Bonierung des Gesamttisches die Kunden einzeln zeitnah bezahlen wollen. Damit soll ein nachträgliches Storno des Geschäftsvorfalles und eine neuerliche Bonierung für den jeweiligen Einzelkunden, nach Ermittlung der auf die einzelnen Kunden jeweils entfallenden Produkte, vermieden werden.

Wenn beim Inkasso und der Belegerteilung mit elektronischer Registrierkasse mehrere Produkte zu einem bestimmten Zeitpunkt an Kunden in einer Gesamtsumme abgerechnet und boniert werden und das Inkasso der Gesamtsumme zu Teilbeträgen bei mehreren Personen (Tischabrechnung) zeitnah erfolgt, muss nicht für jeden Kunden ein gesonderter Beleg ausgestellt werden.

Die Tischabrechnung kann als einzelne, in der Registrierkasse zu erfassende Bareinnahme gewertet werden.

Unabhängig von den Beleginhalten nach § 132a BAO bzw. ab 2017 auch der Beleginhalte der RKSV sollen der Verrechnungskreis (Tisch) und die auf die einzelnen Produkte entfallenden Teilbeträge ersichtlich oder ermittelbar sein.

Es ist ausreichend, wenn der Beleg einem Leistungsempfänger (Kunden) übergeben wird. Diesen trifft die Entgegennahme- und Mitnahmeverpflichtung des § 132a Abs. 5 BAO.

4.5.4. Unzulässige Stock- oder Standverrechnung

Eine Stock- und Standverrechnung liegt dann vor, wenn dem Mitarbeiter (zB Kellner) eine bestimmte Menge/Anzahl von Waren vor Geschäftsbeginn vom Unternehmer zu Verkaufszwecken übergeben wird und die Menge/Anzahl der Produkte entsprechend festgehalten wird und dann am Tagesende durch Auszählung und Abzug der noch nicht verkauften Ware, die Tageslosung rechnerisch ermittelt wird.

Bei einer unzulässigen Stock- oder Standverrechnung ist der Anknüpfungspunkt der innerbetriebliche Warenverkehr und nicht die vom Unternehmer erzielten Einnahmen. Der Kellner als Mitarbeiter (Erfüllungsgehilfe) des Unternehmers kassiert für diesen in dessen Namen und für dessen Rechnung die Einnahmen und kann daher nicht selbständig kontrahieren. Diese Verrechnungsart ersetzt nicht eine ordnungsgemäße Losungsermittlung und ist sohin wie bisher zur Losungsermittlung unzulässig.

Mit der Belegerteilung durch Anbringen auf der Ware und gleichzeitiger Übergabe der Ware mit dem Beleg wird noch keine unzulässige Stock- und Standverrechnung herbeigeführt (siehe auch Abschnitt 6.7.1.2.).

4.5.5. Belegausstellung bei Organschaft/ Unternehmereinheit

Bei Vorliegen einer Organschaft iSd UStG kann die Belegerteilungspflicht auch von den Organgesellschaften erfüllt werden.

Liegt eine Unternehmereinheit vor, so kann die Belegerteilungspflicht auch von den einzelnen Personengesellschaften erfüllt werden (vgl. § 132a Abs. 2 BAO).

4.5.6. Belegduplikat

Ein Belegduplikat ist als solches zu bezeichnen, nicht nochmals zu signieren, nicht neuerlich im Datenerfassungsprotokoll aufzunehmen und darf zu keiner Veränderung des Umsatzzählers führen.

4.5.7. Start-, Monats-, Jahres- und Schlussbelege ab 1. April 2017 (§ 8 RKSV)

Neben der Verkettung und Signierung der Einzelumsätze dienen die Start-, Monats-, Jahres- und Schlussbelege als zusätzliche Sicherheiten für die Gewährleistung der vollständigen Erfassung der Umsätze in der Registrierkasse. Diese Belege müssen daher ebenfalls signiert und damit in die Belegkette eingeflochten werden. Jahresbelege sind wie Startbelege zu prüfen (Abschnitt 3.5.3.2.), wobei diese Prüfung spätestens bis zum 15. Februar des Folgejahres durchgeführt sein muss.

Zudem bestehen für Start-, Jahres- und Schlussbelege eine verpflichtende Ausdruck- und Aufbewahrungspflicht. Der Jahresbeleg stellt gleichzeitig den Monatsbeleg für Dezember des jeweiligen Jahres dar.

Der Registrierkassenpflichtige hat daher am Ende des Kalenderjahres bzw. am letzten Tag seiner getätigten Umsätze, grundsätzlich bis zum 31. Dezember, den Jahresbeleg herzustellen und nach Ausdruck aufzubewahren. Ein abweichendes Wirtschaftsjahr bleibt im Zusammenhang mit der Registrierkassenpflicht ohne Auswirkungen. Die Bewerkstelligung des Ausdruckes obliegt dem registrierkassenpflichtigen Unternehmer.

Bei sogenannten Saisonbetrieben (zB Schwimmbad) kann dieser Vorgang auch zu Saisonende, spätestens jedoch vor Beginn der unternehmerischen Tätigkeit im neuen Jahr erfolgen.

Bei Unternehmen, deren Öffnungszeiten über Mitternacht hinausgehen, ist es möglich, den Monatsbeleg nach Ende der Öffnungszeiten zu erstellen, spätestens allerdings am nächsten Öffnungstag, so dieser zeitnah stattfindet (etwa eine Woche). In Monaten, in denen keine Geschäftstätigkeit stattfindet bzw. in denen aus geschäftlichen Gründen kein oder ein eingeschränkter Bedarf an Registrierkassen besteht müssen für diese im jeweiligen Monat nicht verwendeten Kassen keine Monatsbelege erstellt werden.

Start-, Monats-, Jahres- und Schlussbelege sollten als solche bzw. als Nullbelege im Feld der handelsüblichen Bezeichnung gekennzeichnet werden. Wird nach einem Monats- oder Jahresbeleg noch ein Beleg ausgestellt, sind neuerliche Monats- oder Jahresbelege erforderlich. Ist die Erstellung der Monats- und Jahresbelege wegen Ausfalles der Registrierkasse nicht möglich, ist dies im Sinne § 132 BAO zu dokumentieren.

Betriebe, die keine Sperrstunde haben (Öffnungszeiten rund um die Uhr), können ihre Monats- bzw. Jahresbelege auch vor oder nach Mitternacht erstellen, wenn es der Geschäftsbetrieb zulässt. Der Zeitpunkt des Jahresbeleges soll in diesem Fall mit dem Jahresabschluss des Erfassungssystems zusammenfallen.

4.6. Mindestanforderungen an den Beleg

Neben den Beleganforderungen des § 132a Abs. 3 BAO (Mindestanforderungen) ist § 132a Abs. 8 BAO iVm § 11 RKSV ab 1. April 2017 beachtlich, weil die Belegangaben durch die RKSV erweitert werden, um insbesondere die einzelnen Geschäftsvorfälle nachvollziehen zu können (siehe § 11 RKSV: Kassenidentifikationsnummer, Uhrzeit der Belegausstellung, maschinenlesbarer Code und Betrag der Barzahlung nach Steuersätzen getrennt).

Einen maschinenlesbaren Code mit der Signatur des Beleges ist ab 1. April 2017 nur dann am Beleg vorzusehen, wenn Signierungspflicht besteht (Beleg mit zumindest einem Barumsatz) oder der Beleg freiwillig signiert wird. Die ab 1. April 2017 erforderlichen zusätzlichen Belegangaben sind auf nicht zu signierenden Belegen nicht zu erfüllen.

Ab dem 1. April 2017 müssen die Belegnummern aus sicherheitstechnischen Gründen pro Kassenidentifikationsnummer und AES-Schlüssel eindeutig sein. Hinsichtlich der Erstellung von Registrierkassenbelegen mit Bezug auf einen Waagenbeleg wird auf Abschnitt 3.1.3.1. verwiesen.

4.6.1. Unternehmerbezeichnung

Der Unternehmer ist eindeutig im Allgemeinen mit Namen und Adresse zu bezeichnen. Das Unternehmen kann auch in Form von Symbolen oder Schlüsselzahlen ausgedrückt werden (vgl. § 132a Abs. 4 BAO). Bei einer Organschaft bzw. einer Unternehmereinheit ist die Nennung der Organgesellschaft oder einer der Personengesellschaften ausreichend (vgl. § 132a Abs. 3 Z 1 BAO).

4.6.2. Fortlaufende Nummer

Die in § 132 Abs. 3 Z 2 BAO geforderte Angabe („eine fortlaufende Nummer mit einer oder mehreren Zahlenreihen, die zur Identifizierung des Geschäftsvorfalles einmalig vergeben wird") entspricht wörtlich dem Rechnungserfordernis des § 11 Abs. 1 Z 3 lit. h UStG 1994 (siehe UStR 2000 Abschnitt 11.1.6.6.).

4.6.3. Tag der Belegausstellung

Der Tag der Belegausstellung ist das Datum, an dem der Beleg ausgestellt wurde.

Ab 1. April 2017 ist gemäß § 11 Abs. 1 Z 2 RKSV die Uhrzeit anzugeben.

4.6.4. Menge/handelsübliche Bezeichnung

Die Menge (der gelieferten Gegenstände) ist nach den Maßstäben des jeweiligen Geschäftsverkehrs zB nach Zahl, Maß oder Gewicht anzugeben.

Handelsübliche Bezeichnung ist eine Bezeichnung, die für die gelieferte Ware allgemein im Geschäftsleben verwendet wird.

Der Begriff der handelsüblichen Bezeichnung findet sich sowohl in § 11 UStG 1994 als auch im neuen § 132a BAO.

Der § 132a Abs. 3 BAO verweist nicht auf das Umsatzsteuergesetz, sodass der § 132a Abs. 3 in Begriffsdefinition „handelsübliche Bezeichnung" (nur) analog auszulegen ist, weil bei einer harmonisierten Auslegung der Gesetzgeber auch in diesem Absatz wie in den Vorabsätzen des § 132a einen Hinweis auf das UStG 1994 aufgenommen hätte.

Unter der „handelsüblichen Bezeichnung" nach § 132a BAO ist daher der Maßstab des allgemeinen Sprachgebrauches anzuwenden.

Dieser Begriff der „handelsüblichen Bezeichnung" ist somit in der BAO nicht so eng auszulegen wie im § 11 UStG 1994, da im Zusammenhang mit der Registrierkassenpflicht eher Umsätze an Letztverbraucher im Vordergrund stehen. Damit wird vermieden, dass den Unternehmern im laufenden Betrieb unzumutbare Belastungen auferlegt werden.

Die Ausgestaltung der handelsüblichen Bezeichnung wird sich daher auch nach den betroffenen Branchen richten. Wenn man die handelsübliche Bezeichnung aus Kundensicht betrachtet (Maßstab des § 132a BAO), ist auch zu berücksichtigen, dass zB bei Elektrohändlern eine genauere Bezeichnung der verkauften Waren schon im Hinblick auf die vom Kunden gewünschte Garantie zumutbar ist, da eine Belegausweisung einer Waschmaschine nur als Elektrogerät für den Kunden im Regelfall nicht ausreichen wird.

Die Verwendung von allgemeinen Sammelbegriffen oder Gattungsbezeichnungen wie zB Speisen/Getränke, Obst, Lebensmittel, Textil-, Reinigungs- und Putzmittel, Büromaterial, Eisenwaren, Bekleidung, Wäsche, Werkzeuge usw. ist aber auch gemäß § 132a BAO nicht zulässig. Die Bezeichnung muss so gewählt sein, dass Waren und Dienstleistungen identifiziert werden können.

Beispiele:

Branche	***Zulässige Warenbezeichnung nach § 11 UStG 1994***	***Zulässige Warenbezeichnung nach § 132a BAO***	***Keine zulässige Warenbezeichnung nach § 132a BAO***
Blumengeschäft	*Rosen, Tulpen, Nelken*	*Schnittblumen, Blumenstrauß, Gesteck Topfblumen, Gehölze*	*Blumen*
Bekleidungsgeschäft	*Latzhose blau, Gr. 52, Windjacke grün, Gr. 50*	*Hose, Jacke*	*Kleidung*
Elektrohandel	*Marke und Type des Handys, der Waschmaschine, des TV- Gerätes, Kabel, Stecker, Schalter, Faxgerät einer bestimmten Marke, LED- Glühbirne*	*Mobiltelefon, Waschmaschine, TV- Gerät, Elektrozubehör, Faxgerät, Glühbirne*	*Elektronikgerät, Haushaltsgerät, Audiogerät, Telefon, Lampe*
Obst-/ Gemüsegeschäft	*Golden Delicious Äpfel, Williams-Christbirne, Eisbergsalat*	*Äpfel, Birnen, Salat*	*Obst, Gemüse*
Friseur	*Herren-, Damen-, Junior-, Kinder-, Maschinenschnitt, Dampfglättung, Aufsteckfrisur, Eindrehen, Dauerwelle, dekorative Kosmetik, Rasur & Bartpflege, Färben, Styling, Schuppenshampoo*	*Herrenhaarschnitt, Damenhaarschnitt, Haarfärbung/ Haarumformung/ Styling, Kosmetik, Bartrasur/-pflege, Shampoo-/Stylingprodukteverkauf*	*Haarpflegeprodukt, Friseurleistung*
Bäcker	*Handsemmel, Grahamweckerl, Vollkornbrot*	*Semmel oder Kleingebäck, Brot*	*Backwaren*
Trafik	*Zigaretten und Zigarren bestimmter Marken; bestimmte Zeitung*	*Zigaretten, Zigarren, Zeitung*	*Rauchwaren, Druckwerk*
Fleischerei/ Bauernmarkt	*Salami, Beiried vom Rind*	*Wurst, Rindfleisch*	*Fleischwaren*
Schuhgeschäft	*Laufschuhe bestimmter Marken, Pumps, Sneakers, Schuhspray bestimmter Marke, genaue Bezeichnung der Reparaturleistung*	*Sportschuhe, Damenschuhe, Schuhspray, Schuhreparatur*	*Schuhe, Schuhpflegeprodukt*

Baumarkt/ Haushaltsfachgeschäft	*Holzschrauben Linsensenkkopf mit Schlitz 3,5 x 16 mm, DIN 95, Messing, Holzhammer, Fäustel, Motorsäge einer bestimmten Marke, Topf/Pfanne bestimmter Marke und Spezifikation*	*Schrauben, Hammer, Motorsäge, Topf, Pfanne, Starterset, für Kleinteile: Küchenutensilien*	*Eisenwaren, Werkzeug, Maschine/ Elektroartikel , Geschirr, Küchenartikel*
Textilreiniger	*Anzahl Mantelreinigung, Anzahl Anzugreinigung, Anzahl Hosenreinigung, Anzahl Teppichreinigung*	*Kleiderreinigung, Teppichreinigung*	*Reinigung*
Würstelstand	*Käsekrainer, Orangensäfte bzw. Biere mit Markenbezeichnung, Salzgurkerl, Essiggurkerl*	*Würstel, Orangensaft, Bier, Gurkerl*	*Wurstware; Getränk, Speisebeilage*
Gasthaus	*Frittatensuppe, Wiener Schnitzel mit Pommes Frites, Apfelstrudel*	*Suppe, Schnitzel, Strudel (à la carte), Mittagsmenü I oder II, Studentenmenü, Frühstück*	*Vorspeise, Hauptspeise, Nachspeise, Essen*
Buch-/Papierfachhandel	*Genauer Buchtitel, genaue Bezeichnung der Zeitung, DIN A4 Heft, liniert, Bleistift, Filzstift, Buntstift*	*Buch, Zeitschrift, Magazin, Heft, Schreibmaterial*	*Druckwerk, Büromaterial*
Metalltechniker, Sanitär-, Heizungs- und Lüftungstechniker, Elektro-, Gebäude-, Alarm- und Kommunikationstechniker, Mechatroniker, Kraftfahrzeugtechniker, Karosseriebautechniker und Vulkaniseure	*Bezeichnung der Reparatur- bzw. Servicearbeit und des bei Reparatur- und Servicearbeiten verwendeten Klein-, Hilfs- und Montagematerial, mit bestimmter Spezifikation*	*erbrachte Dienstleistung (zB Service bei Heizungen, Waschmaschinen- reparatur, Autoreparatur inkl. Klein-, Hilfs- und Montagematerial)*	*Reparatur, Service*
Optiker	*genaue Bezeichnung/ Markenname der Gesichtsbrille, der Kontaktlinse, der Sichtgeräte*	*Brillenfassung, Brille, Kontaktlinsen, Feldstecher, Etui, Brillenreparatur*	*Sehbehelf, Handelsware, Dienstleistung, Reparatur*

Für Werk- und Reparaturleistungen oder Serviceleistungen müssen im Grunde des § 132a BAO die dazu verwendeten Kleinmaterialien, sofern sie nur einen geringen Teil für die Erbringung der Gesamtleistung ausmachen, nicht gesondert ausgewiesen werden.

Es bleibt dem Kunden jedoch unbenommen, für umsatzsteuerliche Zwecke eine Rechnung mit der handelsüblichen Bezeichnung iSd § 11 UStG 1994 zu verlangen.

Die Übergangsregelung für die Sparte Einzelhandel sowie die Sparte Markt-, Straßen- und Wanderhandel bzw. vergleichbare andere gewerblich tätige Unternehmer vom 19. November 2015, BMF-010102/0015-IV/2/2015 (interne Veröffentlichung bzw. Veröffentlichung durch die WKO), bleibt (ergänzt) aufrecht.

Demnach erfüllen Einzelhandelsunternehmer, insbesondere auch Markt-, Straßen- und Wanderhändler und andere gewerblich tätige Unternehmer, die Waren verschiedener Hersteller beschaffen, zu einem Sortiment zusammenfügen und an Endverbraucher verkaufen, in einer Übergangsphase bis 31.12.2025 die Einzelaufzeichnungs-Registrierkassen- und Belegerteilungspflicht auch dann, wenn sie die Warenbezeichnung in der zu verwendenden Registrierkasse eingeschränkt bis auf 15 Warenbezeichnungen erfassen und entsprechend dieser Erfassung auf den Belegen ausweisen.

Dies gilt nur insoweit sie am 31.12.2015 bzw. im Zeitpunkt des Eintritts der Kassenpflicht in ihrem Betrieb nicht über ein Warenwirtschaftssystem und/oder nicht über ein Kassensystem verfügen, welches das vom Handelsgeschäft umfasste

Warensortiment wie unter der „handelsüblichen Bezeichnung“ in Abschnitt 4.4.4. des Erlasses zur Einzelaufzeichnungs-, Registrierkassen- und Belegerteilungspflicht vom 12. November 2015, BMF-010102/0012-IV/2/2015, verlangt, aufzeichnen und auf dem nach § 132a BAO auszustellenden Belegen ausweisen kann.

Unbeschadet dessen kann der Kunde im Einzelfall eine Rechnung im Sinn des § 11 UStG 1994 verlangen.

4.6.5. Betrag der Barzahlung errechenbar

Der Betrag der Barzahlung ist nicht ident mit dem Entgelt (iSd § 11 Abs. 1 Z 3 lit. e UStG 1994) bzw. mit dem zivilrechtlichen Preis. Auch Anzahlungen, Ratenzahlungen und Restzahlungen sind belegerteilungspflichtig.

Eine bloß rechnerische Ermittelbarkeit des Barzahlungsbetrages ist jedenfalls ausreichend, sie kann zB vorliegen, wenn lediglich das Entgelt (iSd § 11 Abs. 1 Z 3 lit. e UStG 1994) und der Steuerbetrag angegeben wird, ohne diese Beträge zusammenzurechnen.

4.6.6. Betrag der Barzahlung nach Steuersätzen (ab 2017)

Für die Darstellung der Barzahlung getrennt nach Steuersätzen gilt die Reihenfolge lt. Abschnitt 3.3.4. Die Summe der aufgeteilten Beträge muss mit dem Gesamtbetrag des Beleges übereinstimmen. Erforderlichenfalls ist dies durch Rundung eines Teilbetrages herbeizuführen.

Beispiel:

Ein Kunde kauft in einem Geschäftsvorfall folgende Produkte:

100 Euro Getränke (darin enthalten 16,67 Euro USt)

100 Euro Speisen (darin enthalten 9,09 Euro USt)

100 Euro Wertgutschein (steuerfrei)

Der Kunde zahlt 100 Euro in bar, der Rest wird später mit Zahlschein beglichen. Nach der RKSV sind die 100 Euro aliquot aufzuteilen und somit je Steuersatz (20%, 10% und 0%) mit je 33,33 Euro im DEP festzuhalten. Die Rundungsdifferenz in Höhe von einem Cent ist einem Steuersatz zuzuschlagen. Der Umsatzzähler ist um 100 Euro zu erhöhen.

Dem Satz 0% sind Bruttobeträge zuzuweisen, die entweder von der USt. befreit sind, beim Unternehmer nicht, nicht zur Gänze bzw. mit einem anderen % als den in Abschnitt 3.3.4. angeführten % der USt. unterliegen oder deren USt. auf Grund anderer Unterlagen geschuldet wird. Im Detail handelt es sich dabei zumindest um folgende Geschäftsvorfälle:

Nr.	Geschäftsvorfall
1	Umsatzsteuerbefreite Umsätze, auch unecht befreite Umsätze
2	Nicht steuerbarer Umsatz
3	Barzahlung mit Verweis auf Rechnung/Honorarnote (auch Anzahlung, Ratenzahlung, usw.)
4	Differenzbesteuerte Beträge (teilweise besteuerte Barumsätze)
5	Mobiler Barumsatz mit Verweis auf händisch erstellten Beleg
6	Nacherfasste Umsätze nach einem RK-Ausfall (händisch erstellten Beleg)
7	Kein Barumsatz (zB: Durchlaufender Posten, Wertgutscheine, Auslandumsätze, Privatentnahmen, Schwund, usw.)

In den Geschäftsvorfällen 3, 5 und 6 sowie bei durchlaufenden Posten kann der Barzahlungsbetrag auch nach den Steuersätzen aufgeteilt werden, am Zahlungsbeleg ist dann gegebenenfalls darauf hinzuweisen, dass hinsichtlich der USt der Beleg ein Duplikat der angegebenen Rechnung darstellt (vgl. Abschnitt 2.4.11.).

In Fällen der Differenzbesteuerung nach § 24 UStG 1994 sind gemäß § 24 Abs. 7 UStG 1994 in der Rechnung keine Umsatzsteuerbeträge gesondert auszuweisen – die Bemessungsgrundlage ist iSd § 24 Abs. 4 UStG 1994 zu bemessen. Für die Darstellung der Barzahlung ist jedoch der Verkaufspreis beispielsweise eines KFZ heranzuziehen. Somit ist die gesamte Bareinnahme (Verkaufspreis) in der Registrierkasse zu erfassen. Da die Differenzbesteuerung iSd § 24 UStG 1994 nur ein Teil des vereinnahmten Barumsatzes (zB die Differenz zw. Ein- und Verkaufspreis) betrifft, ist der gesamte Verkaufspreis daher mit dem Steuersatz 0% zu erfassen.

Belegbeträge, die dem Steuersatz 0% zuzuweisen sind, sind am Beleg nur dann als mit 0% zu versteuernde Umsätze auszuweisen, wenn es sich dabei um steuerfreie oder nicht steuerbare Umsätze handelt. Dies gilt im übrigen auch für durchlaufende Posten, die sich aus einer freiwillige Erfassung auf einem signierten Beleg befinden. In allen anderen Fällen genügt eine Anmerkung „inkl. USt“ bzw. sollte beispielsweise der Hinweis „Nettobetrag und MwSt auf Bon ungültig, korrekte Angaben auf referenzierter Rechnung“ am Beleg angebracht werden.

Übergangsbestimmung für Barumsätze betreffend Umsätze im Zeitraum nach dem 30. Juni 2020 und vor dem 1. Jänner 2022 (BGBl. I Nr. 3/2021 und BGBl. II Nr. 83/2021)

Umsätze, welche nach den Übergangsbestimmungen gemäß § 28 Abs. 52 UStG 1994 dem ermäßigten Steuersatz von 5% unterliegen, sind unter diesem ermäßigten Steuersatz auszuweisen.

Es bestehen keine Bedenken, wenn dieser Ausweis des ermäßigten Steuersatzes von 5% durch eine entsprechende Textanmerkung auf dem Beleg erfolgt, oder eine händische Korrektur bzw. eine

Korrektur mittels eines Stempels auf dem Beleg vorgenommen wird.

Beispiele:

Bsp. 1 *Die Kassa unterstützt/verwendet Symbole oder Schlüsselzahlen für unterschiedliche Steuersätze. Für den 5%-Steuersatz wird neu zB das Symbol „Z" vergeben. Der Ausweis auf dem Beleg erfolgt für „Z" beispielsweise mit 10% Umsatzsteuer.*

Folgende Anmerkung genügt: „Z: Nettobetrag und MwSt auf Bon mit 10% ungültig; korrekt 5%"

Bsp. 2 *Der ermäßigte Steuersatz von 5% ist im Unternehmen nur für einen Artikel anwendbar. Der Ausweis auf dem Beleg erfolgt für diesen Artikel, beispielsweise Bilderbücher, zu den bisher nach § 10 Umsatzsteuergesetz 1994 anwendbaren Steuersätzen.*

Folgende Anmerkung genügt: „Nettobetrag und MwSt auf Bon für Bilderbücher mit 10% MwSt ungültig; korrekt 5%"

Bsp. 3 *Der ermäßigte Steuersatz von 5% ist im Unternehmen für alle Artikel anwendbar, die bisher unter den ermäßigten Steuersatz von 10% fielen. Der Ausweis auf dem Beleg erfolgt für diese Artikel mit 10% Umsatzsteuer.*

Folgende Anmerkung genügt: „Nettobetrag und MwSt auf Bon für Artikel mit 10% MwSt ungültig; korrekt 5%

Bsp. 4 *Der ermäßigte Steuersatz von 5% ist im Unternehmen für mehrere Artikel mit unterschiedlichen Steuersätzen anwendbar. Der Ausweis auf dem Beleg erfolgt für diese Artikel zu den bisher nach § 10 Umsatzsteuergesetz 1994 anwendbaren Steuersätzen.*

Folgende Anmerkung genügt: „Nettobetrag und MwSt auf Bon für den/die Artikel, der/die dem ermäßigten Steuersatz von 5% unterliegt/unterliegen, ungültig; korrekt 5%"

Falls der Kunde (zB weil er Unternehmer ist) eine „Mehrwertsteuerrechnung" benötigt, ist bei der Rechnungsausstellung auch § 11 UStG 1994 zu beachten:

Bei Kleinbetragsrechnungen bis zu einem Rechnungsbetrag von 400 Euro sind nach § 11 Abs. 6 UStG 1994 (pro Steuersatz) Bruttobetrag und Steuersatz anzugeben. Dies erfüllt auch die Anforderungen nach § 132a Abs. 3 Z 5 BAO und § 11 Abs. 1 Z 3 RKSV.

Bei Rechnungen, die keine Kleinbetragsrechnungen sind, stellt § 11 Abs. 1 UStG 1994 höhere Anforderungen als § 132a Abs. 3 Z 5 BAO und § 11 Abs. 1 Z 3 RKSV. Damit der Beleg iSd § 132a BAO und § 11 RKSV auch den Rechnungserfordernissen des UStG 1994 genügt, müssen auf der Rechnung nicht nur Bruttobetrag und Steuersatz, sondern zusätzlich noch (Netto-)Entgelt und Steuerbetrag ausgewiesen werden.

4.6.7. Maschinenlesbarer Code (ab April 2017)

Nach der Ermittlung jedes Signaturwertes hat die Registrierkasse mit Hilfe der Daten des § 10 Abs. 2 RKSV einen maschinenlesbaren Code aufzubereiten. Die Daten bestehen aus denselben Daten, die von der Registrierkasse auch für die Signaturerstellung aufbereitet werden, zuzüglich des gerade ermittelten Signaturwertes. Anstelle des verschlüsselten Standes des Umsatzzählers ist bei Stornobelegen die Buchstabengruppe STO und bei Trainingsbelegen die Buchstabengruppe TRA zu signieren und in den maschinenlesbaren Code aufzunehmen.

Der maschinenlesbare Code ist am Beleg als mit gängigen Apps lesbarem QR-Code auszugeben. Sollte dies nicht möglich sein, stehen folgende Varianten für die Ausgabe des maschinenlesbaren Codes zur Verfügung:

- Barcode für Link (URL nicht länger als 25 Zeichen)
- Einzugebender Link (URL mit beliebig vielen Zeichen)
- Zeichenkette (nur im OCR-A Font)

4.6.8. Symbol oder Schlüsselzahl

Die Angabe von Symbolen oder Schlüsselzahlen ist dann ausreichend, wenn ihre eindeutige Bestimmung aus dem Beleg oder anderen bei dem die Lieferung oder sonstige Leistung erbringenden Unternehmer vorhandene Unterlagen gewährleistet ist (vgl. § 132a Abs. 4 BAO).

Schlüsselzahlen können zB Preislistennummern, Katalognummern, und Tarifposten (zB Bahn, Bus) sein.

Als Symbole können etwa bestehende Unternehmenslogos als Bezeichnung des Unternehmers oder sonstige eindeutig erkennbare Artikelabbildungen verwendet werden.

4.6.9. Durchschrift/Zweitschrift

Es besteht die Verpflichtung zur Anfertigung von Durchschriften (sonstigen Zweitschriften) des Beleges (nach § 132a Abs. 6 Z 1 erster und zweiter Satz BAO). Als Zweitschrift gilt auch die Speicherung im Datenerfassungsprotokoll (vgl. § 7 RKSV). Die Speicherung von Durchschriften kann auch auf Datenträgern erfolgen, wenn die Geschäftsvorfälle spätestens gleichzeitig mit der Belegerstellung erfasst werden und keine Registrierkassenpflicht besteht. Die Aufbewahrungsfrist beträgt grundsätzlich sieben Jahre (§ 132 BAO), gerechnet vom Ende des Kalenderjahres, in dem der Beleg ausgestellt wurde.

Die Durchschrift (Zweitschrift) zählt zu den zu den Büchern und Aufzeichnungen gehörigen Belegen (§ 132a Abs. 6 Z 2 BAO). Dies ist bedeutsam für:

- § 132 Abs. 1 BAO (betreffend Verlängerung der Aufbewahrungsfrist),
- § 132 Abs. 2 und 3 BAO (Aufbewahrung auf Datenträgern),
- § 51 Abs. 1 lit. d FinStrG (Finanzordnungswidrigkeit).

4.7. Belegentgegennahmepflicht

Nach § 132a Abs. 5 BAO hat der Leistungsempfänger oder der an dessen Stelle die Gegenleistung ganz oder teilweise erbringende Dritte den Beleg entgegenzunehmen und bis außerhalb der Geschäftsräumlichkeiten mitzunehmen.

Eine Verweigerung der Annahme des Belegs durch den Leistungsempfänger hat keine (finanz-) strafrechtlichen Konsequenzen. Der Leistungsempfänger kann nicht zur Entgegennahme des Belegs gezwungen werden.

Außerhalb der Geschäftsräumlichkeiten bedeutet, dass der Leistungsempfänger den Beleg erst nach Verlassen der Geschäftsräumlichkeiten entsorgen kann.

Befindet sich die Geschäftsräumlichkeit in einem Einkaufszentrum bedeutet dies, dass der Beleg bis außerhalb der dem Unternehmer zugeordneten Geschäftsräumlichkeit mitzunehmen ist.

Eine darüber hinausgehende Aufbewahrungspflicht des Belegs trifft den Leistungsempfänger nicht.

Zur Erteilung elektronischer Belege siehe Abschnitt 4.2.

4.8. Berechtigungsausweise (§ 132a Abs. 7 BAO)

Bei Berechtigungsausweisen (zB Fahrausweise, Eintrittskarten) ist kein zusätzlicher Kassenbeleg auszustellen, wenn diese die erforderlichen Inhalte des § 132a BAO enthalten.

Für Fahrausweisautomaten gelten darüber hinaus die Erleichterungen gemäß § 5 BarUV 2015.

5. Beispiele bestimmter Berufe

5.1. Apotheker

Die Rezeptgebühr ist als durchlaufender Posten zu betrachten (siehe Abschnitt 2.4.2.1.).

5.2. Ärzte

Einkünfte selbständiger Ärzte fallen unter die betrieblichen Einkunftsarten des § 2 Abs. 3 Z 1 bis 3 EStG 1988 und damit auch unter die gesetzlichen Bestimmungen des § 131b BAO.

Allerdings sind für „Leistungen außerhalb der Betriebsstätte" (zB Hausbesuche des Arztes) Erleichterungen für die zeitliche Erfassung der Barumsätze vorgesehen. Es ist ein Beleg auszustellen, der ohne unnötigen Aufschub nach Rückkehr in die Betriebsstätte in der Registrierkasse zu erfassen ist (vgl. Abschnitt 6.7.1. Vornahme der Nacherfassung).

Leistungen von Kassenärzten an ihre Patienten, die mit den Krankenkassen verrechnet werden, erfolgen in der Regel in einer Sammelrechnung an die Krankenkasse.

In diesem Fall liegen keine Barumsätze vor, weder zwischen Arzt und Patienten noch zwischen Arzt und Krankenkasse.

Wenn von Ärzten erbrachte Leistungen bar bezahlt werden (zB Privathonorar wird bar, mit Bankomat oder Kreditkarte unmittelbar vor Ort in der Praxis bezahlt) und die Barumsätze übersteigen auch die Umsatzgrenze des § 131b Abs. 1 Z 2 BAO von 7.500 Euro, ist Registrierkassenpflicht gegeben.

Werden die Honorarnoten nicht unmittelbar bar bezahlt, sondern später beispielsweise mit Zahlungsanweisung überwiesen und wird daher die o.a. Grenze nicht überschritten, liegen keine Barumsätze und keine Registrierkassenpflicht vor.

Im Hinblick auf die „ärztliche Verschwiegenheitspflicht" ist festzuhalten, dass personenbezogene Daten des Patienten weder auf den Belegen noch in die Registrierkasse (bei Registrierkassenpflicht) aufzunehmen bzw. abzuspeichern sind.

Überdies ist im Beleg ein Verweis auf die Honorarnote, die Art und Umfang der sonstigen Leistung umschreibt, ausreichend.

Hausapotheke:

Bei Verkäufen aus der Hausapotheke sind Rezeptgebühren ebenso als durchlaufende Posten zu behandeln, zählen damit nicht zum Barumsatz und sind bei der Beurteilung der Grenzen für die Registrierkassenpflicht nicht zur berücksichtigen (§ 131b Abs. 1 Z 2 BAO). Die Einzelaufzeichnungspflicht besteht (siehe auch Abschnitt 2.4.2.1.).

5.3. Banken/Kreditinstitute (§ 132b BAO)

Für Umsätze von Kreditinstituten gemäß § 1 Abs. 1 BWG sowie von Zweigstellen von CRR-Kreditinstituten aus Mitgliedstaaten gemäß § 9 BWG besteht eine gesetzliche Ausnahme sowohl von der Registrierkassen- als auch der Belegerteilungspflicht (vgl. § 132b BAO).

Unabhängig davon sind Einzelaufzeichnungen zu führen, bzw. bleiben bestehende Verpflichtungen aufgrund anderer Normen davon unberührt.

5.4. Inkassounternehmen

Soweit selbständige Inkassounternehmen für einen Auftraggeber kassieren, liegt insoweit es sich auf den vereinnahmten Inkassobetrag bzw. auf das vom Auftraggeber abgeschlossene Geschäft bezieht, kein Barumsatz für das Inkassounternehmen vor. Für diese entgegengenommenen Barzahlungen besteht daher weder Registrierkassen- noch Belegerteilungspflicht für das Inkassounternehmen (vgl. Abschnitt 2.4.13.).

5.5. Kommissionäre

Wenn ein Kommissionär im eigenen Namen und auf fremde Rechnung bar kassiert, unterliegt der Barumsatz bei ihm der Belegerteilungs- und Registrierkassenpflicht (vgl. zu Lieferung zwischen Kommitenten und Kommissionär § 3 Abs. 3 UStG 1994).

Beispiel:

Antiquitätengeschäft Verkauf im Auftrag und auf Rechnung des Eigentümers.

5.6. (Voll- und teilpauschalierte) Land- und Forstwirte

Die Registrierkassenpflicht erfasst Unternehmer mit betrieblichen Einkünften (Einkunftsarten § 2 Abs. 3 Z 1 bis 3 EStG 1988) und damit grundsätzlich auch Land- und Forstwirte.

Werden Einkünfte aus Land- und Forstwirtschaft nach § 17 EStG 1988 und die Umsätze nach § 22 UStG 1994 besteuert, ist hinsichtlich der Registrierkassenpflicht zu unterscheiden:

- Soweit der Gewinn auf Grundlage der Vollpauschalierung ermittelt wird, besteht keine Registrierkassenpflicht (zB einheitswertabhängige Pauschalierung gemäß § 2 der LuFPauschVO 2015; flächenabhängige Durchschnittssätze gemäß § 5 Abs. 3 der Verordnung). In diesem Umfang besteht damit auch keine Einzelaufzeichnungs- und Belegerteilungspflicht. Die Rechnungserteilungspflicht nach § 11 UStG 1994 bleibt davon unberührt. Dies gilt nur, wenn die Umsätze nach § 22 UStG 1994 besteuert werden. Dies gilt daher nicht im Falle einer Option auf Regelbesteuerung gemäß § 22 Abs. 6 UStG 1994 sowie bei Überschreiten der Umsatzgrenze des § 22 Abs. 1 UStG 1994.
- Soweit der Gewinn in Abhängigkeit von den tatsächlichen Betriebseinnahmen zu ermitteln ist (Teilpauschalierung), besteht grundsätzlich Einzelaufzeichnungs-, Registrierkassen- und Belegerteilungspflicht (zB Teilpauschalierung gemäß § 9 der Verordnung, Teilpauschalierung bei Weinbaubetrieben [inklusive Buschenschank] mit einer weinbaulich genutzten Grundfläche von mehr als 60 Ar gemäß § 4 Abs. 1 der Verordnung, Teilpauschalierung im Rahmen des Nebenerwerbs gemäß § 7 der Verordnung [zB Zimmervermietung mit Frühstück bis 10 Betten, Be- und/oder Verarbeitung, Almausschank], Mostbuschenschank, Gartenbau gemäß § 5 Abs. 2 der Verordnung, gewinnerhöhende Beträge gemäß § 15 der Verordnung).

In derartigen Fällen besteht Registrierkassenpflicht, wenn die Umsatzgrenzen gemäß § 131b Abs. 1 Z 2 BAO in Bezug auf den gesamten Betrieb überschritten werden.

Auf die Erleichterung des § 131 Abs. 4 Z 1 lit. c BAO (in der Fassung BGBl. I Nr. 77/2016) in Verbindung mit § 2 Abs. 1 BarUV 2015 betreffend Umsätze im Buschenschank wird verwiesen (vgl. Abschnitt 6.2.3.). Zur Berechnung der betriebsbezogenen Umsatzgrenze siehe Abschnitt 6.2.1.8.

Es bestehen keine Bedenken, den Umsatz aus dem vollpauschalierten Betriebsteil mit 150% des entsprechenden Einheitswertes zu schätzen (siehe UStR 2000 Rz 2907).

Für die Berechnung der Barumsatzgrenze des Betriebes (7.500 Euro) sind die als Folge der Vollpauschalierung nicht belegerteilungspflichtigen Barumsätze nicht heranzuziehen.

5.6.1. Abgrenzung Urproduktion von der Be- und/oder Verarbeitung

Der Verkauf von Urprodukten fällt bei ertragsteuerlicher Vollpauschalierung sowie Besteuerung nach § 22 UStG 1994 nicht unter die Einzelaufzeichnungs-, Belegerteilungs- und Registrierkassenpflicht. Handelt es sich hingegen um be- und/oder verarbeitete Produkte, gilt diese Befreiung nicht, da diesbezüglich der Gewinn durch Teilpauschalierung zu ermitteln ist.

Die Abgrenzungskriterien zwischen Urproduktion und Be- und/oder Verarbeitung sind den Einkommensteuerrichtlinien 2000 Rz 4215 ff zu entnehmen.

5.6.2. Bäuerliche Nachbarschaftshilfe

Die bäuerliche Nachbarschaftshilfe (§ 7 Abs. 4 LuF-PauschVO 2015) unterliegt nicht der Vollpauschalierung nach § 2 der Verordnung über die Aufstellung von Durchschnittssätzen für die Ermittlung der Gewinnes aus Land- und Forstwirtschaft (LuF-PauschVO 2015), da sie nicht im Einheitswert berücksichtigt wird und damit auch nicht vom Grundbetrag erfasst ist.

Die bäuerliche Nachbarschaftshilfe gilt als Nebenerwerb nach § 7 LuF-PauschVO 2015, der nicht vollpauschaliert ist und unterliegt daher bei Zutreffen der Voraussetzungen des § 131 Abs. 1 Z 2 BAO der Registrierkassenpflicht. Auch besteht Einzelaufzeichnungs- und Belegerteilungspflicht für diese Leistungen.

5.6.3. Zimmervermietung durch Land- und Forstwirte

Die Zimmervermietung mit Frühstück im Ausmaß von höchstens zehn Betten stellt land- und forstwirtschaftlichen Nebenerwerb dar, wobei die Betriebsausgaben mit 50% der entsprechenden Betriebseinnahmen (einschließlich Umsatzsteuer) angesetzt werden können (§ 7 Abs. 2 LuF-PauschVO 2015).

Bei Zutreffen der Voraussetzungen des § 131b Abs. 1 Z 2 BAO besteht Einzelaufzeichnungs-, Belegerteilungs- und Registrierkassenpflicht, da es sich um betriebliche Einkünfte handelt.

Liegen hingegen Einkünfte aus Vermietung und Verpachtung vor (zB kurzfristige Appartementvermietung ohne Nebenleistungen, maximal 5 Appartements; siehe EStR 2000 Rz 4193a, 5073, 5074, 5436), besteht nur Einzelaufzeichnungs- und Belegerteilungspflicht, aber keine Registrierkassenpflicht.

5.7. Post

Soweit Gegenleistungen für sonstige Leistungen der Post (zB Porto) bar bezahlt werden, besteht Belegerteilungspflicht und Registrierkassenpflicht. Die Erleichterung für mobile Umsätze kann zur Anwendung kommen (zB Inkasso durch Briefträger) (vgl. Abschnitt 2.4.13. zur Nachnahme). Zu umsatzsteuerbefreiten Umsätzen vgl. Abschnitt 2.3.

5.8. Rechtsanwälte und Notare

Einkünfte von Rechtsanwälten/Notaren fallen unter die betrieblichen Einkunftsarten des § 2 Abs. 3 Z 1 bis 3 EStG 1988 und damit auch unter die gesetzlichen Bestimmungen des § 131b BAO.

Allerdings sind für „Leistungen außerhalb der Betriebsstätte" (bspw. Vertretung eines Mandanten vor Gericht, Rechtsberatung einer Mandantin in ihrer Betriebsstätte, Testamentsaufnahme beim Klienten) Erleichterungen für die zeitliche Erfassung der Barumsätze vorgesehen. Es ist ein Beleg auszustellen, der ohne unnötigen Aufschub nach Rückkehr in die Betriebsstätte in der Registrierkasse zu erfassen ist. (vgl. Abschnitt 6.7.)

Wenn die von Rechtsanwälten/Notaren erbrachten Leistungen bar bezahlt werden (bspw. Honorar wird bar, mit Bankomat oder Kreditkarte unmittelbar bezahlt) und die Barumsätze übersteigen auch die Umsatzgrenze des § 131b Abs. 1 Z 2 BAO von 7.500 Euro, ist Registrierkassenpflicht gegeben.

Werden die Honorarnoten nicht unmittelbar bar bezahlt, sondern später beispielsweise mit Zahlungsanweisung überwiesen und wird daher die oa. Grenze nicht überschritten, liegen keine Barumsätze und keine Registrierkassenpflicht vor.

Im Hinblick auf die „rechtsanwaltliche/notarielle Verschwiegenheitspflicht" ist festzuhalten, dass personenbezogene Daten der Mandanten weder auf den Belegen noch in die Registrierkasse (bei Registrierkassenpflicht) aufzunehmen bzw. abzuspeichern sind.

Überdies ist im Beleg der Registrierkasse ein Verweis auf die Honorarnote, das bezughabende Aktenzeichen oder die Gerichtsaktenzahl ausreichend.

5.9. Schischulen und Schilehrer

Ein selbstständiger Schilehrer fällt, wenn er die Umsatzgrenze von 30.000 Euro nicht überschreitet, unter die Erleichterungen für Umsätze im Freien (ehem. „Kalte Händeregelung", § 2 BarUV 2015). Er muss daher weder eine Registrierkasse führen noch Einzelbelege erteilen.

Die Umsätze von Schilehrern, die bei Schischulen nichtselbstständig beschäftigt sind, sind Umsätze des Betriebes Schischule. Diese sind, wenn die Schischule die Umsatzgrenze von 30.000 Euro überschreitet, mittels Registrierkasse zu erfassen, und es sind dem § 132a BAO entsprechende Belege auszustellen und dem Kunden zu übergeben.

Die Erleichterung für mobile Umsätze (§ 7 BarUV 2015) kann zur Anwendung kommen (vgl. Abschnitt 6.7.).

5.10. Selbstständiger Handelsvertreter

Der Verkauf erfolgt in fremdem Namen und auf fremde Rechnung. Der Handelsvertreter vermittelt den Leistungsaustausch zwischen Auftraggeber und dem Kunden. Er selbst erbringt keine Lieferung, das von ihm bar kassierte Entgelt (Kaufpreis) stellt für ihn keinen Barumsatz dar.

Erhält er dafür seine Provision vom Auftraggeber in bar, handelt es sich dabei um einen Barumsatz (sonstige Leistung) des Handelsvertreters.

5.11. Tankstellen

Bei einem Eigenhändler bestehen keine Besonderheiten.

Erfolgt der Verkauf des Treibstoffes in fremdem Namen und auf fremde Rechnung [als (auch „selbstständiger") Erfüllungsgehilfe] und wird dies gegenüber dem Leistungsempfänger offengelegt, dann ist dies nach UStR 2000 Rz 1530 auf dem Beleg entsprechend auszuweisen. Ein derartiger Verkauf stellt keinen Barumsatz für diesen Tankstellenbetreiber dar. Dieser Bareingang ist als durchlaufender Posten nicht in der Registrierkasse des Tankstellenbetreibers einzeln zu erfassen. Allerdings wird aus betriebswirtschaftlichen Gesichtspunkten eine Erfassung sinnvoll sein (zu durchlaufenden Posten vgl. Abschnitt 2.4.2.1., zu den Tankautomaten vgl. Abschnitt 6.4.2.).

5.12. Trafikanten

Der Empfang der Barzahlung für eine Vignette und einen Lottoschein sind für die Trafikanten durchlaufende Posten (vgl. Abschnitt 2.4.2.1.). Ein Getränkeumsatz oder Verpackungsmaterialumsatz sowie Zigarettenumsätze, die im eigenen Namen verkauft werden, sind als Barumsätze des Trafikanten in seiner Registrierkasse zu erfassen. Es besteht Belegerteilungspflicht. Wenn der Beleg auch die durchlaufenden Posten aufweist, sind diese in der Registrierkasse als „Null %-Umsatz" zu erfassen.

5.13. Versicherungsunternehmen

Versicherungsunternehmen, die nach gesetzlichen Vorschriften zum Betrieb von Zulassungsstellen berechtigt sind, werden im Rahmen dieser ausgelagerten hoheitlichen Tätigkeit nicht unternehmerisch tätig. Das bedeutet, dass zB die inkassierte KFZZulassungsgebühr als durchlaufender Posten zu betrachten ist (vgl. Abschnitt 2.4.2.1.).

Der für diese Dienstleistung erhaltene Kostenersatz stellt allerdings eine Gegenleistung für die sonstige Leistung dar (unternehmerische Tätigkeit) und ist bei Zutreffen der Barumsatzgrenzen nach § 131b BAO registrierkassenpflichtig.

Auch besteht nach §§ 131, 132a BAO Einzelaufzeichnungs- und Belegerteilungspflicht.

Bei Versicherungsabschluss getätigte Barumsätze unterliegen bei Überschreiten der Barumsatzgrenzen auch der Registrierkassenpflicht.

Ein Vertreter, der als Erfüllungsgehilfe für die jeweilige Versicherung auftritt und zB in der Wohnung des Versicherungsnehmers den Vertragsabschluss tätigt und dort Prämiengelder bar kassiert, kann die Erleichterung für mobile Gruppen in Anspruch nehmen (vgl. Abschnitt 6.7.).

6. Barumsatzverordnung 2015 (BarUV 2015, BGBl. II Nr. 247/2015, in der Fassung BGBl. II Nr. 209/2016)

6.1. Ausnahmen von der Einzelaufzeichnungs-, Registrierkassen- und Belegerteilungspflicht; Zulässigkeit der vereinfachten Losungsermittlung (§ 1 BarUV 2015)

Die vereinfachte Losungsermittlung bzw. Erleichterungen bei der Einzelaufzeichnungs-, Registrierkassen- und Belegerteilungspflicht können nur in den Fällen der §§ 2 bis 4 BarUV 2015 in Anspruch genommen werden, soweit über die Bareingänge keine Einzelaufzeichnungen geführt werden, die eine Losungsermittlung ermöglichen.

Liegen die Voraussetzungen der §§ 2 oder 3 vor, können gemäß § 1 Abs. 2 die gesamten Bareingänge eines Tages durch Rückrechnung aus dem ausgezählten End- und Anfangsbestand ermittelt werden (vereinfachte Losungsermittlung; „Kassasturz"). Aufgrund der als Begünstigung einzustufenden Regelung muss gemäß § 1 Abs. 3 die Ermittlung des Kassenanfangs- und Kassenendbestands sowie der Tageslosung durch Rückrechnung nachvollziehbar und entsprechend dokumentiert werden. Auch hat sie spätestens zu Beginn des nächstfolgenden Arbeitstages und für jede Kassa gesondert zu erfolgen.

Die vereinfachte Losungsermittlung nach § 1 Abs. 1 ist dann ausgeschlossen, soweit über die Bareingänge tatsächlich Einzelaufzeichnungen geführt werden, die eine Losungsermittlung ermöglichen.

Dies entspricht § 131 Abs. 4 BAO, demzufolge Erleichterungen bei der Führung von Büchern und Aufzeichnungen unter anderem nur dann zulässig sind, wenn die Erfüllung der Verpflichtungen unzumutbar wäre.

Wenn die vereinfachte Losungsermittlung gemäß § 1 Abs. 2 BarUV 2015 zulässig ist, besteht als weiterer Begünstigungstatbestand (§ 1 Abs. 4 BarUV 2015) weder Registrierkassenpflicht gemäß § 131b BAO noch Belegerteilungspflicht nach § 132a BAO.

6.1.1. Arten der vereinfachten Losungsermittlung

Bei der vereinfachten Losungsermittlung werden die Betriebseinnahmen nicht einzeln erfasst, sondern durch Rückrechnung aus ausgezähltem End- und Anfangsbestand ermittelt (Ermittlung der Tageslosung durch Rückrechnung; Kassasturz).

End- und Anfangsbestand, alle Barausgänge (etwa Privatentnahmen, Betriebsausgaben, Bankeinzahlungen, sonstige Ausgaben) sowie nicht erfolgswirksamen Bareingänge (etwa Privateinlagen, Bankabhebungen) sind täglich einzeln zu erfassen und aufzuzeichnen.

Anhand der vorliegenden Aufzeichnungen (Kassenbericht bzw. Kassabuch mit Bestandsfeststellung) muss nachvollziehbar die Tageslosung ermittelt werden können.

Die Ermittlung der Tageslosung hat spätestens zu Beginn des nächstfolgenden Arbeitstages zu erfolgen. Wenn Samstag und Sonntag geschlossen sind, ist der nächstfolgende Arbeitstag nach Freitag der Montag, wenn dieser Betrieb am Montag geöffnet hat.

Wenn in einem Betrieb oder wirtschaftlichen Geschäftsbetrieb mehrere Kassen als Abrechnungseinheiten vorliegen, hat die vereinfachte Losungsermittlung für jede Kasse gesondert zu erfolgen.

Hinsichtlich der vereinfachten Losungsermittlung bei Warenausgabe- und Dienstleistungsautomaten wird auf § 4 Abs. 2 BarUV 2015 verwiesen.

6.2. Erleichterungen für Umsätze im Freien, in unmittelbarem Zusammenhang mit Hütten, in Buschenschänken und in kleinen Kantinen (§ 2 BarUV 2015)

6.2.1. Umsätze im Freien

Umsätze im Freien sind Umsätze, die von Haus zu Haus oder auf öffentlichen Wegen, Straßen, Plätzen oder anderen öffentlichen Orten, jedoch nicht in oder in Verbindung mit fest umschlossenen Räumlichkeiten ausgeführt werden.

Dabei kann – soweit keine Einzelaufzeichnungen geführt werden, die eine Losungsermittlung ermöglichen und die Umsatzgrenze von 30.000 Euro für diese Umsätze bzw. diesen Umsatzteil nicht überschritten wurde – die Tageslosung mittels vereinfachter Losungsermittlung (Kassasturz) durchgeführt bzw. aufgezeichnet werden.

Die Möglichkeit zur vereinfachten Losungsermittlung nach § 1 BarUV 2015 richtet sich nur nach den angeführten Kriterien und ist nicht auf bestimmte Branchen oder den Verkauf bestimmter Produkte beschränkt. Die Bestimmungen der BarUV 2015 sind im Sinne des § 131 Abs. 4 BAO – das Vorliegen von Unzumutbarkeit, sofern die ordnungsgemäße Ermittlung der Grundlagen der Abgabenerhebung nicht gefährdet wird – auszulegen.

Wenn für solche Umsätze die Umsatzgrenze (30.000 Euro) und zudem die Barumsatzgrenze von 7.500 Euro betriebsbezogen überschritten werden und daher Registrierkassenpflicht besteht, kann für die Umsätze im Freien noch die Erleichterung für mobile Umsätze (außerhalb der Betriebsstätte) in Anspruch genommen werden (vgl. dazu Abschnitt 6.7.2.).

6.2.1.1. Zumutbarkeit der Führung von Einzelaufzeichnungen

Die Zumutbarkeit, Einzelaufzeichnungen zu führen, liegt insbesondere dann vor, wenn das Inkasso in den Räumlichkeiten erfolgt oder die Ware im Verkaufsfall von/aus den Räumlichkeiten zum Kunden befördert/gereicht wird und damit der Geschäftsvorfall in Verbindung mit einer fest umschlossenen Räumlichkeit ausgeführt wird.

Dies liegt dann vor, wenn dem Unternehmer oder seinem Mitarbeiter (Erfüllungsgehilfen) bei der Ausübung der unternehmerischen Tätigkeit eine fest umschlossene Räumlichkeit, die dem Unternehmer zugeordnet werden kann, zur Verfügung steht. Der Umsatz muss nicht in der Räumlichkeit selbst, sondern kann durchaus auch außerhalb derselben getätigt werden, sofern nur ein örtliches Naheverhältnis zwischen der Umsatzausführung und der Räumlichkeit besteht (zB bei einer Tankstelle mit Tankwarthaus oder in Verbindung mit einer Gemischtwarenhandlung oder einem Gasthaus, bei Verkäufen von vor dem Geschäftslokal ausgestellten Waren, bei Ausschank im Gastgarten eines Restaurants, bei Verkäufen von Holz, das sich auf einem neben dem Sägewerk gelegenen Lagerplatz befindet, bei Verkäufen ab Hof von Obst und Gemüse).

6.2.1.2. Öffentliche Orte

Unter öffentlichen Wegen, Straßen, Plätzen oder anderen öffentlichen Orten sind allgemein zugängliche Wege, Straßen, Plätze oder andere Orte zu verstehen.

Öffentlich zugänglich bedeutet nicht auf einen konkreten Personenkreis oder bestimmte Personen beschränkt (zB Firmenzugehörigkeit und persönliche Einladungen). Beschränkungen in Form von Eintrittsgebühren (zB Strandbad, Tiergarten) schaden nicht, wenn jedermann Zutritt hat.

6.2.1.3. In Verbindung mit fest umschlossenen Räumlichkeiten

Fest umschlossen ist eine Räumlichkeit dann, wenn sie zu keiner Seite hin vollständig offen ist oder die dem Verkauf dienenden offenen Seiten während der Geschäftszeiten schließbar sind bzw. wenn sie an einer oder mehreren Seiten dem Verkauf dienende Öffnungen (Fenster) aufweist.

Nach einer Seite hin vollständig offen ist eine Räumlichkeit dann, wenn sie ab der üblichen Höhe für Verkaufstheken in voller Breite offen ist und während der Geschäftszeiten nicht geschlossen werden kann.

In Betracht kommen jedoch nur solche Räumlichkeiten, in denen ein Aufenthalt für den Unternehmer oder seinen Mitarbeitern während der unternehmerischen Tätigkeit zumutbar ist. Dieses Merkmal würde etwa auf bloße Abstellräume, Gerätekammern (zB von Friedhofsgärtnern vor Friedhöfen, Maronibrater) und dergleichen nicht zutreffen.

6.2.1.4. Umsätze im Freien in Verbindung mit einer fest umschlossenen Räumlichkeit

Umsätze, die im Freien in Verbindung mit fest umschlossenen Räumlichkeiten getätigt werden (zB in Gastgarten vor dem Gasthaus, Weinausschank im Gastgarten des Weinbaubetriebes), fallen nicht unter die Ausnahmebestimmung des § 2 BarUV 2015. Ein Umsatz wird in Verbindung mit einer fest umschlossenen Räumlichkeit durchgeführt, wenn einerseits das örtliche Naheverhältnis zur fest umschlossenen Räumlichkeit gegeben ist bzw. andererseits auch der einzelne Umsatz in Verbindung mit einer fest umschlossenen Räumlichkeit durchgeführt wird. Wenn daher im Rahmen der Verkaufstätigkeit bei Verkäufen im Freien bei Ausführung des einzelnen Umsatzes (Geschäftsvorfalles) auch Waren aus der fest umschlossenen Räumlichkeit (Gasthaus) zum Kunden gebracht oder das Inkasso im Gasthaus vorgenommen wird, besteht eine Verbindung zur fest umschlossenen Räumlichkeit.

6.2.1.5. Abgrenzung fest umschlossene Räumlichkeit/offene Verkaufsbude

Die Abgrenzung fest umschlossene Räumlichkeit/offene Verkaufsbude ist auch bei Verkaufsfahrzeugen maßgeblich. Wenn daher eine nach einer Seite hin vollständig offene Verkaufsbude Räder hat, fällt sie unter § 2 der BarUV 2015.

Wenn bei einem Verkaufsbus der Verkauf und das Inkasso im Freien vor dem Bus stattfindet, der Bus lediglich als Lagerraum dient und ein Aufenthalt im Bus nicht zumutbar ist, kommt § 2 der BarUV 2015 zur Anwendung.

6.2.1.6. Umsätze im Freien in großen, öffentlich zugänglichen fest umschlossenen Räumlichkeiten

Wenn die Umsätze im Freien in großen, öffentlich zugänglichen, festumschlossenen Räumlichkeiten, wie etwa Einkaufszentren, Markthallen oder großen Bahnhofsgebäuden getätigt werden, in denen beispielsweise eine Vielzahl von Unternehmen Standorte haben und diese nicht dem einzelnen Unternehmer zugeordnet werden können, kann ein Unternehmer, der Umsätze in einer derartigen Räumlichkeit tätigt, die Erleichterungen iSd § 2 Abs. 1 BarUV 2015 in Anspruch nehmen, wenn er seine Tätigkeit nicht in einer eigenen fest umschlossenen Räumlichkeit ausübt (zB Zeitungsverkäufer im Bahnhofsgebäude oder Einkaufszentrum; offenes Schulbuffet im Schulgebäude; offenes Theaterbuffet, wenn die große geschlossene Räumlichkeit (Theater) nicht dem Buffetbetreiber zuordenbar ist, Verpflegungsstand bei Festen in Hallen).

6.2.1.7. Beispiele für Umsätze im Freien

Die Ausnahmebestimmung des § 2 der BarUV 2015 kann beispielsweise in folgenden Fällen zur Anwendung kommen: Bei Kanalreinigung und sonstigen Reinigungsdienstleistungen vor Ort, Schneeräumung, Garten- und Landschaftspflegern, Kehr-, Wasch- und Räumungsdiensten, Abfallsammlern, Entrümplern, Tankreinigern, Fremdenführer, mobile Schausteller, bei Beförderung von Personen mit Fiakern, Motorboot, Gondeln, Zillen oder Pferdeschlitten, bei Leistungen eines Hundetrainers, bei Verkäufen im Freien (etwa von Christbäumen, Kränzen, Blumen, Maroni, Speiseeis, Hendlbrater), bei Verkäufen vom offenen Pritschenwagen (etwa von Obst und Gemüse), bei Verkäufen von im Freien stehenden Verkaufstischen (etwa von Andenken, Neujahrsartikeln), bei Verkäufen aus offenen Verkaufsbuden (Jahrmärkte, Christkindlmarkt), Ausschank unter Schirmen und Zeltdächern im Freien, auch wenn diese mit einer Regenschutzvorrichtung versehen sind (Schneebar, Schirmbar), sofern der Umsatz nicht in Verbindung mit einer fest umschlossenen Räumlichkeit, die dem Unternehmer zugeordnet werden kann, getätigt wird, nicht hingegen aber etwa bei Verkäufen aus einem Kiosk oder Fensterverkauf aus einem Verkaufstand.

6.2.1.8. Ermittlung der Umsatzgrenze für die Registrierkassenpflicht nach § 2 Abs. 2 BarUV 2015

Die Umsatzgrenze nach § 131 Abs. 4 Z 1 lit. a und b BAO von 30.000 Euro (netto, ohne Umsatzsteuer) bezieht sich auf den Jahresumsatz je Kalenderjahr und ist bei den Umsätzen im Freien und bei den Hüttenumsätzen jeweils auf den Teil des Umsatzes beschränkt, der im Freien oder in unmittelbarem Zusammenhang mit Hütten getätigt wird.

Eine gesamtbetriebliche Betrachtung, wie sie bei der allgemeinen Registrierkassenpflicht nach § 131b Abs. 1 Z 2 BAO normiert ist und wie sie in § 2 Abs. 1 der BarUV 2015 in der Fassung BGBl. II Nr. 247/2015 vorgesehen war, erfolgt damit in diesen Fällen nicht mehr.

Die begünstigten Umsätze im Freien und Hütten (§ 131 Abs. 4 Z 1 lit. a und b BAO) sind daher nicht für die Ermittlung der Umsätze des nicht begünstigten Teils des Betriebes einzubeziehen.

Bei den Umsätzen in einem Buschenschank erfolgt die Berechnung der begünstigten Umsätze unter Einbeziehung der gesamtbetrieblichen Umsätze ohne begünstigte Umsätze im Sinn des § 131 Abs. 4 Z 1 lit. a und b BAO. Dies ergibt sich im Regelfall daraus, dass der Buschenschank in steuerlicher Betrachtung kein eigener Betrieb, sondern Teil des Weinbau- oder Obstbaubetriebes sein wird. Der Gesetzgeber hat in § 131 Abs. 4 Z 1 lit. c BAO auf die betriebsbezogene Betrachtung abgestellt, sodass hier die betriebliche Umsatzbetrachtung maßgeblich ist.

Sonderregelung Urprodukteverkauf:

Der Verkauf von Urprodukten im Freien (im Sinne des § 131 Abs. 4 Z 1 lit. a BAO) fällt bei ertragsteuerlicher Vollpauschalierung und Besteuerung nach § 22 UStG 1994 nicht unter die Einzelaufzeichnungs-, Belegerteilungs- und Registrierkassenpflicht und ist auch nicht auf die 30.000 Euro-Grenze für Umsätze im Freien anzurechnen.

Die Umsätze aus dem Verkauf von Urprodukten im Rahmen eines Almausschankes sind jedoch bei der Ermittlung der 30.000 Euro-Grenze einzubeziehen, da im Rahmen der Teilpauschalierung sämtliche Betriebseinnahmen (auch die der Urprodukte) zu erfassen sind (siehe § 7 Abs. 3 LuF-PauschVO 2015).

Die Begünstigung der Hüttenumsätze nach § 131 Abs. 4 Z 1 lit. b BAO steht aber zu.

Für die Berechnung der Umsätze einer von einem gemeinnützigen Verein betriebenen „kleinen Kantine" sind die Kantinenumsätze des abgabepflichtigen Vereins maßgeblich.

Die Umsätze sind in Nettobeträgen heranzuziehen.

Bei der Berechnung der Jahresumsatzgrenze von 15.000 Euro, bei der Barumsatzgrenze von 7.500 Euro nach § 131b Abs. 1 Z 2 BAO sowie bei der Umsatzgrenze von 30.000 Euro nach § 131 Abs. 4 BAO ist immer vom Nettoumsatz auszugehen.

Die Umsatzgrenze des § 131 Abs. 4 BAO knüpft an den Abgabepflichtigen an. Das bedeutet, dass alle begünstigten Umsätze je verwirklichter litera je Abgabepflichtigem zusammengerechnet werden müssen.

Beispiele:

Ein Abgabepflichtiger betreibt 3 Maronistände. Die derart getätigten Umsätze aller drei Maronistände werden zusammengerechnet.

Ein Abgabepflichtiger betreibt eine Hütte und einen Maronistand. Diese Umsätze werden für die Berechnung der Umsatzgrenze nicht zusammengerechnet. Die Hüttenumsätze können daher in einem Kalenderjahr mittels Kassasturz ermittelt werden, wenn diese 30.000 Euro nicht überschreiten. Gleiches gilt für die Umsätze im Freien.

Der Abgabepflichtige hat den Nachweis, dass die Umsatzgrenze von 30.000 Euro nicht überschritten wird, dadurch zu erbringen, dass er im Rahmen der Losungsermittlung die Bareingänge eines Tages durch Kassasturz ermittelt.

Die Ermittlung der Tageslosung durch Kassasturz muss nachvollziehbar und entsprechend dokumentiert werden. Sie hat spätestens am nächstfolgenden Arbeitstag zu erfolgen (vgl. § 1 Abs. 3 BarUV).

6.2.1.9. Beginn der Registrierkassenpflicht bei Umsätzen im Freien, in unmittelbaren Zusammenhang mit Hütten, in Buschenschänken und in kleinen Kantinen

Wenn die Umsatzgrenze nach § 131 Abs. 4 Z 1 BAO in Höhe von 30.000 Euro (netto) sowie 7.500 Euro (netto) Barumsatz (vgl. § 131b Abs. 1 Z 2 BAO) erstmalig überschritten wird, bestehen die Verpflichtungen zur Losungsermittlung mit elektronischem Aufzeichnungssystem gemäß § 131b BAO und zur Belegerteilung gemäß § 132a BAO mit Beginn des viertfolgenden Monats nach Ablauf des Voranmeldungszeitraums, in dem die Umsatzgrenzen überschritten wurden.

6.2.1.10. Ende der Registrierkassenpflicht bei Unterschreitung der Umsatzgrenzen im Fall von § 2 Abs. 3 BarUV 2015

Wird die Umsatzgrenze in einem Folgejahr nicht überschritten und ist aufgrund besonderer Umstände absehbar, dass diese Grenze auch künftig nicht überschritten wird, so fallen die Verpflichtungen zur Losungsermittlung mit elektronischem Aufzeichnungssystem gemäß § 131b BAO und zur Belegerteilung gemäß § 132a BAO, bei Vorliegen der sonstigen Voraussetzungen von § 2 BarUV 2015, mit Beginn des nächstfolgenden Kalenderjahres weg.

6.2.2. Hüttenumsätze

6.2.2.1. Allgemein

Für Umsätze, die in unmittelbarem Zusammenhang mit Hütten, wie insbesondere in Alm-, Berg-, Schi- und Schutzhütten getätigt werden, besteht bis zu einer Umsatzgrenze von 30.000 Euro im Kalenderjahr und pro Abgabepflichtigem weder Registrierkassen- noch Belegerteilungspflicht.

6.2.2.2. Was sind Alm-, Berg-, Schi- und Schutzhütten?

Die alleinige Bezeichnung eines Gebäudes oder einer Gebäudeeinrichtung als Hütte (Alm-, Berg-, Schi- oder Schutzhütte) ist für die begünstigende Behandlung nicht ausreichend.

Nach der Verkehrsauffassung ist eine Hütte ein bautechnisch einfach ausgeführtes Gebäude.

6.2.2.3. Berechnung der Umsatzgrenze für Hüttenumsätze

Zur Berechnung der Umsatzgrenze siehe Abschnitt 6.2.1.8.

Alle Umsätze eines Abgabepflichtigen, die in unmittelbarem Zusammenhang mit Hütten getätigt werden, werden für die Berechnung der Umsatzgrenze von 30.000 Euro zusammengerechnet. Eine Zusammenrechnung mit Umsätzen im Freien erfolgt allerdings nicht.

Beispiele:

Ein Abgabepflichtiger betreibt eine Almhütte und eine Schihütte im Sinne des § 131 Abs. 4 Z 1 lit. b BAO. Die Umsätze dieser beiden Hütten werden für die Berechnung der Umsatzgrenze zusammengerechnet.

Jemand betreibt fünf Hütten. Drei Hütten erfüllen die Tatbestandsmerkmale des § 131 Abs. 4 Z 1 lit. b BAO, zwei Hütten erfüllen diese Voraussetzungen nicht. In diesem Fall sind nur die Umsätze der drei Hütten, die die gesetzlichen Voraussetzungen des § 131 Abs. 4 Z 1 lit. b BAO erfüllen, zusammenzurechnen. Für die anderen beiden Hütten gelten die allgemeinen Bestimmungen des § 131b BAO.

6.2.3. Umsätze von Buschenschänken

6.2.3.1. Buschenschank

Der Gesetzgeber hat sich bei der Definition des Begriffes „Buschenschank" der bereits bestehenden Legaldefinition in der Gewerbeordnung 1994 bedient.

Dieser zufolge ist darunter der buschenschankmäßige Ausschank von Wein und Obstwein, von Trauben- und Obstmost und von Trauben- und Obstsaft sowie von selbstgebrannten geistigen Getränken durch Besitzer von Wein- und Obstgärten, soweit es sich um deren eigene Erzeugnisse handelt, zu verstehen; im Rahmen des Buschenschankes ist auch die Verabreichung von kalten Speisen und der Ausschank von Mineralwasser und kohlensäurehältigen Getränken zulässig, jedoch nur unter der Voraussetzung, dass diese Tätigkeiten dem Herkommen im betreffenden Bundesland in Buschenschänken entsprechen. Die Verabreichung von warmen Speisen auf Grund dieser Ausnahmebestimmung ist nicht zulässig (vgl. § 2 Abs. 1 Z 5 GewO 1994).

Ein Buschenschank fällt zudem nur dann unter die Erleichterungsbestimmung, wenn dieser an nicht mehr als 14 Tagen im Kalenderjahr betrieben wird.

Zur Berechnung der Umsatzgrenze siehe Abschnitt 6.2.1.8.

6.2.4. Umsätze von kleinen Kantinen, die von gemeinnützigen Vereinen betriebenen werden

6.2.4.1. Kleine Kantine

Bei einer Kantine handelt es sich um einen wirtschaftlichen Geschäftsbetrieb. Dieser unterliegt einer gesonderten Begünstigung, wenn er die Voraussetzungen einer „kleinen Kantinen" erfüllt, die in § 2 Abs. 1 BarUV 2015, in der Fassung BGBl. II Nr. 209/2016, gefordert sind.

Eine kleine Kantine ist eine Kantine, die von einem gemeinnützigen Verein an maximal 52 Tagen im Jahr betrieben wird, und deren Umsatz die Umsatzgrenze von 30.000 Euro nicht überschreitet. Liegen diese Voraussetzungen vor, besteht weder Registrierkassen- noch Belegerteilungspflicht.

Zur Definition eines gemeinnützigen Vereins siehe §§ 34 ff BAO sowie Vereinsrichtlinien.

6.2.4.2. Abgrenzung Kantine und Gastronomiebetrieb

Wird eine Kantine an mehr als 52 Tagen betrieben oder mit dieser Umsätze über 30.000 Euro im Kalenderjahr erzielt, ist von einem gastronomischen Betrieb auszugehen, diesem ist bei Überschreiten der Umsatzgrenzen des § 131b Abs. 1 Z 2 BAO die Verwendung einer Registrierkasse sowie die Ausstellung von Belegen zumutbar.

Beispiele:

1. Ein gemeinnütziger Verein betreibt seine Kantine an 56 Tagen im Kalenderjahr und erzielt Umsätze von 20.000 Euro. Die Kantine erfüllt die Voraussetzungen für eine kleine Kantine nicht, es besteht Belegerteilungspflicht und bei Überschreiten der Umsatzgrenzen nach § 131b BAO Registrierkassenpflicht.

2. Ein gemeinnütziger Verein betreibt seine Kantine an 50 Tagen im Kalenderjahr und erzielt Umsätze von 40.000 Euro. Die Kantine erfüllt die Voraussetzungen für eine kleine Kantine nicht und die Begünstigung kann nicht in Anspruch genommen werden. Es besteht Belegerteilungspflicht und bei Überschreiten der Umsatzgrenzen nach § 131b BAO Registrierkassenpflicht.

6.3. Sonderregelung für wirtschaftliche Geschäftsbetriebe

6.3.1. Umsätze unentbehrlicher Hilfsbetriebe (§ 45 Abs. 2 BAO)

Wenn eine Körperschaft gemäß §§ 34 ff BAO abgabenrechtlich begünstigt ist und einen wirtschaftlichen Geschäftsbetrieb unterhält, der die Voraussetzungen des unentbehrlichen Hilfsbetriebes nach § 45 Abs. 2 BAO erfüllt, besteht nach § 3 Abs. 1 und § 1 Abs. 4 BarUV 2015 für die dabei erzielten Umsätze weder Einzelaufzeichnungspflicht nach § 131 Abs. 1 Z 2 BAO, Registrierkassenpflicht nach § 131b BAO noch Belegerteilungsverpflichtung nach § 132a BAO. Daher kann die Losungsermittlung in vereinfachter Form (Kassasturz) vorgenommen werden.

Beispiele:

Eintrittsgelder bei Sportveranstaltungen von Sportvereinen, Theateraufführungen von Theatervereinen, Konzertveranstaltungen von Musik- und Gesangsvereinen, Vortragsveranstaltungen von wissenschaftlichen Vereinen, Einnahmen von Behindertenwohnheimen eines Behindertenverbandes und von gemeinnützigen Krankenanstalten (Heil-und Pflegeanstalten, vgl. § 46 BAO), so Museen eines Kunstförderungs- oder Museumsvereins.

Eine Einzelaufzeichnung macht zwar den Kassasturz unzulässig (§ 1 Abs. 1 BarUV 2015), begründet aber weder Registrierkassen- noch Belegerteilungspflicht nach den §§ 131b und 132a BAO.

6.3.2. Umsätze von wirtschaftlichen Geschäftsbetrieben im Sinn des § 45 Abs. 1a BAO

Bei bestimmten Umsätzen von wirtschaftlichen Geschäftsbetrieben im Sinn des § 45 Abs. 1a BAO von abgabenrechtlich begünstigten Körperschaften kann die vereinfachte Losungsermittlung in Anspruch genommen werden. Es besteht dann weder Einzelaufzeichnungs-, Registrierkassen- noch Belegerteilungspflicht.

Inhaltlich wird auf diesbezügliche Ausführungen in den VereinsR 2001 verwiesen.

6.4. Ausnahmen für Warenausgabe- und Dienstleistungsautomaten (§ 4 BarUV 2015)

6.4.1. „Kleinbetragsautomaten"

Bei Warenausgabe- und Dienstleistungsautomaten, bei denen die Gegenleistung für die jeweiligen Einzelumsätze 20 Euro (brutto) nicht übersteigt und die nach dem 31. Dezember 2015 in Betrieb genommen werden, kann nach § 4 BarUV 2015 eine vereinfachte Losungsermittlung in Anspruch genommen werden.

Für diese Automaten gilt weder eine Registrierkassenpflicht nach § 131b BAO noch eine Belegerteilungspflicht nach § 132a BAO.

Mit dieser Bestimmung wird für bestimmte Waren- und Dienstleistungsautomaten, unter Wahrung des gesetzlichen Auftrages zur Beachtung der Unzumutbarkeit und Nichtgefährdung der Abgabenerhebung, mit der Einziehung einer Einzelhöchstumsatzgrenze von 20 Euro (brutto) eine besondere Losungsermittlung zugelassen und die Registrierkassenpflicht entfällt.

Beispiele für Kleinbetragsautomaten

Als solche Automaten kommen bspw. Tischfussballautomaten (Wuzzler), Musikautomaten (Jukebox), Flipper, Dartautomaten, Personenwaagen, Aussichtsfernrohre, Münzprägeautomaten, Zigarettenautomaten, Kaffeeautomaten, Garderobeautomaten, Imbissautomaten, Milchautomaten, Eier- und Erdäpfelautomaten in Betracht.

6.4.2. Automaten, die den Kleinbetrag überschreiten

Warenausgabe- und Dienstleistungsautomaten, bei denen Einzelumsätze von mehr als 20 Euro (brutto) getätigt werden können und die erst nach dem 31. Dezember 2015 in Betrieb genommen werden, fallen bereits ab dem 1. Jänner 2017 unter die Registrierkassenpflicht nach § 131b BAO und die Belegerteilungspflicht nach § 132a BAO (vgl. § 323 Abs. 45 BAO).

Beispiel:

Tankautomaten.

6.4.3. „Altautomaten"

Alle Warenausgabe- und Dienstleistungsautomaten (auch Fahrausweisautomaten nach § 5 BarUV 2015), die vor dem 1. Jänner 2016 in Betrieb genommen wurden, sind – soweit sie den Anforderungen der §§ 131b und 132a BAO nicht entsprechen – von der Belegerteilungspflicht des § 132a BAO und von der Pflicht zur Verwendung eines elektronischen Aufzeichnungssystems/Registrierkassenpflicht (§ 131b BAO) ausgenommen. Sie sind aufgrund einer 10-jährigen Übergangsfrist bis 1. Jänner 2027 umzustellen (vgl. § 323 Abs. 45 vorletzter Satz BAO), wobei die §§ 4 und 5 BarUV 2015 auch für solche Automaten ab diesem Zeitpunkt gelten.

Die 10-jährige Übergangsfrist gilt nur für solche Automaten, soweit sie nicht (bereits) den Anforderungen der §§ 131b und 132a entsprechen. Daher darf bei solchen Automaten, die zB bereits derzeit Belege (Quittungen, Rechnungen) ausdrucken können (auch wenn sie nicht allen Anforderungen des § 132a Abs. 3 BAO entsprechen), diese Druckmöglichkeit nicht außer Betrieb genommen oder ausgebaut werden.

Ein Nachrüsten solcher Automaten (zB möglicher Belegausdruck) vor dem 1. Jänner 2027 ist jedoch nicht erforderlich. Die Behebung von technischen oder anderen Gebrechen führen nicht zu einem Wegfall der Einstufung als „Altautomat". Dies trifft beispielsweise auch dann zu, wenn bei einem Parkautomat eine externe Vorrichtung zur Bedienung der Schrankenanlage nach dem 31.12.2015 getauscht werden muss und die Softwarekomponente, die die Aufzeichnung der Geschäftsvorfälle bewerkstelligt, davon nicht betroffen ist. Bis zur gesetzlich geforderten Umstellung bzw. Nachrüstung der „Altautomaten" kann die vereinfachte Losungsermittlung wie bisher in Anspruch genommen werden.

6.4.4. Neue Automaten

Eine vereinfachte (besondere) Losungsermittlung kann gemäß § 4 Abs. 1 BarUV 2015 in Anspruch genommen werden für Warenausgabe- und Dienstleistungsautomaten,

- die nach dem 31. Dezember 2015 in Betrieb genommen werden,
- wenn die Gegenleistung für die Einzelumsätze 20 Euro nicht übersteigt.

6.4.5. Park-/Garagenautomaten

Park-/Garagenautomaten, bei denen das Inkasso direkt an der Schrankenanlage erfolgt und eine Ausfahrt nur nach Bezahlung möglich ist (zB Parkhaus, Fahrradgarage), sind wie Ticketautomaten (zB in Einkaufszentren), die gegen Bezahlung die Ausgabe des Ausfahrttickets zur Ausfahrt ermöglichen, zu behandeln.

Erfolgt das Inkasso durch einen Erfüllungsgehilfen des Parkhausbetreibers, liegt kein Automatenumsatz vor und besteht Registrierkassenpflicht bei Erfüllung der gesetzlichen Voraussetzungen.

6.4.6. Vereinfachte Losungsermittlung bei Warenausgabe- und Dienstleistungsautomaten

Eine vereinfachte Losungsermittlung kann bei diesen Automaten durch eine zumindest im Abstand von 6 Wochen regelmäßig erfolgende Ermittlung und Aufzeichnung

- der Anzahl der verkauften Waren anlässlich der Nachfüllung durch Bestandsverrechnung (Endbestand minus Anfangsbestand bzw. Nachfüllmenge) oder manuelle oder elektronische Auslesung der Zählwerkstände bei vorhandenen Zählwerken oder
- der erbrachten Dienstleistungen durch manuelle oder elektronische Auslesung der Zählwerkstände bei vorhandenen Zählwerken

durchgeführt werden.

Darüber hinaus sind anlässlich jeder Kassenentleerung, die zumindest einmal monatlich zu erfolgen hat, die vereinnahmten Geldbeträge je Automat zu ermitteln und aufzuzeichnen.

6.4.6.1. Glücksspielautomaten

Gemäß § 31b Abs. 5 GSpG finden die Bestimmungen der §§ 131b und 132a BAO auf Ausspielungen von Konzessionären und Bewilligungsinhabern nach den §§ 5, 14 und 21 GSpG keine Anwendung, da durch bestehende spezielle Aufzeichnungspflichten (elektronische Anbindung an die Bundesrechenzentrum GmbH) eine korrekte Erfassung der Abgabenbemessungsgrundlagen sichergestellt ist. Sie sind daher von der Registrierkassen- und Belegerteilungspflicht gesetzlich ausgenommen.

6.4.6.2. Wettterminals

Wettterminals fallen als Dienstleistungsautomaten unter die Erleichterungen des § 4 BarUV 2015.

6.4.6.3. Selbstbedienungsgeschäfte

Selbstbedienungsgeschäfte sind solche, bei denen die Warenentnahme und Bezahlung ausschließlich bzw. selbständig durch den Kunden erfolgt. Unter Selbstbedienungsumsätzen werden Umsätze verstanden, bei denen der Kunde die Ware selbst entnimmt und anschließend durch Geldeinwurf in eine Kassabox bezahlt.

Diese Umsätze sind (in analoger Anwendung) wie Automatenumsätze zu behandeln.

Aus Vereinfachungsgründen und zur weiteren Gewährleistung dieser Art von Geschäften ist nur eine vereinfachte Losungsermittlung durch Auszählung und Aufzeichnung des Inhaltes der Kassabox durchzuführen.

Beispiele:

- *Selber Blumen pflücken/schneiden*
- *Selber pflücken von Obst (zB Erdbeeren) und Gemüse (zB Kürbisse)*
- *Selbstbedienung gegen Einwurf in eine Box*
- *Selbstbedienung bei der Sonntagszeitung*
- *Präparierte Langlaufloipen*

6.5. Fahrausweisautomaten (§ 5 BarUV 2015)

Keine Registrierkassenpflicht besteht bei Fahrausweisautomaten für Beförderungen im Personenverkehr, wenn die vollständige Erfassung der ausgestellten Fahrausweise gewährleistet ist.

Mit dieser Bestimmung sollen Fahrausweisautomaten für Personentransporte (insbesondere für Eisenbahnen) von der Registrierkassenpflicht ausgenommen werden, da auch bei der Belegerteilungspflicht gemäß § 132a Abs. 7 BAO Sonderregelungen für Berechtigungsausweise, wie Fahrausweise, vorgesehen sind.

Bei Fahrausweisen ist keine zusätzliche Belegausstellung erforderlich, wenn auf dem Fahrausweis die Merkmale des § 132a BAO aufscheinen (§ 132a Abs. 7 BAO).

Für die Umrüstung (vollständige Belegmerkmale) von Fahrausweisautomaten, die vor dem 1. Jänner 2016 in Betrieb genommen wurden, gilt die 10-jährige Übergangsfrist.

Erfolgt der Fahrscheinverkauf durch einen Erfüllungsgehilfen des Unternehmers, kommt diese Erleichterung nicht zur Anwendung.

6.6. Umsätze von Onlineshops (§ 6 BarUV 2015)

Mit dieser Bestimmung sollen auf Basis der Verordnungsermächtigung nach § 131 Abs. 4 Z 4 BAO Unternehmen, die im Inland Online- bzw. Webgeschäfte betreiben und bei denen der verbindliche Vertragsabschluss Online zustande kommt und für die keine Gegenleistung in Form von Bargeldzahlungen entgegengenommen werden, von der Registrierkassenpflicht nach § 131b BAO ausgenommen werden.

§ 6 BarUV 2015 betrifft nur die Pflicht zur Verwendung elektronischer Aufzeichnungssysteme/ Registrierkassenpflicht, nicht jedoch die Einzelaufzeichnungs- (vgl. § 131 Abs. 1 Z 6 BAO) und die Belegerteilungspflicht (§ 132a BAO).

6.6.1. Online-Shop

Unter Online-Shop ist jeder Web-Auftritt zu verstehen, der durch elektronische Datenübertragung eine unmittelbare Geschäftsbeziehung zwischen Leistungserbringer und Leistungsempfänger abwickelt.

Es ist erforderlich, dass ein verbindliches Rechtsgeschäft im Rahmen dieser Online-Plattform abgeschlossen wird. Eine Bestellung allein ist nicht ausreichend. Wird die Bestellung zum Beispiel per Email angenommen, kommt dadurch ein verbindliches Rechtsgeschäft über die Onlineplattform zustande.

Betriebe sind nur hinsichtlich ihrer Umsätze, bei denen keine Gegenleistung durch Bargeld erfolgt und die im Wege einer Online-Plattform abgeschlossen werden, von der Registrierkassenpflicht ausgenommen.

Wird eine Vereinbarung im Wege einer Online-Plattform abgeschlossen und erfolgt die Bezahlung nicht über Online-Banking, sondern wird in der Filiale des Unternehmers mit Bargeld bezahlt, handelt es sich dabei um einen Barumsatz, der in der Registrierkasse zu erfassen ist. Darunter fallen auch außerhalb von Betriebsräumlichkeiten getätigte Bestellungen, die zB per Telefon, Telefax, Katalog oder Postkarte (Fernabsatzgeschäfte) bei einem Unternehmen einlangen, welche dieser unmittelbar nach Erhalt in das System der Webplattform eingibt.

Nicht als Onlineshop gelten Terminals („virtueller Verkäufer"), die im Geschäftslokal/Betriebsstätte des Unternehmers zum Geschäftsabschluss aufgestellt werden und von den Kunden benutzt werden (zB Bestellterminal in Fastfood-Ketten).

Erfolgt der Geschäftsabschluss über die Onlineplattform durch einen beauftragten, selbständigen Dritten (zB Callcenter), fällt dieser Umsatz unter die Begünstigung des § 6 BarUV 2015.

Wenn im Rahmen eines Betriebes ein Unternehmer sowohl ein Verkaufslokal als auch einen Onlineshop betreibt, fallen die Umsätze des Onlineshops unter die Regelung des § 6 BarUV 2015. Für die anderen Umsätze des Betriebes gelten die allgemeinen Bestimmungen über die Aufzeichnungs-, Registrierkassen- und Belegerteilungspflicht.

Für die Berechnung der Jahresumsatzgrenze von 15.000 Euro zur Registrierkassenpflicht gelten die gesamten Umsätze des Betriebes. In die Barumsatzgrenze von 7.500 Euro werden in teleologischer Interpretation die Umsätze des Onlineshops nicht einbezogen. Diese Auslegung berücksichtigt den Umstand, dass nur in § 131 Abs. 4 Z 4 BAO die Unterscheidung zwischen Barumsätzen und Bargeldumsätzen getroffen worden ist.

Beispiel

Die Barumsätze des Onlineshops betragen 8.000 Euro und die Gesamtumsätze im Geschäftslokal betragen 10.000 Euro, davon Barumsätze in Höhe von 6.000 Euro. Es besteht keine Registrierkassenpflicht, weil zwar die Gesamtumsatzgrenze in Höhe von 15.000 Euro überschritten wurde, allerdings nicht die Barumsatzgrenze von 7.500 Euro.

6.7. Leistung außerhalb der Betriebsstätte (Umsätze „mobiler Gruppen", § 7 BarUV 2015)

Die nachträgliche Erfassung der einzelnen Umsätze, die außerhalb der Betriebsstätte – etwa beim Kunden - erbracht werden, mit elektronischer Registrierkasse soll – unabhängig von einer bestehenden „händischen Belegerteilungspflicht" vor Ort – ohne unnötigen Aufschub bei Rückkehr in die Betriebsstätte ermöglicht werden.

Zur Nachvollziehbarkeit des einzelnen Geschäftsvorfalls ist eine Durchschrift des händischen Belegs aufzubewahren und ein Zusammenhang zum nacherfassten Barumsatz herzustellen. In diesem Fall ist ein Ausdruck des Belegs aus der Registrierkasse nicht erforderlich.

Die Verwendung von Geräten zur mobilen Datenerfassung (MDE) für die Erstellung händischer Belege für mobile Umsätze ist dann möglich, wenn die Vollständigkeit und Richtigkeit der Erfassung und bei der Übertragung der Daten in die Registrierkasse sichergestellt werden kann. Für die Erstellung der händischen Belege können auch Registrierkassen ohne Sicherheitseinrichtung verwendet werden.

6.7.1. Vornahme der Nacherfassung mehrerer Einzelumsätze

Eine nachträgliche Erfassung der einzelnen Barzahlungen mittels Sammelrechnung ist nicht zulässig, da die gesetzliche Erleichterung sich auf die zeitliche Erfassung der Einzelumsätze bezieht. Darüber hinaus muss über jede Barzahlung ein Beleg ausgestellt und diese auch einzeln in die Registrierkasse eingegeben werden, um eine Nachprüfbarkeit zu gewährleisten. Jedoch ist es zulässig, auf eine Paragondurchschrift bzw. -nummer zu verweisen, die Beleginhalte müssen nicht einzeln eingegeben werden.

Der Rechnungskreis des Paragons kann von der Nummerierung in der Registrierkasse abweichen, es muss aber sichergestellt sein, dass aus der Zusammenschau des Paragons und der Eintragung in der Registrierkasse sich eindeutig ergibt, um welchen Umsatz es sich handelt. Der Betrag der Einzelrechnung ist grundsätzlich einzeln einzugeben.

Eine Nacherfassung in der Form, dass ganze Tagessummen nachgetragen werden können, ist nicht zulässig (siehe jedoch die folgende Vereinfachung).

6.7.1.1. Vereinfachung bei der Nacherfassung

Werden im Rahmen einer betrieblichen Tätigkeit gleich hohe Einzelumsätze getätigt, können diese zusammengerechnet und jeweils in einem Betrag in der Registrierkasse erfasst werden, sofern deren vollständige Erfassung gewährleistet wird, zB durch Durchnummerierung der ausgestellten Belege.

Dies gilt auch, wenn mehrere Umsätze zu gleichen Entgelten erfolgen (zB Berechtigungsausweise für Senioren, Studenten, Kinder oder Berechtigungsausweise für Einzelfahrten oder Mehrfachfahrten bzw. Gruppenfahrten).

Beispiele:

Karussell, Fahrumsätze auf Jahrmärkten, Messen und Fremdenführer.

Diese Erleichterung der Nacherfassung kann auch von Unternehmern, die mit ihren mobilen Tätigkeiten ein Produktsortiment von nicht mehr als 20 gleichpreisigen Waren/Gegenständen im Angebot haben, in Anspruch genommen werden. So können zB verschiedene alkoholfreie Getränke mit einem einheitlichen Einzelpreis als gleichpreisige Ware behandelt werden.

Beispiele:

Umsätze, die von Gaifahrern ausgeführt werden; Umsätze, die im Rahmen von Veranstaltungen wie Musik-Festival, Fußballstadion, Formel 1 Veranstaltung über einen „Bauchladen" verkauft werden

6.7.1.2. Vereinfachung bei der Belegerteilung

Mobil getätigte Umsätze können vorab in der Registrierkasse erfasst und die Belege gleichzeitig mittels Registrierkasse ausgestellt werden. Bei Ausfolgung der Ware außerhalb der Betriebsstätte wird dem Kunden der bereits ausgestellte Beleg anlässlich der Barzahlung erteilt. Erfolgt kein Verkauf dieser Produkte, können diese ausgestellten Belege bei Rückkehr in die Betriebsstätte in der Registrierkasse storniert werden.

Beispiele:

Lieferung bereits bestellter Waren (zB Pizzaverkäufer), offenes Schulbuffet in großer, geschlossener Räumlichkeit.

6.7.2. Außerhalb der Betriebsstätte (mobile Umsätze, § 7 Abs. 1 BarUV 2015)

Unter Betriebsstätte iSd § 131b Abs. 5 Z 2 BAO ist grundsätzlich jede feste örtliche Anlage/Einrichtung bzw. auch eine fest umschlossene Einheit (Räumlichkeit), die der Ausübung eines Betriebes oder wirtschaftlichen Geschäftsbetriebes dient, zu verstehen.

Wenn es sich um eine feste örtliche Anlage/Einrichtung handelt, muss sie dauerhaft an einem bestimmten Ort bestehen und die betriebliche Tätigkeit muss dort mit einer gewissen Regelmäßigkeit dauerhaft ausgeübt werden.

Eine nur kurzfristige Nutzung einer Räumlichkeit, etwa der Räumlichkeit eines Kunden, wo die Leistung erbracht wird, führt mangels Dauerhaftigkeit nicht zu einer Betriebsstätte (zB Messestand).

Unter fest umschlossenen Räumlichkeiten sind in teleologischer Interpretation nicht nur Räume im eigentlichen Sinn (zB Geschäftslokale, Werkstätten, Lagerhallen), die dem Unternehmer zugeordnet werden können, zu verstehen.

Auch mobile Schausteller können der mobilen Gruppe zugeordnet werden, wenn sie umherziehen und nicht dauerhaft bzw. mit einer Regelmäßigkeit an einem bestimmten Ort ihre Tätigkeit ausüben und aufgrund deren Tätigkeit und der dabei verwendeten Ausstattung zur Ausübung der Tätigkeit die Mitnahme der elektronischen Registrierkasse nicht zumutbar ist.

Die Nacherfassung der Belege kann, wenn etwa nur mobile Leistungen erbracht werden und keine Betriebstätte vorliegt, auch am Wohnort (Wohnung) des Unternehmers erfolgen.

Die tatsächliche Beurteilung, ob nun eine Betriebsstätte vorliegt oder nicht, lässt sich nur anhand des konkreten Sachverhaltes des Einzelfalles vornehmen.

Außerhalb der Betriebsstätte bedeutet nicht zwangsweise/gleichzeitig im Freien. Damit ist vielmehr gemeint, dass jemand seine Leistung außerhalb seiner Betriebsstätte erbringt, zB die Tierärztin, die ein krankes Tier im Stall des Eigentümers des Tieres behandelt, oder der Friseur, der zur Kundin nach Hause kommt.

Ein Unternehmer kann mehrere Betriebsstätten haben.

Beispiel:

Ein Physiotherapeut ist jeden Montag und Dienstag in seiner Betriebsstätte in Wien und jeden Donnerstag und Freitag in seiner Betriebsstätte in Linz.

Da es sich um zwei Betriebsstätten handelt, sind seine Umsätze an der jeweils anderen Betriebsstätte keine mobilen Umsätze. Der Physiotherapeut kann daher diese Umsätze in der einen Betriebsstätte nicht nacherfassen, sondern muss sie in der Betriebsstätte, in der er den Barumsatz tätigt, in der Registrierkasse erfassen.

6.7.3. Taxi- und Mietwagenumsätze (§ 7 Abs. 2 BarUV 2015)

Umsätze für Personenbeförderungen, die in Personenkraftwagen im Sinn des § 2 Abs. 1 Z 5 Kraftfahrgesetz 1967 (KFG), BGBl. I Nr. 267/1967, in der Fassung BGBl. I Nr. 40/2016 oder in Kombinationskraftwagen im Sinn des § 2 Abs. 1 Z 6 KFG 1967 ausgeführt werden, die zu jedermanns Gebrauch an öffentlichen Orten bereitgehalten oder durch Zuhilfenahme von Fernmeldeeinrichtungen angefordert werden (mit Kraftfahrzeugen betriebenes Platzfuhrwerks-Gewerbe (Taxi-Gewerbe)) sowie für die Beförderung eines geschlossenen Teilnehmerkreises in Personenkraftwagen im Sinn des § 2 Abs. 1 Z 5 KFG 1967 oder in Kombinationskraftwagen im Sinn des § 2 Abs. 1 Z 6 KFG 1967 unter Beistellung des Lenkers auf Grund besonderer Aufträge (Mietwagen-Gewerbe), können die Erleichterung für mobile Umsätze nicht in Anspruch nehmen.

Die Möglichkeit der zeitlichen Nacherfassung soll nur dann zur Anwendung kommen, wenn die unmittelbare Eingabe in eine Registrierkasse nicht zumutbar ist. In derartigen Fahrzeugen erscheint die Verwendung einer Registrierkasse allerdings zumutbar. Dies wird in der Barumsatzverordnung nunmehr normativ zum Ausdruck gebracht.

Diese Umsätze sind daher keine Umsätze im Freien, da der Leistungsaustausch in einem motorisierten, geschlossenen Fahrzeug stattfindet.

Der Fiaker kann aber weiterhin von der Erleichterung für Umsätze im Freien Gebrauch machen, da er nicht motorisiert ist.

6.7.4. Anwendungsbereich

Unternehmer, die ihre Lieferungen und sonstigen Leistungen außerhalb einer Betriebsstätte erbringen und nach § 131b BAO zur Führung von Registrierkassen verpflichtet sind, müssen diese Umsätze nach § 131 Abs. 5 Z 2 BAO nicht sofort, sondern dürfen diese nach Rückkehr in die Betriebsstätte ohne unnötigen Aufschub in der Registrierkasse erfassen, wenn sie bei Barzahlung dem Leistungsempfänger einen Beleg iSd § 132a Abs. 3 BAO ausfolgen und hievon eine Durchschrift aufbewahren.

Ohne unnötigen Aufschub ist einzelfallbezogen bzw. branchenbedingt zu beurteilen.

Wenn zB Landwirte ihre Produkte in einem gemeinschaftlich genutzten Bauernladen über einen Erfüllungsgehilfen verkaufen und dieser den Landwirten nur einmal wöchentlich die Belegdurchschriften zur Nacherfassung überbringt, ist die Wochenfrist ausreichend.

6.7.5. Beispiele für mobile Umsätze

Soweit die Voraussetzungen für die Umsätze im Freien nicht zutreffen, bzw. die betriebliche Umsatzgrenze überschritten wird, kann die Erleichterung für mobile Umsätze (außerhalb der Betriebsstätte) in Anspruch genommen werden.

Für eine solche Erleichterung kommen bei Vorliegen der obigen Voraussetzungen beispielsweise in Betracht: Umsätze von Friseuren, Masseuren, Hebammen, Babysittern, Schneidern, Ärzten, Tierärzten, Reiseleitern, Fremdenführern, Installateuren, Gaifahrern, Schilehrern, Hundesittern, Schädlingsbekämpfern, Rauchfangkehrern, Fotografen, Personal Trainern, Hundetrainern, Transporteuren, Altwarenhändlern, Fahrradkurieren, sowie Ticketverkäufe durch Buslenker/Zugpersonal, mobile Speise- und Getränkeverkäufe in Zügen, daher nicht direkt im Speisewagen, Verkäufe auf einem Bauernmarkt und Pyrotechnikstand, Verkäufe aus einem „Bauchladen", Provisionsentgegennahme durch den Immobilienmakler, Heizöllieferung an den Kunden, Messeverkäufe, Lieferservice bei Gastronomie sowie Verkauf von Büchern (im Rahmen von Buchausstellungen, Autorenlesungen, Vorträgen und sonstigen schulischen Veranstaltungen). Diese Erleichterung besteht ungeachtet einer bestehenden Belegerteilungsverpflichtung.

Grundsätzlich können alle Umsätze im Freien (vgl. Abschnitt 6.2.1.) in die Begünstigung für mobile Gruppen fallen.

7. Sanktionen

7.1. Manipulation von Aufzeichnungssystemen

Wer vorsätzlich abgaben- oder monopolrechtlich zu führende Bücher, Aufzeichnungen oder Aufzeichnungssysteme, die automationsunterstützt geführt werden, durch Gestaltung oder Einsatz eines Programms, mit dessen Hilfe Daten verändert, gelöscht oder unterdrückt werden können, verfälscht, begeht, sofern nicht eine Abgabenverkürzung vorliegt, eine Finanzordnungswidrigkeit nach § 51a FinStrG, die mit Geldstrafe bis 25.000 Euro geahndet werden kann.

Der Gesetzgeber erklärt hier eine auf eine Hinterziehung von Abgaben ausgerichtete Vorbereitungshandlung schon für strafbar, ohne, dass ein strafbarer Versuch der Hinterziehung bereits verwirklicht worden ist. Derart fällt ein ohne diese kriminelle Intention durchgeführtes Software-Update mangels Manipulationsvorsatz nicht unter diese Strafbestimmung.

7.2. Verstoß gegen Registrierkassenpflicht

Die Nichtbeachtung der Registrierkassenpflicht ist, wenn kein Verkürzungstatbestand vorliegt, als Finanzordnungswidrigkeit strafbar (§ 51 Abs. 1 lit. c FinStrG; bis 5.000 Euro Strafe).

Die Nichtverwendung der zur Manipulationssicherheit dienenden Sicherheitseinrichtung (§ 131b Abs. 2 BAO) bzw. die Nichtbeachtung des § 131b Abs. 4 BAO für geschlossene Gesamtsysteme, führt außerdem zum Verlust der Vermutung der sachlichen Richtigkeit der geführten Bücher und Aufzeichnungen nach § 163 BAO und hat in den meisten Fällen eine Schätzung (§ 184 BAO) der Besteuerungsgrundlagen durch die Abgabenbehörde zur Folge.

7.3. Verstoß gegen Belegerteilungspflicht

Eine Verletzung der Belegausstellungspflicht nach § 132a BAO ist als Finanzordnungswidrigkeit nach § 51 Abs. 1 lit. d FinStrG mit Geldstrafe bis zu 5.000 Euro zu ahnden.

7.4. Verstoß gegen Belegentgegennahme und -mitnahmepflicht

Für den Belegempfänger, meist den Kunden, hat ein Verstoß gegen die Belegentgegen- und Belegmitnahmepflicht keine (finanz-)strafrechtlichen Konsequenzen.

Allerdings besteht im Rahmen einer durchgeführten Kontrolle eine Mitwirkungspflicht des Leistungsempfängers, deren Nichterfüllung eine Finanzordnungswidrigkeit iSd § 51 Abs. 1 lit. e FinStrG darstellen kann.

Beispiel:

Verweigerung der Auskunft darüber, ob ein Beleg ausgestellt wurde.

5/2.

Salzburger Steuerdialog 2016 – Ergebnisunterlage Einzelaufzeichnungs-, Registrierkassen- und Belegerteilungspflicht

(Erlass des BMF 30.10.2016, BMF-010102/0034-IV/2/2016)

Ergebnisse des Salzburger Steuerdialoges 2016 im Bereich Einzelaufzeichnungs-, Registrierkassen- und Belegerteilungspflicht

1. Durchlaufende Posten

Gemäß § 131b Abs. 1 Z 1 BAO haben Betriebe alle Bareinnahmen zum Zweck der Losungsermittlung mit elektronischer Registrierkasse, Kassensystem oder sonstigem elektronischen Aufzeichnungssystem einzeln zu erfassen. Diese Regelung wirft in der Praxis vermehrt Fragen bezüglich der Behandlung durchlaufender Posten auf.

1.1. Bezughabende Norm

§ 131b Abs. 1 Z 1 BAO

1.2. Sachverhalt

Ein Keramikhändler A verkauft in seinem Geschäftslokal auch Keramikprodukte im Namen und für Rechnung des Keramikproduzenten B, der im Laden des A ein Regal für seine Produkte hat. Der Keramikproduzent B, für den von A verkauft wird, bekommt monatlich die Rechnungsdurchschriften und die erzielten Einnahmen übermittelt.

1.3. Fragestellung

Ist dieser Vorgang als durchlaufender Posten in der Registrierkasse zu erfassen?

1.4. Lösung

Die Vereinnahmung der Kundenentgelte für B durch den A und anschließende Verausgabung der Beträge an B stellt einen durchlaufenden Posten bei A dar. Durchlaufende Posten müssen nicht zwingend in der Registrierkasse des A erfasst werden, außer wenn sie gemeinsam mit einem Barumsatz auf einem Beleg sind. Die freiwillige Aufzeichnung in der Registrierkasse des A ist allerdings zulässig.

2. Zahlung mit Kreditkarte vor Ort

Gemäß § 131b Abs. 1 Z 3 BAO sind Barumsätze Umsätze, bei denen die Gegenleistung (Entgelt) durch Barzahlung erfolgt. Als Barzahlung gilt auch die Zahlung mit Bankomat- oder Kreditkarte oder durch andere vergleichbare elektronische Zahlungsformen, die Hingabe von Barschecks sowie vom Unternehmer ausgegebener und von ihm an Geldes statt angenommener Gutscheine, Bons, Geschenkmünzen und dergleichen.

2.1. Bezughabende Norm

§ 131b Abs. 1 Z 3 BAO

2.2. Sachverhalt

Vor Antritt der Miete wird ein „runder" Betrag auf der Kreditkarte des Kunden „reserviert" (nicht abgebucht), die Abrechnung der tatsächlichen Kosten erfolgt erst nach Beendigung der Miete und ist in fast keinem Fall mit dem reservierten Betrag ident. Der Kunde legt seine Kreditkarte nur bei Antritt der Miete vor, am Ende der Miete wird vom Kunden keine Kreditkarte verlangt. Am Ende der Miete retourniert der Kunde innerhalb/außerhalb der Öffnungszeiten das Fahrzeug (nur durch Schlüsseleinwurf in einem dafür vorgesehenen Schlüsseltresor) und der reservierte Betrag wird von der Kreditkarte (inklusive Aufschlag für nachträglich entdeckte Schäden, Verkehrsstrafen, Mautgebühren etc.) „eingezogen".

2.3. Fragestellung

Handelt es sich bei der Bezahlung mit Kreditkarte um eine Barzahlung iSd § 131b Abs. 1 Z 3 BAO?

2.4. Lösung

Ist der Abbuchungsbetrag nicht mit dem reservierten Betrag ident, stellt die bloße Reservierung des möglichen Abbuchungsbetrages noch keinen Barumsatz dar.

Dies gilt auch, wenn der Kunde seine Kreditkarte nur bei Antritt der Miete vorlegt. In einem solchen Fall wird der Zahlungsvorgang zwar schon mit der Hingabe der Kreditkarte „angestoßen", die nachfolgende Abbuchung des Betrages vom Kreditkartenkonto erfolgt allerdings ohne neuerliche Mitwirkung des Kunden (keine neuerliche Vorlage/Verwendung der Kreditkarte durch den Kunden). Dieser Vorgang kann daher wie ein Einziehungsauftrag gewertet werden, sodass keine Registrierkassen- und Belegerteilungspflicht nach den §§ 131b und 132a BAO besteht.

3. Vorbereitende Erstellung von Belegen

Gemäß § 132a Abs. 1 BAO haben Unternehmer dem die Barzahlung Leistenden einen Beleg über empfangene Barzahlungen für Lieferungen und sonstige Leistungen zu erteilen. In der Praxis hat sich aufgrund auftretender Sachverhalte vermehrt die Frage gestellt, ob es aufgrund des Wortlautes des Gesetzes erforderlich ist, dass die Barzahlung im Zeitpunkt der Belegausstellung tatsächlich schon erfolgt ist.

3.1. Bezughabende Norm

§ 132a BAO

3.2. Sachverhalt

Eine Pizza wird ca. 45 Minuten nach der Bestellung geliefert – der Lieferant kommt mit der bereits im Unternehmen ausgedruckten Rechnung.

3.3. Fragestellung

Ist eine derartige Belegausstellung zeitnah genug?

3.4. Lösung

Die vorbereitende Erstellung von Belegen wird aus Gründen der Praktikabilität als zulässig erachtet, eine Stornierung bereits erstellter, aber dann nicht verkaufter Waren hat „zeitnah" zu erfolgen.

4. Anforderungen an eine freiwillig geführte Registrierkasse

4.1. Bezughabende Norm

§ 131b BAO

4.2. Sachverhalt

Wie bei anderen bestehenden gesetzlichen Verpflichtungen kann auch bei der Registrierkassenpflicht der Fall auftreten, dass jemand eine Registrierkasse führt, ohne dazu gesetzlich verpflichtet zu sein. Dabei können unterschiedliche Konstellationen auftreten.

4.3. Fragestellungen

Jemand verwendet in seinem Betrieb freiwillig eine „Registrierkasse". Diese erfüllt die gesetzlichen Anforderungen der BAO und der RKSV nicht. Kann er diese, da er sie ja nicht verwenden müsste, freiwillig weiterverwenden oder muss er, auch bei freiwilliger Verwendung, eine dem Gesetz bzw. der Verordnung entsprechende Registrierkasse verwenden?

Jemand kauft das neueste Modell einer Registrierkasse. Diese ist technisch dazu in der Lage, alle Anforderungen der BAO und der RKSV zu erfüllen. Eine Pflicht zur Verwendung einer Registrierkasse besteht nicht. Welche Inhaltsanforderungen ergeben sich dadurch für die Belege (Hinweis auf § 132a Abs. 8 BAO)? Muss bei freiwilliger Verwendung einer Registrierkasse eine Signaturerstellungseinheit verwendet werden?

4.4. Lösung

Jemand, den keine gesetzliche Verpflichtung zur Verwendung einer elektronischen Registrierkasse nach § 131b BAO trifft, kann die Losungsermittlung durch Kassasturz bzw. weiterhin mit einer bisher verwendeten Registrierkasse, die den §§ 131 und 132 BAO bzw. der KRL 2012 entspricht, durchführen.

Wenn jemand allerdings freiwillig eine Registrierkasse iSd BAO führt und dafür eine Signaturerstellungseinheit verwendet, unterwirft er sich freiwillig dem Registrierkassenregime. Bei der behördlichen Registrierung der Signaturkarte handelt es sich um einen Hoheitsakt. Wenn jemand seine Registrierkasse und seine Signaturerstellungseinheit freiwillig über FinanzOnline registriert, erfüllt er die Voraussetzungen des § 131b BAO.

5. Registrierkassenbeleg und Rechnung

Umgangssprachlich wird naturgemäß nicht zwischen einem Registrierkassenbeleg und einer Rechnung nach UStG unterschieden, was man auch anhand der nach wie vor vielerorts gestellten Frage „Brauchen Sie eine Rechnung?" erkennen kann. Dabei erscheint eine scharfe Trennung dieser Begrifflichkeiten aus steuerlicher Sicht dringend geboten.

5.1. Bezughabende Norm

§ 132a BAO

5.2. Sachverhalt

Jemand erstellt über eine empfangene Barzahlung für eine Lieferung/sonstige Leistung eine Rechnung iSd § 11 UStG 1994 sowie einen Beleg gemäß § 132a BAO.

5.3. Fragestellung

Kann durch das Erstellen eines Beleges über eine empfangene Barzahlung Steuerschuld kraft Rechnung entstehen?

5.4. Lösung

Der Beleg nach § 132a BAO ist keine Rechnung iSd § 11 UStG 1994. Es handelt sich bei der Rechnungslegung um einen UStG-Prozess, die Belegerteilung ist ein BAO-Prozess. Ein Beleg kann allerdings eine Kleinbetragsrechnung sein, wenn er alle Rechnungsmerkmale enthält. Es kann dann allerdings die Gefahr bestehen, dass die Steuerschuld kraft Rechnung entsteht, wenn der Beleg alle Rechnungsmerkmale erfüllt. Es empfiehlt sich daher, die im Erlass angeführte Vorgehensweise, den Registrierkassenbeleg als „Duplikat" zu bezeichnen bzw einen entsprechenden Verweis auf die vorab ausgestellte Rechnung auf dem Beleg anzubringen.